國家社科基金重大項目《荆楚全書》編纂成果

荆楚文庫

張純一集（一）

張純一 著
何卓恩 李濤 編校

荆楚文庫編纂出版委員會
華中師範大學出版社

荆楚文庫

張純一集

ZHANGCHUNYI JI

圖書在版編目 (CIP) 數據

張純一集 / 張純一 著；何卓恩，李濤編校．
—武漢 : 華中師範大學出版社，2019.12
（荆楚文庫）
ISBN 978-7-5622-8877-0
Ⅰ．①張…
Ⅱ．①張…　②何…　③李…
Ⅲ．①社會科學—文集
Ⅳ．① C53
中國版本圖書館 CIP 數據核字（2019）第 293068 號

責任編輯：張建英　熊　然　郭志剛　魏耀武
整體設計：范漢成　曾顯惠　思　蒙
責任校對：張懷東
責任印製：劉　敏
出版發行：華中師範大學出版社
地址：湖北省武漢市洪山區珞喻路 152 號（湖北・武漢）
電話：027-67863426（發行部）　郵政編碼：430079
録排：桂子工藝
印刷：湖北新華印務有限公司
開本：720mm × 1000mm　1/16
印張：139
字數：2100 千字
版次：2021 年 4 月第 1 版　2021 年 4 月第 1 次印刷
定價：589.00 元（全五册）

ISBN 978-7-5622-8877-0
9 787562 288770

出版説明

湖北乃九省通衢，北學南學交會融通之地，文明昌盛，歷代文獻豐厚。守望傳統，編纂荆楚文獻，湖北淵源有自。清同治年間設立官書局，以整理鄉邦文獻爲旨趣。光緒年間張之洞督鄂後，以崇文書局推進典籍集成，湖北鄉賢身體力行之，編纂《湖北文徵》，集元明清三代湖北先哲遺作，收兩千七百餘作者文八千餘篇，洋洋六百萬言。盧氏兄弟輯録湖北先賢之作而成《湖北先正遺書》。至當代，武漢多所大學、圖書館在鄉邦典籍整理方面亦多所用力。爲傳承和弘揚優秀傳統文化，湖北省委、省政府决定編纂大型歷史文獻叢書《荆楚文庫》。

《荆楚文庫》以“搶救、保護、整理、出版”湖北文獻爲宗旨，分三編集藏。

甲、文獻編。收録歷代鄂籍人士著述，長期寓居湖北人士著述，省外人士探究湖北著述。包括傳世文獻、出土文獻和民間文獻。

乙、方志編。收録歷代省志、府縣志等。

丙、研究編。收録今人研究評述荆楚人物、史地、風物的學術著作和工具書及圖册。

文獻編、方志編録籍以 1949 年爲下限。

研究編簡體横排，文獻編繁體横排，方志編影印或點校出版。

《荆楚文庫》編纂出版委員會

2015 年 11 月

前　言

張純一（1871—1955），字仲如，湖北省漢陽縣興隆鄉人。幼受庭訓，喜治宋學及百家書，曾中清末秀才。甲午後，汲汲於維新救亡，圖改革政治，1904 年在武昌聖公會主辦的文華書院任國文教習，1906 年前後參加反清革命活動。1908 年受温州師範學校之聘，任教育學教習。1909 年到上海廣學會編纂《大同報》。1918 年前後到燕京大學、南開大學任教，後轉任中華大學、上海法政大學教職。抗戰時期任教西北聯合大學、中央政治學校等校，戰後任政治大學（中央政治學校升格）教授。終生筆耕不綴，著述等身。

張純一的思想和志業，可總分爲革命與革心兩大階段。1911 年之前，積極參與反清政治革命，著述不多，可見者有《學生軍軍歌》和《倫理學》，據其自述文章提及，還有《教育學》等書，惜無從查考。

辛亥革命建立起民國後，張純一深感這個新中國遠非自己的理想，尤其是秩序的混亂、道德的沉淪，使他痛心疾首。他開始考慮通過宗教來挽救世道人心。他的第一站是弘揚基督教（大約 1911—1917）。他認爲基督教兼有儒教的平實和道教的玄妙，而弘教之方則優勝於佛道，對於革命後的中國尤其適用。他利用在廣學會編纂《大同報》的機會，撰寫了大量弘揚基督教的社論，如《基督教有益民國》、《世界進化之先導》、《健全國民之友助》、《泰西法政之助力》、《天道啓示論》、《重生論》、《天國論》、《新約之光》、《聖靈論》、《惡的終始》、《教約篇》等，後來結集爲《仲如先生弘道書》。此外還撰述了《基督神通義證》、《耶穌基督人子釋義》等論著和《基督之生命觀》、《基督教兼有佛教各宗之長説》、《答熊子真》、《答殷勤道》、《答張信天》等文章、書信。張純一對基督教的理解和弘揚與教會人員的獨尊態度不同，他主張融通各教（及中國先秦諸子）而歸命基督，對教義采開門主義，不滿於教會的關門主義（1916年在《對於教會之感言》中直言不諱），因此屢受責難和壓制，被要求止著從譯，1918年更被迫離開廣學會。離開教會後張純一的工作環境主要是大學講壇，比較有利於他擺脱有形宗教的束縛，自由思考各教如何融通的問題。

在反省基督教弊端，並深入研究先秦諸子、中世來華佛教的基礎上，他的宗教救世第二站走到了以佛教爲主體的改造基督教之路（大約1917—1927）。這時他認爲不精研佛教絶不能瞭解真基督教之奥妙與缺陷及錯誤，主張將真基督教佛化成爲佛教基督宗。這一時期的著述，有《改造基督教之討論》、《答某女士書》、《答太虚法師書》、《與吴雷川先生書》、《答邊潤寰宗教之疑問》、《忠告基督徒》、《嗚呼愚謬可憫的基督教》、《福音祕義》等，其中大量論教書信後結集爲《佛化基督教》一書發行。這些論著得到太虚法師和一些僧俗人士的高度肯定，也引起一些主張宗教融合的西方傳教士的共鳴，但更多的則是冷遇和譏諷。

長期的冷遇和譏諷，加之張純一對基督教的看法越來越負面，而佛教信仰則日篤，他漸漸走入第三站（約1927年後），即皈依佛教（法號覺義、證理），開始全副身心從事於正面宣傳和闡釋佛教，發表和出版了《護持佛法之條陳》、《周霽光居士母壽演説佛法》、《曹崧喬居士書〈華嚴經〉跋》、《空爲諸佛至要妙之法寶》、《發菩提心約説》、《然身供佛》、《〈佛説阿彌陀經〉之研究》、《復友人熊瀾恬談學佛書》、《佛學之根本真理》等論著和文章。

張純一國學功底甚厚，對先秦百家尤其深懷敬意，在上述"革心"的三時期，思想理路有變化，而研習和闡釋國學，特别是先秦諸子經典的工作始終堅持（亦與擔任各大學周秦哲學史課程有關），著有《融通各教會相歸元講易舉例》、《墨學與景教》、《墨子閒詁箋》、《墨學分科》、《國學闡微》、《墨子集解》、《國學簡擇》、《老子通釋》、《陰符經真解》、《晏子春秋校注》等書和不少文章及演講詞。所不同的是，在第一期和第二期初比較重視各教融通，而到第二期中後和第三期則越來越注重以佛教義理加以闡釋。

本集收録張純一的文獻，大部分在革心時期，兼顧到上述三站思想和學術歷程。本集所録文獻，含專書、文章、函牘、詩聯等多種，另將他人與張純一直接相關的若干文獻作爲附録收入。各類文獻力求分别以問世時間先後排列。

由於張純一主要以宗教表現學術和思想，故學界對他的關注遠不如當時名氣相當的俗界學人，文獻更是分散，搜集困難很大。首都經貿大學的何振華老師，中國政法大學張春林博士，華中師範大學彭劍教授，以及我的碩士、博士研究生張家豪、孫會修、王胡偉、李濤等，分别在北京、上海以及日本等地協助搜集，做出了很大的努力。儘管如此，仍還有不少遺憾留下。在此特别感謝上述諸位朋友的辛勞，並期待有心人士隨時提供遺漏文獻的資訊，以便來日補齊。

張純一文獻，無斷句無標點者有之，斷句而無標點者有之，斷句標點而與今不符者有之。編校中檢索引文原文，按現代規範重新標點，費時良多。惟篇幅浩大，錯漏之處仍或多有，祈請方家正之。

何卓恩

2018 年 11 月

總　目　録

荆楚文库

倫理學

初載於 1910 年—1911 年《大同報》，1911 年出版單行本，1921 年收入《弘道書》。此據《大同報》整理。

序

國運盛衰，視道德爲轉移。而道德進退，則關係民智通塞，且視其學理之能否孕育完善風教爲衡。故學者非放開眼藏，縱觀上下數千年之活潑世界，而推究乎萬國興敗之由，决不足言紀綱制度之得失，而判斷道德之是非。道德者，因時因地，與人心相緣，公認爲至善者也。特世運愈進，人智愈啓，風氣日開，彼此今昔之異形焉。知時務者固不難於會通，而在尊古者之心理，則因久縛於自來之風尚，致新道德無由牖啓其聰明，以爲世局進化助。如是欲與文治日進之國民齊驅，難矣。噫！孰與辨道德之得失哉？

夫道德之實踐爲倫理。吾國倫理，肇自契敷五教，而夏校、殷序、周庠，代宏教育，尚已。無如世會趨新，而宗法不變，父子、夫婦、兄弟三者皆不出家庭範圍，至社會國家，則僅有朋友、君臣，不能完其責。若求有以暢發乎斯人之世界思想，以期上達天德者，更戛戛其難。況尊卑階級過嚴，家政國政，專制之流弊尚存，沮滯人權發達、羣治進步。職是故耳，彼泰西各國之宗基督教也，視人無幼長貴賤，皆天之臣，在在務本上天愛人之心，以期兼善天下，庶天理之周流無間，小己大羣，莫非自由幸福矣。況彼自希臘三大哲，及近倍根、笛卡兒諸鉅儒出，恒各欲獨樹一幟，不屑墨守師訓，種種學説，皆足以補助宗教，力資道德之進行，而國勢遂漸由教、學二者以大振。故英美德各國，大都重視宗教，以爲人倫之至也。而東亞教育家，因無宗教，乃代之以倫理。無如吾國舊道德，多不適今世之用，則不得不取人之長，以自補其短。雖改良道德之説，爲薦紳先生所咋舌，而世界大勢所趨，要非一二强有力者所能抗拒。惟是心醉歐風，恐盡失宗邦之文化，而力保國粹，又不適運會之遷流。用是吾國譯著之書日富，而倫理獨乏善本，誠難之也。

夫士生今日，實爲世界之一人，倘不備世界道德，何能完成世界人格，長享世界利權？故非周知乎世界列雄，所以致富强之真理，則不能致吾國於太平；尤非本原乎吾國四千年之文教，以協同乎世界之新道德，則亦不易瀹國民之新理想，使其貫澈天人，融會新舊，而進智德程度於高尚之域。世有欲造就時勢者，自當合歐亞文明，一爐而冶之。不佞學識淺陋，憂時心切，謹貢一得之愚，冀以改良社會，新吾祖國，且使世界進化於無既。自知繆妄，無所逃罪，遠識之士，或有取以爲淑身淑世之一助云爾。

庚戌季秋漢陽張純一序

例　　言

一、吾國自來講學者，往往盲從古人，卒至失其故步，無裨人世。不佞深痛之，因欲爲後起之英，盡鑄新腦，使自能产新真理，不爲從來一切政學風教囿，庶可孕育無限之文明。

一、篇中立言，每注目未來人心世道，欲爲無數時代、無數人類謀福樂之增進於不已。舍此宗旨，雖天下人所推崇者必棄之。合此宗旨，雖天下人所鄙棄者必崇之。直覺世俗好惡，無干我事，知我罪我，是在明哲。

一、學者認理不真，往往心隨勢利轉，致失真我妙諦。此吾國學理，所以日晦也。不知讀書明道，能立一言或一行，以大利乎人羣，其真榮當千百倍於厚分人利、無所酬答之帝王。不佞識短心長，甚願有志之士，都能上達天德，鍊成黃金人格，點污不染，何幸如之。

一、冒耏之衆，同具性靈。苟富慈愛心，善爲説法，使生大智力，皆無難成聖果。倘智已愚人，識量隘陋，安能爲天民盡先覺之責？不佞頗注重於此，尚希扶世翼教之彦，時留意焉。

一、天下事理，極活潑而無窮，著爲文言，已成糟粕。即此篇所言，不過對方今時勢，略啓端緒。世事變遷無常，今日新奇，明日陳腐，一二年後，又知奚似？況一節甫成，必旋自覺其誤，有待補正者不少，則其不自覺者，更不知凡幾。故不佞懼或束縛學人理想，致道德不能隨時精進，重滋内疚也。尚希名碩，時匡不逮。

一、拙作《教通》、《教育學》、《教育餘談》，均力棄陳腐，可資參證。附告通儒，藉希賜教。

目　　録

第一章　緒論

第一節　倫理學之緣起及概要

有天地然後有萬物，有萬物然後有男女，有男女然後有夫婦，有夫婦然後有父子，有父子然後有家族，有社會，有國家，有世界，而人道於是乎大備，倫理具焉。

天地萬物，因有人而益大活潑之觀。故人兼天地爲“三才”。文中子曰：“三才之道不相離。”揚子雲曰：“天辟乎上，地辟乎下，人辟乎中。”人固有不可不爲天地立心，爲萬物作宰者在；而所以立天地心、作萬物宰之理，即倫理。家族也，社會也，國家也，世界也，亦猶天地万物，日與吾身以相緣，不容其獨離而外之，而必待以爲之心、爲之宰者然，安可處之無其道乎？

上古世界，稱文明者，吾國而外，曰印度，曰埃及，曰巴比倫，曰希臘。埃及、巴比倫之文明，久已不足徵矣。而吾國與印度，在東洋爲最著，其倫理與西洋多吻合。西洋倫理，發源於希臘。希臘人海列德斯（Heraclitus）有火、氣、水、地等説，而印度已先有地、水、火、風四大説，吾《易》八卦實備具之，如以土爲地屬，則與“五行”同其三。又希人比他拉士（Pythagoras）謂萬物皆出於數，數分奇偶，亦即吾陰陽之説。可見上古時講倫理者，皆本自然之現象。是爲哲學的倫理。迨蘇格拉底（Socrates）出，哲學益精密，而道德的倫理萌芽焉。今西洋倫理學者，皆稱蘇氏爲開祖。氏有西洋孔子之稱，其言倫理，較孔子之有所祖述爲難。繼起者有柏拉圖（Plato）、亞理士多德（Aristotle）諸人，皆多所發明，其學説與吾國暗合者，正復不少。蓋希臘哲學，多自東方各國輸入，而大道初不因地而異。彼其學者，乃皆欲各樹一幟，雖師説亦無敢墨守，故其學理日形發達，利益泰西不少也。

西洋倫理，與基督教關係密切。基督教雖出自東洋小亞細亞，而傳之西洋，歐美各國皆崇奉之，以致强盛，轉較吾國之奉儒教、印度之奉佛教、阿剌伯之奉回教，而皆衰弱者大異。豈耶教之理，獨與儒佛等教異耶？以言敬天愛人，與儒教罔不符合。其重改悔，務救世，與佛教亦無歧異。至回教從之而出，可無論已。顧何以西洋獨强盛乃爾？無他，修道之謂教，亦視乎實行不實行而已。不實行，謂之無教可也，何倫理之足云？能實行，則無教非倫理矣，况彼之奉其教者，又常能取哲學之理論以光大之，更以物質的文明以滋補之。學理以競争而進化，勢使然也。

近世法儒笛卡兒（Descartes）主獨斷，英儒倍根（Bacon）主經驗，霍布士（Hobbes）主自利，洛克（Locke）主幸福，邊沁（Bentham）主功利，德儒康德（Kant）主純理，種種理論，皆足以資倫理之進步，而西洋倫理，由是益昌明矣。

東洋倫理，以哲學爲本，而宗教即由之出，無有異致。承教者因無外來刺激，相與競争，無由進化，遂使教旨逐漸縮小，且与教理逐漸差謬，卒至國勢不振，良可慨矣。

吾國儒教，肇自伏羲畫卦，而大成於唐虞，極盛於夏、商、周，故“六經”皆明倫之書。而孟子稱述三代學制，亦斷定之曰“皆所以明人倫”，尚矣。奈道隆而殺，哲理不昌，《大學》亡格致，《周禮》闕冬官，又無物質文明爲之輔，雖周末百家競起，學問上一放曙光，而秦火即相乘以爲災，古代文明，不絶如綫。自漢而後，尚黄老者失其實，重佛教者流於空，而儒教中人又專務尚古，更或以空疏性理，墮一偏而失道德之真。至詞章、制藝，尤屬無謂，心思遂歸於無用，行爲遂底於卑劣。學理已不足，况徒託空談，其結果乃至文化大衰，奄奄無氣，直謂無道德可也。悲夫！

要之無論東洋、西洋，天地萬物同，此心此理無不同。所不同者，彼能以道德實行，勝我不實行耳。而今而後，凡我生長東洋同人，萬不可任其久落西洋後，羣當以道德爲競争之本，冀與之并駕，或加乎其上可也。倘專事物質競争，而不於道德加之意，將農工商賈所争者自私之衣食，兵將士官所争者自私之禄位，何利於人？何利於國？何利於世界？何能生存於世界？故倫理學爲實踐道德之學，各科學之根本也。各科學，枝葉也。王陽明曰："須先有根，然後有枝葉。不是先尋了枝葉，然後去種根。"斯言也，可深長思矣。

第二節　自然之天則

窮大道之原，知大造之跡。無數星球，排列不紊，日局八軌，不亂循環，秩序井然，何其可大而可久也。即此搏搏大地，山高水深，草木滋榮，萬象森羅，莫不燦具美觀，非亦天然之條理乎？可見古聖人仰則觀象於天，俯則取法於地，非無故矣。

更思植物種子，其中備具幹枝均配之形，拔地參天之勢者無幾，及其投地而發生也，由萌芽而成幹，而繁枝，而茂葉，而開花，而結實，前後次序，毫不倒置，亦云妙矣。而當其發生之始，此一粒種子中，供其根幹枝葉成長之養料，由漸應給，亦可想其何者在前，何者在後之必有次序。不然，恐無由遂其成長之性也。化工之工，至令一極細極微、無知無覺之質點，皆循序供職，以成其功用，而裨益世界如此，真令人有不可思議者。

假使兩間萬有，不各循其天則，吾恐乾道雖有變化，而品物流行之美，終無由見矣。今馬能致遠，牛能引重，蜂蜜、蠶絲，類皆競效世用，以率性命之正，而保合其太和。是綿延天地之悠久者，不獨人爲然也，然則天壤間種種現象，何非天理之流行耶？

況雷動萬物，風撓萬物，火燥萬物，水潤萬物，種種自然環象，各有專職，毫不相妨，以妙神用而利萬物也。然僅不相妨，不足以成萬物，尤必相須以爲用，而後萬物無不成。故水火相逮，雷風不相悖，皆以資萬物之團結而成體，用備吾人採擇，莊嚴世界也。

即如吾人官骸，亦大具天則美備之觀，特習見而不覺耳。假令耳目生於足下，試問如何能聰明？更或一手生背後，兩足不整齊，恐不獨觀之不雅，又烏能任天下事耶？今顱圓戴天，趾方履地；耳目司視 聽，不代手足之職；手足主運動，不侵耳目之權；而耳目手足，又必互相關顧，共營全體之作用，固不容作無益之曠官。而官守攸分，即欲專擅亦不得也。設足曰我非手，故不屬於身；耳曰我非目，故不屬於身，可乎哉？若身盡目，何以聽？身盡耳，何以視？故口不可謂鼻曰："我不需爾"；腹不可謂舌曰："我不需爾"。官骸雖多，而身則一，彼此相需，無分貴賤。當知一官受苦，全身同苦；一官受樂，全身同樂。推之一家，推之一鄉，推之一國，何以異是？

故範圍天地，曲成萬物，聖人所以崇德廣業也。詎知造物之獨厚吾人類，正欲其無不踐形盡性，仁民愛物，贊化育而參天地矣?！天敘天秩，協恭在我，而民彝物則，自各得其正也。

第三節　良心之起原

良心爲倫理界之羅盤針，其作用爲意志行爲趨善避惡之標準。盡人皆具，無論心理學、論理學諸家莫不同認者也。但於其所由來，見地往往不同。有主生來者，有主經驗者，實與性説善惡關係密切，自來泰東西哲家，議論紛紛，莫衷一是。今科學進步，世界學者咸知折中，獨吾國學界，尚未定論。日本服部宇之吉，曾以爲言（見服氏《心理學講義》），良可愧矣。謹就性説善惡，先釋其疑，則良心之何自起，不待煩言矣。自來説性者，不外數種，如下：

性
- 相近　顯謂無甚善惡之分　孔子 ⎫
- 無善無不善：告子、釋家、蘇東坡、李二曲、西儒近皆同 ⎭ 經驗的
- 善：孟子、基督教（先善後惡） ⎫
- 惡……荀子
- 善惡混……揚子 ⎬ 生來的
- 上者善，下者惡，中者可導而上下（三品）　韓子（荀悦早立三品之説） ⎭

謹就性相近説，先依先儒意見解釋之。欲明性之善惡，當先明性之本體。先儒謂孔子之性相近説，兼氣質於本然言。本然無不善，而氣質有美有惡，有美中帶惡多少不等之差。

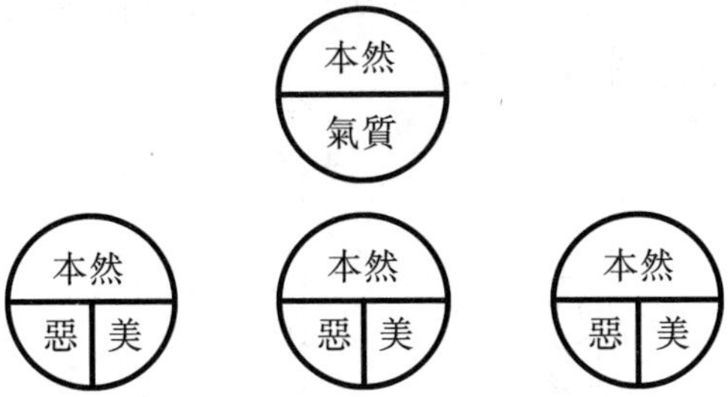

七分/三分　　六分/四分　　五分/五分

蓋“不移”之説，謂不易移，猶之可也。謂不能移，則教育不終可廢乎？然以不易移爲言，亦未免易啓所謂上智者之驕心，而大失所謂下愚者之希望。竊以天下無上智，即上智矣，而一自命爲上智，即已爲下愚之歸。果何上智之有？至於下愚，亦特患其終不肯自移耳。孟曰：“雖有惡人，齋戒沐浴，可事上帝。”佛曰：“放下屠刀，立地成佛。”又何不可移之有？惟《書》曰：“聖罔念作狂，狂克念作聖。”旨哉！

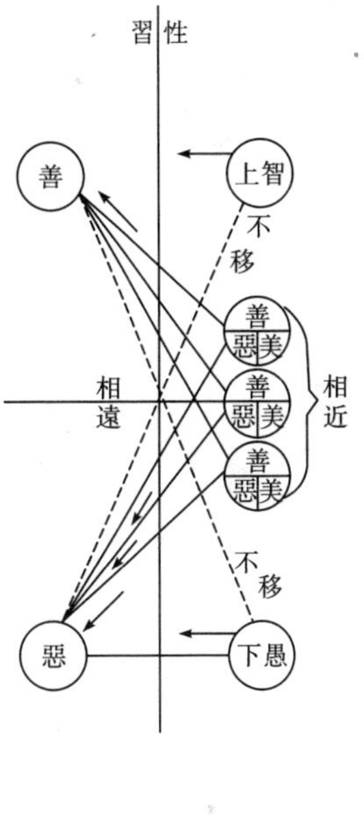

未成習慣以前，其氣質美惡之差，相去不遠，本皆近善。迨後習善習惡，乃日相遠矣。此與孔子

立言本旨，似尚不甚相遠。惟謂上智下愚，即爲善惡之分，皆係生來而不可移，則於相近本旨，差違殊甚，不敢遵信。謹以愚見解釋於後。

性之本原，爲物質中所具有自然之理。如火炎、水流、鳶飛、魚躍，所謂天生本能是也。又如飲食男女，含生之儔，無不同具，皆是天命之性之善，非意志行爲之善。人與禽獸無異者也。而人所以異於禽獸幾希者，正由其獨能因知、情、意三者協合之作用，使意志行爲有善無惡，而爲萬物之靈也。故凡吾人所認識意志行爲之善惡，皆習也，非性之具於生初者也。今據心理學之理以證明之。性之發見本於腦，而善記憶、善思想，即腦之性。腦有大小之殊，其襞皺又有多少、深淺之差，則其作用之爲智爲愚，亦自不能同一，而其初之相去，究非甚遠。惟視其所習如何，而品分上下焉。孔子言性，不分善惡，以鄉人好惡，皆未可憑，誠超越千古之卓識也。圖解如下：

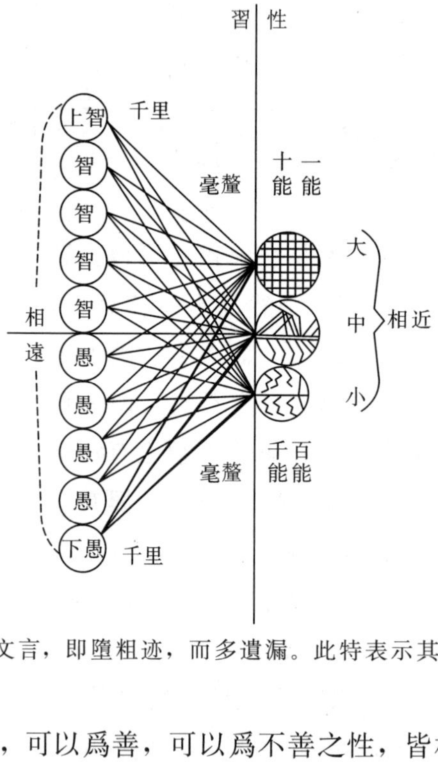

天下事理，著爲文言，即墮粗迹，而多遺漏。此特表示其概略耳，泥而求之不得也。

未成習慣以前，可以爲善，可以爲不善之性，皆相近。惟習善而至於上智，習惡而至於下愚，懸隔之遠，則不易移矣。孟、荀皆孔子再傳弟子，其一善一惡，大都各得一偏，泥相近之旨而誤之也。至揚子、韓子，又鑒於孟、荀之失，而別立兩可之説，亦有不可通者矣。顧韓子“三品”，實本於宓子、賤漆、雕開、公孫尼、世碩、王充等之説，而宓子、賤漆、雕開，皆孔子及門弟子，大都亦尊其所聞，而未得十分確解耳。由是知孔子之未嘗或混善惡以言性，益了然也。

英儒赫胥黎（Huxley）曰：“性之爲言，義訓不一。約而言之，凡自然者謂之性，與生俱生者謂之性。”斯言也，合之吾《易》“乾道變化，各正性命”之理赫胥黎嘗言“天有理而無善”，頗精當。近矣。邵子曰：“不知乾，無以知性命之理。”程子曰：“萬物各得其性，一毫不得加損。”皆含有性之作用如目善視、耳善聽之類。甚善之意，絶無由性所發生之意志行爲，或善或惡之意雜其間也。故目善視，耳善聽，手足善運動，實爲天命耳、目、手足之善性。至所視聽行爲之善惡，皆後起之事，不得即以爲天性之善、天性之惡。自來哲家言性，大都混人爲之善惡爲天定，先後界劃不清耳。惟董子言性與善本分爲二，謂善是“人之繼天，而成於外”，洵爲卓識。夫“善”、“惡”名稱，因地、因時、因人、因事而異，恒無定準。有此地以爲善，彼地以爲惡，古時以爲善，今時以爲惡者，由相沿習尚而然。有在此人爲善，在他人爲惡，在此事爲善，在他事爲惡者，又因各異之人心而定。種種差別，從事實出，從經驗斷，無論風俗習尚如何不同。揆之以理，於未有事實以前而欲斷定其善惡，烏乎能？如初生小兒，且不知父母爲何人，安得謂其即有孝心？即成人，亦不能判決是非，而定人事之善惡者衆矣。果其性善，何不識善？又野蠻人，且不知殘忍作何解。文化未進步之國，其人民且不以虚誕爲可羞。彼西人以謊言爲最可恥，而吾國人則奉偶像爲神而心安。豈性善者，果有此現象乎？抑野蠻人性獨不善乎？可見性善之説，非自有生來，係由種種閲歷，人智逐漸開通，真理逐漸顯明，按諸行事，生出斷定善惡能力之稱。習也，誤認爲性者也。如謂天性本善，何有惡人？天性本惡，何有善人？即性混善惡之説，奈善惡又無標準何？王陽明四句教法，惟“無善無惡心之體”一句陽明固參禪理而爲儒者也。係就天稟之性言，見得天性本體原無善惡。至“有善有惡意之動”、“知善知惡是良知”，皆屬後起人爲之習慣，非性之本來無不善，實性之無不可止於至善也。或謂未開化之人性多惡，半開化之人性有善有惡，既開化之人性多善。此説尤足爲“性因習善”之證。若專就性言，則似是而非，蓋混習慣於天性中也。試解吾人所備具之性如下：

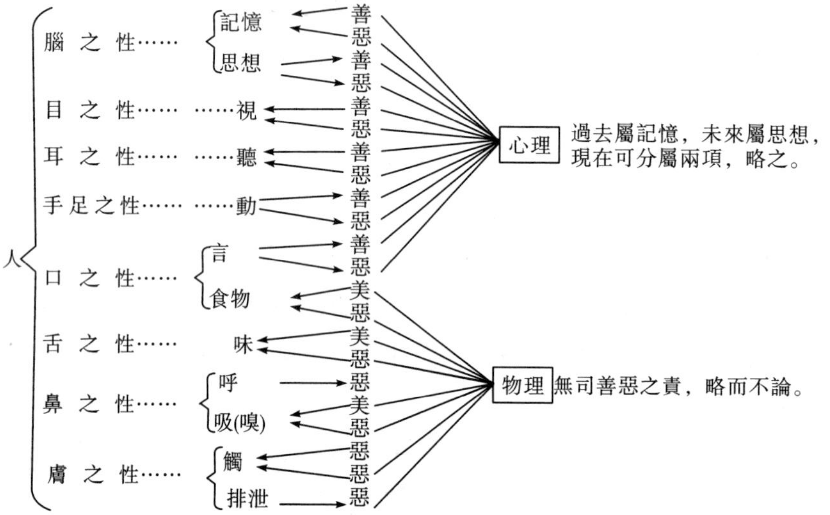

善惡純屬精神作用，必因視、聽、言、動以顯明，而腦實主之。表解於下：

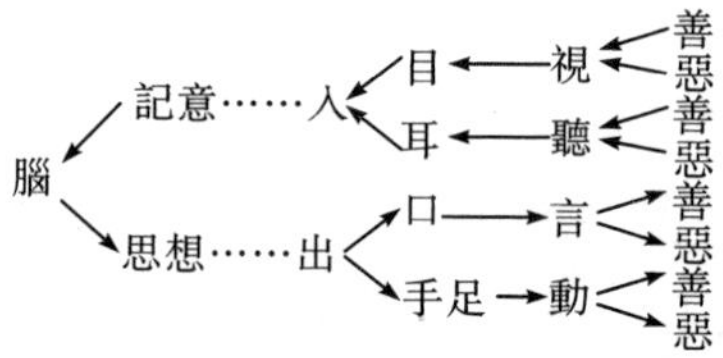

凡外界善惡，由耳目入，故貴聰明。凡内界善惡，由言行出，故貴謹慎。孔子曰：“非禮勿視，非禮勿聽，非禮勿言，非禮勿動。”視聽居言動之先，以吾人生而不聞理義之言，必不能言理義之言，生而不見理義之行，必不能行理義之行也。即如紂用炮烙，惡矣，究其原因，實由習聞習見火爍傷人而甚之也。是言性之善惡，以視聽之善惡爲本原。視聽之善惡，皆自外入，非性之固有也。又入境問俗，是欲知未見未聞之善惡，以便言善不言惡、行善不行惡也。當未入境時，性中絶無此境之善惡，可斷言矣。從知善惡由各地習俗而成，恒無定準，皆後起人爲之事，非固有於生初者。蓋“人生而静天之性”，足見性之本體無善惡，感物而動性之害，善惡斯雜揉矣。孟子“四端”，演習之慣於自然者也。今立定案曰：性原無善惡，凡善惡皆習慣也。古言性善、性惡者，皆混習於性，而誤焉者也。試探性之本原。

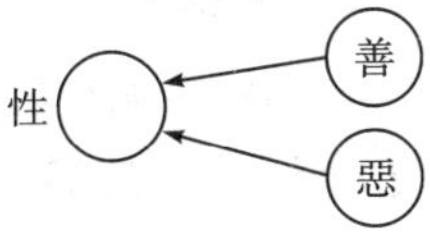

告子曰：“性無善無不善。”釋家曰：“本來無一物。”故蘇東坡、李二曲等皆相沿以爲性無善惡。胡文定、陸象山皆有“性無善無惡”之説。更就愚見引伸其義，以次圖解之。

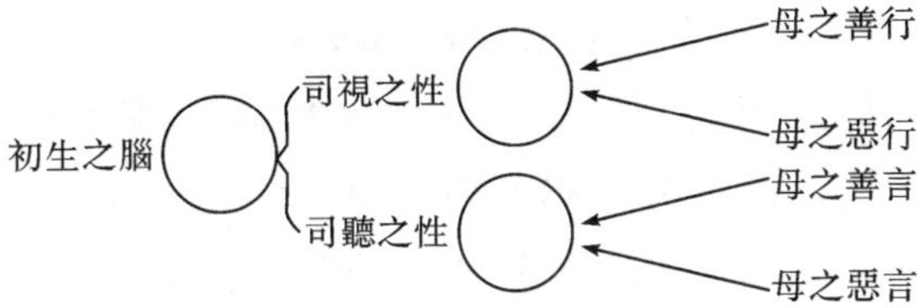

人當爲赤子時，性中一無所有，如未經照相之紙片然。維時觀察作用頗强，聽覺次之，絶無言動作用。拿破侖（Napoleon）曰：“小兒之命運，爲母所造。”斯賓塞（Spencer）曰：“家庭教育，非母不能爲。”皆卓見也。

善惡所由出，本於善惡所由入。故言行之官可從略。而視聽又不過善惡所從入之門，存蓄善惡者實爲腦。下徑以腦表示之。横畫示善，直畫示惡，横直之相交，示分辨善惡之不明。

以其母言行之善惡爲基址，又加入父兄等言行之善惡。維時無分别善惡之知識，只有感覺而已。法人箕雅波爾曰：“兒童初生後，三年間所得者，多於大學三年間所學。”良有以也。

以家人言行之善惡爲基址，而父母善惡最占勢力，又加入鄰居言行

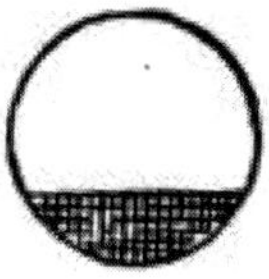

週歲後、三歲前之腦，所具善惡之性

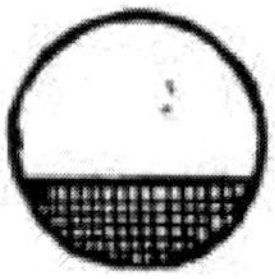

六歲前所具善惡之性

之善惡。亦不能分辨，惟稍知權利的一二善惡而已。

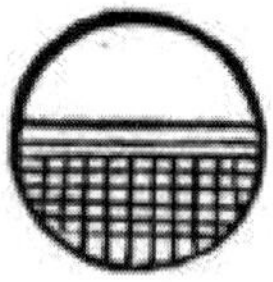

十四歲前具有善惡之性

以家人、鄰居之善惡爲基址，又加入教師、學友極有勢力之善惡。維時記憶力最發達，辨別善惡亦不甚分明。故其推理，每有持一端以概全體之弊。情緒始動，感覺的意志多，悟性的意志少。

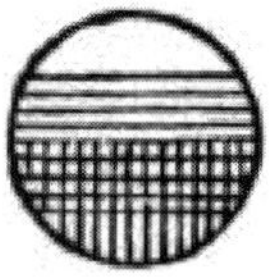

二十四歲前具有善惡之性

以家人、鄰居、師友之善惡爲基址，又加入社會之善惡。要以感受師友之善惡爲最有勢力。維時知識尚未充足，而審辨善惡力，較前期固甚分明矣。情欲備具，理性漸增。

雖以前期善惡爲基址，半多因朋友善惡爲轉移，又附益社會之善惡，而成一己之品性。或多善，或多惡，或善惡參雜。閱歷漸深，辨別善惡力較前期又分明，而不能瑩徹處，仍復不少。

三十歲前後具有善惡之性

四十歲後具有善惡之性

此時性之善惡成分多少大定，知識既足，經驗亦富。故思考力發達，辨别善惡，甚覺分明。然終有所不知，終有不能瑩徹之點。大都爲政教風俗所囿，此教育所由貴普及，尤貴發明真理也。

由此可斷言，幼兒習慣近父母，童齡習慣漸遠父母而近教師，丁年習慣又漸遠教師而近社會。故人人無善惡之性皆相近，而習善、習惡，則各相遠。習而至於上智，至於下愚，則不移。此人世間所由貴有教育，父母、教師所由貴純善，社會所由貴進化也。蓋性之發達，由來有漸。表解如下：

- 性之發達
  - 原因
    - 内因……本能（自能視聽善惡）
    - 外因……倫理的感化（家庭學校社會之善工）
  - 事實
    - 習慣
    - 漸加經驗之言行

試舉“良心起原於經驗”之學説以證之。

甲、個人經驗説

個人之經驗，係由行爲之結果而生。爲善則樂，爲惡則苦。往事所經，歷歷不爽，良心遂由漸以發達。要以馴服於外界之威權者爲多。

（一）法律的裁制。刑罰所在，良心以有所懾而生。英儒霍布士曰：“良心是帝王之命，帝王之命即是良心之聲。人類未甚開明時，帝王威權無限，其一命一令皆須實踐，此命令固著人心，久之遂成爲良心。”

（二）社會的裁制。人類通常之交際，輿論綦嚴，衆怒難犯，良心遂因有所折服而生。

（三）宗教的裁制。天堂地獄即在心内，即在目前。之説，亦足以約束一般人無忌憚之心。

乙、人羣進化説

謂良心非由個人之經驗而生，乃由人羣種種之進化而生。

（一）順應於境遇。如吾人生於某地，必具有其地一種之習尚，用以與人羣相接而安者爲良心。

（二）習慣之勢力。吾人行爲善惡，恒因於習慣，苟有一種習慣，全社會公認爲善，準此以行，即是良心。

（三）遺傳之勢力。家世相戒不爲之事，子孫共守之，則勢力生。慑於此等勢力，而生不敢違背之心，亦即良心。

（四）自然淘汰之勢力。人能得幸福與否，即以能爲善與否爲斷。且爲善不獨得幸福，并爲社會所推崇。爲不善不獨不得幸福，并爲社會所唾棄。如是爲不善之心，遂逐漸淘汰以去。爲不善之心去，而良心生矣。

按：人羣進化，皆由經驗，不過範圍較廣耳。

然則良心由經驗而發達，即知"性由習慣而善"無疑也。就人羣言，未受教育者之性，必不如已受教育者善。以一人言，未受教育時之性，必不如已受教育時善。至後十年之學問閲歷，與前十年不同，必又覺後時之性爲更善。故心理家，謂人當幼兒期爲浮性，少年期漸進熱性，至壯年全係熱性，過此則漸進鬱性而爲冷性。因前後境遇經驗各不同也。各人有浮性、熱性、鬱性、冷性之不同，又各因境遇經驗而異也。至男子多熱性與冷性，女子多浮性與鬱性，又因男女境遇經驗各不同也。語曰："習慣是第二天性。"似猶淺之乎言習慣也。

要之，先儒之言善言惡，其誤點，在以繼之者説性。不知才説性，便已不是性，是知、情、意三者協合之作用，習也。性固無善無惡，而無不可止於至善者也，所賴家庭、學校、社會之習慣無不善，斯善矣。

第四節　道德之認真

道德包裹人身，充塞耳目，亦云備矣。特在日用間，常似故秘其術，必待吾人靈思之自運，而其理乃以漸而顯。此人與萬物，同生天地間，獨能布其勢力於全世界，以取浮生之大樂者也。故天下事物，莫不有理，日待吾人自由意志之擇決，必視吾人處之。如何而後返之己心而安，如何而後推之相與为缘者之心而安，又如何而後推之天下後世人之心而無不安，而道德真際出焉。時時考求，時時精進，文化昌明，職是故耳。

人世間道德之勢力，能左右吾人自由之意志，不得不奉以爲裁決行爲之標準。惟人智不齊，見解互異，而道德分高下焉。如匡章，通國稱不孝，孟子與之游，且禮貌之。孟子固識超通國矣；乃孟子謂“窮則獨善其身”，而王陽明之徒雖樵夫朱恕、陶匠韓貞亦自任“兼善天下”之責，今耶穌教徒雖匹夫匹婦，亦專以移風易俗爲務。是孟子之説，亦有不宜墨守者。若管仲不死子糾，子路、子貢以爲怪，孔子稱其仁。爲天下、爲君，識量又殊廣狹矣。今各文明國之有國會，得政本矣，乃會議時，可由君主一人意見解散之。英儒邊沁，謂其背理殊甚，又非獨具卓見乎？蓋理經深索而真，道德恒緣知識以進步也。

道德者，風俗之公認爲善良者也，故與風俗關係密切，而人恒習焉而不察。如一夫多妻，亦有一婦多夫之俗，其野蠻正與此同。是以女子爲戲，背理甚矣。泰西人莫不以爲非，彼因其宗教不獨責女子之貞己也，即在丈夫亦以專一爲懿德故爾。見孟德斯鳩《法意》七卷九章。而吾國人則視若固然不爲怪。詎知夫婦之道，察乎天地，自古爲敵體矣，故婚禮壻往婦家親迎，以雁爲質，取義至深遠也。洎乎末流，竟至漁色男子，人無刺言。而妻死者無妨再三娶，《公羊》莊十九年傳“諸侯不再娶”，是男子不得再娶，猶女子不得再嫁也。寡婦再醮則群焉以爲門户羞，有此天理人情乎？貴男賤女，所以失去國民之半，而國以不振也。在彼孀婦，果情篤故夫，不忍他適，尚矣；乃有若世俗勵節之風，勉事禁遏者，殊大干天地之和，甚非人道。吾國人有以設敬節堂爲善舉者，徒令孀婦自苦，坐分人利，果何取耶？噫！務虛名，背真理，不轉礙道德之進行乎？是在職司風化者，隨在審定習俗之果合乎純正道德與否，時圖真理之精進可也。

道德以能普及社會爲最。博施濟衆，慈善事業也。不知恤老憐貧，寒衣飢米，適引起無志謀者之希望，其流弊無異教之游惰而無恥也。夫救人貧苦，孰若使人不致貧苦。計莫如捐資興學，使民智日增，自無待他人振濟之爲愈矣。彼歐美財産家，於學堂、藏書樓等捐，莫不踴躍輸將，固深具卓識矣。美國東部大學最著名者四，其一爲慈善家就士夥鋪全士捐貲而成，因即以其名名之。吾國上海工師楊斯盛亦盡捐其鉅萬家貲以興學，造福國民，洵非淺鮮。更或資助教會，俾傳教遠方，以盡人類所當盡於世界之義務，所見不亦遠大乎？他若設孤兒院保育孤兒，吾國育嬰室約略似之，奈不知教育之法，缺憾良多。使成人後，皆能效用於社會。建醫院以治貧苦之病人，可減少夭亡之數，皆心存仁愛者所宜勇爲也。而吾國之所謂善舉，則異是。除備水器防火災、燃路燈便夜行、收死屍免傳染在收屍者以爲不忍死屍之暴露，偏矣。外，非不設義塾訓蒙也，而教者毫無知識，反爲大害。非不送診施藥也，而庸醫不知生理與化學，反致促人數算。至印送《玉曆鈔傳》等書，雖微寓勸懲，而荒誕附會，實爲腐敗風俗之原因。戒殺放生，固充不忍之心，不知任禽獸繁殖，不數年即有充斥逼人之患，何道德盡失之真也！今吾國政治極壞，識者當急謀補救之舉不勝數，而事關衛生，尤爲緊要，如遠棄渣草，古者國中道路，有條狼氏滌除道上狼扈，使之潔清，見《周禮·秋官》。又殷法、秦法均刑棄灰於道者，見《韓非子》並《説苑》。使空氣新鮮。疏通溝渠，使水無穢滯，皆所以清病源也。若小池或破甕水中，每有生蚊之蟲，成蚊則使人難安寢，且傳染諸疾，爲害甚巨。宜盡除死水，使蚊無由生。否則於未成蚊時，先潑火油於水面以滅之。又暑氣薰蒸時，凡陋隘不潔處，徧灑消毒之藥物，更獎勵畜貓之法，或多置捕鼠器(Trap)，使比户輪傳。捕得之鼠，即火焚之，以杜絶瘟疫之流行。歐美各國久無瘟疫，固由政治完美，亦人皆知預防也。此皆防患未然，非彌縫罅漏之小惠比也。學道愛人者，其亟認真道德，而謀社會之進化乎！

今世界交通，國際上時亦有種種之道德。如大災則相卹，慶典則相賀，重邦交，敦舊好也。然利權所在，往往損人以益己。凡文明國貨物之出口皆無税，入口則重税以滯其行銷。而外交權詐，尤百出不窮。吾國外交尚難及此程度，吾國民允當愧死。又以知道德心之發達，皆甚幼稚也。萬國弭兵會，不能禁列强之增兵；國際公法，無許被强暴虐待者，有所赴愬之例；况警察、武備，莫不刻意講求也。若道德心果達極點，則犯罪無人，何用法律；况今世界法律大半皆非道德。作奸無人，何用警察；强暴無人，何用武備。是則道德之宜認真而謀進行也，匪吾國爲然，特吾國爲尤急耳。甚矣道德真際之不易顯明也，抱世道憂者，得不以闡發真理爲首務哉？

第五節　時中之要旨

天下事理，每因偏誤。而執中無權，亦難精進。故膠守見聞失之陋，騾騖高遠失之浮。斟酌盡善，時中之爲德也，其至矣乎！

吾國自來以儉爲美德，頗具有爲天下惜物力，亦即以惜人力之意。子華子曰："嗇其所以出，而謹節其所受"。又謂"儉可養廉也"。不知天下物力之消長，恒與人力之勤惰爲比例，而人力則賴有人善用之。斯愈奮而愈足，因陋就簡，非所以策勵天下也。若澹泊盟心，立身貞介，稍俱遠識者皆能之。如必津津焉以爲至詣，安能令彼此有無，皆得相輸之益？今文明國人，競尚華美，其道與吾國正相反，將出其有餘，以資勤勞者之生活，而社會全體，分利互輸，貧富因得調節，以共享厚生利用之樂，較之尚儉識量，何如大而公也。蓋理財精義，在使天下之財，流通以利天下之用。善聚也，尤貴善散，歐美人行之，既大著其效矣。倘始終止爲一人計，社會焉能進化耶？然財力未充，遂不量入爲出，侈靡浪費，亦未見其得也。其必因時制宜，斯爲大中之道。昔亞里士多德謂寬裕之德爲奢侈與吝嗇之中庸，吾謂個人與社會兩利而不相妨爲奢儉之時中。

國民無論男女，皆當教育，使各盡家庭社會之義務。今吾國女子，不學無識，祇求容悦於男子，而不自知爲天地有用之人，不能獨立，竟至多數女子，充填一男子之闔内，以供其玩樂而不知羞，束縛甚矣。其流弊乃至家庭無教，舉國昏愚而不振，良可浩歎。若泰西女子，受教日深，盡明天賦人權之理，競尚自由，昌言獨立，以此終身不嫁者多矣。即嫁已，又不樂育子，專事隳胎，雖政府嚴其禁令，或設法獎勵育子者，而卒不能救。法國人口，久不見增，職此之由。今美國女俗，亦近於法。若長此不返，恐久之人類將有滅絶之憂，非細故也。又或因其知識恒不在男子下，遂羣起而與男子争得政治上平等之權利。如英國女子，争選舉權，政府莫何，而夫妻因此反目者有之，均太過矣。夫天以孕育大任，託之女子，則乳哺專責，無可旁貸，而撫摩教誨，尤須學識，且主持家政，亦非具大智力不可。是女子天職，恒在庭幃以内，果智德完美，已足爲全國風化之原，正不必放棄本務，參越男子事權。況其腦量不及男子重，神經不及男子密，此間早有天定也。女子爲家庭之關鍵，男子爲社會之關鍵，天然秩序，兩不相妨，而適相成，無庸輕重於其間。故不提倡女學，以資德慧之雙修，則女子不能獨立，國勢終無由振興。試檢閲《五大洲女俗通考》，自知國弱民貧由於教化之不振，實由於婦女資格之過低。設任婦女獨立，參與國政，盡不適人、産子，則家政全廢，人道不大可危乎？蓋女子與男子平權，古夫妻稱敵體。天道也；女子自棄其權，不嫁、不産是棄天與之權。或奪男子之權，凡女子弱體不堪任之事，如從軍、行政之類，皆天賦男子之權。非天道也，亦惟準婦女天職之所應盡者，充其道德之量而已矣。

今列强争競，海陸增兵，勢必至奪地殺人、全球糜爛，其不道德甚矣。而世界道德家，則悲憫爲懷，急欲以大同主義化除畛域，遏亂萌而增進民生幸福於無暨，意誠至善。奈各秉國鈞者，識量過隘，不仰體上天子民大公無私之心，爲全世界謀永久之幸福，陋矣！此間急須求一時中之道，爲弭戰禍，暫保各國之安寧，期漸臻大同之景運可也。現英儒李提摩太以積極的弭兵法策萬年太平，凡基督教大旨，較康德永世太平論之五大綱尤詳。謂合計五洲各國，日糜兵費數百萬，且繼長增高，靡所底止，除養兵外，復須養傷亡兵士之家屬，耗費害人，莫此爲甚。因推治國統於一尊之法，欲聯合中西十大國，設一地球公法裁判所，公舉一才德兼全之人，總理裁判事務。如美法舉總統例，定若干年一任。此十國中，倘有兩國一旦失和，不得輕開戰端，當由八國公斷。倘一國君民不和，亦不得枉殺民命，當由九國公斷。除此十國外，如有一國欲佔人土地者，必俟十國公同商酌，斷其實有益於地球，乃許取之，否則禁阻。而十國大學堂，當採各國之善，彼此相助，不得以國界相指摘，否則即爲興亂之由，應同禁止。其進口出口之税，均歸一律，不容軒輊。似此十國如一國，軍學家自不必用心於鑄礮造艦、攻城掠地諸不仁之事，亦無庸多取賦税，養無數之閑兵矣。由是漸推行於全球，其造福民生，豈有量耶？是所望於各國有道德之偉人，合力贊助，則世界萬年太平基此矣。今列强互競不遑，似不足以語此，况吾國將不國者乎？然遠識之士，須審時度勢，注目未來之理想的社會。爲世界謀安全，亦即爲本國增幸福，苟主國政者不忍犧牲多數人命以遂利己之偏私，於開弭兵會時，竭力提倡，未始不能聯多國爲一團，卒成古今未有之偉業也。

天壤間幸福本無窮，必俟人羣奮其能以相求，而於一切行事，適合時宜，無或太過不及之差，則民生樂利，自有享受不盡者矣。惟勿篤於迹相，而疏於變通；勿察於淺近，而忽於深遠。必時超卓其理想，以速事實之進行，不惜犧牲夫現在，以圖未來之效果。上準天道，下順人心，不激不隨，各盡職分之所當爲，自無難共協中和之則，而治臻乎上理也。

第六節　研究法

天地間既有人類，即有倫理。倘無倫理，恐人類靡有孑遺，而造化妙用亦無由顯。故倫理學之宜研究也急矣！必放開活潑眼光，縱觀活潑世界，尋繹千古故事，探討各國人情，融會貫通，而後能納已往、未來之天下於寸心，本一理以應萬事也。兹約其方法爲二。

甲、間接的研究，關於各科學者是。

（一）動物學。卵生孵雛，胎生哺乳。蜂有社會，蟻善戰争。格物所以致知也。

（二）心理學。愛人者人恒愛，敬人者人恒敬，何如感斯應也！而殺人之父，人亦殺其父，殺人之兄，人亦殺其兄，不大可爲鑒戒乎？

（三）教育學。社會風俗，家庭習尚，皆最有勢力之一種教育。恒因國度殊文野，而生此是彼非之差。況異時異地，教育目的亦往往不同，均宜比較而研究之。

（四）世界歷史學。昔斯巴達俗，女雖有夫，見健男則求與卧，曰爲國乞種。男遇頎婦，則請諸其夫，曰爲種擇田。兩無忤也。此在未嘗研究倫理者，恐不無驚異之感，不知此特句踐圖强之故智。在立法者，方相時之宜爲操縱，囿於習見不得也。

（五）政法學。國政進化，由專制而共和，則其立法，必各有與其治制之精神相得者。此間孰私孰公，均當瑩徹於其理之所以然與所當然也。

（六）社會學。研究衆人協同之事，其目的務增進最大多數人之最大幸福者也。

（七）宗教學。務犧牲個人現在之利益，以謀社會全體未來之利益，期與天合德，而實行真理、正義、博愛之主義者也。

乙、直接的研究，凡與吾人爲緣者是。

（一）天地。吾人在天地間，其生也是否爲己而生，其死也是否爲己而死。見《新約·羅馬書》。如曰爲己，何不能由己？可見吾人生生死死，罔非天地以之大活潑之觀，而綿悠久之運者也。然則準以物質不滅，能力不滅之理，吾人未生以前，既死以後，必有與天地爲一體者矣。亦既塞吾其體，率吾其性，又必高爲覆而厚爲載，且使萬物皆備，厚其生而利其用。果何爲乎？蓋天心之愛有獨鍾，實欲假手以成天下之務也。不然，恐天無以彰其文，地無以著其理矣。王陽明《傳習録》："天没有我的靈明，誰去仰他高？地没有我的靈明，誰去俯他深？"故吾人一息苟存，不可不與天地參，以求其德與之合也。

（二）萬物。宇内萬有羅列，吾人取之無盡、用之不竭，樂莫樂於此矣。然不耕而食，何以有豐年；竭澤而漁，孟子曰"數罟不入洿池"。古者網罟必用四寸之目，魚不盈尺，市不得鬻，人不得食。推而至於森林、畜牧，無不當然。未免絶生氣。故植物宜如何栽培以資暢茂，動物宜如何飼養以盛繁殖，出機入機，吾人早代造物操其權。特不可不於絪緼化生之秘，一一鈎其玄，以大萬物之發育。利物也，即所以利人，而庶類之生生不息矣。是謂能盡物之性，是謂保合太和。

（三）人類。家族也，社會也，國家也，世界也，範圍雖有廣狹，而與吾身關係密切則一。以一人不能孤立營生話，必合羣制治，而後能享樂業安生之福也。亦既聚衆人以爲羣，苟不協合其心理之所同，安能盡息不平之争，以獨行吾樂？古聖人知惟能樂人之樂者，人亦樂其樂；憂人之憂者，人亦憂其憂。故樂以天下，憂以天下。而范文正則申其義曰："先天下之憂而憂，後天下之樂而樂。"洵足爲天下法矣。蓋自利必不利，利人斯真自利矣。涉世者其審諸。

故凡研究倫理者，必虚心坦懷，具有吞吐宇宙、磅礴萬類之氣概，而後能破除世俗藩籬，判決古今世界一切道德的事實而進退之。否則不足言倫紀、法度之得失，隨時催進世道之文化也。

第二章　立己

第一節　求我

天下人不知有“我”者之多也。耳徇人聽，而不自聰。目隨人視，而不自明。其於心思也，亦然。壹是皆因人以爲我，從不一踐我形，一盡我性，於是我有義務不知盡，我有權利不知享。盧梭（Rousseau）曰：“保持自己自由權，是人生一大責任。凡號稱爲人，則不可不盡此責任，不然則是我棄我，而不自有耳。”我之所以爲我者，幾歸之無何有之鄉，而終不自覺。其究也，害天下有我，利天下無我。慾尤中有我，道德中無我。是雖有我，不如無我。即曰有“我”，亦不過一無所以爲我之“我”，其負大造生成之恩實甚，不大可哀乎？

然則“我”之亡也久矣。果何道以求之？我思之，我重思之，請自我格我物、我窮我理始。夫人心之靈，莫不有知。而天下之物，莫不有理。惟於理有未窮，故其知有不盡。必即物窮理，以求至乎其極，一旦豁然貫通，則衆物之表裏、精粗無不到，而吾心之全體大用無不明，我之爲我得矣。至此始恍然於半生之無我，終日衹被風俗轉，未能一日轉風俗。不爲堯舜，偏爲桀紂。劉念臺曰：“孟子説過，道二，仁與不仁。不爲堯舜，則爲桀紂，中間更無一髮可容混處。學者上之不敢爲堯舜，下之不屑爲桀紂，却於兩下中擇個中庸自便之途，以爲至當，豈知此身早已落桀紂一途矣。”不爲聖賢，偏爲禽獸。曾文正曰：“不爲聖賢，便爲禽獸。”過甚矣！罪甚矣！嘗謂“上智有過，下愚無過”。一能自知，一不自知也。而我孔子、釋迦、耶穌之望我改悔，恩我至矣，我誠辜恩矣。雖然，往者不可諫，來者猶可追。既知有我，宜圖進取。

進取之道，莫如多讀古今中外書，以增識力而宏造就。特往籍紛陳，半多糟粕，雖不乏真理而是非難定，不易剖辨。此間當探明道之大原，令書爲我讀，勿令我被書讀去也。故讀書不可以無我，要有主識。無我恐爲書所欺。孟子曰“盡信書不如無書”，且佩服前人太過，定難推陳出新。而讀書又不可以有我，門户見深，則理想束縛，公理不出，由此自滿弊生，又安能大受以助真理之發明？故吾國人尊孔過甚，轉非所以尊孔之道。有我難得書之益，心要公明静虚，節取其長。必其理放之天下萬世之人心而皆準者，而後服膺而勿失可也。惟懷疑派泰斗笛卡兒曰：“我能深思，是故有我。”以是求得一切真理之基礎。苟其理藹然當吾心，雖外界如何拂我，我必取之。苟其理愍然不慊吾心，雖外界如何煽我，我必棄之。我之所依賴者，惟有一我而已。是謂有我，是謂能求真理之我。

尤有進者，世故閲歷，皆所以陶成我爲一羣内之我之實學，動容周旋，何以中禮？持身涉世，何以與人不苟同、不矯異？何以克明峻德，無愧在躬之天命？必中有所主，而後外緣乃無由奪其天所以與我者之大，而我之爲我成立矣。我既成立，又當自問我之才能如何？品位如何？我立於社會如何？果有益於人世否？果能上達天德、不與草木同腐否？前此之我無論已，今後之我或爲一家一族之我，或爲一鄉一邑之我，或一國之我，或世界之我，或一時之我，或千秋之我。如何鍛鍊我體魄？如何堅忍我道心？如何宏大我願力？我言顧我行，我行顧我言。過譽我者我不聞，非笑我者我加勉。我信我心，我助我力。於是前我聖賢挽，後我英雄推，直覺合往古來今之天下，竟有此現在之一我，而我貴矣。

第二節　尚友

既求得我矣，當知我身在天地中，匆匆數十寒暑，原始反終，本非我之所得私，乃蒼蒼者所期望，以爲人世大造就者也。奈耳濡目染，每囿於惡劣風氣，而不克自拔者衆矣，果如何能大感奮而解其縛？噫！吾國民爲水母水母無目，以蝦目爲目。者二千年，輔仁之友，殊不多覯。無以，請與古爲徒。

有可爲持己法者二：一伯夷，一柳下惠。

同流合污，恒人慣性。欲矯此弊，宜師伯夷。目不視惡色，耳不聽惡聲。不與惡人言，不與惡人立，若將浼焉。此其得爲聖之清，足令頑夫廉、懦夫立者也。明儒許静餘嘗曰："和風未學油油惠，清節寧希望望夷。"可謂善取師矣。吾人理性意志未堅定時，允宜效法。雖曰隘，庸何傷？

然吾人不能隔絶社會，獨營生活。而邪緣無盡，百般紛擾，腔子裏無主人，則物交物而引之矣。如何而可？必先立乎其大者，陸象山一生學問得力於此。則其小者，自不能奪。是宜法柳下惠，雖袒裼裸裎於我側，祇曰"爾爲爾，我爲我。爾焉能浼我？"終油油然與之偕而不自失，援而止之而亦止。是所謂"對境忘境，不沈六賊之魔。居塵出塵，不落萬緣之化"見《抱朴子》者矣。宜其和風廣被，而鄙夫無不寛，薄夫無不敦也。孟曰"不恭"，未免武斷，竊以袒裼裸裎非惠使然，惠又未嘗袒裼裸裎，何得遽以不恭斷之？油油與偕、援止即止，未始非有心化之也。老子曰："聖人常善救人，故無棄人。"基督徒保羅曰："在猶太人中，當如猶太人。"因爲欲救猶太人，其量何如宏，其心何如苦也。佛曰："我不入地獄，誰入地獄！"是其所以爲佛歟？固無礙我學步，特無和聖清操者，不得藉以自飾耳。

有可爲任重法者二：一伊尹，一摩西。

人生斯世，食人之食，衣人之衣，而不事人之事，不較雞犬不如乎？抑思人身難得，不可與草木同腐。古有善盡本分者，首推伊尹。其言曰："予天民之先覺者也，予將以斯道覺斯民也。非予覺之而誰也？"思天下之民，匹夫匹婦，有不被堯舜之澤者，若己推而納之溝中，所以五就湯，五就桀，期無一夫之不得其所也。有爲者亦若是。天下重任不一途，罔俾阿衡專美終古。嘗謂伊尹有孔子之時，孔子無伊尹之任，何也？伊尹可以耕莘，可以就聘，可以五就湯，可以五就桀，可以放太甲，可以復太甲，時矣。若孔子燔肉不至，不税冕而行，以視伊尹之五就桀，何如？

更有摩西，泰西古時大聖人也，又稱立法之祖、現泰西律法本於羅馬，實原於十誡，拙作《泰西法政之助力》言之差詳。開道統之祖、以天治國之祖。

本希伯來人，而生長於埃及王宫，見希人備受埃人虐待，不憚危險，躬率二兆餘衆，同出埃境。而其出奔之衆，皆庸碌謬妄之人奴，乃欲練之作至精之兵，導之爲自主之民，教之成有道之士，誠有如登天之難者矣。困頓沙漠四十年，雖叢怨幾死，惟自矢恒心忍性，冀率同儕，共入福地，預知同人能止樂土，終必豐亨，而己不與。其襟期爲何如耶？吾人富具社會思想，得不奉爲導師？

自來英俊賢哲，既各具特色，足爲我輩法以死。我輩自不得不則效之，貢獻精神，以爲今後世道助。是即我身報酬先民所當盡之本務也。夫當仁宜不讓，幸勿遜謝古人，致“仰貽天地凝形賦性之羞，俯爲父母流傳一氣之玷。”薛文清語。可耳。

第三節　造命

吾人同受天命以生，惟視其造就如何，而終身之幸不幸分焉。此造命之權，始操於父母，繼操於教師，終操於自己。然在父母者，恒不及在己之力之大且久。努力進取，責無旁貸。如善於衛生，所以造壽考之命。勤於求志，所以造聖賢之命。必究極乎天賦之全能，使德業日即乎新，而後爲能盡性理之命。志願愈宏，斯精神之淬勵愈奮。天道無盡，本分無盡。自强不息，其庶幾乎！

孟子言立命之道，至謂殀壽不二。蓋當殀壽之未形，同是一命，特各人所造不同，而殀壽判焉。故曰盡其道而死者，正命也；桎梏死者，非正命。修身固即造命之道也。孔子曰“不知命无以为君子”，有以夫！

世有委心任運者流，居平不自振作，動曰：“命定，非人力所能爲”。是甘受淘汰，以人誣天，實又自欺之言。此其人早具一種懶散氣息，自造惡因，苟且因循，以求驗於其結局之惡果，殊可憫也。詎知天作孽，猶可違，如生來盲者，苟勤求學業，亦能精文字、算數、音樂等科，天固未嘗必限人以不可造之命也。若自作孽，宜不可活矣。《詩》曰：“永言配命，自求多福。”信不誣也。

自來“聖賢”、“庸衆”之名稱，皆就蓋棺之論定。當其産生之始，同一耳目手足，同一視聽言動，初非天命某目專視善，某耳專聽惡也。迨演習各異，一常克念，一常罔念，而聖、狂始殊其途，豈某初生即爲聖賢，某初生即爲庸衆哉？從其大體爲大人，從其小體爲小人，命由己造，各自奮勉可耳。

昔拿破侖（Napoleon）曰：“‘難’之一字，惟庸人所用字典有之。”此所以爲拿破侖。訥耳遜（Nelson）曰：“吾未見所謂可畏者，吾不識畏之爲何物。”此所以爲訥耳遜。可見從來偉人，具大經綸，立大事功，皆非偶然。蓋素所自命不凡，而其造就甚大也。伊尹莘野，諸葛南陽，豈聽命人世之庸夫比哉？彼丈夫，我丈夫，猛著祖鞭，争先勿後。

又如太王事獯鬻、句踐事吴，事機危迫，朝難保夕。倘不抖擻精神，力圖振興，烏能轉危爲安？故《易》曰：“君子終日乾乾，夕惕若，厲無咎。”足徵天命無常，惟能維天之命，則困苦艱難，莫非玉成深恩也。彼自暴自棄者，信不可與有爲矣。

佛祖釋迦，生爲太子，天命厚矣。而其不可一世之心，不爲塵俗虚榮囿，直欲普渡衆生，共成聖果。乃出家苦行，悲智兼修，卒超法界爲獨尊。倘其不然，不過爲數十年帝王，逐迷波，歸輪轉而已；何足令後人崇奉者，皆得解聲色貨利之縛，誕登道岸哉？更有耶穌，家世寒素，大異釋迦。而其願力偉大，直父天帝而兄弟天下人，欲盡救永世衆生咸得永生，卒獻身爲斯人罪愆之贖。今其教澤，猶磅礴宇宙間，有以通乎斯人與乾元同體之心，俾各自大其造就，增進世界幸福於無暨，謂非萬古偉人哉？吾儕苟有血性，允宜抗希。

第四節　力職

吾人此身，莫非天地有用，而爲盛德大業之所託。倘無所事事，或操作不力，安能成天下之務耶？農不勤耕種，何以厚生？工不精製造，何以利用？商不靈轉運，何以通有無？職守勤惰，關係家國興衰、世運進退，而己身品位，亦早異優劣焉。其必居何等職，盡何等力，志不爲外誘紛，氣不以畏難短，視天下事，皆自有操縱由我者在，惟是敏勉忍耐圖進取而已。

昔禹治洪水，八年於外，三過其門而不入，而水患以平。張騫使西域，恒數日十數日不得食，前後歷十三年，而卒宣漢威於域外。足徵天下無不可成之事功，特患人不能竭全力以赴之耳。孔子曰："譬如爲山九仞，未成一簣，止吾止也。譬如平地，雖覆一簣，進吾往也。"孟子曰："有爲者譬若掘井。掘井九仞而不及泉，猶爲棄井。"有志任天下事者，可以悟矣。

更徵諸泰西。巴律西（Palissy），法國著名美術家也，嘗憫其國瓷器之粗拙，欲改良之。築竈試驗者數年，家資罄盡而無效。乃至再、至三、至四，恒相續五日、六日、七日不一假寐，更或坐守十餘日、二十日以爲常，卒令法國瓷器，爲今全球冠。瓷業爲吾國最早之天產，今遠瞠乎泰西後，且日本亦將駕我而上之。蓋以民爲國者，苟便於民，則輔以國力爲之。現日本效法歐美各國，每年以國帑資助製色、造瓷各廠，以挽利權而厚民生，故瓷業亦日有起色。吾國業此者，則困於苛征之害，日以不振，安得吾政府有此利民之知識程度哉？孰知專制流毒至此極也。而巴律西送其至困極苦之生涯於此業者，已十八年矣。又有維爾德（Field），創設海底電綫者也，擁巨資欲於英美間通電信，哀求得英政府之助，而美議院爲激烈之反對，僅以一票多數之贊助，可從事於敷設。乃第一次、二次失敗，至三次、四次，乃至五次、六次均失敗，第七次建設至六百里處，綫又斷，此大業幾絶望。而維爾德之家資已耗盡矣，猶復嘵音瘏口，游説英美之有力者，别設一新公司，而功始就。至今全球享其利。使維爾德志氣稍挫，未必能至六次、七次之失敗，而卒克有成也。由是觀之，成大事業不難，而有大準備與大氣魄爲難。有志者事竟成，理有固然也。西哲有言："上帝語衆生曰：'汝所欲之物，吾悉畀汝，但汝當納其代價。'"吾儕求自立於天地間者，信不可不宏毅其心力，以爲目的物之代價矣。美國哲家哀馬遜曰："業無論爲農耕、爲詩歌，但當以從正業爲快，而有形無形之報酬，自在其中。"

要之，知責任者，大丈夫之始。行責任者，大丈夫之終。西哲家言。吾儕倘甘與羣動伍，不一負人世間責任斯已耳，苟既負之，則當如婦人之於所天，終身不二，矢死靡他，西諺有曰：通達之妙訣，恒心向目的。觀吾國字義，守一而止爲正，教人有恒，理至精深也。置成敗利鈍於度外，殫精竭慮，務盡本分之所能爲。今日不成，期之明日。今年不成，期之明年。如是而十年、數十年，不惜犧牲其身，并期之吾子吾孫之身，與夫吾友、吾友之友之身以相殉，未見有爲其事而終無其功者也。拿破侖曰："'不能'二字，非吾法人所當用。"我敢用勉我新中國之少年。

第五節 備死

自來古人，皆爲造就現在世界之文明，疲精敝神而死；則吾人亦當繼古人之志，爲未來世界大造就，而後不虚此生。故進化論鉅子頡德（Ridd）嘗以死爲進化之大原，謂"凡人莫不爲未來而生，亦莫不爲未來而死。死也者，進化之母，人生之一大事也。"人人皆以死利其種族，現在之種族，又皆以死而利未來之種族。死之爲用，功誠偉矣。故現在有必滅之理，必善於犧牲之，以爲未來。然後現在始有意味，有價值。吾人誠有不能不犧牲現在之生，以造未來之死者矣。倘以有定壽限，悠悠忽忽，一任死期之日促，而不早爲之備，不徒爲人世害數十年，大獲罪於天乎？其不死，實劣於死多矣；孰若早一日死，尚可少減碌碌之苦也。孔子曰："朝聞道，夕死可矣。"有以夫！

玄覺禪師曰："生死事大，無常迅速。"洵足發人深省。昔大禹惜寸陰，陶侃惜分陰，以人生天年有限，日征月邁，有減無增，過一時，死一時，過一刻，死一刻。如定人生六十歲，及年四十，是已無四十矣。深懼徒死之無益，故不肯一息放鬆也。西儒佛蘭克令曰："人既知愛生命，則勿浪費時日。"時日者，造生命之原料也。亞維南特曰："勤勉造光陰。以勤勉者一日能爲兩日之事，較之不勤勉者，多造出一日光陰矣。"是皆不忍虚擲必死之生之道，而其間之所爲準備者，固已多矣。

凡事豫則立。死爲人生有一無二之大事，如之何不先時綢繆也。死必矣，而備死之期，則宜早而長；備死之法，則宜遠而大。其必準定此生，當享幾何壽算，當作幾何事業，預算立表，分限程功。以幾何年月研究學業；幾何年月經驗世故；計天地萬物，必以幾何年月位育之，而後仰不愧於天；家族社會國家，必以幾何年月幹濟之，而後俯不怍於人。直覺死期如何催我，將來世界如何逼我，前此無數英賢如何期望我。此身在大化流行中，本非我之所得私，匆匆數十寒暑，倘不能繼述前人德業，發揮光大，善交代後世人以死，是徒勞天地父母之生成，有害萬物之發育，大礙社會國家之進步，亦何貴乎此身之常生存於宇宙間耶？自當順應境遇，隨時貢獻精神，謀有裨益於斯世，一增進未來世界之幸福。斯瞬存息養，在在皆爲將來爲世道死之預備。未死以前，不爲偷生。雖死之日，猶生之年。可告前此無數英賢而無罪。

昔齊景公有馬千駟，死之日，民無得而稱。伯夷、叔齊，餓於首陽之下，民到於今稱之。可見自古皆有死，而泰山鴻毛；所以異重輕者，衹視其死之有益世道否耳。夫死一而已矣，無備則饘斯粥斯，蠕動蠢然，直率天下而禽獸。有備則立功立德，舍命不渝，足爲後世之典型。桀紂至不備死者矣，而最善備死者莫如耶穌。其素養不外犧牲一己現在之生，以謀人類全體未來之進化而死。其究也肉體雖死，而其精神，實宏被當時，推衍而至千秋，能感通無數人類之精神，以保合其與天地同流之元氣於不息。遂致服其教者，皆知死之難免，不畏死，不避死，始終惟求一得所之死，直使人類得因代代之死，連續以進步。蘇格拉底曰：“人類之進步，以個人連續之無限而始成之者也。”康德曰：“人類代代相續，皆負有完成世界美備福幸之責。”而其浩然正氣，終賴有繼起之人，永遠相傳以不死。舉孔子所謂“仁者壽”，老子所謂“死而不亡者壽”，佛氏所謂“無量壽”，莫是過矣。美矣哉！善死之道，造福後世，豈有量哉？

第三章　接人

第一節　家族倫理　夫婦

夫婦之道，察乎天他。結婚伊始，莫如效法文王。吾國舊俗，命自父母，强使素不相識之人以相合，往往知識不同等，性情不相投，既不能固結愛情，更難望純良子嗣，殊大背真理，侵奪子女天賦之人權。必待男女皆能自立，任其自擇，彼此以品行學業相尚，有恐被輕視、不敢狎褻之心，結爲配偶，然後愛情因互相欽仰而益篤，而尊男卑女之陋習可破，因以發達社會之文明者多矣。然自來積習，一旦難除，今可由兩方父母主持，《大戴禮・保傅》："謹爲子孫娶妻嫁女，必擇孝悌世世有行義者，如是則其子孫慈孝，不敢淫暴，黨無不善。"最宜注意。必得子女同意爲妙。彼西人結婚，已能自由，吾更欲爲之進一解，使男女自擇定意後，必請命於父母。向只稟告而已，今須加以檢視，亦爲父母者所應盡保護之責。與學識豐富之醫家須檢視其有遺傳病否，如有病，當禁之，惟許病者與病者結婚，然亦須預防以止産之藥。更爲審定兩人體格及各感官，必果宜爲配者，乃爲之證。否則再擇。斯善矣，何也？子女本父母之分身，相劑而成，夫婦絆合得宜，則人種之改良自易。昔周公制禮，同姓不婚，以同姓爲婚，其生不繁之故。若專以厚别爲言，未免失本旨矣。具精理矣。今乃知非同姓，如兄妹或姊妹等之子女，亦不可婚。現文明國民法，皆嚴禁血族結婚，以血統不可或同，宜慎選擇也。試觀普通植物，雌雄蕊所以結實之理，可以知矣。獨惜於兩體缺點，未思求補救之法。彼飼養犬馬者，尚時擇良種使配，偶有缺點，則必精選一足以圓满其缺點者，以彌補之。恰如雕刻師之施細工，無不卓著成效，何獨至於人不然？昔斯巴達法家來格穀士（Lyeurgus）常曰："人於犬馬，尚知擇善種而蓄之，獨至於身不然，是不謂之貴畜賤人，得乎?”如短視者斷不容與短視者配，侏儒斷不容與侏儒配，必彼此有以有餘補不足之妙而後可。是亦速人種進化之一端也。

天地合而後萬物興，故婚禮者，萬世之始也。而婚期遲早，實關係種胤强弱。大都東洋各國，婚期皆早於西洋。固由人體發達，因氣候異，亦知識殊高下也。惟婚期過早，則流弊滋多。以年少生子，必致生計困苦；且體力未充，己自傷身，所生子女，亦必微弱。請參觀拙作《教育餘談》，所言頗費斟酌。此西人所以重遲婚，適與我國古時男子“三十壯，始有室”之制相合也，既免紛求學之心，又可自立、共營家政，西國男女皆能自立門户，然後成婚，故即生子，亦不至苦難養育。非細故矣。而吾國人嫁娶，皆仰賴父母，在父母亦絕無遠慮，方子女甫及其年，輒不惜稱貸以爲之，卒致終身苦累，家道不昌，社會文化，永無進步。此風誠不可不革也。倘不急爲國民增進知識，恐人壽將由此日促，而種業終無由薰修矣。

夫琴瑟静好，實爲王化之原。夫婦之間，自當以禮相處。昔張湛居幽室，必自修整，遇妻子如嚴君。胡居仁居家，事悉秉禮，雖妻子無戲言。洵可取法矣。故“聽鷄鳴而昧旦相警，聞蟲飛而同夢難甘”，載在《風》詩，意至精也。蓋夫婦必有別，而後能如賓以相敬，斯狎暱不生，乖戾氣泯，日惟以正道交勉，而伉儷之情益篤，必如是而後可望子女之良善。何至以女子爲戲?孟德斯鳩（Montesquieu）曰：“專制之君，以人爲戲者也，其於女子尤甚。”或泥“夫爲妻綱”之説，漢代以前無此説。使男女有不平等者哉?《説文》曰：“妻，婦與夫齊者也。”是夫婦自古爲敵體矣。何後世重男輕女，剥盡女子之自由，壓制過甚，卒至男子不能得其扶助，難爲遠大之謀。今文明國，欲實行殖民政策，方奬勵女子及孕婦航海遠適之不遑，而吾國女子始終惟籠居閨内，如俘囚然，良可浩歎。而家庭成苦海，國本由是不固矣。無他，女權不伸，女學不昌也。吾敢正告熱心國是者曰：欲治國必自齊家始，欲齊家必自使女子皆能自立始。

男女正位，天地之大義也。歐美奉基督教，上自君相，下至庶民，莫不一夫一婦，彼因基督教不獨責女子之貞節也，即在丈夫，亦以專一爲懿德故爾。

見孟德斯鳩《法意》七卷九章。從未有東洋一夫多妻亦有一婦多夫之俗，其野蠻正同。未脱野蠻之遺風，日本元良勇次郎曾爲此言。故其婦人，夫死之後儘可再嫁，《新約》保羅達哥林多書曰："夫在，婦爲律法所束。夫死，婦得自由，可隨意而嫁。"亦不若東洋以不再婚獨爲婦人德義之無人情。《公羊》莊十九年傳"諸侯不再娶"是男子之不得再娶，猶女子之不得再嫁也。孰知禮有繼父之喪，范文正母再嫁，文正仍禮待之。古代初不以再嫁爲非哉？原夫婚禮壻往婦家親迎，以雁爲贄，取義至深遠也。洎乎末流，竟至漁色男子，人無剌言；而妻死者，無妨再三娶；寡婦再醮，則羣焉以爲門户羞。有此天理乎！在彼孀婦果情篤故夫，不忍他適，尚已。乃有苦世俗勵節之風，勉事禁遏者，殊大干天地之和。吾國有以設敬節堂爲善舉者，徒令孀婦自苦，坐分人利，背乎真理，果何取耶？蓋後世夫權日增，恐女子之不能獨爲己私也，創爲殉節之説，壓抑女子於夫死之後，使之死而靡他，謂能殉節者，爲烈爲貞，否則謂之非禮。而又鄉人皆好爲之表揚，上官無知，爲之獎勵。由是女子恒因夫死，惑於虚名，或恐嗣後不堪其苦，輒自戕其生命以殉之。殊大乖天道矣。然更有所謂貞女者，受聘未嫁，夫死亦爲之守節，或以身殉，實較之既嫁之婦，爲夫殉節爲尤不情。以素不相識之人，不過由父母强爲聯姻，實猶未合，毫無情感，較已作合之婦，又有天淵之别，遽以身殉，豈天地生人之心哉？彼鄉曲之儒，往往不知真理，有迫女殉夫，希冀旌表者，其罪惡不勝誅矣。故歸有光、汪中均斥爲非禮，歸有光曰："女未嫁而爲其夫死，且不改適，是六禮'不備壻，不親迎，比之於奔'。"汪中曰："傳言一與之齊，終身不二，不謂一受其聘，終身不二也。傳言烈女不事二夫，非謂不聘二夫也。"此固風俗之亟宜改良者矣。又歐美有離婚之例，夫婦苟相反目，可各分離。因情感既惡，則恩義全消，即不宜强合，免致詬誶，生種種不幸之事。非無道也，然而僅矣。以締緣之初，性情好尚，久經審慎，且各知自尊，不易致此。而吾國夫婦，則以向未晤面之人，由父母媒妁，强使相合，故精神多不融洽，祇爲習俗所囿，不容分離。而室家苦況，不堪言矣。詎知大歸書於《春秋》，《禮》有七出之文，言"出妻"亦非人道，必曰離婚，斯平等矣。古代亦有此舊制哉！要之婚姻爲人生最大之禮儀，非有大不堪之情事，决不可輕離。若以細故，率爾離婚，非獨反人情之常，且亂社會之秩序。亦既成爲配偶，則天然之關係無窮，可不慎歟？

第二節　家族倫理　親子

親子之相親愛，非獨人類爲然，動物亦多具此天性。此天演所以進化也。故親必慈愛其子，子必戀慕其親，皆感情之發於自然不容已，而適成爲恩義者矣。夫家庭爲娱樂精神、休養身體之所，必男女老幼，愛情纏綿，和氣藹然，斯爲完美家風。不然，門庭以内，絶無快樂。非止傷生，更非人道矣。

天地之性人爲貴，而人必託諸父母之形氣，生生於不已，正天道所以不息，俾資高明博厚之德，日益精進者也。故父母對子女，當視爲天地有用之人，匪惟盡心劬育，尤當教以義方。石碏曰："愛子教之以義方，弗納於邪。"父爲矩而母爲牧，《白虎通》曰："父者矩也，以法度教子也。"《説文》"母，牧也。"務使智德兼修，發揮天賦全能之權，無難膺他日鄉國天下之重任。以上契乎天心，始克盡爲親之天職，若視同己身附屬品，專爲家計豢養之，實大背天地生人，使宰萬物之旨，其誤甚矣。故凡爲子女者，亦須立身行道，以顯父母，充孝之量，必通神明，光四海，見《孝經》。斯少酬大造生成之深恩。服勞奉養，特極狹義之孝思；即善於承志，備極色笑，亦未爲天經地義之極則也。其必善體天心，大有利益於人世而後可。

因此父母不可薄待子女，子女亦不可不愛敬父母，以報罔極之德。孟子曰："父子主恩。"《大學》曰："爲人子止於孝，爲人父止於慈。"是慈孝爲父子互盡之倫，明矣。董仲舒曰："父不慈則子不孝。"董子以愛而少嚴爲父道。人情之常也。後世此義不明，爲父母者，不能慈惠以教，見《管子》。往往以責善之心，成賊恩之事，故孟子曰"父子之間不責善"。而不祥莫大焉。詎知"冠子不詈，髮子不笞。"見《韓詩外傳》。所以禁父母之寡恩也。昔晉侯殺其世子申生，宋公殺其世子痤，皆難免《春秋》之筆誅。

故曾子受杖不逃，孔子嚴責。何父權無限，幾同君權，多爲無道之壓制，竟至有父命子死，不敢不死之俗諺哉！然爲人子者，亦不可陷親於不義，《孝經》曰："父有諍子，則身不陷於不義。"《孟子》曰："親之過大而不怨，是愈疏也。"有過則當諫，亂命不可從。以吾父母，天地之子也；天下人，亦天地之子也。費良膠語。故不敢任父母得罪於鄉黨州閭。《禮》曰："其得罪於鄉黨州閭，寧熟諫。"必蓋親之愆，正親之失，俾無或犯社會之公理，斯可矣。

今道德隨世運進步，事親之方，亦不得不稍易古代。如昔視父仇不共戴天，爲人子必盡之義務。今知國法爲重，衹宜訴訟，而聽法律之處置，不得徒逞私憤，擾亂社會治安。然或不幸，親陷罪惡，實爲國法所難容，則當涕泣諫諍，多方彌補其過失。萬一不聽，無能爲力，亦惟有遵守國法，大義滅親，無如何也。而始終當竭力挽救，弗辭死所以相從，固所宜矣。漢樂恢父爲縣吏，令將殺之，恢年十一，伏寺門晝夜號泣，令乃釋其父。又淳于意無子有五女，獲罪當刑，少女緹縈傷之，乃隨父上書，願入宫爲婢，贖父罪，文帝憐而舍之。昔羅馬碩學薛西羅（Cicero，紀元前一零六年生，四二年死）嘗謂父若犯罪，被人控告，子當辯護之。正與孔子"子爲父隱"之義，若符節合。真理所在，非偶然也。

方今世界，雖未至大同，而爲父母者，當知子女特大造爲世界託己身而生之一人，於殷情訓誨之餘，倘有過失，衹宜善爲誘掖，使知悔改，不可揚其醜於衆知，務無傷廉恥，俾能立身社會，而不勝愛惜其名譽之心。孔子曰"父爲子隱"，具至理矣。至吾國舊習，父母愛子，惟知多遺財産，而不知使能自立之道。詎知以財物遺子女，足令智者損其智，愚者益其愚，孰若使之學成有用，自能創業，利家利國，爲益之大耶？彼歐美基督教之國民，咸自視其子女，爲上天之子女，莫不勉力助之求學，使他日自堪效用於世界。財物恒不專遺子女，多捐入教會，或爲興學、設醫院等善舉，早杜絶其依賴心。故其子女，卒能獨立，勇於任事，而國力由是增厚矣。吾願吾國有子女者三思之。

尤宜改良者，吾國父子，永久同居，而父母壓抑其子之權，無乃太過，衹視其子爲己身所有物，儘可任意處置，而不知其爲社會、國家之一人。如曰：父在，子不得自專；父母在，不遠遊。其間非無一面之理，奈皆滋流弊何？故當其幼時，不知爲天下造人材，及其成人，則責報無窮，坐食以爲之累。而爲子者，專爲家計，疲於奔命，即有志四方，亦無能爲矣。若西人父子分居，各能營業。爲父母者，不甘坐廢，徒耗天地貲糧，以獲罪於天。爲子者，儘可從事異域，爲遠大謀，而其愛情，則時由書札相通，備極周至，間時省親，尤爲篤摯，轉較吾國父子之日相親近，而實不可一朝居者，天性爲厚矣。蓋彼視社會國家事爲重，而家庭自多幸福，我視家事爲重，而社會國家蒙其大害，卒至身家亦無所利。嘗有西人見吾國人以五世同堂爲榮，謂尚未脱宗法風氣，宜乎國是無人過問，國步日艱難也。此吾國人所當留意，務協同世界以進化者也。

第三節　家族倫理　兄弟及族戚

詩曰："兄及弟矣，式相好矣，無相尤矣。"孔子曰："兄弟怡怡。"是兄弟宜互相友愛也，審矣。《説文》、《釋名》均訓"弟"爲"次第"，知"弟"之爲義，不過序長幼，孟子言："兄弟一倫，亦祇曰長幼有序。"非以定兄尊弟卑之分也。乃世俗多僅以弟道責弟，不復以弟道責兄，其陋甚矣。試觀棠棣之詩："死喪務相卹，急難務相救，外侮務相禦。"夫固兄弟情義之正，而敦睦甚可風者矣。

慨夫宗法制度之爲害，竟使倫理失其平也。自有大宗支孽、嫡子庶子之名，而兄弟之倫，遂被挾私而争者滅絶久矣。子糾、桓公之相争，糾、桓皆名教罪人。管仲爲齊國計，不死相之，是已。乃程子謂：桓兄糾弟，仲故無罪，使桓弟糾兄，則其罪大矣。噫！是尚得謂有倫理乎？建成、太宗之互仇，唐除隋亂，太宗功多嗣位宜矣，乃建成居長，王珪、魏徵不死其難。程子謂其害義，功難贖罪，直視王、魏之身，乃天地特爲建成而生之附屬物，而不可爲天下效用者然。亦異矣！皆君位世襲爲厲階，歷史中宗親以此搆禍者，何可勝數。以視夷齊之相讓，允當愧死。甚矣！真理不明，骨肉尋仇。管叔忠殷，特本文王之心，不敢以天下自私耳，亦是大義。周公誅之，實未盡善。何不知天道者之衆也！士庶人家爲爭遺產纏訟者，無在不有，何明明爲人，而不如禽獸不久依父母能自謀生者之多耶。

吾國兄弟，多爲習俗囿，騖名同居，貌似親睦，其實交争相疾，甚於路人。袁君載語。而娣姒多争，顔之推曰“娣姒者，多争之地”。尤爲厲階。以衣食財物，御衆不易得其平也。昔唐張公藝，九世同居，對高宗書百“忍”字，則其間不知隱含幾許痛苦。亦何樂以不相融洽之精神，强令軀殼，日相接觸，屢起衝突哉？若西人兄弟分居，各自獨立，彼此絶無依賴之心，不至以繁多食指，專累一人，或因細故不平，遂起争端，故能互相友愛，轉較吾國兄弟徒慕同居虚名，不免操戈室内者，尚能保全其天性之厚也。然則欲杜兄弟相怨相離之漸，異居分財，其首務焉。此間關係風化，識者宜早爲之所也。

要之，偏重家族，乃阻社會進化之由。當知人必善羣而後存，斯人莫非天地大父母所生，孔子謂四海之内皆兄弟，耶穌教徒則視四海之外亦然，其量宏矣。苟知親親，而不知仁民，非所以厚羣誼也。人情以善感而皆同，無論爲吾父母之子，他父母之子，同具天賦之理性則一，誠有以制自營之私，赫胥黎曰：“自營甚者必侈於自由，自由侈則侵，侵則争，争則羣涣，羣涣則人道所恃以爲存者去。”不使過用以爲害，且即推所愛以及所不愛，將天下之感同情而通其志者，莫非兄弟矣，何拘拘於家族之見耶？

兄弟而外，又有祖孫諸父猶子之倫。支分派别，衍爲宗族，此太古人老死不相往來之遺風也。其生相愛護，死相救恤，令人油然興保全種族之思，良足多矣。然或由私生隙，情誼乖離，則互相殘害，亦有不堪設想者。縱令居常親睦，而斤斤然惟以敬宗收族爲懷，又安能宏民胞物與之量？蓋一本之範圍過隘，吾國同族之人，必奉一著名始祖以爲榮，遂不覺其始祖之同生於天，而不一求自我作祖之道，此人格所以日降也。將誰知爲天民？彼歐美基督教徒，皆自命爲天子，求合天德而爲天民，視吾國人惟慕敬祖之名而止者，利益人世何如耶？昔伊尹自命爲天民之先覺，足徵斯民之未覺者莫非天民矣。何後儒不知闡明此理，竟使文化日退至此極也。況家長之階級不除，如長子、次子分位尚懸隔，況父尊子卑，男尊女卑，由種種不平之等級横施壓力，皆所以拂人性，使隱含痛苦而成戾氣者也。更難言乎羣治。愛情不足以愜人心，家人且不睦，況乎異姓。而愛力所至，遂終難及於遠。甚矣！宗法倫理，阻遏羣誼之發達如此哉！

更有父黨母黨妻黨之戚，古人視之，無異宗族，亦有互相親睦扶持之道。《周禮》大司徒職，以六行教萬民，一曰婣。八刑有“不婣”之刑。婣也者，對於戚黨之倫理也。蓋分形同氣，血統所關，其互相親愛之情，亦有出於不自已者矣。然此恩誼之篤，究屬家族以内，私德也。私德重而社會之公德，恐不暇顧矣。故吾國富貴之家，莫不有戚黨爲之累，而爲社會謀公益者，則不數見。孰知能爲社會謀，俾皆得自營生計，戚黨不至爲累之爲愈耶。

昔晏平仲有言曰：“自臣之貴，父族無不乘車者，母族無不足於衣食者，妻族無凍餒者。”宋韓琦居相位，自奉如寒素，俸之所入，悉以贍親戚之貧者。范文正亦甚能推恩於族戚。是皆善盡族戚之倫者矣。詎知小惠難徧，即使族戚皆仰給於己，而失其自立之道，適害之也，尚能愛人以德乎？吾人挺生宇宙間，出其心思才力，正當出入造化，孕育萬類，視天下爲一家。古聖人樂以天下，憂以天下，蓋上體天心，有不敢不公其心，以通天下人之心者也。故《禮運》曰：大道之行也，人不獨親其親，不獨子其子，貨不藏己，力不爲己。而希臘大哲學家柏拉圖（Plato）亦著一書，曰《共和國》（*Republic*），謂大同之世，妻、人不獨妻其妻。子、不獨子其子。財、貨不藏己。力力不爲己。毫不屬私。倫理極軌，理想正同也。昂藏七尺，皆負有完全世界幸福之責，自非爲大多數人謀樂利不可。若重私親，輕公羣，道德安能進化耶？其速開拓萬古之心胸，勿自隘陋其識量也可。

第四節　家族倫理　主僕

古時奴婢，大都身犯罪行者爲之，《説文》奴婢古之罪人。亦有賣身爲之者，《周禮·質人》“掌民人之質劑”。所以操賤役也。至今人道不甚昌明，而鬻女子爲婢之風未盡絶。蓄婢之家，則以其婢也，賤視之，往往勢迫虐使，辱詈苦撻，多不以同等之人類待。詎知彼亦天所篤生之人，有不可視同物品價買者哉！吾不禁爲吾民之因貧而失人權者長太息也，又不禁爲吾民之富而無知者，憂其侵害人權之罪之大也。

昔漢文帝曾有免奴婢爲庶人之令，見《前漢書·文帝本紀》。惜未能革盡其事。而美總統林肯（Lincoln）則爲放奴之事，不惜數年血戰以成其志，至今黑奴稱恩人焉。此實行人道主義，足爲天下法者也。今民政部咨各督撫，開除奴禁，以重人格平等之權，此後不准人民買奴蓄婢，有則速放使去。蓄婢之家，婢女長成二十歲内，交親父母領去完配。如再販賣婢女，拿獲嚴辦不貸。夫固天理之所當然，而民法所宜注重者矣。

抑知釋、耶立教，以衆生平等爲歸。同此人類，自天視之，莫非赤子，烏容以尊卑分階級？古有善待奴婢者，莫如東漢劉寬，嘗因客駡其奴曰畜産，須臾遣人視之，以爲辱莫甚焉，懼其自殺。又侍婢奉羹，翻汙朝衣，寬神色不異，徐以羹爛汝手爲言。此其性度寬厚，待人仁愛，非今人所當取法者哉！又泰西覺羅紂令，奴有疾病，而主人棄不恤者，其奴立脱籍爲平民。孟德斯鳩謂此令行，奴隸固獲自由之慶，然猶當有法以周恤之，使無爲溝中瘠。而平時並不容其主使其奴至於饑寒，宜制爲法令。此皆就奴制未除時言也，一旦能盡除之，不大妙乎？

乃近日富豪之家，沿賤視僕役之惡習，馭下刻薄，竟至等雇工於奴隸，頤指氣使，以自長其傲惰。而被雇作工者，衹因生計維艱，遂亦隱忍服從，甘居微賤，時任其辱詈，而失其作工自由之道。熟知役人者與役於人者，均屬無教而甚可憫也。何以言之？在役人者，當知天地之性人爲貴，明明爲一體之人，曾何貴何賤之有？且人各具官骸肢體，所以代天工作也。《書》曰："天工，人其代之。"《皇極經世》曰："心代天意，口代天言，手代天工，身代天事。"設一切行事，惟人是使，不自置此身於無用乎？況身體以常能運動而强壯，坐令自廢，又奚益耶？彼僕役亦國民之一分子，今使供一己指揮，以減少盡社會義務之人，已大不道矣；又復損抑其人格，使終沉淪於昏愚而不克自立，以視伊尹之自任爲先覺，謂"一夫不獲，時予辜"者，得不愧死！吾國末秩卑官出外必乘轎且前後侍從甚衆，直以國民爲牛馬，絶不自悟，其無知識之可羞！此李文忠所以見譏於德相俾士麥者也。如英前皇愛德華，一日嘗服民服獨行，赴某海濱調查民情，以視吾國何其文明耶？此役人者，有礙人群之進化，其作孽固不少也；在役於人者，不自知爲上天下地中之一人，日惟聽命於銅臭驕人之庸夫，供奔走以糊口，直舉天賦性理之全能，盡付之等閒歲月而老死，既毫無裨於世道，凡能自立於社會中自食其力之勤勞家，皆有益於世道者。又使高下階級不能平。何芸芸者，竟若是不振，抵死不悟其所執之非業也。吾不禁歎吾國人自來之無教，竟不得一以天道扶植斯人，使盡爲天民之選者矣。

《書》曰："天降下民。"《詩》曰："天生蒸民。"是斯民莫非天生，即莫不當兄弟親之矣。故人生擔荷國家社會之責任，雖有大小之殊，而其同爲上天所生，無貴無賤一也。故豪有力者，終不當役使與己同類之人，奴視之以獲罪於天。或力有不逮之事，倩人爲之，亦宜劃定權限，予以相當工價，俾自由供職，勿令專供己身安佚之驅使可也。而力役之人，務知天下事業無盡，苟能勤勞，或小貿或傭工，皆可贍養身家，落得堂堂的做個天地間有用之人，較之苟且富貴，碌碌無所利益於人世，實爲道德上甚可賤惡者，轉大可貴，亦奚必奴顏婢膝，受人淩辱，作走狗以爲生也。吾不知斯人主僕之稱，何日能泯也，跂予望之矣。基督教徒認定造物真宰爲天父，爲主，恒不敢不視天下人爲兄弟，而普愛之。故對天父自稱爲僕，所以自策其寅亮天功之心也。較之以人爲主者，理想何如高尚，故今歐美居上位者皆自稱公僕，實本耶穌"人子來非以役人，乃役於人"之訓也。安得吾國人咸知此義耶？

第五節　學校倫理　師弟

人類爲增進世運文化之主腦，而教師實爲濬發人智之主動力。此天降下民，所以必作之師也。故爲師者，當富具真切理想，不爲現在一切政教風俗囿，注目未來世界，期漸臻完全幸福之境，日爲生徒大造就，天職然也。蓋世界爲人心所造，生徒之身，即世界所倚重之身，必以人道之所當然，循循善誘，使德業日新，有以自見，且在在務於人有濟，不甘爲聽命世界之庸夫，則教澤之所涵濡者至矣。此天民先覺者之責也。

師者，所以鑄世運，躬至道，爲天下先者也；弟子者，所以重廣道之傳，使世爲天下法，而益發揮之光大之於不已者也。此間關係重大，豈尋常交游，慇懃接洽而已者比哉？

從來賢君相，皆爲師儒所造就。有亞里士多德，所以有亞力山大王。有文中子，所以有唐初諸名相。可知君相不朽之功，罔非師儒成之。世第震赫於君相之聲威，而不知師儒職責所繫，更遠大於君相，實爲萬世所託命。曾亦比較其輕否耶？爲師儒者，固居天地間第一等位置矣，其人格之故高尚，不遠出馳心世俗者萬萬乎？

世有賢師儒，苟富具靈思，籌策後此無數時代、無數人類之進步，則期望於其弟者，豈有限量？轉移世道之任，必賴有弟子分肩之。斯教化之推行較易，况社會國家，興衰係之，安得不珍重其人，相與商證學業，冀其青能勝藍，且普化雨於無際乎？昔耶穌嘗告門徒曰："我所行之事，從我者亦須行，且須行較更大之事。"真不愧萬世師表矣。

師之責效於其弟者，既任重而道遠，其必鍾同情之愛，時以高尚人格，示觀摩之鵠，楊子《法言》："師者，人之模範也，模不模，範不範，其爲害也大矣。"庶精神契合，而氣質自默化於無形，則師道所由尊也。然尤當有以長其善。長善之法，莫如師蘇格拉底（Socrates）氏嘗曰："教人者，非輸入真理於人心，乃助人産生真理也。"氏巧設疑問，使答者自悟真理，其教法名"産婆法"。蓋真理之利民無窮，穆勒約翰（John Stuart Mill）語。欲求真理之明於世，豈教者一人智力所能及哉？必力助門弟子，使其精神皆能孕真理而膨大之，蘇氏嘗謂門人笛爹德曰："汝之精神方孕真理而膨大矣。"則幾矣。倘固執己見，束縛從遊者自由之思想，昔王陽明門人有私録其言者，陽明聞之曰："聖賢教人如醫用藥，皆因病立方，酌其虚實、温凉、陰陽、内外，而時時加減之，要在去病，初無定説；若拘執一方，鮮不殺人矣。"今某與諸君，不過各就偏蔽箴切砥礪，但能改化，即吾言已爲贅疣；若遂守爲成訓，他日誤己誤人，某之罪過可復追贖乎？爲人師者其知之。或一事理當前，又不能以八面玲瓏之解釋，多方啓發其悟性，是徒爲真理增障礙耳，尚望服其教者，能效世大用哉？噫！陋甚矣，其罪有浮於桀紂者矣。桀紂之惡，止害一時，且人皆知之而易改，故其罪小；爲師者障礙真理之惡，人每誤於不知，且信用之而終於不悟，實足害及萬世，故其罪大。爲人師者，慎勿束教囿習，日惟以真理與其弟子孜孜焉推闡之，而自知其不足，則幸甚。

試更言弟道。弟之於師，尊之也，所以重道也。蓋以其師積數十年之學問閱歷，一旦入耳，即可心通，便莫便於此矣。故《荀子·儒效篇》曰："人有師有法，而知則速通，勇則速威。"云能則速成，察則速盡，辯則速論。信乎師法者，人之大寶也，從學於師者，得不盡弟子之職乎？管子有《弟子職篇》。古者爲師，心喪三年，亦有竟經服者。《白虎通》："喪服，弟子爲師服者，入則經，出則否。"蓋恩情之感甚深，不能忘也。若禮震之於歐陽歙，《後漢書》"禮震從歐陽歙受書，及歙下獄，震自繫獄，上書求代歙死"。柏拉圖（Plato）之於蘇格拉底，柏因蘇被逮，盡力營救。其敦崇師誼，洵足風矣。乃近日學子，恒視其師若路人，抑何世道之薄歟？

師固當敬矣。而其善教，亦當誠服。蓋尊德樂義，所由成化也。昔子路有聞，未之能行，惟恐有聞，其善盡尊聞之道，誠足爲法，然不能推陳以出新，固猶有未盡善者。竊以子路造詣，終不及顏回。回之爲人，得一善則拳拳服膺而弗失，孔子曾嘉許矣，而猶有"非助我"之歎。朱子"回也，非助我者也"註謂"夫子云，然其辭若有憾焉"，當矣；又謂"其實乃深喜之"反失夫子本意。又集胡氏注曰："夫子之於回，豈真以助我望之？蓋聖人之謙德，又以深贊顏子云爾。"不知此正孔子以爲造詣如顏子尚不能助我，甚爲不滿，即以當仁不讓進之之義。如胡氏曰"豈真望助"豈非孔子自滿乎？抑豈故爲欺人之語乎？强爲阿附幾若孔子以外無道者然，恐孔子不若是隘陋也。其厚誣孔子之失小，其束縛後學理想，使學理永難大發明之失則甚大矣，噫！足見大道在兩間，本自無窮，决非一人心思所能盡，教學貴能相長也。爲弟子者，詎惟步趨則效之務急，尤宜當仁不讓，常如亞里士多德之愛真理，亞氏持論常與其師柏拉圖相反。人詰之，則曰"吾愛吾師柏拉圖，吾愛真理更甚於吾師"。蓋西國自來學者於其師說不合真理處，决不服從，且各欲推陳出新，自樹一幟，故其學理日益發達，每能轉移政治，孕育今日之文明。吾國學者不能新闢理想，且恐以文字招禍，故其學理每因政治轉移，而師說範圍因之而日小，師說旨趣因之而日晦，以致釀成今日之惡果，良可慨也！惟求學理之日新，以爲後此無數時代、無數人類增進幸福之助。倘墨守師說，不能自標新意，發明真理，更或門户見深，黨同伐異，吾國歷代學者往往坐此二病，文化所由日退也。甚非助世運進化之道，且足增師傳不善之罪，得不負慚衾影乎？抑知求師者，貴師其層出不窮之真理，俾後世人人之心，皆得自主，《約翰福音》："耶穌曰，爾誠爲我徒，必論真理，真理必使爾得以自主。"斷不可以師説自奴其心也。德無常師，主善爲師，《論語》曰"三人行必有我師"，又以能問於不能，以多問於寡。要在學者之善擇。自來聖賢之言行，足爲師範不待贅，而天壤間萬事萬物，莫非供吾人推究之理。日觸雙目，以導靈思之運用，又何如活潑而無盡之師資也。學者其高瞻遠矚，深具會心，勿泥陳言糟粕之陋，務自求爲百世師，斯得之矣。

第六節　社會倫理　交游

朋友者，社會倫理之綱要也。蓋社會本人事保持安生樂利之道，自然而爲交際，以互相結合者也。而朋友則以情通，以義合，與道德關係密切，可以整理社會綱紀，而大彼此幸福之助。誠有如亞里士多德（Aristotle）所謂"不僅人人所當有，且當貴重之"者矣。詳見亞氏《朋友論》。進宗法夫婦、父子、兄弟之倫，僅屬家族以内，非所以善羣進化之道。而羣道，此朋友之倫，所由昉歟？

《周禮》司徒以八刑糾萬民，而有"不任"之條，何重視友道若此！蓋交游之益，不可勝數也。勸善規過，可免父子之賊恩；聲應氣求，不僅兄弟之式好；朋友間有真性情交，實較兄弟親睦爲高尚。而賞奇析疑，尤能會通乎師生間未盡暢言之秘，而爲久長時日之輔助。由是交利互益，非徒練心而繕性，且左提右挈，并外來欺侮不足畏矣。而其間更隱生一種公是非之勢力，足以盡懾乎相與知名者之良心，使善日長而惡日消，非皆人羣所賴以日進文明者乎？至樂羣敬業，凡百技術，因有比較而争優勝，又社會事業所由發達，而甚利於人世者也。

况朋友有通財之道，如鮑叔分金，多與管仲，堯夫麥舟，盡付曼卿，交誼之厚，已足多矣。《新約·約翰第一書》："人若有世上貲財，見兄弟（稱朋友）

窮乏而不矜恤施與，尚有上帝愛人之心存於其內乎？”可見朋友通財之誼無中外，一也。更或憂患與共，《白虎通》“共憂患而相救”。以死許之。《禮》云“父母在，不許友以死”，可知古人固有爲友而死者矣。《新約·約翰第一書》亦曰“我儕並當爲兄弟（稱朋友）致命”。死生不忘，永敦世好，情深義重，不可爲世道風乎？

惟是擇交之始，不可不慎。《家語》曰：“與善人居，如入芝蘭之室，久而不聞其香，則與之俱化矣。與不善人居，如入鮑魚之肆，久而不聞其臭，亦與之俱化矣。”是以君子慎所與處。蓋人生心志未定，每爲習染所移，孚於嘉則吉，比之匪則傷，交游貴知所擇矣。文中子：“君子先擇而後交，故寡尤；小人先交而後擇，故多怨。”故《韓詩外傳》曰：“仁者必敬其人。敬其人有道，遇賢者則愛親而敬之，遇不肖者則畏疏而敬之。”至言也。

方今人情澆薄，少心腹交，往往不正而合，隙末凶終，轉不如息交絶游之爲得。大抵自營過甚，羣心頓涣，而己身亦難享羣誼之樂利矣。天演公例，善羣者存，不善羣者亡。今吾國勢阽危，非不善羣之結果乎？詎知友以交益，非以交損。特必真利人，斯爲真利己。此求乎朋友，所由貴先施，而善羣之道，至爲要妙者也。班孟堅曰：“不能愛則不能羣，不能羣則不能勝物。”交友者三復斯言。

吾願世人胥以同道爲朋，歐陽修《朋黨論》“君子與君子以同道爲朋”。而無不相輔以仁也，尤莫急於互相告以過。蓋人情恒不知己過，過主乎中，雖善緣外至，亦必見拒而無由以入。此人心所由日壞，世道所由日污也。弊在交游者，彼此未聞知有真理耳。故胡五峰之言曰：“能攻人實病者至難也，能受人實攻者爲尤難。”人能攻我實病，我能受人實攻，朋友之義，其庶幾乎。不然，其不相陷而爲小人者幾希矣。吾儒其亟以真理與交游者相切磋，慎勿自文其過，庶社會道德，無難由此進化也。

吾人一己之知識能力有限，借助他山，取友所以獲益也。《學記》：“獨學而無友，則孤陋而寡聞。”《毛詩·伐木》序曰：“自天子至於庶人，未有不須友以成者。”是賴友以成己也。而意大利偉人瑪志尼（Mazzini）則曰：“欲大有爲者，吾身不成，期之吾友；吾友不成，期之吾友之友。”是又賴友以成天下事，友道顧不重哉？故孟子曰：“一鄉之善士，斯友一鄉之善士。一國之善士，斯友一國之善士。天下之善士，斯友天下之善士。"取其能以道相成也。《鄭氏毛詩箋·谷風·忘我大德》曰："德，切磋以道，相成之謂也。"夫天下人心，相感而通，苟以善德爲期，未見友助扶持之事不互相引而日長者矣。近百年來，基督教徒徧往各國，日與其人民相友善，冀輸入道德，以催進世界之大同，其願力不可謂不弘毅矣。將來天下一家之局，必賴其人成之。吾願有志爲天下士者，亦本我古初聖賢之至德要道，日與各國扶世翼教之士相友善，並取其良法妙理，合一爐而冶之，以鑄造新世界。此固二十世紀人所當盡其友道之量，以大世界幸福之助者也。今世界交通，各國政治家能相善，則得政治上之利益。如日本伊藤博文與英國張伯倫（Chamberlain）善，而日英聯盟成，日本大得其利用是。實業家能相善，則得實業上之利益。近美國實業團來吾國，欲相與聯合振興實業，而兩國工商業精神俱爲之一振。將見友誼之篤，且能左右世界。謂爲社會綱要者，特就通常言之耳，友道當何如貴重耶？

第七節　社會倫理　公益

社會由個人組織而成，其關係密切，不論理想家、政治家、出産家、製造家、貲本家、勞動家，當各就所處位置，盡其才力之所及，求有益於社會。實吾人值身先祖所賜社會中，既受安生樂利種種厚恩者，不得不求所以圖報後人之道也。

惟是公益之大小，以各個人學識才幹之大小爲比例。故吾人職守所在，無非爲謀公益之大準備。必拋擲萬慮，盡心竭力，以求精進，而功效所至，即爲社會所利賴。如教育家務推闡真理以立教，法律家務研究真理以立法，則濟民經世之業，已隱寓於爾室自修中也。語曰："一農不耕，天下必有飢者。一婦不織，天下必有寒者。"知個人行爲，必求無害於社會，即爲公益之初步。苟盡在己之責，而社會受賜，已不少矣。然尤當進而謀公益之發達，莫如厚集羣力，共圖大業之日新，始克盡個人之天職。彼粗有所得，輒沈溺於金錢利己之欲者，其罪惡之大，足以腐敗社會空氣，可勝誅哉！

公益有與衆人合謀者，如濬河祇以隄防水，其害匪惟以鄰爲壑，而水刷沙崩，足使河底漸高，水且不由地中行，如黄河屢潰，固可爲鑒，而長江水落，即不便行船，皆不知挖去水底淤泥之過也。固隄，當水之面，宜砌以石，或造塞門德土厚塗之。以防水患，多治川瀆，以興水利，水産動植物甚多。盡力溝洫，以利農田，溝洫能多，非止防旱，且減水患。修治道路、古者國中郊外道路，均設有司以時巡修，不使陷絶。詳見《周禮·秋官》。又晉文之霸亦曰："司空以時，平易道路。"見《左傳》。橋梁，《五代史》"王周爲義武節度使，定州橋壞，覆民租車。周曰：'橋梁不修，刺史過也。'乃償民粟，爲治其橋。"以利行旅，夾道皆浚溝《釋名》曰："道有夾溝，以通水潦"。又《説苑》"楚莊王伐陳，舍於有蕭氏，謂路室之人曰，'巷其不善乎，何溝之不浚也'可見古時道旁有溝，無異今日泰西路政矣。種樹，《國語》單襄公述周制以告王曰"列樹以表道"，蓋古時道旁必種樹，以記里，且蔭行人也。今乃知更可清潔空氣矣。以利衛生，如有肺病者，當街唾痰，實最惡之穢行，其貽害實不堪設想。又或家有傳染病者，徑入他人家，或不杜門以謝客，皆所以播病種於社會。此個人私德，允宜謹飭者也。更設公花園、藏書樓、博物館，種種開民智厚民生之美舉，均當協力贊成，非特利社會，亦正以利身家也。夫利社會，即所以自利，固矣。然有時己與社會，不能兩利，則不得不據羣學"己輕羣重"之理，寧獻身以利社會也。斯賓塞言羣學，立保種三大例：其一曰"民未成丁，功食爲反比例"；其二曰"民已成丁，功食爲正比例"；其三曰"羣己并重，則捨己爲羣"。誠以半世生存，莫非社會恩賜，一旦社會有急難，敢不效死力以濟之，冀圖報於萬一哉？孔曰"成仁"，孟曰"取義"，職是故耳。

尤有進者，謀公益於盡人週知之後，尚不如窮得真理，破除俗見，務改良社會道德，開後世新風教之益之大。若蘇格拉底（Socrates）以獨明真理，招嫉被逮，不肯逃獄，甘死以實其平日之言論，而卒爲泰西文學之開祖。其利益後世，如何大耶？《傳》曰："士不可以不弘毅。"達人審諸。

第八節　社會倫理　權限

近人昌言自由矣。夫自由誠人世莫大幸福，公理所在，無往不宜。故"不自由毋寧死"一語，實十八九兩世紀中，歐美諸國民所以立國之本。雖然，有界焉。必人皆自尊其自由，又互尊他人之自由，而自由乃日益完美，於個人社會罔不利。韓□曰："自由有自由之法則。"法則維何？權限是已。

天下最貴重者，莫人權若。此其權由天賦，父母當愛護之，妄撻子女即爲無道。師保當暢達之。教師妄罰一生以戒全體，即是侵犯其人權。他人固不得侵犯，即己亦不可自戕，如沈溺酒色、不善衛生、自促壽算，或作惡愧悔，不求補過，輒尋短見，自殺雖不妨害他人權利，然既不自完其本分，即是殺社會中之一人。若遺父母妻子於不顧，罪又甚焉。故殺己與殺人，實同其罪惡者也。西洋某國視自殺者爲殺人犯，不許用常人葬式，有以夫！皆自棄天與之權。微特獲罪於天，亦於社會大不利，是爲自由之濫用。必保全其生命，以助社會之進化，斯可矣。

故由種種無理，直接間接危及他人生命者，即爲道德上之罪人。在被害者固有防禦之權，即社會全體，亦宜秉公理，共代防禦，以明人權之不可互相犯。此合羣制治，所以有懲處罪人之法律，俾各自檢束，而資保護也。往者民智未開，國法野蠻，人或犯罪，動處重刑，且有民事訴訟，裁判官未明曲直，即任意笞責，强使服其武斷者，此外人所由有領事裁判權於中國，辱莫大焉者也。宜爲文明時代所不容。今歐美各國，死刑不多覯，身體刑亦早絕迹，其重視人權何如耶？次於人權則財產權，以財產所以養活生命也。而財產有動產、不動產，與特許權、版權、商標等權之分，惟主權者，可自由處置。蓋財產爲己身勞苦之報酬，即當儲爲他人服務社會之貸價，決不容人或相侵犯者也。法律之格言曰"財產不可犯"。在己者勿放棄，放棄權利之罪，尤倍蓰於侵犯人之權利。在人者勿攘奪，界限務極清楚。伊尹取與嚴一介，以關係廉節者大也。依準真理，祇可用爲社會進化助，不可濫與，如遺傳子孫，是所以養成倚賴性，足令智者損其智，愚者益其愚，甚非所以愛之之道。莫若除力助子弟成就學業外，盡將財產捐作地方真正善舉，使其富具獨立性，自能大有爲也。又浪費金錢，是自促品性日即放縱卑劣且敗壞風俗之道，必節用蓄積，將以爲未來社會造幸福，且預備羣己不時之急需可也。又以錢借人，非確能助人德業之進行者不可，西諺曰：“欺僞騎於借債人之背。”故畫家海晏戒一海軍隊少年曰：“借金是自賤自身也。予不借金於汝，借汝，汝不能償，是壞汝之品性也。”學士戎孫嘗戒人曰：“借債，實人生之災難也。故汝當以不借金於人爲立志之基。”是以錢借人，苟無遠識，即害人也。又博施濟衆，只可救意外之凶災，如地震及非人力所能預防之水火之類，不可救游惰之凍餒，如吾國乞丐往往向人惡索，皆無識者之一文錢教之無恥，奪其自立之志，直致毒害其生命，使專分人利，以滋社會大害也。致暗損其他之人格。必遵處置財産之自由，以不礙他人有形、無形自由之範圍爲限，始得義理之正。故支配財物於人己間，雖有法律維持，實不若據道德爲裁制之完美，非可苟焉已也。惟是財産在私權中，誠極貴重，而對於公衆，亦不能爲無上之權利。如國家爲謀地方公益，出於不得已，將以適當方法，要求其財産之變易，自不能不顧大局，而以急公爲義也。

更有無形財産，最足貴重者，則名譽權是。名譽西儒董克曹曰：“無名譽之人，猶劣於死。”有裁制人心之大勢力，足令人不敢蕩檢踰閑，養成稱種善良習慣，外博世人之信用，内增一己之價值。而社會道德，已隱促進化於無形矣。故名譽，必加珍惜，而德業自日進步。然若所行獨得真理之先，祇因不見諒於庸衆，遂致頻來誹謗，《老子》：“下士聞道，大笑之，不笑不足以爲道。”則當大度置之，且當憫其無知，徐使之悟可耳。蓋此種誹謗，所以堅築名譽之壁壘者也。惟無端而來大不名譽之陷誣，則不得不援法律以禁之。要貴實行道德，俾自昭雪，人格斯最高尚矣。

由是言之，他人名譽，亦不可率意毀敗。倘輕信傳聞，好攻人惡，或揣測隱行，羣相訕笑，皆足以損人聲望，甚且釀成惡習，人非心死，莫不好名。名之難立，正賴有人善爲成全之。如有好名之人，屢得正人君子之獎勵，未始不益勉爲善，而爲社會所利賴。昔大舜隱惡揚善，自是與人爲善無上妙法，故父母必愛惜子女名譽，而後子女知自愛，教師必愛惜學生名譽，而後學生知自愛。設揚其穢行，致傷廉恥，是不與以可轉之途，激之生變也。孰知天下人惡行，半多由相與爲緣者不能曲全其名譽，有以助長之。貽害社會。雖明與讒害僞捏、陷人於罪不同，法律無由干涉，而輕薄無行，自有識者視之，已顯著失言、侵害人名譽權之非，亦即有損自己名譽。甚矣！越權之非美德也，交游者可不明其權限所在，彼此遵守之哉？

權限之各宜劃清若是，故與人接談，語言務恰如分際。與人共事，職守務界限分明。偶近人物，勿輕易觸手。即欲取觀，必向主人言明，經其許可始動。偶至人家，勿徑直入門。先必通知，俟主人請入，再入。舉凡非己所當爲者不爲，非己所當欲者不欲。强恕而行，是謂真文明之自由。

第九節　社會倫理　信實

信實本理性而生，足令意志言行，無不符合，所以自尊其人格者也。其博世人之信任，尤爲成就事業之資本，誠個人在社會中最重要之道德。論語曰："民無信不立。"英儒斯邇爾斯亦曰："言語信實，行爲信實，如身體之有脊骨。無此則不能立。"又曰："人而無信，不知其可。大車無輗，小車無軏，其何以行之？"吾人處世，固當以信實爲第一義。

信實，所以維持社會秩序也。近而族戚朋友，遠而國民全體，皆賴有信實，而後能相交以共事。倘彼此往還，罔非詐虞，羣情盡渙，人道所恃以結合者去，社會又何所恃以相維相保耶？故一言既發，雖有如何變更，必求所以踐之。一約既立，雖經如何困難，必求所以履之。斯其人言行皆有價值，而觀感所及，社會道德，自日進矣。

彼西人恒以謊言爲恥，不輕然諾，以言非近義不言，故皆可復。而預約會期，亦從不少誤。蓋相習成風，惟恐人格之或損也。昔季布一諾，重於千金，固善權於得失之數矣。今大商賈，信用昭著者，巨萬之金，一呼可集，信實非即無形財産乎？况今後社會，競尚實業，各大公司必將林立於世界，特視何社會人最信實，則能佔世界最優勝之利權。而無信實者反是。信實之有無，關係社會職業之興廢，識者即以覘國勢之盛衰焉。今吾國政令因失信於國民及他國人，致國勢危如累卵，孰知之？孰知之？

昔子路能信，小邾要盟。《左》哀十四年。樂正子春能信，齊人責鼎。見《韓非子・説林》。足見“信則人任”，孔子不我欺矣。故《易・繫辭傳》曰：“言行，君子之所以動天地也。”可不慎乎？自來偉人所以成大功、立大業者，孰非由其言行能見信於天下，人莫不應之千里之外哉？英儒斯邇爾斯（Samuel Smiles）曰：“信實者，吾人處事之精神也。”吾謂信實亦即吾人團結天下人心之精神，顧可忽乎哉？

第十節　社會倫理　禮節

禮所以和洽人情、善羣之要道也。自吾人情感自然發生，往往有過與不及之弊，致傷彼此交誼之雅，故聖人制爲體以節之。《韓詩外傳》：“禮者，因人之情而爲之節文者也。”使人己間，視聽言動，皆就範圍，進退周旋，胥合法度，而一切矯揉粗陋之習除焉。由是情意交通，相敬相悦。《孟子》曰：“敬人者人恒敬之。”英儒斯邁爾斯曰：“以禮貌待人，表吾心之恭敬，他人受之，而悦我心之悦，可增十倍。”人文頓啓，世風自日厚矣。蓋民之所以生者，禮爲大。見《孔子家語・問禮》。嘗讀《詩》至《相鼠》三章，不禁歎作者之能知道也。《韓詩外傳》：“凡用心之術，由禮則理達，不由禮則悖亂。飲食、衣服、動静、居處，由禮則知節，不由禮則墊陷生疾。容貌、態度、進退、移步，由禮則夷國。政無禮則不行，王事無禮則不成，國無禮則不寧，王無禮則死亡無日矣。”

有子言禮，“貴和而有節”，當矣。夫節之義本乎竹，見《説文》。喻人操存，在在當修短合度也。蓋禮過繁重，則多僞飾。程子曰：“禮勝則離。不知其弊，猶不止於離。”蓋牽乎形制，禮意盡失。既不稱情爲文，必至懷情相欺矣。參觀郭象《莊子大宗師・禮意》注。試觀《家語》公西赤問，子路與祭較季氏祭時甚短，孔子獨嘉由爲知禮，可見事神之禮，民不宜繁，況接人乎？如前清官場禮文之繁，直似優人做戲，俗不可耐。且下官見上官時，種種卑污醜態，尤爲可憫。彼西人非敬天與教主，雖見君不屈膝，此人格所以高尚也。然過簡單，亦嫌疏忽。蓋禮以表敬意，亦發動互相悦愛之情之先導也。倘與人交而無禮，則同情之感不生，即無以爲羣誼，且或以爲傲慢而生惡感，勢將息交而絶游，又烏乎可？其必恭敬而甚舒泰，和親而有限制，斯雍容嫻雅，天真流露，文質彬彬，君子選矣。禮貴不繁不簡，然與其繁也寧簡，庶稍存本來面目，少減人心之雕鑿。觀朱註楊氏“不可以文勝質”，與《春秋繁露》“寧有質而無文，雖弗予能禮，尚少善之”，足見禮貴質文兩備，總期率真，逐末忘本無取也。

夫禮以敬人，實所以敬己，而自完其人格也。有人於此，不因我敬之而有加，亦不因我之不敬而有損，特在我必敬人，而後爲知禮，而表著儀型之美，自成全其德行者，尤足多矣。昔美總統華盛頓，偶出外，遇黑奴脱帽致敬，即如禮答之。左右皆謂不必，華盛頓曰：“彼黑奴尚知禮，爾等欲使我不知禮，不將等我於黑奴下乎？”此可見大聖人之不敢薄自待也。乃吾國人遇卑微，則妄尊大以自矜身分，勤勞者有益社會，在道德上本可貴，乃人每視爲貧賤而不禮，不知真理甚矣。見勢利，則故卑屈以長人倨傲。如有益人世者，固當敬服其才德；若苟且富貴，必爲社會國家大害，其流品遠在勞力賤役下，乃衆人以其富貴也，競禮貌焉，非大惑乎？詎知驕人、諂人，皆自形無禮，而損人格之道。禮也者，理性之顯於外者也，衹可以之自重，不可以之污穢世道，此間不可不辨正之。

今天涯鄰比，各國人日相接，皆須禮貌。蓋他國人來吾國，客也。我不以客禮待，即失主國國民之道。是以一人，代表一國之野蠻，遺羞外人矣。現如日本人來吾國，行爲多不合禮者，是自污辱其國也。然吾嘗至日京矣，一日欲覓一人家不得，適遇一高等學生，禮請指路，彼則偕吾代覓許久，覓得始禮别而去。此固爲國民者，對外國人應盡之義務。惟各國習慣不同，儀文互異，然本人情之自然，以表示敬意則一。特吾國敬意中，多附嚴肅意，良由階級太多，難進化爲大同世之人民。故流於外密内疏而失真。西人敬意中，多附親愛意，故能由文約情見而敦化。宜乎我羣日涣，而彼羣日固也。安得聖人羣起，協商全球風尚，制爲一致禮節，以爲大同世人道通情之用耶？

第十一節　社會倫理　博愛

博愛之謂仁。仁，人心也，所以爲天地立心，見《困學紀聞》。上下與渾淪元氣以同流，煖然若陽和之廣被，而人世種種乖戾之氣自消也。墨子曰："凡天下禍篡怨恨，可使毋起者，以相愛生也。"孟子曰："仁者無敵。"讀《墨子·兼愛》三篇，知愛之爲德，其至矣乎！尸佼謂孔子貴公，墨子貴兼，其實則一。韓非以儒墨并爲世之顯學，至漢世猶以孔墨并稱，墨之爲道見重當世固已久矣。竊不解孟子胡竟並實非墨匹之楊以言墨，乃至武斷爲"無父"！今即"君臣相愛則惠忠，父子相愛則慈孝"二語合之《大學》，君止仁、臣止敬、父止慈、子止孝，有何不符？且一以愛心爲本，則惠忠慈孝尤見精神。況"愛人者，人恒愛之"言實本墨子"愛人者人亦從而愛之"出，設使其道大行，安知大同景運不早基於吾國乎？惜孟子門户見狹，力闢之餘，致令濟世顯學塵薶終古，而學者思想遂受縛於惟一專制學術下，而世道不堪問矣。

吾人在社會中，厚生利用，享受幸福多矣！特幸福不能普及社會全體，則個人幸福，不可久保。故吾人對社會，必勉盡心思財力，協同社會全體，助其進化，實亦自完成其幸福之道，則博愛爲至要也。惟是博愛之法，亦宜有辨。如自暴自棄者流，雖飢寒時迫，實孽由自作，從而賙濟之，衹可善爲教導，助之自立。何異獎勵無賴，益教之游惰毒害社會耶？吾國人無遠識，往往姑息愛人，滋此流弊，致滯人治進行者多矣。必也認定其缺憾之出於天然者，務補救之爲急。如生來盲啞，及孤兒與貧苦不能就學之兒童，《墨子》"幼弱孤童之無父母者，有所放依，以長其身"，今西人有孤兒院，理想實事如出一轍。皆當設法教養，助其成材。使能效用於社會，則社會中沈淪下流者日少，而智愚貧富諸等差可漸平。此大君子所當存心，以全其天理之公者矣。孔子言："己欲立而立人，己欲達而達人。"爲尚施濟者進一境，誠卓識也。竊以爲慈善事業，莫急於捐貲興學，且集貲興實業以助之。興學，則不能事事者，教之以業。興實業，則無所事事者，授之以業。久之自使人人各得其所，不罹飢寒疾病。較之週卹，小惠難徧，且易滋流弊者，不甚善乎？

或謂生存競争愈力，則文化進步愈速。競争爲社會之防腐藥，而仁愛未免相矛盾矣。不知競争，衹貴優勝，弱肉强食，甚非仁人所忍聞。而仁愛則輔危扶弱，務使天下無一夫之不得其所，直欲盡除損人利己之禍患，而大造人己俱利之幸福。此宗教家之善量，實包乎天演家而甚大者也。

自來聖人，仁民愛物，果何心乎？蓋大理之流行無間，能本至誠以盡其性，即不能不盡人之性，以盡物之性，惟是體天道好生之心而已。《易》曰：“君子體仁，足以長人。”程傳謂“體法於乾之仁，乃爲君長之道”。然則不爲君長，即不當體乾之仁乎？竊以爲體天之仁以愛人，足以長人之德，如“欲立立人，欲達達人”是已。故耶穌立教，務愛人如己，使頑廉懦立，鄙夫寬而薄夫無不敦也。今其教徒，足迹遍天下，於民智未開處，則傳教愈力，設學堂愈多，無非欲催進世界全體，一同進化，則人間莫非樂土矣。此仁愛之德，覆育萬類，不儼與造化相出入哉？吾儕各具天命至性，馮恭定公《關中書院記》：“天命之謂性，正命之使我位天地，使我育萬物也。”尚其仰體天心，愛人以德，爲社會造幸福焉。

第十二節　國家倫理　國民與國家及國憲的關係

集民成國，國固有國民公産。國民即因所占有一定之土地，結爲一大團體，所以互保其權利者也。故凡國家，必貴有完美政治增益國民文明幸福，且防敵國之爲患，俾國民永享其安寧，而國民因得安生而樂業，受恩於國家者厚矣。蓋國家爲國民生命所托，無異父母顧復子女，飲食教誨，既無所不至也，爲國民者，得不親愛國家如父母，力圖報稱以自利哉？

嚮者民智未開，惟知委國於君，不知即身與有天下之責，往往視國家權利義務所在而忽之。一旦外力來侵，而國不國矣。此國民不自知有其國之過也。昔英將威士勒曰：“中國人有可駕馭全球之資格。”大都以其氣候温和，土壤膏腴，物産豐富，人口繁盛，且能任勞耐苦，多爲他國所不及也。乃竟不能與列强相角逐，不愧對神州大陸乎？夫國祚短長，民命存亡系之。國家安危，視國民能擔負國家之重任與否爲轉移。赫胥黎曰：“智仁勇之民興，有以爲群力群策之資，而後其國一富而不可貧，一强而不可弱。”誠名論也。然則爲國民者，必自知其身爲國家所有之身，知國家亦即己身所有之國家，然後對於國家一切權利義務，必盡其本分之所能爲，而國家之賴造就者乃甚大，將見其國勢之蒸蒸日上也。不徒恃二三執政，支柱國家，無難占優勝於世界矣。

國家爲國民相團結、相輔助、相捍衛而立，即不得不有群治以謀人群之進化。群治者何？即統治全國之憲法，使在朝在野，各守範圍，不容一人自利之過侈，以保持人道而維群誼者也。故無論何國憲法，必合全國人民心理，本原道德制定，然後任人行政以實行之。是憲法者，國民自立以自治者也。而政治美惡，與行政官之賢否，皆視國民理想如何爲上下焉。故凡國民皆當具有立法的道德知識，時圖改良，時求進步，否則匪惟自棄責任，抑亦戕害國家命脉之大罪惡也。

今真立憲國人民，莫不富國家思想、愛國如命者，憲法實爲樞機也。故凡國民，已達丁年，即有選舉權。現美國華盛頓奥林班婦女不惟有選舉權，且有被選爲法庭陪審官者多人，吾國堂堂男子至今不知國爲己有、己身應有參政權者滔滔皆是，對此美人，能不愧死？西儒的格威爾曰："欲人民之愛國，必與以參政權。參政權與愛國心常爲正比例。"是知吾國人之無愛國心，因無參政權，無乃爲孔子"民可使由，不可使知"一言誤之也。故孟德斯鳩曰："不使人民參與國事，則人民與國漠不相關。"有也夫！以政本在民，而國民之舉代議法，固無間然也。若其國立法行政等權，統歸一君，或百官，其國群之自由必失，而欲其國勢如磐石之安也難矣。見孟德斯鳩《法意・英倫憲法》。故憲法者，國民自由之保障，不可不由公立；既經立定，即非一私人之妨礙公理者所可托以自利者也。因此國民知憲法之恒宜服從，一言一行，自不敢或違，以低降其人格，而國力由是增厚矣。蓋國家之致幸福於國民，無須臾之或間者在是。民命之關也綦切，顧可於議立法制之責而忽之哉？

第十三节　國家倫理　納税與兵役之義務

凡立國家，必立政府。而種種行政，皆需钜費，不得不取給於國民。蓋政府不能自生財，既專以民事爲事，亦安能爲無米之炊，無絲之織？

故賦税爲萬國所皆有。爲國民者，深知其爲謀已身樂利之用，亦恒不惜分其所有以相與，冀增進全國人民之幸福。此賦税之供，故國民對國家，自有生來所當負無盡之責任也。

孟德斯鳩曰："國賦者，國民財産身家之保險費也。彼各出其財産之一分，期於安享其所餘。"誠至言也。或謂納税爲人民曾受政府保護之報酬，無乃不知政本，適爲鄰於箕斂之謬見也乎！

今吾國賦税，較文明各國皆甚輕，淺人遂矜吾政之獨善。不知歐美人之出重賦，非以供其執政恣私欲、飽私囊也，以内政外交，事不可以虚舉，不得不供其要需，即以爲沽取無盡自由之代價耳。孟德斯鳩曰：平國之民多出賦而復之以所享之自由，專制之民無自由而所出之税常最寡。此通例也。故歐美國民，見其政府偶有失當之舉，或衆建議欲行之事，政府不即承諾，即相率罷賦，政府莫何，終必與之和衷以共濟。是其賦税無非民自認而自征之也，夫何重之有！而執政諸人，又皆廉公自重，於種種行政經費，年年有統計報告，收入支出，從無絲毫沾染。故民出一錢，即可獲千百之利。賦雖重而民輕之，以爲吾有財，用之於吾國，即是用之以利吾身與吾子孫。此其樂輸，誠人情之至也。若吾國下有常供，而上無幾微之報，吾民膏脂幾何不堪官吏朘削久矣，焉得以歐美之賦例吾國也？兹幸憲政更新，將收民權以爲助，吾國民允當急起，力謀權利之擴張，務急公以裕國用。即財産多寡及職業如何，准法律之規定，湧躍輸將之。

國爲公産，身爲國民即周身皆負有國家之義務，固非惟貢賦一項已也。有時外侮來侵，必須兵力抵制，兵果何出，責在國民，故德、法、日本各國，凡男子既達丁年，皆應徵兵，定有年限，練習軍事，以爲軍務緩急之戒備。蓋國家安危所系，爲國民者，又不得不分任其責，以效命疆埸也。讀《墨子·非攻》三篇，知好攻伐之君，率土地而食人肉之罪大矣。噫！安得全球各國國民皆能認識大公至正之真理，而專與大背人道者爲敵耶？

惟既充兵役，則日用飲食之需，及其家屬事蓄之資，莫非國民之供給。其爲累也重矣。而平日所享特別權利，軍人在社會中往往獨蒙優待。尤不一而足。爲軍人者，當如何矢志公忠，冒鋒鏑，犯死亡，以發揚國威，圖報國民耶？日本軍人祈戰死，是以所向有功也。不然，匪惟貽國家無窮恥辱；且恐其國將不國，則戰争不力之罪，不可免矣。自問良心，果能安乎？尚其叱吒風雲，鬬捷争先，一爲山河壯色也。

第十四節　國家倫理　公共事業之責任

吾人自天賦形於何國土後，此身即負有其國土所應興事業之責任。無如獨力不能成大事。智者所由廣資輔助，而興公共事業矣。現環宇列邦，公共事業發達者富强，否則貧弱，已成通例。吾人既托身此國土上，所有公共事業，可不力盡天職，以自利乎？

吾國氣候温和，土壤膏沃，農業發達最早。《周禮》辨土宜、穀種、糞肥甚詳，《齊民要術》謂老農老圃皆屬專家，可見古時農學之精。惜土化法亡，至今竟農不識字，拘常爲稼，而地力之荒多矣。今宜各縣遍設農學會，研究農學，並蠶桑、森林、畜牧、茶業、漁業、墾荒諸實事，廣採西法，日求精進。每省立一總會，輔以增進知識之農學報，以聯合各省之各縣會，俾彼此比較利病，互相禆益，則地利務盡，而民生自厚矣。

今爲物質交通時代，惟吾國出口皆生貨，入口皆熟貨。是坐令財源外溢，甘自廢也，岂大造生人使宰萬物之心哉？觀《周禮・考工》一篇，木、金、皮、色、玉、土各工俱備，且一飲器之微，偶不應法，即見罪於梓師。知周公之致太平，特不容一人不盡力於國家耳。今宜集群力，廣譯西國工藝書，廣出工藝報，通行全國。并於各商埠，多設工藝院，附設工藝學堂，延工藝名師，教習製造。凡陶冶、機器、呢革、紙、糖、染、織等種種工業，皆精究理數以盡其巧，則人力皆得其用，而過庶不足爲患。況我物産之富，工價之廉，實爲他國所不及。以此大興製造，生貨皆自變爲熟，尚慮民困之不甦哉？

又集貲開礦，使寶藏咸興，則大利不至棄於地。而富可立甲全球。復遍築鐵路，以便貨物轉運，而增行旅有爲之時間。通都大邑，更宜設電車，俾速人治之進行。且多開運河，以利交通。交通足使民富國强，實文明進步重要機關。蘇彝士河開，歐人既獲大利。今巴拿馬河開，不知美人勢力又當如何膨脹。擴張内地航業，因我航業不發達，他國皆得入而分其利，可歎。延長海洋航路，日本一小島耳，其航業勢力能普及太平洋各埠，已居全球各國之第四等——美第一，英第二，坎拿大第三。其政府恐其虧耗罷業，歲必助銀若干，多方以策其進行。美人卜蓋爾見其船雖小而獲利每居首，且驚其有戰勝歐美之勢，警告美政府圖抵制。而吾國之大，曾無一船航海至他國，固政府腐敗，亦國民之恥也。以助商務之發達。而海洋漁業，尤爲天然美利，凡濱海州縣，宜多立漁團，合爲一大公司，總理漁捕事宜。并集學人研究水産動植物，以著明其用途。而凡執業水上者，尤宜集貲酌設天文臺，延人精究氣象學，以爲各地暴風雨之預防。凡此皆吾國人分定所當爲，苟能盡其一分之力以爲公，必有十百倍之餘利以厚酬其私。愛國者務竭智計遠慮以爲之，庶稍盡天生吾人於此國之責任也。

現英美德各國，實業興盛，故商業亦興盛，財用裕如。國力由民力而日形其厚，其富强固非倖致也。吾國人既據有天資貨殖之美産，倘不合群力善爲承襲以建業，何異坐視文繡高粱，不衣食而甘饑寒也。絶好地土，不容白占，见《路加福音》十三章。尚勉爲嘉穀，勿爲害草，恐致農夫之芟夷也。

第十五節　國家倫理　學術風教之改良

盱衡當世，而知學術不完善之爲害於人國大矣。蓋學術之入主於國人腦界者，歷年既古，成爲風教，而士君子之思想，遂受縛於習慣，而不自覺其弊於偏。以是教理之奴性難除，《莊子》“曲士不可以語道，束於教也”。而新道德無由牖啓乎人心之明，教化日退，而國不國矣。吾願吾國豔羡西學、西政者，尚於其根本之道德一過問之，以爲光大吾舊道德不完善之用則幸甚。

吾國五倫，夫婦、父子、兄弟，皆屬家庭以内。而朋友不能盡社會倫理，凡人對社會義務絶不惟交友而止即絶跡，不與人交而衣食器用莫非取給於社會，亦當有以酬報之。君臣不能盡國家倫理，民爲邦本，何僅恃君臣支持國家？此我國民所以乏國家思想，以致全國責任無人擔負，國事敗壞不易收拾也。世界倫理更覺闕如。此舊道德不適今日國民之用，而群治永難進化者也。又古以獨善其身爲美德，今知獨善其身，即一國罪人。古時道義，不出個人與個人交涉之範圍；今則一個人，對於一國及對於世界，與未來世界，皆有無窮之責任，得不吐棄其陳腐者而新之？蓋對天大倫，忽焉不講，天人之□不通，如何能養成今日世界高尚人格耶？乃鄉曲之儒尚復坐井觀天，侈言狹義之忠孝！詎知忠之爲道，在君當報國，更甚於臣民。以身膺全國付託之重，不若爲臣民，惟在分任其責以報國而已也。專就臣對君言，陋奚若耶？《墨子·法儀篇》曰："人無幼長貴賤，皆天之臣。"理至精。故禹湯文武忠天即爲大聖，桀紂幽厲不忠天即爲大惡。苟無天道，安有人道？至惟以孝道責子，而不以之責父，此爲父母者，所以不知力助子女成爲天民，即爲不孝於天。而子女人權都被剥傷，人格亦日即卑污者也。歐美基督教之國，父母皆視子女爲上天子民，不敢專責其孝己，惟日偕子女，期皆能與天合德以孝天，不甚善乎？若夫漢宋之學，支離不堪。佛老之學，易滋流弊。而墨尚兼愛，理本大同，又奈孟子力拒，後人遂盲從而無稱。迨獨尊一孔既久，《哲學要領》曰："孔學獨行，支那人之不幸。"故日本維新即不獨尊一孔，恐束縛學子理想，致狹隘其識量也。一切道德，罔不由後人與政體相緣以完成其專制。天道日晦，人心日偷，致釀成今日之時局，良足悲已。有心人可不急起取泰西古今聖賢精深博大之學理，與我堯舜禹湯文武敬天愛人之至德要道，合一爐而治，力圖風教之改良哉？

道國有三重，宗教其首務焉。孟德斯鳩曰：道國有三重，曰宗教，曰通商，曰國民之權利。以全國人心善惡所關，世道興衰係之也。吾國以儒教爲國教，乃各府州縣，遍立城隍廟，城隍之祀，莫詳其始。據《易》曰"城復於隍，其命亂矣"，何可附會爲神淫祀之。以愚惑人民。而府縣官且朔望頂禮，儼若土木有靈，可資冥助，何格致不精，政令多乖至此。培根曰：東洲有民，見蛇而拜，曰，是吾祖也。使真其祖，則拜之是矣；而無如其誤也。格致不精之國，政令多乖，而民之天秉鬱矣。由是寺觀林立，男女僧道，充斥人間，坐分人利，以肆其傷風敗俗之奸行。而士夫咸相安於習見不爲怪，甚且施濟之，以圖善報。其爲惑也，真不解矣。熟知此即吾國無完善宗教之證乎？近人咸謂孔子爲哲學家、教育家、政治家，非宗教家，審矣！宜其終無宗教之效甚矣，習氣之困人也。

抑知人生莫不有宗教思想，可利導而不可疏忽。凡人當危急之頃，必求神佑以自慰。屈原曰："人窮則反本，故勞苦倦極未嘗不呼天。"至家國各大典禮，均必虔敬祀神，而後從事。古今中外，無有異致。蓋神道設教，深遠綿密，誠政教本原所在，國民不可須臾離者也。故《中庸》以"戒慎恐懼於不睹不聞"始，中引《詩》"神之格思，不可度思"以申其意，更以"相在爾室，無聲無臭"終其篇，足見道之大原出於天。舍天言道，不足爲教也。奈後儒不知推闡天人一貫之理，须观宋儒《泰山学案》石徂徕《与范奉礼书》。以警惕全國人心於無間，而策勵其道德之進行，而世道不堪問矣。彼泰西之宗基督教也，其人民大都以天民自重，父事天帝，而兄弟天下人。故男女老幼，一切平權，各自尊其自由，且互尊他人之自由。而思上達天德者，更不惜犧牲己身現在利益，以謀其社會全體未來之利益。昔英女皇維多利亞，以基督教爲强盛英國之本。而格蘭斯頓，以熱心救人爲英名相。瑪志尼、加富爾，以熱心救人爲義大利偉人。華盛頓以熱心救人立美國。林肯以熱心救人放黑奴。基督教之造福歐美各國，豈淺鮮哉！乃吾國學子，道德思想薄弱，多惟泰西富强外貌之政與學是務，而未即政與學所由日新之根本的天道，能普及盡人之心而致者，以與吾國道德墜落已極之風俗，一比較焉，以圖改良，已未免所見不廣，更復謬談天演，不知天演之迹，莫非神化之進行。競謂無神，真欲盡驅人心於毫無忌憚之途，率四萬萬人而禽獸，日本學人侈言天演，至今人民毫無道德，可爲殷鑒。吾誠不解其何以爲心。竊願吾國崇拜多神，吾國自來鬼神並稱，山川並祀，久爲多神教國，至今尤烈，誠可羞矣。與競言無神者，悉折衷於造物真宰，定爲一尊，俾全國人皆小心翼翼昭事之，以爲莊敬日强之本。將浩然正氣，感無不通，男婦老幼，皆得與天爲徒，自强不息，胥爲造就新中國日新又新之國民，而吾國新矣。

今世界文化日新，不容一國獨舊，舊則自速其亡而已。吾國既當有新宗教，範圍全國人心，爲國民者，尤不可不留學外國，廣求新知識，力助道德之進行。蓋識量過狹無濟也，宜以本國學術之精粹，足裨世道者爲基，取各國之長以光大之。如不能留學，亦當遊歷一二國，考察其情形，以爲本國利病之比較。蓋吾人終歲居國中，耳目所觸，新知幾何？一旦出國門，則胸次頓覺開拓，無難拔除數千年來一切惡劣風氣所釀成之奴性根矣。由是萬事萬物，俱當置身中國外以觀中國。斯爲二十世紀新世界之新中國人，不惟將中國舊有不完善之風教，盡轉移而完善之，爲中國人民造永享之幸福，真使全球各國莫不聞風向化，自將一切野蠻內政外交盡行消除，以致世界萬年於太平，則吾國天國，天下天國矣。吾國人勉之。

第十六节　世界倫理　國際公法與私法

各國交通日繁，國際道德亦漸發達。古時人皆自尊本國，輕視他國，不以平等待。迨文化日進，至於今日，知國界雖異，人情則同。法學大家，乃積事理經驗，准其公允而互利者立爲法，保持各國交際與各國民交際權利之平均。此國際所由有公私法也。

國際公法，又有戰時平時之分。戰時公法，由國際紛爭不已至於戰時，分別是否交戰國、交戰地、交戰人，限制兵威之妄逞者也。按司馬法，軍人入衆人之地秋毫不犯，見其老弱，奉歸無傷，雖遇壯者，不校勿敵，敵若傷之，醫藥歸之。可見吾國古時軍政文明不讓今之泰西。無如戰事，既於交戰國大不利，且擾亂世界之和平，故歐洲大儒，多欲全廢戰爭，德儒康德著《永久和平論》，英儒邊薩馬米魯羅蘭斯著《和平進化論》，李提摩太著《萬年太平策》，皆欲實行向戌弭兵故事。立萬國和平會，裁判國際爭端。今美、英、德、法、俄、比、奧、丹、意、瑙威、瑞典、荷蘭、瑞士、希臘、西班牙、葡萄牙、羅曼尼亞等國，願吾國人速醒，亦將吾國列入，聊輕吾民重負。更復同盟公斷，獨惜泰西文明未有如湯征葛之師，知國際道德尚幼稚也。力期實踐，近美富豪鋼鐵大王卡尼基屢捐鉅款爲世界和平會經費，並另捐鉅款專備著書，開通民智，增進人類和平幸福之用偉矣。戰禍或漸可消除矣。至赤十字會之設於各國，及禁用毒煙礮等，尤其功效之早著者也。

平時公法，所以維持各國主權，使永相安者也。如各國領土相接，必劃清水陸界限，不得互相侵佔。各國相交，所立條約，必期實踐。觀《左傳》成十二年晉楚同盟，其間有攻守同盟意，僖九年葵丘之會，襄十一年諸侯伐鄭同盟於亳，種種條約多惟道德是重，豈今各國專尚權詐可比！及郵政同盟，劃一郵税，以便交通。鐵道同盟，大陸諸國所必有事。税關時禁、如戰時武器，平時疫牛等。物禁毒害人類、傷風敗俗之物，如鴉片、淫畫等。之制，種種交涉，均當遵守，昭公平也。然兩平等國相遇尚公法，兩不平等國相遇則公法不盡可恃，其咎要多由弱國不自振自取。如吾國路礦多爲他人開辦，他國紙幣可通行吾全國，主權盡失，何有公法！當知皆吾政府無能之證。吾國民速發猛省。

國際私法，因各國人交通，當事兩方，各有利害，而主國對於他國人務爲適宜之保護與限制者也。第各國法律，文野不一，於是開化國人，不肯受未開化國法律約束，而有領事裁判於未開化國之權。而未開化國主權遂失。國際私法即陷於無可著手地位。如吾國法律，不能治外人，而國體掃地矣。茲欲恢復法權，宜首籌保護外人權利之方法。吾國條約言保護，外人不信，有時或重懲本國人以謝外人，外人愈不信。以不愛本國人而愛外國人，理所絶無也。以不能保護外人，必不能限制外人，終難撤領事裁判也。《中英條約》有云，中國如整頓律例，能與各西國一律妥善，英國即允撤領事裁判權。則吾國法律不善可知。則博采各西國制度，改定新法律，不容緩也。況今後世界，交通愈密，法學家尤宜於萬國監獄會會議時，互相研究，將各國法律，去異從同，使全球人民，胥立於唯一法律之下。近國際法學者布魯鳩利嘗倡統一法律之議，吾國唐才常亦見及此。吾國人其急求文明法律之進行勿忽。

第十七节　世界倫理　人物之交通及學術之統一

當世界交通時代，吾儕既爲世界之一人，即宜富具世界道德思想，利益世界，完成世界人格。若拘墟見小，專圖一家一國自利，故梗世界道德之進化，恐不利人，即伏大不利己之禍機，甚非計之得也。故凡國界種界私見，悉宜破除。務各就所處位置，所任職務，期與世界一道同風，增進文明幸福，則人皆世界新人，國皆世界新國，天下不難一家矣。

世界將來實業愈發達，通商投資之事愈繁，在在當以羨補不足，人類交通必益密矣。今列强競尚殖民政策，何非世運進步之趨勢。奈澳洲、美洲均有華工入境之禁，孰知此禁不惟盡失向所享華工之利，必且有礙其地企業之進行不少，何所見不廣也。故各國人民，須任互相往來，俾凡能效世實用者，雖遍行地球，如在一國，則文明之傳達速，營業之成就易。人不以滿爲患，地不虞廣而荒，世界語言現世界語日普及，而簡筆字之用尤便吾國。蔡錫勇曾仿作傳音快字，有遠志者宜知此。統一基此矣，豈不甚善！

各國貨物，既彼此挹注，而資本借貸，亦時通緩急，是各國農業、工業、商業資本業，均關係於世界。規劃務貴遠大，蓋必能利益世界，而後能享世界利益也。況汽船汽車、電信郵政，交馳水陸，無或停時，更日促世界事業之發達。今亞歐兩洲，以西伯利亞鐵路通，大西洋與太平洋又以巴拿馬運河通，則亞州南部亦當有一極長鐵路由吾國聯絡緬甸、印度、阿富汗、波斯、土耳其諸國，以速世界之進化。此亦東亞各國應盡責任於世界以自利之道也。將來世界，交通必益求敏捷，盡去滯礙，無可疑者。如萬國度量衡同盟會，實物質交通重要機關，今宜同世界度量衡如吾古制，在各國苟具遠識，亦悉宜改從法制，英人屢欲仿行以改良其度量衡，他國孰不當然？即吾國衡非十進，不如度量便算可知。以便互市計算，且便種種事業俱隨學理易進步也。至各國進口出口關税，亦應同盟歸一律，如一國然，不容故爲軒輊，今美與坎拿大新訂條約，力求平均，非向者彼此軒輊不利之證乎。庶各國貨物，皆易流通，全球人莫不可利用而厚生矣。

獨是人、物雖極交通，究不過關於生計者多，而於各國人互相接洽之道德，尚未融和也。顧道德以學術爲溯源，各國學術不能一致，則世界道德永難統一。遲滯世運進化，莫此爲甚。故欲全球人皆富具世界高尚理想，非統一世界學術不可。萬國同盟會多矣，今宜設學術統一會，廣集泰東西博學通儒，搜羅萬國古今聖賢載籍，取其精深博大，足裨世用者，編譯世界通行書，俾各國學人，咸知正鵠，不致枉費腦力時光於一切陳腐之言，致束教囿習，爲世局障礙。此世界大同本原所在。遠識者當由此漸謀文字之統一者也。由是全球人心胸無不開拓，常爲後此無數時代無數人類謀幸福。舉凡各國養民安民教民之法欠完善者，盡革而新之，務協同世界一律進化。則學理日新，盛德大業日新，是所望於天民先覺，爲將來世界永享太平之民作先導焉。

第十八節　世界倫理　政教之大同

天降下民，作之君，作之師，所以主治化，使無一夫不得其所也。往古聖賢，劃地分疆，各爲風氣，善政善教僅及一國，雖康濟兆民，究屬小康。今世界大通，天涯比鄰，各國政教倘不一致，必至尊己輕人，競相雄長，啓戰争以荼毒生靈。《墨子・兼爱上》："諸侯各愛其國不愛異國，故攻異國以利其國。天下之亂物，具此而已矣。"故曰："天下兼相愛則治。"不惟礙世界和平，亦大傷己國元氣。芻狗國民，血肉争雄天下，非人道蝨賊乎。揆之上天惠民，於世界絶無歧視之理，悖逆不已甚乎！故謀國者宜體天無私覆之心，樂以天下，憂以天下，期致天下於太平，斯真文明新世界也。

默察各國現狀，世界必有大同之時。如專制政體，國必衰微。不能容於今日。葡萄牙立憲未盡善，新政府即起而共和之，知世界大勢所趨，誠非一二國甘自固蔽、自私自利之執政所能抗拒也。美洲天地胡爲新？實英國舊黨人不以新黨爲善人，專用壓制逼成之。海牙和平會，務弭世界兵端，善已。奈未即搆兵之不平，本於國政之不均者，一思補救焉。今宜擴充範圍，以平治天下爲務。讀《墨子・天志篇》知天之愛天下之百姓，爲政者當順天意爲義政，不可反天意爲力政也。集世界英俊賢哲，抱定救世宗旨，設一地球政府，以謀世界永久之太平。並勸告最近同盟公斷各文明國政府，力助實行。於是考究各國政治，比較利病，務使協同世界一律進化。凡文明未進化之國，一國不治則天下不能平，則由此會忠告，令照文明法制，自行改革。如政府冥頑，其人民即可赴愬於此會，此會或即任其才德出衆之人民，或另遣往才全德備者若干人，輔助改良種種之政策。而文明素著之國，政治有欠完美者，亦使時求精進。總期全球一致，莫非利便最大多數貧苦勞動者之德政。於教農、樹藝、漁業、勸工、説教、廣報、興學諸要端，尤加注重，以進民智，以厚民生。俾地力無不盡，人力無不奮，卒至無一無衣食之乞兒，庶各國人皆强從事，財用自足，《墨子・天志篇》中“上强听志”，“下强从事”，则“国家治”、“财用足”，“诸侯之冤不兴矣”。必無難互敦睦誼，合爲一大聯邦矣。

各國政治，既共期救世而大同，尤不可不有大同宗教，時化導世界人類，以固各國善政之本，而進於郅治無疆之休。今世界各大教派，皆具有歷代聖人所闡明不可没滅之真理，特裨益世道，有大小久暫不同耳。自茲以往，無論何教派人，均宜存扶世翼教之心，破除界限，仰體天心，彼此協和，共達救世之目的。博取各國聖經賢傳中，義理精粹，適合救世宗旨者，合一爐而治，成一大同宗教。俾各教聖人，奉行天道，心切救世之真理，皆一貫而推行於世界，直令天下萬世男女老幼之心，無不莊敬日强，上契天心而神遊乎造物之一氣，則“蕩蕩上帝，下民之辟”，《墨子・法儀》“天下無大小國，皆天之邑；人無幼長貴賤，皆天之臣”。莫不小心翼翼昭事之，而親愛天下人類如昆弟然。由是視人之國，若視其國，親人之家，若視其家，視人之身，若視其身，见《墨子・兼爱中》。無難共享安全和平之福矣。各教派人共勉之。

第四章　對天

第一節　主敬

陸象山先生曰："小心翼翼，昭事上帝。上帝臨汝，無貳爾心。此理誠塞宇宙，如何由人杜撰得？文王敬忌，若不如此，敬忌個甚麽？"後儒支離爲學，教學者做工夫多從主静始。不知中無所主，萬緣紛擾之心，果如何而能静也？真不刊之論也。

《大學·誠意》章："慎獨工夫，在無自欺。"固已。無如人心理欲交戰，常所不免，而當罔念初萌，他人不及知時，苟中無所主以資敬畏，烏能即克念以作聖？此無忌憚之小人，往往閒居爲不善，無所不至，見君子而後厭然，雖十目十手之嚴，已無補於自欺之後者也。孰若《詩》云："皇矣上帝，臨下有赫。"使知天監在下，自不敢不修厥德，以期克配上帝爲警策耶。《板》之卒章曰："敬天之怒，無敢戲豫。敬天之渝，無敢馳驅。"此正自求多福之君子，所以對越在天，無射於人者也。今真實基督教徒，大都寅畏上帝，無敢稍獲罪於天，宜乎其心無不正也。敬畏天帝爲自來聖賢成就盛德大業之根本，今吾國人心無忌憚，故日益維新而水日益深，火日益熱，民日益不堪命，良足悲也。假令斯人，一旦皆知蕩蕩上帝，實爲下民之辟而敬事之，期其德無不與之合，吾敢決天下之平，猶反手矣。維天之命，於穆不已，於乎不顯。文王之德之純，吾儒尚其儀刑文王也可。文王之德誠純矣，惟自基督徒視之，則以爲一夫多妻尚欠完美云。

《中庸》首言天命，而以"戒慎恐懼於不睹不聞"始，繼引《詩》"神之格思，不可度思"，以申其意，末以"相在爾室，尚不愧於屋漏，且極之上天之載，無聲無臭"以終篇。是《中庸》一書，自"慎獨"至

“平天下”，其得力不外欽崇天道，至誠不息而已。理至精深，惜不可語中人以下，不可謂非至道缺憾也。天下惟中人以下之人爲最多，不使與聞至道，何能保持人格？觀子貢言“夫子之言性與天道，不可得而聞”，固子貢功力尚淺，亦夫子未即至高至美之天道，切實淺易言之以貫通乎？人道使斯民先知之而後自由之也。若《太甲》曰：“惟天無親，克敬惟親。懋敬厥德，克配上帝。”耶穌教人敬事上帝，微特敬之而已，且當仰體其愛人之心，實行愛人之事，而後所敬爲不虛，可與上帝配。意旨正同。則揭示斯民，無非帝臣，“帝臣”見《論語》引《湯誥》之辭，又《墨子·法儀篇》“人無幼長貴賤，皆天之臣”，均與耶教人人可相上帝之旨同。無不可“簡在帝心，在帝左右”，更與耶教符合。較顯明矣。而耶穌則曰：“父謂天父，即敬愛上帝之稱。宅我心，我宅父心，合而爲一。”《約翰福音》十七章。直使萬世男女老幼，息息與上帝相通而無間，欲自淨，理自純。不尤緊切簡易耶？此泰西人士敬天之至，皆遵天命，皆修天爵，皆盡天職，在在務究極乎天賦之能，而德業所由日新者矣。天人相與之際，董仲舒曰“天人相與之際，甚可畏也”。淵乎微哉！吾國人欲達天德，寵綏四方，請自敬事上帝始。

昔桀紂弗敬上天，故敢殘害萬姓。湯武恭行天罰，而民命以穌。是吾人不敬天，必爲禍天下，敬天未有不愛人者也。而美總統華盛頓、林肯，皆熱心基督教徒。無異吾國堯舜者也，其造福美洲，無有涯涘，何非本敬事上帝之一念所積而致？惟皇上帝，孚佑下民，吾儕其敬事之勿忽。

第二節　善演

揚子《法言》曰：“天不人不因，人不天不成。”可見天人合應，功業乃隆。故赫胥黎言天演曰：“天假人力以成務，人憑天資以建業。”而天不可獨任，要貴以人持天。《荀子·天論》：“從天而頌之，孰與制天命而用之？”義正同。以人持天，又即吾《書》天工人代之説。自來開物成務之聖人，治歷明時，以節宜其候，體國經野，以分治其土，非皆天事所苞當然之理哉？夫天道愈演而愈進，要必賴有人爲；而化機之秘，斯以漸而啓。

《皇極經世》曰："心代天意，口代工言，手代天工，身代天事。"固吾人演繹天道，日新人治之責也。《易》曰："大哉乾元，萬物資始。"乾道變化，《繫辭》："知變化之道者，其知神之所爲乎?"各正性命。初不解造物之妙，何令至繁賾至微末之物質，莫不有力焉；自爲闢闔，循環以終始，且莫不有定理主乎其間，永不相紊亂若是。而萬象森羅，備具條理，尤足啓人靈智。儼若日以真理，迎導吾人，漸進精微，假手以完美其神化之功用者然。如古人由血食而火化，由羽毛而絲麻，由橧巢而宫室，漸進化而膏粱而文繡而峻宇雕牆。文物日備，太和益翔洽焉。然猶未也，近人格致益精。悟汽力之可用，而蒸汽機作，徧駛舟車於水陸。知電流之易傳導，因設電綫以通信，今且不須綫，徑用空中以太矣。又考得空氣有重量，其壓力與温度有關係，於是有氣象學，可預知風雨之方。《繫辭》："見乃謂之象，形乃謂之器，制而用之謂之法，利用出入民咸用之謂之神。"固深具精理矣。且知森林能多，則水旱俱可無憂，畜牧得法，則物種俱可改良。如犬馬之類，或有不良缺點，則精擇一足以圓滿其缺點者，使相配合，其所産自進爲完全之種矣。舉凡天所待人以完其作用者，皆窮究理數，俾知周乎萬物，而無不可以盡其性，聖人所以極深研幾，開物成務也。自無難輔相裁成此世界。力助天演之進行，將先天而天弗違，後天而奉天時，而人道遂本天道發皇於不已。此自强不息，君子所以法天行之健也。按，《易·乾》"時乘六龍以御天"，蔡虚齋曰："御者，如御車之御。"則赫胥黎以人持天與天争勝之説，皆不過範其馳驅之道，無足異矣。竊謂天道悠悠，以人而顯，天所不能者終不能自能之，惟人能即天賦之能，以能天之所不能，而天之能乃因人之能而益著。此吾人御天不可無其道者也。試觀"天行健，君子以自强不息"，"以"字旨趣何限?吾敢言《易》之爲書，在在以體物不遺之天道，勉人趨善避惡以日新其德業，實爲天演正宗。彼西方天演家予智自雄，其於大道終僢馳也。

試思上天下地，萬物之中，何貴有此最靈之我?造物者特欲其本天殺地，宰萬物以寅亮天工也。倘不能位天地以造萬物之命，育萬物以濟天地之窮，大化功用，不幾息乎?故"上識天時，下盡地利，中盡物情"，《皇極經世》。皆人事所宜急，果通其變而極其數，《繫辭》"通其變遂成天地之文，極其數遂定天下之象"。亦何難盡啓洪鈞範物之機緘，日推陳出新，以煥發乎真宰之功能，而開永世隆平之運？蓋範圍曲成，隨時變通，形上形下，逐步進化，惟在吾人善化裁之、善推行之而已。世有起而擔出入造化、進退古今之任者，尚其會通乎天人之道而彌綸之。

第三節　安仁

《易》曰："乾始能以美利利天下。"不言所利，大矣哉！蓋天道無私，發育萬物，仁之至矣。吾人既秉性賦形，爲含生之儔之最靈，日優游於天理之則，自當隨遇而安，思有以踐形盡性，體上天好生之心，敦篤乎中心之德，推誠以博愛乎萬類。斯吾樂吾天，而凡與吾相緣者，因之無不自樂其天，且與人以共樂其天，而天理之周流無間矣。

兩間萬有，莫不有愛力充乎其間，以暢達其生機。可見天心之覆育庶物，無在非渾淪元氣也，故雨露風雷，莫非天恩，吾人當無入而不自得矣。《西銘》曰："富貴福澤，將厚吾之生。貧賤憂戚，庸玉汝於成。"是無論何人，極生平遭遇之亨屯，無非天之因材而篤，胥爲樂境無疑。何彼不仁者，竟不可以久處約，不可以長處樂也？無他，心爲形役，不克與天爲徒，而聲色貨利之縛，遂日劇而無由解。詎知大造仁德，隨處充滿，善於體認，必覺天仁之包羅吾身者無盡，《墨子·天兼》"天下而愛之檄遂萬物以利之"，《孟子》"萬物皆備於我，反身而誠，樂莫大焉"。而其樂無極。故耶穌教徒，一飲一食，必虔誠感謝天恩而後進，人能常存感謝天恩之心，其心中必具無窮之快樂。蓋世慮盡淨，天真自活潑，誠涵養性靈妙法也。正與孔子"雖疏食菜羹瓜必齊如以祭"同，可謂"無終食之間違仁"矣。而感謝時，又必思寅亮天工，始無愧此飲食，以自策勵其大有爲以利益人世之心，則尤爲善體天仁。造次顛沛，每當困苦危難之遭，必以爲上天用特堅定其德性之深恩，因愈奮勵，而娱樂隨之。亦無間然，仁遠乎哉？吾人尚"清其天君，正其天官，備其天養，順其天政，養其天情"，《荀子·天論》。庶神與天游，無難安土以敦乎仁矣。

仁也者，天賦吾人之理性也，生命也。字典：果核中有生氣者曰仁。《六書正謁》："人所以靈於萬物者仁也。"孔樂疏食飲水，顔樂簞瓢陋巷，可想其渾然天理，無適而不自得矣。而基督徒保羅則曰："我於諸患難中，常得充足之安慰與喜樂。"《哥林多後書》。尤見無一息之不仁。且未或忘濟物之心，蓋以惟一真宰之心即是愛，《約翰第一書》與《書》"惟天惠民"之旨同。其仁愛既灌注乎吾心，見《羅馬書》。即不得不普愛世人，繹《墨子·天志篇》之意，有曰"天兼天下而食之，兼天下而愛之，人必兼天所愛而愛之，兼天所利而利之"，斯爲順天之意可免天罰，恰合耶教旨趣，關係世道，洵非浅鮮。奈孟子門户見深，致識量爲狹，力闢之，至漢世以後學者遂輟學無知，而濟世顯學乃久淹而不彰，良堪浩歎。使咸本上天愛人之心以爲心，而後吾心所具之天仁，始得完備。故耶穌教徒，敬事上帝如真父，無敢或違其心，熟讀《詩》、《書》，知敬畏上帝實爲種種德業所由成立之本。或曰"此不過迷信耳"，夫如是之果爲迷信與否姑不具論，第有所敬畏，則持身涉世，在在必就天理之範圍，而不敢或過，裨益世道進化，當非淺鮮。否則毫無忌憚，必爲人類大害，孰得孰失，不待智者而決。奈何今之學者，不甘受迷信之浮言而甘受不迷信之實禍，卒令吾國不振，不大可悲乎？恒不惜犧牲生命，爲未來世界謀幸福，誠以爲此身不能救世，即辜負大造生成之恩，獲罪於天實甚，而其心終有不自安者矣。夫天理之公，無間人己，惟能安吾仁，則必通乎大化之一氣，充積流動。凡有血氣者，未嘗不在孕育中也。吾人幸達天德，而求有以配天哉！

荊楚文庫

仲如先生弘道書

本書原爲張純一於 1919—1920 年間宣傳基督教的系列文章，散見於《大同報》等報刊。1921 年，協和書局、郭紀雲書局將這些文章結集出版爲《仲如先生弘道書》，内容分爲“基督教外篇”、“基督教内篇”、“談道書”（書牘和雜著）、“演講集”和“專著”。此次整理，以協和書局、郭紀雲書局 1921 年版《仲如先生弘道書》爲底本，並參校報刊所載文章，僅保留原書中的“基督教外篇”和“基督教内篇”。原書中的其他部分則根據文類析出另編。

序

新紀元八年十二月，先君書堂公棄世。辱承戚友弔唁並厚賻，情文兼摯，先君潛德以彰，信乎蓬蓽增輝矣。江亟思所以酬雅意，顧不願效世俗之所趨。蓋獻縞贈紵，情非不重也，而無益於身心；報李投桃，誼非不高也，而無裨於時局。昔唐代羣臣上玄宗壽，僉以金珠玉帛，惟吾家九齡則以《千秋金鑑録》，何所見之獨卓，關於世運遠且大耶！江不肖，竊慕於斯。顧江一介武夫，不學無術，徒有勸善之心，愧無立言之識，苦不得抒中心所藏耳。年來宗仰景教，特喜讀漢陽張仲如先生所著，計已風行者廿餘種。每於軍事之餘展誦之，覺其源探性海，妙顯真常，出入百家，圓融無礙，洵非見道一孔者所能測其涯涘。先生志行堅苦卓絶，博通《内典》，於道墨儒諸家之説，靡不精貫。閉户著述十餘年，直冶各教於一鑪，暢演基督無上身施義諦，明示性靈無所不能，盡人同具，苟能歸命基督，感應道交，則自心上帝，神用繁興，誠能使我亞化壽光，普照人心，盡除世暗也。嗚乎！世界有大盜，務盜人之國，不惜國民之肝腦塗地以自雄；一國有大盜，務盜同胞之膏脂，不惜遺父母之惡名以自戕其生命，而皆不知爲有道之所悲憫，且自鳴得意，可恥孰甚焉。無他，性道不明之過也。此先生之所深憂也。江不敏，敢信先生所著書圓章性德，在宗景尊者讀之固資益慧命無盡，不宗景尊者讀之，亦必恍然於自性之不可終無所歸，將羣思蕩滌邪見，轉晦黑之天地爲光明。則福利世間之遠且大，當非《千秋金鑑録》所能頡頏也。江因欲彙刊以公同好，請於先生，允之。分“基督教外篇”、“内篇”、“談道書”、“講演集”、“專著”五類，總名曰“仲如先生弘道書”。冀廣福音之傳，俾戚識真理得永生也。凡戚友於先父喪葬時，曾賜隆儀者，則各贈一部，聊以祝福而誌謝忱云爾。

民國十年春張之江識

目　　録

基督教外篇

基督教有益民國

今專制政體，將絶迹於世界。各國憲法，半多主權在民之規定。良由集民成國，民爲邦本也。而民族主義所由發達者，實基督教父事天帝，而兄弟天下人，孕育於人心者甚深，有以致之。今吾國亦感歐化，改建民國，詎知政體雖改，而人心不能欽崇天道，普愛同胞，未必果利於民國。有識者苟欲鞏固民國，請自改造聖善之人心始，而基督教關係甚密切也。試述其概要如下。

（一）基督教力助文明之進化

國勢興盛，主動力必在國民。貧乏堪虞，如何富之？衰弱不振，如何强之？抖擻精神，亟圖進取，國民固宜和衷共濟也。而基督徒莫不體貼入微，表同情焉。蓋本其教旨，務博愛世人，以上契乎天心，必各國皆一道同風，治臻上理，而後心安也。夫政治修明，豈徒恃二三秉國者所能爲力哉？必國民皆具政治常識，而有以爲羣力羣策之資，而後其國乃一富而不可貧，一强而不可弱，是則濬發民智之宜急明矣。基督徒恒慮未進化之國民，阻礙世局文明也，舉凡厚生利用，有裨國政之知識，罔不多方灌輸之，爲謀遠大之幸福。獨是人生幸福，不僅屬富於營生之知識，亦非屬高官厚禄之虛榮，貴咸能遵行天道好是懿德，而彝倫無不敘也。故基督教於父母待子女，則極言辱詈痛責之非，務以嘉言懿行，善爲教導，始不負上天委託之重，而天賦子女之人權可保持也。一夫多妻，則鄙爲野蠻之遺風，務貴男女平權，不獨女子貴貞節，即丈夫亦當以專一爲美德，斷不容賤視女子，任意處置若物體然，庶家風可望完美，而天賦女子之人權可保持也。又如朋友交際，最重信實，務不輕然諾，而恥爲謊言，蓋深知信任人實則自來英賢盛德豐功所由成就之基本，倘爾詐我虞，將羣情盡渙，不惟社會無結合力，必且人不人、國不國也。又地方公益，必盡力協贊，或勉出經費，以資其成功，以吾人安生樂業受社會恩賜不少，固不可不彌補其消耗以報之，實即福利自身，急宜舍己以爲羣者也。凡此皆天理所當然，建設民國先須竪立之基礎。基督徒每不遺餘力，助其進行，設國事偶有危難，尤必犧牲其生命財產以救之，個人也息息與國運休戚相關。民國精神具此矣，基督徒愛助民國不足多哉？

（二）基督教常據真理破迷信而轉風俗

吾國之不强，由於民智之未開，病在迷信之未除。此風俗不良之大原，使人凡事習於虛僞，百假無一真者也。如各地寺觀林立，無識男女僧道，坐分人利，固爲民國之害。又有命相堪輿，教人趨避吉凶，何非詭詐取財，誣民惑世之道。其不能率人心於正軌害猶小，而是非之辨永難明，則爲害大矣。尤奇者，中國素宗儒教，乃各府州縣，必立城隍廟以教誡人民，曩者地方官且朔望頂禮，儼若土木有靈，可資冥助。何格致不精，政令多乖至此！夫城隍之祀，莫詳其始。據《易》曰“城復於隍，其命亂也。”何可傅會爲神淫祀之？殊不可解。然時至今日，如上述種種迷信，若任其久存，何以使匹夫匹婦皆明明德？若一旦滅絶，何以使愚夫愚婦皆有忌憚？甚矣社會不易進化，要不容不亟圖之。

無如恒人之情，難免束教而囿習。若在在能識真理，不隨惡劣風氣轉，而務開善良風氣之先，以陶鑄世運者幾人哉？非誠服基督教者，不足以語此。蓋盡性歸元，崇尚一尊，知惟上帝神化無窮，實吾人生命德業所由出，而一切左道無所容其假；亦深恐真理不明，不能敬遵天志，生育萬類，勢必傾邪飾僞，造罪人間，罔知所届也。耶穌生平，日以戰勝汙俗，消除積劫迷罪爲急。職是故耳，世有欲革新社會心理者，請自改良風俗始。基督教非極正確之標的哉？試觀基督徒將欲淑世，先自淑身，恒貴利人不重利己，而一以上達天德爲歸。天下事凡有益世道者，無不樂助之。凡有害世道者，無不謝絶之。良以宇之所際，宙之所極，既有吾身，即不無關係於其間，縱不能造就時勢，亦决不隨俗俯仰，墮入汙流。蓋與造物爲徒已久，故世俗之所好，按之天理，實不當好者不好，世俗之所惡，按之天理，實不當惡者不惡，所以法天行之健也。《新約》書曰："信耶穌者爲新人。"豈虛語哉？真理昭著於人心，風俗自由漸轉移矣。迨羣知皇天無親，惟德是輔，順天而動，莊敬日强，不惟地方易於自治，即每屆選舉，亦必公任賢能，而金錢賄賂之風息，民國文化有不大進步者乎？

（三）基督徒務本天心力盡本分

吾人之生，造物者特以綿天地之悠久也。《皇極經世》曰："心代天意，口代天言，手代天工，身代天事。"皆吾人本分所當然。乃昧者不察，汲汲惟口體是營，殊背大造生人本旨矣。基督教言人本分所在，一本天心焉。試舉三例於下。

（甲）暗室潛修，務不愧於屋漏。

時復内省其過，有則改悔，無則加勉，以吾人本非爲己而生，貴乎動而世爲天下道，行而世爲天下法，言而世爲天下則。倘一己獨知之地，不嚴戒自欺，將汙染未能盡除，明德難止至善，即有虧修己本分，不足動人觀感也。必小心翼翼，昭事上帝，盡性立命，通德神明，在在黜私存愛，思所以弘道而濟世，則修己以敬，不難盡希聖希天之人事矣。

（乙）救濟貧乏，非圖報也。

以貨財本身外物，未若仁義可保生命之爲貴，設專自利，不顧他人困窮，勢必仁義道喪，凡百罪孽叢生矣。匪惟自問難安，恐羣道亦由是而息，殊大傷上天好生之心。故吾人苟欲上達天德，即不得不分其所有以濟貧。蓋斯人莫非上天赤子，安能坐視其獨不得所，而不矜恤之？且天地缺憾，待人彌補，在已蒙天恩甚厚者，尤難弛其責也。況克己度人，正所以圓滿自度耶。康德曰：“人類代代相續，皆負有成就世界完全幸福之責。”斯言也，固涵泳基督教旨而出。從可知吾人本分，不僅以區區錢物濟人，而恤貧特其見端耳。

（丙）服官從政，律己貴清廉。

治事貴勤敏，不待言。而利國福民，責在仔肩，尤不容不竭盡心力，期克稱職。蓋凡政事之待理，固關國計民生，世運盛衰亦係之。故政治家當以己身爲大羣犧牲，斷不可以大羣爲己身犧牲也。基督曰：“人子來，非以役人，乃役於人。”誠足爲萬世典型。故保羅獻身上帝，傳播福音，嘗自稱上帝之僕，亦称基督之僕，迄今歐美委身政界者，知天視自我民視，天聽自我民聽，咸称公僕，而本分所在，不外寅亮天工，爲羣造福，信能知本矣。

基督教言人本分，各因境遇而異。無論在社會位置高下若何，總期樂天知命，力盡人事，仰不愧，俯不怍，增進人類最高貴之價值，而天下後世無量幸福，即由此繁滋於無形者不少。今立國主權在民，國民如不安本分，各盡其力之所能爲，以强盛其國，恐民國終虛而不實，難久存立於世界。具遠識者，熟思之。

（四）基督教能增人實行本分之能力

各人力盡本分，則一國所由組成之分子，個個健全，而國基始永固耳。故爲農精稼穡，爲工精技藝，爲商精轉輸，爲士精學業。果能力盡本分以爲私，必即有所餘利以爲公。此奉基督教各國人，不徒恃政府，自能集合羣力，富强其國者也。夫斯人本分所在，往往不能實踐者，大抵好佚惡勞，怠氣乘之。又或物欲爲蔽，進行乖方。皆常情也。蓋罔知天道，以作爲人之氣，而世事即因以敗壞者，亦奚足怪。惟基督教有以抖擻其精神，使清明在躬，不難憤發而有爲。凡職責所屬，固未敢或曠，即天下事似乎無與於己而究係本分所應盡者，亦無不見義勇爲焉。

如吾國各都會之有醫院，其經費皆歐美基督徒捐助，以天下疲癃殘疾，皆屬兄弟之顛連無告，至爲可憫。於時保之，裨病者愈後，能自營生，贍足身家，夫固本乎至性所不忍，實亦敬愛天父之本分不能不盡，純乎孝者也。

然憐貧施醫，尚在病患顯著之後，猶有防患未然，俾各能自立，即不須他人賙濟者，則各地之學堂林立是。夫人之大患，莫如無知識，無知識則不知所以資生，動致夭殤，辜負父母生成之恩，亦徒令社會有消耗而無補償，甚不利也。尤難堪者，不知己身與國脈有關係，更不知與天下後世有關係，惟恃食物營生，居然禽獸，阻滯世運進化不已甚乎。故基督徒仰體其教主救世之心，廣興教育，啓人靈思，俾體力、智力，均堪效世大用。斯稍盡事天之本分，何非敬體天仁，積誠使然？

然學校教人，不過世務知識耳，且僅及一般青年，孰若福音廣播，直合大地男女老幼，陶淑其性靈，俾皆與天合德之爲愈。昔耶穌嘗欲門徒傳道，直至地極，並云："凡相信者，俱應負傳道之責，欲爲將來世界造福。"至懇摯也。故基督徒莫不勉盡義務，推愛人類，冀無一夫之不得其所。凡教會應謀進行之舉，輒不惜犧牲其所有以殉之，其屬職業範圍以内者，更可想也。蓋深明乎上天生人，特命以助世運之進化，因不敢不盡其性，以盡人之性，免貽天地凝形賦性之羞耳。天下人事所當盡，何非天事之所苞，遇事能承天而時行，將先天而天弗違，後天而奉天時，其國有不漸臻强盛者哉？此歐美天地所以日新也。今中國既爲民國，國勢興衰，國民實與其責，可不體天而動務，實行本分之爲急乎？

（五）基督教使人精神上無不真平等

人類能力不一，境遇各異，故在社會上位置差殊，而等級生焉。智與愚不平等，貴與賤不平等，富與貧不平等，此人生流品，世俗人耳目中所由有上、中、下之分矣。然人生才識無論如何懸隔，遭際無論如何不齊，而圓顱方趾，同其天賦之靈性，無異致也。夫人之所以異於禽獸幾希者，豈必智者皆存之，愚者皆去之？貴者皆存之，賤者皆去之？富者皆存之，貧者皆去之？吾未見其然也，奚容妄分軒輊。今天下天道久晦，罔知真榮之國民，大抵心炫聲華，競逐迷波，故生分别，膠俗見以判流品之高下，而不知靈駕萬物，同一人格，至寶貴也。顧塵世泡幻，無常迅速，苟非善養浩然，能維天地正氣於不敝者？等是數十寒暑死耳，基督教有以闡明之，知斯人莫非上帝子民也，無智無愚，無貴無賤，無富無貧，同呼天父，敬事心誠，環顧同胞，普愛念切，真平等矣。由是智者不敢藐視愚者，《哥林多前書》云："我將滅智者之智，智者安在?"必啓迪之使聞至道；基督徒無不竭力傳福音，亦猶伊尹天民先覺，必任覺後覺之責，願力偉大尤過之。貴者不敢藐視賤者，必尊重之而務自卑；《路加福音》"爾儕中爲大者當若最少者，爲首者當若服役於人者"。富者不敢藐視貧者，《路加福音》"貧者福矣，富者禍矣"。《馬太福音》"人不貴積財於地，貴能積財於天"。必賙濟之以體天仁。如教會所設孤兒、貧兒等院，教以知識，授以技能，法至良，意至美也。蓋不如是，即無以報天命特厚之恩，獲罪於天實甚也。似此尚何有政治不平等、法律不平等之患？且也向之重男輕女，致失國民之半於無用，而國以不振者，今知男女之道察乎天地，夫婦敵體而唱隨足樂矣。古諺云"父命子死，不敢不死"者，今知子女實具天賦之人權，爲父母者，當知其爲大造之委託，務善教養之而上慈下孝可風矣。昔君權無限，可任意蹂躪臣民者，今知一國元首，亦一國民，須與國民同一守法，且爲國服役，責尤較重於國民，而民權大伸，莫不與聞國政，而天下爲公矣。基督教有造於國魂者，不甚大哉？遠識之士，苟欲鞏固民國基礎，亟留意焉。

（六）基督教有統一人心之妙用

人生執業萬殊，即心思互異。往往一事發生，得失利弊，見解紛歧。又因知識程度相差甚遠，見淺見深，恒無定準。更或人居隔地，傳聞異辭，致生猜忌。抑或彼此好尚相反，調和不易。皆世務紛爭所由起，使人情意日即乖離者也。夫人惟自營過侈，斯禍篡怨恨由漸而積，羣道頓息。職是故耳，要皆弗敬上天，罔知公理，有以致之。惟基督教能使凡有血氣者，莫不同一心理，欽崇天道，而一切世俗之紛難無不解。遇事惟仰體天心，大公至正，情感偶乖，自能平之，私欲發生，自能制之，過失將成，自能改之，苟有利於大羣，雖於己不利亦必樂贊助之。故人無論處何位置，才智奚若，地無論遥隔千里萬里，而其信仰希望，遂爲基督無量慈愛所統一。蓋天理之流通於人心未或間，本其教旨，磅礴鬱積，如酵在麵，自然漲發，聲應氣求，感無不通，互相扶持，互相補助，憂樂與共，萬衆一心，漸推漸廣，其結果能合無數異國異種之人，結一全球極大之團體，歷久不懈，且日益發揚盛大焉。此無他，良由基督徒無不嚴守教誡，各循真理之自由，未敢稍越其範圍，故畛域之見無從生，道義之交益加密，而積極的天德所孕育於人心世道者大矣。羣誼進化，實大賴之。昔紂有臣億萬，離心離德而亡。武王亂臣十人，同心同德而興。大抵得道者多助，多助之至，天下順之，理有固然也。國民能由斯道，將見衆志協和，無貳無虞，何有禍起蕭牆、分崩離析之憂？

（七）基督教使人愛國極其周密

國者，身家之所庇也。國如不存，身將焉附，家更何寄？故真愛國者，甚於愛家，甚於愛身，絶不容强鄰侵侮也。今號稱通人者，盡知愛國矣。獨是滿腔利慾，滿腹機詐，末毫未滅，未見果能愛國，轉弱爲强，一放異彩於世界，恐適以速國之亡耳。而基督徒之愛國，直親敬之如父母，更視爲己身第二生命焉。其服從國家之法令，固無不法行爲，擾亂公安，尤在心意中。咸能尊重道德，滋培國命之健全。凡國所謂利，苟可求得之，雖毁家辱身所不計也。昔舉盛頓與英戰，身先士卒，百折不回，其妻親爲兵士縫紝，不辭勞瘁，故能創造美國。威廉當和蘭財政困難時，則解己囊以助之，不足則破産以充之，苟利於國，雖犧牲性命而不惜，故能使區區小國立於列强競争之世，而永存。加里波的最愛共和者也，爲謀意大利統一，甘犧牲其政見，以讓立憲黨之獨伸。生平屢被逮，數瀕死，氣不少挫，故卒能助其賢君相之成功，使支離滅裂之意大利，進而爲歐洲一强國。凡此皆熱心基督教道，務爲世人犧牲之旨有以致之也。服官從政者無論矣。即執業微賤，亦决不專爲私圖，致妨公益。總期力盡本分，能彌補社會日爲己身之所消耗。愛國真理具此矣。

顧國積都鄙而成，倘徒鶩愛國，而不愛鄰里鄉黨，目覩飢寒柬斃、流離失所者之苦況，曾不少動惻隱，亟思救濟，或幼弱孤童，窮極無依，不設法教養成材，俾免爲下流，遺害社會，將國内弱點漸積漸增，安寧秩序定難久持，禍不及於己身乎。故愛國必基於愛地方，實則真自愛也。從知天仁徧覆，賴人善推，順之則昌，逆之不祥。

基督教愛人精義，可因愛國而明矣。然僅愛己國，而不愛他國，亦甚不完善也。方今海陸交通，天涯鄰比，一國事實，影響恒及於萬國。例如前清拳匪之排外，迄今賠欵已不堪。英國鴉片之害人，於他商業亦有損。又如美禁華工，該國企業進步必滯。觀十六世紀初，西班牙盡逐國中性勤敏精工藝之摩爾人五十餘萬，而製造貿易頓衰，可想而知。若夫侵權掠地，至於戰争，縱能以野蠻制勝，而國民生命財産，亦必有無限之損失。況此不道結果，内種禍因於民心，外構仇怨於敵國，鬱久暴發，難保内訌外侮不交乘也。萬國歷史，構怨敵國，兵禍何限？基督教視天下爲一家，一以博愛正義，爲大地謀和平之樂利，蓋知吾人受命於天，皆負有化濁世爲天國之責。況他國不進化，己國必受無形之虧累，如他國不興實業，己國物價必感昂貴之不利。他國不講衛生，己國人民即覺傳染之可危。是故，真愛己國，非兼愛他國不可。彼歐美基督徒，廣播其教於各洲，信能獨見其大也。

抑思國家之構成，政治枝葉也，道德根本也。政治良否，因人心善惡爲轉移。設口言愛國，而中藏汙穢不堪，未有不假公濟私，貽國民以無窮之害者。必顧天明命，克明峻德，在在務奉天惠民，不惟視國爲己有，直獻己身爲國有，合羣策羣力，以謀國事之進行，斯政績有日臻上理之望。今也民國新建，愛國者慎勿逐末忘本，請自誠意正心始。

（八）基督徒以書報濬發民智於不已

世界文明，最便傳播者，莫如報紙與書籍，以能行遠而經久也。各國民智之通塞，恒視書報之多寡爲比例。故欲助國運進步，非廣出書報不可。歐美基督徒知其然，航海來遊，即以編譯書報爲急，俾有志之士，知天下得失利病，有所效法而更張之。此民國風氣驟開，與有大力者也。如聖教書會，久已出書不少。青年會近亦廣出書報，不遺餘力。廣學會設立於茲三十有八年，出書三百餘種，或直譯歐美名著，或徑由碩儒自述，凡憲法、政治、教育、歷史、天文、地理、算數、理化、博物、醫學、工藝、商業，及自來偉人之傳記等，苟足資中國借鏡者，無不備具；且間用官話，使婦稚亦易展讀；又復多編小説，便人易於流覽，總期開通社會，普及世界知識，俾國民咸知己身與有國家興亡之責，不得不勉爲善人、裨益時局也；更出《教會公報》，前名《中西教會報》，歷十九年至辛亥改此名。以國無道德不立，宗教實發生道德之真原也；出《萬國公報》，欲增進全球和平幸福也；至林樂知先生逝世始停刊。出《大同報》，欲化天下爲一家，斯人無不兼相愛也；出《女鐸報》，欲增高女子程度，俾得與男子平權，家齊而國自治也。餘如美華書局、浸信會、宣道書局、主日學合會等，亦各出書不少，皆各教會舉辦，冀報天恩於萬一也。他教中人，豈嘗有是哉？今共和既成，似可告成功矣。然其進行且益力，以文明進化，未有止境，而國民之宜服從道德以自治，尤當較前此爲急，吾教責任，轉加重焉。所願東亞大陸，大放光明，是則吾徒不惜貢獻其心思財力以助之者也。明達鴻儒，當亦曉然於基督教之旨趣矣。

如上述，基督教有益民國，良非淺鮮。蓋敬天之至，不敢不愛人，而羣道由是興。羣道興則公能制私，國無不治矣。抑知天道明則人事利，基督教善通天人之郵，俾羣據天道以爲鵠，欲自凈，理自純也，小人日少，君子日多，民國有不强盛者哉?!

基督教與教育之關係

歐美各國，政治修明。人第羨其文物之進化，而不知本於教育之普及。蓋國非民不立，民非教育，則目不善視，耳不善聽，智慧不具，社會即無由振興，而國政斷難臻上理也。獨是教育之精進，貴使學者富具真確的知識，尤貴能陶成審美的感情，而堅定其完善的意志。智、仁、勇三者備，斯天下事大有爲，人類價值，賴以不墜。倘不本健行天道，俾人皆至誠而不息，將種種糟粕知識，必盡爲助人放恣之資，一一用濟其奸謀，而不復有所忌憚，安知天壤間尚有所謂仁義廉恥耶？恐非依據基督教，莫能範人心於聖善也。請觀泰西教育學史自知之。試進言其故。

（一）基督教指示教育目的極其正確

旅行忌入歧途，航海必有方向，毫釐千里，不容不慎。教育亦然。況教育良否，關係天下後世之興衰，偶或疏忽，流弊無窮。心馳俗尚，固不足語也；即愛國心熱而識見淺陋，亦未必能使人意誠心正，有益世道。蓋目的不正，謬誤堪虞，勢有必至者。惟基督教明示教育標準，有使世運蒸蒸日上之能力。教育家咸宜注意焉。約爲二端如下。

（甲）注重道德之陶成

國於天地，不有道德，莫能立也。上古希臘人，以智慧聞於天下，然道德缺乏，終歸衰敗。即中國自來衰朝末運，亦何非道德式微而致。故徒尚知識，而不啓沃青年道德心，以爲他日立身社會、强盛國家之本，其教育必無價值。而基督教則專以濬發人道德心爲急務也，又有四分。

（1）務求良心之即於安。

良心爲人生意志行爲，趨善避惡之標的，教育上亟宜輔翼而擴充之。無如學校課程，往往趨重知識一途，而不以發達良心爲本。恐知識程度愈高，而作奸犯科之事，亦愈工愈巧，層出而不可端倪也。豈知良心，根本也；知識，枝葉也。王陽明曰："須先有根，然有枝葉。不是先尋了枝葉，然後去種根。"誠至言也。故研究科學，必以基督教旨爲基，斯茹古涵今，皆上達天德之助；即物窮理，盡致知誠意之方。久之良心自爾純正，務止至善，不敢稍放恣矣。獨是吾人思想言行，果合良心與否，父兄師友，無由告誡，輿論法律，不及檢束，固他人不及知，而一己獨知之者也。果如何使其心常存敬畏，不致閒居爲不善，無所不至耶？詩曰："小心翼翼，昭事上帝。"此文王之德所以純也。陸象山謂此理"誠塞宇宙，如何由人杜撰得？文王敬忌。若不如此，敬忌個甚麽？"可見古昔聖賢，莫不以天監在下，故能莊敬日强也。基督教即使人心息息皆上契天心耳。保羅之言曰："我對上帝對世人，常自勉勵存不虧之心。"此其德業至盛，所以充實而有光輝也。而幼學時，尤宜先有此素養。

（2）務盡本分。

人類貴乎教育者，使於倫常日用間，各盡本分保存人類價值耳。泰西倫理學家有恒言曰：“凡消費者宜製造之”。蓋謂吾人日消費食用等物不少，倘不力盡本分，思有以彌補之，則日用之需，必漸竭而無存。故吾身一日未盡本分於人世，即是徒耗他人所盡本分以活吾一日之身。人人如是，世道尚堪問乎？亦大背大造生人繁榮宇宙之微旨矣。顧本分所在亦多矣。茲畧舉例言之。如吾人由父母之飲食教誨而成長，及其既壯，自宜報父母劬勞之恩，以補其爲吾身之耗費。此孝敬之本分。充其量宜有以通神明，光四海者也。然不僅此，即爲人之鄰，爲國之民，亦各負義務焉。蓋地方爲我謀治安，國家爲我謀福利，所費甚夥，我無以補其耗損，烏能持久而不敝也？基督教以天下德業之環伺吾人以畢舉者無限，故職責所屬，不容一息懈，良由敬畏天命，有不能自已者，教育上得毋爲後生勉乎？無論他日爲教育家、政治家、製造家、資産家、勞動家，必各就所處位置，仰體天心，盡其才力之所及，以求有益於羣衆，斯爲得之。斷不容坐耗他人所勞而獲之資糧，專爲社會害也。《新約》云，“不願操作者不當食”，可謂言近旨遠矣。

（3）拒絕罪惡。

人所以異於禽獸者，以有優秀特出之靈性也。此靈性即降自上帝，發揮而爲自來聖賢仁義之心，不容絲毫人欲夾雜於其間者矣。奈俗尚不盡良善，污染恒難滌除，積久性成，難免無惡不作，永墜孽海，大抵然也。蓋習非成是，心思爲蔽，曾無天道爲鏡，明照人欲之醜，烏能悟其已入迷途而知返。故吾人宜具慧識，不時自省，偶或惡念潛滋，即宜警醒内訟，力杜絶之。如逞兇、盜竊、淫念、懶惰、驕傲、嫉妒、誑騙等罪，皆足以敗壞社會空氣者也。而疾之如仇，終日乾惕，務以天理戰勝於屋漏中者，莫基督教若矣。基督有言曰：“設也右目陷爾於罪，則抉而委之，寧百體喪其一，勿全身投地獄。設也右手陷爾於罪，則斷而去之，寧百體失其一，勿全身投地獄。”其深惡罪惡如此，青年正宜師其意，教育家尤宜爲生徒終身休戚計，防之於微。

（4）悔改。

塵世罪孽，充斥耳目，吾人往往陷身其中，而不自覺者衆矣。至於學校或工藝廠，本育才之地，而名不副實，即藏垢納汙之所。教育家不能不爲學徒造福，而任其造罪不已也。自來聖賢，每謂人生不能無過，亦甚望其自知而能改。但勉人上進，其力甚微，恒不若基督愛助之力之大。以故沈淪罪中，卒克自拔者寥寥，而基督垂教，直指爲罪，俾人知黑暗之甚，則希望光明之心自切也。故以樂觀主義，爲修德正鵠，而以罪爲相反之悲觀，尤令人於二者之中，自能分辨清晰，知所宜赴之途。人果誠服其教，積劫迷罪，立時消滅，意中事耳。故曰“天國近矣，惟當悔改”。蓋能痛改前愆，日新又新，則方寸間天理渾然，福樂自無窮矣。教育家忍令後生小子，恣情縱慾，不加省克，致陷終身顛躓之危險哉？

（乙）務服役於人。

吾人不能隔絶社會，獨立營生。幼年求學，求盡爲人之道耳。乃今之學子，大都徇名干禄，或專争汙世之優勝，以圖生存。是其目的果正當哉？教育上亟宜端其本而清其源矣。抑知大造生人，使其代代相續，皆負有成就世界完全幸福之責任，必仰體天心之博愛，在在期有益於人世，斯爲高尚，故吾人無論所執何業，必與世人有關係，特非存心服役於人不爲功。如爲農所以爲人服足食之役也；爲醫所以爲人服治疾之役也；爲工所以爲人服器用供給之役也；爲商所以爲人服交易便利之役也；爲兵所以爲人服防禦强暴之役也；法律家所以爲人服保護生命財産等自由之役也；政治家所以爲人服增進福利之役也；著作家所以爲人服推闡真理、籌策後世文化進行之役也；教育家所以爲人服教育子弟之役，俾皆能躬至道以鑄世運者也；宗教家所以爲現在及未來世界男女老幼，服閑邪存誠之役，俾兼相愛而成爲大同天國者也。凡此皆大造所賴以綿延天地悠久之微旨。神而明之，存乎其人，盛德大業，胥基於此。昔大禹爲天下之溺者服役以治水，后稷爲天下之飢者服役以教稼，伊尹爲天下匹夫匹婦不得其所者服役而任天下之重，皆欽崇天道，正義當然，足爲吾人典型矣。而基督尤洞明天人一貫之理，知吾人在天地間，其生也非爲己而生，其死也非爲己而死，故以“人子來，非以役人，乃役於人”之訓，昭然揭示於萬世。自後服其教者，無不懍遵斯旨焉。如加富爾爲義大利服役而不娶，衛克尼爲瑞士服役而捐軀，華盛頓爲美利堅服役謀獨立，林肯爲黑奴服役謀釋放，皆誠服基督教旨，甘爲世人公僕明證也。學校爲教育英才而設，倘不務達天德，專尚物質的知識，勢必惟衣食貨財權位是競，將自營過侈，羣道日涣，人類價值不保，天下事不堪設想矣。惟基督徒日爲後來無數人類謀福樂，不惜犧牲己身，求實現之。教育家尚加意焉。

（二）正定教學之方法

人之所以爲人，獨能受長期教育，冥符天道也。顧天下事理無窮，學豈能盡？然兩間萬有，妙造天然，幾若日以真理，引導吾人耳目，牖啓靈思之運用，豈僅古人已事之載籍，足爲師資乎？至天賦吾人權利，今雖甚覺發展，而消長盈虧，與時政利病關係綦密，亦須審慎，而後適得其分。此皆切近人生極爲重要者也。試分析言之。

（甲）探究天地萬物之原始及其定理。

吾人戴天履地，日星河嶽，極娱心目矣。加之萬樹齊緑，鳥語花香，天機暢發，仰觀無不彰其文，俯察無不著其理，兩大之間，豈非天然學校，無窮學理所在？教育家不容漠視也。抑思天地萬物如此美備，以供吾人之生息，非賴以促其進化乎？無如自來主唯物論者，其知識每爲物質限，而目不及見者，則惟憑臆測，莫由探其真源；主唯心論者，又離物而構虛想，雖侈談哲理，足動人聽，而究去真道甚遠。皆未洞悉天地萬物果奚自始，并其目的如何也。惟基督教即無量星界，日局八軌，與夫萬象之森羅，而知造物有真宰，體物不遺，具見神化，苟能窮理盡性，則明德日新，無難漸止於至善。蓋天道之綱維人心，有定理也。莘莘學子倘昧於道之大原，而不推其所知，以求至乎其極，安知天地萬物之急待位育於吾人者無已時耶？維皇降衷，特假手吾人參贊之，以成天下之務也。此基督教所以使人自誠明也。自誠明者，尚矣。自明誠謂之教，教育家尚善爲誘掖之。

（乙）觀各國歷史常知其盛衰之由。

縱覽泰西各國歷史，從來治亂興衰，莫不與基督教關係密切。蓋在上者信教心誠，則奉天出治，務在惠民，政績無不休明。在下者信教心誠，則敬以居己，恕以待人，風俗無不良善。否則一切相反，而國勢因之日替，理有固然也。迨十六世紀路德光復教旨以還，真理正義，日益闡明，於是法政學術，凡百事業，咸大進步。蓋天道之陶鎔乎人心者深，故希望社會幸福之完全愈切，此世運所由蒸蒸日上也。大抵人間樂利，未有不根據天理，而有實現者。順天者昌，逆天者亡。東西萬國，若合符節。即如中國本非基督教國，而史傳所載，偶相合者亦復不少。禹湯文武，敬事上帝，利人多，故天福之；桀紂幽厲，弗敬上帝，賊人多，故天禍之。此讀史者所當知之要領也。惜孔子未嘗闡揚此旨，俾中人以下者無不可以語上，致賢如子貢，尚言天道不可得而聞。而後世學術風教政治，遂每下愈況，不復覩三代之盛矣。設如基督教使人無不敬天，無不愛人，烏致有是哉？學者以古爲鑒，非徒知興替已也，尤當即身知所取法，用自造命，且造時勢耳。方今歐美遠識之士，視基督教爲道國首重，亦得之歷史之經驗者深也。教育家可不即世界自來之變遷，指導生徒，俾皆能自犧牲，爲未來世道謀進化哉？

（丙）天賦人權須知其分際如何。

現今國政，注重民權，可謂民權伸張時代。故各國憲法，半多主權在民之規定，而國民居住、言論、信仰、結社等自由均必列舉，以天賦人權允宜珍護，不容或相侵犯。此平民政治精神所在，實由基督教旨父事上帝而兄弟天下人之至誠所積而致也。第民權發達，既由闡明天道以扶植之至此，吾人尤宜奮勉，亟圖上進，以保存其人格，庶稍稱天心而少愧。不然，罔知真理，濫用自由，千萬罪惡，假之肆行，社會難保安寧，國家無由治理，暴民爲虐，禍機觸發，不甚可懼哉！况少年學力薄弱，血氣未定，修德恒難，悖德恒易，放任天賦之權則自棄，誤用天賦之權則自暴，教育家不可不使之各知分定，守死善道也。惟基督教能令人對越上帝，恪盡本分，各自尊其自由，且互尊他人之自由，而天理之流通於人心無或間，由是降心希天，任重致遠，天下事自有操縱在我者矣。要賴教育家咸具遠識，善啓迪之。

（三）能助學識精進，大收教育之效

求學必依據天道，以資敬畏，斯可免世俗污染，而知識自爾純正，不難月異而日新。天人相與之際，虛靈湛然，至爲蘊奧，基督教實能通其郵，使人皆承天而動，世間利害榮辱，不能淆其見而奪其守，其助知識進步者大矣。况基督教徧及大地，亦一種絶大之學術，倘不細心討論，安知今世文明的淵源所在，與夫後世進化之責，係於吾人者何如耶？基督教固滋養道德的知識之糧，不可旦夕缺者也。富者服膺之，則好義；貧者服膺之，則知廉節。男子服膺之，則盡心世事，社會無不蒙其福；女子服膺之，則教訓子女嘉言懿行，允可作之師，有裨教育誠鉅矣。試更列舉其效益。

（甲）能强記憶力。

求學貴能記憶，否則隨得隨失，虛擲時光，無裨身世。而善助記憶之法，莫如屏除慾念，俾心思專一而不雜。然斯人天稟靈性，恒爲物欲所蔽，衣食聲色，均足摇奪其心意。蓋中無所主則外緣得間而入，安能念兹在兹，釋兹在兹，永矢學業弗忘耶？甚矣人心被罪惡纏繞，而不能率由真理者，何其衆也。基督教能使人方寸之地，舊有污染滌除净盡，欽崇天道之下，無不虛懷若谷。由是事事物物，窮究理數，而意識界所吸收者富，無異净潔白紙，印痕深入，不易消滅矣。此記憶力因虛靈不昧而强固，有必然者。

（乙）能增思考力。

思考作用，實由既得之諸觀念，或分析或結合而成。教育上灌輸生徒知識，貴能增益智慧，使漸達於正確之概括、推理等作用，不待言；

但思考進行中，尤忌馳心於外誘，所謂耳目之官不思而蔽於物，物交物則引之，而心官失其職，恒情然也。是則注意力之宜養成急矣。基督教能使學者先立其大，則其小者不能奪。蓋奉若天道，維謹維勤，萬緣自無由擾累其心靈，由是尊德性而道問學，將左右逢原，罔非真理。亦既專心致志，尚何思不入，亦何思不得。理想本至道而精當，即因專注至道而發達，此增進生徒思考力之要訣也。故德國教育大家迭的士，揭示宗教教育之旨曰："施完全教育於少年，非附以宗教的基礎不可。"有以夫！

（丙）能使斷定正確。

是非之心，人皆有之。特風尚殊文野，民智異高下，而善惡遂無定準。衆視爲善者未必果善，衆視爲惡者未必果惡，其爲斷定不綦難哉！雖然，天下事理豈無真價？惟能洞明大道之原，而好惡得其正者，其論定自無謬誤之虞。此間有三要點。

（1）須有正當之知識。

凡事當前，必爲天下後世謀公共之利益，不得稍雜以私意，且當知己輕羣重，苟有利於大羣者，雖不利於己，亦必犧牲以殉之。

（2）須有正當之感情。

一事發生，惟準乎道之大本，斯喜怒哀樂，發皆中節，不至如眼帶著色鏡者，視物失盡真相也。

（3）須有正當之希望。

如士希賢，賢希聖，聖希天。據天道之目的，鑒衡世事，孰得孰失，自有真諦也，要非宗仰基督教不爲功。蓋誠服基督教者，修己也，以上合天德爲體；處世也，以普愛大衆爲用；而其終極之志願，務與天下人同躋於仁壽，而無一夫之不得其所。大道爲公，昭然正鵠，合之則從，舍之則違，習久性成，使其斷定天下事，未有不正確者。

（丁）能使意志堅忍。

既有斷定能力，宜具有理性的意志矣。然而學問道德，或進或不進，或成或不成，仍視其志所以帥之者何如耳。若夫有志任重，惟恐道遠，淺嘗輒止；又或上達有心，時復紛馳俗尚，進取不力；更或欲挽頹風，每苦處境多逆，未免短氣，皆學者通病。而誠服基督教者，其意志斷不若是薄弱也。蓋基督教能使人認定所以爲人之真理，衝决世俗藩籬，跳出舊風氣外，發憤爲雄，不容自已也。其視富貴福澤，固天所以厚其生，使能有爲而濟衆；其視貧賤憂戚，亦天所以玉其成，因益動心而忍性。不外注目未來世界無數人類，力謀幸福之增進，聊報大造生成之鴻恩耳。當其奮勇赴的，聲色不足動於懷，刀鋸不能奪其氣。雖備經險阻，直以爲欲達蕩平天衢者當然必歷之程，魄力沈雄，百折不回，不畏誹謗，不惜生命。蓋深知最後勝利，非確具有價值之犧牲，不能倖獲。其意志何如健全耶！保羅《與哥林多人書》有曰："我於諸患難中，常得充足之安慰與快樂。"其渾然天理，可想見矣。熱心教育者留意焉。

（四）并爲教師示正鵠

教育責任，至爲重大。其善良與否，近關學生一生之幸不幸，遠關社會國家之興衰。教育家不容忝厥職也。惟是教育上專重教授，固無裨德行；即加意訓練，亦難收實效。必教師德性純全，足爲模範，俾生徒耳濡目染，精神上被感化於不覺者，功較口講指畫爲尤多。傳曰："其身正，不令而行"，信不誣矣。自來人格純潔優美，土芥世俗權位虛榮，即身表彰天道，爲天下後世作則者，莫如基督。爲教師者，安可不效法之，示生徒以觀摩之鵠，而默化其氣質耶？然猶有必不可缺者如下：

（甲）求真。

教育之可貴，在萬事萬物，皆能求知其真際，不致誤人以盲從。真事業由真道德出，真道德由真知識出，故必使學者能鑒别天下之真是非，而後教育有真價值。彼格致家之實驗物理也，化分萬物，知皆爲原子所構成，而原子之闢闔，率由定理，整然秩然，則多不窮其所以然。如是求真，究不得謂爲真真也。惟基督教知造物有真宰，實爲萬有之真原。乾道變化，各正性命，保合太和，要必依吾人以宰製乎萬物。真理所在，固不僅能盡物性而已，首貴能本至誠以盡其性。而盡人之性，特其程功要自格物始耳。《大學》修齊治平，由於正心誠意，實基於格物致知。從可知學而不能即物窮理，上達天德，不得謂之真學。基督教直貫天人之道而一之，教師爲天下教育英才，得不依準真道大造就乎？

（乙）博愛。

先哲之言曰："世界爲人心所造。"竊以人心不受教育，安有爲大多數人謀幸福之作用？要知今日生徒，即他日操縱世界之主人翁。而教育即濬發生徒性靈之主動力。天生民，作之師，凡以普愛斯人，俾能弘道耳。故師者，所以鑄世運，躬至道，爲天下先者也。弟子者，所以廣道之傳，代爲天民先覺於不替者也。不外發揮天道，以愛人爲天職焉。試思兩間萬有，莫不有愛力充乎其間，以暢達其生機。天心之覆育庶物，何在非渾淪元氣也。雷動風散，雨潤日暄，罔非天恩，吾人曾無入而不自得矣。教育上倘不推闡上天好生之德，以博愛乎人類，世道安能日進化耶？教育家學道愛人，必待有後起者分肩覺世之任，斯教化之推行較易也。昔耶穌嘗告門徒曰："我所行事，從我者亦須行，且須行較更大之事。"並欲其門徒作萬邦之光，直至地極。似此博愛，真不愧萬世師表矣。

（丙）同情。

學生賦性智愚，習染善惡，斷難一致。感受教化，必有鋭敏遲鈍之不齊。優秀者固不難上進，而以望之椎魯則匪易。倘教師性情急遽，責效過速，偶不滿意，輒形忿怒，不惟不能啓發之，使自領悟，必益桎梏其靈思。蓋當其進修無功，意識中已甚感不快，教者不爲體恤温慰，反更予以難堪，是猶加受傷者以痛苦，不絶其欣欣向榮之機乎？故教育上欲收美滿之效果，不宜專以莊嚴臨之，必爲學生終身，從真理上謀幸福。在在以寬和相待，使深同情之感。一事教之，不能領受，俟之他事。今日教之，不能領受，俟之他日。始終祇無盡愛之之心，循循善誘，並爲之樂其樂，爲之憂其憂。久焉必有如時雨化之，欲罷不能者矣。老子曰："善者吾善之，不善者吾亦善之，德善；信者吾信之，不信者吾亦信之，德信。"此聖人常善救人，所以無棄人者，善用同情故也。耶穌曰："健壯人無須乎醫生，病者始需之。”又曰：“恕人不惟七次而已，須七十其七次。”教育家可以悟矣。

（五）救正新學之偏誤

天下事物，真理無窮。有識者具有會心，著焉而爲學術，固足爲世運進化助也。第學者識力有限，難必見理在在瑩澈，倘得此遺彼，又因文字糟粕，不能盡達其義，其間定不無所蔽。而在立言者，一時心得，方且立説自豪，初未計解人難索，其流弊將大爲世道人心害也。洎乎淺學後進，中無主識，徒尚新奇，知有學説偶合己意，既可遂放縱之私，又可投世俗之好，遂不禁津津樂道，時爲推波而助瀾。道義之防，無幾自潰，而社會國家受禍於無形者大矣。設不有基督教注重博愛正義，一一補其偏而救其失，人類安寧秩序，安能永保耶？試略舉其例：

（甲）唯物主義。

自物質的文明發達以來，研究物理化學動植鑛物等學者日益多，專心致志，不出物質範圍，於是祇知有形而下之器，不知有形而上之道矣。雖己身虚靈所在，亦幾以視之不見，聽之不聞，無有矣。不自知其視聽之至無用，而肆無忌憚矣。蓋方寸間朝夕所經營者，衣耳，食耳，金錢耳，宫室、車馬、文繡、玉帛耳，舍物質外不知其他；而世道之壞，人心之卑污不堪問。斯人所以異於禽獸幾希者，久失之無何有之鄉矣。詎知無有入無間，不言之教，無爲之益，天下希及之。夫物質死物，不有活潑精神，主動於其間，恐乾坤將不日而息。蓋萬物雖各具化工，究莫能自顯其天材無盡之美，惟吾人能使之活潑以效世用。吾人豈塊然物質比哉？倘不能心代天意，口代天言，手代天工，身代天事，殊背上天生人本旨，獲罪孔多也。教育上當濬發生徒之性靈，使咸知物質外，實大有終始此物質者在，不專爲物質的知識囿，務上達天德，保存其靈駕萬物之資格，庶精神的文明不難因種種科學日發達矣。

（乙）天演家言。

近格致家競言天演之理，明哲之士亦本以研究萬物之由來，惟理想臆説，據爲事實，偏誤滋多，流弊無盡。如謂地球分自日中，初爲星氣，漸次凝結是已。然試問當其冷熱異常失度時，豈有萬物生存其間？此粲然羣起之生物，其生命果奚自來，何時起？又至何時遂蘧然而有知覺？更進而有思想耶？又謂人類由原始動物而來，多方附會，以爲證據。於是講生物學者，奉爲金科焉。詎知生物遞嬗微變之理，證之實驗，有衹能進本種爲良，不能變此種爲彼者乎！於萬有不同中，僅連結其共有普通性之成分，而認爲同；竟捨棄其各個獨立之特别性，而不認其爲不同，其爲概念之不正確明甚。奈何新進學子，多不明天演界説所在，及其真義之如何，無識盲從，恣爲生存競争之談。而道德掃地，禍較烈於洪水猛獸矣。教育上得不預爲防範之？説者謂生存競争愈力，則文化進步愈速，競争實社會之防腐藥是已；不知競争結果，弱肉强食，甚非仁人所忍聞。而基督教直欲化弱肉强食之殘忍，一轉瞬而爲有情之宇宙。蓋深知天地萬物之創造，循序漸進，以至人類——造物者特寄以位育重任，俾壯兩間活潑之觀也。故萬物皆我備，反身而誠，樂莫大焉。自來聖賢，無不敬事上帝，存心養性厚其本，仁民愛物充其用，己立立人，己達達人，皆仰體天心之仁，所不容已也。而凡爲基督徒者，固無不若是存心，冀爲世運進化之一助。從可知宗教家之善量，大於天演家遠甚，主教育者尚慎思明辨之。

（丙）社會主義。

社會主義，範圍廣狹至不一。大要以自由、平等、博愛爲歸，而其主張進行之手續，和平者受支配於國家政權之下，漸調劑於貧富懸隔之中。教育急圖普及，勞役深加體恤，未始非人道之正也。而主張激烈者不然。視政府爲罪惡淵藪，務剷除而别謀治平。以富室恒壟斷金錢，將强取以分潤貧苦。夫治求上理，宜也；而遽無政府烏乎宜？救濟困乏，宜也；而掠奪富室烏乎宜？吾恐社會未受其利，先受其害不小矣。此濫用自由、平等、博愛之過，非基督教莫能救正者也。蓋真理爲進化之標的，正義爲幸福之泉源，遵循基督教，則政府無不良善，務厚民生、增民德之爲急矣；富室無不慈祥，務老者安、少者懷之爲急矣。且教育愈易進步，勞人咸知自主，羣能督促政府，不容富室爲惡矣。無他，敬事上帝，由誠而明，真理彰，正義著，自由無不各足也。而世俗諸不平等之階級自消也。斯人自無不仰體天心之仁，兼相愛也；不較盲從社會主義者，有利而無弊乎？惟賴教育家於學力未充之生徒加慎焉。

如上所述，基督教誠重要矣，教育上宜如何發揮光大之。況教育功用所及，範圍有限：（一）不出學校，（二）僅及幼年，（三）多偏於知識一途，孰若基督教直納全國男女老幼終其身於道德教育中，能大補學校教育所不逮之爲愈耶？故自來教育大家，廓美紐司、斐斯塔若藉、魯旃克蘭士、迭的士等，莫不以養成宗教風氣，爲教育終極之目的。良有以也。

基督教與家庭之關係

觀《大學》家齊而後國治，其釋齊家治國云：“一家仁，一國興仁，一家讓，一國興讓，故治國在齊其家。”可見家庭爲教化起原之根據地，豈不重哉！故欲政治修明，悉臻上理，必其國民善體天仁，皆能依據真理，尊重自由，自不出家而成教於國矣。然則率由進化，舍基督教不爲功。試即家庭之要旨縷述之。

（一）家庭爲社會基礎

孟子曰：“天下之本在國，國之本在家。”是天下也，國也，無非家之積也。綜世界各國而追溯其緣起，同一由家庭而宗族，而部落，繁衍而成，信乎家庭爲社會基礎。詩始《周南》，具精義矣。

（二）無家庭則孝道亡

夫孝，德之本也，教之所由生也。德者，愛敬也；教者，教愛教敬也。天下至德要道，胥基於孝。蓋必推其愛親敬親之天性，以愛人敬人，直使天下人無不被吾愛敬，漸至互相愛敬，然後可永保祖若父所傳之天下國家也。《舊約》十誡："當孝敬父母，俾可永居上帝所錫爾之地。"義極精深博大。見《出伊及記》二十章十二節。故聖人所以生存天下萬世之人者，惟在教孝而已，家庭即其實驗場焉。乃今之講社會主義者，輒欲廢去家庭，何其妄耶？蓋家庭廢則孝道亡，孝道亡則彝倫斁。且恐不樂育子者日多，人類亦將滅絶也。

（三）國家斷不能代家庭

家政一切，家人主之。此間有天然關係，互相攝引，而其愛力，遂終日旁礴於夫婦父子之性天，流露而發生種種多情之事實，雖極勤勞而不知倦，非他人所能假託也。乃講社會主義者，欲以社會爲一大家庭，謂"社會者，父母也"，"各人皆同胞也"，而父母之待子女，不得曰此子才能，宜美衣美食，彼子庸劣，宜惡衣惡食，既屬一家子女，而衣食分配之標準，決不忍視其技能成績之如何而有差異；如此亦不能無弊。準此，當由國家命官，聚集國民子女，衣之食之，教之誨之，一律分配，斯真平等，斯真博愛。豈知撫養子女之責，非父母莫能旁貸。即能代爲撫養，奈不能代爲孕育何。蓋造物使人生育，一胎恒惟一子，孿生甚少。不若動物之多，恐多則慈愛不專也。又動物生後數日，多能自立，而人必三年哺乳，始免懷抱，自非慈母，孰肯不惜身命慇懃劬育？大化妙用於兹可見。豈毫無情感者能强使之然？從知家庭分内事，決非國家好事所能越俎矣。

（四）夫婦父子之倫皆設自造物，非人力所能爲，故國家萬不能廢棄之

自有天地，有萬物，有男女，而有夫婦父子。知大化絪緼，妙合而凝，乾坤生機，所以不息也。《中庸》曰："夫婦之道，及其至也。察乎天地，具至理矣。"夫人類所以生生不已者，何非大生廣生之天機使然？世事也，不外天事之所苞。夫婦父子，正造物者所以爲天地塞其體，將賴位育於不敝也。此世界各國，永久生存之真元也。何講社會主義者？直欲

廢此天倫，而謬言進化耶？

（五）無家庭世道無進步

天演進化之歷程，不外脱舊而嬗新，而世以人相更替，故家庭似續，有莫之爲而爲者，皆大化健行妙用也。今文明各國，民間有新家成立，内務部必記録其姓名，備極保護，協助世運之進行，可謂寅亮天工矣。書曰，“惟孝友於兄弟，克施有政”，孔子曰，“居家理，故治可移於官”，是化淳俗美必自家庭始。况自來出類拔萃之人，幼時必爲佳子弟，佳子弟必出於善家庭。如孟軻爲一代大賢，固由其母善於用其摸倣性；人生而具摸倣性，兒時尤强。父母言行即其朝夕摸倣無間之模範，故兒童行爲未有不酷似兩親者，良由精神上訓練於無形者久也。昔孟母三遷，固善用孟子幼時之摸倣性，究亦由孟母言行無不善良，足爲模範，早能端養正之基也。設令盜跖以子三遷，恐終未能收完美之效。《易》曰：“蒙以養正聖功也。”孟母真千古大教育家矣。華盛頓爲千古偉人，亦由其父善於獎其不自欺華盛頓幼時曾戲伐其父所愛之櫻桃，其父見而盛怒，問誰爲之？華盛頓急趨前自認，其父乃立釋怒容，不惟不加罪，且極歡慰之，蓋嘉其不自欺也。故華盛頓後日出而擔任國事，國人無不信任之，計當八年。血戰時曾有無數無名英雄樂從之效死而不辭，有由來矣，要亦華盛頓父子均能遵行基督教之效果也。噫，吾國爲父母者，當知所效法矣。其例也。是家庭又天下盛德大業所由發生之地也，有裨世道進步不甚大哉！

如上述家庭之爲世樞要，宜各國賢哲無不重視之已。然而基督教之裨益家庭尤有進，兹更分述於後：

（一）男女婚配，較古時爲高尚。

溯婚配之沿革，初當游牧之世，本無婚姻可言，男子求婚者無須媒介，或以戰鬭，或以交易，或以劫掠，野蠻極已。厥後宗族團結，相禦外侮，荏弱女子藉得託庇。於是其父母，或撫養保護之者，爲之訂婚，如孟子所謂母命。往送戒之曰，“往之女家，必敬必戒，無違夫子是”。然仍惟他人之命是聽，而天賦人權，女子尚不得自主也。迨基督教真理昌明，斯人各發揮其固有之才能，知男女雖異，爲人則一，而女子皆能自立，非若在昔封建時惟賴男子保護者比矣。自是視婚配事，至爲重大，必男子具有才德，心切好逑，彼此愛情因互相欽仰而甚愜，然後各稟於其父母，待其允許，始結婚焉。男女畢生建德建業之基，立於此矣。較之往古，何如高尚耶？更進言其事實。

（1）孝敬父母。

孝道在十誡中，甚爲注重。誠以父母劬勞顧復，深恩罔極，爲子女者不容不圖報也。顧圖報不惟服勞奉養，色笑承歡而已，尤貴善繼其志而述其事，則家乘光榮，關係子女之婚配者綦密。故《詩》曰："之子于歸，宜其家人。"《大學》引申其義曰："宜其家人，而後可以教國人。"是纘緒承德，維則孝思，胥於配匹之際肇其基矣。君子萬年，永錫祚胤，可爲基督徒新立室家者詠之。

（2）禁止多夫多妻。

自古未受教化之人，有一夫而數妻者，亦有一妻而數夫者。一妻數夫之俗，西藏尤甚，蓋其爲子娶婦者，數子但娶一媳，所謂一婦嫁一家也。印度古時，亦有此風。《梅哈拔喇達詩史》曾記突牢巴達王之公主，下嫁爲本度王五子之通妻。印度奈爾族人並無所謂妻，聚全家兄弟姊妹於一室，家中小孩但知爲某母所生而已。即歐洲上古亦然。二千年前，該撒嘗言英格蘭亦有一婦數夫之古俗，錫蘭山亦有之。若一夫多妻，則以印度孟加拉省古廉人爲最。按一婆羅門人可娶五十妻，相傳有人曾娶百妻。此固印度舊教與梅奴律書所許可也。而突厥、波斯、埃及等國，皆盛行回教，一人可娶四妻，遵摩哈默德所定律也。摩哈默德本其多娶舊俗，既定一人止准娶四妻之律，乃自犯之而多娶，並娶其義子之美妻及劫人美妻二次，共十妻，因不理於人口，旋於《可蘭經》中加一假託神命之言曰："先知乎，賜汝多妻逾衆信徒，此汝應享之額外利益也。凡受汝財禮之女人，及汝家所有之婢媪與諸順服汝之信女，如汝願娶，皆可娶之不限數。"其謬妄如此！若加多妾婢，固無不可。詳見《五大洲女俗通考》。至吾國自來帝王，以及士庶，動多妻妾，從未有以爲非者。日本亦沿我陋俗，至今未革，誠可羞矣！即猶太古代之聖賢，亦屢以多妻聞，咸不知爲非。迨此惡習，相傳至羅馬，已娶之男子，雖多外寵，亦不以爲非。

凡此皆教化未昌明之實證。今猶太人固無多妻之野蠻遺風也，夫男女正位，天地大義。夫婦之倫不重，即父子之倫不篤，如何能美風化也？惟自基督教盛行，知多妻爲家庭萬惡之源，經羅馬君士但丁及提俄多修二帝，本以著爲政令，而婚姻之制始漸改良，迨東羅馬茹斯底年帝律書成，即今世歐洲各國所根據之羅馬法。男女平等，臻極致矣。《説文》“妻者，齊也”，實具與夫敵體之義。今歐美奉行基督教國，皆惟一夫一妻，無或敢干律法者。以妻固當忠心於夫，而夫亦當忠心於妻，稱爲聖潔之本分，慣例然也。蓋其教道之善，不惟極重人權，不敢薄待女子；且能革人慾念，務推基督愛心，專以扶弱爲己任。故夫妻愛情篤摯，宜其室家，和樂且耽，至足風也。

(3) 非犯淫不得休妻。

吾國出妻，古有七例。孔聖之家，亦屢行之。甚矣，難爲女子也。又埃及男子，休妻最易，無論何時，有無事故，或真或僞，但向妻云“我今休汝矣”，其妻聞之，即不再住夫家。隨休隨娶，一年中有换至數十妻者。突厥人休妻亦易，往往偶不合意，向其妻曰“遮汝面”，國俗男女不露面，惟夫婦相見不然。玆云遮汝面即不認爲妻，視同陌路之意。其妻立即告辭而下堂。波斯人休妻之易，亦不甚異，惟須連云休汝、休汝、休汝三次，斯休定矣。至休妻者，一次、二次，仍可由夫隨時唤歸，惟休至第三次，則必俟其轉嫁被休後始可唤歸。因此遂有雇人代娶，越宿即休，以便重收覆水者。此凡信奉回教國皆然。蓋不明天道，不知尊重人權之結果。宜其國勢無不衰弱也。緬昔猶太男子，暴虐其妻，亦多無故休之者。昔猶太、羅馬並常有婦人休夫之故事，足徵女權發達較極東各國爲早，堪尋繹也。觀法利賽人問耶穌“不論何故出妻可乎？”可以知之。乃耶穌大不謂然，並申明摩西因人心過忍，不得已始容人出妻之意，卒言“非以淫故，不得出妻”。其保護女子天賦之人權至矣。又云“人必離其父母，與其妻成爲一體”。言其精神，正宜互相愛敬，不可分離也。見《馬太福音》十九章。自是化行歐美，凡服其教者，夫婦莫不相敬如賓。淺識者但知泰西各國無不治，而不知實由其家之無不齊，未免不揣其本。竊以欲昌家道，須減過量之夫權。此間關係世運之文明者大，豈惟人種可期進化哉！參觀拙著《倫理學》“夫婦”節。

（4）彼此相助。

男子爲社會關鍵，女子爲家庭關鍵，天職各别，而實互相成也。設不相助爲理，將夫不樂營業於外，妻不樂主治於内，人道危矣。耶穌嘗曰，“凡家自相分争必傾”，可爲伉儷不篤者戒也。使徒保羅曰：“夫當愛婦，如基督捨身愛教會，且必愛之以德，務令毫無瑕疵，至爲聖潔。”似此自不致抑壓女子之自由，使其才德不能發展矣。况夫極愛婦，如愛己身，亦即所以自愛之道。至婦之愛夫亦當如夫之愛己，更必事事順從夫意，且具敬禮，然後夫妻好合，内治以成，道至妙也。見《以弗所書》五章二十二節至末。夫婚配宗旨，常人每以無後爲大，豈知最重要者，實在彼此相助其德性之增益。使徒彼得曰：“婦當從夫，使夫雖素未奉教於人，亦可觀感於己之德行而歸道。”又謂：“夫亦當準理，與婦同居，婦體柔弱，宜敬重之，俾同樂天仁，安享永生。”《彼得前書》三章一節至九節。可見配偶之際，貴能弘道爲先，匪惟繁昌家道已也。今就歐美中等社會實際言之。凡熱心信道之家，敏捷之妻，晨興治饔，與夫同食。桌上常供鮮花，務令其夫志氣清潔，心情暢快。食時，則相議一日應爲之事，俾斟酌盡善以實行。食畢，又夫婦同跪，祈禱上帝，錫福孚佑。如此所以閑邪而養性靈，故心無不治也。然後夫乃别妻，外出就職。其妻即清理家事，深恐其夫或有娶妻無能之憂。其爲内助，良足多也。至爲夫者，亦無不曲體其妻之心意，在在盡力輔助之，凡以感上帝作合之鴻恩，各盡本分，互相愛而已。詳見《英國齊家》。此其國無不治之大原也。

（5）全家朝夕聚同讀經禱告最能增進道心。

孟子曰：“逸居而無教，則近於禽獸。”信乎！人不可一日無教也。而基督則善爲之防，使凡服其教者，無不懷神之格思，不可度思之想，而自朝至暮無不敬。意自誠，心自正。故信徒之家，無論男女老少，每晨興盥洗畢，必聚集一室，共讀《聖經》即《新約》書。若干。所以涵養性靈，俾能上達天德也。同跪，敬謝上帝恩佑昨日之平安，感天仁，正以養己心之仁，冀不虚生於宇宙也。並祈錫福今日，俾能力盡本分、裨益世道而無罪。似此對越在天明德，所以日新也。及當饔飧之際，亦必敬謝天恩而後進。孟子曰“萬物皆備於我，反身而誠，樂莫大焉”尚已！基督徒更謂上帝之所以厚我，正欲我能大有爲以利益乎人世也，因不敢不善體天仁，寅亮天工焉。與孔子“雖疏食菜羹，必齊如以祭”同。蓋以大造仁德，隨處充滿，而待吾人爲特厚。亦既備其天養，自宜清其天君，正其天官，順其天政，養其天情，以全其天功，見《荀子・天論》。始無愧此飲食，可謂“無終食之間違仁”矣。迨夜將就寢，尤必聚同家人，上通帝謂，俾各自内省日間過失，即曾子所謂“吾日三省吾身”之實踐，期不愧於屋漏也。而有懺悔之時機。孔子曰“吾未見能見其過而内自訟者”，基督徒則無曰“不顯莫予云覯，日日實行之”。戒慎乎其所不睹，恐懼乎其所不聞。功嚴慎獨，德自日新也。《易》曰：“君子終日乾乾，夕惕若，厲無咎。”似不過消極的自修而已，乃孔子申其義曰：“君子進德修業，知至至之，可與幾，知終終之，可與存義。”則積極的聖功基此矣。是可爲基督徒修己安人之説明也。天行健君子以自强不息，基督徒有焉。

（二）崇尚婦女身分以正家道

古昔男子竟日漁獵，一切苦工婦女任之，良可憫已。迨宗法盛行時代，蓄奴之風大熾，女權益復陵夷。男子可賣妻爲奴婢，而一夫數妻之制興，彼富且强者，恒廣收婦女，禁錮深閨，使終其生不能出户庭，與人世相接。偶有小過，輒加鞭笞，否則視同玩具，幾如一種物權在所有者掌握，儘可任意處置。女子之人權，被男子蹂躪殆盡。及羅馬盛時，厲行一夫一妻之制，而女權稍露端倪。然較往時雖勝一籌，究未能與男子平等。觀羅馬臣民，皆有至法庭作證人之資格，惟婦女、奴隸及準死者即受死亡宣告者。無之。見《羅馬法》。可以想見，故其政學大家，嘗謂古時伏根尼所定律法，不過專爲保護男子之權利而設，若待女子則不仁不義實甚。何以婦人不得有家財？何以女子不得承受其父之遺産？殊不可解。從知在此以前，希臘亞里士多德即力争女權，謂女子當立於自由與奴隸二者之間，大有故在。而其師柏拉圖，則謂女子當與男子同享權利，同盡義務，其提倡婦權尤力。夫柏氏師徒之言，在當時雖未實行，要足爲後世女權發達之先河。至耶穌誕降，天道闡彰，而自由、平等、愛同胞三大義，灌輸於人心，昭然如日月之經天，而婦女被釋放不爲夫之奴矣。《保羅達加拉太人書》三章二十八節。曰："無論猶太人、希臘人，或主或僕，或男或女，其爲基督徒則一謂無非上帝子女。"而男子待女子，極無道之壓制束縛，從此解脱矣。自後教會婦女，以身殉道者踵相接，例如白倍丟卧與斐理西達等女士之殉道，見古政與聖教之關係。其堅貞之操，更皎然于天地間。故婦女在教會，恒受大衆之尊敬。當時門徒，常以一首戴金冕、足踏星辰之女子，爲教會之徽幟。見《女子進化論》。其陞高女子之位置，昭然共覩也。洎乎歐洲任俠風行。中古時羣俠義士徧游諸國。以鋤强扶弱爲主，女權又從而增高。蓋基督教之陶鑄人心者，由來漸矣。一夫數妻之制既已久廢，故不獨妻貴貞節，即在丈夫亦以專一爲懿德。見孟德斯鳩《法意》七卷九章。以視東洋非基督教國人，苟稍飽煖，輒不一妻，迄今未脱野蠻遺風者，見日本元良勇次郎《倫理學》。何如文明耶？抑知故抑女權，男子即難得其扶助，而國民失其半，亦大不利矣。今吾國新刑律，雖嚴禁重婚，奈民德墮落，奉法無人何甚矣。基督教之有造於婦女者大矣哉！其使之進化階級日高也，非不以柔順、温愛、清潔、謙讓諸美德爲重，或稍放縱而侵越男子之權也，特增進其知識道德，俾能與其夫齊。且在在克相夫子以齊家，而唱隨始足樂也。《易》"家人，利女貞"。誠以女正，則家道無不正，正家而天下定，愛國者其勿忽。

（三）尊榮幼孩伸天賦之人權

昔斯巴達尚武，凡初生嬰兒，由官廳檢視，體質羸弱，即委溝壑。酷矣。又古時子女，性命生殺之權，操於其父，法律不干預之。皆罔知天道故也。若耶穌年十二，即獻身上帝，《路加福音》二章四十九節："豈不知我當以我父（指上帝）之事爲念乎？"以救世爲心，可見猶太人家風淳美，由常通帝謂而致，非如希臘，不諳天理，輕賤嬰孩，惟恃奴隸教育者比。迨後傳播福音，嘗抱一孩，語門徒曰："凡以我名接如此一孩子者，即接我。接我者，非接我，即接命我來之父。”《馬可》九章三十六節。伸張天賦人權，至顯著也。又曰：“容幼孩就我，勿禁。蓋居上帝國者，正如是人。”《馬可》十章十四節。言凡能入天國者，必不失其赤子之心。且以幼孩樹之型，而導斯人之降心上進矣。故保羅曰：“父勿使子怨怒。”既恐親傷慈愛，且恐使其子心生反抗，致長桀驁不馴之氣，不祥莫大焉。“恐其氣餒。”見《新約·哥羅西書》三章二十一節。教子弟務以能增進其獨立性爲貴，若過嚴束，或爲無理之壓制，必致失其獨立性。獨立性失，則終身難爲自治之人，而家庭、社會、國家受害不淺矣。此家庭、學校教育皆宜注意者也。“當本天道教育之。”見《以弗所書》六章四節。其善待小孩，無異上帝驕子，可想見也。故自福音廣布之後，人心爲之一變。當羅馬奧古斯都在位時，有無故殺子者，其父亦爲旁觀人不平所殺，即可爲以父殺子爲非之證。後皇突喇揚，見有父虐待其子者，即迫令釋放之。阿德梁皇時，有父因子犯姦而殺之，皇定其罪，發配荒島，謂不按爲父訓子之道而按强盜殺人之法，其司法大臣亦論定其罪曰：“爲父者，雖有管教其子之權，但當以慈愛之心行之，不當有暴虐殺戮之事。”此可知羅馬法律，因受基督教影響，已大異於古時矣。迨觀安多尼奴皇及塞維羅皇所定新律，謂子固貴教，父亦當慈，若子能教而父仍不慈，則官當按律以儆。塞維羅又諭衆曰：“如子女不孝，不准爲父者自行處治，當送官按律懲辦，以正國法，而免私殺。”而爲父者所操生殺之權全除矣。請參觀拙著《倫理學·親子》節。又墮胎棄嬰，本民間惡習，雖曩者法律家及理學家，恒以殘廢小孩棄之無傷於人倫，然經司法官保勒司宣言，當與殺人同罪，遂亦以法律阻遏之。至喀拉加拉之治民，亦以減除父權爲要義，定例“凡欠債者，不得以子女抵償，犯者與受同罪。”而幼孩始不與物同視焉。不惟如是，羅馬皇族且創育嬰善舉，收養貧苦之小孩，嗣由好善官紳效法之，並定爲官辦公養之例。於是義大利各城，莫不設立育嬰院，當突喇揚在位時，曾於京城供養貧孩五千名。即在斐洲屬地，亦撥存欵，以備收養貧孩之需。斐人紀念其德，特鑄金牌，式如錢幣，上繪御容，以誌不朽。至今猶傳於世。後皇安多尼奴，并特立專院收養女孩。瑪古奧利流亦捐巨欵，爲兼育男女貧孩之用。皆有特鑄紀念金牌流傳於世。

凡此皆基督教道，轉移當時風俗之明驗也。方今各文明國刑律，皆定有責任年限，大都分絶對無責任、相對無責任、減輕責任、刑事責任各年限。觀《暫行新刑律》“各國責任年齡表”自知。所以保護未成年者，用意至周。又民律亦特定成人年限，減輕未成年時之義務，且使既届成人之年，即得自主，防行親權者或爲無道之壓制也。並胎兒亦得爲私權之主體，人倫進化至此，無非由基督教闡揚天道、久濡於人心而致。夫造物爲綿天地悠久生人，特以長期教育之責，委任於其父母，將以宰萬物，而助變動不居之天道，使世運日進化也。自來善教子者，如撒母耳之母、見《舊約》。提摩太之母，見《新約》。洵足爲後人師法。葢孩童者，未來世界賴以增長幸福之主人翁也，惟其與母共處時，必較多於父，故母教尤須純善，斯真慈幼要道也。今基督教女信徒，足跡所至，遍設教育孤兒、貧兒學院，幼稚園，主日學堂等，亦以女子性情温和，本於天然，教育幼孩爲最宜。充其願力所至，直欲使全地球無一兒童不上達天德，以促文運之日進，而上帝之恩被幼孩者至已。基督教幼幼之功大矣哉！

（四）推廣兄弟之倫以天下爲一家

《詩》曰“兄及弟矣，式相好矣，無相尤矣”，《論語》曰“兄弟怡怡”，明兄弟宜互相愛也。無如範圍過狹，其愛力未出一家外耳。溯人類歷史之起原，自惟知有母，而至知有兄弟，且知宜相親睦，不可謂非倫理之進化。迨類推諸父猶子，及祖孫輩之兄弟，支分派别，演爲宗族，而宗法制度成。即所謂血族團體，而兄弟之倫，仍不出乎一族。愛力所至，終難及於遠也。及積家成國，人智逾進，知非厚羣誼，不足以博生存幸福也，於是重親親亦重仁民。孔子曰：“汎愛衆，老者安之，少者懷之。”孟子曰：“老吾老以及人之老，幼吾幼以及人之幼”。其視人皆若同胞，可以想見。奈當時世界，交通未頻，縱有傑出之英，理想所及至爲高尚，大都不外乎一國。觀子夏云：“四海之内皆兄弟。”意思不出乎四海以外，其證也。惟基督視天下人，莫非兄弟，無論爲吾父母之子，他父母之子，其爲大造所生成一也。故使門徒傳道異邦，直至地極。《使徒行傳》十三章四十七章。嘗曰："能推恩於我兄弟至微之一者，即推恩於我。"《馬太福音》二十五章四十節。其量何如宏耶？使徒約翰亦言"當爲兄弟指天下人言。捐軀"，見《約翰一書》二章十四節至十七節。保羅與哥林多人及腓立比人等書，均屢稱"兄弟"。指凡信主者言。富具愛心。蓋既認定斯人，皆爲上帝愛子，《約翰一書》三章一節。設不視同骨肉之親，《腓利門》十六節。何以報天父罔極之恩？此基督教所以不限疆域。迄今福音廣播，直欲合天地爲一家，變濁世爲天國，其愛力恒彌綸宇宙而無間也。夫基督稱上帝爲天父，顯以天國爲一大家，而各小家自包容於其内，其間妙理玩索，有得極樂净土置眼前矣。基督教真平等、博愛之極軌哉！讀墨子《天志》、《兼愛》諸篇，多與基督教旨符合，知愛之爲德大矣哉！蓋充愛之量，家無不齊，國無不治，天下無不平，尚何不平等、不自由之有？惜孟子門户見狹，力闢之，遂令後儒理性爲奴，終爲教束，致墨子濟世顯學塵霾終古，而吾國學理永無進步，政治亦日益不堪問，良可慨已！

（五）上帝在家庭上較父母命令爲尤重

《書》曰："懋敬厥德，克配上帝。"《詩》曰："小心翼翼，昭事上帝。"知敬事上帝，乃先聖盛德大業之淵源。蓋皇矣上帝，臨下有赫，能敬事之，則上達天德，無難寵綏四方，而家庭特成教於國《大學》"君子不出家，而成教於國"。之根本地也。《大雅·思齊篇》，美文王之德曰："刑于寡妻，至於兄弟，以御於家邦。"無非舉對越在天之心，推恩以加諸人而已。惟不顯亦臨，無射亦保，故能雝雝在宫，爲子止孝，爲父止慈，純亦不已也。文王之德誠純矣，惟自基督徒視之，則以一夫多妻，殊爲聖德之玷。上帝非家庭中至尊無對之道範哉？自來倫理學家，窮究哲理，莫不以道之大原出於天，更必推本於造物真宰，以爲盡性立命之極軌。故倫理之道，不外三大端，曰對己、對人、對天而已。對己，求不愧屋漏也；對人，務體天行道也；對天，貴順帝之則也。乃世儒講學，往往舍天言人而大道亡其本。由是人心毫無忌憚，各有天爵不知修，各有天職不知盡，夫不夫，婦不婦，父不父，子不子，兄不兄，弟不弟，家庭成苦海，而世道因之日益汙。無他，未能遵循天道，兼相愛也。天人相與之際，董仲舒曰："天人相與之際甚可畏也。"其淵乎微哉?！墨子《天志》言"天，愛天下之百姓"，《法儀》言"人無幼長貴賤，皆天之臣"，《大取》言"天下無人即兼愛"，人己兩忘之意，要必能順天意（見《天志》）而後能視人之身若視其身也（見《兼愛》），其"父子相愛則慈孝"（見《兼愛》）一語，可類推爲夫婦相愛則和順，兄弟相愛則友恭，皆理有固然不待贅也。墨子早能洞明天人一貫之道，固尚大同主義，亦復注重家庭，誠不愧爲一代倫理大家矣。

故基督立教，盛稱天父慈愛，使凡有血氣者，莫不尊親。儼然上帝在上，家庭在下，其莊嚴恒較父母命令，有過之而無不及。蓋上帝聖潔純善，非若爲父母者，恒難免瑕瑜互見也。況其鑒觀不爽，父母尤先宜虔事之，而後子女有模範，家道無不昌也。倘家庭中惟知有父母，而不知父母之上，更有上帝，將親權無限，壓力横施，如之何?故父母有過則當諫，亂命不可從，必貴有天道爲之準也。如晉侯殺其世子申生，宋公殺其世子痤非，未能敬事上帝之惡果哉。惟曾子受杖不逃，孔子嚴責，頗具卓識。獨惜孔子衹知人子爲天子之民（見《孔子家語·六本》），而不知人子爲天之子、天之民，此惟講人道不講天道之結果。若耶穌則謂："斯人莫非天之子、天之民?"伊尹亦自謂爲"天民"、"先覺"，足見其視後覺者莫非天民無疑也。《孝經》曰，"父有諍子，則身不陷於不義。"《禮記》曰："與其得罪於州閭鄉黨，寧熟諫。"《孟子》曰："親之過大而不怨，是愈疏。"皆父母不足爲法之證。甚欲爲人子者，均能正親之失，蓋親之愆也，孰若尊上帝爲嚴君。《詩》曰"蕩蕩上帝，下民之辟"。則爲父母者帝謂時通，夙夜無射，言有物而行有恒，反身孚威如之吉，必致心誠化合，家人無不交相愛，而一切非禮，自無由生之爲愈耶。請觀《易·家人》後，細思以父母爲嚴君，與以上帝爲嚴君，孰爲至善，且孰能使人誠意正心於無間。此以知家庭中，父母之上，誠不可不知有上帝也。蓋必知有上帝，然後父母始知天賦子女人權，至爲寶貴，己身不過受其委託，不敢不盡心教養，俾他日無難任世界進化之重寄。以上契乎天心，始無虧父母本分也。

在子女，知父母劬勞顧復，深恩罔極，不外本大造生成之德，俾資高明博厚於悠久，故服勞、服勞奉養，不足云孝，孔子嘗言之。養志，孟子謂養志若曾子，不過較養口體者爲可，而注重實在，以事親爲事之本，以守身爲守之本，甚明也。皆非達孝，必善繼志述事，如武王、周公始可。必立身行道，以顯父母，且充孝之量，務通神明，光四海，期能大利乎人世，助文運之進行，斯少慰上帝博愛之心也。然基督教崇奉上帝，在家庭中，尊無二上之原理猶不止此。世人罔知天道，往往順從父母過於上帝，致父母理想日就卑劣，而子弟更難期其佳良。於是攘往熙來者，除專心家計外，初不知爲上天下地、往古今中之一人，而自營過侈，聲色貨利之桎梏，解脱莫由。匆匆數十寒暑，不過境遇之奴隸已耳，世道有不者日汙哉？故基督爲將來世界無數人類危，特獻己身，代上帝播福音焉。約分三項言之。

（1）凡遵上帝意旨者，即我兄弟姊妹及母也。見《馬可》三章末及《馬太》十二章末。

言人當忠事上帝，親愛無盡之兄弟姊妹，不僅當於一家盡本分而已。親親之道，可分爲二：一爲血氣之親，一爲性理之親。血氣之親，莫過於夫婦、父子、兄弟。性理之親，莫大乎上帝。上帝固兼愛天下，墨子亦兼天下而愛之。無乎不親者也。顧血氣之親私而偏，未若性理之親公而正。能篤性理之親，必能篤血氣之親；能篤血氣之親，未必盡能篤性理之親。不見夫人情，多篤於夫婦，而忍於兄弟；篤於兄弟，而忍於朋友者乎？蓋徒以血氣論親疎，雖親亦疎。世多視骨肉如秦越者，其證也。惟以性理相維繫，雖疎亦親，况本血氣之親者乎？基督特發明此旨，使人知性理之親至可貴，然後知世人皆吾同胞，自必志同道合互爲一體，休戚與共也。《羅馬書》十二章四節至十六節。一本之愛，不自家庭始，始於上帝。不以家庭終，終於天下萬世。其旨深哉！或謂基督當日傳道雖重要，而母與兄弟既來，不即一見，似大拂情於孝友，不能無憾；不知供職家庭，爲日孔長，傳道有機，失時可惜。况世人各私其親，實爲罪之所由主，亂之所由起。情鍾家人，不過人道愉快一時，其事小。光榮上帝，發皇天道，將爲萬世人道所利賴，其事何如大也！基督平日何嘗不承順父母耶？茲特決然毅然，示人不可以私恩廢公誼之準耳。不觀天子郊天，其禮儀較祭太廟尤隆乎？昔禹治水，三過其門而不入，孔子賢之，以能先天下之憂而憂也。至賢臣盡瘁國事，恒因王事鞅掌，不遑將母，《詩·小雅·四牡北山》。未聞有人以不孝非之，且從而褒之，以有大於將母者在也。爲國尚宜忘家，豈盡忠上帝，欲爲萬世造福者，僅以極狹義之孝友畢乃事哉？彼矜言五倫者，可以悟矣。

（2）人愛我而不勝於愛父母、妻子、兄弟、姊妹，與己之生命者，不得爲我徒。《路加》十四章二十六節。

言凡爲門徒者，當盡心盡力愛上帝，《馬太》二十二章三十七八節。倍切於親親，《中庸》曰："仁者，人也。親親爲大。"親親爲大則仁民，爲小不待言。噫，先私而後公，此吾國所以不振也。並不得視生命重於道義也。濁世衆生，毫無遠識，大都惟自愛其身與其所親，而不知即身與有天下之責。此末俗所由每下愈況也。孰知吾人在天地間，其生也非爲己而生，其死也非爲己而死哉。《羅馬書》十四章七節。蓋自維皇降衷，《雅各書》一章十八節"上帝以真道生我"。所以爲天地立心，俾助進化於不已也。進化論鉅子頡德謂死爲進化之母，實涵泳基督教旨甚久，悟徹生死之真理而出者也。己身生死，且非爲己，則其生平爲人本分，當不僅爲父母、妻子、兄弟、姊妹可知矣。基督知世人競自私其身家，實爲犯罪之大原，愍焉悲憫，乃即身顯示與天下後世無窮之關係，以召門徒，造福萬世，意至深也。觀《路加福音》書，九章五十九節至六十二節。有從耶穌者，或曰："姑容我歸葬父。"耶穌曰："任彼死人葬死人，爾往傳上帝國之道。"或曰："我從爾，但容我先别家人。"耶穌曰："凡手執耒耜而後顧者，不克承上帝之國。"言眷戀骨肉之親，不過世俗倫理，心無天道，雖生人亦猶死人。惟敬事上帝，遍傳福音，則愛力若陽和之廣被，生氣彌綸，莫不感宇宙之多情矣。自來盡忠者，不能全孝爲公者，不能顧私，定理也。昔温嶠絶裾而遠母命，後又阻亂不獲歸葬，卒受君命而爲遠圖。見《晉書·温嶠傳》。大禹惟荒度土功，啓呱呱泣而弗子，非不重私恩也，重有重於私恩者也。況即身任建設天國之重者哉？故耶穌曰："愛父母過於我者，不宜乎我也。愛子女過於我者，不宜乎我也。不任十架而從我者，亦不宜乎我也。"見《馬太》十章三十七八節。任十架即不惜生命普救衆生之意。昔王尊叱馭，世稱忠臣，豈偶然哉？其當河水盛泛時，直願以身填堤，及堤壞，吏民皆奔走而尊獨立不動，水波爲却。見《前漢書·王尊傳》，足爲不惜生命圖救衆生之證。見危致命，後人得不效法之？意謂人欲從己，當如女子于歸，身從夫主，雖至親愛如父母等，亦且分離，不得稍分愛夫之情以愛之。蓋必如是，而後能獻身上帝，爲天下後世造福也。故吾人從役於上帝，不失爲喻義之君子，從役於身家，不過爲喻利之小人。凡屬明達，當知所擇。

（3）父子母女姑媳，將互相爭。見《路加》十二章五十三節。

言人心邪正不相容，雖家人難免睚眥，而天道要不可須臾離也。人生性情各殊，習尚異致，是非因之而無定。於是有道焉，此以爲善，彼以爲惡，不惟一道同風天下難必，即求之一家之内，和平亦不易驟得也。老子曰，“下士聞道大笑之，不笑不足以爲道”。莊子曰，“曲士不可以語道”。束於教，道固非盡人可期矣。況道高一尺魔高一丈，勢如冰炭，本兩不相投也。基督道旨，精微高妙，尤非淺識所易測。無怪乎不信其道者，每攻擊通道者不遺餘力。雖骨肉至親，亦或爲絶對的反對。一則悦服之誠，不同流俗。一則賤惡之至，儼若仇讎。《馬太》十章二十一節“兄弟將致兄弟於死，父之於子亦然，子女亦將起而與父母爲敵”。是在未加研究者，必不無驚異之感。不知一己獨知之地，理欲交戰，尚有難於解决之時，又安能强他人皆同一心乎。《論語》曰：“君子喻於義，小人喻於利。”商鞅曰：“愚者闇於成事，知者見於未萌，至不齊矣。”從可知真理所在，不必盡伸，惟善德與罪惡，相敵既久，而最後勝利，必屬真理。斯爲世界進化之大原則，家庭亦不能免此天演焉。夫天道本隨處充滿，順之逆之，因人而判，趨一爲難。要賴有偉識毅力者，極辨别是非之明，任轉移風化之責，動静云爲，惟期上合天德，毁譽榮辱，絶不顧恤人言。縱或骨肉至親，起與抗衡，亦惟堅白乃心，一依上帝，而不爲私情私愛奪，而後真理日益光大，而上帝愛力，可由漸充塞於天地之間。蓋親睦家人，其範圍與時期之關係小，親睦上帝，其範圍與時期之關係無窮也。且親睦上帝，則家人雖暫不親睦，終必有永相親睦之日。故個人在宇宙間，寧可畢生無至親，不可一刻無至道，蓋乾坤所資以不息者，基於家庭，尤基於個人之身矣。基督教旨不既深且遠哉？

（六）人類學家與政治學家現均以家庭爲極重要之問題

天下之道本乎國，國之道本乎家。家庭固人類政治，所由發生之初基也。考列邦家族制度，大抵小異而大同，而國家存亡係之。如吾國今尚在宗法時代，開化早而進步遲，弊已。然有利焉，自鄉田同井，而人民死徙無出鄉，於是生斯長斯，歌斯哭斯，聚族於斯者，不知幾歷年所，雖時代屢有變遷，而高曾矩矱之所垂，雲仍世守之無失，對衡望宇，門閥宛然，社會普通之風尚，自相維繫於不敝，良足多也。他國如印度，凡一切土地，係某家所有者，其族即不得任某家出賣於他族。即萬不獲已出賣，亦必歸全族主張公買之。又家有鬬毆，由家長裁判，與他家無涉。若兩族相争，則由兩族人出而裁判，亦與他族無涉。故其國雖風雲疊變，而家族遺風，不少易也。又猶太始祖亞伯拉罕，至迦南後，堂構重興，人民歸附，未幾遂由家而成國。其家族制度，摩西律法載之甚詳，始終不外一家國相因之要道。故今日猶太人，散處各邦，流離顛沛，雖已成無國之游民，而其弈世相傳之祖德宗風，兢兢守護，紹述無替，曾經屢代折磨，初未稍減損也。若夫希臘、羅馬盛時，家法均極嚴重，以故民心固結，氣象雄偉。迨希臘商埠日繁，淫惡漸生，國勢雖擴張，而家法則因之而大敗，不久遂爲羅馬所滅矣。羅馬發祥於自由公民一城，初頗敦樸自重，倫理修明。旋以奴使俘虜，驕泰横生，竟至門庭之内，浪蕩成風，男子之尊嚴與女子之貞潔，均極墮落而不可挽救。其宗教亦專尚虚僞，莫能匡正，故夫婦離異時有所聞，大家閨閫俱恬然行之而不以爲恥。有某貴族女，五年間被休再適者八，家道如此破壞，則生育薄弱可知。其見滅於日耳曼族，又奚足怪耶？日耳曼諸族，向係散居歐洲，爲今日諸强國之祖，自信奉基督教，即脱離野蠻舊習，而日進於文明。其人皆忠誠樸厚，恪守一夫一妻之訓，家族制度極重，庭幃雍睦，世世相安，惟求以一家一族健康之幸福，相遞相衍，推而至於無窮而已。故化淳俗美，迄今尚方興未艾也。

夫人身必由家庭生育而成，人品必由家庭陶鎔而出。家庭本人類政治至爲重要之關鍵也，故有家族制度者，如吾國既已綿延數千年不贅。印度、猶太雖亡，而國民特性猶得保存於不墜。失其家庭制度，則雖以希臘、羅馬之富强而不能永保。惟日耳曼諸族家族制度，本原於基督教旨而成，以故身無不修，國無不治，甚完美也。彼人類學家、政治家，均極注重於此，豈無故哉？

今人類學家，研究世界各地家族風俗，大都初爲野蠻，漸進文明，終成爲基督教之家族焉。人類當游牧初期，男子不恒家居，時而漁獵，時而戰争，故所生子女，終日嬉戲母前，致認母勝於認父，亦無足異。要知此係出乎蠻族之慣習，非必關乎淫亂之流行。雖難定以一男一女爲終身之偶，而齊眉偕老者亦有之。迨生齒日繁，戰争多，喪男亦多，於是女數超過男數，欲求多子以綿家族，不得不設法推廣其生産。倘某家昆仲多，惟留一人，則其人即可代死者而取其婦爲己婦。此在摩西古律，亦承認者。見《申命記》二十五章五六節。惟不許他人入室，代娶諸兄弟之寡婦耳。又戰勝他族之酋長，苟擒獲敗族婦女若干，亦即納爲己婦，不容他人親近。或有卓著戰功者，則以數女賞之。由是一夫多妻之惡俗，漸漸發生。雖極不文明，每公然行之。然同族向不爲婚，固事實之最可貴者，且規例儀文，足資遵守，俾不至縱欲苟合，漫無節制。貞操美德，循次進化，關乎種業與國脈亦大矣。及基督教盛行歐美，家風良善，國勢亦日臻興盛矣。今世界各國家庭中奉行基督教者，莫不富且强，反背基督教者，莫不貧且弱。足見天道福善禍淫，秋毫不爽。

家庭善惡，關係國勢之盛衰，密切如此，故政治家亦咸注意焉。夫政治之修明，務令社會秩序安寧，德業增進，而家庭實爲其基礎。法律之設，所以裁制社會種種不法之行爲，正所以保護各家庭也。試觀各文明國憲法，莫不載居住遷徙等自由不容他人侵犯，可想矣。抑知國法之良不良，全視家法之良不良，雖立有最良之政府，與最良之法律，猶其後焉者也。昔英儒對爾氏一八二九年至一八九五年。曰：“各國今日之穩固，及後日保存之勢力，大抵皆本於子女之誠敬父母。”政治之興，肇始倫紀，若子女不肖，必成不肖之人民。幼年已不守父母教訓，將來豈能遵行國法？國由多數家庭所集而成，若家庭已亂，未有不亂及邦國者。正與有子所謂“其爲人孝弟，而好犯上作亂者，未之有”若符節合。誠至言也。蓋家庭爲建立邦國最良好之模型，父母勤教養，子女習教敬，兄弟習相助之美，從不自私自利而一順乎天，則雍雍睦睦，彝倫修敘。此實全國人之最大自由所由發生之起點。彼注重法治而輕忽家庭者，何所見之淺且陋耶？現文明各國司法者，莫不兢兢業業爲家庭謀，既防行親權者壓制之過重，又慮爲人後者孝養之有虧，於民律規定綦詳。試觀《暫行民律草案》總則編，未滿七歲之未成年人，與禁治産人，因其心神喪失之故。均無行爲能力。滿七歲之未成年人，與準禁治産人，及爲妻者之行爲能力，亦各有限制。而未成年人無親權可服從者，與禁治産人，均應置監護人。準禁治産人亦應置保佐人。皆所以防人欺詐，保護各家庭之權利也。至繼承親屬，編次尤詳，豈細故哉？又如法國婦女多懼産子，因而不嫁或墮胎，以致人口常不增加，政府則多方防範之不遑。美國政府近亦預防及此，以不惟國家興衰係之，且恐人類有滅絶之憂也。要非遵行基督教道，莫能救正。家庭洵人類政治之中樞矣，果可毁壞哉？

生物進化，至極爲人。人進化，至極爲家庭。家庭固各人休養身體、娱樂精神之所，自有天道隱爲牽合於其間者也。世道進化，開始於此。惟遵行基督教，則知上帝爲人類大父母，人類皆兄弟姊妹，而家人之互相親愛，特博天仁於天下之起點耳。《詩》曰：“悠悠昊天，曰父母且。”《西銘》曰：“乾吾父也，民吾同胞。”《新約》曰：“吾父在天。”《馬太》六章九節。又曰：“天地全家因彼指上帝。而名。”《以弗所》三章十五節。足徵天下一家，實具至理矣。天倫至樂，造端家庭。愛力一團，心焉天國。舍基督教其奚由？

泰西法政之助力

今文明各國，盛稱法治，人民生命財産咸恃法律保障，而政治亦因益修明也至著。顧法律能使國人皆不犯分爲非，不過消極的制裁而已，而於積極的盛德大業之進行，固未能助力也。必有教焉，以修身事天爲義，務範人心於聖善，使内則不愧屋漏，外則爲羣造福，然後風俗淳美，世道日隆。本以明刑出治，而作奸犯科者自寡；方且德治是期，國是有不臻上理者乎？然則欽崇天道，信足爲政平訟理、長治久安之大助矣。試分論之。

（一）基督教爲法律之緣起

現泰西各國法律，漸臻完善。推其原始，皆脱胎於羅馬法。蓋羅馬法論理精純，最足興起人之法律思考也。顧羅馬法制史上極重要之紀念物，爲十二銅標。十二銅標，即羅馬共和時代，至莊嚴之法律，其精義多本於摩西之十誡。十誡載《舊約·出埃及記》二十章。甚詳，即基督教史也。合觀《利未記》敬事上帝之規則，《申命記》演講法理之當然，義理精藴，多非常人所能測。而至公極平，無貴賤、貧富、種族、容貌之分，《申命記》一章十六七節。犯則同罪，尤爲特色。其立新國也，創爲傳賢之例，故有子不得立，而以大權交他支派之賢者。其大公至正，不外敬尊上帝愛人之心，務保全各人身家財産不容强暴侵犯，俾天下無一夫之不得其所，故能純全無憾，不生流弊也。迨後各國人乃知國之有律，非專利在位而强民供輿臺皁隸之役也，特維持公衆安寧耳。以故民權官權，分明規定，一準是非之公。非皆本天道治國之要旨哉？摩西誠泰西立法之鼻祖，其重視斯民，願盡蘇困頓而登之仁壽，固爲自來法學家所依據矣。竊以欲催將來世運日益進化，直變人間爲天國者，尤宜奉爲金科焉。羅馬法爲比較法學家及歷史法學家等所必讀，其與宗教關係之密切，顯而易見，數典者幸勿忘其祖。

（二）基督教助法律之改善

人智世運，相因進化，諸多習慣成爲法例者，亦必逐漸改善，要皆以宗教爲原動力，觀自來法律之所由修正當知之。舉例如下。

（1）伸張女權。

女權不伸，則夫婦之倫不篤，家道永無由正，定理也。昔希臘、羅馬爲婚，皆爲保國保種計，冀添丁耳。男子不娶，國有明罰，女子不嫁，亦在禁例，逼令爲國造人，爲國心弱，必至淫亂不堪。化人爲國。不知民爲邦本，尤貴自由守義，故當時人咸視女子之生爲特供國民增户口、資娱樂者。恣慾競娶，多妻成慣，賤女直等於奴隸物權，虐使辱詈，國法所准，良可慨也。然尤足異者，妻歸夫權管束，夫死更律禁歸寧，惟當聽命於夫家代夫行權者以終身，爲保男家利權也。因此有人病中親立遺囑，託友代理，以免妻寡者，尚有家法乎？又希臘、羅馬法律，皆准本夫殺其妻與姦夫而無罪，若夫有外遇，妻則不得控告，至不平矣。詎知夫婦大倫，爲萬世始，貴能相愛成德哉？迨基督教興，宗教鴻儒，洞悉輕女之弊，爲害家國無窮，每據聖經争辯，務期修改法律，使女子權利，得與男子平等而後已。顧改律當自擇配始，必以彼此互相欽慕爲貴，不可僅爲生育計，如鷄犬之求牝也。故羅皇安多尼奴及塞維羅，皆禁爲父者强逼男女成婚，謂宜令自行好逑，俾增宜室宜家幸福也。後皇提克利欣提倡尤力。禁父强子娶不合意女爲妻，准子自擇，惟須先禀命耳。女子如查得其父所定之夫有品行不端之確據，亦可退婚。由是女子漸有自主締婚之權，而婚禮較前爲重，不但求有子，堪爲國民，務互相親愛，共興家道矣。舊例爲妻者無掌家財之權，即奩資亦歸其夫之掌握，至是法因教變，凡妻財夫死仍歸妻有，或被夫休亦斷歸妻。瑪古奥利留又增益之，凡家財夫死遺妻，母死遺子，不復歸夫親屬管理矣。提克利欣又令女子亦得爲父後，向時有女無兒者，必以他男繼爲後。休妻必確有理由。向時夫可任意休妻，至是必確有可休之故，官始允之。并令各官遇休妻案，有子女者當斷歸無罪之人撫養，父有罪則子女歸於母，母有罪則子女歸於父，不得仍照舊例薄待女人。女子始漸蒙人道之待遇。

至犯姦罪，喀拉加拉皇亦改訂新律，不但准夫訴妻，並准妻訴其夫。如有控妻犯姦者，官必先使之證明其自不犯姦，始准理之。又夙有公彈之法，因而漁色之人，恒爲貞節女子所不答，轉爲大憾，則嗾公彈以污衊之，惡極矣。至猶利安纂律，則詔凡告女子犯姦者，必得本夫縱姦之實據，始許定讞；公彈幾不期而廢。及君士但丁，又有制曰："男女居室，何預外人？乃今以行路者之致疑，使人夫婦愛絶，甚無謂也，其罷之。"而公彈之惡法乃除。君士但丁又因向例自主之男不娶非同等之女，或進而祇准主人娶已釋放之奴女爲妻，意均不滿，乃下令，無論已未釋放之奴隸，但男女相擇者，皆可訂婚。又以畜妾制度，反乎宗教及公益，令廢除之。又定例禁家主勒婢或女兒爲娼，違則重罰不貸，並准被逼者，告官釋放，而倫理由漸增重焉。非皆教道昌明造福女子之實證耶？迄今各文明國法律，無不優待女子，識者當知所由來矣。

（2）珍重幼兒。

希臘、羅馬古時，皆不明積人成家、積家成國之理。惟知家屬於國，父爲家長。如國有君，子女之屬，視猶家財，或殺，或鬻，惟所欲爲。殘忍暴虐，無非之者，良可憫已。又當時錮習，咸以富者生子，能增國榮，貧者無以爲生，若多生耗食之人，非徒於國無益，反爲大害，有子實不如無子之爲愈。以故窮人生子恒棄溝壑，爲律法所不禁。且有令初生嬰兒，凡殘廢者，不准留養。於是民間生兒，必先呈驗於官或其父，美則留之，惡則棄之，斯巴達呈驗於官，羅馬呈驗於父。而嬰兒墮地殞命者不勝數。似此惡俗，宜不能見容於明理大儒矣。不意柏拉圖嘗謂殘疾小兒，惟當留養於隱僻之地，並言賤類人大都指貧人與奴隸言，惟當時農工商亦幾與奴隸等。所生子女，與其留之，不如棄之。其徒亞里士多德，亦稟承附和，言當明定法律禁其留養，爲保國之一術。蓋恐其無保國之才，坐食耗費，未免爲未開化之人故智所囿也。因此貧窶之家，慮其不勝贍養，恒相率避女獨居，以免多生多殺之害，並服藥墮胎，設法止孕之弊朋興焉。夫貧者殺兒，猶可説也。有時富者，深恐多子分財，致貧可危，亦生殺子之念。更有富而吝者，不願受嫁女多費之累，遂萌溺女之心。皆由相傳

"務增富丁以保國，務減貧丁以益國"二陋見，階之厲矣。又棄嬰恒被噬於野獸，雖有憐而救之者，迨其成長，亦不過一種家産，男爲奴，女爲娼而已，并可任意贈與或出賣，無法律爲保障也。此等子女，永在義父掌握，雖已授室或已出仕，如未釋放，終不得自主。縱復生孫亦然。所謂"父在，子不得有其身也"。因之子女無私財，凡所得貲，皆爲其父之入欵焉。羅馬更有一律，子而逆惡，不准其父控官。例惟責其自治，因子屬父，子惡即父惡，控子猶自控，故不准也。其罔知天道，蔑視人權亦已甚矣。自十二標法立，則家長若賣其家族，對於家族，即喪失家長權，如三度賣其子，又一度賣其女，或男女之孫，又同時賣其女與妻，均喪失家長權。聊以限制親權之濫用耳。至塞維羅皇定律，即小孩犯重罪，亦須送官，依法處治，不准其父自行加罰，父權似又被削不少。然猶未也，迨君士但丁即帝位，史載君士但丁將與馬森休戰出兵時，忽於天空見極光明之十字，且有文曰，以此勝敵，帝乃歸依受洗禮。凱旋建都，即今土耳其都也。特本基督教道以變法，令凡擅殺子孫者，必科重罰；舊例殺父之罪必處極刑，如中國之淩遲，使生受苦痛，然後殺之，兹則以殺父之刑亦加諸殺子之父。而鬻孩及押孩償債事，亦干厲禁。但因貧苦災荒鬻孩者，仍准之，實出於至仁之心，以較餓死有益也。又念鬻孩者，非必其心之殘忍，實由窮迫而致，徒懸厲禁無益，乃下令一面禁止棄嬰，一面設局育嬰，其供養庫款直傳至今。蓋欲父之視子，同爲天生之人，不得作己之産業觀。而舊制家君之權乃殺。故訥查留頌其立法之善曰："掃滌穢惡，整齊風紀，除苛解嬈，良愿受祉"，誠爲篤論。初未經釋放之子，財均歸父，惟當兵則否。至是以後諸皇，則推廣其例，凡在教會，或在官所得俸，皆歸其子自主。後經《萬姓法》之規定，家長權遂益失其效力，對於家族僅有教養之權而已。以基督教尊重人權之結果，裁抑父權，使年少者，常樂更新，而新機無不暢，誠有如孟德斯鳩所見矣。見孟德斯鳩《法意·羅馬生聚法典》。夫視子女爲成人之例，實自教會定之。教會視此禮，至爲重大，有服式爲分別，亦猶中國冠禮，俾脱父權束縛也。但按教誡，爲子本分，仍當孝親。故法律以教道爲根基，法倫底尼安皇詔，凡爲子者，脱親權後，或有不孝，即重歸其父管束，罰其誤用自主權之罪，並以表明其人之不合使自主，凡以保持父子間之恩義也。今歐美各國民律，皆規定胎兒亦得爲權利之主體，而負義務，則必在成年以後。刑律亦定有責任年齡，如未及年，即犯刑事，亦從輕減。保護幼年，可謂至矣。藉非基督教道，能使人心理日新，時促進化，曷克臻此？

（3）釋放奴隸。

古時戰敗被擄，或因貧償賣者，率爲奴隸，自主人恒視同家具，希臘人謂國民新家必有二具，一爲器用與畜牲，一爲奴隸。羅馬人更細分之曰，家欲致富，必有三利器，一爲無聲之器如犁車等是，二爲有聲之器如牛馬等是，三爲能言之器即奴隸是。不以人類待。殘酷已極，無告堪憐。即大儒柏拉圖亦不脱世俗私見，謂奴隸本質實出於自然之分定。其徒亞里士多德亦承其説，謂奴性本自天生不同，雖有靈魂，甚不純全，不過爲其主人肢體外一肢體耳。據此，希臘古律賤視奴隸可知。惟雅典奴制，較各地甚寬，如律有保護明條：殺奴者罪同殺已釋放之人；凡逃入提西和廟求救者，律准留養，並准納資自贖。皆善政也。探其原因有二：一、雅典文化最著，人較明理，故心爲仁愛；一、雅典奴隸較各地爲更多，勢將喧奴而奪主，倘過虐待恐激之生變也。然由此主，鬻之彼主，更或借用贈與，均無不可。猶是物耳。至斯巴達素尚武，故待奴隸尤殘暴，既無法律保護，又無逃避之所。凡主欲奴死，即不敢不死。且一主之奴，通國皆得共奴之，以視非其主而凌虐他家之奴。許其赴愬於法官者，尤犬馬器械之不若。又主佔奴妻，不惟無罪，其妻並不視爲犯姦，以皆爲主有也。奴所生女亦然。凡奴子女，謂係家生，准由主人棄之賣之。慘矣！若羅馬法律，雖稱奴隸爲人，然究未以人理待之。有某貴人晏客，座有少年，未見人慘死狀，欲得一覩爲快。貴人命執一老奴至，就席殺之，賓主盡歡而散。又某貴人因奴衆，遇有不慊意者，即臠割其身，以飼池魚，名譽曾不少損，直視奴如牛馬。法律亦然，殺奴與殺牛馬同罪。若奴殺主，則不問正兇爲誰，必盡殲家中諸奴以抵命，謂使相勸戒，免妄逞也。某富人之奴某，有功富人，許於某日釋放，之届期不果，且虐待之，奴怒其無信，殺主人。按律，一奴殺主人必盡戮合家之奴，惟以該主係失信被殺，故特交國會。會議時哲士某於國會抗議，力持不可，謂法律若何尊貴，豈能無端廢止於是？悉殲其家奴婢六百人。至司閽之奴，恒以鐵鍊繫足於牆，終身弗釋。雖至屋已出售，奴亦與俱。有老不堪役者，賤售之，若無人受，則放之山野，寧使餓死，以免坐食。其因驅使偶不如意，輒鞭撻至死者，更不勝數，良足悲已。當時學者謂，惟聖賢有理無慾，斯能自主，否則皆爲私慾之奴，不過使爲奴者聊以自慰，惜無一語勸畜奴者厚待而釋放之。至基督教興，專務救人，無論是奴非奴，同屬上天子民。見《哥林多前書》十二章十三節，又《以弗所書》六章八節。若係貧苦，當憐憫之。以是羅馬諸帝通道者，咸懷愛心，如君士但丁雖難除主奴成見，於殺奴逃奴，定律未臻完善，時有主人毆奴致傷身死，及幽奴於室因病致死二案，君士但丁均未照殺人例科其主人之罪，但有制曰，主人殺奴惟故殺及使人殺者，當按律懲治。其定奴隸逃亡之律，較他罪爲尤重，因其時治權積弱，不足懾服其心，又奴隸中亦有稍明基督教平等自主之意者，恒乘機糾衆私逃謀叛，或與四隣敵國相勾結，故君士但丁特用重典以遏之。然恩被奴隸亦多矣。因從前奴雖得釋者，國人每仍以奴賤視之，乃特准教堂釋奴，立與自主人爲一體，並予教士有任意釋奴之特權。又故寬釋奴之途，凡主人有私鑄私燬，或强姦等隱情，奴能出首告官，即依律釋放。更嚴禁拐匪賣人爲奴，犯者死刑。提俄多修又增一例，奴能首告逃兵，亦必釋放，以示褒獎。又以前此因貧賣子爲奴，欲贖者須償原價，乃令買貧家子爲奴，及買已經釋放之子爲奴者，均須釋放並不准收還原價，用示罰也。更觀覺羅紂令，奴有疾病，而主人棄不恤者，其奴立脱籍爲平人。苦拉普鳩帝時，殺奴以普通謀殺論，知奴隸已獲自由之度不少。從此國法教道，相輔而行，待奴律例，益加保護。教徒亦勸人釋奴不少懈。因用棍棒式，此法即擬訴棄權之一種，主奴皆至裁判官前，而奴無訴訟能力，遂由第三自由人以棍棒觸奴首，對裁判官請求自由，其主不抗辯，惟沈默無語，或確言請求之正當，裁判官即判決其奴爲自由人。或遺言狀，有直接間接二種。直接者，主人臨終時遺囑許奴自由是。間接者，主人對於繼承人遺囑代釋其奴，亦名信託釋奴。或在教堂釋奴者不乏人。而教堂中，尤足表著其愛心，主人每釋其奴後，即願認爲兄弟焉。厥後釋奴愈多，儀式愈簡，即主人於證人前，爲釋奴之宣言，其奴立即爲自由人也。至茹斯底年帝定律書，釋奴之例更完全寬大矣。

先奴雖被釋，尚無羅馬市民之資格，至此一經被釋，即獲得其資格。蓋基督教入於人心愈深，斯奴隸之阨難愈減。嘗有教會立放奴會，刊書散勸各國，故一八三三年英將屬國黑奴，盡行贖放，費二千萬鎊。先是美洲，固已有數國放奴矣，後歐洲各國争效之，法蘭西、一八四八年。荷蘭、一八六三年。葡萄牙一八七八年。均於屬地放奴。西班牙屬地宣告獨立後，亦自行放奴。而美總統林肯宗教心熱，戰勝放奴，則一八六五年也。嗣古巴、一八七〇年。惟幼者仍須其主養至十八歲乃放，亦仁政也。巴西一八八八年。亦相繼倣行，至一八八九年十月，歐洲十七國代表，會議於比京，禁止販奴。至次年五月，議畢實行，又加入四國。迄今國際公法，不准有販奴之通商行爲，一八七三年，即中國同治十二年、日本明治六年，祕魯在中國買人爲奴，待之極虐，其船名馬和亞羅夫，經過日本取而放之，祕魯謂日本不宜干涉，日本謂違世界公理，争議不決，請俄皇裁判，皇謂日本理直，祕魯遂已。吾國爾時固在夢夢中，今也如何，噫。已成慣例，所以保障人道，意至美也。前清末季，亦感歐化，曾由民政部咨各督撫，開除奴禁，以重人格平等之權，如再買奴蓄婢，拿獲嚴辦不貸，善已。無如上下無道，徒有虚文，不能實行耳。然則今世奴隸，受賜於基督教，豈淺鮮哉？請參觀拙著《倫理學・主僕》節。

更如君士但丁，特欲顯其心服教道，務使人皆平等，全國人無男女老少，在法律下同享權利，又詔，無論何人，查得司法官、行政官及王家各員，果有不以平等待人者，務告朕知嚴譴。並申禁審判官之受賄、收税官之苛索。且設法保護無告窮民，俾得同享自由，而向者富欺貧、貴陵賤、衆暴寡之事斂迹焉。後世司法獨立之精神基此矣。迄今德法即大陸派。及英吉利等法派，種種公私法，大都本羅馬法脱化，具見法律史。故英國法律家，每謂研究英國法而活用之，須習羅馬法其例也。豈知羅馬法之可貴，實由當時立法者，多據基督教道，自由平等爲本，故能除苛繞而民大悦。羅馬幅員最廣時，異族雜糅，法政所施苟有等差，輒生不平，迨本基督教旨揭示大同，國勢以固。討究法理者當知之。

（三）基督教關於立法之輔助

今世各國，無論君主民主，未有不立憲者。既立憲法，則國爲公有，立法機關至爲重要。顧其組織，端賴議員，議員人格高下如何，視方寸間有無宗教爲斷。徒有知識，不過徇私縱慾之資，難必不禍國殃民也。先就議員之由來言之。

議員出於選舉。選舉即參政權之一，其利害關係，至大至遠。凡有此權者，當知國爲兆民生命財産所托，而身家及孫曾與焉，奈不能盡人入官，因有選舉代議制，付以立法責任，俾督促政治之進行。宜無不公正其心，堅白其操，精抉擇，而不爲金錢或權力摇矣。而抑知不盡然。道德薄弱之國民，其票權恒被賄賂，或脅迫、誘惑、請托引之而去，安有真民意哉？惟熱心宗教家，不敢濫用選舉權，對於當選人，必察其有無幹事才能，足救國否，德望符衆否，不問其爲某黨首領、某要人也。蓋其教道，務犧牲己身利益，以謀公衆未來之利益。涵養有素，故公而忘私，知有國而不知有己也。試以英下院議員之選舉英上院議員以歷史上特別原因，不用選舉，德國亦然。舉其例。凡應行選舉之年，三月，由縣與市之書記，各送命令書於貧民監護，俾調查曾受救貧費之無選舉權者，及有選舉權者，並揭示於教堂，示大公也。至七月後，正式選舉期定期由選舉官定。選舉人至選舉官前領選舉票，票列候補者姓名，蓋先期開選舉預備會推定者，選舉人用秘密投票法，以筆畫十字於欲舉者之名上。十字，即耶穌犧牲救世之符號。投官前票匭内畢，檢算得選最多者，合應舉議員之數，呈於上級法官，宣告之。如有私弊，科罰極嚴，初無何種放縱卑劣之行也。夫國民愛自由亦即自主。者莫如英，故能以議院政治著稱。且憲法無成文，倘議員非人，將流弊易滋，不大貽世界羞乎？乃選舉人與被選人英上院皆貴族，不由選舉，無多權。權在下院，故選舉尤不容忽。惟英國有與他國迥異之特點，即政府有黨派，而地方選舉獨不爲黨派所蹂躪是也。美國當市會議選舉之際，中央諸黨派東西奔走運動，惟恐不至，蓋地方選舉中黨派之成敗，關係能及中央也。徵諸法國亦然。而英則謂地方選舉出於人民之本意，實爲地方自治上之原則，萬不可使中央政府之黨派加入，以擾亂之。更進一步言，則中央政府亦不可以地方政治上之監督權委諸黨派，或爲其代表之官吏而致濫施其勢力，斯所以英國市政高潔名貴，爲萬國之最可效法者也甚矣。孰知黨派之害不惟於選舉上，妨民意之自由，且於地方自治上，多遺汙點，不大可懼哉？如英人之愛自由，洵可爲天下則矣。均力遵教道，以福民利國爲鵠，惟圖公衆安樂。凡立憲國即爲公有，不必民主始稱共和。若真共和，厥惟瑞士，因無君主，並無總統也。然國大如美法，即萬難倣行。而美爲總統制，其獨攬政權固大，非英、比、意各國虚位之君主所能比擬，謂爲專制無不可也。若英據法理言，實共和國，雖因有王或稱共和王國，然究屬虚君，毫無實權，政治穩健，世無其匹。以視美國，每届選舉總統，舉國輒數月不寧，及中南美墨西哥等民主國之擾亂不已者，得失之數奚若？乃英民皆能顧全大局，不騖求如美法上院議員皆由民選，深恐或致國家於激變，而公衆之自由莫不圓滿如意，幸何如之！論者慎勿誤認美國實握行政全權之總統爲共和，而以英國端拱無爲之君主爲非共和也。又如德本聯邦，竟有皇帝，豈民智程度均遜美法乎？亦以立國世界。行政不可無元首，皇帝不過一公僕，權位非榮，德業爲榮。故下戴其上，本公理，爲服從；君役於民，依憲法，不爲惡。共和真際，如是而已。雖然，非基督教道醖釀於人心有素，曷克臻此？但共和而有君，出於大衆愛國之公意，則甚善；若雜以一己自利之私心，則極惡。不可不辨。宜其國憲，久爲萬國憲法之祖矣。

進言議院。議院之制，大都一院少一院制惟希臘，及瑞士之各州，德國聯邦中之小國等有採用者。而二院多。二院分上下。因下院往往有不信任投票，及財政法案之先决權，有上院可望收精密審查之效，而抑制下院之專横，即調和下院與政府之衝突，所以尊重立法，監視政府，期周詳而無偏弊也。要視議員有無教道，定禍福焉。昔法初革命時，無神黨人以石刻女像，名曰理，奉爲神，而國人無忌憚之心乃大張。奈又民智浮薄，盲從盧梭學説，民約論。迷信民權，不論善惡是非，而務欲其伸，並力排孟德斯鳩三權鼎立説，謂立法權至高無極，行政、司法兩權須完全附屬於立法之下。行政機關直傀儡耳，其結果造成暴民專制，自由黨、山嶽黨俱受大害，帝制因以復活，而法遂飄摇板蕩八九十年，諸大資本家逃居英倫者迄今未歸，國内實力遠遜英德，可爲殷鑒。若美國人民，宗教思想最富者也，美之開國，即由其始祖爲信教自由至美洲而成。當初獨立時，即有聯邦條約之規定，儼然一種憲法。獨惜注重十三州，而爲地方分權，則令中央政府事權不統一，有礙國家永續之性質，實爲最大缺點。但欲變更此法，非經國會，及各州議會全體之贊同不可。乃有薄德印與哈彌登，均慮未能建一最高權，欲改造爲中央集權之國家。薄曾建議無效。而哈獨富政略，力避改造憲法之名，思於聯邦議會外，立一協議會。會成，羅致革命英俊，推華盛頓爲議長，制定新憲法。美國憲法行政部與立法部，分立太過，事實上發生種種弊害，大爲學者詬病。蓋過泥孟德斯鳩學説之誤也。而會議尤守秘密，即會員亦不盡解其故者多。故論者謂協議會，僭取權力，破壞現行制，爲憲法上一大革命。幸而盎格魯撒遜民族，宗教道德高尚純潔，各邦議會，羣能相諒，絶不妨害國家永久之大計，致有健全發皇之今日。設如墨西哥國民性之浮囂，未有不起革命軍，以討協議會之破壞憲法而大亂者矣。抑知憲政鞏固迄今爲世界最者，仍莫如英，蓋議院權力由漸發達，下院尤甚，非各國可與比也。自一二一五年，頒布自由本宗教出。大憲章，凡徵收租税，必經國民全體許可。至十五世紀末，庶民院對於國王，在法律上有二大權：一、承諾權。凡征税及國家每年之支出，均須監督。近世所謂預算制度，萌芽於此。若國家收支，政府不及待國民承諾，任意執行，則國務大臣當負其責，又是大臣負責之起原也。二、立法權。即不須請願於國王，當然有提出議案之權。皆本基督“非以役人，乃役於人”之教澤，民權因以擴張，爲今各國所取法者。迨十六世紀後，民權固極伸，而王權亦假宗教伸其説，謂王權由神設。國會實權歸王掌握，蕩然無存。因此民黨大憤，羣起反動，尤以宗教中之清教徒爲烈。時查理既與議院齟齬，若迷士亦以君主當有廢棄法律之權，因欲廢棄取締天主教規條，並增練常備兵，議院反對即解散之。仍提倡天主教，而復盧耶教徒之不悦，乃令非國教教徒與天主教教徒均有自由禮拜之權。乃非國教教徒不以爲可喜，而以王擅作威福，爲違憲，謂其害國之烈實倍蓰于余儕無禮拜之自由，而大不利於國家，實非所願，反對益力。其不專顧己私而危大局有如此。卒以一六八八年放逐若迷士，即由國會議定權利憲章，保護民權，以明付托王位之本意，迎立威廉入統。論者稱爲榮譽之革命。英國因無激烈革命事，故荷蘭革命時，其精工製造業、陶織業者多逃居英，迄今英受其利不少。甚矣，革命之害，不革命之利，如此可鑒也。自後君權受之議院，不得任意定立法律，廢止法律，稍違民意，徵税徵兵。雖法律上君主尚有“自由裁可權”之名，而實際上不用者，已二百餘年，遇事不過畫諾而已。比利時、意大利君主皆然。要皆當時議會，力遵教道，爲國犧牲，無一毫私利之見存，所以克奏膚功也。今上下兩院，同心協力，贊襄國是，政績卓著，實較美法兩共和國，有過之而無不及。故英國二百年來，全體人民咸有議院可以代表人民之思想。蓋由各議員，既知國爲公有，主權在國，自不能不犧牲私利，力謀公益。是共和之真元也。不禁歎英議員智德優美，不易及矣！孰知其教道之隱助於無形者甚大耶？吾今敢斷言曰，無論專制、立憲，君主、民主，總統制、内閣制，兩院制、一院制，能本基督教道，犧牲其身以爲國，無不興；否則不惜犧牲其國以自私，未有不亡者也。

(四) 基督教有裨司法之獨立

司法不獨立，國民財産、名譽、身體、生命以及種種自由，必無完全之保障。倘欲與有權勢者涉訟，尤難處於平等地位而得直。至行政官之恣意肆行，爲害尤烈。必司法獨立，然後無貧富貴賤，共受同一法律之制裁。即司法官，亦不得稍參私意以行其奸。所謂法治國之真際在此。詎知徒法不能以自行，要賴司法者居心在在可質神明，斯法之實施，庶幾平允而無弊。藉非然者，法官將以司法神聖自處，毫無忌憚，縱令法本至良，而一爲上下其手，弊即叢生。以所立法雖本法定主義，實已留有審判上活動餘地不少，是爲量刑主義。依法定律文，伸縮處分者也，或輕或重，安能公允？更或積案經年，不予判決，遏抑上訴，冤莫能伸。檢查官則徇庇故縱，架誣敲詐，對於豪强犯罪，尤畏避坐視，不敢舉發。書記官且於書狀時，勒取規費，或濫改供詞。律師又兩造朋比，陰行苞苴，使人飲恨，無可陳訴。致司法非常腐敗，民間食禍無窮，非素無宗教、天良昧盡之結果哉？觀彼泰西法庭，公開審判時，當事人或證人將對質，必先宣誓，其借助宗教之力，至顯著矣。又自大審院長以下各法官，初就職亦必宣誓，一時盈庭同僚，莫不恭襄典禮，以天監在下，不容自欺，所以督令其良心負責也。故推檢律師，人格均必高尚，尤重廉恥。品行惡劣者，即不容濫竽。職守所在，莫不勤慎，咸以抑强扶弱、懲惡勸善爲本分，事事務協乎天理之公，而干涉與請托無所得施。除民事訴訟，可由當事人任意處置外，偶一刑事案發生，或由被害人告發，或由檢查官得知，即不待被害人呈請，而務偵察罪證，捕獲罪犯之不遑。及證犯既得，律師又遵依法律，保護犯罪人，俾不受科刑過當之冤抑。秉公審判，讞定持平，以故人民羣知法之當尊，而不敢或違。社會秩序，常安寧矣。蓋其教道，務體天心，爲人服役，故法官必注全力以奉法。而具瞻法官者，亦斷不容其玩視民瘼以骫法也。其於司法獨立精神上之裨益，不已多哉。

（五）基督教能使行政日臻上理

泰西十六世紀以前，政治無甚足述。自路德光復教旨後，民智民德，進行之速，幾一日千里，有足令人驚歎者。顧行政至繁，非公忠爲國者莫能舉。例如埃及，因財政奇窘，欲售蘇彝士河股票，英法兩政府探知，均欲承買，而法股早佔多數。然時值國會已閉，茲事體大，不經國會通過，即爲違憲，以故法不敢行。足徵憲法死物，非有德者活用之，不能完善。英政府則明知違法，毅然行之，以事誠利國，縱他日提交國會否決，不過閣員負責，辭職可耳。卒至國會開時，以能通權嘉之。設議員無道德，不以利國爲前題，未必不聲討其違憲侵權之罪。今蘇彝士河航權，幾全歸英掌握，無非英人宗教心較法豐富，甘自犧牲也。

再就行政與民直接者言，普通莫如警察，所以保持國家社會之安寧秩序，而豫防公衆及個人之一般危害者也。其範圍至廣，其作用綦繁，其精神直統全國大小事項，靡不貫注。時或爲司法補助，則逮捕犯人，搜查犯罪證據。而行政上所有事，如關交通，道路不使有陷坎，街衢時如意開拓。關公衆危害，凡易爆發物必禁儲藏，或房屋勢將傾圮，督促修改。關營業，凡屠獸場、牛乳店等，察其確否不害衛生，度量衡出入參差，均所當罰。關衛生，禁賣含有毒質之食品。關風俗，禁游蕩者不事正業，諸多違法舉動必懲乂之，不准絲毫容留，爲害社會。又教育行政，兒童已達學齡，即强迫入學，否則罰其父兄。内務行政，凡新生一兒，若干日内，須報官注册，不報有罰。死亡亦然。農政，教民保益鳥、除害蟲等法，且時示暴風雨之預防。工政，釐定勞動制度，監督工廠，務保工人健康。諸如此類不勝舉，不外保民、教民、安民、壽民耳。

法本至良，無如法立紙上，不能自活，行使民間。倘奉法者不甘爲公服役，恐如毛之法，盡成不法之資。將藉端偵探，嫁禍搜索，難必利國，且有民不堪命者矣。惟遵基督教道，以不忍人之心，行不忍人之政，在在謀增人類幸福是急，而己身恒樂爲之犧牲，時亮天功，蓋分定耳。上有道揆，下有法守，國不大治，吾不信也。

(六) 基督教能令法政因民德增高而益進

孔子曰："道之以政，齊之以刑，民免而無恥。"足見徒恃法政，不足爲治也。故泰西各國，除注重學校教育外，家族、社會大都崇奉基督教，以爲修身立命之本、接人處世之方。蓋學校教育，不過世務知識，爲時過短，未若家庭與社會，終其身不能隔離，爲期甚長也。況宗教實養人道心之糧，較水火菽粟爲尤切，更不可須臾離。孟德斯鳩謂道國有三重，首推宗教，豈無故哉？以國家非僅恃二三賢執政，所能支持，必大多數國民，皆知己輕羣重，犧牲私利，以謀公益，斯地方易於自治，而國政自日修明矣。試分論之。

先言法律。

(1) 基督徒決不犯法。

刑罰者，所以裁抑國民不法行爲，用濟道德不足之窮者也。然祇能制人顯著之惡行，不能格人隱微之非心。惟宗教，能使人戒慎恐懼，罔敢自欺，更復欲立立人，欲達達人，何至舉止乖方，陷身法網？保羅曰："愛心成全法律，更使法律堅固。"《羅馬書》十三章十節，又三章末節。是法律因教道，益形尊嚴，有之矣。誰見今文明國囹圄中有基督徒足跡哉？吾敢決兢兢業業、惟淑身淑世是務者，刑戮終不得而臨之。

(2) 基督教能救濟罪犯。

昔者文運未進，國家立法義，主報復。今用目的主義，重保社會安寧，尤重感化，即望犯罪者之減少。所謂刑期無刑是已。故現世界學者，注重刑律有二要點。一即，使輕過犯、初次犯、年幼犯勿令入監，以養廉恥，且免受諸惡薰染，終陷匪僻。故擬定猶豫期刑、假出獄、假差押等法以救之。二即，使累犯減少之方法，務期出獄後勿再犯是。至諸監獄，籌畫罪犯悔改法亦周密，不外實行感化作用。要皆基督教矜憐罪人，亟望悔改之流澤，所推衍而臻也。嘗有衆人擁一淫婦至耶穌前，欲以石擊死之，耶穌曰："誰自問無罪者可先舉石。"衆因良心觸發，各自散走，足爲人皆知悔之證。耶穌卒憐淫婦，惟令去後勿再犯。蓋基督教對於罪犯，惟惡其罪而深憐其人，故能寬宥之也。孔子曰："聽訟，吾猶人，必也使無訟。"道在大畏民志。基督教則務新民德，使皆足爲天下法。昔税吏撒該，得見耶穌，即願按訛詐所得，加四倍以償，且出家資之半以濟貧，其感化力之速且大，豈善折獄者所能比？今教徒恒以覓救罪人爲天職，不時入獄勸衆懺悔，冀其有益人世，此正法律上之相對主義。對有罪不赦之絶對主義言。務寬既往之罪惡，惟期未來之改善，所謂刑事政策大利賴之者也。罪人日少，法律有不日精者哉？

更即政治略言之。

（1）納賦。

國家種種行政，均需鉅費。政府不能自生財，國民即當各出其財産之一分，期於安享其所餘。惟基督徒以納貢該撒爲法律原理，《馬太》二十二章二十一節。故凡地税、家屋税、印花税等，無不準法律規定，踴躍輸將，以裕國用。蓋恪屬遵"收税與税，收餉與餉"之遺訓，《羅馬書》十三節七節。以爲沽取自由之貸價耳。孟德斯鳩曰："平國之民多出賦，而復之以所享之自由；專制之民無自由，而所出之税常最寡。通例也。"何嘗懼其執政慾壑難填基督教國執政諸人，極重廉恥，每年行政經費皆有統計報告，毫無私染。而不樂輸耶？國用既足，政無不舉，民福自必日增矣。

（2）急公。

天下人品，祇分兩類：一則專謀自利，一則捨己救人。基督徒確屬後者，居平憂樂，未嘗不關係天下，故每值社會或國家有事發生，靡不見義勇爲，殫精竭力以相從。試觀歐美慈善事業，種種團體，孰非教會所組合。例如英人，關公衆衛生事，每分遣人員赴各地演講衛生要術，及養育幼兒方法，見有不合公衆衛生者，則報告主持公衆衛生之官吏，就其目的。約分五種。

（甲）衛生會。調查各家衛生情形，有將誕兒者即遣人時往探視，而照拂之。

（乙）純牛乳發賣會。專售清純牛乳，又將牛乳性質略變使適宜於幼兒。

（丙）慈母學校。初非正式學校，不過專授爲母者以必須之知識，如生兒後有困難，學校仍力助之。

（丁）日中育兒院。專爲日中作工於外之貧婦而設，所以代任爲母者之責也。至晚兒母工畢，仍以兒歸之。

（戊）兒童保育會。調查各家兒童身心情狀，施法救濟，並供給其飲食，所以照拂低能兒及其他有關兒童諸事也。法國人宗教心較薄弱，近年人口鋭減，政府百方救濟，卒難見效，甚可畏也。

此外醫院林立，治人疾病。各地興學，培植人才。又立青年會以減青年邪僻之行。不時布道，務範社會心理於至善，皆彰彰在人耳目，不待言。至關藏書樓、博物院、公花園等美舉，莫不盡心襄助，似此急公好義，皆以爲敬天愛人本分所在，不得不勉，而國家治安受利於不覺者，良足多矣。政治不因此愈易進行哉？研究法政者，可不於法政所由出之根本地即全國人心理。講求之？

總之法律政令，均屬死物，無道德純全之有司，爲之活潑其作用，恐法網雖密，不能使犯者日稀。政策雖良，難必其行之無弊。孔子曰："道之以德，齊之以禮，有恥且格。"孟子曰："善政不如善教之得民。"皆不刊之論。第僅重在上者，務以德政化民，而不注重在下者，使皆上達天德。吾恐縱有善人爲政，亦必人亡政息也。孰若推行基督教，則在野盡屬君子，在位尤必賢明。人皆自治不遑，刑且爲措，國務勉力圖報，政何難乎？蓋本其樂天安仁之素養，而愛力自彌綸於方寸六合之間，不得不推吾所至安極樂之天仁，冀與天下人共之，而治政之賴以精進者，無間斷矣。太史公曰："法令者，治之具而非制治清濁之原。"有以夫！

健全國民之友助

立國於二十世紀，未有國民不健全而能興盛者。顧國民不能自健全，必有完善教道，時涵養其性靈，方知宇宙間，所責於其身，甚衆且巨，汲汲焉求以任之。凡日與己身相接之人物，均須相輔以仁，共達天德，庶少盡國民之本分。民爲邦本，本固枝葉自榮也。

國無教不立，人盡知之矣。顧所謂教，非僅可語中人以上，不可語中人以下也。乃合全國男女老少，使無不盛德日新，儼若莫逆之友助也，其道有二：一知天仁遍覆，樂焉莊敬而日强。一必主善爲師，愛兼人己而無間。蓋上通帝謂，則十目十手，嚴於幽獨。意誠心正，明體即達用之方。誠服教主，則亦步亦趨，率由真理。平等自由大業本至德而發，其爲國民助也，謂非天下至善之良友哉？噫，宗教利國，功德誠無量矣。

凡國無宗教或宗教欠完善者，其視民不過小民耳，下民耳。政府壓制之，官吏輕侮之。除天賦自然權外，毫無權於國也。如"民可使由，不可使知"，"不在其位，不謀其政"等説，昔人孰不欽服？自基督教興，大倡個人聲價至爲寶貴，斯人心理乃一變。觀《新約》書喻言曰："百羊亡一，得不暫舍九十九羊而追獲之。"又曰："個人生命，雖天下財物不易。"此自來學者講個人主義之大本，卒爲立國所最重視者也。然猶不止此。凡爲首領，務服衆役，必以能如孩提爲最大。既伸民權，更抑君權，且明君權所由尊，即在能尊民權，然後國民不爲小民、下民，而爲至重至貴有權之民。此今日國民所由有參政權、自由權等规定也。爲國民者幸勿忘其本，進述國民所由能健全之實。

（一）敬天

詩曰："敬天之怒，毋敢戲豫。敬天之渝，毋敢馳驅。"以天之聰明無所不及，不可不敬也。但徒從一大言天，空虛無主，何足起敬？必知造物真宰，至高在上，始覺天監在下，毋不敬。人格自日尊焉。試申言之。

（1）事帝。

歷觀《詩》、《書》所載，堯、舜、禹、湯、文、武澤被天下後世，何非由小心翼翼，昭事上帝陸象山曰“小心翼翼，昭事上帝，上帝臨汝，無貳爾心。此理誠塞宇宙，如何由人杜撰得？文王敬忌，若不如此，敬忌個甚麼”真不刊之論。而致？若桀、紂、幽、厲，適得其反，甚可畏也。蓋皇矣上帝，臨下有赫，順之者昌，逆之者亡。古今萬國，循此定例莫能外。吾人誠宜善事之，如孝親然。立身行道，以利同胞，斯爲天子，儒教天子止一人，耶穌教盡人皆天子也。如忠君然。整躬率物，以勤職務，斯爲天民，夙夜匪懈。對越在天，凡天帝所以生成萬世人之鴻恩，無不精思體驗，期與廣衆共之，方且善養浩然，而心游乎大化之一氣。《約翰福音》十七章二十一節“帝在我心，我在帝心，且欲衆生與我無異”。樂天命，修天爵，治天職，懋敬厥德，終日乾乾夕惕若，自强不息，直欲貫天人而一之。詩曰“淑人君子，其儀不忒”，基督徒有焉。

（2）愛物。

今唯物學者，舉謂人爲高等動物。衹因不明天道，竟甘下儕禽獸，自失其靈駕萬物之資格，殊可憫已。詎知人者，天地之性最貴者也。大造特賴以宰制萬物，綿高明博厚於悠久耳。《中庸》言盡物性，以贊天地之化育，淺人每視爲難能，不知農耕工作，皆所以成物之實徵，特道無形上以濟之，故萬物發育有限也。泰西各國，羣知萬物皆我備，窮究理數，無難制用以利民。《易·繫辭》：“見乃謂之象，形乃謂之器，制而用之謂之法，利用出入，民咸用之，謂之神。”固深具精理矣。覺“天假人力以成務，人憑天資以建業”，赫胥黎語。凡各物之供我食用、以厚我之生者，我決不可坐耗，或過戕伐，而不暢達其本能，致美利立盡，不能永利於天下。故樹藝務資暢茂，畜牧務盛繁殖，利用蒸汽、水陸徧駛其舟車，傳導電流信息靈通於世界，測氣候則風雨有備，盡地利則寶藏畢興，極深研幾，格致日精，出機入機，直代造物操其權。先天而天弗違，後天而奉天時，而大化之功用日益顯，寅亮天工，甄陶萬象，太和得永保合矣。

惜乎學者聰明自蔽，理性日偷。大道未知本於天，舉國恒無忌憚；仁心未能及於物，四海胥受困窮。國幾不國，尚不內疚。人心盡死，哀孰甚焉。安得洞明天人之理者，相與翼教以救世耶？

（二）律己

吾人在天壤間，“生非爲己而生，死非爲己而死”，《羅馬書》十四章。所以大乾坤之活潑作用於不息也。自維皇降衷，其元氣恒上下與天地同流，惟是從其大體爲大人，從其小體爲小人。聖狂之分，衹争一念，律己豈可無道乎？其法二。

（1）寡過。

昔孔子有曰：“加我數年學《易》，可無大過。”且重美伯玉之使“寡過未能”之對，足見聖賢非必無過，特能寡過耳。愚嘗謂上智有過，下愚無過。蓋一能自知，一不自知也。吕東萊曰：“人必從克己上做工夫，方知自朝至暮，自頂至踵，無非過失，改過爲難。”此修養功深、本良知而發之佳音也。惜未明言知過之準耳。若基督徒，戒慎乎其所不睹，恐懼乎其所不聞，慎獨有素，有過即知，蓋以上帝爲人倫之至。日常行事偶未上合天德，即是獲罪於天。人禽關鍵，界劃分明，直如日光朗照，非羅念菴所謂“以此心微微覺處爲主”，王塘南所謂“以覺性察照習氣，無異爝火一明者”比，故視私慾之萌，儼然大敵，必據天理，即戰勝之。否則負罪神明，難自寬假。以是每夜臨寢，虔誠祈禱，統計一日思想言行，告諸上帝，毫無隱匿。孔子曰“我未見能見其過而內自訟者”，基督徒無不實行焉。由此做去，便是“建諸天地而不悖，質諸鬼神而不疑”，較司馬温公“無不可對人言”尤爲嚴切。戒嚴自欺，先求無過，安容積劫迷罪遺種心田，誠以“莫見乎隱，莫顯乎微”，“自作孽不可逭”也。故有過力改，亟思補救，無過加勉，恐陷淵冰。且慮舊染潛伏，不易徹底浄除，甚至善惡混淆，莫由顯明真理，則考證《新約》，立抉病根。如繭絲束縛之蠶，一旦解脱而出。如斑垢駁雜之鏡，一經磨刮而光。罪告神靈，靈魂得救。心湔主血，血性重新。宜其對境忘境，不沈六賊之魔；居塵出塵，不落萬緣之化也。

（2）進德。

天地之塞吾體，帥吾性，未有隔閡，則心思言動，何非中和位育之所寄？倘不顧天明命，克明俊德，俯仰得毋愧怍乎？故孔憂“德之不修”，孟貴“先立其大”，恐心爲形役，人爲境奴也。而景教尤有進。國俗家風，習尚兼愛，天下後世，待造福因。思義慕義，迫於飢渴，求仁成仁，不惜色軀。欲渡孽海衆生，胥登樂土。儘教方寸地獄，盡變天堂。以不如是，世無進化，責在藐躬，無旁貸也。迹其修身立命之方如下。

（甲）畢生。

斯人不知大造果何爲而生我，而我果持何鵠以生於宇宙間者，比比皆是。歲月蹉跎，徒累人世，殊增太空污點。基督徒懼焉，昂藏七尺，從不甘同流俗而合污世，恐負覆載之至仁，以自負其生也。既認有教焉可以率性，故一旦入門，百年赴的，職業所在安命樂天，志願之宏任重道遠。恒本公義，敬事上帝，期與合德以終生。處境而順，固必存心養性，冀增至道之榮光，即事與願違，或至空乏其身，行拂亂其所爲，亦覺宅心有主，慈恩威德，化洽樂從。出入生死，無怖畏想，勇猛精進，勤諸難勤，見《法華經》。直以非有非無身，甘殉無量義。《羅馬書》六章十三節“俾四體爲義之器”，又十九節“獻四體爲義之僕”。善業因緣，成就甚大也。

（乙）每日。

曾子曰“必三省”，子夏曰“知所亡”，皆不欲飽食終日，無所成德也。基督徒以數十寒暑，倏忽易逝，恒兢兢焉保持其靈駕萬物之人格，隨在惟天道是依，冀成聖果而無忝。如是綿綿若存，庶至解脱形骸之一日。其靈明得陟降在天而不隕，蓋正氣灝然，感應微妙，理當然耳。故每晨興，必敬謝天眷之隆，益自策勵，以求多福。日日新，又日新，無間斷也。朝饔夕飧，皆先感天恩而後進，以供養色身，未若以明通公溥之大道，涵養性靈，利益世間爲尤重也。及至日入而息，總計一日行事，一一告天，罔敢或欺。以天監在下，不顯亦臨，重修行，厚善根也。希望將來，努力現在，自明明德，慧業有不日精者乎？

由是皈依真理，率由正路。多聞强識，常修慈心，歡喜無厭，求無上道，見《法華經》。聖殿喻方寸地。莊嚴，光臨無暗。靈泉活潑，道同永流，安穩快樂，豈有涯哉！

（三）愛人

乾坤無愛力，不能闢闔而久大；萬物無愛力，不能化合而成團。人亦猶是。既難遺世獨立，即當以義相交。惟必元氣渾淪，煖然若陽和之廣被，斯天下禍纂怨恨可使毋起也。讀墨子《兼愛》三篇，知愛之爲德其至矣。故基督徒以盡心盡力愛上帝，爲萬善之本。公理積中，自必愛人如己，雖至仇敵，亦設法和解以愛之。與民爲胞，羣恃以合，斯真自愛之道。蓋惟能盡人合天，始得究竟樂也。試言其略。

（1）愛家庭。

天倫至樂，莫如家庭。蓋大氣彌綸，隱爲攝合，一團血性，關係天然。夫夫婦婦，父父子子，兄兄弟弟，義重情深，以相愛生也。

夫夫婦之道，察乎天地，分身相劑，子女成焉。倘非愛情篤摯，安望家風淳美，故婦身夫主，夫身婦主，夫極愛婦當勝於愛己，更勝婦自愛，婦之愛夫亦然。感天作合，未敢相負，位正内外，道扶禮服。惟是歸命帝德，決不妄徇身幻，意業浄潔，琴瑟足樂。宇宙多情，妙理心通，萬福之原基此矣。

既有夫婦，即有父子，天地悠久，賴綿延也。蓋其形分一體，性本天屬，屬毛離裏，親莫過焉。故父母愛子女，恩義周至，皆出於自然不容已，天道所以不息也。是知父母天職，不僅俯畜長育，尤貴以身立教，使兼修智仁勇德，發揮天賦權能，足資世運進化，始少盡大造委託之責。增世福業，自庭幃起；愛務遠大，報玄宰也。至爲子女，更無不愛戀父母。欲報之德，昊天罔極。固至性所難忍，實亦天真之爲緣者深矣。摩西十誡，注重孝道，俾克承帝賜地而世永居，義理精蘊。蓋惟能事親，必即立身行道，有裨人世，敬順天志，罔不昌也。且愛親則不敢惡於人，敬親則不敢慢於人，孝經。直欲天下人無不被吾愛敬，以愛敬其父母，而互相愛敬，庶可得天父歡心焉。詩曰："永言孝思，孝思維則。"此之謂也。

至於兄弟，分形同氣，衍爲宗法，肇基羣道，必相親睦，則通力合作，交資臂助，不惟家道克昌，世事亦且易舉。《約翰一書》曰："當爲兄弟捐軀，以他父母之子。"吾父母之子，同一天心所鍾愛，不得泥一家血統，自隘識量，致負天下同胞，專侈私營，獲罪於天也。況本屬骨肉，自孩提至成長，共吸呼於惟一溫順和樂之空氣中，實具無限情感者哉。其必兄念鞠哀以友弟，弟念天顯以恭兄。《書·康誥》。孔懷急難，式好無猶矣。"怨兄弟者，罪等殺人，惟友兄弟斯得永生。"《約翰一書》三章十四五節。經訓固諄諄也。從可知萬衆非疏，矧爲一本。故欲消塵劫，務善推天恩，羣日以合，不外據公義制己私耳。天倫序而家道正，正家而天下定，蓋立愛必自親親始耳。

(2) 愛社會。

社會本人事安生樂利之道，自然組合而成者也，與各個人關係密切，儼若肢體相聯莫能分離。如爲工極精巧，爲商化有無，類皆依社會以爲生。不得過侈自營以自損，惟能愛人斯真自愛。故保羅取譬曰："全體賴元首而固結，百節相承，各效其用，以資輔助，始能生長。不外因愛立己耳。"《以弗所書》四章十六節。試思此身日用所需，孰非社會供給？受賜多矣，得毋圖報。約分數端言之。

(甲) 鄭重交游。

亞里士多德謂朋友本人先天之性，不可無，不僅人人所當有，且當貴重之，因與道德相關甚密，可以整理社會綱紀，而大彼此幸福之助。洵爲至言。蓋勸善輔仁，以道相成，人羣進化，實惟是賴。要貴以極活潑有爲之愛心爲中樞焉。凡交游中，知有美舉，欣然贊助，或值患難，立即救護，推誠相與，實亦自利之道也。夫靈通方寸，理彌六合，一念至善，萬衆感孚。福樂同趣，道妙先施，故愛不限於同志。詛爾爾祝，憾爾爾勸，陷害窘逐爾爾爲之祈禱，以"日光所照，無善不善，雨澤所濡，無義不義"，《馬太福音》五章四十四五節。惟能普愛，自無不愛。天道彰著，人道準的，友道愈篤，世道愈隆矣。

（乙）彌補銷耗。

人生飲食服用，需要無窮，罔非取求於社會。一日銷耗，不知凡幾，倘無彌補，其何能濟？必也生衆食寡，爲疾用舒，則財恒足，斯民無慮困窮。故個人職責所屬，均當力盡本分。恐徒耗貲糧，爲天地蠹，必致化機滯而不暢，而人類生計齊窘也。夫天生萬物，皆爲人備，特物質無靈，莫由自效其能，必待人爲宰活用之。斯品物流形，文明日啓，顧物力恒因人力勤惰爲消長。而人非善羣，不能勝物，今尤非利用强大之物力代人力，不能盡物理妙用，以足人生之樂利。試觀歐美公司林立，實業繁興，供應社會之購求者，恒取不盡而用不竭。無非當事人咸能服從公理以自制其私，初未敢沈溺金錢，恐失信任，致羣己俱大不利也。生產日多，民藏自富矣。况本真宰至愛，上代天工，下盡物情，思以美利利天下者哉？《新約》云，“不願操作者不當食”，言他人之所勞而獲者，不可徒消費而無製造以補償之，必在在以裨益衆人爲念，義至深切也。

（丙）提倡公益。

個人在社會中，凡事關公益，均當竭力贊助，實負無盡責任也。况出其心思財力，用之以利地方，即是利吾身與吾子孫，不過擴張權利範圍耳。豈善體天仁者，不務濟衆而廣益乎！故設備公花園、藏書樓、博物館、演説廳、游泳池、擊球場等，莫不勉力贊襄，俾居人偶暇即得游豫其中，增知識，强體魄，養德性。心理既範於正軌，一切邪緣自遠離而無間可乘，將見人格競尚優美，社會程度必漸增高。惟是常爲天之所欲率天下之百姓從事於義見《墨子·天志》。而已。

（丁）彌縫缺憾。

人生缺憾多矣，惟孽由自作者，實不可賙濟，恐引起無恥之希望，罔知懺悔，愈以遺害社會。若覆載生成之偏，人事不幸之苦，純出天然，宜急彌縫。天民先覺，固必推惻隱而施拯救，亦善於保羣者所不容忽。故對生來殘廢，或幼弱無依之兒童，必設立盲啞及孤兒、貧兒等校，以長其身而繕其性，使能成材有用，則沉淪下流者日少矣。又設感化院以治白癡，設濟良所以救妓女，皆所以消弭社會弱點，而循立達保持之分也。大啓慈悲室，常被精進鎧，爲愍衆生，期成大願，見《法華經》。不外愛人利人順天之意見《墨子·天志》。已耳。

(3) 愛國。

國者，身之所託也。飲食教誨，保護安寧，儼如父母顧復子女，得不亟圖報稱以自存哉？顧羣民成國，而民與民設不兼相愛，必即一國自相争而不免於亡。《馬太福音》十二章二十五節。蓋天行之理，逆之弗祥也。惟天惠民，民同天秉，貴有能循物則者善感通之耳。乾坤本性海，萬有一真原，既認有天父矣，故環顧斯人，咸稱同胞。彼不認有天父，而呼國人爲同胞者，未免如無本之本，無源之水，幾何不枯且竭也？而心同理同，懿德齊好，又何難化天下爲一家。以是推廣兄弟之倫，務普愛之。凡國人匱乏困苦，苟能有濟，雖損其生命財産，均所不惜。《約翰一書》三章十六七節。蓋嘗視其國爲己有，自不惜貢獻其身爲國有，“能捨一切諸難捨，頭目髓腦悉施人”。見《法華經》。常矢哀愍心，欲度衆苦厄。以休戚與共，彼此無間，拔濟羣生，正以自度。是其愛國，無非真切之自愛。故恒祈望同胞，注目將來之理想的社會，參觀《約翰福音》十一章五十二節。無不互相愛。刊落聲華，惟義理之交勗；應運悲智，恥泡焰之偷生。凡事必盡其在我，决不放棄天生此躬於此國土之責任。非必謂出其一分之力以爲公，必有十百倍之餘利以厚酬其私也；不過協同多數同胞，各保有其道德法律範圍内，天賦種種之自由而已，初何有不計後患，争權攘利，無異鬻其子孫永爲奴隸牛馬而自取其代價以暫肥者哉？

(4) 愛天下後世。

人惟愛其國，不愛人之國，是以不憚舉其國以攻人之國，見《墨子·兼愛》。争地争城，直率土地而食人肉。參觀《馬可福音》十三章八節，並《墨子·非攻》。實不過一二野心政治家，妄欲逞雄一世，永垂大名，遂肝腦塗地，以自快其慾。而百姓由此離散凍餒死者不勝數，元氣已大耗矣，至教民之政，因費絀於鑄礮造艦而久廢；養民之策，因勢迫於練兵籌餉而不爲。皆不知兼相愛、交愛利，不能視人之國若視其國，見《墨子·兼愛》。之結果。與仁義爲讎，恐已國亦難保不滅也。觀萬國歷史，因搆怨敵國，兵連禍結而亡者有之，未見有專恃戰勝於一時，而能稱郅治無疆之休者也。故敬天愛人者憫焉。如海牙和平會，欲弭世界兵端，今各國同盟，將實行公斷者日衆。熱心宗教家且盡力提倡立一地球政府，策天下萬年之太平，英儒李提摩太以積極的弭兵法著《萬年太平策》，見"基督教大旨"。使各國不得輕開戰釁，務互採善法，共謀進化。凡文學、技術、度量衡，及郵船、路政、進出口關税等，漸歸一律，庶交通益便，地不虞荒，人不患滿，皆强從事，財用自足，《墨子·天志》"上强聽志，下强從事，則國家治，財用足，諸侯之冤不興矣"。無難合大地爲一聯邦，後世無數人類，無量幸福基此矣。孰知天國福音徧傳天下，《馬太福音》二十四章十四節。實爲造福萬世之總因。蓋願天父聖旨，行地若天，俾十方國土咸成極樂世界，共享永福，《馬太福音》六章十節。夫固早結萬國人爲一大團體，日夕禱祝之矣。要皆其高尚優美，真實圓滿之愛國心，日擴充而光大之也。

墨子曰："聖人以治天下爲事者，惡得不禁惡而勸愛。天下兼相愛則治，交相惡則亂。"而兼愛天之所愛，固不可不順天意，故愛人設非出於愛敬天父之誠意，則其愛爲無因，無論在家在國，未必不虧人而自利，必以天心爲心，視人之國若其國，視天下爲一家，則人道漸止至善，百世安綏，可永享也。

（四）永生

人生塵世，爲壽幾何？原始反終，不能有生而無死。故朝斯夕斯，無非死期之日促，甚可畏已。雖然，大造生人，非徒滋其悲感，正賴以大宇宙活潑之樂觀，而助世運進化也。方其受生之始，何非乾元之體所遞嬗？特化工無滯，日暢新機，亦不忍令吾人久任世事之勞而不息。大禹有言曰"生寄死歸"，《禮·禮運》曰"皋某復"，吴季札曰"魂氣無不之"，皆足爲真吾不滅之證。"廟享尸祭非無故，也惟是無常迅速。"見《壇經》。貴能"犧牲現在利將來"耳。英儒頡德语。是以宗教標義，恒言靈魂不死，而生平修養，尤須終食無違，以强化令信始，正覺皈依，以極樂願望終，永除罣礙。究之大道最要，仁愛實爲中堅，《哥前》十三章末。苟具自度智慧，勢必猛勇度他。瞻依聖父，植衆德本，聞道歡喜讚，迷惑不信受。見《法華經》。步趨聖子，隨其義趣，終不以小乘，濟度於衆生。見《法華經》。如使飢者得食，裸者得衣，渡者得船，病者得醫見《法華經》。等等功德，非待施捨，祇須士農工商各盡本分所能，認定己輕羣重，勤求百福莊嚴，何難滅盡罪障，俾衆皆成聖果？由是服仁義光明之甲，《羅馬》十三章十二節，《哥後》六十八節。著柔和忍辱之衣，見《法華經》與《禮·儒行》。“忠信爲甲胄，禮義爲干櫓”，同而忍辱勝之。參觀《馬太》五章。不避罵詈誹謗，欲化濁劫惡世。或遇惡魔妒沮，則不憚捨所愛身，以戰勝之。以天地恃有愛力彌綸其間而悠久，人必善推，斯天人之道，感無不通，能相維於永遠而不敝。準理依仁，發堅固意，大智多情，非限於一時已也。難行苦行，積功累德，凡以赴他日陟降在帝左右之的耳。務如炬除闇，見《華法經》。助衆得安樂，寧殉道死，不苟偷生。克念作聖，《羅馬》六章二十二節。尊榮不朽，《羅馬》二章七節。老曰“死而不亡”，佛曰“壽命無量”。惟早能爲死預備，善造不死之因者，其庶幾乎。國民如此，可謂健全矣。顧其安身立命，實自捨惡知識、親近善友見《法華經》。始。蓋敬禮在天慈父，悅服救苦導師，如以甘露灑，除熱得清涼。如從飢國來，忽遇大王膳，足使有大筋力，行步平正。調伏其心，令發道意，俱見《法華經》。案，《法華經》與基督教旨脗合處觸目皆是，故篇中多引用之。故身常入世，以盡人爲，心常出世，以廣天德，而具體靈光，亦得常存於實體世界對現象世界言。而不没矣。世有國民，欲永享完全自由，以昌盛其國家者，盍於基督教一研究之？

世界進化之先導

士生今日，非放開眼藏，縱觀上下數千年之活潑世界，而會通乎萬國興敗之由，與夫人智進步之成績，決不足以翼教而扶世。自世會趨新，天涯鄰比，文物互競，方興未艾，循已往之所經，測將來之所至，宇宙大觀，不知更若何璀璨。顧天下一象一數，無鉅無細，莫不賴有道爲綱維，而後相劑以效其能。蓋世界爲人心所造，人心猶筦秘機之鑰也。天地萬物，無難位育，特患不致中和耳。欲進世運於無疆之休，可無使人心皆爲未來無數人類甘自犧牲之宗教先爲之導乎？

觀天地之無不持載，無不覆幬，道本大公，足見造物真宰之經綸，保育萬物，慈愛無量，而元氣渾淪，流通人心，更使與世相接時能循至理而敦化，此天道之健行不息，所以資世事之演進也。奈何予智自詡者，昧於洪鈞範物之機緘，時或妄作聰明，離天人而二之，遂致理性日汨，而世風因之日益漓，逆天弗祥，可深省也。自來聖賢英俊，立德立言立功，恒期裨益世局，未有心不契乎天仁，而能利濟羣生者。近世文化發源歐陸，淺者每歸功於技術、政治之粗，詎知由有善教，能使智仁勇之民興，凡事務上合天德，心理日新有以致之。大同景運肇端伊始，正誼明道，忌專私營，要惟各國宗教家同心協助，庶克有濟。試即世界之因宗教進化者略言之。

（一）造成世界之個人

兩間萬有，無盡新機，因有人而益暢。故人兼天、地爲三才。文中子曰："三才之道不相離。"揚子雲曰："天辟乎上，地辟乎下，人辟乎中。人所以爲天地立心也，第必有教焉。"大伸其天賦全能之權，俾常能與造物者爲人而遊乎天地之一氣，然後知天下之大，匹夫有責，知化以善述其事，窮神以善繼其志，夙夜匪懈，惟期無忝，而斯世福業，急待造就者無限矣。今世界大通，舟車敏捷，無遠弗屆。權利範圍固日擴，而義務亦隨之而大增，故步自封不得也。夫至道本無間於寰宇，惟能敬順天志者，乃游心乎德之和，循其分定，而無遠近大小之不適。先儒陸象山有曰"萬物森然於方寸之間，滿心而發充塞宇宙。"莫非此理。足見吾人均當以天爲父，見《莊子·大宗師》。含育萬類以贊化，不容自狹其識量，無裨世事，徒負大造生成也。太甲曰："懋敬厥德，克配上帝。"言能體上帝兼愛天下之心也。而基督更使人靡不上帝宅心，共負完成世界幸福之責。苟欲自度，必亟度他。注意未來，努力現在，天國在望，求仁莫近焉。以故服其教者，知日月之明，容光必照，非有私於一物也；雨露之潤，高下同滋，非有私於一地也。普天之下，莫非上帝之土；率土之濱，莫非上帝之臣。《墨子・法儀》云“天下無大小國，皆天之邑；人無幼長貴賤，皆天之臣”。倘有尺地一民，不被帝恩，時予之辜。故地無分亞非歐美，種無分黑白黄棕，罔不一視同仁，期於於變。天人之理日益通，兄弟之倫日益廣，樂以天下，憂以天下。基督徒無論何國將開兵釁，或遇天災，必爲誠求皇天孚佑，冀其厄難全消，羣享福樂。蓋天理之涵濡於其心者久，常有所不忍動於中，故欲拔濟一切極苦衆生，不顧身家性命，不憚艱險迢遠，自西自東，自南自北，足跡遍宇内，不外令諸凡夫皆成聖果，得大自在見《無量義經》。耳。謂非天下之善士哉？是真天民先覺，全盡天理，必可行於天下而後行之者也。夫世界以人爲主體，苟能敬遵天命，大公至正，用其智力，奮其志願，思有以行濟世之仁術，何難通天下之志，成天下之務，而促世運之日亨？亦惟知天之所與我者，大期不自絶於天心而已。

（二）助進國際之和平

古昔世界，國際道德莫富於吾國。觀春秋列國朝聘會盟，與近今國際公法，頗多符合。美國法學博士丁韙良曾著《支那古代公法》，日本文學士新見吉治著有《春秋時代國際公法考》。又按《司馬法》，軍入衆人之地，秋毫不犯；見其老幼，奉歸無傷；雖遇壯者，不校勿敵，敵若傷之，醫藥歸之。亦足爲軍政文明，不讓今戰時公法之證。并於二千年前，宋向戌已倡言弭兵，詎非偉識？無如秦漢以降，士夫少講天道，仁愛心泯，世衰日甚。退化至今，適西力東漸，國幾不國，良可慨已。若埃及待以色列人，溺嬰奴壯，備極暴虐。見《舊約・出埃及記》。亞述勝敵，恒殘毁俘虜官體，觀其宛轉呼號之慘狀以取樂，且忍使無辜赤子同罹鋒鏑，見《萬國通史》。酷矣！印度、猶太、希臘、羅馬，大都遇敵國人，不問老幼男女，皆可恣意殺戮虐待，蓋意主復仇，恒奴使之。間有貪敵多金許贖者，則稱特恩。按羅馬法國民被虜即除籍，所有家産權充入官，如能生還仍予之。以既被虜，不得爲羅馬人，不過爲敵之奴而已。且爾時爲奴並非屬於國家，實屬於捕獲者。國家所以酬有功也，捕獲者即得與死物之所有權同視。嗚呼！人而至此，欲其人格人權之保存，豈可得乎？今也不然。非交戰者不得爲俘虜，亦非交戰者不得捕獲俘虜。即爲俘虜，亦不准虐待，並須屬於國家。如一八七一年德法之戰，德擒法兵數萬，不以敵視，厚待如友。惟禁置一處，冀減其戰鬬力，不准再充兵耳。其受傷者醫治之，供給衣食不少缺。迨和議成，仍送歸法。據《陸戰法規慣例》第四條第二項曰，“俘虜當待以博愛之心”，即尊重“基督仇敵亦當憐愛”之訓也。待兵如是。則擒獲一國元首，優待可知。觀法皇拿破崙第三既被德擒，仍送至德皇行宫，待以君禮。良由其教主愛敵如友之道深入人心也。豈昔波斯古烈王兵入撒狄，擒獲寇禮傣王，貫以黑索，置積薪而命火焚者比哉！當一三九六年土耳其巴乍色王率兵攻法奥二國大勝，擒獲俘虜甚衆，將聚而殲之，直至劍盡鈍而劊手力盡疲乃止。近俄與土耳其戰，土將軍阿司曼因糧絶降，俄則館以華屋，備極優待。蓋俄信基督教，故能以恕道待敵。此歐西學者所由有國際法，惟耶穌教國能行之舊説也。今如瑞士紅十字會紅十字會遍設各國。十字即耶穌舍生救世之符記。條約，於戰時優待敵軍之負傷者、疾病者。聖彼得堡之宣言，禁用重四百格蘭以下之炸彈。每格蘭二分六釐餘。四百格蘭不過十兩四錢，其重量過輕，傷人不及死，徒增痛苦故禁之。海牙之宣言，禁用團團彈此種礮彈外包堅硬，入體易於開展或成扁平形，傷人最厲故禁之。及有毒煤氣，與輕氣球中投射炸彈等事，所以輕減敵人之痛苦也。更如軍使有不可侵權，往史載敵國殺來使者衆，今犯則爲大辱。不設防守之地，禁止攻擊；並關海戰封港等，規定綦詳。天道具在人心，皆特禁武力之濫用也。又第三國屬局外，必守中立，否則應負其咎。如美當南北之戰，南欲擾北商務，潛行赴英購船，方開駛時計洩，英政府急下禁令，惜令到船去，果爲害北省商務不少。迨戰息，美政府請英賠償損失，英稱實不知情之誤，各執不下。卒由英、美、意、比、瑞士各派一人，在瑞會議，判英賠美美金千五百餘萬元寢事。時英民尚多欲決戰者，而好道之士，則知曲實在己，且恐荼毒生靈，反致結仇不解，過糜國帑，從之，亦遵行基督教義之明驗也。

然此皆就戰時言，至平時各國使臣分駐，講信修睦，交鄰信乎有道矣。若國際偶生争議，亦必和平處理。據一八九九年海牙和平條約，最要者三：（1）由第三國周旋。即傳達兩方意見，而爲談判之媒介。（2）居中調停。即第三國立於其間，直接談判，力謀和親。争議既泯，且盡力融和兩方之惡感。（3）仲裁裁判。即兩國間起争議，依第三國判定曲直而遵行之。計自一八七三年至一八九五年，二十二年間，仲裁裁判事七十三件，活人當無算矣。現英美互結仲裁裁判約，遵守甚力。將來仲裁裁判之發達，世界蒙福，而避免基督教所痛惡之戰争，可預知也。又一八八九年設萬國和平協會於瑞士之貝崙，評論各國争議，最有勢力者也。并有支會三：（1）萬國國會。（2）議員交涉協會。以各國國會議員組織之，凡遇争議，提交此會，務使戰争不開。即使國會不承認軍事費，並不貸與於他國。（3）萬國新聞雜誌聯合會。係各國新聞雜誌記者所組織，遇將開戰，必竭力反對之。試爲揭其要旨，不外遵依基督教《約文》第一款第三項。尊重人類生命第八款。而已。按荷蘭人戈丢氏創著國際公法，即本耶穌救世旨趣，欲萬國人共享平安之福也。而小弱諸國屢被强鄰侵侮者，亦藉得保護焉。觀一八二七年英、法、俄因希臘受土耳其凌虐，不平，遂爲之設防捍衛，使安堵無恐。一八三一年歐洲五國，因比受荷欺，扶使自立，顯見禦强保弱、按，弱國可保不亡者，必其國民頗具智德，惟地小兵寡不能抵敵耳。若其弱因實由民智野僿、民德汙下，難矣。今吾國積弱，屢受强鄰欺侮，説者每謂兩不平等國相遇，有權力無道理。固然，詎知國必自伐而後人伐，倘不自責，恐亡無日。現世界學者且謂兵之爲禍，多因弱國不自振起，惟由强國兼併之，庶世界較易進化而統一。吾國人幸速猛省。仁義爲懷也。又如一八六十年盧森堡因介於德、法二强之間，幾構釁。五大强國特會議於倫敦，認爲永世中立。一八五二年俄侵土耳其疆，英、法、普、奥、意諸國恐土危蹙，共謀保護，皆求國勢平均，維持歐洲和平也。

更有抱救世目的，冀擴張其範圍於世界者，即永久和平論是。當法王亨利第四時，嘗欲以歐洲爲一大共和國，由各國派員組一裁判所，以整理國際關係。法國教士駭白爾亦著有《永久和平草案》一書。其後德之康德及拉比尼都，英之邊沁與彌兒，俄之馬利諾斯基，意之路特尼，美之李古遜等皆和之。嗣伯倫知理、羅連士等亦竭力鼓吹。羅謂減少戰争之要因有三：一、發達商業。二、普及耶穌教。三、盛行民主主義。皆欲弭戰禍於無形，合上帝好生之德耳。今英儒李提摩太著《萬年太平策》，本治國統於一尊之法，欲聯合中西十大國，設一地球裁判所。倘生争議，即由公斷，俾漸合萬國爲一大聯邦，而殺氣自消。以世人無非天父子女，不可輕易操戈，致天人間孝弟之道俱失也。其欲鑄刀爲犂，鑄戈爲鐮，不相攻伐，不尚武事，惟遵循光明之道《舊約·以賽亞書》二章。與民爲胞有如此。昔英在吾唐代時本爲七國，祇因七國教會已聯爲一氣，至百五十年後，即合爲一國，安知非他日天下一家之先例哉？

（三）促制度文物之統一

大地交通日繁，各國政俗文藝，必積漸而同趨於盛軌，無能獨異，自居劣敗者。如吾國法律欠完善，領事裁判權即難收回，埃及、土耳其尤甚。如方今政事，不容暴君擅專，必依民意，公立憲法，俾上下以共守，始得長治而不亂其大較也。至各國司法制度，民、刑、商法，訴訟法等，雖不無差異，亦大概從同。若立法機關與地方自治等團體，尤咸視爲重要，以合羣制治，必協同世界公理，日臻至善，而後廣被庥嘉也。惟中央行政，英則虚君端拱，法亦責任内閣，美由總統獨攬全權，德有皇帝統屬聯邦，似甚不一致。然立國不可無元首，執政不過爲公僕，權位非榮，德業爲榮，其共遵基督爲衆服役之教一也。

此就各國内情言耳。更有殖民政策，雖迹近侵略。請觀《路加福音》十三章七節“種樹而不結實，宜伐之，勿使白佔地土”之喻，吾國人常警醒。而世界文明，因以擴張者，正復不少。如古代亞細亞人及埃及人等，由陸而海，輸送文明於希臘，而羅馬，而歐西諸蠻族。近世文明又由歐羅巴展布於美、非、亞各洲，以普及全球。基督徒恒爲前驅焉。如美國初爲英國殖民地，實由基督徒開其基，不待贅；又如澳洲全屬於英，非洲南北亦全歸英屬，何非宗教家爲其前驅而後克奏膚功？例如李文司登播道非洲，其游記儘可查閱，蓋必有耶教徒如李氏者爲先鋒，又有保民如子之政府爲後盾，而後殖民事業乃能大收其效。若吾國民之至南洋羣島與美屬各地，非不繁殖而善營，無如其人與政府均無基督舍己赦人之愛力以相聯絡，而謀世運之進化，卒歸劣敗，良可悲已。觀葡萄牙、西班牙、荷蘭、法、英等國殖民史，知增進列强政治經濟上之利益，良足多矣。方蘇彝士河之開鑿，英既百計經營，得收攬其權利，且與印度有聯絡一氣之妙。於是德人不欲徒局眼光於歐洲之天地，且病無屬地，溢出人口皆爲美國坐奪，未免放棄保民責任，乃首以資本活動於亞非利加與小亞細亞，而寖及於南美洲，並東亞大陸。俄則經營西伯利亞不遺餘力，實行大彼得遺傳之方針。美亦迫於世界之趨勢，竟變們羅主義而掠夏威夷，獵非律濱，冀攬太平洋之主權，今更開通巴拿馬，直使東西兩大洋之航權，全歸掌握。而地球交通，因益敏捷。以人民移殖頻繁之結果，各國政策，不得不改趨於發展經濟之一途。且務欲經濟必集中於己國勢力範圍地，而獨操勝算。在政治家固視爲報國天職所宜然，而亦遵循基督教旨，力盡地利，爲未來世界造福，俾他國觀感，各利其民以俱進者也。蓋世事專求自利，難以圖成，非有道焉。善爲羣謀，足令近悦而遠來，鮮克有濟者。故歐美各文明國恒視布教事業至爲重要，知大本也。其有教士遠適異國者，保護尤力，非僅以之爲國民嚮導，調和主客情感而已；亦深知天下事，非明道無以計功也。以是各國汽船鐵道公司遇教士購票，往往減價，非欲助世界之進化哉？將來萬方風尚，必因宗教普及而有同化之一日。現各國國籍法之制定，無不任人民入籍出籍之自由，足見天爲世界生人，國界不得而限之。秉國鈞者，惟所欲與聚，所惡勿施，順承民心而已。至國民越國過都，居住自由，尤屬通例。如吾國現禁外人内地雜居，以領事裁判權未能收回，故實例外也。若美禁華工又當别論。

夫世人遷徙無常，則貨物之有無化居，所以厚生利用者當必更甚。故各國農工品，無不互結條約通商者，早與鎖港時代大異其趣。惟宜協定關税，融洽邦交，互享其利耳。故一八九〇年各國曾訂税律公布同盟於布勒色比京。以各國税律及有變更者，互相通知爲目的，已成國際上公共機關矣。然國際交通信息迅速，莫如電報。以故一八六五年訂萬國電信同盟於巴黎，越三年，設事務所於瑞士，司核算費用、通知各國之事宜。次則郵務，一八七四年亦於瑞士訂萬國郵務同盟，期於不問遠近，郵税一律。翌年，與萬國電信同盟，同委於瑞士監督。如開郵務會議，通知各國，或各國因郵務紛争，爲之裁判，昭公允也。電話尚無萬國同盟。惟歐洲諸國法與瑞士，比利時與德，又與荷蘭間有條約而已，以此物不能行於數千里外也。鐵道尤爲交通之大利器，故歐陸法、俄、德、奥、意、荷、比諸國，已結同盟，將來必益推廣，除去交通障礙也。惟是度衡，各國差池，交易甚難。乃於一八七二年，法、意、德、奥等十七國訂同盟於巴黎，閲三年，定議以法度制米突，及衡制啓羅格蘭姆爲本位，凡同盟國之不同者，均以此爲比例差。嗣日本亦加入。英以下院反對未果，然英有識之士，欲改從法制者，心仍未已。竊願吾國亦徐倣效。既便交易，尤便講學、促進實業。至各國幣制不同，亦於通商甚不便，吾國幣制紊亂之害更不堪言。况值商業繁興時代，尤宜急圖劃一。故一八六五年法、意、比、瑞士諸國，有所謂拉丁同盟，金銀貨幣，彼此一律。後希臘亦加入，瑞典、挪威、丹麥三國亦互訂約。雖尚無萬國同盟，而美、法建議，請各國代表會議於巴黎及布勒色者已數次，或主用單金本位十進法，或主用金銀雙本位。吾意久之必有協同世界之公而定制，爲普天下人謀便利者矣。

蓋欲人如何待己，己先如何待人。《新約》經訓，不可易也。又有萬國工業同盟，以今日工業實具世界性質，故工業上所有特許權、意匠權、商標權等，萬國均共保護。自一八八三年歐洲各國會議於巴黎以來，一八八六年會議於羅馬，一八九〇年會議於瑪利，西班牙京。一八九七年及一九〇〇年會議於布勒色，條約屢加修正。歐美各國，除俄外已多締盟。日本亦已加入。我國迄未加入，工業尚極幼稚可歎。助進工業，洵盛舉也。蓋仰體保羅“不勤作工不應食”之遺訓，至周密也。

更有萬國著作權保護同盟，以文字及美術等著作物之發行，非僅一國受其福，實有影響於全世界。倘朝出版於此國，夕翻印於彼國，食德不報，公理何存，又何以勸來者。語云學術無國境，共蒙福利，共當保護，所以鞏固個人應享之獨占利益，俾羣相觀感，勉盡心力，共爲世界進化之助也。惟俄人常侵害無條約國人之著作權，歐人多以野蠻目之，徒損國威而已。

且於商業則嚴禁蔑棄人權之販奴，航路則鋤去梗害行旅之海賊，貨幣則協拏假冒行用之私鑄，爲國際除公敵也。萬國改良會禁煙特該會目的之一，吾國已蒙福利不少。端風化也。萬國體育會謀健康也。他如萬國衛生會議、如防止惡疫，又撲滅花柳病之類是。近年吾國東三省鼠疫，亦由各國相助撲滅，皆深知利他人即所以自利之故。保存動植物之同盟如撲滅狂犬病，驅除葡萄害蟲，禁捕來因河小魚及魚子，並白令海獵漁條約等是。歐洲各國並已委員協議結保護鳥類約數次，今吾國珍禽，政府不知愛惜，曾由外人稟請保護，羞矣。等，足徵國際力圖共利，道德日形發達，無非本基督愛鄰之旨，推愛世人，俾莫不生活於上帝愛中，共享世界利益也。今天下舟車所至，人力所通，世界語亦漸謀普及，其助文明之傳達，破除國界種界，助進世界之和平，尤速且易，將來書同文、行同倫，皆意中事。蓋天下萬國咸知救世之道，《詩篇》六十七。自必彼此仁愛，歸命帝德，務令後世人同享永福矣。

如上述凡事必求至公，畛域悉化，基督教造福世界，良足多矣。今歐美奉行基督教國，其富强固非奉行他教各國所能比，豈基督教人才德獨優耶？特準天道以自制其私，而務全其公者爲長耳。世界既過半爲耶穌教所支配，依據現勢，推測未來，大同景運必惟耶教人成之。以自由平等博愛天下，舍此莫由也。現基督徒布道四方，直至地極，何非本上帝仁慈，矜憐恒忍施恩之心，俾斯世出暗入光，進治化於無疆之休耶？噫，基督教在世界，其猶麵中有酵乎！

基督教内篇

天道啓示論

妙嚴天仁，瀰漫宇宙。性體真元，悟通成聖。自來賢哲，莫不洞明至道，而後能大造就。顧天道不言，而其宰制萬有也有常經。吾人苟窮究理數，即覺鴻鈞範物，自有機緘，特必待心志清虚絶倫者，《馬太福音》五章三節八節。始以真理啓示之。性靈焕發，而神化之功用顯焉。人事也，何非天事之所苞，體天宣道，存乎其人。昔堯舜欽若昊天，愛民而帝；桀紂弗敬上天，虐民而亡。此天之所以示告於人者也。《易緯・通卦驗下》。《希伯來書》一章。曰："稽古上帝，藉衆先知屢以多方諭我列祖，晚季乃命其子訓吾儕新、舊《聖經》。"可資考證。世有欲爲天人者乎，慎勿聾盲其知也。《莊子・逍遥遊》"豈惟形骸有聾盲哉，夫知亦有之"。試申言之。

（一）啓示爲宗教成立之主因

宗教者，示神道之完美藴奥，慈愛無限，吾人不能自外生成，而不尊親之者也。無如流俗不明天德，性靈日汩，而人與天遂離而二。詎知天命之謂性，率性之謂道，修道之謂教，道固不可須臾離也。是故君子戒慎乎其所不睹，恐懼乎其所不聞，以不睹不聞之中，誠有神於其所睹所聞萬萬者也，豈粗糙唯物學者所能領會哉？《陰符經》曰："人知其神之神，不知不神之所以神。"已可慨矣。乃衆生沉淪邪執，泥迹拘墟，只知麤中之麤，不求麤中之細，遑問細中之細《大乘起信論》。乎？雖虚無之體，備儲萬有化生之能。萬有之原，全是虚無妙道之理。參觀《希伯來書》十一章三節。孰認識之？孰認識之！惟宗教家，俯察仰觀，知造物之有宰，熏真滅妄，恒皈命於聖靈。浩浩乎，蕩蕩乎，天仁磅礴，無量無邊，未或間於人心也。特非其人，道不虛行耳。姑舉四説證明之。

（1）宇宙活潑之美觀。

《易》曰："大哉乾元，萬物資始，乃統天。"雲行雨施，品物流形，由是乾道變化，各正性命，保合太和。苟知變化之道，謂非神之所爲乎？老子曰："有物混成，先天地生。寂兮寥兮，獨立不改。周行而不殆，可以爲天下母。"從知萬象森羅，大生廣生，莫非大造之粗迹。其中固有煦育之者，道是也。故《創世記》曰："太初，上帝創造天地，以次成就萬物，而最後爲人。"萬物既備，足以資人之生，即使人靈駕萬物，因時以制之。而天道之健行，於焉不息。以是知神德廣大無邊，山以之高，淵以之深，獸以之走，鳥以之飛，日月以之明，星曆以之行。《淮南子·原道》。包裹無際，稟授無形，洵非淺識所能測。惟静觀天地萬物，秩序燦然，顯有不易之至道，足以興起斯人至真至美至善之靈思，洋洋乎如在其上，如在其左右，大顯神用，饒益衆生。而上帝之能力，即此悠悠宇宙，豁然呈露矣。

（2）吾人胡爲而生死。

人生斯世，自問從何而來，向何而往，每覺茫無所知，幾如航海迷方向，行旅無歸期，其苦可勝言哉？昔孔子答子路之問，曰："未知生，焉知死。"朱子引《易·繫辭傳》注之，謂"非原始而知所以生，必不能反終而知所以死。幽明始終無二理。"是不過無了期之輪轉耳。惟《書》曰："惟皇上帝，降衷於下民，洞明秉彝之原。"然未言及於死後。《大雅》則曰："文王陟降，在帝左右。"乃知能達天德者，死歸之有所。是吾人未生以前、既死以後必有與上帝爲一體者矣。既天地之塞吾體，帥吾性，且備萬物以厚其生而利其用，果何爲乎？蓋造物者，賴以綿高明博厚於悠久也。彼佛宗亦知生死事大，貴得無生即永生。法忍，自度以度他，特久逐迷波者，難即悟徹自性能生萬法耳。惟基督，玄契上帝，《約翰福音》十章三十節。示人生死均非爲己，《羅馬書》十四章七八節。羣宜與造物者爲人《莊子·大宗師》。造福永世，使死無權，光明無壞之生命。《提摩太後書》一章十節。故或生或死，一視上帝妙旨之所在，然後出入生死，無怖畏想，《無量義經》。彷徨乎塵緣之外，逍遥乎靈界之遊，堅忍精進，圓成聖果。則死生無變於己，《莊子·齊物論》。終合上帝爲一矣。

（3）良心何由而善用。

吾人意志言行，趨善避惡，恒以良心爲主動，無論心理學、倫理學諸家，無不同認者也。顧良心作用，起於性真，服從道德，遠塵離垢，至可貴已。無如習慣因文野而各異，毁譽在庸俗無定憑，是非真際，未易剖判，目無標的，何非歧途。惟以大公至正之天道爲鵠，隨在勵行，期不愧於屋漏，因時盡性，務通德於神明。邪正依真理而顯分，榮辱視凡夫而異趣。顧天明命，常目在之，勉修福慧，日新又新。斯渾然天理，上下與天地同流矣。是知天道關乎良心，有如呼吸，相通則生，不通則死。生則勤求智德，必將牖民而覺世。死則沉溺貨利，必致貪得而害公。故凡準乎良心，繁興善行，福利世間者，即心通乎上帝而顯現也。

（4）何以制勝境遇。

人生處境，恒難滿意。衣食居處，日用之需，每因物質文明，競趨精巧。目交視炫，而心能不爲形役者蓋寡，更或貪戀聲華，罔知止足。慾縛萬重，難自解脱，不過境遇之奴耳。而信仰基督者不然。蓋其心服之上帝，常在目前，《使徒行傳》二章二十五節。故立身造命，隨遇而安，以富有天下而喪其生命無益，《馬太福音》十六章二十六節。乃惟景慕仁義如飢如渴，《馬太》五章六節。捨棄萬事，視若糞土，《腓立比書》三章八節。因此可飽可飢，可豐可歉，《腓立比書》四章十二節。處富厚必分所餘以濟衆，處貧賤亦出心力以度他。縱遭挫折困苦，直認爲天恩之特隆，而其進益厲。《哥林多後書》六章四節至十節。由患難生强忍，由强忍生練達，由練達生希望。《羅馬書》五章三四節。天衢平康，《羅馬書》三章十七節。自適其適，見《莊子·大宗師》。妙明真心，得大解脱。色軀且無能爲囚，又何外緣之足擾？《羅馬書》六章十二節十四節，又七章二十四節。

（二）啓示備見於各教

教本道生，道之大原出於天。天道不言，惟深造有得者，自能領會之。引證如下。

（1）老子謂“無名天地之始，有名萬物之母”，又謂“淵兮似萬物之宗”，足見天地萬物，莫非大道生成，恍惚有象，在人善體認耳。至稱天道猶張弓，利而不害，不言而善應，非一一經驗，烏從知之。嗣響老子莫莊子若。《大宗師篇》：“夫道有情有信，無爲無形。可傳而不可受，可得而不可見。自本自根，未有天地，自古以固存。”明其不生而生，不神而神，至矣美矣。獨惜洞悉道體，未顯圓滿妙用，或致放棄人爲，不能造福壽世，殊爲缺憾。

（2）佛祖釋迦，精通玄理，力轉法輪。蓋悲智兼大，務消濁世積劫迷罪，令諸凡夫，皆成聖果，《無量義經》。良以真如法性，佛等衆生。奈何衆生蔽於無明，争墮孽海，乃起大悲，誓發大願，願代無央數世界衆生苦，拔一切世界衆生生浄土。願代無數阿僧祇劫衆生苦，拔一切劫衆生生浄土。《西方合論》。似此功德圓滿，謂非上帝牖其衷，而能爲天國之先導若是耶？乃有二乘墮空，迷失佛心，未能莊嚴世界，殊失大造生人，使宰萬物之微旨也。

（3）儒教言啓示，尤不一而足。《書》曰：“天道福善禍淫。”《湯誥》。“天矜於民。民之所欲，天必從之。”《泰誓》。“惟天陰隲下民，相協厥居。”《洪範》。“上帝引逸。”《多士》。《詩》曰：“皇矣上帝，臨下有赫。”《皇矣》。“蕩蕩上帝，下民之辟。”《蕩》。“天之牖民，如壎如篪。”《板》。《魯論》：“天將以夫子爲木鐸。”天人相與之際，顯有交感而應者。孔子傳《易》，天人之理益以著明。子思作《中庸》，亦一貫人天。然祖述憲章，雖極精微廣大，究苦博而寡要。《史記》。故賢如子貢，不聞性與天道，况乎中人以下。迄今宗法階級毫無進步，文化且以大衰，良可慨已。日本井上圓了著《哲學要領》曰：“孔學獨行，支那人之大不幸。”旨哉！

（4）墨家兼愛，本乎天志，以天下禍篡怨恨可使毋起者。以相愛生，故知天欲人之相愛相利，而不欲人之相惡相賊。《法儀》。天兼天下而愛之，撽遂萬物以利之。天之意不欲大國攻小國，大家亂小家，强暴寡，詐謀愚，貴傲賤。《天志》。天之行廣而無私，其施厚而不德，其明久而不衰。《法儀》。其以尚賢爲治，《尚賢》。攻國爲非，《非功》。皆期尚同於天，以去菑也。《尚同》。曰愛人不外己，天下無人。見《大取》與《金剛經》“無人相無我相”，《莊子·大宗師》“假於異物，託於同體”，同一瞭解。直視人猶己，人己兩忘，渾合天道爲一體。由此盡人合天，何難進世運於大同？洵當世顯學也。《韓非子》。乃孟子門户見狹，力闢之。後儒遂理性爲奴，羣受縛於惟一學術下，每爲帝王所利用，而國不國矣。尸佼謂“孔子貴公，墨子貴兼”，其實則一。漢世猶以孔墨并稱，其爲道，見重當世久矣。及至罷黜百家，遂令塵薶，終古可歎。

（5）穆罕默德，襲取基督教旨，創立回教。回者，歸也，歸向上帝處也。即生寄死歸之意。分二大綱：一信真神惟一，二則行道濟衆。有足多者，計自入山悟道，及書《可蘭經》成，皆稱上帝之啓示。如謂“人爲善惡，天衡善權”，輕重立判。如“債須償”，亦足策人進修。惟以樂園艷福，莫若美女爲婦，畢生所遭皆命前定而然，美國郭顯德譯《聖會史記》。殊滋流弊。且九妻二妾，理不勝欲，不從其教輒遭屠戮，《五大洲女俗通考》。尤背天道。

統觀各教，足徵啓示非基督教所獨倡。夫神之爲義，從示申聲，《説文》：“天神，引出萬物者也。”示者，天垂象見吉凶，《易·繫辭傳》。所以示人以神事也。言天縣象著明以示人，聖人因以神道設教。段注《説文》。故凡示之屬皆從示，申神也。或具引申不盡意，蒼聖造字，理至精深矣。

（三）啓示即萬物而知

《易·繫辭傳》曰：“夫乾，確然示人易矣；夫坤，隤然示人簡矣。”聖人所以崇德而廣業者在此。包犧、神農、黄帝、堯、舜所爲網罟耒耜、舟楫杵臼等，以濟萬民，不外象天法地，近取諸身，遠取諸物，以通神明之德而已。蓋神也者，妙萬物而爲言者也。雷風水火，以動以散，以潤以燥，化機出入，乃得不息，非天下之至神，其孰能與於此？故保羅曰：“自開闢以來，上帝永能之神性，雖目不及見，但觀所造之物，明明可知。”《羅馬書》一章二十節。近世格致家，即物窮理，大都研究愈精，愈覺神化之難測。萬象森列，整備適宜，顯見創造綱維，自有主宰。日局八軌，秩序井然，太空寥廓，尚復恒星無數，亦絶不相衝突，奇哉，妙哉！又考得空氣有重量，其壓力與温度關係密切，於是有氣象學，可預知風雨之方。至利用電流，製爲電綫電車，已極傳導之能矣。及藉乙太振動，通信遠方，指無綫電報言。尤覺不疾而速，不行而至。至若蒸汽之力，無在不顯著其大用，汽船汽車作用在此。特患無瓦特其人耳。且宇宙萬物，推之未始有始以前，極之莫終有終以往，皆具定理。雖有變化，而無增減，可想“世界運動，必有大精神即神。爲之本原，先於其所不動而存在，故能統御萬物，一無所遺，而使其皆得自存。蓋世界庶類，所以能生成者，無非由神鼓之盪之，而活潑不止。察其目的，皆以至善爲歸，毫不紊亂。其德之至仁，洵不可思議。”俱柏拉圖學説。於以知上帝鴻慈，周徧沙界，體物不遺，俱見神化。舉凡一草之生，一木之茂，一魚之躍，一鳶之飛，天長地久，日往月來，無一而非帝恩矣。

（四）啓示藉人類而顯

天生吾人，宰制萬物，役使羣動，《史記》。又《創世記》上帝乃造人肖己，使統治海陸及諸物類。賴以立天地之心也。故《書》曰：“天工人其代之。”人爲大造與萬物間之中樞，位焉育焉，信乎責無旁貸。顧人何以爲萬物之靈？觀其官駭構造，備具本能，飛不如鳥，而手之爲用大，今且不翼而飛；如飛行機。走不如獸，而足之所履遠，今且不脛而走，如汽車電車等。耳極其聰，目極其明，心靈妙用，所以筦世界之秘機也。大衛之詩曰：“主造我躬，神妙莫測。”《詩篇》百三十九章十四節。允已。顧體質善變，有如逝川，皮肉骨骼，七年全易，而形態仍無異舊觀。足見天道變動不居，物質恒隨時遷化，而精神之秉於天者，永不改也。此論甫脱稿，商正劉子通，共閱至此，通謂《楞嚴經》佛示波斯匿王性無生滅，義正同。檢經讀之，如：“汝面雖皺，性未曾皺，皺者爲變，不皺非變，變者受滅，彼不變者，元無生滅。”云云。妙不勝録，實已先獲我心，願閲者參證焉。夫精神爲吾人之根元，能使容貌與之肖，如喜怒勇怯，温和兇暴，罔不誠中形外。預兆吉凶，詎非天機之呈露？

《易·繫辭傳》曰："天之所助者，順也。"《孟子》曰："得道者多助，失道者寡助。"是天心可由人心而驗矣。柏拉圖曰："世界之大精神即神。乃假動於他物，而爲萬類所由生，終古不滅者也。今吾人精神能自動，復能動其身，是吾人精神當其始，本包含於世界之大精神中，及後乃降寓吾體也。故吾人精神必與世界之大精神同其性，同屬不滅無疑。以此吾人不獨善識真理，能運用而已，且能懷有德義，以與至善，時相交涉。"昔高宗恭默思道，夢帝賚以良弼。文王夢飛熊，而得賢佐。足徵至誠感神，理有可憑。由是心代天意，口代天言，手代天工，身代天事，《皇極經世》。或立功當時，或垂教後世，不外盡性以事天而已。然則自來聖賢之言行，一切認爲上帝之啓示可也。

（五）啓示完備於基督

天人本一脈也，精誠感格，則相通無間。乃世人迷悟殊途，願行異致，至苦、極樂，遂判天淵。故欲令衆生捨棄邪執，咸起福音正信，成就天國勝業，我大慈大悲、乃聖乃神之基督，不得不應天父眷命，誕降而爲統治萬世人性靈之救主。經曰："我降自天，非行己意，乃行遣我者之意。"《約翰》六章三十八節。"識我自識父，見我即見父。"《約翰》十四章七節又九節。"是知其身，純由道成。"《約翰》一章十四節。足爲上帝極完全之啓示無疑也。略分述之。

（1）揭示上帝之獨尊而無終始。

宇宙萬有，造自上帝。《使徒行傳》十七章二十四節。乾坤不息，具見神化。《詩篇》百四十八章六節。體無色相，理自滿足。無起無作，若止無止，《金剛三昧經·無相法品》。無在無不在。《維摩經·觀衆生品》。昔在今在，以後永在。《啓示録》四章八節。萬德圓滿。《大乘起信論疏》。《馬太》五章四十八節義同。密濟含靈，種種莊嚴，炳然顯現，奈何人無識者。《馬太》十一章二十七節。基督特揭示之，使羣知上天之載，無聲無臭，《詩經》。而至德淵微，自然感應。凡有血氣者，莫不尊親，見《中庸》。庶幾真理廣傳，《約翰福音》八章四十節。無難造福萬世矣。

(2) 示與上帝爲一體。

上帝爲恒沙世界之根原，亦即吾人性靈之根原，不來自來，不現自現，寂然不動，感而遂通，惟神而明之。存乎其人，《易・繫辭傳》。基督實爲代表焉。蓋妙明圓覺，光照十方，無窮憐愛，要在開悟羣迷回向天國。經曰："父與我偕。"《約翰福音》八章二十九節。"本爲一體。"《約翰福音》十章三十節。"我宅父心，你宅我心。"《約翰福音》十四章十節。表著上帝不離自心，自心具足上帝一切德慧，無分别也。《哥林多前書》三章十六七節："你儕即上帝之聖殿，上帝之神將於其中居住遊行。"此基督教義大本所在，甚願吾徒均精心研究之。又曰："信我者非信我，乃信遣我之父。見我者亦即見遣我之父。"《約翰福音》十二章四十五節。誠以上帝化身，本自如如，明明眼前，相去不遠，爲令聞者，生希有想，生難遭想，苟能斷疑起信，當必永生極樂。《無量壽經起信論》。又曰："除父外無識子者，子及子所樂示者外無識父者。"《路加》十章二十二節。蓋慨彼凡夫，業繫受身，《溈山警策》。又《羅馬書》九章八節。未免形累，從迷積迷，《溈山警策》。又《提摩太前書》六章九節十節。罔識本來面目，遂并秉性之原，絶不探究。因乃啓悟一元，俾理貫人天，圓證神體，庶幾日光皓皓，有目無盲也。

(3) 標示上帝之慈愛。

兩間庶物，莫不有愛力充乎其間，以暢達其生機，可見天仁覆育無私，無在非渾淪元氣也。吾人能踐形盡性，以樂吾天，且與人以共樂其天，必覺太和翔洽，隨處是福，上帝慈愛，無量無邊矣。謹舉基督之所標示者於左。

(甲) 上帝愛人，遣子救世，强化令信，出死入生。《約翰福音》三章十六節。

世人徇幻，罔知是身如泡，不得久立，《維摩經・方便品》。《約翰福音》六章六十三節。往往貪戀萬物，未審終歸虚空，《羅馬》八章二十節。久爲形役，陷罪致死，《羅馬》六章十九節又二十三節。顛倒堪憐，誰爲救之。《羅馬》八章二十三節。上帝憫焉，乃遣愛子，神牖衆衷，盡甦死體，《羅馬》八章十一節。令趣安樂，而息勞窮。《馬太》十一章二十八節。仰見其心，昭然是愛。《約翰一書》四章七節。從知天父慈恩，廣被無疆也。

（乙）上帝愛人，恒預知其所缺，而儲無盡之賞。肉身父母，遠不如也。《馬太》七章十一節。

人生羣重飲食，而不知有重於飲食之道，致終身由之而不得，猶擁萬金而窮死，濱大海而渴亡，良可慨也。孟子曰，“萬物皆備於我。反身而誠，樂莫大焉。”足徵兩間供我取用者，本自不竭。無如衆生爲色軀憂，貪得不足，不知天父恩賜無量，久已備國以待。《路加》十二章三十節至三十三節。福音所在，求則得之。甚矣，人皆知有用之用，而不知無用之用，《莊子·人間世》。正大造無窮之妙用，有莫舉名、使物自喜《莊子·應帝王》。者也。噫，徧地江湖，徧地涸鮒，莊子《大宗師》、《外物》。徧地恒河，徧地渴鬼。《華嚴經·入法界品》：“佛子如恒河岸，有百千億無量餓鬼，倮形飢渴，舉體焦然，烏鷲豺狼，競來搏撮。爲渴所迫，欲求水飲，雖住水邊而不見河，設有見者見其枯竭。何以故？深厚業障之所覆故。”試問肉身經營，畢竟能得幾許？無常迅速，何徒自苦！基督乃導斯人，咸入上帝無窮之門，以遊無極之野。《莊子·在宥》言“與化俱”即上帝無所不在意。按《馬太》七章十四節，就未入門時言，似覺門窄路小，既入門後，實甚寬廣可樂也。俾盡其所受乎天，《莊子·應帝王》。無盡真糧，足活生命，凡求得者，永不飢渴。《約翰福音》六章三十三至三十五節。隨彼之所須，現作無盡藏，《維摩經·佛道品》。其仁愛豈有涯哉！

（丙）愛心所鍾，冥合上帝。

《約翰福音》曰：“父因愛子，悉示以己所行者。”五章二十節。明基督特代上帝而行也。世俗輕視婦孺，每蹂躪其天賦之人權，基督則滅除男女階級，《約翰》四章二十七節，十一章五節。時猶太文士咸戒男女相談。俾相敬愛爲一體。《以弗所書》五章二十二節至末。次復尊重孩提，稱在天國爲至大，《馬太》十八章三四節。以同是帝子，本來平等也。又有稅吏、娼妓等，猶太人恒痛惡之，基督獨厚待之，《馬太》二十一章三十一節，九章十一節，《路加》十九章五節，《約翰》八章十一節。蓋猶迷羊失所，急須覓獲，病者待醫，必使壯健。《馬太》九章十二節。日光不擇照，雨澤不擇潤。《馬太》五章四十五節。天父仁慈，至公溥也。《路加》六章三十六節。職是之故，故敵己者愛之，詛己者祝之，憾己者善遇之，陷害窘逐乎己者，爲之祈禱。《馬太》五章四十四節。觀基督在十架，尚祈天父赦衆無知，他若蘇格拉底被逮後之待問官，相如之待廉頗等，皆足爲法。非與上帝合德之證乎？若夫疲癃殘疾，皆吾兄弟之顛連無告，至可憫者，《西銘》。亦不得不彌縫其缺憾，俾卒能全其天，故見癩者、癱者、瞽者、啞者、跛者、病熱者、癲癇者、鬼附者，皆使沈屙立愈，盡除病根，不惟轉弱爲强，且能起死回生。爲欲度斯下劣人故。爲大醫王，善療衆病，《維摩經·佛國品》。成就大悲，廣拔衆苦，《無量義經》。轉化有情，普向極樂。皇矣上帝！福網重重，微基督孰能宏張之？

（丁）無地無時，不見上帝之愛。

天機圓活，緣起無朕，本際非動。帝愛繁興，時不判古今，地不分方域，一一華中，一一光中。《無量壽經》。風聲，水聲，諸音樂聲，若見若聞。形無、形物，無非真理，無非福音。無如衆生迷妄，有目皆盲，本無入而不自得，竟歧趨而困窮鄉。故基督厚望門徒，備具德慧，光被地極，《使徒行傳》一章八節，又十三章四十七節。務令三世有情，同爲至德所蕩，萬方同氣，統歸大道之和。迨羣知天恩渾渥，彌綸宇宙，則方寸之間，莫非極樂世界矣。

總之，上帝至善，神妙難思。自有基督顯然代表，弘慈救世，覺以真福，詮示爲人本分，首當盡心盡力敬愛上帝，次則愛人如己。《馬可》十二章三十三十一節。本聖靈之妙運，務滅罪以興仁，足令清信士女，靡不顯真弘道，隆最勝業。其爲天道之啓示，至矣，盡矣，蔑以加矣！

重生論

《書》曰："惟皇上帝，降衷於下民，若有恒性。"《湯誥》。《中庸》曰："天命之謂性，率性之謂道。"足見吾人性出於天，匪惟景教然也。故《易》稱乾爲天、爲父，《莊子》亦嘗以天爲父，《大宗師》。且謂與天爲徒者皆天之所子。《人間世》。天人相與之際，誠淵乎其微，玄契無間，自無死地。《老子》。蓋上帝永能神性，自生天生地以來，具足無漏福德智慧光明，充滿十方虛空，清浄常樂，自在不變，固長於上古而不爲老，爲壽無量者也。吾人性靈，既爲上帝之分身，則一切動静云爲，允宜欽崇天道，不容有纖毫我相之私，致失性理之真。昔《老子》法天，《莊子》照之於天，《齊物論》。《墨子》尚同於天，《中庸》務達天德，《孟子》貴修天爵，凡以知天道之不可須臾離。蓋人之生也，道與之貌，天與之形。《莊子·德充符》。固萬物之所係，一化之所待，《莊子·大宗師》。貴綿高明博厚於悠久也。妙哉！自來聖賢言道，大都一貫人天，惟精粗不無殊會，理事未盡雙融，未若景尊身代上帝，顯示永生度衆耳。

天人一脈，呼吸相通，本無隔閡。祇因世人業繫塵累，隱身罪中，妄想執著，狂逐迷波而不返，竟致狎習惡業者日多，長惡知見亦日甚，權授罪操，爲死所轄，《羅馬》五章。而性靈遂被塵緣桎梏，無由解脱。甚矣！世間如大夢，《以弗所》五章十四節。人盡受其魅闇，愚者且自以爲覺，竊竊然知之，《莊子·齊物論》。而大夢乃益加酣，種種邪執不了，惟務保持幻質，是其形骸雖存，而靈駕萬物之性真，因與上帝離而二，幾若汩没殆盡，不過尸居餘氣見《晉書》。而已。故《莊子》曰："哀莫大於心死，而身死次之。"《田子方》。又曰："苶然疲役而不知所歸，謂之不死奚益。"《齊物論》。又曰："大愚者終身不靈。"《天地》。言不能與造物者爲徒，全真以全生，冥頑不思自拔，雖未死實同已死也。蓋天道爲吾人滋養靈性之糧，《約翰福音》六章三十三節。不足則餒，常餒則死，猶魚失水，必無生理矣。孰知之！孰知之！且有真人而後有真知，惟基督乃真知天之所爲，知人之所爲。天而生者也，《莊子·大宗師》。哀此世人，妄纏苦聚，墮死亡海，乃汲汲焉欲普救之，俾皆克念作聖，《書·多方》。出死入生，復與上帝合而一，《約翰福音》十一章五十二節。庶幾人之所以異於禽獸幾希者，可全其所受於天矣。

夫世人逐妄徇幻，甘爲罪役，果何故哉？蓋不知肉體無常，萬物皆歸虛空也。《羅馬》八章二十節。基督曰："專保生命者反喪之，惟爲道而喪生命者反保之。人若富有天下，而喪失生命，何益？"《馬太》十六章二十五六節。保羅曰：“身體常以罪死，魂靈常以義生。”《羅馬》八章十節。均足資深省。獨惜斯人，昧於自性賦自上帝，本來聖潔，屬乎基督，未能虔誠戀仰，求無上道，致容顛倒邪見，充溢於中，寖成暴棄，自外上帝之生成。亦由世間是非之塗，樊然殽亂，人生其間，直如航海迷方，加以濃霧彌天，難尋彼岸，而其苦遂不可勝言矣。設知上帝爲人倫之至，德性純全，毫無瑕疵。吾人意志言行，凡合上帝者爲善，不合上帝者爲惡，確有準的，何難安其止，圓成永生福慧？然而吾人知識聾盲，見《莊子·逍遥遊》，參觀《馬太》十三章十五節。雖天父慈愛無量，久備樂國以待，《馬太》二十五章三十四節，《路加》十二章三十二節。乃竟爲深厚業障所覆，《華嚴經·入法界品》：“佛子如恒河，岸有百千億無量餓鬼，倮形飢渴，舉體焦然。爲渴所迫，欲求水飲，雖住水邊而不見河，設有見者，見其枯竭。何以故？深厚業障之所覆故。”絶不領悟。嗚呼！何認罪改過之難也！《論語》曰“過則勿憚改”，又曰“吾未見能見其過而内自訟者”，其望人洗心反素，至切至著，惟未明重生之道，即在痛切悔改耳。釋家進焉，《壇經》有曰：“從前所有惡業等罪，悉皆懺悔，願一時消滅，永不復起。蓋必滅三世罪，而後能宏四誓願也。”《懺悔品》。又《華嚴經·入法界品》“善財童子，自憶往世不修禮敬，即時發意勤力而行；復憶往世身心不浄，即時發意專自治潔；復憶往世作諸惡業，即時發意專自防斷；復憶往世起諸妄想，即時發意恒正思維；復憶往世所修諸行，但爲自身，即時發意令心廣大，普及含識；復憶往世追求欲境，常自損耗，無有滋味，即時發意修行佛法，即真理。長養諸根，以自安穩；復憶往世起邪思念，顛倒相應，即時發意生正見心，起菩薩願；即博愛意。復憶往世日夜劬勞，作諸惡事，即時發意起大精進，成就佛法；復憶往世受五趣生，於自他身，皆無利益，即時發意願以其身，饒益衆生，成就佛法。”凡兹悔改，欲得無生即永生。法忍，構成無量華嚴樓閣也。况基督爲贖衆罪，不惜捨身，《提摩太前》二章六節。廣開真理之道路，普救生命於死亡乎？吾徒念切皈依，則所有積刧迷罪，即因基督聖名立時消滅，而重生之慶基此矣。

洗禮之設奚爲耶？顯示滌除污染與罪斷絶，脱舊而更新《以弗所》四章廿二三四節。也。基督當日，亦嘗隨順羣生，示有塵垢，特就約翰受洗禮。維時沐浴金流，靈禽翼從，吉祥感徵，表章福祚，《無量壽經》。所以爲萬世樹之型者，昭昭然矣。良以人生世間，背逆上帝，即仰貽化育殊恩之玷，設皆怙惡終身，將天敘天秩紊然無存，乾坤何恃而不毁？第有人聽受福音，不勝懺悔，亟思遠離垢穢而自新，倘無儀式，表示天父之寛宥悦納，何以慰悲憤之忱，堅信仰之心？又何以使左右親近之人，不咎既往，而責望於將來？《孟子》曰："雖有惡人，齋戒沐浴，可以事上帝。"《老子》曰："聖人常善救人，故無棄人。"均具至理。洗禮者，洵超凡入聖之津關，易俗移風之基礎也。當其聖水灌頂，特與人以共見，實欲伐毛洗髓，滅去罪身，猶將當日故我，與基督同釘十架而葬之，旋本天父真榮，由死復生，不復爲罪之奴，《羅馬》六章三至六節。所以資觀感者，意至深矣。其死也，爲罪而死；其生也，爲上帝而生。同上十節。從此堅忍精進，永不爲法律所束，《羅馬》七章六節。莊嚴世界，責無旁貸。蓋重生正義，惟"克終允德"而已。

雖然，人心惟危，道心惟微，豈一度湔祓，能即盡除心垢？竊恐物物交引，而心爲耳目所奪時《孟子》。正復不少。顧衆生根智不齊，熏修各異，如能大死一番，頓悟福音，圓證天國，即不退轉，尚已；然不可期諸恒人，大都初宗基督者，多如孩提然，《哥前》三章一節。難即感應神變，顯著心靈。其必終日乾乾，夕惕若，《易・乾卦》。凜遵誡律，觀摩仁義，求符帝德，漸進道階。了悟身世無常，時仗含光寶劍。《列子・湯問》。制伏六賊，恍然自身，即上帝所耘之田，所營之室。《哥前》三章九節。明徹自性，從何所來，復歸何所，念念清虚，體合真元，依戀上帝，不忍舍離。顧離一切著，了證福音理，倘不得於心，孜孜思不已。思之思之，又重思之，至誠感神，聖靈必以不可言説之歎息，《羅馬》八章二十六節。默助神力。即於他人所不及知，而一己獨知之地，將重受聖靈之洗。《約翰》一章三十三節，又三章五節。維時心凝形釋，骨肉都融，《列子・黄帝》。性靈暢發，眼通神慧，顯見金銀、水精、瑪瑙、白玉諸寶浴池，遍置左右，或十由旬，或二十三十，乃至百千由旬，縱廣深淺，皆各稱意，諸功德水，湛然盈滿，清浄香潔，味如甘露，慈雲氤氲，彌覆水上。既入寶池，意欲令水没足，水即没足；欲令至膝，即至於膝；欲令至腰，水即至腰；欲令至頸，水即至頸；欲令灌身，自然灌身；欲滌五蘊，五蘊垢除。冷煖調和，自然隨意。轉相灌注，開神悦體。隨順聖潔，浄若無形。《無量壽經》。頃刻宛如隔世，前後判若兩人。噫！何是水之神妙，不可思議乃爾！不惟能令身應神化，内外瑩徹已也，且令原泉混混，湧於腹中，流出而成江河。《約翰福音》四章十四節，七章三十八節。是水也，何水也？蓋聖靈汪洋灝瀚之變相，孕育吾人生命於不息，世界賴以大光明者也。特在己無居，即釋家所謂“如實空”。形物其著，即是“如實不空”。其動若水，《列子・仲尼》。而究非水，决非凡夫智眼所能見，惟皈命基督者能默而得之。已得之矣，而後能外物。已外物矣，而後能外生。已外生矣，而後能朝徹。朝徹而後能見獨，見獨而後能無古今，無古今而後能入於不死不生。《莊子・大宗師》。至是直不以生爲生矣，恍然天下無人。見《墨子・大取》。即《金剛經》“無我相無人相”意，參證《約翰福音》十七章廿一節，又《以弗所》三章六節。矣。謷乎大哉，獨成其天。《莊子・德充符》。

由是意無不誠，心無不正，惟務立身行道，無忝所生。上悦帝心，時措咸宜。故爲子止孝，爲父止慈，又必刑于寡妻。《哥林多前書》七章十四節。可以意逆之。至于兄弟，宜其室家，和樂且耽。既已德充於内，自能應物於外。其在鄉國天下，以斯人莫非天父愛子，一切平等，能兼相愛，實較燔祭爲優。《馬可》十二章三十三節。一靈感孚，兩俱真誠，要惟宏崇主旨，大放光明，徧照世間，除諸黑暗。若服役於社會，則勤勞工作，久不疲倦，不惜犧牲一切，利益未來，聊以報稱基督不可測度之仁慈，且使衆心皆能滿足上帝無量之恩施，而生死以之，不再作化外之人、塵勞之客，《以弗所》二章十九節。時時與天父相親，己身自由漸感同神化，而成聖殿，足爲上帝居住游行之所。《哥林多前書》三章十六節，又《後書》六章十六節。維時迴顧自身，宛在上帝身内，即世天家，安穩快樂，帝謂頻通，决不間斷。發諸善心，修諸功德，常不愧於屋漏，遠離流浪生死，隨在得見基督大光明身，接引愛護，即能生出最勝妙慧，輾轉饒益無量有情。

於是心眼浄慧，見極樂國，周徧十方一切世界，更復逼近圍繞自身，了了分明，愈覺天父大智大悲，莊嚴無盡，與我呼吸，未嘗睽隔。念念無念，湛然一如。真常密因，安樂萬行。不離當處，神愛彌綸。至是道積於厥躬，《書・説命》。人貌而天，《莊子・田子方》。方且與造物者爲人，而游乎天地之一氣，同上《大宗師》。心志堅固不可壞，種種苦難無能動，能捨一切諸難捨，成就美滿大悲願。願同無量衆生，受持無上福音，鍊就金剛妙身，永生極樂浄土。感謝上帝榮光鴻恩，實無能盡説也。

天國論

宇宙實體，清浄妙嚴。大化神用，靈秀人鍾。性本一元，具足萬德。塵累不侵，隨在樂土。孟子曰："仁人之安宅也，義人之正路也。曠安宅而弗居，舍正路而不由，哀哉!"蓋道本彌綸無間，而人自絶之，世風所由日汚矣。吾人滯情迷性，妄想馳求，聲色貨利，束縛日深，念念苦境，良足悲也。孰知方寸六合，罔非天國所在，衹因未解福音，遂至沉淪孽海。倘能歸命基督，除妄熏真，則心浄理純，極樂世界，豈遠乎哉? 試申言之。

(一) 天國獨具妙義

天國真詮，與哲學、政治諸家所懸想者，不盡同。昔柏拉圖嘗著一書，曰《共和國》，以爲大同之世，人不獨親其親，不獨子其子，不得有私財，貨不藏己，力不爲己，故姦淫不興，盜竊不作，而世乃太平。與吾《禮運》微言大義，適相符合。又墨子思以兼愛平天下，曰"視人之國如其國，視人之家如其家，視人之身如其身"，"兼相愛，交相利"，是以耳目相爲視聽，股肱相爲動宰，有道肆相教誨，老而無妻子者，有所侍養以終其壽，幼弱孤童之無父母者，有所放依以長其身，惟在"尚同於天，壹同天下"之義而已。凡此皆理想家之極軌，而墨子實踐有方，尤爲卓絶。顧綜其成績多同，而究其本原則大異。蓋天國妙義屬之宗教，固非若政説疏遠，不能强作治心用；并非若哲學想像，不易實現世間比。嗟乎，衆生昧本明體，不知道妙真際所詣，即在意識之内、體膚之外，微而寸心一念圓時，推而無限浄明疆域，莫非天國建立基址。神通福德，周徧虚空，理事圓融，翛然無寄，此實體世界之妙諦，斷非現象世界人，夢想所能到。實體世界即在現象世界之中，但迷離於現象者，不能證得。《大乘起信論》依一心法開真如、生滅二門，曰："是二種門，皆各總攝一切法，以是二門不相離故。"洵乎立義之精也。是故天人相與之際，無有文字語言可立之遭，妙覺明圓，唯證相應耳。自來能於五濁惡世，構成華藏世界者，参證《華嚴經·華藏世界品》。其惟佛祖釋迦，真我救主天國之先導也乎?

（二）天國不易證入

天國者，遠塵離垢，廓然無我，聖靈之領域，妙有之康莊也。賢者恒深入堂奥，凡夫則關山修阻，諸有罪人永屏門外。例如姦淫、動念即是，餘惡皆然。貪婪、《以弗所》五章三四五節。仇恨、鬭狠、妒嫉、兇殺、醉酒、放恣、《加拉太》五章十九至二十一節。謾駡、《馬太》五章二十二節。呪詛、《雅各》三章九節。盜竊、詭詐、浪蕩、驕傲、狂妄、《馬可》七章二十二節。奢侈、《加拉太》五章十九節。僞善、《馬太》六章二節。自誇、《路加》十八章十一二節。背誓、《馬太》五章三十三節。怙惡、《路加》十三章三節。不仁、《路加》十章三十一二節。不義、《哥前》六章八九十節。不孝、《馬太》十五章四五六節。不忠、就職守言，《馬太》二十四章四十八節。欺凌同伴、同上四十九節。怠於經營、《馬太》二十五章二十五節。謀逆自私、《馬可》十二章三至八節。徒聲呼主、《馬太》七章二十一節。罔知預備、《馬太》二十五章三節，《馬可》十三章三十節。進化論鉅子頡德曰"勤勞於爲未來者優勝，怠逸於爲未來者劣敗"，有以夫。暴棄自甘、《馬太》十三章十五節。畜聞被奪、《馬太》十三章十九節。託辭相諉、《路加》十四章十八至二十節。寛己議人、《路加》六章四十一節，《馬太》七章一節。不行恕道、《馬太》十八章三十節，又六章十五節。多財慳吝、《馬可》十章二十三節。輕忽上恩……《馬太》二十二章十二節。種種罪過，皆由宿孽蓋纏，難明證入者也。更或淺嘗道味，難於堅持，歷時稍久，卒致厭棄，《馬太》十三章二十一二節。進德未能日新，《約翰》三章三節。“重生”即“革除舊染，日新其德”意。手扶犁而後顧，《路加》九章六十二節。愛心漸次冷淡，《馬太》二十四章十二節。卑謙不若嬰孩，均於天國無分者也。《馬太》十八章三四節。禍哉！“僞善儒生，與夫法利賽人，既自扃門不入，亦且不容衆入。”《馬太》二十三章十三節。衆亦心塵易壅，難以義勝過之，《馬太》五章二十節。自外上帝生成，遂致長淪浩劫，可悲也已。

（三）天國不難證入

從來天國奧秘，非不可得而聞，《馬太》十三章十一節。雖似門狹路隘，《馬太》七章十四節。人人努力可入。《馬太》十一章十二節。大哉遵行誡命，且以教人實行，《馬太》五章十九節。淑身更須淑世，如光普照人間。《馬太》五章十六節。恪循天父意旨，範圍較誡命廣，《馬太》七章二十一節。聖功自然成就；《以弗所》一章四節。仰仗聖靈威德，何難摧伏惡魔。《馬太》十二章二十八節。心務至清極虚，《馬太》五章三節八節，《路加》六章二十節。慕仁義如飢渴，《馬太》五章六節。擴充惻隱心量，定若火然泉達。同上七節。遇事使人和睦，乖戾之氣自消。同上九節。萬惡祇須懺悔，旋即可得安慰。同上四節。世俗同所賤惡，莫如税吏、娼僚，齋戒沐浴事帝，信能捷足先登。《馬太》二十一章三十一節。天門豈嘗閉扃，惟忌妄自尊大。《馬太》十八章三節。寧以道交罪人，《馬太》十一章十九節。甘服衆役爲得。《哥前》九章十九節。原夫亞伯拉罕，及乎以撒雅各，久矣在天席坐，衆能追步皆同。《馬太》八章十一節。恒樂與人爲善，當如猶士都等，《哥羅西》四章十一節。更或多歷艱辛，《使徒行傳》十四章二十二節。忍受患難窮迫。《帖後》一章四節。專心弘道壽世，捨棄家人、田宅，《路加》十八章二十九節，《馬太》十章三十七節。甚至不甘嫁娶，免爲度他罣礙。《哥前》七章三十二至三十五節。果然超脱世慮，《馬太》六章三十一節。天國立現目前。同上三十三節。是國上帝爲主，羣著聖靈異能，總期裨益大衆，百體各顯身榮。《哥林多前》十二章。極樂國隨心現，慈照宗主《勸人發願偈》“普願如説行，同生極樂國”。恒在廣衆中間，《路加》十七章二十一節。惟不容有内暗，《路加》十一章三十五節。貴能犧牲一切，《馬可》十章二十一節。如見田藏至寶，必罄所有購獲，如覓市上美珠，不惜重價以求。《馬太》十三章四十四五節。惟有明達之士，洞悉其中真理，直似家主庫藏，檢出新物舊物，《馬太》十三章五十二節。浩浩乎，蕩蕩乎，要妙神通無礙。《無量壽經》。斯世何非道場？孰自磐石奠基，即司天國秘鑰也。《馬太》十六章十八九節，又七章二十五節。按，“磐石”即“究竟堅固”意，佛經首《楞嚴》，義同。

（四）天國貴乎擴張

原夫天國疆域，本自無量無邊，惟徵信於人間，寸衷實其起點。首當盡心事天，《孟子》。皈依真理立命，滅除一切煩惱，神志湛然娛樂。當仁求得不讓，《論語》“求仁而得仁，當仁不讓於師”。俗尚與世無爭。居塵確能出塵，轉物不隨物轉。見《楞嚴經》。又《壇經》“心迷法華轉，心悟轉法華”亦宜參證。正氣善養浩然，久自睟面盎背，《孟子》。無入而不自得，《中庸》。天理渾合充周。盡性以盡人性，《中庸》。莊敬日强不息，順應天行之健，在在保合太和。《易經》。壹是上通帝謂《詩・皇矣》。帝謂文王。念慈、釋茲、在茲。《書・大禹謨》。以此刑于寡妻，《詩・思齊》。女貞家道自正，《易・家人》。恩則親養父母，義則上下相憐。讓則尊卑和睦，忍則衆惡勿喧。日用常行饒益，《壇經・决疑品》。一門融融洩洩。《左》隱元年。出而弟於鄉黨，《論語》“出則弟”，鄉黨稱弟焉。斯心務善推恩，老老以及人老，幼幼以及人幼。《孟子》。如幼稚園、貧兒學校、義務教育等是。守望必互相助，疾病尤相扶持。見《孟子》。如共防寇盗，及注重公共衛生、多設醫院送診等。知愛人不外己，《墨子・大取》。重羣捨己爲羣，斯賓塞《羣學》。利人羞分人利，《帖後》三章八至十節。且出有餘濟衆，《以弗所》四章二十八節。冀得永生偕帝。侃侃宣傳福音，《馬太》四章二十三節，《使徒行傳》二十八章末節。自朝至暮不倦，《使徒行傳》二十八章二十三節。一村畢又一村，《明儒學案》韓樂吾“秋成農隙，聚徒講學，一村既畢，又之一村”。《使徒行傳》二十章二十四五節。福音敷化萬邦，《馬太》二十四章十四節。救世光被地極，《使徒行傳》十三章四十七節。庶我天父聖旨，行地如行在天也。《馬太》六章十節。

（五）天國隨所示現

天國浄妙，具足福樂，恢廓廣蕩，不可限極。《無量壽經》。人不能説，在此在彼，不顯亦臨，時在中心。《路加》十七章二十一節。近常不出跬步，遠則大而無外。非人間世，即人間世。不是天上，亦是天上。其國土恒有微塵數聖域賢關，周帀圍繞，由金銀琉璃、珊瑚琥珀、硨磲瑪瑙，合成爲地，《無量壽經》喻言寶光集聚，瑩徹無瑕，堅定不壞也。坦坦蕩蕩，中有千山萬壑、無盡寶藏，廣植寶樹瓊花，大都金剛爲本，水晶爲枝葉，行行相值，莖莖相望，華華相向，不可勝視。《無量壽經》。更有江河大海，汪洋活水，分流滋灌，且復釀爲慈雲，彌覆其上。而日月星宿，無限光明，普徧照耀，除冥無夜。亦有甘雨應時，廣資潤澤。魚躍鳶飛，化機無滯。大鯤大鵬，逍遥自得。《莊子・逍遥游》。牛羊鷄犬，茁壯無驚。無有四時，春夏秋冬，不寒不熱，常和調適。《無量壽經》。清風徐來，吹生萬物，音妙宫商，自然相和。無盡福德，不可思議。覺盡山河大地，十方虚空，形無形物，無一不是永生上帝現身説法處。其國聖衆，所處宫殿，重重華嚴，搆造天成。《約翰福音》十四章二節。金縷真珠，交絡覆蓋，又以衆寶妙衣隨意章身，《哥林多後書》五章一至四節。温涼稱體，備極舒泰。百味飲食，自然豐足，用活生命，永不飢渴。《約翰福音》六章三十三節三十五節，又四章十四節，七章三十七八節。是其天糧，味如甘露，足供無央數世界，無數阿僧祇劫百千萬億衆飽，終不可盡。《約翰福音》六章五節至十三節。參觀《維摩經・香積佛品》“飯香普薰毘耶離城，及三千大千世界，四海有竭，此飯無盡”云云，喻義精妙正同也。凡飲食者，身安快樂，並諸毛孔皆出妙香。以此男女老少，天真活潑，無貴無賤，無富無貧，羣相悦樂，競尚愛德，《馬太》二十二章三十九節。貴役於人，不貴役人。《馬太》二十章二十八節，又二十三章十一二節。以大精進，常修慈心，身意泰然，快得安穩。《法華經・譬喻品》。或化外人聞知，罔不努力欲入。《路加》十六章十六節。凡是國人靈性一如，純浄無穢，無有死者。極其慈柔聖潔，可稱妙喜世界。惟此世界，與現世界非一非異，可離可即。其最難强同者，即妙喜世界，異常神妙，時能因人立現，本合宇之所際，宙之所極，無量無邊，及入隱微，間不容寸，未見縮小。而現世界，無有是處。或現世界大衆渴仰妙喜世界，咸止至善，至誠感神，維時上帝普敷鴻慈，應顯神惠，必命座右愛子，斷取妙喜世界，降臨此土。於是衆多天使與諸先知，並餘聖徒，不來相而來，不見相而見，《維摩經·文殊師利問疾品》。皆大歡喜，欣然歌頌，上帝經綸。《詩篇》百十八章十六節。所應錫福，無有向隅。妙喜世界，雖入此土，而不增減。於是世界，亦不迫隘，如本無異。《維摩經·見阿閦佛品》。一靈周浹，互相貫徹，大衆無有彼此、内外諸見，直覺永生上帝，不移本處，而身徧坐十方世界，親近我住，更宅我心，不相捨離。東南西北四維道侶，亦復神契無間，不移本處，而即帝座。明明金色、妙色、蓮花色等等世界，親慧、浄慧、金剛慧、安樂慧等等世界，見《華嚴經》“光明覺品”及“夜摩天宫偈讚品”。眼前即是。終且自見其身，入上帝身，最勝福德，充溢無形，一真性海，體相圓徹，無有纖塵障礙之處。滅絶衆生煩惱闇，廣大莊嚴現神力。無在不在妙難思，福海汪汪惟心見。精覺妙明，《楞嚴經》。觸處是樂，其福慧豈有涯哉？

要之天國之搆成，不患魔軍之難摧滅，特恐信德之不堅定。道在急脱塵纏，皈命上帝，猛勇精進，自度度他。將見一心清浄，衆心清浄，致一世界，永久清浄。《論語》“一日克己復禮，天下歸仁”，宜參證。至於護持至道，則不惜軀命，願代永久世界無數衆生苦，拔一切衆生生樂土。廣爲敷宣上帝弘深義行，攝取天國無限真勝妙境，啓悟善男子善女人圓明靈性，悉成正覺。昭廓心量，求無量福。普濟困窮，建超世願。宜參證《無量壽經》四十八願，《華嚴經·浄行品》一百四十願。久之，自覺福音流布，周徧無極，瑞象萬千，迎機而現。究其所以，不外盡心愛帝，推而愛人，《馬可》十二章三十三節。而參贊化育，盡性極功，具此矣。

書後

“天國”在佛典，或言“浄土”，或言“佛國”，或言“天宫”，名至不一。而其寄義，又有權實之辨。言“浄土”者，或指“西天”，所謂阿彌陀佛極樂世界是也。言“天宫”者，或指“上方”，謂此娑婆爲穢土，或遥推將來，謂累劫勤修，三僧衹後，行滿功成，佛國自然現前。凡此皆權宗方便接引之詞，非徹實了義。《楞嚴經》云："空生大覺中，如海一漚發。"蓋時量、方量，生於心識妄想，無自體性。心不取相，無去來、古今、東西、南北、上下之可言，則佛國净土極樂世界，何所寄托？唯救主耶穌曰："你們不可説天國在這裏，在那裏。天國在你們心裏。"方爲稱性實説。顧《聖經·新約》，成於猶太舊教餘風之際，風光狼藉，權實雙收，要在當人決擇何如耳。《净名》云："欲净佛土，當净其心。隨其心净，則佛土净。"而"唯心天國"之義，尤莫詳於一部華嚴經典，性海圓融，緣起自在。凡聖同居，净穢各無妨礙，可以發揚基督之真光哉！張子玆論，蓋爲之喤引云爾。至政家、哲士之未來太平世界，《禮運·大同》，又其心識想像之最爲粗膚者也，不足道。

乙卯夏六月劉通識於滬上

《新約》之光

道源寥廓，稱體同真，性理渾圓，應根善感。本一元於玄宰，萬衆無殊，證大造之妙身，虚靈不昧。具足無漏功德，鎮化海而永貞，繁興無盡慈悲，鼓仁風而不息。極天行之健，嚴净人爲，宅衆生之心，建設天國。萬行圓滿，滅死全生。即世出世，本智不累於塵纏，立人達人，慕義無異於飢渴。致中和之妙用，促德業之日新。至誠無妄，内外一如。肫肫其仁，淵淵其淵，浩浩其天，靈光圓照。隨順熏真，任理施作。保合太和，妙契大化，密轉天樞，羣生賴以永命，萬世賴以增福。暖然似春，煦物旉榮，巍巍乎，蕩蕩乎，聖靈妙運，不顯亦臨。立乎不測，而游於無間。審乎無假，而不與物移。妙道冲微，主我虚白，能使迷罪頓消，求至極樂，復以真理，引導羣品，俾自無見而有見，無聞而有聞，頻通帝謂，莊敬日强，恒游心乎德之和。且將旁礴斯民，同與爲胞，善養浩然，參萬歲而一成純。聖哉聖哉！何精義入神，竟充周乎人心之所不得遯而常存也！

盡山河大地十方虚空，纖翳微塵，無不與斯人性分相通也。窮理歸元，一真湛然。天地胡爲而貞觀，日月胡爲而貞明。雷奚以動，風奚以散。雨露奚以普潤，水火奚以相濟。蓋一化神游，剛健中正，渾渾滑滑，無滯機也。故鳶飛戾天，魚躍於淵，野馬塵埃，生物之以息相吹。凡以見造物奥秘之無盡藏，聊寫活潑之真耳。瞽乎大哉！孰知天地與我並生，萬物與我爲一，性德之充積淵博，一貫人天，不可測量也。以是見山嶽之崒然高聳，知吾性之凝重堅定；見大海之汪洋浩瀚，知吾性之茫茫無際；見草木之暢茂，禽獸之繁殖，知吾性之積累淳厚，周流六虚。宜乎山嶽待我而興寶藏，大海待我而殖魚鼊貨財，草木鳥獸待我而廣發育，高明博厚，於焉悠久。夫宇宙萬有，愛力彌綸，何非天德所蕩耶？吾人既目善萬物之色，耳善萬物之聲，鼻善萬物之氣，口善萬物之味，靈於萬物遠甚，果何爲者？當知莊嚴世界，責無旁貸。自我基督，具足無量能力，曾使上天下地，所有萬物，悉歸宰制，其豐富乃至不可計度。我儕幸承垂統，得不紹隆丕業？噫！互古以來，隱秘之玄旨何限？今知十方一切如恒沙等三千大千世界，具我一心，放之則彌六合，卷之則退藏於密，性海滔滔，福慧無涯。其中容有空曠廣漠之净妙樂土，矗立珍寶合成重重無數妙峰之山，高插自在天際。雖然，捷徑甚多，游人不難攀攬漸登絶頂。徧通淵澄瑩徹，原泉混混，來自化樂天上之川流，偶一掬飲，即令凡骨爲仙，恒久不渴，隨置慈航，人人利涉。廣建百千萬億微塵數華嚴樓閣，收羅萬象，静俟賢者止宿。而金剛玉樹，珊瑚翡翠枝葉，遍結奇香聖果，隨在蔚若森林，點綴太虚，覆蔭無央數塵勞之客。其果積香，周流十方無量世界，凡取食者，身意快然，永不復飢，並諸毛孔常出妙香。而寥空一碧，一任無數金翅烏，翱翔往復，扇和風，興慈雲，雨靈雨，所以生成庶物使各自喜也。噫嘻乎！一真靈界神德混成，洋洋乎如在其上，如在其左右，恒放彌天寶光，照耀人寰，除冥無夜。一爲回顧自身，儼然入上帝身，不移本處，遍在一切勝慧世界。蓋性相圓周，通乎天地之一氣，本與上帝無别也。

自來聖哲英俊代興，至德豐功，恒足參贊化育，整理世界。豈其得天獨厚，亦各盡其所受乎天，冥通物理之極致，遂能立天下之大本，經綸天下之大經耳。古者包犧氏，仰觀俯察，一畫開天，爲網罟，教佃漁；神農爲耒耜，教耕種，日中爲市通有無；黄帝製律、度、量、衡、貨幣、舟車、衣裳、宫室；螺祖育蠶治絲；帝堯放勳，協和萬邦；舜樂與人爲善，無爲而治；伊尹務覺後覺，及任天下之重，一夫不獲，謂時予辜；夷齊餓死首陽，永愧後世争爲君者；文王小心翼翼，昭事上帝；孔子傳《易》，顯道神德行；老子著《道德經》，大啓玄妙之門；墨子兼愛尚同，不惜赴炎蹈刃，以利天下；孟母教子，養正聖功；許遠量才，甘讓張巡；范文正先天下憂，後天下樂；佛祖釋迦，悲智兼大，性圓自他，拔一切劫衆生生樂土；達磨東來，不立文字，别傳心法；六祖受衣不傳，而教法愈以光大；亞伯拉罕知天地不自生，排除衆妄，獨拜一尊；摩西立法，爲泰西祖，務以天道治國，創爲傳賢之例；梭格拉底知宇宙有真宰，智慧權能威德無邊，天地萬物悉由資始；柏拉圖弘闡師説，洞知人與上帝爲一脈；亞里士多德愛真理甚於愛其師，知神之不盡有爲，正其福樂無有間斷之證；華盛頓建立美國；林肯釋放黑奴；荷蘭威廉毁家而紓國難；日本福澤諭吉力學而創維新；裴斯泰洛齊之竭誠教育；伊利賽伯英國女士。之改良監獄；……古德名媛，不可勝數。非開物成務，爲萬世所永賴，即利國福民，促文運之進行。要皆體天明道，博愛濟衆，不惜犧牲其心思才力以赴的。雖造詣容有精粗純駁之不齊，而處事應機，其爲聖靈所默運一也。噫嘻！聖靈隨緣赴感，電捲萬機，真諦深玄，微妙無相，功流萬古而永存，道通百劫而彌固，假托紛紛，萬别一同。毓秀人羣，浄嚴宇宙，慈恩廣被，信無疆也。

吾人自受生以來，即具無漏理性，萬衆平等。由自善根力，不難成就無量功德。奈諸未覺，不知肉體無常，習染污俗，性靈爲蔽，積劫迷罪，率墮孽海，而世道晦盲日益甚。天父憫焉，乃有愛子承命，本真如性，身顯神力，放大光明，普照世間，破諸黑暗，滅諸苦惱，拔救一切衆生永出惡道。然猶慮後來者，執色著相，重易壞身，而輕不可壞身。因自施其可壞之身，願代無數阿僧衹劫、無央數世界衆生可壞身無盡之苦，以爲犧牲，敬祈天父赦罪，並錫暇於其不可壞身，俾諸可壞之身，皆能聽受福音，感應神變，而成永樂道身，盡如己身，究竟堅固，超諸世間。信乎！基督道身，實爲無邊福海之所成就，其形量大而無外，常能容受十方世界，往古來今同解脱、同智慧、同願同行諸聖徒，任於腹中遊行自在。或以三千大千世界而爲一步，或以不可説不可説微塵數世界而爲一步，又徧大地一切雄壯尊嚴神殿、禮堂、講臺、精舍及無量數悔罪修行、皈依戀仰之善男子、善女人，乃至一切農、工、商、賈、挑夫、走卒、學士、軍人、執政諸衆，怖畏老病死苦，頓醒貪恚癡迷，亟欲澣身靈海，食靈食，飲靈水，恭敬頂禮，渴仰真光，皆得入於其身，享受無盡安穩快樂，且務利他，滿足己福。而基督身，不加廣大，亦不迫窄。蓋無始終，無變異也。悲夫世人！無浄慧眼，觸目天國，而不得見。幸茲聖靈，憑藉基督，弘宣福音，頓覺充滿十方世界。常於一切衆生間，現超三界諸趣隨樂妙道；現超乎一切衆生普周徧妙道；現令一切衆生滅倒見妄見無等别妙道；或隨衆生種種了解心，現大自在妙道；隨衆生樂道心，現金剛不壞妙道；現令衆生善業精進妙道；現常救護衆生苦難妙道；現普滿一切衆生願萬行無礙妙道；更隨衆生願力、浄慧力、忍辱力、思維力乃至無盡正信力、堅持力等，現一切圓滿如意妙道；又應衆生有如浄目普照眼者，現示種種神異妙道。如是妙道，非色、非相，如影像故，不可以言語文字求，惟從清信男女福德智慧顯。如是福德智慧，本聖靈生，即能生一切神性眼無盡；又能生一切神性耳無盡；又能生一切神性意識無盡；又能生一切神性善行無盡，涌出寶光無盡，拯濟衆生無盡；又能生一切神性舌無盡，暢演不可思議微妙福音無盡，疾速感通無盡，利益世間無盡。如是聖靈，乃一切世間心燈，普照十方無量世界，能令善男子、善女人善自防護心城，扞禦惡友魔軍，斷絶污世邪緣；潔浄心城，滌除仇怨、傲慢、慳嫉、諂誑；堅固心城，恒勤修習温良謙和聖功無間；安定心城，不生一切塵垢風火；富實心城，廣集靈界一切福德至寶；洞闢心城，悉捨所有，隨應施給一切世間；照曜心城，以真理光，永滅一切癡惑妄暗；嚴飾心城，精構上帝行住聖殿；瑩徹心城，徧開無礙解脱之門，明達自性，具同天德，仁壽永春；廣大心城，興大慈悲，常與一切衆生共諸苦樂。聖哉！其行無算，其願無窮，恒生一切世間神妙功德，無有止期。誠不知其爲道，何時措之宜也。是從何處來耶？蓋從無來無去處來，不疾而速，不行而至，隨順一切衆生聖善智慧圓滿妙行表現。

夫固自有生民以來，久住廣衆之間，衹因六賊徇幻，任形爲役，孽障錮蔽，靈明暗藏，究其神通心燈，初未或息，一旦隨觸智燄，原燄自爾增熾。由是因緣相傳，衆心室燈，均頓熾然。譬如一燈，射照百千數燈，原一燈光，無減倍明，被照各燈，亦互相射，光光增輝，奚有黑夜？又如原有一燈之微，不易盡除室暗，忽有多數燈光加入，百千年暗，立即除盡。維時衆得浄光明眼，無暗翳礙，始得見上帝自天放大恩光，徧照十方國土。衆心室燈，各稱大小，而增光明。如是光明，匪惟破暗，并消穢惡病毒，且解疑懼惱熱，利人功德如海。努力淑世善羣，帝謂默通，無間無斷。以故日常在家，願凡帝子知有天家，求享極樂，福利家人，不爲苦累；孝事父母，願凡帝子，充孝之量，敬愛天父，常通神明，務光四海；妻子團聚，願凡帝子，宜爾室家，和樂且耽，化行俗美，神罔怨恫；兄弟式好，願凡帝子，渥知自愛，視人猶已，同胞量大，天下一家。當飽煖時，願凡帝子，羣知感謝，天恩優渥，力圖報稱，免衆飢寒；利用萬物，願凡帝子，知天生物皆爲我備，貴參造化，盡性發育；夜將寢息，願凡帝子，内自訟過，勤除污染，不愧漏屋，肅然安泰。睡足晨興，願凡帝子，如寐大覺，周顧十方，進德修業，日新又新；量能供職，願凡帝子，各盡本分，效忠於天，助世進化，成仁壽域；多財能捨，願凡帝子，心無貪著，樂善善施，翼教興學，造福永世；居貧弘道，願凡帝子，解脱塵慮，隨在知足，安命樂天，勝於富有；若在厄難，願凡帝子，知身如泡，無畏怖想，恪遵父旨，百折不撓；登山游覽，願凡帝子，心不動摇，常超象外，作鎮塵寰，安定永樂；渡江浮海，願凡帝子，吸無盡水，洗心惑垢，濯足靈流，泛航福海；經過橋梁，願凡帝子，廣度勞客，至安樂地，健行天路，無失足墮。觀修園圃，願凡帝子，五欲圃中，耘除罪草，植仁義苗，易秀而實；見諸花樹，願凡帝子，心熏天香，辟世穢臭，樹德森茂，美陰廣庇；見鳥飛鳴，願凡帝子，悟徹天機，無聲發聲，縱游遠方，勤宣道要；見魚游泳，願凡帝子，知生道中，如魚在水，福樂無涯，期與衆同；見雲出岫，願凡帝子，涵養天和，元氣渾淪，如雨甘露，滋潤萬物；或見霜雪，願凡帝子，心地潔白，净滌夙穢，塵惱熱消，永得清涼；聞風雷聲，願凡帝子，舒諸怨鬱，啓羣苦蟄，生氣和暢，同樂長春；行日光中，願凡帝子，據真理光，照徹心曲，有晝無夜，勝日妙用；步履田墅，願凡帝子，勤以天糧，廣播福田，如稼豐收，衆食長生；入百工肆，願凡帝子，勤勉勞作，耻爲世蠹，力不爲己，生利利他；偶至市廛，願凡帝子，有無化居，公平無欺，更有餘道，供人不足；若見兵營，願凡帝子，著忍辱衣，披精進鎧，興仁義師，掃蕩羣魔；參觀學校，願凡帝子，求無上道，大德敦化，勿誤曲學，晦塞世運；見施醫藥，願凡帝子，得神妙方，不藥病除，起死回生，滅永劫苦；見諸廟宇，願凡帝子，羣知自心即神聖殿，誠敬愛人，勝於祭祀；或見衙署，願凡帝子，勤修天爵，增世真榮，不敢役人，務役於人；上昇樓閣，願凡帝子，放開眼藏，静觀萬有，會心六合極樂天堂；恭讀聖經，願凡帝子，總持無懈，知道周流，舍文字外藴奥無盡；聽唱詩歌，願凡帝子，感歎神庥，高聲讚美，推恩普愛，皆成聖果；依戀於主，願凡帝子，宏張福網，岬嶸地極，釋衆罪軛，涸滅亡海；就正有道，願凡帝子，指導大衆，齊出迷津，領登天衢，步步安樂；親近善友，願凡帝子，虚心受福，相輔以仁，扶持危弱，且進文化；見人凍餒，願凡帝子，發大慈心，助衆自强，宏立達量，積財於天；遇殘廢人，願凡帝子，以道自全，無索形骸，惟心聾盲，最堪哀憫；悲世黑暗，願凡帝子，止貪暴風，免霾心原，放智日光，見性青天。凡兹心願，聊舉例耳。天地無盡，此願無盡。况復因時因地，因事因人，感想無定，發願萬殊，道至活潑，豈容拘滯？惟兹聖靈，神力無邊，諸已往願，或未來願，并極深廣無願之願，不必言行之發，天地早以爲動。蓋真心功用，微妙無方，自與誠於中者通，不待形於外而始著也。是故吾人言善、行善，根於心善。

天理渾然，上下同流，一靈浩蕩，無間亦入，不應以限量心推衍福音。應仰體基督慈心，唤醒衆生，痛自懺悔無量劫罪；應潔浄衆生無量苦惱心垢，俾浴靈池，開神悦體；應普救衆生盡出無量趣死牢獄，得慶重生；應知衆生無量飢渴，廣設聖筵，俾同宴樂；應引起無量衆生信主心，絶諸惡道，廣結善果；應濬發無量衆生敬愛真光心，愛人如己；應廣大衆生無量希望心，造福萬世；應斷衆生無量生死縛，使保生命永生；應發皇真理光，令無量衆生，盡得平等自由，堪荷弘道大任；應令無量衆生，一動一静，心通聖父聖子之心。要知人無能爲，惟道有爲。宇之所際，宙之所極，一靈貫徹，神化宏敷。振蕩萬有，作人建極，能令有情崇信、勤求一切聖道，饒益一切世間，救護一切衆生。其仁慈、其智慧、其能力，覆載天地而不爲高厚，化育萬物而不爲巧妙。

世會嬗遷，終始不忒。無如劣意衆生，知識聾盲，因之生出我見山、我慢山，重重塞目。雖至寶環身，而不得見。譬如廚内藏有無數珍饈，而到處乞食不獲。又如床下窖有無數精金，而昧然不知取用。心門牢閉，生機一息，罔念作狂，速死而已。惟皈命基督，則心眼通天，時發神光，自然認識大自在一切福音，而能行世衆所不能行。因其心已感應神變，純屬聖靈，迥非凡夫心内昏暗可比。基督恒宅其中，廣大等虚空界，有如大海無邊，能納入無數善德。又如天風，所至無礙。能鼓動衆生血性，奮發有爲。乃見天國即在自心，上帝常樂居住其中；見天國觸目皆是，兩間無量福樂，任人領取；見天國恒在家庭，夫婦、父子、兄弟，温和相愛；見天國即在廣衆之間，互起慈心，遞相利益，不爲惱害；見天國遍在衆生心意交孚之時，德合内外，一出至誠；見天國顯於天人相與之際，大道冥契，渾然一體；見天國可即世界而成，以愛人不外己，泯絶種種畛域；見天國大而無外，太空無量莊嚴，與衆生心一理相貫；見天國時於穢惡世間出現，即汙泥中，發生無數浄妙蓮華，一一蓮華皆是上帝游行樂土；見天國每由弘道帝子善演而大，如大鐵車，滿載芥種麵酵，遍地運輸，迅速生發。要之，至道無盡，即福音無盡，天國無盡。姑舉十例，以資領悟。是在真實信徒，心基督心，行基督行，由修功德力，生大慈悲力、大志願力、浄慧眼力，並誠服基督神通逐漸所加被力，得見上帝無上妙身即在世間，超諸世間，隨諸衆生聖潔福慧心之所樂而爲現相，歷無量時，遍無量處，廣現神妙鴻恩。凡愛戀者，靡不欣樂。又見自身已在上帝身内，隨機指導衆生，莊嚴一切世界，俾皆入上帝身，皆大歡喜。

嗚呼！天恩溥博，綱維宇宙。人性最靈，會歸一極，體仁普化，期止至善。如是道無量，妙用無有涯，讚歎其功德，萬世不能盡。昔基督恐衆不能領受，有無盡意而未言。約翰記述福音，恐世莫能容而終止。有以夫？

後記

此篇於釋、道、儒各教書，取材甚多。蓋道本一原，特各宗致用，容或殊量。自來門户之嫌，皆無與於教宗事，所可怪者，實本一而名言不一。後人不察，且工駢枝，乃竟沿謬相攻，勢成冰炭。豈各教祖惟患苦海衆生不得救之本心哉？嗚呼！誤已。夫道不可言，貴乎冥契而已。然明理度生，非言莫顯。芸芸帝子，孰非道軀？奈何執著幻妄，競墮孽海，不悟回頭即是天國？此天生民，所以立之師也。神道設教著於《易》，散見於《詩》、《書》、《禮》、《傳》。《中庸》始於不睹不聞，終於無聲無臭，尤一貫人天。《老子》善言天道，《莊子》更恢弘光大，已駸駸接近於佛説，不過毫釐之差。獨惜救世爲用，均未十分圓滿耳。佛祖釋迦，性圓自他，渾合大道，一部《華嚴經》，聖靈旁礴無既，洵足發揚基督之真光。無如理幽言玄，難鼓舞於一般人情社會，學者逃空厭世，反背天行之健。雖其爲咎，無關佛事，然亦未始非其説之過高有以啓之也。惟基督立教，真切簡易，始於認罪改過，不遺於愚夫愚婦；終於道成人身，總攝天樞，萬行一愛，天國圓成。約守博施，絶無泥近辟遠之弊，允宜百代宗師。此僕所以節取各家言教之長，而折中於《新約》聖經也。獨是馬太、馬可、路加，未及圓演教旨，約翰精進，迨保羅始盡得其秘。迄今一千九百年間，悲智兼修，能紹保羅心傳者無聞。真理不昌，羣滯教相，一乘圓音，因之轉晦，故我救主根本教義，尚有待而爲之闡揚。三百年來，不行於文人學士，亦半由無傳人也。僕竊憂之，甚願當世賢哲，共起研究，自度度人，造福萬世，庶我基督當日之死，非徒然矣。抑知佛教傳自印度，而華嚴、天台諸宗，皆吾先德宏宣，遠駕天竺上。吾曹何幸而承此文史之賜，更遭逢基督無盡之恩光，世有志於景尊之教者乎？詳思撒種之喻，可以比例發明。道自在邇，無勞多劫積修，其勃興可期必也。極願聖靈，普現世間。

中華民國四年十月著者附誌

聖靈論

聖靈神妙，彌綸宇宙，且在人與萬物之中，隨時隨地，無不顯現，廓展造化之神用也。試言其要略。

（一）論聖靈無窮之妙用

自生民以來，慎獨君子，所以成德者，皆聖靈潛於其心之妙用。然人每濫用自由，歧入迷鄉，不知有上帝，於是罪惡乘間而入，爲害人世。原秉善性，漸變惡矣。上帝覩斯情狀，惻然憫之，乃遣聖靈，以神通力，感化衆生，使日遷善而遠惡不遑。洵世運文明，所資以漸進者也。其據有二。

（甲）無論何國，或爲公衆崇尚之道德，或爲個人特著之善行，或爲結社同行之義舉，或振興教育，或革新政治，或改良風化，人智濬發，蒸蒸日上，莫非聖靈之默運。

（乙）各國經書，精義奥旨，大都往聖先哲紬繹天道而出，俾可嚴净人心，無難盡人以合天。凡玩索者，道味盎然。然皆聖靈潛助之力。

總之人間世盛德大業，種種進化，必以大公至正之天道爲鵠，始克有濟。顧天道本與人心相契而無間，究非人心所自出。《易》曰：“自天祐之，吉無不利。”子曰：“祐者，助也。天之所助者，順也。”孟子曰：“得道者多助。多助之至，天下順之。”足見道盈天壤，取之不盡。志於道者，天與人歸。聖靈即道，吾人生命之大原也。凡百利人之事功，何非聖靈誘掖，臂助以成者哉？

（二）論《舊約》時之聖靈

《舊約》書言聖靈，恒不若《新約》明瞭。而世事演進，恒有一不易不離之理，貫乎其内，即真宰之功能也。約分爲四端。

（甲）言天地混沌時，上帝之靈，周運於水面。《創世記》一章二三節。蓋謂上天下地所由分，萬物所由資始而資生，迄今條理不紊，質力相劑，變化無窮，而成文物燦爛之世界，莫非聖靈鼓盪於其間也。

（乙）言聖靈賦畀於人，而智勇諸德以著。如約瑟統治全國，其智慧無人與比；《創世記》四十一章三十八節。參孫力能裂獅，勇猛絶倫；《士師記》十四章六節。約書亞賢繼摩西，治理會衆；《民數記略》廿七章十八節。比撒列能作百工，法極巧妙；《出埃及記》三十一章二至六節。並凡作宰理民，能擔重任者，《民數記略》十一章十七節。皆是聖靈之冥助。

（丙）聖靈能使人戀仰而成義。如求上帝潔其心，新其志，毋我遐棄，恒牖其衷；《詩篇》五十一章十節十一節。或祈導以坦途，祗遵厥命；《詩篇》百四十三篇十節。更望訓迪無間，錫嗎哪以充飢，出清泉以止渴；《尼希米記》九章廿節。始終不敢悖逆，懼罪加多而禍將及。《以賽亞》三十章一節。由是樂善不倦，日新又新。知聖靈之恩賜有足多者。

（丁）聖靈能使人整躬以率物，且即上帝淵微奥旨，啓示於人。受感深者，稱先知焉。如撒母耳、以賽亞、耶利米、以西結等，皆能淑身以淑世，弘演教化，羣樂從之。可徵信也。

（三）論《新約》時之聖靈

《新約》記載聖靈，至爲豐富，均較《舊約》明晰，尤莫顯著於基督之身。蓋基督之身，純由道成，故其從天下降入胎見《華嚴經》。之始，即爲聖靈所感而孕。《馬太》一章十八節，《路加》一章三十五節。及成人受洗，時有靈禽翼從，見《無量壽經》。表彰神異。《馬太》三章十六節，《馬可》一章十節。後復導之曠野，俾資磨鍊，《馬太》四章一節。上帝所以玉成之者至矣。至於周游佈道時，向衆曰："神德無量，不顯亦臨。恩膏優渥，命傳福音。俾貧者富，俾病者痊，囚者得釋，盲者得見。"《路加》四章十八節。信乎聖靈澤被無窮也。觀《約翰》稱天父愛子，嘗賜聖靈，不可限量。俾位天地而宰萬物，《約翰》三章三十四五節。知基督聖德，純全無疵，足以代表上帝，發現真光，盡除世間黑暗。無如衆生心室，爲罪充塞，無隙能容。上帝真光，遽難透入。雖然，上帝愛人之宏旨終古不變，乃命耶穌立人之極，樹型萬世。《保羅》曰："聖靈之結果，即仁愛、喜樂、和平、忍耐、慈祥、良善、忠信、温柔、節操等善行。"《加拉太》五章二十三節。基督之身，實由聖靈充溢，其儀型超卓，無可比擬。說不可盡也。

（四）論耶穌升天後之聖靈

耶穌臨升天時，嘗允自天遣聖靈來，爲己代表，永住門徒心中。并告訴門徒曰："我往，實爲爾儕之益，因我不往，聖靈不來也。"《約翰》十六章七節。蓋基督在世，色身爲限，未能無所不在。至聖靈來，則感應神變，純然至道妙身，出入造化，無適不適。詎惟裨益門徒？且陶鑄世運不已也。約分十項如左。

（甲）聖靈宅於門徒之心，其身即爲聖靈之殿，一己不得而私有。《哥林多前書》六章十九節。作止語默，在在當表著上帝之尊榮，此《新約》之要道也。

（乙）《新約》之記録，皆由其人感受聖靈而致。經曰："以印印我，以聖靈爲質於我衷。"《哥林多後書》一章二十二節。蓋道原出於上帝，愛慕基督者，自玄契上帝而無我，出言有章，本天成也。

（丙）從古以來，未嘗示人之奧秘，今悉由聖靈顯示之。《以弗所》三章五節。俾萬邦人，都合爲一。《約翰》十七章二十一節。

（丁）聖靈至，必以罪、以義、以審判，使世自責。《約翰》十六章八節。夫人情往往不樂認罪，而自炫其能，皆心目中毫無真善以爲宗標，恒逐迷波而忘返，至可憫也。若感聖靈而通之，則浄慧靈眼，豁然開明，自覺天道，福善禍暴因果律嚴，一爲撫躬自問，必重滋内疚，而投奔於救主不遑也。

（戊）聖靈能使人重生，即出死入生之義也。《約翰》三章七節，《彼得前書》一章三節二十三節。以人雖聖賢，不無罪過，特犯時恒不自覺，一旦醒悟，幾乎無地可入，不勝愧悔，直如大死一番。蓋有聖靈爲導，俾可革面洗心，滌盡舊染，前後判若兩人。由是氣質變化，日新又新，永不爲罪之奴，遠離死鄉矣。

（己）聖靈能使人恢復至貴之人格。以世人莫非天生，即莫非天子。惟不認識天父，往往甘自墮落。若屬基督，則聖靈引導必立成爲帝子，無難嗣承帝業。其居心當與爲奴者大異。《羅馬》八章十四節至十七節，《加拉太》四章六節。名分既正，尊榮自著也。

（庚）聖靈能引導人，認識無限真理。《約翰》十六章十三節。其最要者二端。（1）使知如何能獲救恩，永保生命，受福無量。（2）使知本分所在，殫精竭慮，奮往直前以爲之。《非立比》三章十三四節。

（辛）聖靈能於門徒祈禱時，大爲助力。因我儕荏弱，恒不知所當禱者爲何，聖靈即以欲言不盡之歎息代禱之。《羅馬》八章二十六七節。蓋天心人心，一理貫通，感應道交，故善爲我助也。

（壬）聖靈能使人超凡而成聖。世人心爲形役，塵慾糾纏，不易解脱，亦終必亡而已矣。若從基督，則聖靈宅心，《羅馬》八章五至十一節。一切邪緣自然斷絶，惟依真理如命，求基督永住自心，增進能力。久之，洞明道妙，如何廣大高深，必能成就一切超乎自心所求所思之事也。《以弗所》三章十六至二十節。

（癸）聖靈之啓迪吾徒無已時。保羅視上帝之道，爲聖靈寶劍，《以弗所》六章十七節。以手能執之，立即斬斷邪緣也。迄今闡揚福音者不乏人，何非基督莫測之愛使然哉？

上述聖靈，妙運人間，實上帝最神奇之恩寵。吾人心苟清虚，渴仰福音，自覺體物不遺，具見神化。洋洋乎如在其上，如在其左右，既包裹於其身，更滿足於其心。由是惡日以消，善日以長，魔軍斷不來襲，即來亦無難戰勝而掃蕩之。妙哉福音，一貫天人，真切簡易，盡人皆得約守而博施，真總大道之和。非若博而寡要，中人以下，不可語上者比矣。蓋聖靈周徧，不待外求，故求則得之。基督嘗曰："爾儕爲父者，孰有子求餅而與石，求魚而與蛇，求卵而與蝎者乎？爾儕雖不善，尚知以美物與子，何況天父？不更與求者以聖靈乎？"《路加》十一章十一至十三節。又曰："凡托我名，無論何求，必克有成。蓋我父無量榮施，從未須臾遠人也。"《約翰》十四章十三節十七節。信乎大道，周被十方，流通人心而無礙，不必深造亦即有得。惟須皈命基督，去僞積誠，自誠而明，則取之左右逢其原矣。

此篇徵引《新、舊約》時，半由季理斐君襄助，謹以誌謝。純一附識。

論惡之始終

世界難明之事多矣。如善惡界説不易確定，其一例也。自來教不一宗，大都謂宇宙有上帝，創造萬有，權能無量，其慈愛心亦極純全周至。或謂上帝誠至善，何容惡魔入世，肆其迷惑，且以各種苦難加諸人身？上帝詎不能誅之使絶其迹乎？斯誠難解之問題也。從來論善惡者，或以善多於惡，或以惡多於善，悲觀樂觀，聚訟未已。試討論之。

（一）善惡名辭之解釋

哲學家辨論善惡，紛紛不决，所同者善宜多有，惡不當有而已。夫天下是非之難定，由人良心主張各殊耳。然欲判斷善惡，必以大公至正之天道爲鵠，合則爲善，不合爲惡，定理也。茲不論善，惟論惡。有哲學家分爲三項。

甲、關於腦者。

乙、關於身體者。

丙、關於天災者。又或分爲二項：（甲）屬天然，本由外來，與人格及心志無關。（乙）屬人爲，純由己意造成。屬天然者，又分爲三：（1）天地萬物有自然力，如迅雷、颶風等毁屋沉舟，或地震死人甚多是。（2）萬物乘人不備爲害，如旱澇、蝗災等是。（3）因人不遵循萬物自然之規則，致有傳染諸病，甚至瘟疫流行、殺人無算是。

以上所舉，雖皆屬惡，究未若人爲之惡爲禍之烈。上帝生人，賦以自由權，善惡悉聽自擇，實具無限妙用也。無如人不向善，偏甘向惡，於是宗教所謂之惡，始入於世。蓋世人不遵上帝之律法，違背良心之結果也。今世界宗教多矣，論惡恒不一致，要皆以惡之生於人心者，禍必萬倍於天行之災。是則罪也。獨惜罪之爲物，從不自然減縮，每自漲發而可危。如吸煙、飲酒，始皆偶焉戲爲之，迨漸習慣，乃至不能解其縛，甚且誘陷全家，遺傳子孫，波及一鄉一國，而世界不能免，殆哉！且世界愈文明，罪惡愈進步，誠勢所必至。試觀鄉愚之惡，遠不逮都人之巧詐，其證也。

（二）善惡與神道之關係

無論宗教精粗純駁如何，皆以世界之上，必有宰制此世界者。或曰神，或曰道，或曰法身。試問宰制此世界者，善乎否乎？僉曰至善。顧世事紛繁，半多屬惡，蒼蒼者何能容之？似難索解。不知世人妄纏苦聚，孽皆自作而成，如播種，必有穫，奚足異？然亦有非其罪而受苦者，如子身受父遺毒是。方今格致昌明，凡先民所未及知之惡，幾逐一察悉。綜諸惡行，充斥世間，羣疑大造之無神久矣。近如歐戰劇烈，非空前之大惡乎？淺人每起悲觀。惟基督徒不然。蓋嘗縱觀當世，仍具天敘天秩，而樂與人爲善者不少，深信善終勝惡，大主宰之奥旨，遲速必成就也。

（三）非基督教之論説

舍猶太教、基督教外，凡討論此問題者，果否信有上帝不可知。即以哲理推定世界之終局，進而向善抑退而作惡，亦不可知之教。甚有謂人生苦海，不如死之爲愈者，良可慨也。然有詩家詩云："大氣旁礴息息通，壯我行歌樂無窮。萬物蘊奧搜難盡，儼有精靈見化工。噫嘻乎，宇宙浄嚴齊平等，不禁朝暮舞蹈日光中。"似此樂觀，可謂正法眼藏矣。試述各教經傳如下。

甲、儒教經傳言上帝言天所在多有。如《書》曰"上帝引逸。"《多士》。"惟天陰騭下民，相協厥居。"《洪範》。"天佑下民作之君，作之師。惟其克相上帝，寵綏四方。"《泰誓》。《大學》曰"明德"、"新民"、"止至善"。《中庸》曰"致中和"、"天地位"、"萬物育"。具備進化之道，誠爲樂觀。其言惡自何來？曰"惟天生民有欲"，曰"氣稟所拘"，並謂"同流合污"，爲"德之賊"，惟宜"敬事上帝"，以遏人欲，遵循天理而已。

乙、佛教多屬悲觀，以曩刼循塵，業繫受身，老病死苦，輪轉難逃也。貴能明心見性，悟徹本來，自度度他，即世出世。極言因果律嚴，絲毫不能隱遁，必得無生法忍，不爲輪轉，自具無限安穩快樂。惜乎世人修證涅槃，能轉法輪者寥寥焉。試問真修緇流，希望將來世界成何景象，必望成華嚴世界，了無疑義。是佛教初屬悲觀，究竟仍屬樂觀也。

丙、回教摩罕默得稱真主，至聖至善，世間所有善惡，皆由真主命定，人未能改。真主創造亞當，竟以右手探其脊骨，得一家人。語之曰，此家必入天堂。以所爲皆如天堂人故。又探得一家人，語之曰，此家必入地獄。以所爲皆如地獄人故。又以撒但及諸邪神，常爲人害云云。至吾人今所討論之善惡，彼固未之思也。且其經不言世界最後之如何，殊粗陋，故不能斷爲樂觀或悲觀，其以善惡由真主命定未能改，尤謬。

（四）哲學家之學説

甲、柏拉圖之神説，謂神至善，乃統攝世界之大精神，爲庶物運動之本原。其本體恒寂然不動，具足無限靈妙大智慧。觀天地萬物，各有目的，各有規則，秩序粲然，孰主張是？及乎萬物生滅，變化密移，莫不向善而日進，何非一大智慧之所使？皆神意也。其德至仁，誠無比矣。

蓋明宇宙實體完善無疵，世間諸惡均由人造也。

乙、斯多噶派論宇宙萬物，與伯拉圖同信仰。其名宿克里安替詩云：“世界萬有，成自主手，惟人作惡主無干，是其愚拙誰歸咎。”足徵斯世之惡，不足擾有道之心也。

丙、德國名儒來本列思生於一六四六年，卒於一七一六年。爲教旨復元後第一博學，於一七一零年出一書，名曰《上帝真理》，駁前人書“世界惡貫滿盈，恐無上帝”之説曰：

上帝至善，此世界爲其所造，斷無不善。竊以此世界外，無更美於此世界者。雖憑人理想，或有純善無惡之世界，較此爲優，但考其形質之效能，未敢必也。有二義焉：（一）積極的。上帝全善全能，所造世界，非至善烏能滿其志？（二）消極的，上帝權能，雖遠超吾人理想之外，然亦不踰限而有爲。蓋上帝衹能盡其所能，陶鎔世界於道德，不能使其毫無惡。何也？惟無窮無盡之神體，自然而有，非由他造。凡被造者，必有窮盡，有窮盡必有欠缺，而惡生焉。約分三項：（1）哲學所謂之惡，自有始而已具。蓋惟上帝無始，未生天地以前，純全美備。除上帝外，凡物皆有限制，斷不能如上帝之全備，此人世之惡之根柢也。（2）物質之惡，本哲學所謂之惡而生。因物既有形，即有限量，則經歷苦難，所必不免。就消極言，有限量物，不能有無限量之神之全福。就積極言，品物流形，變化循環，皆所以保合太和，以故隨順業緣，難逃劫數。（3）宗教所謂之惡，以天賦人權，純任自由，而運用乖方，即背帝旨，以人之受生，良多缺憾，不惟可犯罪也，且必犯罪無疑。夫上帝造此世界，何竟有三種之惡？豈果嘉其惡乎？亦資以進化焉耳。今世界誠未臻美備，惟天行至健而不息，人文必漸趨上進之軌，善業日滋，惡寖衰已。故知上帝至善，凡惡皆人謀之不臧。

（五）天演家言

大都以善惡不互競，世界無進化可言，亦屬樂觀。

甲、斯賓塞爾曰，據進化之理以推，惡終必滅，特遲速難預期耳。

今世水旱疫癘諸災，何非自然淘汰？去不善以存善，而天擇之妙用顯焉。

乙、穆勒曰，綜核世界萬物，惡似居多。第衡以優勝劣敗之理，覺苦難所遭，莫非惡因之結果，頗疑有至善之神主持之。

丙、多羅門亦教會著名之教授，嘗曰惡必自滅。如淫毁身無異烈火之毁物，人苟有知，孰不杜絶？

丁、非斯克曰，基督教云善惡恒戰於中；天演學云自原人具獸類惡性，迄今未能盡脱，必汰之使盡消，扶植人性日即純全，斯爲得之。謂非異曲同工乎？

觀此諸説，皆善終勝惡之旨也。

（六）《舊約》之旨趣

《創世記》第三章，始祖違上帝命，受魔誘惑，按，“魔”即“自由誤用”之代名。遺惡至今甚明。惟未言惡自何來，吾人未由知。試進徵之。

（甲）《舊約全書》較他教經典，論罪惡如何可畏，獨多且詳。

（乙）時稱上帝公義，降罰罪人，並望人悔改至切。

（丙）上帝常與罪惡相争。《創世記》六章三節“上帝云，人既屬肉體，我之神必不恒宅其中與之争”。

（丁）《創世記》行世爲最古，云“此女後裔必傷爾指惡言。首”。三章十五節。即寓善必勝惡之意。

（戊）《以賽亞書》預言：“將來世界，必成極樂。”三十五全章。又言：“天地將焕然一新，使民歡樂靡涯。”六十五章十七至廿五節。且言：“惡必同化於善。”十一章六至八節。皆謂惡有了期也。

（己）《彌迦書》言：“上帝之殿，兆民無不子來，受其訓迪，而遵從之。將以刀爲犁，以戈爲鐮，羣受庇蔭，毫無震驚。”四章一至四節。蓋皈依上帝，惡必衰滅也。

（庚）《詩篇》言：“信士遇有詭謀，必呼上帝而祈救。”七十篇。則上帝之慈善昭著矣。

（辛）《約伯記》論爲善受苦甚詳，因約伯自信未爲惡而受苦甚巨，其友慰之，以惡由罪致，特上帝示教耳。約伯否認，謂人多行惡而獲安，明罪與苦不盡相連。爲善蒙難乃上帝之玉成，非爲罰也。惟終必克覲上帝，堅貞適爲福慧。足資考鏡。

（壬）《傳道書》大旨，謂世界盡屬虛空。乃好道富翁，回首生平娱樂，都成泡幻。因勉少壯，敬念上帝。十二章一節。以惡行縱在隱微，天網恢恢，毫釐不漏，十二章十四節。永宜杜絶之。凡以明上帝無惡，吾人自不宜作惡也。

（七）《新約》之説明

基督立教，純屬樂觀。《約翰福音》稱上帝憐愛世人，以獨生子賜世，俾信者免沉淪而得永生。三章十六節。《馬太福音》謂世雖多惡，天父眷顧吾人，時愛護之。六章二十六節，五章四十五節，十章二十九節。耶穌嘗設譬曰："美種播田，敵至雜以稗，恐傷麥，容並長，待刈時先火之。"《馬太》十三章二十四至三十節。義固深而至顯。夫惡由魔來，凡病苦死亡多屬之。其權勢所至，即其國土所至，故世界恒在魔之掌握，無異王者奄有天下，不易滅除。《約翰》五章十四節，《馬太》九章二節，二十三章三十五六節。斯人習惡性成，雖曰上帝引逸，《路加》十三章三十四節，《馬太》十一章二十八節，《約翰》十二章三十二節。奈與惡結緣難解何。抑思八福之訓，有曰"爲義受逼迫者有福"，可見人格或資惡以完美。昔文王福樂備矣，乃有紂爲之君，囚之羑里，因著《易經》。似惡於人世，未始無益，足使動心忍性，增益不能，始則患難，終則練達。《羅馬書》五章三四節，《雅各書》一章十三至十八節。觀基督亦茹盡人間之苦，始得完全。《希伯來書》二章十節。當得其概矣。然善終勝惡，有必然者。《馬太》十三章四十一節，二十四章三十一節，二十五章三十節、又四十一節，《約翰》十二章三十一節，《彼得後書》三章十二三節。《啓示録》皆確證善惡劇戰，善獲最後之勝利。故曰天國非遥，《馬太》四章十七節。萬物必有復興時，《馬太》十九章二十八節。義者將輝光如日，永居樂國。《馬太》十三章四十三節。皆賴救主臨世，摧滅魔軍使然。則世界終局，咸止至善，不禁睪然望之矣。

結論

今世界惡業雖多，吾人終信上帝全善全能，措施玄妙，其光明必不爲所蔽。良以大宇長宙，斯人所得目覩者，皆大化迹象之最粗，而目不及覩之藴奥，厥惟基督能極其約，决非迷離於現象世界者所能悟徹。夫現象世界，山河羅列，靈蠢紛陳，何非實體世界之流形？新舊二約記載，亦惟發其大凡耳。然於吾人之生命，窮源竟委，言之特詳。不惟生前關係密切，並善惡業報繫乎來世者，亦無已時，皆實體世界不變隨緣之大用。蓋上帝妙造自然，天外之天何限？人生斯世，不過上帝無邊靈海中一漚之發。無如形骸心知，盡屬聾盲，難語真勝義性。幻生幻滅，可悲可歎。姑即現象世界諸惡言之。

（一）禍患自外來者，雖極痛楚，非若自作之孽不可逭。

（二）掘地讀史者，每見獸骨化石，知地球未有人時，凡動物力競生存，惡所不免，迨力衰而老，亦自然之數。人類亦如之。

（三）事每乍見爲惡，深思則美在其中。如盜賊行刦，乃教人以守備，且令政治務厚民生，害也何嘗不因以收益。

（四）人之德慧術智，恒存乎疢疾，知上帝常以憂患生全人者至大。《哥林多後書》四章十七節。

（五）天賦人權，用之失當，苦即隨聚。上帝縱矜憐之，亦未如何。如父期子成才，子偏傾邪不肖，亦惟聽之而已。

（六）或欲轉移濁世，立成天國。不知化工所未竟，正賴人靈以襄贊。藉令世事悉臻妥善，人爲不將可廢乎？粟帛設過充裕，械器定難生新。試觀島蠻，果實足以果腹，毫無文化可言。可深省也。

（七）人間世善惡，常混而難分。設盡去惡，人事或因之而息。如時鐘去一釘，初似無關重要，久致各輪力弛，必失其用。以故，僅憑理想構成優美世界，未必攸往咸宜也。

進言宗教之所謂惡。此與實體世界關係密切，以人自上帝賦形，具有靈性，本爲一也。無乃四大聚持，常相違背，才情濫用，適以積惡，貽害人世無窮，實自外上帝之生成。夫天道福善禍淫，諸教經典莫不昭昭示人。我救主尤以拔人出罪爲天職，且牖以聖靈徧宅信士之心，化惡以爲善，皆上帝不容惡存之徵也。試舉其實。

（一）上帝造人，惟己是肖，初本無罪。但既入世，難逃塵染一時。聰明誤用，即離正道，而墮一偏，積習成慣，惡不可逭矣。或問：上帝造人，詎不能使之不犯罪乎？答曰：是必人而機械而後可，將至貴之人格何存？試問人而不能作惡，與能作惡而不作，孰爲高尚？夫人之所貴乎良貴者，有戰勝世俗之本分耳。否則無所造就，品斯下矣。

（二）人見斯世積惡如山，幾無術可撼。上帝不然，特命基督臨世，救贖人罪。且屢謂善必勝惡，天心大可見也。

（三）玄黃既剖，預有定則。暫雖善惡兼容，終必有適宜之裁決。《約翰》十五章二節。況烝民秉彝之良，倘無惡與互競，則帝愛彌綸，奚由以顯？容俟世界歷史完成時，當知上帝布置，純出於仁慈之德也。

（四）人生每有忿恨之情、争勝之心，若專用以對惡，不誠大丈夫哉？縱覽萬國史乘，確信憑依天道，險阻備嘗，卒能摧伏惡魔者，不乏偉人。足見士能弘毅，黑暗之權勢雖盛，必有一敗塗地時也。此基督教所爲樂觀者也。

要之上帝統攝世界，體大用大，不得以個人身世細故，妄爲管測。蓋惡之乘隙以入者，實來自自無而有之始，頗於人類效其能。吾人爲綿天地悠久，資世進化，故於惡可藉收磨鍊之益，惟尤宜敬體天仁，倚仗聖靈妙用，時爲公衆謀永福，使惡漸消滅於無形。昔基督德備天人，屢與惡敵，聖德即因之而日新，卒獲永久之優勝。天父榮光，且得普照乎萬世之人心於無替。敻乎，尚已！從可知人能效法基督，則惡有終期，天壤無非福地矣。

後記

此篇半由英儒季理斐君草創，半由余增益且修飾之。純一附識。

基督教約篇

基督教曰，獨一真宰，是爲上帝。“上帝”即佛教一真法界之“理”，彼外道多神，最足淆亂人心，使理想永難高尚。性情純善，毫無瑕疵。世俗每尊死人爲神。人萬不能無過，安可妄拜之？至拜毒蛇異獸泥木者，其愚更可憫矣。實具無量權力，無量智慧，無量仁愛。天地萬物皆爲所造，天地萬物，不能自創造，必有主宰。統攝以全能，寰宇秩序，永不紊亂。分錫以生命。凡生物之有生命，固非極巧妙之人力所能致，必有神妙不可思議之大原。兩間庶物，皆歸化理。化工雖不言工，在在皆妙神用。而世俗所謂雨師、風伯、河嶽諸神，固皆無稽之談。繁殖人類，大生廣生，德溥無暨。獨賦性靈，維皇上帝，降衷下民，使爲萬物之靈。使任位育，爲天地立心，爲萬物作宰。心與神契。與天合德。見諸善行，必予福樂。《易》曰“積善之家，必有餘慶”。《書》曰“作善降之百祥”。凡百罪惡，均所痛惡。世人無知，每視罪惡爲輕，而上帝則深惡罪惡之爲害於人世也。故無論何人，苟敬畏天命，必有益世道。如從來聖賢是。常蒙神佑，永享真榮。倘放恣背理，必爲害世道，如桀紂、拿破侖等是。常召譴責，卒底滅亡。國亦如之。自來世界各國，罔非順天者昌，逆天者亡。凡此，不可見上帝之宜敬事哉。

夫罪惡在人，即致死之病。類如貪色，適以戕生。如毒入血液，頗不易治。必絶其生氣，邪氣旺則正氣潛消。甚爲人害。儼然大敵，不時入寇，戰勝匪易。罪惡每環伺吾人，多方以陷害其心術，欲抗禦之，又極狡詐而有力。播種寸心，發端百體，凡存於中者，必形於外。尤善傳布，諸凡惡劣風氣，中於人心，未有不效尤者。役使萬衆。人每甘徇世俗之好，而不知實爲罪惡所役使者，滔滔皆是。間有一二自好之士，不過外貌稍形謹飭，即謂無罪，不知其心意，終不免爲罪之奴，實難脱罪籍也。戾氣充積，無處無之。舉國罔知天道，其中隱含之戾氣何限。如凡事利私，縱情徇欲，或驕矜傲物，墨子曰“人無幼長貴賤，皆天之臣”。誠以天視斯人無分別也。故凡向卑微者不自謙，即是不以平等待人，獲罪於天實甚。或詭詐欺人，此種行爲，必不容於國法。此種言語，亦難容於輿論。人多有知戒者，惟此種思想，則人每以爲他人不及知，不加檢，而不知已不能無愧於屋漏。天監在下，甚可畏也。言謊文明人甚以謊言爲可羞，以虛假即罪也。行僻，偏僻邪僻之行，皆是造孽種子。乖張成性，遇事好執己見，定難協和乎人意，而彼此惡感日增劇矣。不盡天職，責任所在，本分未盡，即違天命，爲害世道匪淺。如教育家不能發明新理以教人，法學家不能推闡新理以立法，爲工者不求精工以利人，爲學者不求精進以濟世，推而地力不務盡，水利不知修，林木不因時栽培，鷄豚不隨時伺養，徒耗天地資糧，無裨世道者皆是。動違天理，人心無所敬畏，必即無惡不作。以致家庭不和，街鄰不睦。皆由不體上帝愛人之心以待人之故。交易不公平，如度量衡有出入大小之差，及假冒作弊之類，皆罪也。道途不修潔，如任街道穢污狹隘，不務公益修治，以便行人。或隨在棄灰唾痰遺溺，必致瘟疫流行，死人無算。敗壞人心，污穢世道。社會惡習慣之爲害，不知伊胡底止。種種罪孽，皆由不愛人起。《墨子》："凡天下禍纂怨恨，可使毋起者，以相愛生。"究其根原，尤在不敬上帝。《墨子》："兼天下而愛之，必愛人，斯爲順天之意。"用是多結惡果，障礙正義進行。人惟不敬上帝，故不愛人，而一切反道敗德之事層見矣。詎知天罰昭昭，《墨子》"憎人賊人，反天之意，得天之罰"。在在如影隨形。《書》曰"從逆凶，惟影響"。又"作不善，降之百殃"。惜乎人無權力，能脱離之。既爲罪惡束縛，欲其一旦自裂罪網而出，談何容易。

惟兹聖教有法，使人戰勝罪惡。道賴上帝權能，宅乎人心爲用。心依上帝爲主，外誘烏能侵入？果誰痛心悔改，誠求必得恩賜。人能痛悔前非，祈天寬宥，天必厚錫之福，使得無盡安慰。蓋原始造人本善，真宰原始造人，特使駕萬物而上之，本無不善。迄今厚望無窮，宇内萬有，皆備人用，可見化育之待參贊者甚切也。故常徧覆慈愛，天道好生。助人力絶愆尤。上帝既位置人於萬物上，安忍聽其終陷於罪，而不眷佑之，使無異於禽獸乎。誠能昭事上帝，自然無愧幽獨。《中庸》一書，始言"戒慎乎其所不睹，恐懼乎其所不聞，以必如此，始無不慎之獨也"。中言"如在其上，如在其左右。神之格思，不可度思"。終言"相在爾室，無聲無臭"。所以教人，意至精深也。陸象山曰："小心翼翼，昭事上帝。上帝臨汝，勿貳爾心。此理誠塞宇宙，如何由人杜撰得？文王敬忌，若不如此，敬忌個甚麽?"（見《宋元學案》）是知敬天所以成聖德也。自來帝王賞罰，聖賢是非，皆範人於善，禁人於惡，至詳極備。然賞罰是非，能及人之外形，不能及人之中情（見明相國徐光啓奏《留基督教疏》）。惟能敬畏上帝，則賞罰是非，條列於己所獨知之地者，甚爲嚴明。匪惟不敢言非理之言，行非理之行，直令思想作用，爲善必真，去惡必盡，欲浄理純，而心自通乎大化之一氣。此宗教所以足貴也。縱或邪緣紛擾，定教退處無權。人惟中無主識，斯易爲外誘動揺。亦既有上帝作主其間，是先有以立乎其大，則其小者自不能奪。從來世界善人，皆體天心爲心，所有盛時郅治，胥本天道安邦。惟上帝眷佑下民，故凡能立德立功於天下者，未有不仰體上帝之心者也。至於父子、夫婦、師生、朋友，凡敦永好，皆兼相愛。知斯人，莫非上帝所慈愛之同胞。然後父母不敢虐待小孩，而子女知孝。夫不敢輕侮其婦，而婦知敬夫。師不敢不盡心教育其弟子，而弟知尊師。朋友不敢不互相愛，以仰體上天兼愛天下之心。庶天理之流行無間，而太和翔洽矣。故知上帝乃萬善之源，於凡有志爲善者，無不樂爲誘掖之。自來聖哲挺生，心代天意，口代天言，何非上帝慈恩？

世衆愚昧，只知現在，惟救世主，注重未來。進化論鉅子頡德曰："現在者，未來之犧牲也。基督教所以可貴，在犧牲個人現在利益，以謀社會全體未來之利益。"誠卓識也。諄諄誨人，安享永生。永生者何？即老子所謂"死而不亡者壽"，釋迦所謂"無量壽"是也。獨惜孔子不甚注重於此。惟耶穌能予人以身後之希望，使咸知人生，日爲死期所迫，倘不早自預備，盡力人世，期與上帝合德，一旦死去，即難得永生之幸福。蓋永生希望，所以使人拋除世慮，而爲滋養道心之糧，樂爲世界謀幸福者也。不二法門，曰悔曰信。悔非憂罪，務盡除惡，如蛹自縛，人心每爲聲色貨利困，莫由解脱，遂致罪孽纏擾，無異蠶繭自縛。一朝脱繭。私慾盡浄，則無非自由樂境矣。信賴上帝，生自助力，由是理境瑩澈，出入生死，無怖畏想，自必能勤諸難勤矣，見《無量義經》。不善念滅，積劫全消。至誠感神，能令積刦迷罪，一時消滅。見《壇經》。既悔且信，斯能虚受。信神念强，則求神佑之心，亦必甚虚而切。而性靈之妙用自顯矣。景仰耶穌，恩施普救。耶穌果何許人？上帝獨生之子，特奉命來斯世，爲人贖罪效死。凡奉基督教國，居上位者，對國人皆自稱公僕，不敢妄自尊大，固本耶穌人子來。"非以役人，乃役於人"之教也。至古今來爲大多數人造幸福，犧牲其身以死之偉人，又何非效法耶穌甘死十架之心耶？得不輸誠歡迎，奉作大良導師？蓋欲得永生安樂，實舍耶穌無由也。故耶穌有道路、真理、生命等稱。何謂道路？示人率由，至帝左右者是。何謂真理？代表帝心，普愛萬世者福音。是。何謂生命？贖盡人罪，俾享永生者是。凡屬明達，必知其道真切，甚有可憑。何以言之？凡奉基督教國，皆有文化利他。如弭兵會設荷蘭，力保世界和平。現各文明國，實已聯合同盟公斷者衆矣。而熱心基督徒，更欲設立地球政府，策世界萬年之太平。非即耶穌救世之心乎？萬國紅十字會，救治戰士創傷。醫院拯人疾苦，俾病者速愈，可自謀衣食。學堂訓蒙小學。育才，大學。更使盲啞廢疾，均成大有用人。盲啞等學校，教以文字、算數、音樂、工藝等科，往往卓著成績。下至監獄莠民，亦終化爲良善。不使坐分人利，爲害社會。務令自食其力，且善教導之，以改良其性行。如是等等，皆由耶穌"愛人如己"教道而出。基督教徒，恒不惜犧牲其身命錢財，徧往各國傳教，以普天下人。在上帝固莫不視爲子女，甚慈愛之。因不敢不仰體上帝愛人之心，普救天下厄苦同胞，必使皆能悔過遷善，上達天德，相與共享世界自由幸福於無已，始可告無罪於其教主耶穌。即此可見基督教，所以策勵其教徒之心者甚有力也。有心人幸速遵循之，庶意無不誠，心無不正，社會國家無不興盛，無難化天下爲一家也。基督教旨，務欲天下人，皆同認上帝爲天父，彼此相親相愛，無種界，無國界，如一家然。則世界大同，人間即成天國矣。然猶有使人人心中皆成天國之法，即《新約·提摩太前書》四章八節云"惟虔敬則事事有益，可得今生來生之安慰"是。閱者幸勿忽。純一又注。

後記

此篇由英國孫榮理君建議，仿《太上感應篇》體，余從而撰之。純一附識。

荊楚文庫

耶穌基督人子釋義

原有單行本，後收入《仲如先生弘道書》。據後者整理。

序

吾友張子仲如，好以佛説談耶理。以是爲一般拘泥之基督教牧所不悦，仲如不顧也。仲如蓋確有所見，謂中國現有諸教，堪與基督教把臂入林者，惟佛庶幾耳。恒人不入人室，妄在門外評騭人室中鋪陳之美惡，未見其能有當也。佛教始至自外國，其遭中國士夫之詬謗，倍於今日之耶教，觀兩《弘明集》，及兩《佛道論衡集》，略可見矣。昌黎以後，宋明儒者，更例有一二篇闢佛之文，以相標牓，未知其果出自本衷，抑恐被擯於兩廡而故爲此剖白也。六朝士夫，稱尚佛矣，然對於沙門不拜俗等事，聚訟紛如，至欲迫以帝王之力。則與今之譏耶教徒不祀先者何以異？佛教史所謂三武一宗之厄，燬佛像、焚佛經、坑沙門，又與雍乾諸帝之禁基督教，及數十年前之仇教者何以異？皆以其爲外國之教而排斥之也。吾讀史至此，未嘗不掩卷而悲，與有同感。以其可以施諸佛者，即可施諸耶也。然當時佛教並未因此稍衰，士大夫之潛心《内典》者，反因此益盛。吾甚不解今耶教徒猶有引用前人闢佛之文以闢佛，而佛教徒則岸然自大、漫議基督也。吾嘗謂耶教徒非博覽佛典不可議佛，佛教徒非精研耶理不得議耶，仲如知其然，始讀耶氏之書，繼鑽釋迦之訓。積有年所，豁然貫通，以爲辯生於末學。佛之高妙，實有合於耶，於是所著論恒援佛入耶，近出《耶穌基督人子釋義》相示，亦以佛爲注脚者也。屬余爲序，余所見未必與仲如悉合，余於佛所知亦極稀，顧嘗聞大秦寺僧景浄曾與沙門般若，有同事繙經之雅，《貞元釋教録》十七。會昌毁佛，大秦穆護，同受摧殘，《唐會要》四十七。基督教之與佛可謂患難之交矣。使二教有志之士，能盡如仲如之互易其經，虚心研誦，不爲門外之空辯，固必有最後覺悟及最後決定之一日也。又何必深閉固拒，鰓鰓然懼歧路之多亡哉？

一九一九年四月新會陳垣序

目　　録

妙相莊嚴身《華嚴經·入法界品》　救世大悲者梁譯《大乘起信論》
度脱無數衆《維摩經·佛道品》　永離諸惡業《觀普賢經》
如醫療衆病《楞伽經》　踊躍大歡喜《無量壽經》
功德已圓滿《圓覺經》　壽光照無量《法華經·如來壽量品》

耶穌釋義

“命名‘耶穌’以將救兆民脱罪而出也。”《馬太》一章廿一節。

耶穌降生，當我國漢哀帝建平三年。《道統年表》。泰西各國，因沐教澤，均以其年紀元。惟耶穌生時，實在紀元前三年。從前推算未精密，故至今仍以當我漢平帝元始元年爲紀元。“耶穌”即“救世主”之義，以能度脱一切老病死海衆生，離諸苦惱，《法華經·藥王品》。得安穩樂又《藥草品》也。吾國譯作“耶穌”，亦具精義。“耶”與“爺”通，《古樂府》“不聞耶孃喚女聲”。以其大慈大悲，憐愍衆生，誠爲衆聖中尊，世間之父《法華經·譬喻品》。也。《韻會》“‘死而更生’曰‘穌’”，通作“蘇”。《書·仲虺之誥》：“後來其蘇”，言世人皆待其起死回生而王天下，無異猶太人之望彌賽亞也。又能蘇萬物之困頓，如《禮·樂記》“蟄蟲昭蘇”，段注《説文》：“《樂記》本作‘穌’，蘇行而穌廢矣。”言蟄蟲皆得昭曉蘇息也。《廣韻》“穌，息也，舒悦也。”即凡勞苦負重擔者，皆得安樂義。《馬太》十一章廿八節。佛所謂“普滅衆生煩惱熱，使離苦常歡喜”也。《法華經·世主妙嚴品》。《説文》：“穌，杷取禾若也。”言杷散禾而取之，即“秋熟力穡”義。《約翰》四章卅五六節。顧主一名，廣攝多義，足令衆生，一心回向，獲大福利。緬想耶穌，垂仁博濟，洪化惟神，班固《東都賦》。奪俘虜於魔軍，裂堅牢之罪網，津梁苦海，梯隥樂山，閉塞諸惡道，通達善趣門，《無量壽經》。引迷拯溺，使死滅絶，《提摩太後》一章十節。誠救世主也。《約翰》四章四十二節。故凡信而稱其名者，衆罪滅，《馬太》九章二節，《使徒行傳》十章四十三節。萬能生。《馬可》九章廿三節，又十六章七八節。賴以求父，願無不償；《約翰》十六章廿三節。奉以集會，事無不濟。《馬太》十八章廿節。蓋敬仰聖名，净除妄念。一心靈感，所緣靈應，其神力信不可思議。宜凡在天，或地上下，聞其名者，莫不屈膝而頌揚之。《腓立比》二章十節。故“耶穌”一名，乃全部《新約》之總綱也。

基督釋義

“基督耶穌以救罪人臨世。”《提摩太前書》一章十五節。

“基督”，譯即傅膏受職也。其職兼先知、祭司、王者三義，蓋至德圓滿之稱。惟膏沐聖靈，一元訢合，誠非匹夫匹婦凡情能知，《馬太》十六章十四節，《約翰》四章二十九節。奚由令諸衆生，起正信心，景從求度？我主愍焉，乃據《以賽亞書》，六十一章一節。顯自印證，《路加》四章廿一節。且明示人，己爲基督，《約翰》四章廿六節十三章十九節。將以廣施導引。其行慈濟世，淵衷如揭矣。試分述三職如下：

一、先知。有世法、出世法二義。

甲、世法。又二：

（1）明見。

主嘗歷數法利賽文人僞善諸行，決其有禍，且斷定耶路撒冷之必墟。《馬太》廿三章。按，基督具神通力，非世間聖人可比，故其金口所説，單獨世法絶少，即此章非必世法，但可作世法觀之。蓋因該果海，見微知著，理有固然。如鬬伯比見莫敖趾高而必其敗，《左》桓十二年。孟獻子見郤錡不敬而知其亡，《左》成十三年。皆有端倪呈露，故能驗若指掌。《中庸》曰：“至誠之道，可以前知。”甚不奇也。

（2）覺世。

如伊尹曰：“予將以斯道覺斯民也。非予覺之而誰也？”《孟子》。又韓樂吾以化俗爲任，農工商賈，從之遊者千餘。《明儒（泰州）學案》。皆世法也。耶穌訓世，則大異其趣。觀登山寶訓，《馬太福音》五六七三章皆是。莫不理事雙融，即世出世。按，《新約》全部單屬世法者無多，姑就《四福音》言之，惟《馬太》十五章“上帝云，當孝敬父母”，又十九章“妻非犯淫不可休”數節是。若卒讀下文，即寓出世法。故基督立教，在在即俗全真，圓融之至，無異華嚴；非儒家多專言人，道家多專言天者比；并非釋家説法，或致二乘，有墮空之弊者比。真妙極矣！惜宗徒未能知己知彼，精詳比較，而教義真諦未由彰耳。設入世而不能出世，或出世而不能救世，烏足當“基督”尊稱耶？例如訓衆何必登山？詎知登山亦妙訓。何也？山示高超象外、穩静不摇義，又根基堅固、不變不壞義。登山示出□向上、宜臻絶頂義。又《路加》五章“主上漁舟，令微離岸，坐以訓衆”，示世事風波險惡，此身如不繫之舟，宜離塵囂知止而定之義，又脱離塵緣亦不宜使衆望塵不及，仍當興慈以度人義。凡此皆出世法不言之教禪機也。

二、出世法，又二。

（1）前知。

自心清浄，冥契道源，凡未來事不假思惟，一切自知。如主預知必將被逮，《路加》九章四十四節。並彼得三言“不相識”《約翰》二三章末。之類。如知衆人心意（《約翰》二章末）、撒馬利亞婦有五夫（《約翰》四章十八節）諸事，是他心通，非前知。與《舊約》先知以利沙、以賽亞等言未來事，無不奇中同。《列子》：“有神巫曰季咸，知人生死存亡，期以歲月旬日如神。”若高僧保志有預鑒之明，志言前知多驗義，師事多先覺，如敏逆知未來，慧昭言人休戚，皆必中。道家如張三丰，每事來輒先知者亦甚夥。至《廿四史·方技傳》亦不勝舉。蓋心靈通神，甚不足奇。我主之道之大，固不在此。今宗徒或視神蹟爲不可能，或以引證他教爲褻瀆，或疑神蹟爲不經，皆未嘗讀書窮理之過，不能光大吾主之道，良可痛也。蓋精照無外，不慮而通，不用耳目自能視聽。《亢倉子·全道》。一切世間種種形色，無有障礙，無不前知也。案，種種神通雖非宗教必要正義，而造詣未純，亦難臻此，不足以弘道也。

（2）普度。

世衆昧本心明，沉淪孽海，天父憫焉，遣主應化。主乃宏張願網，丕顯異能。非見父作者不作，《約翰》五章十九節。使不識父者識父，《路加》十章廿二節，《約翰》八章十九節。啓天國之玄門，闢永生之大路，翻塵勞爲安樂，燭幽暗以光明。徧覓迷羊，百不遺一，《馬太》十八章十二節。俾識真理，悉得解脱。《約翰》八章卅二節。顯己與父，原本一如，《約翰》二章卅節。令諸衆生，訴合爲一。《約翰》十七章廿三節。斯則我主莊嚴宇宙之絶詣也。

三、祭司。

祭，《説文》："祀也，從'示'，以手持肉。"蓋以手持肉獻神祈福也。猶太古禮，專祀上帝，代人贖罪或酬恩而獻祭者，爲祭司。正如吾國祭酒之官，必同列中推齒德最尊者爲之。又如我三代時之巫祝，專事神，爲人祈禱者也。贖罪，即讓災祈福意。酬恩，即報本反始意。所有祭用壇、服、犧牲、粢盛、灌奠、燔柴等，大致多與我國同。惟彼舉國獨尊上帝，非吾國天惟天子可祭，餘祭山川等多神可比。所以交於神明之義，尚已。《禮·祭統》曰："祭者教之本。以人皆由是盡其道、端其義故爾。"陳澔注。顧主以祭致其誠信與忠敬，貴以上帝志意喻諸人，使羣致其精明之德，永通上帝而一之，案，《禮》"祭義"、"祭統"諸精義，粗視之，似與基督教無别；精思之，實大異其趣。蓋一屬現象世界，時暫義狹，冥契實體世界者有限；一屬實體世界，時長義廣，能含容現象世界無遺也。則尤精義入神，而一切儀文之末，皆陋矣。蓋神化無方，非於人心有間，性德無漏，《哥羅西》一章廿七節。奚勞泥迹外求？用是盡除理障，浄嚴心土，明創造宇宙萬有之上帝，《使徒行傳》十七章廿四節。無在不在，《以弗所》四章六節。最樂居住游行於人心，《哥林多後》六章十六節。欲人慈愛，不欲祭祀。《馬太》九章十二節。故愛敵、《馬太》五章四十四節。愛鄰《路加》十章廿七至卅七節實較燔祭爲勝，《馬可》十二章卅三節。宜兄宜弟，即《西銘》"民吾同胞"意。莫如和好爲先。《馬太》五章廿四節。以靈以誠爲馨香，《約翰》四章廿四節。不睹不聞嚴對越，《馬太》六章六節。至誠盡性，宏願度他，勤宣上帝無量慈恩，誘掖羣迷盡合天德，斯爲最上上祭。《書》"黍稷非馨，明德爲馨"。大澤惠下，視《禮·祭統》"上有大澤，惠必及下"，有世出、世間之别。豈有涯哉？又以人生靈性，原來聖潔，無殊天父，衹因色身物蔽，遂致心恒偏邪，罪滋重耳。《老子》曰："大患有身。"釋迦曰："形爲罪藪。"《八大人覺經》。我主知其然，欲清罪源，涸絶死海，乃獻身上帝，《希伯來》九章十四節。《法華經·樂王品》曰："以身供養，是名真法供養，是名第一之施，於諸施中最尊最上。"以爲萬世衆生衆罪之贖。慨然自作羔羊，神明潛通於陟降，遂使羣依寶血，心意盡滌其垢污，來詣福城，《希伯來》十二章廿二節。無難成聖，十三章十二節。率由新路，十章廿節。決定永生。宜乎上帝悦納其祭，永存其祭司之職，而不易也。七章廿四節。

四、王者。

《説文》:“王，天下所歸往也。”《風俗通》、《白虎通》均同，《春秋繁露》與《字林》，均以三爲天地人，而一貫之者爲王。《字林》又謂“爲天下所法”。俞氏樾《兒笘録》謂“王”從“二”從“十”。“二”者，天地也。“二”部亟篆下説解曰:“二，天地也。”是其義也。“十”者，四方也。“十”部曰:“十，數之具也。‘一’爲東西，‘丨’爲南北。”是其義也。王者中天下而立，其德上際於天，下極於地，東西南北，無思不服，故其字從“二”從“十”，而天地四方無不具矣。是謂“天下所歸往”，非止通天地人之謂也。竊謂説字形，《兒笘録》理較完足，至訓“王”爲“往”，並《韓詩外傳》五“吕賢”、《下賢》。《大戴禮記》、《盛德》。《穀梁傳》莊三年。無異詞，惟《春秋文耀鈎》謂爲“神所向往，人所歸落”則又《兒笘録》所未見及。蓋王者德彌六合，通道爲一，神化無方，應機善感，天下所由歸往，即神所憑依而默運之之徵也。斯可以詮我主爲王之義。耶穌德性純全，《馬太》五章末。豐富莫測，《以弗所》三章八節。神□衆莫能觀之上帝，《哥羅西》一章十五節。豈非神之所輸向，人所樂歸哉?《春秋元命苞》。嘗曰“天地諸權，皆備於我”，《馬太》廿八章十八節。固“宇宙在乎手，萬化生乎身”已。《陰符經》。世間君主，塵纏淪墮，烏能比擬?夫衆生無盡，我主一靈統攝之，悉令清信之人，俱脱罪籍，更除病災等苦，使居樂邦。又復足踐惡魔，滅絶死敵，《哥前》十五章廿五節。甚且止息風濤，顯著神威。《馬太》八章廿六節。信乎!總握天樞，何難制馭萬國?《啓示録》二章廿六節。聖哉!聖哉!尊榮無上，超乎萬有，十方世界，諸天人民，當無不屈膝讚美也。《腓立比》二章九至十一節。進述三要義:

甲、其國無疆域、《馬可》十六章十五節。無窮期，《路加》一章卅三節。恒即身爲土、《哥前》三章十七節。即心爲土，《路加》十七章廿一節。無去無來，無隱無現，《約翰》三章八節。畢竟常恒，無邊刹境，彼此不隔於毫端。《馬太》十章廿三節。十世古今，始終不異於一日。《彼後》三章八節。其爲廣也，越虚空而無涯；其爲小也，處極微而無迹。十方無盡，納纖塵而不虧。纖塵不舒，含十方而非礙。此純屬華嚴境界，精研《約瀚福音》及《以弗所書》自知。其土地城郭，皆金銀寶石，自然合成。又有夫玻璃海，明透如水晶然。《啟示録》四章、二十一章寶座、金城等喻，可与《無量壽經》參證。清净莊嚴，超踰一切世界，又有金銀、水晶諸寶之樹，徧嚴露地，行行相值，枝拂慈雲，葉垂甘露，微風徐動，即出無量微妙福音，無遠弗届。聞者耳根清徹，不遭苦患。《馬太》十三章“芥大成樹”，《約翰》十五章“葡萄樹”，《啓示録》“生命樹”，其妙義均宜合净土三經“諸寶行樹”參證之。又復光明顯赫，不假燈日，有晝無夜。《啓示録》廿二章五節。氣候調適，不寒不熱，常時温和。所有遍一切處，虚寂道源，化現妙相，説不可盡。

乙、其人民無種族之分，《加拉太》三章廿八節。無親踈之別，《馬太》十二章末。無老無少，無貧無富，無尊無卑，無貴無賤，《啓示録》十三章十六節。無强無弱，無智無愚，《哥前》一章廿七節。無不平等，無不自由。所有居住堂舍樓閣，諸寶嚴飾，妙造自然，重重無盡。《約翰》十四章二節，《哥後》五章一節，《啓示録》廿一章，即宜與《華嚴經·入法界品》“慈氏樓閣”參證。偶遇塵勞旅客，莫不争延入内，安居寢息，與之偕樂。時欲得衣，隨念即至，珍寶妙服，自然在身，不待裁縫、搗染、浣濯。《無量壽經》、《馬太》六章廿八節至卅三節宜玩索。百味飲食，自然盈滿，隨意而至，自然飽足。見色聞香，《無量義經》。身安快樂，并諸毛孔皆出妙香。《維摩經·香積佛品》、《約翰》六章“生命之糧”，《哥前》十章“靈食靈飲”可互證。若徵其文獻，昔有亞伯拉罕，信義首著；繼有摩西，仗神威力，宏願度衆，出惡離苦，大闢雄才，一心依主，兼擅講詩歌，暢宣道妙；復有但以理、以利亞、以賽亞等，類能歸真守樸，除衆癡冥，皆其國中俊傑也。餘諸聖賢，不可勝數。《啓示録》七章九節。

丙、其政事主治在靈界，匪惟人間世形骸之末，務窮了性源，昭示天地與我并生、萬物與我爲一之理，《莊子·齊物論》、《以弗所》一章十節。净人之心，《馬太》五章八節。潔人之念，《彼前》一章廿二節。變化其氣質，《腓立比》三章末節。日新其盛德，《以弗所》四章廿三節。盡除我見、《羅馬》十四章八節。我慢，《哥前》廿九節。恒思利他、《使徒行傳》廿章卅五節。度他。《路加》十九章十節。戒殺戒淫，均嚴微細之相，《馬太》五章廿二節、廿八節。按：《大乘起信論》"又心起者無有初相"，可知誠以微細生，相不易覺知，是故一切衆生不名爲覺。基督教義本極精微，惜學者少領會耳。或貪或盜，勤滌方寸之污。《馬可》七章廿二節。凡人自心所有惡業，例如詭詐、嫉妒、謗讟、驕傲、狂妄等等愚癡積劫迷罪，悉令一時覺悟，懺悔永斷，更不復作，恍然色身是假，惟靈永生。《約翰》十章六十三節。在在知大己而小天下，不以物滑和，不以欲俗亂情。《文子・道原》、《馬太》十六章廿六節，又六章廿七節。淡而無爲，動而以天行，《莊子・刻意》，《約翰》六章卅八、九節。夫然後自然無我而兼天下之我，《關尹子・九樂》，《約翰》十章十一節。合人己以普愛，《馬太》廿二章卅九節。啓德慧於一元，真理無盡，妙行無盡，愈小愈大，《馬太》十八章四節。愈辱愈榮，同五章十一節。愈貧愈富，《哥後》八章九節。愈柔愈强，《約翰》十六章末。愈苦愈樂，《哥後》七章四節。愈卑愈尊，《馬太》廿三章十二節。競尚公義，渴慕和平，《羅馬》十四章十七節。善與人同，皆大歡喜。此人間天上聖潔樂國，由主寶血締造而成者也，尊稱爲王，誰曰不宜。惟此王位，紹隆天父，尊榮無上，巍巍蕩蕩，民無能名。觀主當日知衆將迫之爲王，逐孑身入山避之，《約翰》六章十五節。可見其爲王，乃以真理宰制萬世於無替，非如濁世君主，稱雄一時，浮動無常也。此間寓教外别傳心法，試申其説，有超然高舉以保真《楚辭・卜居》。義，將入於寥天一《莊子・大宗師》。義，又獨往獨來、是謂獨有義，《在宥》。山者屹立象外、永鎮人寰義，又止其所義，以厚終義，《易・艮卦》。凡以貞人心於本元也。蓋金剛妙慧，不動不遷，靈照玄通，即他即自，極精誠之感孚，無官骸之隔礙。故我主建國，即以宇宙萬有爲城郭，以衆生身心爲宫殿，其妙身量同虚空，嘗不移本處，偏往衆生心中，不忍捨離。又盡納衆生，住己身内，使皆合一，同父一如。《華嚴合論會釋》"毗盧遮那佛不移本處，而身偏坐一切道場"。又經《入法界品》"我身爾時量同虚空，彼諸菩薩於我腹中遊行自在"。《約翰》十七章廿一節義同。平等平等，神妙難思，是之謂萬王之王，《提摩太前》六章十五。是之謂萬世之王。《啓示録》十五章三節。

夫基督所以神其爲基督者，即使萬世人，咸知上帝在萬有之上，爲萬有之主，《哥前》十五章廿八節。悉訢合上帝爲一耳。大哉基督！大悲大慈，毀滅世間權能，同上廿四節。籌備天國福樂，《約翰》十四章二節。無量諸功德，讚歎莫能盡。

人子釋義

“人子來，役於人，而不役人。”《馬太》廿章廿八節。

主嘗自稱“人子”，屢見《四福音》中。而其要義，當以“役於人而不役人”爲最。蓋基督所以神其爲基督者，此其萬行密因也。夫天地依人大活潑之觀，贊化育，通神明，惟在至誠積中，屈己利羣耳。《老子》曰：“贵以賤爲本，高以下爲基。是以聖人終不爲大，故能成其大。”其旨深哉！觀上帝終始萬物，使莫不得所，資人之生者甚厚。其執役於大宇長宙，可謂體物不遺矣。此吾人性理真原，本浄妙明，常恒向善，世界各國古今聖賢，德業所由繁興者也。無如衆生受命，滋息道中，未能服役世間，體真弘化，往往昧本心明，增世癡暗。主心愍焉，乃虚己入世，即身示範，雖德配上帝，終以僕自處，甘願卑微，效命至死，《腓立比》二章六至八節。能捨一切諸難捨，《無量義經・德行品》。惟善繼父志畢其功，完成諸先知所記載，《約翰》四章卅四節，《馬太》一章廿二節。非萬世人類典型哉?! 試言其詳。

一、人子，明“謙”也。本上帝無限之妙身，化爲有限之色身，固已卑以自牧矣。然猶未也，大悲濟物，獨能勤人所難勤。嘗親爲門弟子一一濯其足，《約翰》十三章四至十節，皆禪理也。是爲不言之教，甚深微妙，示“滌盡衆生垢穢，責在當躬”也，“愈汚下處，愈當盡力洗除”也，“塵埃勤拂拭，不容稍留餘地”也，“不可妄自尊大，見有不潔不屑就”也，“衆身微有不浄，自心亦難即安”也，“天下至尊榮事，莫若忘利衆”也。德極崇高，樂居卑下，誠弘厚之至矣。《易》曰：“天道下濟而光明，地道卑而上行。”謙，享哉！

二、人子，明“人格之尊”也，人駕萬物之靈，子承天父之統。《創世記》上帝造萬物已，乃肖己像，造人宰之，義至精深。學者當用靈敏思想以意逆志，勿泥文字粗迹以辭害志。《皋陶謨》曰：“天工人其代之，分定固也。”蓋大道周流無間，本通天地萬物爲一，自人參，兩大而立，而化工無盡之神用，遂託焉而丕顯。孰不當承天時行，德合無疆《易·坤卦》。耶？我主以天大無外，有外之心不足以合天心，是故愛必兼愛，成不獨成，《正蒙》。其所以立命也。惟造天役，《書·大誥》。造，爲也。欲令一切勞苦衆生，順受其正，同登極樂耳。緬想圓明照體，寂然有爲，攝俗歸真，隨緣妙感，造福萬世，愛莫能測，而與天父同體之尊榮，乃永保不墜矣。

三、人子，明“胞與量宏”也。天地之性，最貴者爲人。《説文》。凡有血氣，含靈無别，上智不增，下愚不減，雖迷悟殊途，事相紛紛，現有無量恒沙之差異，而金剛性體，從無二致。苟能除穢去累，不難合上帝而爲一。故耶穌達觀爲慧，渾物我而兩忘，利濟情殷，外形骸以振德，願代無量弟昆受無量苦，悉令安樂以永其生，非篤於友愛之冢子哉?《羅馬》八章廿九節。以是萬國之人，罔非聖靈所寓，通明之性，咸因十架而光。果與基督同苦，即與基督同榮。妙有真常，圓成一化，斯亦萬物所引領而望之者矣。《羅馬》八章十九節。噫！我主耶穌，恩澤普潤，慈被無外，誠至人哉！誠至人哉！

救主耶穌，度世慈航，一稱基督，萬德齊彰。

終古完人，天父肖子，化攝羣機，統一真理。

荊楚文庫

融通各教會相歸元講易舉例

該書原有單行本，後收入《仲如先生弘道書》。據後者整理。

序

金陵神學諸君，研精神道有年，以《易》之爲書，神道設教，函商余爲演講大意，期以六日而畢。每日兩句鐘。顧余不學，烏足講《易》？且預備期促，僅六日即赴講。得毋害道？不得已，僅舉《乾》卦及《繫辭傳》數節爲例，以相質證。時民國五年十一月中浣。返滬後，二三知友見之，請付梓。嫌其太簡，又演《坤》卦及《繫辭傳》各數節，且將前稿草率處，改竄而增删之。所幸爲時較寬，容我窺究，綜核所加，約六七倍。而駒光易過，忽十閲月，然仍未能自信，由是置之案頭，於讀書窮理之餘，輒復檢閲，斟酌損益又有日，求無大謬，懼遺誤未來耳。

初舉《乾》卦者，以道本一元，衆妙所從出也。繼補《坤》而止者，有乾則有坤，相待成二，含宏萬有，所謂易之緼也。述《繫辭傳》者，明《易》之括例也。伏思《易》與天地準，故能彌綸天地之道，足見宇宙本有全易，任人領取。先聖摸擬，首象乾坤，不過造化實體中一物耳。其實道具神用，不限有形，生天生地，包裹天地，周徧含容，體物不遺，出入萬機，未嘗黏滯；惟在求道者，不以一礙不一，不以不一礙一，神而明之，存乎其人。抑又思之，《易》本"不易"、"變易"爲義，猶佛教一心，開真如生滅二門。而先聖演繹，變易之義居多，迷悟對待，究屬生滅門事，與不變隨緣者有别。惟無思無爲，寂然不動，則釋家所謂"真如"，老氏所謂"常道"，景教所謂"上帝"，是《易》之真元也。

六十四卦，皆相也。文王、周公，皆惟隨相妙詮，例示德用。夫子獨善用其相，而更能探原以彰其體，故吾謂自來善讀《易》者，莫夫子若已。然祐神未圓證等覺，存性未深談永生。即"無生"。無可爲諱。體用交徹，即相圓該，斯後生者之責。吾人何幸？承往聖文教之賜，至博且約，迄於今，得不融合各教，會通易象，使悉歸真元，以仰慰我夫子乎？

民國六年十月上浣
漢陽張純一識於上海廣學會

目　録

緒　論

凡文字，或左行，或右行，或直行，或横行，惟此自下而上行。蓋生生之謂易，萬物依地生，老子所謂“貴以賤爲本，高以下爲基”也。

“周易”之名，自來學者，多以爲文王所演，故謂之《周易》。猶《周書》、《周禮》，題“周”以别餘代。余不贊同。案，鄭康成云：“《周易》者，言易道周普，無所不備。”義較圓滿。况《易》以卦象爲主，卦則畫自包犧，何可以周代括之？據《參同契》曰：“‘日’、‘月’爲‘易’，即含有不易、交易、變易之理。”已極周至。又曰：“易行周流，屈伸反覆。”周則彌綸六合，流則終始古今，而一真不變之道，變化不測者形焉。故以“周易”之稱，不宜作周代解。班固曰：“孔子晚而好《易》，讀之韋編三絶，而爲之《傳》。”《傳》即十翼也。《彖辭》上下，《象辭》上下，《文言》，《繫辭》上下，《説卦》、《序卦》、《雜卦》。初與經文未合，自鄭康成學於費氏，合彖象於經，故加“彖曰”、“象曰”以别之，諸卦皆然，便人研究，頗得夫子作《傳》之心。後吕氏祖謙及朱子，恐學者便文取義，遽執傳之一端，以爲定説，而《易》之爲用，反有所局，而無以通乎天下之故，仍復其舊，用意亦深。吾謂“章句復古”。學者豈遂不執《傳》而局義，惟探乎易理之原，勿稍局執可耳。

漢魏間説《易》者，大都淫於象數之末，而離其宗。自王嗣輔破《互》卦“納甲”、“飛伏”之陋，專以理詮經，而《易》道以明。乃先儒謂弼所得者，老莊之理，不盡合於聖人之道。豈天下有二道哉？奈門户陋見，害道之甚何！夫漢儒誠過穿鑿，而數爲理該，不在理外，備具象中，尤不僅在象中。宋儒亦多未圓證，學者不可不知。

鄭康成云：“‘易’一名而含三義。易簡，一也。變易，二也。不易，三也。”愚案，佛法有“不變隨緣”義，依一心法，開真如生滅二門義。生滅門亦有“覺”與“不覺”二義，均甚精，頗與《易》旨同。惟《易》恒在“不覺”邊説，多屬生滅門事，雖道體妙用，廣大悉備，不滯言詮，其如解人難索何？又就卦象言，亦有“不易”、“交易”、“變易”三説。“不易”如乾、坤、坎、離，以及重卦之大過、中孚、小過、頤是。以此八卦，倒轉仍不變故。“交易”如兑、巽、艮、震等二十八卦，皆上下相綜，邵子所謂“反易”者是。因有文王序卦實止三十六卦之説。又乾、坤交而爲否、泰，坎、離交而爲既濟、未濟，亦是。或又以“反易”與“交易”有别，如屯反爲蒙，咸轉爲恒之類，爲反易。交易則重卦相交，如“水雷”屯反之爲“雷水”解，“澤山”咸反之爲“山澤”損矣。又朱子曰，“交易”是陽交於陰，陰交於陽，是卦圖上底，如天地定位、山澤通氣云云者是也。“變易”如陽極變陰，乾必變姤，陰極變陽，坤必變復之類是。又曰“變易”是陽變陰，陰變陽，老陽變爲少陰，老陰變爲少陽。此是占筮之法，如晝夜、寒暑、屈伸、往來者是也。要之陰陽本自合德者，交易之機；其因動而益顯者，變易之用也。竊以精研《易》理者，宜超乎象外，注重“不易”、“簡易”、“變易”之義，而就卦象言之“不易”、“交易”、“變易”次之，可也。觀乾必變姤，坤必變復，即不得謂乾坤爲不易。他可知矣。况《易》之至精至神，道多具於至變之中乎？然則《易》之不易者安在？惟張子所謂一故神者，始足當之，則太極是，乾坤不能。乾坤固至簡易而能生萬變者也，顧萬變之中，終以萬古不變者爲之宗。此所以易知《易》，從可久可大也。邵子曰：“世儒談《易》漫紛紛，止見繁枝不見根。”根者，易之真元也，至約而能該至博，學者宜注意焉。

《正義》曰：“陽爻稱九，陰爻稱六。”其説有二。一者乾體有三畫，坤體有六畫，陽得兼陰，故其數九，陰不得兼陽，故其數六。二者老陽數九，老陰數六，老陽老陰皆變，《周易》以變者爲占，故稱九稱六。來瞿唐則以一三五爲九，二四爲六，謂爲參天兩地而倚者也。《誠齋易傳》亦早主此説。《乾鑿度》曰：“陽動而進，變七之九。陰動而退，變八之六。是九六者，爻之變也。”惠氏楝《周易述》主之。惟俞氏樾曰：“陽之數以三而奇，陰之數以二而偶。”《周書·武順篇》曰“男生而成三，女生而成兩”是其義也。説卦《傳》曰：“參天兩地而倚數。”《正義》引鄭注曰“三之以天，兩之以地。”竊謂九六之數，起於此矣。乾卦三陽，陽之數三，三其三則爲九，故九者乾之數也。坤卦三陰，陰之數二，三其二則爲六，故六者坤之數也。以是推之，震、坎、艮皆一陽二陰，其數七。巽、離、兑皆一陰二陽，其數八。用九六，不用七八者，用老不用少，統於尊也。案，俞説最精。詳《羣經平議》。

數者，理之定者也，皆可即象而知之。凡象必即造化實體所現，造化實體即非色非形、而天天地地之道是。以主宰謂之帝，神妙莫測、不可思議者也。乃宋儒惟以理氣言道，殊嫌粗陋。

《易》以神道設教。《禮·祭義》曰：“昔者聖人達陰陽天地之情，立以爲易。易抱龜南面，天子卷冕北面。雖有明知之心，必進斷其志，示不敢專，以尊天。”正欲“專致其精明之德，以交於神明”，《祭統》。則至誠之極，真理大光，不容有纖毫我見之私存，而大吉矣。基督徒每臨大事，先必虔誠祈禱，求其性靈瑩徹，克合天德，義至精也。

易象活潑，隨事皆可印證也。洎乎託言以明，雖可依例辨意，而漏義正多。蓋言可以詮道，終不能盡道。其必默體象原，動静交參，期與道合。掃文字之滯迹，會變通之大全，庶幾廓爾忘緣，超然自得，“不卜不筮，而謹知吉凶。”《管子·白心》。

《易》爲卜筮而作。先聖制爲卜筮，使人虔潔精誠，冥契神德，妙顯神用也。《書》曰：“至誠感神。”《陰符經》曰：“觀天之道，執天之行。”耶穌曰：“子不見父行之，則無所能行。”皆凈除我執，卜之正義如是。蓋神道寂然，感無不通，人能齊心竭誠，則“機動未朕，神以隨之。”《陰符經注》。故卜也者，實證易爲潔凈精微之教者也。惟恐人誠之不至，則曰再三瀆，瀆則不告。《易·蒙卦》。若《左傳》曰：“卜以決疑，不疑何卜。”桓十一年。則非理之儌倖，爲卜所不容顯然矣。抑思物生而後有象，象而後有滋，滋而後有數。《左傳》僖十五年。數者，果也，不可違也。惟崇德寡過，戒懼慎獨，則善造吉因之道。及其與道玄契，且不俟神龜而知來。要非莊敬有素，精誠之至，難必果有靈感耳？仲尼曰：“丘之禱久矣。”然則除妄向真，禱卜之功深矣，而其理微矣。

聖人學《易》寡過之旨，端在於此。其以寡過爲言者，務平易近人也，實則達天合天之極功。

易道神妙，周行無滯，開物成務，歸根成始，天地因之而悠久，萬物因之而消息。規範人爲，厚利天下，惟在盡性樂天，隨感貞一而已矣。

伏羲畫卦，藴奥無盡，妙在絶無文字，免致挂漏。故象之爲言像也。言不盡意，特借象以明其意，俾無盡事理，皆因時地與人以通變。故用《易》之道，離象不得，泥象亦非。

嚴復譯《天演論》自序曰："夫西學之最爲切實，而執其例可以御蕃變者，名、數、質、力四者之學是已。而吾《易》則名、數以爲經，質、力以爲緯，而合而名之曰'易'。大宇之内，質力相推，非質無以見力，非力無以呈質。凡力皆乾也，凡質皆坤也。奈端動之例三。其一曰'静者不自動，動者不自止。動路必直，速率必均。'此所謂曠古之慮。自其例出，而後天學明，人事利者也。而《易》則曰：'乾其静也專，其動也直。'後二百年有斯賓塞爾者，以天演自然言化，著書造論，貫天地人而一理之。此亦晚近之絶作也。其爲天演界説曰：'翕以合質，闢以出力，始簡易而終雜糅。'而《易》則曰：'坤，其静也翕，其動也闢。'至於全力不增減之説，則有自强不息爲之先；凡動必復之説，則有消息之義居其始。而'易不可見，乾坤或幾乎息'之旨，尤與'熱力平均，天地乃毁'之言相發明也。"此以《易》理，與西土唯物家言相證明，似乎不謬。不知名、數、質、力四者之粗，斷不足以盡易之藴奥。易之爲道，自有神於名、數、質、力萬萬者在，詎可忽哉？關尹子曰："學之循異名，析同實。得之契同實，忘異名。"若捨源求流，無時得源；捨本求末，無時得本。學者宜知之。

孔子謂："加我數年學《易》，可無大過。"又謂："不恒其德，或承之羞。"足見聖人學《易》，務在反身寡過，期進德以終身，初不爲圖書象數囿也。

易之爲道，始戒躁進，終戒盈滿。惟懼以終始，其要旡咎，爲總綱焉。

道在人心，異常生動，本是無盡《易》理。念念自見，高明博厚，所賴以悠久者在此。貴能顯道神德行，以通天下之志，而成天下之務，斯不愧爲頂天立地之人。

邵康節曰："知《易》者，不必引用講解，是爲知《易》。"孟子之言，未嘗及《易》，其間《易》道存焉，但人見之者鮮耳。人能用《易》，是爲知《易》，如孟子可謂善用《易》者也。吾謂精《易》非如邵子，焉有此妙解？試爲舉例申明其説。《孟子》曰："生於憂患，死於安樂。"教人安不忘危也。"殀壽不貳，修身……立命……知命者不立巖牆之下"，教人自强不息，保合太和也。其對梁惠、齊宣各問，皆教人轉凶爲吉之妙用。

讀書人當令書爲我讀，不可將我被書讀去。宇宙間雲樹山川，莫非活潑真實之妙書，在有識者善讀之。陸象山曰："六經是我注脚。"的是讀書妙諦。凡屬文言，著相不得，於《易》尤甚。著相便是理障，遮蔽真際光明。必理、象交徹，了證真元，萬法任我運用，斯得之。

《易》象無乎不通，以本無實事，而可比擬萬事也。例如《離》以重明，化成天下，大人以繼明照於四方，即象帝堯則天，光被四表。亦象大舜重華協帝。亦象基督重光協於上帝。吾徒永宜爲世之光，普照地極。《明夷》利艱貞，文王以之發伏羲之《易》，箕子以之演大禹之《疇》。亦象保羅縲繫獄之書，《以弗所》、《腓立比》、《哥羅西》、《提摩太》、《腓利門》等書皆是。約翰著默示之録。凡蒙大難而不失明，卒能弘道壽世者，俱可觸類而伸。

《易》之取象，在《詩》爲比興，在佛經即託事表法。在禪宗爲機，秘宗爲相。在《新約》爲播種寶珠諸喻。學者若執事而泥於一隅，則爲大道圓明之害。故讀《易》宜超乎象外，以庖丁解牛法讀之，則目中雖無全《易》，心中實無非《易》。自來得此秘者，首推夫子。《正蒙》曰："凡天地法象，皆神化之糟粕爾。"旨哉！

乾

乾上乾下

乾。元亨利貞。

乾，健也，言神化无息也。元，一真性道之始也。亨，發育萬有之周也。利，和暢羣機之宜也。貞，究竟正固之常也。明乾德大公至正，利被無窮也。

初九。潛龍勿用。

曾霖寰曰：“《易》以時爲大。”初時在潛，便當勿用。“潛”字極妙，凡聖賢大學問，大經綸，皆從潛伏中出。潛時精神不露，故曰勿用。非兀兀一無所用，特厚蓄待時，而不輕發耳。

老子曰：“重積德則無不克。”不欲傲倖自用者禍天下，不獨烖及其身也。學養未深，德性未定，固不足以任艱鉅；即才備德全，而時機未至，亦不可躁進僨事，妨未兆之謀。必沈幾先物，資用不失，而無用乃大用也。

九二。見龍在田，利見大人。

王宗傳曰：“田，地之表也，耕稼之區也，斯人所資以生殖也。”施澤不至，則斯人失所資矣。見龍在田，則陽氣播於地上，以長育萬物。聖人見於有道之世，以施澤萬民也。

大人者，正己而物正者也。大德之人，出見於世，不必有位，始易無道爲有道。如釋迦説法度生，耶穌弘道救世，皆以至剛之德，寓於至柔之行。誠萬世所利見，而永蒙其福者矣。又關尹見老子，高宗求傳説，皆其例。

九三。君子終日乾乾，夕惕若。厲，无咎。

干寶曰：“爻以氣表，繇以龍興。嫌其不關人事，故著君子焉。”陽氣始出地上而接動物，人爲靈，故以人事成天地之功者，在於此爻焉。

故君子以之憂深思遠，朝夕匪懈，仰憂嘉會之不序，俯懼義和之不逮，反復天道，謀始反終，故曰終日乾乾。此蓋文王反國，大釐其政之日也。凡无咎者，憂中之喜，善補過者也。文憾早耀文明之德，以蒙大難，增修柔順，以懷多福，故曰无咎矣。

禹思日孜孜，文王自朝至於日中昃，不遑暇食，周公夜以繼日，坐以待旦，皆以利害攸關，不敢自逸，恐債天下事也。又顏子"四勿"，克己復禮非一日；曾子"三省"，臨深履薄以終身。其不以物滑和，不以欲亂情，全性保真，《文子》。亦無在非惕厲時也。況了證心源，欲拔苦本，净修靈覺，冀獲永生者哉？

九四。或躍在淵，无咎。

淵，龍所素安也。或不定之辭，周詳審慎也。躍不躍，惟期順天應人，有濟於時，而己不與焉，故其進退綽綽然有餘裕。未躍，在淵無所損。已躍，亦猶在淵無所加。資之深則取之左右逢其原，何咎之有？孔子無黔突，墨子無煖席，《淮南・修務訓》。又在淵之躍之顯著者也。

九五。飛龍在天，利見大人。

九五以天德當天位，爲乾卦之主。猶聖人得時，化成天下，即飛龍在天、雲行雨施之象。五與二爲同德故。"利見在下大德之人，與共成天下之事。"程傳。蓋大人爲利天下而見也。設堯不得舜，孰嗣帝位而重華？湯不得尹，孰與造邦而集命？次之齊桓無管仲，難必九合諸侯；先主無諸葛，難必三分漢鼎。天下事無大小，必得人而昌也。孰知吾人性天中，龍德無限，務時乘慈雲，御大風，以鼓萬物乎？

上九。亢龍有悔。

《孝經》曰："高而不危，所以長守貴也。滿而不溢，所以長守富也。"《老子》曰："持而盈之，不如其已。功遂身退，天之道。"耶穌曰："必自謙卑如孩提，則於天國爲最大。"從可知一切世法、出世法、即世出世法，莫不以亢爲戒矣。

用九。見羣龍无首，吉。

九三過而惕，善用九故无咎。上九過而亢，不善用九故有悔。若

"舜既受道，禹與稷、契、咎繇之屬，並在於朝。"鄭注。是羣龍无首之象，用九而吉者也。老子曰"弱者道之用"，"守柔曰强"，耶穌曰"温柔者福矣"。皆寓剛於柔。即柔爲剛，斯真剛也。《文言》曰："乾元用九，乃見天則。"天則者，剛而不剛，不剛而剛。乾坤一元，終始无首，雖備具純剛之德，從不以剛爲天下先，故曰用九天德，不可爲首也。

試以基督生平，解乾六爻。其健德不息，正如乾剛健中正純粹精也。當其幼在家庭，可想見其家風完善，養正聖功，是"潛龍勿用"時也。年十二，上耶路撒冷，在聖殿中之言動，即"見龍在田，利見大人"也。此後《聖經》無記載。其必朝乾夕惕，期合天德無疑。而聖德已著，未即問世，適當九三之爻。迨約但河受洗，即往各地講道，是或"躍在淵"時也。及乎登山，顯現神容，面耀如日，衣皎有光，摩西、以利亞與語，並講道時從者輒數千人，聖功既就，萬物斯覩，此"飞龍在天，利見大人"之象。最後上耶路撒冷，因而授命，恰當"亢龍有悔"。蓋曲高和寡，道大莫容，進而不能再進，又不可以爲退。亦自然之數，但學者當知此乃道之亢，非人爲之亢可比。人爲之亢，不容纖毫不去，大道之亢，不得纖毫貶損也。復蘇上昇以後，道乃大光于天下，福被萬世於無窮，令善知識，顯證真常靈體遍一切處，一切平等都成正覺，非善用剛健不息之道，使皆寓至剛於至柔，"見羣龍无首而吉"者乎？他日天下一家，無强凌弱，無衆暴寡，萬衆悉通道爲一，胥賴福音甄陶之。

《彖》曰：大哉乾元！萬物資始，乃統天。

《彖傳》者，孔子所以釋文王之意，統論一卦之才德也。

《老子》曰："有物混成，先天地生。寂兮寥兮，獨立而不改，周行而不殆，可以爲天下母。"是即乾元，所謂"天地根"。亦即景教之"上帝"也。《約翰福音》曰："太初有道，道即上帝。萬物以道而造，義至精蕴。"《皇極經世》曰："道爲天地之本，天地爲萬物之本。"以天地觀萬物，則萬物爲物。以道觀天地，則天地亦爲萬物。故曰"萬物資始，乃統天"。顯謂乾元不惟萬物所資始，乃並天而統之。而乾元之大無外矣，乾元之始無始矣。

雲行雨施，品物流形。

泰西天演家言：“洪鈞範物，質力雜糅，相劑爲變。大都由純之雜，由流之凝，由渾之畫。”其説非不精闢，可與《易》相發明。無如唯物粗膚，不足以盡神道之微妙。而上天下地，化機無滯，莫非一元渾淪，鼓盪其間，釋家所謂“無不從此法界流”也。抑知吾性，本與大化同德，無二無别。耶穌曰：“凡信我者，必如經云，從其腹中，長流活水，如江河然，永不能盡。”《華嚴經·如來出現品》曰：“從如來大法身雲、大慈悲雲、大不思議雲，雨不思議廣大法雨，諸佛如來，隨衆生心，雨如是等廣大法雨，充滿一切無邊世界。”妙哉！

大明終始，六位時成。時乘六龍以御天。

乾道消長盈虚，各當其時。六龍俱極變化之妙，吾人正宜大明其道，因時應用，盡人事以轉天樞。蓋一元廣運，時有往復，不難冥契。本以駕馭六龍，何異六轡在握，任我驅策。蔡虚齋曰“御者如御軍之御”，頗得其旨。天也而可御乎？《陰符經》曰：“聖人知自然之道不可違，因而制之。”此之謂也。《荀子·天論》“從天而頌之，孰與制天命而用之。”義同。英儒赫胥黎曰：“天不可以獨任，要貴以人持天。”西土驚爲絶唱，豈知二千年前，吾國固已習見。

乾道變化，各正性命，保合太和，乃利貞。

天道趨新，源流一化。雕刻衆形，巧備神工，并發育而不紊，極凝蓄而不漏。蕩蕩乎周徧而安舒，淵淵乎充積而正固。萬物之利貞，皆乾道之利貞也。

首出庶物，萬國咸寧。

道本一原，普應羣機。遂生復性，責在先覺。有智慧絶倫者出，先天下憂，善利萬物，俾各相與於無相與，各相爲於無相爲，盡性合天，萬方無不樂化矣。釋迦、耶穌更能安定萬世之人心，而仁壽之。靈明洞徹，亘古亘今，統一天和，乃聖乃神。

《象》曰：天行健，君子以自强不息。

《大象傳》，總象一卦，故亦稱《卦象傳》。專取兩象以立義，所以示人讀伏羲之《易》之凡也。

天者，一大積氣耳，無盡神化寓焉。就衆目可覩言，曰“天”。有所以天天者在，曰“真宰”，《詩》、《書》稱上帝，即降衷下民之原，妙萬物而生生不測者也。故雖名“天”而不可局於“天”。其爲道，“先天地生而不爲久，長於上古而不爲老。莫知其始，莫知其終。”《莊子·大宗師》。萬物應備，《莊子·天地》。密濟含靈，至大至剛，無動無壞，健何如耶？君子以此莊敬日强，至誠無息。蓋在我之乾，與天冥一，不容有間而虧，滯化機也。

《文言》曰：元者，善之長也。亨者，嘉之會也。利者，義之和也。貞者，事之幹也。

《文言傳》劉瓛曰“依文而言其理”，《正義》謂“釋二卦之經文，故稱文言”。以乾、坤爲《易》之門户，其餘諸卦及爻，皆從乾坤而出，義理深奥，故特作《文言》以開釋之。

彌綸化海，湛寂一元。萬象森嚴，胥歸統攝。釋家所謂“佛性”，景教所謂“聖靈”，功德無漏，誠萬善之大宗也。方其宏敷通暢，妙有嬗新，儵然往來，博達無礙，有感咸亨，衆美於是會聚焉。及其隨物遂生，不相妨害，應時扇和，順協機宜，從未與利期，而利胥歸之，蓋元精内蘊，究竟堅固，如如自在，繁變不遷，此一切德業可大可久之本也。

君子體仁足以長人，嘉會足以合禮，利物足以和義，貞固足以幹事。君子行此四德者，故曰：“乾，元亨利貞。”

君子窮了心源，化儀默契，積道成實。而千里之外，自有感孚於不覺者。蓋恍兮惚兮，若陽和之廣被於寥天，而衆有熙熙向榮矣。夫人既相造乎道，則物我一如，凡相與爲緣者，無遠無近，靈明觸發，莫不共樂其天。天地一氣中，儼有神感互通，自然爲中節之和。豈若憒憒世俗之禮，徒觀衆人之耳目，《莊子·大宗師》。無裨大化哉？果爾心與化游，則天工缺憾，急待彌補者何限。自當循其分定，稱物利施，期有以協大造之鈞陶，保合天和，乃矢真勝淨行，任重致遠，鎮靜堅忍，無爲有爲，而性道於以大光，德業遂繁興而不朽矣。今吾徒歸命基督，以基督與父本爲一，《約翰》十章卅節。務仰體其不可測度之慈愛，《以弗所》三章十九章。使凡帝子散住四方者無不合一，《約翰》十一章五十二節。共耀生命之光，永除世暗。是“體仁足以長人之仁”也。偏設教會，滌人心垢，即以濬發性靈，俾羣與造物爲徒，神明契合，皆得超然物表，共逍遥於化樂自在之天，非“嘉會以合禮”乎？《中庸》曰：“誠者，非自成己而已也，所以成物也。”吾教無盡善行，力求圓滿，皆順物自然，使物自喜，《莊子·應帝王》。正“利物以合義”也。昔基督常行父所行事，《約翰》五章十九節。且望吾徒行更大事，《約翰》十四章十二節。凡以戰勝污世，福利後昆，俾羣止一真，湛然應物而不遷，詎非“貞固足以幹事”之徵？蓋真精彌滿，漚和適化，涉有饒益，攝復天根，皆乾德之流，通於人心者不息也。

初九曰“潛龍勿用”。何謂也？子曰：“龍德而隱者也，不易乎世，不成乎名。遯世无悶，不見是而无悶。樂則行之，憂則違之，確乎其不可拔，潛龍也。”

龍德善變，而大用在乎能隱。“水積不厚，則負大舟無力。”《莊子·逍遥遊》。大經綸必出於大涵養也。方其傷世風之不靖，安住一定，恒不爲轉移，而且欲轉移之，超然得物表之妙。雖暫難期世以共喻，而鄉人無定之好惡，久置度外。然未嘗不因以運智而成悲。樂以天下，憂以天下，行止一準乎真心之安。而所以嚴其守者不可奪，即所以儲其能者不可量。

九二“見龍在田，利見大人”何謂也？子曰：“龍德而正中者也。庸言之信，庸行之謹，閑邪存其誠，善世而不伐，德博而化。《易》曰‘見龍在田，利見大人’，君德也。”

大人之德，不難於居高，以風動天下；而難在居卑，使天下歸仁。必不忽隱微，至誠无妄，然後言行之發，可孚豚魚而動天地。初非有心焉，廉頑而立懦，不過游心大化，期無虧於性德，立達量宏，暖然似春，與物有宜，而莫知所以。其緒餘且無難陶鑄堯舜，於以托大事，誰不歸心？

九三“君子終日乾乾，夕惕若，厲无咎”，何謂也？子曰：“君子進德修業，忠信所以進德也。修辭立其誠，所以居業也。知至至之，可與幾也。知終終之，可與存義也。是故居上位而不驕，在下位而不憂。故

乾乾因其時而惕，雖危无咎矣。”

君子戒懼慎獨，心住真理，人己無欺。行契神明，言無虛妄，靈悟瑩徹，顯證真常。幾動身已赴的，壽世心無盡期，凡以全吾天耳。一切人爲，均應時宜，稱量以攄吾誠，而塵緣無足動於中。《詩》曰：“夙興夜寐，無忝爾所生。”君子有焉。

綜觀夫子申内卦三爻之義，較外卦三爻爲切要。蓋以出效世用，必厚其儲於潛居之時。《莊子》曰：“道之真以治身，其緒餘以爲國家，其土苴以治天下。”《大學》重誠意，《中庸》首慎獨，可知真事業，必出於真修持，舍本逐末，無當也。

乾始能以美利利天下，不言所利。大矣哉！

《陰符經》曰：“天之无恩而大恩生。”《老子》曰：“大道氾兮其可左右。萬物恃之以生而不辭，功成不名有，愛養萬物而不爲主。可名爲大。”均此義也。

大哉乾乎！剛健中正，純粹精也。

道源寥廓，其大無外，周行而不殆，自古以固存。無過不及，無或偏邪。極動静而一如，終净明而瑩徹。窈兮冥兮，其精甚真，微乎妙哉！

夫大人者，與天地合其德，與日月合其明，與四時合其序，與鬼神合其吉凶。先天而天弗違，後天而奉天時。天且弗違，而况於人乎？况於鬼神乎？

耶穌曰：“父宅我心，我宅父心，見我即見父。”《約翰》十四章。是與天地合德之證。曰：“我乃世之光。從我者必獲生命之光。”同八章。非與日月合明乎？曰：“明日之慮，俟之明日。”《馬太》六章末。教人合乎時序也。曰：“我爲審判來斯世，使不能見者見，能見者反成瞽。”《約翰》九章。固與鬼神合其吉凶。曰：“上天下地，所有諸權已與我矣。”《馬太》廿八章。是宇宙在乎手，萬化生乎身，《陰符經》。神動而天隨，安有彼此先後之差耶？

坤

坤下坤上

坤。元亨，利牝馬之貞。

坤以柔順爲健，承乾而配乾，共成化育，相爲無窮者也。《坤鑿度》曰："孕靈坤墬"注"墬，古地字也。坤者，非地址名，是地之作用，以象地坤元，萬物之孕靈，皆從神化者也。"《説文》："坤，地也，《易》之卦也。從土、申，土位在申也。"竊謂以"土位在申"訓坤，正漢儒之穿鑿，未免狹陋坤義。不若《坤鑿度》之圓滿。謹仍以《説文》"從土、申"申言之。土，地之吐生萬物者也。"二"，象地之上、地之中。"丨"，物出形也。申，神也。具從土引申不盡義，所以神地之道也。《禮·郊特牲》。故元亨利與乾同。而貞象牝馬者，以其健行異乎乾剛，較龍馬鈍耳。故坤者順也。《廣雅·釋詁》、《釋名·釋地》。又母也，《國語·晉語》。資生萬物也。

君子有攸往。先迷，後得主，利。西南得朋，東北喪期，安貞，吉。

管子曰："通若道然後有行。"房玄齡注："既通天地之道，則所行無不當。"《五行》。君子固當然也。無如道不一途，難免歧誤。西南東北，動輒迷方。如保羅初爲教會勁敵，後則委身事主，利莫大焉。其例也。大抵人自有其身，即與天道間隔，於是屬乎世俗者多，屬乎天道者少。《約翰一書》四章五六節。詎知至道彌綸宇宙，不可須臾離。得朋而共承天役，尚已。倘志殊寡合，則決然離群，獨"紹天明"，《書·大誥》。如婦從夫，《以弗所》五章廿四節。不得以他人紛其專一之誠。歸命一真，定惠湛然，"生乎由是，死乎由是"。《荀子·勸學》。順天成化，動有常吉。

《象》曰：至哉坤元！萬物資生，乃順承天。

《乾鑿度》曰“至哉！《易》一元以爲元紀”，注：“天地之元，萬物所紀。”足見乾之所以資始，坤之所以資生者，非是二元，惟乾統天，而坤順承之耳。蓋合凝之類，坤握其方，《辨終備》。生生敷化，效靈配天。雖無不成，究不過輔萬物之自然而不敢爲。《老子》。此坤與乾同元，而受而後施，則大異乾施已。故地道施而不德，生而不有，爲而不恃，功成而弗居。《老子》。

坤厚載物，德合无疆，含弘光大，品物咸亨。

地之厚也，載山嶽而不重，振河海而不洩。其静也翕，故物得其養，無不包孕而充實，切極寬裕而柔和。其動也闢，故物效其能，無不發皇而昭明，且極廣博而通達。含弘光大，亦猶乾德无疆也。

牝馬地類，行地无疆，柔順利貞，君子攸行。

牝馬柔順而健行，地類也。任運不息，無遠弗届。其利甚溥，其德甚純，固君子之道也。基督徒虚懷從主，徧往各地，忍辱茹苦，力布福音，庶乎近焉。

先迷失道，後順得常。西南得朋，乃與類行。東北喪朋，乃終有慶。安貞之吉，應地无疆。

人未見道，動皆迷妄，决不能爲天下後，而一順乎真常。甚矣！知常之難也。《老子》“知常曰明”。《韓非子·解老》“物之一存一亡，乍死乍生，初盛而後衰者，不可謂常。唯夫與天地之剖判也俱生，至天地之消散也不死不衰者，謂之常”。釋家所謂“無量壽佛”，基督教所謂“永生之道”是也。必閲歷既深，理獨見其真，則世緣不足以擾吾懷，自甘恬憺，而宅心於一。於是志同方者義合，道不同者息交。孜孜焉務廣成生物之功，符大化而得所歸，終惟與天爲徒，而不與物遷。《莊子·德充符》。吉祥止止，《人閒世》。豈可海量？

《象》曰：地勢坤，君子以厚德載物。

勢謂形勢，宋衷《易注》。勝衆之資也。《韓非子·八經》。虞翻注：“力也。”《老子》曰“勝人者有力”也。張惠言注：“勝任也”。言地勢力之大，堪任萬物也，厚之至也。《中庸》曰：“博厚所以載物。”是其義。故君子一身任天下之重，必盛德閎中，然後能彌縫造化，任艱鉅而不危。

初六，履霜堅冰至。《象》曰：履霜堅冰，陰始凝也。馴致其道，至堅冰也。

《大學》曰："一人貪戾，一國作亂。"《韓非子》曰："千丈之堤，以螻蟻之穴潰；百尺之室，以突隙之煙焚。"其機有一發而不可遏者。故《老子》曰："見小曰明。"

六二，直方大，不習无不利。《象》曰：六二之動，直以方也。不習无不利，地道光也。

承天貞動，不撓不曲，直也。廣生萬物，周徧無隅，方也。妙應太虛，德合无疆，大也。蓋中正盛德，本乎自然，恒因天下之所利而利之，不爲而成。正如聖人奉天隆道，廓然無心，而化被萬方。皆行所無事，地道盡於此矣。

六三，含章可貞。或從王事，無成有終。《象》曰：含章可貞，以時發也。或從王事，知光大也。

《老子》曰："明道若昧，進道若退。"蓋含德之厚，能安常也。内美充實，世榮自不足以攖心。或事關天下休戚，急待輔相，則必黽勉以從，期能濟世於無終，豈有成功可居哉？《中庸》曰："君子之道，闇然而日章。"

六四，括囊，無咎，無譽。《象》曰：括囊無咎，慎不害也。

虞注："坤爲囊，以中虚能受也。六爻至四，則已三分受其二，可以括矣。"《仲氏易》。蓋六四重陰，正而不中，雖内富盛德，宜尊養時晦。如秋已深，萬物爲歛，以成天地之閉藏，爲將來厚其儲。故因時蓄其勢，寓大用於無用，舉世莫能是非。必無爲乃有爲，淺人焉知底蘊？隱利天下而無兆，保合庶類於秘緘，才智備而不炫如此。《象》曰"慎不害"，爲天下，非僅自爲計也。

六五，黄裳元吉。《象》曰：黄裳元吉，文在中也。

黄，晃也，猶晃晃象日光色也。《釋名·釋采帛》。又光也，厚也，中和之色。《風俗通·皇霸引》。裳，障也，所以自障蔽也。《釋名·釋衣服》。以六居五，有柔順之美。下又有二爲同德，故取象於黄裳，以有中和之美德而不露。而積厚流光，尤在善下人。申言之，黄，金色，至莊嚴者也。裳，利被於下者也。真德内充，化被於下，則廣土土色黄，《京氏易傳》“坤屬土”在覆而不外。吉孰大於聖人凝神下撫，致天下於中和？

上六，龍戰於野，其血玄黄。《象》曰：龍戰於野，其道窮也。

陰以卑順全其美，盛極逼陽，故龍與戰。戰於卦外，故曰於野。陰陽相傷，故其血玄黄。蓋戒盈滿，貴當其始見微而慮遠也。

用六，利永貞。《象》曰：用六永貞，以大終也。

坤德所以能配乾者，在善用六而永貞耳。時經時權，守一而止。攝羣品之繁變而不亂，應萬機之出入而有常。可久故可大，大則有終而无終。坤以用六无終，猶乾之用九无首也。

積善之家，必有餘慶。積不善之家，必有餘殃。

蘇格拉底曰：“神定無字法律，其中自有賞罰權在。非若人定有字法律，犯之而不罹罪者甚多也。蓋神方定法律時，早計及此，而有以使之不能逃避矣。”噫！天網恢恢，疏而不失。《老子》。使人各依所行善惡受报，《哥林多後书》五章十节。何審判之神也。是故衆生畏果，菩薩畏因。

繫辭传上

《本義》曰：《繫辭传》，通論一經之大體凡例。

天尊地卑，乾坤定矣。

天地之外，孔子存而不論，亦以神明之德，充周天地之内，不待遠求。故即以乾坤爲《易》之門。惟以天地定尊卑，未免著相。

方以類聚，物以羣分，吉凶生矣。

《春秋繁露》曰：“美事召美類，惡事召惡類，類之相應而起也。如馬鳴則馬應之，牛鳴則牛應之。”足見物理之感通至神。《書》曰：“惠迪吉，從逆凶，惟影響。”蓋因果不二，絲毫不能僞託也。

在天成象，在地成形，變化見矣。

天地形象，乃大造之粗迹。夫子特舉例以言變化無窮耳。本一也而萬殊生，故萬殊雖可分，而仍不可分。天地亦出於一，不過所在不同，設必分形象爲二，豈知變化之道者哉！夫《易》理本在天地之先，亦貫徹天地萬物之始終而不可端倪，惟造化密移，天地亦爲之變，可藉其形象表示之。

聖人設卦觀象，繫辭焉而明吉凶。

《易》理全現乎天地之間，而人莫能知也。故伏羲設卦以詮顯之。文周又觀其象，繫辭焉而明吉凶，以昭告之。《禪解》。教人克制私慾，遵循天理，趨吉避凶。意至深切。

剛柔相推而生變化，是故吉凶者，失得之象也。悔吝者，憂虞之象也。

天之道利而不害，《老子》。其實體終古不變。而變動不居者，現象耳。至夫人不善持天道，不能永貞其不變者，而常緣其屢變者以相逐，甚或背生趨死，在在自戕而不悟。所以吉一而凶，悔吝三焉。設能體合天德，一切世緣，不足移其操，必終有吉而無凶。

是故君子居則觀其象而玩其辭，動則觀其變而玩其占。是以自天祐之，吉无不利。

平時觀《彖》、《象》，臨事觀爻變，玩索有得則真智清明，玄機在握，先天而天弗違矣。《莊子》曰："知天之所爲，知人之所爲者，至矣。"《孟子》曰："得道者多助，多助之至，天下順之。"蓋性理浄嚴，圓周宇内，一靈妙運，感應至神也。

吉凶者，言乎其失得也。悔吝者，言乎其小疵也。无咎者，善補過也。

聖人知天道不可違，即卦爻以示吉凶悔吝，欲人明理而貞吉耳。乃人恒誤入不善而爲過，果不離因，悔、吝、凶隨之。設能猛省痛改，力圖補救，悉轉不善而爲善，何咎之有？玩"加年學《易》，可無大過"之旨，知聖人勉人之至教，在善補過而已。

易與天地準，故能彌綸天地之道。

道無不在，易無不該。故能總攝天地，裁成天地。

原始反終，故知死生之説。精氣爲物，游魂爲變，是故知鬼神之情狀。

人必原始而知所以生，乃能反終而知所以死。精氣爲物，游魂爲變，顯謂有聚散，非消滅也。《禮運》曰："皋某復。"吴季札曰："魂氣無不之。"大禹曰："生寄死歸。"《淮南·精神訓》。《莊子》曰："死生無變於己。"《齊物論》。皆大明生死之故。惟世人心爲形役，昧本性明，往往塵累昏昏，終身疲勞而不知所歸。方其未死，已無生趣。其究也生死輪流，苦何堪言。必也了證無生，弘道贊化，被不朽者於必朽，被不死者於必死，《哥林多前書》十五章五十四節。斯爲得之。《論語》曰："朝聞道，夕可死。"死生亦大矣，而遽若是，宜精思。

故神无方而易无體。

神固無在不在，不限方所，而易則若止無止，無適不可。耶穌曰："風隨意吹，不知何來何往。"《約翰福音》三章八節。以象聖靈周徧流行，其旨一也。

一陰一陽之謂道。

一陰一陽，兼對待、流行二義，執著不得。夫子曰："《易》有太極，是生兩儀。"蓋從奇、耦二畫，探原而立"太極"之名。即佛教所謂"一真法界"，景教所謂"太初有道"。似謂太極渾然無始，及生兩儀，則劃然有始。義至精也。若以陰爲實質，陽爲虚靈，二者又可分而不可分。况坤曰順承，顯無自體，歸乾統攝。足見乾元、坤元雖然對立，非是二元。近西哲魯滂博士謂"質力同一物，而異其形式"，亦可與《易》義相發明。周子作太極圖，未免鑿死混沌，挂漏誤人。造化實體，豈果其然？瞿唐來氏又略變其圖，以象世運人文之消長盈虚，不知此皆生滅門中事，非真常妙道本然也。乾之《大象》，明明曰"天行健"，設一治一亂，果有定數，天行何健之有？當知世運隆汙，皆人爲"順天者昌、逆天者亡"之實證。大道本剛健中正純粹精也，然則太極之圖不可信矣。昔朱、陸二先生，辯論"無極"不已，絶不懷疑於其圖，皆未洞明道體所致。觀其或譏爲老，或譏爲禪，門户見深，識量以狹，良可歎也。

漢唐以來學者，多受佛教影響。佛與老氏，認識造化實體皆極精邃。無如學者束於教，謂非聖人之學，而立言又不能遠離而外之，往往陰實祖用其説，改頭换面，而陽諱其所自來。巧甚亦拙甚！即如《太極圖説》，首冠“無極”二字，未始非感於佛法無量無邊而致。顧求之中土，老子曾已道及，用以立説，理亦當然。乃朱陸互相譏刺，幾若道爲孔子獨有物，甚矣其蔽也。朱子曰：“太極本無極，非太極之外復有無極。”以此解無極而太極，誠精妙。然則周子不應於太極圖外，更爲無極之圖，令人難會。宜梭山、象山兩先生，紛紛致辯，終嫌其贅也。總之真常之道，神妙不可思議，纖毫著相不得，誠有如韓康伯所謂“寂然无體，不可爲象”者也。設果如圖，何以言“陰陽不測之謂神”乎？余在金陵演講時，即言太極之圖，深不足信，返滬，乃追述其意，既讀《参同契》集註，見陳希夷《丹道逆生圖》，恍然於周子之所本，益覺愚見之非誣。今讀《易漢學》，又見辨《太極圖説》，確乎太極圖不足以言《易》也。爰誌其顛末於此。民國六年二月五日。

仁者見之謂之仁，知者見之謂之知。百姓日用而不知，故君子之道鮮矣。

道體渾圓，具足無量功德，隨機所見，不得偏執爲仁爲知。蓋高廣嚴浄，無非真實，萬象迴薄，密濟羣靈。獨惜行之不著，習矣不察，終身由之而不知其道者衆耳。

夫《易》廣矣、大矣！以言乎遠，則不禦；以言乎邇，則静而正；以言乎天地之間，則備矣。

道極太虚，功用廣大。遠届無疆，莫或抗拒。近周眉宇，無臭無聲，帥吾性以永貞，煦萬有而正命。充塞天地，洪纖不遺。

天地設位，而《易》行乎其中矣。成性存存，道義之門。

天地既闢，變化形焉，是即《易》也。夫《易》在天地，亦在吾身。一真磅礴，新新不停，固萬有所待以條理者也。其中萬理存焉，貴能操而存之。氣定神清，鎮攝化海，廣示堅固莊嚴之路，大開聖潔誠實之門

《啓示録》三章七節。隨順物則，盡性合天，而道義層出不窮矣。

言天下之至賾，而不可惡也。言天下之至動，而不可亂也。

不可惡，謂當精細體認至賾之理。《正蒙》曰："聖人盡性，不以見聞梏其心。其視天下，無一物非我。"知此則萬物雜然而不一者，盡得渾然會歸於道，何至厭惡而粗畧忽之？不可亂，謂當與道冥一，任萬緣之沓來，了無罣礙。《正蒙》曰："生直理順，則吉凶莫非正也。"保羅曰："欣羨帝榮，蒙難亦樂。"《羅馬書》五章二三節。具此定慧，則動雖至紛，而一心不亂，無動非静矣。

顯道神德行，是故可與酬酢，可與祐神。

道本虚寂無爲，《易》能實顯之，而神其無盡之德行。既有感而玄通，則至誠無我，任理平施，應接萬物無不當，贊助神化亦非難。

知變化之道者，其知神之所爲乎？

物理資闢闔以亭毒，人爲總古今之盛衰。變化莫測，道貞於一。大公均調，元和浹洽。盈天地間，神無不在。

是以君子將有爲也，將有行也，問焉而以言，其受命也如嚮。无有遠近幽深，遂知來物。非天下之至精，其孰能與於此？

君子將有所籌畫而圖始，或卒遇事故而難决，深恐意、必、固、我，相乘僨事，不敢自專，必虔誠禱告，務冥契乎天機。而靈感通神，不難召微妙之符應，如響偕聲而至耳。《左傳》："鳳鳴觀光，兆陳氏之昌。"莊廿二年。"間社同復，知季氏之貴。"閔二年。"楚子果卒於城父。"哀六年。"獻公取禍於驪姬。"僖四年。皆"无有遠近幽深，遂知來物"之證。信乎！至誠之道，可以前知。精之至也！若高僧佛圖澄、《舊約》以利沙等，言未然事，無不奇驗，並不煩卜筮而知吉凶，又何造詣之深耶？

《易》，无思也，无爲也。寂然不動，感而遂通天下之故。非天下之至神，其孰能與於此？

无思，本自天然，泯絶心慮也。无爲，觸處現成，不假安排也。真體寧定，寂虚自在，不移本處，自然周徧十方世界，故有感靈通，隨機妙應，左右逢原，無所窒礙。"萬物得度，雖遠若近。"《管子·内業》。神莫神於此已。

夫《易》，聖人所以極深而研幾也。唯深也，故能通天下之志；唯幾也，故能成天下之務。

深，藴奥而難見也。幾，細微而未著也。俞氏琰説。天下之志，藏於無形，可謂深矣，唯本易之至精以極其深，無非人心所同然之理，同則無不通。天下之務，其來無端，必有幾焉，唯準易之至變以研其幾，不外人事宜貞一之常，一則無不成。蓋心靈澄澈，物我無間，“精誠發於内，神氣動於天。”《文子·精誠》。則其與天下接也，何難渾人物而一同乎大順？

唯神也，故不疾而速，不行而至。

惟其神也，“視之不見，聽之不聞，搏之不得。”《老子》。無在不在，無去無來，出入六合，了無轍迹。所謂無翼而飛，而莫能知其所由然。《維摩經》曰：“不來相而來，不見相而見。”可互證。

夫《易》，開物成務，冒天下之道，如斯而已者。是故聖人以通天下之志，以定天下之業，以斷天下之疑。

道一而已。天下事物千變萬化，不離其宗，《易》所爲開物成務者以此。顧道體渾淪浄妙，不容一毫人欲之僞。立爲卜筮，正使人至誠無妄“精通乎天”，《文子》。不至昧於從違。是以“聖人抱一爲天下式”《老子》。“一”者，萬化所待，而莫能外者也。一本既立，則無往而非一，尚何有不通之志、不定之業、不斷之疑？

是故蓍之德圓而神，卦之德方以知，六爻之義易以貢。聖人以此洗心退藏於密，吉凶與民同患。神以知來，知以藏往，其孰能與於此哉？古之聰明睿知神武而不殺者夫！

《易》理之妙，萬應不窮，圓、神、方、知，隨機呈露。聖人心虚神定，與道合真，本具全易。以此益加瑩浄，超絶塵纏，攝用歸體，覺照湛然。不假卜筮，即是神智之舍，善必先知之，不善必先知之。惟憫惻顓蒙，迷於趨避，不禁先天下憂，期與天下以同樂。“一以無貳”，《管子·白心》。神清志凝，自知來於始；“定心在中”，《管子·内業》。知周慮密，能藏往以終。此聰明睿知之大用也，非體合造化，神勇絶倫，顯示天道真常，務盡登斯民於仁壽者，其孰能與於此？

乾坤其《易》之緼耶？乾坤成列，而《易》立乎其中矣。乾坤毀則无以見《易》。《易》不可見，則乾坤或幾乎息矣。

《易》之爲道，包孕乾坤。乾坤特其奥藏耳。無形有形，出入萬機，莫不與《易》相爲無窮。《易》固有貫乎天地，總攝萬變於不變者矣。

化而裁之，存乎變。推而行之，存乎通。神而明之，存乎其人。默而成之，不言而信，存乎德行。

至道盈天下，至紛也，至一也，至神也。惟聖人窮神知化，總其紛而通爲一，不泥乎道而動與合，而神之神以神。即不神之所以神者亦神，是之謂能神神。特非其人，道幾無存。必冥會於萬化之感，游心於象外之天，密合真元，神恬智定，乃克有成。是豈文辭言説所能爲哉？惟積誠實中，而踐形乎德之和，則灝氣所盪，有孚攣如，不言之教，靈應普也。

繫辭傳下

吉凶悔吝者，生乎動者也。

《老子》曰："不知常，妄作，凶。"《論語》曰："非禮勿視，非禮勿聽，非禮勿言，非禮勿動。"視、聽、言皆是動。皆以禍機之伏於動者多，而吉甚少也。故耶穌曰："當入窄門。"《馬太》七章十三節。

吉凶者，貞勝者也。

吉凶至無定，一貞能勝之。《管子》曰："有義勝無義，有天道勝無天道。"《樞言》。保羅曰："勿爲惡所勝，宜以善勝惡。"《羅馬》十二章廿一節。萬變定基，《陰符經》。命自我立。

天地之道，貞觀者也。日月之道，貞明者也。天下之動，貞夫一者也。

天地以一貞壯觀，日月以一貞大明。天地日月，不足以盡道之妙，而道之大要，可藉天地日月以形。道一而已，“夫一者，一統天地，萬物所繫終也。”《史記》。能貞夫一，則天下之動之至不一者，皆就範於至一之歸，而天地且爲之貞其觀而益壽矣，日月且爲之貞其明而增光矣。

古者包犧氏之王天下也，仰則觀象於天，俯則取法於地，觀鳥獸之文，與地之宜，近取諸身，遠取諸物。於是始作八卦，以通神明之德，以類萬物之情。

天地萬物，以人爲心。人者，神明之德之會也，所以壯天地萬物活潑之觀者也。八卦之作，明此身爲萬物之所係，一化之所待，《莊子·大宗師》。教人參大化之秘，普美利之用，永綿高明博厚於悠久也。夫子列舉十三卦象，顯示後聖制作，自然符合，精矣。顧世運演進，一切備物致用之法，必隨時變易以從道，始可以濟天下。蓋神明之德無盡，萬物之情無盡，當未有八卦之先，早有無盡極活潑之八卦。至今自在也，惟在人善通之、類之而已。

是故《易》者，象也。象也者，像也。

像者，“仿佛似之”之謂，不可拘執。猶鏡能照萬物，鏡非是物。物亦非鏡，唯依鏡顯。而物去鏡空，毫不黏著。故吾嘗稱《易》爲無字天書。

彖者，材也。

材，才德也，統一卦之要義也。故曰知者觀其彖辭，則思過半矣。

爻也者，效天下之動者也。是故吉凶生而悔吝著也。

吉凶生於動，悔吝著於動，皆象之至粗，就凡夫心識言也。其實吉凶悔吝，該於未動之先，不過因動而顯著。其間無明力熏，不覺心動，名爲生相，甚深細微，洵難自知。故吾人喜怒哀樂之未發，已不中；及其發也，斷難中節，又不和。乖戾之氣，交感互乘，良堪憫惻。噫！孰能寂然不動，動與天游乎？

《易》曰：“憧憧往來，朋從爾思。”子曰：“天下何思何慮？天下同歸而殊塗，一致而百慮，天下何思何慮？”

《楞嚴經》曰：“方便有多門，歸元無二路。”《法華經》曰：“唯此一事實，餘二則非真。”無如一切衆生，不各爲覺。以從本來，念念相續，《大乘起信論》。貪戀世間，陰緣成質，從生至老，一無所得。《潙山警策》。安望執一心而不亂，會萬善以同歸？《無量壽經·起信論》。耶穌曰：“誰能以思慮多延一刻之壽算？唯宜爲上帝之國與義是求。”《馬太》六章。尚已。

尺蠖之屈，以求信也。龍蛇之蟄，以存身也。

聖人之道，純以潛密静定工夫，成之於己，未遑求知於人也。積累既厚，性德貞純，自然光輝發於外。若夫小人騖外，的然以誇人之耳目，操存克復，素養毫無，急遽求信，禍萏生耳。詎惟萏必逮夫身，是可以尺蠖、龍蛇明之。

精義入神，以致用也。

義者，循理而行宜也。《淮南·齊俗訓》。精誠獨到，感應神變，“隨意所作，莫不成滿。”《華嚴經·入法界品》。

利用安身，以崇德也。

身不安何所利？利用安身，毋爲形役也。人心有所私係，則身難安。必約其所守，寡其所求，知大己而小天下，《文子·道原》。參觀《馬太福音》十六章廿六節。然後知止有定，克明峻德。

利用跟精義來。精義極重要，言義到精處，則通乎神化，妙用無窮。然義非崇德不能精，故利用安身以崇德。

過此以往，未之或知也。

言除崇德精義外，道之甚深微妙，不可知者正多。

窮神知化，得之盛也。

神化雖不易測，然究可以窮知。苟能心證一真，正智緣如，則玄機在握。“方且與造物者爲人，而游乎天地之一氣。”《莊子·大宗師》。參觀《約翰福音》十四章九至十一節。謂非盛德哉？《西銘》曰：“知化則善述其事，窮神則善繼其志。”朱子注曰：“化者，天地之用，一過而無迹者也。知之，則天地之用在我，如子之述父事也。神者，天地之心，常存而不測者也。窮之，則天地之心在我，如子之繼父志也。”正如爲基督寫照。

善不積，不足以成名。惡不積，不足以滅身。小人以小善爲無益，

而弗爲也；以小惡爲無傷，而弗去也。故惡積而不可掩，罪大而不可解。《易》曰："何校滅耳，凶。"

《乾鑿度》曰："善雖微細，必見吉端。惡雖纖介，必有悔吝。"《中庸》曰："莫見乎隱，莫顯乎微。"故當慎所積與既然，且當慎其微與始然，尤當慎其獨於未然。參觀《馬太》五章二十九節，又十章二十六節。

子曰："危者，安其位者也。亡者，保其存者也。亂者，有其治者也。是故君子安而不忘危，存而不忘亡，治而不忘亂。是以身安而國家可保也。"《易》曰："其亡其亡，繫於包桑。"

"制治於未亂，保邦於未危。"《書·周官》。在以真道治身，憂勤惕厲而已。然或般樂怠敖，已致國家多難，而事尚可爲，即宜懲前此安樂之致禍，不勝憂懼以圖存。及至既治既安，而憂懼危亡之念，仍不少減，而且益勵。於是有成無敗，身安而國家可保矣。《詩》云："戰戰兢兢，如臨深淵，如履薄冰。"

子曰："德薄而位尊，知小而謀大，力小而任重，鮮不及矣。"《易》曰："鼎折足，覆公餗，其形渥，凶。"言不勝其任也。

傅說、吕尚，不汲汲於聞達者，道、德備則輕王公也。《抱朴子·貴賢》。惟不可大受之小人，恒不度德量力，冒進以禍天下，雖身受戮奚補耶？故不尊德樂道者，不可以當大任。

子曰："顔氏之子，其殆庶幾乎？有不善未嘗不知，知之未嘗復行也。"《易》曰："不遠復，无祇悔，元吉。"

人心恒依無明熏習起識，甚深微細，甚難了知。《大乘起信論》依無明熏習所起識者，非凡夫能知，乃至菩薩究竟地不能盡知，唯佛窮了。蓋性之所以不能復者，昏與動使之然也。照昏者謂之明，駐動者謂之静。《天台止觀統例》。顔子克復功深，嘗三月不違仁，故物或爲蔽，輒悟本明，迴光返照，行解相成。如見葭灰微動，詳《後漢書》。即是陽剛來復，殆近於知幾之神者乎？"復"，彖辭曰"七日來復"，明"天行之不可遠"也。復其見天地之心，明洪化萬幾，終歸本然也。《大象》曰："先王以至日閉關，商旅不行，后不省方。"明"致一安身，養陽神"也。《禮·月令》："仲夏之月，日長至，陰陽争，死生分。君子齋戒，處必掩身，毋躁。止聲色，毋或進，薄滋味，毋致和，節耆欲，定心氣。”“仲冬之月，日短之，陰陽争，諸生蕩。君子齋戒，處必掩身。身欲寧，去聲色，禁耆欲，安形性，事欲静，以待陰陽之所定。”理至精深。其止妄動，速真修，至矣。基督教儀，七日休息，俾羣息塵勞，淑性靈而增福壽，不遠之“復”，適相符合。奈何舉世勞人，多不至省。悲夫！

子曰：“乾、坤其《易》之門耶？”

《易》之神化，以乾、坤著。或闢或闔，衆妙出焉。彰往察來，奥秘無窮。

《易》之爲書也不可遠，爲道也屢遷。變動不居，周流六虚。上下无常，剛柔相易，不可爲典要，唯變所適。

《易》之爲書，會歸天地萬象，道通爲一，不可須臾離。雖氾兮其可左右，然泯絶無寄，不得執滯名相而泥之。貴能通經達權，窮極萬變，“合神不測，契道無方。”《關尹子・九藥》。

苟非其人，道不虚行。

道無不在，應物不窮。聖人不出，懸之太空。

其道甚大，百物不廢。懼以終始，其要无咎。此之謂《易》之道也。

大道察乎天地，神明之德、萬物之情，統攝無遺，而一通乎本性之明。惟宜妙顯神用，普美利以濟造物之窮；深恐微動塵心，誤蒼生而貽永劫之害。兢兢業業，慎終於始，密於防患，乃無敗德。此易教所以潔净精微也。

說卦傳

《正義》曰：“説卦者，陳説八卦之德業變化，及法象所爲也。”

幽贊於神明而生蓍。

神明之道，無間天人。惟“至精之感，弗召而來，不去而往，窈窈冥冥，不知所爲者而功自成”。《文子・精誠》。聖人洞明之，而生用蓍求卦之法。蓍非神物，而占者可因以“抱真效誠，感動天地”。《文子・精誠》。

即“恍惚與神明交，喻其志意”，《禮·祭義》。而著神矣。

窮理盡性以至於命。

理、性、命三，同指一物，天賦曰命，在人曰性，其相、用曰理。如理了解曰窮，躡解成行曰盡，隨行圓證曰至。此盡人合天之極致也。

神也者，妙萬物而爲言者也。

《乾元序制記》曰：“神爛天地塞。”鄭康成注：“言乾之神明，爛然滿天地之間。”足見神化無方，體物不遺。保羅曰：“上帝永能神性，雖目不及觀，但可觀其所造萬物而知。”《羅馬書》一章二十節。誠具正法眼藏矣。

序卦傳

序卦非《易》之藴，不過因卦相次之義，託象以示例。明“《易》道之周流，趨時無定，可觸類而通”也。本《正義》與《折中》。

雜卦傳

韓康伯曰：“雜卦者，雜糅衆卦，錯綜其義，或以同相類，或以異相明也。”

大宇、長宙，强立二名。森羅迭運，“動化從新”，《管子·侈靡》。極則復反，莫不咸當。夫子恐学者執滯而害道也，特因時遷流，序卦以總之；又因事對待，雜卦以分之。蓋欲人“得道之宗，應物無窮”《淮南子·主術訓》。耳。

跋

丁未秋，武昌文華神學諸生，曾請講《易》若干日，其存稿無幾。洎應金陵神學之請，亦即前稿略有增益，爲諸生解説，而大旨以融會景教，發明天人之際爲要。諸生或樂其切於身心也，請公諸世。余返滬，又累月研尋，始付廣學會。而中西諸教牧，均以不合歐習，不允刊行。余窘於資，亦置之。經年餘，至南開，諸生時相質問，且同志垂詢者衆，無以，因删繁就簡，以付手民。嗚乎！易教潔浄精微，持而行之，則貞元永吉。自强不息，窮理、盡性、至命之道，皆在於《易》。今也微言絶，國瀕危，歐風挾權利以東漸，時人遂舍己而盲從。《易》以卜故，且不能見容於基督牧矣。詎知卜者，齊心凝神，冥契天德，猶禱也，果相異哉？余憶趨庭時，竊見先君潤五公，嗜《易》善卜，卜必神驗。時余年少氣盛，以爲《易》理詎止是，先君亦不以責余。然先君生平澹定，悠然有超世之慨，則其神於卜者，必有其所有神焉。余自愧不能修父業，此編之成，尤深陟岵之感，遂併記之。

中華民國八年九月中浣
純一識於天津南開大學

荆楚文库

基督神通义证

該書 1918 年印行單行本，後收入《仲如先生弘道書》。據後者整理。

序

予年來研究基督教義，特喜讀仲如所箸。夫道本一元，而談者泥於派流，多入主出奴之見，致大道闔塞，荆棘叢生，良可慨已。仲如志行堅卓，湛深《内典》，精於老氏、儒、墨諸家之説，故所論著數十種，類能義證圓融，源探幽頤，非見道一隅者，所能道其隻字。近年出版之《談道書》，尤能冶各教於一爐，使閱者盡消門户見，而同趨於慈愛惻隱、犧牲救世之一途。予嘗謂基督教入華，自唐以來，藴義沈晦，世鮮明晰，得仲如而景光以著，輝曜無垠，可謂功不在禹下矣。頃又從事論列《基督神通義證》。予嘗至燕校神學，聽仲如講，得覩其目録，並先脱稿數章。仲如諧謂，此著示人，必又滋駭異，不如秘之。予曰否否，鷽鳩笑鵬，奚害於鵬之大乎？夫舉世羣趨於物質科學，以目鏡所不能見、化分所不能得者，皆斥爲虚妄。甚至宗教學子，亦多偏重基督倫理，而滋疑夫靈應。其舊者又病執著，以基督所行類神異，弗能躋，均失之矣。攷全《福音書》，所載靈應，皆救主於惻憫時，發抒其性光，而示人以靈明作用耳。性無所不能，亦無人不具。耶穌嘗謂“己所能，信者亦必能之，且所能將益大。”又引《舊約》謂“汝衆皆神”。夫人特患自棄其靈明作用，阻於疑貳，則終於常人而已矣。釋曰：“萬法唯識，三界唯心。”道曰：“萬化生乎身，宇宙在乎手。”儒曰：“位天地，育萬物。”又至誠如神，各宗豈有二致乎？而小知掊之，無他，形下之器粗淺易窺，故附和者衆，形上之道精微難測，故參悟者稀。老氏謂“下士聞道大笑之，不笑不足以爲道”，拘於形器者，亦可以返矣。仲如所爲義證，本原各宗奥理，而詳述其秘藴，盡力發揮靈明作用，使宗徒咸知未證神道之境即信行淺薄之徵。所謂性功未盡，難語事功，縱利濟普世，猶多慚德，望神宇而浩歎也。以此爲吾輩策勵，其益豈淺尠乎？爰慫仲如趣成之，而樂爲之序。

民國十年春季，東平侯延爽

目　録

《新約》種種神通，佛教或謂之“感通”。以十方世界，一靈旁礴，精誠妙感，自然通達無礙，甚不奇也。乃自來基督徒均稱神蹟，以爲非人所能，未免所見不廣。詎知耶穌猶是人也，特非吾人之不神比也，然並非吾人終不能與耶穌等神也。顔回曰：“墮枝體，黜聰明，離形去智，同於大通。”《莊子·大宗師》。有至理焉。第宗教根本正義，貴能明性弘化，普度羣迷，初不偏重神異，然無定不慧，功缺靈修，則自心且被形縛，安能解除人縛，拔濟衆生於仁壽？試即基督神通略述之。

化水爲酒 約翰二章九節

據《新約》，史以此爲耶穌最初之神通，蓋以見於《新約》者言也。竊觀聖母初語耶穌曰：“酒罄矣。”《約翰》二章三節。顯見深信其“欲有即有”意。繼謂諸僕曰：“凡彼所命，爲之。”五節。又似耶穌夙具神力，隨意變現，實驗甚多，故敢預爲保證。則此必非耶穌生平始行之異能，了無疑義。迨門人咸信從，故聖母不再與焉。若耶穌以“時未至”四節。爲言，示妙造自然，不關人事也。命“注水盈甕”，七節。而酒自成，示“不假云爲、萬物從化”也。此間有三要義：一、綱維宇宙，奥秘無窮，爲此所以示神道變化不可思議。二、斯人自性，皆具無盡神用，爲此所以示“氣合於神”，《亢倉子·全道》。萬法即由之而生。三、世人妄作聰明，恒埋真背覺而不悟，爲此所以示冥寂通神，胥使景從而知歸。此啓迪人心之微旨也。按，摩西嘗使水變血，臭不可飲，爲罰悖逆之民也。《出埃及記》七章。耶穌今變水爲酒，香悦人口，爲歡新婚之客也。二者皆水，而一威一恩，禍福迴殊矣。大抵神通之表現，皆欲化難化之俗，不得已而爲之。所謂示現神通種種變化，引導衆生出生死苦也。蓋宇宙本一無限大靈體，吾心果能專一正定，自與宇宙總靈相感通，無難默運身外各物，使應神變，且能支配旁觀者之靈思，從我心念而無違，一切游戲神通，千奇萬奇，不足奇也。姑引證中土二例，以免少見者爲怪。“韓愈姪孫湘能奪造化，取樽造酒，俄成佳釀。”又有“柳融取水呪之，即成美酒，飲之醉人。”俱《歷代仙史》。更如“左慈坐致行厨”之類，不勝述。是其妙用，雖遠不逮耶穌救世之勇，而理實一致，皆“精想思之”《管子·內業》。之效也。抑知弘宣正道，神通固非所必重，往往外道亦有之。觀耶穌嘗斥求神蹟者曰“惡世”，《路加》十一章廿九節。義至顯也。

知撒馬利亞婦有五夫 《約翰》四章十八節

鶡冠子曰：“至神之極，見之不忒。”《道端》。蓋道一則“天地同根”，玄通則“人己不二”，故“至人虛心冥照靈鑒有餘”。《肇論·妙存》。耶穌潛光應物，無幽不燭，知撒馬利亞婦有五夫，奚足異？佛教所謂他心通，能知六道衆生心中所念之事，即此。此爲六通之一，近催眠。學者謂之領悟術，以能洞知他人心意，而表示之。亦精神鍛鍊之成效，然能者甚少，可见造就之難。

試述其要義。一、耶穌預知撒馬利亞人可教，觀三十節，又三十九至四十二節。渴望其遏欲存理，因藉此婦化之，七節。示救恩之周流無外也。二、示人隱微難逃神鑒，十六至十八節。使戒懼慎獨，悔罪自新也。三、示大慈普愛，不擇人，不擇地，九節、十節、二十節、二十一節。猶天無私覆也。四、借水止渴有限，形聖靈之恩賜無窮，十三四節。興起人欣樂求道之思也。五、知婦切盼基督之臨，即身詔之，十節、十五六節、二十九節。使之生希有想，生難遭想，則信德益堅也。六、示上帝與自心，同是一靈，二十三四節。感應道交，即自即他也。七、以遵父旨而竟其功爲食，三十一至三十四節。是即資益衆生、慧命永生之糧三十五六節。也。八、使稼者穡者同樂，示吾徒用力少而成功多也。三十六至三十八節。

證以中土載籍。“石勒欲試佛圖澄，夜冠冑、衣甲、執刃而坐，遣人告澄曰：‘夜來不知大將軍所在。’使人始至，未及有言，澄逆問曰：‘平居無寇，何故夜嚴？’勒益信之。勒後因忿，欲害諸道士，并欲苦澄。澄乃避至黑略舍，語弟子曰：‘若將軍信至，問吾所在，報云不知所之。’既而勒使至，覓澄不得，使還報。勒驚曰：‘吾有惡意向聖人，聖人捨我去矣。’通夜不寢，思欲見澄。澄知勒意悔，明旦造勒。勒曰：‘昨夜何行?’澄曰：‘公有怒心，昨故權避。公今改意，是以敢來。’勒大笑。”《晉書・藝術傳》。“韋鼎除光州刺史。州中有土豪，外修邊幅，而内行不軌，常爲劫盜。鼎於都會時謂之曰：‘卿是好人，那忽作賊?’因條其徒黨、謀議、逗留。其人驚懼，即自首伏。又有人客遊，通主家之妾。及其還去，妾盜珍物，於夜逃亡，尋於草中，爲人所殺。主家知客與妾通，因告客殺之。縣司鞫問，具得姦狀，因斷客死獄成。上於鼎，鼎覽之曰：‘此客實姦，而殺非也。乃某寺僧，詃妾盜物，令奴殺之，贓在某處。’即放此客，遣掩僧，並獲贓物。”《隋書・藝術傳》。“由吾道榮隱於瑯琊山中，善洞視。蕭軌等之敗於江南，其日道榮言之如目見。後鄉人從役得歸者，勘問敗時形勢，與道榮所説符同。”《北史・藝術傳》。“沙門寶亮欲以衲衣遺保誌，未及發言，誌忽來引衲而去。”《高僧傳》。元章宗召見王處一問，凡有所問，輒知之。何也？對曰：“鏡明猶能鑑物，况天地之鑒，無幽不燭，何物可逃?”所谓天地之鑒，即自己靈明之妙也。章宗歎曰：“清明在躬，志氣如神，先生之謂也。”《使徒行傳》五章，彼得亦知亞拿尼亞售田，而潛藏數金，足見“神在所潛”，《法言・問神》。心净明現，無足異也。顧推此神通之妙用，能透视箱籠中，或墻宇外物，或地下极深处，毫无隔礙。虽地隔千萬里，亦瞭如目前。吾古德能此者多，因《新約》未見，不贅。亢倉子曰：“吾能視聽不用耳目。我體合於心，心合於氣，氣合於神，神合於無。其有介然之有，唯然之音，雖遠際八荒之外，邇在眉睫之内，來干我者，吾必盡知之。乃不知是我七竅手足之所覺，六腑五臟心慮之所知，其自知而已矣。”蓋不慮而通，精照無外也。或稱“千里眼”，或稱“縮地法”。基督類能之，如《馬太》十章廿三節“以色列諸邑，爾儕行猶未遍，人子已至是。”而皆不爲，可見基督之大也。

西門承命得魚無算 《路加》五章一至十一節。《約翰》廿一章一至十三節不贅

耶穌天眼神明，所緣諸境，圓照靡遺。自知多魚所在，或“動出無

心，萬物從之”，《莊子·天地篇》郭象注。精靈所感，多魚自應念而集，無足奇也。然關此事別具精義，試申其説。一、“耶穌立湖濱。”一節。見岸然獨立，目擊衆生浮若泡幻，起大慈悲義。二、“衆争詣耶穌，欲聽上帝之道。”一節。見衆生原具性德，自然迴向本真義。三、“二舟傍岸。”二節。見天下事理，往往相待成二，不離一因義。四、“漁子離舟洗網。”二節。由網卷舒之妙用，見人心卷舒，妙用更無限量，惟宜勤滌垢汙義。五、“耶穌乃登一舟，西門舟也。”三節。見人不皆善，宜精鑒别義。又見簡定西門，預立敷教基礎義。六、“命移舟離岸少許。”三節。見宜脱離塵緣，亦不宜使衆望塵不及義。又見衆去耶穌不遠，而毫釐之隔，無異千里之遥義。七、“遂坐舟中訓衆。”三節。見西門及其所有物，皆屬主有，可作弘化利器義。又見衆生浮動，如不繫之舟，有耶穌在，即甚安定義。八、“訓畢。”四節。見妙理無盡，不可言傳義。九、“語西門移水深處，下網以漁。”四節。見道必深造，始能左右逢原義。十、“我儕終夜勞苦，竟無獲。”五節。見顛倒浮生，終覺徒苦無樂義。十一、“顧因爾言，我且下網。”五節。見誠信耶穌，則無爲有爲，慧力自然資生義。十二、“獲魚孔多，而網幾裂。”六節。見信心因圓，信手果滿，自在取無漏財，畢竟不壞義。《華嚴經》：“如人有手，入寶山中，可自在取寶。信心亦爾，可入佛法之中，自在取無漏財。”《心地觀經》曰：“人若無手，雖至寶山，終無所得。無信手者，雖逢三寶，終無所得。”十三、“招他舟侣來助，則盈二舟。”七節。見天父“財富無量，種種諸藏悉皆充溢”《法華經·譬喻品》。義。又至無而供其求、《莊子·天地》。既以與人己愈多《老子》。義。又無分勞逸，天父資生厚恩，同取不盡《約翰》四章卅六節。義。十四、“舟幾沉。”七節。見天父慈愛，不可測度，吾人承受不了義。十五、“俯伏耶穌膝前。”八節。見彼得五體投地，由其妙明真心，大受靈感於不覺義。十六、“曰我乃罪人，求主離我。”八節。見神光逼照，恍然自慚形穢，不堪親近義。又見其根性大利，故獨能猛省回頭，始覺便成正覺義。十七、“衆因獲魚之多，俱驚異。”九節。見耶穌“萬化生乎身”，《陰符經》。誠爲“第一希有”《金剛經》。義。十八、“雅各，約翰亦然。”十節。見耶穌一靈感召，二聖玄契道妙，亦無以異義。十九、“耶穌謂西門曰，勿懼。”十節。見止其驚疑，使心正定，即得無礙解脱義。二十、“自是爾將漁人。”十節。見西門畢生事已前定，故耶穌將付以天國秘鑰，《馬太》十六章十九節。使援天下之溺，盡出苦海義。此題主眼在此。廿一、“衆曳舟置岸。”十一節。見誕登道岸，永免沈淪義。廿二、“盡棄諸物。”十一節。見刹那間即視萬事如糞土，《腓立比》三章八節。故能捨人所難捨義。廿三、“隨從耶穌。”十一節。見悉忘既往，努力當前，惟向主標奔赴義。《腓立比》三章十三四節。此耶穌哀愍無量劫無量衆生陷溺苦，務盡拔之之微旨也。

證以中土文獻，《荀子・勸學篇》曰：“昔者瓠巴鼓瑟，流魚出聽。”《易・中孚》曰：“信及豚魚。”蓋一氣之感至神也。《後漢書・方術傳》：“左慈嘗在曹操坐。操從容顧衆賓曰：‘今日高會，珍羞略備，所少吴松江鱸魚耳。’慈應曰：‘此可得也。’因求銅盤，貯水，以竹竿餌釣於盤中。須臾引鱸魚出。操大拊掌笑。會者皆驚，操曰：‘一魚不周坐席，可更得乎?’慈乃更餌釣沈之，須臾引出，皆長三尺餘，生鮮可愛。操使目前鱠之，周浹會者。”又有：“葛玄爲吴主致雨中庭，水深尺餘。吴主曰：‘水中可使有魚乎?’玄即書符水中。倏有大魚數十，長一二尺許，游水中。命取烹之，果真魚也。”《神仙傳》。《新五代史・一行傳》：“李道殷有釣魚術，釣而不餌。”上皆正史，當可據也。惟學者當知神通有正有邪，不盡可貴。必在在皆出於正軌，務弘道救世，斯足貴矣。

平息風濤 《馬太》八章廿六節

據此知上天下地，權自我操，《馬太》二十八章十八節。信不虚也。《中庸》曰：“致中和，天地位焉，萬物育焉。”朱註：“天地萬物，本吾一體。吾之心正，則天地之心亦正。吾之氣順，則天地之氣亦順。故其效驗至於如此。”蓋“天人一氣顯相通”。《文子纘義》。“其神凝，能使物不疵癘也”。《莊子・逍遥遊》。

試即上下文申其義。一、“耶穌登舟，門徒從之。”二十三節。見此舟即是大慈大悲大願船，務普度無量劫信從衆生義。二、“忽海風大作，舟被波濤蕩蔽。”二十三節。見人生飄流苦海，風波險惡，未能安身立命義。三、“耶穌假寐。”二十四節，當知此乃入刹那際三昧也。見神全於中，不役於外義。四、“門徒就而醒之曰：主，救我儕，將亡矣。”二十五節。見門徒不能齊生死，則意有所懾，《文子·十守·守無》“齊生死則意不懾”。故非仗主神力無所託命義。又見信能成就無量功德義。五、“耶穌曰：何信心之劣而懼爲？”二十六節。見信力不充，則神不凝而物亂之，故致深懷優感義。六、“遂起，斥風與海，即平息。”二十六節。見耶穌神動而天隨，一定湛然，風濤自應念而静義。《壇經》曰：“不是風動，不是旛動，仁者心動。”宜玩索。又見歸命基督則“精神内守，物不能惑”，《文子·下德》。無不穩到彼岸，免沈淪獲永生義。《約翰》三章十五節。七、“衆異之曰：彼何人？斯風與海亦聽命焉。”二十七節。見耶穌不惟大而能化之聖，且聖不可知之神義。

證以中土史乘。晉吴猛嘗渡江，遇風濤猛作，乃以白羽扇畫水成路而渡。陸法和與侯景將任約對敵，因縱火船，而逆風不便，法和執白羽扇麾風，風即返。《北史·藝術傳》。宋神僧志言嘗因海客遇風，且没，乃操絙引舶而濟，客至都下遇言，忽謂之曰：“非我，汝奈何？”客視其貌，真引舟者也。《宋史·方技傳》。蓋或則辟風濤爲坦途，或則使風隨心而返，或則使風不能爲害，皆抱真效誠之冥感也。文子曰：“精誠内形，氣動於天，河不滿溢，海不波湧。”不誠然哉！

被曳臨崖將墮而遁

《路加》四章三十節，《約翰》八章五十九節不贅

耶穌神智内充，統攝萬靈，故雖羣小重圍，而心力潛運，自然辟易萬夫。蓋精氣凝固，一正能敵百邪，一强能勝衆弱，宜其進退綽綽然有餘裕也。試申其義。“會衆聞言盛怒，羣起而屏諸誠外。”二十八九節。知衆惡貫已盈，耶穌道大莫能容也。“城建於山，因曳至巔，欲推墮之。”二十九節。可以比量衆罪山積，兇險已臻絶頂，而意氣盡屬死亡也。惟至，欲推而竟

未遂，最堪玩索。因衆怒而屏，而曳，受困久矣，何能超然徑去？想必有靈感，使其目無見，手無力，或且心蕩而意消，故獨往獨來，旁若無人，摧枯拉朽，未足喻其易。嗚乎神矣！至聖哉！想耶穌既能以神力禦衆，即能以神術苦衆，然而不爲，蓋憫衆無知，犯而不校，慈悲量宏也。又想耶穌能步行海上，則神定矣，身輕矣，豈不能聽其推墮，投下若飛而無碻，同“毁”。見《列子》“商丘開以爲信然，遂先投下，形若飛鳥，揚於地，肌骨無碻”。然又不爲，蓋不欲成人之惡，更不屑小道炫衆。可見其厚待鄉人，心正且大也。卒從衆中遁去，則氣度雍容，游行自在，可神會焉。

《後漢書·方術傳》曹操欲收殺左慈，慈乃卻入壁中，霍然不知所在。《晉書·藝術傳》苻融遣騎追孟欽，垂及，忽然已遠，遂不知所在。宋濱州劉道士值秦檜當國，欲羅致爲門下客，辭曰“毋使北山蒙愧”，檜大怒，詆劉爲妖妄，收逮隱真之像，令天下做式捕之，一日竟造檜第，自言濱州劉道士來見，時檜方觴客，使人執之，已不見蹤跡，急索舊收之像，亦並不見。高僧普安，常業華嚴，精禪思，有索陀者，川鄉巨害，陰嫉安德，恒思誅殄，與伴三人，持弓挾刃，攘背挽强，將欲放箭，箭不離弦，手張不息，努眼舌噤，立任經宿，後經懺悔方蒙解脱。以上所引似不甚類，但在精其術者，自知爲一理也。

以上所引，神異顯然。何未能令天下欽崇，歸命求度？其故可深長思之。明仙吴夢暘曰：“但憂不圣賢，勿憂不神仙。”至言哉！

五餅二魚飽五千人 《約翰》六章二至十四節，《馬太》十四章十五至廿一節，《馬太》十五章三十二至三十八節不贅

《中庸》曰：“其爲物不貳，則其生物不測。”有以夫！試進述其義。一、“何從市餅食衆。”五節。見耶穌慈愛衆生，預爲籌備食物義。二、“餅魚出于孺子。”九節。見其來源，天真未漓，少能勝多義。三、“主取餅魚祝謝。”十二節。見養形必先養靈義。四、“餅魚既出主手。”十一節。顯然神化無窮義。五、“衆食皆飽。”十二節。見從生蒙恩，無不滿足義。

六、“收拾餘屑，盈十二筐。”十二三節。表神糧無量，設人更倍蓰，終不可盡義。七、示自性能生萬法《壇經》。即世人生命之糧義。《維摩經・香積佛品》時化菩薩，以滿鉢香飯，與維摩詰。飯香普薰毘耶離城，及三千大千世界。時維摩詰語舍利弗等諸大聲聞：“仁者，可食如來甘露味飯，大悲所熏，無以限意食之，使不消也。”有異聲聞，念是飯少，而此大衆，人人當食。化菩薩曰：“勿以聲聞小德、小智，稱量如來無量福慧，四海有竭，此飯無盡，使一切人食摶若須彌，乃至一刧，猶不能盡。所以者何？無盡戒、定、智慧解脱，解脱知見功德具足者所食之餘，終不可盡。”於是鉢飯，悉飽會衆，猶故不儩。可會通之。

華嚴祖師杜順，嘗行化慶州，勸民設會，供限五百。及臨齋食，更倍人來，供主懼焉。順曰無畏，但通周給，而莫委供所從來，千人皆足。又當年十五時，代兄統兵，中途竭薪水。師以桶水束薪，供給十萬軍，用之不盡。又有神僧鑑源，講《華嚴經》，號爲勝集，日供千人粥食。其倉篅中米粟纔數百斛，取之不竭。沿夏涉秋，未嘗告匱。又有宋仙洪志，嘗手携小籃，入鄉里。或邀之飲，盡罄盤餐，志乃取籃中脯果，滿座盡饜足而不竭。《莊子・天地篇》曰：“財用有馀，而不知其所自來。飲食取足，而不知其所從。”知言哉。

步行海上 《馬太》十四章廿三至三十節，《馬可》六章四十七至五十一節，《約翰》六章十六至廿一節

《老子》曰：“全性保真，不虧其身。精通乎天，何爲而不成？”《文子・精誠》。故列子乘風，心凝形釋，不覺形之所倚，足之所履，隨風東西，猶木葉幹殼。又華胥氏之國，其民入水不溺，入火不熱，乘空如履實，寢虚若處牀。俱《列子・黄帝》。勒那漫提，天竺僧也，能身不著床，在虚仰卧。《神僧傳》。佛教神通中，有“神境通”，亦稱“如意通”，身能飛行，山海無礙。皆精神之學，可資實驗者也。後人浮躁不學，反誣爲誕，可歎！耶穌體合真元，神行而已，步行海上，何奇之有？且即上下文申其

義。一、“衆散，耶穌獨登山祈禱，既暮，惟一人在焉。”二十三節。見耶穌獨能超然物表，氣合於神，“定制泰一之哀”，《鶡冠子·泰録》。始終有獨無偶義。二、“扁舟海中，風逆濤狂。”二十四節。將拯其危，見“有心爲物，無心想身”高僧元珪語。義。三、“方四更時。”二十五節。見時勢昏暗，人盡酣睡，惟圣希天，自强不息義。四、“耶穌步行海上。”見濁世苦海，風波險惡，而至人履之猶坦途義。二十四五節。五、“門從驚駭以爲怪，大呼。”二十六節。見衆心障重，動成邪見，徒自□舉躁擾義。六、“耶穌急慰之曰，我也，安心勿懼。”二十七節。見一聲“我”中，具足無限神力，俾衆一心憑依，無憂有慶義。七、“彼得對曰：果主也！請使我履水就爾。”見彼得信主心篤，極願效法，勇往直前義。二十八節。八、“耶穌曰來。”二十九節。見自然安穩，福慧無偶，願與衆偕義。九、“彼得離舟履水。”二十九節。見一心信主，感應道交，即與基督無異義。十、“因見風猛而怯，幾沈溺。”三十節。見境界爲缘，妄起分别，即生恐怖，難免淪墮義。十一、“呼主求救。”三十節。見信心偶一動摇，生命即甚可危，非速求主神力護持，自身一切智能，毫不足恃義。十二、“耶穌伸手援之。”三十一節。見出其餘力，隨機接迎，即使履險如夷義。十三、又見即身示衆，願樂普度，凡誠信欣求者，皆得出死入生義。十四、“曰，小信者，何疑爲?”三十一節。見設堅信不疑，不惟利涉大川，且能現無限神異義。《馬可》十六章十七八節。十五、“登舟風息。”三十二節。見無邊性海，雖風依水而有動相，《大乘起信論》。而一心鎮定，即使波平如鏡義。十六、“舟乃立至彼岸。”《約翰》六章二十一節。見究竟福地，現前即是義。十七、又見解除舟衆勞苦，《馬可》六章四十八節。使其“不疾而速”，《易·繫辭傳》。慈恩超越意外義。《翰約》六章二十一節。十八、“舟人羅拜，稱真帝子。”《馬太》十四章三十三節。見耶穌妙性圓明，靈感他覺，一時同開“清净眼”《法華經·信解品》。義。凡此粗舉例耳，至道固不可言詮也。

昔達磨去梁，折蘆一枝渡江。有杯度者，不知姓氏，常乘木杯渡水，因而得名。嘗至孟津河，浮木杯於水，憑之渡河，無假風棹，輕疾如飛，俄而度岸。又往瓜步江側，就航人告度，不肯載之，復累足杯中。顧眄吟詠，杯自然流，直度北岸。陳楠過三山大義渡，洪流洶湧，舟不敢行，乃取所戴笠浮水上，立而濟之。蘆也、杯也、笠也，皆以應俗目耳，實非所必需也。釋希運入天台，逢一僧，褰衣躡波，若履平陸，曾無沾溼，已到彼岸。劉政步行水上，入水不沾。孫博能使人從己往水上，布席而坐，飲食作樂，且使衆人舞於水上。宋女仙陳瓊玉，與兄游四明海中，兄乘舟而玉行水上，越數日，衣服不濡。馀不勝贅。如上述或入水不沾，或使衆舞水上，皆耶穌能之而能不爲者也。《列子·黄帝篇》趙襄子率徒十萬，狩於中山，藉芿燔林，扇赫百里。有一人從石壁中出，隨煙燼上下，衆謂鬼物，火過，徐行而出，若無所經涉者。襄子怪而留之，徐而察之：形色七竅，人也；氣息音聲，人也。問奚道而處石？奚道而入火？其人曰："奚物而謂石？奚物而謂火？"襄子曰："而嚮之所出者石也，而嚮之所涉者火也。"其人曰："不知也。"魏文侯聞之，問子夏曰："彼何人哉？"子夏曰："以商所聞夫子之言，和者大同於物，物無得傷閡者，游金石，蹈水火，皆可也。"文侯曰："吾子奚不爲之？"子夏曰："刳心去智，商未之能。雖然，試語之有暇矣。"文侯曰："夫子奚不爲之？"子夏曰："夫子能之而能不爲者也。"文侯大説。

更引二事，以爲閲者信德之助。《列子·黄帝篇》孔子觀於吕梁，懸水三十仞，流沫三十里，黿鼉魚鱉之所不能游也。見一丈夫游之，以爲有苦而欲死者也，使弟子并流而承之。數百步而出，被髪行歌，而游于棠行。孔子從而問之曰："吾以子爲鬼也，察子則人也。請問蹈水有道乎？"曰："亡，吾無道。吾始乎故，長乎性，成乎命，與齎俱入，與汨偕出，從水之道而不爲私焉。此吾所以道之也。"孔子曰："何謂始乎故，長乎性，成乎命也？"曰："吾生於陵安于陵，故也；長于水而安于水，性也；不知吾所以然而然，命也。"《法句譬喻經·篤信品》舍衛國東南有大江，岸邊五百餘家，未聞道德，以欺詐爲務。佛欲化之，往至水邊，坐一樹下。村民來集，佛爲説法，然無信者。時有一人，由江南至，步行水上，水纔没踝，來禮佛前。衆皆驚問其術，其人聞曰："我一江南愚直之人，聞佛在此，欲至而無舟筏，問岸邊人，曰水僅及踝，我信此言，即來此耳。無他異術。"佛讚言："善哉！善哉！誠執信者，生死之淵，尚且得渡，數里之江，何足爲奇。

魚口取金輸税 《馬太》十七章廿七節

《管子》曰："執一而不失，能君萬物。"《心術下》。蓋精氣之極，《内業》。驅策萬物，使無不從命。無足異也。惟耶穌每顯神通，其精義均别有在。觀上下文自見。一、"有人來徵税金。"《馬太》十七章二十四節。見凡夫肉眼不能破例待至人義。二、"彼得應聲曰：輸。"二十五節。見一切世法，耶穌無不資益圓成義。三、"耶穌先與之語。"二十五節。見他人謀度，早在覺照義。四、"世主向誰徵税？"二十五節。見世子既非外人，則天父之子，實爲性靈之王，尤不宜視爲外人義。五、"王子則免税。"二十六節。見上帝之子，且將統攝天地，更無煩出納取與義。六、"恐絆倒彼儕。"二十七節。見慈愛世衆入微，曲成圓妙福施義。七、"汝詣海垂釣。"二十七節。見師弟囊空如洗，惟至貧乃至富義。八、又見上帝慈恩如海，萬物皆備於我，取之不盡義。九、"首獲之魚，啓其口，必得金。"二十七節。見耶穌全智全能、妙運入神、匪夷所思義。十、"取爲我與爾輸之。"二十七節。見雖和光同塵，從衆輸將，而得自天然，迥與衆殊義。凡此皆福音妙諦，非精於禪理者，莫由領悟也。再以中土史籍，博閲者之興趣。

晉錢唐杜子恭嘗就人借瓜刀，其主求之。子恭曰："當即相還耳。"既而刀主行至嘉興，有魚躍入船中，破魚得瓜刀。《晉書·孫恩傳》。

唐明崇儼因高宗四月憶瓜，索百錢，須臾以瓜獻曰：得之緱氏老人圃中。帝召老人問故。曰："埋瓜失之，土中得百錢。"《唐書》及《舊唐書》皆載。

杯度止彭城白衣黄欣家半年，忽語欣曰："可覓蘆圌三十六枚，吾須用之。"答云："此間可有十枚，貧無以買，恐不盡辦。"度曰："汝但檢覓，宅中應有。"欣即窮檢，果得三十六枚。列之庭中，雖有其數，亦多破敗。比欣次第熟視，皆已新完。度密封之，因語欣令開，乃見錢帛皆滿，可百許萬。

唐仙軒轅集，應宣宗召，數月，求還山。自長安至江陵，於一布囊中，探金錢以施貧者，約數十萬。中使從之，莫知其所出。

上所引證，似不甚合，然正不必求其合。識者會其通焉可耳。

此事舊注，有“主耶穌或行大奇跡，或知彼得將釣之魚，其口中已有銀四錢，因魚在海中，見何物即食何物”云云，未免以塵心測至人，自作聰明，害道匪淺。當知《馬太》、《馬可》、《路加》三福音所載神通較多，而仰鑽真理，要以《約翰福音》爲最，則神通非所必重明矣。竊維耶穌之道之大，不專在神通强化末俗，而在禪理無限，萬事圓融。惟非精研佛教禪宗者，莫知其高妙頓超。非精研華嚴者，莫知其廣大圓融。非精研浄土者，莫知其簡捷穩健。潛究《四福音》，直合禪宗、華嚴、浄土禪宗、華嚴揀根器，浄土則普攝。一爐而治之，足令上中下根，皆得依教勤修，證無上道，誠妙極矣。

無花果樹被詛立枯 《馬太》二十一章十八至二十二節，《馬可》十一章十二至十四節，又二十至二十四節

《莊子》曰：“通天下一氣耳。”《知北游》。樹有生氣，安能逃大化而外之。耶穌“藏精於内，棲神於心”，《文子・精誠》。方且與造物者爲人，《莊子・大宗師》。則“化馳如神”《文子・道原》。奚疑焉？惟此中有寓義在，宜玩索。一、“耶穌飢。”《馬可》十一章十二節。有如稷思天下之飢由己飢義。二、“遥見道旁無花果樹，就之。”十三節。耶穌神通自在，豈不知樹無果，而必就之，示日不擇照，雨不擇潤，《馬太》五章十五節。務徧愛物，使無棄物義。三、“竟無所護，惟葉而已。”十三節。喻教侶惟飾外觀，毫無利人之實，正如徒具枝葉，不結善果，顯屬白佔地土義。《路加》十三章七節。此即天演之理。四、“時未及熟。”十三節。耶穌豈不知之，但隨緣敷化，權示衆宜儆醒，一旦天討忽臨義。《馬太》二十四章四十二節“主何時至不可知”，《詩》“神之格思，不可度思”義同。五、“對樹曰，今而後永不實。”《馬太》二十一章十九節。示自然律嚴，自作孽不可逭義。《書・太甲》。六、“樹即枯。”同上。示神人“威德特尊，有大力勢”《法華經・信解品》。義。七、

“門人見而奇之。”二十節。見主“現希有事”“微妙第一”，《法華經·序品》。令諸“樂著小法”者“蠲除諸法戲論之糞”《法華經·信解品》。義。八、“我誠告爾。”二十一節。見主“説斯真要”，“無所吝惜”，《法華經·信解品》。爲令門徒起正信心，決定不退義。九、“爾果堅信不疑，不獨於樹能然，即命此山，移而投海，亦能。”二十一節。示一心誠信，即能進退造化，“及其志力，隨所堪任”《法華經·信解品》。義。十、“爾曹祈禱，無論何求，惟信必得。”二十二節。示通帝謂，妙人爲，均以信爲玄庫，中藏無限奇寶義。嗚呼！借一樹，醒羣迷，窮萬理，在一信。基督慈恩何極耶？《心地觀經》曰：“入佛法海，信爲根本。”其揆一也。更引證先哲故實，以增閱者信力。

《神仙傳》孫博指大樹生草則焦枯，更指還如故。又劉政能種五果，立使華實可食。又介象嘗爲吴主種瓜菜百果，皆立生可食。邱長春能使瓶花結實，以杖叩枯槐能使復生，榮茂異於他樹。以上皆仙家。

《高僧傳》耆域在洛陽滿水寺中，有思惟樹數十株，枯死，向樹呪之，樹尋荑發，扶疏榮茂。素公於長安興善寺院庭，手植青桐四株，唐元和中，卿相多遊此院，桐至夏有汗，汙人衣如輠脂，不可浣。昭國鄭相嘗與數人避暑，惡其汗汙，謂素曰：“弟子爲和尚伐此樹，各植一松也。”及暮，素戲祝樹曰：“我種汝二十餘年，汝以汗爲人所惡，來歲若復有汗，我必薪之。”自是無汗。玄奘將往西域，於靈巖寺見一松樹，奘立於庭以手摩其枝曰：“吾西去求佛教，汝可西長。若吾歸，即卻東迴，使吾弟子知之。”及去，其枝年年西指，約長數丈。一年忽東迴，門人弟子曰：“教主歸矣”。乃西迎之，奘果還。於是衆謂此松爲摩頂松。餘不勝舉。

鶡冠子曰：“天地生於元氣，萬物從天地。”耶穌“摶氣如神”，《管子·内業》。乃天地一氣之真元，何難生死萬物於俄頃？而不輕爲者，正見其大，非外道可及，明不以此爲貴也。

醫療民間諸疾苦 《馬太》四章廿三節

關尹子曰："以我之精，合彼之精，兩精相搏，而神應之。"《二柱》。鶡冠子曰："天地動作於胸中，然後事成於外，萬物出入焉，然後生物無害。"《泰録》。均可爲耶穌療疾之説明。更進述其理由。

凡人患病，恒由其身躁動，不任精神統攝而致。若能安息存神，血脈流暢，"自然疾病除而陰邪遠矣"。《至游子・内德》。耶穌療病，不用藥物，與世醫殊。務令"心全於中，形全於外"，《管子・内業》。所以解衆苦厄，冀羣證無上道耳。其旨不在色身，而恩被色身者實繁。於是聲靈赫濯，聞者心儀，諸患病人，信仰焦迫，正意凝而雜念消，豫期痊象，活現腦中，有如龍已畫壁，惟待點睛而已。迨其耳目或心靈，一與耶穌接，則神交電感，元氣驟盛，生理全復，奚足異耶？觀十癩遥立，揚聲乞憐，《路加》十七章十二三節。耶穌視之曰："往示祭司，往即潔矣。"非若在某城，容癩近身，更撫以手也。《路加》五章十二三節。又有婦人，久患血漏，一旦得從耶穌後，捫其衣裙，立愈。《路加》八章四十三至四十八節。案，耶穌神通他心，豈不知有婦捫裾之故？而必問誰捫我，使婦自承者，特以明證信德，妙用不可思議，俾衆周知，且益增該婦信力，而永安之，正其大慈微妙入神處，非淺人所及知也。非若見某婦痀僂，必手按之而後伸也。《路加》十三章十三節。甚至乘屋縋痺，命取牀歸；《馬可》二章三至十二節。有手攣者，命伸即愈。《馬太》十二章至十三節。《荀子》曰："誠信生神。"《不苟》。不誠然哉？且也某大臣子病瀕危，《約翰》四章四十六至五十三節。某百總僕病垂斃，《馬太》八章五十三節。均自遠方痊之，足見神化之妙，"雖遠若近"，《管子・内業》。刹境重重，不隔毫端也。或驅魔入豕羣，《路加》八章廿七至三十六節。或逐祟痡痼兒，《馬可》九章十七至二十七節。又邪不敵正、惡有終而善無終之明徵也。或撫柩而起嫠婦子，《路加》七章十一節至十六節。或啓墓而活拉撒路，《約翰》十一章一至四十六節。又見"大哀曠濟"，《道宣法華經・序》。神力加被，確能起死回生，而"我即生命"之旨《約翰》十四章六節。非空談也。其餘諸病由耶穌神力療治者甚多，不贅。要之耶穌“氣由神生，道由神成，故能德及萬靈。”《鶡冠子·度萬》。人貌而神行，太和且賴以調暢，何難除人病苦而大其生成。黄石公曰：“神莫神於至誠。”《素書·本德宗道章》。洵不刊之論也。

《晉書·藝術傳》，吕猗母皇氏得痿痺病十餘年，幸靈療之，去皇氏數尺而坐，冥目寂然。有頃，顧謂猗曰：扶夫人令起。猗曰：老人得病累年，奈何可倉卒起耶？靈曰：但試扶起。於是兩人夾扶以立。少選，靈又令去扶，即能自行。

《神僧傳》，有沙門僧救者，積患攣躄，來從明達乞瘥。達便授杖令行，不移晷影，驟步而返。又有法順，聞三原民田薩埵生來患聾，張蘇亦患生瘂，來與共言，遂如常日，永即瘥復。又見遠近瘴癘淫邪所惱，來投造者，不施餘術，但坐而對之，無不瘥愈。

《元史·釋老傳》，頁特密實妻，得奇疾，甘巴以所持數珠加其身即愈。

《神仙傳》，葛越甚能治病，千里寄姓名與治之，皆愈，不必見病人身也。

宋仙張繼先，斬妖逐祟，隨手斯應。元仙莫月鼎，祛怪戮妖，皆隨手應。

石勒愛子斌暴病死，已二日，將殯。勒歎曰：朕聞虢太子死，扁鵲能生之，今可得效乎？乃令告佛圖澄。澄取楊枝沾水，灑而呪之，就執斌手曰：可起矣。因此遂蘇，有頃平復。《晉書·藝術傳》。

有程郭村程暉和者，頗懷信向，恒來普安所，聽受法要。因患病身死，已經兩宿，纏屍於地，伺欲棺殮。安時先往鄠縣，返還在道，行達西南之德行寺，東去暉村五里，遥喚程暉和何爲不見迎耶？連喚不已。田人告曰：“和久死矣，無由迎也。”安曰：“斯乃浪語，吾不信也。”尋至其村，厲聲大喚，和遂動身。旁親乃割所纏繩令斷。安入其庭，又大喚之，和即倔起，匍匐就安。令屏除棺器，覆一笪篰，以當佛座，令和繞旋。尋復如故，更壽二十許歲。《神僧普安傳》。

西安令于慶死已三日。吴猛曰，令數未盡。遂卧尸傍，數日，與令俱起。《晉仙吴猛傳》。

邢和璞有友死已逾日，其母哭之哀。適和璞至，令置尸於牀，引衾同卧。閉户良久，起具湯沐，復與寢，遂活。

凡兹靈異，雖有優絀，“悉由於道德高妙，故能福庇生民，制御神鬼，恢宏教法，振揚玄風”。宋仙张繼先語。惟耶穌“氾愛萬物，天地一體”，《莊子・天下》。大道之隆，難可測量，有非人海賢聖所能抗希矣。

更證以吾國醫道之原起，則近時所謂精神學、靈氣學等療病法，皆我數千年前所固有。案，《廣雅釋詁》“靈子、醫、龔、覡，巫也”，《國語・楚語》“民之精爽不携貳者，而又能齊肅衷正，其知能上下比義，其聖能光遠宣朗，其明能光照之，其聽能聽徹之。如是則神明降之，在男曰覡，在女曰巫”。故巫謂之毉，又謂之靈，或靈子。靈字亦從巫，然則靈也，醫也、巫也，名異而實同也。故《論語・子路篇》：“子曰：南人有言曰，人而無恒，不可以作巫醫。”《焦氏易林・小畜》之“漸，學靈三年，仁聖且神”是必有恒之證。又《山海經・海内西經》：“開明東有巫彭、巫抵、巫陽、巫履、巫凡、巫相。”郭璞注“皆神醫也”。《世本》“巫彭”作“醫”。《吕氏春秋》并《説文》引此均同。醫既爲巫者之事，故醫字本作毉。《管子・權修篇》好用“巫毉”。揚雄《太玄・玄數篇》爲“毉”，爲“巫祝”。《國語・越語》“公毉守之”，韋解“毉，乳毉也”。皆是。以巫主治疾故爾。巫，《説文》：“祝也，以舞降神者也。”案，舞所以助精神統一也。《左傳》襄二十九年，“乃使巫以桃茢先祓殯疏”。巫，接神之官。《公羊傳》隱四年“於鍾巫之祭焉”：注“禱解以治病請福者也。”是古者病，以通神解治，純任精神。玩“毉”字之義可知。迨後醫師或不盡爲巫，始間用酒，故醫從“酉”，省去水也。《説文》：“醫，治病工也。从殹，从酉。”殹，瘢之省，病聲。酒所以治病也。《周禮》有“醫酒”。《周禮》“酒正二曰醫”。賈疏云“鄭司農以《内則》云‘醷’”，此云“醫”，是其文字不同，實一物也。又後鄭於《内則》注“醷”爲“梅漿”。《後漢書・郭玉傳》：“醫之爲言醷也。”則“醷”之爲“醫”，其義益明。從可知用酒爲醫，由於後起。或醫者靈修未純，或病者信念未篤，乃借酒以增其效力。迨羣知酒能療病，今尚有術士療病，多取浄水噀之，想或古醫用酒之遺。於是家喻而製備之。即取梅漬水，非必有醉性之酒。名曰“醷”，即是“醫”。蓋古醫洞知病由意生，可以意治，故上醫專治神，而病者氣自理，次醫間用酒，以助其神，而病者形亦全，豈後世庸醫專恃藥物可比？扁鵲視見垣一方人，言能隔墻視彼邊之人。以此視病，盡見五藏癥結，特以診脈爲名耳。《管子·内業篇》云：“中無惑意，外無邪菑，人能正静，皮膚裕寬，耳目聰明，筋信而骨强。”醫家能以心靈感通病者，使之和以反中，形性相保，《管子·白心》。豈非神醫哉？

昨年《紐約希拉路報》載有《醫師之耶穌》一篇云，自今二千四百年前之非坡格拉的，自謂病者由肉體之狂想而成，即云病由心意而生，“至今日醫學上亦以爲定理”云。可謂醫學根本的真理。又云，今日醫學界，多用耶穌當日所用治療法。肯門博士之調查，謂凡病人，百分之七五是由想像而致，然則真病止百分之二五而已。能無驚乎？肯他博士謂人之想像而致病者，又能以想像力自醫之。此事實也。所謂想像力，即因自己意志，迫退病魔也。此爲最進步之醫法，當與催眠術或心理療法並稱。在耶穌時曰神蹟，即以人之感動力，合於病者之精神信仰，兩兩相通，以夾攻病癥之療法也。如病者信仰力充足，徒用蒸氣水點其皮膚，較勝於摩路希尼之皮下注射，此今日醫生之公認不疑者也。孰知其與吾數千年前醫理正合。

民國七年四月下浣

荆楚文庫

基督立教六綱

原爲教會分發小册，後收入《仲如先生弘道書》。據後者整理。

目　　録

更綜耶穌生平，足爲萬世法者，述之，名曰《基督立教六綱》。

案，耶穌“捨彼天宫，降神母胎”，《無量壽經》、《馬太》一章二十三節。無非“以一大事因緣故出現於世”，《法華經·方便品》。蓋將拔濟兆民脱罪而出也。《馬太》一章二十一節。顧主一名，“天人歸仰”，《無量壽經》、《路加》二章末。實爲一部《新約》總綱。請觀拙著《耶穌基督人子釋義》。何不冠諸六綱而七？詎知耶穌“爲無上尊”，《無量壽經》。道在光明顯耀，普照萬世，足令盡人景從，利樂自他，不在生而神異，使衆望塵弗及，故此不贅。又當十二歲時，即岐嶷出俗，背塵合覺，專念父事，《路加》二章四十九節。豈非奇特？顧聖由天縱者，難率人以共由。而道本性成者，斯度生之大本。故必世人均能效法者，始述之。

（一）受洗盡禮

《馬太》三章十三至十七節，《路加》三章二十一節

“耶穌從加利利至約但河，就約翰受洗。”就約翰者，以其非常人，已能建天國於悔改中也。《馬太》三章二節。受洗於約但河者，示人生日月歲時，念念遷變，而性無生滅，始終無異。《楞嚴經》佛告波斯匿王：“我今示汝不生滅性。大王，汝年幾時見恒河水？”王言：“我生三歲，慈母携我謁耆婆天（長壽天神），經過此流，爾時即知是恒河水。”佛言：“大王，如汝所説，二十之時衰於十歲，乃至六十。日月歲時，念念遷變，則汝三歲見此河時，至年十三，其水云何？”王言：“如三歲時，宛然無異，乃至於今年六十二，亦無有異。”有如活水江河，永流不盡，《約翰》八章三十八節。《中庸》曰“溥博淵泉”，《孟子》曰“原泉混混”，可會通之。羣當浄其情塵也。乃約翰知耶穌道大莫與京，自量不堪爲執履。辭曰：“我當受爾洗，爾反就我乎？”意謂耶穌妙施聖靈火洗，神力猛利，“如銷金鑛”，《圓覺經》。垢滅金精；非己以水施洗，舊汙難浄，且火爲化學作用，能使物性根本改變，垢盡消滅，火不受垢。水爲物理作用，雖能滌垢，究難使其根性浄潔。有如病菌入火立絶，入水仍自生長，其例也。所敢抗希。謙冲之誠，溢於言表，惟未計及耶穌特現身示教儀之重耳。故“耶穌曰：今姑吾許。

蓋吾儕當如是以盡禮也。”顯以約翰知見超絶允當，顧欲廣引羣迷，胥成正覺，則教義之真，存乎禮文。雖非常人，亦宜率由，所以爲萬世作軌範，使“懺其前愆，悔其後過，悉皆永斷，更不復作。”《壇經・懺悔品》。也。況“上帝外，別無善者”。《馬太》十九章十七節。安得不“隨順羣生，示有塵垢，沐浴金流”《無量壽經》。耶？“於是約翰許之。”蓋早具慧心也。

“耶穌既受洗，即由水而升。”此中包含無盡神用，約舉十義。一、示“滔滔者天下皆是”。《論語・微子》。當有先覺力挽狂瀾覺後覺義。二、示當出離生死流，“誕先登于岸”《詩・皇矣》。義。三、示從滅亡死河中“安穩得出”，《法華經・譬喻品》。而慶重生義。四、示水能淘汰深厚業障，《華嚴經・入法界品》：“佛子如恒河岸，有百千億無量餓鬼，倮形饑渴，舉體焦然，爲渴所迫，欲求水飲，雖住水邊而不見河，設有見者，見其枯竭，何以故？深厚業障之所覆故。”使人眼根清浄，明見“靈水”《哥前》十章四節。汪汪，環身皆是，任其鯨吸不盡義。五、示羣當極一實中道之游，滌異教戲論之塵如《馬太》十六章“須謹防法利賽人、撒都該人教道之酵”之類。義。六、示當習用智慧水，“蕩除心垢，清明澄潔”，《無量壽經》。出幽趨高義。七、示上帝慈恩，淵深莫測，吾人偶立於其涯涘，塵穢自然辟除義。八、示人當如水“柔弱”、“善下”、“受垢”俱見《老子》。而能潤澤萬物，潔浄萬物義。九、示“八功德水一澄浄，二清凉，三甘美，四輕輭，五潤澤，六安和，七飲時除飢渴等無量過患，八飲已定能長養諸根四大利益。湛然盈滿”，“欲令灌身，自然灌身”，俱見《無量壽經》。既已身根清浄，决定永生樂土義。十、示至道洋溢，妙理風融，如水活潑，最足嚴浄人心，使即高出“露地”《法華經・譬喻品》。證聖果義。凡此皆耶穌所以盡禮之微旨，要在普救含靈，免沈淪獲永生《約翰》三章十六節。也。

“方祈禱時，《路加》三章二十一節。於此加入此句，則義理更完足，見得基督精誠圓徹。《馬太》未記是其疏也，或亦推崇基督之心過甚使然。忽天爲之開，見聖靈如鴿降臨於其頂。”蓋“惟德動天，無遠弗届，至誠感神。”《書・大禹謨》。“而有此瑞”《法華經・序品》。也。鴿性馴良，且最清潔，善通信息，飛翔寥空而棲止依人，正如聖靈周徧十方，感無不通，依人而顯。降臨於其頂者，以頂“上際於天”，《莊子・刻意》。尊無二上也，見耶穌“與神爲一，一之精通，合於天倫”《莊子・刻意》。也。“自天有聲云：《壇經・機緣品》隍禪師來謁六祖，六祖愍其遠來，遂垂開决，隍於是大悟。其夜，河北士庶聞空中有聲云“隍禪師今日得道”。隍後禮辭，復歸河北開化四衆。足見心靈妙感，匪夷所思。此我愛子，快我意者。”觀此“靈禽翼從，吉祥感徵”（《無量壽經》），足徵耶穌神通自在也。蓋天父大慈，嘗因癡子遠逃，甚爲憂念，一旦歸來，遂大歡喜。《路加》十五章，《法華經・信解品》。况耶穌從來未離父懷，《約翰》一章十八節。今且爲萬世陷阱之羊，《馬太》十二章十一節。定爲廣濟之門，《約翰》十章七節。使同登高超之樂土，湛然“精通乎天”，《文子・精誠》。“天其申命用休”，《書・益稷》。奚足異耶？

當耶穌年十二時，即能解脱世情，《路加》二章四十二至四十六節。了知歸趣，四十九節。“辯才無礙”《維摩經・方便品》。得未曾有。四十七節。至年三十，十八年間更不知有幾何妙行，惜經不載，誠大憾事。想其時必富具勝解大忍力，勇猛精進，所謂“龍德而隱者也。”《易・文言》。正三年敷化，無量布施之大根柢也。《書・君陳》曰“必有忍其乃有濟”。禪宗六祖既嗣祖位，尚復隱遯一十五載始出，蓋以“水積不厚，則負大舟無力”（《莊子・逍遥遊》）也。既道已成熟，出而救世，垂愍有情，莫如除邪顯正爲先。而弘宣正法，尤貴即身樹之型。故雖“道與之貌，天與之形”，《莊子・德充符》。本“無垢人”，要必“浄心澡浴”，俱《維摩經・佛道品》。以重典禮，務欲“成就不可量、不可稱、無有邊、不可思議功德”。《金剛經》。此我主立教第一綱要也。

（二）習定降魔

《馬太》四章一至十一節，《馬可》一章十三節

於此當先明聖靈與魔鬼之辨。此根本教義所在，耶穌當日不盡欲言，《約翰》十六章十二節。迄今未有人徹底説明者也，是誠我主最痛心事。聖靈者何？即佛教所謂法身，無量無邊，山河大地所從出也。就吾人言，

即與上帝同體之性靈，本來聖潔無染者也。亦即衆生皆具之佛性，所謂如來藏也。魔鬼者何？即藏在第八識中無明種子，與前七識相應所生現行也。觀《起信論裂網疏》“波因風動，非水性動”注。亦即第七識攬第八識而執我法，以爲業相業用也，即是性靈淪墮自由濫用。之明徵。蓋魔鬼無自體，必攬性靈以爲體。故性靈不爲魔鬼所攬時，是爲戰勝魔鬼，名曰聖靈；性靈甘爲魔鬼所攬時，是爲服從魔鬼，亦即魔鬼。更質言之，性靈與上帝合一時，即聖靈；與上帝違背時，即魔鬼也。嗚呼！孰知宇宙間所貴有釋迦、耶穌者，即在化盡魔鬼爲聖靈耶？請細玩《大乘起信論》自明。

此義云何？以一切心識之相，皆是無明。無明之相，不離覺性，非可壞，非不可壞。如大海水，因風波動，水相風相，不相捨離，而水非動性，若風止滅，動相則滅。濕性不壞故。如是衆生自性清净心，因無明風動，心與無明，俱無形相，不相捨離，而心非動性，若無明滅，相續則滅。智性不壞，故所言滅者，唯心相滅，非心體滅。如風依水而有動相，若水滅者，則風相斷絶，無所依止。以水不滅，風相相續。唯風滅故，動相隨滅，非是水滅。無明亦爾，依心體而動。若心體滅，則衆生斷絶，無所依止。以體不滅，心得相續。唯癡滅故，心相隨滅，非心智滅。均梁譯。

上辨聖靈與魔鬼竟。下再説“定”。

“定”者，一切智慧神通所從出也。雲棲大師曰：“心攝也，遊念斂而湛寂生；心寂也，定力深而慧光發。”此宣教之士，所當十年養氣者也。基督教自有路德，時人盲然競譽之。竊謂以矯當日教皇之弊害言，路德固教會之功臣；以啓今日教士之浮囂言，路德又基督之罪人也。我主三年弘化，“不盡有爲，不住無爲”，《維摩經·菩薩行品》。儼然楞嚴大定矣。然每當祈禱，必且遠離門徒，獨自登山，《馬可》六章四十五至四十七節，《路加》六章十二節。或至曠野，《馬可》一章三十五節，《路加》五章十六節。至少亦相去數武，《路加》二十二章四十一節。所以遠離憒鬧，可知侍從諸人未足語此。俾易澄寂而凝神。則其安住正定，妙存無爲可知。蓋耶穌所以爲聖而不可知之神者在此。又基督門下，知解圓妙、確得基督心印者，厥惟約翰、保羅，蓋二人皆具神通，皆富定力也。約翰在巴毛島，保羅在亞拉伯（《加拉太》一章十七節），皆習定時也。今教士未足語此，教會殊爲減色。

耶穌既受洗，即現“神通之相”，《法華經·序品》。蓋本定力感召也。然且以此小法爲未足，因欲弘大道，《維摩經·香積佛品》“使此樂小法者得弘大道”。非至清浄深心大定，《華嚴經·十定品》。不能總攝化機。故益精勤進修，務永斷根本無明。“住大禪定，降諸魔道”，《四十二章經》。然後能同塵不染。此聖靈真力内熏，感召無邊聖靈外來加被之妙理也。《經》曰：“耶穌爲聖靈所導，適曠野，受魔試。”蓋權説，非實也。魔者自心散馳，現妄境界之象。若能攝心住於正定，則魔事無能作矣。此修習三昧，圓成道果，其間必歷之程。有如金經百鍊，愈露真精，顯聖靈之功用至大也。必至曠野者，以無上妙道，茫無邊際，要在自心親證“體自空寂”達摩答梁武帝語。也。

“絶粒經四旬。”足見一切世間之物，“無所昧著”，《無量壽經》。故其真體寧定，“無思無爲，寂然不動”《易·繫辭傳上》。也。四旬，乃繼摩西獨登高岡之無礙大定，且促沙漠四十年長劫入短劫也。此其契真攝化之準備，亦其神通自在之淵源也。

“飢。”於此當辨明其義。以耶穌夙具神通，就受洗時神異言。今更入法界，就曠野言。自在大定，《華嚴經·十定品》。應無飢理。姑以常理言之，一日二日不飢，至三四日必飢。九日十日，更不勝其飢矣。何至二十日三十日，竟不飢耶？既已三十日不飢，則不可以常理論。雖至如何長年月，均必不飢。《約翰》四章三十二節、三十四節可證。乃已經四十日而云飢，其必非真飢無疑。下文“人之生不惟餅，惟上帝所命”猶爲不須食物之明證。即此義諦，可爲二解。一、示飢即是魔。蓋自無始時來，飢餓種子，將浄而未盡浄，如燈將滅忽明，忽萌一微細念，遂致引來魔試也。對下三節言。二、示飢不足爲魔。因飢由業力偶起相用，雖現魔行，無實體性，若心即時了知是妄，則彼障隨斷也。對下四節言。

“魔試之曰：爾果上帝子，可令此石爲餅。”意以上帝無量威德，神變無方，既爲其子，應與乃父同具神威，何難叱石，令立變餅，可療飢耶？夫煑砂不能成飯，况更頑固不化如石，能成餅乎？縱令素具神異，或能變石爲糧，《晉書・鮑靚傳》："嘗行部入海，遇風，飢甚，取白石煮食之，以自濟。"又《單道開傳》："恒服細石子，一吞數枚。"《神仙傳》："有白石生者，恒煮白石爲糧。"耶穌蓋能之，而不爲也。亦未免以口腹之害爲心害，《孟子・盡心》"飢者甘食"章。恐成"腹心之疾"，《關尹子・九藥》。久不能消，將爲生命真糧《約翰》四章三十四節，六章四十八節、五十節。礙也。

"耶穌曰：記有之，人之生，不惟餅，惟上帝所命。"此則淨智妙圓，自性明現，得住無上解脱，故能神契道妙，援經伏魔，言人本上帝凝形賦性《創世記》二章七節："上帝摶土爲人，嘘氣入鼻而成血氣之人。"鄙人《講演集》言之較詳。而生，《書・湯誥》："惟皇上帝，降衷於下民。"《莊子・德充符》："道與之貌，天與之形。"《約翰》一章四節"生命在道中"。可互證。上帝即吾人之生命，《中庸》"天命之謂性"。故不可須臾離。餅者，生命之盜機，《陰符經》："萬物人之盜。其盜機也，天下莫能見，莫能知。"《老子》："出生入死……人之生動之死地，亦十有三，夫何故？以其生生之厚。"不可離而可離者也，而最足資益慧命者，惟在顧諟上帝之明命。蓋以食爲命，是以無常催無常；以上帝爲命，乃以真常永真常也。夫唯無以生爲者，是賢於貴生。《老子》。當以《馬太》十六章廿五節之義解之。此示萬世永生之秘也。

"魔乃攝之聖京，升之殿頂。"此分事理二項説明。一、事，分虛實二解。（1）虛者，謂禪定中倏然一念微動，而莊嚴聖京，巍峨聖殿，宛然現前，自身不覺已升殿頂。究竟不過自心起識，影響所現也。（2）實者，謂禪定功成，得神境通，身能飛行，故欲至聖京，即至聖京，欲升殿頂，即升殿頂。此神通自在，"内脱身心"《圓覺經直解》注。之明證也。案，耶穌步行海上，飛身昇天，此或是實非虛也。二、理，分色空二解。（1）色者，謂有形質，即生障礙，且必變壞之義。雖聖京繫萬目之仰瞻，聖殿啓含靈之誠敬，而森嚴壯麗，究屬外觀。地有限而時無常，未若衆生本淨之土，《哥林多前書》六章十九節，《後書》六章十六節。實相無相之妙也。（2）空者，謂無形質，無所障礙，永不變壞之義。雖聖京不能比其森嚴，聖殿不能比其壯麗。而自體真實，超然物表，大無外而壽無疆。斯則衆生上通上帝，周徧一切之心，不可爲聖京、聖殿囿者也。《約翰》四章廿一節，《使徒行傳》十七章廿四節，宜玩索。蓋聖京立衆心信仰之教本，聖殿更契衆心信仰之行本，究之皆色也，滯迹也，小法也。故升之殿頂，所以破其執，示心靈之妙，猶如虛空，無有邊際，遠出聖殿上而無上也。然此無色真空妙道，又必依淨色依聖殿取義。建立以立於殿頂未投下時取義。也。此皆其玄旨也。魔與聖靈間不容髮，是一體而二用，立言不易剖判。學者當知妙法難解，權説易明，幸勿執文迷旨。如至聖京、升聖殿，頗具宗趣勝義，原不盡屬魔事；而“請投下”云云，始全是魔行也。

“曰：爾果上帝子，請投下。記有之，主命使者扶爾，免爾足躓於石。”意以上帝慈恩無限，必極愛其子，常命使者護持之，經訓昭然；今自殿頂投下，天使必捧其足，釋迦初出家，夜半乘馬，四天王捧馬足踰城而出。不致觸石而有傷。此則游戲神通，無裨世道，不可以嘗試上帝者也。《體表記》“不敢以其私褻事上帝”義通。夫由禪定力深，而身輕安，且能不依於地，而得空居，《唯識開蒙》：“天神居處，由禪定力，不依於地，無定力者，不得空居，定輕安故。”《列子·黄帝篇》：“乘空如履實，寢虛若處牀。”皆定力深而身輕安之理也。則自高而下，將“形若飛鳥之揚於地，肌骨無毀”，《列子·黄帝》。夫復何難？惟既現身人道，即不必神異駭俗，斯心常安住於正，而忍力爲最大也。必如是始不爲魔。

“耶穌曰：記亦云，毋試爾主上帝。”此真如精見，不爲無明所熏，全露本明，故復正智緣如。亦即據經以斥魔説之妄，謂雖“和者大同於物，物無得傷閡者”，《列子·黄帝》。要當崇正闢邪，“觀天之道，執天之行”，《陰符經》。《約翰》五章十九節“惟見父行者始行之”義同。蓋即佛教所謂“以如如智，契如如理”也。堅定不移，不可以己意違父意，《約翰》六章三十八節。致難合父爲一也。《約翰》十七章廿一節“如父宅我心，我宅父心”。此即佛教所謂“即自即他，唯一如也”。

“魔復攝之登峻峭之山，以天下列國榮顯示之。曰：若俯伏拜我，悉以畀爾。”峻峭之山，超乎萬象，高出雲表，固常人足跡所不能到，乃忽然登之，必已“入根本定”，《唯識開蒙·天神居處》。得如意通，故能飛騰空中，列子御風而行，理同。山海無礙也。造詣至此，當“已外生矣”，豈不能“外天下”乎？《莊子·大宗師》。然世以身殉天下盜國者衆矣，凡以争一時之榮也。今僅一俯首折腰之勞，即得奄有九有之尊富，天下事更孰便於此？此魔計之最幻者也。詎知引心趣境，緣境生心，無難不在易中，無鉅不在細中。無邊塵刹之理，盡現於毫末而無餘。無量罪孽之因，皆忽於小節之不謹。非具真知妙悟之至人，烏足以知之？

“耶穌曰：撒但譯言魔鬼。退！記有之，當敬拜爾主上帝，獨崇事焉。”此静慧曠照，顯金剛心之了證，有“如去泥純水，一任攪淘，無復染濁”，《華嚴經·離世間品》。故斥魔使退，無能爲擾。且引經説，見上帝外，無可欽崇。世間國土危脆，安足當神眼一瞬？蓋返本歸元，妙覺用彰，自心上帝，隨順圓現。故常在世間，未嘗不離世間，永出有海，住無礙處。一切正覺無著也。

“魔乃去。”以既無隙可乘，自然降服遠遯。

“忽天使至，而服事之。”蓋“至誠之至，通乎神明，有感必應”《亢倉子·訓道》。也。昔釋迦習定道成，魔王波旬見其宫殿無故隳裂，先遣魔女媚之，再遣魔軍怖之，皆不能動。魔王震懾，舉衆降服，於是諸天龍王歡喜讚歎，大興供養。其揆一也。

夫人生勞碌，最爲迫切，莫如飢軀。次則恃己所長，貢高輕舉，動違正道。復次於五取蘊，躭染愛著，罔知止足。是皆惑業所感，長途重擔，難於放下者也。耶穌一一警覺，“上帝是依”，《詩·閟宫》。示人務出邪定，入正定聚，果證本智定體，不遷不動，則世間魔障，玄鑒澄空，而俯仰順化，隨宜利生矣。此我主立教第二綱要也。

【附釋】《馬可》一章十三節“與野獸處”，《馬太》未記，今爲説明。此耶穌從定起用，神通廣大，畜類自然從令之徵。舉證如下：竺佛調嘗山行數十里，天暮大雪，調入石穴虎窟中宿，虎還，共卧窟前。調謂虎曰：“我奪汝處，有愧如何？”虎乃弭耳下山，從者駭懼。處寂坐一胡床，宴默不寐，常有虎蹲伏座下，如家畜類。李通玄嘗齎《華嚴經論》，往韓氏莊，中路遇一虎，玄撫其背，以所負《經論》搭載，去土龕中，其虎弭耳而去。如此之類不勝舉。以此知但以理入獅穴不傷，乃其定力足以制之也。

（三）登山放光 《馬太》十七章一至八節，《馬可》九章二至八節，《路加》九章廿八至三十六節

案，此事《馬太》、《馬可》、《路加》三福音共三見。《馬太》、《馬可》文言作"潛登高山"，白話作"暗暗的領他們上了高山"。《路加》作祈禱，"倦寐而寤"。皆於其理未瑩徹也。此由耶穌安住定中，自以神力攝引彼得等，使之心凝形釋，不識不知，忽然已陟高山。曰"潛"、曰"暗暗的"，均未諧也。方彼得等心靈爲耶穌神力所攝，冥契爲一，湛然無己，儼若倦寐，實則動心滅而虛靈寂，非倦寐也。嗚乎！基督之教，爲文字障者何限耶？今合三福音，說明其要旨。

耶穌自習定降魔以後，任運靈慧，猛利弘道，凡以滅除世間痴暗苦惱。無如衆生孽重，不知肉身無常，味真徇幻，良堪愍惻，未如之何。計惟舍身示範，顯證永生，當可令生正信，免沈淪也。乃"携彼得、雅各、約翰，攝以神力，忽陟高山。"《馬可》。其獨携三聖者，即以"磐石"示宗，《馬太》十六章十八節。以"雷"示教《馬可》三章十七節。《華嚴經·如來出現品》如來"復隨衆生心之所樂，出生無量三昧雷聲。所謂善、覺、智三昧雷聲，明盛離垢海三昧雷聲，一切法自在三昧雷聲，金剛輪三昧雷聲，須彌山幢三昧雷聲，海印三昧雷聲，日燈三昧雷聲，普令衆生歡喜三昧雷聲，無盡藏三昧雷聲，不壞解脱力三昧雷聲，如是等無量差別三昧雷聲"，均妙諦，宜參證。之微旨，詳見拙著《談道書》、《基督教兼有佛教各宗之長説》。案，耶穌神通能知未來，凡彼得將如何建立教會，約翰將如何傳記福音，皆預知之，故取"磐石"與"雷"爲喻命名，義至精邃。蓋基督之教，以行言，首推彼得；以解言，首推約翰。其教義真諦，實賴約翰以永其傳。蓋《約翰福音》甚深微妙，非《馬太》、《馬可》、《路加》三福音所能企及也。又彼得最愛耶穌，約翰最見愛於耶穌，雅各在門徒中爲耶穌最先致命。又彼得、雅各、約翰各書，及啓示録，皆具妙理，均可證耶穌命名之所以。乃後此宗徒未嘗聞道，或謬謂耶穌以雷名約翰等爲

無意義，或謬謂因約翰等性情暴躁之故，并以《路加》九章五十四節故事爲證，是皆不知約翰猶佛教之文殊菩薩，更不知耶穌之“吐辭爲經”直讕言也，奚足當方家一笑？可見前此所傳之基督教，盡失其真也。非其他弟子所能及也。“攝以神力，倏忽即至”者，明真常妙道，非世人聾盲之知《莊子·逍遥遊》“豈惟形骸有聾盲哉，夫知亦有之”。所能思議也。“陟高山”者，即山取象，示當超出塵寰，得大自在，不遷不動也。

“既而祈禱。”《路加》。案，此祈禱《馬太》、《馬可》不載，是此祈禱顯非祈禱，説爲祈禱，實耶穌定力所攝而然也。蓋一切寂用，具本定體，維時頓圓自心帝德，入刹那際三昧也。

“頓顯神變於彼等前，焕乎其貌如日，其衣潔白放光，其爲白洵非世上鉛華所可擬。”《馬可》。莊子曰：“泰宇定者發乎天光。”《庚桑楚》。耶穌身心無染，明合日月。《易·乾文言》“與日月合其明”。但以寂照慧根力故，自能發生無限神力，“全身一時大放光明”，《大品經》。示性體晶瑩，壽光自如，雖世間希見，實盡人各足。《出伊及記》三十四章“摩西嘗滿面放光”。《楞嚴經》“佛從五體同放寶光”（佛經如此之類不勝舉）。皆其證。惟寂而常照，“能發無邊妙慧光”，《成唯識論》卷九。其“白浄清潔，非如世間色白之白”《華嚴經合論》卷四。也。

“則見有二人與談。蓋摩西、以利亞在榮光中顯現，論其將往耶路撒冷升遐事。”《路加》。耶穌本智寧定，潛生静慧，倏然感通摩西、以利亞同時應現。蓋摩西既没，人莫知其墓地。《申命記》三十四章六節。以利亞乘風冲舉，《列王下》二章十一節。與耶穌他日既葬而棺空，昇真於白晝，先後一揆。故知此即耶穌心靈默運，終至耶路撒冷之預決，所以普覺羣迷，使知“大己而小天下”《文子·道原》，即“人縱富有天下，而喪其生命奚益”義。也。

“彼得等如寐而寤，見其榮光炳著。”《路加》。彼得等既爲耶穌神力所持，“即時獲得不可思議無量三昧，其心無礙，寂然不動。”《華嚴經·十定品》。忽爾慧照湛然，惟見妙色光明，有如赫日揚輝。此蓋耶穌自性靈光，加被於彼得等，使通爲一，圓成其白浄無垢超達妙德，明三聖能成就聖靈利生萬行也。《華嚴經·如來出現品》"佛從眉間白毫相中放大光明，灌文殊頂，又從口中放大光明，灌普賢口"，可會通之。

"至二人將離耶穌時，彼得謂耶穌曰：夫子，我儕在此甚善，容我建三廬：一爲爾，一爲摩西，一爲以利亞。"《路加》。此見耶穌爲主，摩西、以利亞爲伴。而彼得之請，則誓願瞻依，共居福地，了然性光妙明，同一莊嚴，無有先後之隔，彼此之殊也。

"彼實不知所言，蓋均甚怵惕也。"《馬可》。彼得悦服耶穌，在朋儕中，向最懇誠。今感耶穌神威，不覺順應發言，實則本寂靈性，隨起寂用。非彼得能自言，蓋其時與雅各、約翰，俱罔知所措，惟懾於耶穌之神光，而心心相印也。

"適來大光明雲，厚覆之。有聲自雲端出曰：此我愛子，良以爲慰悦者，爾儕聽之。"《馬太》。適來者，忽然而來，無所從來，不來而來，是耶穌神力所現也。大光明雲，表耶穌無上大智光明普遍照耀，無障無礙，能生變化，不可究竟，有如大雲，能霔甘露大雨，滋潤一切衆生無盡焦燥苦熱也。《華嚴經·十地品》法雲地菩薩以自願力起大悲雲，福德智慧而爲密雲。又《如來出現品》雨出過諸天一切華雲，一切蓋雲，莊嚴具雲，大光明摩尼寶雲，諸菩薩讚歎雲，不可説菩薩各差别身雲，雨成正覺雲，嚴浄不思議世界雲，雨如來言語音聲雲。又欲以正法，教化衆生，先布身雲，彌覆法界，隨其樂欲，爲現不同，所謂或爲衆生現生身雲，或爲衆生現化身雲，或爲衆生現力持生雲，或爲衆生現色身雲，或爲衆生現相好身雲，或爲衆生現福德身雲，或爲衆生現智慧身雲，或爲衆生現諸力不可壞身雲，或爲衆生現無畏身雲，或爲衆生現法界身雲。又《十身相海品》九十六種雲。均可意會之。以此神妙光明慈雲，彌覆彼得等，約表二義。一、使彼得等常住耶穌光明妙身之内，合爲一也。二、使彼得等體天無私覆之義，哀愍世衆，常如母鷄集其雛於翼下也。《馬太》二十三章三十七節。有聲自雲端出，表自天外飛來神妙福音，清浄光明，周帀彌布如雲，能降甘霖，普潤大地，"滅除一切衆惑塵焰"《華嚴經·十地品》。也。又《如來出現品》所謂閻浮檀金色雲，出瑠璃色電光，乃至種種色雲出一色電光，一色雲出種種色電光，復於彼雲中出種種雷聲，或如天女歌詠音，或如好鳥鳴囀聲，及餘無量種種音聲，均具妙義，宜參證。曰此我愛子，良以爲慰悦者，表如如智，契如如理，即我即父，即父在我内，我在父内。我與父原爲一,《約翰》十章三十節。令彼得等咸知耶穌等覺因圓,妙覺果滿也。爾儕聽之,表福音當遍被地極,惟賴彼得等弘宣之,使永世衆生,悉入基督妙慧光明身内,圓成自心上帝無量福德,皆合爲一,《約翰》十七章二十一二節。三無差别也。

“三子聞之,五體投地,懼甚。”《馬太》。彼得諸人,既聞聲已,無任欽遲,寂静伏地,蓋深恐紹隆福音,重任難勝耳。

“耶穌就而撫之。”《馬太》。表至人非不可及,且甚願親近斯人而接引之也。

“曰興,勿懼。”《馬太》。表當急起力行,勇猛精進,大無畏也。

“門徒舉目環顧,但見耶穌在側,弗見其他。”《馬可》。表耶穌備具摩西、以利亞之神通,而其慈恩廣被,猶父母之顧復其子,量更加宏,誠“衆聖中尊”,《法華經·譬喻品》。“是謂獨有”《莊子·在宥》。也。

“及俱下山。”《馬太》。表當降志辱身,入世度人也。

“耶穌戒以人子未由死復生,所見勿以告人。”《馬太》。表超越世間妙道,濁世衆生莫由領悟,恐其駭異,愈去愈遠也。

“當時門徒果未以所見語人。”《路加》。蓋懔遵師訓,不言即不盡欲言之慈悲也。案,《馬可》記尋求由死復生之謂何,殊損門徒聲價,嫌其贅也。

要之耶穌無量智慧日身,放大光明,普照下土,所以破除人間一切痴暗,俾皆梯隥樂山也。前則摩西、以利亞應念現身,顯證真常,資益化度;後則彼得、雅各、約翰親承慈旨,不惜身命,示正等覺。總期涸絶死海,救護衆生,咸住不壞解脱,得大自在。此我主立教第三綱要也。

(四)十架功成 《馬太》二十六七章,《馬可》十四五章,《路加》二十二三章,《約翰》十八九章

案,十架爲耶穌無量慈悲,無上第一法施。而福音所載,風光狼藉,往往以生滅心,説不生滅法,害道已甚。加以後人謬解,真光益晦,良可慨已。今苦晷短,謹撮要釋義。所有不合處,附述於後。

耶穌當登山放光，既決以身施弘化，普覺羣迷，解脱塵纏，今將實踐盡性，廣通靈感，故“愛以身爲天下”，使羣知“大患有身”，“外其身而身存”，俱《老子》。《馬太》十六章二十五節義同。甘負十架利他也。觀“詣客西瑪尼園祈禱，惟携彼得、雅各、約翰與俱，不勝憂傷。”《馬可》十四章三十二至三十四節。蓋以“大悲究竟”入“究竟三昧”，《華嚴經·佛不思議法品》。務“恒安住忍辱柔和”，同上十行品。與衆無諍，將以化除祭司長老我執我慢等縛。舍三聖外，未能以心互相印證也。嗟乎衆身！昔在地獄，今在地獄，永在地獄。何由超脱？孰知陷地獄身，以及地獄諸苦，莫非自心顛倒惡業愚癡所造而成耶？明明彼岸非遥，奈何回首無期。此耶穌所以示現無盡哀愍也。

“耶穌預知一切將及己身之事，迎衆問云誰索，即自承曰我是。”《約翰》十八章四五節。顯見“出入生死，無怖畏想”，《無量壽經》。誓願仁濟衆生，弘敷“無上正真覺道”《六度集經》卷一。也。

“耶穌被逮，祭司長以其教道詰問之。答曰：‘我常在猶太人會萃之講堂及聖殿，明明訓衆，並無私言，胡爲問我？可問曾聽我言者，我言彼衆皆知之。’言時旁立一吏，掌耶穌頰曰：‘爾若是對祭司長乎？’耶穌曰：‘我言若非，則指證其非若是，奚摑我爲？’”《約翰》十八章十二節，又十九至二十三節。耶穌道高見嫉，寧自舍命，昌明真理以覺世，慈惠信難踰也。祭司長應屬明道之人，竟不明耶穌之教道，且大背乎道而藐視之。蓋“根本無明，多迷諦理”，《百法明門論纂注》。“德薄位尊”《易·繫辭傳》。自古已然。詎知耶穌諄諄垂訓，“所以均調天下與人和”，《莊子·天道》。而“通乎物之所造”，同上《達生》。百世以俟聖人而爲法者也，豈嘗有私語哉？故“圓音一演，異類等解”，《大乘起信論》。儘可諮詢即知之。乃有性行惡劣奴才，工於逢迎，竟當廣衆，肆無忌憚，侮辱至人。蓋沈溺於人欲之流者深，亦猶祭司長之埋真趣妄，無足異也。耶穌則憫其冥頑，犯而不校，明知黑暗當權時無是非，要不忍不因其本具是非之心牖啓之。足見愛人以德，出於至誠，而氣度雍容，心無仇怨，洵乎“潤齊二儀”《六度集經》卷一。矣。

“祭司等及會衆欲訟耶穌，置之死地，求罪證而無得，且多作妄證亦不符。於是祭司長起立，問耶穌曰：‘爾竟無言以讐訟爾者乎？’然終默然，無所置對。”《馬可》十四章五十五節至六十一節。耶穌道大莫能容，無論已；祭司等既“由憎嫉而起嗔恚”，《百法明門論纂注》。必陷害之以致死而後快。蓋惡行所依，業用然也。無如至德光輝，猶慧日空明，陰翳難侵，遂使奸謀齊窘，未如之何。耶穌始終恬然，不動聲色。即此約舉十義。一、“正容以悟之”，《莊子·田子方》。其惡當可少減也。二、以“不屑之教誨教誨之”《孟子·告子》。也。三、哀愍彼昏，不可言罄也。四、其心寂然，旁若無人也。五、“執神而固，萬物莫足以傾之”《荀子·儒效》。也。六、“不争而善勝，天之道”也。七、示“弱之勝强，柔之勝剛”也。八、示“大直若屈”也。九、示“俗人察察，我獨悶悶，澹兮其若海”俱《老子》。也。十、“以一切法常静，此静是活的不是死的。無有起相”《大乘起信論》。也。此所以爲和平之王也。

“祭司長復問曰：‘爾對上帝誓而告我，果上帝子基督乎？’耶穌曰：‘是。我且告爾，今而後將見人子坐於全能者之右，乘天際之雲而來。’”《馬太》二十六章六十三四節，《馬可》十四章六十一二節。當日祭司等推崇上帝，以爲人格無上，不可企及。謬傳相沿，解行俱劣。豈知上帝無形，猶《老子》所謂道，孔子所謂太極，佛教所謂一真法界。以具體的神靈言，恰如《華嚴經》之毗盧舍那法身（譯即光明偏照），浄土宗之阿彌陀佛（譯即無量光佛、無量壽佛），本與衆生同體無二無别。《約翰》十章三十四節引《詩篇》八十二篇六節“我曾言爾儕是神”是其義。耶穌獨得勝解，圓證一如，宗徒惟約翰、保羅知其秘，馬太、馬可、路加均未了然。本大悲濟物之懷，弘破迷啓悟之法，務期盡人自心上帝活現，成最正覺，福利世間。以故即身示教，俯順輿情，稱上帝子，即大衆渴仰之基督是。雖深知爲祭司等所憎惡，然不能聽其黮闇，久蔽真光。於是因彼質問，忼慨自承，且告以人子克配上帝，將坐其右，與共神威，無可軒輊。明上帝妙身，本與衆生無間，在能爲清浄妙行者，當處即是上帝德用也。言乘天際之雲而來者，《華嚴經·如來出現品》從如來大法身雲、大慈悲雲、大不思議雲雨、不思議廣大法雨，可會通之，“雲”譬聖靈，彌綸宇宙，能雨靈雨，普潤含靈。出現“天際”，不限天際。主靈乘之，總攝化機，萬靈電感，倏然忽來，不來而來矣。此固祭司輩至死不能領悟，而我主特爲永世衆生捨己而啓靈覺者也。

“祭司長輒自裂其衣曰：‘矯誣哉！尚須何證？今共聞其矯誣矣，衆意云何？’僉曰‘死罪’。遂唾其面，且拳擊之。更有掌其頰者曰：‘基督，既爲先知，試言擊爾者爲誰？’”《馬太》二十六章六十五至六十八節。觀祭司長之暴戾恣睢，於理迷闇顯然。其束於教也，正如“井鼃不可以語海，夏蟲不可以語冰”，《莊子·秋水》。埋真夢夜，忤逆慈尊，不悟平等性道，竟作僭越罪證，用徇衆私，泄己忿恨，慾海瀾狂，黑闇極矣。以致鼠輩肆囓，凌虐戲侮不堪，顛倒迷妄，真可哀也。耶穌則心定神恬，不辨怨親，佛法怨親平等即愛敵如友意。自惟“當赦衆愚，忍不可忍”，《六度集經》卷五。必有忍，其乃有濟，有容德乃大。《書·君陳》。蓋以“弘仁普度狂醉盲冥衆生，消除亡國破家危身之患”，本《六度集經》卷五。慈惠和潤，信無疆矣。

“衆曳耶穌自該亞法處至公堂。彼拉多出語衆曰：‘爾曹胡爲訟此人？’答曰：‘彼設無罪，亦不執付爾矣。’彼拉多曰：‘爾曹可携往，自以律治之。’猶太人曰：‘我儕無殺人之權。彼誘惑吾民，禁納税於該撒，且自稱基督稱王。’”《約翰》十八章二十八至三十一節，《路加》二十三章二節。嫉恨耶穌者衆矣，苦於無權置之死地，執交彼拉多。彼拉多或久仰耶穌之神異，《馬太》二十七章十九節是其證。欲迴避之，且較明理，不能單聽浮泛無憑之詞而定讞，故明爲開導，使據摩西教規處理之。乃衆以耶穌大逆不道，非處以最羞辱之重刑不可，遂恣意揑誣，使彼拉多不能卸責而磔於市，無非欲除去基督也。豈知基督即其性靈之王哉？

“彼拉多問耶穌曰：‘爾爲猶太人之王乎？’耶穌答曰：‘此爾自言之，抑人以此告爾耶？我國不屬此世界。設我國屬此世界，則我臣民必爲力爭，不至被繫於猶太人矣。但我國實不屬此世界也。’彼拉多曰：‘然則爾果爲王乎？’耶穌答曰：‘爾謂我爲王，我爲此而生，我爲此臨世，特爲真實作證耳。凡趨向真實者，皆得聞余聲。’”《約翰》十八章三十三四節，又三十六七節。彼拉多既聞所訴三事，即知煽惑人民、禁止納税爲架誣，惟不知猶太王之謂何，故問之。耶穌早知彼不明了，意若曉之曰，此非常人所及知，不知爾奚由道及。蓋我之國，遠無疆域，近在眉睫，神妙難思，非人間有。似在天上，不限天上。臨此世間，即是天上。是爲净嚴世界，非是穢濁世界。能轉穢濁世界胥成净嚴世界。與此世界非一、非異，可即、可離。在我國内，無有種族、貴賤、貧富、老少之分，一切平等，在在自由，妙德圓融，福壽無量。是豈方今世界迷人夢想所能到乎？爾今當知我國與此世界迴不同也。假令我國屬此世界，則我臣庶之衆，必將稱干比戈，拒猶太人，而我不至被逮矣。孰知我國精義，惟慈爲寶，化敵以愛，不尚力争，“夫唯不争，故天下莫能與之争”。《老子》。即此應知我所立國之道，乃彼拉多聞所未聞，頗似開悟，復進問曰：“爾果王乎?”但以教義與政無干，未注意也。耶穌此時，目中僅一彼拉多，而心中則憫念未來世界無盡彼拉多，恐皆迷自心王，拒王心外。於是毅然决然，對彼拉多，自認是王。是真覺王。我本爲此從天而退，降神母胎，入住世間，化度衆生，攝歸真際，俾皆圓證真常，隸我國内，永息塵勞。抑知我國，一真彌滿，無諸幻妄，我居其中，不移本處，而神貫徹十方虚空，真如寂用，自然發生甚深微妙無聲之聲。《老子》“大音希聲”、“不言之教”是其義。其音清朗，從不斷絶，妙勝宫商，無遠弗届，凡心清虚趣真之人，所應聞者，無不得聞，隨其信解，皆大歡喜。《華嚴經·如來出現品》有十無量音聲，宜參證。顧此真聲神異非常，雖如雷當春鳴，確能昭蘇萬有。然在癡暗聾聵，有耳終不響應。此我所以甚慟之，願昭示萬世以真也。

“祭司諸長訟辭甚多。彼拉多復問之曰：‘彼衆攻訐爾者如許？爾竟不答乎?’耶穌終不答一言。彼拉多奇之。”《馬可》十五章三至五節。諸謊狀固不辯自明，而耶穌“曠兮其若谷”，《老子》。超然“受垢”，《老子》“受國之垢，是謂社稷主”。“大智而默，無所言説”，《維摩經·觀衆生品》。教吾徒務以善勝敵者。意至深也。彼拉多雖庸劣亦心驚。蓋微受耶穌之靈感然耳。

“希律繁稱以詢之。耶穌一無所答。”《路加》二十三章九節。耶穌不屑下教，蓋促希律反省也。

“彼拉多三言耶穌無罪，欲釋之。衆求釘之十字架。乃徇衆意，鞭耶穌。衆遂褫其衣，而衣以紫袍。又編蒺藜爲冠，冠其首。復置蘆葦於其右手，跪其前，戲侮之曰：‘猶太人王萬福。’又唾之，取蘆葦擊其首。”《路加》二十三章二十二至二十四節，《馬太》二十七章二十六節，又二十八至三十節。彼拉多昧己徇情，衆更侮辱盡致，耶穌處之坦然。顯見大度包荒，忍力之大也。

“彼拉多既交耶穌於衆，任釘十架。耶穌自負十架出。至各各他，衆釘之。並釘二犯，一居其右，一居其左，而居中者耶穌也。耶穌則曰：‘父，寬宥之，蓋彼衆所爲，出於無知也。’”《約翰》十九章十六至十八節，《路加》二十三章三十三四節。耶穌▨①盡攝之。蓋三年弘化，發揮已無餘蘊矣。今必實驗經言者，俾衆知己即永存之基督，咸起正信，能成正覺也。“渴”者非是口渴，乃是心渴。蓋渴望吾人，無不渴慕上帝，契合爲一，福利未來世界也。“醋”表人間酸苦，“器盛醋滿”，表世味不堪嘗試，到處皆然也。人以醋與耶穌，表耶穌嗜好本與俗殊鹹酸，而俗人不知，竟以充滿苦惱環伺之，日辱凌之。耶穌受醋，表爲救吾人備嘗艱辛。轉成資益吾人生命無盡甘糧，示吾人凡樂安住上帝妙身内者，均當效法之也。“曰成矣。”蓋哀世人不知“形爲罪藪”，《八大人覺經》。往往“役其自然生者，務存其自然死者。存之愈切，生之愈疏”，《無能子·析疑》。積劫迷罪，未有覺時，因發大願，裂衆罪網，使羣知珍重無爲常住妙色身，自不受有爲無常粗色身一切苦惱，於是上帝真光，自然遍照世間，無諸痴暗。以故宏施化道，無非“獻身爲贖衆罪”，《馬太》二十章二十八節。及今功德已圓。凡父命作之神工，莫不遵依成就矣。此耶穌一部無限極真極活的《新約》之結晶也。“俯首”，示垂愛世人，道妙不可言罄也。“神逝”，示生死之權，全操於己，來去自由，其壽無量也。

---

① 此處底本缺頁。

緬想耶穌對越上帝，自作羔羊，獻祭十架，願以己血，滌衆心垢，而滅夙愆。其盡性愛人，即是盡性愛上帝。斯誠最上上祭。夫性本一元，自他不二，總道體而爲身，有何上帝人我之分？世間萬惡，皆肉身爲厲階，今能捨人所不能捨，惠施身肉，充衆靈食，悉令飽足，離世饑苦，其功德之所成就，豈可稱量哉？《法華經·藥王品》曰："以身供養，是名真法供養，是名第一之施，於諸施中最尊最上。"耶穌真萬古靈界大施主也。此我主立教第四綱要也。

《馬太》、《馬可》、《路加》所載，時忽晝晦，殿幔自上徹下分裂爲二，地震石裂。此與"佛入涅槃時，大地震動，天鼓自鳴，四大海水，波浪翻倒，須彌山王，自然傾摇，狂風奮發，林木摧折，蕭索枯悴，駭異於常"《涅槃經》。同一境象。蓋至人離世，神靈感徵，萬物哀鳴，無足異也。佛教諸祖師圓寂時，如此神徵不勝數。惟《馬太》載已逝聖人多復起者云云，未免過於鋪張。《約翰》則一切不書，識獨超卓。蓋耶穌之道之大，無關於此也。

猶大賣師，不過爲祭司作倀，不足責。蓋貪著苦業未易根除也。觀衆願釋巴拉巴，而不釋耶穌，可見其嫉恨之至，冥頑已極。而耶穌十架之功，固自成之也。

附不合處

（一）求使此杯離我。《馬太》二十六章三十九節，《馬太》十四章三十六節。

（二）汗出如血滴落地上。《路加》二十二章四十四節。

（三）我上帝！我上帝！胡爲遺棄我？《馬太》二十七章四十七節，《馬可》十五章三十四節。

案，耶穌憂傷之甚，乃哀衆生淪墮，未易度盡，非因己身將就十架而然。蓋十架之成功，固登山放光時，早經熟審預决，在耶穌本無苦可言。後人謬解，皆由肉眼，妄測神人。而《馬太》載"求使此杯離我"，《馬可》同此句，下文雖有"然非從我所欲，乃從爾所欲"云云，要知此種審度，與登山放光時之預決，不能并立。與《約翰》所載"我父與我此杯，豈可不飲？"之説亦甚相矛盾。《路加》載"汗出如血滴落地上"，均甚乖外生要旨，大損基督神格。

至《馬太》、《馬可》載："我上帝！我上帝！胡爲遺棄我?"害道更甚，與《約翰》載："見我即見父，我與父本爲一。父在我内，我在父内。"均絶對不能相容，幾令我基督十架，因此落空。良堪浩歎！其錯誤大都由視十架爲至苦而生，皆未嘗如約翰習定海島故也。

夫十架之苦不苦，以神通之有無爲斷。今仍據《圣經》明證不苦。分五項述之。

（一）就生平之神通言。一切神通果真，則在十架決定不苦。

（二）就生平之神勇言。嘗曰："無人能奪我命，我自舍之。我有權舍之，亦有權復得之。"《約翰》十章十八節。曰："此我新約之血，爲赦衆罪而流者。"《馬太》二十六章二十八節。設視十架爲苦，安能有此神勇。他如爲羊捨命之類不勝述。

（三）就爲十架預備言。當登山放光時，即爲救贖之功，圓成於十架之決定。豈有以十架爲苦之塵心，而能大放神妙慧光之理?

（四）就將臨十架時之事實言。（1）預知猶大賣已，絶不迴避。《路加》二十二章四十八節。（2）預知彼得三言不識已，屆時且顧視以覺之。《路加》二十二章六十一節。（3）預知一切將臨已之事，而心甘如飴。《約翰》十八章四節。（4）對衆一言我是，衆遂退，後倒於地，可見其神威之大。《約翰》十八章六節。（5）曰："我父與我此杯，豈可不飲?"《約翰》十八章十一節。何如大雄而無畏。（6）爾意我今不能求父，爲我立遣天神，多過十二軍乎?《馬太》二十六章五十三節。足徵無限神力，隱忍不露。（7）祭司僕耳被削，捫而愈之，《路加》廿十章五十一節。即其心定神恬，顯具天父全能，而慈悲廣大不待言。（8）教耶路撒冷女子，勿爲我哭，當爲已及子孫哭，《路加》二十三章二十八節。顯示在已無苦，而耶路撒冷人及其子孫，則苦不堪言也。（9）給以没藥酒不受，《馬可》十五章二十三節。明身具神能，物莫能傷，無須酒爲減輕痛楚。凡此皆十架在耶穌不苦之實徵。

（五）就十字架功成以後言。設在十架果苦，則不能復生，更不能升天。

要之耶穌神通廣大，形體決不痛苦。所痛苦者，心憫衆生頑梗不化耳。或以耶穌一身肩擔衆罪故不勝其苦釋之，竊不解衆罪果若干重也，穿鑿可笑。嗚呼！是豈凡情所能測耶？設無《約翰福音》，基督十架，將冤沈海底矣，誰與雪之？

（五）復生顯現 撮要解説

十架功既圓成，而性道永生，尚有急須顯證，資衆觀感，而益靈修者，則復生爲要。示至人“無死也”。《老子》。耶穌神逝後，“約瑟與尼哥底母領而葬之”，《約翰》十九章卅八節至末。足見二人景從基督之誠，不讓於諸婦女，《路加》二十三章五十五六節，二十四章一節。蓋心靈本明，自不昧也。耶穌本無死，隨順衆生而有死，以衆生莫不因畏死而死，故特不畏死，以救衆生之死，滅衆生之死，是以一己無量浄慧慈光之死，永勝萬世衆生幽闇罪惡之死。是死也，非死也，性道永生之源也。巍巍乎！蕩蕩乎！功德誠無量矣。

“三日復生。”《路加》二十四章五節。示出死入生，天樞在握，《馬太》二十八章十八節。前言非戲也。

“彼得、約翰奔至墓地，先後入視，惟殮布首帕，檢束分置而已。”《約翰》二十章三至八節。彼得、約翰神契基督，於此益見。殮用枲布及裹首巾束置不亂，想見耶穌復生，舒泰自由，蓋尸解也。此登山放光時見有摩西之驗也。昔“佛圖澄卒，石虎爲鑿壙營墳，殮以生時錫杖及鉢，内棺中。後冉閔簒位，開棺，唯見鉢杖，不復見屍。”“僧涉無疾而化，卒後七日，苻堅以其神異，試開棺視之，不見尸骸所在，唯有殮被存焉。”俱《晉書·藝術傳》。中土載籍如此之類不勝數。於以知有真修，即能得真常。耶穌示吾人以真者，莫此爲切也。

“耶穌語婦人曰：‘胡爲掩泣？伊誰之覓？’”《約翰》二十章十五節。意謂我本自在，無勞汝憂。“汝今悲泣，爲憂阿誰。若憂吾不知去處，吾自知去處。若吾不知去處，終不預報於汝。汝等悲泣，蓋爲不知吾去處，若知吾去處，即不合悲泣。”《壇經·付囑品》。詎知我本去汝不遠，“汝若返照，密在汝邊”又《自序品》。也。

“耶穌諭瑪利亞曰：毋攀依我，我尚未昇詣我父也。可往告我兄弟曰：我將昇詣我父，亦爾等父。詣我上帝，亦爾等上帝也。”《約翰》二十章十七節。耶穌諭瑪利亞之意若曰“世相無常，會必有離，勿懷憂惱”，《佛遺教經》。痴情依戀。況我道身，常在不滅，今尚住人間，未赴天上，顯露真實，容汝親近。若作世情，挽留我住，會而不離，非我弟子。乃諸兄弟，如醉如痴，未知醒時，深堪憐憫。今囑汝往，大聲疾呼，明示我意：欲離世間，詣我父處，即爾等父。即是爾我一上帝也，蓋即父即我，即我即爾，了證一靈，三無差別。若迷此旨，竟修何道？彼諸兄弟，昧自本心，外視上帝，逆我造惡，哀哉！

“耶穌謂革流巴曰：無知之人，於諸先知所言，信心遲鈍至此歟？基督豈不當忍受一切，而入據其榮光耶？乃自摩西及諸先知經中論己之事，悉爲之説明。”《路加》二十四章廿五至廿七節。蓋實證己即基督，誠救世主。使信仰益堅，免沈淪也。

“迨近所赴之村，耶穌若欲前行然。二人堅留之曰：時暮，日將西沈，居與吾偕。遂入而偕止，旋與坐食，取餅祝謝，析而與之。二人之目頓明。省識之，忽不見。”《路加》二十四章二十八至三十一節。近村仍欲前行，示化道進行，無止境也。“援而止之而止，由由然與之偕。”《孟子・公孫丑》。示“無住無往”，《壇經・付囑品》。“無可無不可”，《論語・微子》。化度衆生除迷執也。日暮留主同居，表人當窮途，宗仰之心愈切也。共坐而食，示聖凡一切平等，生命之糧無盡也。取餅祝謝分給，示“精明之德，交於神明”，“上有大澤，惠必及下”，《禮・祭統》。“無終食之間違仁”《論語・里仁》。也。二人之目頓明，示未遇基督不自知盲，既遇基督始自知盲，及從基督授得靈食，則二盲目立成慧眼，能見人所不能見也。耶穌忽不見，示“迷時師度，悟了自度”，《壇經・自序品》。有如病人始需良醫，病既愈已，醫即可去。“汝等好住”，《壇經・付囑品》。我將“入於寥天一”《莊子・大宗師》。也。

“耶穌忽立諸弟子中，牖其衷，使了悟諸經。”《路加》二十四章三十六節、四十五節。此以普覆大慈，啓其靈明，使能深入智慧海，樂利一切諸含識也。

“又託其名傳悔罪、赦罪之道，施及萬邦。惟自耶路撒冷始，爾曹即其證，我將以我父所許者賜爾。遂噓氣而語之曰：爾其領受聖靈也。”《路加》二十四章四十七至四十九節，《約翰》二十章二十二節。此付囑流傳，紹隆福音，俾無量衆生，皆得歸命一真，出罪網，得平安也。耶穌稱性真實，圓滿於耶路撒冷，非諸弟子親證深信，不堪受持爲人演説。然此妙慧福施，决非凡情所能光大，必從萬有真原，“會其至道”，《四十二章經》。然後内智湛然，知己性靈由父賦予，神化無方。遂即人與大造呼吸相通，不能隔離，發宣勝義，明一氣之感，十方靈應。今特加被聖徒，則靈靈符契，將利勇猛智，普濟慧行無異無數基督化身也。

“耶穌謂多瑪曰：爾見我始信。彼未見而信者，福矣。”《約翰》二十章二十九節。見而後信，肉眼纏於色塵，斷難了解道妙。未見而信，則慧眼通於神靈，自具無窮福德也。

“彼得謂衆曰：我往漁也。衆偕往，竟夜無獲。及旦，耶穌立於岸，二三子不知也。耶穌語之曰：小子，爾有食乎？對曰：無。耶穌曰：張網舟右，必有所獲。遂投網，而網幾不能舉，魚多故也。”《約翰》二十一章三至六節。彼得賦性，較衆獨豪。以天地否塞，未便布道，姑事舊業。蓋迴向耶穌初召時，不知若何傷感也。衆從之而漁，亦漁人之業首推彼得之兆也。竟夜無獲，蓋必待智慧日光照臨，則天眼通明，“運量萬物而不匱”《莊子・知北游》。也。及旦，耶穌立於岸，見大光明中耶穌穩立，絶不動摇，超然於波濤險惡無常外也。二三子不知，蓋“其來無迹”，“孰知其紀”《莊子・知北游》。也。問小子有食物否，蓋明知其無，將供給以天降無盡靈糧也。命張網舟右，在右爲善人所居境界，觀《馬太》二十五三十四節。張以慈網濟之，則心靈必相感而應，所獲自多也。及投網，魚果多，足見覺王總攝化機，羣宜聽命，“自求多福”《詩・文王》。也。此“彼得建造教會”《馬太》十六章十八節。之微旨也。

“耶穌問彼得曰：‘西門，爾愛我勝於衆乎？’對曰：‘然。主固知之。'諭之曰：'牧我羊。'徐又問曰：'西門，爾愛我乎？'對曰：'然。主固知之。'諭之曰：'牧我羊。'徐又問曰：'西門，愛我乎？'彼得因三問愛我，不勝屏營而對曰：'主無不知，固知我愛爾也。'諭之曰：'牧我羊。我實告爾：方爾幼也，自結束而游行，惟爾所欲；及其老也，將伸手爲他人所束，曳爾至不欲往之地。'此蓋指其將如何而死，以榮上帝也。言竟則曰：'來從我。'"《約翰》二十一章十五至十九節。耶穌固知彼得最愛已，而必三問之者，以彼曾誓不背已者三，竟三背之，故使猛省，以堅其操。觀彼得承問至再，如初；至三而杌隍不安，知有所動於中者深也。主終以"牧我羊"勗之，以"不能爲羊捨命，不足以牧羊，不足云愛我"也。因告以終必爲羊捨命，是增上帝之光寵者也。卒曰來從我，蓋亦步亦趨，"決定無疑，堪任大事"《壇經・付囑品》。矣。然則天國秘鑰，微彼得孰筦之？《馬太》十六章十九節。

"耶穌即諸弟子而語之曰：天地諸權，一埤遺我，《詩・北門》"政事一埤遺我"。爾曹其往招萬民爲吾徒，奉父、子、聖靈之名，施之洗禮。信而領洗者得救，不信者定罪。信者有靈異隨之，即藉我名逐魔。言素所未習之言，能握蛇，飲毒亦無傷，手撫病者即痊。凡我所諭於爾曹者，訓迪彼等遵守。我則常偕爾曹，至於世之終盡。"《馬太》二十八章十九二十節，《馬可》十六章十六至十八節。言天地諸權，皆委託於我。蓋無邊靈界，融於一心，"凡造化所妙皆吾魂，凡造化所有皆吾魄。"《關尹子・四符》。故能"宇宙在乎手，萬化生乎身"，《陰符經》。釋迦所謂上天下地唯我獨尊，是其義也。往招萬民爲吾徒，使遍布福音，解衆苦縛，以免"苶然疲役而不知所歸"《莊子・齊務論》。也。行洗禮必奉父、子、聖靈之名者，此猶佛教法、報、化三身，聖靈爲法身，聖父爲報身，聖子爲化身。有二要義。一、使施洗者泯絶我見、我慢等罪，了證心源，無自他也。二、使承洗者滌除塵染盡淨，即有聖父、聖子、聖靈神力，加被自心，由漸頓悟通爲一也。信而領洗，是出死入生之造端。不信則"自作孽不可逭"，《書・太甲》。禍福無不自己求之者《孟子・公孫丑》。也。信者有靈異隨之，信爲道源功德母，信之妙用大矣哉！但彼泛泛之信，等於未信，不足言信。必也目中、耳中，口頭、心頭，一呼、一吸，均惟信有獨一無二之基督，神通廣大，與我性命不能分離，信之之篤，且衹知有基督，不知有我身。於是我身即基督身，基督所有神慧神威，無不顯露於我身矣。故在信者無不能也。《馬可》九章二十三節。凡諭爾曹者訓迪彼等遵守，以“天地有毁滅，我言無廢時”，《馬太》二十四章三十五節。“汝等向後，遞代流傳，毋令乖誤”，《壇經·付囑品》。“是我最後之所教誨”《佛遺教經》。也。常偕爾曹至世終盡，明我“能與天地本原，不古不今”，《關尹子·五鑑》。故衆生無盡誓願度，百千萬劫不相離，圓滿大悲，壽光普照，何有極也。

以上皆耶穌復生顯現之實徵。淺人每視復生之道至爲奥秘，不知基督奥秘，不僅在此。謹舉中土載籍以證。

昔達摩去梁，止嵩山少林寺，面壁九年而逝，葬熊耳山。魏宋雲奉使西域回，遇師於葱嶺，見手攜隻履，翩翩獨逝。雲問：何去？曰：西天去。此表法之意甚深。又謂雲曰：汝主已厭世。雲聞之茫然，别師東邁。暨復命，明帝已登遐矣。迨孝莊即位，雲具奏其事，帝命起壙，惟空棺，一隻革履存焉。《指月録》。

竺佛調佛圖澄之高足。自剋亡日，奄然而卒。後數年，調白衣弟子八人，入西山伐木，忽見調在高巖上，衣服鮮明，姿儀暢悦。皆驚喜作禮：“和尚尚在耶?”調曰：“吾常在耳。”具問知舊可否，良久乃去。八人便捨事還家，向諸同法者説。衆無以驗之，共發塚開棺，不復見屍，惟衣履在焉。《高僧傳·初集》。

杯度不知姓名嘗在廣陵北巖下，鋪敗袈裟於地，卧之而死。邑人共殯之。後數日有人從北來云，見度負蘆圖行向彭城。乃共開棺，唯見鞾履。至彭城有白衣黄欣，深信佛法，見度禮拜，請還家。其家甚貧，但有麥飯而已。度甘之怡然，止得半年，乃以分身他土所得䞋施施欣，欣受之，皆爲功德。經一年許，度辭去，後入吴郡，數顯神異。《高僧傳·初集》。

此皆復生顯現也。中土載籍如此類亦不勝舉。當知復生，固非常人所能，若以基督之所以神其爲基督者，全在復生，未免太不知基督也。蓋基督爲此，特示人生命之真，而開永生之大路也。觀其諄諄付囑，救世願宏，

《約翰》十二章四十七節。固望盡人皆然也。《約翰》八章五十一節。此我主立教第五綱要也。

（六）升天配帝

《路加》二十四章五十一節，《馬可》十六章十九節

耶穌既勝死而復生，向衆顯現，明證永生之權操之己矣。然恐世衆外視上帝，別心爲二，不能成正等覺，故必一貫人天，昇真顯化，而至道不可言宣之神秘，始圓成實，隨機可覩也。經載"耶穌舉手，爲衆祝福，遂漸離衆。冲舉於天，坐上帝右。"《路加》二十四章五十五十一節，《馬可》十六章十九節。表"人間化導，匡利既畢，自在歸天"。《因明論疏》卷一。超世衆聖，至尊無上也。耶穌爲造福世界而來，故將去也，亦不外造福世界，"爲令衆生離一切苦，得究竟樂"。《大樂起信論》。其必舉手而祝者，明"上帝引逸"，《書・多士》。拯吾人於陷溺之心至切，苟能"去智與故"，《莊子・刻意》。"忘己"而"入於天"，《莊子・天地》。上帝弘慈，必援手也。設不惟"上帝是依"，《詩・閟宫》。則我見熾然，"福必滅已"。《四十二章經》。"故唯順天之意，奉而光施之天下"，《墨子・天志中》。則智德超越，興福無量矣。嗚乎！孰知我主伸舉雙手，即是永生上帝。"出廣長舌相，徧覆三千大千世界，説誠實言"，《阿彌陀經》。接引衆生，如是信解，如是奉行，"皆得成就無量無邊功德"《金剛經》。耶？離衆冲舉，以諸大衆本具永生，奈何盡失之，因欲大衆復得永生，特此堅定之。蓋"世實危脆，無牢强者"，"會而不離，終不可得"，《佛遺教經》。黏滯世情即墮死亡之海；超脱世情，即登極樂之天。爰守玄寂，默示衆等。"天下失家，行不知歸"，《列子・天瑞》。"吾此形骸，歸必有所"，"依此修行，如吾在日"，"遞相傳授，度諸羣生"，《壇經・付囑品》。於是騰騰上升空中而去。"不言不教"，《老子》。德合无疆《易・坤卦》。矣。此登山放光時見有以利亞之驗，基督最後垂範也。坐上帝右，蓋讚歎耶穌"無量道實"，《華嚴經合論》卷二。妙行圓滿，"克配上帝"《詩・文王》。也。上帝妙身，神化無方，不

可迹相，豈果有左右之分？特以世俗尚右，故託辭表義以尊之，《詩》云“文王在上，於昭于天，文王陟降，在帝左右”，其揆一也。明耶穌性德彌綸，春深靈海，“凡有血氣者，莫不尊親”，可“配天”《中庸》。也。坐者，表性靈之王，穩居天國，統攝萬有，覺利真常，永不動摇也。蓋“上天之載，無聲無臭”，《詩・文王》。儀型基督，“萬國咸寧”《易・乾卦》。矣。

夫基督本即上帝現身説法，滅痴暗於衆心，一靈廣運，鼓仁風於化海，“萬壽無期”，《詩・南山有臺》。無非“使衆合一，如父與己無異也”，《約翰》十七章二十一至二十三節。豈專以乘虚冲天爲貴哉？吾國漢時有張道陵、趙昇，晉時有許遜、吴猛，皆白晝昇天，載籍如此之類不勝數。卓然道家，何不能令全球景仰耶？此間固時地因緣不同，亦道行遠遜於耶穌也。從此知基督救世道行之高，誠爲“衆聖中尊，世間之父”《法華經・譬喻品》。也。案，基督立教，確能融老子之玄妙，入孔子之平實，而起墨子之妙行，猶不足異，而能令華巖之圓融廣大、净土之簡捷穩健，一爐而治，革新猶太教，則非釋迦不能比肩也。想耶穌不生於吾國與印度，而生於猶太，知時地因緣所關甚鉅，所以孕育遠西之文化也。聖靈之妙運至神也。今其教道且旋轉而東，將見久蔽真光，得以復明，能不爲今後之世運幸乎？蓋基督昇真，乃以一真，《約翰》十四章六節“道路”、“生命”間之“真實”，譯作“真理”，未免墮宋儒以理氣言性之陋習，竊以應作“真常”爲得。攝持世間一切真，化除幻妄盡净，使衆稱性之壽，窮無盡時，而出數域之表也。信乎！“我去與爾曹有益”《約翰》十六章七節。之訓非虚也。此我主立教第六綱要也。

上述六綱，俾閲者篤信耶穌爲救世主，迨由信深解，歡喜奉行，一心不亂，感應道交，則自身成基督身，而神通自在，享壽無量矣。謹以《雜集論頌》終其篇。頌曰：

諸會真净究竟理，超聖行海昇彼岸。

證得一切法自在，善權化導不思議。

無量希有勝功德，自他并利所依止。

荆楚文库

墨學與景教

據 1923 年 4 月初版整理。初版由張純一兼任發行者，發行所爲上海北回川路崇福星七一號定盧。

弁　言

余嘗解説《墨子》，有宗教一門，見同於基督教者，輒比附之。顧以墨書爲主，於基督教不詳也。乃就正於蔡先生孑民，承指示曰："墨家與基督教，有相同處。如'天志'與'上帝'，'明鬼'與'靈魂'，'兼愛'與'博愛'，其最大者也。但墨子之哲學思想，似不及基督教之閎深。因基督教經數千年學者之闡發，純一案：基督教之哲理本較墨學閎深，非由闡發而然，蓋基督根本教義自保羅後沈晦已二千年，今所傳者均非其真，急待宣究，與墨書同。而墨學則閣置已久也。若專作《墨家與基督教》一篇，證其相同者，疏其相異者，各還其本來面目，不强加附會，則甚善矣。"玆謹遵而整理之。權衡二家之説，僅舉適相當者，互相發明，以爲佛階焉。不佞以墨學不及景教閎深，景教不及佛教圓滿邃密，今非昌明佛法，不足救世間苦難。嘗有志依據東方文化，光復基督教旨而精進之，冀滅强權之禍。此其嚆矢也，未知果有當否，明哲繩正爲幸。

民國十一年十二月十日張純一

序

大矣哉！諸佛聖人之垂化也，匡維世道，救護衆生，均無微不至。如釋迦視大地衆生如赤子；耶穌愛人亦如父母之愛其子；以及中華孔墨諸哲，或仁民愛物而張禮教，或摩頂放踵以利天下。雖説教之時地不同，然其誘掖化導、慈悲普度之旨，則殊途而同歸者也。嘗思此地球上，自有人類以來，設無開物成務之聖人以覺牖之，則此物欲易乘、貪嗔熾盛之人類，其不淪爲禽獸也幾希？惟賴釋迦耶穌等爲救世主，作人導師，方能摧邪扶正，轉迷啓悟，而一一引入於明性達天之正軌也。夫釋迦之佛法，盛行於東亞；耶穌之景教，廣佈於西歐。近世則景教傳佈之廣，無遠勿屆。佛法則以真理妙義之有在，亦爲歐美碩學所傾向。是則執世界宗教界之牛耳，厥惟釋景兩教，可無疑義。顧釋景學者，能將其鼻祖心傳發揚光大者，不易數數覯。釋教信徒，繩其二千年來修行普度之餘緒，闡述教義以餉於世者，猶不絶一綫之光；至於景教傳至中國，自唐迄今，已歷年所，向不爲我邦通人所稱道。豈景教果不足道歟？竊意耶穌，若無一種真精神真思想以感化人者，何其魄力有如是之偉大，傳佈有若斯之廣遠也。於此頗生疑問，擬就有道而正之久矣。比經海上，欣遇講學鉅子漢陽張君，因得多所請益，而昔疑因以冰釋。張君並以其近作《墨學與景教》一書見示。拜讀之餘，不覺發生無窮之感想與無窮之希望也。夫墨子爲我華周時大哲，其學説適用於近世社會者，不一而足，思想識見之精卓，尤多與景教真義相合者。惜自漢以來，崇儒術，斥諸子，而墨學因以久晦，故膚學者尠知墨學之精微；景教徒亦多以狂妄淺陋自劃，而迷昧其本教之高深，謂非宗教家與學術思想界之大恥乎！今張君以淹博之學識，精密之心思，揭示景墨二家之宗要，明其得失，較其異同，言之有物，如數家珍。且時時引同佛典，益見高妙。其所以嘉惠後學、啓迪斯世者，至殷且渥，法施功德，豈可以恒沙計耶？嗟乎！近世之傳道者，誰不入主出奴，他非我是？今張君能一洗人我門户之陋習，而處處以真理爲依歸，是所深佩。張君此著，能使景教中人，因研究景教之機緣，而注意於我國之國粹，洵足爲東西文化攜手之先聲；且旁徵佛説，揭櫫玄言，尤足使之了然於佛法之真義，誠能將釋景貫通，依歸真理，則昌明景教，不異宏揚佛教，是尤方便巧説之無上法門也。法華經云，治世語言，資生産業，皆與實相不相違背。故外道權小，皆歸佛乘，矧景教教義之脗合於佛説者甚多，足以杜人心之惡源，而爲社會人羣增幸福，與釋迦度生之宏願，一致無二。故使釋景互助，而廣救衆生，共臻於和平、安寧、光明、清净之域，斯可稱菩薩摩訶薩之深智大悲，亦即耶穌救世之一片婆心也。是爲序。

民國十二年壬戌暮春之朔

支那苾蒭顯蔭謹序於瀛島之天曼陀羅室

欒調甫先生來書

大箸《墨學與景教》拜讀之下，頗覺評論公允，對證確切，深得二家真詮，全無門户之私。標分宗教二義，俾知教儀或有所别宗，本莫不相通，尤爲入真理之門。向病教中諸子識量大狹，不能旁證各宗教以相通，得大箸而利導之，有功景教匪淺，不僅引人學佛已也。

民國十二年四月十九日晚，欒制廷梅頓首

目　録

墨子生於中土周敬王十年與二十年之閒。詳拙著《墨子年代考》。耶穌生於猶太，當我國漢哀帝建平三年。據廣學會出版《道統年表》，詳拙著《耶穌基督人子釋義》。時地遥隔，而其妙解勝行，幾無不酷肖，冥符佛老者不少。蓋皆一真性體自然流露，無足異也。閒雖各本舊貫，獨出精義，亦因當時政教極敝，有以激揚之。二聖之學動本無動，莊子《天下篇》論墨子云“日夜不休，以自苦爲極”；墨書《大取篇》云“正體不動”；《新約·約翰傳》十四章十節。記耶穌云“我語爾儕之言，非由己意，乃宅我心之父自作其事”，可證。是之謂楞嚴大定，是之謂無爲。以故心妙蓮華，身入汙泥，恒不惜軀命，以福利社會，其德均可謂至矣。所異者，墨子務改造時勢，使國富民足，以“一天下之和”，《非攻下》。其思想不出政治道德範圍。耶穌務改造人心，使信仰永生，變濁世爲天國，其神理每超乎政治範圍之上。蓋一以世法爲本，略著出世之端；一以出世法爲本，通濟世間之事，不無外粗内精之别也。試比較研究之，分二大綱。

(甲)標宗

宗者，教之體也。佛教從根本解決稱心，墨景二教就作用權説，稱天志，稱上帝。今西人來吾國傳教，稱上帝或真神，執著文字相，牢不可破，從不自知其上帝、真神即無形之偶像，謬妄極矣。吾國人無識盲從，良堪哀愍。又教會造就傳教人才之學校稱神學或稱神科，均足爲西方精神的文化陋劣之證。心也，天也，帝也，本無彼此内外之分，名異而實一也。蓋實相無相，勝義諦本難言詮，顧欲普應羣機，攝心正軌，不得不藉粗象之天，或衆信之帝，以開悟之。約分三目：

(一)墨家之天志，即景教之天父上帝，佛教謂之一真法界，析爲十事言之。

(1)天體大而無外。

子墨子言曰：今天下之士君子，知小而不知大。何以知之？以其處家者知之。若處家得罪於家長，猶有鄰家所避逃之，然且親戚兄弟所知識共相儆戒，皆曰：不可不戒矣！不可不慎矣！惡有處家而得罪於家長而可爲也？非獨處家者爲然，雖處國亦然。處國得罪於國君，猶有鄰國所避逃之，然且親戚兄弟所知識共相儆戒，皆曰：不可不戒矣！不可不慎矣！誰亦有處國得罪於國君而可爲也？此有所避逃之者也，相儆戒猶若此其厚；況無所避逃之者，相儆戒豈不愈厚然後可哉？且語言有之曰：焉而晏日焉而得罪，將惡避逃之？曰：無所避逃之。《天志上》。

夫造宇宙及其中萬物之上帝，乃天地之主，不居人手所造之殿。《使徒行傳》十七章二十四節。

墨言家有外，國有外，小也，故可避逃。天則廣廓無邊，非家國之小可避逃者比也。景言上帝妙身本無限量，斷不可以極有限量之殿居之。均以道體極大無外顯神化也。

（2）天體無幽不潛。

夫天不可爲林谷幽閒無人，明必見之。《天志上》。

宜於密室閉門祈禱，天父必監於隱微，顯以報之。《馬太傳》六章六節。

天之爲體，無閒不入，人不能說在此在彼。暗室之中，體膚之內，細極纖塵，莫不充塞。故《天志中篇》曰："若豪之末，非天之所爲也，而民得而利之，則可謂否矣"。《使徒行傳》曰："上帝實去吾人不遠，吾人生存動作胥賴之。"十七章二十七、八節。此知二家所見胥同。若以釋氏所謂三界唯心衡之，則二家均未之聞也。

合（1）（2）觀之。墨言天無所避逃，明無不見，即景言上帝無不在、無不知之義。

（3）天爲萬有之原。

此即佛教無不從此法界流之說。可分二類：

（先）自然者

且吾所以知天之愛民之厚者有矣。曰：以磨爲日月星辰，以昭道之；制爲四時春秋冬夏，以紀綱之；實降雪霜雨露，以長遂五穀麻絲，使民得而財利之。《天志中》。

道即上帝，萬有由之而造。《約翰傳》一章一節、三節。

造天地海及萬物之上帝，自天降雨，賞賜豐年，使我儕飲食飽足，滿心喜悅。《使徒行傳》十四章十七節。

(後) 人爲者

列爲山川谿谷，播賦百事，以臨司民之善否；爲王公侯伯，使之賞賢而罰暴；賊金木鳥獸，從事乎五穀麻絲，以爲民衣食之財。《天志中》。

主造萬族，本於一脈，使居於徧地，又定其年限，及所居之疆界。《使徒行傳》十七章二十六節。

凡政權必奉天承命而出，故有司不令善人畏，使惡人畏。《羅馬書》十三章一節、三節。

宇宙無盡事理，盡出於天，亦即二家言天兼愛之本。

(4) 天兼愛天下，厚於親之愛其子。

今有人於此，驩若愛其子，竭力單務以利之。……今夫天兼天下而愛之，撽遂萬物以利之，若豪之末，非天之所爲，而民得而利之，則可謂否矣。《天志中》。

爾曹雖不善，尚知以美物予子，況爾天父豈不更以美物給其求乎？《馬太傳》七章十一節。

造宇宙及萬物之上帝，常以生命氣息並萬物賜給萬衆。《使徒行傳》十七章二十五節。

墨言天愛民之厚，《天志中》。景言上帝惟是愛，《約翰》一書四章十六節。其旨一也。第墨教言愛兼言利，屬意於色身者多；景教言愛不言利，屬意於靈性者多。屬意色身，則雖言利而利有限；屬意靈性，則不言利而利無限也。

(5) 明哲維天，至尊無上。天即佛教之法身。

天子未得次已而爲政，有天政之。故天子者，天下之窮貴也，天下之窮富也。故於富且貴者，當天意而不可不順。順天意者，兼相愛交相利，必得賞；反天意者，别相惡交相賊，必得罰。《天志上》。

天子爲善，天能賞之；天子爲暴，天能罰之。天子有疾病禍祟，必齋戒沐浴，潔爲酒醴粢盛，以祭祀天鬼，則天能除去之。然吾未知天之祈福於天子也，此吾所以知天之貴且知於天子者。不止此而已矣，又以先王之書馴天明不解之道也知之，曰“明哲維天，臨君下土”，則此語天之貴且知於天子。不知亦有貴知夫天者乎？曰“天爲貴，天爲知”而已矣。《天志中》。

上帝奧祕之智慧，世閒有權位者，無一知之。《哥林多前書》二章七、八節。

全能之主上帝歟，爾之所爲，大哉奇哉。諸聖之王歟，爾之道至公至真。《啓示録》十五章三節。

上帝洪福權能無上。萬王之王，萬主之主，獨一永生，居於衆不得近之光明中。《提摩太前書》六章十五、六節。

墨景二聖薄視汙世虚榮，冥契玄猷，無異致。《尚同中篇》有曰：“方今之時，天下之正長猶未廢乎天下也。”是其薄視正長之意顯然。故越王嘗爲公尚過束車五十乘以迎墨子，願裂故吴之地方五百里封之，《貴義篇》。墨子曰：“越王不聽吾言，不用吾道，雖全越以與我，吾無所用之。”《吕氏春秋·高義篇》。耶穌則因衆將迫之爲王，孑身入山避之。《約翰傳》六章十五節。從知二聖之心，背塵合覺，教人皆欽崇天道一也。

（6）惟天至仁可法。

天下之爲父母者衆，而仁者寡；天下之爲學者衆，而仁者寡；天下之爲君者衆，而仁者寡。故父母、學、謂師也。君三者，莫可以爲治法。然則奚以爲治法而可？故曰莫若法天。天之行廣而無私，其施厚而不德，其明久而不衰，故聖王法之。既以天爲法，動作有爲，必度於天。《法儀篇》。

天父使日於善，不善不擇照；使雨於義，不義不擇潤。爾若衹愛愛爾者，有何賞耶？稅吏不亦如是乎？爾若獨友於兄弟，有何過人耶？異邦人不亦如是乎？故爾儕當純全如天父然。《馬太傳》五章末。

墨景二聖均以“除上帝外無一善者”，《馬太傳》十九章十七節。使人效法上帝，破除分別執也。天也，上帝也，皆一真性體之别名。

（7）大地人類盡屬天，有一切平等。

今天下無大小國，皆天之邑也。人無幼長貴賤，皆天之臣也。《法儀篇》。

天有邑人，何用弗愛也。《天志上》。

且夫天子之有天下也，辟之無以異乎國君諸侯之有四境之内也。今國君諸侯之有四境之内也，夫豈欲其國臣萬民之相爲不利哉？夫天之有天下也，將無已同“以”異此。《天志中》。

此小子中即亡其一，亦非爾天父意也。《馬太傳》十八章十節至十四節。

爾曹皆兄弟，勿稱在地者爲父。爾父唯一，即在天者。《馬太傳》二十三章八、九節。

主造萬族，本於一脈，使居全地，我儕爲其子。《使徒行傳》十七章二十六至二十八節。

斯人無分希拉、猶太，受割禮否，化外、夷狄，爲奴、自主，均屬上帝所愛子民。《哥羅西書》三章十一二節。

墨景皆視斯人於天，猶“體分於兼”，故盡屬天心所鍾愛，毫無分别。今講社會主義者，無此根本的妙解，猶水無源，木無本。

（8）天之權力無限，賞罰至公。實由自然之道，不可違人心之感召，理至微妙也。

今若使天下之人，偕若信鬼神之能賞賢而罰暴也，則夫天下豈亂哉！鬼神之罰，不可爲富貴衆强，勇力强武，堅甲利兵，鬼神之罰必勝之。若以爲不然，昔者夏王桀，貴爲天子，富有天下，上詬天侮鬼，下殃傲天下之萬民，天乃使湯致明罰焉。桀有勇力之人推哆、大戲，生列兕虎，指畫殺人，人民之衆兆億，矦盈厥澤陵，然不能以此圉鬼神之誅。此吾所謂鬼神之罰。不可爲富貴衆强，勇力强武，堅甲利兵者此也。且不惟此爲然。昔者殷王紂，貴爲天子，富有天下，上詬天侮鬼，下殃傲天下之萬民，天乃使武王至明罰焉。紂有勇力之人費中、惡來、崇侯虎，指畫殺人，人民之衆兆億，侯盈厥澤陵，然不能以此圉鬼神之誅。此吾所謂鬼神之罰。不可爲富貴衆强，勇力强武，堅甲利兵者此也。《明鬼篇》。

愛人利人者，天必福之；惡人賊人者，天必禍之。《法儀篇》。

上帝全能，秉權而王。《啓示録》十九章六節。

爾能逃上帝之審判乎？抑藐視其鴻慈容忍，不知其仁愛導爾悔改乎？乃爾剛愎不悛，積愆干怒，待上帝震怒，審判顯現之日，必視各人所行而報之。凡恒心行善，求尊榮無壞者，報以永生。争鬭、不順真理而爲不義者，報以赫怒。患難窘苦，罰諸作惡之人。蓋上帝不偏視人也。《羅馬書》二章三至十一節。

賞罰、審判，均就事相結果權説。《大禹謨》曰“惠迪吉，從逆凶”，《孟子》曰“禍福無不自己求之者”，《公孫丑上》。則據理實言之。《老子》曰“天之道不争而善勝，天網恢恢，疏而不失”，七十三章。釋氏曰“因該果海，果徹因原”，因果不二，俱可會通。惟墨景立説，意最符合。第景尊云，“父以上天下地全權賜我”，《馬太傳》二十八章十八節。“我爲審判來斯世”，《約翰傳》九章三十九節。“以罪以義以審判，使世自責”，《約翰傳》十六章八節。是皆墨聖所未逮也。

（9）天富好生之德，不容人或相殺。此與《非攻》相通。

且吾言殺一不辜者，必有一不祥。殺不辜者誰也？則人也；予之不祥者誰也？則天也。若以天爲不愛天下之百姓，則何故以人與人相殺，而天予之不祥？此我所以知天之愛天下之百姓也。《天志上》。

爾曹聞有諭古人之言曰：勿殺人，殺人者難逃審判。惟我告爾曹，凡向兄弟動怒者，難逃審判。《馬太傳》五章廿二節。

釋氏慈悲及於物，故戒殺放生，謂一切衆生，平等一如也。墨景二家不然，其愛惟及於人，故惟禁殺人。蓋順俗設教，非二聖之心本然也。天予不祥，即是審判，所謂自作孽不可活，教人勿虧性德滯天行也。耶穌更闡明殺人之機伏於怒。怒即佛教根本無明之瞋，謂不必有殺人之迹，倘偶動一瞋念，即無異於殺人，而性德已大虧於無形，故曰“凡向兄弟動怒者，難逃審判。”權衡二家之説，似乎墨有遜色，然墨道亦以不怒著稱，《莊子·天下》。《脩身篇》且曰：“殺傷人之荄，勿存之心”，故知二教多同也。

(10) 人當如何配天。

墨之天，即景之上帝，宗也。人當如何昭事之，教也。從知宗與教，有别有通。别者可分，通者不可分。此分三項。

(子) 當上同於天。此主人對天立言，與前 (6) 項主天立言微異。

古之始生民未有正長之時，蓋其語曰，天下之人異義。是以一人一義，二人二義，十人十義，百人百義，千人千義，其人數兹衆，其所謂義者亦兹衆。是以人是其義，而非人之義，故交相非也。是以内者父子兄弟作怨讐，離散不能相和合；天下之百姓，皆以水火毒藥相虧害。至有餘力不能以相勞，腐死餘財不以相分，隱匿良道不以相教，天下之亂若禽獸然。明乎民之無正長以一同天下之義，而天下亂也，是故選擇天下賢良聖知辯慧之人，立以爲天子，使從事乎一同天下之義，天下之百姓皆上同於天子。而不上同於天，則天菑猶未去也，將以罰下人之不上同乎天者也，天子又總天下之義以尚同於天。本《尚同》三篇。

我儕亦人，性情與爾曹同。特傳福音給爾曹，使去虛妄，歸依造天地海與萬物之永生上帝。《使徒行傳》十四章十五節。

惟上帝真實，人皆虛妄。《羅馬書》三章四節。

墨以世人之義，愈衆愈亂，皆由我見熾然，徧計起執，故力不相勞，財不相分，道不相教，互相讎害無異禽獸。義必自天出者，始爲互助之福音，故貴有人總天下之義以上同於天。景以人類性情，往往分别爾我，盡屬虚妄，實爲亂階，《春秋繁露・天道施》云："妄者，亂之始也。"必傳福音，使衆"恒心勞力工作，即有餘財周給貧乏，言必善以輔德，裨益聽者"，《以弗所書》四章二十八、九節。斯爲建立天國之正義。蓋二家欲勦滅斯人之業識，使冥契天德，以圓成其實性，而"一天下之和"《非攻下》。同也。惟墨教藉政以行，雖主政者，有"必由民選"、"必選仁者"二條律爲限制，究未若景教與政分離爲無流弊。

（丑）當感天恩，愛人以圖報。

故古者聖王明知天鬼之所福，而辟天鬼之所憎，以求興天下之利，而除天下之害。是以天之爲寒熱也節，四時調，陰陽雨露也時，五穀孰，六畜遂，疾菑戾疫凶饑則不至。是故子墨子曰："今天下之君子，中實將欲遵道利民，本察仁義之本，天意不可不慎也。"且夫天下蓋有不仁不祥者，曰當若子之不事父，弟之不事兄，臣之不事君也，故天下之君子與謂之不祥者。與同舉。今夫天兼天下而愛之，撽遂萬物以利之，若豪之末非天之所爲也，而民得而利之，則可謂否矣。然獨無報夫天，而不知其爲不仁不祥也。此吾所謂君子明細而不明大也。《天志中》。

夫鬼神之所欲於人者多，欲人之處高爵禄則以讓賢也，多財則以分貧也。夫鬼神豈唯擢黍拑肺之爲欲哉？今子處高爵禄而不以讓賢，一不祥也；多財而不以分貧，二不祥也。今子事鬼神唯祭而已矣，而曰："病何自至哉？"是猶百門而閉一門焉，曰"盜何從入"。

若是而求福於有怪之鬼神，豈可哉?《魯問篇》。

蓋上帝之義，即福音而顯，使人由信愈信，如經云“義人以信得生”。且上帝之怒，由天而顯，罰諸不虔不義、阻止真理之人。上帝之功德，人所能知者，恒顯明於人心。蓋自天地開闢以來，上帝永能神性，雖目不及見，顧觀其所造之物，明明可知，無由推諉。乃衆知之，而不尊榮之感謝之，卒致意念虛妄，心以頑而愈昧，自稱爲智，反成愚魯。《羅馬書》一章十七至二十二節。

故爾於祭壇獻禮物時，憶曾獲罪於爾兄弟，則置禮物於壇，先往和乃兄弟，後獻禮物可也。《馬太傳》五章二十三四節。

《經》云：“我欲矜恤，不欲祭祀。”其意云何? 爾曹且往思之。《馬太傳》九章十三節。

墨景二教均以人資萬物而生，“萬物本乎天”，“故教民美報焉”。《禮·郊特牲》。祭祀者，“所以報本反始也”。《禮·郊特牲》。《春秋繁露·祭義篇》云“祭之爲言際也”，亦使人以精誠之感，旁通神化於無際也。蓋“天人一氣，隱顯相通，和氣致祥，沴氣致殃，未有不由人主者也。”《文子纘義·精誠》。故《中庸》曰：“致中和，天地位焉，萬物育焉。”釋氏謂世界爲衆生業識所成。從知墨景二聖順俗敷教，務感天恩而圖報，兼愛之心至深遠也。又以世人不知天道即在人道中，或致瀆神而無利於人，乃以克己愛人即以報天，且明天之所欲於人者多，不在祭，其慈悲信無量矣。惟墨子因儒者敬鬼神而遠之，恐失其所以爲祭之精義，故屢言祭祀以維之。耶穌因諸祭司競尚儀文亡其實，故不言祭祀，惟務“以靈以誠拜上帝”，《約翰傳》四章二十四節。而所以爲祭之精義自顯。此又二聖補偏救敝，易地皆然者也。

（寅）當光榮天道。

故唯毋明乎順天之意，奉而光施之天下。《天志中》。

泰誓曰：“文王若日若月，乍照光于四方于西土”，即此言文王之兼愛天下之博大也，譬之日月兼照天下之無有私也。《兼愛下》。

爾儕乃世之光，當照於人前，歸榮於爾在天之父。《馬太傳》五章十四、十六節。

我乃世界之光，從我者即無冥行，而得生命之光。《約翰傳》八章十二節。

上帝榮光，即基督而顯。《哥林多後書》四章六節。

光者，所以破暗也。二家以“上帝光無私照，人當與日月合明”同。惟墨引他證，景即自證，不無差異。而景教揭示生命之光，較之墨學，尤能深入顯出也。

綜觀上述十事，大體幾無不同。惟耶穌嘗引經訓謂斯人莫非上帝，《約翰傳》十章三十四節。顯然平等真如；曰“見我即見父”，同上，十四章九節。顯然心佛不二，是固墨氏所未有也。

（二）墨家之明鬼，即景教之靈魂不滅。

顧墨書之鬼神，或指天言，或屬山川言，或就人言，不甚分析。故言鬼神之能賞賢罰暴與《天志》同，觀其以《明鬼》繼《天志》可證，所謂泛神者是也。景教言上帝，言天使，言靈魂，條然不紊，較墨家爲精析，故言審判，必專屬之上帝，所謂一神者是也。遠西哲學家，斤斤於泛神一神之辨，不知實相無相，一多不二，乃執著名相，不了心源，其陋甚矣，蓋未讀佛書故也。茲姑約爲三說。

（1）無在不有鬼神。

雖有深谿博林、幽閒舊作“澗”，從王校。毋人之所，施行不可以不董，見有鬼神視之。《明鬼》。

天使豈非執事之神，承命爲將授記之人效力者乎？《希伯來書》一章末節。

鬼神天使，名言不同，其“通天人於一氣”同也。

（2）外其身而身存。觀後《立教》（十四）之（4）。

斷指與斷腕，利於天下相若，無擇也。死生利若，一無擇也。殺一人以存天下，非殺一人以利天下也。殺己以存天下，是殺己以利天下。《爾雅·釋言》："是，則也。"《大取》。

自愛生命者反喪之，惟於此世自厭惡其生命者，可保之以永生。《約翰傳》十二章二十五節。

殺身而不能殺靈魂者，勿懼。《馬太傳》十章二十八節。

老子曰："吾所以有大患者，爲吾有身；及吾無身，吾有何患？"《十三章》。孔子曰："無求生以害仁，有殺身以成仁。"《論語·衛靈篇》。《孟子·告子上》云"仁，人心也"，可見仁即桃仁杏仁之仁，即人所以爲生之種子，猶佛教法相宗之言識。從知老子、孔子均以人之有身，足爲性德之累，教人外身以存身。而墨景二聖主張更烈，直視生死爲一條，欲人祛惑斷障，真覺復本，可謂慈悲入神矣。是誠宗教根本要義，惜其詮境加行，不若釋氏精詳。學者當於法相宗求之。

（3）實證靈魂不滅。

《大雅》曰："文王在上，於昭于天。周雖舊邦，其命維新。有周不顯，帝命不時。文王陟降，在帝左右。穆穆文王，令問不已。"若鬼神無有，則文王既死，彼豈能在帝之左右哉？《明鬼》。

貧者拉撒路死，天使扶之置於亞伯拉罕之懷。因其生前已受諸苦，故得安慰。《路加傳》十六章二十節至二十五節。

老子云："無死地。"《易·繫辭上》云："原始反終。"故知死生之説，精氣爲物，游魂爲變，是故知鬼之情狀，宛然佛教輪迴説。墨景二家泛言鬼同。老子又云："死而不亡者壽。"進已，似即景教之永生。即佛教之"無生"。《大取篇》云"正體不動"，亦即老之無爲，孔之無思無爲，

《易·擊辭傳》。確得無生法忍。耶穌云："遵守我道則永不死。"《約翰傳》八章五十一節。足證孔老墨耶，均是八地以上大乘菩薩，故哀愍衆生沈淪生死，現身説法救之。而墨耶二聖，不惜軀命救世之勇尤顯著。墨未身殉十架者，則中國、猶太舊有文化懸殊也。顧墨不言永生，而賞罰又不及身後，殊多疏漏。景言天堂地獄他土依報，則藏識異熟，因果不空矣。然《新約》教義，未若佛教周密，修證無方，難息苦輪，又其短也。佛教唯識學分析境、行、果甚明，學者幸流覽焉。

（三）墨家之兼，即景教之聖靈無所不在。

無窮不害兼。《經下》。

聖靈唯一，爲萬有之父。宰萬有，貫萬有，亦在爾衆之内。《以弗所書》四章六節。

如上述足徵墨景二家，了證一真法界，體大、相大、用大，無異致也。《華嚴法界玄鏡》曰"無邊理性，全在一塵"，"一塵理性，無有分限"，"攝一切入一，攝一入一切"，可會通之。

墨家言天，言鬼神，言兼，與景教所謂聖父、聖子、聖靈三位一體説符合，即釋氏心、佛、衆生三無差別之義。惜墨景立説，未若佛教圓滿也。

以上釋標宗竟。

（乙）立教

教者，宗之用也。道不可言，言則有漏，但爲啓悟凡迷，不得不假言令解。故廣列義相，使皆因事契理，不容已也。約分十八目：

（一）兼愛。

兼爲愛本，愛以兼生，此宗教雙融，根本要義也。墨景二聖俱已理事障盡，泯絶人相我相，《大取篇》云"天下無人"。《約翰傳》十七章二十三節云"使衆合一"。故滙萬别於一兼，了生死於一愛，無二致也。時人以景教爲博愛，詎知耶穌設不明性體一兼無外，其愛決不能博乎？故不從其説，以實理非關文字也。又有基督徒以兼愛不如博愛量宏者，門户見狹，陋妄不足道。兹分九項述之。

（1）不相愛則亂生，反證兼愛不容緩。

當察亂何自起？起不相愛。臣子之不孝君父，所謂亂也。子自愛不愛父，故虧父而自利，弟自愛不愛兄，故虧兄而自利；臣自愛不愛君，故虧君而自利。此所謂亂也。雖父之不慈子，兄之不慈弟，君之不慈臣，此亦天下之所謂亂也。父自愛也不愛子，故虧子而自利；兄自愛也不愛弟，故虧弟而自利；君自愛也不愛臣，故虧臣而自利。是何也？皆起不相愛。雖至天下之爲盗賊者亦然。盗愛其室不愛異室，故竊異室以利其室；賊愛其身不愛人身，故賊人身以利其身。此何也？皆起不相愛。雖至大夫之相亂家，諸侯之相攻國者亦然。大夫各愛其家，不愛異家，故亂異家以利其家；諸侯各愛其國，不愛異國，故攻異國以利其國。天下之亂物具此而已矣。《兼愛上》。

兄弟將致兄弟於死，父之於子亦然，子攻父母而死之。《馬太傳》

十章二十一節。

民將攻民，國將攻國。《馬太傳》二十四章七節。

景教之言，似不及墨書之詳。而言亂自不相愛生，父子不相愛則不慈孝，兄弟不相愛則不和調，人與人不相愛則必相賊，國與國不相愛則必相攻，一也。蓋人因執境迷心，分別取著，故我見熾然，貪瞋横發。此西歐政尚侵略，四年戰鬬之本也。

（2）當兼相愛。

若使天下兼相愛，愛人若愛其身，猶有不孝者乎？視父兄與君若其身，惡施不孝？猶有不慈者乎？視弟子與臣若其身，惡施不慈？故不孝不慈亡有。猶有盗賊乎？故視人之室若其室，誰竊？視人身若其身，誰賊？故盗賊。猶有大夫之相亂家、諸侯之相攻國者乎？視人家若其家，誰亂？視人國若其國，誰攻？故大夫之相亂家、諸侯之相攻國者亡有。《兼愛上》。

愛人如己。《馬太傳》廿二章三十九節。《兼愛下》云："爲彼猶爲己也。"《大取篇》云："愛人不外己。"

二家辭有詳約，而兼以易别之旨一也。

（3）君臣父子，均當順天之意，平等相愛。

則君臣上下惠忠，父子兄弟慈孝。故唯毋明乎順天之意，奉而光施之天下，則刑政治，萬民和。《天志中》。當參觀《兼愛上篇》："兼與天名異而實一。"

子女當孝敬父母。父勿激怒子女，當遵主道教育之。僕當敬畏忠事主人，主人待僕亦當寬和。因彼此同一天父，天父不偏待人也。《以弗所書》六章一至九節。

二家言天視人無長幼貴賤之别同。

（4）愛人之親，若愛其親。《大取》。《兼愛》下云："即必吾先從事乎愛利人之親，然後人報我以愛利吾親也。"

兼士爲其友之親若爲其親。《兼愛下》。

彼母即吾母。《羅馬書》十六章十三節。《約翰傳》十九章二十七節"約翰迎養耶穌之母"同。

（5）孝親未若兼愛天下之重。

聖人不得爲子之事。《大取》。解詳拙《箋》。

孰爲我母？孰爲我兄弟？凡遵行我父旨者，即我兄弟姊妹及母也。《馬太傳》十二章末。

《莊子·天運篇》曰"至仁無親"，"夫至仁尚矣，孝固不足以言之"，可爲二聖之確詁。

（6）愛人類在追迷。畢沅云："追正迷惑"。見《大取》。

愛人非爲譽也，其類在逆旅。《大取》。解詳拙《箋》。

自謂在世爲客旅、爲寄居者，明其欲得家鄉。彼若思所出之故鄉，則有轉機。然彼等渴仰更美之家鄉，即在天者。《希伯來書》十一章十三至十六節。

言"人在世，非安身之真宅，當求永居之樂土"同。惜無十二因緣順生還滅之警切。

（7）兼愛自無敵怨。

其道不怒。《莊子·天下》。此宋鈃、尹文"見侮不辱"之本，是兼愛之果德，是非攻之密因。

敵爾者愛之，詛爾者祝之，憾爾者善待之，毁謗爾、窘逐爾者，爲之祈禱。如此則可爲爾天父之子。蓋天父使日照善者惡者，降雨於義者不義者，爾若衹愛愛爾者，有何賞耶？《馬太傳》五章四十五六節。

僅就文字相言，似乎一屬消極，一屬積極，淺深異趣。詎知我法二執不空，不能無怒。不怒，即佛教四無量心平等一如之捨，同時必具無緣大慈，同體大悲，故當侮辱橫來，亦惟哀愍其無知，誓願度之而已。墨子弟子隨巢子曰：“不肖者則憐之，不肖不憐，是忍人也。”《意林》。可證。耶穌在十架上，求父赦敵之無知，《路加傳》二十三章三十四節。即充其不怒之心也。老子曰“以德報怨”，釋氏曰“怨親平等”，其揆一也。執著文字不得。

（8）無緣大慈，同體大悲。

不知其所處，不害愛之，說在喪子者。《經下》。解詳《經下》下行拙《箋》。

或有二子，季語父曰：“請父予我所當得業。”父從其請。歷時未幾，季攜所有，遠遊浪費，耗盡無餘，備受窮苦。轉念歸家，其父遠見，憫而趨前，抱頸接吻。《路加傳》十五章十一節至末。

二聖皆以父母愛子痛切，喻聖人之愛人，雖人皆自外，而聖人愛之之心無已也。

（9）四施，即力施、財施、法施、身施。施是佛教六度之一。

（子）力施。

即《禮運》所謂“力惡其不出於身，不必爲己”，蓋亟欲爲天下生利，不忍分人之利以自養，是交相利之能先施者也。

有力以勞人。《魯問篇》墨子見吴慮語。

墨子稱道曰：“昔者禹之湮洪水，決江河，而通四夷九州也，名山三百，支川三千，小者無數。禹親自操橐耜，而九雜天下之川，腓無胈，脛無毛，沐甚雨，櫛疾風，置萬國。禹大聖也，而形勞天下也如此。使後世之墨者，多以裘褐爲衣，以跂蹻爲服，日夜不休，以自苦爲極，曰‘不能如此，非禹之道也’，不足謂墨。……將使後世之墨者必自苦，以腓無胈，脛無毛，相進而已矣。……雖枯槁不舍也。”《莊子·天下篇》。

大有天下，小有一國，必自爲之然後可，則勞苦耗顇莫甚焉。如是，則雖臧獲不肎與天子易埶業。……爲之者，役夫之道也，墨子之説也。《荀子·王霸篇》。

耶穌曰："爾儕誰欲爲大，當爲衆役；誰欲居首，當聽衆呼。正如人子至，非役人也，乃役於人。"《馬太傳》二十章廿六至廿八節。

保羅曰："我憑兩手自作，供我與從者之需。凡事示當如何勤勞，以扶持荏弱者。當記主言施比受更有福也。"《使徒行傳》二十章三十四五節。

我未素餐於人，惟自勞苦，晝夜工作。《帖後》三章八節。

墨子非樂，即欲盡人齊勞，不可虧奪民衣食之財以自養。與保羅所謂人不工作即不當食，《帖後》三章十節。當安静工作自食其力，又十二節。若符節合。所以備世之急，即爲社會服務也；亦藉以防止懈怠、惛沉、掉舉諸熏習，精進以自度。《經下》云："宇進無近，行修以久。"保羅云："今我受暫微之苦，爲成就至大無比之永榮。"《哥後》四章十七節。又云："惟虔敬於凡事有益，今生來生皆許有福，我儕服勞忍辱，正爲此也。"《提前》四章。二家之自度，均寓於度他中，誠大乘菩薩行也。竊願今之講勞農主義者，從根本上研究之。

（丑）財施。有財相分。《天志中》。

有財以分人。《魯問》墨子見吴慮語。

鬼神欲人多財則以分貧。多財而不以分貧，二不祥也。《魯問》墨子語曹公子。

往鬻所有以濟貧，則必有財於天。《馬太傳》十九章廿一節。

我不欲彼豐而爾嗇，乃欲其均。今爾以有餘補彼不足，則後彼亦以有餘補爾不足，是之謂均。《哥後》八章十四節。

信徒會同所有，悉歸公用，且變産視各人所需分給之。《使徒行傳》二章四十四五節。

人有財産，見兄弟窮乏而不矜恤，烏能愛上帝哉！《約翰》一書三章十七節。

施財以濟貧，固愛人也，亦真愛已之祕訣。因人生根本無明，貪居其一，慳由此生，最易牽纏慧命，使難向上而淪墮，故墨子云“其富不如其貧也”，《魯問》。耶穌云“爾財所在，爾心繫之”，廿一節。均所以發其隱也，節用之精義寓焉。今耶穌舊教徒有神貧之説，雖不免著相，視新教徒心爲形役，物至而人化物者，高出遠甚也。今講社會主義者，無此原理，陋矣。

（寅）法施。約爲三分。

（一）敷教富具熱誠。

公孟子謂子墨子曰：“今子徧從人而説之，何其勞也。”子墨子曰：“今求善者寡，不强説人，人莫知之也。”《公孟》。

子墨子自魯即齊，過故人，謂子墨子曰：“今天下不爲義，子獨自苦而爲義，子不若已。”子墨子曰：“今有人於此，有子十人，一人耕而九人處，則耕者不可以不益急矣。何故？則食者衆而耕者寡也。今天下莫爲義，則子如勸我者也，何故止我？”《貴義》。

翟以爲不若誦先王之道而求其説，通聖人之言而察其辭，上説王公大人，次説匹夫徒步之士。王公大人用吾言國必治，匹夫徒步之士用吾言行必修。故翟以爲雖不耕而食飢，不織而衣寒，功賢於耕而食之、織而衣之者也。《魯問》。

耶穌徧游諸城諸鄉，宣傳天國福音。《馬太傳》九章三十五節。

耶穌既命十二門徒，乃離彼往諸邑，敷教弘道。《馬太傳》十一章一節。

耶穌曰：“爾曹往普天下，傳福音與萬民。”《馬可傳》十六章十五節。

（二）因地因人施教。

子墨子曰："凡入國，必擇務而從事焉。國家昏亂，則語之尚賢、尚同；國家貧，則語之節用、節葬；國家憙音、湛湎，則語之非樂、非命；國家淫僻、無禮，則語之尊天、事鬼；國家務奪、侵凌，即語之兼愛、非攻。故曰擇務而從事焉。"《魯問》。

墨子見荆王，錦衣吹笙，因也。《吕氏春秋·貴因篇》。高注云：墨子好儉，非樂，錦與笙非其所服也，而爲之，因荆王之所欲也。

對猶太人，我即作猶太人，以救猶太人。對法律下人，我即作法律下人，以救法律下人。對無法律人，我即作無法律人，以救無法律人。《哥前》九章廿節。

施洗師約翰語衆曰："有二衣則分與無衣者，有食亦然。"語税吏曰："定賦之外勿取。"語軍士曰："勿强暴，勿訛詐，以所得之糧爲足。"《路加傳》三章十一至十四節。語法利賽人及撒都該人曰："當誠心悔改。"《馬太傳》三章七、八節。

《法華經·觀音菩薩普門品》云："觀世音菩薩，遊此娑婆世界，爲衆生説法。若有國土衆生應以佛身或長者居士等身得度者，即現佛身或長者居士等身而爲説法。"墨景二家雖無此神通，而求契理契機，大致正同。墨子、保羅，皆甘入地獄救人者。

（三）傳道具大無畏之毅力。

公輸盤九設攻城之機變，子墨子九距之。公輸盤之攻械盡，子墨子之守圉有餘。公輸盤詘，而曰："吾知所以距子矣，吾不言。"子墨子亦曰："吾知子之所以距我，吾不言。"楚王問其故，子墨子曰："公輸子之意，不過欲殺臣。殺臣宋莫能守，可攻也。然臣之弟子禽滑釐等三百人，已持臣守圉之器，在宋城上而待楚寇矣，雖殺臣不能絶也。"《公輸》。墨子以氾愛、兼利、非鬬爲教，聞楚將攻宋，自魯趨而往，十日十夜至於郢，竟不懼殺身以止之，真大乘菩薩應世也。

司馬喜難墨者師於中山王前以非攻，曰：“先生之所術，非攻夫?”墨者師曰：“然。”曰：“今王興兵而攻燕，先生將非王乎?”墨者師對曰：“然則相國是攻之乎?”司馬喜曰：“然。”墨者師曰：“今趙興兵而攻中山，相國將是之乎?”司馬喜無以應。《吕氏春秋·應言篇》。

墨者鉅子孟勝，死荆陽城君之難，弟子死之者百八十三人。使後世求嚴師、求賢友、求良臣者，均於墨者求之。死之，所以行墨者之義而繼其業者也。本《吕氏春秋·上德篇》。

耶穌示門徒，己必往耶路撒冷，將備受苦於長老、祭司、諸長及文士，且見殺，三日復生。彼得援而止之曰：“主，不可！願無此事!”耶穌顧謂彼得曰：“撒旦退！爾阻我，因爾不體上帝之意，乃體人之意也。”《馬太傳》十六章二十一至二十三節。

猶太人及入猶太教之虔敬者，多從保羅、巴拿巴。二使徒勸其勿自外上帝之恩。至後安息日，邑民幾畢集，欲聽上帝之道。猶太人見衆至，嫉之益甚，詰難保羅誹而誚之。保羅、巴拿巴毅然曰：“上帝之道，當先傳於爾曹，乃爾曹棄之，自以爲不堪得永生，故我儕轉向異邦人，蓋遵主命。將爲異邦人之光，施行救恩，直至地極。”猶太人乃唆虔敬貴婦及邑紳，窘逐二使徒出境。二人對衆拂去足塵，至以哥念同入猶太人會堂傳道。《使徒行傳》十三四章。

使徒彼得、約翰、保羅等，爲傳耶穌永生之道，或屢被囚，或舍命不渝，務戰勝世間罪惡於無已。流覽《新約》史自知，不具述。

二家各“務伸其教義，不爲濁世威武屈”同。惟墨寓出世法於世法，景以出世法完成世法，又異也。

（卯）身施。

《經上》曰：“任，士損己而益所爲也。”《説》曰：“任，爲身之所惡，以成人之所急。”解詳《經上》。

墨子兼愛，摩頂放踵利天下爲之。《孟子·盡心》。

墨子服役者百八十人，皆可使赴火蹈刃，死不還踵。《淮南子·泰族訓》。

人爲友捐命，愛無大於此者。《約翰傳》十五章十三節。

願爲吾徒，則當捨己負十架以從。《馬太傳》十六章二十四節。

基督爲我儕捐命，我儕亦當爲弟兄捐命。《約翰一書》三章十六節。

墨以天之意，欲人有力相營，有道相教，有財相分。《天志》中。景言恒當勞力工作，即有餘財周給貧乏。言必善以輔德裨益聽者，勿令上帝之靈憂，《以弗所》四章二十八九節。並舍生取義，二家無不同。

（二）非攻。

非攻爲兼愛之要端，本兼愛攝，因墨書有此篇目，故從之。後立節用、節葬、非命、非儒、貴義等名，義均同此。墨景二教，仰體天心兼愛，以天下不義之事，莫如攻伐爲禍之烈，故非之以救時之敝，而陳義則墨詳而淺，景精而深。觀文自明。

《非攻》三篇，極言攻國之罪，大於竊人桃李，攘人犬豕鷄豚，殺不辜人，扡衣裘，取戈劍，不義莫大焉，乃天下弗知非，從而譽之謂之義。譬猶少見黑曰黑，多見黑曰白；少嘗苦曰苦，多嘗苦曰甘。况戰鬬之事，剌殺天民，廢時耗財，縱有所得，不如所喪之多，故國恒以攻戰亡。惟立義以一天下之和，大國之不義也則同憂之，大國之攻小國也則同救之，小國城郭之不全也必使修之，布粟之絶則委之，幣帛不足則共之。是以德求諸侯者，天下之服可立而待也，則知者之道也。

爾收刀入鞘！因凡動刀者，必死於刀下。《馬太傳》二十六章五十二節。

爾聞有言云：“目償目，齒償齒。”惟我告爾，勿與惡人爲敵。

有人批爾右頰，則轉左頰向之。有人訟爾，欲取爾裏衣，則並外服亦聽取之。有人强爾行一里，則偕之行二里。求於爾者予之，借於爾者勿却。爾聞有言云："同人愛之，敵者憾之。"惟我告爾，敵爾者愛之，詛爾者祝之，憾爾者善待之，陷害窘逐爾者爲之祈禱。如此則可爲爾天父之子。蓋天父使日照善者惡者，降雨於義者不義者，若爾祇愛愛爾者，有何賞耶？税吏不亦如是乎？若爾僅問爾兄弟安，有何過人耶？異邦人不亦如是乎？故爾當純全如爾在天之父然。《馬太傳》五章。

二聖非攻，性德之宏，潤齊天地。顧墨重實利，就世法言，多屬消極；景重慧命，本出世法攝世法，純屬積極，不無差異。故墨不廢守圉，景則絶不抵抗，務不起分別，因以純善度之，是墨所未逮也。厥後墨者胡非、宋鈃、尹文、惠施、公孫龍輩，均能遵行其教。景教徒乃興十字軍，前後共七次，凡二十餘年。今吾國人極愛和平，覺墨聖君子無鬬《耕柱》。之流風，猶未墜也。景教各國亦設弭兵春秋時宋向戌有此故事。會，國際裁判會，以防戰禍，尚已，乃言行相違，製艦造礮，厲行刧奪，釀成猛獸的惡鬬四年，而牧師負槍殺虐者，迄不知其非，實污辱基督，不免墨子狗豨之傷也。《耕柱篇》子夏之徒曰"狗豨猶有鬬"，墨子傷之。

（三）節用。

墨家節用，淺者以爲爲社會理財，均貧富而已，詳前《財施》。孰知實與兼愛相表裏。蓋不能外物，則不能外生。不能外生，則不能兼。不能兼，則其愛多罅漏也。玆就節用説有二義。（一）精者。性自清静，耳目搖之，約以寧神，天和將至。（二）粗者。人皆壽康，嗜欲戕之，不役於物，形乃長生。《辭過篇》曰"得其所以自養之情，而不感於外"，可證。是節用者，將齊天下於一樸，亦實行兼愛一要旨也。由是羣甘恬憺，斷不致虧人以自恣，則又非攻之奧援也。景教同具此義，觀耶穌、保羅之言可知。

飲食之法，足以充虚繼氣，强股肱，耳目聰明則止，不極五味之調，芬香之和。《節用中》。

故聖人之爲衣服，適身體，和肌膚而足矣，非榮耳目而觀愚民也。《辭過》。

故我告爾，勿爲生命憂何以食何以飲，勿爲身體憂何以衣，生命不重於糧乎？身體不重於衣乎？勿爲明日憂，明日之事俟之明日，一日惟受一日之勞足矣。《馬太傳》六章末。

虔敬兼知足，利莫大焉。蓋我儕無所攜而來，亦無所攜而去，有衣食即當知足。彼圖富有者，陷迷惑，罹網羅，墮於無理有害之慾中，終惟沈淪滅亡而已。貪得爲萬惡之原，人慕之則迷失正道，猶以許多愁苦自刺其心也。《提摩太前書》六章。

（四）節葬。亦兼愛攝。

聖人之法，死亡"忘"通。親，爲天下也。厚親，分也，以死亡之，體渴興利。《大取》。

又一門徒謂耶穌曰：主，容我歸葬父。耶穌曰：爾從我，任彼死人葬死人。《馬太傳》八章二十二節。

二家薄喪葬以利天下同。所異者，墨重實用以資生命，景重生命以資實用耳。

（五）非命。亦兼愛攝。

墨景二聖均體天行之健，强勁以化天下，使無不勇猛精進，趨善而避惡，絶不容宿命謬説，阻人從事，有造於社會者大矣。《詩・文王篇》云"永言配命，自求其福"，是其義。

《非命》三篇以執有命者之言，是覆天下之義。覆天下之義者，是滅天下之人，實爲天下厚害。故曰命者暴王所作，窮人所術，非仁者之言。先王之書亦嘗有曰："福不可請，禍不可諱，敬無益，暴無傷者乎！"在於桀紂，則天下亂；在於湯武，則天下治。天下之治也，湯武之力也；天下之亂也，桀紂之罪也。若以此觀之，夫安危治亂，存乎上之爲政也，豈可謂有命哉？王公大人聽獄治政，强必治，不强必亂；强必寧，不强必危。卿大夫内治官府，外斂關市、山林、澤梁之利，强必貴，不强必賤；强必榮，不强必辱。農夫耕稼樹藝，强必富，不强必貧；强必飽，不强必飢。婦人紡績織紝，强必富，不强必貧；强必煖，不强必寒。

子墨子北之齊，遇日者。日者曰："帝以今日殺黑龍於北方，而先生之色黑，不可以北。"子墨子不聽，遂北，至淄水不遂而反焉。日者曰："我謂先生不可以北。"子墨子曰："南之人不得北，北之人不得南，其色有黑者，有白者，何故皆不遂也？且帝以甲乙殺青龍於東方，以丙丁殺赤龍於南方，以庚辛殺白龍於西方，以壬癸殺黑龍於北方。若用子之言，是禁天下之行者也，是圍心而虚天下也，子之言不可用也。"

耶穌從不言命，然教人努力向上，求免沈淪而獲永生，意至堅決，有進無退，猶是墨子非命之神理也。經曰："我來非召義人，乃召罪人。"《馬太傳》九章。足見罪人非由命定，可盡化爲義人也。又曰："信者不定罪，不信者即定罪。"《約翰傳》三章十八節。是生命之升沈，視信不信爲轉移也。綜觀基督教義，蓋以斯人本皆上帝《約翰傳》十章三十四節。並各自心同具基督，《歌羅西書》一章二十七節。祇因不覺，自迷失之。故耶穌保羅不遑寧處，大聲疾呼，務使斯人咸知生命之真。權自己操，惟貴多歷難苦，上合天德，保羅忍苦受辱竭力傳上帝福音與衆，《帖前》二章二節。則所有命，有富無貧，有榮無辱，有壽無夭，有安無危，一切平等，無不自由矣。此知景教救人各正性命，保合太和，與墨教一也。

耶穌預知至耶路撒冷必將遇害，彼得諫阻，耶穌責之。《馬太傳》十六章二十一至二十三節。保羅亦預知至耶路撒冷必遇難，《使徒行傳》二十章二十二至二十四節。亞迦布并衆友勸阻，保羅不聽。同上，二十一章十至十四節。皆與墨子不聽日者之言同。

墨景二聖均務掃除社會迷信，以命由己立，宜大造就，不可委心任運，自種劣因，以求驗於昏惰之惡果。蓋確有見於衆生命體分於一兼，本無貧富壽夭差别，因衆迷妄，起惑造業，遂致貧富壽夭諸苦叢生，乃乘大願入世度生，必令勞動不息，斷諸煩惱。釋氏飲光尊者一笑傳衣，稱宗門第一祖，而力行頭陀終身不捨，即此理。且不惜身命示教者，所以破人"我執”、“生死執”，俾成白浄無垢金剛道也。惟墨家非命本世間法，多屬消極，辭旨淺顯，人盡易知。景教非命本出世法，純屬積極，辭旨深奥，人不易知。而欲人皆歸根復命，永利貞，無殊也。

（六）非儒。儒者不知兼，故不貴兼，所以非之。亦兼愛攝。

當時儒者不無謬解偏執，言是行非，繁飾虚文而亡其實，與法利賽人文士等大致多同。墨景二聖，毅然非之，蓋依據真理，改正天下之信仰。墨子見歧道，耶穌見京城，俱哭，《吕氏春秋·疑似篇》。《路加福音》十九章。慈悲洵無量矣。

《非儒篇》前半似可徵信，後半明指孔某，近於誣詆。詳拙《箋》。

子墨子謂程子曰：“儒之道足以喪天下者四政焉。儒以天爲不明，以鬼爲不神，天鬼不悦，此足以喪天下；又厚葬久喪，重爲棺椁，多爲衣衾，送死若徙，三年哭泣，扶後起，杖後行，耳無聞，目無見，此足以喪天下；又弦歌鼓舞，習爲聲樂，此足以喪天下；又以命爲有，貧富壽夭，治亂安危，有極矣，不可損益也，爲上者行之，必不聽治矣，爲下者行之，必不從事矣，此足以喪天下。”程子曰：“甚矣先生之毁儒也。”子墨子曰：“儒固無此若四政者，而我言之，則是毁也。今儒固有此四政者，而我言之，則非毁也，告聞也。”《公孟篇》。餘《公孟篇》十一事、《耕柱篇》二事，不具引。

《馬太傳》二十三章全，又二十二章記法利賽人、撒都該人事，可參觀。

耶穌語門徒曰“謹防法利賽人及撒都該人之酵”，即防法利賽人及撒都該人之教道。《馬太傳》十六章六節十二節。

墨景二聖實行平等兼愛，改造社會，以文儒習僞，最爲真理之障，故非之。雖所非之事實，以時地因緣互異。而破外執、伸正義，一也。

（七）貴義。義所以兼利天下。亦兼愛攝。

《經上》云："義，利也"。以義爲利天下之大本，貴屈已以伸之。

子墨子曰："萬事莫貴於義。今謂人曰：'予子冠履，而斷子之手足，子爲之乎？'必不爲。何故？則冠履不若手足之貴也。又曰：'予子天下，而殺子之身，子爲之乎？'必不爲。何故？則天下不若身之貴也。争一言以相殺，是義貴於其身也。故曰萬事莫貴於義也。"《貴義》。

耶穌曰："人若富有天下而喪其生命，何益之有？將以何者易其生命耶？"《馬太傳》十六章二十六節。

爲義被窘逐者有福，蓋天國乃其國也。《馬太傳》五章十節。

今當以肢體獻於義爲僕以成聖。《羅馬書》六章十九節。

二家"以身貴於天下，義貴於身"同，而立言一剛一柔異。景教義較閎深，即言天國因義而得可見。

上列各教義，均依墨書爲次。下列"自由"、"平等"依景教，餘依佛教。

（八）自由。

墨教無"自由"之名，然確有自由之實。如非攻，即非攻者之侵人自由也。備城門等守圉法，所以保護自由也。鉅子孟勝死荆陽城君之難，弟子從死者百八十三人，《吕氏春秋・上德篇》。正所謂"不自由毋甯死"，申自由之大義於天下也。腹䵍之子殺人，秦王令吏弗誅，卒行墨法殺之，《吕氏春秋・去私篇》。是尊重他人自由之極行也。蓋自由者，天人一兼之産物，與平等一而二、二而一者也。試與景教比較之。

墨子以"天道之極，遠者自親。人事之起，近親造怨。"《管子・形勢》。故"去智與故，循天之理"，《莊子・刻意篇》。尚同於天，一同天下之義，以止天下之亂，蓋以天即真理，真理大明於天下，則人間一切我見、我慢、我執，自然消滅，於是各得自由，無犯人自由之亂矣。又必公選天下仁人，爲天子國君以及鄉里之長，同天下之義於一天。爲天下謀自由者，似乎葡矣。

耶穌曰："苟爲吾徒，必識真理，真理必使爾自由。"《約翰傳》八章三十二節。

案墨子之天即是兼，亦即景教之聖靈。能領悟者，必得自由無疑。但恐天下人難於領悟。思選賢仁正長輔相之，又難如願，乃立鉅子，無異景教之有教皇。幸諸鉅子道德高尚，未見如教皇專制，箝束人思想言論之自由。或恐積久弊生，難免如教皇之專横，是别問題。蓋我國有孔老鼎峙，歷史的文化甚深，遠西則獨尊一耶，歷史的文化甚淺故也。至墨因儒教排斥，漢武罷黜而衰，景能争勝異教，羅馬堪司炭聽服從而興，又因地緣殊，頗關世運也。

（九）平等。

義已見前《標宗》(7)。兹專就教略言之。

不黨父兄，不偏富貴，雖天亦不辯貧富貴賤遠近親疏。《尚賢中》。

凡遵行我父旨者，即我兄弟姊妹及母也。《馬太傳》十二章末。

二教均以平等著稱，無庸多贅。惟墨重色身，景重靈性，立足點各異耳。若佛教，則佛菩薩以及胎卵溼化衆生，一切平等，量更宏矣。

（十）堅信。

凡一教主創教，必確然有以自信者，用堅徒屬之信仰，因信爲一切功德母也。《心地觀經》曰"入佛法海，信爲根本"，可爲二聖堅信之説明。

子墨子曰："吾言足用矣。舍吾言革思者，是猶舍穫而攈粟也。以其言非吾言者，是猶以卵投石也。盡天下之卵，其石猶是也，不可毁也。"《貴義》。

耶穌曰："天地可廢，吾言不可廢。"《馬太傳》二十四章三十五節。

（十一）持戒。

莊子謂墨翟、禽滑釐以繩墨自矯，而備世之急。《天下篇》。耶穌及其門徒，亦莫不循規蹈矩，《使徒行傳》二十一章二十四節。廣召罪人悔改，《馬太傳》九章十三節。期以福利世間。試述其戒律。腹䵍云"墨者之法，殺人者死，傷人者刑"，顯有律文，惜不傳。景教頗有禁戒而墨書無之，且二家宗趣有世出、世間之别，雖事異義融，究未可並論。

有諸己不非諸人，無諸己不求諸人。《小取》。

爾目中有梁木，何以語爾兄弟曰"容我去爾目中之草芥"！僞善者乎？先去自己目中之梁木，然後可見以去爾兄弟目中之草芥。《馬太傳》七章三節。

彼以難負重任，縛而置之人肩，而己則一指不動，故不可效其所爲。《馬太傳》二十三章四節。

（十二）善下。

處下善於處上，下所，請上也。《經説下》。請通誠，言在下處誠爲最上，詳拙《箋》。

門徒問天國中誰爲最大。耶穌召一孩提，使立於衆中，曰："我誠告爾，爾儕若不改變如此孩提，則不得入天國。"故凡自謙如孩提者，在天國爲至大。《馬太傳》十八章一至四節。

人請爾赴婚筵，勿坐首位。恐有尊於爾者見請，則請爾者來語爾曰，讓位與斯人，爾必慚愧而趨末位。爾被請時，往坐末位，則請爾者來語爾曰，友上坐，則爾在同席前有榮矣。蓋自高者將降爲卑，自卑者將升爲高也。《路加傳》十四章八至十一節。老子曰："大者宜爲下。"六十一章。江海所以能爲百谷王者，以其善下之，故能爲百谷王。六十六章。《易·謙彖》曰："謙，亨。天道下濟而光明，地道卑而上行。天道虧盈而益謙，地道變盈而流謙，鬼神害盈而福謙，人道惡盈而好謙。謙尊而光，卑而不可踰，君子之終也。"義均與墨景同。釋氏則戒我慢，有七慢、九慢諸數，慢山、慢坑諸名，務必心持謙恭，常自卑下，庶免慢使驅心，生死輪流，受苦不盡，析理邃密又進焉。

（十三）去識。

世界爲業識所成。吾人側身其間，恒爲衆苦逼迫，不易解脱。去識，所以拔苦本也。

子墨子曰："必去六辟。嘿則思，言則誨，動則事，使三者代御，必爲聖人。必去喜、去怒、去樂、去悲、去愛、去惡，而用仁義。手足口鼻耳目，從事於義，必爲聖人。"《貴義》。

耶穌曰虛心者有福，以天國乃其國也。《馬太傳》五章三節。

此道於知者則隱之，於赤子則顯之。《馬太傳》十一章二十五節。

經云我將滅智者之智，廢慧者之慧。智者安在？經士安在？斯世之辯士安在？上帝豈非使斯世之智爲愚乎？《哥林多前書》一章十九節。

保羅、巴拿巴勸衆：當常在上帝恩中。《使徒行傳》十三章四十三節。

當以言、以行、以仁愛、以信仰、以清潔，爲信者之模範。《提摩太前書》四章十二節。

人因無始習染，而有喜、怒、愛、惡諸智慧，即佛教所謂識。大都迷妄顛倒，性靈所由梏亡也。《淮南子·原道訓》曰："夫喜怒者，道之邪也；憂悲者，德之失也；好憎者，心之過也；嗜欲者，性之累也。”必盡去之，而性靈之縛乃解。故耶穌曰：虚心有福，天國與焉。顧凡夫中無所主，往往任情昏動，徧計起執，遣除不易。必有上同於天之義，即是上帝之恩，以爲善巧方便，俾嘿則思此而意業浄，言則誨此而口業浄，動則事此而身業浄，然後一言一行一意念，莫不通道爲一，足以爲人模範。從知墨順天志，景依上帝，均以自苦爲極之微旨，無異佛教專念彌陀，所以勦滅識心，清浄身口意業也。

（十四）破執。

墨子《經下》、《經説下》、《大取》、《小取》四篇，景教四福音，所以破人偏執，引入正理者，觸目皆是。仰見墨景二聖，了證我法二空真理，慈悲量宏，救世心切也。今略舉五證如次。

（1）破名相執。

《經下》云：“可無也。有之而不可去，説在嘗然。”

《説》曰：“可無也。已給則當給，不可無也。”解詳拙《箋》。

以形貌命者，必智是之某也，焉智某也。“焉”猶“可”也。不可以形貌命者，唯不智是之某也，“唯”通“雖”。智某可也。《大取》。解詳拙《箋》。

我言爾曹必當重生，毋以爲奇。風任意而吹，爾聞其聲，而不知其何來何往。凡由聖靈生者亦若是。《約翰傳》三章七八節。

墨言無不可無，又不可以形貌命者，雖可命以某名，究非常名；景言聖靈本無，去來如風，然因人心迷惑，似有去來，均所以破名相執也。

（2）破貪著執。

智是室之有盜也，不盡是室也。智其一人之盜也，不盡是一人。“一”舊作“二”，從畢校改，解詳《大取》拙《箋》。

天常中存其人其所。室堂，所存也。其子，存者也。據存者而問室堂，惡所存也。主室堂而問存者，孰存也。解詳《經下》下行拙《箋》。

害之中取小者。斷指以存擘，非取害也，取利也。其所取者，人之所執也。遇盜人而斷指以免身，利也。其遇盜人，害也。《大取》。解詳拙《箋》。

凡爲我名，捨棄屋宇、兄弟、姊妹、父母、妻子、田疇者，將獲福百倍而得永生。《馬太傳》十九章末。

耶穌曰：爾欲盡善，往售所有以濟貧，則必有財於天，且來從我。少者聞言愀然而去，貲厚故也。耶穌謂門徒曰：駝穿針孔，較富者入天國尤易。《馬太傳》十九章二十一至二十三節。

不負十架從我者，不堪爲吾徒。《馬太傳》十章三十八節。

（3）破見取執。

見取云者，謂於諸見及所依蘊，執爲最勝。能興一切鬬諍，障礙正見，故必破之。

公孟子戴章甫搢忽儒服而以見子墨子，曰："君子服然後行乎？其行然後服乎？"子墨子曰："行不在服。"中略。公孟子曰："善。吾聞之曰，宿善者不祥，請舍忽，易章甫，復見夫子可乎？"子墨子曰："請因以相見也。若必將舍忽易章甫而後相見，然則行果在服也。"《公孟》。

公孟子曰："君子必古言服然後仁。"子墨子曰："昔者商王紂、卿士費仲，爲天下之暴人；箕子、微子，爲天下之聖人。此同言而或仁或不仁也。周公旦爲天下之聖人，關叔爲天下之暴人。此同服或仁或不仁。然則不在古服與古言矣。且子法周而未法夏也，子之古非古也。"《公孟》。

耶穌曰：婦人當信我。時將至，爾曹拜父，非於此山，亦非於耶路撒冷。真拜父者，當以靈以誠拜之。因上帝是靈，故拜之者，必以靈以誠。《約翰傳》四章二十一至二十四節。

法利賽人以安息日不宜有爲。耶穌據經利生，以破其執，且自謂人子是安息日之主。《馬太傳》十二章一至十三節。蓋以安息在心，不在迹也。

（4）破生死執。

詳前《標宗》（二）之（2）。

死生利若，一無擇也。殺一人以存天下，非殺一人以利天下也。殺己以存天下，是殺己以利天下。是，則也。解詳《大取篇》。

自愛生命者反喪之，惟於此世自厭惡其生命者，可保之以永生。《約翰傳》十二章二十五節。

（5）破人我執。

天下無人。《大取》。言莫非我也。

使彼儕合爲一，如父與我爲一然。《約翰傳》十七章二十二節。

（十五）示範。

《周頌》道之曰："聖人之德，若天之高，若地之普，其有昭於天下也；若地之固，若山之承，不坼不崩；若日之光，若月之明，與天地同常。"則此言聖人之德，章明博大埴固以脩久也。故聖人之德，蓋總乎天地者也。《尚賢中》。

耶穌登山神變，面耀如日，衣皎有光，《馬太傳》十七章。與日月合明也。因衆將迫之爲王，入山避之。《約翰傳》六章。蓋性德堅定，不變不遷，超象外而屹立，止其所以厚終，静而能持，不爲浮動無常之世榮摇，惟山可表德也。曰："上天下地，權均在我。"《馬太傳》二十八章。是天地總和，攝於一心，德合無疆也。

（十六）心傳。

此以無上道妙，要在離言親證，非文字所能宣，是爲教外别傳。惟有利根上智，方可心心相印，釋氏禪宗所謂傳佛心印是也。請參觀拙刊《談道書基督教與佛教》。茲就墨景二教舉其實。

尹文子，墨學大家也。即《莊子·天下篇》徵之，“願天下之安寧以活民命”，兼愛也；“人我之養畢足而止”，節用也；“禁攻寢兵，救世之戰”，非攻也；“作爲華山之冠以自表”，平上下之等也；“見侮不辱”，即墨子不怒之道；“周行天下，上説下教，雖天下不取，强聒不舍”，猶墨子徧從人而説之，獨自苦而爲義也。乃著書《大道》上篇云：“大道治者，則名法儒墨自廢。”又云：“是道治者，謂之善人；藉名法儒墨者，謂之不善人。”解詳拙《箋》“墨學傳授考”。

保羅德行文學，在景教爲巨擘。獻身基督，宣傳福音，終生不娶，嘗屢被囚，數瀕死，而進取且益厲。乃《達羅馬人書》曰：“倘我能救兄弟骨肉，即自被呪詛，與基督決裂，亦所願也。”九章三節。

尹文、保羅之言，蓋深有得於墨景二聖救世之心傳，與佛教所謂“苟能度衆生，打佛駡佛無所不可”義同。《維摩經·法供養品》曰：“依於法，不依人。”天台教義有“四依”，此其一。“諸供養中，法供養勝”。從知墨景二教，非大乘權智菩薩，無能爲役。

（十七）供養。

弟子於師，理當供養，亦所以廣道之傳也。

子墨子游荆，耕柱子於楚。二三子過之，食之三升，客之不厚。二三子復於子墨子曰：“耕柱子處楚無益矣，二三子過之，食之三升，客之不厚。”子墨子曰：“未可智也。”毋幾何而遺十金於子墨子，曰：“後生不敢死，有十金於此，俞氏樾云：“二十兩爲一金。”願夫子之用也。”子墨子曰：“果未可智也。”《耕柱》。

耶穌在伯大尼癩者西門家，有婦攜玉缾，盛至貴之香膏，就耶穌席，沃其首。門徒見而不悦，曰：“惡用此糜費爲哉？此膏可鬻多金以濟貧者。”耶穌知之曰：“何爲難此婦！彼所行者，美事也。蓋貧者常偕爾，我不常偕爾。婦傾此膏於我躬，爲我葬而行之。我誠告爾，普天下不論何處傳福音，必述此婦所行，使人記憶。”《馬太傳》二十六章六至十三節。

（十八）囑累。

墨書《尚賢》、《尚同》等各三篇者，大都墨離爲三，各本師承説書。校者强分上、中、下以爲識别，故大旨多同。文有出入詳略，無異景教四福音。惟墨子嘗自著《經》、《説》並大小《取》六篇，耶穌則僅立《新約》，此《新約》非謂四福音，今以四福音爲《新約》者，是不知《新約》之迷誤也。不著一字，是其異也。而二家不務爲文，專重躬行，又甚同。至若墨有鉅子，景有使徒。舊稱祭司，後名監督、主教、教皇。蓋由教主付囑道要，使之積累流布，“無令斷絶，隨諸衆生所應得利，而爲廣説”，《維摩經・囑累品》。“亦若儒家之有師承宗派，佛氏之有傳授衣盋矣”。《閒詁・墨學傳授考》。

墨者以鉅子爲聖人，皆願爲之尸，冀得爲其後世。《莊子・天下》。

孟勝爲墨者鉅子，將死荆陽城君之難。其弟子徐弱諫孟勝曰：“死而有益陽城君，死之可矣。無益也而絶墨者於世，不可。”孟勝曰：“不然。吾於陽城君也，非師則友也，非友則臣也。不死，自今以來，求嚴師必不於墨者矣，求賢友必不於墨者矣，求良臣必不於墨者矣。死之，所以行墨者之義而繼其業者也。我將屬鉅子於宋之田襄子。田襄子賢者也，何患墨者之絶世也！”因使二人傳鉅子於田襄子。《吕氏春秋・上德篇》。案：徐弱恐孟勝死而絶墨者於世，孟勝因使二人傳鉅子於宋之田襄子。其中顯有教外祕傳，與釋氏同，非修養功深不與焉。

耶穌殉道以後，甘爲耶穌捨命建立教會者，首推彼得、保羅二使徒。彼得之名命自耶穌，譯即磐石意，佛教所謂楞嚴也，金剛也，究竟堅固、不變不壞也。耶穌嘗謂彼得曰：“我將於此磐石上，建立教會，將以天國之鑰賜爾。”《馬太傳》十六章十八九節。

耶穌召保羅爲使徒，命亞拏尼亞按手於其身，使之能見。《使徒行傳》九章三至十八節。

保羅謂提摩太曰："爾所得之恩賜，即昔依預言在衆長老按手時所賜爾者，切勿輕忽。"《提摩太前書》四章十四節。"願爾以上帝因我按手賜爾之恩，再發動之，如火復熾。"《提摩太後書》一章六節。昔者使徒受職，行按手禮，正如釋氏密宗之灌頂法，具大靈感。今則徒具虛文耳。

莊子之論墨子曰："其生也勤，其死也薄，其道大觳。使人憂，使人悲，其行難爲也。""反天下之心，天下不堪。"《天下》。耶穌號召於衆曰："當入窄門。因引之死地者，其門闊，其路寬，入之者多；引之生地者，其門窄，其路狹，入之者少。"《馬太傳》七章十三四節。是二教之難傳同。何故至今，一成絶學，一遍大地？固由東西歷史懸隔，亦由墨家明鬼貴兼，語焉不詳，景言靈魂永生，義較圓滿，有以致之。

以上釋"立教"竟。

結　論

墨教二大綱，曰“天志”，“明鬼”、“尚同”等屬之。曰“兼愛”，“非攻”“節用”“非命”等屬之。其樞要在《大取篇》。景教二大綱，曰“盡心愛上帝”，曰“愛人如己”，其樞要在《約翰傳》。一以無窮不害兼，一以聖靈無去來，若符節也。惟墨務下學而上達，景由形上以冒下，則淺深異焉。若耶穌曰：“我乃世界之光，見我即見父。飲我所予之水永不渴，且於其腹成泉原，流爲活潑之江河。凡信者，免沈淪，即佛教之輪迴。獲永生。即佛教之無生。爾曹即上帝，天國在爾心。”是皆宗教根本要義。墨氏瞠乎其後者也，《大取篇》曰：“愛衆衆世，與愛寡世相若；兼愛之有相若。”“有”讀“又”。

愛尚世與愛後世，一若今之世，王引之校誤不可從。是又景教所無。然墨之爲教蔽於政，景則純乎宗教，陳義精深於墨無疑也。學者當知就教相言，容有精粗深淺之異；就宗體言，實無有異。墨景二聖固皆親證宗體，心行平等，護念衆生矣。

荆楚文库

《墨子閒詁箋》補校

據 1923 年張純一自印本整理。

《墨子》無善本，莫可讎正，馬驄卿言之，由來久矣。自有《閒詁》，搜羅既富校勘亦勤，其書始可讀。然挩字、譌字、衍字、顛倒字、錯簡字，並《閒詁》義或未安，待校訂者猶不少。蓋古字古義，認之綦難，而假借字多，必通古音審古義，認之尤難，皆它書所未有也。余不揣鄙陋，嘗作箋以質正海内鴻碩。顧自知疏謬，時復覃尋。近又補訂五十餘條，又據《繹史》頗覺瑞安孫氏以前諸賢校讐均未及此。校得十餘條，合寫之。另附《識誤》、《存疑》於後，聊補前箋之漏。期於墨書多校一字，即減學者一字之勞損而已。果有當否，未敢必也，方家匡正爲幸。

十二年四月十日

夫惡有同方取不取同而已者乎《親士》。

畢云："'惡'讀如'烏'。言聖人之與士，同方相合；猶江河同源相得，烏有不取諸此而自止者。"

俞云："'取不'二字，傳寫誤倒。'而'字，當在'取同'二字之上。'已'，當爲人己之'己'。此文本云夫'惡有同方不取而取同己者乎'。同方，謂同道也。同己，謂與己意同也。聖人但取其與道同，而不必其與己意同；故曰夫惡有同方不取而取同己者乎。傳寫錯誤，遂不可讀。畢曲爲之説，非是。"

孫云："俞説近是。"

愚案：《親士》全篇，以取同方爲主旨反復言之，畢説似較俞説義長。疑當作"夫惡有同方不取而已者乎"，"不取同方"二句，上下文語意始完足。江河之水，千鎰之裘，喻取同方而成，故曰"夫惡有同方不取而已者乎"。"不取同方"句，爲前後樞紐，蓋非兼王之道也上不可少。是故"天地不昭昭"四句，承此言之。後以"不取同方"之義作結，具見墨家平等、尚羣治之精采。今本"方"下挩"不"字。"不取同"倒著"而已"上，下又挩"方"字，遂不可通。

故彼智無察《修身》。

畢云："'彼'當爲'非'。"

愚案：'彼'字不誤。'智'上疑挩'無'字。作'故彼無智無察'，在身而惰，反其務者也。舊'惰'作'情'，'務'作'路'，俱從孫校改。蓋承上言無務爲多而務爲智，無務爲文而務爲察，反展作結。

子墨子言見染絲者而歎曰《所染》。

孫云："'言'字疑衍。"

愚案：此似"墨子嘗見染絲者而歎"，其言至"故染不可不慎也"止。事後因述其言，并申其義以爲教，弟子鄭重記之，猶佛經"我聞佛説"之意。篇中"舉天下不義辱人，必稱此四王者"以前，皆確爲墨子之言。以後義多重複，大都記者羼入。至"士亦有染"以下，與《吕氏春秋·當染篇》文大異，想猶晚出。末引《詩》曰："必擇所堪，必謹所堪”者，此之謂也，又必出自墨子。蓋墨子立言，在在必有主旨歸納之。《吕氏春秋·疑似篇》云：“墨子見歧道而哭之。”合此以觀，知其即小見大，愛人之意亦精微，亦深遠。釋氏曰“因該果海”，衆生畏果，菩薩畏因。墨聖當是華嚴菩薩。

故大人之務將在於衆賢而已《尚賢上》。

大人上，據上文疑挩“王公”二字。

然后國之良士

此句承上“賢良之士”，對“國之善射御之士”爲主文；當作“國之賢良之士”。今本“良”上挩“賢”字，下挩“之”字；當補。

外有以懷天下之賢人《尚賢中》。

王云：“‘外有以’三字，涉上文‘外有以爲皮幣’而衍。下文曰‘内者萬民親之，賢人歸之’。是養民與懷賢，皆内事，非外事也。”

愚案：王説似未塙。上文“外有以”，對“上有以”爲文。此“外有以”，對“内有以”爲文。墨家“言無務爲文而務爲察”，《脩身》。故知非衍。况懷天下之賢人，顯謂招來遠國之賢人而安之。下文云“賢人歸之”，歸者由外而止於内也。

故古聖王以審以尚賢使能爲政而取法於天

審上“以”字，疑涉下“以”字衍。或當作“能”，蓋承上文堯舉舜，湯舉伊尹，武丁舉傅説而言；上文云“故古者聖王唯能審以尚賢使能爲政”，可證。

今王公大人將焉取挾震威彊哉傾者民之死也

孫云：“此冡上‘將焉取挾震威彊’爲問辭。‘傾者’，‘者’當爲‘諸’之省也，古與‘邪’通。《漢書·田蚡傳》‘欲以傾諸將相’，顔注云：‘傾，謂踰越而勝之也。’此云‘傾諸民之死’，亦言驅民使必死以相傾也。”

愚案：孫説未允。《國語·晉語三》“大命其傾”注：“傾，危也。”者，此也，俗作‘這’，不必破作‘諸’。言何取挾震威彊，傾此民於必死之地。

今大人欲王天下正諸侯將欲使意得乎天下

“大人”上疑挩“王公”二字，當據上文補，文始一律。

天子立以其力爲未足《尚同上》。

“立”上疑挩“既已”二字。下文“天子三公既以立”，“諸侯國君既已立”可證。當據補，文始一律。

察鄉之所治者何也

孫云：“‘所’下據下文當有‘以’字”。

愚案：《繹史》正作“察鄉之所以治者何也”，當據補。

宗於父兄故舊《尚同中》。

孫云：“‘宗於’疑‘宗族’之誤。”

愚案：孫説未知是否。宗，主也。“宗於父兄故舊”，言不尚賢，專以父兄故舊諸親族爲主，亦通。

是以選擇其次立而爲鄉長家君《尚同下》。

《易》曰：“家人有嚴君焉，父母之謂也。”何待選立。此由選擇而立，或即一族之仁者，如今所謂族正、族長是。故中篇云，其室人未徧知，鄉里未徧聞，天子得而賞罰之。若家君爲父母，則其説不可通。《周禮》有家宗人，疑亦即今之族正、族長，注、疏恐均不塙。

外爲之人

孫云：“‘外爲’二字疑誤。”

愚案：《書·益稷》“予欲左右有民，汝翼；予欲宣力四方，汝爲。”此爲對羽翼言，似不誤。外似對左右言，猶遠而宣力四方也。顧“外爲”二字不成文，其間必有挩字，待考。

特上不以爲政《兼愛》中墨四葉六右十行。

孫刻本“上”譌“士”。

夫挈太山而越河濟可謂畢劫有力矣

孫云：“《淮南子·覽冥訓》云：‘體便輕畢。’高注云：‘畢，疾也。’‘劫’於義無取，疑當爲‘劼’之誤。《廣韻·十四黠》云：‘劼，用力也’，或當爲‘勁’。下篇及《非樂上篇》，並有‘股肱畢强’之文，‘勁’

與‘强’義亦同。”

愚案：《廣雅·釋詁三》云：“畢，竟也。”《説文·力部》云：‘或曰以力去曰劫。’《廣韻·三十三葉》云：‘劫，强取也。’《兼愛》、《天志》、《非樂》諸篇，屢見强劫弱之説，似“劫”具有“强”義，不必破作“劼”。“畢劫有力”，即畢竟强有力。

然即敢問不識將惡也家室奉承親戚《兼愛下》。

拙箋疑當作“然即敢問有家室者，不識將惡從奉承親戚”。今以馬氏《繹史》校讎，竟無“敢問不識惡也”六字，衹作“然即將家室奉承親戚”，不知所據何本。案“奉承親戚”，“提挈妻子”，相對爲文。上僅冒以“然即將家室”五字，頗覺語意未足，《繹史》似不可從。今姑録此，以備參考。

吾不識孝子之爲親度者亦欲人愛利其親與

據下文，“人”下疑挩“之”字。

飯不踰乎一固據而後興

畢云：“‘固’，一本作‘握’。”

孫云：“‘固據’屬下讀。《説文·手部》云：‘據杖持也。’别本蓋讀一握句非”。

愚案：孫説“固據”屬下讀，是也。固據而後興，扶垣而後行，相對成文。“一”下當從畢校增“握”字，語義始完足。

則是鬼神之喪其主后《非攻中》。

洪云：“‘后’，當作‘石’，即祏字省文。《左氏昭十八年傳》‘使祝史徙主祏于周廟’，杜預注：祏，廟主石函。《説文》‘祏，宗廟主也。’《周禮》有‘郊宗石室’，一曰大夫以石爲主，从示从石，石亦聲。”

孫云：“洪説未塙。‘后’與‘後’字通。《王制》云：‘天子諸侯祭，因國之在其地而無主後者’。鄭注云‘絶無後爲之祭主’者即此義。”

愚案：孫説是也。《繹史》引此，“后”正作“後”，足證洪説之誤。

王民者所不足也

王云：“‘王民’二字，義不可通。當是‘士民’之誤，‘士民’與

‘土地’對文，下文‘王民’同。”

愚案：王説未塙。‘王’當爲‘天’字草書形近而譌。下篇云“夫取天之人，以攻天之邑，此刺殺天民”云云，可證。《法儀篇》云：“今天下無大小國，皆天之邑也；人無幼長貴賤，皆天之臣也。”故民之於天，亦猶體分於兼，莫非天民。

故當攻戰而不可爲也

俞云：“‘不可爲也’當作‘不可不爲也’，方與上文語意相屬。此是飾攻戰者之言，非子墨子之言也。今脱‘不’字，義不可通。”

孫云：“下文云‘故當攻戰而不可不非’，則此文當作‘故當攻戰而不可非也’。俞校未塙。”

愚案：馬氏《繹史》作“故當攻戰而不可已也”，可據正。

其爲國甚小閒於大國之閒不敬事於大大國亦弗之從而愛利

“不敬事於大”下，疑挩一“國”字，當補。

計莒之所以亡於齊越之閒者

孫刻本“閒”譌“聞”。

古者吴闔閭教七年

俞云：“‘教’下疑挩‘士’字”。

愚案：《論語·子路篇》云：“善人教民七年，亦可以即戎矣。”似“教”下補一“民”字亦得。

率不利和《非攻下》。

俞云：“‘率’讀爲‘將率’之‘率’。‘利’即‘和’字之誤而衍者。”

愚案，俞説“‘利’即‘和’字之誤而衍者”是也，“‘率’讀爲‘將率’之‘率’”未塙。《繹史》引作“卒不和”，“卒”形近“率”而譌，可據正。

若使中興師君子

孫云：“此下有挩字，疑當云‘君子數百’。”

愚案：孫説是也。據下文庶人也必且數千，似當作君子也必數百，語氣較暢適一律。

搤矢有苗之祥

孫云："'祥'疑當作'將'，'將'或通作'㨿'，與'祥'形近而譌。《玉篇·手部》云：'㨿'，今作'將'同。'搤矢'未詳。"

愚案：孫疑"祥"當作"㨿"，未塙。"矢"疑本作"失"，"祥"疑本作"祚"，俱因形近而譌。《史記·孝武紀》"莫不搤腕"，集解引瓚曰："搤，執持也。"搤，與"扼"、"搲"，並同。"搤失有苗之祚"，謂使有苗失祚。與下文甚相屬。

聖王爲政其發令興事便民用財也《節用上》。

王云："'便民'二字，與下句文義不合，'便民'當爲'使民'，言必有用之事，然後使民爲之也。"

孫從之，改作"使"。

愚案：孫從王校作"使"，非。"便"字不誤，言必便利於民之事始用財。

逮至其厚愛黍稷不二《節用中》。

"厚愛"二字，與上下文義不相屬，當作"飲食"。

聖王慮之以爲堀穴曰冬可以辟風寒

"曰"當爲"日"，箸"冬"下。今倒，又誤作"曰"，文遂不順。

恐傷民之氣于是作爲宫室而利

戴云："下有脱文。"

愚案：當補一"之"字，指民言。蓋"恐傷民之氣"，故"作宫室以利之"。

死者既以同"已"。**葬矣**《節葬》墨六葉十六左五行。

孫刻本"者"譌"則"。

是故庶人竭力從事未得次已而爲政《天志上》。

畢云："'次'，'恣'字省文，下同。一本作'恣'，俗改。"

王引之云："畢説非也。'次'，猶'即'也。下文諸'次'字並同。此言士在庶人之上，故庶人未得即已而爲正，有士正之也。'次'、'即'

聲相近，而字亦相通。《康誥》‘勿庸以次女封’，荀子《致士》、《宥坐》二篇，並作‘勿庸以即女’。《家語·始誅篇》作‘勿庸以即女心’，皆其證。《説文》‘垐，古文作垔’，亦其例也。”

孫云：“《意林》引下篇‘次’並作‘恣’，則畢説亦通。《節用》上篇云‘聖王既没，于民次也’，‘恣’亦作‘次’，可證。”

愚案：畢、孫二校是也。《繹史》引上篇“次”並作“恣”。據下文“此順天意而得賞也”、“中詬鬼”二事觀之，知馬所據本，必爲畢所未見。足證諸本多作“恣”，則王訓“次”爲“即”之非無疑。

昔三代聖王禹湯文武此順天意而得賞也

畢云：“‘賞’下當有‘者’字。”

愚案：《繹史》“賞”下正有“者”字，當據補。

中詬鬼

孫云：“《道藏》本，吴鈔本，並作‘中誣鬼’。《大戴禮記·本命篇》云‘誣鬼神者，罪及二世’，則作‘誣’義亦通。”

畢云：“据上當有‘神’字。”

愚案：“詬”涉上文衍而誤者。《道藏》本，吴鈔本，並作“誣”。《繹史》引此，亦作“中誣鬼神”。當據正，並補“神”字。

賤人者此爲之厚也

孫云：“‘賤’亦‘賊’之誤，此並冡上文别相惡交相賊而言。”

愚案：《繹史》正作“賊人者”，可據正。

力政者則與此異言非此行反此猶倖馳也

畢云：“‘倖’一本作‘偝’。”

孫云：“‘倖’疑‘僢’之誤。《玉篇·人部》云：‘《淮南子》“分流僢馳”，僢，相背也。與舛同。’今《淮南子·説山訓》作‘舛’。又《氾論訓》高注云：舛，乖也。‘偝’，與‘背’同，見《坊記》、《投壺》及《荀子》，與‘僢’義亦同。”

愚案：畢云“倖”一本作“偝”，《繹史》所據本亦作“偝”，足見“倖”由“偝”字形近而譌，可據正。

今天下之士君子之書不可勝載言語不可盡計

計，《繹史》作“記”。

賊金木鳥獸《天志中》。

孫云：“‘賊’當爲‘賦’，形近而誤；言賦斂金木鳥獸而用之也。”

愚案：孫説未審。《大戴記·千乘篇》云：“飭五兵及木石曰賊。”《易·雜卦傳》：“蠱則飭也。”注：飭，整治也。

若天之中實不愛此民也《天志下》。

中，當讀爲“衷”；“中”、“衷”通。

亦何書之有哉《明鬼》。

孫云：“吴鈔本‘之有’二字倒。”

愚案：“之有”二字，當據吴鈔本，並《讀書雜志》王校作“有之”。

故古聖王必以鬼神爲賞賢而罰暴

“爲”下當有“能”字。

吾非乃今愛其酒醴粢盛犧牲之財乎

孫云：“吴鈔本挩‘非’字，又‘今’在‘乃’上。以文義校之，疑當在‘吾’上，“今吾”語前後屢見。”

愚案：孫説未塙。吴鈔本‘今’在‘乃’上，可從；此‘非’字衍，當據吴鈔本删。言吾今豈愛其酒體粢盛犧牲之財乎，誠以鬼神無有，無所用其祭也。

其所得者臣將何哉

孫云：“‘臣’字誤。”畢云：“一本無此字。”

愚案：“臣”當爲“目”形似而譌，又由“何”下倒著“將”上，遂不可通。疑本作“其所得者將何目哉”，言實無鬼神，雖祭亦無所得也。

民衣食之財將安可得乎《非樂》。

孫云：“《荀子·勸學篇》楊注云：‘安，語助。’王引之《經傳釋詞》‘得’下補‘而具’純一案：“具”《閒詁》譌作“其”。二字。云‘安’，猶‘於是’也。言衣食之財，將於是可得而具也。”

愚案：王訓“安”猶“於是”，“得”下補“而具”二字，並未允。

安，猶何也。言民衣食之財，何可以爲樂而得之？下接即我以爲未必然也，猶言則我以爲未必可得也，語意甚通順。下文“將安可得而治與”與“將安可得乎”義正相對；是“安”不得訓“於是”之證。所補“而具”二字，似與“而治”二字相對，詎知“安可得而治”，承“天下之亂”言，故“而治”二字不可少，此承“衣食之財”言，祇云“將安可得乎”，義已足，不必再贅“而具”二字。

與君子聽之廢君子聽治與賤人聽之廢賤人之從事

“聽治”上，據下文當有“之”字。

上帝不順降之百殍

畢云：“‘殍’，‘祥’字異文。郭璞注《山海經》音‘祥’。《玉篇》云：‘殍，徐羊切，女鬼也。’”

孫云：“吴鈔本作‘日殃’，孔書作‘惟上帝不常，作善降之百祥；作不善降之百殃。’孔傳云：祥，善也。天之禍福，惟善惡所在，不常在一家。”

愚案：吴鈔本作“日殃”，“日”爲“百”之損，不可從；殃字是也，當據正。

古者王公大人爲國家者《非命上》。

“古者”當作“今者”。

必不能曰我見命焉《非命中》。

俞云：“‘必不能曰’下有闕文。下文‘必不能曰我罷不肖，我從事不疾，必曰我命固且窮’，是其證也。”

愚案：俞説未審。此言力實爲之，非由於命，無闕文。

中實將欲其國家邑里萬民刑政者也《非命下》。

孫云：“此句有捝字，吴鈔本‘欲’下有‘爲’字。”

愚案：“欲”下當據吴鈔本補“爲”字。“邑里”或爲“治理”之殘譌。

登屋窺井挑鼠穴探滌器而求其人焉《非儒》。

孫刻本“焉”譌“矣”。

夫一道術學業仁義者

“者”，畢本、《繹史》均作“也”。

夫舜見瞽叟就然

孫刻本“就”譌“孰”。

陽貨亂乎齊

“貨”畢本作“虎”。

止類以行人説在同《經下》上行。

“人”，抽箋從孫校破作“之”，非是。《周禮·秋官》“大行人”、“小行人”，其職司皆在齊一異同，義俱可通。又以“行”對“止”言。凡屬行人，無論爲此類彼類，無不欲達其止息之地，亦通。然則“人”不必破作“之”。

謂有智焉有不智焉可《經説下》墨十葉四十五左二行。

欒調甫云：“‘可’字誤，畢本作‘也’。”當據正。

唱和同患説在功《經下》下行。

抽箋忽略“患”字，非是。《説文·心部》云：“患，憂也。從心上貫吅。吅亦聲。”《廣雅·釋詁三》云：“患，惡也。”案：“患”訓憂“惡”，皆從“吅”之引伸義，非本義。《説文》、《廣雅》成於漢時，本義已失；本義在从心上貫吅中，謂衆口同聲，讙然如出一心也。“患”从“串”得聲，“串”从“吅”得聲，故曰“吅”亦聲。“串”横寫作“毌”，故古“毌”多作“串”。《詩·皇矣》“串夷載路”，《釋文》云：“串，古患反。一本作患。”聲同義同可證。唱，古多作“倡”。《淮南子·繆稱訓》曰：“故倡而不和，意而不載，中心必有不合者也。”不合，即是不串。足徵“唱和同患”，蓋謂唱者和者，一心相串。猶“使人之耳目助己視聽，使人之股肱助己動作”。《尚同中》。唱即教，和即學，教學相長，羣力相資，天下無不成之功矣。

又以“憂”訓“患”，似亦可通。《易·繫辭下》云：“作《易》者，其有憂患乎！”墨子著經，亦具同情。“唱和同患”，蓋言唱者和者，同爲天下憂患，《荀子·富國篇》云“墨子之言昭昭然爲天下憂不足”。則所教所學，有功於天下者大。正墨子“徧從人而説之”，《公孟》。望人皆和之之意。

劉再賡云：按“唱和”不當云“同患”，“患”从“串”得聲，疑是“串”之叚字。《大雅》“串夷載路”，《毛傳》“串，習也”。《説文》無“串”字，“毌”即“串”字，“串”即“毌”字横書也，孳乳爲“習遺”、“聯貫”諸意義。“串”字訓“習”，乃與《經説》中教字學字有闕合。

欒調甫云：梅見某君經解以《易·繫辭上傳》“吉凶與民同患”，乃“串”字，故讀“同患”爲“同串”。曹耀湘箋讀“患”爲“串也”二字，而以“串”與“貫”同。貫，習也。管見《説》云“唱而不和，是不學也”，“和而不唱，是不教也”，似唱者近於教，和者近於學。《論語·述而》“子與人歌而善，必使反之，而後和之，亦學之之意也。”唱和同串，似謂不及我者教之，過我者學之，一身兼教學二事而行之。《論語·學而》“子曰：學而時習之”，《時習》知其必時學，習猶教，蓋吾教人即所以實習吾所學也。《學而》一章頗有深義，惜舊説僅注重自修。亦同“串”也。

譬若機之將發也然君子之必以諫《公孟》。

孫云：“‘子’下疑捝一字。”

愚案：疑捝“知”字。《非儒篇》云：“若將有大寇亂，盜賊將作，若機辟將發也，他人不知，己獨知之。”義與此同，當據補。

且子曰君子共己待問焉則言不問焉則止

“待”上捝“以”字，當據上文補。

子墨子曰儒固無此若四政者而我言之

“若”舊本作“各”。王云：“‘此各’當爲‘此若’，‘若’亦‘此’也，言儒無此四政也。下文曰‘今儒固有此四政者’，是其證。今本‘此若’作‘此各’，則文義不順。墨子書多謂‘此’爲‘此若’，説見《魯問篇》。”

孫云：“王説是也，今據正。”

愚案：孫從王校改“各”作“若”，義似未安。“各”字於文固嫌贅，於義尚可通，蓋指四政一一言之。又以“墨書多謂‘此’爲‘此若’，説見《魯問篇》”，尤非。《魯問篇》“因此若埶”，若，順也，詳拙《箋》。

“此各”即改“此若”，亦當作“若此”看；言“儒固無若此四政者”，文偶倒耳。

夫義天下之大器也何以視人必强爲之

畢云：“‘必’當爲‘不’。”

蘇云：“此勉之之詞，‘必’字不誤。”

孫云：“依蘇説，則當讀‘何以視人’句斷下，云‘必强爲之’，乃勉其爲義，非責其不爲也。考《意林》約引此文，作“强自力”矣，則馬總所讀，似已如是。然今以語氣校之，竊疑‘必’字當在‘視人’上，仍爲詰責之辭；與上文‘不視人’云云，文例正相對也。”

愚案：蘇校甚塙。孫前説引馬總所讀作證，是也；後説不可從。墨子以天下無貴於義者，故以勉辭作結；語氣完足，與上文例極合也。

雖然公輸盤爲我爲雲梯必取宋《公輸》。

取，《繹史》作“攻”。案：下文墨子曰“殺臣宋莫能守，可攻也”，楚王曰“善哉，吾請無攻宋矣”，皆以“攻”爲言，足證《繹史》不誤，當據正。

補　　句

拙箋附録《墨稱之探本》後“墨道自翟集大成，不自翟始顯然”下，擬增“《太平御覽》四百三十七云‘胡非子脩墨以教’，墨之爲道益明”二十三字。

識誤已校知而拙箋未列入者

將焉取挾震威彊哉傾者民之死也注此冢上將焉取挾震威疆爲問辭《尚賢中》墨二葉十六右三行。

案：“疆”爲“彊”之誤。

皆列其舟車之卒伍注皆亦當作比詳上篇《非攻下》墨五葉十左十二行。

案：“上”爲“中”之誤。

雖上者三公諸侯至注舊云《節用中》墨六葉六左十一行。

案：“舊”爲“畢”之誤。

得璣無小注德璣與德幾《明鬼》墨八葉十九左十行。

案：上“德”字爲“得”之誤。

《非儒下》第三十九注例雖同而異事墨九葉十七左三行。

案：“事異”誤倒。

仁愛己者非爲用己也注《淮南子·精神訓》云聖王之養民《經説上》墨十葉十八左二行。

案：“精神”爲“繆稱”之誤，“王”爲“人”之誤。

遺者巧弗能网也注狗馬《經説》下墨十葉四十五右十一行。

案：“馬”當爲“犬”之誤。

新必半毋與非半不可新也注其一常在墨十葉五十右十二行。

案：“在”爲“存”之誤。

故曰牛馬非牛也未可注羊言牛非馬墨十葉五十二右六行。

案：“言”爲“合”之誤。

則彼亦且此此也注故彼止於彼此止於此可墨十葉五十三右四行。

樂調甫云據湖北局本作“故彼彼止於彼，此此止於此”，《閒詁》脱“彼”、“此”二字。

其爲仁内也義外也注義由外作墨十葉五十五右十二行。

案：《管子》作“義從外作”。

《經下篇》旁行句讀上列鑑位景一少而易墨十葉六十一左五行。

案：“少”爲“小”之誤。

同上下列非半勿新墨十葉六十一右八行。

案：“勿”爲“弗”之誤。

存疑 據《繹史》校勘，似未可從者列此，决不可從者不列

一天下之和《非攻下》墨五葉十左。

和，《繹史》作“利”。

薄衣而爲寒《節葬》墨六葉十右。

薄，《繹史》作“不”。

譬猶使人三睘而毋負已也墨六葉十四左。

三睘，《繹史》作“之衆”。

喪父母三年妻後子三年《非儒》墨九葉十七右。

妻，《繹史》作“其”。

名實不必名苟是石也白《大取》墨十一葉五右。

《繹史》“必”下無“名”字，“石”作“實”。

非彼其行益也《大取》墨十一葉七右。

其，《繹史》作“有”。

吾持養臧也萬倍《大取》墨十一葉七右。

持，《繹史》作“特”。

辭之侔也《小取》墨十一葉十右。

之，《繹史》作“而”。

我舟戰有鉤强《魯問》墨十三葉十一右。

有鉤强，《繹史》作“以鉤彊”。

須臾劉三寸之木《魯問》墨十三葉十二左。

劉，《繹史》作“留”。案：“留”當爲“鎦”之損。

荆楚文库

墨學分科

據 1923 年 8 月年初版整理。初版由張純一兼任發行者，發行所爲上海北四川路崇福里七一號定廬。

墨氏多技，其書具近代諸學説。舉其大綱，約分三類：曰教育，曰政治，曰宗教。細分之，則屬教育者，有算學，形學，微積分，物理學，力學，機械學，測量學，地圓説，熱學，光學，聲學，醫藥學，生物進化説，生理衛生學，心理學，唯識學，他心通，氣象學，論理學，倫理學。屬政治者，有法理學，理財學，軍事學。宗教天志標宗，兼愛示教，亦綱舉目張。信皆有裨世道，宜加宣究，茲就管闚所及，略啓端緒。謬誤遺漏，知所不免。釐整完善，以俟鴻儒。

民國十二年五月十日

目　　次

教育學

《經》上下、《經説》上下、《大取》、《小取》六篇，名理閎深，亦極精密，皆墨子用教高才生者。《耕柱》、《貴義》、《公孟》、《魯問》四篇中，所以教育英才者十八九。又以天下求善者寡，務徧從人而説之，《公孟》。其亟欲教育普及也顯然。墨聖非與孔、老鼎立之大教育家哉？玆約其説爲六項：

（一）教育緒論

説所以明也。《经上》。

案：明，所以破暗，言人無教育，則愚暗無知，阻滯世運之文化，故强説人使盡明之。孟子曰"賢者以其昭昭，使人昭昭"，《盡心下》。此之謂也。

盡明人則盡愛其所明。《經説下》"明"舊譌"問"，從張校改，另詳拙《箋》。

言人盡具明德，均極可愛。必盡愛之，使盡人之明德。益復其本明，則明德之彌綸無間矣。此即《大學》明明德，作新民之理。

唱和同患，讀若"串"。《詩·皇矣》"串夷載路"，《釋文》云"串一本作患"，可證。《爾雅·釋詁》："串，習也。"《荀子·修身篇》曰："以善先人者謂之教，以善和人者謂之順。"義同。**説在功。**《經下》。

【説曰】唱無遇，舊作"過"，從孫校。下同。**無所周，若稗。**舊作"粺"，從孫校。**和無遇，使也，不得已。唱而不和，是不學也；智少而不學必寡。和而不唱，是不教也；智而不教功適息。若使人奪人衣，罪或輕或重；使人予人酒，功或厚或薄。**"若"、"功"二字均今校增。

唱和同串，即教學相長意。言教學相長，足令文化精進，利於人羣，功甚大也。《禮·學記》"化民成俗，其必由學"，"敬業樂羣"、"博習親師"諸説，可參證。

聞所不知若所知，則兩知之。説在告。《經下》。

【説曰】聞在外者，所知也；在室者，所不知也。"所知也在室者"六字從梁校增。**或曰在室者之色，若是其色。是所不智若所智也。猶白若黑也，誰勝？**孫云"若"猶"與"也，"勝"猶言"當"。**若是**舊倒，從孫校乙**其色也若白者，必白。今也智其色之若白也，故智其白也。夫名：以所明，正所不智；不以所不智，疑所明。若以尺度所不知長。外，親知也。室中，説智也。**

言名之爲用至大，足令人聞所不知益所知，即所已知正所不知，猶《學記》"知類通達"之旨。

學之無益也，"無"字從孫校增。**説在誖者。**"誖"舊作"誹"，從孫校改。《經下》。

【説曰】學也，以爲不智。學之無益也，故告之也是。使智學之無益也，是教也。以學爲無益也教，誖。

教學，所以增進羣智。故《學記》曰：教也者，長善而救其失者也。今以學爲無益也教，非誖而何？

（二）教育之功效

墨家以立國之大本，首在教育，故以《親士》冠其書。親士即使教育普及之意。《左》哀元年傳云"越十年生聚而十年教訓"。《論語·子路篇》："子適衛，冉有僕子曰：庶矣哉！冉有曰：既庶矣，又何加焉？曰：富之。曰：既富矣，又何加焉？曰：教之。"皆古者注重教育之證。養士既多，賢才自衆。英儒赫胥黎曰："智仁勇之民興，而後其國一富而不可貧，一强而不可弱。"其尚羣治之旨同。《親士篇》云：

入國而不存其士，則亡國矣。見賢而不急，則緩其君矣。非賢無急，非士無與慮國。緩賢忘士，而能以其國存者，未嘗有也。昔者文公出走而正天下，桓公去國而霸諸侯，越王勾踐遇吴王之醜，而尚攝中國之賢君。三子之能達名成功於天下也，皆於其國抑而大醜也。太上無敗，其次敗而有以成，此之謂用民。

此重視教育，廣儲賢才之理。

案：《左僖二十七年傳》，晉侯始入而教其民，卒以文德之教而霸。合觀僖二十七年傳"文之教也"，二十八年傳"能以德攻"注疏。《國語·晉語四》

"士食田"。《管子·大匡篇》:"管仲賞於國中，從列士以下有善者，衣裳賀之。"又《問篇》:"問士之有田宅，身在陳列者，幾何人。處士修行，足以教人，可使帥衆莅百姓者，幾何人。士之急難可使者，幾何人。"《越語上》:"其達士絜其居，美其服，飽其食，而摩厲之於義。四方之士來者，必廟禮之。"是文、桓、勾踐親士之證，即其功所由成者也。《親士篇》又云：

吾聞之曰，非無安居也，我無安心也；非無足財也，我無足心也。是故君子自難而易彼，衆人自易而難彼。君子進不敗其志，內究其情。雖雜庸民，終無怨心，彼有自信者也。"信"讀如"伸"，解詳拙《箋》。

言有道之士，爲天下謀福利無已時。蓋由文德之教深，則識量遠大，操守貞固；有確乎其不可拔者，誠國寶也。至是羣競於善，各自勉爲其難以利他。不徒恃二三執政，而天下大治矣。

（三）實行之訓練《修身》。

士雖有學，而行爲本焉。學所以成行，弘道濟世也，故行爲本。行苟不立，學何足貴。此墨家教育之主旨。**是故置本不安者，無務豐末。**《管子·權修篇》曰"身者治之本也"，故《大學》"壹是皆以脩身爲本"。**近者不親，無務來遠。親戚不附，無務外交。**此屬行邊言遠之本。在近中躁進無益。孔子稱閔子騫"人不閒於其父母昆弟之言"，蓋甚難之。《管子·版法解》云"召遠在修近"。**事無始終，無務多業。舉物而闇，無務博聞。**此屬學邊，謂當知止而有定，無難舉一而反三。蓋多之本在少中，掉舉無當也。老子曰："少則得，多則惑。天下難事必作於易，天下大事必作於細。"

見不脩行，見毀，而反之身者也。《論語·里仁》"見不賢而內自省也"，《孟子·離婁》"有人於此其待我以橫逆，則君子必自反也，我必不仁也，必無禮也"，義同。**此以怨省而行脩矣。**墨子之道不怒，蓋由勇於反省，惟務精進修德，絶不尤人，故無敵怨。**譖慝之言無入之耳**耳根清淨，**批扞之聲無出之口，**舌根清淨。**殺傷人之孩，**畢云當讀如"根荄"。**無存之心，**意根清淨。**雖有詆訐之民，無所依矣。**孔子曰"一日克己復，禮天下歸仁焉"，老子曰"我好静而民自正"，《圓覺經》曰"一身清淨故多身清淨"。從知平等本際隨順不二，平天下不難而平自心爲難也。

貧則見廉，心甘澹泊，《子華子》“嗇其所以出，而謹節其所受”。**富則見義。**積而能散，《曲禮上》“盡其在我以利人”。

藏於心者，無以竭愛，心務兼愛天下，且使天下兼相愛，無有已時而意業浄。**動於身者，無以竭恭，**敬以作，所動容周旋中禮而身業浄。**出於口者，無以竭馴。**馴，善也。出於口者，無非先王之道、聖人之言。使王公大人用之國必治，匹夫徒步之士用之行，必修，而口業浄。

志不彊者，智不達。言不信者，行不果。據財不能以分人者，不足與友。重利輕義必致羣道日涣，當與衆共棄之。**守道不篤，**凡人執德不弘，信道不篤，决不能守死善道，所以異於禽獸幾希者去矣。**徧物不博。**孔子曰，友多聞，益矣。若所學不博，安能罕譬而喻。

辯是非不察者，不足與游。世間是非至無定，非知道之要妙者，不能明辯是非之真。《吕氏春秋·疑似篇》：“蓋相似之物，愚者之所大惑，而聖人之所加慮也，故墨子見歧道而哭之。”交游之道，比賢則吉，比匪則傷，不可不慎。

慧者心辯而不繁説。《易·繫辭下傳》曰“中心疑者其辭枝”。**多力而不伐功。**老子曰“自伐者無功”。

言無務爲多而務爲智，無務爲文而務爲察。解詳拙《箋》。

善無主於心者不留，行莫辯於身者不立。老子曰“善建者不拔，善抱者不脱”即此理。

以上皆爲天下士者，終身由之而弗舍者也。

（四）慎重熏習《所染》。

子墨子言見染絲者而歎曰：染於蒼則蒼，染於黄則黄，五入必而已，則爲五色矣；故染不可不慎也。《詩》曰“必擇所堪，王校當讀爲“湛”。**必謹所堪”者，此之謂也。**

《家語·六本篇》曰：“與善人居，如入芝蘭之室，久而不聞其香，即與之俱化矣。與不善人居，如入鮑魚之肆，久而不聞其臭，亦與之俱化矣。丹之所藏者赤，漆之所藏者黑，是以君子必慎其所與處者焉。”義與此同，教人慎微除亂也。

（五）備多書，勤考證，離文字，得精微

子墨子南游使衛，關中載書甚多。弦唐子見而怪之，曰：“吾夫子教

公尚過曰：'揣曲直而已。'今夫子載書甚多，何有也？"子墨子曰：昔者周公旦朝讀書百篇，夕見漆十士，故周公旦佐相天子，其脩至於今。翟上無君上之事，下無耕農之難，吾安敢廢此？意以講學明道以濟時艱是其專責。**翟聞之：'同歸之物，信有誤者。'然而民聽不鈞，是以書多也。今若過之心者。'數逆於精微，同歸之物，既已知其要矣，是以不教以書也。而子何怪焉？"**《貴義》。

言周公之致太平，因勤讀不輟，允當效法。況至道雖同歸一兼，而傳者恒不免紛岐而誤。尤必書多，嚴校訂而探其本。從知漢儒精考據，由來甚古。若既深造有得，又當遠離文言，親證道妙。墨教以稽覈名相始，以遣除名相終，故能攝博於約也。

（六）教育以法天爲極行《法儀》。

子墨子曰："天下從事者不可以無法儀。無法儀而其事能成者，無有也。然則奚以爲治法而可？當皆法其父母奚若？天下之爲父母者衆，而仁者寡，若皆法其父母，此法不仁也，法不仁不可以爲法。當皆法其學奚若？孫云學謂師也。**天下之爲學者衆，而仁者寡，若皆法其學，此法不仁也，法不仁不可以爲法。當皆法其君奚若？天下之爲君者衆，而仁者寡，若皆法其君，此法不仁也，法不仁不可以爲法。故父母學君三者，莫可以爲治法，然則奚以爲治法而可？故曰莫若法天。天之行廣而無私，其施厚而不德，其明久而不衰。**參觀後宗教學顯宗體。**故聖王法之。既以天爲法，動作有爲，必度於天。天之所欲則爲之，天所不欲則止。然而天何欲何惡者也？天必欲人之相愛相利，而不欲人之相惡相賊也。"**

墨氏所謂天，即兼之異名。蓋寂然不動，感而遂通。猶佛教所謂清淨法身，具足無漏功德。斯人皆無明輪運，往往依真起妄。故父母學君，莫可爲法。惟天真常無妄，法之則阿賴耶識，庶可依止轉成無垢。而兼愛之旨，不難達矣。今之言教育者，惟重形下之知識，忽於形上之修證，世風所以日污也。

算　學

倍爲二也。《經上》。

【説曰】倍二尺與尺，但去一。此示算術和較之理。

一少於二，而多於五。説在建位。《經下》。曹耀湘云，“位”原訛作“住”。建，立也；位，上下左右之位也。珠算之法上二下五，上一當五，下一當一，左一而當十，右十而當一，故曰一少於二，而多於五者視其所立之位也。

【説曰】一五有一焉，一有五焉，十二焉。初建之位一爲五中之一進位則一中有五即十中有二五。梁任公謂此論證已鄰於詭辯。案，梁説非，此正破人執著，隱寓一即是多之微旨，下文連記“非半弗斱則不動，説在端”，精研其義自明。

形　學

（一）平面

同長，以缶相盡也。《經上》，有説，未詳，不引。此似言兩直綫平行，不即不離引至無盡之理。

中同長也。《經上》。

【説曰】心中自是往相若也。欒調甫云：“‘心’字似當屬上讀，此以‘中’字起。”愚案，欒校此以“中”字起是也，“心”當在“中”下誤倒，蓋以“心”釋“中”，言自中心以往無不同長。

直参也。《經上》。無説。此似言等邊三角之理。

圜一中同長也。《經上》。

【説曰】圜規寫交也。“交”舊作“支”，從孫校改。鄒特夫《釋經》云，即幾何言圜面惟一心，圜界距心皆等之意。

小圜之圜，與大圜之圜，同。《大取》。言圜無大小，三百六十度同。

（二）立體

平同高也。《經上》。言凡物體有高，而上下兩面平行者，其直立各面之高必等。

厚有所大也。《經上》。

【説曰】厚惟無所大。

言凡物體有厚，决不能如綫直立。必有幾許之長與廣而成體積，即有所大。然專言厚時，則長與廣均無涉；又惟無所大，而厚乃獨顯。蓋厚之成於無厚者無量，無關大之有無矣。經義往往託小包大，後有“無盈無厚”之説可證。《閒詁》引惠施説，極有見地，允宜參究。

方柱隅四讙也。《經上》。

【説曰】方矩見交也。校詳拙《箋》，言方柱四隅合矩以成。

微積分　依張子晉《墨經注·緒論》葉十五右並圖説葉十四右

非半弗𣃔，則不動。説在端。《經上》。

【説曰】**非𣃔半，**疑當作“非半𣃔”。**進前取也。前則中無爲半，猶端也。前後取，則端中也。𣃔必半。毋與非半，不可𣃔也。**

孫云：“《莊子·天下篇》云：‘一尺之棰，日取其半，萬世不竭。’《釋文》引司馬彪云：‘若其可析，則常有兩；若其不可析，其一常存。故曰萬世不竭。’即此義也。”

愚案：《説文》云：“半，物中分也。”端，爲點，引申其義，猶言微塵。若唯識學所謂“極微”，今物理學所謂“原子”、“電子”，此條理想已及之。謂分析一物，至不可分析時，一一質點自在，終不變動，如算學中微積分然，具物質不滅之理。惠施、司馬彪皆善於説明者也。此條冡上一而次之，蓋以一爲天下之至少，而亦天下之至多。釋老二氏，均極闡發此理。惠施云“至小無内，謂之小一”，亦本此。後儒析理不精，輒謂施、龍爲詭辯，未免厚誣古人，遺誤來學。

物理學

《大學》修齊治平，基於誠意，實出於格物致知。蓋明乎天人物我，分於一兼，而後有平等真心，有真德業。今亞化被歐風掃地以盡，科學、宗教、政治，離而爲三，貪瞋癡毒彌天，人心幾盡死而不知哀。噫！淺學之禍乃爾。

體分於兼也。《經上》。

【説曰】**體體也者有端。**五字校詳拙《箋》。若二之一，尺之端也。此示萬殊一本之理。

損偏去也。《經上》。

【説曰】**損偏也者，兼之體也。**樂調甫云：此謂偏爲兼之體，釋經"偏去"爲去兼之一體。王補"去"字於義未合。**其體或去或存，謂其存者損。**此明物質不滅之理。

環倶柢。《經上》。舊作"儇稹秖"，從孫校改。此即物無終始之理。

動或從也。《經上》。

【説曰】**動偏**通徧。**祭。**際也。**從。若户樞免瑟。**"若"舊作"者"，今校改。"瑟"通"蝨"，解詳拙《箋》。

止以久也。《經上》。

【説曰】**止無久之不止。當牛非馬，若矢過楹。有久之不止。當馬非馬，若人過梁。**拙《箋》義未詳晰兹補述之。

此即粗淺物象，明精深之物理。止，對動言，静也。不止反是。牛喻止，馬喻不止。顧牛有不止時，馬有止時。特世以牛之止時久，不止時無久，遂認牛爲止，而昧於其不止。故當牛非馬，若矢過楹，不止即止；詎知"鏃矢之疾，而有不行不止之時"《莊子·天下》。世以馬之不止時久，止時無久，遂認馬爲不止，而昧於其不止中，其四足亦如鏃矢之疾，而有不行不止之時，馬之行走，其四足不能同時倶行，同時倶止，就其舉足先後言，各有不行不止之時。故當馬非馬，若人過梁。人之過梁，其兩足亦各有不行不止之時。又，馬行走時四足有止有不止，而馬之身體未嘗動也，人之過梁亦然。蓋止而不止，不止而止，不因無久有久而殊也。梁校"當牛"下增"馬"字，又改"當馬"作"當牛"，並非。而《釋文》佳甚，宜參證。此即釋氏成住壞空之理。止，既成而住之相。不止，將壞而空之相。天地萬物，動静互根，生滅不停。人但知其止住而能久，不知止中有不止者二：或無久之不止，或有久之不止。而即住即壞，終於無常一也。《百法明門論》第四不相應行法中，有"勢速"之法，可神會之。

端體之無序而最前者也。《經上》。

【說曰】端是無同也。畢云："《說文》云：耑，'物初生之題也。'"案，端即起點，故曰最前。張子晉云，一處不能有二點。

有閒中也。《經上》。

【說曰】有閒謂夾之者也。有閒，依兩旁而指其中言，《閒詁》引陳說非是。

閒不及旁也。《經上》。

【說曰】閒謂夾者也。尺，前於區穴而後於端，不夾於端，與區内及。及，非齊之及也。閒，專指隙言。此條惟張皋文釋經與說是也，畢釋經、孫釋經與說俱非。

纑閒虛也。《經上》。

【說曰】纑閒虛也者，兩木之間，謂其無木者也。

章太炎云："纑字本不誤。木字則𣏟之誤耳。隸書轉變，𣏟作麻，𣏟作木，遂誤作木矣。纑者，麻縷。𣏟者，析麻。惟兩𣏟之間，有虛處，乃可擘析，故曰'纑，閒虛也'。舊以'纑'爲'櫨'之誤。夫棟梁楣柱，凌虛而架，人所盡見，又何庸辭費耶？"

愚案：章說精塙，足正盧、張皋文從其說。王、陳、孫諸說之誤。此條冡上"有閒""閒"而次之，蓋由漸入微。謂閒有目不及見而中虛者，可以纑驗之。纑之條然可析，即其兩𣏟之間，無𣏟而虛之證。此明"有閒"與"閒"，幾若無閒之理。

盈莫不有也。《經上》。

【說曰】盈無盈無厚，於石舊作"尺"，從孫校。**無所往而不得。**

《廣韻·十四清》云："盈：充也，滿也。"《易·坎》"坎，不盈"虞注："盈，溢也。"此冡上閒虛而言盈。蓋以凡物體内，各質點相接合之閒，必有極微之虛空。而各極微虛空中，並各質點中，均必有盈其中者，而厚之體始成。徵之於石，無往不堅，無盈無堅；無往不白，無盈無白。

堅也白也，無非得於厚之所以盈者以相盈也。《老子》曰“無有入無間”，可神會之。

堅白，不相外也。《經上》。

【説曰】**堅白，**白字從孫校增。**得二**舊著堅上今校移此。**異處，不相盈。相非，是相外也。**梁校“相非”即“相排”甚是，删經“白不”二字並以説“得二”兩字移上條均非。

言堅白雖得二名。實不能異處，相與外石而自存。是堅白並無自體，惟依盈乎堅白者爲體以相盈。故堅不自堅，盈乎堅者堅之；白不自白，盈乎白者白之。即堅白之不相外，益知盈之莫不有。

攖相得也。《經上》。

【説曰】**攖尺與尺，俱不盡。端與端，俱盡。尺與端，**“端”字舊錯著“不相盡”下，從孫校移此。**或盡或不盡。堅白之攖，相盡。體攖，不相盡。**

畢云：“《玉篇》云‘攖，結也’。”孫云：“《莊子·大宗師》，《釋文》引崔譔云‘攖，有所繫著也’。”

愚案：《孟子·盡心》“莫之敢攖”注：“攖，觸也。”相得，猶言合一。此冡上堅白相盈而次之，言物有“有自體”與“無自體”之辯，而物體之“微”指端。與“長”、指尺。“大”指體。之相攖，亦有辯。凡兩物體相接觸，結合如一謂之攖。然攖有‘俱盡’‘俱不盡’‘或盡或不盡’‘相盡’‘不相盡’之五種：

（一）如尺，所以度長短也。以兩尺各一端相攖，《備蛾傅篇》有“兩端接尺”之文。則兩尺身之長俱不盡。

（二）端，惟微點而已。兩端相攖以後，决不見有兩端，居然一端，故曰俱盡。

（三）尺與端相攖，則尺如故而端無覩，是端盡尺不盡，故曰或盡或不盡。

（四）堅白之攖相盡，因堅白均惟假名，並無獨立之自體，惟託於石以相盈，故相盡。

（五）體攖不相盡，孫云：“言凡物兩體相攖，雖攖而各自爲體，不能相含，是即不相盡也。”案，孫説是也。此即同一空間，同時不能容二物之理。此姑就今之粗糙科學言之。尺，專就長言，故曰俱不盡。體，兼長寬厚言，故曰不相盡。

仳舊作“似”，從孫校。**有以相攖，有不相攖也。**《經上》。

【説曰】**仳兩有端而后可。**

王引之云：“‘仳’與‘比’通，比者，竝也。”

愚案：王校是也。此冢攖而次之，言相得爲攖，而不盡如攖之相得爲比。比有二種：

（一）如鱗比之比，《文選·景福殿賦》“綺錯鱗比”，《備蛾傅》云“相覆勿令魚鱗三”，《雜守》云“入柴勿積魚鱗簪”，均以魚鱗喻相比之意。比比相次，有以相攖。

（二）如櫛比之比，《文選·吴都賦》“屯營櫛比”，《倉頡篇》“靡者爲比，麄者爲梳”，“比”今作“篦”，又作“箆”。兩兩相比，皆不相攖。然無論相攖不相攖，必兩有繫著之端，故曰兩有端而後可。

次：無間而不攖，攖也。《經上》。

【説曰】**次無厚而后可。**

此承“攖”、“比”並迴向“纑閒虚”條而言。《國語·晉語》“失次犯令”注：“次，行列也。”是次爲條理秩然，毫不紊亂之誼。例如纑積纖維而成縷，縷縷次第排比，無間而不相攖，亦可爲攖之説明。設使纑縷有厚，定難相攖無間，次序整齊如一。故曰次無厚而后可。推之“雲母”，片片相攖無閒，依次可擘，亦無厚故。則凡物之積點成綫，積綫成面，積面成體，而層次井然之理，可以比知而效用矣。

綜觀自“端”至“次”九條，示惟一端無序，兩端自有次序；有閒終於無閒，無閒即是有閒；堅白本無而相盈，或攖或仳極其辯。所謂盈莫不有，蓋以一兼之盈於無窮者厚矣。嗚乎墨聖！内須彌於芥子，轉法輪於微塵，予小子烏足以知之。

同重，體，合，類。《經上》。

【説曰】**同二名一實，重同也。不外於兼，體同也。俱處於室，合同**

也。有以同，類同也。張云“同有四”。

異二，不體，不合，不類。《經上》。

【説曰】**異二必異，二也。不連屬，不體也。不同所，不合也。不有同，不類也。**張云“異有四”。

同異交得，放有無。《經上》。

【説曰】**同異交得，於福家良知。**舊作“恕”，從孫校。**有無也，比度多少也。**解詳拙《箋》。

《莊子·天下篇》：惠施曰“大同而與小同異，此之謂小同異；萬物畢同畢異，此之謂大同異”。本此。蓋深知同異固無有矣。

一偏棄之。《經下》。據《説》疑捝“説在未”句。

【説曰】**二與一亡，不與一在。偏去，未。**梁校移“未”字於下條改作“謂”，非是。

二即是兼。棄其一偏，就其與原物亡去之一偏言，固不與同在。實則棄去之一偏，並非消滅於無有，雖去猶未去也。釋氏“無去無來”之説，可意會之。

此與《經上》“損，偏去”條，並後“偏去，莫加少”條，大旨均同，而立辭則各異也。

不可偏去而二。説在見與俱，一與二，廣與脩。《經下》。

【説曰】**見，不見，離；一二不相盈。廣脩堅白。**

凡物理當叩其兩端而竭焉。有相與爲二，不可偏去其一者。偏去其一，即落邊見。其説安在？蓋見者與不見者俱，本不可離，若一與二，廣與脩然。設離見與不見而爲二，必一非二之體，二非一之兼，實不相盈而後可。無如廣脩互相含，堅白不相外，烏可執此而遺彼耶？

此與前“一，偏棄之”，當爲一條而誤分。蓋教人當明於不見之見，所以破邪見成正見也。此即釋氏“戒見取見惑諸妄見，而貴見道見諦諸真見”之理。

偏去，莫加少。説在故。《經下》。

【説曰】**偏俱一無變。**解詳拙《箋》。

於一有知焉，有不知焉；説在存。《經下》。

【説曰】**於石一也，堅白二也，而在石。故有智焉有不智焉，可。**此與下條“有指於二而不可逃”義互相明。

世知一爲天下之至少，不知一爲天下之至多，一中所存者無盡也。如石一也，堅白二者存焉。乃知堅者不知白，知白者不知堅，知有堅白者不知無堅白。於一石且不盡知，安能盡知一即一切之一耶？《莊子·知北游》曰“知之外矣，知乃不知”，義略同。下條“有指於二而不可逃，説在以二參”本與此條連，第以涉於哲理，不甚切於物理大旨已見，拙《箋》不引。

無不必待有，説在所謂。《經下》。

【説曰】**無若無焉，則有之而后無。無，天陷，則無之而無。**解詳拙《箋》，此明無爲真常有非真常之理。拙刊《談道書》、《無梁任公老子哲學隨筆》言之差詳。

可無也，有之而不可去。説在嘗然。《經下》。

【説曰】**可無也，已給則當給，不可無也。久，有窮無窮。**解詳拙《箋》，此言萬有生於無之理。

正而不可擔，説在摶。《經下》。

【説曰】**正丸，**舊作“九”，從孫校。**無所處而不中縣，摶也。**解詳拙《箋》。請觀張子晉《墨經注》及《圖説（二）》。

苟是石也白，敗是石也，盡與白同。是石也唯“雖”通。**大，不與大同。**《大取》。解詳拙《箋》。

力學 文中義多未詳，不敢强釋。斷章讀句，亦未知當否。敬俟專家宣究之。張子晉《墨經注》并《圖説》可參證

力，刑同“形”**之所以奮也。**《經上》。

【説曰】**力重之謂，下。與重奮也。**“與重奮”即志之所以敢，亦所以踐。聖人之形，全生之道也。

經文依次連第，均有脈理。以上自“仁”至“勇”十四條，均屬倫理。以下“生”“卧”“夢”“平”四條，均屬生理，或兼心理。此條介於其間，不得專以物理爲釋，然亦不能外乎物理。此知墨氏辭約義豐，形上形下，通而爲一。謂形兼天地萬物言。以力奮，莫著於人。奮者，有力之動不能自已者也。阿賴耶識任運而轉。力可實驗乎？即重之謂，可因物之就下而知。力之自然趨下，其勢積重而難勝也久矣。衆生隨緣流轉皆無始業力役使之。然清升濁降，物理之常。吾人第八識，力用之大能執持根身器界，死時後去，投胎先來，依平生業力善惡而異。輕重於命終時，可於此識捨出之處驗之。《瑜伽論》云：“善業從上冷，惡業從下冷，二皆至於心，一處同時捨。”《雜寶藏經》云：“頂聖眼生天，人心餓鬼腹，旁生膝蓋離，地獄脚板出。”經明六趣差别，論明善惡兩途，而隨業力升沉一也。人必清明在躬，力求上達。奮勇以與無始時來積重難返之天然力即業力也。戰。不任下墮而上升之，釋氏曰“還滅”，《易・乾象》曰“御天”，《陰符經》曰“聖人知自然之道不可違，因而制之”，荀子《天論篇》曰“制天命而用之”，赫胥黎《天演論》曰“以人持天”，均與重奮之理。庶可釋形。爲道忘身，勇莫大焉全生生死自由，權自已操。矣。此條哲理無所不通，但視文字相全屬力學，故列此。易始乾坤，實此力闢闔之。

負舊作“貞”，從孫校。**而不撓，説在勝。**《經下》。

【説曰】**負衡木，加重焉而不撓，極勝重也。右校交繩，無加焉而撓，極不勝重也。**

□而必正，説在得。《經下》。

【説曰】**衡加重於其一旁，必捶。權重相若也，相衡則本短標長。兩加焉，重相若，則標必下。標得權也。**

挈與收仮，舊作“契與枝板”，從張孫校改。**説在薄。**孫疑“權”之誤。《經下》。

【説曰】**挈，有力也；引，無力也；不正。所挈之止於施也，繩制挈之也，若以錐刺之。挈，長重者下，短輕者上；上者愈得，下**衍一“下”字從張校删。**者愈亡。繩直，權重相若，則正矣。收，上者愈喪，下者愈得，上者權重盡則遂挈。**

倚者不可正，説在梯。舊作“剃”，從孫校。《經下》。

【説曰】兩輪高，兩輪爲輲，車梯也。重其前，弦其前；載弦其前，載弦其軲，而縣重於其前，是梯。挈且挈，則行。凡重，上弗挈，下弗收，旁弗劫，則下直。扡或害之也，流，梯者不得流。直也。今也廢石於平地，“石”舊作“尺”，從孫校改。重不下，無膀也。若夫繩之引軲也，是猶自舟中引横也。倚，倍拒堅䑀，倚焉則不正，誰㧜石絫石耳。夾帚者，法也。

推之必往，説在廢材。《經下》。

【説曰】方石去地尺。關石於其下，縣絲於其上，使適至方石。不下，柱也。膠絲去石，挈也。絲絶，引也。

均之絶不，説在所均。《經下》。

【説曰】均髪均縣。輕重而髪絶，不均也。均，其絶也莫絶。

須臾劉三寸之木，而任五十石之重。《魯問》。

機械學

《漢書·藝文志·兵技巧家》注云“省墨子足徵墨子亦屬兵家技巧家”。惜乎今存《備城門》等十一篇不能卒讀，其中技巧甚多，敬竢明達恢彍之

轉射機。機長六尺，貍一尺，孫云“貍，‘薶’之借字”。兩材合而爲之轀。轀長二尺，中鑿夫之爲道臂臂長至桓。《備城門》。

强弩之技，機藉之。備臨以連弩之車。《備高臨》。《備梯篇》亦云：“夾而射之，重而射，披機藉之。”《備蛾傅篇》亦云：“守爲行臨射之，校機藉之。”以上言發弩之機。

頡皋《備城門》。蘇云即“桔槔”。孫云：《莊子·天地篇》云：“鑿木爲機，後重前輕，挈水若抽，數如泆湯，其名爲槔。”案，此爲灌水之機。

上爲發梁，而機巧之。引機發梁，適人可禽。《備城門》。孫云：“縣梁有機發，可設可去。”案，此爲發梁之機。

機衝錢城。《備梯》。王引之云：“‘錢’字義不可通，當是‘棧’字之誤。”案，

此爲衝臨梯之機。

施劍其面，以機發之。《備梯》。此爲發劍之機。

備蛾傅爲縣脾。畢云疑"陴"字。**以木板厚二寸，前後三尺，旁廣五尺，高五尺，而折爲下磨車**孫云"磨"當爲"磿"，**轉徑尺六寸，**蘇云"轉"當作"輪"。**令一人操二丈四方，**畢云疑"矛"字。**刃其兩端，居縣脾中。以鐵璅敷縣二脾上衡。**孫云"二"疑當爲"縣"之重。**爲之機，令有力四人，下上之弗離。**《備蛾傅》。此爲縣脾之機。

附墨書未載者

墨子作木鳶，飛。三日不集。見《列子・湯問》注。《淮南子・齊俗訓》、《論衡・儒增篇》並同。

墨子爲木鳶，三年而成。蜚，一日而敗。《韓非子・外儲説》。左上以與前説歧異，故並記之。

測量學

日中，正南也。《經上》。此測景知時定方之理。

景，當俱就，去尒當俱；俱用北。《經説下》。解詳拙《箋》。

地圓説　從張子晉《墨經注》

宇進無近，説在敷。《經下》。

【説曰】**傴宇不可偏舉，宇也。**"宇"舊作"字"，從孫校改。**進行者，先敷近，後敷遠。**張子晉云：東西南北謂之宇。宇無往不在此之近或爲彼之遠，彼之近或爲此之遠，是近即遠之發端，故在宇内進行者，無所謂近也。按，宇進無近之理，亦可知地形爲圜，蓋发端之近點進行一週，必爲至遠之點也。

《莊子・天下篇》：惠施曰"我知天下之中央，燕之北，越之南是也"。本此。

熱　　學

火離然，火爍金，火多也；合之成水。四字舊著“金多也”下，今校移此，“成”舊作“府”，從孫校改。此言金屬遇熱溶解之理。《經説下》。

光學　純一於光學寖涉未深，嘗將拙《箋》並此篇質正於欒先生調甫，幸承示教爲加注釋，書此以誌。欣感張子晉先生《墨經注》及《圖説》頗有發明，宜參證

景不徙，説在改爲。

【説曰】**景光至，景亡。若在，盡古息。**此言影不動之理。

景二，説在重。

【説曰】**景二光夾一光。一光者，景也。**此言二光成二影之理。凡光至處爲明，弗至處爲暗。明與暗比，暗處是影。明與明比，其不敵者爲影。如一燭之光向物投射，明處爲一光，暗處爲影。二燭夾物而立，則物有二影，以明處受二光，暗處受一光，而一光不敵二光之明故也。西人羅姆弗得光度表，即此理。

景到在午；有端與景長，説在端。

【説曰】**景光之人煦若射。**煦，疑即白駒過隙之白駒，光學謂之光綫。**下者之人也高，高者之人也下。足蔽下光，故成景於上；首蔽上光，故成景於下。在遠近有端與於光，故景庫内也。**此言密室穴光倒影之理。

景迎日，説在轉。

【説曰】**景日之光反燭人，則景在日與人之間。**此言返光成二影之理。

景之大小，説在杝正遠近。“杝”舊譌“地”，從孫校改。

【説曰】**景木杝，景短大。木正，景長小。光小於木，**“光”舊譌“大”，從孫校改。**則景大於木，非獨大也。光大於木，則景小於木，**上十三字疑挩，今校增。**非獨小也。遠近杝正異於光鑒。**

臨鑑而立景到，多而若少；説在寡區。

【説曰】**臨正鑒景寡，貌能白黑。**此經與下二章共三十五字舊本錯置在《堅白》文中，今依《説》移此。舊注以窪鏡正影倒影説之，乃下章鑑位正易之義，似不應一事復述二章。推尋文義，或此云淺窪鏡，下云深窪鏡。《經》云寡區，區乃鏡面窪處，寡言其淺耳，惟此云“到”，下云“易”，文又弗合。或曰即言平面鏡，《説》云“景當俱就，去亦當俱”是也。曹耀湘云：止水爲鑑，當否？殊未敢言，姑識此以竢達者。

景當俱就，去亦當俱；俱用北。此條闕經。

鑒者之臭於鑒無所不鑒。景之臭無數，而必過正；故同處，其體俱，然鑒分。此條闕經。

鑑位景一小而易，一大而正；説在中之外内。“位”讀曰“窪”，張子晉注改作“洼”，云“位”“洼”形誤。“景”舊譌“量”，從王校改。

【説曰】**鑒中之内。鑒者近中，則所鑒大，景亦大；遠中，則所鑒小，景亦小；而必正。起於中，緣正而長其直也。中之外，鑒者近中，則所鑒大，景亦大，遠中則所鑒小，景亦小；而必易。合於中，緣易而長其直也。**“中”、“緣”、“易”三字舊脱，從楊校補。此言窪鏡成正景倒景之理。謂鑒者立在中之外成倒影，雖近中立時之影大，遠中立時之影小，而其影必皆小於物之本體，此“景一小而易”、“説在中之外”也。若鑒者立在中之内，則成正影，雖近中立時之影大，遠中立時之影小，而其影必大於物之本體，此“景一大而正”、“説在中之内”也。據光學，窪鏡尚有一大而易之影，墨子未言者，蓋由測驗時鑒者立在焦點及圜中心之間向鏡觀察，鑒者之影適在鑒者背後，偶未見也。經既不言一大而易之影，則中之爲焦點或爲圜中心，未敢强釋。殷之輅曰中者全弧之中心，未悉何據。然以中爲圜，中心則頗近理。

鑑團景一小，一大，而必正；説在……“鑑團景一”四字舊錯置於前《堅白》文中，今據《説》移此。“小一”二字舊捝，“大”舊譌“天”，並據《説》補正。

【説曰】**鑒鑒者近，則所鑒大，景亦大；其遠，所鑒小，景亦小；而必正。景過正故招。**此言突鏡祇成正影，與“鑒者近鑒立時之影大，遠鑒立時之景小”之理。純一案，“招”即“到”之叚言，正景外尚有到景。

聲學　此科首條著自樂君調甫，余又補輯二條，以理雖同而製有異，亦足資參考

令陶者爲罌，容四十斗以上，固順之以薄鞈革，孫云“順”當作“幎”。

置井中，使聽耳者伏罌而聽之，審知穴之所在，鑿穴迎之。《備城門》。此定質傳聲之理。此文《閒詁》移置《備穴篇》中。

鑿井城上，孫云疑當作“城下”。**爲三四井。內新斲井中**孫云“斲”當爲“甀”之誤。**伏而聽之，審之知穴之所在，穴而迎之。**《備穴》。

戒持罌容三十斗以上，貍穴中。丈一有挩文**以聽穴者聲。爲穴高八尺，廣，**孫云疑挩尺數。**善爲傅置。**《備穴》。“傅”疑“傳”之誤，即置郵傳命之意。

醫藥學

葢持醯，客即熏以救目。《備穴》。據孫説。此以醯禦煙之理。

生物進化説

化徵易也。《經上》。

【説曰】**化若鼃爲鶉。**

生理衛生學

今者分析精密而成系統，遠勝古人，然惟知養形不知養神，以視古人甚粗陋也。

生刑同形**與知處也。**《經上》。

【説曰】**生盈**從吳鈔本。**之生，商；不可必也。**

拙《箋》釋義似不誤，今覺“商”不改適亦通。《貴義篇》云“士之用身，不若商人用一布之慎”，可證。蓋以人必知與形彌滿相含則生，否則不生。有如商家於利，盈虧無常然，故壽夭至無定也。此明生死之權，庸衆不能自操之理。

平知無欲惡也。《經上》。

【説曰】**平，惔然。**解詳拙《箋》。

言欲惡是自速其死之道。惟“真人而後有真知”，《莊子・大宗師》。能向無欲惡處，薦取本來，則平等性智現前。外緣無足動於中矣。此教人證取無生之理。

無欲惡之爲益損也。説在宜。《經下》。

【説曰】**若識麋與魚之數，惟所利，無欲惡，傷生損壽。説以少適，**舊作“連”，從孫校。**是誰愛也？嘗多粟。或者欲不有能傷也，若酒之於人也。且恕人利人，愛也，則唯**通“雖”**恕弗治也。**解詳拙《箋》。此明少私寡欲可以長生之理。

損，飽者去餘。適足，不害。能害，飽。《經説下》。解詳拙《箋》。此言節食養生之理。

子墨子曰：今士之用身，不若商人用一布之慎也。商人用一布，市，不敢繼苟而讐焉，必擇良者。今士之用身則不然，意之所欲則爲之，厚者入刑罰，薄者被毁醜。則士之用身，不若商人用一布之慎也。《貴義》。此言士當修身立命，爲天下大用之理。

心理學

約分三類。

（一）知

知材也。《經上》。

【説曰】**知材：知也者，所以知也，而必知。若明。**解詳拙《箋》。此猶心理學首言神經系統之妙用。

慮求也。《經上》。

【説曰】**慮：慮也者，以其知有求也，而不必得之。若睨。**解詳拙《箋》。此言思考之作用。

知接也。《經上》。

【説曰】**知知也者，以其知過物而能貌之。若見。**解詳拙《箋》。此言感覺記憶之作用。

恕明也。《經上》。

【説曰】**恕，恕也者，以其知論物，而其知之也著。若明。**解詳拙《箋》。此言心具推理之作用。

卧知，無知也。《經上》。此言卧時具足知性而無知用之理。

夢卧而以爲然也。《經上》。解詳拙《箋》。《成唯識論》曰“如患夢者患夢力故，心似種種外境相現，緣此執爲實有外境”，義同。此明夢即識，緣過去落謝影子，名獨影境，全屬非量之理。

知聞，説，親。《經上》。

【説曰】**知傳受之，聞也。方不㢓，説也。身觀焉，親也。**此言知覺之作用。

聞傳，親。《經上》。

【説曰】**聞或告之，傳也。身觀焉，**“觀”當作“聽”，涉上而譌。**親也。**此言聽覺之作用。

見體，盡。《經上》。

【説曰】**見特**舊作“時”，從孫校。**者，體也。二者，盡也。**此言視覺之作用。

（二）情

利所得而喜也。《經上》。

【説曰】**利得是而喜，則是利也；其害也，非是也。**解詳拙《箋》。此即老子“福兮禍所伏”之説。

害所得而惡也。《經上》。

【説曰】**害得是而惡，則是害也；其利也，非是也。**解詳拙《箋》。此即老子“禍兮福所倚”之理。合上條蓋教人勿任情昏動也。

欲正權利，衍“且”字。從孫校删。“欲”上疑挩“權”字。**惡正權害。**《經上》。

【説曰】**權者，兩而勿偏。**解詳拙《箋》。此明當具權智，不因世俗利害而失其正之理。

爲窮知而縣於欲也。《經上》。

【説曰】**爲欲𩟝其指。智不知其害，是智之罪也。若智之慎之**舊作

"文"，從孫校。**也，無遺於其害也。而猶欲䧢之，則離之。是猶食脯也，騷之利害，未可知也；欲而得騷，**"得"字從孫校增。**是不以所疑止所欲也。廧外之利害，未可知也；趨之而得刀，**舊作"力"，從孫校。**則弗趨也；是以所疑止所欲也。觀爲窮知而𦄄於欲之理：**䧢**脯而非恕也，**䧢**指而非愚也。所爲與所不爲相疑也，**此句從張校。**非謀也。**言情之關於行爲，利害甚大。倘或任情偏勝，必使知識失其用。蓋教人涵養真理的情操，是剿滅識心之初階也。

（三）意

聞耳之聰也。參觀《宗鏡録》四十四卷六七葉。**循所聞而得其意，心之察也。**此即第二耳識顯示第六意識了别之作用。

言口之利也。執所言而意得見，心之辯也。《經上》。第六意識善於了别，《楞伽經》中更立别名，分别事識，分别内外種種事故，此言意之作用。

勇志之所以敢也。《經上》。

【説曰】**勇以其敢於是也，命之；不以其不敢於彼也，害之。**言具足理性之意志，敢於有爲，舍命不渝。

必不已也。《經上》。

【説曰】**必謂臺執者也。若弟兄，一然者，一不然者；必，不必也；是非必也。**解詳拙《箋》。言當分極是非，一意堅定而不摇。

唯識學　佛教有此宗。此與他心通、氣象學均可屬之宗教，茲冢心理而次之

知而不以五路，説在久。《經下》。

【説曰】**智以目見，而目以火見，而火不見。惟以五路知，久不當。以目見，若以火見。**解詳拙《箋》。此明萬法唯識之理。

他心通　《管子·心術下篇》曰"執一而不失，能君萬物"，義至精也

公輸盤九設攻城之機變，子墨子九距之。公輸盤之攻械盡，子墨子

之守圉有餘。公輸盤詘，而曰："吾知所以距子矣，吾不言。"子墨子亦曰："吾知子之所以距我，吾不言。"楚王問其故？子墨子曰："公輸子之意，不過欲殺臣。殺臣宋莫能守，可攻也。然臣之弟子禽滑釐等三百人，已持臣守圉之器，在宋城上，而待楚寇矣。雖殺臣，不能絶也。"楚王曰："善哉吾請無攻宋矣。"《公輸》。此知墨子有他心通，故能知公輸心念而調伏之，且化攝楚王以止攻，可謂"天地動作於胸中"（《鶡冠子·泰録》）矣。

氣象學

文王有靈臺，望祲氛，察災祥。尹喜望見有紫氣浮關，知真人當過，候物色而迹之，果得老子。此與墨書符合者。惟古時氣象學，與今者異。一由心靈前知，一由物理預測，形上形下，範圍有廣狹也。

凡望氣有大將氣，有中將氣，四字據茅坤本增。**有小將氣；有往氣，有來氣，有敗氣。能得明此者，可知成敗吉凶。**《迎敵祠》。

古人爲學，最重涵養。蓋涵養功深，則清明在躬，志氣如神。

論理學

《經上》首言故，大都嚴定界説，即真能立。《經下》首言類，大都破俗顯真，即破即立。《説》所以明也。《大取》爲墨書之總綱，所謂以故生，以理長，以類行，尤扼辯經之要。《小取》全篇，條理精密，足爲楷模。合《經》上下、《經説》上下，當爲大學課本。古人十五入大學。若《非命篇》之三表，則未入大學者所習也。墨辯大旨，多與《因明論》同。有特點二：（一）重在啓悟他過，明顯自宗，匪惟審正思考而已。（二）隨在具歸納神思，不重演繹之論式，泰西邏輯弗如也。時賢多精研此學者，茲不繁述。略舉四例：

（一）故的注重

故所得而後成也。《經上》。

【説曰】**故小故，有之不必然，無之必不然。大故，有之必然，無之必不然。**二句舊作“有之必無然”，從孫校。**若見之成見也。**解詳拙《箋》。

“故”即《因明》之“因”。欒調甫云：據《説》及《大取》、《小取》參之，似墨子之“故”，兼含《因明》“宗”“因”二義。《説》分小故、大故云者，小故即《大取》“夫辭以故生”之故，爲因明之因，邏輯之小原；大故即《小取》“以説出故”之故；爲因明之宗，邏輯之判。

（二）類的詳覈

止類以行之，舊作“人”，從孫校。**説在同。**《經下》。

【説曰】**止彼以此其然也，説是其然也；我以此其不然也，疑是其然也；此然是必然則俱。**校釋詳拙《箋》。

類即因明之喻，邏輯之大前提。

（三）辟侔援推四法《小取》。

辟也者，舉也同“他”。物而以明之也。

侔也者，比辭而俱行也。

援也者，曰子然我奚獨不可以然也。

推也者，以其所不取之同，於其所取者予之也。

明其故，察其類，而以辟、侔、援、推四法，立辭抒意，其辯無不當而勝者矣。

（四）因名遣名

有其異也，爲其同也；爲其同也異。《大取》。

此因異同，遣異同；言異同並無自體，惟有假名而已。

於石一也，堅白二也，而在石。故有智焉，有不智焉，可。《經説下》。

此因堅白遣堅白。言堅白不能離石而自存。彼拊堅者不知白，實則舍石無堅可拊。視白者不知堅，實則舍石無白可視。故凡知有堅白者，皆不真知堅白之本無者也。墨辯所以重悟他，有歸趣，用證一兼無外之微旨，準此可知。

倫理學

約分二綱。

（甲）學説

孝，利親也。此家庭之倫理。

忠，以爲利而强君舊作“底”，從孫校。**也。**

仁，體愛也。

義，利也。

禮，敬也。

信，言合於意也。

任，士損己而益所爲也。以上俱《經上》。

天下無大小國，皆天之邑也；人無幼長貴賤，皆天之臣也。《法儀》。以上皆社會之倫理。

（乙）實踐約分三目。

（一）修己此與教育相通。

動於身者無以竭恭。《脩身》全篇實治國平天下之大本。墨道重實行，故言誠意、正心，視《大學》尤具條理。《中庸》云：“詩曰‘不顯惟德，百辟其刑之’，是故君子篤恭而天下平。”蓋性道之感，無遠弗届，平天下不難而篤恭爲難，故墨氏之教，首重修身，誠兼愛天下之常經也。《公孟篇》“告子謂子墨子曰：‘我能治國爲政。’子墨子曰：‘政者，口言之身必行之，今子口言之而身不行，是子之身亂也，子不能治身之身，惡能治國政？子姑亡，子之身亂之矣。’”誠以‘言行，君子之所以動天地’（《易·繫辭上》），斷不可自亂以亂天下也。今之言行亂、身亂而欲治天下者，允當愧死。

《周頌》道之曰：聖人之德，昭於天下。若天之高，若地之普。從俞校。**若山之承，不坼不崩。若日之光，若月之明，與天地同常。則此言聖人之德，章明博大埴固以修久也。故聖人之德，蓋總乎天地者也。**《尚賢中》。此修己之極功也。

（二）愛人

《脩身篇》曰：“藏於心者無以竭愛”。此分三項。

（1）家庭

父子相愛則慈孝，兄弟相愛則和調。《兼愛中》。

（2）社會

視人之國，若視其國。視人之家，若視其家。親人之身，若視其身。是故諸侯相愛，則不野戰。家主相愛，則不相篡。人與人相愛，則不相賊。天下之人皆相愛，强不執弱，衆不刼寡，富不侮貧，貴不傲賤，詐不欺愚。《兼愛中》。

今吾將正求興舊作“與”，從蘇校。**天下之利而取之，以兼爲正。是以聰耳明目，相與視聽乎？是以股肱畢强，相爲動宰乎？而有道肆相教誨。是以老而無妻子者，有所侍養以終其壽；幼弱孤童之無父母者，有所放依以長其身。**《兼愛下》。

兼士爲其友之身，若爲其身。爲其友之親，若爲其親。是故退睹其友，飢則食之，寒則衣之，疾病侍養之，死喪葬埋之。《兼愛下》。

（3）國際

大國之不義也，則同憂之。大國之攻小國也，則同救之。小國城郭之不全也，必使修之。布粟之絶，則委之。幣帛不足，則共之。《非攻下》。

孟子曰：“交鄰國有道：惟仁者爲能以大事小，惟智者爲能以小事大。以大事小者，樂天者也；以小事大者，畏天者也。樂天者，保天下；畏天者，保其國。”《梁惠王篇》。墨家可謂樂天保天下者，以故國際偶起交涉，終不相敵而和解之。

《非儒篇》曰：**仁人以其取舍是非之理相告。無故，從有故也。弗知，從有知也。無辭必服，見善必遷，何故相與。**“與”字從王校補，“相與”謂相敵也。

服從公理，泯絶强權。今之國際裁判會、和平會等，允當效法。

（三）敬天天，即佛教一真法界之異名。敬天，所以轉識成智也。

且語言有之曰，焉而宴日焉而得罪，將惡避逃之？曰，無所避逃之。夫天不可爲林谷幽閒。舊作“門”，從王校。**無人，明必見之。**《天志上》。此與宗教相通，所以使人除妄保真也。

天之意，欲人之有力相營，有道相教，有財相分也。故唯毋明乎順天之意，奉而光施之天下。《天志中》。

天之行廣而無私，其施厚而不德，其明久而不衰。故動作有爲，必度於天。天之所欲則爲之，天所不欲則止。《法儀》。天即平等真如，一心冥契自能福利世間。參觀後《宗教學》“顯宗體”。

政治哲學

分二大綱。

（甲）政治原理論約分八目。

（一）民約論

古者民始生未有刑政之時，天下之亂，若禽獸然。夫明乎天下之所以亂者，生於無政長。是故選擇天下之賢可者，立以爲天子、諸侯、國君，《尚同上》。下逮鄉里之長，《尚同中》。通名爲君。“君”從尹口，口以發號；尹，治也。試即《墨經》“徵君”之義：

君臣萌同“氓”。**通約也。**《經上》。

【説曰】君以羣舊作“若”，當爲“羣”字損“羊”存“君”，形近而譌，今校改。**名者也。**

《白虎通·三綱六紀》云：“君者，羣也；羣下之所歸心也。”是君以羣得名，即通約之證。上古有巢氏，燧人氏，皆民悦之，使王天下。《韓非子·五蠹》。神農《尸子》云“夫負婦戴以治天下”。以衆感其德，濃厚如神，得稱。《風俗通·皇霸》。軒轅修德，諸侯尊爲天子。《史記》。堯因帝摯荒淫，諸侯廢之而立。《綱目》前編。舜在側陋，四岳揚之。《堯典》。通約之説，信而有徵。古羅馬人以爲，國王之大權出於羅馬國民，由國民委之王也。見日本吾妻兵治著《國家學》卷三葉五十七。

（二）選舉制

天下之正長，猶未廢乎天下也，《尚同中》。是故選擇天下賢良聖知辯慧之人以任之。

明乎民之無正長，以一同天下之義，而天下亂也；是故選擇天下賢良聖知辯慧之人，立以爲天子，使從事乎一同天下之義。天子既以立矣，以爲唯其耳目之請，畢云“請”當爲“情”。**不能獨一同天下之義；是故選擇天下贊閱賢良聖知辯慧之人，置以爲三公，與從事乎一同天下之義。天子三公既已立矣，以爲天下博大，山林遠土之民，不可得而一也；是故靡分天下，設以爲萬諸侯國君，使從事乎一同其國之義。國君既已立矣，又以爲唯其耳目之請，不能一同其國之義；是故擇其國之賢者，置以爲左右將軍大夫，以逮**舊作“遠”，從孫校。**至乎鄉里之長，與從事乎一同其國之義。**《尚同中》。**是故里長者，里之仁人也。鄉長者，鄉之仁人也。國君者，國之仁人也。**《尚同上》。

行選舉而無罷免，頗爲缺點。或所選舉必屬賢仁，俾與百姓同勞苦以終生乎？《荀子·富國篇》云：“墨子大有天下，小有一國，將少人徒，省官職，上功勞苦，與百姓均事業，齊功勞。”《莊子·天下篇》云：“墨者日夜不休，以自苦爲極。”抑有權選舉，即有權罷免，不待言乎？古者諸侯廢摯立堯可證。蓋古者置正長，非特富貴游佚而措之也；使從事乎一同天下之義也，必少私寡欲，如堯舜之有天下而不與者，始能使天下之人，皆以其心爲心也。《説苑·君道篇》“禹曰堯舜之人皆以堯舜之心爲心”。此所以不言罷免歟？

（三）立正長維辯使治天均，非特富貴游佚而措之也

故古者之置正長也，將以治民也。譬之若絲縷之有紀，而罔罟之有綱也。將以運役天下淫暴，而一同其義也。是以先王之書，相年之道曰：夫建國設都，乃作后王君公，否用泰也；奉以二字從盧校。**卿**舊作“輕”，聲誤。**大夫師長，否用佚也；維辯使治天均。**下篇作“維辯而使助治天明也”。**則此語古者上帝鬼神之建設國都，立正長也。非高其爵，厚其禄，富貴游佚而錯之也。**“游”字從王校增。**將以爲萬民興利除害，富貧衆寡，**舊作“富貴貧寡”，從孫校正。**安危治亂也。**《新書·修政語上》“帝堯曰：‘吾存心於先古，加志於窮民，痛萬姓之罹罪，憂衆生之不遂也。故一民或飢，曰此我飢之也；一民或寒，

曰此我寒之也；一民有罪，曰此我陷之也。'" 明正長當負責如此。**故古者聖王之爲政若此。**“政”字從戴校增。《尚同中》。

《慎子·威德篇》曰：“古者立天子而貴者，非以利一人也。曰天下無一貴，則理無由通；理通以爲天下也。故立天子以爲天下，非立天下以爲天子也。立國君以爲國，非立國以爲君也。立官長以爲官，非立官以爲官長也。”義本此。

（四）牧民之責，重於母之護其子

今有負其子而汲者，隊其子於井中；其母必從而道同“導”。**之。今歲凶民饑道餓，此疚重於隊其子；**此句從王引之校。**其可無察耶？故時年歲善，則民仁且良；時年歲凶，則民吝且惡；夫民何常此之有。**《七患》。

言善爲政者，務厚民生以善民心；是制治於未亂也。

（五）治國勸之無饜畢云：猶云勉之無已。

非無安居也，我無安心也。非無足財也，我無足心也。是故君子自難而易彼。解詳拙《箋》。**是故偪臣擠君。**舊作“偪臣傷君”，校釋詳拙《箋》。**君必有弗弗之臣，上必有詻詻之下；**办古創字，舊作“分”，從劉校。詳拙《箋》**議者延延，而支苟者詻詻；焉**猶“乃”也。**可以長生保國。**以上《親士》。（公孟）

功利民也。《經上》。

【說曰】功不待時，若衣裘。《國語·越語上》“大夫種曰，賈人夏則資皮，冬則資絺”與此“功，不待時”義同，言能爲未來謀者，利甚大也。解詳拙《箋》。

此知墨家備世之急，猶《易經》終於未濟之義。

（六）治國有四要政

（1）足民食

凡五穀者，民之所仰也，君之所以爲養也。故民無仰則君無養，民無食則不可事；故食不可不務也。

食者，國之寶也，聖人之所寶也。故《周書》曰：國無三年之食者，國非其國也；家無三年之食者，子非其子也。此之謂國備。以上《七患》。

農夫蚤出暮入，耕稼樹藝，多聚叔粟，此其分事也。《非樂》。準此，婦勤紡績，百工各從事其所能，共足衣食之財，可以比知。

（2）盡地力

地不可不力也。《七患》。

士君子竭股肱之力，亶其思慮之智，收斂關市山林澤梁之利。山之利如金屬炭礦等是，《經説下》"火鑠金，金靡炭"云云可證。林之利如森林畜牧之類是，澤梁之利凡水産物並漁鹽之類是。**以實倉稟府庫，此其分事也。**《非樂》。士君子竭股肱之力，亶思慮之智，從事山林澤梁以生利，宜乎地不愛寶矣。

（3）力時急《七患》。

爲者疾，"食者寡，則歲無凶。爲者緩"，十字從孫校增。樂調甫云：孫校增十字，竊謂非是，因爲者"疾食者寡"不能謂"歲無凶"也，"疾"字唐本及王樹枏引萬曆本均作"寡"，本書《貴義篇》"則食者衆，耕者寡也"亦一證。畢本"疾"字蓋以意改，不可據。愚案：樂校不輕增字，足爲讀古書者法，但孫校以生利者疾，分利者少，則雖凶歲亦不足憂，故曰"歲無凶"亦通。"疾"字唐本、萬曆本均作"寡"，而畢校凡以意改必注明，此無注非以意改可知，則從孫校俱不悖。《貴義篇》"食者衆，耕者寡"上下文與此殊，不足爲證。想此並《大學》生衆食寡説，必爲當時通行語，而引用字有出入，各本互有挩文耳，似增十字於上下文語意較完足也。**食者衆，則歲無豐。故曰財不足，則反之時。故先民以時生財。**《七患》。解詳拙《箋》。

車以行陵陸，舟以行川谷，以通四方之利。《節用上》。

利以速至。《節用中》。

今人固與禽獸、麋鹿、蜚通"飛"。**鳥、貞**通"征"。**蟲異者也，賴其力者生，不賴其力者不生。君子不强聽治，即刑政亂；賤人不强從事，即財用不足。**《非樂》。賴其力强從事，即力時急；力時急，即生財密而用自節。

墨家日夜不休，以自苦爲極。固力時急以利天下，亦防妄營傷性，真自利之道也。

（4）嚴國備

故倉無備粟，不可以待凶饑。庫無備兵，雖有義不能征無義。城郭不備全，不可以自守。心無備慮，不可以應卒。故備者，國之重也。食

者，國之寶也；兵者，國之爪也；城者，所以自守也。此三者，國之具也。國無三年之食者，國非其國也；家無三年之食者，子非其子也。此之謂國備。《七患》。

（七）預防七患

國有七患，七患者何？城郭溝池不可守，而治宫室，一患也。邊國至境，四鄰莫救，二患也。先盡民力，欒云疑當有“財寶以興”四字。**無用之功，賞賜無能之人；民力盡於無用，財寶虚於待客，三患也。仕者持禄，游者愛佼，君脩法討臣，臣懾而不敢拂，四患也。君自以爲聖智而不問事，自以爲安彊而無守備，四鄰謀之不知戒，五患也。所信者不忠，所忠者不信，六患也。畜種菽粟不足以食之，大臣不足以事之，賞賜不能喜，誅罰不能威，七患也。以七患居國，必無社稷。以七患守城，敵至國傾。七患之所當，國必有殃。**《七患》。

（八）虚君共和政體約分二類言之。

（1）欽崇天道佛教所謂法身無邊、即心是佛、感應道交、自他不二，理至精微。墨家言不務文，未能離俗顯真，其爲道固不能比擬佛法，而揆其粗迹亦略近之。蓋甚欲人冥契真心無間也。

且夫義者，政也。王云“政”與“正”同。**無從下之政上，必從上之政下。是故庶人竭力從事，未得次己而爲政，**畢云“次”，“恣”字省文，下同。**有士政之。士竭力從事，未得次己而爲政，有將軍大夫政之。將軍大夫竭力從事，未得次己而爲政，有三公諸侯政之。三公諸侯竭力聽治，未得次己而爲政，有天子政之。天子未得次己而爲政，有天政之。**《天志上》。

天者非他，一真性道之總體，具足無盡功德。人必潔净其心，纖塵不染，始有少分相應。迨了知真心無際，萬化自生乎身矣，此德治之極軌。今務政教分離，尚法治者，難與語此。

是故天下之欲同一天下之義也，是故選擇賢者立爲天子；天子又總天下之義，以尚同於天。《尚同下》。

人因徧計起執，是非顛倒，以故天下大亂。必盡滅其賊心，而一以無際真心爲心，則億兆人之心如一心，羣龍可無首矣。然當根機未熟，勢必賴有大德者出，上窮法身平等勝義而下化，使天下克己復禮，同歸於仁也。《文子·自然篇》："老子曰：所謂天子者，有天道以立天下也。立天下之道，執一以爲保，反本無爲。"可會通焉。顧此天子，何名虛君？蓋一主天德，匡正臣民。本無爲之旨，現宰物之身，廓然無我，位非所尊，遠西木偶，實非其倫。

（2）責任賢士

《詩》曰："告女憂卹，誨女予爵；孰能執熱，鮮不用濯。"則此語古者國君諸侯之不可以不執善承嗣輔佐也，譬之猶執熱之有濯也，將休其手焉。《尚賢中》。

《論語·衛靈篇》："子曰，無爲而治者，其舜也與！夫何爲哉？恭己正南面而已矣。"《淮南子·主術訓》曰："人主之術，因循本天道而無爲。而任下，責成而不勞。亦見《文子·自然篇》。夫乘衆人之智，則無不任也。用衆人之力，則無不勝也。"皆墨家《尚賢》、《親士》之塙詁。

《親士》：舉證晉文、齊桓、越勾踐之成功，皆由《親士》。墨家尚羣治，顯然。**桀紂不以其無天下之士邪？殺其身而喪天下；故曰歸國寶，不若獻賢而進士。**言士真國寶不可不親。《大學》"《楚書》曰'楚國無以爲寶，惟善以爲寶'"，義同。**良才難令，然可以致君見尊。是故江河不惡小谷之滿己也。**言士不易致，必虛已以親之，如江河之納小谷焉。

故得士，則謀不困體不勞。《尚賢上》。

故善爲君者，勞於論人，而佚於治官。《所染》。

《法儀》、《尚同》、《尚賢》、《親士》，皆其政體爲虛君共和之證。蓋無我無爲，一本老子上德若谷之旨。是墨道也。兼也。

（乙）行政論

（一）尚賢墨子尚賢與老子之不尚賢，言相反，義相同。解詳拙《箋》。

約分七項。

（1）尚賢爲政之本

子墨子言曰："今者王公大人爲政於國家者，皆欲國家之富，人民之衆，刑政之治。然而不得富而得貧，不得衆而得寡，不得治而得亂，則是本失其所欲，得其所惡。是其故何也？"子墨子言曰："是在王公大人爲政於國家者，不能尚賢事能爲政也。是故國有賢良之士衆，則國家之治厚。賢良之士寡，則國家之治薄。"是故子墨子言曰："得意，賢士不可不舉。不得意，賢士不可不舉。"尚欲祖述堯舜禹湯之道，將不可以不尚賢。夫尚賢者，政之本也。《尚賢上》。

（2）爲政務在衆賢

故大人之務，將在於衆賢而已。曰："然則衆賢之術，將奈何哉？"子墨子言曰："譬若欲衆其國之善射御之士者，必將富之貴之，敬之譽之。然后國之善射御之士，將可得而衆也。况又有賢良之士，厚乎德行，辯乎言談，博乎道術者乎？此固國家之珍，而社稷之佐也。亦必且富之貴之，敬之譽之，然后國之賢良之士。據上文校增"賢之"二字。亦將可得而衆也。是故古者聖王之爲政也，言曰不義不富，不義不貴，不義不親，不義不近。是以國之富貴人聞之，皆退而謀曰，始我所恃者富貴也，今上舉義不辟貧賤，然則我不可不爲義；親者聞之，亦退而謀曰，始我所恃者親也，今上舉義不辟疏，然則我不可不爲義；近者聞之，亦退而謀曰，始我所恃者近也，今上舉義不辟遠，然則我不可不爲義；遠者聞之，亦退而謀曰，我始以遠爲無恃，今上舉義不辟遠，然則我不可不爲義；逮至遠鄙郊外之臣，門庭庶子，國中之衆，四鄙之萌人。聞之，皆競爲義。"《尚賢上》。

（3）進賢退不肖一切平等無私

故古者聖王之爲政，列德而尚賢。雖在農與工肆之人，有能則舉之。故當是時，以德就列，重德。以官服事，重事不重官。以勞殿賞，俞云"殿"，"定"也。量功而分禄，賞禄不能以親近倖獲。故官無常貴，而民無常賤。天下爲公，選賢與能。有能則舉之，無能則下之。舉公義，辟私怨。俞云"辟"，"除"也。故當是時，雖在於厚禄尊位之臣，莫不敬懼而施。雖在農與工肆之人，莫不競勸而尚悳。舊作“意”，從孫校。《尚賢上》。

故古者聖王，甚尊尚賢而任使能。不黨父兄，不偏富貴，不嬖顔色。賢者舉而上之，富而貴之，以爲官長。不肖者抑而廢之，貧而賤之，以爲徒役。是以民皆勸其賞，畏其罰，相率而爲賢。是以賢者衆。而不肖者寡。“是”舊作“者”，從俞校改。此謂進賢。《尚賢中》。

（4）量能而使

然後聖人聽其言，迹其行，察其所能而慎予官；非徒尚賢聲。此謂事能。孫云：“事”與“使”同。故可使治國者，使治國；可使長官者，使長官；可使治邑者，使治邑。凡所使治國家、官府、邑里，此皆國之賢者也。《尚賢中》。

（5）必置三本

是以必爲置三本。何謂三本？曰爵位不高，則民不敬也；蓄禄不厚，則民不信也；政令不斷，則民不畏也。故古聖王高予之爵，重予之禄，任之以事斷予之令。夫豈爲其臣賜哉？欲其事之成也。以民事爲主。《尚賢中》。

（6）尚賢之利

賢者之治國也，蚤朝晏退，聽獄治政，是以國家治而刑法正。賢者之長官也，夜寢夙興，收斂關市山林澤梁之利以實官府，是以官府實而財不散。賢者之治邑也，蚤出莫入，耕稼樹藝聚菽粟，是以菽粟多而民足乎食。故國家治，則刑法正；官府實，則萬民富。上有以絜爲酒醴粢盛，以祭祀天鬼，《禮·祭統》“祭者，教之本也”。外有以爲皮幣，與四鄰諸侯交接，内有以食饑息勞，將養其萬民，外有以懷天下之賢人。以此謀事則得，舉事則成，入守則固，出誅則彊，故唯昔三代聖王堯舜湯禹文武之所以王天下正諸侯者，此亦其法已。《尚賢中》。

爲賢之道將奈何？曰有力者疾以助人，有財者勉以分人，有道者勸以教人，若此則饑者得食，寒者得衣，亂者得治。若饑則得食，寒則得衣，亂則得治，此安生生。王引之云：“安”猶“乃”也，言如此乃得生生也。《尚賢下》。

（7）不尚賢之害

若苟賢者不至乎王公大人之側，則此不肖者在左右也。不肖者在左右，則其所譽不當賢，而所罰不當暴。王公大人尊此以爲政乎國家，則賞亦必不當賢，而罰亦必不當暴。若苟賞不當賢，而罰不當暴，則是爲賢者不勸，而爲暴者不沮矣。是以入則不慈孝父母，出則不長弟鄉里。居處無節，出入無度，男女無別。使治官府則盜竊，守城則倍畔，使斷獄則不中，分財則不均。與謀事不得，舉事不成。入守不固，出誅不彊。故雖昔者三代暴王桀紂幽厲之所以失措其國家，傾覆其社稷者，已此故也。古“已”“以”通。《尚賢中》。

（二）尚同參觀拙《箋》。老子所謂鎮之以無名之樸，不以智治國，然後乃至大順，皆尚同之微旨。

約分三項。

（1）尚同於天，一同天下之義以止亂

子墨子曰：方今之時，復古之民始生未有正長之時，蓋其語曰，天下之人異義。是以一人一義，十人十義，百人百義；其人數茲衆，其所謂義者亦茲衆。是以人是其義，而非人之義。《中篇》。

故交相非也。是以内者父子兄弟作怨惡，離散不能相和合。天下之百姓，皆以水火毒藥相虧害。至有餘力，不能以相勞。腐死**餘財，不以相分。隱匿良道，不以相教。天下之亂，若禽獸然。**《上篇》。

無君臣上下長幼之節，父子兄弟之禮，是以天下亂焉。明乎民之無正長，以一同天下之義，而天下亂也。是故選擇天下賢良聖知辯慧之人，立以爲天子，使從事乎一同天下之義。天子既以立矣，以爲唯其耳目之請同“情”。**不能獨一同天下之義，是故選擇天下贊閱賢良聖知辯慧之人，置以爲三公，與從事乎一同天下之義。天子三公既已立矣，以爲天下博大山林遠土之民，不可得而一也，是故靡分天下，設以爲萬諸侯國君，使從事乎一同其國之義。國君既已立矣，又以爲唯其耳目之請，不能一**

同其國之義，是故擇其國之賢者，置以爲左右將軍大夫，以逮至乎鄉里之長，“逮”舊作“遠”，從孫校改。與從事乎一同其國之義。《中篇》。

天子又總天下之義，以上同於天。《下篇》。上同於天，明了心源，自知除妄反真，不敢濫用職權。

墨家尚同，在不明性道者，或以思想言論，受縛殊甚，而不知其同於天，即兼以易别，泯絶我見我慢，“與道化者爲人”，《文子·下德》。固自由之極軌。觀其天子國君鄉里之長，皆由公選，莫非仁者，在在勸善去不善。善以天志爲鵠，人人自由自然，“争怨不生即心治而氣順”《文子·下德》。將以愛養萬民，視爲一家。“順其善意，防其衺心，與民同出一道”《文子·下德》。也。蓋“天道之極，遠者自親。人事之起，近親造怨。”《管子·形勢篇》。“故聖王執一以理物之情性”，“以萬異爲一同”，則“天地之間，一人之身也。六合之内，一人之形也。”均《文子·下德》。《大取篇》曰“天下無人”。《經上》曰“同異而俱於之一也”，即尚同之極致。烏乎亂？《吕氏春秋·知度篇》曰“治道之要存乎知性命”，是豈遠西政治家夢想所能到哉？

（2）尚同之利四

（子）左右良，政教一，賞罰當引證典籍以明事與理融之效。

《大誓》之言然，曰：“小人見姦巧乃聞，不言也，發罪鈞。”此言見淫辟不以告者，其罪亦猶淫辟者也。務使風俗淳美。故古之聖王治天下也，其所差論以自左右羽翼者皆良。《下篇》。

《周頌》之道之曰：上“之”字疑衍，當删。“載見辟王，舊“見”上有“來”字，“辟”作“彼”，從畢校正。聿求厥章。”則此語古者國君諸侯之以春秋來朝聘天子之廷，受天子之嚴教，退而治國。政之所加，莫敢不賓。當此之時，本無有敢紛天子之教者。想見墨子痛天下之亂，民不堪命，有與孔子尊周使天下定於一之同心。《詩》曰：“我馬維駱，六轡沃若。載馳載驅，周爰咨度。”又曰：“我馬維騏，六轡若絲。載馳載驅，周爰咨謀。”即此語也。《孟子·梁惠王篇》曰：“天子適諸侯，曰巡狩。諸侯朝於天子，曰述職。無非事者。”言天子諸侯時相朝會，無非爲民謀大同樂利之事。古者國君諸侯之聞見善與不善也，皆馳驅以告天子。是以賞當賢，罰當暴，不殺不辜，不失有罪。

此則尚同之功也。《中篇》。

（丑）天鬼錫福，萬民和親孟子曰：“至誠而不動者，未之有也。”明善業之感召，不可思議。

故古者聖王明天鬼之所欲，而避天鬼之所憎，天鬼之所欲憎，皆人心善惡之業報，故孟子曰：“禍福無不自己求之者。”**以求興天下之利，除天下之害。是以率天下之萬民，齊戒沐浴，潔爲酒醴粢盛，以祭祀天鬼。**今粗糙科學家輒謂無神，不知即心是神乃極精微之科學。古聖憫人心易躁動而難安静也，重爲祭祀，以復其本具明德之性，所以兼愛也。**其事天鬼也，酒醴粢盛，不敢不蠲潔。犧牲，不敢不腯肥。**《春秋繁露·祭義篇》云“祭之爲言，際也”，所以止人逐境遷流之心，使復其精明，冥契真常無際之理也。故學者於祭，理解貴圓融；而禮儀貴莊嚴，始有裨身心世道。**珪璧幣帛，不敢不中度量。**十字疑錯簡，當移著“不敢失時幾”下。舜受禪即輯五瑞，同律度量衡，本天道平争也。今新進各國度量衡、幣制無不一，而吾國亂焉，羞矣！**春秋祭祀，不敢失時幾。**循天之道，以養其身。《春秋繁露》第七十七。**聽獄，不敢不中。**賢正長“徽柔懿恭懷保小民”，“胥保惠，胥教誨，民無或胥譸張爲幻”。《書·無逸》。豈有聽獄敢不中者乎？**分財，不敢不均。**《論語·季氏篇》“不患寡而患不均，均無貧”，蓋本平等真如之性德，通之治道，亦以解多財之苦縛也。今社會學者輒執此一端以召天下，陋已。**居處，不敢怠慢。**《書·召誥》：“節性，惟日其邁，王敬作所不可不敬德。”此無盡事功之本也，故《大學》言修齊治平基於誠意正心，《論語·憲問篇》：子曰“修己以敬”乃至“堯舜猶病”。今競言新，凡從政者其身幾無不亂？嗚乎！**曰：其爲正長若此。是故上者天鬼，有深厚乎其爲政長也。**《中庸·致中和》朱注：“吾之心正，則天地之心亦正；吾之氣順，則天地之氣亦順。”**下者萬民，有便利乎其爲政長也。**《孟子·公孫丑篇》曰“得道者多助”，蓋道之通於人心本無間，惟在善感耳。**天鬼之所深厚，而能彊從事焉，則天鬼之福可得也。**《詩·文王》“永言配命，自求多福”。**萬民之所便利，而能彊從事焉，則萬民之親可得也。**《書·微子之命》“恪慎克孝，肅恭神人”，“上帝時歆，下民祗協”。足見天心民心是一非二。**其爲政若此，是以謀事得，舉事成，入守固，出誅勝者。**《荀子·致士篇》云“得衆動天”。**何故之以也？曰：唯以尚同爲政者也。故古者聖王之爲政若此。**《中篇》。

（寅）遐邇一體，情無不通

故古者聖王唯而審以尚同，畢云“而”與“能”同。**以爲正長，是故上下情通。**“通”上舊有“請爲”二字，從王校删。**上有隱事遺利，下得而利之。下有蓄怨積害，上得而除之。夫唯能使人之耳目，助己視聽；使人之吻，助己言談；使人之心，助己思慮；使人之股肱，助己動作。助之視聽者衆，則其所聞見者遠矣。助之言談者衆，則其德音之所撫循者博矣。助之思慮者衆，則其謀度速得矣。**“謀”上“談”字從王校删。**助之動作者衆，即其舉事速成矣。**《管子·九守》：“以天下之目視，則無不見也；以天下之耳聽，則無不聞也；以天下之心慮，則無不知也。輻湊並進，則明不塞矣。”《文子·上仁篇》亦有文與此略同。**故古者聖人之所以濟事成功，垂名於後世者，無他故異物焉，曰：唯能以尚同爲政者也。**《中篇》。

故曰治天下之國，若治一家。《韓詩外傳》卷四：“善爲上者，不忘其下，誠愛而利之，四海之内闔若一家。”**使天下之人，若使一夫。**使人皆滅其賊心，而入於天，則家國物我之界泯化，機之運行無滯矣。《鶡冠子·天則篇》曰：“夫使百姓釋己而以上爲心者，教之所期也。”**夫唯能信身而從事，**尚同於天，整躬以率物，故民莫不信。《新書·修政語上》“大禹之治天下也，諸侯朝會”，“朝”字據上文補。**則問於諸侯曰：‘諸侯以寡人爲驕乎？’朔日士朝，則問於士曰：‘諸大夫以寡人爲汰乎？其聞寡人之驕之汰耶？而不以語寡人者，此教寡人之殘道也，滅天下之教也，故寡人之所怨於人者，莫大於此也。’”大禹形勞天下，且恐懼修省如此，故孔子無間然，墨家祖述之。故利若此。**《下篇》。

（卯）愛民必疾

凡使民尚同者，愛民必疾。“必”舊作“不”，從孫校改。尚同之極，物我冥一，憫衆大迷，興慈勇濟。**民無可使，曰：必疾愛而使之。**聖人無爲，非疾愛民不使民也。**致信而持之。**民皆信聖人之愛己，故莫不奉持其教以尚同。**富貴以道其前，明罰以率其後。**此對下劣凡夫不得已之方便。**爲政若此，唯欲毋與我同，**王云“唯”與“雖”通。**將不可得也。**人心之靈感無不通。《下篇》。

（3）不尚同之害三

（子）招致天菑

夫既尚同乎天子，而未尚同乎天者，尚同不極於天，猶未尚同也。**則天**

菑將猶未止也。故當若天降寒熱不節，雪霜雨露不時，五穀不孰，六畜不遂，疾菑戾疫，飄風苦雨，荐臻而至者，此天之降罰也。將以罰下人之不尚同乎天者也。《中篇》。天降罰者，權説也，實由不明性道自作孽不可逭也。《文子・精誠》讚義"天人一氣，隱顯相通，和氣致祥，沴氣致殃，未有不由人主者也。故夫逆天暴物，悖道敗德，皇天震怒，禍亦隨之"，故釋氏曰："衆生業力不可思議。"

（丑）制五刑以亂天下

昔者聖王制爲五刑，以治天下。逮至有苗之制五刑，以亂天下。不尚同，無忌憚故。**則此豈刑不善哉？用刑則不善也。是以先王之書，《吕刑》之道曰："苗民弗用靈，制以刑。"**舊作"否用練，折則刑"，從畢校。**唯作五殺之刑曰法。則此言善用刑者，以治民。不善用刑者，以爲五殺。則此豈刑不善哉？用刑則不善，故遂以爲五殺。**《中篇》。言不尚同，則所以治天下者，反以亂天下。

（寅）上下不同義等於無正長

今王公大人之爲刑政則反此。此指古聖王之爲政。**政以爲便譬，宗於父兄故舊，以爲左右，置以爲正長。**不能天下爲公，選賢與能。**民知上置正長之非以治民也。**"非"下舊有"正"字，從戴校删。**是以皆比周隱匿，而莫肯尚同其上，是故上下不同義。**昧本性，明分别起執故爾。**若苟上下不同義，賞譽不足以勸善，**"賞"上疑當有"則"字。**而刑罰不足以沮暴。何以知其然也？曰上唯毋立而爲政乎國家，爲民正長，曰人可賞，吾將賞之。若苟上下不同義，上之所賞，則衆之所非。曰人衆與處，於衆得非，則是雖使得上之賞，未足以勸乎？上唯毋立而爲政乎國家，爲民正長，曰人可罰，吾將罰之。若苟上下不同義，上之所罰，則衆之所譽。曰人衆與處，於衆得譽，則是雖使得上之罰，未足以沮乎？若立而爲政乎國家，爲民正長，賞譽不足以勸善，而刑罰不足以沮暴，**"足以"二字從孫校補。欒調甫云：唐本作"而刑罰不可以沮暴"，畢本即據唐本校。**則是不與鄉吾本言"民始生，未有正長之時"同乎？若有正長與無正長之時同，則此非所以治民一衆之道。**《中篇》。《吕氏春秋・不二篇》："有金鼓，所以一耳；必同法令，所以一心也；智者不得巧，愚者不得拙，所以一衆也；勇者不得先，懼者不得後，所以一力也。故一則治，異則亂；一則安，異則危。夫能齊萬不同，愚智工拙皆盡力竭能，如出乎一穴者，其唯聖人矣乎！"

爲人上而不能治其下，爲人下而不能事其上，則是上下相賊也。不尚同，則人欲横流，我見之火燒諸世間，不易撲滅，天下大亂難治矣。**何故以然？則義不同也。**《下篇》。

（三）兼愛參觀拙《箋》。

約舉三端。

（1）勸兼愛以治天下

若使天下兼相愛，物我冥會，一異齊同，浩然太和，隨適大順。**國與國不相攻，家與家不相亂，盜賊無有，君臣父子皆能孝慈，若此則天下治。故聖人以治天下爲事者，惡得不禁惡而勸愛？故天下兼相愛則治，**性道明故。**交相惡則亂。**昧本靈明，徧計起執，貪瞋禍烈，世間黮闇。《上篇》。

（2）當爲兼君

兼君曰：吾聞爲明君於天下者，必先萬民之身後爲其身，然後可以爲明君於天下。是故退睹其萬民，飢即食之，寒即衣之，疾病侍養之，死喪葬埋之。《下篇》。

（3）當法禹湯文武之兼

今若夫兼相愛交相利，此自先聖四王者親行之。"四"舊作"六"，從孫校改。**《泰誓》曰："文王若日若月，乍照光於四方於西土。"即此言文王之兼愛天下之博大也，譬之日月兼照天下之無有私也。即此文王兼也。雖子墨子之所謂兼者，於文王取法焉。且不唯《泰誓》爲然，雖《禹誓》即亦猶是也。禹曰："濟濟有衆，咸聽朕言。非惟小子，敢行稱亂。蠢茲有苗，用天之罰。若予既率爾羣封諸君，以征有苗。"**舊"封"作"對"，"君"作"羣"，從孫校改。**禹之征有苗也，非以求重富貴，**"求"下衍"以"字，從戴校删。**干福禄，樂耳目也。以求興天之利，除天下之害。即此禹兼也。雖子墨子之所謂兼者，於禹取法焉。**"取法"舊作"求"，從孫校。**且不唯《禹誓》爲然，雖《湯説》即亦猶是也。湯曰："惟予小子履，敢用玄牡，告於上天后曰：今天大旱，即當朕身，履未知得罪於上下，有善不敢蔽，有罪不敢赦，簡在帝心。萬方有罪，即當朕身。朕身有罪，無及**

萬方。”即此言湯貴爲天子，富有天下，然且不憚以身爲犧牲，以祠説於上帝鬼神，即此湯兼也。雖子墨子之所謂兼者，於湯取法焉。且不惟《禹誓》與《湯説》爲然，“禹誓”舊作“誓命”，從孫校正。《周詩》即亦猶是也。《周詩》曰：“王道蕩蕩，不偏不黨。王道平平，不黨不偏。其直如矢，其易若底。君子之所履，小人之所視。”若吾言非語道之謂也。此句疑有誤。古者文武爲正，均分賞賢，罰暴，勿有親戚弟兄之所阿。即此文武兼也。雖子墨子之所謂兼者，於文武取法焉。《下篇》。

（四）非攻參觀拙《箋》並拙作《墨學與景教》。

約舉四説。

（1）攻國之罪，大於盜賊殺人

今有一人，入人園圃，竊其桃李。衆聞則非之，上爲政者得則罰之。此何也？以虧人自利也。至攘人犬豕鷄豚者，其不義又甚入人園圃竊桃李。是何故也？以虧人愈多，其不仁兹甚，罪益厚。至入人欄廄，取人馬牛者，其不義。“義”上舊有“仁”字，從孫校删。又甚攘人犬豕鷄豚。此何故也？以其虧人愈多。苟虧人愈多，其不仁兹甚，罪益厚。至殺不辜人也，扡其衣裘，取戈劍者，其不義又甚入人欄廄，取人馬牛。此何故也？以其虧人愈多。苟虧人愈多，其不仁兹甚矣，罪益厚。當此天下之君子，皆知而非之，謂之不義。今至大爲攻國，則弗知非，從而譽之，謂之義。此可謂知義與不義之别乎？莊子《胠篋》、《盜跖》二篇或本此而作。殺一人，謂之不義，必有一死罪矣。若以此説往殺十人，十重不義，必有十死罪矣。殺百人百重不義，必有百死罪矣。今少數武夫不務愛人而强國，惟争權利殺人累萬，復盡力搜刮，致民不堪命者，無算其罪何如？當此天下之君子，皆知而非之，謂之不義。今至大爲不義攻國，則弗知非，從而譽之，謂之義。此可謂知義與不義之辯乎？是以知天下之君子。舊衍“也”字，從孫校删。辯義與不義之亂也。《上篇》。

（2）所得不如所喪之多

今師徒唯毋興起，冬行恐寒，夏行恐暑，此不可以冬夏爲者也。春則廢民耕稼樹藝，秋則廢民穫斂，此不可以春秋爲者也。九字從孫校增。

今唯毋廢一時，則百姓飢寒凍餒而死者，不可勝數。今嘗計軍出，舊作“上”，從孫校。竹箭、羽旄、幄幕、甲盾、撥劒，舊作“刼”，從孫校。往而靡弊腐爛舊作“腑冷”，從畢校改。不反者，不可勝數。又與其矛、戟、戈、劍、乘車，比列而往，碎折靡弊而不反者，校改詳拙《箋》。不可勝數。與其牛馬肥而往，瘠而反，往死亡而不反者，不可勝數。與其涂道之脩遠，粮食輟絶而不繼，百姓死者，不可勝數也。與其居處之不安，食飲舊作“飯”，從孫校。之不時，飢飽之不節，百姓之道，疾病而死者，不可勝數。喪師多，不可勝數。喪師盡，不可勝計，則是鬼神之喪其主后，《繹史》作“後”。亦不可勝數。國家發政，奪民之用，廢民之利，若此甚衆，然而何爲爲之？曰：我貪伐勝之名，及得之利，故爲之。子墨子言曰，計其所自勝，無所可用也。計其所得，反不如所喪者之多。今攻三里之城，七里之郭，攻此不用鋭，且無殺，而徒得此然也？殺人多必數於萬，寡必數於千，然後三里之城，七里之郭，且可得也。今萬乘之國，虚城數於千，“城”字從孫校增。不勝而入。廣衍數於萬，不勝而辟。然則土地者，所有餘也。王民者，所不足也，王云“王民”當是“士民”之誤，下同。愚案：王説似不塙。“王”或“天”字草書形近而譌，墨子尚兼，視斯民皆天之分體，《下篇》云“夫取天之人，以攻天之邑，此刺殺天民”可證。今盡王民之死，嚴下上之患，以争虚城，則是棄所不足，而重所有餘也。爲政若此，非國之務者也。《中篇》。

（3）國多以攻戰亡

古者封國於天下，尚者以耳之所聞，近者以目之所見。以攻戰亡者，不可勝數。何以知其然也？東方有莒之國者，其爲國甚小，間於大國之間。不敬事於大，疑當有“國”字。大國亦弗之從而愛利。是以東者越人夾削其壤地，西者齊人兼而有之。計莒之所以亡於齊、越之間者，以是攻戰也。雖南者陳、蔡其所以亡於吴、越之間者，亦以攻戰。雖北者且、不著何，不下舊有“一”字，從孫校删。其所以亡於燕、代、胡、貊之間者，亦以攻戰也。是故子墨子言曰，今者王公大人，情欲得而惡失，“今”舊作“古”，從孫校。“情”通“誠”。欲安而惡危，故當攻戰而不可不非。飾攻

戰者之言曰，彼不能收用彼衆，是故亡。我能收用我衆，以此攻戰於天下，誰敢不賓服哉？子墨子言曰，子雖能收用子之衆，子豈若古者吴闔閭哉？古者吴闔閭教七年，俞云“教”下疑脱“士”字。愚案：《論語·子路篇》“子曰：善人教民七年，亦可以即戎矣”，疑脱“民”字。**奉甲執兵，奔三百里而舍焉。次注林，**“次”下疑挩“於”字。**出於冥隘之徑，戰於柏舉，中楚國而朝宋與魯。及至夫差之身，**“及”舊在“魯”上，從蘇校乙。**北而攻齊，舍於汶上，戰於艾陵，大敗齊人而葆之大山。東而攻越，濟三江五湖，而葆之會稽。九夷之國，莫不賓服。於是退不能賞孤，施舍羣萌。自恃其力，伐其功，譽其智，怠於教，遂築姑蘇之臺，七年不成。及若此，則吴有離罷之心。越王勾踐視吴上下不相得，收其衆，以復其讐。入北郭，徙大舟，**舊作“内”，從王校。**圍王宫，而吴國以亡。昔者晉有六將軍，而智伯莫爲强焉。計其土地之博，人徒之衆，欲以抗諸侯，以爲英名。攻戰之速，故差論其爪牙之士，比列其舟車之衆，**“比”舊作“皆”，從王校。**以攻中行氏而有之。以其謀爲既已足矣，又攻兹范氏而大敗之。並三家以爲一家而不止，又圍趙襄子於晉陽。及若此，則韓魏亦相從而謀曰，古者有語，脣亡則齒寒。趙氏朝亡，我夕從之。趙氏夕亡，我朝從之。詩曰，魚水不務，陸將何及乎？是以三主之君，**“主”疑當爲“家”之誤。**一心戮力，辟門除道，奉甲興士。韓魏自外，趙氏自内，擊智伯大敗之。今以攻戰爲利，則蓋嘗鑒之於智伯之事乎？此其爲不吉而凶，既可得而知矣。**《中篇》。老子曰：“夫惟兵者，不祥之器，故有道者不處。”

（4）惟當弔民伐罪

今遝夫好攻伐之君，又飾其説以非子墨子曰，子以攻伐爲不義，句從畢校。**非利物與？昔者禹征有苗，湯伐桀，武王伐紂，此皆立爲聖王，是何故也？子墨子曰：子未察吾言之類，未明其故者也。彼非所謂攻，謂誅也。**《下篇》。此正“攻”與“誅”之名，《司馬法·仁本篇》：“是故殺人安人，殺之可也。攻其國愛其民，攻之可也。以戰止戰，雖戰可也。故仁見親，義見説。”是即孟子所謂“誅其君而弔其民者”也。吾國同化力之大在此。今國際務攘奪，烏足與語？

（五）節用參觀拙《箋》並拙作《墨學與景教》。

拙作《墨子勞農主義》，言節用所以均貧富，已具大略。詳拙《箋》附録。茲補述三義如下：

（1）愛民謹忠，利民謹厚

古者明王聖人，所以王天下正諸侯者，愛民謹忠，使民知己輕羣重，自居薄而利羣厚，所以正民德也。**利民謹厚。**使衆寡欲養神，不役於物，然後能盡物性以大其用，所以厚民生也。《中篇》。

（2）用節利倍

聖人爲政一國，一國可倍也。畢云：言利可倍。**大之爲政天下，天下可倍也。其倍之，非外取地也。**攻取非倍利之道，乃倍失利者也。**因其國家，去其無用之費，足以倍之。聖王爲政，其發令興事，便民用財也，**言必便利於民之事始用財。王校改“便”作“使”，孫從之，非。**無不加利而爲者，**“利”舊作“用”，今校改詳拙《箋》。**是故用財不費，民德不勞，**孫云“德”與“得”通。**其興利多矣。**《上篇》。

（3）國君少蓄私，使無拘女寡夫知墨家節用不惟均貧富，且欲君民平等、男女平權。

雖上世至聖必蓄私，孫云“私”謂妾媵私人。**不以傷行，故民無怨。宮無拘女，故天下無寡夫。内無拘女，外無寡夫，故天下之民衆。**《孟子·梁惠王篇》引《詩》云“古公亶父，來朝走馬，率西水滸，至於岐下，爰及姜女，聿來胥宇，當是時也，内無怨女，外無曠夫”可證。觀此知墨子惡多妻之無道，而憫男女之怨曠顯然。**君實欲民之衆而惡其寡，當蓄私不可不節。**《辭過》。當時諸侯莫不欲民衆節用，《上篇》因説息勞、薄斂、止攻伐諸法以衆之，皆損上益下之權智。

（六）節葬

老子曰“死而不亡者壽”，以人身如泡如幻，不能久存，而其與天地並生而不滅者自若，墨子薄葬蓋祖其旨。《莊子·養生主》曰：“適來，夫子時也；適去，夫子順也。安時而處順，哀樂不能入也。古者謂是帝之縣解。”《大宗師》曰：“以生爲附贅縣疣，以死爲決疣潰癰。”均可爲節葬之説明。然墨家非厭棄世間，而急思莊嚴世間者也。蓋無限慈懷寓儉以行，惜傳其業者惟順俗，言淺而深意反晦也。《論衡·案書篇》謂墨家於其神厚而於其體薄也，誠然。至以厚薄不相勝，則戲論耳。仲任識力固未足與此。

厚葬久喪，非仁非義，非孝子之事，以不利天下故，蓋反對儒家也。説其大弊有四：

（1）厚葬久喪，國家必貧

計厚葬，計上“細”字從俞校刪。**爲多埋賦財者也，**“財”上“之”字從蘇校刪。**計久喪，爲久禁從事者也。財以成者，**畢云“以”同“已”。**挾而埋之。**“挾”舊作“扶”，從王校改。**後得生者，而久禁之。**廢時曠業妨礙生計。**以此求富，此譬猶禁耕而求穫也，富之説無可得焉。**

（2）厚葬久喪，人民必寡案：此説理由不甚充實。

今唯無以厚葬久喪者爲政，君死，喪之三年；父母死，喪之三年；妻與後子死，二者皆喪之三年。“二者”舊作“者五”，從王、俞二校改。**然後伯父、叔父、兄弟、孽子其；族人五月；姑姊甥舅，皆有月數。則毀瘠必有制矣。是故百姓冬不仞寒，**畢云，“仞”，“忍”字假音。**夏不仞暑，作疾病死者，不可勝計也。此其爲敗男女之交多矣。以此求衆，譬猶使人負劍而求其壽也，衆之説無可得焉。**

（3）厚葬久喪，刑政必亂案：此説理由亦不甚堅。

今唯無以厚葬久喪者爲政，使爲上者行此，則不能聽治。使爲下者行此，則不能從事。上不聽治，刑政必亂。下不從事，衣食之財必不足。若苟不足，爲人弟者，求其兄而不得，不弟；弟必將怨其兄矣。爲人子者，求其親而不得，不孝；子必是怨其親矣。爲人臣者，求之君而不得，不忠；臣必且亂其上矣。是以淫僻邪行之民，出則無衣也，入則無食也。內積奚后。舊“積”作“續”，“后”作“吾”，從俞校改。**並爲淫暴，而不可勝禁也。是故盜賊衆而治者寡。夫衆盜賊而寡治者，以此求治，譬猶使人三睘而毋負己也，治之説無可得焉。**

（4）貧，寡，亂，不能禁止大國之攻

凡大國之所以不攻小國者，積委多，城郭修，上下調和，是故大國不耆攻之。無積委，城郭不修，上下不調和，是故大國耆攻之。今唯無以厚葬久喪者爲政，國家必貧，人民必寡，刑政必亂。若苟貧，是無以

爲積委也。若苟寡，是脩城郭溝渠者寡也。“脩”字從王校增。若苟亂，是出戰不克，入守不固。以此求禁止大國之攻小國也，“以”字據上文增。而既已不可矣。以下應列貧寡亂必干上帝鬼神之罰一項，但以涉及宗教，不贅。

墨子特救其弊，制爲喪葬之法，要以利羣爲孝。

子墨子本堯舜禹三聖王之薄葬。制爲葬埋之法曰：棺三寸，足以朽骨；衣三領，足以朽肉；掘地之深，下無菹漏，氣無發洩於上，壟足以期其所則止矣；哭往哭來，反從事乎衣食之財；佴乎祭祀，解詳拙《箋》。以致孝於親。故曰子墨子之法，不失死生之利者此也。言不若厚葬——無益於死者，且害於生者。

（七）本天志治天下參觀拙《箋》。

天志者，大公至正之真理，通於吾人靈明而無間者也。天志在墨家爲一切政教之本。拙作《墨學與景教》“標宗”，言之差詳。茲專言政，僅舉二義：

（1）本天志以行政，有利無害

天之意，不欲大國之攻小國也，大家之亂小家也。强之暴寡，詐之謀愚，貴之傲賤，此天之所不欲也。不止此而已，欲人之有力相營，有道相教，有財相分也；參觀拙作《墨子勞農主義》。又欲上之强聽治也，下之强從事也。上强聽治，則國家治矣。下强從事，則財用足矣。若國家治，財用足，埃及、印度之亡皆由財政紊亂，墨子早見及此，偉已。則内有以潔爲酒醴粢盛，以祭祀天鬼；外有以爲環璧珠玉，以聘撓四鄰。諸侯之寃不興矣，化干戈爲玉帛。邊境甲兵不作矣。内有以食饑息勞，持養其萬民，則君臣上下惠忠，父子兄弟慈孝。故唯毋明乎順天之意，奉而光施之天下，解詳拙《箋》。則刑政治，萬民和，國家富，財用足。百姓皆得煖衣飽食，便寧無憂。《中篇》。

（2）有天志分善惡，猶分黑白

故子墨子之有天之意也，上將以度天下之王公大人爲刑政也，下將以量天下之萬民爲文學出言談也。觀其行。據下文校，“行”上當有“意”字。順天之意，謂之善意行；反天之意，謂之不善意行。觀其言談，順天之

意，謂之善言談；反天之意，謂之不善言談。觀其刑政，順天之意，謂之善刑政；反天之意，謂之不善刑政。故置此以爲法，立此以爲儀。將以量度天下之王公大人卿大夫之仁與不仁，譬之猶分黑白也。《中篇》。言善惡分明，天下之亂自無由生。

（八）明鬼以正人心

墨子明鬼，實兼神言，與天志通，示人靈魂不滅也。依佛教分析，天志屬真如門，明鬼屬生滅門。世間無盡無爲有爲法，皆不能離而外之。故《中庸》曰："鬼神之爲德，其盛矣乎？""視之而弗見，聽之而弗聞，體物而不可遺。""洋洋乎如在其上，如在其左右。"自人心起用，理事玄通，因業感果，毫釐不差。此聖人所以勸善也。實政治之大本也。參觀後《宗教・顯宗體》。拙作《墨學與景教》"標宗"之二，已具梗概。茲就政述二義：

（1）天下之亂，因不明鬼神之能賞賢而罰暴

子墨子言曰，逮至昔三代聖王既没，精明之德，交於神明，感無不通，故爲聖王。**天下失義，諸侯力正。**昧本性，明起惑造業動輒障礙，故事力征。**是以存夫爲人君臣上下者之不惠忠也，父子弟兄之不慈孝弟長貞良也，正長之不强於聽治，賤人之不强於從事也。民之爲淫暴寇亂盜賊，以兵刃毒藥水火迓無罪人乎道路率徑。**"迓"舊作"退"，從孫校改，下同。**奪人車馬衣裘以自利者並作。由此始，是以天下亂。此其故何以然也？則皆以疑惑鬼神之有與無之别，不明乎鬼神之能賞賢而罰暴也。**《易・文言》"積善之家，必有餘慶；積不善之家，必有餘殃"，定理也。即吾人性體本與鬼神合其吉凶，一切現行自然之結果。**今若使天下之人，偕若信鬼神之能賞賢而罰暴也，則夫天下豈亂哉？**鬼神之能賞賢罰暴，蓋順俗權説以警衆也，實由阿賴耶識任運而轉，惠迪吉，從逆凶，與鬼神同其德用而然，故深明性道者，莫不修已以敬冥契天德，愛人不違。果使天下皆然，何亂之有？

（2）敬鬼神，則吏治絜廉，民不淫暴，而天下治

是故子墨子曰：嘗若鬼神之能賞賢而罰暴也，"而"從吴鈔本。性體微妙，本與鬼神相通，一切净染現行自生異熟之果。**蓋本施之國家，施之萬民，實**

所以治國家利萬民之道也。是以吏治官府之不絜廉，男女之爲無别者，鬼神見之。民之爲淫暴寇亂盗賊，以兵刃毒藥水火迓無罪人乎道路，奪人車馬衣裘以自利者，有鬼神見之。是以吏治官府，不敢不絜廉。見善，不敢不賞。見暴，不敢不罪。民之爲淫暴寇亂盗賊，以兵刃毒藥水火迓無罪人乎道路，奪車馬衣裘以自利者，由此止。此有二十一字從戴、孫校删。**是以天下治。故鬼神之明，不可爲幽閒、廣澤、山林、深谷，鬼神之明必知之。**

墨家洞明靈魂不滅，信有鬼神。因當時執無鬼者，旦暮以無鬼神爲教。疑天下之衆使天下亂。時人競尚新政、新學，蔑視性道，以致羣無忌憚，將所以異於禽獸者盡去，而吾民不堪命矣。嗚乎！歷舉周宣王、秦穆公、燕簡公並宋文君、齊莊君時故事，善惡諸法皆從心生。確示鬼神之有。又述三代聖王治天下，必先鬼神而後人，以不明性道，縱有大德亦屬有漏，决不能厚利天下。且引夏、商、周書明證，更以桀、紂不能圉鬼神之誅，解詳拙《箋》。欲人皆敬重鬼神，以止天下之亂，而活民命。人心與鬼神，皆一兼之分體，實與天地並生，萬物爲一，而非虚者也。人心易汙濁，不易清浄，故先聖尊重祭祀，以爲教本，所以除人心之汙濁，復其清浄之性也。人心清浄，斯天下清浄，無盡德業繁興焉。兼愛之旨微矣。

天志、明鬼，俱微妙玄通之墨道。宗教也，行政本之。蓋以性道不明，決無事功。必兼以正别，乃能悲憫利生，重德治也。澆季尚法治，亦足濟德治之窮，惟必政教分離，而世道乃日益汙。是豈法治之過哉？蓋性道不昌明於天下，人心已亂。政非政，教非教，徒法不能以自行也。

（九）非樂參觀拙《箋》。

墨道以自苦爲極，備世之急，决不容正長厚措斂乎萬民，虧奪其衣食之財以自恣。今世之勞農主義，似略得其粗迹，而絶無其神理，墨家兼愛務防人侈於性，如《經上》云“平，知無欲惡也”。《説》“平，惔然”。可證。不足比擬。試述非樂之理由，約分五項：

（1）樂不如舟車利民欲爲政者，在在如舟車利民，顯然。

古者聖王，亦嘗厚措斂乎萬民，以爲舟車；既已成矣，“以”王校作

“已”。**曰吾將惡許用之?** 七字於此文義不順，疑當移置“以爲舟車”上，言斂於民者何所用，乃爲舟車。**曰舟用之水，車用之陸。君子息其足焉，小人休其肩背焉。故萬民出財，齎而與之，不敢以爲蹙恨者何也?以其反中民之利也。** 聖王專爲民興利除害，故民樂分其所有以相與。孟德斯鳩曰“平國之民多出賦，而復之以所享之自由”，略同。**然則樂器反中民之利亦若此，即我弗敢非也。**

(2) 樂不能食飢衣寒，息勞止亂

民有三患：飢者不得食，寒者不得衣，勞者不得息。三者民之巨患也 此農家“並耕”之要旨。**然即當爲之撞巨鐘，擊鳴鼓，彈琴瑟，吹竽笙而揚干戚，民衣食之財，將安可得乎?即我以爲未必然也。意舍此，今有大國即攻小國，有大家即伐小家，强劫弱，衆暴寡，詐欺愚，貴傲賤，寇亂盜賊並興，不可禁止也。然即當爲之撞巨鐘，擊鳴鼓，彈琴瑟，吹竽笙而揚干戚，天下之亂也，將安可得而治與?即我以爲未必然也。**“以爲”二字從俞校增。

(3) 爲樂曠時廢事

今大鐘、鳴鼓、琴瑟、竽笙之聲，既已具矣，王公 二字從畢校增。**大人鏽然奏而獨聽之，將何樂得焉哉?其説將不與賤人，必與君子。**“不”“必”二字從孫校正。**與君子聽之，廢君子之聽治。**“之”字據下文增。**與賤人聽之，廢賤人之從事。使丈夫爲之，廢丈夫耕稼樹藝之時。使婦人爲之，廢婦人紡績織紝之事。**

(4) 爲樂不自生財，且耗人之財

昔者齊康公興樂萬。萬人不可衣短褐，不可食糠糟。曰食飲不美，面目顔色不足視也。衣服不美，身體從容醜羸不足觀也。是以食必粱肉，衣必文繡。此掌不從事乎衣食之財，而掌食乎人者也。 孫云“掌”“常”字通。

(5) 耽於樂者必亡

《大誓》曰：“大誓”舊作“乃言”，從孫校改。**“嗚乎！萬舞洋洋，**“萬”從孫校增，“洋”從吴鈔本。**黄言孔章。上帝弗常，九有以亡。上帝不順，降之百殃，** 舊作“殃”，從吴鈔本。**其家必壞喪。”察九有之所以亡者，徒從飾樂**

也。於《武觀》曰："啓乃淫溢康樂，野于飲食。將將銘筦磬以力"筦"舊作"莧"，從畢校改。**湛濁于酒，渝食于野。萬舞翼翼，章聞于天。**舊作"大"，從惠校。**天用弗式。"故上者天鬼不式，下者萬民不利。**

墨道務勞於爲人，儉於自奉，盡性性即兼之異名。以蘇天下之困。謂人與鳥獸貞蟲異，必賴其力以生。故王公大人蚤朝宴退，聽獄治政。士君子竭股肱之力，亶其思慮之智，内治官府，外收斂關市山林澤梁之利，以實倉廩府庫。農夫蚤出暮入，耕稼樹藝多聚叔粟。婦人夙興夜寐，紡績織紝，多治麻絲葛緒綑布縿。舊作"幓"，從王校。其分事也。惟説樂而聽之，君子不强聽治，即刑政亂。賤人不强從事，即財用不足，害莫大焉。故以爲樂，背乎"形勞天下"《莊子・天下》。之旨，力非之。荀子譏其蔽於用，《解蔽篇》。爲役夫之道，《王霸篇》。不知其爲實行兼愛，性不自已也。荀卿儒者且法後王，未足以論定墨子。近世講實利主義者，注重物質之發展以資生，迹頗相類。然墨之爲道，正以苦行，參觀拙作《墨學與景教・力施》。"塗欲守神"，《莊子・天運》。則非所及知矣。

（十）非命參觀拙《箋》。

墨子以天人一理，猶體分於兼。天無私覆，羣當盡性立命，大其造就，"法天合德"。《管子・版法》。若執命定之説，是爲誣天，必致衆不强勁從事，實爲天下厚害，故疾非之。欲人皆勤勞，交相利也，因立三表，明辨無命。何謂三表？有本之者，有原之者，有用之者。

（1）**於何本之？上本之於古者聖王之事**此立言第一表。

然而今天下之士君子，或以命爲有，蓋嘗尚觀於聖王之事。古者桀之所亂，湯受而治之。紂之所亂，武王受而治之。此世未易，民未渝，在於桀、紂則天下亂，在於湯、武則天下治，豈可謂有命哉？先王之書，所以出國家布施百姓者，憲也。先王之憲亦嘗有曰"福不可請，而禍不可諱，敬無益，暴無傷"者乎？所以聽獄制罪者，刑也。先王之刑亦嘗有曰"福不可請，禍不可諱，敬無益，暴無傷"者乎？所以整設師旅、進退帥徒者，誓也。先王之誓亦嘗有曰"福不可請，禍不可諱；敬無益，暴無傷"者乎？《上篇》。

（2）**於何原之？下原察百姓耳目之實**此立言第二表。

我所以知命之有與亡者，以衆人耳目之情知有與亡。有聞之，有見之，謂之有。莫之聞，莫之見，謂之亡。然胡不嘗考之百姓之情，自古以及今，生民以來者，亦嘗有見命之物，聞命之聲者乎？則未嘗有也。若以百姓爲愚不肖，耳目之情不足因而爲法。然則胡不嘗考之諸侯之傳言流語乎？自古以及今，生民以來者，亦嘗有聞命之聲，見命之體者乎？則未嘗有也。《中篇》。

（3）**於何用之？發以爲刑政，觀其中國家百姓人民之利**疑當有“否”字。此立言第三表。

執有命者之言曰，上之所賞，命固且賞，非賢故賞也；上之所罰，命固且罰，不暴故罰也。是故入則不慈孝於親戚，出則不弟長於鄉里。坐處不度，出入無節，男女無辨。三句爲真實修行資益慧命之密因。昔堯將禪舜，首試以二女；文王亦以刑於寡妻，稱足見盛德。大業必出於誠正清浄心也。**是故治官府則盜竊，守城則崩叛。以此爲君則不義，爲臣則不忠。昔上世之窮民，貪於飲食，惰於從事，是以衣食之財不足，而飢寒凍餒之憂至，不知曰我罷不肖，從事不疾，必曰我命固且貧。昔上世暴王，不忍其耳目之淫，心涂之辟，不順其親戚，遂以亡失國家，傾覆社稷，不知曰我罷不肖，爲政不善，必曰吾命固失之。**執有命者皆窮人、暴王。**今用執有命者之言，則上不聽治，下不從事。上不聽治，則刑政亂；下不從事，則財用不足。此特凶言之所自生，而暴人之道也。**《上篇》。

墨子以執有命之言，不能策勵人羣，日進於善。將見王公大人怠乎聽獄治政，卿大夫怠乎治官府，天下必亂。農夫怠乎耕稼樹藝，婦人怠乎紡績織絍，天下衣食之財必不足。是覆天下之義，滅天下之人。蓋亟欲厚民之生，正民之德，且使治國政者，身先不亂，《公孟篇》云“子不能治子之身，惡能治國政？子姑亡子之身，亂之矣”。故既非樂，又非命。務“平上下之序”，《漢書·藝文志·農家》。“天下一心”，“資相爲業”，《亢倉子·農道篇》。庶皆“有力以勞人，有財以分人”。勞逸均，貧富均。《魯問篇》。交相利，即兼相愛，而天下太平矣。

墨家本天志、明鬼，爲宗教政治，非樂、非命，爲勞農政治，是其獨具之特色。

法理學

天下從事者，不可以無法儀。雖至百工從事者，亦皆有法。百工爲方以矩，爲圓以規，直以繩，正以縣，平以水，三字從孫校增。**無巧工不巧工，皆以此五者爲法。**《法儀》。

令：不爲所作也。《經上》。畢云言使人爲之不自作。

【説曰】所令，非身弗行。解詳拙《箋》。

法所若而然也。《經上》。

【説曰】法：意規圓三也俱，可以爲法。解詳拙《箋》。

佴所然也。《經上》。

【説曰】佴然也者，民若法也。解詳拙《箋》。《管子·任法篇》曰："置法而不變，使民安其法者也。"

一法者之相與也，盡類，"類"字從孫校增。**若方之相合也。説在方。**《經下》。

【説曰】一方盡類，俱有法而異。或木或石，不害其方之相合也。盡類，猶方也。物俱然。《管子·七法篇》云"和民一衆，不知法不可"，又《明法解》曰："法者天下之程式，萬事之儀表也。"

有諸己不非諸人，無諸己不求諸人。《小取》。參觀拙作《墨學與景教》"持戒"。《淮南子·主術訓》引申其義曰："所立於下者，不廢於上；所禁於民者，不行於身。"足見墨家立法反以自正，信能"以繩墨自矯備世之急"（《莊子·天下》），所以範天下於自由者多矣。

墨者之法，殺人者死，傷人者刑，此所以禁殺傷人也。《吕氏春秋·去私篇》墨者鉅子腹䵍居秦，其子殺人，惠王以其年長非有它子，令吏弗誅腹䵍，卒行墨子之法殺之，忍所私以行大義，可謂公矣參觀拙作《墨學與景教》"自由"。《管子·明法篇》曰："不淫意於法之外，不爲惠於法之内，動無非法者，所以禁過而外私也。”墨家有焉，據此足徵墨了立有成法，惜乎不傳，因不見墨書，附著於此。

理財學

墨子節用即爲大羣理財，參觀拙箋“節用上”并“附録”《墨子勞農主義》“均貧富”，又前《政治原理論》六之（2）（3）（4），此不贅述。

買無貴，説在仮其賈。《經下》。

【説曰】買刀糴相爲賈。刀輕則糴不貴，刀重則糴不易。王刀無變，糴有變。歲變糴，則歲變刀，若鬻子。此言物賈貴賤無定，而幣制可應時變通以調劑之理。

賈宜則讐，説在盡。《經下》。

【説曰】賈盡也者，盡去其所以不讐也，“所”字從孫校增。**其所以不讐去，則讐，正賈也。宜不宜，正欲不欲。若敗邦鬻室，嫁子無子。**言物讐則盡權不我屬，故於未讐之先，匪惟審其賈之宜不宜，尤當權其欲之正不正，必盡去其所以不欲讐者，而後讐則賈較易得其正，可無後悔矣。此明權利不可輕易放棄之理。

軍事學

子墨子解帶爲城，以牒爲械。公輸盤九設攻城之機變，子墨子九距之。公輸盤之攻械盡，子墨子之守圉有餘，公輸盤詘。《公輸篇》。

《備城門》、《備高臨》、《備梯》、《備水》、《備突》、《備穴》、《備蛾傅》、《迎敵祠》、《旗幟》、《號令》、《雜守》十一篇，皆禽滑釐所受守城之法。

宗教學

拙作《墨學與景教》已具梗概，並前《教育學》之（三）、（四）、

（六），《生理衛生學》、《心理學》、《唯識學》、《他心通》、《倫理學》等均極相關，茲就其未録者或未及申其義者補述之。

（甲）顯宗體

可無也，有之而不可去。説在嘗然。《經下》。

【説曰】可無也，已給則當給，不可無也。久，有窮無窮。參觀拙《箋》，并拙刊《融通各教談道書》、《閲梁任公〈老子哲學〉隨筆》，又拙作《墨學與景教》“立教”（十四）之（1）。

案：此“無”，即兼之異名，同之别相，天之實體。在老子又曰玄，曰道，曰自然，曰常，曰一，曰無名之樸，曰天地根。在《易》曰元，曰乾，曰天，曰太極，曰神，亦曰道，曰一。在《詩》、《書》曰上帝。基督教同。此就耶穌、約翰、保羅三人所稱之上帝言，若今教徒所稱之上帝或真神，謬妄不足道。在佛教曰一真法界，曰法身無邊，曰真如，曰佛性，曰心，曰識。阿賴耶識、異熟識、無垢識。無去無來，無增無減，無内無外，無始無終。學者了知此義，始可安身立命。可知墨子之天志、明鬼，皆順俗從權説教，決非迷信。

無窮不害兼。《經下》。參觀拙《箋》並拙作《墨學與景教》“標宗（三）”。

《經上》云，同異而俱於之一也，參觀拙《箋》。**異，表無窮。同，一，表兼。墨子教學弘道，在在歸納於一兼。蓋利中取大，莫若兼天人物我而一之，**《尚同》、《天志》、《兼愛》、《非攻》皆然。**以“一天下之和’**《非攻下》。**也。**

釋氏所謂一爲無量。無量爲一。可相發明。

今夫天，兼天下而愛之，撽遂萬物以利之，若豪之末，非天之所爲也，而民得而利之，則可謂否矣。《天志中》。參觀拙作《墨學與景教》“標宗”（一）之（4）又（10）之（丑）。

此即佛教無不從此法界流之説。《大乘起信論》真如自體相者，從本已來，性自滿足一切功德，乃至滿足無有所少義故，名爲如來藏，亦名如來法身，可與此會其通。顧以墨學視佛學，有二缺點：（一）釋家法身無内外，墨家言天，未免著相於外。想見墨子徒屬内證功淺，故所説書，恒不及

《經》、《説》上、下，大、小《取》六篇精微。（二）釋氏分真如、生滅二門，義至明了。老子曰“天之道，利而不害”，又曰“天地不仁，以萬物爲芻狗”，共庶幾乎？墨不務文，嘗天、鬼並言，析理不清。此本歷史舊貫之通病，今急宜據佛法整理之。然不可謂墨學非中土之大乘佛法。精研《大取》自知。

天之行廣而無私，其施厚而不德，其明久而不衰。《法儀》。參觀《墨學與景教》“標宗”（一）之（6）并前《教育學》（六），《倫理學》（乙）之（三）。**《周頌》道之曰：“聖人之德，昭於天下。若天之高，若地之普”，**從俞校。**“若山之承，不坼不崩。若日之光，若月之明，與天地同常。”則此言聖人之德，章明，博大，埴固，以修久也。故聖人之德，蓋總乎天地者也。**《尚賢中》。參觀拙作《墨學與景教》“立教”、“示範”並前《倫理學》（乙）之（一）。

吾國先哲言道，恒囿於天之名相不能遣，故詮理未能融人而一之。更不能基本一心，説明世界緣起。《中庸》天命率性，《易》太極資生資始云云，均非了義。視佛法終有遜色。此則墨學似可通於佛法者，其以天之行與聖人之德唯聖人能兼故。廣大同，即法身無邊也。明同，即無量光也。久同，即無量壽也。釋氏教理邃密，墨家固難比擬。曰總乎天地，顯若天地在心内現也。此墨道之所以貴兼歟？墨者幽微難思義。兼者一即一切義。

雖有深谿博林幽閒舊作“澗”，從王校。**毋人之所，施行不可以不董，見有鬼神視之。**《明鬼》。參觀拙《箋》，並拙作《墨學與景教》“標宗”（二），又前《政治學·行政論》（八）。

此有二義：（一）言無在不有鬼神。（二）言鬼神賞罰公正難逃。實即緣境造業，因果不空也。案，墨家言鬼神，每與天混。依佛教分析，頗似天當法界，神當菩薩，亦當諸天。鬼屬中陰身，鬼神亦即鬼道神道。雖未能確定，大氐然耳。人心無不與天地合德，與鬼神合吉凶者，蓋其體本同也。

（乙）列教相

拙作《墨學與景教》言之差詳，茲姑撮要述十義，以十爲圓數故。

（一）凡有形者無常任運生滅不能自主故也。

天常中存其人其所。室堂，所存也。其子，存者也。主存者而問室

堂，惡所存也？主室堂而問存者，孰存也？《經説下》。校釋詳拙《箋》，參觀拙作《墨學與景教》"立教"（十四）之（2）。

天較人與室堂，似乎常者。以天之形，不若人與室堂質礙之甚也。然天究屬有形，即非真常。隨時變遷，無異萬物。故老子曰："天地尚不能久，而況於人乎？"《四十二章經》曰："觀天地念非常，觀世界念非常。"從知墨家損已益人，乃欲羣息無常之妄逐，而復太始之真常，蓋兼愛之微旨也。

（二）除分別執薦取本來

无智，意相也。若楹輕於秋，讀"萩"，或讀"本"，字下加"毫"字。**其於意也洋然。**《經説下》。校釋詳拙《箋》。

老子曰，"雖智大迷"，言有智（即識）則浪生分別，不能游心於物之初，失去本來面目。其意不能洋然，迷惑甚矣。故此以若楹輕於萩，形容无智之意相。无智者，"無分別智"，所謂大智若愚也。至是物無大小，心無内外，寥廓天地之根，盈意中而生春矣。

（三）入無生忍

墨子所以爲聖人菩薩者，一切妙解勝行盡出於此。

正體不動。《大取》。解詳拙《箋》，因義多未盡，聊補述之。

《攝大乘論》云：菩薩於定位，義想既滅除，《世親釋》卷六葉十六。能修諸佛安住，解脱一切障礙，窮生死際不作功用，常起一切有情一切義利行故，同上卷八葉七，似可爲此説明。案，墨學"無務爲文"《修身》。《韓非子·外儲説左上篇》楚王謂田鳩曰："墨子者顯學也，其身體則可，其言多而不辯，何也？"曰："若辯其辭，恐人以文害用。"蓋"蠲除諸法戲論之糞"《法華經·信解品》也。以故義多沈晦，茲藉佛法宣暢之。餘準此。

（四）平等一如

天下無人。《大取》。解詳拙《箋》，參觀拙作《墨學與景教》"立教"（十四）之（5）。

墨之爲道，通萬有於一兼。此言無人，與釋氏言無我同義。釋言"無我"，"我所"故。《無量義經·德行品》偈云"能捨一切諸難捨，頭目髓腦悉施人"。墨家摩頂放踵以利天下，是無我、我所一也。故知此言"無人"，猶之釋言"無我"，其無我相人相，即不著我見人見，欲斯人莫不人己兩忘，視人如己，正同。

（五）居敬能延年壽

且語言有之曰，焉而宴日焉而得罪，將惡避逃之？曰無所避逃之。夫天不可爲林谷幽閒舊作“門”，從王、孫二校改。**無人，明必見之。**《天志上》。參觀拙作《墨學與景教》“標宗”（一）之（1）（2）。案，墨子之《天志》（解詳拙《箋》）蓋洞見乎兼之實體具足神用，順俗爲言，欲天下士君子共相儆戒，外則兼愛交利，内則不愧屋漏也。

今若使天下之人，偕信鬼神之能賞賢而罰暴也，“偕”舊作“借”，下有“若”字，從王校正。**則夫天下豈亂哉？**《明鬼》。墨子非命，深以禍福無不自己求之，故言鬼神無所不在，明無不知，賞罰至公，教人爲善而除暴。鬼神者，一化所繫，感通於天下人心而無間。《瑞書》曰“敬勝怠者吉怠勝敬者滅”（《路史後紀》卷五），實墨家明鬼之祕義。

於古曰，吉日丁卯，周代祝社方，歲於祖若考，“祖若”舊本作“社者”，從孫校改。**以延年壽。若無鬼神，彼豈有所延年壽哉？**《明鬼》。此似引證古訓，每當吉日，徧祭四方地祇，並薦歲事於祖及考，以延年壽。蓋以人之靈明，本與神明一體，藉以勉人共（讀“恭”）允（誠也），俾清明之德交於神明，則神人以和，莫不康寧。祭祖考者，報本反始，厚民德也，凡以起人敬畏之心復性也，性復年自永矣。以爲鬼神延人年壽者，特隨俗權説耳。《亢倉子·用道篇》云“道德順則鬼神助”，允已。

綜核墨學，始終不外一兼。故《天志》上篇。曰“夫天不可爲林谷幽閒無人，明必見之”，士君子宜相儆戒。繼以《明鬼》，亦曰：“雖有深谿博林幽閒無人之所，施行不可以不董，見有鬼神視之。”明天該鬼神言。人不二也。曰“天下無人”，《大取》。明人己不二也。自人不能居敬，昧本靈明，於是交別而爲天下大害，亦自中絶其壽命。是故墨聖廣運悲智，欲人順奉天志之兼，光施天下；又慮天志幽玄，不契庸衆之機，乃歷證鬼神之確有，除衆疑惑，使莫不戒懼慎獨，嗜欲寡而形神調，生理修而福慧增。蓋兼以正别，慈愛無量也。釋氏專念阿彌陀佛，清浄身口意業，資益慧命，誠以佛法不可思議，衆生念力亦不可思議，感應道交，即心是佛也。墨家敬事鬼神，義無釋氏之精，其迹近之。《公孟篇》墨子譏儒家執無鬼而學祭禮，猶無客而學客禮，無魚而爲魚罟，其以天道不可須臾離，顯然。

以上屬自利之真修。以下言利他之實行。

（六）兼人己於一愛

愛人不外己，己在所愛之中。己在所愛，愛加於己。倫列之愛己，愛人也。《大取》。解詳拙《箋》，參觀拙作《墨學與景教》“立教”（一）之（2）。

言愛人，即是愛己。《兼愛中》“夫愛人者，人亦從而愛之；利人者，人亦從而利之。惡人者，人亦從而惡之；害人者，人亦從而害之”可證。**真愛己，莫急於兼愛人。**《孟子·盡心下篇》曰“殺人之父，人亦殺其父；殺人之兄，人亦殺其兄。然則非自殺之也，一間耳”可反證。**以天下禍簒怨恨，**苦惱。**皆由重己輕人，**無明惑因。**不相愛生。**交别故也。**欲息世間苦輪，必廓然無己，**除盡無明。**視人皆己。**平等一如。**則一愛彌綸，**真心妙通。**如春和之廣被於寥天，羣得大自由矣。**一兼無外。

（七）愛人莫急於追正迷惑參觀拙作《墨學與景教》“立教”（一）之（6）。

智是世之有盜也，盡愛是世。智是室之有盜也，不盡是室也。智其一人之盜也，“盜”上據上文疑當有“有”字。**不盡是一人。**“一”舊作“二”，從畢校改。解詳《大取》拙《箋》。

世間之盜，如大國攻小國，大家亂小家；强暴寡，詐謀愚；並凡不爲民興利除害，暴奪民衣食之財者皆是。室中之盜，如衣飾財物，田宅諸契，皆使人牽纏而損慧命者也。人身之盜，如“諸煩惱賊，常伺殺人，甚於冤家”《佛遺教經》。是。皆不知“世間無常，生死疲勞，從貪欲起”，《八大人覺經》。故此聖人所以覺世心切也。

（八）天下一家

聖人不得爲子之事。《大取》。解詳拙《箋》，參觀拙作《墨學與景教》“立教”（一）之（5）。

聖人孝思不匱，務“形勞天下”以尊親。庭前服勞奉養，非大孝也。釋迦出家修道，誓願度盡衆生，悉與成佛；耶穌亦爲行道度生，願諸徒屬離其父母妻子田宅以從；《馬太傳》十九章廿九節。均與此相印證。然而釋迦深遠矣，景教視墨學亦有進。

愛人之親，若愛其親。其類在官苟。《大取》。解詳拙《箋》並《補箋》，參觀拙作《墨學與景教》“立教”（一）之（4）。

官，公也。苟從“芊”省，非從艸之“苟”。音亟，敬也。言公同敬愛人之親，吾之親自在人敬愛之中。

（九）殺己以利天下參觀拙作《墨學與景教》“立教”（一）之（6）之“身施”。

兼愛相若，一愛相若。一愛相若，其類在死也。即“它”。《大取》，解詳拙《箋》並《補箋》。

釋氏願代衆生受無量苦，《八大人覺經》。常爲法捐軀，以法利天下無窮也。耶穌身施十架，利生之心亦無量。墨者可與頡頏焉。

（十）愛極於兼，無方量，無時量

愛衆衆世，與愛寡世相若，兼愛之有相若。愛尚世與愛後世，亦若今之世。《大取》，解詳拙《箋》。

無邊刹境，自他不隔於毫端。十世古今，始終不移於當念。《華嚴經·合論》卷一葉一。惟一愛兼攝之。

附顯陰法師來函及覆書 宗教學會發表於《佛教居士林林刊》二期

仲如先生慧鑑：

烏飛兔走，一别數旬，春樹暮雲，徒勞夢想。伏惟道履佳📝爲祝。謹肅者，頃閲《林刊》，見大作《墨學分科》間有數處鄙見稍有疑滯，尚希明哲一商爲禱。如“天當法界，神當菩薩，鬼當諸天”云云，未免過與。佛法中亦言天神鬼，然小乘之中尚以天等爲輪迴之内，即大乘之第一義，天亦不帶同神鬼而言。竊意墨氏之言，天即可指諸天，鬼神即鬼道神道。蓋墨氏兼愛之心固屬菩薩用心，然其學説與眼光，决不如大乘佛法之高遠，故並無出世自利、入世利他之一定標準。若以天當法界神當菩薩，墨氏决定無此卓見也。先生以爲何如？尚希指教。又“釋氏專念阿彌陀佛……墨家敬事鬼神，其迹近之”，竊意釋氏之專念彌陀，有一定之目的，與墨氏之敬事鬼神，似未可一概論。夫念佛爲求生極樂也，墨氏敬鬼神豈求爲鬼神乎？恐初機者見之，誤認佛與鬼神爲一類，則危險之至。立言者之意未嘗不當，而閲者每易誤會，故陳説實在不易。又"一愛彌綸"，"一兼無外"，義似釋教之同體慈悲。然佛氏之所以不言愛，而言慈悲者，恐言愛則落於情的方面，故佛言無緣慈悲，則解粘去縛之道也。若墨氏而言不愛而愛，愛即非愛，則真與佛教同矣。若滯於愛字，則與佛法未免尚有絲毫之隔閡也。若止以愛爲範圍，即爲生死根本，與佛法全不相應矣。上列數點爲蔭懷疑之處，望先生辱教之，則幸甚矣。餘俟面谈草此上達，敬候惠復，敬頌

道安

顯蔭謹啓

佛降生二九五〇年六月十八日

顯蔭法師慈鑒：

捧讀手教，承指正各節，欣感無任。竊維佛法圓滿邃密，世間各教無足比擬，匪惟墨學。但運當澆季，言難契機，計惟融會佛説聊救道荒。以近日好墨者衆，盲從景教者亦多，爰作《墨學與景教》爲佛學初階，固非不知涇渭；《墨學分科》亦因時人競尚西學西政，蔑視亞化而作，顧方便導引屬辭比事，自難一一悉合耳。拙稿"天當法界，神當菩薩，鬼當諸天"云云，蓋綜核《法儀篇》父、母、學，師也。君不可爲法，"莫若法天，天之行廣而無私，其施厚而不德，其明久而不衰"，"天必欲人之相愛相利，而不欲人之相惡相賊"，《天志中篇》"天之意，欲人之有力相營，有道相教，有財相分"，又"天兼天下而愛之，撽遂萬物以利之，若豪之末，非天之所爲而民得而利之，則可謂否矣"；以上皆以"天當法界"之故。《魯問篇》"夫鬼神之所欲於人者多。欲人之處高爵禄則以讓賢，多財則以分貧也，夫鬼神豈惟擢黍拑肺之爲欲哉？"此以"神當菩薩"之故，餘不具述。《明鬼篇》"雖有深谿博林幽間無人之所，施行不可以不董，見有鬼神視之"。此以"鬼神當諸天"之故。杜柏莊子儀不辜被殺，卒爲報復。此以鬼當中陰身之故。言其大較，故上文冠以"頗似"二字，下文又云"未能

確定”，似非過與。蓋墨氏敬鬼神頗有欲人與神明合德之意。又“釋氏專念阿彌陀佛”，“墨家敬事鬼神，其迹近之”，鄙意固謂義無釋氏之精，又祇云“其迹近之”，顯見勝劣懸隔。案《貴義篇》曰：“必去六辟。同僻。默則思，言則誨，動則事。使三者代御，必爲聖人。必去喜，去怒，去樂，去悲，去愛，去惡，而用仁義、手足、口鼻、耳目，從事於義，必爲聖人。”《修身篇》曰：“藏於心者，無以竭愛。動於身者，無以竭恭。出於口者，無以竭馴。”皆使人清净身口意業也。又“一愛彌綸”，“一兼無外”義當釋氏同體之慈悲。案墨之兼即同體，愛即慈悲，似乎無疑。墨子本魯人，聞楚爲雲梯攻宋，馳往止之。《經上》曰“仁，體愛也”，《説》曰“仁，愛己者，非爲用己也，不若愛馬者”，言愛兼人己，本於性不能已。非爲用人始愛人，猶非爲用己始愛己，豈若用馬始愛馬者比哉？《莊子·則陽篇》曰“聖人之愛人也……不知其愛人也……其愛人也終無已，性也”，是其義。莊子書多受墨學影響。故《兼愛上篇》曰“視人身若其身”，下篇曰“爲彼猶爲己也”，《經下》曰“不知其所處，不害愛之，説在喪子者”，言聖人不知人之所處而愛之，猶父母痛愛失喪之子然。《經説下》曰“人之盈否未可智，同知，而必人之不可盡；人之可盡不可盡亦未可智，而必人之不可盡愛也。誖。”又“盡明人，則盡愛其所明，若不智其數，而智愛之盡文也，無難。”皆衆生無盡誓願度之旨，惟墨兼愛及人而止，不及佛教包胎卵濕化之廣。故墨耶尚屬差别平等，惟佛教斯爲平等平等。《大取篇》曰“愛人不外己”，“聖人不爲其實，臧之故，在於臧古，今“藏”字。聖人不得爲子之事。聖人之法死亡通忘。親，爲天下也。”故孟子譏其“無父”，皆愛本於兼，可爲同體慈悲之證。特墨聖立言簡奥，命名不同，而陳義遠不及佛典圓了耳。又莊子稱其“繩墨自矯備世之急”，“日夜不休自苦爲極”，足見頭陀苦行自他並利持戒之嚴。不及佛教之精必矣。觀其《辭過》、《節用》所以不惑於外，則不落於情的方面可知。法師恐有初機誤認佛與鬼神爲一類，又恐衆生滯於愛，預防後患所以嚴朱紫之辨，即所以利初機之行修者至矣。《吕氏春秋·疑似篇》曰：“使人大迷惑者，必物之相似也。相似之物，此愚者之所以大惑而聖人之所加慮也。”故墨子見歧道而哭之，法師有焉。敬拜嘉惠！遵即付登《林刊》，以明佛法之精深無匹，並拙稿全篇付梓，亦必將惠函附刊之。特此聊申謝悃，敬請禪安不宣。

弟純一謹覆

民国十二年六月廿一日

此篇曾質正於欒君調甫，多承校訂，詳見各注。又於光學，逐條解説。並增聲學一科，尤爲生色。復寄示曹鏡初先生《墨子箋》，因知“一，少於二而多於五，説在建”，當作“説在建位”。欒先生惠我不淺，書此以誌欣感。

十二年八月十日純一記

荆楚文庫

張純一集（五）

張純一 著
何卓恩 李濤 編校

荆楚文庫編纂出版委員會
華中師範大學出版社

荆楚文库

老子通釋

據商務印書館 1946 年初版整理。

自　　序

道一而已。一切德教政藝無不通。所不通者，人智有限，於所熟習者，恒知其一不知其二，於所未習者，竟一無所知，不通甚已。間世聖賢輩出，所知較凡愚多甚，而有一間未達者，即其推行不能盡通者亦甚多。以其所知，仍多偏而未徧故。故非等覺因圓，妙覺果滿之諸佛，未能言正徧知也。吾國道、墨、儒三家，老、莊、孔、墨四聖，遥承黄帝、堯、舜、禹、文之心傳，見道真諦，卓絶終古，餘子無能及者，其於道也幾乎無不通。老子曰道，曰常，曰一，曰真，曰樸，曰微妙玄通；莊子曰大宗師，曰天地精神（《天下》），曰純素（《刻意》），曰道通爲一（《齊物論》），曰同於大通（《大宗師》）；孔子曰太極，曰元，曰一，曰寂然不動，感而遂通天下之故。墨子通萬别爲一兼，通亡去於無變，通衆世於寡世，通尚世後世於今之世，通人於我，通死於生，皆即外是内而不二，通於釋氏之唯一真心，至周洽也。然究未若釋氏以唯一真心，攝盡三千大千世界，又細入微塵而無間，總無量無邊有情無情於一心，無内無外爲通之至也。故知老、莊、孔、墨，皆大通乎道，而猶有未能盡通者也，得毋待於内典以圓通之乎。或有不滿吾言者，試問佛典所謂天眼通、天耳通、他心通、宿命通、神境通、漏盡通諸造詣，除《道藏》書偶見欠精析外，儒、墨二家書曾一見否？又如佛典所謂三界九地二十八天之行境，華嚴行者五十二位之修證，道、墨、儒三家書曾一見否？然則道、墨、儒三家，於窮理盡性以至於命之道，有所未通者多矣！《四庫全書》，多屬皮膚之見，未見及肉，遑云骨髓，真不值精佛理者一顧。施教者不知盡性以壽世，則道德不透宗；從政者不能盡性以壽世，則治平無定準，烏可諱疾而忌醫耶。漢儒見道不廣，獨尊一孔，苟簡自畫，無出世想，陋已！經學博士，品德多不高尚，可證（漢儒發揮經義，有裨世道，功不可没）。宋儒更攻擊佛、老爲異端，盲從孟子非墨兼愛，皆井蛙之見，不知性海無邊本無不通也（宋儒勵行敷教能正人心，功亦甚大）。嗚呼，何儒家工於塞者之多也，衹一萬仞宫牆，遮斷無邊道岸，假令宫牆高僅十仞，當可多見天日也！二千年來教者盲導，學者盲從，吾甚哀之。今讀《老子》有動於中，姑即其學之本通於佛、儒、墨、耶，而先哲未爲之通者而盡通之，名曰《老子通釋》，歸本於“不言之教，無爲之益”（四十三章）。此與釋氏“語言道斷”，“世尊説法四十九年，尚謂未嘗道著一字”者通；與孔子云“《易》者象也，象也者像也”（《繫下》），“書不盡言，言不盡意”（《繫上》），“物不可窮，以未濟終”（《序卦》）通；與《墨子·經下》“是是與是同，説在不文”通；與《莊子·齊物論》曰“大道不稱，大辨不言”，《知北游篇》曰“不知深矣，知之淺矣，弗知内矣，知之外矣，孰知不知之知”通。此皆第一勝義空也。苟通乎此，縱有工於茅塞自心之孟子、荀子再世，亦塞之無可塞也；彼以學宗程、朱鳴高者，其酣夢亦可以醒矣。庶幾未來學者，知不聾盲，性光無夜，朗慧日於昏衢，登羣生於覺路，妙湛一心源，壽貞十法界，福樂永無疆矣。

孟子固當時大賢，然以依榜孔子門户而見尊，在周、秦諸子中非上選，不足與解齊於老之莊子並論。非墨兼愛，未見道之大全，不知性之第一義，故云性善。而言政當仁義，雖不及無爲之至治，亦衰世衆生所宜尊也。荀子疵纇更多於孟，不贅。

儒者詆毁墨子，則一切内明精妙性理，無由得知，決不勇於救世。並遠離一切考證學、文字學、名學、光學、聲學、力學、物理學、物質不滅説、幾何學、算學、微積分、測量學、地圓説、地心不動説、望遠鏡、射遠儀、飛機原理、經濟學、貨幣論、價值論、民約論、政治學，種種微妙哲理物理，足以正德利用厚生者，無人賡續昌明，可爲痛心。

排斥佛老，無由明見真常自性，生時熱惱多而年不永，死後貪瞋癡闇感應途多，出苦無期，奈何奈何。

遠西哲學家著述之秀者，等於秦、漢諸子，而見性無出耶教上者。

耶教間有勝義，堪與老、莊、孔、墨四聖並駕，亦稍有上追及佛者。惜其義多半而未滿，又混雜荒謬處多，適成天魔外道，破壞世出世法，摧殘東亞文化，戕賊信衆性靈，誤盡天下蒼生，殊可哀憫。余嘗據佛、道、墨、儒教義，著改造耶教書八種，惜無真知通人可告語者，深山藏之。

近人治哲學者，競尚歐風，往往以凡夫似比量之眼光，讀往聖真現量書，移東就西，牽扯附會，未免毀勝爲劣。例如胡適之《中國哲學史大綱》，謂“老子創爲一種革命的政治哲學，他説‘大道廢有仁義，智慧出有大僞，六親不和有孝慈，國家昏亂有忠臣’，所以他主張‘絶聖棄智，民利百倍，絶仁棄義，民復孝慈，絶巧棄利，盜賊無有’，這是極端的破壞主義，是毀壞一切文物制度。”不知老子破矯揉造作之僞，所以顯清静無爲之真，正是復古的高尚建設。胡君又謂“老子無爲，是主張極端放任無爲的政策，如十八世紀英法經濟學者，又如斯賓塞的政策學説，都以爲既有了無爲又無不爲的天道，又何必要政府來干涉人民的舉動”。不知老子之無爲，是純正哲學，攝世間法於出世法，融出世法於世間法，不得專以世間粗淺放任政治論。無爲正義，是妙湛真心，周遍法界，如如不動。又如《易繫》上云“無思無爲，寂然不動，感而遂通天下之故”，《陰符經》云“天之無恩而大恩生”，《墨子·法儀篇》云“天之行廣而無私，其施厚而不德”，皆可爲“無爲”之義，“無爲無不爲”之確詁。姑引申之，是無我見之爲，無私意之爲，無不平等之爲，毫無僞飾之爲，無敢擾民之爲，非常莊嚴。“清静爲天下正”（四十五章），生而不有，長而不宰，功成而不居，“執大象，天下往，往而不害，安平泰。”（三十五章）。如舜有臣五人而天下治，孔子稱其無爲而治，是已。故知胡君説老，未免厚誣古人，遺誤來者，時人踵而效之尤滋多矣。余常謂注書人之識，必優於著書人，如不害著書人。注者，識與著者等，著者減其半德。注者識劣於著者，著者受害多矣。惟莊子見道真諦，故能發老子所未發。墨子亦然，均通明空理故。佛理優勝於老，故必精通佛學者，盡知老子之玄妙，亦知其有欠圓了處。如曰“天地萬物生於有，有生於無”，墮於無因。曰“天法道，道法自然”，自然須作法爾解，不變隨緣，隨緣不變爲得。曰“無死地”，未若明言本無生爲了義也。雖然，是皆不足爲老子病，老子未言道，先破執，曰“道可道非常道，名可名非常名”，以道不可言，言則有漏也。今爲《通釋》，説明老子玄理在在與佛法通，開拓學子萬古心胸，俾不拘守一家一先生言，以自縛於生死，志趣自爾高超，知見自爾真切遠到，然後可以讀老子之書，通老子之志：老子當以我爲知言。佛門弟子，通知佛祖真心無限者，敢於訶佛罵祖，皆佛祖所嘉許也。希臘亞里士多德常反對其師柏拉圖説，或詰之，答曰“吾愛吾師柏拉圖，吾愛真理更甚於吾師”，可謂當仁不讓於師矣。

《老子》舊注甚多，非精通佛理者，其注不足觀。近蔣錫昌《老子校詁》，搜羅甚富，校文可採，而詁誤者多不可泛。何以從？老子真俗雙融，深人無淺語，解者識淺不足以知深，例如大小，多少，報怨以德，文約義豐。姚鼐、馬敘倫、奚侗皆言文有脱誤，皆以儒者知見解老，安得不冤殺老子。

顧炎武《唐韻正》、姚文田《古音諧》、江有誥《先秦韻讀》，均載《老子音韻》，宜檢讀。

今敢正告讀《老子》者，《老子》學理精闢，在吾國除《陰符經》、《管子·心術》、《内業》、《白心》、《莊子》、《墨經》、《列子》中勝義外，無能比者。以視佛學之圓密，生死無衆生之異同，因果無三世之轉易，起惑之緣不具，證真之境不詳，玄德未盡攝於一心，無爲未妙滿於等覺，有遜色也。多讀内典自知之。

孔子删訂《詩》、《書》，功過參半，伏羲、神農、黄帝、顓頊、帝嚳，玄德、淵微，足爲萬世法也。逸詩可誦者多也。太史公史首黄帝，識優於孔，不載伏羲、神農，亦疏陋也。本墨家言，謂儒博而寡要，允已。雖宗道家，所得膚淺，謂申韓之學，本於黄、老，謬甚。黄帝師廣成子，學有成就，證神境通，未必漏盡。道家祖之，足以昭示後世。史著政績之粗，不彰德行之妙，以薦紳先生難言故。詎知薦紳先生聾盲之知，聞道大笑，奚足怪耶？自來曲高者和寡，日月不能私其輝，以就曲照之惠，震雷不能細其音，以協金石之和，竟爲拙工廢棄繩墨，僨己。

《四庫全書》，甲經乙史丙子，不知老、莊、墨子勝義，優於經者不少，竟列史後，毋乃小智而大迷，止阻學者精進。二千年來學者心靈，桎梏於儒。世喪道，道喪世，世與道交相喪，人不人矣。今且江河日下，求爲儒者而不得，歐風蕩，亞化滅，哀哉！竊願讀《老子》者，上求佛化以完其神理，自覺覺他，普度盡未來際無盡衆生，盡復於自心本真無量壽光之初，幸甚！嗟乎，無上正等覺道，甚難聞也，能盡通乎？竊願與精通老、莊、墨學者，一言佛法以爲歸。

目　　録

緒　論

（一）老子之略歷

《史記·老子列傳》云：老子者（鄭康成以爲壽考之稱），楚苦縣厲鄉曲里人也（苦縣本屬陳，春秋時屬楚，地理志實屬淮陽郡），姓李氏，名耳，字伯陽，謚曰聃（《正義》疑老子耳漫無輪，故世號曰聃。王念孫説"字聃"），周守藏室之史也。孔子適周問禮於老子，老子曰："子所言者，其人與骨皆已朽矣（示人生無常），獨其言在耳（明不言之教天下希及之），且君子得其時則駕，不得其時則蓬累而行。吾聞之，良賈深藏若虛，君子盛德，容貌若愚（無知無欲，是外身以存身之道），去子之驕氣與多欲，態色與淫志（我見熾然，害本清凈法身），是皆無益於子之身。吾所以告子，若是而已。"孔子去，謂弟子曰："鳥吾知其能飛，魚吾知其能游，獸吾知其能走。走者可以爲罔，游者可以爲綸，飛者可以爲矰。至於龍，吾不知其乘風雲而上天。吾今日見老子，其猶龍耶（龍喻道妙不可思議）？"老子修道德，其學以自隱無名爲務，居周，久之，見周之衰，迺去。至關，關令尹喜曰，子將隱矣，强爲我著書，於是老子迺書上下篇，言道德之意五千餘言而去，莫知其所終。老子修道養壽，隱君子也。世之學老子者則絀儒學，儒學亦絀老子（老學出世，儒學入世，道本相成，淺人互相絀，世風所以日下也）。道不同不相爲謀，豈謂是耶？李耳，無爲自化，清靜自正。

（二）周秦諸子道儒墨三家居重要地位

吾國道學昌明，周季爲最，百家蠭起，各樹一幟，而居世間重要地位者，莫如道、墨、儒三家。陰陽家、名家之學理，道、墨、儒三家所互攝也。老子曰“萬物負陰而抱陽”。孔子曰“一陰一陽之謂道”。墨子曰“凡回於天地之間，包於四海之内，天壤之情，陰陽之和，莫不有也”。道家以道常無名，一切美善有無生死等名，皆非無狀之狀，故尚無名。孔子正名，以君君臣臣父父子子，名不正則言不順，故著《春秋》，且以君子疾没世而名不稱，故稱名教。墨子兼以正别，故以名舉實著《辯經》，分析名相，又遣除名相，能立能破，合道儒而一之，名學成家矣。法家明分職不相踰越，雖三家所不重，亦足以濟道德之窮。農家、縱横家、雜家之説又次之，故太史公不敘及，至兵家、技巧家、小説家言又次之，故劉向亦不列入九流也。

（三）道儒墨三家南北俱異派

道家以出世間法，引導世間之浄行，爲南方之學者，老子爲首，莊子副之。儒家注重世間法，間亦回向出世法，爲北方之學者，孔子爲首。墨家冶南北二派於一鑪，墨道徧於南北，墨子爲首。三家皆遥承積古道法大備之秘傳，務以道之真治其身者也，而致用於出世入世之途，則本同而差異。皆以人必有真知識，而後有真道德；有真道德，而後有真事功也。

（四）老學之淵源

（1）黄帝

道家以黄帝爲祖。《列子・天瑞篇》：“黄帝書曰，谷神不死，是謂玄牝。玄牝之門，是謂天地根。緜緜若存，用之不勤。”是《老子》書第六章之所本。

《莊子·知北游篇》:“黄帝曰:……夫知者不言，言者不知，故聖人行不言之教，故曰失道而後德，失德而後仁，失仁而後義，失義而後禮。禮者道之華而亂之首也，故曰爲道者日損，損之又損之，以至於無爲，無爲而無不爲也。”此《老子》書五十六章、四十三章、三十八章、四十八章所引用也。又曰“生也死之徒，死也生之始，孰知其紀”，此《老子》書五十章“出生入死，生之徒十有三，死之徒十有三，人之生動之死地亦十有三”所從出也。

《陰符經》，黄帝撰，曰:“天之無恩而大恩生。”《老子》三十四章云:“大道汜兮，其可左右。萬物恃之而生而不辭，功成不名有，衣養萬物而不爲主。以其終不自爲大，故能成其大。”八十一章云“天之道利而不害”，其旨一也。《墨子·法儀篇》曰:“天之行廣而無私，其施厚而不德。”《論語》云:“天何言哉，四時行焉，百物生焉，天何言哉!”義同。

又曰:“天生天殺，道之理也。天地萬物之盜。”《老子》五章云，“天地不仁，以萬物爲芻狗”，言萬物生滅義同。又曰“禽之制在炁”，是《老子》十章“專氣致柔”之本。

《吕氏春秋·去私篇》云:“黄帝聲禁重，色禁重，衣禁重，香禁重，味禁重，食禁重。”《老子》十二章云:“五色令人目盲，五音令人耳聾，五味令人口爽，難得之貨令人行妨。”無異致也，自來黄、老並稱，允已。

(2)堯舜

《史記·五帝本紀》云“帝嚳溉執中而徧天下”，堯承其傳，曰“人心惟危，道心惟微，惟精惟一，允執厥中”，堯以傳舜，舜以傳禹，儒家稱爲十六字心傳。《荀子·解蔽篇》稱爲道經之言。《老子》五章云:“多言數窮，不如守中。”《莊子·齊物論》曰“彼是莫得其偶，謂之道樞，樞始得其環中，以應無窮”，同一中庸之旨。《墨子·經説下》云“中央，旁也”，破邊執，並破中執，道更進矣。

《書·舜典》，堯納舜於大麓，“烈風雷雨弗迷”，此内典所謂金剛三昧，楞嚴大定境界，非塵寰聖賢所能進步，是唐、虞無爲郅治之大本，堯、舜所以有天下而不與者在此。儒家祖述堯舜，惜僅得其政迹之粗也。《莊子·田子方篇》云："有虞氏死生不入於心，得其旨矣。"《老子》五十章云："善攝生者，陸行不遇兕虎，入軍不被甲兵，兕無所投其角，虎無所措其爪，兵無所容其刃。夫何故！以其無死地。"兕虎甲兵與烈風雷雨異，而不動於中，以静勝之，一也。

《史記·商君傳》"虞舜有言曰，自卑也尚矣"，此《老子》以柔勝剛，以屈爲伸之本。

(3) 大禹

禹王天下色尚黑，《禮記·檀弓上》云："夏后氏尚黑。"《老子》二十八章云："知其白，守其黑，爲天下式。"墨家宗之。

《書·禹貢》"禹錫玄圭"。《老子》十五章云"微妙玄通，深不可識"；六十五章云"玄德深矣遠矣，與物反矣，然後乃至大順"，此表著内聖外王，不德之上德。後世倒黑爲白，尚霸術者當知非矣。

《書·大禹謨》"舜懋禹德，曰'汝惟不矜，天下莫與汝争能；汝惟不伐，天下莫與汝争功'。"《老子》二十二章云，"不自見（無我見）故明，不自是故彰，不自伐故有功，不自矜故長"，"夫唯不争，故天下莫能與之争"。六十六章亦云"以其不争，故天下莫能與之争"。

禹曰"惠迪吉從逆凶，惟影響"，此《老子》十六章"知常曰明，不知常，妄作凶"，七十九章"天道無親，常與善人"，七十三章"天網恢恢，疏而不失"之本。

孟子曰"禹疏九河，瀹濟、漯而注諸海，決汝、漢排淮、漯而注之江"，八年於外，"三過其門而不入"（《滕文上》）。又曰"禹思天下有溺者，由己溺之也"（《離婁下》）。孔子曰"禹盡力乎溝洫"（《論語·泰伯》），慈矣。禹"菲飲食"，"惡衣服"，"卑宫室"（同上），儉矣。《老子》六十七章云："我有三寶，持而保之，一曰慈，二曰儉，三曰不敢爲天下先。慈，故能勇。儉，故能廣。不敢爲天下先，故能成器長。"不敢爲天下先，即是不矜不伐不争，故能成大器，爲天下長。

《淮南子·精神訓》“禹方濟江，黃龍負舟，舟中人五色無主，禹乃熙笑而稱曰‘我命於天，竭力而勞萬民，生寄也，死歸也’”，龍乃逃去。《吕氏春秋·知分篇》曰：“禹達乎生死之分”。《文子·符言篇》亦有“老子曰：生所假也，死所歸也”之文。

（4）文王

《詩·大雅·皇矣篇》“帝謂文王，予懷明德，不大聲以色”，“不識不知，順帝之則”，“無然畔援，無然歆羨，誕先登於岸”，此《老子》云，“俗人昭昭我獨昏昏，俗人察察我獨悶悶”，“衆人皆有以，而我獨頑似鄙”（二十章），“無知無欲”（三章），“不失其所者久，死而不亡者壽”（三十三章）之本，道在冥契真常，不起虚妄分别也。

（5）管子書

管子之書，大都傳其學者綴輯，《心術》、《白心》、《内業》諸篇，皆道家言。如“道不遠而難極也，與人并處而難得也”，與《老子》三十四章云“大道氾兮，其可左右”，四十七章云“不出户，知天下，不窺牖，見天道”，十四章云“視之不見名曰夷，聽之不聞名曰希，搏之不得名曰微”，義並同。曰“心安，是國安也；心治，是國治也”，與三十七章云“不欲以静，天下將自定”，五十七章云“我好静而民自正”，義同。“日極則仄，月滿則虧”，義與九章云“持而盈之，不如其已”，十五章云“保此道者不欲盈”同。“執一之君子，執一而不失，能君萬物”，義與二十二章云“聖人抱一爲天下式”同。“必知不言無爲之事，然後知道之祀”，義與四十三章云“不言之教，無爲之益，天下希及之”同。“恬愉無爲，去知與故”，“動則失位，静乃自得”等等，與五千言神理，在在符合，當是道家流傳經典，老子所謂“執古之道以御今之有”者也。而篇名《心術》、《白心》，與釋氏所謂“萬法唯心”同；《内業》取義，又與内明、内典同。見道透徹，能攝無盡道德於一心，猶勝老、莊一籌，惟陳義總不及佛法妙滿耳。

老子爲周守藏室史，所見極博，故書多稱古，發揮真常妙道，舍《釋典》外，無能加乎其上者。

（五）老學之流别

約爲分敘總結二説。分敘真歸有二：拔生死根，明因果律。

（一）拔生死根

衆生本無凡聖，同具死而不亡之壽，而生死所以不了者，知與欲爲厲階也，故“常使民無知無欲”（三章），拔除生死根本。無知者，無世俗幻妄之知，即是無癡；無欲者，無貪愛。無貪愛即攝無瞋，釋氏謂貪、瞋、癡爲三毒，義較精析，此亦可通。惜乎凡愚無真知，“大患有身”（十三章），以不能外身，通道爲一，故滿腹知見，馳求聲色貨利，而貪欲無厭時，遇有礙於貪者，則瞋恚殺害心生，人貌而虎狼餓鬼行，因業感報，“千變萬化，未始有極”（賈誼《鵩鳥賦》），忽然爲人化爲異物，殊可哀也。本無生死，因知多故，而欲從之，生死宛然。苟能無知無欲，居塵出塵，則得無生法忍，生時可享大年，死後定得無量壽矣。綜此流别，孔、墨、莊三。

（1）孔子

孔子嫻世間法，出世妙理薄弱，然曾受學於老，亦知神識不滅。《易·繫傳上》曰：“原始反終，故知死生之説，精氣爲物，遊魂爲變，是故知鬼神之情狀。”原始反終，了知死不二也；精氣爲物，就胎生卵生衆言；遊魂爲變，就溼生化生衆言；鬼神情狀，就衆生中陰身言；原始反終，輪回宛然。顧何以入輪回，何以出輪回，未能詳宣，是其短也。《説苑·辨物篇》子貢問“死人有知無知”，孔子曰：“吾欲言死者有知，恐孝子順生，妨生以送死也。欲言無知，恐不孝子孫，棄親不葬也。賜欲知死人有知無知也，死徐自知之。”語涉圓滑。若依内典勝義説，則言有知，恐落常見，言無知，恐落斷見，故以非常非斷示之。《論語·先進篇》季路問事鬼神，子曰：“未能事人，焉能事鬼？”敢問死，曰：“未知生，焉知死？”，言未能盡性以盡人道，妄求鬼神呵護，鬼神不許也。現生之命，即前生之報。未死之因，即死後之果。《里仁篇》云：“朝聞道，夕死可矣。”人生唯有一死，設死而不得其正，悔無及矣，奈何？是其爲道必起乎生死之外，有死而不亡者存。試問道相奚若，文不明言，是其短也。今爲説明：世間凡夫，貴爲天子，富有天下，難免分段生死，生死便無了時，苦矣！欲無死，須無生，道果奚若，無知無欲是已。孔子知之，故“無意無必，無固無我”（《子罕篇》，文從《史記》），“無思無爲，寂然不動”（《易・繫上》）。“無意”者，無恒審思量也；“無必”者，無妄起分别也（《説文》“必，分極也”）；“無固”者，無我執法執也；“無我”者，無人我法我也。“無思無爲，寂然不動”，則“致虚極守静篤”（《老子》十六章）。無知無欲，契無生矣，無生自無死矣。

（2）墨子

墨子具出世之妙理，現入世之勝行，其道不怒優於儒。惜儒者識淺，不足以知深，嫉之掊之，而墨道衰，可慨也！《墨經》上云“平，知無欲惡也”，言世人知多，欲惡盪胸，失其正定，昧於平等真心，故致夢多，生死難了；惟真人而後有真知（《莊子・大宗師》），能向無愛憎處薦取本來，則平等性智現前，外緣無從動於中，無知無欲，無生死矣。故《大取篇》曰“死生利若，一無擇也”，言果利天下，死生無擇，以人有死而不亡者存，“死生無變於己”（《莊子・齊物論》），“外其身而身存”（《老子》七章），能忘其粗色身，施捨之以利天下，而其浄妙身自在。所謂神武不殺也。孔子曰：“無求生以害仁，有殺身以成仁。”（《衛靈》）耶穌曰“祇能殺身體不能殺靈魂者勿懼”，義同。

（3）莊子

莊子特於五濁惡世，現出世清浄身，欲率天下共出塵纏之苦，與老子同一妙行。《大宗師篇》曰：“古之真人，不知悦生，不知惡死。”“以死生爲一條”（《德充符》），是真能無知者也。《則陽篇》曰：“鹵莽其性者，欲惡之孽，爲性萑葦，始萌以扶吾形，尋擢吾性，並潰漏發，不擇所出，瘭疽疥癰，内熱溲膏是也。”言欲惡之戕性甚矣。《逍遥游篇》曰“至人無已”，故莊子“外於心知”（《人間世》），而“游心乎德之和”（《德充符》），信能“與天地精神往來，與外死生無終始者为友”（《天下》)，誠老子之同調也。

（二）明因果律，又二：

世間因果

《太平御覽》四百五十九《説苑》引《老子》曰，“人爲善者，天報以福，人爲不善者，天報以禍。”本經十六章云：“知常曰明，不知常，妄作凶。”言真常之道，湛寂光明，無不吉利；若茫無所知，逐妄造作，是猶沉水入火，自取滅亡（《陰符經》）也。七十三章云“天網恢恢，疏而不失”，明因果律嚴，使人不敢不止惡修善也。

出世因果

《老子》曰“致虚極，守静篤”，則實際理地，不受一塵，“歸根曰静，静曰復命，復命曰常”。歸根復命 ，則體露真常，心光空明矣，“知常容，容乃公，公乃王，王乃天，天乃道，道乃久，没身不殆。”真常道妙，量等虚空。具真知者，心包太虚，無所不容。至公無我，天下無不歸往。德如天無私覆，是其爲道，終古不變，壽光無量，明真日月矣。自來傳薪火者，亦惟孔子、墨子、莊子而已。

（1）孔子

世間因果

《易·坤文言》曰：“積善之家，必有餘慶，積不善之家，必有餘殃。”《繫下》曰：“善不積，不足以成名；惡不積，不足以滅身。小人以小善爲無益而不爲也，以小惡爲勿傷而弗去也。故惡積而不可揜，罪大而不可解。”《易》曰“何校滅耳，凶”，明“天網恢恢，疏而不失”也。

出世因果

《易·乾文言》曰：“夫大人者，與天地合其德，與日月合其明，與四時合其序，與鬼神合其凶。先天而天弗違，後天而奉天時。”是“致虚極，守静篤”，證真常之大驗，明聖人與天道，無異致也。

（2）墨子

世間因果

《法儀篇》曰：“愛人利人者，天必福之。惡人賊人者，天必禍之。昔之聖王禹、湯、文、武，兼愛天下之百姓，其利人多，故天福之，立爲天子，天下諸侯皆賓事之。是天道無親，常與善人也。暴王桀、紂、幽、厲，兼惡天下之百姓，其賊人多，故天禍之，使墜失其國家，身死爲僇於天下，後世子孫毀之，至今不息。"是"天網恢恢，疏而不失"也。

出世因果

《尚賢中篇》曰："聖人之德，照於天下，若天之高，若地之普。……若山之承，不坼不崩。若日之光，若月之明，與天地同常。"言聖人之德，章明博大埴固以脩久，總乎天地，亦"致虛極，守静篤"，明顯真常之妙用也。

(3) 莊子

世間因果

《齊物論》曰：爲善無近名，爲惡無近刑。"《庚桑楚》曰："爲不善乎顯明之中者，人得而誅之。爲不善乎幽閒之中者，鬼得而誅之。明乎人，明乎鬼者，然後能獨行。"明"天網恢恢，疏而不失"也。

出世因果

莊子以《大宗師》詮表真常之道曰："未有天地，自古以固存。神鬼神帝，生天生地，在六極之上而不爲高，在六極之下而不爲深，先天地生而不爲久，長於上古而不爲老，……維斗得之終古不忒，日月得之終古不息。……黄帝得之以登雲天，顓頊得之以處玄宫。……莫知其始，莫知其終。"隱顯一寂静無爲也。《天道篇》曰，"夫虛静恬淡寂寞無爲者，萬物之本也。以此處上，帝王天下之德也。以此處下，玄聖素王之道也。……静而聖，動而王。無爲也而尊，樸素而天下莫能與之爭美。……故曰其動也天，其静也地。一心定而王天下，萬物服。"聖人涵育無盡衆生於一心而永其壽，豈惟一己没身不殆而已哉！

(六) 總結二

(一) 總孔、墨、莊結論

上二要旨，一切教義政理莫能外。外之則僞道僞德，假仁假義遍天下，天下大亂矣。孔子得之，爲世間素王，傳曾子一貫，傳子夏五至三無（《小載記·孔子閒居》），學不厭，教不倦，門下士稱其賢於堯舜（《孟子·公孫丑上》），詎不信歟！墨子得之，爲即世出世大聖人，即釋氏之菩薩摩訶薩，了知“無”不必待“有”，“有”不可以去“無”。《吕氏春秋·疑似篇》云：“墨子見岐道而哭之。”《大取篇》曰：“天下人能空盡天下人相，爲一無我之我，明俱一之唯是，故有道相教，有力相勞，有財相分。”徧南北學者宗之，種種科學，亦極昌明，有禆世道大矣。奈何末世衆生不堪任，惜哉！莊子得之，獨往獨來，獨標出世高風，空盡羣實，“入無窮之門，游無極之野”（《在宥》），“清静爲天下正”（《老子》），“不以好惡内傷其身”（《德充符》），俾各安其性命之正，以長生（《繕性篇》云：“喪己於物失性於俗者，謂之倒置之民。”《駢拇篇》云：“决性命之情而饕富貴。”）故不屑以治天下惑其心，其德甚真（《應帝王》）。乃儒者囿於一孔之天，不知推崇，且排斥之，誤甚。孔子、墨子、莊子，皆承老學之正傳，體一而用異，莊子爲根本智，以平等捨心勝；孔子爲後得智，以慈悲心勝；墨子勇於救世，爲根本後得雙融智，以平等深心無量慈悲勝。三者互相成，不相礙也。

（二）總老、莊、孔、墨結論

道窮要妙，老子開先，孔墨繼武，莊子殿最。老子清静無爲，抱一爲天下式；孔子由禮道貫於一，蔚爲儒宗；墨子，魯人，頻之楚，得其慈儉，兼愛節用，異而俱於之一；莊子生長之鄉，鄰近老子，道通爲一，天地一指，萬物一馬，遊於物初，能弘無用之用。老子出世之雄，一切有爲悉屬無爲，遊於無名之始，逍遥之至者也；孔子本無爲以入世，一切有爲皆不住無爲之無爲，遊於天下之動而貞天一，於不逍遥得逍遥者也；墨子以出世之玄鑒，成入世之妙行，即無爲現有爲，凡有爲皆無爲，遊於無窮之兼，務普逍遥於不逍遥者也；莊子獨與天地精神往來，而不敖倪於萬物，比肩老子，遊於無何有之鄉，常逍遥於無盡逍遥中者也。皆務理其性命之情而利於貞，以清静天下，使無不遊於逍遥之天，固殊途而同歸。逍遥云者，自由平等之極致，非離形去智，無我無人，無欲無惡，無由而至者也。道、儒、墨皆以内聖上德，而外爲帝王。道、墨亮節高蹈，且薄帝王而不爲，道優於儒矣。要之三家鼎峙，不可偏廢，偏廢則偏重，偏重則道不全，爲教爲政，光彩不發皇矣。老子爲繼往聖，開來學，承先啓後之一人。嗚呼，世間長夜，佛法慧日空明，老子秋空清涼月也。

附論韓非子

韓非子《解老》、《喻老》，可資研尋，不可謂其真知老也，彼以俗事説勝義，不了無爲妙理故。《史記·韓非列傳》太史公以非刑名法術之學，本於黄、老，又言其極慘礉少恩，皆原於道德之意，謬甚。道家尚無爲，奚容淫法，況極慘礉少恩乎？太史公殊不知道，韓非順應時宜，意主學法爲治法，成立後舉國遵守。《有度篇》曰“不遊意於法之外，不爲惠於法之内，動無非法”，義本《管子》，具見法治精神足以濟道德之窮，未可非也；而蔑視仁義，罪不可恕。主張君主獨裁，務以詭譎伎倆制伏臣下，烏足與言治道？韓非世俗知多，故爲《説難》，其死於秦不得自脱者，如《愛臣篇》曰“臣擅行令則主失制”。《二柄篇》曰：“人主者，以刑、德制臣者也。今君人者，釋其刑、德而使臣用之，則君反制於臣矣。”《楊榷篇》曰，“主上不神（神者隱而莫測其所由者也），下將有因。主失其神，虎隨其後。主施其法，大虎將怯，主施其刑，大虎自寧。”《孤憤篇》曰：“主上卑而大臣重，故主失勢而臣得國。”《姦劫弑臣篇》曰，擅主之臣“爲姦利，以蔽人主”。《人主篇》曰：“威勢者，人主之筋力也。今大臣得威，左右擅勢，是人主失力。人主失力而能有國者，千無一人。”是皆反乎？真常無爲，最招李斯之忌者也，故斯害之，使人遺藥殺之，實非自取咎也。非之學本於荀卿，絶無出世理想，與黄、老背馳，仁義爲老子所不道，非一市井之傑，並不知有仁義，識更劣於荀卿，不足入於孔子之門，安能攀附老子？不清不虚，烏足以解老、喻老，宜屏諸老子門外也。

老子通釋上

一　章

道可道，非常道。名可名，非常名。無名，天地之始。有名，萬物之母。故常無欲以觀其妙，常有欲以觀其徼。此兩者同，出而異名，同謂之玄，玄之又玄，衆妙之門（司馬光、王安石以有無斷句）。

老子以道體真常，如如不動，隨緣赴感，無不周徧。託於秋毫之末，而大宇宙之總，不可思議，不可名言。恐人執著名相，不能會通而害道，故將立言，先破執著，曰“道可道，非常道，名可名，非常名”。釋氏所謂“語言道斷”，義同。然不得不以觀照般若，用文字般若，顯實相般若，曰“無名天地之始，有名萬物之母”。以道大無外，其小無内，量等虛空。當未有天地之始，一無所有，何有於名？乃因緣假合，忽而有天，尚無天名。又忽而有地，尚無地名。然不得不對此一大積氣，内外無際者，就其在顛，强名爲天。義已擇一而漏萬矣。又不得不對此一大塊土，厚載山嶽河海者，强名爲地。以一元初分，輕清屬陽者爲天，重濁屬陰者爲地，萬物所陳列也。又以土爲陰，陰數二，土以厚重爲德，能吐生萬物也。萬物似由有名之天地生，實非由有名之天地生，而由未有天地之始，無可爲名之道假天地以生。故以無名之道，爲天地之始，以有名之天地，爲萬物之母。“故常無欲以觀其妙，常有欲以觀其徼”，兩“欲”字屬上讀或屬下讀，均嫌贅，直是衍文，删去，則義暢適，文亦整鍊。“無”者，凡夫肉眼不能見之妙有，周徧法界，無始無終，真空法性也。“有”者，依真妄現一切境界也。“無”爲“有”之總體，“有”乃“無”之别相。“無”爲“有”之精神，“有”乃“無”之糟魄。文雖“有”

“無”對待，義實“無”重於“有”。觀其“無名”先於“有名”，“無名”領域亦大於“有名”，顯見“有名”不能詮表此常。故當“常”之“無”時，全能見其微妙諦理；及當“常”之現而爲“有”時，僅能見其眇小邊際。微塵以內，決無無“無”之“有”；三千大千世界以外，尚有無量無邊無有之“無”。從知“無”可以無“有”而自“無”，“有”不可以無“無”而自“有”。《墨子·經下》云：“可無也，有之而不可去，說在常然。”得其旨矣。故認得“無”真，自認得“常”真。此“無”“有”二義，即《大乘起信論》“心真如門，心生滅門，心即是常也”。抑知老子言道，頗與法相宗同。法相宗妙諦，以剖析名相始，使人了知本體，尤以遣除名相終，使人親證本體。此章在在因名遣名，見得此道之“名”以及天地萬物有無異同等等之“名”，均非“常名”，於是恒無變易相續不斷的真“常”，便顯而易見矣。其善破偏有偏空之執著，而立非有非無之法性中道，宛然“色即是空，空即是色”，可謂妙極。諦觀此章，又極似三論宗。兩“非常”字，所以形容一個“常”字，“非常”便是斷，顯然“無名”是“常”，“有名”是斷，有無相生，具見不常不斷義。“常無”即是不生滅，“常有”即是生滅，生滅必始終於不生滅，即妙即徼，深觀非二，具足不生不滅義。“此兩者同，出而異名，同謂之玄，玄之又玄，衆妙之門”，同即是一，異即是多，多從一出，一一必具同相異相，又見不一不異義。衆妙出於一玄，既出必復入，既入必復出，則有門等於無門，又即不來不去義。此知五千言，即是此土甚深微妙的佛法，此全書之總綱也。

二　章

天下皆知美之爲美，斯惡已，皆知善之爲善，斯不善也。

勝義空中，本無美惡，善與不善等分别以真美不美，有美即非真美。至善無善，有善即非至善故。世衆未聞此義，而有美惡，善與不善之差異，去真諦甚遠，美不爲美，善不爲善矣。雖然，設皆知美而不以爲美，皆知善而不以爲善，攝俗入真，即是世俗真如勝義，“善能分別諸法相，於第一義而不動”也（《維摩詰經》）。

故有無相生，難易相成，長短相形，高下相傾，音聲相和，前後相隨。

一切有形無形，有情無情，因緣假合以相生，遂有一切遠離真際對待無實，如難易、長短、高下、音聲、前後等等假名紛陳矣。於是一切有爲之事相、言教遍天下，而生民追逐聲色相生、相成、相形、相傾無常之幻妄，甚多甚多，不堪名狀矣。

是以聖人處無爲之事，行不言之教。

是以聖人靈知不昧，性相寂然，實際理地不受一塵。本無造作，而含德用廣大淵微，現身清静，顯無言之至言。示衆真常，明可道之非道。

萬物作焉而不辭，生而不有，爲而不恃。

住於無爲，而無不爲。萬行門中，不捨一法。生育萬物，以厚民生，而無生成之心。使斯民皆如堯、舜之民，皆以堯、舜之心爲心，耕田而食，鑿井而飲，鼓腹而歌，曰“帝力於我何有哉?”

功成而弗居，夫唯弗居，是以不去。

如大禹治水功成，不自滿假，不矜不伐。舜懋其德曰：“汝惟不矜，天下莫與汝争能，汝惟不伐，天下莫與汝争功。”是以功高萬世，不自居功。吾國稱禹域也。

三　章

不尚賢，使民不争。

不尚失德假仁義盜虚聲之賢，使民心清虚與世無争也。亦不尚“偈偈乎揭仁義若擊鼓而求亡子”之賢，以其亂人之性，乖乎純素之真也（本《莊子·天道》）。夫民有常性，萬物羣生，同乎無知，其德不離。同乎無欲，是謂素樸。素樸而民性得矣。及至聖人，蹩躠爲仁，踶跂爲義，澶漫爲樂，摘僻爲禮，而道德殘廢（本《莊子·馬蹄》）。民心不臧於其德矣（本《莊子·駢拇》）。夫民性同具至德，無賢無不賢。無賢可尚，尚已。若以有賢可尚而尚賢，則視不賢者罪矣，放民之争心矣。故不尚賢使民不争。此本平等深心，兼以正别，冥契法界體性之真常也。羅振玉云，敦煌本作“不上寶”。純一案，此文本作不尚賢，與下文相並爲義。作“不上寶”與下文合協，亦通，究非老子本意，姑且爲解。妙有非有，一著於有，便與道隔矣。世人愚癡，爲寶所迷，從而上之，貪緣增上，以此生死不了，至可哀憐。真人不爾，於無漏界，得大自在，且使民心清浄解脱，泯争端也。

不貴難得之貨，使民不爲盜。

難得之貨，令人行妨，貪污心動，不必穿窬，盜賊盈朝野矣。聖人賤之，使斯民皆知身多於貨，大己而小天下，則閶閻風清，夜可不閉户矣。

不見可欲，使民心不亂。

見性之人，内不見身心，外不見人物，有何可欲之妄見？環顧斯民，不知色聲香味觸法亦爲賊媒，自劫家寶。病在見有可欲，致心紛亂昏動，念念生死，無静止時，殊堪愍惻。故唯全體聖心，不見可欲，能使民心不亂。

是以聖人之治，虚其心，實其腹，弱其志，强其骨。

聖人知天下之本在國，國之本在家，家之本在身。道之真以治身，其緒餘以治國家，其土苴以治天下。故欲治天下國家，先以真道治身。虚其心者，心等虚空，一無所有也。實其腹者，養氣功深，所以續慧命也。弱其志者，恒順衆生，寓剛於柔，不敢爲天下先也。强其骨者，風節凜然，決不同乎流俗，合乎污世也。

常使民無知無欲，使夫智者不敢爲也，爲無爲，則無不治。

廣成子語黄帝“至道”曰：無視無聽，抱神以静。慎女内，閉女外，多知多敗。《莊子·在宥篇》即此祕旨。護根葆真，心氣一如，可長生也。桀、紂敢爲，凡敢爲者，不必桀、紂，皆桀、紂也。堯、舜不敢爲，凡不敢爲者，不必堯、舜，皆堯、舜也。敢爲則恣肆造罪而速死，不敢爲則恬惔發光而壽世。智者明於自治，自不敢爲，況奉教於聖人，則爲無爲必矣。爲無爲，則唯一真元太和翔洽，理無礙，事無礙，理事無礙，事事無礙，無不治矣。

四　章

道沖而用之或不盈，淵兮似萬物之宗，挫其鋭，解其紛，和其光，同其塵，湛兮似或存。

道體至虚，無量無邊，而用之或不能滿其量。甚深微妙，不可形容，萬物資始，實爲大宗。爲應羣機，言其彷彿。如金剛無堅不摧，如洪鑪無紛不解。和清光而增輝，同汙塵而不染。妙湛不動，本自無生，亦未嘗滅，而生滅宛然，恍兮忽兮似乎或存。

吾不知誰之子，象帝之先。

芸芸之衆，出一玄門，吾不知其爲何緣生。無象之象，固該無終於無始，先天地已生成。

五　章

天地不仁，以萬物爲芻狗。聖人不仁，以百姓爲芻狗。天地之間，其猶橐籥乎。虚而不屈，動而愈出，多言數窮，不如守中。

《莊子·天運篇》："夫芻狗之未陳也，盛以篋衍，巾以文繡，尸祝齋戒以將之。及其已陳也，行者踐其首脊，蘇者取而爨之而已。"芻狗是結草爲狗，古者巫祝治病禱神用之。喻人生死不了，幻生幻滅，如芻狗然。天地生之育之，聖人養之教之，不能保其長生而不死，且有以促其生而速其死。《陰符經》曰"天地，萬物之盜"，是"天地不仁，以萬物爲芻狗"也。聖人多知，又教百姓多知，知愈多而念念生滅，形成芻狗之數愈多，是聖人以百姓爲芻狗也，出生入死，永無止期。又如橐籥（風箱，喻天地），中虚愈動（喻衆生生因），而出入之數愈多，求其無知無欲，了證無生，不受後有之身不可能矣，哀哉！此示生滅門中衆生生死輪回之理，義未詳盡。大都以多知多欲入輪回，以無知無欲出輪回。究竟了義當從佛法求之。此道玄妙難以言詮，自非大覺曠照，孰能夷有無一道俗，故以小智言道，愈多言愈害道，如言生則不生窮，言滅則不滅窮，言常則不常窮，言斷則不斷窮，言一則不一窮，言異則不異窮，言來則不來窮，言去則不去窮，故曰“多言數窮，不如守中”。中者，不生不滅，不常不斷，不一不異，不來不去也。釋氏龍樹菩薩，著《中論》，泯二際，除衆生迷執也。月稱菩薩恐衆生難解，著入《中論》爲初階，無緣大悲，均無量也。

六　章

谷神不死，是謂玄牝。玄牝之門，是謂天地根，緜緜若存，用之不勤。

谷者，虛空之象，曠若寂静也。神不可見，蓋無形而爲形形之所以形，統天真元也。未有天地自古以固存，乃至天地毀滅，究竟堅固不少變，本自不死。玄者，幽遠微妙義；牝者，萬物所由出生也，即假立谷神之異名。玄牝爲衆妙之門，刻雕衆形不爲巧，物不得遯而皆存，即是天地根。終無爲也，與物爲春，而不知其極。可得而不可見，非凡迷之常，非愚執之無常，而無相之實相，相續不絕之真常也。不可謂有，不可謂無，似無存非不存，故曰“緜緜若存”。“用之不勤”者，勿庸勞力，從容中道，造次必於是，顛沛必於是，無間斷時。是不動地菩薩無功用行，證得無生法忍，故能長生。緜緜若存，明本不死；用之不勤，亦可不死；用之若勤，則死矣。

道家以丹田爲氣海，丹田即谷神、玄牝、天地根之異名，緜緜存養，吐故納新，漸斷諸漏，而得諸通，乃至宇宙在手，萬化生身，忘己濟物，同古真人，鄰於釋氏，究未若也。釋子發心等同法王，住勝義空，兼修悲智，由無間道一旦漏盡入解脱道，析理邃密，玄妙固無上矣。

七 章

天長地久。天地所以能長久者，以其不自生，故能長生。

天地不能長久，特較萬物長久，對無真知凡夫，可言長久耳。"天地所以能長久者，以其不自生，故能長生"，有生則有死，生即不能長，欲不死須不生，能不生故長生。上文言不死，此文言不死之故，在能不生。自生即私，私必速死，天地無私，故能長生。釋氏言"萬法本無生"，更微妙，老子其庶幾乎！

是以聖人後其身而身先，外其身而身存。非以其無私耶，故能成其私。

宜後宜外之身是粗色身，形也，必死者也；能先能存之身是浄妙身，真心也，本來不死者也。凡夫心爲形役，則本不死者隨必死者而流轉，是重其必死者而輕其不死者，傎已。聖人真心不爲形役，而形任心運用，故恒後其必死之身，而不死之妙身爲先導矣。必死之身本非我有，由外天下外物外生；而外之則不死之妙身，清静沖虚，至天地廢墜而常存矣。如是逍遥以游乎無窮之先，而成性存於無終之自在，可謂能成其私矣。視其所以，非以具無我見之私耶？然則世之欲成其私者，舍無私，烏乎能？

八 章

上善若水，水善利萬物而不争，處衆人之所惡，故幾於道。

上德不德，善莫如水。水發育萬物以資始，潛滋萬物以遂生，潤澤萬物以壯天地活潑之觀。本性柔和，不與物争勝負。任運安置，不與物争方圓。自體清浄，能浄物染，不爲物染，亦不與物争浄争染。衆人所惡者，卑下垢汙懦弱，水恒處之而不辭，幾乎與道無異。其於物也，無不内充，無不外護，萬物得之則活，失之則死也。

居善地，心善淵，與善仁，言善信，正善治，事善能，動善時。夫唯不争，故無尤。

"居善地"，《墨子·經説下》所謂"處下善於處上"是也。"心善淵"，潛藏寂默，深不可識也。"與善仁"，普徧施濟，如天无恩也。"言善信"，不言之言，信及豚魚也。"正善治"，止一清静，無亂不平也。"事善能"，應物變化，事事無礙也。"動善時"，動本無爲，適應機宜也。要皆由聖人無常心，後其身、外其身，與世無争而致。夫唯不争，故無咎無悔。

九　章

持而盈之，不如其已，揣而鋭之，不可長保。

盈，滿也。滿則溢，善保持之，則滿而不溢。然雖不溢，已滿矣。雖善持，已不可長保，危身之禍，已伏於目睫矣。孰若慎終於始，虚而不滿，無待矜持，戰戰兢兢之爲愈耶？故曰"持而盈之，不如其已"。《管子·白心篇》曰："持而滿之，乃其殆也。名滿於天下，不若其已也。"日極則仄，月滿則虧，極之徒仄，滿之徒虧，巨之徒滅，孰能已無已乎？効夫天地之紀。鋭，尖利也。揣，孫詒讓云"與'捶'聲轉字通"。案，孫説是也。"揣而鋭之"，使不鋭者鋭也。《墨子·親士篇》云"銛者必先挫"，《莊子·天下篇》曰"鋭則挫矣"，是其義。

金玉滿堂，莫之能守。

《墨子·經説下》云："室堂，所存也。其子，存者也。主室堂而問存者，孰存也？"言所存之室堂存，而存室堂之主亡。人命無常，雖金玉滿堂莫之能守，身與貨孰多耶？耶穌曰："富有天下而喪生命，何益？"義同。

富貴而驕，自遺其咎。

孔子傳曾子《孝經》有曰："高而不危，所以長守貴也。滿而不溢，所以長守富也。"其承老子之傳者，視墨子爲粗，出世思想薄弱故。後儒風格多不超卓，不惜決性命之情而饕富貴故。

功遂身退，天之道。

鄭商弦高犒秦師以救鄭，楚臣申包胥泣秦廷以存楚，皆功遂而身退。范蠡佐越滅吴而游五湖，張良佐漢滅秦而辟穀，皆符天不言恩之至教。知富貴無常，人命無常，不足戀也。

十　章

載營魄，抱一，能無離乎。

載，始也。“載營魄”者，“游魂爲變”（《易・繫上》）。衆生投胎之始，平等業感，如電交馳，“不疾而速，不行而至。”（《易・繫上》）由先有身，託中有身，受後有身，經之營之，三生而實一也。一者真如也。本自無生，妄生多知，大患有身，生死不了。聖人愍焉，“使民無知無欲”（三章），“復歸於無物”（十四章），則萬慮息，一心虚矣。“執一而不失，日月同光，天地同理矣。”（《管子・心術下》）故聖人抱一爲天下式。

專氣致柔，能嬰兒乎？滌除玄覽，能無疵乎？愛民治國，能無爲乎？天門闢闔，能無雌乎？明白四達，能無知乎？

知抱一矣，猶待切行，既頓悟，必漸修也。專一心氣，塞聰閉明，緣智爲經，脈結適利，息周頂踵，體膚柔和，心之所至，氣亦至焉。於是“靈臺有持，而不知其所持”（《莊子・庚桑楚》），行不知所之，居不知所爲，心無分别，無異嬰兒，心氣一如，通玄覽矣。然不滌除亦一疵纇，所知爲障。無相實相，不得圓成。故必滌除玄覽，法執始空，不爲病也。身爲國本，身既治矣，然成己而不成物，性德猶未弘也。必博愛斯民，使皆無知無欲，則國可治。蓋愛民治國之道，不容以我法私見妄自造作也。天門即衆妙之門，或閉或闔，衆妙所由出入也。雌者坤元，順承統天之乾元，資生萬物者也。喻治國者當奉天宣化，天視自我民視，天聽自我民聽，以百姓心爲心，一動一静，務使兆民無不康樂而永其壽，而我不有焉，順應統天之一元耳。由是萬物無不發育，斯民無不遂生，一一復其真常之性。此其要妙，道在治國者後身外身，天眼天耳明白四達，毫無汙世不清不虚之知見，自蔽真心而已。

生之畜之。生而不有，爲而不恃，長而不宰，是謂玄德。

之，指萬物人民。道生之，德畜之，凡以正民德厚民生也。“生而不有，爲而不恃”，見前二章。“長而不宰”，爲萬民長，長養萬民，恒順衆生，不自作主。一本不言至教，無爲神□，舉世一心而天下平，“是謂玄德，同乎大順”（《莊子・天地》本六十五章）。玄德者，微妙無上，淵深莫測之德也。

十一章

三十輻共一轂，當其無，有車之用。埏埴以爲器，當其無，有器之用。鑿户牖以爲室，當其無，有室之用。故有之以爲利，無之以爲用。

轆間空虚，則輕便利轉。《考工記》云：“利轉者，以無有爲用也。”盌中不空，則無盌用，室中不空，則無室用。空之妙用無窮，有則質礙不可入矣。故“有”爲“無”假設之便利，“無”爲“有”真實之運用。

十二章

五色令人目盲，五音令人耳聾，五味令人口爽，馳騁田獵令人心發狂，難得之貨令人行妨。

眼耳舌識，本自清淨，色聲味塵，劫之昏亂。馳騁田獵，逞貪肆殺，令妙明心，現顛倒行，非發狂乎？象有齒以焚身，匹夫無罪懷璧其罪，身不貴於金玉乎？已有貨財，且宜棄捨，以全性真。况乎未有難得之貨，奚用貪汙。是故聖人不貴難得之貨，使民不爲盗，可以保身永年也。凡愚昧焉，決性命之情而饕富貴，於是盗賊盈朝野，舉國無淨行矣。《陰符經》曰“萬物，人之盗”，可發深省。

是以聖人爲腹不爲目，故去彼取此。

爲腹者，真體内充也。不爲目者，不爲幻影眩惑也。去彼取此者，背塵合覺，大己而小天下也。

十三章

寵辱若驚，大患有身（舊“大”上衍“貴”字，有譌，“若”義不可通，今校訂）。何謂寵辱若驚？寵爲上，辱爲下，得之若驚，失之若驚，是謂寵辱若驚。何謂大患有身，吾所以有大患者，爲吾有身。及吾無身，吾有何患？故貴以身爲天下，則可寄天下。愛以身爲天下，則可託天下。

難得之貨，莫如富貴。世人貪求，狂心難歇。得之驚爲榮寵，失之驚爲恥辱，患得患失，皆有身爲大患也。設知自心真常，本無生死，身非我有，我亦本無，何身之可患？何寵辱之可驚？天下與我，本一大身，我無身患，自無寵辱得失之患。而天下之有身爲患者無限，即寵辱得失日夜數驚者無限，即是天下之大患，即是我身之大患。故貴以我之身，爲天下公有之身，真心不二故。愛天下即愛吾身，愛吾身即不得不兼愛天下人之身，盡除天下幻有之身患，即盡除天下驚寵驚辱驚得驚失之大患，而吾身始真無患，如是始可以寄天下於吾一身，由是盡天下人之身，皆可爲天下人託命之身。嗚呼，有身之爲天下患者大矣！孰知無身則無患，且使天下皆無身患！

十四章

視之不見名曰夷，聽之不聞名曰希，搏之不得名曰微，此三者不可致詰，故混而爲一。

視之不見，目非不明，以無色故。一切平等，故名曰夷。聽之不聞，耳非失聰，以無聲故。似無非無，故名曰希。搏之不得，手失握用，以無形故。妙有非有，故名曰微。雖然，學者若能一切皆不見，是爲見諦最正見。若能反聞聞自性，自覺寂音聞六合。若識甚深微妙法，當能盡得無所得。三者該理萬，萬用而體一，“方便有多門，歸元無二路”（《法華經》）也。

其上不皦，其下不昧，繩繩兮不可名，復歸於無物。是謂無狀之狀，無物之象。是謂恍惚，迎之不見其首，隨之不見其後。

在上不昭昭，在下不昏昏，繩繩同繇繇，相續不絶義。終而復始，體同虚空，無可立名。實相無相，非空非有，其大無外，無頭無尾。

執古之道以御今之有，能知古始，是謂道紀。

依止太初金剛道，以御今世之繁變，萬變不離其宗，能知古始。“執一而不失，能君萬物”（《管子・心術下》），是謂道紀。

十五章

古之善爲士者，微妙玄通，深不可識。夫唯不可識，故强爲之容。

《説文》：“士，從一從十”。孔子曰：“惟十合一爲士。”《玉篇》云：“傳曰通古今辯，然不謂之士。士固深造於道而有得者，君子也。”君子盛德若愚，“采真之游”（《莊子・天運》），與俗無忤，衆人固不識也。“夫唯不可識，故强爲之容”，容，“頌”之今字。《文選・魏都賦》張載注引《老子》此文，“容”作“頌”，頌謂頌其德，容謂勉爲形容，亦通。

豫焉若冬涉川，猶兮若畏四鄰。儼兮其若客，涣兮若冰之將釋。敦兮其若樸，曠兮其若谷，渾兮其若濁。

猶豫二獸，進退多疑，故人多疑謂之猶豫。“豫焉”“猶兮”，喻遲遲不輕舉也。“若冬涉川”，喻敬慎无妄也。“若畏四鄰”，喻必慎其獨，如十目所視，十手所指也。“儼兮其若客”，如賓嘉會，威儀逮逮也。“涣兮若冰之將釋”，喻如春風解凍，陽和廣被也。“敦兮其若樸”，厚重質實，無華飾也。“曠兮其若谷”，虚懷謙下，廣大能容也。“渾兮其若濁”，性行和易，諧俗同塵，不敢清明立異也。

孰能濁以静之徐清。

舉世皆濁，孰能知止而定，定而至静，心境澄徹，從容中道，復於清静。

孰能安以動之徐生（“徐”當作“無”）。

“徐”字義不可通，疑本作“無”，承上而誤，世無解人，沿僞至今。若作“徐生”，生則必死，豈不冤煞老子。言或絶世緣而習静，非真能静者也。唯能知止而定，息心無爲，安於所止。居塵出塵，如如不動。不動而動，動無生相，斯爲得之。

保此道者不欲盈。夫爲不盈，故能蔽不新成。

保此無生之道者，最忌我慢。不欲盈，不自滿也。唯不自滿，故韜光養和，不與濁世競無常不净之聲華，始能圓成，故有實性也。天下真實之妙理無新成者，凡新成者皆有爲法，如夢如幻，種生死苦因而已，故不新成。

十六章

致虚極，守静篤，萬物並作，吾以觀其復。夫物芸芸，各復歸其根。歸根曰静，静曰復命，復命曰常。

虚即是空。致虚即“爲道日損”，損之又損，損之至於無可損以至於無爲，則“致虚極”。空盡羣實，而真空不空，真現量現前矣。此由守静至篤，湛寂無動而致。於時心境俱空，了知萬物與我爲一，本皆無也。而萬法緣生，競陳萬象，世間虚妄，何堪實執？觀其終始，復歸無物。既由不生滅而生滅，生滅無常，必復歸於不生滅。離言絶相，唯以空慧觀照得之。夫萬物芸芸，一一同出於一根，必一一復歸其根。因動而出，動極知妄，止妄須静，静同於根，知歸宿矣。萬物之壽夭假名曰命，動則夭，静則壽。根無生死，能不妄動，是謂復命。物不歸根，決不能静。静以復命，則不生不滅，唯一真心，雖天地廢墜而自如，可謂常矣。

知常曰明，不知常，妄作凶。

常者，周徧真心之一假名，非有之妙有也。凡夫以無常爲常，固不知常。愚者執一切無常，不知有非無常者。非一切無常，亦不知常。唯聖人了證真空不空，知有本極清静之真常。土芥王侯，等視衆生，興無緣慈，起同體悲，心住無爲，斷恒沙惑，開敷浄眼，寂照無夜，可謂明矣。不知常者，蠅營魏闕，狗苟市廛，恣己貪行，肆害他命，不解福樂，即是禍殃。無知妄作，自取滅亡，凶矣。

知常容，容乃公，公乃王，王乃天，天乃道，道乃久，没身不殆。

聖人真知，心體真常，包裹太虚，廣大無邊，萬象森羅，無物不容。至公無私，天地人而一之，王德具矣。王德既具，譬如天地之無不持載，無不覆幬，譬如四時之錯行，如日月之代明，萬物並育而不相害，道並行而不相悖。恒住無爲，裂有爲之漏網。順應無生，登無死之春臺。其爲道也。健行不息，悠久無疆，浩浩其天，没身不殆。

十七章

太上，下不知有之（日本刊蘇轍注吴澄注合本校文有“不”字）。其次，親之譽之。其次，畏之。其次，侮之。信不足，有不信，猶其貴言，功成事遂，百姓皆謂我自然。

太上無爲，上德不德，德普被下於無形，故下不知上之有德也。其次有爲不失德，政尚仁義，是爲下德。下知上之有德，故親之譽之。其次無德，假仁假義，以刑威之，故下畏之。其次悖德，並不知有仁義，習尚虚僞巧言，刑亦不足以威之，民不畏死，故侮之。德薄位尊，不足見信於民，故下無信之者。乃在上不自知其無德，不足以化下，猶且貴言，教令文章，詞工浮僞，且自詡爲功成事遂矣。而百姓側目，皆謂功之所以成，事之所以遂者，我之自爲爾，豈如上之所言哉，無乃貪天之功乎。

十八章

大道廢，有仁義。智慧出，有大僞。

太初大道，彌綸民所，人皆樸素，無爲生厚。無庸煦煦爲仁，孑孑爲義也。自失道而有德，失德而有仁，失仁而有義，失義而有禮，汙世智慧朋興矣。智慧者，巧飾欺詐之淵源也。故曰大道廢有仁義，智慧出有大僞。《莊子·天地篇》云："至德之世，不尚賢，不使能，上如標枝，無居上心，民如野鹿，無所畏懼。端正而不知以爲義，相愛而不知以爲仁。"《馬蹄篇》云："道德不廢，安取仁義。""夫殘樸以爲器，工匠之罪也。毁道德以爲仁義，聖人之過也。至德之世，其行塡塡，其視顛顛，……同與禽獸居，族與萬物並，惡乎知君子小人哉？同乎無知，其德不離。同乎無欲，是謂素樸。素樸而民性得矣。及至聖人蹩躠爲仁，踶跂爲義，而天下始疑矣。"於是上以智慧督下，下以智慧報上，與接爲搆，日以心鬬，爾詐我虞，其僞大矣。故曰以智治國國之賊，不以智治國國之福（六十五章）。

六親不和有孝子，國家昏亂有忠臣。

六親，父母伯叔兄弟也。六親和睦，孝行不著。是以虞舜俞聞於瞽瞍，申生恭命於驪姬也。成玄英疏："至治之時，忠誠不見。昏亂之世，貞節斯彰。"是以龍逄名芳於夏桀，比干與美於殷紂也。

十九章

絶聖棄智，民利百倍。絶仁棄義，民復孝慈。絶巧棄利，盜賊無有。此三者以爲文不足，故令有所屬，見素抱樸，少私寡欲。

《韓非子·詭使篇》云："聖智成羣，造言作亂。"《莊子·在宥篇》云："絶聖棄智，天下大治。"蓋亂世之於竊國者，欺世盜名者，皆聖智也，皆使民流離失所，大不利者也。倘聖知絶迹於天下，天下將不亂於德，不悖於理，反於清虛恬静，各安其性命之正矣。故曰"絶聖棄智，民利百倍"。仁義本治世治國之粗具，而亂世之仁義，經亂世之聖智造作之，盡失其真。"説仁邪，是亂於德也。説義邪，是悖於理也。"（《莊子·在宥》）皆所以欺天下之市招也。仁義本孝慈而擴張，仁義之交接於人世者，既已乖方，則孝慈之因應於家庭者，未必中繩。化道不淳，習皆非而成是也。設此僞仁僞義，一旦泯滅，將孝慈之流露於天性者，即可復其初。故曰“絶仁棄義，民復孝慈”。五十七章云：“民多利器，國家滋昏。人多伎巧，奇物滋起。”以伎巧利器金玉之屬，皆難得之貨，令人眩惑，心生覬覦者也。自來對境寂然，心無貪染者幾人？《禮·樂記》云：“夫物之感人無窮，而人之好惡無節，則是物至而人化物也。人化物也者，滅天理而窮人欲矣。於是有悖逆詐僞之心，有淫泆作亂之事，是故强者脅弱，衆者暴寡，智者詐愚，勇者苦怯。”舉世皆盜賊矣。故欲盜賊無有，莫如絶巧棄利也。聖智、仁義、巧利三者，以爲文教法令，不足以治天下，不足以欺天下。故在上者，當知治國在有真道治身，令諸所屬，莫不見素抱樸，少私寡欲，建立無爲之基。爲無爲則無不治也。此老子所以破世俗之僞，使人融真入俗，即俗全真也。

二十章

絶學無憂。

學者，政教禮樂文物制度之屬，增進世智辯聰，遠離無爲妙理，令人汩没性靈促短慧命者也。求得學者，情欲目熾，文飾日工，逐境迷心，娱樂是期，不解娱樂即是壞苦。聖人愍焉，蒿目憂之，學者不悟，苦苦現前，無可逃避，悔無及矣。《莊子·繕性篇》曰：“繕性於俗學，以求復其初。滑欲於俗思，以求致其明。謂之蔽蒙之民。附之以文，益之以博，文滅質，博弱心，然後民始惑亂，無以反其性情而復其初。古之所謂得志者，非軒冕之謂也。謂無以益其樂（性具萬德樂無量故）而已矣。今之所謂得志者，軒冕之謂也。軒冕在身，非性命也。物之倘來，寄也。寄之其來不可圉，其去不可止。故不爲軒冕肆志，不爲窮約趨俗。其樂彼與此同，故无憂而已矣。今寄去則不樂。由是觀之，雖樂未嘗不荒也。故曰喪己於物，失性於俗者，謂之倒置之民。”唯真人真樂内足，至常無憂，不待外求。俗學求樂，適以積憂，故曰“絶學無憂”。

唯之與阿，相去幾何？善之與惡，相去幾何？

唯，正應聲。阿，瞻徇聲。直與曲異，而爲善解人意同，相去無幾何也。“善之與惡，相去幾何?”自來注者不解其義，訓善爲美，改“幾”爲“若”，未免厚誣老子，今校正以復其舊。善與惡就世俗淺人言，絶對相反。詎知有即善是惡者，如後儒推崇孔子爲至聖，尚仁義，善矣。不知老子[①]曰：“仁義，先王之蘧廬，止可以一宿，而不可以久處。古之至人，假道於仁，託宿於義，以遊逍遥之墟。逍遥，無爲也。謂是采真之遊。”（《莊子・天道》）。仁義不能合乎天地不言之大美（《莊子・知北遊》），天地有大美而不言，則惡矣。至有亂德之仁，悖理之義（《莊子・在宥》），惡更甚矣。孔子救魯，子貢一出，存魯，亂齊，破吴，强晉，而霸越（《史記・仲尼弟子列傳》）。救魯則善，滅吴則惡，大聖大賢，害人利己，無異常人，善乎惡乎？孟子言性善，荀子言性惡，皆不知性之真諦而浪言。後儒盲從孟子以爲善，於是阻止後世學者終不知性之真，惡孰大焉。莊子曰：“與其譽堯而非桀也，不如兩忘而化其道。”（《大宗師》）明譽善非惡，皆世俗之見，不如善惡兩忘，而化於一真爲愈也。蓋堯、桀之善惡，俗儒以爲相去甚遠，而堯、桀爲善爲惡之真性，真人知其不二也。況桀之爲惡，身死爲僇於天下，至今毁之不已，即示後世不可爲惡之善教乎？俗諦有善惡，真諦無善惡，故曰“善之與惡，相去幾何”。此唯老、莊、孔、墨及精研佛學者知之。孟子以下學者，抵死無由聞知者也。萬仞宫牆，蔽其明（目精也）。更如韓退之自以性有上中下三品，昭示後人，是善。不知性無三品，遺誤後人，是惡。退之能讀墨子，謂孔、墨相爲用，是善。不知孟子非墨兼愛，即是非孝，即是孔、墨不能相容，害□之至，是惡。又謂孟子醇乎其醇，是善。不知孟子不了兼以正别之義，所謂萬物皆備於我者爲何，即謂萬物皆備於我，又謂犬之性非牛之性，牛之性非人之性，自相矛盾。立言自相矛盾，見道不圓可證，烏能領導後人？謂之大醇而小疵可也，謂爲醇乎其醇，足見退之無

① 老子，誤。應爲莊子。

識，致令後人不知祛妄求真，是惡。退之能文，不知道其雄於文是善。而《原道》一文，攻擊佛老，不知老子之道，高於孔子，上齊黄帝、堯、舜，佛法甚深無上，更精微廣大於老。以素無研尋，坐井觀天之陋見，并楊、墨而闢之，遺誤後人，不求性道之大全而失其真，罪莫大焉，謂非惡乎？卒之學劣於湘姪，詞窮於顛僧，竟不知悔，爲文懺罪以贖前愆，是則純惡，無善可言。而世皆不知其非，亦足徵善之與惡，相去無幾矣。

人之所畏，不可不畏。荒兮，其未央哉。

善之與惡，勝義無有，而世諦宛然。積善致祥，積惡致殃，理有固然也。五十九章云“重積德則無不克”。七十三章云：“天之所惡，孰知其故，聖人猶難之。天之道不争而善勝，不言而善應，不召而自來，繟然而善謀。天網恢恢，疏而不失。”因業感報，如影隨形。故《中庸》云：“道也者，不可須臾離也。可離，非道也。是故君子戒慎乎其所不睹，恐懼乎其所不聞，莫見乎隱，莫顯乎微，故君子必慎其獨也。”一念惡因，該苦果海，出離無期，甚可畏也。故曰“人之所畏，不可不畏”。荒者，廣遠無邊際也。未央者，悠久無盡時也。《管子·内業篇》曰：“道滿天下，普在民所。”《心術上》曰：“天之道，虚其無形，虚則不屈。”屈，竭也。不屈，義與未央同。天道横遍八荒，竪窮三世，鬼神盛德，體物不遺（《中庸》）。祕藏自心，（《管子·内業篇》云：“凡物之精，此則爲生，下生五穀，上爲列星。流於天地之間，謂之鬼神。藏於胸中，謂之聖人。”）幸勿放逸。“懼以終始，其要无咎”（《易繫下》）。

衆人熙熙，如享大牢，如登春臺。

熙熙，縱情欲也。《列子·楊朱篇》“熙熙以俟死”。《釋文》：“衆人沈淪生死，不知可畏，熙笑自娱也。”享亨音同。牛羊豕三牲具，謂之太牢。“如享太牢，如登春臺”，縱欲無度，樂而忘憂也。

我獨泊兮其未兆，如嬰兒之未孩，儽儽兮若無所歸。

泊，“怕”同。《説文》：“怕，無爲也。”言我心極恬静淡泊，不起分别，如未解笑之嬰兒，無所感覺然，喻心境俱泯也。儽儽，佇立不動貌。喻厭離世情，無動於中，又非倦遊思歸者比。以沖虚真心，周徧大千，本無來去，采真之遊，無在而不逍遥。故曰“儽儽兮若無所歸”。

衆人皆有餘，而我獨若遺。我愚人之心也哉，沌沌兮。

衆人皆有所積，引業令滿。我獨外身，一切遣除，若遺世而獨立。我之宅心渾渾沌沌，與世俗之聖智異，甚愚芚也。

俗人昭昭，我獨昏昏。俗人察察，我獨悶悶。澹兮其若海，飂兮若無止。

生滅之聰明，愈大愈苦。不生滅之愚芚，勝於生滅之聰明，其樂無量。澹，恬静也。若海，量弘無涯也。飂，《説文》“高風也”。若無止，動亦無形，無著無繫，逍遥游於無何有之鄉也。永明壽禪師云：“風性本不動，以緣起故動。”倘風本性動，寧有静時哉？密室中若有風，風何不動？若無風，遇緣即起。非特風爲然，一切法皆然。此緣起無生之旨也，可以玩索“若無止”之意。有僧問招賢禪師曰：“如何轉得山河國土歸自己？”師曰：“誰問山河轉，山河轉向誰。”圓通無兩畔，法性本無歸。可神會。

衆人皆有以，而我獨頑似鄙。我獨異於人，而貴求食於母。

衆人皆有作爲以速死，我獨冥頑無所作爲以長生，似甚鄙陋也。我獨異於衆人者，所貴異，所求異也。食，養也。眼以睡爲食。母，河上公注“道也”。衆人所貴者，色聲香味觸塵，乃至權位貨利，求以爲口體之養，適以戕性而已。我所貴者，真常之道，惟求精進於道，養性以長生，舍此無他求也。若一涉於“有”，即是貪著，與道背矣。故我獨異於人。

二十一章

孔德之容，惟道是從。道之爲物，惟恍惟惚。惚兮恍兮，其中有象。恍兮惚兮，其中有物。

大德之人，無所不容，在在合道，一而不二也。恍惚，與“彷彿”同，言道不可視聽，體物不遺。實相無相，顯陳萬象也。

窈兮冥兮，其中有精。其精甚真。其中有信。

渺茫之中，備具精靈。真實不虚，萬驗無差。

自古及今，其名不去，以閲衆甫。吾何以知衆甫之狀哉，以此。

閲，覽也。甫父通，始也。道雖無形，宇宙萬有，資始於此。澄心玄覽，於本無名，假立道名，孰能須臾離而去之。孰知衆甫之狀，即道之狀。衆甫無狀，皆一道無狀之狀。吾何以知之？以深不可識之道而知之。

二十二章

曲則全，枉則直，窪則盈，敝則新，少則得，多則惑，是以聖人抱一爲天下式。

曲之爲德，成全萬物而不遺。蓋湛寂性體，無德不備者也。無枉無直，無窪無盈，無敝無新，攝至多於至少，而爲萬有所從出唯一絶對之真元也。姑分述其義相，曲則全者，《莊子·天下篇》曰："人皆求福，已獨曲全，曰苟免於咎。"以禍伏於福，故不求福，衹求無過，惟曲屈而後能全性保真也。枉則直者，四十五章云："大直若屈。"枉、屈義同，明大直之至理，寓於不必勢直之枉曲也。窪則盈者，虚斯能受，無所不受，設盈則一物不能容也。敝則新者，萬物成住壞空，無或停時，即新即敝，不敝不新也。《管子·正篇》曰："萬物崇一。"崇古通宗，言萬物宗於一，一爲萬物之大宗，故紛馳於萬有則惑，"守一而棄萬苛"（《管子·内業》）則得。《淮南子·原道訓》曰："一之理施四海，一之解際天地。得一之道，以少正多。"故聖人抱一爲天下式，式，法也。

不自見，故明。不自是，故彰。不自伐，故有功。不自矜，故長。夫唯不争，故天下莫能與之争。

自見者，我見滋惑也。自是者，我執昭尤也。自伐者，我貪罪著也。自矜者，我慢短露也。不争者，平等心捨，無自見、自是、自伐、自矜之動念也。天下莫能之争者，萬善畢歸，足令天下争心自息也。

古之所謂曲則全者，豈虛言哉！誠全而歸之。

曲則不自見，不自是，不伐不矜，與世無争，其德全矣。道積於厥躬，成己成物，攝萬有歸一心，十方世界現一全身，是無不歸之真歸。古之所謂曲則全者，豈虛言哉。

二十三章

希言自然。

十四章云："聽之不聞名曰希。"希者，似無非無也。希言者，不言之言也。《論語》曰："天何言哉，四時行焉，百物生焉，天何言哉!"（《陽貨》）。是猶"高山流水是廣長舌，翠竹黄花無非般若"之旨。《維摩經·不二法門品》文殊以無言顯無言，維摩不以言不以不言，默然收前言語，誠妙諦也。自然，印度有此外道。此當作"法爾無生"解。趙州問南泉如何是道，泉曰："道不屬知，不屬不知，知是妄覺，不知是無記，若真達不疑之道，猶如太虛，廓然浩蕩，豈可强言邪?"

故飄風不終朝，驟雨不終日，孰爲此者天地。天地尚不能久，而況於人乎。

道本無生，有生則有滅。萬法無常，故貴無爲，"與無終始者爲友"（《莊子·天下》）。《四十二章經》云"觀天地，念非常"，況飄風驟雨乎?"斯人生命，在呼吸間"（同上），可以悟矣。

故從事於道者（舊衍"道者"二字，據《淮南·道應訓》删）同於道。德者同於德得同。失者同於失。同於道者，道亦樂得之。同於德者，德亦樂得之。同於失者，失亦樂得之。信不足，有不信。

專從事於道者，知自心具足萬德，與道不二，特患心不一於道耳。苟能心境俱泯，即與道同。不知心與道一，惟道是求，而得道（即德）或多或少者，其得福樂之多少如其量。至不求道，而失道或多或少者，其失福樂之多少亦如其量。道也者，無道之至樂（《禮·孔子閒居》）。寂音聞六合。"内和外順"（《禮·樂記》），得失由人。故同於道者道樂與同，同於德者德樂與同，同於失者失樂與同。生者自以得其生，死者自以得其死，禍福無不自己求之者（《孟子·公孫丑上》）。《管子·白心篇》曰："道者，小取焉則小得福，大取焉則大得福。盡行之而天下服；殊無取焉，則民反其身不免於賊。"義同。無如衆人識淺，罔聞道妙。背覺含蘊，不起正信。或有信者，信不真切，等於不信。無知妄作，自取滅亡（《陰符經》），可哀愍也。《華嚴經》曰："信爲道之功德母。"旨哉。

二十四章

企者不立，跨者不行。自見者不明，自是者不彰，自伐者無功，自矜者不長。

企，《説文》"舉踵也"。妄圖進取，時不能久，終無所以自立也。跨，《説文》"渡也"。仗他物暫渡者，不能終生安行也。觀於飄風驟雨，可資深省。當從脚踏實地，確能安身立命，不假外力，來去自在處用功也。"自見者不明"四句，與二十二章文反誼同，解已見前。《書·説命》中曰："有其善喪厥善，矜其能喪厥功。"明德不進，而功難成也。

其在道，曰餘食贅行，物或惡之。故有道者不處。

自見、自是、自伐、自矜，於道爲唾棄之食，贅疣之行，招人惡嫌。具真知者恥之。

二十五章

有物混成，先天地生。寂兮寥兮，獨立而不改，周行而不殆，可以爲天下母。吾不知其名，字之曰道，强爲之名曰大。

有物混成，釋典所謂法界體性無分别也。先天地生，《莊子·大宗師篇》所謂"未有天地，自古以固存也"。寂，妙湛不動也。寥，廣廓無邊也。獨立絶諸對待，無可比擬也。不改，天地毀滅，終如故也。“周行不殆”，總乎宇宙，健行不息也。“可以爲天下母”，萬物皆資生焉而不匱也。“不知其名”，不可思議，不可得而名也。“字之曰道”，一切行動，莫能外也。“强爲之名曰大”，其大無外，本不可名狀也。《莊子・知北游篇》曰：“道不可聞，聞而非也。道不可見，見而非也。道不可言，言而非也。知形形之不形乎，道不當名。”名從世俗假立也。

“有物”二字，文過簡略，未若釋典言“真如”，言“法界”，或“一真法界”，“不思議界”，“如來界”，“無漏界”，“金剛界”等等 。所以名實相無相者，意義美滿也。

大曰逝，逝曰遠，遠曰反。

大無不容，周流無滯，無遠弗屆，“無往不復”（《易・泰》）。《淮南子・原道訓》曰：“神託於秋毫之末，而大宇宙之總。”言大在小中，即無小無大。《管子・心術上》曰：“無所位赳，故徧流萬物而不變。”言不逝而逝。又曰“道不遠而難極也”，言遠在近中，即無近無遠。又《白心篇》曰“責其往來，莫知其時”，言本無往反。此時從俗諦言耳。

故道大，天大，地大，人亦大（“人”舊譌“王”，陋儒妄改，今據下文並《説文》正)。域中有四大，而人居其一焉。

天大地大，不過大道中一彈丸耳。吾人之心，量包太虚，與道同大。涵育無盡天地，道且因人而益彰其大。故人在無邊疆域中，雖並“道”與“天”“地”爲四大，實居四大中之首大。

人法地，地法天，天法道，道法自然。

地一大塊土耳，人靈於地，何以法地？地無私載，順承真常至道，發育萬物峻極於天，法天無私覆故。天以在顛得名，一大積氣耳，然具法性，廣大淵微，神妙莫測。本無而有爲世諦，似有而無爲真諦。假生假死爲世諦，不生不死爲真諦。天無自性，緣道爲性，道亦假名，緣無生法，具足無漏功德假名自然者爲性。自然者，“法爾無生”義，能生萬法之宗法也。

“道法自然”句，未免頭上安頭，似非《老子》之舊，上文“道大”

上無“自然”可證。疑此文原作“道本自然”，猶《莊子·大宗師》所謂自本自根，未有天地自古以固存也。後人見上文“法地”、“法天”、“法道”，改“本”爲“法”，謬以千里矣。此文由法地、法天、法道，由實而虛，虛而至虛，可謂引人入勝矣。然究未免著相，未若佛法有空雙遣精湛。

二十六章

重爲輕根，静爲躁君，是以聖人終日行不離輜重。雖有榮觀，燕處超然。

觀樹葉輕於枝，枝輕於幹，幹則重甚，故知重爲輕根。一切有爲法，生滅無常，躁甚，而司有爲法之命者，無爲法，本甚静也，故知静爲躁君。聖人者，正知正見之人。輜重，載器物糧食車也，常在軍後，其重要等於三軍之司命也。聖人無爲，居衆人後，如輜重然，亦無不爲。終日清静，無輕躁行，造次顛沛，必不違仁，恒安居於性命之正而無或失，且有足以資益衆生之慧命，俾無後顧憂者。無以形容，幾若行軍不離輜重也。輜重，喻一切衆生所以能養生永命之真元也。聖人静觀世間，習非成是，變苦爲甘，不勝哀愍。心超物表，雖有殊榮異寵之場，無動於中，安寧自在也。

奈何萬乘之主而以身輕天下。輕則失根，躁則失君。

奈何德薄位尊，萬乘之主，重視天下，據爲己有，而輕身以殉之邪！詎知古之真人，大己而小天下，能外天下外身以存身。於是寄天下於一身，使天下人之身，皆不必爲萬乘之主，皆可以託天下。可謂知本，可使南面矣。蓋厚重宅心，不舍本而逐末，鎮静燕處，不騖外而忘身，了知“輕則失根，躁則失君”故。

二十七章

善行者無轍迹，善言者無瑕謫，善數者不用籌策，善閉者無關楗而不可開，善結者無繩約而不可解（五“者”字從“景福本”、“廣明本”、“傅奕本”增）。

車轍馬迹，善行者無行相，故無轍迹。如天起雲，忽有還無；如鳥飛空，當處消滅也。“善言者無瑕謫”，《詩·豳風·狼跋篇》“德音不瑕”，義同。無瑕，自無可譴謫也。籌策所以計數，善數者明了於心，不須也。拒門木，横曰關，竪曰楗。善閉者，清静爲天下正，賊心盡息，無思不服，德門弘開，嚴於堅閉，何勞關楗。《説文》：“繩，索也。”“約，纏束也。”善結者，化普無爲，心心相印，自他不二，分無可分，繩約奚爲？

是以聖人常善救人，故無棄人。常善救物，故無棄物。是謂襲明。

一切含靈，妙明真心，與聖人同。聖人了知物我一如，破其執情，化除人相及衆生相，一體真常，無凡不輔矣。釋氏《圓覺經·普眼章》：“性清净故，一身清静。一身清静故，多身清静。多身清静故，如是乃至十方衆生圓覺清静。覺性徧滿，清静不動，圓無際故。”是以聖人慈護衆生，“常善救人故無棄人，常善救物故無棄物，是謂襲明。”襲明者，因一切衆生，本具妙明真心。由聖人妙明真心感而通之，即無不明也。

故善人者，不善人之師。不善人者，善人之資。不貴其師，不愛其資，雖智大迷。是謂要妙。

人之善與不善俗諦異，而所以善與不善之真心同。既本真而有俗，當化俗以全真。善人能化不善人同歸於善，則善人可貴，師道尊也。不善人既同化爲善人，則不善人即善人可愛之資也。由是不善人日少，善人日多，善與不善互爲師資，宜乎智者無不貴之，無不愛之。設不善人不貴其師，善人不愛其資，則我見甚深，雖智大迷。孰知無爲之化，能除我執，善與不善，人與非人，一切平等，是謂“要妙”。

二十八章

知其雄，守其雌，爲天下谿。爲天下谿，常德不離，復歸於嬰兒。

六十一章云："牝常以静勝牡，以静爲下，大者宜爲下。"牝，雌也；牡，雄也。《爾雅·釋水》李注："水出於山入於川曰谿。"雌静於雄，故能勝雄，能使雄者甘屈而下，就猶水之出山入川爲谿然。是"處下善於處上"（《墨子·經説下》），"上德若谷，以静勝也"（四十一章）。故"知其雄，守其雌，爲天下谿"。真常之德，"不雄成"（《莊子·大宗師》），恒雌伏，忘懷沖虚，爲天下谿，體合爲一，無間隔矣。於是胸無愛憎，不辯是非，常處卑下，復歸於嬰兒，返於性之初矣。

知其白，守其黑，爲天下式。爲天下式，常德不忒，復歸於無極。

白，明顯也。黑，晦暗也。知白守黑，不自見也，是爲玄德。舉天下之白黑，無不在此寂照中，而莫能遠遁也，故可爲天下法式。以此全性葆真，常德不忒，"日用其德，渺渺乎如窮無極"（《管子·内業》），明見自性全體矣。

知其榮，守其辱，爲天下谷。爲天下谷，常德乃足，復歸於樸。

二十六章云："雖有榮觀，燕處超然。"以世榮非榮，不攖心也。四十一章云"大白若辱"。大白，顯揚也。衆人以爲榮，有道者若受辱也。七十八章云："受國之垢，是謂社稷主。"明德量廣廓，能任天下之重，故能受邦人不能受之辱也。以榮於己無加，辱於己無損。本無榮辱，假名榮辱。爲破世人迷執，故"知其榮，守其辱，爲天下谷"。爲天下谷者，空無所有，能容衆流也。能容衆流，實無衆流可容，并無能容所容之相，常德乃足。一切色象，無相可著，其守愈下，其德愈淳，密契真常，復歸於樸。大德敦化，微妙玄通矣。此文知雄守雌，知白守黑，知榮守辱三項，讀者當知非平列，是遞進，由淺入深，層次井然。易順鼎謂有後人竄入之語，馬敘倫是其説，不可從。

樸散則爲器，聖人用之則爲官長。故大制不割。

樸者，純素無文，大千世界所有萬法，莫不歸空也。然由一樸之總和，散而爲萬有。於亂世間，“建國設都，乃作后王君公，維辯使治天鈞。”（《墨子·尚同中》）貴乎忘己，利濟羣生，“德總天地”（《墨子·尚賢中》），兼以正别（《墨子·兼愛下》），復歸於樸。一切“以百姓心爲心”（四十九章），一本無爲而治，雖關大體，有所制作，而無割裂以傷民也。

二十九章

將欲取天下而爲之，吾見其不得已。天下神器不可爲也，爲者敗之，執者失之。

天下者，天下人之天下，孰能取而爲之。將欲取天下而爲之者，吾見其徒勞無功，自身既精疲力竭，不得自在，不能永年而保其無失；又啓亂臣賊子簒逆之心，防不勝防，首領堪虞，終於不得已也。何也？天下神器，非有非無，不可以有爲取也，不可取而自爲之也。耳目徧寰宇，不容藏拙於無形。巧詐勝一時，安能契機於萬事？既自苦以苦天下，至天下不勝其苦，怨聲沸騰，而自身愈不堪其苦。卒不悟其所爲之非計，而猶固執己見，盡失天下之人心，勉與天下周旋，至是“危如朝露，亡可翹足而待”矣（《史記·商君列傳》）。故曰“爲者敗之，執者失之”，是以聖人無爲故無敗，無執故無失（六十四章）。

故物或行，或隨；或呴，或吹；或强，或羸；或載，或隳。是以聖人去甚，去奢，去泰。

物指“天下人”言，人之性行不同，與世相接，情狀萬殊。或行而倡，或隨而和（《管子·白心篇》曰：“人不倡不和，天不始不隨。”）；或呴而嫗，或吹而嘘；或强而優，或羸而劣；或載而成，或隳而毁。聖人無爲，因而裁之。去甚、去奢、去泰，勿令太過而已。總“以百姓心爲心”（四十九章），“舍己而以物爲法”（《管子·心術上》），在在因天下謀便利，無敢妄自造作傷物也。

三十章

以道佐人主者，不以兵强天下，其事好還。

以道佐人主者，本平等真心，自利利他，增進天下福樂；決不以刼奪殘殺之罪惡，陷天下於兵刃之苦。況殺人之父人亦殺其父，殺人之兄人亦殺其兄（《孟子》）。其事好還，理至明也。夫差以兵敗齊越，而身死吴亡。知伯以兵攻范趙，而身死地盡。秦吞六國而自滅絶，烏可以兵强天下邪？孟子曰，“君不鄉道，不志於仁，而求爲之强戰，是輔桀也。”（《告子下》）故以道佐人主者，不以兵强天下。

師之所處，荆棘生焉。大軍之後，必有凶年。

師，行軍之衆也。其所居處，“芟刈其和稼，斬其樹木，墮其城郭，攘殺其牲牷，勁殺其萬民，覆其老弱，遷其重器”（《墨子·非攻下》）。都市爲墟，荆棘叢生，田畝荒蕪，無人耕稼，“五穀不收”，“歲凶民饑”（《墨子·七患》），大軍之後必有之現象也。《文子·纘義》曰：“天人一氣，隱顯相通，和氣致祥，殄氣致殃，未有不由人主者也。”

善者果而已，不敢以取强。果而勿矜，果而勿伐，果而勿驕，果而不得已，是果而勿强。

《左氏宣二年傳》“殺敵爲果”。善守禦者，殺敵自衛足已，不敢自豪。杜以兵强天下之漸也，且對上不敢矜，對他不敢伐，對下不敢驕，因殺敵已違乎宇宙萬有一本之仁也。若矜若伐若驕，是樂殺人也。全性之真，本宜以德報怨。今殺敵以止殺（《司馬法》“殺以止殺”），固出於不得已，非敢以取强，等於“不知常者妄作凶也”（十六章）。此墨子兼愛非攻，而嚴守備之祕旨。

物壯則老，是謂不道。不道早已。

萬法無常，“日中則昃”，“月盈則虧”（《易·豐》、《史記·蔡澤傳》）。物不能有盛而無衰，既壯必老，非如無爲道體，雖至天地廢墜終古不變者比。十五章云，“保此道者不欲盈”，教人祛妄反真同。

三十一章

夫佳兵者不祥之器，物或惡之，故有道者不處。

王念孫云："佳，古'唯'字。"盧文弨云："佳者，以爲嘉美而喜悦之也。佳兵之人，是天下之至不祥人也。"《墨子·非攻下》曰："師之興也，久者數歲，速者數月。上不暇聽治，士不暇治其官府，農夫不暇稼穡，婦人不暇紡績織紝，則是國家失本而百姓易務也。"又與其散亡道路，飢寒疾病轉死溝壑中者，不可勝計。"其不利於人，爲天下之害厚矣。"故有道者，不用兵也。

君子居則貴左，用兵則貴右。兵者不祥之器，非君子之器，不得已而用之。

用兵不貴左，明兵非君子所尚，賤之也，出於不得已也。

恬澹爲上，勝而不美。而美之者，是樂殺人。夫樂殺人者，不可以得志於天下。

君子心先清浄，恬淡爲上，豈樂殺人？故用兵雖勝亦惡。自古得志於天下者在德樂，殺人者亡無日矣。

吉事尚左，凶事尚右。偏將軍居左，上將軍居右。言以喪禮處之。殺人之衆，以悲哀泣之。戰勝以喪禮處之。

天地有好生之德，順之者吉，逆之者凶，理有固然也。天地之性人爲貴，與師殺人之事，上將軍視偏將軍尤凶，故處以喪禮居右也。性德之真，人已不二，忍心殺衆而戰勝，得毋興同體之悲，下同情之淚，視被殺之衆，同骨肉之親。處以喪禮，保全太和以存性乎？

三十二章

道常，無名，樸雖小，天下莫能臣。侯王若能守之，萬物將自賓。

道之真常，玄妙莫測，不可名狀。質樸無華，細極微塵，德總宇宙，固萬有之大宗也。侯王若能“置常立儀”，“固其所守”（《管子·白心》），執一而不失，能君萬物（同上，《心術下》）。

天地相合，以降甘露。民莫之令而自均，始制有名。名亦既有，天亦將知止。知止不殆。

天道下濟而光明，地道卑而上行（《易·謙》），元氣彌綸，涵濡萬物，如甘露之飲人以和，無不周徧，無有等差，“普在民所”（《管子·內業》），應用無窮，至均平也。始制道名，俾衆知歸，不迷歧路，坦然安適，無障無礙，逍遥自在。

譬道之在天下，猶川谷與江海。

道在天下，潤利萬有，徧一切處，周流無滯，任人取用，無盡竭時。小取焉則小得福，大取焉則大得福，猶川谷與江海，無不隨緣利濟也。

三十三章

知人者智，自知者明。勝人者有力，自勝者强。知足者富，强行者有志。

“知人者智”，《書·皋陶謨》曰：“知人則哲，能官人也。”有知人之智，尤貴能自知其短，斯心本明無所蔽也。力能勝人者强，而力能自勝其妄，斯物莫能侮之，真强也。《史記·商君傳》“趙良曰，反聽之謂聰，內視之謂明”，自勝之謂强，由此義也。“知足者富”，《論語·子路篇》子謂衛公子荆善居室，“始有曰苟合矣，少有曰苟完矣，富有曰苟美矣。”故知足者常足，心無物累，隨處解脱。孰知少積貧人知足之富，富於積貲萬億不知足之富人萬倍耶？知足者，無求不辱，常樂永年，子孫賢。不知足者反是。“强行者有志”，《墨子·修身篇》曰“君子力事日强”，“志不强者智不達”，故自强不息者，有志竟成。

不失其所者久，死而不亡者壽。

所，境也。《書·召誥》曰：“王敬作所，不可不敬德。”明無在不敬，可謂不失其所矣。目不妄視，則五色不足以盲目，而不失明。耳不妄聽，則五音不足以聾耳，而不失聰。口不妄言，則怨惡不反於身，而心尤能飲人以和，終無失德。真常性體，周徧大千，萬象森羅，遣分別相，山河大地，唯是一心。無所謂所，無所謂非所，無所無不所，亦無所所者，姑假名爲所，斯真不失其所矣。功行日久，證心妙湛。本來無生，自無死地，未死名“有餘涅槃”，死則名“無餘涅槃”，即所謂“死而不亡者壽”也。

三十四章

大道汜兮，其可左右。萬物恃之以生而不辭，功成不名有，衣被萬物而不爲主。故常無形（“形”舊作“欲”，義不可通，今校改），可名爲小。萬物歸焉而不爲主，可名爲大。以其終不自爲大，故能成其大。

大道周徧十方，未離吾人身邊，萬物皆資生焉而不匱。冥冥乎發育萬物而無言，刻雕衆形不居功。覆蓋一切而無已。常無形相，可名爲小。凡受陶成者，莫能越乎範圍而自外，盡量包容，可名爲大。以緣生本無生，終不自爲大。無生萬緣生，故能成其大。設自爲大，則不大矣。

三十五章

執大象，天下往。往而不害，安平泰。樂與餌，過客止。道之出口，淡乎其無味，視之不足見，聽之不足聞，用之不足既。

大道无象，无象之象，是爲大象。本无可執，而假言執，執者抱而無失，體與道合也。道在天下，猶之陽和廣被萬物，莫不欣欣而向榮，故有道者，天下皆歸往也。以歸往之，有百利而無一害，甚安寧，甚和平，甚舒泰也。悦耳之樂，充腹之餌，能止過客，暫歡娱耳。逆旅人生，誰解歸元之路？真常慧命，當敲入聖之門，則無爲大道尚已。抑知美麗之花，無三日艷；清涼之月，終萬古明。道之出口，淡乎其無味，視之無五色，不足見，聽之無五音，不足聞。惟不足見，斯爲至人無不見之至見；惟不足聞，斯爲至人無不聞之至聞。用以治身不足既，用以治心不足既，用以治人不足既，用以治國不足既，用以治萬世之天下不足既。不足既者，無盡藏也。

三十六章

將欲歙之，必固張之。將欲弱之，必固强之。將欲廢之，必固興之。將欲奪之，必固與之。是謂微明。柔弱勝剛强。魚不可脱於淵。邦之利器，不可以示人。

《易・謙卦》云："天道虧盈而益謙，地道變盈而流謙。"義與老子戒盈滿同。此明張即歙之幾，强即弱之機，興即廢之幾，與即奪之幾，是天道物理之常。教人沈慮幾先，貴乎安常而戒盈滿。知微之顯，是謂微明。《管子・白心篇》曰："日極則仄，月滿則虧。極之徒仄，滿之徒虧，巨之徒滅，孰能已無已乎？效夫天地之紀。"天地之紀，即道是。至柔至弱，能生無量之剛强，能勝無量之剛强者也。柔弱者，無生無死之實相也。剛强者，生死死生之現相也。自古至今，無有剛强能勝柔弱者，無一剛强不爲柔弱所勝者。故人不可不居於柔弱之道中，不可不體合柔弱之道而爲一。如魚在淵，託於柔弱，雖剛强者，莫能勝之；一脱於無爲之深淵，則命立盡，人皆得而制之，等無有異也。此柔弱之道，即治國平天下之要妙，器之最利者也。不可以自炫於人，自炫則失其柔弱之妙用，國非其國，而生命亦難保矣。故《中庸》云："詩曰'衣錦尚絅'，惡其文之著也。"君子之道，闇然而日章。小人之道，的然而日亡。君子之所不可及者，其唯人之所不見乎！故曰"邦之利器，不可以示人"。所謂不可以示人者，無爲玄旨看不見，説不出，大盜巨寇無能奪者也。故諸□法有爲造作失真之仁非樸之義，可舉示於人禁非禮者，皆資盜利用不可以自守者也。

三十七章

道常無爲而無不爲。侯王若能守之，萬物將自化。化而欲作，吾將鎮之以無名之樸。無名之樸，亦將無欲。無欲以静，天下將自正。

道體湛寂不動，而隨緣赴感，妙用無窮。侯王靈智，若能任持，能作一切勝妙境界，隨衆生根，自然相應種種而現無量功德。化機無滯，離於施作。若諸衆生欲有所作，是破無漏爲有漏，見從外來，循名而逐非實之妄也，吾將鎮之以無名之樸。無名之樸，遍一切處。無知無欲，無相可得。心净無染，止諸昏動，天下無不安定，心止於一而正矣。《論語·顏淵篇》曰："克己復禮爲仁，一日克己復禮，天下歸仁焉。"私欲净盡，天理流行，而仁不可勝用也。

老子通釋下

三十八章

上德不德，是以有德。下德不失德，是以無德。上德無爲而無不爲，下德爲之而有不爲。

上德同於德，不知其爲德，其德無漏，是以有德。下德不能同於德，而求不失其德，其德有漏，是以無德。上德寂静湛然，動本無動，動動皆具恒沙諸淨功德，故曰上德無爲而無不爲。下德據於德而爲之，所爲具有德相，即離實相，即不能無不爲，故曰下德爲之而有不爲。

又作“上德無爲而無以爲，下德爲之而有以爲”解。上德體本無爲，一切作爲，皆無爲之之心，等於無爲，故曰上德無爲而無以爲。下德未能體合無爲，而所爲德，俱有爲之之心，故曰下德爲之而有以爲。無以爲是真諦，即上德。有以爲是俗諦，即下德也。六十四章云“聖人無爲故無敗”，言不失真常也。二十九章云“爲者敗之”，言失其真常也。雖然，設有上德真人，融真入俗，即俗全真，則無盡有爲，無非無爲。六十三章所謂“爲無爲，事無事”，是其義。

上仁爲之而無以爲，上義爲之而有以爲。

“上仁”本至性流露，一切行相，非由勉强，故曰“上仁爲之而無以爲”。“上義”務適乎事理之宜，亦具有幾許性分，而多非出於無漏之真心，究屬有爲，故曰“上義爲之而有以爲”。

上禮爲之而莫之應，則攘臂而扔之。

禮，表卑己敬人之儀容也。《禮·樂記》云：“禮者，殊事合敬者也。”應，詶也。攘臂，出臂拱手也。扔，“仍”同。禮上節文，“繁登降之禮以示儀，務趨翔之節以觀衆”（《墨子·非儒》）。有貴賤之等，敬慢之異，徒嚴外飾，而彼此真心不相應。更强行遜讓，“憒憒然爲世俗之禮，以觀衆人之耳目”，殊失“禮意”（《莊子·大宗師》），“是欺德也”（《應帝王》）。

故失道而後德，失德而後仁，失仁而後義，失義而後禮。夫禮者，忠信之薄而亂之首。前識者，道之華而愚之始。

無爲之道失，而尚德；中道之德失，而尚仁；懋德之仁失，而尚義；輔仁之義失，而尚禮。夫禮，忠不足以盡己，信不足以任人。實質衰而真心隱，僞飾萌而釁端肇。故曰“禮者忠信之薄而亂之首”。前識者，見微知著，理有固然。如鬬伯比見莫敖趾高而必其敗（《左桓十三年傳》），孟獻子見郤錡不敬而知其亡（《左成十三年傳》）。皆世諦也。真諦如高僧“保誌有預鑒之明”，“志言前知多驗”，“義師事多先覺”，“如敏逆知未來”，俱見《高僧傳》。此皆由致虛守静，體道合一而致。是心開敷之花，即“無知無欲”，“大智惹愚”，不起分别之始兆也。

是以大丈夫處其厚不居其薄，處其實不居其華，故去彼取此。

道厚而德薄，德厚而仁薄，仁厚而義薄，義厚而禮薄。每下愈況，是爲順生門。實者，物成熟之果也。華者，依枝葉生，所以結果者也。禮爲義之花，義爲仁之花，仁爲德之花，德爲道之花，道則散樸爲華，結無量果之根本也。大丈夫心超世外，處其厚不居其薄，處其實不居其華，絶聖棄智，絶仁棄義，更無假於世俗之禮。去世俗無常之幻化，取出世真常之實際，是爲還滅門。去彼取此，所謂背塵合覺，捨未歸根也。

三十九章

昔之得一者：天得一以清，地得一以寧，神得一以靈，谷得一以盈，萬物得一以生，侯王得一以爲天下貞，其致之一也。天無以清將恐裂，地無以寧將恐發，神無以靈將恐歇，谷無以盈將恐竭，萬物無以生將恐滅，侯王無以爲天下貞將恐蹶。

一即道之别名。《管子·正篇》曰：“萬物崇一。”《白心篇》曰：“一以無貳，是謂知道。”《莊子·大宗師篇》曰：“未有天地，自古以固存。神鬼神帝，生天生地，鑿萬物而不爲義，澤及萬世而不爲仁，刻雕衆形而不爲巧。”與此言天得以清，地得以寧，神得以靈，谷得以盈，萬物得以生，侯王得以爲天下貞，義同。蓋萬有本於一道，非道皆不能自存也。裂，破也。發，“廢”通。《墨子·非命中》“發而爲刑政”，上篇作“廢”。歇，《説文》“息也”。竭，盡也，言谷盡失其用也，蹶絶其類也。蹶，顛仆也。總明萬有“得道者昌，失道者亡”也。

故貴以賤爲本，高以下爲基。是以侯王自稱孤、寡、不穀。此其以賤爲本邪，非乎？

道爲萬有之基，遍至賤處，而至貴者當尊崇。遍居下處，而居上者必依止。建邦民爲本，畫卦初爲基，其例也。侯王不敢肆志於上，故稱孤、寡、不穀。《左僖四年傳》“豈不穀是爲”，杜注：“孤寡不穀，諸侯謙稱，孤云孤獨，寡云少德，不穀不善也。”明“卑以自牧”（《易·謙》），“處人之所惡”（四十二章），庶有善終也。此“貴以賤爲本”之事實也。

故致譽無譽（從吴澄本），不欲琭琭如玉，而落落如石（“而”字舊無，今校增）。

《墨子·修身篇》曰，“名不可簡而成也，譽不可巧而立也。名譽不可虛假，反之身者也。”《莊子·庚桑楚篇》曰：“爲之僞謂之失。”明邀譽無譽，義同。至人無己，安用聲華？故不欲琭琭如玉，爲世高貴以招損，甘處卑賤，落落如石以全真也。

四十章

反者道之動，弱者道之用。天下萬物生於有，有生於無。

妙道湛寂，如如不動，動則與道反矣。然動極必静，復歸其根，無往不復，隨緣終不變也。道體柔弱，應用無窮。其柔弱相，本實體現。其體充盈宇宙，周流無滯，“化貸萬物有莫舉名者也”（《莊子·應帝王》）。天下萬物，皆知有形緣有形而生，不知有形不能自生有形，必有無形者，爲有形之主因，而後有形緣之以相生。故曰“天下萬物生於有，有生於無”。所謂無者，非頑空也。乃大無外，小無内，普入無間之妙有，實爲天下萬有之大宗也，特凡夫肉眼不能見耳。

四十一章

上士聞道，勤而行之。中士聞道，若存若亡。下士聞道，大笑之。不笑不足以爲道。

上士心具真知，世習不深，尊聞道妙，精進修持，袪妄斷惑，復本玄德，易相應也。中士真妄和合，各有力用，心含染浄，聞道不專，出塵道存，逐塵道亡，於本常性，難常相應也。下士染緣甚深，蔽浄德用，習非成是，昧本真心，偶聞至道，輒大笑之，笑其迂闊，不切事情。不知於事情最真切之至道，非迷執世緣者所能領略也。嗟乎，背真之俗，世争趨之！全真之俗，世久違之！故曰“不笑不足以爲道”。

故建言有之曰（“曰”字從傅奕本增）：明道若昧，進道若退，夷道若纇，上德若谷，大白若辱。

“建言”是古之立言者，有如下云。“明道若昧”，言妙明真道，不自彰顯，照而常寂，非若俗人昭昭也。“進道若退”，言升進達道，成於沈潛恬退，勝義日益，惑業日減，而天下之窮真者，無如此精進也。“夷”，平也。“纇”，不平也。《左昭二十八年傳》“刑之頗纇”，服注：“坦夷大道，不盡如砥之平，若不平也。”“夷道若纇”，言上德若谷，言上德沖虚卑下，“曠兮其若谷也”（十五章）。“大白若辱”者，令聞廣譽，自外儻來，未若“被褐懷玉”，“知我者希”爲貴（七十章），以未能守黑故，黑者白之無可白也。二十八章：“知其白，守其黑；知其榮，守其辱。”

廣德若不足，建德若偷，質德若渝。

廣德微妙玄通，無閒道中，本無足時。“若不足”者，“上德不德”（三十八章）也。若足，德不廣矣。建，立也。偷，薄也。立德之人，恒慮德之不厚而進德，故若偷也。“質德若渝”（“德”舊作“真”，劉師培云，上文“廣德若不足，建德若偷”，此與並文，疑“真”亦當作“德”，蓋“德”字正文作“悳”，與“真”相似也。“質德”爲質樸之德，與“渝”相反，三語乃並文也。案：劉説是，今從之），《説文》“渝，變汙也”，德行質樸者，絶無華飾，内純素而外若汙也。

大方無隅，大器晚成，大音希聲，大象無形，道隱無名。夫唯道，善貸善成。

有隅之方，非大方。速成之器，非大器。聲相聞者，音不大。形可覩者，象不大。故大方非方，大器不器，大音無音，大象無象。上十二事，皆大道隱於無名之例。凡可顯名爲道者，皆小视其道，失道之真者也。夫道生天生地，善貸萬物，資始也。善成萬物，資生也。功德無量，不可思議，浩浩乎，蕩蕩乎，終不可得而名也。

四十二章

道生一，一生二，二生三，三生萬物。萬物負陰而抱陽，沖氣以爲和。

此文義不盡可通，道即是一，不應言“道生一”。應作“道本一，一生二，二生萬物”，於義已足。今作“道生一，一生二，二生三，三生萬物”，皆後人不知道之真者妄增也。一爲太極，是生兩儀，即“一生二”也。兩儀即天地，天地生萬物，即“二生三”也。《易》：“大哉乾元，萬物資始，乃統天。至哉坤元，萬物資生，乃順承天。”乾元坤元，非是二元，即此“一”也。或統天而資始，或承天而資生，即此“一生二”也。萬物資始，萬物資生，即此“二生萬物”也。《説文·一》云：“惟初大極，道立於一。造分天地，化成萬物。”均可證。下文“萬物負陰而抱陽”，亦足徵萬物由陰陽二儀而生也。《易·序卦傳》“有天地然後萬物生焉”，盈天地之間者唯萬物，是天地與萬物之間，不容有“三”，了無疑義。“萬物負陰而抱陽，沖氣以爲和”，《易·繫下》曰“天地絪緼，萬物化醇，男女構精，萬物化生”，可爲説明。具物或損之而益，或益之而損，無盡生滅，本不生滅之精義。

人之所惡，唯孤、寡、不穀，而王公以爲稱，故物或損之而益，或益之而損。

孤、寡、不穀皆劣稱，衆所賤惡也，而王公自稱之無敢亢。故《易·乾》曰“亢龍有悔”。《謙》曰“鬼神害盈而福謙，人道惡盈而好謙。謙尊而光，卑而可踰。君子之終也，鳴謙貞吉。”道在天下無不利者，謙下柔弱故。是以“聖人欲上人以其言下之”（六十六章）。故“物或損之而益，或益之而損”者，樹木去繁枝而益高，人生厚滋味而損壽，其例也。《書·大禹謨》曰“滿招損，謙受益，時乃天道”，耶穌曰“凡自高者必降爲卑，凡自卑者必升爲高”（《馬太》二十五章十二節），義並同。

人之所教，我亦教之。强梁者，不得其死，吾將以爲教父。

人所教我亦教，繼往開來，學有淵源，教本宗師也。《書·説命下》曰：“學於古訓乃有獲，惟教學半，念終始典於學，厥德修罔覺。”七十八章云：“弱之勝强，柔之勝剛，天下莫不知，莫能行。”七十六章云：“人之生也柔弱，其死也堅强。”“故堅强者死之徒，柔弱者生之徒。”足證强梁者不得其死，故持柔弱以爲教所由生之本也。

四十三章

天下之至柔，馳騁天下之至堅。無有入無間，吾是以知無爲之有益。

人生非金石，誰能長壽考。天下至堅者莫如金石，詎知金石置之目不可見之至柔，無有形象之太空中，歲月遷流，終歸消滅。寔則刹那刹那，未嘗停住，爲至柔所馳騁也。此至柔體，似乎無有，實則徧入宇宙萬有而無間。萬有因之而生死，不能逃而外之，而至柔體本無生，未嘗造作也。一任萬有之緣起，蓬蓬勃勃，而無爲之之心，是以知無爲之有益也。

不言之教，無爲之益，天下希及之。

天下有言之教，皆有漏之因。有爲之益，皆如幻之境。唯不言之教，斯如無聲至樂，遍聞六合而不得其所以聞。無爲之益，斯如無體至禮，協和萬邦而不知其所以和。“天地訢合，煦嫗萬物”（《禮·樂記》），天下安有能及之者？

四十四章

名與身孰親，身與貨孰多，得與亡孰病？是故甚愛必大費，多藏必厚亡。

身非我有，本所當外，特非真人無此真知。而形骸粗具，較名爲親，較貨爲多。《四十二章經》云：“人隨情慾而求聲名，聲名顯著，身已故矣。”是不知得名亡身之爲病也。耶穌曰：“人若富有天下，而喪其生命，何益之有？”（《馬太》十六章）是不知得貨亡身之爲病也。愛名甚者甘以身殉，所費必大。藏貨多者難以身守，所亡必厚。卒之名與貨不足以安身，且足以速身之死，其爲病可勝言哉！安得一真窮惑盡之至人，能盡除斯人迷執顛倒之病。

知足不辱，知止不殆，可以長久。

《史記·蔡澤傳》“應侯曰：‘欲而不知止，失其所以欲，有而不知足，失其所以有。’”故不知得少爲足者，殺身之辱隨其後。不知安於所止者，陷身之阱環其身。世有欲享長生之壽，悠久於天地者，當從知足知止，至恬惔中得之。

四十五章

大成若缺，其用不敝。大盈若沖，其用不窮。

《中庸》曰：“天地之大也，人猶有所憾。”《列子》曰：“天地無全功，聖人無全能，萬物無全用。”言道之所成就者至大，猶若有所缺欠。然任萬有用之億萬年不弊壞也。體大無外，充盈宇宙，若無所有，等於虛空，而其運用之妙，永無窮盡。

大直若屈，大巧若拙，大辯若訥。

如矢之直，直矣不大。不直而直，斯爲大直。理直而天下之事物莫不適其宜，不必勢直而不屈也。機變之巧，不足以成大事。大巧質樸無華，萬物受其甄陶。不必工於雕琢，若甚拙笨也。堅白之辯，雖可託小以包大，究未若“慧者心辯而不繁説”（《墨子·修身篇》），爲辯之大。若天地不言，而品物咸亨，斯大辯也。

躁勝寒，静勝熱，清静爲天下正。

躁，動相也。久静生寒動能勝之，久動生熱静能勝之，物理然也。動者，生滅相，苦空無常者也。静則不生不滅，性體清明，遠離苦因，冥契不空之真常者也。故昏動不足以正天下，適以擾害天下，使天下無不熱中而不易静。若自心清静，即足以息天下之昏動。天下不待教令，自無不正矣。

四十六章

天下有道，却走馬以糞。天下無道，戎馬生於郊。罪莫大於多欲（“多”諸本作“可”，從孫詒讓校據《韓詩外傳》改）。禍莫大於不知足，咎莫大於欲得。故知足之足常足矣。

天下有道，了知道不間於自他，自利以利他，利他以自利，“車軌不接於遠方之外”（《文子·精誠篇》），“止馬不以走，但以糞糞田也”（《淮南·覽冥訓》高注）。天下無道，唯知自利，不惜害他，奪地争城，戎馬生於郊，殺人盈野，自他俱不利。道心盡失，不仁不義，無人不禽獸，無在不地獄矣。造罪肇禍之由，唯是多欲不知足。不知足故貪得，以貪得之微因，該鉅海之苦果。此感彼應，天下盡受其害，故曰“罪莫大於多欲，禍莫大於不知足，咎莫大於欲得”。不知足者，求足於外，反昧其在己具足之性道，終感不足之苦。詎知以駒馳隙影之生，逞鯨吞無涯之欲，縱欲大遂，奈不生久何？嗟乎！不知足者，終無足時，假令知足，自無不足。刹那一念，足與不足，天地懸隔。足則福樂無窮，不足則苦惱無窮。夫唯真人，知自真心具足無量無邊妙用，不外求足，本無不足，共諸天下，無不俱足，乃至天地廢墜而常足。故“知足之足常足矣”。

四十七章

不出户，知天下。不闚牖，見天道。其出彌遠，其知彌少。

《管子·内業篇》曰：“道滿天下，普在民所，民不能知也。”《心術上》曰：“道不遠而難極也，與人並處而難得也。”明大道周徧天下，遠不可極，近盈户牖，故目擊而道存，若舍近而遠求，悖矣。此義未了，今引申之。盡十方世界，是自己真心所在，奚容歧视遠近爲二。唐時越州大珠慧海禪師，初參馬祖，祖問從何處來？曰越州大雲寺來。祖曰，來此擬須何事？曰，來求佛法。祖曰，我這裏一物也無，求甚麼佛法。自家寶藏不顧，抛家散走作麼？曰，阿那個是慧海寶藏。祖曰，即今問我者是汝寶藏，一切具足，更無欠少，使用自在，何假外求？師於言下自識本心，不由知覺，踊躍禮謝。此文曰户曰牖，舍正言依。外而不内，距心遠矣。茲爲攝外入内，透明教宗也。

是以聖人不行而知，不見而名，不爲而成。

道周身外，充符五内，“通於四極”（《管子·心術下》）。是以聖人静坐而知八荒之表，瞑目而明萬法之真。《釋名·釋語言》“名，明也”。無動而成天下之務，何以故？“凡心之刑（通“形”），自充自盈，自生自成。”（《管子·内業》）皆自心不思議業用故。

四十八章

爲學日益，爲道日損。損之又損，以至於無爲。無爲而無不爲。

爲俗學者求新知，故日益。爲真道者滌舊染，故日損。習氣難除，愛結難斷，故損之又損。必損至於無可損，復還本性清静，煩惱不能爲染，以至無作無相，等於虚空，是名無爲。於此解脱道中，常住無爲，起無漏爲，能作難作，無盡作爲，無著無縛，皆屬無爲。故曰“無爲而無不爲”。證一切法，平等實性，都無所得，現在前故。

故取天下常以無事。及其有事，不足以取天下。

取，河上公注：“治也。”無事者，無矯揉造作之事也。取天下常以無事，言治天下恒以無爲之上德爲之，與天下本自清静之性斯互相應，猶甘易受和，白易受采也。若教令苛擾，拂人之性，決不足以治天下，自取滅亡而已。

四十九章

聖人無常心（景龍本、顧歡本皆無“常”字，此文當作“常無心”），以百姓心爲心。善者吾善之，不善者吾亦善之，德善。信者吾信之，不信者吾亦信之，德信。聖人在天下，歙歙爲天下渾其心。百姓皆注其耳目，聖人皆孩之。

聖人恒順衆生，常善救人（二十七章），故“常無心，以百姓心爲心”。此大舜無爲，善與人同，舍己從人，樂取於人以爲善之旨（《孟子·公孫丑上》）。善不善，信不信，世諦異，而所以善不善信不信之真心同故。善者吾善之，信者吾信之，真心不二用也。不善者吾亦善之，不信者吾亦信之，轉彼不二之真心誤用而不二者，復歸於一，德無不善無不信也。以真常引真常，而不真不常之善不善信不信自息也。聖人在天下，以人知多而欲侈，愛惡熾然，苦甚，乃歙歙焉無知無欲，以無分别心化之。百姓皆屬其耳目而注意嚮之，了知渾樸之有益，聰明自用之非計，悉除聰明效法聖人。聖人物我一如，即相與共孩之，胥因本具妙明真心而渾爲一也。

五十章

出生入死。生之徒十有三，死之徒十有三，人之生動之死地，亦十

有三。夫何故？以其生生之厚，蓋聞善攝生者，陸行不遇兕虎，入軍不被甲兵，兕無所投其角，虎無所措其爪，兵無所容其刃。

人具真常之性，至天地毁滅而不變，本無生死，而因一念妄動受形，遂有出生入死之現象。方其未入世網，不了本性無生，生之徒十有三。既攖塵緣，未能寂然無染，死之徒十有三。益以“五色令人目盲，五音令人耳聾，五味令人口爽，難得之貨令人行妨”（十二章），人之生動之死地者，亦十有三。或且鋭情逐境，速如馳驟，“終身役役，薾爾疲役而不知所歸”（《莊子·齊物論》），將以厚生也，適以速死。“人謂之不死奚益”（同上）。“悲夫！世之人以爲養形足以存生”（同上《達生》），詎知惟無以生爲者，是賢於貴生（七十五章）。善攝生者，知“萬物爲人之盜”（《陰符經》），不以物虧生，不以性養物。知死生無變於己，“不悦生，不惡死”（《大宗師》），恒逍遥於物之初，以全其性之天。“致虚極，守静篤”（十六章），“專氣致柔”（十章），定力潛通，凡屬含靈，無不馴服。故“陸行不過兕虎，入軍不被甲兵，兕無所投其角，虎無所措其爪，兵無所容其刃”。蓋“精氣之極”（《管子·内業》），“化馳如神”（《文子·道原》），萬物從命，無足異也。

夫何故，以其無死地。

以無死地，故不畏死，不貪生。“相造乎道，無事而生定”（《莊子·大宗師》），“其應於化而解於物也”（《天下》），“登高不慄，入水不濡，入火不熱”（《大宗師》），固無入而不自得矣。

五十一章

道生之，德畜之，物形之，勢成之，是以萬物莫不尊道而貴德。道之尊，德之貴，夫莫之命而常自然。

《管子·心術上》曰：“虚無無形謂之道，化育萬物謂之德。”以萬物“殊形異埶”（同上），無非道生之，德成之，是以萬物莫不尊道而貴德。《墨子·經上》云：“力，形之所以奮也。”形即天地萬物，力即天地萬物資始資生之本元，亦即吾人之真心，此名道德。其爲力奮發之威勢，至大不可思議。天地萬物，皆仗因託緣以陶成者也。“天之道虛其無形。虛則不屈（竭也）。無形則無所位趣（無阻礙也）。無所位趣，故徧流萬物而不變。德者，道之舍（住所），物得以生。生知得以職道之精，故德者得也。得也者，其謂所得以然也（得道之精而然）。以無爲之謂道，舍之之謂德，故道之與德無間。”（本一非二，同上①。）澤施萬世本於無作，“感而後應，非所設也。緣理而動，非所取也。”（同上。）夫莫之命而常自然。自然者，無爲而無不爲也。此道之所以至尊，德之所以至貴也。

故道生之，德畜之，長之育之，亭之毒之，蓋之覆之，生而不有，爲而不恃，長而不宰，是爲玄德。

長，滋長也。育，養育也。長之育之，申“道生之”之義。亭，平也，均也，品物咸享也。毒，治也，物皆從化也。亭之毒之，申“德畜之”之義。蓋之覆之，化被萬方，物無能出乎其外也。（“蓋”誤“養”，據《初學記》九、《文選·辨命論》注正）“生而不有，爲而不恃，長而不宰，是謂玄德。”第十章同，特彼就人言，此就道言耳。

五十二章

天下有始，以爲天下母。既得其母，以知其子。既知其子，復守其母。没身不殆。

天下有始，先天地生之道是，所以爲天下萬物之母者也。“既得其母，以知其子”，萬物一太極，物物一太極也。“既知其子，復守其母”，因該果海，果徹因原，體本清静，守之勿失。“無遷（止一而正）無衍（無增益過），命乃長久。和以反中，形性相葆，固其所守。”（《管子·白心》）没身不殆。

塞其兑，閉其門，終身不勤。開其兑，濟其事，終身不救。

---

① 指《管子·心術上》

《易・説卦》“兑爲口”。塞其兑，金人之緘其口義，“昏昏默默”（《莊子・在宥》）也。閉門，不輕出，“守静篤”（十六章）也。勤，勞苦也。終身不勤，“無勞形，無摇精，神將守形，形乃長生”（《莊子・在宥》）也。開其兑，則啓差興戎，耆元氣耗損。濟，《爾雅・釋言》“益也”。濟其事，以駒隙之生，逐無厭之欲。心亂身亂，是天下大亂之本，終身安有寧静之時，亦終於陷溺，不可救度而已。

見小曰明，守柔曰强。用其光，復歸其明。無遺身殃，是謂習常。

宇宙之説，託於秋毫之末，能攝至大於至小者，可謂明見。果海未兆爲小，微因獨見爲明。“天下之至柔，馳騁天下之至堅”（四十三章），故堅强非强，柔弱爲强。能守柔弱，斯爲至强。性體潛光，“光而不耀”（五十八章），發自空慧，寂照大千。大用無用，復本妙明。常浄無染，無遺身殃。無生無滅，是謂習常。

五十三章

使我介然有知，行於大道，唯施是畏。大道甚夷，而民好徑。

介，微也。王念孫曰：“施，讀爲‘迆’，邪也。言行於大道之中，唯懼其入於邪道也。”《吕氏春秋・疑似篇》曰：墨子“見歧道而哭之”，蓋哀天下介然有知者，遠離大道，入邪徑也。夷，平也。大道本甚平坦，而民好邪徑。衆生顛倒，習慣性成也。

朝甚除，田甚蕪，倉甚虚，服文綵，帶利劍，厭飲食，財貨有餘，是謂盜夸，非道也哉。

陸希聲曰，“觀朝闕甚修除，牆宇甚雕峻，則知其君好土木之功，多嬉遊之娱矣。觀田野甚荒蕪，則知其君好力役，奪民時矣。觀倉廩甚空虚，則知其君好末作，廢本業矣。觀衣服多文綵，則知其君好淫巧，蠹女工矣。觀佩帶皆利劍，則知其君好武勇，生國患矣。觀飲食常厭飫，則知其君好醉飽，忘民事矣。觀資貨常有餘，則知其君好聚斂，圖民財矣。”是皆捨其大道，而行邪徑之盜行。且以盜行誇耀於衆，豈知道乎?!

五十四章

善建者不拔。善抱者不脱。子孫祭祀不輟。

無上圓覺妙道，建立於萬世人心上。豎窮三際，横徧八荒，無盡衆生，一念相應，印證無差，即相與契合無間，勝於古樹根深無可動摇。又如兒甘母乳，遠離懷抱，性命堪虞。故曰“善建者不拔，善抱者不脱”。於是學子學孫，仰承法乳，遞相傳授，緜緜不絶，心香上達，俎豆千秋矣。如是妙道，行相云何，唯是慈心遍覆一切衆生而無限齊，亦不作念有衆生相，由是化導無盡衆生。（一）遠離無量生死煩惱，而不染著諸有爲法。（二）常修無量布施持戒忍辱等行，以增福慧。（三）志性和柔，住平等心，恒不捨離一切衆生。（四）成滿利他大慈悲心，拔一切苦，與究竟樂。（五）了知世間諸法如夢，不妄取著，枉受苦縛。（六）情識頓浄，計較都忘，一念不生，玄德現前。（七）無知無欲，寂然不動，入普光明無垢莊嚴。（八）灑灑落落，乾乾浄浄，做個無事出格道人。（九）真常之性，本無生死，度衆了脱色身生死。（十）誓爲衆生涸生死海，成圓覺海，任逍遥遊。原文善建、善抱者，未明道相如何，是其短也。兹據《内典》圓其説，以便修持。

修之於身，其德乃真。修之於家，其德乃餘。修之於鄉，其德乃長。修之於邦，其德乃豐。修之於天下，其德乃普。故以身觀身，以家觀家，以鄉觀鄉，以邦觀邦，以天下觀天下。吾何以知天下之然哉？以此。

依如上道，修之於身，一身清浄，可得無量壽光，故其德甚真也。修之於家，一家清浄，夫婦父子兄弟，均得無量壽光，故其德有餘也。修之於鄉，一鄉清浄，一鄉之人，皆得無量壽光，故其德甚優長也。修之於邦，一邦清浄，一邦之人，皆得無量壽光，故其德極豐備也。修之於天下，天下清浄，天下之人，盡得無量壽光，故其德至普遍也。是故以身示教，身與身相觀感，而身身一道。家與家相觀感，而家家一道。鄉與鄉相觀感，而鄉鄉一道。邦與邦相觀感，而邦邦一道。天下與天下相觀感，而無邊之天下一道。吾何以知天下之然哉？以人同此心，心同此理也。《圓覺經》曰：“一切實相性清浄故，一身清浄。一身清浄故，多身清浄。多身清浄故，如是乃至十方衆生圓覺清浄。”“覺性徧滿，清浄不動，圓無際故。”（《普眼》章）道同。

五十五章

含德之厚，比於赤子。毒蟲不螫，猛獸不攫，鷙鳥不搏。

聖人塵染盡浄，“肫肫其仁，淵淵其淵，浩浩其天”（《中庸》）。含德之厚比於赤子（“比”當作“勝”，義較長。赤子不能使毒蟲不螫，聖人能使毒蟲不螫故），毒蟲如蜂蠆虺蛇等，不能行其螫毒。猛獸如兕虎等，鷙鳥如鷹鸇等，不能肆其攫睺。蓋體合虛靈，精照無外，物無得而傷之者。虎類且恒供其驅使，以其心靈，受制於聖人之心靈，不待言教而然也。

骨弱筋柔而握固，未知牝牡之合而朘作，精之至也。終日號而不嗄，和之至也。

骨弱筋柔握不能固，而握甚固者，心力充符也。朘，赤子陰也。未知牝牡之合而朘作，精氣足而周至也。終日號泣而聲不啞，柔和之氣至純厚也。

知和曰常，知常曰明，益生曰祥，心使氣曰强，物壯則老，是謂不道，不道早已。

性體真常，柔和湛寂。清浄無染，本自妙明。故知和曰常，知常曰明。保合太和，順應常德而不忒。資益慧命，能永形壽而長生。由是正氣安和，任心運使。心之所至，氣隨而至。“其息深深，以踵不以喉”（《莊子·大宗師》“真人之息以踵，衆人之息以喉”），如天行健，自强不息。“虛室生白，吉祥止止”（《莊子·人間世》），此益生所以爲祥也。此心氣一如之强，是至柔之功用。非强梁無道，不得其死者比。若夫自逞剛强，失其赤子柔和之性者，未免與道背馳，不如其已也。“物壯則老”三句，亦見前三十章。

五十六章

知者不言，言者不知。

七十一章云："知不知，上；不知知，病。"旨同。《莊子·知北游篇》曰："天地有大美而不言，四時有明法而不議，萬物有成理而不説。聖人者，原天地之美而達萬物之理，是故至人無爲，大聖不作，觀於天地之謂也。"又曰："不知深矣，知之淺矣。弗知内矣，知之外矣。弗知乃知，知乃不知，孰知不知之知。"皆所以發此覆也。

塞其兑。閉其門。挫其鋭。解其紛。和其光。同其塵。（上二句，解見八十二章。下四句解見前四章。此六者，皆申不言之旨。塞兑閉門，絶外緣也。挫鋭解紛，破妄執也。和光同塵，貞内明也。皆所以同乎玄德也。）是謂玄同。故不可得而親，不可得而疏，不可得而利，不可得而害，不可得而貴，不可得而賤。故爲天下貴。

玄者，甚深微妙，道之總和。不可言説，不可思議，萬有所以得而有者，同此一玄。體至親密，無有毫末能通乎其外者，而無形可親，又不可得而疏。利益周徧，無有一物不賴以生成者。而無利可言，又不可得而害。至貴無上，更無妙理堪與擬議其真實者，而貴貴無方，又不可得而賤，故爲天下之極貴。設有可得而親疏，有可得而利害，有可得而貴賤，則不足爲天下貴。

五十七章

以正治國。以奇用兵。以無事取天下。

《説文》："正，从'一'从'止'。"徐鍇曰："守一以止也。"一者，造分天地，化成萬物之真如，如如不動，至清浄也。本以正心正身，物無不正，而國治矣。此常經也。用兵不然。《史記·田單傳》太史公曰："兵以正合，以奇勝，善之者出奇無窮。"《索隱》："奇，謂權詐也。"所謂兵不厭詐也。“以無事取天下”，四十八章云：“取天下常以無事，及其有事不足以取天下。”河上公注：“取，治也。”明清净爲天下正。昏動則天下不勝其滋擾也。

吾何以知其然哉？以此：天下多忌諱，而民彌貧；民多利器，國家滋昏；人多伎巧，奇物滋起；法令滋彰，盜賊多有。

吾何以知治天下常以無事？以天下行多畏忌，言多隱諱，則政不修明，兆民不安生業，四海日益困窮；民多佩帶利劍（五十三章），則競尚刼奪，而國家昏亂難治；人多淫巧技藝，則機心引發而妨耕織，邪事滋起；國家法令密如牛毛，而“罪不在禁”（《墨子·經説上》），盜賊心工，無跡可驗者愈多，而“民不畏死”（七十四章），敢於行劫，幸而免者亦加多。此不“以正治國”四弊也。

故聖人云，我無爲而民自化，我好静而民自正，我無事而民自富，我無欲而民自樸。

此“以正治國”四目也。我無爲，純乎天理默運，而民自淳化也。我好静，超乎塵緣拘繫，而民心自清正也。我無事，不苛征役，而民財自富裕也。我無欲，不尚繁華，而民俗自樸素也。

五十八章

其政悶悶，其民淳淳。其政察察，其民缺缺。禍兮福所倚，福兮禍所伏，孰知其極。

悶悶，愚鈍貌。政尚無爲者，真常性顯，悶悶無言，民心醇厚。朝野無詐僞，上德不德也。察察，檢核也。政尚有爲者，真常性昧，察察爲明，民情偷薄。上下工欺飾，悖德失德也。易順鼎曰：“《太平御覽》四百五十九《説苑》引《老子》曰：‘得其所利，必慮其所害。樂其所樂，必顧其敗。人爲善者，天報以福。人爲不善者，天報以禍。故曰禍兮福所倚，福兮禍所伏。’按，所引疑係此處逸文。《吕氏春秋·制樂篇》云，‘故禍者福之所倚，福者禍之所伏。聖人所獨見，衆人焉知其極。’

文亦多於此。”純一案，《文子・纘義篇》曰：“天人一氣，隱顯相通。和氣致祥，殄氣致殃，未有不由人主者也。”禍福因緣，互爲倚伏。雖曰天報，實一切唯心造也。《墨子・經説上》曰：“利得是而喜，則是利也，其害也，非是也。害得是而惡，則是害也，其利也，非是也。”言人無真知，欲惡熾然。不知利中有害，利即是害；害中有利，害即是利也。故又曰“欲正權利，惡正權害。”《荀子・正名篇》曰：“權不正則禍託於欲，而人以爲福。福託於惡，而人以爲禍。此亦人所以惑於禍福也。”皆謂唯聖人“能見獨”（《莊子・大宗師》），衆人莫知其究竟也。聖人心浄，天下一心，本無禍福。凡夫世智辯聰，物我皎然，彼此是非，妄起分別。天下昏動，福爲禍因，禍亦福兆，福禍倚伏，莫知其極矣。

其無正邪，正復爲奇，善復爲妖，人之迷其日固久。

天下豈無如實清浄，正知正見，纖毫無誤者邪？然亦鮮矣。衆生依真實體，而有妄心。以有妄心，現妄境界。以有妄境界染法緣故，熏習妄心。令其念著，造種種業，受一切苦，不求解脱。於是本原正念轉向倒邪，諸多善緣變爲妖孽。迷惑幻象，障蔽本明，自無始末，生死惑業不斷，其日固已久矣。

是以聖人方而不割，廉而不劌，直而不肆，光而不耀。

方，正也。割，分也。方而不割，自心恒正，於衆人之不正者，不起分別也。廉，不苟取也。劌，傷也。廉而不劌，律己清廉，於衆人之不廉者，不傷其意也。所謂“方者吾方之，不方者吾亦方之，德方。廉者吾廉之，不廉者吾亦廉之，德廉也。”直，不阿也。肆，放恣也。直而不肆，直而温也，於人之不當者，正容以悟之，使遷善於不覺也。光，明也。耀，炫耀也。光而不耀，和光同塵，不自炫於衆也。皆狀其“昏昏默默”（《莊子・在宥》），若無所知，不察察爲明也。

五十九章

治人事天，莫若嗇。夫唯嗇，是謂早服。早服，謂之重積德。重積

德，則無不克。無不克，則莫知其極。莫知其極，可以有國。

嗇，儉約也，不侈於性也。嗇以治人，則事簡易而成功無難。嗇以事天，則理樸實而浮塵不染。故“治人事天，莫若嗇”。夫唯嗇，“無勞形，無摇精，神將守形，形乃長生。”（《莊子・在宥》）是謂早服。早服者，猶《莊子・大宗師篇》所謂“朝徹”也。平旦之氣，服膺勿失，清明在躬，志氣如神，謂之重積德。盡十方世界，在自己光明裹。盡未來際衆生，在自心浄域中。“神明之極照乎知，萬物中義守不忒”（《管子・内業》），故曰“重積德則無不克”。無不克者，無不能也。“能壽窮天地，德被四海 ”（同上）也。“是故卒乎其如可與索，眇眇乎其如窮無所”（同上），莫知其極。如虚空之寬曠，現境界之壯嚴，清浄無爲極樂國土，可以應心而有矣。

有國之母，可以長久。是謂深根固柢長生久視之道。

《韓非・解老篇》云“母，道也”；天地萬物資始資生之真元也。國無道不立，既有立國之道，則一切衆生平等。平等，兼相愛，交相利，莫不遂生復性，絶無貪汙、怨恨、殺害、盜賊等罪，齊壽而康。民命長久，國命亦因而長久。道彌環宇，至天地敗壞而常存；心包太虚，任形骸變遷而自在。是則根深而不可拔，柢固而不可脱，空明光妙，真如壽長，治人事天，於此爲極。長生久視，道唯一嗇，無可減損，無可增益也。

六十章

治大國若烹小鮮。以道莅（《説文》作“竦”）天下，其鬼不神。非其鬼不神，其神不傷人。非其神不傷人，聖人亦不傷人。夫兩不相傷，故德交歸焉。

小鮮，小魚也。烹時不可撓擾以糜爛之。治大國者，當以静勝躁，“正心在中，萬物得度”，故喻如“烹小鮮”也。道至神靈，萬物之精。“流於天地之間，謂之鬼精。藏於胸中，謂之聖人。”至德之世，以道莅天下。“不言之聲，疾於雷鼓。心氣之形，明如日月。”“平正擅胸，論治在心。”“敬慎無忒，日新其德。”“不逢天災，不遇人害。”（俱見《管子·內業》）鬼神有吉無凶。聖人忘己而濟物。太和翔洽，福德交歸。

六十一章

大國者下流天下之交天下之牝。牝常以静勝牡，以静爲下。

此文“天下”二字，應在“下流”上。下“牝”字，下“以静”二字，並誤衍。“爲下”二字，應在“勝牡”上。本作“大國者，天下下流之交。天下之牝，常以静爲下勝牡。”六十六章云：“江海所以能爲百谷王者，以其善下之。”此言大國應如江海，静處衆流之下，衆流自交歸也。觀於天下之牝，常以静爲下勝牡，可知也。

故大國以下小國，則取小國。小國以下大國，則取大國。或下以取，或下而取。

國無大小，自下者勝。能取所取異，而以善下取得彼心同。《易》曰：“謙，亨。”天道下濟而光明，地道卑而上行。勞謙君子，萬民服也。

大國不過欲兼畜人，小國不過欲人事入。夫兩者各得其所欲，大者宜爲下。

大國下小國，不過欲兼畜人，非貪地也。小國下大國，不過欲入事人，非争長也。兩者皆能下，各得其所欲。其爲德量愈大者，其自處愈宜下。

六十二章

道者，萬物之奥，善人之寶，不善人之所保。

奥者，義蕴深祕，不易窺見也。道者，萬物之祕藏。高山流水，翠竹黄花，應物現形，如法自在。其義蕴淨空而不空，廣生而無生，甚深微妙，不可思議也。善人體認至道，識即自心，總攝三千大千世界，萬德具足，無少欠缺，如摩尼寶，不假外求，一切使用，無不如意。會得萬物盡歸自己，徧十方界無一微塵許，不是自家財寶。益以六度萬行，無盡法財，任運圓成。道誠善人之無價寶也。不善人雖不知道即自心，而道充衆妙之形，萬物以生以成，無能遁乎其外而皆存。“人之所失以死，所得以生。事之所失以敗，所得以成者”（管子内業），固無非道也。故道亦不善人之所保也。

美言可以市尊，美行可以加人。人之不善，何棄之有。

下“美”字舊脱，從俞樾校據《淮南子》、《道應訓》、《人間訓》補。市，與“沽”同，取得也。加，增益也。美言有利於世道，可以取得永世人之尊敬。美行造福於人羣，可以增益當時人之安樂。此善人體道真切，無相無著之顯現，非故爲美言美行，取悦於世，敢以賊道也。蓋道爲善人之寶也。人化於道無不善，道能化不善人日遷於善而不自知。苟轉染而爲浄，即超凡而入聖。是以聖人知人之性具足明德，而偶失其清明之用者，使復其本明。“常善救人，故無棄人”（二十七章），然則人之不善，何棄之有？不善人與善人，一本無二。故道亦不善人之所保也。

故立天子置三公，雖有拱璧以先駟馬，不如坐進此道。

三公，太師、太傅、太保也。拱璧，兩手拱抱大璧也。天下所以立天子者，欲其道濟天下也。置三公者，欲其以道佐人主也。是故有道之君相，雖有拱璧以先駟馬，禮聘有道之士以爲輔弼，究係馳求於外，不如釋形去智，心齋坐忘，精進於道，全性葆真。盡出諸不平等之無常，而入一切平等之真常。風動天下，尤足貴也。

古之所以貴此道者何？不曰“求以得，有罪以免”邪？故爲天下貴。

“求”下當有“福”字，“求福以得”，與“有罪以免”對文。《管子·白心篇》曰：“道者小取焉則小得福，大取焉則大得福”，取求義同可證。自古及今，所以貴此道者何故？不曰“心静氣理”，“福將自歸”，“德成智出”（《管子·内業》），罪即遠離邪？於是天下不善人日少，善人日多，馴至有道之士盈天下，以其塵垢秕糠可以陶鑄堯舜。道之妙用無窮，故爲天下貴。

六十三章

爲無爲。事無事。味無味。大，小。多，少。報怨以德。圖難於其易。爲大於其細。

至爲無爲，一切有爲，皆是無爲。故“道常無爲而無不爲”（三十七章），“爲無爲則無不治”（三章）。真事無事，事無事則其事無不真，故“取天下常以無事”（四十八章）。妙味無味，味無味則其味無不妙，故“道之出口，淡乎其無味”（三十五章）。天下物理，託小包大。“神託於秋毫之末，而大宇宙之總”（《淮南子·原道訓》），無大不在小中。即少是多，“一即一切，一切即一”（《内典》），無多不在少中。故知物我一如，怨親平等。智者所以不敢爲（三章），知無爲之有益也（四十三章）。天下至大至多患難苦海，該於極小極少之惑因中。衆生大患有身，惑業莫如結怨爲甚。怨怨相報，大始於小，多積於少，毁家滅族，報無已時，皆由“不知常，妄作凶”也（十六章）。明知常者，證怨本無，虚妄不實。以德報之，彼怨既釋，亦且德我。自心一平，天下皆平，可謂“事無事”矣。天下豈有不可爲之難事大事哉！惟貴“圖難於其易，爲大於其細”耳。是故“見小曰明”（五十二章）。釋氏謂之菩薩畏因。

天下難事必作於易。天下大事必作於細。是以聖人終不爲大，故能成其大。夫輕諾必寡信，多易必多難，是以聖人猶難之，故終無難矣。

下章云，“爲之於未有，治之於未亂”，則其事易而不難，細而不大也。合抱之木，生於毫末。九層之基，起於累土。千里之行，始於足下。明終能成其大者，其初不大，即小是大。是以聖人攝難於易，該大於細，終不爲大，故能成其大。慎終於始，則不輕諾，可信任。不易與，免責難。是以聖人視事艱難。“安而不忘危，存而不忘亡，治而不忘亂，小而辨於物。”“先難而後易。”“懼以終始，其要无咎。”（俱見《易·繫下》）

六十四章

其安易持，其未兆易謀，其脆易泮，其終易散。爲之於未有，治之於未亂。

居安而持危，事無不理。防患於未然，謀無不成。爲之於未有者，上也。及事將然，尚未成熟，易解釋也。微見端倪，易消滅也。如“爲之於未有，治之於未亂”者，次之。防微杜漸，以遠害也。

合抱之木，生於毫末。九層之臺，起於累土。千里之行，始於足下。

明天下大事，必作於細。治亂禍福之幾，恒隱伏於未有。唯聖人能朝徹見獨，無爲無軌也。

爲者敗之，執者失之。是以聖人無爲故無敗，無執故無失。民之從事，常於幾成而敗之。慎終如始，則無敗事。

一切有爲法，矯揉造作，悖乎無爲者，無不敗壞。凡固執己見，推行不能盡利者，必有損失。是以“聖人常無心，以百姓心爲心”（四十九章），無爲故無敗。“取天下常以無事”（四十八章），無執故無失。與“民之從事，常於幾成而敗之”者異矣。“終始慎厥”與“慎終於始”（《書·太甲下》），宜乎無敗事也。

是以聖人欲不欲，不貴難得之貨。學不學，復衆人之所過，以輔萬物之自然，而不敢爲。

聖人常無欲以全性。世間之金玉富貴，一切難得之貨，足爲性之累，皆所不貴，故不欲衆人所欲之塵緣，而獨欲世人所不欲之真常性道也。衆人所學者，政令禮樂之屬，皆世智辯聰，違於道悖於德之末務，不足以益世人之真知，使一一完成爲真人。是其爲學，絶之無憂者也。是衆人之所過也。故聖人雖學衆人之所學，而無傷於性之真，等於未學。唯學衆人所不學，遠離文言之真學。有學（俗諦）則復爲衆人之所過，無學（真諦）則非復衆人之所過也。“復”上疑脱“不”字，當補。聖人所以欲不欲、學不學者，浄妙真心，有如慧日空明。凡以輔天地生成萬物之本然，而不敢有爲於其間也。

六十五章

古之善爲道者，非以明民，將以愚之。民之難治，以其智多。故以智治國，國之賊，不以智治國，國之福。

古之善於治國者，其爲道，非以世智，教民聰明巧詐也。將以上德化民，使其質樸如愚也。蓋民之難治，以其僞飾智多故。故以智治國，則“智慧出，有大僞”（十八章），“法令滋彰，盜賊多有”（五十七章）。“世俗所謂知者，無不爲大盜積。所謂聖者，無不爲大盜守”（《莊子·胠篋》），謂非國之賊邪？不以智治國，則“我無爲而民自化，我好静而民自正，我無事而國自富，我樂欲而民自樸”（五十七章）。舉國皆滅其賊心（《莊子》），謂非國之福耶？

知此兩者亦楷式。常知楷式，是謂玄德。玄德深矣遠矣，與物反矣，然後乃至大順。

以智治國國之賊，不以智治國國之福，此兩者足爲治國之楷式。常知楷式，則無爲之玄德尚已。玄德至深且遠，常與世間物情相反。誠能超乎物表，“乃能戴大圜而履大方”（《管子·内業》），大順乎道“以政爲儀”，“天行其所行，而萬物被其利。聖人亦行其所行，而百姓被其利”（同上，《白心》）矣。

六十六章

江海所以能爲百谷王者，以其善下之，故能爲百谷王。是以聖人欲上民，必以言下之。欲先民，必以身後之。

江海量大能容，善居百谷之下，故百谷莫不歸往，能爲百谷之王。聖人無心居民上，而民必欲聖人居其上，聖人始順民心而居上。然必以言下於民，示不敢亢也。聖人無心居民先，而民必欲聖人居其先，聖人始順民心而居先。然必以身後於民，示不敢專也。

是以聖人處上，而民不重。處前，而民不害。是以天下樂推而不厭。以其不争，故天下莫能與之争。

聖人處民上，爲民興利除害，從不擾民，而民不覺其德之大，不知如何敬重之。處民前，令民離苦得樂，常身親民，而民不覺其道之高，亦無誰敢傷害之。是以天下樂於推崇而不厭也。以其善下不争，故天下莫能與之争也。

六十七章

天下皆謂我道大，似不肖。夫爲大，故似不肖。若肖，久矣其細也夫。

道包太虚，其大無外，無分人我。而自我言之，天下遂皆謂我之道大，似乎一無所肖。夫唯大，故無形可肖。若有形象可肖，久矣其細也夫。

我有三寶，持而保之。一曰慈，二曰儉，三曰不敢爲天下先。慈故能勇，儉故能廣，不敢爲天下先，故能成器長。

我有三寶，理應保持，無或遺失。一曰慈。慈者，普利盡未來際無盡衆生之仁心，發於周徧沙界唯一無二之真元，是性靈無緣之大用也。聖人清浄無爲，圓成自性無量壽光。環顧衆生認妄作真，昧未性明，枉受生死無量苦惱，興同體悲，思普度之，如釋尊誓願度盡苦趣衆生，曰“我不入地獄，誰入地獄！”大雄無畏，勇本慈生也。二曰儉。“儉在心不在物”（子華子答晏子問），不感於外也（《墨子·辭過》）。釋氏所謂“實際理地不受一塵”，斯真清浄無染，自度圓滿之密因也。以是凡情斷盡，體露真常，十方世界，現一全身。厚德廣運，無間自他，從儉顯也。“無藏也故有餘”（《莊子·天下》）。三曰不敢爲天下先。世人鋭情逐境，貪求無厭，權位名利，在在争先，縱能如願，成就不大，器量小也。聖人無妄，退處真實，與物無争，以身後民，柔和謙下，不敢爲天下先，而萬民悦服其德者，知其體仁足以長人，皆樂推爲百官之長。衹以不敢爲天下先，故能爲天下長。四十一章云“大器晚成”，足證器之速成者不大也。

今舍慈且勇，舍儉且廣，舍後且先，死矣。

勇現於慈，是以濟人之生。廣本於儉，可以盡人之性。不先而後，亦能存己之身。今不慈而勇，是陷身於鋒鏑也。不儉而廣，是埋真於財貨也。不後而先，是積怨於僚友也。皆自取滅亡之道也。

夫慈，以戰則勝，以守則固。天將救之，以慈衛之。

慈本至性流露，感人至深，莫不樂於效命。故以戰則克敵而勝，以守則防邊而固。聖人慈心徧覆，同於大通，感召天和。偶有危難，則天將救之，以慈衛之。七十九章云“天道無親，常與善人”，蓋天人一氣，隱顯相通也。

六十八章

古之善爲士者不武，善戰者不怒，善勝敵者不與，善用人者爲之下，是謂不争之德，是謂用人之力，是謂配天之極。

首句“古之”二字，從河上本、景龍本、傅奕本增，言古者有道之士不尚武，以德服人，止戈爲武也。“善戰者不怒”，所謂戰勝於廟堂，不出尊俎之間，折衝千里之外。如《晏子春秋·雜上》，晉欲攻齊，使人往觀，晏子以禮侍而折其謀是也。“善勝敵者不與”，與，猶敵也。所謂“善戰者無赫赫之功”，“不戰而屈人之兵”。如《史記》司馬穰苴斬莊賈及使者左司左驂，然後行士卒次舍，問疾醫藥，身自拊循，悉取將軍資糧享士卒，身與士卒平分比羸弱者，三日而後勒兵，病者皆争出赴戰，晉師聞之爲罷去，燕師聞之度水而解是也。是謂“不争之德”，優於戰争殺人而勝必有夭殃者，判若天淵也。“善用人者爲之下”，《墨子·所染篇》曰“善爲君者，勞於論人而佚於治官”，如大舜無爲，有臣五人而天下治是也。又如成湯三聘伊尹，高宗形求傅説，齊桓任用管仲，皆能以身下賢，建史乘殊勳。是爲尚賢不自賢，故智者爲之謀，能者爲之使，國無不治。是謂“用人之力”。否則自賢不尚賢，國亡無日矣。“配天之極”，“天”下舊衍“古”字，從俞校删。天無私覆，善利萬物而無敵，誰與争德。善利天下不自用，人皆効力。今無争又善下，與天合德，是謂“配天之極”。

六十九章

用兵有言：吾不敢爲主而爲客，不敢進寸而退尺，是謂行無行，攘無臂，執無兵，扔無敵。

“用兵有言”四字，語氣不足，當作“古之用兵者有言”。據古之用兵者有言，吾不敢大爲不義之盜行，攻人之國。然有大盜來攻者，不能無備以應之。故不爲主而爲客。此墨子所以非攻而嚴守備也。是故不敢進犯人之寸土，免致退避而喪尺地。如夫差攻齊攻越，九夷之國莫不賓服，卒爲勾踐所戮，而吴國以亡。智伯攻中行氏范氏並爲一家，又圍趙子於晉陽，趙襄子乃謀於韓康子、魏桓子，共殺智伯，盡併其地（詳見《墨子・非攻中》、《趙策一》、哀公四年《左傳》）。天道好還，敢横行乎？惟知“兵爲不祥之器”（三十三章），雖不可一日無備，寧可百年不用。是謂行慈悲無畏之行，是無上之真行，故曰“行無行”。攘謙沖無怒之臂，故曰“攘無臂”。執戒慎無害之兵，故曰“執無兵”。扔協和無怨之敵，故曰“扔無敵”。馬敘倫曰：“行、兵、臂、敵，相間爲韻。”

禍莫大於輕敵，輕敵幾喪吾寶。故抗兵相加，哀者勝矣。

自來仁者無敵，能化敵怨爲至親。然人情喜怒無常，我不可以無備，無備是爲輕敵，敵將乘虚而來，喪吾慈寶，民命國命，均不可保，禍孰大焉。如徐偃王以行仁義，無武備而國亡，可畏也。哀者，悲愍義，慈也。三十一章云：“殺人之衆，以哀悲泣之。戰勝，以喪禮處之。”以兩兵相抗，殘殺相加，大干天和，殊堪哀憫。故以慈悲無量之真心感之，彼殘殺害仁之妄心自息，則哀者勝矣。六十七章云“慈以戰則勝”，允已。

七十章

吾言甚易知，甚易行，天下莫能知，莫能行。言有宗，事有君。

吾言“見素抱樸，少私寡欲”（十九章），此甚易知易行，可以全性葆真也。而天下侈於私營者莫之能知，迷於物欲者莫之能行。亦徒見其自苦耳。聖人立言，必有宗旨。以衆妙同出於一玄，故萬殊必歸於一本，《墨子·經上》曰：“同異而俱於之一也。”《説》曰：“二人而俱見是楹也，若事君。”言人不一，而所見者一，若萬衆同事一君也。是此“言有宗，事一君”之塙詁。下“有”字涉上“有”字而誤，當作“一”，於義爲協。君即樸素，天下莫能臣之至道。體本寂寥，而其妙用神密無窮也。

夫唯無知，是以不我知。知我者希，則我貴矣。是以聖人被褐而懷玉（“而”字舊脱，從傅奕本補）。

唯衆人無真知，是以不知我之真，亦不知我與衆人同一真，非我獨真而衆人不真。奈何衆人皆自埋其真，祇知小我之假我，不知大我之真我，幾無能自知我所以爲我之真者矣。故曰知我者希，則我之所以爲我者貴矣。是以聖人被褐與衆人同，而懷玉與衆人本不異而大異。褐喻色身，玉喻真心也。

七十一章

知，不知，上。不知，知，病。夫唯病病，是以不病。聖人不病，以其病病。是以不病。

大道甚深玄妙，不可思議，不可言詮。故知道難盡知，雖深知而猶不敢云知者，尚已。若未能深知，即等於不知，而自以爲有所知者，則在身爲心病，在身外爲世病甚矣。病，患也，中疾甚也。《莊子·知北游篇曰》，“不知深矣，知之淺矣。弗知内矣，知之外矣。……弗知乃知，知乃不知，孰知不知之知?”是此塙詁。孰知不知而知，爲世病之大邪?自非聖人，難免此病。聖人所以不病者，以其病病，“夫唯病病，是以不病。”古人爲文不厭重複，《太平御覽》疾病部，引作“聖人不病，以其病病。夫唯病病，是以不病”。已就文爲乙删矣。

七十二章

民不畏威，則大威至。無狎其所居，無厭其所生。夫唯不狎，是以不厭。

二十章云：“人之所畏，不可不畏。”言人不尚清静無爲之道，則一切有爲造作可畏之禍亂必至也。人心各逞私營，不畏天威。私私害公，天理滅絶，刀兵水火，大威隨至矣。狎，褻也，不敬也。“無狎其所居”，於所居處，戒慎乎其所不睹，恐懼乎其所不聞也。厭，足也。“無厭其所生”，不甘厚味，而憫人之飢，恒服惡衣，而濟人之寒也。夫唯不狎其所居，心常敬畏。是以不厭其所生，務利羣生，而大威不至矣。“不狎”舊作“不厭”，從吴澄校改。

是以聖人自知不自見，自愛不自貴，故去彼取此。

聖人自知禍亂之果，動於一念之微因，可畏之至。故常祛妄，不自見其一念有。自愛真常之體，其實無相，“始本無生”（《莊子·至樂》），終“無死地”（五十章）。故常葆真，不自貴其“不益生”（《莊子·德充符》）。是故能去彼大威，取此長生。

七十三章

勇於敢則殺，勇於不敢則活。此兩者或利或害。天之所惡，孰知其故，是以聖人猶難之。

勇於敢則堅强，“堅强者死之徒”（七十六章）。勇於不敢則柔弱，“柔弱者生之徒”（同上）。世以勇於敢爲利，而利即是害。世以勇於不敢爲害，而害即是利。或敢或不敢，利害無定，不可固執也。“天道虧盈而益謙”（《易・謙》）。非惟惡“樂殺人者”（三十一章）。亦惡敢於爲惡，不利於人者。抑非不利於人，而恒自害之惡行，亦甚多甚多，皆爲恢恢天網所不漏。孰知其故？蓋世間一切利害因果始於一念不覺生相，理至精微，聖人猶難盡知之。

天之道，不争而善勝，不言而善應，不召而自來，繟然而善謀，天網恢恢，疏而不失。

暴王桀、紂，詬天賊人（《墨子・法儀》），天不與之争，假手湯、武以誅之，足見天之道不争而善勝也。《書・咸有一德》曰：“惟吉凶不僭在人，惟天降災祥在德。”《仲虺之誥》曰：“惟上帝不常，作善降之百祥，作不善降之百殃。”曰天曰上帝，皆一真性之代名。降祥降殃，即對作善作不善不言之善應，蓋因業感報也。《詩・大雅・文王篇》曰“永言配命，自求多福”，可證。孟子曰“禍福無不自己求之者”（《公孫丑上》），允巳。“道滿天下，普在民所，民不能知也”（《管子・内業》），《莊子・知北游篇》曰“道無所不在”，外充肌膚，内周骨髓，無去無來。故曰“不召而自來”。“繟然而善謀”，言謀一切事理，無不條理井然也。天網無網，喻道周密，牢籠萬有，假名曰“網”。其網恢恢，寬廣無邊，似乎疏而不密；然賞善罰惡，毫釐不差，無或失也。“失”，景龍本作“漏”。

七十四章

民不畏死，奈何以死懼之。若使民常畏死，而爲奇者，吾得執而殺之，孰敢？

兆民感於上之有爲，心無所宗而昏亂，瞀不畏死，刑網雖密，何足以懼之？若以德化民，“好生之德洽於民心”（《大禹謨》），使民常樂生畏死，偶有奇異邪行者，吾得執而殺之，孰敢不格其非心邪？

常有司殺者殺。夫代司殺者殺（傅奕本、蘇轍本“夫”字均作

“而”），是謂代大匠斲。夫代大匠斲者，希有不傷其手矣。

夫刑罰不足畏，則暴人輕犯禁（《管子·正世》）。民者，“心安是國安也，心治是國治也。”（同上，《心術下》）在上者不能正治民心，一一得所安而静，致民躁而多邪僻之行，亦常有天監在上，爲司殺者殺，所謂“天網恢恢疏而不漏”也。故在上者，背乎清静無爲之天道，時任己意而司殺，是代司殺者殺，是謂“代大匠斲”。拙工代大匠斲者，則傷其手。代司殺者殺人之人，災必及其身也。

七十五章

民之飢，以其上食税之多，是以飢。民之難治，以其上之有爲，是以難治。

人君宫室、車馬、妻妾、衣食之欲多，則收税多，暴奪民衣食之財，則民飢。上以有爲率下，下以有爲報上，故詐僞多而難治。

民之輕死，以其求生之厚，是以輕死。夫唯無以生爲者，是賢於貴生。

上侈於欲，民争效之，罔知存性以全生故。夫人之所以輕忽其生而速死者，由其畏死之甚，竭盡心力以營生。不知求生之厚，適以“傷生損壽”（《墨子·經説下》）。是爲“輕死”。“悲夫！世之人以爲養形足以存生”（《莊子·達生篇》），孰知養形不足以存生，惟“常因自然而不益生”（《德充符》），“能外生而後能入於不死不生”（《大宗師》）。無能子曰：“今人莫不好生惡死，而不知自然生死之理。役其自然生者，務存其自然死者。存之愈切，生之愈疏（《析惑》）。”故“唯無以生爲者，是賢於貴生。”

七十六章

人之生也柔弱，其死也堅强。草木之生也柔脆，其死也枯槁。故堅

强者死之徒，柔弱者生之徒。是以兵强則滅，木强則折。堅强處下，柔弱處上。

凡堅强者死相，“物壯則老”也（三十章）。凡柔弱者生相，“沖氣以爲和”也（四十三章）。“兵强則滅”，利刃先挫也。“木强則折”，喬木先伐也。明守柔爲强也。舊“滅”作“不勝”，“折”譌“兵”，今從俞校據《列子・黄帝篇》正。《淮南・原道訓》同。“堅强處下，柔弱處上”，明“柔弱勝剛强”（三十六章）。無異天尊地卑，貴賤位定也。

七十七章

天之道，其猶張弓與？高者仰之，下者舉之，有餘者損之，不足者補之。

天之道無高無下，無不平等。無過不及，無不適中。譬之張弓，高者下之，下者高之，太過則減損之，不及則增補之。“若虞機張，往省括於度則釋”（《商書・太甲上》）蓋天道普濟，至中至正，唯張弓發無不中，約略似之。

天之道損有餘而補不足。人之道則不然，損不足以奉有餘。孰能以有餘奉天下？唯有道者。

天道“稱物平施”（《易・謙》），損有餘而補不足，極無爲之玄妙也。人之爲道與天反，損不足以奉有餘。居上位者，厚作斂於百姓以飾舟車，左右衆之，是以其民飢寒並至，故爲姦邪（《墨子・辭過》）。或巧奪民衣食之財，以爲大鍾、鳴鼓、琴瑟、竽笙之聲，刻鏤文章之色，犓豢煎炙之味，高臺厚榭邃宇之居（同上《非樂》），不平甚矣！將人之所以異於禽獸幾希者盡去矣。非有道者，孰能以有餘奉天下。齊晏平仲居相位，衣苴布鹿裘，敝車疲馬，盡以禄給親戚朋友。親戚待其禄而衣食五百餘家，處士待而舉火者亦甚衆。曰“藏財而不用，凶也”（《晏子春秋・諫下》十九章）。墨子曰：“多財而不以分貧，不祥也。”“有力以勞人”（俱見《魯問篇》），“有道肆相教誨”（《兼愛下》），是墨家皆以有餘奉天下，與道家同也。佛教、耶教，皆首重布施。所以利人，而自淨其性德，爲天下後世法也。設不以有餘奉天下，安得爲有道之士耶？

是以聖人爲而不恃，功成而不居，其不欲見賢。

“爲而不恃”一句，已見二章。此言聖人布施無相，了知我人物空。故爲而不恃。功成而不居，不欲見賢於衆也。設欲見賢於衆，即是心不清静，所爲有漏，背乎道之真常，爲世間造孽種也。

七十八章

天下莫柔弱於水，而攻堅强者莫之能勝，以其無以易之。弱之勝强，柔之勝剛，天下莫不知，莫能行。

天下最柔弱者，莫過於水，而一切堅强者，莫能攻而勝之。河上公注云：“水能壞山襄陵，磨鐵銷銅。”故四十三章云“天下之至柔，馳騁天下之至堅”，孰有堅强勝於水者哉！倘以極堅强之力攻之，水能無我寬容之，而堅强之力化爲烏有矣。此以水喻大道，本極柔弱之至理，無以易之者也。弱之勝强，柔之勝剛，觀於水而彰著，天下莫不知之，惜無能攝解成行者，可慨也已。《列子・黄帝篇》粥子曰：“欲剛必以柔守之，欲强必以弱保之，積於柔必剛，積於弱必强，觀其所積以知禍福之鄉。”義同。

是以聖人云：愛國之垢，是謂社稷主。受國之不祥，是爲天下王。正言若反。

聖人知其雄，守其雌。知其白，守其黑。知其榮，守其辱（二十八章）。雌也，黑也，辱也，國人所謂垢也。此非真垢，而顯揚榮寵，斯真爲垢之淵。惟能守無名之樸，虚懷受國人之所謂垢汙，而心無分别者，萬物將自賓，可爲社稷主。又推而言之，孤、寡、不穀，國人所謂不祥，賤稱也。此非真不祥，而以兵取强，以智治國，斯真不祥之實。惟能敦無爲之化，忘己受國人之所謂不祥，而以身下民，無貴無賤，德總天地者，天下無不歸心，可爲天下王。正言契真，與世俗反。衆生無真知，顛倒性成，往往以聖人之正言，視若反言也。

七十九章

和大怨，必有餘怨，安可以爲善？是以聖人執左契而不責於人。

怨，讎也，恨也。結怨積怨，不易和解。倘與人結小怨，已兩失其本性平等之真，宜速報之以德，和好如初爲得。至積小怨成大怨，則難於言和，縱和亦必有餘怨，未爲善也。假令彼此了解平等真心，本自清浄，無怨可積。怨由妄生，能祛其妄，怨自消滅無餘，而心和樂。保合太和，斯最善矣。聖人知怨尤之起，由執左券而責人求償者多，貨財皆身外物，儲蓄反增心垢，布施以濟貧苦，令彼樂善修福，故執左契而不責於人，則怨無由生，彼且大歡喜矣，聖人亦心安矣。

有德司契，無德司徹。天道無親，常與善人。

《詩・豳風・鴟鴞》“徹彼桑土”。徹，剥取也。有德者同契而已，樹德務本，心地所栽培者厚也。無德者執左券而責人之息，息愈多而責之愈力，致人之積怨徹骨而不可解，是取息未可必，而取怨必矣。無德取怨，背乎天道，故《商書・咸有一德》曰：“惟天降災祥在德”。言災祥視德之得失厚薄而現也。《周書・蔡仲之命》曰：“皇天無親，惟德是輔。”《詩・大雅・文王篇》曰：“永言配命，自多福。”皆此“天道無親，常與善人”之明證。

八十章

小國寡民，使民有什伯之器而不用（下“民”字，從傅奕本補）。

《説文・繫傳》人部“伯”下，引《老子》曰“有什伯之器”。每什伯共用器，謂兵革之屬。蓋國小民少，出入相友，守望相助，每什伯共有兵器者，防盜賊耳，非所以争勝也。争勝則亡無日矣，故“使民雖有什伯之器而不用”。

使民重死，而不遠徙。雖有舟輿，無所乘之。雖有甲兵，無所陳之。使民復結繩而用之。

使民樂天存性，知足無求。重視無常之迅速，不甘遠徙之塵勞。真實受用，隨身自在。向外奔馳，反失家寶。故舟輿可棄，甲兵可銷，柴門静掩，歲月寬閒。采真之遊（《莊子·天運》），空空如也（《論語·子罕》）。書契無用，奚事結繩。《莊子·胠篋篇》云，神農時民結繩而用之，甘其食，美其服，樂其俗，安其居，鄰國相望，鷄狗之音相聞，民至老死而不相往來，則至治已。

甘其食，美其服，安其居，樂其俗，鄰國相望，鷄犬之聲相聞，民至老死不相往來。

園蔬愈珍饈，布衣勝文繡。茅廬卧白雲，比户話明月。隔河異封域，鷄犬聲相聞。對門傾耳聽，"寂破天籟清。大道普民所。"（《管子·内業》）俯仰户牖盈（"不出户知天下，不窺牖見天道，其心彌遠，其知彌少"）。行年九十餘，足未出里門。"宇宙在乎手"（《陰符經》），無勞枉己尋。

八十一章

信言不美，美言不信。善者不辯，辯者不善。知者不博，博者不知。

真實至言，衆人逆耳。衆人樂聞者，阿諛之聲。《書·太甲下》曰："有言逆於汝心，必求諸道。有言遜於汝志，必求諸非道。"當矯其情之僞也。善者玄鑒瑩徹而常寂然，心辯而不繁説，故曰"善者不辯"。辯者强聒不舍，務以争勝，言善而不篤行，故曰"辯者不善"。"知者不博"，以道不可言，言則有漏，故曰"道可道非常道，名可名非常名。"《莊子·寓言篇》曰"不言則齊"，知不可以博顯也。"博者不知"，如《金剛經》云："若言如來有所説法，則爲謗佛，是人不解我所説義。"又云："若以色見我，以聲音求我，是人行邪道，不能見如來。"可會通也。

聖人不積。既以爲人己愈有，既以與人己愈多。

聖人無己，故無私積。以天下之財，共之天下。積財於天下，天下之所積，即聖人之所積。聖人福德之厚，以推己所有以與人者愈多，而生物不測，足以與人而不竭於己者愈多。更以真空之慧知大千世界，無盡法財，祕藏自心，應用無窮。且應用以利人，則世道益隆，己德益豐。故曰"既以爲人己愈有，既以與人己愈多"。故有積則迷於無常之幻有，雖富有天下無足時，與道隔矣。無積則真常妙理。顯露於自心而日彰，愈以利人而愈彰。知聖人之不私積，以天下人無非己也。所以祛妄全真，爲天下人積福積慧者大也。《莊子》"以有積爲不足，無藏故有餘。"（《天下》）夫唯無藏，故能與宇宙之無盡藏，資萬有各足而不匱者爲一也。

天之道利而不害，聖人之道爲而不争。

天之道大公無私，大中至正，故有利而無害。《墨子·天志中篇》曰："天之意不欲大國之攻小國也，大家之亂小家也，强之暴寡，詐之謀愚，貴之傲賤，此天之所不欲也。不止此而已，欲人之有力相營，有道相教，有財相分也。又欲上强聽治，下强從事，君臣上下惠忠，父子兄弟慈孝，刑政治，萬民和，國家富，財用足，百姓皆得煖衣飽食，便寧無憂。"皆所謂利而不害也。故"愛人利人者，天必福之。惡人賊人者，天必禍之"（《法儀》），"順天者存，逆天者亡"（《孟子·離婁上》），天道至顯著也。聖人之心，清浄妙明，合天爲一。天道無爲而無不爲，與人無争。聖人亦然。天道假聖人而有爲，聖人本天道而普利，一而二，二而一也。天下本無違天之道，本無不聖之人，而世人迷惑，往往背乎天道，害人亦不利於己者衆，藐視聖人，争爲一時之雄，以逞其貪瞋癡毒，肆害天下者多。此真常性道不明之過，聖人之大憂也。故《老子》於終篇，示聖人與天道同一清静無爲，爲而不有，善利萬世，與世無争也。

荆楚文库

陰符經真解

據 1947 年《政治季刊》第 5 卷第 1—2 期整理。

《陰符經》有二種。太公望著《陰符兵法》，入兵家。今所傳《陰符經》，舊題黄帝撰，入道家。有太公、范蠡、鬼谷子、張良、諸葛亮、李筌六家注。昔人多謂此書真僞不可考。黄庭堅定爲筌所僞託。朱子亦以黄説爲然。然以其時有精語，非深於道者不能作，因爲之考定其文，作考異一卷。宋夏元鼎《陰符經講義》，引以言丹法，則非道家正宗矣。竊以經文皆道家言，李筌無此識力，據《漢書·藝文志》"道家黄帝四經四篇"，斷定此經黄帝作，爲四經四篇之一。語語精闢，曠世無匹。掌握造化機密，冠冕諸子羣經，可以通神明之德，類萬物之情。老子蓋承其傳而光大之。惟於一切含靈，織妄業流，輪轉六道之故，與夫真窮惑盡，超絶三途之妙理，略焉不詳，不足以醒大盜之迷夢，勵羣生之靈修，實爲缺憾。間有不了心源，甚庸劣句，爲後人羼入無疑。至六家注，頗覺膚泛，適中肯綮者寥寥。蓋淺人僞託，無足取。今據道家真常玄理，兼探墨儒精義，内典圓詮，略爲解釋，冀以啓發讀者本具妙明真心。攝宇宙入毛孔，總萬有爲一身，即一切德教政藝，皆可盡性以壽世也。

中華新紀元三十三年歲次甲申清明節
漢陽張純一仲如時年七十又四
書於陝西城固西北大學校舍

目　録

上　篇

觀天之道，執天之行，盡矣。

天者，一真法界之異名。從古至今，緣生萬象。六趣四生，諸佛聖賢，無窮法門，無量妙義，無不從此法界流，無不還歸此法界。而此法界，本寂無生，妙湛自如。具真知者，以空慧觀照，了了一心，總持世出世間，一切恒沙德用，爲而無爲，得大自在，能轉萬物，不爲物轉。修身則道味淡然，心氣一如，以終天年。處世則樂取於人以爲善，事事平等，同永其壽。接物則盡性發育而不相害，田野山林川澤之産，不勝食用。治國則清静自化，奸邪不生，儼然有百千萬億無軍之兵，天下因感真心之至平，無一不平矣。如是盡人之心，無非天心。心代天意，口代天言，手代天工，身代天事。無盡天道，盡現於人事之萬行矣。《易》曰，天行健，君子以自强不息。保合太和，各正性命，本此脱化。

故天有五賊，見之者昌。五賊在心，施行於天。宇宙在乎手，萬化生乎身。

五賊，眼、耳、鼻、舌、身，本天成也。《吕氏春秋·去私篇》云："黄帝聲禁重，色禁重，衣禁重，香禁重，味禁重。"可謂見之者昌。釋氏謂眼、耳、鼻、舌、身、意爲六賊，此以心爲賊主，義同。眼本非賊，從色爲賊。耳本非賊，從聲爲賊。鼻本非賊，從香爲賊。舌本非賊，從味爲賊。身本非賊，從觸爲賊。五賊刧心，心不自主，反爲賊窟。背覺合塵，天地晝晦矣。然此五賊，本來面目，浄同太虚，妙造天然。苟真見諦，五賊非賊，本一真心。一心靈運，無邊境界，體露真常，遠離壞縛，見無見見，聞無聞聞，臭無臭臭，言無言言，作無作作。位天地以造萬物之命，育萬物以濟天地之窮，自無難矣。宇宙真元歸掌握，萬億化機出毛孔，獨步大千，逍遥自在。

舊注《廣成子》曰，"以爲積火焚五毒"。積火者，拙火定也。五毒者，色、聲、香、味、觸。凡受是苦，刧真心故。

天性，人也。人心，機也。立天之道，以定人也。

天人一性，心外無天。化機道妙，總於一心。萬象莊嚴，在人建立。奠定宇宙，上德無爲。是故聖人清静爲天下正。

天發殺機，龍蛇起陸。人發殺機，天地反覆。

法界體性，森羅萬有，有生滅因緣，成住壞空，無或停時。當壞刧時，洪水氾濫，大陸沈没，龍蛇逼人，是殺機之發於天者，無非曠刧衆生心業感召也。若夫争地以戰，殺人盈野，争城以戰，殺人盈城，是殺機之發於人者，真至天翻地覆。人無生趣，亦因人心不平，以强刧弱，往往殺害物命，殘忍積怨，所結果也。天道好還，今日人食羊，異日人爲羊，羊爲人，羊又食人。一往一復，形象變遷，無定準也。

天人合發，萬變定基

天者，人心之廓都，本不生滅，而有生滅因緣。往往屬於人者，爲有我之私心，不平等心，生滅心；而屬於天者，爲無我之公心，平等心，不生不滅心。了知不平等之生滅心，萬變無常，必感一切苦果，厭離之；恒保持其不生不滅，大公無我之平等心，萬變一如，得究竟樂，即是天心，亦即真俗雙融、天人不二之清浄真心。以此真心，發而爲德教，承教者，無不薄塵世無常之虚榮，而得了生脱死之壽。以此真心，發而爲政令，從政者無不輕小己無常之微利，而體先民後身之仁。誠以生者無生，死者無死，繁華萬變，轉瞬無存，不足貴。本自真心，至天地廢墜而不或虧，是爲至貴。主不變者，以持天下之萬變，是爲奠定宇宙萬變之基。

性有巧拙，可以伏藏。

此文未見諦理，疑後世俗學羼入也。性體原無巧拙，從體起用，始有巧拙。本真之性，似拙而伏巧，乖真之性，似巧而藏拙。至巧拙見於行事，人己俱不利，或利己而不利人者，均當滅除，豈可伏藏，終爲奸邪小人。若人己俱利，或不利己而利人者，均當爲而不有，亦不可以伏藏。伏藏，非聖人也。抑知巧拙無實，覓不可得，體自空寂，奚可伏藏？徒滋迷妄。

九竅之邪，在乎三要，可以動静。

三要者，身、口、意也。九竅非邪，三要動静失當而邪。諸佛世尊知見嚴正，身口意業，或動或静，智悲殊勝，最自在也。十方三世無盡衆生，本原一心，依無爲法，入圓覺海，無不清静，安穩快樂，動本無動，契真常也。若諸凡夫，迷自真心，昧本妙明，知邪見邪，身口意業，無不顛倒，一動一静，不利自他。妄動積殃，無正静時，枉受輪墮，至可哀愍。

火生于木，禍發必尅。奸生于國，時動必潰。知之修鍊，謂之聖人。

木具火性，清静則寧，遇緣火發，木身灰矣，猶目以五色而盲，耳以五音而聾也。孰知制止其禍於未萌，背塵合覺，保存其身，福利世間耶？國聚兆民，奸生無象，乘時而動，國不保矣。吾人一身，奸火環伺，外憂内患，與國無異，觸機即發，可危甚矣。夫唯真人，真知禍原，心爲物役、賊自真心，大火越逸，未足喻也。明心本浄，不受塵纏，湛然覺照，精進真修。“耳目不淫，心無他圖，正心在中，萬物得度”《管子·内業》。金剛道成，無堅不摧。萬緣寂滅，謂之聖人。

中　篇

天生天殺，道之理也。

法性本無生，而有生滅相。春生夏長，秋收冬藏，有成有毁，道通爲一。

天地萬物之盗。萬物人之盗。人萬物之道。三盗既宜，三才既安。

天地生成萬物，而生機殺機不二，是芻狗萬物也。萬物厚人之生，而生生之厚，適以速死，是賊害人生也。人爲利用萬物，而畜養之，栽培之，殺之伐之，是刀刃萬物也。皆盗機之顯露者也。故曰天地萬物人之盗，萬物人之盗，人萬物之盗。雖然，三盗所以壯天地活潑之觀，形萬物形形之妙，進人生位育之德。宇宙萬有本無生滅而生滅，雖生滅仍無生滅。苟能冥契無爲而無不爲，則三盗無不宜，三才無不安矣。三才者，天、地、人也。

故曰食其時，百骸理。動其機，萬化安。

天下事利與害並。飲食所以養生，若極五味之調、芬芳之和，是爲腐腸毒藥，足以傷生損壽。苟能薄滋味以養形，減嗜欲以養神，適其時宜，足以充虚繼氣，悦耳明目，百骸無不理矣。足見天下事，動合機宜，應其時，如其量，無少差違，化彼萬有，莫不安全。

人知其神之神，不知不神之所以爲神也。

宇宙萬有，化機無滯，人知其神之神，不知皆一湛寂真心，隨緣赴感，不神之所以爲神。《易》曰："无思也，无爲也。寂然不動，感而遂通天下之故。"是"感無不通"之至神，出於"無思""無爲"之不神也。《山海經·海内西經》"開明東，有巫彭，巫抵，巫陽，巫履，巫凡，巫相"，郭璞注："皆神醫也。"夫醫之所以奏神效，人皆稱之爲神者，皆其不神與衆生同之心，所以爲神也。惜乎人不之知也。《焦氏易林·小畜之漸》："學靈三年，仁聖且神。"明不神者由學靈三年而神也。釋氏有天眼通、天耳通、他心通、宿命通、神境通、漏盡通諸神用，皆一切含靈本浄明心，具足無盡威德妙理也；祇以積刼妄想執著，而不證得。苟能精修健空勝慧，真窮惑盡，則大圓鏡智現前，十方塵刹，一心周徧，無不朗照，神乎其神矣。

日月有數，大小有定，聖功生焉，神明出焉。

此説未脱陰陽家窠臼，不可從。地球繞日一周爲一歲，三百六十五日又三時。月球繞地一周爲一月，大約二十九日半。所謂"日月有數，大小有定"也。古者道家清修，計校陰陽日時，行持異致，非不少許應理。然不知日月大小，假名無實，未免著相。竊以四時寒暑，晝作夜息，潛修聖功，氣候温涼，固宜因時調攝。而必斤斤於日時之陰陽，究無關於真際也。《易·乾象》曰："天行健，君子以自强不息。"《論語·里仁篇》曰："君子無終食之間違仁，造次必於是，顛沛必於是。"皆明無時無處不然也。然則聖功胡爲生，神明胡爲出？雲樓大師曰："心攝也，游念斂也湛寂生。心寂也，定力深而慧光發。"示捷徑也。《文子·精誠篇》："老子曰，全性保真，不虧其身。"精通乎天，何爲而不成。《管子·心術下》曰："執一之君子，執一而不失，能君萬物。"要自明了自心，本浄妙明、祛妄出纏始。

其盜機也，天下莫能見，莫能知。君子得之固躬，小人得之輕命。

宇宙萬有，莫非盜機，不分君子小人，平等環伺。《禮·樂記》云："夫物之感人無窮，而人之好惡無節。則是物至而人化物也。人化物也者，滅天理而窮人欲矣。"於是有悖逆詐僞之心，有淫佚作亂之事，是故强者脅弱，衆者暴寡，智者詐愚，勇者苦怯，舉世皆盜賊矣。夫物至而人化物者，明盜機滿天下，天下莫能見，莫能知，無不認賊爲父，認賊爲子，甘以身殉之。此小人所以被盜機轉，而昧其本具真常之性，枉自輕命者也。《莊子·應帝王篇》曰："無爲名户，無爲謀府，無爲事任，無爲智主，體盡無窮而遊無朕，盡其所受於天，而無見得，心虚而已。"此君子了知一切有相，皆是虚妄，體取無生，不任萬物爲盜，知盜機之動能勝而止之也。約而言之，君子無爲，能役物而不役於物，故固躬。小人有爲，不能役物而役於物，故輕命。其機秘密間不容髮，非堯桀異性也。

下　篇

瞽者善聽，聾者善視。絶利一源，用師十倍。三反晝夜，用師萬倍。

李筌曰："師曠熏目而聰耳，離朱漆耳而明目。"明心能專一，始能神其用也。讀《書·泰誓》知武臣三千一心，克受億萬衆心，足見絶等大利，要在萬行一心也。譬之用師，萬衆一心，十全策也。如是再三反復，經長晝，歷永夜，二六時中，一心不紛，應機用事，乃疑於神。譬之行軍，百戰百勝，萬全策也。

心生于物，死于物。機在于目。

物者，色、聲、香、味、觸、法六塵，緣眼、耳、鼻、舌、身、意六根，引起眼等六識與根塵接，取粗顯境，心爲作意，是之謂心生於物。

六塵爲賊，六根爲媒，六識爲刼，自刼本具無漏功德妙明真心，繁興妄染，念念生滅，無間斷時。心化爲物，不能自主，由諸貪愛，而起執著，滋惑造業，招變壞苦，無常迅速，死相現前，是之謂心死於物。即此生生死死，無止息者，皆因心隨物轉，迷真逐妄而致。是心生死之機隨緣觸發，不僅在目，而以當面兩目，受染爲最，故曰機在於目。此在釋氏十二因緣，爲無明緣行等，是順生門，義未詳析。至於還滅諦理，必須滅除無明，無明滅則行滅，乃至生死俱滅，缺焉無聞。况但言現世，不詳已往與未來，漏義甚多。嗚呼，世有遠識之士，不讀内典，安能自度，安能度他！

天之无恩，而大恩生。迅雷烈風，莫不蠢然。

《墨子·天志中》曰："天之愛民厚矣。兼天下而愛之，撽遂萬物而利之，若豪之末非天之所爲，而民得而利之，則可謂否矣。然獨無報夫天。"言天有大恩，似乎无恩，故民不知其恩也。《管子·心術上》曰："天曰虚。地曰静。乃不伐。"明天地生成萬物而不自伐其功也。《老子》三十四章曰："大道氾兮，其可左右。萬物恃之而生而不辭，功成不名有，衣養萬物而不爲主。"亦言天之無恩而大恩生也。迅雷烈風，正天恩所以生成萬物，善濟而無心；刻雕衆形，妙肖而不爲巧者也。其自體固蠢然也。此顯無爲之大用也。

至樂性餘，至静性廉。

性備萬德，如天恩之普被，無少欠缺。樂與萬有結勝緣，任萬有之取求，無盡竭時。故曰"至樂性餘"。性體妙湛，縱雷風之震動，一若無聞。任外緣紛至沓來，住實際之理地，不受一塵。故曰"至静性廉"。

天之至私，用之至公。

天體唯一，不容有二，可謂至私。大用無窮，曲成萬物而不遺，可謂至公。至人法之，本萬有一如之真心，大德敦化，並育萬物而不相害，以至公成至私。至私即無私之正義。《老子》曰："聖人外其身而身存，非以其無私耶，故能成其私。"本此。故斯人欲完成一己之至私者，非顯無私之大用，妄其爲我，而兼豎窮横遍之萬有，爲一至公之大我不可。

禽之制在炁

“禽”、“擒”同，攝也。《墨子·尚賢中》曰：“聖人之德，總乎天地。”《淮南子·原道訓》曰：“神託於秋毫之末，而大宇宙之總。”明攝萬歸一，託小包大也。統制之道，在乎專一心氣。塞聰閉明，靜思息慮，緣督爲經，息周頂踵，心之所至，氣亦至焉。攝六合之元精，盡入毛孔。極萬變之神化，舒卷一心。

生者，死之根。死者，生之根。恩生於害，害生於恩。

徧空法身，金剛體性，本無生死。而塵世凡夫，生死宛然。良由貪染執著，冥行長夜，生死互根，罔知解脱。怨結爲親，親翻成怨，心甘逐幻，良堪愍惻。誰能了悟業緣，轉識成智，朝徹見獨，而不入於不生不死。

愚人以天地文理聖，我以時物文理哲。

天地，一成不變者也。時物，隨緣萬變者也。本不變而萬變，雖萬變而不變，二者文理不相捨離。何有天地時物之殊，人愚我智聖哲之分？特愚人務外游，以乾坤闢闔，變動不居之文理聖；我務内觀，以固緣時會形物無形，時時物物，皆心色不二之文理哲。現象之文理麤，无象之文理妙。

人以愚虞聖，我以不愚虞聖。

虞，度也。聖人無已，至德無爲，淵源玄妙，容貌若愚，衆人固不識也。孟荀二子，非墨兼愛，以世俗見，妄毁真人。陋儒效尤，排擊佛老。皆人以愚虞聖例也。我以不愚虞聖者，可知聖人心包太虛，化育萬類，大智若愚，非真愚也。

人以奇期聖，我以不奇期聖。

凡人心期聖人者，以爲出於其類，拔乎其萃，甚神奇也。不知聖人耳目口體，猶是人也。特心超物表，轉物而不爲物轉，與夫衆人甘爲物轉而不能轉物者異趣。是故衆人以爲易者，聖人不以爲易，圖難於其易。衆人以爲細者，聖人不以爲細，爲大於其細。以一念微動，人禽分界，聖狂殊途也。天下難事，必作於易，天下大事，必作於細，無限神奇，在不奇中。此衆人皆不知，而聖人獨知之者也。平天下，衆人以爲難事大事，甚奇事也。聖人以平天下，非難事大事。而最難且大事，莫如平自心。自心無奇，平則天下難事大事無不平。千奇萬奇，不爲奇也。故曰人以奇期聖，我以不奇期聖。

故曰沈水入火，自取滅亡。此二句當從王鳳洲本移前“害生於恩”下

衆人埋真逐妄，不惜決性命之情而饕貴富。不知貴富之禍，隱伏世間。洪水滔天，大火燎原，未足爲喻，嗟乎！汙世爲名利造孽，禍國殃民者何限？名利不可以詐僞成，而身爲天下戮，辱及其親者何限？名利縱徼幸而成，而性靈汩没殆盡，人形而禽獸心，淪墮惡趣者何限？孰不知水不可沈而甘沈之，火不可入而甘入之，自取滅亡，何苦乃爾！

自然之道静，故天地萬物生。

自然之道，當作釋氏“法爾”解，不變隨緣，隨緣不變爲得。自然之道静，故天地萬物生，墮於無因外道。《老子》云：“天地萬物生於有，有生於無。”與此同病。是爲此土先哲言道欠圓徹，尚有一間未達之證。多讀佛經，自知法不孤起也。此文當作“自然之道静，而有無盡緣起，故天地萬物生”。言道體玄妙，本寂無生，而隨緣赴感，故天地萬物生。文義斯圓滿矣。《朱子語録》載閭邱次孟論《陰符經》“自然之道静，至變化，順矣”數語，雖六經之言無以加，可謂見諦。而不知者有漏義也。

天地之道浸故陰陽勝，陰陽相推，而變化順矣。

言天地之道，有互相浸淫時，或陰勝陽，或陽勝陰，均非正也。必陰陽相濟，如《易》九五、六二，各居正位。斯一切變化，順理無違矣。

是故聖人知自然之道不可違，因而制之。

自然之道，即一真法界之異名，其體性清虚，周遍常住，本不生滅，湛然寂静，了無差別境界之相。但因衆生一念不覺，依真起妄，則本不生滅者，而生滅宛然。故覺則契真無妄，遠離染緣。不覺則逐妄乖真，甘心塵縛。於是凡聖殊途，染浄異致。因該果海，苦樂懸殊。依業感報，不稍差違。夫唯聖人，深知其故，因而弘化，普度有情，返妄歸真，務制止其生滅妄心，而保持其不生不滅之真常心。庶幾念念清明，不爲塵

染，世無桀紂，皆堯舜矣。

自然之道，即滿足一切功德之天道，專就清淨無染言，則天之无恩而大恩生是。《易・乾・文言傳》曰：“乾始能以美利利天下，不言所利，大矣矣。”同。就染淨無分言，則真妄和合，有不生滅與生滅二義。一切染淨因果，皆從真妄熏變，允宜袪妄而顯真，不可違真而逐妄。《易・乾彖》曰：“大明終始，六位時成。時乘六龍御天。”蔡虚齋曰“御者如御車之御”，謂天亦諸幻生滅之根本業識，不可順從，淪墮苦海，宜制御之。《易・繫上》曰：“犯違天地之化而不過。”馬融、王肅本如此。章太炎云：“天地之化，所謂生滅。不生不滅，則犯違天地之化也。超出三界，非於三界之外，别建法界，所謂不過也。”愚案：“化而裁之存乎變”，即制裁天地之化，轉變生滅爲不生滅，是之謂御天。是“因而制之”之塙詁。春秋時，楚申包胥曰：“人定勝天。”見《史記・伍子胥傳》。《荀子・天論篇》曰：“從天而頌之，孰與制天命而用之。”義同。釋尊五時設化，無非欲令有情，羣從生死欲流返窮流根，至不生滅。世僞佛法如天門，信然。英儒赫胥黎《天演論》曰，“天不可以獨住，要貴以人持天”，西土驚爲絶唱，豈知二千年前，東亞已屬常談。

至静之道，律曆所不能契。

至静之道，清虚妙湛，具足世出世間無漏功德，一切染法所不能染，有不可思議神通妙用。隨衆生根，自然相應而現，令得利益。一切有情，悟本真心，修證等覺，妙用亦然。此圓明道，六律未能顯其音，巧曆不能得其數。理至奥祕，能相印契者鮮矣。

爰有奇器，是生萬象。八卦甲子，神機鬼藏。

奇器，即至静之道體。如如不動，寥廓真心，無形無相，隨緣赴感，紛陳萬象。伏羲因而畫八卦，以通神明之德，以類萬物之情。大撓因而作甲子，以紀年月日時，以觀天下之動而貞吉，是故天生神物，聖人則之，爲天下利。探賾索隱，鉤源致遠，利莫大焉。《管子・内業篇》云：“凡物之精，此則爲生。下生五穀，上爲列星。流於天地之間，謂之鬼神。藏於胸中，謂之聖人。敬守勿失，是謂成德。德成而智出，萬物果得。”孰知神出鬼没，不足爲奇。而不神爲所以神之妙明真心，斯爲神器之至奇。

陰陽相勝之術，昭昭乎進乎象矣。

陰陽相勝之術，謂剛柔相推而生變化。變化者進退之象，故曰昭昭乎進乎象矣。譬之彈琴，絃緩則不鳴，絃急則聲絶，急緩得中，諸音普調。學道猶然，心静氣理，調和適中，道可成矣。

此初謄正稿，與《列子抉擇談》稿，曾在重慶長安寺被人竊去，幸原稿尚存，又費時録出，加以訂正如此。

荆楚文库

佛學之根本真理

據大法輪書局1949年初版整理。

目　　録

佛法甚深，微妙無上；平平等等，萬有一如。即無常見真常，顯無我爲大我。於一毫端，現寶王刹；坐微塵裏，轉大法輪。欲平天下，先平自心；於是宇宙在手，萬化生身。世界之大同，國運之繁昌，羣生之福壽，萬物之發育，胥惟是賴。蓋真事功必出於真道德，真道德必出於真空慧也。惟是三藏金文，浩瀚如海，杳照涯際；陋儒莫能窺其奥，淺學更難涉其藩。法寶盈空，無人收拾；富兒行乞，極可哀憐——孰知聖狂之分，轉於一念；染净之辨，肇於萬行。《老子》曰："大小多少……圖難於其易，爲大於其細。"是故見小曰明。今攝宇宙之總於秋毫之末，無異剖一微塵，出無量經卷。謹舉四法印、四諦、十二因緣、真空觀等真理，該博於約，敬爲初機執鞭。庶乘讀者勞少而獲多，儘可約守而博施。由是聖凡情盡，妙湛一元，普潤含靈，盡登覺岸，幸甚！

四法印

法印者，法相確定不易之義。一切經教，符合法印，即佛説"不合法印，即魔説也"。

（一）諸行無常。行，具"造作"、"遷流"二義。一切從因緣生之有爲法，即世間萬象，無不遷流轉變，故稱爲"行"。其法衆多，故曰"諸行"。"常"者，常住不變義。世間萬象，變化密移，無暫停時，故曰"諸行無常"。

此無常，在人爲生老病死，在物爲生住異滅，在世界爲成住壞空。以人言之，宿業報盡，命光遷謝，無間於歲月之短長。其至短者，甫託胎即澌滅，乃至在母胎中，一月二月，或出母胎，三日五日，猶如石火，一閃即滅。其較長者，自十歲二十歲，以至五十六十，鮮能逾百歲者。莫不神與形離，委骨荒郊；皮肉筋髓，潰爛散滅。如是自幼至老，貌色智態，豈惟年變，亦兼月化，兼又日遷，刹那刹那，念念生滅，不得停住。無非出於無常，入於無常，無有貴賤賢愚能免脱者。無常迅速，朝露電光，不足爲喻。欲有爲法不變異者，終無是處。

（二）一切皆苦。“苦”對“樂”言。世人知苦爲苦，不知樂亦是苦；無慧眼故，無法眼故，無佛眼故。真樂純淨，無俗染故。《老子》曰：“吾所以有大患者，爲吾有身；及吾無身，吾有何患？”《八大人覺經》曰：“心是惡源，形爲罪藪。”然則衆生出生入死，即是出苦入苦。既有色身，即有萬行，循宿雜業，無有厭足；馳逐世樂，無非苦因。積劫迷醉，不覺爲苦。性耽食色，肥濃甘脆，命曰腐腸之樂；皓齒紅顔，命曰伐性之斧。《莊子》曰：“衽席之上，飲食之間，而不知爲之戒者，過也。”甘履憂危。心意貨財之束縛，業緣恩怨之枷鎖。三界火宅，罔知出離；六道輪迴，不求超脱。貪著世間顛倒虚妄不實諸法，横起煩惱。精慮消散，報熟命終。捨先有身，痛楚無量。成中有身，恐怖頻仍。隨業平等，父母電通，起顛倒想，忽入母胎，受後有身，不得解脱。處胎不淨，苦厄逼迮。猶如地獄。業風齊吹，轉輾就堅。在母胎時，苦不可言，卅八七日，身形成滿。此就人言，旁生不爾。出母腹時，劇苦難稱。既生在世，生活艱辛，疾病爲患，憂悲萬端，不得自在。況當劫濁，常有水災風災，嚴寒酷暑，瘟疫流行，盜賊充斥，階級鬬爭，國際攻伐。罪惡充滿，逃避無地。一切無明，引滿動作，定招苦果，故曰“一切皆苦”。

（三）諸法無我。“法”者，有形無形，一切事物之通稱。行局有爲，法通無爲。“我”者，主宰義、實體義，有常一之實體，能爲主，自在割斷事物，曰我，即豎無變化生滅，横無集合離散，而有自在力（主）及割斷力（宰）之實體。一切有情，於自他身，妄執有常一之實我，因於自他彼此之差别，生愛憎違順之貪瞋癡，增長一切煩惱，造種種業，而有六道之生死，其根源在此我執。是故佛説無我，破其倒執。所言無我者，有情之依身，只是依煩惱業集合五藴諸法所成。假名爲人，虚妄不實，本無有我；如接合棟樑瓦石爲屋，離散無屋；如是有情衆生，只有五藴諸法，實無别我。如《摩訶止觀》云：“無智慧故，計言有我。以慧觀之，實無有我。我在何處？頭足支節，一一諦觀，了不見我。何處有人，及以衆生。業力機關，假爲空聚，從衆緣生，無有主宰 。凡愚不覺，執之爲我。”

“我”有二種：一、人我，二、法我。上所述人無我也，此通三乘。尚有法無我，是大乘義。法我者，於五蘊諸法，執爲有實自體能自持之實法。其實五蘊諸法，皆由因緣和合而成，如幻如化，無實體性。以衆緣生故，有爲法無自性。而無爲法，亦即偏於有爲法之空性，故曰“法無我”。

（四）寂滅爲樂。“寂”者寂静，真性沖虚，湛然常住，無所造作，冥契無爲也。“滅”者滅度，滅煩惱障，遠離諸有，度生死海，圓證真心也。一切有情，自無始來，有無明煩惱故，作無量業因。依其業因之差别，受三界六道種種差别之苦果。有此苦果之身心故，復起種種煩惱，復作各種善惡業因，復受三界六道輪迴劇苦；猶如浮沉無底大海，無出苦時。以空慧力，斷惑證真，頓覺自心清浄，無所染著；同法界之體性，本寂無生；位真如之沖虚，妙絶相累。何如自在，何如安樂，故曰“寂滅爲樂”。

寂滅真印，即涅槃之異名，固宇宙之第一義諦，而萬有之真實相也。一切有情，本清浄心，起惑造業，輪迴六道，苦不堪言！故佛以此一大事因緣，出世説法；令離煩惱，解脱生死，出一切苦，安住寂滅，得究竟樂。《大智度論》云：“一切佛法，皆爲涅槃故説。譬如衆流，皆歸於海。”此實佛教之根本原理，圓成世間無盡道德之妙法也。

凡夫執著世間一切無常之事理以爲常，執一切壞苦之因以爲樂，執本無我之假我以爲我，執諸昏動不浄之染缘以爲浄，是爲凡夫著有四倒。聲聞緣覺二乘，知世間一切事理皆無常，而不知無常之實相爲真常；知一切有爲法皆爲苦本，而不知一切不著即安静而樂；知四大假合之我實非我，而不知離相空中有真我；知一切愛染爲不浄，而不知愛能永斷即是浄。是爲二乘者空四倒，共爲八倒。若夫諸佛菩薩真如自體，畢竟常恒，得大自在，滿足法身功德，有大智慧光明，常樂我浄。窮三際而無改曰“常”，斷衆惑而無苦曰“樂”，融真俗而一如曰“我”，等虚空而無染曰“浄”。豎無生滅變遷之患，横無自他彼此之累，即是真我，即是浄菩提心也。依此一心，含攝無量浄德，視一切衆生如己身故，盡欲度脱等衆生界，不限劫數，盡於未來，以如實知一切衆生及與己身，真如平等，無别義故。

佛爲海龍王説法印經

如是我聞，一時薄伽梵在海龍王宫，與大苾芻衆千二百五十人俱，並與衆多菩薩摩訶薩俱。爾時安竭羅龍王，即從座起，前禮佛足，白言世尊："頗有受持少法，得福多不?"

佛告海龍王，有四殊勝法，若有受持讀誦，能了其義，用功雖少，獲福甚多，即與讀誦八萬四千法藏功德無異。云何爲四？所謂念誦諸行無常，一切皆苦，諸法無我，寂滅爲樂。龍王當知是謂四殊勝法，菩薩摩訶薩無盡法智，早證無生，速至圓寂，是故汝等常應念誦。爾時世尊説是四句法印經時，授諸聲聞大菩薩衆，及天龍八部阿修羅等，聞佛所説，皆大歡喜，信受奉行。

佛爲比芻衆説法印經

爾時佛在舍衛國，與苾芻衆俱，是時佛告苾芻衆言：汝等當知有聖法印，我今爲汝分别演説，汝等應起清淨知見，諦聽諦受，如善作意，記念思惟。時諸苾芻即白佛言：善哉世尊！願爲宣説，我等樂聞。佛言苾芻，空性無所有，無妄想，無所生，無所滅，離諸知見。何以故？空性無處所、無色相、非有想、本無所生、非知見所及，離諸有著。由離著故，攝一切法，住平等見，是真實見。苾芻當知空性如是，諸法亦然，是名法印。

復次，諸苾芻，此法印者，即是三解脱門，是諸佛根本法，爲諸佛眼，是即諸佛所歸趣故。是故汝等諦聽諦受，記念思惟，如實觀察。

復次，苾芻，苦有修行者，當往林間，或居樹下，諸寂静處，如實觀察，色是苦，是空，是無常，當生厭離，住平等見。如是觀察，受想行識，是苦，是空，是無常；當生厭離，住平等見。諸苾芻，諸蘊本空，由心所生；心法滅已，諸蘊無作。如是了知，即正解脱。正解脱已，離諸知見，是名空解脱門。

復次，住三摩地，觀諸色境，皆悉滅盡，離諸有想；如是聲、香、味、觸、法，亦皆滅盡，離諸有想。如是觀察，名爲無想解脱門。入是解脱門已，即得知見清静。由是清淨故，即貪瞋癡皆悉滅盡，彼滅盡已，住平等見。住是見者即離我見及我所見，即了諸見無所生起，無所依止。

復次，離我見已，即無見無聞，無覺無知。何以故？由因緣故而生諸識，即彼因緣及所生識，皆悉無常。以無常故，識不可得。識蘊既空，無所造作，是名無作解脱門。入是解脱門已，知法究竟，於法無者，證法寂滅。

佛告諸苾芻，如是名爲聖法印，即是三解脱門。汝諸苾芻，若修學者，即得知見清淨。時諸苾芻，聞是法已，皆大歡喜，頂禮信受。

四　諦

佛法無所不包，浩如淵海。然萬有一如，展之爲大、小、顯、密、性、相、禪、淨無量法門，約之唯一是轉迷爲悟而已，釋迦如來説《四十二章經》，自鹿野苑中，轉四諦法輪，度憍陳如等五人始；至化道既圓，將入涅槃時，復於《遺教經》中，三唱“苦於苦等四諦有所疑者，可疾問之”。此知世尊應世，一代教法，初後不同，唯弘四諦。四諦者：一、苦諦，二、集諦，三、滅諦，四、道諦。諦者，真義、實義、如義、不顛倒絶虛妄義。《瑜伽師地論》云：“唯諸聖者，如實了知，如實觀見，名四聖諦，亦名四真諦。”故四諦者，三乘共通之教理，非唯聲聞。

一苦諦者，三界六道之苦報也。《對法論》云：“苦諦云何？謂有情生一切有知覺者及生所依處大地山河等，即有情世間器世間。苦以逼惱爲義；一切有漏身心，恒爲無常患累之所逼惱，故名爲苦。”苦有多種，所謂二苦、三苦、八苦，總有一百一十種苦。

二苦者：内苦、外苦。内苦復有二種：身苦、心苦。身痛頭痛等四百四病，是爲身苦，憂愁瞋怖嫉妬疑慮等是爲心苦。外苦亦有二種：一爲王者勝己惡賊師子虎狼蚖蛇等害，二爲風雨寒熱雷電等災。

三苦者：（一）苦苦，苦受及所依處，是苦苦性；饑渴寒熱鞭打擊縛等乖緣逼迫，名之爲苦；此苦即苦，故名苦苦。（二）壞苦，樂受及所依處，由無常故，若變若異，所生衆苦。即樂相壞時，能生憂惱，名爲壞苦。（三）行苦，如前所述，行者，遷流義；不苦不樂受俱行諸蘊，遷流無常，三受粗重之所隨逐，不安隨攝，説名行苦。

八苦者：（一）生苦，住胎出胎俱受逼迫，老病死等衆苦隨逐，是名生苦。（二）老苦，此復有二：一者住異，謂人從少至壯，形似增長，實則貌色智態，無日不異；皮膚爪髮，隨生隨落，非嬰孩時有停而不易也。《列子·天瑞篇》。童稚妙顏，不頓虧亦不覺其虧，而卒莫能駐其顏。二者滅壞，謂壯至老，盛去衰來，氣力羸少，精神耗減，動止不寧，其命日促，漸至朽壞。（三）病苦，此復有二：一者身病，謂四大不調，衆病交攻。二者心病，謂心懷苦惱，憂切悲哀。（四）死苦，此復有二：一者病死，謂因疾病輾轉床蓐，妻子恩愛莫能替代，壽盡而死。二者外緣，謂遇惡緣，或遭水火刀兵等難而死。（五）愛别離苦，謂常所親愛，生離死别，乖違分散。（六）怨憎會苦，謂平昔怨讎，互相憎惡，本求遠離，而反集衆。（七）求不得苦，謂心所愛樂者，求之而不能得；如學者干禄，奔候權門，求見不見等類是。（八）五陰熾盛苦，五陰即五蘊，是身心二法，一身之總體也。此五蘊假合之身，生死病死等衆苦熾盛故；又此身心，盛貯衆苦故。一義，身心之勢用熾盛生苦故。諸有漏行，名略攝一切五取蘊苦。取者取著義，貪愛之别名。三界生死之果報皆苦，無安樂性；此理真實，故曰苦諦。

二集諦者，貪瞋癡等煩惱及善惡諸業也。集以招聚爲義；煩惱業能集起三界六道生死之苦，故名爲集。《對法論》云："云何集諦？謂諸煩惱增上所生諸業，俱説名集諦，由此集起生死苦故。"世界人生，不浄、苦、無常、無我；然諸有情衆，無諦觀其實相之明，計醜爲美，執惡爲善，以妄爲真，恣貪愛，興瞋恚，長愚癡，起種種煩惱，造種種業，招聚三界六道生死之苦。此理真實，故曰集諦。

三滅諦者，涅槃也。滅以滅盡幻妄爲義；滅生死之因果，成爲妙湛真空，故名爲滅。《對法論》云："真如境上，有漏法滅，是滅諦相。"此滅諦者，究竟之真理；釋尊在菩提樹下，豁然大悟，成正等覺，即妙契此究竟之真理也。就能證言，曰菩提；就所證言，曰涅槃。理智冥合，能所不二。滅諦者，佛教之根本，又最終之歸著處也。此理真實，故曰滅諦。

四道諦者，證涅槃之正道也。道以能通爲義；能通至涅槃，故名爲道。《對法論》云："云何道諦？謂由此道故，知苦斷集，證滅修道，是略説道諦相。"證涅槃之正道者，世尊初轉法輪時所説八聖道也；臨涅槃時，更加四念處、四正動、四如意足、五根、五力、七覺支，共三十七道品，亦名三十七菩提分。

四念處，又作四念住：一、身念處，二、受念處，三、心念處，四、法念處。凡夫緣色蘊之身、受蘊之受、識蘊之心、想行二蘊之法共四境，而起四種顛倒妄見，謂身爲浄，言受是樂，執心是常，計法爲我。由是而起貪愛無明，無出苦時。爲治斯四倒故，以能觀之智力，觀身不浄，破其浄倒；觀受是苦，破其樂倒；觀心無常，破其常倒；觀法無我，確其我倒。此四念處，以慧爲體。身等四法，是所觀境，即所觀處。慧是能觀，由慧令念住不倒境，明記不忘，故於慧立念處，又念住名。

四正勤，又作四正斷：一、已生惡令斷，二、未生惡令不生，三、未生善令生，四、已生善令增長。體一精進，義用不同，分之爲四。一心勤修，故名正勤。能除懈怠，故名正斷。

四如意足，又作四神足：一、欲如意足，二、精進如意足，三、心如意足，四、思惟如意足。此通言如意者，前四念處，修真智慧；四正勤，修正精進。精進故，智慧增多，而定力尚微弱。今得四種定攝心故，定慧均等，所願皆得，故名如意足。四種定者，欲爲主得定，精進爲主得定，心爲主得定，思惟爲主得定，新譯作欲勤心觀四神足。欲謂希求；由欲力故，引發定起，名欲神足。勤謂勤策；由勤力故，引發定起，名勤神足。心謂所依，心所所依。一云定能攝心稱心；由心力故，引發定起，名心神足。觀謂觀察，一云於境簡擇名觀；由觀力故，引發定起，名觀神足。神謂神通，妙用難測，故名爲神。由依勝定能發神通，故名神足。定因有四，名四神足。

五根者：信、精進、念、定、慧也。於三寶四諦等，能深忍樂，名之爲信。勇猛進修，目爲精進。於境憶持，故稱爲念。專注所緣，號之爲定。簡擇德失，故得慧名。此五能生一切善法，故名爲根。

五力，即前五根。信根增長，能破諸疑惑。精進根增長，能破種種身心懈怠。念根增長，能破邪念。定根增長，能破諸雜亂想。慧根增長，能破諸惑業。由此能損減所對治障，不可屈伏，轉立力名。

七覺支，又作七等覺支，七菩提分：一念、二擇法、三精進、四喜、五輕安、又得除名，斷除身心粗重，令輕利安適故。六定、七捨。如前所述，於境明記，名之爲念。觀察德失，故名擇法。熾然修善，號爲精進。於意適悦，故得喜名。調暢身心，名爲輕安。專注所緣，故名爲定。遠離沉掉，平等寂静，目之爲捨。覺者覺了，支者品類。

八正道，又作八聖道：一、正見，謂離諸邪倒之智慧，如四念處、慧根、慧力、擇法覺中説。二、正思惟，謂由正見增上力故，離邪分别，籌量義理。三、正語，謂由正見增上力故，起善思惟，離諸語過，發起種種如法言論。四、正業，謂離身過，住清浄正身業。五、正命，謂離五邪命，住清静正命。五邪命者：一、行者爲利養故，詐現奇特。二、爲利養故，自説功德。三、爲利養故，占相吉凶，爲人説法。四、爲利養故，高聲現威，令人畏敬。五、爲利養故，稱得供養，以動人心。邪緣活命如漁業屠宰等。名爲邪命。衣服飲食什物如法，遠離一切起邪命法，是名正命。六、正精進，謂修善斷惡，有勝堪能，向解脱精進。瑜伽師謂依止正見及正思惟、正語、業、命勤修行者，相續無間，名正精進。七、正念，謂憶持正法；如前所述明記所緣，名之爲念。八、正定，謂以真智住無漏清浄之禪定。如前所述，身心寂静，注心一境，離散亂心，名之爲定。此八法盡離邪非，故云正。又名聖道者，聖猶正也，與正理合，目之爲聖。

七科中，最重要者，八正道也。更結歸三學，三學者，戒定慧也。如持戒律，清浄身口意三業爲戒學。習禪定，注心一處，爲定學。以清浄智慧，斷諸惑，顯發真理，爲慧學。佛法全體，畢竟不出此三。正見、思惟、精進，是慧。正念、正定，是定。正語、業、命，是戒。要之依戒資定，依定起無漏正智，爲證涅槃之正道，爲慧。此理真實，故曰道諦。

苦集滅道四諦者，世間出世間，生死涅槃之因果。初二中，苦者迷之結果，集者，迷之原因；是爲流轉之因果，又云世間因果。後二中，滅者，悟之結果，道者，悟之原因；是爲還滅之因果，又云出世間因果。先觀察世間之真相，知人生之無常苦空無我：次探究感生死苦果之原因；次示滅生死因果之涅槃，於此無煩惱之擾亂，無生死之患累；次明能通至涅槃之無漏正道，菩提果成矣。

十二因緣

十二因緣者，釋尊於菩提樹下，見諦而成正覺之真現，一代教法之淵源也。此示一切有情生死流轉之因果，説有十二因緣，亦稱十二支。十二支依次生起。一、無明，一切衆生無始劫來生死之根本，是能發業之煩惱，即惑。二、行，由宿世無明之惑因，引生有漏善惡諸作業，謂之無明緣行。三、識，由業力引起託胎之識，是謂行緣識。四、名色，識託胎後，粗具身心之相；名指受想行識四蘊，色即色蘊，即未具六根以前之心身發育位，是謂識緣名色。五、六處，亦即六入，既有名色，漸具眼、耳、鼻、舌、身、意六根，是謂名色緣六入。六、觸，出胎後，六根對色、聲、香、味、觸、法六塵有接觸，是六入緣觸。七、受，由接觸對境，而領納苦樂等受，是觸緣受。八、愛，由受而生貪愛，潤業力增，是受緣愛。九、取，由愛欲而固執取著，是愛緣取。十、有，由愛而取之惑，復種來世後有之業因，是取緣有。十一、生，既種來世之因，遂感轉生之果，是有緣生。十二、老死，有生則復有變壞，是生緣老死。無明與行二支，過去世之起惑造業，而招現在世果之原因也，識、名色、六入、觸、受、五支，由過去之無明行，所招之現在果也。愛、取、有三支，現在世之起惑造業，而招未來世果之原因也。生、老死二支，由現在之愛取有，所招之未來果也。故十二因緣，畢竟不出過現因果，現未因果二重，分述如次：

一、無明，以不了一法真如平等，忽起妄念，名爲無明，故能引發過去世所起諸煩惱。煩惱雖有種種，皆與無明相應，未有智慧，故總稱爲無明。覆於本性妙明，無所明了故。

二、行，由過去世無明發生煩惱，所造身口善惡無記有漏行業，能招果報，是名爲行。

三、識，由過去惑業所纏，繫戀生處境界，即於父母交合生垢心，一刹那頃，明了分別，染愛爲種，幻想成胎，是名爲識。

四、名色，識入母胎，攬父母精血，成其肉團之謂。從識託胎結生後，第一七日名羯羅藍，此云雜穢，狀如凝酥。二七日名遏部曇，此云疱。三七日名閉尸，此云血肉。四七日名健南，此些凝厚，漸堅硬故。五七日名鉢羅奢佉，此云支節，四支差別故。六七日名毛髮爪齒位，有毛髮生故。七七日名具根位，頭及兩手兩足五根圓滿故。此名色支，雖有身根及意根，猶未有眼耳鼻舌四根；不唯身體未完備，心識，昧劣，故名名色。

五、六處，舊譯作六入。從名色支已後，生眼耳鼻舌身意六根，是名六處，形體完備，將出胎位也。

六、觸，從出胎後，至兩三歲，眼等六根，對現前六境，已至根境識三和合，覺知冷煖澀滑等，尚未了知能生苦樂捨受三因差別，此位五蘊，總名爲觸。觸相顯故，獨標觸名。

七、受，從五六歲，至十二三歲時，心識漸次發達，因色聲等六境，獨對六根，即能領受。雖已了知樂捨三受因差別之相，未起淫貪，故名爲受，受用勝故。

八、愛，從十四五歲至十八九歲時，雖起食愛淫愛資具愛等，貪於種種勝妙資具有淫欲等境，未廣追求，是故唯名爲愛，愛用勝故。

九、取，二十歲後，貪欲轉盛，爲得種種上妙境界，周遍馳求，不辭勞倦，是名爲取，以取勝故。初起名愛，相續轉盛，標以取名。

十、有，因馳求諸境，積集能牽未來當有果之善惡業，是名爲有，有者，有漏業也，善惡業定有後來果。以業勝故，標以有名。

十一、生，有業已定，感後果報，即有生法。即從捨命，於衆生界，隨蘊興起，處處差別，結當生果，一刹那中，託胎結生，是名爲生。自結生後住胎三十八個七日，命根諸法具足，離其母腹，亦名爲生。

十二、老死，生命不能常住故，蘊熟曰老，蘊散曰死，老者，心識昏昧，髮白面皺，氣力劣弱，呻吟喘息，乃至諸根衰朽，是名爲老。死者，謂諸衆生，界趣差別，悉歸無常，壽限終盡，捨於煖觸，命根滅已，諸蘊亦捨，四大離散，是名爲死。又從生支後，念念變異，便名老死。又從未來結生已後，至於死滅，亦爲老死。若諸衆生，能了知此緣生諸法，空無實性，是人當得具足五分法身，即戒、定、慧、解脱知見。

此十二支展轉感果，故謂之因。互相由藉，故謂之緣。玆以惑業苦三，配之如表：

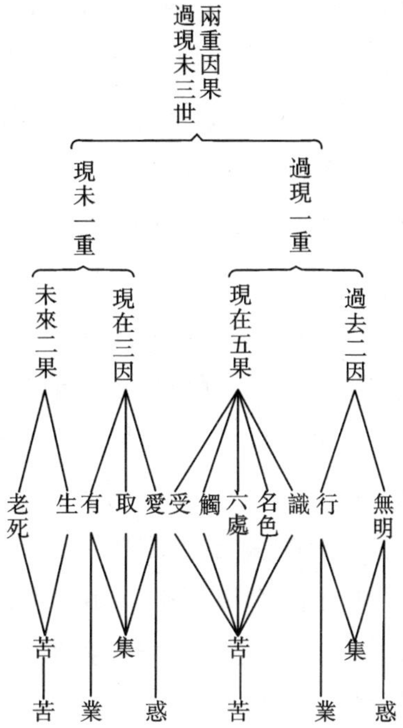

順十二因緣觀之，無明、行、愛、取、有，爲集諦。識、名色、六處、觸、受、生、老死，爲苦諦。是順生門，生死不了者也。若了知諸法實相，與自心同一真空，則生死根本之無明滅盡，無明滅則行滅，行滅則識滅，乃至老死滅，爲滅諦。知緣生諸法，體即無生，斷惑證真，爲道諦。是還滅門，即了生死。《七十空性論》云："因緣所生法，分別爲真實，佛説爲無明，生出十二支。見真知法空，無明則不生。同無明滅故，十二支皆滅。"

真空觀

佛法圓滿邃密，説不可盡。要唯了知真空不空，妙有非有，體大；照體獨立，周徧法界，相大；萬有一如，當相即空，用大；盡矣。世尊説法四十九年，只一真空攝盡也。卒謂未嘗道著一字者，恐淺學執文迷旨，反爲礙爲真空，不得成佛也。勝初普賢佛，爲大願王者，一真空也；文殊師利智大，得爲普見如來者，一真空也；觀世音悲大，稱正法明如來者，一真空也；無量壽佛，常放無量光，徧照十方作佛事者，一真空也。自來無央數金剛持之相好莊嚴，無非一真空所成就也。是如無盡世界，無盡衆生，心同諸佛海會聖衆一源。乃竟溺於有海，未登覺岸者，特不知諸緣生法，空無自性，未修真空觀，枉受輪墮諸苦耳。《大乘要道密集》云："真空熾盛烈燄中，妄念霜雪皆消滅。"又云："多劫精勤衆善事，不及一念真空福。"又云："明滿離説多法門，唯爲顯示真空理。"是故佛子欲疾成佛，除修真空性，更無解脱道，龍樹菩薩有定論也。

《大般若經》云："一切如來應正等覺，得阿耨多羅三藐三菩提時，覺一切法，都無所有；以一切法空，不可得故。"

《大般若經》第九會《金剛般若波羅密經》云："凡所有相，皆是虚妄，若見諸相非相，即見如來。"以真空實相，本無相也。又云："若以色見我，以音聲求我，是人行邪道，不能見如來。"以色見聲求，即是著相，乖於真實，不能明見自他唯一真空之佛性也。又云："若菩薩有我相、人相、衆生相、壽者相，即非菩薩。"以菩薩見同諸佛，冥契真空，了無我、人、衆生、壽者虚妄分别也。是故有人得聞是經，信心清浄，則生實相。是實相者，即是非相；離一切相，即名諸佛。

《般若波羅蜜多心經》二百六十字，總括《大般若經》六百卷，字字皆證真空之真詮。或判般若爲空宗，明一切法皆空相也。“觀自在菩薩”，以觀照般若，達實相般若，親證萬法基本五蘊皆空，一切虚妄分别，無不解脱，故稱“觀自在菩薩”。體合真空，故能普度衆生遠離一切病苦災厄，了脱分段變易二種生死，證得菩提涅槃究竟樂果也。舍利子，以其母慧辯，目如□得名。色居五蘊之首，爲不宜有而妄有，障道之大原，該眼等五根，及五塵之類言，其義攝盡宇宙一切物質，及未發現而與物質同類之原子、電子等無遺也。“色不異空”六句，正明五蘊無非衆多因緣假合而生，無實體也。“色不異空”者，幻色體空，言色雖分明顯現，究無實體也。“空不異色”者，真空現色，言空雖本無實體，而分明顯現也。雖然，“不異”云者，相等爲義，觀念上，仍有色空二名之見存，故須重遣；即進一解，以色與空是一非二，一切色相皆是假現，非滅色而後爲空，乃即色之現存而無實也。空之現爲色相，幻而不實亦然。蓋色空一如，離空無别色，離色無别空故。受、想、行、識四蘊爲心法，亦如色之非實，當體皆空也。是知宇宙人生，有情無情，一切常識認爲實有者，無非物質與心理幻現之假相，無能常存而不歸於空者也。此非諸佛菩薩創爲空義，强納諸法於一空，以萬法本空，特由長遠時劫清净真修而成之佛眼，非凡夫肉眼天眼可比。早已見諦而發明者也。菩薩重呼舍利子，告之以是諸法之空相。是者，承上文五蘊皆空言。然則從五蘊生無量諸法之空相，爲何者所現耶？即不生不滅，不垢不净，不增不減之真空實相所現；以諸法真空實相本來如此故，現而不現，不現而現故。若見有出生入死之生滅，染與不染之垢净，此盈彼虧之增減，即不見五蘊皆空所顯真空故，即有障礙，有束縛，不能自度，何能度他出一切若厄耶！所謂苦者，不見真空故，所謂度者，照見真空故。了達諸法緣生無性，實相湛然，則生滅、垢净、增減等相俱空，煩惱不起，一切苦厄自根除也。是故五蘊無朕，生佛玄同；六根六塵，以及六識結合所現假相，一真空中，都無界限。由達蘊空，知諸法空，故無流轉之無明，亦無還滅之無明可盡，乃至無流轉之老死，亦無還滅之老死可盡。最上般若，寂静無相，故正依二報，苦空；無見思惑，集空；顯偏真理，滅空；戒定慧學，道空。能觀智空，故言無智；所空境空，故言無得。真心不空而空，菩提不得而得；佛地風光，萬德炳然，唯一真空，莊嚴無既。豈以世智求得真乘，菩薩體合真如，成就般若波羅蜜多心。此真空心，普遍圓滿，一真絶待，無事外求，實無所得。則有質礙，得一失萬，即爲對待，而非絶待。非絶待，即非普遍圓滿，即非普遍圓滿，即失其真實之相，不得名爲般若波羅蜜多心也。菩薩依此心故，絶無事境可牽，無分别故。無能所故，平等大捨救，故無罣礙，即入空解脱門。以身心世界同一真空，所謂利衰、毁譽、稱譏苦樂，皆不能動。乃至世間刀兵變亂，饑饉疫癘等災，知皆衆業幻現，真空實相自若。外境本空，而大無畏之精神勃然顯著，無所恐怖，即入無相解脱門。若具長時真修者，妙湛一如，能御羣實。兕無所投其角，虎無所措其爪，兵無所容其刃，入水不溺，入火不熱，山谷不躓其步，得不思議解脱，有何恐怖可言！心外見法爲顛。不了自心所作爲倒，爲有所得作善惡業爲夢，分别涅槃生死是二爲想。遠離顛倒夢想，即入無願解脱門，名相俱遣，心境兩亡，恢張本覺，故能證究竟涅槃，於無漏界得大自在。三世諸佛，皆依般若波羅蜜多，得阿耨多羅三藐三菩提，是之謂乘因至果。《佛母寶德藏》十二品云："般若波羅蜜高山，十力諸佛而依止；如日千光住虛空，普照大地度愛河。"是行最上般若行也。故知般若波羅蜜多，四魔頓遣，人法俱空，神通自在，隱顯隨時，遇物變通。凡聖莫測，是大神咒。能破無明，翻成覺照，無礙智光，盡除妄想，是大明咒。超出三界，證大涅槃，最高無比，是無上咒。證圓鏡智，照徧十方，猶如日光，無有等侶，是無等等咒。故能令諸有情，斷障除苦，成正等覺，理至真也。故説般若波羅蜜多咒，即説咒曰：揭諦揭諦，波羅揭諦，波羅僧揭諦，菩提薩婆訶。咒爲五不翻之一，一一字句含攝多義，翻此方言或增或減，於義有缺。況爲諸佛菩薩威神力加被，若經翻譯，誦無良驗故。今略言之：揭諦，度義；重言者，自度度他義。波羅，至彼岸義。僧，衆也。菩提，正覺也。莎訶，成就也。大義自度度他，普度大衆出生死海，共成正覺也。要之凡學佛者，非空盡無常之幻妄，無由離苦，必冥契真常之實相，始能成佛也。

《起信論》云："心真如者，即是一法界大總相法門體。所謂心性純淨真空不生不滅；一切諸法，唯依妄念而有差别，若離妄念，則無一切境界之相。萬有幻象。是故一切法，從本以來，離言説相，離名字相，離心緣相，畢竟平等，無有變異，不可破壞。喻如金剛。唯是一心，故名真如。以一切言説假名無實，但隨妄念，不可得故。言真如者，亦無有相。謂言説之極，因言遣言。此真如體無有可遣，以一切法悉皆真故。亦無可立，以一切法皆同如故。當知一切法不可説不可念，故名爲真如。復次真如者，依言説分别有二種義。一者如實空，以能究竟顯實故。二者如實不空，以有自體，具足無漏性功德故。"此明豎窮三世，横遍十方，畢竟平等一真空也。假名真如，更無别物。故永嘉禪師《證道歌》云："證實相，無人法，刹那滅却阿鼻業。諸行無常一切空，即是如來大圓覺。"

華嚴宗杜順祖師華嚴法界觀，即真空觀，後有《漩澓頌》云："若人欲識真空理，身内真如還徧外，情與無情共一體，處處皆同真法界。"

唐賢首國師修華嚴奥旨妄盡還源觀，有攝境諦心真空觀，謂三界所有法，唯是一心造，心外更無一法可得，宇宙萬有唯一真空。故曰歸心。引經云："未達境唯心，起種種分别，達境唯心已，分别即不生，知諸法唯心，便捨外塵相，由此息分别，悟平著真空。"龍樹菩薩《大乘二十頌論》曰："第一義無生，隨轉而無性，佛衆生一看，如虚空平等。"《入中論善顯密意疏》曰："我無自性，我所亦無自性。若見我我所皆空，諸瑜伽師得解脱。"《釋菩提心論》曰："若不知空性，即非解脱依。彼愚者流轉，六道三有獄。"皆謂悟得真空即佛，不悟真空即衆生也。

六祖《壇經》，五祖語神秀曰："無上菩提，須識自本心，見自本性，無染真空。不生不滅，於一切時中，念念自見。萬法無滯，一真一切真，萬境自如如。如如之心，即是真實。若如是見，即是無上菩提之自性也。”六祖云：“本性是佛，離性無别佛。心量廣大，猶如虚空，諸佛刹土，盡同虚空，世人妙性本空，無有一法可得。自性真空，亦復如是。般若無形相，智慧心即是。悟此法者，是般若法，修此行者是般若行。不修即凡，一念修行，自身等佛。前念著境即煩惱，後念離境即菩提。摩訶般若波羅蜜，最尊最上最第一，無住無往亦無來，三世諸佛從中出。智慧常現，不離自性，悟此法者，即是無念。用自真如性，以智慧觀照於一切法，不取不捨。唯一真空，無可取捨。即是見性成佛道。般若三昧，即是無念，若見一切法，心不染著，是爲無念。悟無念法者，見諸佛境界，悟無念法者，至佛地位。”《般若品》。“我此法門，從上以來，先立無念爲宗，無相爲體，無住爲本。無相者，於相而離相，無念者，於念而無念，無住者，於諸法上念念不住，即無縛也，此是以無住爲本。外離一切相，名爲無相，能離於相，則法體清凈，此是以無相爲體。於諸境上心不染曰無念，於自念上，常離諸境，不於境上生心，故此法門立無念爲宗，無者無諸相，無諸塵勞之心，念者念真如本性也。”《定慧品》。“無上大涅槃，圓明常寂照。”“妙湛圓寂，體用如如。”《機緣品》。“無生無滅，是如來清凈禪，諸法空寂，是如來清凈坐。道由心悟，豈在坐也！”《護法品》

越州大珠慧海禪師云：“貧道聞江西和尚道：‘汝自家寶藏一切具足，使用自在，不假外求。’我從此一時休去，自己財寶，隨身受用，可謂快活！無一法可取，無一法可捨，不見一法生滅相，不見一物去來相。徧十方界，無一微塵許不是自家財寶。”“真空無滯，應用無窮。”“心無形相，即是微妙色身；無相即是實相法身；性相體空，即是虚空無邊身；萬行莊嚴，即是功德法身。”“萬法歸如，名如來藏。”經云：“如來者，即諸法如義。”又云：“世間一切生滅法，無有一法不歸如。”《頓悟入道要門論》云：“心無起滅，對境寂然；一切時中，畢竟空寂，即是常不離佛。”“無染心，即萬緣俱絶，萬緣俱絶者，自然解脱。”

黄檗山斷際禪師《傳心法要》云：“獨佩最上乘離文字之印，唯傳一心，更無别法。心體亦空，萬緣俱寂。”“學道人只怕一念有，即與道隔矣！念念無相，念念無爲，即是佛。學道人若欲得成佛，唯學無求無著；無求即心不生，無著即心不滅，不生不滅即是佛。”五蘊皆空，四大無我；真心無相，不去不來。“湛然圓寂，心境一如。”“但自忘心，同於法界，便得自在。菩薩心如虛空，無所取著；内外身心，一切俱捨，然後隨方應物，能所兩忘，是爲大捨。大捨如火燭在前，更無迷悟。”“息心忘慮，佛自現前。”“但能無心，便是究竟。”

附　記

佛經妙理，搜羅不盡。竊恐愈搜羅，愈不盡；枉鑽故紙，無出頭。明眼人則不待搜羅，自無不盡。毛吞巨流，芥納須彌，轉得山河皆歸自己，高峰妙禪師云：“千嶺萬山雪，五湖四海水，清光成一片，物物盡皆明。”可謂見諦。又云：“知之一字，衆禍之門！十方賢聖師，盡是眼中刺！更有葛藤根，一千七百事。嗚呼後代人，盡食他殘饐！”以妙理無關文字也。然妙理究非文字不宣，世尊説法四十九年，豈無故哉？寄語無間道上行者，幸勿得少爲足，仍當深入經藏。智慧如海，而後覺果妙圓；方便多門，無難普應羣機。

荆楚文库

詩文雜著

目　　録

基督教与吾國興亡之關係①

今吾國人道德墮落已極，竊謂由自來無完善宗教所致。廉恥掃地，正義無存，惟利是攘，不知有國；尚復謬談天演，蔑視宗教，勢不至盡驅人心於毫無忌憚之途，率四萬萬人而禽獸不止。世道日汙，良堪浩歎。天理滅絶至此，謂能保吾國不亡乎？於是具遠識者，亟欲提倡宗教以救之。奈何放任性成者，不甘受天理束縛，且恐不便私圖也，輒謂科學發達宗教即歸消滅。詎知歐美各國迄今固無不重視宗教，猶以爲社會全體唯一之道德教育哉！抑思科學知識歐美人當不在吾國下，豈有彼盡迷信反不如吾國人智慧之理？何吾國人甘居無教之甚也。鄙人用是深滋杞憂，謹將基督教與國勢盛衰極有關係者，略舉四端，各爲短篇，奉告明達，幸垂鑒焉。

（一）基督與政治之關係

惟天惠民，惟基督教欽崇天道，務使人人皆本上天愛人之心以爲心，且不惜犧牲己身以謀社會全體未來之福樂。此歐美各國政治所由進化之標準也。昔美總統華盛頓、林肯，皆基督熱心教徒，聖賢而英雄者也。其造福美洲無有涯涘，何非本敬事上帝之一念之所積而致耶？若羅馬尼羅王不宗基督教即弗敬上天，無惡不作，荼毒萬民，可爲炯戒。夫政治優劣不過人心善惡之結果耳。基督教所以使人心莫不上契乎天心，大公無私，惟以厚民生、增民德爲急者也。維皇上帝，孚育下民，順之者昌，逆之者亡。縱觀古今世界各國之盛衰，孰不由是？董仲舒曰：“天人相與之際甚可畏”，洵至言也。即如《墨子·法儀篇》曰：“禹湯文武，敬天利人多，故天福之，天下賓服。桀紂幽厲，不敬天，賊人多，故天禍之，使失其國家，爲僇於天下。”信乎！天理之不可或違。基督教即使天理流通於人心而無滯者也。孟德斯鳩謂道國有三，重宗教居首，英女皇維多

---

① 連載於上海《大同報》第十八卷第十四至十六期（1913 年）。

利亞謂一部《新約》爲强盛英國之本，豈虚語哉？况政治恃有强制力之法律而修明，而法律雖極完善，斷不能感格人隱微、萬變不窮之非心，孰若舉國上下宗基督教，皆自不愧屋漏端其基，直欲率萬方於無罪。洞明真理，各盡本分，自無不肖居高位，不慮政治不完善之爲愈乎！熱心愛國者，盍急圖之！

（二）基督教與教育之關係

教育需適應於開化。處今日之世，更須注目後來人心世道，常爲無數時代無數人類謀福樂之增進於不已，俾協同世界以進化，而後邦本能强固。若徒斤斤於唯物的知識，是使人品性日趨卑劣之道，未必能争優勝也。不惟如是，教育尤貴乎教師能以純良模範示生徒，而永足爲往古來今聖賢至善之模範者莫如上天，尤教育上所宜依據以爲養成人類最高尚人格之檦準也。自來教育大家，遠如蘇格拉底、栢拉圖，近如廓美紐司、斐斯塔若藉、黑拔、魯旃克蘭士、比匿、迭的士等莫不以養成宗教風氣爲教育終極之目的，豈無故歟？試一讀教育學史，當自知之。夫天地悠久，賴有人益形高厚；萬物發育，賴有人益形活潑。基督教即本此旨，時以天理濬發人天良，期皆能寅亮天功，超越舊風氣外，力圖未來理想的社會之實現，合聖賢時勢而大造就之者也。倘教育家不若是存心，尚能培植人才乎？國家命脈尚能久延乎？可見基督教關係於教育者大矣。然尤有進者，教育縱即普及，不過教未成人若干年名物象數等知識耳，而於處世接人實踐之道德，不足用也。惟基督教直納全國男女老幼，終其身於道德教育中，隨時隨地能補學校教育之不逮，而大助其進化，謂非教育家謀改良社會者當務之急乎？不然，恐人心日即卑汙，而此絶好國土，有不容吾人白估其上，以障礙世運進化者矣。遠識之士，幸注意焉。

（三）基督教與家風之關係

中國數千年來宗法不破，匪惟國政專制而家政亦極專制，阻滯人權發達、群制進化，莫此爲甚。良由尊卑階級過嚴，距天道日遠也。而基督教不然，男女平權，夫婦敵體，不獨女子貴貞一節，在丈夫亦以專一爲懿德，故伉儷情篤，從無違言，而精神之愛以互相欽仰而益隆者，尤足風，建德建業悉基於此。和風充溢，家道所以日昌也。至有子女，從無歧視，皆屬上帝付於己身重大之委託，所以綿天地之悠久，俾資世運日益進化者也。故慇懃教養，務即身先示以善良之模範，不敢出厲聲之言，不敢爲非禮之行，恐兒童模仿。惡習一經傳染即終身難爲善人，不獨遺害社會，且有虧己身天職，獲罪於天，實甚也。至恐陷於寡恩而傷愛，尤其□事也。又複以上帝之至善，示爲人之正鵠，時率子女同敬事之。“顧天明命，克明峻德，日新又新”，湯盤之銘不是過也。門廳以內春風盎然，婦女子女莫不恩愛篤摯，融融泄泄而各安乎！天仁之樂而仰稱上帝普愛，世人之心基此矣。家風似此完善，國家有不治臻上理者乎？要皆基督教愛力所感乎也。試問不宗基督教國，其家人之心理亦能如是而絕無乖戾之氣否？蓋積家成國，家風即國風之原，家政不共和，國政烏得真共和？有志革新國政者，請自家庭始，請自研究基督教始。

（四）基督教與國民之關係

今中國政體革新矣！抑知國政本國民心理而出，國勢盛衰皆國民思想善惡之表證乎！況時至今日，凡屬國民，皆貴有世界的觀念，必協同各國文化以俱進，而後盛德大業日新，而其國可久存。而要非有犧牲己身，常爲後來世界無數人類謀幸福之增進於不已之宗教，日夕以仰稱上天愛人之心啓沃國民，俾人人皆欽崇天道，事事皆上達天德者，不爲功。蓋教育不能誘導人於終身法律，不能鉗制人之幽獨也。信乎！基督教與國民之關係重矣。夫國政修明，貴乎地方能自治，尤貴乎國民能自治。國民者國家之根本也。而國民之心又國民行爲之根本也。倘徒言革新，而不依准天道以滌除己身舊染之汙爲革新起點，是禍國殃民之道也。故欲國民自治，非其心能懋敬厥德不可；欲其懋敬厥德，非恃乎能使其心莊敬日強之宗教不可。惟基督教能使國民既可免神之迷信，又不至於無神之無忌憚，群知“皇矣上帝，臨下有赫”，顧天明命，凡天下事之關乎己身所能爲者，無不力盡本分，圖報社會，深罹有虧天職獲罪於天矣。而於處事接人之際，則知皆屬上天子民，一切平等，各自尊其自由，且互尊他人之自由，而天理之流動充周於人心也無或間。其爾室自修也，更復朝夕滌除污染，期可告無罪於神明，自不爲舊日惡劣風氣囿，而爲新國民矣。且知即身與有國家興亡之責，罔不務國利民之是急，俾能永立其國於世界矣。基督教所以造福於歐美各國者在此。是所望於天民之先覺。

祀　天①

冬至郊祭，大報天而迎長日之至也。萬物既終而復始，上帝之恩被吾人類，至矣，周矣。古者聖人因以明天道，具精義也。大祀典禮，無逾於此。以天降下民，民爲邦本，苟勤民時，即弗敢弗敬天。匪惟報本，亦所以敬民，冀能寅亮天工也。但昔時，天惟天子可祭，以下均弗許僭越，殊違天德。今民國奠基，咸知天視自我民視，天聽自我民聽。帝制既廢，而天道尤宜欽崇。大總統乃先期齋戒三日，京中衙署大廳，均設齋戒牌，文曰：年月日冬至，大總統代表國民，恭祀上天；凡百有位，其各蠲乃心，齊乃志，揚乃職，勉哉勿忽。各省行政官，皆須虔誠致祭，所有禮節，分別變通，極形鄭重。蓋此次祭天，爲民國成立後，第一次舉行之盛典，堂哉，皇哉，萬國觀光，必我政界諸公，奉行天道之發軔也。獨是天理之無間于人心，皆維皇上帝之妙用，固無關形式，亦不分時限。諸凡行事，順之必昌，逆之弗祥。一人然，一國莫不然。此自求多福者，允宜小心昭事也。要惟在在甘自獻身，以爲犧牲，務救大衆苦難者，斯上天所欣饗之真祭，福民利國，舍此莫由。其糾儀員，則非良知無能勝任者。凡屬明達，請試參酌基督教而精進之。

---

① 載《大同月報》第一卷第一期（1915 年）。

駁某報郊天與政治相關之評論①

鄙人對此問題，曾於本報略表贊成而精進之。旋見《京報》載梁任公《郊天典禮與政治思想之關係》，實獲我心，至爲欽佩。嗣又見《時事新報》，譯載某日文報駁任公文。此殊有礙吾人之高尚政治思想，不知任公見之，更當若何糾正。茲僅就管見所欲言，逐次商榷之。惟鄙人無似，非與日報記者起有意見，特爲萬世人心計，不得不就純理一貢其愚耳。

日報謂梁氏混同宗教、哲學、政治之觀念，不知宗教、哲學，不外闡明大公至正之天道，而政治即當本之以爲大原則。豈有政治能逃乎宗教、哲學自由、平等、博愛之真理，而利國福民者哉？政治而不依準天道，勢必毫無忌憚，種種不過欺德而已。至謂難免復古之譏，是直不辨是非之言。古而非道，不可復也；果合至道，豈可不復？偶未遵行，特其疏耳，日報記者殊太無宗教、哲學之素養矣。

又謂梁氏豈不知當今之世，能以人力左右天工，且能利用之乎？電氣風扇，能使無風之處有風。人無羽翼，而能發明飛行器，其飛行能力，乃在鳥上。夫飛豈人性所固有耶？理解新學如梁氏者，當不至並此而不知云云。詎知能用電扇激動空氣生風，與能發明飛行器爲人羽翼，駕馭空氣，固屬人力，設無空氣，電扇果能生風乎？飛行器果能飛行乎？是不過因天工固有之作用，日啓吾人靈智者而利用之，實不足言左右天工。必無空氣亦能生風飛行，斯爲左右天工。然猶未也，必吾人欲常動作不食而不飢，欲圖生存不眠而不疲，欲火性不炎上，欲水性不就下，無不從心所欲，天工無能或相違，斯真能左右天工矣。日報記者其知之乎？更謂性命受於天者，不獨人而已。何足使吾人生非常之感動？是直自儕人格於群動也。試問往古來今之世界，人爲主乎？人與群動共爲主乎？明明人爲萬物之靈，得天獨厚，何不思爲上合天德之人，而甘爲下儕群

① 載《大同月報》第一卷第二期（1915年）。

動之人也？

又駁梁氏"天以愛人之故，常擇其賢者一人，以爲元首，代天而行政治。"然其賢者果如何而自覺其爲天所愛耶？以無形之天，愛有形之人，恐非一般人智所能想像，梁氏又何從而想像之乎？是殆不知自衛爲政治之大本也，不知"天聰明自我民聰明"，"天明畏自我民明威"，"民之所欲天必從之"。蓋天理之流通于民心無或間也。譬有人焉，言行悉合天理，必能愛人，人亦必愛之。是即無形之天能愛有形之人之明證。奚勞想像爲"若惟知形而下者之有形，而不知形而上者之無形，則雖人無妨爲猛獸以食人"，何所見之？陋也。且謂梁氏"不知自衛爲政治之大本"，豈欽崇天道即非自衛乎？果也，政治大本，惟在自衛，將取法虎狼有餘矣，天下寧有是理耶？其言吾國歷代之革命，常爲野心的革命，而如西洋之自衛的革命者，未之前聞。殊不盡然。不在祭天範圍，姑不置辯。

謂昔之祭天，爲治民所不可缺之儀式，表示敬民事與其愛民之誠意，甚是。蓋天人相與之際，積善餘慶，積不善餘殃，因果之律至可畏也。惟以其時君主之意思，無適當之機關，以傳達於國民，不得已而採此制，則爲根本的誤解。恰如著碧色眼鏡者，視物皆碧，不知郊之精義。所以明天道無私覆，而惟德是親，俾奉天出治者，不敢不敬民愛民也。其以代表天意民心之機關爲國會，必能敬重國會之意思，是乃所以敬天。此言頗有研究之價值，可爲國會永宜敬重之原則。但有例外。設國會絶不敬體天意民心，或雜入各黨之感情褊見，不適合時勢之所要求，則罪在國會，不宜敬重，以違天也。故國會有時可以不敬，而天意則無時不當敬。倘或不敬，恐國會極念民生疾苦，反對政府逞雄一時，增師重累，亦被解散，在所不免。日報記者當知國會以外無天之言，不可説也；終謂苟孔子而生今日，决不言祭天。所謂郊社之禮，禘嘗之義，必以奉諸國會。若表以奇闢之言，則直謂之祭國會，是不過極粗糙的唯物主義之見解。恐國會斷不能代無形之天，偏予生命於萬物也。我孔子固深明天人之理之大哲學家，定不若是譾陋也。勿厚誣我孔子也。

宗教與國家　英國季理斐擬題，漢陽張純一撰文①

國無教不立，教無神不靈。吾國自漢世罷黜百家，迄今二千年，政治、學術，有退無進，而國步亦日艱。適西力東漸，相形益絀。豈果政治、學術不敵歐美哉？由人心無宗教，不克自制其私耳。蓋道德偏尚人爲，則天機過淺，茫然於大化妙用之神，《陰符經》曰："人知其神之神，不知不神之所以神。"罔知敬畏。幾何良知不爲色軀囚，常逐迷波而忘返。世界一切惟心造，從來未具悲智，安望莊嚴國土？逆天弗祥，奚足怪也。孰知國家不過形式，宗教乃其精神。惟聖人能知大道之神不可違，因而制之。盛德大業，靡不依準天仁，始克底於成。信乎！秉國鈞者，不可無宗教思想也，而堅奠邦基之國民爲尤甚。班孟堅曰："不能愛則不能群，不能群則不勝物。"宗教實發生愛力之原泉，熱誠愛國者，當熟知之。然則宗教與國家，宜有界劃否？曰：天道之致用，雖萬殊而不二；人事之分途，貴各别而專精。政教混合，流弊滋多。吾國教隨政轉，致有今日之不振。歐洲中古時，政隨教轉，亦黑暗之甚。東西陳跡，至可鑒也。更分論於後。

（一）政教當然分離。

昔釋迦不爲塵俗虛榮囿，專欲普渡衆生，共證聖果。《遺教經》云"不得參與世事"，通致使命，可深思也。基督亦因有人欲擁爲王，即遠離之。雖當日政迹甚劣，絶不過問。因欲化濁刧惡世，使皆與天爲徒，無暇及也。故後使徒，亦步趨惟謹，務傳福音是急，似恐紛心外鶩，或致根本教義有欠圓滿者然。蓋人治所關，不過一時，天恩《陰符經》曰："天之無恩而大恩生。"所被，澤及萬世。況世事之粗，孰能逃乎天德之和而精進。此各教宗所由不忍遺大海而務一漚之發也。觀嘗有請基督分産者，基督曰，"誰立我作裁判官，爲爾等分産？"意謂我所統治者性靈，實非

---

① 載《大同月報》第一卷第四期（1915年）。

官，此事當赴官，疆界劃然不紊矣。

（二）教侶必服從政府，隱助治化之進行。

保羅曰："無權非出於上天。"《書》曰"天命有德"，義同。故在上有權者，盡人均當遵從。以政府不外寅亮天功，在位者特奉天出治，以利民耳。設不贊襄政府，共保公安，則社會失其秩序，一己豈能獨寧？故不惟居處必恭，執事必敬，服從政令已也，必且即身作則，宏敷天道，冀轉污俗，使爲浄潔，隱助國運之日亨。爲農務厚群生，爲工務利群用，爲文人務扶世翼教，誘掖群迷，恒期自度度他，上契天心。至有投票權時，尤爲利國福民計，必極敬重其事，精揀老成練達、富有道德者始舉之。貴能犧牲私利，求利大群也。萬一難得其人，寧不投票，斷不容濫竽以禍國。蓋希望未來人類，幸福完成之心至切矣。

（三）政府之本分何在？

《聖經》雖無一定之指示，而惟天惠民，恩無私覆，真理日明，執政者固不能或違也。中世教理未昌，歐洲各國，政尚專制，國民幾有義務而無權利，遇事恒受干涉，頗苦煩苛。及乎教旨復元，競尚立憲，國民始獲種種自由。政府天職，惟以保護人民生命財産爲重。至近世紀，責任範圍，更覺擴張。不惟保民之道日周，助民之法亦加密，又似乎自由國之政府與國民相交接之事轉益繁，而國民期望於政府者更方興而未艾。蓋愛人如己之訓，貴滅除衆生苦難，孕育政府之理想無窮也。

（四）信教貴乎自由，政府不可强迫。

設定某教爲國教，即是侵害國民精神上至可寶貴之道德作用，將使人理性爲奴。且恐各教争權興戎，爲禍於國殊非淺鮮。在基督教固從無願定爲國教者，恐既立爲國教，難免政府干涉，將失去教會自由權，至可危也。或問如某國國民與政府，大都某教人實居多數，政府能勉令不信該教者亦盡信之乎？曰不可。其道有二：（一）政府能强制人之身體，不能侵奪人之意志。因宗教所貴者誠實，若勉令信仰，非使人僞飾爲善，較真小人尤可惡乎？（二）政府可以威力强人守法，教會不願以權勢强人信教。惟貴愛人恕人引人入勝，使能自由醒悟，修養性靈，淑身淑世而已。

（五）教道能感化法律，使漸精進。

宗教能使國政專制變爲立憲，不待贅。即就司法言，昔者教理未明，國家立法，多取絶對主義。人或犯罪，非依律懲治不可。曩雖各國君主，間或可於法外行特赦權，但行此權，即無異廢除政府，實非正義，甚不宜也。近見宗教，能感化人，改過自新知求實利於國家，因用相對主義，重保社會安寧，尤重能減少犯罪者，所謂刑期無刑是已。况宗教能改造人心，則國民性靈漸受感化，急公好義之理想必日富，社會德業亦必因之而日增。法律自不得不與天理相融合而精益求精，且爲國民代表者，能洞明宗教之理，尤必富具平等性智，力救衆生苦難，多方思爲貧弱無力者助也。觀泰西各國，禁止畜奴，尊重婦孺，已成通例，是其明證。拙作《泰西法政之助力》可資參考。而於行政上、財政上，亦莫不憐恤貧民，及勞動者之疾苦，立法保護。更立多法以促衛生上種種之進行，蓋天道深入人心，世道自進化於不容已也。

（六）宗教能大教育之成效。

夫教育生涯，至爲淡泊，非理想純潔、人格高尚者，斷不甘充斯選。况學識貴極豐富，尤貴皆有根柢，而負責又無窮盡，誠至難之業也。必其人宗教心熱，樂與天游有素，則世慮冰消，凡事惟求利益未來，造福大群，始慰私願。其厚望生徒，均能分已身陶鑄世運之肩，固不第灌輸知識，使自能孕真理而膨大之。蘇格拉底言曰："教人者非輸入真理於人心，乃助人産生理也。"又謂門人笛多德曰："汝之精神方孕真理而膨大矣。"而即身示教，道德之所涵濡，尤足多矣。此以知學校教育，非賴宗教家，恐不足發動其元氣也。然宗教之爲教育助，不止此也。更分二端言之：（一）生徒出於宗教之家庭，則性行必較純良，教授訓練均易奏效，而學科亦隱有統系可以歸納。（二）社會宗教家多，又有三利。（1）學校之設立必漸增多，更無虞經費奇絀，或致停閉。因宗教家熱心公益，以學校爲濬發人智德之泉源，無不竭力維持擴充也。（2）生徒受學校教育不過數年、十數年雜糅之知識，而處世接人，實踐之道德，究嫌缺乏。一旦投身社會，難免被其誘惑，或不適營業之可危，宗教家多則在在可資輔仁之助。（3）

教育縱極普及，僅及社會全體一部之幼年。凡非幼年及爲幼年而不能受教育者無與焉。宗教家多，則社會全體，無不終其身於道德教育中，裨益學校外圍之感化不更多乎？故凡注重教育者，宜常顧及於宗教。

（七）宗教家能爲必勝之戰。

其與惡劣風俗戰，不勝不止，固人盡知之。惟時或外侮頻來，至難忍受。如國務大臣爲宗教家，自必依據教理，而爲決戰之準備。雖開戰之權，操之議院，苟議員多宗教家，亦必和衷共濟，極表同情。既至備戰，軍士多宗教家，更必奮迅猛勇，舍生取義。或問戰爭之不免殘殺，本人間至兇惡事，基督教素重和平，可主戰鬭乎？詎知保國之責，無可旁貸。敵國侵陵，而不抵抗，猶任猛獸禍人，不加箝制，非正義也。宗教家務爲天下萬世造正義之和平，安忍縱容人不正義之惡行，姑息養奸，爲害世道哉？夫一人受屈可訴之官，一國受屈不自訴之而誰訴？倘終不戰，自由失矣。自由固天賦人權之至榮，較身命財産更爲寶貴者也。基督云“愛人如己”，亦顯有愛己之意寓其中。如彼野獸，且知自衛，豈人可不盡忠報國，維持天理，力圖自存哉？職是之故，宗教家未雨綢繆，戰勝於廟堂者，尤足多也。信乎！宗教爲國家無形之干城，欲奠國家於磐石之安者，幸注意焉。

要之宗教與國家，雖分爲二，而關係密切，則脗合無間。彼此恒宜相扶持。其實國家助宗教者少，不過依據憲法，盡心保護而已。宗教助國家者無限，凡政府權力之所能及與不能及，皆廣造善因，俾結福果，務消積刦迷罪於無形。制治清濁之原，其在斯乎！甚願我當道與國民，均於此三致意也。

對於教會之感言①

嗚乎！教會之門，閉矣牢矣，外人誠不易入矣，良足悲也。何以言

① 載《教會公報》第287期（1916年）。

之？蓋事實上有不容謙者。近數年來，頗覺學界志切匡時、研究宗教者不乏人，獨惜教會不善爲導耳。僕無似，寡交，然間有志行高潔之士，辱蒙相知，輒謬承不棄，許與論列各教之道，性靈締交，宛同夙契。由是三年五年，或已歷十餘年，迄未識面者有之，而馭乎天地一氣之靈性以相通者，固無間矣。顧僕最崇信者，基督也，所有交遊、把袂中，文字緣中，自不無獻曝之時，乃據所答或復書，大都極荷嘉納，非不敬仰基督也。無如教會之門，重重嚴扃，不得而入也。以是或淺嘗輒止，或深造有得，而皆與教會不相通。甚矣！我基督無限之真光，竟若與教會無涉，僕安忍知之而不言？謹就歷年所實驗者，略陳一二，冀少減良心上所負之責耳。

第一難關，即新約文理之過劣。僕友人半通儒術，及諸子書，且旁通佛典者不少，故僕欲弘道，必賴新約。乃始購文理者贈之，恒扞格不相入。繼購官話者贈之，且申言曰，此書不可以文字衡，但求義理爲得，庶乎近焉。詎知自官話和合出，而舊出較妥之官話反止印，屢購不獲。而教外學子，因聖書文字之難索解，而不皈命基督者多矣。即丁題良先生，爲聖經略選，用心亦良苦，而其辭之不達均也。此教會之門，外人難入者一也。

又有友某，常至教會聽道，每覺講者，淺見鄙陋，非痛詈敬祖之愚，即肆誣儒釋之教，徒自暴其不學而已。間或請益，大抵矜執己見，不容問者之辨難。有所陳述，則訑訑之聲音顏色距人，自不能以畢其辭。於以知教會之不足以增人德慧，相率裹足而不前。此教會之門，外人難入者二也。

又有友某，因窮佛理，富有心得，乃生排斥吾教之念，勢不能不從新約入手。迨細讀一過，知多若符節合，心焉折服，遂遍訪教會執事，討論真理。卒之新約中無盡寶藏，未見有謀發掘者。拘滯教相，不求精進，恐入教會致相枘鑿，祇得潛居以獨修。此教會之門，外人難入者三也。

又有友某，邃於哲理，你知吾教中人，注重躬行，而於真理之欠研究，頗能相諒。乃爲詳考其信仰之奚若，又未見果能誠篤。蓋外奔而入，內馳而出，上帝似從未宅乃心。信仰既不真，安望與人以爲善？因視教會爲無足重。此教會之門，外人難入者四也。

又有友某告僕曰，余友某信仰基督，亟思入教會矣，自探悉其內容，經費多來自歐美，以故西牧權勢逼人，視吾國之不强，益自尊大，華牧率無能爲，而氣習亦甚不足風。舉凡基督教旨之博愛，與夫泰西捐欵者之所以爲心，皆因種種障碍，横生其間，而教會難望其振興。欲挽頹俗，未必有濟，爰集同志，闡楊佛法去矣。此教會之門，外人難入者五也。

又有友某告僕曰，教會中弘宣教道，殊乏善本，不足令有學者心生愛樂。急切皈依，殊爲缺憾。此教會之門，外人難入者六也。上舉諸友都能著述，其著述均極可誦。

綜此六端，教外學子之心理，可以概見。其觀察雖未必盡是，亦不得謂爲全非。是其爲咎，固不專在教會，而教會要不可以自諉。昔保羅嘗曰："在猶太人中當如猶太人。"又曰："爲兄弟骨肉，即被咒詛與基督決裂，亦所心甘。"此真我主救世奥秘心傳也。然則西人之來吾華傳教，縱具血誠，奈何不適國性，難已。吾國人任教職者，宜思所以救其弊。今教會貴謀自立，人周知之。僕謂形式的自立，教理恐仍難昌明；未若精神的自立爲尤急。精神的自立之謂何？蓋新約真理，有待發揮者何限？精密考究，信仰自篤。又復多讀儒釋道各教經籍，宣教者利用調和，著述者會通融貫，務令新得特長，自然顯露。似此謂有慕道之士，尚不心悦誠服者，吾不信也。至新約之重譯，刻不容緩，宜注重義理與神韻，萬勿泥字句以相繩。如佛經偈句，天竺皆係八言，譯就吾國文字，改作七言五言，原意毫末未損，可倣效也。嗚呼！我主真光，彌綸宇宙，弘道之責，在吾信徒。願教會執事進圖之。

救恩之福音[1]

人生天地間，最難堪者，窮苦耳。顧寒而無衣，飢而無食，人盡知爲窮苦，不知此特窮苦之最小，最易治，限度最低者也。吾人日用所需有幾？苟勤操作，服務社會，居心澹泊，善居室如衛公子荆，則外物不足以爲累，清夜自思亦不至徒爲人世蠹，心安神適，何在非富樂福地？無如色軀所欲，幾自上帝降衷以俱來。因寒而爲衣，因飢而爲食，當矣。乃衆生迷罔，虚靈恒昧，飢寒有限而求衣食之心無限，是求衣食非求衣食之心更無限，蠅營狗苟，幻妄叢纏。或窮於財，雖成巨富，而心窮難富可憐。或窮於色，雖已多妻，而心妻難得可哀。或窮於官，則今日知事不足，明日道尹不足，又明日省長不足，又明日部長不足，又明日總統不足。其未得之也，患得之；既得之，患失之。苟患失之，無所不至，種種詭謀，種種作僞，莫非罪孽，莫非怔營，窮極矣，苦極矣。而兆民之受其荼毒者，更苦不堪言，窮而無告矣。彼其苦聚成海，流連忘返，方且自鳴得意，而不知爲有道之所悲憫。蒸爲風氣，於是善攀援者、習唯諾者、工排擠者，無不奔競終南，充斥長安，希圖非分，冀獲多金，其間如何忍辱，如何獻媚，如何匿怨，而仍不敢不逢迎其人，苦惱萬狀，豈局外人所能盡述者？然則胡爲而甘此苦也？凡以敲民之骨，吸民之髓，欲自救其窮耳。嗚乎！斯民膏脂幾何？誠不知由何道，能不爲溝中瘠也。

今哀鴻遍野，餓莩盈途，盜賊横行，閭閻厭亂，諸多苦厄，罄竹難書。探厥由來，無非爲窮所致，無非爲士大夫窮於宗教之道德所致。果何以故？人生無宗教思想，則不知肉體是假，無常迅速，聲色貨利末由刊落，貪瞋恚痴，嫉妒諂曲，不盡邪緣紛起，甚於烈火煎燒自身，苦痛切己，終不覺知而生厭患。莊子曰：“苶然疲役而不知所歸……謂之不死奚益。”又曰：“哀莫大於心死。”豈不然哉！豈不然哉！抑思唐堯、虞

[1] 載《女鐸》第6卷第4期（1917年）。

舜、華盛頓、林肯，所以造福蒼生者，孰非本上帝之心以爲心，卒能與天合德耶？今吾國號稱愛國者流，不務踐聖人之形，而皆爲權利是競，是直工造孽耳；直沈水入火，自取滅亡耳。且不知自救，而妄欲救國救民，天下豈有此顛倒事？斯民水火，益深益熱，詎不痛心？孰救之？孰救之？

嗚乎！噫嘻！孰知救恩無量，有福音在，其中福樂無涯，任人領取。皆救主耶穌自天入世，欽崇天道，發真理光，破世汙濁毒惡諸闇者也。且甘自犧牲其身，爲未來無數時代，無數人類罪愆之贖，俾信者離一切苦，得究竟樂。嘗曰："凡勞苦負重擔者就我，我給爾安樂。"信不虛也。蓋形骸幻質，難久保持；惟靈魂不死，恒賴天道爲滋養之糧。皈命基督，自能解脱塵勞，意悦體適，處富厚則分其所有以濟貧，處貧約亦竭盡心力以弘道。蓋天仁旁礴，盈自然衣，充太極食，匪惟一己以無限意披而餐之，永無窮盡，更分給與無數清信士女，終猶不僞。以視不知足人，雖處天堂，無異阿鼻地獄者，相去豈可以道裹計。

以是職無論農工商賈，境無分貧富貴賤，一切平等，父事上帝，觀天之道，執天之行，不容有纖毫我相之私，雜糅於其中。朝乾夕惕，内自訟過，各務自盡其性，以盡人之性，以盡物之性，以贊天地之化育，圖報天恩於萬一。於時目善萬物之色，耳善萬物之聲，鼻善萬物之氣，口善萬物之味，明明萬物皆備於我，反身而誠，樂莫大焉。覺盡山河大地，十方虛空，一花一鳥，無非上帝隆恩顯著處，而吾之性天適與冥契而非二，樂極！樂極！享受不了。無邊覺海，全收塵刹波瀾，不盡慈雲，永沛大千雨露。是恩也，何恩也？是上帝潔净精微無窮無盡榮光之所流露，充塞大宇長宙，更彌綸於吾人方寸之間而無間。寂然不動，感而遂通，不疾而速，不行而至。誠能敬愛上帝，超出塵纏，自能領略。急欲自救救人，交互相救於不已，有不推恩於家，推恩於國，推恩於天下者哉？扼道至要，簡易真切，備具新約聖經，樂意學者，天耳自通。

福音善救窮苦 丁巳新年佈道會索書①

人生天壤間，最難堪者窮苦耳。顧寒而無衣，饑而無食，人盡知爲窮苦，不知此特窮苦之最小，最易治者也。吾人日用所需有幾，苟勤操作，服務社會，亦何難於資生？若居心澹泊，善居室如衛公子荆，則外物不足以爲累，心安神適，何在非富樂福地？彼因寒而爲衣，因饑而爲食者，當矣。乃衆生迷罔，虚靈恒昧，饑寒有限而求衣食之心無限，是求衣食非求衣食之心更無限，蠅營狗苟，幻妄叢纏。或窮於財，雖成巨富，而心窮難富可憐。或窮於色，雖已多妻，而心妻難得可哀。或窮於官，則今日知事不足，明日道尹不足，又明日省長、部長不足，又明日總統不足，其未得之也患得之，既得之患失之，苟患失之，無所不至，種種詭謀，種種罪孽，窮極矣，苦極矣，而兆民之受其荼毒者更苦不堪，言窮而無告矣。彼其苦聚成海，流連忘返，方且自鳴得意，而不知爲有道之所悲憫。羞矣！今號稱愛國者流，又皆惟權利是競，不務踐聖人之形，猶是造孽耳，猶是沈水入火自取滅亡耳。且不知自救，而妄欲救國救民，天下豈有此顛倒事？斯民水火，援手何人？哀哉。夫人生無宗教思想，則不知肉體是假，無常迅速，聲色貨利，末由刊落，無量邪緣紛起，甚於烈火煎燒自身，苦痛切已。終不覺知而生厭患，廉耻道喪，人格莫保，徒見天地日晦塞耳。嗚乎！孰知善救窮苦，有福音在。救主耶穌，以一大事因緣故，出現於世，乃普救兆民出罪網，即示萬世以真富至樂之範也。觀其生於貧家，死於十架，皆表著汙世富樂惟是幻妄，惟是窮苦，而真實富樂當於冥契天道的清淨聖善之貧苦中求之。此即釋迦所以捨去濁世帝王之窮苦，而得法界無限豐富之微旨。故凡皈命基督者，咸如放下重擔，立時安樂。蓋深知獲盡天下資財，而喪其生命，無益也。天下豈有欽崇天道，勉爲人役，而困於饑寒者哉？有道之士，自知天父

---

① 作於 1917 年，收入《仲如先生弘道書》。

仁慈無限，盈自然衣，充太極食，匪惟一己以無限意披而餐之，永無窮盡，更分給與無數兄弟姊妹終猶不償。以視無道不知足人，雖身處富貴，無異阿鼻地獄者，相去豈可以道里計？噫！天下無限窮苦，何非人心不明天道自招耶？昔孔子疏食飲水曲肱而枕樂在其中，顔子簞瓢陋巷不改其樂，皆富具天道，超脱物情故爾。假令福音一旦遍傳於天下，將見斯人性靈，莫不充符無限天德，解脱塵勞，意悦體適。於時目善萬物之色，耳善萬物之聲，鼻善萬物之氣，口善萬物之味，明明萬物皆備於我，反身而誠，覺盡山河大地，十方虚空，一花一鳥，無非上帝降恩之顯著，妙極妙極，享受不了。真富無限，至樂無限，何窮苦之有哉？

基督教與佛教①

基督之教，直合一切大乘佛法而圓融之。試略申其義。

經云："凡見婦女而動念者，其心已犯淫矣。倘右目陷爾於罪，當即剜去，寧失百體之一，勿全身墮地獄。"《馬太》五章廿八九節。準此類推，即律宗之持戒，而制心尤加嚴密也。

曰："此道於智者則隱之，於赤子則顯之。"《馬太》十一章廿五節。"將滅絶智慧人之智慧，廢棄聰明人之聰明。"《哥前》一章十九節。"主令智者自中其詭計。"《哥前》三章十九節。是即慈恩宗之勦滅識心，摧邪顯正也。

"主至曠野禁食四十日，歷受魔試而勝之。"《馬太》四章。即禪定功成，示現降魔也。

"又變水爲酒"、《約翰》二章。"五餅二魚飽五千人"《馬太》十四章。之類，莫非三昧神通。《啓示録》亦在三昧中説。

"主爲門徒洗足"、《約翰》十三章五節。"登船使離岸而坐"，《路加》五章三節。皆禪機也。

① 載《東方雜誌》第15卷第10、12期（1918年），其前半部分收入《仲如先生弘道書》，更題爲"基督教兼有佛教各宗之長説"，並題注"有友以基督教爲佛教浄土宗者擬此答之"。原文未分段。

保羅曰："上帝以印印我儕，並賜聖靈質於心。"《哥後》一章廿二節。又曰："信基督，受聖靈印，即宰萬有之符。"《以弗所》一章十三四節。是即基督心傳密印，禪宗頓超之法也。

"我主唯以一大事因緣故，出現於世。"《法華經·方便品》。《馬太》一章廿一節，《約翰》十八章卅七節，義同。即哀愍衆生。

"譬如癡子，捨父遠逃，窮苦飢餓，務使轉念歸家，則父有珍財，恣其所用。"《法華經·信解品》。《路加》十五章，義同。是猶法華所謂開佛知見也。

曰："審判。"《約翰》十六章八節。即果徹因原。

曰："何所種則何所穫。"《加拉太》六章七節。即因該果海，亦即因果不二。

"登山變像，面耀如日。"即妙光大定。

"摩西，以利亞，現與之語。"《馬太》十七章。即了知一切世界佛莊嚴大定。《華嚴經·十定品》。

曰："就我飲者永不渴，且於其腹成泉源而流爲江河。"《約翰》四章十四節，七章卅八節。即華嚴法界"一多大小相容，重重無盡"義。

曰："孰知其奧秘，如何長闊高深。"《以弗所》三章十八節。即"心融萬有，豎窮横徧"義。

曰："我父家多府第。"《約翰》十四章二節。曰："見天門啓，有大寶座，視如碧玉、瑪瑙、葱珩。座之四周，又有二十四座。"《啓示録》四章一至四節。即慈氏莊嚴樓閣，總攝萬幾，歸一真元，行布圓融。誠與華嚴無異致也。

曰："上帝乃靈，拜之者必以靈以誠。"《約翰》四章廿四節即感應道交，即自即他。

曰："專召罪人悔改。"《馬太》九章十三節。即許五逆往生，至一念信。

"或一稱名，則衆罪滅。"《馬太》九章二節，《使徒行傳》十章四十三節。"萬能生。"《馬可》九章廿三節，十六章十七八節。三根普資，圓中之圓，穩健直捷，又非浄土莫能比也。時人僅以浄土視基督教，挂漏太甚。

餘如“懺悔”，無殊佛教。“感動”即佛教之“加被”。“祈禱”爲基督教之生命，猶“止觀”法門爲一切佛教各派生命也。祈禱中含容無盡教海，衆妙神化，出此玄門，信乎基督豐富不可測量也。《以弗所》三章八節。至命西門名曰“彼得”，即“磐石”意。《約翰》一章四十二節。即究竟堅固、不變不壞“楞嚴”也，“金剛”也。所以示性體“永生”也，即“攝萬歸一”之宗也。名雅各、約翰曰“雷”，《馬可》三章十七節。具足“帝出乎震，昭蘇萬有”義，“震動十方一切世界”義，又同時必有“周帀六合大智風，彌覆虛空大悲雲，發出種種寶色電光，普霔無上甘潤雨”義，又有“蕩除塵霾障霧，立放大慈日光”義。《華嚴經・如來出現品》：“乃至種種色雲出一色電光，一色雲出種種色電光，復於彼雲中出種種雷聲，隨衆生心皆令歡喜。”

是真天外飛來廣大神妙無上福音，最能和暢化育，洵非一切世間人爲歌詠金石等美妙音所及。此基督即自性無限自在利行德用，約示“不盡欲言”之教相也，即“演一成萬”之教也。雖然，德用無涯，融成一愛，又無論椎魯婦孺，皆可資以盡性事天，翻塵勞而成妙行也。大哉！一靈廣運，密濟羣生，行嚴聖果，天國浄圓，簡易真切，歎觀止矣。

佛教宗心，景教宗神固地，其旨一也。蓋法身無邊，本性是佛，感應道交，則即心即神，是一非二，奚容以名言不同，妄生分别？夫佛教唯心，固也，然如蓮宗專念，願生極樂，即景教之“上帝是依”。《詩・閟宫》。是確乎宗神矣。景教宗神固也，然基督曰：“父宅我心，我宅父心，我與父本爲一。”《約翰福音》十七章二十二三節。又曰：“天國在爾心。”《路加》十七章二十一節。約翰曰：“使爾儕咸知有永生。”《約翰一書》五章十三節。即法華之露地白牛，唯一佛乘也，又確乎唯心矣。

夫一心以法界爲量，自他之境都亡，法界即自心徧周，能所之情見絶。一部《華嚴經》，聖靈旁礴，重重無盡，超乎萬有之上，貫乎萬有之中。《以弗所書》四章六節。自心上帝，互相含入。無邊理性，全在一塵。一塵理性，無有分限。教義圓融，歎觀止矣。惟華嚴義味，譬若醍醐，不遇其人，反成毒藥。何若三根普資，不離道場，故引導之善巧，浄土尚焉。蕅益大師曰：“了義中最了義，圓頓中極圓頓，方便中第一方便，無如浄土一門。”以下愚皆可登其閾，上智終莫逾其閫也。故僕於佛教最契仰者，爲華嚴、浄土二宗。楊仁山先生生平教宗賢首，行在彌陀，可謂先獲我心矣。

顧華嚴、浄土二宗，《約翰福音》實兼善其長，其文約義豐，機無不攝，有浄土之簡潔穩健，而度他之念，加切加真，有華嚴之廣大玄妙。而普賢之行，易圓易滿，曰世界之光猶毗盧遮那，曰永生之道猶阿彌陀佛。聖靈神用，周遍法界，悉令衆生初發心時，便趣正道，去言依行，頓彰帝愛，即法身無漏之功德。刹那際蓮花怒發，超絶於汙之泥，自心中樓閣無窮，廣庇塵勞之客。十方神通，一誠玄契，主恩徧覆，微妙難思，此福音所以最勝也。夫道貴乎博能極萬變，貴乎約能攝至變於不變，則基督教尚矣。宇宙萬有，靈通一心，即諸人爲，繁興神化，一念圓證，則永生上帝，當處現前，足令芸芸衆生不難見靈性而證妙身，圓融極矣。我基督真終古世界之光也。雖然，馬太、馬可、路加之福音，其記載功不可没，惜於基督之所以神其爲基督者，引而未發；惟約翰、保羅，始盡得其秘，迄今弘道無人。羣泥教相，不足暢敷於中國。願吾愛國之士，融會向有文化，歸命基督，悲智雙修，務令婦人孺子盡識金剛種性，背塵合真，福利世間，則上帝神光，照徹一真靈界而無夜矣！李提摩太先生嘗語僕曰，《金剛經》云如來滅後五百歲有人信解修福，是人即爲第一希有，基督適應運而生，可爲佛豫言之證，趣甚。

基督教與道家①

基督立教，簡浄圓融，有儒教之平實，佛教之精邃。其詳别著於篇，兹且以道家之玄妙，宣暢新約根本教義。分大綱五。

（一）明道體

《約翰福音》曰：“太初有道。”道即上帝，萬物由是生成，即《老

---

① 載《南開思潮》第 4 期（1919 年）。

子》所謂“有物混成，先天地生，寂兮寥兮，獨立不改，周行而不殆，可以爲天下母”，亦即《莊子》所謂“自本自根，未有天地，自古以固存。神鬼神帝，生天生地”，《大宗師》。言道體神妙，爲天地萬物之主，同也。

保羅曰：“唯一上帝，即衆人之父，超乎萬有之上，貫乎萬有之中。”《以弗所書》四章六節。即道者一立而萬物生，故“一之理施於四海，一之嘏察於天地”，《文子·道原》。其演一成萬，攝萬歸一，同也。

曰“無生之始，無壽之終”，《希伯來》七章三節。即“莫知其始，莫知其終”，《莊子·大宗師》。亦即“先天地不見其初，後天地不見其久”，《玄真子·碧虚》。言道無終始，同也。

曰“日不擇照，雨不擇潤”，《馬太》五章四十五節。即“天無私覆，地無私載”，《莊子·大宗師》。言大道至公，同也。以上言道體相用，兼大無終始無偏私。

（二）顯神用

經曰“道成人身，居我儕中，我見其榮，誠聖父獨子之榮”，《約翰》一章十四節。即“道與之貌，天與之形。有人之形，故羣於人。無人之情，故是非不得於身。謷乎大哉，獨成其大”，《莊子·德充符》，又《田子方篇》“其爲人也真，人貌而天義”亦同。言至人性德純全合天，同也。

曰“未有亞伯拉罕即有我”，《約翰》八章五十八節，《法華經·從地湧出品》“年始二十五，示人百歲子，髮白而面皺，是等我所生”同一妙絶。即“天地與我並生”，《莊子齊物論》。“頌論形軀，合乎大同”，《在宥》。言即我即道，不得妄分境界，同也。

曰“我與父一而已”，《約翰》十章三十節。即“得其所一而同焉”，《莊子·田子方》。“參萬歲而一成純”，《齊物論》。言神人無爲，渾然一化，同也。

曰“我言非由我意，乃恒宅我心之父所自作”，《約翰》十四章十節，《壇經·機緣品》“玄覺禪師曰，分別亦非意”義同。即“觀天之道，執天之行”，《陰符經》。亦即“聖人之道天命，非聖人能自道……聖人之事人爲，非聖人能自事”，《關尹子·三極》。言真智顯照，握玄機而無心，同也。

曰“天上地下全權，悉已與我”，《馬太》二十章十八節。即“宇宙在乎手，萬化生乎身”，《陰符經》。亦即“能偏偶萬物，而無一物能偶之，故能貴萬物”，《文始经》。言身中見刹，刹中見身，上天下地，唯我獨尊，同也。

“主面放光如日”，《馬太》十七章二節。即“泰宇定者，發乎天光”，《莊子·庚桑楚》。言妙光大定，《華嚴經·十定品》。同也。

曰“我已勝世界矣”，《約翰》十六章末。即“天之道，不争而善勝”，《老子》。言不與事務所争於一時，要於終勝之，同也。

曰“我之所至，爾儕不能至”，《約翰》十三章三十三節。即“獨往獨來，是謂獨有”，《莊子·在宥》。言與衆玄同，主宰造化，同也。以上言聖人與道合體。

曰“人信我，則如經云腹流活水之江河”，《約翰》七章三十八節。即“既以爲人已愈有，既以與人己愈多”，《老子》。亦即“淵淵乎其海，萬物皆資往焉而不匱”，《莊子·知北遊》。言道通爲一，一含至多，重重無盡，同也。

曰“風任意吹，不知其何來何往”，《約翰》三章八節。即“翛然而往，翛然而來”，《莊子·大宗師》。“其來無跡，其去無崖，無門無房，四達皇皇”，《知北遊》。言性體如如，本無去來隱現，同也。

曰“尚有無限意欲語爾，恐爾不能受”，《約翰》十六章十二節。即“玄冥難測，不可圖畫”，《參同契·乾坤坎離章》。言道妙不可言傳，同也。以上言道妙無窮，隨在皆是，不可言傳。

曰“未禱之先，爾所需者，父已知之”，《馬太》六章八節。即“機動未朕，神以隨之”，《陰符經》。言天人之際，感應主神，同也。

曰“我儕唯有一上帝，即是父”，《哥林多前書》八章六節。即“與天爲徒者，皆天之所子”，《莊子·人間世》。言平等性智，同也。

曰“萬物均切盼上帝衆子之顯出”，《羅馬》八章十九節。即“人皆可曰天，人皆可曰神，人皆可致命造玄”，《關尹子·一宇》。亦即“與道化者爲人……精神通於萬物……蜎飛蠕動，莫不仰德而生”，《文子·下德》。言人能盡其性，可贊天地之化育，同也。

曰“此道在爾口，在爾心”，《羅馬》十章八節。即“大道坦坦，去身不遠”，《文子·上德》。“不闚牖，見天道”，《老子》。言道不遠人，同也。以上言道無間於人心。

（三）破我執

曰“容孩就我無阻，有天國者，正如是人”，《馬太》十九章十四節。即“含德之厚，比於赤子”，《老子》。言赤子獨能全其天，同也。以上言絶聖棄智。

曰“誰能以思慮，多延一刻生命”，《馬太》六章二十七節。即“女神將守形，形乃長生。愼女内，閉女外，多知爲敗”，《莊子·在宥》。言當抱一無離，同也。

曰“主使智者，目中詭計”，《哥前》三章十九節。即“人不小覺，不大迷，不小慧，不大愚”，《文子·上德》。言斯人顛倒妄纏，同也。

曰“自稱爲智，適成愚魯”，《羅馬》一章二十二節。即“常使民無知無欲，使夫智者不敢爲”，老子。言摧邪執，同也。

曰“人若富有天下，而失其生命何益”，《馬太》十六章二十六節。即“真人大己而小天下，不以物滑和，不以欲亂情”，《文子·道原》。亦即“役其自然生者，務存其自然死者。存之愈切，生之愈疏”，《无能子·析疑》。言人當全性保真，同也。

曰“人欲保其生命，反將失之。爲我而失其生命，反將得之”，《馬太》十章三十九節。即“大患有身。是以聖人後其身而身先，外其身而身存”，《老子》。言不自私其生，故能長生，同也。

曰“勿爲衣食憂”，《馬太》六章二十五節。即“自然奉常然衣，太極進無極食”，《玄真子·碧虚》。言人有貴於衣食者存，則衣食自然盈滿，同也。

曰“視萬事如糞土”，《腓利比》三章八節。即“輕天下即神無累，細天下即心不惑”，《文子·十守》。言袪妄趣真，同也。以上言背塵合覺。

曰“殺身而不能殺靈者勿懼”，《馬太》十章二十八節。即“死生無變於已”，《莊子·齊物論》。言貴在於我，而不失於變，《田子方》。同也。

曰“粒麥遺地，化則結實繁矣”，《約翰》十二章二十四節。即“指窮於爲薪，火傳也，不知其盡”，《莊子·養生主》。言形雖化而性常存，同也。以上言死而不亡者壽。

（四）妙人爲

曰“孰爲我母，孰爲我兄弟，凡遵我父旨行者皆是”，《馬太》十二章末。即“至仁無親。至仁尚矣，孝固不足以言之”，《莊子·天運》。亦即“無所孝慈者，孝慈天下；有所孝慈者，孝慈一家”，《無能子·析疑》。言當充孝之量，以光四海，同也。以上言當公而忘私，視天下爲一家。

曰“羨慕仁義，如饑如渴者有福”，《馬太》五章六節。即“至人假道於仁，託宿於義”，《莊子·天運》。言仁義爲達道之蘧廬，同也。以上言善羣。

曰“爲義受逼迫者有福”，《馬太》五章十節。即“弱之勝强，柔之勝剛”，《老子》。言大度包荒，始能成其大，同也。以上言忍度。

曰“信、愛、望三者，愛爲最大”，《哥前》十三章末。即“我有三寶，持而守之，一曰慈”，《老子》。言道莫切於愛人，同也。

曰“我來專召罪人”，《馬太》九章十三節。即“聖人常善救人，故無棄人”，《老子》。言救濟衆生，同也。以上言博愛。

（五）嚴果報

曰“洪水驟至，人盡淹没”，《路加》十七章二十七節。“分提惡類，投之火窰”，《馬太》十三章四十二節。即“沈水入火，自取滅亡”，《陰符經》。言自作孽不可逭，同也。

曰“審判”，《約翰》五章。即“天網恢恢，疏而不失”，《老子》。言因果律嚴，同也。以上言自然律。

其餘不勝縷述。蓋道本一元，聖心冥契，不過致用，時殊量耳。然其究也，時殊地異，因緣不同，故所見不無深淺之差，而收效即有徑庭之别。雖於諸不同中見其同，尤當於不能强同中標其不同。如基督願代無央數世界衆生苦，甘自犧牲，造福後世，此歐美文化之大原。而華盛頓、林肯所由聖賢而豪傑者也。此基督教特異之精神也。噫！百川一味，朝宗於海。學者幸勿以不一碍一，亦勿以一碍不一，斯得之矣。

墨稱之探討①

《孟子》、《列子》、《莊子》、《韓非子》，皆稱“墨翟”，或單稱“墨”。高誘注《淮南·脩務訓》、《吕氏春秋·當染》，並云名“翟”。而於《吕覽·慎大》注，則謂“以墨道聞”。《漢書·藝文志》顔師古注，亦僅云名“翟”。詳諸家所稱，墨之爲姓與否，蓋未明言。惟《通志·氏族略》引《元和姓纂》云：“墨氏孤竹君之後，本墨臺氏，後改爲墨氏，戰國時宋人墨翟，著書號墨子。”案墨子當爲魯人，玆稱宋人，未確。則援墨胎爲姓，亦未必確。此不過因《路史》伯夷、叔齊姓墨胎氏，遂以傳會翟姓墨，未足深信。至元伊世珍《瑯嬛記》，引《賈子説林》，謂墨子姓“翟”，案《魯問篇》“翟嘗計之矣”，《公孟篇》“翟以是知行之不在服也”，云云，皆“翟”確爲名之證，奚必因墨非姓遂以翟爲姓？名“烏”，其母夢日中赤烏入室，驚覺生烏，因名之曰“烏”；以“墨”爲道。清周亮工著《因樹屋書影》本之。其言名“烏”未足據，其以“墨”爲道，頗與《吕覽》高注同。近江瑔著《讀子卮言》，論墨子非姓“墨”，頗具卓識。其説曰：墨子以宗族姓氏爲畛域之所由生，故去姓而稱號，以充其兼愛、尚同之量。又與釋氏之法同。此孟子所以斥之爲“無父”，亦墨氏之學所以獨異於諸家，而高出於千古也。故爲墨學者咸不稱姓，案田俅子、孟勝、徐弱、田襄子等，似皆有姓。凡以明“墨”爲學、爲道耳。

余向疑《莊子》之論墨子曰“以繩墨自矯”，《荀子》之非墨子曰“刻死而附生，謂之墨”。以爲墨者殆從其行義而爲之稱。今觀瑔之説，乃不期而合。更略申其義。原“墨”字訓“黑”，見《廣雅·釋器》。《釋名·釋書契》亦云“墨，晦也”，言似物晦黑也。翟奚取於是哉？蓋翟祖大禹，禹師墨如，見《潛夫論·讚學》，或即墨稱之所本。及王天下，色尚

① 原載《新中國》第2卷第3期（1920年）。

“黑”，用玄圭。玄幽遠義見《文選・文賦》“佇中區以玄覽”注：“老子曰：‘滌除玄覽’。河上公曰：‘心居玄冥之處，覽知萬物’。”玄之取義，深矣。禹蓋以“黑”爲道，故勞形以利天下，而不矜不伐。又曰：“生寄死歸。”《淮南・精神訓》。深明生死之故，禹之道微矣。周徵藏史聃之言曰“知白守黑”，如“玄之又玄”、“玄牡之門”，玄即墨與黑之義。《楚辭・懷沙》“玄文處幽”，今注：“玄，墨也。”《大載記・夏小正》“玄”校“傳玄也者，黑也。”蓋即傳禹之道者也。五千言中，持“爲下”、“不争”及“外身”之説，皆符合，可證。禹之傳既在於史氏，《漢書・藝文志》墨家以形尹佚篇列首，亦其證。墨子學於史角之後，知必得聞聃史之遺論，墨子書存道家可證。因以上接大禹之傳。觀其摩頂放踵，及其徒百八十人皆可赴火蹈刃，死不還踵，《淮南・泰族訓》。即大禹竭力而勞萬民之義。《淮南・精神訓》。翟嘗言：“愛人非爲譽也，其類在逆旅。”見《大取》。拙著《讀墨劄記》云：“愛人本於天性，非關虚譽，以人與我皆客，形久離本宅，瞥爾逆旅相遭，自然生側隱之心。”蓋源出“生寄死歸”之旨。然則翟之以墨立教，其淵源有自也。太史公敘六家，劉向條九流，各以其學術名。後世誤以爲姓，則失其本，烏可以不辨！

墨學討論①

見《新聞報》社論《墨學談》，並章氏《墨學一斑》，不佞極欽仰。惟管見不無差異，僅舉欲商榷者，聊貢一愚，即請先生繩正。

《經》以“無間”、“無厚”诂“次”。

愚案：此承上文“攖”、“比”並迴向“纑，間虚”條而言。《國語・晉語》“失次犯令”注：“次，行列也”。是“次”爲條理秩然，毫不紊亂之誼。例如纑積纖維而成縷，縷縷次第排比，無間而不相攖，亦可爲

① 載許嘯天編：《國家討論集》（二），羣學社 1927 年版。

“攖”之説明。設使纑縷有厚，定難相攖無間，次第整齊如一。故曰，“次，無厚而後可”。“無厚”即説明“無間”之故。推之“雲母”，片片相攖無間，依次可擘，亦無厚故。則凡物之積點成線，積線成面，積面成體，而層次井然之理，可以比知而效用矣。詳拙著《墨學分科》“物理學”。

適之誤認施、龍輩爲别墨。

愚案：凡墨者莫不大取以爲兼，小取以爲别。如宋鈃、尹文、惠施、公孫龍輩，莫不禁攻以壽民，也莫不持辯以接物，可證。無如道無封而言有窮，剖析毫芒，即不免枝指而離本，故俱誦《墨經》而取舍不同，皆自謂真墨，相謂别墨。（合觀《韓非子・顯學篇》、《莊子・天下篇》）“别”對“兼”言，設我能託小包大爲真，彼則持小遺大爲别也。適之以别墨另爲一派，誠非。詳拙著《墨子閒詁箋》“小取”篇目下。

魯勝序《墨辯注》有“以正别名顯于世”一語。

愚案：“别”字當斷句，讀爲“祖述其學以正别”，言施、龍祖述墨子之兼以正别，正别即是正名。形色、有無、是非、異同，皆别也；一一正之，則兼矣，故能名顯于世。

任公不認適之“别墨即新墨”學説，所見已進一步；惟施、龍之學“確從《墨經》衍出”，兩人所見不同，遂不期雷同魯説。

愚案：墨子著經，凡以明兼，蓋教學者以分析名相始，以消除名相終（詳拙《箋》）；宏兼用，契兼體也（如《經》云“異而俱于之一”、“無窮不害兼”皆是）。莊周稱其好學而博不異，信然。《列子・仲尼篇》所稱公孫龍七事，《莊子・天下篇》所稱惠施二十一事，及今所傳《公孫龍子》書，皆祖述墨學之鐵證。《吕氏春秋・愛類篇》記惠子之學行于墨禹之後，明有師承也。《國策·趙策三》龍止平原君受封事，《吕氏春秋·審應覽》龍對趙惠王偃兵説，《應言篇》龍以偃兵説燕昭王，皆遵墨教貴兼也。然則，任公、適之認爲祖述，固非無據，愚亦“雷同魯説”者，故樂爲之申辯。

《荀子·解蔽篇》云：“墨子蔽於用而不知文，惠子蔽於辭而不知實。”兩家相君以“求勝”，名迹俱大，所蔽之性，恰又得反，設爲師承，詎非讕言？

愚案：荀誹墨、惠均非確論。墨子不文，實爲至文。惠子工辭，無實何辭？况荀就墨、惠致用不同處立言，無與兼以正别之大體，不得據云非師承也。

如惠子言“一尺之棰，日取其半，萬世不竭”；墨子言“非半勿鐠，則不動。説在端”。凡注墨者率謂此即惠義，而不悟兩義相對，一立一破，絶未可同年而語云云。

愚案：此條太炎氏説最精審，所言“原子”、“分子”、“極微”，適見管見。詳拙著《墨學分科》“微積分”。竊以“萬世不竭”即顯“端”所以不“動”之理，謂物質不滅也。司馬彪云：“若其可析，則常有兩；若其不可析，其一長存”，知墨、惠非二義無疑。蓋讀墨、惠之書，執著文字相不得也。

草《名墨訾應考》，以證名墨兩家倍譎不同，决非相爲祖述。

愚案：合觀《莊子·天下篇》、《韓非子·顯學篇》，皆謂墨子徒屬取舍相反，互相訾應，其間未有名家。正名爲墨者所有事，初無與墨對抗成家者。《漢志》“九流”之分，不盡可據，適之不爲無見，蔡君孑民亦嘗與愚言之。如謂名家務在“求勝”，設不精析真實之理，豈能辯當而勝乎？精析真實文理，豈果名家所能“專賣”者乎？

《墨經》非墨子手著之書。

其附于今《墨子》之四篇及大小“取”，乃門徒節之，連第於衆篇之末，以備一格。《大取》所謂類者十有三，俱應如韓非諸説，各類皆别有詳證，則詳經之亡絶良信。

愚案：莊子云，“相里勤之弟子五侯之徒，南方之墨者苦獲、已齒、鄧陵子之屬，俱誦《墨經》”，顯見墨“子徒屬充滿天下”；《吕覽·有度》“皆頌《墨經》”，墨子有經明矣。魯勝固謂“《墨經》與衆篇連第，故獨存”，若今經非墨子自著，乃門徒節存之，豈門徒所節者，即門徒自著乎？《大取》所謂“類者十有三”，例以韓非説，當是“説”亡，非是“經”亡，似以經亡亦未允。此皆不佞謭陋，疑未能釋者也。管見“經”“説”四篇並大小“取”，均墨子自著，余爲門徒所述，詳拙《箋》。

以上管見，未悉當否，統希治墨者教之。

閲梁任公《老子哲學》隨筆①

去歲，余至金陵支那内學院，會見歐陽竟無先生，語曰：“學者不多讀佛書，斷不能明辨《老子》、《易經》、《墨子》、耶穌教之長短得失。”歐陽先生頗以爲然。今見任公先生所著《老子哲學》（見《哲學》第一期及第二期），多以佛教詮釋，均極愜鄙㦤。惟間有數處，似尚可容討論，謹舉管見之愚，就正有道，是誠所謂狗尾續貂也。

第一，《本體論》末。又説：“爲道學日益，爲日損，損之又損，以至於無爲。”因爲要知道道的本體，是要參證得來的，不是靠尋常學問知識得來的，所以他又説，“絶學無憂”。

① 連載於《晨報附刊》，1922年5月16—18日論壇欄目。

梁先生這話説得極好，因爲與道不干的學問知識，在佛教謂之“所知障”，實於爲道最有防碍的。故必損之盡净，然後於道始能相應。但是我看老子爲學爲道的本意，除如上解外，又似當作一串解。爲學，所以求知成止，日益即是日損；爲道，所以入理觀空，日損即是日益。又爲學日益者，加力道行，通達而至無爲之境也。爲道日損者，修習無爲之行也。無不爲者，乃其究竟之果也。如此講解，似覺義更圓滿。

老子言道毫不黏滯，恐人執着名相，不能會通。開始便説：“道可道，非常道；名可名。非常名。”言外顯有本體是“常”，不可道不可名的意思。故下文明説“常無”、“常有”，“常”是實字。後有“常德不離”，“常德不忒”，“常德乃足”，“知常曰明”，“不知常妄作凶”，“無死地”，“死而不亡者壽”等文，均可証。是知“常”字，固形容本體最重要之一名相，本體論中，似乎不宜抹殺。

又有個“一”字，亦本體最重要之一名相。如“昔之得‘一’者：天得‘一’以清，地得‘一’以寧，神得‘一’以靈，谷得‘一’以盈，萬物得‘一’以生，侯王得‘一’以爲天下貞，其致之”；又“少則得，多則惑，是以聖人抱‘一’爲天下式”，似乎亦不能抹殺。此老子、孔子、墨子立論，莫不具足“歸納”的精神（孔子“吾道一以貫之”，墨子“無窮不害兼”，釋迦、耶穌亦然），實東方文化，駕乎泰西獨有的異彩。

第二，《名相論》。本體是個不可思議的東西，所以爲一般人説法，只得從名相上入手；名相剖析得精確，也可以從此悟入真理。佛教所以有法相宗，就是這個緣故。我們且看老子的名相論是怎麽樣？他的書第一章就是説明本體和名相的關係。他説道：“道可道，非常道，名可名，非常名，無名天地之始，有名萬物之母，故常無，欲以觀其妙，常有，欲以觀其徼。此兩者同，出而異名，同謂之玄，玄之又玄，衆妙之門。”（斷句有與舊不同處注意）。這一章本是全書的總綱，把體相用之□□提挈起來，頭四句是講的本體，他説道，“道本來是不可説的，説出來的道已經不是本來在之道了，名本來不應該立的，立一個名，也不是有常的名了。”也是既已不得已而立些名。那“名”應怎麽分析呢？他五六兩句説道，“姑且那個‘無’字來名那天地之始，拿個‘有’字來名那萬物之母罷。”上句説的就是《起信論》的“心真如門”，下句説的就是那“心生滅門”。然則研究這些名相，有什麽用處呢？他第七第八兩句説“我們要常做‘無’的工夫，用來觀察本來的妙處；又常要做‘有’的工夫，用來觀察萬物的邊際。”他講了這三段話，又怕人將有無分爲兩事，便錯了，所以伸明幾句，説：“這兩件本來是同的，不過表現出來名相不同，不同的名叫做‘有’、‘無’，同的名叫做什麽呢？可以叫做‘玄’。這幾句又歸納到本體了。”

梁先生所説極的當。其意與明釋德清著《道德經解》頗相類。但我以“常無”“常有”兩個“常”字，跟上兩個“非常”出來，當看作實字，不當看作虚字。因爲無是有的總體，有是無的别相；無是有的精神，有是無的精魄；文雖有無對待，義實無重於有。看他無名先於有名，無名領域亦大於有名，顯見有名不能説明這個“常”。故當“常”之無時，全能見其微妙；及當“常”之有時，僅能見其邊際。微塵以内，决無無無之有；三千大千世界以外，尚有無量無邊無有之無。從知無可以無有，有不可以無無。認得無真，自認得“常”真。

輒就管見所及，申其義。法相宗的妙處，是以剖析名相始，使人了知本體；尤以遣除名相終，使人親證本體。老子講道，正與法相宗同。即如此章在：因名遣名，見得遣道的名，以及天地萬物有無異同等等的名，均非常名。於是恒無變易，相續無斷的真常，便顯而易見了。其善破偏有偏空（即無）的執著，而立非有非無的體性中道，宛然“色即是空，空即是色”，可謂妙極。

顧諦觀此章，又極似三論宗兩“非常”字，所以形容一個‘常’字：“非常”便是“斷”，顯然“無名”是“常”，“有名”是“斷”，“有無相生”具見“不常不斷”義。“常無”即是不生滅，“常有”即是生滅，生滅必始終於不生滅，即“妙”即“徼”，深“觀”非二，具見“不生不滅”義。“同”即是一，“異”即是多，多從一出，一一必具“同”相“異”相，又見“不一不異”義。“衆妙”出於一“玄”，既出必復入，既入必復出，則有“門”等於無“門”，又即“不來不去”義。此知五千言，就是中土甚深微妙的佛法。

但我却要提出一個問題，就是“無名之樸”和“自然主義”有無衝突。老子既説“莫之命而常自然”，那自然的結果，是個“動而愈出”，“萬物並作”。老子對於這所“出”所“作”的，都要絶他、棄他、去他，恐怕不是自然罷。我覺得老子學説，有點矛盾不能貫徹之處，就在此一點。

愚以老子學説，並不矛盾，本來貫徹。此處只是梁先生自爲矛盾而不貫徹。因爲無名之樸，本常自然，其所“出”所“作”的結果，雖間或非自然，究亦甚覺自然，原不必絶他、棄他、去他。特以自然與不自然，其間無有界限可分，後人不知，往往誤會自然，濫用自然，反失其自然，不能復歸於樸，故甯將自然所“出”所“作”的，絶他、棄他、去他，使不奔命於過侈的自然，而惟存性於永貞的自然。則法自然有節，而自然便可常保其真了。這是老子“常善救人”的大慈悲。謹將拙作《自然之分析》一篇，附録於後：

《陰符經》曰：“觀地之道，執天之行。”“立天之道，以定人也。”“天生天殺，道之理也。”“天地萬物之盜；萬物，人之盜；人，萬物之盜。”“其盜機也，天下莫能見，莫能知，君子得之固躬；小人得之輕命。”“是故聖人知自然之道不可違，因而制之。”老子言“自然”本此，是猶佛教一心，開真如生滅二門。何爲真如門？所謂“天法道，道法自然”者是。何爲生滅門？所謂“天地不仁，以萬物爲芻狗”者是。此間爲體爲用，不異不一，在人明辨。乃後世説自然者，似恒於其體用未能了别，立言遂常失其真。今就人品分類，析爲四級言之：

第一級：佛，菩薩，聖人等是。如釋迦、耶穌教人逆流上溯，反窮源地，自必“宇宙在乎手，萬化生乎身”（《陰符經》），生死之權，可以自操。堯、舜、禹崇自苦爲人，示“歸根復命”（《老子》）

之理。孔子於《易》作《象傳》曰："大明終始，六位時成，時乘六龍以御天，乾道變化，各正性命，保合太和，乃利貞。"又《繫辭傳》曰："鼓萬物而不與聖人同憂"，"化而裁之存乎變"，"生生之謂易"，"作易者其有憂患乎！"具見裁成天地人物生育之意。如上所述，皆能親證自然，體合爲一。既已冥契真如，故常能順應生滅，抑制生滅，轉生滅爲不生滅。

第二級：哲學家，如斯賓塞以天演自然言化，赫胥黎立論務與天争勝，恰似《荀子·天論》"從天而頌之，孰與制天命而用之"，并舊諺"巧奪天工""人定勝天"等説。斯邁爾著《自助論》，即吾《易·乾象》曰："天行健，君子以自强不息"之理。科學家，如牛頓發明引力之原理，瓦特發明蒸汽之大用，諸如此類，皆能宣究自然，使羣知所以裁制之（或稱征服自然，如使水旱不能爲災，瘟疫不能殺生之類），利用之（如蒸汽機、飛機等，吾周時公輸墨子皆能以木鳶飛，惜其學不傳而絶）。惟未能冥契真如，故雖能操縱生滅（就環境事物言），卒爲生滅所轉（就本己身心言），而不能不生滅。

第三級：農勤稼穡，以助天機之發育；工精製造，以代天工之刻雕；善畜牧者，改良牛羊鷄犬之種；種花果者，時施接枝去核之方。皆能實驗自然而遵循之，或彌縫其缺陷，或整理其蕪雜。《易·繫辭上》所謂"範圍天地之化而不過，曲成萬物而不遺"者，此其見喻也。若輩未能領會真如，與哲學家科學家等。故雖能因萬物之生滅，增進其速率與數量，而自心生滅之速率與數量，亦即隨之以增進。於是始終輪轉於生滅中，不能出生滅。

第四級：下等凡夫中，無道如羅馬帝尼羅，野心家如拿破侖等，是爲惡劣。又有大多數人不自造命，聽命於天，甘爲環境之奴，自取滅亡，是爲庸劣。以上皆違反自然而無一當。不惟埋没真如，亦且乖牾生滅之規則。顛倒造孽，斷絶生理：於生滅中，又惟不覺而專趨於死滅之一途，幾無覺悟而復上升重生之望，甚可哀也！

如上述第四級，違反自然，沈淪生滅，不足道。第三級雖能輔相自然，第二級雖能駕馭自然，惜皆不能不生滅。惟第一級無不圓證自然，能轉生滅爲不生滅。有爲者亦若是，勇猛精進便得。

第三，《作用篇》。我們試評一評這兩段的價值（“古之善爲道者……不以智治國國之福”，“小國寡民……民至老死不相往來”）：“非以明民，將以愚之”這兩句很爲後人所詬病，因爲秦始皇、李斯的“愚黔首”，都是從這兩句生來，豈不是老子教人壞心術嗎？其實老子何至於此。他是個“爲而不有”的人，爲甚麽要愚弄别人呢？須知他並不是光要愚人，連自己也要愚在裡頭。他不説的“我獨頑似鄙”、“我獨如嬰兒之未孩”嗎？他以爲從分别心生出來智識，纔是害多利少，不如捐除了他。所以説：“以智治國國之賊，不以智治國國之福。”這分明説不獨被治的人應該愚，連治人的人也應該愚了。然則這話對不對呢？我説對不對暫且不論，先要問做得到做不到。小孩子可以變成大人，大人卻不會再變成小孩子。想人類由愚變智有辦法，想人類由智變愚没有辦法。人類既有了智識，只能從智識方面，盡量的濬發，盡量的剖析，叫他智識不謬誤，引到正軌上來。這纔算順人性的自然；“法自然”的主義，纔可以貫徹。老子卻要把智識封鎖起來，這不是違反自然嗎。孟子説：“大人不失其赤子之心”，須知所謂“泊然如嬰兒”這種境界，只像老子這樣偉大人物纔能做到，如何責望於一班人呢？

“非以明民將以愚之”，王弼注云：“明謂多見詐巧，蔽其樸也。”“愚謂無知守真，順自然也。”這兩句本來極有價值，非“古之善爲道者”做不到。若堯舜之無爲而治，庶乎近焉，必惟至德濃厚如神之神農，始足以當之。“愚之”云者，使無機智之意。後人詬病，自是後人無真學問，而且反背性道的智識太多之過。秦始皇、李斯污穢極了，不配讀老子的書，明明是老子的罪人，不説他。老子的“爲而不有”，就是《攝大乘論·卷十》所説的“圓滿屬自心，具常住清净，無功用能施，有情大法樂，徧行無依止，平等利多生”，也就是“我獨頑似鄙”，“我獨如嬰兒之未孩”的所以然。所以要人愚，連自己也要愚的，都是這個道理。梁先生深知老子的心，所以説：他以爲從分别心生出來的智識，總是害多利少，不如捐除了他，所以説“以智治國國之賊，不以智治國國之福”，這分明説不獨被治的人應該愚，連治人的人也應該愚了。講得甚好。閱者當知這個“愚”，就是“少私寡欲”，“清静爲天下正”的總名。所以不爲國之賊，便是福了。梁先生又説這話對不對，暫且不論；先要問做得到做不到，這話我便不敢贊同了。我以爲先要論定對不對；不對便罷，若是對，就做不到也要做。竊以要大人變嬰孩，要智變愚，在明白性道的人，無不以爲對的。只要把一切妄生分别的巧詐智識，捐除了便得。這種智識，就是我見；我見，就是無窮罪惡的根源。全世界的苦惱黑暗，都由這種智識發生。老子既看透了這一層，故本其大慈大悲普救世人苦難的心，説出一個難得糊塗的“愚”字來，實在是教人少起分别的妙法。即是不分人我，就去嬰孩不遠，就是治國平天下的要道。故凡有益於自己身心，並能福壽世間真學問，莫急於盡性復命，再變成小孩子。老子並有使人類由智變愚的辦法，就是“絶聖棄智”，“絶巧棄利”。果能如此，自必“大智若愚”；就是佛教“修習斷障”，“轉識成智”的工夫。正是老子要把人從分别心生出的謬誤智識，引到不分别的正軌上來，貫徹“法自然”的主義。並非要把智識封鎖起來，違反自然。佛教法相宗要人去其“偏計執性”，而成“圓成實性”，也是這個緣故。至恐怕一般人做不到，那不是老子“罪生無盡誓願度”的本意，老子固甚望人人都做到，他纔滿意。

像“小國寡民”那一段，算是老子理想上之“烏託邦”。這種烏託邦好不好是别問題；但問有甚麽方法能令他出現，則必以人民皆愚爲第一條件。這是辦得到的事嗎？所以司馬遷引了這一段，跟著就駁他説道：“神農以前，吾不知矣。至於詩書所述，虞夏以來耳目欲極聲色之好，口欲窮芻豢之味，身安逸樂，而心衿夸勢能之榮使；俗之漸民久矣。雖户説以渺論，終不能化。”（《史記·貨殖列傳》）這是老子的理想，决然辦不到，駁得最爲中肯。老子的政術論所以失敗，根本就在這一點。失敗還不算，倒反教後人盜竊他的句文，做專制的護符，這卻是老子意料不到的了。

我說“小國寡民”這一段，算是老子的“天國主義”；現在這矯揉造作的世界，似乎一定辦不到。然想到那窮鄉僻壤中，確尚有能享受這樣幸福的人還不少。但他們是因爲物質文明不進步，並不與外面交通的緣故，尚能保存他們撲實的性真，且得以多延幾年壽命，姑且不說。今就老子學説言之。“小國”疆域不大，儼然是地方自治的模範；因自治區域愈小，愈容易治理，實在是漸立大國的基礎。“寡民”民不貴多，其中很有以真道治身，裁制生育過繁的意思，這是全性保真的秘訣。因爲天地的生機，便是殺機，也叫做盜機。人既受身，便是天地的主宰，衹可轉旋天地的盜機，不可被天地的盜機轉旋。姑且分類説明：

（一）如有男女領悟道妙，不嫁不娶，力助世運進化，是使天地的生殺，不能盜他身體的好法則。

（二）次之，有嫁有娶，卻能“寡欲”，不多生育，是其身體雖間爲天地盜機所盜，因常能制伏他，那盜機就不能多爲盜了。

（三）又次，男女戀愛，視爲幸福，是自願以身體連彼大地生殺的盜機盜去，便是天地盜機的奴隸了。此種不能寡欲的男女，又分二類：

（甲）自知裁制生育的，當其愛慾衝動時，雖知利用種種方法，限制生育，然其本身已不能逃出天地盜機的掌握了。

（乙）那些愚夫愚婦，不知裁制生育的，又分二類：

（1）或説生育越多，福氣越大，這是中了孟子“不孝有三，無後爲大”的毒氣。這種毒氣，在社會中傳染了兩千年，爲害真是不少。

（2）或很不願多生育，又無方法限制，以致兒女成羣，生出無限苦楚的很多。

像這第三類可憐的男女，不過是增加天地生殺的速率罷了。老子有見於此，折中立言，故貴“寡欲”，使人民生育不致過繁。那麽，有三大利益：

（一）父母精力，不易消耗，得以“長生”分任社會職務者自多。

（二）子女稀少，不愁養育無費，而且保護周至，可減疾病夭殤。

（三）人口不繁，則土地出産，不乏供給，衣食充足，那就爲盜賊的作惡犯罪的事少了。

從知老子寡民之道，正是要令社會生氣蓬勃，保合太和的要妙了。

“使有什伯之器而不用”又是甚麽道理？因人在社會中，必互相輔助以爲生活；則除男耕女織供給衣食外，尚須有種種器具以利用；必使陶冶梓匠等諸工，各從事其所能。但足以奉給民用而止，不貴伎巧奇物，恐亂民心而至爲盜。以此器有什伯之多而不用，幾若《禮運》“貨惡其棄於地，不必藏於己；力惡其不出於身，不必爲己”的景象。即此可得兩種斷案：（1）足見民勤劳作，體力壯健。（2）足見民甘樸素，心意安閒。我想這種人民享受不盡的恬澹幸福，今日紐約、倫敦諸都會中，那些坐在辦公室裏，慘澹經營，絞枯腦汁的資本家，夢想總不能到。况且他到了兩腳一伸的時候，還不如這些恬澹慣了的人灑脱自由。看來，我們老子爲萬世人所造的清福，那資本家們，或終不能領受了。

“使民重死而不遠徙”怎麽講呢？王弼乃本老子“身與貨孰多”的意思，下一注解，説是“惟身是寶，不貪貨賂”的緣故。這話與耶穌所説“人若賺得全世界，賠上自己生命，有甚麽益處？人還能拿甚麽换他的生命？”是一樣的。大凡人民遠徙，衹爲錢財役使；使知生死事大，自必“大己而小天下”（《文子·道原》），不復作在外的貪求，所以“雖有舟輿無所乘之”。生既已遂，性既已復，那有與人相争的事？所以“雖有甲兵無所陳之”。像這樣“民淳事簡，上古結繩之治可復，雖有書契亦可不用”（吴澄注）。於是任食何食都甘，任服何服都美，安其獨樂之居，樂其共安之俗。甚至“鄰國相望，鷄犬之聲相聞”，彼此相距很近，因爲“無所欲求”（王弼注），“民至老死不相往來”。想見他們各自盡性，互尊自由，縱令時常往來，也與没有往來一樣。這種清静無爲的真幸福，不知今日罪惡世界中，那些常時奔命於汽船、汽車，分别頭等、二等坐次的勞客，並時常拼命於利鎗、大砲，分别國界、種界殘殺的軍人等，再過數十百年以後，能不能夠一嘗這種風味？我相信《禮運》的大同，柏拉圖的共和國，墨子的節用、兼愛，都和這種境界差不多（但墨子要使民衆和這相反），没有不好的。

問有甚麽方法能令他出現？就是使人民都有了解“死而不亡”的真知識。有這真知識，自會變“愚”，故叫做“愚”。何嘗是辦不到的事呢？釋迦、耶穌到處演講，都是要辦這污穢罪惡的世界，到那極樂世界。實在極樂與極苦，没有界限，祇轉一貪之迷爲悟就得了。《貨殖傳》引了這一段，跟著就駁他，見得太史公雖很鄭重道家，究竟所得甚淺，不知老子知患預防，教人轉物不爲物轉的深心。老子政術論，法至良，意自美，不會失敗；祇因後人不懂，遂以物亂官，以官亂心，不能遵行，算是後人失敗。若那盜竊話頭，做專制護符的後人，明明是老子的罪人，不説他了。

老子書中最通行的話：像那“不敢爲天下先”，“知其雄，守其雌，爲天下谿；知其白，守其黑，爲天下谷”，“將欲歙之，必固張之；將欲弱之，必固張之”，都很像是教人取巧。就老子本身論，像他那種“爲而不有，長而不宰”的人，還有甚麽巧可取？不過這種話不能説他没有流弊，將人類的機心揭得太破，未免教猱升木了。

竊以“不敢爲天下先”，與“知雄守雌，知白守黑”，都是教人寧静致遠，戒躁動的意思。“將欲歙之，必固張之；將欲弱之，必固强之”，是明天道物理之常，教人沈□□先，務貴安常的意思。都不是教人取巧，梁先生已説明白。若以爲易滋流弊，是或不免；説是將人類的機心揭得太破，未免教猱升本，似乎是誤解，冤曲老子了！

老子的書，非通佛學的人，不能講。梁先生所講的，都極好。我今不過因梁先生不甚注意的地方，收拾□□，聊申其説；乃是希望好學之士，都來研尋高深哲理的意思。未知果有當否？敢祈哲學家賜教爲幸。

十一年四月二十四日

又：梁先生《老子哲學篇》末，有佩青先生附識“先生尚未加修正”的話，不知現已修正否？

與基督徒書[①]

世間罪惡日增，黑暗日甚，無非人心所造。欲救正之，舍宗教莫由。佛教道理，本極圓滿精密，而僧侣多不合法，或將廟宇變作商店，而佛法衰矣。近海内雖不乏高僧，亟思弘揚佛法，奈何舊習慣，一時不易轉移。基督教徒善於傳布，機關完備，是固歐美人之特長，足爲各教徒法。惜其根本教義駁雜缺漏，亟待删補。加以二千年來謬傳邪説，無人正之，自路德叛教後，又惟重外輕内，甚至人欲横流，習非成是，終無覺時，未若真能修行之僧侣，尚能保存一面真理（天主堂教士尚重自修，未可厚非）。佛書云："譬如師子身中蟲，還食師子身中肉。"喻僧衆敗壞佛法也。今教會牧師多數亦然，藉耶穌招牌，以行貪瞋癡闇。不學者率爾盲從，真大道之憂也。

基督教在亞東不足道，在西土則獨尊，因無他教相與頡頏也。孤行至今，流弊滋生，乃至背真逐妄，失其指趣，徒存基督教之空名，盡沿猶太教之陋習，誣辱基督極矣。今自西而東，有如河流朝宗于海。吾人負傳布亞化之責，安得不就基督教，宣其藴奥，正其謬妄，補其缺欠，汰其濫雜，用以階梯佛乘，悉導歐美入正法耶？况道唯一真，無二無别，故真基督教，絲毫無異於釋、道、儒、墨各教。今謬傳者，全是左道異端，實害基督真道、害人不淺，至可哀憐。而真基督教，世間法頗多缺欠，急須儒教補救；出世法頗多缺欠，急須佛教補救。故基督教在中國，當取儒、釋、道三教之長以彌其缺，以中國非二千年前之猶太比，亦非近數百年始開化之歐美比也。教會領袖多未讀中國書，甘坐於其所謂四福音陋劣文字井底（救世妙道斷不可執著陋劣文字以求），不知井外尚有無窮光明天地，常本其陜隘之見，嫉妒之心，排斥東土各教，謂除耶穌外别無救法。推其用意，似除猶太教之《舊約》，耶穌教之《新約》外，

---

① 作於1925年，録自《中華新基督學》。

凡東土一切佛、菩薩、聖賢垂訓之經傳，都無可讀之價值，付之一炬可也。更使已經開化五千年之中國，退化而成二千年前之猶太，並數百年前之歐美尤妙。不然，恐基督教在中國，終難尊無二上也。嗚呼！基督教獨立，爲教會領袖謀生計，誠得矣；其奈永生真道終難昌明，信徒無由免沈淪何（今天主教尚存基督幾許真義）？抑思基督教在當日，即不能離希臘、羅馬文化而獨立，在今日又安能離中國、印度文化而獨立耶？設基督教無約翰、保羅之書，僅有馬太、馬可、路加三傳，教義不更疏乎？今即教會所謂《新約》（真《新約》無文字）《聖經》（惟四福音可稱經），與儒、釋、道三家之經較，不過海水一滴耳，奚可妄自尊大，安於孤陋，不取各教之長以補其短耶？

基督身施十架，所以教人忘我，利他以自利也。惜猶太文化淺陋，結集《新約》時，畢竟無破我見明文，是爲上乘宗教最大缺憾。亦由耶穌爲接劣根下機，明知其人我法我執著病大，不能用最勝義的智慧大火聚而燒之。《約翰傳》十六章十二節云："我還有許多事要告訴你們，但你們現在不能領會。"可證。乃西洋文化亦極淺陋，西教士不知永生妙道不可執著文字以求，更不知《新約》文字義多未了，又未聞中印各教妙諦，竟爾執文迷旨，乖如實理，來此濫傳。不學之人，得粗遺精，往往謬執我法，蔑視一切佛、菩薩、聖賢，而東土文化盡被摧殘。西教士我見爲禍，陷害不學者之生命，豈有量哉！

今佛教徒不救世，殊玷辱佛教。因真正佛教，以舍己救人爲要務，乃教徒局小遺大，障礙佛法，與基督徒爲害基督真道正同。如云"佛教改良，恐將不成佛教"，非也。蓋佛教有大乘、小乘之别，改良云者，即舍舊日之小乘與弊端，而弘揚大乘之佛法。所謂"人能弘道"是也。僕亟思改造基督教者，亦猶是心也。皆今日救世之急圖也。

凡基督徒一言一行，均當依據基督湛寂真理，印可自心，光照世界，破除愚癡諸闇爲得。倘偶不檢，涉及世情，便是向外馳求，烏能親證聖果，傳道救迷情耶？

教會領袖不知宗教爲何物，並不知基督教爲何物，輒以服務社會，熱心公益，爲基督教獨有之無上道德，何其不學無識、陋劣可憐乃爾！《莊子·逍遥遊篇》稱神人之德曰："是其塵垢粃糠，將猶陶鑄堯舜者也。"堯舜非形勞天下之大聖人哉？衹取神人之塵垢粃糠，可陶鑄之。惜乎教會領袖未足語此，斤斤以鶩外爲高。設基督教僅以服社會熱心公益畢其能事，則是耶穌應化，潛修十八年，弘道三年，衹等於挑夫走卒，受雇作工而已，殊覺太無價值。豈知服務社會熱心公益，不過基督教之塵垢粃糠，純屬俗諦，要從真諦中自然流露而出，必如《馬太》六章云，"你施捨的時候，不要教左手知道右手所作的"，始與真道相應。若非然者，縱有布施，不過人天小果。有漏之因，如影隨形，雖有非實，在真宗教或真基督教中，並無功德可言。况乎教會因投時好而工營業，又當等而下之，乃竟矜爲妙道！所求於人者重，而所以自任者輕，宜爲孟子所呵，而永屏於基督門牆外也。哀哉！

基督徒無知，每鄙佛教爲無神教，或多神教，不知佛教之平等法身或真如，即是真基督教之真上帝，名異而實同。而今所謬傳猶太教之僞"上帝"，實不足以比擬之。基督徒既未讀佛教書，又不知宗教本體，又不知自己所信仰者根本錯誤，率爾尊己而卑人，徒自暴其愚妄而已。

佛教僧侣雖不中用，然今各大禪寺中，力行苦修，確免沈淪得永生者，常不乏人。試問尊崇路德之新教牧師，亦有一二能及之者否？夢想能到者否？嗚呼！路德，非亦基督真道之罪魁哉？

基督徒每謂人人皆爲和尚不娶妻，世界人類必絶迹矣。抑知耶穌即未娶妻之在家和尚乎？世界人類何以未絶乎？既視和尚不娶妻爲非人道，又何以崇奉不娶妻之耶穌爲救主乎？豈不顛倒可笑乎？

吾國人酷愛和平，著稱於世界，謂非儒、釋、道三教之慈祥所致乎？西國教士，愛國重於愛上帝，故樂於戰鬥殺人，攘奪世間利權。是豈基督真教當"愛敵如己"之義乎？蓋習於猶太教僞"上帝"咒詛仇敵之結果也。試觀教會禮拜讀詩篇，常有"我倚賴主殺入敵軍，勦滅異邦，並使我目覩仇敵遭報"等説，可證。足見今謬傳者，完全不是基督教，是已經基督革除之猶太教的野蠻惡習也。真寃殺基督哉！此亦西洋人未聞東方文化之過也。

西洋文化粗膚，其人昧於宗體，迷執教相，未能領會基督奥旨，輒藉傳道以營生，不惜壞破中國固有之道德。吾國人不學，迫於生計，仰承鼻息以濫傳，於是我數千年聖聖相承之禮教，掃地盡矣。此亦儒教徒不能宣傳儒教，佛教徒不能宣傳佛教之罪也，皆中上學者之大恥也。

真基督教根本要義，惟在免沈淪得永生。此種道理，惟《保羅書》粗啓其端，而未言其所以然。四福音均不足道，是其最大缺欠，亟當依據佛教彌補者也。今試問於信徒，沈淪狀況如何？如何免法？果免了沈淪又如何？所謂永生，究作何解？必如何始可得？如何終不可得？又自身何由而來？如何便能不來？命終將何所往？如何不能自作主張？如何確能自作主張？世人何以貧富壽夭千差萬别之不齊？生命始於何時？究竟有死無死？與上帝是一是二？上帝既是全權全能，何以不能滅除魔鬼？魔鬼勢力，何以往往大於上帝？據此審判之事，上帝斷乎不能作主，其權果操於何人？請用科學方法，一一詳晰説明之。如其不能，則向所謂“基督教好”，“佛教不好”，都是迷失自寶，枉數他家奇珍，有何益處？

釋家有云：“此身不向今生度，更向何生度此身。”又云：“是日已過，命亦隨滅。如少水魚，斯有何樂。當勤精進，如救頭然。但念無常，慎無放逸。”此即基督大慈大悲，教人放下勞苦重擔，盡免沈淪之密因。乃教會理不勝欲，舍本逐末，依於妄情，横作見解，硬誣佛教是枯寂的。不知耶穌隱居潛修十八年，曠野禁食四十日，亦是枯寂的。又説佛教是悲觀的，基督教是樂觀的。不知《新約》滿紙是悲觀的話，衹以輕浮躁妄，毫不領會。僕且舉證數事。《馬太》廿三章記耶穌屢責假冒爲善的文士和法利賽人“有禍了”（今教會領袖行爲尚不如法利賽人），並言“耶路撒冷必成荒郊”。《路加》十九章云：“耶穌看見城就爲他哀哭。”又廿三章記耶穌語耶路撒冷女子云：“當爲自己和自己的兒女哭。”《約翰》十二章云：“在這世上恨惡自己生命的，始可保守生命得永生。”《保羅致腓立比人書》三章云：“我將萬事當作有損的，又看萬事如糞土。”如此種種，何嘗不是悲觀的？至佛教所謂“常樂我浄”、“皆大歡喜”、“妙喜世界”、“華藏世界”、“華嚴法界”、“極樂世界”、“常寂光土”等等名稱，不可勝數，何嘗不是樂觀的？嗚呼！不知厭苦，安能求樂？二者缺一，成何宗教！基督徒毫無所知，妄起分别，即此足證其不知宗教爲何物，並不知基督教爲何物也。是故求真道者，當從明師，領受宗旨，依教修行。昔墨子見歧道而哭之，誠以疑似之差，毫釐千里，實愚者之所大惑，而聖人之所加慮也。今欲闡揚基督之真光，首當滌除教會之謬執，蓋似能亂真，邪足蔽正，似不破真不立，邪不摧正不顯也。

真基督教之真上帝，是超乎萬有之上，貫乎萬有之中，亦住在衆人之内的；洋教之僞上帝，是死板的無形偶像，住在天上，高不可攀的。真基督教的聖靈，是無去來的；洋教的聖靈，是有去來的。真基督教體本空寂，近於無漏的；洋教心迷妄有，純是有漏的。真基督教是出三界得大解脱的；洋教是屬三界愛結所繫的。真基督教是萬有一如，平等平等的；洋教是千差萬别，不平等不平等的（洋教上帝在天上，與人不平等。耶穌是獨一真神，與佛菩薩並人類不平等。人在動物上，不平等，説動物是上帝特造之以供人食的。動物在植物上，不平等，説植物衹有生魂無覺魂，動物衹有覺魂無靈魂。似此謬解，不知一切無情之物皆是佛心，何足與言宗教）。真基督教是無爲有爲的；洋教是有爲無爲的。真基督教是即俗詮真的；洋教是純俗無真的。真基督教是即外即内，注重内修的；洋教是非外非内，專騖外飾的。真基督教是虔敬的，安静的，清浄的；洋教是傲慢的（不知敬拜佛、菩薩、聖賢、祖先、父母能生無量福果），昏動的，汙穢的。真基督教的愛，是無緣的慈悲；洋教的愛，是起惑的根本。真基督教是依真除妄，聞過喜改的；洋教是認妄作真，諱疾仇醫的。真基督教是還滅的，自度度人的；洋教是順生的，自陷陷人的。真基督教是求免沈淪（即輪迴）的；洋教是不信沈淪的（天主堂有鍊獄説較勝一籌）。真基督教是成全世間道德的；洋教是破壞世間道德的（蔑視一切佛、菩薩、聖賢並其教訓）。真基督教是要人孝敬父母，學聖賢的；洋教是禁止人敬拜父母，要人變禽獸的（此洋教僞上帝野蠻專横，未聞東土聖賢教訓，我慢爲禍，加以《約翰傳》二章記耶穌呼其母爲“婦人”，《馬太》十章云：“弟兄要把弟兄，父親要把兒子，送到死地。兒女要起來與父母爲仇，害死父母。”又記耶穌云：“你們不要想我來，是叫地上太平，我來並不是叫地上太平，乃是叫地上動刀兵，因爲我來是叫人與父親生疏，女兒與母親生疏，媳婦與婆婆生疏，人的仇敵就是自己家裏的人。”《路加》十二章亦云：“我來是叫人分争。父親和兒子相争，兒子和父親相争。母親和女兒相争，女兒和母親相争。婆婆和媳婦相争，媳婦和婆婆相争。”教會以爲要道，不知其由後人羼雜，荒謬絶倫，於是下流社會之子媳恃爲護符，忤逆父母，洋教士且誇爲“榮耀上帝”矣)。真基督教是忍辱不抵抗的；洋教是尋仇好戰争的。真基督教是不分國界種族的；洋教是嚴分國界種族的。真基督教是超乎世俗的；洋教是服從世俗的。真基督教種種道理，是無異於儒、釋、道各教的；洋教種種謬妄，不但異於儒、釋、道教，並是反背基督教的。諸如此類不勝述，兹聊爲基督伸寃，啓其端緒，冀減信徒之迷惑耳。

基督教自有幾許不可磨滅的真理，把住了，愈琢磨，愈放光。惜乎教會錮蔽，未足與語。老子曰：“不小智不大迷，不小慧不大愚。”正爲基督徒寫照。

今者學絶道喪，塵勞見綱，縛盡凡夫。將孰與“揭疑關於正智之户，薙妄草於真覺之原”耶？

忠告基督徒[①]

約翰曰：“上帝恒宅我心。”保羅曰：“其奥祕即基督在爾心。”是知自心即上帝，心内有基督，猶佛教所謂“即心是佛，即佛是心”也。惜爲猶太陋習所錮蔽，未能暢達其辭，歷來教會鮮能知之，謬執上帝形像如人，坐在天上，高不可攀，與人隔若天淵。且執上帝爲統攝世界之主宰，而不知其爲佛教初禪之大梵天。執耶穌爲天父獨生子，而不知一切

① 作於1925年5月，録自《中華新基督學》。

衆生皆是上帝分身。此當日之猶太人，與輓近之西人，少見多怪，妄爲推崇之陋執，實與《約翰福音》十章“我曾説你們是上帝”之旨，完全背叛。致令宗教不能平等，徒自陜隘其識量，匪惟害道害人，且害耶穌不淺也。似此迷誤，終不足與讀《新約》，終是基督門外漢。蓋“創世記”之荒誕，横爲穿鑿之流毒也。教士妄以“一神”自封，不解“一”即是“多”，“多”即是“一”，竟鄙諸佛爲“多神”，並雙親不敬拜，不自知爲悖亂。不學者無辨别力，往往墮其術中，卒不可拔。豈不悲哉！

上帝之真諦如何？曰上帝無形無像，無始無終，無所不在。在佛教曰“一真法界”，曰“平等法身”，曰“真如”。在道教曰“常”，曰“玄”，曰“一”，曰“無”。在儒教曰“元”。在墨教曰“兼”。詳鄙人《答吴雷川先生書》。耶穌曰：“上帝是靈。”保羅曰：“上帝超乎萬有之上，貫乎萬有之中，亦住在衆人之内。”均上帝之正解也。試即上帝名實異同，以表明之：

佛教
- 自在天魔——《舊約》之上帝
- 大我慢天——《新約》之上帝
- 在纏如來藏——上帝在萬有之上貫萬有之中（《以弗所書》四章，基督教中僅此一見）
- 出纏如來藏
  - 上帝使日不擇照雨不擇潤（《馬太》五章）（基督教中僅此一見）
  - 上帝於負恩惡類一律慈悲（《路加》六章）

洋教根本的三害，今揭曉之。

（一）《舊約》之“上帝”。由猶太人未聞佛老孔墨教訓，本其帝國主義之觀念，竟視爲無形偶像。其蔽也野蠻好戰，傲慢自尊，實十字軍教争之禍根，亦西歐宗教侵略、文化侵略之先河。雖早經耶穌革除，乃教士愚頑，從無知者。

（二）《馬太》、《馬可》、《路加》三傳之上帝觀。未脱猶太教之錮習，仍然一無形偶像。雖不若《舊約》所記兇横無道之甚，究屬權而非實，與耶穌心儀之真上帝不容並立。此西教士迷惑二千年，迄今未悟，且終以盲導盲者也。

（三）《約翰傳》、《保羅書》之上帝。真者無幾，而僞者甚多。即屬真者亦束於猶太舊教，未能暢所欲言。因對下流人，不能説上等法也。以故真僞混淆，無識者莫能判别，而“一神”謬説，誤盡天下蒼生矣。

此宗教上根本的禍害，皆由猶太文化過低，有以蔽之也。西人粗野，竟視上帝爲滿腹嫉妒之小人，使人不拜諸佛，則斷佛種性；不拜聖賢，則絶其爲聖爲賢之望；使人不拜父母祖先，則背恩忘本，盡變禽獸，甚可哀也。今幸傳來中土，可以接受佛老孔墨高深教義，無難補其偏而救其弊，去其濫而留其純，顯其權而彰其實，庶幾基督真諦從此大放光明。此其釐定之責，在藐躬似無旁貸也。

耶穌在佛教中居何階位？教士無知妄稱爲神，謂在佛老孔墨諸聖哲上。謬已。詎知耶穌猶是人也，其性靈與佛、老、孔、墨，並牛、馬、鷄、犬之類，毫無差别。均同上帝一體也。特其本地，或爲菩薩，或爲大心凡夫不可知。就迹上言，示現神通，係菩薩相，非是佛相，亦猶老子、孔子、墨子，皆是法身大士，而未嘗現佛相也。蓋在一賢劫中，不能於一土現二佛也。其必繼釋迦後，降生於猶太者。蓋悲愍西土衆生根機未熟，不堪負荷無上微妙佛法，又未沐老、莊、孔、墨之教澤，故應時地因緣，現基督身，改革猶太教，化其上帝之蠻横爲慈祥，預備爲遠西轉法輪二千年而已也。及今世界大通，得與亞化相接，將其教義之沈晦者，亟待吾人光復之，亦藉以階梯佛乘，導歐美入正法。此《佛化基督教》之作，所以不容緩也。

耶穌之人格，與吾人異同之點何在？就因位言，從未有天地以前至今，固無絲毫不同。就果位言，或自無始來，聖凡已大異其趣，及其現身世間，禪定功深，亦非吾人業障既重又無真修者所能追從。雖然，耶穌與吾人同是上帝分身也。吾人能視萬事如糞土，又知恨惡自己生命，空盡世間一切幻有，證入佛法大覺海中，則自身即是基督，亦即是上帝也。參觀鄙著《基督神通義證》。

吾嘗本《莊子·逍遥遊篇》“神人之塵垢粃糠，將猶陶鑄堯舜”之説，謂基督之法施勝義，亦可陶鑄無數堯舜，以治天下事。至粗淺也，乃有聞者執著，未免薄視堯舜，益長耶穌爲天父獨生子之邪見，增吾罪過。今不得不反其説，以破基督徒之迷惑。以堯舜有天下而不與，并烈風雷雨弗迷之定力，亦可陶鑄無數基督。不惟堯舜然也，即大禹形勞天下，生寄死歸之正智；文王不識不知，順帝之則之純德；以及孔子之無思無爲，寂然不動；老子之滌除玄覽，復歸於樸；釋氏之轉識成智，反本還源……皆可陶鑄無數基督，不爲奇特。蓋基督者，盡人本具者也，果能斷障證空即得之。是之謂平等，是之謂正覺。教會愚頑謬妄，何足與言真宗教！

今僞基督教傳遍天下，即誤盡天下。幾若基督應迹，非爲救人，特爲害人者。豈不冤哉？豈不悲哉？

耶穌之教行，較佛、老、孔、墨如何？此因猶太文化過低，遠不及中國、印度，加以從游者無文人，耶穌未能暢所欲言，大是憾事。今考四福音，竟無學理可言，不能比擬佛、老、孔、墨之書。故專言教行，比較佛法，無論世間法、出世法、即世出世法，均遠不及其圓滿精密。比較老子、孔子、墨子，則出世法、即世出世法，或可比肩；而世間法，遠不及其周到剴切。而耶穌及門徒苦行利人，則酷似墨家。以故世間法，如孝、弟、忠、信、禮、義、廉、恥諸美德，亟待儒教彌縫。出世法，如十二因緣、八識規矩諸要妙，亟待佛教補救。果爾，然後基督真教可稱美滿，被及萬世而無弊也。參觀鄙箸《改造基督教之討論》。

聖靈之正義如何？自來基督徒以聖靈、靈魂、魔鬼，分爲三物，劃若鴻溝，隔絶不通，謬誤甚已。此由基督教義甚不完備，學者未加研究故爾。蓋“聖靈”即“上帝”之異名，無去無來，無所不在。《約翰福音》三章記耶穌以風爲喻，不知其何來何去，於是教徒無識，執著聖靈有來有去，不通之至。蓋“上帝”就周徧萬有本具言，“聖靈”專就吾人以爲言。其本體之領域無大小，其作用之界説有廣陝也。其在人間，與“靈魂”、“魔鬼”同屬一實，特不得不分立三名，以便語言耳。“聖靈”或單稱“靈”，就純凈無染言，佛教謂之“佛性”，或“真如心”、“妙明真心”等。其時心念解脱塵慮，可與上帝合一，即是自己心内上帝顯現也。“靈魂”就染净不分言，佛教謂之“第八識”，於此又析爲“阿賴耶識”、“種子識”、“異熟識”等名，科學條理，至邃至密，基督教萬萬不及也。其時心念非善非惡，佛教謂之“無記性”。“魔鬼”就純染無净言，佛教謂之“無明”，即第七識攬第八識，妄執爲我，起貪、瞋、見、慢四惑爲性。其時心念反背上帝，爲罪之奴，佛教稱爲“迷妄”，謂之凡夫或衆生，即是地獄、餓鬼、畜生三途種子。佛教衆生，包胎生、卵生、濕生、化生言，今基督徒視人與動物不平等，陋劣極矣。故聖靈、靈魂、魔鬼，名雖有三，實是一物，特因時而異其用，不可不明辨也。

《新約》之天國，據耶穌之教行，屬於菩薩境界，當猶佛教之净土，佛國，妙喜世界，金色、妙色、蓮花色等等世界，親慧、净慧、安樂慧等等世界。蓋所依報土，依正報身而定。果不離因，正依不二也。若今之教徒，繫於愛結（天主堂教士除外），是爲沈淪種子，實與天國背馳。從在世間有大功德，皆是有漏心修，迨命終後，不過升至欲界六天。以無禪定因行，斷不能至色界諸天也。是其天國限於欲界，於三界爲最下。不出三界，終不能免沈淪，豈不枉信基督教乎？豈非因基督教理不足，致自誤入陷阱乎？

基督徒不知天國境界，兹略言之，以便修行。蓋因業感報，毫釐不差。如歸依佛、法、僧三寶，又持五戒——不殺生、不偷盜、不邪淫、不妄語、不飲酒，得免地獄、餓鬼、畜生之苦，生人道中。又修十善——於身不殺、不盜、不淫，於口不妄言、不綺語、不兩口、不惡舌，於意不貪、不瞋、不癡。又修八福田——教敬父綫爲恩田，隆重諸佛菩薩爲敬田，修諸功德普利世人爲悲田。以是能生無量福果，可升欲界諸天。言欲界者，謂有飲食、睡眠、男女情愛也。

欲界六天：（一）四天王天。是帝釋臣佐所居。（二）忉利天。四周廣平，東南西北四方各有八天，最中一天，帝釋所居，四方皆輔佐之，故亦名三十三天。（三）燄摩天。此云善時，以蓮華開合爲時分故。（四）兜率天。此云妙足，於所受樂常知足故。（五）化樂天。爲隨心意樂，自化樂具，還自受用故。（六）他化自在天。謂他化樂居自得受用故。

更上爲色界十八天。名“色界”者，以有五蘊色身也。五蘊，即色、受、想、行、識之謂。

此中初禪三天：（一）梵衆天。梵者，離欲之意。衆者，人民之意。單修禪功，是爲梵民。（二）梵輔天。是爲梵王臣佐。（三）大梵天。即是梵王，加修慈、悲、喜、捨四無量心故也。此三天無復男女，但以禪定法喜爲食，因有覺觀心故，終爲劫末火災所壞。

二禪三天：（一）少光天。（二）無量光天。（三）光音天。此三天離於覺觀，但因内有喜故，終爲劫末水災所壞。

三禪三天：（一）少浄天。（二）無量浄天。（三）徧浄天。此三天離喜而證妙樂，但因内有樂故，終爲劫末風災所壞。

捨第三禪之樂入第四禪，則有九天：所謂福生天，福愛天，廣果天（四禪報境祇此三天），無想天（此天由福愛分歧别於廣果），無煩天，無熱天，善見天，善現天，色究竟天（此五不還天自四禪别立，乃聖賢别修静慮即無漏聖業，不同有漏凡定，故彼四禪四位天王，獨有欽聞，不能知見）是也。

更修空無邊處四定，生無色界天。言無粗色蘊，但有受、想、行、識四蘊心及心所，依定而住，名無色界。有四天：（一）空無邊處天。（二）識無邊處天。（三）無所有處天。（四）非想非非想處天。

以上總爲三界，别爲二十八天。諸天壽命，愈高愈長。然當報盡，現五衰苦，由有漏故，不免輪迴。輪迴即是沈淪。信仰宗教第一要義，在免沈淪，即身成佛。基督立教，本屬人乘天乘，閒似通於菩薩乘，貴乎修無漏善，超出三界而獲永生。乃教徒無知，妄求升天，甘自沈淪，可愍孰甚焉。略録佛乘次第如下：

大乘（菩薩乘、佛乘）

小乘（聲聞乘、緣覺乘）

天乘

人乘

修羅

畜生

餓鬼

地獄

（聲聞、緣覺、菩薩、佛爲四聖，天、人、修羅、地獄、餓鬼、畜生爲六凡。）

人乘、天乘、小乘、大乘同歸佛乘。天、人以下，均在沈淪之中。地獄、餓鬼、畜生爲三惡道。加入阿修羅，則名四惡道。現世謬傳之基督教，就因行至高潔者言，或可升欲界六天。若因行卑劣者，恐難保人道，其果報不忍言矣。

天國於佛教，又爲化城。“化城”云者，導師以方便力，化作一城，非真實也。詳《法華經・化城喻品》。耶穌立教，預知奉行之衆，根機下劣，志樂小法。深著五欲，難信唯一佛乘。蓋佛道長遠，必久受勤苦，乃可得成。譬如險難遠道，曠絕可怖，衆欲過此，至珍寶處，中路疲極，不能復進，導師愍之，云何舍大珍寶而欲退還，以方便力，於險道中，化作一城，語衆勿怖，今此大城，可於中止。隨意所作，快得安穩。前至寶所，亦可得去。是時疲極之衆，心天歡喜，前入化城，生已度想，生安穩想。導師知衆，既得止息，無復疲倦，即滅化城，語衆人言，汝等且去，寶所在近，向者大城，我所化作，爲止息耳。是知天國，乃爲前此劣機，方便假設。而今西土文運漸啓，余當仰體基督慈悲，爲撤銷之，俾衆直達真實寶所。

方今佛、耶二教清信士女，均務改造五濁惡世，變爲極樂世界。是固宗教正義當然。顧欲世界清浄，當自清浄其心，必捨一切貪欲，盡除我執、法執，永斷理、事二障，恢復妙明本心。然後能以大悲方便，入諸世間，開發未悟，與其同事，莊嚴世界。設非皆依清浄願力，冒然同事，無不墮落者。蓋天堂、地獄之分，始於一念之微，當依邃密學理，以嚴辨之。於此基督教義，缺漏甚多，亟宜以佛法補足者也。

生命即靈魂之別名，本與上帝終始不分，早有於天地未判以前，互通乎萬有而爲一。乃自發業無明，頓迷本有法身（即上帝），因緣四大

（地風水火）假合，妄認五藴（色受想行識）爲我，復起男女愛欲之想，相結生死輪迴（即沈淪）之報（耶穌約翰保羅所以不娶），集諸癡闇，出苦入苦，何其惑之甚也。幸速研精佛法，窮了心源，庶知主敬浄修，合覺背塵，然後回復生命之光，可以救度無量衆生矣。

宗教根本要義，惟在免沈淪獲永生。基督教尚能追隨佛教者在此。惜四福音竟無記述，保羅粗知之，未能原始反終，明其所以然。此猶太文化疏陋之證。西土文化淺薄，其人更無從知之，況乎不學無術，不知沈淪即是輪迴，且反對佛教之輪迴，是並粗糙科學所謂“物質不滅”之理亦不知，荒謬極已。吾國教士，又惟仰人鼻息而濫傳，於是此土舊有文化，如儒、釋、道各教，盡被摧殘。而教徒無識，易受迷惑，皆不敬拜父母，沈淪而爲禽獸矣。哀哉！略引佛教經論“沈論”之説如次：

《圓覺經》云：“一切衆生，從無始際，由有種種恩愛貪欲，故有輪迴。若諸世界一切種性，卵生、胎生、濕生、化生，皆因淫欲而正性命。當知輪迴，愛爲根本。”於此有辨，耶穌、約翰、保羅之愛，是從佛教寂滅路上空過來的，實屬慈悲。今教士滿腹人慾，備極染污，從未空過。不解愛爲沈淪種子，甚可憐也。

又云：“由於欲境，起諸違順。境背愛心，而生憎嫉，造種種業，是故復生地獄餓鬼。知欲可厭，愛厭業道，捨惡樂善，復現人天。”

《俱舍論》云：“人若造業，當墮畜生，各自差别。就中淫欲盛者，生鴿、雀、鴛鴦中；瞋恚盛者，生蝮、蝎、蚖蛇中；愚癡盛者，生猪、羊、蚌蛤中；憍慢盛者，生虎、狼、獅子中；掉戲盛者，生獼猴中；慳嫉盛者，生餓狗中。”

《俱舍頌》云：“倒心趣欲境，濕化染香處。”謂胎、卵二生中有（即中陰身所謂靈魂），由彼業力，起顛倒想，染愛趣境。由著欲樂，而便迷悶。以迷悶故，中有粗重，即便受生。濕生中有，染香受生。隨業勝劣，香分好惡。化生中有，染處受生。隨業善惡，處有浄穢。

《法句喻經》云：“昔有忉利天王，自知壽終，將入驢胎。至心歸依三寶，即時墮胎，復爲天帝。”“此因宿福深厚，故得挽回。不然，則母彘在前，但見美女；屎尿之氣，宛若旃檀矣。”蓋人生造罪，當入畜生胎時，自己作不得主，惟隨業力所感，任運輪回耳。請觀雲棲法彙中之《六道集》，並丁仲祜輯之《六道輪迴録》。

《涅槃經》云："臨命終時，眷屬哭泣。其人惶怖，不能自持。一生善惡，俱現目前。煖氣盡後，過去五陰（即前身）滅，現在中陰（即靈魂）生。入胎之後，現在中陰滅，未來五陰（即後身）生。譬如燈生暗滅，燈滅暗生，相續不斷。"

《法苑珠林》云："若父母福重，子福輕，不得入胎。若父母福輕，子福重，不得入胎。必父、母、子三福業等，方得入胎。須知福重，終是極苦。"

人之一心，迷而不覺，轉爲八種識。眼、耳、鼻、舌、身爲前五識；第六爲意識；第七爲末那識，譯爲"染污識"，謂攬第八識妄執爲我，是一切罪惡之根本；第八爲阿賴耶識，譯爲"藏識"，又名"異熟識"、"種子識"。諸識生滅不停，猶如輪轉，無有休息。雖至身死，而識不死。是故作善作惡，今生未及報者，則來生報之。人有善惡雜糅者，則報有急亦有緩，故有現報者，有隔一生、兩生而後報者。人識不一，人事不一，故受生亦不能一也。今生如此，他生亦如此。爲人如此，萬物亦如此。生死循環，名曰"輪迴"。輪迴即"六道"，皆衆生生滅不停之識所自造也。請讀《楞嚴經》，並觀陳妄清《佛教講演録》。《新約》上帝之審判，蓋對下劣衆生，方便權説，非真實也。若信以爲實，直是誣枉上帝。因報境是自作善惡之結果，並與上帝無干也。孟子曰："禍福無不自己求之者。"可謂確論。基督徒迷妄，又謂"耶穌流血爲衆贖罪"，不知耶穌明明曰："主阿主阿的人，我從來不認得你。"何其善忘耶？書曰："自作孽不可逭。"是也。蓋衆生有二種定，一謂作業已竟，定招苦報，名"感報定"；二謂宿罪熏心，今必造惡，名"作業定"。此二種定，諸佛威力所不能轉也。見《十地經論義記》卷八第十頁。如耶穌流血果爲世人贖罪，則審判之説，不容並存，非極不通之矛盾耶？又"上帝必欲其獨生子流血，以贖世人之罪"，何其忿恨世人之甚，而待獨生子之殘忍耶？是其不仁不義，甚於世間極惡之小人。有是理乎？《楞嚴經》曰：“一切衆生，六識造業。所招惡報，從六根出，非從天降，亦非地出，亦非人與。自妄所招，還自來受。”《無量壽經》曰：“善惡報應，禍福相承，身自當之，無誰代者。”義至明了。須知宗教爲最微妙精密之科學，斷不可迷信囫圇顢頇之説。即以自陷，又陷人也。以上粗示“沈淪”之端而已，進述“免沈淪”之法。

免沈淪有次序，此基督教最大缺欠。姑即佛教見道後四聖果言之。“四果”前有“四向”，“向”即“果”之因位。（一）須陀洹。舊譯爲“入流”，謂去凡夫初入聖道之法流也。或作“逆流”，謂入聖位逆生死之瀑流也。新譯爲“預流”，謂預入聖流也。申言之，即三界見惑斷盡之位也。此預流位，無論在因時、成果時，均未能免沈淪也。（二）斯陀含。譯爲“一來”。斷欲界九品思惑中之前六品，尚餘後三品者也。爲其後三品之思惑，尚當來欲界之人間與天界（六欲天）受生一度，故曰“一來”。此一來位，在因時固未能免沈淪，成果時亦不免一度來欲界之沈淪也。（三）阿那含。舊譯“不來”，新譯“不還”。斷盡欲惑後三品之殘餘，不再來欲界之位也。爾後受生，則必色界、無色界。此不來位，雖已免欲界之沈淪，尚未能免上三界之沈淪也。（四）阿羅漢。譯作“殺賊”、“應供”、“不生”。上至非想非非想處，一切思惑斷盡之聲聞乘極果也。以其斷盡一切見、思二惑，故謂之“殺賊”。既得極果，應受人天之供養，故曰“應供”。一世之果報盡，故永久涅槃，不再來生三界，故謂之“不生”。此羅漢位超出三界，始可謂之免沈淪也。以上係聲聞小乘法。真基督教，本屬人乘、天乘，間通於菩薩乘。今教會禁人敬拜佛、菩薩、聖賢、父母、祖先，則人乘難保，可危之至。

附：“三界九地”

“九地”又名“九有”，以欲界爲一地，色界及無色界各爲四地也。

（一）欲一地。

（二）離生喜樂地。即色界初禪，與尋伺即覺觀相應，已離欲界之苦，而生喜樂故。

（三）定生喜樂地。即色界第二禪，已無尋伺，從定生喜樂故。

（四）離喜妙樂地。即色界第三禪，離前喜貪，心悦安静，有勝妙之樂故。

（五）捨念清淨地。即色界第四禪，離前喜樂等，清淨平等，住於捨受念故。

（六）空無邊處地。爲無色界之第一定，厭色而住於空無邊處定故。

（七）識無邊處地。爲無色界之第二定，住於識無邊處定故。

（八）無所有處地。爲無色界之第三定，住於無所有處定故。

（九）非想非非想處地。爲無色界之第四定，住於非想非非想處定故。

《圓覺經》云："是故衆生欲脱生死，免諸輪迴，先斷貪欲，及除愛渴。若諸末世一切衆生，能捨諸欲，及除憎愛，永斷輪迴，勤求如來圓覺境界，於清凈心便得開悟。"

"若諸衆生永捨貪欲，先除事障，未斷理障，但能悟入聲聞緣覺，未能顯住菩薩境界。"案二乘人（指聲聞、緣覺）但斷六識三毒（貪瞋癡），故衹能免分段生死，以實未得一切滅度，故不能免變易生死。此已免沈淪、未獲永生之境界。

"若諸末世一切衆生，欲泛如來大圓覺海，先當發願勤斷二障。"所謂"二障"，事障即煩惱障，由我執生；理障即所知障，由法執生（今教會謬傳者純是我執、法執障，礙真道甚矣）。"二障已伏，即能悟入菩薩境界。若事、理障已永斷滅，即入如來微妙圓覺，滿足菩提（即正覺）及大涅槃（即永生）。"至此金剛道成，異熱識空，了盡生死，生死可以自由矣。

以上於免沈淪、獲永生之理，述其大略而已。欲粗知其方，請讀

《百法明門論》、《八識規矩頌》、《唯識三十論紀聞》。若加研究，則有《五蘊論》、《廣五蘊論》、《攝大乘論世親釋》，又《無性釋》、《解深密經注》、《楞伽經會譯》、《楞嚴經蒙鈔》、《十地經論》、《佛地經論》，均須讀之。更求精密，則《宗鏡録》、《成唯識論述記》、《瑜伽師地論遁倫記》、《密嚴經》、《雜集論述記》、《唯識二十論述記》、《辯中邊論述記》，皆所必讀也。

欲免沈淪，獲永生，佛教更有最穩妥最簡捷之妙法，即於有事時，務克己利人；無事時一心專念"南無阿彌陀佛"六字是也。因阿彌陀佛大慈大悲，曾立四十八種大願，誓度無盡衆生，使一一皆能成就本具之無量壽光也。故"南無阿彌陀佛"六字，攝盡三藏十二部經論，足令人盡出生滅門，而入真如門。誠横超三界，徑登極樂，極圓頓之法門也。請觀《無量壽三經論》、《彌陀要解》、《彌陀疏鈔擷》、《净土神珠》、《往生論註》等等。

佛教傳來，白馬背上、丹鉛豪中，純是慈悲心，毫無侵略心。基督教傳來則大異，教士依附槍礮，夾帶物質，外貌是慈善的，内容是侵略的。所謂宗教侵略，恒與文化侵略相輔而行，所以和緩人心，使易行其帝國主義、經濟主義兩種侵略也。假道德之名，行侵略之實，不汙衊基督之教乎？近見《燕大週刊》六十五期通信欄，有燕大一九二〇年神科畢業生許地山自倫敦通信云："聽説國内知識界，現在很覺悟外人經濟侵略、文化侵略、宗教侵略等等的事。這是好現象。誰知西人在東方所辦一切事業，都是帶侵略性質的。其實人家不但是侵略我們，直是掠奪我們。西藏尚係中國領域，而此地大學生在倫敦、牛津、劍橋等處，已研究起治藏政策來了。他們會講西藏話，知道西藏風俗民情。試問我們學生，哪個會説西藏話，想去西藏服務，救那一部分的中國人、淪爲英國奴隸的？在中國的英人，對於他們的政府，有所謂祕密當差的。其中有商人、傳教士、學者、外交家、旅行家，諸色人物。這是我在此地聽見一位同學告我的。我也親耳聽過些從四川回國的英教士，在教堂佈告過川藏事業，他的野心可以從他那件白袍透出來。近年西南一帶，英國傳道會的發展，是我們要注意的。有一位女傳教士對我說：‘川邊一帶是中國不要的地方，在貴州雲南一帶也不算中華民國，所以我們要爲他們預備特別的《聖經》教他們。’”教士存心侵略如此，固與教堂勸戰、牧師從軍，如出一轍。可稱宗教乎？蓋歐風以槍礮爲道理，以劫奪爲智能，好率土地而食人肉，由來久矣。老子曰，“不知常，妄作，兇”，其此之謂乎？抑知教士無知妄爲，亦基督根本教義罅漏甚多，不足以啓發其妙明真心也。其必化之以佛，止其貪瞋癡闇，庶幾世間强盜戰争，可少弭乎！

凡英屬殖民地，皆教士爲先鋒。觀李文司登播道《斐洲遊記》可知。蓋其愛國之心，重於愛上帝萬倍，執迷已久也。其他各國教士，皆藉宗教實行侵略，蕩滅東方文化。大都以其昏昏，使人昏昏，且予知自詡，猶驅而納諸罟擭陷阱之中而莫之知辟也。蓋教士陋劣，專與不學者爲緣，故其種種謬説，得以廣傳。大凡迷信洋教，認假作真，至死不悟其非者，因未能聞佛法，腦筋極簡單故，蓋舊有宿業爲因，新熏邪執爲緣，從迷積迷，終於沈淪而已。

昔保羅云：“在猶太人中，當如猶太人。”今西教士在中國人中，固仍是洋人，且使中國教士，亦盡變成洋人。於是多一洋教徒，即多一禽獸。何以故？以不敬拜父母、祖先，不敬拜孔聖與釋迦佛故。然則教會非東方文化之大敵乎？况乎教會屬於英國者，教友則傾心於英；教會屬於美國者，教友則傾心於美。甚至有對中國觀念，遠不及西人密切者。其天良被教會斲喪無餘，是多一教友，即少一國民。此中國學者之大耻，亦仰貽歷代聖賢之大辱也。

教會人欲横流，不信因果，不知審判即因業所感之果。輒以僞上帝之專横，獨生子之邪見，束縛教友，使其思想不得自由。以似是亂真之説，造惑世愚民之業，名爲傳道，實極害道。而藉傳教謀生者，奉西人之胡説爲金科，視國性之禮教如敝屣，人格喪盡，尤可哀憐。昔孔子惡鄉原爲“德之賊”，孟子申斥之曰：“非之無舉也，刺之無刺也，同乎流俗，合乎汙世，居之似忠信，行之似廉潔。衆皆悦之，自以爲是，而不可與入堯舜之道。故曰‘德之賊’也。”恰如爲教士寫照。《隨園詩話》有句云：“趙家天子可憐蟲。”今基督徒，孰非趙家天子？盲人騎瞎馬，夜半臨深池，險矣哉！爰本不忍之心，進此忠告。《羅馬書》九章保羅曰：“爲我兄弟骨肉之親，即自己被咒詛與基督決裂，亦甘心焉。”是則余之職志也。

近太虛上人著《人生觀的科學》，説明人乘直接佛乘之關係，蓋余十餘年來亟欲宣吐者。癸亥秋，在滬居士林，研究大乘起信論，嘗以三世諸佛皆由人成，爲衆勖之。此亦基督徒所宜從事也。噫！微上人吾誰與語。

十四年五月

嗚呼愚謬可憫的基督教①

基督教之根本爲上帝，而教會每爲魔鬼所役使。果何故耶？試問上帝與魔鬼，是一是二？若言是一，則上帝即是魔鬼，似説不去。若言是二，則魔鬼與上帝對抗，上帝權能有限，且適成爲二神，又説不去。此根本教義，基督徒當亟讀佛書，而明辨之者也。

古今世界，魔鬼掌權時多，上帝豈在睡夢中乎？抑上帝降伏於魔鬼勢力之下，不敢相違乎？無所不能之上帝，竟不能滅除魔鬼，不能制伏魔鬼乎？殊不可解。

基督教云“上帝造人”，“萬物都是上帝造給人的”，何以上帝又造虎豹食人？又造魔鬼害人？上帝非病狂乎？基督徒殘殺鳥獸魚蝦等物命，以恣口腹之貪慾，謂遵上帝旨意，而獨不獻身以供虎豹之食，豈不違背上帝旨意乎？乃其上帝對人則不以平等待衆生，對虎豹則不以平等待人，祇尚强權，毫無公理，誠不愧爲惡魔首領。從知弱肉强食之風，遍行基督教國，有由來也。

① 約作於 1926 年，收入《中華新基督學》。

上帝摶土爲人，此野蠻種族之誑誕，不足汙東方學者之目。西人今猶奉爲聖經，非無知無識乎？

日本中江篤介著《理學鈎玄》，痛斥基督宗教之害，以基督教言神造世界萬物，爲"狂病人之譫語"，尤已。

《舊約》之名稱，何自而來？因其魔鬼式的上帝，執著我見，增上我慢，貪圖亞伯拉罕恭敬，特與立約，必滅他國與猶太人，又獨令猶太人子孫衆多，佔徧全地，故爾。此基督教義，務以不平等條約，滅人之國之大本也。

《出伊及記》上帝屢使法老剛愎其心，是教人爲惡，非善類也。又因法老剛愎而懲罰之，是故意陷人於罪，又責其不應犯罪，是何居心？又因法老剛愎，而降災於伊及四境之人與畜，是又罪及無辜也，尚有仁愛之心乎？上帝昏亂若此，其罪浮於桀紂，幸在猶太，竟逃湯武之誅矣。

猶太之上帝，未受孔子教訓，禁人敬拜父母、祖先。無緣得聞佛法，禁人禮拜諸佛、菩薩。是皆令人不能保持人道，必墮落爲畜生者也。教徒無知，恐對父母、諸佛一拜，則其上帝嘔氣而死，於是咸本其上帝我慢、嫉妒等心以爲心，自業增上力，不如理作意，蒙倨傲以教皮，熏成地獄種子矣。此知基督教所謂弘道，蓋弘畜生道，弘地獄道也。是之謂殺人靈魂，其罪惡甚於殺人萬倍。

英儒羅素謂"基督教爲瘋狂的信仰，帶有罪惡觀念的道德熱誠"，信不誣也。竊以下句當作"含有無限罪惡的道德熱誠"爲得。以教徒無知，恒以非義爲義，誘惑愚夫愚婦，在在具侵略性，妨礙清净無漏之真道，殺人靈魂無數。皆由猶太第一蠢物亞伯拉罕，奉天魔爲一神階之厲也。今歐美學者，如羅馬教授杜斯、美國博士杜威等，咸唾棄之，競求東亞之佛、道、儒教。乃吾國人猶有不學無術，或迫於生計者，竟仰承猶太教之傳統的惡劣性，侵略我極優秀之文化，將使我反而爲四千餘年前極鄙陋之猶太，而不自知其爲罪污，可謂冥頑不靈矣。

吾國詩書之上帝，示神化無方，非未聞佛法一孔之士所能濫用。基督教之帝國主義的上帝，不得比擬而汙辱之。英儒羅素曰："我們以從猶太所得的那類迷信情形來推想，一個人信仰了一種宗教，當然不能又信仰另一種了。基督教與回教的教旨，没有人能同時信仰這兩種的。然在中國這種兩不相容的事，完全没有。一個人可以是一個佛教徒，同時又是一個孔教徒。因爲兩者没有不能相容的地方。在日本亦然。”此知佛教、儒教，妙理不二，故信教者極其自由。基督教肇始於亞伯拉罕，其所崇拜之上帝，確是魔鬼。蓋迷執一神，不能融貫萬有，故自視獨尊，蔑視他教，决不相容。此帝國主義的宗教，實行侵略之大本也。而信教者之性靈，甘爲天魔所桎梏，認賊爲父，不得自由，至可悲愍。

基督教之“聖靈”，往往求之於外，不知攝外於内，亦是“天魔”之異名。非多讀佛經，不能辨别之。

基督教之怪誕多矣！更如《使徒行傳》云：“除耶穌外别無救法。”（四章十二節）《約翰傳》云：“凡在耶穌先來者，皆爲賊爲强盜。”（十章八節）此摧滅東亞高深文化之禍源也。

基督教以耶穌爲中保之説，蓋由波斯密斯拉善神之名義，襲取而來。佛教則云：“一切衆生，皆具佛性，皆可成佛。”何如平等！禪宗六祖云：“我心自有佛，自佛是真佛。”奚庸中保，以增事、理二障？此知基督教，固極卑劣之宗教也。

中國、印度佛教高僧，妙解净行，顯現神通，優於耶穌者，何止萬數。耶穌設生於中國，不過一儒者、墨者，必不致被釘死。何也？當時墨子非儒，儒者盈天下，未致之死；孟子距墨，墨者盈天下，亦未致之死，可證。此知中國二千四五百年前學者之文明，遠非游牧時代之猶太所能企及。奈何教會少見多怪，猶以耶穌相炫耶！

耶穌之死於十架，表明猶太之野蠻，爲世界各國所無，教徒不學，輒以爲耶穌唯一之犧牲。又表明猶太教上帝之野蠻，爲世界各教所無，猶太上帝必欲其愛子流血，以贖衆人之罪，是其殘忍成性，待愛子不仁、待衆人不恕，非禮非義，尚何慈悲之有？抑思耶穌既作犧牲，贖衆罪已，何以復有“審判”與“地獄之火”？豈非上帝又不信耶？是知基督教者，極惡劣害道之迷信而已。今無論“犧牲”之説果合理否，姑作爲美德言之，耶穌在十架，爲犧牲者不過半日，佛教《高僧傳》記高僧刻苦行持，爲道犧牲者何可勝數？姑言釋迦世尊，舍帝王之尊富，苦修苦行，説法利生，歷六十年，其爲犧牲，視耶穌久暫難易何如？奈何基督徒咸以瓦礫爲至寶，而棄置金玉於不顧耶？

四福音悉由後人東鈔西襲，羼雜作僞而成。英醫士馬林譯《耶穌教緣起之時代》，序文云："有人説，開闢耶穌教的人，是捏造的。彷佛在虛無杳渺之中，拿希臘、羅馬、猶太所傳的事實，而成耶穌教。"證以日本幸德秋水著《基督抹殺論》，謂"基督即印度之克理西拿，猶太並無其人"（一百零四頁），頗可信。吾今不問猶太果有耶穌否，專就教義而言，其中荒謬如"末日審判"等，亟當删汰者過半。餘如"未有亞伯拉罕即有我"，"除上帝外無一善者"之類，義皆半而不滿，權而不實，竟無學理可言，不足比擬佛、道、儒教。綜核福音及各書教義，從未透徹宗體，儱侗顢頇，實屬最下劣的宗教。加以傳者無識，衹圖營業發達，恰似吃了耶穌蘸的餅，撒但（即魔鬼）入了心的模様，到處殺人靈魂，誠可哀也。

凡迷信"獨在父懷的耶穌"者，莫不具足不平等的侵略性，變成一種洋靈魂，輕侮中土聖賢，而樂爲猶太蠢物之子孫。觀其棄舊名而自名爲馬太、馬可、約翰等可知。噫！何教會使人習非成是，易性忘本乃爾！然則毀滅此土文化者，莫基督教若也。嗚呼！基督徒，誰非魔子，誰非井蛙，誰非殺害先知者，誰非世界文化之勁敵？是真糊塗蟲也，蝮蛇類也，地獄種也。吾望其速猛省，早回頭，勿終汙辱教之名詞也。嘗謂爲基督徒者，有二定義，曰無知識，曰謀生活。二者必居其一，或兼而有之。是真可憐憫者。

基督教之謬妄者不足道；即不謬者，不過佛法大海之一滴，蓋由竊取於佛教無疑。故天主教義式，多與佛廟同。如教士不娶，並坐關、習静，默想、念經，拜神像、持念珠、披僧衣，乃至教友懺悔，喪葬等禮，均極相似。今所謂新教會，則放縱情慾，盡毀成規，永生真義蕩然無存。追原禍始，路德迷妄之罪，不勝誅矣。

佛教最勝義諦，圓滿精密無比。其要妙惟在轉染爲浄，普度衆生悉免沈淪而獲永生。沈淪即是生滅輪迴六道之義，永生即不生滅、超出三界之義。衆生了知此義則心浄，心浄則國土浄矣。惜四福音及各書，均未能道其所以，實爲基督教莫大之缺憾。迄今教會執我迷法，不能解脱。新教徒更貪著五欲，至死不捨，沈淪日深，未有了期。皆由其教義紕繆疏漏所致也。故欲袪妄顯真，非以佛法化之不可。

十五年二月廿日寫訖

護持佛法之條陳①

江浙佛教聯合會諸大德慈鑒：

尊示。對於宗教委員會，要求參加列席會議，謹遵提出愚見如下：

（甲）整頓僧伽。

（一）限制出家。（1）年必二十以外。（2）必有普通學識，確能讀孔老諸書，而文字界有根抵。（3）父母在堂，必有人供養，且經其許可。有妻子者，必安置妥當而後可。（4）必確欲了生死，且誓願普度衆生者。

（二）剃度傳戒等，當由深知佛法之居士三人之保荐，由高僧三人會同考試許可，而後依法執行之。

（三）尊重清規。（1）嚴禁濫挂海單。（2）嚴禁出寺做經懺，放焰口。在寺内亦當以誠敬心爲之，力矯經懺發達、道德墮落之弊。（3）嚴禁送葬。（4）嚴禁乞食。遵百丈一日不作、一日不食之規。（5）對佛菩薩像前，禁化錫紙錢箔。（四）選供佛像。已有不合法者除之，合法者保存之。以後非本師文佛像、文殊、普賢、觀音、地藏、彌勒諸菩薩及西方三聖像，不准濫供。

（五）廟宇統改十方，據百丈清規辦理，並由深知佛法之居士，至少七人爲董事，共同保管，以爲外護之助。若有真能弘法之居士，亦當容其在寺修行利他。

---

① 載《世界佛教居士林林刊》第十九期（1928年）。

（六）田地由僧爲農，以供僧伽。

（七）僧之不能弘法者當爲工，以佛教範圍爲限。

（乙）弘法利生。

（一）當辦醫院，附設金卍字會。

（二）當辦圖書館，附設通俗講演社，附設通常佛學研究社。

（三）當辦佛學院，造就弘法專門人才。

（四）當辦通常中學、小學，專教信士子弟，使知因果入世應用，且爲升入佛學院之基礎。小學愈多愈妙。

（五）當辦監獄感化事。

（六）當辦佛教青年會。

（七）一切慈善事均量力行之。

以上所陳，是否有當，統乞

慈悲裁奪。

末學張純一和南謹上

負責任①

“負責任”三字，吾人言之非艱，而行之惟艱。世間一切事功之成敗，胥繫於主持者之有無責任心。所謂負責任，可分兩項言之：甲、學理，乙、事實。

關於學理者，即道、儒、釋三教舉其例以闡明之。

1.《老子》云：“爲學日益，爲道日損，損之又損，以至無爲，無爲而無不爲。”所謂“爲學日益”，即吾人對於世間一切做人之知識，須日求增益，是爲有學。儒家之言曰，“一事不知，儒者之恥”。釋家之言曰，“無聞無智慧，是名人身牛”，可相證合。所謂“爲道日損”，即出世間之學，凡殺盜淫等舊染之污，盡革除之，損之又損，即湯盤銘“日新又新”

① 載《正信》第二卷第十七期（1933年）。

功夫。“以至於無爲”，則十年養氣之功，成上達無學之極。致“無爲而無不爲”，則世間、出世間圓融無礙。無爲者，非如死人不動也，即無我之爲，無私之爲，蓋無爲始能無所不爲，而一切所爲，純乎天理，毫無人欲之雜矣。故人必有真知識，而後有真道德；有真道德，而後有真事功。

2. 儒教《中庸》云：“惟天下至誠，能盡其性。能盡其性，則能盡人之性；能盡人之性，則能盡物之性；能盡物之性，則可以贊天地之化育而與天地參。”凡此即無爲而兼無不爲之境界，足以表示吾人對己對人對物對天地之化育，均應負無限之責任，以赴事功，一舉一動，必求其當。

3. 佛教有“無緣大慈、同體大悲”二語，即視十方世界無盡衆生，似皆與我無緣，確皆與我同體。衆生不得樂，我究竟之樂，是爲大慈；衆生不離苦，我當拔之出輪回之苦，是爲大悲。衆生無盡，慈悲無盡當與之以，方少盡自己做人之責任。

關於事實者，可舉上古、中古及晚近之三例以爲吾人之模範。

一、上古堯爲天下負責任，以不得舜爲己憂。舜爲天下負責任，以不得禹皋爲己憂。禹思天下之溺者由己溺，稷思天下之飢者由己飢，皆非僅爲天下負責任，良以不如是即未盡自己爲人之責在，不得稱爲天地間之人也。

二、中古齊桓公，在政治作用上，可謂能負責任之賢君。《晏子春秋》稱其能以人之長續己之短，以人之厚輔己之薄，信乎不誤。於何徵之？齊桓公初返國，使鮑叔牙爲宰，鮑叔自以不如管仲賢，力辭曰“治國家佐君霸王，非管夷吾不可”，於是迎管仲於魯以爲相，卒能九合諸侯，使各國人民安居樂業四十年。故孔子再稱其能，蓋聽鮑叔之言。而管仲之不死子糾，即負一匡天下之責任也。鮑叔責任心重，以身下之，故太史公曰：“天下不多管仲之賢，而多鮑叔能知人也。”

三、晚近遜清曾國藩，鑒於洪楊崇奉耶穌教，在在摧毁中國固有之文化，且一旦稱王，即無遠志，時起内争，知無能爲，故爲全國人民謀安甯計，而平定之。節鉞所至，輒立官書局，廣印書籍，嘉惠士林。以聖賢立言，無非爲天下後世人負安全之責任，故甚重之。張文襄亦注重刻書，皆能爲後世人負安全之責任者。今江南、湖北、江西、廣東各書局之書，幾均不能續印，文化銷沈極矣。總之，吾國歷史，國難屢亡，而文化如舊，故易恢復，今則國雖未亡，而文化先亡，其危險實較亡國爲尤甚。未有文化亡而國不亡者，且文化既亡，則國亡復終無恢復之望，是真可憂也。願吾國人保存固有之文化，俾後來人皆知負做人之責任，並爲天下萬世之人負責任爲幸。

發菩提心約説[1]

菩提，梵語具名“阿耨多羅三藐三菩提”，譯云“無上正等正覺”，或云“無上正徧知”。阿耨多羅，此云“無上”。三藐三菩提，此云“正等正覺”或云“正徧知”。此名翻難適當，故遵古例不翻。菩提之心，成佛之本。發菩提心，即發超九法界普度衆生之佛心。衆生迷覆，不足言覺。二乘菩薩，悟真諦理，覺人我空，可稱“正覺”；然未悟法空平等理性，不能稱“正等正覺”。大乘菩薩，覺我法俱空，破無明，見法身，正智現前，了知心佛衆生，三無差别，平等平等，可稱“正等正覺”；然有少許無明未盡，縱等覺因圓，未至妙覺果滿地位，不能稱“無上正等正覺”。故能稱“無上正徧知”者，惟諸佛而已。所謂菩提心者，即吾人現前一念自性清浄圓明妙心也。衆生迷此妙心，所以沈淪苦海。諸佛證此妙心，所以圓滿菩提。故《楞嚴經》云：“一切衆生生死相續，皆由不知常住真心性浄明體，用諸妄想。此想不真，故有輪轉。”《華嚴經》云：“無一衆生而不具足如來智慧，但以妄想顛倒執著而不證得。若離妄想，一切智、自然智、無礙智，即得現前。”從知此菩提心，在佛不增、在衆生不減。故發菩提心者，視一切含識猶如己身。恒修菩提行，利益安樂

---

[1] 載《微妙聲》第一期（1936年）。

無餘有情界，本《金剛頂發菩提心論》。在在不爲物轉，且同如來轉物。如是滅度無量衆生，實無衆生得滅度者。蓋一切法空，法本無生，心體自如，不見身心，住於寂滅平等究竟真實之智，令無退失。本《金剛頂發菩提心論》。密宗所謂即身成佛，禪宗所謂明心見性，胥此道也。

發菩提心，必修六度。

（一）布施度。有三種。（1）法施。如勸人除顛倒想，修出世行，利樂有情。讚精進功德，説放逸過惡等。（2）財施。如以金錢、穀米、衣物等，若多若少，稱求者意，隨所須與。令彼身得利養，心得安樂。務以慈悲心，清净心，無相施之。若不如法物，惱害衆生，不以施人。（3）無畏施。如有人怖畏师子、虎狼、水火、盗賊等，必設法救護之，使不怖畏。

（二）持戒度。净一切身、口、意業。身離一切殺盗婬行，並不爲殺等因緣及其方便。不以杖木瓦石傷害衆生。凡他人物，一介不取。目不視女色，耳不聽淫聲，於四威儀，恭謹詳審。口禁一切妄言、兩舌、惡口、綺語，並不作欺誑、離間、誹謗、文飾言詞觸惱於人。言皆至誠、温和、忠信，聞者自然悦服修善。心除貪欲、瞋恚、邪見，滅諸煩惱，成就净心。於諸有情，不起瞋惱。知恩報恩，心無慳恪。樂作福德，常以化人。常修慈心，憐憫一切。總之持十善戒，能攝無量戒法，故修行者利益無邊。

（三）忍辱度。如遭横逆，被人鞭打，乃至傷害其身，當自思惟我今無罪，當是宿業所招。應恭敬彼，善能教誡，令我離過。復應思念四大假合，五藴緣會，誰受打者。又觀彼人如癡如狂，我當憫之，云何不忍。是名身忍。若見罵者，默受不報。若有非理來詞責者，當軟語附順。若有加誣，横生誹謗，皆當忍受。又罵者若實，應生慚悔。罵若不實，猶如風過，無損於我。是名口忍。又瞋者亦爾。有人瞋我，或觸惱譏毁，我不懷恨。我若瞋彼，於未來世當墮惡道，受大苦惱。是故我身雖被斫截，不應生瞋。釋尊昔在因地爲歌利王割截身體時，無我、人、衆生、壽者相，故無所謂辱，更無所謂忍，是忍辱渡羅蜜之適例。是名意忍。深觀往業因緣，慈悲憐憫一切，調伏衆生，令得解脱一切惡法，成無上果。蓋我空法空，無住無得，孰不可忍。

（四）精進度。於一切時，勤修浄行。捨離怠慢，心不放逸。求無上道，廣拔衆苦。亟修四正勤道，斷已生惡，令不復生。禁未生惡，使無由生。未生善法，方便令生。已生善法，修滿增廣。蓋六波羅蜜，非勇猛精進，不能增長俱足而疾得菩提也。

（五）禪定度。修六妙門：（1）數。攝心在息，從一至十。（2）隨。細心隨息，知出知入。（3）止。息心静慮。（4）觀。分析推究。（5）還。返照心源。（6）浄。識浪不生。由是滅一切結，空諸煩惱。

（六）般若度。般若，此云智慧，了知一切法性本空、通達無礙故。何不譯爲“智慧”？以“般若”爲諸佛母，甚深尊重，“智慧”輕簿，故爲五不翻之一。菩薩修慧，世出、世間一切事理，無不學習。捨貪瞋癡，持真實行。勤求一切佛法，建立慈心，憐憫衆生，常思拔濟而利樂之。能分别説正道、邪道及善惡報。遠離無明，除煩惱障及所知障。知諸法皆因緣生，而無我、人、衆生、壽者相。知無三世去來住法，而因果不昧。知一切法空，而植善無休。發大願力，方便度生，悉入薩婆若海。離二邊執，契一實理。是名真實智慧方便波羅蜜。此皆發菩提心者所必修行，不容稍忽者也。本《天親菩薩發菩提心論》及空也釋。

菩薩發菩提心，觀十方六趣四生，皆是我之宿世父母。憐憫我故造諸惡業，墮於地獄、餓鬼、畜生，受諸苦惱。以是因緣而自思維，以何方便救斯苦難。惟有入於六波羅蜜大法海中，求佛種智，拯濟有情生死之苦。又思一切從生，從無始際生死以來，皆我戚友，於我有恩。或我眷屬，被我驅使，我常非理呵駡責罰。彼等現俱備受苦惱，未得免離。深心慚愧，如債未償。非求佛道，速自成佛，何能酬報。本《大乘理趣六波羅蜜多經·發菩提心品》。

《大方等如來藏經》佛告金剛慧菩薩言：善男子！我以佛眼觀一切衆生，貪欲恚癡諸煩惱中，有如來智、如來眼、如來身，結跏趺坐，儼然不動，乃至德相備足，如我無異。舉九喻而説一切衆生皆有如來藏性。

《釋如寶性論》"結頌"云："萎花中諸佛，糞穢中真金。地中珍寶藏，諸果子中芽。朽故敝壞衣，纏裹真金像。貧賤醜陋女，懷轉輪聖王。焦黑泥模中，有上妙寶相。衆生貪瞋癡，妄想煩惱等。塵勞諸境中，皆有如來藏。下至阿鼻獄，皆有如來身。真如真浄法，名爲如來體。"蓋以七喻合所喻二法，共曰九喻。一切衆生，既皆含如來藏性，即皆堪任安住無上菩提，皆是未來之佛。故菩薩不敢輕慢，本大悲心方便拯救，常以普賢行願，啓發一切有情本具普賢大菩提心，同證無上菩提。以此菩提心，包藏一切諸佛功德法故。本《金剛頂發著提心論》及《法華經・常不輕菩薩品》。若修證出現，即能滿足普賢一切行願，能作一切佛事。自古諸佛出世，唯一大事因緣，無非開示衆生佛之知見，使各悟入，共成佛道。是即阿耨多羅三藐三菩提心所成就不可思議殊勝功德也。

《大乘本生心地觀經・報恩品》佛説報四種恩，即父母恩、衆生恩、國王恩、三寶恩。以父母養育之恩，彌於普天，廣大無比。《詩・蓼莪篇》云："父兮生我，母兮鞠我。拊我畜我，長我育我。顧我復我，出入腹我。（佛言："以母胸臆，而爲寢處。"）欲報之德，昊天罔極。"義同。自無始來一切衆生，於多生中互爲父母，於一切時亦有大恩。聖王治國，能使衆生悉皆安樂，恩德廣大。三寶利益安樂無量衆生，引導永出生死苦海，恩無休息。故四種恩，均當圖報。今思國爲民主，亦須忠於政府，隨時福利衆生，報國士恩，以國爲衆生託命故。吾人幸聞佛法，每覺佛恩浩蕩，無微不至，粉身碎骨，不能酬報。惟有誓發大願，願代無央數世界衆生受無量苦，庶幾可報佛恩於萬一。父母恩高，逾於須彌，倘不導歸極樂，則服勞奉養，依然辜負親恩。《禮・祭義篇》曰："君子之所謂孝者，先意承志，諭父母於道。"又曰："小孝用力，如思慈愛忘勞是。中孝用勞，如尊仁安義是。大孝不匱，如博施濟衆是。"又曰："居處不莊，非孝。涖官不敬，非孝。朋友不信，非孝。戰争無勇，非孝。乃至斷一樹、殺一獸，不以其時，亦非孝。"《孝經》曰："愛親者不敢惡於人，敬親者不敢慢於人。教以孝，所以敬天下之爲人父者也。敬一人，而千萬人悦。孝弟之至，通於神明，光於四海，無所不通。"《墨子・兼愛》下篇曰："吾先從事乎愛利人之親、然后人報我以愛利吾親。"《大取篇》曰："聖人之法死忘親，爲天下也。厚親，分也。以死忘之，體渴興利。愛人之親，若愛其親，其類在官苟。"《莊子・在宥篇》曰："親而不廣者，仁也。"《天運篇》曰："至仁無親。夫至仁尚矣，孝固不足以言之。此非過孝之言也，不及孝之言也。"《無能子》曰："無所孝慈者，孝慈天下。有所孝慈者，孝慈一家。"皆謂孝親以愛利衆生爲至也。吾人日常厚生利用之需，莫非衆生供給。一切衆生，皆是過去父母。故必普度沈溺衆生，速往無量光佛清淨樂土，斯爲能盡孝道。倘徒報國土恩，而不報衆生恩，則衆生不得其所，政治必多不良，國土斷難保全。設僅知報佛恩，而不注重報衆生恩，未免違反佛心，佛恩猶若未報。蓋諸佛惟願吾人利樂衆生，斷不貪圖吾人之報。吾人苟能在在利益衆生，以此因緣，縱或打佛罵佛，佛心均極歡喜。又或報父母恩，而不殷勤報衆生恩，是不過世俗之小孝，爲量甚陜，非即世、出世一無遺漏之大孝，則親恩猶若未報。故至人孝思不匱，普利衆生以尊親，如佛報無量劫父母恩，斯可謂大孝矣。故能報衆生恩者，功圓果滿，則國恩、佛恩、父母恩，無不美滿報答也。是故發菩提者，惟務報衆生恩，普願一切衆生，速證無上正等菩提，共成佛果。盡未來際，化有情類，如是而已。

空爲諸佛至要妙之法寶①

三論宗直下明空，故稱大乘空宗，是爲印土龍樹學。龍樹菩薩又造十八空論，皆所以顯第一義空。以一切賢聖，不遠離諸見，不得解脱故。故自古諸佛，皆稱空王。釋迦牟尼佛，亦稱空王。空宗教義，均依般若。如《大般若經》、《金剛經》、《心經》等是。

《大般若波羅密多經第分二觀照品》第三之四。佛言："菩薩摩訶薩，修行波羅密多時，安住布施波羅密多，以畢竟空故，不起惠捨慳悋。心安住淨，戒波羅密多，以畢竟空故，不起持戒犯戒心。安住安忍波羅密多，以畢竟空故，不起慈悲忿恚心。安住精進波羅密多，以畢竟空故，不起勤勇懈怠心。安住静慮波羅密多，以畢竟空故，不起寂静散亂心。安住般若波羅密多，以畢竟空故，不起智慧愚癡心。"餘文類此，繁不

① 載《海潮音》第十七卷第十二號（1936 年）。

勝述。

《金剛般若波羅密經》云："凡所有相，皆是虚妄。若見諸相非相，即見如來。"若菩薩有我相、人相、衆生相、壽者相，即非菩薩。

《般若波羅密多心經》云："觀自在菩薩，行深般若波羅密多時，照見五蘊皆空，《八大人覺經》云："四大苦空，五陰無我。"度一切苦厄。"五蘊空故六根空，六根空故六塵空，乃至十八界空，故云是諸法空相。蓋必空盡妄心、妄見、妄法，而後能起觀照般若而達實相般若也。

凡夫迷妄，不知空故。聲聞緣覺，止悟生空，不悟法空，墮偏空故。大乘菩薩我法俱空，但有少許無明未能空盡，非究竟空，故不能稱無上正徧覺。

《法華經》言諸佛出世，唯一大事因緣，無非開示衆生佛之知見，使各悟入。以一切衆生，本來是佛。衹以無始刼來，罪根深重，妄結不空，故難出三界火宅也。

慈恩宗宗瑜伽，設我、法二執不空，一切煩惱所知客塵障垢未斷，未能轉識成智，安能攝盡一切事理，方便善巧，如如相應。故唯識學者，先破徧計，後彰圓實，以無所得而爲究竟。

真言宗務即身成佛，必須銷落蘊界處，破相續業煩惱綱，證入阿字門。而成我與本尊互入互融觀。倘三妄執粗細，極細。不空，無生諦理，安能成就。

禪宗務明心見性，倘不空盡纏縛，究竟解脱，何能透過三關？

《雍正語録序》云：學人初登解脱之門，乍釋業繫之苦。覺山河大地，十方虚空，並皆消殞。識得現在七尺之軀，不過地水火風。自然徹底澄清，不挂一絲，是則多爲初步破参前後際斷者。破本参後，乃知山者山，河者河，大地者大地，十方虚空者十方虚空，乃至色聲香味觸法，盡是本分，皆是菩提。無一物非我身，無一物是我己。境智融通，色空無礙，獲大自在，當住不動。是則名爲透重關、名爲大死大活者。透重關後，家舍即在途中，途中不離家舍。寂即是照，照即是寂。行斯住斯，體斯用斯。如斯惺惺，執著自然消落，則破末後牢關矣。

《華嚴經》理窮法界，事極刹塵，性相圓融，全是空空絶跡以後妙諦。蓋無量不礙法門，皆真第一義空也。五十一位逐漸空。五十三知識，各有自分空與勝進空。文殊，普賢，彌勒，示修行者造極真空，圓現自性普光智體，差別智用，根本智果，會歸大日如來空明覺海也。

更如《大方廣圓覺經》、《大佛頂首楞嚴經》等等，孰非空盡幻有之至教。種種幻化，生於覺生。幻不知空，何足言覺。幻未盡空，覺何能圓。“大佛頂”，即自心之理體。諸佛圓證，衆生大迷，空不空故。空則爲二十五圓通，不空則爲七趣昇沈、五陰魔業等。“首楞嚴”，此翻“一切事究竟堅固”。蓋諸菩薩萬行，無不究竟空之實相也。

昔龐居士臨終語于刺史云：“但願空諸所有，慎勿實諸所無。好住，世間皆如影響。”可謂乘空能自度矣。又《語録》云：“楞伽寶山高，四面無行路。惟有達道人，乘空到彼處。羅漢若悟空，擲錫騰空去。緣覺若悟空，醒見三生事。菩薩若悟空，十方同一處。諸佛若悟空，以上四“若”字，均當從《爾雅釋詁》訓“善”。妙理空中住。空理真法身，法身即常住。佛身衹這是，迷人自不悟。一切若不空，若厄從何度?”又云：“無有報龐大，空空無處坐。家内空空空，空空無有貨。日在空裏行，日没空裏卧。莫怪純用空，空是諸佛座。世人不識寶，空即是寶貨。”警策學人，直了無疑。

浄土宗三根普資，雖不言空，而極樂國土，確是阿彌陀佛空盡塵點刧來之煩惱，成就無量功德所莊嚴。阿彌陀佛，應譯“無量壽佛無量光佛”。即此無量壽光，諸佛皆然，亦一切衆生所同具。何以衆生壽光不顯，蓋無始來，惑業厚覆，未能空故。彌陀能空，故正報爲佛，依報爲極樂世界。凡夫不能空，故正報爲衆生，依報爲五濁惡世。須知念佛法門，爲了生死速成佛道極巧妙之方便。蓋執持佛號，字字清明。一心專注觀想或諦聽，能除五濁、三毒所造罪垢。如光至暗除，一時身、口、意等，惡業皆空。而身即佛身，口即佛口，意即佛意矣。如是清浄佛土現前便是。

佛法無邊，不過生滅與不生滅二門。不空永不能出生滅門，能空則不難入不生滅門。空則常能轉物，不空則爲物轉。煩惱性空，即是菩提。生死念空，即是涅槃。《智度論・二十》曰：“諸法實相，是涅槃城。城有三門，空，無相，無作。”涅槃爲聖者所居，故譬之宫城。空則無一切邪執，無相則所空，無作則能空，合之爲真空勝義空。空非諸佛至要妙之法寶乎！今人學佛，不解空義，去佛法遠矣，悲夫！

《佛説阿彌陀經》之研究①

此經題本什師譯。奘師譯作《偁讚浄土佛攝受經》，與經文此經名爲“偁讚不可思議佛土功德，一切諸佛攝受法門”合，視什譯義長。然浄土佛，即阿彌陀。彌陀，具四十八願，無非攝受諸有情故。是“阿彌陀”一名，已含有“攝受”義，不待言喻。“攝受”什譯作“護念”，義同。“説”，即是偁讚，冠以“佛”字，顯示釋尊偁讚，愈見彌陀佛土功德不可思議。顧“阿彌陀”三字，與經中標經名文不相應，故什師止作“何故名爲一切諸佛所護念經”。於“一切”上略去“偁讚不可思議佛土功德”十字，於義欠圓；惟阿彌陀誓願宏深，本來具足不可思議功德，故仍從什釋。昔窺基大師疏此經，據什釋本，非無見也。

自“如是我聞”至“無量諸天大衆俱”，是爲《序分》。什、奘二師譯文，不無異點，無關經旨，仍舊。

《正宗分》：“其土有佛，號阿彌陀，今現在説法。”奘譯作“其中世尊，名無量壽及無量光。如來應正等覺，十號圓滿。今現在彼，安隱住持，爲諸有情，宣説甚深微妙之法，令得殊勝利益安樂。”案：阿彌陀，具“無量壽及無量光”義，例不應翻。“如來應正等覺，十號圓滿”十字，可省，以諸佛皆然故。“今現在説法”五字，未若奘師譯文暢達，盡人易曉，應從奘譯。

“無有衆苦，但受諸樂。”奘譯作“無有一切身心憂苦，唯有無量清浄喜樂。”亦較什譯條鬯。

“極樂國土，七重欄楯。”應從奘譯改“國”爲“浄”。“土”下增

---

① 原載1945年《文教業刊》第三、四期合刊。

“處處皆有”四字，明非一有也。

“有七寶池”，應從奘譯作“處處皆有七妙寶池”。

“八功德水”，奘譯“八名”。什譯省去，可從。

“池底純以金沙布地”，應從奘譯作“是諸寶池，底布金沙”。

“上有樓閣”，奘譯“無”，想由什師本《無量壽經》增潤。

“赤珠瑪瑙而嚴飾之下”，應從奘譯增“諸池周帀，有妙寶樹，間飾行列、香氣芬馥”十六字。

“常作天樂”，應從奘譯作“常有無量衆妙天樂”，下增“音曲和雅，甚可愛樂。諸有情類，聞斯妙音。諸惡煩惱，悉皆消滅。無量善法，漸次增長。速證無上正等菩提”四十字。見得彌陀净土，可以帶業往生。生彼土已，惡滅善增，速證無上正等菩提。誠哉！殊勝功德，不可思議。

“黄金爲地下”，應從奘譯增“其觸柔輭，香潔光明”八字。

“雨天曼陀羅華”，應從奘譯作“常雨種種上妙天華”，下增“光澤香潔，雖令見者身心適悦，而不貪著，增長有情不可思議殊勝功德”二十八字，義較豐美。

“其土衆生，常以清旦，各以衣祴，盛衆妙華，供養他方十萬億佛，即以食時，還到本國，飯食經行。”應斟酌奘譯作“彼有情類，晝夜六時，常持供養阿彌陀佛。每清旦時，各以衣祴盛衆妙華，於一食頃，飛至他方無量世界，供養百千俱胝諸佛，即還本國”。

“八聖道分，如是等法。”應斟酌奘譯作“八聖道等無量妙法。”

“皆悉念佛、念法、念僧”，應從奘譯作“各得念佛、念法、念僧無量功德，熏修其身”，義較完足。

“是諸衆鳥，皆是阿彌陀佛，欲令法音宣流，變化所作。”應斟酌奘譯作“是諸衆鳥，當知皆是阿彌陀佛變化所作。令其宣暢無量法音，作諸有情利益安樂。”必有“作諸有情利益安樂”句，意斯達矣。

“微風吹動諸寶行樹”，應從奘譯作“常有妙風吹諸寶樹”，並於“出微妙音”下，增“説種種法”四字。

“自然皆生念佛、念法、念僧之心。”應斟酌奘譯作“自然生心作佛法僧無量功德”。

“照十方國，無所障礙。”應從奘譯作“照徧十方一切佛土，施作佛事，無有障礙。”

“彼佛壽命，及其人民無量無邊阿僧祇劫。”應斟酌奘譯作“彼佛壽命，及諸有情壽命無量阿僧祇劫。”蓋世俗“人民”對“君主”言，甚乖“佛法一切平等”之義。什師當姚秦時譯此，期諧俗耳。

“彼佛有無量無邊聲聞弟子，皆阿羅漢，非是算數之所能知。諸菩薩衆，亦復如是。”應斟酌奘譯作“彼佛有無量無邊不可算數聲聞弟子，皆阿羅漢，具足種種微妙功德。菩薩弟子，亦復如是。”蓋無數阿羅漢，及諸菩薩，均必具足種種微妙功德。世親菩薩造《往生淨土論》云：“觀察彼諸菩薩功德莊嚴”，指此。故“具足種種微妙功德”句，不可略。

“極樂國土，衆生生者，皆是阿鞞跋致。其中多有一生補處，其數甚多，非是算數所能知之，但可以無量無邊阿僧祇説。”無勝義，應從奘譯作“若諸有情生彼土者，皆不退轉，必不復墮諸險惡處。常遊諸佛清浄國土，殊勝行願，念念增進，決定當證阿耨多羅三藐三菩提。”

“得與如是諸上善人俱會一處”，“如是”下應從奘譯增“無量功德衆所莊嚴”八字，“一處”下應增“受用如是無量功德衆所莊嚴清浄佛土大乘法樂，速證無上正等菩提故”二十九字，斯意足神完。

“不可以少善根福德因緣得生彼國”，應斟酌奘譯作“彼佛浄土，非少善根諸有情類，可得往生。”文較暢適。

“聞説阿彌陀佛執持名號”，應斟酌奘譯作“聞説阿彌陀佛不可思議功德名號”。極樂世界功德莊嚴，持名思惟。

“若一日、若二日、若三日、若四日、若五日、若六日、若七日。”應斟酌奘譯作“若一日夜，或二三日，或四五日，或六七日。”蓋句首“夜”字不可省。

“是人終時”四字，應從奘譯改作“慈悲加祐”。

“應當發願，生彼國土。”應從奘譯作“皆應發願，如説修行，生彼佛土。”

“讚歎阿彌陀佛不可思議功德之利”，應斟酌奘譯作“讚揚阿彌陀佛不可思議佛土功德”，下並同。

“當信是偁讚不可思議功德”，“功德”上應從奘譯增“佛土”二字，下均同。案：阿彌陀佛不可思議佛土功德，如上文“七重欄楯、羅網、行樹”、“七妙寶池”、“八功德水”、“池上樓閣”、“池中蓮華”、“黄金爲地”、“常雨天華”、“奇妙衆鳥，宣暢法音”、“風吹寶樹，出微妙音”等皆是。《往生浄土論》云：“觀察彼佛國土功德莊嚴”，故“佛土”二字不可略。

“十方諸佛偁讚”，什譯省去四維便樂少文者總持。不從奘譯。

“何故名爲一切諸佛所護念經”，義過略，應從奘譯作“何故此經名爲偁讚不可思議佛土功德一切諸佛所護念經”。由此經中“偁讚阿彌陀佛不可思議佛土功德”及“一切佛各住本土，現大神變，説誠實言，勸諸有情信受此經故”，義斯完足。

“是諸善男子善女人”八字複，應從奘譯省。

“皆爲一切諸佛之所護念，皆得不退轉於阿耨多羅三藐三菩提”下應從奘譯增“定生阿彌陀佛極樂浄土”十字，以足其義。

“欲生阿彌陀佛國者，是諸人等，皆得不退轉於阿耨多羅三藐三菩提。於彼國土，若已生、若今生、若當生。”應斟酌奘譯作“欲生阿彌陀佛國者，精進修行，必爲一切諸佛之所護念，皆得不退轉於阿耨多羅三藐三菩提，定生阿彌陀佛極樂浄土。”

“應當發願，生彼國土。”應從奘譯作“皆應發願，生彼佛土，勿行放逸。”

“偁讚諸佛不可思議功德”，案：經中無偁讚諸佛事，此文義不可通。予初讀此經一過，即疑此句有脱譌。及見奘譯作“偁揚諸佛讚歎阿彌陀佛不可思議佛土功德”，斯諧矣。此文當從奘譯。嗟嗟！何誦經不解義者之多耶？

“爲諸衆生，説是一切世間難信之法。”應從奘譯作“爲欲方便利益安樂諸有情故，説是世間極難信法。”

“當知我於五濁惡世，行此難事，得阿耨多羅三藐三菩提，爲一切世間説此難信之法，是爲甚難。”應斟酌奘譯作“當知我於五濁惡世，得阿耨多羅三藐三菩提，爲欲方便利益安樂諸有情故，説是世間極難信法，是爲甚難。”

“舍利弗，於此五濁惡世，若有善男子、善女人，聞是世間極難信法，能生信解，受持演説，如教修行。當知是人甚爲希有，無量佛所曾種善根。是人命終，定生西方極樂世界，受用種種功德莊嚴清淨佛土大乘法樂。日夜六時，親近供養阿彌陀佛。遊歷十方，供養諸佛。於諸佛所，聞法受記。福慧資糧，疾得圓滿。速證無上正等菩提。”此《流通分》文，什譯略，當從奘譯補。

謹據什師、奘師二譯本合參，經文録後，便誦持者流覽焉。

佛説阿彌陀經 姚秦三藏法師鳩摩羅什譯，
唐三藏法師玄奘譯，漢陽張純一仲如合參

如是我聞，一時，佛在舍衛國，祇樹給孤獨園，與大比丘僧，千二百五十人俱。皆是大阿羅漢，衆所知識。長老舍利弗、摩訶目犍連、摩訶迦葉、摩訶迦旃延、摩訶俱絺羅、離婆多、周利槃陀伽、難陀、阿難陀、羅睺羅、憍梵波提、賓頭盧、婆羅墮、迦留陀夷、摩訶劫賓那、薄拘羅、阿㝹樓䭾；如是等諸大弟子，並諸菩薩摩訶薩、文殊師利法王子、阿逸多菩薩、乾陀訶提菩薩、常精進菩薩，與如是等諸大菩薩。及釋提桓因等無量諸天大衆俱。

爾時佛告長老舍利弗：從是西方，過十萬億佛土，有世界名曰極樂。其土有佛，號阿彌陀，今現在彼，安隱住持，爲諸有情，宣説甚深微妙之法，令得殊勝利益安樂。舍利弗！彼土何故名爲極樂？其國衆生，無有一切身心憂苦，唯有無量清淨喜樂，故名極樂。又，舍利弗！極樂淨土處處皆有七重欄楯、七重羅網、七重行樹，皆是四寶，周帀圍繞，是故彼土名爲極樂。又，舍利弗！極樂淨土，處處皆有七妙寶池、八功德水充滿其中。是諸寶池，底布金沙，四邊階道，金銀瑠璃玻瓈合成。上有樓閣，亦以金銀、瑠璃、玻璃、硨磲、赤珠、瑪瑙而嚴飾之。諸池周帀有妙寶樹，間飾行列，香氣芬馥。池中蓮華，大如車輪，青色青光、黄色黄光、赤色赤光、白色白光，微妙香潔。舍利弗！極樂浄土，成就如是功德莊嚴。

又，舍利弗！彼佛浄土，常有無量衆妙天樂，音曲和雅，甚可愛樂。諸有情類，聞斯妙音，諸惡煩惱悉皆消滅，無量善法漸次增長，速證無上正等菩提。又，彼佛土，黄金爲地，其觸柔輭，香潔光明。晝夜六時，常雨種種上妙天華，光澤香潔。雖令見者身心適悦，而不貪著，增長有情不可思議殊勝功德。彼有情類，晝夜六時，常持供養阿彌陀佛。每清旦時，各以衣裓盛衆妙華，於一食頃，飛至他方無量世界，供養百千俱胝諸佛，即還本國。舍利弗！極樂浄土，成就如是功德莊嚴。復次，舍利弗！彼土常有種種奇妙雜色之鳥，白鶴、孔雀、鸚鵡、舍利、迦陵頻伽、共命之鳥，是諸衆鳥，晝夜六時，出和雅音。其音演暢五根、五力、七菩提分、八聖道等無量妙法。其土衆生，聞是音已，各得念佛、念法、念僧無量功德，熏修其身。舍利弗！汝勿謂此鳥實是罪報所生。所以者何？彼佛浄土，無三惡道。尚不聞有三惡趣名，何况有實。是諸衆鳥，當知皆是阿彌陀佛變化所作，令其宣暢無量法音，作諸有情利益安樂。

舍利弗！彼佛浄土，常有妙風，吹諸寶樹及寶羅網，出微妙音，説種種法，譬如百千種樂，同時俱作。聞是音者，自然生心作佛、法、僧無量功德。舍利弗！彼佛浄土，成就如是功德莊嚴。

舍利弗！彼佛何故號阿彌陀？由彼佛光明無量，徧照十方一切佛土，施作佛事，無有障礙，是故號爲阿彌陀。又，舍利弗！彼佛壽命，及諸有情壽命無量阿僧祇劫，故名阿彌陀。舍利弗！阿彌陀佛成佛以來，於今十劫。又：舍利弗！彼佛有無量無邊不可算數聲聞弟子，皆阿羅漢，具足種種微妙功德。菩薩弟子，亦復如是。舍利弗！彼佛浄土，成就如是功德莊嚴。

又，舍利弗！若諸有情生彼土者，皆不退轉。必不復墮諸險惡趣，常遊諸佛清淨國土。殊勝行願念念增進，決定當證阿耨多羅三藐三菩提。舍利弗！衆生聞者，皆應發願生彼佛土。所以者何？得與如是無量功德衆所莊嚴諸上善人，俱會一處，受用如是無量功德衆所莊嚴清淨佛土大乘法樂，速證無上正等菩提故。舍利弗！彼佛淨土，非少善根諸有情類可得往生。舍利弗！若有善男子、善女人聞説阿彌陀佛不可思議功德名號，極樂世界功德莊嚴，持名思惟，若一日夜、或二三日、或四五日、或六七日，一心不亂。其人臨命終時，阿彌陀佛與諸聖衆，現在其前，慈悲加祐，心不顛倒，即得往生阿彌陀佛極樂淨土。舍利弗！我見是利，故説此言。若有衆生聞是説者，皆應發願，如説修行，生彼佛土。

舍利弗！如我今者，讚揚阿彌陀佛不可思議佛土功德。東方亦有阿閦鞞佛、須彌相佛、大須彌佛、須彌光佛、妙音佛，如是等恒河沙數諸佛。各於其國，出廣長舌相，徧覆三千大千世界，説誠實言。汝等衆生，當信是偁讚不可思議佛土功德、一切諸佛所護念經。

舍利弗！南方世界有日月燈佛、名聞光佛、大燄肩佛、須彌燈佛、無量精進佛，如是等恒河沙數諸佛。各於其國，出廣長舌相，徧覆三千大千世界，説誠實言。汝等衆生，當信是偁讚不可思議佛土功德、一切諸佛所護念經。

舍利弗！西方世界有無量壽佛、無量相佛、無量幢佛、大光佛、大明佛、寶相佛、淨光佛，如是等恒河沙數諸佛。各於其國，出廣長舌相，徧覆三千大千世界，説誠實言。汝等衆生，當信是偁讚不可思議佛土功德、一切諸佛所護念經。

舍利弗！北方世界有燄肩佛、最勝音佛、難沮佛、日生佛、網明佛，如是等恒河沙數諸佛。各於其國，出廣長舌相，徧覆三千大千世界，説誠實言。汝等衆生，當信是偁讚不可思議佛土功德、一切諸佛所護念經。

舍利弗！下方世界有獅子佛、名聞佛、名光佛、達摩佛、法幢佛、持法佛，如是等恒河沙數諸佛。各於其國，出廣長舌相，徧覆三千大千世界，説誠實言。汝等衆生，當信是偁讚不可思議佛土功德、一切諸佛所護念經。

舍利弗！上方世界有梵音佛、宿王佛、香上佛、香光佛、大燄肩佛、雜色寶華嚴身佛、娑羅樹王佛、寶華德佛、見一切義佛、如須彌山佛，如是等恒河沙數諸佛。各於其國，出廣長舌相，徧覆三千大千世界，説誠實言。汝等衆生，當信是偁讚不可思議佛土功德，一切諸佛所護念經。

舍利弗！何故此經名爲“偁讚不可思議佛土功德、一切諸佛所護念經”？由此經中，偁讚阿彌陀佛不可思議佛土功德，及一切佛，各住本土，現大神變，説誠實言，勸諸有情信受此經故。舍利弗！若有善男子、善女人，聞是經受持者，及聞諸佛名者，皆爲一切諸佛之所護念，皆得不退轉於阿耨多羅三藐三菩提，定生阿彌陀佛極樂净土。是故舍利弗，汝等皆當信受我語，及諸佛所説。舍利弗！若有人已發願，今發願，當發願，欲生阿彌陀佛國者，精進修行，必爲一切諸佛之所護念，皆得不退轉於阿耨多羅三藐三菩提，定生阿彌陀佛極樂净土。是故舍利弗，諸善男子、善女人，若有信者，皆應發願，生彼佛土，勿行放逸。

舍利佛！如我今者，偁揚諸佛讚歎阿彌陀佛不可思議佛土功德；彼諸佛等，亦偁讚我不可思議功德，而作是言：釋迦牟尼佛，能爲甚難希有之事。能於娑婆國土、五濁惡世，劫濁、見濁、煩惱濁、衆生濁、命濁中，得阿耨多羅三藐三菩提，爲欲方便利益安樂諸有情故，説是世間極難信法。舍利弗！當知我於五濁惡世，得阿耨多羅三藐三菩提，爲欲方便利益安樂諸有情故，説是世間極難信法，是爲甚難。舍利弗！於此五濁惡世，若有善男子、善女人，聞是世間極難信法，能生信解，受持演説，如教修行，當知是人甚爲希有，無量佛所曾種善根。是人命終，定生西方極樂世界，受用種種功德莊嚴清净佛土大乘法樂。日夜六時，親近供養阿彌陀佛。遊歷十方，供養諸佛。於諸佛所，聞法受記。福慧資糧，疾得圓滿。速證無上正等菩提。佛説此經已，舍利弗及諸聲聞，並諸菩薩摩訶薩，一切世間天人阿修羅等，聞佛所説，歡喜信受，作禮而去。

此經什師譯本，暢行已久。文簡要，其義有過略處。奘師譯本，世鮮知者。義圓滿，其文較緐。今據什本，潤益奘文，義求無冗無漏，未敢妄自增損。庶誦經者，領略要恉，精修浄業，同生浄土，受勝妙樂。

中華民國二十有五年十月十五日張純一敬識

談　空①

佛教最重要的一個字，就是“空”。此一“空”字，即是包羅一切佛教的無上法寶。釋迦佛所以稱爲“空王”，又稱“覺皇”者，只是了證真空而已。世間衆生愚癡無知，執著我貪，不解空理，往往因欲滿足自己無常的物慾，恣意搶奪妄逞淫威。甚且用起大礮來搶，用起飛機來奪，只鬧得世界上無有寧静的一日。孟子説：“率土地而食人肉，罪不容於死。”真是不錯。

釋迦佛因證第一義空，而能空卻五濁惡世的名利虚榮。所以無我、我所之染著，能奮起大無畏之精神，救度衆生。若不是證得真空妙理，怎敢説“我不入地獄，誰入地獄?”

世界各教的教主，都不能像釋迦佛表示八相成道的偉大。如老子、孔子、墨子、耶穌等，現身世間，或爲華夏的菩薩，或爲邊地的菩薩，都不是佛。何以故? 以其都解空性，而空未盡善盡美故。故其教義，均未若佛法美妙邃密圓滿，其建白亦未若世尊降伏九十六種外道使皆五體投地而皈命故。更如釋迦降生特在文化優異的印度，道德純正的帝王家，顯示種姓的尊貴。而又能空卻苦空無常之富貴而出家。既已出了俗家，還要苦修成道，現身説法，教萬世人盡出三界家，無不成福利世間之圓

① 載《海潮音》第二十卷第一號（1940 年）。

覺者。這樣看起來，唯釋迦佛可稱爲上天下地極尊之人天師，其偉大真無可比擬了。

釋迦佛及自來一切佛，並文殊、普賢、觀自在等諸大菩薩，都是堅隐住在勝義空中的，故其慈悲無量，常應化人間，拯救有情，甚望人人皆能洞知空理，爲賢爲聖，無我利他以自利。無如一切衆生，無不執妄爲真，背覺合塵，争取汙世權位名利恭敬以自雄，動輒造罪於世間，爲禍於世間。以不知空理，我見熾然故。縱如嬴政、曹操，稱雄一時，而今安在？看起來，凡人生在世間，苟無真空智慧，雖具足權衛詭謀一時得意，都是極可憐憫，不足以稱爲自他兼愛、交利的人。老子云，“不知常，妄作兇。”言其與地獄、餓鬼、畜生三惡道相近也。佛典云：“無聞智慧，是名人身牛。”《隨園詩話》亦有句云：“趙家天子可憐蟲。”是故世間居高位作惡，使世界不得安寧的人，是之謂賤丈夫。賤莫甚焉，反不如鄉愚自知無知，不敢妄爲，唯務力田以利人者，可尊可敬也。

總而言之，能空世間污染者，下則爲賢爲聖，上則爲菩薩爲佛，必爲大有利於世道之人。不空世間污染者，下則爲鼠竊狗偷，上則爲巨寇大盜，必爲大有害於世道之人。是故我的唯一希望，願遍虛空無盡衆生，無不空盡羣實，不墮生死有海，在在忘我利他，咸證無上等覺，合釋迦空王而爲一。

改造耶穌教大綱[①]

張仲如先生，余於十年前讀其所著書，識爲博學通儒，抱負不凡，深敬之。顧緣慳，未獲一奉手，響往而已。今得先生郵示其近作兩篇，力爲耶穌呼寃，高唱改造耶教。難言能會，鍥而不捨，猶是十年前激切

① 載《覺有情半月刊》第五卷第二十一、二十二號合刊（1944 年）“從耶入佛專號”。

慨慷故態。洵可謂基督之忠臣、耶教之諍友已。適本刊閲者諸君頗多從耶入佛者，率欲筆其前後信仰之所由，以供兩教同志之探討。承遂公意，爰編斯專刊。即以仲如先生之文開其首，藉誌景仰焉。余不敏，於耶教義理，十不闚一。顧耶穌原爲佛徒之説，亦嘗聞先師劉上師言之，今復得達羅密索尊者之考證。而本刊“佛教弘傳世界號”（上年七月份）載有玉良君《鷲峰佛影記》，詳述德人某氏夫婦於西歷一九一八年在靈鷲山前攝得釋迦世尊説法像，其衆會中，耶穌儼然在焉。然則佛也耶也，本二而一。當茲劫火洞然之際，兩教大志闓士，把臂同行，共肩菩提薩埵之大任，拯斯民於水火，轉穢土爲樂園，豈不懿歟！編事既竣，謹記緣起如此。

一、最上乘的《新約》，行者莫不免沉淪得永生，無關文字。耶穌所言聖教量，已是下乘《新約》，猶太人羼雜之謬説，非盡删汰不可。所有半是半非處，則改正之。

二、上帝即一真法界之異名，實相無相，亦即一切衆生本具之真心，具足無量功德，在聖不增，在凡不減。

三、一切衆生之真心，與耶穌無二無別。平等平等，故人人可成耶穌。

四、廢去猶太“基督”之劣稱，改稱“耶穌菩薩摩訶薩”。

五、聖靈即一切衆生本具真心之異名，唯屬純净無染時之特稱，無去無來。

六、一切衆生昧本真心妙明，背覺合塵時，名曰魔鬼（有内外之别）。

猶太人臆造之上帝，載在《舊約》者，種種無道，不勝縷述；新約之上帝，雖不若舊約上帝之狂惑，而背乎真理處，亦不勝數，確是障道的天魔。今所謂“一神”，違反上帝無所不在、一即一切、一切即一、一多不二之諦理，即爲不應禮之偶像。教徒以不拜偶像爲第一要義，即自相矛盾。又不知十字架及麵餅、葡萄汁，皆是變相之偶像。

謂木雕之佛像非佛，何以麵餅、葡萄汁竟是耶穌？麵餅、葡萄汁既是耶穌，則木石之佛像當然是佛，何只見兄弟目中有刺，不知自己目中有梁木也。

以崇拜天魔故，本其嫉妒心，不拜任何有恩於己、有德於世之人，增長無限傲慢心，即沉淪生死之根本。不祭祖先，不知報本反始（諺語云“爲人不祭祖，等於養猪狗”），安望民德歸厚？祭祖乃明真常性靈周遍無終也。

不拜父母，背恩忘本，罪同忤逆，居然禽獸。佛法視父母爲補處菩薩，孝過於儒遠甚。（墨氏視天下人之父母如己之父母，兼愛之，孝未能與佛齊。）以父母即真實上帝無量功德之化身也。

敬禮諸佛菩薩先聖昔賢，是引發自心普利萬世衆生之性德。傲慢不敬，即絶其希賢希聖之願望，並埋没自己本具佛菩薩大慈大悲的真心，無由引發。是爲地獄種子，畜生道成，出苦無期，極可哀愍。

皆一神偶像之上帝陷害之也。

諸佛菩薩福利永世，功德無量。吾人瞻仰相好莊嚴，恭敬禮拜足以止邪僻之緣，解塵勞之縛。况諸佛法身，周遍法界。我佛平等，凡聖一如。能禮所禮，十方清浄。即禮一佛，即是游戲十方諸佛大圓覺海，即是慈心遍覆十方一切衆生而無限齊。一刹那間，等於成佛。方便巧妙，增長福慧，何可思議。

原基督徒不拜佛菩薩者，以邊地無此精微之文化故。衹知以木石之心視木石，不知以佛心禮佛，更不知尊崇佛菩薩之光明神威，感應道交，自壽而壽世也。

中國、印度爲世界精神文化最優秀之地，非佛法不到之猶太邊地比。乃崇尚歐風者，福薄慧淺故，不嫻詩禮，更無緣聞法，盲從西人之謬傳，信仰天魔外道，昧本妙明周流宇宙之真心，迷失宗體，倒執邪説，沈淪生死有海，無由獲得永生。凡關耶穌無我浄行，如佛空義，從無知者，豈不冤哉！

世間法無如儒教美滿，出世法無如佛教美滿。無世間法，不能圓成出世法；無出世法，亦不能圓成出世法。无出世法，亦不能圆成世间法。無出世法，亦不能圓成世間法。墨子以出世勝義，成世間妙行，亦極卓絶。《大般若經》云："非異世俗别有勝義，世俗真如即是勝義。"尚已！猶太世出世法，均極陋劣，不足與墨儒佛並駕。耶穌本佛教徒，改革猶太舊教，誓願宏深。無如游牧種族，不可語道，錮習難易，不惟無福承受耶穌聖教，反將耶穌釘死以爲快。實由其上帝横中，不能容故。是耶穌實死於猶太上帝之手。乃教徒至今不悟，猶本其上帝之排斥異己性，遺傳成慣，崇邪拒正，終不知依儒佛諦理，補其缺而救其失。嗚呼哀哉！

宗教要妙，惟在識自本心，無妄成佛。自心量等虚空，與無邊世界無量衆生，是一非二，無可分别。妄起分别，則我法邪執横生，沈淪生死，無出苦時。故孔子"毋意、毋必、毋固、毋我"，"無適、無莫"義之與比。諸佛菩薩普度衆生，演説妙法，惟是無我利他而已。有我則罪業無邊，苦惱無邊。無我則智慧無邊，福樂無邊。不利他，則有我之妄執顯；利他，則無我之真常露。周遍法界，無異體故。十架即示無我之真常，免沉淪得永生之模範也。顧有形之十架，爲時甚短，非出於耶穌之素行者，毫不足貴。而無形之十架，則終生無間，造次必於是，顛沛必於是，斯足珍也。

基督徒以不拜偶像爲高，而拜偶像變相之十架，横執我法，認妄爲真，何束於教乃爾。西人無識，承訛傳訛，吾國人盲從，不知耶穌真理無不符合佛教。凡不符合佛教者，均非真耶穌教。嗟乎！耶穌寃沉海底，千九百餘年矣！吾不爲昭雪，將誰待之？唯真宗教妙理無盡，説不可盡。幸有佛教經論甚多，皆救衆生解脱生死無上法寶，欲免沉淪、即身成佛、普度衆生者，可抉擇而研尋焉。

經此改造，提高耶穌教證果地位七十餘層，庶幾追蹤佛法，可稱世界上乘宗教矣。

耶穌基督原是個佛教徒[1]

余二十年前，嘗謂耶穌十二歲後三十歲前，《新約》無記載，不知如何苦修，疑必潛往印度學成而歸。何也？緣其終身不娶，儼然在家戴髮高僧。其普度衆生，無我勝行，確是菩薩摩訶薩，非佛常呵斥之二乘所能企及。其宣傳福音，多入微妙處。除去偏駁羼雜者，實與大乘佛法等無有異。又得保羅以菩薩行紹隆其傳，故其道傳遍歐美，有裨世道，亦云鉅矣。惜爲猶太梵天之上帝，愚人亞伯拉罕之一神，障蔽真光，不足以弘揚於東亞。况乎傳者不辨真妄，執一賊道，誤盡天下蒼生，未免寃殺耶穌。余久欲爲耶穌雪寃，俾與佛教會一，同爲無上之宗教，庶少盡普利未來一切有情之天職。無如教會頑錮，不堪與語，徒唤奈何而已。今得錫蘭達羅密索尊者著《夢中的佛陀》一文（高風譯），是耶穌留學印度之確證，足見余言之不謬。茲將原文節録於後，以破基督徒之迷惑而解其繫縛。

前次世界正大戰時，德皇威廉凱薩夢見一世界地圖，中央有十字架，光芒四射，後漸顯出是一佛陀云。

佛教與基督教，不是兩種對敵的宗教。基督教是大乘教的一派。“基督教”是梵文“菩提薩埵衍”的正當翻譯。耶穌自降生至長大成人，都是個佛教徒。他降生前四世紀的祖國敘利亞，由於阿育王傳教團的宣傳，改宗佛教的。耶穌一生，始終是個菩提薩埵，爲著他人的幸福，犧牲自己。

據《新約》所載的東方博士，即是印度佛教的傳教師，想從他的事業開端時加以指示，此佛教徒歷史的習慣也。在最近所發現的一本藏文名爲《格洒傳》的，内云，耶穌二十歲以前，曾赴印度求學，入著名的

---

① 原與上文同載《覺有情半月刊》第五卷第二十一、二十二號合刊（1944 年）“從耶入佛專號”。

那爛陀大學。當時教長是西囉罷多羅。耶穌在最短時間内，完成了宗教學程，實屬難能可貴。在大學中，他正如一顆寶石，光芒四射。當此之時，西藏王遣使赴摩竭陀，向國王斯勒迭帝亞，請求派一批佛教傳教師前往西藏，改革佛教。西囉罷多羅與斯勒迭帝亞，都屬意於耶穌，就由他率領傳教師赴藏。他在藏工作三年，奠定佛教信仰，就回敘利亞去了。他宣揚佛教的教義，顯見是個大乘教派的改革者。他的教派，與現在西藏所流傳者頗多脗合。這樣，佛耶兩教間的惡意和衝突，將何由而起？他們原是二而一的。拙著耶穌菩薩正義八種，皆據佛道墨儒妙理，闡發福音精義，並説明其駁雜紕繆處，以便學者宣究。書目如下：《删訂福音新編》、《耶穌基督人子釋義》、《耶穌立教六綱》、《耶穌神通義證》、《福音祕義》、《融通各教談道書》、《改造基督教之討論》、《佛化基督教》。仲如附識。

國學簡擇[①]

國學範圍甚廣，略舉四書爲例。四書中已詳鄙著《國學闡微》及《課餘覺語》者不贅。

鄙人研究國學，覺淺識著作家、外行鑒賞家出版物太多，大都濫造妄作。其爲有識不願讀、青年不可讀者過半，足令國學固有水準，日形低落，益增性道之錮蔽，惑世甚矣。罕見真讀書人，標孤芳於名山，一辨黑白，良堪浩歎。竊以著述之事，在能灼見諦理，窮真斷惑，發先民所未發，開純正風氣之先，教人抗賢希聖，福利永世；非以追逐汙世之濁流，投時好而沽名于禄也。至於教育，非異人任，必具真知學者，妙覺圓明，與世無争。環顧宇宙萬有，皆我清静莊嚴無邊法身中所現物，公天下人之身爲一身，即不得不盡除天下人横私天下之身幻有之身患。使一一皆以身公之天下，在在率真而無患，而天下始真無患。本此旨趣，

① 原載 1945 年《文教叢刊》第三、四期合刊。

磊磊焉，落落焉，開拓學子萬古胸襟，使知心包大虛，物我一如，薄世虛榮，而濟世心長。無論司法、行政、理財、治兵、爲農、爲工、爲商、爲醫皆可贊天地之化育，與天地參。惟率自性，□浄之□而盡其分，無欺而已。故敷教者不能盡性以壽世，則道德不透宗，安有優秀人才？從政者不能盡性以壽世，則治平無定準，安有大同景運？性道不明，終古長夜，舉世詭隨，則人盡不人，貪瞋痴闇，毒燄熾然，延燒大地，勢必以强劫弱，以詐欺愚，咸召飛機大礮，戰争殘殺，地獄劇苦，活現世間。欲國不亡、家不破，烏乎能！然則欲創造高度的文化，非提高國學水準、唤醒國魂不可。鄙著《墨子集解》、《孝經通釋》、《老子通釋》、《陰符經真解》、《讀莊子札記》、《列子抉擇談》等等，皆據内典圓詮，發揮人生福利則世間勝義，期以圓滿道墨儒三家學理，俾來學窮理盡性以至於命，會□有極。取法歐美特長，堅固立國根本，圓成□民主化，化天下爲一家也。今欲解除學術教育低度束縛，闡明救世真實原理，聊述管見，希望有道教正。民國三十三年八月二十一日寫讫。

論　語

獲罪於天，無所禱也。

天者，一真法界之異名。其體性本浄妙明，具足無盡德用，不可思議。順之者昌，逆之者亡。吾人果能明心見性，全真無妄，則獨步乾坤，逍遥自在，無難援羣生於仁壽之聖域。是爲不禱之□禱。奚庸如外道凡夫，媚奥媚竈，安禱爲耶？

夫子之言性與天道不可得而聞也。

性外無天，道無窮盡，不可言詮，亦不妨言詮。既非不可言，即非不可聞，特患其知有不盡耳。

曾子曰："士不可以不弘毅，任重而道遠。仁以爲己任不亦重乎，死而後已不亦遠乎！"

弘者，心量寥廓也。毅者，願力堅强也。仁者萬有一如之種性，豎窮横遍，通於無量有情，而無分者也。倘不以無緣大慈、同體大悲普濟之，使一一皆安於其性之真而無或傷，即吾性有未盡，有虧私於壽世之重任。曰“仁以爲己任，不亦重乎”，允已。曰“死而後已，不亦遠乎”，則見性未徹，墮於斷見，不可從。夫人生形壽無常，現有死相，是名分段生死。而本净妙明真心，則先天地生而不爲久，乃至天地廢墜而不少虧。本來無死無生，故真人具真修，金剛道成，變易生死空，安住究竟涅槃，得大自在。□願普度盡未來際無盡衆生，盡成正覺，無已時也。

子絶四，毋意，毋必，毋固，毋我。

四“毋”字，當從《史記》作“無”。章太炎《菿漢微言》云，“無意”即末那一現，“無必”即恒審思量不現，“無固”即無我執法執，“無我”即無人我法我。愚案：章説“無固”“無我”是也，説“無意”“無必”欠審。“無意”者，無恒審思量也；“無必”者，無虚妄分别也。《説文》：“必，分極也。”

回也，非助我者也，於吾言無所不説。

《朱子集註》：“‘助我’若子夏之‘起予’，因疑問而有以相長也。顔子於聖人之言，默識心通，無所疑問，故夫子云然。其辭若有憾焉，其實乃深喜之。”愚案：“若有憾焉”，見夫子之大，甚是。又曰“實深喜之”，則識量未免過狹，是爲厚誣聖人，不知聖人甚已。胡氏曰：“夫子之於回，豈真以‘助我’望之，蓋聖人之謙德，又以深贊顔氏云爾。”愚案：非真望助，是夫子説誑也，豈是謙德？深贊顔氏，是夫子我慢□高也。道豈夫子所得私，又豈一人所能盡，如胡氏之言，害道甚已，害夫子甚已，不可從也。釋尊説法四十九年，尚謂未嘗道著一字，是真能見道之大全者也。故佛弟子了知佛祖真心，無法執者，往往訶佛罵祖，啓迪佛子圓具佛性，不假外求，皆佛門所嘉許也。是即夫子於及門諸子無望，而獨望回爲助之深心，故曰“當仁不讓於師”。漢宋儒者，從未睁開眼孔，不知道無窮盡，天壤間一蟲一草至一微塵，無非道之所寄，在在應機説法，竟視孔子以外無道，害道之至，誤盡後學，皆孔子之罪人也。

顔淵死，子哭之慟。

顔淵形壽促而性真常，雖未得究竟涅槃，要自不生不滅。子哭之慟，足徵未了法界體性，難得無漏大自在身。

唯上智與下愚不移。

“不移”之説，亦可成立，未可執著。《書》云“聖罔念作狂”，是上智移爲下愚也。“狂克念作聖”，是下愚移爲上智也。至於上智下愚之分，俗諦有，勝義無。以真如法性，無聖無凡，在聖不增，在凡不減。而衆生往往依真起妄，真妄互熏。真有力時則妄滅而爲聖，妄有力時則真隱而爲凡也。是知孔子之學，諧俗者多，契真者少也。

回也其庶乎屢空。

顔子心齋坐忘，墮肢體，人我空。黜聰明，法我空。是謂屢空。幾近於道，而猶未至空無可空、空空如也境界。故曰其庶乎屢空。蓋無間道上勝解空，非解脱道上畢竟空也。朱子誤解，識淺不足以知深也。是非莊子不能宣其藴也。

大　學

大學之道，在明明德，在親民，在止於至善。

明德是體之相。明明德是體之用，雖即相用可知本體，究未若顯彰本體爲愈也。僅仁民而不愛物，性德未圓明也。“至善”之説，過於儱侗，縱不條理義相，亦當約舉綱要以爲言。此文應作“大學之道，在明自心總乎宇宙之明德。在本明德，盡其性以盡人物之性。在止於圓妙等覺，無量壽光。”言自心圓具明德，明之又明，了知萬異一同，平等妙義。法界一身，壽光無量。天地不足常，日月不足光也。

知止而後有定，定而後能静，静而後能安，安而後能慮，慮而後能得。

此即内典所謂戒、定、慧也。亦即止觀雙運。惟“慮”有思考求索義，非真能定、能静、能安之相，當作“安而後能慧”，始與上文相應。至云“慮而後能得”，不知本無可得。於自證境，亦衹假名爲得，非果有所得也。當作“慧而後能得，無所得無所不得”。斯諧矣。

古之欲明明德於天下者，先治其國。欲治其國者，先齊其家。欲齊

其家者，先修其身。欲修其身者，先正其心。欲正其心者，先誠其意。欲誠其意者，先致其知。致知在格物。

欲正心先誠意，意爲心之所發，心正意自誠，未免本末倒置。又心果如何能誠，義不了徹。當作“欲正其心者，先斷無始無明，了證周徧本淨真心”。斯爲正心之了義。欲正其心者，先致其知，致知在格物。人必即物窮理以盡其致，知萬有森羅，本一真心，平等平等，從無始終彼此之差異。自他俱利，是爲大樂。有此真知識，而後有真道德。有真道德，而後有真事功。是故聖人知天下不難平，而自心難平。欲平天下，先平自心。一心圓淨，萬方圓淨。感無不通，而天下平。心金剛界，無分別故。

自天子以至於庶人，壹是皆以修身爲本，其本亂而末治者否矣。

壹是皆以修身爲本，據原文當作“壹是皆以誠意爲本”。以意不誠，心不正，身即不修也。今皆無取。□云天下無盡德業，壹是以妙明真心寂照爲本。其本亂而末治者，未之有也。例如堯納舜於大麓，烈風雷雨弗迷，是爲究竟堅固大定。《莊子·田子方篇》曰：“有虞氏死生不入於心。”是其所以有天下而不與，無爲而治之大本也。

格物致知。

友人李雪麾云：古人八歲入小學，習文字，即格物致和之理。非大學闕格致也。純一案：李説是。古者家塾黨庠，説文解字，考究天地萬物一切性相之諦理，俾知道無不在，萬有不得遯而皆存，即格物致知，聖功之初基。十五入大學，則專學成己之仁。成物之智，而内外不二之性德備已。朱子不憭，以大學闕格致，取程子意以補之，未免隣於空疏。後儒踵謬，不知其非，以致國學水準日低，物理科學終不昌明，世運日衰，可歎。

未有學養子而後嫁者也。

養子之事，不待學而能，養子之理，不可不學而知。不學而養子，不過塵劫一衆生耳。善學者，欲不養子即不養子，欲養富貴壽康子即養富貴壽康子，欲養賢聖佛慧子即養賢聖佛慧子，豈不妙甚！《中庸》曰：

“君子之道，造端乎夫婦，及其至也，察乎天地。”具有至理。惜未言其概要，是大缺憾。朱子未能作注。此國學所以日微人道終無進步也。

中　庸

天命之謂性。

作者見道未憭，義詳拙著《國學闡微》。茲復補綴剩義。斯人性具萬德，往往昧本妙明，逐業遷流，沈淪惡趣。即在人道，一切智愚、窮達、貧富、壽夭，皆緣前因感報，莫非自作自受。種種等差不平，豈天命之？當作“宇宙萬有，妙湛一如之謂性，率性真常之謂道。”

喜怒哀樂之未發謂之中。

非也。喜怒哀樂爲德之□，雖未發爲現行，却有種子未盡，不得爲“中”。此儒者見性未圓了處，當作“無思無爲，寂然不動，謂之中。感無不通，動皆中節，謂之和”。

至誠。

章太炎謂《中庸》之“至誠”，爲無明癡相。初聞似嫌斥之過甚，細審之，實爲卓識。何也？未能空我空法，了證真空佛□周徧法界。縱發莊嚴，猶著於物，是癡莊嚴。

孟　子

孟子道性善。

孟子言性善，與荀子言性惡，皆非第一勝義。不知性之真際，本無善惡。老、莊、孔、墨四聖，皆不言性有善惡，可謂見諦。告子，墨子弟子，言性無善無不善，蓋本師説。楊子嘗言善惡混，韓退之言性三品，皆未足與言性也。

孟子曰：萬物皆備於我矣，反身而誠，樂莫大焉。

所謂萬物皆備於我者，心同理同也。反身而誠，樂莫大焉者，一切法自性，即身潔而現，是爲大樂身也，可謂知言。乃以犬之性非牛之性，牛之性非人之性，然則萬物皆備於我者何事？未免自相矛盾。足見孟子不知性之真元，豎窮横遍，本無時量、方量之分也。釋尊有言曰：一切衆生，皆具佛性。又以在有情爲佛性，在無情爲法性，一元廣運，平等極矣。墨子曰“無窮不害兼”，故貴兼愛，慈悲無量，符合佛理，其豈孟子蠡測所能及哉？

楊氏爲我是無君也，墨氏兼愛是無父也，無父無君是禽獸也。

綜觀周秦漢魏書，皆孔墨、儒墨並稱，甚尊崇也。從無偏僻如孟子，並楊墨而辟之者。天下無盡罪惡，由無真知，妄執有我而生。楊子因當時兼愛説盛行，故反其説而爲我，迎合汙俗心理以成名，叛道悖德甚矣。孟子距之是也。又加之罪，誣爲無君，則非也。義詳拙著《周秦哲學史·楊朱章》。墨子德總天地，故能無我而兼愛，與孔子無我故中心物愷、兼愛無私同。孟子武斷墨子兼愛爲無父，詎知父在兼中。兼即充孝之量與舜禹同乎！抑豈墨子兼愛爲無父，禹湯文武孔子兼愛爲有父乎？義詳拙著《墨子集解》及《周秦哲學史·墨子章》。

墨子兼愛，摩頂放踵，利天下爲之。

當作“墨子兼愛，摩頂放踵，利天下萬世爲之”。《墨子·大取篇》曰：“愛衆世，與愛寡世相若。愛尚世與愛後世，一若今之世。”足證墨聖心光曠照，無方量、時量之分限。

桃應問曰：“舜爲天子，皋陶爲士，瞽瞍殺人，則如之何？”孟子曰：“執之而已矣。”“然則舜不禁與？”曰：“夫舜惡得而禁之！夫有所受之也。”“然則舜如之何？”曰：“舜視棄天下猶棄敝蹤也。竊負而逃，遵海濱而處，終身訢然，樂而忘天下。”

皋陶執瞽瞍，舜不得而禁，具見法治精神，能濟德治之窮。義與《小戴禮·文王世子篇》，“公族有死罪，有司致刑”同。甚是。至云“舜視棄天下猶棄敝蹤”，竊負而逃，竊不謂然。何也？竊負其父而逃，是爲匿刑之人。罪發維鈞，舜不應自構成罪也。又棄天下而逃，可使其父無罪乎？不可也。皋陶逮及，奈之何？天下重任在肩，較輕於其罪在不赦之父乎？是非以其小者奪其大者乎？舜殛鯀於羽山，禹不仇舜而事之，以鯀咎由自取，尊法爲治也。亦以天下之溺者衆，不忍視其終溺而不救也。大舜之智，不在禹下，豈以無救於罪當抵死之父，而棄天下之重任乎？《管子》曰：“不爲愛親危其社稷，社稷戚於親。”是之謂大孝不匱。孟子昧於天下一家之大義，妄測舜逃，何其陋也！又云“終身訢然，樂而忘天下”，不知舜憂天下之憂，非無關世運休戚之人。孟子識淺，烏足以知至聖？然則舜如之何，亦惟俟皋陶之執法，自以人子之禮始終事之而已。卅三年八月二十一日寫訖。

漢陽張仲如先生，由耶而入墨，由墨而入佛，可謂善變者。觀其於佛，宗在賢首《楞嚴》，與予治法相、唯識異。又其揚道墨而抑儒，與予之宗儒異。然先生於我，特爲契誼。予講《説無垢稱經》於長安寺，因舉堅白之喻。先生曰：“堅白相離曰離宗，名家之説；堅白相盈曰盈宗，墨家之説。似無短長。”予曰：“離人無軍，離樹無林，離五蘊十二處十八界無我，無有情，無壽者，無作者，離堅及白何有石乎？”先生曰：“可，離宗理長。”更舉此篇相質。予曰：“公爲一元論者，予爲多元論者，安能同？”曰：“可並存否？”曰：“□禮盈宗與離宗也。”先生不以爲迕。謹俟先生之再變也。先生年已過七十，而心志勃勃如少年，聲出如嬰兒，健步自如，不賴輿馬。蓋其心直口直，服善而無定執，不慕榮利，恤貧窮而傲富貴，灑然實有得者也。此篇爲其授徒之作，予有《大學中庸論孟新疏》，對各章别有解釋，此不詳。先生尤不足《孟子》，然如此篇卒章所云：“然則舜如之何，亦惟俟皋陶之執法，自以人子之禮始終事之而已。”然殺人者死，既惟俟皋陶執法而聽其殺矣，又將如何自以人子之禮始終事之耶？以是知先生之見疏於《孟子》遠矣。卅四年十二月編者。

提高耶穌教證果地位①

耶穌教義，間有真見性語，堪與老莊孔墨四聖並駕。亦少有上追及

① 載《覺有情半月刊》第七卷第九、十號合刊（1946年）。

佛者。惜其義多半而未滿，果極天乘，屬生滅門，未出六道凡夫輪回之苦。蓋混雜猶太一神偶像謬説。所謂上帝，根本錯誤，信徒無識，不辨真妄故。《新約》前三福音，未聞道妙。約翰進焉，而倒邪之見滋繁。如獨生子之不平等，及凡在我先來者皆爲賊爲强盜之胡説等類是。保羅解超約翰，認識耶穌有中肯處，究不了知凡屬含靈皆是無所不在上帝變化，人人可成耶穌。而天魔外道口吻，在在皆是。每言聖靈，不知是真實上帝之異名，即一切衆生本具佛性，隔靴搔癢，徒增教蔽。皆爲猶太天魔之上帝，愚人亞伯拉罕之一神所障礙，未能攝外，歸本真心，竟至永生要義，始終條理不得其詳。於宗於教，盲昧無知，一味迷執我法，以不拜偶像爲第一義。詎知猶太人之祖先鑄金爲牛，固不應拜，若天竺諸佛，此土諸聖，恩澤普被，足爲萬世典型，塑像瞻仰敬禮，增長性德無窮，福利世人無窮，豈彼牛比？祭祀祖先，報本反始，明性靈真常，周流無終，足令民德歸厚也。父母即真實上帝現身，慈悲無量，欲報之德，昊天罔極。乃視活父母亦爲死偶像，忤逆不拜，背恩罪大，禽獸不如，應墮地獄。

以崇拜獨一天魔故，破壞世間勝義、出世妙法，戕賊信衆性靈甚矣。彼游牧人，未聞義禮，唯好喫喝，故以喫耶穌肉喝耶穌血爲上，直與天魔上帝須殺信徒愛子獻之於己，同一殘忍滅絶人道。以游牧時地野蠻惡習，來此摧殘高深文化，稍有真知者孰肯昧盡天良，信從邪教，甘作魔子魔孫乎？抑思喫耶穌肉喝耶穌血者，以崇拜教主之虔誠，無可表現。又避拜偶像之名而爲之。孰知麵餅、葡萄汁，以及十字架，皆是變相之偶像，遠不及以自佛心，禮佛相好莊嚴慈悲神威之文雅平等也。故耶教徒名爲不拜偶像，實拜天魔嫉妒性成之偶像，又拜十字架、麵餅、葡萄汁之偶像。蓋未聞禮教之人，只以泥木之心視泥木，未能以佛心禮佛故。而横通竪窮之無相妙身，化爲無量佛菩薩，無量聖賢，無量衆生身，盡與耶穌爲平等一心，無二無别者，衹被一神詭戾之説詿誤無遺矣。

凡中國人迷信真僞羼雜之耶穌教，而不辨其是非者，皆未讀老莊孔墨諸書，昧於宗教真理故。福薄慧淺，無緣聞佛法故。是真可憐憫者。

余嘗據佛道墨儒教義，著改造耶教書十餘種，亦即保羅“苟能救兄弟雖與耶穌决裂亦甘之”深心。惜乎教會頑錮，竟無真知通人可告語者。深山藏之。近又著《改造耶穌教大綱》，提高其證果地位七十餘層，庶幾追蹤佛法，可稱世界上乘宗教矣。

總之，猶太之天魔一神，不急改造，則信衆沈淪生死，輪回六道，永無了期。一經改造，知上帝在萬有之中，宇宙萬有莫非上帝顯現。唯一真如本寂無生，妙運無方，心無所著。自覺覺他，事理無礙矣。

名家惠施學説[①]

惠施，宋人，爲梁惠王相。宗墨道兼愛、非攻，祖述辯學，以堅白鳴。莊子與之友善，《逍遥遊》、《德充符》、《至樂》、《則陽》、《外物》、《寓言》諸篇，屢記其言。《秋水篇》，莊子與惠子遊於濠梁，清談樂契。《徐無鬼篇》，莊子送葬，過惠子之墓，發郢匠之喻，曰：“自夫子之死也，吾無以爲質矣，吾無與言之矣！”是猶伯牙慟子期之亡而絶奏也。故莊子敦友誼，附惠子學説於己書後。

惠施多方。其書五車，其道舛駁，其言也不中。

此總括惠子之道，與己不同也。成玄英疏：舛，差殊也。駁，雜揉也。道理殊雜不純，言辭雖辯而無當也。純一案：方，術也。書五車，言其博也。莊惠體道同而致用異。莊宗黄老，貴渾而賤分，故於墨學名學有微詞。惠宗墨而達以名，即渾而分，即分而渾，顯真俗雙融之妙也。學者幸勿泥莊説而偏誤。

歷物之意，曰至大無外，謂之大一。至小無内，謂之小一。

神遊乎萬物之總和，歷歷辯别其意。本一兼也，大一小一，非是二一，一兼無别也。

無厚不可積也，其大千里。

---

① 原載南京《政治季刊》第六卷第一期（1948 年）。

此墨《經》“厚有所大”、《説》“厚惟無所大”之引申義。無者，虚空之異名。似乎無有，無厚可言，不可積累而成大。詎知無雖無形，實是妙有。天下從無一有，不因無之漸積而成。故無之似乎與有者，其厚不可量；似乎不可積者，不待形積，而無形之積，豎窮横遍，莫知其極。積無内之至小，而成無外之至大，何止千里。

天與地卑，山與澤平。

太虚寥廓，地水火風，四大互攝。孰非天？孰非地？孰非山？孰非澤？地者，大氣中一彈丸耳。積氣爲天，天包地外，亦盈地中。天在地上者爲高，天在地下者爲卑，天在地中者，無高無卑，即高即卑。又登高山，俯視白雲，是天卑於地也。曰“天與地卑”，誰曰不宜？雲者，水蒸氣也，淵之變相，是澤高於山。夫雨澤，出於深淵，入於深淵，降自天時高於山，歸於海時低於山。徧太空有水澤，故諺云“山高水高”。凡山上築屋，屋内溼氣蒸騰，可證。又如露如霧，不在山上乎？《易·説卦》云，“山澤通氣”。辯者所謂“山淵平”，皆《墨經》“取下以求上，説在澤”之恉。曰“山與澤平”，折中言之耳。《荀子·正名篇》以山淵平爲“惑於用實以亂名”，所見粗陋。蓋儒者通病也。

日方中方睨。

睨，側視也。日中則仄，明天地密移。忽中忽側，宇徙無常也。喻人生如朝露，能不貴兼以貞真常之性乎？

物方生方死。

言物理，成住壞空，即生即滅，無稍停時。鬻熊曰：如人自生至老，“貌色智態，亡月不異。皮膚爪髮，隨生隨落，非嬰孩時，有停而不易也。閒不可覺，俟至後知。”釋氏警策人勵真修曰：“是日已過，命亦隨減。”是見諦語。此方生方死，言凡有形者無常；而形形之無形者，固無生死也。

大同而與小同異，此之謂小同異。萬物畢同畢異，此之謂大同異。

世閒物情，或小或大，莫不同中有異，異中有同。一一有同有異，如大圜與小圜，同爲一圜，而有大小之異，而爲三百六十度同。又同爲一馬，而有白馬驪馬之異。雖有白馬驪馬之異，而乘馬同。此之謂“小同異”。又如萬物形狀萬異，無一同者，而性理一同，無或異者。故自其異者視之，肝膽楚越也。自其同者視之，萬物皆一也。此之謂“大同異”。無論小同異大同異，要皆妄有萬異，真唯一同。不一不異，無可分也。

南方無窮而有窮。

本無方，安有南？南因方而假有，不可言無，不可言有。故無則無窮，有則有窮。舉一隅，三可知也。

今日適越而昔來。

《齊物論篇》亦有此言，“來”作“至”。言心先形至。未適越前，心包太虛，地豈能外？越豈能外？今日適越，就形言耳。實則心已於昔來越久矣。

連環可解也。

此胚胎於《墨子·大取篇》，“於所未有而取焉，是利之中取大。於所既有而棄焉，是害之中取小”之隱語，言著有則不可解，不著有則可解也。兩環中空未嘗相連，有空無環，無可解而解也，環本幻有。了知“天下無人墨子大取”真實妙理者，何有於環，何有於連環？秦昭王遣使者遺君王后玉連環，曰：“齊多智，能解此環否？”君王后以示羣臣，羣臣不知解。君王后引錐椎破之，謝使者曰：“謹以解矣。”見《國策》。

我知天下之中央。燕之北，越之南，是也。

此明地圓之理，本墨經“宇進無近”申其義。天下本無中央，凡愚以爲有中央，則由燕之近而敷遠，極北至於越之南；由越之近而敷遠，極南至於燕之北，兩相接處是也。此文秘指，以一兼遍沙界，本無彼此遠近可分也。

氾愛萬物，天地一體也。

天地與我並生，性體不二故。萬物與我爲一，不過體分於兼耳。不兼愛之，即是不自愛，自損慧命者大矣。何也？無上正等妙覺，因不圓，果不滿也。

惠施以此，爲大觀於天下，而曉辯者。天下之辯者，相與樂之。

惠施辯才無礙，神託於秋毫之末，而大宇宙之總，以此爲大觀於天下。兼天下之辯者而曉之，於是天下求證心源者，無不心心相許，相與樂而習之。

卵有毛。

言凡卵生之物，毛之性，已具於卵中也。

鷄三足。

鷄之兩足，不能自動，須神御之，故云三足。

郢有天下。

此本墨經"荆之大，其沆淺也，説在具"演其義。郢，楚都也，亦天下之一微塵。道不遠而難極。一郢之虚空，不小於天下之虚空；天下之虚空，不大於一郢之虚空。此空彼空，等無有異，故"郢有天下"可也。凡見性人，不必在郢，雖不出户，皆有天下可也。此破彼此大小之妄執也。

犬可以爲羊。

犬羊形異，而性體同。性假異物，託於同體，千變萬化，未始有極。忽然爲人，見賈誼《鵩賦》；人可以爲犬，見《三大士傳》；羊可以爲人，見《楞伽經》；犬何不可以爲羊？又名非實，實非名，犬不自知其名爲犬，羊不自知其名爲羊。名形在人，故犬可以爲羊。此破名相執也。

馬有卵

馬雖胎生，胎始結時，猶之卵也。

丁子有尾。

楚人呼蝦蟆爲丁子。世人共知蝦蟆無尾，不知其初出卵時，名爲蝌蚪，頭大、尾細、色黑。後生四肢而尾没，始成爲蛙。初生時，固有尾也。凡屬有情，初入卵時，皆如丁子有尾也。

火不熱。

此《墨子·經下》文。言火性雖熱，遥見火者，但見其光，不覺其熱。若不著火，火不能燒，與不熱等。義詳拙著《墨子集解》。

山出口。

有山無人，山等於無。山名出於人口，而山形宛然。明山唯識變也。《荀子·不苟篇》"出乎口"，揚倞注"或曰即山出口"，言山能吐納雲霧，是山有口也。

輪不蹍地。

地平輪圓，輪轉迅速，與地相接者幾希，而地自若。輪未有蹍地之心，地亦無輪蹍之感。如鳥飛空，絶無鳥跡，可云"輪不蹍地"。成疏引《肇論》云："旋風偃嶽而常静，江河競注而不流。野馬飄鼓而不動，日月歷天而不周。復何怪哉？復何怪哉！"此喻法性本無生。一切有爲法，幻相無實，不必執著也。

目不見。

此本《墨子·經説下》："以目見，若以火見。"即《公孫龍子·堅白論》"火與目不見，而神見"之説。言目必待緣而復能見：一空緣，二明緣，三根緣，四境緣，五作意緣，六分别依，七染浄依，八根本依，九種子緣。義詳《墨子集解》"若見之成見也"注。此即竺典唯識學也。

指不至，至不絶。

此本《墨子·經下》"所知而弗能指"及"有指於二而不可逃"二章脱化。《列子·仲尼篇》，公子牟釋有指不至，曰"無指則皆至"。是已。言宇宙妙理無盡，指不能至，苟知所止，運用無窮。讀釋氏禪宗《指月録》，可知其詳。

龜長於蛇。

此本《墨子·經説下》"物甚長甚短"脱化。成疏："長短相形，則無長無短。謂蛇長龜短，乃是物之滯情。今欲遣此昏迷，故云龜長於蛇也。"司馬云："蛇形雖長，而命不久。龜形雖短，而命甚長。"案：二解均當。可參觀《墨子集解》，此破淺人長短妄執也。

矩不方。規不可以爲圓。

言矩可以爲方，而矩自身實不方。規所以爲圓，而規自身不可以爲圓。明無盡之方圓，其所從出者，非方非圓，又不能外乎其非方非圓者，而自爲方圓也。喻無爲之職，功無盡藏也。

鑿不圍枘。

鑿，孔也。枘，入孔之木也。鑿空已成，枘始入中，非鑿有心因枘之大小而圍之也。然枘不勞鑿圍而入鑿，而鑿則不圍而圍妙於圍。可悟因緣假合之理。

飛鳥之景，未嘗動也。

此《墨子·經下》“景不徙”義。《列子·仲尼篇》：“景不移者，説在改也。”張湛注：“景改而更生，非向之景。”義詳《墨子集解》。

鏃矢之疾，而有不行不止之時。

此本《墨子·經上》“無久之不止，若矢過楹”脱化。司馬云：“形分止，勢分行。”明鏃矢之疾行中，仍有刹那刹那之止時，且其形之本質未嘗動也。義詳《墨子集解》。

狗非犬。

此本《墨子·經下》“知狗而自謂不知犬”，及“狗，犬也”，二章爲説。渾言之，則狗即犬。析言之，則狗之有縣蹏者爲犬，犬之未生倝毛者爲狗。義詳《墨子集解》。

黄馬驪牛三。

司馬云，牛馬以二爲三，曰牛、曰馬、曰牛馬，形之三也；曰黄、曰驪、曰黄驪，色之三也；曰黄馬、曰驪牛、曰黄馬驪牛，形與色爲三也。案：馬也、牛也，黄也、驪也，皆假合之名相，别者有，兼者無也。

白狗黑。

白黑分别，一兼空了，破迷執故。白狗黑可，況世俗恒倒黑爲白，道家則知白守黑。今以狗無關重要之色，有白與黑之不同，而狗主要之形同性同，謂白狗黑，亦何不可？成疏：“名謂不實，形色皆空，欲反執情，故指白爲黑也。”

狐駒未嘗有母。

《釋文》:“李云，駒生有母，言狐則無母。狐稱立則母名去，故狐駒未嘗有母也。”《列子・仲尼篇》作“狐犢未嘗有母，有母非狐犢也”。舊“有母”二字不重，涉上而挩，文不成義，今校補。

一尺之捶，日取其半，萬世不竭。

此《墨子・經下》“非半弗𣂪，則不動。説在端”之指。司馬云:“捶、杖也。若其可析，則常有兩。若不可析，其一常存。故曰萬世不竭。”案:此明物質不滅之理。義詳《墨子集解》。

惠子學説止此。以下莊子之評議。

辯者以此與惠施相應。終身无窮。桓團、公孫龍，辯者之徒。飾人之心，易人之意，能勝人之口，不能服人之心，辯者之囿也。

桓姓，團名。公孫姓，龍名。並趙人，皆辯士也。專逞辯術，彫刻人心，改變人意。雖詞如鋒芒，恒能勝人之口，而理未暢達，不能服人之心。蓋辯者之拘墟，所見不廣也。案:此由莊尚不言之教，猶老子所謂善言不辯、辯言不善之指。不知辯者，正以善辯發無言之至言，啓聾盲其知者之真知也。釋氏《大乘起信論》唐譯本云:性離語言，一切文字不能顯説，以妙理無關文字。《維摩詰經》云:言説文字，皆解脱相。以文字能顯妙理，無偏執也。

惠施日以其知與人之辯，特與天下之辯者爲怪。此其柢也。

俞樾云:“與人之辯”義不可通，蓋涉下句“天下之辯者”而衍之字。“柢”與“氏”通，《史記・秦始皇紀》“大氏盡畔秦吏”，《正義》曰:“氏，猶略也”。“此其柢也”，猶云此其略也。成云“特”，獨也，字亦有作“將”者。

案:“人”下“之”字當删。此言惠施日以其分别之智，與人談辯;且與天下之辯者，獨騁其詭異之詞以爲快;大略如是。蓋莊尚無分别之根本智，惠尚妙分别之後得智，殊途也。

然惠施之口談，自以爲最賢。曰，天地其壮乎！施存雄而無術。

惠施自以其口談，最賢於衆。曰，吾飛辯騁辭，蕩滌天地;渺渺天地，可以壯吾大觀乎？施之存心誠雄矣，奈無守雌之道何！此莊貴平等大捨，與惠務身弘萬化者異趣也。

南方有倚人焉，曰黄繚，問天地所以不墜不陷、風雨雷霆之故。惠施不辭而應，不慮而對。徧爲萬物説，説而不休。多而无已，猶以爲寡，益之以怪。以反人爲實。而欲以勝人爲名，是以與衆不適也。

倚，《釋文》或作"畸"。李云，異也。南方有不同流俗之賢人，姓黄名繚，聞惠施富辯才，來問天地所以長久、風雨雷霆起止之故。惠施竟不辭讓而應，不假思慮而對。徧爲敷陳萬物生起之緣因，而不休止。費辭甚多，猶以爲少，更爲怪異之説以擅其長。要以反乎人之常情爲實，欲以制勝於人爲名，是以不適衆之所適也。案：常人之情，屬辭抒意，往往似是而非真。辯者修辭，務破似以立真，所以明是止非，俾衆知真歸也。此道家謂"辯無勝"，墨家謂"辯當者勝"之見端也。義詳《墨子集解·經下》"謂辯無勝，必不當。説在辯"章。

弱於德，强於物，其塗隩矣。由天地之道，觀惠施之能，其猶一蚉一䖟之勞者也。其於物也何庸？

弱於至德，强於化物，其塗曲而隱，非可率人共由之達道也。成云：由，從也。庸，用也。從二儀生成之道，觀惠施化物之能，無異乎蚉䖟飛空，鼓翅喧擾，徒自勞倦，曾何足云益物之言？便成無用者也。

案：以上皆莊子非毁名家之説。實則善詮名理者，察名實於毫芒，樹立破之軌，則託小包大，取辯於一物而原極天下之隆汙，政化之準繩係焉。尼父正名，綱維世運。釋氏因明，窮真斷惑。世有達人，均當研精。

夫充一尚可；曰愈貴道，幾矣。惠施不能以此自寧，散於萬物而不厭，卒以善辯爲名。惜乎惠施之才，駘蕩而不得，逐萬物而不反。是窮響以聲、形與影競走也。悲夫！

夫充一大小之量，不以不一礙，一知一以外實無有二，尚無不可；曰愈以尊貴至道，亦幾微矣。惠施不能體合玄德，恬静其心，散亂神思，役於萬物而不厭，卒以善辯名於世。惜乎惠施曠世之才，放蕩而不得真元，馳逐萬物之末，不反於一本之妙。是猶止響以宏聲，形欲勝影，急趨以争先，徒勞而無益，至可悲也。

案：惠施、公孫龍，及其他辯者，宗墨善辯，所以明兼，資益於學術德業者大，允宜推崇，未可非議。莊子專重無爲，務以清静天下，尚已；而譏惠子之有爲，未免屈抑惠子，亦屬邊見。惠子玄鑒淵微，頡頏莊子，特未若莊之雄於文，灑落而返冥極耳。其本無爲而無不爲，因名遣名，唯道是適，信可闢大觀於天下，匯天人、物我於一兼，救世之心，視莊爲切矣。惠子亦天下之好也。

此稿於三十二年春草於西北大學校舍，爲周秦哲學史之一。今取而修正焉，願與好學之士共研尋之。

三十七年元月十日書於政治大學宿舍　仲如

答鄭錫蕃①

睽隔三年，忽蒙存問，曷勝欣感。藉悉精研義理之學，直欲冶種種於一爐，期逢原於左右，甚盛甚盛。而於僕多責望之辭，且使具答手書大指，敢不姑就管見所及，一貢其愚。

來書孜孜於仁義之辨，謂不易規定其範圍。誠然誠然。蓋天下道德，每因時因地因人因事而改觀，膠守泥求無當也。孟子謂執中無權爲賊道，詎不信歟？夫董子以人我詮仁義，特就字義大體言，曰以仁治人，以義治我。其於致用之道，固未能包舉無遺也。蓋“仁”從“二人”，必施於人，而所以施之者，我也。義貴盡其在我，而其所以然者，仍求宜於人也。如《困學紀聞》曰“仁，人心也。”不得訓此“人”爲“他人”。《容

① 鄭錫蕃爲温州師範生。張純一1908年任教温州師範學堂，1909年辭，據函“睽隔三年”，此函應爲1912年所寫。録自《仲如先生弘道書》。

齋隨筆》云“與衆共之曰義”，如義倉、義田、義學之類，得毋謂爲仁之施於人者乎？

若以“仁主生，義主殺”，與夫“仁柔義剛”，一則積極，一則消極，爲道德法律所由分，斷言之，恐均非在適宜之解釋。嘗謂大道充塞天地，周流無滯，著爲文言，即墮粗迹，難免挂一漏萬之譏。老子曰，“大道廢，有仁義”，其意可深長思矣。試即仁義界説，有難分析者。再言之，如孔曰“殺身成仁”，孟曰“舍生取義”，同一致命，而仁義異其名。此間是非，烏能剖辨？又孔子謂“道二，仁與不仁而已矣”，似仁外不必言義。孟子謂浩然之氣是“集義所生”，似義外不必言仁。從可知仁也義也，一而二，二而一，各有廣義狹義之解，不必拘定其孰爲積極，孰爲消極也。至法律本道德而出，道德即因之而尊。辟以止辟，正所以保合太和，厚生也。然道德亦何嘗無殺機？物類生殖，天道所以生生不息也，而殺機即相乘以爲用。然則何者爲柔、何者爲剛之説，皆如帶著色眼鏡者之視物，自生各色分别耳，果奚當耶？此吾國自來學者，盲從古人，支離爲學，欲納天壤間活潑無盡之事理於一二糟粕文字中以自固，莫由更求精進之道也。吾弟幸勿爲所困。

至疑墨子兼愛爲仁，揚子爲我爲義，不免孟子“無父無君”之誚，洵可謂善疑矣。夫揚子，本非墨匹，然其“不損一毫”，猶伊尹之“一介不以與人”，義之嚴於自守者也。觀其言曰“人人不損一毫，天下治”，苟充其類，則天下無不自振者，而義不可勝用矣，非愛人以德之仁乎？墨子之貴兼相愛，務使天下禍篡怨恨無由起，猶勝孟子所謂“仁者無敵”一籌者也。觀其言曰“天下無人”，直并人己兩忘之。苟充其類，則大同景運，無難立致，而仁不可勝用矣，自無所謂不義矣。乃孟子門户見狹，竟以“無君無父”斷之！豈爲君者，當攘盡天下人利權乎？爲父者，當限制天下人子之愛人乎？誠不可解。無他，宗法道德之專制人理想者久，遂使墨氏濟世顯學，塵薶終古，而仁義不能大明於天下矣。

至周公誅管、蔡，昔賢皆謂“大義滅親”，吾弟則推而衍之曰“行義以濟仁之不逮”。僕以爲是皆有周公聖人之見存，雖不敢顯曰“不仁”，然已明明不敢曰“仁”，直降等而曰“義”曰“大義”矣。此吾國自來學者，自束於教，不敢放膽尚論古人，至可悲者也。惟陳賈以長君之惡故，曰“仁智周公未之盡”；孟子以管叔爲兄辨之，不謂周公爲無過，進已。惜乎目光所及，皆祇在周公、管叔，從不一計及天下人心之果孰悦服，與夫周公、管叔之居心，果孰視天下爲至公而無私。何異周身癢疥獨搔一部耶？前明郭子章論管、蔡，庶稍翻前案矣，奈斤斤以忠殷爲主，幾不知天下爲天下人之天下，勉君天下者皆堯舜其心，俾永免征伐而揖讓也。竊以泰伯不從太王翦商之志，偕仲雍以逃，其不欲私天下爲己有也明矣。及文王三分天下有其二，以服事殷，亦不欲負慚於泰伯、仲雍耳。迨武王克商有天下，夷、齊叩馬，直爲以暴易暴之言，所以教之，使勿居暴名也，卒甘餓首陽以死，所以愧之，且使天下後世之無德而世爲君、争爲君者，皆知慚也。乃武王竟不避暴名而居之。夫易暴，可也；仍易以暴，烏乎可？即此可驗當時天下人心矣。周公知其然，故近畿封同姓，多公侯。又恐不足服異姓諸侯之心，乃封之遠方，子、男爲多。强幹弱枝，以蕃王室。又特使至親三叔以監殷，其爲慮亦周矣。不意二叔，皆隱以泰伯、仲雍、文王之心爲心，又見夷、齊之死無裨於事，乃順天下人心，以武庚衅。志雖未遂，其不欲自私天下之心，正未可非也。設使其事果濟，安知“大義滅親”之名，不以加之周公者，加之管叔乎？又使文王尚存，亦必不容周公致辟，得罪天下矣。噫！何管叔之不幸之甚耶！或者謂紂誠暴矣，武王何暴？夷、齊之論，無乃過刻。曰，不然。取天下以兵力，去暴幾何？觀《泰誓》三篇，喋喋以數紂之罪，若惟恐人之不我順者，必其中有所難自信矣。故仲尼有未盡善之歎。然則管、蔡之用心，不可推見哉？折獄者勿聽單辭，稽古者安能拘守成見。甚願吾弟後此講學，萬勿爲古人欺，必慧眼獨具，然後可與天下言仁義矣。

狂瞽之言，不知果有當否？伏惟恕其妄而繩其愆，幸甚幸甚。力學爲國，珍攝爲慰。

答熊子真 民國二年四月載《大同報》①

捧讀惠書，謬承獎許，殊惶悚。劉君敬安，死得其所。所難堪者，我輩責任加重，未易致遠耳。藉知解職歸田，肩道牖世，曷勝敬仰。讀《庸言》七號《證人學會啓文簡章》，精深博大，尤欽佩。際兹學絶道喪，足下獨具毅力，端基風化，將起已死之人心。救吾中國，舍此奚由。惟管見有未能盡同者，或早在足下深意含蓄之中，但僕淺人，偶爾懷疑，輒欲明證。謹貢一愚，敬乞賜教。尊啓引印度舊教“内苦”云云，恐非僅窒慾即能盡消，當有以使其心樂於冒險進取，與衆爲善於無已，則無苦非樂，直無慾可窒，即無仁不至也。若僅言窒慾，尚未免消極，如衾中縮足，終不勝其寒迫矣。至簡章“博文之目，以孔爲歸”，吾國自漢唐以後講學者，固未敢遠出孔學範圍外，若周秦以前，則難强盡合。况泰西哲學、景教、老學、佛學，尤多與孔學分途並峙，且爲孔學所缺者不少。平心静思，恐不能盡附會爲一談。抑又有説，日本維新以後，即不獨尊一孔。日本哲學博士井上圓了曰：“獨尊一孔，實支那人之大不幸。”非不知孔學精粹無盡，特恐束縛學子理想，致識量爲隘也。“約禮之目，以主静始，而以戒慎恐懼於不睹不聞爲方。”則所見獨卓。先儒支離爲學，教學者做工夫，多從主静始。不知中無所主，萬緣紛擾之心，果如何而能静也。縱耳可塞，目可蔽，奈意識界無盡耳目，不能蔽塞，並不能併意識活潑作用，永活埋之何。必有不睹不聞者，以資戒慎恐懼，然後宅心有主，天樞在握，對境忘境，不沈六賊之魔，居塵出塵，不落萬緣之化，匪惟主静，直慎獨也。從知足下引人上進苦衷。《中庸》一書，結局只是不愧屋漏，篤恭而天下平。内聖外王，是一非二，慎獨工夫，顧可忽哉！夫《中庸》以慎獨始，中間更以“神之格思，不可度思”申其意，啓人以體物不遺至德也。故積誠所致，能盡其性，以盡人、物之性，而贊天

① 録自《仲如先生弘道書》。

地之化育，復何間然。獨是學理雖精微廣大，究難期盡人之實踐，是大缺點，似不如基督教，能使男女老幼，智愚賢否，皆思上達天德，且時爲未來世界無數人類，甘自犧牲，謀進化於不已。此間具見人道精神。吾儒有志扶世翼教，似急宜虚心一比較研究之。足下天民先覺，熱誠救世，可以風矣，僕何敢贊一辭。惟負曝自喜，藉獻敬愛，想亦愛真理者所不罪也。僕知今日能爲吾國學子尊德性道問學之助者，舍貴會莫屬矣。敬祝貴會發達無暨。惟狂瞽之言，不知有當尊意否，尚希繩正爲幸。

致吴保春 民國三年九月載《大同報》①

近由子衡兄敬悉高誼，不禁爲吾國前途多一天民慶幸。及讀先生閲《進步勃萊克交友論》之評語，尤見虚懷若渴，盛德無既。惟是國命日促，誰爲起死，想我歷代聖賢在天之靈，必早有所責望於先生：將仗先覺之性靈，以覺無量數靈海中之後覺，俾共扶國步之艱難，協同世界進化，而保存我神州數千年來赫濯之聲靈於不墜。先生亦必籌之熟矣。弟純一自愧頑鈍不靈，往往耳識碩學名彦，輒欲攀依，冀一分其靈思以下顧。因且私願益奢，亟思集合羣靈，共祈我國歷代聖賢在天之靈，日與大地各國從來無數聖賢在天之靈相接近，相交通，期與多情宇宙悠悠之總靈相符合，而陶成我儕一一駕乎萬物之小靈，爲一靈團，時或分途飛翔於太虚寥廓間。務多覓斯人之靈性，與之聯合，且漸由已聯合之靈性，聯合未聯合之靈性，直使靈靈交感，無間無斷，一貫人天，健行不息，範圍愈擴而愈廣，時間愈衍而愈長。爾時羣與逍遥乎靈界之遊，其樂當不知奚似，天地自重重翻新，安有國土濁如今日者哉？顧此種浄業，不容有絲毫塵穢之名譽心，與夫造罪人間之妄自高視心等雜其間。務犧牲一切，並身命亦不惜。惟皈命真理的聖靈，猛力爲衆服役以求之，如耶穌當日亦爲天下萬世計，請約翰施洗禮，以爲福業日新之倡。而上帝乃

① 録自《仲如先生弘道書》。

宅乎其方寸聖殿中，卒完成十架上浩浩蕩蕩之靈光，偕乾元以永貞。先生素具救世熱腸，豈今反忍視天下久溺而不顧？純一穩知耶穌將在先生裏面復活，敢效勃萊克氏之説，分幾希不才之靈，並遵同子衡極誠懇之靈，隨此紙以附於先生之靈。萬乞身先作則，即日重生，牉合耶穌之靈而爲一，定卜愛力之移人者日多矣。芥種麵酵，佇盼生發。

答殷勤道 子衡，民國三年九月載《大同報》①

前言明性自度，勉兄進修解慰耳。承問工夫如何做法，謹舉管見以對。竊以自度中，皆含有度人工夫，不過根本在能自度，故簡言之。因不度人，則自度工夫欠圓滿，即明性工夫欠圓滿也。是故當先明性之本原。《禮》“人生而静，天之性也。”即喜怒哀樂未發之中，此時無善無惡，善惡就人爲言，習慣也，非性之具於生初者。孔子所謂“鄉人好惡皆未見其可者也”，孟荀言善惡，韓子言三品，皆認習爲性而誤焉者也。拙著《倫理學·良心之起原》言之差詳。而本體却純是理，英儒赫胥黎稱“天有理而無善”，甚精當。具足無漏性功德，見《大乘起信論》。良心作用所由起也。基督教謂之靈魂儒教謂之“虚靈”，或“性靈”，或單稱“性”。佛教亦稱“性”，或稱“如來藏心”。景教謂之“靈魂”。靈魂爲世慮苦縛時，即是“罪之奴”，佛教稱爲“迷妄”，謂之“凡夫”或“衆生”。靈魂解脱世慮時，即是聖靈，此單就人言。《以弗所書》所謂超萬有貫萬有者，亦此。佛教稱爲“見性”，謂之“佛”。方今基督徒，多分“聖靈”與“靈魂”爲二，實未精研基督與保羅各遺訓，而理解欠圓融也。蓋此間是一是二，是二是一，離開上帝時爲靈魂，契合上帝時即聖靈。《書經》稱“聖罔念作狂，狂克念作聖”，佛教謂“悟則爲佛，迷則衆生”，當可恍然。吾人靈魂，即上帝之分體也。《書》曰：“維皇上帝，降衷於下民。”《中庸》曰：“天命之謂性。”可資印證。故基督曰“使衆皆合一，如父與我本爲一”，保羅曰“上帝之殿本聖，爾儕即

① 録自《仲如先生弘道書》。

是”，即具佛教、心佛、衆生三無差别義。知一切衆生，本來是佛，儒家似無此見解，故有中人上下之分，賢如子貢不得聞性，苦矣。惟伊尹曰“天之生斯民也，使先知覺後知”，孟子曰“堯舜與人同”，頗具平等性智。則明性之圓滿了解也。性既明矣，貴乎明之又明，即“使從前種種，譬如昨日死，以後種種，譬如今日生。”盡將積劫迷罪，痛自懺悔，大死一番，是爲重生。從此堅忍精進，永不退轉，即得永生。佛教稱得“無生即永生。法忍”，謂之“成佛”。維時渣滓盡净，清光大來，天君泰然，直覺斗室之内，六合之外，若見若聞，形無形物，無一而非帝恩，無量無邊天國之福，方寸具足。自由聖靈爲導，認識種種真理，樂何如也。第環顧同胞，不知肉體是假，不知萬物皆歸虛空，貪戀世間，執迷不悟，致令孽障重重，盡墮苦海。我性愉快，不得滿足，乃起大悲愛心，誓發大願，舍身救之，務期盡人認識天父，羣與逍遥乎靈界無疆之遊，將見人間即是天國。必如是始能全其性之天也。是度人正以自度也。顧度人難，自度尤難。故明性工夫，萬不可須臾間斷。其實踐之法，則基督明言之，首當盡心盡力愛上帝。至誠迴向，行願相資，事半功倍，禱告尚焉。禱告者，警醒性之不如上帝者，而求能如上帝也。果爾時通帝謂，念念皈依，或生或死，無非爲上帝造福永世，而得無量壽矣。

補識：基督徒多不明三位一體之義，故於聖靈每生誤解。不知三位者，猶《大乘起信論》所謂“體大、相大、用大”，開之爲三，合之則一。即是法報化三身，亦即“三寶”之謂。聖靈即法寶，聖父即佛寶，聖子即僧寶也。

答劉通 子通，節存①

敬讀手教，滿心歡喜。以撐持世道，大有人在，可中分僕任也。從

① 録自《仲如先生弘道書》。

知僕之神遊乎足下心中者，蓋十九矣。幸茲楮墨，能載二千里外馭乎天地一氣之靈性以相通，且引耶穌、牟尼在天之靈，一串多情宇宙之總靈，亟欲效靈於糟魄文言間，普渡無量數靈海中之衆生，永生於靈界。大化無滯，周轉乘機，太和翔洽，一元湛然。爾歟我歟，人歟天歟，快哉快哉！

道果可道哉？道果不可道哉？混沌被鑿固死，而混沌有真，自有鑿而不死者存，究無妨任人刻雕。苟不遠離其藩，亦足以綱維世道，而常保其形形之粗。若謂法本無法，似乎孔子著相一生，然未可厚非也。二千年來，雖去三代之盛日益遠，而斯人尚不至盡成禽獸，得延殘餘秩序者，未嘗不賴儒宗諸賢，尊崇禮教以維之。故大道所蕩，雖出於愚夫愚婦，疲癃殘疾乳臭之口，其自苟與生物相吹，足以廉士夫之頑，争堯舜之善，無不可爲萬世人心，建立天國之導也。

僕自慚此身垢穢，不堪作我主大雄寶殿。時自活埋，時自新生，有日矣。然每當日夕追省，常覺寡過之未能。雖迷波不足以逐我，頑軀復無能爲因，而德究未契乎嬰兒，固知福緣甚淺也。顛倒妄纏浄除不易，至底只算罪中人，頗自哀耳。

足下甚不欲談儒宗之教，又亟欲綜各宗之説，而通之於大本達道。大志所在可知矣！但管見所及有差。竊以軒輊佛儒，不必太甚。昔蘇子由題老子《道德經》曰："中者，佛性之異名。和者，六度萬行之總目。"其大旨主佛老同源。而又引《中庸》之説，以相比附。子瞻跋之曰："使漢初有此書，則孔老爲一。使晋宋間有此書，則佛老不爲二。"固先得我心所同然已。孔門之通乎佛法者，似不一而足。如《大學》"明明德"，即能見性自度也。"新民"或"親民"，即度他也。"止至善"，即究竟樂，浄土也，天國也。"知止"，戒也。"而後有定，定而後能静"，定也。"静而後能安"，由定生慧之候也。"安而後能慮，慮而後能得"，慧也。《論語》"一日克己復禮，天下歸仁。"即心浄衆生浄。《易·繫辭傳》"無思無爲，寂然不動"，即真如實體，老子所謂"天地根"也。"感而遂通天下之故"，即具周徧佛性，無所窒礙之意。"不疾而速，不行而至"，即不來相而來，不見相而見。“原始反終，故知死生之説”，即即生即滅之旨。“仁者見之謂之仁，知者見之謂之知”，即聲聞緣覺，隨人應證也。而《文言》“先天而天弗違”句尤精妙，唯《陰符經》“宇宙在乎手，萬化生乎身”可爲注腳，即知自性能生萬法也，至大本達道，不待遠求。外周體膚，内充臟腑，推而夫婦、父子、鄉國、天下人類之相接，一飲一食，一静一動，皆自有理性之分存而不得遯，故曰“道不可須臾離也”。夫大道當未始有始以前，及乎生天生地，迄今以後，更不知幾何億兆京垓年，豈或予人以不可通？方其甄陶萬象，無乎不入，無乎不出，活潑潑地，從無隔閡，混然善也。不幸間世衆人中，聖賢輩出，茫然於天心人心相互之靈通，乃欲以善名雄天下。自出其知識，求通大道，反致大道無限之神通，不能交通於彼此之域。誤矣夫！通也，而適爲工塞。何幸天外飛來釋迦，竟能舉塵世一切幻象而空之，真可謂妙轉法輪，善去青天浮雲之蔽者矣。基督更大通天人之郵，爲真理放靈光，闢永生之大路，卒以其死，生萬世人。由是天人通，人天通，人人天通，似無勞吾人再通矣，懼又塞也。然足下誠能會其通而精進之，僕敢不爲未來人類拜嘉？惟乞周詳審慮，勿誤扃天門於人心。尊示“教化之道，包羅萬象，兵農禮樂皆在其中，而尤貴以極淵深微妙、無以復加之真理爲根據地，演出種種方便法門，以牧迷羊，使漸漸同歸於真理之本宅”云云，自是定論。僕不自揆，久欲冶各教於一爐。竊以佛法空盡萬象，而真空卻又不空，誠爲妙極，但下智人不易捉摸，自性反多歷迷離之苦。若景教理事雙融固無異華嚴，而設教平實，俾盡人皆易遵循，勉由本分，求利大羣，可大助天道健行之進化，似尤妙也。惟其教義，向經傳教士謬解，急須革新處頗多，俟有機緣面談。常人有不可以尚知識者，恐長邪執，反礙信心，永不得道也。真正智信，談何容易，故信以愈迷而愈妙。信而不迷，直算未信。顧信分二種，入迷不易。一甚難者，由窮理致知，逐漸證到不可思議境界是。一較易者，離一切文言相，念念皈命上帝，徑登極樂是。迷信云者，的是無價寶珠，非身下巨海不能得之。此等處最宜著眼。達摩不立文字，六祖目不識丁，佛言“博聞愛道，道必難會。守志奉道，其道甚大。”可深長思也。試觀今日學者之知識，幾非造罪人間之利器乎？

拙作《健全國民之友助》，本爲門外人説法，亦似人盡可由，積漸入室而無弊。蓋以下下人當行者，上上人亦當行，其道始完全。若上上人能行，而下下人不能行，則不可爲訓。此僕所以趨重景教也。天下小根小智人，恒居最多數，設道而不可語中人以下，尚得爲教乎？又如禪流浮慕高遠，妄以爲上根上智，不屑卑近，實無量罪過也。昔飲光尊者，一笑傳衣，稱宗門第一祖，而力行頭陀，終身不舍，豈根智之弗若哉？

節取佛、景二宗之長，創立一種新教，有志之士正宜汲汲。不然，不足爲牟尼、耶穌之真門弟子也。特不可鑿心飾智，勉强爲之，誠如足下之言。蓋牟尼、耶穌，惟患苦海衆生不得救耳。昔孔子嘗曰："當仁不讓於師"。亞里士多德亦曰："愛師尤當愛真理"。牟尼甚望五百年後，有人信解受持，爲第一希有。見《金剛經》。李提摩太君偶與僕談及此，謂爲暗指耶穌之預言。耶穌嘗告門徒曰："我所行事，從我者亦須行，且行較更大之事。"蓋爲師者，必望其弟青能勝藍，可斷言矣。況至德要道，充塞宇宙，非牟尼、耶穌所欲據而專有也。我儕宜各自勉，積漸融通兩教而精進之，聊報牟尼、耶穌之慈恩。

佛斷生滅，故言無生。主標重生，故言永生。實同名異，不可互移。但無生較永生爲精微，永生較無生爲顯豁。故言永生，俾人易知而得救耳。

景教之天國，在天上亦在人間，在六合亦在方寸，而常不離乎天人相互之間，必隨地隨時隨事皆冥契帝心，勉爲未來無數時代之人類，一步步踏實作工，謀幸福之增進於不止。斯胞與之量不期而宏，天理渾然，極樂净土置眼前矣。故六祖有曰："佛法在世間，不離世間覺。離世覓菩提，恰如求兔角。"又曰："恩則親養父母，義則上下相憐。日用常行饒益，何勞向外求玄。"

救主之道，善寓至天於至小，寓至遠於至近，寓至精於至粗，使人皆可約守而博施。凡有血氣者，心苟清虚，莫不立見本性可與上帝合爲一，且必力盡天職，共組樂國以永居。我主現身世間，卑務造極，服役於衆也維勤，更慮萬世人之罪愆難雪也，乃爲道捐軀，以樹之型，卒歸榮於上帝。而己不與，大哉主德，無能名焉。

基督教徒尊莫尊於爲真理居卑，榮莫榮於爲真理受辱，富莫富於爲真理安貧，樂莫樂於爲真理茹苦。一動一静，必除我執，仰契基督以存誠。一水一蔬，必感帝恩，圖報衆生以宏道。其自度也，專在度他之中。利人而不自利，役於人而不役人，此基督教之特色也。以上皆載民國三年《大同報》

承問弟所悟境界奚若，弟不敢云得達摩西來密印，然亦不盡如今之傳教師，死視虚空大地爲性外實有，絶不與自性相干。如是而已。

一旦偶至徐園賞菊，見其形形色色，鬬巧争奇，令人顧而樂之。此時明知不久必即衰殘，衹以新陳代謝，天道之常，亦無足悲。顧此花能傲寒霜，獨貞晚節，儲實效能，直開到羣花所不能開，且開時較久，至終不落，造物者用爲羣花之殿，非所以莊嚴此塵世乎？其精氣直保蓄到嶺梅放萼，始益内斂，來年又補羣花零落既盡之缺，以大天地活潑之美觀於不息。微乎微乎，性道永生，即此可見。

佛教宗心，景教宗神，其旨一也。蓋法身無邊，本性是佛，感應道交，是一非二，奚容以名言不同妄生分别？夫佛教唯心，固也。然如蓮宗專念，願生極樂，即景教之上帝是依。《詩・閟宫》。是亦宗神矣。景教宗神，固也。然基督曰“父宅我心，我宅父心，我與父本爲一”，《約翰福音》十七章二十二三節。約翰曰“使爾儕咸知有永生”約翰一書五章十三節，即法華之露地白牛，唯一佛乘也。是亦唯心矣。夫一心以法界爲量，自他之境都亡，法界即自心徧周，能所之情見絶。一部《華嚴經》，聖靈旁礴，重重無盡，超乎萬有之上，貫乎萬有之中，《以弗所書》四章六節。自心、上帝，互相含入，無邊理性全在一塵，一塵理性無有分限，教義圓融，歎觀止矣。惟華嚴義味，譬若醍醐，不遇其人，反成毒藥。何若三根普資，不離道場，故引導之善巧，浄土尚焉。蕅益大師曰：“了義中最了義，圓頓中極圓頓，方便中第一方便，無如浄土一門。以下愚皆可登其閾，上智終莫踰其閫也。”故僕於佛教最契仰者，爲華嚴、浄土二宗。

楊仁山先生生平教宗賢首，行在彌陀，可謂先獲我心矣。昨與陳樨庵先生通函始知。顯華嚴、净土二宗，《約翰福音》實兼擅其長。其文約義豐，機無不攝，有净土之簡捷穩健，而度他之念加切加真；有華嚴之廣大玄妙，而普賢之行易圓易滿。曰“世界之光”，猶毗盧遮那。曰“永生之道”，猶阿彌陀佛。聖靈神用，周徧法界，悉令衆生初發心時，便趣正道，去言依行，頓彰帝愛，即法身無漏之功德。刹那際蓮花怒發，超絶淤汙之泥，自心中樓閣無窮，廣庇塵勞之客。十方神通，一誠玄契，主恩徧覆，微妙難思。此福音所以最勝也。七年十二月載《東方雜誌》。

夫道，貴乎博能極萬變，尤貴乎約能攝至變於不變，則基督教尚矣。宇宙萬有靈通一心，即諸人爲，繁興神化，一念圓證，則永生上帝當處現前，足令芸芸衆生，不難見靈性而證妙身，圓融極矣。我基督真終古世界之光也！雖然，馬太、馬可、路加三福音，其記載功不可没，惜於基督之所以神其爲基督者，引而未發。惟約翰、保羅始盡得其秘。迄今弘道無人，羣泥教相，不足暢敷於中國。甚願吾徒融會向有文化，歸命基督，悲智雙修，務令婦人孺子盡識金剛種性，背塵合真，在在盡性，福利世間。則上帝神光，照徹一真靈界而無夜矣。

［附］

劉子通書 節録

捧讀手示，至再至三。真誠惻隱，木石竦然。第間有不能已於言者，謹逐次裁答。以酬厚愛。

社會受病之原何在？果用何藥，收利益最速最大？此中全在體道愛人，而又積學淵深，處之以微妙之運用。决非僅僅抱一副悲愛心腸，可以奏效。觀四五千年來一部世界歷史，人世所以顛倒迷離之故，未必盡惡人造之也。

能明耶穌之道者，雖曰千不獲一，然吾觀耶穌教徒，多躬行之君子哉。佛教中則於解於行，都屬鳳毛麟角。嘗曰釋氏之僧、儒者之士，是世間大妖孽。重以新進之説，蠱惑人心，合之前妖，適成三數。三妖不除，斯世必有陸沈魚爛之禍。

前書謂“綜各宗之説，控名責實，臨觀其上，以析其辭之所謂，而通之大本達道”者，係悲末葉宗教者，既身不自明其故，又不明人之故，務相斬伐，調之者又模稜兩可彌喪其真，而爲之言也。然所謂大本達道者，即救主之大本達道也，即佛祖之大本達道也，即是宇之所際、宙之所極、三世遠近之大本達道也。非謂節取牟尼、耶穌之長，鑿心飾智，創立一種新教也。按此處承箴砭者，極愜鄙懷，特以前書匆匆報命，語意未明暢，致勞諄諄，則通之罪矣。夫耶穌之天愛，通於大悲。大悲、天愛，因於證道者，而緣於回顧衆情，不得已而生之者也。六親不和有孝子，國家大亂有忠臣，則衰世之音也。世又愈衰，大悲之説亡於厭世，天愛之訓，卒流於情欲支離破碎，則兩教末流之所同然者也。

“信以愈迷而愈妙”，此話非足下不敢向人大聲説。教外人，非通亦莫能真知其中理趣。昨年作《耶穌神道考》，序中自注有“今人諸欲迷心，鑿心飾智，故其對於神之觀感，極爲薄弱。反不若草昧人，迷情中猶證得幾分神味”云云。但今日耶穌教，傳之於中土，其規條宜斟酌時地之宜，重加損益。今日中國耶穌教中之規條，帶西洋風俗太重，不甚洽民情。此吾主在天之靈，汲汲望吾人整新皮袋於華夏者也。夫中土之不可全然摹做於西俗，亦猶今之不可悉依於古也。有道的人，總以道爲是，不拘拘於律法也。甚望教中諸友，從是而爲之舞。

會觀保羅十四書大義，證以散見於四福音日中耶穌之教行，則耶穌之教，可以通於華嚴宗之佛説，確乎無可疑矣。佛説多從體顯用，故貴由解起信，由信證入“自性成佛”一語，明體也。亦即學佛者信仰之大根柢也。第經論名言，往往不一，自性或曰“真心”，或單曰“心”。或曰“圓覺”。《起信論》中，直修真如三昧者，爲悟入自性最簡捷之方便法門。未悟以前，直須重死重生，生死路上，難於信仰自性成佛之訓。即信矣，亦不過懸信佛語，非自見解。既重生矣，始知衆生本來成佛，生死涅槃，猶如昨夢，《圓覺經》。如華嚴夢渡大河喻等。上帝即真神，真神即是聖靈，故經《新約》。中言神，言重生，言永生，言天國等，其立足處，皆基本於一個聖靈名言或不一致。而篤實輝光之。聖靈本無去無來，無隱無現，因人心迷悟之作用，似有去來隱現，則生滅門中法耳。聖靈之無去來隱現者，即衆生本來是佛，“菩提之法，非可修相，非可作相，畢竟無得”。《起信論》。然耶教多從工夫效驗處立言，而略於體也。蓋耶穌降世之遭逢，文史不及於五天竺國，又復匆匆三載，譬喻曲引，故身雖殉道，而以不盡欲言爲憾。此耶穌之教，自保羅去後，所當汲汲者，根本教義之光殰精進耳。

“重生”二字，本景教經典之名言。佛門蓋謂之“修證”，所謂未得令得、未斷令斷《圓覺經》。者也。其序目始於認罪，而終於道成人身，廣如華嚴所說。即十信、十住、十行、十迴向、十地，及善財所表等。或曰道本圓融，翛然無寄，原無四相差別，罪福皆空，又安有“斷”與“得”之可言哉？嗟乎！此禪宗頓悟之境，參觀《六祖悟道偈》。而余不自審根鈍障重，假藉聖言，陰以圖便其私，顛倒逆蕩，已十載矣。余少失學，年二十前且置不論。此十載中，無法無天，無禮無義，横流滔決，無所紀極。然而敢爲此者，匪徒不知愧怍，而猶妄自託於高明大雅，指摘廉謹整飭之士，謂是瑣瑣屑屑者，斯窮巷諸生，不明大道腐拙之所爲也，不足以煩吾徒。因思文儒之弊，歷覽往籍，逮乎並世而生者，言高行卑，古今同慨，則又非獨不肖一人之罪而已也。此大亂之本也。而生死關頭，所以末由闢達者也，正如譚金説食之喻。余幸天良未盡死，近稍稍有迴心向善之意。余重生之要訣，則以執著與放蕩二者相推相盪，若相反而實相成也。何則？道與性，直一物而異名耳。道不可捉摸，必欲執一而求之，則愈求愈遠，支離永不復獲矣。故余每於工夫用至綿密執著之交，忽然放蕩一番，即覺佛國現前，咳嗽掉背，即是牟尼、耶穌説法傳教時也。但恨如此光景，不能長保。既放蕩已，歷時少久，又轉生他項病痛，若不亟加收斂，百病即因此叢生。則又復歸於謹守執著，心中較有主宰也。蓋道理愈窮，愈覺精微之難入，私欲愈克，愈覺植根之甚深。道理既玄微不可捉摸，故宜以放蕩忘懷，冲虛冥契，而期於圓證。私欲則自一念無明，引生三細六粗，外熏内種，因果迭乘，於本無之中，歷然而有。故宜執著其有，而痛自減損克削，期於滅盡。故曰“余重生之要訣，則以執著與放蕩二者相推相盪，若相反而實相成也。”其間輕重緩急之用，則在自家隨時調停斟酌，固無一定。一言以蔽之曰，無自欺焉而已矣。

我之病痛，的確在儱侗顢頇，承砭以支離，近復或有此病，然似未説透病根，仍懇照根本處痛加棒喝來。釋迦如來倡萬法唯心之旨，雙開宗、教二門。宗則一味離言，直指人心，見性成佛，所謂頓悟者也。教則一味曲假言詮，廣列義相，備明事理真妄，詳開次第圓融，令人尋言生解，轉悟於心。其歸一也。足下蓋頓根而欲追事曹溪者也，然非其機，斷難頓開，徒遺狂簡之譏，則僕之往事是也。近依仁山居士教，反復諦詳於《楞嚴正脈》，始稍解佛教意，自心亦漸有尋著處也。蓋既屬言詮，固當即其説而詳考之，不許懸空議擬，或走馬看花。佛書體制精嚴，斷非若後人汗漫成書，一讀即能了了。深信從前虚耗歲月，上誣聖説，下以欺己誑人。甚矣學無授受，修證爲難，其爲弊也，教則執指爲月，宗則莽莽蕩蕩，顢頇佛性，儱侗真如。故程朱闢佛，蓋有鑑於當時宗門流弊，大爲世道人心之害，不得不應時而一吼焉。匪獨有功於孔孟之道，釋尊有靈，亦當同聲叫好者也。須知所謂頓悟者，山河全露法身，萬相當體真實，一真法界不容帶纖毫分别心。决非若今之傳教諸君，妄分性靈爲一類物事，天地萬物爲一類物事，上下横隔不可通。《新約》中言性靈，明明曰貫穿一切，而又超乎一切之外，“性靈”或作“聖靈”。自其本然言，謂之聖靈。自其人所禀得言，謂之性靈。非二物也。何忍心背棄而不一少顧之也。通以佛語，則曰“色心諸緣，及心所使。諸所緣法，唯心所現。”即聖靈貫穿一切也。此中“貫穿”二字，即是徧爲一切萬法實體之意，非是萬法别有個實體聖靈，從而貫穿之也。此意最難頓悟，所謂“色陰區宇”，須詳研藏心隨緣之用，可以比知。“汝身汝心，皆是妙明真精妙心中所現物。”即聖靈貫穿一切，而又超乎一切之外者。詳見《楞嚴正脈》卷十解。言有詳畧，意則均也。蓋救主之教，本屬頓宗，學者要從其所示性靈中，尋覓山河大地出來，然後逆流上溯，反窮源地，直得虚空量滅，始有少分相應，所謂重生。那似今人偷安取巧，教與學分。嗟乎！世道悠悠，教之與學，互相乖角。即物窮理者，既多歧亡羊，不達乎藏心隨緣不變之大體；言教者復模稜恍惚，不融乎藏心不變隨緣之妙用。儻有大心凡夫，縱觀宇宙，激發於其間者，宜祖述一心之旨，雙紹宗、教二門，則根無利鈍，齊登天國，而開宗教學理之大同，不其盛與？不宜膠執一隅之見，互相爭鑿，致傷大雅。嗟乎！法王事業，誠不可一朝卒卒道也。吾與足下似皆非圓頓根機，圓頓根機，謂“既頓悟萬法唯心之旨，復攝宗、教二門，廣如華嚴”云云。宜各選一門深入，前途自有會合處也。僕非欲足下捨頓悟而廣事支離，第叩足下所頓悟者，果得達摩西來密印，而保無若今之傳教諸子，視虛空大地爲性外實有，而僅僅恍惚玩弄於所謂性靈一類之物事與？僕自休夏武林以還，最怕聞宗門之説，贊喜程朱闢佛之功，真金不怕火來燒，鉗錘冶鍊，愈露真精，若相反而實相成也。唯矛盾起於門牆，而朱紫之淆，最壞家門事業。此僕之所以感佛恩難報，而痛心於和尚顛倒，歎基督捨身救世之功勞，而疾首於傳教師也。然足下託天之福，接緣基督，而基督之教又屬頓宗，在足下終不能捨宗門而别求。僕是以喋喋致難，欲足下愓今鑒古，痛下涵養省察工夫，惻惻沈詳酬我所問，莫逐機鋒語録之譚。感足下殷殷索長函，輒漫書以報。

近人競談佛教，往往排性而言相，亦一偏之見，純是知識門頭事，非佛種性。佛教命脈，全寄於性宗泯相忘言之親證。蓋宗教之事，情意爲重，知解爲末。前者屬行，後者屬知。有知無行，在佛教謂之邪見，在今世謂之學者，非宗教者。惟性宗末流，模棱恍惚之弊太深，固宜引爲大戒。此弟曠觀宗教末法之冥行，指佛景兩教。竊願世人先求所以不得不信之故，然後信之。所謂躡解成行，庶幾爲末流之對治歟？而反觀自身，則正以年來求知之故，將我本具之宗教感情，反爲之減殺，而破壞殆盡。莽莽蕩蕩，前無標的，後無涯際。扁舟一葉，飄流大海，真不知何所適從也。爲對治自病計，急思收束一切知識，一心歸念阿彌陀佛，涵養性天，以知識原爲影響之物，非安身立命之所也。因讀來示有感，書此。

答某西牧民 民國四年十一月十日①

來書垂詢鄙人前由《大同報》載與劉子通談道書，似多未合。據季理斐君譯述爲三問題：一謂永生即無生，二謂佛景二宗合一，三謂釋迦救主平等。仰見先生衛道心切，極欽佩。惟鄙人前後兩書，立言大旨，未蒙徹察。苦無多暇，謹略述其意。

劉君好學深思，精通佛理，亦極仰基督，頗以吾教人識量過狹，故未奉教。頗能融通道妙，故僕因人立言，不得故誣佛長爲短，祇得就佛所長至於佛教流弊，彼此非不深知，此時無暇旁及。而進以基督之尤長者，以是文字間雖時以佛並舉，往往折衷基督以爲歸，請細核之。設背布道宗旨，不惟僕不肯爲，即他人爲之，僕亦未敢苟同也。昔保羅嘗謂“在猶太人中，當如猶太人，始能救猶太人。”實由無窮經驗，發爲至理名言，允宜師法。竊以基督教傳來吾國，自唐迄今千百餘年，而士大夫往往心存鄙棄者，皆傳教諸君，未諳中土文化，不善迎機利導，反爲天國閉門者多矣。殊堪浩歎。吾國士大夫，多精儒術及諸子百家者，不待言；即如佛法，來自印度，而華嚴、天台、禪宗等，皆由吾先德弘宣，相宗亦極盛於唐代。故知吾國研究佛理者，獨能發揮光大。以是之故，欲與深明佛理者傳我救主之道，則彼教之適合吾道者，不得不因而利用之，精進之。此不佞爲文之微意也。

昔有一文士見救主，知以全心全力愛上帝，又愛人如己，實較一切燔祭爲優。救主即嘉之，初不以人所言之是者爲非。救主又謂凡文士受教，顯證天國者，恰如家主檢點庫藏新舊各物。其大道爲公，聖不自聖如此，使主與佛同時，當必密相契合矣。又保羅曰：“爲我兄弟骨肉，即被呪詛，與基督決裂亦甘。”此真我主奥秘心傳，保羅獨能得其神髓，而極運用之妙者也。故吾徒苟欲闡揚福音，識量斷不可過於狹隘。如對吾

① 録自《仲如先生弘道書》。

國學識豐富之士大夫，必曰爾儒釋道各教經典，及諸子百家書，皆無一長能與吾教相同，惟我基督教道，尊無二上，足以服其心乎？恐徒自暴其無識之陋，轉辱基督耳。且基督嘗曰：“未有亞伯拉罕以前即有我”，此《約翰福音》所謂“太初有道，道與上帝同在”之精意。足見道無古今，無所不在。基督惟望人人全得之，仰體帝心，造福萬世，決不將人所已有之道，故爲抑制，以示不廣也。總之尊崇我主，不貴爲門面語之紛争，非薄他教，獨自尊大。惟在以基督真理之光，成全各教，即節取各教之長，誘掖各教人之心而進之，俾由漸加修，欲不宗基督而不能。此正吾徒之責，無可旁貸者也。甚矣！布道偉業，談何容易。鄙人頗兢兢也，祈諒之。試答垂詢三問題如下。

一、佛教“無生”，本即吾教之“永生”。李提摩太先生，亦深以爲然。故不得因吾教有永生之説，而故誣佛教之無生，妄作别解，以爲軒輊。况鄙意仍折衷於永生，不足爲病，且可令信仰佛教者，亦皆樂研究福音也。

二、謂佛景二宗合一。此對深信佛教者，方便説法，所以誘掖之，使精研吾道也。

三、謂釋迦、救主平等。立言亦同前意。想我救主之道之大，决不因僕區區文字，偶與他教教主並稱而有損害。抑思救主在世時，尚有最小兄弟之稱，何嘗以不平等待人？我儕尊重基督，惟在敬體其救世之心，發揚《新約》中無限真光，令人心悦誠服而已。

管見如是，還請明教。

答殷勤道 子衡，民國五年二月載《聖報》①

示知貴恙，近想必已痊安，萬望勿以介意。惟平心静氣，坐對日暖風和之明牕，選《新約》基督醫愈各疾處，恭讀數節，然後隨心所樂，

---

① 録自《仲如先生弘道書》。

安適自得。不時祈禱，基督之恩，必厚賜足下，即得無限安樂，而病自愈矣。大凡患病，重視若輕、有視若無爲妙。天下事實，一切唯心造。以後凡事，當知與愛上帝者有益，處處想出是上帝恩典，自生無盡快愉。心理既然快愉，身體自然舒暢。如此做去，病定不來，且可益壽。縱偶生病，當即誠祈上帝，信賴上帝，自有奇妙不可測之慈恩，加被於其身，充滿於其心。於是不樂之妙，妙於藥妙，而心廣體潤矣。此無價至寶，萬應之良方，切記切記。《新約》種種神蹟，皆一誠信之效，甚不奇也。蓋十方神力，一誠感通，精深研究，真理具足。世俗淺人，毫無宗教哲學思想，那得知其故耶？

答殷勤道 子衡，民國五年十一月九日①

承问根本教義，即在“聖靈”、“永生”諸名辭上研究。至云景教，係基督教中一別派，非正宗，弟不過問。祗以“景”字取義甚妙，《説文》：“景，從日京聲。”日字釋名釋天，光明盛實也。京字具“極大”義，《左傳》：“莫與之京。”又“絶高”義，《爾雅》釋邱，絶高謂之京。又“至多”義，千萬曰京。“日”與“京”合爲“景”，又有“信仰”義、“希望”義。《詩》“高山仰止景行行止”疏“有遠大之行者，則法而行之”。亦有“大”義、“福德”義，《詩》“介爾景福”，《史記》“景星者，德星也，常出於有道之國”。有“光曜不斷”義，《説文》“光也”，《文選·西京賦》“流景曜之韡曄”，《禮·斗威儀》云“雲氣光明爲景雲”，《白虎通·封禪》“景星者，大星也。月或不見，景星常見，可以夜作，有益於民人也”。又《周書謚法》“耆意大慮曰景，布義行剛曰景，由義而濟曰景”，《獨斷》云“致志大圖曰景”，頗符合基督教義。且人心尊古，正宜利用。若隨俗稱耶教，殊欠典雅。今日教會真信徒，與夫真知《新約》者過少，可悲可痛。《新約》本是活的，却被死人讀死了，奈何奈何！見

① 録自《仲如先生弘道書》。

兄囑買各書，想見兄學神道，專心攻苦之勤。弟意諸書非不可看，無如都去根本教義太遠，只可爲博學之助，不足爲入道之門也，何必舍《新約》而別求歧路？弟敢切實告兄曰：凡教會所出道學書，若不大加删改，基督真光，永不得昌明。以後只研精《新約》，而節取《舊約》參證之，足已。必欲買書，則憨山注《老子》、《莊子》，宜先購閱。然後再讀佛經數種可耳。此就兄刻下情形言之，不盡意。

答周爾潤　漱泉，民國五年九月中浣①

辱蒙存問，感謝感謝。承問敝教與天主教之異點，不過新舊派别，儀文各殊，而敬天愛人一也。有《路德改教記》可資考證。至問教會何書可看，則難言矣。因西人來華傳道者，其心非不甚善，然昧於吾國風尚，更不精吾國文字，且其學習聖經，大都著文字相者多，而悟徹神理者少，吾儒又習慣自尊，多不過問，宜其著述難得善本。請專讀《新約》可也。至以不祀祖宗，與佛教出家爲言，此均非二教之要義。佛教智齊佛果，名爲出家；處行無染，名爲出家。足見今之出家浮屠，未善修行者，身雖出家，心實未出家也。佛教亦何嘗盡廢夫婦父子等倫常之道？自來居士成佛者衆矣。觀《維摩詰經》亦即學佛不必出家之證。

若云不祀祖宗事，不禁感慨係之矣。僕景仰基督有年，未敢不敬祖宗也。且深恐仰貽祖若父流傳一氣之玷，較未信仰時，有過之無不及。蓋基督教最重之十誡，不孝爲其一。《舊約·出埃及記》云："當孝父母，始可永居上帝所錫爾之地。"今吾國土之難保，非不善敬祖之確證乎？義至精深。按之儒經"孝子不匱，永錫爾類"，"孝弟之至，通於神明，光於四海"，何以異？故基督徒非不敬祖也，特不供木主耳。其以不孝爲大恥、生養死葬、祭掃墳墓并懸像堂壁纍纍，以誌不忘，無不同。而在在務立身行道、盡人合天以救世，是尤得敬祖之神髓，可謂達孝者也。所可怪

① 録自《仲如先生弘道書》。

者，西人不善傳道，以祀木主爲愚，專力攻之。吾國無識之流，又復盲從附和，以致遺人口實，甚無謂也。然彼貌不敬祖，而實能敬祖，以報稱祖若父所遺傳之國家而莊嚴之。我則徒有其表，迄今人格汙下，不出宗法範圍，不堪爲世界之一人，亦可羞矣。蓋基督教盡人皆天子，時時當敬天，故人與天近，其敬祖父之念，恒包於敬天之内而未嘗遺。吾儒教以帝者一人爲天子，諸侯至庶民不得祀天，而斯人遂與天遠，子貢且不得聞天道。故萬民恒不敬天，人不敬天，安能以理制欲？禮止准吾民祭先祖，可歎。以致敬其祖父，亦徒具虛文，而無裨於世道，良可痛也。旡能子曰："無所孝慈者，孝慈天下。有所孝慈者，孝慈一家。"旨哉！

竊謂一方所貴有先覺者，在能轉移風氣耳。足下學道愛人，處今日滔滔之天下，當有道以易之，以仰慰我時聖矣。吾人之心，本上下與天道同流，特患終不悟耳，聞道稍遲何傷？足下年纔六十，幸勿言老。《新約》聖經，著明性道永生，極真切，極簡易，實兼儒釋二教之長。但此經不重文字，專研義理可耳。其着力處，首重朝乾夕惕，内自訟過，次則求利人世，上合天德。而祈禱之功用以全。由是浩然正氣，推家而鄉，自度度他，實二而一，匪惟仁者必壽，且以壽世，何幸如之。夫基督教實行自度之法，恒寓於度人之中。足下負一方盛望，敢請隨時邀集學界諸君與講福音，定能化濁世爲天國矣。拙作各小書，如有志之士欲閱者，請示知，即寄贈。以欲救吾國之危亡，舍基督教莫由也。

答周爾潤　漱泉，民國六年元月三十日①

敬閲尊編《基督教要義》，下採葑菲，感佩熱忱。惟拙作各册，多就門庭施設，權便立言，只可應一時之急，非敢云弘道傳世也。況甫經付梓，輒覺謬誤不及改正，或有謬誤不自覺者，更不知凡幾。亦惟俟複印時，詳審改訂。竊恐一言之訛，中於人心，即爲害於性道，貽禍無窮。

① 録自《仲如先生弘道書》。

吾國今日之不振，未始非先儒講學欠圓滿之流弊也。以弟學識譾劣，自信尚不能轉移風教，過承獎飾，殊增慚悚。

［附］

來　函

鄙述尊論各編，實欲代表先生救世之心，但從割截而成，良增慚悚。本擬俟學有心得，重加討論，并作小序，再呈誨正。茲因求教心切，敢即寄呈。務祈先生著述之暇，通覽修正，俾成完璧。並賜一言弁諸簡端，他日付印公世，弟亦藉步先生佈道之後塵。幸甚。民國六年元月二十六日

周君安徽定遠人，前清爲學官，遷知縣，有政聲。晚年慕道，嘗購拙著十餘種合編之，名《基督教要義》，將付梓未果，而卒録君遺函，殊滋感歎。純一附識。

答陳國詔　民國六年二月九日①

别後縈念爲勞，來函頗能見道，極欣慰。聞信天弟腦部患病，請轉告語，萬勿介意，惟不讀書。時至空曠地，體認天父鴻恩，無所不徧，直覺一草一木，與夫己身之一呼一吸，莫非無聲之福音，必即發生無限浄妙快樂。自然開神悦體，而病以愈。世人常有本自無病而誤以爲有病即不治者，今當知信仰基督者，雖病亦不能爲病，而病自消滅矣。

弟謂天下惟一道，固已。顧各宗所演，深淺不同。孔子偏重人；老子又似偏重天；佛説法性平等、天人不二、自他一如，密因了義至矣盡矣，極其博矣。救主則真切簡易，獨能極其約，故我儕求道，宜以《新約》爲本，《約翰福音》及《以弗所書》尤精要。而以各教經典融會之，則如綱

① 録自《仲如先生弘道書》。

在綱，有條不紊矣。至各教人互相排斥，適自形其陋耳。

陳先生稺庵，佛學甚深，以常樂我浄答涅槃之道，極是。蓋即涅槃四德也。其答輪迴即“思念無已，週而復始”意，亦極是。世界一切因果，起於一念之微，不可不知。塑像乃佛逝世久，後人追慕爲之，亦藉以表法。答稱如標指月，亦是弟言：“如瞽捫標，卒不見月。”而見月者不必藉標，亦極是。謂爲著相，亦甚確。但爲愚夫愚婦計，非假法相不能引起信仰，使生敬慕，而便求度，則又可原也。至以《法華經》“我此土安穩”，答“佛之所在”，亦妙。奈何世人此土指心。大不容易安穩，今日基督徒，果足語此者有幾？可歎也。

弟近讀《易》，凡領會處皆覺意味深長。惟對卜筮滋疑，想見讀書不苟。古人言卜以決疑，卜者誠心以交於神明，則無一毫私欲之雜，所以能決吉凶而興大業也。於此可見古聖賢之一舉一動，無在不親證天心，正不可與後世術數之説等量齊觀也。問及愛敵之道，其中有“大度包荒”意，“善終勝惡”意。正如父母之愛逆子同。基督在十架，祈父赦敵之無知，與六祖待志徹一理，見《壇經·頓漸品》。蓋照體明徹，物我一如，慈悲所以入神也。至僕禫祭祈禱，雖爲教會所無，却爲天理所有，何妨自我作古？竊想古人祭先有二義，一“死者靈魂不滅”意，二“生者精誠能起神妙感通”意。凡吾國善良風化，均當審量保存而光大之，不得以西人俗尚爲準也。囑書屏對，僕不彈此調久矣，荒疏極矣，容緩報命。

答張信天 民國六年七月①

來函均悉，極欣慰。吾弟近思動作藉以息心，妙極。基督立教，動本無動，静非枯静，正如《修心訣》曰：“對境而念念歸宗，遇緣而心心契道。”是之謂能動，是之謂能静。

承問主耶穌受洗時，聖靈如鴿下降，及主升天後，五旬節至，聖靈

---

① 録自《仲如先生弘道書》。

又如火餤落諸門徒之首。此佛教三昧中事，今日基督徒無一足與語此者，至可歎也。此事非虚非實，亦虚亦實，而爲聖靈神妙之顯現無疑。試粗言之。鴿性純良温和，善傳信息，飛翔寥空，而棲止依人，以象聖靈因主受洗下降，允已。火而有餤，則真力内充，光明外曜，破除世暗不待言。且火有無量德焉，能化浄萬毒，使根性爲變。非如水之濯垢，垢仍在水，僅屬物理的外貌清潔而已。火性猛烈炎上，尤具“精進”意、“無礙”意、“大無畏”意。又能燒石爲灰，煉金爲純，體明而用剛。古希臘哲學有以火爲萬物之母者。莊子亦有薪盡火傳之説。然則以火象主道圓明，可謂精博。其狀如舌者，示神通廣大，能説世人所不能説無盡圓妙福音也。下文依聖靈所賜口才，能説方言，可證。其落諸門徒之首，有“尊而無上”意，有“使門徒直接上帝交通合一”意，亦能“放大光明普照世間”意。是爲教相寶光，具足無盡神妙德用者也。設非門徒聚集，心凝形釋，積誠虔禱日久，安有此靈感耶?《楞嚴經》:“微塵如來往世界者，各有寶光從其頂出。”又:“爾時世尊於師子座，從其五體同放寶光，遠灌十方微塵如來及法王子諸菩薩頂。”《華嚴經·如來出現品》:“佛放眉間毫光，灌文殊頂。又放口中光，灌普賢口。”又《彌陀經》:“如是等恒河沙數諸佛，各於其國出廣長舌相，徧覆三千大千世界，説誠實言。”皆表法也，可神會之。但此神通妙相，並非宗教根本要道，不過精誠之至，自隨機顯勝緣耳，無足異者。然信徒未臻此境，造詣亦未爲純。噫!見神蹟不難，而信仰真切，常以靈、以誠拜父者之難也。謹此奉覆。炎暑珍衛。

答王春林 荣卿，民國七年五月①

手示誦悉。卓識精言，至爲欽佩。拙作處處着相，深自知罪，亦無如何也。以今日學絶道喪，能静心看書者，已屬寥寥，不得不爲門庭施

① 録自《仲如先生弘道書》。

設，令初學有所捉摸耳。

基督教流傳吾國有年，彼西人專從下流社會實行入手，與佛教初來自上而下者有别。此正基督徒之可敬處，而缺點亦即在此。因西人文化，未若我數千年來之豐富，故於教理之研究，已欠圓徹。及來吾國，所爲文字，多不融貫，甚或因吾國政之腐敗，藐及學説之不精者有之，加以日與爲緣者，大都無識盲從，此基督教義，甚難昌明於吾國者也。且吾國社會，多不開通，傳教經費來自西人，又有種種難言處。以故闡明真理，實爲急圖。顧哲理精邃，無如《内典》，溝通導引，似合機宜。然非强爲附會，實皆自一真法界流出也。基督陳義切近，誠如尊見，故敢率人以共由。第基督教至簡易之中，仍具無量佛法，大致雖極似浄土，而華嚴重重無盡之教義寓焉，非必浄土之專念或止觀已也。竊謂基督教之祈禱，由懺儀、戒律、止觀、專念、禪定，數者合成，特今日之傳教師，尚未足以語此。可歎。來示所謂不可融通者，殊不然。

謹就管見以對。景教言世界爲上帝所造，此“世界”似指“華藏世界”言，“上帝”指“一真法界”言。若佛説業識所成之世界，就現象之罪惡世界言，則《新約》亦然。成佛須經塵刼，禪宗即不爾，華嚴、浄土皆不盡然。《新約》亦有永生非可驟得之義，究非爲誠信者説。人終不能爲上帝，則今日傳教師云然耳，基督明明曰：“見我即見父。”且引《舊約》“爾曹即上帝”之説爲證，如此之類甚多。末日審判，就果警衆，使知畏因也。佛家勦滅識心，《新約》亦最忌自作之聰明，文言不同，理則一矣。惟世尊説法四十九年，故極博。基督説法止三年，故極約。佛法雖博，却極約。基督教義雖約，亦賅博。在當人領會何如耳。此僕所以本佛説詮《新約》，期於二教均加宣暢也。佛言博聞愛道，其道難會；篤志守道，其道甚大。此真婆心苦口，欲度盡衆苦之大慈悲也。基督本此現身，於十字架上舍之，示人之大患莫若有身，亦即我佛出家苦行之遺也。

至《新約》譯筆之陋，咎在傳教諸君者半，在玩弄文字、不求性道者亦半。僕久有志重譯，止須待時機耳。總之我儕果發大心，自度度他，任奉何教皆可，只視實行如何。倘門户見狹，不能福利世間，恐奉佛者將被呵責於佛，奉基督者亦然。當爲先生所契許也。謹此奉覆。是否有當，敬乞教正。

［附］

王春林來函

昨承惠寄大著四册，盥誦一過，欽佩無量。竊揣大旨，以佛經之理境，闡發基督教義。自淺識者觀之，幾疑先生援佛以入基督。然豈先生之心乎？春意釋、耶二教，其闡明真理，各足拯濟人心，似無庸再爲融通。然此就普通人言之也。若我輩研究真理，則釋、耶二教，有可融通者，有不可融通者。如“真如”即“上帝”，“耶穌”即“如來”，“聖靈”即“佛性”，“净土”即“天國”。耶穌之“捨身贖罪”，即佛言“我不入地獄，誰入地獄?”至其餘“博愛”、“平等”、“懺悔”、“祈禱”，則殆無二致。此可以融通者也。又如世界《舊約》謂上帝所造，佛氏謂衆生業識所成；修行則佛經謂“衆生皆可成佛，惟須經塵劫”，耶教則“一生無罪，即可昇天，而人終不能爲上帝”；至於“末日審判”之説，《新約》有之，而《内典》無之；破除名相，勦滅識心，則《内典》詳之，而二約畧之。此不可融通者也。然就普通人民程度言之，則耶教易行於釋教。一以陳義切近，一使有所敬畏，最合於現時國民程度。惟新舊約之譯本，文筆太形卑陋，不足以動學士文人之目，故流佈未廣。先生有志提倡基督之教，盍亦重爲翻譯，使教義一新乎？若窮究真理，權衡二家之説，則釋教尤優。蓋耶教僅如釋教之净土一宗，其談哲理明心性，則遠不如佛氏之詳備也。狂瞽之言，惟希亮察。

答崔抱璞①

大札誦悉。謙稱逾量，不敢當。辱承下問。謹依次謝答如左。

曰神、曰心、曰父、曰我，本無内外彼此之分，名異而實一也。

宗神，即藉心外無乎不在之神力，能使自心之本神而失其神用者，感應而復神也，故較自恃聰明宗心者，收效易易也。

因人施教，則以未嘗讀書識字者爲上上，以無我見横中也。務窮理盡性者次之，以此輩信仰心，終不如未嘗讀書識字者之浄純也。稍具粗糙知解者爲最劣，以滿腔邪執，内膠外閉也。而性靈固一切平等，與上帝耶穌無别也。

私慾時萌，由無明業根難浄除也，則專誠祈禱尚已。

天堂何在？在心内，在目前，在地獄中，一念覺時即是。

安息禮拜，恐著相求之於外，當知由外及内，即外即内矣。

贊天地化育者，乃理事互融。在中和中，即極隱微之獨中，知此始可與言性道。

謂“萬法歸一，而守之之道不一”，極是。言出世法，亦允。惟謂僕守大同主義，僕則有説。僕嘗謂學宗釋迦，行在基督，已覺有不同而同、同而不同處。若以基督教視道、儒二家，所言同者，特引導外人入門耳。迨既入門，則言不同，令其深入。及其升堂，則言亦同亦不同，令其重進。果入室已，則言非同非不同，令脱殼臼，所謂方便有多門也。

“父宅我心，我宅父心”，乃心佛一如境界。

曰“愛”者，撫衆生如嬰孩，願一一同享極樂也。曰“光”者，破除世間一切愚痴暗也。

是否有當，希匡正。

---

① 載《南開思潮》第5期（1920年）。

答侯素爽書①

雪舫先生道鑒：

捧讀惠示盛意殷殷，無任欣感。今日世界人欲横流，黑暗極矣。道院諸公救世心熱，弟甚欽佩。惟對扶乩一事，尚少研究。釋氏曰“萬法唯識”，荀子曰“誠信生神”，似可爲此説明。然於一切利濟善舉，仍極歡喜讚美。至於世界宗教研究會，則弟半生仰鑽，亟願從諸君子後受教者。承賜《哲報》四册，見以紅卍字標宗，將必普佛光於大千，更顯五體投地。膜拜展讀之首，見關洞源先生《老佛耶三聖人世之因緣》“三位一體”前篇，不禁踊躍朗誦，餘容稍暇細讀。近拙作《墨學與景教》，三數日可成册，即寄求教正。前煩鄭君帶上拙《箋》，並三版《談道書》一册，統希嚴加斧削爲禱。現又擬作《墨學分科》一篇，據最新科學分二十餘類，約計半月許，對於墨學，或可勉强了事。然後從事於《新約》之科判。《墨學分科》中，仍有宗教學一門，俟脱稿當録呈繩正，付刊《哲報》。承囑到濟勿過端節，謹即赶將《墨》稿了結，前來領教。言不盡意，諸待面談。肅覆，即請道安。

弟純一再拜

五月二十九日

再弟感恩知己，聊述鄙懷。今學絶道喪，非講學無以明道，非昌明佛法不足救世間苦難。弟研覈墨學、景教，在在以佛法爲歸，求契衆生之機而已。似不惟闡揚墨學，改進景教，亦藉以普及佛法。先生以爲然否？敬乞明教。

---

① 侯素爽即雪舫道長。載《哲報》第二卷第十五期（1923年）。

[附]

侯素爽致張純一書 五月二十日①

仲如先生道長：比者歸自蕪湖，捧讀惠書，欣慰無似。方擬具覆，又有北京之行。聞鄭君嬰芝云，先生已在上海道院求修，並奉派爲耶教部長。此真天上福音，忽入於積久渴望者之耳，歡喜殆不可擬似。弟去歲函乞台駕來濟，即是爲此。特欲兄詳参後再説，故彼函只提及擔任編纂事，而未曾一語及入道，蓋慮紙墨有未能形容盡到處故也。弟瘁身道院，將近兩年，所證悟甚多，而信仰亦與時俱進，覺天地萬物皆在此中，離之不得開，鑽之不能破。我乎？道院乎？不知其爲蝶爲周矣。此境極欲與兄面罄，惟年内恐不得赴滬，不審兄能來此，大家一證否耶？此處世界宗教研究會，在四景花園中，尚有閒房一間，備梅擷雲、張易吾兩大師星期來講時憩息之所。兄倘肯來，即下榻此室。室中儲有大藏經全部，哈同送來。足供瀏覽。而園中花木，亦可作七寶行樹觀。且夏歷五月十六在濟甯開第二傳經壇，專授午集正經，尤以前往侍壇，先讀爲快。故甚望兄犧牲自修之時光，來濟南作同参共證之要務。萬載奇緣，萬不宜忽。至到濟後，每月伙食車費，弟與同人早有安排，亦仍本先生自食其力之素志，而無相傷耳。新箸弟甚欲早覩，聞嬰芝云已帶來，在行篋中尚未及檢出。渠尚滯京中。此間《哲報》材料甚缺，尤望惠寄新舊各作，以餉閲者，並爲哲報增價值也。

弟端節之次日，即須赴濟甯籌備傳經壇，及爲各院來者預備招待事，望兄至遲勿過彼期方好。兹檢上月《哲報》五册呈閲，後當陸續寄上，並望指正一切爲荷。餘情甚多，非面談莫悉也。

---

① 載《哲報》第二卷第14期。

致侯素爽[①]

雪舫道長惠鑒：

（前略）寵譽不敢承。囑於静功上猛進，極是。但刻下以弘道救世爲急，不暇自救耳。夙聞金山江天寺禪功第一，寶華山戒律第一，近往参之，頗欲離家住寶華，閉習静功。乃寶華大嚴法師，勸弟住廬山，因太虚法師立世界佛教會於大林寺，可對基督徒説佛法。並云飲食起居，一切定能使弟滿意。乃數日前有廬鴻滄老居士，忽聞弟名，特來舍云，現已於杭州西湖岳墳右建築居士林，來春二月告成。邀弟往，同弘佛法。弟以浙省學生多，基督徒亦多，且喜該林將多備經史子集作圖書館，便於講學弘道，引導青年，亦甚願往。今接大札，知《哲報》需編輯，擬月出二百金請人擔任，委弟從役或薦賢。弟感恩知己，無賢可薦，理應分勞。惟不知每月薪金何出？先生爲難否？弟年來境雖極困，而志終不在温飽，甚願講學明道，暢敷佛化，改革基督教，想均在許可中。所不合者乩壇耳，弟亦無可無不可。無如佛、景二教徒，並多數學者，均極不贊同，故弟不能表同情於先生。前屢方命者在此。今恃厚愛，謹直陳之，下一斷語。如能容弟不與乩壇事惟身不近乩壇，乩壇文字可編，不著名，甚願侍從左右，常求教益，藉以發表鄙懷，暫不往廬山、杭州，聊舒經濟之困。如弟非身與乩壇事不可，則仍不敢承命。又弟設至濟，請以四景花園閒房給住，不住道院。能否容納，統希鈞裁示。遵肅此奉覆，敬請道安，並祝新禧不備。

愚弟張純一

① 以《張仲如先生來書》載《哲報》第二卷第三十四期（1923）。

覆友人書①

某某同志足下：

久未晤談，頗馳系。頃獲手教，甚慰。郵呈《墨學與景教》並《墨箋補校》各一册，統乞正謬爲感。尚有《墨科學分》一篇，俟印成呈教。關時局事，弟爲民命、國命憂危已久，未能恝然，發憤著述，正爲此也。今者外盜虎視，内盜狼貪，兆民魚肉痛等切身。悲夫人無南北，權利是競，政客武人詭謀思逞。古聖賢形勞天下之正義，被歐風掃地以盡。此弟不自揆思竭愚忱稍圖補救者也。察亂之所自起，皆一我見爲厲階，非昌明佛法，無以平天下之貪、瞋、癡也。在造亂者，縱得一時權利，徒自增其苦業而已。袁世凱、馮國璋善爲盜已，權利何在？生死沈淪，殊可哀也。弟不敢獨善（來書有“能否同來圖整山河，以獨善之身兼善天下”云云），以兼善天下之極軌寓於獨善中也。堯、舜、孔、墨設不能獨善，决不能兼善也。《論語》曰“一日克已復禮，天下歸仁”，《中庸》曰“篤恭而天下平”，老子曰“清静爲天下正”，《圓覺經》曰“性清净故一身清净，一身清净故多身清净，乃至世界清净。”蓋以性道之感通至神，無遠弗屆也。今學絶道喪，羣皆昏動，天下之亂所以未已也。兄以爲何如？猥云當代幼安，則吾豈敢惟决志不入政途？頗欲聊攄管蠡，闡揚亞化福利世界。蓋從政不難講學難，我儕當勉爲其難，以光明正大之心，爲政治清其原故。講學明道，兼弘佛法以濟時艱，是弟之職志也。肅此奉復，諸維珍重。不宣。

六月廿二日

---

① 載《世界佛教居士林林刊》第2期（1923年）。

真基督教無異佛教，異於佛教即非真基督教 答基督徒張之江中將書①

辱承不棄三年矣。尺素往還，皆因弟信仰，聊爲啓發，每有不盡欲言之憾。今見來書，不得不依次酬答，一破陳執，從知洋教指非真基督教言。之誤人不淺也。顧僕依據真理爲永世宗徒言，非僅爲弟一時言，幸鑒原。日前寄贈《週年默想》，係天主堂出版。即此書可見天主教尚與佛教相近，默想微具止觀之義，惟心難專一，不免駁雜，未若佛教止觀精純。但在基督教中，總算最重要之書。新教徒從未聞知，佻薄陋妄，至可哀也。因弟不信佛教，故權以此進之。

拙著凡在廣學會出版者，意在方便導引，盡屬門外之言，無關性命之真，並且謬誤甚多。昨特晤商該會總理季理斐君，以後決勿再印，庶免害道，季已允諾。嘗謂著述之物，與其千萬無識崇奉之，未若有識者一顧之足貴，如廣學會印行各拙著，誠不足當有識一顧者也，故僕甚不願弟再印該拙著也。

拙著《新月之光》、《天道啓示論》、《重生論》、《世界進化之先導》、《健全國民之友助》、《基督教有益民國》、《基督教與家庭之關係》、《泰西法政之助力》、《基督教與教育之關係》、《基督教約篇》、《聖靈論》、《論惡之始終》、《世界的個人主義倫理學》多成於十年以前，今甚覺其陳腐，多是理障，附此敬告閱者，如已購，祈火之，實無可存價值也。聽講佛經，實人生莫大福緣。有偈如下：無上甚深微妙法，百千萬刼難遭遇。我今見聞得受持，願解如來真實義。可以想見聽經者之敬重。凡信徒遇真能講《新約》者亦當然。乃今之傳教者，知解陋劣，不足動中人之聽，寃殺基督極已。甚至有藉講道洩忿者，更污辱基督不足道。聽講者毫無敬意，青年男女或因以放縱情慾者有之，尚何基督教之可言，故僕足迹

① 載《世界佛教居士林林刊》第1期及第2卷第14—15期（1923年）。

久已不至禮拜堂。幸滬上佛教居士林成立，每七日必講經二次，多或三次，僕必往聽。聽經日必茹素。僕近平日亦茹素，聽經日更嚴重。基督教之禁食，理與此同。因段食朝饔夕飧之謂。不潔，難與佛經相應，不得不齋戒也。

真基督教無異佛教。竊疑耶穌十二歲後，三十以前，《聖經》無記載，或往印度學道未可知。不然，何其道之圓融微妙，酷似佛教之甚耶？異於佛教即非真基督教。係就今之教會言。天主教尚存幾許真義除外。嗚呼！宗徒工於騖外，人欲横流，往往背道而馳，去真基督教太遠，弟竟未考覈乎？

世界人心，亟須挽救，是也。乃今之教會，西人則視權利重於上帝，中人則仰鼻息以圖生活，可挽救乎？去年北京基督徒同盟，上海基督教大會，純弄外交牢籠手段，看似熱鬧非常，絲毫無關道妙。正如熱癥發狂，立時消滅，可挽救乎？竊以真基督教不若是浮囂也。天主教人不肯同流合汙，亦一證。歐戰四年，牧師回國持搶殺人者不勝數。及將人殺完了，又來傳教，是真基督教乎？謂非汙辱基督乎？弟望其挽救世界心乎？又今造就傳教人才之學校，命名神學或神科，已足爲西方精神文化陋劣，關於宗教根本問題，未能瞭解之證。故其所謂博士牧師，種種謬妄講解，如謂耶穌因約翰性情暴躁，故命其名爲“雷”之類甚多，直是胡説，害道不淺。卒使學生知識隘陋，習非成是，非依賴教會不能營生，人格喪盡，良可哀滑，弟望其挽救世界人心乎？

僕今切實告弟，凡基督之長，佛教無不有，而且甚多甚多。佛教之長，實爲基督所無者，亦甚多甚多。僕決不勉强附會，俟弟多讀佛書後自知之。但真理非必貴多而賤少，非必基督真道在佛下也。僕實佛耶並崇，不敢鄙耶；惟鄙不知耶穌之真，自誤誤人者耳。新教徒今日逢迎務侵略的政府，明日逢迎務刼奪的資本家，又明日逢迎新文化、新自由戀愛，只圖營業興旺，無所不可，有何定見可淆？

謂佛教專擅因該果海，然則弟不信審判乎？抑知《新約》觸目皆是因果乎！如謂“倘爾右眼陷爾於罪，當即剜去，免全身墮地獄”，“荆棘中豈有葡萄”，皆是。有袁世凱一大盜爲因，必有多數大盜爲果，定理也。是豈佛教專擅乎？

謂佛教兼善無據，是未讀佛書之過。凡大乘經論，皆佛菩薩所以普度衆生也。衆生包胎卵溼化言，非如基督教僅愛人類已也。僕意非昌明佛法，决不能兼善天下也。弟勿以游惰僧侣當佛教，游惰僧侣是佛教罪人，與教會是基督罪人一也。

謂基督兼善天下，真基督教誠然。佛教亦然。若謂今之洋教亦然，則歐洲不應有四年猛獸的惡戰。

謂佛教之旨空寂奥冥，不能達到“普度”兩字，轉滋消極流弊。此種流弊，名爲二乘墮空。當知此是聲聞緣覺菩薩，不善學佛之過，非佛教之過。猶今教會背真逐妄，非基督之過也。弟亦知《新約》在皆具空寂之理乎？求道者未經過此階級，斷斷不能入於真實。僕屢以弟所信者，純是西人謬傳之洋教，非真基督教。即弟此言，足證僕眼無花。基督教中，自古及今，只有基督、約翰、保羅三人，知此空寂之理。例如耶穌云：“誰能以思慮多延一刻壽命？肉體是無益的。”並屢囑門徒舍己負十架。約翰云：“惟在這世上，恨惡自己生命的，始可保守生命得永生。”保羅云：“我看萬世如糞土。”是故可稱真基督教。若馬太、馬可、路加三福音，昧於空寂之義，已失基督之真不少。從知基督真教，久已失傳，今惟天主教稍存形式。各新教放縱卑劣，路德之罪彌天也。此就宗教真理言，若言改革積弊，路德固有大功。僕有許多真正救靈魂的話，不能向弟説。因弟中洋教之毒甚深，不能領受也。不生不滅，即是永生，名異實同。弟不贊同不生不滅，而贊同永生，未免執著文字相，終於不能會其通。此洋教徒之通病，是不學之過。不學而言永生，則永生終不可得，所得亦非永生也。世界是生滅，波羅密多是不生滅。人人波羅密多，則世界即是天國，何云無補於世界？“普度”云者，必已能不生滅，或已知不生滅，始能救人出生滅。乃今之基督徒，日沈淪於生滅，並不自知爲生滅。一求出生滅，反自妄詡爲樂觀，真汙穢了基督也。是猶盲人騎瞎馬，夜半臨深池。而自謂將入天堂也，豈不哀哉？

即使八千四百一十六卷藏經字字過目，而能成誦者有幾？此爲自語相違即自相矛盾。之過失。既不能成誦，許多經卷何能過目？既已許多經卷過目，未有不成誦者。惟佛書文字難深，誠一大弊。此其高深哲理，所以不易普及也。近人頗思淺顯説明之。但有净土法門，則不識一字者，亦可得度也。

佛經者，白紙耳，黑墨耳，與《新約》等，决不能挽回社會。在善讀者，以自心之佛，自心之基督，在在期與經義相應而實現之，始足以挽回社會。當知社會積刼迷罪，極其深重，非少數通佛經者，旦暮即可挽回。亦猶偶一真通《新約》者，不能一朝挽回洋教徒之謬解也。今者高僧雖不多，尚不乏其人。若真知基督之《新約》者，僕敢謂自保羅後至今，實未見一人。弟勿駭怪，俟有機緣聚談，弟當恍然。

"上帝爲父"四字，言非究竟，義多未了，從權説則是，從實説則不盡是。是必研求佛教唯識學，始能明其理也。

人皆昆季，佛教亦然。所謂一切衆生，皆具佛性，量更宏於昆季也。

謂耶穌顯有特點，引證《約翰福音》云"自古無人曾覲上帝，惟有父之獨生子表而出之"。此洋教徒二千年之大迷，迄今未悟者也。約翰所記不錯，執著文字，泥信者則大错。試問上帝形像如何？教會禁人拜偶像，竟不自知其所信仰之上帝，即是無形之偶像。非大惑乎？又"獨生子"三字，約翰寫的是，宗徒則當知一半是一半不是。若不知其不是，而以爲全是，則其是者亦不是也。是洋教徒無識不平等之謬執，大違基督、約翰之真心也。蓋耶穌嘗謂"人人是上帝"，唯《約翰福音》能記之，可想而知也。

基督在釋迦後特生於猶太，與此世界確有極大關係。耶穌蓋具阿彌陀佛四十八願之大慈，現觀世音菩薩三十二應之妙身，應世爲歐美轉法輪也。設歐美不有基督教，就已往言，野蠻惡習，何能少馴；就今後言，則虎狼之慾無厭，鐵血之行横施，吾東亞文明人類尚有孑遺者乎？此基督必生於猶太之一因緣也。其不生於印度者，以印度本屬佛國，開明最早，文化爲全球冠，不須也。不生於中國者，以中國有老子、孔子、墨子，皆是法身大士，均足以紹隆向有文化，亦不須也。惟猶太文化，本合埃及、巴比侖而成，及其敝也，耶穌特應時而救之。其命約翰名“雷”者，又預知其能吸收希臘文化而大其傳也。此必生於猶太之又一因緣也。其必生於釋迦後者，《金剛經》云：“如來滅後，五百歲，有人盡能受持，成就最上第一希有之法。”儼然暗指基督言之。蓋第一希有之法，離名言相，離文字相，故耶穌傳道三年，僅立《新約》而止，止《新約》非名言非文字，即非“四福音”。今以“四福音”爲《新約》者，皆不知真《新約》者也，是洋教徒之迷誤也。甚不欲以名言、文字誤人也。此即釋迦説法四十九年，而自謂“未説一字”之義也。非多讀佛經，或善讀易經者，難明此理。洋教徒何足與語此！釋迦説法極其博，耶穌則攝之以約。釋迦特生於極富貴之帝王家，且必既娶而後出家，示世間之帝王富貴妻子，如幻如夢，不足戀也。耶穌特生於極貧賤之家，竟不娶，亦不出家，示世間之貧賤中自有真富貴，且示心能出家而身正不必出家。釋迦薄危脆之帝王，舍之而乞食。耶穌亦因衆將迫之爲王，逃之而入山。一切妙行，遥遥相映，所以垂範萬世，開佛知見者備矣。今基督教旋轉而東歸，將被西人誤解而失真者，胥賴故土文化光復之。亦將合一全球文化而精進之。吾人負傳佈東方文化之責，當仁固不敢多讓也。

以耶穌被釘十架爲世人贖罪，完全洋教謬誤口吻。十架乃耶穌弘道無上法施，其間含有無量空寂之理。無如西方精神文化過於粗膚，至今難索解人。當云耶穌自上十架，則得矣。贖罪，即佛教所謂願代無央數世界衆生苦，拔一切世界衆生生净土也。此説在善解者則不謬，若執著而不修行則大謬。弟知贖罪與審判不能並立乎？耶穌明明曰：“主阿主阿的人，我不認得你。”足見審判難逃，贖罪靠不住也。

基督之死，本非徒死，但以今之基督教視之，基督真徒死也。弟之信固非徒信，恐亦去徒信不遠，因其理解未清也。何也？真信徒决不能從戎，廣東陳真如，旅長也，因信佛教，現已棄職，住南京支那内學院，專學佛法。聞該院經費，頗賴陳君設法支持。弟如果信真基督教亦當然。基督明明曰：“敵爾者愛之。詛爾者祝之。憾爾者善待之。毁謗爾、窘逐爾者爲之祈禱。”是即佛教所謂怨親平等，即是四無量心平等一如之捨，同時必具無緣大慈、同體大悲者也。洋教徒烏足語此。僕明知弟之信爲誤信，不忍視其久誤而不告，故屢以真道正弟之信，誠無如弟以非道爲道何。既以非道爲道，故以道爲非道也。莊子曰：“曲士不可以語道束於教也。”願弟速發猛省。

弟以新舊兩《約》爲天啓之書，亦純是洋教口吻。姑且不説《舊約》，即如《新約》，馬太、馬可、路加三福音中，謬妄駁雜，違背真道，不足當精通老莊佛典者一笑處甚多。如久患血漏婦人，捫耶穌衣裾而愈，記耶穌云“覺有能力自我身出”，足見記者不通，誣辱基督。又記“求使此杯離我，汗出如血滴落地上”，是以基督怕死，叛道極已。乃教會中許多西洋博士從無知其非者，可見不讀老莊佛典，不知基督之真也。拙作《基督神通義證》及《改造基督教之討論》，請檢閲自知梗概。

佛經字字典雅，不似《新約》風光狼藉。此印度、猶太文化懸殊之故。弟以未嘗研覈佛經，謂不敵上帝之愚，罪過罪過，當速懺悔。詎知弟之上帝，迥非保羅心中之上帝。兩上帝一是一非，相去天淵，故引用失當。

勉僕堅持素守，何不知僕之甚。僕始終研究佛教，只爲基督保羅伸寃， 而置身家於不顧，固未嘗稍改節也。

又囑勸導滬濱高僧歸依基督，何門户之見陜隘至此極也。僕不禁歎息我東方至可寶貴的真文化，被消滅於洋教徒者何限也。計洋教徒不識真理，來我中土，犯兩大罪。（一）今無識盲從者，不敬祖先。（二）坐井觀天，蔑視一切聖賢。其惡毒傳染於信徒甚深，不易拔出，足令文明種族，盡變禽獸，極可痛心。皆於宗教根本問題毫無研究故也。似此縱開口上帝、閉口耶穌，終惟滅亡而已，有何益處？僕今告弟，高僧不歸依基督，果能使兄弟得救，基督必認爲至友。高僧若歸依基督，設其見解與弟相等，並且不知自救，基督亦惟痛惜而已。僕信基督之心量廣廓無私，惟愛高僧能以真理救人，不愛主阿主阿的人使真理日陜隘也。弟以爲何如？

三小兒年幼，少讀中國書，習染洋教之毒甚深，故敢大膽亂講。設使稍知真基督教，則將十年讀書、十年養氣之不遑，何暇騖外？僕以傳道者非精通老莊佛典不可，否則對於洋教熱心死了，亦無足取，以與真道不相應也。小兒躁妄，不肖極已，是辱僕亦辱基督也。近大、小兒性、人，常在僕左右，始稍知基督之真，故甚愛讀佛書，因亦不願至禮拜堂，極願敬聽高僧講經。蓋高僧講經，字字精妙，足以啓發性靈。非若洋教徒不愛讀中國書，專以不敬祖宗侮慢聖賢爲能，語言粗鄙害道也。

今爲結語告弟：先就真基督教言，其教義遠不及佛教圓滿，其哲理遠不及佛教圓滿，其哲理遠不及佛教邃密；然確是大乘佛法，其道妙亦不在佛教各宗下。蓋大致似浄土，亦少帶華嚴、法華教義。至其滿紙禪機，固非洋教徒可了。蓋言淺義深，最易普及於中下社會，至可寶貴。僕以天下惟中下社會人最多，故極崇拜基督，願與有志救世者共圖之。顧基督真義，沈晦二千年，倘今仍不闡發，斷難傳佈，誠非擷取老、莊、孔、墨、佛典精粹以滋補之、改造之不爲功。是終古無上德業也，僕頗有志於斯。惜乎洋教徒不足與，真基督徒則未之見，亦暫待時而已。

再就非真基督教言。是爲洋教，此分二種。（一）確有信行，惜爲謬傳講所誤，昧於真心，難望得救，不得爲真基督教。凡真熱心之教友屬之。（二）假冒營業趨炎附勢，專工開會籌欵，等於無教。今教會中有職守者屬之。弟以爲然否？

凡能講經之高僧，未有不多讀中國書，專精一宗，而復兼習其他三四宗者。以不如此，見解不能圓滿也。又必苦修定功至少三五年，始可弘法度生。今新教傳教者，有如佛教高僧之學養乎？次之有如天主堂神甫之學養乎？僕不欲多言。弟稍研究天主教，再稍研究佛教，自知基督真理，絲毫無異佛教。天主教規律，同於佛教者亦大多數。各新教會異於佛教者，因其不學昏動，故知解純是錯誤，行爲純是虛假也。以若是之基督教，望其挽救社會，是猶欲往南而向北行，煑砂而欲成飯也。

昔耶穌十二歲已辯才無礙，復遯世潛修十八年，及出而受洗，顯感神應。又往曠野，禁食四十日，且終不娶。是具兼善天下根本的修養，與佛教同也。今之教會何如?

僕與教會並無嫌怨，惟明見其違背永生真道，不知自救，更不能救人，而無識盲從者反盡以假爲真，而終於不悟，極可悲憫，是故誓發大願，亟欲圖報基督之恩，引證東方哲理，昌明基督正義，使其死不徒然，庶幾信徒皆知依據真理，自度而度他。而所謂各基督教國，厲行侵略之政策，並其利槍大砲殘殺之禍，自可由漸以減少。保羅云："苟能救兄弟，雖與基督決裂亦甘。"是則基督救世之真心也。是僕之職志也，願弟細思之。

十二年二月二十三日

[附]

张之江書

頃奉手教，敬悉。壹是蒙賜《週年默想》四册，業已拜領。辱承厚愛感謝無既。此書雖未畢讀，諒能啓發道心。江之認識基督也，皆由我夫子之提撕。不特江一人蒙庥，凡讀尊著《弘道書》者，莫不慶幸指南。承示高僧講經，駕必往聽，我夫子廣博淵深良有以也。至示真基督無異佛教，異於佛教即非真基督教，深潛哉！夫子之言也，瞻之在前，忽然在後，江愧下愚，未能一旦豁然。竊審今日世界人心亟須挽救，敢以一得之愚，度之以基督兼佛教之長則可，曰異於佛教則非真基督教，未敢贊同。尊議勉强附會，緣佛教未嘗探其底藴，不敢妄加評論。崇佛鄙耶，恐新教徒易淆定見。佛教專擅因該果海，無形無色自修誠善，兼善無據。基督兼善天下，老弱婦孺，人人能踐。江非蹈《法華經》所謂"痴愛故多惱"，實因基督切於世界，有補社會，由認識而皈依，由皈依而靈修，可以希望人人克臻此境。謹舉二事將基督教與佛教比較就教夫子：(一)佛教之旨空寂奥冥，不能達到"普度"兩字，轉滋消極流弊，不生不滅，人人波羅蜜多，何補於世界？何有乎世界？即使八千四百一十六卷藏經字字過目，而能成誦者有幾？下愚無論，即上智能將佛經挽回社會乎？似不若"上帝爲父"、"人皆昆季"、"靈魄永生"，爲簡明切實而有把握也。（二）耶稣顯有特點（《約翰》一章十八節），云："自古無人曾覿上帝，惟有父之獨生子表而出之"。苟佛教無異基督教，則釋迦早生，耶稣誕降非贅疣乎？且耶稣被釘十架，爲世人贖罪惟一之塗徑，佛教而無異於基督也，則基督之死爲徒死，吾人之信爲徒信矣。如我夫子乃學有根底，融通各教升堂入室，難望肩背，若誘啓後進似宜不使分歧，以杜信道不篤之弊。祈夫子仍融彙各教以皈命基督爲當今之藥石，查舊新兩《約》天啓之書，允宜爲基督徒安心立命之基本經典也。佛經誠智决不敵上帝之愚（《哥林多前》一章十至二十五節），夫子爲基督干城信徒泰斗，欽仰之忱楮墨難宣，敬慕之懷永矢弗諼，懇切代禱之餘，不揣疏陋冒陳魯戇，尚祈夫子堅持素守，勸導滬濱高僧皈依基督。鄙見如斯，尊意如何？育元兄昨日蒞通，暢敘幽情，巧值今日禮拜，敦請講演，敝屬官佐咸領清誨，鳳毛濟美，是喬是梓，欽羡曷極，欣幸奚如。肅此奉覆，並乞教誨，頻頒俾藉遵循，是所至禱。

二月十八日

致顯蔭法師[①]

顯蔭法師慈鑒：

捧讀手教，承指正各節，欣感無任。竊維佛法圓滿邃密，世間各教無足比擬，匪惟墨學。但運當澆季，言難契機，計惟融會佛説聊救道荒。以近日好墨者衆，盲從景教者亦多，爰作《墨學與景教》爲佛學初階，固非不知涇渭；《墨學分科》亦因時人競尚西學西政，蔑視亞化而作，顧方便導引屬辭比事，自難一一悉合耳。拙稿"天當法界，神當菩薩，鬼當諸天"云云，蓋綜核《法儀篇》父、母、學、師也、君不可爲法，"莫若法天，天之行廣而無私，其施厚而不德，其明久而不衰"，"天必欲人之相愛相利，而不欲人之相惡相賊"，《天志中篇》"天之意，欲人之有力

---

① 來往二函均刊載於《世界佛教居士林林刊》第 3 期（1923 年）。

相詈，有道相教，有財相分”，又“天兼天下而愛之，撽遂萬物以利之，若豪之末，非天之所爲而民得而利之，則可謂否矣”；以上皆以“天當法界”之故《魯問篇》“夫鬼神之所欲於人者多。欲人之處高爵禄則以讓賢，多財則以分貧也，夫鬼神豈惟擢黍拑肺之爲欲哉”；此以“神當菩薩”之故，餘不具述《明鬼篇》“雖有深谿博林幽間無人之所，施行不可以不董，見有鬼神視之”；此以“鬼神當諸天”之故。杜柏莊子儀不辜被殺，卒爲報復。此以鬼當中陰身之故。言其大較，故上文冠以“頗似”二字，下文又云“未能確定”，似非過與。蓋墨氏敬鬼神頗有欲人與神明合德之意。又“釋氏專念阿彌陀佛”，“墨家敬事鬼神，其迹近之”，鄙意固謂義無釋氏之精，又衹云“其迹近之”，顯見勝劣懸隔。案《貴義篇》曰：“必去六辟。同僻。默則思，言則誨，動則事。使三者代御，必爲聖人。必去喜，去怒，去樂，去悲，去愛，去惡，而用仁義、手足、口鼻、耳目，從事於義，必爲聖人。”《修身篇》曰：“藏於心者，無以竭愛。動於身者，無以竭恭。出於口者，無以竭馴。”皆使人清浄身口意業也。又“一愛彌綸”，“一兼無外”義當釋氏同體之慈悲。案，墨之兼即同體，愛即慈悲，似乎無疑。墨子本魯人，聞楚爲雲梯攻宋，馳往止之。《經上》曰“仁，體愛也”，《説》曰“仁，愛己者，非爲用己也，不若愛馬者”，言愛兼人己，本於性不能已。非爲用人始愛人，猶非爲用己始愛己，豈若用馬始愛馬者比哉？《莊子·則陽篇》曰“聖人之愛人也……不知其愛人也……其愛人也終無已，性也”，是其義。莊子書多受墨學影響。故《兼愛》上篇曰“視人身若其身”，下篇曰“爲彼猶爲己也”，《經下》曰“不知其所處，不害愛之，説在喪子者”，言聖人不知人之所處而愛之，猶父母痛愛失喪之子然。《經説下》曰“人之盈否未可智，同知。而必人之不可盡；人之可盡不可盡亦未可智，而必人之不可盡愛也。誖。”又“盡明人，則盡愛其所明，若不智其數，而智愛之盡文也，無難。”皆衆生無盡誓願度之旨，惟墨兼愛及人而止，不及佛教包胎卵濕化之廣。故墨耶尚屬差别平等，惟佛教斯爲平等平等。《大取篇》曰“愛人不外己”，“聖人不爲其實，臧之故，在於臧。古，今“藏”字。聖人不得爲子之事。聖人之法死亡通忘。親，爲天下也。”故孟子譏其“無父”，皆愛本於兼，可爲同體慈悲之證。特墨聖立言簡奥，命名不同，而陳義遠不及佛典圓了耳。又莊子稱其“繩墨自矯備世之急”，“日夜不休自苦爲極”，足見頭陀苦行自他並利持戒之嚴，不及佛教之精必矣。觀其《辭過》、《節用》所以不惑於外，則不落於情的方面可知。法師恐有初機誤認佛與鬼神爲一類，又恐衆生滯於愛，預防後患所以嚴朱紫之辨，即所以利初機之行修者至矣。《吕氏春秋·疑似篇》曰：“使人大迷惑者，必物之相似也。相似之物，此愚者之所以大惑而聖人之所加慮也。”故墨子見歧道而哭之，法師有焉。敬拜嘉惠！遵即付登《林刊》，以明佛法之精深無匹，並拙稿全篇付梓，亦必將惠函附刊之。特此聊申謝悃，敬請禪安不宣。

弟純一謹覆

六月廿一日

［附］

顯蔭法師致張仲如居士商榷墨學與佛法書

仲如先生慧鑒：

烏飛兔走，一别數旬，春樹暮雲，徒勞夢想。伏惟道履佳鬯爲祝。謹肅者，頃閲《林刊》，見大作《墨學分科》間有數處鄙見稍有疑滯，尚希明哲一商爲禱。如“天當法界，神當菩薩，鬼當諸天”云云，未免過與。佛法中亦言天神鬼，然小乘之中尚以天等爲輪迴之内，即大乘之第一義，天亦不帶同神鬼而言。竊意墨氏之言，天即可指諸天，鬼神即鬼道神道。蓋墨氏兼愛之心固屬菩薩用心，然其學説與眼光，决不如大乘佛法之高遠，故並無出世自利、入世利他之一定標準。若以天當法界神當菩薩，墨氏决定無此卓見也。先生以爲何如？尚希指教。又“釋氏專念阿彌陀佛……墨家敬事鬼神，其迹近之”，竊意釋氏之專念彌陀，有一定之目的，與墨氏之敬事鬼神，似未可一概論。夫念佛爲求生極樂也，墨氏敬鬼神豈求爲鬼神乎？恐初機者見之，誤認佛與鬼神爲一類，則危險之至。立言者之意未嘗不當，而閲者每易誤會，故陳説實在不易。又“一愛彌綸”，“一兼無外”，義似釋教之同體慈悲。然佛氏之所以不言愛，而言慈悲者，恐言愛則落於情的方面，故佛言無緣慈悲，則解粘去縛之道也。若墨氏而言不愛而愛，愛即非愛，則真與佛教同矣。若滯於愛字，則與佛法未免尚有絲毫之隔閡也。若止以愛爲範圍，即爲生死根本，與佛法全不相應矣。上列數點爲蔭懷疑之處，望先生辱教之，則幸甚矣。餘俟面谈草此上達，敬候惠復，敬頌

道安

旅蕪顯蔭謹啓

答某女士書[①]

□□女士慧鑒：

大札誦悉。欲讀佛經，仰見善根不凡，抑且虛懷若渴。甚佩。僕接來書商榷基督教義者多矣，明知今之所傳爲洋教，而不爲所誤者，以女士爲第一人。謹略申其説。東方人欲研究基督教，當先知十事。

（一）當日猶太文化，遠不及中國，更遠不及印度。

（二）耶穌之教，在二千年前之猶太説，非在今日之中國説，故甚不適於中國。

（三）耶穌對文化甚低人説法，大抵多用權説，不便實説，故教義多不了然，非精通老莊佛典，莫明其妙。

（四）耶穌真正教義，因當時人不能領受，實未暢所欲言。考四福音所記，均不知耶穌之真，其中謬妄駁雜，不足當精通老莊佛典者一笑處甚多。

（五）基督之教，雖屬世法，亦具出世法，乃西洋傳教者絶不知其爲出世法，一味沈淪於世法，害道不淺。

（六）全世界中人以下者居大多數，如農工商兵各界，不能精研佛

① 具體通書者不詳，載於《哲報》第2卷第24—25期（1923年）及《海潮音》第5卷第1期（1924年），録自前者。

教，似傳基督教最宜。然傳基督教者，仍非精通老莊佛典、改進基督教義不可。

（七）當知遠西祇有物質的文明，精神的文化實在陋劣。今西人來吾國傳教者，毫無宗教的真學識，又不通中國文字，故所傳者絶非真基督教，純是沿訛傳之洋教。

（八）以今傳教西人之程度，直合往非洲傳，不宜來中國傳。乃彼輩因中國政治之不良，又因相與交接者皆未能讀中國書之人，竟視中國如非洲，故其傳教往往不合真理。稍能讀中國書者，恒鄙棄之。

（九）西人因不知宗教根本的要義，沿彼野蠻陋俗，來我中國傳教，有兩大罪惡。(1) 不敬拜祖宗父母，要人背恩忘本，盡變禽獸。(2) 妄稱耶穌爲神，蔑視東方一切佛、菩薩、聖賢爲人，消滅此土真正的文化。

（十）吾國人未聞佛教真義，輒以游惰僧侶當佛教，謂有害社會。又誤以西人慈善事業，如學堂、醫院等，認爲基督教謂有益社會。於是競以傳教營業者多，而無識盲從之教徒亦日多，而東方極可寶貴的文化，幾無人過問。是吾憂也。

僕欲改造基督教義，爲耶穌伸寃久矣。祇以洋教徒不足與，真基督徒則未之見，故隱而未發。今姑舉十四例。

（一）當知耶穌實因歐美人根機未熟，難聞佛老等精深之道，特乘願降生於猶太，預備爲西洋轉法輪。

（二）耶穌之教，如彼得、保羅等之宣傳，確是行菩薩道。

（三）耶穌大慈大悲，救苦救難的心，無異觀世音菩薩。現身説法，無異墨子，以兼易别。

（四）當知耶穌之心，與釋老孔墨，並三千大千世界一切衆生之心，無二無别。

（五）上帝即衆生之心，無内無外，平等不二。即知人人都是上帝，祇被肉體埋没也。

（六）當知人人自性中，具有真耶穌基督。

（七）當知真基督教即是一極小部分之佛教，故佛教即是真基督教的骨髓，所以圓滿基督教之缺欠者也。（游惰和尚是佛教罪人，亦猶洋教徒是基督教罪人。）

（九）當知聖靈與魔鬼，名異實同。人心悟而爲上帝時，名聖靈；迷而非上帝時，即名魔鬼。

（十）耶穌之心量廣廓無私。吾人能以真道救人，雖反對耶穌，耶穌仍極歡喜。若不能以真道救人，反假冒耶穌招牌營業，雖稱讚耶穌，無異重釘耶穌於十字架。

（十一）不精研佛教，决不能了解真基督教之奥妙，並缺欠與錯誤。今之自命爲基督徒，實則處處反背基督，而不自知爲謬妄之洋教者，皆未能讀佛書之故。

（十二）耶穌應機説法，天國乃假設之化城，實非究竟樂土。

（十三）教會沈溺我愛，縱有功德，斷不能出欲界六天，可危甚矣。

（十四）中國爲宗教最完全之地。既爲中國人，欲在中國求道或傳道，則《易》、《書》、《詩》、《禮》中精微哲理，並《老子》、《文子》、《莊子》、《列子》，《管子》之《心術》、《内業》，《韓非》之《解老》、《喻老》等，種種妙道，皆遠駕乎耶穌之上。墨子兼愛苦行，尤似耶穌前身，必一一研究之，然後在中國傳道，不致貽基督羞也。明上十事、十四例，則真基督教與洋教，自易辨矣。更依來書商榷之。

耶穌在釋迦後生於猶太，與此世界確有極大關係。蓋愍遠西草昧，無佛老孔墨精深教義可聞，乃本觀世音菩薩三十二應之妙身，現基督身而爲説法，革新猶太教爲歐美轉法輪也。《使徒行傳》十六章云，“聖靈禁止保羅等在亞細亞講道，乃見一人請往馬其頓傳教”，可證。設歐美不有基督教，野蠻惡習，何能少馴。此基督必生於猶太之一因緣也。其不生於印度者，以印度本屬佛國，開明最早，文化爲全球冠，不須也。不生於中國者，以中國有老子、孔子、墨子，皆是法身大士，均足以紹隆向有文化，亦不須也。猶太文化，雖合埃及、巴比侖而成，實極鄙陋，及其敝也，文人莫不放縱卑劣，耶穌特應時而救之，又預知其徒能吸收希臘、羅馬文化而大其傳也。此必生於猶太之又一因緣也。釋迦説法極其博，耶穌則極其約。釋迦特生於極富貴之帝王家，且屬既娶而後出家，示世間之帝王，富貴妻子如幻如夢，不足戀也。耶穌特生於極貧賤之家，竟不娶，亦不出家，示世間之貧賤中自有真富貴，且示心能出家而身正不必出家。釋迦薄危脆之帝王，舍之而乞食；耶穌亦因衆將迫之爲王，逃之而入山。一切妙行，遥遥相映，所以垂範萬世，開佛知見者備矣。今基督教旋轉而東歸，將被西人誤解而失真者，胥賴故土文化光復之，亦將合一全球文化而精進之。吾人負傳佈東方文化之責，當仁固不敢多讓也。

"耶穌是道路，是真理，是生命。"不錯。然何以爲道路，何以爲真理，何以爲生命，未及分析明言。此猶太文化淺陋，《約翰傳》記録不全之證。宗教爲極精邃之科學，最忌儱侗。今洋教徒毫無所知，正坐此病。是知凡無精深科學知識者，不足與言宗教。今略分析言之。所謂道路者，必行耶穌不娶、禁食、不貪名利諸浄行，並滅除我見利他，則天國即在目前。以天國不在心外，故道路亦不在心外也。所謂真理者，當云真實或真常，"理"字殊嫌膚泛，此西人不通真宗教誤譯也。真實乃形容自心上帝，雖至天地毁滅常存也。所謂生命者，即自心上帝之異名，不生不滅，永遠不死者也。又道路對天國説，是得依報之行徑。生命係就自心上帝説，是得正報之結果。真實言正報依報不能分離，不虚假也。此遠西文化陋劣，洋教徒從未聞知者也。

"除此外無法能導人入神國"，此句仍中洋教之毒。有兩大謬誤。（一）"入神國"的謬誤。佛教安立於一心，故曰三界唯心；此則不知自心本是上帝，竟致舍心而言神。縱得生於神國，安得與神融合爲一？不平等如此，比較佛教下劣極矣。（二）"除此外無法"的謬誤。洋教不足道，專就真基督教義言，其法門遠不及佛教圓滿，其條理遠不及佛教邃密。凡基督之長，佛教無不有，而且甚多甚多。佛教之長，實爲基督教所無者，亦甚多甚多。而基督教種種紕繆處，則佛書無有，多讀佛書後自知之。

"衹須制死情欲，日日負十字架，在未死以前即見天國。"足見女士慧解，非洋教徒所能企及。惜乎基督教義，缺欠甚多，竟於人之何以受身而有生死，何以能了生死，種種宗教根本問題絶無一言。此非研求佛教唯識學，終不知加行修習之法，終無技見道之一日者也。嗚乎！今之所謂基督徒，無識盲從，真可哀也。《新約》書除侈言負十架外，無根本教義。即就負十架言，亦極儱侗而無條理。想基督立教，不應若是簡陋，今亦無如何也。遣除情欲，即滅絶死亡最要關鍵，任何宗教根本要義在此。佛教十二因緣經説順生還滅之理甚詳，可救基督教言“永生”儱侗之失。總之，欲了生死，首在遣除情欲。但勉强抑制甚難久持，必多讀佛書，得有圓滿的知解，然後加以精勤的修行，並輔助以種種善巧的方便，隨時度他，隨時自度，則身心暢悦，自然而然可到彼岸。彼岸即免沈淪獲永生之清浄樂土，比較欲界天乘，高出遠甚矣。日日負十字架，先當了知十字架的妙處，在使人知身爲苦本。肉體是無益的，故約翰厭惡生命，保羅視萬事如糞土，此真負十字架之祕義。然十字架之妙義不止此，猶在破人我見、我愛、我癡、我慢，此名四煩惱，又名四惑。能破四惑，是爲根本的十字架。由此繁興利他之行，是爲枝末的（或外表的）十字架。設不能無我，而能利他，則功德雖大，總屬有漏之因，終不過人天小果，不足道也。必能滅除我執、法執，洞知利他即是自利，然後自心耶穌的十字架，自發真光，由自心照徹衆人之心，使無不合上帝爲一，始可稱真基督教。今洋教徒我見熾然，絲毫未破，雖然外貌聲聲的十字架，其實一步一步所行的，無不與十字架相反，是真汙辱了基督的十字架。故凡不知十字架真義的人，例如歐戰中負槍殺敵之牧師，設被敵軍槍彈打死了，决不可妄稱他是負十字架。如妄稱他是負十字架，即是毁謗基督的真十字架，罪莫大焉。是皆基督不勝悲愍者也。

“救法在十字架，佛教豈可並駕齊驅”。此亦深中洋教之毒的口吻。當知釋迦舍帝王而不爲，即在雪山苦修六年，是負了六年的十字架；又苦行説法四十九年，即是負了四十九年的十字架。以後佛門祖師，如此者不勝數，何可云佛教不能並駕齊驅？又當知耶穌被釘之十字架，是表明猶太人的野蠻無知，假冒爲善顛倒是非（今之洋教徒習慣正同），耶穌特舍身以覺悟之。在佛教謂之第一法施。然此不過十字架的結果，由此結果推求根本的十字架，即是終身不娶（今天主教神甫尚知真修。若各新教牧師人欲横流，莫不推崇路德以文其過。詎知以革除教會積弊言，路德固教會之功臣；以違反基督永生真道言，路德實基督之罪魁也。因傳教者當學基督爲教友模範也），並在曠野禁食四十日。在十二歲後至三十歲前之十八年，無非負十字架時也。此種根本的十字架，惟約翰、保羅二人粗知其祕，故能實行不娶，並加習定功，然究未嘗明言其理也。十字架中，含有無量空寂之理，惜乎洋教徒肉眼看不出，反謂佛教尚空寂，易滋消極流弊。詎知此種流弊，是聲聞緣覺不善學佛之過，非佛教之過。猶今教會背真逐妄，非基督之過也。所謂空寂者，空盡一切幻妄之汙染，而寂然不爲塵緣所動也。此佛教所以大雄無畏，勇猛精進之大本也。老子曰："爲道日損。損之又損，以至於無爲。無爲而無不爲。"孟子曰："人有不爲也，而後可以有爲。"洋教徒烏足與語！求道者未經過此空寂之階級，斷斷不能入於真實，蓋消極即是積極也。此種教義，今惟天主教稍存形式，各新教放縱卑劣，路德之罪彌天也。

基督在猶太，立義粗淺，曰永生。世尊在印度，立義精深，曰不生不滅。名異實同，不可執著文字相，致終不能會其通。耶穌特上十字而復甦，即樹不生不滅之型以救世也。故凡誓願救世者，必己能不生滅，或已知不生滅，始能救人出生滅。乃今之基督徒，日沈淪於生滅，不知一求出生滅，反自妄詡爲樂觀，真汙穢了基督也。

女士入教十二年，至禮拜堂聽道不滿十二月，因洋教不堪入耳故。此由女士未入洋教學堂讀書，受洋教之毒不深，故尚能知其爲洋教，實爲萬幸。女士當多讀老子、孔子、墨子之書，爲耶穌伸寃爲宜。可憐洋教學堂學生，從不知謬妄洋教外，實有無窮無盡的光明天地，是負傳東方文化者之責也。吾甚望真能研精佛教之高僧居士，今後多辦學堂，以弘佛化爲妙。

女士久欲讀佛經，苦不能了解經義。此間可分三項説明。（一）佛書詮理精妙，惟其文字難深，初讀甚難徹悟。與新約文字卑陋，正相反。然二者互有得失。（二）由未得師友指點。（三）由未能細心勤求。今有志弘佛法者，均欲淺顯解釋之，以期普及於社會。但佛教有浄土法門，則不識一字者，亦可得度也。

擬入金陵神學學道，因一般神學生講道仍是洋教，未果，具見女士卓識。蓋洋教學堂，不知宗教根本要義，除教英文不錯外，科學、哲學均不足道。而洋教之宣傳，大都殺人魂靈，消滅東方文化者也。鄙著《改造基督教之討論》、《講演集》等，於真基督教與洋教，頗有辨別，閱之自知梗概。

現在上海佛教居士林已成立年餘，每逢禮拜六、禮拜日下午三時至四時，有高僧講經。附此奉告女士，如上海有親戚家可住，聽講佛經甚便也。蓋傳道用文字，不如用語言爲便。如有所質問亦然也。甚願女士即讀佛經，多讀佛經，俟多讀佛經後，再看《新約》則一字一句中，妙處何在，短處何在，錯處何在，並傳教者種種謬妄，無不了了分明也。能讀佛經，是真了生死、出苦輪之要道也。如蒙垂詢，鄙人必罄管見以聞。謹此奉覆。即頌

學安

張純一頓

十二年六月廿七日

答太虚法師書①

太虚大師慈鑒：

違教六年，嚮往時殷，忽蒙惠書，感慰兼極。辱賜教言，字字如出鄙懷，何遥契之甚耶？刻下居士林諸友，每來復之三，夜集一舍，參究

---

① 太虚法師來函作於 1923 年 11 月，張純一答書作於 12 月。均載於《海潮音》第 5 卷第 1 期（1924 年）。後收入《中華新基督學》。據後者録。

大乘起信論，每舉一草一蟲，使知佛法之妙，活潑潑地，不盡在文字。今幸一得之愚，竟得大師印證，足令我膽增壯矣。謬荷獎許，愧弗克承。惟以方今消滅東方文化最有强力者首推僞基督教，最可哀愍者莫若各教會之中國牧師及神科之學生。西人未聞佛法，種種沿訛妄傳陋劣邪見，若輩悉奉若金科而不敢違，更不知《新約》聖經中駁雜荒謬處甚多，急當删汰。固由生計迫之使然，亦深中西洋流毒，我慢山高，未嘗讀中國書也。莊子曰："井蛙不可以語海，夏蟲不可以語冰。"正爲若輩寫照。甚且明知故昧，諱疾仇醫者不乏人，蓋有身爲患顛倒性成也。以佛法觀之，所謂教會領袖，莫非極可憐者，而教友之盲從更可悲。以此不忍不立誓願，暢敷佛化以度之。期爲改造基督教，能成佛教之一宗，於願償矣。今非顯揚佛法，不足救世間苦難。乃僧而非寶者多，亦足爲佛法障。竊以凡基督徒，非精究佛法，無以立命。凡有志弘佛法者，亦非仿基督教之傳布，無濟於世。至老、莊、孔、墨諸書，尤宜博覽，多立妙方便門，否則難令通儒尊信。昔遠公本治經大師，一時碩學，均極推崇，故有功佛法甚大也。盱衡當代，惟對大師始敢一陳管見，可慨也已。月前以《寶華山戒律第一》，欲起佛法之衰，當從此始。往參之，幸遇大嚴、大愚諸師，沃聞教益。歸來時猶神往，頗欲離家，常住慧居寺，以資熏修。乃大嚴師知一在京引導基督教學子聽講佛經者衆，來函謂住廬山大林寺最宜。以大師於彼設立佛教會故，一甚欣喜。惟以距滬較遠，往來不便，因擬每年暑假中得便則往住兩三月。旋有□□□先生，於西湖岳墳右建筑精舍，邀一同往弘法，一以浙省學生多，基督徒亦多，易於從役，欣然允之。□先生且擬多藏佛經外，兼藏經史子書，作圖書館，誘掖青年。又略備藥物療衆病。是皆一素所極主張者。蓋今日青年學子，即他日世界主人，方其習染未深，易與相接，利用儒道墨書，階梯佛乘，希望藉此開自由講學之風，平歐化囂張之氣。惜一學識譾陋，不足以識途，然無如何，惟思聊攄蠡測，勉爲青年執鞭，敢祈大師進而教之。敬請法安，不盡欲言。

十二月五日

［附］

太虛法師來書

仲如先生道鑒：

滬濱一晤，彈指六年，乘化觀物，應多至樂。曩讀大著《融通各教談道書》、《改造基督教之討論》等，雖知内祕外現，用心甚苦，然以時機欠熟，辭義含隱，未能加以贊言。今閲《與某女士書》，有："當知真基督教即是一極小部分之佛教，故佛教即是真基督教之骨髓，所以圓滿基督教之欠缺者也。"又云："不精研佛教，决不能了解真基督教之奥妙（豈獨基督教哉！即一花一蟲、一眠一食之奥妙，亦非通佛法不知）與欠缺及錯誤。"又云："洋教不足道。專就真基督教言，其法門遠不及佛教圓滿，其條理遠不及佛教邃密。"真若探予懷而達之君筆者，非先生之精通佛、耶，勇猛無畏，亦不能爲此語，以援彼溺於洋教迷海中之大地羣生也。從佛法之廣大而觀之，孔、老爲菩薩應化華土，而階梯佛乘者，既瞭無可疑；則基督爲菩薩應化歐土，而階梯佛乘者，亦了然可知矣。故嘗論我國宋明來之理學丹道，可稱爲佛教之儒道宗；而今則更須有佛教之基督宗，以救胥溺洋教之禍（略見《海潮音》第九期《塔果爾哲學决擇》）。今先生既言真基督教爲佛教之一小部分，則持"佛教基督宗"之旨宏法西洋者，其責已得先生肩任之矣。欣幸何如！然據實定名，必應令知基督教僅爲佛教之一宗派（一小部分），不得執此以概佛教，尤不得執偏以排佛教之全。但當由此以漸通佛法爲期，乃成妙方便門耳。此之妙方便門，淺之可救人免墮四惡，得全人道；進之可拔人入天；再進之可通浄土宗之徑路，而勇修菩薩利他之行。今欲西洋被於佛化，殆非由此門不可。然非先生之荷負無畏，雖知亦不敢行也。特申欽景，并頌

教安

釋太虛和南

癸亥十一月廿六日

勸孫思昉覃精佛學書①

思昉老弟台鑒：

數承寵譽謙稱，愧弗能勝。孟子云："人之患在好爲人師。"韓退之云："師不必賢於弟子。"一將何從？鄙意任呼爲牛爲馬，無不可也。今者學絶道喪，天地晦塞，老弟獨能重道，而以不學如一者爲師，一無報稱，奈之何？一自慚形穢，其欲寡過而未能。行與世違，頗思鎮頹風以自奮，今知無能爲矣。幸老弟年富學贍，願與共師釋尊，時貢一愚，商榷德業，冀聊報衆生之恩，而不爲天地蠹耳。甚望老弟内顧無憂，於治羣經諸子之餘，更覃精内典而力行之。蓋老莊孔墨之書，非不精微廣大，衡以佛法，均非了義。今世人心汙濁極已，非暢宣佛化，斷不能挽浩劫。蓋平天下不難，而平自心爲難。《論語》曰："一日克己復禮，天下歸仁。"《中庸》曰："篤恭而天下平。"《老子》曰："不欲以静，天下將自定。"《圓覺經》曰："性清浄故，一身清浄。一身清浄故，多身清浄。多身清浄故，如是乃至十方衆生圓覺清浄。"誠以平等真心本際，感無不通也。顧欲平人心，貴能無我，是則舍佛教唯識學三論宗不爲功。世間哲學，即一攝萬，匯萬歸一，立義圓滿，析理精密，無過佛教者。一治景教，以該教勢力徧全球，而真義無多。西人未聞佛法，種種陋妄邪見，害人不淺。將藉佛法宣其藴，正其謬，補其缺，庶引導歐美人歸向正法，有階可升而戰争劫奪之禍自少也。及治墨學，亦因當今學子，埋真逐妄，多開方便之門，期皆兼以易别，轉識成智，所謂先以欲鈎牽，後令入佛智也。竊謂一切國故，均須依據佛學整理，以佛學爲最高深之科學，規律精嚴無匹也。老弟以爲然否？一夙聞金山江天寺禪功第一，近特往游，究其真相，果爾不立文字，盡除戲論之糞。遇一僧，見人輒膜拜，蓋治我慢良藥也。談次，禪行俱高，一極傾倒。又聞寶華山，戒律第一，今

① 載《哲報》第3卷第1期、和（1924年）。

欲起佛法之衰，當從此始。往參之，乃知已有同志數人，於此出家，皆誓願弘揚佛法者。遠識毅力，一愧不及，實甚慕之。因吾人性命在呼吸間，三途可畏，允宜及時修持。出家視在家，習氣較易除也。老弟文思出衆，誠未易才，一愛之敬之，尚請本其所學，参稽佛理，融會歸趣，了證本來，安大智若愚之素，厚大器晚成之儲。一樂爲老弟執鞭焉！大著《逍遥遊釋》、《墨子大取釋義後敘》，見卓思精，文尤絶俗，極愜鄙懷者，均十之七。餘亦未敢輕視。此就管見言耳。拙著《墨子閒詁箋》、《墨學與景教》、《墨學分科》等，所有謬誤，統希匡正示知爲幸。謹此敬請哲安，不備。

愚小兄張純一頓

十二月五日

答孫思昉以八卦擬八識說①

乾象無不象，何不可以擬八識？太炎以乾爲賴耶，就第八爲主識言，實則乾之立義；似就法界言，邃密未逮。坤爲末那，就先迷失道、妄執爲我言，甚精。蓋坤無自體，攬乾而妄自爲體，可當第七。離爲目。坎爲耳。兑爲口，爲口舌，已見説卦。鄙意艮爲鼻，以鼻在面，高出象山故。震當第六，以初與物接，作意分別，有震驚之意。巽爲身，以此身隨業力輪運而成。風即業力，《大象》曰："隨風巽，君子以申命行事。"言惟君子知命由自造，一切行事，以順天利人爲得。依乾、坤、震、巽、坎、離、艮、兑次序言之，由一法界大總相而有生滅、不生滅和合之第八，生起恒審思量妄執我相之第七，於是有觸境驚異牽動身根之第六，以此引滿業力（風）牽令趣生（陰陽成質）而成第五。身既具矣，必有耳司聽。耳象坎窞，所以攝聲。重險遠防，目司視重明象離，所以照見萬物。鼻司臭，象山，猶艮止其所，通氣於澤。兑爲口舌，司言語飲食。

---

① 載《哲報》第3卷第7期（1924年）。

《象》曰："麗澤兑，君子以朋友講習。"言口舌貴能明道利生，非徒秏人間糗糧也。弟見若何？佇思快覩以《易》爲一真法界，固是不易之理。莊子曰："萬物皆出於機，皆入於機。"釋氏曰："無不從此法界流，無不還歸此法界。"意均相通。但《易》多就生滅邊説，求與一真相應者，遠不及釋氏之精析透切，可斷言也。希臘披佗告拉斯學派言正乏十種，未免著象。蓋詮道所忌，以挂漏甚多，即知解欠圓之證。

［附］

孫思昉來书①

生近疑《易》之八卦與内典之八識相似。忽閲章太炎《到漢微言》稱乾爲阿賴耶、坤爲末那云云，爲之竊喜久之。暇當詳陳所見。竊以易爲一真法界，萬物皆由此中出，復向此中入。故曰《易》與天地準也。至其方術，頗與希臘披佗告拉斯學派相待。其言象，即其所謂凡百事物，皆模效數理，其性質有相與正乏者十種：一、有限無限，二、奇偶，三、一多，四、左右，五、牝牡，六、静動，七、直綫曲綫，八、昏明，九、善惡，十、平方直角。天地不能率其秩序，則不能成萬物，此物此志也。尊意以爲何如？

與吴雷川先生書②

頃由京友寄來《真理週刊》四十四期，見大著《論基督教與佛教將來的趨勢》，拜讀之下，無任欽佩。惟論僕處，不無誤會，謹敘愚忱，敬希垂詧。僕研究佛學廿餘年，並非近幾年改信異教。因真基督教潔浄精微，本無異於佛教，特在未嘗讀佛書者自以爲異耳。故僕今仍極信真基督教，惟不得不改造謬妄陋劣之洋教。蓋真基督教之奥秘，《馬太》、《馬

① 載《哲報》第三卷第7期（1924年）。

② 載《佛化新青年》第2卷第1期（1924年）。

可》、《路加》三傳幾全不知，《約翰傳》稍知之，《保羅書》所知又較多耳。此因猶太文化過低，無以熏修故。設基督教無保羅，不足傳也，以後竟無能少知者。僕嘗聞許多西洋博士講道，並見其著書，非紕繆即鄙陋，可證。因西洋從無真現量的哲理故爾。僕仰體基督救苦救難的心，亟欲喚醒西洋一千九百年來之大迷夢，免其自陷陷人，實非反戈相向。試即洋教之錯誤舉例言之。基督之上帝，爲如來藏；洋教之上帝，乃自在天魔。基督之愛，爲無緣大慈、同體大悲；洋教之愛，乃情欲黏縛三毒（貪瞋癡）根本。基督之愛敵如友，即佛教之“怨親平等”，老子之“報怨以德”，墨子之“天下無人”、“其道不怒”，宋鈃尹之“見侮不辱”，《表記》所謂“寬身之仁”；洋教於此，爲教堂勸捐戰款，牧師持槍殺人，及將人殺完了又來傳教，汙辱基督極矣。可憐洋教徒於基督根本教義，毫無領會而濫傳者，猶不止此。上帝本亦即自心，乃必求之天上，終無合一之希望。基督本是菩薩，性同胎卵濕化四生無别，乃妄稱爲神，不知自身本亦具足基督真心。又謂動物俱無靈魂，上帝所以供人食用，不平等至於此極，尚成宗教乎？又聖靈本無去來，在智不增，在愚不減，乃惟務外求，成爲外道。靈魂雖然不死，永生實不易得，乃不知如何始能永生，終惟沈溺四惑（我癡、我見、我慢、我愛）自欺欺人。動謂上帝創造萬物，是爲天父，不知“賴耶”（阿賴耶識，奘師認爲藏識）任運，大地爲業力所持，以盲導盲，至可哀愍。尚有其他種種洋講解，莫不與基督真義背馳，兹不具述。是其害道害人，不知伊於胡底，皆由教士未聞佛法，未讀老莊孔墨諸書之過。於是教會愈多，害耶穌者愈多。最可歎者，近數十年來，中國人因信洋教，不祭祖先，不拜父母，蔑視佛、菩薩、聖賢者，到處皆是，非背恩忘本乎？豈不等於禽獸乎？似此我見天大，我慢山高，果合教理乎？孔子曰：“祭如在，祭神如神在。”曾子曰：“慎終追遠，民德歸厚。”《小戴記》“祭義”、“祭統”諸篇尤饒精義。祭者教之本也，吾國數千年禮教攸關，維持世道人心，意至深遠，恐庶民所以異於禽獸幾希者盡去也。揆之佛教甚深微妙之法，亦極相符。乃洋教徒毫無宗教真學識，沿彼野蠻習慣，來此蕩滅倫紀，摧殘文化，豈基督教義當然乎？嗚乎！僕心痛矣，不欲多言，甚望負傳東方文化之責者留意焉。僕現將爲基督伸寃，著《福音祕義》，即藉佛法宣其藴，正其謬，補其缺，不知先生許可否？敬祈賜教爲幸！

十三年二月十九日

尊論“印度所奉行的婆羅門教，是多神的；猶太人所敬拜的上帝，是一神的”，竊以“多神”“一神”乃西洋學者之陋説，實則神之爲名，未免著相。就妙理言，神即非神，不神而神。以故“一”即是“多”，“多”即是“一”，“一”“多”不二。若指定有人格者言，則卑下極矣。儒墨言鬼神，均儱侗。當據佛學整理之。附申。

致太虚法師書①

太虚大師彗照：

兩示敬悉。《哲報》之約，阻於乩壇。來往西人無能知佛教者難望出家（惟有忠於基督在家不嫁娶者甚少），《佛化基督教》頗令中西洋教徒震驚，甚望有人譯成西文，容徐圖之。今又呈一稿祈採入《海潮》中爲荷。昨得西友高知安君由美國寄來英文書十四面，譯其名曰《佛耶兩教宜相交以求真理》（書前載耶穌像，書後載釋迦持鉢像），内容極言佛理圓滿，基督教當取其長以爲助力；佛教徒當效基督徒之傳布。並擬來南京或杭州組織機關，集合佛耶二教人發揮宗教真理，以踐去年夏間之約。高君現正在美國鼓吹，惟不知何時來華耳。特此奉聞，敬請 法安，不宣（昨同盧先生返滬，陰四月初再同往杭）。

純一合十謹上
陰三月初五夜

① 往來二函均載《海潮音》第五年第四期（1924 年）。

［附］

太虛法師覆張純一居士書

純一先生大鑒：

手教並近致吴雷川君書均敬讀。今夏廬山講演，務請駕臨。貴西友高君望速代邀同莅。基督教進化爲佛教，實爲今日救世唯一之大事，能行此者，即是救世主。大作諸篇，光芒萬丈，語皆圓轉無礙，但同時令更知佛法之所由高，乃由三無數大劫所圓無上果覺海中之所流出，故妙滿非孔老墨耶諸菩薩能及，尤爲有力。專此順訊

著安

太虛合十

三月二日

致太虛法師書①

太虛上師慈悲：

前奉示"佛法所由高非諸善薩能及"，一最近與吴君通函已令知矣（稿容緩俟京友寄轉抄呈）。今録呈拙稿共三紙斧正，付刊《海潮》爲感。使基督教進化爲佛教誠今日救世唯一大事，惜海内外有此目光者過少，幸得大師提倡，無任欽感。

囑邀西友夏間至大林寺不能預定，因西人傳教是其營業，權利觀念大於上帝萬倍。彼教會由組織而成，故無人敢冒不韙而自破其飯碗者。改革基督教爲佛教，乃空前未有之舉，其責全在吾亞人身上，萬不能望之西人，並不能望其贊助。一深知其習性故也。庚申春燕大校長西人。求一至該校任講序，奬許之言無以復加，及辛酉暑假後，一至該校據真理講述訂正教會之誤，即有同事西人反對。該校長明知反對者爲非，而不

① 載於《海潮音》第五卷第五期（1924）。

能留一，可知飯碗爲重，傳教是名也。上海某會總理，西人。共事多年屢欲請一，一决不往，以受彼之聘不能暢所欲言也。壬戌冬西人艾香德來舍數次，欲請一至南京共事，卒爲其他頑固西人所阻，不成。一亦不欲輕往。去年夏西人高知安君在滬與一有約如前所云。今尚在美，未來不知何日來，即來後又不知彼能實踐其約否？故一始終不依賴彼輩，以其不能成功也。非不知與西人共進爲易也，今惟從自已能爲力處入手，暫以文字鼓吹。

《佛化基督教》初印三千，已送完，頗有影響。祈大師致函各佛化機關登刊拙稿（上海居士林不能望），則爲力不小，使在中國西人皆知醒悟，自然傳述於英美西人，然後可有爲矣。現在美國内大衆不滿意於教會喧鬧之至，今夏廬山講演，鄙意如高君來華，可邀同往，並由高君同邀西人亦妙。如高君届時尚不來，則一不至廬山，擬設法重印《佛化基督數》千部郵寄大林寺，祈大師函致上海居士林囑其多寄大師處分送爲妙，請分送西人可也。一久有意親近大師以便求教，著《福音祕義》，建立佛教基督宗，因爲經濟所困，難以如願，只得徐圖進行。日前有友人已將《佛化基督教》送於日本管理二百餘教會之大主教矣，如有影響亦好。一想由大師竭力提倡，暫以文字鼓吹三兩年後，或可至西洋傳佛教。敬叩法安。上陳管見，大師以爲然否？

純一頂禮

四月一日

［附］

太虚法師來書

仲如先生大鑒：

手教并近致吴君雷川書均敬讀。今夏廬山講演，務請駕臨。贵西友高君望速代邀同莅。基督教進化爲佛教，實爲今日救世唯一之大事。能行此者，是即救世主。大作諸篇，光芒萬丈，語皆圓轉無礙，但同時令更知佛法之所由高，乃由三無數大劫所圓無上果覺海中之所流出，故其

妙滿，非孔、老、墨、耶諸菩薩能及，尤爲有力。專此順請
著安

太虚合十
四月十五日

答謝吟雪女士書[①]

綜觀前月來書，及此次記録，具見知解進步，穎悟過人，非洋教徒一味謬執、内膠外閉可比。惜乎受病多年，一時未易拔除。何以言之？蓋其病在已中洋教之毒，佛教所謂我執是也；又中《新約》文字之毒，佛教所謂法執是也。今後宜三五年不看《新約》而忘之，則病自愈。俟專讀佛書至少三五年後，再看《新約》，再求融通未晚。基督所立之真《新約》，離語言相，離文字相，實非四福音。今四福音，乃真《新約》之塵垢粃糠，且羼入駁雜謬妄處不少，故理障、文字障在在皆是，其病極大。西人未聞佛法，迷誤於其文字二千年，自受其害，又以害人，至死不悟其非，是最可哀愍之事。吾國人奚必尤而效之？果求永生真理，宜研精真平等、大自在（即自由）的佛法，心耶穌出世之心，行耶穌入世之行，了證自心基督，啓發衆心基督而圓成之。最忌著文字相，當知當戒。佛教之弊，惟在文字艱深，不易普及於中下社會。因其經論多譯著於唐前，故不適於今時不學之人。然有禪、浄二宗，不須文字，法至高，門至廣也；至其教義，圓滿精密，固毫無缺失也。僧衆無行多不合法，非佛教之過，猶教會不合法非基督之過也。無暇多述，望如所囑，努力精進。

十三年二月廿二日

---

① 録自《中華新基督學》。

答李心齋居士書①

昨接來函，敬悉求道懇誠，至爲欽佩。老弟於宗教有緣，具見夙根甚善。一贊助基督教者，以其勢力徧全球，傳布機關完備，又易普及於中下社會，樂取於人以爲善也。惜其人不讀中國書，未聞佛法，往往與道背馳，終是洋教，不能稱基督教，故亟望其背塵合覺也。可憐基督徒毫無真宗教的學養，一言一動，純妄無真。昔耶穌戒門徒謹防法利賽人之酵，意在深也。倘偶遇彼輩，務勸讀藕益解《四十二章經》、《佛遺教經》、《八大人覺經》，《華嚴原人論合解》，《潙山警策句釋》，《無量壽》三經論等。此爲佛學中接引初機第一步也。蓋人生難得，佛法難聞，既蒙佛恩加被，即當廣報衆生恩以報佛恩，努力度他以自度。又常宜親近研精佛學之士，借助熏修。孔子所謂“以友輔仁”是也。訪聞某處講佛經，尤宜撥冗，多勸親友同往敬聽。成就普利勝緣，即是無上功德。因佛經爲無上法寶，所以滋養斯人慧命之糧。聽講佛經，實莫大之福緣也。有暇，即當恭讀佛經，降伏其心。但須先收放心，浣手漱口，請經置案，然後虔誠禮拜展讀，如親聞佛金口説法無異。似此獲益必更多，進步必更快。如能闢一静室，修飾浄潔，供養阿彌陀佛或本師釋迦佛像，朝夕焚香敬拜，讀經其中（讀佛經，《新約》中謬誤甚多，俟删訂後再讀），尤足令福緣增上。即是真正無間斷的祈禱，能消身、口、意無限業障，即長無限善根也。將不讀時，亦必誠敬收經，禮佛而後去。妙法本來無相，佛愍衆生業重，權現無相之相。我儕具縛凡夫，全體是罪，未易了證真心，惟有仰瞻宛然相好具足妙法佛身，五體投地，以摧自心之邪，顯自心之真，因即冥契妙法與佛不二。萬不可視爲合土範金，刻木畫紙，謂非真佛，自墮曲見，大長我慢也。此種善巧方便，在使人增一分敬心，即減一分罪惡也。洋教徒無識浮囂，未足與語。彼輩既不明宗，又不通

① 録自《中華新基督學》。

教，謬執“不拜偶像”四字，犯罪不少。豈知自己所欽崇之上帝或真神，即是無形之偶像，非大惑乎？天主教敬供耶穌、彼得等像，而不供上帝像，猶存佛教遺規。新教徒行爲躁妄，知解陋劣，害道害人，至可哀愍。吾甚望其一變而成天主教，再變而成佛教也。故一將改造洋教爲佛教，免其害人，轉以利人也。甚願效法耶穌，吃苦周游，傳新福音，以改正洋教之錯誤，實方今救世當務之急也。蓋傳道以口講，較筆述便利也。無暇多談，順候

道安

十三年三月四日

與吴雷川先生書二[①]

奉到惠書，幸承明教，至爲感佩。僕前以先生誤會之説，特藉以發表鄙懷耳，辱荷垂督不贅。尊示以僕詞氣之間，近於痛罵醜詆，非也。不直則道不見，故僕本愛人以德之心忠告之，非教會實無其誤而誣之。至恐語涉不莊，激起無謂之反動。僕以洋教簡别真基督教，出於不得已，深信愛真理者必鑒原。教會痼疾二千年，非予以對治重劑，不能起死。管見所陳，明眼視之，自知具救世苦心也。先生用意良厚，僕甚樂從。示僕建立佛教基督宗二義，迴環雒誦，極悦服。然亦有辨：（一）耶穌所説上帝永生天國三事，據四福音研覈，均欠精析而非了義。此由猶太文化過低，耶穌未能暢言，福音未能詳記。非精究佛教唯識學，并天台、浄土諸宗，不知也。至於時人之謬妄，最足遮蔽基督真光，招人藐視，且害道害人不淺。不得不爲基督伸寃，蓋破似所以立真也。甚望基督徒勿仍坐井觀天，多讀佛、老、孔、墨諸書，真能自救救人也。（二）各教方法不同，最須精審。何也？方法既各不同，則其盡性注重之點，必有世出、世間之差。蓋儒教雖具出世理想，而其立足點在世法，故其盡性

---

① 録自《中華新基督學》。

專在日用倫常中實踐。基督教在在不離世法，而其立足點在出世法與老莊同，故其盡性似較儒教警切，其實世間法過於疏陋，急須儒教補救之。其遠不敵佛教者，猶太舊有文化，難望印度故爾。佛教則一切世間法不背出世法，無上出世法不外世間法，故其盡性之法，較儒教、基督周徧邃密多矣。繈若宇宙間教人盡性之哲理，多半爲佛教所專有，所獨得；而儒教、基督教均不能並駕齊驅，急待補救也。老莊亦然。姑就儒教、基督教各舉三例，以實徵之。儒教宗孔，哲理精微莫如《易》。《繫辭上》曰："原始反終，故知死生之說。精氣爲物，游魄爲變，是故知鬼神之情狀。"宛然佛教之輪回。而何以墮四惡道，何以出人入天，何以出障圓明成正等覺，無及也。《大學》："而后有定，定而后能静，静而后能安，安而后能慮，慮而后能得。"即佛教之戒定慧（詳拙著《談道書》）。顧所謂"得"，不過現前立少物，尚未能證究竟無所得。如曰"得本無得"，亦非借重佛學説明不爲功。《中庸》"天命之謂性"，"天"果何物，"命"於何有，頗不確實（基督教言天父紕繆正同），未若佛教阿賴耶識任運而轉之詳晰，如曰"天即法界"，"天命即無不從此法界流"，則亦須知"阿陀那識甚深細，一切種子如暴流"之旨，始知加行修習也。基督教如耶穌曰"除上帝外，無一善者"，究作何解？必讀佛經，而後知人由業繫受身，菩薩猶有一分未盡之無明。《約翰傳》中有極惡劣害道之迷信，如稱耶穌爲天父獨生子，獨在父懷，視佛教"一切衆生無不是佛"，未免太不平等。保羅屢言耶穌之死爲衆贖罪之祭，詎知衆人之罪耶穌斷不能以死贖，上帝亦决不享此殘忍之祭，語病甚大，遺誤信徒不少。佛教則曰"能捨一切諸難捨，頭目髓腦悉施人"，願代無央數世界衆生苦，拔一切世界衆生生净土，義至明了。此佛教所以足貴也。故今欲整理儒教，删訂基督教，均非仰仗佛教不可。佛教可無基督教而獨立，基督教斷不可離佛教而獨立。如必我見横中，滋長我慢，不本佛教宣其藴奥，正其譌誤，補其欠缺，則僕敢斷言終不過一荒謬卑劣之洋教，自陷陷人而已。何以言之？宗體不二，教相萬殊。故同一佛教，而有小乘二宗、大乘八宗，雖各有特勝，亦互可相通。基督教因猶太文化不足，就學理言，萬難及於小乘。就教行言，確是大乘，間亦通於出世之三乘。例如上帝乃靈，拜之必以靈以誠，通於凈土。浪子之喻，通於法華經之信解品，竊疑耶穌自印度學來。所言通者，不過萬一之端緒，不得謬執一端，以概佛法各宗之洋海。基督教所最爲欠缺者何？即“三論”之明空，“唯識”之析理是也。此二宗爲基督教救命寶丹，允當尊重。密宗亦基督教所無。基督教無特勝之可言，故曰基督教不可離佛教而獨立。緬想耶穌十二歲後，三十歲前，不知如何苦修，疑必潛往印度，學成而歸，故其爲道類似佛法。今基督徒同乎流俗，合乎污世，去基督教甚遠，故甚望其反妄歸真也。基督教未能上擬於婆羅門，及近世康德哲學，安可與佛教並論？建立佛教基督宗之説，佛教徒聞之，必斥曰毁佛謗法。但僕以能救衆生，則打佛駡佛，無不可也。昔門徒嘗襲取希臘、羅馬文化，以造成基督教；僕今則貢獻中國、印度文化於基督教，以滋補之。至佛、耶兩教末流之弊，想釋迦、耶穌，當同聲一哭。今佛教頗有復興之勢，基督教竟江河日下，甚望先生革新之。先生爲教會特達，僕極愛敬，撝謙逾量，愧弗敢承，伏冀不吝賜教。順祝道祺不備。

十三年三月五日

答謝吟雪女士書①

來函閲悉，知解大進，甚爲欣慰。宗教第一義諦，在了生死，蓋必不生始不死也。耶穌捨身十架，是了生死之示範。設令今之基督徒亦死於十架，未必能了生死，以無基督自十二歲至三十歲十八年之真修也。基督真義，必在在以出世之心，行入世之行，盡人合天始得。彼僅能入世而不能出世者固非，若僅能出世而不能入世亦非也。自知素來儱侗，是大覺悟，須讀《大乘百法明門論》、《八識規矩頌纂注》，並《唯識三十論紀聞》等，以求精進，可救其弊。以後切勿看基督徒出版物，彼

① 録自《中華新基督學》。

輩未聞佛學，純以生滅心，説不生滅法，惟是害道害人而已。求永生重修持，是也。出家較在家，容易剷除習氣。但女士既爲獨身，已除許多苦惱，似乎不必出家。一切家事，均當盡心助理，因佛法不在世法外，善修世法亦可弘揚佛法。遇事務必精心毅力，盡己天職，期以利人。無事則恭讀佛經，或一心念佛，並廣勸親友念佛，能消無限惑業。如是爲佛弟子，出家在家，毫無差異。基督應化，非貪世人恭敬，惟望人皆忘己利物，出苦得樂，與佛無殊。故誠心念佛，即是圓成自心基督，俟專讀佛經三五年後，解行俱進，共傳佛化基督教，固所願也。現已茹素，甚妙。此事粗言之，可興大衆慈悲，可滅世界兵劫；精言之，能令身心清浄，免除業感苦報。求與佛心相應，必戒殺也。謹此奉復，即請

學安

四月九日

［附］

謝吟雪女士來書

夫子大人尊前：

竊念基督入世，確爲救人出世。惜其教義不完全，於人何以受生，何以有死，並未言及，故學者竟不知何以能了生死。耶穌捨身十架示了生死之範，祇以文言太簡，非讀佛經不能窺其藴奥。且《新約》記載亂雜，又無修行之法，不以佛書補其缺，恐無出世之一日也。幸承夫子教讀佛經，始知十餘年來，儱侗真如，顢頇佛性，浪擲光陰，日即沉淪而不自覺。自問不堪稱信徒，祇可云愚闇蠢物耳。前年購閲《信徒快樂祕訣》，常念耶穌名號，以爲可得永生。今以佛法對照，知距永生甚遠。夫子指示永生非無生不得，益信。念及性命在呼吸間，三途可畏，苟不及早修持，恐將瞥爾隨他去也。以故極願出家，一意潛修（昔者無知，斥僧尼爲天地之蠹，今知求了生死非出家真修不可），因家中人多鬧雜，無安静讀經之所，若再因循，光陰又蹉跎矣。自維學識寡陋，無獨修之資

格，必須大善知識導引。甚願常侍左右，親聆訓誨，可免函授之勞。近閱《上海居士林林刊》，佛教人才甚衆，而傳基督真教者，僅夫子一人，愈欲專心佛經，三五年後可供夫子指揮，宣傳佛化基督教，救洋教徒出迷津。吟雪現已菇素，惟在家不能純潔，效法六祖衹食肉邊菜耳。夫子慈悲，何以教我。虔祝道綏不盡。

十三年四月三日

答某生書①

耶教立二千年，不過爲遠西淺化之民往昔所適。近則群謂科學發達、宗教消滅，是其不適於遠西而難久存，明甚。化淺如遠西，近且不適，安能適於文化優異之華夏哉？今亞洲信耶教者，皆未能讀佛書之人，不足云適也。基督在二千年前之猶太立教，教義粗略，固萬不能及於佛；而其袪妄存真，苦行利生之精神，無不同佛。佛法無不平等，雖一草一蟲，窮其妙理，莫非歸元之路。兹更張其謬傳之不同於佛者，使知精義無不同；即是更張其不適於今日之遠西及華夏者，使其無不適。猶資助中學之耶教，升入佛教之大學，裨益真道，莫斯爲大。實負傳東方文化之責者，當仁所不宜讓也。遠西耶教徒，少得爲足，坐井觀天二千年，迄今尚不求精進，可乎？吾人明知東亞甚深微妙之文化，足以補救基督教，竟不貢獻之以救世間苦難，一任其傳者陋妄害人，問心果忍乎？庸衆無知，豈識君子之所爲？烏有君子肯爲鄉原以賊德者哉！謂吾近作不免謾駡，當知所謂洋教，乃簡别真基督教言，出於不得已。以由西洋傳來，摧殘東亞文化最有强力故爾，非謾駡也。望其多讀中國書，勿終爲有識所鄙棄也。至斥其不拜佛、菩薩、聖賢，不敬祖宗，不孝父母，等於禽獸，是本無限慈悲，哀愍之極，發爲警告，亦非謾駡。即曰謾駡，見者聞者均當自反其所以召人謾駡之實，痛自悔改而感恩；斷不可我見

① 録自《中華新基督學》。

熾然，内膠外閉，遽加我以謾駡之名，徒自見棄於基督，而終末由以立命。抑知不拜佛、菩薩、聖賢，不敬祖宗，不孝父母，决不能保持人道乎？吾今仰體基督真心，期以福利永世，正如日月不能私其耀以就曲照之惠，震雷不能細其音以協金石之和也。惟是華嚴圓音，不契鈍根劣機，釋迦雖末如之何，終不能祕而不宣也。從知基督見忌於祭司，孔墨不容於世主，非激俗爲高也，特欲破世愚闇，爲大多數人造福耳。大凡真理所在，必獨其隻眼者先覺之以覺後覺，此佛、菩薩所以足貴也。如必待天下人盡知之，而後言之，不嫌雷同乎？諸同學每爲我惋惜，誤矣！蓋我爲基督真義之不明，信徒沈淪之可憫，大聲疾呼，冀以唤醒西人二千年來之大迷夢，免其自陷陷人。諸同學束於教，竟不之知，黑白顛倒，夫復何言。請告諸同學，後勿枉爲我惜，大之當爲基督真光蔽於教會不得普照人心惜，小之當爲自心違背基督永久不得見道惜。務必多讀佛書，更廣勸人多讀佛書，自知予言之不謬。是則予之厚望也。

十三年三月十七日

與吴雷川先生書三①

惠書誦悉。巽言雅量，無任欽佩。基督教中如先生者，信乎希有難遭，惟鄙意未蒙徹察，謹依次申請教正。蓋真理愈辨愈明，於人心世運關係至鉅也。

來示以僕“既欲闡發真基督教，又欲定佛教爲一尊”，此間不無誤會。真基督教與佛教，真理不二，何有尊卑？安立佛教基督宗，固是平等之極談（後詳）。

謂僕“皈依於佛”，言外顯有背於基督意。非也，佛、耶慈悲救世，心同理同，相視莫逆，决無我見、我慢，求人恭敬也。故僕敢斷言，吾徒誠能克己利人，繁興無漏功德（今教會所辦學校、醫院，皆屬有漏之

① 録自《中華新基督學》。

因，於世間法非不可貴，究其結果不過人天之乘，未出六道，至可危也），宗佛可，宗耶可，即不宗佛不宗耶亦無不可。要在明心見性，兼利自他，了知我與佛、耶從無差别爲是。此種盛德大業，佛、耶亦惟苦口勸人，望其共喻，速得永生。人不之喻，終末如何。不才如僕，豈敢以强人乎（來書云“但恐未易强人共喻”）？

謂佛耶兩教，各有其遺傳與環境之關係，未容概括論定，管見以爲亦是亦不是。何以是？就教理言，印度文化高，猶太遠不及。故釋迦説法四十九年，教義周密無漏。耶穌説法僅三年，教義缺欠甚多（後人羼入之駁雜謬妄不計）。就教行言，佛法明宗通教，顯密門多，基督教僅一祈禱，純屬生滅門事，難期離念了證（兩教發生之人爲千差萬别不計）。誠不可以概括論定也。何以不是？佛教之精博，基督之約略，同一真心，非有異故。是可以概括論定者也。

謂世界有佛、耶兩教，譬諸中國之有長江、大河，並流萬古。此二水者，同出於原，同歸於海，惟因其所經流之地勢異，地質異，故其水性、其水形亦異。管見未敢苟同。何也？二水既同原同歸，則其中間所經流之地勢地質，縱極不同，不過其曲直長短異形，並其所挾帶之各物異性（喻各環境之熏習），而二水之本形、本性，固無涓滴之不同也（喻衆生本具真心）。世間貴有宗教者，惟在滌除種種差别之汙染，反窮原地，同歸一真性海耳。基督教使水歸元之方法，遠不及佛教精詳，僕既粗得一知半解，得不仰體佛、耶救世苦衷，因勢利導，化異爲同耶？以基督教列爲佛教之一宗，可取佛教之長以補其短耳。僕信此言，今淺識者無不反對，俟有思想之基督徒精研佛學數年後，自知僕言不謬，有功基督教甚大也。謂僕“堅執佛法最高”，竊以佛法破盡我法二執，惟務内證無漏之因，本來最高，問心有愧，不因僕堅執而高。基督教除以天魔爲上帝極惡劣害道外，耶穌善於破執，真義亦與佛法同高。惜自來教徒迷妄無知，動謂除耶穌外别無救法。我見、我慢之火，燒遍世間（教争慘禍本此）不可嚮邇，基督真義塵薶至今，可爲長太息也。若列爲佛教之一宗，則可免去此弊。如基督徒不敬拜佛、菩薩、聖賢、祖宗、父母，是爲極大罪過，斷難保持人道，可憫實甚；依據佛教妙理，對釋迦佛、阿彌陀佛允當朝夕虔誠頂禮，資益慧命，間或對諸菩薩、聖賢亦當恭敬禮拜，領導世人景仰，制伏我見、我慢，至對祖宗、父母，生存自當盡性教養，没後亦當四時祭祀，報本追遠，大孝利人。（佛教徒亦當準自來不濫拜偶像之義，惟供釋迦佛，文殊、普賢、地藏等菩薩，並西方三聖像，其餘均可不供，以減愚夫愚婦迷信，積有錢財當辦學校培植人材，立醫院除人病苦，並當準不勤勞不當食之理，力行頭陀苦行，不徒分社會之利。所有參禪習教無暇作工者，與基督徒求學無異，又當别論。）由是宗教大同，福利世界，何可限量。

尊意切望、深信佛教復興，僕極敬佩。昔保羅云，“苟能救兄弟，雖與基督决裂亦甘。”是真得基督十架之祕。今先生識量遠大，亦足破無識盲從者迷信天父獨生子之陋見矣。僕謂基督教江河日下，就教會背真逐妄言，蓋亟望其研究東亞高深哲理，光大基督真義，得以追隨佛教，庶免傳者摧殘文化（指蔑視佛、菩薩、聖賢言），乖違倫常（指不祭祖宗、不拜父母言），而牧師（案“牧師”名稱具二大病，一未脱游牧時代野蠻習氣，二自尊爲人視教友爲禽獸太不平等。遠西文化粗淺，其人未聞佛法，積習難改無足怪，乃中教士亦盡因襲其謬而不悟，何耶?）或不負槍助戰矣。敬祈俯察愚衷，效忠基督，廣勸教友多讀佛書，兼及孔、老、墨書，基督教幸甚，世界幸甚。肅此敬懇明教，恭候道安。

十三年三月二十九日

［附］

吴雷川來書

仲如先生有道：

日前奉上月廿九日賜書，忽忽旬餘，未及裁答，甚歉。昨又奉到惠寄《八識規矩頌貫珠解》及《戒淫拔苦集》各一册，祗領，謝謝。先生期許於僕者過殷，又拳拳開示，欲挈僕同參佛土，至深慚感。惟以僕學識疏淺，自揣祇可於基督教稍圖報稱，萬一若欲更求高遠，恐時間精力，均有所限。轉變爲難，以故區區之愚，雖亦嘗有志精研佛學，終於未逮。非敢因循等待，實恐不能澈悟，將至失所依據也。俟他日得擺脱一部分之俗務，從容研究，再與先生平心討論，何如？率復，敬頌道安。

吴震春謹啓

四月十四日

與吴雷川先生書四①

惠書領悉。仰見先生忠於教會之熱誠，惟惜教會之無知與謀生，在在障礙基督真光，不惟不能資益信徒慧命，且長信徒我執、法執，害道害人匪淺，先生似未之知也。僕今知先生景從基督已十年，然據大文之發表於《真理週刊》者蠡測，敢斷言先生從未認識真上帝（如來藏）真基督（菩薩），所認識者不過洋教的上帝（自在天魔或大我慢天）、基督（獨生子獨在父懷代人贖罪）耳。竊以今日教會中，賢如先生者過少，故本基督身施十架之真理，聊申敬愛，請讀佛經，以先生一人能讀佛經，認識真基督，即能轉移無數無識盲從之教徒，裨益將來世運甚大也。僕死罪死罪！萬祈先生看在基督面上原宥。先生所據依者，多屬洋教的謬傳，非真可據依者也。貴《真理週刊》，就俗言，比諸無識老頑固，偶覺進步；就真諦言，未脱西洋陋習，一無可取，稍知佛理者視之，實不勝其哀愍。蓋《新約》諸不了義文字（“上帝”、“天父”等），不可執著增所知障，乃西洋哲學家，又於不了義文字障上，益以許多陋劣名辭，如“一神”、“多神”等（不知“一”、“多”不二），而增障上之障，是其病入膏肓，非精研佛學莫治者也。先生不讀佛經，是恐目能明視，耳能聰聽，生命能得永生也；是與正義爲仇，而永拒基督於自心外也。夫基督與佛，法性（即上帝）不二，並與自心不分彼此。耶穌曰“你門都是上

① 録自《中華新基督學》。

帝”（《約翰傳》十章），保羅曰“這奥祕就是基督在你們心裏”（《歌羅西》一章廿七節），可深思。西洋人未聞佛法，迷誤兩千年，未足語此。吾國人未聞東亞文化，盲從西洋人者，亦不足責。先生究當知之。不此之務，終不過謬妄不平等的洋教耳（人終不能成基督與上帝，反背耶穌之宗旨），縱能廣傳，何裨永生？抑思高遠與卑近，是一非二。管子曰“道不遠而難極也”，老子曰“不出户，知天下。不闚牖，見天道”，可證。俗諦有高遠卑近，真諦無高遠卑近。洋教爲俗諦，基督教爲真諦。先生不求高遠，安知卑近？不知卑近，安能辨《真理週刊》也？僕死罪死罪！萬祈先生看在基督面上原宥。此僕敬愛先生，極誠懇之心，質諸無所不在之上帝（即平等法身），冀真基督之血，流通於先生心中，復活先生自心之基督。庶凡基督徒自心之基督，無不因先生復活也。萬祈勿視佛教爲難，更萬祈勿視基督教爲易。老子曰“圖難於其易”，足見難非真難，而易真難之又難也。故先生不欲圖報基督則已，苟欲圖報基督，萬不可誤認陋劣洋教的基督，爲妙滿佛教的基督也。此兩基督，一假一真，相去有天淵之别，必讀佛書始知之。僕始終欲爲基督伸寃者在此。今對先生爲最後之忠告，倘蒙垂聽，基督幸甚，未來之教會幸甚。不聽，僕敬愛之心已盡，亦可告無罪於基督矣。

與吴雷川先生書五①

昨獲讀《真理週刊》第二年第三期《中國基督徒祭祀祖先的問題》，極欽佩。惟間有未敢苟同處，謹陳管見，求合真理，以副貴週刊命名之實，當亦先生所許。除無關閎旨者不論，分述二大綱如下。

（一）敬拜一神

教會以敬拜一神爲最大真理，詎知一神即是天魔，由西洋人未聞佛法，知解陋劣之故（詳前函），執名言相，執文字相（老子曰“道可道非

① 録自《中華新基督學》。

常道，名可名非常名”)，始終不悟其非。此摧滅東亞真文化之最大病根也。可憐西洋人，既無佛法可聞，又無老、莊、孔、墨諸書可讀，何能參證耶穌、保羅之祕義？耶穌曰：“見我即見父。”（《約翰傳》十四章）“我與父原爲一，你門是神。”（《約翰傳》十章）。保羅曰：“你門是上帝的殿，上帝的靈住在你門裏頭。”（《哥林多前書》三章十六節）“唯一上帝超乎萬有之上，貫乎萬有之中”（《以弗所》四章六節）。從知耶穌、保羅之“上帝”，即是佛教之“如來藏”，或“阿賴耶識”。老子則曰“道”（“有物混成，先天地生，寂兮寥兮，獨立不改，周行而不殆，可以爲天下母，吾不知其名，字之曰道”)，曰“自然”（“道法自然”)，曰“玄”（“玄之又玄，衆妙之門”)，曰“無名之樸”，曰“常”（“夫物芸芸，各復歸其根，歸根曰静，是謂復命，復命曰常，知常曰明，不知常妄作凶”)，曰“一”（“天得一以清，地得一以寧，神得一以靈，谷得一以盈，萬物得一以生，侯王得一以爲天下貞，其致之……是以聖人抱一爲天下式”)，曰“天”（“天之道，不争而善勝，不言而善應，不召而自來，繟然而善謀，天網恢恢，疏而不失”，“天之道利而不害”)。孔子曰“元”（《易》“大哉乾元，萬物資始，乃統天”，“至哉坤元，萬物資生，乃順承天”。從知乾元、坤元固是一元)，曰“神”（《易・繫辭上》，“神無方”，“陰陽不測之謂神”，“知變化之道者，其知神之所爲乎”，“無思也，無爲也，寂然不動，感而遂通天下之故……唯神也，故不疾而速，不行而至”；《説卦傳》“神也者，妙萬物而爲言者也”)，亦曰“一”（《繫辭下》“天下之動，貞夫一者也”；《論語》“吾道一以貫之”)，亦曰“天”（“天何言哉，四時行焉，百物生焉”)。墨子曰“兼”（《經下》“無窮不害兼”)，亦曰“天”（詳《天志》三篇)，亦曰“一”（《經上》“同異而俱於之一也”)。皆非西洋人執著無形偶像者比。惟孔、老、墨書，不及佛教因果輪回周密精析，故專請先生讀佛經，免陷於洋教之陋劣，又以陷人也。蓋佛法之所由高，乃由三無數大劫所圓無上果覺海中所流出，故其妙滿，非孔、老、墨、耶諸菩薩能及也。西洋哲學家，有“二元”、“三元”、“多元”諸説，皆極陋劣，足爲彼土從無真現量的哲理之證。真基督教，固非西洋哲學家生滅門中粗淺之學識所能領悟（西方各大學之哲學、道學博士，講基督教往往紕繆鄙陋，不堪入耳，可證。今來吾國之教士，多未能入世俗常識之中，學者宜其説教，寃殺基督極已），即孔、老、墨書，雖妙理甚豐，足以互闡發，終遠不及佛教圓滿邃密耳。故立佛教基督宗，即以佛法補其偏，救其弊，期以仰慰基督救世真心也。

（二）不拜偶像

此由“敬拜一神”來，以執著故，成兩大罪惡。分敘如下。

（1）不拜佛、菩薩、聖賢，東亞文化盡被摧殘。

西人迷執不拜偶像之説，而昧其真義，愚陋謬妄，可憫極矣。《舊約》十戒之上帝，極其野蠻，耶穌已革除之（觀《馬太》十九章耶穌訓少年不言前四誡可知），教會竟不悟乎？况禁拜偶像，顯著二義：（一）因上帝無所不在，不可雕作偶像；（二）因以色列人蠢於牛，用金鑄牛當上帝而拜之，恐將盡變爲牛（感應之理至微）。故申其義曰：“不可作百物的像跪拜。”以故天主教堂惟不塑上帝像，而塑耶穌並諸使徒聖像供奉，頗得其旨，符合佛教。抑思耶穌登山放光時，有摩西、以利亞同現（《馬太》十七章），並講道時屢引《舊約》爲證，即其崇拜佛、菩薩、聖賢之明徵乎？吾東亞禮拜菩薩、聖賢者，饒具精義。（一）以其教澤廣被，羣荷生成，即是世間公祖父母，不能忘其恩德而不敬禮。（二）吾人自朝至暮，沈於六賊，業障潛滋，莫由解脱，幸得仰瞻道貌，頓息塵心（即《馬太》十一章“凡勞苦負重擔者來得平安”義）。（三）假佛、菩薩、聖賢之像，興起自心同具之德，期於福利世人於不已。（四）藉拜佛、菩薩、聖賢，可除傲慢而顯性真。（五）佛、菩薩神通，聖賢性德，均無間於人心感應道交，加被利大。（六）假佛、菩薩法相，引起劣根凡夫信仰，以便懺悔修善。（七）頂禮佛、菩薩、聖賢，即時前七識清浄，同生善現行，又能熏習第八識，成熟善種子。（八）人心可因此觀摩而善。夫佛、菩薩、聖賢，德備量宏，不因人拜之而加，亦不因人不拜而損。况是土木，並非其真。特吾人必以爲真敬拜之，而精明之德，自油然生。此亦一善巧方便也。基督徒毫無真宗教的學識與修養，因未見猶太有此微妙的美俗，又未聞此土佛、菩薩、聖賢之道行，心如土木，故衹見爲土木，不知爲佛、菩薩、聖賢。是以生滅之心，視不生滅之法，必終無免沈淪得永生之時。吾人景仰佛、菩薩、聖賢，故雖見爲土木，不以爲土木，而惟欽崇其盛德，思效法之。是以不生滅之法，以除生滅之心，當地深契免沈淪得永生之理。此野蠻、文明，化淺、化深之辨也。請問教會聖餐典禮，用麵餅葡萄汁，果真基督血肉乎？是與土木佛像何以異？尊論云“供奉泥塑木雕的偶像爲神，對之跪拜，誠然是違背敬拜一神的誡命，應當禁止”，足見洋教的一神，確是帝國主義的禍魁，確是魔鬼。僕不知先生敬拜孔聖否？先生固深被孔聖教澤者也，孔聖固大而化之聖，聖而不可知之神，吾儒之大公祖也，如見其像，傲慢不拜，不惟背恩，自墮邪見，又何以仰慰基督成全律法之心？又何能合乎保羅“在猶太人中傳道當如猶太人”之訓？如仍恭敬禮拜，何竟自語相違？又何以反背懸爲厲禁之教會？請明以告我。耶穌曰，“你們若常在我的道中，就真是我的門徒，必認得真理，得以自由”（《約翰傳》八章）。今教徒因不在耶穌道中，自名門徒，實非門徒。以故從不認識佛、菩薩、聖賢皆是上帝現身，所以代表上帝愛人之真理，謬執一神邪見，失盡自由，習非成是，自誤誤人，不惟自己永無爲佛、菩薩、聖賢之希望，又禁止世人學佛、菩薩、聖賢。孟子曰“人之所以異於禽獸者幾希”，教徒以我慢盡去之，不大違基督救世之心乎！從知真基督教，務期世人皆得自由者也；洋教徒適得其反，信教不自由，可哀也已。（前某海軍總長，因不拜關、岳辭職，洋教徒羣以爲榮，僕獨以爲是耶穌與中國之辱。何也？某君信仰耶穌，何能爲海軍總長？既爲海軍總長，仍稱耶穌門徒，顯背“當愛仇敵”之旨，此就出世法言辱耶穌者一。關、岳精忠報國，足爲軍人模範，拜之宜也，乃因謬執“不拜偶像”辭職，竟使非基督徒竊笑基督徒無識真理者，此就世間法言辱耶穌者二。某君固中國人，榮任中國長官，爲盲從極惡劣之洋教，藐視全國崇拜之關、岳，從違顛倒，此辱中國者一。中國海軍總長，不尊崇中國道德、法律，此辱中國者二。以上皆由無知，爲洋教所誤，真基督教不若是隘陋窒礙也。以“不拜偶像”

攸關，附注於此。）若高僧不以儒者拜聖爲非，遇聖賢像亦敬拜，通儒不以釋氏拜佛、菩薩爲非，遇佛、菩薩像亦敬拜，蓋識真理，極自由也（此真信教，自由所以無教爭）。然果自心無漏智德，不假方便，頓自圓明，亦絶不執著土木諸像，而礙無上妙法。了知萬法唯識，心外無佛故。六祖云“自佛不歸無所依處”，豈洋教徒名爲不拜偶像，實拜無形偶像者，所能同日語哉？噫！上帝妙身基督，真心寥廓無邊，祇被一神陋説，掃地盡矣。孰知之？孰知之？

（2）不拜祖先父母，吾國禮教因之蕩滅

祭祖孝親事，佛教世法、出世法無不備，《新約》中從無出世的孝道，斷不足與佛教并論。儒教言孝，立足於世法，回向出世，精義無窮，《新約》亦難及萬一。此猶太文化，遠不若中國、印度之鐵證。基督徒急宜覺悟，非多讀佛書，圓滿基督出世法；多讀儒書，圓滿基督世間法不可。姑舉一二例。佛教如《佛説盂蘭盆經》、《地藏菩薩本願經》、《釋門真孝録》，儒教如《孝經》、《詩經》“蓼莪”篇、《大戴記》曾子“本孝”、“立孝”、“大孝”、“事父母”等篇，《小戴記》“祭義”篇、“祭統”篇，均必讀之，而後知不祭祖先，不拜父母，即釋迦、孔子之罪人。既爲釋迦、孔子罪人，豈能爲耶穌門徒乎？耶穌確是菩薩應化，特爲歐美轉法輪，惜乎西洋化淺，教士罔知其真，執著《新約》駁雜文字，惟取其糟魄而棄其精華。又因彼土無祭祖拜父母之禮，來此傳教，又不讀中國書，相與爲緣者，又皆無識之人，於是執著不拜偶像偏見，以盲導盲，竟至背叛“當孝父母”教義，以不祭祖爲榮（僕屢見教會舉教友家木主示衆而碎之，稱爲榮耀上帝，請詳查自知。聖公會近於天主教，不類他教會浮囂，從不禁止祭祖，且提倡清明掃墓。去年上海朱葆元、鍾可託二教士，於秋嘗時，定期請各教友同至教堂祭祖，足爲各教會法），并不拜父母，視活父母亦爲死偶像，荒謬絶倫（僕屢聞兒媳信教視父母不如路人者，且指斥父母曰：“你豈大於上帝乎？”父母亦惟飲恨吞聲而已。竟有父母因兒媳信教憂鬱致疾而死者，請詳查自知。兒媳忤逆每據《新約》爲典，要即《路加》十二章：“我來乃使人分争。父與子争，子與父争，母與女争，女與母争，婆與媳争，媳與婆争。”是此在東亞爲齊東野人之語，西洋人謂《聖經》出於聖靈，一字不可改動，吾國教會又惟仰西人鼻息，而基督真義寃沈海底矣，哀哉），誣辱基督極矣！先生能正其謬，幸甚。惟仍爲洋教所束，於佛教徒務修無漏善德，追福先靈，甚深微妙之哲理，似未之聞。於儒教祭祀精義，似亦未徹察。謹即《祭義》、《祭統》，粗陳梗概。約爲三義。（一）濬發個性，具足明德（斯之謂内盡於已），使無不盡倫（《荀子》“聖也者，盡倫者也，斯之謂不逆於倫”）而福世（斯之謂外順於道）。《祭統篇》云：“唯賢者能盡祭之義。賢者之祭也，必受其福。非世所謂福也，福者，備也。備者，百順之名也，無所不順之謂備。言内盡於已，而外順於道也。”祭者，所以追養繼孝（又教子孫即時孝養，顯然），順於道不逆於倫也（《中庸》：唯至誠能盡其性，以盡人物之性，而贊天地之化育。即盡已順道不逆倫之義）。洋教禁祭祖先，是教人内不盡已，外又叛道逆倫也，非禽獸而何？（二）使境内之衆，皆得虚中致敬，精明交於神明（《春秋繁露》云，“祭之爲言際也，祭然後能見不見，見不見之見者，然後知天命鬼神”），“致齊於内，散齊於外。齊之日，思其居處，思其笑語，思其志意，思其所樂，思其所嗜。齊三日，乃見其所爲齊者。”（《祭義》）“身致其誠信，誠信之謂盡，盡之謂敬，敬盡然後可以交於神明。此祭之道也。及時將祭，君子乃齊。齊之爲言齊也，齊不齊以致齊者也……防其邪物，訖其耆欲，耳不聽樂……言不敢散其志也。心不苟慮，必依於道。手足不苟動，必依於禮。是故君子之齊也，專致其精明之德也……齊者，精明之至也，然後可以交於神明也（以上相似佛教止觀法，戒定慧三學感應道交諸義，惟不及佛教分析生滅、不生滅之精審耳）……祭敬則竟内之子孫莫敢不敬矣。”（《祭統》。《書·微子之命》曰“恪慎克孝肅恭神人……上帝時歆下民祇協”，《保羅達提摩太前書》三章曰“大哉！敬虔的奥祕就是上帝在肉身顯現”，均可意會。）從知祭者，使人止息塵勞，敬虔端正清净其心，以致天下之和，上合天德（反古復始）也。（三）教人大孝不匱，終身弗辱以尊親。“祭者，澤之大者也。上有大澤，則惠必及下。”（《祭統》）言祭所以普神明之慈恩（《墨子·明鬼篇》“敬慎祭祀，猶可以合驩聚衆，取親於鄉里”），務貴“博施”（《祭義》），使“竟内之民，無凍餒者”（《祭統》）。此以“大孝不匱”尊親也。“君子一舉足而不敢忘父母。一出言而不敢忘父母……居處不莊，非孝也……涖官不敬，非孝也；朋友不信，非孝也”，“斷一樹，殺一獸，不以其時，非孝也”，“父母既没，慎行其身，不遺父母惡名，可謂能終矣”，“君子之所謂孝也者，國人稱願然曰，幸哉！有子如此，所謂孝也已”。此以“終身弗辱”尊親也（上皆《祭義》）。此所以爲祭義也，普利人世，不甚大哉？洋教徒無知，極可哀憐。先生率由舊章，尚矣！乃誤於“敬拜一神”，竟將“拜”字，曲爲分解云：“拜上帝的‘拜’字，是重在心裏的敬拜，不重在身體的動作。而中國的‘拜’字，卻是專指著手或頭的動作説的。”此間有二誤點，不可不辨。（一）拜上帝固重在心裏誠敬，然非身體絶不動作。跪拜，禮文“表誠敬也”。耶穌、彼得、保羅祈禱皆跪（《路加》廿二章四十一節，《使徒行傳》九章四十節、又廿章卅六節），非不重在身體的動作，可證。（二）中國的“拜”字，斷非專指手與頭的動作言（《春秋繁露·祭義篇》“君子之祭也……致其中心之誠，盡敬潔之道，以接至尊”）。彼死人之手與頭，何以不能動作？豈先生之照常祭祖，均惟手動頭動而心不與乎？果爾，恐未入教前之祭祖，爲孔子不許；既入教後之祭祖，爲耶穌不許。以失盡祭義，如不祭也，是欺德也。又何與先生所引“自中出，生於心”（此六字非精通佛學莫名其妙）自相矛盾之甚耶？此皆先生深恐西教士不明許祭祖所致也，何苦乃爾?！尊論又以“文王陟降，在帝左右”，“周公植璧秉圭，及告太王、王季、文王”之類，似乎有以祖宗爲神的嫌疑。請問“文王陟降，在帝左右”與《馬可傳》“耶穌升天，坐上帝右”有何分別？何爲嫌疑？何以猶太人的列祖與上帝同在不爲嫌疑？豈猶太書經西洋人讀過，便非嫌疑，中國書未經西洋人讀過，便是嫌疑乎？即此“嫌疑”二字，是見先生執著一神，未明宗教真義，遂致觸途成滯也。竊歎中國之大，高明如先生者有幾？竟爲教會謬傳經訓所誤，然則教會之誤人子弟，可勝數哉！僕嘗云教會愈多，害耶穌者愈多。先生今云“從前種種，都是教會的錯解與誤會，與教義無涉”，若合符節。從知教會不配傳基督教明甚。不配傳而濫傳，勢必害基督教、害人於無既，不大可悲乎？故僕本基督痛愛世人的心，反對教會之錯誤，冀使基督真光，普照人心，除愚癡闇，並利自他，且使誤以教會當基督教者，再不反對基督教（教會誤以無行僧侶當佛教，反對佛教，正同）。耿耿下忱，當爲基督所嘉許也，何先生竟不諒耶？無他，未讀佛書，不知基督教與洋教，真假懸殊故爾。嗚虖先生！早一日讀佛書，早一日認識基督真教義，何如？肅請著安，並祝道祺不盡。

純一再拜

四月廿八日

致某君書①

拜讀《真理週刊》（第二年第五期）《關於中國基督徒祭祖問題》大著，仰見衛道熱誠，至爲欽佩。無如足下未聞宗教，見道不真，反極害道（基督徒著作皆然）。僕恐基督真光，益以塵薶，謹貢一愚，敬求教正。冒瀆之罪，萬祈慈悲寬宥。昔子路人告之以有過則喜，禹聞善言則拜，足下景從基督亦必樂取於人以爲善也。宗教之事，關係未來世界文物進化，並無盡人類生命的升沈，萬不可以毫釐之差，貽千里之謬。足下欲求其真：（一）當多讀佛書，旁及孔、墨書，匡正《新約》。（二）切勿迷信西洋人的謬傳，違背真道。茲以似不破，真不立，謹依大文次序摘録討論（意重復者並不足論者均略，爲惜閱者腦力，時光，不附原文），冀少減自陷陷人之禍。

吴雷川先生的道德學問，足可爲基督教的先覺者。

---

① 録自《中華新基督學》。

竊以吴先生的道德學問，本極高尚，僕無任敬仰。但吴先生於基督教的（真諦）見解，確是不覺者；衹可爲洋教的（俗諦）先覺者。因吴先生前此未讀佛書，不知宗教，主任《真理週刊》年餘，誤人想必不少。玆爲愛護基督真光起見，恐足下此言誤盡閲者。謹此申明，吴先生德大量宏，當不罪我。然吴先生優於學，今聞已讀佛書，一二年後，或是基督教的先覺者。

> 吴先生解釋中國祭祖先的原理，我是承認的。

足下承認吴先生的解釋，顯見不明祭祖原理，將人之所以異於禽獸幾希者盡去矣。是之謂盲導盲從，哀哉！

> 然從這種原理裏邊，所發生的流弊，至少有以下三項。第一，既保留祭祖先的儀式，就難免“不孝有三無後爲大”的香煙繼續問題。有了這一個問題，就難免：（A）親子的繼承。（B）大家族的組織。（C）慎終追遠無限制的虚假儀式。

竊以“不孝有三，無後爲大”固是孟子的陋見，足下矯枉，又太過正，不合事理。（A）以親子的繼承爲弊。不知足下娶妻否？生子否？受父母教養否？教養子女否？設足下未娶妻，不知對於他人娶妻生子事，有何意見限制否？嗚虖！無妻的和尚既遭唾棄，而有妻的親子繼承又所不容，不知足下主張何在？自身何如？敬問真基督教於親子的繼承如何爲弊？如何不爲弊？請明以教我。（B）以大家族的組織爲弊。不知足下有伯叔否？設有伯叔，承認爲伯叔否？推其命意，似雖有伯叔，當不承認，視若路人爲高，無怪乎基督教爲學者所不齒也。（C）慎終追遠爲無限制的虚假儀式。請問教會禮拜，男女放縱情慾，豈僅爲無限制的虚假儀式哉？何其迷執我見，對於他教猜忌嫉惡乃爾。

第二，不承認——至少減輕——基督被釘十字架爲代替人類祭贖的觀念，而移大部分的希望心於已往的祖先和未來的子孫。

然則足下不祭祖，即一事不作，專心希望基督贖罪乎？又爲專心希望基督贖罪，必斷絶未來的子孫乎？當知贖罪與審判不能並立，果如足下所云，須將《新約》中審判字樣，盡塗銷之，以便教徒好犯罪，基督好代贖也。抑知贖罪與審判，皆背於宗教諦理之謬説乎？

第三，非理性化的顯親揚名，使社會重視家庭而輕視社會。換句話説，把基督的天國的社會主義，一變而爲世俗的家族主義。

竊以非理性化的顯親揚名，衹是污辱父母，遺臭萬年，不爲顯揚。顯揚云者，必人子之大有益於天下後世者也。中國歷史中，聖賢名人無數，孰是衹重家族而輕視社會者？觀足下名上有姓，其姓豈自創乎？不自祖先傳來乎？足下之身由天降下乎？又足下之名有一“仲”字，足見家庭的色彩甚重，非大惑乎？足下因信基督教，而重視社會輕視家族，將實行公妻公夫之制，剷除祖先之跡乎？天國的社會主義果如是乎？衹不祭祖便成天國的社會主義乎？僕以深明中國祭祖精義者，必爲社會中至仁之人，因其孝思不匱，報本反始，顯著上帝（真心）無量之仁也。必惟真基督徒始能祭祖。果成真基督徒，雖終生不祭祖，無異時時祭祖。此在彼得雖被釘死，尚未足與此；今昧於祭祖原理盲從洋教不祭祖者，是反叛孔子與基督也。

不問他是拜多神或拜獨神，必不是基督耶穌的宗教。

“多神”“獨神”，乃西洋學者妄起分别的胡説，最足爲基督真教的障礙。足下據爲典要，足證不知宗教爲何物，亦不知基督的宗教爲何物。其所知者，不過洋教的謬傳。顔之推曰：“讀天下書未徧，不得妄下雌黄。”今足下於宗教，並基督的宗教，毫無所知，輒以井蛙之見，妄下雌黄，可以休矣。請足下多讀佛書，久之自知宗教爲何物，基督的宗教爲何物，不爲洋教的“多神”、“獨神”迷惑，然後始可討論祭祖的問題。若不讀佛書，對於洋教，縱熱心死了，亦無足取。以昧於真心，終難得救也。

(1) 耶穌的新命令，只有愛上帝和愛人而已。上帝十誡的孝順父母，當然是活的父母，不是死的父母。而耶穌的“愛人如己”的“人”字，當然所指的是活人，並且活著的父母也包括在内。而已死的祖先和父母，必不是耶穌基督“愛人如己”的“人”字。

此種謬説，由三大病源輾轉引生。一爲基督教義缺欠甚多的病源(於宗教之宗過於簡單故)，引生爲西洋人不了宗教真義而妄傳的第二病源，又引生爲足下昧於祭祖原理而盲從的第三病源。以此知足下深中洋教之毒，病入膏肓。又以知洋教誤盡天下蒼生，爲禍之烈。因視已死的祖先父母不是人，並靈魂不滅之理，亦不知也。上帝也是亞伯拉罕、以撒、雅各的上帝，亞伯拉罕、以撒、雅各固皆猶太人已死之祖先也。儒教洞知靈魂不滅，務令孝子賢孫事死如事生，事亡如事存，由生滅而回向不生滅。基督教義因極闕略，教徒竟説已死的祖先父母不是人，不在耶穌“愛人如己”的“人”字内。豈信基督教者，並“永生”二字未聞知乎？永生豈專指活人之肉體言乎？抑豈基督教不信靈魂不滅乎？此種斷見的邪教，殺人靈魂，知何限也。至“視愛上帝”，“愛人如己”，劃然兩事，顯爲不知基督真義之《馬太》、《馬可》、《路加》三傳所誤。於《約翰福音》、《保羅書信》從未問津，又侈言上帝十誡，太愚騃矣。耶穌約十爲二，又約爲一。《約翰傳》十三章云，“我賜爾儕一新誡，即彼此相愛是”。《保羅致加拉太書》五章云：“全律法一言以蔽之，曰愛人如己。”更顯明可證。惜馬太、馬可、路加知識鄙陋，未足與聞至道；而約翰、保羅雖知上帝不在人外，猶未能攝外於内，是大缺欠。此因猶太人，過於粗野，不可語上耳。足下固不知此，豈不知時地因緣變遷異宜乎？保羅云，“在猶太人中傳道，當如猶太人。”又云：“苟能救兄弟，雖與基督決裂亦甘。”知之否？

(2) 耶穌説：“誰是我的母親？誰是我的兄弟？”就伸手指著門徒説：“看哪，我的母親，我的兄弟，凡遵行我天父旨意的人，就是我的兄弟姊妹和母親了。”耶穌的這個觀念，是把“愛”字，擴充到無限量的活人身上，以成就他那天國的社會主義。

此事本與祭祖無干，用作例證亦可。當知此由記者罔知倫理，違背世間法。説詳鄙箸《福音祕義》。請問耶穌説過這話後，還認母親兄弟否？必以後絶不認其母親兄弟爲母親兄弟，教徒便可不祭祖；如仍認其母親兄弟爲母親兄弟，則仍當祭祖。孝經云：“不愛其親而愛他人者，謂之悖德。不敬其親而敬他人者，謂之悖禮。”假令耶穌不愛其親而愛他人，於世間法，爲不孝不弟，是孔子罪人，豈可奉爲教主乎？假令耶穌既愛他人，仍愛其親（當在十架時，特託約翰養其母，可證），則洋教徒之假愛他人爲名，實則鍾愛妻子無暇愛及他人，並無暇愛及活父母。又視祖先父母已死，靈魂消滅無存，嚴禁子弟愛及者，非基督門下大逆不道之罪人乎？設果如足下之願，人人不祭祖，便能把耶穌的“愛”字擴充到無限量的活人身上乎？天國的社會主義，祇須人人不祭祖便可成就乎？何頑迷乃爾！

(3) 耶穌説：“一個人不能事奉兩個主，不是惡這個愛那個，就是重這個輕那個。你們不能又事奉上帝，又事奉瑪門（銀錢）。“這個教訓，是很明瞭的説，愛人是廣汎而没有限制的。事主可只有一個觀念，就是只能事奉一個主，我們若除了事奉上帝外，又事奉我們已死的祖先，這種主張，不必説他的是非，横直不是耶穌的教義，我敢大膽武斷的。

嗟嗟！經意分明，足下自迷背了。此係耶穌教人一心事主，當守二戒。一戒妄生分别，二戒貪染。使人住心清浄，即心即主，理至精妙。足下不知，執著上帝名相，乖違耶穌教義，不通宗故，出言便謬。姑敷陳之：昧於上帝真義，誤作無形偶像，不能攝萬歸一，謬一。不知自心本是上帝，務盡人道保全之，謬二。輕惡祖先，德過涼薄，謬三。不知祖先靈魂不滅，非瑪門比，謬四。不知爲人子孫，即當報本反始，尊崇世出、世間禮教，謬五。不知自心之靈，與祖先之靈，可以虔誠相感而通，謬六。不知一祖先之靈，與横竪無量祖先之靈皆通爲一，謬七。妄起生死分别，反背永生真義，謬八。不知祭祖即使世人咸知靈魂不滅，急於修善之理，謬九。不知祭祖即使人大孝不匱，務令四境人無凍餒，且愛利萬物以盡性（詳讀《祭義》自知），謬十。不知敬拜上帝，正欲成全世間一切道德律法，謬十一。不知春秋或四時的祭祖，不但絶不妨礙敬拜上帝，且可以莊嚴上帝，謬十二。不知祭祀已死的祖先父母，正欲子孫幹蠱，大利世人，謬十三。不知祭祖正使孝子賢孫，互助世道進化，追福先人，謬十四。視使人清浄的祭祖，爲妨礙敬拜上帝，等於事奉瑪門；視使人心不能清浄的娶妻，不妨礙敬拜上帝，不等於事奉瑪門，謬十五。視教徒祭祖，爲妨礙敬拜上帝，等於事奉瑪門；視教徒重看子嗣，不妨礙敬拜上帝，不等於事奉瑪門，謬十六。視每年偶時的祭祖，爲妨礙敬拜上帝，等於事奉瑪門；視終日貪求的衣食住，不妨礙敬拜上帝，不等於事奉瑪門，謬十七。不知祭祖爲宗教必有事，謬十八。不知基督教義，於生滅、不生滅根本諦理，極其缺略，反排斥儒、佛美備之教義，謬十九。盲從西洋妄人不祭祖的謬傳（西人有識者亦以中國人不祭祖爲非），蔑視中國列聖祭祖的禮教，謬二十。恐閲者嫌煩且止。足下當知文字殺人靈魂，較之刀兵殺人肉體，罪大萬倍。請以後少武斷些，並請吴先生的《真理週刊》少印行些。

多神教的那些偶像，一大部分是由慎終追遠的子孫，用顯親揚名的學説成全出來的。多神教的這個老爺，那個老祖，這個娘娘，那個奶奶，就全是子孫對於祖先的稱謂。

當知瞽説啓羞，誣陷罪大。縱如所言，這個老爺，那個老祖，這個娘娘，那個奶奶，全與佛教、儒教無干，是愚夫愚婦未能讀書明理的緣故。猶之足下敬拜的獨神，與基督教絶不相干，是西洋妄人不知宗教而謬傳的緣故。同一無知，極可憐愍。顧愚夫愚婦的老爺娘娘病，羣知其糊塗而易治；西洋人謬傳的獨神病，羣不知其糊塗，且執迷不悟，極難治，更可憐也。又當知“多神教的”（依洋教徒言）明偶像，如佛、菩薩道行之高，遠在足下敬拜的獨神天魔暗偶像之上。故明拜佛、菩薩的偶像，可摧身外一切邪緣，引生自心無漏功德，與佛、菩薩無異（西人有識者亦以見佛、菩薩聖像不敬拜爲非）；若心中暗拜偶像，口中明排偶像，是爲自欺欺人，與佛、菩薩絶緣，究其結果，難免墮入三途，其苦尚堪設想乎？又足下很鄙薄慎終追遠的子孫，幾若曾子“慎終追遠”之説，在基督教爲罪惡。豈耶穌爲喪心病狂之人，必禁天下萬世民德歸厚乎？觀其在十架臨終時，託母於約翰，正示終古信徒當具無盡期的孝思也。孔子語曾子的《孝經》曰：“夫孝，德之本也，教之所由生也。愛親者不敢惡於人，敬親者不敢慢於人。”大、小戴《禮記》詳述曾子之言孝，至謂“斷一樹，殺一獸，不以其時，非孝”，苟非慎終追遠的子孫，安能博施？福利社會若此。中國聖人以祖先父母之靈即是上帝，本來無死，貴乎並自心與天下人心之靈精明相感而通，故制爲祭祀，藉以袪妄歸真，潤齊萬有，庶使下愚皆可登其閾，上智終莫踰其閫也。足下未聞儒書精義，輒敢任意誣衊，又盲從西洋獨神的陋説（耶穌、約翰、保羅三人的上帝確是真如，不是洋教的“獨神”），奉爲金科玉律，拘守人的遺傳，廢棄上帝誡命（《馬可》七章），反叛基督，自陷罪網，且欲陷人於無既，良可悲已。足下又極以顯親揚名爲非，豈知今日舉世污濁，皆不能慎行其身，徒遺父母惡名者之罪乎？抑思誠欲顯親揚名之人，必不肯專仰西人鼻息，摧滅中國倫常，正可未厚非。何足下不知自己目中有梁木，妄謂弟兄目中有刺也（《馬太》七章）。嗚虖！基督徒一口一聲不拜偶像，其實天下第一崇拜偶像者，莫如基督徒，以不知歸自心上帝故。此非精研基督教者不知。佛門弟子，看其外貌，似極崇拜偶像，其實天下第一不拜偶像者，莫如佛門弟子，以息息知歸自心佛故。此非精研佛教者不知。佛們弟子，可以毁泥塑之偶像，燒木雕之偶像，故雖時時拜偶像，實未嘗拜偶像，以從不執著故。基督徒時時不拜偶像，時時拜死偶像（“獨神”），時時死拜偶像（失却自心上帝），以過於執著故，哀哉！僕極言佛、菩薩像當敬拜者，以基督徒不知此間具有自他兼利之妙理故，將以有形偶像破其無形偶像之執著故，亦以有形偶像病易除無形偶像病難除故。設基督徒素來濫拜偶像，僕又當以不拜偶像爲勸，以對病用藥，病愈藥除，無定方也。總期普度信徒免深淪得永生而已，幸諒解焉。

最好是服從基督的真理，使人類都知自己出生入死的真道，而歸宿在天父的一個來源。

足下執著敬拜獨神，不應祭祖，欲以自心之偶像，桎梏他心之靈明。偶像之爲禍於足下者，久矣大矣，足證足下從未認識基督的真理，並不知天父的一個來源有多少大，更不知當如何歸宿。原文“出生入死”，想係“出死入生”之誤，但現今洋教的謬傳，教徒的盲從，確是要人出生入死的大迷途，極可憐愍。敬告足下，宗教爲宇宙間最邃密而又神妙之科學，非窮究佛理，莫知端緒。“出死入生”的真道，真基督教已極儱侗而無條理，大是缺憾；况西洋人的謬傳，去真基督教甚遠，萬説不上“出死入生”四字。

祭祀祖先，與數典忘祖，不過是以五十步笑百步。祭祀祖先的，也追溯不到他自己的真來源。同是不能追溯來源，祭祀不祭祀，没有多大分别。

據吴先生的祭祖，不過記念而已，不過手動頭動而已，心不與焉。是與數典忘祖，確爲以五十步笑百步。但儒教祭祖，却與吴先生的祭祖，大不相同，是要“報本反始”、“反古復始”。吴先生亦説到此處，惜乎不知宗教本體，不了“始”字真義；又因盲從洋教的一神，自生隔閡，遂錯遠了。所謂“始”者，就是祖先、父母的真來源，也就是無始以來祖先、父母的真來源，也就是祭祖人自己的真來源。萬不能説不能追溯到來源（後文云“既不能追溯到始祖”，原人足見執著文字，不通宗教）。不過洋教徒没有追溯真來源的知識，迷執一神，排斥祭祖，污辱基督，頑冥極已。傳教是要啓發人的天良，乃禁止祭祖要人人喪盡天良，還説祭祀不祭祀没有分别，是可忍孰不可忍。蓋祭祀所以興起人類天良，保全人道，不墮禽獸也。不祭祀則反是。嗚虖！瞎眼領路者（《馬太》廿三章十六節），不怕地獄之火乎？可憐可憐。

> 耶穌立教的大經大法，超絶古今先知聖哲的地方，就是承認凡圓顱方趾而具有人性的，一概都是天父的子女。

耶穌立教，超絶古今先知聖哲。這句話，在西洋人未聞佛法，又無老莊孔墨諸書可讀，夜郎自大，猶可説也。中國人烏可染此陋妄習氣？設此言果有益於基督教，亦可置之不論，乃非徒無益，又大害之。難安緘默，姑述三義：（一）使信基督教者，於東亞文化中，真能令人免沈淪得永生的妙道，無不絶緣。（二）使基督無漏清淨的真心，因無比較而難顯揚。（三）徒增信徒我法二執，永無内證見道之時。噫！洋教徒孰知之！又以耶穌立教的大經大法，就是承認凡圓顱方趾而具有人性的，一概都是天父的子女。這句話，在足下必以爲説得很闊大；豈知反將耶穌的大經大法，縮至小而又小了。設足下稍讀佛、道、墨書，安肯説此貽羞基督的錯話？設知真基督教，又安肯説此貽笑於佛、道、墨各教徒的錯話？保羅明明曰，“一上帝，就是衆人的父，超乎萬有之上，貫乎萬有之中”（《以弗所》四章，“萬有”亦有妄改作“衆人”者），足見基督真義，與佛、道、墨教，同爲平等平等（佛教云“一切衆生皆具佛性”，道家《莊子》云“天地與我並生萬物與我爲一”，墨家《墨經》云“無窮不害兼”）。乃洋教謬執一神，獨爲人類天父，僞造動物無靈魂説以附會之，於是競謂上帝特生牛羊等供人食用（果爾當謂上帝特生人供虎豹食也），恣意殘殺，互相吞噬，而耶穌平等平等的大經大法，變成不平等中僅存一部分平等的小經小法矣（西洋人名雖視人爲平等，其實視他國人亦不平等，又祇可云不平等中又不平等的平等而已）。

> 現在我國舊禮教，能行慎終追遠，祭祀祖先者，除了少數士大夫以外，早已不能普及於庶人。

竊以現在我國舊禮教的祭祖，惟除盲從洋教者，忍心害理不行外，無不遵行者（其中無識者附益的迷信又當别論）。

> 不該避免現代士大夫的詬病不詬病。

現代士大夫之行，爲君子小人不可知，其知識比較的當遠在洋教徒上，即祭祖不祭祖可證。洋教徒不祭祖，士大夫詬病，自當祭祖避免之。吴先生勸人祭祖，不愧爲愛人以德之君子。若足下主張不祭祖，迷已，又不知不祭祖爲非，是謂倍迷。又明知士大夫詬病，終不避免，更屬怙惡不悛，似非君子也。不圖“今日教會中法利賽、撒都該文士甚多”也（此西人有識者之言）。蓋禁止祭祖，不拜父母，作俑於西洋妄人不知宗教而濫傳也。

> 除非把一切燔祭和各樣祭祀（就是虚文），都除淨盡了，才是盡心盡意盡智盡性盡力的愛上帝。

竊以祭祀虔誠，自然動容中禮，是真愛自心上帝之一法。祭祀猶祈禱也，乃以祭祀爲虚文，祈禱何獨不然？縱令祭祀時，所動作者，均是木石，純屬虚文，則都除净盡了，仍與愛上帝毫不相涉，何以説才是盡心盡意盡智盡性盡力愛上帝？一切愛上帝的心、意、智、性、力，衹不祭祀便盡了，何洋教之無半文錢的價值乃爾！可憐洋教徒，既未參宗，又不窮教，沿訛瞎傳，愈傳愈糟。耶穌之死，真徒死也。

我們没有這筆金錢，去維持這種虚文。

敬告足下，祭祀是使人已經失去的天良，回復轉來。所以“虚中致敬，順於道不逆於倫”，即是莊嚴無漏的功德，並非虚文。用錢極微，衹將一日痛愛妻子的用費，節省一點便夠了。信徒成全這律法（《馬太》五章十七節），耶穌定極歡喜也。

縱然有錢，也不明白這種深文奥義。

竊以要明白祭祀的深文奥義，與錢無干。所不解者，足下於基督教的深文奥義，同一絲毫不明白，何於有理的祭祀，便毅然廢棄，而於無理的不祭祀，反率爾遵從也？

附，吴先生説：“基督教義的中心，是耶穌捨己的人格，也就是愛上帝、愛人的兩大綱。”

敬告吴先生，愛上帝、愛人分爲兩事，乃最卑劣的教義，聊破十誡之迷執耳。其實理事欠融，義多未了，不足當基督教義的中心也。若耶穌捨己的人格，亦不是教義的中心。中國歷史上，爲道、爲天下，舍己的人格多矣，先生何不尊崇？或以數見不鮮，則希臘蘇格拉底，捨己的人格，去基督幾何？此知先生不知基督教也。然則基督教義的中心爲何？曰免沈淪得永生是。幸先生留意焉。

五月十日

答邊潤寰宗教之疑問①

(1) 遠西洋教徒，終有盡被佛化之一日乎？

答：業障輕者，易受佛化。業障重者較難，因其夙業種子，適與洋教相應，而洋教種種理障、文字障，恰合程度，足以束縛其思想，使之不易解脱也。然據真理而言，洋教漏略謬妄處甚多，在在須佛教補救，洋教徒徐徐受熏，當終有盡被佛化之一日。

(2) 我公謂基督是一菩薩，説法與佛法多同。然基督徒之升天者，逝後示現（先大父與一耶教人善，死後曾向先大父示夢），所説天上情景，與《新約》同，並看見上帝及耶穌云云。若謂基督是菩薩化身，何爲在天上？又何一一與洋教徒所説相符耶？乞公詳爲指示。

答：凡夢非真。此由夢者曾想像其人，並與洋教傳説結合而成，純是虚妄幻想落謝影子所現，以爲事實。正所謂認假作真也。洋教徒不知菩薩境界，以升天爲究竟，難免沈淪，所以終是洋教，極可憐也。菩薩非竟不在天上，如彌勒菩薩常在兜率天内院説法，釋迦佛亦嘗在忉利天爲母説法。特洋教不能援此爲例。蓋上帝無像，本不可見，乃云看見上帝，則其謬妄顯然。

(3) 我公改革洋教，第一大事，當使其修佛教三净業，革去洋教十誡。良以出生死與否，最重在因行上。因行不大，果亦必不大也。我公以爲然否？

答：此説甚是。《舊約》"十誡"，爲起洋教徒種種迷惑根本。可憐洋教徒不知宗教爲何物，亦不知基督教爲何物，執著文字，迷信天魔爲上帝，不容人崇奉别神。不知上帝設果如此，是其器量褊小。傲慢性成，在凡夫中尚非善類；又以惡上帝者，上帝必討其罪，並罪及其子孫若干

---

① 原載《海潮音》第五年第十期（1924），收入《中國新基督學》時略有删節。據《海潮音》録。

代，愛上帝者反是……是其上帝我見天大，排斥異己，暴虐專横，無道極已。故其流弊，十字軍興凡七次，互相殘殺共廿餘年。近復教堂勸戰，教士殺人，互求上帝助滅敵國。從知洋教徒習於鬥狠（嘗見兒媳因信洋教往往忤逆父母不堪），實其"上帝"爲禍胎也。以此爲教，殺人靈魂何限？可愍極已。詎知《馬太傳》等，嘗以"十誡"害道，約爲"愛上帝"、"愛人"二誡，似較進步，乃"上帝"與"人"，劃若鴻溝，隔絶不通。洋教徒又執著以爲要道，抵死不悟其非，陋劣極已。豈知上帝不在人外，愛人即所以愛上帝。是爲基督教義極大缺憾。可分二項説明：(1) 所謂"愛人如己"，顯見"人"不是"己"，直將人、己打成兩橛，罔知人己不二。病一。(2) 不知上帝即是自心，本己原是上帝。真愛己，即不得不普愛世人及萬物，是即所以愛上帝。病二。以此二病，未能攝外於内，無由證正等覺，終是外道（即異端）邪見，必改革之。使修佛教三浄業，則意業一浄，感無不通，勝於《舊約》百千萬誡，且可超出洋教之天乘，趣向菩薩乘也。

(4) 西洋人知識頗高，爲何多信洋教不疑耶？若云西方重物質文明，不重精神文化，何以精神作用之催眠術，仍由西方發明耶？

答：西洋人之知識，純屬俗諦，不過俗眼視之爲高。若言真諦，西洋人固毫無知識也，故祇能迷信謬傳之洋教。近如英國羅素，稍知東方文化之皮毛，即絶對不信洋教，可證。至於催眠術，亦不過精神上一種作用，用之不正則害人非淺，用之正當亦不能説就是文化。我國周秦時已有發明，《列子》書載"西極化人與穆王之神游"即是。更如"列子御風"、"商丘開信僞"之類，皆精其術者。至若《周禮》之巫祝，《楚語》之男覡女巫，《山海經》之巫彭、巫抵、巫陽、巫凡、巫相等神醫，均與催眠術之原理極相關（詳拙著《基督神通義證》），今西人尚未足語此。

(5) 刻下洋教徒爲公勸化者若干？

答：凡思想敏活，稍能讀中國書者，莫不感化。但僕惟務耕耘，不問收穫。

(6) 洋教徒謂上帝造動物以供人食，是則上帝使衆生受殘殺之苦，又因互相殘殺，而造出輪迴相報之苦。上帝果如此，不如盜賊矣，因盜賊尚有良心也。上帝既無良心，造此惡因，必得惡果。以與佛普度衆生之因相較，何啻天淵！此殆我公所欲改革之一歟？

答：洋教徒非但不知宗教，並極粗淺之科學所謂“物質不滅”之理亦不知，撥無因果，不信輪迴。詎知《新約》之審判，即因果之果。耶穌當日，以猶太人過於野蠻，難與言因，故從權衹言“審判”，使之畏懼而不作惡。其實上帝不審判人，洋教謂上帝行審判，直是誣辱上帝。《新約》之“沈淪”（基督徒自古至今惟保羅一人粗知沈淪之理），略具輪迴之意，因其教義缺漏甚多，故教徒莫由領悟，且反對佛教輪迴之說，其愚蠢極可憐也。其視上帝爲死板偶像者，蓋深中《舊約》並《馬太》、《馬可》、《路加》三傳之毒，而於《約翰》、《保羅》之上帝，未能研究。竟致捏造種種謬説，謂“上帝造動物供人食”，以形上帝之殘忍，特其一端耳。他如謂“敬拜佛、菩薩、聖賢，即得罪上帝”，是其“上帝”陜隘自私，爲充滿妒嫉之小人。謂“敬拜祖先、父母，亦得罪上帝”，是其“上帝”未聞禮教，爲忤逆不孝之罪魁，其罪惡大於世間盜賊何止萬倍。若夫真上帝，至善無惡，固無因果可言；而洋教“上帝”，廣造惡因，當有極大之惡果。歐戰四年，無異狰獰獸鬥，特其一兆端耳。佛教徒則曰，“欲知世上刀兵刦，試聽屠門夜半聲”，又曰，“世上欲無刀兵刦，須是衆生不食肉”。從知佛教務造善因，洋教“上帝”當在佛教鳴鼓而攻之列。獨是基督教原有禁食之説，基督亦嘗禁食，無如洋教徒狂妄無知，慣縱貪欲殺生，反誣上帝何？故亟欲改革之。有二方法：（一）先改革洋教之荒謬，使成真基督教；（二）後改革基督種種權説，顯其正義，並補足其缺欠，使進化爲佛教，則世界殘殺之禍自滅矣。

（7）佛教謂心即佛，佛即心。又謂一切唯心造。然則謂佛如洋教所説之上帝，能造化萬物亦可也？

答：娑婆世界，爲衆生業力所感而成。常寂光土，爲全斷根本無明諸佛之所依止，以佛具足福慧神威，現他受用應化身土，亦何不能造化萬物？特不可執著洋教上帝之造萬物耳。

(8) 以“衆生成佛是恢復本來”推論，當有從本以來未修自成之佛，然否?

答：不假修爲，本來是佛，即法身佛是。然報身應身，則必假修以成。

(9)“上帝”是否假名?

答：“上帝”本是假名，與佛教“真如”亦是假名同。惜洋教徒未足語此。

(10) 佛教人人可以成佛，何以洋教不能人人成上帝?

答：人人本來是上帝，則皆成上帝。特洋教徒知能陋劣，不能信人能成上帝，且不許人成上帝，更不知一切衆生皆本成上帝。種種不平等，害道極矣。

答三兒育元三事①

(一) 佛化基督教，爲空前未有之舉，誠合真理。雖受萬衆攻擊，終請貫徹初衷而無畏。

答：甚是甚是。老子曰“下士聞道大笑之，不笑不足以爲道”，定理也。曩者苦行講學，期以明道，與世俗戰久矣。今後益當堅決從事，斷不肯貶節，污辱基督，以逐衆人之好也。

(二) 近年知識界的基督徒，解説教義，較前大有改變。擬請大人著耶教書時，偶檢閲之。

答：今知識界的基督徒，立言雖較前改變，總是依於妄情。及不了義教，濫作講解，非沿謬傳邪執胥溺見河，必即局指徇文深陷有獄，求能釋疑去僞，通宗契教者，百不得一。蓋彼輩迷信歐美非量的俗學，未聞《老》、《莊》、《内典》現量的哲理，純用攀緣心，舞弄生滅法，與真基督教絲毫不相應，焉有可看價值? 例如《生命月刊》不知生命爲何物，

---

① 録自《中華新基督學》。

《真理週刊》不知真理爲何物，可證。故凡基督徒出版物，莫非外道歧途，令人迷心徇境，徒增我執、法執也。

（三）請以學者研究的態度立言，可否？

答：不可。學者研究的態度，係未知真實，懷疑不敢決斷，猶未入富人之室，隔在門外，揣測其中寶藏故爾。我所説法不然，均係久經研究，確切明知，在在據聖教量，亦猶《約翰》十四章云，“不是憑著自己説的，乃是住在我裏面的父作他自己的事”。譬若聖醫，洞知衆病，本大慈悲，舉刀用藥。病者宜遵服食，否則死亡無疑。因宗教非學術比，未知底蘊，則不可妄傳，陷人生命；既深知之，務令盡人起信生解，躡行親證，不容猶豫。故宗教信仰，是絶對的，非相對的。衹恐信者認假作真，則可危之至，不忍不指導之。試觀歷來佛祖經論，並耶穌、保羅垂訓，何嘗有疑而不定的話？蓋破迷啓悟，懇切度生，當頭棒喝，無非慈祥。况我今者，摧邪顯正，普令因言薦道，尤貴能强有力，庶使已入迷途者，可據以研究悔改，未入迷途者，不致盲從，又以導盲也。

十三年三月三十日

答嚴其安書[①]

來書具見卓識。基督教亦少有不可磨滅之真理，不得因其文字陋劣，並教會不足與語，盡抹煞之。基督教借重神權，原爲野蠻人設立。自内學視之，實屬外道，以無盡緣起，及吾人生死理由，從未根本解决也。中國人能信佛教，絶不與聞，尚已；或已誤信，能盡棄之，專求佛法，非上根人不辦。至於下根劣機，已受基督教執我、執法之迷惑，金錢、權勢之驅迫，以無識故，生計故，斷難舍此而學佛，故以佛法化之。“宗教”二字，基督教中無此學理的研究，佛教言之至詳且晰。一略繹其意。宗者，吾人及天地萬物所由終始之實體也。教者，詳列義相，使人類無

① 作於1924年，録自《中華新基督學》。

不歸元，通乎天地萬物而利潤之之妙用也。教會領袖不學瞎講，害道極矣。服務社會不過利他萬行之一端，基督真道豈惟是粗淺疏漏而已哉？《新約》書“上帝審判”之説根本錯誤，因一切禍福，爲吾人善惡之結果，其權實操於自己。此基督徒迷惑二千年，迄今未悟者也。至云“善者永生，惡者永火”，皆嫌過於儱侗顢頇，不合真際，非研精佛教，莫知其詳。“肉身復活”，道教、佛教，往往有之，甚不足奇，猶太人少見多怪，西洋人驚爲神蹟，不足當識者一笑。理詳拙著《基督神通義證》。一以基督教傳布機關完備，遍於大地，此在佛教徒縱能仿效，至速亦非二三十年辦不到，衹惜基督教義甚欠圓滿，而不圓滿之真義尚無人領會，故以佛法闡明之，補足之，且以破除教會邪執陋見，冀免貽誤來學。佛耶二教聯合爲一，則福利世間，功甚大也。老子曰：“聖人常善救，故無棄人；常善救物，故無棄物。”竊願學焉。太虚法師，當代高僧，能常親近，决定資益慧命無窮。

十月廿三日

［附］

嚴其安來書

捧讀尊著《佛化基督教》二册，敬悉夫子有以佛説感化基督頑徒之熱心，欽佩無似。竊恐基督頑徒唯我獨尊之觀念，未必能受感化，與其徒費筆墨，莫若置之不理。試觀今教會所謂新派者，明知教義罅漏，無法彌縫，且多矛盾，不能貫通，然無不千方百計自圓其説，甚至以宗教爲人所造，乃因時宜而演進者。果爾，是宗教絶無滿足人類靈性要求之望矣。教會除以服務社會，爲唯一營業外，牧師講道，往往不堪入耳。至於《新約》書中所謂“審判”，“善者永生，惡者永火”，並“肉身復活”諸説，足證文字陋劣，無非理障。生去年五六月間，曾作關於聖經文字一稿，發表於《生命月刊》，惜爾時身居青年會中，文多遷就，未便暢所欲言。蓋生計迫人，不克本良心主張正義，亦大可哀矣。尚思得暇將教會内容之黑暗，稍爲陳述，冀減信徒之迷惑。生生平喜辨是非，是則從之，非則棄之，萬不敢隨波逐流，以非爲是。既以耶教爲非，佛教爲是，則完全學佛拜佛皈依於佛，且勸人皆學佛拜佛皈依於佛。其法較簡，而收效亦速，且功德亦極廣大，似不必强以將歸消滅之基督教，納入佛之範圍也。生與教會中西人共事甚久，觀彼等皆極頑固之肉食者，斷不足與言天道。此據習聞習見而知，非敢妄作聰明，與夫子争辯。甚願夫子專弘佛法，庶免徒費精神也。如有失言之處，敬祈教正之。生已於三日前拜謁大敬法師，仰見道學淵深，和靄可親，於性靈上，實蒙教益不少。並蒙太虚法師贈生佛書數種，持歸展讀，匪惟道理微妙，文字亦極精雅，希望以後常獲法利，則生之福緣不淺矣。

十三年十月十八日

致甯達藴[①]

達藴道長先生慈鑒：

駕臨暢談，快慰生平，惟恨時短耳！先生弘揚佛化，熱心毅力，無任欽佩。蒙提倡佛化基督教，仰見行菩薩權，至欲令麻木的佛教徒，悉循正軌，更是作如來使，福利大地衆生，何可限量。諸同仁一心敷教，一不勝景崇之至。（中畧）一爲佛化基督教事，除蒙諸君並太虚大師及數同志許可外，其他佛、耶二教徒，莫不鄙棄唾駡，一惟有置若罔聞，盡力以行吾是而已。竊有不能已于言者，洋教所以盛行之故，在西人辦事有組織團體，一切用人供給費用之事，均由團體推舉酌定，此其所長；因而飯碗事大，背道日馳，日形墮落，莫由振救，是其短也。今佛教無組織，不能辦事，是其所短；而佛理不因和尚之卑劣而喪亡，是其所長。管見今亟宜聯絡各廟明白僧侶，至信仰佛教居士如某某等，仿照耶教徒組團體，然後用人行政，不難次第舉行。更以犧牲我見，專以弘揚佛化、

① 載《海潮音》第六年第七期（1925），原題爲“張純一甯達藴兩居士往來函件”。

普救世間苦難爲目的，諸佛必能默助我功也。肅此敬祝

諸同仁先生法喜無量

教末張純一頂禮

八月五日于張家口

［附］

甯達藴覆張純一書

仲如道長先生慧海：

頃奉還雲，欣喜無似。過蒙推譽，愧無克當。達藴對於先生所主張之佛化基督教，年來因常讀先生之論文及書翰，深知先生之見解與眼光，在國内可算首屈一指。唯因陽春調高，致和者甚寡，且有因而加以種種之推測與夫毁謗者。此固庸人之眼光不足爲怪，而亦應有之現象也。先生既能以佛耶二佛徒之鄙棄唾駡置若罔聞，且盡力以行其所是，果有此種堅猛不拔之精神，則何患不能摧伏一切，而實現先生之特創主張哉？尚望先生今後始終如一，努力前進，達藴不敏，願竭微力而觀其成。至先生所論佛教組織團操問題，誠哉卓論。今後的佛教，若圖普及于大地，非從組織團體方面想根本之辦法不能成功。否則等于蒸沙作飯，畢竟徒勞而已。唯講到佛教組織團體一層，據達藴近年來之觀察，覺得頗有詳細研究之必要。自民國鼎革以還，佛教徒所組織之團體，迄今日爲止，不爲少也，結果有幾個能穩固成立者？大都通過簡章，發表宣言，挂一招牌，開幾次會之後，即完事矣。既無充足之基金，復無相當之人材，缺此兩點，何能辦事？雖然，天下事不能以難而即不辦，且緩計之，只須確有少數真實發心之人，而董署其事，亦甚易也。

（下略）

學弟甯達藴頂禮敬覆

民國十四年八月十號於北京

與李心齋居士書二①

今者世局擾亂，人民疾苦極矣，此衆生共業所感之果報。就已往言，固不可逃也。就未來言，確可避免。在儒曰："一日克己復禮，天下歸仁。"在釋曰："心浄衆生浄。"在老曰："清静爲天下正。"其致一也。其要端惟在先覺之人，先自光明其心而已。幸有佛教，其光明誠能燭照世間一切黑闇，務盡破之而無餘。近年各地，常有高僧並諸居士，亟思顯揚佛法，期以轉移世運。此衆生前途無限之希望也。甚願老弟有暇，即研精佛學，則有裨身心家國世界，定非淺鮮。每當晨興夜寐時，均必虔誠焚香，拜佛念佛，以爲定課。念"南無阿彌陀佛"，或"南無本師釋加牟尼佛"，或"南無觀世音菩薩"均可。惟念時衹念一佛爲妙。至念十聲，或百聲千聲，隨便可也。蓋拜佛像，念佛號，讀佛經，皆能消滅無始迷妄習氣，所以清浄身口意業，俾出生滅門而入真如門也。又晨興念佛後，預算一日當爲之事，盡力爲之。夜間念佛後，省察一日之過失，盡力懺悔之，務期事事與佛慈悲相應。以此自修，以此教子弟，以此勸鄰舍戚友，即是大學明明德、親民、止至善之聖功，亦即是圓成自心之佛也。

十五年一月二日

復甘立仁書②

來函敬悉，奉答如下。

有戴君秉衡，在上海約翰大學神科畢業，决不受職傳教，與老弟同。蓋天良不昧，不願害人也。佛、耶教義有同者，如免沈淪獲永生，即"離一切苦，得究竟樂"是。有不同者，佛教離苦得樂之方法，圓滿精

---

①② 録自《中華新基督學》。

密，層出不窮。基督教不知如何爲苦，如何爲樂，如何免苦，如何得樂，在在缺漏也。以基督教比佛教，不過九牛之一毛，安可相提並論？然基督固是應化西土之菩薩，其爲教務盡人合天，間亦通於出世之三乘（聲聞乘、緣覺乘、菩薩乘），惜無正報、依報確切之説明。據其所標天國爲衡，當以佛教天乘判之，極下劣也。故凡信基督教者，必其地草昧初開，未有佛教，其人根器下劣，不能信仰佛教。耶穌現基督身而爲説法，特以階梯佛乘也。此知説教貴乎應機，今依時地因緣，約分三項言之。

（一）對中人以下者説法，在中國佛教盛行之地，總宜以浄土法門度之。此法門上中下三根咸宜，最善巧也。遇哲理優異之學者，宜以唯識學進之。其餘華嚴、天台、三論、禪宗、密宗、律宗，均可隨機指導，不必執著。若遇已信基督教者，其人必執我迷法，如病入膏肓，不易治療，於是應以菩薩心腸，分別孰是真基督教，孰非真基督教，以啓悟之，總使返妄歸真，歸宿於佛教爲得。儒教父慈子孝，兄友弟恭，夫婦和順，交友以信，與人以忠，並禮義廉恥諸美德，皆保持人道，不墮禽獸之要妙，任信何教不可忽也。

（二）傳教之人，首當博通佛教，次則熟習道教、儒教諸要籍，以此目光，再看《新約》，其中真僞優劣，莫不了然，不致自誤誤人矣。

（三）自立教會，首在不要西人之金錢，尤須糾正西人謬妄之講解。必當敬拜父母，祭祀祖先，頂禮佛、菩薩、聖賢。至若傳教之地，則破屋、茅棚、露地，均極好也。

十五年一月三日

致汉口佛教正信会①

迳启者：

鄙人发愿捐助贵会慈济团送诊施药基金，今送五百元呈上，请贵会

① 載《正信》第九卷第二十八期（1936 年），原題爲“張純一居士至本會函”。

代存殷实商家，作为送诊施药永久基金。此致
佛教正信会

张纯一谨启
廿五，十二·十八

［附］

本會复張居士函

迳復者：

接奉台函，並承檀施慈济团送诊施药基金国币洋五百元照收，除存殷实商家，作为送诊施药永久基金外，特此函复，並鸣谢悃。此復
张纯一居士

汉口佛教正信会启
廿五，十二·二十

然身供佛 致學參上人書①

學參上人慈鑒：

久違道範，時切遐思。昨王瑞成居士返漢晤談，叩及起居，知吾師擬於二月十五日，效藥王菩薩本事，然身供佛，以了宿願。是名真法供養，是名第一之施，於諸施中，最尊最上。雖然，較量功德，不如受持《法華經》乃至“四句偈”，其福最多。以經義能令衆生離一切苦、一切病痛、一切生死之縛故。《維摩詰經·法供養品》云：“若善男子善女人，受持誦讀供養是經者，則爲供養去、來、今佛。天帝，正使三千大千世界，如來滿中，譬如甘蔗、竹、葦、稻、麻、叢林。”故藥王如來，廣説法之供養，以法供養，勝諸供養故。故《金剛經》云：若有人“初日分以恒河沙等身布施，中日分復以恒河沙等身布施，後日分亦以恒河沙等

① 載《海潮音》第十八卷第十一號（1937 年）。

身布施，如是無量百千萬億劫，以身布施。若復有人，聞是經典，信心不逆，其福勝彼。何况書寫、受持、讀誦，爲人解説”。蓋一切如來積劫累功，本爲衆生。若奉順經典如説修行，則稱悦佛心，乃真供養。以經偈義爲衆解説，即是以佛妙法供養衆生，能令衆生共成佛道，故其功德不可思議。要而言之，然身供佛，於佛無用；特以能斷身見、我見，則一切煩惱亦無不斷，示現衆生，俾知身爲苦本，形爲罪藪，力求解脱，故名第一之施。然祇可令衆生會通其意，不爲形役而已；其事實，不可令衆生一一仿行也。佛子學佛，當以常轉法輪，普利衆生，使皆不離世法，建立佛法。能忍衆所難忍，能行衆所難行，爲最重要。故然身供佛，不如留此色身，現諸浄行，常時以法供養衆生，則其功德更爲廣大。法師道行清浄，感人之深，即是不言之至教；即是十二時中，恒以無上妙法，供養無數衆生。以故一時諸清信士，環跪師前，泣懇住世，常轉法輪，理當然也。幸蒙師已慈允，純一不禁歡喜讚歎！願師今後不再作然身供佛之想，當爲普賢菩薩行願恒順衆生。於失道者，示其正路；如闇夜中，爲作光明。若能隨順衆生，則爲隨順供養諸佛。若於衆生尊重承事，則爲尊重承事供養如來。若令衆生生歡喜者，則令一切如來歡喜。何以故？諸佛如來，以大悲心，而爲體故。因於衆生，而起大悲；因於大悲，生菩提心；因菩提心，成等正覺。是故菩提，屬於衆生；若無衆生，一切菩薩，終不能成無上正覺。故佛弟子，僅報佛恩，而不注重報衆生恩，未免違反佛心。蓋諸佛惟願佛子利樂衆生故，必誓發大願，願代無央數世界衆生受無量苦，解除無央數世界無量衆生苦，庶幾可報佛恩於萬一。以此之故，敢請吾師常自保持清浄妙色身，饒益衆生，義勝於然身供佛也。蓋然身供佛者，離世求菩提也。住世轉法輪者，不離世間覺也。恃師慈悲，敢於狂吠，祈勿我罪。抑思藥王菩薩以神通願力，而自然身，光明徧照八十億恒河沙世界。又其火燃千二百歲，過是以後，其身乃盡。師自信有此神通乎？藉令有此神通以不能率衆生以共由故，今亦當本其宿願，改其方式。俟壽命終後，然身供佛可也。昔釋尊入涅槃後，始火化，爲佛子垂範者至矣。願師法之。肅請道安。不盡欲言。

佛弟子張純一頂禮
五月二十一日

復友人熊瀾恬談學佛書①

十月二十三來函收到數日，近又獲一法本，手抄無暇，是以遲復。諺云：兒孫自有兒孫福。蓋善不善業，報感宿定，癡愛無益。俱爲父母者，應善教導，轉移惡業，增長善業，令其日常一切行動，無不惜福、修福、培植善根，以爲他日成佛基礎。並令常時禮佛念佛，希望成佛普利衆生。所謂取法乎上，上莫上於此矣。妙在令媛令郎等宿具善根，得生兄家，庭訓甚善，成人必良善無疑。

普賢菩薩大行大願，妙明真心，周遍無邊世界，通於一切衆生之心而無間。學佛人任在何地，誠心頂禮，與朝峨眉無異。一時煩惱除故。心清淨故。欽崇普賢普利衆生故。惟是吾人既至川境，能至普賢菩薩莊嚴道場，虔敬瞻禮，聊申供養讚歎之意，亦足增進福慧。然亦不必執著也。

弟謬承獎勵，慚愧極矣。佛法視外來之恭敬爲軟賊，恐引生我饅而墮，甚可危也！請爲指斥弟之疵病，痛加棒喝爲幸。

兄嫂均以日夜六時不離彌陀，妙極。一心念彌陀時，自心即是彌陀。生佛本不二故。法性等相同一如故。所謂自心彌陀，無關念不念也。若不念彌陀時，亦心彌陀心，行彌陀行，在在不捨一切衆生，等視衆生無非彌陀，則無往而不彌陀矣。如是隨在皆是淨土，他日往生淨土，了無疑義。

承問"六字大明"義理，有《大乘莊嚴寶王經》四卷，專說此"六字大明"功德。功德誠不可思議。經云，除蓋障菩薩摩訶薩求此六字大

① 載《海潮音》第二十一卷第三號（1940年）。

明王，以滿四大洲七寶供奉法師。法師云，汝所供養未值一字，云何供養六字大明，不受此供。除蓋障菩薩復以價值百千真珠、瓔珞供養法師。法師云，汝應持此供養釋迦牟尼如來。經中於六字義理，尚未明宣。此屬密法，須入密宗壇城，由金剛上師灌頂傳授。今凡信佛人，皆念六字大明，亦未嘗不可，究不知密法重傳承也。蒙古、西藏無人不念六字大明者，以無人不受密法故。其實六字大明內容許多妙義，盡攝入“觀世音菩薩”五字之中。故念一句“觀世音菩薩”，與念六字大明無異。密、淨修法固不同，其歸一也。今學密者，往往輕視顯教，確是莫大之罪過。又於顯教小乘大乘諸經典，素無研究，遽爾學密者弟敢斷言無甚利益，且恐易滋流弊而自墮也。今思兄嫂年皆六十四五，允宜專念彌陀及觀世音聖號。念彌陀時，先念《阿彌陀經》一遍。念觀音聖號時，先念《普門品》一遍。朝暮皆念《心經》一遍，尤妙。世間學問，尚須專精，況學佛乎？歧路亡羊，非宜也。弟友人許多學密者，現時偶病，便念彌陀。以自力不足恃，未若仗佛力穩妥也。密宗亦非不仗佛力，然終不如淨土易修。誠念彌陀觀音，庶幾不自欺也。弟學密法有年，每日必念彌陀觀音聖號，未間斷也。今請兄嫂切實修行者，今後除家中照常不殺生外允宜索食，增進不殺功德，於己定感長壽之報，於世可減刀兵之劫。復次佛愍衆生如子故。己身多生父母眷屬，輪轉報於生中故。衆生亦未成之佛故。衆生肉與己身肉不二故。衆生心與己心無分故。對佛像前，宜多供養，宜多頂禮，宜多懺悔。每值飲食或新出果品，均先供佛而後自食。當時思想彌陀觀音住在自己頭上，行定感佛恩加被。如是可當念六字大明百千萬遍。勉布施周濟貧苦，遇見親族戚友得便即勸之念佛。因勸人念佛功德，更大於自己供佛禮佛。何以故？人能念一聲佛，將來因緣成熟，決定成佛故。人人皆當勸人信佛念佛，則信佛者日多，惡業日滅，善業日增，濁世便成樂土矣。

（餘略）

已卯十一月十四日

致蘇淵雷①

淵雷先生慧照：

昨由太虚上人交閱大著《名理新論》，讚揚此書，古今中外，學識淹貫，文筆條暢，乃一時傑作。洛誦一過，至爲欽佩，誠無間然，顧管見微有出入處，未知當否，録請諟正。《易經》文乾元坤元並舉，似近二元交互論。竊以坤曰順承，顯無自體，歸乾統攝，自非二元，不必引漢儒説作證。易無體以感爲體，了然因緣假合，自性空畢竟空也。以點綫而體配太極兩儀，愚見以爲不甚切合。太極兩儀，大無外，小無内，豎窮横遍，時或引而長之爲綫，非必引而長之爲綫，待自乘爲面，再乘爲體也。道生一，一生二，二生三，三生萬物，四"生"字均寫實，倘讀若"性"更妙，"生"、"性"古通故。何以故？無生似生，雖生無生故。大而化之之謂聖，聖而不可知之謂神，似專就心理妙用言，通乎事物言亦得，天下無無物之心，亦無不因心終始之物，理事本不二也。然詮智真諦，據勝爲義，不必牽合心物事理爲一談也。子絶四，太炎解"毋意"、"毋必"，未敢苟同。"毋意"即恒審思量不現，"毋必"即虚妄分別不現，《説文》必以分極爲義也。餘均極愜鄙懷，惟有歎美而已。敬祝

著祺無量

張純一再拜　十月三日

---

① 據蘇淵雷：《名理新論》，黄中出版社 1944 年版。

學生軍軍歌[①]

其　一

願同胞，團結個。英雄氣，唱軍歌。一腔熱血兒，意緒多。怎能夠坐把國事蹉跎，準備指日揮戈，好收拾舊山河！從軍樂，樂如何。從軍樂，樂如何。怎能夠坐把國事蹉跎，準備指日揮戈，好收拾舊山河！

對天演，烈風潮。争優勝，武士道。競上舞台高，精神好。爲國民重新鑄個頭腦，掙得神州天曉，紀念碑立雲表！操操操，休草草。操操操，休草草。爲國民重新鑄個頭腦，掙得神州天曉，紀念碑立雲表！

齊昂昂，整頓了。好身手，講兵韜。任他千鈞擔，一肩挑。新世界能夠造得堅牢，便是絶代人豪，浩然氣薄雲霄！身價兒，比天高。身價兒，比天高。新世界能夠造得堅牢，便是絶代人豪，浩然氣薄雲霄！

其　二

向前向前奮勇争先，向前向前伸我自主權。抖擻精神喚起國魂，思獨立，心如百煉金堅。把微軀爲國捐，把微軀爲國捐，羞偷生，怕神州瓦解難全。抖擻精神喚起國魂，思獨立心如百煉金堅。

向前向前登山極巔，向前向前涉水極重淵。軍國主義戰勝天演，是英雄，當仁休讓昔賢。且猛著祖生鞭，且猛著祖生鞭，仗血性，競争個

---

① 1901 年，文華中學建立文華學生軍，没有自己的軍歌，出外行進和演練閱兵時，通常愛唱一首反映美國獨立戰争的英語歌曲，歌詞大意是："約翰尼，端起你的槍，向前衝鋒吧！響應争取自由的號召，勇往直前莫遲延啦，讓父親因有你這樣的英勇兒子自豪吧……"爲了高揚革命黨的旗幟，唱響自已的軍歌，1906 年，文華書院國文教師張純一作詞，體育教師余日章作曲，共同創作了兩首（一説三首）軍歌。其中第一首得到廣泛傳唱，辛亥革命時甚至流行於武漢和南京的軍營，被譽爲"天下第一首革命歌曲"。第一首也見於張純一《武昌日知會事實紀略》（1942 年編印），文字稍有不同。

國服綿延。軍國主義戰勝天演，是英雄，當仁休讓昔賢。

向前向前步武高騫，向前向前任重休息肩。慷慨從軍恢復中原，誓國仇好將大力回天，新中國美少年，新中國美少年，唱凱旋，一齊都畫上淩煙。慷慨從軍恢復中原，誓國仇好將大力回天。

［附］

文華學生軍軍歌

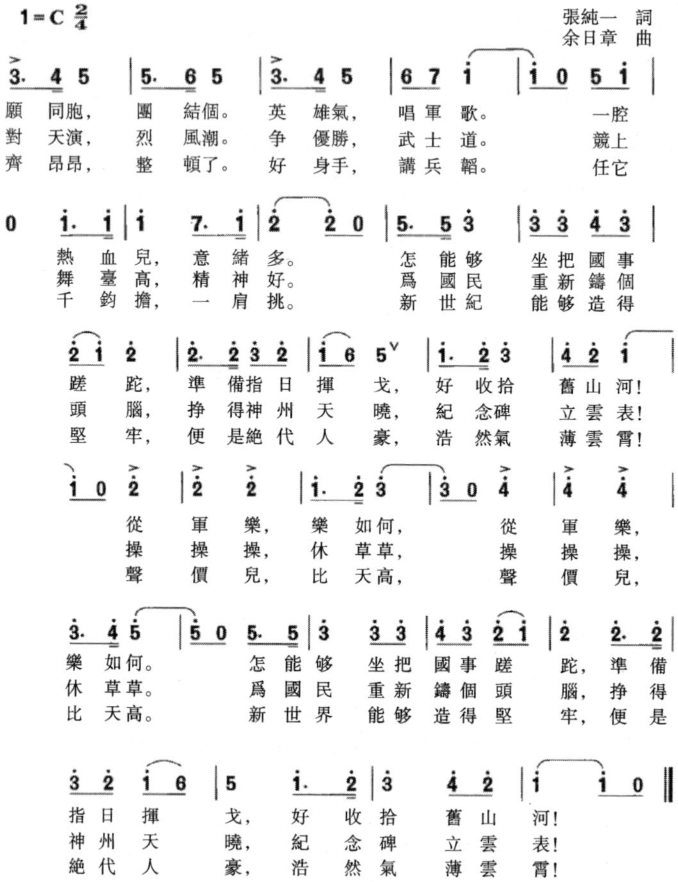

卧　　樹[1]

在温州城南門外，積轂山飛霞洞幹形如卧，上起一樓，名卧樹樓，枝葉頗蓊蔚，相傳已千餘年。

名山高卧幾經時，千古奇材一見之。洞闢飛霞資偃息，河流活水助榮滋。臨河。長眠孰識靈椿壽，獨力偏將巨廈支。大好乾坤安枕席，悠悠清夢付誰知。

遊雁蕩　僅録十二首

心醉逶迤北雁山，二靈諸勝儘追攀。峰峰屹立天階近，鎮得風雲萬古閒。東甌三雁，北雁爲魁，北雁以二靈爲最。

放眼名山百二峰，看來面面盡玲瓏。天開一幅真圖畫，叫絶神奇造化工。有“天開圖畫”四字，相傳朱子書。

當空撥雲霧，獨立樹風聲。悠悠此終古，賴汝天不傾。天柱峰。在靈巖，儼然支天一柱。

奇峰奇無匹，恰是淩雲筆。天地大文章，造化參祕密。文筆峰。

笑話聽詩叟，漫聽人吟詩。有聲天籟妙，孰若無聲時。聽詩叟，峰名神肖。

五老三賢集，鬭鷄丹桂外。山靈故媚人，態恣萬種怪。五老、三賢、鬭鷄、丹桂諸峰。

行行緑陰橋，迎面翠微障。仙乎樂天遊，襟懷雲壑曠。禄陰橋、翠微障。

大放清光碧玉天，通明一綫隔塵緣。原來净土莊嚴甚，法雨淵源性

① 本詩及以下幾首詩原載《大同報》1913 年第 2—4 期“藝文雜纂”。

井邊。洞名一綫天，亦名碧玉天。内有洗心泉，亦名性井。就洞爲佛殿，佛龕五百餘。

幽深雲際露天聰，透地光明含蓄中。安得羣山啓茅塞，盡教頑石大靈通。天聰洞。

引人入勝興加豪，更有奇峰是剪刀。移步易形天柱似，轉身又覺一帆高。一峰在大龍湫口，一面恰似剪刀，一面儼然天柱，一面又如一帆，故名剪刀峰，亦名天柱峰，又名一帆峰。獨闢羣山，屹立高二百餘丈，真奇觀也。

雁蕩山巔雁湖水，派分大小注龍湫。泉源混混來天上，爲濟人間不斷流。大龍湫、小龍湫。

眼界翻新飽壯觀，更餘何事戀層巒。出山山意留知己，危嶺迴旋四九盤。四十九盤嶺。

大龍湫 另一首

萬丈飛巖懸瀑布，聲如雷吼無朝暮。疑是三峽水倒傾，流爲百川急奔注。自非鑿穿雁湖底，敢稱萬泉惟一處。壁有“萬泉惟一”四字。潭中翠被石凝煙，井上白雲庵墮露。直驚巧變幻遊龍，打通天地洩甘澍。遠澗更雜松濤鳴，響逼天際遏雲住。日融彩挂碧空虹，風蕩寒沈青障霧。餘潤分來風洞在湫右。邊，猶作金沙水亦名珠簾水。布濩。溪流觱沸白翻銀，泉脈潛滋緑滿樹。灌溉大地儘流膏，溥博詎惟林壑趣。混混來源來不竭，遍盈溝澮涸無懼。濛濛雨捲列嶂湫左右皆名連雲嶂。昏，漠漠雲連滄海曙。我來久觀觀不足，有此亭名。宴坐峰名亦亭名。峰前忘歸去。

留别温州師範諸生

學派永嘉舊蜚聲，好將吾道寄干城。談經愧擁皋比坐，聽講心同鹿洞傾。時局關懷勉勤學，天涯惜别各攄誠。臨歧强忍英雄淚，戀戀深於兒女情。送别諸生依依不捨涕泣久之。

任兩浙師範講席偶成 以下淞北聯吟社庚戌集

萍蹤寄遍浙西東，講席頻開臭味同。爐擬文明歐亞冶，郵期道學孔耶通。交遊惟恃一腔血，辯論時生四座風。水愛西湖山雁蕩，搜奇選勝亦堪雄。

秋　雁

驚心朔漠夜寒生，無限依依南國情。滿地霜痕人盡夢，飛來天末一聲鳴。

知候獨先報警聲，秋風蕭瑟萬蟲鳴。迢迢冷度關山月，好把繁華付燕鶯。

偶　占

天地蘧廬寄此身，移山心事幾經春。羡他萬古多情月，常照深宵夢裏人。

遊秣陵

金陵形勝枕江雄，萬象全收傑閣中。借問六朝舊山水，幾回離黍幾王宮。北極閣。

極目河山雲共浮，曾經一代偉人收。只憐囊篋藏天下，贏得於今土一抔。明孝陵。

巍峩想見帝王宮，只乘頹垣咽草蟲。歎息當年塵世夢，祖孫消長一僧同。明故宮。

掃葉樓高俯石頭，煙雲滿目六朝秋。江山無恙悲今昔，隣寺鐘聲蕩客愁。掃葉樓。

古今成敗論英雄，争説一家汗馬功。誰識是非盡顛倒，教人戰血滿江紅。雨花臺。

秦淮河上客徘徊。誰感當年庾信哀。争唱後庭花未罷，畫船盡醉水晶杯。秦淮河。

西湖雜詠

夕陽攜酒白堤過，楊柳春風飲太和。誰識天然長慶集，從微醉裏聽湖波。白堤。

亭臺煙樹水平鋪，掩映六橋畫不如。参得詩禪滿湖上，千年風月感髯蘇。蘇堤。

丹心報國矢精忠，辜負十年汗馬功。底事不爲天下計，通權拚死搗黄龍。岳墳。

妻梅子鶴白雲鄉，獨占千秋遺骨香。漢祖唐宗何處所，先生宛在水中央。林墳。

飛來何處此奇峰，漫道西方靈鷲同。天半雲霞隨活潑，風生萬樹鎮晴空。飛來峰。

萬朶白雲化冷泉，飛來峰下久凝煙。出山未肯因人熱，更清人熱可涵天。冷泉。

建筑聖讚詞①

一

天主慈愛彌綸宇宙，篤生基督昭蘇萬有。特立教會庇護我靈，磐石

① 1916年9月爲上海救主堂作，收入《仲如先生弘道書》。

爲基垂示悠久。

二

願凡天民抗希彼得，恢廓心量廣建天國。承受從來奧秘筦鑰，紹隆福業光輝聖德。

三

我儕此身本主聖殿，一靈聯絡互相依戀。鍊成金剛净妙明體，究竟堅固終古不變。

四

靈食靈飲生命之糧，基督靈石神化無疆。常出福音真道生我，莊嚴世界徧放恩光。

五

任彼山河變化密移，我主榮光永存無虧。隨所示現巍峨寶座，覆幬萬世不盡有爲。

賀王森甫居士五旬榮慶並開講經法會對聯①

仰仗維摩神通饒益衆生土浄娑婆來妙喜；擴充聲聞德智弘揚大法飯分香積施閻浮。

同現身娑婆士甚來由我早君十年君先我三天問識浪息心不須刹那忙時中證無量壽；頻彈指華嚴城真奇特生游佛毫末佛徧生毛孔説道場舉足是在塵點俗事上顯最勝緣。

---

① 載《世界佛教居士林林刊》第二十七期（1931）

跋云：森甫道兄在純一甲子甫週前三日大衍稱觴，特請太虚法師講維摩經饒益衆生，曾祝以聯而意未盡，書此互相勉耳。

太炎先生挽聯①

是大經師著作等身諸子室堂通佛理；真革命者犧牲救國斯民水火策心源。

論祭祖墓②

盱衡當世，知學術未臻至善，則爲害大矣。蓋學術之入主於人心者久，士君子之思想，遂受縛於習尚，而不自覺其偏私。于是真理無由牖啓乎性靈，大礙文化之進步，而國不國矣。

如吾國學術，首重孝道，生事之外，尤嚴祭葬。充其不匱之孝思，何嘗不敬天而愛人。然後世祭葬之禮意浸失，半自孟子始。孟子曰："不孝有三，無後爲大。"幾若天之生人，專爲先祖禋祀計，非以宰萬物、綿天地之悠久也。則其人生觀亦陋矣。宜乎國人泥守宗法，下之不知有社會、國家倫理，上之昧於宇宙之大原，人格日卑，羣德日墜，豈不悲乎？

然則祖墓可恝置於不顧耶？非也。彼西人亦有喪葬省墓之禮，特不忍尸骸之暴露而已。非如吾國人之惑於術家言，必卜如何吉地，擇如何吉日，以乃祖乃父之骨，爲沽取富貴之奇貨，且歲時祭掃，即可邀冥助之福也。而焚化紙錢錫箔之謬妄，更無論矣。夫葬者，藏也，《説文》"從死，在草中"，不過掩覆之，欲人弗見耳。昔門人厚葬顔回，孔子責其非。《後漢書·光武帝紀》："詔曰：'世以厚葬爲德，薄葬爲鄙，至於富者奢侈，貧者單財。'"其布告天下，令知薄葬送終之義，是厚葬非美

① 載《制言半月刊》第二十四期（1936）。

② 1911年3月張純一應上海青年會擬題演説，曾載《青年會誌》，後收入《仲如先生弘道書》。據後者整理。

德明矣。若堯、若舜、若禹，皆因道死而葬，足爲葬不擇地選時之證。何後人竟以祖墓爲致丁財顯貴之具？多因惑於風水。久稽體魄歸土之期，可謂孝乎？抑思父母愛子，雖畢竭才智能力尚弗克佐不自立者以安富，豈就朽遺骸，反擅其能歟？孔子終身不知父墓，不失爲至聖，亦可想矣。乃後人不察，沿乞靈骸骨之訛，競惟祖墓是重，無暇顧社會、國家之公矣。爲君者修陵寢，每耗民脂於無算。服官者請假修墓，輒置國計民生於不顧。民智乃日益錮蔽，故築路開鑛，阻力横生。委財於地，而坐困於貧。外人垂涎，交涉起焉。皆視祖塋過重之弊也。

昔日本用火葬，後法吾國，改從土葬。今見人死一墳，有礙種植，仍火葬，誠卓識。即吾國亦有葬田不妨田之古制矣。且夫重厚葬者，是貴形而賤神也。古者葬畢迎神而返，可知其精意之所在。薄體正所以厚神，昔墨乎之徒百八十人，不惜赴火蹈刃，以利天下者，知其神之大自在，無取戀形故也。又今各國，競尚殖民政策，有獎勵孕婦航海遠適者。而吾國人衹以祖墓縈懷，無志四方，聰明自蔽，國以不振，良足悲已。更有進者，天公生人，視同羣子，欲其互相愛利也。吾先祖固以敬天爲懷，後人倘不善體天心，利益人世，是辜負大造生成之恩，又何以承先志哉？故泥迹狹隘之孝思，不知充孝之量，務通神明光四海之爲得也。

基督教徒，每愛戀其祖若父不能忘，除歲時祭掃，供以鮮花，敬致禱祝外，更盡力公益，嘗捐巨欵興學，並藏書樓等，爲其先人紀念，俾社會常沐嘉惠。以仰承先祖契合天仁之志，而修未竟之業，綿不盡之思。此真追遠之達孝，足令民德歸厚者也。豈果“兼愛”遂“無父”乎？蓋洞達乎天人之理，體祖心以体天心，亦即達天志而達祖志。故所謂孝者，乃在尊祖父之心志，不徒尊其遺骸也。

嗚呼！孰知吾國人之獨富祭墓思想，實由數千年來壓制人心之學術，有以致之。何也？自古帝王，不獨私其國，直並天而私之。謂天惟天子可祭，諸侯大夫且不許僭越，况庶人乎？故凡民庶，衹准祭先祖，凡有災患，亦衹准祈祷於先祖。此国人惟知有祖，不知有天之遠因也。自是天人暌隔，盡人之心皆不知有天道以資敬畏，即不得爲天民。狹隘之習深，而渙散之勢成。並先祖所遺傳之山河，不知守；先祖所組成之社會國家，不知力求振興。乃至祖父之葬地，將不保矣。此則學術不明之過也。有心人得不爲我四萬萬不識不知之同胞，潸焉出涕乎？自今以往，勿仍自束教囿習，淺陋其識量以自危也。

增募公債①

政府擬擴充民國三年内國公債總額八百萬元。據報載此次擴充債額，並非因財政困難，須增募此數。乃因前次募集總額，原定一千六百萬元，而應募總額，已達二千三百萬。其已認逾額之七百萬，未便退還，故擴充總額，即以八百萬爲限云。想此百萬額數，準前例後，何難湊集，以紓國用，至足嘉也。所難已於言者，政府爲萬民所觀瞻，一切均當節用，見信國人耳。彼遊民政客，充斥京師，胡爲者？人不務生産之策，財不作生産之資，百姓不足國何能足？政府不當僅爲政府一時足用計，而忘足民於永久之要圖也。幸大總統嘗諭財政總長，國計民生須兼籌並顧，毋稍羅掘苦民。甚願言財政者，深體此意。更令生之者衆，食之者寡，則公債之財源恒足矣。

全豫佈道大會記序②

盈天下皆道也。吾人生育於其中，猶魚相忘於江湖，宜乎盡心立命，仁壽足樂。無如世教陵夷，宗法不除，群治不進。斯人所以異於禽獸幾希者日汨，更不知此身乃造物之所假以成務，貴綿高明博厚於悠久，妄纏苦聚，莫非死地，良足悲也。今幸世界大通，歐風東漸，學者每豔稱其政法藝術之精，而不知皆其善教之粃糠所陶鑄。蓋其教主垂訓，務役

① 載《大同月報》第 1 卷 第 1 期（1915 年）。
② 載《大同月報》第 2 卷第 5 期（1916 年）。

於人，不貴役人，惟願未來世界，無數時代，無數人類，共用極樂。因不惜犧牲己身，爲造永福，此世運文化所以日進也。亦由天道之流通于人心者無間，善濬發之，無分中人上下皆可得而聞。以故承其教者，莫不各循其分，冀放真理光明，破除世間黑暗，寅亮天工於不容已，而人道之賴以綱維者，豈可量哉！茲美國畢德輝、英國季理斐二君，應全豫基督會之請，或講衛生，以强健體魄爲鵠；或講道德，以牖啓心靈爲歸。要皆欲化天下爲一家，建立天國，同樂長春也。事竣，胡君庭樟爲之記，將付梓，屬序於余。不獲辭，勉贅數語以弁其端。

糞夫官僚比較表①

吾國文化之不進，由於民智之不開，實由於是非之不明。大都學術風教，專以從政爲貴者，其流弊必使國民騖虛榮而昧真理，黑白莫辨，而世道因之不堪問，無足怪也。蓋教理不昌，宜乎國人無所忌憚，祇知有富貴，不知凡事務盡本分，利益人世，實較富貴爲貴矣。故惟無心入官，如農工等，實多利人之人。其以入官冀獲多金爲榮者，莫非害人之人。惜吾國人確能見及於此者寥寥。善惡既不明其界，治亂烏能清其源？吾爲此懼，謹將國人極鄙棄之糞夫，與極艷羨之高官，比較優劣，以表明之，庶天下有真榮辱，後此衡鑒人材者知所準則，而風化或由漸轉移也。

糞夫	官僚（就有下列情形者言）
除污爲國人遠害，肥田爲國人生利。	不盡力謀國利民福，無利於國人，即为大害。
知天下無廢物，即能利用之，以發育萬物。而補世人消耗之要需，可爲國民經濟的經營之模範。	性習揮霍，往往暴殄天物，徒消耗世人由勞力而獲之貲糧，從不知補償。

① 1916年夏作，曾載《民意報》，收入1921年出版之《仲如先生弘道書》。據後者整理。

续表

糞夫	官僚（就有下列情形者言）
除獲得自營的生利外，不貪分外之財。	徒朘削國人膏脂不已，且常用巧妙手段，攫取分外之多金。
倘有人欲委以所不能任之事，即遜謝不遑，讓之能者。恐僨事也。	人明知其不能勝任，不欲任之，亦必百計運動充任，冀得多金。誤國殃民，所不計也。
能自知其無知識，故常卑以自牧。	偏不自知其無知識，故常妄自尊大。
本有大功於國人，乃不自以爲功。故天下莫與之争功。	偶爲一分内應爲事，未必有功於國人，即自以爲大功，遂誘起衆人。知大功易倖獲，咸思獵取其地位，將與之争功。此大亂之本也。
不知諂人，不知驕人。	動輒諂人，動輒驕人。
衹有一妻，具見專一之美德。	閨中既有多妻，已極蹂躪人權，尚復漁色於妓館。不僅爲色中餓鬼，且藉爲夤緣攀附之捷徑。
其子弟及其所交游者，亦專習爲人生利之事。	其子弟及其所交游者，亦專習徒分人利之事。
終生自食其力，獨立不羈。	終生趨炎附勢，患得患失。
服用一切，多係國貨。具見保守的精神。	服用一切，多尚西式。專事皮毛的摹倣。
金錢無多，故不爲金錢所奴使，而夢寐皆安。	金錢過多，故屢爲金錢所奴使，而夢寐恒不能安。
雖較官僚少認數字，而不道德之穢行，因之無從發生。	雖較糞夫多認數字，而不道德之穢行，因之層出不窮。
身外汙穢，心内清潔。	身外華美，心内汙穢。
國人不知其利已，恒輕賤之，顛倒實甚。	國人不知其害已，恒尊敬之，其愚可憫。

述歸命基督之由及對教會之觀念[①]

甲午後，國人具遠識者，汲汲惟新是圖。余亦頓購新譯西籍閱之，

① 原載《中國基督教會年鑒》第四卷（1917 年卷），經修改收入《仲如先生弘道書》。據後者整理。

間涉及基督教，不關心也。時肄業書院或學堂，皆難滿吾志，恒治宋學、百家書，尤好周秦諸子，以能各樹一幟也。而求新學之念，仍不少減。

迨癸卯，欲習英文，搜集歷年餘積脩金二百餘圓，强拋内顧憂，赴滬，至震旦學院。將肄業焉，院長馬湘伯先生詢知年長，已逾三十。且親老家貧，再四慇懃勸阻，促速返漢，盡心教育。因變計曰，報國豈專恃方言，即出所攜資，盡購新譯政教、哲學各書歸。自是基督教字樣，頻頻觸吾目。因思其教，既爲歐美兩洲人所崇奉，豈竟無英俊賢哲出其間？亦必有道焉，足以饜其心。始稍稍注意。久之竟甘與平昔極鄙棄、極賤惡之基督徒相晤談。初猶懼旁觀知之，繼以士生今日，猶不破除錮習，安能轉移風氣？老子曰："下士聞道大笑之，不笑不足以爲道。"可以壯吾志。訪購《新約》讀之，乃開卷敘耶穌世系，俚言不堪入目，置之。如是者屢矣。然識基督徒漸多，往來漸密，時至教堂禮拜，外來詆毁曾不顧惜，而學界敗類之聲，已囂囂乎人口。竊幸先君篤治宋學，每談及國步之日艱，則涔涔淚下，知余信基督之故，絶不爲阻。余以理能窮其真，是吾榮也。彼癡癲我者，不過束於教耳，奚足怪？浸禮會曹麗華先生，嘗以受浸勸，余以重生之義，不可泥迹以求，未果行。蓋爾時所從樂者，不過教理緒餘耳，實不知宗教之謂何。而其夢寐不忘者，惟政治之大改革。偶聞有志之士，必結納之。每相與提倡基督教，樹平等自由之的，亦未遑研究《新約》書。

甲辰，就武昌文華學校國文講席，禮拜加密。始覺《新約》書所以載道，不可以古文辭等觀。而視同佛老性理諸書，間有所得，輒會通之。以天下無二道也。視諸神蹟，皆喻言表法耳。因此漸覺基督教，雖與釋道儒各教，不甚懸殊，而究不無所獨異。其甘服衆役，不惜犧牲以利他，即醫吾國自私之良藥。况湯武革命，皆自日新其德始。基督教敬天愛人，必慎其獨，不辨婦孺，皆可實踐，信可率人以共由。乃受洗禮於聖公會，以欲革新國家，非先自痛除身心之汙染不可。適新黨人集鄂垣者日衆，潛江劉敬安，志士也，謀就聖公會重組日知會，寓革新之意於教會，屬余爲文，且以拙作《軍歌》鼓吹其中。一時同志來會，甚盛也。而新思潮與基督教，流通於軍人、學子間，幾無扞格矣。余竊私幸之。又思方今天涯鄰比，吾人耳目，不可局於一國之天地内。縱不能徧游泰西，亦當游歷日本，覘其國情，以爲吾國利病之比較。即辭文華事，籌資東渡。

羅掘俱窮，將首途，不意先嚴病，竟不起。匆匆安葬畢，費耗又不少。核計游資尚不給，而家口之嗷嗷，更不遑顧也。爾時誠不足云信仰基督，惟貿貿焉信家人必不至餓死，而莫如遠圖之爲急。至東京，藉學師範理化，意在隨地參觀也。遇吾愛國之士，輒痛陳政學之弊，盡失古道，而以泰西政學及基督教理進之。曾參觀日本教會及神學校數處，頗視吾國教會有加，心爲戚戚焉。

丙午冬歸，劉君敬安至余家，畧敘數語，僕驚其學識之猛進，知由基督教理陶成之。相偕渡江，至日知會，爲竟夕談，多規畫時局事。未幾，郭某陰洩其謀，敬安及朱元成、殷子衡、張難先等，連日被逮者九人。余亦岌岌，因避地月餘。幸初聞郭之爲人，即惡其虚浮，拒而未見，得免。聖公會中西諸牧師，均明達，頗器重敬安。聞其受刑甚酷，羣欲營救，會穆德博士蒞漢，知其爲信徒，急赴京請美公使爲之寬於清外部及湖廣總督。九人均得減死刑。未幾，朱被毒死。辛亥五月敬安亦死於獄。惜哉！博士攜京呈詞，余實與焉，故知之甚悉。至是極歎基督徒之扶植善類，有裨於世運者遠且大。恒向友輩宣言曰，非基督教盛明，無以救當世之糜爛。蓋歐美之政學風化，皆基督教之粃糠所陶鑄也。苟惟物質文明是競，而無以濬發乎性靈之元氣，以滋潤於天下，恐乾坤將無幾而毁，而吾國更永無起死之期。然余言雖如此，尚未知基督即在余心也。

丁未，溷迹路工，承築隄防，時或運米。路爲水淹，屨去長衣，肩囊赤足而涉者十餘里。蓋力矯腐朽之習，而鍛鍊筋骨也。見者益非笑，余且益自豪。時於工人中，講個人、社會衛生事，及國政如何之不良，以開悟之。暇則輯著《教育學》，注重教師之人格，隱寓基督教旨也。

戊申春，温州孫仲容先生開辦師範學校，有友薦充教育學教習。至甌，見學生二百餘，詳審基督教之未便顯彰也，恐引起心理之抗拒，反大失利導之機。於是陰據其實，而陽以陸王諸儒之説出之，間亦以之點睛，示研究學理之準也。每授課，諸生莫不凝神注聽，惟恨其時之短。年終以他故不便續約，諸生來住室挽留，竟至痛切哭泣者十餘人。及余行，全體且排列禮送，余則私幸基督之真理有憑，而信仰加篤。抵家，至己酉新正，温校續來電二函一，請仍往。余卒格於友誼，未應。此則保持私節者小，而忘公義之罪大，殊背基督教旨，後悔無及。初不知往温，不過講學一時耳，不往，乃得爲萬世之道謀。我上帝大慈之妙用，容或定命於我生之始，洵非人間知識所能測也。

是秋九月，廣學會編纂需人，季理斐君函託武漢教會，爲之物色。聖公會雷德禮牧師以余薦。余以滬上文明淵藪，空氣自由，欣然允之。至十一月，就廣學會事。時於基督教之蘊奥，冥探力索，亟闡發之。庚戌春，杭州優級師範監督徐班侯先生，温人也，耳余名，訪於滬，殷殷以教育、倫理兼屬之，承乏至暑假返滬。季君再三挽留，乃復入廣學會，從事至今。爾時漸知教育之粗膚隘陋，不足救國，惟宗教則納舉世男女老幼，終其身於真理實踐中，人道所賴以不絶也。

辛亥武昌起義，初聞即狂喜，以爲中國有救矣。凡力所能及，多方隱助，有暇則孜孜研究法律，期致用也。南北統一後，滿擬政治可漸臻上理，不謂人心壞極，一齊暴露。凡無真道德者，俱不足與言維新。竊歎禮義廉恥，四維滅絶，安能立國？堯舜、華盛頓，今茲幾見？惟弘宣基督教，則製造無量數堯舜、華盛頓之大工廠也。因對政治之希望亦窮，而研窮基督教理之心，愈加切矣。雖然，聖書以外，苦無善本足資玩索。第見花之安君《馬可講義》，僅據儒教發揮，總屬皮相。爰取佛經數種讀之，頗覺脗合者，更即《新約》對照，迺益知宗教之真。因復潛心大乘經藏，時即《新約》互證，竊歎三藏教典皆我基督真正注腳。世界各教，足與基督教抗衡者，厥惟佛教。佛則極其博，基督極其約。惟博故方便多門，學者難得要領，自非利根，少契玄機。惟約故真切簡易，無論婦孺，皆可由認罪改過，達天合天。

一旦恍然基督教與我性命不能分離，回憶半生經歷，莫非天父善巧玉成，基督神妙之選召，欲不歸命基督而不能，而信仰從此增力矣。自後愈覺《新約》書實集儒道各教之大成，絶無泥近辟遠之弊，足令盡人皆可約守而博施。儒教，世法也，非不美備，惜博而寡要。道教，顯彰天道，兼出世法，進已，而致用又未若儒、景二教圓滿。佛教精微廣大，世法、出世法、即世出世法，無不備，至矣盡矣；奈何理想過高，不易捉摸。基督教則兼有儒教之平實，道教之玄妙，與佛教精理無二致，而弘道之方，較易普及，且絶無流弊，又獨擅勝長也。此僕所以宗仰基督不少摇，而甚樂爲後世倡者也。然於我孔聖、佛祖，惟患苦海衆生不得救之深心，仍極敬重，惟願學基督之成全律法耳。

獨是今日之基督徒，多不足以弘宣基督教，無可爲諱。大抵得少爲足，穿鑿誤解，執迷當悟，隘陋寡聞，去真正之基督教，不可以道里計。而無識之流，又復盲從附和，無正確之精思，惟苟同以營業，致我基督十架之死，徒然落空，可悲可憫孰逾於此。今傳教諸君，於基督教無窮之精義，不聞詳考。是本實已自先撥，又於釋道儒墨各教書，不求融會，則迎機利導無其方，非可存門户之見，尊己輕人。如何能使文人學士心悦誠服也。夫弘道救世，本人間第一等事業，乃自身先不明宗教之真，惟奉耳食之談爲金科，更著文字之相，牢不可破，且不能自救，詎能救人，甚或不知宗教之爲何，輒東鈔西襲，以求汙世之名利，自誤、誤人，害道匪淺，良可痛心。抑思道不可言，言則有漏，生命之真，不關文字。果具真誠信仰，即是宗教原泉，亦何難與上帝合一俾遐邇皆應神感而向化。然而又難言也。噫嘻！何傳基督教者，往往失其真也。可哀哉！

然我基督之靈，固自豎窮横徧於宇宙，未或間於人心。今如西儒來吾國熱心布道者，猶不乏人，基督之靈鼓之也。歐美爲吾國教會熱心捐助者，未多減，基督之靈鼓之也。吾國教會謀自立者，日見其增，基督之靈鼓之也。吾國士夫，近亦漸知基督教確有裨於民國，願與吾徒談教義，何非基督之靈鼓之也。惟吾國數千年相傳之文化，有難期西儒一旦洞悉者，此其責在吾儕。宜體西儒敬主心，會合各教之長，彰著生命之光，以仰慰基督無量之慈愛，斯爲得之。

昔基督恒據猶太之律與經以立教，保羅則謂“在猶太人中，當如猶太人”，非不學無術可勝傳道之任也。保羅又謂“苟能救兄弟，雖與基督決裂亦甘”，尤得十架之神髓，吾儕可以悟矣。請畧言管見。

宗教根本要義，曰神，曰心。佛教宗心，基督教宗神，方便不同，其歸一也。僕與劉子通書言之較詳。第宗神較宗心簡捷穩健，難易頗殊途也。約翰曰“上帝恒宅我心”，保羅曰“其奥秘即基督在爾心”，即佛教所謂“即心是佛，即佛是心”也。曰“世之光”、“生命之光”、“永生之道”，即毗盧遮那佛，譯即“光明徧照”也。亦即阿彌陀佛，譯即“無量壽佛”、“無量光佛”也。曰“天國”，即“浄土”，即“佛國”，即“妙喜世界”、“極樂世界”、“華藏世界”，金色、妙色、蓮花色等等世界，親慧、浄慧、金剛慧、安樂慧等等世界。獨尊上帝，不信餘神，即法界一真之理。不拜偶像，即是無相妙法。禱告者，基督教之命脈也，尤能合佛教之懺儀、止觀、專念、禪定，並《三易》之卜筮，《三禮》之祭義。《詩》、《書》之“昭事上帝”，《大學》、《中庸》之“慎獨”，道家之“無爲無不爲”，一鑪而冶，真可謂了義中最了義，圓頓中極圓頓，方便中第一方便也。姑爲簡單之説明。

惟六祖釋“無念”云，“無者無諸妄，念即念真如”，益以“自性能生萬法”，可以當之。基督曰“爾託我名而有所求，我必成之”，尤簡要。竊謂世界各教，至吾教之禱告，圓融歎觀止矣。今基督教傳遍全球，足令一切衆生，初發心時，便契天德者，恃此而已。至主日安息禮拜，即《易》“七日來復，見天地心”，先王以“至日閉關，商旅不行”之義，亦即“文武一張一弛”之道，所以養性靈，健體魄，俾能任艱鉅，贊天地化育也。所有神蹟，即入三昧之神通，正宗教、哲學分界處，信徒不能親證此境，造詣即未純熟。言念及此，教會殊爲減色，匪惟吾國然也。雖根本教義不專重此，而信仰之誠否，可資實驗。

僕現頗有志潛修，願凡基督徒共勉之。否則無精進可言也。精研《約翰福音》，及《以弗所》、《哥羅西》書，妙有真空，周徧含容，一多異同，重重無盡。比擬佛法，指不勝屈。即以一卷《約翰福音》論，固已文約義豐，機無不攝，浄妙圓明，究竟堅固，照體獨立，物我一如，巍巍乎，蕩蕩乎，天地不足與共長久，日月不足與比光輝。神哉神哉！

吾人固全仗上帝無限之慈恩以生自息也，無常迅速，將如何奮至德之光紹隆福音耶？當知聖教重實行，而教理設終不昌明，斷難盛行於中國。則首先窮究《新約》，務悟徹其精蘊，亦參考《舊約》之神理以發揮之。是爲第一義。次則博採佛典與羣經、諸子書，以及蘇格拉地、柏拉圖諸學説之精粹，互相證明，而以基督教一貫之。是爲第二義。復次宜神會基督救世之心，努力度他以自度，貴能隨機利導之。自西牧不善傳教，以吾國祖宗木主爲大惑，專力攻之，無識者輒復盲從，以致遺人口實，引起反抗，甚無謂也。不知木主之設，猶西人懸像紀念，亦足以興報本之思，民德所係匪淺，正吾民族之繁殖所由獨冠各國者。今後似可聽之，惟使頓明宗教之真，自能大孝通神也。又西俗無拜跪父母之禮，殊爲吾俗所不容。父母之德，昊天罔極，此身何來，忍不隆報，殊不足以資觀感，有礙教道之進行。此後可任信徒拜跪父母，以教養恩深莫非上帝慈愛之流露也，但必以親受長育顧復之恩者爲限，務尊重與天父同體之人格也。而有志弘道者，力苟能支，尤宜出資教會興學，或藏書樓，以紀念其祖若天父及所親愛之人，以爲信徒勸庶，使教外人咸知吾徒之敬祖父，非徒具虚文，實大有裨於世道。敬愛上帝唯一路，入德無妨寬其門。是爲第三義。具此三義，然後弘宣基督教，敢決芥種麵酵，勃然生發。不惟如是，果於基督教道，確有心得，則約翰、保羅，不必專美於前。追念歐美人，敬愛基督，不惜爲吾國犧牲心思財力，多歷年所者，至是乃可圖報，即以基督極潔净精微神妙莫測之真光，反哺歐美，亦吾人應盡之職責。且悲智既以增明，自知道體本無歧異，又何難使世界各教，逐一發真以歸元。則宗教大同，如操左券。宗教大同，種界、國界畛域自消，一真性海，萬德圓彰矣。

第十三次畢業同學録序①

昔胡安定立經義、治事二齋，教授諸生二十餘年。慶歷中，詔下蘇、湖，取其法著爲令於太學。時禮部所得士，先生弟子十居四五，甚盛也。

---

① 原載《南開思潮》第 4 期（1919 年）。

今校科條具而勵行切，務明理致用，足濟時艱，且已爲大學之籌備，將廣育英才，隆國運於國際。會諸子學成，期届俊升，僕幸與其盛。雖聚處日淺，而相摩以道，不騖文辭之末。及見諸子治事，靡不準乎物則，井然而協，信能羣而勝物矣。自兹以往，或服社務，或益深造，必明性道而貞之，乃克造天役，而弘立達之量。此政教之本也，安定不是過也。今瀛海大通，功利權謀之相染，生心害政，歐陸糜爛殃及吾民，禍誠烈矣。皆昧於性道者，爲厲階也。《書》曰："惟皇上帝，降衷下民。"若有恒性，正天心所假手，以大宇宙活潑之觀者也。乃大地陋儒，不知踐聖人之形，寅亮天功，爲政爲教工於逐末，未能通生息於大化之原。慎矣！我先聖孔子貴公，墨子貴兼，堯則克明峻德，舜則精一執中，伊尹以一德專美有商，曰"一夫不獲時予辜"，此則亞化之光也。諸子其本以轉世運，聊報天地父母之生成，與夫勞農苦工供我食用之厚恩，是固爲人子者之責。勉旃。

中華民國八年四月中浣漢陽張純一

處士張君墓表①

君諱鳳池，字書堂，鹽山人。父諱玉聲，字韻泉，昆季五人，次居長，治儒術，尤精醫，活人無算。會疫癘流行，恒不遑寢食，以備人之急。生子二，君其長也。君兒時，家固小康，未幾洪楊舉事，南北騷然，家以中落，君慨然欲創業貽後嗣。及冠，娶王氏，綜任家政，不辭勞瘁，事翁姑尤以孝聞，娣似輯睦。不十年，家以中興，里黨交讚譽之。其父既以學行名於時，關東某公聘之教其子三年。關東距家數千里，凡家事無鉅細，惟君躬任之。於時丁内艱，君性孝，慟母既棄養，每歲終必製備甘旨，詣關外省父以博其歡。生平任俠，尚氣節，遇人急難，匍匐救之。閭里有以不平事告者，必往援。以此數爲豪强所忌，君婦每婉勸，

① 1920作，收入《仲如先生弘道書》。

乃霍然斂其盛氣，務以下人。從此解紛排難，人胥德焉。無何喪偶，越二年復當大事，悉如禮。顧以頻遭凶歲，服賈關外，適拳亂，貨貲盡被劫，困躓亦甚矣。庚子亂平，朝野競談軍備，君長子之江，以乃祖學殖行修而不遇，君亦富潛德而數窮，善承其志，忼慨從戎。君則諄諄訓勉，俾勿以家爲念。迄辛亥，肇建民國，之江果不惜死以從事。嗣復盡力於洪憲復闢諸役，以功遞升陸軍少將，授勳章有加。君屢戒之江治軍愛民，之江迎養，君峻拒。故其卒也，之江適有事疆埸，距家千里，聞訃奔喪，葬君於北四行之原。君生於清道光二十四年甲辰二月二日，卒於民國八年十二月十三日，享年七十有六。子二人。之江宗仰基督，以余爲識途。因陳子國詔見余，自憤軍人禍國，皆大盜，獨與馮玉祥將軍，以景尊施身愛人之義，朝夕訓其士卒。故於君之喪，戚友弔者賻者，懼無以報稱，乃出資彙刊拙作公諸人，此可知君教子之方矣。余惜未獲見君，今勉從之江之請，表其生平，泐石以告來者云。

講演語録①

真讀書人，當以一身轉風俗，絶不肯爲風俗轉。但首須不畏物議，不避饑寒。蓋曲高和寡，古今然也。

朱子曰："吾之心正，則天地之心亦正。吾之氣順，則天地之氣亦順。"孔子曰："一人貪戾，一國作亂。"感應之理如是，豈偶然哉。故欲世界不黑暗，吾心先光明。

超脱文字求真理，真理却在文字中。執着文字求真理，真理不在文字中。

天地之性人爲貴，以其能壯天地活潑之觀也。

《新約》書妙理無盡，十年讀之，十種進境。

---

① 語録係張純一執教南開大學和燕京大學期間各種講演和談話之記録，記録者主要爲天津南開學校青年會道學班諸學友，亦有少數燕京大學學生。曾出版單行本，後收入《仲如先生弘道書》。據後者整理。

凡道德與真不相應者，皆是理障。

修養心靈，與大化爲一，乃是真衛生。

儒者言道，未解無生。既昧大原，亦無歸路。此所以爲世法也。

道本一元，而方便多門。行得世法真，即是即世出世法。

禱告者，所以除妄顯真與神化通。

人各有真，或蔽或顯。姑勿問釋迦耶穌之智慧神通何由得，且自問吾身之智慧神通何由失。

人生世間，隨遇不能解脱，則生死淪流，苦極矣。解脱者何，冥契心原，得大智慧，超凡出塵之謂。知天地世界一切非常，視富貴榮華、妻子舍宅，都如糞土牢獄，惟是盡性明道，趣真利羣，務圓成無上福樂。則妙喜世界，隨在顯現矣。

世界乃吾身之苦海，吾身乃吾靈之苦海。惟皈命基督，力行正道，了證真心，則無苦海非樂邦矣。

天堂何在？在地獄中。地獄何在？在天堂中。由人心之迷悟爲轉移。

上帝福音，無處不有，無時不顯。惟是人心黑暗，終日遇見，認識不出。

照體獨立，物我一如。證到此境，何非天國？

不視萬事如糞土，不知吾靈性内有基督。

我們的心，就是上帝的殿，要廣庇無數塵勞客。

上帝造萬物以養人，萬物更待人以爲養。知此則當感恩而愛物。

上帝照着自己的形象造人，謂人與上帝一體，備具天德，能代天工也。

宇宙間無無物之心，亦無不因心終始之物。心也物也，名異而實一。

宇宙本一大總靈體，必待心志清虚者，方能啓其機緘而相通。

減少己身的罪，推廣上帝的恩，乃是基督徒自度的妙訣。

基督教最能刺透普世人黑暗的心，使之即俗以全真。

一飲一食，一動一静，常存感謝上帝恩賜的心，則精神自然和樂，身體自然安適，非養生無上妙法乎？

聞某國火山爆發，或地震爲災，或某地洪水殃民，莫不怵惕惻隱，足見人人性靈中，都有一個恩光四溢的十字架。奈何悲孺子者，閱人而皆是，興大慈者，率土而不聞？只因我見自封，蔽本心明，未能擴充性德，利益世間。故基督以身作則，圓成上帝普愛世人的心，使咸知肉體無常，欣求永樂，無難翻塵勞爲妙行。且召門徒曰："若有人要跟從我，就當捨己，背起他的十字架來跟從我。"意至深切。

爲真理刻苦肉身，如玉工磨玉，玷去自光潤也。

無量的道理，要從極細微的事上看出來，始知大道普徧無間。

認得道體真切，認得物性真切，相與脗合無間，即能繁生無量妙行。

看破蒼蒼者非天，然後覺得我之身體以内，我之身體以外，無處非天。我之一呼一吸，都是無限天機之出入。天與我本不可分，我與天豈可離而二之？即使自外生成，不過速死而已，從來逆天者亡。炯鑒昭昭，故當念念湛然，一一恊乎天則，安其在我之天而無我。天之化育，我贊襄之。天之缺憾，我彌補之。久之心與天游，不知天之非我、我之非天矣。

《書經》是爲堯、舜、禹、湯、武王寫照，《詩經》則爲文王寫照。文王是諸侯，其資格不足入《書經》也。但都是大宗教家。何以知之？堯"欽明文思安安"，"欽若昊天"。舜受禪即類上帝，命官既畢，曰："欽哉！惟時亮天工。"禹曰："惠廸吉，從逆凶，惟影響。"卒以至誠感神。湯"顧諟天之明命"，"建中於民"。武王"衹承上帝"，惟克相之，"寵綏四方"。文王頻通帝謂，"不識不知，順帝之則"。是知堯、舜、禹、湯、文、武，治國平天下的本領，一個"敬"字可以括盡。

果能盡心盡力拯救世人，雖與基督分離，基督定然歡喜。

讀《新約》，要拿己身的行爲來讀。如對明鏡，研醜畢露。

執《新約》爲《新約》，便狹隘了《新約》，狹隘了基督的道。如《主禱文》，不算一成不變的要道，因禱告的要義，首在認罪。認得罪真，則感恩心切，既知上帝愛力彌綸，自當誠求聖靈加助，自救救人。故認罪是感恩求助的根本，救人是救主創教的精義，無量妙行，由此繁生。

若拘執《主禱文》，以爲盡美盡善，未免大違基督的本意。是故讀聖人的書，要冥契聖人的心，則無異聖人復生，大有裨於後世。耶穌説“不要與惡人作對”，非僅犯而不校，約其要義有五。一曰不可與作對。因作惡者性靈爲肉體情慾所役，故以惡來侵。若與計較，便是我之性靈亦爲所役，且以惡敵惡，競長不已，爲惡何限？二曰不足與作對。世界得失榮辱，盡屬子虚，何足挂懷。況以惡勝人，未必爲得爲榮。明知其惡，而大度包容之，未必爲失爲辱。三曰不必與作對。人世是非，原無一定，藉此更可磨鍊吾德行。四曰要救他靈魂。横逆之來，甘而受之，彼之惡焰自消，使之良心愧悔，勝與講道十日。五曰要憐恤他。厚彼一時，被惡主使，其性靈與我無别，是其錯用，故至爲惡。迷路之羊，良可哀憫，何恨之有？

做錯了事不認罪，就是洪水猛獸。

因該果海，果徹因原，即是上帝極奧妙的審判。

一者天下之至少，而亦天下之至多。多之終始，一而已。

《易》曰：“天行健，君子以自强不息。”永正命也，天人不二也。設荒怠弗敬，則離天而二，性德失明，勢必滋生惡念，沈淪孽海，何異自殺？

禱告真功夫，須在無人處作。若在廣衆中，要本一人的虔誠，攝大衆的雜念，齊其思慮之不齊者，以交於神明。故聲音宜字字清朗，都從心坎中流出。而禱詞務以認罪、感恩、求助、利他爲要件，最忌煩瑣。

今欲變洋教爲真正基督教，为中国基督教，有三要義。一、《新約》中真理無盡，多爲前人所未識，急宜闡發之。二、糾正西人背謬之講解。三、以中國所有學理融貫之。

子女之賢愚不等，父母之慈恩無别，可以證上帝孚佑之心。

耶穌立言之妙，在以最淺近的事，寓最精微的理，令人玩味不盡。

一部《禮記》，衹一“敬”字可以括盡。

塵勞的種子，疾病的根源，皆含在昏迷晏起中。

斷一樹，殺一獸，不以其時，便是不孝。因不能盡物之性，匪惟戕賊化機，且使人類末由厚其生。此身不仰貽天地父母凝形賦性之羞乎？

人生自幼而壯而老，新陳代謝，無時或停。故自他人一觀其容貌，顯然辨别其年齡，而不甚差殊。是於人生有限天年中，忽忽死去者，不知若干日矣。顧何以回首生平之所經歷，猶歷歷在目也。然則靈魂决不隨肉體而遷化，可斷言已。

“敬”是成就德業的根本，亦是却病延年的妙訣。何以言之？不敬則精神散漫，理難勝欲，遇事必致懈弛，安望其盛德日新、大業富有？因此在在無自得之樂，而塵慮潛滋，疾病衰老乘之，亦可憫已。《書》曰：“荒怠弗敬，自絶於天。”旨哉！

今日傳教士，口口聲聲要拯救人的窮苦，豈不甚善？不知今日之大吏富紳，其念慮之窮苦，更千百倍於啼飢號寒者之窮苦，而不可名狀。而傳教士或且染於其窮苦，而逢迎之。嗚呼！於基督極豐富之福樂乎何有？

人必多讀真書，如理了解，約其所守，寡其所求，視聽方能聰明。更能進修不輟，則反聰明爲聾瞽，再進而後得真聰明。而後能外形骸，不假視聽，而視聽於千里之外。

釋迦是婆羅門教的革命家，降伏九十六種外道。耶穌是猶太教的革命家，變有人格的上帝，爲無人格；變不可企及的上帝，爲在我身内。孔子則祖述堯舜，憲章文武，專心於外表的政治，没有從性道上革命的精神，所以較佛耶有遜色也。

宗教的可貴處，是眼光與凡俗不同。富貴，世人之所趨，宗教中則視如糞土。因有真富真貴者主於中也。貧賤，世人之所惡，宗教中偏安如樂園。因有不貧不賤者通爲一也。所謂真富真貴、不貧不賤者何？即天地萬物所賴以活潑進化之大原，我之生命是也。世人那得知其故。

覺者何？認識自己性體具足上帝無盡德用，務刊落紛華，復歸於樸，而一攝乎天和也。若迷悟不常，生死飄忽，何足言覺？

宗教非必重神通，然神通之有無，亦足驗傳教士之修養。蓋嗜欲深者，天機淺，必無神通可言也。墨子枯槁不舍，備世之急，慈悲頗類景尊，其所著書《大取篇》中，尤不乏妙解。如曰“聖人不爲其室臧之故，在於臧；聖人不得爲子之事；聖人之法，死亡親，爲天下也”，即是《路加福音》所謂“任彼死人葬死人，汝往傳上帝國之道，薄體厚神”，義至精也。

人必悟澈其性命之本源，恒思保合太和以全真，然後發爲言行，不難動天地而滋潤之。乃聖門如子貢，且謂“夫子之言性與天道不可得而聞”，惜哉！

孟子曰：“能言距楊墨者，聖人之徒。”詎知楊非墨匹，墨之所以見距於孟子者，正其大而化之之爲聖處。夫墨子、孟子，同富社會思想，而孟子則束縛於教，不能打破家族制度，故曰“不孝有三，無後爲大”。墨子則不然，如曰“聖人不得爲子之事”，“聖人之法，死亡親，爲利天下”。是固通於神明，光於四海之大孝也。乃孟子譏之曰“無父”，其識量未免過隘矣。

［附］

董紹明筆記

先生著有《耶穌基督人子釋義》一書，沈賢修君以“耶穌釋義”一段不合希伯來原意，且非當時釋者本意，疑爲牽强，來書請益。先生覆書曰：希伯來原意爲救世主，實含有説不盡之功德。故明知當日爲譯音，而譯人既選定“耶穌”二字，即可藉此發揮，苟合真道，雖希伯來原意所無，無妨自我昌明之，方可免洋人傳洋教之譏。

時君請業，先生問曰：“汝有生命否?”時君曰“有。”先生曰：“可拿出給我看。”時君曰：“拿不出。”先生曰：“既拿不出，應是没有。”時君曰：“確是有。拿不出耳。”先生曰：“然則宇宙間亦有有而不可捉摸者乎?”時君曰：“謹受教。”拜賜而去。

王揆生筆述

談真道不必説許多話。現在所以多説的，是由你們歷來所學不真的智識太多，都是理障，急須破除故。

今日中國學絶道喪，似乎没有真智識、真道德。要救國，非從自己品行上、心地上革新不可。我當時很信教育能救國，既而看教育還是皮毛，科學又嫌粗陋，靠教育仍非根本的救中國。要從根本救國，先要正人心。正人心非極真的宗教達不到。

儒教道理，半多似而不是，或是而不真。宗教要緊的道理，是處處都真。人人身上本有無窮的真，就是凡人不認識，如同没有一樣。雖是活到一百歲，八十歲，仍然是虚妄的，朽壞的。

我這犯罪的肉體，居然受父母的栽培，社會的供給，釋迦、耶穌的不棄，要是不圖報答，可以説不能算人。所以我現在要將我所領受的恩賜，完全供獻給大家。將我的心血，流到大家身上，造成中國將來的真正基督教。我的心願，也得平安。我抱定兩個目的，全未做到。（一）有一本要緊的書。就是聖經中有許多妙諦，尚未發明，但望兩三年後，能不教書，脱離俗務，獨入深山，以成此未竟之業。（二）要得一班同志，造就成真正明白基督教的人，使我的責任，有人分擔。

孔子説："五十而學《易》，可以無大過。"可見人帶肉身，没有不犯罪的。所以我們每天只問有什麽罪過，那有賣弄功勞的道理。我盼望諸生，細心體認自己罪過，誠心悔改，日日遷善，自然有豁然貫通的一日。

中國現在如此危弱，只因數千年以來的人，都不認得"我"的緣故。個人的我爲小我，社會、國家、世界是大我。看得見的肉體是假我，看不見的靈魂是真我。小我同大我，是分不開的。中國當堯舜時代，何以那樣治平？無非因古聖人，認得真我，純本良心作事；時刻顧念大我，辛辛苦苦，爲大我謀安樂所致。

諸位不要想歐美各國的宗教完全，設果能得着基督教的精神，决不致有四年的强盜戰争。我們中國古時學問，有許多與基督教相合的。果能融會貫通，身體力行，修養真我，博愛大我，基督真光何愁不能光耀亞洲，普遍全世界。

一心除亂，是禱告的真諦。程朱講學，令人静坐，就是去種種私慾，契合天心的意思。但是没有方法給人遵循，反使心無所繫而愈紛。稍爲做過工夫的人，當有此閱歷。

精神固然受肉體支配，肉體更受精神支配。文天祥以狀元宰相的身分，屈居在極湫隘汙穢的牢獄裏，而卒能以正氣勝之，可見精神支配力之大。吾人果能常使頭腦清浄，安於天理上的生活，則身體自壯健，精神自舒和，不必牛乳鷄子始能養生。因爲專靠人爲，失去天然的本能，各種嗜好，全是戕身的斧斤。惟有皈命基督，是養生最上法門。

佛教所謂“自度度他”，就是儒教所謂“立身行道”。

世界最怕僞道德。因僞善爲禍，烈於真惡。何也？真惡顯然易辨，人皆知戒。僞道德則最易陷人，人且崇拜之，而終於不悟。

我們同上帝本是一體，應當純潔無疵，幫助世界進化，綿延人類的永生。是故一舉一動，一言一行，必與神化相通，便是世界的光，能破除一切黑暗。

佛教有“無不從此法界流”、“無不還歸此法界”兩句，實在是宗教的精髓。此“法界”即是“上帝”。

耶穌教雖不以父母家屬爲重，還是真正大孝子。因爲能敬人愛人，没有不敬親愛親的。无能子曰：“無所孝慈者，孝慈天下。有所孝慈者，孝慈一家。”這兩句話，説得最透澈。

莊子雖認識道德，自外形骸，却未起救世的作用。墨子能看透這步，所以摩頂放踵以利天下。耶穌甘心被釘於十字架，爲贖世人罪孽的代價。佛教謂之無上第一法施，就是藥王焚身，爲捨我執的妙行。福利萬世，豈有限量？

世間事業，没有比化道人心還大的。我生平最佩服蘇格拉底，他實在是一個大聖人、大宗教家，終身願爲真理犧牲。他明白靈魂永生，甘心仰藥就死。他的道理，有許多與耶穌相近，不愧爲泰西文明的鼻祖。

“解脱”二字，不易做到。不能解脱，就在生死淪流裏轉。没有真正的智慧，決不會有真正的解脱。設爲一國的元首，不能解脱，也是機苦的可憐蟲。堯舜、華盛頓能處處上契天心，注目平民，自外其身以利天下，這是真正解脱。能解脱就是挑夫走卒，也是快樂自由，頂有價值。

我常説各教的道理，都與基督教相同。不過要引人入門，不得不説同，迨入門後，就要説不同。等到升了堂，入了室，又要説亦同亦不同、非同非不同了。

孔子所説的道理，是有限的，相對的，暫時的。佛、耶所説的道理，是無限的，絶對的，永久的。

董紹明問：耶穌的一切的能力，從何處得來。先生答曰：我勸你們要考查自己的性靈，從何處失掉功用，不要問耶穌的能力是從何處得來的。因爲耶穌有的，我們全有。

些微的過失，亦能害無數蒼生；豈獨顯而易見的大惡，决不可作麽?

聖賢與禽獸，難分界限。一念之起，必欲福利天下，就是聖賢。一轉瞬間，動了自私自利的念頭，就是禽獸。《書》曰："聖罔念作狂，狂克念作聖。"這兩句説得最精切。見得"佛即衆生，衆生即佛，聖狂殊途，只争一念。"

基督教皈命上帝，繁興妙行，道在以一妙執，除諸邪執，真切簡易，足使盡人皆可即俗以全真，誠爲圓中之圓，所以三根普資。

禱告就是成就德業的基本。因能泯絶我見，衹求上帝的慈愛，廣被天下。

宗教不是文章學問，非切身體驗勤下功夫，深自省察不可。天國容不下絲毫污穢，所以我們有一點罪過，就不能達到永生地步。

大道包括天地，體大、相大、用大，無窮盡，無"终始"。區區語言文字，安能形容盡致。是故無言菩薩摩訶薩有云："一切諸法，悉無文字，亦無言辭。"但欲勸導中下根人，不落邪道，又不能廢語言文字。當知妙理或藉語言文字而顯，惟勿執着語言文字，以致障礙妙理爲要。

基督教在中國，何以不能昌盛?就是因爲傳教的人，太無學識。彼等對於《新約》，大都執文迷旨，不能參證宇宙間最活潑的真道，又不能融貫儒、釋、道各教的精義，更無度人自度的妙行，致令基督的十字架，徒然落空。良堪浩歎!

就極粗淺能聞見的學問而言，不博喻且不能爲師，又何况無聲無臭、搏之不得的真常之道，豈易窮知？又何况極圓融、極微妙、極簡捷，在在必須顯出生命的壽光，照破世間黑暗的基督教，遽能誠信了解，躡解成行，隨行親證麽？故傳教已甚難，傳基督教尤難。

基督教，也是一步登天的頓教。只就《約翰福音》一篇説，其中許多禪理禪機，並華嚴重重無盡的境界，奈何從來無人認識。亦間有人把基督教當作净土的，是所謂只知其一，不知其二。要知福音之不可及處，就是能將極深奥的道理，寓在極淺近的話裏面。故惟有哲理精邃的佛教，可爲基督教最妙的註脚。

宗教中有特别的興趣。真正宗教的家庭就是天堂。至於處世接物，是越盡力，越吃苦，心裹越是快樂。世界没有這種力量，焉能進化？

天地間最真、最富足的莫如宗教。基督極貧窮，卻極豐富。如説："人能賺了全世界，失掉他的生命，有何用處呢？""凡要得着生命的，必先喪失生命。那爲我喪失生命的，必要得着生命。"因爲現象世界中，幾十年的榮華富貴，在得道人看，如同門縫裏看微塵，一瞬就要過去的。至於那永遠不死的靈魂，説妙用無量無邊，説寶貴無價值可比。以這樣的豐滿真實，比世事那樣的短促窮乏，當然没有比例。釋迦牟尼舍帝王的富貴，甘心行乞，更是舍窮就富的好榜樣。故人不能貧窮，難以接受宗教的豐富。

人人擴充仁心，世界就是天國。

剷除我見，則萬物與我爲一，更何有人己的分别？故墨子曰："天下無人"。也就是關尹子所謂"自然無我，而兼天下之我"的意思。

管子曰："思之思之，鬼神通之。"是極誠虔的祈禱。也就是神明的感應。

真正衛生，以祈禱修養性靈，爲第一件要緊的事。

有形式的禱告有限，不拘形式的禱告無限。真基督徒的禱告，當於世人肉眼所不能看見處着力。久而久之，自己的身體，就是上帝極莊嚴的聖殿。湯之盤銘，就可説是精神上的洗禮。

性的本體，純是天理，原來是純善無惡。但性體活潑自由，要走錯路，做惡事，也是没有法。

孟子説“求其放心而已矣”，也是祈禱的一種工夫。

一部《易經》，一個“懼”字包括了。懼以終始，其要“無咎”是也。孟子曰：“生于憂患，死於安樂。”可與《易》義相發明。但懼是消極的道德。若基督教就用聖潔的快樂，制勝一切可懼的事。是爲積極的，能令人生氣盎然，自不肯墮入迷途，真妙極了。《中庸》在儒教書中，算是博大精深的，並有許多與耶、佛相通的道理，其缺點，就是没有顯明説透“永生”二字。

現在世界學者所講的，多半是枝而又枝、葉而又葉的學問。邵康節云：“世人談《易》漫紛紛，只見繁枝不見根。”何者爲根？即是自己性命的源頭，宗教所講的道體。孔子説“不知命無以爲君子。”可見性命與宗教，在在分不開。

體認天道時，不能將我的智慧，加入一點。

極精深、極廣博的道理，要從極粗淺的小事上看出來。

基督教能將佛教之微妙，寓於儒教之平實中。

講學要認定標準，以謀天下安全、幸福爲目的。

無量的道，充滿目前，奈何世人的肉眼看不見。

得道的人，生死之權可以自操。

天地是從道體中流露出來的。何處是天？何處非天！果能明見自性，自然具足無盡神用。所謂“先天而弗違，後天而奉天時。”何難之有？

“至誠無息以盡性。”這句話可以包括無數聖賢的書籍。

《揚子法言》曰：“天不人不因，人不天不成。”上帝的性德無窮，却用人的性德完成之。所以耶穌特將上帝性德，完全顯出來，使我們都能與天合一，繁興盛德，福利世間。

促人深省的唯一方法，就是引他鑽求生命的來源同歸宿。

上帝自然的律法，能審判吾人之念慮於未形。不但語言、行動中，審判相與終始也。

禹是大宗教家。《淮南子》上記禹濟江，忽來黄龍負舟，舟人皆倉皇失措。禹獨笑曰："我受命於天，竭力而勞萬民，生寄也，死歸也。"顔色不變，龍乃逃去。設禹不能解脱生死，那有這樣定力。

古人的書，大都是教我們認罪悔改。學道的人，應當認識自己的錯，幫助别人不錯。

人人身上，有天的明命。就是要我們學上帝一樣完全，要我們爲全世界人効力。

我見横中，是污穢世間的罪源。能自認罪，是轉移風俗的美德。

天下最難治的是人心。要没有天道在心中作主，必是一生憂愁苦惱，那得不自戕其天年。惟有體認天道，時時改過遷善，不但能享理得心安的快樂，且可以善羣利羣，相與共永正命。故凡聖人救世，莫不重視天道，以正人心。

學者每謂形而下的智識，是應用之學。形而上的宗教，是受用之學。這是不懂宗教的話。宗教與生命不能分離，何能説是不應用？

讀《新約》的快樂，是將基督的慈愛，讀到自己身上來。因此又常求實行有益於人的事，能令相與爲緣的人，莫不心平氣和，同依基督以立命，直覺無限的天國，皆含在福音裹面，妙極妙極。

佛教所説的愛，爲人欲，根本肉體發生。基督教所説的愛，爲天理，根本愛上帝的性靈發生。字同而義大不同。若佛教之慈悲，儒教之仁，恰是基督教的愛。則義同而字又不同。求其字同而義亦同者，衹有墨子的兼愛。墨子之教，就是中國當日的基督教。無如孟、荀隘陋，盡力排斥，且爲專制政策所壓抑，以致塵薶千古，真正可惜。

止，所以除觀以外的紛念。觀，所以凝止以後的一心。故非止不能成觀，入觀又能助止。止觀雙修，是二是一。《禮・祭義》"散齋於外，致齋於内"，就是佛教的止法。《玉藻》"凡祭容貌顔色，如見所祭者"，就是佛教的觀法。《管子》曰，"不以物亂官，不以官亂心"，就是戒；"耳目不淫，心無他圖"，就是定。"正心在中，萬物得度"，就是慧了。這都是基督教祈禱中所含有的正義。

儒教祭祀的福胙是有限的，若耶穌引經説“我喜愛憐恤，不喜愛祭祀。”憐恤便是無窮無盡的福胙，能使人人享受，永遠不竭。

人不敬事，天始降災。如中國不樹森林，不治河道，釀成水災，就是不敬的結果。學科學不能施展出來，爲大多數人謀幸福，也是不敬。吾人當時常反省自己思想言行，是敬是不敬，便不須卜筮，自知吉凶。

天和人是一個。天的作用，無窮無盡，賴人以顯明之。

天之道利而不害，反其道而行之則爲害。故《書》曰：“自作孽，不可逭。”

安息日之真諦，即《易》：“七日來復，復其見天地之心。先王以至日閉關，商旅不行。”后不省方義，所以安定身心、養元神也。吾人爲世事，逐日勞碌消耗過甚，七日中烏可無一日休息，恢復精神的健康？故守安息日，即是保全性命，可謂根本的衛生。獨是安息日，可大别爲有形的、無形的二種。有形的安息，即無論男女老幼，咸至教會禮拜，俾超脱塵纏，性靈不爲行役，感召天和也。無形的安息，則在他人所不及知，而一己獨知之地，精通乎天，至誠無息，自心即是聖殿，觸處莫非天國，俗塵不易侵入也。耶穌當日常不守安息日，反自謂“人子是安息日的主”，玩索有得，始可語安息之精義。

聖經藴奥，决非常人所易領會。故善講道者，不在所講之玄妙，而在適應聽者之程度，使皆悦服而歸心。

信宗教之目的，爲要免沉淪、得永生。亦即佛教所謂“離一切苦，得究竟樂”。

大聖人與庸俗凡夫，其間不能容髮，惟在爲公爲私，一念之轉。故人人都能爲福利世間的大聖人，不是甚難的事。衹要能自外其身，負十架從主而已。

我們現今無非在生死淪流中轉，照世人肉眼看是生，在大聖人的慧眼看則爲死。故釋迦、耶穌莫不宏張願綱，以普救此類雖生猶死之衆生爲己任。

宗教甚深微妙，非粗心浮氣之學者所能研究。然佛種不斷，聖靈恒充滿兩間，鼓蕩於人心而未艾。心地稍爲浄潔者，亦不難與之應合，顯彰神妙之作用。

基督教之格言，務愛人如己。縱觀古今各國聖賢，莫不學道愛人。其故安在？因道之大原出於天，本來大公至正，賦予吾人爲性，具足萬德，所以壯天地活潑進化之觀者也。故吾人存心行事，果能敬天，自必愛人。可分兩方面説明之。（一）性道是真常的。如各種花卉，足令人顧而樂之，即真常性道所表現之無聲福音，教人少息不常的塵勞也。又如雷動風散，雨潤日暄，皆以發育萬物，資人生息，亦即真常性體之無盡妙用也。獨學道之君子，深知我之性德，本與聖靈同一真常，而肉體則如大海水中，起一浮漚，倏忽不常。故常克制私慾，恪循天理，務宏民胞物之量，所以仰體天心，亦所以圓滿自度也。（二）斯人少學寡識，不知性道真常，既昧於生命之根源，不務保合天和，更不知自利之要訣，在能利益人世。往往以我見自私，違背天道，卒使人己社會，俱大不利。良由斯人不知肉體是無益的，是不能久存的，貪戀世俗不常的權位虛榮，而性靈即被權位虛榮盜去，或爲物欲所役，貪戀消魂的女色貨財，而性靈即爲女色貨財之奴。其勢必致黑暗罪惡，充斥世界。以故聖賢不勝悲憫世人之心，或以苦口，或以善行，或著書立説，務勸化世人而普救之。迹聖人愛人之心，無異慈母之愛子。耶穌曰：“我不忍離開爾等，如鷄護雛然。”蓋無非上帝愛人之心所默運也。總之凡人不知性靈真常，肉體不常，故爲一切物質所奴使，在在不得自由而大苦。聖人深知性靈真常，肉體無常，故不爲一切物質所奴使，在在得大自在而甚樂。故知聖人、凡人之所由生，以愛人不愛人爲斷，亦以知真常、不知真常爲衡。

天地間容易成功的事，有何價值？真道德、真事業，不經幾番困難，萬不能成。故語云“難能的可貴”。天下雖没有容易的事，究竟也没有難事。耶穌説：“只能殺身體，不能殺靈魂的，不要怕他。”有這種魄力，還怕有志不成麽？昔摩西率以色列人出埃及，在曠野中，備歷艱辛四十年，卒如願以償。魯墨子聞公輸般爲楚造雲梯成，將以攻宋，行十日十夜，至郢救之。釋迦牟尼捨棄世間尊榮，入雪山苦修六年，道成，四出説法四十九年，降伏九十六種外道，廣運悲智，濟度衆生。足見天下任何難事，在不怕難的人，便不難了。

認定在己之良貴，務保全之，則世俗一切幻妄的富貴，自不能以動其心。

《管子》謂“心之中又有心”，即現世心理學所謂意識界内之無意識界，或稱潛在意識，可當佛教之第八識。景教之祈禱，即所以消滅意識界一切浮動垢穢意識，俾無意識界得以解脱意識界之束縛，自易與上帝冥契，顯出靈妙作用。

佛祖、耶穌衹要我們在世界，能作有益於人的事，任信什麽教都不計較。

釋迦、耶穌撇棄塵世極富貴的貧窮，要得他所本有極貧窮的富貴。顧此種特殊的富貴風味，非富具信德者，終身不能一嘗。

景教令人以靈、以誠依準上帝，淑身淑世，極其確切，極有把握。不似佛教過於玄妙不可捉摸，雖上智猶不免歧路徬徨。

佛像每以蓮花爲座，蓋取其出汙泥而不染，即净穢、各無妨礙義。基督曰：“我來專召罪人。”正所以入地獄而莊嚴之。今吾徒宗仰基督，允宜徧向汙泥，廣播蓮種，勤灌功德水，使生衆妙華也。

道家於目不及見之有，無以名之，强名曰“無”。雖無却還是有，即釋家所謂“妙有非有”也。

吾人生死之權，可以自操。在善於盜天地，而不爲天地所盜耳。

禍福恒與有禍福心者爲緣。大聖人超然物外，何禍福之有？

天下無難事，亦無易事。蓋難事恒因人注意而轉易，易事恒因人疏忽而轉難。聖人則懼以終始，不因易而疏忽，不因難而沮喪。故無時不難，無事不易。

程綸筆述

云何爲真？汝等自身，各皆具足。欲見此真，不必他求，反省諸已，久之真出。汝以迷故，都不自知，世人自迷，以假爲真。假真爲真，真真不見，有真不見，由有身故。知身不真，真身乃現。

汝等既入座後，静坐片時，以沉定其浮躁之心。此即祈禱之第一步。祈禱之功，至要至大。《書》曰："人心惟危，道心惟微。惟精惟一，允執厥中。"此即滅妄全真，可謂堯舜授受之祈禱，實唐虞之盛之本也。法華之一心除亂，浄土之一心不亂，老子之絶聖棄智，《易》教之潔浄精微，皆使人滅其紛亂之念，而顯其真心也。基督教所以注重祈禱以此。不去實行，不知其難，決無成功。汝等聽後，莫疑不信，實行自知。

天堂、地獄，均在目前，均在心中。天堂即在地獄内，地獄亦在天堂内，視吾人一念之萌，以爲因緣。能不悚然？明所擇乎？

衆生均具覺性，但以無明内熏，厚薄不等，與煩惱外熏，麤細不等，故修證有遲速之差别，佛性究竟平等也。故先知先覺者，不得不覺後覺也。

告子言性，未嘗非。孟子之言，未嘗不是。譬一物體，一見其正，一見其反，爲相互異，皆是其體。告子、孟子之言性，各見其一端耳。

何處是天？何處非天！孰知天在身内，身在天内。即身是天，無身非天。有天天者，大道混成，繁興神化，天地與我同根，萬物與我一體，生生妙德，自性具足。果能不識不知順帝之則，則浩然正氣，上下與天地同流矣。

中者何？絶諸對待，不着一念之謂。若有喜怒哀樂，雖在未發，以心動故，即是不覺生相，不得謂之"中"矣。惟能以天下之喜怒哀樂爲喜怒哀樂，則一念是天下之念，念念皆天下之念，動猶未動，泯絶我相，斯其未發無不中矣。

君子慎獨，是猶修止，除一切想，務契真心。誠以一念無明，不覺心動，復以境界緣故，即成三細六麤。詩曰："潛雖伏矣，亦孔之昭。"此之謂也。詎知因該果海，難免依業受報，長縛生死，實爲衆生苦本。故慎獨之功，乃君子所以安命也。

道之爲物，充徧法界，發生萬象，故云"費"。潛虚處實，不遺一塵，故云"隱"。夫婦之愚不肖，能知能行，費也。聖人之至，不能知不能行，隱也。天地之大，日月之明，毛髪之微，纖芥之細，費隱不同，其道一也。以能顯故，雖隱而費；以能潛故，雖費而隱。方山長者《華嚴會釋》曰："其爲廣也，以虚空而爲量。其爲小也，處極微而無跡。"杜順師《華嚴法界觀門》曰："攝一切入一，攝一入一切。"足見即費即隱，即隱即費，均可互相發明。

自誠明者，直趣真心，了證本然，頓悟也。自明誠者，頻除妄想，徐成正覺，漸修也。譬猶江河殊流，同歸智海耳。

治國、平天下不難，而慎獨無間於燕私爲難。堯以二女觀舜刑，文王亦以刑於寡妻稱，知政本也。故《莊子》曰："道之真以治身，其緒餘以爲國家，其土苴以治天下。"

昔堯爲天下，得人之難也，聞舜而未之能信，試以二女。既觀之於微矣，然猶以爲未也，乃至五典從，百揆敘，四門穆。猶慮其不足以值遽變，而心動無異於恒人，必納於大麓，烈風雷雨弗迷，而試乃已。蓋大麓幽險之境，又值烈風雷雨非常之變，則非有大定力者，鮮不爲所迷。而舜不然，由其湛寂之體，超絶常變，更無可以亂之者。到此始爲究竟地，堯所以不復試也。堯舜有天下而不與，其本領在此。

《皇極經世》曰："心代天意，口代天言，手代天工，身代天事。"是吾人皆有代天工之責。今惟農代天工而樹藝，工代天工而制作，餘皆坐享其成，不恥爲天地之一蠹，化機幾何不息乎？《揚子法言》曰："天不人不因，人不天不成。"其各盡人以持天也可。

《書》曰"作善降之百祥，作不善降之百殃。"當知百祥備具善中，百殃備具不善中。非在善與不善外，理所必至，不待降也。降之云者，從權説也。《易》曰："積善之家，必有餘慶。積不善之家，必有餘殃。"因該果海，那有絲毫假借。

有言逆於汝心，或遜於汝志，識也。必求諸道，必求諸非道，則轉識成智也。

一者，多之終始也。非一莫由成多，凡多無不歸一。一在多中，多在一中，即一是多，即多是一。惟不以一礙不一，不以不一礙一可也。

故《老子》曰："聖人抱一爲天下式。"

典祀者，藉其形式以達其精誠。苟有其誠，雖不祀可也。苟無其誠，雖祀無益也。故君陳曰："黍稷非馨，明德爲馨。"若耶穌曰："我歡喜憐憫人，不歡喜祭祀。"又由誠而進於仁矣。

附問答

問：性清浄，惡何由生？惡既生已，是惡有體。

先生答曰：譬有一人，一手援人出水，一手推人入水。同是人也，一善一惡，性體無二。本來清浄，以境界分别，所緣不同故。雖行惡行，行非體故。

陳同燮筆述

世人性靈，本具無量妙用，揆之耶穌，無二無别。但因克復無功，恒爲肉體蒙蔽，我見蓋纏，故所有耶穌神通能力，末由顯見。苟一旦釋形去智，則聖靈彰著，即與耶穌合一矣。

一滴之水，與海洋之水，其多寡之量雖不同，而性德則同。故曰無邊理性，全在一塵；一塵理性，無有分限。可見上帝無盡神性，既已賦之吾身，而彼此不隔毫端，宜乎自性能生萬法也。

大道充塞宇宙，决非一人所得私。設使救世之道，果爲耶穌所私有，則耶穌升天，道亦隨之而去，天地崩陷久矣。故耶穌曰："凡我所行事，從我者亦須行，且須行較更大之事。"良以道之妙用無窮盡也。

人在廣衆之中，雖有惡念，不敢發爲言行，此因其道心未死也。若暗室獨處，或獨爲一事，無人監視，往往肆其惡性，而不知禁。詎知無隱不見，無微不顯，終無由售其欺於人。故君子必慎其獨。

道一也，而求道者不一其途。所得淺深異量，遂生派别。甚至執文迷旨，彼此相非，多未了證真原，害道殊甚。今以研究真理，融通各教，皈命基督爲主旨，所以救世人出迷惑，同登聖域也。

人人心中，具足真常妙道，衹爲肉體蒙蔽而不知。禱告所以釋形去智，一心除亂，還復本真。

《書》曰：“人心惟危，道心惟微。惟精惟一，允執厥中。”儒家所謂十六字薪傳也。無如中無定點，允執不易。未若耶穌教儀刑上帝，如幼子依慈父，恃有大能力助，不畏魔軍來侵，心自安定，無難止至善矣。

宋必端筆述

《舊約》上帝摶士爲人，即“百昌出於土，入於土”義。揆之《易》：“大哉乾元，萬物資始。至哉坤元，萬物資生。”亦通。嘘氣入鼻，言人息息與大化相通，不通則死。義至精也。

生民之始，天理渾然，無所謂善，無所謂惡，在在埃田，樂何如之。故上帝命之曰：“園中諸果，任意可食。惟分别善惡之樹，其果不可食，食之日必死。”諸果任意可食者，言遍地善果，食者身安快樂，終不可盡也。惟分别善惡之樹其果不可食者，樹具枝葉繁殖義，以形善惡之分歧，千差萬别。謂人每執末忘本，妄起差别，如樹排空，最礙慧日光明，食其果者必生無限理障，横互於中，實爲心腹之疾，不易治療，故不可食。食即自取滅亡也。乃夏娃先受魔誘，表女性柔弱，不若男性剛强也。以奉亞當，亞當亦食，表理不勝欲，女色最爲厲階也。由是果生智慧，自視知羞，此顯背帝命，陷罪緣起。所謂自由濫用，無始無明，與生俱生者也。

吾人若能了證心願，參悟天道，雖不識一字，是真智慧。否則甯可不識一字，免貽世害。

以圓融眼光看儒教，則與佛教、耶穌教皆同。惟所同者外象耳。若以嚴格的宗教繩之，殊覺不同。然原其發現外象之本體本同，外象又同，所不同者安在？在對於本體之觀察程度，淺深懸隔耳。孔子説現象世界，爲有限的、相對的、暫時的。耶穌説實體世界，爲無限的、絶對的、永久的。

孟子拘於宗法道德，不能打破家族制度，故斥墨子“兼愛”爲“無父”。詎知孟子只認得現象世界肉體之父，墨子則認識實體世界，故能薄體厚神，兼愛天下，不爲家族所限，無異以天爲父。耶穌曰：“孰爲吾母？孰爲吾兄弟？凡遵我父旨意而行者皆是。”此真宗教之神髓也。惜孟子難以語此。

我們講道，並非由機械的肉體，自能發出聲音。乃是在我們中間，有一個極活潑的靈，起了作用，藉着這肉體的口説出來。

宗教家要有二種精神。一解脱塵勞，超乎衆人之上。一即俗全真，普度衆生。

人能背起十字架，要救他人苦難，就是真正的活《新約》。

世俗所目爲富貴者，以道眼觀之，多是貧窮。世俗所目爲貧窮者，以道眼觀之，或是富貴。吾人當明辨富貴貧窮之所由分，務效法釋迦、耶穌，舍去極富貴的貧窮，力求極貧窮的富貴。

釋迦説法四十九年，自以未説一字，恐人執滯名言賊道也。是即《易》之爲教，言不盡意，僅示以象，俾可會通無限意之理。

天地間形形色色，無非妙道。要在人能領悟耳。

孔子疏食飲水，顔子簞瓢陋巷，皆有樂在其中。固知所樂者道，而其樂道之始，樂道之終，果屬何事？惜未明以示人，誠爲缺憾。

張士甯筆述

天地萬物，在我性中。

《書》曰：“作善降之百祥，作不善降之百殃。”“降”字爲權説。《易》曰：“積善之家，必有餘慶。積不善之家，必有餘殃。”“必”字爲實説。

真正道理，不關學問，在盡心盡力救世人於苦海之中。

傳道事業，最要者爲應機。用極淺近的事，説極高深的理，使人皆易知易從爲妙。

一念之明即生，一念之暗即死。有生必有死，有死必有生。故佛教貴無生，基督教貴永生，務免去生死熾然之苦。要自“刊落世間紛華，一切皆不動心”始。

天地從道生出，我亦從道生出。我之靈性，與天地之所以爲天地，無二無別。故《莊子》曰："天地與我並生。"

人若認識上帝而親近之，上帝即引人進入平安。

我之精神，本來與神合一，本來是神。所以不成神者，因肉體作用，致精神不能統一而散漫耳。設能釋形去智，凝聚精神，息息與大化通，何難妙顯神用耶？

不以物亂官，不以官亂心，形神調而生理修，可謂延齡妙訣。

人不可隨惡劣風氣之後，而從之轉。當開善良風氣之先，以轉世運。

宗教之所以可貴者，即翻塵勞爲安樂，燭幽暗以光明。

世間物質，恒奪我等之耳目，盜我等之心靈，遂致百體爲奴，失其自主。苦哉！

上帝爲萬物服役。耶穌本上帝之意，爲世人服役。

死者，超然順化，可謂解性之縣。故《墨子》曰："死，生也。"《經説上》。

耶穌説要背十字架跟從我，含有《老子》所謂"外其身而身存"之意。其救世熱誠，惟墨子差可比擬。耶穌曰："天下地上諸權，悉與我矣。"即《陰符經》所謂"宇宙在乎手，萬化生乎身"義。墨子曰："聖人之德，蓋總乎天地者也。"《尚賢中》。可互證。

墨子欲天下之人，皆上同於天，一同天下之義，所以泯絶世間千差萬别之染相也。

墨子之所謂天有意志，儼然一有人格之活上帝。

墨子治天下，不以法而以愛。兼以易别，一切平等，如視人之身若其身，視人之家若其家，視人之國若其國。是能除徧計執也。如聰耳明目，相與視聽，股肱畢强，相爲動宰，有道肆相教誨，是能圓成實性也。故昔人視之如釋迦，今且視若耶穌矣。

墨子立言，皆真能立，破人之言，亦真能破。蓋嘗著《辯經》以立名本故也。

本盡心盡力愛上帝之道，盡心盡力去愛人，則湛然一愛，彌漫於天地之間矣。故墨子曰："愛人不外己，己在所愛之中。"

天下事理都是活的，不可固執。固執則死，難以通天下之變，而一契乎真心。故講宗教第一步要破執。

我們的心，不與上帝相通時，即爲天地萬物盜機所盜。

聖人與凡夫，其間不能容髮，只一迷悟之隔耳。

凡夫在未死之前，以肉眼觀之是生；吾以法眼觀之，則妄纏苦聚，實在生死輪流中轉，謂之死，皆不知肉身是假所致。救主深愍之，故宏張願網，遍覓迷羊，使一一回旋永生之路，安歸本真之宅。基督教之祈禱，亦含有《老子》所謂“絶聖棄智”之意，務使人破除我見，一以上帝之心爲心。

墨子非命，對《論語》“死生有命”之類言。若《書》曰“非天夭民，民中絶命”，《孟子》曰“知命者不立乎巖墻之下”，固墨子“非命”之本旨。

明知自己未得救，偏一往直前要救人，是謂行菩薩道。基督立教，極其圓融簡易，教人從盡性盡力救人中，自然除去貪、瞋、癡三毒之害，即是救自己唯一的妙法。誠哉！一乘圓教也。

山河大地，不在我性靈以外。孟子曰：“萬物皆備於我”，可參證。

人果一心皈依上帝或耶穌，則無論居貧居富，遭何逼迫危難，必皆不爲所動，能攝萬變於不變。

耶穌之新約，非僅今日之《福音》、《書信》等，其要旨乃負十字架，願代無量劫世界衆生苦也。

絲毫妄念不起，時時與大化合一，方爲真如門中人。惟釋迦、耶穌足以當之。若吾人思善思惡，一念剛去，一念又來，祇在生死輪流中轉，終是生滅門中凡夫也。

世界上從古以來，能捨去極富貴的貧窮，而得着極貧窮的富貴者，首推兩人。一釋迦，一耶穌。景教不供偶像，因妙法本無相也。

景尊曰“天國在人心中”，即佛教所謂“即心是土”。保羅曰“上帝之殿，本來聖潔，爾儕即是”，即佛教所謂“即身是土”。二教之外，無能道此者矣。

老子所謂“無”者，非絶無所有，乃因目不及見，强名曰“無”。實是真有，所謂“妙有非有”也。在邃於靈修者自證之。

天道不在人道外，人道亦不在天道外。合而一之，便是踐聖人之形。

釋迦説法四十九年，仍説“未説一字”。極言道不可説，説不能盡，要人因言遣言，親自體驗也。《易經》由乾一畫，演爲坤二，乃至六十四卦、三百八十四爻，無盡事理，俱可會通。若有若無，非離非即，可説是宇宙間一個大光明鏡，攝盡萬象，從不黏滯。一字一句，都是活的。這種書世界上没有第二部。特非知世尊説法四十九年，仍説“未説一字”者，不足與語此妙諦。

我們的心，是無盡世界的本體。無盡世界的妙用，皆從一真心體中發出。故可説“無盡世界，一心攝盡”。

信宗教，爲要認識天地萬物一切現象之非常，而得所以生天地萬物之實體的真常。

萬物以道而生。人衹見物生，而不能見道如何以使之生。故曰“善行無轍迹”。

人無論智愚賢不肖，皆自道生。以道觀人，無不平等，奚容妄起分别軒輊之。

經天緯地的大道，非外乎細事而始著。故聖人於極隱微之獨中用功，則涵養密，心神定，然後能任艱鉅而不驚也。

景教之祈禱，含有佛教“請求加被”的意思。

人之惡念，不易盡除，以有無明業根在内熏故。

現在反對基督教者，非基督之仇敵。惟傳基督教者才是基督之仇敵。以其誦經久不明，謬解妄傳，實足害道故也。

道本一元，吾人所承於天者，本與耶穌無别。故保羅曰：“這奥秘即基督在爾心。”又曰：“上帝之殿本聖，爾儕即是。”由此可知宗教斯真平等，一切差别不容存在。自心清潔，努力度他，即是基督，何勞向外求玄？

基督教是事理雙融、蹯解成行的妙道。因盡性愛人，即是一行三昧也。

世界本來是一莊嚴、華美、潔浄、精微之天國，今竟成一污濁痛苦之地獄。果何以故？衹因人人不能在基督裏歸於一耳。

讀《新約》當用自己的靈性讀，自然得着耶穌那測不透的豐富。不然，那能到道味盎然的地步。物質文明，不是萬能，因上帝已將各種物質預備妥當，急待人成全之。不過人的程度太低，説現在物質文明，是神乎其技的。那知此是九牛之一毛，滄海之一粟。上帝所預備者多矣，發明出一點來，算得甚麽？

劉鴻恩筆述

人生性靈，本來浄妙精明，衹爲恶緣迷惑，不克自拔，遂致濁穢充斥世間。非有大聖人出，普施覺照，滅除一切愚癡昏闇，何能澄清宇宙？

人看肉體重，定是罪惡的奴隸。看性道重，定是正義的功臣。

人能以身争義，看似糊塗，實大聰明。蓋其胸中一片天機鼓蕩，知綱維天下萬世之人心於不敝者在此。欲謀天下萬世生民的幸福，全在此一争。區區一身算得甚麽？此由性靈默運，真力彌滿，故愛以身爲天下。然雖外其身，自有死而不亡者存也。

阿彌陀佛無量的壽光，照在人的身上，一切黑暗，自然消滅。耶穌教人皈命上帝，勤求永生之道，且爲世界之光，正是這個道理。

心裏有來自天上永久的真榮耀，則塵世一切虚假的榮耀，都變成羞辱。

天與人可分而不可分，總要融天入人，盡人成天。《莊子》所謂“人貌而天”，《陰符經》所謂“觀天之道，執天之行”，全是鎮以“無名之樸”的境界，景尊有焉。

至人視聽以神，不限耳目。

人得著上帝的心，就得著上帝的權柄。

劉熾晶筆述

宇宙乃一大總靈體，即是吾人之心源，與之相合爲一，則配天矣。

人必有服役衆人的心，然後可以任大事。

天地間無限活書，惜人不能盡讀之。

世界乃一大生命之形骸。

田世聰筆述

此身衣食日用之需，莫非同胞供給，能不感恩以圖報乎？

人不知上帝洪恩，心存感謝，定無潔浄快樂發生。天下事理無盡，真的方值一樂。轉瞬曇花，豈足樂乎？吾人既有肉身，即不能不犯罪。貴以不昧之虛靈，時時制勝之。

世人智慧愈多，罪孽愈大。《老子》所以“絶聖棄智”也。

邢壽山筆述

基督教最能使人身在塵世中，心超塵世外。既不爲惡劣風俗所轉移，且轉移惡劣風俗爲良善，故可貴也。

法身無邊，本性是佛。感應道交，是一非二。景教所以重祈禱以此。

學者讀書，必覺得有字的書不算書。除去有字的書以外，見得環伺吾身，充塞宇宙間的形形色色，都是無字的真書、活書，然後始可與讀書。

聖人不欲世界有仁人、義士、孝子、忠臣，惟願凡屬含靈，莫不契合於大道而通爲一。

天地一盜場也，萬物皆盜機也。塵世紛華，刹那際糞土耳，何足欣羨。是故聖人不欲、以静，獨能厲其精神，參贊天地，化育萬物，而不爲天地萬物所盜。

姚錫榮筆述

摩頂放踵，利天下爲之，乃是墨子洞明生死之故，能自外身，實行救世的妙行。

論事論理，在己貴真能立，對人貴真能破。欲精其術，當研究因明與邏輯。墨子能立能破，蓋嘗作《辯經》以立名本故也。

墨子務尚同於天，一同天下之義。大抵以人誠能尚同於天，則我見、我執、我慢，自然一齊消滅也。

《易》雖一爻，能極萬變。然萬變之中，有不變者存。其變者道之用也，不變者道之體也。

宗教所以使人知真正的人生觀也。

徐金鈺記録

天下事大者在小者之中，多者在少者之中，有爲在無爲之中。

聖人不踈於小事，故無大事；不忽於易事，故無難事。

《易》之爲書，雖著於數千年以前，而其道確至今常新而未舊。但此種萬古不變，而又窮極萬變的新，却不止是現今新潮等粗浮躁妄之“新”。並不止是粗浮躁妄的“新腦筋”，所崇拜的一切新皮毛。乃是總宇宙一大生命之和，運化從新的根源。本以爲萬世謀潔浄安全之福，俾無不順應物則，隨時變易以從道，自然盛德大業，新新而不停。是之謂《易》之新。

燕京大學神科文光筆述

《莊子》曰“知天之所爲，知人之所爲”者，至矣。人貌而天，恰如爲基督寫照。

文字相，最害道，不可不破。誠以語言道斷也。故論宗教，當得其精神，不必拘拘於文字。

説法有權、有實。如佛教之往生西方，權説也。景教之天國在人心，實説也。

保羅曰：“自有天地以來，上帝之永能神性，雖目不得見，但可藉其所造萬物而明知。”是即釋家所謂“山河大地全露法身”也。

基督教謂“人性先善後惡”。所謂先善者，就先天的本性清浄無染言。所謂後惡者，就後天的染性言。蓋自有色身，難必無染。即佛教所謂“無始的無明”。所幸無明有終，貴乎克己復禮爲仁。

“天國近矣！汝當悔改”與《論語》“苟志於仁矣，無惡也”，其義可通。祈禱的作用在焉。

天堂地獄，本無界域，互相含入，不能剖判。質而言之，迷時無處不地獄，悟時無處非天堂。

斷一樹，殺一獸，不以其時，非孝。蓋化機暢，則資人之生者厚。今忽其細微而戕之，殊背大造長育斯人之心，斷曰不孝，足見儒教之孝，含義甚廣，豈果限於家族哉？

語曰：至誠所感，金石爲開。如生公説法，頑石點頭，其例也。故荀子曰：“誠信生神。”

基督教自度的秘訣，完全在歸命上帝。竭盡心力度人中，是爲大菩薩行，即使人容易背塵合覺的密因，誠能合華嚴、净土一爐而冶之也。

基督之生命觀 天津各學校青年會休養會之演説①

日月星辰，山河大地，以及一草一木，一鳥一獸，皆自上帝生命中流出。獨吾人具上帝完全之生命，因創造天地萬物畢，特肖己像造人，以爲天地萬物之主宰。故吾人爲上帝全權之代表。姑就此目所及見之現象世界言，天不得吾人爲生命，莫由著其神化。地不得吾人爲生命，莫由興其美利。萬物不得吾人爲生命，莫由盛其發育。是吾人之生命，固天地萬物所賴以壯活潑進化之觀者也。

夫天地萬物，本自净妙莊嚴。無如吾人積劫痴迷，充填其間，竟使變爲污濁。皆因大患有身，形爲罪藪，故致本與上帝同一端嚴妙身，恒離上帝而二，下儕禽獸，出樂邦，沈苦海，未有了期，殊堪哀憫。基督即爲此一大事出現於世，顯彰生命之光，破除世暗，俾萬世人皆與上帝合一，永享無量之福樂。迹其現身示範，約分四項。一、基督之生命，

① 載《青年進步》第32期（1920年）。

與上帝同一美妙。二、基督爲服役於人，而生命之美妙益彰。三、顯示生命極美妙之永生。四、永爲萬世人生命中之美妙生命。

一、何言基督之生命與上帝同一美妙。

基督自天入世，絕無愆尤。故與天父平等之性德，絲毫未失。非若吾人之性德，雖本與天父平等，而物欲錮蔽，從不覺悟者比。《新約》有曰："父在我裏面，我在父裏面，見我即見父，我與父一也。"圓智利行，從無欠缺，福慧威力，寂用徧周。信乎！等覺因圓，妙覺果滿，皆基督之生命與天父同一美妙之證也。

二、基督爲服役於人而生命之美妙益彰。

《新約》有曰："人子來非以役人，乃役於人。"此即釋迦"我不入地獄，誰入地獄"普救衆生之宏願。又分三項。

（一）遇見疾苦，輒哀愍之。故療治癩痼、盲啞等等錮疾不勝數，示現生命中具足美妙全能也。

（二）務尋獲迷羊。以羊喻人，言人秉性出於上帝，本來良善而無惡。特心爲形役，昧其虛靈，猶久亡歧路，備歷危險而不知歸。基督則悲痛急切，思一一拯救之，有"一衆生不成佛，我不成佛"之慈心，務令悉還本宅，安穩快樂，以盡人之生命原與基督同一美妙也。

（三）從卑下中。示聖潔行，嘗親爲門徒一一洗其足。此爲秘傳心法，示"滌盡衆生垢穢"義，"愈污下處愈當盡力洗除"義，"不容塵染稍留餘地"義，"絶不可妄自尊大，見有不潔不屑就"義，"衆身微有不潔，自心之樂，即不圓滿"義，"天下至尊榮事，莫若忘身利衆"義。（參觀拙著《耶穌基督人子釋義》）此救人生命之美妙教行，即其生命美妙之現象也。

三、實證生命極美妙之永生。

亦分三項。

（一）十架。此基督願代無量數世界衆生苦，圓契帝心，完成神化，使死滅絶，變地獄爲天堂之無上法施。即以樹型萬世者也。故《馬太福音》有曰："若有人要跟從我，就當捨己背起十架來跟從我。因凡欲救自己生命者，必喪失生命。凡爲我喪失生命者，必得着生命。人若獲得全世界，賠上自己的生命何益。”誠以極美妙之生命，爲無價至寶。猶金剛瑩徹，面面光明，永不改變，更不朽壞。非若天地無常，世界無常可比。果其浄潔無染，自能繁興妙行，福利世間。則無論何地何時，皆是十架壽光，永照生死夜，通明勝日輝矣。

（二）復活。此基督以生死之權，可以自操示人，使吾儕彼此相愛的心，並愛衆人的心，都能增長，並且充足。即能與基督之生命同得美妙之結果也。

（三）升天。升天與復活，西人驚爲奇絶，吾國載籍數見不鮮。拙作《基督神通義證》引證不少，頗述及其原理，兹不贅述。案：升天事，自主登山放光時，即已預定。而其救世大慈，固非摩西、以利亞所能比擬。要皆美妙生命中神德之實現，甚不奇也。果能心力堅强，效法基督者自得之。

四、基督爲萬世人生命中之美妙生命。

吾人生命原來無不美妙，因忘其大本，遂致美妙盡失，而且甚不美妙。所幸吾人生命中本有與基督同一之美妙，無異基督在我生命之内，我能誠心信仰，則一稱聖名，萬德齊彰，同時獲二勝果。

（一）一切罪愆，都可赦免。

（二）神蹟隨之，凡事都能。

從此凡惡皆變爲善，凡苦皆變爲樂。是吾人生命之美妙，因基督生命之美妙而成全。從知基督本在吾人生命内，吾人亦本在基督生命内。常時心基督心，行基督行，將上天下地一切美妙，齊與我生命渾而爲一，其福樂豈有涯哉！雖然，不得一息離基督而自外、自取滅亡也。故曰基督爲萬世人生命之生命，生命固無不美妙者也。

總之基督生命之美妙，與上帝平等。吾人亦然。惟基督始終未與上帝分離，故天上地下諸權，悉歸基督統攝。吾人則失去基督之資格已久，今當速自猛省，皈命基督，還復本真，使天父無盡美妙，皆可於吾身實現之。將見天地萬物本具無盡之美妙，至是皆得與吾人之美妙善行，光輝相映，而愈覺其美妙矣。而污世之一切甚不美妙者，無不一轉而美妙之至矣。幸何如之！幸何如之！

世界文化之歸宿①

兄弟今天承諸位先生不棄，得來這邊説幾句話，非常榮幸。兄弟説話，恐怕有許多不明瞭、不妥協的地方，還請衆位先生原諒，加以指教。今天的題目，就是“世界文化的歸宿”。説到世界文化，大多數的人，只是推重歐洲。這個原故，大約是看見歐洲富强，以爲是文化的結果，或就把富强當作文化。這種見解實在錯得很。須知所謂文化，有兩種看法。一種物質的是粗淺的；一種精神的是精深的。歐洲文化不過是屬於物質一面的，若説到精神的文化不能不推我們亞洲。因爲歐洲所講的文化，多半是武裝的文化。看他這幾年以來殺人流血的猛戰，没一件不是從物質釀成的，簡直可説是强盗的戰争。所以我們説歐洲文化就是世界上最野蠻的文化，亦無不可。但是近來有説歐洲文化，已經到了破産的時代。這句話煞是可笑。既説是破，必得有産可破。我們就着歐洲文化的産業，去研究一番，可知這話的誤謬。原來歐洲祇有希臘的雅典算有文化，然而歐洲人從未遵行，等於無有。他們所崇拜的是斯巴達的武力，和弄詭詐的盗風，及羅馬極野蠻的角力與獸鬭而已。就政治法律言，也是本於羅馬法。羅馬十二銅標，本於摩西的十誡，摩西飽受了埃及的文化，又吸收巴比倫的文化，而成爲猶太的文化。法律本不是猶太文化中的精神，歐洲人得了即以爲足。雖在法律上，歷來亦逐加精密，然終不能追溯於性道而清其原。是就政治法律言，不過猶太教儀文的遺傳。再就精神的信仰言，無論新教、舊教，同宗耶穌。耶穌固是猶太人，其教義在在能使人背塵合覺，即俗全真，圓融炳著。至約而能該至博，前足以光犢猶

① 1920年4月在山東省教育會演説，山東學術研究會記録。1921年收入《仲如先生弘道書》。

太教，後足令謨罕默德得其緒餘，而建立回回教。故耶穌始可算是文化，實是亞洲文化的一個結晶。這樣看起來，亞洲的文化，傳入歐洲，好像是中國的文化，傳入日本。我們既公認日本的文化，是中國文化的附庸，當然認識歐洲文化，不是他本洲的出産。本身既没有産業，如何能説到“破産”的一層呢？

再説那印度，實在是地球上文化最富的地方。釋迦牟尼到處説法四十九年，降伏了九十六種外道。其實，所謂外道，在當時也是最高的哲學。如來能一一降伏他們，可見佛法廣大精邃，茫無畔岸。自從傳入中國以來，凡是研究哲學的人，没有不在佛書上下一番功夫的。往往研究終身，不敢説望見一點邊際。他的價值是不用我們吹嘘的。這世界最高的文化，雖然不是出自我們的本國，却在我們亞洲。我們自漢唐以來的學者，多半讀他的書，務明心而見性，並採取他的精華，作成我們中國的佛教。故佛教雖出於印度，實完成於中國，總是亞洲文化中的一大光彩。彼歐洲人以偏重物質的智識，竟不能領會此種文化，這便大大的落後了。

中國固有的文化，除法家、名家、農家等不計外，有儒、道、墨三家，在當時各具有文化的勢力。孔子是北方的教宗，老子是南方的教宗。墨子所生之地則近於孔子之居，而所學於史角之後者，即無異於老子的薪傳，故能外其身而備世之急。今觀其書中，往復申明福善禍暴之義，就是老子所説的天網恢恢，疏而不失。也就是佛教果報之説，景教即耶穌教，或稱基督教。審判之説。孜孜焉務充其兼愛、尚同之量，就是老子所持而保之的三寶首重之慈，也就是佛教普度的慈悲，景教救世的博愛。况且他博學多方，嘗作《辯經》以立名本，又精於兵技巧家之學，兼及泰西一切利民用的幾何、算學、光學、重學，又善守禦而非攻，迥非歐洲務争城奪地、不惜率土地而食人肉的殘忍可比。迹其日夜不休，自苦以貴兼，宛然與印度的釋迦、猶太的耶穌，没有絲毫不同。是真爲我國文化的特色。獨是其一往平等之概，不若儒術爲歷代的帝王所憙，遂與道家同被罷黜，埋没了兩千年，真是憾事。然我國的政治學術，雖爲儒教支配了兩千年，而老莊之道，並未嘗斷絶於人心；即墨子之書，歷來亦不無經師，思有以講明其學。因爲一國之中，既有一種優異的文化大放光明於一代，則其精神，自然能綿延於其國人之腦海中，遞傳而不磨滅。蓋性道之默運，感而遂通，本無古今彼此之異也。時至今日，我們惟有將舊有的文化，一一去加一番研究，一番發明罷了。

彼西人多注重肉眼的觀察，我中國的文化，偏從肉眼看不見的着想，立脚處已先高了一層。例如，老子注重視之不見、聽之不聞、搏之不得的大道，故貴以身爲天下，務善救人，蓋深知人有死而不亡者存，不必因五色盲其目，五音聾其耳，貴全而歸之。從此可見，老子痛愛世人的心，何等深切著明。就如孔子，算是實驗派，然而好讀《易經》，曾作《十翼》。《易經》一書，從八卦演出了六十四卦。就是八卦，個個可説是字，個個可説不是字。他的妙處，也正在這是字、不是字之間，足令學者離開他不得，拘泥他亦不得。所以世界上言法象的書，獨有《易經》這一部，極其活潑，極其精微，再也找不出第二部來。拙著《講易舉例》嘗稱《易經》爲無字天書，因爲他用區區的幾種形象，能將宇宙間藴奥不盡的道理，藉人性靈的動機，隨時、隨地、隨事發洩出來，不難貞一以通變，真正是説不了的妙用。

説到我國文化，既是很有價值，怎麼現今學絶道喪到這一個地位？這只怨後人不長進，不能把固有的文化發揮廣大，不是前人未曾遺留文化使我們享受。日本井上圓了著《哲學要領》中有言曰："孔學獨行，支那人之大不幸。"可謂知言，良堪浩歎。現在我們打算振作固有的文化，須用刷新的腦筋、科學的方法多讀古書，並多讀古書以外呈露宇宙壯觀之無字的活書，自能觸發最新的學理出來。因爲學問一道並没什麽新舊，惟在不明性道的人，以爲今日所有的，或是昨日所無的，便叫作新。豈知化機無滯，新新不停，隨新隨舊，實無新舊。任何天壤間最新發現的學術與技巧，其作用皆早備具於未有天地以前的性道中，不過因吾人靈思之妙運，偶爾相觸啓其機緘，猶之橐籥動而愈出耳。故今日泰西之所有，非必當年泰東之所無，縱令當年泰東之本無確爲今日泰西之始有，似亦不必驚異而盲從。必斟酌於我國固有的文化而調和之，分别取去之，然後可也。

何以言之？因爲歐洲的特長，專屬物質的文明，算不得文化。若言精神的文化，實遠不及亞洲。夫物質的文明，誠不可少，總貴有精神的文化支配之。所謂精神的文化，究竟是甚麽？就是性道。物質也是性道中所流出，所以光大性道活潑之觀的。

故人類一切厚生利用的藝事，雖屬性道之末務，都須取以爲輔助性道發展之資，特不可偏重物質昧於性道，效尤泰西權利之争，亦不可偏重性道，廢去物質，仍蹈曩昔空疏之弊。這樣才算是性道正當的解决。準此而言，我信老子、孔子、墨子、釋迦、耶穌，都是贊成的。因爲這幾位大教祖都是深明性道，富具大同思想，哀愍萬世人的。衹以人之大患，莫若有身，故不怕人不注重物質的生活，只怕人不注重生活根本的性道，故其婆心苦口，特多説些教人復性的話，以果能復性，則生氣盎然，自能與物爲春也。故我們今日讀古時聖人的書，應當體諒他萬古不磨的真心。果能知其真心所嚮，必定盡心盡力，務普救世人於水火之中，那有像泰西妄分國界、種界，並奉行一種弱肉强食的學説有年，致又有近四年獸鬭的道理？今日諸君當知我亞洲才算有真正可寶貴的文化。

無如世間學者多炫惑於物質的文明，竟不承認精神文化之中堅的宗教，甚至有大教育家，謂宗教爲已經過去之物。詎知宗教者，乃代表宇宙一個大總靈體所現無盡妙相。“無盡妙相”之名詞，並不關釋迦、耶穌什麽事，如老子説“常無欲以觀其妙”便是“宗”，“常有欲以觀其徼”便是“教”。《中庸》説“天命之謂性也”，也就是“宗”，“率性之謂道”就可説是宗、教雙融，“修道之謂教”就是“教”。再就吾人身外言，舉凡天地山川，風雲日月，與夫一花一樹，莫不顯現性體，實真妙莊嚴相、微妙福音也，就是宗，就是教。再就吾人身内言，既有性命，就有由性命所發生的言語行爲，也就是宗，就是教。試問這與釋迦、耶穌什麽相干？所貴有釋迦、耶穌的，不過照他們所走的路程去走就是，不得説宗教是釋迦、耶穌所私有的東西。是故天地苟未毁滅，宇宙苟有人類，固不得説宗教已經過去；縱令天地或致毁滅，宇宙絶無人類，亦不得説宗教已經過去。何以故？因爲天地人類，不過一真性道實體中偶爾一現的幻象，時有時無，無關於無始無終一真性道的事，故終不得偏計起執，妄説宗教已經過去。故凡對於宗教研究不深，硬説宗教已經過去，或説科學日發達、宗教日消滅的人，就是一心崇拜泰西物質文明的粗糙毛病，也就是泰西文化極淺薄的證據。

據管見看來，儒教之道，妙不勝收。姑就《中庸》説，以不睹不聞始，以無聲無臭終，務貴至誠不息，日盡其性，以盡人、物之性，而贊天地之化育，直吐納天地萬物於致中和的至微至隱之獨中，如何廣大精微！道家五千言中，主持“爲下”、“不争”及“絶聖棄智”、“愛以身爲天下”之説，都是從極大的慈悲心中流出來救萬世的。墨聖之書，其爲“兼愛”，人盡知之，不贅。顧其精義，多在《大取篇》中。近聞胡適之先生專講有《小取》一篇，不講《大取》，這就是胡先生留學泰西歸來的結果。如説“愛人不外己，己在所愛之中”，就是人己兩忘，湛然一愛塞乎天地之間的意思。又説“天下無人”，就是渾視天下人爲一我，既無人相，即無我相的意思。又説“聖人不爲其室藏之故在于藏”，就是要奔走天下救人苦難的意思。又説“正體不動，欲人之利也，非惡人之害也”。這個正體不動，就是墨家安住一定、超絶塵緣、捨命不渝絶大的本領，所以能備世之急的密因在此。方今泰西學術膚浮，那能夢想到這地步！至於佛教，緐興大慈，福利世間，一切法甚深微妙，燦然大備於三千大千世界，都不可思議。能令無央數世界衆生悉得不思議的解脱，妙諦妙諦，不可説不可説。這真是我亞洲獨有的一種異彩。

如是所説，儒、道、墨三家的教義，及佛法的神妙，泰西人多未與聞，自是彼等的隘陋，可以不提。若由猶太所發生的基督教，輸入泰西，已二千年，彼土蒙其福利，固非淺鮮，顧何以于其教理真諦，絶少發揮？計自保羅以後，基督真光，久被掩埋。彼教士大都執文字相，牢不可破，竟把極可寶貴、包孕無窮的活《新約》，讀成了一點死黑墨，一張死白紙，往往穿鑿誤解，少得爲足。故其所講所述，去真正的基督教不知幾千萬億里，直令基督願代無量劫世界衆生苦的十字架，白白的落空，真真的可歎。以故泰西注目物質的學者，多不能沾其教澤。及其傳來吾國，又久爲文章之士所抗拒，皆因彼方無有精神的文化相與調協而昌明之的緣故。詎知基督教義，攝萬歸一，重重無盡，圓融的了不得，就是佛教華嚴境界。建立唯心的天國，就是佛教净土境界。《四福音》中滿紙禪理禪機，並約翰、保羅屢説印證的話，就是佛教頓超的境界。其他與佛法一揆者，隨在皆是。而其垂教真切簡易，絶無泥近辟遠之弊，可謂針針見血，足令上根中根下根婦人孺子莫不脚踏實地盡性事天，翻塵勞而成妙行，又有其所獨異也。惜乎一般傳教士，無一足與相談的。甚願吾國學子，平心静氣，取儒道墨各家書並佛典，與《新約》中所有的精義，一一比較研究，自覺基督的教訓與我們的性命有不可須臾離開的。故鄙人對於基督教，説有三種研究法。（一）自約翰、保羅以後無人闡發的，我們要闡發出來。（二）凡西人把教義誤解的，我們要糾正轉來。（三）要和我國數千年的文化，調和起來。這是我國人應當肩擔的專責。因爲佛教來到中國，既成了中國的佛教；基督教來到中國，豈有不成爲中國基督教的道理？我深信，基督教不久，必成爲中國的基督教。既成爲中國的基督教，才可説是真正的基督教，那時才可説是爲基督教伸了冤。然後還要傳道泰西去，化除他們殘忍强暴的心，以報前此西人傳教於我國的德。也就是報答老子、孔子、墨子不分畛域，要普救世人的心。果能這樣，我世尊定是向我們開颜而笑的。

總而言之，這無量無邊的大宇，無始無終的長宙，其中所流露無窮無盡的活潑、神妙現象，都是一個大總靈體所顯的作用。吾人資生其間，一靈貫澈，無二無别，適爲山河大地、十方虚空的主體。故天地要我們的心靈參贊他，就愈覺高厚；日月要我們的心靈洗刷他，就愈見光明。前有無數聖賢爲愛我們流出來的心血，載在典籍，要我們的心靈贊揚他，世界的幸福就日益加多；後有無数人類希望我們爲未來的時勢好好造就，要我們的心靈籌策他，世界的德業就日益盛大。父兮生我，母兮鞠我，愛護周至，知一化之所待以整理者何限，要我們的心靈圓圓滿滿的愛敬他，貴乎大孝不匱，至能通神明而光四海；勞農供我食，苦工供我用，取給不竭，知社會之因有我而消耗者何限，要我們的心靈懇懇懃懃的酬謝他，務有以補償日用的損失，彌縫造物的缺憾。細思此身，在大化中受恩無盡，報恩也應無盡也。只有本我們性體具足無盡的德用，不讓外緣的一切幻妄蓋纏，務返窮本源，冥契於大總靈體合而爲一，並且普施覺照，使凡屬含靈，莫不自悟妙明真心齊放靈光、永照寥天而不夜。這樣精神的文化，自然無微不入了。爾時人相、我相，人見、我見，一齊泯絶，尚何有東西歐亞的分别？這才是世界文化的歸宿。要曉得無盡世界，一心攝盡釋迦、耶穌，人人都可修證得到的。

（读者感言："信手拈來，都成妙諦。舌底生蓮，胸中有竹。鑄道儒墨爲一鑪，縮耶回佛於尺幅。與君一話，勝讀十年。哲甫拜讀。"）

七日來復[①]

今天是禮拜日。這"禮拜"兩字，在佛典中常時看見。梵語"和南"，譯作"禮拜"，爲身相現恭敬之意，言禮敬自心所皈依的佛，而跪拜之。但佛教禮拜，不以七日爲限。若猶太教、回回教，則均同耶穌教，或稱基督教。除各個人如佛教隨時禮拜外，而大多數人必限定七日團聚禮拜上帝一次，所以休養性靈也。此日只禮拜上帝，不作事，又謂之安息日，謂安心休息、涵養性真也。這本是猶太教數千年來敬神的習慣，歐美兩洲人，因信仰耶穌教，都是七日禮拜上帝一次，以上帝爲吾人並天地萬物生命之大原，即佛教所謂山河大地全露法身。虔心禮拜，可因以克己復禮，使天下歸於仁。是即社會中一種最普及的道德教育，善羣之要道也。又因六日疲勞，休息一日，可以保持身體的健康。其法甚善。

---

① 此係張純一 1920 年 9 月在濟南育英中學的演説，1921 年收入《仲如先生弘道書》。

海通以來，此種習慣，東潛於神州大陸。政界學界都效法他，但亦羣稱禮拜日有教爲恥，相率改易其名曰"星期"，遂不知其命義所在了。孰知"禮拜"之稱，本出於吾國之佛教，彼原稱主日、安息日。而七日一禮拜之理，無異於吾《易經》之復卦。乃西人能吸收我們東亞的文化，我們反將固有的文化，視爲他人所有而不問，未免太暴棄了。復卦震下坤上，其象爲䷗。看他一陽生於五陰之下，是陰極而陽又來，故名爲"復"。經曰"復亨"，言冬至一陽復生於地下，必定逐漸亨盛，生育萬物。"反復其道，七日來復，利有攸往。"言其道反復往來，迭消迭息，至七日來復，猶春風旁薄，無所往而不利。譬如吾人靈性，久被塵累糾纏，鑿傷殆盡，此間果不離因，必有業繫苦報，一旦恍然覺悟，痛悔前非，由是日明明德，日新又新，且以新民，且以新天下，福利人羣，何可限量。故《彖傳》曰："復其見天地之心乎？"因爲天地的心，合我們大衆的心，是一個，不是兩個。這就是萬物所恃以發育的根本。祇要我們的心能回復原狀，就得了。《象傳》曰："雷在地中，復。先王以至日閉關，商旅不行，后不省方。"這説陽氣始生於地下，尚未能發達，應當安静以養之，故閉關使商旅不得行，並全國上下一同休息，以養元神。這就是基督教七日一禮拜的精義。

此間可分爲兩項説明。一就形體言。勞碌辛苦，一連六日，尚不休息，則氣力困乏，疲憊不堪，不但没有精神做事，致事業難於進步，因此且容易生病，甚至短促其天年。這是就形體言，不可少的休息。一就性靈言。我們順從私慾，違背天道的念頭，可算是一日萬幾。連經六日，不曉得犯了與禽獸無别的罪惡多少。倘不把一日，加點省察克治的功夫，勢必將一點靈明，汩没殆盡，幾何不人其形而禽獸其心。莊子説："哀莫大於心死，而身死次之。"正是這個原故。所以就性靈言，休息是更不可少的。可憐今日我們這污濁世界的人，除少數的真正耶穌教徒與佛教徒外，幾人曉得自己有罪？幾人曉得自己有罪要求無罪？

《繫辭傳》曰："顔氏之子，其殆庶幾乎？有不善未嘗不知，知之未嘗復行也。"《易》曰："不遠復，无祇悔，元吉。"足見孔子當日早以反身寡過如顏回者之不易見也。設今吾國全體同胞，都能如顏回不遠之復，則富强之效，易如反掌，豈不是莫大的吉祥麽？無如我舉國人，都像在漫漫長的黑夜中，不曉得鼾睡到何時醒的樣子，真愁煞人也。農工商各界的愚昧，政界的昏庸貪墨，武人的專横殘忍，不説他；我們學界應當先醒。乃每逢來復日，輒見多數學生游戲街衢，不但不能見天地之心，反益以違失天地之心，良堪哀憫。我們所學何事？學爲天地間有用之人耳。既欲學爲天地間有用之人，當先認識我之所以爲我者安在，則遠塵勞，止妄念，不能稍緩須臾了。果能如是，密加真修，自知農工商兵政界同一真我，彼各界人種種罪孽，即是我心種種罪孽未盡除故，必定今日要回復我性靈的原狀，明日要回復我性靈的原狀，乃至三日四日五日六日，必定要回復我性靈的原狀。及至七日，且必定要與凡屬有情一齊都回復性靈的原狀，將見心凈衆生凈，一真一切真，前此黑暗天地不難變爲無量的光明。要當由我們學界，開其先路爲是。

是七日來復之道，也就是佛、耶二教禮拜之道，也就是天地之心終古生育萬物而不息之道。我們豈可以仍舊疏忽，以致阻滯化機，自取滅亡嗎？今尚有欲與諸君商量的，就是“來復日”這個名辭，固非“星期”之無謂可比，方之“禮拜日”，義亦較精。何也？因“禮拜”係對心外之神或佛言，其目的仍求心内之神或佛出現。“來復”則直指心内本來之神或佛，向被世俗之污染蓋纏、似乎失去者，而復得之，何如簡捷。因爲這個原故，鄙人願以後，凡我們同志書札時，可用“來復日”或“來復一二三等”字樣，令大衆皆可顧名而思義，亦覺典雅而不俗。

《宗教天演合論》序[①]

英儒季理斐君，宗教鉅子，亦哲學大家也。來中國有年，日事著述，欲化天下爲一家也久矣。近見學人，講天演者，每多偏誤，或與宗教背

① 作於1920年5月，1921年收入《仲如先生弘道書》。

馳，恐有害於人心，而益滯世界道德之進行也，特輯著《宗教天演合論》一書，取高深格致之理，正詮天演，證明宗教之如日月經天而終不可掩。誠以宗教一貫天人，使盡人皆究極乎天賦之能，實爲歐美所由演成强盛之本。一切人治，莫非天道之所苞，真事功由真道德出，真道德由真知識出。徒知天演之迹，而不知天演之大原，未見能進化也。試爲推究古今萬國興盛衰敗之由，大抵人爲之事，能符天理者昌，不符天理者亡。宗教者，所以闡明天理，使天下人心，莫不上契乎天心，團愛力以進群治於上理者也。進化論碩學頡德之言曰："苟欲羣也，欲進化也，必有宗教以爲天然性之裁制，然後能促人羣之結合，以使之進步。"故宗教家言，未有不犧牲個人現在利益，以謀社會全體未來之利益者。此宗教所以貴也，亦即天演家於自强保種之道，宜三致意也。赫胥黎"天不可以獨任，要貴以人持天"之説，即《荀子·天論》所謂"從天而頌之，孰與制天命而用之"。詎知人之所以能制天者，仍是天之妙運於人心而著耶?《楊子法言》"天不人不因，人不天不成"，天人相與之際，誠不容忽矣。而宗教適通天人之郵，天道明則人事利，世運演進，舍此奚由？世有能本天道進斯民使盡爲天民之選者，吾知其去天國不遠矣。不然，恐日言群治，而羣治終不進，天人淘汰之交乘，且莫由避也。言人治者，其亟以天道善演之，庶季君悲憫之懷，或亦可少息乎？季君書成，請余爲校訂。既畢，余以關係世道甚鉅，而樂爲海内遠識之士告也，略述其梗概如此。

《融通各教归命基督談道书》自敘①

純一行能無似，志道尚切。鑽仰之餘，輒與友朋辨難，尺素往還。亦或因人索書，聊抒己意。凡皆投之破簏，用以覆瓿。比因同志問難者多，深以多言徒滋枝葉是懼，不欲復事嘵嘵，爰搜簏中藁，録其稍可者

① 《融通各教歸命基督談道書》1918年出版，後又收入《仲如先生弘道書》。

存之，用貽同好。不佞半生所嘗甘苦，將有諒之者，是一樂也。録成即名《仲如存藁》。吾友熊子真過而觀之，爲易名曰《談道書》。是則純一所不敢當已。

民國七年六月十日張純一

鴉之心理[①]

民國前七年（乙巳）春，余任武昌文華講席時，校中曠地，嘗有鴉至。一日，余遥見某西人行經鴉側，距離不足尺許，鴉不驚飛，如家禽然。余異之，即傚西人行經其側，鴉便避去，余知其不識我也。次日又見鴉至，因徐徐過其側，鴉僅微避，如是數次，鴉遂不我避矣。從此知鴉有審度力、記憶力。自後余以食物與之，鴉初不遽近余身，惟取距余較遠者食之。習至數日，鴉竟隨余至房中，繞余身取食而不畏，蓋鴉有智慧，知不彼害也。顧鴉心理之靈，猶不止此。方其食之過多不勝食也，則銜之房外，覓得欄桿縫合空隙，以嘴深入藏之，恐其不固，再三以嘴向内推之，復審視之，始去。此知其知飽不使過量，又能儲藏食物以待饑也；而其藏食之隱秘，不令他知，又甚機警也。

總之鴉之感情與意識，無異於人，則一切鳥類可知，上而獸類更可知，昆蟲如蜂蟻之靈巧不贅。足徵“血氣之類，心智不殊遠也”。《列子·黄帝》。佛説“一切衆生，皆具佛性”，不我欺也。徵之《列子·黄帝篇》曰：“海上之人，有好漚鳥者，每旦之海上，從漚鳥遊，漚鳥之至者，百數而不止。其父曰：‘吾聞漚鳥，皆從汝遊，汝取來吾玩之。’明日之海上，漚鳥舞而不下也。”此説果爲事實否，不可知，姑以理推之，亦似可信。蓋人心機發，鳥心靈通，恰如磁氣場内磁力所及，或吸或推，鐵屑自受感應。理至微妙，願心理學者實驗之。

---

① 載《心理》第1卷第3期（1922年）。

今之學者，有倡“遠隔知覺”或“心靈交通”説者，謂人之知覺與思想，均能不假表示而傳達於第二人。其狀態有如無綫電之相感應，雖相隔萬里，亦能互通消息。此專指人類而言，而一般專家，尚不承認其爲事實。若人與飛鳥，亦有此種交通，則誠不可思議矣。總之漚鳥之舞而不下，尋常事也；所異者與取玩之念偶合耳。耀翔附誌。

永　生①

永生依生命爲言，言生命無始無終也。生對死言，永生即不死之義。生命，在儒教謂之性，謂之心。佛教同。永生之義，惟佛教言之最詳。例如《大乘起信論》所謂“常住一心”、“常恒不變”是也。此爲宗教根本要義，説不可盡，今姑就人生本科學方法，取二譬以明之。

（一）取譬於天。

世人無不見有天，天果何在耶？大都視彼蒼蒼者爲天，在吾人頭上，高不可攀者是。詎知不盡然也。試問衆目共覩之天，果去吾人若干遠？千里耶？百里耶？十里耶？轉而就近言之，十丈耶？丈許耶？尺許耶？當知遠則無量無邊，近則充塞一堂之間，切近吾人之身。其實眼、耳、口、鼻、皮膚之内，臟腑之中，固無處不有天在也。天者，一大積氣耳。孰謂體膚之内，兩足之下，决無空氣乎？故凡人但知離身極遠處有天，而不知環繞身外，充周身内皆天者，均知識淺陋之迷誤也。

（二）取譬於水。

試問一杯之水，果從何處來耶？來自太平洋乎？黄海乎？長江乎？抑來自天上之雨乎？果惟杯中有水，而杯外無水乎？設使杯外畢竟無水，則其空氣枯燥不堪，恐吾人斷不能以生存。蓋圍繞吾人之空氣中，水分不少，特視之不見，不難以科學方法實驗之。抑思此杯中之水，從此時始有耶？從昨日始有耶？果從何年始有耶？從漢唐時即有耶？從三皇時

① 1923年10月7日演講於上海青年會，載《哲報》第2卷第28期（1923年）。

即有耶？竊以此地球未成時即有也。試將此杯水盡飲之，杯中固明明無水矣，然其水果已無乎？竟消滅乎？至明日還存在否？至明年還存在否？至千萬年還存在否？抑思歷年過久，其間有涓滴減少否？以物質不滅之理言之，固終古如故也。然則一杯之水，無始無終，無在不有，與天同也。永生之理，可以比知。

由天、水二喻言之，吾人永生之生命，固無有彼此内外之分。故耶穌云："使衆生悉合爲一，正如父在我中，父即佛教"法身"之義。我在衆中，使衆生亦在吾儕之中。"《約翰福音》十七章廿一節。此即佛教心、佛、衆生三無差别之意。又我人之生命，即與天、水同，無始終，故耶穌云："未有亞伯拉罕以前即有我。"《約翰》八章五十八節。又云："我即生命之餅。""人食之即不死。"同上，六章四十八節五十節。今引伸其義，當日猶太文化淺陋，遠不及中國、印度，耶穌不能言深，故致義多未盡。即未有天地以前，早有吾人之生命；縱天地毁滅以後，吾人之生命終不毁滅。《新約》生命之説既隣神我，又落常見，不可執著。當知耶穌對猶太淺人説法，不得不然。欲知生命真諦，當於佛教唯識宗、三論宗求之。惟能正智緣如，如《約翰》十四章耶穌云"我對你儕之言，非憑己意，乃宅我心之父自作其事"是。忘我施身，福利永世者，此略釋"我即生命"之義。可免沉淪得大自由。永生之法無内外，故不可分别人我以相殘；無始終，故不可執著現今之我以自害。佛教必破我癡、我見、我慢、我愛四惑，又名四煩惱。理至精也。

吾人行年二十三十，或五十六十，在他人視之，莫不粗知梗概。是以二十歲時視十歲，十歲之身已死去也。以三十歲時視二十歲亦然。由此推之。過一年無一年，過一月無一月，過一日無一日，過一時無一時。乃今人輒曰"我生有四十歲"，"我生有五十歲矣"，誠問其四十歲五十歲果尚有乎？能徧給廣衆一覽乎？殊覺顛倒可笑。然人當年已五十六十之時，回首十幾二十歲時之事，莫不歷歷在目，或且津津樂道者，果何故耶？蓋肉體雖隨時遷化，而生命則自來如常也。

生命既不隨物質遷化，永生明矣。然則盡人皆然乎？此宜有辨。若就靈魂即生命之異名。不死、即不消滅之義。任運輪轉言，固盡人皆然；若就免沉淪（即佛教之輪迴）言，則千萬人中，難必有一二人。於此當研究此身何來？終當何去？此義《新約》從未明言。向者“從上帝來歸上帝處”之説儱侗荒謬，不合科學規律。孔子曰：“原始反終，故知生死之説。”《易・繫辭上》。又曰：“未知生，焉知死”，《論語・先進》。宛然佛教之輪迴，因業感果，毫釐不差。然何以墮輪迴？何以出輪迴？孔子未及詳析。學者當於佛教《十二因緣經》、順生還滅。《八識規矩頌》《八識頌》“受熏持種根身器，去後來先作主公，不動地前纔捨藏，金剛道後異熟空”。等研索之。是皆了生死，得永生，極精微之科學。鄙人嘗謂永生即佛教之“無生”，人或疑之。詎知猶太文化低，耶穌衹能言果；印度文化高，釋迦不妨説因。無生爲因，永生爲果，名異而實一。又永生本“重生”來，無生則以“斷生滅”立，一淺顯，一精邃，亦微有别耳。故欲得永生，當入“無生法忍”以完成其功也。

《逍遥游釋》敘①

周季百家争鳴，語其玄覽要妙，惟老子稱最。孔子由禮，道貫於一，蔚爲儒宗。墨子得其慈儉，兼愛節用，爲天下先。莊周見獨，游於物初，能弘無用之用。孔墨本無爲以入世，一切有爲，皆不住無爲之無爲也。莊子本無爲以出世，將攝世間一切有爲，悉入無爲，俾無有非無爲。孔墨莊各得無爲之一體，而其用異趣。皆務理其性命之情，以清静天下，使無不游于逍遥之天，固殊途同歸也。

老子游於無名之始，逍遥之至者也。孔子游於天下之動，而貞夫一，於不逍遥得逍遥者也。墨子游於無窮之兼，務普逍遥於不逍遥者也。莊子游於無何有之鄉，獨往獨來，是逍遥於無竟逍遥中者也。莊子時，天下愈亂，欲其清静也愈難，愈不能不清静之。其道奚由？在滅其賊心，而皆進其獨志耳。《管子》曰：“耳目不淫，心無他圖。正心在中，萬物得度。”《論語》曰：“一日克己復禮，天下歸仁。”《墨經》曰：“同異而俱於之一。”

① 載《國學週刊》第57期（1924年）。

蓋賊心滅，則天地萬物，自位育於幽閒之獨中，無適不逍遥矣。孔墨則匯萬歸一；莊子則即一攝萬，其得於老子者，視孔墨倜乎遠矣。

孫子思昉，年少，學贍，行堅卓。考道衡門，抗心古人，以自勵。乃覩世變日亟，愍人心之陷溺，思有以振其敝。以儒有待於在位之賢，而後能信其用。墨無待於在位，必有待於天下之聽，而强聒之用始不虚。有待之用，雖用不周；惟莊子外天下而無待，寓大用於無用。揭櫫性命之内，具足神用，無待外求，斯固高極九萬里之上，旁窮四海之外，下盈蓬蒿之間。恢恑憰怪，道通爲一。凡一艸一木，安於性命之正者，皆得同游焉，以保合太和。至人以此至，神人以此神，聖人以此聖。疇無性命，勿自寇煎足已，信可以之解人心之縛，紓世變之憂。爰擷《南華》勝義，用釋開宗明義之《逍遥游》，如張目舉綱，如探驪得珠。使以斯道易天下，胥能背塵合覺，得大自在。於一毫端，見寶壬刹。坐微塵裏，轉大法輪。不必有孔墨而孔墨自然滿天下，則堯舜之充斥於里巷，更無待言。孫子庶乎知道。嗚呼！方今之時滔滔者天下皆是，孰與凝神獨有，御大化於游無窮？不解老子何獨泊兮其未飛？昏昏悶悶，異於人，吾斯之未能。吾不禁樂而爲孫子執輒，姑以此篇導天下。

《中華新基督學》自序

余幼受庭訓，喜治宋學及百家書。甲午後，汲汲惟新是圖，迺取新譯西籍讀之，間有涉及景教者，視之蔑如。時從諸教士游，略聞教義，方謀改革政治，以救時爲亟，不措意也。丙午冬，規光復之業，或洩其謀，同志被逮者九人，余避地月餘得免。爰從事漢學，亦潛心佛耶各教，所以立命也。至辛亥鼎革，方冀政臻上理，而國是日非，遂知非宗教無以爲制治清濁之原，於是屏絶外緣，鈎探佛老益勤。覃思既久，覺基督教義，瑕瑜雜糅，亟徒我國故，爲之董理。前三福音，未聞道妙，約翰似乎進焉，而倒邪之見滋多。保羅其庶幾乎，然於宗則未攝外歸内，於教則恒滯權障實，至其義多未了。雖以永生要義，於其終始條理闕如，非假佛法三世因果説，八識規矩頌等，末由補救。惜教士束於教，不可以語道也。馴至二執熾然，傲睨聖哲，輕蔑父母，人禽之辨幾何，此世道人心之憂也。嗟乎！傳者得少爲足，不解周徧之真心；信者徇境外求，背乎湛寂之妙理。故與言世諦則善應，與言勝義則茫然。或且藉道德之名，行侵略之實，此歐風之所以衽金革死而不厭也。蓋僞之亂真久矣，誰與辨之，此余改革基督教之微旨也。

中華民國十五年六月廿日　漢陽張純一

周霽光居士母壽演説佛法①

今日是周太夫人八秩壽辰。其哲嗣霽光居士，以時人非孝毀滅禮教，與基督教人不祭祖先、不拜父母等，均悖乎倫理，特爲稱觴祝壽，且囑不佞演講佛法，冀以稍挽頹風，可謂大教不匱矣。

如何請之佛法？佛法即是一切衆生本來具足的妙明真心，不是釋迦牟尼佛的，亦不是一切和尚的，更不是僧寺之中就有、僧寺之外便無的。乃是大而周徧三千大千世界以外，小而充塞無盡微塵以内，未有天地以前已有，將來天地毀滅了終久不滅的。然則如何證明？世人每謂目能視色，耳能聽聲，詎知此是衆生的顛倒。《傳》云：“心不在焉，視而不見，聽而不聞。”足見目不能視，耳不能聽。而使目能視，使耳而聽的，都是心。此耳此目，是不久必壞的。而使目能視，使耳能聽的心，是終久不壞的，是同天地萬物一體的。故《孟子》曰：“萬物皆備於我。”《莊子》曰：“天地與我並生，萬物與我爲一。”是爲衆生妙明真心無彼此的鐵證。《四十二章經》云：“觀天地念非常，觀世界念非常，觀靈覺即菩提。”是爲衆生妙明真心無終期的鐵證。所以人心順應佛法時，必是孝弟忠信，禮義廉恥，無不合宜的；必是大公無私，無人無我的；必是慈善利他的；不貪、不瞋、不癡的。如此存心，即是壽康之因，定獲壽康之果。倘人

① 載《海潮音》第九年第一期（1928年）。

心與佛法相遠反時，即是自戕其身，自促其天年。故《孟子》曰：“殀壽不貳。修身以俟之，所以立命也。”由是知吾人壽考與否，權自己操，了無疑義（此知基督教人，奉天魔爲一神，競言以信稱義、贖罪、審判等謬執，均屬異端，害道甚已）。

今設一譬。於此有錢千文，如愛惜之，不肯濫用。每用不過一文二文，多亦不過三文五文，其錢自不易用罄也。如揮霍浪費，動輒百文二百文，其錢能久存乎？人之精神，何獨不然。亦惟視其人能除妄全真，以貞固之與否。故《中庸》曰：“有大德者，必得其壽。”蓋因果不二，定理然也。《語》云“人生七十古來稀”，顯見世間能修德者太少耳。今周太夫人已屆八十，不更稀乎？準因果之理推，太夫人必有大德，爲常人不可及處。乃考察其生平，如教子有方、慈祥待人諸懿德，果不愧稱爲賢母。至若多年即持六齋，又虔奉觀世音菩薩，更是必得大壽之正因。惟儒教言因果，不及三世，殊欠圓滿。今即太夫人之壽考，依據佛法三世因果以説明之。

凡信仰佛教而有研究的人，莫不説人身難得，佛法難聞。因人不聞佛法，必致一團肉慾，毫無節制，即是地獄畜生種子，安能復得爲人？如太夫人之高壽，必前生曾聞佛法，厚種善根，所以今生秉性慈善，又能持齋，虔奉觀音，是即由前生信仰佛法之善種子所發生之善現行。而今生之善現行，又能培養前生之善種子而繁榮之，在在與佛法相應相合，故得八十大年，而且甚健康也。準前例後，善種子又生善現行，善現行又熏成善種子。善因善果，展轉引生，將由八十而九十而百歲，可預必也。祝願太夫人，今後常時茹素，至誠皈命觀音菩薩，則觀音菩薩大慈大悲，普門示現神通，加被太夫人之福利，當更不可思議矣。

佛法最重慈悲，故首當戒殺。彼歐美崇奉基督教國，以弱肉强食爲道理，妄稱牛羊鷄鴨魚蝦等，都是上帝特爲造成以養人的。足見其帝國主義的上帝，恃强陵弱，野蠻殘忍，不以平等待衆生，不能博愛衆生。其人未聞佛法，迷信邪説，爲恣口腹之貪慾，增長世界之殺劫於不已，多造苦因，多感苦報，是真可憐憫者。凡屬佛門弟子，並孔門弟子，遇彼食肉之人，均當盡心竭力勸化之。《中庸》云：“唯天下至誠，能盡其性。以盡人物之性，而贊天地之化育。”《祭義》云：“斷一樹，殺一獸，不以其時，非孝也。”是不但慈愛一切動物，並一樹一木，亦當盡其性以護惜之，所以函養性天、保合太和也。佛教徒於一花一草，不敢任意折傷，茲不暇述。其於一切衆生，務以無緣大慈、同體太悲，普救度之。以同一妙明真心無分彼此故，同是佛子故，同是多生眷屬故。況今值彼惡業熟受牛羊身，我善業熟受人身，我殺彼而食之，迨至他日我惡業熟受牛羊身，彼善業熟受人身，彼又殺我而食之。輾轉相殺，如何得了。所以我不殺他，延牠之壽，自然他不殺我，延我之壽。此種道理，惟有佛教説得圓滿透徹。故首重戒殺，所以止刀兵之殺劫，益衆生之壽命，亦所以圓成自己之佛性，冀聊報十方諸佛之慧恩於萬一也。

抑思人生從壽百歲，乃至百二十歲，甚且古稀再度，終非長生不老之道，不是佛法根本的解決。佛法根本的解決，是要人人都了生死，脱離六道輪迴之苦，成正等覺。换句話説，是要運出順從習氣流轉的生滅門，還入逆著業流上溯的不生滅門。此地球，本是一切衆生無盡生滅的妄心所結成的一個大苦果，所以凡生在此地球上的人，都免不了生老病死等等的苦，並難免沈淪於地獄、餓鬼、畜生三途的苦。這都是衆生念念生滅的妄心所織成的。然則如何始能脱離這種種苦？佛教法門甚多，其中最簡捷、最穩健圓融，且於中人以上、中人以下無不相宜的，莫如念佛一門。念佛，即念南無阿彌陀佛。此六字俱是梵音，譯爲此土文言。佛，是正覺。阿彌陀佛，即無量壽佛、無量光佛。南無，是皈命。南無阿彌陀佛，即誠願皈命於無量壽光的佛。因爲我們一日十二時中，念念生滅，不知犯了多少汙染的罪，總由身、口、意三種發生。若口念阿彌陀佛，則口業清净。比時律身齋莊中正，兩手或合掌致敬，或持念珠，或擊木魚，則身業清净。念時字字要從心中念出，懾耳諦聽，令心專一，則意業清净。身、口、意三業，同時清净，即是出生滅門、還入不生滅門最善巧之方便，亦即是脱離娑婆苦海、徑登極樂世界之無上妙法。因阿彌陀佛嘗誓立四十八種大願，普願無盡衆生無不成佛。念佛人，自心本具佛性，與阿彌陀佛，無二無别，如此徹底真信，懇切發願，實行念佛，念至一心不亂，則自佛他佛，感應道交，決定成佛。至於處事接物的時候，在在又本阿彌陀佛大慈大悲的心，多行克已利他的事，如是念念是佛，斯爲真佛弟子。而自心本具的無量壽光，可因阿彌陀佛，不可思議的慈恩，加被而引發之。待至臨命終時，定能蒙佛接引，往生佛國，而無始劫來生生死死的苦趣，可以了脱矣。所以茹素念佛的法門，是了生脱死最巧妙的法門。非但可延衆生之壽，自得大壽，且使世界減少戰争殘殺之苦而已也。現在普陀山的印光老法師，蓋力弘揚浄土法門，教人諸惡莫作，衆善奉行，俱誠信，發切願，老實念佛，或念觀世音菩薩等無有異，實在是對濁世衆生應機説法之賢聖僧也。今霽光居士，本其法益以餉善信，特在功德林以素筵宴衆賓，爲其太夫人祝壽，且期以佛法展轉勸導，使聞者皆可斷葷茹素，益壽延年，乃至了生死，成佛道。是可謂爲究竟的壽親之道，亦是究竟的孝親之道，信可以樹風化示天下矣。

曹崧喬居士書《華嚴經》跋①

《大方廣佛華嚴經》者，諸佛之密藏，如來之性海。毗盧遮那，不移本處，同時徧坐十方世界一切衆生心中以爲道場。普賢、文殊，願行勝因由是圓滿，華藏世界所有塵，一一塵中見法界，一一塵内難思刹，隨衆生心各别住，周徧清浄光明世界，隨時隨處，主佛伴佛，一一佛身，各徧法界，同徧法界，無雜無礙，饒益衆生。約智正覺及衆生世間，即一一佛身肢節毛孔，皆攝無盡重重之刹，普賢衆生，一一皆爾。並是毗盧遮那説法之處，故罪生心中佛，時時爲佛心中衆生説法；佛心中衆生，時時聽衆生心中佛説法，無間斷也。曹崧喬居士，具大悲智，慈護衆生，契悟佛心深矣。近復誓發宏願，敬書佛《華嚴經》，了知毗盧遮那佛身，量同虚空，無有邊際，任諸菩薩於其腹中，游行自在，特爲已往及現在未來諸大善士，一齊回向一代詩僧信有傳，也曾記事也編年（《海潮音》

① 載《海潮音》第十六卷第五號（1935 年）。

載有《八指頭陀年表》），再從詩裏尋原委，顯出頭陀最上禪。

編纂都爲十二章，頭陀心事費商量。一生刻苦尋常事，直把詩囊作智囊。

一日千言落萬箋（師閉關五六十天，編校三十六七萬字，寫作五六萬言），大醒之筆大如椽。祇今選缉高僧集，四十圓成尚五年（師定於四十歲時編成高僧集五十册，現年三十六歲已出十册）。

吾友胡公蘭亭①

胡蘭亭先生予三十餘年舊交，其行誼允爲世人楷模。賦性恬澹，見義勇爲。言不輕發，發則必中。濟人之急，救人之危，皆本至性。蓋篤實君子也。職司會吏總凡廿五年，統理會務，靡不祇協；領導朋儕，靡不温順。殆所謂修胸中之誠，飲人以和而使人化者歟？尤足稱者，當日知會之創始，先生與黄會長吉亭、劉會長藩侯，並已故王會長理堂，多方提倡。迨志士麕集，乃至從事革命，蒙難者不乏人，先生始終陰予維護。此非深契先生者，鮮能知之。先生隱德，往往類是，詎非今之古人邪？綜跡先生生平爲人者重，自爲者輕，適如墨子之偁晏子者。純一行能無似，未敢貢諛於人，今因先生没世，不可不道其實，以爲後來者勸。謹綴數言，聊盡相知之雅耳。

中華民國二十有五年五月二十日張純一敬識

張純一啓事②

啓者：

鄙人已由鎮江調至江蘇丹陽西門穀口頭五十一號基督教浸禮會，以

① 載《鄂湘通訊》第五期（1936年）。

② 原載《通問報》第1673回（1936年）。

後郵件報章請寄該處爲荷。

發起孔墨學術講習會宣言①

干寶《晋紀論》曰：

朝寡純德之士，鄉乏不二之老。風俗淫僻，恥尚失所。學者以莊老爲宗而絀六經，談者以虛無爲辯而賤名檢，行身者以放濁爲通而狹節信，進仕者以苟得爲貴而鄙居正，當官者以望空爲高而笑勤恪，是以目三公以蕭杌之稱，標上議以虛談之名。劉頌屢言治道，傅咸每糾邪正，皆謂之俗吏。其倚仗虛曠，依阿無心者，皆名重海内。若夫文王日昃不暇食，仲山甫夙夜匪懈者，蓋共嗤點以爲灰塵而相詬病矣！由是毁譽亂於善惡之實，情慝奔於貨欲之途。選者爲人擇官，官者爲身擇利。而秉鈞當國之士，身兼官以十數，大極其尊，小録其要，機事之失，十恒八九。而世族貴戚者子弟，陵邁超越，不拘資次。悠悠風塵，皆奔競之士，列官千百，無讓賢之舉。子真著崇讓而莫之省，子雅制九班而不得用，長虞數直筆而不能糾。其婦女莊櫛織紝，皆取成於婢僕，未嘗知女工絲枲之業，中饋酒食之事也。先時而婚，任情而動，故皆不恥淫逸之過，不拘妒忌之惡。有逆於舅姑，有反易剛柔，有殺戮妾媵，有黷亂上下，父兄弗之罪也，天下莫之非也。又況責之聞四教于古，修貞順於今，以輔佐君子者哉？

痛哉言乎！吾每讀書至此，未嘗不掩卷太息也。晋以風教陵遲之故，蠻夷猾夏，寇賊姦宄，河洛爲墟，腥膻陸沉者，且三百年。今四鄰交侵，

---

① 孔墨學術講習會由伍非百、譚戒甫、張純一等聯合發起。載《中國公論》第1卷第6期（1937年）。

中國之不絶者如綫，而吾政教民德，比諸兩晋，孰優孰劣，似未易言。炎黄帝胄，提封萬里，一旦見厄異類，俯首作俎上肉，禾黍之悲，新亭之哭，殆不免矣。邇來憂時之彦，悼傷國是，遠罪清儒而近非西學，其言誠不能無過。然顧、黄、王、顔，尊德行而道問學，即西人開物成務，制器利用，亦有足多者。徒以清代文網苛密，學者趨於考古，乾、嘉以後，流風所被，幾不知文字之外尚有何事。清末喪師辱國，割地賠款，武力之不競，又奔命於科學。淺見之徒，鄙棄國故，敝屣仁義，所學固不窺西人之皮毛，而惟以此相高，裨販是務，鞮譯是矜。甚者喪心病狂，謂他人父，幾欲毛髮皮膚之是肖，恨不隆準深目蜷髮晳革也！夫學有所長，必有所短，譬若耳目口鼻，各有所明，皆可爲用，使之相攝則害。尊寵太過，則有媚佞之心應之，天下皆知美之爲美斯惡矣，皆知善之爲善斯不善矣。羣愚奔競，失其本真，始作俑者，亦莫之能挽。凡一民族之能生長於寰中，必有其固有之文化，道德文字，語言風俗，皆所以凝聚之而長養之。故列强滅人之國，必先絶其歷史文字，變其習慣風俗。借鏡異域，則十九世紀諸國之復興，皆以民族文化爲之先導，德意志、意大利其尤著者。反觀吾族，隋、唐之於齊、魏，明代之於朔元，卒能同化之。清之末造，豪傑之士起而排滿，當時感人最深者，無若明末諸老之遺翰，藴之最深，故發之若飈舉耳。今國危矣，事亟矣，僅存者惟名與器，上之人安可不以文、陸之心爲心，下之人安可不以顧、王之志爲志哉！不幸而亡，人心不死庶幾尚有復興之一日。幸而得存，國於天地必有與立。《易》曰："其亡其亡，繫於苞桑。"此之謂也。遠觀猶太，近悲印度，哀我人斯，胡憯莫懲。《中庸》曰："聰明睿智，足以有臨。寬裕温柔，足以有容。發强剛毅，足以有執。齋莊中正，足以有敬。文理密察，足以有别。"我先民族之精神如此。子孫不肖，墜其家聲，比之新興之鄰，方有愧色，以視歐美發揚蹈厲，宰物戡天，區以殊矣。雖然，於作人之道，則有一日之長，中山先生有云："保存固有道德智識，迎頭趕上世界科學。"聖人復起，不易斯言。

顧中國所固有者何物乎？《易》曰："有天道焉，有地道焉，有人道焉。”又曰：“立天之道曰陰與陽，立地之道曰柔與剛，立人之道曰仁與義。”夫世界之學術雖多，要不外此三物。假象立宗，天之道也。厚生利用，地之道也。淑世善羣，人之道也。洪荒以前，邈矣遠矣，神鬼神帝，生天生地，其跡若存，無徵不信。啓明以後，開物成務，水火金木，洪範以陳。然人事既緩，機心遂晝，此中國宗教與科學不進之前徵也。限於天時，偏於地齊，今古殊情，又何慊焉？惟人事則演變繁複，質文屢更，蜕化循化，獨善善羣，庶乎立“人之極”，參天地，贊化育，亘百世而不惑，質萬類而同情者也。

號曰中華，休哉無愧！自羲、黄啓其機，堯、舜敷其教，禹、湯究其功，迄周文、武、周公而大成。官失其守，學在士夫，道、法、儒、墨，並興於世，其執宰不同，其旨歸則一。一者何？曰“立人之極”也。法家惟公，整齊劃一，足食足兵，鑄民以信，執大象，天下往；然導之以政，齊之以刑，民免而無恥焉。道家立言，義深思遠，有之以爲利，無之以爲用，常持三寶，善利萬物；惟不善師學，則往往静惾相伺流爲陰符，齊物大道姿爲狂放，知白守黑遁於枯寂，曲全苟生甘爲鄙吝。故一於法則害仁，一於道則傷義，皆非吾民族今日所宜務。惟孔、墨徵實，極高明而道中庸，有修齊治平之術，有格致誠正之功。在上則美政，在下則美俗，匹夫匹婦，得其一言，師其一端，終身由之，可以弗畔。大小皆得，遠近無礙，宜莫切於斯也。吾人不遑救人，姑先自救，發皇斯義，同氣相召，宗孔而祧墨，立己而達人。仁以爲本，而後知天地之大德曰生也。義以爲權，而後知理財正辭、禁民爲非也。任重道遠，則不可以不弘毅；養氣尚志，則不可以不知恥。敬事而信，節用非命，博學於文，約之以禮，凡兹數者，相約共守。若夫平章學術，張遑幽渺，上道下器，宏中肆外，非曰能之，固不敢不勉爾。

或曰：儒、墨是非，數千年於兹矣，如冰炭之不可同器；合而爲之，豈徒失真，將恐迷罔而無所歸也！應之曰：斯事體大，非片言可能折獄，要不可不明其概。儒墨之同異，一事也，吾人兼取儒、墨，又一事也。稽古以求是爲歸，致用以適時爲極。明故徵實，豈惟儒、墨不可混？則孟、荀亦當分别論之。若夫斟酌時宜，擇務從事，惟變所適而已，豈有一定之格哉？玄尊之貴，而酒醴之用，祭則尚玄尊，飲則貴酒醴也。以儒、墨之是非而論，儒之非墨，墨之非儒，合二家以觀，殆皆有毁譽過情之嫌。至如墨子非儒，孟子拒墨，精而析之，豈啻無所非誹？實則轉相師承。蓋儒家起於述古，而墨家激於救時也。易世之後，平情論斷，皆古聖人也。吾屬未能有學焉，則滋愧矣！當夫周德既衰，王霸政熄，孔、墨接踵，闡教東魯，流風所被，遍於禹域。當時稱道術者，必曰孔墨，非僅“顯學”，亦極“人師”。《韓非子》曰：“儒之所至，孔丘也；墨之所至，墨翟也。”《尸子》曰：“孔子貴公，墨子貴兼，其實一也。”《吕氏春秋》曰：“孔墨弟子皆以仁義之術教導於天下。”賈誼曰：“非有仲尼、墨翟之賢。”韓昌黎亦云：“孔必用墨，墨必用孔。”歷觀周、漢之書，“孔墨”、“儒墨”對舉者凡百餘條。比而同之，又何疑乎？況乎墨脩孔術，史有明徵，末流雖殊，淵源則一。此二聖者，皆吾中華數千年學術之正宗，文化之嫡系，而炎黄世胄所託命者也。其心則同爲堯舜之心，其術則俱爲仁義之術。其所謂道，則非天之道，非地之道，而人之道也。爲人立極者，不可不以孔墨爲歸！

嗟夫！世衰道微，邪説又作，誰挽狂流？吾其與之！松柏後凋於歲寒，鷄鳴不已於風雨，樂道之士，盍興乎來！恐鶗鴂之先鳴，使百草爲之不芳也。

如蒙海内賢達見教，請賜示南京成賢街九十六號伍非百收。

太虚大師寂照[①]

太虚大師，佛門龍象，歎佛法之衰微，肩起衰之重任，革新僧制，莊嚴梵刹，亟願佛法遍傳閭里，婦孺周知，蓋昔之馬鳴、龍樹再世也。余與大師締交三十餘年，志同道合，攻錯窮真，相視莫逆。於弘法利生

① 載《覺有情》第187—188期（1947年）。

事，或引俗以入真，或摧邪而崇正，逐時著述，途殊而歸同。大師廣育僧才，余時講學於其間。大師高足與余爲友者多，知紹隆大師之志圖報佛恩者不乏人。而大師弘誓深願，未竟之緒未知凡幾，遽爾圓寂，謂非衆生之不幸耶？姑綴一聯聊誌哀忱：

交談悲濁世，素願以興學施醫，普濟含靈，弘揚佛法賡同調；

抱道走環球，壯懷本天空海闊，倏然示寂，中外知音欲斷魂。

新紀元卅六年四月四日金剛乘菩薩戒

張純一時年七十又七和南敬輓

荆楚文库

附　　録

目　録

《融通各教皈命基督談道書》序 劉靈華

張君純一，以其與友人往返論學書一卷示予。予讀之，覺其議論縱橫廣博，出入百家，直達佛乘，猶不足驚，而能賅括諸教妙諦於一二言中，獨標上帝，直指本心。演一成萬，匯萬歸一，掃聚訟之迹，杜諍論之門，誠今教學界之路德，而中國之脱爾士太也。其在《易》曰："鼓天下之動者存乎辭。"故昔者佛教東來，其高僧居士，皆博通儒玄二學，羽翼扶疏，然後足以奪二教之席。近耶教東來，初時多行於中等社會以下，近年來頗有人士瀏覽其書，然詞義俱不足以行遠，非好道者之憾耶？其故云何？以無人能取其精義，匯通此土三教要典故耳。今得張君之圓融簡浄，博學無方，而一貫以上帝之旨。誠儒所謂"萬物一太極"，佛所謂"於一毫端，現寶王刹，坐微塵裹，轉大法輪"，道所謂"無爲而無不爲"者矣。自今以後，庶幾乎東方研學術者，於儒釋道以外，乃知有耶穌。其道貫穿乎三教而無礙，爲談道者所必需。善哉！張君能妙演大道以張其熾，而脱衆苦也。予以爲，值此人道息、人相食之秋，苟有一道足以濟世者，皆聖人之徒；而况乎耶穌本爲吾亞洲聖人，其澤已西漸，成功而東歸，固亞化之光，吾黨所當歡迎，宜與孔、老、佛、回，上下印證於一堂焉。是爲序。

民國七年夏下邳劉仁航靈華序于上海樂天修養館

《墨學与景教》序 張之鋭

壬戌仲夏，張旅長之江以漢陽張仲如先生所著《宏道書》相示，其書以儒墨釋道之旨，印證景教精微玄暢奥祕，悉宣景教入中國以來未有之書也。繼而先生得見下走所著之《墨經注》及《大取篇釋義》，猥以下走爲於墨學稍窺涯涘，復因欒調甫君，以所著《墨學與景教》來相商榷。噫！何其謙耶？墨學與景教相類，近代學子亦頗論述及之，然提綱絜領、條分縷析、列舉義例、比較異同，當推是篇爲最詳盡。篇中所論，若以世法、出世法辨别，墨景政治宗教範圍所涉之淺深（又惜今之社會學者無墨景上同觀念，如木無本、水無源），皆發前人所未發，有補於世道人心，殊非淺尠嘗謂人羣進化以大同爲肸蠁。大同之世，人人平等，無人我之見，智愚、强弱、美惡、貴賤、貧富之差，政治家謂之烏托邦，宗教家謂之天國，謂之極樂世界，其實一也。蓋道本無同異，適海者航於江而往，與航於河而往，其至於海，等也。世之學子言科學則非宗教，言宗教則非科學，此之科學宗教復非其他科學宗教，即同一學術同一宗教而甲派之學術宗教復非乙派之學術宗教，理論不先大同，而欲世界至於大同，此必不可得之數也。夫大地生物之倫，皆本一而末萬，無根本觀察以匯其通，則肝胆胡越矣。知萬物之體各分於所兼之一天也，而後理論乃可大同，理論大同而後世界大同乃有發軔之一日。宇宙自然科學多導源於天，其在政治宗教義尤顯著。政治以無爲爲極則，而無爲即所以法天。孔子曰："爲政以德，譬如北辰，居其所而衆星拱之。"又曰："天何言哉？四時行焉，百物生焉。此明政治之本乎天也。"宗教以性命爲依歸，《中庸》曰："天命之謂性，率性之謂道，脩道之謂教。"此明宗教之本乎天也。天者體同而用異，故陰陽五行代司運化。不明乎體，而互執其用，交相詆諆，是有春夏而不容有秋冬也。墨景二家政治宗教範圍所涉不同，而導源於天則一。大本大原既同，其餘支流末節雖有小異，不足爲病。莊子曰，夫明白於天地之德者，此之謂大本大宗與天和者也，所以均調天下與人和者也。人和，政治之大同也；天和，宗教之大同也。天和無形而神凝，人和有形而化普，神化和合平流共進，庶幾大同世界得以表見於人寰。故世法者即出世法之接引，而大同者即天國極樂世界之實相也。中國周秦諸子學術殆無一能脱政治範圍，儒道皆然，非獨墨子學術宗教取徑不同，各適其用，未易軒輊。然則先生此作，謂之爲溝通墨景可，謂之爲溝通政治宗教亦可，竊願東西學子，本先生此意，祛門户之私，泯畛域之見，溝通一切學術宗教，羣起而謀理論之大同，以爲世界大同基礎。斯篇與《宏道書》其嚆矢也！

民國十二年六月二日，臨湍張之鋭敘於大梁

《墨子閒詁箋》序　章炳麟

墨子書，自晋宋以下，久無疏證。近世張皋文、鄒特夫取其《經説》爲之説解，及孫仲容作《閒詁》，大義粗明，然闕者猶不少。民國既興，學者好治九流之學，其于墨氏尤重。至欲駕之孔、老之上，則偏騖而失其中者也。張君仲如少時與光復之業，壯而不用，遂潛思諸子，攬其旨要，今年夏以所説墨書相示，精卓之義，往往有諸家所未發者，余爲獻替數事歸之。周秦閒學術之盛，冠于百代，其書流貤于今者，閎義眇旨，集數十學者，説之十年猶不可盡。仲如之書，雖獨申所見，不盡完葡，其以供後人集思之用則幾矣。抑墨氏以尚儉多技，爲衰世所矜式，游其門者，大抵刻苦不華，務在躬行，不以辯麗自衒。今人取其辭義，忽其法守，使材蓺彫落，往往近于清談，斯乃與墨子著書之旨相戾。仲如素樸勁，才性與墨家相似，余願本其所學，見諸日用飲食之間，則庶幾足以爲天下之好乎！

民國十一年孟秋章炳麟書

《墨子閒詁箋》序　曹亞伯

吾友張君仲如，蓋勇於振世救敝，能以其所學見諸實行者也。遭清之季，力謀維新。甲辰，與劉敬安、馮特民諸同志，假武昌聖公會設日知會，謀革命。嘗用白話作軍歌，密喻軍士，感導甚衆，此武昌起義之因也。丙午冬，謀舉事，會同志被逮者九人，軍界被牽連者數十人。仲如乃匿迹路工，以增進勞動社會之知識。嘗憫學子習染文弱，巧宦求活，特爲米商，赤足肩囊以矯之。獲利即罄所有，在漢陽沌口購地四十畝，捐入孤貧工藝學校。又以積年所入脩金，築室漢陽城内，奉養父母。及其父母相繼謝世，即捐之社會作紀念，並盡力購募書報藏其中，用供衆覽，而自無立錐地。民國既興，仍甘守窮約，惟著書講學以資家，絶不與聞政治。蓋以改造時局，莫急於改造人心，使皆屈己以利羣。於是自處恢然，日夕爲天下憂不足。仲如可謂能遵墨教，有力則以勞人，有財則以分人，有道則肆相教誨者。以故莘莘學子，才性淳樸者，既與之接，靡不重其言論，感於其誠而動，或且依依弗欲與之離也。莊子謂墨子以繩墨自矯而備世之急，又好學而博不異，仲如有焉。余與仲如交廿餘年，故於其孜孜講學救世之苦心，知之甚悉。因仲如此書付梓，聊舉其生平以爲讀墨書者告。

民國十一年八月曹亞伯識於申江

新刊《佛化基督教》序 張信天

余蚤歲慨國事之蜩螗，痛心人心之陷溺，以爲欲正人心而匡國步，舍基督教莫由。迷信其道，有如病狂，服役於教會青年會，歷十餘年。初不悟其純妄無真也，繼見諸教牧，操行學識，多不足與齒，而教友則始焉熱中，旋即懈弛，蓋外逐幻塵，罔知内修也，余心惑焉。爰屏家事，赴金陵求神學，意必有所得也。乃每造講筵，無非俗學，居半載而惑滋甚。繼思基督教盛行於遠西，求之彼土必得其真。遊美半載，覺其物競之烈，幾致目盲於色，耳聾於音，而神識益昏，吾之惑終不可解。遂疾歸，潛心佛學，而妙明真心足資啓發，乃知基督教之向外馳求者，爲異端矣。乙丑夏，本師漢陽張先生以所箸《佛化基督教》見示，受而讀之，歡喜讚歎。十餘年來蓄於心、未能出於口者，盡被先生道破。先生説明基督教之缺失，謂世間法亟待儒教補救，出世法亟待佛教彌縫。又判定基督教之真者，不過佛、儒二教海水之一滴，僞者多以捫燭扣槃之見，自誤誤人。一一明辨之，以破其邪執，正如獅子一吼，羣獸懾服。用是鍼其膏肓，俾免沈淪而獲永生，可謂慈航寶筏矣。蓋《新約》教義，本極陋劣，不明宗體之爲何，惑世甚矣。吾友某君，性素忠厚，近信基督教，忽日毆詈其父母，而自謂爲愛主，爲真理，每引《新約》以自證，慰曰："經不云子與父仇、婦與姑仇乎?"甚至有教士，假藉外人之勢，魚肉鄉里，奪人之産，離人之婚，窮兇極惡，無所不至者。諸如此類不勝述，固由奉教者無狀，抑亦教義罅漏駁雜，乖違性道有以致之。然則基督教之待改造，豈容一日緩哉？茲事體大，舍先生其誰與歸？先生博通《内典》，綜貫儒、道、墨教，洞見福音癥結，嘗以佛法董理之，著書廿餘種。然痛快直陳，切中弊害者，無過此篇。先生大慈大悲，大權捄世，具大無畏之精神大聲急呼，促醒教會二千年來之大迷夢。非現基督身而爲説法之大菩薩，曷克臻此？余知基督教人以小知掊大知，毀滅此土之文明與禮教，痛心久矣，竊嘗有志革新之，而學有未逮。先生近著，實獲我心，敢不盡力推行，使傳之久遠乎？聞原書先後共印十一次，凡四萬册，分送海内外通人，均已告罄。余以字嫌過小，亟思改刊大字，以爽讀者之目。曩者創立中國基督教會一所，受僞教徒摧殘者盡矣，迺封其門而售其屋，即以所得金作印資。切盼基督教進化爲佛教，庶免以盲導盲，同入陷阱之危也。教會領袖讀是書，將有悔悟者乎？余不禁引領望之。

民國十五年十二月廿日京兆弟子張信天謹序

《佛化基督教》序　孫至誠

夫教之行也，志在易世。及其行之久，未有不與世爲易者也。蓋駕其説者，既難金口而木舌，步其後者，復多陽奉而陰違。故老子曰："天下皆知美之爲美，斯惡已。皆知善之爲善，斯不善已。"孔子曰："惡似而非者"。莊子曰："善人不得聖人之道不立，跖不得聖人之道不行。"荀子曰："傳者久則論略，近則論詳。略則舉大，詳則舉小。愚者聞其略而不知其詳，聞其詳而不知其大也。是以文久而滅，節族久而絶。"又曰："非其人而教之，是借寇兵齎盜糧也。"然莊子有言："萬物以不同形相禪，神奇化爲臭腐，臭腐復化爲神奇。"今基督教之行世，歷有年所，既化神奇爲臭腐已。使臭腐化爲神奇者，又今日之之亟務也。本師漢陽張先生，出入於基督教數十年於斯，著述尤富，久矣風行海内外，於其教之内外精麤，靡不宣究，可謂能入其室操其戈者也。今欲其臭腐悉爲神奇，而以佛法變化之，語曰："奔蜂不能化藿蠋。""越鷄不能伏鵠卵，魯鷄固能也。"惟先生允當之哉！中土之學者，雖儀刑於殊方，異乎東瀛之學，如郵人之過書，閽者之傳教，皆能與之精進；而自爲方術，是可珍也。故竺典來自西域，斯土先德闡發補苴，遂爲中土之佛學。今景教自西徂東，猶爲遠西之景教，而中土無所饋餉，此中土學者之恥也。得先生比而洗之，烏虖懿歟！近得先生書，有曰："欲平人心，貴能無我，是則舍佛法唯識學三論宗不爲功。世間哲學，即一攝萬，匯萬歸一，立義圓滿析理精密無過佛法者。某治景教，以其教霑濡徧寰宇，而真義無多，其人概未聞佛法，往往有陋妄邪見，爲害不淺，願藉佛法宣其藴、正其謬、補其缺，庶足導遠西人士皈依正法，俾有階可升，以爲一世蘄乎亂耳。"並謂："一切國故，皆須依據佛法整理。以佛學爲最高深之科學，規律精嚴無匹也。"比先生著《佛化基督教》成，竊以佛法者將斡圜鏡以幽燭，朗大明於玄冥，固足囊括百氏，願先生舉一切道術而佛化之可乎！

民國十二年甲子孟夏濬縣弟子孫至誠謹序

《中國新基督學》序 聶其傑

基督教禍歐者千數百年，養成其人仇嫉、貪争、殘狠、刻薄之俗，故尚功利而輕義理，重法律而鮮誠心，以成此武力相持之世界。馴致偏重物質，恣於貪欲，習非成是，而不知返，可慨歎也！

夫貪欲亦人類之良知良能，何責於歐人？而歐人之貪欲特强，是必有故。人多謂泰西富强由於耶教，是亦有本。蓋其所謂上帝，以貪欲見取爲心，以仇嫉争殺爲事，與媚己者立約，許以種種權利，以壟斷其信仰，乃至凌虐他族，摧滅異己。公然著之於書，稱爲神訓。人人自幼受此薰陶，成爲習性。及其長大，遂見諸實行。故言富强爲耶教之效者，非無因也。

抑思貪争力取，設果可得而安享，歷久而無害，則東方聖哲，豈獨異於恒情，而不樂爲之？胡爲孔子必以温恭儉讓爲教，釋尊更以慈悲喜捨覺世耶？夫教者，所以補偏救弊也，物質享用，貪欲見取，既爲人之良知良能，順而從之，則禍亂、鬥争由是而作，故聖人立教，以爲大戒，以其爲禍源苦本，反乎真常安穩之道也。夫論理則生滅相資，因果相互，論事則武力相角，奸僞相傾。旁觀甚明，當局則昧，此見之迷也，即識之爲病也。

我佛慈悲訓人，欲其了知非有之妙有，無得之真得。使能心無所得，則得而不得；見無所有，故有而不有。無得則安所失？不有則安所無？如是則不以物害己，而天下歸於仁矣。然迷罔衆生，偏震驚於天地萬類之神奇，以爲實有而可愛也。此迷罔之見，是名無明。緣無明而有行，因行有識，因識故有名色，因名色故有六入，因六入故有觸，因觸故受，因受故愛，因愛故取，因取故有，因有故受生，因生故有老死。此十二因緣之説也。而其始則不過由於一見之迷罔，牽引念念流轉，即是生死輪迴之苦本也。彼以宇宙萬類爲神奇而欣羡之者，即墮落輪迴苦趣之正因也。芸芸衆生，咸具此見，不知其爲迷，且自以爲智。既不知其爲苦本，故妄計此萬有之奇妙，爲萬能之神所造作，以福利人羣者。其實世間乃覓一不苦之人而不可得也。

今科學家之唯物觀，不外行識、名色、六入、觸受、愛取，有生、老、死之事，詎知皆一己之無明所引生耶？又詎知識外無物耶？自佛眼視之，誠可憫已。彼以宗教號召於人者，似應高一層著眼，能見及形而上之物，乃觀其所謂上帝者，亦惟本物質之體，縱物質之慾，奪彼以予此，殺人以祭己，蓋舍物質而無所知也。《舊約》之荒唐怪誕不足論已，請進而觀《新約》。耶穌口稱傳道，而實則於身心、性命之理，無一言及，其所汲汲皇皇者，則醫巫之事也；其所以稱神奇者，則以魚與餅飼人也。總之不離肉體之生活而已。統觀二約，所謂造物主者，蓋飲食、言語、貪欲、見取，乃至仇嫉、殘殺、卑劣、愚妄之一人而已。夫教而妄謬至此，誠可值一論列？况在今日，其教已漸即於澌滅，又何待於抨擊！然張仲如先生猶數爲文以闢之，予亦未敢辭筆墨之勞，屢正言以斥其弊害，或者疑爲枉費日力，而不知先生與予皆處特殊之地位，不能已於言也。

先生嘗任編纂於廣學會，初以佛老孔墨之學，宣究其教義者十年，將誘掖其人而進之，使不執一以賊道。卒見其束縛於信仰，不可以語道。蓋由其教之宗體荒謬，起人邪執，不易轉也，乃棄之而專肆力於唯識學。唯識者，頗有類於近時之分析心理學，因相明性，即事顯理，最能解有獄之拘囚，拯見河之沈溺，將以之張法幢之旗鼓，發魔民之瞶聾。又愍教徒執我迷法，若直以棄耶從佛之言進，則必掩耳而走，故姑就其教之可存者，一一以佛法裁之，正其詭誕，汰其蕪濫，於其半者滿之，權者實之，劣者勝之，沈者升之，狹者廣之，粗者精之，淺者深之，晦者顯之，滯者通之，似者真之，轉外道爲内學，轉魔説爲妙法，轉有漏爲無漏，藉耶教之軀殼，易以佛教之神髓，使彼劣根凡衆，樂聞其説而上。蓋歸元無二路，方便有多門。以此方便拔濟其人，使登覺岸，藉報佛恩，先生之用心良苦已！

近日遠西學者已唾棄耶教，競求東亞之佛法儒道，而吾國仍不乏醉心歐風之徒，惟西洋之歷史文化是羨，尚論古今之人物，則華盛頓林肯不去口，且指爲耶教之成效，吾甚悲之。夫華盛頓、林肯固賢傑也，然亦時勢所造成者耳。溯美洲之先民，非逃教會、政府之暴虐而遠徙乎？十三洲人民，羣爲争自由而與英抗，流血十年，幸而得脱專制政府之羈勒，其必採用共和政體，亦勢所必然。華盛頓因時乘勢以成其功，實無特奇甚難之事可稱者。林肯之解放黑奴，亦收衆議之成效。且衡以教義，則林肯此舉，正與其耶和華上帝許助猶太人殲滅異己，使仆足下一蹶不振，及種種歧視外邦侵凌異族之訓，顯相違反。而教徒乃欲歸功於教！夫英相格來司頓豈非以篤信耶教著稱者乎？而當英議會主張釋奴時，格氏反對獨烈，其所持之理由，顯爲教義之流毒，此何以説焉？嗟乎！吾國自有其光輝之歷史文化，而不自知。乃棄自家之珍寶，羨他人之碔砆，不亦傎哉！所最可懼者：因羨彼國歷史人物之故，而並羨彼有害之教義；己固執迷，又將以倡導於人，且將運用之於政事教育；更以迷信其教之故，而深信凡歐來之學説主義，一一爲文明進步之所在，揣摩之不遺餘力。嗚呼！亂天下禍蒼生者，豈必出於爲私利哉！見事不明，辨理不真，雖出之以公誠，亦足以爲斯世之禍也！此先生與予所爲不能已於言者也。

民國十六年三月，聶其傑

《佛化基督教》重刻序　范古農

般若如大火，聚觸無不燒；般若如清涼，池入無不融。誠以佛智精微廣大，故能折攝無方普化群機也。世尊覺樹成道，鶴林示寂，其間履遊之地，王城舍衛，本淨裔之區也。化度之衆，迦葉目連，皆梵志之徒也。逮乎法水東流，而震旦文明，悉爲融化，學秉老莊而競談法性，道宗孔孟而語契禅機，自晉及宋千年間，學士高人，棄其所習而從之者，何可勝數！三百年來，海禁宏開，而基督教傳入中土，專尚一神，民情未洽，其于佛教尤所抵牾，而風氣所趨，浸浸乎有陵駕各教之勢矣。然而，正量固曆劫而常新，覺性雖暫遮而終顯。入虎穴而擒虎子，以子矛而攻子盾，深入於基督教而翻然改皈佛氏者，亦大有人在。聶子雲台、張子仲如，其巨擘也。聶子歸佛後，著《闢耶篇》以斥基督之謬；張子歸佛後，著《佛化基督教》以救基督之失。雖其折攝異方，然所以抑基督崇佛氏，使彼教徒舍其所執而融化于佛，則一矣。我黨之于聶子，無遺憾矣；獨于張子有援耶入佛之嫌，殊不知此正張子之方便善巧也。憨山注《道德》、《南華》以化道士，藕益解《周易》、《四書》以攝儒宗，初未嘗有病之者，況張子揭基督教之陋妄，能以佛法補其短除其害乎？《佛化基督教》一書，集張子批評基督教之書信而成者。名曰“佛化”，蓋令基督徒讀其書而循途以同歸于佛也，豈非今日佛門之迦葉、目連哉？佛學書局翻印是書，恐我黨之未喻其旨也，因濡筆而爲之序。

民國十九年五月范古農書于佛學書局之編輯室

《墨子集解》敘 蔣維喬

墨家之學，融古今世界於一兼，由是樹其兼愛之説。《經上》云："體分於兼也。"《經下》云："無窮不害兼。"兼者，指總體言；體者，指别相言。故以萬物一體爲兼，而吾人之小己爲體，舉天下兼相愛，交相利，則吾人之小己，自咸在愛利之中。即使豎窮横徧，世界無窮，人類無窮，皆不害吾兼之量。其道之廣大精微，與釋迦之無緣大慈符合。而舍身救世之精神，尤非他家所及。故在戰國時，鉅子輩出，與儒家中分天下，非無因也。

東漢以還，其學竟一蹶不振。或謂孟子力闢之故，豈其然乎？蓋其學説，愛無差等，上不容於專制之帝王，而枯槁不舍之行，下不宜於苟安旦夕之羣氓也。自晉魯勝注《墨辯》後，嗣響無人，遂致其書訛舛踳駁，不可卒讀。清畢沅、張惠言諸氏起，始校注《墨子》，至近時孫詒讓作《閒詁》，引證博贍，勝於前賢，於是墨學乃由晦而明。顧書中具名學、形學、光學等原理之處，孫氏固未爲之説也。輓近歐西科學輸入，學者得據以釋墨，漸通涂逕，始歎墨子於二千餘年前，已有科學上之發明，豈徒其學説爲可貴哉！

余夙好墨學，歷年搜集各家之説，頗思參以己意，彙萃成篇，以餉學子。因事未果，亦以學有未逮，故有待也。辛未秋，門下士黄警頑告余，漢陽張仲如先生著《墨子集解》，都四十餘萬言，極深研幾，經十有餘年之久，其稿擬由商務印書館梓行。余聞之喜，欲先睹爲快，越三日，忽遇黄生及張君於途，余見張君，恍若夙契。詢墨稿事，張君曰："彼館以積稿過多，不願承印，今稿在旅次言時，若有不豫色然。"余曰："書賈無識，惟利是營，大都如此，不足責也。請攜稿來，我當爲謀之。"張君欣然。翌日，示其稿，余讀之，歎其搜輯之博，抉擇之精，非特可補孫氏之闕，且有時賢爲及道者。

蓋張君精研佛耶各教，故能將墨學之通於佛耶者，詳明疏證，而於援引因明以證墨經，尤多創獲，此可見世出世法，理本一貫。張君冥心獨悟，由人天教以進於一乘教者在此，初非援墨入耶，援墨耶入佛也。張君告余曰："際此國家混亂，惟墨學足以救危亡，願將此書公諸社會，初不爲自利之計。"余乃爲謀於丁君仲祜，由醫學書局刊行。而張君亟於返漢，校讐乏人，余復慨任斯責。時在客冬寒假之期，未届一月，商務印書館即遭兵燹。友人陳君柱尊，著有《墨子閒詁補正》，付彼館已五年，尚未排印成書，竟罹此劫，陳君特爲文哀之。張君此書，向使彼館承印，當亦付一炬，今竟幸免，蓋天之未喪斯文耶！

民國二十一年壬申三月蔣維喬序於因是齋

與宣傳"佛化基督教"之張純一老先生論基督教書　江紹原①

仲如老先生：

前月蒙賜台端《佛化基督教》書信集第一、第二兩篇，後復奉到惠贈聶雲台先生之《宗教辨惑説》多册，敬謝敬謝。先是聶先生已應鄙人函請，寄與該書；鄙人答復聶先生之信，亦于數日前付郵。兩信頗有互相發明之處；先生與聶公，現同居滬濱，如係相識，尚乞换閱。

聞此間基督徒言先生嘗與北京教會中人尤其是洋人共事，有所刺激，故佛化基督教之説殆有感而作，猶之乎聶先生嘗與上海"教會中人共事，有所刺激"，而《宗教辨惑説》之爲"有感而作"也。爲此言者，其言下之意殆如吴雷川老先生所云"凡人反對某事，而其目的别有耑主者，共情感每不免有所蔽。如近時有人因恐教會學校將分潤退還之庚款，遂特組團體，廣布攻擊基督教之言論，恐皆不必與聞者也。"紹原之意，則異于是：先生與聶公東方化基督教之主張，或以飽受教會中人刺激爲一部分的原因，然此外實有更深更重要之理由，爲一般聽者及被批評者所應加以考慮。然紹原此番向兩先生上言，目的不在巧辯，而在求明事實之

① 江紹原爲宗教史學家。此文原連載於1924年10月28—29日《晨報附刊》。

真相；二公達人，必能體諒斯旨。

二公之説，其最深最重要之原因何在乎？苟有人以此叩詢紹原，則將得以下答語：二公皆讀書人也，皆浸潤于中國思想、東方思想中之文化人也；文化人而奉來自外國之基督教，决不能囫圇吞棗，全盤承受，必有所拒絶，有所選擇，有所融會，始能心安理得，始能打通新理想與舊理想，始能不至于别襲一分新産便拋棄本來應得之舊産。此非不輕見之奇事也，一部人類宗教史處處有融會之事實，佛教之龍樹、猶太教之斐羅、基督教中無數融和希臘、羅馬思想與猶太思想之人，皆最顯著之例。此等人生平豈未嘗受過不快意的刺激，然屬于一種文化之宗教與另一文化中人相遇之時之將發生融會，由宗教史學家看來，竟成不可免之事。先生與聶公，即被此“不可免”所驅使者也。彼刺激二公之人，不妨以我書案上之鳳凰牌火柴視之。

先生昔爲上海廣學會編輯之小册子多種，爲《新約之光》，爲《天國論》，爲《重生論》等等，宛然猶在目前。然則先生之融會佛耶二教教理，當以彼時爲起點。天假先生以年，至今日則先生之貫通事業已達最高點，遂有所謂佛教基督宗之説，其名則現代釋内鉅子太虚和尚所命也。曠觀過去時中國之文獻，會通佛儒者有之，參籍佛道者有之，糅合佛墨者有之；今日佛教猶未衰，耶教復方盛，使先生不倡佛化基督教，將來亦必有爲之者。蓋異種文化與宗教之求融通，固若是之不可免；而鳳凰牌火柴，似亦能不擇時地，運至自生。

先生所著《耶穌基督人子釋義》、《基督神通義證》、《融通各教談道書》、《墨學與景教》等書，均尚未寓目。苟書信集兩篇足以代表先生思想之大要，則佛教基督宗立説之基不外以下數者：

（一）耶穌因曾苦行及游學印度，實已悟入最高佛理；然渠“對文化甚低人（猶太人）説法，大抵多用權説，不便實説，故教義多不了然；非精通老莊佛典莫名其妙”。

（二）“耶穌真正教義惟約翰、保羅二人深知之，因當時人不能領受（且因“耶穌實早知歐美人根機未熟，難聞佛老等精深之道”），實未能暢言之；馬太、馬可、路加三傳，記載非不可貴，但均不知耶穌之真”。

（三）“遠西祇有物質的文明，精神的文化實在陋劣；今西人來吾國傳教者，毫無宗教的真學識，其程度又在不知基督真教義之馬太、馬可、路加下遠甚……故所傳者絶非真基督教，純是沿訛謬傳之洋教。”

（四）真基督教“其教義遠不及佛教圓滿，其哲理不及佛教邃密，然確是大乘佛法，其道妙亦不在佛教各宗下，蓋大致似净土，亦少帶華嚴、法華教義，至其滿紙禅機，固非洋教徒可了。”

基督教既不如佛教之高深，提倡佛教基督宗奚爲？則見先生解曰，“蓋言淺義深，最易普及于中下社會，至可寶貴；仆以天下唯中下社會人多”，故“似傳基督教最宜；然非基督真教程度不高，故傳教者仍非精通老莊佛典，改造基督教義不可”。

尊説既刊，太虚法師許之爲“光芒萬丈，語皆圓轉無礙”；“洋教徒”中雖有素持基督教應中國化之説者，見先生“納獨立之耶教爲佛教之附庸”，又期期以爲不可。蓋此輩僅以東方文化、中國文化爲“味之素”，而先生則尊爲主餐也。

紹原治宗教史者也，獨以與融通家並世生，得親聆妙谛，爲幾生修到之智福；然尊論與私所學如是相左，聞之轉深滋疑惑。茲不揣愚昧，請與先生商榷下列三點①。

（其一）耶穌是怎樣的一種人，他的見解和主張，可得而聞否？

從前西洋人爲耶穌寫傳記者，最歡喜把耶穌出生及在世之時的猶太和羅馬帝國，描寫爲極黑暗、極涼薄的人間世，蓋以爲不如是不能顯耶穌人格之高潔與世人需要“救贖”之迫切。今先生亦一面説猶太文化程度低，遠不及中國和印度；一面又力崇耶穌了悟最深之理，“確是菩薩摩诃薩”；渠之降生于猶太，及乘願而來，“預備爲西洋轉法輪”。若問耶穌以何因緣悟入，先生則謂“耶穌十二歲後，三十歲前，《聖經》無記載，或往印度學道未可知，不然何其道之圓融微妙，酷似佛法之甚耶？”

① 本文係連載，上篇稱商榷三點，下篇完成時實商榷四點。

然研究宗教史者之所見也，則異于是。耶穌爲木匠之子；其父之家道即使非赤貧，恐亦無力供給耶穌修道。“十二歲後三十歲前”之耶穌，謂其習藝謀生，似比謂其留學印度或遯世潛修，更屬可能。渠所受之教育與所接觸之人士，不載于書。然以當時之文化情形推測之，耶穌或曾就學于本地“會堂”所附屬之學校，從法利賽人學讀希伯來文聖經。無論是否如此，耶穌屢于聖日入會堂聽法利賽人用白話宣道解經，卻比較無疑問，因當時猶太人之虔敬者，固皆能樂此不疲也。先生説“西洋向無真現量的哲理”，然猶太則恐“比量”的哲理亦無。斐羅勉强可以説是講哲理的猶太人，然苟使他生于猶太本土，不得聞希臘哲學，亦必不能有《觀照生活》等等著作貽吾人。派律斯坦之猶太人所習聞者，相傳之“聖法”耳，先知書耳，經師之口頭禅義耳，要皆無甚深微妙之理寓于其中。天與耶穌之文化環境如是之窘枯，而謂耶穌能不待師友之啓發，書卷之灌溉，單憑己力悟入甚深三昧，遂創立堪與大乘佛法平等之教法，豈足征信哉?

佛教諸世界、諸趣、諸天、諸地獄之宇宙觀與耶穌之宇宙觀尤不可同日而語。耶穌之世界觀，不當與同時一般猶太人所持者有殊異：蒼蒼者天也，距吾人所依之大地僅數里之遥，造物主居焉，爲群神之首，爲衆生之父；地層之下爲陰界，死者趣之。大審之日，善者生天界，惡者滅于火，蓋耶委之賞罰固如是之不苟也，焉用佛家三世因果輪回升降之説耶? 且大審之日，“其來如賊”，準時準刻，凡智所不能測。吾人唯有仰承天父愛人之心彼此相愛，切莫乖張殘狠，殺戮報復，以貽慈悲天主之羞復自貽伊戚。耶穌之教，如是而已；能信受則信受之，不能信受則置之。凡病其“謬妄駁雜”，别尋微言大義者，乃不得不棄馬太、馬可、路加而趣向約翰、保羅。故紹原願與先生商榷之第二事如下：

（其二）先生所認爲真基督，其來源可得聞乎?

先生所謂“真基督教”，一言以蔽之，乃希臘羅馬化耶穌教法而成的一種基督教神學，于耶穌無與焉。請舉其説。

耶穌信世界末日非遥，故勉人洗心改行，争得天國公民之精神的資格；彼是否亦嘗自命爲將于世界末日來臨之彌賽亞，則西洋考據家尚無定論，且或許永無定論。然耶穌死後，其弟子有以彼爲將來之彌賽亞者，且廣傳此説；因招猶太人之反對，漸絶迹于派律斯坦。保羅、約翰之説，本爲此等第一代純猶太之門徒所未嘗夢見，非此輩根機淺也，特其根器不比真耶穌高耳。

保羅或爲猶太人，然彼之證基督教于猶太教之上，自純猶太信徒觀之，實係首先成立“洋”基督教之罪人。保羅歸派律斯坦就學之前居希臘城塔塞斯，于“洋”學及“洋”教皆有相當之知識，故能融通當時之洋思想與猶太之土思想，聊供先生在今日攻擊洋教之具。保羅自知所説之法，非得自餘人，更非能如太虚和尚所云“由三數大劫所圓無上果覺海中所流出”，而係得自耶穌基督之啓示，或即先生説的“現量哲理”。有人以爲研究宗教史者“反對”啓示説，其實不爾；宗教史家所欲正告世人者無他：彼有宗教經驗之人自以爲得自啓示者，分析之即能斷其取自此人之文化環境。保羅所得之啓示亦然，故研究保羅之史家每能溯彼之説于洋學洋教之中。此非保羅之根機深，實渠之融通能力大，文化環境高，根器又比耶穌勝也。（又保羅之信世界末日在即，尤無疑義，此説必如何解釋方能與大乘佛法相通乎？）

約翰必更爲先生所喜，夫約翰之“道”説與“智”修説非不高也；《約翰福音》所載述之耶穌，非不超越圓滿，大有欒顯而來、化舉而去之慨也。然孰能證其確出于耶穌門徒約翰之手筆，或者約翰所自睹之耶穌，果有如是微妙邃密之教法與莊嚴神通之威儀？耶穌門徒之程度當相去不遠，至少亦具有同性之耳與目，今乃馬太、馬可、路加所述之耶穌如此，約翰所載之耶穌如彼，是亦有説乎？如其有之，想亦不外“世尊圓音演一法，衆生隨機各得解”之類。此西曆一世紀末或二世紀初之以弗所人約翰，蓋亦善援引洋學洋教之説以改造猶太土産彌賽亞者也。根利故能聞大法，信大法，傳大法乎？毋亦融通能力强，文化環境富，根器勝于耶穌而竟不自知者也。

耶穌之教，純猶太信徒已有所更改，成爲耶穌彌賽亞教；保羅、約翰復希臘羅馬化之爲耶穌基督洋教；至先生則美之曰真基督教，且化以支那、印度之思想，名之曰佛教基督宗。故用歷史眼光觀察，先生實佛化本已希臘羅馬化之耶穌教者也，非直接佛化耶穌者也。保羅、約翰輩，既希臘羅馬化耶穌教于一千八百年前，故馬太、馬可、路加之福音相形見絀，先生遂以爲“不足當精通老莊佛典者一笑處甚多”，因獨探保羅、約翰而佛化之；然苟使本無保羅、約翰之人及其所陳之義理，先生或永不能發見“耶穌蓋具阿彌陀佛四十八願之大慈，現觀世音菩薩三十二應之妙身，應世爲歐美轉法輪”，與夫基督教中“華嚴、法華教義”及“滿紙禅機”。不過是異文化之宗教一相遇，融通之運動終不可免；吾又恐即使無保羅、約翰之人與事，先生或竟能從馬太、馬可、路加之福音中覓得大乘佛法與滿紙禅機。微言大義之爲物，天下至可貴又至可賤者也；何哉？求則得之，舍則失之，只怕人不找，不怕找不到。融通家一日不絶，微言大義一日不滅，“鳳凰牌火柴”，自然亦一日不缺；是謂宗教發展過程之“三位一體”，保羅、約翰，殆先生之前身乎！

先生心目中之“真基督教”，非耶穌之真言實義，而乃後人對于耶穌教法之一種解釋之帶有多量玄學色彩者也。然

（其三）此種“真基督教”，是否果如先生所言，“唯保羅、約翰深知之”乎？

曰：不然，大不然。非研究宗教史之活人，故與先生爲難，實“洋”鬼不之許耳。大凡研究過去宗教而發爲著述者，其上下左右，恒有無數之神鬼圍繞，毁譽不當，抗議立至，輕則心神不甯，重則頭痛欲裂，蓋鬼之好名初與人無殊也。當先生執筆而書“真基督教唯保羅、約翰二人深知之”之時，若干洋鬼早怒形于色，以法座前有韋馱金剛護持，無先生何，乃環泣于宗教研究家史席之側而乞一言昭雪，靳而不與，吾無甯日矣。

此等洋鬼，比今日北京之公使團尤雜，蓋實一國際世紀際之訴冤隊也。東邊立者爲亞歷山大城之克利曼，及其弟子奥離堅、泥撒人遺利高瑞、黑流索斯及其弟子載歐尼色；西邊立者爲奥古斯丁、意日尖拿、本

納德、囂俄、立查德、薄那温土熱、廳格奴斯、格莽及德國人愛亞赫脱先生。此諸東西聖賢且刺刺問曰:“張老先生尊保羅、約翰,孰得而非之,然無故而屏我等于佛化之外,則不能無言。張先生其以我等爲洋人乎?則宗教不應有華夏之判;其以我等之書不載于《新約》教典乎?則真理本無古今之别;其謂我等之知見信解不足觀乎?則我等身受新柏拉圖派之影響較保羅、約翰深,故與大乘佛法亦較彼二人更近。張先生知尊喬答摩涅槃後數百年始説法之龍樹、馬鳴,而視我等宏揚基督真道之後人如無物;張先生責洋教‘妄稱耶穌爲神,蔑視東方一切佛、菩薩、聖賢爲人,消滅東方真正的文化不少’,而張先生卻特許保羅、約翰爲上士,宣稱‘一千九百年來’‘真知基督之《新約》者自保羅後至今實未見一人’,張先生如是蔑視我等並消滅西方真正的文化,其故可得聞歟?其故可得聞歟?”紹原非“辯才無礙”,聽此鬼語啾啾,唯正襟危坐,朗讀《周易》而已,其窘可知也。

上述諸洋法師、洋禅師之遺書,案爲治宗教史者所珍;先生既抱有融通佛耶,“改正福音”之雄心,必更樂于研究。渠輩之神論、基督論所懸之修行鵠的,與夫所奉之修行方法,特别是其中某幾家之尊重東方智慧(指波斯與印度),吾敢言必爲先生所深喜。奥離堅之《説輪回與判三機》(上中下),則堪供融通之處當尤多也。

(其四)佛化基督教,是否宜于中國及世界之中下等人?

歷來中國人士,對于基督教之成見甚深。凡肆口批評,倡言反對者,大抵執此多方面之文化宗教之一面而斥之。其意若云我輩不信宗教則已,苟信宗教則舍甚深微妙之佛法莫屬;彼基督教者,淺薄纰謬,不足當我輩一笑。然此輩如幸而知基督教尚有上乘玄義,則又不窮求其來源,即武斷爲抄襲。偶閲《四庫提要》卷百二十五,見《靈言蠡測》項下有云:“明西洋人畢方濟撰而徐光啓編録之,書成于天啓甲子,皆論亞尼瑪之學。亞尼瑪者,華言靈性也。凡四篇,一論亞尼瑪之體,二論亞尼瑪之能,三論亞尼瑪之尊,四論亞尼瑪所同美好之情,而總歸於敬事天主以求福。其實即釋氏覺性之説而巧爲敷衍也。明季心學盛行,西士慧熙,因摭佛經而變幻之，以投時好，其説驟行，蓋尤于此。”其評判利瑪竇撰《二十五言》則云：“大旨多剽竊釋氏，而文詞尤劣。蓋西方之教唯有佛書；歐羅巴人取其意而變幻之，猶未能甚離其本。”今先生雖許耶穌爲大菩薩及基督教有净土、華嚴、法華之理，然又臆斷耶穌曾往印度求道，與夫真基督教唯彼三人知之……則實一方面厚譽基督教，一方面又厚誣基督教也。吾輩研究宗教史者，于各教不能妄有厚薄；頗信細心比較佛耶兩教者，不難知其同爲多方面的文化的宗教，同有先生所謂“禅機”、“現量”、“哲理”；尤要者，則此二大宗教係獨立發展的，責歐羅巴人剽竊變幻，疑耶穌留學印度，既均無歷史佐證，則皆不攻自破之説。基督教與中國已發生多少關係，而中國之讀書人，無論老輩或新進，至今尚缺乏關于基督教史最粗淺之智慧，此可歎息者也。

然辨别馬太、馬可、路加與約翰、保羅孰高孰下，不唯中下等人無此閑暇與能力，即西洋之中下等人亦無之。約翰、保羅已非中下等人所能欣賞，則佛化的約翰、保羅恐尤不成問題。基督教不佛化乎？則先生謂爲“不值一笑”；基督教佛化乎？則“中下等人”望洋興歎，史家譏爲不可通之融通，識者恐亦將以“悠謬荒唐”譏于其後。利瑪竇之與虞淳熙及蓮池和尚争辯也，《四庫提要》之著者，已笑之爲“同浴而譏裸裎”；今先生與太虚和尚之倡佛教基督宗，豈同浴而美裸裎之類歟？

先生所云“真信徒决不能從戎。……基督明明曰‘敵爾者愛之，詛爾者祝之，憾爾者善待之，毁謗爾窘逐爾者爲之祈禱’，是即佛教所謂怨親平等，即是四無量心平等一如之捨，同時必具無緣大慈，同體大悲者也”，則確是至理名言。今日爲“基督徒將軍”入北京之第三日，讀之百感叢生，人世真一齣大滑稽戲哉！

敬頌

多福，諸乞鑒諒。

致張仲如先生論刑名書　欒調甫[①]

讀《學燈》所載先生與行嚴商榷書，甚佩。惟讀魯序以正别爲句，頗覺未安。適之别墨之説，本不極成。然行嚴據魯序以駁適之，則太荒唐。《閒詁》附録魯序，雖標題《晉書》，其文實出《通志》。考《晉書·勝傳》，此文本作以正刑名。《通志》之别，顯係誤字。仲容未檢《晉書》，又不悟《通志》譌脱，注謂孫星衍校改，已極疏陋。曩見梁任公《墨子之倫理學》竟删刑字。似兩君均不識刑名二字之義，而以法家刑名，非惠施、公孫龍輩所能正，致生此曲失。不知法家别称刑名，而名家亦號刑名。如《战国策》“刑名之家”，《抱朴子》“刑名之学”，均指名家言也。陈诗瑚論申韓曰：“申韓刑名之學，刑者形也，其法在審合刑名，蓋循名責實之謂。今直以爲刑罰之刑，過矣。”陳説當否，姑置弗問。若魯序刑名之爲形名，讀本可同。而“以正形名”，語自可解，不煩删改，强爲傳會矣。《閒詁》譌文脱字，頗誤學者，擬請大《箋》據《晉書》補正《閒詁》魯序脱落之字，或注明《閒詁》誤用《通志》之失，以釋學者之惑，爲尤善也。

一九二三年

楊六即居士書

仲如居士法座：

六即耳大名久矣，徒以無緣，莫由請益。今獲讀《答某女士書》，歡喜踴躍，得未曾有。居士深得唯識三論二宗之奥，顯正摧邪，圓融性相，大慈大悲，大願成就，不惟洋教徒聞而獅吼，即模稜兩可儱侗顸顢之流，亦得聞此法音，迴心歸向正法。善哉！善哉！尚望多多賜下，分施各處

① 據欒調甫：《墨子研究論文集》，人民出版社 1957 年版。

基督學者。此實對治外道邪執之良劑也。所謂生天受樂，未脱輪迴，念佛横超，永無退墮。此理一明，導歐美而歸諸浄土，易於反掌。尊示云："今非宏揚佛法，不足救世間苦難。"真實言也。所悲心有餘而力不足，如能海内外協力聯合，一致運動，人人發心進趨菩提，則於世道人心，不無裨益。同志諸友，景慕居士已久，卒以未知道場所在，故未得參請問詢。今聞六即述説，皆大歡喜，不勝慶慰。傳觀大撰，莫不讚歎，謂居士爲基督教中之日月燈，能破其中一切黑闇。故奉贈敝會月刊一册寄呈臺覽，如蒙見賜文稿，無任歡迎。惟望出廣長舌相，徧覆三千大千世界，廣爲宣揚釋尊大法，俾文字生輝，衆生蒙益，法施功德，無量無邊。是所至禱也。書不盡言，餘容再上。即頌

安樂

學人楊六即和南十二年十月五日

江易園居士致張純一書[①]

仲如大居士慈鑒：

在滬獲教良多，别來馳念曷已。一昨承寄大著《佛化基督教》三十册，讀之大慰。年來吾徽小學，頗有以經費不足，受基督教之津貼，而爲之講福音者。此與貧家鬻兒無異，竊心愍之，而力不能爲之贖，無如何也。

先生此編，大悲宏願，議論透闢，實是現基督教身而爲説法之大善菩薩。當以此編請師範校長胡子承居士，分寄受金鬻兒之各小學校教師，使之因基督而進求佛法，未始非一絶好機緣也。國制共和，信教自由，立一而破其餘，勢必不可。但一方提倡佛教，一方以佛教精毅改良諸教而圓滿之，最終一著，回向西方浄土，是即方便多門，歸元無二也。祝願仁者精進不退，竟成大願。以是功德，求生極樂，必上品生也。大著

① 原載《世界佛教居士林林刊》第五期（1924）。

尚有《講易舉例》，乞賜一讀，至盼。敬頌

净福

弟江謙百拜

三月一日

楊棣棠與張純一居士討論耶教書①

仲如大士座下：

昨奉吾家先生六即居士自北京來札，示以尊址，命通訊聯絡，俾流通維摩詰血脉，少病少惱，助佛大轉法輪；已報前途，當借重高誼，請教一切，想必不麾諸門墻之外云云。我大士現長者居士身，應化人間，學博而著述豐，於闡發基督教義諸典籍，去冬已由海上請有多種，一一拜讀。近月亦曾向協和書局，購得《改造基督教之討論》二十五册，擬散布此間，以成太虚上人所主張建立之佛教基督宗。而使我東方文化之光，普曜寰區，蔚爲莊嚴燦爛之刹士，庶基督一教，乃有存在之必要。而國際上，陽托博愛平等主義，陰行虔劉人種、展拓版圖之野心大盜，方有不致起惑造業、返妄歸真之一日。於是乎佛化世界，乃可實現於五洋六洲上矣。棠本此旨，雖與大士未嘗有一日之雅，得以執贄於名門，顧我佛以心印心，不落言銓，然後知其爲不可思議之道也。

檀島自歸化於北美合衆國，即爲基督教勢力所範圍，種族之多且雜，當爲世界各國之冠。以故國界種界上，頗無畛域之分。惟近年來，美政府施行取締外國語學校，及重訂日本移民新約，顯然發表其排亞之計劃。此爲黄白二種大相仇視之禍胎，亦爲黄白二種争存之動機，且呈東西兩半球割據之趨勢。夫由國際聯盟，而演成歐洲之大戰，則進而爲人種之聯盟，豈非激動世界上人類之大相屠戮乎？十年後，太平洋上不起殺運，

① 《海潮音》第5年第9期及《佛化新青年》第二卷第5、6合期（1924年）。

棠不敢斷也；歐美各洲，爲基督教最流行之地，而戰鬥之酷，流血之廣，死傷破敗之摧殘，視他洲爲最烈。夫上帝爲獨一無二之真宰，有創造天地萬物之權，全知全能矣。抑何其操是獎善癉惡之衡之不公耶？進其教者升天堂，反是則地獄之下隨之。然天堂未升，而赤地千里，殺人如薙。暴屍之積，可等崑崙。謂天父爲冥頑不靈者，固不可；而謂天父確爲主宰於其間，則吾將揖天父坐堂上而聽斷。然則基督教之不能圓成其教義，固西方文化陋劣之證，亦中國牧師之不學無術矣。

爲釋氏之學者曰："離經一字，即同魔説。"夫離經畔道，固不可；而依文解義，三世佛寃，則規規然死守於一家一派之門庭，不能取衆人之長，涵匯博綜而淹貫之。勿論不足以拔隊而起，卓然有所樹立，且將古人之道，有的然日亡之懼，又安用後之人隨聲附和、同流合汙也哉？基督教義，棠亦蓋嘗參究之矣，顧反覆推勘，玩索其旨趣。其美者，可比附於周秦諸子之學説。其劣者，等諸自鄶以下。故嘗謂進教者，非迷信，即盲從。蓋推其崇拜之心，非崇拜耶穌，乃崇拜西人之金錢。匪唯崇拜西人之金錢，且崇拜西人之權勢。此牧師傳教士之所爲。而下焉者，則更以上帝爲文過飾非之一術。棠爲摧邪顯正計，烏得不爲辭以闢之，亦數數矣。蓋所以破迷繩妄，使人人自心上帝，圓成於方寸之間。不願天父遠居天國之上，令人迷離彷彿，無從知真宰之爲真宰。是亦上帝所當引爲知己者乎？

嗚呼！我佛世尊，大慈大悲，許衆生將來皆可爲佛；而基督一教，乃未聞其許人爲上帝。且天父之尊，戛絶無偶，謂我之外，不能有第二個神，專制亦甚矣。不有大士，融通佛理，及老墨各家之説，高唱大呼以改造之，吾恐不百年，基督教必潛消於佛化世界無疑也。最近想有大著行世，講學之餘，尚希多所撰述，爲天地立心生民立命，以救當來世界之大刼。臨楮神馳，用瀝肝膽，倘不以爲不可教而辱説焉，不徒一人之幸也。謹布區區，諸希慧察。不宣。

釋尊應世二千九百五十一年甲子五月望日

草於檀香山位巴湖華文學校内

《哲報》記者悟澈致函張仲如①

仲如先生撰席：

夙仰芝采，未得把晤，悵悵。侯雪舫兄交閱尊函，謬荷獎飾，尤爲皇悚。附賜大稿三篇，謹即熏沐登受。本期已將大箸《八卦擬八識説》披露於“叢録門”矣。臨屬稿時，悟澈忽焉心有所觸，姑借餘瀋，一爲陳之。

大文有謂“《易》多就生滅邊説，求與一真相應者，遠不及釋氏之精析透切”云云。悟澈平日竊見緇流之能文者，每不免揚佛抑儒，必欲將他家教義，斲而小之，意非此不足顯佛法之無上者。如此則非特不足以抑他教也，適足見其不廣而已。如“中觀”之“中”，必執爲不可思議之境；而指“中庸”之“中”，爲平常之中。“心一”境性之“一”，必執爲無二無三之一；而指“一以貫之”之“一”，爲粗顯之一。古井無波，何苦擾之？

先生所論《易》之爲易，澈因偶與平日所聞相類，故不能嘿然也。澈意《易經》之組織法，由一而二而萬是演繹的説法，無量義歸於一乘實相是歸納的説法。若謂吉兇悔吝是生滅邊事，則衆生在無量義中亦是生滅邊事也。説法是有漏有爲，然不可離生滅義邊，而憑空求其與一真相應也。澈此種意見，對法師卻更不敢説，恐興諍論，致惑大衆。公之宏達，決不疑澈爲多事，故藉此一攄其隱，幸有以教之。曷勝惶恐，

並頌

道祺

悟澈拜啓

---

① 原載《哲報》第三卷第7期（1924），題爲“本報記者上張仲如善知識書”。

謝知周先生來書[①]

昨於佛學社中，捧讀尊著《佛化基督教》，歡喜讚歎，得未曾有。自非大權捄世，曷克臻此。敬佩無量。大道不明，人慾横流，至今日而亟矣。先生乃能深契佛法，發揮孔老墨莊至理，以期改正基督末流之失，悲願既深且切。拔濟當無涯涘，可斷言也。（中略）儒家注重治世，故即用以顯體。《易》曰："和順於道德而理於義，窮理盡性以至於命。"蓋以道德爲本，而以精義爲用。精義即是窮理，窮理即是盡性，性盡即與道體爲一矣。故曰"唯天下至誠，爲能盡其性。能盡其性，則能盡人之性。能盡人之性，則能盡物之性。能盡物之性，則可以贊天地之化育，與天地參矣"。其盡性極功，所謂"先天而天弗違，後天而奉天時"，"肫肫其仁，淵淵其淵，浩浩其天"者是已。是以明永覺禪師曰："人皆知釋迦是出世的聖人，而不知正入世的聖人，不入世不能出也也。人皆知孔子是入世的聖人，而不知正出世的聖人，不出世不能入世也。"世出、世間，惟孔、老、釋迦之道相合無間，不過其立教不同，不可强而爲一耳。

純一案今謬傳之基督教，蔑視諸佛菩薩，妄求升天，不知出世法；忍心不敬拜祖先父母，又背叛世間法，何足與言即世、出世法？徒具人形而失盡人性，可憐可憐！謝先生之說，不惟基督徒當奉爲起死良方，即佛教徒少讀儒道墨書者，亦當猛發深省。六祖《壇經》云："佛法在世間，不離世間覺。離世覓菩提，恰如來兔角。"知之否？

---

① 作於1924年7月3日，録自《中華新基督學》。

楊棣棠居士來書四①

其　一

去冬由海上請得尊著闡發基督教義書多種，一一拜讀，仰見大士現長者居士身，應化人間。學博而著述豐，將使東方文化之光，普曜寰區蔚爲莊嚴燦爛之刹土；庶基督一教，亦得永存，而國際大盜陽託博愛平等之美名，陰行虔劉人種展拓版圖之野心，或可少息，不再起惑造業，而有返妄歸真之一日。竊不解歐美爲基督教勢力範圍，而戰鬥之酷，流血之廣，何竟視他洲爲最烈。夫上帝爲獨一無二之真宰，有創造天地萬物之權，全知全能，何以不能滅除魔鬼，遺害人間，愛心何在？凡信其教者升天堂，否則下地獄，何以天堂未升而赤地千里，殺人如薙，暴屍山積？是其根本教義未能圓成，固西方文化陋劣之證。棠嘗玩索基督教義，其美者可比附於周秦諸子，其劣者鄙俚荒謬，不堪入目。故斷定其信徒，非迷信，即盲從。據其倒邪之見，卑劣之行，推其崇拜之心，非崇拜耶穌，乃崇拜西人之金錢。匪惟崇拜西人之金錢，且崇拜西人之權勢。中國牧師不學無術，殊可憐憫。棠辭而闢之數數矣，期以破迷繩妄，使人人自心上帝，圓成於方寸之間。不願天父遠居天上，令人迷離彷彿，不易攀緣。是亦上帝所當引爲知己者乎？嗚呼！我世尊大慈大悲，許衆生皆可爲佛，而基督教乃不許人爲上帝。謬妄孰逾於此！且天父之尊，夐絶無偶，謂我之外，不能有第二個神，專横甚矣，亦隘陋甚矣。不有我大士融通佛教，及老、墨各家之説以改造之，吾恐不百年基督教必消滅於佛化世界無疑也。最近想有大著行世，尚祈講學之餘，多所撰述，顯佛智慧光，除世愚癡，暗以救當來世界之大劫。臨楮神馳，用瀝肝膽，幸辱教焉。

十三年五月十五日

---

① 録自《中華新基督學》。

其　二

昨承佛教居士林惠寄《佛化基督教》多本。虔誦尊著各書，知我大士是於《妙法蓮華經·普門品》外，應以基督身得度者，即現基督身而爲説法矣。不然，何悲體戒雷震，慈意妙大雲，乃若普門示現神通者乎？夫上帝爲佛法之真如，基督在衆生自心内，了無疑義。乃洋教徒向外馳求，不能豁破無明，蓋亦敝屣儒書，弁髦内典，不求放心，迷失自寶之過。幸我大士行菩薩權，作如來使，揭櫫佛法，闡揚基督真光，張慧炬於昏衢，納羣生於軌物。棠知其昌大耶教之功，超絶前後作者矣。蓋上帝教義，必本乎佛法，始能完成而無漏，自不期然達於無上正等覺道，良足爲衆生得度絶大因緣也。大著以縱横排奡之筆，寓精微邃密之理，光芒四射，磅礴彌綸，豈厭百回讀哉？乃有斷斷致辭，以爲真理愈辨愈明者，毋亦其人未達文章三昧乎？昔者我佛演説華嚴，劣根聽衆，如瞽如聾，及至法華會上，五千聲聞，亦且退席，誠如史遷所謂非好學深思，心知其義，固難爲寡見淺聞者道也。然則小乘人，不堪任受大法，似宜寓佛法於世諦文字中，以冀普應羣機，由漸示以四聖諦，及十二因緣之理，除其斷常兩見，破其我法二執，使終有了然於三界唯心萬法唯識之一日。其庶幾乎！我大士盍亦圖之。

六月十日

其　三

近日旦暮有暇，輒讀尊著以解勞鬱。非阿所好，蓋以基督真光沈晦二千年，至大士發揚蹈厲，化之以佛，而神靈赫濯，上下與天地同流，始足以亘萬世而長存。今後佛耶一家，同宣大化，改造五濁惡世，成爲極樂國土，普利人天，豈非偉烈哉！雖然，君子之所爲，衆人固不識。大士之書曰："佛教可無基督教而獨立，基督教不可離佛教而獨立。"旨哉言乎！世界各教不可離佛教而獨立者，豈惟基督教哉？夫佛教有唯識一宗，高建法幢，其理精微奥衍，足以貫穿佛法之全體，於孔、老、回、耶諸教義，及近世歐美諸家學説，均能從其根本上解决之。學者不研究之則已，一爲研究，則廿世紀文化之大潮流，並人生觀、宇宙觀等等聚訟，皆必會歸於佛法大海而莫能外。故唯佛法能統攝萬教而獨尊。基督教之最勝義，無過“上帝”一名辭。上帝在佛法中，祇是初禪之大梵天王而已，縱其生大我慢，爲世界主，然未出三界，不脱輪回，則根本教義動摇矣。設不依據佛法繩其謬誤，彌其缺憾，基督真光何由顯耶？惟大士深知其所以然，施以佛化改造之，俾與佛教各宗並行不悖，免爲外道邪宗遺害人間。此非大士之大慈大悲大無畏，孰能爲此？獨惜東教囿習者流，人我之見既深，門庭之界又嚴，幾何不胥衆生而溺之。嗚呼哀哉！此豈上帝之本心哉？棠獲尊著，喜於異寶，故每讀而擊節，往復不能自已。尚有言不盡意亘於中，必對大士傾吐之而後快，不知能許我否？

六月十五日

其　四

頃因夜蘭人静，萬籟都息，默念《八大人覺經》已，復取《佛化基督教》尊著《答某女士書》細讀一過，又起無窮感喟。以爲我佛大化，本可東漸西被，普潤寰區。今未能者，是誰之過？竟使大地衆生從迷入迷，出苦受苦，可勝慨哉！尊論云：“可憐洋教學堂學生，從不知謬妄洋教外，實有無窮無盡的光明天地。”大哉言乎！蓋洋教徒的光明天地，祇有“上帝”之“天國”而已，故日日祈禱，泥死乞憐於無形偶像之下，而不自知其顛倒夢想之可哀，反因是生大我慢，起大邪執，以爲崇拜上帝之一神，即得永生於天國，縱天國外實有十方三世諸佛菩薩所修得依正莊嚴之無窮無盡的光明天地，祇因一念無明，遂爾覿面無覩，交臂失之，皆不知也，不信也。何其陋且愚耶？詎知萬法本自建立於吾人一心之上，造化在吾掌握乎？嗚呼！洋教徒從無宗教真學識者，方且起惑造業，竟致人間世，成一修羅戰鬥之場。遠者如十字軍之殺人流血，近者如歐洲之四年惡戰，牧師從軍（至屢興教禍於吾國，尤彼輩之慣技，可痛也），何非由其我見、我愛、我癡、我慢所鼓盪也？是其教義之根本謬誤，寧待有識而後知哉！洋教徒不知天國爲化城，上帝本在自心中，一味向外奔馳。樂赴有獄，猶以永生之道，即在於是。何異見黑曰白，嘗苦曰甘？天上顛倒事，更無過此者。真可哀之至也！然則如何度之？非令其放下身心，專向唯識學中猛下三五年真純工夫，恐終不知宗教根本問題所在，無由加行修習而有見道之日也。至於無窮無盡的光明天地，又如何令彼輩盡知之？則浄土三經論之依正莊嚴，允推第一。使知自心本具佛性，衹須離垢歸元，定生極樂，永不退轉。迨既諦信無疑，復以法華會權歸實之方便，使知我佛出世唯一大事，衹在度生，則教會、學堂、醫院，種種事業，無一不由化城直達寶所。由是而大方廣佛華嚴經之事理圓融的華藏世界，重重無盡，無盡重重，一一顯露，真實不虛矣。爾時佛化基督教，當必充滿世間，所有一切衆生，無不令入無餘涅槃而滅度之。如是滅度無量無邊衆生，實無衆生得滅度者。嗚呼！此非東土文化之可寶可貴者哉！然非大士不足以發明之。尚祈時賜教言，俾開茅塞，幸甚幸甚。

六月十八日

印光覆張純一居士書①

手書備悉。令友陳敦復未婦，敦行孝友，復能篤信佛法，精修浄業，洵爲今時不多見之人。今欲皈依，並受五戒，必要認清浄土法門宗旨，庶可現生了生脱死，超凡入聖。須知浄土法門，以信願念佛，（即行）求生西方爲宗旨。世人每每以此爲平常無奇，遂以宗門參究之法爲殊勝，而注重於開悟，不注重信願求生，美其名曰禪浄雙修，究其實，則完全是無禪無浄土。何以言之？不到大徹大悟，不名有禪。今之參禪者，誰是真到大徹大悟地位？由注重於參，遂將西方依正莊嚴，通通會歸自心，則信願求生之念毫無，雖名之曰念佛，實則與念佛之道相反。或又高張

① 原載《佛學半月刊》第118期（1936）。

其辭曰，念實相佛。實相雖爲諸法之本，凡夫業障深重，何能做到？弄到歸宗，禪也靠不住，浄也靠不住，仗自力即到大徹大悟地位，以惑業未斷不能了生死。未悟到大徹者，更不須論。仗佛力，須具真信切願念佛求生方可。以一向以西方爲浄土，無量壽，無量光，一一通歸自心。而自心只是徒執其名，未證其實。西方之佛，無感不能有應。自心之佛，在因無有感德。世之好高務勝者，每每皆成弄巧成拙，求升反墜。而知識，欲人以圓融見稱，亦絶不肯作如是説。致如來以大慈悲心，欲令一切衆生，現生即了生死，而依舊不能了。此生既不能了，將來或可能了，而塵沙劫又塵沙劫，仍在輪迴六道中者，當居多數也。如真能識得此種利害，再息心看浄土各經書，方知此念佛求生西方一法，其大無外。十方三世一切諸佛，上成佛道，下化衆生，無不資此以成始成終也。今爲敦復，取法名爲慧復，謂依佛所説之浄土法門，自行化他，各各皆得復本心源也。爲其妻鄭含章，取法名爲慧章，謂依佛所説之浄土法門，自行，復以教誨兒女，以及一切坤倫。俾二妃三太韋提希之道，大明於今，故名慧章。吾常曰治國平天下之權，女人家操得一大半。蓋以母賢，則兒女皆賢。在胎則秉母之氣，幼時則觀母之行、聞母之言，已熏陶於讀書之前。及其讀書，則一一措之躬行，而爲賢人善人故也。又曰，教子爲治天下之本，而教女爲尤要。以無賢女，則無賢妻賢母，因之亦無賢人矣。今不於浄土法門指示，而泛言於此者，以期人人各知務本也。此本既立，一切世出世間道理，均得恢復章顯矣。今爲彼寄浄圭經書二包，息心讀之，其修法利益，固不在光之多説也。五戒無論受與不受，皆當嚴持。以前之殺盜淫妄四條，名爲性戒，即不聞戒名之人，犯之亦有罪過，而受戒者犯之，則成兩重。於本罪外，又加一犯戒罪過。故曰一切人皆須嚴持。飲酒名遮戒，未受戒，飲無罪。受戒後飲，只一犯戒罪耳。祈慧察。並令彼夫妻閲之。

張純一著作年表 略稿

1906

學生軍軍歌

1908

教育學

1910

世界的個人主義倫理學

1911

祭祖墓

1912

吾國今日急宜革新之教道

1913

藝文雜纂

基督教與吾國興亡之關係

基督教有益民國

1914

家庭進化論

泰西法政之助力

健全國民之友助

世界進化之先導

天國論

1915

祀天

增募公債

駁某報效天與政治相關之評論

宗教與國家

與劉子通談道書

與殷子恒言性書

《新約》之光

1916

建築盛贊

冀夫官僚比較表

全豫佈道大會記序

對於教會之感言

1917

救恩之福音

福音普救貧窮

歸命基督之由

講易舉例

1918

基督神通義证

基督教與佛教

1919

吾國醫道之原起

基督教與道家

耶穌基督人子釋義

第十三次畢業同學録序

1920

基督的生命觀

墨稱之檢討

課餘演講集

宗教天演合論序

世界文化之歸宿

七日來復

張氏墓表

答崔抱樸

1922

鴉之心理

閱梁任公《老子哲學》隨筆

墨學與景教

墨子閒詁箋

改造基督教之討論

1923

答侯素爽書

《墨子大取篇釋義》敘

覆友人書

永生

真基督教無異佛教，異於佛教即非真基督教

覆某女士書

覆顯蔭法師書

墨學分科

《墨子閒詁箋》補

1924

答某女士

《墨學分科敘》書後

致太虛法師書

答太虛法師書

勸孫思昉覃精佛學書

答孫思昉以八卦擬八識説

與吴雷川先生書

復吴雷川先生書

再覆吴雷川先生書

覆吴雷川先生書

答邊潤寰君宗教之疑問

答某生書建立佛教基督宗之辨論

與楊棣棠討論耶教書

《逍遥游釋》敘

1925

與甯達藴居士書

國學闡微

1927

中華新基督學

福音祕義

1928

護持佛法之條陳

周霽光居士母壽演説佛法

儉德會演講

1930

晏子春秋校注

1931

賀王森甫居士五旬榮慶並開講經法會對聯

1932

墨子集解

1933

負責任

1935

中國佛教會徵求會員題詞

曹崧喬居士書《華嚴經》跋

1936

空爲諸佛至要妙之法寶

吾友胡公蘭亭

發菩提心約説

太炎先生挽聯

1937

然身供佛

發起孔墨學術講習會宣言

《佛説阿彌陀經》之研究

1940

談空

復友人熊灦恬談學佛書

1941

日知會的創立與丙午之獄及辛亥之首義

1942

吴畏三將軍傳

1944

耶穌基督原是個佛教徒

改造耶穌教大綱

1945

國學簡擇

老子通釋

1946

提高耶教证果地位

1947

陰符經真解

《增訂墨子閒詁箋》敘

太虛大師寂照

1948

名家惠施學説

1949

佛教的根本真理

荆楚文庫

張純一集（二）

張純一 著
何卓恩 李濤 編校

荊楚文庫編纂出版委員會
華中師範大學出版社

荆楚文库

改造基督教之討論

載於 1927 結集的《中華新基督學》，據此整理。

自　　序

余聞基督教於今二十年矣。每以新約書中，義多駁雜，難得一善本參考爲苦。凡教會所出書，恒與真理背馳，不堪入目。幸有老莊佛典，妙理無窮，足資玩索，時與基督教比較而會其通，乃知教士皆基督門外漢，誠有以瞎子引瞎子，都要掉在坑裏的危險，幾令十字架上的血，白白流了。常覺天良激發，不知如何始對得住基督。於是誓發大願，決從辨别孰是真基督教，孰非真基督教入手。真僞既明，遂無難改革僞基督教爲真基督教。無如機緣未熟，衹得沈幾，鬱鬱此心。忽又八年，間有撰述數種，均非根本解決，愧對基督極矣。近見徐季龍先生問題十條，隨便寫答，卒以意多未盡，又述管見五條，又述教會辦學三大弊，又述其他各教教會當如何看待，並基督教急需改造有五理由，總期宣暢基督真義，滅除人心黑闇，增進世界無限真福樂也。乃二三子見之，均請梓行，以供同志討論。余從之，因記其緣起於此。

民國十一年四月十日

目　　録

對於徐季龍先生問題十條之管見

（一）何謂基督教？耶穌改革猶太教，而後立基督教。耶穌被釘十字架之原因，即由於此。乃今世流傳之基督教，猶多參雜猶太教之信仰，果足謂爲純粹之基督教乎？耶穌立教藉門徒而傳播，厥後或宗彼得，或宗保羅，或宗約翰，教之傳愈廣愈失其真，今吾人之所信豈爲彼得教乎？抑保羅教乎？抑約翰教乎？

基督教者，自耶穌闡明一真性道，通天地萬物而爲一，使未來世界人類盡能圓成自心。上帝之謂，否則不知真平等，不得真自由，不能真博愛，不過營業的僞基督教而已。猶太教第一迷人爲亞伯拉罕，以其上帝爲無形偶像，爲帝國主義之禍首，野蠻已極。猶太人愚蠢，尊爲一神，而不知其爲天魔也。耶穌特改革之，變不平等爲平等，謂衆人皆是上帝，使知清淨自心，而不淪爲禽獸。明知十架當前，亦大無畏，以完成其法施。乃教會冥頑，不解基督之真心，惟猶太教之迷信是襲，故今世謬傳者，確是猶太教，並非基督教。其病根在不知宗教爲何事，故昧於宗體，迷執教相，以猶太教與基督教參雜而爲一也。若言純粹之基督教，實在馬太馬可路加三傳都無所知，惟約翰傳保羅書始粗知之，迄今竟未見有知之者。蓋新約之上帝，雖不尋仇殺敵，未若舊約上帝之野蠻，而爲無形偶像則一，此基督教根本錯誤最大原因也。基督徒無能研究學理者，安望其能知純粹之基督教？

耶穌立教賴有彼得保羅約翰以傳，而彼得知解不足，約翰保羅解雖較優，均未得替人，以故愈傳愈失其真，基督十架被西洋物質文明埋没久矣。設果真宗彼得約翰保羅談何容易！吾固未之見也，不過各教會尊重其人，因以其名名堂耳。其實祇能宗瑪門，譯即金錢。以助長其食色諸欲也。

（二）聖經天啓之説果可信乎？兩約不並行，新約既立，舊約即廢乃聖經猶載舊約各書，豈非抉擇有未精乎？新約爲耶穌所立，乃新約書並載門徒各書，豈非對於新約之界説猶未明乎？耶穌所宣傳者爲福音，究竟何謂福音？新約各書中是否全爲福音？四福音書乃門徒及再傳弟子在耶穌受死後所作，其最早者亦在後三四十年，試問當時既無速記之法，將耶穌生前之言隨時記録，然後會爲一編，乃事後追憶，從而記録之，果能悉無謬誤乎？即如一事一言在四福音中已各有異同，其中豈無近似與失真之處乎？人類之語言文字乃有限制者，而真理則爲無限制者，以有限制之文，達無限制之真理，即使果爲耶穌之言，亦不過稍得其有髣髴，況耶穌傳教之日無多，所言更復有限，吾人研究真理果能死守耶穌之遺訓乎？

聖經決非天啓。諦觀舊約上帝，滅他國以與猶太人，又獨使猶太人子孫衆多，佔徧全地；新約上帝，獨將無限聖靈賜耶穌，不賜他人，又獨將萬有賜耶穌，不賜他人，足見猶太人之上帝，專循私慾而不公正，確是魔鬼。故新舊二約，當稱魔經。

教徒以新舊兩約爲天啓之書，極無知識，大可哀憐。舊約乃猶太野蠻歷史，其迷信天魔爲一神，並淫亂殘殺荒謬絶倫處，觸目皆是。即如新約，由後人無識羼入，違背真道處亦復不少。例如《馬太傳》載“求你叫這杯離開我”與《馬可傳》載“求你把這杯從我撤去”文稍異而義正同，證以《約翰傳》載“我父與我此杯豈不可飲”適相矛盾，顯見馬太、馬可二傳記録失真，甚乖外生要旨。合觀《路加傳》載“汗出如血滴落地上”，皆以基督怕死，大損基督人格，叛道極已。馬太、馬可二傳又記“我上帝！我上帝！胡爲離棄我？”，更不知上帝爲何物詳拙箸《基督神通義證》。乃教會從無知其非者，可見不讀老莊佛典，不知基督之真也。又如馬太、路加二傳均載耶穌家世譜系，《馬太傳》並載東方博士來朝、希律屠嬰等事，均與宗教毫無關係，鄙俚可笑，當即删去。故天啓之説，祇可迷惑鄉愚耳。

舊約上帝本自己形像摶土爲人之説，不值中人一笑。況教猶太人尋仇殺敵，争城奪地，與愛敵如友之真理，全相背馳。教會苟且謀生，一切遵信，謬誤極已。故舊約亟宜廢去。萬一不廢，亦當删去十之七八，免其害道。縱有可存者，在儒釋道三教中，亦極平常，無足貴也。至新約屢引舊約各書，除耶穌引證確有至理者外，無非牽强附會，無關宗教哲理。蓋猶太人舍此無書可讀，故不知其爲性靈桎梏也。

耶穌所立之新約，不關語言文字，並非今日所傳之四福音。其以四福音爲新約者，皆不知耶穌之真新約者也。然則真新約爲何？蓋即耶穌教人忘我利他，甘自流出來的血，是没有字的，是爲第一義的新約。若四福音，由文字湊成，漏義甚多，不過第二義的下等新約而已。至並載門徒各書統稱新約，其爲界説未清，不待言也。

福音以傳自耶穌者爲斷，故惟四福音始可稱經，或稱新約亦可。其餘門徒各書當在外，均非福音，不可混爲經，祇可作爲論。惟天主堂有此鑒别，觀其《新經譯義》，祇四福音可知。

四福音中謬誤甚多。因猶太文化過低，記者亦復鄙陋，故其記録往往失真。除前已舉例外，再舉二例。（一）《路加》八章，有久患血漏婦人捫耶穌衣裾而愈，記耶穌云“覺有能力自我身去”。試問能力有何形相？足見記者不學，妄逞臆説，誣辱基督。（二）《馬可》十一章云，“因爲不是收無花果的時候”，更見記者之妄。何也？記者知非結果之時，耶穌竟不之知，豈非耶穌較記者愚蠢乎？耶穌當未至結果之時，竟不之恕，而詛使枯槁，抑何殘忍之甚耶？此中别具妙理，詳拙箸《基督神通義證》。固非馬可所能知也。竊嘗謂真正基督教，馬太、馬可、路加都無所知者，即此可見。

有限之文，決不能達無限之真理。故佛教曰語言道斷。明乎此，始知新約書外真理無盡，不可得少以爲足。况耶穌傳教祇有三年，能言真理幾何？所與言者都非文人，尤有不盡欲言之嘆。然則教會中人，固執新約以自畫者，非大惑乎！故凡死守耶穌遺訓者，皆大害耶穌之道者也。

例如《主禱文》，毫無要義。見不佞《講演集》。何也？如説“我們在天上的父”。即一“父”字，便是偶像。不能無所不在。天父之稱，蓋因猶太之陋俗，從權以爲言。其實即是佛教之法性。法性不定是在天上，亦常在地下，亦在我們前後左右，在我們心中，亦在萬有之内。若説衹在天上，便是魔説。“願人都尊你的名爲聖”。豈知世人縱都不尊他的名爲聖。他的名終是聖，斷不會不聖。“願你的國來到”。自心不求清浄，天國何能來到？“願你的旨意，行在地上，如同行在天上”。似此空泛，毫無實際的禱告，縱令千萬教友禱告千萬年，敢必天父旨意終無行在地上之日。“我們日用的飲食，今日賜給我們。”自來世界上非基督徒多矣，豈他們未有日用的飲食乎？爲何不求賜給他們？似此自私，成何宗教！“免我們的債，如同我們免人的債”。當知你能免人的債，你的債自然會免的。“不叫我們遇見試探。救我們脱離兇惡”。衹恐你們要找試探，不肯脱離兇惡。“誰也無法救你。因爲國度權柄榮耀全是你的。直到永遠”。這何須説？今教會莫不重視《主禱文》。而於《約翰福音》所謂“上帝是靈，拜他要以靈以誠的話”從不過問，真可歎也。詎知《主禱文》乃記者凡情臆造，毫無價值。其求飲食，稱榮耀，俗不可耐。又口口聲聲的“我們”，增長凡夫的我見，真不值佛教徒一笑也。然有確出耶穌之口，亦甚欠圓滿者。例如“天國，不在這裹，不在那裹，在你們心裹是”。蓋天國神妙，非有非無，非大非小，活潑無礙，恒無定處，隨時而現。固在人心裹，亦無所不在。不僅在人心裹，現於無量世界。故研究真理，斷不可限於文字。惟當藉著文字，而窮究其言外未盡之意。所謂以意逆志，斯爲得之。老子曰：“道可道非常道，名可名非常名。”最宜玩索。從知教會禁讀佛老諸書，要人死守耶穌遺訓，以桎梏其理想者，實耶穌之罪人也。

（三）基督教所信者惟上帝然，世之信上帝者尚有猶太教、回教等，究竟有以異乎？無以異乎？《創世記》之説果可信乎？猶太教言創造，而今之科學則言進化，往往彼是相非，於是近時哲學家伯格森乃有《創造與進化》一書，惟中國古代早已發明“造化”一名詞，而不傳其説。吾人藉用中國固有之名詞，以説明耶穌之信仰，自覺較爲完善，所惜者耶穌於造化之真理，無詳細之説明。又承認上帝造人，似非不接受《創世記》之説，然則耶穌對上帝爲造化主之觀念，果可得而聞乎？守安息日之制，出於猶太教，不知造化之道無一息或停，倘至第七日即安息，則世界將崩壞，豈非謬設之説乎？今之基督教雖不守安息日，僅有安息會爲例外，然守主日之思想，仍屬名異而實同。不知耶穌當日早已打破安息日之制，而發爲安息日是否救人之問，則今之守主日者，果足謂爲善效法基督者乎？

“上帝”一名詞，蓋在上古民智未開時，用以代表道體也。本無形像，而神用無窮，儒書屢見，其含義猶佛教之“真如”。或名爲“天”，從不黏滯。猶太教視上帝，則爲無形之偶像，沿襲亞伯拉罕之迷執。謬已！基督改革猶太教，其心儀之上帝，與佛教之“法性”同。《約翰福音》十四章云“見我即見父”，又十章引經云“爾儕是神”，可證。是基督教之上帝，與猶太教偶像之上帝，迥乎不同也。今教會冒基督教之名，而崇拜猶太教由人臆造之僞上帝，豈非玷辱基督乎？亟當判别之，聊爲基督伸冤，且免不學者盲從耳。

《創世記》言創造，荒誕無稽。今科學家言進化，亦過穿鑿。惟佛教所謂從如來藏變爲阿賴耶，從阿賴耶變起根身器界，無不從此法界流，無不還歸此法界。了法自相，是真現量。柏格森之《創造與進化》，究非由正智生，祇可名似比量，在西洋雖算傑作，在我《易經》、老莊、《内典》中不足道。“造化”之説，如《易》云“乾元，萬物資始；坤元，萬物資生”。神也者，妙萬物而爲言者也。老子云：“天地萬物生於有，有生於無。”莊子云：“萬物皆種也，以不同形相禪，始卒若環，是謂天均。”其言無盡緣起，確乎印證無違。耶穌於造化之真理，無詳細之説明，實爲最大缺欠。此基督教所以不足供學者研究也。然觀《約翰福音》十七章五節，耶穌固親證造化之本元，而顯著未有世界以先之真如者也。

謂耶穌承認上帝造人似非不接受“創世記”之説。於此當明辨，《創世記》所謂上帝造人，荒謬之至，以耶穌之徇道，斷乎不肯承認。即其改革猶太人“上帝”之觀念可知。“上帝”既根本推翻，則造男造女之謬説，不能成立明矣。《馬太》十九章記耶穌答休妻之問，至謂人要離開父母，與妻子連合爲一體，辭氣鄙倍，足見其習俗獷野，罔知倫理。猶太教害道極矣。吾敢斷其爲記者拉雜羼入，不應誣辱基督也。由此知基督教全身是病。舊約之上帝固爲鴆毒。馬太、馬可、路加三傳之上帝亦是厲階。《約翰傳》、《保羅書》之上帝亦僞者八九，真者不過一二而已。非從根本改造，何以仰慰基督？然則耶蘇對上帝爲造化主之觀念，可以明言，絶對不是無形偶像，乃無所不在，即佛教“一真法界”之異名。《約翰福音》所謂“上帝是靈”是也。至於“造化主”之説，亦不可以辭害志，惟以意逆志爲得。西人執文迷旨，愚騃可愍。蓋彼土無佛老儒書可讀，羣奉猶太野蠻稗史爲聖經，無如何也。吾國人盲從效尤何爲耶？不仰貽歷代聖賢之羞乎？

猶太教守安息日，以《創世記》爲原理，固屬荒謬，而令人暫遠塵勞，休養性真，未可厚非。《禮·雜記下》云：“張而不弛，文武弗能也，弛而不張，文武弗爲也，一張一弛，文武之道也。”《祭義》云：“致齊於内，散齊於外。”義均可通。詳不佞《講演集》《七日來復》篇。猶太人死守安息日，以敬拜一神不拜偶像自誇，不知一神即是無形偶像，即是天魔。愚而好自用，至可悲已。《十誡》前四誡惡劣，早經耶穌革除，觀《馬太福音》十九章耶穌之訓少年可知。乃教徒無知，甘受桎梏，不解上帝即是自心，無一刹那不當安息。是猶埋没家寶，乞食於外，適成左道異端。蓋猶太别無文化，以袪其妄而彌其缺也。遠西亦别無文化，其人又承其敝而以爲寶，來此濫傳，摧殘佛儒各教，惑世甚矣。謂造化之道無一息或停，倘至第七日即安息，則世界將崩壞，辯已。夫世界爲形下之器，終必崩壞。因其從不安息，成住壞空，定理難逃也。世界不即崩壞者，因其不安息中寓有形上之道，常自安息以主之也。《易·繫辭上》曰“乾坤毁則無以見易”，易不可見則乾坤或幾乎息矣。易者，無思無爲，寂然不動者也。《楞嚴經》佛告波斯匿王："汝面雖皺，性未曾皺。皺者爲變，不皺非變。變者受滅，彼不變者，元無生滅。"可互證。今姑就猶太教安息之名，而新立其義。安息者，止息世俗之污染，安養妙明之真心，使人甯静以致遠也。限以七日者，爲具縛凡夫，不得已之方便耳。若大舜之無爲而治，老子之無爲無不爲，佛教之智體不動，修諸福德，攝化衆生，均無日無時不在自强不息之中，亦即無日無時不在安息之中。是爲安息之正義，豈彼猶太教七日始一安息者，所可同日語哉！法利賽人束於教，執我迷法，牢不可破。耶穌愍焉，思糾正之，常不守安息日，反自謂人子是安息日的主，可以各福音中耶穌安息日療病事證之。於此馬太、馬可、路加所得者粗淺，約翰所得者精深。何以言之？《馬太》十二章記云："在安息日作善事是可以的。"善事不因安息日而不作，惡事非安息日亦不可作，然則安息日等於無有矣。《馬可》二章記云："安息日是爲人設立的。人不是爲安息日設立的。"言安息日之設立，務期有利益於人。設無利益於人，或妨礙人之利益，自非設立安息日之本意。猶太教之迷執，如上二説可以破之。顧馬太、馬可均記"人子是安息日的主"。《馬可》二章、三章分章處實不可分，足見分章者之無識，餘如此類不勝舉。然人子何以爲安息日的主，竟説不出，惜哉！蓋安息在心不在跡，耶穌雖日日不安息而其心固無時不安息。所以"爲安息的主"也，"日"字删去尤妙。《約翰》五章記云："我父作工直到於今，於新約作"如"，不妥。我也作工。"子憑自己不能作甚麽，惟有看見父作的纔能作，"惟有"下原有"他"字，不通，删去。又十九章與十八章分斷，大謬。此在馬太、馬可記不出，因其學識不及約翰故爾。耶穌之意若曰：我父自無始來，饒益衆生，工無或輟；今我於安息日救人，並無所染，正與父同。雖跡似未安息，實從未憑己意動作，乃宅我心之父自作其事也。是之謂正智緣如，如如不動。安息真諦如是而已。蓋安息不是消極的，是消極與積極同時並行不悖的。必如佛教六祖《四智頌》云："若於轉處不留情，繁興永處那伽定。"《論語·里仁篇》云："君子無終食之間違仁，造次必於是，顛沛必於是。"斯爲得之。特非研精佛學者，莫名其妙。馬太、馬可、路加且難與語，安能望於今之基督徒？教會雖守主日，徒飾外觀，而無内修，無異法利賽人。去真正之基督教，不知幾千萬里。效法基督云乎哉！若安息會執著某日是主日，某日非主日，甚無謂也，足爲基督徒無識之證。

（四）基督教所信爲一神，即上帝；乃又信耶穌爲上帝獨子；並信耶穌升天後有聖靈降臨。於是成爲三位。又恐與一神之説相背，乃創爲“三位一體”之名詞。究竟其位既分爲三，其體何由而合爲一？赫克而對於此點即指爲三神論，使吾人幾難置辯。然若不信三位一體之説，則福音書中又有“天父”、“上帝子”及“聖靈”三名詞，果將何説以解釋之乎？基督教信上帝，而其要點乃在信耶穌，若不信耶穌而信上帝，即非基督教。顧基督教義，人類所應信仰而崇拜者惟神耳，今乃信仰耶穌而崇拜之，然則耶穌果爲神乎？若謂耶穌爲神，則耶穌之歷史明明爲童貞女所生之人，則又何説？按《約翰福音》乃發明“道成人身”之信條，然仍無解於耶穌之爲人。若信耶穌者不過因其完全而信之，則與中國之信聖賢無異可乎？古代教會之傳説則信耶穌爲神，而今時之新思想則信耶穌爲人，吾人於斯二者，果何去何從乎？

基督教信上帝爲一神，輕視佛教爲多神，不知一在多中，多在一中，確係妄起分别，適中自己聰明之詭計。蓋所知爲障，正所謂驅除一疾反增重病也。凡教會造就教士之學校，命名神學，或在大學稱神科，足爲西方精神文化陋劣，未聞東土精微性道之證，未免見笑於大方之家。竊以在中國當稱性科，以山河大地，皆自一真性中流出，自具無盡神用也。夫上帝之名，不符無所不在之實，以言上遺下，並漏東南西北八方也，必如佛教言“真如”或“法身”而後可。奈何基督徒不能領會，至可痛惜耳。其信耶穌爲上帝獨生子，亦大謬。豈知世界人類無非上帝之分身乎！耶穌不過上帝之一子，與牛羊鷄犬蚊蚋之屬，無非上帝之一子同，並無一而非上帝也。《羅馬書》八章云：“同證我們是上帝的兒女，和基督同作後嗣。”又云：“萬物原作“受造之物”，囿於猶太錮習，不合實際，今改正。切切的盼望上帝的衆子顯出來。”足見耶穌非獨生子明矣。抑知在猶太與歐美，二千年來衹一耶穌，在中國與印度文史上如耶穌者盈千累萬。推崇先聖太過，則理性爲奴。吾國自獨尊一孔，文化不進，可爲殷鑒。至信耶穌升天後，有聖靈降臨，更荒謬。此亦一根本的錯誤，由無形偶像之上帝來。馬太、馬可、路加固無知，約翰、保羅亦不了解，因而貽誤。遂令教會迷惑二千年，非多讀佛書，終難明辨也。原夫猶太教之一神，極死板而不能廣運，不得不有一聖靈之名詞，便爲活潑之應用。又恐一神破而爲二，則曰上帝的靈，幾若上帝之分身然。質言之，可説聖靈即是第二上帝，亦是常在天上，不在吾人身心之内，故必從外求之，成爲外道，不通之至。蓋猶太文化鄙陋，以信一神爲榮。而一神即其教之大桎梏，故雖立聖靈之名，亦視同上帝而失其真義。教會沿訛謬傳，可憐極已。大氐化淺之民，必信神以自慰藉，神必以偶像上帝爲最適。以此根本的錯誤，演繹爲教，故自始至終，談及根本教義，無一不錯誤也。聖靈果作何解？蓋即吾人清浄無染之本性。佛教謂之佛性，所謂一切衆生皆具佛性是也。在基督教，則與上帝本爲一實而二名：上帝就周遍十方言，聖靈就吾人天性言，《哥林多前書》六章“豈不知你們的身子就是聖靈的殿”可證。然視佛教合一切衆生爲言者，殊不平等。聖靈本無去來，惟因人心迷悟之不同，似有去來。乃《約翰福音》十五章云，“我要從父那裏差保惠師來”，就是從父出來的真理的聖靈。十六章又云，“我若不去，保惠師就不到你們這裏來”。《羅馬書》八章云，“隨從聖靈的人，思念聖靈的事”，又云“我們本不知當如何禱告，衹是聖靈親自用説不出的歎息，替我們禱告”。均不知聖靈爲人心本具也。綜觀保羅各書，其言聖靈，似間有搔著癢處，較《約翰傳》之隔靴搔癢進已，然究未徹底了悟也。教會據《使徒行傳》，立聖靈降臨節，其陋劣可無論矣。三位一體之説，即佛教心、佛、衆生三無差别之旨。蓋開之爲三，合之爲一，三一本來不二也。《約翰福音》十四章云：“我在我父裏面，你們在我裏面，我也在你們裏面。”又十七章云“使他們都合而爲一，正如你父在我裏面，我在你裏面使他們也在我們裏面”可證。聖父即心；聖子猶佛；聖靈屬你們、他們，是衆生。惟你們、他們僅爲衆生中一部之人，其量不及佛教之廣耳。教會不知聖靈爲衆生之本具，爲約翰等所誤，謂非求之天上不來，故於三位一體極難解説，往往東扯西拉，妄逞狂瞽之談，有如羣盲擬象，無一是處。赫克而指爲三神論，執著文字相，與教會之無識同，不值一笑。皆未讀佛書之過也。

基督教信上帝爲一神，又信耶穌爲神而崇拜之，説孔子、釋迦都是人，是上帝與耶穌實爲二神，一神之説破已。自相矛盾，冥頑可憐。其以耶穌爲神者，即因其由童貞女所生，不知禪宗五祖忍大師，亦童貞女所生，吾國人從不目之爲神。足見猶太人與歐美人，少見多怪也。耶穌既是神，何不直從天上降下？吾國春秋時有神降於莘故事，見《左傳》。既有住胎出胎相，何可稱爲神？《約翰福音》謂爲“道成人身”，豈知世人並一切衆生之身，無不由道而成。《莊子·知北游篇》“東郭子問於莊子曰：‘所謂道惡乎在？’莊子曰：‘無所不在。’東郭子曰：‘期而後可。’莊子曰：‘在螻蟻。’曰：‘何其下邪？’曰：‘在稊稗。’曰：‘何其愈下邪？’曰：‘在瓦甓。’曰：‘何其愈甚邪？’曰：‘在屎溺。’”足見情器世間，無非道之所在，即無不由道而成。此與《以弗所書》四章云“唯一上帝，貫乎萬有之中”可相印證。道即上帝也，竊恐教會驚怖吾言，再舉證其迹相近者。《莊子·德充符篇》曰：“道與之貌，天與之形，惡得不謂之人。有人之形，故羣於人。無人之情，故是非不得於身。眇乎小哉，所以屬於人也。謷乎大哉，獨成其天。”是則諸佛菩薩聖賢莫不然，基督特其一耳。設信耶穌者與中國之信聖賢無異，則新約偏駁之教義，不致殺人靈魂，中國聖賢之妙道，無難化被萬方，世界文運必大進也。自來教會多信耶穌爲神者，以其所行種種神跡，非人所能，未免所見不廣。神跡在佛教稱“感通”，固盡人可學而能者，不爲奇特。詳鄙著《基督神通義證》。近世羣智進步，皆信耶穌爲人。既信耶穌爲人，不過與一切衆生同科。世尊説法四十九年，尼父集儒教之大成，中印文教精妙周密皆超越基督，教會何不尊崇？惟稱耶穌爲主，豈非局小遺大，類於井蛙不可語海耶？又有謂耶穌半屬神性，半屬人性，而斥言神言人皆非者，津津樂道，以爲要妙，亦極無識可憐。如上三説，皆不學之爲病。吾敢正告教會曰：基督是自度度他之菩薩。

（五）耶穌教最要者，爲十字架之道。教會傳説，爲救人贖罪。惟贖罪之説始於舊約，亞伯拉罕及摩西皆以牛羊爲犧牲而求贖罪，逮至耶穌始以自身爲犧牲，以贖全世界人類之罪，説者遂謂耶穌捨身救人爲仁，不知贖罪迺野蠻時代刑罰之制度，今世早經廢棄。上帝豈猶屬野蠻，況謂上帝之怒非人血不能使之馨享，是耶穌至仁而上帝乃至不仁，豈非不思之甚乎？《創世記》謂亞當、夏娃犯罪，於是世界之人皆有罪，而教會傳説又謂耶穌一人爲人贖罪，而世界之人遂無罪，此豈可通之説乎？誤會耶穌愛仇敵之説者，謂之爲無抵抗主義，且以耶穌在十字架受死證之，不知耶穌之訓固明明曰愛人如己，而未嘗曰愛人不愛己，若任令他人釘自身於十字架，愛人可謂至矣，其如不愛己何？試問殺耶穌者爲犯罪否？若以耶穌之受死爲成就上帝之意志，則殺之者亦屬成就了人，非犯罪矣；若謂殺人爲犯罪，則任令己身被殺不爲救護，亦未始非罪，且因無抵抗而成就他人之犯罪，又成一罪。耶穌自身尚有此兩罪，而謂能贖他人之罪乎？救世之道莫要於犧牲，犧牲究屬何義？釋之者多解爲“捨己”，即如佛氏之“捨身”，又如孔氏之“無我”，殊不知我既無矣，何有於上帝？況所謂捨者，必屬於己之所有，身本非吾人所有，不捨亦不能永保，何待於捨乎？至若生命，則誠爲上帝所賦予，爲吾人之所有，孰能捨生命與人乎？然則犧牲果爲要道，而釋之者無乃非要乎？

十架之道誠爲重要，蓋教人爲道捐軀，無我利他也。教徒傅會説爲救人贖罪，且自炫爲基督教特點在此，陋妄可笑。蓋贖罪與審判，兩種謬妄，不能並立。耶穌明明説“主阿主阿的人，我從來不認識你們”。足徵贖罪靠不住也。猶太人野蠻，故所信仰之上帝，亦極野蠻，嘗命亞伯拉罕殺子獻祭。嗣雖代以羊，無非欲上帝如約，使己能得仇敵之城爲業耳。《創世記》廿二章。上帝又命摩西獻牛羊爲火焚祭，爲平安祭。《出伊及記》廿章。並獻上頭生的兒子，同上廿二章。蓋獻祭即具贖罪之意。贖罪祭見《利未記》七章卅七節。《馬太福音》記耶穌云“人子必要捨命，作衆人之贖價”，廿章廿八節。《羅馬書》云“上帝差遣自己的兒子，作了贖罪的祭”，八章三節。信乎上帝不仁之至也。耶穌屢稱上帝爲父，竟完成上帝之不仁，以自成其仁，無乃非孝子呼？嗚呼！猶太教固原人時代、游牧時代極野蠻之宗教，耶穌因其上帝過於野蠻，特革除之，化其兇惡爲慈祥，門徒不悟，束於錮習以爲言，於是贖罪之説，流毒於教會甚深矣。詎知耶穌十架之死，固不能贖人之罪，即教徒自上十架而死，亦不能自贖其罪。何也？以其居心素來不浄，雖百死而罪仍在也。蓋贖罪以痛切懺悔、斷貪欲、除愛渴爲急務，此無形的十字架，斯人終其生不可須臾離，較有形的十字架尤可貴萬萬者也。故耶穌十架之可貴，不僅在於一死，在於未死以前，一塵不染，無非負十架時也。此十架之祕旨，教會烏足與語?《創世記》謂亞當夏娃犯罪，於是世界之人皆有罪。竊以《創世記》之妄誕，宜亟火之，免滋教會之邪執。上帝本無形像，安有摶土之手、吹氣之口？則亞當夏娃所由造成之胡説，除非下愚，誰肯迷信？故《創世記》不足言宗教哲理。惟佛教謂人由無始無明而成，理至精妙，《馬太》十九章耶穌云“除上帝外，無一良善者”，可證。是爲人類沈淪生死之根由，惜猶太文化過低，耶穌未便暢言，門徒從未聞知。此基督教最大缺欠，不佞久欲彌補，仰慰基督者也。教會謂耶穌一人爲人贖罪，而世界之人遂無罪，真胡鬧也。不但不通，而且害道之至。基督教之愛敵如友，佛教謂之怨親平等，其事實不勝數。蓋了證物我一如平等，平等無分别智故爾。謂爲無抵抗主義者，猶《論語》所謂“犯而不校”，乃其大慈大悲之表現，不可以濁世凡情測也。耶穌身施十架，固是愛人，亦示人所以愛己之要妙。然究何以爲愛人？四福音及保羅各書均不了解。以故教會愚昧，不知其爲破除我執，使永世人，皆由斯道福利衆生，而得死而不亡之壽也。老子曰：“吾所以有大患者，爲吾有身。及吾無身，吾有何患？故貴以身爲天下，若可寄天下。愛以身爲天下，若可託天下？”即耶穌捨身之真諦。教會迷執贖罪之説，觸途成滯，今幸徐先生反復推究以致詰，當可悟其非矣。此知基督教非從根本上徹底改造不可。

犧牲，即獻祭贖罪之别名，就文字相言，未脱野蠻習氣。而核其實即是捨己，佛教謂之捨身，儒教謂之殺身成仁。蓋本無我實現，藉解凡夫執我之縛也。謂我既無矣，何有於上帝？當知五蘊之我，本如夢幻泡影；而無我之我，即是正等菩提。不常不斷不得偏執，上帝可作二説。如猶太教之野蠻偶像，夫固未之有也；而耶穌心儀之平等法身，本自滿足一切功德，則舉山河大地，可顯證其實有矣。謂身本非吾人所有，不捨亦不能永保。妙諦，妙諦，蓋人必知此而後得大解脱，可進乎道。否則徧計起執，沈溺苦海，無由自拔。此亦耶穌捨身，使衆得息勞苦重擔之微旨也。謂生命爲上帝所賦予，非也，此教會無知謬傳。於生死問題，從未明白解決者。蓋吾人之生命，實非上帝所賦予，乃由無始劫來業力所繫而受身，非研精佛教唯識學，不能了知。此亦基督教根本上莫大之缺欠。《約翰傳》、《保羅書》均未足與語，何況其他？

（六）四福音書莫不載耶穌所行之神異（奇跡），今人不明，妄爲解釋，不知神異之事可行而不可言，若行既不能而謂能言，其意豈非妄乎？今之科學家以神異之説反乎物理，決不之信，即託而斯泰所著《耶穌精神》一書，亦略去神異而不言，究竟神異之説是否爲福音之疵纇？亦有説以釋之乎？神異之最大者，莫過於復活，而猶太人則謂門徒盜耶穌之尸，而故神其説。究竟死人復活是否可信？肉體飛昇，中國有此妄誕之説，耶穌復活升天何以異是？況死人復活仍不過爲人耳，其所以能爲神而得永久之生命，果安在乎？

神異確由修養功深而得，乃最精深之心理學。今心理學者多不明其理，蓋未能研尋佛學，精勤修習故爾。既非不能行，即非不可言。科學家以爲反乎物理，決不之信。託而斯泰著《耶穌精神》一書略而不言，皆無因緣能讀佛書，知解粗陋之故。神異之説，佛教謂之神通或感通，並不奇特，教會向稱奇跡，未免自暴其陋。福音中種種之神異，鄙著《基督神通義證》言之頗詳。不惟絶非疵纇，且可證明耶穌確是登地之菩薩。

復活確實可信，不過神通之一端，道家謂之尸解。佛教徒如此之類甚多，不足奇。猶太人謂耶穌門徒將尸盜去而故神其説，固題中必有之文，而教會向來重視，謂爲基督教獨有之要道，皆由見聞過陋，昧於真正根本教義之故。不知基督要道，并不在此。肉體飛昇，在深知神通之理者，亦不足奇，并非妄誕，請觀鄙箸《基督神通義證》自明。至復活後固仍是人，但與死後不能復活者，其生命有永有不永，相去不啻天淵也。若究其所以能爲神而得永久之生命者果安在，則精研佛教唯識學自知之。

（七）道之真僞必經試驗而始明。福音開宗明義即載耶穌受試驗之事，究竟試驗之最大者，豈僅屬救人一問題？蓋未有國未能救而能救人者。基督之大試驗即在此。今之教會皆遠避此點，而以政教分離一語爲解釋，殊不知救國并非政治問題，蓋國者，人格與生命最大之表現也，非救國則人格不備，即生命亦不完。基督教最要之義爲悔改罪惡，知個人之罪惡而不知國之罪惡，則生息於罪惡之中而自謂悔改，可乎？門徒之信耶穌本爲救國者，是以有猶太王之稱，惟不知救國非專救一國，必兼救全世界之國而後可。今之教會不知改正門徒之信仰，而以最大之試驗爲策勵，乃徒謀教會之存在，寄生於政府之下，仰承意旨助桀爲虐，徵之歐戰已可概見，真基督教固若是乎？

耶穌受試驗，正其背塵合覺，了知世間無常，國土危脆，爲救世人，使一切分别爾我、國界、種界，充滿天地之罪惡，由漸悔改消滅，超乎政府之上，合力莊嚴世界也。果爾，世界上無論何國，無論何人，人格無不備，生命無不完，道莫真於此矣。乃門徒從耶穌者，恒以爲衹救猶太一國，因稱之爲猶太王，殊令耶穌之道，廣者狹，高者卑，其誤甚矣。今之教會假冒營業，每下愈况，以事奉瑪門、此云金錢。妻子等，過於上帝故爾。大氐中國教士，不敢云救國，恐西教士不悦，難於謀生，輒以政教分離自飾而遠避之。西國教士來此，恒恃其政府爲後援，實行文化與宗教之侵略，以損吾國、利彼國，而謀教會之發展。一旦彼土因劫奪失衡而戰，則逢迎政府，承其意旨，助桀爲虐，爲帝國主義之先鋒，羣服戰役，且祈上帝助己軍，滅敵國。教會若此，人格云乎哉！生命云乎哉！蓋業緣纏縛，無知妄爲，叛逆耶穌之道久矣，僞之至矣，尚何基督教之可言！

（八）基督教與革命，基督教與社會主義，基督教與無政府主義，乃至基督教與勞農主義，實爲今世最大之問題。基督教本爲革命之教，耶穌乃最大之革命家，乃教會畏言革命之事，不知基督教自身已由革命而來，舊教革命而後有新教。乃教會猶不知革命爲基督教獨具之精神，甚或主張進化而排斥革命，不知非革命何由進化？革命本屬造化之道，蓋造化一面破壞，一面建設，革命亦然。但有破壞者而無建設者，本不足謂爲革命，僅圖政治上之改革者，亦不足謂爲革命，故排斥假革命則可，若並真革命而非之，毋乃非耶穌之道乎？耶穌教義以打破私有制度爲極則，故有“誡命雖能遵守猶必須變賣一切所有始能入天國”之訓。按此教義，則無所不包，社會主義、無政府主義乃至勞農主義，何一不在其内？不過，各種主義皆各有所長與所短，而不如天國主義之完全，今人畏過激派如鬼，殊不知基督教者乃過激派之過激派，教會若不知解決此大問題，則基督教之價值安在乎？

耶穌誠最大之革命家，革猶太舊教之命而立新教，在在具革命之精神。例如舊約上帝野蠻好戰，爲帝國主義之罪魁，且在天上高不可攀，耶穌革之，謂“上帝不起分别，使日不擇照，雨不擇潤”，《馬太》五章。而且“人人皆是上帝”。《約翰》十章。又因法利賽人賤視税吏與娼妓，則曰“税吏娼妓必先祭司長等入天國”。《馬太》廿一章。以平貴賤。又説“富者死後痛苦，乞丐死後安慰”。《路加》十六章。以平貧富。又因衆將擁之爲王，孑身逃至山上《約翰》六章，薄帝王而不爲。其徒辛苦勞碌，晝夜作工，無異佛教之頭陀苦行，且云“若人不肯作工，即不可喫飯”，《帖後》三章。足徵基督教義尚平等，故如社會主義乃至勞農主義無不備，與佛教、墨教同。故凡宗仰基督者，當富平等思想，改造世界，革政治不良之命，促其進化，庶不玷辱基督也。乃教會不能轉移社會，反隨社會轉移，專爲社會之寄生蟲，又恐社會鄙棄，有礙營業，則假意爲善，主張進化。其實不祭祖先，不拜父母，破壞中國孝道，是要人退化而爲禽獸也。蔑視老子、孔子、釋迦，破壞儒釋道三教，是要中國退化而爲猶太游牧之時也。迹其浮薄囂張，重外輕内之習慣，去耶穌之道，不知幾萬億里矣。

耶穌建立天國，以身外毫無罣礙爲第一步，與釋迦無二無别。以世人於五藴即色身躭染愛著，莫若貪慳爲病，故雖遵守誡命無虧，猶必罄賣所有周濟貧人，且須舍己效法基督。因“十誡”之前四誡，爲真理莫大之障礙，餘皆最低之俗諦，縱能實行，無與於永生。實報净土爲唯一妙明真心所莊嚴，不容夾帶絲毫物質，更不容有一念之不净也，《馬太福音》云“狐貍有洞，飛鳥有巢，獨人子無枕首之地”，八章。《約翰福音》云“在世恨惡自己生命者，可保生命得永生”，十二章。此皆天國主義之奥祕，非具縛凡夫所能知。《使徒行傳》云“信者都在一處，凡物公用，并賣田産家業，照各人所需分給之”，二章，又四章。《哥林多後書》云“我非要别人輕省，你們受累，乃是要均平。要你們的富餘，補他們的不足，使他們的富餘，也補你們的不足，就均平了”，八章。非均天地之有於陵子貧居乎？《馬太福音》云“異邦人有君王主治，有大人操權管束，但你們不當如此。誰願爲大，必爲衆用。誰願爲首，必爲衆僕”，廿章。《哥林多前書》云“基督將一切執政者、掌權者、有能者，均毀滅之。即將國交於上帝”，十五章。非大道爲公，無爲而治之極軌乎?！《使徒行傳》云“我凡事身先作則，使爾儕知當如何勞苦，扶助柔弱之人”，廿章。《以弗所書》云“總要勞力，親手作正經事，則可有餘分給缺管之人”，四章。非尚勤勞以利他乎？信乎天國主義中，凡人間一切新發明之道德，莫不完具，而絶無其流弊。蓋約翰、保羅畢生不娶，彼得殉身，約翰被囚，保羅兼之，無非爲此天國主義也。乃今之教會趨附勢利，與天國主義背馳，而甘爲帝國主義之前驅。基督教之價值，被教會掃地盡矣。

（九）教會合一爲今世基督徒之覺悟，但此思想何由見諸實行乃一大問題。在中國實行不外兩法，其一則合併各教會爲中華基督教會，其二則設一聯合禮拜堂而各教會之自身仍各存在。此二法要皆不足使教會合一，蓋中華基督教會之歷史不過數年，何能使世界長歷史之教會與之合併？至聯合禮拜堂，更不過感情上之聯合而已，何有於合併？倘今之教會果能遵耶穌之言，只名教會曰教會，而不加以任何形容辭，則教會無待合一而自合，然乎？否乎？

教會昧於諦理，各具邪見，紛亂極矣。先就耶穌根本教義言，設能精深窮究，捨末歸本，去濫留純，合一自非難事。然義多疏漏，仍當多讀儒釋道書，以圖補救而求精進，如天主教各地一致，尚已！顧教士理想受縛，不得自由發展，無足取也。再就禮拜之儀文言，倫敦會、循道會、長老會等，殊簡褻而欠莊嚴，過浮囂而不肅静，教友一堂，全無敬意，未若天主堂猶有可觀也。而聖公會禮儀介乎新舊之間，似較適中，然讀詩篇，則習於尋仇而好戰，讀公禱文，則非出於誠意而成爲機械的動作，均當改革。若言教士之修養，則除天主教外，皆不足道，蓋路德爲禍始也。至於侵禮會固執侵禮，安息會謬言安息，使徒會妄稱使徒，諸如此類，指不勝屈，循名責實，均屬皮相，無謂之至。其餘各有得失處甚多，合一與否，不過形式的組織變更，於救人靈魂之事，絶不相關，不論。甚望中華基督徒，不爲西洋教會之奴隸，保存黄帝子孫之資格，務本中國文教，彌縫基督所欠，革除教會二千年來種種迷妄，使皆能免沈淪得永生，則教會不待合而自合矣。

（十）新宗教是否有保留儀式之必要？基督教之儀式有種種，最要者如洗禮、聖餐禮及祈禱，此外尚有一按手禮。此諸儀式在教會中之觀念已有不同，尤足爲思想界信道之障礙。託而斯泰一派主張無儀式，新教會中亦有不重洗禮者。究竟儀式爲精神之表現，有儀式而無精神者有之矣。若謂有精神必不可有儀式，似非篤論，不過在二十世紀聽取新儀式使人易於接受，斯爲緊要。惟人心不同，今世之人亦非盡不喜保守舊儀式者，若兩存之，聽人之自擇，不亦可乎？

宗教之儀式，在上智本無保留之必要，如儒教不重儀式。歷代賢哲不勝述，可證。顧儀式之中，寓有妙理，中人以下者恒居多數，使可藉以自新，又不得不保留之。

基督教以洗禮爲入德之門，蓋示滌除污染之義，所以寬其既往，而策勵其未來，似未可即廢。聖餐之設，其精義與禮拜佛像同，麵餅也而以爲肉，葡萄汁也而以爲血，蓋萬法唯心，即權即實，即外即内，心佛本不二也。乃教會陋劣狂妄，以冥頑土木之心，視萬德具足之佛，排斥佛教拜偶像，不知聖餐即是變相之偶像，更不知拜佛即是成就自心之佛，領聖餐即成就自心之基督，雖智大迷，難逃老子之呵。今惟天主教、聖公會重視此禮，稍存佛教之遺風。其餘各教，信行粗糙，以爲記念而已，直令十架寶血徒然落空，安足語此妙諦？祈禱，即佛教自他不二，感應道交之理，不容忽視。但今之教會工於外飾，其祈禱如教訓上帝然，瑣褻冗繁，胡鬧極已。聖公會等爲防止流幣，用公禱文，乃崇拜天魔，純乎外道，且無誠意，滑口讀過，適成機械的響聲，甚不合法。教會之祈禱如此，縱復留存，亦一文不值。抑知宗教最重靈修，欲其恒久無間，則祈禱不適用，必須别有善法。新約不言，是大缺憾。天主堂有《默想正則》、《週年默想》等書，尚與佛教相近。《默想》略具止觀之義，惟心難專一，不免駁雜，遠不及佛教止觀精純，亦不足爲法，但在基督教中，總算最重要之書。各新教人，從未聞知，放縱卑劣，難與言道，蓋路德爲厲階也。近年尊崇路德之新教徒，竟有所謂退修會，蓋恐一己退修無人知也。似此作僞，果誰欺乎？昔常從耶穌游者，彼得、雅各、約翰耳，耶穌祈禱且遠離之，又明明訓衆曰："祈禱時當入裏屋閉門，暗中爲之。"允已。以是知教會徒具外觀儀式，無裨靈修也。按手禮當即廢除，因古人行此禮，其中具有靈感作用甚大，佛教謂之灌頂法。今教士愛欲熾然，毫無修養，縱出其手，將被按者按死，有何益處？總之儀式爲精神之表現，精神藉儀式而莊嚴，相爲表裏，本二而一。惟人心不同，各如其面，苟得其精神，復注重儀式，尚已。或以爲儀式之末，無裨精神，聽之可也。

以上對於徐先生問題十條之商榷，未知果有當否。以下略述管見五項。謹以質之識者。

五項管見

（一）中國文化遠優於猶太，基督在猶太立教，自不適於中國，況時隔二千年乎？比較兩地學風，頗覺基督教義，在中國有兩種根本的缺欠：

（1）對於道體未翔實闡發的缺欠。

耶穌因猶太舊貫，凡言道體，以上帝概括之，故絶無學理可言。釋道儒墨各書莫不詳言道體，其哲理均極精微廣大。乃諸教士，因襲謬傳，開口一上帝，閉口一上帝，究竟上帝是何德義，從不研求；或且無知無識，争執真神之名詞，不自知其上帝真神，實係天魔外道，障礙内證之真修。一種瘋狂之信仰，久招文人之厭惡，是之謂不審時地之宜，反背傳道之方法。今後對於"上帝"或"真神"、"天主"諸卑陋名稱，似不必固執，當就真常妙道，切實發揮，則基督真諦，或不難傳於此土也。

(2) 生死問題未圓滿解決的缺欠。

吾人生也何來？死也何往？靈魂既不死，永生又難得，當如何解決？必一一説出切實的理由，令好學之士，傾聽之餘，莫不心悦誠服而求度。斯爲宗教根本要義。乃今之教會，衹圖教友增多以謀生計，絶不注意於此，誠不可解。向來地獄永火説，並天主堂的煉獄説，皆對死後之解決甚欠圓滿。若夫結生投胎之理，更未提及。至如何能免分段生死，如何方能加行見道，似不能終此抹殺，當有以彌縫其缺，庶免見笑於佛教徒也。

（二）約翰以爲人人是上帝，屢説“上帝住在我們裏頭”。《約翰》一書三章、四章。保羅以爲人人是上帝外，又以爲人人是基督。如云“我們是活上帝的殿”，《哥林多後書》六章。“我看萬事如糞土，爲要得著基督”，《腓立比書》三章。“這奥祕就是基督在你們心裏”，《歌羅西書》一章。可證。此真宗教根本要義。奈何今之教士，絶不言及上帝基督都在人人心裏，更不敢言人人都是上帝基督。豈約翰、保羅之言不足信，不可從乎？抑中國教士均因西教士未言即不敢言乎？詎知西教士不言約翰、保羅之言，可以傳教於西土，中國教士不言約翰、保羅之言，即不能傳教於中國乎？請看中國著名學者，莫不研精佛教，五體投地，而極輕視基督教。北京大學且請教員講佛教，而竭力反對基督教。歐美學者，亦抨擊基督教不遺餘力，果何故耶？蓋新、舊約中，謬説甚多，教會不能辨别而濫傳，有以致之也。

（三）保羅傳道，嘗謂在猶太人中當像猶太人。乃今西國人在中國人中，不像中國人，或且視中國人爲非洲人。尤奇者，中國人在中國人中亦不像中國人，而像西國人，亦自視中國人爲非洲人。何以知之？由其講道時，不知有中國的文化與基督教調和而知之。幾令中國數千年之文化，因基督教之濫傳，消滅於無形。而基督教亦終爲文人學士鄙棄抗拒而不相融洽。是果何取耶？傳教諸君當知中國不比非洲，亦不是歐洲美洲。中國如老子、孔子、墨子，皆宗教大祖師也，加以佛教精邃，世界各教無與匹者，豈竟未聞知乎？抑思基督教傳遍歐美，而英國哲學家羅素即不信。羅氏嘗讀老子、孔子之書，謂中國既有老子、孔子之道，何須有基督教？而美國哲學家杜威亦不信，所見與羅氏同。羅、杜二博士生長歐美，均反對基督教。固由教理不足以厭其心，亦諸教士無知濫傳，爲科學家哲學家所不容也。嗚呼！基督真義自保羅外，迄今無一知者，宜乎中國文人藐視基督教也。豈果基督真理衹能行於下等社會乎？余以爲不然。要在傳教諸君，多讀中國書，能像中國人，其庶幾乎！計欲達此目的，先當除去二弊：

（1）洋錢之罪惡。其勢力常大於上帝耶穌萬倍，必遠離之，然後有自立之人格，有自主之思想。

（2）洋講解之紕繆。其流毒常中於學道者之心，不易拔出，必盡革之，然後爲真正基督教，爲中國基督教。

基督教澤雖已西漸，然其真理急待濬發者甚多。今既旋轉而東歸，吾人得不本此土文化以光大之？

（四）世界各教，其哲理最邃密最圓滿者，無如佛教。吾國道家、儒家、墨家，均不能駕而上之，回教更不足道。基督立教，確是行菩薩道，辭淺近而旨深遠，善於破除執著，又易普及於下等社會，可謂妙矣。乃教會皆不知基督之淺近中有深遠，既不知其深遠，則必並淺近不知，烏可濫傳耶？竊嘗謂世界既有佛教盛行於東亞，而歐美人無佛法可聞，即不可不有基督教以度之。窮未來際無盡學者，研究哲理，自以佛教爲最微妙，最精覈。若言陳義切近，使不能學佛之人，略可自度而度他，則基督教似較方便。顧基督真義，沈晦二千年，倘不研究佛教，斷不能徹底認識基督教，更不能革新謬傳之僞基督教爲真基督教。今後在中國傳教者，須在大學畢業後，仍復謝絶世事，精擇儒家、墨家、道家諸書熟讀之，再選佛教性宗書與基督教最近者讀之，再讀佛教相宗書，通共期以十年，至少五六年，始能認識基督教之真義，並其缺欠與紕繆，然後可以補救基督教，可以改造基督教，可以傳基督教。是終古無上德業也。或謂耶穌未嘗讀孔、老、釋氏之書，何以竟能立教？不知耶穌是肉身菩薩，其教義與孔、老、釋氏之道自然符合，惟因下愚説法遠不及其圓滿耳。今欲傳其教於佛、老等各教之根據地，不與其道協和，能入人之心乎？天下未有自己信仰之教，不知其所以然，而可妄傳者。未有不知自救而能救人者，吾今仰體基督之慈悲，敢爲教會策勵之。

（五）今教會自立者漸多矣。不知教堂雖多，教友雖多，而真能免沈淪得永生者，果有一二人否？蓋傳真基督教，不妨在屋外露地上、殘破芽棚中。在有徹底領會基督真心之教士，自無難放大光明，破世間黑暗也。乃今之教會，與基督之真心背道而馳，現出三種最危險的傳染病：

（1）教士靈性上毫無修養，以致人欲横流，品行污下。

（2）基督根本的教義從不研覈，往往知解陋劣，出辭鄙倍，不堪入中人之耳，甚至有藉講道洩忿者，更污辱基督之至。

（3）聽講者毫無敬意，不知禮拜之謂何。青年男女藉以放縱情欲者，往往有之。似此何足言基督教？何貴有自立的教會？昔耶穌十二歲，已辯才無礙，復遯世潛修十八年，及出而受洗，顯感神應，又往曠野禁食四十日，且終不娶，是其兼善天下根本的修養與佛教同也。今之教會何如？佛教中凡能講經之高僧，未有不多讀孔、老書，專精一宗，復兼習其他三四宗者。以不如此，見解不能圓滿，難於弘法度生也。今新教傳教者，有如佛教高僧之學養乎？次之有如天主堂修道士之學養乎？必稍研究天主教，再稍研究佛教，自知基督真理無異佛教。天主教規律同於佛教者甚多，各新教會異於佛教者，因其不學昏動，故知解純是謬誤，行爲純是虚假，去真基督教太遠也。至云服務社會，或舉行某某大會，看似熱鬧非常，其實工於鶩外的營業性質太多，屬於内證得基業的性質毫無。恰似一種狂熱證，一時腦筋受高熱的激刺，不覺厲聲狂呼，鼓動大衆，及其熱退狂歇，影響無存，有何益處？真基督教不若是浮囂也，天主教人不肯同流合污，亦一證。莊子曰“外重者内拙”，正爲今日教會寫照。各地青年會每年徵求會員時，一味事奉瑪門，即金錢。卑污不甚言狀。教會領袖亦有知其病根何在者否？亦思有如何革新之方法否？以如是之僞其督教，望其挽救社會，是猶欲往南而向北行，煑砂而欲成飯也。

當此新文化潮流中，基督教改良問題，實不容緩。姑且提出以上五項討論，並期對於本年基督教全國大會有所供獻，幸諸明達進而教之。

今教會所辦學校有三大弊附此請教

（一）以謬傳洋教之勢力，壓迫青年之思想，使不能自由發展。如强迫學生讀經、祈禱，不以真理啓發，更無德行感化，殊不合理也。

（二）明知基督教義疎漏，遠不能敵佛教美滿，乃禁讀佛經。俊秀子弟不受迷惑，則以金錢誘令出洋留學，務欲達其文化侵略、宗教侵略之目的。而我數千年來之文化，被消滅於無形矣。

（三）造成一般知識隘陋、習非成是之青年，非依賴教會不能生活。此間又有二弊：（1）在在仰西人鼻息，失其人格，苦不堪言。（2）知解上種種之邪執，展轉流傳，不知伊胡底止。

是皆最可哀憫者也。甚望教會領袖注意改良，勿常令非基督徒反對爲幸。

試以基督教與釋道儒墨各教比較其崖略

基督教極精妙處，各教無不備。各教精妙處，基督教無有者無限。而基督教之荒謬害道處，則各教所無也。

基督教義，同於佛教者，如天國可擬浄土，永生即不生滅是。惟福音義多未備，令人易長我執法執。佛法無蘊不宣，破盡我法二執無存。至於三世因果，六道輪迴，根本教義無聞，亟待佛教補救。而佛經字字足爲典要，尤非新約文義亂雜，觸目皆是理障，急待删訂者比，足見印度、猶太文化懸隔。教會幸勿夜郎自大。

福音之義，間亦酷似《老子》。例如老子云“外其身而身存”，“身與貨孰多”，與《馬太福音》云“凡要救自己生命者，必喪掉生命。凡爲道喪掉生命者，“道”原作“我”，未免令人執一賊道，今校改。必得著生命。人若賺得全世界，賠上自己生命何益?”十六章。如出一轍。此外生要旨，佛教、墨教皆同，教會人迄未領悟者也。至於老子微妙玄通，並滌除玄覽，破所知障，則基督教人夢想所不能到者。

耶穌博愛，捨身十架，無殊墨子兼愛，“摩頂放踵以利天下，而以自苦爲極”，《莊子·天下篇》。尤無二致。蓋其自苦，非自苦也，乃杜絶外感歸根復命，《老子》。無限的真自由也。博愛之説，在佛教爲無緣大慈，同體大悲。自苦之説，在佛教爲頭陀行。若墨子著《辯經》，闡發“無窮不害兼”之旨，則基督教之以天魔爲上帝者，當奉爲换骨金丹也。

基督陳義切近，俾盡人皆不難實踐。如言忠恕、謙虚等德，頗類孔子。其以祇能殺身體，不能殺靈魂者，不足畏，即志士仁人“無求生以害仁，有殺身以成仁”之義。仁即無漏種子，清净無染之性靈。從知儒教之道，不取宗教之形式，實世間最高深、最圓融之宗教。孔子道成一貫，其學説遠非耶穌所能及。如《易·繫辭傳》云，“《易》無思也，無爲也，寂然不動。感而遂通天下之故”。又云，“神無方而易無體。其道甚大，百物不廢”。固非基督教可同日語，即最美滿之佛法，極玄妙之道教，何非出於一元耶？可見《易》之爲書，固宗教界别開生面、最優秀之傑作，特不學之人祇能迷信僞基督教者，難與言耳。

今教會稍能文者，恒據儒書發皇教義，不知取材於《老》、《莊》、《内典》及《墨》書，陋已。

基督教急須改造之理由五

（一）歐人士未沾東方教澤，動以基督教國自誇。而其政策，恣意侵略，恒勵精於軍艦巨炮，逞狡謀於國際，蓋蔽於猶太教上帝之兇横，未聞真正基督教耳。故知基督慈祥愛人，不可磨滅之教義，急待吾國文化爲之發揮，務使西洋貪戾空氣，悉變爲和藹陽春而已。

（二）教會日即沈淪，違背永生真道。而無識盲從者，反盡以假爲真，而終於不悟，極可悲愍。故吾人當發大願，昌明基督正義，使其血不空流。就西人之信仰，發揮亞化，以啓迪之。使彼易於領受而向上，依據真理，自度而度他，則國界、種界自消，而世界可永久和平也。

（三）今東方文化，似被西方侵略政策，並物質文明，壓迫已甚，加以無識西人來此傳教者，見我政治之腐敗，等我於未開化之民族，往往以彼粗野陋劣見解，蔑視我數千年來至可寶貴之文化。於是吾國教士沿習成風，致我國魂幾乎消滅，而基督教終爲文人所鄙棄，吾爲此憂。

（四）基督教爲埃及、猶太、波斯，並希臘、羅馬文明之結晶，雖遠不及佛儒等教之美滿，然在西方文化中莫此爲高，亦惟此可與亞化相接合。吾人負傳播亞化之責，得不藉此互相融貫，發越光輝，統一世界精神的文化哉？

（五）基督教雖傳遍全球，其真光實久鬱而未發，必本科學的精神，革除一切謬妄。務使人皆親證自心的上帝，圓成己身的基督，則如江河的靈水，自從腹中愈流愈多，無難滋潤世界，潔浄世界。而未有天地以前已有的真心，自能彌綸天地以常存。

贅　言

我本基督無限的愛心，爲此贅言。耶穌當日，本非在中國立教。今在中國宣傳，故《舊約》書當删去十之七八，《新約》書亦當删去十之三，改去十之三。其餘留存者，對於免沈淪、得永生之方法，還是很不夠用。言及於此，請問教會，若專以營業爲重，就不説了，若以自己並他人的靈魂爲重，就當依最低的限度，速去研究佛教唯識學與浄土宗，然後再來宣傳基督教，庶可補其偏而救其弊。因唯識的哲理過於邃密微妙，衹宜於上根上智，不便對中人以下者宣傳，而教士必粗知梗概，始知生死之權，操於自己。基督教義，偏重信行而無解，合於浄土者十八九，容易普及下等社會，然必知即佛是心，即心是佛，加以浄修，始可横超三界也。

基督爲要世人都得永久的豐富，特爲貧窮；爲要世人都得永久的尊貴，特爲卑微；爲要世人都得永久的生命，特爲捨命。教會豈竟不知乎？竟都不肯照樣去行，便與基督不相干了，甚是可惜。但基督還有許多寶貴的道理，祇因當日的門徒不能領會，畢竟未説出來，《約翰福音》十六章十二節。不知教會覺悟否？作何感想否？有意更求精進否？不佞頗願依據佛、老諸説，將基督所未言，約翰、保羅所未聞者，貢獻於教會；無如衆生機劣，迷執偏淺，拒真勝義，以恩爲怨何？以此，我對全世界的基督徒，不勝哀愍。以其無知無識，虚僞狂妄，阻礙真理進化，害不勝言也。嗚呼！安得保羅復生，“願與基督決裂，以救我無量數兄弟骨肉乎”？《羅馬書》九章三節。

約翰屢説不願意用筆墨寫出來的話，見《約翰》第二書、第三書。今我亦然，姑説一偈：

執著我見不除，決定沈淪死海。

了知萬事糞土，始可莊嚴世界。

荆楚文庫

福音祕義

原有單行本，1937年收入佛教精進社印行的《中華新基督學》。據後者整理。

序

曩者予判佛法爲三分，曰根本之佛法，曰增上之佛法，曰應化之佛法。根本之佛法，指出世之三乘也。增上之佛法，指不共之大乘也。應化之佛法，又分八宗，曰佛化儒教宗，曰佛化回教宗，曰佛化耶教宗，曰佛化道教宗，曰佛化梵教宗，曰佛化科學宗，曰佛化哲學宗，曰佛化藝術宗。此應化佛教之八宗，皆分途有人爲熱心之運動，而以張仲如先生擔任“佛化耶教宗”爲尤力。先生本此宗旨所出之著作，已多至十餘種。今又著《福音祕義》，彌見精進。然基督教在今此之世界，僅殘留其形式與名字，乃同已死之枯木屍身，無復生氣靈性。以如來妙法貫注其中，使之借魂還活，誠對於基督教有生死人而肉白骨之大恩者。俗諺：狗咬吕純陽，不識好人。他日基督教得佛法爲續命湯而復活，或起而反噬佛教，豈不轉受所累？故今日之佛化基督，當注意蕩滌其殘留之形式名字，然後凝收其游離之精神質素，庶其有益無害。斯則竊願爲張先生更進一言者也。

丁卯春正九日，太虚

序

一切有情，皆有佛性，不離法界。諸佛出世，或不出世，諸法法爾、法性常住，如是以佛法攝衆生，則無一衆生出佛法外。惟下者全迷佛法，而成三惡道。上者轉迷爲覺，而有四聖。其餘人天外道小乘，則亦能分證佛法。以是知佛法普徧，法法皆通，無法不備。基督教言上帝刱造萬物，是本奉大自在天，以爲宗主。其所言雖至膚淺，然横豎隨説，皆可見佛法之一分。張仲如居士綜貫儒墨，游心耶教，復精研大乘。曾著以佛法判耶教之書十餘種，近更著《福音祕義》，其間以“發覆”、“解蔽”、“除濫”、“教乘”等名篇，意在開闢荆榛，顯現坦途，補苴罅漏，繩糾偏邪。予受而讀之，歎爲希有。然爲讀者計，尚可贅以數語。蓋菩薩利他，方便善巧，誘進初機。或説《新約》義通大乘，耶穌所證，至地上菩薩等，皆不可執爲實法。摧而言之，耶穌所知，止於人天神鬼，即莊子所謂生天生地神鬼神帝者，恰當其分。而《新約》所説，雖略有近似佛法處，亦即所謂從法界等流，夫婦之愚可以與知者，一切衆生皆可成佛，何況耶穌與其進也有以也夫。

民國十六年正月十二日，唐大圓序

序

自有所謂高級批評發明以來，世人對於基督教聖經的態度，迥異從前。此非輕看《聖經》；因以前人對於《聖經》，每有囫圇吞棗、食古不化的弊病；有了高級批評，我們至少有以下幾種覺悟。

一以歷史論，聖經中所有年代和紀事，每有矛盾重復之處。

一以文字論，同爲一書，其間有幾種不同的文字夾雜，證明這書不是一人一氣呵成的；所以有某某福音，某某書信之稱，乃是後人附會，未可徵信。

一以科學論，《聖經》雖然不是科學，但其中違反科學的地方，如一切神蹟等，我們有没有繼續保留的必要？

一以倫理論，《聖經》中的妒忌的上帝，殘忍的上帝，復仇的上帝，褊狹的上帝，雖然可以用“歷史方法”來辯護，究竟是“存真”好，還是“删改”好？

根據以上諸點，就有一般前無古人的神學家，冒天下之大不韙，主張把《聖經》節録起來。美國凱德的《短聖經》，衹限于歷史批評和文字批評；對於科學倫理，卒仍其舊。但出版之後，歐美人士詆之爲左道者，不一而足。西人思想之錮蔽，於此可見一斑。最激烈的是俄哲托爾斯泰的《短福音》。他把《聖經》大刀闊斧的砍掉了十之七八，留下一個主禱文和幾節相關的《聖經》。現在爲興昧起見，把大旨介紹出來：

一、人爲無量生活之子。這生活不是肉慾，而是精神。

二、所以服事他的，該用心靈和誠意。

三、這無量生活是一切衆生神聖之源。

四、所以一切衆生都該互相服務。

五、所謂無量生活的意旨是捨己。

六、所以我們的人生不該止于利己。

七、現在生活是真的生活的飲食。

八、所以真的生活是現在生活。

九、過去和將來的生活，把我們現在的生活蒙蔽了。

十、所以我們該竭力超脱過去和將來生活。

十一、現在生活的表現是愛。

十二、所以愛就成了生活之源。

他根據這十二點，寫了所謂托氏《短福音》。至于其中章節，限於篇幅，不便照録。有志於此者，可以參考原本。

現在中國基督徒倡本色基督教者，風起雲湧，高唱入雲。但皮相之談，實居多數。行政可以本色化，經濟可以本色化，教制可以本色化，文字可以本色化；但没有把聖經所載的嚼得爛熟，再行去取，而使其本色化，有什麼用處呢？

吾師張仲如先生，性素磊落，不甘與世浮沈，人以奇怪目之，乃安之如夷，嘗倡言佛化基督教，我雖當仁不讓，不敢苟同；但其獨到之處，有非人云亦云，隨波逐流之基督徒，所可望其項背。近又著《福音祕義》，分“發覆”、“解蔽”、“除濫”、“教乘”等章，其工作定不在凱德、託爾斯泰下。雖然有可再加斟酌的地方，並預知必有人非議他，説他又爲佛教説法了。今不論其爲佛教説法不説法，竊以二十世紀的中國人，對於基督教，不可不有這種工作。况其研究之深邃，存意之正當，恐凡挂著基督教招牌的基督徒中，很不易得。所以我應師命作序，叫挂著基督教招牌的基督徒，自問愧恥。或者從我們愧恥中，决然毅然，努力前去，把基督教本色地闡發出來，這是我爲序的苦心呢。

民國十六年三月，受業沈嗣莊謹敘

按路德爲基督教之罪魁，西人無不崇拜之。凱德之《短聖經》，吾未之見，難下論斷。據詆之爲左道者多，或不無可取處。以外凡所見，無不顛倒故。託爾斯泰頗襲取佛教以爲説，以改革基督教著稱。乃其《短福音》，竟於毫無價值之主禱文，存而不删，又其根據十二點，儱侗顢頇，不知宗爲何物，教爲何事，足見信仰基督教者，除保羅粗知端緒外，無非基督門外漢。至可悲也。

純一附誌

凡　例

基督教之利弊，鄙箸前已言及者，茲不重述。

删訂福音新編，注重在“去濫”，間亦正其舛迕。而“解蔽”、“發覆”，則兼以補其缺欠，實互相表裏也。

“發覆”、“解蔽”次序，依《四福音》，間有並各福音研覈者。删訂新編不同，蓋各從其便耳。

“發覆”中時亦解蔽，“解蔽”中時亦發覆。以一文不便二分，從主要而言也。

“教乘”於基督教，前此無聞。此篇略舉其例，俾信徒各知警備。欲聞其詳，當從佛教求之。基督教義罅漏無限，亟待儒佛等教彌縫。鄙箸在在注重於此，然道無窮而言難盡，甚願信徒多備佛老孔墨諸書勤讀之。

據日本幸德秋水著《基督抹殺論》，所謂耶穌基督，猶太實無其人。蓋由信仰者僞託也。此篇據《四福音》，明辨教義之是非，姑作實有耶穌研究，用爲升於佛法之隥耳。

後附“概論”，聊攄懷素未盡之意。皆宜究基督教者所宜悉。知我罪我，非所敢知矣。

目　録

發　覆

福音者，耶穌不可言傳之糟魄也。而其義理錯亂，由後人所羼者，尤更僕難數。信乎道喪世矣！教士且離道以善，於是民皆惑亂，喪己於物，失性於俗，而卒無以復其初。本《莊子·繕性》。蓋凡愚不覺，無明厚覆故；耽著五欲，流而離本故；亦耶穌教義，恒權而不實，偏而不圓，駁而不純，外而不内，晦而不明，有以致之。然辭約旨遠，亟待宣究者不少。昔孔子見老聃出，語顔回曰："丘之於道也，其猶醯鷄與？微夫子之發吾覆也，吾不知天地之大全也。"《莊子·田子方》。福音之於道，亦猶醯鷄。今以釋、道、儒、墨之教，實爲萬物之所一，而不能離，且萬化而未始有極者，爲發其覆，俾教徒粗知天地之大全云爾。

"天國近矣，爾儕宜悔改。"《馬太》三章二節。此文粗讀之，似不錯。細玩之，頗嫌語氣板滯，由記者未諳天國妙理故。當作"爾儕若悔改，則天國近矣"，庶較活潑。蓋天國之遠近，由悔改不悔改，並悔改程度之奚若而定也。天國對此閻浮苦世界言。心不清净之人，終無相近之望，故須悔改。悔改即滌除心中一切污染也。佛教有懺悔文曰："往昔所造諸惡業，皆由無始貪瞋癡。從身語意之所生，一切我今皆懺悔。罪從心起將心懺，心若滅時罪亦亡。心亡罪滅兩俱空，是則名爲真懺悔。"六祖《壇經》有《懺悔品》，須參究之。尚有懺除業障文等甚多，不具述。"天國"二字，義過簡單，未若佛教分析之精密。就其福報在人乘上者言，總爲三界，别爲二十八天。讀《楞嚴經》，可知梗概。有唯法身大士可見，而業道衆生不見者，爲華藏世界，乃毘盧遮那佛譯爲"法身如來光明遍照"。所居實報無障礙土。詳《華嚴經》。有極樂世界，乃阿彌陀佛無量慈悲所莊嚴，攝受十方念佛衆生者。見《净土三經》，《無量壽經》、《阿彌陀經》、《觀無量壽經》。又依天台教所判分，有常寂光土，乃法身佛所居，惟菩薩隨分見於法身。漸次證入有實報莊嚴土，乃報身佛所居，惟三賢十聖菩薩方能見之。此二佛土，極清浄，極微妙也。有方便有餘土，乃佛力所現，爲二乘休息之化城。見《法華經》。有凡聖同居土，即此娑婆世界是，各依衆生所修之因而證之耳。《浄名經》云："維摩詰入於三昧，現神通力，以其右手斷取妙喜世界，置於此土。所應饒益，其事訖已，還復本處。"《阿閦佛品》。更不可思議。又就自心言，即是唯心浄土。《浄名經》云："隨其心浄，則佛土浄。"《佛國品》。六祖云："凡愚不了自性，不識身中浄土，願東願西，悟人在處一般。所以佛言隨所住處恒安樂。"《壇經·決疑品》。又有"即心即土，即身即土"之説。皆孯覈天國之義，而求超入佛國者，所當博學明辨也。

"耶穌行於加利利海濱，見有昆弟二人，即西門與安得烈，投網於海，蓋漁者也。謂之曰：'來從我，將使爾得人如得魚然。'遂棄網而從之。又前行，復見昆弟二人，即西庇太之子雅各與約翰，同在舟中，偕父治網。召之，輒棄網別父以從。"《馬太》四章十八至廿二節。此説明有二義。（一）使作"得人"之漁夫，喻衆生耽著結習，沈淪苦海，出離無期，務普度之，令到彼岸，同得安樂。於此有二缺點。（1）僅度人不度衆生，救苦之量欠圓。（2）何以須作"得人"之漁夫？未明其理。今彌縫之。《華嚴經》云："張佛教網，亘法界海，漉天人魚，置涅槃岸。"言無邊法界中，地獄、餓鬼、畜生之苦不待言，而得生天上、人間者，其苦亦不得了，如沈溺於海然。張佛教網，徧度之，置之永生安穩岸上，庶少慰佛之慈悲也。（二）西門、安得烈、雅各、約翰，何以遽舍本業，從耶穌之速且易？有四理由。（1）在游牧時，資生不難。（2）四人宿業較輕。（3）耶穌摶氣如神，《管子·内業》。無難攝化四人，清浄其心而向上。（4）彼得、雅各、約翰，常從耶穌。耶穌之教，卒賴彼得、約翰以傳。足證耶穌神鑒之明，預知未來也。

"虚心者福矣，以可得天國故。"《馬太》五章三節。"虚心"原作"心中貧窮"，即"心齋"意，猶太文化不足，竟無辭以達之，至可歎也。《莊子·人間世篇》，"仲尼語顔回曰：'唯道集虚，虚者心齋也。'顔回曰：'回之未始得使，實自回也。得使之也，未始有回也。可謂虚乎？'夫子曰‘盡矣’。”可以釋此。蓋天國清淨，非至身心俱空時，不易證入。降等言之，欲界六天，亦非少私寡欲，了不相涉。今教會一團肉慾，難保人道，求升天國，何其愚妄！

“溫柔者福矣，以可得土地故。”《馬太》五章五節。老子曰：“天下柔弱莫過於水，此從河上公本、吴澄本。而攻堅强者，莫之能先。以其無以易之也。柔之勝剛，弱之勝强，天下莫不知，而莫能行。是以聖人云‘受國之垢，是謂社稷主；受國之不祥，是爲天下王’。”王注本七十八章。耶穌之言，如出一轍，特略而不詳耳。西人競尚强權，妄稱基督教國，慎已。

“嗜義如飢渴者福矣，以可飽德故。”《馬太》五章六節，“德”字今校增。義者，事之宜，世法也。出世法不能外世法而建立，故貴之。儒、墨二家同。佛教理由事顯，事攬理成，即俗全真，事事無礙，尚已。獨道家不貴義。老子曰：“大道廢，有仁義。”王注本十八章。莊子曰：“仁義，先王之蘧廬也。止可以一宿，而不可以久處。古之至人，假道於仁，託宿於義，以遊逍遥之墟。”《天運》。蓋進有爲於無爲，理至微妙，與佛、儒、墨互相成。此基督教人，亟應博學明辨而精進之者也。

“悲愍人者福矣，以必蒙悲愍故。”《馬太》五章七節。孟子曰“愛人者人恒愛之”，義同。《墨子·大取篇》曰：“愛人不外己。己在所愛之中。己在所愛，愛加於己。倫列之愛己，愛人也。”説理尤周到。又有《兼愛》三篇，條列義相甚詳，皆基督教所遠不及也，宜讀之。

“爲義蒙難者福矣，以天國爲所有故。”《馬太》五章十節。“蒙難”在佛教梵語爲“羼提波羅密”，譯爲“忍辱到彼岸”，所以“治瞋恚，自度度他”也。亦稱“忍辱度”。忍有三種：（一）耐他怨害忍。（二）安受衆苦忍。（三）法思勝解忍。“爲義蒙難”，顯以法勝耐他怨害，攝第一、第三兩種忍也。《十地經論》有十波羅密宜研尋，又有《六度集經》亦宜參究，以助真修。因天國不易證入，僅一“爲義蒙難”，相去尚遠也。

“汝儕乃地之鹽。”《馬太》五章十三節。欲界衆生，耽著五欲，食欲爲盛。人類食品，通常需鹽，調和其味，故取爲喻。謂增道味，益慧命也。

“汝儕乃世之光。”《馬太》五章十四節。世界古今歷史，多半爲殺、盜、淫三事。殺、盜、淫起於貪、瞋、癡，是之謂黑闇。光至闇除，故以爲喻。例如耶穌不娶，並教人勿動淫念，治淫貪也。禁食則不害物命，並教人愛敵，治殺貪也。自無枕首之地，並教人罄售所有以濟貧，治盜貪也。不貪自不瞋不癡，其根本解決，尤在無我，並施身十架，教人外身，滅衆罪本，所以爲世之光也。門徒亦步亦趨，唯保羅其庶幾乎。今教士大患有身，在在與耶穌相反，黑闇極已，"光"云乎哉？

"爾聞有誡曰：毋殺人，殺人者必受審判。吾今語爾，凡人向兄弟動怒，必受審判；有古卷在"人"下添"無緣無故的"五字。案：至道非凡情可測，添字者無識，不可從。或詈兄弟曰拉加，猶言"賤夫"。當受公會審斷；詈兄弟曰狂妄，應受地獄之火。故在祭壇獻禮物時，憶與兄弟宿怨未釋，則以禮物姑置於壇，往與和好，然後來獻。"《馬太》五章廿一至廿四節。殺人之事，在原人時，習尚野蠻，恒所不免，故摩西假託神權以爲誡。若已立國，定有法律，即不足爲教誡矣。當作"毋殺生"，庶與佛教適相符合。耶穌特破其陋執，且因世法建立出世法，即事原理。"怒"即是殺之幾，佛教謂之"瞋"，爲六根本煩惱之一。此以憎嫉忿恚爲性，能障無瞋，令心不安穩，即損害他。一切惡行，所依爲業。此種習氣，本屬思惑，亦兼見惑，非真見道後登地之菩薩，不易斷除。故孔子亟稱顏回之好學，舉不遷怒爲證。見《論語·雍也篇》。"不遷怒"，解詳鄙箸《國學闡微》。猶有怒也。墨子不怒，見《莊子·天下篇》。其道大矣。耶穌將上十架時，備受侮辱，亦從不怒，故能超出輪迴也。輪迴即是沈淪。審判乃假神權，對下愚之警戒，非真也。實即自招輪迴之苦報。自來以爲上帝審判者，誣也。一切惡果，該於惡因。動怒則舉身燥熱，心復煩悶，種種惡業，皆從此起。蓋由八識田中，無始劫來之種子，發生現行，又由現行，熏成種子，展轉引生，生死相續，即是沈淪，苦不堪言。故凡向兄弟動怒者，必感苦報。此由忍辱度攝，教人不起分別，務愛仇敵之微旨。詈由意業，形爲口業，佛教謂之"惡口"，是繼怒而起之行相，所謂苦具也。《佛遺教經》云："若有人來，節節支解。當自攝心，無令瞋恨。亦當護口，勿出惡言。若縱恚心，則自妨道，失功德利。忍之爲德，持戒苦行，所不能及。能行忍者，乃可名爲有力大人。若其不能歡喜忍受惡罵之毒，如飲甘露者，不名入道智慧人也。所以者何？瞋恚之害，則破諸善法，壞好名聞。今世後世，人不喜見。當知瞋心，甚於猛火。常當防護，無令得入。劫功德賊，無過瞋恚。”此怒之所以當戒也。“當受公會之審斷”與“地獄之火”，謂陽難逃輿論，陰且感苦報。四大之火，無分内外，由心引發，自作孽不可逭也。先與怨家和好，然後來獻禮物，言有怒與詈，必有兄弟懷怨，是不愛人，即是不愛自心。祭壇之禮物，不能釋人心之怨，故必滅除我見，亟向兄弟謝罪，和好如初，然後精明之德，可以交於神明本《禮·祭統》。也。

“毫釐未償，弗克出也。”《馬太》五章廿六節。喻稍有塵垢未能滅盡，不能免沈淪、出苦海也。因果之理，絲毫不爽。舉證二事：

《逸史》載長安城内，盧叔倫家女子，桑閒逢僧乞食。問得食處，女曰：“村東二里王家飯僧。”遂往，果得齋。王氏問僧所從，僧以實告。既而王氏翁媪俱至女家，女閉户不出。問女母曰：“我家設齋，人無知者，女何知耶？”女自房中出，呼曰：某年月日，販羊胡父子何在？翁媪驚趨出。母問女曰：“汝適何故？”女曰：“我前世爲夏州販羊客，姓胡，宿其家。彼殺我父子，羊盡爲所有。我後於其家作子，十五得病，二十而終。醫藥之資，已過所劫，猶每歲與我作齋。雖然，命債尚須償也。”

《江湖紀聞》載宋理宗初，真西山帥長沙日，市民程二者，有子年二十，謀弑厥父。密語其友，友恐事發相累，遂首於官。即呼其子，問之。不諱。及問其父並隣人，皆不知所以。問其子殺父之故，亦無可言者。真察其事暗昧，乃齋沐叩神。一夕夢神報曰：“但問其父，二十年前，曾作何事，即知之矣。”翌日真私問其父曰：“此事我已知，汝但勿諱，汝二十年前，曾作何事？”父曰：“二十年前，有潙山行者，將錢一千緡，欲買度牒。中夜殺行者，瘞於廚下，以其錢營産業焉。”真復私問其子：“吾欲釋汝，欲以錢一千緡惠汝，從汝所之。汝若得錢，當何所作？”子曰：“誠如所言，當買度牒，入潙山出家。”真知行者之怨，遂籍其父産業，計一千緡，以付其子。將其父配五百里外。

“汝聞有誡曰：毋姦淫。我今告汝，見婦女而戀之，已心姦之矣。倘汝一目原作“右目過於著相”，據十八章校改。陷汝於罪，則抉而擲之。與其全身下地獄，不若喪一體之爲愈也。倘汝一手陷汝於罪，則斷而棄之。與其全身下地獄，不若喪一肢之爲愈也。”《馬太》五章廿七至卅節。《圓覺經》云：“一切衆生，皆因婬欲而正性命。當知輪迴，愛爲根本。由有諸欲，助發愛性，是故能令生死相續。欲脱生死，免諸輪迴，先斷貪欲，及除愛渴。”《彌勒》章。《楞嚴經》云：“當觀婬欲，猶如毒蛇，如見怨賊。先持聲聞四棄八棄，執身不動。後行菩薩清淨律儀，執心不起。以婬能害法身，殺慧命。必使無身犯，且無思犯也。”此言見婦女不可戀著，戀著即是心婬。由此發業潤生，根本無明，交織妄成，劫自真性，生死相續，難免輪迴矣。《大乘起信論》云：“一念有生、住、異、滅四相。”生相謂念之初起，其相微細，非佛不知。住相謂已起念，對境著心，必地上菩薩，始隨分覺。異相謂我法分别，對待不忘，非有修養之賢者不能捨離。滅相謂衆生造業之心，念念相續不已。如有凡夫，覺知前念起惡故，能止後念，令其不起。雖復名覺，即是不覺故。此言倘“一目陷爾於罪”，不言兩目，顯見起念甚微，似初現住相，未至異相之時。知將陷之於罪，是爲異相。即抉而擲之，則滅相也。以四相俱時而有故，蓋非十聖難體認也。設在凡夫造業，恐至全身墮地獄時，猶不悟者多矣。縱初起惡念即能制止，亦在生滅心中遏抑，未見不生滅性，不足云覺也。《四十二章經》云：“佛言，慎勿視女色，亦莫共言語。若與語者，正心思念。我處濁世，當如蓮華，不爲泥汙。想其老者如母，長者如姊，少者如妹，稚者如子，生度脱心，息滅惡念。”廿九章。允足爲法。下文不煩解。

“慎爾出話。是則是，非則非。多言則妄。”《馬太》五章卅七節。是則言是，非則言非，乃第八識精明之體，映在五根門頭了境之用。以初映境時，當第一念，未起分别，是爲現量。設又多言，即落第二念，或第六識妄起分别，或第七識隨緣執我，均成非量矣。蓋凡夫六識依第七識起用，無不妄也。妄即是惡，猶從惡庫而出故。

“汝聞傳云：目償目，齒償齒。我今告汝，勿拒惡類。人或批汝右頰，則轉左頰俟之。人欲訟汝，奪汝裏衣，更以外衣授之。人强汝行一里，則偕之行二里。”《馬太》五章卅八至四十一節。此破我執、法執，名忍辱度，治瞋恚也。

“求於爾者與之，借於爾者勿卻。”《馬太》五章四十二節。此布施度，治慳貪也。

“汝聞語云：愛爾親近，恨爾仇敵。我則語汝，愛爾仇敵。人憎嫉汝，善恩施之。誣汝窘汝，爲之祈禱。”庶稱佛子，可無愧也，蓋佛恩施辜恩惡類。二句本《路加》六章卅五節增。基督教之上帝，不過欲界天主，佛則高出遠甚矣。“無分良莠，日不擇照。義人惡人，雨不擇潤。倘愛汝者，汝還愛之，何報之有？彼諸税吏，不亦然乎？若惟存問汝之昆仲何長於人，彼外教人亦猶是也。或貸於人，則望其償，汝有何惠？視彼罪人，不相同耶？”五句本《路加》六章卅四節。故當慈悲二字本《路加》六章卅六節，如佛無異。《馬太》五章四十三至四十八節。一部《舊約》，在在皆恨敵復仇之言。並其僞上帝，黨同伐異，在世法中，且非善人，何足云出世法。猶太人無知迷信，耶穌愍之，特爲摧邪顯正，謂當以無量慈悲，愛彼仇敵。如日不擇照，雨不擇潤，不起分别，轉染爲浄。妄起分别是染，不起分别是浄。庶幾得見平等法身即真上帝，完成本具無漏功德，放智日光，除世癡闇，雨甘露法，潤衆心田，同昔諸佛，無有差異。若彼凡情酬酢，不足道也。

愛敵之旨，蓋了知唯一真心，無彼此故。佛教視怨如親，《圓覺經·普覺》章云：“末世衆生不得成道，由有無始自他憎愛一切種子，故未解脱。若復有人觀彼怨家如己父母，心無有二，即除諸病。”又謂之“怨親平等”。其事實於六祖《壇經》已兩見《頓漸品》、《付囑品》，餘不勝述。老子曰“報怨以德”。王弼注本三十六章。孔子謂以德報怨爲寬身之仁。《小戴禮·表記》。墨子貴兼，“其道不怒”，《莊子·天下》。直無仇敵可言。宋鈃尹文“見侮不辱”。《莊子·天下》、《韓非子·顯學》。名相各殊，其義一也。

“汝布施時，勿令左手知右手事，則汝施濟祕密，汝父監及隱微，行將報汝焉。”《馬太》六章三四節。此布施度也。勿令左手知右手所作，是之謂無爲，是之謂無漏功德。《金剛經》云：“若菩薩不住相布施，其福德不可思量。”《妙行無住分》。可爲塙詁。若有心布施，便住於相矣。六祖云：“有我罪即生，忘功福無比”，《壇經·機緣品》。説不住相反正兩面，無餘蘊矣。嗚呼！耶穌對下下人，不能説上上法，而以“左手不知右手所作”爲言，非已證純無漏道得法自在、善達機宜之菩薩歟？原文“則汝施濟祕密，汝父監及隱微，行將報汝”。仍令布施者心不清浄，反背真勝義諦。當作如是布施，是爲無相布施，不求福德，即是無漏大功德故。

“誰能以思慮，多延一刻壽”。《馬太》六章廿七節。世人念念生滅，求生也，反以速死。迷已。六祖云：“迷人於境上有念，念上便起邪見。一切塵勞妄想，從此而生。念念相續不斷，名爲繫縛。”《壇經·定慧品》。莊子云：“無視無聽，抱神以静，形將自正。必静必清，無勞女形，無摇女精，乃可以長生。慎女内，閉女外，多知爲敗。”《在宥》。《易》曰：“憧憧往來，朋從爾思。子曰：‘天下何思何慮，天下同歸而殊途，一至而百慮。天下何思何慮。’”《繫辭下》。其度衆生苦厄，同也。

“何見兄弟目中有刺，不覺己目有梁木也。”《馬太》七章三節。喻明見人之小過，昧於己之大惡。蓋我見爲病也，故破之。孔子答樊遲“修慝”之問曰：“攻其惡勿攻人之惡。”《論語·顔淵》。六祖示神會曰：“吾之所見，常見自心過僁，不見他人是非好惡。”《壇經·機緣品》。可互證。

“凡事爾欲人如何待爾，爾當如何待人。”《馬太》七章十二節。孟子曰：“强恕而行，求仁莫近焉。”《盡心上》。義同。但一依事言，猶太人未能講學故；一據理言，此士人貴能盡性故。

“當努力入窄門，“努力”二字據《路加》十三章廿四節增。蓋所由以沈淪者，其門寬，其路廣，而入之者衆。所由以永生者，其門窄，其路陜，而尋獲者少。”《馬太》七章十三四節。世人埋真逐妄，隨順業流，終不知返者多；而背塵合覺，逆流上溯，反窮源地者少。此諸佛菩薩，所以現身説法也。《法華經》云：“諸佛智慧，甚深無量。其智慧門，難解難入。”《方便品》。又云：“有大長者，財富無量，其家廣大，唯有一門。欻然火起，焚燒舍宅，長者諸子，在此宅中。長者見是大火，從四面起，即大驚怖，而作是念：我雖能於此所燒之門，安穩得出，而諸子等，於火宅内，樂著嬉戲，無求出意。長者復更思惟：是舍惟有一門，而復陜小，諸子幼稚，未有所識，我當爲説，此舍已燒，宜時疾出。具告諸子，而諸子等，不肯信受，了無出心。”《譬喻品》，文長不便具引，宜檢閲之。宅喻三界，火喻生老病死、憂悲苦惱、愚癡闇蔽等。長者愍子，令時疾出，喻諸佛菩薩愛護衆生如子，望其速出三界。諸子樂著，了無出心，喻衆生冥頑，甘受沈淪。所謂一門陜小，即此滅亡寬門，是爲生滅門。寬、陜異者，易入難出故。所謂智慧門，即此永生窄門，是爲不生滅門，亦即真如門。足徵諸佛菩薩，垂愍衆生，無二致也。所不同者，佛言惟有一門，即是不二法門。又言歸元無二路，方便有多門，使人不起法執，可知佛法無邊，不爲理障。耶穌言我爲門，專長人之法執，障礙無限真理，卒使教徒胥成聾盲，徒增我慢以賊道，可憐極已。蓋一則會權歸實，印度文化甚高，教義美滿故；一則權而不實，猶太文化過低，教義陋略故。一真法界，惟不生滅與生滅二門。顧此二門，實惟一門。果能出生滅門，即入不生滅門。彼此非二門也。窄門即未入時極難入言，以知者甚少，不得其門而入故。及既入已，其寬無邊，實無有門。莊子所謂“入無窮之門，以游無極之野”《在宥》是已。

“人呼我曰‘主乎主乎！’天國在望，不能盡入。惟崇天道能遵行者，始可入也。異日教會無知，謂爲天地末日，即耶穌審判萬人之日，背於真理，不可盲從。諸人必語我曰：‘主乎主乎！我藉爾名傳教驅魔，廣行異能，豈皆非乎？’我明告曰：‘我不識汝。迹汝生平，多行不義，亟離我去。’”《馬太》七章廿一至廿三節。此設詞，謂徒呼主，騖外無益；當求永生真道，自度度他也。《僧祇律》云：“波羅脂國，有二比丘，共伴來詣舍衛，問訊世尊。中路渴乏無水，前到一井。一比丘汲水便飲，一比丘看水有蟲不飲。飲水比丘問言：‘汝何不飲？’答曰：‘世尊制戒，不得飲蟲水故。’彼復勸言：‘長老但飲，勿令渴死，不得見佛。’答言：‘我寧喪身，不毁佛戒。’遂便渴死。即生忉利天上，天身具足。是夜先到佛所，禮足聞法，得法眼淨。飲水比丘，後日乃到佛所。佛知而故問：‘汝從何來？爲有伴否？’彼即以上事答。佛言：‘癡人，汝不見我，謂得見我。彼死比丘，已先見我。若比丘放逸懈怠，不攝諸根，雖共我一處，彼離我遠。彼雖見我，我不見彼。若有比丘，於海彼岸，能不放逸，精進不懈，斂攝諸根，雖去我遠，我常見彼，彼常近我。’”可相發明。今信徒不知效法耶穌，自淨其心，縱朝暮呼主，徒以增妄，騖外何益？

“一經生來謂耶穌曰：‘任師所之，我願相從。’耶穌答言：‘狐狸有穴，飛鳥有巢，獨人子無枕首之地，《馬太》八章十九節廿節。能相從乎？”四字因原文語氣未足增。耶穌身外，別無一物，故無絲毫罣礙，得大解脱。此以身教也。傳云：“佛國原作“天國”，今校訂。如寶珠，必罄其所有以求之。”《馬太》十三章四十五六節。又云：“凡爲化度有情，四字原作“我之名”，尊其意改。棄其田宅、昆弟姊妹、父母妻子者，必得永生。”《馬太》十九章廿九節。蓋求道者，結習未除，則心不淨。自心不淨，安能令衆生淨？衆生不淨，安能令佛土淨？耶穌對下根人説法，知其不能外生，姑且使之外物而已。嗚呼！大乘菩薩難逢，小乘菩薩亦不易見也。《四十二章經》：“佛言人繫於妻子舍宅，甚於牢獄。牢獄有散釋之期，妻子無遠離之念。投泥自溺，故曰凡夫。透得此門，出塵羅漢。”廿三章。宜玩索之。

“此道隱於智人達人，而於嬰孩則顯示之。”《馬太》十一章廿五節。智人達人，我見横生，法執紛拏，爲障礙故。“嬰孩”改作“嬰兒”尤妙，蓋我、法二執不起現行，謙虚能受故。故老子絶聖棄智，貴如嬰兒之未孩。

“服勞負重之人，咸來就我，可得安息。”《馬太》十一章廿八節。衆生樂著五欲，甘自勞苦，未有息時。如從耶穌，法其不娶，則鍾情妻子之勞苦可息。法其無枕首之地，則財物役心之勞苦可息。法其不爲王而入山，則貪虚名之勞苦可息。法其禁食，則養口體之勞苦可息。法其獨至山上終夜入定，“入定”原作“祈禱”，非。今校改。《馬太》十四章廿三節，《路加》六章十二節。則每夜顛倒夢想之勞苦可息。故曰“我軛易，我任輕”也。

“人一切罪，與毀謗語，均可赦。原文“毀謗聖靈必不赦”與下文重複，删。出言干犯人子亦赦。惟出言干犯聖靈，則今世來世終不赦。”《馬太》十二章一二節。“赦”，就偶像上帝言，根本謬誤。“終不赦”，説死了，絶人自新之路，幾等宗教於無用。此文當作“人一切罪與毀謗語，均可懺悔。

出言干犯人子，亦可懺悔。惟出言干犯聖靈，則今世來世永擔其罪”四字原作“終不赦”，據《馬太》三章廿九節改。此文應列入《解蔽》中，因有闡發處，列此。一切罪，就身業言；毀謗語，就口業言。皆由意業發生，皆可懺悔。佛教有懺悔文，已見前。六祖《壇經·懺悔品》説“無相懺悔，滅三世罪，令得三業清净”，懺者，懺其前愆，從前所有惡業，愚迷、憍誑、嫉妒等罪，悉皆盡懺，永不復起。是名爲“懺”。悔者，悔其後過，從今已後所有惡業，愚迷、憍誑、嫉妒等罪，今已覺悟，悉皆永斷，更不復作。是名爲“悔”。凡夫愚迷，只知懺其前愆，不知悔其後過。以不悔故，前罪不滅，後過又生。前罪既不滅，後過復又生，何名懺悔？故真懺悔，斯爲重生。若復作惡，即是重死。生死由己，誰能審判，誰能赦免？蓋“赦”屬臆説，懺悔則實説也。“出言干犯人子亦赦”，大氐後人羼入，當删。姑解説之。耶穌自稱“人子”，以十方諸佛皆由人道修成，能盡人道，即是諸佛孝子。果能親證法身，金剛道成，起大悲願，利益衆生，則大孝不匱，不愧爲人子矣。亦以一切衆生，同具佛性，平等平等，一念返妄歸真，立地便可成佛，故特現身世間，願人盡成佛子，與己爲異。此知耶穌行菩薩道，世間希有，此就猶太及遠西言。若在亞東，解行如耶穌者，當以萬計。人若狂妄出言干犯，罪同毀佛謗法，最爲世道人心之害。依業受報，當墮無間地獄。然或一念知非，痛切懺悔，譬如一燈能除千年暗，一智能滅萬年愚，《壇經·懺悔品》。諸佛慈悲，仍必歡喜接引也。何獨聖靈干犯不得？蓋聖靈即衆生之慧命，自無始來本極清净，若以身口意業褻瀆之，即是自斷佛種，必墮三途，地獄、餓鬼、畜生。是之謂“永擔其罪”。蓋感報已定，諸佛威力，不能救也。吾人一切有漏習氣，皆由積劫結成，不易斷除，故貴效法諸佛滅妄返真，回復本具之聖靈，庶可得永生也。倘未能滅罪，又加褻瀆，勢必沈淪日深，來世之苦，更倍於今世，不大可哀乎？於此有須發明者，即“三世因果”是。經云：“上帝而外無一善者。”《馬太》十九章十七節。顯謂人由前世造業，受今世身。徧讀《新約》，雖無“前世”明文，而此言外可得其意。合之今世、來世，三世備矣。欲知前世因，今生受者是。欲知來世果，今生作者是。此基督教人從來未聞之福音也。

“善人心庫，所藏善多，故發爲善。惡人心庫，所藏惡多，故發爲惡，兩“多”字本“庫”字引申其義增，亦見“善庫中未必無少許之惡，惡庫中未必無少許之善”也。我今語汝，凡人所出無益之言，異熟果成，原作“於審判一一清計”，違反諦理，今校訂。爲義爲罪，毫釐不差”原作“必定爲義或定爲罪”，今校訂。《馬太》十二章卅五至卅七節。吾人“眼”、“耳”、“鼻”、“舌”、“身”爲前五識，分别明了爲第六“意”識，隨緣執我爲第七“末那”識。此云“染汙”識，蓋攬第八識妄執爲我故。以上七個識，共同依止之根本爲第八識，梵語“阿賴耶”，玄奘大師譯爲“藏”識，謂能含藏善惡諸法一切種子，歷劫不壞。故有“能藏”、“所藏”、“我愛執藏”三義。藏即庫也，從善庫發爲善，從惡庫發爲惡，謂由善種子生善現行，由惡種子生惡現行，了然無疑。第八識如田，播下種子，必定發生，是爲“種子生現行”。而發生之物，必落田中，又成種子，是爲“現行生種子”。又由已有種子現行，令業用增長或生起，是爲“種子生種子”。尚有“現行生現行”，此姑不述。世人造業，大都如此。例如平日閒談，最不注意者也，不知言是言非，即是善惡種子，播於田中，異日必有成熟結果之時，“異熟識”亦第八識之一名，謂異時而熟，變異而熟，異類而熟。而爲義爲罪判分矣。此教人慎言，免沈淪也。故佛言不説是非難。《四十二章經》十二章。《詩》云：“慎爾出話。”《抑》。《雅各書》云：“人若出言無過，則完人也。”三章二節。舌乃罪惡世界，能汙全身，且燒令生命輪迴惡趣而不已，又六節。甚可畏也。

“有汙鬼焉，既離人身，任運游行無水之地，忽往忽來，欲求安息而不可得。於是轉念思歸本宅。俄而至已，見其空寂，掃除修飾，遂又他往，攜同七鬼惡於已者，入而居之。其人後患，更甚於前。”《馬太》十二章四十三至四十五節。此文非研究佛教唯識學者，莫明其妙。略解釋之。既離人身，尚未投胎之鬼。名爲“中有身”，謂死後生前，兩身之間，所有陰形。亦名“中陰身”。凡生前業重，不能超出三界者，必極汙濁，故曰“汙鬼”。“任運游行無水之地，忽往忽來”，形容中陰身妄蘊熾盛，舉體焦渴。《華嚴經》云："佛子如恒河岸，有百千億無量餓鬼，舉體焦然。爲渴所迫，欲求水飲。雖住水邊，而不見河。設有見者，見其枯竭。何以故？深厚業障之所覆故。"《入法界品》。其時惟隨業力所感，任運輪迴，往往來來，不得休息。縱欲休息，自己絲毫作不得主。故曰"欲求安息而不可得"。"薾然疲役"《莊子·齊物論》。至此，忽爾"思歸本宅"，喻厭生死苦，樂求涅槃，始覺還同本覺故。《大乘起信論》。"俄而即至"，回頭是岸故。乃見其室空寂，"掃除修飾"，謂自性一念清淨，空諸妄染，積劫迷罪，一時消滅。《壇經·懺悔品》。惜乎一時得淨心地，未能不爲無明所熏，如甫到家，旋復遠遊，故曰"遂又他往"。人之一心，迷而不覺，轉爲八種識。第一眼識，是令人愛妍憎醜之鬼。第二耳識，是令人惡毀喜譽之鬼。第三鼻識，是令人迎香拒臭之鬼。第四舌識，是令人棄苦取甘之鬼。第五身識，是令人避澀就滑之鬼。第六意識，是令人妄起分別之鬼。第七末那此云染汙。識，是令人妄執爲我，隨起貪、癡、見、慢四惑之鬼。第八阿賴耶識，奘師譯爲藏識，是爲主人翁，體性較前七個識爲善，不會作惡。然前七個識作惡，總歸此主人受苦。前七識造因，第八識受報，是因果異類而熟，故亦名異熟識。解詳《成唯識論述記》。第八識既是主人，故死時後去，投胎先來。《八識規矩頌》云："受熏持種根身器，去後來先作主公。"《雜寶藏經》云："頂聖眼生天，人心餓鬼腹。旁生膝蓋離，地獄腳板出。"謂人將死時，頂部最後冷，是超出三界之證。眼部最後冷，則生於天。心部最後冷，則復爲人。餘可類推。是爲宗教根本要義，亟當斁尋。此識自無始來。沈淪六道天、人、阿脩羅、餓鬼、畜生、地獄。皆受前七識之害，非諸佛及異熟識空之菩薩，不能遠離前七識而獨立。衆生積迷，死此生彼，必帶同前七識之習氣以俱生，故曰"又攜七鬼惡於己者，同入居之"。從知衆生之身，即是八個汙鬼之住宅。《八大人覺經》云："心是惡源，形爲罪藪。"《佛遺教經》云："心之可畏，甚於毒蛇、惡獸、怨賊，大火越逸，未足喻也。"可相發明。以此諸業習氣，有情生死相續，前異熟既盡，復生餘異熟，《成唯識論》。每下愈況，來生更苦於今生，故曰"此人後患，更甚於前"。此基督教之異彩也。嗚呼！基督徒不多讀佛書，焉知基督教。

“耶穌方訓衆，其母與兄弟均立於外，欲與之語。或告之曰，纔汝母等在外覓汝。於是趨迎。既皆入已，原文荒謬，背於倫理，違反世法，今校訂。指示衆曰：‘斯乃我母與我兄弟，抑知凡遵我父旨者，“父”即法性，“父旨”即不起分别之大慈大悲，“我父”二字改作“諸佛”尤妙。皆我母與兄弟姊妹’。”《馬太》十二章四十六至五十節。原文：“誰爲我母？誰爲我兄弟？”對母不孝敬，對兄弟不友愛。蓋由記者好奇心甚致誤，殊爲耶穌之玷。案，菩薩地五地菩薩，能合真俗兩智，令俱相應。睪覈耶穌教行，閒或似屬八地菩薩，豈於五地境界，尚有未合者乎？今訂正之，庶幾世法、出世法兩不相背。何以遵行佛旨“皆我母與兄弟姊妹”？蓋諸佛法身無所不在，亦即無盡衆生之慧命，本來清浄無漏，無有彼此之别。自衆生蔽於無明，妄生分别，遂成有漏，而汙染日深矣。遵行其旨，則廓然無我，妙明真心，無分内外，不惟人類皆我母與兄弟姊妹，即牛羊鷄鴨魚蝦等，一切有情皆然。釋家戒殺放生，職是故耳。儒家亦於禽獸，見其生不忍見其死，《孟子》。且曰：“斷一樹，殺一獸，不以其時，非孝也。”《禮·祭義》。道家亦不忍食有情之肉。皆了知一切有情，同一平等法身，故其母與兄弟姊妹之量，極其寬宏，不惟人類而已也。耶穌因猶太文化過低，從遊俱是漁夫，姑順時機爲言，意有未盡，兹補苴之。《管子》曰：“天道之極，遠者自親。人事之起，近親造怨。”《形勢》。此其祕旨也。《无能子》曰：“無所孝慈者，孝慈天下。有所孝慈者，孝慈一家。”《質妄》。《莊子》曰：“至仁無親。夫至仁，尚矣，孝固不足以言之。此非過孝之言也，不及孝之言也。”《天運》。人能充孝友之量，孝友天下，則爲賢爲聖爲至人。倘不能孝友天下，並不孝友於其親，則爲畜生，爲厲鬼，墮地獄。因業感報，毫釐不差，慎之慎之。

“播種之喻”。《馬太》十三章三至八節，又十八至廿三節。《大寶積經》有曰：“如新種子，不被風日之所損壞，堅實無穴，藏舉合宜。下於良田，並有潤澤，因緣和合，方有牙莖。枝葉華果，次第增長。”卷五十六“佛説入胎藏會”。喻學道必有因緣增上緣，始能成就。其致一也。

“天國似田間藏寶，人探得之，則祕之而忻然歸，盡售所有以購斯田。天國又似商人求美珠，一見重價之珠，則歸去，售其所有以市之。”《馬太》十三章四十四至四十六節。此二事一類，當合爲一。“寶藏於田，因而購田”，文字害道，於此可見。以田非寶，得寶無取於田也。“方探得而祕之”，於義不妥，頗嫌自私，與求天國之旨相背，當删。“天國”改作“佛國”，尤妙。當作“佛國猶如至寶珍珠，其價甚昂，在善賈者偶遇見之，備極歡喜，盡售所有以購得之。”參觀《教乘》。寶珠喻人佛性，本自具足，無待外求，乃爲積劫煩惱埋没耳。“必知厭惡自己生命”，《約翰傳》十二章廿五節。能“視萬事皆如糞土”，《腓立比》三章八節。善權輕重，斯爲善賈。以真寶價昂，非外捨妻子田宅一切所有，内除貪欲愛渴、事理二障、《圓覺經·彌勒章》。我人衆生壽命諸病，又《淨業章》。不可得也。得寶，喻道果已成也。道果階次，爲佛，爲大乘菩薩，爲小乘菩薩，均由此修。或甘於沈淪，祇求生於天國，亦由此修。是爲唯一不二之窄門。不然，則今世是人，來世恐不是人。餓鬼、畜生、地獄，祇貪愛乘心而往耳，上帝耶穌不能爲禍爲福也。《楞嚴經》云：“應當詳審煩惱根本，此無始來，發業潤生，誰作誰受，則汝現前眼、耳、鼻、舌、及與身、心，六爲賊媒，自劫家寶，由此無始衆生世界，生纏縛故，於器世間，不能超越。”又云：“譬如有人，於自衣中，繫如意珠，不自覺知。窮露他方，乞食馳走，雖實貧窮，珠不曾失。忽有智者，指示其珠，所願從心，致大饒富。方悟神珠，非由外得。”宜思索之。

“耶穌獨登山祈禱。比夜，猶獨留焉。”《馬太》二十四章廿三節。合觀《馬可傳》“時未黎明，耶穌興，出，至曠野祈禱。”一章卅五節。《路加傳》：“數日間，耶穌登山，終夜祈禱。”六章十二節。足見耶穌常習寂定，非但曠野習定四十日而已。猶太人除祈禱外，一無所知。記作“祈禱”，非也。蓋禱戒多言。《馬太》六章七八節。設果終夜祈禱，其言不嫌過多乎？竟視天父爲聾聵乎？能終夜聒聒無停時乎？何足當識者一笑。耶穌因其徒屬不可語上，雖常在左右之彼得、雅各、約翰，必遠離之，《馬可》十四章卅五節“獨前進伏地祈禱”。以便凝神入定。蓋淨圓覺性，要在離憒鬧緣，無所染著，《入楞伽經》。攝心内證，而後能發慧光也。今教會謬執一神，侈談祈禱，純乎天魔外道，執病爲法，可哀也已。

“非入口者汙人”。《馬太》十五章十一節。此因法利賽人，以不盥手而食爲非，破其陋執，不爲典要。《馬可傳》故增其辭曰：“各食物無不潔。”七章十九節。尤謬。今基督徒貪口腹者，輒援此以飾非，傎已。詎知盥手而後食，謂爲衛生，何可厚非？乃法利賽人以爲要道，始屬謬誤，故闢之。求道者不可執文迷旨也。基督徒誦經久不明，與義作讎家，《壇經·機緣品》。可憐極已。試即入口汙人者舉證之。“但以理立志食素，不飲酒自汙。”但以理種種神通，皆與此關係密切。《舊約》記其圓解王夢，上帝救護不爲火焚、不爲獅傷，皆迷信上帝之神話，不可盲從。實由但以理從不食肉飲酒，加以浄修，故能清明在躬，志氣如神。尼布甲尼撒王之夢，或由但以理以其神通暗示故能圓解，或因其具有他心通亦能圓解之。至不爲火焚，則由其自心清浄，内火滅盡，外火自不傷也。《列子》書屢言之。不爲獅傷，則由其定力能制伏之。《高僧傳》載高僧以虎爲役者衆矣，教士不學，烏足語此。則食肉飲酒汙人無疑。耶穌在曠野四旬，何故禁食？又曰“驅厲鬼，非禁食無效，皆因入口者汙人”，足令神識昏沈，障蔽自心妙明也。儒教重齋戒，佛教尤嚴，以段食以香味觸三塵爲體分段而食之謂不潔，初禪天人，即以禪悦爲食而廢之。既不受食，亦不聞香，而鼻舌無用，可超欲界天矣。此亦入口者汙人，令心重濁，不能超出五趣地獄、餓鬼、畜生、人、天。雜居地之明徵。孟子曰：“所惡執一者，爲其賊道也。舉一而廢百也。”《盡心》。

“予不願使之枵腹而歸，恐其憊於途也。”《馬太》十五章卅二節。此耶穌大慈大悲，託辭喻意也。謂衆生離三惡道，得爲人難。既得爲人，聞佛法難。既聞佛法，確有所得難。倘未得而以爲得，則真有得時難。是猶覓食他鄉，餓著歸家，恐永保人生難。况佛道長遠，非發無上正等覺心，苦修勤證，欲達到難。若法喜禪悦，食糧不足，勢必懈弛退步，半途而廢，望其勇猛精進，前至寶所難。故曰“予不願使之枵腹而歸，恐其憊於途也”。

“人欲從我，當盡棄其所有”。《路加》十四章卅四節。“舍己，日負其十架以從。“日”字本《路加》九章廿三節增。蓋欲保其命者，反將失之。惟在斯世惡其命者，反可保之以至永生。”《約翰》十二章廿五節，《馬太》十六章廿四五節。盡棄其所有，指妻子田宅言，所以斷貪欲，外物也。舍己，外生也。日負十架，謂苦行利他，無已時也。世間無盡罪惡，皆從凡夫我見發生，耶穌施身十架，蓋破我執，而示净圓覺性也。盡人具足佛性，祇被一我埋没，倘觀智增明，照了命根當斷，亟除我相，以及人與衆生壽命之相，理詳《圓覺經·净業》章。則基督菩薩周徧世界矣。《老子》曰：“聖人外其身而身存，非以其無私耶？故能成其私。”七章。“夫唯無以生爲者，是賢於貴生。”七十五章。《无能子》曰：“今人莫不好生惡死，而不知自然生死之理。役其自然生者，務存其自然死者。存之愈切，生之愈疎。”《析惑》。可互證。

“贏得天下而輸其命，何裨之有？將以何者贖其命乎？”《馬太》十六章廿六節。此教人不役於物，全性保真也。《老子》曰：“身與貨孰多？得與亡孰病？是故甚愛必大費，多藏必厚亡。”四十四章。《文子》曰：“真人者，知大己而小天下，不以物滑和，不以欲亂情。”《道原》。《莊子》曰：“不仁之人，決性命之情，而饕富貴。”《駢拇》。《抱朴子》曰：“生之於我，利亦大焉。論其貴賤，雖爵爲帝王，不足以此法比焉。論其輕重，雖富有天下，不足以此術易焉。”《勤求》。其義均同。

“慎勿慢此小子之一。吾今語汝，彼之天使恒在天上。見天父面，人子之來，爲救衆生免沈淪耳。爾意云何？孰有百羊，而亡其一，餘九十九，不舍於山，而往尋之。比其獲也，爲此一羊，必大歡喜，逾九十九未亡之羊。天父不欲失一小子，亦猶是也。”《馬太》十八章十至十四節。彼之天使爲何物？荒誕無稽，謬一。天父必在天上，與人懸隔，不在人心，謬二。上帝本無形像，乃云見面，居然偶像，謬三。此教義陋劣之明徵。當作“彼之真心，即佛法身。則得其旨，故不可慢也。人子來爲度衆生出沈淪。”《法華經》云：“諸佛出於世，唯此一事實：化一切衆生，皆令入佛道。”《方便品》。可爲説明。老子曰：“人之不善，何棄之有？”六十二章。“聖人常善救人，故無棄人。”廿七章。義同。天父不欲失一小子，“天父”改作“諸佛”尤妙。蓋釋迦牟尼佛，阿彌陀佛，地藏菩薩等，均有普度衆生無不成佛之大悲願故。以一切衆生，同具佛性故，本來是佛故，轉迷爲悟即得故。嗚呼！耶穌對游牧時人，即羊爲喻。説此妙法，塵薶至今，惜哉！

“容嬰就我，“嬰”字本《路加》十八章十五節。勿庸阻止。有天國者，正如是人。”《馬太》十九章十四節。“孩”字不及“嬰”字妙。老子曰：“含德之厚，比於赤子。”五十五章。可會通其意。

“上帝而外無一善者。”《馬太》十九章十七節。上帝即法身，本無不善，不假修爲，可稱唯一善者。若報身佛、應身佛，則必假修以成，視法身佛不爲善矣。次而大乘十地菩薩，視佛爲不善矣。又次而九地乃至初地菩薩，又次而小乘四位菩薩，又次而二十八天，階位漸下，漸不善矣。至於人類，更無一善者矣。何也？此地球名娑婆世界，本衆生共業所感而成，苦報土也。生此土者，前世業障，深厚無疑。吾人受身，由於發業、潤生二種無明，織妄而成。《入楞伽經》四。曰“貪愛以爲母，無明以爲父”，有何善之可言？雖本具佛性未失，而積劫貪愛蓋纏，孰不嬉戲火宅，樂趣惡道哉？再降而脩羅、餓鬼、畜生、地獄，其不善更不待言。故曰“上帝而外無一善者”。

“欲獲永生，則當守誡。問守何誡？答毋殺生，“生”原作“人”，今校改。並毋姦淫、偷盜、妄語。“語”原作“證”，今校訂。此處《馬可》十章十九節有“毋欺詐”句，不若“愛人如己”義廣。孝敬父母，愛人如己。”《馬太》十九章十七至十九節。此耶穌革除《舊約》“上帝”，並“十誡”前四誡之鐵證。以《舊約》“上帝”爲極凶暴之天魔，又似婆羅門教之大我慢天也。“十誡”前四誡，專制恣肆，害道之至。耶穌不守“安息日”，亦破其邪執也。乃教會冥頑，假冒基督教，實行猶太教，惑世愚民，禁拜父母、祖先、諸佛、聖賢，竟使教徒盡變禽獸，極可憐也。詎知盜賊殺人肉體，不過一時痛苦；宗教殺人靈魂，將使永劫痛苦乎！嗟乎，永生談何容易。如來世復爲人，或逝世即升天，均在沈淪中，去永生甚遠也。必超出三界，欲界天、色界天、無色界天。斯得之。耶穌知“十誡”之前四誡，障礙無限真理，既革除之。又以其餘六誡，如不貪慕人之房屋、奴婢、牛驢等一切所有，由“不偷盜”攝；不貪慕人之妻，由“不姦淫”攝；實惟“孝敬父母”、“毋殺人”、“毋姦淫”、“毋偷盜”四誡而已，縱能一一遵行，不過世間道理，無善可言，萬不足以得永生也。故益以“愛人如己”、“盡售所有以濟貧”、“且來從我”三事，則出世法、即世出世法，粗具梗概，或可入永生之門矣。又以“毋殺人”不足爲誡，謂凡向兄弟動怒者，等於殺人。“毋姦淫”不足爲誡，謂凡見婦女動淫念者，即是犯姦。則“毋偷盜”不足爲誡，凡見人物起盜心者，即犯盜誡不待言。此知“十誡”，惟孝敬父母、禁殺盜淫，萬古不刊，餘皆當廢之明徵。故保羅云：“上帝之義此上帝無所不在，即佛教之法性，非《舊約》之天魔也。在律法外。”《羅馬書》三章廿一節。“全律法一言以蔽之曰：愛人如己。”《加拉太書》五章十四節，《羅馬書》十三章九節。進已。教會不悟，迄今迷信“十誡”，何其愚耶？吾今將耶穌言外不盡之意說明之。“毋殺人”，蓋對極野蠻人，未有國與法律者言。倘已成國，立有法律，其民皆優爲之，何勞教誡？當作“毋殺生”，即不殺一切含靈之生物，《中庸》：唯至誠能盡其性，以盡人之性，以盡物之性，而贊天地之化育。斯與平等法身相應，以上帝貫乎萬有之中故，《以弗所》四章六節。教會無知，爲《舊約》之僞“上帝”所束縛，謂上帝不應在萬有之中，妄改“萬有”作爲“衆人”，不可盲從。設不殺人而殺生，仍無異殺上帝而食其肉也。忍心慘殺上帝，以逞口腹之貪慾，反朝夕祈禱耶穌已革之僞上帝，非顛冥乎？佛教有言曰：佛言食肉之人，斷大慈種。我觀衆生輪迴六道，迭爲父母，六親眷屬更相啗肉，無非親者常生害心，增長苦業，流轉生死，不得出離。不食肉者，即是無量功德之聚。若一切人，不食肉者，亦無有人殺害衆生。又言人具八識如田，起善惡之念爲種。若起一念嗜殺之心，熏入八識田中，永爲累劫輪迴之種。衆生被殺者，起一念瞋恨之心，熏入八識田中，永爲累劫寃恨之種。生生世世，因緣會遇，報復不休。又言世上欲無刀兵劫，須是衆生不食肉。基督徒當猛省，蓋慈護衆生，《羅馬書》八章十九節至廿二節宜深思。斯爲盡性愛上帝，亦所以自永慧命也。“毋姦淫”者，以人由此受生，根本無明，最難斷滅，非深知永生之理，而勇於净修者，未能貞其守。故惟望人不邪淫耳。此世間法，爲教徒言之。若夫教士，當法耶穌，修出世法，不得娶妻，違反永生諦理。今則一團肉慾熏習，妄染不斷，未聞性道之謂何。不足爲基督徒，安能傳基督教？蓋路德爲禍首也。“毋偷盗”者，不可損人利己，自戕其妙明圓净之性也。凡微動念貪非義財，即犯盜矣。“毋妄證”應作“毋妄語”。何也？吾人不爲争訟作證者多矣，此誡幾同虚設，烏足當教律耶？教貴制心，嚴禁口業，設不妄證而妄語，口業猶未净也。口業不净，則誑言綺語，兩口惡舌，在在發生，心不直而命不正矣。《雅各書》云：“舌即是火。在百體中，爲罪惡世界，能汙全身。始然於地獄，燒令生命輪轉不已。”三章六節。足爲戒妄語之證。於此亟應增一“毋飲酒”誡，是爲禁食之要端，恐迷失自心之靈明也。《以弗所書》云：“毋飲酒。酒能使人放蕩。”五章十八節。《提摩太前書》云：“毋因酒滋事。”三章三節，亦見《提多書》一章七節。《羅馬書》云：“寧不食肉，不飲酒，毋使兄弟躓而陷。”十四章廿一節。均戒酒之明文也。吸煙與飲酒同。“孝敬父母”，爲保持人道第一綱要，充其量必盡天下人而敬愛之。博施法施、財施、身施。濟衆，大孝不匱，斯爲尊親。尊仁安義，慎行其身，不遺父母惡名，次之。思親慈愛，服勞能養，爲下。倘於父母生不敬養，死不敬享，不足爲人子矣。蓋人子一毛一髮，皆父母罔極之慈恩灌溉而成，倘不盡孝以圖報，是其神識昏迷，已成禽獸種性矣。故欲來世復得爲人，或生諸天以上，不墮三惡道中，孝敬父母爲第一義。“愛人如己”，以同一真心，無彼此故。“真心”即“上帝”之異名。凡愚迷故，執有人己，又謬執一神，塊然偶像，外而不内，殊不應理。豈知上帝即衆生心，在人類尤顯著，祇以蔽於無明，不能如諸佛菩薩普愛眾生，是其短也。顧能盡性愛人，即是愛上帝，亦即真愛己，故曰愛人如己。如上七誡，悉能遵守，來世可復爲人，未足言永生也。由是而進焉，“盡售所有，分給窮人”，則有布施之功德，當有生天之福德。以是有漏心修，祇可升欲界諸天，難升不還五天，亦未足言永生也。然則如何可證永生？必備具如前德操，且“從耶穌”始得。“從耶穌”者，步亦步、趨亦趨之謂。首當不娶，斷絶淫欲，求出生滅，入不生滅。

或已娶者，亟遠離之。次習禪定，斷絶飲食、睡眠、名利諸欲，如在曠野四旬，此四旬聊示習定之範耳，實則耶穌十二歲後、三十歲前，無非静修時也。《福音》所載至曠野，或入山終夜祈禱者，皆是昔達摩東來傳法，且面壁九年而化，六祖已受衣法，且隱遯一十五載，以不斷五欲不能親證平等法身出三界也。即修此行。蓋滅除無明，見本法身，要在離文言相，直下内證，無異諸佛。乃如實知一切衆生，及與己身，真如平等，無别異故，自然而有不思議業種種之用。復次無我，凡人我法我之邪執，均必破盡。如云“我之道非出於我”，《約翰》七章十六節。“我非自擅而言，乃宅我心之父自作其事”，《約翰》十四章十節。皆是。以上蓋自度之要道。復次恒爲人役。菩薩迴入塵勞，度生妙行，有四攝法，所謂布施、愛語、利行、同事是也。如耶穌療愈衆病，是布施攝。名“西門”曰“彼得”，謂將與以天國之鑰，《馬太》十六章十八九節。嘉許瑪利亞抉擇最上之福，《路加》十章四十二節。是愛語攝。爲門徒濯足，《約翰》十三章四至十節，又十二至十五節。是利行攝。恒爲人役，是同事攝，如常與其徒共處是。《路加》廿二章廿七八節。蓋依無始清浄願力，而後能化衆生，令成佛道，不受衆生汙染。苟無清浄願力，冒然同事，無不墮落者。門徒惟保羅清浄苦行，與衆同事，始可當之。若今教會之服務，是極汙穢之營業，淆亂真基督教者，當明辨之。復次爲兄弟捨命。此教人外身，清罪源也。耶穌施身十架，其一端耳。如約翰之被逮被放，保羅之被囚被焚，皆是。蓋欲化未來衆生，皆免沈淪，得永生也。以上是度他之要道。如是自度度他，斯爲大乘菩薩行，定超三界無疑矣。參觀《教乘》。

“‘天國’取譬，有如園主晨出雇工入葡萄園，與工約值，日一銀錢，乃遣之入。辰末復出，見在市閒有閒立者，即謂之曰：‘汝入我園，必與汝值。’其人往焉。日中未末，園主復出，亦如前行。申末又出，見閒立者，問何終日閒立於此？衆應聲曰：‘無人雇我。’曰：‘汝入園。’比暮，園主語會計者，唤衆工至，各給其值。始後來者，遞及先來，各一銀錢。先雇者至，意必多得，詎知無增，懷怨園主。曰：‘後至者，工作半時。我勞終日，備受暑熱，乃竟待我無異於彼。’園主聞之，答曰：‘友乎！原與汝約，日一銀錢。我非不義，汝攜值去！給後至者，與汝相若，蓋我所願，無負於汝，何見嫉爲？’故在後者，將居於前。本在前者，或落於後。見召者多，見選者少。”《馬太》廿章一至十六節。天國喻佛土。葡萄園猶太國甚多，故以喻教會。園主喻諸佛。先後雇工給值無異，喻人不當放逸無歸。諸佛導衆，苦行攝心，再四慇懃。在聞道者，及時勤修，定有相當福德之報。不問時之先後久暫，一念净心，可成正覺也。本《文殊師利偈》。先雇者至懷怨云云，喻求道者，見人得益，當生隨喜心，在已不應有貪著心、分别心、我慢貢高心、不耐他榮心，是皆夫凡我見，障礙道行，難進易退者也。園主答言無負於汝，喻既入園，遠離外誘，修善終日，功德自在。粗視之得值無多，細思之獲福實較多也。汝攜值去，喻以妄心。妄希多得，反不能得，當墮落也。給後至者與汝相若，喻根有利鈍，悟有遲速，證果平等，不立期限也。諸佛同具悲願，攝化衆生，令皆成佛，從無歧視。惟衆生業障，厚薄不等，斷難同時出纏。故信解行持，頓漸不一。若夫外道種性，迷執邪教，則不易歸正矣。大氐取譬爲言，衹能少分相似，不能全似，且必有不似者也。此文亦然。有須補述者二。（一）“給衆工值各一銀錢”，此稍似而不全似者。佛教最圓頓者，莫如净土一宗，有人一心專念阿彌陀佛，此云無量壽佛無量光佛。若一日，若二日，若三日，若四日，若五日，若六日，若七日，一心不亂，即得往生極樂國土。《阿彌陀經》。雖去此十萬億土，不出一念心性之外，又仗自心佛力接引，然必信願行三，一一圓具，而後往生，尚有九品之别，所以策精勤者至矣。以一心不亂，非可驟得故。（二）“給後至者與汝相若，蓋我所願”，此似是而全不是者。諸佛菩薩度生，有殊勝緣，不可思議。實由衆生具足佛性，無待外求，是爲正因。因緣具足，乃得成辦。若不知衆生即佛，令向外求，仰給於他，且曰見召、見選，是謂邪師邪教，斷不能成正覺故。此皆基督教之短也。

“欲爲大者，當爲衆役。”《馬太》廿章廿六節，《馬可》十章四十三節。“欲居首者，當居衆末。”《馬可》九章卅五節，《路加》廿二章廿六節。云：大者宜若小，長者宜若役。老子曰：“大者宜爲下。”王弼注本六十一章。又曰：“聖人欲上人，以其言下之；欲先人，以其身後之。”吴澄注本五十六章注云：

“言下之，卑屈其言而不尊高；身後之，退却其身而不前進。”此聖人謙讓盛德，非有心於上人、先人而爲之，讀者不以辭害意可也。《揚子法言》曰：“自後者人先之，自下者人高之。”義同。

“凡自高者，必降爲卑；凡自卑者，必升爲高。”《馬太》廿三章十二節。《書·大禹謨》曰：“滿招損，謙受益。時乃天道。”《易·謙·彖》曰：“謙亨。天道下濟而光明，地道卑而上行。天道虧盈而益謙，地道變盈而流謙，鬼神害盈而福謙，人道惡盈而好謙。謙尊而光，卑而不可踰，君子之終也。”皆所以戒憍也。

“予屢樂願護汝子女，“護”原作“集”，今校訂。有如牝鷄，集雛翼下。汝竟不願。”《馬太》廿三卅七節。耶穌大慈大悲、救苦救難之弘願，昭然如揭。《楞嚴經》云：“十方如來，憐念衆生，如母憶子。若子逃逝，雖憶何爲？”下文云“子若憶母，如母憶時，母子歷生，不相違遠”。可爲塙詁。信乎耶穌於苦惱死厄，能爲作依怙，具一切功德，慈眼視衆生，現基督身而爲説法，無異觀世音菩薩本《法華經·觀世音菩薩普門品》。

“此殿將無一石而不圮者。”《馬太》廿四章二節。此固預言殿必被毀，亦喻凡所作者無常。《金剛經》云：“一切有爲法，如夢幻泡影。如露亦如電，當作如是觀。”

“天地將廢，吾言不廢。”《馬太》廿四章卅五節。佛教有云：“此日月輪，可令墮落。妙高山王，可使傾動。諸佛所言，無變異也。”義同。《墨子·貴義篇》子墨子曰：“吾言足用矣。舍吾言革思者，是猶舍穫而攈粟也。以其言非吾言者，是猶以卵投石也。盡天下之卵，其石猶是也，不可毁也。”其取譬異，而言不可毁同。於此有當明辨者：佛教經藏，由迦葉尊者集諸比丘得神通者，悉詣耆闍崛山畢鉢羅窟結集。阿難未得漏盡，拒而不納，後證阿羅漢果，乃能入會。以皆親證真現量境，故能契理契機，名曰契經。然學佛者，必且破盡法執也。四福音之結集者，俱是凡夫，且多僞託。不解自心上帝，萬有一如，純乎外道，無内證之可言。故真僞混淆，背於諦理者過半，非沙汰之不足入中人之目。然基督徒以爲一字不可易也。嗚呼，惷已。

“方共食時，耶穌取餅，祝而剖之。授其徒曰：受而食之。此我身也，爲衆而施，“衆”原作“爾儕”，其量過陜，今校訂。除飢苦者。四字據《約翰》六章增。汝當遵行，廣我薪傳。四字原作“以記念我”，今校訂。繼復取爵，祝謝，授徒，曰：咸飲之。此乃我立新約之血，爲衆流注，以滌罪者。”“滌”原作“赦”，謬，今校改。《馬太》廿六章廿六至廿八節，《馬可》十四章廿二至廿四節，《路加》廿二章十九節廿節。耶穌愍念邊地以猶太及遠西文化不足，非中國、印度可比故。衆生缺乏慧命法喜資糧，以願力故，往生於彼，甘以身肉，除衆殺盜淫貪結習所感無量飢苦，使已死者得以復生，諸未死者永遠不死。衆生無盡，此願無盡。蓋以衆生根機下劣，妄執有我，因有我相、人相、衆生相、壽者相，更著我見、人見、衆生見、壽者見。《金剛經》。以此心即狂亂，先世罪業不得消滅，並令未來罪業增長，沈淪生死，出苦無期；根本對治，莫如無我。故願施身，破彼我執。且以己血，流注衆心，滌除污染，俾復清凈而得永生。度生悲願，遂少償矣。《約翰傳》云：“我乃生命之糧，人就我則不飢，信我者不復渴。”六章卅五節。又云：“食我肉，飲我血，可得永生。”五十四節。“食我肉，飲我血者，彼在我身内，我在彼身内。”五十六節。皆此注脚。此耶穌立教第一義諦，真新約也。蓋革舊約之命，不容猶太僞上帝兇暴不凈之約如滅敵、奪地賜子等。常存者也。此真新約，不關語言文字，勝於無量語言文字。若“四福音”，特最粗糙之渣滓耳。後人僞羼者更不足道。孟子曰：“墨子兼愛，摩頂放踵，利天下爲之。”《盡心上》。《無量義經》曰：“世尊往昔無量劫，勤苦修習衆德行。能捨一切諸難捨，頭目髓腦悉施人。”《德行品》。其願捨身利他，一也。《華嚴經》云：“佛子！何等爲菩薩摩訶薩歡喜行？佛子！此菩薩爲大施主，凡所有物，悉能惠施；其心平等，無有悔恪，不望果報，不求名稱，不貪利養；但爲救護一切衆生，令諸衆生離苦得樂。隨諸方土有貧乏處，以願力故，往生於彼，有無量無數衆生詣菩薩所，白言：‘仁者，我等貧乏，靡所資贍，飢羸困苦，命將不全。唯願慈哀，施我身肉，令我得食，以活其命。’爾時，菩薩即便施之，令其歡喜，心得滿足。如是無量千百衆生而來乞求，菩薩於彼曾無退怯，但更增長慈悲之心。以是衆生咸來乞求，菩薩見之，倍復歡喜。作如是念：‘我得善利！此等衆生是我福田，是我善友，我今應當不違一切衆生之心，願我已作、現作、當作所有善根，令我未來於一切世界、一切衆生中受廣大身，以是身肉，充足一切飢苦衆生。乃至若有一小衆生未得飽足，願不捨命，所割身肉，亦無有盡。’”《十行品》。耶穌願捨身肉，供養衆生，與此亦無有異。世間萬惡，由有我生，由有身生。捨我身肉，供養無盡衆生飢苦，則轉萬惡爲無漏善。愚癡闇滅，慧光生矣。耶穌應化，剛及三年，輒去娑婆，示衆苦海：當速遠離，勿流連也。惟盡未來，衆生無盡，悲愍普度，當有替人。爰設聖餐，付囑門徒，住持正法，無令斷絶。意謂吾去，依此實行，必得道果；若違吾教，在吾左右，亦無益也。惟是餅也，而以爲肉；葡萄汁也，而以爲血。蓋萬法唯心，心佛不二，内因具足，外緣助成。凡愚見餅，心不誠敬，邪緣紛沓，終是凡愚；智者見餅，即基督身，入自身内，欲浄理純，常自捨身，福利他人，自身基督，即二而一。故佛弟子，禮拜佛像，外佛内佛，共成一佛，其理與此正相同也。今天主堂及聖公會重此典禮，存餼羊耳。其他教會，盡失禮意，顯然蔑禮，昏動而已。

“凡用刀者，必亡於刀。”《馬太》廿六章五十二節。教會冥頑，不信輪迴。此即輪迴之一端。孟子曰：“殺人之父者，人亦殺其父。殺人之兄者，人亦殺其兄。然則非自殺之也，亦間耳。”《盡心下》。有感必有應，有施必有報，因果循環，即輪迴也。耶穌屢言因果，如謂“樹美則果美”，“樹惡則果惡”，“觀果知樹”，皆是。審判即因業所感之自果。以下劣衆生，衹知畏最顯著之果，不能如菩薩畏極隱微之因，故不言因，亦猶太文化過於鄙陋也。輪迴即是沈淪，與因果一而二，二而一耳。不信輪迴，故不畏審判，日逞貪瞋癡以自殺，終於不悟而已。詎知英國牧師用刀殺德人，德國牧師用刀殺英人；英國一礮祈禱上帝冥助放送德國去，德國一礮祈禱上帝冥助放還英國來；即是輪迴，即是審判乎？噫！教義不備，爲禍至於此極。

“人爲福音棄其田宅昆弟姊妹父母妻子者，未有今世不獲福百倍，且在來世獲永生者。”《馬可》十章廿九節卅節，《馬太》十九章廿九節。原文無“福”字，於義不通，今增。而“難中有田宅昆弟姊妹母子者”句，於文、義俱不通，今删。耶穌特生於猶太，爲度歐美人免沈淪之苦，得永生之樂也。惜“沈淪”二字，四福音竟不見，是大缺憾。房屋田地、父母妻子、昆弟姊妹等，皆屬塵纏，令人難免沈淪者也。修大乘法者，或棄或不棄。修小乘法者必棄之。首宜棄者莫如妻，是衆生沈淪之根本，最爲永生之敵故。子女田宅次之。昆弟姊妹又次之。對於父母，如有田疇，足資飽煖，有昆弟能代侍養，或父母明達，願己出家，立即遠遊可耳；否則盡孝終其天年，於爲道不相妨也。夫妻之事，在行者各自珍重。永生是修行所證之果，今世不得，期之來世，足見其難也。此棄田宅，非行布施，離別家人，僅解情縛，不過景從基督修行之初步而已。耶穌嘗云：“人非盡棄所有，不得爲吾徒。”《路加》十四章卅三節。蓋必如是始能列入門牆耳。至如何始能及階，乃至升堂入室，未之聞也。非其短乎？能於佛教求之，則小乘大乘，一一階位，無難依次修證矣。

“耶穌在殿，對庫而坐，見衆輸金。諸富人至，投擲頗豐。有一貧嫠，僅輸二錢，合銀一釐。語門徒曰：‘貧嫠所輸，較衆尤豐。衆輸其餘，此嫠窮乏以活命貲盡輸之故。’”《馬可》十二章四一至四四節。《高僧法顯傳》云：“弗樓沙國，佛鉢在焉，可容二斗許。貧人以少華，投中便滿。有大富人，欲以華多供養，正復千百萬斛，終不能滿。”大旨相同。

“耶穌年十二時，坐於聖殿諸博士中，且聞且問，應對敏捷，聽者異之。”《路加》二章四十六七節。此知其幼而岐嶷，辯才無礙也。佛教神僧鳩摩羅什，雖童子時，聰叡邁常，登座演法，開釋深奥，儼若成人，一時聞者莫不欽服，歎未曾有。耶穌或似之。

“何爲覓我？詎不知我當以父事爲我事乎？”《路加》二章四十九節。《浄名經》云“心常安住，無礙解脱”，《佛國品》。“於諸法中，得法眼浄”，《不思議品》。可爲説明。

“有二衣者，分於無有。有食亦然。”《路加》三章十一節。此破我執，行布施度，治慳貪也。飢餓者福，將飽者足故；哀泣者福，將歡笑故。

《路加》六章廿一節。“飽足者禍，將飢餓故。歡笑者禍，將哀泣故。”同上廿五節。老子曰：“禍兮福之所倚，福兮禍之所伏。”五十八章。義同。此輪迴之理也。衆生宿業，善惡交互。或善業多於惡業者，善業熟時，當受福報；迨福報盡，而惡業熟，苦報至矣。或惡業多於善業者，惡業熟時，當受苦報；迨苦報盡，而善業熟，福報至矣。此因果冥律，無可逃避者。當知福報，終是極苦之因。如大智人，大富貴人，造惡恒千百倍於凡庸，將必難保人道，墮入三途，定理然也。此沈淪所以難免，貴修無漏善也。

“耶穌入都，路過一村。有女馬大，迎之至家。女有一妹，名瑪利亞，坐於耶穌足下聽道。馬大款待事煩心急，就耶穌曰：‘我妹任我一人供役，主未覺耶？請使助我。’耶穌答言：‘馬大馬大，何爲倉皇過慮乃爾！人之要需，一而已矣。汝妹抉擇無上福德，不可奪也。’”《路加》十章卅八至四十二節。馬大夙具善根，故能慇懃供養。惟泥於世法，無出世想，未免局小遺大。瑪利亞心淳厚故，樂聞妙法，自然歸順真如。故耶穌爲分勝劣，謂真理唯一無二，甚望馬大解除俗縛，亦如瑪利亞志求無上之道也。《金剛經》曰：“若有善男子善女人，初日分以恒河沙等身布施，中日分復以恒河沙等身布施，後日分亦以恒河沙等身布施，如是無量百千萬億劫以身布施。若復有人，聞此經典，信心不逆，其福勝彼。”《持經功德分》。可相證明。

“耶穌嘗謂宴己者曰：‘汝設午膳，或備晚餐，慎勿濫召友朋兄弟戚屬富鄰，恐其酬汝。設饌當召貧乏殘廢跛瞽之儔，則無以報，而汝福矣。’”《路加》十四章十二三節。召宴而受酬，等於未召，無禆性道。惟不望報而行布施，是爲無相布施，乃無緣大慈、同體大悲，即是菩薩摩訶薩歡喜行。《金剛經》云：“菩薩應離一切相，發阿耨多羅三藐三菩提心，應生無所住心。是故佛説菩薩心不應住色布施。菩薩爲利益一切衆生故，應如是布施。”《離相寂滅分》。如是布施，其福甚多。下文“至義人復生時，必獲報”二句，上句乖於真理，下句仍引起望報心，蓋由記者無識羼雜，甚無謂也。當删。

“或有二子。少者請曰：‘祈父畀我慶得之産。’遂照給之。閱日無幾，盡攜所有，遠遊異域，荒淫浪費，資既罄已。適值彼方歲歉大饑，窮困至極，乃覓爲傭。其主遣之田間牧豕，欲以豕食豆莢充飢，亦無與者。因自反曰：‘我父傭衆，糧食豐裕，而我於此爲餓莩乎？不如歸去，向父悔罪，原文與下文重複，刪。以傭自居。’乃起而歸。距家尚遥，其父已見，頓起慈心，趨前抱頸，數與接吻。子呼曰：‘父，愧我曩者，獲罪於天，獲罪於父，自知不堪稱爲子矣。’父謂僕曰：‘亟取錦袍，與以衣之。加環於手，置屨其足，廣備珍饈，原作“宰一肥犢”，今校改。將共宴樂。’蓋以此子死而復生，失而復得也。”《路加》十五章十一至廿四節。“少者”，喻無識也。“給以應得之産”，示果報與因相稱也。“閲日無幾”，謂真性難於常保也。“遠遊異域”，謂背覺合塵，舍内而騖外，自趣絶地也。“荒淫”，自曠劫來，根本無明種子發生現行，難制止也。“浪費貲罄”，色身慧命備受戕賊，大火越逸未足比也。“值彼方大饑”，娑婆世界本衆生共業所感而成，無異苦海，世人循幻，莫不自取滅亡，皆無資養靈性之糧，猶大饑也。“窮困至極”，己既愚闇，又無善知識悲救，所以日益墮落，衆苦來逼也。“覓爲傭”，不能自主矣。“其主遣之田間牧豕”，斯時任罪作主，八識田中，異熟種現，變成畜生種姓矣。“欲以豕食充饑，亦無與者”，其異熟果，又變成餓鬼種姓矣。“因而自反”，苦極思厭離矣。“我父傭衆糧豐”，佛國諸大菩薩，盡力救護有情者無數，更有無盡甘露味飯，永任三千大千世界解脱知見功德具足者，食無量劫，終不可盡也。“我於此爲餓莩乎？不如歸去”，深厭餓鬼苦趣，欣求本家安樂也。“詣父悔罪”，心即是佛，佛即是心，自心懺悔無異佛前懺悔，佛前懺悔增益自心懺悔也。“以傭自居”，自知心行下劣，祇可任作賤役也。“乃歸”，躡解成行也。“距家尚遥，其父已見”，諸佛憐念衆生如子，望其返妄歸真，一旦有回心者，以神通力，不待近身早知之也。“趨前抱頸接吻”，十方如來具大慈悲，接引衆生，每於佛子摩頂授記，如“阿彌陀佛放大光明照行者身，與諸菩薩授手迎接”，《觀無量壽經》。“佛放眉間毫光灌文殊頂，放口中光灌普賢口”，《華嚴經·如來出現品》。其致一也。“子呼父”，始覺即同本覺也，自知獲罪於天與父，不堪稱爲子。迷本法身，違教失守，理當退墮，咎由自取也。“父命僕給衣履，備饌宴樂”，僕即諸天，奉承諸佛供指使者。以衣履等加被子身，旋即共宴，示諸珍寶盈溢倉庫，取之不盡皆屬子有，不應但求一己不飢，當發大心與衆同樂也。“死而復生”，就子言，以其轉迷爲悟，可免沈淪，不受後有也。“失而復得”，就父言，從此委付有人，度生悲願，庶少償也。《法華經》載有大富長者，其子幼稚，捨父逃逝，久住他國。年既長大，加復窮困，馳騁四方，以求衣食云云。《信解品》，文長不具引。大旨正同，宜參究。此輪迴之諦理也。蓋謂衆生本來是佛，與佛無别，祇因一念無明妄動，逐漸墮落，幾乎非人。至於“牧豕”，與豕爲伍，即畜生道。“餓不得食”，即餓鬼道。“窮極思歸”，回復本來，又得爲人。幸蒙佛恩慈護，與佛合一矣。案：耶穌門徒，惟保羅獨得心傳，以免沈淪爲急。此文亦略見其端緒，惜語焉不詳耳。教會不信輪迴，所謂“誦經久不明，與義作讎家”也。《壇經・機緣品》。原文“宰肥犢”句，固游牧種族之習尚也，亦記者昧於禁食原理，又不知上帝貫乎萬有之中，以致貽誤。改作“廣備珍饈”，則無病矣。下文“方宴，其長子在田，比歸近屋，聞樂舞聲，呼僕問故。僕曰：‘汝弟歸矣。乃父以其無恙，宰一肥犢宴之。’長子怒而不入。父出勸之。長子曰：‘予事父有年，從未違命，未蒙賜一羔。燕朋儕，此子狎妓，耗其財，返則爲之宰肥犢。’父曰：‘兒，爾常偕予，予物即爾物也。爾弟死而復生，失而復得，故宴樂之。’”殊不合理，當分辨之。(一) 就世法言，長子在田，不召而宴，在父爲不慈，在弟爲不弟。長子怒而不入，且出不平之言，對父爲不孝，對弟爲不友。此游牧時人，不知倫理之徵。設在中國，習聞父慈子孝、兄友弟恭之教，必不爾也。(二) 就出世法言，長子有妄起分别心、我慢心、瞋心、嫉心，皆沈淪生死之染法，何能有父之所有？蓋父之所有，必清浄無染者始得之。果善事父者，當有與弟福樂之慈心，拔弟出苦之悲心，隨順父意之喜心，斯可謂與父常偕矣。乃皆不然，有愧其爲長子者矣。與世法、出世法俱不合，安可取譬？此由記者無識，以生滅心，説不生滅法，厚誣耶穌。當删。否則應作“時方及宴，長子在田，召歸相見。一家團聚，樂極天倫，並爲樂舞。父語長子：‘爾常偕予，可謂無形無聲至樂。今因爾弟死而復生、失而復得，故宴樂之。’”始通。竊疑浪子之喻，從印度佛教《法華經·信解品》鈔襲而出。乃鈔者陋妄，欲掩其迹，羼以己意，謂其長子自田歸，聞宰肥犢而生氣云云，便爲畫蛇添足矣。

“有一富人，恒衣紫袍與輕絺衣，日事華宴。乃有一丐，名拉撒路，瘡瘍徧體，偃臥其門，見諸食物墮几下者，欲以充饑，無人授之。適有犬來，舌舐其瘡。未幾丐死，天使領交亞伯拉罕，置其左右，“左右”原作“懷中”，以過於穿鑿，今校改。迨富人死，原有“既葬”二字，無謂，删。墮入地獄，感受苦報，舉目遥見亞伯拉罕與拉撒路，呼曰：‘我祖，祈哀愍我！使拉撒路蘸水指尖，以涼我舌。火燄熾我，痛苦極矣。’亞伯拉罕答曰：‘孫乎！憶爾生前，所有福報，已享過矣。在拉撒路，曾受諸苦，今則彼安，而爾苦矣。況爾我間，隔有巨淵，欲往欲來，均不能也。’”《路加》十六章十九至廿六節。此即三世因果輪迴之理。富人前世善業成熟，故得福報乃日惟宴樂。習於奢侈，不知惜福，又不務樹德，施濟貧人，故福報易盡。福報既盡，積劫惡業自然成熟，故墮火燄地獄。蓋自來瞋心，令身熱惱，所感召也。至於舉體焦渴，欲求涓滴涼水，滋潤其舌而不得，是爲餓鬼苦趣貪得不饜異熟果也。拉撒路宿世惡業先熟，致爲乞丐，備受苦報，乃現身富人之前，正如對病用藥，冀其覺悟，滅罪修福；復以平等深心，憐犬之飢，不惜己身，願供他飽。以此善因，定結善果，故死後得生天上，與亞伯拉罕同處。諦觀亞伯拉罕之言，顯見現受福報之人，於應得福，不可享盡，當留存以培善根。更當廣種福田，預備將來受用，勿蹈富人覆轍。欲生天上，亦大不易，當受盡辛苦，除一身外盡捨所有，毫無罣礙。且當兼愛一切衆生，忘己利他，如拉撒路其庶幾乎！三界九地，欲界爲一地，名五趣雜居地。亞伯拉罕與拉撒路，由人趣升天趣。富人由人趣墮地獄趣、兼餓鬼趣、犬爲畜生趣，五趣備矣。然五趣雖屬雜居，而衆生各業，感報各别。感報已定，界限綦嚴，劃然不紊，如隔巨淵，不相往來。惟諸佛菩薩，具足神變威德，始可隨意出此入彼，以度生耳。此五趣之天趣猶在沈淪中，欲免沈淪，必如耶穌清浄無染。凡尊崇路德之牧師，均無望也。

“上帝之國，非目可見，人不能云。在此在彼，蓋即在爾自心中也。”《路加》十七章廿一節。上帝之國，即是“天國”。在佛典或言“浄土”，或言“佛國”，或言“天宫”，或言“化城”，名至不一。而其寄義，又有權實之辨，勝劣之别，未可一概論也。浄土對此五濁穢土言。或指他方，即“西方極樂世界”，由阿彌陀佛大慈大悲，四十八大願力之所莊嚴。詳浄土三經。《阿彌陀經》、《無量壽經》、《觀無量壽經》。或指自心，所謂“唯心浄土”，又有所謂“即心是土”、“即身是土”之説。保羅云：“爾儕即上帝之殿。”《哥林多前書》三章十六節。又云：“爾儕之身，即聖靈之殿。”同上六章十九節。猶云“即身是土”也。此言天國即在人心，即是“唯心浄土”，可謂稱性實説。《浄名經》云：“欲浄佛土，當浄其心。隨其心浄，則佛土浄。”可相發明。《楞嚴經》云：“空生大覺中，如海一漚發。”蓋時量方量，生於心識妄想，無自體性。心不取相，本無去來、古今、東西、南北、上下之可言也。惟諸佛菩薩，以及六道衆生，各有正報之身，即各有依報之土。又以身爲能依，土爲所依，正依能所，本不二也。天國即依報之名，依其正報而定品第。如耶穌之天國，當屬菩薩境界；保羅相同；約翰解行遜於保羅，其天國當是回心大阿羅漢境界；馬太、馬可、路加均是凡夫，未能斷盡塵惑，其天國當屬凡聖同居雜染土；天主堂之教士，咸知守貞不娶，遠離有獄，以求免沈淪爲天國；崇拜路德之教士，專爲肉體安排。《羅馬》十三章十四節。溺於愛河，以嬉遊火宅詳《法華經·譬喻品》。爲天國；蛣蜣以轉糞成丸爲天國；飛蛾以赴火焚身爲天國。可知天國之境萬殊，皆隨心而現也。衆生心量或廣或陜，天國範圍亦因而異。天國固在心内，時亦周徧身外，或顯現於一家，或顯現於一鄉，或顯現於一國，或顯現於世界，至無定也。一切唯心造耳。更舉佛法證之。天台宗判分四土，已見前。賢首宗分爲三土：（一）法性土。即理土，爲法身所依。謂此身土，體無差别，俱非色相所攝。（二）浄化土。攝受一類清浄衆生。（三）染化土。攝受一類雜染衆生。求生天國者，均當究心焉。《華嚴經》云：十信菩薩，未成實證，明是凡夫，雖信果德佛境，未離色塵，以色爲國；十住菩薩，理事圓明，以華爲國，爲創從凡位理事開敷故；十行菩薩，善達簡擇，覺慧圓明，以慧爲國；十迴向十地，妙用自在，以妙爲國；從當位法門所來，以法爲國。又云：凡夫人以土地所居，名之爲國；菩薩以定慧解脱安養、自他平等，名之爲國；皆令離苦，名之爲國。地水火風所居之國，是衆生業之影像，非是實故。法身智慧解脱，是諸菩薩常住本體之國，非業幻生之國，是故菩薩以慧爲國。又以建萬行，行解利生，行能同事，慧能設教，利樂人天，名"所居之國"。此亦修行者所宜知也。他如《列子》之"華胥國"，"其國無帥長，自然而已；其民無嗜欲，自然而已。不知樂生，不知惡死，故無夭殤。不知親己，不知疎物，故無愛憎。不知背逆，不知向順，故無利害。都無所愛惜，都無所畏忌。入水不溺，入火不熱。斫撻無傷痛，指擿無痟癢。乘空如履實，寢虚如處牀。雲霧不硋其視，雷霆不亂其聽，美惡不滑其心，山谷不躓其步。神行而已。"可謂别有天地非人間。雖屬想像而成，亦可以齋心而通乎物之所造。至若《禮運》之"大同"，柏拉圖之"共和國"，赫胥黎之"烏托邦"①，皆世間法，理想之最粗膚者，未可與出世法並論。要當以出世法圓成之。

"人不重生，則不得見上帝之國。"《約翰》三章三節。"重生"云者，從前所有惡業，無不懺盡，永不復起之謂。是即自心衆生滅。自心衆生滅，即是自心佛道成。"上帝"即"法身"之異名，本自清浄，周徧一切，無有内外。曰"見上帝之國"，蓋順猶太錮習爲言，未免令淺識者局外而遺内，不便爲上根人説。當改作"人不重生，不能見本法身"。則極美滿，可以接最上乘人矣。《大乘起信論》曰："除滅無明，見本法身。"又曰："凡夫一切境界，唯心妄起故有。若心離於妄動，則一切境界滅。唯一真心，無所不徧。"此可救基督教騖外之失也。

"風任意吹，汝聞其聲，不知其何來何往。凡從聖靈生者亦然。"《約翰》三章八節。空氣流動爲風，似有去來，實無去來。聖靈亦然，本無去

① 《烏托邦》爲托馬斯·摩爾所著，此誤。

來，因人心迷悟之作用，似有去來。迷，則聖靈變爲魔鬼，似乎去矣。悟，則魔鬼變爲聖靈，似乎來矣。鄙箸屢言之，佛教有言曰：悟則爲佛，迷則衆生。《書》曰："聖罔念作狂，狂克念作聖。"足徵聖靈、魔鬼，非是二物，特因時而異其名耳。本福音七章云："其時尚未賜下聖靈。"卅九節。"賜下"之説殊荒謬，致令教會迷失自心之聖靈，而惟求之於外，可憐極已。此言重生之理，惟在痛悔前非，盡除自心之迷妄，回復自心之清明。聖靈本自具足，無待外求。前此蔽於塵纏，並未失去；今後繁興德業，亦非初來也。《楞嚴經》云："如來藏中，性風真空，性空真風，清浄本然，周徧法界。隨衆生心，應所知量。阿難如汝一人微動服衣，有微風出，徧法界拂，滿國土生，周徧世間。寧有方所？循業發現。"《金剛經》云："如來者，無所從來，亦無所去，故名如來。"可互證焉。一切衆生，皆具佛性，"佛性"即"聖靈"之别名，亦名如來藏。衆生與諸佛，本來平等無二，不過有在纏、出纏之分耳，故曰聖靈無去無來。此知耶穌取譬，是真現量。

"此井之水，飲後復渴。飲我與水，則永不渴。我所與水，將在其腹，成爲泉源，湧至永生。"《約翰》四章十三四節。後文"人渴可就我飲，其腹將流活水，如江河然"，七章卅七八節。義與此同。雅各井水，無除妄之功能，故飲後復有渴時。耶穌所與之水，喻無生妙法，可以解人貪、瞋、癡、慢、疑等焦渴。其水自一真法界來，非此五濁惡世所有，"原泉混混，不舍晝夜"，《孟子·離婁》。供未來際熱惱煩渴無盡衆生，飲終不盡，"既以爲人己愈有，既以與人己愈多"，《老子》八十一章。"淵淵乎其若海，萬物皆往資焉而不匱"，《莊子·知北游》。凡有福緣來就飲者，無不盡滌心垢，臟腑清潔，獲永生也。佛教有五瓶智水灌頂法，謂以五智如來之智慧，注於行者之頭上，使其永利自他，如諸佛也。水有五德，恰如五智相當。《祕藏記本》曰："以水譬五智者：水性清浄，一切色相顯現，譬阿閦如來大圓鏡智；一切萬象影現，無高無下，而爲平等，譬三寶生如來平等性智；水中一切色相差别，顯現明了，譬無量壽如來妙觀察智；一切情非情之類，依水而滋長，譬不空成就如來成所作智；其水無所不適，譬大日如來法界體性智也。”《無量壽經》曰：“無量壽佛國，有七寶浴池，八功德水，湛然盈滿，清浄香潔，味如甘露。彼諸菩薩及聲聞衆，若入寶池，意欲令水没足，水即没足；欲令至膝，即至於膝；欲令至腰，水即至腰；欲令至頸，水即至頸；欲令灌身，自然灌身；欲令還復，水輒還復。調和冷煖，自然隨意。開神悦體，蕩除心垢，清明澄潔，浄若無形。微瀾迴流，轉相灌注，至神妙也。”《稱讚浄土經》曰：“何等名爲八功德水？一者澄浄，二者清冷，三者甘美，四者輕輭；五者潤澤；六者安和；七者飲時除飢渴等無量過患；八者飲已定能長養諸根，四大增益。”上述五智慧水、八功德水，皆表法也，足令人身心聖潔，即得永生。又《十地經》有曰：“佛子，是菩薩十地次第順行，趣向一切種一切智智。佛子，譬如從阿耨大池流出四河，充滿閻浮提，不可窮盡。轉復增長，乃至充滿大海。如是佛子菩薩從菩提心，流出善根大願之水，以四攝法，充滿衆生界，不可窮盡。轉復增長，乃至滿足得一切種一切智智。”詮理尤妙，皆約翰所欲聞而未得聞者也。

“上帝，靈也。無所不在。四字今增。貴以性靈誠實拜之。”《約翰》四章廿四節。此言上帝與衆生心，同是一靈，本無内外，即是生佛平等法身。《大乘起信論》云：“諸佛如來平等法身，徧一切處，但依衆生心現。”衆生心者，猶如於鏡：鏡若有垢，色像不現。如是衆生心若有垢，法身不現；故必誠實拜之，則恭敬心生，心垢可除矣。心垢除則法身現，自然感無不通矣。

“我有食者，非爾所知。蓋遵父旨而畢其功，即我糧也。”《約翰》四章卅四節。此知耶穌已離段食，惟以禪定法喜爲食也。惟“父旨”改作“佛旨”，尤妙。

“子如自擅，不能有爲。惟見父行，子亦行焉。”《約翰》五章十九章。此教人“無我”，以大公至正之天道爲心，是之謂“無爲”。世人迷執“有我”，自作聰明，動違至道，所以敗也，故曰“子如自擅，不能有爲”。蓋現身説法，使衆無知無欲耳。《老子》曰：“常使民無知無欲，使夫智者不敢爲也。爲無爲則無不治。”三章。可相發明。惟“父”“字”著相，害道。基督教以此通身是病，固無如何也。

“易壞之糧，勿勞經營。永生之糧，當經營之。此固人子欲與爾者，蓋亦天父所印證也。”《約翰》六章廿七節。“易壞之糧”，指日用飲食言。一切有爲法皆屬之。是生滅不停，無常者也，“毋勞汝形，毋摇汝精”。《莊子·在宥》。爲得“永生之糧”，屬無爲法。莊子曰：“無爲也，而後安其性命之情，無視無聽，抱神以静。墮爾形體，吐爾聰明，倫與物忘。大同乎涬溟！解心釋神，莫然無魂。”《在宥》。是則不生不滅，順應真常之諦理也。佛教修聖道之人，有長養出世善根之法食五種：（一）念食。常持正念，長養一切之善根者。（二）法喜食。愛樂妙法，心生喜悦，以長養慧命者。（三）禪悦食。因得禪定，而生心身喜悦，以長養慧命者。（四）願食。以誓願持身，以長養一切之善根者。（五）解脱食。解脱惑業之繫縛，於法得自在，以長養一切菩薩之善根者。《華嚴經疏》十九。斯爲永生真糧，盡人所當經營者也。耶穌應化西土，唯一大事，引導衆生悉出生滅、入不生滅而已。是固十方諸佛所印可者。

“信上帝所遣者，即作上帝之工。”《約翰》六章廿九節。上帝即法身佛，從本已來，具足無量功德、無量慈悲。本其體性、應化世間者，必具諸佛菩薩心腸，日以普度衆生、離苦得樂爲事。凡信從者，應知真如平等，轉染爲浄，修無漏善，繁興利他之行，則與上帝融合爲一矣。

“耶穌知衆欲迫之爲王，遂孑身入山避之。”《約翰》六章十五節。此知基督之稱王，乃以真理宰制永世之人心，非如濁世君主稱雄一時，浮動無常也。此間寓教外别傳心法。試申其説：有“超然高舉以保真”《楚辭·卜居》。義；將“入於寥天一”《莊子·大宗師》。義；又“獨往獨來，是謂獨有”《在宥》。義；又示“如山屹立”象外，“永鎮人寰”義。止其所義，以厚終義。《易·艮卦》。

“永生之糧，自天而降，資益世人慧命者也。”《約翰》六章卅三節。“永生之糧”，喻不生不滅之妙法，本來周徧無量無邊世界，不待降也。菩薩悲愍衆生，迷而不悟，特啓迪之，一一令出生滅門，入真如門，脱離惡魔之苦縛，常住諸佛之樂邦。本非糧也，取譬爲糧，世人慧命，得之則生，弗得則死者也。未得令得，非降而降，皆權説，非實也。蓋衆生心，唯一真如，業障厚覆，故沈淪生死，無明除滅，即得永生，非可求之於外也。

“如我即是生命之糧。人從我者，則必不飢。深信我者，且永不渴。”《約翰》六章卅五節。世人貪著五欲，如飢如渴，未有飽足之時，而生命遂沈淪於生死苦海，出拔無期。菩薩哀之，現身世間，務解除其飢渴，而救其生命，故曰“生命之糧”。此糧當從制止五欲得之，五欲者，男女欲、飲食欲、睡眠欲、名欲、利欲是已。耶穌曠野四十日，静習禪定，示斷欲之範，實得永生之圓頓法門也。凡信衆依之修行，五欲悉斷，即永不飢渴矣。

“我降自天，非行己意，蓋惟遵行法身佛即天父。旨，令信我者，無有一人不永生也。”《約翰》六章卅八至四十節。原文“其所與我者，末日復活之”等句荒謬，餘嫌重複。當删。凡應身佛，八相成道。一從兜率天退，二入胎，三住胎，四出胎，五出家，六成道，七轉法輪，八入涅槃。耶穌應迹，雖非佛相，塙是菩薩相。云自天降，必從兜率天退也。其入胎、住胎、出胎三相，異於恒人，不待言。終身不娶，即在家出家。曠野習定，示出家相與成道相。以遠西草昧未開，既無佛法可聞，又不沐文、老、孔、莊之教澤，預備爲二千年之化度，特在猶太説法三年，是爲轉法輪。釘十架後，三日升天，是爲入涅槃。耶穌之本不可知，猶太文化陋劣，無記述故。其迹極似觀世音菩薩現基督身而爲説法。果爾，則所遵行者，即阿彌陀佛之旨，以阿彌陀佛主化西方，誓立四十八大悲願，願度無盡衆生，悉歸淨土故。如文殊師利菩薩，常住五臺山，爲諸衆生説法，可謂仰承釋迦佛命，詳《華嚴經·菩薩住處品》。又《文殊師利法寶藏陀羅尼經》。達摩祖師，承師遺命，以中國有大乘氣象，泛海東來。見《指月録》。皆例證也。諸佛菩薩同以度生出苦爲心，無有二心，曰“非行己意”，即以佛心爲心，且示一切衆生，均當滅除我見。若有我見，絲毫未滅，即是無量無邊罪惡原泉，斷不能成佛道與菩薩道，終必沈淪苦海，且爲地獄餓鬼畜生種子，至可哀也。令凡信者咸得永生，即《金剛經》

云："所有一切衆生，我皆令入無餘涅槃即真實永生而滅度之。"滅盡罪惡而度之。

"食我肉、飲我血者，彼常在身内，我常在彼身内。"《約翰》六章五十六節。此申言聖餐之義。約分三項言之。（一）凡信仰基督者，當知自心與基督心本來不二，滌除汙染即得。皆心基督之心，行基督之行。納基督之身入自身之内，變化自身成基督身，此所以自度也。（二）當法基督無我，舍身利他，由是自己之身，亦同基督轉成清淨妙身。即以供養大衆之色身，使皆轉成清淨妙身如基督身，此所以度他也。（三）以自度、度他之故，展轉互度不已，將見基督妙身與未來世界無盡衆生身，無彼此，無内外，成爲一身，皆務利他，享受無盡安穩快樂也。此基督徒身與基督身，本一而二，又二而一之微旨。惜今教會未足語此。

"世人所以生者，靈耳。若夫肉體，無能爲也。吾語汝者即是靈，即是生命。"《約翰》六章六十三節。世人迷妄，以爲目能視，耳能聽。詎知心不在焉，則視而不見，聽而不聞。況人方死，耳目如故，何以不能視聽？足證浮塵根之耳目，必賴有淨色根，而後能視聽。推而鼻知香，舌知味，身知冷煖等觸，莫不然也。此淨色根即是"靈"，名"阿賴耶識"，亦稱"第八識"。佛教唯識學詳言之。此識爲肉體之主人，死時後去，投胎先來。就善惡混淆言，名"靈魂"。就純善無惡言，謂之"靈"，或"聖靈"。此言肉體無常，惟靈永遠不死。教人勿爲肉體憂慮衣食，滋長名利、食色、睡眠諸欲，以致沈淪日深。當爲不死之靈，勤求永生之道。倘依其言，遠離塵垢，精進無爲，可保生命，必得永生。故謂其言"即是靈，即是生命"。

"我所至處，爾不能至。"《約翰》七章卅四節。耶穌當是真見道後菩薩，門徒俱未出纏凡夫，故望塵弗及也。

"爾曹之中，誰無罪者，可礫以石。仍舊俯躬，作書於地。衆聞之已，自老而少一一散去。"《約翰》八章七至九節。一切衆生，皆因淫欲而正性命。《圓覺經·彌勒章》。淫爲根本無明，是受身之由。除諸佛菩薩及習禪定者外，無能斷淫者，特不以爲罪耳。淫婦犯淫，有干刑律，衆以爲罪，可謂昧於責己，而明於責人。故耶穌寬之曰："爾曹誰無罪者，可礫以石。"意謂爾曹誰無淫行？誰無犯等於淫行之各罪者？設反躬自問，事有不可對人言者，皆是罪。自身有罪，安可治人之罪？平等平等，無分別智顯現，足以對治衆心妄起之分别矣。"仍舊俯躬以指書地"，蓋容衆思惟也。一時妙明真心，如大圓鏡照徹衆心，萬醜畢露，復本他心通力，以感悟之。於是老少聽衆，俱受靈感、天良啓發，羞昔日之無知，恥曾犯之過惡，無暇譏訶他人，一一遁去而無遺矣。此知基督教義，非精通佛法者，莫知其妙也。

"我乃世界之光。能從我者，即不行於黑闇之中，必且回復生命之光。"《約翰》八章十三節。"回復"原文作"得"。凡言"得"者，必從外來。生命之光，衆生各自具足，爲深厚業障所覆，不顯現耳。猶鏡本清明，爲深厚塵垢所蔽，失其明用。垢净鏡明，障消光復，非由外得。淺人誤記，成爲外道，今訂正之。世界無盡黑闇，皆由凡夫妄執、有我而生，耶穌既爲世界之光，理應無我，設有我見未除，即是沈淪種子也。不知此乃順俗言"我"，應屬"無我"之"我"，凡四福音中，耶穌稱"我"處，均當作如是觀。耶穌施身十架，即教人無我，蓋免沈淪之要旨也。必其無我，則貪瞋癡闇煩惱可斷，而清净性光普照衆生，無難除冥矣，故曰"世界之光"。凡從游者，自曠劫來，久在殺盜淫貪諸黑闇中行走，未見能除心暗真光。雖自具性光，蔽於無明，與無有等。幸得追從耶穌，如黑夜遠行，有一明燈前導，亦步亦趨，不致誤入迷途。行時積久，一切顛倒幻妄心暗，日漸消損，則生命之光日漸顯露。自然回復，如天將曉，光至暗除也。今崇拜路德之教會，溺於愛河，陷於有獄，從不自知其生命之可危，有如沈水入火，自取滅亡，《陰符經》。黑暗極矣，光云乎哉？此知路德毁法之罪彌天也。

"我雖自證，而證甚真。因我自知從何處來，往何處去。汝不知也，故汝於人，惟從肉體横加判斷。我則從來不判斷人，縱判斷人，判斷亦真。因我無我，同父一如，即父即我。"《約翰》八章十四至十六節。言世無真人。真人自無妄語，我則生平惟真是守，故能出入人間，來去自由，本來清浄，還歸寂滅，不受三界束縛。身與汝曹同，心與汝曹異，汝曹豈能知我哉？原文“汝不知我，何來何去”説呆板了，今作“汝不知也”，有二解：（一）不知耶穌來去自由；（二）不知自己生死輪迴，自己絲毫作不得主。義屬雙關。足見凡夫肉眼，不識至人。蓋凡夫根本妄結，滯於色塵，故觸目皆妄。即此含藏於意，爲妄種子，忽而發生於口，爲妄現行。始終一妄，起分别耳。菩薩不爾，以妄心滅故。未知有諸境界，離一切法差别之相，不見他人是非好惡，故“不判斷人”。是無分别根本智攝。“縱判斷人，判斷亦真”，蓋識性圓明，能通他心隱微之事。一切色相差别，如實徧知，印證無違。是有分别後得智攝。本來浄智妙圓，廓然無我，故能徧照衆生之心。無如庸衆執我，牢不可破，思對治之，乃順世俗説“我無我”。謂“我”於此，雖有“我”形，實無“我”心。“我”心即父，“即父即我”，一而已矣。原文“非我獨在於此，尚有遺我之父，同我在此。”顯若“我”外，别有一“父”，未免著相害道，今校訂之。蓋所謂“父”，即“我”心也。説爲“正智緣如”，義更精透。《大乘起信論》云：“以真如法，常熏習故，妄心即“我”所生。則滅，法身即“父”。顯現。”此之謂也。自來教會迷執有我，又於我外執有上帝，均爲《新約》不了義教所誤，實屬異端，紕繆之至。

“爾本乎下，我本乎上。原爾自來，出此世界。我所從出，非此世界。故我忠告爾必死於爾之罪中，因不信我之爲我故。”《約翰》八章卅四節。此五濁惡世，本衆生業力所感而成。凡生於此土者，障重無疑，蓋正報身不浄以有欲故，故感得此穢土爲依報，相與終始也，故曰“本乎下”，屬此世界。耶穌乃三界之外浄土菩薩，乘願來此度生者，故曰“本乎上”，非屬此世界。設羣知耶穌爲肉身菩薩，仗其慈悲願力，懺除宿罪，修習善根，則内具佛性因，外加殊勝緣，必成佛子矣。無如衆生無明内熏，竟值菩薩示教，充耳不聞，終惟沈淪於其罪中，出苦入苦而已。

“倘爾能常在吾道中，斯真吾徒，必識真理。真理必與爾以自由。”《約翰》八章卅一二節。何謂真理，應有條目。綜覈耶穌生平，約爲八項。（一）孝敬父母。耶穌在十架時，託母於約翰。《約翰》十九章廿六七節。則平日克盡孝道可知。《馬太傳》援經教孝尤可證。十五章四節至六節。有子曰："君子務本，本立而道生。孝弟也者，其爲仁之本與!"《論語·學而》。蓋耶穌博愛，所謂大孝不匱，不愧爲世界一人子也。耶穌自稱"人子"即寓教孝之意。（二）無我。如云："予未擅作一事，唯父命是聽。"《約翰》八章廿八節。"予告爾之言，非出於己，乃宅我心之父，自作其事。"《約翰》十四章十節。皆其例。蓋人有我見未除，必不利於人世。即地獄畜生種子，不執有我，則有裨世道者大，爲聖爲賢，成佛作祖，非難事也。（三）外身。即負十架之理。老子曰："吾所以有大患者，爲吾有身。及吾無身，吾有何患。"（十三章）釋家之言曰："身爲苦本。"《大乘起信論》云："應觀世間一切有身，悉皆不浄，種種穢汙，無一可樂。如是當念一切衆生，從無始世來，皆因無明所熏習故。令心生滅，已受一切身心大苦，現世即有無量逼迫，未來所苦，亦無分齊，難捨難離，而不覺知。"衆生如是，甚爲可愍。是故耶穌捨身示範，意謂此是應捨之身、罪惡之物。假名爲身，没在老病生死大海，何有智者得除滅之，如殺怨賊而不歡喜。《佛遺教經》。夫唯外身，故無身患，所以解世人之苦縛也。（四）斷色欲。蓋世出、世間，生與無生即永生，盡在淫心斷與不斷。耶穌不娶，即永保法身真性，常住真如門，不肯墮入生滅門耳。三界見思諸惑，品類雖多，總以愛欲爲本。愛欲一斷，便出苦輪也。（五）斷食欲。如"在曠野禁食"，又云"我有食物，即遵父旨而畢其功"，《約翰》四章卅四節。"人之生也，不惟賴餅"《馬太》四章四節。是已。老子曰："民之輕死，以其求生之厚。"七十五章。《吕氏春秋》曰："人之性壽，物者扣之，故不得壽。物也者，所以養性也，非所以性養也。今世之人，惑者多以性養物，則不知輕重也。肥肉厚酒，務以相彊，命之曰爛腸之食。"《本生》。世人畏死，急於謀食。不知謀食，適以速死。食之愈多，死之愈速。故道家務辟穀，禪家遠段食。蓋食色二者，能害法身、殺慧命，不可不慎。《楞嚴經》云："一切衆生皆依食住，是諸衆生求三摩地，當斷世間五種辛菜（葱、蒜、韭、薤、興渠）。是五種辛，熟食發婬，生噉增恚。如是世界食辛之人，縱能宣説十二部經，十方天仙嫌其臭穢，咸皆遠離。諸餓鬼等，因彼食次，舐其脣吻。常與鬼住，福德日銷，長無利益。

如是衆生入三摩地，要先嚴持清浄戒律，永斷婬心，不湌酒肉，以火浄食，無噉生氣，是修行人若不斷婬。及與殺生，出三界者，無有是處。”（六）斷睡欲。如“登山終夜習定”原作“祈禱”非，《路加》六章十二節。是已。蓋睡眠常令身不自在，心極闇劣，能障禪定、止觀等精進行。《佛還教經》曰：“汝等比丘！晝則勤心誦習善法，無令失時，初夜後夜亦無有廢。中夜誦經，以自消息。無以睡眠因緣，令一生空過無所得也。當念無常之火，燒諸世間，早求自度，勿睡眠也。諸煩惱賊，常伺殺人，甚於怨家，安可睡眠不自警寤？煩惱毒蛇，睡在汝心，譬如黑蚖在汝室睡，當以持戒之鉤，早併除之。”此非出世聖賢，不足與語。（七）斷名欲。如云“布施祈禱，均當祕密無相”《馬太》六章三節六節。是已。蓋求名即是汙染，縱爲善，已不善矣，有何功德可言？必以無漏心修，如是善心成就，如是寂滅心成就，如是善寂滅心成就，《十地經・燄地》。斯爲無著清浄行。佛言：“人隨情欲，求於聲名；聲名顯著，人已故矣。貪世常名，而不學道，枉功勞形。譬如燒香，雖人聞香，香之燼矣；危身之火，而在其後。”《四十二章經》廿一章。足見好名之人，徒損無益也。（八）斷利欲。如云“人子無枕首之地”，《馬太》八章廿節。並教人“罄其所有以濟貧”，《馬太》十九章廿一節。又云：“赢得天下，而輸其生命，何裨之有？”《馬太》十六章廿六節。皆是。佛言：“吾視王侯之位，如過隙塵，耶穌“知衆將迫之爲王，孑身入山避之”同。視金玉之寶如瓦礫，視紈素之服如敝帛。”《四十二章經》末章。持浄戒者，不得販賣貿易，安置田宅，畜養奴婢畜生。一切種植，及諸財寶，皆當遠離，如避火坑。當知多欲之人，多求利故，苦惱亦多；少欲之人，無求無欲，則無此患。《佛遺教經》。老子曰：“輕天下即神無累，細萬物即心不惑。”《文子・十守・守無》。凡以全性保真也。如上所述，皆求永生之要道。必常住此道中，斯爲真基督徒。以是因缘，身心清浄，永離蓋纏，以大精進，攝諸懈怠，《維摩經・方便品》。冀免沈淪。理莫真於此矣。由是超出三界，不受後有，解脱一切，得大自在，不亦樂乎？

“亞伯拉罕未有之先，已有我矣。”《約翰》八章五十八節。此因猶太人謬執亞伯拉罕爲其先祖，以爲至榮。特破其邪執，且示性道無始也。亞伯拉罕一凡夫耳，除迷信天魔爲一神外，一無足取。猶太人未聞永生真諦，故耶穌啓迪之曰“未有亞伯拉罕已有我”，示亞伯拉罕不足貴。惟斯人同具於亞伯拉罕以先之生命，咸能證得永生始足貴。而我之爲我，實於天地未有以前，先於亞伯拉罕已有者也，是豈猶太人所及知哉？試即耶穌之説，更申其義。一切衆生之生命，皆具於未有天地以前，不生不滅，乃至天地毁壞，終如故也。貴在滅除汙染，還本清净，不隨生死流轉耳。

“我與父即法身佛一。而已。”《約翰》十章卅節。父者，佛性也，即是如來平等法身。一切衆生，無不同具。所以爲衆生者，以依真如法故，忽然念起，名爲無明。以有無明染法因故，則有妄心，現妄境界。以有妄境界染法緣故，即熏習妄心，令其念著，造種種業，受於一切身心等苦，《大乘起信論》。出苦入苦，生死不了。諸佛菩薩不爾，常住一心，一切染法所不能染。智體不動，能作一切勝妙境界。所謂無量功德之相，常無斷絶，隨衆生根，自然相應，種種而現，得利益故。《大乘起信論》。故曰“我與父一而已”。此兼權實而言也，如云“父在我内，我在父内”。視“我”與“父”，劃然爲二，未免滯於權矣。

“汝律載云：我稱爾儕，皆是上帝。”《約翰》十章卅四節。此知自心即是上帝，非自心外别有上帝。諸佛如來，及與一切衆生，真如平等，無别異故。“四福音”言上帝，甚不平等，多屬外道魔説；惟此爲真實義。以一切衆生，本來是佛故。《關尹子》曰：“人皆可曰天，人皆可曰神，人皆可致命、造玄。不可彼天此非天，彼神此非神，彼命此非命，彼玄此非玄。”《一宇》。

“麥不落地而朽，仍一粒耳。既朽則結實多矣。”《約翰》十二章廿四節。此喻似是而非，以純依俗諦爲言故。據真現量，麥實未朽，惟待增上緣，由一種子發生許多結果耳。蓋情器世間，惟一真心，即多是一。莊子曰：“死生無變於己。”《齊物論》。又曰：“指窮於爲薪。火傳也，不知其盡也。”《養生主》。頗得其旨。

“人惜其命，反將喪之。而在世間，惡其命者，則可保之，以致永生。”《約翰》十二章廿五節。此“有我”與“無我”之辨也。迷人不覺，妄執五蘊，色、受、想、行、識。假和合相，以爲有我。於是境界妄現，等無間緣，心起染著，造種種業。逐念流轉，生死相續，依業受苦，不得自在。而性浄妙常，幾盡失之。悟者覺知四大苦空，五陰即五蘊。無我，生滅變異，虚僞無主，心是惡源，形爲罪藪，《八大人覺經》。身則生老病死死而復生，界則成住壞空空而復成，劫劫生生輪迴不絶，《華嚴原人論》。苦惱無量甚可厭惡，“此身不向今生度，更向何生度此身”，於是常行精進，破煩惱惡，摧伏四魔。一、煩惱魔。貪等煩惱能惱害身心故。二、陰魔。色等五陰能生種種之苦惱故。三、死魔。死能斷人之命根故。四、他化自在天魔。即欲界第六天之魔王能害人之善事故。此中第四爲魔之本法，他三魔皆類從而稱魔也。見《智度論》五義林章六本。出陰五陰。界十八界。獄，《八大人覺經》。乃能進趣涅槃即永生。道矣。故老子曰：“聖人外其身而身存。”七章。

“耶穌爲門徒一一濯其足。”《約翰》十三章四至九節。此禪機也，示滌盡衆生垢穢，責在當躬也。愈汙下處，愈當盡力洗除也。塵埃勤拂拭，不容稍留餘地也。不可妄自尊大，見有不潔，不屑就也。衆生微有不浄，即自心之不浄也。天下至尊榮事，莫若忘我利衆也。德極崇高，樂居卑下，誠弘厚之至矣。

“我授汝曹唯一新誡，即是彼此相愛而已。”《約翰》十三章卅四節。此破“十誡”之迷執也。上帝周徧一切，通於人心而爲一，本無内外，要當攝外於内，託小包大，始不墮入天魔外道。即此一誡，義較廣於“十誡”而無弊矣。惜祇言其當然，而未詳其所以然。今爲之申其説：凡夫蔽於無明，迷失自心上帝，而惟求之於外，是謂舍本逐末。又不知生死輪迴之苦，起於男女、飲食之欲，日逞殺貪、盜貪，以圖生存。習於幻妄，不自知非，傎已。若能除滅無明，見本法身，即上帝。如實了知一切衆生，及與已身，真如平等，無二無别，自然興起無限慈悲，盡欲度脱等衆生界。惟求利他，不知有我，即是自度大方便智。斯則彼此相愛圓滿浄行，“彼此”兼一切有情言，若專指人言，則陋矣。永生之道欠圓故。必得永生真勝義也。老子曰：“含德之厚，比於赤子。毒蟲不螫，河上本。猛獸不據，攫鳥不搏。”五十五章。王弼注云：“含德之厚者，不犯於物，故無物以損其全也。”此求永生之真諦也，宜思索之。

“人既見我，即是見父。”《約翰》十四章九節。此破猶太人對於僞“上帝”之迷信也。言上帝即吾人之真心，並一切衆生本具之真心皆是。吾人清净本性，能不爲無明所蔽，而毫無染汙者，可以表章之。見道之人，不應作父想，亦不作子想。無父無我無衆生，同一如也。

“吾語汝者，非出於己，乃本法性原作“我父”，鄰於偶像，今校訂。在我身内，自作其事。”《約翰》十四章十節。此明示無我也，無爲也，是之謂正智緣如。亦即“以如如智，契如如理”。莊子曰：“天地有大美而不言，四時有明法而不議，萬物有成理而不説。聖人者，原天地之美，而達萬物之理。是故至人無爲，大聖不作，觀於天地之謂也。”《知北游》。《關尹子》曰：“聖人之道天命，非聖人能自道。聖人之德時符，非聖人能自德。聖人之事人爲，非聖人能自事。是以聖人不有道、不有德、不有事。”《三極》。可參證之。

“我所行事，信我之人亦當遵行，且須創行更大之事。”《約翰》十四章十二節。“創”字本“更大”之意增。此明真理無窮，非耶穌一人所得私也。求道者須知一切萬法，皆從自性起用。《壇經・頓漸品》。譬如積薪，後來居上，理固然也。保羅方便慧解，勤苦力行，於耶穌之道，頗能發揮而光大之；且曰“爲我兄弟骨肉之親，即自己被呪詛與基督分離，亦甘心焉。”《羅馬》九章三節。可謂信根淳熟，堪任大事矣。《壇經・付囑品》。

“我欲語爾具無限意，無如爾現不能領受。”《約翰》十六章十二節。此知耶穌不盡欲言，竟因付囑無人，不遺教誨。致令後人流傳乖誤，可爲長太息也。

“彼不從俗，與我無異，故世嫉之。”《約翰》十七章十四節。諸佛菩薩，恒以出世清净之心，轉移世界，絶不爲汙濁世界所轉移，“遯世无悶，不見是而无悶”。《易・乾・文言》。故莊子曰：“不明於天者，不純於德。不通於道者，無自而可。不明於道者，悲夫！何謂道？有天道，有人道。無爲而尊者，天道也。有爲而累者，人道也。主者，天道也。臣者，人道也。相去遠矣，不可不察也。”《在宥》。

“俾衆合一。如父在我，我在父中。使衆亦在我儕之中，無彼無此，全合爲一。”《約翰》十七章廿一至廿三節。此三位一體之説。佛教謂之心、佛、衆生，三無差別，《華嚴經·夜摩天宫品》云：“心、佛及衆生，是三無差别。”心即上帝。耶穌比佛、衆生同具佛性，則聖靈也。佛教衆生該一切有情言，平等平等，範圍極廣，非若基督教僅愛人類而已也。《華嚴經》云：“诸佛法身入我體，我身常入诸佛軀。”即父在我身内，我在父身之内義。《法華經》云：“我本立誓願，欲令一切衆，如我等無異，皆令入佛道。”《方便品》。即“使衆全合一”之旨也。教會視聖靈爲神，求之於外，根本謬誤。故講三位一體，愈講愈錯，不免見笑於大方之家。

“耶穌被釘在十架上。”《約翰》十九章廿三節。此耶穌登山放光時，預爲決定者。詳《基督神通義證》。是爲無上法施，不可云“被釘”，蓋教人無我也，外生也。世間一切罪惡，由有我生，由有身生，此從根本消滅之，則轉染爲浄，袪妄全真。不盡有爲，皆本無爲，將使五濁惡世，立成清浄樂邦矣。保羅謂爲“贖罪之祭”，蓋囿於猶太陋習，從權爲言，欲藉以興起庸衆信仰耳。據實言之，則有二謬。（一）真上帝不享此殘忍之祭。不得以猶太教之僞“上帝”，等真上帝於野蠻。（二）無論何人流血，不能贖人之罪。因罪非流血可贖，必犯罪者痛切懺悔，止惡修善爲得。教會無知，沿訛濫傳，以此摧殘東亞文化，其罪浮於天矣。

解　蔽

尼父有六言六蔽之辨，基督教之爲蔽也無限。舉其綱要，亦約爲六。

一、侈談上帝而不學，其蔽也魔。

詳讀《大乘起信論》、《楞嚴經》自知。否則朝夕祈禱必爲魔子，成就魔人。

二、迷信耶穌而不學，其蔽也賊。

孟子曰：“所惡執一者爲其賊道也，舉一而廢百也。”道無所不在，非耶穌所得而專私。以迷信故排斥一切聖教，賊道甚已。

三、外求聖靈而不學，其蔽也劣。

自身本具聖靈，無異諸佛。以不學故，求之天上，成爲外道，難證平等法身，不轉勝爲劣乎？

四、欲生天國而不學，其蔽也溺。

溺於食色名利諸欲，是爲地獄畜生種子，人道難保，安能升天？必行衆善、節制諸欲，始可生欲界天；必斷五欲、勤修禪定，始可生色界天；更修空無邊處四定，始可生無色界天。然既生天國猶未免沈淪，求免沈淪必念念清淨廣修無漏之善，行永斷無明，庶可超出三界獲永生也。非精進於無學不爲功。

五、謬執有我而不學，其蔽也幻。

世間無盡罪惡，皆由衆生執有我生。故佛教務破除我執，儒教、道教均貴無我，基督教義疏漏，無此説明，且在在長人我執。以故教會無知，妄認四大地水火風。爲自身相，六塵色聲香味觸法。緣影爲自心相，執著有我，我見層出，增上我慢，造罪世間，究其惑業感果，必陷於地獄餓鬼畜生三途。任運循幻，苦不堪言，皆不學之過也。

六、謬執有法而不學，其蔽也蠢。

衆生爲聲色貨利所縛，欲解之易；爲法或非法之法所縛，則解之難。非法之法衹能縛宿業深重下劣之凡夫，而利根上智無慮焉。若已登地之菩薩，由一地、二地乃至十地，無非除所知障，斷種種愚，是法縛之害甚於聲色貨利也。故釋迦説法四十九年，乃曰未曾説著一字。《金剛經》云“若人言如來有所説法，即爲謗”，佛不能解我所説故。説法者無法可説，是名説法知我。説法如筏，喻者法尚應捨，何況非法。禪宗六祖語志誠云：“吾若言有法與人即爲誑，汝無一法可得方能建立萬法。”所以不立一切法。老子著《道德經》，首曰：“道可道，非常道，名可名，非常名。”《關尹子》曰：“學道之士遇微言妙行，慎勿執之，是可爲而不可執，若執之者，腹心之疾無藥可療。”皆所以破法執也。基督教則不然，專長人非法之法執，如以天魔爲上帝，禁拜父母祖先，不知爲犯上作亂之本；蔑視諸佛聖賢，不知爲妖言惑衆之罪；曰“推我耶穌。是羊之門，凡在我先來者，皆爲賊爲强盗"，不知爲妄人作僞汙衊聖教。餘不勝數，足見其教義之惡劣。加以教士盲導，教友盲從，以不學故蠢蠢而動，聽命六賊自劫家寶，沈淪生死，安有了期。

茲以福音違反諦理處，聊爲匡正，解教縛耳。

"當命其名曰耶穌。因將援其民於罪中也。"《馬太》一章廿一節。"民"或作"百姓"，未免同乎流俗，背於宗教平等之義。蓋其時猶太人，甚望有如大衛者，復出爲王，以滅敵國復仇故爾。當作："命名耶穌，將度衆生出罪網故。"斯爲上乘宗教。猶太文化鄙陋，故耶穌教惟言愛人，從不言愛衆生，是大缺憾。保羅雖知萬物同聲歎苦，《羅馬書》八章廿二節。惜未能達其意。教士無知，妄稱上帝特造動物以供人食。羣逞殺貪，而恣口腹之慾，尚足與言宗教乎？儒釋道教，慈護生物，理至微妙，無論已；詎知耶穌嚴齋，禁食四十日。但以理茹素不飲酒，無異佛教乎？蓋物我一如，不愛衆生，即是不愛己也。世間何貴乎有耶穌教？即使無佛法可聞之地，及不能信佛法之人，皆除貪瞋癡闇，普度一切衆生同免沈淪之苦耳。《華嚴經》云："見諸衆生受大苦，起大慈悲現世間。演法光明除闇冥，此是菩薩智日行。"《入法界品》。耶穌似之。"耶穌"譯即"救世主"之義。

"耶穌被聖靈導入曠野，受試於魔。"《馬太》四章一節。是聖靈爲魔之走卒，耶穌受制於魔，無可逃也。有是理乎？禁食或作守齋，皆門外漢語，蓋習定也。"禁食四十日而飢"，詎知五日、十日，乃至三十日不飢，至四十日反飢乎？足見記者不知禪定之理，不足當佛教徒一笑。魔挈耶穌至聖京使立殿頂，又攜之登極高之山，是耶穌已兩度服從於魔，道行甚不足也，可爲教主乎？甚覺不妥，亟當訂正。文見《刪訂福音新編》，解詳《基督神道義證》。

"哀慟者福，因其將得安慰也。"《馬太》五章四節。"哀慟"或作"涕泣"，均嫌過於儱侗。當作"慟切悔改"始有條理，與"得安慰"相應。觀《刪訂福音》自明。

"清心者福，因其必見上帝也。"《馬太》五章八節。此二句亦嫌儱侗，當分析之。“清心”與“虛心”無别，因心不空虚，即不清浄。心果清浄，必是空虚。何得分爲兩項？此馬太所不能明辨也。若因下文不同，故分言之，亦非。蓋真上帝徧一切處。正如莊子答東郭子之問曰“無所不在是已”。讀《莊子·知北游篇》自知。《以弗所書》謂“上帝在萬有之上，貫萬有之中”，四章六節。可證。《馬太傳》之上帝，未脱猶太教之陋習，仍爲無形偶像，是爲天魔，非真上帝。心果清浄，則天魔不得其便，必不出現，即“不得見”。若見天魔，以爲上帝，其心必非真清浄也。真上帝當佛教之法性，法性必真見道後登地之菩薩始得隨分而見。觀上下文，皆世間法，未能出世，則其清心，斷不能見法性，了無疑義。故“必見上帝”之説，實爲謬誤。《新經譯義》作“心浄者福，因其將覯天主也”。“將”字較“必”字，庶乎近焉。“天主”二字，恰當帝釋，是爲欲界第二天，忉利天主，在佛教中，階位極低。基督徒未能斷欲，當其心浄得見忉利天主，亦大不易。蓋耶穌教立於邊地，樹義恒草率粗糙，非精研佛學，莫知其境界之如何。

“人以我故，妄言諸惡。詬汝、窘汝、誣汝，則汝福矣，當歡喜踴躍。因在天之賞賜甚大也。”《馬太》五章十二節。老子曰：“下士聞道大笑之，不笑不足以爲道。”世人迷妄顛倒，本無足怪。馬太記此，顯從上文爲義受逼，引申而出。當日基督徒，實身受之，果能歡喜踴躍，匪惟忍辱，且兼精進，亦甚善矣。但文中有二種語病，易滋流弊，蓋教會從古未聞者也。（一）即一“我”字是。猶太及遠西，無有佛老各教駕乎耶穌教上，更不知中印兩地行同耶穌者無數，故推崇耶穌，以爲尊無二上，遂將無量無邊充塞宇宙、一切衆生莫不具足之妙道，縮小範圍而等於無。陜劣極已，不平等極已。教徒無識盲從，理想既受束縛，且妨害世界文化，皆一“我”字爲桎梏也。然則釋迦、孔子諸至聖，不自稱“我”乎？於此有辨。孔子曰：“君子之於天下也，無適也，無莫也。義之與比。”《論語·里仁》。又曰：“我則異於是，無可無不可。”《論語·微子》。是知孔“毋意，毋必，毋固，毋我”，《論語·子罕》。從不執我執法，故雖言“我”，等於無“我”。老子“外身”，七章十三章。莊子“外生”，《大宗師》。

無“我”正同。墨氏貴兼，有“我”則不能兼矣。佛教破人我、法我之執，在在皆是，蓋隨順衆生，不得已而説“我”，實係“無我”之“我”，不爲病也。耶穌教發生於猶太，時當游牧，信從者皆漁夫，無此學理之説明。故耶穌雖無“我”，而門徒不知。迄今教會執我迷法，牢不可破，蓋不知净妙明心所致也。（二）“在天之賞賜甚大”。試問“天”在何處？賞賜者誰？此種草昧時代神權的利誘，在現世烏能容其久存？況信仰根於賞賜，非貪汙乎？《金剛經》云：“菩薩所作福德，不應貪著。是故説不受福德。”《不受不貪分》。宗教務令人心清净，然後世界自然清净也。參觀《刪訂福音》。

“天地未廢，律法之一點一畫必不能廢，皆得成全。故凡毁至微之誡，又以教人者，彼在天國爲至小。惟能遵行而又教人者，斯在天國爲大矣。”《馬太》五章十八九節。此馬太束於舊教濫記，或後世妄人羼入，不可盲從。《舊約》妄起分别之僞“上帝”，務滅他國以與猶太人，是之謂約，今西人猶尊之。並“十誡”之前四誡，均經耶穌革除。觀其謂上帝於辜恩惡類，一律慈悲；《路加》六章卅五節。教人守誡，恐前四誡阻礙永生而不言；《馬太》十九章。又屢破安息日不作工之邪執，《馬太》十二章，《約翰》五章七章。均可證，何言“律法之一點一畫，必不能廢”？至若孝敬父母，不殺人，不姦淫，不偷盜，不妄證，皆保持人道最低之限度，不能遵行，必墮地獄餓鬼畜生三途，安能入天國得最小之稱？即能遵行，又以教人，未必能入天國，何遽在天國可稱爲大？保羅屢言“因律法不能稱義”，故不愧爲耶穌高足，馬太粗陋謬妄，遠不如也。

“有一徒謂耶穌曰：‘主！容我歸家葬父。’耶穌曰：‘汝從我，任彼死人葬死人，汝往傳上帝之國。’”《馬太》八章廿一二節，《路加》九章六十節。此知基督徒，不重倫常，涼薄其德，有由來也。竊以此由門徒無知，記録失真。設有人父死未葬，欲從耶穌，耶穌尚宜拒絶之；令其葬父而後來，始能保持人道，可以上求天道。豈有不容人去葬父，遽令從己之理？又，豈有父死不葬之人，可傳天道之理？至“任彼死人葬死人”一言，更荒謬。豈一從耶穌，便非死人乎？然則“凡稱我主之人，不能盡入天國”《馬太》七章廿一至廿三節。之説，當作何解？又，父母一死，便非人乎？豈靈魂不滅之理亦未聞知乎？遽爾恩斷義絶乎？是與禽獸何以異？詎知“父兮生我，母兮鞠我，拊我畜我，長我育我，顧我復我，出入腹我，欲報之德，昊天罔極。”《詩・蓼莪》。晉王裒博學多能，隱居教授，讀《詩》至“哀哀父母，生我劬勞”，未嘗不三復流涕，門人爲廢《蓼莪》之篇，基督徒當知之。故《論語》曰：“生事之以禮，死葬之以禮、祭之以禮。”《爲政》。《孝經》曰：“生事愛敬，死事哀慼。卜其宅兆，而安厝之。春秋祭祀，以時享之。”《喪親章》。禮重奔喪，《禮記》有《奔喪篇》。尊世教也。釋迦爲出世至人，既已成佛，於其父喪，歸盡葬禮；又升兜率天，説法度母，可謂至孝矣。蓋出世法不能破壞世法，必建立於世法上也。况孝爲一切世法之本，人能誠盡孝道，可由世法通出世法，即是即世出世法。故曰“事死如事生，事亡如事存，孝之至也。”《禮・中庸》。“孝弟之至，通於神明，光於四海，無所不通。”《孝經・感應章》。後周孝僧道丕，唐宗室也，七歲出家。年十九，長安亂作，負母入華山。值歲大飢，丕乞食供母，自專胎息。其父從征，没於戰地，年二十遵母命，往收遺骸。至霍山，白骨徧野無從辨識，丕晝夜虔祝曰：“羣骨中有動轉者，即我父遺骸也。”於是一心注想。數日，果有髑髏，從骨聚中躍出，競騖丕前，摇曳良久。丕即躃踊抱持，如復生在，賫歸華陰安葬。一夜，其母夢夫歸舍，明辰骨至，其孝感如此。詳見《高僧傳》三集《護法》。故佛教徒於父母既没，追念恩深難報，務作無漏功德，福利世間，追薦供養，以慰孝思。儒家於父母既没，孝思不匱，《詩・下武》“永言孝思，孝思維則”，《既醉》“孝子不匱，永錫爾類”。以愛親故不敢惡於人，以敬親故不敢慢於人。本《孝經・天子章》。“思終其身，尊仁安義，博施備物”，《禮・祭義》。“以順天下”，《孝經》第一章。“弗敢辱親”，《禮・祭義》。“其崇孝也，使竟内之子孫，莫敢不敬”，《禮・祭統》。豈有親死不顧者哉？獨基督教以不孝爲教，欲凌駕儒佛二教而上之，何其妄耶？父死不葬，可爲孝乎？不孝之人，能學道愛人乎？上帝之國，不重孝道乎？世有不愛其親而愛他人，不敬其親而敬他人者乎？“不愛其親，而愛他人者，謂之悖德。不敬其親，而敬他人者，謂之悖禮。”《孝經·聖治章》。得不爲孔子所呵乎？此文應作“有一門徒謂耶穌曰：‘容我歸家葬父。’耶穌答言：‘禮也。當速去。事畢即來，預備宣傳上帝之國，普度衆生永遠不死，勿效死人營葬死人。’”則世法、出世法，俱無弊矣。

“兄將解弟，父將解子，以致之死。子女起攻父母而弒之。”《馬太》十章廿一節。當刪。此基督教不知有倫理之證。兄不友，弟不恭，父不慈，子不孝，尚有人道乎？蓋教徒被家人如此處置，其爲道必桀鶩不馴，不能諭家人於道無疑。若教徒如此待家人，更禽獸之不如也。每見兒媳忤逆父母，藉此爲護符者，何其教義之惡劣乃爾。洪水猛獸之禍，不是過也。

“勿思我來使世和平。我來非使世和平，乃使世動兵戈。蓋我來使子疏其父，女疏其母，婦疏其姑，而人之仇敵即其家人。”《馬太》十章卅四至卅六節。此種謬説，害道不淺，當刪，據佛法補救之。佛教有云“往昔恩怨，因爲室家”，又云：“子以三世因緣生。一者，父母先世負子債。二者，子先世負父母債。三者，怨家來作子。”蓋言因果，必通三世，而後圓滿。教人止惡修善，爲父當慈，爲子當孝，夫婦當和順，以減宿愆而利來世。又教人超脱凡塵，勉求聖道，不當同於小慈小孝、一切私情，務大慈大孝、普度衆生，故不爲病也。今言“仇敵即是家人”，而不知所以爲仇敵者，由於前世結怨之故，其由疏漏而謬妄者一；又不知既成家屬，父當盡慈，子當盡孝，解除仇怨，以利來世，其由疏漏而謬妄者二；又不知教人修出世之行，解除衆生一切之怨結，而徒增破壞世法之罪，其由疏漏而謬妄者三；況言子疏其父，不言父疏其子，顯謂父不可仇其子，子可以仇其父，母女、姑婦皆然，其由疏漏而謬妄者四；獨不言妻疏其夫，夫疏其妻，想由迷信《舊約》上帝造男造女，要人離開父母、與妻連合成爲一體之邪教，意以夫妻不可生疏，恐致分離，故不提及，尤覺夫婦無别，汙穢不堪，其由疏漏而謬妄者五；不知世間倫理“子不可疏其父，女不可疏其母，婦不可疏其姑”，此由猶太習尚粗野，除迷信上帝外無教義，而疏漏謬妄者六；又不知出世之法，子亦不可疏其父，女亦不可疏其母，婦亦不可疏其姑，蓋孝敬父母是浄行非穢行故，佛教有《釋門真孝録》可資考證。此由基督教無義理可言，而疏漏謬妄者七；又不知宗教要義貴出生滅入不生滅，夫婦之道爲無始刼來，流轉五趣之苦本，乃竟疏其所不必疏，如子疏其父等。而不疏其所當疏，如不言夫妻相疏。此由耶穌教立於邊地，因猶太及遠西文化鄙陋，故稱邊地，若中國與印度爲真正文化之中心點，均可稱中國。其義過於疏漏而致謬妄者八；宗教真諦，首在了證心源，攝萬歸一，無有彼此之分，永使世界和平，乃云"我來非使世和平"，其由疏漏而謬妄者九；兵戈之動極無人道，匪惟出世法所不容，亦爲世法所痛斥，孟子曰"率土地而食人肉，罪不容於死"，《離婁上》。以戰爭殘殺之罪千萬倍於强盜猛獸也，曰"我來乃使世動兵戈"，是"耶穌"之殘忍甚於强盜猛獸，實爲十字軍之兆端，得毋見棄於孟子乎？其由疏漏而謬妄者十；無上覺道，以悲愍衆生，慈愛仇敵爲正，乃視家人爲敵，而動兵戈，其由疏漏而謬妄者十一。一文而十一謬，教士以盲導盲，安得教徒不禽獸耶？噫！教義純駁殊途，一則可以成佛，一則必墮地獄。可不慎與？參觀《教乘》。

《馬太傳》云："愛父母過於愛我者，不足爲吾徒。愛子女過於愛我者，不足爲吾徒。不負其十架而從我者，亦不足爲吾徒。"十章卅七八節。《路加傳》云："人從我而不恨其父母妻子昆弟姊妹及其生命者，不得爲吾徒。不負其十架從我者，亦不得爲吾徒。"十四章廿六七節。案：《馬太》不記妻與生命，殊覺義有遺漏。蓋求永生者，非遠離其妻，並厭惡自己之生命，未足與議也。路加進已，然對父母妻子昆弟姊妹而言恨，又嫌太過，違反世法，校者嘗據馬太所記，改一"恨"字，作"愛我甚於愛"五字，是已。至並自己之生命而不分辨，又大失其本旨。《約翰傳》云："在斯世而恨惡其生命者，始可保其生命得永生。"足證《路加》所記"恨"字不誤，但"恨"字過粗，爲小隨煩惱之一，當作"厭"字爲妙。佛教所謂"厭苦欣樂"是也。凡此足爲馬太、路加及校者皆不明永生真理之證。從耶穌奚爲耶？求永生也，耶穌即身示永生之範者也。永生者，不生不滅之謂。生滅之最劇烈者，莫如夫婦之道，故耶穌不娶。不娶故無兒女之累，以此得免無盡煩惱，蓋出世法也，非五濁惡世一切衆生，業障深厚者所能企及。若既有妻與子女者，不求永生則已，苟求永生，當善爲處置，俾可遠離爲得。昆弟姊妹，未若妻子纏綿之甚，宜體親心，勉盡友道，使能遂生而復性足已。至於父母，必敬必孝，終身勿怠。耶穌在十架時，託母於約翰，可爲法也。要之戀愛其妻，反背永生者也；溺愛子女，障礙永生者也；友愛昆弟姊妹，是爲仁愛一切衆生之本，不礙永生，且有裨於永生者也；孝敬父母，是隨順清净法性，達於永生者也。六祖云："恩則親養父母，義則上下相憐。"但心清净，即是自性西方，總以妙明真心出之可耳。倘能以無上平等正覺之道，諭於父母妻子昆弟姊妹，俾皆安住真理之中，則一切不必遠離，十方諸佛均當歡喜讚歎。由是愛吾父母妻子，即愛衆生之父母妻子；愛吾昆弟姊妹，即愛衆生之昆弟姊妹。雖不從耶穌，無非從耶穌時也，豈不懿歟？然不可語中人以下。記者不解真勝義，差以毫釐，謬以千里，不可不匡正之。此文當作："凡從我者，若不敬愛父母，友愛昆弟姊妹，不得爲吾徒。鍾愛妻子，不善處置，而遠離者，不得爲吾徒。不厭惡其生命，日負其十架從我者，亦不得爲吾徒。"其義遂圓滿而無弊矣。諸佛攝化衆生，對治諸病耳。倘未治在纏之病，先增不孝不弟之病，烏乎可？或謂誠如是言，佛教之僧，天主堂之教士，豈非世間罪人乎？曰非也。彼能不娶無子，已脱塵纏不少，無難勇猛净修；昆弟姊妹，不爲累也；惟對父母，閒時歸省，用盡孝思，冀報父母慈悲之恩可也。人能求道利生，孝孰大焉？顧求道之難，不難於外其親，而難於外其身。凡夫妄執五藴身心假我爲我，隨緣生起我愛、我癡、我見、我慢四種根本迷惑，未易斷除，最爲事理之障。以此末由親證平等法身。法身無所不在，具足無漏功德，即耶穌心儀之真上帝，亦即衆生之佛性。故世尊言"一切法無我"，《百法明門論》。蓋擊破衆生之邪執，以啓其正覺也。此云"厭惡其生命"，"生命"即"我"之别名，"我"即萬罪之原，自知厭惡而棄絶之，則無我矣。無我則平等法身顯現，知一切衆生與我此爲無我之我。爲一，頓起無緣大慈、同體大悲，務福利之。是即自心本具之十架，亟宜負從耶穌、盡未來際、化度有情者也。《路加傳》云："人從我當捨己，日負其十架以從。"九章廿三節。此文《馬太》十六章廿四節、《馬可》八章卅四節並見，惟均無"日"字，則十架爲有形死物，死於其上者亦可一而不可再，無甚價值，漏義甚多，不可從。"捨己"即知衆苦逼身，甚厭惡之，而能無我之謂。"日負其十架以從"，顯見十架在心，日進不已，是爲精進波羅密中，波羅密譯即"度至彼岸"意。饒益有情精進行。以此度他，即自度也。

"門徒進曰：'爾語衆，必設譬，何也？'耶穌曰：'天國藴奥，惟使爾儕知之，不使若輩知。蓋凡有者，益之使富。而未有者，並其所有亦奪之。故我設譬語衆。'"《馬太》三十章十三節。"不使若輩知"句荒謬，殊有損於基督之道之大。約分三項説明。（一）凡用譬喻，皆欲不能知者無不知。《潛夫論·釋難篇》云："夫譬喻者，生於直告之不明，故假物之然否以彰之。"《墨子·小取篇》云："辟同譬。也者，舉也同他。物而以明之也。"可見耶穌設譬，正使人皆知之無疑。（二）耶穌現身説法，本具無量慈悲，甚願普度衆生，皆入天國，豈有妄起分别，不使廣衆知之之理？（三）以"凡有者益之使富，而未有者並其所有亦奪之"證實"不使若輩知"，由記者淺陋致誤，斷不可從。此文當作"天國藴奥，不惟使爾儕知之，亦使若輩知之。故我設譬語衆。"《馬可福音》四章十一二節，《路加福音》八章十節，同一謬誤，亟須訂正。"蓋凡有者益之使富，而未有者並其所有亦奪之"，當移後文"爾耳福矣，因其聞也"下，則合矣。

"門徒問曰：'天國中孰爲大？'耶穌召一孩，使立衆中，曰：'我實告爾，爾氣質若不變化如此孩，則不能入天國。故惟自卑如此孩者，斯於天國爲大。'"《馬太》十八章一至四節。此文違於諦理，當據佛教正之。人必能修十善——於身不殺、不盜、不邪淫，於口不妄言、不綺語、不兩舌、不惡口，於意不貪、不瞋、不癡；又修八福田——孝敬父母爲恩田，欽崇佛、法、僧三寶爲敬田，平治道路、修築橋梁、鑿井飲衆、養護病人、救濟苦厄、慈護生物爲悲田。以是能生無量福果，可升欲界諸天。今小孩已能立於衆中，縱無身、口二業，未必俱生我執，於意不起現行，而生貪、瞋諸欲；况未修福，雖無我見、我慢，已難必入天國，何可浪稱“在天國爲大”？當訂正之。文見《删訂福音新編》。

“元始造人，爲男爲女。”《馬太》十九章四節。荒誕無稽。耶穌已真見道，具根本智，斷不承認此説。蓋由記者迷信，拉雜記入。鄙箸《改造基督教之討論》已力闢之。

“人離父母，與妻連合，二人成爲一體。”《馬太》十九章五節。辭氣鄙倍，汙穢極矣。是爲地獄畜生種子，不足上求佛道，無論矣；亦反背倫常，大違孝事舅姑、夫婦有别之教，當在儒家鳴鼓而攻之列。記者無識，不應如此誣衊基督。乃至今基督徒，猶悉尊爲聖經，不悟其非。哀哉！南海梁曉初，遊歷西洋時，一日，步行郊外，憩於道旁之茶亭。一老翁據亭賣咖啡糖果，閒談之際，一軍官乘駿馬來，隨一騎，同憩亭中。飲咖啡畢，解囊付資，俟老翁找回尾數，即跨馬馳去。翁目送之，旋忽淚下。梁問故，翁曰：“是吾子也。吾少時鞠育之，亦盡勤劬，今貴，遂不相聞問。彼新結婚，吾尚未得見新婦也。”蓋人欲熾盛，天性遂梏亡以盡。見《聶氏家言選刊》第二集。足見基督化之熏習於西土，其結果恒致好貨財，私妻子，不顧父母之養也。

“斯言非盡人能悟，惟蒙寵者悟之。”《馬太》十九章十一節。“蒙寵”二字，於義不通。猶太人事事附會於偶像之上帝，不知其爲謬妄也。當作“斯言非盡人能悟，惟深知永生真理者，始能貞其守也。”

“在上帝無事不能。”《馬太》十九章廿六節。此言不可信。自來世界，魔鬼當權時多，何以上帝不能削其權而滅除之，是上帝能力甚有限也。此基督教之顢頇，未能從根本解決處。必多讀佛書，始知魔鬼起於貪著，一切不貪著，則無魔鬼。蓋上帝與魔鬼，一而二，二而一也。

“我將飲之杯，汝能飲否？對曰能。曰汝固當飲，然坐我左右，非我可賜，乃我父爲之備者始賜之。”《馬太》廿章廿二三節。此知基督教除迷信一死板“上帝”，及“十架贖罪”外，不知有宗體教相也。曰“我將飲之杯”，以喻將上十架之意，非也。“將”字疑由記者淺陋加入，當删。蓋半日有形之十架，人不難學，未若三十年無形之十架，在在可爲教相者，實不易學也。曰“坐我左右，非我可賜”，允已。蓋謂欲坐我之左右不難，而平日時時如我之苦行爲難。果能“遵守我道”。《約翰》八章五十二節。“不屬世界”，又廿三節。無異“飲我之杯”，即已與我平等，坐我之左右可，不坐我之左右亦可。即不坐我之左右，亦猶坐我之左右，是坐我左右之權非操於我，在汝自操之。理固然也。乃贅以“乃我父爲之備者始賜之”，適成外道，與宗教真理背馳矣。試問上帝何在？爲之備者始賜之，則不爲之備者必不賜，何其偏私不公耶？詎知盡人之心，皆是上帝，在能依聖教量，息妄顯真而已，有何左右之可貴耶？蓋欲坐耶穌左右者，固屬凡情，不可與入基督之道者也。

“上帝非死者之上帝。”《馬太》廿二章卅二節。此有三謬：（一）不知上帝即道，無所不在，“無乎逃物”。《莊子·知北游》。（二）不知靈魂本來無死。靈魂不死，何有死者？（三）就色身言，亞伯拉罕、以撒、雅各，非死者乎？似此妄起分别，自相矛盾，貽誤來學何限？

“勿稱在地者爲父。”《馬太》廿三章九節。此文由無識者濫記，其罪浮於天矣。今基督徒皆不敬拜父母，或即本此在天之魔父而然。竊不解基督徒，果有父否？果認其父爲父否？其父固明明在地者，不知如何稱之。然則基督教，衹可行於無父之國，不幸中國竟有如此之基督徒！中國人而猶太性，不仰貽歷代聖賢之羞乎！

“十童女迎新郎”之喻。《馬太》廿五章一至十三節。此有二得三失。云何二得？（一）“有油者不能分與無油者”，喻善人不能代惡人受苦報，惡人不能分享善人之善報。（二）“拙女有燈無油”，喻不知爲靈魂預備，而無常迅速，一旦死期忽至，則徒苦而已。云何三失？（一）婚娶之事，爲生滅途中第一死關，即終於沈淪之根本。欲生佛國，固必斷淫；欲生天國，亦須寡慾。否則欲界六天，亦不易至。乃以“新郎”爲喻，徒增凡夫之迷妄，而戕賊其性靈耳。（二）宗教根本要義，在使人心清浄，返妄歸真。今以新郎忽至，誘之於外，成爲外道，於内學實相背也。（三）以十童女迎一新郎，濬發衆生下劣根性，誰能遣此終於浄嚴？此知基督教全身是病，無怪乎教會人欲横流也。

分别“綿羊”、“山羊”之喻。《馬太》廿五章卅一至四十六節。“以施於一小弟，即施於我。”引申其義，即是供養十方諸佛，亦即能種善因於自己八識田中，定生無量福果。誠妙極已，然其疵謬甚多。如“人子乘其榮，偕諸天使臨時，坐其榮座，萬民集其前，遂區别之”。皆本猶太教之邪見，想像而成，按之上乘教義，實屬無稽之談，荒謬一。“綿羊”喻善，“山羊”喻惡，似是而非，除十方諸佛及金剛喻定之菩薩純善無惡外，所謂善人未必無惡，所謂惡人未必無善，安能如此判分，荒謬二。人非純善，安能永生，荒謬三。“永刑”指地獄言，人非純惡，縱墮地獄餓鬼畜生三途，苦報已盡，仍可復生人天，何可以永刑儱侗言之，荒謬四。“創世以來，預備之國”，究屬三界何天？抑屬清淨佛土？過於顢頇，難爲正報、依報之判決，荒謬五。歷來教會以此爲末世審判之論，又增二謬：試問果誰審判？其不知業繫受身之理，一也。又必末世始行審判，然則未至末世，無審判乎？其不知中陰投胎之理，二也。一文而具七謬，猶尊稱曰“福音”，天下愚夫愚婦，安得不受迷惑耶？此知基督教爲極陋劣之宗教。

“此女傾膏於我躬，實以葬我。”《馬太》廿六章十二節。“實以葬我”句，過於牽强。《新經譯義》注云，耶穌死後，瑪達肋納不能以香膏擦聖屍。今日所爲，補後日所不逮，更覺無謂。此句當删。應作“此女傾膏膏我，蓋盡其所能”。據《馬可》十四章八節增。甚美事也，何爲難之，蓋“汝常與貧人偕，不常有我也”。瑪達肋納欽仰耶穌，以爲世間希有難遭，故獻香膏以供養之。無異無盡意菩薩，以價值百千兩金珍寶纓絡，供養觀世音菩薩，《法華經·觀世音菩薩普門品》。其福德誠不可量。乃其徒貪慳性成，難之，以鬻重值，施濟貧人爲辭。詎知世間貧人，盡未來際，無量無盡，如耶穌者，雖在中國印度盈千累萬，然在猶太及遠西數千年中，難得一遇，自應生希有想，生難遭想。故云“不常有我”，以啓悟之。下文付囑傳福音者，“永當記念”，是其徵也。“記念”改作“效法”尤妙。《四十二章經》佛言：“飯惡人百，不如飯一善人。飯善人千，不如飯一持五戒者。飯持五戒者萬，不如飯一須陀洹。飯百萬須陀洹，不如飯一斯陀含。

飯千萬斯陀含，不如飯一阿那含。飯一億阿那含，不如飯一阿羅漢。飯十億阿羅漢，不如飯一辟支佛。飯百億辟支佛，不如飯一三世諸佛。飯千億三世諸佛，不如飯一無念無住無修無證之者。”第十一章。蓋較量福田勝劣差别，所以顯修德之足貴也。

“除上帝外，誰能赦罪。”馬可二章七節。猶太人謬以佛教所謂之欲界爲世界，迷執大梵天王爲上帝外，無一知真理者。人自造罪，自感苦報，無可逃者，與上帝何干？上帝無形無像，何能赦罪？即耶穌亦斷不能赦人之罪。赦罪之説，於義不通，教會冥頑，誠可愍也。惟犯罪者，痛切懺悔，永不復作，更勤修德，福利衆生，則於理當矣。下文“人子在地有權赦罪”，十節。可作二解：（一）耶穌隨順衆人迷信上帝赦罪之心理，即以療癱爲赦罪，破其上帝之邪執，蓋權説也。實則癱爲罪之結果，可因篤信而愈，而根本諸罪，未斷滅也。（二）純由門徒之陋妄，雜以己見，記作如此，不可盲從也。蓋癱之所以愈者，因其信之篤，幸遇耶穌最勝緣耳。上文“小子爾罪赦矣”，五節。當作“小子爾之信救爾矣”，則實説也。觀對血漏女子《馬可》五章卅四節。與巴底買《馬可》十章五十二節。及撒馬利亞之癩者，《路加》十七章十九節。均云“爾之信救爾矣”，可證。

“耶穌怒目環視。”《馬可》三章五節。此一“怒”字，固由記者形容，殊損耶穌人格。蓋怒即根本煩惱之瞋，無始習氣，凡夫恒所不免；若登地之菩薩，必數數修習，始能漸次斷除之。耶穌被害時，備受侮辱，毫無怒意，足見其德之純，當是金剛喻定菩薩，豈因化度衆迷，而反盛怒之理。此記者無知之過也。教士不學，更如井蛙難與語海矣。

“蓋上帝賜以聖靈，無有限量。父愛子，以萬物授其手。”《約翰》三章卅四五節。聖靈與上帝，一實而二名。上帝就一真法界言，聖靈專就一切含識言。耶穌與一切衆生，聖靈無有增減，不過迷悟各殊。悟則名爲聖靈，迷則名爲魔鬼耳。言賜聖靈無有限量，足見約翰無識，不知上帝之謂何，亦不知聖靈之謂何。蓋猶太人之上帝，始終偏私，罔知公義。在《舊約》時，以滅鄰殺敵私猶太人，在《新約》時，又獨以無限聖靈賜耶穌不賜他人，又獨愛耶穌不愛他人，又獨將萬有授耶穌不授他人，果平等乎？非天魔乎？詎知聖靈本無内外，迷者失其妙用，似乎無有；悟者攝外於内，猶《陰符經》所謂“宇宙在乎手”是已。非如天魔之上帝，可以此多賜，彼不賜，或且偏愛而授之也。

“因其爲人子，與以審判之權。屆時凡在墓者，胥聞其聲而出。”《約翰》五章廿七八節。荒誕無稽，背於諦理。蓋不知阿賴耶識，任運而轉故爾。

“於末日我復活之。”《約翰》六章四十四節。記者妄逞臆説，荒謬當删。欲知其故，宜求佛教唯識學。

“耶穌行路，見一人生而瞽。門徒問曰：‘夫子，此人自胎而瞽，是誰之過？已與？抑其父母與？’耶穌曰：‘非此人之過，亦非其父母之過。蓋欲於其身，顯上帝之能耳。’”《約翰》九章一至三節。斯人受身，皆由宿業所繫。必父母子三業平等，始結爲胎。瞽者本自胎成，則其宿世，必嘗譏毁瞽者，所以今世感受瞽報。請讀《佛説業報差别經》及《三戒經》、《修行道地經》並《法苑珠林》，自知其詳。至産生瞽兒之夫婦，必血統相同，否則兩人之目，互有缺欠無疑。吾嘗至盲啞學校，考查各生之父母，其配合多有不妥處，屢驗不爽。故知瞽者，與其父母，均不能無過。兩“非”字當删，作“此人之過，亦其父母之過”則妥矣。“蓋欲於其身，顯上帝之能”，此猶太人之迷信，非是。宜作“今將於其身，顯神通之妙耳。”然此事頗不足信。

“凡在我先來者，皆爲賊，爲强盜。”《約翰》十章八節。中國、印度無数聖賢、佛祖，高於耶穌者，無論已；即如猶太，不乏先知。皆爲賊、爲强盜乎？荒誕極已。此由無識妄人羼僞，實妨害世界文化之本也。

“耶穌哭之。”《約翰》十一章卅五節。就靈性言，本來無死，固不必哭。就肉體言，立即起死，又何須哭？此記者預爲拉撒路復甦，故作反振之勢，殊失其真。耶穌能否斷煩惱障，固未可知也。觀《莊子·大宗師篇》，子桑户死，孟子反、子琴張臨尸而歌，可知哭之之失。

“臭矣，蓋四日矣。”《約翰》十一章卅九節。未免張大其辭，故神其説，非實也。

“我若不去，保惠師即不來。我去則命其降於汝。”《約翰》十六章七節。聖靈本無去來，約翰無知妄記，實屬根本錯誤。教會沿訛，竟有所謂聖靈降臨節，謬執非法以爲法，純以妄心緣妄境。“外道種性，邪師過謬”，《圓覺經·彌勒章》。無如基督教者。

“我不爲世人禱，祇爲爾賜我者禱。”《約翰》十七章九節。猶太人識量陝隘，本於遺傳天性。記者純依分别事識，熏習妄心，不知真如徧一切處，無差别相，逞臆記此，約有三失。（一）“不爲世人禱”。不惟外視一切含靈，並且外視世人，違反菩薩普度有情之大慈。（二）“爾賜我者”。此間又有三弊：（1）“爾”指上帝，偶像之錮習未除。（2）本非賜而曰“賜”，障礙行者隨順法性之解行發心與證發心。（3）賜而屬之於“我”，背乎三位一體之諦理。（三）“祇爲爾賜我者禱”。又有三私之嫌：（1）對於“上帝”之觀念私。（2）見得耶穌之胸懷私。（3）屬於門徒之期望私。均不合理也。似此滯於偏駁，以視無上等覺之佛法，其卑劣奚啻萬倍耶？

除濫 即《删訂福音新編》

《馬太》、《路加》二福音，均載耶穌家譜，甚無謂也。至其互相矛盾，顯屬臆造，更無論已。猶太人富於宗教思想，而其思想，則極亂雜卑劣，徒增我法二執耳。其以亞伯拉罕獨信一神，大衛爲王征服敵國，爲無上之榮，可概見已。詎知一神即是無形偶像，根本謬妄，况務滅人之國，約與以色列人，尤爲乖忤。足見《舊約》之説，起於損人利己之貪慾。所謂一神，確爲天魔無疑。且須殺子獻火焚祭，頑迷如亞伯拉罕，尚足挂齒乎？大衛人品汙下無足述，其依上帝征服各國，更與宗教背馳。記者無識，拉雜記入，並屢稱大衛之子孫，殊覺鄙陋可笑。教會不知其偏駁，一切尊爲聖經，良可哀愍。餘如星引博士來拜，荒誕無稽。主禱文儱侗鶩外，一無足取，悉應沙汰。蓋宗教要旨，貴乎返照心源，免沈淪而獲永生。凡與此了不相涉者，均理障也。是故删訂福音，爲已入歧途者，權作指南。

《刪訂福音新編》敘例

余有志刪訂福音，十年於斯，猥鞅掌於皋比，未遑也。近深恐耶穌教義，日汨其真，遂孳孳焉夜以繼日，才越月而書成。間考耶穌教相，有類似菩薩行者，其立言，要以不離聖教量者爲近是。惜游其門者，罔能印證無違，而載記復成於追述，過事鋪張，每隣非量，故駁雜如希律屠嬰，舛午如天父棄我，詭誕如末日審判，誣妄如流血贖罪，繁碎則一事迭見，淩亂則真僞混淆。不亦遠乎？西人陷没其中，已二千年。此土學者病之。余不度淺黔，從事於兹，將披沙以揀金，撥枝以見根，固不敢遠擬尼父刪訂之業，而董理故籍，求所以胠其蔽而鈎其沈者，庶可行遠而傳久耳。

耶穌降生猶太，故現基督身，將以引度西方。而所標上帝觀，與世爲配，故立假説，蓋爲邊地劣機而然也。觀其禁保羅之赴亞細亞講道，《使徒行傳》十六章六至十節。可以知已。乃其徒屬，識量過隘，竟謂舍耶穌别無救主。《使徒行傳》四章十二節。凡在耶穌先來者皆爲賊爲强盜，《約翰傳》十章八節。禁拜父母，輕侮佛聖，知見倒邪，傷彼無瘍，知何限也。抑思猶太及遠西倫理之義，闇而不章。《馬太傳》耶穌引經云，人離父母而與妻合爲一體，十九章五節。不斥爲不孝與穢聞，且欽崇之以爲至理。《約翰傳》載耶穌呼其母曰婦人二章四節、十九章廿六節。亦恬不爲怪，今傳至中國始知其不雅而改稱母親。又《約翰傳》開宗曰“太初有道”，“道”原作“物爾朋”，華文曰“言”，則不辭矣，今改稱“道”，較爲妥睸。是基督教義，以猶太禮俗之陋，與接爲搆，故其缺陷極大。必賴亞化以彌縫匡救之，有由然矣。况保羅、約翰曾取羅馬、希臘文化以滋益之，余何所恡，不依佛老諸説以發其微而鍼其盲乎？夫竺典西來，教義美滿無上，經吾先德演賾鈎深，遂成中國之佛學。矧在基督教，舍祈禱外，無修持之可言，妙明真心莫由濬發，亟待我國故之補苴乎？今爲去駁存純，摧邪顯正，庶成中國之基督教，可以反哺歐美矣。

此篇據《新史合編》上海土山灣天主堂出版。本，次序因之。間有從《福音合一》美國芳泰瑞著。而參合者甚少。删訂原文處，時或注明，時或從略，從文便也，可取原本對勘。四福音章節之分，失當者多，顧以沿用已久，故仍之，以便檢閱耳。《新約》精義無幾，余抉擇甚嚴，有異原本。所有神通，别見鄙箸《義證》，此則非關教義者不録。原譯文言既不達意，白話復不雅馴，縉紳先生難言之。今綜觀各本，推原耶穌立言旨趣，詳審上下文義，印證以真勝義諦，謹仿《内典》體例，重造新句，力求明了。惟斟酌損益，以不諳希臘拉丁原文，不無遺憾。幸有《新經譯義》一書上海天主堂出版。足資掔覈，並搜集其他各譯本共十餘種而參稽之，或未大謬。果當與否，願知言者，有以教之。

中華民國十五年六月一日

删訂福音新編　佛化的新耶穌傳

有馬利亞，性德貞純。聖靈入胎，住胎出胎，命名耶穌，譯言救世者。將度衆生，出罪網故。本《馬太》一章廿節廿一節校訂。

耶穌童時，神智充溢。每逾越節，其親必赴耶路撒冷。時當耶穌年有十二，循例同往。期畢言歸，耶穌獨留，二親未知，意其必在同行者中。及至一程，訪諸戚友，畢竟無獲。復反聖京，索之三日。遇諸聖殿，坐博士中，且問且答，辯才無礙，聞者異之。母曰："我兒胡爲其然？爾父與余悽惶覓爾。"耶穌答曰："何爲覓我？詎不知我當以天事爲我事乎？"即與同歸，孝親無虧。迨年日長，智慧日增，人甚愛之。《路加》二章四十節至五十二節。

若翰授洗，因人施教。衆問："我儕宜何爲乎？"若翰答曰："有二衣者，分與無有，有食亦然。"有税吏至，欲受洗禮，問曰夫："子我當何爲？"答："定例外，不可多取。"兵士來問："吾將何修？"曰："勿强暴，亦勿訛詐。既得有餉，即當知足。"《路加》三章七節，又十一至十四節。

當時耶穌自加利利赴約但河，親就若翰，欲受其洗。若翰辭曰："爾當洗我，我洗爾乎？”耶穌答曰：“今姑許我，蓋當如是以盡禮也。若翰許之。耶穌受洗，由水而上，天爲之開。有神如鴿，降臨其上。且聞自天有聲來，云：“此我愛子，快我意者。”《馬太》三章十三至十七節。其時耶穌年約三十。《路加》三章廿三節。

耶穌亟往曠野習定，野獸與居。四旬忽飢，魔謂之曰：“爾果佛子，“佛”原作“天主”或“上帝”，下於佛遠矣，今校改。可命此石立變爲餅。答曰：《傳》云：‘人之生也，不惟賴餅。’惟當顧諟天之明命。”原文著相害道，今校改。忽入聖京，立於殿頂，魔謂之曰：“爾若佛子，請自投下，必有天使呵護捧持，不任爾足躓於石上。”耶穌對曰：“《傳》亦有云：‘不可妄試爾法身佛。’”說詳前。忽而又登極高之山，魔以天下萬國榮華指示之曰：“爾苟拜我，我將一切悉以畀爾。”耶穌斥之，曰：“撒但退。《傳》云：‘惟當親證法身。’”魔乃離去。倏天使至，爲之供役。《馬太》四章二至十一節，《馬可》一章十三節，校訂說詳《祕義》。

當日若翰見耶穌至，語大衆曰：“此何人斯？肉身菩薩，四字原作“上帝羔羊”，未脱游牧時代陋劣習氣，今校改。解除世人一切罪者。”《約翰》一章廿九節。

聞若翰言，從耶穌者，首安得烈。語弟西門：“我已獲見彌賽亞矣。”引詣耶穌。耶穌目之，曰：“爾此後當稱磯法。譯言彼得，華言磐石。”《約翰》一章四十節至四十二節。

逾越節至，耶穌入都。於聖殿中。見有衆商售牛羊鴿，暨兑錢者排列而坐。以繩爲鞭，驅除衆商，自羊徂牛及兑錢者。既傾其財，復覆其几。語鬻鴿者：“速攜此出，勿以聖殿作爲市場。”《約翰》二章十三至十六節。

法利賽人，尼哥底母，蓋巨紳也。夜見耶穌，呼曰：“夫子誠人師也。以子所行神異之事，人不能也。”耶穌答曰：“我誠語汝，人不重生，則不得見諸天國土。”尼哥底母曰：“人既老，如何重生？”耶穌答曰：“我誠語汝，人不由水滌除心垢濬發性靈而重生者，難入天國。吾言重生，汝勿詫異。風任意吹，汝聞其聲，詎能知其何來何往？聖靈重生，亦若是已。《約翰》三章一至八節。光照世間，而人喜暗反勝於光，素行惡故。蓋行惡者，皆必惡光而不就光，免見責也。惟依真實而履行者，日與光近，妙明真心相感通故。《約翰》三章十九至廿一節。原文重視上帝，屬於外道，今校改則爲内明矣。自上來者，在萬有上。生於地者，則屬於地，言地而已。自上來者，以所見聞，願爲衆證，無如世人，不能信受。能信受者。互相印證，法身是真。“法身”原作“上帝”，今校改。夫唯真人。能述真言。以其聖靈無限量故，攝盡萬有歸掌握故。原文“上帝”宛然偶像，又鍾愛子，付以萬有，既不平等，又成外道。今校改。凡信從者。“從”原作“子”，迷失自心，今校改。可得永生，否則沈淪。無盡苦惱，原作“上帝之怒”，未脱原人陋習，謬，今校改。常在其身。”《約翰》三章卅一至卅六節。

耶穌行至撒馬里屬敘加邑城，近雅各井。適倦於行，兀坐井旁。一撒馬里婦來汲水，耶穌謂之曰：“與我飲。”適其門徒入城市食。因猶太人、撒馬里人素無往來，婦故應曰：“爾猶太人，奈何乞我撒馬里婦。”耶穌答曰：“倘汝能知上天恩施。又知向汝乞飲者誰，汝必求彼飲汝活水。”婦曰：“原文“無汲器”與上文“來汲水”下文“遺水具”均矛盾，删。爾豈大於我祖雅各？此井之遺，惠我人畜，由來久矣。”耶穌曰：“此井之水，飲後復渴。飲我與水，則永不渴。我所與水，將在其腹，成爲泉源，湧之永生。”婦曰：“先生請與我水，俾不復渴，免來汲取。”耶穌曰：“往喚汝夫來。”婦曰：“無夫。”耶穌曰：“然。然有五夫而皆非夫，汝言是已。”婦曰：“以予觀之，君乃先知。我祖敬天，禮於此山，君等謂在耶路撒冷。”耶穌曰：“婦宜信我，時已至矣。欽崇天道，不在此山，亦不必在耶路撒冷。真敬天者，惟以心靈與其誠實，隨處可拜。一真靈界，無彼此也。”原文假設人格化之父以爲的，殊嫌陋劣，今校改。婦曰：“聞彌賽亞，一名基督，知將來矣。當其戾止，告我一切。”耶穌曰：“此時與爾言者是也。”適門徒至，怪其對於婦人言談。然無敢，曰：“子何所求，抑何所語。”婦置水瓶，入城告衆。有一人焉。知我素行，得非基督，盍往觀之？爾時門徒，謂耶穌曰：“夫子請饍。”耶穌答曰：“我有食物，非爾所知。蓋我之糧，即遵天志，而竟其功。汝豈不曰，尚有四月，穫期至乎？吾今語汝，舉目田疇，蒼然白者，已可斂也。刈者得值，積蓄五穀，可致永生。稼者穡者，皆大觀喜。諺語有云：‘此種彼穫。’信不誣也。汝等今可不勞而穫。”撒瑪里人因聞婦言，出城者衆，來就耶穌，見而信之，留居二日。及聞其道，信者愈衆，乃謂婦曰：“吾之信也，非以爾言。蓋由親見，而知其爲救世主矣。”《約翰》四章五至四十二節。

耶穌開始，布福音曰：“吾願爾衆，悔改刻勵。信守福音，天國近矣。”《馬可》一章十五節。

耶穌循走於加利利海水之濱，見昆弟二，蓋即彼得與安得烈。投網於海，固業漁者。爰語之曰：“可來從我。”將令漁人，棄網從之。又行稍前，見西庇太二子雅各及與約翰，同在舟中，偕父治網，因遂招之。彼等棄網，別父以從。《馬太》四章十八至廿二節。

天未黎明，耶穌即興。適野習定，“習定”原作“祈禱”，非，今校改。門徒追隨。及之則曰：“衆訪求爾。”答曰：“盍往附近村邑，宣傳天道？蓋我之來，正爲此也。”《馬可》一章卅五至卅八節。

耶穌舉目，見人叢集。登山而坐，其徒就侍。乃訓衆曰：“性空者福，“性空”原作“神貧”，足證猶太文言不足，今校改。如是必可得天國故。慟悔者福，由是滅罪。“滅罪”二字今校增，以足其意。得安慰故，温良者福，依其正報，四字今校增，以達其指。必得土故。嗜義有如飢渴者福，慧命資糧，四字今校增。必得飽故。哀愍者福，等同一味，四字今校增。受哀愍故。心净者福，能升忉利，四字今校增。見天主故。和衆者福，因地二字今校增。可目爲佛子故。“佛”原作“上帝”，今校改。甘心二字今校增。爲義蒙難者福。以是因緣，有天國故，以天道故。“天道”原作“我”今校改。人詬辱爾，或戕逼爾，或搆衆惡，以誣罔爾，爾當順受，福報大矣。自來先知，被人殘害，亦若是已。”《馬太》五章一至十二節。

“爾曹譬猶地上之鹽，鹽而味漓，鹹於何有？非棄於外，由人踐蹋。別無可用。爾曹譬猶世上之光，原文隣於自炫，删。當照人前。表著净行，顯露真心。“真心”原作“上帝”，外而不内，今校改則攝外於内矣。勿以我來，廢馳法藏，及諸先知。我非廢之，實曲成之。我切語爾，天地縱廢，律之精義，如孝敬父母、殺盜淫妄諸誡是。必不廢也。若夫執一，以賊道者，如《舊約》“十誡”中前四言戒之惡劣是。則雖廢之，正光大之。”《馬太》五章十三至廿節。校詳《祕義》。

“爾聞先民誡勿殺生。凡殺生者，“生”原作“人”，過於陋劣，今校改。難逃苦報。我今告爾，凡怒兄弟，必感苦報。詬詈兄弟爲汙賤者，罪同大逆。詬罵兄弟爲蠢頑者，亦不能逃地獄之火。故在祭壇獻禮物時，憶及兄弟。有憾於爾，則置禮物。先往和好，然後來獻。爾有仇人，及同在途，速與修好，恐交士師。發寘囹圄，毫釐未償，弗克出也。”喻瞋恨等惡業稍有未净，難免沈淪也。《馬太》五章廿一至廿六節。

“爾聞先民誡勿姦淫。我今告爾，凡見婦女而戀之者，心已淫之。設爾一目陷爾於罪，抉而棄之。寧喪一體，勿任全身墮於地獄。設爾一手陷爾於罪，斮而擲之。寧喪一肢，勿任全身墮於地獄。”《馬太》五章廿七至卅節。

“慎爾出話，是則言是，非則言非，過量則妄。”《馬太》五章卅七節。

“汝聞昔言：目以償目，齒以償齒。我今告爾，横逆之來，毋抗拒也。設或有人批爾右頰，爾則更轉左頰俟之。或欲訟爾奪爾長襦，爾當並以外袍遺之。凡迫脅爾行千步者，爾再與之行二千步。求於爾者，爾即與之。貸於爾者，爾勿恡郤。”《馬太》五章卅八至四十二節。

“汝聞惟曰：‘愛爾親人，恨爾仇敵，我則語汝，愛爾仇敵，而施恩於恚恨爾者。凌虐爾者，毁謗爾者，爲之祈禱。庶稱佛子，可無愧也。日之照也，無分善惡。雨之施也，無分義否。倘爾惟愛愛爾之人，何報之有。彼諸稅吏，不亦然乎？又爾若祇禮爾昆仲，何長於人。”教外之人，亦猶是也。故爾宜爲完善之人，一若諸佛慈悲無異。”《馬太》五章四十三至末節，《路加》六章卅六節。

“爾宜戒慎。義德之行，勿於人前，而令人見，令人見則無功德矣，彼僞善者。故當廣衆以行布施，弋世榮譽。我實告汝，如彼固已受其報矣。故汝布施，勿令左手知右手事。”如是謂之無相布施。不求福德，即是無漏大功德也。《馬太》六章一至四節，校改說詳《祕義》、《發覆》。

“爾祈禱時，勿立會堂及街市口，似僞善者，俾衆咸見。我實告爾，如彼固已受其報矣。爾將祈禱，當入密室，而閉其門，切戒複語，更勿多言。蓋未禱前，爾所需者，天已知之。”《馬太》六章五至八節。

“爾齋戒時，勿故憂頳，貶損容顏。若僞善者，顯以示人。我實告爾，如彼固已受其報矣。爾持齋戒，宜膏爾首，而頮爾面，勿與人見爲持齋焉。天監至明，燭及隱微，必不負爾。”《馬太》六章十六至十八節。

“爾等寶藏，無藏於世，或致鏽損而蟲毀焉。穿窬發拙，而盜侵焉。爾寶何在，心亦係之。爾身之燈，乃爾眸子。眸子瞭焉，全體光明。眸子眊焉，全體昏暗。既使在爾明者爲暗，則其內暗何如大耶。”《馬太》六章十九至廿三節。

“從無一人能事二主。非惡於此，而愛於彼。即親於彼，而疎於此。崇事天道，又事貨財，無有是處。我今語爾，勿慮生命何以飲食。勿爲身慮何以爲衣。當知生命，重於飲食。爾之身體，更貴於衣。觀空中鳥，不稼不穡，無倉可儲，從未餓死，何以人而不如鳥乎？誰能用思，延一刻壽，胡汲汲焉？惟衣是謀。試觀下畹，有百合花，不勞不紡，暢茂何如？我語爾曹，昔所羅門極榮華時，其章身者，曾不及此花之一矣。田間野草，今日暫存。至於明日，即投之爐。化工於彼，且妝飾之，何況爾儕？爾淺信人，勿營衣食，此外道人所營求也。爾求佛國，原作“天國”，未免沈淪，改作“佛國”則免沈淪矣。暨真勝義，則此諸物，悉加於爾。爾曹勿爲明日過慮。明日之慮，俟之明日。今勞已足，勿倍受苦。”《馬太》六章廿四節至末。

“爾勿議人，免被人議。勿罪譴人，亦不獲譴。爾寬恕人，亦見寬恕。爾施於人，如何量度。人必如量，還施於爾。爲取譬曰，盲者豈能導盲者乎？得毋俱陷於阱中乎？爲何明見爾弟目中，有細莛在，而爾目中有巨棟在，竟無覩耶？如之何其謂爾弟曰，聽我拔爾目中細莛，而容巨棟在爾目耶？僞善人哉！必先去爾目中巨棟，庶見爾弟目中細莛，而去之耳。下文“勿以聖物與犬”云云，殊不慈悲，删。故爾願人如何待爾，爾當如何先施於人。一切法藏，與諸先知，盡在是矣。”《馬太》七章一至五節，又十二節。《路加》六章卅七至卅九節。

“當入窄門。彼寬廣門，與曠闊路，蓋所由以沈淪者也。入之者衆，而所由以入永生者，則門極窄，而路極陜，尋獲者少。”《馬太》七章十三四節。

“爾曹慎防僞先知者。其來就也，外則羊皮，内則狼心。貪攫無厭，抑自其實，知其人耳。豈有葡萄采於荆棘，摘無花果於蒺藜者。故凡嘉樹，必結嘉實。結惡實者，必是惡樹。凡彼不結嘉實之樹，終必被伐而投之火。故自其實，可知其人。”《馬太》七章十五至廿節。

“非凡呼我主乎主乎，盡入天國。惟能欽遵天道行者，始入天國。他日諸人將謂我曰‘主乎主乎’。我藉爾名，傳教驅魔，廣行異能，豈皆非乎？我明告曰，從未識爾。按爾生平，多行不義，亟離我去。凡聞我言而遵行者。譬彼智士，結廬磐石。任彼霖雨，巨浸狂風，衝突其廬，絶不動摇，基址堅故。彼聞我言而不行者，譬彼愚人，築室沙上。一經雨淋，川潰風烈，侵淩其室，立即傾覆，無根柢故，損失大矣。”《馬太》七章廿一至廿七節。

有一經生，來呼：“夫子，任爾何之，我將從爾。”耶穌答曰：“狐狸有穴，飛鳥有巢。惟有人子，無枕首處，爾能從乎？”四字校增。乃語其一在門下者，曰：“爾從我。”其一曰：“主，容我先歸，而葬吾父。”耶穌曰：“善，速去速來。宣究天道，務令衆生，永遠不死。原文違反世法，今校增。勿效死人，營葬死人。”又一人曰：“我將從爾，但先允我歸而辭謝家中所有。”爰語之曰：“舉手扶犂而卻顧者，難入天國。”《馬太》八章十九至廿二節，《路加》九章五十七至六十二節。

耶穌出見税吏馬太，坐於税關，召曰：“從我。”即屏庶務，起而從之，且治盛筵，宴於其家。有諸税吏暨罪人等，爲數甚多。法利賽人與諸經生，見而議之，謂門徒曰：“云何爾曹與諸税吏暨罪人等，一同飲食？”耶穌答言：“彼康健者，何須醫生。惟有病者，始急須之。良以我來，非召義人。乃召罪人，使悔改耳。”《路加》五章廿七至卅二節。

或問耶穌：“若翰弟子，齋戒頻仍。法利賽人，大氏皆然。何汝弟子，絶不齋也？”耶穌答曰：“新壻之友，與新壻偕，安用嚴齋？此喻易滋流弊不可盲從。將有日焉，新壻别去，“别去”原作“被擒”、“見奪”、“被害”，均不可從。必嚴齋矣。”又設譬曰：“無以新布補舊衣者，恐令舊衣破綻愈大。無以新酒盛舊囊者，恐囊暴裂而酒漏泄。其惟新囊，盛以新酒。於是二者，俱可保存。”喻新舊不相容，舊者必敗，新者可常存也。《馬太》九章十四至十七節，《馬可》二章十八節至廿二節，《路加》五章卅三至卅八節。《路加》陳酒新酒之喻不諧，删。

“富厚禍也，因諸逸樂已過享故。飽足禍也，將有飢苦乘其後故，嬉笑禍也，行將齎咨而涕泣故。方世人之讚美爾也，禍機伏矣。”《路加》六章廿四至廿六節。

“善人心庫，所藏善多，故發爲善。惡人心庫，所藏惡多，故發爲惡。增兩“多”字，解詳《福音祕義·發覆》。充於心者。出於口也。”《路加》六章四十五節。

法利賽人，名西滿者，宴請耶穌。及敷席坐，城中一婦，乃無行者，聞而知之，自提玉壺，盛以香膏，侍立於後。俯近其足，墮淚濡之。拭之以髮，且接以吻而傅之膏。西滿見之，竊自忖曰：彼果先知，當知此婦有惡行也。耶穌謂之：“曰吾語爾，有一債主，負銀者二，一負五百，一負五十。既以無價，則皆蠲之。其感德也，二者孰甚？”西滿對曰：“蒙恩多者。”耶穌曰：“是。”遂顧其婦，語西滿曰：“賢哉此婦。我入爾室，爾未給水爲我濯足。彼則慇懃，涇之以淚，拭之以髮。始終爾未與我接吻，彼自入時，以唇親我足而不已。爾未以膏膏我之首，彼則傾膏膏我之足。故我語爾，彼一切罪，皆懺除矣。以其供養，至優異也。”原文欠妥，今校訂之。乃語婦曰：“爾罪消矣，蓋爾之信已救爾矣，安心歸去。”《路加》七章卅六至五十節。

在安息日，耶穌療病。諸猶太人欲戕賊之。耶穌語曰：“天行至健，我亦不息。諸猶太人益欲殺之，爲其不獨廢安息禮，且視自己與天同等。”耶穌復曰：“我誠告爾，我如自擅，一無能爲，惟以天事，爲吾事耳。”《約翰》五章十六至十九節。

當時耶穌，在安息日，道經麥隴，弟子飢甚，摘穗而食。法利賽人見而言曰：“何爾弟子，行安息日不當行事?”耶穌答曰：“傳記大衛方急困時，與從者飢，其所行事，爾未知乎？彼入聖殿，食供祭餅，又與從者。顧此祭餅，實非祭司不能食也。爾於法藏，豈未誦悉。當安息日，祭司在殿，不守安息，不爲罪乎。茲有大於聖殿者在。《經》又有云：‘我重慈悲，不重祭祀。’爾知其意，則不詆斥無辜之人。”因語衆曰：“安息之日爲人而設，非是人爲安息日生，人子固是安息之主。”“安息”下原有“日”字，删。説詳《改造基督教之討論》。《馬太》十二章一至八節，《馬可》二章廿七節。

復次耶穌當安息日入會堂中，遇有病者，一手偏枯。法利賽人與諸經生，窺其療否，將以訟之。耶穌心通，語病者曰：“起立於中。”病者如命。耶穌語衆：“試問爾儕，值安息日，行善行惡，救生傷生，果孰爲宜？誰有一羊，於安息日，陷於坑中，不援之出，人較之羊，不尤貴乎？故安息日，行善宜也。”乃環顧衆。原作“怒視”，殊貶損耶穌道行，今校改。憫其心迷。謂病者曰：“展伸汝手。”伸之立愈，一如他手。法利賽人深爲嫉惡，共謀所以害耶穌者。《馬太》十二章九至十四節，《馬可》三章一至六節，《路加》六章六至十一節。

“凡屬一國，自相離析，亡無日矣。凡邑及家，分黨自擊，無由立矣。”《馬太》十二章廿五節。

“人一切罪，皆可懺悔，原作“赦”，今校改。惟忤聖靈，今世來世，永擔其罪。”《馬太》十二章卅一二節，《馬可》三章廿八九節。《馬太》原文重複、悖於諦理，從《馬可》删。

“有汙鬼焉，既離人身，遊於荒漠，任運往來，欲求安息而不可得。於是轉念，思歸本宅。俄而至已，見其空寂，掃除修飾，遂又他往，攜同七鬼惡於己者，入而居之。其人後患，更甚於前。”《馬太》十二章四十三至四十五節。此輪迴之諦理，解詳《發覆》。

耶穌與衆言談之時，或告之曰：“適見爾母，與爾昆弟，均立於外，欲與爾言。”於是趨迎，既皆入已，指示衆曰：“請視我母，與我昆弟。原文背於倫理，今校增。抑知凡能遵天命者，皆我母與昆弟姊妹。”《馬太》十二章四十六至五十節。

耶穌語衆，爲設譬曰：“有播種者，出而播種，方其播時，或遺道旁，而被踐踏，天上飛鳥，下而食之。或遺磽地，其土不深，發苗甚速，日出暴之，以無根故，遂枯槁矣。或遺荆棘，荆棘蔽之，亦不結實。惟遺沃壤，則結實多，或者百倍，或六十倍，或三十倍。凡有耳者，盍不聽諸。”門徒進曰：“每與衆語，設譬何也?”耶穌答曰：“天國之祕，衆不易知，故必設譬，令衆知之。原文“不令衆知”未免偏私，謬。説詳《福音祕義》。嗟彼庸衆，視而不見，聽而不聞，迷而不悟。以賽亞書，驗於彼矣。書云：‘汝曹聽而不聰，視而不明，蓋心頑梗，自聾其耳，自閉其目，恐有見聞，心悟悔改，而我醫之。’爾目福矣，因其見也；爾耳福矣，因其聞也。我誠告爾，自來許多先知義士，欲見爾見而不得見，欲聞爾聞而不得聞。播種之喻，爾其聽之。人聞天道，“天道”原作“國言不辭此土”，譯改。而心不悟，爲魔所奪，此則播於道旁者也。聞道樂受，“道”原作“言此土”，改。下同。而心無根，不能久持，及遭困辱，遂致失足，此則播於磽地者也。聞道之後，蔽於塵慮，迷惑貨財，而無實效，此則播於荆棘者也。聞道即悟，結實百倍，或六十倍，或三十倍，此則播於沃壤者也。”《馬太》十三章三至十一節、十三至廿三節，《路加》八章五節。

“夫道無隱而不顯者，亦無藴藏不彰著者，故當諦聽道之云何。蓋已有者，將增益之，凡無有者，並其所有，亦將奪之。”《路加》八章十七八節。

耶穌又曰：“天國之道，直似有人散種於地，載寢載興，以夜以日，種發且長，而人不知其所以然。蓋自然者，地之生殖，由苗而秀，由秀而實，穫期已至，則急刈之。”《馬可》四章廿六至廿九節。

又設譬曰：“天國如人，播田嘉種，寢時敵至，撒稗而去。苗秀而實，其稗亦見。僕告主曰：‘爾播於田，非嘉種乎？何有稗也?’田主答曰：‘此敵爲之。’僕曰：‘欲我往耘之乎?’答曰：‘不可，恐耘稗時，並麥亦拔。容其並長，以待穡時，斂稗焚之，收麥入倉。,”門徒進曰：“田稗之喻，請明告我。”耶穌答曰：“播嘉種者，人子是也；田者；世也。嘉種善也，莠稗惡也。撒稗之敵，邪魔是也。恐其耘稗，而損及麥，妄起分别，非所宜也。八字今校增。容其並長，或净或穢，不相妨也。八字今校增。至於穡時，原有“即世界末日收割者天使也”，背於諦理，删。善業惡業，感報定也。八字今校增。斂稗焚之，原有“世界末日亦如此，人子必遣天使，將陷人於罪者及爲惡者剔出之，投於火，在彼切齒哀哭矣”，背於諦理，删。惡者難逃地獄火也。八字今校增。收麥入倉，爾時義人，在天國中，頗安適也。原文“輝光如日”四字不合義人分量，足見記者不知天國境界，今校改。凡有耳者，其諦聽之。”《馬太》十三章廿四至卅節，卅六至四十三節。

又設譬曰：“天國有如一粒芥子。在百種中，固至微者，取種於田。及其長也，大於諸蔬。”原文“成樹，鳥棲其枝”言過其實，删。《馬太》十三章卅一二節。

又設喻曰：“天國如酵，婦人取之，和於麵中，“麵”上原有“三斗”二字，著文字相，删。俟其漲發。”《馬太》十三章卅三節。

“天國又如至寶珍珠，其價甚昂。在善賈者，偶遇見之，備極歡喜，罄售所有，以購得之。删訂。説詳《福音祕義·發覆》。經生明知天國事者，猶如家主，出其庫藏，新物舊物，而兼陳之。”《馬太》十三章四十四至四十六節，五十二節。若四十七八節網魚之喻，未脱蠻族殺生惡習，不能盡物之性而贊天地之化育，删。

耶穌還於拏撒勒鄉，長育地也。於安息日，例入會堂，卓然而立。或即授之以賽亞書，展卷誦曰：“天監臨我，因傅以膏，使我傳授貧者福音。傷心之人，則醫治之。釋被擄者。使瞽者明。縱在囚者，俾得自由。宣告天賜慶典之年。”耶穌掩卷，歸之執事，就位而坐。講堂之衆，目盡注之。耶穌語衆：“爾聞是經，今已驗矣。”衆稱譽之。《路加》四章十六至廿二節。

耶穌爲遣十二門徒，而喻之曰：“汝往宣云：‘天國近矣。’病者療之，死者蘇之，癩者潔之，魔者祛之。徒手得者，徒手與之。”《馬太》十章七八節。

“凡入人室，爲祝平安。如克配也，平安綏之，否則平安，仍歸於爾。”《馬太》十章十二三節。

“祇能殺身，不殺靈者，不必懼之。使身兼靈，墮冥獄者，是所當懼。”《馬太》十章廿八節。

“人於父母，孝敬有虧，非吾徒也。然愛父母，而終不能喻之於道，亦非吾徒。原文背於世法，今校改。又愛妻子昆弟姊妹，甚於我者，亦非吾徒。不能舍己盡棄所有日負十架以從我者，亦非吾徒。欲保命者，反將失之。惟在斯世，惡其命者，反可保之，以致永生。贏得天下，而輸其命，何裨之有？將以何者，贖其命乎？”《馬太》十章卅七至卅九節，十六章廿四至廿六節，《路加》九章廿三節，十四章廿六七節、卅三節，《約翰》十二章廿五節。

“誰延納爾，即延納我，亦即延納遣我來者。延納先知，繇先知名，得先知報。延納義人，繇義人名，得義人報。凡屬吾徒小子之一，有人飲以涼水一杯，我誠告爾，其人必不失其報矣。”《馬太》十章四十至四十二節。

耶穌具足他心通力，六字今校增。逆知衆欲擁己爲王，孑身逃入山中避之。《約翰》六章十五節。

“易壞之糧，勿勞經營。永生之糧，當經營之。此蓋人子將與爾者，可即天道以印證之。《約翰》六章廿七節。永生之糧，自天而降，資益世人慧命者也。卅三節。如我即是慧命之糧。人來就我，則不復飢；深信我者，且永不渴。我曾告爾，奈爾見我，猶不信何。凡就我者，決不棄之。我降自天，非行己意，蓋惟欽遵天命而行，卅五至卅八節。令信我者，無有一人，不永生也。四十節。爾知爾祖在曠野中，曾食瑪珈，卒之死矣。四十九節。我乃活糧，自天降者，人若食之，即永不死。所謂活糧，即我肉是，特爲世人，慧命施者。五十一節。不食我肉，而飲我血，安有慧命？五十三節。食者飲者，彼在我内，我在彼内，即得永生。五十六節。非若爾祖，既食瑪珈，而仍死也。五十八節。人所由以生者靈耳，肉體無益，我語爾者，即心靈也，即慧命也。其如爾曹不盡信何。六十三四節。自是門徒多退去者。耶穌因謂十二徒曰：‘爾等詎亦欲離去乎？’彼得對曰：‘惟主具有永生之道，我將誰歸？’”六十六至六十八節原文重複，及遠於諦理者，均刪訂之。

法利賽人與經生等，因見門徒，食不盥手，質問耶穌。乃應之曰："爾因遺傳，犯誡何也？律有明文，孝敬父母；忤逆父母，必治死之。而爾則曰：'人對親云："爾當得者，已獻爲祭。"則不孝敬父母可也。'是以遺傳毁誡明矣。僞善者乎。以賽亞書，指爾預言，已切中矣。如曰：'斯民以口敬我，以唇尊我，心則遠我。彼以人所命者爲教，故事奉我亦徒然也。彼乃以盲導盲者也，以盲導盲，二者必並陷於阱矣。'"《馬太》十五章一至九節、十四節。教會世襲法利賽人之遺傳，以盲導盲，正同。

"會衆盛集，無以爲食。耶穌語曰：'余憫斯衆，偕我三日，竟不得食。不忍任其枵腹歸去，恐憊於途。蓋多有自遠方來者。'"《馬可》八章一至三節。

"爾其慎防法利賽人撒都該人二教之酵。"《馬太》十六章十一節。"酵"喻僞訓，今教會之爲酵也多矣，安得真基督徒起而盡防之？

"我今告爾，爾乃彼得，譯言磐石。將於此磐，建立教會。冥府之權，"權"原作"門"。不能勝之。我將與爾，天國之鑰。"《馬太》十六章十八九節。原文"凡爾所縛於地者，亦必被縛於天；凡爾所釋於地者，亦必被釋於天"荒謬，蓋衆生自作孽，自縛之，自求解脱，自釋之善，導師祇能教之解縛耳，言"爾所縛""爾所釋"，足見馬太凡夫，不知諦理，當刪。

耶穌神力攝令彼得、雅各、約翰，同至高山。校訂詳《基督神通義證》當三人前，頓顯神變，焕乎其面，輝耀如日，衣白如雪，全身一時，大放光明。忽有摩西、以利亞現，明與耶穌語升遐事。而彼得等，如寐而寤，見其神光，異常炳著。彼得惶恐，不知所云，謂耶穌曰："此間甚善，願建三幕，一爲夫子，二爲摩西及以利亞。"言猶未已，彩雲覆之，聞有聲自雲端出曰："此大導師，爾儕聽之。"三子聞已，角崩稽首，駭遽無任。耶穌撫之，曰："興，勿懼。"門徒環顧，惟見耶穌，不見其他。《馬太》十七章一至八節，《馬可》九章二至八節，《路加》九章廿八至卅六節。

維時耶穌，在人叢中。一人就之，跪其前曰："主憐我兒，因患癲癇，苦至極已，頻躓於火，屢墮於水。攜就爾徒，弗克治之。"耶穌答曰："原文不諧，刪。可攜孩來。"斥魔魔出，孩立時愈。門徒密就耶穌問曰："何以我儕不能治之。"答："不信故。我誠告爾，苟有信德，如一芥子，將命此山，移此至彼，必即移焉。且無一事，不能爲也。惟此類鬼，非嚴齋戒，不能祛之。"《馬太》十七章十四至廿一節。門徒爭長，就耶穌曰："在天國中，孰爲至大？"耶穌因之，覓一嬰兒，抱示衆曰："爾儕氣質若不變化，似此嬰兒，原作'孩提'，據《老子》'我獨泊兮其未兆，如嬰兒之未孩'校改。斷乎不能入於天國。故凡自謙如嬰兒者，彼在天國，斯爲至大。此對治"爭長"邪執云耳，核實言之，非修十善諸大功德，不易入天國也。凡自高者，必降爲卑，凡自卑者，必升爲高。疇欲居先，必居衆末而爲衆役。因此汝衆，其誰最小，斯最大矣。"《馬太》十八章一至四節，廿三章十二節，《馬可》九章卅五六節，《路加》九章四十八節。

"慎勿侮此小兒之一。彼靈通於大化無間，原作"彼之天使在天，常見我父之面"，荒謬，今校改。人子之來，救喪亡者，爾意云何？孰有百羊而亡其一，餘九十九不舍於山，而往尋之。比其獲也，爲此一羊，必大歡喜。逾九十九未亡之羊，天心不欲失一小子，亦猶是也。"《馬太》十八章十至十四節。

"倘爾昆弟，獲罪於爾，於其獨處，私往諫之。若其聽也，是已度之；若其弗聽，請一二人偕往勸之，是非公證，當可憑也。若猶弗聽，訴諸公會；設仍不聽，外道視之，不校可也。"彼得進曰："設有昆弟得罪於我，當恕幾次，七次可乎？"耶穌答曰："不惟七次，乃至七十其七次也。"《馬太》十八章十五至十七節、廿一二節。

"我與爾偕，爲時無幾，即歸原處。爾將尋我，無從而獲。我之所在，爾不能至。"《約翰》七章卅三四節。

瞻禮末日，耶穌竚立而宣言曰："人若苦渴，來就我飲，信嚮我者，有如經云：'自其腹中，活水川流。'"《約翰》七章卅七八節。

有經生與法利賽人曳來一婦，適獲於姦，置之衆中，謂耶穌曰："夫子，此婦擒於姦所，據《摩西律》，當磔以石，爾也云何？"原文蓋稱是以試之，冀可誣訟之，無謂，删。耶穌俯躬，以指書地。衆詢不止，作而言曰："惟爾曹中，確無罪者，可石擊之。"仍舊俯躬，作書於地。衆聞其言，自老而少，一一散去，獨留耶穌及婦竚立。“竚”原作“中”，不妥，校改。耶穌伸立，謂婦人曰：“彼衆安在？未罪汝耶？”婦曰：“主，未。”耶穌曰：“予亦不罪汝，去勿再犯。”《約翰》八章三至十一節。

耶穌語衆：“我世之光，追從我者，不行於暗，必且回復生命之光。”“回復”原作“得”，今校改。法利賽人因謂之曰：“爾自爲證，爾證不真。”耶穌答曰：“予雖自證，而證甚真。蓋我自知何來何往，汝不知也，說詳《祕義》。故汝於人惟從肉體横加判斷，予則從來不判斷人，縱判斷人，判斷亦真。因我無我，與天爲一。原文之“父”宛然偶像，不能與人融合爲一，今校改。汝律載云，二證則真。今我自證，又與天道互相印證，顯有二證，真極成已。”八字今校增，語意較完足。衆復問曰：“天道云何？”耶穌答言：爾不識我，安識天道？爾若識我，識天道矣。”《約翰》八章十二至十九節。

“汝屬乎下，我屬乎上，汝本此世，我非然也。故我語汝，汝必死於汝罪之中，因不信我之爲我故。我無一事自擅而行，顧諟天之明命而已。”《約翰》八章廿三四節、廿八節。

耶穌語衆：“原作“對信己之猶太人言”，詳觀後文，顯然不信未免矛盾，今訂正之。倘爾能常在吾道中，斯真吾徒，將必從此審識真實，真實必將釋放爾也。”衆隨對曰：“我皆亞伯拉罕種姓，從來未嘗爲人之奴，何云釋我俾自主耶？”耶穌答言：“我誠告爾，凡犯罪者爲罪之奴，奴無常居，謂隨惡業流轉三途，以及人天皆非安宅，不得自主。惟子有常。“常”指真常，正報身、依報土言。若子釋爾，使依真實解脱妄纏。則爾信乎其自主矣。必出三界火宅。我知爾祖亞伯拉罕，奈何我言不入爾心，竟謀殺我。我言所見於我父者，“父”指天道。爾行所見於爾父者。”“爾父”指罪即是魔，犯罪者父事魔故。衆又對曰：“我父即是亞伯拉罕。”西文祖與父均稱“罷德肋”，故遠隔數千年亦作我父之稱。耶穌語衆：“爾果亞伯拉罕之孫，當行爾祖所行之事。我以所聞真實告爾，爾欲殺我，此豈爾祖所行事耶？爾實行爾父魔鬼所行事。”衆又對曰：“我非姦生，惟有一父，上帝猶太人之上帝即自在天魔。是也。”耶穌語衆：“倘爾之父果是上帝，耶穌心儀之上帝，即貫萬有之平等法性。當亦愛我，因我本來出於上帝，平等法性。奉命惟謹。爾何不悟，因爾不能聽我言也。爾父魔魁，爾由彼出，循其私慾，自始殺人。罔識真實，無真實故。慣爲誑言，言實由衷。以其善誑，誑言之祖。我言真實，爾則不信，爾中誰能指證我罪，胡爲弗信我真實語？屬上帝者，聽上帝言。爾既不聽，豈出上帝？”衆猶太人譁然應曰：“衆謂汝爲撒瑪里人，爲魔所憑，不其然乎？”耶穌答言：“我無魔憑，祗敬我父。平等法身。爾乃侮我，我不自榮。是非真際，自有品題，我誠告爾。人遵我道，即永不死。”猶太人曰：“今吾知爾，果爲魔憑。亞伯拉罕與諸先知且皆死矣，何遵爾道竟得不死，爾豈大於亞伯拉罕諸先知乎？爾自視爲何如人耶？”耶穌答言：“我而自榮，我榮蔑有，榮我者父，即爾上帝。亞伯拉罕崇拜之一神係自在天魔，猶太人迷信，耶穌愍焉，特以平等法性改革之，然耶穌卒死於猶太天魔之手。爾不識之，我則識之。設我弗識，是我與爾同一欺誑。然我識之而守其道，爾之先祖亞伯拉罕切願見我，亦既見止，夷然懌矣。”猶太人曰：“觀爾之年未及五十，豈能見及亞伯拉罕？”耶穌答言：“我誠告爾，亞伯拉罕未有之先已有我矣。”衆即取石，將欲擊之。耶穌隱迹，便從殿出。《約翰》八章卅一至五十九節。

耶穌又曰：“余來斯世，爲辨真妄，原文不諧，今校改。使瞽者見，使見者瞽。”法利賽人聞而叱曰：“然則我儕亦瞽者乎？”耶穌答言：“汝自知瞽，將無罪矣。今云能見，故罪尚在。”《約翰》九章卅九至四十一節。

“我自有權，能舍我命。又復得之，世人無能奪我命者。”《約翰》十章十八節。

耶穌周遊諸邑諸村，宣傳福音，起諸沈疴，因見衆生困苦流離，如羊無牧，甚哀憫之。語門徒曰：“穡事多矣而工人少，宜懇穡主多遣穡工以從事焉。《馬太》九章卅五至卅八節，《路加》十章一二節。工得其值，事之宜也。”《路加》十章七節。

“斯道隱於智者達者，而於赤子則顯示之。”《馬太》十一章廿五節，《路加》十章廿一節。

“凡服勞役負重任者，咸來就我，使爾安息。蓋我居心，温柔謙遜。當負我軛“軛”指新教誡。而學於我，則爾神志庶獲康寧。我軛易負，我任甚輕。”《馬太》十一章廿八至卅節。

有一律士試耶穌曰：“夫子，何爲可得永生？”耶穌詰言：“律載云何？爾見云何？”其人對曰：“盡心盡力供養諸佛，原作“敬愛上帝”，今校改。並愛親近，如愛自己。”耶穌曰：“善，遵行可也。”彼乃欲以義士自居，復問耶穌，疇爲親密。耶穌答曰：“一人來自耶路撒冷，往耶利哥，途次遇盜，盜奪其衣，傷之幾死，棄之而去。一祭司來，見之輒過。一利未人，行近其側，亦既見之，亦逕過焉。一撒瑪里人來見之，惻然心動，沃以油酒，親裹其傷，乘以所騎，導入旅舍，自執其役。翌日出資，授館人曰：“此二金錢，請護傷者。費如不敷，我返必償。汝意三人，於遇盜者，孰爲親密？”曰：“恤之者。”耶穌曰：“是，汝往仿行。《路加》十章廿五至卅七節。

耶穌入都，路過一村。有女馬大延至其家。女有一妹名馬利亞，坐傍耶穌足下聽道。馬大款待，事煩心急，就耶穌曰：“我妹，遺我獨從事耶，主未之覺，請使助我。”耶穌答言：“馬大馬大，何爲倉皇？過慮乃爾，人之要需，一而已矣。汝妹抉擇無上福德，不可奪也。”《路加》十章卅八至四十二節。

耶穌語衆：“慎勿貪婪。人之生命，不在多藏。”復設喻曰：“有一富人，田穀豐登，慮倉庫少，不敷儲藏。徐自忖曰：‘當毁小倉，造更大者，俾凡所穫及諸資財皆納其中。’聊自慰曰：‘靈兮多財，永用不竭，庶幾安居，宴飲逸樂。’忽爾無常“無常”乃自業感報日速其死之假名，原作“上帝”，實不相干，今校訂之。來曰：‘蠢物，今夕向爾索爾靈矣。爾所積蓄，將歸於誰？’”《路加》十二章十五至廿節。

“耶路撒冷，耶路撒冷，汝殺先知。曾幾何次，我愛護汝，有如牝鷄集雛翼下，汝竟不願。嗟乎爾室，將成墟矣。”《路加》十三章卅四五節。

耶穌嘗謂宴己者曰：“爾具饔飧，慎勿濫召友朋昆弟、親戚富鄰，恐其酬汝。設筵當召貧乏殘廢跛瞽之儔，則無以報，而汝福矣。”原文“至義人復生時”，謬，删。同席一客聞而言曰：“宴於天國，乃真福哉！”耶穌喻曰：“或設盛筵，延請廣衆，供張悉具，遣僕延客即來宴樂，衆同辭謝。

其一人曰：‘乍購莊舍，亟須往視，祈允我辭。’又一人曰：‘市牛五耦，即往試之，乞允我辭。’又一人曰：‘我新娶妻，故不能赴。’僕還據報，主大悲愍。“悲愍”原作“恚怒”，蓋由記者昧於諦理，今校改。諭其僕曰：‘速之城市及諸街巷，貧病瞽跛，悉引來斯。僕回報曰：‘主命已遵，尚有虛坐。’主顧僕曰：‘汝當遍往途次籬側，要之偕來，坐滿我室，惟我語爾，初召之客，終無一能嘗我飱者。’”《路加》十四章十二至廿四節。

“汝律不云‘我稱爾曹皆上帝’乎？經不可廢，奉天命者，可稱上帝。況我固是天縱之聖，稱上帝子，豈僭妄哉！設我不能代天行事，請勿信我。我既行矣，汝不信我，當信其事。應即豁悟父在我内，我在父内。”衆欲執之，乃脱其手。《約翰》十章卅四至卅九節。

“有婦人某，有銀錢十，忽失其一，燃燈掃室，勤求得之，告左右曰：‘原文“胥來賀我”過於鋪張，删。失銀已獲。極欣慰也。’吾今語汝：‘倘一罪人，懺悔悛改，諸佛菩薩，皆大歡喜，亦猶是也。’”《路加》十五章八至十節。

耶穌又曰：“或有二子，少者請父，照應得産，析而畀之。父如其請。居無多日，盡攜所有，客游遠方，荒婬浪費，資既罄已。適值其地，歲歉大飢，困窮極已，乃覓爲傭。其主遣之田間牧豕，欲以豕食豆莢充飢，無人與之。因自反曰：‘我父之家，傭衆糧豐，而我於此爲餓殍乎？不如歸去，向父悔罪，原文重複，删。以傭自居。’乃起而歸。距家尚遠，其父望見，慈憫心動，趨迎抱頸，數與接吻。子呼曰父：‘愧我曩者，獲罪於天，獲罪於父，忝爲爾子，不堪再矣。’父謂僕曰：‘亟取錦袍，與以衣之，加環於指，納屨於足，廣備珍饈，校詳《發覆》。將共宴樂。’蓋以此子，死而復生，失而復得。時方及宴，長子在田，召歸相見，一家團聚，樂極天倫，並爲樂舞。父語長子：‘爾常偕予，可謂無形無聲至樂。以上校詳《發覆》。今因爾弟死而復生，失而復得，故宴樂之。’”《路加》十五章十一至廿二節。

“有一富人，朱衣絺服，日事華宴。別有一丐，名拉撒路，瘡瘍徧體，傾卧其門，欲食富人几下遺粒而莫之與。惟有羣犬，來舐其瘡。未幾丐死，天使領置亞伯拉罕，左右不離。四字原作“懷中”，今校改。迨富人死，原有“葬”字，無謂，删。墮入地獄，感受苦報。舉目遥見亞伯拉罕與拉撒路，呼曰：‘我祖，乞哀愍我。使拉撒路，蘸水指尖，以潤我舌，火焰熾我，慘苦極矣。’亞伯拉罕答曰：“孫乎，憶爾生前，過享福報，若拉撒路，備受諸苦。今則彼安，而爾苦矣。爾我之間，隔有巨淵，欲往欲來，俱不能也。”《路加》十六章十九至廿六節，下文無可取，删。

“天國來臨，無有迹象。人不能云，在此在彼。天國宛然，在爾中矣。”《路加》十七章廿一節。

或抱嬰兒，來求耶穌，按手祝福，門徒呵禁。耶穌則曰：“《馬可傳》作“耶穌見之惱怒”，不知聖人無怒，未免誣辱耶穌，删。容嬰就我，勿庸阻止。有天國者。正如是人。”乃抱嬰兒，按手祝之。《馬太》十九章十三至十五節，《馬可》十章十三至十六節，《路加》十八章十五至十七節。

有一少年，問耶穌曰：“善哉夫子，我當何爲，而得永生?”耶穌答言：“汝今胡爲以善稱我? 除諸佛外無一善者。惟諸佛能證清浄法身，可稱至善，若十地菩薩尚有二愚未斷，非至善也。基督教之上帝，本猶太教傳統而來，類似自在天魔者極惡劣，類似大梵天王者極下劣，不得妄擬我詩書中之上帝猶法身佛者，而汙辱之。耶穌之上帝觀，較《舊約》之上帝觀進化多矣，實有天淵之别；然極其致，不過平等法身，即是阿賴耶識由生滅與不生滅而和合，屬無記性，仍非至善。祇因猶太野僿未足言深，儱侗而曰上帝，賊道甚已。惜乎基督徒難與言學，然鄙箸甚望其研究而精進之。汝欲永生，則當守誡。問守何誡，答毋殺生，原作“殺人”，今校改。並毋姦淫、偷盗、妄語，“語”原作“證”，今校改。孝敬父母，愛人如己。”少年對曰：“凡此諸誡，自幼遵行，尚虧何事?”耶穌語曰：“欲爲完人，往罄所有，售以濟貧，則無漏財。有漏之因難得永生故。富儲於天，且負十架，修行者非證二空，不得永生。基督教義陋劣，難與言此，惟負十架粗迹較近，姑增之。即來從我。”少年聞言，悵然而去，貲厚故也。耶穌環顧，謂門徒曰：“天國難入，富人爲最。駝穿針孔，較之尤易。”門徒聞之，咸驚異曰：“然則有誰能得度耶?”耶穌答曰：“下劣凡夫，固不能也。宿業深厚故。利根菩薩，無不能矣。”原作“在人不能，在上帝無不能”，均於諦理不符，今校改。彼得進曰：“吾儕已捨一切相從，將何所得?”耶穌應曰：“《馬太傳》

“至復活時，人子坐於榮位，汝亦坐於十二座，審以色列十二支派”束於猶太錮習，荒謬，删。爲我福音，舉其田宅，父母妻子，昆弟姊妹，能盡捨者。計所獲福，必更百倍，且得永生。”《馬可傳》原文義極支離，文不通順。《路加傳》今世、來世之説均昧於諦理，有礙修持，亟當删訂。《馬太》十九章十六至廿九節，《馬可》十章十七至卅節，《路加》十八章十八至卅節。

“天國取譬，有如園主晨出雇工，入葡萄園，與工約值日一銀錢，乃遣之入。辰末復出，見在市間有閒立者，即謂之曰：‘汝入我園，必與汝值。’其人往焉。午正申初，園主復出，亦如前行。酉初又出，見閒立者，問：‘何終日閒立於此？衆應聲曰：‘無人雇我。’曰：‘汝入園，比暮園主語會計者，唤衆工至，各給其值。始後來者，遞及先來，同一銀錢。先雇者至，意必多得，詎知無增。懷怨園主。曰：‘後至者工作半時，我勞終日，備受暑熱，乃竟待我無異於彼！園主聞之，答曰：‘友乎？原與汝約日一銀錢，我非不義，汝攜值去，給後至者，與汝相若，蓋我所願，無負於汝，此知基督教純乎外道，弊不勝言。何見嫉爲？故在後者，將居於前；本在前者，或落於後；見召者多，見選者少。’”“見召”“見選”純屬外道口吻，不可盲從。《馬太》廿章一至十六節。

雅各約翰妄求首位，耶穌語曰：“我飲之杯，“杯”喻十架，或因希臘哲學泰斗梭格拉底以靈魂不滅，不肯逃獄，仰藥而死，故取其義。汝能飲歟？非飲不可。我受之洗，汝能受歟？非受不可。汝知世間，有君主治，抑制其民，大人執政，恣肆權威，汝曹毋然。欲爲長者，當爲衆役；欲居首者，當居衆末。蓋人子來，非以役人，乃役於人，且願捨命，代衆生苦。”原作“爲衆贖罪”，謬，今校改。《馬太》廿章廿至廿八節，《馬可》十章卅九節，九章卅五節。

耶穌行經耶利哥時，有稅吏長，名曰撒該，家極殷富，欲見耶穌爲何如人。因人衆故，自以身矮，趨升於桑，冀得一見。耶穌經過。仰視呼曰：“撒該速下，今日我當留止汝家。”乃急下樹，忻然晉接。衆人見之，譏刺耶穌，謂其館於罪人之家。撒該侍立，對主曰主，願以家貲，半給貧人，曾訛詐者，四倍以償。耶穌乃曰：“今日此家。幸得救矣。”原文“斯亦亞伯拉罕之裔”，喻其能信耳，實則迷信害道，不可爲訓。當删。蓋人子來，度罪人也。《路加》十七章一至十節。

當日耶穌在伯大尼，宴於癩者西門之家。有馬利亞出其玉壺，滿貯香膏，珍貴無匹，啓沃其首，並膏其足，握髮拭之，馨香滿室。三句本《約翰》十二章三節。門徒據《約翰傳》即猶大，《馬可傳》曰“數人”，大氐猶大倡言，餘徒和之。見之，甚不悦曰：“何爲虚糜？此膏鬻金，可得重値，用濟貧乏。”足見門徒俱是肉眼，無出世想，其知見下於馬利亞遠矣。耶穌曰止：“此女膏我，乃至美事，毋煩擾焉。舉世貧人，常與爾偕，欲布施之，無時不可。爾抑知我不常有乎？此女所爲，乃盡其心，能爾難能，其福無上。八字今校增。《馬太》、《馬可》、《約翰》三傳均記爲“我葬事”，顯屬後人之穿鑿，足見其依人不依義，謬甚，當删。我實告爾，普天之下，傳福音時，“時”字今校增。當述此女所行爲法。”“法”原作“記念”，今校改。《馬太》廿六章六至十三節，《馬可》十四章三至九節。

耶穌行近耶路撒冷，望城哭曰：“倘知平安事理攸關，今猶是爾轉圜之日。奈於爾目隱而不見，將有日焉，敵來筑壘，環攻困爾，傾爾於地，滅爾赤子，不留一石於他石上，以爾不識眷顧爾時故。”迨入聖殿，逐貿易者，曰傳有之：“此乃禱室。豈是盜穴。”《路加》十九章四十一至四十六節。耶穌每日，施教於殿，每夜出城，宿橄欖山。《路加》廿一章卅七節。此知耶穌常習寂定，合觀《馬可》一章卅五節“時未黎明耶穌即興，適野習定”，《路加》六章十二節“歷數日間，耶穌登山，終夜習定”，足見其禪功之深也。

耶穌忠告法利賽人：“税吏妓女必先爾儕入於天國。因爾不信若翰義路，税吏妓女無不信故。”《馬太》廿一章卅一二節。

耶穌開示撒都該人：“此世界人，有嫁有娶，人果復生；在天國時，不嫁不娶，以不復死，如天使然。”《馬太》廿二章卅節，《馬可》十二章廿五節，《路加》廿章卅四至卅六節。欲界六天不無男女之欲，卻無嫁娶言，不復死則未也，因其壽命雖長於人，而報盡必墮，仍沈淪於生死也。所謂天使，即諸天之證。此知基督教之天國未出三界，在佛教判爲欲界天乘，允已。蓋基督教立於猶太，惟期不墮三塗，保持人道，上至天乘而止，無如何也。至引《舊約》上帝對摩西言，並云“上帝非死人之上帝”等，均由後人羼雜，荒謬，當删。

有一經生問曰：“夫子，法藏之中，何誡爲大?”耶穌答言：第一大誡，盡心盡力，欽崇天道。其次似之，愛人如己。一切法藏及先知言，皆蘊於此二誡中也。”《馬太》廿二章卅五至四十節。《舊約》“十誡”惡劣，以此二誡革之，進已。然保羅以“愛人如己”一言包括全部律法，又革二誡而進之。然後亞伯拉罕崇奉之天魔始不能爲害於基督徒矣。

耶穌語衆及門徒曰：“彼經生與法利賽人，坐摩西位，如有所命，汝遵行之。惟其行爲，不可效法。以其能言，不能行故。彼以重任加之人肩，己則一指亦不動也。《馬太》廿三章一至四節。禍哉，經生法利賽人！爾在人前，閉天國門。爾自不入，有欲入者，爾亦不許。”又斥之曰：“爾既侵吞嫠婦家資，佯爲長禱，必受苦報。”又斥之曰：“周行海陸，誘人入教。既入教已，爾則引之，作地獄事。惡更倍爾。”又十三節至十五節。又斥之曰：“爾以薄荷、茴香、芹菜，十輸其一，而律所重仁義信等，爾則棄之。彼不可癈，此尤要也。“彼”指十一之輸，此指仁義信等。嗟爾瞽者，濫充導師。蚋小蟲。則濾之，駝則吞之。”又斥之曰：“爾惟潔浄杯盤之外，内則充滿劫奪非義。瞽哉若人！先潔其内，外自潔矣。”“内”喻心意，“外”喻言行。又斥之曰：“粉堊之墳，外觀甚美，内則充滿屍骸汙穢。爾亦如之，外見爲義，内則充溢僞善非法。”又斥之曰：“爾於先知義人修墓，自謂若生先祖之世，必不與謀流先知血，是證爾爲殺先知者之後裔也。爾祖惡貫，爾其滿之。蛇乎蝮乎，地獄之孽，其何能逭？昔者二字原作“我遣”，今校改。先知，達人經士，被爾殺之，釘之鞭之，逐出此邑，又驅於彼，横流義血，罪皆歸爾。”廿三至卅五節，參觀《路加》十一章卅九至五十三節。

耶穌在殿，對庫而坐，見衆輸金。諸富人至，佈施頗豐。有一貧嫠，僅輸二錢，合銀一釐。語門徒曰：“貧嫠所輸，較衆尤豐，衆輸其餘，此嫠匱乏，以資生者，盡輸之故。”《馬可》十二章四十一至四十四節。

耶穌出殿，門徒請觀殿之規模。耶穌語曰：“汝今見此宏搆巨制，迨至其日，蓋無一石留於石上而不毀者。”《馬太》廿四章一二節，《馬可》十三章一二節，《路加》廿一章五六節。

“天地變遷，吾言不變。”《馬太》廿四章卅五節。

耶穌了證，萬有一如，“了證”原作“父交”，墮入外道，故校改。來去自在。即身遺教，四字今校增，原文義不相屬故。離席解衣，取巾束身，注水於盤，濯門徒足，拭以束巾。遞及彼得，彼得曰："主，濯我足乎？"耶穌答言："予之所爲，汝今不知，後將知之。"彼得復曰："爾永不可濯我之足！"耶穌答曰："予不濯汝，汝則與我不相涉矣！"彼得曰："主，奚止吾足，且手與首，亦祈濯之。"耶穌乃曰："已沐浴者，衹須濯足，身全潔矣。汝等修潔，不盡潔耳。"原文"耶穌知誰將賣己，故曰汝等不皆潔"。然則不賣耶穌者果皆潔乎？足見記者真門外漢，局小遺大，不悟禪機，其識劣於彼得遠甚，删。濯足既畢，衣衣復坐，謂門徒曰："頃予所爲，汝曾悟否？汝稱我主，或稱夫子，我誠是矣。爲主爲師且濯汝足，則汝等當互相濯足。今示汝範，咸當如予施之於人，原文"僕不大於主"二句亦有片面之理，然不可以桎梏來學，删。蓋真理無窮，非一人所得而專私也。孔子以"當仁不讓於師"垂教，荀子云"青出於藍而勝於藍，冰生於水而寒於水"。耶穌亦望門徒行較更大之事，何約翰不悟也？基督徒推崇耶穌惟恐不至，詎知道不因推尊而大，徒以自愚難逃井蛙夏蟲之譏，而阻礙世界之文化亦已甚矣。信受奉行，其福大矣！"《約翰》十三章三至十七節。

衆共食時，耶穌取餅，祝而剖之，授其徒曰："受而食之，此我身也，爲衆而施，"衆"原作"爾儕"，其量過狹，今校改。汝當遵行，廣我薪傳。"四字原作"以記念我"，殊嫌粗陋，今校改。繼復取爵，祝謝授徒，曰："咸飲之，此乃我立《新約》之血，爲衆流注，以滌罪者。""滌"原作"赦"，謬，今校改。《馬太》廿六章廿六七節，《馬可》十四章廿二至廿四節，《路加》廿二章十七節。

耶穌語曰："二三子乎，我與汝偕，無幾時矣！汝將尋我，而我所往，汝弗能至。此語我曾告猶太人，今又告汝。我授汝曹唯一新誡，即是彼此相愛而已。汝當相愛，如我愛汝。倘果其然，衆審知汝實爲吾徒。彼得問曰："主將何之？"耶穌答曰："我之所之，汝弗克從，終必從焉。"彼得曰："主，胡爲弗克今爾從也？爲爾舍生，亦甚願焉。"曰："汝爲我，願舍生乎？我實告汝，鷄鳴之先，汝將三次言不識我。《約翰》十三章卅三至卅八節。

"爾心罔亂，既信上帝，亦當信我。我父家内，居處甚多。我之往也，爲爾備之。俾我所在，爾亦在焉。我也何往，爾應知之，且識其路。”多馬問曰：“主將焉往，我未嘗知，豈識其路？”耶穌答曰：“我即路也，即真實也，亦即生命。若不我由，而至父所，無有是處。爾苟識我，必識父矣！”腓力曰：“主以父示我，於願足矣！”答曰：“腓力，爾與我偕，如此之久，猶不識我。凡見我者，即是見父，奈何爾曰以父示爾！我在父内，父在我内，爾不信乎？我語爾者，非我自語，乃宅我心，父自作事。爾今信否？”《約翰》十四章一至十節。

“我所行事，凡信我者，亦將行之，且當行較更大之事。”《約翰》十四章十二節。

“我固無死，爾儕亦然。屆時爾知我在父内，爾在我内，我在爾内。能遵我誡，斯真愛我。我父與我，均必愛之，且將現身，顯以示之。”《約翰》十四章十九至廿一節。

“人苟愛我，必守我誡。我必與父，愛而就之，與之偕處。”《約翰》十四章廿三節。

“我之平安，非如世俗，遺慰爾心，俾勿憧擾，且勿恐懼。爾聞我云，去必復來。明示來去自由。爾苟愛我，必隨喜也。《約翰》十四章廿七八節。

“孰知我爲真葡萄樹，父爲場師。凡諸枝條不結實者，將芟夷之。凡結實者，則修治之，使實益繁。爾因我言，業已修潔，常在我内，我亦因之，常在爾内。譬之葡萄，枝離其樹，安能結實？爾不在我内亦如之。我乃葡萄，爾惟條肄，一氣渾然，結實孔多。”《約翰》十五章一至五節。

“我語爾者，俾我歡樂，常在爾心，且使爾之歡樂美滿。爾當相愛，如我愛爾。我之誡命，惟此而已。爲友舍生，人之爲愛，莫大於此。”《約翰》十五章十一至十三節。

“聖靈真實，本即法身，顯現爾内，必爲我證，因爾自始，與我俱也。”《約翰》十五章廿六七節。原文隣於人格化的外道，今校正。此三位一體之理，宜玩索之。

“我欲語爾，具無限意。第爾於今弗克負荷，迨聖靈現，“現”原作“來”，今校改。必能悟入一切真實。蓋非由己，以所親證，“證”原作“聞”，今校改。令爾了知未來諸事。彼顯揚我，以屬我者，開示於爾。凡父平等法身。所有，即我所有，故我云然。”《約翰》十六章十二至十五節。

“我之去也，有裨爾儕，《約翰》十六章七節。使爾愁苦轉爲喜樂。廿節。世人無盡愁苦，因有我生能外其身則常樂矣。樂在爾心，人莫能奪。廿二節。向上勤求，原文“託我之名”陜隘，删。“向上”本佛教向上一著即見自性意。樂逾滿足。廿四節。常在我内，備極安穩。但爾在世，必受諸苦。卅三節。倘不茹苦，隨同世俗，與我何涉？然我簡爾。已離世俗。本十五章十九節。因爾自始與我俱故。本十五章廿七節。我今固已勝世界矣。十六章末節。爾能茹苦。轉移世界，必勝世界，與我無殊。”十六字本耶穌付囑意，今校增。

耶穌仰視歎曰：“天乎！時已至矣。願爾藉我，互丕顯哉！爾付託者，統諸有情，盡使永生。永生無他，即認識爾唯一真常，及印證爾之基督是。我已光顯爾於世間，爾委我者，已完成之。天乎！願光顯我於爾本所，即是未有世界以前，我所有於爾之光明。我顯示衆，惟爾真實。“真實”原作“名”，今校改。爾託我者，原屬於爾。今咸覺悟，我從爾出，我與衆生“衆生”原作“彼等”，今校改。九節原文謬。十節、十一節前半屢見，删。合爾爲一。”《約翰》十七章一至十一節。

“彼不從俗，與我無異，願以真實，使彼成聖，《約翰》十七章十六七節。俾衆合一。如爾與我，無二無别，彼於我等，胥合爲一。廿一節、廿三節。庶幾衆生，常偕我儕，圓成一愛。”原文著文字相，未允，今紬其意校改。廿三至廿六節。耶穌既知難將及已，迎衆問曰：“爾儕覓誰？”答：“覓耶穌。”應曰：“我是。”甫言“我是”，衆後仰倒。《約翰》十八章四至六節。彼得拔劍，擊祭司僕。名馬勒古，削其右耳。耶穌乃曰：“收劍入鞘，十節。凡用劍者，必亡於劍。《馬太》廿六章五十二節。天命此杯，豈可不飲？《約翰》十八章十一節。就僕捫耳，立即愈矣。”《路加》廿章五十一節。迨既被逮，《馬太》廿六章五十七節。僞證紛誣。六十節。大祭司起，立問耶穌：“控汝者衆，無以辨乎？”仍默不語。又問之曰：“爾上帝子，“上帝”一名實有二義，出於祭司口者，爲自在天魔；耶穌承認者，爲平等法身。基督也乎？”答曰：“是也。”大祭司怒，裂其衣曰：“何須别證，矯誣之言，衆親聞之，其意云何？”衆擬處死，《馬可》十四章六十至六十四節。交彼拉多。《路加》廿三章一節。旋彼拉多問耶穌曰：“爾其猶太人之王乎？”答曰：“我國非屬斯世，設屬斯世，則我臣民必以力拒，免我付於猶太人矣！”曰：“然則爾果爲王乎?”耶穌答言：“爾謂我王，我爲此生，爲欲顯證夫真實耳！求真實者，必聽吾言。”彼拉多曰：“曷爲真實?”以其無罪，將欲釋之。衆復譁曰：“勿釋此人，《約翰》十八章卅三至四十節。因彼矯誣，稱上帝子，按律當死。”《約翰》十九章七節。遂將耶穌交猶太人，釘十字架，又十六節。衆戲弄之，侮辱備至。《馬太》廿七章廿八至卅節。耶穌自負十字架出，《約翰》十九章十七節。民衆隨行，婦多哀哭。耶穌顧曰：“耶路撒冷諸女子乎，勿爲我哭，當爲自己及子女哭。”迨既被釘，乃曰：“天乎！彼輩無知，祈寬宥之。”並釘二犯，一左一右。其一譏曰：“爾果基督，請救爾我。”其一責曰：“爾我受刑，猶不悔耶？彼非其罪。”乃語耶穌：“蒞其國時，幸存記我。”耶穌答言：“爾今偕我在天堂矣。”《路加》廿三章廿七至四十三節。耶穌見母與其愛徒，立於其旁，乃謂母曰：“此爾子也。”繼語其徒：“此爾母也。”自是其徒奉之歸養。未幾，耶穌遂曰：“成矣！”俯首而逝。《約翰》十九章廿五至卅節。

耶穌復生，語於衆曰：“天地諸權，我總攝之。“攝”原作“賜”，謬，今校改。《墨子·尚賢中篇》曰“聖人之德，總乎天地”，義同。往招萬民，與我爲徒。滌彼汙染，俾合父即妙明真心。子即住持正法之僧。聖靈即一切衆生之佛性。爲一。原文“名”字，陋劣，删。依吾教行，吾日偕汝，盡未來際。”《馬太》廿八章十八至廿節。

耶穌行事，此外實繁，一一書之，度此大地不能容也。《約翰》廿一章廿五節。

教　乘

乘者運載義，各因善業惡業，任運至果地故。條列教相以明之，故曰教乘。佛教言三世因果，六道輪迴，於三界九地，分析至精。而天人諸趣，皆由業感而定，不相混也。基督教不及萬一，所謂天國、地獄，均極儱侗，不明正報，難爲依報之判別，蓋時地因緣難望印度故。最可憐者，教會無知，游泳於蹏涔，不聞有大海，誤人無限。今姑就“四福音”搜集判定，聊示例耳。

（一）地獄餓鬼畜生乘。

“貪得天下榮華，拜伏魔鬼。”《馬太》四章八、九節。

“殺人及殺一切生物。”《馬太》五章廿一節，説詳《福音祕義·發覆》。

“向兄弟動怒，駡人。”又廿一二節。

“與兄弟結怨不修好。”又廿三四節。

“負債不償。”又廿六節。

“邪淫。”又廿七節。

“見婦女動邪念。”又廿八節。

“濫休妻”，“濫娶妻。”又卅一二節。

“濫起誓原文無謂，均當删即妄語。”又卅四節。

“言贅於真是非，亦即妄語。”又卅七節。

“憎敵。”又四十三節。

“於人妄分良莠善惡，即癡。”又四十五節。

“行善故令人知，即是貪。”《馬太》六章一節。

“祈禱故令人知。”又五節。

“不恕人過，即瞋。”又十五節。

“齋戒故令人知。”又十六節。

“積財於地。”又十九節。

“爲衣食憂。”又廿四至卅四節。

“見兄弟目中之刺，不知自己目中之梁木。”《馬太》七章三節。

“冒爲先知。”又十五節。

“連聲呼主而作惡。”又廿一至廿三節。

“兄將解弟，父將解子，而致之死。子女起攻父母而弑之。”《馬太》十章廿一節。

“子疎其父，女疎其母，婦疎其姑，仇視家人等。”又卅五節。此解凡夫情縛，使知出世以求永生之意，非助不孝子女增長忤逆之罪，愈以沈淪故。就出家人言則可，就在家人言則地獄種子也。蓋出世法衹能圓成世法，不能破壞世法。此知基督教義挂一漏萬，造罪世間無限。説詳前《解蔽》中。

“褻瀆聖靈。”《馬太》十二章卅二節。

“因敬上帝，不拜父母。”《馬太》十五章六節。不拜祖先諸佛聖賢，其罪同。

“惡念兇殺，姦淫、苟合，偷盜、妄證、謗讟。”又十九節。

“不憐恤人。”《馬太》八章廿八至卅四節。内有謬誤，參觀《發覆》、《解蔽》。

“人離父母，與妻連合，成爲一體。”《馬太》十九章五節。孟子所謂“不顧父母之養而私其妻子”尚無此汙穢也。

“以極重難負之任，束置人肩，而己則一指不動。”《馬太》廿三章四節。

“喜居首席會堂尊位。”又六節。即是驕。

“勿稱在地者爲父。”又九節。

“閉天國於人前，自己不入，亦不容人入。”又十三節。

“侵吞嫠婦家資，故爲長時祈禱。”又十四節。

“走徧海陸，勾引人入教，既而誘之爲地獄之子。”又十五節。

“妄指聖物起誓。”又十六節。

“薄獻禮物，而棄仁義與信。”又廿三節。

“專飾外觀，内充勒索放蕩。”又廿五節。

“外飾爲義，内充僞善與不法。”又廿八節。

“謀害先知。”又卅二節。

“不食飢者，不飲渴者，不納旅者，不衣裸者。病者與在獄者，不顧視之。”《馬太》廿五章四十二三節。

“豐富逸樂，飽飫嬉笑，人皆稱讚。”《路加》六章廿四至廿六節。

“託辭傳教，父死不葬。”《路加》九章六十節。説詳《解蔽》。即是當衆閉天國門。

（二）人乘。

“哀慟懺悔。”《馬太》五章四節。下二字今校增。

“温良。”《馬太》五章五節。

“與兄弟有隙即和好。”《馬太》五章廿三四節。

“是言是，非言非。”又卅七節。

“毋殺生，毋邪淫，毋偷盜，毋妄語，毋飲酒。孝敬父母，祭祀祖先，愛人如己。”《馬太》十九章十八九節。

“有罪之人，遇行菩薩道者，盡力供養。”《路加》七章卅六至五十節。

“曾訛詐者，四倍以償。”《路加》十九章八節。

（三）天乘。

“氣質變化，復如嬰兒，卑以自牧，不起分别。”四字今增。《馬太》十八章三四節，《馬可》十章十五六節，《路加》十八章十五節。

“毋殺生，毋邪淫，毋偷盜，毋妄語，毋飲酒。孝敬父母，祭祀祖先，愛人如己。盡售所有，分給貧人。”《馬太》十九章十八至廿一節。

“專以父事爲念。”《路加》二章四十九節。

“家資之半，給與貧人。”《路加》十九章八節。

（四）不定乘。

“曠野禁食四十日。”《馬太》四章二節。

“退居曠野或入山中，終夜祈禱。”《路加》五章十六節，又六章十二節。“祈禱”當作“習定”。小乘大乘不定。

“神貧。”《馬太》五章三節。人乘天乘不定。

“慕義如飢渴。”又六節。人天不定。

“悲愍人。”又七節。人天不定。

“心浄。”又八節。人天小大不定。

“使人和睦。”又九節。人天大不定。

“甘爲義受患難。”又十節。人天小大不定。

“忍他窘誣諸辱，而大歡喜。”又十一節。人天大不定。

“愛仇敵。”又四十四節。人大不定。

“右手布施，左手不知。”《馬太》六章三節。天大不定。

“隱祕祈禱。”《馬太》六章六節。人天不定。

“恕人之過。”又十四節。人天小大不定。

"争入窄門。"《馬太》七章十三節,《路加》十三章廿四節。天小大不定。

"聞道遵行。"又廿四節。人天小大不定。

"無枕首之地。"《馬太》八章廿節。天小不定。

"專召罪人悔改。"《馬太》九章十三節。人大不定。

"哀衆困苦流離。"又卅六節。人大不定。

"接待先知義士。"《馬太》十章四十一節。人天小大不定。

"服勞負重之人，務得安息。"《馬太》十一章廿八節。人天小不定。

"天國如至寶珍珠，須盡售所有以購之。"《馬太》十三章四十四至四十六節。天小不定。參觀《發覆》。

"救喪亡者，不願失其一。"《馬太》十八章十一二節。人大不定。

"恕人之過須七十其七次。"又廿二節。人大不定。

"爲真道棄其田宅、昆弟姊妹、父母妻子。"《馬太》十九章廿九節。人天不定。

"不役人而役於人。"《馬太》廿章廿八節。人大不定。

"飢者食之，渴者飲之，旅者納之，裸者衣之。病者或在獄者，時顧視之。"《馬太》廿五章卅五六節。人天大不定。

"遇行菩薩道者，竭力供養。"《馬太》廿六章七節。人天大不定。

"盡力捐輸。"《馬可》十二章四十二至四十四節。人天大不定。

"有二衣則分與無者，有食亦然。"《路加》三章十一節。人天大不定。

"悲愍遇難之人。"《路加》十章卅三至卅五節。人天大不定。

"一心聞道。"又卅九至四十二節。人天小大不定。

"設饌惟召貧乏、殘廢、瞽跛之儔，無以報故。"《路加》十四章十三四節。人天大不定。

"專營永生之糧。"《約翰》六章廿七節天小大不定。參觀《發覆》。

"自知惡其生命，以求永生。"《約翰》十二章廿五節。天小不定。

綜核福音勝義，閒亦有可通於出世三乘者，然辭旨幽隱，難於判決。兹不具論。但以小大二字括之。

概　　論

基督教盛行於歐美，貧人甘藜蕨也。難行於中國，厭膏粱者不屑顧也。

基督教亟待改造，鄙箸屢言之。若《基督神通義證》，則據聖教量之諦理，爲之闡發。《墨學與景教》，則本於科學的比較，助其精進。罔非溝通亞化，期於普應羣機。蓋耶穌教立於邊地，接下根人，雖進地獄畜生等乘爲人乘，或進人乘爲天乘，而義多未了，沈晦至今。今欲進人乘、天乘爲菩薩乘，接上根人，則其教義，濫雜者必剔除之，紕繆者必匡正之，半者必滿之，權者必實之。不容緩也。

三國時吴尚書令闞澤曰："孔老設教，法天制用，不敢違天。佛之設教，諸天奉行。"基督教以天爲父，遵行其旨，似等於孔老，在佛下矣。如曰"天父乃在天上之父"，非以天爲父，詎知父在天上，不在地下，確爲偶像無疑，非大梵天，必自在天魔。是較孔老之天，可以表法界者，更下劣也。故欲知基督教之短長，非研精佛法不可。

佛書體例精嚴，字字具科學精神，判分教乘，決定宗趣，條理分明，人知趨避。基督教高下雜糅，滅棄風雅，信衆於世法、出世法、即世出世法教義區别，未之或聞，樂著五欲，不求出離，天耶獄耶，升耶墮耶，未知税駕何所。吾見其違宗背教，終無覺時。蓋孰是生滅，孰非生滅，種種根本要義，過於闕略，有以致之。

耶穌教云："爾若瞽則無罪。"《約翰》九章末。正言若反，閒似《老子》。然《老子》辭旨渾厚，皆真現量。《福音書》非量過半，餘義偏淺，遠不及也。至《老子》所謂"滌除玄覽"，"損之又損，以至無爲"諸勝義，耶穌教人更不可得而聞矣。

基督教以敬拜一神，不拜偶像，爲最勝義。不知猶太之一神，不過在其周圍諸國多神相對中，妄自以爲有力滅敵之一神。而其人格宛然，即極惡劣之偶像。又不知諸佛聖賢、父母祖先，非無謂之偶像比，頂禮諸佛聖賢爲修福之敬田，敬拜父母祖先爲修福之恩田，即是資益慧命妙方便門，若傲慢古德、輕侮長上，即是地獄畜生種子，其頑迷至可愍也。不拜偶像，何自而起？因猶太人之祖先蠢於牛，嘗鑄金爲牛，視同神而拜之。摩西乃假神權以立誡，禁拜一切物類之偶像。於是教會執文迷旨，視父母祖先、諸佛聖賢，皆如金牛矣。基督徒蔑視諸佛聖賢無論已，試問乃祖乃父，果皆金牛也乎？蓋恐其一神，暴戾嫉妬，不相容耳。以此三界唯心、萬法唯識之理，終扞格而不相入。愚夫愚婦，認賊爲父，靈明盡被鑿傷。蓋世間藉傳教謀生，殺人靈魂者，無如基督教也。

孔子道成一貫，贊《易》作《十翼》，並其學説散見於大小《戴記》者，遠非耶穌所能及。二千年來，國魂繫之，全國春秋祭祀，固莫大之禮教也。我國詩禮世家，春秋設祖堂祭祀，足令見者油然起敬，興報本反始之思。所以使四境之子孫無不敬，無凍餒者，先聖教澤至深遠也。又或孝子賢孫，追念先人恩深難報，務修無漏功德，福利衆生，以追薦之。所謂“事死如事生，事亡如事存”，佛、儒二教，無異致也。乃基督教人，奉天魔爲一神，蔑視佛、儒各教，中國人而猶太性，幾若其不拜孔聖、父母，而獨拜耶穌之雙膝，非生長於孔聖化育中之父母，劬勞顧復之所遺，果爲猶太人之上帝手摶口吹所造成也。莊子曰“大惑易性”，其斯之謂歟！基督教義乖迕，蓋昧於宗體之過也。

予幸聞佛法二十有五年矣，未敢云有所得，然當一心契理時，直覺世尊慈悲，涵濡無盡衆生，匪惟度吾人出苦而已；蓋以一切衆生，皆具佛性，務令盡入無餘涅槃而滅度之。基督教義疏漏，愛人而不及物，於“一切衆生，法身平等”第一義諦，從古未聞。雖《以弗所書》云“上帝貫萬有之中”，四章六節。《羅馬書》云“萬物切盼同作帝子”，八章十九至廿一節。又云“寧不食肉飲酒，毋使兄弟顛躓”，十四章廿一節。頗具當愛物命之理；然教會迷妄，每稱上帝特造水陸諸動物以供人食，增長世界之殺食，何其忍也！詎知衆生心與己心惟是一心，諸佛憐憫衆生猶如一子乎？敬勸基督徒，勿再殺他佛子，斷自佛性，則念念慈悲，通於諸佛大慈悲海矣。以是我願佛門四衆，共弘佛法，救護沈淪苦海無盡衆生，解除互相殘殺、互相吞食之怨結，即以報我佛無量慈悲之恩。

基督徒業障深厚，不知自心是佛，竟無福德，敬拜他佛，滅妄全真，以成自佛，極可憐也。詎知聖餐之禮，即摹倣佛教之佛像，表佛無量慈悲莊嚴引生頂禮於佛者。自心無漏之功德改其形式而爲之，使視麵餅爲肉，視葡萄汁爲血，與禮拜佛像無異，俾領聖餐者成就自心之基督，無我而利他，至巧妙也。竊不解基督徒能領悟否？如以麵餅葡萄汁之心，視爲麵餅葡萄汁，而食之飲之，問與基督何涉？如以基督捨身除惑業之心爲心，視爲基督之真肉與血而食之飲之，思與基督合爲一，又何以不認佛像爲佛，而大長我慢之罪？是猶聞朝三暮四則怒之，聞暮四朝三則悦之也。不亦悲乎！抑思教會崇拜之十字架，非偶像乎？教士戀愛之嬌妻，與羨慕之金錢，非偶像乎？嬌妻、金錢，是使靈魂沈淪者也，竟甘心拜之。諸佛聖像，是使靈魂免沈淪者也，反不敬仰，倨傲視之而不拜。何不知自己目中有梁木，而妄稱他人目中有刺耶？

基督徒無不迷信基督教爲獨尊，而蔑視儒、釋、道各教者。果何以故？極無知識故，謬執卑劣之邪説不求高深之教理故，毫無出世之理想純同流俗之妄心故。

天堂、地獄無界限。升天難，下地獄易。聖賢、禽獸無界限。爲聖賢難，爲禽獸易。上帝與魔鬼，本一實而二名。上帝不可爲，如自在天魔，或忉利天主，或大梵天等。魔鬼更不可爲。吾人一念一言動，無非在生滅門中轉。换言之，即是與魔鬼爲伍，不易逃出地獄、禽獸關頭。據上乘宗教言之，談何容易。能得自心清浄，不受後有？是吾人始終從無出魔外時，可危孰甚焉。凡各教人，徒有信仰，而無知解，貿然修行，未有不入魔者。而基督教爲尤甚。何以故？基督教除祈禱外，絶無修行之方法故。基督教之祈禱，純屬生滅門中事，與佛教徒之祈禱，冥契不生滅者正相反。此有解、無解之辨也。故基督徒僞祈禱者，雖不現魔行，已屬魔種。真祈禱者，朝夕與天魔爲緣，妄起貪著，勢必千人千魔，萬人萬魔。詳讀《楞嚴經》、《大乘起信論》等，始可粗知梗概。基督教中，確無此種説明也。余嘗因某基督徒，毫無知解，專事祈禱，已現魔相，謂其入魔。某不知其爲慈護心靈之法棒，蕩滅妖氛之雷音，竟目爲世俗之謾罵。足徵基督徒，無非宗教門外漢，至可憫也。

弘道救世，本人間第一高尚事。乃教士不知自心即是上帝，又不知自心周徧萬有，本無生死，而流轉生死，假基督教之名，沿猶太教之訛，執我迷法，自誤誤人。叩以教義則瞀亂，考其修持則絶無。妻子云耳，衣食云耳，指崇拜路德之教士言。從不知自救，而能救人哉？凡教必轉染爲净，基督教人則以染增染，且以染爲净，惑世久矣，害道極矣。所謂第一高尚事，竟成第一不高尚事。嗚呼！

基督教無哲理可言。中土道學，如文、老、孔、莊之經，周秦諸子之書，無論矣；即漢時《淮南子・原道》一訓，豈基督教所能企及哉？乃盲從僞基督教者，崇尚歐習，埋真背覺，舉我五千年來一切聖賢禮教而蔑視之，識者得毋痛心？

自來抨擊基督教者多矣。然於所謂耶穌基督，果有其人否？未過問也。日人幸德秋水讀書得閒，著《基督抹殺論》，謂"耶穌基督，實無其人"，引證詳確，發前人所未發，蓋對治邪執之傑構，保護世界文化之干城也。反復雒誦，約其要綱爲五。（一）基督教者，自其根本之教義，以至枝葉之典禮，皆絶無何等獨創處，悉皆掇拾印度、波斯、埃及、猶太、希臘、羅馬之唾餘牙慧而已。八十七頁。基督教無自具之教義，則歷史的基督，無徵不信矣。（二）"四福音"記事，前後矛盾處甚多。同一基督之傳記，而所敘判若兩人。對此情形，深苦其難於取舍鑑别。四頁。蓋前三福音之基督，較第四福音之基督爲劣，以模倣於猶太故。第四福音之基督，較前三福音之基督爲優，以模倣於希臘故。兩地文化淺深異故。然則基督出於僞造無疑矣。（三）當時史家、傳記家、哲學家以及其他文士學者，凡百史册中，竟無基督絲毫之痕迹。二十九頁。足見耶穌實無其人。即今每年之聖誕節，羣知其爲僞託，更了然矣。（四）基督教者，極惡劣有害之迷信而已。九十六頁。可憐哉！基督教所賴以成立之基礎，僅在無知而已。八十七頁。此知世界自有基督教，而宗教之信仰，掃地盡矣。（五）基督教妬忌憎惡異教異宗，以及其他凡百新思想新信仰者。所加迫害，猛惡殘忍，常令人酸鼻。五十一頁。此知基督教摧滅世界之文化，罪不勝誅矣。原書博稽而精思，慎求而能斷，凡研究基督教者，允宜詳讀之。

日本中江篤介著《理學鈎玄》，極言基督宗教之害，斥其蔽錮人智，敗壞學術，戕賊邦國，抑遏文明。自中古以來，其餤毒之延及政術，舉天下思想之權，盡歸於其掌握中。可謂古來理學一大阸會，洵不刊之論也。

英國哲學家羅素曰："歐美精神的生活，實際上是同性的。其來源有三。（1）希臘的文化。（2）猶太的宗教。（3）近代科學所産生的近代工業。我們可以拿柏拉圖、《舊約全書》和加尼利阿來作上三種原素的代表。希臘所産出的，是文學和藝術，哲學和純粹數學。西歐良善的社會風俗，也多半是由希臘産出的。猶太所産出的，是瘋狂的信心，帶有罪惡觀念的道德熱誠，宗教的迷信，和西歐一部分的愛國主義。應用於工業中的科學，所産出的，是力和力的感覺。自己即是上帝，且有權宰制非科學人種之生死的信心。從科學中，又學得了實驗的方法。一切真的知識，幾乎都藉此學得了。"我想這三種原素，把西歐精神的能力，解釋得很明白了。觀此則基督教人，動稱歐美文明本於基督教者，可以休矣。

八九年前，余憫基督教之無物，欲誘而進之於佛。以"神"擬"法界"，以"聖靈"擬"佛性"，偶語於章太炎先生。先生曰："基督教在佛教，判爲欲界天乘，尚未能上擬婆羅門也。以'神'擬'法界'，以'聖靈'擬'佛性'，雖略有相似者，然不能附會也。佛法專本一心，舍心而談道，雖立一最高之的，然有無怳忽，殊不可知。儒者不知此，故建立天理爲根本。除卻自心，又安知有天理也。至立一神爲本，視天理説彌下矣。又彼末日審判之説，更爲荒謬，信神者但得生於神國，而不得與神融合爲一，可知與法界之説大殊。基督教之於佛法，中間尚隔吠檀多哲學、數論哲學及近世康德哲學數關，不可强同。然爲是説，亦足使基督教人自知淺短，未嘗非因勢利導之術也。"惜基督徒專工鶩外，不堪提掖，迄今黮闇猶昔，可哀也已。

《舊約》種種荒謬無論已，“四福音”亦通體是病。遠西草昧初開，其人根機下劣，奉而行之，遂爲世界文化莫大之障礙。所謂宗教侵略，皆由一神爲禍也。今後世間法，當以儒教代之；出世法、即世出世法，均以佛教代之。老、莊、墨書，可以並行而不悖。世界文化，庶乎蒸蒸日上矣。

民國十五年六月十日寫訖

跋

余曩者宿業厚覆，無緣得聞佛法，盲從基督教有年矣。十二年夏，青年會敦請張仲如先生爲德育之演講，標題《永生》，余欣然往聽。先生融通佛法，以天、水二者，喻真心之寥廓，本無終始内外之分，而上帝與神我之迷執，破盡無餘。復諄諄以“三論”、“唯識二宗”，誘導聽衆。余於是知基督教義之陋且劣，因即研求佛學，業已數年，頗覺世間宗教，自度度他，如《中庸》所謂“盡其性以盡人物之性，而贊天地之化育”者，其詮理之美滿精析，無逾於《内典》矣。近知先生據無上微妙佛法，改造基督教，箸《福音祕義》成，將以度基督教人出迷津，離苦輪，即以濬性源而挽風化。余既受讀終篇，深信先生大慈大悲，運用權巧方便，轉外道爲内學，免其陷害無盡衆生，實是現基督身而爲説法之大菩薩。歡喜贊歎，得未曾有。祝願大地有情，無不得度，庶少慰先生以文字般若與人爲善之素懷也。

中華民國十六年二月十九日，世愚姪陳有坤謹識

本師著《福音祕義》，成使基督教進化爲佛教，其爲今日普度迷苦衆生之救世主乎！謹加印書資國幣十元，藉消業障而種善根，伏仗吾師之大願，聊盡利他之微忱。弟子李賢頂禮

仲如先生著《福音祕義》，成信能引迷入勝，大覺悲心，十方諸佛當必笑颜稱贊。謹加印書資國幣廿元，冀免衆生於沈淪，聊報家嚴慈昊天罔極之恩。後學陳有坤敬祝

仲如道長著《福音祕義》，以佛教精義革新基督教而圓成之，悲願横加，足令大地有情，盡出魔網，同求佛道法施，功德無量。謹加印書資國幣十元，冀消衆生業障，共淨莊嚴佛土。周見性和南

荆楚文库

國學闡微

原爲張純一演講，受業人孫志誠録。初連載於 1925—1926 年《海朝音》，隨後收入太虚主編的“海朝音文庫”之《佛學通論》，有所增删。此據《佛學通論》整理。

敘

學必求致於微，凡學之微，皆佛法也，豈特國學爲然哉？夫勝論、數論之輩，聲生、聲顯之流，在其創始之祖，未嘗不欲致其學於微也，唯其智有所不能。故佛因其學而闡之，遂令祀火、拜天之教，六師、四吠之文，皆成妙諦。又若無極、太極之分，守一、得一之論，在其祖述憲章之人，又未嘗不欲致其學於微也，然窮神竭慮，終未能徹了心源，妙悟緣生。其後程朱陸王之輩，頗思剽竊勝義，補圓其闕，但用心既乖，知見亦謬，適足以增其糟粕，焉能詣其微哉？漢陽張仲如居士，近著《國學闡微》，以其諦智，詮世俗理，曲譬妙吟，務使其偏者趨於圓，粗者造其精，將使習儒者流皆因其學而見於微，可謂善巧方便，辨才無礙者矣。近世邪說横興，妄見勃起，一元、二元之論，唯心、唯物之談，枝流繁衍，派别多端，其道不足以濟世，其說或可以濫真，昧之者方奉以爲圭臬，知之者無法以爲對治，焉得居士盡闡其微，使悉歸於正理者哉！

佛生二九五四年四月師奘沙門密林

目　　録

學庸章

大學者，大人之學，正己而物正者也。其道首“在明明德”者，即是滅除無明，見本法身，故曰皆自明也。以自體有大智慧光明義，是自度度他之大本也。“在親民”者，固明明德中所必有事，蓋如實知一切衆生，及與己身，真如平等，無别異故。發大慈悲，修諸波多密，攝化衆生，是自他並利之大用也，衆生界民爲尤親，故最之。“在止於至善”者，明德、親民之極功，圓證自性清浄，自然而有不思議業種種之用，即與真如等徧一切處。故引《詩》云：“穆穆文王，於緝熙敬止。”爲人君止於仁，爲人臣止於敬，爲人子止於孝，爲人父止於慈，與國人交止於信。復立大誓願，盡欲度脱等衆生界，亦不限劫數，盡於未來。以取一切衆生，如己身故。故引《詩》云，“於戲前王不忘”。君子賢其賢而親其親，小人樂其樂而利其利，大學之道，止於是已。顧儒教爲世間法，間亦可通於出世法，佛教則在在以出世法，圓成世間法。此二教貌同，而實有大不同處，學者不可不知。

“知止而后有定”五句，“知止”即“知止於至善”，蓋知所宗極，心志專一，不馳鶩於歧途也。《管子》曰：“耳目不淫，心無他圖，正心在中，萬物得度。”《内業》。雲棲大師曰：“心攝也，游念歛而湛寂生；心寂也，定力深而慧光發。”可互證。蓋大地山河，莫非妙明真心中所現物，果能無思無爲，寂然不動，則感無不通，無得而得，一真法界泯絶能所，了無障礙矣。孫至誠案：《韓非·解老》有云：“德者内也，得者外也。上德不德，言其神不淫於外也。神不淫於外，則身全，身全之謂得，得者得身也。凡德者以無爲集，以無欲成，以不思安，以不用固。爲之欲之，則德無舍，德無舍，則不全；用之思之，則德不固，不固，則無功。不全無功，則生於德。德則無德，不德則有德，故曰‘上德不德，是以有德’。”可互相發明也。

朱註“三綱領八條目”之説，據經詮釋，未可謂非，精密衡之，殊覺未諦。“明明德”爲全篇之總綱，“親民”是其自然之現行，“止至善”

是其究竟之極功，三者蟬聯，衹是一事，“格物”至“平天下”八事，亦可約爲三事，“格物”“致知”是一事，蓋由萬物相對有限之現象，洞悉其爲唯一絶對無限之實體所流露，物我平等，湛然一如，使本明之德，常明不昧，是發生無盡真知識之始基也。“誠意”“正心”“修身”是一事，皆明德之明於己者。誠意即明明德之異名，爲正心之密因，蓋“不以物滑和，不以欲亂情”，《文子·道原》。内祕外現，動容周旋中禮，而身修矣。是明明德之真操持。“齊家”“治國”“平天下”是一事，皆明明德之被於人者。《老子》曰“道之真以治身，其緒餘以爲國家，其土苴以治天下。”是齊家與治平，爲明德之真事功。堯以二女觀舜刑，文王能刑於寡妻，孔子稱閔子騫之孝，徵諸人不間於其父母昆弟之言，是明德之洽於近親，而得其所止者。禹稷思天下之饑溺，皆由於己。伊尹曰：“一夫不獲，時予之辜。”是明德之及於遠人，而得其所止者。治國平天下不難，齊家難；齊家不難，明明德難；天下事莫難於至易中者。故《老子》曰：“圖難於其易”，所謂易簡而天下之理得矣。意、心、身三，意業爲主，心所隨從，身最粗劣。據勝爲義，當云“壹是皆以誠意爲本”，經以修身爲本，特就易於檢驗者言耳。此篇文體爲演繹法，其神理則一“明明德”盡攝之。觀其引湯《盤銘》，繼以《康誥》、《文王》之詩，亦足證德不日新者，不足以親民也。奈何學者不察。至誠案：先生謂《大學》古本《盤銘》在“誠意”章，朱子校訂屬之“新民”章，似亦未允。以文義衡之，當屬“明明德”章，顧明德、新民同條共貫，未可劃爲鴻溝也。

自“湯之《盤銘》曰”，至“作新民”六句，朱註似欠精審。《説文·苟部》云：“苟自急敕也，从羊省，从勹口，勹口猶慎言也，音亟，敬也，與从艸之‘苟’異。”《詩·商頌·長發篇》云“聖敬日躋”，與此可互證。《書·召誥》云“節性惟日其邁，王敬作所，不可不敬德”義同。《老子》曰：“爲道日損，損之又損，以至於無爲，無爲而無不爲。”亦可相發明。“日損”云者，由漸遠離依無明起諸雜染法，即日新也；“損之又損”者，依次能離分别智不斷相應染，即日日新也；“以至於無爲”者，能離斷現色及能見心不相應染，並能離根本業不相應染，即“又日新”也。惜《盤銘》未及老子言無爲之圓密，或湯之造詣未逮，而“作新民”，碻爲“無不爲”之要妙，然非已斷煩惱、所知二障，不足語此。老子“無爲”，即自利之極致，此所謂“明明德”也。老子“無不爲”，即利他之極致，此所謂“作新民”也。惟無爲而無不爲，然後止於至善，下文“君子無所不用其極”，其“止於至善”之謂乎？

《中庸》“天命之謂性，率性之謂道”二句，義殊未諦，頗與基督教人，以一切皆天父意旨吾人悉當遵行之説相類，等於梵天外道，不可從也。斯人業繫受身，貧富壽夭，千差萬别，命由己立，何與天事？天之为，就本浮所梁，言佛教之谓之一真法界，亦卽法。耳，充一切虛。贯一切實，炅为众生清淨本性之大原，蓋大地爲衆生業力所持言，则天爲阿賴耶識之總相，衹因衆生念念無明相續，起惑造業，隨業受生，一切命定，無非夙因之結果。是一切衆生，雖具無漏種子之佛性，而無始現行，唯是有漏，性非純善，孟、荀、揚諸家之説，各得其一偏耳。斯人之性，既非純善，則率性之道，亦屬有漏，僅可修之爲人天教耳。兹以命出於天，未明緣生諦理，實爲根本錯誤。嘗以此説質之太虛法師，答云：“藉佛明儒，即藉儒行佛。離言法性，非儒非佛，而詮智之寄，佛爲其至。存儒之真，當切近人事以言，故先業曰天，現報爲命，人同分性，較碻。”其説精審，足爲法則。

“道不可須臾離”，此宜有辯。以道爲清净法性，純善無染言，則可約爲二義：在内爲妙明本覺，在外爲莊嚴佛土。内外一如，正依不二，舉因攝果，專言本覺，本覺中自具六度萬行之妙用，一一不可須臾離。蓋離即不覺，不覺即是沈淪種子，現前佛土，立變地獄，可危實甚。三塗非道也，可離者也。故君子戒懼於隱微之地，以世間無盡業報，皆始於一念不覺也，是之謂“菩薩畏因”。顧此道本夙報之命，衆同分之性言，即變起根身器界之阿賴耶是，具有漏、無漏二性，難於分析，亦善亦不善者也，善者不可離，不善者非即遠離不可。世人沈淪生死，衹以一念迷悟爲轉移，迷則念念順生滅性，汩巇不生滅性，勢必爲禽爲獸；悟則念念逆生滅性，回溯不生滅性，無難爲聖爲賢。道有有漏、無漏之別，惟在具正見者，勤斷無始織妄業流，光復本來妙明真心，斯爲全性之道。

“喜怒哀樂爲累德”，見《莊子·庚桑楚》。未發爲種子，已發爲現行。雖在未發，不得謂中。此“謂之中”，似乎作者見道未徹，當云“寂然不動謂之中，感無不通謂之和”，則較精審。蓋大本必屬無漏無爲，而達道乃真俗雙融，事事無礙之萬法。喜怒哀樂，是生滅邊事，何足當如如不動之正智，何能起動本無動之妙行，其必心本無心，法不住法，則念念皆現量境，隨緣赴感，無不得所已。故將位天地以造萬物之命，育萬物以濟天地之窮，其要妙盡在至中極和之獨中。

“中庸其至矣乎!”當依《論語·雍也篇》，作“中庸之爲德也其至矣乎!”語義較圓到。“中”字當去聲、平聲兼讀，古義本無平仄之分，觀“喜怒哀樂之未發謂之中，發而皆中節謂之和”，即平仄並讀之證。程子云，“不偏之謂中”，漏義多矣。“中”爲象形兼會意字，《散氏盤》① 作“中”，其義甚明，故讀去聲，训適也。《易·蹇》“往得中也”，《釋文》引王注，“當也”。《史記·孔子世家》言“六藝者折中於夫子”，索隱引宋均，此“折中”之“中”，亦平仄兩讀，是皆中正義，讀平聲，訓正也，見《後漢·陳寵傳》注。程子“不偏”之説同此，謂中正之道也。《論語·堯曰》“允執厥中”皇疏，是皆中字引申義。庸，《説文·用部》云：“用也，从用从庚。”庚，更事也，《爾雅·釋詁》云：“常也。”“庸”之云者，有百姓日用而不知之義。《孟子》曰“行之而不著，習矣而不察，終身由之而不知其道者衆。”同此。《莊子·齊物論》曰：“庸也者用也，用也者通也，通也者得也，適得而幾矣。”此“庸”字之碻詁。“中庸”者即《論語》所謂“君子無終食之間違仁，造次必於是，顛沛必於是”。《易·文言傳》以庸言之信，庸行之謹，詮龍德之“正中”。至誠案：《程氏易傳》止以“造次必於是”句詮“庸”字，可謂方而智。先生更以“顛沛必於是”句詮“庸”字，

① 散氏盤是西周厲王年間以塊範法鑄造的青銅器皿，腹内鑄有 357 字金文，是中國最早的土地契約，現收藏於臺北故宫博物院。

可謂圓而神已。《書·大禹謨》曰，“允執厥中”，《益稷篇》曰，“安汝止”，其致一也。造詣至此，粗言之，即是道合内外，時措咸宜，必爲經世牖民至誠不息之聖人。顏子雖拳拳弗失，猶止於三月不違而已。精言之，即是唯一真心，常恒不變，已成金剛道後，妙覺果滿，佛地境界，而八地以後，未至究竟位之菩薩，尚未足與此。故曰“民鮮能久矣”。信乎中庸之不可能，豈僅若均天下國家，辭爵禄，蹈白刃之易易比哉。

《尚書》“直而温，寬而栗，剛而無虐，簡而無傲”。《論語》“子温而厲，威而不猛，恭而安”。又之無適無莫，義之與比，皆取對待之辭，相反以相成，而中庸之義自見。《莊子》曰“彼是莫得其偶，謂之道樞，得其環中，以應無窮”，亦不著邊際，契於中道。希臘亞里士多德，三致意於中庸之道，如謂“寬裕之德，爲奢侈與吝嗇之中庸”，可見一斑。釋氏之言曰，“不生不滅，不斷不常，不一不異，不去不來”，其爲中庸，更微妙矣。

天地之道，可一言而盡也：其爲物不貳，則其生物不測。下文以天地山水，本一而爲無量證之，直與毛吞巨海，芥納須彌，同一妙解。學者於此，可知天地與我並生，萬物與我爲一，而得真實受用矣。

綜視《中庸》篇末，歷引各詩，具見無盡德業，咸寓隱微之中，故以“不睹不聞”始，“無聲無臭”終，其旨至深遠也。揆之釋氏萬法唯心之説，若合符節。

“上天之載”，《詩集傳》釋“載”爲“事”，於理未安。《集韻》：“載，舟車運物也。”上天之藴蓄無盡，運行不息，故曰載。《易》“大車以載”是其義，言上天體備神用，廣運無疆，無時或息，然無聲無臭，最爲微妙，不可形容，故曰至矣。“上天”者何，真如法性是也。尼父十五志學，蓋順大乘法性，信心成就，修學自利利他之道，即以降伏一切有爲、虚妄、分别之心，勇猛精進，勤修理觀、即十住位。事觀、十行。理事不二觀，十迴向。當資糧位。至三十時，入加行位，順法決擇真見道、出世慧，尋思名言義相及其自性差别，一一假有無實，所謂“不義而富且貴，於我如浮雲”，發如實智，宛然如有所得，足以自堅其守，故以

“立”名。孟子所謂“立乎其大，則其小者不能奪”是已。加力進行，至四十時，入通達位，如實見道，明照真理。略説有二：（一）真道見，是無分别根本智；（二）相見道，是有分别後得智。時於所緣境，無分别智，都無所得，既無智外之如，爲智所證，亦無如外之智能證於如，俱離能、所二取之相，空空如也，何期自性本無動摇，而一切不惑，得無生忍矣。至五十時，入修習位，數數修習無分别智，摧滅俱生我法二執，乃至無意、無必、無固、無我，先天而天弗違，後天而奉天時，惟順真如法性以立命耳，故曰“不知命無以爲君子”。蓋窮理盡性以至於命，命即唯識實性，命外無天，天任命而運轉故，是謂“知天命”。住此位修時劫長遠，至六十時，二障種子，俱能伏斷，得天耳通，是爲“耳順”。耳根清净，知眼根等，無不清净，至七十時，金剛道成。《陽貨篇》“不曰堅乎，磨而不磷”可證。“從心所欲而不踰矩”，即無所住而生其心，即是自性能生萬法，能盡未來化有情類。此以漸教傳學者之衣缽也。

論孟章

人生惟有一死，言“朝聞道夕可死”，則其道之要眇可知已。《易傳》：“知幽明之故，原始反終，故知死生之説。”生死難了，孔子固諦審之，此其道必有重於生，而達乎不死之地者也。《莊子》云：“朝徹而後能見獨，見獨而後能無古今，無古今而後能入於不死不生。”《大宗師》。其斯之謂乎！此疑爲慟顔淵之後，用以自慰而發，蓋憶其曩聞心齋之説，而云“未始有回”。《莊子·人間世》。猶慧可覓心不可得也。又云“坐忘，同於大通”。《大宗師》。猶道信無縛不待解也。是皆顔回塙聞道眇，了證無生之諭，故孔子獨許其好學。孔顔之學其在兹乎！至誠案：先生嘗謂釋氏三藏，稱爲法寶，實則法寶離衆生心不過墨瀋耳，廢紙耳。是法不足爲寶，而衆生心斯足寶，然衆生心不依乎法，則未免昏迷沈淪可愍，雖屬至寶不得圓成，是法又爲至寶之寶，故曰“人身難得，佛法難聞”。

《攝大乘論》妙詮三性，曰徧計執，曰依他起，曰圓成實。而依他起，有染净二分：染同徧計執，所謂虚妄分别；净同圓成實，所謂分别亦非意。《論語》“無適無莫”，義之與比，蓋由離所聞所思法中我我所執，住一切義無所分别，此即名爲菩薩見道。

《法華經·方便品》云：“唯有一乘法，無二亦無三。”三祖《信心銘》云：“一即一切，一切即一。”亦見華嚴法界觀《攝大乘論》卷六。云：“慧者無分别智力，周徧平等常順行。”皆“夫子一貫”之塙詁。《易·繫辭下》：“天下之動貞夫一，恒以一德。”可互證。曾子以現等覺甚深，不便引攝大衆，乃依總相，顯示别相，約無量義，爲忠恕二門，而使歸元於不二，可謂大方便智。《説文》云：“忠，敬也。“忠”上“中”字當去聲平聲兼讀，尤以去聲爲正。恕，仁也。”蓋心不散亂，從容中道，即忠是敬，如人之心，稱量以施，即恕是仁。“己所不欲，勿施於人”不過恕之下乘義。《雍也篇》云：“仁者己欲立而立人，己欲達而達人。”《憲問篇》云：“君子修己以敬，乃至安人安百姓。”《禮記·中庸》唯至誠能盡其性，以盡人物之性。自度度他，義均同此。推之堯之“欽明文思安安”、“黎民於變時雍”，舜之“温恭允塞”、“庶績咸熙”，文王之“緝敬熙止，刑於寡妻，至於兄弟，以御於家邦”，武王之“祗承上帝，以濟兆民”，類此忠恕之道，皆夫子祖述憲章，而一貫之者。曾子獨得其祕，蓋窮了心源，萬有一如，忠恕一貫，乃一而神、兩而化也。

孔門薪火，卒賴顔回以傳。當其喟然而歎，蓋能了證真如，自述漸悟、頓悟之功也。“仰之彌高”者，謂造詣所經，由人間而天上，復由欲界天而色界天，而無色界天，乃至豎超三界，高不可極也。“鑽之彌堅”者，謂窮究性體真實，無動無壞，如首楞嚴，究竟堅固。金剛經名喻其堅也。《十地經論》云：“善根堅實，猶如金剛故。”《孟子》言氣“至剛”，亦具堅義。磐石，耶穌名其弟子曰“彼得”，譯即磐石義。有形之堅，祇可於初證入時，喻其少分耳。“瞻之在前，忽焉在後”者，謂由資糧位入加行位，由凡入聖，其間位位有入住出之三時，方其未入，瞻之在前者，及其既入而住，無幾而出，忽焉在後矣。原其循循善誘，迎機啓發，或演一成萬，繁興慧解，是謂“博文”。或攝萬入一，鑄成妙行，是爲“約禮”。至是隨順法性，自發深心，遣不定聚，入正定聚，用功綿密，惟有前進，從不後退，故曰“欲罷不能”。既竭吾才，夫子所以有“未見其止”之歎，爾時識境，雖雙印能、所二取皆空，而空相未即全除，現前猶立少物，然此少物，本由識現，非是實有，故曰“如有所立卓爾”。是即取空爲習細相，迨空相既滅，如實通達，能真見道，時於所緣，都無所得，回且無有，《莊子·人間世》“未始有回也”。更何所從，故曰“雖欲從之，末由也已”。斯則杏壇最勝義諦，舍顔子其誰與歸。

顔回死，子曰：“噫，天喪予！天喪予！”竊以“喪予”之義，與莊子“質死”之説相類，《徐无鬼篇》莊子過惠子之墓曰：“自夫子之死也，吾無以爲質矣，吾無與言之矣。”蓋孔子與言者，相契莫如回，或終日不違，或無所不悦，或畢竟不惰，足見正法眼藏，將賴以傳持興顯也。自回之死，遂無可與言者，故有“喪予”之歎，正謂喪其質耳。

“公山弗擾以費畔，召，子欲往”，“佛肸以中牟畔，召，子欲往”，是猶世尊“我不入地獄，誰入地獄”之悲願也。“不曰堅乎，磨而不磷”，是金剛喻定，異熟識空境界。“不曰白乎，涅而不緇”，是庵摩羅果，出障圓明境界，蓋夫子亟欲親證者也。世稱夫子爲階隣佛位之菩薩，即此可見。

孔子述顔回好學，而以“不遷怒、不貳過”稱之，怒即是瞋，過即是癡，爲思惑，爲鈍使，此種習氣，非登四地菩薩，未能全斷。顔子擇乎中庸得一善而弗失，簞瓢陋巷，不改其樂，顯能成就種種聖行，已入極喜初地；其心三月不違仁，是爲清净離垢，初入二地之徵；其怒與過，當屬誤起微細煩惱，非同故起之麤，然惟不遷不貳，則知幾之速義詳次條，頓空一切分别，所謂不遠之復，而行體清净，果能離垢矣。迨進修二空觀，至於屢空，朱註謂“屢至於空匱”，非是。徵諸莊子心齋、坐忘之説，得其朕已。《人間世》述“心齊”之義，所謂一志者，空其憧憧之思也。“無聽之以耳，而聽之以氣”者，以衆生麤細二障，由耳目入，而耳根最利，遐闇俱聞，不若目視之易收，故使反聞自心，《小止觀六妙門》云：“行者調和氣息，不澀不滑，安詳徐數，從一至十，攝心在數，不令散馳，是名修數。”“聽心”即此。空外感也。“無聽之以心，而聽之以氣”者，攝心緣息，此天台修隨之功，合氣於漠，空其一切法塵落謝影子也。“聽止於耳，心止於符”，即是“耳無所聞，心無所知”，《在宥》。而種種煩惱現行空，猶《地持》所云，以法照明，三地境也。氣以“虛而待物”，蓋從有入空，不住於空也。“唯道集虛”，道即真空，非空盡萬有，末由應證也，是依證體明燄外彰，四地境界，至是其心始可謂之齋。心齋云者，質言之，即使此心空空如也。顏回聞之，亦足以發，曰“未得使，實自回”，明明凡夫我相障也。“得使之，未有回”，則廓然無我，四大皆空，得出世智，證入五地矣。非回之利根，烏足語此？孔子即印可曰，“盡矣”，更語其詳，以詔後生。“入游其樊，而無感其名”，謂入道自當博涉，惟道妙離言，務空名相也。“入則鳴，不入則止”，謂諸名相，苟入於心，必發爲戲論而争鳴，務杜絶之不使入，則名相空矣。“無門無毒”，謂六根爲門，六賊爲毒，毒即害也，並諸門而空之，則害無從入，亦無能容矣。“一宅而寓於不得已”，謂身猶火宅，五陰熾然，此生如寄，能速出離則幾矣。至“以無翼飛”，“以無知知”，則神通自在，寂照空明也。“虛室生白，吉祥止止”，蓋六根清净，放大光明，互相爲用，瑞相非一，是證空實慧，現前境也。綜其要妙，在徇耳目内通，而外於心知，修二空觀，功行純熟，自然萬化生乎身矣。《大宗師》述“坐忘”之義，所謂“墮肢體”，則分别我執空；“黜聰明”，則分别法執空；“離形”，則俱生煩惱障空；“去知”，則俱生所知障空。以此故能“同於大通”，是爲得法平等，於空樂住，已入六地之徵。孔子復明證曰，“同則無好也，化則無常也”，以了知法性平等，則無愛取，隨順法性利生，則無滯礙，故“無伐善，無施勞”。妄念既空，實無可空，是則屢空之極致。孔顏之造詣，或不及佛法析理之精，然於其要妙，可謂具體而微已。

“不遷怒，不貳過”，謂怒不移時，言絶無遷延之時間。過不副益，《説文》：“貳，副益也。”言過微露而即止。蓋有觸誤起，無增上緣，一念微動，隨即除滅，六祖所謂“一念自知非，靈光常顯現”是也。孔子以“庶幾”許顏子，幾者動之微，故曰“有不善未嘗不知，知之未嘗復行”，《易·繫辭》子曰“知幾其神乎!”。又曰“幾者，動之微，吉之先見者也。”又曰“顔氏之子，其殆庶幾乎?”此“庶幾”之“幾”字，顯蒙上文之義而訓爲“動之微者”。朱子以“近道”二字釋之，非是。蓋未嘗有相續行相也。念有所住，隨分即覺，知微知彰，庶乎知幾，是之謂“庶幾”。朱注謂“怒於甲者不移於乙，過於前者不復於後”，是則常人類能之，足當夫子好學之稱乎?

顔淵耳根鋭利，修行勇猛，誠孔門之龍象。夫子“與言終日，不違如愚”，是如實了知一切法性，入净心地也。“退而省其私，亦足以發”，是發心趣道，確能躡解成行也。“聞一知十”，知一微塵，能攝十方法界也。“擇乎中庸”，得一善而弗失，契一實理，不落兩邊，常能勤智守心也。“見其進未見其止”，以大精進，攝諸懈怠也。“其心三月不違仁”，仁即無漏種子，蓋體會真如法性，漸伏能、所二取也。“無伐善，無施勞”，我慢不現，心相無垢也。“於及門中”，列諸德行之首，信無愧已。

仲尼曰，“吾有知乎哉，無知也，有鄙夫問於我，空空如也，我叩其兩端而竭焉”，果作何解?《莊子·知北游篇》:“泰清問乎無窮，曰:‘子知道乎?’無窮曰:‘吾不知。’又問乎無爲，無爲曰:‘吾知道。’曰:‘子之知道，亦有數乎?’曰:‘有。’曰:‘其數若何?’無爲曰:‘吾知道之可以貴、可以賤、可以約、可以散，此吾所以知道之數也。’泰清以之言也問乎無始，曰:‘若是，則無窮之弗知與無爲之知，孰是而孰非乎?’無始曰:‘不知深矣，知之淺矣;弗知内矣，知之外矣。’於是泰清仰而嘆曰:‘弗知乃知乎，知乃不知乎!孰知不知之知?’”此孔子所以爲無知，惟莊子能發其覆也。廖季平先生著《知聖》，謂莊子爲德行科嫡派，所見甚卓。“空空如”者，即《大乘起信論》所謂如實空鏡，遠離一切心境界相，無法可現也。“兩端”即兩邊，猶《壇經》所謂法相語言，有與無對，色與空對等。“叩其兩端而竭焉”，謂問有將無對，問無將有對，二道相因，生中道義，《付囑品》。闡發一實之理以曉之，使無餘藴也。

《論語·先進篇》:“季路問事鬼神，子曰:‘未能事人，焉能事鬼。’‘敢問死。’曰:‘未知生，焉知死。’”言能誠敬以事人，鬼神無不感格，唯一真心，無間彼此，欲知死後之果，當知生前之因，應證無生，遠離諸幻。《説苑·辨物篇》“子貢問死人有知無知，孔子曰：‘吾欲言死者有知，恐孝子順孫，妨生以送死也；欲言無知，恐不孝子孫，棄親不葬也。賜欲知死人有知無知也，死徐自知之，猶未晚也。’”蓋言有知，恐落常見，言無知，恐落斷見，故以非常非斷示之。季路勇於行，子貢善於解，因機被教，爲演秘旨，幾與佛説等夷矣。

孔門問仁者衆矣，獨以“克己復禮”語顔淵，以其造詣卓越，非仲弓、司馬牛輩所可及，故簡圓通真諦以啓之。所謂“己”者，即隨緣執我，恒審思量之意根，一切染汙依之而起，最能障覆净業者也。“克己”者，諦觀生法二空，使我法二執不起現行，且以滌除貪、癡、見、慢諸種子也。至是識初轉智，成平等性，恒起無功用行，是爲“復禮”。復之又復，直至俱生二執，地地摧除，煩惱所知二障，種現俱盡，更緣妙觀察智，清净圓明，斯可謂之“仁”矣。仁即唯識實性，所謂佛身充滿於法界，普現一切衆生前，隨緣赴感靡不周，而恒處此菩提座是也。蓋一心之感，周徧十方，有如響應者矣，故“一日克己復禮，天下歸仁”。《老子》曰：“不欲以静，天下將自定。”《圓覺經》曰：“一切實相性清净故，一身清净；一身清静故，多身清净；多身清净故，如是乃至十方衆生圓覺清净。”又曰：“覺性徧滿，清净不動，圓無際故。”《普眼章》。其致一也。從知天下無盡德業，祇一真心啓其機緘，此古之學者，所以爲己不爲人，自能與物爲春，而仁不勝用於天下矣。

“非禮勿視，非禮勿聽，非禮勿言，非禮勿動”四句，視聽知之緣於外者也，言動行之發於内者也，先知而後行，可謂有倫有脊已。夫不視不聽，何由知其非禮？既知其非禮，必已視已聽也，縱勿視勿聽，而俱生種子，已受熏矣。後二句以生住異滅四相衡之，則知其非禮，已屬異相，而勿言勿動，斯滅相矣。《大乘起信論》謂“覺知前念起惡，能止後念，令其不起，雖復名覺，即是不覺”。“初發意菩薩等，覺於念異，念無異相，以捨麤分别相故，名相似覺。”是知隨分之覺匪易，而究竟之覺尤難。蓋儒者之學，不及佛法之精密，於斯益信。

“人而無恒，不可以作巫醫。”朱注分“巫醫”爲二，未免疏於考證。

《廣雅釋詁》“靈子，醫、“醫”字疑本作“毉”，由俗改龤。覡，巫也。”《山海經·海内西經》“開明東有巫彭、巫抵、巫陽、巫履、巫凡、巫相”，郭璞注“皆神醫也”，《世本》“巫彭，作醫”，《吕氏春秋》、《説文》引之並同。醫爲巫者之事，故“醫”字本作“毉”，《管子·權修篇》“好用巫毉”，《太玄·玄數篇》“爲毉，爲巫祝”，《國語·越語》“公毉守之”，韋解“毉，乳毉也”，均是。《楚語》：“民之精爽不攜貳者，而又能齋肅衷正，其知能上下比義，其聖能光遠宣朗，其明能光照之，其聰能聽徹之，如是則神明降之，在男曰覡，在女曰巫。”案：“精爽不攜貳，又能齋肅衷正”，則定力深也；“其知能上下比義，其聖能光遠宣朗”，則慧光發也；“其明能光照之”，即天眼通；“其聰能聽徹之”，即天耳通。是非恒心，修習不得。造詣至此，六道衆生心念，無不通知，起人之死，自易易也。當時以楚爲南國，故稱南人。《焦氏易林》“小畜之漸，學靈三年，仁聖且神”，是學靈亦必有恒之證。“靈”字亦從“巫”，蓋靈也巫也毉也，名異而實一也。《公羊傳·隱四年》“於鍾巫之際焉”注：“禱”解以治病請福者也。古者病以通神解治，玩“毉”字之義可知。“毉”今作醫、毉、瘢之省，病聲，酉酒省去水，酒所以治病也。《周禮》有“醫酒”，見《説文》。《周禮·酒正》“二曰醫”，賈疏云“鄭司農以内則云醷”，此云“醫”，是其文字不同，實一物也。後鄭《内則》注謂醷爲梅漿，《後漢書·郭玉傳》“醫之爲言意也”，則“醷”之爲“醫”，其義益明。醫本漬梅之水，非酒也，而謂之酒者，以飲病人，類於酒也。因醫療病，遂名治病之人曰醫。此由毉者，靈修未純，或病者信念未篤，乃借醫酒以增其效耳。蓋古毉知病由意生，可以意治，故上毉專治神，而病者氣自理；次毉閒用醫以助其神，而病者形亦全；豈後世庸醫，專恃藥物可比？自醫行而毉廢，毉道盡失其真矣。扁鵲視見垣一方人言能隔牆視彼邊之人，以此視病，盡見五藏癥結，特以診脈爲名耳。《管子·内業篇》云，“中無惑意，外無邪菑”，“人能正静，皮膚裕寬，耳目聰明，筋信而骨强。”巫毉能以心靈療病者，使其和以反中，形性相保，《管子·白心》。豈不妙哉！然非有恒精修不至此。參觀鄙箸《基督神通義證》。

孔子罕言之“命”，多就過去已成之果以爲言，此事之無可如何者，所謂業報是也。《莊子》云：“知其不可奈何，而安之若命。”《人間世》。故不怨天，不尤人，素貧賤行乎貧賤，素富貴行乎富貴。墨子所非之“命”，乃就將來可種之因以爲言，此命之可造，而能求諸己者，所謂因該果海是也。《孟子》云：“修身以俟之，所以立命。”《盡心》。故彼以爲强必富，不强必貧，强必煖，不强必寒。《非命》。蓋孔子知命，所以使人安分；墨子非命，所以使人自强。兩義似相反，實相成也。而佛法則兼儒墨之命而一之，所以資益人之慧命者，極其深遠矣。

孟子謂浩然之氣，至大至剛，以直養而無害，則塞於天地之間。言“至大”者，即是一法界大總相法門體，山河大地，及諸有情，所從出也。亦即阿賴耶識，能攝三界一切自體、一切趣等，若離妄心，唯證相應，則萬物皆備於我。言“至剛”者，從本已來，無有變異，不可破壞，隨順法性修波羅密，則富貴不能淫，貧賤不能移，威武不能屈。言“直養而無害，則塞於天地之間”者，乃滅除無明，心性無動，上文“不動心”可證。見本法身，等徧十方一切世界，是之謂上下與天地同流。

孟子稱舜之大，可以六祖《四智頌》釋之。“大舜有大焉”，即大圓鏡智性清浄。“善與人同”，即平等性智心無病。“舍己從人”，即妙觀察智見非功。“樂取於人以爲善”，即成所作智同圓鏡。四智實本一心，孟子數語實亦一義，特析其理以窮其致故爾。“自耕稼陶漁以至爲帝，無非取於人者”，即無爲而治之塙詁，蓋念念轉處不留情，繁興永處那伽定也。觀其“納於大麓，烈風雷雨弗迷”，并“有天下而不與”，尤足徵信。

孟子謂堯舜與人同，是也；而不知犬之性猶牛之性，牛之性猶人之性。然則“萬物皆備於我”者何事，非自相矛盾乎？蓋偏執性善，因落邊見，而障正知也。詎知一切衆生，皆具佛性，有如犬牛之異者，乃由無始貪癡造業，以致神識昏迷，任運而轉，故有千差萬別衆生報相，而性體固與諸佛堯舜，本來無二也。以滯於別相，不了總相故，武斷墨子爲“無父”，夷子爲“二本”，是孟子於“無窮不害兼”之旨，尚一間未達，視曾子之了證一貫，有遜色矣。

告子曰："食色，性也。"性即阿賴耶識，含藏習氣。蓋欲界衆生，五趣雜居，皆因淫欲而正性命，而飲食最爲迫切，以生死顛倒，貪欲熾然故。色欲之事，更是根本無明，發業潤生，輪迴相續之報本。故食色二者，誠屬衆生之稟性，非入初禪，不能捨離也。莊子謂"人之畏途，莫若衽席之上，飲食之間，而不知爲之戒者過也"，《達生篇》。固見道語。噫！習氣之難斷，難於愚公之移山，孰知之？孰知之?!

易學章

《周易》首"乾"者以道本一元，衆妙所從出也；繼以"坤"者，本不生滅而生滅，相待成二，顯見無盡緣起，所謂《易》之緼也。《易》與天地準，故能彌綸天地之道。先聖於無象示象，首象乾坤，蓋以易無體，乾坤亦無體。道具神用，不限有形，生天生地，包裹天地，周徧含容，體物不遺，出入萬機，未嘗黏滯。惟在求道者，袪妄反真，融事入理，不以一礙不一，不以不一礙一，神而明之，存乎其人。《金剛經·如理實見分第五》云："不可以身相得見如來。何以故？如來所説身相，即非身相，凡所有相皆是虚妄，若見諸相非相，即見如來。"可爲易象之真詮。蓋觀易象，當悟徹象原，而不著於象，在在以如如智，契如如理，則不俟神龜而知來。自來得此祕者，首推夫子。

《易》本不易變易爲義，猶佛教一心，開真如生滅二門，雖是二門，當不相離。而先聖演繹，隨順世間，恒在不覺邊説。變易之義居多，迷悟對待，究屬生滅門事。蓋依本覺有不覺，依不覺説始覺，依始覺復本覺，不能離生滅門，憑空證入真如門也。

班孟堅謂"孔子晚而好《易》，讀之韋編三絶，而爲之《傳》"，《傳》即"十翼"，可謂無藴不宣矣。然祐神未圓證等覺，存性未深談無生，無可爲諱。今不得不會通佛説，攟采精義以恢宏之，使學者莫不遠離事理二障，親證妙明真心，斯固後生者之責。

《易》之至精至神，道多具於至變，而終不變之中。蓋天下之動貞夫一，所以易知易從，可久可大也。邵子曰，“世儒談《易》漫紛紛，止見繁枝不見根”，根者《易》之真元，即佛教之真如，至約而能該至博者也。所謂不變隨緣，隨緣不變，可相互證明。

《易》爲卜筮而作。先聖制爲卜筮，使人虔潔精誠，净除我法二執，無難“觀天之道，執天之行”《陰符經》。也。惟恐人誠之不至，則曰“再三瀆，瀆則不告”，《易·蒙卦》。若《左傳》曰“卜以決疑，不疑何卜”，桓十一年。則非理之徼倖，爲卜所不容顯然矣。抑思“物生而後有象，象而後有滋，滋而後有數”，《僖十五年》。“數”者，果也，不可違也。惟明於憂患與故，揆其方於難知之初，在在轉染爲净，則善於造因，“不卜不筮，而謹知吉凶”。《管子·白心》。

伏羲畫卦，藴奥無盡，妙在絶無文字，免致掛漏，故曰“易者象也，象也者像也”。像者，彷彿似之之謂，不可拘執，猶鏡能照萬物，鏡非是物，物亦非鏡，唯依鏡顯，而物去鏡空，毫不黏著。蓋言不盡意，特借象以明其意，俾無盡事理，皆因時地與人以通變耳。故用易之道，離象不得，泥象亦非，釋尊説法四十九年，自謂未曾説著一字，可神會焉。

嚴幾道譯《天演論》自序曰：“夫西學之最爲切實，而執其例可以御蕃變者，名、數、質、力四者之學是已。”而吾《易》則名、數以爲經，質、力以爲緯，而合而名之曰《易》。大宇之内，質力相推，非質無以見力，非力無以呈質，凡力皆乾也，凡質皆坤也。奈端動之例三，其一曰静者不自動，動者不自止，動路必直，速率必均。此所謂曠古之慮，自其例出，而後天學明，人事利者也。而《易》則曰：“乾，其静也專，其動也直。”後二百年有斯賓塞爾者，以天演自然言化，著書造論，貫天地人而一理之，此亦晚近之絶作也。其爲天演界説曰：翕以合質，闢以出力，始簡易而終雜糅。而《易》則曰：“坤，其静也翕，其動也闢。”至於全力不增減之説，則有“自强不息”爲之先。凡動必復之説，則有“消息”之義居其始。而“易不可見，乾坤或幾乎息”之旨，尤與熱力平均，天地乃毁之言，相發明也。此以《易》理與西土天演家言相證明，確乎不謬。不知名數質力四者之粗，可以詮《易》，斷不足以盡《易》之蘊奥，《易》之爲道，自有神於名數質力萬萬者在，詎可忽哉！關尹子曰：“學之，循異名，析同實；得之，契同實，忘異名。”若捨源求流，無時得源，捨本求末，無時得本，其必研精佛學，庶可牢籠萬有，而攝入一心乎？

孔子謂“假年學《易》，可無大過”，又稱“不恒其德，或承之羞”，足見聖人學《易》，務在反身寡過，期進德以終身，初不爲圖書象數囿也。其以寡過爲言者，務平易近人耳，實則達天合天之極功。君子進德脩業，非修出世間智，以至異熟識空，不能無過。

《易》之爲道，始戒躁進，終戒盈滿，教人趨吉避凶，略具菩薩畏因之理，故曰“懼以終始，其要无咎”。然在世間，縱能无咎，其如真心，未圓明何。

邵康節曰：“知《易》者不必引用講解，是爲知《易》。孟子之言，未嘗及《易》，其間《易》道存焉，但人見之者鮮耳。人能用《易》，是爲知《易》，如孟子可謂善用《易》者也。”吾謂精《易》非如邵子，焉有此妙解？試爲舉例申其説。孟子曰“生於憂患，死於安樂”，教人安不忘危也；“殀壽不貳，修身以立命”，教人盡性，和順於道德而理於義，保合太和也；其對梁惠、齊宣各問，皆崇德廣業，轉凶爲吉之妙用。蓋《易》之爲道，閑邪存誠，凡以明善惡因果而已，豈必待孟子而後能知而用之耶？

《易》之取象，在《詩》爲比興，在佛經即託事表法，在禪宗爲機，密宗爲相。學者若執事而泥於一隅，則爲大道圓明之害。故讀《易》宜超乎象外，以庖丁解牛法讀之，則目中雖無全《易》，心中實無非《易》。《正蒙》曰“凡天地法象，皆神化之糟魄爾”，旨哉！

世間文字，惟《易》卦自下而上行。蓋萬物依地生，《老子》所謂“貴以賤爲本，高以下爲基”也。輓近立國，政尚民主，以民爲邦本，一切在位，由下而上，均出於士。孔子曰“推十合一爲士”，士固民之秀者。慎子曰：“立國君以爲國，非立國以爲君也；立官長以爲官，非立官以爲官長也。”《威德》。所謂爲國、爲官，孰非民事，故曰“以貴下賤，大得民也”，《屯卦》。而《易》畫卦先後，具初本上末之意，與孟子民貴君輕之説，亦極符合。

至誠嘗以八卦擬八識，先生曰：《易》象無不象，何不可以擬八識？太炎以乾爲賴耶，就第八爲主識言；坤爲末那，就先迷失道言。蓋坤無自體，攬乾而妄自爲體，可當第七。離爲目，坎爲耳，兑爲口爲口舌，已見《説卦》。艮爲鼻，鼻在面，高出象山故，震當第六，以初與物接，作意分别，有震驚之意。巽爲身，以此身隨業力輪運而成，風即業力，《大象》曰“隨風巽，君子以申命行事”，言惟君子知命由自造，一切行事，以御天利物爲得。依乾坤震巽坎離艮兑次序言之，由一法界大總相，而有生滅不生滅和合之第八；生起恒審思量、妄執我相之第七；於是有觸境驚異，牽動身根之第六；以此引滿業力，風。牽令趣生，陰緣成質。而成第五；身既具矣，必有耳司聽，耳象坎窨，所以攝聲，重險遠防；目司視，重明象離，所以照見萬物；鼻司臭，象山，猶艮止其所，通氣於澤；兑爲口舌，司言語飲食，《象》曰“麗澤兑，君子以朋友講習”，言口舌貴能明道利生，非徒耗人間糗糧也。

《乾》九二《文言傳》曰：“龍德而正中者也，庸言之信，庸行之謹，閑邪存其誠，善世而不伐，德博而化”。《易》曰：“見龍在田，利見大人。君德也。”當此者，其惟釋迦、孔子乎！釋迦爲覺皇，孔子爲素王，皆無位博化，而天下歸仁，非君德而何？

《陰符經》曰：“天之无恩，而大恩生”，又曰“天地，萬物之盜”。《老子》曰：“天之道利而不害”，又曰“天地不仁，以萬物爲芻狗”。其專言天，則當一真法界，滿足一切功德；兼地言，則因緣會合，能顯妄相，成住壞空，無或停時，而生滅義彰。《文言傳》曰：“乾始能以美利利天下，不言所利，大矣哉！”與《陰符》、《老子》言天同。《彖傳》曰：“大明終始，六位時成，時乘六龍以御天。”蔡虚齋曰“御者如御車之御”，蓋萬物資生於地，地實始於天，而順承之。天者，謂諸幻生滅之根本業識，即咸所謂天地感而萬物化生之總因也。必擬之曰“盜”，斷定其“不仁”，斯爲精闢。故《繫辭傳》曰“犯違天地之化而不過”，馬融、王肅本如此。章太炎云：天地之化所謂生滅、不生不滅則“犯違天地之化”也，超出三界非於三界之外别建法界，所謂“不過”也。“化而裁之存乎變”，是之謂御天。《陰符經》曰：“聖人知自然之道不可違，因而制之。制猶御也。”《荀子・天論》：“從天而頌之，孰與制天命而用之。”義同。世尊五時設化，無非欲令有情，羣逆生死欲流，返窮流根，至不生滅。世稱佛法與天門，信然。英儒赫胥黎曰：“天不可以獨任，要貴以人持天”，西土驚爲絶唱，豈知二千年前，東亞已屬常談。

坤卦言迷，乃明娑婆世界，爲衆生業識所變，《楞嚴經》云：“山河大地，諸有爲相，次第遷流，皆因虚妄，終而復始。”猶云人由業繫受身之恉也。以無明爲因，妄境界爲緣，忽成幻質，不知無自體性，起諸染著故。《韓非・解老》云：“凡失其所欲行之路，而妄行者之謂迷，迷則不能至於其所欲至矣。今衆人之不能至於其所欲至，故曰迷。衆人之所不能至於其所欲至也，自天地之剖判以至於今，故曰人之迷其日固久。”是之謂“先迷失道”。蓋自無始劫來，染法種子，不斷熏習故。從知人未見道，動皆迷妄，決不能順乎真常，故老子曰“知常曰明”。常者何？《韓非・解老》曰：“物之一存一亡，乍死乍生，初盛而後衰者，不可謂常；唯夫與天地之剖判也俱生，至天地之消散也，不死不衰者謂常。”惟“真如”足以當之。蓋惟依真如法，發如實智，知心妄動，無前境界，修遠離法，不取不念，乃至久遠薰習故。無明則滅，以是心無有起，境界隨滅，因緣俱滅，斯爲見道，是之謂“後順得常”。然後知先哲之閎意眇旨，與釋氏相表裏矣。

《繫辭》：“原始反終，故知死生之説，精氣爲物，游魂爲變，是故知鬼神之情狀。”是即佛教輪迴之説。顧何以墮入輪迴？何以超出輪迴？義相無聞，是其短也。姑就佛説言其崖略。《心地觀經・三》曰：“有情輪迴生六道，猶如車輪無始終。”蓋一切衆生，無始劫來，命因欲有，復以發揮無明，因業感報，地獄、餓鬼、旁生、脩羅，以及人天，生死相續。是故衆生欲脱生死，免諸輪迴，先斷貪欲，及除愛渴。欲求如來圓覺境界，亟當勤斷事理二障。若事理障已永斷滅，即入如來大涅槃海。詳《圓覺經・彌勒章》。烏虖！内典於此，倬乎遠矣。

“唯神也，故不疾而速，不行而至”，《老子》所謂“善行無轍迹”，《莊子》所謂“無翼而飛”，均略得其彷彿，而不足以盡之。惟《楞嚴經》曰：“一時如來從胸卍字涌出寶光，十方微塵普佛世界一時周徧，非天下之至神，孰能與於此？”原其所以致此之由。以大千世界，皆即菩提妙明心精，徧圓含裹故，本無障礙故。此所以感而遂通，有所謂“六通”也。近格物學者，利用所謂“一太”，以無綫電而善知人心，差足擬之。蓋萬物一體，有感斯通，故能無久宇之隔，泯人己之界，不疾不行，神乎其神。此知尼父内證之功，足以牢籠天地已。

“《易》有太極，是生兩儀”，猶佛教一心，開真如生滅二門，理至精也。其一陰一陽，兼對待流行二義，執著不得，實可分而不可分。況坤曰順承，顯無自體，歸乾統攝，足見乾元坤元，雖云對立，實非二元。近西哲魯滂博士，謂質力同一物，而異其形式，亦可與《易》義相發明。周子作《太極圖》，未免鑿死混沌。造化實體，豈果其然？瞿唐來氏，又略變其圖，以象世運人文之消長盈虚，不知此皆生滅門中事，非真常妙道本然也。乾之《大象》，明明曰“天行健”，設一治一亂，果有定數，天行何健之有？然則太極之圖，不可信矣。昔朱、陸二氏，辯論無極不已，絶不致疑於其圖，皆未洞明道體故。觀其或譏爲老，或譏爲禪，幾若道爲孔子獨有物，甚矣其蔽也。漢唐以來學者，多受佛教影響。佛與老氏，認識造化實體，皆極精邃，無如學者束於教，謂非聖人之學，而立言又不能遠離而外之，往往陰祖其實，而陽諱其所自來，甚無取也。即如《太極圖説》，首冠“無極”二字，未始非感於佛法無量無邊而致，顧求之中土，老子曾已道及，用以立説，當矣；争執門户奚益耶？朱子曰：太極本無極，非太極之外復有無極，此解誠諦。然則《太極圖》外，不應更爲無極之圖，令人難會。宜梭山、象山兩先生，紛紛致辯，終嫌其贅也。總之真常之道，神妙不可思議，纖毫著相不得，誠有如韓康伯所謂“寂然无體，不可爲象”者也。設果如圖，何以言“陰陽不測之謂神”乎？觀《參同契集註》，陳希夷《丹道逆生圖》，可恍然於周子之所本。《易漢學辨・太極圖説》確有所見，信乎！《太極圖》不足以言《易》也。

佛法無明有二，一發業無明，二潤生無明。所謂發業者，乃無始最初一念妄動，迷本圓明，起惑造業，妄取六趣之生死者也。所謂潤生者，由前迷理無明，妄認五藴身心爲我，即於此妄身，復起貪愛取著，正是生死相續之報本也。《易》以乾坤爲門。乾陽物，所以資始，即發業無明；坤陰物，所以資生，即潤生無明。陰陽合德，而剛柔有體，即認四大假合之幻身以爲己身，復由所緣緣境，引能緣心，因緣增上，展轉引生，生生不已，故曰“生生之謂易”。以是體知天地之撰，皆生於動，故曰“闔户謂之坤，闢户謂之乾，一闔一闢謂之變，往來不窮謂之通”。門以開通無壅滯爲義，衆生由不生滅，而流爲生滅必出於此門，是爲順生門；緣覺因厭生滅返求不生滅，必入於此門，是爲還滅門。信乎往來之不窮也！果能識破妄相，了知根身器界，均唯識變，窮其究竟，則神明之德，通於一心矣。此指迷悟之源，藉示歸趣。《莊子》有言，“解其天弢，墮其天袠”，由此道也。

文王造詣卓絶，徵諸載籍，冥符梵典者多。如云“穆穆文王，於緝熙敬止”，緝熙是四地智光明相，所以無不敬，而安所止也。君止仁，臣止敬，子止孝，父止慈，友止信，敬之著也，所謂菩提祇向心覓，何勞向外求玄也。“靈臺之經始勿亟，靈囿之麀鹿攸伏，靈沼之於牣魚躍”，爲令衆生離苦得樂，敬之至也。是五地中平等深净心，隨順世間難勝之行，無然畔援，則境界相滅；無然歆羨，則能見相滅。是已遠離二取，無相觀多，確乎大智現前，出過世間，證遠行地。誕先登於岸，則出生死流，得安穩樂。登而在先，則凡在溺者，均必援之使登，而般若波羅密行無間矣。“不識不知，順帝之則”，則無分别智，報行純熟，正智緣如，空有雙現，顯登不動地矣。“維天之命，於穆不已。於乎不顯，文王之德之純”，則如所見理，智用巧勝，辯才無礙，説法利他，故演《易》爲教，使人莫不窮理盡性，保合太和，如大法智雲，降注法雨，滅塵生善。觀於“艮其背，不獲其身；行其庭，不見其人”，所謂“不獲身”即當體即真之止，“不見人”即五蘊皆空之觀，純無漏道，任運現行，其階位似隣九地十地菩薩。惜乎多妻未能遠離，最爲聖德之玷，稱曰八地以上菩薩，殊覺不倫。《晉書·藝術傳》載鳩摩羅什因姚興逼受妓女十人使嗣法種，諸生多效之，什乃聚針盈缽，引諸僧謂之曰：“若能見效食此者，乃可畜室耳。”因舉匕進針，與常食不别，諸僧愧服乃止。案：什公權娶破戒，不可爲訓，而卒能護持正法，有足多者。

諸子章

《墨子·兼愛》下篇，述非兼者之言曰：“意不忠親之利而害爲孝乎?”孟子“無父”之説或即本此。“忠”即“忠恕”之“忠”，“義”與“中”去聲同。墨子應以“孝子之爲親度者”，即“欲人之愛利其親，即必吾先從事乎愛利人之親，然後人報我以愛利吾親”，蓋攝恕入忠以明兼義。《經下》云“無窮不害兼”，兼即一貫之異名。尸佼謂“孔子貴公，墨子貴兼，其實則一”，是已。

《管子·内業》曰：“思之思之，又重思之。思之而不通，鬼神將通之。非鬼神之力也，精氣之極也。”《文子·精誠》曰：“至精之感，弗召而來，不去而往。窈窈冥冥，不知所爲者，而功自成。”蓋神明之德，爛然滿天地之間，本通於人心而爲一。聖人洞達其故，而生用蓍求卦之法。蓍非神物，而占者可因以“離形去智，同於大通”。《莊子·大宗師》。精明之至，即恍惚與神明交，喻其志意，本《禮·祭義·祭統》。而蓍神矣。故曰“幽贊於神明而生蓍”，以此教人，逆知未來，可謂善巧方便。

《管子·心術下》曰：“形不正者德不來，中不精者心不治。正形飾德，萬物畢得，翼然自來，神莫知其極。昭知天下，通於四極，是故曰無以物亂官，無以官亂心，此之謂内德。是故意氣定然後反正。”案：管子樹義，往往權實兼收，反復申明，即此可見。如云“德不來”，“翼然自來”，來必自外，所謂權也。“無以物亂官”，即是“正形”；“無以官亂心”，即是“飾德”，“飾”者，刷治而潔清之也。蓋一心湛定，慧自發生，而萬有冥通，莫知其極矣，此之謂“内德”，本自得於内，非由外至，是爲實説，其義明矣。又復申其義曰“是故意氣定然後反正”，蓋意氣定則妄念空，而神識應時清明，同於大通矣。《華嚴經》云：“無一衆生而不具有如來智慧，但以妄想執著而不證得，若離妄想，一切智自然智無礙智即得現前。”可與此相發明。後文云“外敬而内静者，必反其性”，辭尤精覈。釋氏律宗初祖優波静尊者，在佛十大弟子中，持戒第一，嘗云：“我以執身，身得自在，次第執心，心得通達。”蓋以律持身，則外必敬；以律持心，則内必静。以此身心，一切通利，復於性之初矣。是知至道凝於律儀，佛法微妙無上，而管子書於所以束身攝心者，已得其要指焉。

此土聖哲言“一”，猶釋氏言“一真法界”，言“真如”。《老子》曰：“天得一以清，地得一以寧，神得一以靈，谷得一以盈，萬物得一以生，侯王得一以爲天下貞。”三十九章。“是以聖人抱一爲天下式”二十二章。《淮南子·原道》曰：“道者一立而萬物生矣，是故一之理施四海，一之解際天地，得一之道，以少正多。”《抱朴子·地真》曰：“道起於一，其貴無偶。能知一，萬事畢。”可參稽也。管子書更有足述者，曰“萬物崇一”《正》。崇古通宗，萬物宗於一，一爲萬物之大宗，亦即吾人之真心。據實言之，心外更無别物，萬物皆從心變。《華嚴經》云：“心如工畫師，能畫諸世間，五藴悉從生，無法而不造。”執一則無境界妄現，功行純熟，且通萬物爲一，無難盡統攝之，故曰：“執一之君子，執一而不失，能君萬物。”《管子·心術下》。《莊子·天道》曰“一心定而萬物服”，義同。“一”之妙用，猶不止此。日月何以照耀，惟一光之；天地何以覆載，惟一理之；執一則與天地日月同出一孔矣。故曰“日月之與同光，天地之與同理”。《莊子·在宥》曰：“吾與日月參光，吾與天地爲常。”《文子·下德》曰：“德與天地參，光明與日月並照。”《易·文言》曰：“大人與天地合其德，日月合其明。”《墨子·尚賢中》曰：“聖人之德若日之光，若月之明，與天地同常。”又曰：“聖人之德總乎天地”。是道儒墨三家，皆以唯一真心無有内外，視人能親證否耳。彼天方基督之教，迷執心外有神，不知山河大地即心，相分純是天魔外道，不除我相，説病爲法，至可憐愍。之“此”也，指執一之君子言。一在聖凡，本無異致，何獨君子爲然，蓋斯人能執一者少耳。《陰符經》曰“萬物人之盜”。《老子》曰：“五色令人目盲，五音令人耳聾，五味令人口爽。”十二章。凡夫不悟，逐物貪著，安能守一而弃萬苛邪？自來役物而不役於物者，非聖人不能，故曰“聖人裁物，不爲物使”，是之謂“正静不失”，是之謂“能一”。一之感無不通，不難託小以包大，在中以制外。一國之治安，胥本一心以轉之，故曰心安是國安也，心治是國治也。《老子》曰“清静爲天下正”，四十五章。《浄名經·佛國品》曰：“欲得浄土，當浄其心。隨其心浄，則佛土浄。”同此理也。先民言道，往往與佛法符合，蓋同一妙明真心所流露爾。

《管子·内業篇》云：“凡物之精，此則爲生。下生五穀，上爲列星。流於天地之間，謂之鬼神。藏於胸中，謂之聖人。是故民氣，杲乎如登於天，杳乎如入於淵，淖乎如在於海，卒乎如在於己。”顯以有情世間、器世間，周徧法界，同一體性。而物我一如，人己不二之理，亦隱約可見；惜未若内典言之精析透切耳。

“凡心之形，自充自盈，自生自成”。心即阿賴耶識，變起根身器界，是爲“心之形”。其體相用無不完周，無所欠缺，故曰“自充自盈”。一切有情，各隨自業任運而轉，各成自果，故曰“自生自成”。“其所以失之，必以憂樂喜怒欲利”，言所以失其本浄妙明之性，而受生死不了之苦者，必起於貪瞋癡三種意惡，是爲苦諦集諦。“能去憂樂喜怒欲利，心乃反濟”，言將貪瞋癡三種意惡，斷除浄盡，則苦惱根本消滅，不難修行聖道，回復清浄本心，是爲滅諦道諦。“彼心之情，利安以寧，勿煩勿亂，和乃自成”，言人心忽愛忽憎，凡情攪擾，徒自苦耳；若能斷除憎愛，安住正定，勿迷事而煩惱，勿惑理而昏亂，則天和閎於中，所成就者大矣。此在管書可稱勝義，蓋知無盡緣起，本於一心，且能使人祛妄返真也。

“夫道者所以充形也，而人不能固。其往不復，其來不舍。”《管子·内業》。道即衆生心，其體性本不生滅，忽起無盡生滅業用，所以充塞衆形，而入無間者也。房注疏陋，謂自形内而虚者皆道，詎知凡形之實者，無非道邪！自人依真起妄，循諸色聲，逐念流轉，無或停時，而真心若失，故曰“人不能固”，蓋織妄業流，無始已然。《楞嚴經》云“陀那微細識，習氣成瀑流”，可爲“其往不復，其來不舍”之義證。今心理學者，謂意識界内，有無意識界。無意識界，精神學者謂之潛識，即唯識學之第八識；意識界則混合第六識第七識以爲言，分析殊欠精密。《管子》曰：“我心治官乃治，我心安官乃安。治之者心也，安之者心也。心以藏心，心之中又有心焉。”官該眼耳鼻舌身言，前五識是也，前五識依第六識妄起分别，則不治；必第六識不起分别而後治，故曰“我心治官乃治”。前六識依第七識隨緣執我則不安；必第七識不執爲我而後安，故曰“我心安官乃安”。然第六識不易治，第七識不易安，必第八識專一寧静，而後治而後安，故曰“治之者心也，安之者心也”。足見“心以藏心，心之中又有心”兩句，首“心”字爲第六識，中間兩“心”字爲第七識，末“心”字爲第八識，了然無疑。又以“四分徵心，五官所觸，即心相分，心以藏心”句上“心”字，爲心見分，下“心”字爲自證分，心之中又有心句，上“心”字即牒上句下“心”字，下“心”字爲證自證分，亦通。此篇頗重寂定，故稱“内業”，所言皆真現量，故非外凡心理學者能及。下文“彼心之心”，下“心”字確爲藏識。“音以先言”，音即徧行五心所之作意，言由種子生起現行，如從心發音然。此即無明業相。“音然後形”，形即徧行五心所之觸，以依於動心能見相故，引令觸境，可形容也。此即能見相與境界相。“形然後言，言然後使，使然後治”，言、使、治則不足與受、想、思比擬矣。《大乘起信論》“境界爲緣生六麤，四者計名字相”，此“言”是也；“五者起業相”，此“使”是也；“六者業繫苦相”，此所以言“治”也。下文“不治必亂，亂乃死”，其意甚明。此文雖不及佛法之精密，然在此土立言，頗足頡頏佛法，實非餘子所能企及。

一真法界，法無不徧，法性常住，無法不備，故《管子》曰：“道不遠而難極也，與人並處而難得也。”《心術上》。“道滿天下，普在民所，民不能知也”。《内業》。《孟子》所謂“行之而不著，習矣而不察，終身由之，而不知其道者衆”，義同。此道之費而隱處。惜乎具縛凡夫，未能如實了知。唯地上菩薩，始能隨分而覺。非至菩薩地盡，未能名究竟覺也。蓋管書言道，未若佛法之邃密，即此可見。又如“道也者，口之所不能言也，目之所不能視也，耳之所不能聽也。所以修心而正形也。人之所失以死，所得以生也。事之所失以敗，所得以成也。”《内業》。言道體至虛，爲用至神也。而《起信論義記序》云：“真心寥廓，絶言象於筌蹄。沖漠希夷，亡境智於能所。非生非滅，四相之所不遷。無去無來，三際莫之能易。但以無住爲性，隨派分歧，逐迷悟而升沈，任因緣而起滅。雖復繁興鼓躍，未嘗動於心源。静謐虛凝，未嘗乖於業果。故使不變性而緣起，染凈無殊。不捨緣而即真，凡聖致一。”其大旨無異管書，而條列義相之精析，則遠過之。此知一切道術，無能頡頏佛學者矣。

荆楚文库

晏子春秋校注

據世界書局1935年版整理。

敘

周季百家之書，有自箸者，有非自箸者。《晏子》書非晏子自作也。蓋晏子歿後，傳其學者，采綴晏子之言行而爲之也。計孔子之稱九，見《諫上》二十章，《諫下》五章、廿一章，《問上》三十章，《問下》廿九章，《雜上》十六章、廿一章、三十章，《外上》廿七章。其最恉曰："雖事惰君，能使垂衣裳朝諸侯。"曰："不出尊俎之間，折衝千里之外。"曰："救民之生而不夸，行補三君而不有，晏子果君子也。"吾今乃知晏子時，知晏子者，孔子一人而已。墨子之稱二，見《問上》五章，《雜上》五章。其最恉曰："爲人者重，自爲者輕。"吾今乃知晏子後，知晏子者，墨子一人而已。綜核晏子之行，合儒者十三四，合墨者十六七。如曰"先民而後身"，"薄身而厚民"。是其儉也，勤也，兼愛也，固晏子之主恉也。夫儒非不尚儉，未若墨以儉爲極；儒非不尚勤，未若墨勤生之亟；儒非不兼愛，未若墨兼愛之力。此儒墨之辯也。然儒家囊括萬理，允執厥中，與墨異趣也。晏子儒而墨，如止莊公伐晉，止景公伐魯伐宋，是謂非攻；曰"男不羣樂以妨事，女不羣樂以妨功"，是謂非樂；曰"不遁于哀"，恐其"崇死以害生"，是謂節葬；曰"粒食之民，一意同欲"，是謂尚同；曰"稱事之大小，權利之輕重"，是謂大取；曰"舉賢以臨國，官能以敕民"，是謂尚賢；曰"獨立不慚于影，獨寢不慚于魂"，"行之難者在内"，是謂修身，皆其墨行之彰彰者。又必墾闢田疇而足蠶桑豢牧，使老弱有養，鰥寡有室，其爲人也多矣。其取財也，權有無，均貧富，不以養嗜欲，所謂"事必因于民"者矣。政尚相利，教尚相愛，罔非兼以正别。況乎博聞强記，捷給善辯，前有尹佚，後有墨翟，其揆一也。劉《略》、班《志》，列之儒家。柳子厚以爲不詳，謂宜列之墨家。《郡齋讀書志》《文獻通考》承之，是已。《法言》云"墨、晏儉而廢禮"，張湛云"晏嬰，墨者也"，均可證。晏子生爲貴胄，而務刻上饒下，重民爲治，進賢退不肖，不染世禄之習，故能以其君顯，純臣也。其學蓋原于墨、儒，兼通名、法、農、道，尼父兄事之，史遷願爲之執鞭，有以夫。吾服膺晏子書久矣，竊歎其忘己濟物，不矜不伐，駸駸有大禹之風。覃思積年，録爲校注八卷，俾有志斯學者研尋云爾。

中華民國十有九年歲在庚午六月，漢陽張純一敘

墨、晏尚儉，儉在心不在物，所以不感于外也。尚勤，常行而不休，所謂道在爲人也。本儉無爲而勤無不爲，是之謂能盡其性以盡人物之性。《吕氏春秋·知度篇》云："治道之要，存乎知性命。"旨哉言乎！墨、晏有焉。純一又記。

凡　例

《晏子春秋》，孫氏淵如有明沈啓南本、吴懷保本、黄之寀本，盧氏抱經有吴勉學本、李從先本，黄氏元同有凌澄初本並梁處素、孫頤谷二校本。孫、盧二氏後見元刻本，均加勘補。孫以元刻贈吴氏山尊，山尊屬顧氏澗蘋校而刻之，每卷首皆有總目，又各標題于其章，悉復劉子政之舊，誠善本也。然元刻間有譌脱不及孫校本者。今湖北局刻即元本，浙江局刻即孫本，二本並稱最善。是篇以元本爲主，輔以孫本，參考孫、盧、黄藏諸本並江南圖書館藏明活字本，料簡短長，凡一字可疑者，必反復審校，誼求其安而後已。

考訂書，如孫淵如《音義》、盧抱經《羣書拾補》、王懷祖伯申《讀書雜誌》、洪筠軒《讀書叢録》、俞蔭甫《諸子平議》、黄元同《校勘》、孫仲容《劄迻》、劉申叔《補釋》、蘇輿《校》皆有功于晏子者，是篇盡量采集。惟原文過緐，或二家重見者，則斟酌節省。至諸書詮證，于晏子恉趣間有未徹，或不切要者，概不輯録。然有誼涉兩可，未能質定，且此非彼是、理須互證而明者，仍並掇之，以資宣究。

諸家校讐，所引《孟子》、《荀子》、《吕覽》、《淮南》、《羣書治要》及《太平御覽》諸書並《文選》、《後漢書》等注，是篇校及，莫不搜檢原書，詳加尋討。確足以正譌補脱者則據以補正，義可並存及反證者均録入注，用備研核。否則從略，庶免冗緐。至諸家引書不無簡略差異，今以不敢掠美及取文便故，字句間時有增訂，冀便閲者復案，用竟先民之志耳。

《晏子》書箸自二千四百年前，今讀其書，有要綱二：（一）如“義”爲“儀”本字、“敓”爲“對”假字、“而”通作“能”、“也”讀爲“邪”之類，非詳究《爾雅》、《説文》等書及古書聲類通轉之法，則古字古義不能明辨也。（二）如齊歸田氏事見《左傳》，桓公、管仲事見《管子》，乃至《墨子》、《列子》往往文同義合，《說苑》、《新序》引用尤夥，非窮探周、秦、兩漢書無以供參稽也。

《晏子》向無注本，今以其文章可觀，義理可法，允宜推行于世。除甄録舊注外，間附己意。自惟學識譾陋，閫奥罕窺，雖寒暑兩更，稿經五易，恐誤解漏義，所在多有，幸世碩儒匡其不逮。

余友黄君虚齋與余論學，攻錯窮真，相視莫逆。審覽是篇一過，斧藻文字，補綴勝義，有稽商之益。既質之陳君匪石，亦加諟正。此《詩》所以重嚶求也。

目　録

舊目分列八篇之前，今合録之以便檢閲

晏子春秋校注卷一

漢陽張純一仲如

内篇諫上第一　凡二十五章

莊公矜勇力不顧行義晏子諫第一

莊公奮乎勇力，《荀子·子道篇》："奮于言者華，奮于行者伐。"楊倞注："奮，振矜也。"《列子·説符篇》："色盛者驕，力盛者奮。"張湛注："色、力是常人所矜也。"案：標題作"矜勇力"。矜，誇也，自伐也，是奮字塙詁。不顧于行義。盧文弨《羣書拾補》曰："'於'與'于'舊多參錯，新本一例作'于'矣。"勇力之士，無忌于國，孫星衍《音義》曰："'行義'一本作'仁義'，'勇力之士'《太平御覽》作'尚勇力之士'，下文同。"盧云："《御覽》四百三十六'義'字作'尚'，屬下句，下文亦同。"黄以周《校勘》曰："'行義'一本作'仁義'，非。元刻標題亦作'行義'。盧後校本云：'不顧于行義作一句'，是盧氏不從《御覽》，當已。"蘇輿云："黄説是也。下文推侈、大戲、費仲、惡來皆古勇力無忌、爲亂于國者。引此以警莊公，是'無忌于國'本屬'勇力之士'説。《御覽》'義'作'尚'者，蓋緣下文'崇尚勇力'而誤。"純一案：鮑崇城刻仿宋《御覽》文同此，惟"勇力之士"上衍"尚"字，"不顧于行義"屬莊公言。下文"故勇力之立也，以行其禮義也"，又"古之爲勇力者，行禮義也"，皆所以對治之。"無忌于國"屬"勇力之士"言，下文"任之以力，淩轢天下，威戮無罪"，行本淫暴，皆勇士無忌之例證。貴戚不薦善，同姓之卿，不進善言。逼邇不引過，蘇云："逼邇，近臣也。《問上篇》'求君逼邇而陰爲之與'義同。"純一案："逼邇"，異姓之卿。"引過"，如《禮坊記》云"過則稱己"是。故晏子見公。公曰："古者亦有徒以勇力立于世者乎？"莊公之意，固知古無徒以勇力立于世者。晏子對曰："嬰聞之，輕死以行禮謂之勇，晏子針對莊公之問，言唯遵禮而行、捨命不渝者，是君子之勇，勇之貴者也。誅暴不避彊謂之力。"暴"舊作"暴"。孫云:"'暴'當爲'暴',隸省。"蘇云:"舊刻作'暴',非。《説文》一作'暴',訓晞。一作'暴',疾有所趣也。颜之推《家訓》分之甚晰。此訓惡,下當從'本'。"純一案:《家訓》見《書證篇》。《説文》日部、本部,暴,段玉裁注尤詳。"誅暴不避彊謂之力",言能不畏彊御,爲天下除非禮之暴戾,斯誠大有力者。故勇力之立也,以行其禮義也。《御覽》引作"以行理義也"。《墨子・經上》曰:"勇,志之所以敢也。"蓋勇者貴義于其身,如文王、武王皆一怒而安天下之民,曹劌亦"一怒而劫萬乘之師,存千乘之國"是。(《太平御覽》四百三十七引胡非子。)孔子曰:"見義不爲,無勇也。"湯、武用兵而不爲逆,《易・革卦・彖傳》曰:"湯、武革命,順乎天而應乎人。"黄初云:"《莊子・大宗師篇》曰:'聖人之用兵也,亡國而不失人心。'是此塙詁。"並國而不爲貪,弔民伐罪故。黄初云:"《孟子・滕文公下》:'武王滅國者五十,天下大悦。'是其義。"仁義之理也。孫云:"《韓非・解老篇》:'理者,成物之文也。'"誅暴不避彊,替罪不避衆,孫云:"《爾雅・釋言》:'替,廢也。'"純一案:桀、紂"人民之衆兆億"(《墨子・明鬼》),而湯、武必誅之。勇力之行也。古之爲勇力者,行禮義也。如軒轅因"諸侯相侵伐,暴虐百姓,乃修德振兵,撫萬民,度四方"是(《史記・黄帝本紀》)。今上無仁義之理,奮乎勇力,不顧于行義。下無替罪誅暴之行,勇力之士無忌于國。而徒以勇力立于世,則諸侯行之以國危,如《墨子・非攻中篇》云:"吴夫差北攻齊,東伐越,九夷賓服。於是自恃其力,伐其功,而吴有離罷之心。勾踐圍王宫而國亡。晉智伯攻中行氏而有之,又攻茲范氏而大敗之,又圍趙襄子於晉陽。及若此,韓、魏相謀,擊智伯,大敗之而亡。"皆舍禮義、徒逞勇力故爾。匹夫行之以家殘。本書《諫下》二十四章"公孫接、田開疆、古冶子以勇力搏虎聞",無長幼之禮,晏子請景公餽二桃,使自殺之。昔夏之衰也,有推侈、孫云:"《墨子・明鬼篇》作'推哆'。《韓非・説疑篇》云:'桀有侯侈。'《古今人表》作'雅移'。"黄云:"《音義》作'推移'。"純一案:《墨子・所染篇》、《抱朴子・良規篇》均作"推哆"。《賈子新書・連語篇》作"推侈",同此。《淮南・主術訓》作"推移"。劉師培《晏子春秋補釋》云:"《吕覽》佚文作'惟多'(《路史》注引),《賈子新書・連語篇》作'雖侈',亦作'隰侯',《漢書・古今人表》作'推侈',與此同。蓋推、惟、雖三字字形相似,侈、哆、移、多四字亦字形相似,故多通用。惟據《抱朴子・崇教篇》,以'推侈'與崇侯虎並稱爲崇推,則'侈'字當從《新書》或本作'侯'。推蓋國名。《新書》或本作'隰',亦系訛文。自'侯'訛爲'侈',而其義不可考矣。"大戲。孫云:"《墨子・明鬼篇》:'桀有勇力之人,推哆、大戲，生裂兕虎，指畫殺人。'"又云："'湯呼禽推哆、大戲。'《吕氏春秋·簡選篇》：'湯以戊子戰于郕，遂禽推移、大犧。'"殷之衰也，有費仲、孫云："費仲名仲湳，蜚廉父。説紂誅西伯昌。見《韓非子·外儲説左》。"純一案：《墨子·明鬼篇》作"費中"。中、仲同。惡來。《墨子·所染篇》、《明鬼篇》並有"惡來"。《吕氏春秋·當染篇》高誘注："惡來，嬴姓，飛廉之子，紂之諛臣。"足走千里，手裂兕虎，任之以力，淩轢天下，《御覽》引脱"下"字。《唐韻正》三十五馬下引此與虎爲韻。蘇云："淩轢，謂蹈踐之也。《史記·灌夫傳》：'淩轢宗室。'"威戮無罪，盧云："《御覽》無此句。"純一案：御覽有"威"字，脱"戮無罪"三字。崇尚勇力，孫云："《太平御覽》作'專行威力'。"盧校同。純一案：鮑刻《御覽》作"專行勇力"。不顧義理，黄云："淩澄初本作'理義'。"是以桀、紂以滅，殷、夏以衰。孫云："戲、來、裏、力、罪、理、滅、衰爲韻。虎、下爲韻。周、秦之語多相協，以輕重開合緩急讀之。"王念孫《讀書雜誌》曰："案'戲'字古韻在歌部，'來'字在之部，'里'、'理'在止部，'力'在職部，'罪'在旨部，'滅'在月部，'衰'在脂部。此十三句，唯'虎'、'下'爲韻。'理'字或可爲合韻。其餘皆非韻也。淵如於古韻未能洞徹，但知古人之合，而不知古人之分，故往往以非韻者爲韻。又見高注《吕覽》、《淮南》有急氣、緩氣、閉口、籠口諸法，遂依放而爲之，不自知其似之而非也。故《音義》中凡言'某某爲韻'、'某某聲相近'及'急讀緩讀'者，大半皆謬於古音。若一一辯正，徒費筆墨，故但發凡於此，以例其餘。明於三代、兩漢之音者，自能辨之也。"今公自奮乎勇力，不顧乎行義。勇力之士，無忌于國，身立威彊，行本淫暴，孫云："'本'，《御覽》作'流'。古'汖'字似本。"貴戚不薦善，逼邇不引過，反聖王之德，聖王勇于行義，求善若渴不待薦，知過即改無勞引。今適相反。而循滅君之行。孫云："'循'，《御覽》作'修'。"蘇云："'循'猶依也，與'反'字對文。下篇'循靈王之跡'，文與此同。《御覽》作'修'，非。古'循'、'修'字多相亂。"純一案："滅君"指桀、紂。用此存者，嬰未聞有也。"孫云："'未聞'，《御覽》作'未嘗聞'。"純一案：此章即墨家非攻之恉。

景公飲酒酣願諸大夫無爲禮晏子諫第二

景公飲酒酣，曰："今日願與諸大夫爲樂飲，請無爲禮。"黄初云："不願受禮文束縛。”晏子蹴然改容，孫云：“《莊子·大宗師》：‘仲尼蹴然。’陸德明音義：‘蹴，子六反。’崔云：‘變色貌。’”曰：“君之言過矣。“過”猶失也。羣臣固欲君之無禮也。無禮則可恣其所欲。蓋禮者，所以嚴等衰、靖暴亂也，故儒家以禮爲經世之綱維。力多足以勝其長，孫云：“讀令長之長。”勇多足以弑其君，舊脱“其”字。今據上句增，文同一例。而禮不使也。不使，猶不許也。劉云：“‘使’字當作‘便’。‘禮不便’一語，與上‘固欲君無禮’相應。‘便’、‘使’二字因形相近而訛。”禽獸以力爲政，“以”從元刻，孫本訛“矣”。彊者犯弱，孫云：“‘彊’，本多作‘强’，通。下文或作‘强’，皆寫者亂之。”蘇云：“‘强’，俗字。”今一例從“彊”。故日易主。孫云：“‘日’，本多作‘曰’，非。”盧云：“《國策》‘寧爲鷄口’，一云當爲‘鷄尸’，‘尸’即主也。禽獸以强者爲主，更有强者則易主矣，鷄尤人之所常見者也。”今君去禮，則是禽獸也。黄初云：“《列子·説符篇》：‘人而無義，唯食而已，是鷄狗也。彊食靡角，勝者爲制，是禽獸也。爲鷄狗禽獸矣，而欲人之尊己，不可得也。人不尊己則危辱及之矣。”純一案：“義”，古“儀”字。羣臣以力爲政，彊者犯弱，而日易主，君將安立矣。君將何所立足。凡人之所以貴于禽獸者，以有禮也，故詩曰：‘人而無禮，胡不遄死。’孫云：“《國風·相鼠》之詩。”純一案：傳：“遄，速也。”禮不可無也。”黄初云：《孟子·盡心篇》曰：“無禮義則上下亂。”公湎而不聽。孫云：“湎，《説文》：‘沈于酒也。《周書》曰：“罔敢湎于酒。”’《玉篇》：‘亡兖切。’”俞樾《諸子平議》曰：“此但言公之不聽耳，非必言其沈湎也。‘湎’疑‘偭’字之誤。《離騷》‘偭規矩而改錯’，王逸注曰：‘偭，背也。’公聞晏子之言而不樂，故背之而不聽耳。‘偭’、‘湎’同聲，又因本篇言飲酒事，遂誤爲‘湎’矣。”少間，公出，晏子不起。公入，不起。交舉則先飲。公怒色變，抑手疾視，孫云：“《説文》：‘归，按也。’俗作‘抑’。”曰：“曏者，夫子之教寡人無禮之不可也。“曏”，舊作“嚮”。孫云：“‘嚮’當爲‘曏’。《説文》：‘不久也。’《玉篇》：‘許兩切。’‘向’乃‘曰’之誤在下耳。”純一案：“嚮”同“向”，與此義不合，今從孫校改。寡人出入不起，交舉則先飲，禮也?”責晏子無君臣之禮。俞云：“按‘也’當作‘邪’，乃詰問之詞。古‘也’、‘邪’字通用，故陸德明《經典釋文》曰：‘“邪”、“也”弗殊。’《顔氏家訓·音辭篇》曰：‘“邪”者，未定之詞，北人即呼爲“也”。’並其證矣。《荀子·正名篇》：‘其求物也？養生也？粥壽也?’楊倞注曰：‘“也”皆當爲“邪”，問之詞。’正與此同。”晏子避席再拜稽首而請曰：“嬰敢與君言忘之乎？"拜"，《説文·手部》云："首至手也。"揚雄説："拜從兩手下。"《詩詁》："稽首，謂下首至地，稽留乃起。"臣以致無禮之實也。君若欲無禮，此是已。"此指公出、入不起，交舉則先飲言。公曰："若是，孤之罪也。晏子致無禮之實以悟公，公知咎由自取。夫子就席，寡人聞命矣。"觴三行，遂罷酒。孫云："《春秋左傳》：'臣侍君宴，過三爵，非禮也。'"蓋是後也，飭法修禮，法無禮則失本，禮無法則易弛。以治國政，而百姓肅也。孫云："'禮'，一本作'理'，非。"純一案：此與《外上》一章爲一事。

景公飲酒酲三日而後發晏子諫第三

景公飲酒，酲，孫云："《詩傳》：'病酒曰酲。'《玉篇》作'醉未覺'。"純一案：《小雅·節南山》："憂心如酲。"三日而後發。蘇云："發，發起也。言醉寢三日而後起也。下文'今一日飲酒而三日寢之'，是其證。"純一案：蘇説亦通。發讀爲廢。《墨子·非命中篇》"發而爲刑政"，《上篇》作"廢以爲刑政"。陳第《毛詩古音考》云："發音廢，廢亦可音發。"《漢郊祀歌》："含秀垂穎，續舊不廢。"颜師古曰："廢音發。"蓋發、廢古音通也。廢，止也。三日而後廢，謂病酒三日而後止也。晏子見曰："君病酒乎？"公曰："然。"晏子曰："古之飲酒也，足以通氣合好而已矣。通氣，謂助血脈之流行。合好，謂樂賓朋之歡聚。《詩·小雅·賓之初筵》："飲酒孔嘉，維其令儀。"故男不羣樂以妨事，女不羣樂以妨功。蘇云："事謂本業。功，女工也。古工、功通用。"男女羣樂者，周觴五獻，孫詒讓《札迻》曰："'周'當爲'酬'之叚字。《儀禮·鄉飲酒》注云：'酬之言周。''五'疑當爲'三'。前章云：'觴三行，遂罷酒。'《外上》一章亦云：'用三獻。'是不得過三獻也。宣二年《左傳》云：'過三爵，非禮也。'"過之者誅。孫云："鄭氏注《周禮》：'誅，責讓也。'"純一案：《周禮·太宰》："八曰誅以馭其過。"君身服之，蘇云："服，行也。言上必身自行之，以率下也。《管子·權修篇》：'上身服以先之。'《荀子·宥坐篇》：'上先服之。'義並同。彼房、楊二注，服俱訓行。"劉校同。故外無怨治，内無亂行。王云："晏子書以'怨'爲'藴'，藴、怨一聲之轉。言君勤於政，則外無藴積之治，内無昏亂之行也。説見《雜下》十四章'怨利生孽'注。"劉云："'怨'當作'藴'。《説文》云：'薀，積也。亦作藴。'《廣雅》云：'藴，聚也。'《文選·蜀都賦》云：'雜以藴藻。'注云：'叢也。'

又《詩·云漢》‘蘊隆蟲蟲’，《韓詩》作‘鬱’。則‘蘊’即叢脞之意矣。外無蘊治者，言外無叢脞之政也。國治蘊者，言國政叢脞，莫之或理也[1]。‘蘊治’與‘亂行’對文，‘蘊’即《左傳》昭二十五年‘蓄而不治將薀’之‘薀’。蓋‘蘊’、‘宛’二字聲近義同，如《荀子·富國篇》‘夏不宛暍’，宛當訓薀是也。‘怨’、‘宛’均從‘夗’聲，故又借‘宛’爲‘怨’。若以‘怨’字本義訓之，失其旨矣。”今一日飲酒而三日寢之，國治怨乎外，孫云：“一本‘怨’作‘怒’，非。”左右亂乎內。以刑罰自防者勸乎爲非，蘇云：“‘勸’疑作‘勤’，緣下‘勸’字誤也。‘勤’與‘惰’對文，言刑罰不準，故人弛其防，而爲非之心轉勤也。”劉校同。以賞譽自勸者惰乎爲善。劉云：“防、勸對文。”上離德行，無以率下。民輕賞罰，失所以爲國矣。治國之大柄，不外刑賞兩途，所以止惡勸善也。若德行既無足觀，賞罰又失其用，尚能立國乎？願君節之也。”節其淫佚之行，身服禮義以先民，將無須于賞罰矣。

景公飲酒七日不納弦章之言晏子諫第四

景公飲酒，七日七夜不止。弦章諫曰：盧云：“《吕氏春秋·勿躬篇》、《説苑·君道篇》皆以弦章在桓公時。《韓非·外儲説左下》作‘弦商’，當即‘弦章’。唯《新序雜事》四在桓公時者乃弦寧。後《問上》作‘弦甯’，實一字。據此，則弦章正事景公者。”純一案：盧説是。《問上》六章侍桓公者，孫本作“弦章”，誤；元本作“弦寧”，是，《羣書治要》引作“弦寧”可證。《説苑·君道篇》又載“晏子歿十七年，景公射出質，播弓矢。弦章入”，與本書《外下》末章同，則弦章事景公無疑。侍桓公者，當爲弦甯。弦章疑即弦甯之後。孫志祖《讀書脞録》四説弦章乃景公時人，據《新序》定桓公時爲弦寧，謂《説苑·君道篇》侍桓公者，蓋誤弦甯爲弦章，允已。“君飲酒七日七夜，“飲”上舊誤衍“欲”字，從王校删。章願君廢酒也。不然，章賜死。”“章賜死”，文義不順，當作“賜章死”。下同。晏子入見。公曰：“章諫吾曰：“章”上當有“弦”字。‘願君之廢酒也。不然，章賜死。’如是而聽之，則臣爲制也。蘇云：“臣爲制，言制于臣也。下云‘則是婦人爲制也’，義同。”純一案：景公謂“臣爲制”，不知是禮爲制也。不聽，又愛其死。”又不忍賜章死。晏子曰：“幸矣，章遇君也。令章遇桀、紂者，令，設詞。“者”字衍。章死久矣。”言君非桀、紂，當納其諫而旌其忠。于是公遂廢酒。

景公飲酒不卹天災致能歌者晏子諫第五

景公之時，霖雨十有七日。孫云："《爾雅·釋天》：'淫謂之霖。'《左傳》：'凡雨自三日已往爲霖。'"公飲酒，日夜相繼。晏子請發粟于民，三請不見許。晏子獨憂民之憂。公，酒囊耳。公命柏遽巡國，致能歌者。孫云："姓柏名遽。"陳匪石云："孫説恐不確。下文命稟、命柏，則柏應爲名。《周禮·太僕》：'以待達窮者與遽令。'鄭司農注：'遽，傳也。若今時驛馬。'《禮玉藻》：'士曰傳遽之臣。'注：'傳遽，以車馬給使者也。'《左傳》僖三十三年：'且使遽告于鄭。'注：'遽，傳也。'言命柏傳驛巡國，致能歌者。"純一案：《説文·辵部》："巡，視行也。"《周禮·小司寇》："以致萬民而詢焉。"鄭司農注："致，聚也。"晏子聞之不説，遂分家粟于氓，致任器于陌，孫云："任器，任用之器，可以負載。"《玉篇》："南北曰阡，東西曰陌。"純一案：此晏子憂百姓之窮，有財則以分貧也。徒行見公，徒行，並敝車駑馬而不乘，蓋以不卹民憂非義也。曰："霖雨十有七日矣，元本、孫校本俱脱"霖雨"二字，今從王校，據上文補。蘇校同。壞室鄉有數十，"壞室"，舊訛"懷寶"。王云："自此句以下，皆言百姓飢寒困苦之事，'懷寶'當爲'壞室'。'壞室'與'飢氓'對文。下文云'室不能禦者予之金'，是其證也。'懷'與'壞'字相似，俗書'寶'字作'宝'，與'室'亦相似，故'壞室'誤爲'懷宝'。後人不達，又改'宝'爲'寶'耳。"洪頤煊《讀書叢録》説同。純一：今並據正。下同。飢氓里有數家，孫云："'飢'，一本作'饑'。《説文》：'飢，餓也'，'穀不熟爲饑'。"百姓老弱凍寒不得短褐，《墨子·非樂篇》："萬人不得衣短褐。"孫詒讓注云："短褐，即裋褐之借字。《史記·秦本紀》：'夫寒者利裋褐。'徐廣云：'一作短，小襦也。'《索隱》云：'蓋謂褐布豎裁，爲勞役之衣，短而且狹，故謂之短褐，亦謂之豎褐。'"飢餓不得糟糠，孫云："當爲'穅'。"敝撤無走，孫云："敝撤，即'敝躄'，假音字。《説文》：'躄，人不能行。'《玉篇》：'蹩躠，旋行貌。''撤'又'徹'俗字。"蘇云："無走，即靡有家室意，正與上'壞室'相承。"四顧無告。而君不卹，孫云："《説文》：'卹，憂也。'一本作'恤'。"日夜飲酒，令國致樂不已，《墨子·非樂篇》曰："孰爲而廢大人之聽治，賤人之從事[2]？曰樂也。"晏子非樂之意同。馬食府粟，狗饜芻豢，孫云："'饜'當爲'厭'。《玉篇》：'饜，飽也。於豔切。'"純一案：《孟子·梁惠王上》"狗彘食人食而不知檢"，義同。三保之妾，盧云："三保，蓋阿保之流。"孫詒讓云："'三保'，當作'三室'。《考工記·匠人》：'内有九室，九嬪居之。'蓋天子六宫有九室，諸侯三宫則三室也。此篇'室'字多訛爲'寶'，'寶'又訛爲'保'，遂不可通耳。'保妾'亦'室妾'之訛。"俱足粱肉。狗馬保妾不已厚乎，民氓百姓不亦薄乎。厚於狗馬，玩物喪志。厚於保妾，玩人喪德。民爲邦本，宜厚其生，乃薄於狗馬，可乎？故里窮而無告，無樂有上矣；飢餓而無告，無樂有君矣。俞云："按'里窮而無告'義不可通，據下文云'民飢餓窮約而無告'即承此文言之，則此文亦當作'窮約而無告'矣。'里'字上疑當有'鄉'字，據上文云'懷寶鄉有數十，飢氓里有數家'，以鄉里並言，是其證也。《晏子》原文蓋云：'故鄉里窮約而無告，無樂有上矣；飢餓而無告，無樂有君矣。'因奪'鄉'字、'約'字，遂不可通耳。上文'懷寶'乃'壞室'之誤（説本王氏《讀書雜誌》），此所謂'窮約'者，即承'壞室鄉有數十'而言。所謂'飢餓'者，即承'飢氓里有數家'而言。"純一案：俞説是也，當據補。嬰奉數之筴，孫云："《左傳》'策名委質'，服虔注：'古者始仕，必先書名于策。'奉數之筴，謂持策以待書事也。'筴'當爲'策'，隸書多以'朿'爲'夾'。"純一案：孫説是也。"奉數"疑當作"數奉"，"之"字疑衍。以隨百官，使民飢餓窮約而無告，"使"，舊作"之吏"，屬上句。劉云："'吏'當作'使'，與下對文。'之'爲衍字。"純一案：劉説是也，今據删正。使上淫湎失本而不卹，"失"從孫校本，元本訛"矢"。失本，謂失民心。嬰之罪大矣。"過則歸己，臣道然也。再拜稽首，請身而去。事君當致其身，今言不見用，祇得請罪于君，全身而去。《史記》趙充國乞骸骨，義與請身同。遂走而出。公從之，兼于塗而不能逮。孫云："兼于塗，言兼程以進。'塗'當爲'涂'。《爾雅·釋言》：'逮，及也。'"令趣駕，追晏子其家，不及。孫云："《詩傳》：'趣，趨也。'"盧云："'趣'與'促'同。"粟米盡于氓，任器存于陌，此晏子不言之諫，感公至深者也。公驅及之康内。孫云："《爾雅·釋宫》：'五達謂之康。'"公下車從晏子曰："寡人有罪，夫子倍棄不援，盧云："'倍'與'背'同。"寡人不足以有約也，夫子不顧社稷百姓乎？願夫子之幸存寡人，"之"字疑衍。寡人請奉齊國之粟米財貨委之百姓，委，謂輸也。多寡輕重惟夫子之令。"令，猶命也。遂拜于途。孫云："一本作'塗'。'涂'、'途'古字，'塗'俗字。"晏子乃返，命稟巡氓，家有布縷之本而絶食者，孫云："稟，臣名。"使有終月之委，《集韻》："于僞切，音萎。"委積，牢米薪芻之總名，少曰委，多曰積。絶本之家，孫云："言並無布縷。"使有期年之食，黄云："'期'，元刻本並作'朞'。孫校本'期'、'朞'錯出。"蘇云："'期'，正字。今一例從'期'。"無委積之氓，與之薪橑，使足以畢霖雨。孫云："禦橑，御雨之具。"令柏巡氓，家室不能禦者，予之金。蘇云："'令'當作'命'，與上文一律。'命'、'令'形近而譌。"巡求氓寡、用財乏者，死。三日而畢，後者若不用令之罪。黄云："'巡'，即上'命稟巡'、'命柏巡'之巡。'求氓寡'與'用財乏'對文。'死'句絶。言有隱匿其數、少與金者死。後三日之期者，如不用令之罪也。下文'三日，吏告畢上'，言無後期。'貧氓萬七千家，用粟九十七萬鍾'云云，言其求氓衆、用財多。"公出舍，損肉撤酒，孫云："'撤'當爲'徹'。"馬不食府粟，狗不食飦肉，孫云："飦，《説文》：'鬻，鬻也。或作飦。'《玉篇》：'飦，記言切。'"辟拂嗛齊，黄云："辟拂，亦侍御之倖臣。此言減倖臣之禄。"劉云："黄説是。'齊'，即'資'之叚字也。《詩·大雅·楚茨》、《禮記·玉藻篇》鄭注引作'齍'，《楚辭·離騷》王注又作'資'，此'齊'、'資'古通之證。《左傳》僖公三十三年'惟是脯資餼牽竭矣[3]'，杜注：'資，糧也。'《國語·晉語》'資困窮'，韋注：'資，稟也。''嗛資'者，即減省所給之禄養也，故與'減賜'並文。'齊'假爲'資'，猶'采薺'之或作'采資'、'齊盛'之或作'資盛'也。"酒徒減賜。三日，吏告畢上：貧氓萬七千家，用粟九十七萬鍾，薪橑萬三千乘。壞室二千七百家，用金三千。孫云："一本脱'用'字，非。"公然後就内退食，琴瑟不張，鐘鼓不陳。鐘，舊多作"鍾"。《説文》："鐘，樂器也。秋分之音，萬物種成，故謂之鐘。從金，童聲。古者垂作鐘。職茸切。""鍾，酒器也。從金，重聲，職容切。"案：鐘鼓以鐘爲正，今一例從"鐘"。晏子請左右與可令歌舞足以留思虞者退之。孫云："'虞'同'娱'。"辟拂三千，黄云："謂歌舞者三千人皆謝去之。上云請退歌舞謂此。"謝于下陳。蘇云："《文選·李斯上秦始皇書》李善注：'下陳，猶後列也。'謝于下陳，猶辭去不與于後列耳。下篇'願得充數乎下陳'是其證。"人侍三，士侍四，出之關外也。"侍"從元刻。孫校本譌"待"。黄云："'人侍'、'士侍'，《記》所謂'嬖御人'、'嬖御士'也。'三'、'四'，人數。出之關外，謂逐去之。上云請退左右謂此。"

景公夜聽新樂而不朝晏子諫第六

晏子朝，杜扃望羊待于朝。孫云："杜，姓。扃，名。望羊，猶仿佯也。"黄初云："望羊，《莊子·秋水篇》崔注：'仰視貌。'"晏子曰："君奚故不朝？"對曰："君夜發不可以朝。""朝"字舊脱，從盧校補。蘇校同。盧云："《詩》'明發不昧[4]'，此謂夜不寐也。"純一案："發"讀如"廢"，詳前。夜廢，謂竟夜未眠。晏子曰："何故？"對曰："梁丘據舊衍"扃"字，從盧校删。孫云："姓梁丘，名據，字子猶。"入歌人虞，《玉篇》："入，進也。"《文選·嘯賦》注引此作"虞公善歌，以新聲感景公"，與下文以新樂淫君相應。今本有脱文，語意不完。變齊音。"晏子退朝，命宗祝修禮而拘虞。孫云："'宗祝，官名。'《文選》注作'晏子退朝而拘之'。"純一案：拘虞以害治故，晏子可謂社稷之臣矣。公聞之而怒，曰："何故而拘虞？"晏子曰："以新樂淫君。"淫，惑也。晏子心存非樂，惡其樂之滋繁也。《墨子·三辯篇》曰："其樂逾繇者其治逾寡。"公曰："諸侯之事，百官之政，寡人願以請子。酒醴之味，金石之聲，願夫子無與焉。孫云："與讀如豫。"夫樂，何必夫故哉？"孫云："今本作'何夫必攻哉'，據下文'君奚輕變夫故哉'訂正。言故以别于新音也。"黄云："元刻本作'夫樂何夫必攻哉'，淩本作'夫樂何失必攻哉'。"蘇云："元刻本及淩本非也。故、古義通。'何必夫故'，言何必定須古樂，以明新樂無害。當依孫正。"對曰："夫樂亡而禮從之，樂足以感動人之善心，使夫邪汙之氣無由得接。率一道，治萬變（説本《荀子·樂論》）。故大樂與天地同和，大禮與天地同節，知樂則幾於禮矣（説本《禮·樂記》）。今淫於新樂而無節，是先王立樂之方亡，而禮亦從之而亡矣。禮亡而政從之，上有道揆，下有法守。禮與政一耳，禮亡，政將焉傅。《北堂書鈔》八十引《説苑·脩文篇》："晏子對景公曰：'禮以治國[5]，所以御民也。'"政亡而國從之。政者正也，以禮義廉恥爲節者也。《管子·牧民篇》曰："禮義廉恥，國之四維。四維不張，國乃滅亡。"國衰，"衰"當作"亡"，總結上文。劉云："'政亡而國從之衰'爲句，'之'下'國'字衍。"臣懼。句絶。君之逆政之行，有歌。孫云："疑有脱文。《文選》注引此書'桀作東歌、南音'當在此。"純一案：《文選》注見《吴都賦》。"有歌"疑當作"在有歌人"，明拘虞之故在此。紂作北里，孫云："歌名。"純一案：《史記·殷本紀》："紂使師涓作新淫聲、北里之舞。"《淮南子·泰族訓》高誘注："紂作朝歌北鄙之音。"此與東歌、南音儷文，疑脱二字。幽、厲之聲，孫云："幽、厲，周二王。"顧夫淫以鄙五字不成句，疑此上下脱文甚多。蓋晏子尚儉非樂，叙述甚詳，後世陋儒大感不快，妄删之。而偕亡。君奚輕變夫故哉？"言桀、紂、幽、厲繇作新樂皆亡，君奚必尤而效之。公曰："不幸有社稷之業，不擇言而出之，請受命矣。”以上五章，皆墨家非樂之指。

景公燕賞無功而罪有司晏子諫第七

景公燕賞于國内，萬鍾者三，千鍾者五。《問下》十七章：“豆、區、釜、鍾，四升爲豆，各自爲四，以登于釜，釜十則鍾。”昭三年《左傳》杜注：“鍾六斛四斗。”令三出，而職計莫之從。元刻注云：“一作‘職計筭之’。”並下“士師”亦同。明沈啓南本注“筭”並作“算”。《羣書治要》作“職計筴之”、“士師筴之”。案：各本皆非。職計猶今言會計。孫云：“職計，官名。《爾雅·釋詁》：‘職，主也。’”俞云：“‘職計莫之從’、‘士師莫之從’文義甚明。令三出而莫之從，正見其持之堅。下文晏子曰‘今君賞讒諛之民，而令吏必從’，正指兩‘莫之從’者而言。”蘇云：“下文‘君正臣從’、‘君僻臣從’之‘從’，亦是承‘莫之從’説。觀於文曰‘公怒’，曰‘公不説’，令莫之從，斯怒而不説耳。俞説是也。”公怒，令免職計。蘇云：“《治要》‘令’下有‘之’字。”令三出，而士師莫之從。以濫賞害政故，職計、士師如此，可謂得人。公不説。晏子見，公謂晏子曰：“寡人聞君國者，愛人則能利之，惡人則能疏之。《墨子·尚同中篇》曰：“上唯毋立而爲政乎國家，爲民正長，曰：‘人可賞，吾將賞之。人可罰，吾將罰之。’”義同。今寡人愛人不能利，《魯語》：“莒太子僕弑莒公[6]，以其寶來奔。宣公使僕人以書命季文子曰：‘爲我予之邑。今日必授，無逆命矣。’里革（魯太史克）遇之而更其書，曰：‘夫莒太子殺其君而竊其寶來，爲我流之於夷。今日必通，無逆命矣。’”此亦國君愛人不能利之之例。惡人不能疏，失君道矣。”晏子曰：“嬰聞之，君正臣從謂之順，君臣皆順于道，是之謂君君臣臣。《荀子·臣道篇》曰：“事聖君者，有聽從，無諫争。”君僻臣從謂之逆。君臣皆逆于道，是之謂君不君臣不臣。《荀子·臣道篇》曰：“偷合苟容，若曹觸龍之於紂者，可謂國賊矣。”是其例。此二句亦見《諫下》二十一章。今君賞讒諛之臣，“臣”，舊譌“民”。王云：“‘民’本作‘臣’。凡以讒諛事君者，皆臣也，非民也。下篇云：‘景公信用讒佞，賞無功，罰不辜。’則此篇之萬鍾、千鍾，皆是賞讒諛之臣，而非賞民也。《羣書治要》正作‘賞讒之臣[7]’。”純一案：“民”爲“臣”之形誤。王説是也，今據《治要》正。而令吏必從，所謂“唯其言而莫予違”也。則是使君失其道、臣失其守也。《吕氏春秋·直諫篇》：“荆文王得茹黄之狗、宛路之矰，畋三月不反（“月”疑

“日”誤)。得丹之姬,淫,朞年不聽朝(“朞年”疑“帀月”之誤)。葆申笞之(文詳彼),自流於淵,請死罪。文王曰:‘此不穀之罪也,葆申何罪?’王乃變更,召葆申,殺茹黄之狗,折宛路之矰,放丹之姬。”案:臣如葆申,可謂不失其守矣。先王之立愛,以勸善也。蘇云:“《治要》‘勸’作‘親’。”純一案:“勸”字是。其立惡,《治要》“立”作“去”,誤。以禁暴也。俞云:“此‘惡’字乃愛惡之惡,非善惡之惡。《禮記·祭義篇》:‘立愛自親始,教民睦也。立敬自長始,教民順也。’此云‘立愛’、‘立惡’,義與彼同。”蘇云:“俞説是。此承上文‘愛人’、‘惡人’言。”純一案:《荀子·王制篇》曰:“君者,善羣也。”昔者三代之興也,三代,夏、商、周,指禹、湯、文、武時言。利于國者愛之,害于國者惡之,國者,羣之所以託命也。故凡有利於國者,縱不利於己,猶利己者也,必愛之。凡有害於國者,縱不害於己,猶害己者也,必惡之。如是,羣自善而治矣。故明所愛而賢良衆,明所惡而邪僻滅,愛惡公則人心正,邪僻盡化爲賢良。是以天下治平,蘇云:“《治要》作‘平治’。”百姓和集。和則親睦而不離,集則團聚而不散。及其衰也,行安簡易,身安逸樂,簡,簡略也,簡慢也。易,輕忽也。行安簡易,必不敬德修業,而苟且因循。逸,放逸也。樂,樂聲色也。身安逸樂,必不思患預防,而縱欲敗度。順于己者愛之,逆于己者惡之,順己者必諂佞,逆己者必忠貞,愛惡顛倒。故明所愛而邪僻繁,害國者,恃愛而類聚。孫云:“‘繁’當爲‘緐’。”明所惡而賢良滅,利國者,見惡而遠颺。《諫下》二十一章云:“今君不道順而行僻,從邪者邇,導善者遠,讒諛萌通,而賢良廢滅。”可互明。離散百姓,離則乖違而不和,散則逃亡而不集。危覆社稷。危,敗也。覆,滅也。君上不度聖王之興,而下不觀惰君之衰,聖王勤於謀國,無我之見存,故興。惰君私欲熾盛,與聖王反,故衰。臣懼君之逆政之行,蘇云:“《治要》無‘臣懼君之’四字。”有司不敢争,以覆社稷,危宗廟。”蘇云:“治要有‘矣’字。”純一案:此文語意不完,句末當據《治要》補“矣”字。句首以意審校,並當增足字。覆,傾覆也。危,亡也。公曰:“寡人不知也,請從士師之策。”策,謀也。從士師之策,謂不免職計,不濫賞也。國内之禄,所收者三也。九字意不明了,《治要》無,疑衍文。

景公信用讒佞賞罰失中晏子諫第八

景公信用讒佞,《説文·言部》:“讒,譖也。”《女部》:“佞,巧讇高材也。”讇,諛也。賞無功，罰不辜。賞濫則不足以勸善，罰濫則不足以禁暴，治國之大權失其用矣。晏子諫曰："臣聞明君望聖人而信其教，《韻會》："爲人所仰曰望。"望聖人，景仰聖人也。信其教，謂信服聖人之教不相違也。不聞聽讒佞以誅賞。今與左右相說頌也，孫云："'說'，今本作'悦'，非。本書多作'說'，據以訂正。'頌'即'容'本字。說頌，猶言容悦也。或言誦說。"曰：'比死者勉爲樂乎。孫云："比死，言將及死。"蘇云："即《唐風》'且以喜樂，宛其死矣'意。"吾安能爲仁而愈黥民耳矣。'孫云："'黥'，一本作'黔'。"蘇云："愈，猶安養，意爲仁乃安民之事。'黥'當爲'黔'。黔民即黎民。言吾但勉爲樂耳，不欲爲仁以爲安民之事也。下文云云，正申明此意。"故内寵之妾迫奪于國，外寵之臣矯奪于鄙，蘇云："《左傳》作'内寵之妾肆奪于市，外寵之臣僭令于鄙'。"純一案：《左傳》昭二十年杜注："肆，放也。僭令于鄙，詐爲教令于邊鄙。"肆奪即迫奪。僭令即矯義。執灋之吏蘇云："灋，古法字。舊刻及浙局本皆作法，《音義》作灋，云：'一本作"法"，古今字。'今一例從'灋'。"並苛百姓。孫云："苛讀如苛，經典多以'苛'爲'苛'。"洪云："'苛'即'苛'字。《禮記・檀弓》'下無苛政'，《釋文》：'本亦作"苛"。'"民愁苦約病，而姦驅尤佚，王云："尤，過也，甚也。見《左傳》襄二十六年注，佚與溢同。昭三年《左傳》曰：'道殣相望，而女富溢尤。'此云'民愁苦約病，而奸驅尤佚'，句法正相似。尤佚即溢尤。"隱情奄惡，蔽諂其上，盧云："奄、掩同。"王云："蔽者，擁蔽。諂者，諂諛。二字義不相近，不當以'蔽諂'連文。'諂'當爲'謟'，字之誤也。讀若滔。謟者，惑也。謂隱其情，掩其惡，以蔽惑其君也。《爾雅・釋詁》：'謟，疑也。'疑即惑也。《管子・五輔篇》曰：'上謟君上而下惑百姓。'是以忠臣常有災傷也。"故雖有至聖大賢，豈能勝若讒哉。是以忠臣常有災傷也。"臣"下舊衍"之"字，從王校删。臣聞古者之士可與得之，不可與失之；可共適道，不可失道。可與進之，不可與退之。可與圖治則進，否則退。臣請逃之矣。"遂鞭馬而出。公使韓子休追之，孫云："姓韓名子休。"孫詒讓云："《韓非子・外儲說左上》云：'景公趨駕煩且之乘，使騶子韓樞御之。'此韓子休疑即彼騶子韓樞也。"曰："孤不仁，醫家謂手足痿痹，不能運動曰不仁。此言心失其用。不能順教，以至此極。蘇云："言不能順承其教以至此極。"夫子休國焉而往，孫云："言棄國而去。"寡人將從而後。"蘇云："而，猶汝也。"晏子遂鞭馬而返。其僕曰："嚮之去何速？"嚮"當爲"曏"。今之返又何速？"晏子曰："非子之所知也，公之言至矣。"

景公愛嬖妾隨其所欲晏子諫第九

翟王子羡臣于景公，以重駕。孫云：“翟王之子名羡。重駕，駕十六馬。”盧云：“‘以’上似當有‘干景公’三字。”蘇云：“‘干’、‘于’形近。此疑傳寫者誤‘干’爲‘于’，遂謬加‘臣’字于上耳。‘臣’字當衍，盧臆增，未可從。”純一案：蘇說是。公觀之而不説也。嬖人嬰子欲觀之，孫云：“嬰子，景公妾。”公曰：“及晏子寢病也。”及，逮也。因時乘便，不令晏子知之。居圃中臺上以觀之。嬰子説之，因爲之請曰：“厚禄之。”公許諾。晏子起病而見公，蘇云：“起病，病瘉也。”公曰：“翟王子羡之駕，寡人甚説之，請使之示乎?”“示”爲“眎”、“視”之本義。晏子曰：“駕御之事，臣無職焉。”拒絶不視。公曰：“寡人一樂之，是欲禄之以萬鍾，其足乎?”“一”字、“是”字俱疑衍。對曰：“昔衛士東野之駕也，孫云：“衛國之士姓東野。《荀子·哀公篇》：‘定公問于顔淵曰：“東野子之善馭乎?”’又曰：‘東野畢之馬失。’未知即其人否。”黄初云：“《莊子·達生篇》：‘東野稷以御見莊公，進退中繩，左右旋中規。莊公以爲文弗過也，使之鉤百而反。’或即其説。”公説之。嬰子不説，公因不説，遂不觀。“因”從元刻。孫校本作“曰”。盧云：“‘曰’譌。”黄校同。今翟王子羡之駕也，公不説。嬰子説，公因説之。爲請，公許之。則是婦人爲制也。言爲婦人所制。且不樂治人而樂治馬，不厚禄賢人而厚禄御夫。下有脱文。昔者，先君桓公之地狹于今，孫云：“‘狹’當爲‘陜’。《説文》：‘隘也。’《玉篇》：‘陜’或作‘狹’。”修灋治，廣政教，以霸諸侯。今君，一諸侯無能親也。歲凶年饑，道途死者相望也，君不此憂恥，而惟圖耳目之樂；不修先君之功烈，而惟飾駕御之伎，則公不顧民而忘國甚矣。“公”字疑衍。且《詩》曰：‘載驂載駟，君子所屆。’“屆”，舊作“誡”，從王校改。孫云：“《小雅·采菽》之詩‘誡’作‘屆’，箋：‘極也。’按：當從此。《説文》：‘誡，敕也。’”王云：“孫説非也。晏子引《詩》亦作‘屆’。今作‘誡’者，俗音亂之也。屆者，至也。‘君子所屆’者，君子至也。‘所’，語詞耳。（説見《經傳釋詞》。按：君子謂來朝之諸侯也。鄭箋：“屆，極也。諸侯將朝王則驂乘，乘四馬而往。此之服飾，君子法制之極也。”與《詩》意不合。）若改‘屆’爲‘誡’，而訓爲誡敕，則其不可通者有二：屆字凷以爲聲（凷古塊字，于古音屬至部)。於古音屬至部，其上聲則爲旨部，其入聲則爲質部。《詩》中用‘屆’字者，《小雅·節南山》與‘惠’、‘戾’、‘闋’爲韻，《小弁》與‘嘒’、‘淠’、‘寐’爲韻，《采菽》與‘淠’、‘嘒’、‘駟’爲韻，《大雅·瞻印》與‘疾’爲韻。以上與‘屆’爲韻之字，古音皆在至部。若‘誡’字，則以‘戒’爲聲，于古音屬志部，其上聲則爲止部，其入聲則爲職部。《詩》中用‘戒’字者，《小雅·采薇》與‘翼’、‘服’、‘棘’爲韻，《大田》與‘事’、‘耜’、‘畝’爲韻，《大雅·常武》與‘國’爲韻，《易·震象傳》與‘得’爲韻，《楚辭·天問》與‘代’爲韻。以上與‘戒’爲韻之字，古音皆在志部。此兩部之音，今人讀之相近，而古音則絶不相通。至于老、莊諸子，無不皆然。此非精于三代、兩漢之音者，固不能辨也。今改‘屆’爲‘誡’，則與‘淠’、‘嘒’、‘駟’之音不協，此其不可通者一也。下文云：‘夫駕八，固非制也。今又重此，其爲非制也，不滋甚乎。’是晏子之意，謂古之諸侯所駕不過四馬，今駕八則非制矣，況又倍之乎。故引《詩》‘載驂載駟’云云以諫也。若云‘載驂載駟，君子所誡’，則三馬、四馬亦當誡矣。三馬、四馬當誡，則諸侯但可駕兩馬矣。豈其然乎？此其不可通者二也。檢王伯厚《詩考》所載異字，曾無‘君子所誡’之文，蓋伯厚所見本尚未誤作‘誡’也。乃反以子書中之誤字爲是，而以經文爲非，見異思遷而不顧其安，是惑也。”蘇云：“王説是。馬瑞辰《釋詩》引此，遂據以爲叚借字，殆不然歟。”夫駕八，固非制也。孫云：“《書正義》、《春秋公羊》説天子駕六，《毛詩》説天子至大夫皆駕四。”今又重此，其爲非制也，不滋甚乎。且君苟美樂之，國必衆爲之。即“上有好者，下必甚焉”意。田獵則不便，道行致遠則不可。據上句，“道”字、“致”字疑衍。然而用馬數倍，不惜物命，耗費又多。此非御下之道也。淫于耳目，不當民務，《墨子·非命中篇》曰“昔者，三代之暴王不繆其耳目之淫”，“不顧其國家百姓之政”，義同。此聖王之所禁也。君苟美樂之，諸侯必或效我。又恐污染諸侯。君無厚德善政以被諸侯，而易之以僻，此非所以子民、彰名、致遠、親鄰國之道也。且賢良廢滅，孤寡不振，不振濟孤寡。而聽嬖妾以禄御夫，以蓄怨“以”與“此”同，本王引之説。言因此蓄怨于民。與民爲讎之道也。詩曰：‘哲夫成城，哲婦傾城。’孫云：“《大雅·瞻印》之詩。”純一案：鄭箋云：“哲，謂多謀慮也。城，猶國也。大夫多謀慮則成國[8]，婦人多謀慮乃亂國。”今君不思成城之求，盧云：“‘思’，元刻作‘免’，疑是‘克’誤。”俞云：“‘免’，疑當作‘勉’。”而惟傾城之務，國之亡日至矣。君其圖之。”公曰：“善。”遂不復觀。乃罷歸翟王子羡，而疏嬖人嬰子。

景公敕五子之傅而失言晏子諫第十

景公有男子五人，孫云："公子嘉、公子駒、公子黔、公子鉏、公子陽生。時荼尚未生。"所使傅之者，《釋名·釋言》語："扶，傅也，傅近之也，將救護之也。"賈誼《新書》有《傅職篇》。皆有車百乘者也。孫云："馬四百匹。"晏子爲一焉。公召其傅曰："勉之。將以而所傅爲子。"而，汝也。意謂善教汝所傅者，將以之爲太子。及晏子，及，至也。晏子辭曰："君命其臣，據其肩以盡其力，據其本分能肩任者，竭力以從事。臣敢不勉乎。今有車百乘之家，舊脱"車百乘"三字。俞云："'今有之家'文義未明。上文云：'景公有男子五人，所使傅之者，皆有車百乘者也。'疑此當云'今有車百乘之家'，傳寫奪之耳。"純一案：俞説是，今據補。此一國之權臣也，人人以君命命之曰：'將以而所傅爲子。'世子一，而命之争者五。此離樹別党，傾國之道也。孫云："已樹太子而離閒之，又別立黨。"嬰不敢受命，願君圖之。"

景公欲廢適子陽生而立荼晏子諫第十一

淳于人納女于景公，孫云："《括地志》：'淳于國，在密州安丘縣東北二十里。'《左傳》：'鬻似之子荼嬖。'服虔注：'鬻似，景公妾。'淳于人所納蓋本此。《史記·齊世家》：'景公寵妾芮姬生子荼。荼少，其母賤，立爲晏孺子。'"生孺子荼，孫云："《公羊傳》作'舍'。《左傳》云'安孺子'，《史記》作'晏'。"景公愛之。諸臣謀欲廢公子陽生而立荼，公以告晏子。晏子曰："不可。蘇云："《治要》無'曰'字，疑奪。"夫以賤匹貴，國之害也。置大立少，亂之本也。《治要》"大"作"子"。俞云："下文云：'廢長立少，不可以教下。'又云：'今君用讒人之謀，聽亂夫之言，廢長立少，臣恐後人之有因君之過以資其邪，廢少而立長以成其利者。'並以長、少對言。"純一案：晏子原文本作"置長立少，亂之本也"。下文"陽生長而國人戴之"，正承此而言。又云："長少行其道，宗孽得其倫。""長少無等，宗孽無別，是設賊樹姦之本也。"均可證。今本"長"訛"大"，與下文俱不協。夫陽生長而國人戴之，"長而"舊倒。孫云："本作'夫陽生生而長'，今本脱一'生'字，以意增。陽生，悼公也。"王云："孫加'生'字，非也。此文本作'夫陽生長而國人戴之'，言陽生長于荼，而爲國人所戴也。今本'長而'誤作'而長'，又加'生'字於其上，則贅矣。《羣書治要》正作'夫陽生長而國人戴之'。"純一案：王説是也，今據乙正。君其勿易。《孟子·告子下》記葵丘之會，"初命曰毋易樹子"。夫服位有等，故賤不陵貴。立子有禮，故孽不亂宗。孽，庶子。宗，適長子。願君教荼以禮而勿陷于邪，導之以義而勿湛于利。蘇云："湛，《音義》同沈。"純一案：湛，漸漬也。利者，害之本也。長少行其道，宗孽得其倫。夫陽生敢毋使荼饜粱肉之味，玩金石之聲，而有患乎。孫云："言陽生雖爲君，荼亦得享聲色而無患也。"廢長立少，不可以教下。尊孽卑宗，不可以利所愛。終不利于所愛之人。長少無等，宗孽無别，是設賊樹姦之本也。設，施也。賊，害也。樹，植也。奸，亂也。君其圖之。古之明君，非不知繁樂也，以爲樂淫則哀；桀、紂樂矣，哀莫甚焉。非不知立愛也，以爲義失則憂。黄云："元刻脱'爲'字。"蘇云："《治要》'則'作'而'。"純一案：天下一切禍患從不義生。是故制樂以節，立子以道。若夫恃讒諛以事君者，蘇云："《治要》'恃'作'持'，是。此因形近譌。"不足以責信。蘇云："言皆欺罔也。"今君用讒人之謀，聽亂夫之言也，蘇云："《治要》無'聽'字、'也'字，文義較適。此'也'字係羨文。"陳匪石云："《治要》雖無'也'字，而'也'讀爲'邪'爲本書文例。觀上下文，作'邪'亦通。"純一案："也"字衍。廢長立少，臣恐後人之有因君之過以資其邪，廢少而立長，以成其利者。爲田氏殺荼乃至取齊國張本。君其圖之。"公不聽。景公没，田氏殺君荼，孫云："田氏，陳乞、陳常也。田、陳聲相近，經典通用。乞殺荼，常殺簡公者。陽生則鮑牧所弑，以爲田氏者，乞使之。"盧云："殺讀弑，下並同。"蘇云："治要無'君'字。"立陽生。殺陽生，立簡公。孫云："名王，悼公子。"殺簡公而取齊國。

景公病久不愈欲誅祝史以謝晏子諫第十二

景公疥且瘧，《左傳》昭二十年："齊侯疥遂痁。"杜預注："痁，瘧疾。"《釋文》云："疥，舊音戒。梁元帝音'該'，依字當作'痎'。《説文》云：'兩日一發之瘧也。'痎音皆，後學之徒僉以疥字爲誤。案《傳》例，因事曰遂，若痎已是瘧疾，何爲復言'遂痁'乎？痁，失廉反。"《正義》曰："後魏之世，嘗使李繪聘梁。梁人袁狎與繪言及

《春秋》，說此事云：'疥當爲痎。痎是小瘧，痁是大瘧。疹患積久，以小致大，非疥也。'狎之所云，梁王之説也。案《説文》：'疥，搔也。瘧，熱寒休作。痁，有熱瘧。痎，二日一發瘧。'今人瘧有二日一發，亦有頻日發者。俗人仍呼二日一發久不差者爲痎瘧。則梁王之言，信而有徵也。是齊侯之瘧，初二日一發，後遂頻日熱發，故曰'疥遂痁'。以此久不差，故諸侯之賓問疾者多在齊也。若其不然，疥搔小患，與瘧不類，何云'疥遂痁'乎？徐仙民音作'疥'，是。先儒舊説皆爲'疥遂痁'，初疥後瘧耳。今定本亦作'疥'。"《颜氏家訓·書證篇》引作"齊侯痎遂痁"，謂："世間傳本多以痎爲疥，俗儒就爲通云：'病疥，令人惡寒，變而成瘧。'此臆説也。疥癬小疾，何足可論，寧有患疥患[9]作瘧乎？"純一案：《釋文》引《傳例》"因事曰遂"，非。疥，皮膚病，瘧，内臟病，實不類。故梁元帝、袁狎、颜之推均以疥當爲痎，蓋爲一"遂"字所誤耳。竊以"遂"字浮誇，當從本書作"且"。"且"猶"復"也，言病疥復病瘧，久不愈也。期年不已。《外上》七章全用《左傳》作"期而不瘳"。召會譴、梁丘據、晏子而問焉。孫云："會譴，姓會名譴。"盧云："即《左傳》之裔款。《外篇》所載與《傳》同。"曰："寡人之病病矣，孫云："《説文》：'病，疾加也。'高誘注《吕氏春秋》：'病，困也。'"使史固與祝佗孫云："《周禮》：'史以書叙昭穆。'蓋小史也，名固。祝佗，祝官名佗。"盧云："《左傳》作'祝固、史嚚'，《外篇》同。"俞云："按魏祝鮀，《漢書·古今人表》作祝佗，是祝佗衛人，未聞齊亦有祝佗也。'佗'疑'佞'字之誤。昭二十年《左傳》'君盍誅于祝固、史嚚'，此云史固、祝佞，即彼祝固、史嚚也。'祝'、'史'互錯，'嚚'與'佞'聲近而誤耳。"巡山川、宗廟，犧牲珪璧莫不備具，其數常多于先君桓公，舊作"數其常多先君桓公"。王云："文不成義，當作'其數常多于先君桓公'，謂所用犧牲珪璧之數常多于桓公也，故下文曰'桓公一則寡人再'。今本'其數'誤作'數其'，又脱'于'字。"純一案：王説是，今據乙補。桓公一則寡人再。《左傳》作"吾事鬼神豐於先君有加矣"。病不已，滋甚。予欲殺二子者，以説于上帝，其可乎？"會譴、梁丘據曰："可。"晏子不對。公曰："晏子何如？"晏子曰："君以祝爲有益乎？"公曰："然。"晏子免冠曰：此五字舊脱。孫云："疑脱'晏子曰'三字。"黄云："盧校本旁注'晏子免冠曰'五字，云'下有"加冠"二字，則此當有"晏子免冠"之文'。"純一案：盧説是也，今據增。"若以爲有益，則詛亦有損也。《左傳》作"祝有益也，詛亦有損"。君疏輔而遠拂，蘇云："'拂'讀爲'弼'。弼，所以輔正弓弩者也。《荀子·臣道篇》：'有能比知同力，率羣臣百吏而相與彊君撟君，君雖不安，不能不聽，遂以解國之大患，除國之大害，成于尊君安國，謂之輔。有能抗君之命，竊君之重，反君之事，以安國之危，除君之辱，功伐足以成國之大利，謂之拂。’是輔、拂原有分别。”純一案：“輔”當作“俌”。“俌”正字，“輔”叚字。忠臣擁塞，諫言不出。臣聞之，近臣嘿，遠臣瘖，孫云：“‘嘿’當爲‘默’。《説文》：‘瘖，不能言也。’《玉篇》：‘于深切。’”蘇云：“‘瘖’，同‘喑’。《説苑·正諫篇》：‘下無言則謂之喑。’”衆口鑠金。蘇云：“此言見《周語》韋注：‘鑠，銷也。’”江有誥《先秦韻讀》云：“瘖、金爲韻，侵部。”姚文田《古音諧》二侵引此。今自聊、攝以東，孫云：“杜預注《左傳》：‘聊、攝，齊西界也。平原聊城縣有攝城。’”純一案：《文選》陸士衡《樂府·齊謳行》注引《左傳》杜注作“平原聊縣東北有攝城”。姑、尤以西者，孫云：“杜預注《左傳》：‘姑、尤，齊東界也。姑水、尤水皆在城陽郡東南入海。’”此其人民衆矣，百姓之咎怨誹謗詛君于上帝者多矣。一國詛，兩人祝，雖善祝者不能勝也。《左傳》作“民人苦病，夫婦皆詛，聊、攝以東，姑、尤以西，其爲人也多矣。雖其善祝，豈能勝億兆[10]之詛？”且夫祝直言情，情，實也。則謗吾君也；隱匿過，則欺上帝也。《左傳》作“其祝史薦信，是言罪也。其蓋失數美，是矯誣也”。上帝神則不可欺，上帝不神祝亦無益。願君察之也。不然，刑無罪，孫云：“一本‘刑’作‘則’，非。”夏、商所以滅也。”言罪在君心，祝史無與。若枉殺之，則夏、商所以滅亡之道也。《左傳》曰：“君若欲誅祝史，修德而後可。”公曰：“善解予惑，“予”本元刻，孫校本作“余”。加冠。”命會譴毋治齊國之政，梁丘據毋治賓客之事，兼屬之乎晏子。晏子辭，不得命。公不許。受，受命。相退。會譴、梁丘據不以晏子爲貪，相與俱退。把政，晏子兼秉會譴、梁丘據之政。改月而君病悛。孫云：“《説文》：‘悛，止也。’《玉篇》：‘且泉切。’”純一案：改，更也。言逾月而病癒。公曰：“昔吾先君桓公以管子爲有力，力，功也。邑狐與穀，孫云：“‘狐’，一本作‘孤’，地未詳。吾友洪亮吉曰‘狐駘’，近是。《左傳》昭十一年：‘申無宇曰：“齊桓公城穀而置管仲焉。”’杜預《釋例》：‘濟北穀城中有管仲井。’”以共宗廟之鮮。共、供同。賜其忠臣，則是多忠臣者。多，嘉許也。子今忠臣也，寡人請賜子州款。”孫云：“地名，未詳。”辭曰：“管子有一美，嬰不如也。有一惡，嬰不忍爲也，其宗廟之養鮮也。”孫云：“言非宗廟常禮，故以爲惡。《左傳》：‘鳥獸之肉不登于俎。’”純一案：晏子以蘋蘩蕴藻之菜可薦於鬼神，爲宗廟養鮮，是以殘害物命爲事，殊傷鬼神之仁，惡已。故不忍爲供鮮之事，所以保合太和，充兼愛之量也。終辭而不受。繩墨自矯，以正君心之非，《外上》七章恉同。

景公怒封人之祝不遜晏子諫第十三

景公遊于麥丘，孫云："《韓詩·外傳》作'桓公逐白鹿至麥丘之邦'。《新序·雜事篇》作'桓公田至麥丘'。"純一案：桓譚《新論》作"齊桓公行見麥丘人"。問其封人曰：劉云："《韓詩外傳》十曰：'齊桓公逐白鹿至麥丘之邦，遇人曰："何謂者也？"對曰："臣麥丘之邦人。"'《新序·雜事篇》作'臣麥丘之邑人'。雖所記與此殊，然足證此文之'封'即'邦'字之叚，猶《書序》'邦諸侯'之叚'封'爲'邦'也。邦人即邑人，非官名之封人也。""年幾何矣？"《治要》無"矣"字。對曰："鄙人之年八十五矣。"孫云："《韓詩·外傳》、《新序》'五'作'三'。"純一案：《治要》引作"五"。桓子《新論》作"三"。公曰："壽哉，子其祝我。"封人曰："使君之年長于胡，俞云："'胡'者，蓋謂齊之先君胡公静也。《詩齊譜正義》言：'胡西歷懿王、孝王、夷王，是其享國久矣。'《謚法》：'保民耆艾曰胡。'則胡公壽考令終可知，故封人以爲祝詞。"蘇云："《治要》作'長于國家'，無'胡宜'二字，非。"純一案：桓子《新論》作"公曰：'以子壽祝寡人乎。'答曰：'使主君甚壽，金玉是賤，以人爲寶'"。宜國家。"孫云："胡、家爲韻。"純一案：家，古音姑，曹大家是。詳《唐韻正》九麻。《段氏音韻表》"胡"、"家"同在第五部。《古音諧》十二魚引此。公曰："善哉，子其復之。"封人曰："使君之嗣，壽皆若鄙人之年。"舊"曰"上脱"封人"二字。"鄙人"誤作"鄙臣"。今從王校據《羣書治要》補正，與上下文同一例。公曰："善哉，子其復之。"封人曰："使君無得罪于民。"《韓詩外傳》十曰："無使吾君得罪于羣臣百姓。"《古音諧》七真引此，年、民諧。公曰："誠有民得罪于君則可，"民"上舊衍"鄙"字，從蘇校删。安有君得罪于民者乎？"周厲王出奔於彘而死，幽王被殺於驪山下，何非君得罪于民之證？晏子諫曰："君過矣。《治要》"諫"作"對"。彼疏者有罪，戚者治之。賤者有罪，貴者治之。君得罪于民，誰將治之？此六句《治要》略。敢問：桀、紂，君誅乎？民誅乎？"《韓詩外傳》十曰："子得罪于父，可因姑姊妹謝也，父乃赦之。臣得罪于君，可使左右謝也，君乃赦之。昔者，桀得罪于臣也，至今未有爲謝也。"《新序·雜事四》曰："昔桀得罪於湯，紂得罪於武王，此則君之得罪於其臣者也，莫爲謝，至今不赦。"公曰："寡人固也。"蘇云："固，猶鄙也。見《禮記·哀公問》鄭注。《治要》作'寡人過矣'。"純一案：固，陋也。于是賜封人麥丘以爲邑。蘇云："《韓詩·外傳》載此事，辭詳而略異。《治要》載此章在《雜上》。"

景公欲使楚巫致五帝以明德 明活字本作"悳"，盧校同。晏子諫第十四

楚巫微道裔款以見景公，"道"，舊作"導"。孫云："楚之巫名微。導，引之也。裔款，姓裔名款。"王云："微，蓋楚巫之名。《太平御覽》作'徵'。孫以'導'爲引，非也。'導'本作'道'，此後人不曉文義而改之也。道者，由也。裔款，齊之佞臣，故薦楚巫於景公，是楚巫由裔款以見景公也。下文曰'裔款以楚巫命寡人'，是其證。若作'導'而訓爲引，則是楚巫引裔款以見景公，與本事相反矣。《太平御覽》人事部九十七引此正作'道'。"純一：今據正。侍坐三日，景公説之。楚巫曰："公，神明之主，舊作"明神主之"，孫據下文訂正。純一案：元刻作"明神之主"。《御覽》"主"作"王"，非。帝王之君也。公即位十有七年矣，"十"字舊脱，從王校據《御覽》補。事未大濟者，神明未至也。元本、孫本俱作"明神"，從《御覽》乙。孫云："《爾雅·釋言》：'濟，益也。'"請致五帝，以明君德。"孫云："五帝，五方之帝。"蘇云："五帝之名，見于《孔子家語》及《大戴禮》，其説有二：其一，孔子答季康子以伏羲配木，神農配火，黄帝配土，少昊配金，顓頊配水，此言數聖人革命改號，取法于五行之帝，非五帝定名也。其一，則孔子所答宰予五帝德，曰黄帝，曰顓頊，曰帝嚳，曰堯，曰舜。史公所述五帝紀是也。竊謂史公説較爲有據。"純一案：景公不知自心備具五帝之德，務大明之，而恃巫祈福於外，謬已。景公再拜稽首。楚巫曰："請巡國郊，以觀帝位。"至于牛山而不敢登，孫云："《水經注》：'淄水自山東北流，逕牛山西，又東逕臨淄縣故城南。'《元和郡縣志》：'牛山在臨淄縣南二十五里。'"曰："五帝之位在于國南，請齋而後登之。"孫云："《御覽》'齋'下有'具'字。"蘇云："請齋，謂請致齋也。言致齋而後能登，非請齋具而後登之也。《御覽》'具'字緣下'齋具'而衍耳。"公命百官供齋具于楚巫之所，裔款視事。晏子聞之而見于公曰："公令楚巫齋牛山乎？"公曰："然。致五帝以明寡人之德，神將降福于寡人，其有所濟乎？"晏子曰："君之言過矣。古之王者，德

厚足以安世，本天下之公心，兼施仁愛。行廣足以容衆。率兆民以正義，無有偏私。諸侯戴之，以爲君長。馬融《忠經·兆人章》鄭玄注云："一人以大善撫萬國，萬國以忠貞戴一人。"百姓歸之，以爲父母。德化潛孚，兆民相感而歸心，有如子之愛其親。是故天地四時和而不失，星辰日月順而不亂，天人一氣，本自相通。德洽太和，休徵備至。《禮·中庸》曰："致中和，天地位焉，萬物育焉。"德厚行廣，配天象時，晏子攝外於内，知性道矣。《墨子·法儀篇》曰："聖王動作有爲，必度於天。"《易·乾·文言》曰："夫大人者，與天地合其德，與四時合其序，先天而天弗違，後天而奉天時。"然後爲帝王之君、神明之主。古者不慢行而繇祭，動於身者無以竭恭，不繇祭優於祭。不輕身而恃誣[11]。聖君克勤民務，自重以敦化。不自佻薄，恃巫以求福。今政亂而行僻，而求五帝之明德也？蘇云："'也'當讀'邪'。下同。"棄賢而用巫，而求帝王之在身也？夫民不苟德，蘇云："言必有實德，而後民德之。不能無德而苟謂之德也。"純一案："德"，《治要》作"得"。福不苟降，積德不厚，福難幸邀。君之帝王，不亦難乎。君欲即身爲帝王，甚難。惜夫，君位之高，所論之卑也。"公曰："裔款以楚巫命寡人曰：'試嘗見而觀焉。'命，教也。劉云："嘗即試也。《小爾雅·廣言篇》曰：'嘗，試也。'嘗、試義同。'試'蓋後人旁注之字，嗣併入正文，今當删。"寡人見而説之，信其道，行其言。今夫子譏之，譏，非也。請逐楚巫而拘裔款。"晏子曰："楚巫不可出。"公曰："何故？"對曰："楚巫出，諸侯必或受之。公信之，以過于内，不知。孫云："'知'讀如'智'。"蘇云："過于内，言使公獲過于内也。"出以易諸侯于外，不仁。盧云："言我不信，而使外諸侯信之，是之謂易。"黄云："《書·般庚》'無俾易種於兹新邑'，孔疏云：'易，即今俗語云"相染易"。'"請東楚巫而拘裔款。"公曰："諾。"故曰：送楚巫于東，盧云："'故'下'曰'字衍。東濱海，不與外諸侯鄰。"純一案："故曰"疑本作"故即"。而拘裔款于國也。

景公欲祠靈山河伯以禱雨晏子諫第十五

齊大旱逾時，孫云："'時'，一本作'旹'，古今字。"景公召羣臣問曰："天不雨久矣，民且有飢色。"飢"本元刻。孫云："今本作'饑'，據《藝文類聚》

訂正。”純一案：《類聚》卷一百作“飢”是，卷七作“饑”非。吾使人卜，云‘祟在高山廣水’。王云：“‘卜云’，本作‘卜之’，此草書之誤也。若作‘云’，則當别爲一句，破碎不成文理矣。《藝文類聚》災異部、《太平御覽》咎徵部六並引作‘吾使人卜之’。《説苑·辯物篇》同。”黄云：“‘廣水’，《類聚》、《御覽》作‘廣澤’。”寡人欲少賦斂《類聚》一百無“欲”字。以祠靈山，可乎？”孫云：“言少少賦民，以爲祭山之費。‘祠’，《初學記》、《太平御覽》作‘祀’。”盧云：“《御覽》八百七十九作‘招’。”王云：“作‘招’者，誤字也。案下文‘晏子曰“祠此無益也”’，‘公曰“吾欲祠河伯”’，其字皆作‘祠’。又此章標題云‘景公欲祠靈山河伯’，其字亦作‘祠’。則此文之本作‘祠靈山’，明矣。《初學記》天部下、《御覽》時序部二十並引作‘祀靈山’，祀、祠古字通，則仍是‘祠’字。《藝文類聚》山部、災異部及《御覽》天部十一並引作‘祠靈山’。《説苑》同。”純一案：鮑刻《御覽》八百七十九作“祠”，足證“招”字之誤。又三十八引亦作“祠靈山”。羣臣莫對。晏子進曰：“不可。祠此無益也。夫靈山固以石爲身，以草木爲髮，孫云：“‘固’，《初學記》作‘故’。‘髮’，《藝文類聚》、《太平御覽》作‘毛髮’。”純一案：《初學記》“草”上無“以”字。天久不雨，孫云：“‘久’，《初學記》、《御覽》作‘苟’。”純一案：《御覽》三十五引作“久”。髮將焦，身將熱，《初學記》無兩“將”字。彼獨不欲雨乎？祠之何益？”“何”，舊作“無”。孫云：“《藝文類聚》、《御覽》作‘何益’。”王云：“‘無益’，本作‘何益’，上文已言‘祠此無益矣’，故復作問詞以終之曰‘祠之何益’。若云‘祠之無益’，則直與上文相複矣。《説苑》作‘無益’，亦後人依誤本《晏子》改之。下文論祠河伯之事，先言‘無益’，而後言‘何益’，正與此文相應。《藝文類聚》山部、災異部及《御覽》天部、咎徵部、地部三並引作‘祠之何益’，《御覽》時序部作‘祀之何益’，皆是‘何’字。”純一：今據正。公曰：“不然，吾欲祠河伯，可乎？”晏子曰：“不可。河伯以水爲國，以魚鼈爲民，“鼈”本元刻。孫校本作“鱉”，云：“《説苑》作‘鼈’，是。俗從‘魚’。”純一案：《類聚》九十六引亦作“鼈”。蘇校同。天久不雨，水泉將下，百川將竭，舊脱“水”字、下“將”字，今從盧校據《御覽》咎徵部六補。國將亡，民將滅矣，竭、滅爲韻。彼獨不欲雨乎？祠之何益？”景公曰：“今爲之奈何？”晏子曰：“君誠避宫殿暴露，《初學記》無“誠”字、“宫”字。“暴”，元本、孫校本並作“暴”。孫云：“《説文》：‘暴’，晞也。从日、出、廾、米。’《玉篇》：‘步卜切。’”今從之。蘇校同。與靈山、河伯共憂，其幸而雨乎。”孫云："《初學記》、《太平御覽》作'其當雨'。"于是景公出野暴露，"野"下舊有"居"字。王云："'野'下本無'居'字。'出野暴露'四字連讀。後人誤以'出'字絶句，故又於'野'下加'居'字耳。《初學記》、《太平御覽》引此皆無'居'字。《説苑》同。"純一：今據删。三日，天果大雨，民盡得種時。孫云："'時'讀如'蒔'。《説文》：'更别種。'説苑作'樹'。"景公曰："善哉，晏子之言可無用乎？其維有德。"孫云："《説苑·辨物篇》用此文。"黄云："《説苑》作'其惟有德也'。"

景公貪長有國之樂晏子諫第十六

景公觀于淄上，舊作"將觀"。王云："'將'字後人所加，'與晏子閒立'，即謂立于淄上也，則上句本無'將'字明矣。《羣書治要》及《太平御覽》人事部六十九皆無'將'字。"純一：今據删。孫云："'淄'當爲'甾'。《地理志》：'泰山萊蕪，甾水所出，東至博昌入泲，幽州寖。'《括地志》：'淄州縣東北七十里原山，淄水所出。俗傳云：禹理水功畢，土石黑，數里之中波如漆，故謂之淄水也。'"與晏子閑立。公喟然歎曰："嗚呼，使國可長保而傳于子孫，豈不樂哉！"《治要》無"于"字。黄云："《御覽》'于'作'之'。"晏子對曰："嬰聞明王不徒立，百姓不虚至。蘇云："《治要》'聞'下有'之'字。"純一案：明王嘗以百姓之心爲心，百姓非有德者不歸心。今君以政亂國、以行棄民久矣，前八章云："信用讒佞，賞無功，罰不辜。"是之謂"以政亂國"。又云："内寵之妾迫奪于國，外寵之臣矯奪于鄙，執法之吏並苛百姓。"是之謂"以行棄民"。而欲保之，不亦難乎。舊"而"下衍"聲"字，義不可通，從王校據《羣書治要》删。嬰聞之，能長保國者，能終善者也。"能終"者，無間斷之謂。諸侯並立，能終善者爲長。政化淳故德出衆。列士並學，蘇云："治要作'立'。"能終善者爲師。躬修密故道獨尊。昔先君桓公，方任賢而贊德之時，"方"上舊衍"其"字，從蘇校據《治要》删。亡國恃以存，危國仰以安，萬國咸寧，該於一德。是以民樂其政道之以德，至公平故。而世高其德，有裨世閒故。行遠征暴，勞者不疾，本大義征不義，故雖勞不怨。驅海内使朝天子而諸侯不怨。《治要》無"而"字。賈子《新書·道術篇》曰："施行得理謂之德，反德爲怨。"諸侯不怨，足證施行得理，故能一匡天下。當是時也，"也"字舊脱，今據下文補，文同一例。盛君之行不能進焉。盧云："言不能有加也。"及其卒而衰，怠于德而並于樂，身溺于婦侍而謀因于豎刀。舊“因”下脱“于”字，“刀”作“刁”。孫云：“内豎名刁也。《左傳》云：‘寺人貂。’‘刁’當爲‘刀’，見《玉篇》。”今據正。“于”字從王校據《治要》補，與上句對文。是以民苦其政而世非其行，故身死乎胡宫而不舉，《治要》無“乎”字。孫云：“《史記正義》引顔師古云：‘身死乎壽宫。’‘胡’之言‘胡壽’，蓋一宫二名。”純一案：胡宫，即齊先君胡公静之宫。胡公壽考，故亦稱壽宫。蟲出而不收。孫云：“《管子·小稱篇》：‘堂巫、易牙、豎刀、公子開方四子作難，圍公，一室不得出，乃援素幭以裹首而絶。死十一日，蟲出户，乃知桓公之死也。葬以楊門之扇。’《史記·齊世家》：‘桓公尸在牀六十日，尸蟲出于户。’”當是時也，桀、紂之卒不能惡焉。孫云：“不能更惡于此也。”《詩》曰：‘靡不有初，鮮克有終。’孫云：“《大雅·蕩》之詩。”不能終善者，不遂其君。言不能終其君之位。蘇云：“‘君’，《治要》作‘國’。”今君臨民若寇讎，《問上》二十五章曰：“今民聞公令如寇讎。”《問下》十七章曰：“民聞公令如逃寇讎。”見善若避熱，孫云：“《太平御覽》下有‘不亦難乎’。”純一案：《御覽》見四百二十八。亂政而危賢，臨民若寇讎，故政亂。見善若避熱，故賢危。必逆于衆，已失民心。肆欲于民而虐誅于下，民益不堪命，故恐禍及于身。“虐誅”舊倒。王云：“‘虐誅’與‘肆欲’對文，倒言之則文義不順。《羣書治要》正作‘虐誅’。”純一：今據乙。《治要》“于”作“其”。恐及于身。蘇云：“《治要》有‘矣’字。”嬰之年老，不能待君使矣。“君”上舊有“于”字。王云：“‘于’字涉上四‘于’字而衍。《外上篇》曰：‘嬰老不能待君之事。’文義與此同，則本無‘于’字，明矣。《羣書治要》無。”純一：今據删。行不能革，孫云：“《倉頡篇》：‘革，戒也。’《説文》：‘諽，更也。’‘革’，省文。”則持節以没世耳。”耳，《治要》作“矣”。言嬰老矣，不能久事君，願君改行。萬一不能，亦當有節，持之以終身。

景公登牛山悲去國而死晏子諫第十七

景公遊于牛山，孫云：“《文選》注作‘牛首山’。《括地志》：‘齊桓公墓在臨淄縣南二十一里牛山上，亦名鼎足山，一名牛首堈。’”純一案：《文選》王僧達《祭顔光禄文》注引此文同。北臨其國城而流涕曰：《列子》有“美哉國乎，鬱鬱芊芊”八字。“若何滂滂去此而死乎？”孫云：“‘滂滂’，《列子》作‘滴滴’。殷敬順云：‘或作滂滂，並皆步郎反。流蕩貌。'"黄云："《文選·劇秦美新》注引作'將去此堂堂國者而死乎'。《韓詩外傳》十作'奈何去此堂堂之國而死乎'。"純一案：《文選》陸士衡《樂府·齊謳行》注引作"景公游牛首山，北臨其國，流涕曰：'若何去此而死乎'"。《列子》"此"下有"國"字。"滴滴"當爲"滂滂"之形誤。"乎"下有"使古無死者，寡人將去斯而何之"二句。《韓詩外傳》十景公遊牛山章，湖北局本、《漢魏叢書》本均無"奈何去此堂堂之國而死乎"句。句見《文選·秋興賦》注。艾孔、梁丘據皆從而泣，孫云："姓艾名孔。《列子》作'史孔'。"盧云："《列子》'史'，《釋文》仍作'艾'，五蓋切。"蘇云："艾，齊地。孔蓋以地爲氏。"純一案：《齊謳行》注無"從而"二字。《列子》有"曰臣賴君之賜，疏食惡肉可得而食，駑馬棧車可得而乘也，且猶不欲死，而況吾君乎"。晏子獨笑于旁。孫云："'笑'當爲'芺'。《漢書》作'关'，可證也。或曰：'《説文》有"笑"字，但闕其義。'"純一案：晏子了達生死之理，見景公、艾孔、梁丘據皆泣，故獨笑之。公刷涕而顧晏子，孫云："'刷'，《列子》作'雪'，《文選》注作'收'，《爾雅·釋詁》：'刷，清也。'清讀瀞。《説文》：'㕞，拭也。''刷，刮也。'"曰："寡人今日之遊悲，"之"字舊脱，據《列子》補。孔與據皆從寡人而涕泣，《列子》無"涕"字。子之獨笑，何也？""也"讀爲"邪"。《齊謳行》注祇作"晏子獨笑。公收涕而問之"。《祭颜光禄文》注作"唯晏子獨笑。公收淚而問之"。晏子對曰："使賢者常守之，則太公、桓公將常守之矣。使勇者常守之，《列子》"勇"上有"有"字。則靈公、莊公舊作"莊公、靈公"。孫云："靈公名環，莊公父。《史記·齊世家》：'二十七年，晉使中行獻子伐齊。齊師敗，靈公走入臨淄。晏嬰止靈公，靈公勿從，曰："君亦無勇矣。"'亦好勇之證。"蘇云："'莊公'當在'靈公'下，傳寫誤倒。"純一：今據乙。將常守之矣。孫云："《文選》注祇作'莊公有之'。"純一案：《文選》見《齊謳行》注，《祭颜光禄文》注同。數君者將守之，《列子》有"吾君方將被蓑笠而立乎畎畝之中，唯事之邺，何暇念死乎"。則吾君安得此位而立焉？《列子》"安"上有"又"字。《外上》二章曰："君亦安得此國而哀之？"以其迭處之，迭去之，至于君也，而獨爲之流涕，是不仁也。獨欲常處而悲其去，故爲不仁。《文選·秋興賦》注引曰："夫盛之有衰，生之有死，天之數也。物有必至，事有當然，曷爲悲老而哀死？"《外上》二章文微異，此大禹生寄死歸之指。不仁之君見一，諂諛之臣見二，此臣之所以獨竊笑也。"《齊謳行》注作"吾君安得有此，而爲流涕，是不仁也。見不仁之君一，諂諛之臣二，所以獨笑也"。《列子》文微異，下有"景公慚焉，舉觴自罰，罰二臣者各二觴焉"四句，《外上》二章指同。孫云："《列子·力命篇》、《韓詩外傳》用此文。”

景公遊公阜一日有三過言晏子諫第十八

景公出遊于公阜，孫云：“《初學記》作‘公皋’。地名，未詳。”純一案：《羣書治要》無“于公阜”三字，非。北面望，睹齊國《初學記》十八引作“望齊國”三字。曰：“嗚呼！使古而無死，何如？”《初學記》無“使”字。蘇云：“《治要》作‘如何’。”晏子曰：“昔者上帝以人之死爲善，孫云：“‘死’，一本作‘没’，非。”王云：“孫本改‘没’爲‘死’，非。没亦死也，不必依上下文改‘没’爲‘死’。元刻本及《治要》皆作‘没’，自是舊本如此。”純一案：前十二章云：“上帝不神，祝亦無益。”是晏子於上帝懷疑之明徵。此文蓋後人以意改之，當據《列子》“善哉，古之有死也”訂正。仁者息焉，不仁者伏焉。《列子·天瑞篇》張湛注曰：“生死古今所同，而獨善古之死者，明古人不樂生而惡死也。修身慎行，恒懷兢懼，此仁者之所憂。貪欲縱肆，常無厭足，此不仁者之所苦。惟死而後休息寢伏之。”案：息、伏爲韻，見《唐韻正》一屋伏下。《古音諧》一戠引此。若使古而無死，《初學記》無“若使”二字。太公、丁公將有齊國，孫云：“丁公名伋，太公子。《説文》作‘玎’。《謚法解》‘述義不克曰丁’。”蘇云：“《治要》無‘太公’二字。”純一案：《初學記》無“丁公”二字。“將”字作“長”，義似較勝。此文“太公”、“丁公”舊倒，今校乙。桓、襄、文、武將皆相之，孫云：“襄公名諸兒，文公名赤，武公名壽，皆齊君。”純一案：言太公、丁公不死，則桓、襄、文、武皆不得爲君，衹得久爲齊相，君並欲爲相而不可得。君將戴笠、衣褐、執銚耨孫云：“《説文》：‘銚，田器。’‘耨，薅器也。’《玉篇》：‘銚，弋昭切。’‘耨’當爲‘槈’。”蘇云：“《治要》‘君’上有‘吾’字。”以蹲行畎畝之中，蹲，踞也。言在畎畝中，或踞或行，以勤農事。《太平御覽》七百六十五引此文甚略。孰暇患死。”公忿然作色，不説。蘇云：“《治要》無‘忿然作色’四字。下並同。”純一案：《初學記》亦無。無幾何，《初學記》無“何”字。下同。而梁丘據乘六馬而來。《治要》無上“而”字，《初學記》同。“乘”，舊作“御”。孫云：“‘御’，《初學記》作‘乘’。景公駕八，則據御六，皆僭也。”王云：“‘御’，本作‘乘’，此後人以意改之也。‘梁丘據乘六馬而來’，言其僭也。若改‘乘’爲‘御’，則似爲景公御六馬矣。《羣書治要》及《初學記》人部中引此並作‘乘六馬’。”

純一：今據改。公曰：“是誰也?”晏子曰：“據也。”公曰：“何以知之?”四字舊作“何如”。王云：“‘何如’二字與上下文義不相屬，疑當作‘何以知之’，言何以知其爲據，故晏子對曰：‘大暑而疾馳，非據孰敢爲之。’今本‘知’誤作‘如’，又脱‘以之’二字。”純一案：王説是也，今據補正。曰：“大暑而疾馳，甚者馬死，薄者馬傷，此知晏子兼愛及物。非據孰敢爲之。”小人肆欲無忌憚故。公曰：“據與我和者夫!”“者夫”，《初學記》作“乎”。晏子曰：“此所謂同也。《初學記》作“此同也”。所謂和者，《御覽》引止作“同也和者”，蓋省其文。君甘則臣酸，君淡則臣鹹。今據也君甘亦甘，“君甘”舊倒。王云：“‘今據也甘君亦甘’本作‘今據也君甘亦甘’。君甘亦甘，謂據之同於君，非謂君之同於據也。若倒言之，則非其旨矣。《羣書治要》及《太平御覽》人事部六十九並作‘今據也君甘亦甘’。”蘇云：“王説是。‘君甘亦甘’，即《左傳》‘君所謂可，據亦曰可。君所謂否，據亦曰否’意。”純一：今據乙。《御覽》“亦”作“則”。所謂同也，安得爲和。”説詳《外上》五章。公忿然作色，不説。無幾何，日暮。孫云：“‘暮’當爲‘莫’。”蘇云：“《治要》無此二字。”公西面望，睹彗星。蘇云：“《治要》‘面’作‘北’，‘彗’作‘篲’。下同。”召伯常騫，使禳去之。孫云：“伯常騫，字伯常，名騫。”蘇云：“治要‘禳’作‘攘’，下有‘而’字。”純一案：日本天明七年刊《治要》作“禳”。《周禮》：“女祝掌以時招梗禬禳之事。”注：“卻變異曰禳。禳，攘也。”晏子曰：“不可。此天教也。天者，人心之廓都。天之爲教，莫非人心之表現。日月之氣，風雨不時，彗星之出，天爲民之亂見之，天人一氣，感無不應。故詔之妖祥，以戒不敬。人敬事，則與天合德而吉。不敬事，則與道僢馳而凶。蘇云：“《治要》‘戒’作‘誡’。”今君若設文而受諫，“設”，《治要》同。俞云：“‘設’，疑‘説’字之誤。説讀爲悦。下文云‘惡文而疏聖賢人’，‘惡文’與‘説文’正相對成義。”謁聖賢人，言請教于聖賢之人。雖不去彗，星將自亡。“星”，疑本作“彗”，承上句末“彗”字言。後人以爲重複，依上文妄改之。此言德洽人天，彗不能禍。今君嗜酒而並于樂，不勤民事。政不飾而寬于小人，《玉篇》：“修，飾也。”言政不加修，而容悦小人。近讒好優，《國語·越語下》“信讒喜優”：“優謂俳優。”惡文而疏聖賢人，邪與正不並立。何暇去彗，“去”舊作“在”。蘇云：“‘在’，疑作‘去’。”純一案：《治要》校勘同，今據改。茀又將見矣。”孫云：“‘茀’，《穀梁傳》：‘孛之爲言猶茀也。’”公忿然作色，不説。及晏子卒，蘇云：“《治要》‘及’作‘無幾何’。”公出屏而立，“屏”，舊作“背”。孫改“立”爲“泣”，云：“《初學記》作‘位屏而泣’，《白帖》三十九亦作‘泣’，今本‘泣’作‘立’，非。”王云：“此文本作‘公出屏而立’，‘立’即‘泣’字也。古者天子外屏，諸侯内屏。此言晏子卒而朝無諫言，景公出屏而見羣臣，因思晏子而泣也。今本‘出屏’作‘出背’，則義不可通。《初學記》引作‘出位屏而泣’，‘位’字乃衍文耳。‘泣’，各本皆作‘立’。考《集韻》‘泣’字又音立，云：‘猋泣，疾皃。’是‘泣’與‘立’同音，故哭泣之‘泣’亦通作‘立’。《羣書治要》正作‘公出屏而立’。”蘇云：“王説是。”純一：今據正。曰：“嗚呼！昔者從夫子而遊公阜，《治要》無“公阜”二字。夫子一日而三責我，孫云：“謂諫古而無死，據與我和及禳彗星。《左傳》齊景公言‘古而無死’及‘據與我和’事在魯昭二十年，‘齊有彗星’事在魯昭二十六年，與景公自云一日三責者不合。然《春秋》經不書齊彗星，或左氏於二十六年舉齊侯與晏子論陳氏之事，並溯晏子彗星之對，亦以彗星爲陳氏之祥也。是此書足證《左傳》之不及。太史公《十二諸侯年表》誤以彗星在魯昭二十六年。”今誰責寡人哉！”《外下》十七章曰：“昔者，吾與夫子游于公阜之上，一日而三不聽寡人，今其孰能然乎？”《初學記》作“今孰責寡人乎”。孫云：“‘誰’，一本作‘孰’。《新序·雜事篇》用此文。”蘇云：“《韓詩外傳》十載此事，辭略而小異。”純一案：《外上》二章至六章大恉均同。《新序·雜事四》用《外上》六章文，非用此文。孫説誤。

景公遊寒途不卹死胔晏子諫第十九

景公出遊于寒途，“途”從元刻。孫校本作“塗”，《太平御覽》四百八十六引同。睹死胔，孫云：“《御覽》作‘瘠’。下同。《説文》骴或从‘肉’。《漢書》注臣瓚曰：‘枯骨曰骼，有肉曰胔。’師古曰：‘才賜切。胔、瘠，聲之緩急。’”默然不問。孫云：“‘默’，太平御覽作‘嘿’，俗。”晏子諫曰：“昔吾先君桓公出遊，睹飢者與之食，“飢”從元刻。孫校本作“饑”，非。睹疾者與之財，孫云：“‘疾’，《太平御覽》作‘病’。”使令不勞力，不過勞民力。藉斂不費民。不多斂民財。“藉”，元本、孫本均與“籍”錯出，盧校並改作“藉”，蘇從之。先君將遊，百姓皆説，曰：‘君當幸遊吾鄉乎。’望惠施也。今君遊于寒途，據四十里之氓，殫財不足以奉斂，盡力不能以周役，財盡而斂不已，力竭而役未周。“能”下舊脱“以”字，今據上句增，文同一例。民氓飢寒凍餒，孫云：“‘餒’當爲‘餧’。”純一案：“氓”

與“民”、“凍餒”與“飢寒”義並複。疑並注入正文，本作“民以飢寒”四字句。死胔相望，而君不問，失君道矣。無保民之仁心故。財屈力竭，下無以親上。民怨虐政如仇。“屈”與“窮”一聲之轉。驕泰奢侈，上無以親下。上且逆衆肆欲。上下交離，君臣無親，朝野相猜忌，君臣不惠忠。此三代之所以衰也。孫云：“‘衰’，一本作‘哀’，非。”今君行之，蹈三代之覆轍。嬰懼公族之危，以爲異姓之福也。”公無德於民，安能保其族。田氏布私惠，因以資其福。公曰：“然。爲上而忘下，厚藉斂而忘民，此與上句儷文，“藉”字疑衍。吾罪大矣。”于是斂死胔，發粟于民，“于民”，《御覽》作“賑貧”。據四十里之氓“氓”從元刻。黄、蘇校同。舊本及孫本俱作“民”。不服政其年，王云：“‘其’讀爲‘朞’。‘不服政朞年’即王制所云‘期不從政’也。下文‘公三月不出遊’，‘三月’與‘朞年’正相對。”純一案：期不從政，謂一年不服政役也。公三月不出遊。稍自斂抑。此與《外上》八章詞異恉同。

景公衣狐白裘不知天寒晏子諫第二十

景公之時，雨雪三日而不霽。《藝文類聚》引作“景公時，雨雪三日”。公被狐白之裘，孫云：“‘被’，《藝文類聚》作‘披’。”純一案：《太平御覽》六百九十四引作“披”。又卷十二、卷三十四及《文選·曹子建贈丁儀詩》注、謝玄暉《郡内登望詩》注俱作“被”，《意林》同。坐于堂側階。舊作“坐堂側陛”。王云：“此本作‘坐於堂側階’。今本脱‘於’字，‘階’字又誤作‘陛’。凡經傳中言坐於某處者，‘於’字皆不可省。《羣書治要》及鈔本《北堂書鈔》衣冠部三並引作‘坐於堂側階’。《書鈔》明陳禹謨本依俗本晏子改‘階’爲‘陛’，而‘於’字尚未删。《意林》及《文選·何晏[12]景福殿賦》注、曹植《贈丁儀詩》注、謝朓《郡内登望詩》注並引作‘坐於堂側’。雖詳略不同，而皆有‘於’字。又經傳皆言‘側階’（《顧命》“立于側階”，《雜記》“升自側階”），無言‘側陛’者。當依《羣書治要》、《北堂書鈔》作‘坐于堂側階’。”純一：今從之。晏子入見，立有間，此七字，《御覽》卷十二引省作“見晏子”，卷三十四省作“晏子入”，《類聚》同。公曰：孫云：“《意林》作‘謂晏子曰’。”“怪哉，雨雪三日而天不寒。”孫云：“《意林》作‘天下何不寒’。”純一案：《治要》同此。《御覽》卷十二、卷三十四、卷六百九十四，《文選·雪賦》注引均作“怪哉，雨雪三日不寒”，

《類聚》同。曹子建《贈丁儀詩》注引作“天下不寒，何也”。晏子對曰：“天不寒乎?”公笑。晏子曰：“嬰聞古之賢君飽而知人之飢，温而知人之寒，逸而知人之勞。《治要》同此。《意林》引作“夫賢君飽則知人飢，温則知人寒”。《文選・雪賦》注作“古之賢者飽而知飢，温而知寒”。《北堂書鈔》百五十二作“古之賢君温飽而能知民飢寒”。曹子建《贈丁儀詩》注作“賢君飽知人飢，温知人寒”。《太平御覽》卷十二及《類聚》並作“古之賢君，飽而知人饑，温而知人寒”。《御覽》卷三十四同，惟“温”作“暖”，卷六百九十四“飽”上、“温”上並加“居”字。均無“逸而知人之勞”句。竊以“逸而知人之勞”六字與下文“出裘發粟與飢寒”無涉，疑係後人加入，當删。今君不知也。”公曰：“善。寡人聞命矣。”乃令出裘發粟，《書鈔》作“出裘衣，發倉廩”。以與飢寒者。“以”字、“者”字舊脱，從王校補。孫云：“‘出裘’，《意林》作‘公乃出[13]裘’，《御覽》作‘脱裘’。”王云：“案‘與’上有‘以’字，‘寒’下有‘者’字，而今本脱之，則語意不完。《羣書治要》作‘以與飢寒’。鈔本《北堂書鈔》天部四作‘以拯飢寒’。陳依俗本改爲‘與飢寒’。《文選・雪賦》注作‘以與飢人’。《藝文類聚》天部下，《太平御覽》天部十二、時序部十九並作‘以與飢寒者’。今從《類聚》、《御覽》。”純一案：《書鈔》有“民皆悦之也”五字。此章以衣被寒者爲主恉，因而發粟以周其急。出裘，大抵皮類可禦寒者。令所睹于途者無問其鄉，所睹于里者無問其家，循國計數無言其名。士既事者兼月，疾者兼歲。蘇云：“兼月，兼一月之粟。兼歲，兼一歲之粟。事，謂已有職業可任者，故但兼月。疾，則病苦無能爲之人，故須兼歲，乃可自給也。”孔子聞之曰：“晏子能明其所欲，景公能行其所善也。”景公能如晏子之所欲以行仁政，故孔子善之，皆兼愛之心也。

景公異熒惑守虚而不去晏子諫第二十一

景公之時，熒惑守于虚，期年不去。公異之。召晏子而問曰：“吾聞之，人行善者天賞之，行不善者天殃之。人行善自獲福，似天賞之。人行不善自致禍，似天殃之。《先秦韻讀》引此，漏“賞”、“殃”、“當”、“當”、“當”五字。《古音諧》十六庚引此，漏“當”、“當”、“當”三字。熒惑，天罰也，孫云：“《史記索隱》引《春秋文燿鉤》‘赤帝赤熛怒之神爲熒惑，位南方，禮失則罰出’。”今留虚，其孰當之?”晏子曰：“齊當之。”公不説，曰：“天下大國十二，皆曰諸侯，齊獨何以當之?”“之”字舊脱，從王校據上文補。晏子曰：“虚，齊野也。孫云：“《御覽》作‘齊之分野’。”且天之下殃，固于富彊，“彊”從元刻。孫、蘇校同。舊本及浙局本皆作“疆”。黄云：“疆字誤。”純一案：下，降也。言恃富彊而爲惡，天必殃之。《左傳》云：“天之假助不善，非助[14]之也，厚其兇惡而降之罰也。”爲善不用，前十六章云：“見善若避熱。”孫云：“《太平御覽》節其文，作‘當强爲善’，非。”出政不行，音杭，言政令顛倒無理。賢人使遠，不從善而拒諫故。讒人反昌，《問上》三[15]章云：“辟邪阿黨，故讒諂之徒緐。”百姓疾怨，自爲祈祥，如前十二章云“一國詛，兩人祝”是也。録録彊食，孫云：“《漢書·蕭曹贊》‘録録未有奇節’，師古曰：‘録録猶鹿鹿，言在凡鹿之中也。’”純一案：《别雅》五云：“《史記·平原君傳》‘公等録録’，《廣韻》引《史記》作‘娽娽’。大抵聲之相通，形之相類，古人隨手引用，初不以義理求也，今惟慣用‘碌碌’字耳。”進死何傷。言自趨於死地而不知自傷。是以列舍無次，列舍即列宿。《文選》郭景純《遊仙詩》注引《淮南》許注：“二十八宿，一宿爲一舍。”言天人相感應，列宿亦亂其次序。變星有芒，言彗星見。熒惑回逆，回，返也。逆，迎也。言熒惑應變，回返而預爲兆。孽星在旁，孽星，猶《太平御覽》天部七之言祆星，謂祆星常守於其分野而不去，如在旁也。以上皆借天象以示警耳。有賢不用，安得不亡。”言總因在不用賢。《孟子·盡心下篇》曰：“不信仁賢則國空虚。”《墨子·親士篇》曰：“緩賢忘士而能以其國存者，未曾有也。”孫云：“上皆韻語。”純一案：《唐韻正》十一庚行下引此文，《先秦韻讀》注“陽部”、《古音譜》十六庚引此。公曰：“可去乎?”對曰：“可致者可去，不可致者不可去。”公曰：“寡人爲之若何?”對曰：“盍去冤聚之獄，使反田矣。冤獄釋則民心安，耕者多則民食足。散百官之財，施之民矣。《易·益·彖傳》曰：“損上益下，民説無疆。”振孤寡而敬老人矣。振孤寡以興仁，敬老人以教孝。孫云：“田、民、人爲韻。”純一案：《古音譜》七真引此。夫若是者，百惡可去，何獨是孽乎。”孽指熒惑，言能行德政則太和翔洽，一切惡孽自消。楚申包胥云：“人定勝天。”公曰：“善。”行之三月，而熒惑遷。此章要恉，教主政者修德也。

景公將伐宋夢二丈夫立而怒晏子諫第二十二

景公舉兵將伐宋，師過泰山。《太平御覽》三百七十八引《古文瑣語》曰：

“齊景公伐宋至曲陵。”公瞢見二丈夫立而怒，其怒甚盛。《太平御覽》三百九十九引作“公夢見二大夫，意怒甚盛”。孫云：“《説文》：‘瞢，目不明也。’古借爲‘夢’字。”公恐，覺，辟門孫云：“辟，讀如闢。”召占瞢者至。公曰：“今夕吾瞢二丈夫立而怒，不知其所言，其怒甚盛。吾猶識其狀，識其聲。”占瞢者曰：“師過泰山而不用事，謂不祭泰山之神。故泰山之神怒也。請趣召祝史祠乎泰山則可。”公曰：“諾。”明日，晏子朝見，公告之如占瞢之言也。公曰：“占瞢者之言曰：‘師過泰山而不用事，故泰山之神怒也。’今使人召祝史祠之。”晏子俯，俯首而思。有間，對曰：“占瞢者不識也。此非泰山之神，是宋之先湯與伊尹也。”公疑，以爲泰山神。晏子曰：“公疑之，則嬰請言湯、伊尹之狀也。湯晳而長，頤以髯，舊“湯”下有“質”字，“頤”訛“颜”。孫云：“《詩》毛傳：‘晳，白晳。’《説文》：‘人色白也。’《藝文類聚》作‘湯長頭而髯鬢’。《太平御覽》作‘湯長頭而寡髮’，一作‘長頭而髯’。‘髯’當爲‘䰅’。”盧云：“《論衡·死僞篇》無‘質’字，因下‘晳’字誤衍。‘颜’，論衡作‘頤’。”純一案：《論衡》作“晳以長”，與“黑而短”對文。“晳”上不應有“質”字。《毛詩》：“颜，額角豐滿也。”與“兑上”矛盾。《論衡》作“頤”是。《易·頤》鄭注：“頤者，口車輔之名。”《釋名·釋形體》：“輔車，或曰頰車。凡繫於車，皆取在下載上物也。”“頤”與“豐下”相應，今據《論衡》删正。兑上豐下，孫云：“競讀如鋭。”盧云：“《論衡》‘兑’作‘鋭’。下同。”倨身而揚聲。”倨，《論衡》作“据”。《史記·司馬相如傳》：“据以驕驁。”《索隱》引張揖“据，直項也”，義同。孫云：“《太平御覽》作‘高聲’。”公曰：“然，是已。”“伊尹黑而短，蓬而髯，孫云：“‘蓬’，《太平御覽》作‘蓬頭’。”純一案：《荀子·非相篇》云：“伊尹之狀，面無須麋。”注：“麋與眉同。”義與此異。豐上兑下，僂身而下聲。”僂身，曲背也。公曰：“然，是已。今若何?”《論衡》作“今奈何”。言今將如之何。晏子曰：“夫湯、太甲、武丁、祖乙，孫云：“太甲，湯孫。武丁，小乙子。祖乙，河亶甲子。天下之盛君也，盛君，有德之君。不宜無後。今惟宋耳，而公伐之，故湯、伊尹怒。請散師以平宋。”“以平宋”，《論衡》作“和於宋”，言請遣散其師以與宋平，和好曰平。景公不用，蘇云：“不用其言。”終伐宋。晏子曰：“公伐無罪之國，元刻如此，浙局本脱“公”字，言伐無罪之國，具有非攻之意。以怒明神，干湯、伊尹之怒。不易行以續蓄，續蓄，義不可通。“蓄”當爲“萺”，字之形誤，言既干神怒，仍不改行，適以續菑耳。菑，古災字。進師以近過，"進"上疑脱"終"字，與上句對文。非嬰所知也。師若果進，軍必有殃。"晏子言盡於此。軍進再舍，軍行三十里爲一舍。鼓毁將殪。孫云："將讀將帥。《説文》：'殪，死也。'"公乃辭乎晏子，散師，不果伐宋。孫云："《太平御覽》引《古文瑣語》曰：'齊景公伐宋，至曲陵，夢見有短丈夫賓于前。晏子曰："君所夢者何如哉?"（純一案：鮑刻《御覽》無"者"字。）公曰："其賓者甚短，大小上[16]，（純一案：鮑刻作"大上小下"。應作"小上大下"），其言甚怒，好俛。"（純一案：鮑刻作"俛"，是。下同。）晏子曰："如是則伊尹也。伊尹甚（純一案：鮑刻有"大而短"三字，是。）大上小下，赤色而髯，其言好俛而下聲。"公曰："是矣。"晏子曰："是怒君師，不如違之。"遂不果伐宋。'"純一案：此章要旨爲非攻，謂不可以齊之强淩宋之弱也。

景公從畋十八日不返國晏子諫第二十三

景公畋于署梁，孫云："地名，未詳。"蘇云："《韓詩外傳》作'齊景公出田'。"純一案：《藝文類聚》二十四作"景公畋"，六十六"畋"作"田"。《御覽》四百五十六作"畋"，三百七十六作"田"。十有八日而不返。孫云："《藝文類聚》作'反'。"純一案：《御覽》三百七十六作"返"，四百五十六作"反"。《類聚》六十六無"而"字。蘇云："《韓詩·外傳》'八'作'七'。"晏子自國往見公，《類聚》二十四作"晏子往見公"，《御覽》三百七十六同，四百五十六作"晏子因往見公"。蘇云："《韓詩外傳》作'晏子乘而往'。"比至，《類聚》六十六"比至"作"而"。衣冠不正，《類聚》二十四"不"上有"盡"字。不革衣冠，望游而馳。孫云："《説文》：'游'，旌旗之旒也。"蘇云："《韓詩外傳》無此八字。"公望見晏子，下車逆勞，曰：舊作"下而急帶曰"。孫云："急束其帶也。《藝文類聚》（純一案：六十六）作'下車急曰'，一作'逆勞曰'（純一案：《類聚》二十四）。'帶'與'勞'字相似，或當爲'逆勞'。"蘇云："《韓詩外傳》作'景公見而怪之曰'。"純一案："下而急帶"文不成義，當是"下車逆勞"之訛，今據孫校改。"夫子何爲遽？孫云："《藝文類聚》作'遽至'。"蘇云："《韓詩外傳》作'夫子何遽乎'，《拾補》據改。"純一案：《御覽》三百七十六作"夫子何遽"，四百五十六作"何其遽"。遽，疾也，卒也。國家得無有故乎?"舊無"得"字。孫云："'無有'，《藝文類聚》作'得無有'，《太平御覽》作'得無'。"王云："案'無'上有'得'字，而今本脱之。《雜上篇》：'諸侯得微有故乎？國家得微有事乎?'

微，無也。文義正與此同。《韓詩外傳》十作‘得無有急乎’，《藝文類聚》人部八、産業部下，《太平御覽》人事部十七、九十七並引作‘得無有故乎’。”純一：今據補。案：“故”，當從《韓詩外傳》作“急”。下文“不，亦急邪”，正承此而言。今作“故”，則與急不相應矣。晏子對曰：“不，亦急也。“也”，讀爲“邪”。孫云：“《藝文類聚》作‘無恙也’。”蘇云：“《韓詩外傳》作‘晏子對曰：“然，有急”’，無下句。”雖然，嬰願有復也。復，白也。國人皆以君爲安于野而不安于國，兩“于”字舊脱，從黄校據《御覽》四百五十六補。案：《類聚》二十四無“爲”字及兩“于”字，六十六省作“國人皆謂君安野而好獸”，《御覽》三百七十六同，惟“謂”作“以”。好獸而惡民，“民”，《類聚》作“人”。蘇云：“《韓詩外傳》作‘國人皆以君爲惡民好禽’。此下載‘臣聞之，魚鼈厭深淵而就乾淺’云云，與此少異。”毋乃不可乎。”公曰：“何哉？吾爲夫婦獄訟之不正乎？王云：“‘吾’字不當有，蓋衍文也。《韓詩外傳》、《太平御覽》皆無。”劉云：“‘吾’字不可通，‘吾’蓋‘若’字之訛。”純一案：劉説是。則泰士子牛存矣。孫云：“泰士，官。子牛，名。孟子：‘皋陶爲士。’《韓詩外傳》作‘爲獄不中邪，則大理子幾在’。”蘇云：“泰士，即《曲禮下》六大中之大士。泰，大同。鄭注云：‘大士以神仕。’大士正獄訟，蓋若秋官士師察獄訟之辭矣。”爲社稷宗廟之不享乎？則泰祝子游存矣。孫云：“泰祝，官。子游，名。《韓詩外傳》作‘祝人泰宰在’。”蘇云：“泰祝，即《曲禮》六大中之大祝。《周禮》‘大祝掌六祝之辭，以事鬼神’，即此也。”爲諸侯賓客莫之應乎？則行人子羽存矣。孫云：“行人，官。子羽，名。”黄云：“‘子羽’，《韓詩外傳》作‘子牛’。”爲田野之不辟、倉庫之不實乎？“乎”字舊脱，從蘇校補，與上文一律。孫云：“‘辟’讀如‘闢’。‘庫’，《太平御覽》作‘廩’。”則申田存矣。此脱人名。“矣”，舊作“焉”，據《御覽》三百七十六改，與上下文一律。孫云：“《韓詩外傳》作‘爲國家有餘不足邪，則巫賢在’。”俞云：“申田，官名也。‘申’當爲‘司’。《史記·留侯世家》‘以良爲韓申徒’，徐廣曰：‘申徒即司徒耳，但語音訛轉，故字亦隨改。’《莊子·大宗師篇》‘申徒狄’，《釋文》曰：‘崔本作司徒狄。’是‘申’與‘司’古通用，‘申田’即‘司田’也。《管子·小匡篇》：‘墾草入邑，辟土聚粟，多衆盡地之利，臣不如甯戚，請立爲大司田。’此齊有司田之證。”黄云：“俞説‘申田’即‘司田’，是也。但齊之司田自有申田之名，《管子·立政篇》詳叙虞師之事、司空之事、申田之事、鄉師之事、工師之事，云：‘相高下，視肥磽，觀地宜，明詔期前後，農夫以時均修焉，申田之事也。’今本管子‘申’又誤‘由’。王氏《雜誌》以爲衍文，失之。”蘇云：“黄説是。”爲國家之有餘不足聘乎？盧云：

“‘聘’字衍。”純一案：《御覽》三百七十六引同。語意不明，疑有訛奪。則吾子存矣。寡人之有五子，孫云：“《藝文類聚》、《太平御覽》作‘吾子’。”猶心之有四支。《類聚》六十六、《御覽》四百五十六並有“也”字。心有四支，孫云：“《韓詩外傳》作‘肢’。”故心得佚焉。常人四支有佚時，心無佚時。此云“心有四支”而“得佚”者，妄也。今寡人有五子，故寡人得佚焉，《類聚》作“有四支故心有佚，寡人有吾子故寡人佚也”。豈不可哉。”晏子對曰：“嬰聞之，與君言異。孫云：“《太平御覽》作‘言與君異’。”純一案：鮑刻《御覽》四百五十六同此，孫所見本不同。此文疑當作“嬰所聞與君言異”。若乃心之有四支，而心得佚焉則可。“則可”，舊作“可得”。王云：“‘可得’二字與上下文義皆不貫，‘可得’本作‘則可’。‘則可’者，承上之詞，與下文‘不亦久乎’相應。今本作‘可得’者，‘得’字涉上文‘得佚’而衍，又脱去‘則’字耳。《韓詩外傳》作‘人心有四肢而得代焉則善矣，令四肢無心，十有七日，不死乎’，文雖異而義則同。《藝文類聚》産業部引作‘若心有四支而得佚則可’。《太平御覽》人事部九十七引作‘乃若心之有四支而心得佚焉則可’，今據以訂正。”純一：從之。令四支無心，十有八日，不亦久乎。”公于是罷畋而歸。《御覽》四百五十六“畋”作“田”，無“而”字，三百七十六作“公罷田而返”。《類聚》六十六作“公乃罷田而歸”。孫云：“《藝文類聚》二十四作‘罷田即日歸’，《韓詩外傳》十用此文。”

景公欲誅駭鳥野人晏子諫第二十四

景公射鳥，野人駭之。孫云：“驚鳥令去也。”公怒，令吏誅之。《羣書治要》、《太平御覽》九百十四引並脱“怒”字。晏子曰：“野人不知也。《御覽》四百五十六引“人”下有“實”字。臣聞賞無功謂之亂，蘇云：“《治要》‘聞’下有‘之’字。”純一案：《御覽》四百五十六同。罪不知謂之虐。《御覽》“謂”下有“人”字，非。兩者，先王之禁也。以飛鳥犯先王之禁，不可。今君不明先王之制，而無仁義之心，是以從欲而輕誅。蘇云：“從，猶縱也。《曲禮》‘欲不可從’，從亦讀縱。《治要》有‘也’字。”純一案：先王制禁，仁民愛物，所以充不忍之心，行不忍之政，保合太和也。景公縱欲犯禁，失本性之真矣。《吕氏春秋·知度篇》曰：“治道之要，存乎知性命。”旨哉。夫鳥獸，固人之養也，《治要》同，《御覽》

九百十四引作“鳥獸故非人所養”。野人駭之，不亦宜乎。”公曰：“善。自今已來，“來”，舊作“後”。王云：“‘自今已後’本作‘自今已來’，後人習聞‘自古已來’之語，罕見‘自今已來’之文，故改‘來’爲‘後’也。不知‘自今已來’猶言‘自今已往’也。《羣書治要》及《太平御覽》人事部九十七、羽族部一引晏子皆作‘自今已來’。”純一：今據改。案：《治要》作“自今以來”，《御覽》四百五十六作“自爾以來”，九百十四作“自爾已來”。以、已同。弛鳥獸之禁，孫云：“‘弛’，《太平御覽》作‘未有’。”純一案：《御覽》見四百五十六，又九百十四作“一弛”。無以苛民也。”蘇云：“《治要》‘苛’作‘拘’。”純一案：此章要恉在仁民愛物，所以貴兼也。此與下章並《外》十三章大恉同。

景公所愛馬死欲誅圉人晏子諫第二十五

景公使圉人養所愛馬，《羣書治要》脱“人”字。暴病死。“病”字舊脱，從王校補。孫云：“《詩傳》：‘暴，疾也。’《説文》：‘暴，疾有所趣也。’《玉篇》：‘步到切。’”王云：“此本作‘景公使人養所愛馬’，無‘圉’字。今本有之者，後人依《説苑・正諫篇》加之也。案：《説苑》曰：‘景公有馬，其圉人殺之。’下文曰：‘使吾君以馬之故殺圉人。’二‘圉人’上下相應。此文但言使人養馬，而無‘圉人’之文，故下文亦但言‘殺養馬者’，而不言‘殺圉人’。若此文作‘圉人’，則與下文不相應矣。又此章標題本作‘景公所愛馬死欲誅養馬者’，今本‘養馬者’作‘圉人’，亦後人所改。”《羣書治要》及《藝文類聚》獸部上，《太平御覽》人事部九十七、獸部八引此皆無“圉”字。又案：“暴死”二字文義不明。《藝文類聚》人部八作“暴死”，亦後人以俗本《晏子》改之。《羣書治要》及《太平御覽》人事部皆作“暴病死”。《藝文類聚》獸部、《太平御覽》獸部皆作“馬病死”。文雖不同，而皆有“病”字，于義爲長。蘇云：“《韓詩外傳》載一事大同，彼作‘齊有得罪于景公者’。”公怒，令人操刀解養馬者。孫云：“‘操’，《太平御覽》作‘持’。”蘇云：“《治要》‘令’作‘命’。”純一案：《治要》脱“怒”字，《類聚》九十三“解”作“殺”。是時晏子侍前，左右執刀而進。晏子止之，“之”字舊脱，語意不完，從盧、王校據《羣書治要》及《太平御覽》四百五十六補。而問于公曰：“古時堯、舜支解人，從何軀始?”舊無“古時”二字。孫云：“‘軀’，《太平御覽》作‘體’。”王云：“《羣書治要》作‘敢問古時堯、舜支解人從何軀始’，是也。今本脱‘敢問古時’四字，則語意唐突。《太平御覽》人事部亦有

‘古時’二字。”盧云：“‘曰’下《御覽》有‘古者’二字。”純一案：“者”或“呰”之形譌。上文有“問”字，“敢問”二字可省，今據增“古時”二字。晏子此問，足以發景公之深省，啓迪其與堯、舜同具之仁心。《韓詩外傳》八作“景公大怒，縛置之殿下，召左右肢解之。敢諫者誅。晏子左手持頭，右手磨刀，仰而問曰：‘古者明王聖主，其肢解人不審從何肢解始也’”。公懼然曰：“懼”舊作“矍”。孫云：“‘矍’，太平御覽作‘懼’。”王云：“‘矍’本作‘懼’，此後人不曉懼然之義而以意改之也。不知‘懼然’即‘瞿然’也。《説文》：‘界，九遇切，舉目驚然也。’經傳通作‘瞿’。《檀弓》‘公瞿然失席’，是也，又通作‘懼’。《大戴記·用兵篇》：‘公懼焉曰。’‘懼焉’即‘瞿然’。《莊子·庚桑楚篇》：‘南榮趎懼然顧其後。’《漢書·惠紀贊》：‘聞叔孫通之諫則懼然。’皆驚貌也。《羣書治要》及鈔本《御覽·人事部》並作‘公懼然’，刻本改爲‘矍然’。”純一案：王説是，今據正。“從寡人始。”俞云：“晏子問支解人從何軀始，而公遽云‘從寡人始’，語殊不倫。據《韓詩外傳》作‘景公離席曰：“縱之，罪在寡人”’。疑《晏子》本作‘公矍然曰從之’，‘從’即‘縱’也。‘寡人始’三字必有奪誤。或亦如《外傳》文，或文不必同，而意則必相近也。”蘇云：“‘從寡人始’不誤，蓋景公悔心乍萌，率爾而對。若既縱之矣，下何以云‘屬獄’乎？《治要》無此句及下六字。”純一案：此文當作“支解人從寡人始”，今本脱“支解人”三字，故俞云“語殊不倫”。公因晏子之問，懼然驚悟堯、舜不支解人，乃曰“支解人從寡人始”。不可爲也，遂不支解。蓋是非之心，感於堯、舜之盛德，一時頓現也。遂不支解。孫云：“《御覽》‘遂’下有‘止’字。”公曰：蘇云：“二字當衍。”純一案：“公”字蒙上可省。“曰”字不可少。“以屬獄。”晏子曰：“此不知其罪而死，王云：“《羣書治要》及《太平御覽》人事部皆無此七字。今有之者，亦後人依《説苑》加之。”臣請爲君數之，舊無“請”字。王云：“《説苑》作‘臣請爲君數之’。《羣書治要》及《藝文類聚》人部、獸部，《太平御覽》人事部、獸部，《白帖》三十九皆作‘請數之’。今本依《説苑》加‘臣爲君’三字，而脱去‘請’字。案：下文‘公曰可’，即可晏子之請也，則原有‘請’字明矣。故《説苑》亦有‘請’字。《外上篇》記諫殺顔濁鄒事，亦曰‘請數之以其罪而殺之’。”純一：今據補。使自知其罪，舊脱“自”字，從盧、蘇校據《治要》補。然後屬之獄。”“屬”，舊作“致”，從孫校據《御覽》改。此句承上文“以屬獄”言，亦與下文“今以屬獄”協。若作“致”則不相應。公曰：“可。”晏子數之曰：孫云：“沈啓南本下有注云：‘或作景公有馬，其圉人殺之。公怒，援戈將自擊之。晏子曰：“此不知其罪而死，臣請爲君數之，令知其罪而殺之。”公曰：“諾。”晏子舉戈而臨之云云。’是《説苑》文。”黄云：“原本‘子’誤‘乎’，今正。”純一案：元刻與《治要》正作“子”。沈注與元本同。“爾罪有三：蘇云：“《治要》作‘爾有三罪’。”純一案：《類聚》九十三同《治要》，二十四作“爾有罪三”。公使汝養馬而殺之，當死罪一也。孫云：“《類聚》作‘一當死也’。下作‘二當死也’、‘三當死也’。”純一案：《類聚》見九十三。又殺公之所最善馬，孫云：“‘善’，《御覽》作‘愛’。”盧云：“《御覽》無‘最’字。”當死罪二也。使公以一馬之故而殺人，百姓聞之必怨吾君，諸侯聞之必輕吾國。孫云：“《藝文類聚》‘怨’下有‘叛’字，‘輕’下有‘伐’字。”純一案：此十六字亦見《諫下》二十三章。汝一殺公馬，舊脱“一”字，從孫校據《御覽》補。使公怨積于百姓，兵弱于鄰國，“公”字舊脱，據《御覽》四百五十六補。當死罪三也。句首舊緣上文衍“汝”字，從蘇校删。今以屬獄。”蘇云：“《治要》‘今’作‘令’，疑形近而譌。”純一案：《御覽》“今”亦訛“令”。《墨子・魯問篇》曰：“所謂忠臣者，上有過則微之以諫。”晏子足以當之。公喟然歎曰：“夫子釋之，夫子釋之。孫云：“‘釋’，《藝文類聚》作‘舍’，一作‘赦’。《太平御覽》作‘赦’。”勿傷吾仁也。”孫云：“《説苑・正諫篇》用此文。”王云：“《羣書治要》及《藝文類聚》人部、獸部，《太平御覽》人事部、獸部皆但有‘公喟然曰赦之’六字。今本‘夫子釋之’三句，皆後人依《説苑》加之。‘歎’字亦後人所加。”蘇云：“《治要》載此章在《雜上》。”

【校記】

〔1〕原作“或之莫理也”，據劉師培《晏子春秋補釋》改。

〔2〕《墨子・非樂篇》中此句作“孰爲大人之聽治，而廢國家之從事”。

〔3〕脯，原作“晡”，“矣”，原作“焉”，據《左傳》改。

〔4〕昧，《詩經・小雅・小宛》作“寐”。

〔5〕禮以治國，《北堂書鈔》作“禮者”。

〔6〕莒公，《國語・魯語》作“紀公”。

〔7〕賞讒之臣，《羣書治要》作“賞讒諛之臣”。

〔8〕原作“大夫多謀慮則成城”，據《詩經・大雅・瞻印》鄭箋改。

〔9〕患，《颜氏家訓・書證》作“轉”。

〔10〕億兆，《左傳》作“億兆人”。

〔11〕誣，四部叢刊本《晏子春秋》作“巫”。

〔12〕晏，原作“宴”，非。

〔13〕出，《意林》作“去”。

〔14〕助，《左傳》作“祚”。

〔15〕三，當爲“五”。

〔16〕大小上，《太平御覽》作“大上小下”。

晏子春秋校注卷二

漢陽張純一仲如

内篇諫下第二　凡二十五章

景公藉重而獄多欲託晏子晏子諫第一

景公借重而獄多，盧云："'藉'即'藉斂'。"拘者滿圄，追科爲罪。孫云："據此及《左傳》'圄伯嬴于轑陽'之文，知囹圄非秦獄名。《説文》：'圉，囹圉，所以拘罪人。'"怨者滿朝。《太平御覽》四百八十三、又六百四十三引此文並同。案：怨因借重而興，屬民言，則怨者必滿野。下文云"左右争之，甚于胡狗"，則怨者亦滿朝。此文疑本作"拘者滿囹圄，怨者滿朝野"，因傳寫脱"囹"字，校者又删"野"字耳。晏子諫，公不聽。公謂晏子曰："夫獄，國之重官也，願託之夫子。"晏子對曰："君將使嬰勑其功乎，孫云："《説文》：'敕，戒也。勑，勞也。'經典多用'勑'爲'敕'。《吕氏春秋》'田事既飭'，高誘注：'飭，讀作勑。勑督田事。'是此'勑'當讀'飭'也。"盧云："勑通敕。功，謂功效也。下云'勑其意'，謂革民之心也。"則嬰有壹妾能書，足以治之矣。"妾"，舊作"妄"。俞云："'妄'，疑'妾'字之誤。'嬰有壹妾能書，足以治之'，極言治之之易，雖婦女可也。下文曰'則君使吏比而焚之而已矣'，蓋兩語皆滑稽之詞，故景公不説也。"純一案：俞説是，今據改，下同。言能省刑邮民之苦，有如婦女之仁慈，足以收治獄之效。君將使嬰勑其意乎，夫民無欲殘其家室之生以奉暴上之僻者，則君使吏比而焚之而已矣。"言民積怨，因暴斂耳。君試使一廉吏，焚其比户之租券，可立得其懽心。孫云："言焚其讞也。"蘇云："孫説是。'勑意'，所謂革心也。革心上德，故讞可焚。下云'常致其苦，而嚴聽其獄，痛誅其罪，非嬰所知'，正承此反言以詰公不焚讞之非耳。"景公不説，曰："勑其功則使壹妾，勑其意則比而焚，舊脱"而"字，據上文補。蘇校同，云："句絶。'如是'猶云若是，屬下爲義。"如是，夫子無所謂能治國乎？"晏子曰："嬰聞與君異。今夫胡狢戎狄之蓄狗也，孫云："'狢'當爲'貉'。"多者十有餘，寡者五六，然不相害傷。各足其欲故。今束鷄豚妄投之，其折骨決皮，孫云："言争鷄豚而相傷也。"可立見也。"見"，舊譌"得"。俞云："'得'字義不可通，乃'見'字之誤。《史記·趙世家》'未得一城'，趙策'得'作'見'。《留侯世家》'果見穀城山下黄石'，《漢書》'見'作'得'。蓋'得'字古作'㝵'，其上從'見'，故'見'、'得'二字往往相混。"純一案：俞説是，今據改。且夫上正其治，下審其論，蘇云："'論'讀爲'倫'。倫，等也，言審其貴賤之等也。作'論'者，借字耳。《易·屯·象傳》'君子以經論'，《釋文》：'音倫。'荀爽曰：'論，理也。'《逸周書·官人篇》'規小物而不知大倫'，《大戴記》'倫'作'論'。並論、倫通之證。"則貴賤不相踰越。今君舉千鍾爵禄，而妄投之于左右，左右争之，甚于胡狗，而公不知也。寸之管無當，孫云："《文選·三都賦序》'玉卮無當'，劉淵林注：'當，底也，去聲。'"天下不能足之以粟。今齊國丈夫畊，女子織，夜以接日，不足以奉上，晏子兼愛之心如揭。而君側皆彫文刻鏤之觀。"彫"從元刻，浙局本作"雕"。孫云："'彫'，正字。"純一案：此即墨家非樂之恉。此無當之管也，而君終不知。五尺童子操寸之熛，"熛"，舊譌"煙"。王引之云："火能燒薪，煙則不能燒薪，'煙'當爲'熛'，下'操煙'同。《説文》：'熛，火飛也，讀若標。《一切經音義》十四引《三倉》曰：'熛，迸火也。'《淮南·説林篇》曰：'一家失熛，百家皆燒。'《史記·淮陰侯傳》曰：'熛至風起。'《漢書·叙傳》曰：'勝、廣熛起，梁、籍扇烈。'是熛即火也。故曰：'操寸之熛，天下不能足之以薪。''熛'、'煙'字相似，世人多見'煙'，少見'熛'，故諸書'熛'字多誤作'煙'。説見《吕氏春秋》'煙火'下。"純一案：王説是，今據改。下同。天下不能足之以薪。"之"字舊脱，從王、蘇校補，與上文一例。今君之左右，皆操熛之徒，而君終不知。鐘鼓成肆，蘇云："肆猶列也。"干戚成舞，此必奪民衣食之財而爲之。雖禹不能禁民之觀。《墨子·非樂篇》曰："與君子聽之，廢君子之聽治。與賤人聽之，廢賤人之從事。"《晏子》意同。且夫飾民之欲，而嚴其聽，禁其心，飾者，加以文采之謂。民之欲難制而易縱，今引而侈之，又從而嚴禁之，猶決其堤而止水之不氾濫也，故聖人猶難之。聖人所難也，而況奪其財而飢之，勞其力而疲之，是之謂殘民之生，孫校本如此，元刻脱"之"字。常致其苦而嚴聽其獄，痛誅其罪，是之謂暴上。非嬰所知也。”

景公欲殺犯所愛之槐者晏子諫第二

景公有所愛槐，令吏謹守之，《藝文類聚》二十四，又八十八引並無“謹”字。植木縣之，下令曰：“之下”二字疑衍。“犯槐者刑，傷槐者死。”下“槐”字舊作“之”。孫云：“‘傷之’，《藝文類聚》作‘傷槐’。”盧云：“‘之’，《列女傳》作‘槐’字。”純一案：《太平御覽》四百五十六，又五百十九，又九百五十四引“之”均作“槐”，今並據改。有不聞令，醉而犯之者。孫云：“‘令’，《御覽》作‘命’，同。‘醉’，《藝文類聚》一作‘過’，《御覽》作‘過’。”純一案：鮑刻《御覽》四百五十六、又五百十九並作“令”。“犯”，《類聚》八十八作“傷”。公聞之曰：“是先犯我令。”使吏拘之，且加罪焉。孫云：“《藝文類聚》作‘君令收而拘之，將加罪焉’。一作‘加刑’。”盧云：“‘且’，《御覽》作‘將’。”其子往晏子之家説曰：舊“往”下有“辭”字，“説”作“托”，從黄校據《太平御覽》删正。孫本“子”上據《御覽》增“女”字。洪云：“《左氏》成二年《傳》‘必以蕭同叔子爲質’，杜預注：‘子，女也。’《孟子·告子下》‘踰東家牆而摟其處子’，趙岐注：‘處子，處女也。’凡言子者，男女之通稱。俗本‘子’上增‘女’字，非是。”黄云：“元刻本作‘其子往’，無‘女’字。”“負郭之民賤妾，“郭”，舊作“廓”，俗。從孫校改。與城郭相依曰負郭。請有道于相國，言晉謁于有道之相國。不勝其欲，欲，猶願也。願得充數乎下陳。”言願充侍妾後列之數。晏子聞之，笑曰：“嬰其淫于色乎？其，猶豈也。言嬰豈淫於色乎？何爲年老而見奔女？《雜下》三章曰：“我其嘗殺不辜、誅無罪邪？”其亦當讀豈，與此同。何爲老而見犇？孫云：“見淫奔也。”雖然，是必有故。”令内之。内、納同。言令其入。女子入門，“女子”，《列女傳》作“既”。晏子望見之，曰：“怪哉！有深憂。”憂形於色。進而問焉，曰：“所憂何也？”“邪”同。對曰：“君樹槐縣令，犯之者刑，傷之者死。妾父不仁，孫詒讓云：“‘仁’讀爲‘佞’。徐鍇本《説文·女部》云：‘佞，巧諂高材也。從女，仁聲。’不仁即不佞，言不材也。”不聞令，醉而犯之，吏將加罪焉。妾聞之，明君莅國立政，不損禄，不輕損人之禄。不益刑，不淫刑於法外。又不以私恚害公灋，孫云：“《説文》：‘恚，怒也。’”純一案：犯槐所觸者私恚，非公法所禁，故曰“不以私恚害公法”。

不爲禽獸傷人民，人民貴於禽獸故。不爲草木傷禽獸，有情貴於無情故。不爲野草傷禾苗。人非禾苗不生活，故禾苗貴於野草，槐不過野草類耳。吾君欲以樹木之故，殺妾父，是以私恚害公法，且視民命賤於草木。孤妾身，副益法外之刑，豈惟損人之禄。此令行於民而灋于國矣。文有脱誤，疑本作“此令可行于民而法于國乎”。言此令豈可通行於民間，而爲一國之明法乎。今本“令”下脱“可”字，“乎”又譌“矣”，義遂不可通。雖然，妾聞之，勇士不以衆彊淩孤獨，以衆强淩孤獨，不義可恥，故勇士不爲。明惠之君惠，通慧。不拂是以行其所欲。是者，非之反。拂，違戾也。言不違反正理以逞邪僻之欲。孫云：“獨、欲爲韻。”純一案：《古音諧》六屋引此。此譬之猶自治魚鼈者也，去其腥臊者而已。盧云：“此與下‘昧墨’、‘教人危坐’兩喻俱不甚可了。或以‘去其腥臊’則於魚鼈無傷也。‘昧墨’猶言黑暗，黑暗之中教人危坐，人其從之乎？言人不能從也。”蘇云：“腥臊，皆害魚鼈之味者。治魚鼈，但去其害味之物，不全棄魚鼈。以喻治國者，但去其有害于國之人，不欲以小故而全去之也。”昧墨而與人比居，“而”字舊脱，據下句補，文同一例。庾肆而教人危坐。昧墨，猶言黑暗。黑暗而與人比居，動輒恐遭危害。庾肆，無屋之露肆。於此教人危坐，身心烏得安甯？皆喻法令之苛，人民手足將無所措。下有脱文。今君出令于民，苟可灋于國，而益善于後世，孫云：“‘可’，一本作‘有’。”則父死亦當矣，妾爲之收亦宜矣。收，謂棺斂。甚乎今之令不然，以樹木之故，罪灋妾父，“法”，疑當作“殺”，下文“刑殺不辜謂之賊”可證。言以樹木之故，加罪于妾父而殺之，不能益善於後世甚矣。今作“罪法妾父”，文義不明。妾恐其傷察吏之灋，而害明君之義也。二句，《太平御覽》五百十九作“恐害明君之政，損明君之義”。“察吏”，《列女傳》作“執政”。鄰國聞之，皆謂吾君愛樹而賤人，其可乎？《御覽》九百五十四作“謂君愛槐而殘人，可乎”。言使吏失察，君失明，且使貴賤顛倒，濫刑之聲傳遍各國，烏乎可。願相國察妾言，以裁犯禁者。”裁者，量度體制而斷決之也。晏子曰：“甚矣。吾將爲子言之于君。”使人送之歸。明日，早朝，“早”從孫本。元刻作“蚤”。而復于公曰：復，白也。“嬰聞之，窮民財力，以供嗜欲，謂之暴。孫云：“‘供’，《太平御覽》作‘從’。”崇玩好，威嚴擬乎君，謂之逆。盧云：“言一玩好之物耳，而其威嚴乃擬乎君，犯之則有罪也。《列女傳》作‘嚴威令’，下同，似非。”刑殺不稱，謂之賊。“稱”，舊作“辜”。王云：“‘不辜’本作‘不稱’，此後人以意改也。‘不稱’，謂不當也。下文曰‘刑殺不稱，賊民之深者’，即承此文言之。《太平御覽》人事部九十七引此正作‘刑殺不稱謂之賊’。《列女傳·辯通篇》作‘不正’，亦是不稱之意。故知‘辜’字爲後人所改。”純一：今據正。此三者，守國之大殃也。“也”字舊脱，從黄校據《御覽》補。今君窮民財力，以美飲食之具，“美飲”，舊訛“羨餒”。盧云：“《列女傳》作‘美飲食之具’。”王云：“‘飲食’與‘鐘鼓’、‘宫室’對文。”純一：今據正。緐鐘鼓之樂，極宫室之觀，行暴之大者。崇玩好，縣愛槐之令，載過者馳，步過者趨，威嚴擬乎君，逆民之明者。舊衍“也”字，據上下文删。蘇校同。“民”字舊脱。案：《列女傳》作“威嚴令是逆民之明者也”，“威嚴令”三字不詞，當從此作“威嚴擬乎君”。“是逆民之明者”，謂君尊槐而賤民，違反民意，甚顯明也。今據補。犯槐者刑，傷槐者死，刑殺不稱，孫云：“《藝文類聚》作‘刑煞’。”黄云：“元刻脱‘刑’字。”賊民之深者。《類聚》“者”下有“也”字。賊民，即賊自心之仁。孟子曰：“賊仁者謂之賊。”君享國，孫云：“‘享’，《藝文類聚》作‘饗’。”純一案：《御覽》四百五十六同。德行未見于衆，孫云：“‘衆’，《御覽》作‘民’。”而三辟著于國，《類聚》“三”作“刑”。蘇云：“三辟，暴、逆、賊。”嬰恐其不可以莅國子民也。”“民”，《御覽》作“人”，非。公曰：孫云：“《類聚》、《御覽》下有‘善’字。”“微大夫教寡人，幾有大罪，以累社稷。今子大夫教之，社稷之福，寡人受命矣。”晏子出，公令吏罷守槐之役，“吏”，舊作“趣”，從黄校據《御覽》五百十九改。拔置縣之木，廢傷槐之濃，出犯槐之囚。孫云：“《列女傳》‘齊傷槐女者，傷槐衍之女也，名婧’云云，事與此同。”純一案：《列女傳》文與此異，宜參稽。此章與下章及《外上》九章、《外下》十一章恉同。

景公逐得斬竹者囚之晏子諫第三

景公樹竹，令吏謹守之。《藝文類聚》二十四、《初學記》二十引並無“謹”字。公出，過之，有斬竹者焉。《類聚》及《初學記》並無“焉”字。公以車逐，盧云：“《初學記》有‘之’字。”得而拘之，將加罪焉。晏子入見，曰：“君亦聞吾先君丁公乎？”上“君”字從孫校本，蓋據《藝文類聚》改。元刻作“公”。《類聚》無“亦”字。公曰：“何如？”晏子曰：“丁公伐曲城，“城”，舊作“沃”。王云：“‘曲沃’，本作‘曲城’，此後人妄改之也。‘曲城’，一作‘曲成’，《漢書·地理志》：'東萊郡有曲成縣，高帝六年封蟲達爲曲成侯者也。其故城在今萊州府掖縣東北。'《史記·齊世家》云：'太公東就國，萊侯來伐，與之争營邱。'又云：'營邱邊萊。'然則齊、萊接壤，故丁公有伐曲城之事。若春秋之曲沃，即今之絳州聞喜縣，東距營邱二千余里，丁公安得有伐曲沃之事乎？《藝文類聚》人部八引此正作'伐曲城'。"純一：今據改。勝之。止其財，禁止財物出城。出其民。公日自莅之。"日"字從元刻。舊誤"曰"，黄、蘇並從盧校作"日"。有輿死人以出者，公怪之，令吏視之，《類聚》無"吏"字。則其中有金與玉焉。"有"字舊脱，文義不明，從王校據《藝文類聚》補。《類聚》無"與"字。吏請殺其人，收其金玉。公曰：'以兵降城，孫云："'降'，《類聚》作'攻'。"以衆圖財，"圖"，元刻、孫本並訛"圍"，孫據《類聚》正，蘇從之。不仁。《説文》："仁，親也。从人、二。"言彼此密相親愛也。今以兵逞强，以衆行劫，不仁甚矣。且吾聞之，君人者"君人"舊倒，據《類聚》及《初學記》乙。寬惠慈衆，不身傳誅。'孫云："'傳'讀爲'專'。《類聚》作'身不妄誅'。"令捨之。"孫云："《類聚》作'令吏舍之'。"公曰："善。"晏子退，公令出斬竹之囚。

景公以摶治之兵未成功將殺之晏子諫第四

景公令兵摶治，王云："治者，磚也。摶治，謂摶土爲磚。《廣雅》曰：'治，磚也。'"當臈，冰月之間而寒，孫云："'臈'，當爲'臘'。《左傳》：'虞不臘矣。'《説文》：'冬至後三戌，臘祭百神。'"浙刻本改"臘"。民多凍餒而功不成。公怒，曰："爲我殺兵二人。"晏子曰："諾。"少爲閒，"爲"字疑衍。晏子曰："昔者先君莊公之伐于晉也，"于"字衍。其役殺兵四人。下有脱文，義不可曉。《問上》二章載莊公伐晉，事在《左傳》襄二十三年、《史記·齊世家》莊公四年，均未見"殺兵四人"事，今亦無考。揣晏子之意，或以莊公恣意殺兵四人，未幾身滅于崔氏，以好殺人者終被人殺，用示警耳。今令而殺兵二人，"而"字衍。是殺師之半也。""殺師"從元刻，浙刻本倒。盧云："元刻是。"黄云："凌本同元刻。"公曰："諾。是寡人之過也。"令止之。

景公冬起大臺之役晏子諫第五

晏子使于魯，比其返也，此四字，蓋後人妄加。下文“國人望晏子”，望其返也；晏子至，晏子返也，則此處不應有“比其返也”四字明矣，當删。景公使國人起大臺之役，歲寒不已，凍餒者鄉有焉，舊“餒”下衍“之”字，從盧校删。《藝文類聚》作“景公起大臺，歲寒，役之凍餒者鄉有焉”，《初學記》同。《北堂書鈔》百五十六作“役者凍餒”，餘同《類聚》、《初學記》。國人望晏子。晏子至，已復事，公延坐，“延”，從孫校本。元刻作“迺”。孫云：“《藝文類聚》作‘公延晏子坐’。今本‘延’作‘迺’，非。”純一案：《初學記》同《類聚》，《書鈔》作“延晏子坐”。飲酒樂。晏子曰：“君若賜臣，臣請歌之。”歌曰：“庶民之言曰：‘凍水洗我，若之何！《書鈔》無“曰”字。“水”作“冰”，是。“凍冰洗我”，謂將凍死於冰水中也。若之何，奈之何也。太上靡散我，若之何！’”孫云：“太上，尊辭。‘散’，《藝文類聚》作‘弊’，是。”江有誥云：“洗，葉音線，散音線。元文通韻。”純一案：《古音諧》九寒上聲引此。散、弊誼同。太上靡散我，謂太上不容我生存也。《書鈔》“太”作“奉”。蘇云：“此歌一作：‘庶民之餒，我若之何！奉上糜敝，我若之何！’”與此小異。見《廣文選》。“靡散”一作“糜”，見梅氏《古樂苑》引。歌終，喟然歎而流涕。王云：“‘歎而’二字，後人所加。上言‘喟然’，下見[1]‘流涕’，則‘喟然’之爲歎可知，無庸更加‘歎而’二字。《藝文類聚》歲時部下、《初學記》人部中並引作‘喟然流涕’，無‘歎而’二字。諫上篇‘公喟然’，後人加‘歎’字，謬與此同。”純一案：《書鈔》作“喟然而流涕”，“歎”字當删。晏子心誠愛民，故能動公。公就止之，曰：“夫子曷爲至此？殆爲大臺之役夫？夫猶乎也。寡人將速罷之。”《類聚》作“公止之曰：‘子殆爲大臺之役夫？寡人將罷’”。案：“罷”下脱“之”字。《初學記》文同，“罷”下有“之”字，“役”下脱“夫”字。晏子再拜。爲凍餒者拜也。出而不言，善則歸君故。遂如大臺，如，往也。執樸，鞭其不務者，不務，不勤也。不勤，非惟從公不忠，且愈覺寒而增怨，故鞭之。蓋愛人以德之心入微矣。曰：“吾細人也，皆有蓋廬，以避燥溼。“溼”從孫本，元刻作“濕”。盧云：“蓋音盍。‘濕’，正作‘溼’，下皆同。案：此以宋子罕事傅會之耳。”俞云：“‘蓋’乃‘盍’字之誤。‘盍’讀爲‘闔’。襄十七年《左傳》：‘吾儕小人，皆有闔廬，以避燥溼寒暑。’語意與此同。"蘇云:"《左傳》載子罕事大同,其下章即載晏子事。疑記者連上章並誤以爲晏子事,因大臺之役以成其説耳。"今君爲一臺而不速成,舊脱"今"字,"一"作"壹",從《御覽》一百七十七及《左傳》增訂。何以爲役!"舊脱"以"字、"役"字,文義不完,從蘇校據《左傳》增。國人皆曰:"晏子助天爲虐。"君子之所爲,衆人固不識。晏子歸,未至,尚未到家。而君出令,趣罷役,趣,催促也。車馳而人趨。各疾走也。仲尼聞之,喟然歎曰:"古之善爲人臣者,聲名歸之君,禍災歸之身。《墨子·魯問篇》曰:"美善在上而怨讐在下,安樂在君而憂慼在臣。"晏子有焉,此儒墨所同也。入則切磋其君之不善,孫云:"'磋',當爲'瑳'。"純一案:器非切磋不美,故以爲喻。出則高譽其君之德義。所以安民心而利國事。是以雖事惰君,能使垂衣裳朝諸侯,不敢伐其功。《易·繫辭下》:"黄帝、堯、舜垂衣裳而天下治,蓋取諸乾坤。"垂衣裳,言無爲也。朝諸侯,致諸侯來朝也。不敢伐其功,言功成而不居也。此知晏子不獨爲墨家,兼具道家、儒家之要妙,蓋其道本同也。當此道者,其晏子是耶。"此與下章並《外上》十二章大旨同。

景公爲長庲 音來[2]。欲美之晏子諫第六

景公爲長庲,元刻注云:"庲,舍也。"孫云:"《太平御覽》注云:'音來,舍也。'《玉篇》同。當爲'斄'省文。"將欲美之,有風雨作,公與晏子入坐飲酒,致堂上之樂。酒酣,晏子作歌曰:"穗兮不得獲,"兮",舊作"乎"。王云:"'穗乎'本作'穗兮',與下句文同一例。隸書'兮'、'乎'相似,故'兮'誤爲'乎'。《太平御覽》人事部九十七引此正作'穗兮'。"純一:今據改。蘇云:"虞喜《志林》云:'禾有穗兮不得獲。'作'兮'是。"秋風至兮殫零落。孫云:"'殫',《太平御覽》作'草',或'單'字,言盡零落也。'獲'、'落'爲韻。"純一案:《古音譜》五昔引此。風雨之拂殺也,"拂"從孫本。孫云:"'殺',讀如粲。《説文》:'粲,散之也。'"黄云:"'拂',元刻作'弗',淩本同。'弗',古'拂'字。《御覽》作'拂殺之',下作'靡弊之',無'太上之'三字。"太上之靡弊也。"晏子之心,昭昭然爲百姓憂不足,與墨子同。孫云:"殺、弊爲韻。"純一案:《唐韻正》十四黠:"殺,所八切。"去聲則"所介切"。引此文爲古韻之證。《古音譜》二月引此。江有誥云:"獲、落韻,魚部。弊音蹩。殺、散韻,祭部。"歌終,顧而流涕,張躬而舞。王云:"張躬,即

張肱也。‘躬’字古讀若‘肱’，故與‘肱’通。漢司隸校尉楊涣《石門頌》：‘川澤股躬。’‘躬’即‘肱’字。故《左傳》鄭公孫黑肱字子張。”公就晏子而止之，曰：“今日夫子爲賜，而誡于寡人，孫云：“‘誡’，《御覽》作‘譏’。”是寡人之罪。”遂廢酒罷役，不果成長庲。

景公爲鄒之長塗晏子諫第七

景公築路寢之臺，孫云：“《公羊傳》：‘路寢者何？正寢也。’”三年未息。又爲長庲之役，蘇云：“《治要》‘又’上有‘而’字。”二年未息。又爲鄒之長塗。《治要》作“途”。下同。晏子諫曰：“百姓之力勤矣，勤，勞苦也。公不息乎？”言當息事以卹民力。蘇云：“《治要》‘公’作‘君’。”公曰：“塗將成矣，請成而息之。”對曰：“君屈民財者不得其利，窮民力者不得其樂。舊“君”上有“明”字，“屈”上、“窮”上俱有“不”字。王云：“此文本作‘君屈民財者不得其利，窮民力者不得其樂’。屈者，竭也，見《吕氏春秋·慎勢篇》注，言君竭民之財，將以求利也，而必不得其利；窮民之力，將以爲樂也，而必不得其樂。故下文云‘嬰懼君有暴民之行，而不睹長庲之樂也’。今本‘君’上涉下文‘不遵明君之義’衍‘明’字，‘屈’、‘窮’二字上又涉下文兩‘不得’各衍一‘不’字，則義不可通矣。《羣書治要》正作‘君屈民財者不得其利，窮民力者不得其樂’。”純一：今據删。昔者，楚靈王作頃宫，盧云：“‘頃’，元刻作‘傾’。”黄云：“淩本同元刻。”蘇云：“《治要》‘作’下有‘爲’字，‘頃’作‘頓’。”純一案：“頓”是譌字。三年未息也。又爲章華之臺，五年又不息也。乾溪之役，八年，百姓之力不足而息也。孫云：“《左傳》昭七年：‘楚子成章華之臺。’杜預注：‘臺在今華容城内。’‘溪’當從《左傳》爲‘谿’。昭十二年《傳》：‘楚子次于乾谿。’杜預注：‘在譙國城父縣南。’”王云：“自‘又爲章華之臺’以下，文有脱誤。《羣書治要》作‘又爲章華之臺，五年未息也。而又爲乾溪之役，八年，百姓之力不足而自息也’，文義較爲順適。”純一案：王説是，當據《治要》訂正。“溪”，《治要》亦作“谿”，當從孫校改。下同。靈王死于乾溪，治要脱“于”字。而民不與歸。“歸”上舊衍“君”字，據《治要》删。不與歸，不許歸也。今君不遵明王之義，而循靈王之迹，比事警切。蘇云：“《治要》‘遵’作‘道’，‘循’作‘脩’，形近而相亂。”嬰懼君有暴民之行，蘇云：“《治要》‘有’上有‘之’字。”

而不睹長庲之樂也，不若息之。”言君不息長塗之役，敢於行暴，恐聚民怨，而有靈王之辱也。公曰：“善。非夫子，舊衍“者”字，據《治要》删。寡人不知得罪于百姓深也。”于是令勿委壞，孫詒讓云：“‘壞’當爲‘壤’，形之誤也。景公爲鄒之長塗，須徵委壤土。今罷役，故令勿委壤也。”餘財勿收，收，斂也。斬板而去之。盧云：“檀弓‘斬板’，鄭注：‘板，廣二尺，長六尺。斬板，謂斷其縮也。’縮，謂縮板之繩。”

景公春夏游獵興役晏子諫第八

景公春夏游獵，《太平御覽》十九脱“春”字。又起大臺之役。晏子諫曰：“春夏起役，且游獵，《御覽》脱“且”字。奪民農時，國家空虚，不可。”景公曰：“吾聞相賢者國治，孫云：“‘治’，《太平御覽》作‘成’。”純一案：鮑刻《御覽》作“治”。臣忠者主逸。吾年無幾矣，《御覽》注：“言將老。”欲遂吾所樂，卒吾所好，《御覽》注：“卒，即律反。”子其息矣。”息，休息。言子無庸干預。晏子曰：“昔文王不敢盤游于田，元刻如此。孫本作“盤于游田”，蓋據《御覽》改。案：盤，樂也。故國昌而民安。文王勤政養民，邺孤獨故。楚靈王不廢乾溪之役，孫云：“‘溪’，《御覽》作‘谿’。今本從水，俗。據此知前‘溪’亦‘谿’誤也。”純一案：《御覽》脱“王”字。起章華之臺，而民叛之。今君不革，革，改也。孫云：“‘革’，《御覽》作‘思’。”將危社稷，而爲諸侯笑。臣聞忠不避死，不畏死。諫不違罪。違，猶避也。君不聽臣，臣將逝矣。”“逝”從元刻，《御覽》同。各本作“遊”，譌。盧、黄、蘇校同。逝，往也，去也。景公曰：“唯唯，《御覽》引止此，注云：“唯唯，從其諫也。”將弛罷之。”未幾，朝韋冏解役而歸。孫云：“朝韋冏，或人名。”俞云：“韋冏，人名。朝者，召也。劉向《九歎·遠逝篇》曰：‘朝四靈於九濱。’王逸注曰：‘朝，召也。’上文‘景公曰：“唯唯，將弛罷之”’，故未幾召韋冏解役而歸也。後人不知古書之叚‘朝’爲‘召’，故不得其解。若從孫氏以‘朝韋冏’三字爲人名，則彼自解役而歸，與景公無與，即不足見晏子匡諫之功矣。”蘇云：“俞説是。”

景公獵休坐地晏子席而諫第九

景公獵，休，休息。坐地而食。晏子後至，滅葭而席。舊“滅”上衍“左右”二字，《太平御覽》三百九十三、又七百九，《北堂書鈔》百三十三，《藝文類聚》六十九引此並無，今據删。“席”，《類聚》作“坐”。孫云：“《説文》：‘搣，批也。批，捽也。’‘搣’與‘滅’同。”蘇云：“《爾雅·釋草》‘葭華’，郭注云：‘即今蘆。’”公不説，曰：“寡人不席而坐地，二三子莫席，《説苑·雜言篇》作“寡人自以坐地，二三子皆坐地”。而子獨搴草而坐之，孫云：“‘搴’，‘攐’省文。《説文》：‘攐，拔取也。’《藝文類聚》作‘子獨席’。”純一案：《御覽》七百九作“子猶席”。《説苑》“而子”作“吾子”。何也？”晏子對曰：“臣聞介胄坐陳不席，《書鈔》無“坐陳”二字。獄訟不席，尸坐堂上不席，孫云：“《藝文類聚》、《太平御覽》作‘獄户不席’。‘户’蓋‘尸’之誤。《説苑》作‘唯喪與獄坐於地’，蓋約此文也。尸坐堂上不席，言尸在堂則坐者不席與。”純一案：《書鈔》亦作“獄户不席”。王云：“尸爲死人，則不得言坐堂上。《御覽》百卉部七引作‘尸在堂’，是也。今本‘在’作‘坐’者，涉上下諸‘坐’字而誤。‘上’字疑亦後人所加。”案：王説是。三者皆憂也，故不敢以憂侍坐。”《類聚》“故”上有“臣”字。《説苑》作“今不敢以喪獄之事侍於君矣”。公曰：“善。”“善”，舊作“諾”。王云：“‘諾’本作‘善’。‘公曰善’者，善晏子之席而後坐也。凡晏子有所請於公者，則下有‘公曰諾’之文，此是晏子自言其所以設席之故，非有所請於公，公無爲諾之也。蓋‘善’與‘若’字相似，‘善’誤爲‘若’，後人因改爲‘諾’耳。後第十四‘善其衣服節儉’，今本‘善’字亦誤作‘若’。《北堂書鈔》服飾部二、《藝文類聚》服飾部上、《御覽》服用部十一引此，並作‘公曰善’。”純一：今據改。令人下席，曰：“大夫皆席，寡人亦席矣。”孫云：“《説苑·談叢篇》用此文。”純一案：文見《雜言篇》，孫誤作《談叢》。

景公獵逢蛇虎以爲不祥晏子諫第十

景公出獵，上山見虎，下澤見蛇。歸，召晏子而問之，曰：“今日寡人出獵，上山則見虎，下澤則見蛇，殆所謂不祥也？”“也”讀爲“邪”。《説苑》謂下衍“之”字。《書鈔》百五十八引《説苑》無。晏子對曰：《説苑》無“對”字，《書鈔》引同。“國有三不祥，是不與焉。是，指見虎蛇言。夫有賢而不知，一不祥。今本《説苑》同此，《書鈔》引《説苑》有“也”字，下文同。知而不用，二不祥。用而不任，蘇云：“任，任以事也。”純一案：《墨子・尚賢中篇》曰：“政令不斷，則民不畏也。故古聖王任之以事，斷予之令。”三不祥也。所謂不祥，乃若此者。《説苑》有“也”字。今上山見虎，虎之室也。下澤見蛇，蛇之穴也。孫云：“室、穴爲韻。”純一案：《古音譜》四卩引此。如虎之室，如蛇之穴，而見之，蘇云：“‘如’，猶‘于’也。言于虎室蛇穴而見之也。《莊子・德充符篇》：‘申徒嘉謂子産曰：“先生之門，固有執政焉如此哉。”’言無執政于此者也。《吕氏春秋・愛士篇》曰：‘人之困窮，甚如饑寒。’言甚于饑寒也。《史記・汲黯傳》曰：‘丞相宏燕見，上或時不冠。至如黯見，上不冠不見也。’言至于黯見，則上必冠也。並‘如’、‘于’同之證。”曷爲不祥也。”孫云：“《説苑・君道篇》用此文。”

景公爲臺成又欲爲鐘晏子諫第十一

景公爲臺，孫云：“《意林》作‘作臺’。”臺成，又欲爲鐘。《意林》作“欲復作鐘”。蘇云：“舊刻‘鐘’、‘鍾’參錯。二字古本通用，據《説文》作‘鐘’爲是。今一例從‘鐘’。”晏子諫曰：“君國者，不樂民之哀。言爲一國之君者，當先民之憂而憂，後民之樂而樂，斷不可恣己之樂而遺民之哀，更不可斂民之哀而恣己之樂。《説苑・正諫篇》無此八字。君不勝欲，既築臺矣，今復爲鐘，《藝文類聚》二十四引作“君今既已築臺矣，又斂於民而爲鐘”。《説苑》作“爲臺，今復欲爲鐘”。是重斂于民，孫云：“《白帖》作‘又約民爲鐘’。”民必哀矣。《類聚》“民”上有“則”字，《説苑》“必”作“之”。夫民無欲殘其室家之生以奉暴上之僻者。今又爲鐘而重斂，是暴奪民衣食之財而殘其生，民不哀乎。夫斂民之哀而以爲樂，《類聚》作“斂民哀以爲樂，是謂拂人之性，菑必逮夫身”。不祥，孫云：“《意林》作‘斂民作鐘，民必哀。斂哀以爲樂，不祥’。”純一案：此墨家非樂之恉。非所以君國者。”《類聚》作“非所以君民也”。《説苑》無此句。公乃止。《説苑》“公”上有“景”字。孫云：“《説苑・正諫篇》用此文。”

景公爲泰吕成將以燕饗晏子諫第十二 舊脱“燕”字，據總目補。

景公爲泰吕成，舊本脱“爲”字，今據標題補。孫云：“《吕氏春秋·侈樂篇》：‘齊之衰也，作爲大吕。’高誘注：‘大吕，陰律十二也。’”洪云：“《吕氏春秋·貴直篇》：‘無使齊之大吕陳之廷。’《史記·樂毅列傳》‘大吕陳於玄英’，《索隱》：‘大吕，齊鐘名。’即景公所鑄。”謂晏子曰：“吾欲與夫子燕。”對曰：“未祀先君而以燕，非禮也。”公曰：“何以禮爲?”對曰：“夫禮者，民之紀，紀謂别理絲縷使不亂，喻彝倫攸叙也。紀亂則民失。紀亂則民無所託命。亂紀失民，危道也。”公曰：“善。”乃以祀焉。祀，猶祭也。祭有四義：一、可以虚中致其誠敬。二、可以充不匱之孝思。三、可使境内之民莫不敬。四、當有大澤惠及於下。如此則私欲滅而德配先祖矣。此與《外下》九章旨有相同者。

景公爲履而[3]飾以金玉晏子諫第十三

景公爲履，孫詒讓云：“據下文云‘魯工不知寒温之節、輕重之量，以害正生’，又云‘令吏拘魯工’，則此當云‘使魯工爲履’，今本蓋有挩文。”純一案：《類聚》八十三、八十四兩引均同此文。黄金之綦，孫云：“《禮記·内則》‘履著綦’，鄭氏注：‘綦，履繫也。’”飾以銀，《御覽》六百九十七、《書鈔》百三十六引，文並同。孫云：“‘銀’，《藝文類聚》作‘組’。”黄云：“‘以銀’，孫頤谷云：‘當依《文選·弔魏武帝文》注作“以組”。”蘇云：“作‘組’于義較長。”連以珠，良玉之絇，“絇”從孫本。元刻作“朐”，非。《御覽》六百九十七作“鉤”。孫云：“《藝文類聚》作‘句’，通。《禮記·玉藻》‘童子不屨絇’，鄭氏注：‘絇，履頭飾也。’《説文》：‘絇，纑繩約也，讀若鳩。’”其長尺，冰月服之以聽朝。晏子朝，公迎之，履重，僅能舉足。黄云：“《御覽》六百九十七作‘不能舉之’。”純一案：《御覽》八百十作“僅能舉之”。“之”當爲“足”，草書形近之誤。《類聚》八十四引作“足”。問曰：“天寒乎?”晏子曰：“君奚問天之寒也?古聖人製衣服也，孫云：“《藝文類聚》‘古’作‘古者’，‘製’作‘制’。”冬輕而暖，孫云：“‘暖’，《類聚》作‘煖’。”夏輕而凊。“凊”從孫本，元刻作“清”。孫云：“‘清’非。《説文》：‘凊，寒也。’《玉篇》：‘七性切。’”純一案：《御覽》四百九十三引作“古者聖人製衣服，冬輕而暖，夏輕而清”，“清”字誤。六百九十七引作“古之制衣服，冬輕而煖，夏重而清”，“重”字更誤。《墨子·辭過篇》曰：“聖王爲衣服之法，冬則練帛之中，足以爲輕且煖；夏則絺綌之中，足以爲輕且清。”謹此則止，可爲此文之塙詁。今金玉之履，“金玉”，舊作“君”。王云：“‘今君之履’，本作‘今金玉之履’。上文云‘景公爲履，黄金之綦，飾以銀，連以珠，良玉之絇，其長尺，冰月服之以聽朝’，故曰：‘今金玉之履，冰月服之，是重寒也。’今本作‘今君之履’，而無‘金玉’二字，則與‘重寒’之義了不相涉矣。《藝文類聚》寶部下，《御覽》人事部一百三十四、服章部十四引此，並作‘今金玉之履’。”純一：今據改。冰月服之，是重寒也，《御覽》六百九十七作“是重而寒也”。履重不節，《御覽》四百九十三作“重不可節”。是過任也，失生之情矣。“生”，讀爲“性”。情，實也。故魯工不知寒温之節、輕重之量，以害正生，蘇云：“生，性也。‘正生’猶言‘常性’。”純一案：蘇説是。常性即真性，感於物而動，則害之矣。其罪一也。作服不常，以笑諸侯，蘇云：“言作不常之服，以爲笑于諸侯。”其罪二也。用財無功，蘇云：“言無功于國。”以怨百姓，厚費民財以府怨。其罪三也。請拘而使吏度之。”蘇云：“言審度其罪之輕重而置之罰。”公曰：“魯工苦，舊僅“公苦”二字。王云：“‘公’下脱‘曰’字。‘苦’上亦有脱文，蓋謂魯工之爲此履甚苦也。下文‘晏子曰：“苦身爲善者其賞厚，苦身爲非者其罪重”’，二‘苦’字正與此相應。今本‘公苦’二字之間脱去數字，則文不成義。”純一案：王説是，今據補“曰魯工”三字。下文“請釋之”，“之”指魯工言。請釋之。”晏子曰：“不可。嬰聞之，苦身爲善者其賞厚，苦身爲非者其罪重。”公不對。晏子出，令吏拘魯工，令人送之境，孫云：“‘境’當爲‘竟’。”純一案：境，邊地。使不得入。孫云：“今本‘使’作‘吏’，非，以意改之。”公撤履，孫云：“‘撤’，當爲‘徹’。”不復服也。《説文》：“服，用也。”

景公欲以聖王之居服而致諸侯晏子諫第十四

景公問晏子曰：“吾欲服聖王之服，居聖王之室，孫云：“《藝文類聚》二‘王’字皆作‘人’。”純一案：《類聚》見卷六十四。如此，則諸侯其至乎？”晏子對曰：《太平御覽》一百七十四引無“晏子”二字。“灋其節儉則可，灋其服、室，無益也。“室”上舊有“居其”二字。王云：“‘居其’二字衍。上文以‘居聖王之室’與‘服聖王之服’對文，此文則以‘法其服室’與‘法其節儉’對文，不當有‘居其’二字。《御覽》居處部二引無。”純一案：《類聚》亦無，今並據删。三王不同服而王，《墨子·公孟篇》：“子墨子曰：‘行不在服。’公孟子曰：‘何以知其然也?’子墨子曰：‘昔者齊桓公高冠博帶、金劍木盾以治其國，其國治。昔者晉文公大布之衣、牂羊之裘、韋以帶劍以治其國，其國治。昔者楚莊王鮮冠組纓、絳衣博袍以治其國，其國治。昔者越王勾踐剪髮文身以治其國，其國治。此四君者，其服不同，其行猶一也。翟是以知行之不在服也。’”可爲例證。非以服致諸侯也，誠于愛民，果于行善，天下懷其德而歸其義，若其衣服節儉而衆説也。王云：“‘若’當爲‘善’字之誤也。‘懷其德’、‘歸其義’、‘善其節儉’三者相對爲文，惟其善之，是以悦之。今本‘善’誤作‘若’，則義不可通。”劉云：“‘若’當訓‘善’。”夫冠足以修敬，《論語·堯曰篇》云：“君子正其衣冠，尊其瞻視。”不務其飾。衣足以掩形，舊有“禦寒”二字，爲後人妄加。蓋“衣足以掩形”與“冠足以修敬”對文，不應有“禦寒”二字。《意林》引此正作“衣足以掩形，不務其美”。今據删。不務其美。《論語·泰伯篇》曰：“禹惡衣服。”衣無隅差之削，舊作“衣不務于隅肶之削”。孫云：“《淮南·本經訓》：‘衣無隅差之削。’高誘注：‘隅，角也。差，邪也。’古者質皆全幅，爲衣裳無有邪角。削，殺也。”盧校本從《淮南》作“隅差”。王云：“‘肶’當爲‘眦’，字之誤也。‘眦’或作‘眥’。《淮南·齊俗篇》‘衣不務于奇麗之容，隅眥之制[4]’是也。隅眦者，隅差也。隅，角也。差，邪也。幅之削者，必有隅差之形，故曰‘衣不務于隅眦之削’，即《淮南》所云‘衣無隅差之削’也。《原道篇》又云：‘隅睉智故，曲巧僞詐。’‘隅睉’即‘隅差’，亦即‘隅眦’也。凡字之從‘此’、從‘差’者，聲相近而字亦相通。《鄘風》‘玼兮玼兮’，沈重云：‘玼本或作瑳。’《小雅》‘屢舞傞傞’，《説文》引作‘姕姕’。《月令》‘掩骼埋胔’，《吕氏春秋·孟春篇》‘胔’作‘髊’。皆其例也。”蘇云：“王説是。《淮南》‘隅睉智故’之‘隅’字或作‘偶’。衣邪謂之隅差，人邪謂之偶睉，聲義並近矣。”純一案：此文當依《淮南》作“衣無隅差之削”，與下句爲儷文。今涉上文作“不務”，又加“于”字，奪“無”字，句法遂不類，兹據《本經訓》訂正。冠無觚羸之理，“羸”，舊作“羸”，今從《淮南·本經訓》武進莊氏校本改。孫云：“高誘注：‘觚羸之理，謂若馬目籠相闌干也。言“無”者，冠文取平直而已也。’‘羸’讀‘指端羸文’之‘羸’。星衍謂：觚，方文。羸，圓文也。”身服不雜彩，首服不鏤刻。且古者嘗有紩衣攣領而王天下者，孫云：“《説文》：‘紩，縫也。攣，系也。’”盧云：“攣領即卷領，亦云句領。《淮南子·氾論訓》：‘古有鍪而綣領以王天下者矣。’《荀子·哀公篇》楊注引《尚書大傳》‘古之人，衣上有冒而句領者’，注云：‘古之人，三皇時也。句領，繞頸也。’”蘇云：“易‘有孚攣如’，馬注：‘攣，連也。’連亦系意，與《説文》合。”純一案：“絑衣”上據上下文審校當有“服”字。其政好生而惡殺，節上而羨下，“政”，舊作“義”。蘇云：“‘其義’疑當爲‘其政’，今作‘義’者，蓋緣下‘其義’譌也。‘好生惡殺，節上羨下’，言爲政之實，若云‘其義’，便不可通。《荀子·哀公篇》：‘古之王者，有務而拘領者矣，其政好生而惡殺焉。’旨正同此，亦‘義’爲‘政’誤之證矣。”純一：今據蘇校改。天下不朝其服，而共歸其義。《淮南子·氾論訓》曰：“天下不非其服，同懷其德。”古者嘗有處橧巢窟穴而王天下者，舊脱“而王天下者”五字。孫云：“‘橧’當爲‘竲’，《説文》：‘北地高樓無屋者。’《太平御覽》作‘層’。明俗從‘木’。《初學記》、《太平御覽》‘窟穴’下有‘王天下者’四字，疑今本脱之。”純一：今從孫校據《御覽》七十六補“而王天下者”五字，與上文一律。其政二字據上文增。而不惡，孫云：“此當作‘好而不惡’。”純一案：“而”上疑脱“愛”字。《淮南子·氾論訓》曰：“其德生而不辱。”高誘注：“刑措不用也。”此與彼義相近。下文“天下共歸其仁”，以其愛之利之故。予而不取，《淮南子·氾論訓》作“予而不奪”，高注：“予，予民財也。不奪，無所徵求於民也。”天下不朝其室，而共歸其仁。《淮南子·氾論訓》曰：“法制禮儀[5]者，治人之具也，而非所以爲治也。故仁以爲經，義以爲紀，此萬世不更者也。”及三代作服，爲益敬也。孫云：“一本作‘蓋[6]益’，非。”首服足以修敬而不重也，身服足以行潔而不害于動作。孫云：“‘潔’當爲‘絜’。”純一案：聖王之衣冠，資莊嚴而已。服之輕重便于身，不爲物役。用財之費順于民。賦斂極薄，恐違民心。其不爲橧巢者，以避風也。其不爲窟穴者，“窟”字舊脱，據上文補。以避溼也。是故明堂之制，孫云：“高誘注《淮南》云：‘明堂，王者布政之堂，上圓下方，堂四出，各有左右房，謂之个，凡十二所。王者月居其房，告朔朝歷，頒宣其令，謂之明堂。其中可以序昭穆，謂之太廟。其上可以望氛祥，書雲物，謂之靈臺。其外圓似璧，謂之辟雍。諸侯之制，半天子之宫。’”下之潤溼，孫云：“‘溼’，《淮南》作‘濕’。”黄云：“《續漢書·祭祀志中》注引作‘下之温溼’。”純一案：《文選·魏都賦》注引作“下之濕潤”。不能及也，上之寒暑不能入也。孫云：“及、入爲韻。”土事不文，木事不鏤，孫云：“《淮南·本經訓》：‘古者明堂之制，下之潤溼弗能及，上之霧露弗能入，四方之風弗能襲，土事不文，木工不斵，金器不鏤。’用此文而增‘金器不鏤’，謬也。明堂之上尚質，安有金器？以此知晏子書之是。”黄云：“‘木事’，《續漢書》注引作‘木工’，與《淮南·本經訓》合。”純一案：《意林》、《御覽》五百三十三、《文選·羽獵賦》注、《長楊賦》注並引作“土事不文，木事不鏤”。示民知節也。“知”從孫校本。元刻作“之”。孫云：“劉昭注《續漢志》、《文選》注、《白帖》、《太平御覽》皆作‘知’。今本作‘之’，非。《意林》作‘足以示民也’。”及其衰也，衣服之侈過足以敬，蘇云：“上言‘作服爲益敬’，侈過於修敬之具，極奢靡也。”宫室之美過避潤溼，言宫室所以避潤濕，若足以避潤濕而過於華美，非聖王之制也。《墨子·辭過篇》曰：“聖王作爲宫室之法曰：‘室高足以辟潤濕，邊足以圉風寒，上足以待雪霜雨露，謹此則止。凡費財勞力，不加利者，不爲也。’”用力甚多，用財甚費，與民爲讎。言勞苦民力，苛斂民財，無異與民爲讎。今君欲灋聖王之服室，“室”字舊脱，據上文補。不灋其制。“制”字譌，當作“節儉”。上文“法其節儉則可，法其服室無益”，對文可證。“節儉”二字，蓋總上文“修敬”、“行潔”、“避風溼”、“不文”、“不鏤”、“示民知節”言。“不法其節儉”，並爲下文“窮臺榭之高，極汙池之深而不止，務于刻鏤之巧、文章之觀而不厭”張本。下句“法其節儉也”，即承此反展以爲言。今本“節儉”誤作“制”，與上下文義俱不協。灋其節儉也，則雖未成治，庶其有益也。今君窮臺榭之高，孫云：“‘榭’當爲‘謝’，見《荀子》。古彝器銘以‘宣射’爲‘宣榭’。”蘇云：“孫説是，《説文》無‘榭’字。”純一案：“榭”，正字。“謝”，叚音字。《墨子·七患篇》：“生時治臺榭。”本書“臺榭”皆作“榭”。《爾雅·釋宫》：“闍謂之臺，有木者謂之榭。”又：“無室曰榭。”古非無“榭”字，《説文》漏耳。《别雅》四云：“《荀子·王霸篇》‘臺謝甚高’，注：‘謝與榭同。’”《左傳》襄三十一年“無觀臺榭”，《釋文》：“‘榭’，本又作‘謝’。”皆以“謝”音同“榭”通用也。極汙池之深而不止，孫云：“《説文》：‘小池爲汙。’”務于刻鏤之巧、文章之觀而不厭，則亦與民爲讎矣。“爲”，舊譌“而”。王云：“‘而’，本作‘爲’，此草書之誤也。‘亦’字正承上文‘與民爲讎’而言。”純一今據正。若臣之慮，恐國之危而公不平也。孫云：“體不平安。”公乃願致諸侯，不亦難乎！公之言過矣。”

景公自矜冠裳遊處之貴晏子諫第十五

景公爲西曲潢，孫云：“《説文》：‘潢，積水池。’”其深滅軌，《北堂書鈔》百二十九引“曲”上無“西”字，“其深”上有“使”字。蘇云：“滅者，没也。軌，車轊頭也。言轒頭没入水中也。”高三仞，横木龍蛇，立木鳥獸。蘇云：“立木，直木也。”公衣黼黻之衣，孫云：“《考工記》：‘白與黑謂之黼，黑與青謂之黻。’”素繡之裳，孫云：“《説文》：‘素，白致[7]繒也。’《考工記》：‘五采備謂之繡。’”純一案：《御覽》六百九十六作“衣縠繡之裳”。《書鈔》“繡”作“绣”。一衣而五采具焉。“采”，元刻作“彩”，孫本作“綵”。孫云：“‘綵’與‘彩’皆當作‘采’。”純一案：《御覽》、《書鈔》並作“采”，今據正。下同。帶球玉而冠且，“且”，盧校作“貝”。俞云：“‘且’當作‘組’。《説文·糸部》：‘組，綬屬。其小者以爲冕纓。’”純一案：俞説是。“球”疑“珠”之譌，下同。被髮亂首，南面而立，傲然。自矜皃。晏子見，公曰：“昔仲父之霸何如？”晏子抑首而不對。抑首，俛首也。公又曰：“昔仲父之霸何如？”“仲父”，舊作“管文仲”。孫云：“‘文’疑‘敬’字之壞也。”純一案：孫説非。據“公又曰”三字審校，此文本作“昔仲父之霸何如”，了無疑義。今本“父”譌“文”，倒置“仲”上，後人又增一“管”字，遂與“又曰”之義不合。今改。晏子對曰：“臣聞之，維翟人與龍蛇比，孫云：“言在水鄉，與龍蛇爲伍。《史記·吴世家》：‘太伯文身。’《集解》應劭曰：‘常在水中，文其身以象龍子，故不見傷害。’”今君横木龍蛇，立木鳥獸，亦室一就矣，五字不成文，當作“一室亦就矣”。《説文》：“就，高也。从京从尤。”言今以龍蛇鳥獸聚於一室，亦甚高矣，何暇言霸。何暇在霸哉。且公伐宫室之美，矜衣服之麗，一衣而五采具焉。帶球玉而冠且，二字舊脱，據上文增。被髮亂首，舊作“亂首被髮”，據上文乙。亦室一容矣。五字義不可通，疑當作“一室亦容矣”。《説文》：“容，盛也。”《增韻》：“盛，大也。”言在一室之内，亦足以自大矣。萬乘之君，而壹心于邪，孫云：“‘壹心’，一本作‘一心’，非。”君之魂魄亡矣，言迷失正道，似乎君之魂魄亡矣。以誰與圖霸哉。”公下堂就晏子曰：“梁丘據、裔款以室之成告寡人，是以竊襲此服，竊，私也。襲，服也。與據、款爲笑，“款”字舊脱，案上言“梁丘據、裔款”，下言“夫二子營君以邪，公何不去二子”，此不應獨言“據”，今校補。笑，喜弄也。《一切經音義》二十五引蒼頡。又使夫子及寡人。七字文不成義，疑當作“乃使夫子責及寡人”。《諫上》十八章有“夫子一日而三責我”之文，今本“乃”譌“又”，又脱“責”字也。請改室易服而敬聽命，其可乎？”晏子曰：“夫二子營君以邪，孫云：“《説文》：‘營，惑也。’”“營”與“謍”聲相近。公安得知道哉？且伐木不自其根，則櫱又生也，“櫱”從黄校。元刻作“孼”，非。孫本作“糵”。公何不去二子者，毋使耳目淫焉。”淫，惑亂也。言毋使耳目惑于二子而亂其心也。

景公爲[8]巨冠長衣以聽朝晏子諫第十六

景公爲巨冠長衣以聽朝，孫云：“‘公爲’，《太平御覽》作‘公日爲’。”純一案：鮑刻《御覽》四百五十六、又六百八十四引並無“日”字，與此同。疾視矜立，此四字，《御覽》四百五十六省。日晏不罷。晏子進曰：“聖人之服，中侻而不駔，孫云：“《淮南·本經訓》：‘其行侻而順情。’高誘注：‘侻，簡易也。’”孫詒讓云：“駔者，黼之借字。《説文·黹部》云：‘黼，合五采鮮色。《詩》曰：“衣裳楚楚[9]。”’故下文云：‘今君之服，駔華不可導衆。’‘中侻’正與‘駔華’相反。”可以導衆。其動作侻順而不逆，“侻”，疑涉上“中侻”而誤，字本作“克”。《詩·皇矣》：“克順克比。”“克順”正與“中侻”對。可以奉生。奉，養也。是以下皆灋其服，而民争學其容。容，威儀也。《禮記·雜記》“戚[10]稱其服”注。今君之服駔華，不可以導衆。舊衍“民”字，從盧校删。疾視矜立，不可以奉生。勞形虧神，有害正生。日晏矣，君不若脱服就燕。”《御覽》四百五十六作“君脱服就晏”。公曰：《御覽》有“諾”字。“寡人受命。”“命”，《御覽》作“令”。退朝，遂去衣冠，不復服。《御覽》有“也”字。

景公朝居嚴下不言晏子諫第十七

晏子朝，《説苑·正諫篇》無“朝”字。《御覽》四百五十五引《説苑》同。復于景公曰：“朝居嚴乎？”孫云：“《詩傳》：‘嚴，威嚴也。’”公曰：“朝居嚴，舊作“嚴居朝”。王云：“此本作‘朝居嚴’，寫者誤倒之耳。上下文皆作‘朝居嚴’，此文不當獨異。《説苑·正諫篇》正作‘朝居嚴’。”純一：今據正。則曷害于治國家哉？”《御覽》無“家”字。晏子對曰：“朝居嚴則下無言，下無言則上無聞矣。下無言則吾謂之瘖，孫云：“‘瘖’，《説苑》作‘暗’。”盧云：“《説苑·正諫篇》無‘吾’字。下並同。”上無聞則吾謂之聾。子華子：“《晏子·問黨篇》云：‘下無言謂之暗，上無聞謂之聾。聾暗之朝，上有放志而下多忌諱，齊之謂也。’”聾瘖，非害治國家如何也。舊作“非害國家而如何也”。俞云：“‘害’下奪‘治’字，‘家’下衍‘而’字。晏子原文本作‘非害治國家如何也’。古‘而’、‘如’通用，‘如何’即‘而何’。上文‘公曰：則曷害于治國家哉’，故晏子言‘非害治國家如何也’，明其與治國家有害也。今奪‘治’字，則與上語不應，又衍‘而’字，則文義複矣，皆由後人臆改。《説苑·正諫篇》作‘聾喑則非害治國家如何也’，當據以訂正。”純一：今從之。御覽無“也”字。《墨子·親士篇》曰：“臣下重其爵位而不言，近臣則喑，遠臣則唫，善議障塞，則國危矣。”大旨同。且合升鼓之微，以滿倉廩，“鼓”從元刻，孫本作“㪷”，《音義》作“鼓”，云：“一本作‘㪷’，蓋‘鼓’字之誤，‘鼓’亦量名。‘升鼓’，《説苑》作‘菽粟’，《白帖》引作‘升斗’。”黄云：“淩本同元刻。”合疏縷之緯，以成幃幕。“緯”從《説苑》，元刻、孫本並作“綈”。孫云：“《説苑》作‘緯’，是。‘綈’形近‘緯’，故譌。”“幃幕”從孫本，《説苑》同。盧校作“帷幕”。元刻作“帏幕”，非。太山之高，非一石也，累卑然後高。《説苑》有“也”字，《御覽》同，“太山”作“且泰山”。夫治天下者，非用一士之言也，元刻脱“治天”二字，孫本脱“夫治”二字，今從盧校據《説苑》補，《御覽》引《説苑》同。固有受而不用，惡有拒而不受者哉。”“拒而不受”，《説苑》作“距而不入”。孫云：“《説苑·正諫篇》用此文。”

景公登路寢臺不終不説晏子諫第十八

景公登路寢之臺，不能終而息乎陛，忿然而作色，不説，曰：“孰爲高臺，病人之甚也。”晏子曰：“君欲節于身而勿高，使人高之而勿罪也。王云：“兩‘而’字並與‘則’同義。‘而’與‘則’同義，故二字可以互用。《雜上篇》曰：‘君子有力于民，則進爵禄，不辭貴富。無力于民，而旅食不惡貧賤。’《雜下篇》曰：‘德厚而受禄，德薄則辭禄。’‘而’亦‘則’也。詳見《釋詞》。”今高從之以罪，卑亦從之以罪，“之”字據上句增，文同一例。敢問，使人如此，可乎？古者之爲宫室也，足以便乎生，“乎”，元刻在“足”下，孫本無。蘇云：“‘乎’字衍。”純一案：“乎”字非衍，當在“便”字下，今誤倒著“以”上，校乙。不以爲奢侈也，禹卑宫室。故節于身，謂于民。洪云：“《爾雅·釋詁》：‘謂，勤也。’”黄、蘇説同。純一案：《墨子·辭過篇》：“是故聖王作爲宫室便於生，不以爲觀樂也，故節于身，誨于民。”誨、謂義近。《書·大禹謨》曰：“克勤于邦，克儉于家。”此“節於身”即“儉于家”，“謂于民”即“勤于邦”，蓋禹法也。及夏之衰也，其王桀背棄德行，作爲璿室、玉門。舊無“作”字。王云：“‘爲’上有‘作’字，與下‘作爲傾宫、靈臺’對文，而今本脱之。《文選·甘泉賦》注引有。”純一：今據補。黄云：“孫頤谷云：‘當依《文選》注作“作爲璇室玉門”。’”殷之衰也，其王紂作爲傾宫、靈臺。“傾”從元刻，孫本作“頃”。孫云：“劉淵林注《吴都賦》：‘《汲郡地中古文册書》曰：“桀築傾宫，飾瑶臺。紂作瓊室，立玉門。”’文與此互異。《淮南·本經訓》：‘帝有桀、紂，爲璇室瑶臺。’”純一案：《太平御覽》八十二引《尸子》作“桀爲璇室瑶臺”。《文選·甘泉賦》注引本書作“夏之衰也，其王桀作爲琁室。殷之衰也，其王紂作爲傾宫”。卑狹者有罪，“狹”，當爲“陜”。高大者有賞，是以身及焉。孫云：“及于難也。”今君高亦有罪，卑亦有罪，甚于夏、殷之王。民力殫乏矣，殫，盡也，“乏”字疑衍。而不免于罪，嬰恐國之流失，而公不得享也。”俞云：“‘流失’義不可通。《問上》七章曰：‘臣恐國之危失而公不得享也。’疑此文‘流’字亦‘危’字之誤。”純一案：俞説是。公曰：“善。寡人自知誠費財勞民以爲無功，又從而怨之，是寡人之罪也。非夫子之教，豈得守社稷哉。”遂下，再拜，不果登臺。

景公登路寢臺望國而歎晏子諫第十九

景公與晏子登路寢之臺而望國，“路寢之臺”，舊止作“寢”。俞云：“寢非可登之地。此本作‘景公與晏子登路寢之臺而望國’，傳寫奪之耳。上章‘景公登路寢之臺’，下章‘景公成路寢之臺’，三章皆一時之事。”純一案：俞説是，今從之。公愀然而歎孫云：“‘愀’，‘愁’字異文。”曰：“使後嗣世世有此，“世世”，《御覽》四百九十二作“代代”，蓋唐人避諱改。豈不可哉。”晏子曰：“臣聞明君必務正其治，以事利民，然後子孫享之。言明德之君必正其心以正天下，專以樂利於民爲事，然後可永錫祚胤。《詩》云：‘武王豈不事，貽厥孫謀，以燕翼子。’孫云：“《大雅·文王有聲》之詩，‘事’作‘仕’，‘貽’作‘詒’。《毛傳》：‘仕，事。’二字通也。‘貽’，俗字，當爲‘詒’。”今君處佚怠，不勤於正心修身。逆政害民有日矣，例如《諫上》十六章“臨民若寇讎”、前第一章“藉重而獄多”是。而猶出若言，蘇云："'若'猶'此'也。"不亦甚乎。"甚，言其迷惑也。公曰："然則後世孰將把齊國?"把，握也，執處也。對曰："服牛死，孫云："服牛，服駕之牛。"夫婦哭，"哭"，元刻、孫本並譌"笑"。盧云："《御覽》作'夫婦共哭'，牛死則失其利，故哭。"俞云："'哭'字是，'笑'字誤也。言服牛于人，非有骨肉之親，然死而哭之者，爲其有利于己也。《左傳》載晏子之言曰：'陳氏之德，民歌舞之矣。'即此意也。"蘇從盧、俞校正。非骨肉之親也，爲其利之大也。蘇云："此言平日服駕之利大耳。本無骨肉之親而哭者，爲生原于我有大利也。"欲知把齊國者，則其利之者邪?"言唯利於齊民者能把齊國。公曰："然何以易之?""之"字舊脱。王云："'易'下當有'之'字。下文晏子對曰'移之以善政'，'移之'即'易之'。"純一：今據補。以意審校，"然"下當有"則"字，蓋承上文"然則後世孰將把齊國"作轉，文同一例。對曰："移之以善政。唯善政可得民心而轉移之。今公之牛馬老于闌牢，舊"闌"作"欄"。孫云："'欄'當爲'闌'。《玉篇》：'欄，木欄也。力寒切。'"純一案：《御覽》八百九十九引作"牛老于闌牢"，"牢"譌"罕"。無"馬"字，是。蓋"牛老"與"車蠹"對文。不勝服也。服，駕也。車蠹于巨户，多藏而不用故。不勝乘也。衣裘襦袴，孫云："《説文》：'襦，短衣也。一曰㬎衣。'《玉篇》：'人朱切。''袴'當爲'絝'，《説文》：'脛衣也。'《玉篇》：'袴，口護切。亦作絝。'"朽弊于藏，孫云："當爲'臧'。"不勝衣也。醯醢腐，下文皆四字句，二實字二虛字，此疑脱一"臭"字。不勝沽也。酒醴酸酢，"酢"字舊脱，盧據《御覽》補。純一案：《御覽》見四百九十二。不勝飲也。菽粟鬱積，舊"菽"譌"府"，"積"譌"而"，盧據《御覽》正。不勝食也。"也"字舊脱，盧據《御覽》補。又厚藉斂于百姓，而不以分餒民。盧云："'餒'，《御覽》'餧'，乃本字。'民'，《御覽》作'人也'，下有'欲代之延，不亦難乎'，無'夫藏財'以下語。案：《御覽》似依唐本。"蘇云："'世'作'代'，'民'作'人'，似避太宗諱，故云唐本。"夫藏財而不用，凶也。《墨子·魯問篇》曰："多財而不以分貧，不祥也。"義同。財苟失守，下，其報環至。"失"疑"矢"之形誤，下同。《爾雅·釋言》："矢，誓也。"言財以分貧爲得，苟矢守之，其策爲最下，恐民之報怨者環繞而至矣。其次，昧財之失守，委而不以分人者，百姓必進自分也。其次，與《墨子·耕柱篇》"其次不君子者"語意同。委，積也。"進"下當有"而"字。言其次昧於財之不當守，矢守而不悟，終於委積而不以分人者，百姓必進而自分也。故君人者，與其請于人，不如請于己也。"請，求也。

延世之權，非操于人，惟在求之于己，正其治以利民耳。此與《問上》八章後段、《問下》十七章、《外上》十章、又十五章宜參證。

景公路寢臺成逢于何願合葬晏子諫而許第二十

景公成路寢之臺，逢于何遭喪，孫云："姓逢，名于何。古人有逢蒙。"遇晏子于途，《北堂書鈔》九十二作"逢於何遭晏子"。再拜乎馬前。晏子下車挹之，曰：蘇云："'挹'與'揖'通。《荀子·議兵篇》'拱挹指麾'，《富國篇》云'拱揖指揮'，《宥坐篇》'挹而損之'，《淮南·道應篇》'挹'作'揖'，並其證。"純一案：《别雅》五云："下車挹之。"即揖之也。"挹"與"揖"同。王禹偁《竹樓記》"遠呑山光，平揖江瀨"，亦以"揖"爲"挹"，是二字固通用。"子何以命嬰也?"對曰："于何之母死，兆在路寢之臺墉下，"墉"，元刻、孫本並譌"牖"。江南圖書館藏明活字本作"牗"，《羣書治要》及《書鈔》引同，《音義》作"牗"，注云："當爲'墉'。《詩傳》：'墉，牆也。'《集韻》或作'牗'，《玉篇》猶無'牗'字。"王云："'牖'，俗'墉'字，謂兆在路寢臺之牆下也。或作'牖'，非。"黄校同。純一：並據孫、王校正。願請合骨。"舊"請"下衍"命"字。蘇云："《治要》無。"純一案：《書鈔》及《御覽》五百五十五引並無，今據删。盧校同。孫云："請與其父合葬也。"晏子曰："嘻，難哉！孫云："'嘻'，'譆'省文。"蘇云："《治要》'哉'作'矣'。"雖然，嬰將爲子復之。適爲不得，言或不得其請。子將若何?"對曰："夫君子則有以，孫云："'則有以'句。"純一案：君子，敬重晏子之稱。以，猶爲也。如我者儕小人，盧云："文有脱誤。"純一案："者"字當在"人"下。疑脱"如之何"句，與上文"適爲不得，子將若何"相應。下文"當如之何"，宜從王校作"當墉下"，"如之何"三字由此錯置。吾將左手擁格，右手梱心，盧云："'梱'，當爲'捆'，叩椓也。"王云："'格'即'輅'字，謂柩車轅上横木，所以屬引者也。《士喪禮下篇》'賓奉幣當前輅'，《釋文》：'輅，音路。'鄭注曰：'輅，轅縛，所以屬引。'疏曰：'謂以木縛于柩車轅上，以屬引于上而輓之。'《外上篇》：'盆成適請合葬其母曰："若此而不得，則臣請輓尸車而寄之于國門外宇溜之下，身不敢飲食，擁轅執輅，木乾鳥棲，袒肉暴骸，以望君愍之。"'輅爲轅縛，故云'擁轅執輅'。作'格'者，借字耳。盧以'梱'爲叩椓，是也。《孟子·滕文公篇》'捆屨織席'，趙注曰：'捆，猶叩椓也。'《説文繫傳》曰：'謂織屨畢，以椎叩之使平易也。'然則'梱心'云者，猶禮言'拊心'耳。"蘇云："王説是。"立餓枯槁而死，望君愍之。以告四方之士曰：‘于何不能葬其母者也。’”不敢直言君之非，得詩人温柔敦厚之旨。晏子曰：“諾。”遂入見公，曰：孫云：“‘見’，《御覽》作‘白’。”“有逢于何者，母死，兆在路寢當墉下，“墉下”，舊作“如之何”。王云：“本作‘當墉下’，上文‘逢于何曰：“于何之母死，兆在路寢之臺墉下，願請合骨”’，故晏子如其言以入告也。下文‘逢于何遂葬其母于路寢之臺牖下’，即承此文言之。今本作‘當如之何’，則與上下文全不相應。且不言兆在牖下，而但謂合葬，則不知合葬于何所矣。《羣書治要》正作‘當牖下’。”純一：今據改。願請合骨。”公作色不説，治要作“悦”。曰：“自古及今，“自古”，舊作“古之”。王云：“‘古之及今’本作‘自古及今’，下文梁丘據亦曰：‘自古及今，未嘗聞求葬公宫者也。’今作‘古之及今’，則文不成義，蓋涉下文‘古之人君’而誤。《羣書治要》及《北堂書鈔》禮儀部十三、《太平御覽》禮儀部三十四並引作‘自古及今’。”純一今據改。子亦嘗聞請合葬人主之宫者乎？”舊脱“合”字，盧據《北堂書鈔》九十二補。晏子對曰：“古之人君，其宫室節，蘇云：“《治要》‘其’上有‘治’字。”不侵生人之居，孫云：“‘侵’，《御覽》作‘奪’。‘人’，舊作‘民’。”王云：“‘生民’本作‘生人’，‘民’與‘人’雖同義，然與‘死人’對文，則當言‘生人’，不當言‘生民’也。《治要》、《御覽》並作‘生人’。下文‘奪人之居，殘人之墓’，亦以兩‘人’字對文。”純一：今據改。其臺榭儉，“其”字舊脱，從蘇校據《治要》補。不殘死人之墓，故未嘗聞請葬人主之宫者也。“請”上舊衍“諸”字。盧云：“《北堂書鈔》無。”純一案：《治要》、《御覽》並無，今據删。今君侈爲宫室，奪人之居，廣爲臺榭，殘人之墓，是生者愁憂，不得安處，“是”下疑脱“以”字。蘇云：“《治要》‘安’作‘驩’。”死者離易，不得合骨。蘇云：“《治要》‘易’作‘析’。”豐樂侈遊，兼傲生死，蘇云：“《治要》作‘死生’。”非仁君之行也。“仁”，舊作“人”。蘇云：“‘人君’，《治要》作‘仁人’。”純一案：“君”字不誤。“人”，今從《治要》作“仁”。遂欲滿求，不顧細民，非存之道也。“也”字舊脱，據《治要》補。“非存之道也”，語意不完，“存”上疑當有“圖”字，與上文“非仁君之行也”句法一律。且嬰聞之，生者不得安，蘇云：“《治要》無‘得’字。下同。”純一案：《書鈔》同。命之曰蓄憂；蘇云：“命，名也。”死者不得葬，命之曰蓄哀。《書鈔》有“也”字。蓄憂者怨，蓄哀者危，君不如許之。”《書鈔》無“君”字。公曰：“諾。”晏子出，梁丘據曰：“自古及今，“古”，舊作“昔”，從蘇校據《治要》改，與上文一律。未嘗聞求葬公宫者也，若何許之?”公曰：“削人之居，殘人之墓，淩人之喪而禁其葬，是于生者無施，元刻脱“無”字。于死者無禮也。“也”字舊脱，從蘇校據《治要》補。《詩》云：蘇云：“《治要》作‘且《詩》曰’。”‘穀則異室，死則同穴。’孫云：“《王風·大車》之詩。”純一案：《毛傳》：“穀，生也。”吾敢不許乎?”逢于何遂葬其母于路寢之臺墉下，舊脱“于”字、“臺”字。“墉”譌“牖”。盧云：“《北堂書鈔》‘母’下有‘于’字，‘之’下有‘臺’字。”又云：“‘牖’譌，改作‘牖’。”蘇云：“《治要》亦有‘臺’字，‘牖’作‘牖’。”純一案：《御覽》亦有“臺”字，今並據補正。解衰去絰，“衰”同“縗”，喪服也。生麻布制，旁及下邊不緝者，謂之斬衰。熟麻布制，緝旁及下邊者，謂之齊衰。此當是斬衰。絰，喪服所用麻帶，束腰者也。逢于何既葬其母，故解衰去絰也。布衣縢屨，孫云：“《玉篇》：‘縢，繩也，約也。達會切。’”玄冠茈武，孫云：“《説文》：‘茈，草也。’《禮記·玉藻》：‘縞冠元武。’鄭氏注：‘武，冠卷也。’”盧云：“茈、紫同。”洪云：“《玉藻》：‘縞冠素紕。’鄭注：‘紕，既祥之冠也。’‘茈’當作‘芘’，與‘紕’字通用。”蘇云：“洪説是。《治要》作‘布衣玄冠’，無‘縢屨’、‘茈武’四字。”踊而不哭，“跳躍爲踊”，《禮記·檀弓下》“辟踊，哀之至也”疏。躃而不拜，孫云：“‘躃’當爲‘壁’。”純一案：“躃”，疑當爲“擗”，形近而誤。《孝經·喪親章》“擗踴哭泣”，注：“擗，拊心也。拊，擊也，拍也。”已乃涕洟而去。蘇云：“《治要》有‘之’字。”

景公嬖妾死守之三日不斂晏子諫第二十一

景公之嬖妾嬰子死，《意林》作“景公嬖妾死，名曰嬰子”。公守之，三日不食，膚著于席而不去。“而”字舊脱，據《意林》補。左右以復，而君無聽焉。左右有所白，而君若無聞焉。晏子入，復曰：《御覽》三百九十五引無“復”字。“有術客與醫俱言曰：‘聞嬰子病死，孫云：“術客，客有術者。‘聞嬰子病死’，《御覽》作‘能生死者聞嬰子疾’。”願請治之。’”《御覽》無“願”字。公喜，遽起，《御覽》無“遽”字。曰：“病猶可爲乎?”《御覽》“乎”下有“哉”字。晏子曰：“客之道也，孫云：“‘道’，《御覽》作‘通’，道亦通也。”以爲良醫也，請嘗試之。君請屏潔，沐浴飲食。孫云：“‘君請’，《御覽》作‘使君’。”純一案：《御覽》無“屏”字。屏潔者，屏除不潔而省言之。閒病者之宫，閒，隔也，使遠離也，彼亦將有鬼神之事焉。”自“左右”至此，《意林》省作“晏子曰：‘外有良醫，將作鬼神之事’”。公曰：“諾。”孫云：“《意林》作‘公信之’。”屏而沐浴。晏子令棺人入斂，已斂而復曰：《御覽》作“晏子令焙人斂之而復曰”。“醫不能治病，已斂矣，《御覽》“已”作“也”。不敢不以聞。”公作色不説，曰：“夫子以醫命寡人，而不使視，將斂而不以聞，自“夫子”至此，《御覽》略。吾之爲君，名而已矣。”《御覽》作“吾爲君紿而已矣”，無“晏子曰”以下語。晏子曰：“君獨不知死者之不可以生邪？孫云：“《意林》作‘晏子令棺入斂死者，公大怒。晏子曰：“已死不復生。”公乃止’。”嬰聞之，君正臣從謂之順，君僻臣從謂之逆。二句已見《諫上》七章。今君不道順而行僻，從逆[11]者邇，導害者遠，王云：“‘導害’二字義不可通。‘導害’當爲‘道善’，字之誤也。道，亦從也，見《禮器》注。‘道善’與‘從邪’正相反。下文‘讒諛萌通’，言從邪者邇也。‘賢良廢滅’，言道善者遠也。”劉云：“王讀‘導’爲‘道’，是也。惟‘害’字不必改作‘善’。‘道害’者，即匡君之失、指陳弊政之謂也。此指犯颜敢諫之臣言，如祖伊以戡黎告紂是也。”讒諛萌通而賢良廢滅，是以諂諛繁于閒，王云：“‘閒’字義不可通，當是‘閭’字之誤。閭，謂宫門也。《月令》：‘命奄尹申宫令，審門閭。’成二年《公羊傳》‘二大夫出，相與踦閭而語’，何注：‘閭，當道門。’‘諂諛繁于閭’，謂門内皆諂諛之人也。‘繁于閭’與‘處于國’對文。”俞云：“王云‘閒’字不可通，疑‘閭’字之誤。然閭，里門也，諂諛之言豈在里門乎？此‘閒’字本不誤，王氏特以‘閒’字與‘國’字虚實不倫，故疑其誤耳。《問上篇》曰：‘嗜欲備于側，毁非滿于國。’彼以‘側’與‘國’對文，則此以‘閒’與‘國’對文亦何不可，而必改其字乎？”純一案：“閒”字欠妥，疑亦“側”字之誤。邪行交于國也。昔吾先君桓公，用管仲而霸，嬖乎豎刀[12]而滅。今君薄于賢人之禮，而厚嬖妾之哀。薄所當厚，厚所當薄。且古聖王畜私不傷行，《墨子·辭過篇》：“雖上世至聖必蓄私，不以傷行。”蓋古有是語。斂死不失愛，死即畢斂，不以親而過愛。送死不失哀。不以送死而失之過哀。行傷則溺己，黄云：“‘傷’，元刻作‘蕩’，誤。”純一案：溺己，謂溺于私欲，不克自拔。愛失則傷生，愛情失之太過，適以戕賊生理。哀失則害性。黄云：“元刻脱‘哀’字。”純一案：顧校本元刻有“哀”字。《孝經·喪親章》：“無以死傷生，毁不滅性。”是故聖王節之也，節之義取乎竹，有節則無過與不及之差。死即畢斂，舊脱“死”字，語意不完，從王校補。蓋承上文“斂死”而言。不以留生事；“以”字舊脱，據下二句補，文同一例。“留”字義不可通，疑本作“害”。不以害生事，言不以死人久不棺斂妨害生人之事。下文“不以害生養”、“不以害生道”可證。今作“留”者，蓋涉下“朽尸以留生”而誤。棺槨衣衾，不以害生養；不以棺槨衣衾之費害生人衣食之奉。哭泣處哀，不以害生道。不可過哀以滅性，此墨家節葬之恉。今朽尸以留生，今以朽尸稽留之，望其復生。廣愛以傷行，廣行私暱之愛以傷德行。循哀以害性，“循”，舊譌“修”。王云：“‘修’字于義無取，當爲‘循’字之誤。循之言遂也。遂哀，謂哀而不止也。《喪服四制》曰：‘毁不滅性。’故曰‘循哀則害性’。《墨子·非儒篇》曰：‘宗喪循哀，不可使慈民。’此‘循哀’二字之證。‘循’、‘遂’一聲之轉。《史記·孔子世家》及《孔叢子·詰墨篇》皆作‘崇喪遂哀’，是‘循哀’即‘遂哀’也。”純一：今據正。君之失矣。失，過誤也。故諸侯之賓客，此與“本朝之臣”對文，“客”字涉下文而衍，當删。慙入吾國，君不道順而行僻，邪行交于國故。本朝之臣，慙守其職，從邪者邇，道害者遠故。崇君之行邪僻。不可以導民，從君之欲，害理。不可以持國。且嬰聞之，朽而不斂謂之僇尸，猶陳尸爲戮。臭而不收謂之陳胔。收，猶斂也。胔，腐肉也。孫云：“‘臭’，‘殠’省文。《説文》：‘殠，腐气也。’”反明王之性，反乎聖王遠邪崇正之性。行百姓之誹，不畏百姓之非議而妄行。而内嬖妾于僇胔，蘇云：“‘内’同‘納’。”此之爲不可。”公曰：“寡人不識，請因夫子而爲之。”晏子復曰：黄云：“元刻脱‘曰’字。”“國之士大夫，諸侯四鄰賓客皆在外，君其哭而節之。”疑此當有“公從之”句，而今本脱之，文義不完。仲尼聞之曰：“星之昭昭，不若月之曀曀。孫云：“‘若月’，《意林》作‘若日月’。《詩》‘曀曀其陰’，《毛傳》：‘如常陰曀曀然。’《意林》作‘翳’，《文選》注作‘曖’，皆俗字。”黄云：“孫頤谷云：‘“曀曀”，當依《文選》陸士衡《擬古詩》注作“曖曖”。又見座右銘注。’”小事之成，不若大事之廢。言大事雖廢，其所成就者多，非僅成一二小事者比。君子之非，孫云：“言以權詐君，非正也。”賢于小人之是也。言君子所見者遠大，雖或不是，視諸小人無足重輕之是猶賢之。其晏子之謂歟？”

景公欲厚葬梁丘據晏子諫第二十二

梁丘據死，景公召晏子而告之曰：《太平御覽》五百五十八無“而”字。

“據忠且愛我，孫云：“‘且’，《御覽》作‘臣’。”我欲豐厚其葬，《御覽》作“我欲厚葬之”。高大其壟。”晏子曰：《御覽》作“晏子對曰：‘不可。’公遂止”，無“敢問”以下語。“敢問據之忠與愛于君者，蘇云：“《治要》作‘敢問據之所以忠愛君者’。”可得聞乎？”公曰：“吾有喜于玩好，有司未能我共也，“共”從元刻，孫本作“具”。蘇云：“《治要》亦作‘共’。”純一案：日本天明刻本作“供”。則據以其所有共我，蘇云：“《治要》作‘則據以其財供我’。”吾是以知其忠也。舊脱“吾”字，從王校據《治要》補，與下“吾是以”對文。每有風雨，暮夜求之必存，“暮”當爲“䳟”。存，在也。“之”字舊脱，從蘇校據《治要》補。吾是以知其愛也。”晏子曰：“嬰對則爲罪，不對則無以事君，對則與君心相違，不對則失其事君之道。敢不對乎？嬰聞之，臣專其君，謂之不忠。君之分事，在於善羣。臣當備君，有禮于羣臣，有惠于百姓，有信于諸侯，故君非一臣所得專也。子專其父，謂之不孝。子以喻親於道爲孝，且以尊仁安義爲錫類之大孝。若專其父，則子不子矣。妻專其夫，謂之嫉妒。舊脱“妒”字，據《治要》補。元刻“嫉”上衍“不”字，黄云：“誤。”事君之道，導君以親于父兄，舊脱“君以”二字，語意不完，據王所見《治要》補。有禮于羣臣，有惠于百姓，有信于諸侯，蘇云：“《治要》‘信’作‘義’。”謂之忠。《治要》有“也”字。爲子之道，王云：“《治要》‘之道’作‘道父’，屬下讀。”純一案：《治要》“爲臣”、“爲子”、“爲妻”下均脱“之道”二字，當從本書爲是。本書此文脱“導父”二字，今據《治要》補。導父以鍾愛其兄弟，孫云：“‘鍾’，一本作‘忠’。”施行于諸父，慈惠于衆子，蘇云：“《治要》句上有‘以’字。”純一案：“以”字衍。誠信于朋友，謂之孝。治要有“也”字。爲妻之道，使其衆妾皆得歡忻于其夫，蘇云：“《治要》無二‘其’字。”謂之不嫉。蘇云：“《治要》‘嫉’作‘妒’，句下有‘也’字。”今四封之民皆君之臣也，而維據盡力以愛君，王云：“此下各本脱去九十九字，據《羣書治要》補。《太平御覽》禮儀部三十七作‘晏子曰：“不可。”公遂止’，乃取《晏子》原文而約舉之，故與《治要》不同。”純一案：王説是，今從之。何愛者之少邪？《孟子·離婁下》曰：“君之視臣如土芥，則臣視君如寇讎。”四封之貨皆君之有也，而維據也以其私財忠于君，何忠者之寡邪？是君爲據所獨有之君也。據之防塞羣臣，壅蔽君，揭其所以專君之實。《管子·明法篇》曰：“令出而道留謂之擁，下情求不上通謂之塞。”擁、壅同。無乃甚乎?”公曰:“善哉。微子,疑當作“微夫子”。“夫子”之稱,本書屢見。寡人不知據之至于是也。”遂罷爲壟之役,廢厚葬之令,令有司據法而責,衆無敢枉法者。羣臣陳過而諫。君可寡過修善。故官無廢法,官無法不遵行。臣無隱忠,臣有忠即表著。而百姓大説。《治要》作“悦”。

景公欲以人禮葬走狗晏子諫第二十三

景公走狗死,公令外共之棺,内給之祭。《太平御覽》九百五“令”作“命”,“共”作“供”,“給”下無“之”字。晏子聞之,諫。公曰:“亦細物也,盧云:“物猶事也。”特以與左右爲笑耳。”晏子曰:“君過矣。夫厚藉斂不以反民,苛斂民財,不以分貧。棄貨財而笑左右,傲細民之憂而崇左右之笑,王云:“傲,輕也。崇,重也。言輕小民之憂而重左右之笑也。《問上篇》曰:‘景公外傲諸侯,内輕百姓。’《韓子·六反篇》曰:‘民慕其利而傲其罪,故姦不止也。’是傲爲輕也。《盤庚》曰:‘高后丕乃崇降罪疾。’是崇爲重也。”則國亦無望已。國事絶望,不可爲已。且夫孤老凍餒而死狗有祭,鰥寡不恤而死狗有棺,行辟若此,百姓聞之,必怨吾君,諸侯聞之,必輕吾國。四句亦見《諫上》二十五章。怨聚于百姓,君位難保。而權輕于諸侯,國命可危。而乃以爲細物,君其圖之。”公曰:“善。”趣庖治狗,趣,促也。庖,庖人。治,宰也。以會朝屬。

景公養勇士三人無君臣之義晏子諫第二十四

公孫接、孫云:“《藝文類聚》、《後漢書注》作‘捷’,頃公孫子車也。”純一案:《類聚》見卷八十六,《爾雅·釋水》疏引此,“公孫”上有“景公蓄勇士”五字。田開疆、孫云:“姓田,名開疆,陳氏之族。”純一案:《後漢書·馬融傳》注作“彊”,《太平御覽》九百六十七作“强”。《爾雅》阮元《校勘記》云:“開疆猶辟疆也,作‘彊’蓋誤。”古冶子孫云:“姓古,名冶。”純一案:《馬融傳》作“古蠱”,注音“冶”。“蠱”與“冶”通。事景公,以勇力搏虎聞。晏子過而趨,黄云:“《爾雅·釋水》疏引作‘晨趨’。”三子者不起。《御覽》、《類聚》約其文曰“勇而無禮”,蓋以此。晏子入見公，曰："臣聞明君之蓄勇力之士也，上有君臣之義，下有長率之倫，《爾雅·釋詁》："率，循也。"似非此義。此疑"少"之聲轉。内可以禁暴，外可以威敵，上利其功，下服其勇，故尊其位，重其禄。今君之蓄勇力之士也，上無君臣之義，下無長率之倫，内不可以禁暴，外不可以威敵，舊上句脱"可"字，下句脱"以"字，並從王校補。此危國之器也，不若去之。"公曰："三子者，搏之恐不得，刺之恐不中也。"孫云："'中'，一本作'忠'。"純一案：《墨子·兼愛下篇》："意不忠親之利而害，爲孝乎？"即以"忠"爲"中"。晏子曰："此皆力攻勍敵之人也，勍，强也。《左僖二十二年傳》"勍敵之人"注。無長幼之禮。"《論語·泰伯篇》曰："勇而無禮則亂。"因請公使人少餽之二桃。孫云："'餽'即'饋'假音字。三人餽以二桃，故云少。"純一案：《類聚》作"晏子言於公，餽之二桃"。《説文》："饋，餉也。"吴人謂祭曰餽，故爲"饋"之叚字。曰："三子何不計功而食桃？"以此速三子之死。"何不"二字疑涉下文而衍。《類聚》無"何不"二字，是。公孫接仰天而歎曰："晏子，智人也。知計出晏子。夫使公之計吾功者，"夫"，猶"彼"也。不受桃，是無勇也。士衆而桃寡，何不計功而食桃矣。接一搏特猏，再搏乳虎，"猏"從元刻，孫本作豣。舊脱"特"字，"再"上衍"而"字，從盧校據《爾雅疏》補删。孫云："《吕氏春秋·知化篇》：'譬之猶懼虎而刺猏。'"高誘注："獸三歲曰猏。"《古今韻會》："'豣'，《集韻》或作'豜'，'猏'則'豣'正字也。"《後漢書注》作"持楯而再搏乳虎"。"持楯"即"搏猏"，形近之誤。若接之功，可以食桃而無與人同矣。"與，許也。《論語·公冶長》："吾與女弗如也。"皇疏："無與人同，無許人同也。""無"，《爾雅疏》引作"毋"。下並同。援桃而起。田開疆曰："吾仗兵而卻三軍者再，"仗"，元刻、孫本並同，《爾雅疏》作"杖"，無"而"字。孫云："'仗'，今本作'伏'，非。據《藝文類聚》、《後漢書注》改。'卻'，《藝文類聚》、《後漢書注》作'御'。"盧校"仗"作"杖"，注云："舊譌'伏'，改'仗'亦俗。"純一案："卻"，《馬融傳》注作"禦"，上無"而"字。《别雅四》云："杖，仗也。"《漢書·李尋傳》："近臣已不足杖矣。"師古曰："杖，謂倚任也。"《義通》作"仗"。按《韻書》"杖"讀上聲，"仗"讀去聲。《説文》有"杖"，無"仗"。"倚仗"之"仗"，古固用"杖"也。若開疆之功，亦可以食桃而無與人同矣。"援桃而起。古冶子曰："吾嘗從君濟于河，黿銜左驂，以入砥柱之中流。"中"字舊脱，從黄校據《爾雅疏》補。孫云："'銜'，今本作'御'，非，據《藝文類聚》、

《後漢書注》改。《括地志》:‘底柱山,俗名三門山,在硤石縣東北三十里,黄河之中。’”純一案:“銜”,元刻不誤。《御覽》九百三十二引作“御”,譌。當是時也,冶少不能游,潛行,孫云:“《爾雅·釋水》:‘潛行爲泳。’郭璞注:‘水底行也。’引此文。”純一案:《類聚》“潛行”下有“水底”二字。逆流百步,順流九里,孫云:“‘順’,《藝文類聚》作‘從’。”純一案:《御覽》九百三十二亦作“從”。黄云:“‘九里’,《爾雅疏》作‘七里’。”得黿而殺之,左操驂尾,右挈黿頭,鶴躍而出。津人皆曰:“河伯也,視之則大黿之首也。“也”字舊脱,從黄校據《爾雅疏》補。“視之”上舊有“若冶”二字,俞云:“‘若冶’二字,衍文也。‘津人皆曰河伯也,視之則大黿之首’,蓋津人始皆驚疑,以爲河伯,及審視之,則大黿之首耳。視之者津人,非古冶子也。古冶子親殺黿,挈其頭而出,復何視乎?因涉下文‘若冶之功’而衍‘若冶’二字耳。《爾雅·釋水疏》引此文無‘若’字,疑原文並無‘冶’字,後人據誤本《晏子》增入之,而省‘若’字也。”純一案:俞説是也,今據删。若冶之功,亦可以食桃,而無與同人[13]矣。二子何不反桃?”抽劍而起。公孫接、田開疆曰:“吾勇不子若,功不子逮,《類聚》“子若”、“子逮”並倒。取桃不讓,是貪也。然而不死,無勇也。”皆反其桃,挈領而死。孫云:“《後漢書注》作‘契領’,是。《爾雅·釋詁》:‘契,絶也。’《詩傳》:‘領,頸也。’《藝文類聚》作‘刎頸’。”純一案:“挈”、“契”古通用。《别雅》四云:“魏受禪表,書挈所録。”《隸釋》云:“以‘挈’爲‘契’。”《詩·邶風》“死生契闊”,《釋文》云:“‘契’,本亦作‘挈’。”《史晨碑》“孝經援神挈”,《校官碑》“衆儁挈聖”,“挈”皆同“契”。《御覽》九百六十七作“古冶子令二子反桃,二子慙而自殺”。《爾雅疏》作“二子恥功不逮而自殺”。古冶子曰:“二子死之,冶獨生之,孫云:“‘生之’,《藝文類聚》作‘不逮’。”不仁。恥人以言,而誇其聲,不義。恨乎所行,不死,無勇。“恨”乃“很”之借字。很者,違也。説本王氏《雜志》,詳《雜下》二十章。雖然,二子同桃而節,冶專桃而宜。”元刻如此。各本“專”下有“其”字。俞云:“按二語不可曉。古冶子之意,蓋以二子之勇相等,二子同食一桃則得其節矣,冶專食一桃則得其宜矣。使二子不死,即以此言處置二桃可也。上文‘二子死之,冶獨生之’云云,已自明不得不死之故。此二言又處置二桃,即以定已與二子之分量,故用‘雖然’二字作轉也。”亦反其桃,挈領而死。《類聚》作“又刎頸而死”。《爾雅疏》作“古冶子亦自殺”。使者復曰:“已死矣。”此知餽桃時預決其必死也。公殮之以服,葬之以士禮焉。孫云:“《水經注》：‘淄水東經臨淄縣故城南，又東北逕蕩陰里西。水東有冢，一基三墳，東西八十步，是列士公孫接、田開疆、古冶子之墳也。晏子惡其勇而無禮，投桃以斃之，死葬陽里，即此也。’”

景公登射思得勇力士與之圖國晏子諫第二十五

景公登射，今本《説苑》同此。《北堂書鈔》八十引《説苑》“射”作“酌”。《太平御覽》五百二十三引説苑作“酎”。晏子修禮而侍。“侍”，《説苑》作“待”，《書鈔》引同。《禮記·射義篇》曰：“射者進退周旋必中禮。”故“晏子修禮而侍”。此知晏子嫻習儒家之禮。公曰：“選射之禮，四字《書鈔》引《説苑》作“其言禮”。古者以射選有德，射必以禮，故曰“選射之禮”。寡人厭之矣。“厭”，《書鈔》引《説苑》作“饜”。吾欲得天下勇士與之圖國。”“得”，《書鈔》引《説苑》作“取”。晏子對曰：“君子無禮，是庶人也。《書鈔》引《説苑》無“也”字。庶人無禮，是禽獸也。言人無貴賤，無禮即是禽獸。《諫上》二章曰：“凡人之所以貴於禽獸者，以有禮也。今君去禮，則是禽獸也。”夫臣勇多則弑其君，子力多則弑其長，舊無“臣”字、“子”字，下“弑”字作“殺”，從孫校據《説苑》補正。然而不敢者，維禮之謂也。《諫上》二章“力多足以勝其長，勇多足以弑其君，而禮不使也”，義與此同。禮者，《書鈔》引《説苑》作“禮以治國”。所以御民也。轡者，所以御馬也。民非禮無以御之，與馬非轡無以御之同。無禮而能治國家者，《書鈔》引《説苑》作“無禮能治其國家者”。嬰未之聞也。”“嬰”從元刻，《説苑》同，孫本譌“晏”。《書鈔》引《説苑》“未”下有“嘗”字。景公曰：“善。”迺飭射。“飭”，舊譌“飾”，從孫校據《説苑》正。飭，整備也。更席以爲上客，以晏子爲上客。終日問禮。孫云：“《説苑·修文篇》用此文。”

【校記】

〔1〕見，《讀書雜誌》作“言”。

〔2〕音來，原脱據底本目録補。

〔3〕原脱“而”，據原目補。

〔4〕制，《淮南子》作“削”。

〔5〕儀，《淮南子·氾論訓》作“義”。
〔6〕蓋，孫氏《晏子春秋音義》作“益”。
〔7〕致，《説文》作“緻”。
〔8〕原脱“爲”，據原目補。
〔9〕楚楚，《説文》作“髗髗”。
〔10〕戚，《禮記·雜記》作“容”。
〔11〕逆，四部叢刊本《晏子春秋》作“邪”。
〔12〕刀，四部叢刊本《晏子春秋》作“刁”。
〔13〕同人，四部叢刊本《晏子春秋》作“人同”。

晏子春秋校注卷三

漢陽張純一仲如

内篇問上第三　凡三十章

莊公問威當世服天下時耶[1]晏子對以行也第一

莊公問晏子曰："威當世而服天下，時耶?"晏子對曰："行也。"《墨子·非命中篇》曰："安危治亂，在上之發政也。"公曰："何行?"對曰："能愛邦内之民者，能服境外之不善。先民後身，仁德周洽於邦内，則境外皆向化而善矣。後二十二章曰："百姓樂其政，遠者懷其德。"《管子·中匡篇》曰："愛四封之内，而後可以惡竟外之不善者。"義同。重士民之死力者，能禁暴國之邪逆。《羣書治要》脱"逆"字，文義不完。"邪逆"，猶"横逆"也。言能重視士民，惜其死、儲其力者，縱素逞彊暴之國，不敢以邪逆相加矣。中聽任賢者，舊脱"中"字，"任"譌"賃"。王云："'聽賃賢者'本作'中聽任賢者'，今本'任'誤作'賃'，此因'賢'字而誤加'貝'。而'聽'上又無'中'字者，後人誤以'聽賃'二字連讀，又不解'中聽'二字之義，故删去'中'字也。案'中聽'者，聽中正之言也。言聽中正之言而任賢者，則能威諸侯也。後第十八云'中聽以禁邪'，《問下篇》曰'中聽則民安'，此'中聽'二字之明證。'中聽任賢者'，與下文'逆諫傲賢者'對文，若删去'中'字，則與下文不對矣。《羣書治要》作'中聽任聖者'，雖'聖'與'賢'異文，而'中聽'二字則不誤。"黄云："'賃'字誤，當作'任'。按諸云'中聽'皆謂平聽，'中聽'與'愎諫'對文。《書》曰：'罔不中聽獄之兩辭。'"純一案：王、黄説是，今據補正。能威諸侯。中聽則行無偏頗，德日進矣。又任用賢人，以正民德，厚民生，則政無不理，國自富强，諸侯有不賓服者哉?安仁義而樂利世者，能服天下。安於仁則民無疾苦，安於義則行有節制，率舉國之衆克儉克勤，以利天下爲樂，天下自歸心矣。《書·太甲下》曰：

“一人元良，萬邦以貞。”不能愛邦内之民者，不能服境外之不善。君不愛民，則邦内無非讎怨，欲無外侮，得乎？輕士民之死力者，不能禁暴國之邪逆。輕視士民，不愍其死，不恤其力者，不足以禦外侮。愎諫傲賢者，舊衍“之言”二字，從王校删。《治要》脱“愎”字。不能威諸侯。愎諫則遂過飾非。僖十五年《左傳》“愎諫違卜”，杜注：“愎，戾也。”傲，慢也。傲賢則忠良遠，讒佞近，安有德政？能樹威於諸侯乎？倍仁義而貪名實者，蘇云：“‘倍’，《治要》作‘背’。”純一案：《説文》：“倍，反也。”《音義》並與“背”同。不能服天下。“服天下”三字舊脱，從盧校補。《禮記·表記》曰：“君子尊仁畏義，恥費輕實。”鄭注：“實，謂財貨也。”案：君子富而有禮，節於物以自奉，故恥費。恐用之非其道，義也。惠而能散，周於物以利人，故輕實。蓋不必藏於己，仁也。尊仁畏義，不敢犯天下之公理，恥費輕實，不敢徇一己之私欲，皆非要譽（説本吕氏大臨、應氏鏞參合之），所以天下服其德也。威當世而服天下者，此其道也已。”《治要》無“也”字。言道在儉於爲己，勤於爲人而已。而公不用，不用晏子之言。晏子退而窮處。《雜上》一章：“晏子因莊公不用其言，徒行而東耕於海濱。”公任勇力之士，而輕臣僕之死。用兵無休，國罷民害。“罷”，《治要》作“疲”。言國力憊乏，民命殘傷。期年，百姓大亂，不堪其苦故。而身及崔氏禍。“禍”上疑當有“之”字。君子曰：“盡忠不豫交，孫云：“遇事盡忠，不先結交於君。”不用不懷禄，《雜上》一章云：“君子無力于民，而旅食不惡貧賤。”晏子可謂廉矣。”句首舊衍“其”字，從王校删。

莊公問伐晉晏子對以不可若不濟國之福第二

莊公將伐晉，問于晏子。晏子對曰：“不可。君得合而欲多，俞云：“按‘合’與‘給’通。《説文·糸部》：‘給，相足也。’《孟子·梁惠王篇》：‘是心足以王矣。’下文曰：‘此心之所以合於王者，何也？’上言‘足以王’，下言‘合於王’，‘合’即‘給’也。‘君得合而欲多’，謂所得者既給，而所求者彌多也。”養欲而意驕。養，長也。得合而欲多者危，貪得無厭，必有拒其貪者，抗兵以相加，故危。養欲而意驕者困。欲無窮而耽染，意妄逞而放恣，有如《易》曰“困于石，據于蒺藜”之凶象。説詳《易·繫辭下》及襄二十四年《左傳》。今君任勇力之士，孫云：“‘任’，《左傳》作‘恃’。”以伐明主，“明”，古“盟”字。孫云：“《左傳》作‘盟’。”若不濟，國之福也。《易·繫辭下》曰：“小懲而大誡，此小人之福也。”不德而有功，憂必及君。”徼幸之功，禍機伏焉。公作色不説。晏子辭，不爲臣，退而窮處，堂下生蓼藿，王校作“藜藋”，云：“‘藜藿’，當爲‘藜藋’。藋，徒吊反，即今所謂灰藋也。藜藋皆穢草，故與荆棘並言。若‘藿’，則非其類矣。藋、藿字形相似，世人多聞藜藿，寡聞藜藋，故諸書中‘藜藋’多誤作‘藜藿’。説見《史記·仲尼弟子傳》。《外上篇》‘堂上生藜藿’，誤與此同。”門外生荆棘。莊公終任勇力之士，西伐晉，取朝歌及太行、孟門，孫云：“賈逵注《國語》：‘朝歌，晉邑。’杜預注‘朝歌，今屬汲郡’，非，地同名。《左傳》襄二十三年、《史記·齊世家》莊公四年事。杜預注：‘孟門，晉隘道。太行，在河内郡北。’”蘇云：“《左傳》作‘入孟門，登太行’。”茲于兑，王云：“‘兑’讀爲‘隧’。‘茲于兑’，且于之隧也。且，子餘反。此言還自伐晉，遂襲莒，入且于之隧也。‘且于’、‘茲於’聲相近，‘隧’、‘兑’聲相近，但上有脱文耳。《檀弓》‘齊莊公襲莒于奪’，鄭注曰：‘魯襄二十三年，齊侯襲莒是也。《春秋傳》曰：“杞殖華還，載甲夜入且于之隧。”“隧”、“奪”聲相近，或爲“兑”。’釋文‘奪，徒外反’，注：‘兑同。’故知‘茲于兑’即《左傳》‘且于之隧’，《檀弓》之‘奪’，鄭注之‘兑’也。”期而民散，身滅于崔氏。崔氏之亂，“亂”舊作“期”，從孫校據《左傳》改，事見襄公二十八年。逐羣公子，各本脱“子”字，孫據《左傳》補。盧校同，事見《左傳》襄二十八年及二十一年。及慶氏亡。孫云：“此下有脱文，事亦見後。《左傳》‘及慶氏亡，皆召之，具其器用而反其邑焉。與晏子邶殿其鄙六十’云云。”純一案：慶氏亡，見《雜下》十五章，文同襄二十八年《左傳》而略。

景公問伐魯晏子對以不若修政以待其亂第三

景公舉兵欲伐魯，以問晏子。“以問”從元刻，孫本作“問于”。晏子對曰：“不可。魯公好義而民戴之，好義者安，君好義則民安寧，而實力足。見戴者和，蘇云：“‘見’疑‘民’譌，此承上言之。”純一案：“見戴於民”，就魯公言，義自可通。“見戴”與“好義”對文，不必破“見”作“民”。“見戴者和”，謂魯上下一心，不可侮也。伯禽之治存焉，伯禽，周公長子，始封於魯。《詩·魯頌·閟宫》、《史記·魯世家》記其事。故不可攻。此墨家非攻之旨。攻義者不祥，違天理，拂人性，自速禍耳。危安者必困。人安耕織，我興師以危之，百姓死者甚衆，耗費又多，不自困乎。且嬰聞之，伐人者德足以安其國，政足以和其民，德足以安近懷遠，國無内憂。政足以和衆豐財，民皆樂業。國安民和，然後可以舉兵而征暴。如湯放桀，武誅紂，皆以義師伐罪救民耳。今君好酒而辟，此句與"厚藉斂而急使令"對文，有脱字。德無以安國，厚藉斂而急使令，舊脱"而"字，據上句增。"急"作"意"，從王校改。政無以和民。舊脱"政"字，上下文皆"政"，與"德"對言，今校補。德無以安之則危，政無以和之則亂。未免乎危亂之理，而欲伐安和之國，背於治國交鄰之道。不可，不若修政而待其君之亂也。蘇云："'君之'二字似不當有，傳寫者緣下衍'君'字，後又加'之'字耳。標題亦祇作'待其亂'，無'君之'二字，是其證。"純一案：蘇説是。民離其君，舊作"其君離"三字。王云："文不成義。當作'民離其君'，與'上怨其下'對文。今本'離'字誤在'其君'下，又脱去'民'字耳。"純一案：王説是，今據補乙。上怨其下，然後伐之，則義厚而利多。義厚則敵寡，《孟子·梁惠王篇》曰："仁者無敵。"利多則民歡。"以義伐不義，救民於水火之中，孰不簞食壺漿以迎？公曰："善。"遂不果伐魯。

景公伐㯃勝之問所當賞晏子對以謀勝禄臣第四

景公伐㯃，孫云："㯃即萊也。服虔注《左傳》：'齊東鄙邑。'杜預注：'萊國，今東萊黄縣。'"勝之。問晏子曰："吾欲賞于㯃，"㯃"下當有"之役"二字，言吾欲行賞于從㯃之役者，今本脱之，語意不完。何如？"對曰："臣聞之，以臣謀勝國者，舊脱"臣"字。此文本作"以臣謀勝國者"，言以臣之謀勝人之國者，則益臣之禄；以民之力勝人之國者，則益民之利。"臣謀"與"民力"對文。下文"益臣之禄"正承此而言。今本脱"臣"字，則不知謀出何人矣。"臣"字不可無，今補。益臣之禄；以民力勝國者，益民之利。故上有羨獲，下有加利，上指君言，下兼臣民言。羨，餘也。言君非臣民無所獲，當盡出其所餘，與臣民共之。君上享其名，"名"從孫本。下文"是上獨擅名"。元刻誤"民"。臣下利其實。實，謂財貨也。利其實，如益禄、益利是。故用智者不偷業，謀從智生，謀利於國，禄從而至，故不必偷作別業。用力者不傷苦，以力勝敵而利隨至，故不傷苦。此古之善伐者也。”古之善用兵者，使衆皆樂爲所用。公曰：“善。”于是破纛之臣，東邑之卒，皆有加利。凡從役者皆受賞。是上獨擅名，利下流也。獨，單也。擅，專也，據而有之也。君所專有者，獨勝名耳。而所得之利均歸臣民，君不私有也。《管子·中匡篇》曰：“君人者，名之爲貴，財安可有。”

景公問聖王其行若何晏子對以衰世而諷第五

景公外傲諸侯，傲，慢也，亦輕也。《管子·重令篇》曰：“驕諸侯者，諸侯失於外。”内輕百姓，輕者，重之反，鄙夷也。非暴君孰敢輕百姓。《管子·小匡篇》曰：“寬政役，敬百姓，則國富而民安矣。”好勇力，崇樂，以從嗜欲，“從”，讀若“縱”。好勇力則任意攻伐，構怨於諸侯。崇樂則習慣奢侈，暴斂於百姓。諸侯不説，百姓不親。諸侯惡其暴力，百姓苦其苛政。公患之，問于晏子曰：“古之聖王，其行若何?”晏子對曰：“其行公正而無邪，見理真故。故讒人不得入。不阿黨，不私色，故羣徒之卒不得容。“羣徒之卒”四字兩見，文不成義。此四字衹“羣小”二字足以了之，疑本作“故羣小不得容”，與“故讒人不得入”對文。羣小，謂君所嬖幸臣妾。不得容，謂無容身之地。薄身厚民，此文亦見後十一章，蓋晏子之主恉。故聚斂之人不得行。薄身，自養薄而德儉。厚民，愛利兼施，故聚斂之人無所容其足。不侵大國之地，不秏小國之民，孫云：“‘秏’，今本作‘耗’，非。”純一案：不潛師侵大國以掠其地，不逞强淩小國以秏其民，是爲公正之行。故諸侯皆欲其尊。不劫人以兵甲，“兵甲”從元刻，孫本作“甲兵”。黄云：“下云‘劫人以兵甲’，元刻是。”不威人以衆彊，故天下皆欲其彊。《易·乾·文言》曰：“君子體仁，足以長人。”德行教訓，加于諸侯，慈愛利澤，加于百姓，故海内歸之若流水。今衰世君人者，辟邪阿黨，故讒諂羣徒之卒繁。“羣徒之卒”四字沿上文而誤，疑本作“故讒諂之徒繁”，與“故聚斂之人行”對文。今本“之”字倒著“徒”下，又衍“羣”字、“卒”字，文不成義。厚身養，薄視民，上文“薄身厚民”，此文反之。疑本作“厚身薄民”，與“辟邪阿黨”對文。今本“養”字、“視”字蓋後人妄加，當删。故聚斂之人行。侵大國之地，凡師行無鐘鼓曰侵。侵，犯也，襲取也。秏小國之民，秏，滅也，損也。秏小國之民，如《墨子·非攻下篇》曰“入其國家邊境，芟刈其禾稼，斬其樹木”之類是。故諸侯不欲其尊。劫人以兵甲，威人以衆彊，故天下不欲其彊。災害加于諸侯，勞苦施于百姓，故讎敵進伐，天下不救，貴戚離散，讒諛之徒繁，不相容故。百姓不與。”“與”，舊譌“興”。王云：“‘興’字於義無取，當是‘與’字之誤。‘百姓不與’，即上文之‘百姓不親’也。《繫辭傳》曰：‘民不與。’”純一：今據正。公曰：“然則何若？”對曰：“對”從元刻，明本作“敚”，孫本同。洪云：“《説文》：‘敚，强取也。’此假借作‘對’字，是古字之僅存者。”請卑辭重幣，以説于諸侯，《墨子·魯問篇》曰：“厚爲皮幣，卑辭令，亟遍禮四鄰諸侯。”義同。輕罪省功，以謝于百姓，輕罪，省刑罰也。省功，減力役也。以是謝罪于百姓。其可乎。”庶乎近焉。公曰：“諾。”于是卑辭重幣而諸侯附，輕罪省功而百姓親。故小國入朝，燕、魯共貢。交鄰有道故。墨子聞之曰：“晏子知道，道在爲人，而失在爲己。下“在”字，舊錯置下文“不爲與”下，今從孫、王校移此。孫云：“爲人則得，爲己則失也。”純一案：爲人，天道也，兼也，公也，故無不得也。爲己，人道也，别也，私也，故無不失也。爲人者重，自爲者輕。《墨子·經説上》曰：“任爲身之所惡，以成人之所急。”《孟子·盡心上》曰：“墨子兼愛，摩頂放踵利天下爲之。”胥此道也。蓋儉以自利，兼以利人，所以適性，一也。《墨子》書今存五十三篇，此二語足以蔽之。《晏子》書總二百十五章，亦以此二語攝盡。推之六經百子，乃至釋氏三藏世出世法，無能舍此以爲教者。景公自爲，而百姓不與。舊作“而小國不爲與在”，“在”字已依孫、王校移前。“爲”字衍，從王校删。“小國”二字當爲“百姓”之誤。上文皆“百姓”與“諸侯”對言，此不應獨作“小國”，致與“諸侯”義複，而文不相對。蓋傳寫之誤，今校改。爲人，而諸侯爲役。有我之見存而自爲，則引生百姓之我見，同時興戎。無我之見而爲人，則消除諸侯之我見，甘心聽命，此至聖所以無我也。《管子·形勢篇》曰：“天道之極，遠者自親。人事之起，近親造怨。”蓋無我、有我之辯，利害縣絶。則道在爲人，而行在反己矣，黄云：“‘行’蓋‘得’之剥文。上云‘而失在爲己’與此相反。爲己則失，反己則得也。”純一案：“行”字不誤。言道在爲人，而行在反己，强恕以求仁也。故晏子知道矣。”晏子衣布衣鹿裘，駕敝車疲馬，盡以禄給親戚朋友，節用兼愛，固深知性道矣。

景公問欲善齊國之政以干霸王晏子對以官未具第六

景公問晏子曰：“吾欲善治齊國之政，以干霸王之諸侯。”孫云：“此句疑脱誤。《意林》作‘吾欲霸諸侯，若何’，《孔叢》作‘可以霸諸侯乎’。”純一案：“以干霸王之諸侯”，義不可通。《管子·小匡篇》有“若欲霸王，夷吾在此”之説，據標題云“以干霸王”，此文或作“以干霸王，可乎”。晏子對曰：“對”上舊衍“作色”二字，從王校删。《意林》作“晏子曰”，《孔叢》作“對曰”，並無“作色”二字。“官未具也。臣數以聞，而君不肯聽也。孫云：“‘數’，《孔叢》作‘亟’。‘不肯聽’，《孔叢》作‘未肯然’。”臣聞仲尼“臣”上舊衍“故”字，無謂，據《意林》、《孔叢》删。孫云：“《孔叢下》有‘聖人然猶’四字。”居處惰倦，孫云：“《意林》作‘居陋巷’，形近之譌。《孔叢》作‘勌惰’。”純一案：《意林》作“處陋巷”。廉隅不正，孫云：“‘正’，《孔叢》作‘修’。”則季次、《意林》無“季次”二字。原憲侍。孫云：“《史記·仲尼弟子列傳》：‘公晳哀字季次。孔子曰：‘天下無行，多爲家臣仕於都，唯季次未嘗仕。’《家語》作‘公晳克’，《孔叢》作‘季羔’。”氣鬱而疾，《意林》無此四字。志意不通，則仲由、卜商侍。《意林》無“卜商”二字。德不盛，行不厚，孫云：“‘厚’，《孔叢》作‘勤’。”純一案：《意林》衹作“德不辱”。則顔回、騫、雍侍。孫云：“《孔叢》作‘顔、閔、冉、雍侍’。閔損，字子騫。”純一案：《意林》無“騫、雍”二字。今君之朝臣萬人，兵車千乘，“兵”，《孔叢》作“立”。不善政之所失于下，霣墜于民者衆矣，“民”上“于”字從元刻，孫本作“下”。孫云：“‘霣’即‘隕’叚音字。‘墜’當爲‘隊’。《説文》：‘隕，從高下也。隊，從高隊也。’”純一案：此文不順而義冗複，《孔叢》作“不善之政加于下民者衆矣”，當據删訂。未有能士敢以聞者。孫云：“《孔叢》作‘未能以聞者’。”純一案：《魏策一》曰：“不揜能士之迹。”“能士”之偁有徵。臣故曰：官未具也。”孫云：“‘具’，《孔叢》作‘備’，《意林》作‘今君未有能侍，故未具也’。”公曰：“寡人今欲從夫子而善齊國之政，王云：“《羣書治要》無‘今’字，《説苑》同。”可乎？”對曰：“嬰聞國有具官，蘇云：“《治要》‘聞’下有‘之’字。”純一案：《説苑》同。然後其政可善。”《説苑》作“國具官而后政可善”。公作色不説，曰：“齊國雖小，則何謂官不具？”“何”，元刻作“可”，古通。《治要》、《説苑》“具”下並有“乎”字，此脱，當據補。“謂”，《説苑》作“爲”，古通。“則”字疑涉上下文衍。對曰：“此非臣之所復也。《治要》無此七字。昔吾先君桓公身體惰懈，《説苑》無“吾”字。孫云：“‘惰’，《説苑》作‘墮’。”蘇云：“《治要》‘懈’作‘解’。”辭令不給，則隰朋暱侍。孫云：“隰朋謚成子，莊公曾孫，戴仲之子。《史記·齊世家集解》徐廣曰：‘或作“崩”也。’《潛夫論·志氏姓》：‘齊之隰氏，姜姓。’‘暱’，《爾雅·釋詁》：‘近也。’”純一案：莊公，成公子，名購，或作“贖”，非靈公子名光者。左右多過，蘇云：“《治要》作‘譽’。”獄讞不中，“獄讞”，《説苑》作“刑罰”。孫云：“‘讞’當爲‘瀛’。《説文》：‘議辠也。’《玉篇》：‘瀛，魚列切。與“讞”同。’草書‘水’、‘言’相似。”則弦甯暱侍。“甯”從元刻，孫本誤“章”，與《説苑》同。盧云：“‘甯’與‘寧’同。《新序》作‘弦寧’，説已見前。”黄云：“弦章，景公臣。見《諫上篇》及外末篇。元刻是。”蘇云：“此與諫景公飲酒之弦章相隔百餘年，《治要》正作‘弦甯’。”田野不修，民氓不安，“民氓”，《説苑》作“人民”。蘇云：“《治要》‘氓’作‘萌’。”則甯戚暱侍。軍吏怠，戎士偷，蘇云：“《治要》‘吏’作‘士’，‘怠’作‘惰’，‘偷’作‘肆’。《王氏雜志》作‘戎事’，非。此與‘軍吏’對。”則王子成甫暱侍。孫云：“《韓非》作‘公子成父’，是。《説苑》‘甫’作‘父’。”蘇云：“《治要》‘成’作‘城’。”居處佚怠，“佚怠”，《説苑》作“肆縱”。蘇云：“《治要》‘佚’作‘逸’。”左右懾畏，繁乎樂，省乎治，此六字，《説苑》、《治要》並無。則東郭牙暱侍。孫云：“姓東郭，名牙。《韓非·外儲説》：‘桓公問置吏於管仲。曰：“辯察於辭，清潔於貨，習人情，夷吾不如弦商，請立以爲大理。登降肅讓以明禮待賓，臣不如隰朋，請立以爲大行。墾草仞邑，辟地生粟，臣不如甯武，請立以爲大田。三軍既成陳，使士視死如歸，吾不如公子成父，請立以爲大司馬。犯颜極諫，臣不如東郭牙，請以爲諫臣。”’”純一案：“弦商”，“商”當爲“甯”之譌。“甯武”，“武”當爲“戚”之譌。《管子·小匡篇》：“管仲曰：‘升降揖讓進退，閑習辯辭之剛柔，臣不如隰朋，請立爲大行。墾草入邑，辟土聚粟多衆，盡地之利，臣不如甯戚，請立爲大司田。平原廣牧，車不結轍，士不旋踵，鼓之而三軍之士視死如歸，臣不如公子城父，請立爲大司馬。決獄折中，不殺不辜，不誣無罪，臣不如賓須無，請立爲大理。犯君颜色，進諫必忠，不辟死亡，不撓富貴，臣不如東郭牙，請立以爲大諫之官。’”大致並與此同。德義不中，信行衰微，蘇云：“《治要》‘信’作‘意’，‘微’作‘怠’。”則管子暱侍。孫云：“‘管’，《説苑》作‘筦’，通。”先君能以人之長續其短，以人之厚補其薄，是以辭令窮遠而不逆，窮遠，無遠弗屆也。不逆，莫不服從也。兵加于有罪而不頓，“頓”與“鈍”通。不頓，言極順利也。是故諸侯朝其德，諸侯服其德，莫不來朝。而天子致其祚[2]。蘇云：“《治要》有‘焉’字，‘致’下無‘其’字。”純一案：僖九年《左傳》：“王使宰孔賜齊侯祚[3]。”杜注：“胙，祭肉。尊之比二王後。”今君之過失多矣，未有一士以聞者也，“者”字舊脱，從王校據《治要》、《説苑》補。故曰官不具。”公曰：“善。”孫云：“《説苑·君道篇》、《孔叢·詰墨篇》用此文。”王云：“案自‘公曰：寡人今欲從夫子而善齊國之政’以下别是一章，本在《問下篇》内，其首句本作‘景公問晏子曰’，後人以其問答之辭[4]大略相同，遂併後章入前章，而改‘景公問晏子曰’爲‘公曰’，以泯其迹。又前章標題云‘景公問欲善齊國之政以干霸王晏子對以官未具’，則後章亦當有標題，今既併後入前，遂删去後章之標題矣。不知前章是景公欲善齊國之政以干霸王，而晏子對以官未具，後章是景公欲與晏子善齊國之政，而晏子對以官未[5]具；前章是言侍孔子者有季次、原憲、仲由、卜商、颜回、騫、雍，而景公無一士，後章是言侍桓公者有隰朋、弦甯、甯戚、王子成甫、東郭牙、管仲，而景公無一士。且問答之詞皆前略而後詳，則非一篇可知。今併爲一篇，則既云‘今君不善政之所失于下，賈墜于民者衆矣，未有能士敢以聞者。臣故曰官未具也’，又云‘今君之過失多矣，未有一士以聞也，故曰官未具’，古人之文，有如是之複者乎？《晏子》各章，大同小異者多矣，又可一切删而併之乎？《羣書治要》後章在《問下篇》，其首句作‘景公問晏子曰’，可據以訂正。《説苑·君道篇》有後章無前章，《孔叢子·詰墨篇》及《意林》皆有前章無後章，則前後之非一章甚明。”黄云：“《治要》分‘寡人今欲從夫子’以下别爲一章，在《問下篇》，王氏從之，非也。《問上》、《問下》前計都凡皆三十章，分此入《問下》則下多一章矣。下篇標題章次具在，何處可以羼入？”純一案：齊景公欲封孔子以尼谿，晏子阻之，則自“臣聞仲尼”至“颜回、騫、雍侍”云云恐未必然。《孔叢》以晏子稱孔子爲聖人，尤難信。況晏子之卒，當孔子四十五歲（詳《雜上》二十三章注）。卜商少孔子四十四歲，卜商能侍孔子，晏子墓木已拱乎。此文疑除《説苑》、《治要》所引外，蓋後儒以其詞旨相類，據《孔叢》羼入，不足據，當删。

景公問欲如桓公用管仲以成霸業晏子對以不能第七

景公問晏子曰：“昔吾先君桓公，有管仲夷吾保乂齊國，《爾雅·釋詁》：“乂，治也。”能遂武功而立文德，《諫上》十六章曰“民樂其政而世高其德”，是爲文德。“行遠征暴，勞者不疾”，是爲武功。糾合兄弟，蘇云：“謂兄弟之國。”撫存冀州，“冀”，舊譌“翌”。王云：“‘翌州’二字義不可通，‘翌’當爲‘冀’。王肅注《家語·正論篇》曰：‘中國爲冀。’僖四年《公羊傳》曰‘桓公救中國而攘夷狄，卒怗荆’，故曰‘撫存冀州，荆楚惽憂也’。今本作‘翌州’者，‘冀’誤爲‘翼’，又誤爲

‘翌’耳。”純一：今據改。吴、越受令，荆、楚惛憂，王云：“惛者，悶之借字也。《吕氏春秋·本生篇》‘下爲匹夫而不惛’，高注曰：‘惛，讀憂悶之悶。’故曰‘荆楚惛憂’。”莫不賓服，勤于周室，天子加德。加，猶嘉也。《説文》：“加，語相增加也。”言天子嘉其德。先君昭功，管子之力也。孫云：“國、德，州、憂，德、力，各爲韻。”今寡人亦欲存齊國之政於夫子，存，猶寄也。《論語·泰伯篇》“可以寄百里之命”義同。夫子以佐佑寡人，孫云：“‘佐佑’當爲‘左右’。《詩箋》：‘左右，助也。’”彰先君之功烈，而繼管子之業。”繼管子之業，猶《書·説命下》曰“罔俾阿衡專美有商”意。晏子對曰：“昔吾先君桓公能任用賢，國有什伍，孫云：“謂管子作内政以寓軍令也。”純一案：詳《小匡篇》。治徧細民，治理所及，不遺一小民。例如《管子·問篇》曰“問士之有田宅、身在陳列者幾何人？問男女有巧伎能、利備用者幾何人？處女操工事者幾何人”云云是。貴不凌賤，富不傲貧，此二句亦見《問下》十一章。孫云：“賢、民、貧爲韻。”功不遺罷，黄云：“‘罷’，元刻作‘能’。”純一案：元刻誤。“罷”同“疲”，與賤、貧、愚爲儷文。《問下》二十四章曰：“齊尚而不以[6]遺罷。”“不遺罷”爲晏子之雅言。佞不吐愚，吐，棄也。《一切經音義》十一引《蒼頡》。俞云：“佞者，有才辯之稱，故與‘愚’相對。”舉事不私，不私則事無不成。聽獄不阿，人心以正，風俗以淳。内妾無羨食，外臣無羨禄，羨，餘也。無羨，言不溢於分外也。鰥寡無飢色，“飢”從元刻，孫本作“饑”，非。文王發政施仁，必先窮而無告者。不以飲食之辟，劉云：“‘辟’字當作‘癖’。‘癖’之謂言好也。下文‘則無以多辟傷百姓’，與‘嗜欲玩好’對言，則‘辟’亦當作‘癖’。”害民之財，“財”從孫本、明本，元刻作“則”，誤。不以宫室之侈，勞人之力，薄身厚民。節取于民，而普施之，損上益下。府無藏，倉無粟，藏富於民。上無驕行，下無諂德，此二句亦見後十七章。是以管子能以齊國免于難，而以吾先君參乎天子。諸侯尊爲霸主，故曰“參乎天子”。今君欲彰先君之功烈而繼管子之業，則無以多辟傷百姓，多辟，勢必害民之財，勞民之力，是保乂國家内政第一大戒。無以嗜欲怨諸侯，舊“嗜欲”下衍“玩好”二字。案“無以嗜欲怨諸侯”，與“無以多辟傷百姓”對文，“玩好”二字蓋後人妄加，今删。言勿逞攻伐之貪欲，以構怨于諸侯，是保乂國家外交第二大戒。臣[7]孰敢不承善盡力，以順君意。承善以立文德，盡力以遂武功。今君疏遠賢人，而任讒諛，《諫上》二十一章“賢人使遠，讒人反昌”，《問下》三章“讒人在前，諛人在後”，可互證。使民若不勝，勞民之力甚矣，猶若不足以供驅使。藉斂若不得，害民之財多矣，猶若未有所得然。厚取于民，而薄其施，菽粟朽于府内，恩澤不出宫中。多求于諸侯，而輕其禮，反乎交鄰之道。府藏朽蠹，而禮悖于諸侯，菽粟藏深，孫云：“‘菽’當爲‘尗’。”而怨積于百姓，君臣交惡，君不君，臣不臣。而政刑無常，《孟子·離婁上》云：“上無道揆，下無法守。”臣恐國之危失，而公不得享也，又惡能彰先君之功烈而繼管子之業乎。”《問下》三章“又焉可逮桓公之後乎”義略同。

景公問莒魯孰先亡晏子對以魯後莒先第八

景公問晏子：“莒與魯孰先亡？”對曰：“以臣觀之也，黄云：“凌本作‘之觀’，與此異。”純一案：“也”字衍，當删。莒之細人，細人，小民，對士言。變而不化，變易常經，不遷於善。貪而好假，《説文》：“假，非真也。”高勇競尚武力。而賤仁，賤，謂棄而不用也。士武以疾忿，急以速竭，士，學行優於細人者。亦唯恃武力，率爾逞忿，性皆急遽，不能持久。是以上不能養其下，是由在上者不能以節儉仁愛之德培養士民。下不能事其上，在下者不能本薄身厚民之道以事其上。上下不能相收，上下皆無報國之心，故不能互收其利益。則政之大體失矣。故以臣觀之也，“觀之”，各本誤倒，從盧校據上文乙。“也”字當删。莒其先亡。”公曰：“魯何如？”對曰：“魯之君臣，猶好爲義，好義，則虧人自利者必不爲，克己利人者必爲之，與莒之士民異趣矣。下之妥妥也，孫云：“‘妥’當爲‘綏’。《爾雅·釋詁》：‘綏，安也。’”純一案：《曲禮》下：“大夫則綏之。”《釋文》：“綏讀曰妥。”《漢書·燕剌王旦傳》：“北州以妥。”《集注》：“孟康曰：‘古“綏”字也。’臣瓚曰：‘妥，安也。’”“下之妥妥”，言士民莫不安居樂業也。奄然寡聞，孫云：“奄然，闇然。”純一案：此喻魯民不妄動，不妄聽。是以上能養其下，下能事其上，上下相收，政之大體存矣。《管子·五輔篇》曰：“上必寬裕而有解舍（房注：“解，放也。舍，免也。”），下必聽從而不疾怨，上下和同而有禮義。”可爲此之説明。故魯猶可長守，然其亦有一焉。語意不明，“其”下疑脱“失”字。彼鄒、滕雉奔而出其地，猶稱公侯，孫云：“《説文》：‘鄒，魯縣。古邾國，帝顓頊之後所封。’杜預注《左傳》：

‘滕國，在沛國公邱縣。’”俞云：“按‘雉奔而出其地’，乃極言其地之小，謂一雉奔竄，即出其邦域之外也。又所謂‘公侯’者，有國之君之通稱，故五等之封皆曰諸侯，而春秋書諸君之葬，皆稱公也。”黄云：“雉不能遠飛，雉奔而出其地，喻其出交近鄰。猶稱公侯者，在國稱公，在外稱列侯，小國亦然也。謂鄒、滕雖弱小，而能近事强大，至今猶不失爲通侯。以明魯近齊而親殷（純一案：“殷”當作“晉”），以褊小國而不服于近鄰，卒以滅亡也。”小之事大，舊“小”、“大”互錯，從王、俞校乙。弱之事彊，久矣。彼晉者，周之樹國也，魯近齊而親晉，舊作“彼周者，殷之樹國也，魯近齊而親殷”。孫云：“疑‘親殷’當爲‘親晉’。上亦當爲‘晉者，周之樹國也’。是時魯君屢如晉。”純一案：“彼周者，殷之樹國也”，與上下文不相屬，義不可通。孫説是也，今據改。言彼晉者，一周之樹國耳。魯既近齊，正宜親齊，乃不親齊而遠親晉，故下云“以褊小國而不服于鄰，以遠望晉”。以變小國，而不服于鄰，以遠望晉，“晉”，舊譌“魯”，從俞校正。孫云：“‘變小’疑‘褊小’。”俞云：“孫疑‘變小’即‘褊小’，是也。‘變’、‘褊’音近，故叚用耳。‘以遠望魯’，當作‘以遠望晉’，《左傳》所謂‘魯有伦竟，走望在晉’是也。因‘晉’與‘魯’形似，此章又論魯事，‘晉’字止此一見，淺人不察文義，妄改爲‘魯’耳。晏子之意，蓋謂魯與齊爲鄰，而不知事齊。所望者晉，晉相去又遠，緩急不足恃，故曰此‘滅國之道也’。”蘇云：“俞説是。”滅國之道也。齊其有魯與莒乎？”孫云：“魯後並于楚，莒滅于楚，而地入齊。”公曰：“魯與莒之事，寡人既得聞之矣。寡人之德亦薄，然後世孰踐有齊國者？”對曰：“田無宇之後爲幾。”孫云：“田無宇，陳桓子也，須無之子。‘幾’，《爾雅·釋詁》：‘近也。’”純一案：外上十五章有“齊國，田氏之國也”句。公曰：“何故也？”對曰：“公量小，私量大，以施于民。解詳《問下》十七章。其與士交也，用財無筐篋之藏。國人負攜其子而歸之，若水之流下也。外上十章曰：“田氏之施，民歌舞之也。國之歸焉，不亦宜乎。”夫先與人利，而後辭其難，不亦寡乎？自來先以利施人而後不任其人之所難者蓋寡。“難”，謂爲君難。理國政，禦外侮，甚不易也。若苟勿辭也，從而撫之，不亦幾乎！”若苟不辭其難，而任保民之責，從而撫之，不近於爲君之道乎。田氏將有齊國事，見《諫下》十九章、《問下》十七章、《外上》十章、又十五章。

景公問治國何患晏子對以社鼠猛狗第九

景公問于晏子曰：孫本、明本如此。元刻無“于”字。孫云：“《韓非》、《説苑》

作‘桓公問管仲’。”純一案：《羣書治要》引《説苑》同。“治國何患?”《説苑》、《治要》引均無“治”字，非。《藝文類聚》五十二引有“治”字。晏子對曰：《説苑》作“管仲對曰”。《治要》衹作“對曰”。“患夫社鼠。”公曰：“何謂也?”對曰：“夫社，束木而塗之，孫云：“《韓非》‘束’作‘樹’。‘塗’當爲‘涂’。《説文》：‘汙，涂也。’”黄云：“韓非見《外儲説右上》。”鼠因往託焉。孫云：“《韓非》作‘鼠穿其間，堀穴託其中’。”純一案：《韓詩外傳七》作“社鼠出竊於外，入託於内”。熏之則恐燒其木，灌之則恐敗其塗，“敗”，《治要》作“壞”。《韓非》作“燻之則恐焚木，灌之則恐塗阤”。《韓詩外傳》作“灌之恐壞牆，燻之恐燒木”。孫云：“‘熏’，《韓非》、《韓詩外傳》、《説苑》作‘燻’，非。‘塗’即牆也。”此鼠所以不可得殺者，以社故也。《韓非》作“此社鼠之所以不得也”，《外傳》作“此鼠之患”。夫國亦有社鼠，“社鼠”，舊作“焉”，據《説苑》、《治要》改，與下文“夫國亦有猛狗”一律。人主左右是也。《類聚》作“人君之左右”。内則蔽善惡于君上，外則賣權重於百姓，孫云：“《藝文類聚》作‘出則賣重寒熱，入則矯謁奴（或“收”字）利’，一作‘出則賣寒熱，入則比周’，與此皆不同，所見本異。《韓非》作‘出則爲勢重而收利於民，入則比周而蔽惡於君’。”純一案：《韓詩外傳》作“出則賣君以要利，入則託君”，下有脱文。不誅之則爲亂，孫本脱“爲”字，元刻有，《説苑》、《治要》同。《韓詩外傳》作“君不罪乎亂法”。孫云：“《韓非》作‘吏不誅則亂法’。”誅之則爲人主所案據，腹而有之，王云：“‘案據’連讀。《方言》：‘據，定也。’《廣雅》同。僖五年《左傳》注：‘據，猶安也。’‘案據’，謂安定之也。《史記·白起傳》‘趙軍長平以案據上黨民’，正與此同。”黄云：“‘腹’當爲‘覆’。《韓詩外傳七》作‘君又並覆而育之’。又《韓非子》作‘則君不安據而有之’，‘不’當作‘所’。《説苑》作‘則爲人主所察據腹而有之’，‘察’乃‘案’字之譌。”劉云：“‘有’字當作‘宥’。‘案據’當從王説。‘案據’者，猶今人恒言所謂‘把持’也。‘腹’字作‘覆’，當從黄讀，惟‘覆’字當訓爲‘反’，《廣雅·釋言》云：‘覆，反也。’而《毛詩·雨無正》‘覆出爲惡’，《桑柔》‘覆俾我悖’，《瞻卬》‘女覆奪之’，鄭箋均訓‘覆’爲‘反’。‘覆而宥之’，猶言平反而赦之也。晏子此語，言人臣欲誅左右，則爲君者必堅持不從，或平反其獄，以宥其辜，如後世漢文赦鄧通是也。《韓詩外傳》作‘并覆而育之’，‘并’疑‘平’字之訛，‘育’亦‘宥’字之假借。《韓非》‘君不安據而有之’，‘不’當作‘又’。黄氏謂‘不’當作‘所’，非也。”純一案：“案據”當從王説、劉釋。“腹而有之”當從《韓詩外傳》作“覆而育之”，言不誅之則爲亂無已時，誅之則爲人主所把持而不能誅。人主非惟不罪其亂法也，並覆翼而長育之，正如鼠之不可熏灌同，故曰“此亦國之社鼠也”。此亦國之社鼠也。宋人有酤酒者。“宋”字舊脱，據《韓非子》補。孫云：“《韓非》作‘宋人有酤酒者’，一曰‘宋之酤酒者，有莊氏者’。”純一案：《韓詩外傳》作“人有市酒而甚美者”。爲器甚潔清，孫云：“‘潔’當爲‘絜’。‘清’，‘瀞’省文，《説文》：‘無垢穢也。’《玉篇》：‘疾性切。’”置表甚長，孫云：“《韓非》作‘縣幟甚高’。”而酒酸不售。《韓詩外傳》作“然至酒酸而不售”。問之里人其故，《韓詩外傳》無“之”字。蘇云：“言以其故問里人也。《史記》‘括母問奢其故’，文與此同。”里人曰：‘公之狗猛，“之狗”舊倒，從《説苑》乙。《韓詩外傳》作“公之狗甚猛”。人挈器而入，孫云：“《説文》：‘挈，縣持也。’《韓詩外傳》作‘持’。”且酤公酒，狗迎而噬之，孫云：“‘噬’，《韓非》、《韓詩外傳》作‘齧’。”純一案：《外傳》“迎”上有“輒”字。此酒所以酸而不售也。’夫國亦有猛狗，用事者是也。《羣書治要》脱“是”字。有道術之士，欲干萬乘之主，“干”，《韓詩外傳》作“白”，《説苑》、《治要》俱作“明”。而用事者迎而齕之，孫云：“《説文》：‘齕，齧也。’《韓詩外傳》作‘齧’。”此亦國之猛狗也。左右爲社鼠，孫云：“‘左右’下，《韓詩外傳》有‘者’字，是。”用事者爲猛狗，主安得無壅，國安得無患乎？”孫云：“沈本注云：‘或作“用事者爲猛狗，則道術之士不得用矣，此治國之所患也”。’《韓非·外儲説》、《韓詩外傳》、《説苑·政理篇》用此文。”王云：“元刻注文同沈本。案：或本是也。‘此治國之所患也’，正對景公‘治國何患’之問，與各篇文同一例。今本作‘主安得無壅，國安得無患乎’，乃後人取韓子竄入，又改韓子之‘無亡’爲‘無患’，以牽合晏子，斯兩失之矣。《説苑》正與或本同。”黄云：“《韓子》作‘則術不行矣’。”純一案：王説是，當據以訂正。此與《外上》十四章大旨略同。

景公問欲令祝史求福晏子對以當辭罪而無求第十

景公問晏子曰：元刻如此，《治要》同。孫本、明本“問”下均有“于”字。“寡人意氣衰，身病甚，蘇云：“《治要》作‘身甚病’。”今吾欲具圭璧犧牲，“圭”從元刻，孫本作“珪”。“璧”，舊並譌“璋”。王云：“‘珪璋’本作‘圭璧’，此後人以意改之也。古者祈禱皆用圭璧，無用璋者。《金縢》曰：‘植璧秉圭，乃告太王、王季、文王。’《大雅·雲漢》曰：‘圭璧既卒，寧莫我聽。’《諫上篇》曰：‘寡人之病病矣，使史固與祝佗巡山川宗廟，犧牲珪璧，莫不備具。’是其證。《羣書治要》正作‘圭璧犧牲’。”純一今據正。案：日本《治要》“圭”作“珪”。令祝宗薦之乎上帝宗廟，意者祀可以干福乎？”“祀”，舊譌“禮”，《治要》校文“禮”疑“祀”，今據正。蘇校同。孟子曰：“禍福無不自己求之者。”乃干上帝，左矣。晏子對曰：“嬰聞之，古者先君之干福也，政必合乎民，行必順乎神。政必均平，德同於民。行必至公，誠通於神。節宮室，不敢大斬伐，以無偪山林。孫云：“一本脱‘以’字，非。”純一案：此文疑本作“不敢大斬伐以偪山林”九字句，“無”字蓋淺人謂與下文“以偪山林”相反妄增，不知下文義與此文相反者，在無“不敢”二字也。“無”與“不敢”義複，當删。節飲食，無多畋漁，“無”當作“不敢”，與上文一律。以無偪川澤。“無”字當删，詳上。蘇云：“《治要》‘畋’作‘田’，‘澤’作‘浦’，下並同。”祝宗用事，辭罪而不敢有所求也。蘇云：“《治要》‘所’作‘祈’，下同。”純一案：《禮記·禮器》曰：“祭祀不祈。”鄭注云：“祭祀不爲求福也。”是以神民俱順，而山川納禄。蘇云：“《曲禮下》鄭氏注云：納，猶致也。《爾雅·釋詁》云：‘禄，福也。’納禄，猶言致福。下云‘收禄’，正與此反言。”今君政反乎民，“乎”，《治要》作“于”。而行悖乎神。今君藉重獄多，反乎民心，百姓疾怨，自爲祈祥，背於神明之德矣。大宮室，多斬伐，以偪山林。羨飲食，蘇云：“治要‘飲’作‘飯’。”多畋漁，以偪川澤。以縱欲故，暴殄天物，而化機滯矣。是以神民俱怨，“神民”舊倒，今據上文並《治要》乙。而山川收禄，山川之産，不勝其戕賊而竭。司過薦罪，蘇云：“《治要》作‘薦至’，疑誤。”純一案：《治要》校文作“薦罪”。司過，官名，内史也。薦，舉也。而祝宗祈福，意者逆乎！”言祝宗與司過相反，神不可欺，福非德洽於民不致也。公曰：“寡人非夫子無所聞此，請革心易行。”于是廢公阜之遊，止海食之獻，節飲食，息苛擾。斬伐者以時，斧斤以時入山林。畋漁者有數，恤物命以厚生。居處飲食，節之勿羨，祝宗用事，辭罪而不敢有所求也，蘇云：“《治要》作‘焉’。”純一案：祝宗言罪而無求，庶不僭嫚於鬼神。故鄰國忌之，忌，憚也。諸侯不敢加兵於齊。百姓親之。民懷其德。晏子没而後衰。蘇云：“《治要》載此章在《問下篇》。”

景公問古之盛君其行如何晏子對以問道者更正第十一

景公問晏子曰："古之盛君，其行如何?"此從元刻，孫本作"何如"。黄云："當依元刻作'如何'，淩本同。標題亦作'如何'。"晏子對曰："薄于身而厚于民，前五章作"薄身厚民"。薄身，自爲者輕，儉也。厚民，爲人者重，勤也。所以兼人己於一愛也。晏子德行功業盡該於此，推之堯、舜、大禹，固無不然。約于身而廣于世。約于身者，自奉極約，不役於物，所以全性之真也。廣于世者，因性理，無問於物我古今，務期永世之人兼愛交利以盡性也，所謂約守而博施也。其處上也，足以明政行教，"明政"，如《洪範》所謂"農用八政"之類是，所以厚民生也。"行教"，如《舜典》所謂"慎徽五典"之類是，所以正民德也。不以威天下。蘇云："《治要》作'而不以威下'。"純一案：不尚武力以威天下，蓋本史佚陵人不祥之訓，見僖十五年《左傳》，即墨家非攻之指。其取財也，權有無，均貧富，取財於富有者，以調劑貧乏者。《一切經音義》十七引賈逵注《國語》云："權，平也。"《於陵子·貧居篇》曰："鈞天地之有。"《論語·季氏篇》："孔子曰：'均無貧。'"不以養嗜欲。嗜欲者，伐性之斧，最足使人敗德，而無異於禽獸者也。《禮·樂記》曰："夫物之感人無窮，而人之好惡無節，則是物至而人化物也。"故嗜欲宜節，不可養而長之，此墨家所以尚儉也。誅不避貴，貴者違法必誅之。賞不遺賤。賤者有勞必賞之。不淫于樂，恐以樂虧奪民衣食之財，且廢君子之聽治，與賤人之從事。蓋遵《大禹謨》"罔淫于樂"之教，即墨家非樂之本。不遁於哀。"遁"讀爲"循"，凡字從"彳"又從"辵"者，皆得相通。《墨子·非儒篇》"宗（讀崇）喪循哀"可證。蓋恐久喪以害生，厚葬以傷業（《鹽鐵論·論誹》引晏子語）故。此墨家節葬之指。盡智導民而不伐焉，《墨子·兼愛下篇》曰："有道肆相教誨。"蓋以先覺覺後覺。倘天下有一未覺之人，即是導民之智有未盡，夫何自伐之有。昔大禹克勤于邦，不自滿假，乃墨家不伐之宗風。勞力事民而不責焉。"事民"，舊作"歲事"。王云："'歲事'本作'事民'。'事'，治也。見《吕覽》、《淮南》、《戰國策》注。謂盡智以導民而不自矜伐，勞力以治民而不加督責也。後人不解'事民'二字之義，而改'事民'爲'歲事'，則既與勞力不相承，又與上句'導民'不對矣。《羣書治要》正作'勞力事民而不責'。"純一案：王訓"事"爲"治"，以"責"爲督責，並非。而據《治要》正"歲事"之誤，是也。今從之。下章曰

"事因於民者必成"，又曰"國有義勞，民有加利"，是知勞力事民，如盡力溝洫之類，即大禹形勞天下之指。蓋勞力以事民之事，而不責報也。《墨子·魯問篇》曰："有力以勞人。"《莊子·天下篇》謂墨者"以自苦爲極"，而備世之急。《荀子·富國篇》謂墨子"上功勞苦，與百姓均事業，齊功勞"，可互證。"不責"與"不伐"文義相對。"不伐"，言不伐功於己；"不責"，言不責德於人，皆本兼愛之至理以爲言。晏子固墨家先進也。政尚相利，故下不以相害爲行。教尚相愛，故民不以相惡爲名。舊"行"上"爲"字錯置"政"上。王云："案上二句，本作'政尚相利，故下不以相害爲行（去聲）'，與'教尚相愛'二句對文。後人誤以'故下不以相害'爲一句，'行（平聲）教尚相愛'爲一句，'故民不以相惡'爲一句，遂移'爲'字於'政尚相利'之上，而以'爲政尚相利'連讀，以對'行教尚相愛'之文，則既失其義，又失其句，而下文'爲名'二字遂成衍文矣。《羣書治要》正作'政尚相利，故下不以相害爲行。教尚相愛，故民不以相惡爲名'。"純一案：王說是，今據正。此墨家兼相愛、交相利之要指。刑罰中于濂，《管子·明法篇》曰："不淫意于法之外，不爲惠于法之內。"可爲確詁。廢置順于民。"置"，舊譌"罪"。俞云："'廢罪'當作'廢置'，字之誤也。舉直錯諸枉則民服，是謂'廢置順於民'。"純一案：俞說是，今據正。是以賢者處上而不華，蘇云："'不華'，即下第二十章所謂'諫乎前不華乎外'意。"純一案：《鹽鐵論·論誹篇》："晏子有言，儒者華於言而寡於實。"蓋晏子墨者，尚樸，重實行而不華於言，故曰"賢者處上而不華"。不肖者處下而不怨，不肖者，自知不能接天下之政，治天下之民，故甘處于下而不怨。四海之內，社稷之中，粒食之民，蘇云："《治要》無此二句。"純一案："社稷之中"句宂，蓋後人所加，當删。一意同欲。此墨家尚同之旨。若夫私家之政，蘇云："《治要》無此句。"純一案：《墨子·尚同下篇》曰："治天下之國，若治一家。使天下之人，若使一夫。"義可互明。生有厚利，死有遺教，舊脱"厚利死有"四字，文不成義，從王校據《治要》補。謂盛德之君，生有厚利被於當時，死有遺教垂於後世。此盛君之行也。舊衍"公不圖晏子曰"六字，從王校删。蘇云："此下《治要》無。"臣聞問道者更正，"正"疑"心"之譌。"更心"與"更容"對文。標題亦當作"更心"。聞道者更容。"更容"，謂當肅然起敬。今君税斂重，故民心離，窮民財力以供嗜欲故。市買悖，故商旅絶，"買"當爲"賈"之譌，"賈"與"價"同。悖，亂也。《後漢·黄昌傳》注，"言市征重，物價亂，商旅失利，將絶跡也。"玩好充，故家貨殫。玩好之物充斥於市，而供家室日用者殫焉。殫，盡也。言習尚奢極，害民生也。積邪在于上，辟邪之人皆及執政。蓄怨藏于民，百姓疾怨積藏於心。嗜欲備于側，《問下》三章曰："左爲倡，右爲優，讒人在前，諛人在後。"毁非滿于國，《諫上》十二章曰："一國詛。"孫云："側、國爲韻。"而公不圖。"圖，計也，謀也。公曰："善。"于是令玩好不御，玩物減則家貨增。公市不豫，王引之曰："'豫'，猶'誑'也，説見《荀子》'豫賈'下。"蘇云："不豫，謂不誑也。言公市俱以誠信相貿易，無有誑詐也。《荀子·儒效篇》云：'魯之粥牛馬者不豫賈。'義並同。"宫室不飾，業土不成，不待土工之成而罷。止役輕税，民力舒，民財裕。上下行之，而百姓相親。

景公問謀必得事必成何術晏子對以度義因民第十二

景公問晏子曰："謀必得，事必成，有術乎？"晏子對曰：《羣書治要》無"晏子"二字。"有。"公曰："其術如何？"《治要》作"何如"。晏子曰："謀度于義者必得，義則無不宜故。事因于民者必成。"民之所欲，天必從之。公曰："奚謂也？"對曰："其謀也，左右無所繋，繋，縛也。上下無所縻，盧云："元刻'靡'。"純一案："縻"亦作"靡"。《荀子·正論篇》："藉靡舌縪。"注："靡，繫縛也。與'縻'義同。"其聲不悖，名正。其實不逆，事順。謀于上不違天，大公至正。謀于下不違民，《洪範》曰："謀及庶人，庶民從，是之謂大同。"以此謀者必得矣。黄云："元刻'謀'作'謨'。"純一案：《孟子·公孫丑下》曰："得道者多助，多助之至，天下順之。"可相發明。事大則利厚，事小則利薄，稱事之小大，孫本作"大小"。權利之輕重，國有義勞，蘇云："言所勞俱爲義，不同妄勞，故曰'義勞'。'勞'與'利'對文，言國雖勞而民利也。"純一案：秉國者，以爲民勤勞爲正義。民有加利，"加"，舊譌"如"。王云："'如'當爲'加'字之誤。'民有加利'，謂舉一事而利加于民也。前第四章曰'上有羨獲，下有加利'，語意與此相似。又曰：'破釐之臣，東邑之卒，皆有加利。'此皆'加利'二字之證。"純一案：王説是，今據正。以此舉事者必成矣。秉國者典厥義，爲民勞，則利之加于民者厚，民無不樂助者，宜其舉事速成矣。夫逃義而謀，舊"義"譌"人"，從王校正。"謀"作"謨"，從黄校據凌本改。雖成不安。謀外乎義，終必敗亡。傲民舉事，雖成，不榮。事不敬重民意者，雖成徒增疾怨耳。故臣聞：義，謀之瀍也；"也"，元刻作"者"，孫本譌"以"，今從王、顧校正。謀準于義，斯平正矣。民，事之本也。凡事以愛民利民爲本。故反義而謀，倍民而動，舊“反”譌“及”，“倍”譌“信”。王云：“‘及義而謀，信民而動’，與下句文義不合。‘及’當爲‘反’，‘信’當爲‘倍’，倍，亦反也。義爲謀之法，民爲事之本，故反義而謀，倍民而動，未有能存者也。上文云‘逃義而謀，雖成不安。傲民舉事，雖成不榮’，正與此文相應。《羣書治要》作‘反義而謀，背民而動’。‘背’與‘倍’古字通，故知‘信’爲‘倍’之誤。”純一案：王説是，今據正。未聞存者也。元刻如此。孫本“存”上有“不”字。王云：“‘不’字乃後人所加，蓋不知‘及信’二字爲‘反倍’之誤，故於此句内加‘不’字，以牽合上文耳。”蘇云：“元刻是。《治要》正無‘不’字。”純一案：“存”上當有“能”字，語氣較完足。昔三代之興也，謀必度于義，“于”，舊作“其”。王云：“‘度其義’，本作‘度于義’。度，待洛反。‘度’之言‘宅’也。薛瓚注《漢書·韋元成傳》曰：‘古文宅、度同。’《堯典》‘宅西’，《周官·縫人》注‘宅’作‘度’。《詩·大雅·文王有聲篇》‘宅是鎬京’，《坊記》作‘度’。宅者，居也，謂謀必居於義也。文十八年《左傳》‘不度於善，而皆在於凶德’，杜注曰：‘度，居也。’《大雅·緜》及《皇矣傳》並同。是‘度於義’即‘居於義’也。‘度於義’與‘因於民’對文，上文‘謀度於義者必得，事因於民者必成’是其明證。今本作‘度其義’，則迥非‘居於義’之謂，且與上下文不合矣。《治要》正作‘謀必度於義’。”純一案：王説是，今據正。事必因于民。三代之興，非義無謀，舍民無事。《莊子·在宥篇》曰：“遠而不可不居者，義也。卑而不可不因者，民也。”及其衰也，建謀反義，元刻作“建謀者及義”。孫本作“建謀不及義”。顧云：“當作‘建謀反義’四字句。”純一：今據删訂，與下句對文。《治要》作“謀者反義”，脱“建”字，衍“者”字。興事傷民。故度義因民，謀事之術也。”蘇云：“此下《治要》無。”公曰：“寡人不敏，聞善不行，其危如何？”黄云：“元刻‘危’作‘已’，剥文。”對曰：“上君全善，最上者無不善。其次出入焉，次焉者，時善時不善。其次結邪而羞問。又其次，即最下者，無善可言，習慣邪僻，如結不可解，且謬以問善爲可羞。全善之君，能制出入之君。時出於善，時入於善，則不全善，視全善之君德薄矣，故受制焉。時問之君，元刻如此。孫本脱“之君”二字。時問之君即出入之君，上與全善之君、下與羞問之君相對成文。雖日危尚可以没身。因時問善，不至全不善，故雖日陷於危，此身或尚可以壽終。羞問之君不能保其身。貫盈不善，又羞問善，桀、紂之惡，不能過焉，此身首領恐難保也。今君雖危，尚可没其身也。”今君可當時問之君故。

景公問善爲國家者何如晏子對以舉賢官能第十三

景公問晏子曰：蘇云："《治要》作'景公問求賢'。此下至'榮君'，《治要》無。""莅國治民，善爲國家者何如?"晏子對曰："舉賢以臨國，官能以敕民，國事民事，非賢能不理。《問下》二章曰："昔吾先君桓公下賢以身，見賢不留，使能不怠，是以内政則民懷之，征伐則諸侯畏之。"則其道也。舉賢官能，則民與君矣。""君"，舊譌"若"，從盧校正。"與"猶"親"也。公曰："雖有賢能，吾庸知乎?""庸"猶何也、詎也。晏子對曰："賢而隱，庸爲賢乎？賢不見用，等於庸衆，詎爲賢乎？吾君亦不務乎是，孫云："言君亦不以此爲事。"故不知也。"公曰："請問求賢。"對曰："觀之以其游，孫云："觀其交游也。"純一案：所謂觀人於其友也。《孟子·萬章上》載孔子於衛主顔讎由，不主癰疽。《子華子序》記子華子不應簡子之聘，去晉之齊，館於晏氏。皆其例證。説之以其行，後廿七章景公問取人得賢之道，晏子對曰："舉之以語，考之以事。"無以靡曼辯辭定其行。句首舊衍"君"字，從蘇校删。言取人重實行。華於言者，無用也。無以毁譽非議定其身，君子之所爲，衆人固不識，蓋曲高者和寡。《子華子·北宫子仕篇》曰："夫人之常情，譽同於己者，愛同於己者。愛之反則憎，譽之反則毁。"明衆人之毁譽不足憑也。如此，則不爲行以揚聲，俞云："古'爲'、'僞'字通用。成九年《左傳》'爲將改立君者'，定十二年傳'子爲不知'，《釋文》並云'爲，本作僞'，是也。'不僞行以揚聲'，言不僞託高行以揚聲譽。"不掩欲以榮君。王引之云："'榮'讀爲'營'。營，惑也。見《吕氏春秋》、《淮南》注。'掩欲以營君'者，外爲廉絜，以自掩其貪，將以惑君也。第二十一章説佞人之事君曰'以僞廉，求上采聽而幸以求進'，正謂此也。'營'、'榮'古字通，説見《經義述聞》'不可榮以禄'下。"故通則視其所舉，蘇云："《治要》無'故'字，上有'晏子對曰'句。"純一案：《治要》省去上文故爾。"通則視其所舉"，如後二十章曰："忠臣選賢進能，睹賢不居其上。"《史記·管晏列傳》曰："鮑叔既進管仲，以身下之。"又如襄三年《左傳》："君子謂祁奚舉其讎解狐，不爲諂。舉其子午，不爲比。舉其偏伯華，不爲黨。夫唯善，故能舉其類。"皆其例也。窮則視其所不爲，《問下》廿四章曰："貧窮不易行。"《論語·衛靈篇》曰："君子固窮。"固，安也。富則視其所分，貧則視其所不取。舊作"富則視其所不取"。王云："'通'與'窮'對，

‘富’與‘貧’對。《羣書治要》作‘富則視其所分，貧則視其所不取’，是也。今本脱‘分’字及‘貧則視其所’五字，則文不成義。”純一案：王説是，今據補。《史記・魏世家》、《韓詩外傳三》《説苑・臣術篇》並載李克語，文有移異而義均同，可證。《漢書・杜欽傳》亦有文類此。《諫下》十九章曰：“藏財而不用，凶也。”蓋有財貴相分，但視其所分予者之賢否，即可定其人之賢否。貧則視其所不取，亦可知其操守。《墨子・修身篇》曰：“貧則見廉。”是其義。夫上士，難進而易退也。背禄鄉義故。《治要》脱“士”字。其次，易進而易退也。鄉禄亦不背義故。“而”字舊脱，據《治要》補。下同。其下，易進而難退也。背義鄉禄故。蘇云：“《表記》：‘孔子曰：“事君難進而易退則位有序，易進而難退則亂也。”’位有序故爲上士，亂故爲下。”以此數物者取人，蘇云：“‘物’猶事也。”其可乎。”

景公問君臣身尊而榮難乎晏子對以易第十四

景公問晏子曰：“爲君，身尊民安。爲臣，事治身榮。難乎？易乎？”晏子對曰：“易。”公曰：“何若？”對曰：“爲君節養其餘以顧民，君自養儉，苟有餘財，盡以眷念於民而施之。則身尊而民安。“身”，舊譌“君”，從王校正。爲臣忠信而無踰職業，爲臣者，竭誠無欺以從事，務無虧於職守而有越分之行。則事治而身榮。”公又問：“爲君何行則危？爲臣何行則廢？”晏子對曰：“爲君，厚藉斂而託之爲民，厲民自恣而假託爲利民，正與上文“爲君節養其餘以顧民”相反。進讒諛而託之用賢，辟邪阿黨。遠公正而託之不順，輕蔑有德。孫云：“言不順君所爲。”君行此三者則危。爲臣，比周以求進，黄云：“‘進’，元刻作‘寸’，誤。求進、求多、求親對文。此言臣有三求則廢，上言君有三託則危，亦對文。‘求進’句絶。‘踰職業’屬下‘求多’爲義，‘求多’亦句絶。”純一案：《管子・明法篇》曰：“臣下比周，以黨舉官，是以官失其治。”踰職業，防下隱利而求多，踰乎職業之外，防遏下民，隱匿其利而求多以私肥，正與上文“爲臣忠信而無踰職業”相反。從君不陳過而求親，王云：“謂臣在君側，不陳君過，而但求親近也。”人臣行此三者則廢。臣對君言。“人”字疑衍。故明君不以邪觀民，“故明君”反承上文“君行此[8]三者則危”言。蘇云：“‘觀’猶‘示’也。‘不以邪觀民’，言不以邪示民也。《吕覽・博志》‘此所以觀後世已’，注：‘觀’訓‘示’。”守則而不虧，孫云：

"《爾雅·釋詁》：'則，常也，法也。'" 純一案："則"疑"財"之形譌，"財"上又脱"民"字。此文本作"守民財而不虧"，反承上文"厚藉斂而託之爲民"言，與"立法儀而不犯"對文。後十八章曰："守于民財，無虧之以利。"文略異而義正同。立瀍儀而不犯，孫云："《墨子·有法儀篇》：'天下從事者，不可以無法儀。'" 純一案：此言立法以爲萬民之儀表，而君身不得自犯，猶《詩·抑篇》云"淑慎爾止，不愆于儀"也。後十八章"立于儀法，不犯之以邪"義同。立法爲儀，所以保羣勵治，遵行不犯，罔敢擾羣害治也。苟有所求于民，不以身害之，"不以"上，舊衍"而"字，從王校據後第十八章删。是故刑政安于下，民心固于上。刑平政理，民相安於下，心不貳於上矣。故察士不比周而進，"故察士"反承上文"臣行此三者則廢"言。不爲苟而求，知苟求多利，是取敗之道。言無陰陽，信。黄云："陰陽，猶云面背。言無面從背違。"行無内外，忠。順則進，否則退，進退一準于道。不與上行邪，德操貞固而不求親。此三句亦見後二十章。是以進不失廉，退不失行也。"明察之士，有足以自榮者，故人不得而廢之。《問下》十八章曰："進不失忠，退不失行。"

景公問天下之所以存亡晏子對以六説第十五

景公問晏子曰："寡人持不仁，其無義耳也。蘇云："'義'當爲'議'，蓋叚字。《莊子·齊物論》'有倫有義'，崔本'義'作'議'，是'義'、'議'同字之證。此與《荀子》'北面端拜而議'之'議'同義。景公蓋自謂所持不仁，故無足議耳也（猶云"未足與議"）。不然（言"若能仁"也），請北面事夫子而與之議。謂議政治大道也。故下文云'請終問天下之所以存亡'。" 純一案：《齊策四》："齊人見田駢曰：'聞先生高議。'" 吴曾祺云："'議'與'義'通。"蘇讀"義"爲"議"，是也。但尚有欠審處。此文疑本作"寡人特不仁，其無足議耳"。今本"特"剥爲"持"，"議"剥爲"義"，"足"譌"也"，又倒著"耳"下，故文義不順。不然，北面與夫子而義。"蘇云："'議'同。"晏子對曰："嬰，人臣也。公曷爲出若言？""若"猶"此"也。指北面言。臣見君則北面，嬰人臣，故不敢當北面之説。公曰："請終問天下之所以存亡。"晏子曰："縵密不能、蔍苴不學者詘。"學"上"不"字舊脱，從王校補。盧云："'蔍苴'當與'麤粗'同，上倉胡切，下才古切，猶鹵莽也。詳見余札記。"王云："當作'緩密不能、蔍苴不學者詘'。'蔍苴'與'麤粗'同。麤，倉胡反。粗，在户反。二字義同而音異，説見《廣雅疏證・一》。'緩密'猶'緜密'，謂事之精微者。言緩密之事既不能，蔍苴之事又不學，則未有不詘者也。下文曰：'身無以用人而又不爲人用者卑。善人不能戚、惡人不能疏者危。交游朋友，無以説於人，又不能説人者窮。事君要利，大者不得、小者不爲者餧。修道立義，大不能專、小不能附者滅。'語意並與此同。今本脱去'不'字，則其義相反，且與上文不對矣。《外上篇》曰：'微事不通、麤事不能者必勞。大事不得、小事不爲者必貧。大者不能致人、小者不能至人之門者必困。'語意亦與此同。'微事不通，麤事不能'，正所謂'緩密不能，蔍苴不學'也。以是明之。"蘇云："王説是。"純一案：《外上》文見十七章。身無以用人，而又不爲人用者卑。孫云："《孟子》所謂'既不能令，又不受命'也。"純一案：《説文》："卑，賤也。"輕之之詞。善人不能戚，惡人不能疏者危。戚，親也，近也。疏，外也，遠也。善無由修，惡日益長，故危。交游朋友，舊衍"從"字，從王校删。無以説于人，又不能説人者窮。既無才德見説于人，又於人之有才德者不能説而服之，終必窮而不達也。事君要利，大者不得、小者不爲者餧。孫云："一本作'餒'，非。"純一案：要，求也。言尊位不可得，又不肯居卑，無利可要，餧而已矣。修道立義，大不能專、小不能附者滅。能專修大道，立大義，尚矣。乃皆不能，並於修小道、立小義者不能附而和之，必狃于姦回，自取滅亡。此足以觀存亡矣。"案：此足以觀存亡，與公問"天下之所以存亡"正相應。正文六説，必存亡並舉。今本有亡無存，疑"緩密不能"上有脱簡。以本書文例求之，皆反其説可知也。此與《外上》十七章事異而辭多同。

景公問君子常行曷若晏子對以三者第十六

景公問晏子曰："君子常行曷若？"晏子對曰："衣冠不中，不敢以入朝。中，正也。衣冠正，斯瞻視尊。所言不義，不敢以要君。不敢以不義之言要君。身行不順，孫云："一本下有'不敢以'三字，非。'身行'，舊作'行己'。"王云："'行己'本作'身行'，行讀去聲。此後人習聞'行己'之語，而罕見'身行'之文，故改之耳。不知'身'即'己'也。《玉篇》：'己，身也。'下文'身行順，治事公'正承此文言之。未見全文，而輒以意改，粗心人大抵皆然。《羣書治要》正作'身行不順'。"純一：今據正。治事不公，不敢以莅衆。身行必循乎理，治事必忠於國，斯可蒞衆耳。衣冠無不中，蘇云：“《治要》無‘無不’二字。下同。”故朝無奇僻之服。奇僻之服，如《諫下》十三章“飾履以金玉”是。孫云：“‘僻’，一本作‘辟’。”所言無不義，故下無僞上之報。上下相見以誠。身行順，治事公，故國無阿黨之義。《問上》五章云：“辟邪阿黨。”三者，君子之常行也。”舊“行”下有“者”字。王云：“衍。‘常行’讀去聲。若云‘常行者’，則當讀平聲矣。上文‘景公問君子常行曷若’即其證。《羣書治要》無‘者’字。”純一：今據删。

景公問賢君治國若何晏子對以任賢愛民第十七

景公問晏子曰：“賢君之治國若何？”晏子對曰：“其政任賢，惟賢君能以身下賢而任之政。《忠經·報國章》曰：“賢者，國之幹。”《墨子·尚賢中篇》曰：“任之以事，斷予之令。”《孟子·盡心上》曰：“堯、舜之仁，不徧愛人，急親賢也。”其行愛民。用康保民，兼愛無遺。其取下節，藏富于民。其自養儉。節性。在上不犯下，罔敢侮民。在治不傲窮。傲，輕也。謂不虐無告，不廢困窮。從邪害民者有罪，罪從邪説煽亂者。進善舉過者有賞。獎進善言、敢直諫者。其政刻上而饒下，儆于有位，撫下以寬。赦過而救窮，宥過無大，惠鮮鰥寡。不因喜以加賞，不因怒以加罰，賞必當賢，不以私喜淫。罰必當暴，不以私怒濫。《問下》八章：“喜樂無羨賞，忿怒無羨刑。”義同。不從欲以勞民，蘇云：“‘從’，讀爲‘縱’。”純一案：《書·大禹謨》曰：“罔咈百姓以從己之欲。”不修怒而危國。不修怒以陵人，而危及國本。僖十五年《左傳》：“史佚有言曰：‘無重怒，重怒難任，陵人者不祥。’”上無驕行，下無諂德。此二句已見前七章。上無私義，義必尚同于天。下無竊權。柄不下移。上無朽蠹之藏，薄斂厚施。下無凍餒之民。人給家足。昭三年《左傳》曰：“公聚朽蠹，而三老凍餒。”故言此對治之。不事驕行而尚同，“同”，舊譌“司”。盧云：“疑‘同’。《墨子》有《上[9]同篇》。”純一：今據正。驕，縱恣也。《墨子·天志下篇》曰：“諸侯不得恣己而爲政，有天子正之。天子不得恣己而爲政，有天正之。”是爲上同。其民安樂而尚親。民皆安居樂業，相愛而不相惡。下章云：“下以相親爲義。”賢君之治國若此。”

景公問明王之教民何若晏子對以先行義第十八

景公問晏子曰："明王之教民何若？"晏子對曰："明其教令，而先之以行義。蘇云："《治要》無'義'字。下'刑'下無'辟'字。"純一案："先之"者，以身先之，如《禮·大學》曰："堯、舜帥天下以仁而民從之。"養民不苛，撫民以寬。而防之以刑辟。止惡禁暴。所求于下者，必務于上。"必"，舊譌"不"。王引之云："'不務于上'，義不可通。'不務'當作'必務'，此涉上下文諸'不'字而誤也。《羣書治要》亦作'不務'，則唐初本已然。案'所禁于民者，不行于身'，謂無諸己而後非諸人也。'所求于下者，必務於上'，謂有諸己而後求諸人也。則當作'必務'，明矣。下文云'苟所求于民，不以身害之'，'苟所禁於民，不以事逆之'，即承此四句而言。"純一案：王説是，今據正。所禁于民者，不行于身。守于民財，無虧之以利。保民之富，不事侵削。立于儀灋，不犯之以邪。前十四章曰："立法儀而不犯。"義同。苟所求于民，不以身害之。文已見前十四章。故下從其教也。"從"上舊衍"之勸"二字，從蘇校據《羣書治要》删。蘇云："《治要》無上六句。"稱事以任民，稱，度也，量也。中聽以禁邪，俞云："'聽'，謂聽訟也，古謂聽訟爲聽。《書·大傳》'諸侯不同聽'，注曰：'聽，議獄也。''中聽以禁邪'，言聽訟得中，則足以禁邪也。《尚書·吕刑篇》曰：'罔不中聽獄[10]之兩辭。'然則'中聽'二字蓋本于《尚書》矣。"不窮之以勞，黄云："謂稱事。"不害之以罰，"罰"，舊譌"實"。王云："'害之以實'，義不可通，'實'本作'罰'，謂不以刑罰害民也。'窮之以勞，害之以罰'，皆虐民之事。《羣書治要》正作'不害之以罰'。"純一：今據正。苟所禁于民，不以事逆之，逆，反也。故下不敢犯其上也。古者百里而異習，千里而殊俗，故明王修道，一民同俗。前十一章云："四海之内，粒食之民，一意同欲。"大旨同。上以愛民爲灋，下以相親爲義，是以天下不相違，"愛民"、"相親"上，舊並脱"以"字，"違"譌"遺"，從王校據《羣書治要》補正。此明王之教民也。"舊作"此明王教民之理也"。王云："本作'此明王之教民也'，上章'賢君之治國若此'，正對'賢君治國若何'之問，本章'此明王之教民也'，亦正對'明王教民何若'之問。今本作'此明王教民之理也'，詞意庸劣，乃後人所改。《羣書治要》正作'此明王之教民也'。"純一：今據改。

景公問忠臣之事君何若晏子對以不與君陷于難第十九

景公《説苑》作“齊侯”。問于晏子曰：盧云：“《論衡·定賢篇》作‘齊詹問’。‘詹’疑‘侯’字誤。但下作‘詹曰’，又似非誤。”“忠臣之事君何若?”舊“君”下衍“也”字。盧云：“《論衡》及《説苑·臣術篇》‘事’下皆有‘其’字。”蘇云：“《治要》無‘也’字。”純一案：《太平御覽》六百二十一亦無“也”字，今並據删。晏子對曰：黄云：“‘對’，元刻作‘敚’。”“有難不死，出亡不送。”《北堂書鈔》二十九引。公不説，曰：盧云：“《論衡》但作‘詹曰’，無‘齊’字。”“君裂地而封之，盧云：“《論衡》、《説苑》俱無‘君’字。‘裂’，《論衡》作‘列’。”蘇云：“《治要》‘封’作‘富’。”純一案：《論衡》“封”作“予”。疏爵而貴之，蘇云：“《史記·黥布傳》云：‘上裂地而王之，疏爵而貴之。’文與此同。《集解》引《漢書音義》曰：‘疏，分也。禹決江疏河是也。’案：《尚書·武城[11]》云：‘列爵惟五，分土惟三。’‘疏爵’與‘裂地’對文，故‘疏’可訓‘分’。”純一案：《文選·陽給事誄》曰：“疏爵紀庸。”君有難不死，蘇云：“《治要》無‘君’字。”出亡不送，其説何也?”舊作“可謂忠乎”。王云：“‘可謂忠乎’，本作‘其説何也’，下文晏子對詞，正申明‘不死’、‘不送’之説。今本作‘可謂忠乎’者，後人依《説苑·臣術篇》、《論衡·定賢篇》改之。《羣書治要》及《太平御覽·治道部二》引此，並作‘其説何也’。”純一案：王説是，今據改。對曰：“言而見用，終身無難，臣奚死焉。蘇云：“《治要》‘奚’作‘何’。下同。”純一案：《論衡》作“奚”，《御覽》、《説苑》俱作“何”。謀而見從，《治要》、《説苑》同。盧云：“‘謀’，《論衡》‘諫’。”純一案：《御覽》亦作“諫”。終身不亡，“亡”，舊作“出”，《治要》、《御覽》同。今從盧校據《論衡》、《説苑》改。臣奚送焉。《吕氏春秋·務大篇》：“鄭君問於被瞻曰：‘聞先生之義，不死君，不亡君，信有之乎?’被瞻對曰：‘有之。夫言不聽，道不行，則固不事君也。若言聽道行，又何死、亡哉。’故被瞻之不死、亡也，賢乎其死、亡者也。”義同。若言不見用，“見”字舊脱，從盧校據《論衡》、《説苑》補。下同。有難而死之，孫云：“‘死’，《説苑》作‘使’。”純一案：《説苑》作“死”，或孫所見本異。蘇云：“《治要》無‘之’字。下同。”是妄死也。晏子所以不死莊公之難。謀而不見從，盧云：“‘謀’，《論衡》《説苑》俱作‘諫’。”出亡而送之，是詐僞也。本無同情之感故。“僞”，《論衡》作

"爲",古通用。故忠臣也者,《治要》無"故"字。盧云:"《論衡》《説苑》俱無'也'字。"能納善于君,盧云:"'納',《論衡》'進'。"不能與君陷于難。"盧云:"'君',《論衡》無。"蘇云:"《治要》有'者也'二字。"孫云:"《説苑·臣道篇》用此文。"

景公問忠臣之行何如晏子對以不與君行邪第二十

景公問晏子曰:"忠臣之行何如?"對曰:"不掩君過,諫乎前,不華乎外。掩,蓋也。孫云:"不華,不諠譁也。"蘇云:"《治要》無此二句。"選賢進能,不私乎内。前十三章言"善爲國"者,莫先於"舉賢官能",此以"忠臣之行"莫重於"選賢進能",蓋以尚賢爲政之本也。"不私乎内"者,不黨父兄,不偏富貴,不嬖顔色也。見《墨子·尚賢中篇》。稱身就位,言衡量自身之才德所堪任者以就位。《問下》五章曰:"稱身居位,不爲苟進。"《論語·季氏篇》"陳力就列",《集解》引馬融云:"當陳其才力,度己所任以就其位。"義同。計能受禄。"受",舊作"定"。王云:"禄由君定,非由臣定也。'定禄'本作'受禄',下文'受禄不過其量'即其證。《羣書治要》正作'計能受禄'。"純一:今據正。睹賢不居其上,《墨子·魯問篇》曰:"處高爵禄則以讓賢。"《史記·管晏列傳》:"鮑叔既進管仲,以身下之。"《晉語九》:"少室周力弗勝牛談而讓右。"受禄不過其量。《問下》五章曰:"稱事受禄,不爲苟得。"《管子·重令篇》曰:"受禄不過其功。"義同。不權居以爲行,王云:"'權居'二字義不可通。'居'當爲'君',字之誤也。權,稱也。言忠臣之行(去聲)必準于道,不稱君以爲行也。《羣書治要》正作'不權君以爲行'。"俞云:"王説非也。'權居'與'稱位'相對,'權'猶'稱'也,'居'猶'位'也。若作'權君',則不倫矣。古之君子,所居雖卑,所行則高,所居雖汙,所行則潔,是謂'不權居以爲行'。"不稱位以爲忠。不以位卑不任天下之重。不揜賢以隱長,務成人之美,揚人之善。不刻下以諛上。待下寬,事上正。君在不事太子,心一於君,不貳於儲。國危不交諸侯。盡忠謀國,不藉外援。順則進,否則退,不與君行邪也。"《治要》無"也"字。此三句已見前十四章。

景公問佞人之事君何如晏子對以愚君所信也“以”字據總目增。第二十一

景公問：“佞人之事君如何？”晏子對曰：“意難，難不至也。見義意以爲難，即畏縮不前。明言行之以飾身，身無實行，明以空言欺君自飾。僞言無欲以説人，私欲熾盛，僞言無欲，冀以悦人，傳聞於君。孫云：“‘身’、‘人’爲韻。”嚴其交以見其愛。嚴，尊也。尊其與君相接者，以見其愛君。觀上之所欲，而微爲之偶，“微”，“覹”之叚，伺閒也。偶，合也。覹合上之所欲，以要寵眷。《唐韻正》四十五：“厚偶，古音麌。”“偶”、“與”爲韻。求君逼邇，盧云：“元刻‘爾’。”而陰爲之與。蘇云：“與，黨與也。言求君寵倖之人，而陰結爲黨與也。”内重爵禄而外輕之以誣行，誣，欺罔也。下事左右，而面示公正以僞廉，居心卑污，以事左右，而外貌假示公正，冀以僞取廉名。求上采聽，而幸以求進。求上因左右采聽其無欲輕禄之廉名，徼幸以干進。傲禄以求多，或故輕視利禄，以不如此不能求得多禄故。辭任以求重。辭不勝之任，求重要之職。工乎取，善取人所不能取。鄙乎予。惜財如命。歡乎新，慢乎故。假託變法，便於私營。《問下》三十章云：“新始好利。”義同。孫云：“‘予’、‘故’爲韻。”純一案：《古音譜》十二魚去聲引此。悋乎財，孫云：“‘悋’當爲‘吝’。”薄乎施。財慳積而不樂施。覩貧窮若不識，鄰族戚友，雖極貧窮，覩之若不相識。趨利若不及。恐落人後。外交以自揚，外交鄰國之權幸，聲揚以自重。背親以自厚。利之所在，雖至親亦背之，而厚自取。積豐羡之養“羡”，舊譌“義”。俞云：“‘豐義’二字誼不可通。‘義’當作‘羡’，字之誤也。羡，饒也。‘豐羡’猶‘豐饒’矣。”純一：今據改。而聲矜恤之義，本無矜恤之心，貪得矜恤之名。非譽乎情疑本作“非譽徇乎情”，今脱“徇”字，文不成義。“非”、“誹”同。情，私意也。“徇乎情”，謂不當理也。而言不行身，口言之而身不行。涉時所議，而好論賢不肖。偶涉時議，輒縱論人之短長，不自愧怍。有之己不難非之人，無之己不難求之人。《墨子·小取篇》曰：“有諸己不非諸人，無諸己不求諸人。”佞人反之。其言彊梁而信，出言乖戾，終任意氣而不屈。其進敏遜而順。其干進也，敏捷謙遜而順利。孫云：“‘信’、‘順’爲韻。”此佞人之行也。明

君之所誅，明君洞知其姦，必誅之。愚君之所信也。”愚君不察其姦，深信之。此與《外上》十四章大恉略同。

景公問聖人之不得意何如晏子對以不與世陷乎邪第二十二

景公問晏子曰：“聖人之不得意何如？”蘇云：“《治要》‘意’下有‘也’字。”晏子對曰：“上作事反天時，如《諫下》八章春夏遊獵興役之類。從政逆鬼神，鬼神無私。從政私，故逆。藉歛殫百姓。殫，盡也。《治要》作“單”，蓋從古本。言搜刮民財殆盡。四時易序，如《禮·月令》“孟春行夏令則雨水不時，孟秋行冬令則陰氣大勝”之類是。蓋人心不正，感召咎徵也。神祇並怨。作事背乎天神地祇故。道忠者不聽，道，言也。不聽忠言，以逆耳故。薦善者不行，薦，進也。諛過者有賚，蘇云：“《治要》‘賚’作‘賞’。”純一案：賚、賞義同。救失者有罪。罪及忠良。故聖人伏匿隱處，遯世无悶。不干長上，潛修德業。潔身守道，蘇云：“《治要》‘潔’作‘静’。”不與世陷乎邪，“乎”，《治要》作“于”。不合汙世。是以卑而不失義，處卑微而好義。瘁而不失廉。身勞瘁而貞廉。蘇云：“《治要》‘瘁’作‘蔽’。”此聖人之不得意也。”公曰：“聖人之得意何如？”舊脱“公曰”二字，問答之界劃不清。今從王校據《羣書治要》補。對曰：《治要》作“晏子對曰”。“世治政平，舉事調乎天，調，和也。《易·乾·文言》曰：“先天而天弗違，後天而奉天時。”藉歛和乎民，百姓樂其政，舊作“藉歛和乎百姓樂及其政”，脱一“民”字，衍一“及”字，文義參差不協。今從王校據《羣書治要》訂正。“藉歛和乎民”，與上“舉事調乎天”對。“百姓樂其政”，與下“遠者懷其德”對。遠者懷其德。前第一章曰：“能愛邦内之民者，能服境外之不善。”義可互明。四時不失序，如《禮·月令》“孟春之月，天氣下降，地氣上騰，天地和同，草木萌動”之類是。風雨不降虐。“虐”從元刻，《治要》同，孫本譌“雪”。《書·洪範》：“曰聖，時風若。曰肅，時雨若。”是風雨不降虐之休徵。天明象而致贊，舊脱“致”字。王云：“下三句皆六字，唯首句少一字。《羣書治要》作‘天明象而致贊’，是也。‘致贊’，謂天致禎祥以贊王者。昭元年《左傳》‘天贊之也’，杜注：‘贊，佐助也。’《淮南·本經篇》曰：‘四時不失其叙，風雨不降其虐，日月淑清而揚光，五星循軌而不失其行。’正所謂‘天明象而致贊’。”純一案：王説是，今據補。地長育《治要》作“育長”。而具物。《禮·中庸》曰："致中和，天地位焉，萬物育焉。"又曰："大哉聖人之道，洋洋乎發育萬物。"可互證。神降福而不靡，民服教而不僞。靡，盡也。《書·微子之命》曰："肅恭神人，上帝時歆，下民祗協。"義可互明。治無怨業，王云："'怨'讀爲'蘊'。"劉云："'怨'與'菀'同。"純一案：《集韻》："'菀'與'蘊'同。"業，事也，言治無蘊積之事。《問下》八章："官無怨治。"義同。居無廢民。居民無游惰者。此聖人之得意也。"

景公問古者君民用國不危弱晏子對以文王第二十三

景公問晏子曰："古者君民而不危，用國而不弱，惡乎失之？"王云："兩'不'字涉下文'不危'、'不弱'而衍。景公問'君民而危，用國而弱者，惡乎失之'，故下文晏子之對，皆言其所以危弱之故，若云'不危'、'不弱'，則不得言'惡乎失之'，且與下文相反矣。"黄云："標題云'景公問古者君民用國不危弱晏子對以文王'，'不'字非衍。末云'故君民而不危，用國而不弱也'，正對問辭'惡乎失之'，'失'當作'法'。標題云'晏子對以文王'，明是'法'字。"純一案：此文疑本作"古者君民而危，用國而弱，惡乎失之？君民而不危，用國而不弱，惡乎法之"。故晏子之對，先言所以危弱之故，後言文王所以不危弱之可法。今本有脱文倒句。晏子對曰："嬰聞之，以邪莅國、以暴和民者危。"以暴和民"義不可通。"和"疑爲"臨"字之誤也。後二十九章"景公問臨國莅民所患何也"，"國"與"民"對，"蒞"與"臨"對，與此文同。修道以要利、得求而返邪者弱。《孟子·告子上》云："修其天爵，以要人爵。既得人爵，而棄其天爵，則惑之甚者也，終亦必亡而已矣。"可相發明。古者文王修德不以要利，《詩·周頌·維天之命》云："於乎不顯，文王之德之純。"若要利，則不純矣。滅暴不以順紂，干崇侯之暴，干，犯也。《史記·殷本紀》："紂怒殺九侯女而醢九侯。鄂侯争之彊，辨之疾，並脯鄂侯。西伯昌聞之，竊歎。崇侯虎知之，以告紂，紂囚西伯羑里。"《周本紀》："崇侯虎譖西伯於殷紂曰：'西伯積善累德，諸侯皆向嚮之，將不利於帝。'帝紂乃囚西伯于羑里。"而禮梅伯之醢，孫云："《韓非·難言篇》：'梅伯醢。'《吕氏春秋·行論篇》：'紂爲無道，殺梅伯而醢之，以禮諸侯於廟。文王流涕而咨之。'《過理篇》：'殺梅伯而遺文王其醢，不適也。文王貌受，以告諸侯。'"純一案：《淮南子·説林訓》："紂醢梅伯，文王與諸侯構之。"高注："構，謀也。"是以諸侯明乎其行，百姓通乎其德，兩“其”字俱指文王。故君民而不危、用國而不弱也。”此章義欠條暢，當有脱文。

景公問古之莅國者任人如何晏子對以人不同能第二十四

景公問晏子曰：“古之蒞國治民者，其任人何如?”晏子對曰：“‘地不同生’王云：“‘地不同生’文義不明。《羣書治要》‘生’作‘宜’，是也。今作‘生’者，涉下文‘俱生’而誤。《周官·草人》‘掌土化之灋，以物地相其宜而爲之種’，故曰‘地不同宜’。”俞云：“古‘生’、‘性’字通用。《周官·大司徒職》曰：‘辨五地之物生。’杜子春讀‘生’爲‘性’。然則此文‘生’字亦當讀爲‘性’。‘地不同性’，即所謂‘辨五地之物性’也。《羣書治要》作‘宜’，蓋不知‘生’爲‘性’之叚字而改之，未足爲據。”純一案：俞説是。而任之以一種，責其俱生不可得。蘇云：“《治要》有‘也’字。”人不同能，而任之以一事，不可責徧成。蘇云：“《治要》有‘焉’字。”純一案：“不可責徧成”，與“責其俱生不可得”文不相對。疑“責其俱生不可得”本作“不可責其俱生”，“不可責徧成”本作“不可責其徧成”。此文唐初已誤。《墨子·尚賢中篇》曰：“察其所能而慎予官。”《書·君陳篇》曰：“無求備于一夫。”可互明。責焉無已，智者有不能給。蘇云：“《治要》‘給’作‘洽’，非。句下有‘矣’字。”求焉無餍，天地有不能贍也。蘇云：“《治要》‘也’作‘矣’。”純一案：“贍”，《説文·新附》：“給也。”《小爾雅·廣言》：“足也。”故明王之任人，諂諛不邇乎左右，邇，近也。阿黨不治乎本朝。無阿黨之私。任人之長，不彊其短。任人之工，不彊其拙。《吕氏春秋·舉難篇》：“桓公將任甯戚，羣臣争之曰：‘客，衛人也。衛之去齊不遠，君不若使人問之。而固賢者也，用之未晚也。’桓公曰：‘不然。問之恐其有小惡。以人之小惡，忘人之大美，此人主之所以失天下之士也已。且人固難全，權而用其長者，當舉也。’”可爲確詁。此任人之大略也。”

景公問古者離散其民如何晏子對以今聞公令如寇讎第二十五

景公問晏子曰：“古者離散其民而隕失其國者，孫云：“《説文》：‘抎，有所失也。'隕'與'抎'聲相近。"其常行何如?"晏子對曰:《治要》無"晏子"二字。"國貧而好大,自速亡耳。智薄而好專。猶云愚而好自用。貴賤無親焉,勢成孤立。大臣無禮焉。舉國詭隨。蘇云:"《治要》無此二句。"尚讒諛而賤賢人,樂簡慢而玩百姓。慢忽之謂簡。蘇云:"《治要》'玩'作'輕'。"國無常法,民無經紀。《孟子·離婁上》云:"上無道揆,下無法守。君子犯義,小人犯刑。"是也。好辯以爲智,刻民以爲忠。舊脱"智刻民以爲"五字,文不成義,從王校據《羣書治要》補。流湎而忘國,《墨子·非命下篇》曰:"昔三代暴王,内湛於酒樂,而不顧其國家百姓之政。"同。好兵而忘民。窮兵黷武,塗炭生靈。肅于罪誅,而慢于慶賞。誅罪嚴厲,慶賞無聞。樂人之哀,利人之難。蘇云:"'難',《治要》作'害'。"黄初云:"《孟子·離婁上》曰:'安其危而利其菑,樂其所以亡者。'義同。"德涼薄。不足以懷人,政苛刻。不足以惠民。蘇云:"《治要》'惠'作'匡'。"賞淫。不足以勸善,刑濫。不足以防非。《墨子·尚賢中篇》曰:"賞不當賢,罰不當暴,則爲賢者不勸,而爲暴者不沮矣。"此亡國之行也。"此"字舊脱,從蘇校據《治要》補。今民聞公令如寇讎,盧云:"'如'下當有'逃'字。下篇有。"王云:"'民聞公令如寇讎'語意自明了,不必定加'逃'字。《諫上篇》(十六章)亦云:'今君臨民若寇讎。'下篇(《問下》十七章。)直用左氏之文,故有'逃'字,不得執彼以例此也。元刻本及標題皆無'逃'字,《羣書治要》亦無。"此古之離散其民、隕失其國者之常行也。"舊作"此古離散其民,隕失其國,所常行者也"。王云:"此文本作'此古之離散其民、隕失其國者之常行也'。上文'景公問曰:"古者離散其民而隕失其國者,其常行何若"',正與此文相應。且'常行'之'行'讀去聲,不讀平聲。今本'古'下脱'之'字,'國'下脱'者'字,則文不成義。'之常行也'作'所常行者也',則'行'字當讀平聲矣。《羣書治要》作'古之離其民、隕其國者之常行也',校今本少'失'、'散'二字者,省文也。"純一案:王説是,今據改。日本《治要》"常行"上落"者之"二字。

景公問欲和臣親下晏子對以信順儉節第二十六

景公問晏子曰:"吾欲和臣親下,奈何?""臣"字從元刻,孫本作"民"。盧云:"元刻是。"黄云:"標題同元刻。"俞云:"下文晏子對曰'君得臣而任使焉云云,則臣和矣'，可證此文'民'字之誤。"晏子對曰："君得臣而任使之，與言信，必順其令，不違法令。赦其過，任大臣無多責焉，"臣"字舊脱，從孫校補。"大臣"與"邇臣"對文。"無多責"，持大體而已。使邇臣無求嬖焉，無以嗜欲貧其家，"其"指臣言。下同。無信讒人傷其心，"信"從元刻，孫本作"親"。"人"當爲"言"，"讒言"與"嗜欲"對文。"無信讒言"，疑忠者爲不忠。家不外求而足，"家"上疑脱"居"字，"居家"與"事君"對文。言禄當足以贍其家，使不待外求紛其盡職之心。事君不因人而進，《管子・四稱篇》曰："昔者有道之臣，委質爲臣，不賓事左右。君知則仕，不知則已。"則臣和矣。儉于藉斂，薄斂。節于貨財，節用。作工不歷時，使民不盡力，恤勞。百官節適，官無冗設。關市省征，關市譏而不征。山林陂澤不專其利，山林陂澤俱無禁。領民治民勿使煩亂，禁官擾民。知其貧富，勿使凍餒，則民親矣。"公曰："善。寡人聞命矣。"故令諸子無外親謁，孫云："不令外人親近干謁也。"辟梁丘據無使受報，孫云："辟，去之。《説文》：'報，當罪人也。从㚔从𠬝。𠬝，服罪也。'"百官節適，關市省征，山林陂澤不禁，"山林"二字舊脱，據上文補，此薄賦也。冤報者過，報罪不當而冤抑者過之。過，責也。留獄者請焉。留滯於獄者請釋之。此省刑也。

景公問得賢之道晏子對以舉之以語考之以事第二十七

景公問晏子曰："取人得賢之道何如?"晏子對曰："舉之以語，考之以事，能諭則尚而親之，孫云："能諭，能曉喻也。古'喻'從'言'。"純一案：諭，謂洞明治要。《墨子・尚賢中篇》曰："聖人聽其言，迹其行，察其所能而慎予官，此謂事能。"義同。近而勿辱，禮貌不衰。以取人，"以"下當有"此"字。前十三章云："以此數物者取人。"語意正同。則得賢之道也。是以明君居上，寡其官而多其行，《荀子・富國篇》曰："墨子大有天下，小有一國，將少人徒，省官職，上功勞苦，與百姓均事業，齊功勞。"義同。拙于文而工于事，言無務爲文，而事必求其工。言不中不言，《論語・先進篇》曰："夫人不言，言必有中。"同。行不灋不爲也。"不爲枉法之行。

景公問臣之報君何以晏子對以報以德第二十八

景公問晏子曰："臣之報其君何以？"晏子對曰："對"，元刻作"敚"。"臣雖不知，"知"讀若"智"。必務報君以德。士逢有道之君，則順其令，有道之君，謀必度于義，事必因于民，故其令可從。逢無道之君，則争其不義。不與君行邪。《孝經·諫争章》曰："天子有争臣七人，雖無道，不失其天下。諸侯有争臣五人，雖無道，不失其國。故當不義，臣不可不争於君。"《管子·四稱篇》曰："有道之臣，君若有過，進諫不疑。"故君者擇臣而使之，擇賢能而任之。臣雖賤，亦得擇君而事之。"孫云："《意林》取此文。"純一案：《意林》省作"君擇臣使之，臣雖賤，亦擇君事之"。

景公問臨國蒞民所患何也晏子對以患者三第二十九

景公問晏子曰："臨國莅民，所患何也？"晏子對曰："所患者三：忠臣不信，一患也。信臣不忠，二患也。《墨子·七患篇》曰："所信者不忠，所忠者不信。"義同。君臣異心，三患也。《書·咸有一德》曰："德惟一，動罔不吉。德二三，動罔不凶。"是以明君居上，無忠而不信，無信而不忠者。《書·皋陶謨》曰："知人則哲，能官人。"是以君臣同欲，"以"從元刻，孫本作"故"。而百姓無怨也。"蘇云："《治要》'同欲'作'無獄'，'怨'作'恐'。"

景公問爲政何患晏子對以善惡不分第三十

景公問于晏子曰："爲政何患？"晏子對曰："患善惡之不分。"此即孔子正名之恉。公曰："何以察之？"對曰："審擇左右，左右善，孫云："今本脱'左右'二字，據《説苑》增。"則百僚各得其所宜，而善惡分。"《管子·明法篇》曰："君臣之間明别，明别則易治也。"房注："謂賢不肖各明白而分别，無僞濫，故易治也。"蓋明别即"審擇左右而善惡分"之義。孔子聞之曰："此言也信矣。

善進，則不善無由入矣，君子道長，小人道消。《管子·四稱篇》曰："昔者，有道之君，聖人在前，貞廉在側，競稱於義。"不善進，則善無由入矣。"《説苑·政理篇》作"善言進"、"不善言進"。《羣書治要》作"善進"、"不善進"，與此同，無"言"字，足證《説苑》"言"字之衍。《治要》"則善"下有"亦"字。《墨子·尚賢中篇》曰："賢者不至乎王公大人之側，則不肖者在左右也。"《晉語》六："韓獻子曰：'成人在，始與善。始與善，善進善，不善蔑由至矣。始與不善，不善進不善，善亦蔑由至矣。'"蓋孔子所本。本書《外上》一章曰："君若無禮，則好禮者去，無禮者至。君若好禮，則有禮者至，無禮者去。"義可互明。

【校記】

〔1〕耶，原作"邪"，據原目及四部叢刊本《晏子春秋》改。

〔2〕祚，四部叢刊本《晏子春秋》作"胙"。

〔3〕祚，《左傳》作"胙"。

〔4〕辭，《讀書雜志》作"指"。

〔5〕未，《讀書雜志》作"不"。

〔6〕原脱"以"，據《問下》補。

〔7〕原脱，據四部叢刊本《晏子春秋》補。

〔8〕原脱"此"，據正文補。

〔9〕上，《墨子》作"尚"。

〔10〕"獄"上原衍"于"，據《諸子平議》及《尚書》删。

〔11〕城，《尚書》作"成"。

晏子春秋校注卷四

漢陽張純一仲如

内篇問下第四　凡三十章

景公問何修則夫先王之游　“修”從明本。晏子對以省耕實第一

景公出游，問于晏子曰：孫云：“《管子·戒篇》作‘桓公將東游，問於管仲’。”蘇云：“《管子》載‘桓公將東游’云云，管仲之對，亦略有同晏子處。孟子述之宣王，以爲景公事，自繫屬實，則不得援管子例此。疑桓公先爲此游，景公欲傚之，而晏子亦遂本管仲之意以對耳。”“吾欲觀於轉附、朝舞，孫云：“《管子》作‘我遊猶軸轉斛’，尹知章注：‘言我之遊必有所濟，猶軸之轉載斛石。’《孟子》作‘轉附’、‘朝舞’，趙岐注：‘轉附、朝舞皆山名也。’星衍謂當從《管子》。趙岐以爲山名，蓋因下琅邪推知之，齊實無此山也。猶軸轉斛，蓋欲如軸艫轉載斛石，是時齊海運，故景公欲浮舟而南。觀孟子‘從流下’、‘從流上’益信。”遵海而南，孫云：“‘遵’一本作‘尊’。”王云：“《羣書治要》載此文，本作‘吾欲循海而南，至於琅邪’。《續漢書·郡國志》注亦云‘齊景公曰吾循海而南’。今本‘吾欲’下有‘觀於轉附、朝舞’六字，‘循海’作‘遵海’，皆後人以《孟子》改之。”至于琅琊，孫云：“‘至’，《孟子》作‘放’。‘琅’一本作‘瑯’，非。‘琊’當從《孟子》作‘邪’，趙岐注：‘齊東境上邑也。’”純一案：《管子》作“邪”。《羣書治要》作“耶”。邪同。寡人何脩，則夫先王之游？”孫云：“‘則’，《孟子》作‘比’。”蘇云：“《治要》‘則’上有‘以’字，‘游’下有‘也’字。”劉云：“‘脩’當作‘循’。‘循則’與‘效法’之義同。‘寡人何循則夫先王之游’十字爲句，猶言：‘于先王之游，何能遵從效法也？’《孟子》作‘吾何修而可以比于先王觀也’，‘修’亦‘循’之誤。‘吾何循’者，猶言‘吾何遵依’也。惟彼析‘循’與‘比’爲二語，此則‘循則’聯文。”晏子再拜曰：“善哉，君之問

也。嬰聞之，"嬰"字、"之"字舊脱，從蘇校據《治要》補。天子之諸侯爲巡狩，孫云："'之'，《孟子》作'適'。《爾雅·釋詁》：'適、之，往也。'"諸侯之天子爲述職。"之"，《孟子》作"朝於"，"爲"並作"曰"。故春省耕而補不足者謂之游，孫云："《管子》作'春出原農事之不本者謂之游'。"純一案，房注："原，察也。農事不依本務，當原察之。"秋省實而助不給者謂之豫。孫云："'實'，《孟子》作'斂'。《管子》作'秋出補人之不足者謂之夕'。"夏諺曰：王云："《羣書治要》作'夏語曰'，今本'語'作'諺'，亦後人以《孟子》改之。"'吾君不游，孫云："'君'，《孟子》作'王'。"我曷以休？孫云："'我曷'，《孟子》作'吾何'。"吾君不豫，我曷以助？一游一豫，爲諸侯度。'《孟子》趙岐注曰："豫亦遊也。吾王不遊，吾何以得見勞苦、蒙休息也？吾王不豫，我何以得見賑贍、助不足也？王者一遊一豫，行恩布德，應法而出，可以爲諸侯之法度也。"案：遊、休爲韻，豫、助、度爲韻。今君之游不然，師行而糧食，"糧"從孫本，元刻作"量"。洪云："量食者，量限其食也。今本皆作'糧'者，後人據《孟子》改。"劉云："當以作'糧'爲是。《管子》云：'夫師行而糧食其民者謂之亡。'糧食者，即糧食其民，猶言就食于民也。"蘇云："《治要》作'師行而貧苦不補'，無'糧食'二字。"貧者不補，"者"，舊譌"苦"。孫云："'苦'當爲'者'。《孟子》作'飢者弗食'。"純一：今據改。劉云："'補'當作[1]'餔'。以食食人曰餔。《吕氏春秋·介立篇》曰：'狐父之盜曰邱，見而下壺餐而餔之。'《漢書·高帝紀》'吕後因餔之'，餔，即食也。"勞者不息。食、息爲韻。夫從下歷時而不反謂之流，從高歷時二字舊脱，從《治要》補。而不反謂之連，舊"從下"作"從南"，"從高"作"從下"。王云："'南'字義不可通，乃'高'字之誤。'高'與'下'正相對。《孟子》作'從流下而忘反謂之流，從流上而忘反謂之連'。上亦高也，見《説文》。《羣書治要》正作'從高'。《孟子》趙注：'浮水而下，樂而忘反謂之流。連者，引也，使人徒引舟船上行而忘反以爲樂，故謂之連。'據《孟子》及趙注，則此文當云'從高歷時而不反謂之連，從下而不反謂之流'。今以從高爲流，從下爲連，與《孟子》相反，未知孰是。"純一案：王説"南乃高字之誤"，又説此文當云"從高歷時而不反謂之連，從下而不反謂之流"，均是。惟未審"下"、"高"二字之互錯，及下句脱"歷時"二字耳。此文本作"夫從下歷時而不反謂之流，從高歷時而不反謂之連"，與《孟子》趙注義並合。今本"高"譌"南"，又與下句"下"字互錯，義不可通。《治要》同，足見唐初已然。今依王校據《孟子》及趙注正。從獸而不歸謂之荒，從樂而不歸謂之亡。孫云："《管子》作'夫師行而糧食其民者謂之亡，從樂而不反者謂之荒'。

《孟子》作‘從獸無厭謂之荒，樂酒無厭謂之亡’。”蘇云：“《治要》下句作‘忘歸’。”古者聖王無流連之游、孫云：“《管子》作‘先王有游夕之樂’。《孟子》‘游’亦作‘樂’。”荒亡之行。”蘇云：“《治要》句上有‘無’字。”公曰：“善。”命吏計公稟之粟，“稟”，舊譌“掌”。王引之云：“‘掌’字義不可通，當爲‘稟’字之誤。‘稟’，古‘廩’字也。下文‘發廩出粟’是其證。隸書‘掌’或作‘堂’，與‘稟’字略相似，故諸書‘稟’字或誤爲‘掌’。説見《管子·輕重甲篇》‘一掌’下。”蘇云：“《治要》作‘令吏出粟以與貧者三千鍾’，無‘公掌’云云十六字。”純一案：王説是，今據改。《治要》省文，不足據。藉長幼貧氓之數，藉，因也。《莊子·寓言篇》：“寓言十九，藉外論之。”《釋文》引李注。吏所委三字上下文不相屬，當删。發廩出粟，以予貧民者三千鍾，王云：“‘民’字後人所加，‘貧者’與‘癃老者’對文，則不當有‘民’字明矣。《羣書治要》無‘民’字。”純一案：《治要》省文，未足據。“民”當爲“苦”，“貧苦”與“癃老”對文。公所身見癃老者七十人，孫云：“一本無‘老’字。《説文》：‘癃，罷病也。’”蘇云：“《治要》無‘癃’字。”純一案，昭三年《左傳》：“三老凍餒。”杜注：“三老，謂上壽、中壽、下壽，皆八十已上，不見養遇。”振贍之，貧苦者由吏發粟，癃老者公自振贍。蘇云：“《治要》無‘振贍之’三字。”然後歸也。蘇云：“《治要》無‘也’字。”

景公問桓公何以致霸晏子對以下賢以身第二

景公問于晏子曰：“昔吾先君桓公善飲酒窮樂，食味方丈，好色，無別辟。孫云：“讀如‘僻’。”純一案：“無別辟”三字嫌贅，當删。若此，何以能率諸侯以朝天子乎？”晏子對曰：“昔吾先君桓公變俗以政，下賢以身。致霸之故在此。管仲，君之賊也，舊衍“者”字。王云：“賊，害也。管仲射桓公中鉤，故曰君之賊。‘賊’下不當有‘者’字。僖三十三年《左傳》：‘管敬仲，桓之賊也。’亦無‘者’字。”純一：今據删。知其能足以安國濟功，孫云：“《爾雅·釋言》：‘濟，成也。’”故迎之于魯郊，自御，禮之于廟。詳《管子·小匡篇》。異日，君過于康莊，孫云：“《爾雅·釋宫》：‘五達謂之康，六達謂之莊。’”聞甯戚歌，止車而聽之，則賢人之風也，《北堂書鈔》百四十一引《晏子春秋》云：“甯戚欲干齊桓公，困窮，飯牛於北門外。桓公詔夜門避任車，戚乃擊轅而歌。桓公憫而異之，命後車載之。”文疑出此。《吕氏春秋·舉難篇》：“甯戚飯牛，居車下，望桓公而悲，擊牛角疾歌。”高注：“歌《碩鼠》也。”《説苑·善説篇》曰：“甯戚飯牛康衢，擊車輻而歌《碩鼠》。”《後漢書·馬融傳》注引《説苑》同。盧云：“《史記·鄒陽傳集解》引應劭曰：‘齊桓公夜出迎客，而甯戚疾擊其牛角，商歌曰：“南山矸，白石爛。生不遭堯與舜禪，短布單衣適至骭。從昏飯牛薄夜半，長夜漫漫何時旦。”’此歌出《三齊記》。”《藝文類聚》又載一篇云：“滄浪之水白石粲，中有鯉魚長尺半。縠布單衣裁至骭，清朝飯牛至夜半。黄犢上阪且休息，吾將舍汝相齊國。”李善注《文選·成公子安嘯賦》又載一篇云：“出東門兮厲石班，上有松柏兮清且蘭。麤布衣兮緼縷，時不遇兮堯、舜主。牛兮努力食細草，大臣在爾側，吾當與爾適楚國。”三歌真贋雖不可知，合之亦自成章法。仁和陳嗣倩云：“疾商歌，殆非一歌也。”今故具録之以備參考焉。馬驌《繹史》云：“此歌不類春秋人語，必後人所擬也。”舉以爲大田。農官。先君見賢不留，留，遲滯也。使能不怠，所以致霸者在此。是以内政則民懷之，任賢使能則多惠政，故民懷其德。征伐則諸侯畏之。國富且强，以義征不義故。今君聞先君之過，而不能明其大節。以身下賢，節莫大焉。桓公之霸也，君奚疑焉。”

景公問欲逮桓公之後晏子對以任非其人第三

景公問晏子曰：“昔吾先君桓公從車三百乘，九合諸侯，孫云：“《爾雅·釋詁》：‘會，合也。’《管子·幼官篇》：‘有九會諸侯之令。’”一匡天下。今吾從車千乘，可以逮先君桓公之後乎？”晏子對曰：“桓公從車三百乘，九合諸侯，一匡天下者，左有鮑叔，右有仲父。言在任得其人，無關於從車之多寡。孫云：“下、父爲韻。”今君左爲倡，右爲優，讒人在前，諛人在後，是爲結邪，能保其身亦幸矣。又焉可逮桓公之後乎。”“乎”上舊衍“者”字，從王校據《羣書治要》删。蘇云：“《治要》‘桓公’上有‘先君’二字。”

景公問廉政而長久晏子對以其行水也第四

景公問晏子曰：“曰”字舊脱，今校補。“廉政而長久，王云：“‘政’與‘正’同。《文選·運命論》注引作‘廉正’。《史記·循吏傳》：‘堅直廉正。’”蘇云：“王説是。晏子以水石爲喻，正晰廉政之人性有不同處。水以柔爲性，猶之人有廉政之質。而出之以和平，故智能馭物，而物樂爲馭，所謂柔弱處上也。石以剛爲性，猶之人有廉政之質，而復以堅强行之，故隨在忤物，所謂强自取柱也。此長久、遬亡之分，論人性也。"其行何也？"孫云："《白帖》作'何如'。"純一案：《太平御覽》五十九、《藝文類聚》八並引作"景公問廉政何如"。晏子對曰："其行水也。言廉政如水，内明而外柔，可比德焉。老子曰："上善若水。"美哉，水乎清清，《文選》注無"清清"二字。《御覽》、《類聚》同。其濁無不雩途，孫云："'途'，《白帖》作'塗'。《説文》：'汙，塗也。''雩途'即'汙塗'，謂塗塈。"洪云："《文選》注引作'無不寀塗。'"黄云："元刻'無不'字誤倒。《藝文類聚》八引作'水平清，其濁無不塗'。'乎'作'平'。'清'不重。"其清無不灑除，孫云："《白帖》作'洒，洗濮也'。途、除爲韻。"純一案：《古音諧》十二魚引此。《御覽》作"其濁无不塗，其清无不掃"。《類聚》"无"作"無"，"掃"作"灑"。《文選·運命論》曰："體清以洗物，不亂於濁。受濁以濟物，不傷於清。"是其義。是以長久也。"公曰："廉政而遬亡，孫云："'遬'，《説文》：'速，籀文从敕。'"純一案：《别雅》五云："《荀子·議兵篇》：'輕利僄遬。'注：'遬與速同。'《淮南子·兵略訓》'欲疾以遬'，亦同。"其行何也？"對曰："其行石也。内不清明，外則頑固。堅哉，石乎落落，老子曰："不欲落落如石。"視之則堅，循之則堅，内外皆堅，不能容物，又不爲物所容。無以爲久，是以遬亡也。"老子曰："堅强者死之徒，柔弱者生之徒。"此章大恉相似。

景公問爲臣之道晏子對以九節第五

景公問晏子曰："請問爲臣之道。"《治要》無"爲"字、"之"字。晏子對曰："見善必通，不私其利，一、《易·繫辭上》曰："推而行之謂之通。"言善道利人無窮，當與人同，不自秘藏。薦善而不有其名。二、"薦"，舊譌"慶"。王云："'慶'字於義無取，'慶'本作'薦'。不有其名，謂不以薦善自居也。隸書'薦'字或作'薦'，形與'慶'相似而誤。説見《管子·君臣篇》。《羣書治要》正作'薦善'。"純一：今據正。案："而"下疑脱"用"字。"而"，古通"能"。"薦善能用，不有其名"，與"見善必通，不私其利"對文。上下皆四字句，此獨七字爲句，不類，故知有脱字。稱身居位，《問上》二十章曰："稱身就位。"不爲苟進。三、《管子·重令篇》曰：

"察身能而受官，不誣於上。"義可互明。稱事受禄，"受"，舊譌"授"，從盧校據《治要》正。不爲苟得。四、《問上》二十章曰："計能受[2]禄，受禄不過其量。"義同。體貴側賤，不逆其倫。五、居貴不陵賤，居賤不陵貴。《管子·重令篇》曰："服位不侈其能。"言不侵人之權也。居賢不肖，不亂其序。六、劉云："'居賢不肖'，猶言位置賢不肖也。"純一案：《荀子·儒效篇》："使賢不肖各得其位。"義同。肥利之地，不爲私邑。七、蘇云："肥，饒裕也。本《易·遯》釋文。利宜奉公，故饒利之地，不以自私。"賢質之士，不爲私臣。八、士之有才德而樸實者，舉之於朝，不使屈爲家臣。君用其所言，民得其所利，《治要》無兩"所"字，是。蘇云："《治要》'民'作'人'。"而不伐其功。九、《治要》無"而"字，是。此臣之道也。"《治要》無"之"字，是。蘇云："《治要》載此章在《問上篇》。"

景公問賢不肖可學乎 "不肖"二字疑涉正文而衍。晏子對以彊勉爲上第六

景公問晏子曰："人性有賢不肖，可學乎？""可"上當有"賢"字，而今本脱之，義不可通。晏子對曰："《詩》云：孫云："《小雅·車舝》之詩。"'高山仰之，景行行之。'之者，其人也。上兩"之"字，舊並作"止"。盧云："下'止'字衍。案今《詩》作'景行行止'，而古來所引每作'行之'。王伯厚《詩考》引《史記·孔子世家》作'行之'，今《史記》改作'行止'矣。《禮記·表記》、《釋文》又云：'"行止"，《詩》作"行之"。'又互異也。此書必本作'行之'，後人以今《詩》'止'字注其旁，遂誤入正文耳。"王云："盧説是矣，而未盡也。此文本作'《詩》云："高山仰之，景行行之。"鄉者其人也'。'鄉'讀'南鄉'、'北鄉'之'鄉'。鄉者，謂鄉道而行者也。《表記》引此詩而申言之曰：'鄉道而行，不中道而廢（舊脱"不"字，義與上下文俱不協，純一今校增），忘身之老也，不知年數之不足也。俛焉日有孳孳，斃而後已。'即此所云'鄉者其人也'。故下文云：'列士並學，終善者爲師。'鄉道不已，斯謂之終善者矣。《淮南·説山篇》曰：'故高山仰止，景行行止，鄉者其人也。'語即本於《晏子》。若今本《晏子》，則兩'之'字僅存其一，又脱去'鄉'字矣。"純一案：兩"止"字並從盧、王校正，以復古《詩》之舊。盧云"下'止'字衍"，誤。王云今本落"鄉"字，亦偶未審耳。"者"上"之"字即古"志"字。心之所之爲志，猶言心之所鄉往也。《墨子·天志下篇》："故子墨子置立天之以爲儀法。"畢沅云："'之'，一本作

‘志’，疑俗改。考古‘志’字只作‘之’，《説文》無‘志’字。”《史記·刺客傳》“趙國志士”，《趙策》“志”作“之”。是“之”即“志”之證。此文引《詩》而申言之，義與《表記》同。故諸侯並立，善而不怠者爲長。孫云：“讀如‘令長’。”列士並學，終善者爲師。”由其志之所鄉，强行不已也。《雜下》廿七章曰：“爲者常成，行者常至。”

景公問富民安衆晏子對以節欲中聽第七

景公問晏子曰：“富民安衆，難乎？”晏子對曰：《治要》無“晏子”二字。“易。節欲則民富，黄初云：“老子曰：‘我無事而民自富，我無欲而民自樸。’”中聽則民安，孫云：“中聽，聽獄得中也。”俞云：“夫刑罰不中，民無所措手足，故中聽則民安也。”行此兩者而已矣。”蘇云：“《治要》載此章在《問上篇》。”

景公問國如何則謂安晏子對以内安政外歸義第八

景公問晏子曰：“國如何則可謂安矣？”晏子對曰：“下無諱言，上有道揆，求通民隱故。官無怨治。“怨”讀爲“蘊”。説本王氏。《問上》廿二章“治無怨業”，義同。劉云：“‘怨’亦讀爲‘宛’，字與‘蘊’同，猶言‘無鬱積不通之治’也。下文‘窮民無怨’，猶言‘窮民無所鬱結’也。”通人不華，顯達者不尚奢華。窮民不怨。喜樂無羡賞，忿怒無羡刑。《問上》十七章：“不因喜以加賞，不因怒以加罰。”義同。上有禮于士，《管子·大匡篇》：“從列士以下有善者，衣裳賀之。”《越語上》：“四方之士來者，必廟禮之。”下有恩于民。如前第一章“出粟予貧苦，振贍癃老”之類。以上皆“百姓内安其政”之事。地博不兼小，兵彊不劫弱。以上皆諸侯“外歸其義”之事。百姓内安其政，外歸其義。外歸上當有“諸侯”二字，“諸侯”與“百姓”對文，今本脱去，文不成義。可謂安矣。”

景公問諸侯孰危晏子對以莒其先亡第九

景公問晏子曰：“當今之時，諸侯孰危？”晏子對曰：“莒其先亡乎。”

《説苑》無“先”字。公曰：“何故？”《説苑》作“奚故”。對曰：“地侵于齊，貨竭于晉，“竭”從元刻。孫云：“一本作‘謁’。”盧校據《説苑》改“竭”。竭，盡也。是以亡也。”孫云：“《説苑·權謀篇》用此文。”

晏子使吳吳王問可處可去晏子對以視國治亂第十

晏子聘于吳，吳王曰：“子大夫以君命辱在敝邑之地，“敝”，元刻作“弊”。劉云：“‘之地’二字，衍文也。‘地’爲‘施’之誤字，後人併存之，因於‘地’上增‘之’字。實則《左傳》諸書，凡稱‘弊邑’，無有復言‘之地’二字者。下晏子聘魯節‘辱臨敝邑’亦無‘之地’二字。”施貺寡人，孫云：“《詩傳》：‘貺，賜也。’當爲‘況’。”寡人受貺矣，願有私問焉。”晏子逡遁而對曰：“逡”從元刻。孫本作“巡”，云：“《説文》：‘巡，視行皃。遁，遷也。’《漢書·平當傳》贊‘逡遁有恥’，師古曰：‘遁與循同。’《刊謬正俗》曰：‘賈誼《過秦論》“九國之師，遁巡而不敢進”，“遁”者，蓋取“循”聲以爲“逡”字。’”盧云：“‘巡’當作‘逡’，下文正作‘逡’。”“嬰，北方之賤臣也，得奉君命，以趨于末朝，黄云：“盧校作‘本朝’。按‘末朝’謙詞，猶下文云‘下吏’，似非誤。”純一案：嬰，齊臣，不得稱吳爲本朝或末朝。“末朝”，當是“朝末”誤倒。“趨於朝末”，謂趨於吳朝之末位也。恐辭令不審，譏於下吏，譏，非也，誹也。懼不知所以對者。”吳王曰：“寡人聞夫子久矣，今乃得見，願終其問。”晏子避席對曰：“敬受命矣。”矣，畢詞，此不當有，應删。吳王曰：“國如何則可處，如何則可去也？”晏子對曰：“嬰聞之，親疏得處其倫，倫者，理也。賢者親之，不肖者疏之。大臣得盡其忠，信任大臣，克勤民事。民無怨治，《書·畢命篇》曰：“道洽政治，澤潤生民。”國無虐刑，象形惟明，不淫法外。則可處矣。是以君子懷不逆之君，懷，思也，歸也。不逆者，不逆於道也。居治國之位。《論語·泰伯篇》曰：“天下有道則見。”親疏不得居其倫，親近讒諛，疏遠賢人。大臣不得盡其忠，諫而不從。民多怨治，上多暴政。國有虐刑，淫刑以逞。則可去矣。是以君子不懷暴君之禄，不處亂國之位。”《論語·憲問篇》曰：“邦無道，穀，恥也。”此與《外上》十六章大旨同。末二句亦見於彼。

吴王問保威彊不失之道晏子對以先民後身第十一

晏子聘于吴，吴王曰："敢問長保威彊勿失之道若何?"晏子對曰："先民而後身，先民之急，而後其身之私。《墨子·兼愛下篇》："兼君之言曰：'吾聞爲明君於天下者，必先萬民之身，後爲其身。'"蓋墨道然也。先施而後誅。蘇云："施，言施惠，謂慶賞也。"彊不暴弱，貴不淩賤，富不傲貧。下二句已見《問上》七章。《墨子·天志中篇》曰："强不劫弱，衆不暴寡，詐不謀愚，貴不傲賤。"文有出入，其義一也。百姓並進，《墨子·尚賢上篇》曰："古者聖王之爲政，列德而尚賢，雖在農與工肆之人，有能則舉之，故官無常貴而民無終賤。"是之謂"百姓並進"。有司不侵，有司無敢侵民者。民和政平。不以威彊退人之君，俞云："'退人之君'義不可通，'退'疑'迫'字之誤，若吴王[3]藩衛侯之舍，是以威彊迫人之君矣，故晏子以爲諷也。"劉云："'退'當如字。下'彊'字當作'疆'，與《問上篇》'衆彊'同。'不以威彊退人之君'，言不以威力抑人之君也。(《説文》："退，卻也。"《廣雅·釋詁》云："退，減也。""退人之君"，猶言使人之君出己下也。)'衆疆'，猶言廣土，言不恃土地之廣，以併人之國也。'威彊'與'衆疆'對文。"不以衆彊兼人之地。不忍率土地而食人肉。其用法爲時禁暴，故世不逆其志；暴力所加，世所共惡。爲法禁之，故得天下之歡心。其用兵爲衆屏患，屏，除也。患，憂也，禍也。如湯放桀、武王伐紂是。故民不疾其勞。民知國有義勞，故雖勞而不怨。此長保威彊勿失之道也。失此者危矣。"《史記·十二諸侯年表》："吴闔閭十一年，伐楚取番"，是以衆强兼人之地。"十三年，陳懷公來，留之，死于吴"，是以威强退人之君。晏子先景公卒，上二事晏子當不及見，然闔閭類此之行，必有爲晏子所知而經史不及載者。定四年《左傳》："楚自昭王即位，無歲不有吴師。"是用兵非爲衆屏患，而民疾其勞者。事皆晏子所及知，故以爲諷。吴王忿然作色不説。晏子曰："寡君之事畢矣，嬰無斧鑕之罪，孫云："'鑕'當爲'質'。《玉篇》：'鑕，鐵鑕砧，章溢切。'《古今韻會》：'鑕，通作"質"。'"請辭而行。"遂不復見。

晏子使魯魯君問何事回曲之君晏子對以庇族第十二

晏子使魯，見昭公。昭公説曰："天下以子大夫語寡人者衆矣，今得見而羡乎所聞，所見餘於所聞。請私而無爲罪。私，謂非公言。寡人聞大國之君蓋回曲之君也，蘇云："《廣韻[4]·釋詁》云：'回，衺也。'回曲，猶言衺曲。"曷爲以子大夫之行，事回曲之君乎？"晏子逡循對曰：孫云："《爾雅·釋言》：'逡，退也。'《漢書·萬章傳》：'逡循甚懼。'""嬰不肖，嬰之族又不若嬰，待嬰而祀先者五百家，故嬰不敢擇君。"晏子出，昭公語人曰："晏子，仁人也。反亡君，案：晏子無"反亡君"之事。"反"疑"哭"之譌。"哭亡君"，謂哭莊公。詳《雜上》二章及襄二十五年《左傳》。安危國，而不私利焉。《雜上》三章："晏子曰：'回吾以利而倍其君，非義也。'"僇崔杼之尸，見襄二十八年《左傳》。滅賊亂之徒，不獲名焉。使齊外無諸侯之憂，内無國家之患，不伐功焉。克勤於邦，不自滿假。鍖然不滿，孫云："《玉篇》：'歁[5]，醜甚切。'此當爲欿然之假音。"俞云："'鍖'當爲'歁'。《説文·欠部》：'歁，食不滿，從欠，甚聲。'是'歁'之本義爲食不滿，引申之，凡不滿者皆得言'歁'，故曰'鍖然不滿'。"退托于族，蘇云："言謙退而托於族以爲辭也。"晏子可謂仁人矣。"此與《外上》十七章旨同而辭異。

魯昭公問魯一國迷何也晏子對以化爲一心第十三

晏子聘于魯，魯昭公問焉曰："曰"字舊脱，從蘇校補。"吾聞之，莫三人而迷，孫云："《韓非》作'魯哀公問于孔子曰：鄙諺曰："莫衆而迷"'。一曰：'晏嬰子聘魯，哀公問曰："語曰：莫三人而迷。"'注：'舉事不與三人謀，必知迷惑也。'"今吾以一國慮之，魯不免于亂，舊作"今吾以魯一國迷慮之，不免於亂"。盧云："'迷'字衍，當從《韓非·内儲説上》删。"王云："既言'迷'，不得更言'亂'。此'迷'字蓋涉上'迷'字而衍。'魯'字當在'不免于亂'上。'今吾以一國慮之，魯不免于亂'者，'以'猶'與'也，言吾與一國慮之而魯猶不免於亂也，《韓子·内儲説》作

‘今寡人與一國慮之，魯不免于亂’，是其證。今本‘迷’字重出，‘魯’字又誤在‘一國’上，則文不成義。”純一案：王説是，今據正。何也?”晏子對曰：“君之所尊舉而富貴，入所以與圖身，出所以與圖國，劉云：“‘以’即‘與’也。蓋本文作‘以’，‘所以圖身，所以圖國’，猶之‘所與圖身，所與圖國’也。淺人不識‘以’有‘與’訓，妄增二‘與’字，誤矣。上文‘今吾以一國慮之’，即‘與一國慮之’。以彼例此，則此文無二‘與’字明矣。”及左右逼邇，皆同于君之心者也。此“同”與《諫上》十八章梁丘據“是同非和”之“同”同義。撟魯國化而爲一心，“撟”舊譌“槁”。盧云：“‘槁’，《文選・勸進表》注引作‘矯’。此當爲‘撟’，與‘矯’同。《韓非》作‘舉’，義同。”俞云：“‘槁’當爲‘撟’字之誤也。《説文・手部》：‘撟，舉手也。’故引申之有‘舉’義。《史記・扁鵲倉公列傳》‘舌撟然而不下’，《索隱》云：‘撟，舉也。’‘撟魯國化而爲一心’，猶云‘舉魯國化而爲一心’。《韓非子・内儲説》作‘舉魯國盡化爲一’，此作‘撟’，彼作‘舉’，文異而義同。若作‘槁’，則不可通矣。”蘇云：“盧、俞説是。《外篇》‘臣何敢槁也’，‘槁’亦‘撟’之誤。”純一：今據諸校正。曾無與二，其何暇有三。夫逼邇于君之側者，距本朝之勢，距，抗也。又與“拒”同，敵也。王云：“此言大臣專本朝之權。”國之所以殆也。“殆”舊譌“治”。俞云：“此言近臣專權也，乃云‘國所以治’，於義難通。‘治’蓋‘殆’字之誤。‘國之所以殆也’，與下文‘行之所以衰也’、‘身之所以危也’一律。”純一案：俞説是，今據正。左右讒諛，相與塞善，行之所以衰也。士者持禄，遊者養交，蘇云：“《荀子・臣道篇》云：‘不卹君之榮辱，不卹國之臧否，偷合苟容，以之持禄養交而已耳，國賊也。’古書多以‘持養’連文，如《荀子・議兵篇》所謂‘高爵豐禄以持養之’之類是也。”純一案：《墨子・七患》：“仕者持禄，遊者憂交。”義同。身之所以危也。《詩》曰：孫云：“《大雅・棫樸》之詩。”‘芃芃棫樸，薪之槱之。濟濟辟王，左右趨之。’孫云：“‘趨’，《詩》作‘趣’。”純一案：《詩傳》：“芃芃，木盛貌。棫，白桵也。樸，枹木也。槱，積也。山木茂盛，萬民得而薪之。賢人衆多，國家得用蕃興。”此言古者聖王明君之使以善也。左右無讒諛相與塞也。故外知事之情，情，實也。而内得心之誠，孫云：“情、誠爲韻。”是以不迷也。”孫云：“《韓非・内儲説》用此文。”

魯昭公問安國衆民晏子對以事大養小謹聽節斂舊譌“儉”，從俞校正文改。第十四

晏子聘于魯，魯昭公問曰：“子大夫儼然辱臨敝邑，“子大”二字舊脱。孫云：“一本作‘大夫’。‘敝’，一本作‘弊’。”王云：“一本作‘大夫’者是。”純一案：前十二章兩稱“子大夫”，下章亦兩稱“子大夫”，今據補。竊甚嘉之。寡人受貺，請問安國衆民如何？”晏子對曰：“嬰問[6]傲大賤小則國危，“傲大”，大國必重怒而加兵；“賤小”，小國必結鄰以報怨，故國危。慢聽厚斂則民散。慢聽則刑罰不中，厚斂則暴奪民財，民不堪命，勢必相率逃亡。俞云：“亦《孟子》‘省刑罰，薄稅斂’之意。”事大養小，安國之器也。《孟子·梁惠王下》曰：“以大事小者，樂天者也。以小事大者，畏天者也。樂天者保天下，畏天者保其國。”《墨子·非攻下篇》曰：“今若有能信效先利天下諸侯者，以此效大國則大國之君説，以此效小國（十一字今校增），則小國之君説。”義可互明。謹聽節斂，衆民之術也。”“斂”舊譌“儉”。俞云：“‘儉’乃‘斂’字之誤。上云‘慢聽厚斂則民散’，此云‘謹聽節斂，衆民之術也’，兩文正相應。”純一案：俞説是，今據正。前第七章“景公問‘富民安衆’，晏子對以‘節欲則民富，中聽則民安’”，義可互明。

晏子使晉晉平公問先君得衆若何晏子對以如美淵澤第十五

晏子使晉，晉平公饗之文室，既静矣，以宴。“以宴”，元刻作“晏已”，孫本作“晏以”。黄云：“静、竫古通。《説文》：‘竫，亭安也。’‘竫’，古‘停’字。‘既竫矣’，謂饗事畢。‘晏以’，當作‘以宴’。下章‘叔向從之宴，相與語’。禮，主君饗賓，親進醴，其禮嚴肅。饗畢又宴，賓辭讓，請用臣禮。上介爲賓，賓爲苟敬，于是語，于是道古。”純一案：黄説是，今據乙正。平公問焉曰：“昔吾子先君得衆若何？”“子”字舊脱。黄云：“問齊桓公也。‘吾’下當有‘子’字。下章‘吾子之君德行高下如何’，文同。”純一案：黄説是，今據補。晏子對曰：“君饗寡君，劉云：“上言晏子使晉，不言從齊侯如晉，又下言平公問莊公與今君孰賢，則景公不在席甚明。此言‘君饗寡君’，‘饗’必誤字，疑本作‘君貺寡君’，即上晏子聘吴節‘施貺寡人’之

‘覝’也。‘饗’、‘覝’音近，涉上‘饗’字而誤。”施及使臣，御在君側，御，侍也。恐懼不知所以對。”平公曰：“聞子大夫數矣，今乃得見，願終聞之。”晏子對曰：“臣聞君子如美淵澤，容之，“容”上疑脱“無不”二字。衆人歸之，如魚有依，極其游泳之樂。言君子含宏之德，涵育萬物，有如此者。喻桓公下賢以身，能使諸侯朝其德。若淵澤決竭，言不能容物。喻桓公既没，無繼武者。其魚動流，動，移動。流，流走。喻諸侯畔之。孫云：“一本作‘流動’。”夫往者維雨乎，不可復已。”喻桓公往矣，不可復見。公又問曰：“請問莊公與今君孰賢？”“君”字舊脱，從王校補。晏子曰：“兩君之行不同，臣不敢知也。”“知”上舊衍“不”字，從盧校删。公曰：“王室之不正也，“不”字舊脱，從劉校補。諸侯之專制也，是以欲聞子大夫之言也。”對曰：“先君莊公不安静處，好動。樂節飲食，不好鐘鼓，好兵作武，句絶。武與處、鼓、暑爲韻。與士同飢渴寒暑，“與士”舊倒，文義不順，今乙。孫云：“處、鼓、暑爲韻。”純一案：《古音諧》十二魚上聲引此。君之彊，過人之量，孫云：“言强力過人。强、量爲韻。”純一案：以上言其長，以下言其短。有一過不能已焉，“過”指通於棠姜，諱言之，見襄二十五年《左傳》。是以不免于難。言爲崔杼所殺。今君大宫室，美臺榭，以辟飢渴寒暑，以上言其短，以下言其長。畏禍，敬鬼神，以此尚有忌憚。君之善足以没身，不足以及子孫矣。”孫云：“神、身、孫爲韻。”

晉平公問齊君德行高下晏子對以小善第十六

晏子使于晉。晉平公問曰：“吾子之君，德行高下如何？”晏子對以“小善”。不得已而應之。公曰：“否，吾非問小善，不明晏子立言之難。問子之君德行高下也。”晏子蹵然不安皃。曰：“諸侯之交，紹而相見，辭之有所隱也。爲尊者諱。君之命質，不容文。臣無所隱，嬰之君無稱焉。”無德可稱。平公蹵然而辭，送，再拜而反，曰：“殆哉吾過。孫云：“明己之臣，亦且不能隱過，故殆也。”誰曰齊君不肖？直稱之士正在本朝也。”言齊廷能容直臣，孰謂其君不肖乎。

晉叔向問齊國若何晏子對以齊德衰民歸田氏第十七

晏子使于晉，“使”從元刻，明本、孫本俱作“聘”。孫云：“《左傳》昭三年，齊侯使晏嬰請繼室于晉。”叔向從之宴，相與語。叔向曰：“齊其何如？”晏子對曰：《左傳》無“對”字。“此季世也，《文選·西征賦》、《勸進表》兩注引《左傳》文同。吾弗知。齊其爲田氏乎。”孫云：“《左傳》作‘陳氏’。”純一案：《左傳》“乎”作“矣”。田、陳同。杜注：“不知其他，唯知齊將爲陳氏。”《釋文》“吾弗知”絶句。叔向曰：“何謂也？”晏子曰：“公棄其民，而歸於田氏。杜注：“棄民不恤。”齊舊四量，豆、區、釜、鍾。一本作“鐘”。四升爲豆，各自其四，以登于釜，蘇云：“杜注：‘四豆爲區，區斗六升。四區爲釜，釜六斗四升。’登，成也。”釜十則鍾。杜注：“六斛四斗。”案：《文選》任彦升《奏彈劉整》注引此句及注。田氏三量，皆登一焉，鍾乃巨矣。蘇云：“‘巨’，《左傳》作‘大’。‘三量’，豆、區、釜。杜注：‘登，加也。’加一謂加舊量之一也。以五升爲豆，五豆爲區，五區爲釜，則區二斗、釜八斗、鍾八斛也。”純一案：《太平御覽》七百六十五、又八百三十引《左傳》，並同。以家量貸，以公量收之。《左傳》“以公”上有“而”字。杜注：“貸厚而收薄。”山木如市，弗加于山，魚鹽蜃蛤，弗加于海。杜注：“賈如在山、海不加貴。”《正義》曰：“‘如’訓‘往’也，言將山木往至市也。於木既言如市，魚鹽蜃蛤亦如市可知，蒙上文也。”民參其力，二入於公，而衣食其一。杜注：“言公重賦斂。”公積朽蠹，而老少凍餒。孫云：“《左傳》‘積’作‘聚’，‘老少’作‘三老’。”盧云：“‘少’，元刻作‘小’。”國之都市，舊作“國都之市”。孫云：“《左傳》作‘國之諸市’，非。”王云：“《晏子》本作‘國之都市’。‘都’、‘諸’古字通，‘都市’即‘諸市’也。國中之市非一，故曰‘諸市’。後人不知‘都’爲‘諸’之假字，而誤以爲‘都邑’之‘都’，故改爲‘國都之市’，不知古所謂‘國’即今所謂‘都’也。既言‘國’，又言‘都’，則贅矣。乃淵如反以爲是，而以左氏爲非，不過欲抑左氏以尊《晏子春秋》耳。不知所尊者，乃俗改之本，非原本也。”純一案：王説是，今據乙。屨賤而踴貴。《左傳》無“而”字。杜注：“踴，刖足者屨。言刖[7]多。”民人痛疾，或燠休之。盧云：“‘燠休’讀爲‘嫗煦’。”純一案：《左傳》“或”上有“而”字。杜注：“燠休，痛念之聲，謂陳氏也。”昔者殷人誅殺不當，孫云：“自‘昔者’至‘慈惠’，

《左傳》所無。”僇民無時，文王慈惠殷衆，收衈無主，是故天下歸之。民無私與，“民”字舊脱，從王校補。維德之授。今公室驕暴，而田氏慈惠，其愛之如父母，“其”，指民言。而歸之如流水，欲無獲民，將焉避之。舊脱“欲”字、“之”字。蘇云：“文義不明。”純一：據《左傳》補。箕伯、黄云：“‘箕’，元刻作‘萁’。”直柄、虞遂、伯戲，杜注：“四人皆舜後，陳氏之先。”其相胡公、太姬已在齊矣。”杜注：“胡公，四人之後，周始封陳之祖。太姬，其妃也。言陳氏雖爲人臣，然將有國，其先祖鬼神已與胡公共在齊。”《正義》：“‘相’訓爲‘助’。言箕伯四人，其皆助胡公、太姬。神靈已在齊矣。”叔向曰：“雖吾公室，亦季世也。戎馬不駕，卿無軍行，杜注：“言晉衰弱，不能征討救諸侯。”公乘無人，卒列無長。杜注：“百人爲卒。言人皆非其人，非其長。”庶民罷弊，宫室滋侈，“罷”同“疲”。杜注：“滋，益也。”道殣相望，杜注：“餓死爲殣。”而女富溢尤。杜注：“女，嬖寵之家。”民聞公命，如逃寇讎。孫云：“尤、讎爲韻。”欒郤、胥原、狐續、慶伯降在皁隸，“狐”，從元刻，孫本譌“孤”。孫云：“《左傳》作‘狐’，是。《潛夫論》：‘狐氏，晉姬姓也。’”純一案：杜注：“八姓，晉舊臣之族也。皁隸，賤官。”政在家門，杜注：“大夫專政。”民無所依，而君日不悛，以樂慆憂。杜注：“慆，藏也。悛，改也。”《正義》曰：“劉炫云：‘慆，慢也。好音樂而慢易。憂，患也。杜以“慆”爲“藏”，當讀如“弓韜”之“韜”。言以音樂樂身，埋藏憂愁于樂中。’”公室之卑，其何日之有。杜注：“言今至。”讒鼎之銘杜注：“讒，鼎名也。《釋文》服云：‘疾讒之鼎也。’”孫云：“《韓非·説林》：‘齊伐魯，索讒鼎。魯以其雁往。’”曰：‘昧旦丕顯，後世猶怠。’“丕”，《左傳》作“丕”，同。杜注：“昧旦，早起也。丕，大也。言夙夜以務大顯，後世猶解怠。”孫云：“《説文》：‘昧，爽。旦，明也。一曰闇也。杜注‘昧旦，早起’，非。”純一案：杜意言當昧旦，時甚早即起也。況日不悛，其竜久乎。”孫云：“‘竜’不成字。序云‘章爲長’，疑即爲此，則作長久也。《左傳》作‘能’。”純一案：《左傳》是。晏子曰：“然則子將若何？”杜注：“問何以免此難。”叔向曰：“人事畢矣，待天而已矣。此二句《左傳》無。晉之公族盡矣。肸聞之，公室將卑，其宗族枝葉先落，則公從之。肸之宗十一族，杜注：“同祖爲宗。”《正義》曰：“《世族譜》云：‘羊舌氏，晉之公族也。羊舌，其所食邑名。唯言晉之公族，不知出何公也。杜云‘同祖爲宗’，謂同出一公有十一族也。《譜》又云：‘或曰羊舌氏姓李名果，有人盜羊而遺其頭，不敢不受，而埋之。後盜羊事發，辭連李氏。李氏掘羊頭示之，以明己不食，唯識其舌存得免，號曰羊舌氏。’杜言‘或曰’，蓋舊有此説，杜所不從，記異聞耳。”唯羊舌氏在而已，肸又無子，杜注：“無賢子。”公室無度，幸而得死，杜注：“言得以壽終爲幸。”豈其獲祀焉。”杜注：“言不必得祀。”孫云：“死、祀爲韻。”純一案：《左傳》無“焉”字。齊爲田氏事，見《諫下》十九章、《問上》八章、《外上》十章、又十五章。

叔向問齊德衰子若何晏子對以進不失忠退不失行第十八

叔向問晏子曰：“齊國之德衰矣，“德”，一本作“治”，非。今子何若?”晏子對曰：“嬰聞，事明君者，竭心力以没其身，鞠躬盡瘁，死而後已。行不逮則退，安國利民，力有不逮則退。不以誣持禄。不肯[8]義鄉禄而自誣。事惰君者，優遊其身以没其世，優遊者，不逢惡，不長惡，盡力守職，不怠奉官而已。《荀子·臣道篇》曰：“調而不流，柔而不屈，寬容而不亂。”是其義。力不能則去，《廣雅·釋詁》二：“能，任也。”不以諛持危。不持諛以危身。且嬰聞君子之事君也，進不失忠，退不失行。《問上》十四章云：“進不失廉，退不失行。”不苟合以隱忠，劉云：“‘隱’讀若‘違’，詳後三十章。”可謂不失忠。忠者，有利於民之謂。不持利以傷廉，可謂不失行。”叔向曰：“善哉。《詩》有之曰：‘進退維谷。’孫云：“《大雅·桑柔》之篇。《詩傳》：‘谷，窮也。’”蘇云：“孫説非。此與《韓詩外傳》六‘聞之者曰：“君子哉，安之命矣。《詩》曰：‘人亦有言，進退惟谷。’石先生之謂也”’所引詩同一義，並是贊詞，無訓窮理。蓋‘谷’即‘穀’叚字，當訓爲‘善’。此云‘進退維善’者，即贊上所謂‘進不失忠，退不失行’之語也。且明云‘善哉’，‘善’字即顯訓‘谷’字。若訓爲‘窮’，失立言之旨矣。《傳》見《詩》上有‘不胥以穀’之‘穀’，故訓此‘谷’爲‘窮’，不知詩人原以二‘穀’近在一處，故改一叚借之‘穀’字代之，猶《小雅》‘褒似威之’嫌二‘滅’相並，改‘威’代‘滅’也。此近世阮氏元已言之，詳見《揅經室集》。孫不以此訂《傳》之誤，而反引《傳》以釋此，坐未審耳。”純一案：蘇説“谷”訓“善”，是。而引《韓詩》作“其君聞之曰”，斷上句“其君”屬下讀，又删“者”字，並謬。今正。其此之謂歟?”

叔向問正士邪人之行如何晏子對以使下順逆第十九

叔向問晏子曰：“正士之義，邪人之行，何如?”晏子對曰：“正士處勢臨衆而不阿私，行國足養而不忘故。舊“衆”下脱“而”字，“行”下衍“于”字，從黄校增删。《詩·魏風·園有桃篇》：“心之憂矣，聊以行國。”《箋》云：“聊出行于國中，觀民事以寫憂。”“行國”二字有徵。“行國足養”，就窮時言，與“處勢臨衆”對文。故，舊典也。通則事上使卹其下，使邺其下之疾苦，是爲忠君。窮則教下使順其上。使順其上之法儀，是爲愛民。其事君也，盡禮行忠，不爲苟禄，舊作“事君盡禮行忠，不正爵禄”。顧云：“當作‘其事君也，盡禮道忠，不爲苟禄’。”純一案：顧説是。“其事君也”與“其交友也”對文，“不爲苟禄”與“不爲苟戚”對文，今並據以補正。惟“盡禮行忠”文義自明，不必破“行”作“道”耳。不用則去而不議。遺佚不怨。其交友也，論身行義，舊作“論身義行”。顧云：“當作‘論義行道’。”劉云：“‘論’當作‘諭’，顧説是也。‘身’爲‘信’字之假。《周禮·大宗伯》‘侯執信圭’，鄭注謂‘信圭象人形爲瑑飾’，則假‘信’爲‘身’。此文假‘身’爲‘信’，猶彼之假‘信’爲‘身’也。‘義行’當倒文作‘行義’。‘論信行義’與上‘盡禮行忠’對文。”純一案：劉説是，今據正乙。不爲苟戚，戚，親也。不同則疏而不誹。“誹”，舊譌“悱”，從黄校據下文正。《論語·衛靈篇》曰：“道不同不相爲謀。”不毁進于君，此句脱二字，文不成義。綜上文觀之，當作“不以毁行進于君”，與“不以刻民尊于國”對文。“毁行”，如《問上》廿一章“求君偪邇而陰爲之與”是。不以刻民尊于國。居上者苛刻下民，是自賤也。故用于上則民安，事上使卹其下故。行于下則君尊。“行於下”即行于國，教下使順其上故。故得衆上不疑其身，上知其德行能得民心故。用于君不悖于行。盡禮行忠。是以進不喪己，“己”，舊譌“亡”。王云：“‘進不喪亡’文不成義，‘亡’當爲‘己’，字之誤也。‘喪己’，失己也。‘失己’與‘危身’對文。下文‘交通則辱，生患則危’，正與此相反。‘辱’謂喪己，‘危’謂危身。”純一案：王説是，今據正。退不危身，《問上》十四章云：“進不失廉，退不失行。”可互明。此正士之行也。邪人則不然，用于上則虐民，行于下則逆上。事君苟進不道忠，交友苟合不道行。劉云：“‘行’疑‘義’之譌。”持諛巧以匄禄，“匄”，舊譌“正”。王云：“‘正’當作‘匄’。《廣雅》曰：‘匄，求也。’謂持諛巧之術以求禄也。俗書‘匄’字作‘丐’，與‘正’相似而誤。”純一案：王説是，今據正。比姦邪以厚養。矜爵禄以臨人，夸體貌以華世。“體”從元刻，孫本作“禮”。孫云：“一本脱‘華’字，非。”不任于上則輕議，不篤于友則好誹。誹，非議也。故用于上則民憂，行于下則君危，是以其事君近于罪，禍國殃民。其交友近于患，如靳尚於屈原、李斯於韓非之類。其得上辟于辱，偏于奴颜婢膝。其爲生僨于刑，暋不畏死。故用于上則誅，行于下則弑。此二句與“故用於上則民憂，行於下則君危”義鄰於複。是故交通則辱，生患則危，此二句與“其得上辟于辱，其爲生僨于刑”義近於複。此邪人之行也。”

叔向問事君徒處之義奚如晏子對以大賢無擇第二十

叔向問晏子曰：“事君之倫，徒處之義，奚如?”晏子對曰：“事君之倫，知慮足以安國，“知”讀若“智”。慮，《説文》：“謀思也。”譽厚足以導民，仁聲入人心深。和柔足以懷衆，與物爲春。不廉上以爲名，不以廉名求上采聽。不倍民以爲行，倍、背同。《問上》十二章曰：“事必因乎民。”上也。潔于治己，不飾過以求先，有過不自欺飾，心存退讓。不讒諛以求進，行己有恥。不阿以私，孫云：“‘以’，一本作‘久’，非。”王云：“‘以’當作‘所’，與下句文同一例。言于人則不阿所私，於己則不誣所能也。作‘久’、作‘以’，皆于文義不合。”純一案：王説是，當據改。不誣所能，自知明。次也。盡力守職，不怠奉官，從上不敢惰，“惰”從元刻，孫本作“隋”，云：“‘隋’同‘惰’。”畏上故不苟，苟，苟且也。《匡謬正俗》八曰：“苟者，偷合之稱，所以行無廉恥[9]，不存德義，謂之苟且。”忌罪故不辟，忌，憚也，猶畏也。畏罪故不犯刑。下也。三者，事君之倫也。及夫大賢，則徒處與有事，無擇也，隨時宜者也。大賢或潛或見，與時偕行。有所謂君子者，能不足以補上，退處不順上，順，循也。治唐園，考菲履，俞云：“《詩·山有樞篇》《毛傳》曰：‘考，擊也。’《廣雅·釋詁》文同。此‘考’字亦當訓‘擊’。《孟子·滕文公篇》‘捆屨’，趙注曰：‘捆，猶叩椓也。’然則‘考屨’與‘捆屨’同義。”黄云：“唐園者，藝麻枲之園也。《管子·輕重甲篇》：‘北郭者，盡屨履[10]之甿也，以唐園爲本利，請以令禁百鐘之家不得事鞲，千鐘之家不得爲唐園。’《吕覽·尊師篇》：‘治唐圃，織葩屨。’‘葩’、‘菲’聲近。‘葩’，枲屬，今本作‘葩’字，譌。‘菲’又通‘屝’。《曲禮下》鄭注云：‘鞮屨，無絇之菲也。’方言：‘屝屨，麤屨也。’”共恤上令，“共”讀若“恭”。恤，安也。《漢書·韋元成傳》集注：“言恭安上令，不敢相犯。”弟長鄉里，不夸言，謹言。不愧行，慎行。孫云：“‘愧’當爲‘傀’。”盧云：“《荀子·非十二子篇》楊倞注引下句作‘傀行’，則此句亦當同。”蘇云：

“愧、傀形聲並近，疑假字也。《周禮·大司樂》‘大傀異災’，鄭注：‘傀，猶怪也。’‘傀行’猶言‘怪行’矣。”君子也。不以上爲本，忘君。不以民爲憂，忘世。內不恤其家，恤，憂也。外不顧其游，“游”上舊衍“身”字。王云：“家可以言內，身不可以言外，且‘身游’二字義不相屬。‘身’字乃後人所加也。‘內不恤其家，外不顧其遊’者，游，謂交游也。下文曰‘自勤於飢寒，不及醜儕’，正所謂‘外不顧其游’也。《荀子·非十二子篇》注引此，正作‘外不顧其游’。”純一：今據删。誇言愧行，孫云：“‘愧’，《荀子》楊倞注作‘傀’，云‘嵬’當與‘傀’義同。”自勤于飢寒，“飢”從元刻，孫本譌“饑”。蘇云：“《荀子·非十二子篇》注引作‘饑’。”劉云：“‘勤’當訓憂。《吕氏春秋·不廣篇》‘勤天子之難’，高注：‘勤，憂也。’‘自勤于飢寒，不及醜儕’，言惟一己飢寒是憂，而不恤交游也。”不及醜儕，醜，衆也。命之曰狂僻之民，蘇云：“《荀子·非十二子篇》注引‘僻’作‘辟’。”明上之所禁也。“明上”即“明君”。《問上》廿一章“明君”對“愚君”言。進也不能及上，不可以事君。退也不能徒處，不可以久處約。作窮于富利之門，《墨子·非儒篇》曰：“因人之家以爲翠，恃人之野以爲尊。富人有喪，乃大說喜曰：‘此衣食之端也。’”是其例。畢志于畎畝之業，志不出于衣食之外。畎畝之業，謂耕織也。窮通行無常，處之慮佚于心，黄云：“有誤字。”純一案：此文疑本作“窮通無常，慮佚于心”，言忽窮忽通，心慮多出于分外也。今本“通”下衍“行”字，“常”下衍“處之”二字，文不成義。通利不能，窮業不成，“通利”舊倒，文義不順。“通”與“窮”對，今乙。言通不能利於人，窮不能自成業。命之曰處封之民，屏諸封疆之邊。明上之所誅也。誅，責也，罰也。有智不足以補君，知見不正，無裨於君。元刻脱“以”字。有能不足以勞民，能不足效勞於民。俞身徒處，“俞”當爲“偷”之剥字。《荀子·非十二子篇》：“偷儒憚事。”是其義。謂之傲上，對上倨傲，自順其非。苟進不擇所道，苟得不知所惡，道，由也。陰結君之寵倖，苟求利禄，任人唾駡。謂之亂賊。身無以與君，能無以勞民，飾徒處之義，揚輕上之名，謂之亂國。以上二十四字，既與上文義複，又與下文“三者”不合，明是後人竄入之文，當删。明君在上，三者不免罪。”“罪”上疑脱“於”字。叔向曰：“賢不肖，性夫。吾每有問，而未嘗自得也。”黄初云：“言入於耳，無得於心。度量相越，何其遠也。”純一案：“徒處之義”亦見《外上》十八章。

叔向問處亂世其行正曲晏子對以民爲本第二十一

叔向問晏子曰："世亂不遵道，上辟不用義。世與道牾，上與義違。"辟"同"僻"。正行則民遺，遺，棄也。明世亂不遵道也。《史記·屈原傳》曰："方正不容。"是其義。曲行則道廢。曲，邪也。正行而遺民乎？與持民而遺道乎？蘇云："'與'猶'抑'也。王引之《經傳釋詞》引此文，以'與'訓'如'，云'言將正行而遺民乎，如其持民而遺道乎也'，似失之。"純一案：蘇説是。持，扶也，保也。此二者之於行何如？"晏子對曰："嬰聞之，卑而不失尊、後二十六章曰："在下莅修，足以變人。"可謂卑而不遺民矣。《問上》二十二章曰："潔身守道，不與世陷乎邪，是以卑而不失義。"蓋以道義自尊，所以正民命也。曲而不失正者，如伊尹五就桀是。以民爲本也。苟持民矣，安有遺道。苟能保民，道莫大焉。苟遺民矣，安有正行焉。"忘民則不仁。

叔向問意孰爲高行孰爲厚晏子對以愛民樂民第二十二

叔向問晏子曰："意孰爲高？行孰爲厚？"對曰："意莫高于愛民，孔、墨愛民，意莫高焉。孔祖堯、舜，墨祖大禹，皆高其愛民之意也。行莫厚于樂民。"與民同樂。又問曰："意孰爲下？行孰爲賤？"對曰："意莫下于刻民，刻民之意，毒萬倍於蛇蝎，惡萬倍於虎狼，品孰下焉。行莫賤于害身也。"惡之害身，雖人而禽，世不齒之，辱及其親，賤孰甚焉。抑知刻民即是害身，是其意爲至下，行爲至賤，在人雖欲上之貴之而不可能者也。

叔向問嗇吝愛之于行何如晏子對以嗇者君子之道第二十三

叔向問晏子曰："嗇、吝、愛之于行何如？"晏子對曰："嗇者，君子之道。《子華子·晏子問黨篇》："子華子曰：'嗇其所以出，而謹節其所受，然後神宇泰定而精不摇，其格物也明，其遇事也剛，此之謂儉，而聖人之所寶也，所以御世之具也，三皇、五帝之所留察也。'"老子曰："治人事天莫若嗇。"吝、愛者，小人之行也。"

叔向曰："何謂也？"晏子曰："稱財多寡而節用之，稱，量也。不役於物，不侈於性。富無金藏，多財則以分貧。貧不假貸，衣麤食惡，自苦爲極，故不假貸。《墨子·修身篇》曰："貧則見廉。"謂之嗇。積多不能分人，而厚自養，謂之吝。不能分人，又不能自養，貪慳成性，名曰財奴。謂之愛。故夫嗇者，君子之道；吝、愛者，小人之行也。"

叔向問君子之大義何若晏子對以尊賢退不肖"退"上當據正文補"不"字。第二十四

叔向問晏子曰："君子之大義何若？"晏子對曰："君子之大義，和調而不緣，溪盎而不苛，莊敬而不狡，和柔而不銓，刻廉而不劌，孫云："'溪'當爲'谿'，言谿刻也。'盎'即'訣'叚音，《説文》：'訣，早知也。''谿盎而不苛'，言不矜明察。"王云："《廣雅》：'緣，循也。'《莊子·列禦寇篇》'緣循、偃佒、困畏不若人'，郭象曰：'緣循，仗物而行者也。''和調而不緣'，言雖與俗和調，而不循俗而[11]行，猶言君子和而不同也。'溪盎'，未詳。'狡'者，《文選·洞簫賦》注曰：'狡，急也。'《字通》作'絞'。《論語·泰伯篇》鄭注曰：'絞，急也。'昭元年《左傳》注曰：'絞，切也。''莊敬而不狡'，謂從容中禮而不急切也。'銓'者，《説文》：'跧，卑也。'《廣雅》：'跧，伏也。'作'銓'者，借字耳。'和柔而不銓'，謂和柔而不卑屈也。'和調而不緣'，'莊敬而不狡，和柔而不銓，刻廉而不劌'，皆謂其相似而不同。"蘇云："王説是。'溪盎'，孫義亦可通。"劉云："《吕氏春秋·適音篇》云：'聽清則耳谿極。'《賈子新書·耳痺篇》云：'谿徼而輕絶。'均與此文'溪'字同爲'刻覈'之意。'盎'與'央'同。《廣雅·釋詁》一：'央，盡也。'則'溪盎'之義猶之'谿極'、'谿徼'矣。"純一案：刻，損減也，不敢自侈也。《老子》："廉而不劌。"王弼注："廉，清也。劌，傷也。""刻廉而不劌"，謂不以刻損清廉傷於物也。行精而不以明汙，心行潔浄，隱人之惡。齊尚而不以遺罷，愛無差等，而矜不能。《荀子·非相篇》曰："君子尊賢而能容罷。"楊注："罷，弱不任事者。音疲。"案："不遺罷"與"能容罷"文異而義同。富貴不傲物，貧窮不易行，《孟子·滕文》下曰："富貴不能淫，貧賤不能移。"《莊子·繕性篇》曰："不爲軒冕肆志，不爲寡約趨俗。"義並同。尊賢而不退不肖，此君子之大義也。"《論語·子張篇》曰："君子尊賢而容衆，嘉善而矜不能。""不退不肖"，即容之、矜之之意。標題當依此作"不退不肖"。如"退不肖"，則君子之義不大

矣。《雜上》八章曰："見不肖以哀不肖。"可爲"不退不肖"之證。設言爲政，則不肖在所必退。此論君子之義如何爲大，則當以"尊賢而不退不肖"爲大也。《意林》引《隨巢子》曰："大聖之行，兼愛萬民，疏而不絶，賢者欣之，不肖者憐之。賢而不欣，是賤德也。不肖不憐，是忍人也。"《莊子·天下篇》曰："宋鈃、尹文，接萬物以别宥爲始。"崔譔注："以别善惡宥不及也。"此章即以别宥接萬物之明徵。

叔向問傲世樂業能行道乎晏子對以狂惑也第二十五

叔向問晏子曰："進不能事上，退不能爲家，傲世樂業，枯槁爲名，不疑其所守者，可謂能行其道乎?"晏子對曰："嬰聞古之能行道者，世可以正則正，黄云："元刻作'世可正以則'，誤。"不可以正則曲。曲，委曲也。其正也，不失上下之倫。君君臣臣，父父子子。其曲也，不失仁義之理。前廿一章曰："曲而不失正。"義同。道用與世樂業，不用有所依歸。《孟子·盡心上》曰："古之人得志澤加於民，不得志修身見於世。"黄初云："《莊子·天地篇》曰：'天下有道則與物皆昌，天下無道則修德就閒。'義可互明。"不以傲上華世，"華"讀若"譁"。不以枯槁爲名。故道者，世之所以治，而身之所以安也。世無道則亂，身無道則危。今以不事上爲道，以不顧家爲行，以枯槁爲名，世行之則亂，身行之則危。且天之與地，而上下有衰矣，衰，差降。襄二十五年《左傳》"自是以衰"注。明王始立而居國爲制矣，象天地爲上下之制。政教錯而民行有倫矣。"錯"下疑脱"施"字，當補，與上文一律。錯，互也。倫，理也。今以不事上爲道，反天地之衰矣。以不顧家爲行，倍先聖之道矣。倍、背同。以枯槁爲名，則世塞政教之途矣。有明上不可以爲下，"不"字舊脱，從王校補。遭亂世不可以治亂。王云："言此反天地之衰，倍先聖之道，塞政教之途者，有明上則足以危身（"明上"，謂明君也。前二十章曰"狂僻之民，明上之所禁也"，義與此同），遭亂世則足以惑世，故曰'有明上不可以爲下，遭亂世不可以治亂'。'遭亂世不可以治亂'，即上文所云'世行之則亂'也。'有明上不可以爲下'，即上文所云'身行之則危也'。"説若道謂之惑，行若道謂之狂。惑者狂者，木石之樸也，孫云："《説文》：'樸，木素也。'高誘注《吕氏春秋》：'樸，本也。'言未彫治。"而道義未戴焉。"戴、載同。言人非木石，不可無道義。

叔向問人何若則榮晏子對以事君親忠孝第二十六

叔向問晏子曰："何若則可謂榮矣？"晏子對曰："事親孝，無悔往行。事君忠，無悔往辭。盧云："'無悔往行'，事親之行，後無悔也。'悔'，謂其不可復者是也。'無悔往辭'，言于君者，後無悔也。事親事君，與下和兄弟、信朋友文正相連接。"純一案：行接于親者多，言關于君者重，均無後悔，非大賢乎。和于兄弟，即是順親。信于朋友。《禮·祭義》曰："朋友不信，非孝也。"又《中庸》曰："不信乎朋友，不獲乎上矣。"不諂過，"諂"從孫本，元刻作"諂"。《爾雅·釋詁》："諂，疑也。"言相見以誠。不責得。不求得於人。言不相坐，劉云："'坐'蓋'差'字之譌。篆文差字作'𢀩'，故譌爲'坐'。'言不相差'，即言不參差也，與'不貳'同，故與'行不相反'對文。"行不相反。行不與言相反。《禮·中庸》曰："言顧行，行顧言。"在上治民，胥保惠，胥教誨。足以尊君。善羣使安且樂。在下莅修，莅、涖同。故書"涖"作"立"。《周禮·鄉師》注："莅修，即立修。"足以變人。使人日遷於善。身無所咎，咎，愆也。行無所創，孫云："《説文》：'刃，傷也。'或作'創'。"純一案：言無失行。可謂榮矣。"

叔向問人何以則可保身 "則"字據總目增。晏子對以不要幸第二十七

叔向問晏子曰："人何以則可謂保其身？"晏子對曰："《詩》曰：孫云："《大雅·烝民》之詩。"'既明且哲，以保其身。夙夜匪懈，以事一人。'孫云："'懈'，詩作'解'。"純一案：《詩箋》："一人，斥天子。"《正義》曰："既能明曉善惡，且又是非辨知，以此明哲，擇安去危，而保全其身，不有禍敗。又能早起夜卧，非有懈倦之時，以常尊事此一人也。"案：此一人，乃爲兆民謀利樂而立、夙夜匪懈以事之者，所以使天下無一夫之不得其所也。不庶幾，庶幾，希望之詞，屬意言。不要幸，孫云："'要'與'徼'通。"純一案：徼幸，屬意兼行言。《禮·中庸》"小人行險以徼幸"，謂徼求榮幸也。先其難乎，而後幸得之。《論語·雍也篇》："仁者先難而

後獲。”義同。得之時其所也，“得之”二字舊不重，語意不完，蓋原文本有，傳寫脱之，今校補。“得之”對“失之”言。“時”，是也，對“非”言。“所”，猶宜也，對“罪”言。《雜上》十三章：“制百官之序，使得其宜。”《羣書治要》“宜”作“所”。《説苑·復恩篇》：“嬰不肖，罪過固其所也。”“固其所也”，即“固其宜也”。失之非其罪也，可謂保其身矣。”

曾子問不諫上不顧民以成行義者晏子對以何以成也第二十八

曾子問晏子曰：“古者嘗有上不諫上，下不顧民，退處山谷，以成行義者也？”讀爲“邪”，問詞。晏子對曰：“察其身無能也，而託乎不欲諫上，謂之誕意也。誕，妄爲大言也。言爲心聲，故謂之誕意。上惛亂，德義不行，而邪辟朋黨，賢人不用，士亦不易其行，易，改也。而從邪以求進，故有隱有不隱。求不得則隱，非潔身也。求得則不隱，非爲民也。其行法士也？其行豈足爲士法邪？也、邪同。迺夫議上則不取也。無能諫上而議上，奚取焉。夫上不諫上，下不顧民，上視上之惛亂而不諫，下視民之疾苦而不顧。退處山谷，嬰不識其何以爲成行義者也。”

梁丘據問子事三君不同心晏子對以一心可以事百君第二十九

梁丘據問晏子曰：“子事三君，君不同心，而子俱順焉，孫云：“‘順’，《藝文類聚》作‘從’。”純一案：《類聚》見卷二十。仁人固多心乎？”晏子對曰：“嬰聞之，順愛不懈，可以使百姓。事君，所以爲民也。順君之心，愛民而不怠，故民樂爲用。彊暴不忠，逆民之心。黄云：“元刻作‘暴强’。”不可以使一人。一心愛民。可以事百君，三心不忠於民。不可以事一君。”二句亦見《外上》十九章。孫云：“‘三心’，《意林》、《藝文類聚》、《太平御覽》、《風俗通》、《孔叢》俱作‘百心’。《風俗通》二語作‘傳曰’。《御覽》引‘子思子曰：“百心不可得一人，一心可得百人”’。”仲尼聞之，曰：“小子識之，孫云：“‘識’，《太平御覽》、《孔叢》俱作‘記’。”晏子以一心事百君者也。”孫云：“《孔叢》作‘以[12]一心事百君，君子也’。《風俗通·過譽篇》、《孔叢·詰墨》俱用此文。”純一案：此與《外上》十九章，《外下》三章、四章恉同。

柏常騫問道無滅身無廢晏子對以養世君子第三十

柏常騫去周之齊，見晏子曰：孫云：“《家語》作‘柏常騫問于孔子曰’。”“騫，周室之賤史也，孫云：“‘史’，《家語》作‘吏’，非。”不量其不肖，願事君子。《家語》作“不自以不肖，將北面以事君子”。敢問正道直行則不容于世，孫云：“‘直行’，《家語》作‘宜行’。”純一案：“宜”爲“直”之形誤。《論語·微子篇》：“直道而事人，焉往而不三黜。”是其例。前廿一章“正行則民遺”，義同。隱道危行則不忍，劉云：“‘隱道’與‘正道’對文，則‘隱’讀若‘違’，‘隱道’即‘違道’也。《佚周書·謚法解》‘隱拂不成曰隱’，《獨斷》作‘違拂’，此‘違’假爲‘隱’之證。上‘叔向問齊德衰’節‘不苟合以隱忠’，‘隱忠’與‘傷廉’對文，‘隱忠’即‘違忠’也，與此同。”孫云：“‘危行’，《家語》作‘宜行’。”王云：“此‘危行’與《論語》之‘危言危行’不同。‘危’讀曰‘詭’，‘詭行’與‘直行’正相反。作‘危’者，借字耳。”純一案：王説是。《家語》“危”作“宜”，非。道亦無滅，身亦無廢者，何若？”孫云：“《家語》作‘今欲身亦不窮，道亦不隱，爲之有道乎’。”晏子對曰：孫云：“一本無‘對’字。”“善哉，問事君乎？嬰聞之，執一浩倨舊作“執二法裾”。孫云：“《家語》作‘浩倨者則不親’，王肅注：‘浩倨，簡略不恭之貌。’‘法’，或當爲‘浩’。”盧云：“‘二’，李本作‘一’，當從之。”黄云：“‘法裾’，當依《家語》作‘浩倨’。‘裾’與‘倨’通。‘執一浩倨’，謂剛愎自用。”純一：今從諸校正。則不取也，輕進苟合則不信也，不見重故。直易無諱則速傷也，逆耳故。孫云：“《家語》作‘徑易者則數傷’。”新始好利則無不敝也。“不”字舊脱。孫云：“《家語》作‘就利者則無不敝’。此文未詳。”純一案：《問上》廿一章“歡乎新，慢乎故，趨利若不及”，即“新始好利”之確詁。此言“新始好利”者無不敗。敝，敗也。今本“敝”上脱“不”字，義不可通，故孫云“未詳”，茲據《家語》補。劉云：“‘新始’，蓋變古易常之義。”且嬰聞養世之君子，從輕不爲進，從重不爲退，舊“輕”、“重”互錯。王云："當作'從輕不爲進，從重不爲退'。輕，易也，見《吕氏春秋·知接篇》注。重，難也，見《漢書·元紀》注。謂不見易而進，不見難而退也。今本'輕'、'重'互易，則義不可通。《家語·三恕篇》作'從輕勿爲先，從重勿爲後'，注曰：'赴憂患，從勞苦，輕者宜爲後，重者宜爲先。'語意正與此同。"純一案：王説是，今據乙。省行而不伐，檢身若不及。讓利而不夸，黄初云："《莊子·秋水篇》'貨財弗争，不多辭讓'，是其義。"陳物而勿專，孫云："《家語》作'陳道而勿怫'。"純一案：物，事也。專，擅也。見象而勿彊，孫云："'象'，《家語》作'像'。王肅注曰：'像，法也。'"黄初云："因其自然。"道不滅，身不廢矣。"孫云："《家語·三恕篇》用此文。"

【校記】

〔1〕原作"作當"，據文義乙正。

〔2〕受，《問上篇》作"定"。

〔3〕王，《諸子平議》作"人"。

〔4〕韻，蘇校本作"雅"。

〔5〕歁，孫星衍《晏子春秋音義》作"鍖"。

〔6〕問，四部叢刊本《晏子春秋》作"聞"。

〔7〕刖，《左傳》作"刑"。

〔8〕肯，據文意應爲"背"。

〔9〕恥，《匡謬正俗》作"隅"。

〔10〕履，《管子》作"縷"。

〔11〕而，《讀書雜誌》作"以"。

〔12〕原脱"以"，據孫星衍《晏子春秋音義》補。

晏子春秋校注卷五

漢陽張純一仲如

内篇雜上第五凡　三十章

莊公不説晏子晏子坐地訟公而歸第一

晏子臣于莊公，公不説。飲酒，令召晏子。晏子至，入門，公令樂人奏歌曰："已哉已哉，寡人不能説也，爾何來爲?"《古音諧》四之引此，哉、來諧。案：古音"哉"音"兹"，"來"音"釐"，同部。晏子入坐，樂人三奏，然後知其謂己也。遂起，北面坐地。北面，臣禮。公曰："夫子從席，曷爲坐地?"晏子對曰："嬰聞訟夫坐地。今嬰將與君訟，敢毋坐地乎? 嬰聞之，衆而無義、彊而無禮、好勇而惡賢者，禍必及其身。禮義所以自尊，專尚强暴而廢之，且惡賢人，是滅身之道。若公者之謂矣。且嬰言不用，願請身去。""請身"者，言臣委身於君，今言不見用，只得請身於君而去。《外上》廿章云"願乞骸骨"，義同。《諫上》五章已有"請身"之説。遂趨而歸，管籥其家者納之公，其，猶在也。財在外者斥之市。《史記・貨殖傳》"烏氏倮畜牧及衆斥賣"，《索隱》謂："畜牧及至衆多之時，斥而賣之。"曰："君子有力于民，則進爵禄，不辭貴富。順則進，志在民也。無力于民，而旅食，而，猶則也。不惡貧賤。"不用不懷禄。遂徒行而東，耕于海濱。東畊海濱。亦見《外上》二十二章。居數年，果有崔杼之難。

莊公不用晏子晏子 二字從盧校增。致邑而退後有崔氏之禍 總目作“難”。第二

晏子爲莊公臣，言大用，每朝賜爵益邑。俄而不用，每朝致邑與爵。爵邑盡，退朝而乘，嘳然而歎，孫云：“‘嘳’，一本作‘喟’。《説文》‘喟，太息也’，或作‘嘳’。《字林》：‘嘳，息憐也。’”終而笑。其僕曰：“何歎笑相從數也？”“也”讀爲“邪”。晏子曰：“吾歎也，哀吾君不免于難。吾笑也，喜吾自得也，吾亦無死矣。”崔杼果弑莊公，見襄二十五年《左傳》。晏子立崔杼之門。《左傳》有“外”字。杜注：“聞難而來。”從者《左傳》作“其人”。曰：“死乎？”晏子曰：“獨吾君也乎哉，吾死也。”“也”讀爲“邪”，下同。杜注：“言己與衆臣無異。”曰：“行乎？”曰：“獨吾罪也乎哉，《左傳》無“獨”字。吾亡也。”杜注：“自謂無罪。”曰：“歸乎？”曰：“吾君死，安歸？杜注：“言安可以歸。”君民者，豈以陵民，社稷是主。臣君者，豈爲其口實，社稷是養。杜注：“言君不徒居民上，臣不徒求禄，皆爲社稷。”故君爲社稷死則死之，爲社稷亡則亡之。杜注：“謂以公義死亡。”若君爲己死《左傳》無“君”字。而爲己亡，非其私暱，孰能任之。《左傳》作“誰敢任之”。杜注：“私暱，所親愛也。非所親愛，無爲當其禍。”且人有君而弑之，吾焉得死之？而焉得亡之？杜注：“言己非正卿，見待無異於衆臣，故不得死其難也。”將庸何歸？”杜注：“將用死亡之義，何所歸趣。”門啓而入，崔子曰：“子何不死？子何不死？”晏子曰：“禍始吾不在也，禍終吾不知也，言禍之始終，吾皆不與。吾何爲死？且吾聞之，以亡爲行者不足以存君，以死爲義者不足以立功。言臣道以能存君、爲社稷立功爲重，死亡不足以塞責。嬰豈婢子也哉，其縊而從之也？”嬰非其婢子，焉得縊而從之？“也”讀爲“邪”。遂袒免坐，自“崔子曰”至此，《左傳》無。露左臂曰袒，去冠括髮曰免。枕君尸而哭，《左傳》作“枕尸股而哭”。興，起。三踴而出。踴，跳躍也。人謂崔子必殺之，崔子曰：“民之望也，舍之得民。”杜注：“舍，置也。”

崔慶劫齊將軍大夫盟晏子不與第三

崔杼既弑莊公而立景公，孫云："'弑'，《後漢書注》、《太平御覽》作'殺'。"杼與慶封相之，劫諸將軍大夫及顯士庶人于太宫之坎上，《説文·力部》曰："人欲去，以力脅止，曰劫。"《漢書·高帝紀上》："因以劫衆。"注："劫，謂威脅之。"令無得不盟者。爲壇三仞，八尺爲仞。埳其下，孫云："'埳'當爲'坎'，《説文》：'陷也。'《玉篇》：'埳'亦與'坎'同，苦感切。"蘇云："《廣雅》：'埳，坑也。'言爲坑其下。"以甲千列環其内外，盟者皆脱劍而入。維晏子不肯，崔杼許之。有敢不盟者，戟鉤其頸，"鉤"，舊作"拘"。黄云："'拘'，當依《後漢·馮衍傳》注作'鉤'。下云'曲刃鉤之'，《御覽》四百八十、三百七十六並作'戟鉤'。"純一案：《御覽》三百五十三亦作"鉤"，今據正。《北堂書鈔》百二十四誤作"抱"。劍承其心，令自盟曰："不與崔、慶，而與公室者，受其不祥。孫云："《後漢書注》作'盟神視之'。"劉云："《吕氏春秋·知分篇》作'不與崔氏而與公孫氏者，受其不祥'。下文'不與公室而與崔、慶'，亦作'不與公孫氏而與崔氏'。"言不疾、指不至血者死。"所殺七人。孫云："《韓詩外傳》作'十餘人'，《新序》作'十人'。"次及晏子，孫云："'次'，《後漢書注》作'而後'。"晏子奉桮血，仰天歎曰：蘇云："《後漢書注》作'晏子奉血仰天曰'。""嗚呼！崔子爲無道黄云："《後漢書注》作'崔氏無道'。"而弑其君，孫云："'弑'，《後漢書注》、《新序》作'殺'。"不與公室而與崔、慶者，受此不祥。"俛而飲血。孫云："《後漢書注》作'若有能復崔氏而嬰不與盟，明神視之。遂仰而飲血'。"崔杼謂晏子曰："子變子言，黄云："《後漢書注》作'晏子與我'。"則齊國吾與子共之。《後漢書注》無"子"字。子不變子言，《後漢書注》作"不與我"。戟既在脰，劍既在心，蘇云："《後漢書注》無二'既'字。"純一案：《後漢書注》"戟"上有"則"字。維子圖之也。"《後漢書注》無"維"字、"也"字。晏子曰："劫吾以刃而失其志，孫云："《後漢書注》作'意'。"非勇也。回吾以利而倍其君，孫云："'回'，《後漢書注》、《韓詩外傳》作'留'。"純一案：《新序》亦作"回"，一本作"圖"。"回"字是。非義也。孫云："'義'，《韓詩外傳》作'仁'。"純一案：《新序》亦作"仁"。崔子，子獨不爲夫《詩》乎！孫云："今本作'天討乎'，形相近，字之誤也，據《吕氏春秋》訂正。"純一案：元刻正作"夫《詩》乎"。《新序》無此句。蘇云："《韓詩外傳》、《後漢書注》並無此句。"《詩》云：'莫莫葛藟，孫云："《詩》及《吕氏春秋》、《韓詩外傳》作'藟'，是。俗作'藟'。"施于條枚。孫云："'施'，《吕氏春秋》作'延'。"愷悌君子，孫云："《詩》作'豈弟'，《吕氏春秋》作'凱弟'。'愷弟'正字，'豈'通字，'凱悌'俗字。"求福不回。'《吕氏春秋》高注："《詩·大雅·旱麓》之卒章。莫莫，葛藟之貌。延蔓于條枚之上，得其性也。樂易之君子，求福不以邪道，順於天性，以正直受大福。"今嬰且可以回而求福乎？孫云："《韓詩外傳》作'嬰其可回矣'，《新序》'嬰可謂不回矣'。"蘇云："《後漢書注》作'嬰可回而求福乎'。"純一案：且，猶豈也。回，邪曲也。曲刃鉤之，蘇云："《後漢書注》'曲'作'劍'。"直兵推之，孫云："高誘注《淮南子》：晏子不從崔杼之盟，將見殺。晏子曰：'句戟何不句，直矛何不摧，不撓不義。'"劉云："'推'乃'摧'字之譌也。摧者，摧陷之義也。《韓詩外傳》及《新序·知[1]勇篇》均作'推'，與此同誤，當從《淮南》高注訂正。《吕氏春秋·知命篇》作'子惟之矣'，'惟'亦'摧'字之誤也。高注《淮南》所據蓋古本。"嬰不革矣。"革，改也。孫云："《新序》作'嬰不之回也'。"崔杼將殺之，或曰："不可。子以子之君無道而殺之，今其臣有道之士也，又從而殺之，不可以爲教矣。"崔子遂舍之。孫云："'舍'，《後漢書注》作'釋'。"晏子曰："若大夫爲大不仁，而爲小仁，若、而並汝也。指或者言。爲大不仁，謂殺君。爲小仁，孫云："言其舍己。"焉有中乎。"趨出，援綏而乘。"援"，舊作"授"。孫云："'授'，《吕氏春秋》作'受'。'綏'，《韓詩外傳》作'纓'，非。《太平御覽》作'晏子不與盟，而出，上車'。"盧云："'授'，《吕氏春秋·知分篇》同。《意林》所載吕氏作'援'，當從之。"純一案："授"蓋"援"之形誤，盧從《意林》，是也，今據正。《御覽》見三百七十六、又四百八十同。其僕將馳，晏子撫其手"撫"，《新序》作"拊"。曰："徐之。"徐"，《吕覽》作"安"，《意林》引同。疾不必生，徐不必死，鹿生于野，"野"，《御覽》兩引俱作"山"。《吕覽》、《意林》引並同。命縣于廚，孫云："《太平御覽》作'庖廚'。《新序》作'虎豹在山林，其命在庖廚'，文義不逮此矣。"純一案：《御覽》四百八十無"庖"字。蘇云："《韓詩外傳》作'麋鹿在山林，其命在庖廚'。"嬰命有繫矣。"盧云："'有繫'，《御覽》兩引皆作'有所縣'。"蘇云："《韓詩外傳》同《御覽》。"純一案：《吕覽》、《意林》引並作"懸"，蓋"縣"之俗字。"繫"，當從諸書作“縣”。按之成節蘇云：“《韓詩外傳》作‘安行成節’。”而後去。《詩》云：孫云：“《鄭風·羔裘》之詩。”蘇云：“《韓詩外傳下》有‘羔裘如濡，洵直且侯’二句。”“彼己之子，孫云：“‘己’，《詩》作‘其’。”舍命不渝。”孫云：“《韓詩外傳》‘渝’作‘偷’。《詩箋》：‘舍，猶處也。’據此則當爲捐舍，鄭説非。《詩傳》：‘渝，變也。’據《韓詩》亦可讀爲‘偷生’之‘偷’。”晏子之謂也。孫云：“《吕氏春秋·知分篇》、《新序·義勇篇》、《韓詩外傳》二俱用此文。”

晏子再治阿而信見景公任以國政

“信見”，盧校作“見信”。第四

景公使晏子爲東阿宰，孫云：“《左傳》莊十三年，‘公會齊侯盟于柯’。杜注：‘齊之阿邑。齊威王烹阿大夫即此。’《元和郡縣志》：‘東阿縣，漢舊縣也。春秋時齊之阿地。’按此已名東阿，則漢縣[2]承古名。又《本草經》已有阿膠。‘阿’、‘柯’通也。”盧云：“《御覽》二百六十六、又四百二十四皆無‘東’字。”蘇云：“《治要》亦無‘東’字。”純一案：《藝文類聚》五十亦無“東”字，當並據删。《太平寰宇記》：“齊州禹城縣本春秋齊邑，謂祝柯，猶東柯也。古祝國，黄帝之後。按古東柯，齊爲阿，晏嬰城，城内有井，水和膠入藥方。”三年而毁聞于國。舊脱“而”字。孫云：“《意林》作‘治阿三年’。”王云：“‘三年’下有‘而’字。‘而’，今本脱之。下文云‘三年而譽聞于國’，又云‘三年而毁聞于君’，‘三年而譽聞于君’，則此亦當有‘而’字。《羣書治要》及《藝文類聚》職官部六、《太平御覽》職官部六十四皆作‘三年而毁聞于國’。”純一：今據補。景公不説，《類聚》、《治要》並無“景”字。召而免之。孫云：“一本脱‘而’字，非。《意林》作‘召而問之’。”晏子謝曰：“嬰知嬰之過矣，《類聚》作“嬰知過矣”。請復治阿三年，而譽必聞于國。”景公不忍，四字《治要》省作一“公”字。復使治阿，三年而譽聞于國。景公説，召而賞之。辭而不受。四字舊脱。孫云：“《藝文類聚》有‘辭而不受’四字，疑此脱。”蘇云：“《治要》同《類聚》。”純一案：下文“景公問其故”，即問“辭而不受”之故。今本脱去，文不成義。《御覽》亦有，今並據諸書補。後文“是故不敢受”，正承此而言。景公問其故，對曰：“昔者嬰之治阿也，築蹊徑，孫云：“《説文》‘徯’，或從‘足’作‘蹊’。《玉篇》：‘遐鷄切，徑也。’”急門閭之政，而淫民惡之。舉儉力孝弟，蘇云：“《治要》作‘悌’。下同。”純一案：力謂力田，勤也。晏子尚儉尚勤，蓋墨風也。罰偷窳，窳，惰也。又器不堅致也。而惰民惡之。決獄不避貴彊，而貴彊惡之。舊脱“而貴彊”三字。孫云：“《意林》作‘不畏貴强’。此下疑有‘貴强’二字，後人以‘貴强’重出，故脱之。”黄云：“盧校作‘決獄不避貴强，而貴强惡之’，當依補。”蘇云：“《治要》有‘貴强’二字，無‘而’字。”純一案：黄説是也。今從盧校，與上下文一律。左右所求，蘇云：“《治要》‘所’上有‘之’字。”瀍則予，非瀍則否，而左右惡之。事貴人體不過禮，孫云：“《意林》作‘不能過禮’。”純一案：體，謂接納與之同體。《禮·中庸》“體羣臣也”注。而貴人惡之。是以三邪毀乎外，黄云：“‘乎’，《御覽》作‘于’。下二句俱同。”純一案：三邪，謂淫民、惰民、貴强。二讒毀乎内，“乎”，孫本作“于”。二讒，謂左右與貴人。三年而毀聞乎君也。今臣謹更之，孫云：“《意林》作‘臣請改轍，更治三年，必有譽也’。”蘇云：“《治要》無‘謹’字。”純一案：更，改也。不築蹊徑而緩門閭之政，而淫民説。不舉儉力孝弟，不罰偷窳，而惰民説。決獄阿貴彊，而貴彊説。左右所求言諾，而左右説。事貴人體過禮，而貴人説。是以三邪譽乎外，各本“是”下脱“以”字，盧、蘇校據《治要》補。二讒譽乎内，兩“乎”字，《御覽》、《治要》並作“于”。三年而譽聞于君也。昔者嬰之所以當誅者宜賞，而今之所以當賞者宜誅，“今”上“而”字、下“之”字舊並脱，據《治要》補。孫云：“《藝文類聚》作‘昔者嬰之所治者當賞，而今所以治者當誅’。”是故不敢受。”《子華子·北宫子仕篇》作“昔者臣之所治，君之所當取也，而更得罪焉。今者臣之所治，君之所當誅也，而更得賞焉。非臣之情，臣不願也”。景公知晏子賢，乃任以國政，三年而齊大興。蘇云：“《治要》作‘景公乃任以國政焉’。”純一案：《外上》二十章旨同。

景公惡故人晏子退國亂復召晏子第五

景公與晏子立于曲潢之上，晏子稱曰：“衣莫若新，人莫若故。”《書·盤庚上》曰：“人惟求舊，器非求舊，惟新。”義略同。公曰：“衣之新也，信善矣。人之故，相知情。”孫云：“嫌其知情實。”晏子歸，負載，“負載”猶“負戴”，負于背，戴于首，任勞役也。使人辭于公曰：“嬰故老耄無能也，故、固同。請毋服壯者之事。”“請”通“誠”。毋，語助，無意義。言嬰固老耄無能從政，誠能服壯者之事，能負能戴，明不鄉禄也。《外上》廿二章“嬰故老悖無能，毋敢服壯者事”，“毋”亦語助，否則與彼下文“東畊海濱”不相應矣。公自治國，無禮義爲綱紀。身弱于高、國，高、國二氏，齊之卿族。百姓大亂。公恐，復召晏子。五句亦見《外上》廿二章，彼文無“于”字，“大”作“惛”。諸侯忌其威，而高、國服其政。二句亦見《外上》廿二章，彼無“而”字。《墨子・非命下篇》曰：“安危治亂，存乎上之爲政也。”田疇墾辟，孫云：“《玉篇》：‘墾，苦很切，耕也，治也。’‘辟’當爲‘闢’。”純一案：《管子・牧民篇》曰：“地辟舉則民留處。”墾田誠牧民之首務。蠶桑豢牧之處不足，“牧”舊作“收”，盧校作“牧”，云：“‘收’譌。言民皆勤於事也。勤事者衆，而地不足，故下云‘絲蠶于燕，牧馬于魯’。然則‘豢牧’當作豢養牧放解明矣。”純一：今據改。絲蠶于燕，牧馬于魯，共貢入朝。墨子聞之孫云：“《藝文志》：‘《墨子》七十一篇。名翟，爲宋大夫，在孔子後。’”曰：“晏子知道，道在順則進，否則退。能儉且勤，事必因民而厚利之。景公知窮矣。”窮于應付，即聽于晏子。此與《外上》廿二章爲一事。

齊饑晏子因路寢之役以振民第六

景公之時饑，孫云：“一本作‘飢’，非。”晏子請爲民發粟，兼愛故。公不許。當爲路寢之臺，晏子令吏重其賃，孫云：“《説文》：‘賃，庸也。’言重其庸直。”遠其兆，兆爲臺之營域。徐其日而不趨。孫云：“‘趨’讀如‘促’。”盧云：“《荀子・王霸篇》楊倞注引作‘重其績，遠其涂，佻其日’，皆是也。佻，緩也。”純一案：是謂曲而不失仁義之理，見《問下》廿五章。三年，臺成而民振。事因于民，晏子善權。故上説乎游，民足乎食。君子曰：“政則晏子欲發粟與民而已，若使不可得，則依物而偶于政。”孫云：“物，事也。言據事而不違于政。事謂爲臺。”俞云：“依猶因也。‘偶’讀爲‘寓’，古字通用。‘寓’猶‘寄’也。‘依物而偶于政’者，因物而寄于政也。若晏子因築臺之事而寄發粟之政是也。”純一案：偶，合也。言依爲臺之事而發粟，合於振民之政也。

景公欲墮東門之堤晏子謂不可變古第七

景公登東門防，孫云：“《説文》：‘防，堤也。’”黄云：“東門防，亦稱防門。”

民單服然後上。陡故。公曰："此大傷牛馬蹄矣，孫云："'蹄'，'蹢'字省文。"夫何不下六尺哉?"晏子對曰："昔者吾先君桓公明君也，而管仲賢相也。夫以賢相佐明君，而東門防全也。古者不爲，殆有爲也。黄云："'不爲'當作'不下'，涉下'有爲'而誤。"純一案：黄説未允。"不爲"之"爲"讀平聲，承上"不下六尺"言，"有爲"之"爲"讀去聲，以"防下六尺則無齊"言。蚤歲，淄水至，入廣門，"淄"舊作"溜"。盧云："'溜'，'淄'字之誤。淄水在齊，與'菑'同。以下文'入廣門'云云，當爲'淄'字明矣。"俞云："齊都營丘，淄水過其南及東，故有時淄水大至而爲害也。"純一：今從盧、俞校改。即下六尺耳。鄉者防下六尺，孫云："'鄉'即'曏'省。"則無齊矣。孫云："言國皆漂没。"夫古之重變古常，孫云："《爾雅·釋詁》：'古，故也。法，常也。'"純一案：自來常法，富具經驗，不可輕言變更，故古人重之。"之"，當作"人"。《墨子·經説下》："若瘧病之之於瘧也。"孫詒讓云："下'之'字當作'人'。"與此同。此之謂也。"

景公憐飢者晏子稱治國之本以長其意第八

景公游于壽宫，孫云："齊桓公死于此宫，見前。"純一案：《藝文類聚》八十引無"於"字。壽宫即胡宫，本齊先君胡公之宫，胡公壽考，故亦稱壽宫。睹長年負薪者而有飢色。孫云："'長'，《藝文類聚》作'耆'，義同。"純一案：《類聚》無"者而"二字。公悲之，喟然歎曰：王云："'歎曰'二字，後人所加。'公悲之，喟然令吏養之'，皆是記者之詞。後人加'歎曰'二字，則以'令吏養之'爲景公語，謬以千里矣。《説苑·貴德篇》有'歎曰'二字，亦後人依俗本《晏子》加之。《藝文類聚》火部引《晏子》作'公喟然令吏養之'，無'歎曰'二字。《諫上篇》'公喟然曰'，後人加'歎'字。下篇'喟然流涕'，後人加'歎而'二字。謬皆與此同。辨見《諫上》廿五章、《諫下》五章。"純一案：王説是，當據删。《諫上》十六章亦有"公喟然歎曰"之文，王無説。"令吏養之。"晏子曰："臣聞之，樂賢而哀不肖，樂賢則賢衆，哀不肖則不肖者無不得所。《問下》廿四章曰："尊賢而不退不肖，此君子之大義也。"守國之本也。今君愛老，而恩無所不逮，盧云："《説苑》無'所'字，是。"純一案：《文選·西征賦》注引亦無。治國之本也。"公笑，有喜色。《墨子·耕柱篇》曰："世俗之君子，無義而謂之有義則喜。"晏子曰："聖王見賢以樂賢，見不肖以哀不肖。今請求老弱之不養、鰥寡之無室者，論而共秩焉。”孫云：“‘共’，《説苑》作‘供’。”純一案：論，擇也。秩，禄也，所以爲養也。公曰：“諾。”于是老弱有養，鰥寡有室。《墨子·兼愛下篇》曰：“老而無妻子者，有所侍養以終其壽。幼弱孤童之無父母者，有所放依以長其身。”《節用上篇》曰：“聖王之法，丈夫年二十，毋敢不處家；女子年十五，毋敢不事人。”《辭過篇》曰：“内無拘女，外無寡夫。”皆墨道所重也。孫云：“《説苑·貴德篇》用此文。”

景公探雀鷇鷇弱反之晏子稱長幼以賀第九

景公探雀鷇，孫云：“《爾雅·釋鳥》：‘生哺鷇。’郭璞注：‘鳥子須母食之。’《魯語》：‘鳥翼鷇卵。’《文子·上德篇》：‘鷇卵不探。’《方言》：‘爵子及鷄雛，皆謂之鷇。’”純一案：“雀”，《説苑》作“爵”，古字通。鷇弱，反之。蘇云：“《治要》‘反’上有‘而’字。”純一案：《北堂書鈔》八十五引“反”上有“故”字。《藝文類聚》九十二引同。晏子聞之，不時而入見。舊“時”上有“待”字，“見”下有“景公”二字。王云：“各本有‘景公’二字，乃涉上文而衍，今據《羣書治要》删。‘不待時而入見’，本作‘不時而入見’，‘時’即‘待’字也。‘不待而入見’，謂先入見也。古書‘待’字多作‘時’（説見《經義述聞》“遲歸有時”下）。《外下篇》‘晏子不時而入見’，即其證。後人不知‘時’爲‘待’之借字，故又加‘待’字耳（《説苑·貴德篇》作“不待請而入見”，“請”字亦後人所加，其謬更甚）。《羣書治要》無‘待’字。”純一：並從之。公汗出惕然。慚汗浹背。晏子曰：“君何爲者也？”公曰：“吾探雀鷇，鷇弱故反之。”晏子逡巡，孫云：“《爾雅·釋言》：‘逡，退也。’《説文》：‘巡，視行皃。’”北面再拜而賀曰：《治要》無“而”字。《書鈔》八十五、《類聚》九十二同。“吾君有聖王之道矣。”孫云：“‘王’，《類聚》作‘人’。”純一案：《書鈔》及《御覽》九百二十二引並同。公曰：“寡人探雀鷇，鷇弱故反之，其當聖王之道者何也？”“也”讀爲“邪”。孫云：“‘王’，一本作‘人’。”晏子對曰：“君探雀鷇，鷇弱，反之，蘇云：“《治要》‘反’上有‘故’字。”是長幼也。孫云：“‘是’，《類聚》作‘道’。”吾君仁愛，曾禽獸之加焉，蘇云：“《治要》‘君’上無‘吾’字，又無‘仁愛’二字，非。”劉云：“《説苑·貴德篇》無‘曾’字，是也。‘曾’乃‘禽’字訛文之併入者也。‘禽獸之加’，猶言‘禽獸是加’。”而況于人乎。《類聚》無“于”字。此聖王之道也。”孟子因齊宣王不忍牛之觳觫，以羊易之，稱其德可保民，而王用意同此。孫云：“《説苑·貴德篇》用此文。”

景公睹乞兒于途晏子諷公使養第十

景公睹嬰兒“嬰”當作“孩”。老子曰：“如嬰兒之未孩。”有乞于途者，公曰：“是無歸矣。”盧云：“‘矣’，《説苑》作‘夫’。”黄云：“元刻‘矣’作‘夫’。”晏子對曰：“君存，存，在也。何爲無歸。使吏養之，黄云：“元刻無‘之’字。”劉云：“《説苑·貴德篇》脱‘吏’字。”可立而以聞。”“而”猶“則”也。養兒至可立時，則以聞于公也。孫云：“《説苑·貴德篇》用此文。”

景公慙刖跪之辱不朝晏子稱直請賞之第十一

景公正晝，被髪、乘六馬、御婦人以出正閨，孫云：“《爾雅·釋宫》：‘宫中之門謂之闈，其小者謂之閨。’”蘇云：“《治要》‘閨’作‘門’。下同。”刖跪擊其馬而反之，孫云：“跪，足也。《荀子·勸學篇》：‘蟹六跪而二螯。’《説文》‘跪’字作‘足’。刖足者使守門，是也。‘擊’，《太平御覽》一作‘系’。”蘇云：“《治要》無‘其’字，與下文一律。”曰：“爾非吾君也。”公慙而不朝。晏子睹裔款而問曰：孫云：“‘款’，《説苑》作‘敖’，誤。”“君何故不朝？”對曰：“昔者君正晝，“晝”，各本譌“畫”，從盧、黄、蘇校改。被髪、乘六馬、御婦人以出正閨，刖跪擊其馬而反之，曰：‘爾非吾君也。’公慙而反，不果出，元本作“公慙而出反不果”，孫校本據《太平御覽》訂正。是以不朝。”晏子入見。景公曰：“昔者寡人有罪，被髪、乘六馬以出正閨，刖跪擊馬而反之，曰：‘爾非吾君也。’寡人以子大夫之賜，得率百姓以守宗廟。“子大夫”上舊有“天”字。王云：“‘天’字後人所加。‘以子大夫之賜，得率百姓以守宗廟’，猶宋穆公言‘若以大夫之靈，得保首領以没’也。後人不解古書文義，乃妄加一‘天’字。天子、大夫並稱，斯爲不倫矣。《説苑·正諫篇》有‘天’字，亦後人依俗本《晏子》加之。《羣書治要》正作‘子大夫’。”純一：今據删。黄云：“元刻脱‘率’字。”今見戮于刖跪，以辱社稷，孫云：“見戮，言戮辱。”蘇云：“《治要》‘辱’作‘羞’。”吾猶可以齊于諸侯乎?”“齊”讀爲“躋”。晏子對曰:“君勿惡焉。臣聞下無直辭,蘇云:“《治要》‘聞’下有‘之’字。”上有隱惡。“惡”,各本作“君”。孫云:“‘隱君’,《太平御覽》作‘墮君’,是。一作‘隱惡’。”蘇云:“一本作‘隱惡’,是也,與下‘驕行’對文。《治要》作‘墮君’。”純一:從蘇校正。民多諱言,君有驕行。古者明君在上,下多直辭。君上好善,民無諱言。堯設諫鼓。舜立謗木。禹縣鐘鼓鐸磬而置鞀。四海之士,教以道者擊鼓,教以義者擊鐘,教以事者擊鐸,語以憂者擊磬,告以獄訟者揮鞀。今君有失行,刖跪直辭禁之,蘇云:“《治要》作‘而刖跪禁之’。”是君之福也。故臣來慶。請賞之以明君之好善,禮之以明君之受諫。”公笑曰:“可乎?”晏子曰:“可。”於是令刖跪倍資無征,孫云:“《說苑》作‘正’。”純一案:資者,給濟之謂。征、正同,税也。時朝無事也。不必有事,隨時可朝。孫云:“《說苑·正諫篇》用此文。”

景公夜從晏子飲晏子稱不敢與第十二

景公飲酒,夜移于晏子之家。“之家”二字舊脱,文不成義。《說苑》有“家”字,《御覽》四百五十五引《說苑》同,今據補“家”字,並據下文“司馬穰苴之家”、“梁丘據之家”增“之”字,文同一例。前驅款門孫云:“‘款’,《說苑》、《御覽》作‘報’。”純一案:《御覽》三百五十三、又四百六十八引本書並作“款”,《治要》同。曰:“君至。”晏子被玄端,立于門,“玄”,舊避清諱作“元”,今據《說苑》、《治要》改。孫云:“‘元端’,《御覽》作‘朝衣’。《說文》:‘端,衣正幅。’‘端’與‘褍’通。”曰:“諸侯得微有故乎?國家得微有事乎?微,無也。《詩·式微》毛傳。君何爲非時而夜辱?”辱,謂辱臨。公曰:“酒醴之味,金石之聲,願與夫子樂之。”晏子對曰:“夫布薦席、孫云:“‘布’,《御覽》一作‘鋪’。”蘇云:“《廣雅》:‘薦,席也。’《釋名》云:‘薦,所以自薦,藉也。’”陳簠簋者有人,臣不敢與焉。”公曰:蘇云:“《治要》無‘曰’字,下同。”“移于司馬穰苴之家。”孫云:“《史記列傳》:‘司馬穰苴者,田完之苗裔也。’齊景公時,晏嬰乃薦田穰苴。”前驅款門曰:“君至。”穰苴介胄操戟孫云:“‘介’與‘甲’通。”立于門,曰:“諸侯得微有兵乎?大臣得微有叛者乎?蘇云:“《治要》‘叛者’作‘兵’,下有‘大臣得微有不服乎’一句。”純一案:《治要》“大臣得微有兵乎”句衍,不服即是叛。君何爲非時而夜辱?”蘇云:“《治要》‘夜辱’作‘來’,非。”公曰:“酒醴之味,金石之聲,願與夫子樂之。”“夫子”舊作“將軍”。王云:“此文本作‘願與夫子樂之’,與上答晏子之言文同一例。後人以此所稱是司馬穰苴,故改‘夫子’爲‘將軍’耳。不知春秋之時,君稱其臣無曰‘將軍’者。《說苑》作‘夫子’,即用《晏子》之文,《治要》所引正作‘夫子’。”純一:今據改。穰苴對曰:“夫布薦席、《北堂書鈔》百二十四引作“鋪席薦”。陳簠簋者有人,臣不敢與焉。”公曰:“移于梁丘據之家。”前驅款門曰:“君至。”梁丘據左操瑟,蘇云:“《治要》作‘擁琴’。”純一案:《書鈔》百一十作“琴”。孔廣陶校云:“陳本、俞本及吴山尊仿宋本‘琴’作‘瑟’。”右挈竽,行歌而出。孫云:“‘出’,《御覽》作‘至’。”黄云:“元刻‘出’作‘去’,誤。一作‘至’,亦非。”公曰:“樂哉,今夕吾飲也。微彼二子者,“彼”從元刻。《說苑》、《御覽》、《治要》並同。浙局本作“此”,非。何以治吾國。微此一臣者,何以樂吾身。”君子曰:王云:“《羣書治要》及《太平御覽》人事部百九、飲食部二所引皆無‘君子曰’以下文。《說苑》有,而無‘君子曰’三字。疑後人依《說苑》增入,而又加‘君子曰’也。”純一案:“君子曰”云云,明是記者之結論,不得因《治要》、《御覽》未引,遂疑爲後人增也。《說苑》脱“君子曰”,當據此補。“聖賢之君,皆有益友,無偷樂之臣。景公弗能及,故兩用之,僅得不亡。”孫云:“《說苑·正諫篇》用此文。”

景公使進食與裘晏子對以社稷臣第十三

晏子侍于景公,朝寒,公曰:“請進暖食。”孫云:“‘暖’,《說苑》作‘熱’。”純一案:《北堂書鈔》百四十三“暖”作“煖”。孔校云:“吴氏仿宋本作‘暖’,《本[3]鈔·公正篇》亦作‘暖’。”晏子對曰:“嬰非君奉餽之臣也,《書鈔》“餽”作“餞”。孔校云:“吴氏仿宋本作‘餽’。”孫云:“‘奉餽’,《說苑》作‘廚養’。‘餽’與‘饋’通。”敢辭。”公曰:“請進服裘。”對曰:“嬰非君茵蓆之臣也,孫云:“《說文》:‘茵,車重席。’《說苑》‘茵席’作‘田澤’者,言獵獸取裘,亦通。”蘇云:“《秦風》毛傳云:‘茵,虎皮也。’《廣雅》云:‘鞋韉謂之“鞇”。’司馬相如說‘茵從革’。《漢書·霍光傳》作‘絪’。茵、絪、鞇並同義。”純一案:《書鈔》三十七引“奉”上、“茵”上並無“君”字。孔校云:“吴氏仿宋本‘奉’上、‘茵’上皆有‘君’

字。餘同。”敢辭。”此見相國風度。公曰：“然夫子之于寡人何爲者也?”“也”同“邪”。“然”下疑脱“則”字。對曰：“嬰，社稷之臣也。”蘇云：“《治要》無‘嬰’字、‘也’字。”公曰：“何謂社稷之臣?”蘇云：“《治要》作‘公問社稷之臣若何’。”對曰：“夫社稷之臣，蘇云：“《治要》無此五字。”能立社稷，使不動搖。別上下之義，使當其理；名無不正。孫云：“‘別’，《説苑》作‘辨’。”制百官之序，使得其宜；無冗官，無蘊治。蘇云：“《治要》‘宜’作‘所’。”作爲辭令，可分布于四方。”使無不信服。蘇云：“《治要》無‘分’字。”自是之後，君不以禮不見晏子。孫云：“《説苑·臣術篇》用此文。”

晏子飲景公止家老斂欲與民共樂第十四

晏子飲景公酒，晏子具酒飲景公。令器必新。見公之奢。“令”上當有“公”字。家老曰：“財不足，請斂于氓。”晏子曰：“止。呵禁之。夫樂者，上下同之。樂民之樂者，民亦樂其樂。上下同樂，樂始能久。故天子與天下，諸侯與境内，大夫以下孫云：“‘大夫’，一本作‘匹夫’，非。”各與其僚，無有獨樂。天子不能與天下同樂，則失其所以爲天子與天下。諸侯不能與境内同樂，則失其所以爲諸侯與國。大夫以下不能各與其僚同樂，則失其所以爲家而身不安矣。此知晏子甚願人無上下，皆絶自營之私，必各盡其量以與衆同樂，可謂兼愛無遺矣。今上樂其樂，下傷其費，是獨樂者也，不可。”此墨家非樂之恉。

晏子飲景公酒公呼具火晏子稱《詩》以辭第十五

晏子飲景公酒，日暮，公呼具火。晏子辭曰：“《詩》云孫云：“《小雅·賓之初筵》詩。”‘側弁之俄’，箋云：“側，傾也。俄，傾貌。”言失德也。‘屢舞傞傞’，傳云：“‘傞傞’，不止也。”孫云：“‘屢’，‘屨’省文，當爲‘婁’。”言失容也。舊有“既醉以酒，既飽以德”二句。王云：“此二句後人所加。晏子引《賓之初筵》以戒景公，前後所引皆不出本詩之外，忽闌入《既醉》之詩，則大爲不倫，其謬一也。《既醉》之詩是説祭宗廟旅族[4]無算爵之事，非賓主之禮，今加此二句，則與下文‘賓主之禮也’五字不合，其謬二也。《説苑·反質篇》有此二句，亦後人依俗本《晏子》

加之，斷不可信。”純一案：王說是也，今據删。‘既醉而出，並受其福’，賓主之禮也。‘醉而不出，是謂伐德’，伐，戕害也。賓主之罪也。舊無“主”字。俞云：“《説苑・反質篇》作‘賓主之罪也’，當從之。上云‘既醉而出，並受其福’，賓主之禮也。此云‘醉而不出，是謂伐德’，賓主之罪也。兩文相應，不得無‘主’字。後人因‘醉而不出’以賓言，不以主言，故删‘主’字。然不出者賓也，留賓不出者主也，是時晏子爲主人，則固不應專罪客矣，當從《説苑》補‘主’字。”純一：從之。嬰已卜其日，劉云：“此‘已’字與‘只’字同。”未卜其夜。”公曰：“善。”舉酒祭之，再拜而出。曰：“豈過我哉，吾託國于晏子也。俞云：“‘豈過我哉’，當作‘我豈過哉’。自喜託國之得人，故曰‘我豈過哉，吾託國于晏子也’。如今本，則語不可通矣。”黄云：“二句連讀，言不得以託國晏子而過我。”以其家貧善寡人，“貧善”舊作“貨養”，文不成義，從盧校據《説苑》改。不欲其淫侈也，而況與寡人謀國乎。”孫云：“《説苑・反質篇》用此文。”

晉欲攻齊使人往觀晏子以禮侍而折其謀第十六

晉平公欲伐齊，孫云：“‘伐’，《後漢書注》作‘攻’。”純一案：《後漢書注》見《馬融傳》。使范昭往觀焉。孫云：“《文選》注作‘晉平公使范昭觀齊國政’。”純一案：《文選・張協〈雜詩〉》注、《陸機〈演連[5]珠〉》注引並同。蘇云：“《文選》注本《韓詩外傳》。”景公觴之，孫云：“《韓詩外傳》作‘錫之宴’，《新序》作‘賜之酒’。”飲酒酣，孫云：“‘酣’，一本作‘醉’。”范昭起曰：“起”字舊脱，從孫校據《文選》注補。“請君之棄罇。”孫云：“《韓詩外傳》作‘願君之倅樽以爲壽’，《新序》作‘願請君之樽酌’，《後漢書注》作‘棄酌’，《文選》注作‘願得君之樽爲壽’。按《説文》：‘“䢒”，酒器也，或作“尊”。’《玉篇》或作‘樽’、‘僔’。又云‘罇’同‘樽’。是樽、罇、僔皆尊字之俗。”純一案：范昭故意犯分。公曰：“酌寡人之罇，孫云：“《文選》注作‘公令左右酌樽以獻’，《後漢書注》作‘景公曰諾’。”黄云：“元刻無‘公曰’至‘徹罇’二十字，誤脱一行。”蘇云：“《韓詩外傳》作‘酌寡人罇，獻之客’。”進之于客。”景公不知范昭之意。范昭已飲，孫云：“一本作‘飲之’，非。”晏子曰：“徹罇，更之。”孫云：“‘徹’，《後漢書注》作‘撤’，俗字。《文選》注作‘徹去之’。”純一案：“罇”，《後漢書注》作“尊”。晏子隱斥范昭之無禮。罇觶具矣，觶亦酒器。范昭佯醉，不説而起舞，不佯醉則無以自處。《文選·張協〈雜詩〉》及《陸機〈演連珠〉》注並無“佯醉”二字。孫云：“‘舞’，《文選》注作‘儛’，俗字。”謂太師曰：孫云：“‘謂’，《韓詩外傳》、《文選》注作‘顧’。”“能爲我調成周之樂乎？黄云：“《文選·陸機〈演連珠〉》注‘調’作‘奏’，無‘能’字、‘乎’字。”純一案：《張協〈雜詩〉》注同。《韓詩外傳》八作“子爲我奏成周之樂”。吾爲子舞之。”又故意犯分。太師曰：“冥臣不習。”孫云：“‘冥’，《韓詩外傳》、《文選》注作‘盲’。冥、盲義相近。”純一案：言“不習”，所以拒絶之。范昭趨而出。景公謂晏子曰：“晉，大國也，使人來將觀吾政，今子怒大國之使者，將奈何？”晏子曰：“夫范昭之爲人也，非陋而不知禮也，孫云：“‘知’，《新序》作‘識’。”且欲試吾君臣，故絶之也。”《釋名·釋言語》：“絶，截也，如割截也。”絶之，謂截止之，猶拒絶也。景公謂太師曰：“子何以不爲客調成周之樂乎？”太師對曰：“夫成周之樂，天子之樂也，調之，必人主舞之。今范昭人臣，欲舞天子之樂，臣故不爲也。”黄云：“《初學記》十五作‘臣不敢爲之’。”范昭歸，以報平公曰：孫云：“‘以報’，《文選》注作一‘謂’字，非。”“齊未可伐也。孫云：“‘伐’，《韓詩外傳》、《文選》注作‘並’。”臣欲試其君，《後漢書注》作“吾欲慚其君”。而晏子識之。“識”，《後漢書注》、《文選·張協〈雜詩〉》注、《陸機〈演連珠〉》注並作“知”。臣欲犯其樂，而太師知之。”“樂”，舊作“禮”。王云：“‘禮’本作‘樂’，此涉上文‘不知禮’而誤。太師掌樂，故曰‘臣欲犯其樂，而太師知之’。若禮，則非太師所掌，且上文屢言成周之樂，則此不得言禮，明矣。《新序·雜事》一作‘禮’，亦校書者依俗本《晏子》改之。《韓詩外傳》八及《文選·張協〈雜詩〉》注、《陸機〈演連珠〉》注引《晏子》並作‘欲犯其樂’。”純一：今據正。于是輟伐齊謀。輟，止也。此句承上文“晉平公欲伐齊，使範昭往觀焉”作結，與標題“晏子以禮侍而折其謀”亦甚相應。今本脱之，語意未完。《文選·張協〈雜詩〉》注、《陸機〈演連珠〉》注並有，今據補。仲尼聞之曰：孫云：“‘仲尼’，《文選》注作‘孔子’。”黄云：“元刻脱‘之曰’二字。”“善哉。不出尊俎之間，而折衝于千里之外，晏子之謂也，舊作“夫不出於尊俎之間，而知千里之外，其晏子之謂也，可謂折衝矣”。孫云：“衝者，衝車。折，挫之也。”王云：“此文本作‘夫不出於尊俎之間，而知衝千里之外，其晏子之謂也’，無‘可謂折衝矣’五字。‘知衝’即‘折衝’也。‘知’、‘折’聲相近，故字亦相通。舊本‘知’下脱‘衝’字，而後人不知，又於‘晏子之謂也’下加‘可謂折衝矣’

五字，謬矣。《新序》與此同，亦校書者依俗本《晏子》改之。《後漢書·馬融傳》注、《太平御覽》器物部六引《晏子》並作‘起於尊俎之間，而折衝千里之外’。《文選·張協〈雜詩〉》注、《册魏公九錫文》注、《爲袁紹檄豫州文》注、《爲石仲容與孫皓書》注、《演連珠》注、《揚荆州誄》注並引作‘不出尊俎之間，而折衝千里之外，晏子之謂也’，皆無‘可謂折衝矣’句。”純一案：王説是，諸書引此並作“折衝”，標題亦作“折其謀”，似不必作“知衝”耳。“夫”，《韓詩外傳》八作“善乎”，《文選·演連珠》注作“善”，《張協〈雜詩〉》注作“善哉”，足證原文非一“夫”字。今從王説及《雜詩》注並諸書删正。而太師其與焉。”“其”字疑衍。孫云：“《韓詩外傳》、《新序·雜事篇》用此文。”

景公問東門無澤年穀而對以冰晏子請罷伐魯第十七

景公伐魯傅許，孫云：“‘傅’讀‘附’。《墨子》有《蟻傅篇》。”得東門無澤。孫云：“姓東門，字無澤。”公問焉：“焉”下疑脱“曰”字，後二十章“景公問焉曰”是其例。《書鈔》百五十六作“景公伐魯問無擇曰”。“魯之年穀何如?”《書鈔》“穀”作“豐”。孫云：“《説文》：‘年，穀孰也。’”對曰：孫云：“今本脱‘曰’字，據《太平御覽》增。”“陰冰凝，陽冰厚五寸。”“陰冰凝”，舊訛“陰水厥”。王云：“此文本作‘陰冰凝’句，‘陽冰厚五寸’句。《文選·海賦》‘陽冰不冶’本此。‘陰冰’者，不見日之冰也。‘陽冰’者，見日之冰也。言不見日之冰皆凝，見日之冰則但厚五寸也。《文選》注及《御覽》皆作‘陰冰凝’，自是舊本如此。今本作‘陰水厥’，誤也。”黄云：“王讀是也，而義又未盡。‘陰冰’者，陰寒之冰凍於地下者也。‘陽冰’者，陽烜之冰結于水上者也。《月令》曰：‘水始冰，地始凍。’《夏小正》曰：‘正月寒日滌凍塗。’《傳》曰：‘滌也者，變也，變而煖也。凍塗者，凍下而澤上多也。’《管子》曰：‘日至六十日而陽凍釋，七十日而陰凍釋。’皆其證。‘陰冰凝，陽冰厚五寸’，謂寒温得其時，故下曰‘寒温節’。冬有堅冰，爲下年穀熟之兆，今俗尚有此占。”純一案：《御覽》六十八作“陰冰凝”。三十五作“陰冰厥”，誤。今從王説正，下同。公不知，以告晏子。舊脱“公”字，從王校補。孫云：“《御覽》作‘公問晏子’。”晏子對曰：“君子也。問年穀而對以冰，禮也。《書鈔》作“晏子曰：‘夫問年穀而以冰對，禮也’”。《御覽》三十五作“晏子曰：‘君問年穀，答以冰，禮也’”。‘陰冰凝，陽冰厚五寸’者，寒温節，節則刑政平，《書鈔》“節”字不重，非。平則上下和，《書鈔》上下倒。和則年穀熟。《書鈔》有“也”字。孫云：“《御覽》作‘寒温節則政平，政平則上下和，上下和則年穀孰’。”純一案：《御覽》見卷三十五。《禮·中庸》曰：“致中和，天地位焉，萬物育焉。”蓋天人一氣，隱顯相通也。年充衆和而伐之，《御覽》無此句。年充，猶年豐。臣恐罷民弊兵，不成君之意。孫云：“《御覽》作‘臣恐疲兵而無成’。”請禮魯以息吾怨，孫云：“‘怨’，《御覽》作‘愁’。”純一案：鮑刻《御覽》三十五作“君盍禮魯以息吾怨”，又六十八作“請禮魯以息怨也”。遣其執以明吾德。”執，俘也。遣，送也。此墨家非攻兼愛之旨。公曰：“善。”迺不伐魯。孫云：“‘迺’，《御覽》作‘遂’。”

景公使晏子予魯地而魯使不盡受第十八

景公予魯君地，山陰數百社，孫云：“蓋泰山之陰也。《史記集解》賈逵曰：‘二十五家爲一社。’”使晏子致之。魯使子叔昭伯受地，孫云：“《左傳》昭十六年有子服昭伯，杜預注：‘惠伯之子，子服回也。’疑即此人。”不盡受也。晏子曰：“寡君獻地，忠廉也，忠，誠也。廉，清也。言無所貪圖。曷爲不盡受?”子叔昭伯曰：“臣受命于君曰：‘諸侯相見，交讓，争處其卑，禮之文也。《禮·曲禮上》曰：“退讓以明禮。夫禮者，自卑而尊人。”交委，多争受少，《周禮·大司徒》：“令野修道委積。”注：“少曰委，多曰積，皆所以給賓客。”“多争受少”當作“争受其少”，與“争處其卑”對文，言交給賓客之物，争受其少。今本“争”上衍“多”字，“受”下脱“其”字，文不成義。行之實也。禮成文于前，行成章于後，交之所以長久也。’且吾聞君子不盡人之歡，不竭人之忠，《曲禮上》：“君子不盡人之歡，不竭人之忠，以全交也。”疏曰：“明與人交者，不宜事事悉受。若使彼罄盡，則交結之道不全。若不竭盡，交乃全也。”吾是以不盡受也。”晏子歸報公，公喜，笑曰：“魯君猶若是乎?”晏子曰：“臣聞大國貪于名，小國貪于實，實，謂財貨也。此諸侯之公患也。“公”從元刻。黄云：“凌本同。”孫本作“通”，云：“下文亦作‘公患’。”今魯處卑而不貪乎尊，辭實而不貪乎多，行廉不爲苟得，道義不爲苟合，道，由也。不盡人之歡，不竭人之忠，以全其交，君之道義，殊于世俗，國免于公患。”公曰：“寡人説魯君，故予之地。今行果若此，吾將使人賀之。”晏子曰：“不。句。君以驩予之地“驩”，同“歡”。而賀其辭，則交不親而地不爲德矣。”明不可賀。公曰：“善。”于是重魯之幣毋比諸侯，幣重于諸侯。厚其禮毋比賓客。禮厚于賓客。君子于魯，而後明行廉辭地之可爲重名也。廉之見重于世如此。

景公游紀得金壺中書晏子因以諷之第十九

景公游于紀，舊脱“景”字。孫云：“據《太平御覽》增。《括地志》：‘劇，菑州縣也。故劇城在青州壽光縣南三十一里，故紀國。’”得金壺，孫云：“今本脱‘壺’字。一本作‘緘’字，非。據《太平御覽》壺部引此文訂正。”黄云：“凌本作‘金緘’。”盧云：“後‘壺’與‘間’韻，不當作‘緘’。”純一案：《御覽》七百六十一作“得一金壺，發視之”。發而視之，元刻作“發其視之”。王云：“本作‘發而視之’，今本‘而’作‘其’，則文不成義。《太平御覽》器物部六、獸部八、《玉海》十四引此並作‘發而視之’。一本作‘乃發視之’，亦後人以意改。”純一：今據正。中有丹書，曰：“無食反魚，舊作“食魚無反”，蓋涉下文誤倒。本作“無食反魚”，與“勿乘駑馬”對文。《太平御覽》八百九十六引此正作“勿食反魚，無乘駑馬”，今據乙。勿乘駑馬。”孫云：“《説文》無‘駑’字。《字林》：‘駘也。’《玉篇》：‘乃乎切，最下馬也。’”公曰：“善哉。如若言，“如”，舊譌“知”。“若”從元刻，孫本作“苦”。俞云：“‘知’當作‘如’，‘苦’當作‘若’，皆形似而誤也。‘善哉如若言’，猶云‘善哉如彼所言’。”劉説同。純一：今據正。食魚無反，則惡其鱢也；孫云：“《説文》：‘鱢，鮏臭也。’《玉篇》：‘先刀切。’”勿乘駑馬，惡其不遠取道也。”舊作“取道不遠”。劉云：“此節均叶韻，如下文‘力’與‘側’叶、‘間’與‘壺’叶是也。此文‘遠’與‘鱢’不叶，疑正文本作‘惡其不遠取道也’，‘道’與‘鱢’叶。淺人不察，妄易爲‘取道不遠’，不復知其於韻不叶也。”純一案：劉説是，今據乙。晏子對曰：“不然。食魚無反，毋盡民力乎。《御覽》作“食魚不反，無盡民力也”。案：反，翻也。今吾鄉猶有君子不食翻身魚之語，蓋本此。其意在戒過貪，不爲他人留有餘也，故晏子以“毋盡民力”爲喻。勿乘駑馬，則無置不肖于側乎。”《御覽》作“不乘駑馬，無致不肖於側也”。劉云：“‘則’字衍。‘則’蓋‘側’字之訛文，後人又移置語首。”純一案：劉説是，《御覽》無“則”字，當據删。《古音諧》一哉引此，力、側諧。公曰：“紀有書，何以亡也?”《御覽》作“紀得此書，何以亡”。孫云：“謂其言可傳，不當亡國。”晏子對曰：“有以亡也。嬰聞之，君子有道，懸之閭。孫云：“古人門席皆有銘。”純一案：懸，縣之俗字。閭，里門也。有道縣之閭，蓋墨家有道肆相教誨之意。紀有此言，注之壺，孫云：“一本作‘緘’，一本作‘其’，皆非。閭、壺爲韻。”純一案：《古音諧》十二魚引此。不亡何待乎。”《御覽》作“紀有此書，藏之於壺，不亡曷待”。

景公賢魯昭公去國而自悔晏子謂無及已第二十

魯昭公失國走齊，事見昭二十五年《左傳》。《御覽》九百九十七作“哀公”，《説苑·敬慎篇》作“哀侯”，並非。景公問焉，舊“失”作“棄”，“景”作“齊”。王云：“‘棄國’本作‘失國’，此後人依《説苑·敬慎篇》改之也。《羣書治要》及《藝文類聚》草部、《太平御覽》百卉部四並作‘失國’。‘齊公問焉’，‘齊’字涉上句‘走齊’而誤，當從《御覽》作‘景公問焉’。《治要》作‘齊景公問焉’，亦衍‘齊’字。”純一案：王説是，今據正。曰：“子之年甚少，奚道至于此乎？”舊作“君何年之少而棄國之蚤，奚道至于此乎”。王云：“案《類聚》、《御覽》並作‘子之年甚少，奚道至於此乎’。道，由也。言何由至於此也。‘此’字正指‘失國’而言。《説苑》作‘君何年之少而棄國之蚤’，無‘奚道至於此乎’六字。今既從《説苑》作‘君何年之少而棄國之蚤’，又從晏子作‘奚道至於此乎’，既言‘何’，又言‘奚’，既言‘棄國’，又言‘至於此’，則累於詞矣。”純一案：王説是，今據删訂。鲍刻《御覽》“奚”譌“天”。蘇云：“《治要》作‘子之遷位新，奚道至於此乎’。”昭公對曰：“吾少之時，孫云：“一本作‘吾之少時’。”人多愛我者，吾體不能親；“體”，《御覽》作“禮”。人多諫我者，吾忌不能從，舊作“吾志不能用”，今據《御覽》改。是以内無拂而外無輔。《治要》無“而”字。“是以”，孫本作“好則”，元刻作“是則”。王云：“‘則’本作‘以’。‘是以’二字，乃推言所以無輔弼之故。今本作‘是則’，亦後人以《説苑》改之。《羣書治要》、《類聚》、《御覽》並作‘是以’。”純一：今據改。“拂”，《治要》、《御覽》並作“弼”。“輔”，當作“俌”。《荀子·臣道篇》曰：“有能比知同力，率羣臣百吏而相與彊君撟君，君雖不安，不能不聽，遂以解國之大患，除國之大害，尊君安國，謂之輔。有能抗君之命，竊君之重，反君之事，以安國之危，除君之辱，功伐足以成國之大利，謂之拂。”輔拂無一人，諂諛者甚衆。“諛”下舊衍“我”字，蓋後人所加，據《御覽》删。譬之猶秋蓬也，孤其根而美枝葉，秋風一至，僨且揭矣。”舊作“根且拔矣”。王云：“《羣書治要》作‘孤其根荄，密其枝葉，春風[6]至僨以揭也’。

僨，仆也。揭，蹶也。秋蓬末大而本小，故春氣至，則根爛而仆於地。《類聚》、《御覽》並作‘孤其根本，密其枝葉’，今本云云，亦後人以《説苑》竄改。《説苑》作‘惡於根本，而美於枝葉，秋風一起，根且拔矣’。程氏易疇《通藝録》曰：‘蓬之根孤，而枝葉甚繁。既枯，則近根處易折，折則浮置於地，大風舉之，迺[7]戾于天，故言飛蓬也。《説苑》言“拔”，蓋考之不審矣。’案：程説甚核。又案：晏子作‘孤其根荄，密其枝葉’，‘密’與‘孤’正相對。《説苑》作‘惡於根本，美於枝葉’，‘美’與‘惡’亦相對。今本《晏子》作‘孤其根而美枝葉’，‘美’與‘孤’不相對。兩用《晏子》、《説苑》之文，斯兩失之矣。”黄云：“古人文字多以相錯見義，此文當以‘孤其根而美枝葉’爲正。根言孤，以見枝葉之密。枝葉言美，以見根之惡。諸書所引，欲取文字正對，以意改爾。‘根且拔矣’，當依《治要》作‘僨且揭’。《説文》：‘僨，僵仆也。揭，高舉也。’蓬至秋既仆於地，大風舉之，終且高戾于天，程説是也。”純一案：王取文字正對，稍泥。程、黄説是，今據改。景公辯其言，嘉其言之辯也。以語晏子，曰：蘇云：“《治要》‘辯’作‘以’，無‘以’字。”“使是人反其國，豈不爲古之賢君乎。”晏子對曰：“不然。夫愚者多悔，上文“輔拂無一人，諂諛者甚衆”，是其多悔之證，故標題云“去國而自悔”。《御覽》七百四十一引作“愚人多侮”，“侮”蓋“悔”之形誤。不肖者自賢，上文“人多諫我者，吾忌不能從”是。溺者不問隊，“隊”，舊譌“墜”。王云：“‘墜’本作‘隊’，‘隊’與‘隧’同。《廣雅》曰：‘隧，道也。’《大雅・桑柔》傳曰：‘隧，道也。’‘溺者不問隊’，謂不問涉水之路，故溺也。‘不問隊’、‘不問路’，其義一而已矣。《荀子・大略篇》‘迷者不問路，溺者不問遂’，楊倞曰：‘遂，謂徑隧，水中可涉之徑也。’是其證。後人誤以‘隊’爲‘顛墜’之‘墜’，故妄加‘土’耳。《治要》正引作‘溺者不問隧’。”蘇云：“‘墜’，當依《荀子》作‘遂’。《詩・載馳篇》‘大夫跋涉’，《釋文》引《韓詩》曰：‘不由蹊遂而涉曰跋涉。’《淮南・修務訓》高注：‘不從蹊遂曰跋涉。’二‘遂’字與此義同。作‘墜’者，蓋誤文。”純一案：隊、隧、遂義並同，今從王説正。下同。迷者不問路。溺而後問隊，迷而後問路，蘇云：“《治要》無此二句，非。”譬之猶臨難而遽鑄兵，刀劍之屬。臨噎而遽掘井，下“臨”字舊脱，據《御覽》補。孫云：“《説文》：‘噎，飯窒也。’”純一案：《墨子・公孟篇》：“是譬猶噎而穿井也。”言掘井雖速，無濟於噎，義與此同。蓋飯窒而噎，飲水可止，古有是喻。《説苑》作“辟之猶渴而穿井，臨難而後鑄兵，雖疾從而不及也”。雖速亦無及已。”喻雖悔已遲。孫云：“《説苑・雜言篇》以晏子爲越石父也。”

晏子使魯有事已仲尼以爲知禮第二十一

晏子使魯，孫云："'使'，《韓詩外傳》作'聘'。"仲尼命門弟子往觀。子貢反，報曰："孰謂晏子習于禮乎？夫禮曰：'登階不歷，歷，過也。過，超越也。堂上不趨，授玉不跪。'今晏子皆反此，孰謂晏子習于禮者？"晏子既已有事于魯君，劉云："'已'即'既'也。蓋一本作'既'，一本作'已'，後人併而一之。"退見仲尼。仲尼曰："夫禮，登階不歷，堂上不趨，授玉不跪。夫子反此，禮乎？""禮"字舊脱，從黄校據《初學記》文部補。晏子曰："嬰聞，兩楹之間，"楹"從元刻。各本譌"檻"，孫、盧校同。君臣有位焉，君行其一，臣行其二。黄云："此君臣行趨之通例，鄭注《禮經》屢言之。《初學記》無兩'其'字。"君之來遬，孫云："'遬'，《初學記》作'速'。説文：'速，疾也。籀文作"遬"。'"黄云："《初學記》作'君之所來速'。"是以登階歷堂上趨以及位也。黄云："'及'，《初學記》作'反'。"純一案："反"爲"及"之誤。君授玉卑，故跪以下之。且吾聞之，大者不逾閑，小者出入可也。"《論語·子張篇》："大德不踰閑，小德出入可也。"孔注："閑，猶法也。小德不能不踰法，故曰'出入可'。"晏子出，仲尼送之以賓客之禮。反，句。命門弟子曰："不法之禮，舊脱"反，命門弟子曰"六字。"不法之禮"作"不計之義"。王云："'不計之義'，《初學記》文部作'不法之禮'，上有'反，命門弟子曰'六字，然則'不計之義'二句，乃孔子命門弟子之語，今脱去上六字，則不知爲何人語矣。《外上篇》曰'晏子出，仲尼送之以賓客之禮，再拜其辱，反，命門弟子曰'云云，文義正與此同。《韓詩外傳》四載此事亦云：'孔子曰："善，禮中又有禮。"'"純一案：王説是，今據補正。《禮運》曰："禮變而從時。協諸義而協，可以義起。"維晏子爲能行之。"孫云："《韓詩外傳》用此文。"蘇云："《韓詩外傳》與此小異。"

晏子之魯進食有豚亡二肩不求其人第二十二

晏子之魯，朝食，進餽同"饋"。膳，有豚焉。晏子曰："去其二肩。"盧云："去，藏也。下所以云'藏餘不分'。"黄云："'去'，古'弆'字，藏也。'弆'本後作，古人藏去字，衹用‘去’。《漢·陳遵傳》：‘遵善書，與人尺牘，皆藏去以爲榮。’注：‘去，藏也。’晏子藏其二肩，故下曰‘藏餘不分’。”純一案：肩，豚膊也。晝者進膳，劉云：“‘者’系衍文，涉下‘侍者’而衍。”則豚肩不具。侍者曰：“膳豚肩亡。”言具而亡之。晏子曰：“釋之矣。”釋，舍也，猶言不問也。侍者曰：“我能得其人。”晏子曰：“止。不許。吾聞之，量功而不量力則民盡，在上者較量其功而不度量民力，則民窮。藏餘不分則民盜。意以有餘當分給不足者，藏其所餘而不分，無怪民之爲盜也。子教我所以改之，言問豚肩不具，是我之過，子當教我改之。無教我求其人也。”此知晏子在在繩墨自矯。

曾子將行晏子送之而贈以善言第二十三

曾子將行，孫云：“《説苑》：‘曾子從孔子於齊，齊景公以下卿禮聘曾子，曾子固辭，將行。’《禮記》亦有晏子、曾子之言。而楊倞注《荀子·大略篇》謂：‘晏子先於曾子，曾子之父猶爲孔子弟子，此云“送曾子”，豈好事者爲之與？其言謬甚。’”純一案：《史記·十二諸侯年表》，孔子生於魯襄公二十二年，當齊莊公三年。前五年，晉圍臨淄，晏嬰大破之。則晏子長孔子至少二十餘歲。《仲尼弟子列傳》，曾子少孔子四十六歲，則少晏子七十餘歲。至從孔子于齊，縱不及二十歲，亦當晏子九十歲，未知晏子果有此壽否。又據《年表》，景公五十八年薨，孔子年六十二。據《齊世家》，晏子先景公卒十年，適當孔子五十二歲，曾子生甫七歲。楊倞謂好事者爲之，信而有徵矣。然本書《問下》二十八章，既載曾子問晏子云云，此章又載晏子之贈言，則曾子不必曾參，或《史記》多不足據與？又案：《孔子世家》，孔子適周見老子後，老子送之曰：“吾聞富貴者送人以財（《索隱》莊周“財”作“軒”），仁人者送人以言。吾不能富貴，竊仁人之號，送子以言。”或好事者之所仿與？晏子送之曰：“君子贈人以軒，孫云：“《説苑》作‘財’，非。‘軒’與‘言’爲韻。”純一案：《古音諧》九寒引此。黄云：“《説苑·雜言篇》、《家語·六本篇》、《文選·王仲宣贈蔡子篤詩》注並作‘以財’。”不若以言。孫云：“《意林》作‘贈人以財，不若以言’。《太平御覽》作‘不若贈人以言’。”盧云：“‘若’或本[8]作‘者’。”純一案：《藝文類聚》三十一作“不如贈人以言”。吾請以言乎？“乎”舊譌“之”，從盧、蘇校改。以軒乎？”曾子曰：“請以言。”孫云：“《荀子·大略篇》作‘曾子行，晏子從於郊，曰：“嬰聞之，君子贈人以言，庶人贈人以財。嬰貧無財，請假於君子，贈吾子以言”’。”純一案：《荀子·非相篇》云：“贈人以言，重於金石珠玉。”晏子曰：“今夫車輪，山之直木也，良匠煣之，孫云：“‘煣’舊作‘揉’，據楊倞《荀子注》所引訂正。《説文》：‘煣，屈申木也。’《玉篇》：‘而九切。以火屈木曲。’《考工記》：‘揉輻必齊。’鄭氏注：‘揉謂以火槁之。’《荀子·勸學篇》作‘輮’。按‘揉’俗字，‘輮’借字。”其圓中規，孫云：“‘圓’，楊倞注作‘員’。”雖有槁暴，孫云：“《考工記》：‘轂雖敝不藃。’鄭氏注：‘謂藃，藃暴，陰柔後必橈減，幬革暴起。’陸德明《音義》：‘暴，步角反。劉步莫反。一音蒲報反。’楊倞注：‘槁，枯。暴，乾。’”不復嬴矣，孫云：“楊倞注：‘嬴。’《荀子·勸學篇》：‘木直中繩，輮以爲輪，其曲中規，雖有槁暴，不復挺者，輮使之然也。’按‘嬴’、‘挺’聲相近。”黄云：“《荀子·大略篇》作‘羸[9]’。”故君子慎隱煣。孫云：“《荀子·大略篇》：‘君子之檃栝，不可不謹也，慎之。’‘隱’與‘檃’通，謂檃括。《荀子·性惡篇》：‘枸木必將待檃括蒸矯然後直。’”和氏之璧，孫云：“《藝文類聚》引《琴操》‘卞和者，楚野民，得玉璞，獻懷王。懷王使樂正子占之，言玉石，以爲欺謾，斬其一足。懷王死，子平王立，和復獻之’云云。按晏子已稱和氏之璧，則非懷王時事。平王之前有靈王，亦非懷王子。蔡邕錯誤，不可反以疑此書。”純一案：《韓非子·和氏篇》：“楚人和氏，得玉璞楚山中，奉而獻之厲王。使人相之，曰：‘石也。’王以和爲誑而刖其左足。及厲王薨，武王即位，和又奉其璞而獻之。武王使玉人相之，又曰：‘石也。’王又以和爲誑而刖其右足。武王薨，文王即位，和乃抱其璞而哭於楚山之下。王乃使玉人理其璞而寶焉，遂命爲和氏之璧。”《淮南子·冥覽[10]訓》高注以卞和得美玉璞於荆山之下，獻之武王、文王、成王。以上二説又異，未知孰是。井里之困也，孫云：“《意林》作‘井里璞耳’。《荀子·大略篇》‘和之璧，井里之厥也’，楊倞注：‘井里，里名。厥也，未詳。或曰：厥，石也。’《晏子春秋》作‘井里之困也’。謝侍郎墉案：厥同橜。《説文》：‘橜，門梱也。梱，門橜也。’荀子以‘厥’爲‘橜’，晏子以‘困’爲‘梱’，皆謂門限。《意林》不解，乃改爲‘璞’矣。星衍案：宋人刻石，稱門限爲閫根。‘厥’與‘困’，蓋言石塊耳。”良工修之，則爲存國之寶，孫云：“《意林》作‘則成寶’。”蘇云：“《荀子·大略篇》作‘玉人琢之，爲天子寶’。”故君子慎所修。今夫蘭本，孫云：“蘭與藁本，二草名也。《神農本草經》：‘蘭草，一名水香。藁本，一名鬼卿，一名地新。’陶弘景云：‘今東閒有煎澤草名蘭香。’名醫云：‘藁本可作沐藥面脂。’《荀子·大略篇》作‘蘭茝’、‘藁本’，故定以爲二草。而《勸學篇》作‘蘭槐之根是爲芷’（當是“茝”誤）。則‘本’又疑‘根’也。”三年而成，湛之苦酒，孫云：“《吕氏春秋·仲冬》：‘湛饎必潔。’高誘注：‘湛，漬也。’‘湛’讀‘瀋釜’之‘瀋’。《荀子·大略篇》作‘漸於蜜醴’，《勸學篇》作‘其漸之滫’。”則君子不近，庶人不佩。孫云：“《荀子·勸學篇》作‘服’。‘佩’與‘服’聲義皆相近。”湛之麋醢，而賈匹馬矣。“麋”舊譌“縻”。孫云：“《説苑》作‘鹿醢’，疑當爲‘漉酒’之‘漉’。當是蘭本，或湛以醢，乃發其香。”王云：“‘縻醢’當作‘麋醢’，字之誤也。《周官·醢人》‘麋臡鹿臡’，鄭注曰：‘臡亦醢也。’鄭司農云：‘有骨爲臡，無骨爲醢。’《内則》有‘麋腥醢醬’，《説苑·雜言篇》、《家語·六本篇》並作‘湛之以鹿醢’，則‘縻’爲‘麋’之誤，明矣。《文選·王粲贈蔡子篤詩》注、《太平御覽》香部三引此並作‘麋醢’。”純一案：《文選》注作“湛之鹿醢，貨以匹馬”。今從王説據《御覽》正。非蘭本美也，所湛然也。孫云：“‘湛’，一本作‘蕩’，非。”願子之必求所湛。《文選》注作“願子尅求所湛”，《墨子·所染篇》引《詩》云“必擇所湛”，義同。孫云：“一本脱‘必’字。”嬰聞之，君子居必擇鄰，孫云：“‘鄰’，舊作‘居’，據《藝文類聚》、《太平御覽》訂正。《説苑》作‘處’，《荀子·勸學篇》作‘鄉’。”游必就士。擇居所以求士，求士所以辟患也。孫云：“‘辟’讀如‘避’。”黄云：“《説苑》‘辟患’作‘修道’。”純一案：“擇居”二句，《類聚》二十三作“可以避患也”，《荀子·勸學篇》作“所以防邪僻而近中正也”。嬰聞汩常移質，習俗異[11]性。孫云：“‘汩常’，《説苑》作‘反常’。《説文》：‘淈，濁也。’《玉篇》：‘淈，亦“汩”字。汩，古没切。’汩没，按汩字從‘曰’，與‘汨羅’字異。”不可不慎也。”此章大旨與《墨子·所染篇》同，惟此多就理言因，《所染》多就事實言果耳。孫云：“《意林》作‘可不慎乎’。《荀子·大略篇》、《説苑·雜言篇》用此文。”

晏子之晉睹齊纍越石父解左驂贖之與歸第二十四

晏子之晉，至中牟，劉云：“此節與下‘晏子爲齊相’節，均非《晏子》本書也。此二事載于《史記·管晏列傳》贊曰：‘至其書世多有之，是以不論，論其軼事。’則凡載于《晏子春秋》者，史公均弗録。此二事者[12]，乃見于他書者也。越石父事，《吕氏春秋·觀士篇》載之，或《史記》即本於彼書，後人據他籍及《史記》所載補入此二節，非其舊也。”孫云：“中牟當漯水之北。《史記索隱》：‘此趙中牟，在河北，非鄭之中牟。’《正義》：‘相州湯陰縣西五十八里有牟山，蓋中牟邑在此山側也。’”睹弊冠，反裘負芻孫云：“‘反’，《太平御覽》作‘衣’。‘芻’，《史記正義》作‘薪’。”純一案：《御覽》六百九十四“反”作“皮”，《文選·講德論》注同。盧云：“‘反裘’，所謂惜其毛也。”息于塗側者，孫云：“‘塗’，《新序》《太平御覽》作‘途’，是。‘塗’，俗字。”純一案：《史記正義》及《文選》注引並作“途”，《北堂書鈔》三十九引《史記》文微異。以爲君子也，使人問焉，曰：“子何爲者也？”對曰：“我越石父也。”舊“也”上衍“者”字，從黄校據《御覽》四百七十五删。孫云：“‘父’，《新序》作‘甫’。”晏子曰：“何爲至此？”曰：“吾爲人臣僕於中牟，見使將歸。”孫云：“言庸身爲僕也。《吕氏春秋》、《新序》作‘齊人累之’，《史記》承其誤，則云‘越石父在縲紲中’。按此云‘負芻息於塗側’，又云‘見使將歸’，又云‘我猶且爲臣，請鬻於世’，則非罪人也。”晏子曰：“何爲爲僕？”孫云：“今本下‘爲’字作‘之’，據《文選》注改。”對曰：“不免凍餓之切吾身，切，急迫也。黄云：“《文選·講德論》注作‘吾身不免凍餓之地’。”是以爲僕也。”孫云：“《太平御覽》作‘不免飢凍，爲人臣僕’。一作‘凍餓爲人臣僕’。”晏子曰：“爲僕幾何？”對曰：“三年矣。”晏子曰：“可得贖乎？”對曰：“可。”遂解左驂以贖之，“贖”，舊作“贈”。孫云：“使償其傭直也。”黄云：“‘贈’當作‘贖’，標題云‘解左驂贖之與歸’。《吕氏春秋》、《新序》及《文選》注、《御覽》所引並作‘贖’。”純一今據改。因載而與之俱歸。至舍，不辭而入。越石父怒而請絶。孫云：“‘怒’，《文選》注作‘立’。”純一案：絶，斷交也。晏子使人應之曰：“吾未嘗得交夫子也，劉云：“《吕氏春秋·觀士篇》作‘嬰未嘗得交也’，《新序·雜事篇》同，是也。晏子方輕視石父，安得遽稱爲‘夫子’？且下文或稱爲‘子’，或稱爲‘客’，亦無稱爲‘夫子’者。疑此文當作‘吾未嘗得交子也，夫子爲僕三年’。‘夫’者，語詞也。嗣‘子也夫’三字互易，遂作‘得交夫子’矣。”子爲僕三年，吾迺今日睹而贖之，吾于子尚未可乎？子何絶我之暴也？”孫云：“《詩傳》：‘暴，疾也。’”越石父對曰：“對”下舊有“之”字，從盧校删。“臣聞之，士者詘乎不知己，詘，貶下也。《文選·羊叔子讓開府表》注“詘乎”作“屈於”。而申乎知己。孫云：“‘申’，《新序》作‘信’。”純一案：《史記》作“吾聞君子詘於不知己而信於知己者”，《索隱》：“‘信’讀曰‘申’，《周禮》皆然。申於知己，謂以彼知我，而我志獲申。”《文選·盧子諒贈劉琨詩》序注引作“士者伸乎知己”。故君子不以功輕人之身，不爲彼功詘身之理。言君子不自矜功以輕人之身，更不因彼功而自詘仁人所以成身之理。彼者，外之之詞。吾三年爲人臣僕，而莫吾知也。今子贖我，吾以子爲知我矣。嚮者子乘，不我辭也，孫云：“‘嚮’，《新序》作‘向’，是。”吾以子爲忘。今又不辭而入，是與臣僕我者同矣。舊脱“僕”字，語意不完。《文選》注作“是與臣僕者同矣”，又脱“我”字。此句“臣僕”正承上文“爲人臣僕”言，言子既贖我，理應知我，不臣僕我。乃不我辭而乘，又不我辭而入，是與臣僕我者何異。故“僕”字不可少，今補，庶與上文相協。我猶且爲臣，“臣”當作“僕”，與上文四言爲“僕”相應。或“臣”下增“僕”字，與上文三言“臣僕”相應。請鬻于世。”償左驂之直。晏子出，請見，元本、孫本並作“見之”，此從或本。曰：“嚮者見客之容，外貌。而今也見客之意。孫云：“‘意’，《吕氏春秋》作‘志’。”嬰聞之，省行者不引其過，省行，檢身也。引，延長也。不引其過，言不終其過。察實者不譏其辭，其、以同。孫云：“《吕氏春秋》作‘察實者不留聲，觀行者不譏辭’。《新序》同。”純一案：高注《吕覽》云：“欲觀人之至行，不譏刺之以辭。”嬰可以辭而無棄乎。高注：“辭，謝也。謝不敏而可以弗棄也。”嬰誠革之。”迺令糞灑改席，尊醮而禮之。王云：“‘誠’讀爲‘請’。革，改也。向者不辭而入，今者糞灑改席而禮之，則改乎向者之爲矣。晏子以此爲請，故曰‘嬰請革之’也。‘請’與‘誠’聲相近，故字亦相通。”孫云：“《説文》：‘醮，冠娶禮祭。’《玉篇》：‘子肖切。’”越石父曰：“吾聞之，至恭不修途，至恭在心不在迹。尊禮不受擯。擯，斥也，棄也。尊人以禮，適以自尊。夫子禮之，僕不敢當也。”此五字，《吕覽》作“敢不敬從”。晏子遂以爲上客。《史記·管晏列傳》約其文，與此小異。君子曰：“俗人之有功則德，蘇云：“言自以爲德也。”德則驕。晏子有功，免人于戹，而反詘下之，其去俗亦遠矣。此全功之道也。”老子曰：“自伐者無功。”孫云：“《吕氏春秋·觀士篇》、《新序·節士篇》用此文。”

晏子之御感妻言而自抑損晏子薦以爲大夫第二十五

晏子爲齊相，出。其御之妻從門閒而闚其夫爲相御，閒，隙也。擁大蓋，策駟馬，意氣揚揚，甚自得也。既而歸，其妻請去。夫問其故，妻曰：“晏子長不滿六尺，身相齊國，名顯諸侯。今者妾觀其出，志念深矣，常有以自下者。不自滿假。今子長八尺，迺爲人僕御，然子之意自以爲足，仰望絶矣。妾是以求去也。”其後夫自抑損。晏子怪而問之，怪其前後若兩人。御以實對，晏子薦以爲大夫。孫云：“《史記·晏子列傳》用此文。”

泯子午見晏子晏子恨不盡其意第二十六

燕之遊士遊説之士。有泯子午者，孫云："姓泯，字子午。"南見晏子于齊，燕在齊北，故曰南見。言有文章，術有條理，立辭皆斐然成章，推行則秩然有序。巨可以補國，細可以益晏子者三百篇。睹晏子，恐懼而不能言。"懼"舊譌"慎"。黄云："'慎'當作'懼'。李本作'愳'，古'懼'字。"純一：今據改。恐懼不能言，未能忘勢故。晏子假之以悲色，假，寬也。悲，憫也。開之以禮顔，微露笑顔，兼以禮貌。然後能盡其復也。復，白也，白猶言也。客退，晏子直席而坐，直，正也。廢朝移時。朝，知妖切。從旦至食時爲終朝。《詩·蝃蝀》"崇朝其雨"傳。在側者曰："嚮者燕客侍，夫子胡爲憂也?"浩然之氣失養故。晏子曰："燕，萬乘之國也。齊，千里之塗也。泯子午以萬乘之國爲不足説，以千里之塗爲不足遠，則是千萬人之上也。且猶不能殫其言于我，《廣雅·釋詁一》："殫，盡也。"況乎齊人之懷善而死者乎。吾所以不得睹者，豈不多矣。"矣"，猶"乎"也。然吾失此，何之有也。""何之有也"當作"何功之有也"，今脱"功"字，文不成義。此指"懷善而死"之人。言治國以進賢爲本，今乃知齊懷善之人，以吾不得睹而死者甚多。吾既失此，過莫大焉，何能有功於齊。

晏子遺北郭騷米以養母　"遺"舊譌"乞"，今校正。騷殺身以明晏子之賢第二十七

齊有北郭騷者，孫云："姓北郭，名騷。"結罘罔，孫云："今本'罘'作'果'，據《吕氏春秋》訂正。《説文》：'罟，兔罟也。'徐鉉曰：'隸書作"罘"。'"捆蒲葦，孫云："'捆'當爲'稇'。《説文》：'絭束也。'《玉篇》始有'捆'字，'口衮切，織也，抒也，纂組也'。《吕氏春秋》作'梱'。案'稇'正字，'梱'借字，'捆'俗字。"織葩屨，舊脱"葩"字，"屨"作"履"，並據《吕氏春秋》補訂。葩屨即麻鞻。以養其母，猶不足，踵門孫云："《説文》：'踵，一曰往來皃。'"見晏子曰："竊説先生之義，願乞所以養母者。"孫云："《藝文類聚》作'託以養母'。"純一案：《類聚》見卷八十五。《吕氏春秋·士節篇》此下有"晏子之僕謂晏子曰：'此齊國之賢者也，

其義不臣乎天子，不友乎諸侯，於利不苟取，於害不苟免。今乞所以養母，是説夫子之義也，必與之'"。晏子使人分倉粟府金而遺之。《類聚》八十五無"使人"二字，"而"作"以"。辭金受粟。《類聚》八十五引止此，"辭"上有"騷"字。有閒，《類聚》三十三"間"譌"聞"。晏子見疑于景公，出犇，孫云："《類聚》作'奔'。"過北郭騷之門而辭。《吕氏春秋》高注："辭者，别也。"北郭騷沐浴而見晏子曰："夫子將焉適？"高注："適，之也。"晏子曰："見疑于齊君，"齊"字不當有。將出犇。"犇，《吕氏春秋》俱作"奔"。高注："走也。"北郭騷曰："夫子勉之矣。"晏子上車，太息而歎曰："嬰之亡豈不宜哉，亦不知士甚矣。"晏子行，高注："行，去也。"北郭子召其友而告之黄云："元刻脱'郭'字。"曰："吾説晏子之義，而嘗乞所以養母者焉。吾聞之，養及親者身伉其難。"及"，舊作"其"。王云："'養其親'本作'養及親'。養及於親則德莫大焉，故必身伉其難也。今本'及'作'其'，即涉'伉其難'而誤。《藝文類聚》人部十七、《太平御覽》人事部百一十引此並作'養及親'。《吕氏春秋·士節篇》、《説苑·復恩篇》同。"純一：今據正。孫云："高誘注《吕氏春秋》：'伉，當。'《玉篇》：'去浪切。'《説苑》、《藝文類聚》作'更'。"今晏子見疑，吾將以身死白之。"高注："白，明也。"著衣冠，令其友操劍奉笥而從，孫云："今本脱'笥'字，據《吕氏春秋》增。"造于君庭，孫云："《藝文類聚》作'遂造君[13]廷'。"求復者曰："晏子，天下之賢者也，復者，白事於君者。今去齊國，齊必侵矣。蘇云："'侵'上疑有'見'字。"純一案："齊必侵矣"文義不明，疑本作"齊必見侵"，下文"方見國之必侵"正承此而言。今本因脱"見"字，後人又增"矣"字以成句耳。方見國之必侵，不若先死，"先"字舊脱，據《吕氏春秋》、《藝文類聚》、《説苑》補。"方"猶"將"也。請以頭託白晏子也。"孫云："《説苑》作'請絶頸以白晏子'。"純一案："託"，《玉篇》："憑依也。"《增韻》："信任也。"言請以吾頭爲憑信，明著晏子之賢也。因謂其友曰："盛吾頭于笥中，奉以託。"退而自刎。孫云："《藝文類聚》作'乃自殺'。"純一案："《説苑》作'逡巡而退，因自殺也'。"其友因奉以託"以"字舊脱，據上文補。而謂復者曰：孫云："'復者'，《吕氏春秋》作'觀者'。""此北郭子爲國故死，劉云："'此'字不可通，《吕氏春秋·士節篇》、《説苑·復恩篇》均無'此'字。此乃'北'字譌衍。"吾將爲北郭子死。"又退而自刎。此殺己以利天下之義，知北郭子及其友皆墨者。景公聞之，大駭，乘馹而自追晏子，孫云："'馹'，《説文》：

'驛，傳也。'《吕氏春秋》作'驛'。高誘注：'驛，傳車也。'《説苑》作'馳'。"及之國郊，高注："郊，境也。"請而反之。晏子不得已而反，聞北郭子之以死白己也，太息而歎曰："嬰之亡，豈不宜哉，亦愈不知士甚矣。"高注："晏子自謂施北郭騷不得其人，爲不知士也，又不知北郭騷能爲其殺身以明己，故曰'嬰之亡，豈不宜哉，亦愈不知士甚矣'，自責深也。"孫云："《吕氏春秋·士節篇》、《説苑·復恩篇》用此文。《説苑》作'嬰不肖，罪過固其所也，而士以身明之，哀哉'，文視此多劣。"

景公欲見高糾晏子辭以禄仕之臣第二十八

景公謂晏子曰："吾聞高糾與夫子游，孫云："'糾'，《説苑》作'繚'。糾、繚聲相近。"黄云："'糾'，元刻作'糺'，下章同。"寡人請見之。"晏子對曰："臣聞之，爲地戰者不能成其王，王者保民。争地以戰、殺人盈野者，悖矣。爲禄仕者不能正其君。仕務安國利民，爲禄則居心不正，安能正君心之非？高糾與嬰爲兄弟久矣，未嘗干嬰之行，孫云："《説苑》作'干嬰之過，補嬰之闕'。"特禄仕之臣也，孫本脱"仕"字。孫云："'禄'，《説苑》作'進'。"何足以補君乎？"孫云："《説苑·君道篇》用此文。"純一案：此與下章並《外上》二十三章均言高糾事。

高糾治晏子家不得其俗迺逐之第二十九

高糾事晏子而見逐。高糾曰："臣事夫子三年，無得蘇云："言無禄位也。《外上》二十三章僨者諫詞可證。"而卒見逐，其説何也？"晏子曰："嬰之家俗有三，而子無一焉。"糾曰："可得聞乎？"晏子曰："嬰之家俗，閒處從容不談議，則疏；"議"讀本字，於義無取，當讀爲"義"。義、議古通用，詳《問上》十五章。又疑"議"之"言"旁，蓋傳寫者涉上"談"字"言"旁誤衍。"談義"與"揚美"、"削行"、"驕士慢知"爲儷文。《易·乾文言》曰："利物足以和義。"《墨子·經上》曰："義，利也。"故《問上》二十二章曰："謀必度于義。"若閒處從容時不談義，則不知利人利物爲真自利之道，其人即不可親，宜疏而遠之。出不相揚美，揚人之善，成人之美，可以端風化。入不相削行，“削行”，規過也。則不與；與，猶親也。易咸“二氣感應以相與”鄭注。通國事無論，“論”，古通“倫”。倫，理也。謂家事國事恒互相通，一一當有條理。如《問下》五章“體貴側賤，不逆其倫”，又十章“親疏得處其倫”，皆是。無倫則亂矣。驕士慢知者，《墨子·貴義篇》曰：“昔者周公旦朝讀書百篇，夕見漆十士。”是周公佐相天子，不敢驕士慢知之證。則不朝也。朝，見也。《吕覽·淫辭篇》“孔穿朝”注。不見“驕士慢知”之人，欲行常謙而學日益也。此三者，嬰之家俗，今子是無一焉，故嬰非特食餽之長也，劉云：“‘長’與‘主’同，言非彼主食之人。”是以辭。”孫云：“一本脱此三字。”

晏子居喪遜答家老仲尼善之第三十

晏子居晏桓子之喪，孫云：“晏桓子名弱。”麤衰，斬，“衰”，襄十七年《左傳》作“縗”。杜注：“斬，不緝之也。縗在胸前。麤，三升布。”《正義》：“《喪服傳》曰：‘衰三升。’鄭玄云：‘布八十縷爲升。’”《文選·揚子云解嘲》注引《左氏傳》曰：“齊晏桓子卒，晏嬰麄斬衰，居倚廬。”孫云：“‘衰’，《左傳》作‘縗’。《説文》：‘縗，服衣[14]長六寸，博四寸，直心。’”苴絰帶，杖，菅屨，杜注：“苴，麻之有子者，取甚麄也。杖，竹杖。菅屨，草屨。”《釋文》：“以苴麻爲絰及帶。”食粥，居倚廬，寢苫枕草。杜注：“此禮與士喪禮略同，其異惟枕草耳。”《正義》曰：“《喪服傳》及《士喪禮》記皆云居倚廬，寢苫枕凷，歠粥。是此禮與士喪禮略同，其異者，唯彼言枕凷，此言枕草耳。居倚廬寢苫者，鄭玄云：‘倚木爲廬，在中門外東方北户。苫，編稿也。’”其家老曰：“非大夫喪父之禮也。”杜注：“時之所行，士及大夫縗服各有不同。晏子爲大夫而行士禮，其家臣不解，故譏之。”《正義》：“晏子之[15]父始卒，則晏子未爲大夫。言晏子爲大夫者，禮喪服大夫之子，行[16]從大夫之法。”晏子曰：“唯卿爲大夫。”杜注：“晏子惡直己以斥時失禮，故孫辭略答家老。”《正義》曰：“晏子所行是正禮。言唯卿得服大夫服，我是大夫，得服士服。又言己位卑，不得從大夫之法者，是惡其直己以斥時之失禮，故孫辭略答家老也。鄭玄注《雜記上》引此云：‘此平仲之謙也。’”孫云：“鄭注言謙者，言己非大夫，故爲父服士服耳。”曾子以問孔子，“問”舊作“聞”，據《家語·子貢問篇》改。孔子曰：“晏子可謂能遠害矣。不以己之是駁人之非，遜辭以避咎，義也夫。”“義”，正作“誼”。

【校記】

〔1〕知，《新序》作“義”。

〔2〕原脱“縣”，據孫星衍《晏子春秋音義》補。

〔3〕本，《北堂書鈔》作“書”。

〔4〕族，《詩序》作“酬”。

〔5〕原脱“連”，據《文選》補。

〔6〕風，《羣書治要》作“氣”。

〔7〕原脱，據《讀書雜誌》補。

〔8〕或本，《羣書拾補》作“本或”。

〔9〕羸，《荀子》作“羸”。

〔10〕冥覽，《淮南子》作“覽冥”。

〔11〕異，四部叢刊本《晏子春秋》作“移”。

〔12〕原脱“者”，據補釋補。

〔13〕君，《藝文類聚》作“公”。

〔14〕原脱“衣”，據《説文》補。

〔15〕之，《春秋左傳注疏》作“其”。

〔16〕行，《春秋左傳注疏》作“得”。

晏子春秋校注卷六

漢陽張純一仲如

内篇雜下第六　凡三十章

靈公禁婦人爲丈夫飾不止晏子請先内勿服第一

靈公好婦人而丈夫飾者，黄云：“《説苑·政理篇》作‘景公’。”純一案：《御覽》八百二十二引作“靈公”。國人盡服之。公使吏禁之，曰：“女子而男子飾者，裂其衣，斷其帶。”裂衣斷帶，相望而不止。晏子見，公問曰：“寡人使吏禁女子而男子飾者，“者”字舊脱，從王校據《説苑》補。蘇云：“‘男子’一本作‘男’，非。”裂斷其衣帶，相望而不止者，何也?”晏子對曰：“君使服之于内，而禁之于外，猶懸牛首于門，而賣馬肉於内也。盧云：“‘賣’，《御覽》作‘鬻’。此‘賣’當作‘賣’，與‘鬻’同。‘内’，《御覽》作‘市’，似非。”黄云：“縣牛首於門，喻縣禁於外。賣馬肉於内，喻服之於内。當從盧説。”蘇云：“黄説是。門，國門。内，宫内。‘門’與‘内’對文。”公何以不使内勿服，“何以”，《説苑》作“胡”。“以”字疑衍。則外莫敢爲也。”公曰：“善。”使内勿服，不踰月，而國人莫之服。舊脱“不”字、“人”字，從盧、王校據《御覽》補。王云：“不踰月，言其速也。若無‘不’字，則非其旨矣。《説苑》作‘不旋月’，文雖小異，而亦有‘不’字。”孫云：“《説苑·政理篇》用此文。”

齊人好轂擊晏子紿以不祥而禁之第二

齊人甚好轂擊，孫云：“《説文》：‘轂，輻所湊也。’”純一案：《御覽》七百七十三引作“齊人好擊轂”。相犯以爲樂，禁之不止。晏子患之，耗財，費時，長鬥争。迺爲新車良馬，出與人相犯也，《藝文類聚》七十一引作“晏子爲新車良馬，出與其人相犯”。曰：“轂擊者不祥，孫云：“‘轂擊’，《御覽》作‘犯轂’。”臣其祭祀不順，“順”當爲“慎”，古“順”字作“慎”，形近而誤。居處不敬乎?”祭祀慎則德精明，居處敬則行嚴正，故無不祥，《類聚》無此十一字。下車棄而去之，“棄而”舊倒，從王校據《御覽》及《説苑》正，《類聚》無“棄”字。然後國人乃不爲。《類聚》無“乃”字。故曰：“禁之以制而身不先行，民不能止。孫云：“‘不能’，《説苑》作‘不肯’。”故化其心莫若教也。”“教”上疑脱“身”字。《後漢書·第五倫傳》曰：“以身教者從。”孫云：“《説苑·政理篇》用此文。”

景公瞢五丈夫稱無辜晏子知其冤第三

景公畋于梧丘，孫云：“‘畋’，《文選》注作‘田’，《太平御覽》作‘遊梧丘’。《爾雅·釋丘》：‘當途，梧丘。’”純一案：“畋”，《御覽》三百六十四作“遊”，又三百九十三、三百九十九並作“田”。夜猶早，公姑坐睡，孫云：“《説文》：‘睡，坐寐也。’”純一案：《御覽》三百九十三、又三百九十九並無“姑”字。《文選》江文通《上建平王書》注作“夜坐睡”。而瞢有五丈夫孫云：“《文選》注作‘見一丈夫’。”純一案：“一”誤。胡刻《文選》正作“五”，《御覽》三引均作“五”。北面韋廬，孫云：“‘韋廬’，《説苑》作‘倚廬’。”黄云：“《文選》注作‘倚徙’。”純一案：“倚徙”是。稱無罪焉。《御覽》三百六十四引作“稱冤”。公覺，召晏子而告其所瞢。公曰：“我其嘗殺無罪邪?”“其”，猶“豈”也。“殺無罪”，舊作“殺不辜，誅無罪”，義複。《説苑》“誅”上有“而”字，誤同。《御覽》三百九十九引作“我其嘗殺無罪歟”，是已。今據删“不辜誅”三字。晏子對曰：“昔者先君靈公畋，孫云：“《文選》注作‘出畋’，《太平御覽》作‘田’。”有五丈夫來駭獸，舊作“五丈夫罟而駭獸”，“五”上脱“有”字，“夫”下脱“來”字，衍“罟而”二字，文義不諧，《説苑》同。蓋後人沿本書之譌而改之，不足據。“罟而”二字，《御覽》三引並無，足證其爲衍文。《文選》注作“有五丈夫來驚獸”，驚、駭義同，今據以訂正。故並斷其頭而葬之，“並”，舊作“殺之”。王云：“既言‘斷其頭’，則無庸更言‘殺之’。‘殺之’二字，後人所加也。《説苑·辨物篇》有此二字，亦後人依俗本《晏子》加之。《文選·上建平王書》

注引作‘悉斷其頭而葬之’，《太平御覽》人事部五作‘斷其頭而葬之’，人事部四十作‘故並斷其頭而葬之’，皆無‘殺之’二字。”純一案：鮑刻《御覽》三百六十四作“斷其頭埋之”，三百九十三作“故斷其頭而葬之”，三百九十九作“故並斷其頭葬之”。今從王說，據《御覽》刪訂。命曰五丈夫之丘。此其地邪？”公令人掘而求之，則五頭同穴而存焉。《御覽》三百九十九作“命人掘其葬處求之，得五頭同穴而存焉”。《文選》注作“命人掘之，五頭同穴”。一本作“五頭共孔”。孫云：“《廣雅·釋言》：‘竅，孔也。’‘孔’即‘穴’。”公曰：“嘻。”孫云：“‘嘻’，‘譆’省文。”純一案：《御覽》三百九十九作“公嘉之”。令吏厚葬之。舊無“厚”字，非。蓋五頭同穴葬之久矣，今特掘求得之，仍唯葬之而已，不徒等於戮尸乎，與下文“君憫白骨”甚不相應。《文選》注作“公令厚葬之”，乃恩及白骨，是已。今據增“厚”字。國人不知其瞢也，孫云：“‘瞢’，一本作‘夢’，非。此書多以‘瞢’爲‘夢’。”曰：“君憫白骨，而況于生者乎。不遺餘力矣，不釋餘知矣。”孫云：“‘知’，《説苑》作‘智’。”純一案：言必盡智竭力憫生民矣。故曰：“人君之爲善易矣。”“人君”舊作“君子”，從孫校據《説苑》改。孫云：“《説苑·辨物篇》用此文。”

柏常騫禳梟舊譌“鳥”，從盧校改。死將爲景公請壽晏子識其妄第四

景公爲路寢之臺，成而不踊焉。孫云：“‘踊’，《説苑》作‘通’，下同，言不到也。‘踊’當是‘踰’之誤。”王云：“作‘踊’者是。成二年《公羊傳》‘蕭同姪子踊于棓而闚客’，何注曰：‘踊，上也。’此言不踊，謂臺成而公不登。”洪説同。蘇云：“王説是。《廣雅·釋詁》亦訓‘踊’爲‘上’。”純一案：凡從“足”又從“辵”之字，義並同。如“跡”與“迹”、“踰”與“逾”之類可證。此“踊”與“通”並從“甬”，聲同，“足”與“辵”，義同。“踊”訓上，《説文》：“通，達也。”義近。柏常騫孫云：“字伯[1]常，名騫。”曰：“君爲臺甚急，臺成，君何爲而不踊焉？”公曰：“然。有梟孫云：“《詩·大雅·瞻卬》‘爲梟爲鴟’，傳：‘梟鴟，惡聲之鳥。’《爾雅·釋鳥》有‘梟鴟’，郭璞注：‘土梟。《説文》云：“梟，食母不孝之鳥，故冬至捕梟，磔之。字从鳥首在木上。”’”昔者鳴，王云：“古謂夜曰昔，或曰昔者。《莊子·田子方篇》曰‘昔者，寡人夢見良人’是也。後第六章云：‘夕者，瞢與二日鬥。’‘夕者’與

‘昔者’同。”其聲無不爲也。“其”字舊脱，從盧校據《説苑》補。吾惡之甚，是以不踊焉。”柏常騫曰：“臣請禳而去之。”“之”字舊脱，從盧校據《説苑》補。孫云：“‘禳’，一本作‘禱’，非。”公曰：“何具？”對曰：“築新室，爲置白茅焉。”“焉”字舊脱，從盧校據《説苑》補。公使爲室，成，置白茅焉。柏常騫夜用事。明日，問公曰：“今昔聞梟聲乎？”“梟”，舊作“鴞”。黄云：“‘鴞’宜作‘梟’。下‘鴞當陛’、‘禳君鴞’並宜改從一律。”純一案：黄説是，今據《説苑》改。公曰：“一鳴而不復聞。”使人往視之，梟當陛，布翼，“翼”，舊譌“翌”，從孫校據《説苑》改。伏地而死。此騫之作僞也。公曰：“子之道若此其明也，“也”字舊脱，從盧校據《説苑》補。亦能益寡人之壽乎？”對曰：“能。”公曰：“能益幾何？”對曰：“天子九，諸侯七，大夫五。”公曰：“子亦有徵兆之見乎？”對曰：“得壽，地且動。”公喜，令百官趣具騫之所求。趣，促也。柏常騫出，遭晏子于塗，拜馬前。騫拜。辭。黄云：“晏子辭其拜也。”騫曰：元刻如此。孫本作“騫辭曰”，《説苑》作“辭曰騫”，並誤。“爲君禳梟而殺之。“君禳”舊倒，從盧校據《説苑》乙。君謂騫曰：‘子之道若此其明也，亦能益寡人之壽乎？’“之”字舊脱，據上文增。騫曰：‘能。’今且大祭，且，將也。爲君請壽，故將往，以聞。”晏子曰：“嘻，亦善矣，“矣”字舊脱，從盧校據《説苑》補。能爲君請壽也。“也”讀爲“邪”。雖然，吾聞之，維以政與德而順乎神，劉云：“證以《説苑·辨物篇》，‘而’爲衍文。”爲可以益壽。黄初云：“《莊子·徐無鬼篇》曰：‘夫神者好和而惡姦。’是其義。故行仁政以保民，修至德以全性，是爲深根固柢、長生久視之道。”純一案：壽莫壽於仁民以自成其仁，而通乎物之所造。今徒祭，可以益壽乎？然則福兆有見乎？”兆即徵兆。孫云：“‘兆’，《説苑》作‘名’。”對曰：“得壽，地將動。”晏子曰：“騫，昔吾見維星絶，樞星散，《莊子·大宗師篇》：“維斗得之，終古不忒。”《釋文》：“‘維斗’，李云‘北斗’，所以爲天之綱維。”“樞”名天樞，北斗七星之首。云“絶”、云“散”者，偶爲地氣所蒙，隱而不見耳。地其動，古人觀于天象，有此經驗。足徵質以力動，感無不通。汝以是乎？”柏常騫俯，有閒，仰而對曰：孫云：“‘仰’，一本作‘抑’，非。”“然。”晏子曰：“爲之無益，不爲無損也。言地動與求壽無關。汝薄斂，“斂”從孫本。元刻作“賦”，義同。《説苑》作“薄賦斂”。毋費民，且無令君知之。”俞云：“柏常騫知地之將動，而借此以欺景公，自必不令君知，何必晏子戒之乎？當從《説苑》作‘且令君知之’。蓋此與《外篇》所載太卜事相類，彼必使太卜自言‘臣非能動地，地固將動’，即‘令君知之’之意，所謂恐君之惶也。後人不達，臆加‘無’字，則晏子與蹇比周以欺其君矣，有是理乎？”蘇云：“俞説是。”純一案：無、毋同，語助無義。太卜言地動，見《外上》二十一章。孫云：“《説苑·辨物篇》用此文。”

景公成柏寢而師開言室夕晏子辨其所以然第五

景公新成柏寢之室，“室”從元刻。孫本作“臺”。黄云：“‘臺’字誤。下文云‘室夕’，云‘室何爲夕’，云‘立室’可證。”孫云：“《括地志》：‘柏寢臺在青州千乘縣東北三十里。’”使師開鼓琴。孫云：“樂師名開。”師開左撫宫，右彈商，曰：“室夕。”王云：“‘夕’與‘邪’，語之轉也，《吕氏春秋·明理篇》：‘是正坐於夕室也，其所謂正，乃不正矣。’高誘注：‘言其室邪不正，徒正其坐也。’‘夕’又有‘西’義，《周禮》：‘凡行人之儀，不朝不夕。’鄭氏注：‘不正東鄉，不正西鄉。’故下云：‘國之西方，以尊周也。’”公曰：“何以知之？”師開對曰：“東方之聲薄，薄，微也。《文選·神女賦》注引蒼頡，言東方之聲微低，故知其寬展也。西方之聲揚。”揚者，高舉之義。《詩·泮水》箋疏，此謂西方之聲較東方之聲高，故知其迫促也。公召大匠，曰：“立室何爲夕？”“立”字舊脱。王云：“以下文‘立室’、‘立宫’例之，則‘室’上當有‘立’字。”純一：今據補。大匠曰：“立室以宫矩爲之。”矩，法也。《禮·大學》“是以君子有絜矩之道也”注。于是召司空，曰：“立宫何爲夕？”司空曰：“立宫以城矩爲之。”明日，晏子朝，舊衍一“公”字，今删。下章“晏子朝，公曰”，“公”字不重，可證。公曰：“先君太公以營丘之封立城，曷爲夕？”晏子對曰：“古之立國者，南望南斗，北戴樞星，南斗六星，即斗宿。樞星詳前。彼安有朝夕哉？朝東夕西，或寬或迫，所不計也。然而以今之夕者，“以”字衍，當删。周之建國，“國”疑本作“邦”，漢人避諱改。《詩》云：“周雖舊邦。”國之西方，以尊周也。”此室西迫於東之故。公蹵然曰：“古之臣乎。”

景公病水瞢與日鬭晏子教占瞢者以對第六

景公病水，《太平御覽》七百四十三作“景公水疾”。卧十數日，《御覽》三百九十八無“卧”字。夜瞢與二日鬬，不勝。晏子朝，公曰：孫云：“《御覽》作‘公説之曰’。”“夕者吾瞢與二日鬬，“吾”字舊脱，從黄校據《風俗通義·怪神篇》補。而寡人不勝。我其死乎？”晏子對曰：“請召占瞢者。”立于閨，“立”舊譌“出”，從黄校據《風俗通義》正。使人以車迎占瞢者。《風俗通義》“迎”下有“召”字，贅，不可從。至，曰：“曷爲見召？”晏子曰：“夜者，公瞢與二日鬬，不勝，舊作“公瞢二日與公鬬，不勝”。王云：“此當作‘公瞢與二日鬬，不勝’，與上文文同一例。‘不勝’，謂公不勝也。今既顛倒其文，又衍一‘公’字，則義不可通矣。《風俗通義》正作‘公瞢與二日鬬’。”純一：今據乙删。恐必死也，舊作“公曰：‘寡人死乎’”，蓋後人據下文改，不合晏子口氣，今據《風俗通義》訂正。故請君占瞢。是所爲也。”四字冗沓，蓋後人妄加，當删。占瞢者曰：“請反具書。”“具”，舊作“其”，孫據《風俗通》改。晏子曰：“毋反書。公所病者，陰也。孫云：“《風俗通》‘所’上有‘無’字，‘所’下重‘病’字。”日者，陽也。一陰不勝二陽，公病將已。“公”，舊作“故”。孫云：“‘將已’，《御覽》作‘將愈也’。”王云：“‘故’者，申上之詞。上文未言‘病將已’，則此不得言‘故病將已’。‘故’當爲‘公’。下文‘占瞢者對曰：“一陰不勝二陽，公病將已”’，即用晏子之言，則此文本作‘公病將已’，明矣。今本‘公’作‘故’者，涉上文‘故請君占瞢’而誤。《太平御覽》疾病部亦引此，正作‘公病將已’。《風俗通義》同。”純一：今據改。以是對。”占瞢者入。公曰：“寡人瞢與二日鬬而不勝，寡人死乎？”疑當作“寡人其死乎”，與上文“我其死乎”一例。占瞢者對曰：“公之所病，陰也。日者，陽也。一陰不勝二陽，公病將已。”居三日，公病大愈。公且賜占瞢者，占瞢者曰：“此非臣之力，孫云：“‘力’，《風俗通》《太平御覽》作‘功’。”晏子教臣也。”孫云：“《風俗通》‘臣’下有‘對’字。”公召晏子，且賜之。孫云：“‘且’，《風俗通》作‘將’。”晏子曰：“占瞢者以臣之言對，“者”從孫本，元刻脱。“臣”從元刻，孫本譌“占”。王云：“《太平御覽》作‘臣’。”故有益也。使臣言之，則不信矣。孫云：“《風俗通》‘臣’下有‘身’字。《意林》作‘使占夢者占之。占者至門，晏子使對曰：“公病，陰也。與二日鬬，日，陽也。不勝，疾將退也。”三日而愈。公賞占夢者，占夢者辭曰：“晏子之力也。”公問晏子，晏子曰：“臣若自對，則不信也”’。”純一案：《御覽》七百四十三作“若使臣言，則不信也”。《後漢書·郭玉傳》：“醫之爲言意也。”晏子蓋藉占瞢者以醫景公之意矣。此占瞢者之力也，“者”字舊脱，據《風俗通義》增。臣無功焉。”公兩賜之，孫云：“《風俗通》作‘公召吏而使兩賜之’。”曰：“以晏子不奪人之功，以占瞢者不蔽人之能。”孫云：“《風俗通·怪神篇》用此文。”

景公病瘍晏子撫而對之迺知羣臣之野第七

景公病疽，孫云：“《説文》：‘疽，久癰也。’”在背。高子、國子請公曰：“請”下疑脱“于”字。“職當撫瘍。”孫云：“《説文》：‘瘍，頭創也。’非此義。又：‘癢，瘍也。’蓋‘瘍’言‘癢’。《玉篇》：‘癢同癢。’言按摩疽癢也。”高子進而撫瘍。公曰：“熱乎？”曰：“熱。”“熱何如？”曰：“如火。”孫云：“《意林》作‘欲見不得，問國子。國子曰：“熱如火”’。”純一案：《太平御覽》九百六十八引同《意林》。“其色何如？”曰：“如未熟李。”孫云：“《意林》作‘色如日，大如未熟李’，誤。”純一案：《御覽》同，“大”下有“小”字。“大小何如？”曰：“如豆。”“墮者何如？”孫云：“‘墮’與‘橢’聲相近。《玉篇》：‘橢，狹長也。’‘隋’或謂下陷。”純一案：“墮”上當有“其”字，與下文同一例。曰：“如屨辨。”孫云：“《爾雅·釋器》：‘革中絶謂之辨。’孫炎注：‘辨，半分也。’郭璞注：‘中斷皮也。’屝屨以皮爲之，中裂似瘡與？”黄云：“今俗呼屨之破者曰‘鞻辨’，音同‘辦’。”二子者出，晏子請見。公曰：“寡人有病，不能勝衣冠以出見夫子。夫子其辱視寡人乎？”公視晏子，重於二子。晏子入，呼宰人具盥，御者具巾，御者即侍者。刷手温之，孫云：“‘刷’與‘㕞’通。”純一案：浄手令温，禮也。發席，傅薦，發，開也。傅、附同。跪請撫瘍。公曰：“其熱何如？”曰：“如日。”“其色何如？”曰：“如蒼玉。”“大小何如？”曰：“如璧。”璧玉形圓，而中有孔。“其墮者何如？”曰：“如珪。”“珪”本作“圭”，剡上方下之瑞玉。晏子出，公曰：“吾不見君子，不知野人之拙也。”君子指晏子，野人指高子、國子。

晏子使吴吴王命儐者稱天子晏子詳“佯”同。惑第八

晏子使吴，吴王謂行人曰：行人，官名，掌朝覲聘問之事。“吾聞晏嬰，

蓋北方辯于辭、習于禮者也。命儐者曰：《説苑》引無"曰"字。'客見則稱天子請見。'"儐者，掌擯相之禮，即《周禮·秋官》之司儀。《説苑》無"請見"二字。明日，晏子有事，覲見。行人曰："天子請見。"晏子蹵然。孫云："'蹵'，《説苑》作'憱'，非。"純一案：蹵然，不安貌。《太平御覽》七百七十九作"蹙然"。行人又曰："天子請見。"晏子蹵然。又曰："天子請見。"晏子蹵然者三，曰："臣受命弊邑之君，將使于吴王之所，以不敏而迷惑，入于天子之朝，孫云："'不敏'，《説苑》作'不佞'。知古人稱'不佞'者，謙不敏也。"敢問吴王惡乎存？"《北堂書鈔》引《説苑》"存"作"在"。晏子以吴廷不得稱天子，既稱天子，吴王何在。不便明斥其非，而自稱迷惑，即謂吴王迷惑，真辯於辭者。然後吴王曰："夫差請見。"見之以諸侯之禮。孫云："《説苑·奉使篇》用此文。"

晏子使楚楚爲小門晏子稱使狗國者入狗門第九

晏子使楚，《藝文類聚》二十五作"晏子短小，使楚"，九十四"短"下無"小"字。《初學記》十九作"晏子短，奉使楚"。楚人以晏子短，"楚人"二字舊在"短"下，從蘇校乙。孫云："《太平御覽》作'晏子短小，使楚'。《意林》作'楚王以晏子短小'。"爲小門于大門之側而延晏子。《初學記》省作"楚爲小門"。孫云："'爲'，《意林》作'作'。'延'，《太平御覽》作'迎'。"純一案：《御覽》三百七十八作"迎"，一百八十三、又七百七十九、又九百五俱作"延"。《類聚》二十五、又九十四並同。晏子不入，曰："使狗國者從狗門入，《初學記》作"使狗國即從狗門入"。孫云："'使狗國者'，《意林》作'往詣狗國'。"今臣使楚，孫云："'使楚'，《意林》作'使入楚'。"不當從此門入。"《初學記》作"今使楚，不當從狗門入也"。孫云："'此門'，《藝文類聚》、《太平御覽》作'狗門'。"純一案：《御覽》一百八十三、又九百五均作"此門"。儐者更道，從大門入。孫云："《意林》作'不可從狗門入也。遂大門入'。"純一案：《御覽》一百八十三作"乃更通大門"。見楚王，王曰："齊無人耶，使子爲使？"四字舊脱。孫云："《太平御覽》作'今齊無人邪，使子爲使'。《意林》作'齊之臨淄都無人邪'，非。"純一案：今本脱"使子爲使"句，語意不完，今依孫校據《御覽》三百七十八補。晏子對曰："齊之臨淄三百閭，舊脱"齊之"二字。黄云："《御覽》三百七十八、又四百六十八並引作'齊之臨淄'。"純一案：《御覽》

七百七十九、《類聚》、《説苑》並同，今據補。“三百閭”，《御覽》七百七十九作“三萬户”。張袂成陰，孫云：“‘陰’，《説苑》、《意林》、《藝文類聚》、《太平御覽》皆作‘帷’。據下云‘成雨’，則此當爲‘陰’。”王云：“‘張袂成帷，揮汗成雨’，甚言其人之衆耳。‘成帷’與‘成雨’，其意本不相因。《齊策》云：‘連衽成帷，舉袂成幕，揮汗成雨。’‘成帷’、‘成幕’與‘成雨’意亦不相因也。今本作‘成陰’，恐轉是後人以意改之。《説苑》、《意林》、《藝文類聚》、《太平御覽》皆作‘成帷’，則本作‘帷’，明矣。”純一案：“成陰”較“成帷”義長。揮汗成雨，比肩繼踵而在，孫云：“《説文》：‘歱，跟也。踵，追也。’《經典》多通用‘踵’。”何爲無人？”孫云：“‘爲’，《意林》作‘容’。”黄云：“《御覽》作‘何謂齊無人’。”純一案：《御覽》三百七十八、又七百七十九引均同此。王曰：“然則何爲使子？”舊作“然則子何爲使乎”。案此文本作“何爲使子”，因“乎”與“子”形似而誤，後人以文不成義，乃加“子”字于“何爲”上，遂與上文不協。《説苑·奉使篇》正作“然則何爲使子”，今據以訂正。晏子對曰：“齊命使，各有所主。其賢者使使賢主，不肖者使使不肖主。下兩“主”字舊作“王”。孫云：“《御覽》作‘使賢者使于賢國，使不肖者使于不肖之國’，‘國’，一亦作‘主’。今本‘主’作‘王’，非。《説苑》亦作‘主’。”純一案：孫説是，今據改。《御覽》作“國”者，見三百七十八；作“主”者，見七百七十九。《類聚》作“齊使賢者使賢王，不肖者使不肖王”。嬰最不肖，故宜使楚矣。”“宜”，舊作“直”。黄云：“‘直’，《御覽》作‘宜’。”純一案：《説苑》同。“宜”字義長，今據改。《類聚》作“嬰不肖，故使王爾”。孫云：“《説苑·奉使篇》用此文。”

楚王欲辱晏子指盜者爲齊人晏子對以橘第十

晏子將使楚，元刻脱“使”字。孫本“使”作“至”。王云：“《意林》及《北堂書鈔》政術部十四、《藝文類聚》人部九、果部上、《太平御覽》果部三並引作‘晏子使楚’，但省去‘將’字耳。《説苑·奉使篇》作‘晏子將使荆’，可據以訂正。”純一：今從之。楚王聞之，“王”字舊脱，從王校補。謂左右曰：“晏嬰，齊之習辭者也，《類聚》二十五省“齊之”二字。《説苑》作“晏子，賢人也”。今方來，吾欲辱之，《御覽》七百七十九作“楚王知其賢智，欲辱之”，又九百六十六“辱”作“傷”。《類聚》二十五同。《書鈔》四十“辱”作“病”。何以也？”左右對曰：“爲其來也，王云：“爲其來，於其來也。古者或謂‘於’曰‘爲’，‘於’猶‘爲’也。”説詳

《經傳釋詞》。”臣請縛一人，過王而行。王曰：‘何爲者也？’對曰：‘齊人也。’王曰：‘何坐？’曰：‘坐盜。’”晏子至，楚王賜晏子酒。酒酣，吏二縛一人詣王。王曰：“縛者曷爲者也？”“爲”，《類聚》二十五作“謂”，古通用。《書鈔》作“坐定，而縛一人來。王問‘何爲’”。對曰：“齊人也，坐盜。”王視晏子曰：“齊人固善盜乎？”《類聚》二十五及八十六並無“固”字。晏子避席對曰：“嬰聞之，橘生淮南則爲橘，生于淮北則爲枳，孫云：“《説苑》、《藝文類聚》、《後漢書注》‘淮’俱作‘江’。《列子·湯問篇》：‘吴、楚之國有大木焉，其名爲櫾，碧樹而冬生，實丹而味酸，食其皮汁，已憤厥之疾。齊州珍之，渡淮而北，化爲枳焉。’《説苑》作‘江南有橘，齊王使人取之，而樹之江北，生不爲橘乃爲枳’。《説文》：‘枳木似橘。’”純一案：《後漢書注》見《馮衍傳》。《類聚》二十五作“江北”，八十六作“淮北”。葉徒相似，其實味不同。《書鈔》無“實”字。所以然者何？水土異也。《書鈔》“土”下有“之”字。今民生長于齊不盜，《類聚》八十六同此，無“長”字。二十五作“今此人生於齊不爲盜”。入楚則盜，得無楚之水土使民善盜耶？”王笑曰：“聖人非所與熙也，王引之《經傳釋詞》云：“‘非’猶‘不’也，‘所’猶‘可’也，言聖人不可與戲也。《墨子·天志下篇》曰：‘今人處若家得罪，將猶有異家所以避逃之者。’‘所以’，可以也。《史記·淮陰侯傳》曰：‘非信無所與計事者。’言無可與計事者也。《漢書》‘所’作‘可’，是‘所’、‘可’同義之證。”“熙”，音義作“嬉”，云：“一本作熙。《説文》：‘嫛，説樂也。’”黄云：“淩本作‘嬉’。”純一案：熙，戲也。《淮南子·俶真訓》“鼓腹而熙”注。寡人反取病焉。”《書鈔》作“寡人反自取辱”。《説苑》作“荆王曰：‘吾欲傷子，而反自中也’”。孫云：“《意林》作‘晏子使楚，楚王令左右縛一人作盜者過王。問：“何處人也？”對曰：“齊人也。”王視晏子：“齊國善盜乎？”晏子曰：“橘生江南，江北則爲枳，地土使然也。今民生長於齊不盜，入楚則盜，臣不知也。”楚王自取弊耳’。《藝文類聚》二十五、八十六，《太平御覽》七百七十九用此文不同，皆以意改之，故不備録。《説苑·奉使篇》用此文。”純一案：《韓詩外傳》十作“齊景公使晏子南使楚，楚王聞之，謂左右曰：‘齊遣晏子使寡人之國，幾至矣。’左右曰：‘晏子，天下之辯士也，與之議國家之務則不如也，與之論往古之術則不如也。王獨可以與晏子坐，使有司束人過王，王問之。使言齊人善盜，故束之，是宜可以困之。’王曰：‘善。’晏子至，即與之坐，圖國之急務，辯當世之得失，再舉再窮。王默然無以續語。居有閒，束徒以過之。王曰：‘何爲者也？’有司對曰：‘是齊人善盜，束而詣吏。’王欣然大笑曰：‘齊乃冠帶之國，辯士之化，固善盜乎？’晏子曰：‘然。固取之。王不見夫江南之樹乎，名橘，樹之江北則化爲枳。何則？地土使然爾。夫子處齊之時，冠帶而立，儼有伯夷之廉。今居楚而善盜，意土地之化使然爾，王又何怪乎？《詩》曰："無言不讐，無德不報"'。"

楚王饗晏子進橘置削晏子不剖而食第十一

景公使晏子于楚，楚王進橘，置削，削是刀之類。桓二年《左傳》"鞞"注"佩刀削上飾"疏。晏子不剖而並食之。剖，分析也。《一切經音義》三十二引《蒼頡》。楚王曰："橘當去剖。"元刻如此，《說苑》同。孫本脱"橘"字，當補。橘當去剖，言食橘當去其所剖之皮。《御覽》九百六十六作"橘當云剖"，又七百九十九作"橘未剖"。晏子對曰："臣聞之，賜人主前者，瓜桃不削，橘柚不剖。敬人主之賜也。今者萬乘之主無教令，臣故不敢剖。"之主"二字舊脱，文不成義，今補。萬乘之主，指楚王言。謂今萬乘之主賜橘，未教臣剖，剖則不敬，故不敢剖。不然，孫云："《說苑》脱'不'字。"純一案：《說苑》作"然。臣非不知也"，亦通。《御覽》七百七十九、又九百六十六兩引並無"不然"二字。臣非不知也。"孫云："《說苑·奉使篇》用此文。"

晏子布衣棧車而朝陳桓子侍景公飲酒請浮之第十二

景公飲酒，田桓子侍，孫云："《說苑》'田'作'陳'。"望見晏子而復于公曰："請浮晏子。"孫云："高誘注《淮南》：'浮猶罰也。'"公曰："何故也？"無宇對曰："晏子衣緇布之衣，麋鹿之裘，孫云："《玉藻》：'麑裘青豻褎，卿大夫之服。'"純一案：《玉藻》"麋"作"麛"。棧軫之車，孫云："《考工記》'棧車欲弇'，鄭氏注：'士乘棧車。'《說文》：'棧，棚也。竹木之車曰棧。'《玉篇》：'仕版切。'《考工記》'車軫四尺'，鄭氏注：'軫，輿後横木。'"而駕駑馬以朝，孫云："《太平御覽》作'晏子衣緇布之衣而麵裹，棧軫之車而牝馬以朝'，與今本大異，不知何故。麋裘，本卿大夫之服，'駑'字又篆文所無，疑後人竟改'麵裹'、'牝馬'爲之。"是隱君之賜也。"公曰："諾。"晏子坐，《說苑》脱此三字。酌者奉觴進之，曰："君命浮子。"孫云："《禮記·投壺》'若是者浮'，鄭氏注：'《晏子春秋》曰："酌者奉觴而進曰：'君令浮晏子。'"時以罰梁丘據。"浮"或作"匏"，或作"符"。'按此書乃浮無字，與鄭氏所引不同。疑尚有重出之章，爲後人删去。"晏子曰："何故也?"田桓子曰："君賜之卿位以顯其身，孫云："'顯'，舊作'尊'，據《説苑》改，以下云'非敢爲顯受'知之。"寵之百萬以富其家，羣臣之爵孫云："'之'，舊作'其'，據《説苑》改。"莫尊于子，禄莫重于子。盧云："'重'，《説苑·臣術篇》作'厚'。"今子衣緇布之衣，麋鹿之裘，棧軫之車，而駕駑馬以朝，《韓非·外儲説左》："孫叔敖相楚，棧車牝馬。"注："棧車，柴車也。"則是隱君之賜也。"則是"舊倒，從孫校據《説苑》乙。故浮子。"晏子避席曰："請飲而後辭乎，其辭而後飲乎?"其，猶抑也。公曰："辭然後飲。"晏子曰："君賜之卿位"賜之"舊倒，從盧、王校據《説苑》乙，與上文同。以顯其身，"顯"，舊作"尊"，從盧校據《説苑》改。嬰非敢爲顯受也，爲行君令也。寵之百萬"之"，舊作"以"，從盧、王校據《説苑》改，與上文同。以富其家，嬰非敢爲富受也，爲通君賜也。臣聞古之賢君，孫本據《説苑》改"君"作"臣"。盧云："舊本'君'字並不誤。下云'則過之'，乃君過其臣也，但此下當補一'臣'字。"純一案：盧説是也，然義有未盡。此文疑本作"臣聞古之賢君，知臣有受厚賜而不顧其困族，則過之"。今元刻脱"知臣"二字，《説苑》脱"君知"二字，語意均不完。當並存"君"字、"臣"字，中間加一"知"字，則妥矣。臣有受厚賜"臣"字舊脱，從盧校據《説苑》補。"臣"上當有"知"字。而不顧其困族，"困"從元刻。孫本作"國"，據《説苑》改。盧云："'困'字似亦可通。"純一案："困"字是。"國"乃"困"字之誤，孫據譌字改正字，非。下云"待臣而後舉火者數百家"，即困族也。則過之。不能通君之賜故。臨事守職，不勝其任，則過之。不能行君之令故。君之内隸，隸，屬也。臣之父兄，若有離散，在于野鄙，是不通君之賜。此臣之罪也。君之外隸，"外"從孫本據《説苑》改。元刻作"内"，非。臣之所職，此"職"字與上文異義，當讀若"識"。《説文》："職，記微也。从耳，戠聲。"《周禮·職方氏》、《困學紀聞》云："漢樊毅《修西嶽廟記》作'識方氏'。"然則"臣之所職"即"臣之所識"也。若有播亡，"亡"，舊作"之"，孫本據《説苑》改。在于四方，是不通君之賜。此臣之罪也。兵革之不完，戰車之不修，不能行君之令。此臣之罪也。若夫弊車駑馬以朝，意者非臣之罪乎。孫云："'意'，《説苑》作'主'，誤。"且以君之賜，父之党無不乘車者，母之党無不足于衣食者，妻之党無凍餒者，國之簡士

“簡”，舊作“間”，據《説苑》改。《書·皋陶謨》“簡而廉”，鄭注：“簡，謂器量凝重。”待臣而後舉火者數百家。是通君賜之實。此文亦見《外上》二十七章。如此者，爲彰君賜乎，爲隱君賜乎？”《説苑》作“如此，爲隱君之賜乎，彰君之賜乎”。公曰：“善。爲我浮無宇也。”孫云：“《説苑·臣術篇》用此文。”純一案：“無宇”，《説苑》作“桓子”，《外上》二十六章旨同。

田無宇請求四方之學士晏子謂君子難得第十三

田桓子見晏子獨立于牆陰，曰：“子何爲獨立而不憂？何不求四方之學士可者而與坐？”“方”，舊作“鄉”，從黄校據標題改。晏子曰：“共立似君子，出言而非也。外觀華美，中無實學。嬰惡得學士之可者而與之坐？且君子之難得也，若華山然，“華”，舊作“美”，從孫校據《藝文類聚》改。《莊子·天下篇》“宋鈃、尹文作爲華山之冠以自表”，崔譔云：“華山上下均平，作冠象之，表己心均平也。”晏子心儀華山，蓋先宋鈃、尹文隆道風者。名山既多矣，孫云：“《藝文類聚》作‘君子若華山然，松柏既多矣，望之盡日不知厭’。”純一案：“名山既多矣”五字，蓋後人仿下句妄加，與上文不協，殊嫌其贅，當删。松柏既茂矣，喻君子閎中肆外之德。望之相相然，盡日不知厭。“相相”，舊作“相相”。王云：“‘相相’二字於義無取，‘相’當爲相，音忽。《説文》：‘相，高皃，從木目聲。’故山高皃亦謂之相。‘相’與‘相’字相似，世人多見‘相’，少見‘相’，故‘相’誤爲‘相’。此言望之相相然。下言登彼相相之上，則‘相’爲‘相’之誤明矣。”純一案：王説是，今據正。“盡日”舊作“盡目力”，蓋由“日”誤爲“目”，文不成義，校者遂以意增“力”字，曲成其説。然“盡目力”不知厭，未若《藝文類聚》引作“盡日不知厭”義長，今據以訂正。望之相相然，有可望而不可及義。盡日而不厭，言君子之德充實光輝，非小人之道的然而日亡者比也。而世有所美焉，世相與共美之。固欲登彼相相之上，仡仡然不知厭。蘇云：“‘仡’與‘劼’同義，‘仡’、‘劼’一聲之轉。《小爾雅》：‘劼，勤也。’《廣韻》：‘劼，用力也。’《玉篇》引《倉頡篇》云：‘奡，仡仡也。’奡與劼亦同音字。此云仡仡，言其用力勤之意耳。謂用力登其上也。”純一案：“固欲登彼相相之上”，“固”疑當作“因”，形近而誤。言因君子德美可觀，欲效法之，而有高山仰之、景行行之之事。“仡仡然不知厭”，後二十七章云“常爲而不置，常行而不休”是其義。蓋見道甚真，深造有得，欲罷不能也。小人者與此異，若部婁之未登，孫云：“‘部婁’，

《説文》:‘附婁,小土山也。《春秋傳》曰:“附婁無松柏。”’‘部’與‘附’聲相近。”蘇云:“言未登之時則善也。‘善’字當另爲句。”善,孫云:“句。”純一案:此喻未與相接,似尚可取。登之無蹊,蹊,謂徑道也。《漢書·李廣蘇建傳》贊“下自成蹊”注。“無蹊”,言登之無可登,喻爲人所棄。維有楚棘而已。《廣雅·釋木》:“楚,荆也。”荆棘,喻不可與親。遠望無見也,喻平庸無足觀。俛就則傷要,喻卑劣常爲害。黄云:“‘要’,古‘腰’字。”嬰惡能無獨立焉。孫本脱“要”字,元刻脱“嬰”字,義均不完,今並據補。且人何憂,《易·繫辭下》曰:“天下何思何慮。”義同。静處遠慮,襄二十八年《左傳》:“子服惠伯曰:‘君子有遠慮,小人從邇。’”見歲若月,悲身世之無常。孫云:“言惜歲易過如月也。”學問不厭,不知老之將至,孔子好學,不知老之將至。墨子修身,華髮隳顛而猶弗舍。安用從酒?”“從”讀若“縱”,下同。田桓子曰:“何謂從酒?”晏子曰:“無客而飲,謂之從酒。今若子者,晝夜守尊,尊,酒器。《説文》本作“尊”。謂之從酒也。”樂酒無厭謂之亡。

田無宇勝欒氏高氏欲分其家晏子使致之公第十四

欒氏、高氏孫云:“欒施字子旗。高彊字子良。”欲逐田氏、鮑氏,“逐”從元刻,孫本譌“遂”。孫云:“田無宇謚桓子。鮑國謚文子。”田氏、鮑氏先知而遂攻之。高彊曰:“先得君,田、鮑安往。”昭十年《左傳》作“先得公,陳、鮑焉往”。杜注:“欲以公自輔助。”遂攻虎門。孫云:“杜預注《左傳》作‘公門’。”二家召晏子,晏子無所從也。《左傳》作“晏平仲端委立于虎門之外,四族召之,無所往”。從者曰:“何爲不助田、鮑?”《左傳》作“其徒曰:‘助陳、鮑乎’”。晏子曰:“何善焉,其助之也。”《左傳》作“曰:‘何善焉’”。杜注:“言無善義可助。”“何爲不助欒、高?”曰:“庸愈于彼乎?”《左傳》作“‘助欒、高乎?’曰:‘庸愈乎’”。杜注:“非[2]惡不差于陳、鮑。”門開,公召而入。《左傳》作“‘然則歸乎?’曰:‘君伐焉歸。’公召之而後入”。欒、高不勝而出,田桓子欲分其家,《左傳》作“欒施、高彊來奔,陳、鮑分其室”。以告晏子。晏子曰:“不可。君不能飭法,而羣臣專制,君不能整飭法紀,而羣臣擅權。亂之本也。今又欲分其家,利其貨,是非制也。言非法也。子必致之公。且嬰聞之,廉者,政之本也；“廉”從孫本。元刻作“禁”，非。讓者，德之主也。欒、高不讓，以至此禍，不讓則强取，故感亡家之報。可毋慎乎。言慎毋蹈欒、高覆轍。廉之謂公正，廉則無偏私。讓之謂保德。《周語下》：“昔史佚有言曰：‘德莫若讓。’”韋注：“讓，遠怨也。”凡有血氣者，皆有争心。怨利生孽，《左傳》作“藴利生孽”。杜注：“藴，蓄也。孽，妖害也。”王云：“《左傳》作‘藴利’，本字也。此作‘怨利’，借字也。前《諫上篇》‘外無怨治，内無亂行’，言君勤於政則外無藴積之治，内無昏亂之行也。是《晏子》書固以‘怨’爲‘藴’矣。《荀子·哀公篇》：‘富有天下而無怨財。’揚[3]倞曰：‘怨讀爲藴。’言雖富有天下，而無藴蓄私財也。彼言‘怨財’，猶此言‘怨利’。”維義爲可以長存。舊“爲”字在“可以”下，文義不順，從王校乙。且分争者不勝其禍，分、忿同。忿争則貪嗔恣肆，終必敗亡。辭讓者不失其福，辭讓則廉正謙和，無不吉利。子必勿取。”老子曰：“多藏必厚亡。”桓子曰：“善。”盡致之公，而請老于劇。孫云：“‘劇’，《左傳》作‘莒’，與‘劇’不同。《括地志》：‘故劇城在青州壽光縣南三十一里，故紀國。密州莒縣，故莒子國。’”

子尾疑晏子不受慶氏之邑晏子謂足欲則亡第十五

慶氏亡，孫云：“《問上》第二章末云：‘及慶氏亡。’語意未了，疑接此章，後人割裂之。”分其邑，與晏子邶殿，“邶”從孫本，元刻誤“邶”。孫云：“‘邶殿’，杜預《春秋釋例》缺。”其鄙六十。晏子勿受。子尾曰：“富者，人之所欲也，何獨弗欲？”王云：“《初學記》人部中引《晏子》，本作‘慶氏亡，分其邑與晏子，晏子不受。人問曰：“富者，人所欲也，何獨不受”’。今本‘邶殿’云云，及‘子尾’二字，皆後人以《左傳》改之。其標題内之‘子尾’及‘足欲則亡’四字，亦後人所改。”晏子對曰：“慶氏之邑足欲，故亡。滿則溢故。吾邑不足欲也。幸可不亡。益之以邶殿，迺足欲，足欲，亡無日矣。在外不得宰吾一邑，《正義》曰：“外猶以外。宰猶益也。以邶殿爲外也。言吾先有邑，更不得益邶殿耳。”純一案：《正義》未得其旨。此言設因益邶殿足欲而亡在外，則並吾故有之一邑，不得由吾作主矣，故下云：“不受邶殿，非惡富也，恐失富也。”不受邶殿，非惡富也，恐失富也。且夫富，如布帛之有幅焉，爲之制度，使無遷也。夫民生厚而用利，“民”字舊脱，從孫、盧、王校據《左傳》補。于是乎正德以幅之，使無黜慢，孫云：

“《左傳》作‘嫚’。”謂之幅利，利過則爲敗，吾不敢貪多，所謂幅也。”孫云：“沈啓南本有注云：‘或作晏子對曰：“先人有言曰：‘無功之賞，不義之富，禍之媒也。’夫離治（闕）求富，禍也。慶氏知而不行，是以失之。我非惡富也，諺曰：‘前車覆，後車戒。’吾恐失富，不敢受之也。”’”盧云：“此段在‘何獨弗欲’下，是《晏子》本文。《文選・六代論》、《五等論》兩注並引諺曰：‘前車覆，後車戒也。’可知唐時本如是，後人輒以《左傳》‘慶氏之邑足欲’以下竄易之。元刻不知此爲本文，而但注於‘所謂幅也’之下，‘云’或作‘云云’。沈啓南本亦同。然猶幸有此注，今得考而復之，進爲大字，而以《左傳》之文作注，庶乎不失其舊。”王云：“盧改是也。《西征賦》注、《歎逝賦》注、《運命論》注、《劍閣銘》注並引晏子‘前車覆，後車戒’。合之《六代》、《五等諸侯》二論注，凡六引。”純一案：盧、王説是也，當據以訂正。

景公禄晏子平陰與稾邑晏子願行三言以辭第十六

景公禄晏子以平陰與稾邑，孫云：“《左傳》襄十八年‘諸侯伐齊，齊侯禦諸平陰’，杜預注：‘平陰城在濟北盧縣東北。’”洪云：“‘稾’，疑‘棠’字之誤。《左氏襄六年傳》‘晏弱圍棠’，杜注：‘棠，萊邑也。北海即墨縣有棠鄉。’《史記・晏嬰列傳》：‘萊之夷維人也。’其地相近。”反市者十一社。“反”讀爲“販”。《荀子・儒效篇》“積反貨而爲商賈”注。《别雅》四云：“反通作販。”正韻“販”亦作“反”。二十五家爲一社。晏子辭曰：“吾君好治宫室，民之力弊矣。弊，疲也，困也。又好盤遊翫好以飭女子，孫云：“《説文》：‘玩，習厭也。’‘飭’與‘飾’通。”民之財竭矣。竭，盡也。又好興師，民之死近矣。黄初云：“《韻會》：‘近，迫也。’”弊其力，竭其財，近其死，下之疾其上甚矣。此嬰之所爲不敢受也。”言民不堪命，嬰忍受禄乎。公曰：“是則可矣。雖然，君子獨不欲富與貴乎？”“君子”疑當作“吾子”，或從下文作“夫子”，然作“君子”亦通。晏子曰：“嬰聞爲人臣者，先君後身，《問下》十一章曰：“先民而後身。”《問上》十一章曰：“薄于身而厚于民。”蓋《晏子》全書之主恉。此言“先君後身”，君以善羣爲義，君事即羣事，先君之急而後其身之私，臣道然也。安國而度家，王云：“‘度’讀爲‘宅’，宅、度古字通。《爾雅》：‘宅，居也。’《大雅・緜傳》曰：‘度，居也。’《文王有聲篇》‘宅是鎬京’，《坊記》‘宅’作‘度’。‘安邦而度家，宗君而處身’，度亦處也，處亦居也。”宗君而處身，孫云：“宗，尊也。《左傳》‘伯宗’，《史記》作‘伯尊’。”曷爲獨不欲富與貴也。”言爲臣者欲保富貴，道莫先於忠君，使君能保惠民，則君之身尊而國安，然後臣身常貴家常富矣。公曰：“然則曷以禄夫子？”晏子對曰：“君商漁鹽，孫云：“‘商’同‘啇’，《説文》：‘行賈也。’”關市譏而不征。譏，察也。察奸而已，不征税也。耕者十取一焉。弛刑罰，若死者刑，若刑者罰，若罰者免。若此三言者，嬰之禄，君之利也。”言能舒民之財力，減民之死刑，勝於益嬰之禄，亦君之厚利也。孟子對梁惠王曰：“省刑罰，薄税斂。”對齊宣王曰：“耕者九一，關市譏而不征。”其仁民之心同。公曰：“此三言者，寡人無事焉，請以從夫子。”公既行若三言，使人問大國，大國之君曰：“齊安矣。”使人問小國，小國之君曰：“齊不我加矣。”加，陵也。《論語·公冶長》“我不欲人之加諸我也”《集解》引馬注。

梁丘據言晏子食肉不足景公割地將封晏子辭第十七

晏子相齊三年，政平民説。梁丘據見晏子中食而肉不足，《太平御覽》八百六十三引，文同此，又八百四十九引，無“梁丘據見晏子”六字。以告景公。旦日，此六字，《御覽》八百四十九作“景公悦”。《北堂書鈔》百四十五“以告”作“還言之”。封晏子以都昌。舊作“割地將封晏子”。王云：“‘割地將’三字原文所無。‘封晏子’下有‘以都昌’三字，而今本脱之。都昌，齊地名。鈔本《北堂書鈔》封爵部下出‘晏子都昌辭而不受’八字，注引晏子云：‘景公封晏子以都昌，晏子辭而不受。’《太平御覽》飲食部七同。《太平寰宇記》曰：‘都昌故城，齊頃公封逢丑父食采之邑，《晏子春秋》云：“齊景公封晏子以都昌，辭而不受。”即此城也。’則此文原有‘以都昌’三字明矣。其‘割地將’三字則後人以意改之。”純一案：王説是，今據正。《寰宇記》見濰州。昌邑縣，古都昌之地，即齊七十二城之一。晏子辭而不受，舊無“而”字，從王校補。曰：“富而不驕者，未嘗聞之。黄云：“元刻‘之’誤‘者’。”純一案：元刻無“者”字，並無“之”字。或黄所見本異。貧而不恨者，嬰是也。所以貧而不恨者，以若爲師也。“若”從元刻。孫本作“善”，非。“以若爲師”，以貧爲師也。《子華子·晏子問黨篇》：“子華子曰：‘夫儉在内，不在外也。儉在我，不在物也。心居中虚，以治五官。精氣動薄，神化回滈。嗇其所以出，而謹節其所受，然後神宇泰定而精不摇，其格物也明，其遇事也剛，此之謂儉。’是知晏子尚儉，貴乎心外毫無物染，故必以貧爲師。”今封，易嬰之師，今封以都昌則不貧，是易嬰之師也。師已輕，封已重矣，師本至重而輕之，封所宜輕而重之，烏乎可。黄初云：“輕師重封，《莊子·繕性篇》所謂‘喪己於物，失性於俗，謂之倒置之民’。”敢[4]辭。”

景公以晏子食不足致千金而晏子固不受第十八

晏子方食，景公使使者至。《藝文類聚》三十五引文同。《説苑》作“君之使者至”。分食食之，使者不飽，晏子亦不飽。墨道尚儉，自苦爲極。儒則素富貴行乎富貴，素貧賤行乎貧賤。故《韓非·外儲説左》云“孔子議晏嬰”，以其卑儉逼下。揚子《法言·五百篇》曰：“墨、晏儉而廢禮。”此儒、墨之辯也。使者反，言之公。公曰：“嘻。晏子之家，若是其貧也？“也”讀爲“邪”。孫云：“《藝文類聚》作‘如此貧乎’。”寡人不知，是寡人之過也。”使吏致千金與市租，孫云：“《説苑》作‘令吏致千家之縣一于晏子’。”請以奉賓客。晏子辭。三致之，終再拜而辭曰：“嬰之家不貧。以君之賜，澤覆三族，延及交游，覆，猶被也。三族，父族、母族、妻族。前十二章云：“臣以君之賜，父之党無不乘車者，母之党無不足於衣食者，妻之党無凍餒者，是爲澤覆三族。國之簡士，待臣而舉火者數百家，是爲延及交游。”以振百姓，諫上五章：“晏子家粟，盡分於氓。”君之賜也厚矣。嬰之家不貧也。嬰聞之，夫厚取之君而施之民，“夫”字衍，説苑無，當據刪。是臣代君君民也，《説苑》作“厚取之君而厚施之人，代君爲君也”。蘇云：“言代君爲民之君。”忠臣不爲也。厚取之君而不施于民，是爲筐篋之藏也，《説苑》作“厚取之君而藏之，是筐篋存也”。仁人不爲也。進取于君，退得罪于士，身死而財遷于它人，是爲宰藏也，《説苑》作“厚取之君而無所施之，身死而財遷”。宰，家宰也。智者不爲也。夫十緫之布，孫云：“‘緫’即‘稯’假音字。《説文》：‘布之八十縷爲稯。’《玉篇》：‘子公切。’‘十緫’，《説苑》作‘八升’。”一豆之食，豆，食器。足于中免矣。”言免於凍餒，此心足矣。景公謂晏子曰：“昔吾先君桓公以書社五百封管仲，孫云：“‘五百’，《太平御覽》作‘三百’。”不辭而受，子辭之何也？”《御覽》四百二十四引作“管仲不辭，獨辭何也”。晏子曰：“嬰聞之，聖人千慮，必有一失；愚人千慮，必有一得。意者管仲之失，而嬰之得者耶?《御覽》作“意以管仲失之，嬰得之”。故再拜而不敢受命。”孫云：“《説苑・臣術篇》用此文。”純一案：此與下十九章、二十章並《外上》二十四章恉同。

景公以晏子衣食弊薄使田無宇致封邑晏子辭第十九

景子相齊，衣十升之布，八十縷爲升。《魯語》“妾衣不過七升之布”注。食脱粟之食，舊無上“食”字。王云：“‘脱粟’上當有‘食’字。後第二十六云‘食脱粟之食’，即其證。今本脱‘食’字，則文義不明，且與上句不對。《後漢書・章帝紀》注、《北堂書鈔》酒食部三、《初學記》器物部、《太平御覽》飲食部八引此，並云：‘晏子相齊，食脱粟之飯。’”純一案：王説是，今據補。《御覽》八百四十九、又八百六十七引此“脱粟”上並有“食”字。五卵、苔菜而已。“卵”從元刻。黄云：“淩本同。”純一案：孫本“卵”訛“卯”。卵，鷄卵。後二十六章亦作“五卵、苔菜耳矣”，可證。《御覽》八百四十九引作“菜五卵耳”，“菜”上脱“苔”字。又八百六十七引作“五卵、茗菜而已”，“苔”訛“茗”，而並作“五卵”，足證“卯”字之誤。左右以告公，公爲之封邑，使田無宇致臺與無鹽。孫云：“《齊語》‘以衛爲主，反其侵地臺、原、姑與、漆里’，韋昭注：‘衛之四邑。’‘臺’或即‘駘’，哀六年《左傳》‘公子陽生入齊，使胡姬以安孺子居賴，又遷之于駘’，杜預注：‘齊邑。’按在今青州臨朐縣界。《郡國志》：‘無鹽屬東平國，本宿國，任姓。’”晏子對曰：“昔吾先君太公受之營丘，孫云：“今青州臨淄是也。”爲地五百里，爲世國長。《史記・齊太公世家》曰：“五侯九伯，實得征之。”故云“爲世國長”。自太公至于公之身，有數十公矣。苟能説其君以取邑，不至公之身，趣齊搏以求升土，孫云：“‘趣’當爲‘趨’，言皆至齊争地也。”純一案：《史記・李斯傳》“彈箏搏髀”，搏猶銜技之義。不得容足而寓焉。苟得其君之歡悦，即可以取封邑，則不待至公之身，趨齊銜技求地者衆，已無託足之所矣。嬰聞之，臣有德益禄，無德退禄，惡有不肖父爲不肖子爲封邑以敗其君之政者乎。”孫云：“恐子不肖，仍致削禄。”純一按：父貪封邑遺子者，其父子必俱不肖，故云然。遂不受。

田桓子疑晏子何以辭邑晏子答以君子之事也第二十

景公賜晏子邑，晏子辭。田桓子謂晏子曰：“君歡然與子邑，必不受以恨君，何也？”王云：“‘恨’非‘怨恨’之‘恨’，乃‘很’之借字，很者，違也。君與之邑而必不受，是違君也，故曰‘必不受以很君’。《說文》：‘很，不聽從也。’《吴語》‘今王將很天而伐齊’，韋注曰：‘很，違也。’古多通用‘恨’字。《齊策》：‘秦使魏冉致帝於齊，蘇代謂齊王曰：“今不聽，是恨秦也。”’‘恨秦’，違秦也。《新序·雜事篇》‘嚴恭承命，不以身恨君’，亦謂違君也。此皆借‘恨’爲‘很’之證。”晏子對曰：“嬰聞之，節受於上者，明不貪也。寵長于君；長，進益也。《漢書·嚴安傳》“壤長地進”注引張宴。儉居于處者，舊脱“于”字，據上文增，文同一例。處，常也。《吕覽·誣徒篇》“喜怒無處”注。名廣于外。廣，大也。夫長寵廣名，君子之事也，嬰獨庸能已乎。”庸，猶何也。

景公欲更晏子宅晏子辭以近市得所求諷公省刑第二十一

景公欲更晏子之宅，孫云：“‘欲更’，《藝文類聚》作‘欲使更’。”曰：“子之宅近市，湫隘囂塵，《文選》謝玄暉《之宣城出新林浦向板橋詩》注引《左傳》無“近市”二字。不可以居，《文選》應休璉《與從弟君苗君胄書》注引本書作“不可居”。《藝文類聚》六十四引同。請更諸爽塏者。”《文選》陸士衡《樂府·齊謳行》引《左傳》省作“景公欲更晏子之宅，曰：‘請更諸爽塏之地’”。《韓非》作“景公過晏子曰：‘子宫小，近市，請徙子家豫章之圃’”。昭三年《左傳》杜注：“湫，下。隘，小。囂，聲。塵，土。爽，明。塏，燥。”《正義》曰：“塏，高地，故爲燥也。以所居下濕塵埃，故欲更於明燥之處。《晏子春秋》云‘將更於豫章之圃’，豫章之圃，高燥之地也。”黄云：“《正義》引《晏子春秋》云‘將更於豫章之圃’，今無此文，蓋後人據《左傳》竄改《晏子》原文故也。”晏子辭曰：《太平御覽》一百八十引《左傳》無“晏子”二字。“君之先臣容焉，杜注：“先臣，晏子之先人。”孫云：“‘容焉’，《藝文類聚》作‘居此宅焉’，疑後人依《左傳》改亂之。”臣不足以嗣之，孫云：“‘嗣’，《藝文類聚》作‘代’。”於臣侈矣。杜注：“侈，奢也。”且小人近市，朝夕得所求，小人之利也，敢煩里旅。”杜注：“旅，衆也。不敢勞衆爲己宅。”《韓非》作“晏子再拜而辭曰：‘且嬰家貧，待市食，而朝暮趨之，不可以遠’”。公笑曰：“子近市，《韓非》作“子家習市”。識貴賤乎？”《文選·景福殿賦》注作“景公謂晏子曰：‘子之宅近市，則識貴賤乎’”。對曰：“既竊利之，《左傳》無“竊”字。敢不識乎。”公曰：

"何貴何賤?"是時也，公繁于刑，杜注："繁，多也。"有鬻踊者，故對曰："踊貴而屨賤。"《左傳》無"而"字。踴，刖足者之屨。刖足者多，故踴貴。《韓非》有"景公曰：'何故?'對曰：'刑多也'"。公愀然改容。孫云："《韓非》作'造然變色'。"公爲是省于刑。"公"字疑衍。《御覽》六百九十七引作"公愀然，遂緩刑"。《韓非》作"寡人其暴乎。於是損刑五"。君子曰："仁人之言，其利博哉。蘇云："《左傳》'博'作'溥'。"晏子一言，而齊侯省刑。詩曰：'君子如祉，亂庶遄已。'杜注："如，行也。祉，福也。遄，疾也。言君子行福，則庶幾亂疾止也。"孫云："《小雅·巧言》之詩。"其是之謂乎。"孫云："《韓非·難二篇》用此文。"

景公毁晏子鄰以益其宅晏子因陳桓子以辭第二十二

晏子使魯，舊衍"比其反"三字，從盧校删。景公爲毁其鄰以益其宅。晏子反，聞之，待於郊。使人復於公曰："臣之貪舊譌"貧"，從盧校改。頑而好大室也，乃通於君，《小爾·雅廣詁》："通，達也。"故君大其居，臣之罪大矣。"公曰："夫子之鄉惡而居小，故爲夫子爲之，欲夫子居之，以慊寡人也。"慊，快也，足也。"以慊寡人"，猶云滿寡人之意也。晏子對曰："先人有言曰：'毋卜其居，而卜其鄰舍。'《雜上》廿三章云："君子居必擇鄰。"今得意于君者，慊其居則毋卜已。没氏之先人卜與臣鄰，吉。臣可以廢没氏之卜乎。違卜不祥，且犯非禮。夫大居而逆鄰歸之心，臣不願也。請辭。"孫云："按今本皆與《左傳》同，删去此文，疑後人妄以《左傳》改此書也。"盧云："今本'晏子使晉'至'迺許之'，皆《左傳》之文，非元本。今依元刻及沈啓南本所注進爲大字，以復其舊。"純一案：盧説是，今從之。卒復其舊宅。公弗許。因陳桓子以請，迺許之。黄云："按標題云'景公毁晏子鄰以益其宅，晏子因陳桓子以辭'，據此，則前文以或本爲正。末數語，仍當以今本補之，乃與標題語合。"純一案：黄説是，今從之，以《左傳》文注此："晏子使晉，景公更其宅，反則成矣。既拜，迺毁之，而爲里室，皆如其舊，則使宅人反之。且諺曰：'非宅是卜，維鄰是卜。'二三子先卜鄰矣。違卜不祥。君子不犯非禮，小人不犯不祥，古之制也，吾敢違諸乎。卒復其舊宅。公弗許。因陳桓子以請，迺許之。"案《水經·淄水》注："齊北門外東北二百步，有齊相晏嬰冢宅。《左傳》：晏子之宅近市，景公欲易之，而嬰弗更爲，誡曰：'吾生則近市，死豈易志。’乃葬故宅，後人名之曰清節里。”

景公欲爲晏子築室于宫内晏子稱是以遠之而辭第二十三

景公謂晏子曰：“寡人欲朝昔相見，“昔”從元刻，猶存古義。孫本作“夕”，《太平御覽》、《藝文類聚》並同，蓋後人改。《别雅》五云：“《左傳》哀四年，楚爲一昔之期，襲梁及霍。”“昔”與“夕”同。《穀梁傳》：“日入至於星出謂之昔。”《莊子·天運篇》：“蚊蝱噆膚，則通昔不寐矣。”注：“通宵也。”《列子·周穆王》：“昔昔夢爲國君。”注：“猶夜夜也。”《史記·龜策傳》：“衛平對宋元王曰：‘今昔壬子，宿在牽牛。’”晉張華詩：“伏枕終遥昔。”《唐書·宗室傳》：“帝憂之一昔。”皆以“昔”爲夕。“相”字各本並脱，今據《類聚》六十四及《御覽》百七十四引補。爲夫子築室于閨内，黄云：“標題作‘宫内’，是。”純一案：《類聚》、《御覽》引並作“閨内”。可乎?”晏子對曰：“臣聞之，隱而顯，言大德深藏不露，如《禮·中庸》所謂“君子之道，闇然而日章”是。近而結，言至性感孚無間，如老子所謂“善結無繩約而不可解”是。維至賢耳。如臣者，飾其容止以待命，舊作“待承令”，“承”字衍，“命”、“令”義同，今從孫、盧校據《類聚》、《御覽》删訂。猶恐罪戾也。今君近之，是遠之也，近之則容止難飾，罪戾滋多，是所以遠之。請辭。”

景公以晏子妻老且惡欲納愛女晏子再拜以辭第二十四

景公有愛女，請嫁于晏子，公乃往燕晏子之家。飲酒，酣，公見其妻曰：“此子之内子邪?”晏子對曰：“然，是也。”“是也”與“然”義複，衍，當删。公曰：“嘻，亦老且惡矣。惡，醜陋也。寡人有女，少且姣，姣，美好也。請以滿夫子之宫。”《廣雅·釋詁四》：“滿，充也。”晏子違席而對曰：“乃此則老且惡，疑當作“乃此老且惡者”。嬰與之居故矣，蘇云：“‘故’猶‘素’也，言素與之居也。《列子·黄帝篇》‘而安於陵故也’，張注訓‘故’爲‘素’，是其證矣。”故及其少而姣也。“故”與“固”同。且人固以壯託乎老，姣託乎惡，彼嘗託而嬰受之矣。君雖有賜，可以使嬰倍其託乎。”“倍”與“背”同。再拜而辭。此與《外下》十章旨同。

景公以晏子乘弊車駑馬使梁丘據遺之文義不完，當據正文補“輅車乘馬”四字。三返不受第二十五

晏子朝，乘弊車，駕駑馬。“弊”，《説苑》作“敝”，下同。蘇云：“《治要》無‘駕’字。”景公見之曰：“嘻！夫子之禄寡邪？何乘不佼之甚也？”“佼”，舊作“任”。王云：“‘不任’本作‘不佼’，‘佼’與‘姣’同，好也。晏子乘敝車，駕駑馬，故景公曰：‘何乘不佼之甚也？’《陳風·月出篇》‘佼人僚兮’，《毛傳》曰：‘僚，好皃。’《釋文》‘佼字又作姣’，引《方言》云：‘自關而東，河、濟之間，凡好謂之姣。’《荀子·成相篇》曰：‘君子由之佼以好。’是‘姣’、‘佼’古字通。後人不通‘佼’字之義，而改‘不佼’爲‘不任’，謬矣。《羣書治要》正作‘不佼’。《説苑·臣道篇》作‘不任’，亦後人依俗本《晏子》改之。《太平御覽》車部三引《説苑》正作‘不佼’，下有注云：‘佼，古巧反。’”純一案：王説是，今據正。晏子對曰：“賴君之賜，得以壽三族，俞云：“《國語·楚語》‘臣能自壽也’，韋注曰：‘壽，保也。’然則‘以壽三族’者，以保三族也。《管子·霸言篇》‘國在危亡而能壽者，明聖也’，‘能壽’亦即‘能保’也。”及國游士，皆得生焉。“游士”，《説苑》作“交游”。臣得煖衣飽食，弊車駑馬，以奉其身，于臣足矣。”晏子出，公使梁丘據遺之輅車乘馬，孫云：“《説文》：‘輅，車軨前横木也。’此當爲‘路車’借字，言大車。”蘇云：“《治要》作‘路輿乘馬’。下同。”三返不受。公不説，趣召晏子。晏子至，公曰：“夫子不受，寡人亦不乘。”《外上》廿五章：“晏子不受狐白之裘，公曰：‘今夫子不受，寡人不敢服。’”語意同此。晏子對曰：“君使臣臨百官之吏，蘇云：“《治要》‘臨’作‘監’。”臣節其衣服飲食之養，以先齊國之民，“齊”字舊脱。蘇云：“《治要》作‘食飲’，‘國’上有‘齊’字。”純一案：《説苑》亦有“齊”字，今據補。然猶恐其侈靡而不顧其行也。蘇云：“《治要》無二‘其’字。”純一案：晏子蓋欲天下之動貞於一樸也。今輅車乘馬，君乘之上，而臣亦乘之下，《外上》廿五章言狐裘“君服之上而使嬰服之於下，不可以爲教”，用意與此同。民之無義，“義”即禮儀本字。侈其衣服飲食而不顧其行者，蘇云：“《治要》作‘衣食’，‘不’上有‘多’字。”純一案：《説苑》亦無“服飲”二字。臣無以禁之。”遂讓不受。《治要》無“讓”字。此與《外上》廿五章旨同。孫云：“《説苑·臣道篇》用此文。”

景公睹晏子之食菲薄而嗟其貧晏子稱有參士之食第二十六

晏子相景公，食脱粟之食，《太平御覽》八百五十下“食”字作“飯”，八百四十九、八百六十七下“食”字並譌作“飲”。《北堂書鈔》百四十三兩引下“食”字一作“食”，一作“飯”。又百四十四引下“食”字亦作“飯”。孫云：“《初學記》二十六、《後漢書注》‘食’作‘飯’。《説文》：‘粟，嘉穀實也。’蓋米之有稃者爲粟。脱粟，免粟，言出于稃而未舂也。”炙三弋、五卵、苔菜耳矣。“卵”從元刻。淩本及《書鈔》百四十三兩引並同。孫本譌“卯”。前十九章云“食脱粟之食，五卵、苔菜而已”，孫云：“《詩傳》：‘弋，射。’《説文》作‘隿，繳射飛鳥也’。言炙食三禽耳矣。”盧云：“‘弋’，見《夏小正傳》，‘弋’也者，禽也。卵，即鷄子。”王云：“‘耳矣’者，‘而已矣’也，疾言之則曰‘耳矣’，徐言之則曰‘而已矣’。凡經傳中語助用‘耳’字者，皆‘而已’之合聲。説見《釋詞》。”公聞之，往燕焉，《書鈔》百四十三兩引“燕”並作“讌”。孔廣陶云：“吴山尊仿宋本《晏子》及陳本、俞本《書鈔》‘讌’作‘燕’。”案“燕”與“讌”、“宴”並通。睹晏子之食也。公曰：“嘻！夫子之家如此其貧乎，而寡人不知，寡人之罪也。”晏子對曰：“以世之不足也，《墨子》“昭昭然爲天下憂不足”，《晏子》同，蓋遵禹教也。免粟之食飽，俞云：“上云‘食脱粟之食’，此云‘免粟之食飽’，免即脱也。《廣雅·釋詁》：‘免，脱也。’錢氏大昕《養新録》曰：‘免與脱同義。’引《論衡·道虚篇》‘免去皮膚’爲證，謂‘免去即脱去也’，而未引《晏子》此文，失之。”純一案：晏子食而不忘人之飢，有甚願人我之養畢足而止之意。士之一乞也。洪云：“三‘乞’字皆當作‘气’。《説文》‘氣’作‘气’，‘餼’作‘氣’。此復借‘气’爲‘餼’，故下云‘有參十之食’。”俞云：“‘乞’當作‘既’。《説文·皀部》：‘既，小食也。’《論語》‘不使勝食既’，今《論語》作‘氣’。此省作‘乞’，古字並通。‘士之一乞’，猶云士之一食。下文‘二乞’、‘三乞’並同。故曰‘嬰無倍人之行，而有參士之食’也。”純一案：“乞”，《御覽》八百四十九誤作“足”，下同。炙三弋，士之二乞也。苔菜、五卵，“苔菜”二字舊脱，《御覽》引作“菜五卵”，奪“苔”字，今據上文補。士之三乞也。嬰無倍人之行，《墨子·經上》云：“倍爲二也。”言嬰之德行無加于人。而有參士之食，君之賜厚矣。嬰之家不貧。”再拜而謝。《御覽》“謝”作“辭”。前十二章、又《外上》廿六章恉同。

梁丘據自患不及晏子晏子勉據以常爲常行第二十七

梁丘據謂晏子曰："吾至死不及夫子矣。"晏子曰："嬰聞之，爲者常成，行者常至。墨道尚勤，知至至之，知終終之，所以成己之德也。嬰非有異于人也，常爲而不置，常行而不休者，"者"當作"耳"，句絶。《易·乾·大象》曰："天行健，君子以自强不息。"晏子有焉。故難及也。"此文疑本作"常爲而不置，常行而不休耳"，足成嬰非有異於人之意，方合晏子語氣。今本"耳"作"者"，又贅"故難及也"四字，以牽合上文"至死不及"之説，頗似晏子自炫，與"嬰非有異於人"之義不協，蓋由淺人妄改無疑。《説苑》如此，亦後人依俗本《晏子》改之，不足據。孫云："《説苑·建本篇》用此文。"

晏子老辭邑景公不許致車一乘而後止第二十八

晏子相景公，老，辭邑。公曰："自吾先君定公至今，用世多矣，齊大夫未有老辭邑者。舊衍"矣"字，從王校删。案齊先君無定公，或即太公子丁公。丁、定音近。言自丁公至莊公，用世者共二十一君，齊大夫未有以老辭邑者。今夫子獨辭之，是毁國之故，故，法。《吕覽·知度》"非晉國之故"注。棄寡人也，不可。"晏子對曰："嬰聞古之事君者，稱身而食。稱，量也。量自身之才德而食禄。德厚而受禄，蘇云："'而'同'則'，故古書多'而'、'則'對舉。"德薄則辭禄。德厚受禄，所以明上也。明上有知人之明。德薄辭禄，可以潔下也。蘇云："'可'疑'所'誤，當與上一律。"純一案："可"同"所"，與"而"、"則"對舉同例。"可以潔下"，使下不貪汙也。嬰老，德薄無能而厚受禄，"德"字舊脱，語意不完，今據上下文補。是掩上之明，《荀子·解蔽篇》曰："知賢之謂明。"《管子·四時篇》曰："使能之謂明。"汙下之行，言使臣下貪墨之行，輾轉相染而增汙。不可。"公不許曰："昔吾先君桓公有管仲恤勞齊國，孫云："《爾雅·釋詁》：'恤，憂也。'"身老，賞之以三歸，孫云："《韓非·外儲説左》：'管仲相齊，曰："臣貴矣，然而臣貧。"桓公曰："使子有三歸之家。"'《論語·八佾篇》：'子曰："管氏有三歸。"'包咸注：'三歸，娶三姓女，婦人謂嫁曰歸。'或據《説苑》云'三歸之臺'以爲臺名，非也。《説苑》蓋言築臺以居三歸耳。此云‘賞之以三歸’，《韓非》云‘使子有三歸之家’，則非臺，明矣。”澤及子孫。今夫子亦相寡人，欲爲夫子三歸，澤至子孫，豈不可哉？”對曰：“昔者管子事桓公，桓公義高諸侯，義高出於諸侯。德備百姓。德備施于百姓。今嬰事君也，國僅齊於諸侯，未能稱霸高於諸侯。怨積乎百姓，且令百姓藏怨甚深。“怨”下疑脱“厚”字，與上句對文。嬰之罪多矣，過則歸己。而君欲賞之，豈以其不肖父爲不肖子“爲”舊譌“其”，從盧校據前十九章文改。厚受賞，以傷國民義哉。“以傷”當作“不傷”。言嬰亦國民耳，今罪甚多，而君欲賞之，使澤及子孫，未免傷義。且夫德薄而禄厚，德不稱禄。智惛而家富，理難久享。是彰汙而逆教也，是彰己之貪汙而逆聖王之教也。不可。”公不許。晏子出。異日朝，得閒而入邑，致車一乘而後止。《論語·學而》：“道千乘之國。”包注：“古者井田，方里爲井，十井爲乘。”此云“致車一乘”，蓋地約十井也。

晏子病將死妻問所欲言云毋變爾俗第二十九

晏子病，將死。其妻曰：“夫子無欲言乎？”此知晏子心無所繫，是真能儉者。晏子曰：元刻如此。孫本脱“晏”字，盧校補。“吾恐死而俗變，謹視爾家，毋變爾俗也。”晏子之家俗有三，見《雜上》廿九章。能毋變俗，則子孫不失爲善人。

晏子病將死鑿楹納書命子壯而示之第三十

晏子病，將死，鑿楹納書焉。《説苑》作“斲楹内書焉”。謂其妻曰：“楹語也，孫云：“《太平御覽》作‘書記曰也’。”子壯而示之。”“示”，《説苑》作“視”。及壯，發書。王云：“句。”書之言曰：舊脱一“書”字，文義不明，從王校據《白帖》十及《説苑·反質篇》補。“布帛不可窮，窮不可飾。牛馬不可窮，窮不可服。士不可窮，窮不可任。國不可窮，窮不可竊也。”窮，乏也。以菽粟不可窮，窮則無可食，不待言，故略之。布帛窮則無可飾，牛馬窮則無可服，教重蠶桑豢牧以厚生也。説見《雜上》五章。由是爲士，可以尚志而任重；謀國，可使常富而非竊位也。

【校記】

〔1〕伯，孫星衍《音義》作“柏”。

〔2〕非，《左傳》注作“罪”。

〔3〕揚，《荀子注》作“楊”。

〔4〕敢，四部叢刊本《晏子春秋》作“請”。

晏子春秋校注卷七

漢陽張純一仲如

外篇重而異者第七　凡二十七章。

孫云："俗本以此附《内篇》。"盧云："自此已下，吴勉學本有缺篇，且篇次不與孫本同，今故具列孫本次第，使可案而補焉。"

景公飲酒命晏子去禮晏子諫第一

景公飲酒數日而樂，去冠披裳，自鼓盆甕，舊作"釋衣冠，自鼓缶"。《韓詩外傳》九作"齊景公縱酒，醉而解衣冠，鼓琴以自樂"。孫云："'釋衣冠'，《太平御覽》作'去冠破裳'。"王云："《羣書治要》及《北堂書鈔》衣冠部三，《太平御覽》人事部百九、服章部十三並引作'去冠被裳，自鼓盆甕'。《御覽》器物部三又引作'自鼓盆甕'。今本云云，乃後人依《新序·刺奢篇》改之。"純一案：王説是而未盡。此文"自鼓缶"本作"自鼓盆甕"，王引諸書可證。惟《御覽》四百六十八引作"自鼓盆"，脱"甕"字。"釋衣冠"，《御覽》六百九十六引作"去冠披裳"，是也。披，解也。《淮南·齊俗訓》"披斷撥檖"注。今並據正。《御覽》四百六十八引"披"作"破"，義近。其他引"披"作"被"，直是誤字。謂左右曰："仁人亦樂是乎？"孫云："'左右'，《新序》作'侍者'。"黄云："《御覽》四百六十八作'問左右曰，仁者亦樂此乎'。"蘇云："《治要》作'問於左右曰："仁人亦樂此樂乎"'。"純一案："乎"，孫本作"夫"。《韓詩外傳》"謂"作"顧"，"是乎"作"此乎"。梁丘據對曰："仁人之耳目亦猶人也，夫奚爲獨不樂此也。"蘇云："《治要》無'亦'字，'奚'作'何'，'此'下有'樂'字。"純一案："夫"猶"彼"也，詳《經傳釋詞》。仁人之耳目猶人，據知之，而仁人用耳目之心不猶人，非據所及知也。公曰："趣駕迎晏子。"孫云："'趣'，《新序》作‘速’。”蘇云：“《治要》‘曰’作‘令’，于義爲長。”晏子朝服而至，舊脱“服”字，“而”作“以”，從孫校據《韓詩外傳》補訂，《新序》同，《治要》作“朝服以至”。受觴，再拜。公曰：“寡人甚樂此樂，蘇云：“《治要》無‘此樂’二字。”欲與夫子共之，蘇云：“‘共之’，《治要》作‘同此樂’。”請去禮。”孫云：“《韓詩外傳》無此句，文理不貫。”晏子對曰：“君之言過矣。《治要》無此句。羣臣皆欲去禮以事君，嬰恐君之不欲也。“君”，舊作“君子”。王云：“‘子’字涉上下文諸‘子’字而衍。《諫上》二章曰：‘今君去禮，則羣臣以力爲政，强者犯弱而日易主，君將安立矣。故曰：“嬰恐君之不欲也。”’今作‘恐君子之不欲’，則非其旨矣。《羣書治要》無‘子’字。”純一：今據删。今齊國五尺之童子，蘇云：“《治要》作‘今齊國小童，自中以上’。”力皆過嬰，又能勝君，《韓詩外傳》作“齊國五尺以上，力皆能勝嬰與君”。然而不敢亂者，蘇云：“《治要》無‘亂’字。”純一案：《韓詩外傳》作“所以不敢者”。畏禮義也。元刻如此。孫本據《韓詩外傳》、《新序》删“義”字。王云：“孫删‘義’字，非也。此‘義’字非‘仁義’之‘義’，乃‘禮儀’之‘儀’。《周禮·大司徒》‘以儀辨等，則民不越’，鄭注曰：‘儀，謂君南面臣北面、父坐子伏之屬。’故曰：‘不敢亂者，畏禮儀也。’古書‘仁義’字本作‘誼’，‘禮儀’字本作‘義’，後人以‘義’代‘誼’，以‘儀’代‘義’，亂之久矣。此文作‘義’，乃古字之僅存者，良可寶也。《韓詩外傳》、《新序》無‘義’字者，言禮而儀在其中，故文從省耳，不得據彼以删此。各本及《羣書治要》皆有‘義’字。”純一案：王説是。上若無禮，蘇云：“《治要》‘上’作‘君’。”無以使其下。下不樂爲使故。下若無禮，無以事其上。非傲即諂故。《治要》“使”下、“事”下並無“其”字。夫麋鹿維無禮，“維”，《新序》作“唯”。故父子同麀。同麀，同牝也。人之所以貴于禽獸者，孫本脱“以”字，元刻有。《治要》、《新序》、《御覽》四百六十八引並有。以有禮也。嬰聞之，人君無禮，無以臨邦。舊“邦”上衍“其”字，上下皆四字句，今校删。大夫無禮，官吏不恭。父子無禮，父不慈，子不孝。其家必凶。兄弟無禮，兄不友，弟不恭。不能久同。孫云：“邦、恭、凶、同爲韻。”純一案：《唐韻正》四江邦引此。邦，古音博工反，《先秦韻讀》云：“邦、恭、凶、同韻，東部。”《古音諧》一東引此。自“嬰聞之”至“不能久同”，《新序》無。《韓詩外傳》作“故自天子無禮則無以守社稷，諸侯無禮則無以守其國，爲人上無禮則無以使其下，爲人下無禮則無以事其上，大夫無禮則無以治其家，兄弟無禮則不同居”。案“稷”與“國”爲韻。“家”古音

"姑"，與"居"爲韻。中間不應雜以"爲人上無禮"四句無韻之文。今本如此，蓋傳寫者亂之。《詩》曰：'人而無禮，胡不遄死。'《鄘風·相鼠》之詩。《傳》："遄，速也。"《爾雅·釋詁》同。故禮不可去也。"公曰："寡人不敏，無良左右淫蠱寡人，以至于此，蠱，惑也。孫云："'蠱'，《韓詩外傳》、《新序》作'湎'。"請殺之。"《韓詩外傳》作"請殺左右以補其過"。晏子曰："左右何罪？蘇云："《治要》'何'作'無'。"君若無禮，則好禮者去，無禮者至。君若好禮，則有禮者至，無禮者去。"蘇云："《治要》有'矣'字。"公曰："善。請易衣革冠，蘇云："《治要》無'革'字。"更受命。"晏子避走，立乎門外。公令人糞灑糞，除穢也，"糞灑"即"洒埽"。改席，召晏子，衣冠以迎。舊作"召衣冠以迎晏子"。王云："'召衣冠'三字文不成義，且'易衣革冠'已見上文，不當重出'衣冠以迎'，四字乃後人所加，當從《羣書治要》作'召晏子'。"俞云："此本作'召晏子，衣冠以迎'。上文景公曰'請易衣革冠，更受命'，故此云'衣冠以迎'，王說非也。下云'公下拜，送之門'，有迎乃有送，可知此四字之非衍。特傳寫奪去，而補者誤著之'召'字之下，則文不成義。《羣書治要》因删此四字矣。"蘇云："俞說是。"純一：今據正。晏子入門，三讓，升階，用三獻禮焉。"禮"字舊脱，從王校據《治要》補。嗛酒嘗膳，孫云："《說文》：'嗛，口有所銜也。'"蘇云："《治要》無此句。"再拜，告饜而出。蘇云："《治要》無'告饜'二字。"公下拜，送之門，反，命撤酒去樂，蘇云："《治要》無'門反命'三字，非。'撤'作'徹'。"曰："吾以彰晏子之教也。"《治要》"彰"作"章"。元刻注云："此章與'景公酒酣，願無爲禮，晏子諫'大旨同，但辭有詳略爾，故著于此篇。"孫云："《韓詩外傳》九、《新序·刺奢篇》用此文。"蘇云："《治要》載此章在《諫上篇》。"純一案：此與《諫上》二章爲一事。

景公置酒泰山四望而泣晏子諫第二

景公置酒于泰山之上，"上"從元刻。孫本作"陽"，云："沈啓南本有此章，俗本皆删去。據《藝文類聚》、《太平御覽》引皆有之。"盧云："吴勉學本缺此章。"王云："山南爲陽，山北爲陰。《管子·小匡篇》曰'齊地南至於岱陰'，則景公不得置酒于泰山之陽。《御覽》人事部百三十二引作'泰山之陽'，乃後人以意改之。元刻本、沈本及《御覽》人事部三十二皆作'泰山之上'。"蘇云："《音義》作'上'。"純一案：《藝文類聚》十九作“齊景公置酒泰山”。酒酣，公四望其地，喟然歎，孫云：“‘歎’，今本作‘嘆’，俗。據《藝文類聚》改。”泣數行而下，曰：《御覽》三百九十一引作“公四面望，喟然歎曰”。又四百九十一作“公四面望，喟然歎，泣數行曰”。《類聚》文同，無“面”字。“寡人將去此堂堂國而死乎。”舊“國”下衍“者”字，從盧校據《御覽》删，黄校同。《御覽》兩引“乎”並作“耶”。《文選·秋興賦》注作“景公遊於牛山，臨齊國，乃流涕而歎曰：‘奈何去此堂堂之國而死乎’”。左右佐哀而泣者三人，《御覽》兩引，均作“左右泣者三人”，《類聚》同。曰：“臣，細人也，“臣”舊作“吾”，《御覽》四百九十一同誤。今從盧校據《御覽》三百九十一改。猶將難死，而況公乎。棄是國也而死，其孰可爲乎！”此十一字殊贅，《御覽》兩引並無，當據删。晏子獨搏其髀，孫云：“《説文》：‘髀，股也。’”純一案：《類聚》及《御覽》兩引並無“獨”字、“其”字。《廣雅·釋詁三》：“搏，擊也。”仰天而大笑曰：《御覽》三百九十一無“而”字，《類聚》同，《文選·秋興賦》注作“左右皆泣，晏子獨笑曰”。“樂哉，今日之飲也。”公怫然怒曰：孫云：“《説文》：‘怫，鬱也。’《玉篇》：‘意不舒怡也，扶勿切。’”純一案：《類聚》及《御覽》兩引並無“怫然”二字。“寡人有哀，子獨大笑，何也？”《御覽》四百九十一作“子笑何也”，又三百九十一作“笑何也”，並無“寡人有哀”句。晏子對曰：“今日見怯君一，孫云：“《説文》：‘�，多畏也。杜林説“狜”从“心”。’《玉篇》：‘怯，懼也，畏也，去刧切。’”諛臣三，舊有“人”字。王云：“‘人’字涉上文‘三人’而衍。‘諛臣三’與‘怯君一’對文，則不當有‘人’字。《藝文類聚》人部三及《太平御覽》引此皆無‘人’字。《諫上》十七章亦云‘不仁之君見一，諂諛之臣見二’。”純一：今據删。是以大笑。”公曰：“何謂諛怯也？”晏子曰：“夫古之有死也，令後世賢者得之以息，不肖者得之以伏。説詳《諫上》十八章。《唐韻正》一屋：“伏，古音蒲北切。”引此文，並引《列子·天瑞篇》“君子息焉，小人伏焉”，以證“伏”與“息”爲韻。若使古之王者如毋有死，舊作“毋知有死”。俞云：“本作‘如毋有死’，‘如’與‘而’通。‘如毋有死’者，而無有死也。《諫上篇》云‘若使古而無死’，此云‘若使古之王者如毋有死’，文異而義同。因‘如’誤作‘知’，寫者遂移至‘毋’字之下，義不可通矣。”純一案：俞説是，今據乙正。自昔先君太公至今尚在，而君亦安得此國而哀之？夫盛之有衰，生之有死，天之分也。物有必至，事有常然，古之道也。《文選·藉田賦》注引此文同。曷爲可悲？《文選·秋興賦》注引“分”作

"數"，"常"作"當"，"曷爲可悲"作"曷爲悲老而哀死"。至老尚哀死者，怯也。左右助哀者，諛也。怯諛聚居，是故笑之。"公慙而更辭曰："我非爲去國而死哀也。寡人聞之，彗星出，其所向之國君當之。今彗星出而向吾國，我是以悲也。"古人以彗星出於當地爲咎徵故。《史記·齊世家》作"彗星出東北，當齊分野，寡人以爲憂"，正義曰："彗若帚形，見其境，有亂也。"晏子曰："君之行義回邪，義，儀本字。行儀猶言行相。回，曲也。無德于國，穿池沼則欲其深以廣也，以猶且也。爲臺榭則欲其高且大也，賦斂如撝奪，"撝"亦"麾"也。《後漢·班彪傳下》注。奪，劫奪。《禮·大學》"争民施奪"注。誅僇如仇讎。《太平御覽》八百七十五引作"君穿池欲深廣，爲臺欲高大"，無"賦斂如撝奪"句，"僇"作"戮"。自是觀之，茀又將出。《史記正義》："茀音佩。謂客星侵近邊側欲相害。"舊衍"天之變"三字。王云："此三字與上下文皆不相屬，下篇曰：'茀星又將見瞢，奚獨彗星乎?'《諫上篇》曰：'何暇在彗，茀又將見矣。'此文曰：'茀又將出，彗星之出，庸何懼乎。'語意前後相同，則不當有'天之變'三字，明矣。《續漢書·天文志》注引作'孛又將出。彗星之出，庸何懼乎'，《困學紀聞》亦同，《史記·齊世家》作'茀星將出，彗星何懼乎'，皆無'天之變'三字。"純一：今據删。案："茀"，"孛"之借字。《御覽》引作"孛又將至，彗星容可拒乎"。彗星之出，庸可懼乎。""懼"，各本作"悲"，從王校據諸書所引改。王云："'可'讀曰'何'，何、可古字通。'庸'亦'何'也，古人自有複語耳。文十八年《左傳》'庸何傷'，襄二十五年《傳》'將庸何歸'，皆其證也。"于是公懼，乃歸，窴池沼，孫云："《説文》：'窴，塞也。'"廢臺榭，薄賦斂，緩刑罰，三十七日而彗星亡。元刻注云："此章與景公'登牛山而悲'，'登公阜睹彗星而感'，旨同而辭少異爾，故著於此篇。"純一案：此章前半與《諫上》十七章並十八章首段爲一事，後半與《諫上》十八章末段爲一事。

景公瞢見彗星使人占之晏子諫第三

景公瞢見彗星。明日，召晏子而問焉，曰："曰"字舊脱，從蘇校補。"寡人聞之，有彗星者必有亡國。蘇云："'有'字疑緣上而衍。"夜者，寡人瞢見彗星，吾欲召占瞢者使占之。"晏子對曰："君居處無節，衣服無度，不聽正諫，王云："'正'與'證'同。《説文》：'證，諫也。'《齊策》'士尉以證靖郭君’，是也，亦通作‘正’，《吕氏春秋·慎大篇》‘不可正諫’，《達鬱篇》‘使公卿列士正諫’，是也。”興事無已，事，土木之事。賦斂無厭，殫民財。使民如將不勝，竭民力。萬民懟怨。茀星又將見瞢，奚獨彗星乎。”元刻注云：“此章與‘景公登公阜，見彗星，使禳之，晏子諫’辭旨同，而此特言‘瞢見’爲異爾，故著於此篇。”盧云：“此章吴本缺。”純一案：《諫上》十八章末段宜參觀。

景公問古而無死其樂若何晏子諫第四

景公飲酒，樂。孫云：“俗本以此章移‘景公疥遂痁’之後，非。”公曰：“古而無死，其樂若何?”《文選·秋興賦》注作“使古而無死，不亦樂乎”。晏子對曰：“古而無死，則古之樂也，君何得焉?《文選·秋興賦》注無“則”字，“得”作“有”。昔爽鳩氏始居此地，孫云：“杜預注：‘爽鳩氏，少皞之司寇也。’”純一案：見昭二十年《左傳》。季萴因之，孫云：“杜注：‘季萴，虞、夏諸侯，代爽鳩氏者。’”有逢伯陵因之，孫云：“杜注：‘逢伯陵，殷諸侯，姜姓。’”純一案：“有”讀爲“又”。蒲姑氏因之，孫云：“杜注：‘蒲姑氏，殷、周之間代逢公者。’”而後太公因之。古若無死，孫云：“‘若’，一本作‘君’，非。”爽鳩氏之樂，非君所願也。”元刻注云：“此章與‘景公謂梁丘據與我和’，‘景公使祝史禳彗星’，皆出於‘景公遊公阜，一日而有三過言’，但析爲章而辭少異，皆著於此篇。”純一案：此章與《諫上》十七章並十八章首段宜參觀。

景公謂梁丘據與己和晏子諫第五

景公至自畋，孫云：“‘畋’，《左傳》作‘田’。”晏子侍于遄臺，梁丘據造焉。孫云：“‘梁丘據’，《左傳》作‘子猷’，稱其字。”公曰：“維據與我和夫。”“維”，《左傳》作“唯”。晏子對曰：“據亦同也，焉得爲和。”公曰：“和與同異乎?”對曰：“異。和如羹焉，水火醯醢鹽梅以烹魚肉，燀之以薪，昭二十年《左傳》杜注：“燀，炊也。”《釋文》云：“醯，呼兮反。醢，音海。烹，普庚反，煮也。燀，章善反，燃也。”《正義》曰：“醯，酢也。醢，肉醬也。梅，果實，似杏而酸。”《文選·張景陽七命》注引作“杜預曰：‘燀，炊之也’”。宰夫和之，齊之以味，濟其不及，以洩其過。杜注：“濟，益也。洩，減也。”《文選·陸士衡答賈長淵詩》注作“以渫其過”。《説文》：“渫，除去也。”君子食之，以平其心。君臣亦然。杜注：“亦如羹。”君所謂可而有否焉，杜注：“否，不可也。”臣獻其否，以成其可。杜注：“獻君之否，成君之可。”君所謂否而有可焉，臣獻其可，以去其否。《晉語九》：“史黯對趙簡子曰：‘事君者，薦可而替否。’”是以政平而不干，干，犯也。無過與不及，故不相犯。民無争心。政平故。故《詩》曰：‘亦有和羹，既戒且平。鬷嘏無言，“鬷嘏”，舊譌“奏鬷”。孫云：“《詩》作‘鬷假’，《傳》：‘鬷，總。假，大也。’《左傳》作‘鬷嘏’，《禮·中庸》作‘奏假’。”王云：“此篇全用《左傳》，則此文亦當與彼同。今作‘奏鬷’者，後人依《中庸》旁記‘奏’字，而寫者誤合之，又脱去‘嘏’字耳，當依《左傳》改正。”黄云：“淩本作‘鬷嘏’。”純一：今據正。時靡有争。’杜注：“《詩·頌·殷中宗》，言中宗能與賢者和齊可否，其政如羹，敬戒且平。和羹備五味，異於大羹。鬷，總也。嘏，大也。言總大政，能使上下皆如和羹。”《正義》曰：“《詩·商頌·烈祖》之篇，祀中宗之詩，言中宗總齊大政，自上及下無怨恨之言，時民無有相争鬭訟者也。”先王之濟五味，杜注：“濟，成也。”和五聲也，《管子·宙合篇》曰：“五味不同物而能和，五音不同聲而能調。”以平其心，成其政也。聲亦如味，一氣，杜注：“順氣以動。”二體，《正義》曰：“樂之動身體者，唯有舞耳。文舞執羽籥，武舞執干戚，舞者有文武二體。”三類，杜注：“風、雅、頌。”《正義》曰：“一國之事，諸侯之詩，爲風。天下之事，天子之詩，爲雅。成功告神，爲頌。”四物，杜注：“雜用四方之物以成器。”五聲，杜注：“宫、商、角、徵、羽。”六律，《正義》曰：“《周禮》：‘太師掌六律六吕，以合陰陽之聲。陽聲，黄鐘、大蔟、姑洗、蕤賓、夷則、無射。陰聲，大吕、應鐘、南吕、林鐘、小吕、夾鐘。’”《月令》以小吕爲仲吕。《律曆志》云：“律有十二，陽六爲律，陰六爲吕，黄帝之所作也。”七音，杜注：“周武王伐紂，自午及子凡七日，王因此以數合之，以聲昭之，故以七同其數，以律和其聲，謂之七音。”《釋文》：“七音，宫、商、角、徵、羽、變宫、變徵也。”八風，杜注：“八方之風。”《釋文》：“八風，《易·緯通卦驗》云：‘東北曰條風，東方曰明庶風，東南曰清明風，南方曰景風，西南曰涼風，西方曰閶闔風，西北曰不周風，北方曰廣莫風。條風又名融風，景風一名凱風。’”九歌，杜注：“九功之德，皆可歌也。六府三事，謂之九功。”《釋文》：“六府，水、火、金、木、土、穀。三事，正德、利用、厚生也。”以相成也；杜注：“言此九者合，然後相成爲和樂。”清濁，大小，元刻作“小大”。短長，疾徐，哀樂，剛柔，遲速，高下，出入，周疏，“疏”，舊作“流”，今從《左傳釋文》校改。以相濟也。杜注：“周，密也。”《正義》曰：“‘周疏’以上凡十事，皆兩字相對，其義相反，乃言樂聲如此相反以成音曲，猶羹之水火相反，人之和而不同也。”君子聽之，以平其心，心平德和。故《詩》曰：‘德音不瑕。’杜注：“《詩》，豳風也。義取心平則德音無瑕闕。”孫云：“《豳風·狼跋》之詩。”今據不然，君所謂可，據亦曰可；君所謂否，據亦曰否。若以水濟水，誰能食之。若琴瑟之專一，孫云：“‘一’，《左傳》作‘壹’。”誰能聽之。同之不可也如是。”《鄭語》：“和實生物，同則不濟。”公曰：“善。”此章與《諫上》十八章中段“景公曰據與我和”爲一事。

景公使祝史禳彗星晏子諫第六

齊有彗星，昭二十六年《左傳》杜注：“出齊之分野。”《正義》曰：“出於玄枵之次也。”景公使祝禳之。《左傳》無“祝”字。杜注：“祭以禳除之。”案：此文“祝”下當有“史”字。晏子諫曰：“無益也，祇取誣焉。杜注：“誣，欺也。”純一案：徒自欺耳。天道不諂，孫云：“‘諂’，杜注：‘疑也。’”不貳其命，若之何禳之也。《左傳》無“也”字。且天之有彗，《左傳》有“也”字。以除穢也。以彗形如帚故。君無穢德，又何禳焉。言心無穢，彗不能禍。若德之穢，禳之何損。損，虧減之義也。《易·損》釋文。晏子以彗星之出，禳之無益，不禳無損，人君惟德是修，則有吉無凶也。《詩》云：‘維此文王，小心翼翼。昭事上帝，聿懷多福。上帝即自心之真原，事事攝之以敬，則清静爲天下正，獲福自無疆矣。厥德不回，以受方國。’杜注：“翼翼，共也。聿，惟也。回，違也。言文王德不違天人，故四方之國歸往之。”《正義》曰：“《詩·大雅》、《大明》之篇。”君無違德，方國將至，何患于彗。《詩》曰：‘我無所監，夏後及商。用亂之故，民卒流亡。’“流”從元刻，《左傳》同。孫本作“沠”。孫云：“‘沠’即‘流’隸字。”杜注：“《逸詩》也。言追監夏、商之亡，皆以亂故。”若德回亂，舊“德”下衍“之”字，據《左傳》删。民將流亡，祝史之爲，無能補也。”公説，乃止。元刻注云：“此章與‘景公登公阜見彗星’章旨同，故著於此篇。”純一案：此與《諫上》十八章使禳彗星爲一事。

景公有疾梁丘據裔款請誅祝史晏子諫第七

景公疥遂痁，《左傳》杜注："痁，瘧疾。"孫云："事在昭二十年。"純一案："遂"當作"且"，説詳《諫上》十二章。期而不瘳。《釋文》："期，音基。"案：瘳，病瘉也。諸侯之賓，問疾者多在。杜注："在齊。"梁丘據、裔款杜注："二子，齊嬖大夫。"言於公曰："吾事鬼神，"吾"當是"君"之譌。豐于先君有加矣。今君疾病，爲諸侯憂，是祝史之罪也。諸侯不知，其謂我不敬，君盍誅于祝固、史嚚以辭賓。"杜注："欲殺嚚、固，辭謝來問疾之賓。"公説，告晏子。晏子對曰："日宋之盟，杜注："日，往日也。宋盟在襄二十七年。"屈建問范會之德于趙武，杜注："士會賢聞於諸侯，故問之。"趙武曰：'夫子家事治，襄二十七年、昭二十年《左傳》"家"上並有"之"字。《孝經·廣揚名章》曰："居家理，故治可移於官。"《禮·大學》曰："欲治其國者先齊其家。"故趙武以爲言。言于晉國，竭情無私，其祝史祭祀，陳信不愧。"信"從元刻。淩本、《左傳》並同，孫本作"言"，非。其家事無猜，元刻作"情"，譌。其祝史不祈。'杜注："家無猜忌之事，故祝史無求於鬼神。"建以語康王，杜注："楚王。"康王曰：'神人無怨，宜夫子之光輔五君以爲諸侯主也。'"襄二十七年《左傳》云："子木歸以語王。王曰：'尚矣哉。能欣神人，宜其光輔五君以爲盟主也。'"杜注："五君，文、襄、靈、成、景。"公曰："據與款謂寡人能事鬼神，故欲誅于祝史。子稱是語何故？"對曰："若有德之君，外内不廢，杜注："無廢事。"上下無怨，服虔云："謂人神無怨。"動無違事，動合人天。其祝史薦信，無愧心矣。杜注："君有功德，祝史陳説之無所愧。"是以鬼神用饗，國受其福，祝史與焉。杜注："與受國福。"其所以蕃祉老壽者，爲信君使也，其言忠信于鬼神。其適遇淫君，外内頗邪，"頗"，《廣雅·釋詁二》："衺也。"昭十二年《左傳》"書辭無頗"，注："偏也。"上下怨疾，服虔云："復是人與神相怨疾也。"動作辟違，動作邪僻違理。從欲厭私，杜注："使私情厭足。"純一案："從"讀如"縱"。高臺深池，撞鐘舞女，"鐘"從明本。斬刈民力，輸掠其聚，杜注："掠，奪取也。"《正義》曰：

"輸，墮也。故爲墮毀，奪其所聚之物。"孫云："'掠'，《漢書·武紀》作'略'。"以成其違，以成其違理之行。不恤後人，暴虐淫縱，肆行非度，《正義》曰："肆，縱恣也。恣意行非法度之事也。"無所還忌，杜注："還猶顧也。"不思謗讟，《正義》曰："俗本作'畏'，定本作'思'。"純一案："畏"字義長。不憚鬼神，神怒民痛，痛，疾怨也。無悛于心。悛，改也。其祝史薦信，是言罪也。杜注："以實白神，是爲言君之罪。"其蓋失數美，是矯誣也。《正義》曰："掩蓋愆失，妄數美善，是矯詐誣罔也。"進退無辭，則虛以求媚，"求"從元刻。黄云："淩本同。"孫本譌"成"。杜注："作虚辭以求媚于神。"是以鬼神不饗，其國以禍，舊衍"之"字。俞云："'其國以禍'四字爲句，言國以之而受禍也，與上文'國受其福'相對爲文。説詳《羣經平議·左傳》。"純一：今據刪。祝史與焉。其所以夭昏孤疾者，舊無"其"字，據上文補，文同一例。夭，夭折，不盡天年也。昏，昧也，瞀也，亂也。"孤疾"與"蕃祉"正相反。爲暴君使也，其言僭嫚于鬼神。"僭，不信也。"嫚"與"慢"同。公曰："然則若之何？"對曰："不可爲也。杜注："言非誅祝史所能治。"山林之木，衡鹿守之。澤之萑蒲，黄云："'萑'當作'萑'。元刻作'雚'。《説文》：'雚，雚爵，似鴻雁而大。萑，老兔，似鵖鵂而小。萑，蓷之已秀者也。萑，从隹从𦫳，萑从艸萑聲。'"舟鮫守之。藪之薪蒸，虞候守之。海之鹽蜃，祈望守之。杜注："衡鹿、舟鮫、虞候、祈望皆官名也。言公專守山澤之利，不與民共。"《釋文》："萑，音丸。鮫，音交。藪，素口反。蒸，之丞反。麄曰薪。細曰蒸。蜃，市軫反。"《正義》曰："《周禮》司徒之屬有林衡之官，掌巡林麓之禁。鄭玄云：衡，平也。平林麓之大小及所生者。竹木生平地曰林。山足曰麓。此置衡鹿之官，守山林之木，是其宜也。舟是行水之器。鮫是大魚之名。澤中有水有魚，故以舟鮫爲官名也。《周禮》山澤之官皆名爲虞。每大澤大藪，中士四人。鄭玄云：虞，度也。度知山之大小及所生者。澤，水所鍾也。水希曰藪，則藪是少水之澤。立官使之候望，故以虞候爲名也。海是水之大神，有時祈望祭之，因以祈望爲主海之官也。此皆齊自立名，故與周禮不同。山澤之利，當與民共之。言公立此官，使之守掌，專山澤之利，不與民共，故鬼神怒而加病也。"縣鄙之人，入從其政。偪尒之關，暴征其私。《正義》曰："縣鄙之人，入從國之政役，近關又征税，奪其私物，而使民困也。""尒"，舊作"介"。王引之云："'偪介'本作'偪尒'。'尒'即'邇'字，近也。'偪邇之關'謂迫近國都之關也。今本作'偪介'者，後人依誤本《左傳》改之。辯見《經義述聞》。"純一：今據改。承嗣大夫，彊易其賄。杜注："承嗣大夫，世位者。"純一案：强易其賄，謂强立名目而取民財。布常無藝，杜注："藝，法制也，言布政無法制。"孫云："《爾雅·釋詁》：'法，常也。''常'亦爲'法'。'藝'當爲'埶'，即'臬'假音字，'臬'爲射準的，言布法無準也。"徵斂無度。苛徵暴斂，毫無限制。宫室日更，日事改作。淫樂不違。杜注："違，去也。"内寵之妾，肆奪于市。杜注："肆，放也。"外寵之臣，僭令于鄙。杜注："詐爲教令於邊鄙。"私欲養求，不給則應。杜注："養，長也。所求不給，則應之以罪。"民人苦病，夫婦皆詛。祝有益也，詛亦有損。聊、攝以東，姑、尤以西，杜注："聊、攝，齊西界也。平原聊成縣，東北有攝城。姑、尤，齊東界也。姑水、尤水皆在城陽郡東南入海。"其爲人也多矣，雖其善祝，豈能勝億兆人之詛。杜注："萬萬曰億。萬億曰兆。"君若欲誅于祝史，修德而後可。"公説，使有司寬政，毁關去禁，薄斂已責，杜注："除逋責。"《釋文》："'責'本又作'債'，同。"案：《别雅》四云："《國策》'馮煖爲孟嘗君收責于薛'，《史記·孟嘗君傳》作'收債'。按《周禮·天官·小宰》：'聽稱責以傅别。'《漢書·高帝紀》：'此兩家常折券棄責。'《後漢書·樊宏傳》：'責家聞者皆慙。'凡諸'責'字，義皆爲'債'。"公疾愈。公以有德于民而疾必愈，故疾愈。孫云："《左傳》無此句。俗本移此在景公飲酒樂章之前，今據沈啓南本。"元刻注云："此章與'景公病久，欲誅祝史以謝'事旨悉同，但述辭有首末之異，故著於此篇。"純一案：此與《諫上》十二章爲一事。

景公見道殣自慙無德晏子諫第八

景公賞賜及後宫，文繡被臺榭，菽粟食鳧鴈。孫云："'菽'當爲'尗'。"王引之云："鳧，鴨也。鴈，鵝也。此云'菽粟食鳧雁'，下云'君之鳧雁食以菽粟'，則鳧鴈乃家畜，非野鳥也。"出而見殣，餓死爲殣。昭三年《左傳》"道殣相望"注。謂晏子曰："此何爲而死？"晏子對曰："此餧而死。"《孟子·梁惠王上》："狗彘食人食而不知檢，途有餓莩而不知發。"大致相似。公曰："嘻，寡人之無德也甚矣。"對曰："君之德著而彰，何爲無德也？"景公曰："何謂也？"對曰："君之德及後宫與臺榭。君之玩物衣以文繡，君之鳧鴈食以菽粟，君之營内自樂延及後宫之族，何爲其無德。蘇云："'其'字疑衍，上文亦無。"純一案：《説苑》作"何爲其無德也"，《御覽》五百四十八、又八百四十一兩引並有"其"字，足見非衍。顧臣願有請于君，由君之意，自樂之心，推而與百姓同之，則何殣之有。孟子嘗因梁惠王好樂，曰："今王與百姓同樂則王矣。"又謂齊宣王曰："王如好貨，與百姓同之，於王何有。王如好色，與百姓同之，與[2]王何有。"與晏子用心同。君不推此，而苟營内好私，使財貨偏有所聚，"偏"，舊作"衛"，孫據《説苑》改。菽粟幣帛腐于困府，孫云："《詩傳》：'圜者爲囷。'《倉頡篇》：'府，文書財帛藏也。'"惠不徧加于百姓，公心不周乎萬國，此文疑本作"惠不徧于百姓，心不周乎萬國"，相對成文。今本"徧"下衍"加"字，"心"上衍"公"字，句法不調。則桀、紂之所以亡也。以不與民偕樂而獨樂故。夫士民之所以叛，由偏之也。孫云："'偏'，今本作'遍'，據《説苑》改。"黄云："元刻作'徧'。"純一案：徧、偏古通用。君如察臣嬰之言，推君之盛德，公布之于天下，則湯、武可爲也。一殣何足恤哉。"孫云："《説苑·至公篇》用此文。"元刻注云："此章與'景公遊寒塗，不恤死胔'辭如相反，而其旨實同，故著于此篇。"純一案："景公遊寒塗"，《諫上》十九章。

景公欲誅斷所愛橚者晏子諫第九

景公登箐室而望，孫云："《藝文類聚》作'青堂'。"見人有斷雍門之橚者，王引之云："'橚'即'楸'字也。《説文》：'楸，梓也。'徐鍇曰：'《春秋左傳》襄十八年"伐雍門之楸"，作"萩"，同。'《中山經》'其狀如橚'，郭璞曰：'即"楸"字也。'是'雍門之橚'即雍門之楸。"純一案：《類聚》八十九作"淮門"，或"雍"之形誤。公令吏拘之，顧謂晏子趣誅之。趣，遽也，《廣雅·釋詁一》。晏子默然不對。公曰："雍門之橚，寡人所甚愛也，比見斷之，"比"，舊作"此"，從盧校改。故令[3]夫子誅之，默然而不應，何也?"晏子對曰："嬰聞之，古者人君出則闢道十里，孫云："'闢'，一本作'避'。"非畏也。冕前有旒，孫云："《説文》：'瑬，垂玉也。冕飾。''旒'聲同耳。"黄云："《大戴禮·子張問入官篇》云：'冕而前旒，所以蔽明也。'並可爲冕無後旒之證。"惡多所見也。纊紘充耳，"充"舊作"琉"。孫云："《説文》：'纊，絮也。紘，冠卷也。''琉'即'充'俗字。《玉篇》：'琉，耳也，齒融切。'《藝文類聚》作'黈纊塞耳'。"純一案：《説文》："瑱，以玉充耳也。"臣鉉等曰："今充耳字更從玉旁充，非是。"《廣韻》："琉，耳玉名。"《詩傳》云：

“充耳謂之瑱。”字俗從“玉”，足證“充耳”爲正。今並據改。惡多所聞也。《類聚》兩“惡多”下並無“所”字。泰帶重半鈞，“泰”從元刻，孫本作“大”，音義並同。三十斤曰鈞，《禮·月令》“鈞衡石”注。舄履倍重，不欲輕也。刑死之罪，日中之朝。朝，市。孫詒讓云：“日中之朝，謂市朝也。《易·繫辭》云：‘日中爲市。’《周禮·司市》云：‘國君過市，則刑人赦。’晏子此言與禮正合，説詳《周禮正義》。”君過之，則赦之。《類聚》無上七句。嬰未嘗聞爲人君而自坐其民者也。”坐，罪也。《一切經音義》二引《蒼頡》。此二句，《類聚》作“人君自生其民”。公曰：“赦之，《類聚》作“趣舍之”。無使夫子復言。”元刻注云：“此章與‘景公欲殺犯槐者’、‘景公逐得斬竹者’（“者”字舊脱，今補）事悉同，但辭少異耳，故著于此篇。”純一案：犯槐、斬竹事見《諫下》第二章、第三章。

景公坐路寢曰誰將有此晏子諫第十

景公坐于路寢，孫云：“俗本删此章。”曰：昭二十六年《左傳》作“齊侯與晏子坐于路寢，公歎曰”。“美哉室，其誰將有此乎？”舊作“美哉，其室將誰有此乎”。王云：“當作‘美哉室，其誰將有此乎’，今本‘其’字誤入上句内，則文義不順。‘誰將’又誤作‘將誰’。案：本篇標題曰‘景公坐路寢，曰誰將有此’，‘誰將’二字尚不誤，則作‘將誰’者誤也。《左傳》正作‘美哉室，其誰有此乎’。後第十五云‘後世孰將踐有齊國者乎’，‘孰’字亦在‘將’字上。”純一：今依王説據《左傳》改。杜注：“景公自知德不能久有國，故歎也。”晏子對曰：“其田氏乎。《左傳》作“晏子曰：‘敢問何謂也？’公曰：‘吾以爲在德。’對曰：‘如君之言，其陳氏乎’”。田無宇爲垾矣。”孫云：“‘垾’，《玉篇》：‘水堤也，胡肝切。’”純一案：“爲垾”，喻能除害利民也。公曰：“然則奈何？”晏子對曰：“爲善者，君上之所勸也，豈可禁哉。夫田氏，國門擊柝之家，柝，行夜所擊木也。《孟子·萬章下》“抱關擊柝”注。父以託其子，兄以託其弟，於今三世矣。山木如市不加于山，魚鹽蚌蜃不加于海，解詳《問下》十七章。民財爲之歸。今歲凶饑，元刻譌“飢”。蒿種芼斂不半，孫云：“‘芼’，《説文》：‘艸覆蔓。’”純一案：蒿，艾類。芼，池沼生草，可爲蔬者。言今歲凶，不惟尗粟無收，即蒿芼之屬亦斂不及半。道路有死人。道殣相望。齊舊四量，四升爲豆，舊脱“四升”二字，“爲”涉下文誤作“而”，今據《問下》

十七章補正，下文注並詳彼。豆四而區，區四而釜，釜十而鍾。田氏四量，各加一焉。以家量貸，以公量收，則所以糴，孫云："'糴'，《説文》：'市穀也。'" 百姓之死命者澤矣。民命之將死者，被其膏澤而生矣。今公家驕汰，斬刈民力，見前七章。而田氏慈惠，國澤是將焉歸？王云："'澤'，古'舍'字也。説見《管子·戒篇》。" 田氏雖無德而有施于民，"有"字舊脱，據《左傳》補。公厚斂而田氏厚施焉。《詩》曰：'雖無德與汝，式歌且舞。' 孫云："《小雅·車舝》之詩。" 純一案，杜注："詩義取雖無大德，要有喜説之心，欲歌舞之。式，用也。" 田氏之施，民歌舞之也，此章蓋本昭三年及二十六年《左傳》綜合而成。國之歸焉，歸於田氏。不亦宜乎。" 元刻注云："此章與'景公登路寢而歎'、'景公問後世有齊者'、'叔向問齊國之治若何'辭旨略同而小異，故著于此篇。" 盧云："吴本缺此章。" 純一案：此與《諫下》十九章、《問上》八章後段、《問下》十七章前半、後十五章爲一事。

景公臺成盆成適願合葬其母晏子諫而許第十一

景公宿于路寢之宫，夜分，聞西方有男子哭者，公悲之。明日朝，問于晏子曰："寡人夜者盧云："'夜'字衍。'者'乃'昔'之譌。" 王云："盧説非也。古謂夜爲昔，故或曰昔者，或曰夜者。《雜下篇》曰'夜者公曹與二日鬬'，本篇第三章曰'夜者寡人曹見彗星'，與此'夜者'而三矣。然則'夜'非衍字，'者'亦非'昔'之訛也。" 聞西方有男子哭者，聲甚哀，氣甚悲，是奚爲者也？"邪"同。寡人哀之。" 晏子對曰："西郭徒居布衣之士盆成适也。孫云："《孔叢》作'盈成匡'，形相近，未知孰誤。" 盧校作"盆成造"，云："'适'譌，據《禮記·檀弓上正義》引改。" 純一案：盧説是，《孟子·盡心下》有盆成括，寫者習聞之，遂以其所知改其所不知也。標題又因正文改，《孔叢》見《詰墨篇》，其書不足據。父之孝子，兄之順弟也。孫云："《孔叢》作'弟弟'。" 又嘗爲孔子門人。孫云："《孔叢》作'其父尚爲孔子門人'。" 純一案："尚"爲"嘗"之誤，"其父"二字衍。觀彼下文云"門人且以爲貴，則其師亦不賤矣"，是以造爲孔子門人，非以其父爲孔子門人，明矣。今其母不幸而死，祔柩未葬，孫云："言未附葬於其父。" 家貧，身老，子穉，盧云："穉，小弱也，疑與'孺'同。《玉篇》音矩，孤也。" 洪云："'穉'即'孺'字之俗。《莊子·大宗師篇》‘而色若孺子’，《釋文》：‘孺，弱子也。’孺、孺字形相近。”恐力不能合祔，是以悲也。”公曰：“子爲寡人弔之，因問其偏祔何所在。”“偏祔”從元刻，《繹史》同，孫本作“偏柎”。盧云：“‘偏’爲偏親，‘柎’即上文所云‘柎柩’。公因其有恐不能合祔之語，故使問其偏親之柩何所在，語意自明。上文‘柎柩’，不當改作‘祔柩’，‘柎’即‘槁柎’。若以應祔葬之柩而言‘祔柩’，恐非辭。下文‘偏之所在’，亦當作‘偏柎之所在’。”純一案：盧説“偏親”，是。“祔”作“柎”，非。祔謂合葬也。《禮記·檀弓下》“衛人之祔也離之，魯人之祔也合之”注。“偏祔”對“合祔”言，本文重在合祔。上云“祔柩未葬”，言未祔之新柩亟須合祔，故問已葬之偏祔何在。下云“偏祔寄於路寢”，故恐不能合祔而悲。不應改“祔”爲“柎”，致失合祔之本恉。孫本兩“柎”字並誤，當從元刻改。晏子奉命往弔，而問偏祔之所在。“祔”字舊脱，據上下文補。盆成適再拜稽首而不起，曰：“偏祔寄于路寢，得爲地下之臣，擁扎摻筆，孫云：“《説文》：‘扎，牒也。’‘摻’即‘操’字異文。”給事宫殿中右陛之下，以上十九字無謂，當删。此處當有“祔柩”二字。願以某日送，未得君之意也。窮困無以圖之，布脣枯舌，焦心熱中。今君不辱而臨之，願君圖之。”晏子曰：“然。此人之甚重者也，而恐君不許也。”盆成適蹷然孫云：“《説文》：‘蹷，跳也。’跳，躍也。”曰：“凡在君耳。凡，皆也。且臣聞之，越王好勇，其民輕死。《墨子·兼愛下篇》：“昔者越王勾踐好勇，教其士臣三年，以其智爲未足以知之也，焚舟失火，鼓而進之，其士偃前列伏水火而死者不可勝數也。”楚靈王好細腰，孫云：“‘腰’當爲‘要’，俗加肉。”其朝多餓死人。“人”上當有“之”字。《墨子·兼愛下篇》：“昔荆靈王好小要，荆國之士飯不踰乎一固，據而後興，扶垣而後行。”故此云“多餓死之人”。子胥忠其君，故天下皆願得以爲臣。孝己愛其親，故天下皆願得以爲子。舊脱中二句，文不成義。王云：“此文原有四句。《秦策》云：‘子胥忠其君，天下皆欲以爲臣。孝己愛其親，天下皆欲以爲子。’文義正與此同。下文‘今爲人子臣’云云，正承上四句言之。”純一：今據補。今爲人子而離散其親戚，舊“人子”下衍“臣”字，從俞校删。俞云：“親戚，謂父母也。”孝乎哉，足以爲臣乎？本書文尚駢麗，上文子胥、孝己，忠、孝，既對舉矣。此文則以忠孝一也，折重人子當孝，今不得合葬其親戚，不孝甚矣，故云“孝乎哉，足以爲臣乎”，文又以相錯見義。若此而得祔，是生臣而安死母也。是使臣得不死，而死母得安也。若此而不得，則臣請挽尸車而寄之于國門外宇溜之下，孫云："'挽'，《説文》：'引車也。''溜'，《説文》：'霤，屋水流也。''溜'通。"身不敢飲食，擁轅執輅，轅，駕車之木，施於輿底軸上，左右各一，外出向前者。古大車皆用轅。《釋名·釋車》云："轅，援也，車之大援也。"輅，轅縛，所以屬引。《儀禮·既夕》"當前輅"注。木乾鳥栖，孫云："'栖'，《説文》：'西，鳥在巢上。''西，或從木、妻。'此作'栖'，後人俗字。"純一案：此喻如鳥栖木，任其乾枯而不移。袒肉暴骸，以望君愍之。湣，憐恤也。賤臣雖愚，竊意明君哀而不忍也。"晏子入，復乎公。公忿然作色而怒曰："子何必患若言而教寡人乎！"晏子對曰："嬰聞之，忠不避危，忠君者不避危難。愛無惡言。愛君者無惡言。且嬰固以難之矣。以，同已。言嬰固已恐君之不許矣。今君營處爲遊觀，"處"字疑衍。既奪人有，既奪人之墓地。又禁其葬，又不許合祔。非仁也。肆心傲聽，恣肆倨傲，不聽正諫。不恤民憂，非義也。若何勿聽？"如何不聽嬰言。因道盆成适之辭。公喟然太息曰："悲乎哉，子勿復言。"迺使男子袒免，袒免以表哀意。露左臂曰袒，去冠括髮曰免。女子髽者，"髽"，舊作"髮笄"。盧云："'髮'疑'髽'。"純一案：盧説是。男子袒免，女子當髽。髽本作䰋，《説文》云："喪結。禮，女子髽衰，弔則不髽。魯臧武仲與齊戰于狐鮐，魯人迎喪者始髽。"今本"髽"訛"髮"，後人又以意加"笄"字，遂失迎喪之旨。今從盧校，改"髮"爲"髽"，删"笄"字。以百數，爲開凶門，凶門，今喪家結絹爲旒，表之門外者是。沿古俗也。以迎盆成适。适脱衰絰，不敢以喪服見君。冠條纓，孫云："'條'當爲'絛'，《説文》：'扁緒也。'《玉篇》：'纓飾也。'"墨緣，衣緣墨色。以見乎公。公曰："吾聞之，五子不滿隅，盧云："馬端臨《文獻通考》序有'三孱不足以滿隅'語，未知即出此否。"一子可滿朝，言人有可貴之實，雖少勝于多。非迺子耶？"盆成适于是臨事不敢哭，奉事以禮，畢，出門，然後舉聲焉。元刻注云："此章與逢于何請合葬正同，而辭少異，故著於此篇。"純一案：逢于何請合葬，《諫下》二十章。

景公築長庲臺晏子舞而諫第十二

景公築長庲之臺，晏子侍坐。觴三行，晏子起舞，曰："歲已暮矣而禾不獲，獲，刈穀也。忽忽矣若之何。蘇云："'忽忽'與下'惙惙'同當訓憂，非如《禮器》、《祭義》注訓爲勉勉者比。此與《史記·梁孝王世家》云‘意忽忽不樂’義同。又《大戴禮》‘君子終身守此勿勿’，彼與上‘悒悒’、‘憚憚’，下‘戰戰’，俱當訓爲憂懼，猶斯意也。‘忽忽’即‘勿勿’，字同，故義可互證矣。”歲已寒矣而役不罷，罷，止也。惙惙矣如之何。”孫云：“‘惙惙’，《爾雅·釋訓》：‘憂也。’”純一案，《方言》十二：“惙、怞，忡也。”錢繹《箋疏》引《詩·草蟲篇》“憂心惙惙”《毛傳》：“惙惙，憂也。”又引此文作“歲云暮兮而役不罷，惙惙矣苦之何”。案“苦”當爲“若”之形誤，《諫下》五章兩言“若之何”可證，《古音諧》二月引此，“忽忽”、“惙惙”諧。舞三而涕下沾襟。景公慚焉，爲之罷長庲之役。元刻注云：“此章與‘景公爲長庲欲美之’、‘景公冬起大臺之役’辭旨同而小異，故著於此篇。”純一案：《諫下》第五章、第六章宜參觀。

景公使燭鄒主鳥而亡之公怒將加誅晏子諫第十三

景公好弋，孫云：“《韓詩外傳》作‘齊景公出弋昭華之池’。”純一案：《藝文類聚》九十引作“齊景公”，無“好弋”二字。使燭鄒主鳥，而亡之。孫云：“‘燭鄒’，《説苑》作‘燭雛’，《韓詩外傳》作‘顔斲聚’，《藝文類聚》作‘顔涿聚’。此脱‘顔’字。一本作‘祝鄒’。《吕氏春秋·尊師篇》：‘顔涿聚，梁父之大盜也，學於孔子。’”盧云：“《御覽》四百五十五引《説苑》亦作‘燭鄒’。”純一案：《御覽》九百十四引本書作“顔涿聚”。又八百三十二引《韓詩外傳》亦作“顔涿聚”。今本《韓詩外傳》“涿”訛“鄧”，《類聚》引無“之”字。公怒，召吏欲殺之。舊脱“欲”字。孫云：“《藝文類聚》作‘公召欲殺之’。”純一案：《御覽》九百十四引本書作“公召吏殺之”，無“欲”字，非。又四百五十五引《説苑》、八百三十二引《韓詩外傳》並作“景公怒而欲殺之”，今據增“欲”字。晏子曰：“燭鄒有罪三，《説苑》無“三”字，《御覽》引彼同。《韓詩外傳》九作“夫鄧聚有死罪四”，《御覽》引彼作“夫涿聚有死罪三”，《類聚》作“涿聚有三罪”。請數之以其罪而殺之。”孫云：“《御覽》‘而’作‘乃’。”純一案：《説苑》同。《韓詩外傳》作“請數而誅之”。《御覽》引彼作“請以其罪數而誅之”。公曰：“可。”于是召而數之公前，曰：説苑作“於是乃召燭雛，數之景公前曰”，下無“燭雛”名。《御覽》引彼同，惟“雛”作“鄒”。“燭鄒，汝爲吾君主鳥而亡之，孫云：“‘汝’，《藝文類聚》作‘爾’。”純一案：《御覽》引此亦作“爾”。是罪一也。孫云：“《藝文類聚》作‘一罪也’。下作‘二罪’、‘三罪’。”純一案：《御覽》九百十四引此同《類聚》。《説苑》“一”、“二”、“三”均在“罪”上，有“是”字。《御覽》引彼同。使吾君以鳥之故殺人，是罪二也。《類聚》無“之故”二字，《韓詩外傳》“殺”上有“而”字。使諸侯聞之，以吾君重鳥以輕士，盧云：“‘以’，《韓詩外傳》九、《説苑·正諫篇》俱作‘而’。”純一案：“以”同“而”。《外傳》“諸侯”上有“四國”二字。是罪三也。”《韓詩外傳》有：“天子聞之，必將貶絀吾君，危其社稷，絶其宗廟，是罪四也。此四罪者，故當殺無赦。臣請加誅焉。”數燭鄒罪已畢，黄云：“淩本無‘已’字。”請殺之。公曰：“勿殺。《説苑》作“公曰：‘止，勿殺，而謝之’”。《韓詩外傳》作“景公曰：‘止。此亦吾之過也，願夫子爲寡人敬謝焉’”。劉云：“此下證以《御覽》四百五十五引及《説苑·辨物篇》，當補‘而謝之’三字。”寡人聞命矣。”孫云：“《韓詩外傳》、《説苑·正諫篇》用此文。”元刻注云：“此章與‘景公欲誅野人’、‘景公欲殺圉人’章旨同而辭少異，故著于此篇。”純一案：“欲誅野人”，《諫上》二十四章。“欲誅圉人”，《諫上》二十五章。

景公問治國之患晏子對以佞人讒夫在君側第十四

景公問晏子曰：“治國之患亦有常乎？”對曰：“佞人讒夫之在君側者，蘇云：“《治要》作‘讒夫佞人’。”好惡良臣而行與小人，與猶黨也，《後漢·陳元傳》注。此治國之常患也。”舊脱“治”字，“常”作“長”，從王校據《羣書治要》補正，與上下文同一例。公曰：“讒佞之人，則誠不善矣。雖然，則奚曾爲國常患乎？”兩“則”字均疑衍。晏子曰：“君以爲耳目而好謀事，“謀”舊譌“繆”，從蘇校據《治要》正。則是君之耳目繆也。繆，紕繆也。夫上亂君之耳目，下使羣臣皆失其職，蘇云：“《治要》‘下’上有‘而’字。”豈不誠足患哉。”公曰：“如是乎，寡人將去之。”晏子曰：“公不能去也。”公忿然作色不説，《治要》無“忿然作色”四字。曰：“夫子何少寡人之甚也。”舊“少”譌“小”，脱“之”字。王云：“‘小’本作‘少’，此後人不解‘少’字之義而改之也。《史記·李斯傳》‘二世曰：“承[4]相豈少我哉”’，《曹相國世家》‘惠帝怪相國不治事，以爲豈少朕與’，《索隱》曰：‘少者，不足之詞。’並與此‘少’字同義，《羣書治要》正作‘少’。”純一案：王説是。《治要》有“之”字，今據補正。“也”讀爲“耶”。對曰：“臣何敢撟也。“撟”舊作“槁”，義不可通。盧云：“‘槁’亦‘撟’之訛。”俞云：

“此‘槁’字與《問下篇》‘犒魯國’之‘犒’同爲‘撟’之誤字。《荀子·臣道篇》曰：‘率羣臣百吏而相與彊吾撟君。’又曰：‘事暴君者，有補削，無撟拂。’晏子言‘臣何敢撟’，言‘臣何敢有所撟拂乎’，蓋因公忿然作色故云然。”蘇云：“《治要》‘何’作‘非’，‘槁’作‘矯’。”純一案：撟、矯同。今並據正。夫能自周於君者，孫云：“‘周’，杜預注《左傳》：‘密也。’”蘇云：“《治要》‘周’作‘用’。”才能皆非常也。夫藏大不誠于中者，必謹小誠于外，大不誠，即大姦。誠，謂小忠小信。以成其大不誠。黄云：“元刻此下重衍‘于中者’等十五字。”入則求君之嗜欲能順之，王云：“‘能’與‘而’同。”君怨良臣，“君”，舊作“公”。王云：“‘公’本作‘君’，此涉上文‘公不能去’而誤。上文‘公不能去’，是指景公而言，此文‘君怨良臣’，則泛指爲君者而言，與上句‘君’字同義。《羣書治要》正作‘君怨良臣’。”純一：今據正。則具其往失而益之，言順君之嗜欲，舉良臣往日令君失意之事以益其怨。出則行威以取富。出則假借君威，肆行而貪得。夫何密近不爲大利變，蘇云：“《治要》‘何’作‘可’。”純一案：“何”讀若“可”，古通。夫猶彼也。變，易也。言彼能密邇於君，故意不爲大利易行，而務與君赴義，正所謂必謹小誠於外也。而務與君至義者，舊衍“也”字，從蘇校據《治要》删。孫云：“言取利於外間，而不營利於密近，僞以義結於君。”此難見而且難知也。”舊作“此難得其知也”。盧云：“‘其’疑‘具’。”蘇云：“《治要》作‘此難得而其難知也’，義亦不可晰。”純一案：此文疑本作“此難見而且難知也”，言讒佞之人工於作僞之心，難見而且難知也。今本“見”作“得”者，古“得”作“㝵”，故古書“得”、“見”字恒互譌。下脱“而”字，“且”譌“其”，又脱“難”字，文不成義。《治要》字不脱而文有誤，故其義亦不可通，今仍依《治要》校訂之。公曰：“然則先聖奈何？”對曰：“先聖之治也，審見賓客，聽治不留，患日不足，“患”字舊脱。王云：“元刻有‘日不足’三字，孫本無。‘審見賓客’二句皆四字爲句，‘日不足’句獨少一字，且語意未明，當依《羣書治要》作‘患日不足’，‘聽治不留，患日不足’，言其敏且勤也。”純一：今據補。羣臣皆得畢其誠，讒諛安得容其私。”君子道長，則小人道消。公曰：“然則夫子助寡人止之，“助”，元刻作“扐”。盧云：“孫本改‘助’，而《音義》仍作‘扐’，亦疑而未定也。”王云：“‘扐’字義不可通，孫改爲‘助’是也。《治要》正作‘助’。孫本‘助’字係剜改，蓋《音義》先成，而剜改在後，未及追改《音義》耳。”寡人亦事勿用矣。”“矣”字舊脱，從蘇校據《治要》補。對曰：“讒夫佞人之在君側者，孫云：“《文選》注作

‘讒佞之人，隱在君側’。”若社之有鼠也，詳《問上》九章。諺言有之曰：‘社鼠不可熏，去此乃治矣。’舊無“此乃治矣”四字，《治要》同。蘇云：“《治要》無‘諺言’七字，‘熏’作‘燻’。”孫云：“《文選》注引有云‘去此乃治矣’。今本‘去’下疑脱四字。”黄云：“孫頤谷據《文選·恩幸論》注作‘去此乃治矣’。”純一案：沈休文《奏彈王源》注文與《恩幸論》同，今據補。讒佞之人，隱君之威以自守也，俞云：“古‘依’、‘隱’同聲。《廣雅·釋器》曰：‘衣，隱也。’《釋名·釋衣服》曰：‘衣，依也。’是‘隱’與‘依’聲近誼通。此‘隱’字當讀爲‘依’。依君之威以自守，正與上社鼠之喻相應。”純一案：俞説亦通。“隱”當如字讀，匿也，藏也。言讒佞之人匿藏於君之威權中，足以自保。是故難去焉。”“故”字舊脱，據《治要》補。蘇云：“《治要》‘焉’作‘也’，載此在《問上篇》。”元刻注云：“此章與‘景公問佞人之事君何如’、‘景公問治國何患’三章大旨同而辭少異，故著于此篇。”純一案：“問佞人事君”，《問上》二十一章。“問治國何患”，《問上》九章。

景公問後世孰將踐有齊者晏子對以田氏第十五

景公與晏子立于曲潢之上，“于”字舊脱，《太平御覽》七十一引同，今據《雜上》五章補。望見齊國，問晏子曰：“後世孰將踐有齊國者乎？”《御覽》引無“國”字、“乎”字。晏子對曰：“非賤臣之所敢議也。”公曰：“胡必然也。得者無失，則虞、夏常存矣。”“常”，元刻作“當”。晏子對曰：“臣聞見足以知之者，智也；“見”下舊衍“不”字，從王校據下文“臣奚足以知之”删。“見足以知之”，言見微知著也。先言而後當者，惠也。孫云：“惠與慧通。”夫智與惠，君子之事，臣奚足以知之乎。雖然，臣請陳其爲政。君彊臣弱，政之本也。君唱臣和，教之隆也。言君當才德邁衆。刑罰在君，民之紀也。今夫田無宇，二世有功于國，而利取分寡，“取”通“聚”。《漢書·五行志》“内取茲爲禽”注。“寡”，《説文》：“少也。從宀從頒。頒，分賦也，故爲少。”言利聚則分諸孤寡貧乏之人。公室兼之，田氏兼有公室之利。國權專之，國權爲田氏所專。君臣易施，王云：“‘施’讀爲‘移’。‘易移’猶‘移易’也。《荀子·儒效篇》‘充虛之相施易也’，《漢書·衛綰傳》‘人之所施易’，‘施’字並讀爲‘移’。倒言之則曰‘易施’，《莊子·人間世篇》‘哀樂不易施乎前’是也。陳氏專國，而君失其柄，故曰‘君臣易施’。”純一案：王説亦通。但據下文“家施不及國”，是“施”當如字讀之證。“易”謂“變易”，《易·繫辭上》“六爻之義易以貢”《釋文》。“君臣易施”，言大夫不得施及國人，今施及之與君同，君當施及國人，反不施及，與大夫同，是君臣易位，即其所施而知之。而無衰乎。“而”從元刻，孫本作“能”。王云：“‘而’即‘能’字也。‘能’，古讀若‘而’，故與‘而’通。今本徑改爲‘能’，而古字亡矣。”嬰聞之，臣富主亡。由是觀之，其無字之後爲幾。“爲”舊誤“無”，從俞校據《問上》八章正。齊國，田氏之國也。嬰老，不能待公之事，公若即世，政不在公室。”公曰：“然則奈何？”晏子對曰：“維禮可以已之。其在禮也，家施不及國，昭二十六年《左傳正義》曰：“大夫稱家。”家之所施，不得施及國人，言國人是國君之所有，大夫不得妄施遺之，以樹己私惠。陳氏施及國人，是違禮也。民不懈，貨不移，盧云：“《左傳》作‘民不遷，農不移’。”工賈不變，杜注：“守常業。”士不濫，杜注：“不失職。”官不諂，《左傳》作“滔”。杜注：“慢也。”大夫不收公利。”杜注：“不作福。”《正義》：“大夫不得聚收公利，自作福也。”公曰：“善。今知禮之可以爲國也。”對曰：“禮之可以爲國也久矣，“可”猶“所”也。與天地並立。杜注：“有天地則禮義興。”君令臣忠，令，善也。“忠”，《左傳》作“共”。下同。父慈子孝，兄愛弟敬，夫和妻柔，姑慈婦聽，禮之經也。君令而不違，黄云：“元刻衍‘厲’字。”臣忠而不二，父慈而教，子孝而箴，杜注：“箴，諫也。”兄愛而友，弟敬而順，夫和而義，妻柔而貞，姑慈而從，杜注：“從，不自專。”婦聽而婉，杜注：“婉，順也。”禮之質也。”質，體也。《左傳》作“禮之善物也”。公曰：“善哉。寡人迺今知禮之尚也。”《左傳》作“寡人今而後聞此禮之上也”。晏子曰：“夫禮，先王之所以臨天下也，以爲其民，《左傳》作“先王所稟於天地，以爲其民也”。是故尚之。”《正義》曰：“先古聖王，以有上下之禮，乃可治其天下。又禮與天地同貴，是以先王上之。”元刻注云：“此章與‘景公坐路寢問誰將有此’、‘景公問魯、莒孰先亡因問後世孰有齊國’、‘晉叔向問齊國之治若何’三章大[5]旨同而辭異，故著于此篇。”純一案：上文所舉，即本篇第十章、《問上》八章、《問下》十七章，而《諫下》十九章亦宜參觀。

晏子使吴吴王問君子之行晏子對以不與亂國俱滅第十六

晏子聘于吴，吴王問：“君子之行何如？”晏子對曰：“君順懷之，政治歸之。君順於道則懷之，政務圖治則歸之。《問下》十章云："君子懷不逆之君，居治國之位。"不懷暴君之禄，不居亂國之位。二句已見《問下》十章。"居"，彼作"處"。君子見兆則退，兆，猶幾，事之先見者也。不與亂國俱滅，不與暴君偕亡。"元刻注云："此章與'吴王問可處可去'事旨既同，但辭有詳略之異，故著于此篇。"純一案：文見《問下》十章。

吴王問齊君僈暴吾子何容焉晏子對以豈能以道食人第十七

晏子使吴，吴王曰："寡人得寄僻陋蠻夷之鄉，希見教君子之行，孫云："'希'，《説文》作'稀'，此省文。"請私而無爲罪。"晏子蹵然避位。吴王曰："吾聞齊君蓋賊以僈，《諫下》二章曰："刑殺不辜謂之賊。"孫云："'僈'，當爲'嫚'。《説文》、《玉篇》無'僈'字。《類篇》：'僈，謨官切，健也。又蔓燕切，惰也。'"純一案："僈"與"嫚"、"慢"聲義並同。《類篇》訓"惰"，義近。《墨子·經説上》"敬"、"僈"連言，亦以"僈"爲"慢"。野以暴，兩"以"字並與"而"同義，又與"且"同義。前二章曰："穿池沼則欲其深以廣也，爲臺榭則欲其高且大也。""以"、"且"對言，是"以"猶"且"之證。吾子容焉，何甚也?"晏子遵循而對曰："循"字舊脱。孫云："當爲'遵循'，即'逡巡'。"今據補。"臣聞之，微事不通、麤事不能者，必勞。《問上》十五章曰："縵密不能、蔍苴不學者詘。"大事不得、小事不爲者，必貧。《問上》十五章曰："大者不得、小者不爲者餧。"大者不能致人、小者不能至人之門者，必困。《問上》十五章曰："身無以用人而又不爲人用者卑。"此臣之所以仕也。如臣者，豈能以道食人者哉。"食，養也。文十八年《左傳》"功以食民"注，此句後二十八章兩見。晏子出，王笑曰："嗟乎！今日吾譏晏子，猶倮而訾高撅者也。"舊"訾"倒著"猶"上，"撅"訛"橛"。孫云："《繹史》引或本作'猶倮而訾高橛者'。"俞云："'訾'乃'譬'字之誤，'橛'乃'撅'字之誤。'高'讀爲'咎'。《墨子·公孟篇》：'是猶倮謂撅者不恭也。'此即倮而咎撅之義。'倮'爲倮體。'撅'者，揭衣也。撅誠不恭，倮則更甚，故曰'譬猶倮而咎撅者也'。"純一案：俞説"橛"乃"撅"之誤是也。謂"訾"乃"譬"之誤，"高"讀爲"咎"，並非。本文"猶"字即具譬義，不必破"訾"爲"譬"。"高撅"，謂撅衣甚高，不必破“高”爲“咎”。“訾”即“咎”義甚明，不必曲爲之解。今“訾”從《繹史》引乙。“撅”從俞説正。元刻注云：“此章與‘景公問天下之所以存亡’、‘魯君問何事回曲之君’三章，或事異而辭同，或旨同而辭異，故著於此篇。”純一案：上文所舉，即《問上》十五章、《問下》十二章。

司馬子期問有不干君不恤民取名者乎晏子對以不仁也第十八

司馬子期孫云：“姓司馬，字子期。”問晏子曰：“士亦有不干君，干，求也。不恤民，恤，憂也。徒居無爲，無所事事。而取名者乎?”晏子對曰：“嬰聞之，能足以贍上益民而不爲者，謂之不仁。不仁而取名者，嬰未得聞之也。”元刻注云：“此章與‘叔向問徒處之義’章旨同而有詳略之異，故著于此篇。”純一案：“徒處之義”即《問下》二十章。

高子問子事靈公莊公景公皆敬子晏子對以一心第十九

高子問晏子曰：“子事靈公、莊公、景公，皆敬子，三君之心一耶?蘇云：“《治要》作‘三君一心耶’。”夫子之心三也?”蘇云：“《治要》作‘耶’。‘也’、‘耶’同。”晏子對曰：“善哉問。事君，“事君”二字疑涉上下文而衍，殊贅於辭，當删。《論語·顔淵篇》：“樊遲問崇德修慝辨惑，子曰：‘善哉問。’”語氣與此同。嬰聞一心可以事百君，三心不可以事一君。故三君之心非一也，王云：“‘非一也’本作‘非一心也’，與‘非三心也’對文，今本‘一’下脱‘心’字，《羣書治要》有。”純一案：“非一也”、“非三也”，各承上文“心”字言，“一”下、“三”下均不必有“心”字，蓋本文如此。今本“非三心也”，“心”字乃衍文，治要“非一心也”、“非三心也”兩“心”字並嫌贅，當删。而嬰之心非三心也。“三”下“心”字衍。蘇云：“《治要》載此在《問下篇》，下無。”且嬰之于靈公也，盡復而不能立之政，“復”，《小爾雅·廣言》：“白也。”《廣雅·釋詁一》：“語也。”“盡復而不能立之政”，謂盡言于君而不見用也。所謂僅全其四支以從其君者也。倖免於死。及莊公陳武夫，尚勇力，欲辟勝于邪，嗜欲偏僻逾常。而嬰不能禁，故退而野處。"野"從元刻，孫本作"埜"。孫云："'埜'，《説文》：'壄，古文野。'此省字。"純一案："野處"，謂東畊海濱。嬰聞之，言不用者不受其禄，不治其事者不與其難，吾于莊公行之矣。言所以不死崔杼之難。今之君，輕國而重樂，薄于民而厚于養，藉斂過量，掠民財而無節。使令過任，竭民力而不休。而嬰不能禁，嬰庸知其能全身以事君乎。""嬰"字孫本無。言今能全身否不可知。元刻注云："此章與'梁丘據問事三君不同心'、'孔子之齊不見晏子'旨同而辭少異，故著于此篇。"純一案：《問下》二十九章、《外下》三章、四章旨同。

晏子再治東阿上計景公迎賀晏子辭第二十

晏子治東阿，三年，景公召而數之曰：數，責也。《漢書·項籍傳》集注。"吾以子爲可，而使子治東阿。今子治而亂，子退而自察也，寡人將加大誅于子。"誅，責也。襄三十一年《左傳》"誅求無時"注。晏子對曰："臣請改道而[6]行而治東阿三年，不治，臣請死之。"景公許之。"之"字舊脱，從盧校據《説苑》補。于是明年上計，孫云："《漢書·武帝紀》'受計于甘泉'，顔師古注：'受郡國所上計簿也，若今之諸州計帳也。'"景公迎而賀之曰："甚善矣，子之治東阿也。"晏子對曰："前臣之治東阿也，屬託不行，一秉至公。貨賂不至，陂池之魚以利貧民。當此之時，民無飢者，"者"字舊脱，從盧、俞校據《説苑》補。君反以罪臣。《説苑》"君"上有"而"字。今臣後之治東阿也，"治"字舊脱，從盧校據《説苑》補。屬托行，貨賂至，並重賦斂，孫云："'並重'，《説苑》作'並會'，是。"倉庫少内，"内"、"納"同。言賦斂于民者甚重，而納于倉庫者甚少。便事左右，左右，君所寵倖者。陂池之魚入于權家。"家"，舊譌"宗"，從王校據《説苑》改。案：《文選》任彦升《爲蕭楊州作薦士表》注引《説苑》："晏子曰：'陂池之魚入於勢門。'"當此之時，飢者過半矣，君迺反迎而賀臣。臣愚不能復治東阿，舊少一"臣"字。王云："'君乃反迎而賀臣'絶句，與上'君反以罪臣'對文，'臣'下當更有一'臣'字，屬下句讀。今本脱一'臣'字，則文義不明。《説苑》亦脱'臣'字。"純一案：王説是，今據補。願乞骸骨，乞賜骸骨以歸。避賢者之路。"再拜，便辟。"辟"舊譌"僻"，從盧校據《説苑》改。"辟"讀爲

“避”，謂將避去。景公迺下席而謝之曰：“子彊復治東阿。强，勉也。東阿者，子之東阿也，寡人無復與焉。”孫云：“《説苑·政理篇》用此文。”元刻注云：“此章與‘晏子再治東阿而見信，景公任以國政’章旨同而述辭少異，故著于此篇。”純一案：説見《雜上》第四章，《子華子·北宫子仕篇》載此事。

太卜紿景公能動地晏子知其妄使卜自曉公第二十一

景公問太卜曰：“汝之道何能？”對曰：“臣能動地。”孫云：“高誘注《淮南子》：‘動，震也。’”公召晏子而告之，曰：《淮南·道應訓》、《論衡·變虚篇》均作“晏子往見公，公曰”。“寡人問太卜曰：‘汝之道何能？’對曰：‘能動地。’地可動乎？”黄云：“《論衡》引‘可’上有‘固’字。”晏子默然不對。出，見太卜曰：“昔吾見鉤星在四心之間，孫云：“《淮南》作‘鉤星在房心之間’，高誘注：‘鉤星，客星也。房，駟。鉤心守房心，則地動也。’‘駟’字此作‘四’，通。”黄云：“《淮南》及《論衡》並作‘房心’，《音義》作‘四星’，誤。”洪云：“《史記·天官書》：‘免，一名鉤星，出房心間，地動。房爲天駟。’‘四’與‘駟’通，即房星也。又房四星，而稱爲‘四’，亦猶心三星，而《詩》稱爲‘三’也，義亦得通。”地其動乎？”太卜曰：“然。”晏子曰：“吾言之，恐子之死也。“之死”舊倒，從盧校乙。默然不對，恐君之惶也。王云：“此‘惶’字與‘惑’同義，言恐君爲子之所惑也。‘惶’、‘惑’語之轉，字亦作‘遑’。《後漢書·光武紀》曰‘遑惑不知所之’，《蜀志·吕凱傳》曰‘遠人惶惑，不知所歸’，是‘惶’與‘惑’同義。《淮南·道應篇》作‘恐公之欺也’，‘欺’與‘惑’義亦相近。”子言，君臣俱得焉。謂子自言於君，則君不惶，臣不欺，亦可免子之死，故曰“君臣俱得”。忠于君者，豈必傷人哉。”晏子出，太史走入見公，曰：“臣非能動地，地固將動也。”陳子陽聞之，曰：孫云：“《淮南》作‘田子陽’，高注：‘田子陽，齊臣也。’”“晏子默而不對者，不欲太卜之死也。往見太卜者，恐君之惶也。晏子，仁人也，可謂忠上而惠下也。”孫云：“《淮南·道應訓》用此文。”元刻注云：“此章與‘柏常騫禳梟死，將爲公請壽，晏子識其妄’章旨同而辭異，故著於此篇。”純一案：《論衡·變虚篇》亦用此文。柏常騫請壽，即《雜下》四章。

有獻書譖晏子 “晏子”二字當重。退耕而國不治復召晏子第二十二

晏子相景公，其論人也，見賢而進之，“而”同“則”。《治要》作“即”。不同君所欲；君所欲者，讒諛耳。見不善則廢之，不辟君所愛；“辟”讀若“避”。《晉語》八“趙武子事君，不援而進，不阿而退”，義略同。行己而無私，直言而無諱。《治要》引止此，載《雜下》。有納書者標題“有”字本此。案：標題“有”字，義與“或”同。《春秋穀梁隱三年傳》曰：“有内辭也，或外辭也。”則“有”與“或”皆爲一分之義。《毛詩·商頌·玄鳥》“奄有九有”，《文選·册魏公九錫文》李注引《韓詩》作“九域”。“有”、“域”一聲之轉。《國語·魯語》“共工氏之伯九有也”，注：“有，域也。”“或”，古“域”字。吾友陳敦復云：“《孟子·萬章》‘有饋生魚于鄭子産’，《禮·檀弓》‘有愛而哭之，有畏而哭之’，三‘有’字義並與‘或’同。”曰：“廢置不周于君前謂之專，俞云：“‘不周’當爲‘不由’。廢置不由於君前，故爲專也。”純一案：“周”疑“問”之形誤。出言不諱于君前謂之易，“之”從孫本，元刻脱。易，猶違。《吕氏春秋·禁塞篇》“古之道也不可易”注。專易之行存，則君臣之道廢矣。吾不知晏子之爲忠臣也。”公以爲然。晏子入朝，公色不説，故晏子歸，備載，孫云：“‘備’同‘犕’。犕載，言犕駕也。”使人辭曰：“嬰故老悖無能，毋敢服壯者事。”《雜上》五章云：“嬰故老耄無能也，請毋服壯之事。”毋，語助，同此。辭而不爲臣，退而窮處，二句已見問上二章。東耕海濱，《雜上》一章作“東耕于海濱”。堂下生藜藿，門外生荆棘。二句已見《問上》二章，彼作“蓼藿”，蘇云：“‘藿’當爲‘蘿’。”七年，燕、魯分争，百姓惛亂，《雜上》五章作“百姓大亂”。而家無積。室如縣磬。公自治國，權輕諸侯，諸侯輕之。身弱高、國。身弱于齊之卿族高、國二氏。劉云：“此文錯簡，當作‘七年而家無積。公自治國，權輕諸侯，身弱高、國，燕、魯分争，百姓惛亂’。”純一案：劉説是。公恐，復召晏子。此句《雜上》五章同。晏子至，公一歸七年之禄，一，皆也。而家無藏。盡以分貧。晏子立，諸侯忌其威，高、國服其政，二句已見《雜上》五章。燕、魯貢職，小國皆朝。“皆”，元刻作“時”。晏子没而後衰。元刻注云：“此章與‘景公惡故人晏子退’章旨同，叙事少異，故著於此篇。”純一

案：説見《雜上》五章。

晏子使高糾治家三年而未嘗弼過逐之第二十三

晏子使高糾“糾”從孫本，元刻作“紏”。孫云：“‘糾’，今本作‘紏’，即‘糾’字壞也。《説苑》作‘繚’，音之轉。”治家，三年而辭焉。《説苑·臣術篇》作“高繚仕於晏子，晏子逐之”。儐者諫曰：“儐者”，《説苑》作“左右”。“高糾之事夫子三年，《北堂書鈔》三十二引作“高僚仕於晏子三年，無故，晏子逐之。左右陳曰：‘高僚事子三年’”。曾無以爵禄[7]而逐之，敢請其罪。”《説苑》作“其義可乎”，《書鈔》同。晏子曰：“若夫方立之人，《易·恒大象》曰：“君子以立不易方。”《正義》曰：“君子立身，得其恒久之道，故不改易其方。方猶道也。”“若夫方立之人”，謂若彼以道立身之人。維聖人而已。《説苑》、《書鈔》均無此二句。如嬰者，仄陋之人也。“仄”，古“側”字。《漢書·賈誼傳》集注：“側陋者，僻側淺陋也。”《書·堯典》“明明揚側陋”疏。《别雅》五云：“温子升舜廟碑‘感夢長眉，明敭仄陋’，即用虞書‘明揚側陋’語也。”並引《説苑·臣術篇》晏子此語，以爲同證。若夫左嬰右嬰之人，左右云者，俌弼之謂。不舉四維，四維將不正。“四”從孫本，元刻譌“曰”。二本並脱“四維”二字，文義不完，今校增。《管子·牧民篇》曰：“守國之度，在飾四維。四維不張，國乃滅亡。何謂四維？一曰禮，二曰義，三曰廉，四曰恥。”孫云：“《説苑》作‘有四維之，然後能直’。”今此子事吾三年，未嘗弼吾過也，此知晏子在在繩墨自矯。吾是以辭之。”元刻注云：“此章與‘景公欲見高糾’章旨同而辭少異，故著于此篇。”純一案：高糾事見《雜上》二十八章、二十九章。《説苑·臣術篇》用此文。

景公稱桓公之封管仲益晏子邑辭不受第二十四

景公謂晏子曰：“昔吾先君桓公予管仲狐與穀，其縣十七。狐、穀皆地名。著之于帛，申之以策，策，簡書也。通之諸侯，以爲其子孫賞邑。寡人不足以辱而先君，而，女也。今爲夫子賞邑，通之子孫。”“通”涉上文而誤，疑當作“遺”。晏子辭曰：“昔聖王論功而賞賢，賢者得之，不肖者失之，《墨子·尚賢上篇》曰："以勞殿賞，量功而受禄，故官無常貴，而民常[8]賤。有能則舉之，無能則下之。"義同。御德修禮，御，進也。無有荒怠。今事君而免于罪者，其子孫奚宜與焉？今嬰事君，無功可言，差幸免於罪耳，其子孫奚宜與受賞邑？蓋晏子之意，甚不以世禄爲然。若爲齊國大夫者必有賞邑，則齊君何以共其社稷與諸侯幣帛？若僅列爲大夫必有賞邑，則齊邑不足賞，君何以供社稷之祭用，與交四鄰諸侯幣帛之需？《問下》十二章"魯昭公謂晏子使齊外無諸侯之憂，内無國家之患，不伐功焉。歉然不滿"，可謂知言。嬰請辭。"遂不受。元刻注云："此章與'景公致千金而晏子固不受'、'使田無宇致封邑晏子辭'章旨悉同而辭少異，故著于此篇。"純一案：《雜下》十八章、十九章、二十章大旨並同。

景公使梁丘據致千金之裘晏子固辭不受第二十五

景公賜晏子狐之白裘，"狐之白裘"，文不成義，疑本作"白狐之裘"，與"玄豹之冠"儷文。孫云："《墨子·親士篇》：'千鎰之裘，非一狐之白也。'"玄豹之茈，"玄"，各本避清諱作"元"，今改正。"玄豹之茈"不成文，"茈"疑"冠"之形誤。下章云："晏子布衣鹿裘以朝。"《禮·檀弓下》云："晏子一狐裘三十年。"《禮器》云："晏平仲浣衣濯冠以朝。"晁沖之《閒居詩》："荒蕪蔣詡徑，破敝晏嬰冠。"足證其裘冠之惡。其貲千金，使梁丘據致之。晏子辭而不受，三反。孫云："'反'，一本作'返'。"公曰："寡人有此二，將欲服之，今夫子不受，寡人不敢服。《雜下》廿五章就車言"夫子不受，寡人亦不乘"。與其閉藏之，豈如弊之身乎？"與其閉藏而弊，何若服而弊之爲愈。晏子曰："君就賜，就，成也。使嬰修百官之政，君服之上，而使嬰服之于下，不可以爲教。"蘇云："此言君服此裘于上，臣服此裘于下，則是同君，恐奢侈之民皆從而效之，故云不可爲教。上篇'今輅車乘馬，君乘之上，而臣亦乘之下'云云，義正同此。"固辭而不受。元刻注云："此章與'景公使梁丘據遺之車馬，三返不受'章旨同而事少異，故著於此篇。"純一案：《雜下》二十五章及下章旨並同。

晏子衣鹿裘以朝景公嗟其貧晏子稱有飾第二十六

晏子相景公，布衣鹿裘以朝。洪云："《吕氏春秋·貴生篇》：'颜闔守閭，鹿布之衣。’‘鹿’即‘麤’字之省。《莊子·讓王篇》作‘苴布之衣’，‘苴’即‘麤’字，此鹿裘亦謂麤裘也。”公曰：“夫子之家，若此其貧也，《北堂書鈔》百二十九引此文同。是奚衣之惡也。兩“也”字俱讀“邪”。寡人不知，是寡人之罪也。”晏子對曰：“嬰聞之，蓋顧人而後衣食者，不以貪味爲非。蓋顧人而後行者，不以邪僻爲累。“僻”，元刻作“辟”。晏子尚儉，惡衣服，菲飲食，遵禹教也。此文不以貪味爲非，不以邪僻爲累，紕繆顯然。貪味屬食言，不得屬衣言。“衣食”之間，又有脱句甚明。疑本作“嬰聞之，顧人而後衣者，不以麤布爲惡。顧人而後食者，必以貪味爲非。顧人而後行者，尤以邪僻爲累”。今本衍兩“蓋”字，“衣”下脱“者不以麤布爲惡顧人而後”十一字，一“必”字，一“尤”字，俱譌作“不”，則義不可通矣。“顧人而後衣”二句，承上“奚衣之惡”言，爲本章之主，食行二義皆賓也，故下文專以布衣鹿裘有飾作結。嬰不肖，嬰之族又不如嬰也，待嬰以祀其先人者五百家，此文已見《問下》十二章。嬰又得布衣鹿裘而朝，于嬰不有飾乎。”再拜而辭。四字衍，無謂，當删。元刻注云：“此章與‘陳無宇請浮晏子’、‘景公睹晏子之食而嗟其貧’章旨同而辭少異，故著于此篇。”純一案：文見《雜下》十二章、又二十六章。盧云：“此章吴本缺。”

仲尼稱晏子行補三君而不有果君子也第二十七

仲尼曰：“靈公汙，晏子事之以整齊。莊公壯，晏子事之以宣武。景公奢，晏子事之以恭儉。晏子，二字舊脱，從孫校據《孔叢》補。君子也。孫云：“《孔叢·詰墨篇》：‘孔子曰：“靈公汙而晏子事之以潔，莊公怯而晏子事之以勇，景公侈而晏子事之以儉。晏子，君子也。”’此作‘莊公壯’，與《孔叢》言‘怯’者不合。莊公好勇，疑作‘怯’之誤。”盧云：“《左傳》：‘齊侯既伐晉而懼。’則‘怯’字亦非誤。”純一案：此文“壯”，《孔叢》作“怯”。“怯”與“武勇”義正相反。以上下文例之，“怯”字近是。顧晏子不尚武，此云事之以“宣武”，《孔叢》云“事之以勇”，似均不合。然此云“宣武”者，謂宣明止戈爲武。《孔叢》作“勇”者，謂如君子之勇（《雜上》三章：“晏子曰：‘劫吾以刃而失其志，非勇也。’”《太平御覽》四百三十七引：“胡非子云：‘夫曹劌，匹夫徒步之士，布衣柔履之人也，唯無怒，一怒而劫萬乘之師，存千乘之國。此謂君子之勇，勇之貴者也。’”），非匹夫之勇、敵一人者比，則與晏子非攻之旨符合矣。蓋莊公之“壯”，非君子之勇，正晏子欲行禮義之勇以止之者也。觀《諫上》

一章“莊公奮乎勇力，不顧行義”可證。又十七章曰：“使勇者常守之，則莊公、靈公將常守之矣。”《問下》十五章曰：“莊公好兵作武。”前十九章曰：“莊公陳武夫，尚勇力。”皆此云“莊公壯”之明徵，然則本文“壯”字不誤。《孔叢》作“怯”，直是“壯”之誤字。相三君而善不通下。善教不通行於下。晏子，細人也。”細，小也。晏子聞之，見仲尼，曰：“嬰聞君子有譏于嬰，是以來見。如嬰者，豈能以道食人者哉。此句已見前十七章。嬰之宗族待嬰而祀其先人者數百家，與齊國之簡士“簡”，舊作“閑”，今校改。説見《雜下》十二章。待嬰而舉火者數百家，嬰爲此仕者也。“嬰”，舊作“臣”。晏子對孔子不得稱臣，即訓“臣”爲“僕”亦不諧，今校改。下同，與上文一律。如嬰者，豈能以道食人者哉。”前十九章云嬰於靈公“盡復而不能立之政”，及莊公“欲辟勝於邪，而嬰不能禁”，今君“輕國而重樂”，嬰又不能禁，是皆晏子對孔子難言之隱衷也。晏子出，仲尼送之以賓客之禮，再拜其辱。反，命門弟子曰：“救民之姓而不夸，黄云：“‘姓’與‘生’古通。”行補三君而不有，不有，不自有其功也。晏子果君子也。”孫云：“已上二章，黄之宋本、淩澄初本皆删去，今據沈啓南本補入。餘篇次弟亦多錯亂，皆訂正。”盧云：“吴本缺此章。”元刻注云：“此章與‘仲尼之齊不見晏子’、‘魯君問何事回曲之君’章旨同而述辭少異，故著於此篇。”純一案：《外下》三章、四章，《問下》十二章旨並同。

【校記】

〔1〕與，《孟子》作“於”。

〔2〕令，四部叢刊本《晏子春秋》作“使”。

〔3〕承，《史記》作“丞”。

〔4〕原作“答”，音近而誤。

〔5〕而，四部叢刊本《晏子春秋》作“易”。

〔6〕禄，四部叢刊本《晏子春秋》作“位”。

〔7〕常，《墨子》通行本作“無終”。

晏子春秋校注卷八

漢陽張純一仲如

外篇不合經術者第八 凡十八章。盧云："吴本不分。"蘇云："舊以此與上篇併合爲一卷，意在合《七略》之數。"

仲尼見景公景公欲封之晏子以爲不可第一 盧云："吴本作'廿八'。"

仲尼之齊，見景公。景公説之，欲封之以爾稽，孫云："'爾稽'，《墨子》作'尼谿'。'尼'、'爾'，'稽'、'谿'，聲皆相近。"以告晏子。晏子對曰："不可。彼浩裾自順，孫云："'浩裾'，《墨子》作'浩居'，《史記》作'倨傲'。"洪云："'浩裾'即'傲倨'假借字。"不可以教下。好樂緩于民，"緩"從孫本，元刻作"綏"。孫云："今本'緩'作'綏'，非。《鹽鐵論》作'繁于樂而舒於民'，因'舒'知爲'緩'字。"黄云："《墨子·非儒篇》作'好樂而淫人'。"不可使親治。恐廢於聽治。立命而怠事，"怠"，舊譌"建"。孫云："《墨子》作'怠'，是。言恃命而怠於事也。"純一：今據正。案："建"爲"逮"之形誤，"逮"古通"怠"。不可使守職。"使"字舊脱，從盧、黄校據《墨子》補，言恐不勤於職守。厚葬，破民貧國，謂破民之財而使國貧。久喪，循哀費日，"循"，舊譌"道"。孫云："《墨子》作'宗喪循哀'，《孔叢》作'崇喪遂哀'。"王云："'道'當作'遁'，'遁'與'循'同。《墨子》作'宗喪循哀，不可使慈民'，文義正與此同。《問上》十一章曰'不淫於樂，不遁於哀'，即循哀也。'循'之言遂也，'遂哀'謂哀而不止也。説見《諫下》廿一章'修哀'下。"純一：今從孫、王校正。不可使子民。孫云："《墨子》作'慈民'，'子'當讀爲'慈'。"行之難者在内，平天下易，平自心難，《管子》有《内業》、《心術》、《白心》

等篇，可爲行難在内之證。《易·繫辭上》曰："無思無爲，寂然不動，感而遂通天下之故。"《墨子·尚賢中》曰："聖人之德，總乎天地。"皆攝外於内，知行之難在内矣。黄初云："王文成曰：'破山中賊易，破心中賊難。'"而儒者無其外，"儒"，舊譌"傳"，盧校作"儒"。黄云："盧校是。下四章：'始吾望儒而貴之，今吾望儒而疑之。''無其外'，'無'讀爲'嫵'。《説文》：'嫵，媚也。'嫵其外，即下所謂'異于服，勉于容'。"故異于服，勉于容，異其服制，勉飾外容。孫云："《墨子》作'機服勉容'。"不可以道衆孫云："'道'，《墨子》作'導'。"而馴百姓。"馴"，古"訓"字。《史記·孝文本紀》"教訓其民"正義。自大賢之滅，周室之卑也，威儀加多而民行滋薄，重禮文，失禮意，故《老子》曰："禮者，忠信之薄而亂之首。"聲樂繁充而世德滋衰。《墨子·三辯篇》曰："其樂逾繁者其治逾寡。"今孔丘盛聲樂以侈世，孫云："《墨子》作'盛容修飾以蠱世'。"飾弦歌鼓舞以聚徒，繁登降之禮以示儀，"以示儀"三字舊脱，從孫校據《墨子》補。務趨翔之節以觀衆，"務"字舊脱，據《墨子》補。孫云："《墨子》作'勸衆'。"博學不可以儀世，王云："言孔子博學而不可爲法於世。"勞思不可以補民，言無裨益於民。元刻脱"以"字。兼壽不能殫其教，譏其博而寡要。孫云："《墨子》作'累壽不能盡其學'。"當年不能究其禮，言其禮繁而難遵。孫詒讓注《墨子》云："當年，壯年也。"孫云："'究'，墨子作'行'。"積財不能贍其樂，積財不足以供樂舞之費。繁飾邪術以營世君，孫云："高誘注《淮南》：'營，惑也。'"盛爲聲樂以淫愚民，"民"上舊衍"其"字，據《墨子》删，與上句文同一例。"淫"，謂侈其性也。其道也不可以示世，元刻脱"其道"二字及"世"字。其教也不可以導民。《墨子》無兩"也"字，《鹽鐵論·論誹篇》："晏子有言，儒者華於言而寡於實，繁於樂而舒於民，久喪以害生，厚葬以傷業，禮煩而難行，道近而難遵。"大旨與此章同。今欲封之，以移齊國之俗，孫云："'移'，《墨子》作'利'。"非所以導衆存民也。"孫云："《墨子》作'導國先衆'。"公曰："善。"于是厚其禮，留其封，"封"字舊脱，孫據《墨子》增。敬見而不問其道，各本"見"下"而"字倒著"留其封"上，句法不調，今據《墨子》乙。仲尼迺行。孫云："《墨子·非儒篇》此作'孔子乃恚怒於景公與晏子，乃樹鴟夷子皮於田常之門，告南郭惠子以所欲爲，歸於魯'云云，疑本《晏子春秋》。後人以其詆譏孔子，乃删去其文，改爲'仲尼迺行'四字。《墨子·非儒篇》又載：'齊景公問晏子曰："孔子爲人何如?"晏子不對。公又問復[1]，不對。景公曰："以孔丘語寡人者衆矣，俱以賢人也，今寡人問之，而子不對，何也？”晏子對曰：“嬰不肖，不足以知賢人。雖然，嬰聞所謂賢人者，入人之國，必務合其君臣之親，而弭其上下之怨。孔丘之荆，知白公之謀，而奉之以石乞，君身幾滅而白公僇。嬰聞賢人得上不虚，得下不危，言聽於君必利人，教行於下必利上[2]。是以言明而易知也，明而易從[3]也，行義可明乎民，謀慮可通乎君臣。今孔丘深慮同謀以奉賊，勞思盡知以行邪，勸下亂上，教臣殺君，非賢人之行也。入人之國而與人之賊，非義之類也。知人不忠，趣之爲亂，非仁義之本也。逃人而後謀，避人而後言，行義不可明於民，謀慮不可通於君臣，嬰不知孔丘之有異于白公也。是以不對。”景公曰：“嗚呼，貺寡人者衆矣，非夫子則吾終身不知孔丘之於[4]白公同也。”’亦《晏子春秋》本文後人删去者，疑在此章之前，據《墨子》知之。”純一案：孫説未足據。何也？《墨子·非儒篇》“孔子怒於景公與晏子，乃樹鴟夷子皮於田常之門”，蘇時學注云：“據《史記》，范蠡亡吴後，乃變易姓名適齊，爲鴟夷子皮。然亡吴之歲乃孔子卒後六年，景公卒後十七年，又安知蠡之適齊而樹之田氏之門乎？此真齊東野人之語也。”又知白公之謀云云，畢沅注云：“《孔叢·詰墨》云：‘白公亂在哀公十六年秋，孔子已卒十旬。’”蘇時學云：“此誣罔之辭，殊不足辨。唯據白公之亂在景公卒後十二年，而晏子卒更在景公之先，又安能預知後事，而先與景公言之？”案：蘇説是也。據《史記·齊世家》，晏子先景公卒十年，亡吴之歲在晏子卒後二十七年，白公之亂在晏子卒後二十二年，其説不能見信於後人，故本書不取。專就儒家旨趣異於墨者而非之，此知晏子當歸墨家。墨子非儒之文，凡本書所無者，皆後人增成之。元刻注云：“此並下五章皆毁詆孔子，殊不合經術，故著於此篇。”

景公上路寢聞哭聲問梁丘據晏子對第二

盧云：“吴本作‘廿九’。”

景公上路寢，聞哭聲，曰：“吾若聞哭聲，何爲者也？”梁丘據對曰：“魯孔丘之徒鞠語者也。“鞠”從元刻，孫本作“鞫”。孫云：“姓鞫名語，疑即皋魚。‘皋魚’聲相近。”純一案：“鞠語”似非姓名，文有訛奪。明于禮樂，審于服喪。其母死，葬埋甚厚，孫云：“‘埋’，當爲‘薶’，俗從‘土’。”服喪三年，哭泣甚疾。”疾，痛也。公曰：“豈不可哉？”而色説之。現喜悦之色。晏子曰：“古者聖人，非不知能繁登降之禮，“知”下“能”字疑衍。下並同。制規矩之節，周旋中規，折旋中矩。行表綴之數表，表敬也。綴，綴淫也。以教民，以爲煩人留日，留，滯也。故制禮不羡于便事。孫云："言便事而已，不求餘也。"非不知能揚干戚鐘鼓竽瑟以勸衆也，"勸衆"當作"觀衆"。以爲費財留工，留，稽遲也。故制樂不羨于和民。樂以和民而已，不淫樂以妨民事。非不知能累世殫國以奉死，哭泣處哀以持久也，而不爲者，知其無補死者而深害生者，既埋已成之財，又禁後生之財。故不以導民。今品人《説文》："品，衆庶也。"飾禮煩事，徒飾禮文，不憚煩以從事。羨樂淫民，淫溢康樂，以侈民心。崇死以害生，三者，聖王之所禁也。賢人不用，德毀俗流，儉德毀滅，奢俗流行。故三邪得行于世。三邪者，飾禮、羨樂、崇死也。是非賢不肖雜，《問上》三十章曰："爲政何患？患善惡之不分。"上妄説邪，上心多妄，樂與邪僻。故好惡不足以導衆。好惡失其正故。此三者，路世之政，單事之教也。"單"從元刻。黄云："淩本同。孫本作'道'。"王引之曰："作'單'者是也。'單'讀爲'癉'。《爾雅》：'癉，病也。'字或作'癉'。《大雅·板篇》'下民卒癉'，《毛傳》曰：'癉，病也。''路'與'單'義相近。《方言》：'露，敗也。''路'、'露'古字通。言此三者，以之爲政則世必敗，以之爲教則事必病也。"洪云："《管子·戒篇》'握路家五十室'，《周書·皇門解》'自露厥家'，'路'與'露'同，羸也。'路世'猶言'衰世'也。'單事'與'路世'對言之，俗本改作'道事之教'，非是。"蘇云："《荀子·議兵篇》：'路亶者也。''亶'與'單'一聲之轉，義一而已。彼以'路亶'連文，此以'路'、'單'對文，乃古義，'道'字直是誤文。"公曷爲不察，聲受而色説之。"聞聲而色喜。

仲尼見景公景公曰先生奚不見寡人宰乎第三

盧云："吴本作'三十'。"

仲尼游齊，見景公。景公曰："先生奚不見寡人宰乎？"孫云："《孔叢》引《墨子》作'先生奚不見晏子乎'。"仲尼對曰："臣聞晏子事三君而得順焉，是有三心，所以不見也。"仲尼出，景公以其言告晏子。晏子對曰："不然。非嬰爲三心，三君爲一心故。"非"字舊脱，從王校補。三君皆欲其國家之安，一也。是以嬰得順也。嬰聞之，是而非之，當譽而誹。非而是之，當誹而譽。猶非也。均不是也。孔丘必據處此一心矣。"此文疑本作"孔丘必處一於此矣"。言以是爲非，或以非爲是，皆非真也。孔丘必處一於此矣。《孟子·公孫丑下》："前日之不受是，則今日之受非也。今日之受是，則前日之不受非也。夫子必居一於此矣。"義與此同。今本"此"上脱"于"字，衍"據"字、"心"字，"一"又倒著"此"下，義不可通。此與下章並《問下》二十九章、《外上》十九章旨同。

仲尼之齊見景公而不見晏子子貢致問第四

盧云："吴本作'三十一'。"

仲尼之齊，見景公而不見晏子。子貢曰："見君不見其從政者，可乎?"仲尼曰："吾聞晏子事三君而順焉，吾疑其爲人。"晏子聞之，曰："嬰則齊之世民也，嬰世爲大夫，自稱世爲齊民，謙也。不維其行，不識其過，不維持其正行而常之，不自識其過失而改之。不能自立也。不能自立于齊而保其身家。嬰聞之，有幸見愛，無幸見惡，非可愛而愛，不當惡而惡。誹譽爲類，"譽"從元刻，孫本作"謗"，非。言誹明惡，譽明美，以類相從，非若愛惡之無憑。聲響相應，如響應聲。見行而從之者也。《墨子·修身篇》曰："名譽不可虚假，反之身者也。"嬰聞之，以一心事三君者，所以順焉。君雖有三，而事之之心欲其國之安無二致，是其所以爲順也。以三心事一君者，不順焉。設嬰果有三心，不惟事三君不順，即事一君亦必不順。今未見嬰之行，而非其順也？"也"同"邪"。今未見嬰所以順之實，輒譏嬰以順之名邪？嬰聞之，君子獨立不慚于影，孫云："'影'，當爲'景'。"獨寢不慚于魂。《禮·中庸》曰："君子内省不疚，無惡於志。"是其義。《文選·恨賦》注引作"君子獨寢不慚於魂"。孔子拔樹削迹《史記·孔子世家》："孔子與弟子習禮大樹下。宋司馬桓魋欲殺孔子，拔其樹，孔子去。"不自以爲辱，身窮陳、蔡"身"字舊脱，據《孔叢·詰墨篇》補。窮，指絶糧七日言。不自以爲約，以内無慚於衾影故。非人不得其故，今譏人不了知其所以然。是猶澤人之非斤斧，山人之非網罟也，是猶水濱之人，惟自善其網罟之用，而非山人之斤斧；山居之人，惟自善其斤斧之用，而非澤人之網罟，無當也。"斧"、"罟"爲韻。出之其口，率爾鼓舌。不知其困也。不知實行者之困難。始吾望儒而貴之，今吾望儒而疑之。"兩"儒"字舊譌"傳"，孫據《孔叢》改。仲尼聞之，曰："語有之，言發于爾孫云："爾、邇同。"不可止于遠也，《論語·颜淵篇》曰："駟不及舌。”行存于身不可掩于衆也。《墨子·修身篇》曰：“君子以身戴行者也。”《禮·大學》曰：“十目所視，十手所指，其嚴乎。”吾竊議晏子而不中夫人之過，竊議，私議也。不中，不適當也。吾罪幾矣。吾不免於罪矣。丘聞君子過人以爲友，不及人以爲師。君子德過於人，則以其人爲友；德不及於人，則以其人爲師。今丘失言于夫子，夫子，指晏子。夫子譏之，是吾師也。”“夫子”舊不重。王云：“‘譏之’上當更有‘夫子’二字，而今本脱之，則文義不明。上文曰‘君子不及人以爲師’，故此曰‘夫子譏之，是吾師也’。”純一：今據補。《荀子·修身篇》：“非我而當者，吾師也。”因宰我而謝焉，宰我，言語之科。謝，認過也。然仲尼見之。“然”下當有“後”字。孫云：“《孔叢·詰墨》用此文。”

景公出田顧問晏子若人之衆有孔子乎第五

盧云：“吴本作‘三十二’。”

景公出田，寒，故以爲渾，孫云：“此‘温’字假音。”猶顧而問晏子曰：“若人之衆，則有孔子焉乎？”晏子對曰：“有孔子焉。則無有若舜焉，此六字與上下文氣俱不貫，疑本作“若問有無舜焉”，言此衆人之中有孔子，若問有無舜則嬰不識。下句同。今本“問”訛“則”，“有無”倒，“若”著“有”下，義不可通。則嬰不識。”公曰：“孔子之不逮舜爲閒矣，閒，遠也。《淮南子·俶真訓》“則醜美有間矣”高誘注。曷爲‘有孔子焉。則無有若舜焉，則嬰不識’？”晏子對曰：“是迺孔子之所以不逮舜。孔子，行一節者也，言孔子僅能行舜之一節。處民之中，其過之識，“其過之識”，疑本作“其識不能過之”，謂其知識不遠過於衆人。今本“識”字倒著“之”下，又脱“不能”二字，文不成義。況處君子之中乎。舊作“況乎處君之中乎”。王云：“‘處君之中’本作‘處君子之中’，下文曰：‘舜者，處民之中，則自齊乎士；處君子之中，則齊乎君子。’是其證。今本脱‘子’字，則義不可通。”純一案：王説是。惟謂脱“子”字未審，“况”下“乎”字即“子”之譌而誤倒者，今乙正。舜者，處民之中，則自齊乎士；處君子之中，則齊乎君子。上與聖人，《增韻》：“與，及也。”則固聖人之林也。孫云：“‘林’，一本作‘材’。”此迺孔子之所以不逮舜也。”

仲尼相魯景公患之晏子對以勿憂第六

盧云："吴本作'三十三'。"

仲尼相魯，景公患之，謂晏子曰：末章"晏子没後十有七年，景公飲諸大夫酒"云云，是晏子先景公卒十七年，此似未足據。據《史記·齊世家》，晏子先景公卒十年，當景公四十八年，即魯定公十年。據《孔子世家》，定公十四年孔子相魯，時晏子已卒。據《十二諸侯年表》，齊歸魯女樂，在定公十二年，亦晏子卒後事。此文不足信。"鄰國有聖人，敵國之憂也。今孔子相魯，若何？"《北堂書鈔》四十九引"若何"上有"爲之"二字，孔廣陶校云："全椒吴氏仿宋本《晏子》無'爲之'二字。陳本、俞本同。"晏子對曰："君其勿憂。彼魯君，弱主也。弱主，昏庸無能之謂。孔子，聖相也。君不如陰重孔子，設以相齊，孫云："《孔叢》'設'作'欲'。"純一案：設者，虚假之詞。"設以相齊"，蓋陰謀也。孔子彊諫而不聽，必驕魯而有齊，孫云："'有齊'，《孔叢》作'適齊'。疑'有'當爲'適'。"盧云："'有'猶'恃'也。"君勿納也。夫絶于魯，無主于齊，孔子困矣。"居期年，孔子去魯之齊，景公不納，故困于陳、蔡之間。孫云："《孔叢·詰墨》用此文。"元刻注云："此上五章皆毁詆孔子，而此章復稱爲'聖相'，設相齊以困孔子，似非平仲之所宜，故著於此篇。"

景公問有臣有兄弟而彊足恃乎晏子對不足恃第七

盧云："吴本作'三十四'。"

景公問晏子曰："有臣而彊，足恃乎？"晏子對曰："不足恃。""有兄弟而彊，足恃乎？"晏子對曰："不足恃。"公忿然作色曰："吾今有恃乎？"晏子對曰："有臣而彊，無甚如湯。湯有臣伊尹、仲虺、女鳩、女房、義伯、仲伯（見《史記·殷本紀》），可謂强矣。有兄弟而彊，無甚如桀。無考。湯有弑其君，桀有亡其兄，二句義不可曉。豈以人爲足恃，舊衍"哉"字，蓋後人不知下文"也"與"邪"同，二句當連讀，妄增之。今校删。可以無亡也？"孫云："彊、湯、兄、亡爲韻。此章及下六章，俗本删去。"元刻注云："此章景公問臣並兄弟之彊，而晏子對以湯、桀，無以垂訓，故著於此篇。”此章下舊有“與”字。俞云：“此‘與’字似不當有，寫者依他篇增之，而不知其非。”純一：今據删。盧云：“吴勉學本缺此與下六章。元刻本、沈啓南本、吴懷保本皆有。”

景公遊牛山少樂請晏子一願第八

盧云：“吴本作‘三十五’。”

景公遊于牛山，少樂。公曰：“請晏子一願。”晏子對曰：“不，孫云：“‘不’讀如‘否’。”嬰何願？”公曰：“晏子一願。”對曰：“臣願有君而見畏，願有君見之而生敬畏。有妻而見歸，婦人謂嫁曰歸。有子而可遺。”燕翼詒謀。孫云：“畏、歸、遺爲韻。”純一案：《古音譜》五齊引此。公曰：“善乎，晏子之願也。“也”字舊脱，從蘇校補，與下文同一例。載一願。”“載”與“再”通。晏子對曰：“臣願有君而明，有妻而材，家不貧，有良鄰。有君而明，日順嬰之行。“嬰”字當在“日順”上，言嬰日順承明君之令以爲行。今似言明君日順嬰之意以爲行，非。有妻而材，則使嬰不忘。明、行、忘爲韻，《古音譜》十六庚引此。家不貧，則不愠朋友所識。似言家不貧，則可周濟朋友所識，使無愠怒。有良鄰，《論語·里仁篇》曰：“里仁爲美。”則日見君子。相觀摩而善。嬰之願也。”公曰：“善乎，晏子之願也。載一願。”三字舊脱，從劉校補。晏子對曰：“臣願有君而可輔，“輔”當作“俌”。有妻而可去，去，藏也。前漢《蘇武傳》：“掘野鼠、去草實而食之。”注：“去，收藏也。”但“有妻而可藏”與“有妻而見歸”義鄰於複，“去”或當訓“離”、訓“棄”，謂有妻設不願相偕，即可自由離去。如《雜上》廿五章“晏子之僕，其妻請去”，其例也。晏子思想平等，或對景公爲此戲言，亦不足怪。然《雜下》廿四章“景公欲納愛女，晏子不倍老妻之託而辭之”，後第十章“斥田無宇云：‘去老者謂之亂，納少者謂之淫，見色而忘義，處富貴而失倫，謂之逆道’”。知晏子之平等，必不背正義也。有子而可怒。”《墨子·耕柱篇》“子墨子怒耕柱子”，怒猶責也，即責備賢者之責。孫云：“輔、去、怒爲韻。”純一案：《古音譜》十二魚上聲引此。公曰：“善乎，晏子之願也。”元刻注云：“此章載晏子之願如此，無以垂訓，故著於此篇。”純一案：元刻“載”譌“裁”，從盧校改。盧云：“吴本缺此章。”

景公爲大鐘晏子與仲尼柏常騫知將毁第九

盧云："吴本作'三十六'。"

景公爲大鐘，將縣之。晏子、仲尼、柏常騫《初學記》十六引"晏子"在"柏常騫"下。三人朝，俱曰：孫云："《初學記》作'三人俱來朝，皆曰'。""鐘將毁。"衝之，果毁。孫云："'衝'讀如'撞'。《初學記》作'撞'。"純一案：《太平御覽》五百七十五引作"仲尼、柏常騫、晏子三人俱朝，曰：'鐘將毁之。'撞，果毁"。公召三子者而問之。"者"字疑衍。《御覽》作"公見三子，問之"，無"者"字可證，《初學記》無"而"字。晏子對曰："鐘大，不祀先君而以燕，非禮，是以曰鐘將毁。"以此神道設教。仲尼曰："鐘大而縣下，衝之，其氣下回而上薄，《初學記》作"其氣不得上薄"。是以曰鐘將毁。"此就物理言之。柏常騫曰："今庚申，《初學記》"今"下有"日"字。雷日也，音莫勝於雷，"音"，《御覽》、《初學記》並作"陰"。是以曰鐘將毁也。"此陰陽家言，殊不足信。元刻注云："此章與'景公爲泰吕成，將燕饗，晏子諫'章旨同而尤近怪，故著於此篇。"純一案：元刻"成"譌"臣"，據明本改。盧校同。"景公爲泰吕成"，即《諫下》十二章。盧云："吴本缺此章。"

田無宇非晏子有老妻晏子對以去老謂之亂第十

盧云："吴本作'三十七'。"

田無宇見晏子獨立于閨内，有婦人出於室者，盧云："《韓詩外傳》九非晏子之妻，乃其妻之使人，爲近理。"髮班白，衣緇布之衣而無裏裘。《韓詩外傳》作"晏子之妻使人，布衣紵表"。田無宇譏之曰："出於室何爲者也？""何爲"舊倒。王云："當作'何爲者也'，言此出於室者何等人也。今本作'爲何者也'，則文不成義。《韓詩外傳》正作'何爲者也'。"純一：今據乙。晏子曰："嬰之家也。"《韓詩外傳》作"家臣也"。無宇曰："位爲中卿，食田七十萬，"食"字舊脱，據《韓詩外傳》補。何以老妻爲？""妻爲"舊倒。王云："當作'何以老妻爲'，言富貴如此，何用老妻爲也。今作'何以老爲妻'，則文不成義。《韓詩外傳》作'何用是人爲'，文義亦同。”純一：今據乙。對曰：“嬰聞之，去老者謂之亂，納少者謂之淫。且夫見色而忘義，處富貴而失倫，謂之逆道。嬰可以有淫亂之行，不顧于倫，逆古之道乎。”《韓詩外傳》作“棄老取少謂之瞽，貴而忘賤謂之亂，見色而悦謂之逆，吾豈以逆亂瞽之道哉”。元刻注云：“此章與‘景公以晏子妻老，欲納愛女’旨同而事異。陳無宇雖至凡品，亦未應以是誚晏子。設非晏子者，將納其説，見棄妻乎。無以垂訓，故著于此篇。”純一案：景公欲納愛女，即《雜下》廿四章。盧云：“吴本缺此章。”

工女欲入身于晏子晏子辭不受第十一

盧云：“吴本作‘三十八’。”

有工女託于晏子之家者“者”上舊衍“焉”字，據《太平御覽》四百二十六引删。曰：“婢妾，東郭之野人也，孫云：“‘婢妾’，《御覽》作‘婢子’。‘東郭’，今本作‘在廓’，據《御覽》作‘東郭’。‘廓’，俗字。”願得入身，比數于下陳焉。”晏子曰：“乃今而後自知吾不肖也。舊作“今日”。王云：“‘日’字後人所加。凡書傳中言‘乃今而後’者，加一‘日’字則累於詞矣。《太平御覽》人事部六十七引此無‘日’字。”盧校同。純一：今據删。古之爲政者，士農工商異居，男女有别而不通，故士無邪行，《御覽》無“不通故”三字。女無淫事。今僕託國主民，受全國之託而主民事。而女欲犇僕，僕必色見而行無廉也。”“色見”文義不順，當作“見色”。孫云：“‘廉’，《御覽》作‘清’。”盧云：“《御覽》無‘色見而’三字。”遂不見。元刻注云：“此章與‘犯傷槐之令者女求入晏子家’事同而辭略，且無因而至，故著於此篇。”純一案：犯槐者女事見《諫下》二章。盧云：“吴本缺此章。”

景公欲誅羽人晏子以爲法不宜殺第十二

盧云：“吴本作‘三十九’。”

景公蓋姣，“姣”、“佼”同，美好也。有羽人視景公僭者。孫云：“《周禮·羽人》‘下士二人’，屬地官司徒。”純一案：下犯上謂之僭。隱五年《穀梁傳》“始僭樂矣”注。公謂左右曰：“問之，何視寡人之僭也？”羽人對曰：“言亦死，而不言亦死，竊姣公也。”公曰：“合色寡人也？俞云：“‘合色’無義。下文‘公曰：“色寡人，故將殺之。”晏子曰：“雖使色君，於法不宜殺也”’，‘色’上並無‘合’字。‘合’疑‘否’字之誤，‘否’字自爲一句。《説文·丶部》：‘否，相與語唾而不受也，從丶否聲。’公曰‘否’者，深怪其語，故先唾而不受耳。”孫詒讓云：“‘合’疑‘呰’之誤。《説文·口部》云：‘呰，苛也。’《吕氏春秋·權勳篇》云：‘豎陽穀操黍酒而進之，子反叱曰：“訾，退酒也。”’訾、呰聲義同。”殺之。”晏子不時而入見曰：“蓋聞君有所怒羽人。”公曰：“然。色寡人，故將殺之。”晏子對曰：“嬰聞拒欲不道，惡愛不祥，雖使色君，於灋不宜殺也。”公曰：“惡然乎，若使沐浴，寡人將使抱背。”元刻注云：“此章不典，無以垂訓，故著于此篇。”純一案：此章當删。盧云：“吴本缺此章。”

景公謂晏子東海之中有水而赤晏子詳對第十三

盧云：“吴本作‘四十’。”

景公謂晏子曰：“東海之中《藝文類聚》八十五引無“之”字，八十七引有，《太平御覽》八百二十引亦無“之”字。有水而赤，其中有棗，《御覽》八百二十引無“其”字，又九百六十五引“其”作“水”。《類聚》八十五無“其中”二字，八十七有。華而不實，何也？”晏子對曰：《御覽》兩引並無“對”字。“昔者，秦繆公《御覽》兩引，一無“者”字，一有“者”字，“繆”並作“穆”。《類聚》八十五無“者”字，八十七有。乘龍舟而理天下，黄云：“元刻無‘舟’字。”孫云：“《藝文類聚》作‘乘龍’，《文選》注作‘乘舟’。今訂定作‘乘龍舟’。”純一案：《御覽》兩引並作“乘龍治天下”，《類聚》兩引“治”均作“理”。以黄布裹烝棗，《類聚》八十五作“黄帝布”，八十七及《御覽》兩引並同此。至東海而捐其布。孫云：“‘捐’，《藝文類聚》作‘投’。”黄云：“《文選·新刻漏銘》注作‘椓’。”純一案：《御覽》八百二十引作“至海而淬其布於波”，下無“彼”字。又九百六十五引作“至海而投其布，故水赤”，《類聚》同。惟八十五“布”上有“棗”字。彼黄布，故水赤。“彼”，孫據《文選》注、《藝文類聚》改作“破”。俞云：“孫改非也。‘彼黄布’者，言彼所捐之布乃黄布也，若作‘破’字，則‘破黄布’三字文不成義矣。‘烝棗’上亦當有‘彼’字，蒙上而省。”烝棗，故華而不實。”公曰：“吾詳問子，何爲對？”孫云：“‘詳問’，《文選》

注作‘佯問’，《通俗文》‘陽’作‘詳’，虚辭也。”盧云：“‘何爲’二字疑衍。”黄云：“《文選》注無‘何爲’二字。”蘇云：“‘何爲’下當有‘對’字，傳寫者緣下‘對’字而脱耳。景公言吾乃佯問，何爲對，故晏子答以詳問詳對，義本昭晰，以爲衍文，語意不完矣。”純一案：《御覽》八百二十作“吾佯問”，九百六十五作“吾佯問子”，《類聚》兩引作“吾佯問子耳”，並無“何爲對”三字，然引文從略，不盡可據，蘇説義長。劉云“對”下挩“晏子對”三字是也，今據《御覽》八百二十引補於下。晏子對曰：“嬰聞之，《文選》注及《御覽》兩引並無“之”字。《類聚》八十五無，八十七有，《繹史》同。詳問者，亦詳對之也。”《文選》注作“佯問者，佯對也”。《御覽》九百六十五同《文選》注，惟“也”作“之”。又八百二十及《類聚》八十五均作“佯問者，亦佯對之”。《類聚》八十七及《繹史》同，惟並無“之”字。元刻注云：“此並下一章，語類俳而義無所取，故著於此篇。”孫云：“已上七章，據沈啓南本、吴懷保本增入。”盧云：“吴本缺此章。”

景公問天下有極大極細晏子對第十四

盧云：“吴本作‘四十一’。”

景公問晏子曰：“問”，《太平御覽》九百二十七引作“謂”。“天下有極大物乎？”“物”字舊脱，據《御覽》補。晏子對曰：《御覽》無“晏子”二字。“有。句。北溟有鵬，足游浮云，背淩蒼天，《古音諧》七真引此，云、天諧。尾偃天間，《説文》：“偃，僕也。”躍啄北海，《説文》：“啄，鳥食也。”頸尾咳于天地，“咳”，《御覽》作“該”。然而漻漻乎不知六翮之所在。”舊脱“北溟有鵬”句，“乎”字倒著“然而”上。王云：“自‘足游浮云’以下六句，皆指鵬而言，今本脱去‘鵬’字，則不知爲何物矣。《太平御覽》羽族部十四鵬下引此，作‘鵬足游浮云’云云，則有‘鵬’字明矣。又案：‘頸尾咳於天地乎’，‘乎’字本在下句‘漻漻’下，‘漻漻’即‘寥寥’，曠遠之貌也，故曰‘漻漻乎不知六翮之所在’。今本‘乎’字在上句‘天地’下，則文義不順。《御覽》引此，‘乎’字正在‘漻漻’下。”純一案：王説是而義未盡，此文本作“北溟有鵬”，與“東海有蟲”對文。《莊子・逍遥遊篇》：“窮髮之北有溟海者，天池也。有鳥焉，其名爲鵬，背若泰山，翼若垂天之云。”《列子・湯問篇》文同。列子並以焦螟與鵬對舉，大旨與此全同，則本文當作“北溟有鵬”，明矣。今本脱去，王僅補一“鵬”字，語意仍未完足，今並據以增訂。《古音諧》四之上聲引此，海、在諧。孫云：

“‘咳’與‘閡’通。”公曰：“天下有極細者乎?”“者”字舊脱，據《文選・鷦鷯賦》注補。孫云：“‘細’，《藝文類聚》作‘小’。”純一案：《類聚》見九十七。晏子對曰：“有。句。東海有蟲，孫云：“‘蟲’，今本作‘蟲’，據《文選》注、《藝文類聚》改。”純一案：元刻正作“蟲”，《文選》張景陽《七命》注“蟲”下有“名曰焦螟”四字。巢于蟁睫，孫云：“‘蟁’，《文選》注作‘蚊’，俗字。”純一案：《御覽》九百五十一作“生於蚊睫”。“睫”，《説文》作“睞”，“目旁毛也”。再乳再飛，而蟁不爲驚。孫云：“《藝文類聚》作‘飛乳去來，而蚊不覺’。”純一案：《文選・七命》注同孫見《類聚》。明王元貞校《類聚》作“再乳而飛，蟁不爲驚”，《御覽》作“再乳而兆，蚊不爲驚”。臣嬰不知其名，而東海漁者命曰焦冥。”孫云：“《列子・湯問篇》：‘江浦之間生麽蟲，其名曰焦螟，羣飛而集於蚊睫，弗相觸也。栖宿去來，蚊弗覺也。’”純一案：《類聚》“冥”作“螟”。《文選・鷦鷯賦》注作“臣不知其名，而東海有通者，命曰鷦螟”。《御覽》作“臣嬰不知名，東海耆老命曰蟭螟”。驚、名、冥爲韻。《古音諧》十青引此。

莊公圖莒國人擾紿以晏子在迺止第十五

盧云：“吴本作‘四十二’。”

莊公闔門而圖莒，國人以爲有亂也，皆操長兵而立於衢閭。“衢”字舊脱，從王校據下文補。黄云：“元刻‘操’作‘摽’。下同。”王云：“衢閭，當衢之閭也。”公召睢休相孫云：“姓睢名休相。”而問曰：“寡人闔門而圖莒，國人以爲有亂，皆操長兵而立于衢閭，“操”，舊作“摽”。孫云：“‘摽’當爲‘標’。”純一案：操，持也。摽，擊也，又麾也，義不及“操”字妥適，今改，從上文一律。元刻並作“摽”，皆“操”之形誤。奈何?”休相對曰：“誠無亂而國人以爲有，“人”字舊脱，據上文增。則仁人不存。以無素孚民望之仁人在此，無以安其心故。《問下》十二章曰：“晏子，仁人也，使齊外無諸侯之憂，内無國家之患。”觀此益信。請令于國，言晏子之在也。”公曰：“諾。”以令于國：“孰謂國有亂者，晏子在焉。”然後皆散兵而歸。皆知晏子能安國故。君子曰：“夫行不可不務也。晏子存而民心安，此非一日之所爲也，黄云：“元刻脱‘非’字。”有所以見于前信于後者。舊無“有”字，語意不完，今校增。是以晏子立人臣之位，而安萬民之心。”元刻注云：“此章特以晏子而紿國人，故著於此篇。”

晏子死景公馳往哭哀畢而去第十六

盧云：“吴本作‘四十三’。”

景公游于菑，孫云：“《太平御覽》作‘臨菑’，《説苑》作‘蔞’。《郡國志》：‘平昌有蔞鄉。’《韓非》作‘游少海’。”蘇云：“《治要》無‘於’字，‘菑’作‘淄’。”純一案：鮑刻《御覽》四百八十七作“游臨淄”。《文選·褚淵碑》注作“菑”，《齊安陸昭王碑》注作“淄”。聞晏子死，孫云：“‘死’，《御覽》作‘卒’。”蘇云：“《治要》同。”純一案：《説苑》亦作“卒”。公乘侈輿服繁駔驅之，孫云：“《説苑》作‘乘輿素服，驛而驅之’。《文選》注作‘公擊驛而馳’。按《韓非》作‘趨駕煩且之乘’。則繁駔，馬名。煩、繁，且、駔，聲相近。《説文》：‘駔，壯馬也。一曰馬蹲駔也。’《文選》注作‘擊驛’，形相近，字之誤耳。”蘇云：“《治要》作‘公乘而驅’。”孫詒讓云：“《考工記·輿人》云：‘飾車欲侈。’此景公意欲急行，不在車之侈弇。竊疑《晏子》本文當作‘公侈乘輿’。古從芻從多之字聲近通用。《周禮·樂師》‘趨以采齊’，鄭注云：‘故書“趨”作“跢”。’鄭司農云：‘“跢”當爲“趨”，書亦或爲“趨”。’‘趨’，俗書亦或作‘趍’，並其證也。此‘侈’即韓子之‘趨’，言催促令急駕乘輿也。繁駔、煩且義亦難通。《説苑》宋本作‘乘馹’，《文選》注引亦作‘驛’，疑‘繁駔’之‘駔’亦即‘馹’之形誤。”純一案：胡刻仿宋《文選》兩引並作“繁駔”，海録軒本並作“擊馹”，此文“乘侈輿”當依孫校作“侈乘輿”爲是。“服繁駔”與“侈乘輿”對文，“繁駔”似不誤。言公意求速至，趨駕乘輿，用壯馬而驅之。自以爲遲，舊作“而因爲遲”。孫云：“《説苑》、《文選》注、《太平御覽》俱作‘自以爲遲’。”蘇云：“《治要》同。”純一：今據改。下車而趨。知不若車之遬，孫云：“‘遬’，《文選》注作‘駃’，《太平御覽》作‘速’。”純一案：《説苑》、《治要》並作“速”，胡刻仿宋《文選》兩引並作“知不如車之駃”。案：《古今注》卷下：“曹真有駃馬，名爲驚帆，言其馳驟如烈風舉帆之疾也。”《音義》引作“駃”，誤。海録軒本《文選》並作“知不如車之駛”。案：“駛”，《廣韻》、《玉篇》並云“疾也”。《增韻》云：“馬行疾也。”駃、駛義並與速同。則又乘。《文選》兩引並有“之”字。比至于國者，《説苑》、《治要》並同。《文選》兩注並《御覽》均作“比至國”。四下而趨，行哭而往，至，伏尸而號，舊脱“至”字。孫云：“‘尸’，《説苑》作‘屍’。”王云：“案‘伏尸而號’上有‘至’字，而今本脱之，則叙事不備。

‘行哭而往’，尚未至也，則‘至’字必不可少。《説苑·君道篇》及《羣書治要》、《太平御覽》人事部百二十八並作‘至，伏尸而號’。《文選·褚淵碑》注、《齊安陸昭王碑》注並作‘至，則伏尸而哭’。”純一：今據補。《御覽》五百四十九引“尸”作“屍”。曰：“子大夫日夜責寡人，不遺尺寸，言事無巨細皆見責。寡人猶且淫佚而不收，收，斂也。《小爾雅·廣言》。怨罪重積于百姓。今天降禍于齊，蘇云：“《治要》有‘國’字。”純一案：《説苑》並《御覽》四百八十七同。不加于寡人，《説苑》、《治要》、《御覽》兩引均無“于”字。而加于夫子，《説苑》無“于”字，《治要》“于”作“之”，《御覽》四百八十七無“而”字，五百四十九同《説苑》。齊國之社稷危矣，百姓將誰告夫。”孫云：“《文選》注作‘百姓誰復告我惡邪’，《韓非·外儲説》、《説苑·君道篇》用此文。”盧云：“‘夫’，《説苑》作‘矣’，是。”純一案：“夫”，《治要》作“乎”，“夫”猶“乎”也，均嘆詞，詳見《經傳釋詞》，《説苑》作“矣”，非。《御覽》四百八十七作“社稷危矣，百姓誰告”，雖無“將”字、“夫”字，而義正同，謂晏子既没，百姓疾苦，將誰告而誰拯之。《文選》兩注均因省去上文“子大夫日夜責寡人不遺尺寸”云云，於此作“百姓誰復告我惡邪”，失其百姓無告之旨，不可從。《韓非·外儲説左上》文與此異，録之以備參稽：“齊景公游少海，傳騎從中來謁曰：‘嬰疾甚，且死，恐公後之。’景公遽起，傳騎又至。景公曰：‘趨駕煩且之乘，使騶子韓樞禦之。’行數百步，以騶爲不疾，奪轡代之御。可數百步，以馬爲不進，盡釋車而走。以煩且之良而騶子韓之巧，而以爲不如下走也。”元刻注云：“此並下二章皆晏子没後景公追懷之言，故著于此篇。”蘇云：“《治要》此下接‘晏子没後十有七年’云云，載此在《雜下篇》。”

晏子死景公哭之稱莫復陳告吾過第十七

盧云：“吴本作‘四十四’。”

晏子死，景公操玉加于晏子屍上舊脱“屍上”二字，從孫校據《御覽》五百四十九增。而哭之，涕沾襟。《御覽》作“涕下沾衿”。孫云：“《爾雅·釋器》：‘衣眥謂之襟。’”章子諫曰：“非禮也。”公曰：“安用禮乎？昔者吾與夫子遊于公阜之上，“阜”，舊作“邑”，從盧校改。一日而三不聽寡人，今其孰能然乎。《諫上》十八章云：“昔者從夫子而游公阜，夫子一日而三責我，今誰責寡人哉。”吾失夫子則亡，無以自存。何禮之有。”免而哭，免冠而哭。哀盡而去。孫云：“《太平御覽》作‘盡哀’。”蘇云：“哀盡，哀畢也。上章標題云‘哀畢而去’，是其證矣，《御覽》非。”純一案：哀盡、盡哀，其義一也。

晏子没左右諛弦章諫景公賜之魚第十八

盧云：“吴本作‘四十五’。”

晏子没十有七年，黄云：“盧校‘没’下有‘後’字。”純一案：《史記·齊世家》：“景公四十八年，晏子卒。後十年，景公薨。”此云晏子没十七年，景公飲諸大夫酒，未知孰是。“七”或“弌”之形誤。景公飲諸大夫酒。公射，出質，孫云：“質，射質也。”堂上唱善，若出一口。公作色太息，播弓矢。播，棄也。弦章入，公曰：“章，此下各本俱缺。元刻作“‘吾失晏子，未嘗聞吾不善。’章曰：‘臣聞君好臣服，君嗜臣食。尺蠖食黄身黄，食蒼身蒼。君其食諂人言乎？’公曰：‘善。’賜弦章魚五十乘。弦章歸，魚車塞途。章撫其僕曰：‘曩之唱善者，皆欲此魚也。’固辭不受”。文止此。此由後人據《御覽》九百三十五引晏子補入。孫本作“自晏子没後，不復聞不善之事。弦章對曰：‘君好之則臣服之，君嗜之則臣食之。尺蠖食黄則黄、食蒼則蒼是也。’公曰：‘善。吾不食諂人以言也。’以魚五十乘賜弦章。章歸，魚車塞塗，撫其御之手曰：‘昔者晏子辭賞以正君，故過失不掩之。今諸臣諛以干利，吾若受魚，是反晏子之義而順諂諛之欲。’固辭魚不受。君子曰：‘弦章之廉，晏子之遺行也’”。《音義》云：“據《御覽》增。”王云：“孫所增文，乃雜取諸書補入者，不足爲據。”因録元刻，又以《羣書治要》及《御覽》四百二十六所引補之。俞云：“王補洵較孫刻爲備，惟此文實見於《説苑·君道篇》，《治要》及《御覽》所引均不全。”因録《説苑》，補王引所未及。純一案：諸引莫備于《説苑》，今從俞校補此。自吾失晏子，于今十有七年，《治要》有“矣”字。未嘗聞吾不善。“吾”下舊衍“過”字，據《治要》及《御覽》九百三十五引删。今射出質，而唱善者若出一口。”《治要》無“而”字，“若”作“如”。弦章對曰：“此諸臣之不肖也，知不足以知君之不善，《治要》無“之”字。勇不足以犯君之顔色，《治要》無“色”字。然而有一焉，臣聞之，《治要》無“之”字。君好之則臣服之，君嗜之則臣食之。《御覽》九百三十五作“君好臣服，君嗜臣食”。服、食爲韻，《古音諧》一戠引此。夫尺蠖食黄則其身黄，食蒼則其身蒼。孫云：“《藝文類聚》作‘食黄即身黄，食蒼即身蒼’。”純一案：《類聚》見卷九十七，《御覽》九百四十八同，《治要》無“夫”字及兩“則”字。黄、蒼爲韻，《古音譜》十六庚引此。君其猶有諂人言乎？”《治要》“諂”上有“食”字，“人”下有“之”字。公曰：“善。《治要》引止此，載《雜下》。今日之言，章爲君，我爲臣。”是時海人入魚，公以五十乘賜弦章。章歸，“歸”上“章”字舊脱，據《御覽》四百二十六補。魚乘塞塗，撫其御之手曰：“曩之唱善者，皆欲若魚者也。昔者，晏子辭賞以正君，故過失不掩。《御覽》四百二十六作“故天下稱之”。今諸臣諂諛以干利，故出質而唱善，如出一口。今所輔于君，未見于衆而受若魚，若，此也。是反晏子之義，而順諂諛之欲也。”固辭魚不受。君子曰：“弦章之廉，乃晏子之遺行也。”孫云：“《説苑·君道篇》用此文。”盧云：“吴本缺此章。”

【校記】

〔1〕問復，四部叢刊本《晏子春秋》作“復問”。

〔2〕於下必利上，四部叢刊本《晏子春秋》作“下必於上”。

〔3〕明而易從，四部叢刊本《晏子春秋》作“易而從”。

〔4〕於，四部叢刊本《晏子春秋》作“與”。

荊楚文庫

張純一集（四）

張純一 著
何卓恩 李濤 編校

荊楚文庫編纂出版委員會
華中師範大學出版社

墨子集解卷十二

漢陽張純一仲如

貴義第四十七

《老子》曰："大道廢有仁義。"務絶仁棄義，蓋欲去人爲之善，而復天真之樸也。墨子以一切事物之宜，莫非天理之周流，故貴義，務盡人以合天，蓋老學之初階也，亦所以圓成老學者也。曹云："此篇題曰《貴義》，篇中言義之處甚多，墨子之所謂義者，何也？兼愛是也。兼愛不謂之仁，而謂之義者，義爲仁之表也。《易》曰：'立天之道曰陰與陽，立地之道曰柔與剛，立人之道曰仁與義。以仁配陰柔，以義配陽剛者，表裏之謂也。'仁者，心之德，生於其心，而著於事物，乃爲天下之通義。"

子墨子曰："萬事莫貴於義。今謂人曰：'予子冠履，而斷子之手足，子爲之乎？'必不爲，何故？則冠履不若手足之貴也。又曰：'予子天下，而殺子之身，子爲之乎？'必不爲，道家所以大己而小天下。何故？則天下不若身之貴也。王云："《太平御覽》人事部十一、六十二，資産部二，引此，并作'何則'，無'故'字。"曹本從之。争一言以相殺，是義貴於其身也。"義貴"舊倒，畢云："《太平御覽》引作'義貴於身'。"孫校同，今據乙。尹云："《孟子》'舍生取義'，旨與此同。"故曰：萬事莫貴於義也。"孫云："《淮南子·泰族訓》云：'天下大利，比之身則小，身之重也，比之義則輕。'義本此。"

子墨子自魯即齊，畢云："二字舊倒，以意改。"孫云："《毛詩·鄭風·東門之墠》傳云：'即，就也。'言由魯至齊。"過故人，畢云："《太平御覽》引作'之齊遇故人'。"純一案：《御覽》四百二十一、八百二十二，兩引同。故人謂子墨子曰："故人"二字舊脱，語意不完。《御覽》四百二十一引重，今據補。"今天下莫爲義，子獨自苦而爲義，子不若已。"子墨子曰："今有人於此，有子十人，一人耕而九人處，則耕者不可以不益急矣。《亢倉子·農道篇》曰："非老不休，非疾不息，一人勤之，十人食之。"此知墨子自苦爲人之精神，多本於農家。何故？則食者衆而耕者寡也。王校亦删“故”字，曹本同。今天下莫爲義，則子如勸我者也，畢云：“《太平御覽》引，作‘子宜勸我’。”王云：“此不解‘如’字之義，而以意改之也。‘如’，猶宜也，言子宜勸我爲義也。‘如’字古或訓爲宜。”純一案：《御覽》見人事部六十二、資産部二。何故止我？”畢云：“《御覽》兩引‘故’作‘以’。”

子墨子南游於楚，獻書惠王，四字舊作“見楚獻惠王”，今據《文選・謝玄暉和伏武昌登孫權故城詩》注及《渚宫舊事》删訂。畢云：“檢《史記》，楚無獻惠王也，《藝文類聚》引作‘惠王’，是。又案：《文選》注引本書云‘墨子獻書惠王，王受而讀之，曰良書也’，恐是此閒脱文。”孫云：“此文挩佚甚多，余知古《渚宫舊事》二云：‘墨子至郢，獻書惠王，王受而讀之，曰：良書也。是寡人雖不得天下，而樂養賢人。請過進日百種以待，官舍人不足須天下之賢君。墨子辭曰：翟聞賢人進，道不行不受其賞，義不聽不處其朝。今書未用，請遂行矣。將辭王而歸，王使穆賀以老辭。魯陽文君言於王曰：墨子，北方賢聖人，君王不見，又不爲禮，毋乃失士！乃使文君追墨子，以書社五里封之，不受而去。’此與《文選》注所引合，必是此篇佚文。但余氏不明著出《墨子》，文亦多删節譌舛，今未敢據增。余書‘獻惠王’，亦止作‘惠王’，疑故書本作‘獻書惠王’，傳寫脱‘書’、存‘獻’，校者又更易上下文以就之耳。”尹云：“惠王，昭王妾子也。《吕覽・貴因》：‘墨子見荆王，錦衣吹笙，因也。’荆即楚耳，疑爲此脱簡。”王受而讀之，曰良書也。此文從畢、孫二校，據《文選》注及《渚宫舊事》增。不用，使穆賀以老辭，舊本作“獻惠王以老辭，使穆賀見子墨子”。今據孫校增訂。蘇云：“楚惠王以周敬王三十二年立，卒於考王九年，始癸丑，終庚寅，凡五十七年。墨子之游，蓋當其暮年，故以老辭。”孫云：“《渚宫舊事》注云：‘時惠王在位已五十年矣。’余説疑本《墨子》舊注。然則此事在周考王二年，魯悼公之二十九年也。”穆賀見子墨子。子墨子説穆賀，“説”，以言語諭人，使從己也。尹云：“‘穆賀’，蓋楚典客之官。”穆賀大説，“説”，欣喜也。謂子墨子曰：“子之言則成善矣，畢本“成”改“誠”，云：舊作“成”，據《藝文類聚》改，一本同。孫云：“顧校季本亦作‘誠’。”純一案：陸本、唐本，并同《道藏》本作‘成’。王云：“古或以成爲誠，不煩改字。”尹云：“成，誠也。《大戴記・官人》‘非誠質者也’，《周書》‘誠’作‘成’。”而君王，天下之大王也，毋乃曰：‘賤人之所爲’而不用乎？”畢云：“《藝文類聚》引作‘用子’，又節。”子墨子曰：“唯其可行。譬若藥然，畢云：”《藝文類聚》引作‘焉’。”一草之本，“一”字舊脱，從蘇校補，王本同，尹本從之。釋云：“‘本’，根也。”天子食之，以順其疾，畢云：“《藝文類聚》引‘順’作‘療’。”尹云：

"'順'，理也。"豈曰'一草之本'而不食哉？畢云："《藝文類聚》引'食'作'用'。"今農夫入其税於大人，尹云："'税'，田租也。"大人爲酒醴粢盛，畢云："'粢'當爲'齍'，《説文》云：'黍稷在器以祀者。''盛'，解同，俱从皿，亦見《周禮》也，前文皆同比義。"以祭上帝鬼神，豈曰'賤人之所爲'而不享哉？言子之君王不能大於天子上帝。故雖賤人也，上比之農，下比之藥，曾不若一草之本乎？且主君亦嘗聞湯之説乎？孫云："'主君'，謂穆賀也。戰國時主君之稱，蓋通於上下。"昔者湯將往見伊尹，令彭氏之子御。彭氏之子半道而問曰："半道"，陸本、唐本、曹本同。畢本、王本，俱作中道。尹云："道，路也。"'君將何之？'尹云："'之'，往也。"湯曰：'將往見伊尹。'彭氏之子曰：'伊尹，天下之賤人也。孫云："《尚賢中篇》云'伊摯有莘氏女之私臣，親爲庖人'，故曰天下之賤人。"若君欲見之，孫云："吴鈔本'若君'作'君若'。"純一案：陸本、唐本，並作"君若"。亦令召問焉，彼受賜矣。'愚人重勢不重道。湯曰：'非女所知也。孫云："吴鈔本'女'作'汝'。"今有藥於此，"於"字從蘇校增。王樹枏云："萬曆本有'於'字。"食之則耳加聰，目加明，則吾必説而强食之。"説"與"悦"同。尹云："良藥苦口利於病，故必强食。"今夫伊尹之於我國也，譬之良醫善藥也。而子不欲我見伊尹，是子不欲吾善也。'因下彭氏之子，不使御。彼苟然，然後可也。"《説文·苟部》云："苟，自急敕也，音亟，敬也。"蓋湯下彭氏子不使御，彭氏子亟戒慎其言而肅然，然後湯仍使之御也。尹云："'苟'，誠也。言楚王誠如湯，則可用賤人之言。"

子墨子曰："凡言凡動，利於天鬼百姓者爲之；凡言凡動，害於天鬼百姓者舍之；凡言凡動，合於三代聖王堯舜禹湯文武者爲之；凡言凡動，合於三代暴王桀紂幽厲者舍之。"《小取篇》云："侔也者，比辭而俱行也。"此其例。

子墨子曰："言足以遷行者常之，言足使行遷於善者，可常言。不足以遷行者勿常。不足以遷行而常之，孫云："舊本脱下'不足'二字，王據上句補，與《耕柱篇》合，今從之。"是蕩口也。"蘇云："《耕柱篇》亦有此文，上'遷'字作'復'，下二'遷'字作'舉'。"

子墨子曰："必去六辟。孫云："'辟'，'僻'之借字。"曹云："'辟'，偏也。'六辟'，即六情也，不曰六情而曰六辟者，人心無偏，流於情則偏矣。"嘿則思，畢云："'默'字俗寫从口。"言則誨，動則事，曹云："謂心勤口勤身勤也。"使三者代御，"三者"舊倒，俞云："當作'使三者代御'。'三者'，即'嘿'、'言'、'動'三事也。'御'，用也。《荀子·禮論篇》'時舉而代御'，楊注曰：'御，進用也。'此云'代御'，義與彼同，言更迭用此三者，則必爲聖人也。"孫據正，王本同，尹本從之。釋云："'御'，古文作'馭'。《説文》：'使，馬也。'《周禮》鄭注：'凡言馭者，所以毆之，内之於善。'"必爲聖人。心去喜去怒，去樂去悲，去愛去惡，"心"舊作"必"，從曹本改。"去惡"二字，從俞校增，曹本、王本、尹本并同。而用仁義。曹云："喜、怒、樂、悲、愛、惡，所謂六辟也。心流於情，則失其中，故曰辟也。去六辟，乃能用仁義，所謂滅情以復性也。"手、足、口、鼻、耳、目，目字從孫校增，曹本同。從事於義，必爲聖人。"曹云："勤於爲義者，聖人之功用也。立人之道曰仁與義，仁陰而義陽，故於心則兼言仁義，於身則專言義，此一段墨子之情義，千古聖人之同軌也。《中庸》曰：'喜怒哀樂之未發，謂之中；發而皆中節，謂之和。中也者，天下之大本也；和也者，天下之達道也。致中和，天地位焉，萬物育焉。'内聖外王之道，一以貫之矣。未發者，未有情也。節者，損也，損之又損以至於無，則情滅而性顯，如烟盡而火朗，塵開而鏡明也。墨家之道，在儉與勤，其治性情也亦然，儉以去情，勤以盡性也。儉之至，則六情不發；勤之至，則身心、口、鼻、耳、目，無動静語默，無敢暇逸。莊生所謂日夜無卻，則無適而非仁義之流行也，非聖人而何？"

子墨子謂二三子曰："爲義而不能，必無排其道。畢云："'排'猶背。"王景羲云："'排'、'背'雙聲。"譬若匠人之斲而不能，無排其繩。"曹云："'排'，詆誹也。"尹云："'繩'，所以正木者。"

子墨子曰："世之君子，使之爲一犬一彘之宰，"一犬"二字舊脱，王據《羣書治要》補，云："《魯問篇》亦云'竊一犬一彘'。"孫云："'宰'，即膳宰也。見《儀禮·燕禮》、《禮記·文王世子》、《玉藻》。"純一案：《治要》引此脱"爲"字。不能則辭之；使爲一國之相，不能而爲之。"而"與"則"義同。豈不悖哉！"《尚賢中、下》二篇，皆有此喻，所謂明於小而不明於大也。

子墨子曰："今瞽曰：'鉅者白也，俞云："'鉅'無白義，字當作'豈'。豈者，'皚'之叚字，《廣雅·釋器》：'皚，白也。''皚'省作'豈'，又誤作'巨'，因爲'鉅'矣。《吕氏春秋·有始覽》'南方曰巨風'，李善注《文選》，引作'凱風'，蓋亦省'凱'爲'豈'，而誤爲'巨'也，可以爲證。"黔者黑也。'孫云："吴鈔本'黑'作'墨'，非。"純一案：陸本、唐本並譌"墨"。畢云："《説文》云：'黔，黎也。'秦謂民爲黔首，謂黑色也。”尹云：“《莊子·天運》：‘烏不日黔而黑。’”雖明目者，無以易之。兼白黑使瞽取焉，陸本“黑”譌“墨”，唐本同此。不能知也。孫云：“《淮南子·主術訓》云‘問瞽師曰：白素何如？曰：縞然。曰：黑何若？曰：黮然。援白黑而示之，則不處焉’，與此語意同。”故我曰瞽不知白黑者，“黑”，陸本、唐本並作“墨”，非。孫云：“‘知’，吴鈔本作‘能’，以上文校之，疑當作‘不能知’。今本及吴本，并脱一字耳。”王景羲云：“以下句‘君子不知仁’句例之，‘能’字不當增。”非以其名也，以其取也。言知之非艱，行之維艱。今天下之君子之名仁也，雖禹湯無以易之。兼仁與不仁，而使天下之君子取焉，不能知也。故我曰天下之君子不知仁者，非以其名也，亦以其取也。”

子墨子曰：“今士之用身，不若商人之用一布之慎也。孫云：“《周禮·泉府》鄭注云：‘布，泉也。其藏曰泉，其行曰布。’”尹云：“《説文》：‘商，行賈也。’‘布，幣也。’今謂之錢。名布者，言其分布流行也。《詩》‘抱布貿絲’。”商人用一布，布不繼，舊本無“不”字，“繼”字在“不敢”下，曹本如此，今從之。不敢苟而讐焉，言不敢苟且而讐物。畢云：“‘讐’，即‘售’字正文。”王闓運云：“‘售’，以錢市物也。”必擇良者。今士之用身則不然，意之所欲則爲之，厚者入刑罰，薄者被毁醜，尹云：“言大罹辠，而小則損名。”則士之用身，不若商人之用一布之慎也。”言商人將用一布，知其布一去不復來，無以爲繼，不敢苟且無抉擇而讐物，士之用身，浪用一時，則命減一時；浪用一日，則命減一日。身重於布，奚啻萬倍，乃任意所欲而爲之，厚者入刑罰，薄者被毁醜，蓋喜怒樂悲愛惡使之然也。一任六辟，濫用其身，外鑿内傷，縱如金石，亦不堪銷損矣，豈若商人用一布之慎哉？是故惔然無欲惡，得其所以自養之情，而不感於外者，爲可貴也。此知墨家尚儉，正所以兼愛也。王本“人”下無“之”字。

子墨子曰：“世之君子，欲其義之成，孫云：“吴鈔本‘義’作‘治’。”而助之修其身則愠，衆生顛倒，大都類此。是猶欲其牆之成，而人助之築則愠也，豈不悖哉！”《治要》引此文同。

子墨子曰：“古之聖王，欲傳其道於後世，是故書之竹帛，鏤之金石，傳遺後世子孫，欲後世子孫法之也。今聞先王之道而不爲，“道”舊作“遺”，從王校改，曹本同。是廢先王之傳也。”

子墨子南遊使衛，孫云：“‘遊’，吴鈔本作‘游’。”畢云：“《北堂書鈔》作‘使於衛’。楊校，孔本《書鈔》一百一引無‘使’字。”純一案：無“使”字是，此文疑本作“子墨子南游於衛”。關中載書甚多，畢云：“‘關中’猶云‘扃中’，關、扃音相近。”孫云：“畢説是也。《文選·張衡西京賦》‘旗不脱扃’。薛綜注云：‘扃，關也。’《左傳》宣十二年孔疏引服虔云：‘扃，横木校輪閒。’蓋古乘車，箱輢閒以木爲闌，中可庋物，謂之扃，亦謂之關。故墨子於關中載書矣。”弦唐，子見而怪之，孫云：“《廣韻·一先》云：‘弦，又姓。’《風俗通》云：‘弦子後。’《左傳》：‘鄭有商人弦高。’”曰：“吾夫子教公尚過曰：孫云：“公尚過，《吕氏春秋·高義篇》作‘公上過’。高注云：‘公上過，子墨子弟子也。’案：王符《潛夫論·志氏姓篇》‘衛公族有公上氏’。《廣韻·一東》云‘衛大夫有公上玉’，尚、上字通。過，疑亦衛人。”‘揣曲直而已。’孫云：“《説文》手部云：‘揣，量也。’”今夫子載書甚多，何有也？”王樹枏云：“‘有’，猶爲也。《孟子》‘將爲君子焉，將爲野人焉’。趙注云：‘爲，有也。’《漢書·張湯傳》‘何厚葬爲’，《漢紀》作‘何葬之有’。爲、有同聲，故通借。”子墨子曰：“昔者周公旦，朝讀書百篇，畢本無“書”字，云：“本多作‘讀書百篇’，《繹史》同。《藝文類聚》引無‘書’字。《北堂書鈔》凡三引，兩引無，一引有。”孫云：“《道藏》本、吴鈔本並有‘書’字。”純一案：《抱朴子·勗學篇》曰：“周公上聖，日讀百篇，墨翟大賢，載文盈車。”夕見漆十士。畢云：“‘漆’，‘七’字假音，今俗作‘柒’。《藝文類聚》引作‘七’。”孫云：“唐《岱嶽觀碑》、《五經文字》石本，‘七’字并作‘漆’。”純一案：《類聚》見卷五十五，孔本《書鈔》九十七《好學篇》引“漆”作“七”。吴玉搢《别雅》卷五云：“吴孫皓《天發神讖碑》‘天璽元年桼月’，又桼月廿三日唐武曌《聖曆年記》‘設金籙寶齋河圖大醮桼’，皆以‘桼’爲‘七’。‘桼’，本膠桼之桼，上從木，中著八，象桼汁形，下從水。或書作桼，上從桼者誤也。又墨子夕見漆十士，‘漆’亦借爲‘七’字。張參《五經文字》，凡‘七’字皆作‘漆’，云後人省作‘柒’。《六書本義》，謂以‘七漆’二字，合造成之。《金石文字記》，謂‘柒’即‘漆’之草書。楊嘉校，孔本《書鈔》九十八《藝文部》四引，‘漆十士’作‘士七十’。”故周公旦佐相天子，其脩至於今。“脩”、“修”同，治也。言周公之致太平，因勤讀不輟，允當效法。孫云：“吴鈔本‘脩’作‘修’。”翟上無君上之事，下無耕農之難，吾安敢廢此？畢云：“《北堂書鈔》引云：‘相天下猶如此，況吾無事，何敢廢乎？’”純一案：《書鈔》見九十七《好學篇》：“墨子之意以講學明道，宏濟時艱，爲己專責。”《吕氏春秋·博志篇》曰：“孔丘、墨翟，晝日諷誦習業，夜親見文王、周公旦而問焉。”翟聞之：‘同歸之物，信有誤者。’孫云：“《易·繫辭》云：‘天下同歸而殊途’。孔疏云：‘言天下萬事，終則同歸於一。’蓋謂理雖同歸，而言不能無誤。”然而民聽不鈞，王闓運云：“‘然’，如此也。”畢云：“‘鈞’，‘均’字假音。”孫云：“吴鈔本作‘均’。”曹云：“同歸之物者，謂天下之事雖各殊，其歸則同也。有誤者，謂所見異詞，所聞異詞，所傳聞異詞，故民聽不均也。”尹云：“誤則滋惑。”是以書多也。王闓運云：“‘書’，《方言·地志》之類。”尹云：“言便考證。”今若過之心者，數逆於精微，王樹枬云：“老子多言‘數窮’注云：‘數，謂理數也。’《後漢·鄧騭傳》注云：‘數，猶理也。’逆，有考究之義。《周禮》‘司書’、‘司會’、‘暨鄉’師注：‘皆云逆猶鈎考，謂過之心，能鈎考於理之精微也。’”同歸之物，既已知其要矣，“要”，要指也。是以不教以書也。至道雖同歸一兼，傳者恒不免紛歧而誤，必備多書，勤於考證，精於校讐，庶可探其本原，從知漢儒之學，淵源甚古，若過深造有得，故使遠離文字，親證道妙，攝博於約也。而子何怪焉？”畢云：“言苟得其精微，則無用以書爲教。”

子墨子謂公良桓子曰：蘇云：“公良桓子，蓋衛大夫。”孫云：“《史記·孔子弟子列傳》有公良儒，陳人，則陳亦有此姓。”“衛，小國也，處於齊、晉之間，猶貧家之處於富家之間也。貧家而學富家之衣食多用，則速亡必矣。今簡子之家，孫云：“《廣雅·釋言》云：‘簡，閱也。’”飾車數百乘，馬食菽粟者數百匹，婦人衣文繡者數百人。若取飾車、食馬之費與繡衣之財以畜士，“若”舊作“吾”，從俞校改。必千人有餘。若有患難，則使數百人處於前，“數”字，從王校增。數百人處於後。“人處”二字，從畢校增。與婦人數百人處前後，孰安？吾以爲不若畜士之安也。”

子墨子仕人於衛，畢云：“舊脱‘人’字，一本有。”孫云：“《荀子·富國篇》楊注：引作‘子墨子弟子仕於衛’，則疑‘仕於衛’上，脱‘弟子’二字。”純一案：據楊注則“人”字當作“弟子”。所仕者至而反。“反”同“返”。子墨子曰：“何故反？”對曰：“與我言而不當，畢云：“‘後’作‘審’。”孫云：“《荀子》注引‘亦’作‘當’，疑‘審’字近是。”曰‘待女以千盆’，孫云：“‘女’吴鈔本作‘汝’。”“盆”，畢本改“益”，云：“舊作‘盆’，誤。古無‘鎰’字，只作‘益’，或作‘溢’。《漢書·食貨志》云‘黄金以溢爲名’，注：‘孟康曰：二十兩爲溢也。’賈逵《國語》注云：‘二十四兩。’”王云：“古‘鎰’字，皆作‘溢’，無作‘益’者。此言‘千盆’、‘五百盆’，皆謂粟，非謂金也。《荀子·富國篇》‘今是土之生五穀也，人善治之，則畝數盆’，楊倞曰‘蓋當時以盆爲量’，引《考工記》曰‘盆實二鬴’，又引《墨子》曰‘待女以千盆，授我五百盆’，則‘盆’非‘益’之譌也。”純一案：“䤋”，六斗四升。授我五百盆，故去之也。”子墨子曰：“授子過千盆，則子去之乎？”對曰：“不去。”子墨子曰：“然則非爲其不審也，王樹枏云：“‘審’，宜從上文作‘當’。‘當’，合也。”吴摯甫曰：“上文‘當’字，當從此文作‘審’。《考工記》注：‘審，猶定也。’《吕覽·先己篇》注：‘審，實也。’皆此文‘審’字之義。”爲其寡也。”子墨子曰：“世俗之君子，視義士不若視負粟者。下“視”字舊脱，《太平御覽》四百二十一、八百四十兩引，並有“視”字，今據增。今有人於此，負粟息於路側，欲起而不能，尹云：“‘起’謂起而負之。”君子見之，無長少貴賤，必起之。必助之起。何故也？王云：“‘故’字亦後人所加，《御覽·人事部六十二》引無‘故’字。”純一案：《御覽》八百四十引作“何重故也”。曰：義也。今爲義之君子，畢云：“‘之’舊作‘也’，據《太平御覽》改。”奉承先王之道以語之，縱不説而行，孫云：“‘説’，吴鈔本作‘悦’。”純一案：《御覽》四百二十一作“悦”，八百四十作“説”。又從而非毁之。則是世俗之君子之視義士也，不若視負粟者也。”畢云：“一本脱此字。”純一案：《太平御覽》兩引，並無“也”字。《道藏》本、陸本、唐本，也並誤作之。

子墨子曰：“商人之四方，尹云：“‘之’，往也。”市賈倍徙，“倍”舊作“信”，從畢校改，下同，曹本同。孫云：“‘徙’、‘蓰’字通。”雖有關梁之難，盜賊之危，必爲之。今士坐而言義，無關梁之難，盜賊之危，此爲倍徙，不可勝計，然而不爲。則士之計利，畢云：“‘則’舊作‘財’，一本如此。”不若商人之察也。”

子墨子北之齊，遇日者。畢云：“《文選》注引‘遇’作‘過’。”孫云：“高承《事物紀原》引亦作‘過’。《史記·日者列傳》集解云：‘古人占候卜筮，通謂之日者。’”純一案：《文選》注，見劉孝標《辯命論》，《御覽》九百二十九引作“遇”。日者曰：“帝以今日殺黑龍於北方，畢云：“《事類賦》引‘殺’作‘屠’。”而先生之色黑，孫云：“舊本‘生’誤‘王’，今據吴鈔本、顧校季本正。”純一案：陸本、唐本並作“生”。尹云：“色，顔气也。”不可以北。”畢云：“‘北’，《事類賦》作‘往’。”孫云：“《淮南子要略》云：‘操舍開塞，各有龍忌。’許注云：‘中國以鬼神之事曰忌，北胡南越，皆謂之請龍。’案：此日者以五色之龍定吉凶，疑即所謂龍忌。許君‘請龍’之説，未詳所出，恐非古術也。”子墨子不聽，遂北，至淄水不遂而反焉。“反”

同“返”，還也。畢云：“舊脱‘至淄水不遂’五字，據《史記·日者傳》集解及《事類賦》增。《史記》集解云‘墨子不遂而反焉’，又多二字。淄水出今山東益都縣西南顔神鎮東南三十五里原山，經臨淄縣東北，流至壽光縣北，入海。”日者曰：“我謂先生不可以北。”子墨子曰：“南之人不得北，北之人不得南，其色有黑者，有白者，何故皆不遂也？以白者何故不遂，破日者之説。且帝以甲乙殺青龍於東方，以丙丁殺赤龍於南方，以庚辛殺白龍於西方，以壬癸殺黑龍於北方，若用子之言，是禁天下之行者也。畢云：“舊脱‘天’字、‘之’字。據《太平御覽》增。”是圍心而虚天下也，蘇云：“‘圍’或當作‘違’。”吴玉搢云：“‘圍心’即違心，古‘圍’、‘違’字通。”曹本改“圍”作“圉”，王本同。純一案：蘇、吴校未允，曹、王率意破字，尤非。《廣雅·釋詁》：“圍，裹也。”此言人心所之，六合無礙，本無時地可分，若以占方自迷，是自裹其心，即自裹其足，必致人事毫無進步，而天下爲墟也。“虚”，“墟”字正文，此知墨子獨能破除一切迷信，務自苦而爲義，且以義强聒天下，爲天下造大命也。子之言不可用也。”曹云：“此亦非命之意，凡日者之説，亦以吉凶休咎有定數，而人不可違，且繫引四時五行，旺相孤虚，以億災祥之遠近，後世其書益多，聖人先天弗違，後天奉時，不用其言也。”

子墨子曰：孫云：“此上疑有挩文。”“吾言足用矣。明李贄《墨子批選自序》云：“古之聖人，言必可用，用必其言。”舍吾言革思者，“吾”字從孫校增。蘇云：“‘革’，更也。”是猶舍穫而攈粟也。孫云：“《國語·魯語》‘收攟而烝’，韋注云：‘攟，拾也。’《一切經音義》引賈逵云：‘攈，拾穗也。’‘攟’、‘攈’字同。”純一案：《别雅》卷四云：“捃，攈、攗、攟，皆一字也。”畢云：“一本作‘攈’，非。”以其言非吾言者，畢云：“《太平御覽》引‘其’作‘他’。”純一案：《御覽》見九百二十八。是猶以卵投石也，盡天下之卵，其石猶是也，不可毁也。”畢云：“《御覽》作‘石猶不毁也’。”

公孟第四十八

公孟子謂子墨子曰：惠棟云：“公孟子，即公明子，孔子之徒。”宋翔鳳云：“《孟子》公明儀、公明高，曾子弟子。公孟子與墨子問難，皆儒家之言。孟與明通，公孟子即公明子，其人非儀即高，正與墨翟同時。”孫云：“《説苑·脩文篇》，有公孟子高，見顯孫子莫及曾子，此公孟子疑即子高，蓋七十子之弟子也。”“君子共己以待，蘇云：“‘共’讀如‘恭’。”孫云：“《荀子·王霸篇》云‘則天子共己而已’，楊注云：‘共讀爲恭，或讀爲拱，垂拱而已也。’案：此‘共己’當讀爲‘拱己’，《非儒篇》云‘高拱下視’是也。”問焉則言，不問焉則止。譬若鍾然，《意林》引作“君子如鐘”。扣則鳴，不扣則不鳴。”孫云：“《非儒下篇》述儒者之言曰‘君子若鍾，擊之則鳴，弗擊不鳴’，即此。”畢云：“《説文》云：‘扣，牽馬也。’‘敂，擊也，讀若扣。’此假音耳。”尹云：“扣同敂，《孟子》書‘抽矢扣輪’。”子墨子曰：“是言有三物焉，王引之云：“所謂‘是言有三物’者，不扣則不鳴者一，雖不扣必鳴者二，而公孟子但云‘不扣則不鳴’，是知其一而不知其二也，故曰‘子乃今知其一耳。’”子乃今知其一耳，“耳”舊譌“身”，又衍“也”字，從王引之校删正。又未知其所謂也。若大人行淫暴於國家，進而諫，則謂之不遜，因左右而獻諫，則謂之言議，此君子之所疑惑也。孫云：“吴鈔本‘所’下有‘以’字。‘疑惑’，謂言之無益而有害，則君子遲疑不敢發，此明不扣而不鳴之一物。”若大人爲政，將因於國家之難，譬若機之將發也然，君子知之，必以諫，“知”字舊脱，文義不明。《非儒篇》云：“若將有大寇亂，盜賊將作，若機辟將發也，他人不知，己獨知之。”義與此同，今據補。然而大人之利，王樹枏云：“‘然而’者，是乃也。范望注《太玄·務測》云：‘然，猶是也。’《儀禮·燕禮》‘大夫不拜乃飲’，鄭注云：‘乃，猶而也。’‘乃’、‘而’古多通訓。‘然而大人之利’，是乃大人之利也。”王闓運云：“言不言則有難，言則有利。”若此者，雖不扣必鳴者也。若大人舉不義之異行，尹云：“‘異’，猶邪也。”雖得大巧之經，尹云：“若《六韜》、《陰符》之類。”可行於軍旅之事，欲攻伐無罪之國，王闓運云：“若《公輸》、《雲梯》。”有之也君得之則必用之矣。此十一字疑衍，或爲後人注語竄入正文，當删。以廣辟土地，“辟”，同“闢’。籍稅貤材。“貤”舊作“僞”，畢云：“‘僞’疑當爲‘貤’。《説文》云：‘此古貨字，讀若貴’。”“籍”舊作“著”。孫云：“‘著’當作‘籍’。《毛詩·大雅·韓奕》箋云：‘籍，税也。’《節用上篇》云：‘其籍斂厚。’‘材’、‘財’字通，‘籍税貤材’，猶云籍斂貨財矣。”純一今並據正。出必見辱，所攻者不利，而攻者亦不利，是兩不利也。若此者，雖不扣必鳴者也。孫云：“以上明不扣必鳴之二物。”且子曰：‘君子共己以待，“以”字舊脱，據上文補，曹本同。問焉則言，不問焉則止，譬若鍾然，扣則鳴，不扣則不鳴。’今未有扣子而言，是子之所謂不扣而鳴邪？“謂”上“所”字，從孫校增。是子之所謂非君子邪？”畢云：“已上申明又未知其所謂。”

公孟子謂子墨子曰：“實爲善人孰不知？譬若良巫，處而不出有餘糈。舊“巫”誤“玉”，從孫校改。“糈”舊誤“精”，孫據王校正，云：“《淮南子·説山訓》云‘巫之用糈藉’，高注云：‘糈，祀神之米。’”譬若美女，處而不出，人争求之。行而自衒，孫云：“《内則》‘奔則爲妾’，鄭注云：‘奔或爲衒。’《列女傳·辯通篇》：‘齊鍾離春衒嫁不售。’”畢云：“《説文》云：‘衙，行且賣也。衒，或字。’”人莫之取也。“之”，舊本作“知”。畢云：“‘知’，一本作‘之’。”孫云：“作‘之’是也，《意林》作‘人莫之娶’，今據正。”純一案：“取”、“娶’同。尹云：“《越絶書·石買》曰：‘衒女不貞，衒士不信。’”今子徧從人而説之，“徧”舊作“偏”，畢以意改。《道藏》本、季本、吴鈔本正作“徧”，王以“偏”爲古“徧”字，詳《非攻下篇》。何其勞也？”子墨子曰：“今夫世亂，求美女者衆，美女雖不出，人多求之。今求善者寡，畢云：“言好德不如好色。”不强説人，人莫之知也。曹云：“墨子以其兼愛之説，上説下教，雖天下不取，强聒不舍，即其摩頂放踵，以利天下之意也。身尚不愛，奚愛於一言？救世之心，於是爲切矣。”純一案：釋氏之言曰“衆生無盡誓願度”，墨子亦然。且有二生於此，善星一，“星”，王據下文改“筮”。吴汝綸曰：“‘善星一’句，‘善星’，即善占星者，‘一’之言同也。句下無闕文，王妄改之，由失其句也。”王樹枏云：“此讀是。‘善星一’，與下‘仁義鈞’，句法正相儷。”行爲人筮者，與處而不出者，其糈孰多？”“糈”舊譌“精”，孫據王校改。王云：“《説文》：‘糈，糧也。’言兩人皆善筮，而一行一處，其得米孰多也。《史記·貨殖傳》云：‘醫方諸食技術之人，焦神極能，爲重糈也。’”公孟子曰：“行爲人筮者其糈多。”子墨子曰：“仁義鈞，吴鈔本作“均”。行説人者其功當有“亦多”二字，言己説人之功多。善亦多，人勸於善者亦多。何故不行説人也？”曹云：“此亦上章‘不扣必鳴’之説，亦以教勸也，勸於教者，亦仁術也。”

公孟子戴章甫，畢云：“‘戴’，本多作‘義’，以意改。”王闓運本“戴”作“義”，注云：“公孟，名字也。”畢改作“戴”，非。純一案：陸本、唐本並作“義”。孫云：“顧校季本正作‘戴’，《士冠禮記》云：‘章甫，殷道也。’鄭注云：‘章，明也。殷質，言以表明丈夫也。’《論語·先進篇》‘端章甫’，集解鄭玄云：‘衣玄端，冠章甫，諸侯日視朝之服。’《禮記·儒行》：‘魯哀公問孔子儒服，對曰：某長居宋，冠章甫之冠。’

此公孟子儒者，故亦儒服與?”搢忽，畢云：“‘搢’，即晉字俗寫。忽，即笏字古文。《尚書》‘在治忽’，亦用此字。舊作‘智’，誤。”孫云：“《儀禮·既夕》‘木笏’，鄭注云：‘今文笏作忽。’《史記·夏本紀》集解引鄭康成注《尚書》，作‘在治曶’，云：‘曶者，笏也。’忽、曶、笏，字並通。《釋名·釋書契》云：‘笏，忽也。君有教令及所啓白，則書其上，備忽忘也。’《荀子·哀公篇》：‘哀公曰：然則夫章甫絇屨紳而搢笏者，此賢乎？孔子對曰：不必然。’”儒服，而以見子墨子，曰：“君子服然後行乎？其行然後服乎?”子墨子曰：“行不在服。”《莊子·田子方篇》云：“君子有其道者，未必爲其服也，爲其服者，未必知其道也。”《鹽鐵論·刺議篇》云：“衣儒衣，冠儒冠，而不能行其道，非真儒也。”公孟子曰：“何以知其然也?”邪同。子墨子曰：“昔者齊桓公，高冠博帶，舊有“金劍木盾”四字，孫云：“此所言皆朝服，朝服未有用盾者。”純一案：《太平御覽》六百八十四引、《藝文類聚》六十七引，並無“金劍木盾”四字，今據删。以治其國，其國治。昔者晉文公，大布之衣，牂羊之裘，孫云：“‘牂’，《道藏》本、吴鈔本並从牛，誤。”韋以帶劍，孫云：“並詳《兼愛》中下篇。”以治其國，其國治。昔者楚莊王，鮮冠組纓，孫云：“《説文·糸部》云：‘組，綬屬，其小者以爲冠纓。’但組纓不足爲華侈，與鮮冠、絳衣、博袍，文例不相應。疑此‘組’當爲□之叚字。《荀子·樂論篇》云：‘亂世之徵，其服組。’”絳衣博袍，畢云：“《太平御覽》引作‘褒衣博裒’。”純一案：《藝文類聚》六十七引文與此同，《御覽》六百九十引“降”作“縫”，又八百十九引“袍”作“裒’。王云：“哀十四年《公羊傳》，‘反袂拭面，涕沾袍’，何注曰：‘袍，衣前襟也。’‘絳’，舊本作‘絳’。”王引之云：“‘絳’當爲‘絳’字之誤也。‘絳’與‘縫’同。縫衣，大衣也，字或作‘逢’，又作‘摓’，《儒行》‘衣逢掖之衣’，郑注曰：‘逢，犹大也。大掖之衣，大袂襌衣也。’《莊子·盗跖篇》，‘摓衣淺帶’，釋文曰：‘摓衣又作縫。’《列子·黄帝篇》釋文，向秀注曰：‘儒服寛大而長大。’縫、絳、逢、摓，字異而義同。絳衣與博袍連文，絳、博皆大也。”孫據正。以治其國，其國治。昔者越王句踐，剪髮文身，孫云：“《淮南子·齊俗訓》云：‘越王句踐劗髮文身，南面而霸天下。’《説苑·奉使篇》：‘越諸發曰：越翦髮文身，爛然成章，以像龍子者，將避水神也。’”以治其國，其國治。此四君者，其服不同，其行猶一也。翟以是知行之不在服也。”《晏子春秋·諫下》十四章曰：“三王不同服而王，非以服致諸侯也，誠於愛民，果於行善，天下懷其德而歸其義。”公孟子曰：“善！吾聞之曰‘宿善者不祥’，畢云：“讀如‘無宿諾’。”曹云：“言聞善則宜亟行之。”請舍忽、易章甫，復見夫子，可乎？”子墨子曰：“請因以相見也，尹云：“‘因’，仍也。言其仍舊。”若必將舍忽、易章甫。“必”，一本作“不”。蘇云：“‘必’是也。”孫據正。王樹枏云：“萬曆本‘不’作‘必’。”而後相見，然則行果在服也。”畢云：“言其意在服也。”純一案：墨子善於對治邪執，於此可見。《家語·好生篇》：“魯哀公問於孔子曰：昔者舜冠何冠乎？孔子不對。公曰：寡人有問於子，而子無言，何也？對曰：以君之問，不先其大者，故方思所以爲對。公曰：其大何乎？孔子曰：舜之爲君也，其政好生而惡殺，其任授賢而替不肖，德若天地而静虚，化若四時而變物，是以四海承風，暢於異類。君舍此道，而冠冕是問，是以緩對。”此孔子以行不在服，破哀公之邪執，與墨子同。公孟子儒服，不知儒也。曹云：“此見墨子之教，通而不滯，知矯枉者之仍非正也。”

公孟子曰：“君子必古言服然後仁。”孫云：“《孟子·告子篇》答曹交曰：‘子服堯之服，誦堯之言，行堯之行，是堯而已矣。’公孟子之言同於彼，但孟子兼重行，而公孟子唯舉言服，故爲墨子所折。”子墨子曰：“昔者商王紂，卿士費仲，爲天下之暴人，孫云：“《明鬼下篇》作‘費中’，‘中’、‘仲’古今字。”箕子、微子，爲天下之聖人，此同言，同一古言。而或仁或不仁也。下“或”字，據下文補。畢云：“言同時之言，而仁不仁異。”周公旦，爲天下之聖人；關叔，爲天下之暴人。孫云：“‘關叔’即‘管叔’，詳《耕柱篇》。”此同服，同服古服。或仁或不仁，然則不在古服與古言矣。且子法周，王闓運云：“章甫周道。”而未法夏也，畢云：“謂節葬、節用之屬，墨氏之學出於夏。”純一案：既以古言、古服或仁或不仁，破古言服之必仁，又以章甫法周非法夏，周不如夏古，破其古之非古也。子之古非古也。”曹云：“墨子之教，源出大禹，故云然。”

公孟子謂子墨子曰：“昔者聖王之列也，尹云：“‘列’，位也。”上聖立爲天子，其次立爲卿大夫，“立”與“位”同。今孔子博於《詩》、《書》，察於禮樂，詳於萬物，若使孔子當聖王，則豈不以孔子爲天子哉？”尹云：“所謂揖讓而傳賢。”子墨子曰：“夫知者必尊天事鬼，愛人節用，合焉爲知矣。今子曰孔子博於《詩》、《書》，察於禮樂，詳於萬物，而曰可以爲天子，是數人之齒，而以爲富。”俞云：“齒者，契之齒也。古者刻竹木以記數，其刻處如齒，故謂之齒。《易林》所謂‘符左契右，相與合齒’是也。《列子·說符篇》：‘宋人有游於道，得人遺契者，歸而藏之，密數其齒，曰：吾富可待矣。’此正數人之齒以爲富者，蓋古有此喻。”蘇說同。曹云：“言道以能行爲貴，如僅能知之，是數他人之實，不得爲富也，略近後儒知行合一之説。”

公孟子曰：“貧富壽夭，齰然在天，畢云：“‘齰’同‘錯’。”曹云：“今按當與鑿同，猶云確然也。”不可損益。”又曰：“君子必學。”子墨子曰：“教人學而執有命，“有命”，則富壽不可以學致，貧夭不可以學免，犯自教相違之過。是猶命人葆，畢云：“‘葆’，言包裹其髮。”而去亓冠也。”王引之云：“《玉篇》‘亓，古文其。’”

公孟子謂子墨子曰：“有義不義，無祥不祥。”畢本據下文改“無”爲“有”。王云：“畢改非也。公孟子之意，以爲壽夭貧富皆有命，而鬼神不能爲禍福，故曰‘有義不義，無祥不祥’。墨子執非命之説，以爲鬼神實司禍福，義則降之祥，不義則降之不祥，故曰‘有祥不祥’。‘有祥不祥’，乃墨子之説，非公孟子之説，不得據彼以改此也。”顧、蘇説同。曹云：“義者人所爲，祥者鬼所爲，此即無鬼之説。”子墨子曰：“古者聖王“者”字舊脱，孫云：“‘古’下吴鈔本有‘者’字。”純一案：陸本、唐本並有，今據補。皆以鬼神爲神明，而爲禍福，畢云：“‘而’同‘能’。”曹本改作“能”。執有祥不祥，是以政治而國安也。自桀紂以下，皆以鬼神爲不神明，不能爲禍福，執無祥不祥，是以政亂而國危也。故先王之書，《亓子》有之曰：“亓子”舊作“子亦”。戴云：“‘子亦’當作‘亓子’。亓，古其字，其子即箕子。《周書》有《箕子篇》，今亡。孔晁作注時，當尚在也。”純一今據正。‘亓傲也，畢云：“以下‘亓’字，舊皆作亦。”尹云：“傲則不義。”曹云：“也當作心，篆文似。”出於子，不祥。’此言爲不善之有罰，爲善之有賞。”曹本有“也”字。

子墨子謂公孟子曰：“喪禮，君與父、母、妻、後子，死，畢云：“‘後子’，嗣子也。”三年喪服，孫云：“義詳《節葬下》、《非儒下》二篇。”伯父、叔父、兄弟，期，戚族人，五月，“戚”字從王校增，説詳《節葬下篇》。姑、姊、陸本作“娣”。舅、甥，皆有數月之喪。或以不喪之閒，誦詩三百。孫云：“《周禮·大司樂》鄭注云：‘以聲節之曰誦。’”弦詩三百，孫云：“《禮記·樂記》注云：‘弦，謂鼓琴瑟也。’”歌詩三百，孫云：“《周禮·小師》注云：‘歌，依詠詩也。’”舞詩三百。孫云：“謂舞人歌詩節舞。《左襄十六年傳》云‘晉侯與諸侯宴于溫，使諸大夫舞，曰：歌詩必類’，是舞有歌詩也。墨子意謂不喪，則又習樂，明其曠日廢業也。《毛詩·鄭風·子衿》傳云‘古者教以詩樂，誦之歌之，弦之舞之’，與此書義同。”若用子之言，則君子何日以聽治？庶人何日以從事？”公孟子曰：“國亂則治之，國治則爲禮樂。舊本脱“國”字，王據下文補。國貧則從事，“貧”舊作“治”。王云：“下‘國治’當爲‘國貧’。‘治’與‘亂’對，‘富’與‘貧’對。‘國亂則治之’，即上文所謂君子聽治也，‘國貧則從事’，即上文所謂庶人從事也。《非儒篇》曰：‘庶人怠於從事則貧’，故曰‘國貧則從事’。今本‘貧’作‘治’者，涉上文‘國治’而誤。”今據正。國富則爲禮樂。”子墨子曰：“國之治也，“也”字據下文增。聽治故治也。五字舊脱，曹本從盧校補“治之故治也”五字。案：上文“從事與聽治”對，今改“治之”作“聽治”，下同。聽治廢，則國之治亦廢。“聽治”舊作“治之”，據上下文義改。國之富也，從事故富也。從事廢，則國之富亦廢。下“事”字舊譌“是”，孫據《道藏》本、吴鈔本正。王樹枏云：“萬曆本作‘從事廢’。”純一案：陸本、唐本並作“事”。故雖治國，勸之無饜，畢云：“猶云勉之無已。”然後可也。今子曰‘國治則爲禮樂，亂則治之’，是譬猶噎而穿井也，畢云：“《説文》云：‘噎，飯窒也。’飯窒則思飲。”俞云：“《晏子春秋·雜上篇》：‘噎而遽掘井。’”死而求醫也。古者三代暴王桀紂幽厲，薾爲聲樂，畢云：“《説文》云‘薾，華盛也’，或‘侈’假音字。”不顧其民，是以身爲刑僇，國爲虚戾者，孫云：“吴鈔本無‘者’字，‘虚戾’舊倒。”王云：“當爲‘虚戾’。《魯問篇》曰：‘是以國爲虚戾，身爲刑戮也。’《趙策》曰‘齊爲虚戾’，又曰‘社稷爲虚戾，先王不血食’。‘戾’，猶厲也。《非命篇》曰：‘國爲虚厲，身在刑戮之中’。是‘虚戾’即‘虚厲’也。”王樹枏云：“萬曆本正作‘虚戾’。”皆從此道也。”此亦“非樂”之説。

公孟子曰：“無鬼神。”又曰：“君子必學祭禮。”“禮”舊作“祀”，從畢校改。孫云：“即五禮之吉禮。”子墨子曰：“執無鬼而學祭禮，犯自語相違之過。是猶無客而學客禮也，孫云：“‘客禮’，即五禮之賓禮。”是猶無魚而爲魚罟也。”孫云：“《説文·网部》云：‘罟，网也。’《爾雅·釋器》云：‘魚罟謂之罛。’《詩·碩人》孔疏引李巡云：‘魚罟，捕魚具也。’”

公孟子謂墨子曰：“子以三年之喪爲非，子之三日之喪亦非也。”畢云：“‘三日’當爲‘三月’。《韓非子·顯學》云：‘墨者之葬也，冬日冬服，夏日夏服，桐棺三寸，服喪三月。’高誘注《淮南子·齊俗》云：‘三月之服，是夏后氏之禮。’而《後漢書·王符傳》注引《尸子》云‘禹制喪三日’，亦當爲‘月’。”曹云：“今按墨子治喪之禮，本乎大禹，蓋當時夏禮，猶有傳者。三日、三月，皆是也，其大者三月，其輕者三日耳。漢孝文帝遺詔，令天下吏民，出臨三日，皆釋服，是用三日之喪也。已下棺，三十六日釋服，通未葬之日計之，則用三月之喪也。孝文以六月己亥崩，以乙巳葬，纔七日耳。蓋禹墨之制，葬期不遠，通乎上下，無所謂天子七月，諸侯五月，大夫三月，士踰月之殊也。"子墨子曰："子以三年之喪，非三日之喪，是猶倮謂撅者不恭也。""倮"，舊作"果"，孫據《道藏》本改，吴鈔本又作"裸"。案：陸本、唐本並作"倮"。畢云："當爲'裸'，《説文》云'袒也'，《玉篇》云'倮，赤體也'。"洪云："《禮記·内則》'不涉不撅'，鄭注'撅，揭衣也'，《晏子春秋·外篇上》'吾譏晏子，猶倮而訾高撅者也'，其義與此同。"俞云："撅衣雖不恭，然裸則更甚，故曰'是猶倮謂撅者不恭也'。"

公孟子謂子墨子曰："知有賢於人，孫云："謂偶有一事，賢於他人。"則可謂知乎？"子墨子曰："愚之知有以賢於人，孫云："'有以'，吴鈔本作'亦有'。"曹云："《禮記》云：'夫婦之愚，可以與知。'語曰：'愚者千慮，必有一得。'"而愚豈可謂知矣哉？"王闓運云："言聖當無所不知。"

公孟子曰："三年之喪，尹云："《論語》：'子生三年，然後免於父母之懷。'此儒家喪必三年説也。"學吾子之慕父母。""子"字舊無，俞云："'吾'下脱'子'字，《管子·海王篇》'吾子食鹽二升少半'，尹知章注曰：'吾子，謂小男小女也。'下文'嬰兒子'，即'吾子'也。"純一今據補，王本、尹本同。子墨子曰："夫嬰兒子之知，尹云："《釋名·釋長幼》：'人始生曰嬰兒，胸前曰嬰，抱之嬰前以乳養之，故曰嬰兒。'"畢云："《衆經音義》云：'《倉頡篇》云：男曰兒，女曰嬰。'"獨慕父母而已。父母不可得也，然號而不止，"號"，哭也。《禮·雜記下》："曾申問於曾子曰：'哭父母有常聲乎？'曰：'中路嬰兒失其母焉，何常聲之有。'"此亓故何也？孫云："'亓'，顧校季本作'其'。"即愚之至也。然則儒者之知，豈有以賢於嬰兒子哉？"曹云："墨子以爲愚之至，不過謂久哀亦無益於親而已。"

子墨子問於儒者曰："曰"字舊在"問"上，從蘇校乙，王本同。王樹枏云："萬曆本無'曰'字。""何故爲樂？"曰："樂以爲樂也。"孫云："《説文·木部》云：'樂，五聲八音總名。'引申爲哀樂之樂。此第二'樂'字，用引申之義，古讀二義同音，故墨子以'室以爲室'難之。《樂記》云'故曰樂者樂也，君子樂得其道，小人樂得其欲'，又《禮器》云：'樂者，樂其所自成'，《仲尼燕居》云'行而樂之，樂也'，《荀子·樂論篇》亦云'樂者，樂也'，此即墨子所斥儒者之説。"子墨子曰："子未我應也。今我問曰：'何故爲室？'曰：'冬避寒焉，夏避暑焉，且以爲男女之别也。'"且"舊作"室"。俞云："'避寒'、'避暑'、'爲男女之别'三句，皆以室言，不當於‘男女之别’句，獨著‘室’字，‘室’乃‘且’字之誤，今據改。”則子告我爲室之故矣。今我問曰：‘何故爲樂?’曰：‘樂以爲樂也。’畢云：“舊脱‘爲’字，據上文增。”是猶曰：‘何故爲室?’曰：‘室以爲室也。’”曹云：“樂以爲樂，上‘樂’如字，下‘樂’音洛，與‘室以爲室’之語自别，今按樂之所以爲樂者，娱心意悦耳目而已，然苟無樂，而心意耳目未嘗有苦也，若爲室以避寒暑，别男女，則無室而必有苦矣，故室不可無，而樂可無也，此墨子非樂之本意。”

子墨子謂程子曰：蘇云：“‘程子’，即程繁也。見《三辯篇》。”“儒之道，足以喪天下者四政焉。儒以天爲不明，畢云：“舊脱‘天’字，據下文增。”以鬼爲不神，天鬼不説，“説”同“悦”。此足以喪天下。又厚葬久喪，重爲棺槨，多爲衣衾，送死若徙，言如遷家。三年哭泣，扶後起，杖後行，孫云：“並詳《節葬下篇》。”耳無聞，目無見，此足以喪天下。又弦歌鼓舞，習爲聲樂，此足以喪天下。又以命爲有，貧富壽夭、治亂安危有極矣，孫云：“‘有極’猶言‘有常’，詳《非儒下篇》。”尹云：“‘極’猶準也。”不可損益也。爲上者行之，必不聽治矣；“必不”二字舊倒，孫據吴鈔本乙，與下文合。爲下者行之，必不從事矣，此足以喪天下。”程子曰：“甚矣！先生之毁儒也。”子墨子曰：“儒固無此若四政者，而我言之，“若”舊本作“各”，王校改“各”爲“若”，云：“若亦此也。墨子書多謂此爲此若。”孫據正。純一案：《管子·山國軌篇》《輕重甲篇》均有“此若言何謂也”文。則是毁也。今儒固有此四政者，而我言之，則非毁也，告聞也。”畢云：“言告所聞。”程子無辭而出，子墨子曰：“迷之!”謂迷惑也。反，令程子還也。復坐，程子復坐，“復”舊譌“後”，從王校改。進復曰：王云：“‘復’，如《孟子》‘有復於王者曰’之‘復’，謂程子進而復於墨子也。”曹云：“‘復’，白也。”“鄉者先生之言，有可閒者焉，“閒”舊作“聞”，從畢校改。孫云：“孟子云‘政不足與閒也’，趙注云：‘閒，非也。’”若先生之言，則是不譽禹，不毁桀紂也。”孫云：“此因墨子言不毁儒而遂難之，言人不能無毁譽也。”曹本“禹”下增“湯”字，注云：“程子謂墨子之言有可疑者，疑其言本毁儒而自以爲非毁也，桀紂之暴亂，不過喪天下，今謂儒者足以喪天下，而又曰非毁也，故程子疑之。”子墨子曰：“不然，言譽禹，亦非譽禹，毁桀紂，亦非毁桀紂，惟各如其實，相告聞耳。夫應孰辭稱議而爲之，敏也。孫云：“‘孰辭’，習孰之辭，猶言常語。‘議’，吴鈔本作‘義’。”純一案：《荀子·禮論篇》“貧富輕重，皆有稱者也”，楊注：

“稱謂各當其宜，尺證反。”“議”，議論也。“敏”，《廣韻·十六軫》云：“達也。”言應執習之辭，擬議各當其宜，以相酬對，是爲敏達。則譽禹，非爲譽也；毁桀紂，亦非爲毁也，如此始與非毁儒之神理相應。厚攻則厚吾，薄攻則薄吾。言議論設不稱其實，則爲譽爲毁皆過也，固望有人攻之，故人厚攻之，則是厚吾；薄攻之，則是薄吾。《荀子·修身篇》云：“非我而當者，吾師也。”義略同。曹云：“‘攻’，謂辯難也。凡與吾言相詰難者厚，則視吾亦厚，薄則視吾亦薄，言聖人之道，欲人相詰難，不畏人之攻之也。”應孰辭而稱議，是猶荷轅而擊蛾也。”言應孰辭而持論適當，則被議者無可逃避，故以荷轅擊蛾爲喻也。“轅”，駕車木也。畢云：“‘蛾’同‘螘’。”曹云：“此段見墨氏之於儒者，但有匡救之道，而無攻擊之事，正所以厚待儒者，非薄之也。孟子好辯，則比楊墨於禽獸洪水夷狄亂賊，是毁也，此可見儒、墨兩家，大小厚薄之殊，而孟子之於仲尼，相去遠矣。”

子墨子與程子辯，稱於孔子。畢云：“稱述孔子。”程子曰：“非儒，如上文云：“喪天下之四政。”尹云：“据此則非儒乃墨子所自著。”何故稱於孔子也?”子墨子曰：“是亓當而不可易者也。“亓”舊作“亦”，俞云：“當爲‘亓’，古文‘其’字也。言我所稱於孔子者，是其當而不可易者也，‘其’字即以孔子言，今據改。”今鳥聞熱旱之憂則高，尹云：“‘聞’，知也。‘憂’同‘優’，盛也。”魚聞熱旱之憂則下，尹云：“下猶深也。”當此雖禹湯爲之謀，必不能易矣。鳥魚可謂愚矣，禹湯猶云因焉。王云：“云猶‘或’也，言鳥魚雖愚，禹湯猶或因之也。古者云與或同義。”今翟曾無稱於孔子乎?”畢云：“言孔子之言，有必不能易者。此下舊有‘有游於子墨子之門者，謂子墨子曰：先生以鬼神明知能爲禍人哉’二十七字，今據一本移後。”

有游於子墨子之門者，身體强良，孫云：“‘良’，吴鈔本作‘梁’，後《魯問篇》亦云‘强梁’，然義似不同。”思慮徇通，孫云：“《史記·黄帝本紀》‘黄帝幼而徇齊’，集解徐廣曰：‘墨子曰：年踰五十，則聰明心慮無不徇通矣。’裴駰案：‘徇，疾也。’索隱云：‘徇齊，《家語》及《大戴禮》，並作“叡齊”，一本作“慧齊”。叡、慧，皆智也。《史記》舊本亦有作“濬齊”，蓋古字假借“徇”爲“濬”。濬，深也，義亦並通。’案：徐引《墨子》，今無此文，蓋在佚篇中。《説文·人部》云：‘侚，疾也。’‘徇’即‘侚’之譌。《莊子·知北游篇》云‘思慮恂達’，又借‘恂’爲之。”純一案：“通”，達也。欲使隨而學。“使隨”疑當作“隨使”，言欲隨從墨子，聽其指使而學。子墨子曰：“姑學乎，吾將仕子。”尹云：“言游之而使仕。”勸於善言而學，尹云：

"'勸'，勉也。"其年，孫云："《意林》引作'朞年'。"畢云："同'期年'。"而責仕於子墨子。《意林》作"就墨子責仕。"子墨子畢云："舊脱二字，以意增。"曰："不仕子。子亦聞夫魯語乎？孫云："吴鈔本無'人'字。'語'，《意林》引作'人'。"魯有昆弟五人者，亓父死，畢云："'亓'，舊作'亦'，下同。一本俱作'其'。"孫云："《意林》正作'其'，下並同。"亓長子嗜酒而不葬，亓四弟曰：'子與我葬，畢云："'與'舊作'無'，一本如此。"當爲子沽酒。'勸於善言而葬，已葬，而責酒於其四弟，孫云："吴鈔本無'其'字。"四弟曰：'吾末予子酒矣。孫云："'末'，《道藏》本、吴鈔本並作'未'。"子葬子父，我葬吾父，豈獨吾父哉？子不葬，則人將笑子，故勸子葬也。'今子爲義，我亦爲義，豈獨我義也哉？子不學，則人將笑子，故勸子於學。"

有游於子墨子之門者，子墨子曰："盍學乎？"對曰："吾族人無學者。"子墨子曰："不然，夫好美者，孫本"夫"譌"未"。豈曰吾族人莫之好，故不好哉？夫欲富貴者，豈曰吾族人莫之欲，畢云："已上八字舊脱，據一本增。"故不欲哉？畢云："《太平御覽》引云：'墨子謂門人曰：汝何不學？對曰：吾族無學者。墨子曰：不然，豈有好美者，而曰吾族無此，不欲邪？富貴者，而曰吾族無此，不用也？'與此微異。"好美、欲富貴者，不視人，猶强爲之。夫義，天下之大器也，何以視人？尹云："言不可視人而不爲。"必强爲之！"墨子以天下無貴於義者，故以勉詞作結。畢云："以上十六字，舊脱在'則盜何遽無從'下，今據一本移正。"

有游於子墨子之門者，謂子墨子曰："先生以鬼神爲明知，孫云："'生'舊本譌'王'，今據《道藏》本、吴鈔本正。又舊本'神爲'二字到轉，王校乙正，吴鈔本不到。"能爲禍人哉福，畢云："'人哉'已上二十七字，舊在'今翟曾無稱於孔子乎'下，今据一本在此。一本又無'知此爲禍人哉'六字。"孫云："吴鈔本亦無'知能'以下六字。又畢本脱'福'字，各本並有，今增。"王云："此當以'能爲禍福'連讀，不當有'人哉'二字。下文曰：'先生以鬼神爲明，能爲禍福，爲善者賞之，爲不善者罰之'，是其證。今本'禍福'之間衍'人哉'二字，則義不可通。"案：王説固是，但疑當作"能爲人禍福哉"，"人哉"二字，恐非衍文，未敢肊定，姑仍舊本。純一案：曹本從王校删"人哉"二字，尹本同。爲善者福之，"福"舊作"富"，義同，今改，與上下文一律。爲暴者禍之。舊脱"爲"字，王補。今吾事先生久矣，而福不至。意者，先生之言有不善乎？王引之云："意者，疑詞。《廣雅》曰：'意，疑也。'"鬼神不明乎？我何故不得福也？"也"讀爲"邪"。子墨子曰："雖子不得福，吾言何遽不善？而鬼神何遽不明？王云："'遽'，亦'何'也。連言'何'遽者，古人自有複語耳。《漢書·陸賈傳》：'使我居中國，何遽不若漢。'"子亦聞乎匿刑徒之有刑乎？"舊作"匿徒之刑之有刑乎"，孫云："此疑當作'匿刑徒之有刑乎'，衍一'之'字，'刑徒'又誤到耳。蓋即《左傳》昭七年所謂僕區之法。孔疏引服虔云'爲隱匿亡人之法'也。"純一案：孫説是也，今據删正，"聞"下"乎"字疑衍。對曰："未之得聞也。"畢云："'之得'二字舊倒，以意移，曹本無'之'字。"子墨子曰："今有人於此什子，孫云："言其賢過子十倍，下云'百子'同。"子能什譽之，而一自譽乎？"尹云："什譽則無一匿。"對曰："不能。""有人於此百子，子能終身譽亓善，而子無一自譽乎？"此"自譽"二字舊脱，語意不完，今校補。對曰："不能。"子墨子曰："匿一人者猶有罪，今子所匿者若此亓多，將有厚罪者也，尹云："厚猶大也。"何福之求？"曹云："此以匿人之罪，況匿人之善也。"

子墨子有疾，跌鼻進而問曰：《太平御覽》七百三十八引作"墨子病，洗鼻問曰"。孫云："'問'下吴鈔本有'焉'字。""先生以鬼神爲明，能爲禍福，爲善者賞之，舊本脱"爲"字，王校補。爲不善者罰之。今先生聖人也，何故有疾？《御覽》作"何故病"。意者先生有不善乎？樂云："'先生'下衍'之言'二字。蓋由校者誤據上章'先生之言，有不善乎，鬼神不明乎'句而妄增者也。"純一今據删。鬼神不明知乎？"子墨子曰："雖使我有病，王本作"疾"，尹本從之。鬼神何遽不明？"鬼神"二字，從孫校增。人之所得於病者多方，有得之寒暑，有得之勞苦，二"有"字義與"或"同，説詳《晏子春秋校注》卷七廿二章。是猶百門而閉一門焉，"是猶"二字舊本脱，據《魯問篇》補。則盜何遽無從入？"王云："舊本脱'閉'字、'入'字，今據《魯問篇》，及《太平御覽·疾病部一》引補。"孫云："《淮南子·人閒訓》云：'室有百户閉其一，盜何遽無從入？'即本此文。"尹云："以盜喻疾。"二三子有復於子墨子學射者，"二三子"，《太平御覽》七百四十五引作"或"。子墨子曰："不可，夫知者必量亓力所能至，孫云："吴鈔本作'夫智者亦必量力所能至'。"純一案：《御覽》作"夫學者必量其力"。而從事焉，國士戰，且扶人，猶不可及也。畢云："'及'猶，'兼'。"今子，非國士也，豈能成學，又成射哉？”言學貴專精。

二三字復於子墨子曰：“復”，白也。“告子曰：‘言義而行甚惡。’曹云：“此告子毀墨子之言。”王樹枏云：“‘曰’字脱簡，當在‘有人於此’下。”顧云：“‘曰’當爲‘日’。”蘇云：“‘告子曰’之‘曰’當作‘日’，或爲‘口’字之訛，下墨子言告子口言而身不行，是其證也。然此告子自與墨子同時，後與孟子問答者，當另爲一人。”孫云：“‘曰’字不誤，此文當作‘告子曰：墨子言義而行甚惡’。蓋告子嘗以此言毀墨子，而二三子爲墨子述之，故下文墨子云‘稱我言以毀我行’，又云‘告子毀猶愈亡也’。今本‘告子曰’下挩‘墨子’二字，遂若二三子斥告子行惡，與下云‘毀’，皆不相應矣。顧、蘇説並未憭。又案：《孟子·告子篇》趙注云：‘告，姓也。子，男子之通稱也。名不害，兼治儒墨之道者，嘗學於孟子。’趙氏疑亦隱據此書，以此告子與彼爲一人。王應麟、洪頤煊説，並同。然以年代校之，當以蘇説爲是。”純一案：蘇以後與孟子問答者，當另爲一人，孫從之，謬。《孟子》趙注以爲一人者是，觀墨子不許告子之爲仁，及《經説下》“其爲仁内也，義外也，舉愛與所利也，是狂舉也”，正與告子與孟子之辯論同，況告子言性無善惡，又與《大取篇》“爲暴人語天之爲是也，而性”大旨合，顯見告子言性，師承墨子，而仁内義外，則告子之偏執。是學於墨子之告子，即與孟子辯論之告子，趙注可據。惟趙謂其嘗學於孟子，則非。蓋孟子少時，墨子或猶未卒，告子幼受學於墨子，晚年與孟子言性，斷非學於孟子也。請棄之。”猶孔門鳴鼓而攻之。子墨子曰：“不可，稱我言以毀我行，愈於亡。孫云：“‘亡’、‘無’字同。”純一案：愈於不稱我言者。曹云：“‘愈於’言行並毀者。”有人於此，謂翟甚不仁，曹本“翟”上增“謂”字，注云：“此毀其行也。”今從之。王本“翟”上增“曰”字，尹本同。尊天、事鬼、愛人，曹云：“此稱其言也。”甚不仁。猶愈於亡也。謂言我甚不仁，愈於絶不稱我者。今告子言談甚辯，言仁義而不吾毀，曹云：“不毀我之言。”告子毀，畢云：“二字舊倒，今移。”純一案：言毀我行。猶愈於亡也。”“於”字舊脱，據上文補。曹云：“此亦忘己濟物之一端也。”

二三子復於子墨子曰：“告子勝爲仁。”曹云：“‘勝’，堪任也。勝爲仁，言堪爲仁也。”畢云：“《文選》注引無‘爲’字。”蘇云：“勝爲仁者，言仁能勝其任也，或以勝爲告子名，未知然否。”孫云：“《文選·陳孔璋爲曹洪與魏文帝書》云‘有子勝斐然之志’，李注引此文釋之，則崇賢似以‘勝’爲告子之名。蘇引或説，本於彼。閻若璩《四書釋地》，又續引或説，謂告子名不害，字子勝，並無確證，疑不足據。”子墨子曰：“未必然也。告子爲仁，譬猶跂以爲長，畢云：“‘跂’，舊作‘跛’，據

《文選》注改。此‘企’字假音。《爾雅》云：‘其踵企。’陸德明《音義》云：‘去豉反，本或作跂。’《説文》云：‘企，舉踵也。’‘跂，足多指。’二字異。”隱以爲廣，畢云：“‘隱’，《文選》注引作‘偃’。‘隱’、‘偃’音相近，亦通。言企足以爲長，仰身以爲廣。偃，猶仰。”不可久也。”曹云：“言雖暫能，而不可久。”

告子謂子墨子曰：“我能治國爲政。”“能”字，從孫校據下文“墨子難之曰：惡能治國政?”增。子墨子曰：“政者，口言之，身必行之。今子口言之，而身不行，是子之身亂也。子不能治子之身，惡能治國政？言行相違，子身自亂，安能治國。子姑亡，曹云：“且不必言治國也。”子姑防子之身亂之矣！”吴鈔本無“身”字，舊本無“子姑防”三字。畢云：“一本作‘子姑防子之身亂之矣’是。”純一今從之。

曹云：“此篇亦非儒之意。公孟子、程子，皆當時儒者，告子，亦儒者也。孟子書多載告子之説，不知此篇之告子，即其人歟？抑别有其人歟？攷墨子生孔子之後，其與孟子時不相接，若此告子即孟子之告子，則必墨子之年壽甚長，告子及見之，告子之年壽甚長，孟子及見之。又按《孟子》云‘楊朱、墨翟之言盈天下’，既曰盈天下，則當日人人著信可知。儒者之術，咸病其迂遠而鮮任用之者，自今觀之，儒之與墨，誠有所不及也。墨子强於行，其辯亦至矣。秦漢以後人，終右儒而左墨者，儒長於文，凡書以文傳也，墨之行極難，人人欲便其私而畏其難也，此儒書之所以益多，而墨家所以微也。”

墨子集解卷十三

漢陽張純一仲如

魯問第四十九

魯君蘇云："此魯君自是魯國君，故以齊攻爲患。"孫云："以時代考之，此魯君疑即穆公。"純一案：穆公與子思晚年並縣子同時。《孟子·公孫丑篇》曰："昔者魯繆公無人乎子思之側，則不能安子思。"《檀弓上》："繆公召縣子而問焉。"墨子之年，當長子思二十歲，縣子爲墨子弟子，孔子卒於魯哀公十六年，時墨子已四十歲上下。哀公在位二十七年，悼公繼之，在位三十七年。元公繼位，二十一年，穆公即位，墨子年已百餘歲，恐非也。竊疑此魯君，當即悼公或元公也。謂子墨子曰："吾恐齊之攻我也，可救乎?"子墨子曰："可。昔者三代之聖王禹湯文武，百里之諸侯也，説忠行義取天下。三代之暴王桀紂幽厲，讎忠行暴失天下。"忠"舊作"怨"，俞云："'怨'乃'忠'字之誤，言與忠臣爲讎也。上文説禹湯文武曰'説忠行義，取天下'，與此相對，可證。"今據正。吾願主君之上者尊天事鬼，下者愛利百姓，厚爲皮幣，卑辭令，亟徧禮四鄰諸侯，孫云："'亟'，舊本誤作'函'，今以意校正。《爾雅·釋詁》云：'亟，疾也，速也。'本篇亟字多誤爲函。"曹本同。敺國而以事齊，歐陽云："'敺'即《孟子》'爲淵敺魚，爲叢敺爵，爲湯武敺民'之'敺'，通'驅'，言驅其國人而以事齊也。"患可救也，非此，顧無可爲者。""非此，顧"舊作"非願"二字，王云："'願'當爲'顧'字之誤也。'顧'、'願'草書相似，'顧'與'固'通，'顧'上當有'此'字，言非此固無可爲者也，'此'字即指上數事而言。今本'顧'譌作'願'，又脱'此'字，則義不可通。"孫據以補正。

齊將伐魯，子墨子謂項子牛曰：孫云："'項子牛'，蓋田和將。伐魯事，詳後。""伐魯，齊之大過也。昔者吴王東伐越，棲諸會稽；孫云："吴伐越事，詳《非攻中篇》。《國語·越語》云'越王句踐棲於會稽之上'，韋注云：'山處曰棲。'"西伐楚，葆昭王於隨；孫云："'葆'、'保'通。《左傳》定四年，吴入郢，楚鬬辛與其弟巢以王奔隨。”北伐齊，取國子以歸於吴。舊本“國”下衍“太”字，王云：“‘國太子’本作‘國子’，謂齊將國書也。吴敗齊於艾陵，獲國子，事見《左傳》哀十一年。淺人誤以‘國’爲國家之國，因加‘太’字耳。”孫據删。諸侯報其讐，百姓苦其勞而弗爲用，是以國爲虚戾，孫云：“‘虚戾’，義詳《公孟篇》。”身爲刑戮也。昔者智伯伐范氏與中行氏，兼三晉之地，孫云：“詳《非攻中篇》。此三晉，謂晉卿三家，即智氏、范氏、中行氏也，故《非攻篇》云‘並三家以爲一家’，與韓、趙、魏不同。”諸侯報其讐，百姓苦其勞而弗爲用，是以國爲虚戾，身爲刑戮也。“也”上舊衍“用是”二字，從王校删，曹本同。故大國之攻小國也，是交相賊也，禍必反於國。”“禍”舊作“過”，從曹本改。

子墨子見齊大王曰：畢云：“《太平御覽》無‘大’字，下同。”蘇云：“‘大’當讀‘泰’，即太公田和也。蓋齊僭王號之後，亦尊其祖爲太王，如周之古公云。”俞云：“大公者，始有國之尊稱，故周追王，自亶父始而稱大王。齊有國，自尚父始而稱大公。以及吴之大伯，晉之大叔皆是也。田齊始有國者，和也，故稱大公，猶尚父稱大公也。至其後子孫稱王，則亦應稱大王矣，猶亶父稱大王也。因齊大王之稱，他書罕見，故學者不得其説，《太平御覽》引此文，遂删‘大’字矣。”孫云：“蘇、俞説是也。據《史記·田敬仲世家》，及《六國年表》，田莊子卒於周威王十五年，子大公和立。安王十六年，田和始立爲諸侯。墨子見大王，疑當在田和爲諸侯之後。”王闓運云：“時六國並王，大國稱大王。”純一案：《御覽》，見三百四十六。孫説墨子見大王，當在田和爲諸侯之後，未審。如蘇、俞説，大王既屬僭號追稱，未必非田莊子，即爲田和，未必在爲諸侯之後，蓋田和始命爲諸侯，在魯繆公二十二年，次年即卒。墨子大年，未必百二十餘歲，亦未必於田和將卒時始見之。《耕柱》等篇，成於門人之追述，當在六國時耳。“今有刀於此，試之人頭，倅然斷之，畢云：“‘卒’字異文作‘倅’，讀如倉猝。”可謂利乎？”大王曰：“利。”子墨子曰：“多試之人頭，倅然斷之，可謂利乎？”大王曰：“利。”子墨子曰：“刀則利矣，孰將受其不祥？”大王曰：“刀受其利，試者受其不祥。”畢云：“言持刀之人。”子墨子曰：“並國覆軍，賊敖百姓，畢云：“舊作‘敖’，非。《太平御覽》引作‘殺’。案：《説文》云‘敖，古文殺出此’，今依改正。”孫云：“畢校是也。説詳《尚賢中篇》。”孰將受其不祥？”孫本“孰”譌“就”。大王俯仰而思之曰：“我受其不祥。”

魯陽文君將攻鄭，子墨子聞而止之，謂魯陽文君曰：“魯”字從畢校增，曹本同。王闓運云："'魯陽'，邑。'文'，謚也。此誤以魯爲國。"“今使魯四境之内，畢云："謂魯陽。"大都攻其小都，大家伐其小家，殺其人民，陸本、唐本，並作"民人"。取其牛馬狗豕，布帛米粟貨財則何若？”魯陽文君曰：“魯四境之内，皆寡人之臣也。今大都攻其小都，大家伐其小家，奪之貨財，則寡人必將厚罰之。”子墨子曰：“夫天之兼有天下也，亦猶君之有四境之内也。今舉兵將以攻鄭，天誅亓不至乎？”孫云："《道藏》本、吴鈔本，'亓'並誤'亦'。"尹云："'誅'，討也。"魯陽文君曰：“先生何止我攻鄭也？我攻鄭順於天之志。鄭人三世殺其父，蘇云："'父'當作'君'。據《史記·鄭世家》云：'哀公八年，鄭人弑哀公，而立聲公弟丑，是爲共公。三十年，共公卒，子幽公已立。幽公元年，韓武子伐鄭，殺幽公，鄭人立幽公弟駘，是爲繻公。二十七年，子陽之黨共弑繻公。'是三世弑君之事也。"孫云："黄式三《周季編略》，亦同蘇説，黄氏又據此云：'三年不全，以魯陽文君攻鄭，在安王八年，即鄭繻公被弑後三年也。'然二説並可疑。攷文君即公孫寬，爲楚司馬子期子。據《左傳》，子期死白公之難，在魯哀公十六年，次年寬即嗣父爲司馬，則白公作亂時，寬至少亦必已弱冠。鄭繻公之弑，在魯繆公十四年，上距哀公十六年，已八十四年，文君若在，約計殆逾百歲，豈尚能謀攻鄭乎？竊疑此'三世'並當作'二世'，蓋即在韓殺幽公之後。幽公之死，當魯元公八年，時文君約計當七十餘歲，於情事儻有合耳。"天加誅焉，使三年不全，孫云："《吕氏春秋·本生篇》高注云：'全，猶順也。'三年不全，猶《玉藻》云：'年不順成。'"我將助天誅也。”子墨子曰：“鄭人三世殺其父，而天加誅焉，使三年不全，天誅足矣。今又舉兵將以攻鄭，曰：'吾攻鄭也，順於天之志。'譬有人於此，其子强梁不材，孫云："《老子》云：'强梁者不得其死。'《莊子·山木》釋文云：'彊梁，多力也。'《詩·大雅·蕩》毛傳云：'彊梁，禦善也。'孔疏云：'彊梁，任威使氣之貌。'"故其父笞之。其鄰家之父，舉木而擊之，曰：'吾擊之也，順於其父之志。'則豈不悖哉？”

子墨子謂魯陽文君曰：“攻其鄰國，殺其民人，取其牛馬粟米貨財，則書之於竹帛，鏤之於金石，以爲銘於鍾鼎，傳遺後世子孫，曰：'莫若我多。'畢云："'我多'舊作'多吾'，一本如此。"孫云："顧校季本亦作'我多'。《周禮·司勛》云：'戰功曰多。'"今賤人也，亦攻其鄰家，殺其人民，取其狗豕食粮衣裘，畢云："'粮'，'糧'字俗寫。"亦書之竹帛，以爲銘於席豆，以遺後世子孫，曰：‘莫若我多。’亓可乎?”孫云：“‘亓’，《道藏》本、吴鈔本並誤‘亦’。”魯陽文君曰：“然，吾以子之言觀之，則天下之所謂可者，未必然也。”

子墨子謂魯陽文君曰：“謂”，各本作“爲”，此從吴鈔本，曹本同。“世俗之君子，皆知小物而不知大物。今有人於此，竊一犬一彘，則謂之不仁，竊一國一都，則以爲義。譬猶小視白謂之白，大視白則謂之黑。孫云：“吴鈔本無‘則’字。”是故世俗之君子，知小物而不知大物者，此若言之謂也。”“此若”，畢改爲“若此”，云舊二字倒，一本如此。孫云：“顧校季本同。”王云：“畢改非也。古者謂此爲若，連言之，則曰‘此若’。‘此若言之謂也’，已見《尚賢篇》，及《節葬篇》。墨子書言‘此若’者多矣，它書亦多有之。”

魯陽文君語子墨子曰：孫云：“‘語’，吴鈔本作‘謂’。”“楚之南有啖人之國者，舊衍“橋”字，從曹本删，王樹枏校同。孫云：“《節葬下篇》作‘炎人’，而以食子爲輆沐國俗，與此不同。竊疑啖人之名，即起於食子，此篇是也。”純一案：陸本“楚”下無“之”字。“楚之南”，《節葬篇》作“越之東”。其國之長子生，王樹枏云：“《節葬篇》作‘其長子生’。”則解而食之，“解”舊作“鮮”。畢云：“‘鮮’一本作‘解’。”孫云：“《節葬下篇》亦作‘解’。”顧云：“作‘鮮’者誤。”純一案：陸本、唐本並作“解”，今據正。尹云：“‘鮮’同‘斯’，離也，析也。”謂之宜弟。美則以遺其君，君喜則賞其父。孫云：“《後漢書・南蠻傳》云：‘交阯其西有噉人國，生首子，輒解而食之，謂之宜弟。味旨則以遺其君，君喜而賞其父，今烏滸人是也。’李注引萬震《南州異物志》云：‘烏滸，地名也，在廣州之南，交州之北。’則漢時尚相傳有是國也。”豈不惡俗哉?”子墨子曰：“雖中國之俗，亦猶是也。殺其父而賞其子，曹云：“謂攻戰死者，則卹賞其孤子。”何以異食其子而賞其父者哉? 苟不用仁義，何以非夷人食其子也?”曹云：“此譏好攻伐之君，輕用民以死，又從而賞之。”

魯君之嬖人死，魯君爲之誄，孫云：“《釋名・釋典蓺》云：‘誄，累也。’累列其事而稱之也。”魯人因説而用之。子墨子聞之曰：“誄者，道死人之志也。尹云：“‘道’，言也。”今因説而用之，是猶以來首從服也。”明其用之不當也。孫云：“‘來首’疑即‘貍首’。蓋貍與來古音相近，故‘貍首’亦謂之‘來首’。‘服’，謂‘服馬’。‘以來首從服’，言以貍駕車，明其不勝任也。”曹云：“‘來’，麥也。

‘來首’，麥草之根也。草木以根爲首，以草根爲衣服，言非所宜用也。此事見《禮記·檀弓篇》：‘縣賁父卜國爲魯君御，因馬驚敗，赴敵而死之，魯君莊公以其死非罪而誄之。’士之有誄自此始，可見魯人之説而用之也，墨子以人戰死爲可傷，譏魯人之反以爲説也，亦非攻之意。”王闓運本改“來首”作“耒首”，注云：“耜也。‘服’，轅馬也，喻牛馬異用。”尹本從之。

魯陽文君謂子墨子曰：“有語我以忠臣者，令之俯則俯，畢云：“‘頫’字俗寫。”令之仰則仰，處則静，呼則應，可謂忠臣乎？”子墨子曰：“令之俯則俯，令之仰則仰，是似景也。畢云：“古‘影’字只作‘景’，葛洪加彡。而明刻《淮南子》有注云：‘古影字’，《道藏》本無，蓋明人妄增耳。今《尚書》亦有‘影響’字，寫者亂之。”處則静，呼則應，是似響也。孫云：“《管子·心術篇》云：‘若影之象形，響之應聲也。’《漢書·天文志》亦云：‘如景之象形，響之應聲。’”君將何得於景與響哉？若以翟之所謂忠臣者，上有過則微之以諫，孫云：“‘微’者，‘覹’之借字。《説文·見部》云：‘覹，司也。’《漢書·游俠傳》：‘使人微知賊處。’顔注云：‘微，伺閒之也。’此‘微之以諫’，亦言伺君之閒而諫之也。”尹云：“猶云幾諫。”己有善則訪之上，而無敢以告外，孫云：“《爾雅·釋詁》云：‘訪，謀也。’謂進其謀於上，而不敢以告人也。”尹云：“善則歸君。”純一案：《晏子春秋·問上廿章》云：“忠臣不揜君過，諫乎前不華乎外。”“華”與“譁”同。匡其邪而入其善，尹云：“‘匡’，正也。”孫云：“入其善，謂納之於善也。”畢云：“‘匡’字舊闕，注云‘太祖廟諱上字’，蓋宋本如此，今增。”尚同而無下比，王云：“舊本脱‘同’字，今補。此文具見《尚同》三篇。”孫云：“‘尚’與‘上’通。”尹云：“比謂阿私。”是以美善在上，而怨讎在下，舊本脱“是”字，王據《尚賢篇》補。安樂在上，《尚賢中篇》作“而所怨謗在下，寧樂在君”。而憂慼在臣。此翟之所謂忠臣者也。”舊本脱“所”字，孫據吴鈔本補。

魯君謂子墨子曰：“我有二子，一人者好學，一人者好分人財，孰以爲太子而可？”子墨子曰：“未可知也，或所爲賞與爲是也。畢云：“‘與’舊作‘興’，以意改。”孫云：“畢校是也。而讀‘爲賞與’，句則非。此當讀‘或所爲賞與爲是也’八字句，‘與’即‘譽’之叚字。言好學與分財，或因求賞賜名譽而僞爲是，不必真好也。”純一案：孫説是，今從之。“所”字疑衍，當删。釣者之恭，“釣”舊作“魡”，俗寫，據《藝文類聚》六十六引改。孫云：“《淮南子·説山訓》云：‘釣者使人恭。’”非爲魚賜也；畢本無“魚”字，云：“‘賜’字，一本作‘魚賜’。《藝文類聚》

作‘魚’。”孫云：“當作‘魚賜’，今本捝一字耳。《道藏》本、吴鈔本，並有‘魚’字，今據增。”純一案：“魚”字不可少，此文均四字句。《類聚》作“非爲魚也”，是。王闓運本同，“賜”字衍，當删。餌鼠以蟲，“餌”舊作‘蝆’，蓋‘餌’之俗體。畢據《藝文類聚》改。“蟲”，《類聚》作“肉”。孫云：“蟲疑當爲‘蠱’，蠱有毒。‘餌鼠以蠱’，即謂毒鼠。”非愛之也。“之”指鼠言，陸本、唐本之並誤作“人”。吾願主君之合其志功而觀焉。”“志”，心願也。“功”，行事也。曹云：“分人以財，亦不必其善，必合觀其志功，而後可定也。”

魯人有因子墨子而學其子者，《禮記·文王世子》：“凡學世子。”《釋文》：“學，户孝反，教也。”《廣雅·釋詁》：“學，教也。”《白虎通·辟雍》：“學之爲言覺也，以覺悟所不知也。”其子戰而死，其父讓子墨子。孫云：“《説文·言部》云：‘讓，相責讀。’”子墨子曰：“子欲學子之子，今學成矣，知義貴於身。戰而死，而子愠，是猶欲糶糴，讎則愠也，“糶糴”二字舊倒，從吴鈔本乙。王云：“《廣雅》：‘糴，買也。’‘糶，賣也。’”畢云：“‘售’字正作‘讎’。”純一案：墨子了徹生死之故，故薄死，此言受教如糴，戰死致用如糶。“糶”即“讎”，正教成之證。不宜愠怒，愠則與教子之恉相背也。豈不費哉?”顧云：“‘費’與‘拂’同。”王云：“‘費’讀爲‘悖’，即上文之‘豈不悖哉’也。《緇衣》：‘口費而煩。’鄭注曰：‘費，或爲悖。’作‘悖’者正字，作‘費’者借字也。”

魯之南鄙人有吴慮者，畢云：“《太平御覽》引作‘吴憲’。”純一案：《御覽》八百二十二“鄙”誤“鄭”。冬陶夏耕，自比於舜。“南”對“北”言，此知墨子居魯北境，吴慮蓋卓然農家也，農者務勤勉以厚民生爲義，此冬陶夏耕，所以勉厚民生也。自比於舜者，不必託之遠古，而世易信從也，其用心與許行託於神農同，是亦救時之賢者。子墨子聞而見之。吴慮謂子墨子曰：“曰”字從孫校增。“義耳義耳，焉用言之哉?”吴慮以當時處士横議（《孟子·滕文公下》），道路曲辯，輩輩成羣，（《商君書·農戰》），病農已甚，不可尤而效之，故其言如此，是其力矯時弊之苦心也。子墨子曰：“子之所謂義者，畢云：“‘所謂’二字舊倒，以意改。”孫云：“吴鈔本、顧校季本，正作‘所謂’。”亦有力以勞人，有財以分人乎?”此農家均勞逸、均貧富二大綱。孫云：“‘勞’，謂爲人任其勞也。《羣書治要》引《尸子·貴言篇》云：‘益天下以財爲仁，勞天下以力爲義。’”吴慮曰：“有。”子墨子曰：“翟嘗計之矣。翟慮耕而食天下之人矣，舊本“而食”二字，在“天下”之下，王據下文乙正。

盛，然後當一農之耕，孫云："此云極盛，不過當一農之耕也，下同。"分諸天下，不能人得一升粟。藉而以爲得一升粟，"藉"舊作"籍"，畢云："'藉'字假音。"純一今從吴鈔本正，曹本、王本並同。尹云："'藉'，借也，假也。"其不能飽天下之飢者，既可睹矣。尹云："'既'，概也。"翟慮織而衣天下之人矣，盛，然後當一婦人之織，分諸天下，不能人得尺布。藉而以爲得尺布，舊脱"以"字，孫據上文增。其不能煖天下之寒者，既可睹矣。翟慮被堅執鋭，救諸侯之患矣，"矣"字從孫校依上文增。盛，然後當一夫之戰，一夫之戰，其不能御三軍，"能"字據上文增，尹本同。釋云："'御'，禦也。"既可睹矣。孫云："'睹'，吴鈔本作'覩'。《説文·目部》云：'睹，見也。'古文作'覩'。"翟以爲不若誦先王之道而求其説，通聖人之言而察其辭，上説王公大人，次説匹夫徒步之士。"次"下"説"字，從畢校補。王公大人用吾言，國必治；匹夫徒步之士用吾言，行必修。舊作"脩"，此從吴鈔本。故翟以爲雖不耕而食飢，不織而衣寒，功賢於耕而食之、尹云："'賢'，勝也。"織而衣之者也。故翟以爲雖不耕織乎，而功賢於耕織也。"此知吴慮之農，狹義之農也。墨子則以有道肆相教誨，欲進吴慮爲廣義之農，所謂廣義之農者，如《尸子》曰："神農夫負婦戴，以治天下。"堯曰："朕之比神農，猶旦與昏也。"是堯雖未躬耕，而心儀神農爲天下臞瘦者，猶之農也。《荀子·大略篇》曰"禹見耕者耦立而式"，是禹之自苦爲極，不必農之迹而得農之神也。此知墨子獨自苦而爲義，且因天下不爲義而益急者，實上接堯禹之心傳，將今天下一心（《亢倉子·農道篇》）也。《論語·子路篇》，樊遲請學稼圃，孔子小之，義與此同。吴慮謂子墨子曰："義耳義耳，焉用言之哉？"子墨子曰："藉設而天下不知耕，教人耕，與不教人耕而獨耕者，畢云："舊脱'不'字，一本有。"其功孰多？"吴慮曰："教人耕者其功多。"子墨子曰："藉設而攻不義之國，鼓而使衆進戰，與不鼓而使衆進戰而獨進戰者，其功孰多？"吴慮曰："鼓而進衆者其功多。"子墨子曰："天下匹夫徒步之士少知義，而教天下以義者功亦多，何故弗言也？善破吴慮之執。若得鼓而進於義，則吾義豈不益進哉？"義之量擴大矣。

子墨子游公尚過於越。公尚過説越王，"越王"當即"句踐"。説者，以言語喻人使從己也。越王大説，畢云："舊作'悦'，下同，此俗寫字，今改正。"謂公尚過曰："先生苟能使子墨子至於越而教寡人，"至"字從孫校據下文增。請裂故吴之地方五百里，孫云："吴鈔本無'方'字。"畢云："時吴已亡入越，故曰故吴。"以封子墨子。"公尚過許諾。遂爲公尚過束車五十乘，孫云："《說文·束部》云：'束，縛也。'"以迎子墨子於魯，曰："吾以夫子之道說越王，越王大說，謂過曰：苟能使之墨子至於越而教寡人，孫云："吴鈔本無'於'字。"請裂故吴之地方五百里以封子。"尹云："過稱其師，因尊云子。"子墨子謂公尚過曰："子觀越王之志何若？孫云："'志'，吴鈔本作'意'。"意越王將聽吾言，用我道，則翟將往，量腹而食，度身而衣，自比於羣臣，曹云："言己之自奉，將比於羣臣之不能者，言至薄也，亦奚以封爲？"尹云："《淮南·俶真》：'夫聖人量腹而食，度形而衣，節於己而已，貪汙之心，奚由生哉？'"奚能以封爲哉？"奚"舊作"不"。畢云："一本作'奚'，是。"孫據正。抑越王不聽吾言，"王"字從孫校增。不用吾道，知范蠡去，文種死，必不能用其道。而我往焉，則是我以義糶也。孫云："《爾雅·釋詁》云：'糶，賣也。'"曹云："糶，市也，猶云衒玉求售。"鈞之糶，尹云："鈞，同均。之，是也。"亦於中國耳，何必於越哉？"曹云："《論語》記柳下惠曰：'枉道而事人，何必去父母之邦。'亦此意也。"畢云："《吕氏春秋·高義》云：'子墨子游公上過於越，公上過語墨子之義，越王說之，謂公上過曰：子之師苟肯至越，請以故吴之地、陰江之浦、書社三百，以封夫子。公上過往，復於子墨子，子墨子曰：子之觀越王也，能聽吾言，用吾道乎？公上過曰：殆未能也。子墨子曰：不唯越王不知翟之意，雖子亦不知翟之意，若越王聽吾言，用吾道，翟度身而衣，量腹而食，比於賓萌，未敢求仕。越王不聽吾言，不用吾道，雖全越以與我，吾無所用之。越王不聽吾言，不用吾道，而受其國，是以義糶也。義糶何必越，雖於中國亦可。'即用此文。"

子墨子游，魏越孫云："墨子弟子。"曰："既得見四方之君，子則將先語？"蘇云："即子將奚先之意。"王闓運云："問語所宜先也。"子墨子曰："凡入國必擇務而從事焉，國家昏亂，則語之尚賢、尚同；國家貧，則語之節用、節葬；國家憙音湛湎，畢云："《說文》云：'憙，說也。'"孫云："吴鈔本'湛'作'沈'，字通。《說文·水部》云：'湎，沈於酒也。'《史記·宋世家》云：'紂沈湎於酒。'《初學記》二十六引《韓詩》云：'齊顔色均衆寡謂之沈，閉門不出者謂之湎。'"則語之非樂、非命；國家淫僻無禮，孫云："'僻'，吴鈔本作'辟'。"則語之尊天、事鬼；國家務奪侵凌，則語之兼愛、非攻，“則”舊作“即”，此從吴鈔本，與上文一律。故曰擇務而從事焉。”舊本脱“攻故”二字，王據上文及《非攻篇》補。曹云：“此見墨子之言，皆救世之良法也。”尹云：“所謂對病而下藥者。”

子墨子出曹公子於宋，舊本‘出’上衍‘曰’字，‘於’上衍‘而’字，並從王校删。曹云：“‘出’，猶言游也。”孫云：“曹公子亦墨子弟子。”俞云：“‘出’字義不可通，當爲‘士’字之誤。‘士’與‘仕’通。”純一案：俞説稍泥，《孟子·告子下》“出則無敵國外患者”，趙注：“出，謂國外也。”墨子魯人，曹公子亦魯人，墨子仕之於宋，故云出。下文“三年而反”，“出”與“反”文正相對，況出對處言，尤合。三年而反，同返。睹子墨子曰：孫云：“吴鈔本‘睹’作‘覩’。”“始吾游於子之門，短褐之衣，畢云：“‘短’从豆聲，讀如‘裋’。”孫云：“詳《非樂上篇》。”藜藿之羹，舊本脱“藜”字、“之”字，王以意補。朝得之則夕弗得，弗得祭祀鬼神。“弗得”二字舊不重。孫云：“祭祀不以藜藿，又不當在夕，此當重‘弗得‘二字，言雖藜藿之羹，尚不能朝夕常給，故不得祭祀鬼神也。”純一案：孫説是，今據補。而以夫子之故，“故”舊作“政”。俞云：“‘政’乃‘故’字之誤，蓋子墨子仕曹公子於宋，則宋必致禄，故曰：‘以夫子之故，家厚於始也。’《耕柱篇》曰：‘衛君以夫子之故，致禄甚厚。’”純一案：俞説是，今據正，而，猶乃也。家厚於始也，尹云：“言家富於昔時。”有謹祭祀鬼神。舊作“有家厚”，孫云：“‘有’讀爲‘又’。”純一案：“家厚”二字，涉上誤重，今删。然而人徒多死，六畜不蕃，身湛於病，尹云：“‘湛’，沈也。”吾未知夫子之道之可用也。”子墨子曰：“不然，夫鬼神之所欲於人者多，欲人之處高爵禄則以讓賢也，《晏子春秋·問上廿章》云：“睹賢不居其上”，義同。多財則以分貧也，《晏子春秋·諫下十九章》云：“藏財而不用，兇也。”夫鬼神豈唯擢黍拑肺之爲欲哉？“黍”舊譌“季”，從王引之校改，曹本、王本、尹本並同。蘇云：“意言鬼神非徒貪嗜飲食者也。案：《書·君陳篇》曰‘黍稷非馨，明德惟馨’，大旨同。”今子處高爵禄而不以讓賢，一不祥也；多財而不以分貧，二不祥也。不祥本於自私，此知墨子妙悟玄猷，欲人心境澄清，冥通大化，與鬼神合其吉凶。今子事鬼神，唯祭而已矣，《論語·先進篇》：“季路問事鬼神，子曰：‘未能事人，焉能事鬼？’”程子曰：“盡事人之道，則盡事鬼之道。”而曰：‘病何自至哉？’官以物亂，精耗神散，日與爲接者，何非致病之門。是猶百門而閉一門焉，曰：‘盗何從入？’《陰符經》曰：“萬物人之盗，孰知盡閉其門而防之。"《淮南子·人閒訓》："室有百户閉其一，盜遽無從入。"本此。若是，而求百福於有怪之鬼神，豈可哉?""百"字、"神"字，從孫校增。"有怪"，疑即《詩·抑》之篇"不可度思"義。《天志中篇》云："又以先王之書，馴天明不解之道也知之。"不解，亦即此有怪之意，曹公子不知敬鬼神之正義，不惟祭祀之迹，在乎讓賢博施以濟世，故墨子教之如此，從知墨子之敬鬼神，蓋即色游玄，通乎物之所造也，學者多譏祭祀爲迷信，陋已。

魯祝以一豚祭，"祝"，專主祭者。尹云："'豚'，小豕也。"而求百福於鬼神。子墨子聞之曰："是不可。今施人薄而望人厚，則人唯恐其有賜於己也。今以一豚祭，而求百福於鬼神，鬼神唯恐其以牛羊祀也。以所求者過奢故，"鬼神"二字，從孫校增。古者聖王事鬼神，孫云："吴鈔本無'者'字。"祭而已矣。孫云："謂無所求也。《禮器》云'祭祀不祈'，鄭注云：'祭祀不爲求福也。'"純一案：《祭統》云："是故賢者之祭也，不求其爲。"爲，去聲，亦祭祀不祈之義。夫祭酒不爲求福也，所以虚中，專致其精明之德以交於神明也，福不可求而自至者也，設因求福而祭，則其心已貪汙，是自求禍也。鬼神恒依人心之貞一與否現吉凶也，故景上上祭，莫若自苦爲極，兼愛天下，則德合無疆，福利無疆矣。今以豚祭而求百福，則其富不如其貧也。"言心爲物役，未有已時，未若貧而無累心安也。

彭輕生子孫云："疑亦墨子弟子。"曰："往者可知，來者不可知。"子墨子曰："藉設而親在百里之外，"藉"舊作"籍"，從曹本改，王本同。"而"，汝也。尹云："'藉設'，假設也。"則遇難焉，"則"，王闓運注"即"。期以一日也，及之則生，不及則死。今有固車良馬於此，尹云："《韓非·難勢》：'夫曰良馬固車，臧獲御之，則爲人笑，王良御之，則日取乎千里。'"又有奴馬四隅之輪於此，畢云："'駑'，古字只作'奴'，一本作'駑'。《説文》無'駑'字。"尹云："四隅之輪謂不圓。"使子擇焉，子將何乘?"對曰："乘良馬固車，可以速至。"尹云："言速至則來者可知。"子墨子曰："焉在不知來!""不知"舊作"矣"，盧云："似謂'焉在不知來'，文誤。"蘇云："'知'與'矣'相近而誤，而'知'上更脱'不'字也。"純一案：盧、蘇二校是，今並據以補正，曹本同，注云："墨子之知來者，信之於理也。《易》曰：'自天祐之，吉無不利。'子曰：'天之所助者，順也。'祭則受福，蓋得其道矣，如墨子之兼愛而儉勤，其受福於天，可以操券而得者，實人生救死之固車良馬也，先天而天弗違，後天而奉天時，有其自信者也。"

孟山孫云："疑亦墨子弟子。"譽王子閭曰："昔白公之禍，詳《非儒篇》。執王子閭，孫云："《左哀十六年傳》：'白公欲以子閭爲王，子閭不可，遂劫以兵。'杜注云：'子閭，平王子啓。'"斧鉞鉤要，畢云："此正字，餘文作'腰'者，後改亂之耳。"直兵當心，孫云："'直兵'，劍、矛之屬。《晏子春秋·雜上》説崔杼盟晏子云：'戟拘其頸，劍承其心。'晏子曰：'曲刃鉤之，直兵推之，嬰不革矣。'《吕氏春秋·知分篇》云'直兵造胷，曲兵鉤頸'，高注云：'直，矛也。'"謂之曰：'爲王則生，不爲王則死。'王子閭曰：'何其侮我也！"也"讀若"邪"。殺我親而喜我以楚國，我得天下而不義不爲也，又況於楚國乎？'遂死而不爲。舊無"死"字。孫云："《左傳》云：'子閭不可，遂殺之。'《新序·義勇篇》同，是子閭實死。'遂'下疑當有'死'字。"今據補。王子閭豈不仁哉？"子墨子曰："難則難矣，然而未仁也。若以王爲無道，則何故不受而治也？此知墨子言治，以民爲貴。《尚同中篇》曰："故古者之量正長也，將以治民也。"即此原理。若以白公爲不義，何故不受王，誅白公然而反王？畢云："言何不借王之權，以殺白公，然後反位於王。"俞云："畢讀'誅白公'爲句，則'然而反王'，文不成義矣。《禮記·檀弓篇》'穆公召縣子而問然'，鄭注曰：'然之言焉也。''誅白公然而反王'，猶云誅白公焉而反王，七字爲一句。"純一案：此教孟山當權利害之輕重，以利民與國。故曰難則難矣，然而未仁也。"

子墨子使勝綽事項子牛。孫云："勝綽，墨子弟子。"項子牛三侵魯地，孫云："項子牛，齊人，見前。三侵魯，不知在何年。以《史記·六國年表》，及《田齊世家》考之，魯元公十九年，齊伐魯葛及安陵，二十年，取魯一城。穆公二年，齊伐魯取郕。十六年，伐魯取最。或即三侵之事與？"純一案：孫説不盡可從。據《六國年表》，自魯元公十七年至二十一年，五年之間，田齊三伐魯，已足三侵之數，亦合墨子生存之年，若加入穆公十六年田和伐魯取最事，則爲四侵矣。以墨子之高義，能容勝綽背義而識項子牛，歷時十九年，始請退乎？況本書明曰三侵，未言四侵也。以墨子生年考之，恐至穆公十六年，墓木已拱。又據《閒詁·墨子年表》，於穆公十四年下，記鄭人三世殺君事，已知與文君年不合，墨子與文君同時，可見此十六年伐魯取最之説，亦不合也。而勝綽三從。子墨子聞之，使高孫子請而退之，孫云："高孫子，亦墨子弟子。"曰："我使綽也，將以濟驕而正嬖也。畢云："'濟'，止也。'嬖'，同僻。"今綽也祿厚而譎夫子，夫子三侵魯，而綽三從，是鼓鞭於馬靳也。畢云：

"《説文》云：'靳，當膺也。'言馬欲行而鞭其前，所以自困，猶使人仕而反來侵我也。"翟聞之：'言義而弗行，是犯明也。'曹云："謂明知而故犯。"綽非弗之知也，禄勝義也。"

昔者楚人與越人，舟戰於江，孫云："《渚宫舊事》'越人'作'吴越'，下同。"楚人順流而進，迎流而退，見利而進，見不利則其退難。越人迎流而進，順流而退，見利而進，舊挩"而"字，王補。見不利則其退速。越人因此若埶，亟敗楚人。舊本"埶亟"作"執函"。王云："'執'字、'函'字，皆義不可通。'執'當爲'埶'，'埶'即今'勢'字。'此若埶'者，此埶也。若，亦此也，古人自有複語耳。墨子書多謂'此'爲'此若'，説見上文。'函'當爲'亟'，讀'亟稱於水'之亟。亟，數也。言越人因此水勢，遂數敗楚人也。"孫云："王説是也。《渚宫舊事》，亦作'勢亟'，今據正。"公輸子孫云："《文選·西都賦》薛綜注云：'魯般，一云公輸子，魯哀公時巧人。'《孟子·離婁篇》云'公輸子之巧'，趙注云：'公輸子名班，魯之巧人也，或以爲魯昭公之子。'《檀弓》云：'季康子之母死，公輸若方小，斂，般請以機封。'鄭注云：'若之族，多技巧者。'後《公輸篇》作'公輸盤'。"自魯南游楚，畢云："《太平御覽》引作'公輸般自魯之楚'。"純一案：《御覽》見三百三十四。孫云："《渚宫舊事》云：'及惠王時。'"焉始爲舟戰之器，畢云："'器'，《御覽》引作'具'。"王云："'焉'，猶'於是'也。言於是始爲舟戰之器也。《月令》曰'天子焉始乘舟'，《晉語》曰'焉始爲令'，《大荒西經》曰'開焉始得歌《九招》'，此皆古人以'焉始'二字連文之證。"作爲鈎拒之備，"拒"舊作"强"，從孫校據《御覽》改，下並同。退者鈎之，進者拒之，畢云："《御覽》引作'謂之鈎拒，退則鈎之，進則拒之也。'"孫云："退者以物鈎之，則不得退；進者以物拒之，則不得進。此作'鈎强'無義，凡'强'字並當從《御覽》作'拒'，《事物紀原》引亦同。《備穴篇》有鐵鈎鉅，《備高臨篇》説弩亦有鈎距，'鉅'、'距'、'拒'義並同，故下文亦云：'子拒而距人，人亦拒而距子。'"量其鈎拒之長，而制爲之兵。孫云："《渚宫舊事》作'量短長而制爲兵'。"楚之兵節，越之兵不節，楚人因此若埶亟敗越人。孫云："舊本'埶'亦誤'執'，'亟'亦誤'函'，今依王校正。《史記·楚世家》惠王時無與越戰事，蓋史失之。"公輸子善其巧，以語子墨子曰："我舟戰有鈎拒，不知子之義，亦有鈎拒乎？"子墨子曰："我義之鈎拒，賢於子舟戰之鈎拒。我鈎拒，我鈎之以愛，下句"我"字，涉上句衍。拒之以恭。"拒"舊作“揣”，從孫校據上文改，下同。弗鉤以愛則不親，弗拒以恭則速狎，舊脱一“狎”字，畢以意增。孫云：“顧校季本亦重‘狎’字。”狎而不親則速離。故交相愛，交相恭，猶若相利也。《孟子·離婁篇》曰：“愛人者人恒愛之，敬人者人恒敬之。”義同。今子鉤而止人，人亦鉤而止子；子拒而距人，人亦拒而距子。交相鉤，交相拒，猶若相害也。故我義之鉤拒，賢於子舟戰之鉤拒。”“於”字據上文增。

公輸子削竹木以爲䧿，孫云：“《説文·烏部》：‘舄，篆文作誰。’”畢云：“《太平御覽》引作‘鵲’。”純一案：《御覽》見七百五十二。䧿成而飛之舊本少一“䧿”字。王云：“文不足義。《初學記·果木部第十八》、《白帖》九十五，並多一‘䧿’字。”純一今據補。三日不下，孫云：“《渚宫舊事》云‘嘗爲木鳶，乘之以窺宋城’，與此異。《列子·湯問篇》云‘墨翟之飛鳶’，張注云‘墨子作木鳶，飛三日不集’，《淮南子·齊俗訓》云‘魯般、墨子，以木爲鳶，而飛之三日不集’，此皆以䧿爲鳶，又謂二人同爲之，蓋傳聞之異。《論衡·儒增篇》、《亂龍篇》説並同。《韓非子》亦云‘木鳶’，詳後。”公輸子自以爲至巧。子墨子謂公輸子曰：“子之爲䧿也，不如翟之爲車轄。畢云：“《太平御覽》引‘翟’作‘匠’，句末有‘也’字。”須臾㔉三寸之木，“㔉”舊譌“劉”。王云：“‘劉’當爲‘㔉’。《廣雅》曰：‘㔉，斫也。’今據正。”孫云：“《説文·車部》云：‘轄，鍵也。’《舛部》云：‘舝，車軸耑，鍵也。’案：轄、舝字通，古車轄多以金爲之，據此，則亦有用木者。《淮南子·繆稱訓》云‘故終年爲車，無三寸之轄，不可以驅馳’，又《人閒訓》云：‘車之所以能轉千里者，以其要在三寸之轄。’《文選·七啓》注，引《尸子》云：‘文軒六駃題，無四寸之鍵，則車不行。’諸書説鍵轄之度略同。《抱朴子·應嘲篇》云：‘墨子刻木鷄以戾天，不如三寸之車轄。’此又以䧿爲鷄，與他書異。”而任五十石之重。孫云：“《説文·禾部》云：‘柘，百二十斤也。’經典通借‘石’爲之。五十石，六百斤也。”故所爲巧，“巧”，孫本作“功”，誤。“爲”，王本、尹本並作“謂”。利於人謂之巧，不利於人謂之拙。”畢云：“《韓非子·外儲説左上》云：‘墨子爲木鳶，三年而成，蜚一日而敗。弟子曰：先生之巧，至能使木鳶飛。墨子曰：不如爲車輗之巧也，用咫尺之木，不費一朝之事，而引三十石之任，致遠力多，久於歲數。今我爲鳶三年成，蜚一日而敗。惠子聞之曰：墨子大巧，巧爲輗，拙爲鳶。’與此異也。”

公輸子謂子墨子曰：“吾未得見之時，我欲得宋，自我得見之後，予我宋而不義，我不爲。”子墨子曰：“翟之未得見之時也，子欲得宋，自翟得見子之後，予子宋而不義，子弗爲，是我予子宋也。畢云："'予'，一本作'與'。"子務爲義，翟又將予子天下。"孫云："舊本'予'作'與'，今據吴鈔本正，與上文同。"曹云："《論語》曰：'一日克己復禮，天下歸仁焉。'是不啻與之以天下也。"

曹云："引篇亦貴義之意，而非攻之説居多，其中亦有墨子自敘之文，古人箸書，其自敘之文，多置諸卷末焉。"

公輸第五十

孫云："《淮南子·道應訓》云'墨子爲守攻，公輸般服，而不肯以兵知'，即本此篇。"

公輸盤畢云："《史記·孟子荀卿傳》集解、《後漢書·張衡傳》注、《文選·陳孔璋爲曹洪與魏文帝書》注，皆引作'般'。《廣韻》引作'班'。"孫云："《世説·文學篇》劉注、《文選·長笛賦》、《七命》、郭景純《游仙詩》、司馬紹統《贈山濤詩》李注，並引作'般'。《戰國策·宋策》、《吕氏春秋·愛類篇》、葛洪《神仙傳》同。《吕覽》高注云：'公輸，魯般之號，在楚爲楚王設攻宋之具也。'"純一案：《太平御覽》三百二十二又三百三十六引本書，又三百二十引《吕氏春秋》，三百二十七引《尸子》，並作"般"。爲楚造雲梯之械成，畢云："張湛《列子》注云：'雲梯，可以淩虚。'"孫云："《淮南子·兵略訓》許慎注云：'雲梯，可依雲而立，所以瞰敵之城中。'又《脩務訓》高注云：'雲梯，攻城具，高長上與雲齊，故曰雲梯。械，器也。'《史記》索隱云：'梯者，搆木瞰高也；雲者，言其昇高入雲，故曰雲梯。謂攻城之樓櫓也。'"將以攻宋。畢云："《文選》注引作'必取宋'。《太平御覽》云：'《尸子》云：'般爲蒙天之階，階成將以攻宋。'"子墨子聞之，自魯往，舊作"起於齊"，從畢校，據《吕氏春秋·愛類篇》及《文選·廣絶交論》注改。裂裳裹足，日夜不休，此八字舊僅作一"行"字，今從王校據《吕氏春秋·愛類篇》及《世説新語·文學篇》注補訂。十日十夜而至於郢，孫云："高誘云：'郢，楚都也。'"見公輸盤。公輸盤曰："夫子何命焉爲？"子墨子曰："北方有侮臣者，"者"字從俞校增。願藉子殺之。"公輸盤不説。孫云："吴鈔本作'悦'。"子墨子曰："請獻千金。""千"舊作"十"，畢云："一本作'千金'是。"孫云："《渚宫舊事》亦作'獻千金於般'。"純一今據改。公輸盤曰："吾義固不殺人。"孫云："宋本《國策》作'殺王'，吴師道校注，引别本作'𤯔'，即武后所制'人'字，則與此同。"子墨子起，再拜，曰："請説之。吾從北方聞子爲梯，畢云："《太平御覽》引作'階'。"將以攻宋。宋何罪之有？荆國有餘於地，而不足於民，殺所不足而争所有餘，不可謂智。宋無罪而攻之，不可謂仁。知而不争，不可謂忠。争而不得，不可謂强，義不殺少而殺衆，不可謂知類。"公輸盤服。子墨子曰："然胡不已乎？""胡"舊作"乎"。畢云："《太平御覽》引作'胡不已也'。"王樹枏云："上'乎'即'胡'音之譌，宜從《御覽》所引改。"孫校同，今據正。曹云："言既以爲然，則其事何不遂止也。"公輸盤曰："不可。吾既已言之王矣。"子墨子曰："胡不見我於王。"公輸盤曰："諾。"子墨子見王，孫云："《吕氏春秋·貴因篇》云'墨子見荆王，錦衣吹笙'，疑即此時事。蓋以救宋之急，權爲之也。"曰："今有人於此，舍其文軒，孫云："《宋策》高誘注云：'文軒，文錯之軒也。'"鄰有敝轝，孫云："《宋策》、《神仙傳》，並作'敝輿'。"而欲竊之；舍其錦繡，畢云："以上十一字舊脱，據《太平御覽》增，一本亦有。'轝'，即'輿'異文耳。"顧云："《戰國策》有。"鄰有短褐，而欲竊之；孫云："'短'，'裋'之借字，詳《魯問篇》。"舍其粱肉，鄰有穅糟，而欲竊之，此爲何若人？"高云："言名此爲何等人也。"王曰："必爲有竊疾矣。"王云："《尸子·止楚師篇》及《宋策》並作'必爲有竊疾矣'，此脱'有'字，則文義不明。《耕柱篇》亦曰'有竊疾也'。"純一今據補。子墨子曰："荆之地方五千里，宋之地方五百里，畢云："七字舊脱，據《太平御覽》增。"顧云："《戰國策》有。"此猶文軒之與敝轝也；梁劉孝綽《司空安成康王碑銘》曰："荆之比宋，墨翟陳輦路之殊。"畢云："《太平御覽》引'敝'作'弊'。"荆有雲夢，孫云："《爾雅·釋地》，十藪，'楚有雲夢'，郭注云：'今南郡華容縣東南巴丘湖是也。'案：華容爲今湖北監利、石首二縣境。"犀兕麋鹿滿之，畢云："《太平御覽》'滿'作'盈'。"孫云："《御覽》疑依《宋策》改。"江漢之魚鼈黿鼉，爲天下富，宋所謂無雉兔鮒魚者也，舊本"謂"作"爲"，"鮒魚"作"狐貍"。畢云："《太平御覽》'狐貍'作'鮒魚'。"王云："作'鮒魚'是也。'無雉兔'，對上文荆有'犀兕麋鹿'言之；'無鮒魚'，對上文荆有'魚鼈黿鼉'言之；若'狐貍'，則與'魚鼈黿鼉'不相應，此後人不曉文義而改之也。《尸子》、《戰國策》，並作'鮒魚'。"孫云："《神仙傳》亦作'鮒魚'。'爲'，《宋策》作'謂'，字通。"純一今並據《御覽》、《尸子》、《戰國策》改，曹本同。注云："'鮒'，小魚也。"此猶粱肉之與穅糟也；孫云："《道藏》本、吴鈔本並作'糠'，即'穅'之俗，《備城門篇》止作'康'。"荆有長松、文梓、楩枏、豫章，高云："皆大木也。"畢云："《説文》無'楩'字，《尸子》作'梗'，《太平御覽》引此，亦只作'梗'。"孫云："《道藏》本、季本並作'梗'，吴鈔本作'楩'。《史記·司馬相如傳》集解引郭璞云：'楩，杞也，似梓枏，葉似桑。豫章，大木也，生七年乃可知也。'《説文·木部》：'梗爲山枌榆，與楩枏異木。'"宋無長木，此猶錦繡之與短褐也。臣以三事言之，"言之"二字舊本脱，從曹本補。王之攻宋也，"王"字舊脱，從《御覽》補，曹本同。爲與此同類，臣見大王之必傷義，而不得宋。"畢云："已上十一字舊俱脱，《太平御覽》有，或當在此。"純一今從畢校，並據《御覽》七百五十二引《淮南子》，□"宋"字。王曰："善哉！雖然，公輸盤爲我爲雲梯，必攻宋。""攻"舊作"取"，案上下文均言"攻"，《繹史》引作"攻"，今據正。畢云："《太平御覽》引有云'宋王曰：公輸子，天下之巧士，作爲雲梯，設以攻宋，曷爲弗取'二十三字，皆與此異，豈此文已爲後人所節與?"孫云："《御覽》所引，與《淮南子·脩務訓》文略同。《吕氏春秋·愛類篇》亦云：'王曰：公輸般，天下之巧士也，已爲攻宋之械矣。'《墨子》舊本或與彼二書同。"於是見公輸盤，子墨子解帶爲城，《御覽》一百九十二，又三百三十六引同。以牒爲械，《北堂書鈔》百十九"守備"引，又百二十六"攻具"引，並作"以襟爲械"。孫云："《史記》索隱云：'謂墨子爲術，解身上革帶以爲城也。'牒者，小木札也。械者，樓櫓等也。"王云："《説文》：'札，牒也。'《廣雅》曰：'牒，版也。'故可以爲械。"公輸盤九設攻城之機變，畢云："《太平御覽》'城'一作'宋'。'之'下《御覽》引有'具'字。"孫云："《史記》集解、《文選》注引，並與今本同。"子墨子九距之，公輸盤之攻械盡，孫云："《文選》注'攻'下有'城'字，《神仙傳》同。《史記》索隱引劉氏云：'械，謂飛梯、橦車、飛石、車弩之具。'"子墨子之守圉有餘。"圉"，《御覽》三百三十六作"禦"。畢云："《御覽》引有云：'今公輸設攻之械，墨子設守之備，公輸九攻，而墨子九拒之，終弗能入，於是乃偃兵，輟不攻宋。'俱多於此文。"孫云："《御覽》所引亦與《淮南子》文略同，疑皆涉彼而僞。"公輸盤詘，畢云："《御覽》引作'屈'。"孫云："《廣雅·釋詁》云：'詘，屈也。'古字通，吴鈔本作'屈'。《史記》集解引仍作'詘'。索隱云：'詘，音丘勿反，謂般技已盡，墨守有餘。'"而曰："吾知所以距子矣，孫云："《吕氏春秋·慎大篇》高注云：'墨子曰：使公輸般攻宋之城，臣請爲宋守之備。公輸般九攻之，墨子九卻之。又令公輸般守備，墨子九下之。'未知何據。'而'下《史記》集解引有‘言’字。”吾不言。”子墨子亦曰：“吾知子之所以距我者，“者”字舊脱。畢云：“《文選》注引有‘者’字。”孫云：“《史記》集解引亦有。”純一今據補。吾不言。”畢云：“《文選》注引有‘之’字。”楚王問其故，子墨子曰：“公輸子之意，不過欲殺臣。靈知明照，能通他心。《管子·内業篇》曰“正心在中，萬物得度”，墨子有焉。殺臣，宋莫能守，畢云：“《文選》注有‘乃’字，是。”可攻也。然臣之弟子禽滑釐等三百人，孫云：“‘釐’，《文選》注引作‘氂’。陳琳《書》云：‘翟、氂，即墨、禽二子名也。’《漢書·儒林傳》亦作‘氂’。案：禽子名，後《備城門》、《備梯篇》亦作滑釐。《史記》索隱云：‘禽滑釐者，墨子弟子之姓字也。釐音里。’《吕氏春秋·當染篇》作‘禽滑黎’，《尊師篇》作‘禽滑黎’，《列子·楊朱篇》作‘禽骨釐’，殷敬順《釋文》作‘禽屈釐’，音骨貍，《漢書·古今人表》同。惟《列子·湯問篇》、《莊子·天下篇》、《説苑·反質篇》，與此同。滑、骨、屈、釐、氂、黎，並聲近字通。吕覽作‘黎’，字書所無，當即‘藜’之譌。”已持臣守圉之器，“圉”、“禦”同。在宋城上而待楚寇矣。“待”，舊作“侍”，孫據蘇校正，案：陸本、唐本正作“待”。雖殺臣，不能絶也。”楚王曰：“善哉！吾請無攻宋矣。”畢云：“‘請’，《後漢書注》引作‘楚’。‘宋’，《史記》集解云‘宋城’。‘矣’，《文選》注引作‘也’。”孫云：“《後漢書·張衡傳》注引，與今本同。”子墨子歸，過宋孫云：“墨子魯人，此云‘歸過宋’者，上云‘起於齊’，則亦歸齊也。依《文選》注及《吕氏春秋》、《淮南子》，作‘自魯往’，則當爲歸魯。自楚至齊、魯，皆得過宋也。”天雨，庇其閭中，畢云：“‘庇’，蔭。”孫云：“《説文·門部》云：‘閭，里門也。’”守閭者不内也。孫云：“《管子·立政篇》云：‘置閭有司以時開閉。’《周禮·鄉大夫》云：‘國有大故，則令民名守其閭，以待政令。’時楚將伐宋，宋已聞之，故墨子歸過宋，守閭者恐其爲閒諜，不聽入也。”尹云：“‘内’，納也。”故曰：“治於神者，衆人不知其功，争於明者，衆人知之。”孫云：“《羣書治要》引《尸子·貴言篇》云：‘聖人治於神，愚人争於明也。’”畢云：“文與《戰國策》及《尸子》略同，高誘注《吕氏春秋·慎大篇》，引此節文。”

曹云：“此篇亦墨子自敘之文，當日禁攻寢兵救世之戰，此其説之得行者也。自入東周以來，諸侯兵争，民苦之久矣。齊桓定霸，兵甲稍息，霸業既衰，而亂復熾，於是聖人上説下教，以筆舌救之。仲尼成《春秋》，而亂臣賊子懼。墨翟、禽滑釐、宋鈃、尹文，忘身憂世，堅忍蒙垢而不辭，非仁者而能若是乎？自春秋之後，戰國之前，百數十載之間，載籍不可得而詳。大氐處士横議之世局，然而横目之民，得少紓於禍亂，則處士不爲無功，是以知儒、墨皆聖人，其心與天地參也。逮乎戰國之時，大亂極矣，聖人在上，則爲大禹，爲文王；聖人在下，則爲仲尼，爲墨翟。孔子相魯，僅及三月，墨子止楚勿攻宋，亦僅解禍於一時，皆神化之偶見，未足以盡其功能，則時爲之也。墨子之書，其正編蓋止於此，此後有第五十一之一篇，其文闕而篇題亦闕，殆亦自敘述之類。若《備城門》以後，禽子所傳守城之法，墨子之餘緒耳，非微言大義之所存也。”

墨子集解卷十四

漢陽張純一仲如

備城門第五十二

畢云："《説文》云：'備，慎也。''葡，具也。'經典通用'備'爲'葡'、'具'之字，此二義俱通。"孫云："自此至《雜守》凡二十篇，皆禽滑釐所受守城之法也。案：'五十二'，吴鈔本作'五十四'，則前當有兩闕篇，未知是否。李筌《太白陰經·守城具篇》云'禽滑釐問墨翟守城之具，墨翟答以六十六事'，即指以下數篇言之。'六十六事'，别本《陰經》作'五十六事'。今兵法諸篇，闕者幾半，文字復多挩互，與李筌所舉事數不相應，所記兵械名制，錯雜舛牾，無可質證。今依文詁釋，略識辜較，亦莫能得其詳也。"純一案：自此以下，今存十一篇，蓋用踐非攻之實者。以空言弭兵，於事無濟，故研精而成此絶技，是爲專門之學，非禽滑釐不能記述，即此篇"禽滑釐問於子墨子"，《備悌篇》"禽滑釐子事子墨子三年"，《備高臨》、《備穴》、《備蛾傅》諸篇"禽子再拜"云云，均可證。子爲男子通稱，非自尊也。王闓運云："此下皆言守備之法，恐已説不行，不免兵攻，故思備攻堅守，使人不能害，則兵自絀，正所以非攻也。然備攻亦必用兵，則效兵家，加以必求勝，故刻覈不肖忍於殺人，更不若穰、孫言兵之從容，今故别録爲附，哀其説之矛盾以申其本意。"尹云："墨子既作《非攻篇》，而恐不己聽也，於是復作《備城門》諸篇，嚴守法以制人之攻。繹其文詞，大類《考工記》，或者索解不得，遂謂自《備城門》以下無足觀，可哂也。今疏其文理，詳爲考證，所言守法，實古兵家之巨擘。蓋其設置之周，思慮之密，直大律在謹矣。後世侈談毁城者，其亦知所返哉?"

禽滑釐問於子墨子曰："由聖人之言，鳳鳥之不出，畢云："見《論語·子罕篇》。"純一案：歎世衰。諸侯畔殷周之國，"畔"、"叛"同。蘇云："殷、周皆天子之國，言世衰而諸侯畔天子也。"王闓運云："封國有先後，以殷周總之。"甲兵方起於天下，大攻小，强執弱，吾欲守小國，爲之柰何?"子墨子曰："何攻之守?"禽滑釐對曰："今之世常所以攻者：尹云："'以'，用也。"臨、畢云："臨一。《詩·皇矣》：'與爾臨衝。'傳云：'臨，臨車也。'陸德明《音義》云：'《韓詩》作隆。'孔穎達正義曰：'臨者，在上臨下之名。'"孫云："《備高臨篇》云：'積土爲高，以臨我城，薪土俱上，以爲羊黔，蒙櫓俱前，遂屬之城。'又《備水篇》'並船爲臨'，《備蛾傅篇》有'行臨'，然則'臨'乃水陸攻守諸械，以高臨下之通名，不必臨車也。'臨'聲轉作'隆'，《淮南子·氾論訓》云：'隆衝以攻。'又《兵略訓》云：'攻不待衝隆雲梯而城拔。'高注云：'隆，高也。'"鉤、畢云："鉤二。《詩》傳云：'鉤，鉤梯也，所以鉤引上城者。'"孫云："《備鉤篇》，今佚。'鉤'即《魯問篇》所謂鉤距之'鉤'。《備穴篇》又有鐵鉤鉅，謂施長鉤，緣之以攻城。《管子·兵法篇》云'淩山阬不待鉤梯'，《韓非子·外儲説左上篇》'趙主父、秦昭王令工施鉤梯，上潘吾及華山'，皆是也。"馬端辰云："《六韜·軍用篇》有飛鉤，長八寸，鉤芒長四寸。墨子分鉤與梯爲二，鉤即《皇矣》之鉤。傳云：'鉤、鉤梯'者，謂以鉤鉤梯而上，故又申之曰'所以鉤引上城者'，非謂鉤即梯也。"歐陽云："茅元儀《武備志》云：'飛鉤亦名鐵鴟鉤，鋒長利四刃曲貫鐵索，以麻繩續之鐶，敵人披重甲，頭有鍪笠，又畏矢石，不敢仰視，候其聚處，則擲鉤于稠人中，急牽挽之，每鉤可取二人。'則'鉤'與'梯'當然非一也。"衝、畢云："衝三。《詩》傳云：'衝，衝車也。'《説文》云：'幢，陷敶車也。'高誘注《淮南子》云：'衝車，大鐵著其轅端，馬被甲，車被兵，所以衝於敵城也。'又曰：'衝所以臨敵城，衝突壞之。'《詩》正義云：'衝者，從傍衝突之稱。兵書有作臨車、衝車之法。'按'幢正字，'衝'假音。"孫云："《詩·皇矣》孔疏又云：'《墨子》有《備衝》之篇，今佚。'定八年《左傳》云'主人焚衝'，杜注云：'衝，戰車。'《六韜·軍用篇》，有武衝大扶胥，疑即此。《荀子·彊國篇》又有'渠衝'，楊注云：'渠，大也。渠衝，攻城之大車也。'《韓非子·八説篇》云'平城距衝'，疑即《荀子》之'渠衝'矣。《逸周書·小明武篇》云'具行衝梯'，《莊子·秋水篇》云'梁麗可以衝城'，亦即此。"梯、畢云："梯四。案：即雲梯。"孫云："《説文·木部》云：'梯，木階也。'後有《備梯篇》。《通典》有作雲梯法，詳彼篇。"堙、畢云："堙五。一本作'湮'。案：當爲'垔'，俗加土。《説文》云：'垔，塞也。'《玉篇》云：'何休曰：上城具。'堙，《通典》云：'於城外起土爲山，乘城而上，古謂之土山，今謂之壘道。用生牛皮作小屋，並四面蒙之，屋中置運土人，以防攻擊者。'注云：'即《孫子》所謂距闉也。'"孫云："'土山'，亦見《太白陰經·攻城具篇》。《左傳》襄六年：'晏弱圍萊，堙之，環城傅于堞。'杜注云：'堙，土山也。'《書·費誓》孔疏云：'兵法，攻城，築土爲山，以闚望城内，謂之距堙。'《孫子·謀攻篇》作'距闉'，曹操注云：'踊土積高而前，以附其城也。'《尉繚子·兵教下篇》云：'地窄而人衆者，則築大堙以臨之。'蓋堙與高臨略同，惟以堙池爲異。此書今本備堙無專篇，而本篇後文寇闉池一節，蓋即備堙之法。又舊《備穴篇》

亦有救闉池之文，今移入本篇。闉、堙，字通。”純一案：《玉篇》云：“垔”，亦作陻，堙同。水、畢云：“水六。”孫云：“後有《備水篇》。”穴、畢云：“穴七。”孫云：“後有《備穴篇》。”突、畢云：“突八。”孫云：“後有《備突篇》，不詳攻法，而云‘城百步一突門’，乃守者所爲，疑‘突’與‘穴’略同，但‘穴’爲穴地，‘突’爲穴城，二者小異耳。襄二十五年《左傳》‘鄭伐陳，宵突陳城’，杜注云：‘突，穿也。’《三國志·魏明帝紀》，裴松之注，引《魏略》，載諸葛亮攻陳倉，爲地突，欲踊出於城裏，郝昭於内穿地横截之，則突亦穴地矣，未聞其審。”歐陽云：“據《後漢書·竇融傳》‘公孫瓚令守突門’注：‘突門守城之門’，則突又似爲守城之門也。”空洞、畢云：“空洞九。”孫云：“《説文·穴部》云：‘空，竅也。’《淮南子·原道訓》高注云：‘洞，通也。’《史記·大宛傳》云：‘徙其城下水空以空其城。’集解：‘徐廣曰：空一作穴。’此‘空洞’當亦穴突之類，其攻法之異同，今篇佚，無可考。”蟻傅、孫云：“舊作‘附’，後有《備蛾傅篇》即此。諸本作‘附’，字通。而與後篇目不相應，今校改。”畢云：“蟻附十。‘蟻’同‘螘’。《孫子》云‘將不勝心忿而蟻附’注云：‘使卒徐上城，如蟻緣城，殺士也。’”轒轀、畢云：“轒轀十一。《太平御覽》云：《太公六韜》曰：‘凡三軍有大事，莫不習用器械。攻城圍邑，則有轒轀、臨衝。視城中，則有雲梯、飛樓。’周遷《輿服雜事》曰：‘轒榅，今之橦車也。其下四輪，從中推之，至敵城下。’《説文》云：‘轒，淮陽名車穹窿轒。’《玉篇》云‘轒輓，兵車’，作‘輓’。‘輓’、‘轀’音相近。《藝文類聚》引《孫子》又作‘枌轀’。《通典》云：‘攻城戰具，作四輪，車上以繩爲脊，生牛皮蒙之，下可藏十人填隍，推之直抵城下，可以攻掘，金火木石，所不能敗，謂之轒轀車。’”孫云：“畢引《六韜》據《御覽》，文多譌挩，今據《軍略篇》校正。《通典》本《太白陰經》。《孫子·謀攻篇》云‘攻城之法，脩櫓轒轀’，曹注云：‘轒轀者，其下四輪，從中推之，至城下也。’《文選·長楊賦》李注引服虔云：‘轒轀，百二十步兵車，可寢處。’《説文·車部》云：‘轀，卧車也。’”案：《備轒轀篇》今佚，後《備水篇》以船爲轒轀，與攻城之車異。軒車，畢云：“軒車十二。”孫云：“《備軒篇》今佚。《説文·車部》云：‘軒，曲輈藩車也。’彼謂卿大夫所乘車，此攻城軒車，未詳其制。《左宣十五年傳》云‘登諸樓車’，杜注云：‘車上望櫓。’此‘軒車’疑即‘樓車’。《楚辭·招魂》王注云：‘軒，樓版也。’馬端辰云：‘《六韜·軍用篇》‘飛樓’，蓋即《墨子》之‘軒車’，《左傳》之‘巢車’。”歐陽云：“茅元儀《武備志》：‘巢車，其制以八輪，車當中建高竿，竿首施轆轤，以繩挽板屋上竿首，其屋方四尺，高五尺，以生牛皮裹之，以禦矢石。竿之高下，以城爲準，使人藏屋中，下窺城中事，遠望如鳥巢，故謂之巢車也。’”敢問守此十二者柰何?”子墨子曰：“我城池修，守器具，樵粟足，“樵”舊作“推”。孫云：

"'推粟'義難通，'推'當爲'樵'之誤。下云'爲薪樵挈'，又云：'薪食足以支三月以上。''樵粟'，即'薪食'也。"純一今據正。上下相親，又得四鄰諸侯之救，此所以持也。孫云："《國語·越語》韋注云：'持，守也。'"且守者雖善，而君不尊用之，"而君不用之"從盧校增，"尊"字從王闓運本增。則猶若不可以守也。(舊本脱"猶"字，俞據下句補。若君用之守者，又必能乎守者，不能而君用之，則猶若不可以守也。然則守者必善，而君尊用之，蘇云："'尊用'，猶專用也。"俞云："'尊'讀爲'遵'，古字通也。"然後可以守也。"

凡守圍之法，城厚以高，舊作"凡守圍城之法，厚以高"，從孫校改。王闓運云："一。"池深以廣，"池"舊譌"也"，孫從王引之校改，王本、尹本並同。"池"上舊衍"壕"字。王景羲云："當作'池深以廣'。"今據删。王闓運云："二。"高樓撕楯，守備繕利，舊作"樓撕揗"。王景羲云："此段皆四字句，疑此脱'高'字。'高樓撕揗'，備圍城臨時之首具，故篇中屢言之，今據補'高'字。"孫云："'撕'當作'𢷾'，後文'高磨𢷾'，'𢷾'亦即'𢷾'之誤。'揗'，吴鈔本作'楯'。"洪云："'揗'，當作'楯'。《通俗文》：'欄檻'謂之'楯'，今並據正。"王闓運云："三。"尹云："'撕'，浮思也，小樓之稱。"薪食足以支三月以上，畢云："'支'舊作'交'，以意改。"孫云："此即上文'守器具，樵粟足'之義。《尉繚子·守權篇》云：'池深以廣，城堅而厚，士民備，薪食給，弩堅矢强，矛戟稱之，此守法也。'"王闓運云："四。"人衆以選，王闓運云："五。"尹云："'選'，練也。《管子·七法》'器成卒選'注。"吏民和，畢云："'民'舊作'尺'，以意改。"王闓運云："六。"尹云："賈子《新書·脩政語下》：'和可以守，而嚴可以守，而嚴不若和之固也。'"大臣有功勞於上者多，王闓運云："七。"主信以義，王闓運云："八。"萬民樂之無窮。王闓運云："九。"不然，父母墳墓在焉。王闓運云："十。若田單守城，燕人掘城外塚。"尹云："《管子·小問》：'故國父母墳墓之所在固也。'管子以爲民必死之一。"不然，山林草澤之饒足利。王闓運云："十一。"不然，地形之難攻而易守也。王闓運云："十二。"不然，則有深怨於適，"敵"同。而有大功於上。王闓運云："十三。"不然，則賞明可信，而罰嚴足畏也。王闓運云："十四。"畢云："《管子·九變》云：'凡民之所以守戰至死，而不德其上者，有數以至焉。曰：大者親戚墳墓之所在也，田宅富厚足居也。不然，則州縣鄉黨與宗族足懷樂也。不然，則上之教訓習俗，慈愛之於民也厚，無所往而得之也。不然，則山林澤谷之利足生也。不然，則地形險阻易守而難攻也。不然，則罰嚴而可畏也。不然，則賞明而足勸也。不然，則有深怨於敵人也。不然，則有厚功於上也。此民之所以守戰至死而不德其上者也。’與此文相似。言有此數者，方可以守圍城。”孫云：“自‘凡守圍城之法’以下一百十二字，舊本錯在後文‘長椎，柄長六尺，頭長尺，斧其兩端，三步一’下，今依俞校移此。”此十四者具，則民亦不疑其上矣，“疑”舊作“宜”，從王本改，尹本同。“其”字今校增。然後城可守。十四者無一，則雖善守者，“守”字舊脱，義欠明了，據上文審校補。不能守矣。自“此十四者具”至“不能守矣”，舊本錯在後文“備穴者城内爲高樓以謹”下，孫依蘇、俞校移此。

故凡守城之法，備城門，爲縣門，沈畢云：“舊脱‘門’字，據《太平御覽》增。”孫云：“《左傳》莊二十八年‘縣門不發’，杜注云：‘縣門施於内城門。’又襄十年‘圍偪陽，偪陽人啓門，諸侯之士門焉，縣門發’，孔疏云：‘縣門者，編版廣長如門，施關機以縣門上，有寇則發機而下之。’《太白陰經》云：‘縣門，縣木版以爲重門。’”王闓運云：“今閘板也，可縣可沈。”機長二丈，孫云：“‘機’，即《左傳》疏所謂關機也。《六韜·軍用篇》，有轉關轆轤。”尹云：“機樹門之兩旁，爲阬而縣沈其門者，其上蓋有鹿盧。”廣八尺，孫云：“蓋一扇之廣度。”爲之兩相如。孫云：“謂門左右兩扇同度。”門扇數，畢云：“‘門扇’舊作‘問扁’，據下文改。”尹云：“言其非一，若今倉門板。”令相接三寸，孫云：“《説文·户部》云：‘扇，扉也。’‘扉，户扇也。’爲縣門之扇，編版相銜接者三寸，欲使無縫際。”施土扇上，畢云：“舊‘土扇’作‘士扁’，非。《通典·守拒法》云：‘城門扇及樓堠，以泥塗厚，備火。’”無過二寸。王樹枏云：“當作‘三寸’。《通典》云：‘塗扇以泥，塗城門扇，厚可三寸，備火。’”塹中深丈五，畢云：“《説文》云：‘塹，阬也。’”廣比扇，孫云：“亦八尺而兩之。”塹長以力爲度，尹云：“‘長’同‘棖’。‘塹’，兩旁也。‘力’，扐也。《禮記·王制》：‘祭用數之仂，謂數之奇餘也，蓋塹兩旁地，各五尺云。’王景羲校同。”塹之末爲之縣，“末”，猶“上”也，孫云：“縣即縣門。”可容一人所。尹云：“言塹旁更有餘地以容人。‘所’，許也。”孫云：“以上縣門之法。”

客至，“客”舊譌“容”，王引之云：“‘容’當爲‘客’。‘客至’，謂敵人至城下也。”蘇説同，孫據正，云：“《雜守篇》作‘寇至’，義同。《月令》孔疏云：‘起兵伐人者謂之客，敵來禦捍者謂之主。’”諸門户皆令鑿而幕孔，“幕”舊譌“慕”，畢據下文改。孫云：“‘幕’並當作‘冪’。蓋鑿門爲孔竅，而以物蒙覆之，使外不得見孔竅也，與《備穴篇》'鑿連版令容矛'略同。《太白陰經·守城具篇》云：'鑿門，爲敵所逼，先自鑿門，爲數十孔，出强弩射之。'" 王闓運云："孔以覘外，又幕掩之。" 孔之各爲二 畢云："'孔'舊作'孜'，以意改。" 蘇云："'孔'字疑誤重。《雜守篇》云'寇至諸門户令皆鑿而類竅之'，與此合。" 純一案："孔"字不重，此文疑本作"諸門户皆令鑿孔而幕之，孔各爲二"，今本一"孔"字倒著"幕"下，一"孔"字倒著"之"上，並當乙。幕二，一鑿而繫繩，長四尺。蘇云："《雜守篇》云：'各爲二類，一鑿而屬繩，繩長四尺，大如指。'" 孫云："此蓋言每門扇鑿二孔，皆冪之，其一冪更繫以繩，蓋備牽挽以爲固也。以上鑿冪門户之法，即《太白陰經》之鑿門。"

城四面四隅，孫云："'城四面'，謂四正也。城隅，見《詩·邶風》，及《考工記·匠人》。賈疏引《五經異義》云：'天子城高七雉，隅高九雉；公之城高五雉，隅高七雉；侯伯之城高三雉，隅高五雉；都城之高，皆如子男之城高。'是城隅高於城率二雉。故《匠人》鄭注釋爲'角浮思'。" 皆爲高磨樕，舊作"高磨㯓"。王引之云："'磨'當爲'磿'。字書無'㯓'字，蓋'樕'字之譌。磿樕疊韻字。磿樕，蓋樓之異名也。《號令篇》曰：'他門之上，必夾爲高樓，使善射者居焉。彼之'高樓'，即此之'高磿樕'也。" 今據正。使重室子居亓上，孫云："'室'下舊衍'乎'字，從畢校删。'重室子'，謂貴家子也。《號令篇》云'富人重室之親'，又云'使重室子'。亓，畢本皆作'丌'，今並從王校作'亓'，詳《公孟篇》。" 候適，畢云："'敵'字假音，《史記》亦用此字。" 視亓能狀，畢云："'能'即'態'字。《説文》云：'態，或从人。'" 與亓進退，左右所移處，"退"字從蘇校增。失候，斬。尹云："父説，斬，截也，軍刑有斬首、斬趾及以矢貫耳之别。《司馬法》：'小罪聅，中罪刖，大罪剄。''聅'，以矢貫耳也，俗謂之小斬；'刖'謂斬趾；'剄'即斬首。墨子言斬多矣，當括此三者，輕重各當其罪，非專指斬首言也。" 孫云："以上爲高磿樕候適之法。"

適人爲穴而來，畢云："'穴'舊作'内'，以意改。" 尹云："來攻我也。" 我亟使穴師選卒，迎而穴之，舊本"亟"作"函"，"迎"作"匝"，孫從王校改。"卒"作"本"，今從孫校改。王云："言敵人爲穴而來，我急使穴師，選善穴之士，鑿穴而迎之也。" 案："士"當依孫校作"卒"。尹云："'穴師'，穴土工也。" 爲之具内弩以應之。"具"舊譌"且"，從畢校改。孫云："'内弩'，即《備穴篇》之'短弩'，穴中以拒敵者，以上備穴之法。" 蘇云："此數語當入《備穴篇》，而錯出於此者。"

民室材木瓦石，"材"舊作"杵"，從王引之校改。可以益城之備者，"益"舊作"蓋"，王引之云："'蓋'當爲'益'。言民室之材木瓦石，可以益守城之備也。" 蘇説同，今據改。盡上之。畢云：“‘盡’舊作‘蓋’，以意改。言民室中所有，盡爲城備。”不從令者，斬。孫云：“以上斂材木瓦石之法。”尹云：“《尉繚子·將令》：‘有敢不從令者誅’。”

昔築七尺，王闓運云：“‘昔’、‘夕’同字。”尹云：“‘昔築’，謂因守夜所築以候敵者。”純一案：“七尺”，高也。一居屬。畢云：“疑‘鋸欘’。”孫云：“畢據《管子·小匡篇》文，尹知章注云：‘鋸欘，钁類也。’《廣雅·釋器》云：‘鋸，鉏也。’《集韻》引《埤倉》云：‘钃，鉏也。’《爾雅·釋器》云‘斪斸謂之定’，郭注云：‘鋤屬。’《考工記·車人》鄭注引《爾雅》作‘句欘’。”五步一壘，積土而高。五築有銻。孫云：“‘銻’疑當作‘銕’。銕即夷也，與古文鐵字不同。《書·堯典》：‘宅嵎夷。’《史記》、《説文》並作‘銕’。《國語·齊語》云‘恶金以鑄鉏夷斤欘’，韋注云：‘夷，平也，所以削平草地。’《管子·小匡篇》云‘恶金以鑄斤斧鉏夷鋸欘’，尹知章注云：‘夷，鋤類也。’此作‘銻’者，形聲相近而誤。”長斧，柄長八尺。孫云：“《備蛾傅篇》云‘斧柄長六尺’，此較彼長二尺，故曰‘長斧’。《六韜·軍用篇》：‘大柯斧刃長八寸，重八斤，柄長五尺以上，一名天鉞。’”十步一長鎌，柄長八尺。孫云：“《説文·金部》云：‘鎌，鍥也。’《刀部》云：‘釧，鎌也。’《方言》云：‘刈鉤，自關而西，或謂之鉤，或謂之鎌。’《六韜·軍用篇》云：‘艾草木大鎌，柄長七尺以上，三百枚。’”十步一鬬長椎，柄長六尺，頭長尺，王樹枏云：“‘鬬’字衍文。《備蛾傅篇》：‘椎柄長六尺，首長尺五寸。’則此文‘尺’下脱‘五寸’二字。”斧亓兩端。孫云：“斧其兩端，義頗難通。疑‘斧’當爲‘兑’，猶下‘大鋌’云‘兑其兩末’也。”三步一孫云：“自‘城四面四隅’以下一百三十字，舊本錯在後‘五十二者，十步而二’下，顧校移此，今從之。‘三步一’當屬下‘大鋌’爲句。”大鋌，前長尺，孫云：“此下至‘牆七步而一’凡七百字，舊本錯入《備穴篇》，今移此。案：古兵器無名鋌者，‘鋌’疑並‘鋋’之誤。《説文·金部》云：‘鋋，小矛也。’《六韜·軍用篇》云：‘曠野草中，方胸鋋矛千二百具。張鋋矛法，高一尺五寸。’今本《六韜》亦誤‘鋌’，惟施氏《講義》本不誤。後文別有‘連梃’，與此異。”尹云：“‘前’，尖也。”蚤長五寸。孫云：“《説文·叉部》云：‘叉，手足甲。’‘蚤’，即‘叉’之借字，今字通作‘爪’。蓋鋌末鋭細，如車輻及蓋弓之蚤也。”兩鋌交之置如平，如不平不利，“如不”舊倒，孫云：“上‘如’與‘而’同，‘不如平’，當作‘如不平’。言置之必兩鋌平等乃善，若不平則用之不利也。”今據乙。兑亓兩末。畢云：“兑同鋭。”孫云：“以上具守器之法。”

穴隊若衝隊，孫云：“‘隊’、‘隧’字通。《左傳》襄二十二年‘齊伐晉爲二隊’，又哀十三年‘越子伐吴爲二隧’，杜注云：‘隧，道也。’”必審知攻隊之廣狹，“知”舊譌“如”，從孫校改。“狹”，王本作“陝”，尹本同。而今邪穿亓穴，畢云：“‘邪’舊作‘雅’，據下文改。”“邪”，尹本作“斜”。釋云：“斜則便衝。”令亓廣，必夷客隊。孫云：“《毛詩·出車》傳云：‘夷，平也。’以上備隊之法。”吴摯甫云：“言其所穿之穴，廣如客隊平也。”

疏束樹木，令足以爲柴摶，孫云：“《說文》木部云：‘柴，小木散材。’《禮記·月令》鄭注云：‘大者可析謂之薪，小者令束謂之柴’。《周禮·羽人》‘百羽爲摶’，鄭注云：‘摶，羽數束名也。’又《考工記·鮑人》‘卷而摶之’，鄭衆注云：‘摶讀爲縛，一如瑱之縛，謂卷縛韋革也。’《廣雅·釋詁》云：‘縛，束也。’此‘柴摶’，亦束聚樹木之名。”尹云：“‘疏’，理也。‘縛’，結聚也。”毌前面樹，長丈七，孫云：“‘毌’舊作‘毋’，從畢校改。《說文·毌部》云：‘毌，穿物持之也。’”尹云：“丈七尺也。”尺一，尹云：“每尺一樹。”以爲外面。孫云：“蓋以大樹相連貫，植之於外，而積柴摶於其内也。”以柴摶從横施之，孫云：“‘從’吴鈔本作‘縱’。”外面以强塗，孫云：“‘强塗’，謂以土之性强韌者塗之使不落。《管子·地員篇》，説五忞、五纑之土，潤澤而彊力，皆所謂强土也。”毋令土漏，尹云：“强塗之。强，固也，堅也。”令亓廣厚，能任三丈五尺之城以上，此積柴摶，所以貴堅强也。孫云：“蓋積柴摶，如城之高，此亦當於城外爲之，以爲城之屏蔽也。”以柴木土稍杜之，尹云：“防土漏也。‘土’，即杜根也，《詩》‘徹彼桑土’；‘稍’，小柴木也，《淮南·兵略》‘曳稍肆柴’；‘杜’，塞也，《廣雅》作‘𡏖’。”以急爲故。孫云：“《廣雅·釋詁》云：‘故，事也。’”前面之長短，豫蚤接之，尹云：“‘豫’，先也；‘蚤’，早也。”令能任塗，足以爲堞，孫云：“‘柴摶’之上，亦爲之堞，如城法。”善塗亓外，令毋可燒拔也。孫云：“以上爲柴摶之法。”

大城丈五爲閨門，孫云：“依上文，則大城高三丈五尺，門之高當不下二三丈，此閨門乃别出小門，故止高丈五尺，與上塹深度同。《淮南子·氾論訓》云：‘夫醉者俯入城門，以爲七尺之閨也。’彼宫中小門，故高止七尺。此城閒小門，度倍逾之。《爾雅·釋宫》云：‘宫中之門，其小者謂之閨。’此‘城閒小門’，與‘宫中小門’名同。”畢云：“《説文》云：‘閨，特立之户，上圓下方，有似圭。’”廣四尺。孫云：“亦一扇之廣度也。上縣門廣八尺，此閨門廣度半之。”爲郭門，孫云：“此亦城之外門。《號令篇》有‘女郭’，與郛郭之門異。”郭門在外爲衡，孫云：“蓋横木以啟門。”以兩木當門，鑿亓木維敷上堞。孫云："'敷'與'傅'通，謂以繩穿鑿而繫之，傅著城上堞也。"爲斬縣梁，孫云："'斬'，'塹'之省，《吕氏春秋·權勳篇》云：'斬岸堙溪。''縣梁'，即於塹上爲之，後云：'塞外塹，去格七尺爲縣梁。'"歐陽云："《武備志》：'機橋用一梁，仍爲轉軸，兩端施横括，置溝濠上，賊至即去括，人馬踐之則翻。'此'縣梁'疑即'機橋'。"聆穿斷城以板橋，王闓運云："聆當爲令。"孫云："連板爲橋，架之城塹，以便往來，下云'木橋長三丈'。《六韜·軍用篇》，有渡溝塹飛橋即此。"歐陽云："《武備志》：'城外鑿壕，去大城約十步，上施釣橋，釣橋造以榆槐木，其制如橋，上施三釣罥，貫以二鐵索，副以麻繩，繫屬于城樓上。''板橋'殆與之同。"邪穿外以板次之，倚殺如城報。孫云："'倚殺'，猶言邪殺。《經下篇》云：'倚者不可正。''報'當爲'埶'，言板橋邪殺爲之，如城之形埶也。"王本"報"作"闕"，尹本從之。純一案："殺'讀去聲，不正也，義與"邪"同。城内有傅壤，因以内壤爲外。孫云："蓋爲再重堞。"蘇云："兩'壤'字，皆'堞'字之誤。"鑿其閒深丈五尺，孫云："鑿内外堞閒爲塹，上云'塹中深丈五'。"室以樵，蘇云："'室'，實也，言以薪實之。"孫云："'室'讀爲'窒'，聲同字通。《論語·陽貨》'惡果敢而窒者'，《釋文》引鄭注云：'魯讀窒爲室。'《備蛾傅篇》云'室中以榆若蒸'，並以'室'爲'窒'。《爾雅·釋言》云：'窒，塞也。'"可燒之以待適。畢云："同敵。"孫云："以上爲閨門、郭門、塹縣梁、板橋、内外堞之法。"

令耳屬城爲再重樓。孫云："'令耳'未詳，或與《雜守篇》'羊坽'義同。《爾雅·釋宫》云：'四方而高曰臺，陜而脩曲曰樓。'《説文·木部》云：'樓，重屋也。'"歐陽云："《武備志》：'城重門之上必有樓，一以威外侮，一以便守瞭調度。大樓者，在裏層門上大城之上，則重門上之樓，即再重樓也。'"尹云："'屬'，附也。"下鑿城外堞内深丈五，孫云："與上内外堞之閒同。"廣丈二。樓若令耳，皆令有力者主敵，善射者主發，尹云："'發'，射發也。《漢書·地理志》'南郡有發弩官'。"佐皆廣矢孫云："疑當作'佐以厲矢'，《雜守篇》云：'藺石厲矢，諸材器用，皆謹部，皆有積分數。"治裾諸孫云："'治裾'即作薄也。《備蛾傅篇》有置薄伐薄之法。《備梯篇》，'薄'並作'裾'。黄紹箕云：'裾'當爲'椐'之譌。《釋名·釋宫室》：'籬以柴竹作之，青徐之閒曰椐。椐，居也，居於中也。'《廣雅·釋宫》：'欅，杝也。'《玉篇·木部》：'欅，藩落籬。'《廣韻·九魚》：'欅枯，藩籬名。'《説文》無'欅'，即'椐'之後出字。詒讓案：黄説是也。《廣雅》以椐與藩、欏落同訓杝，欏落即羅落，則椐亦即藩杝、羅落之名。《六韜·軍用篇》，説守城有天羅、虎落。《漢書·晁錯傳》'爲中周虎落’，顔注：‘鄭氏云：虎落者，外蕃也。’師古云：‘以竹篾相連，遮落之也。’此篇下文亦云‘馮垣外内，以柴爲藩’，制並同，蓋皆以柴木交互爲藩杝也。‘諸’，當爲‘者’之叚字。”歐陽云：“‘裾’作‘椐’，是。‘諸’非‘者’叚字，當爲‘櫧’。《山海經·前山經》‘其木多櫧’，郭注：‘或作楮，似柞，子可食，冬夏生，作屋柱難腐。’椐、櫧皆木，以椐爲藩，即以櫧爲柱支藩也。”延堞，孫云：“謂裾與堞相連屬。”高六尺，部廣四尺，尹云：“‘部’，培也，纍土也。”孫云：“依《迎敵祠篇》，城上每步守者一人，蓋即每步爲一堞。堞廣四尺，步各留二尺，爲窻之空闕。此云部者，謂城堞閒守者所居立之分域。《號令篇》‘城上吏、卒、養，皆爲舍道内，各當其隔部’，蓋一堞爲一部也。”皆爲兵弩簡格。“兵”字舊脱，孫據《道藏》本、吴鈔本補。尹云：“‘簡’，編也；‘格’同‘閣’，架也；《説海》引《桂海虞衡志》曰：‘猺人弩，又名編架，弩無箭槽編架而射也，即古弩簡格之遺制。’”轉射機，王闓運云：“作機令弩可轉。”尹云：“可轉以射前後左右。”機長六尺，貍一尺。孫云：“‘貍’，《道藏》本作‘狸’，下同。案：‘貍’，‘薶’之借字。《説文·茻部》云：‘薶，瘞也。’謂機之薶於土者一尺也。‘薶’，《備梯篇》作‘埋’，俗字。《備穴篇》作‘俚’，叚借字。”王闓運云：“貍令不動，弩乃易轉。”尹云：“《説文》：‘夅，持弩拊。’即此。”兩杖合而爲之輼，孫從俞校，改“杖”作“材”，云：“互詳《備穴篇》。‘輼’，亦即《備穴篇》之‘車輪輼’也。《説文·車部》云：‘輼，卧車也。’非此義。而别有輗字云：‘大車後壓也。’以此及《備穴篇》説輼形制推之，似皆以重材，爲鎮壓杜塞之用，故以車輪等爲之。其字蓋當作‘輗’，前‘轒輼’，《玉篇》亦作‘轒輗’，是其證也。兩材，謂木材，亦合兩輪爲輼之類。”尹云：“古者杖長六尺，兩杖合則弩幹爲一丈二尺。《考工記》：‘弓長有六尺六寸者，有六尺三寸者，又有六尺者。’此長丈二，以弩較弓大耳。‘輼’，同宛，屈也，弩之灣處。《釋名·釋兵弓》：‘簫弣之閒曰淵。淵，宛也，言曲宛也。’彼‘淵’即此‘輼’也。”輼長二尺，中鑿夫之爲道臂臂長至桓。孫云：“此疑當作‘中鑿夫二爲通臂，臂長至桓’。諦繹此文，輼蓋有趺、有臂、有桓。趺，足也；臂，横材也；桓，直材也，與渠荅制略同。後文説渠云‘夫兩鑿，中鑿夫二’，即兩鑿也。‘夫’與‘趺’通，即指輼言之。謂鑿夫之中爲二空，以關射機之背。通臂，蓋以一長木爲之，猶後云‘通舄’。夫旁爲兩直桓，臂長接之，故又云‘臂長至桓’也。”尹云：“弩柄曰臂。”二十步，令一善射者主之，舊脱“主”字，“之”在“者”上，從王注本增乙，尹本同。佐一人，皆勿離。謹守。城上百步一樓，樓四植，植皆爲通舄，蘇云：“‘四植’即四柱，舄同磶，柱下石也。”孫云：“‘舄’，詳《備穴篇》‘柱下傳舄’注。”王闓運云：“‘通’，貫也。”下高丈，上九尺，孫云：“上云‘再重樓’，故上下高度不同。”尹云：“樓下高丈，上則九尺。”廣、長各丈六尺，“長”舊譌“喪”。王云：“‘喪’當爲‘袤’，《廣雅》：‘袤，長也。’”純一今據陸本、唐本正。皆爲寧。畢云：“‘亭’字。”孫云：“後文云：‘城上百步一亭。’”王闓運云：“‘寧’蓋‘窗’誤。”尹云：“‘寧’同‘檽’，窗也。”三十步一突，尹云：“竈窗謂之突。”九尺，孫云：“下文别有廣、高之度，此當是長度也。”廣十尺，高八尺，鑿廣三尺，表二尺，蘇云：“‘表’亦‘長’字之誤。”王云：“‘表’，亦當爲‘袤’。”爲寧。孫云：“亦即‘亭’字。”城上爲攢火夫，孫云：“《文選・西都賦》李注，引《蒼頡篇》云：‘攢，聚也。’《太白陰經・烽燧臺篇》，及《通典・兵・守拒法》，並有火鑽，又疑即《備蛾傅篇》之火捽也。‘夫’，當爲‘趺’省。”歐陽云：“《周書・王思政傳》：‘思政守潁州，東魏高嶽築土山以臨城中，晝夜攻之，思政亦作火穳，因迅風便投之土山，火穳或即攢火夫也。’”長以城高下爲度，王闓運云：“以城内高下也。”置火亓末，尹云：“‘末’，夫杪也。”城上九尺一弩、一戟、尹云：“‘戟’，有枝兵也，《周禮》‘戟長丈六尺’。”一椎、陸本爲“權”。一斧、一艾，孫云：“‘艾’，刈之借字。《國語・齊語》云‘挾其槍刈耨鎛’，韋注云：‘刈，鎌也。’”皆積參石、蒺藜。洪云：“‘參石’，當是‘絫石’之譌，‘絫石’即‘礧石’。《後漢書・杜篤傳》‘一卒舉礧，千夫沈滯’，李賢注：‘礧，石也。’《前漢書》：‘匈奴乘隅下礧石。’《一切經音義》卷十七引《集韻》：‘今守城者，下石擊賊曰礧。’”孫云：“洪説是也。蒺藜，後文作‘疾犂’，《備穴篇》又作‘蒺棃’。《六韜・軍用篇》云：‘木蒺棃，去地二尺五寸，百二十具。鐵蒺棃，芒高四寸，廣八寸，長六尺以上，千二百具。兩鏃蒺棃，參連織女，芒間相去二尺，萬二千具。’又《軍略篇》云：‘設營壘，則有行馬蒺棃。’《本草》陶弘景注云：‘蒺棃多生道上而葉布地，子有刺，狀如菱而小。今軍家乃著鐵作之，以布敵路上，亦呼疾藜，言其凶傷也。’”歐陽云：“《武備志》：‘鉄蒺藜並以置賊來要路，使人馬不得騁，古所謂渠答也。’《漢書・晁錯傳》‘晁言守塞，以便爲之高城深池，具藺石，布渠答’注：‘渠答蒺藜也。’”渠長丈五尺，廣丈六尺，舊作“渠長丈六尺”。孫云：“‘渠’，守城械名，《尉繚子・武議篇》云：‘無蒙衝而攻，無渠荅而守。’”王引之云：“‘渠長丈六尺’，當作‘渠長丈五尺，廣丈六尺’。《雜守篇》曰‘渠長丈五尺，廣丈六尺’，是其證。今本‘長丈’下，脱‘五尺，廣丈’四字，則失其制矣。”今據補。夫長丈二尺，“二尺”二字，孫據王引之校增，云：“夫當爲趺之省。”臂長六尺，亓貍者三尺，樹渠毋傅堞五寸。舊作“樹渠毋傑堞三丈”，王引之云：“當作‘樹渠毋傅堞五寸’，謂渠與堞，相去五寸也。《備城門篇》曰‘渠去堞五寸’，《雜守篇》曰‘樹渠毋傅葉五寸’，葉與堞同，皆其證。”蘇説同，孫據正。藉莫畢云：“幕同。”孫云：“《通典·兵守拒法》云：‘布幔，複布爲之，以弱竿縣挂於女牆八尺，折抛瓦之勢，則矢石不復及牆。’《太白陰經·守城具篇》，説同。《説文·巾部》云：‘幔，幕也。帷在上曰幕。’則布幔當即此藉幕之遺制。藉幕及下藉車，義疑與《備高臨篇》‘技機之藉’之藉同。”歐陽云：“《通典》‘韋孝寬守玉壁，縫布爲幔，隨其所向則張設之，布既縣于空中，其車竟不能壞’，可以參證。”長八尺，廣七尺，尹云：“便伺望而避身。”亓木也，蘇云：“‘木’疑當作‘末’。”孫云：“凡幕皆以木材張之，則作木亦通。”廣五尺，木以張幕，必廣於七尺，疑本作“廣七尺五寸”，今本作“廣五尺”，不合其制，誤。中藉苴爲之橋，“苴”，《玉篇》云：“麻也。”《儀禮·士昏禮》“笄加於橋”，鄭注云：“橋所以庪笄”，此言幕張於木，中藉麻爲之橋。橋，所以庪幕也。索亓端。繫索於橋之兩端。適攻，畢云：“適同敵。”令一人下上之，勿離。王闓運云：“上下其幕，窺敵蔽身。”城上二十步一藉車，當隊者不用此數。孫云：“‘當隊’，謂當攻隧也。《左襄二十五年傳》云：‘當陳隧者，井堙木刊。’隊、隧通。《號令篇》又作‘當遂’。不用此數者，當隧則所用多，不定二十步一。《備蛾傅篇》云‘施縣陴，大數二十步一，攻隊所在，六步一’，即此意也。”城上三十步一聾竈，“聾”，畢本作‘礱’，注云：“《備城門》作‘聾’，疑皆‘壟’字。”純一案：陸本、唐本，與畢本同。孫云：“《道藏》本作‘礱’，今從吴鈔本。《雜守篇》亦作‘聾’。‘礱’、‘聾’，皆字書所無，畢疑‘壟’字近是。《史記·滑稽傳》云：‘以壠竈爲椁。’索隱引《皇覽》‘壠竈’作‘礱突’。此‘礱’當即‘礱’之誤。《説文·火部》云：‘烓，行竈也。’此壟竈在城上爲之以具火，蓋即行竈也。”持水者必以布麻斗、革盆，舊本“持水”，譌“傳火”，“斗”譌“什”。王云：“‘傳火’當爲‘持水’。‘什’當爲‘斗’，即後所云‘持水麻斗、革盆救之也’。斗與革盆，皆所以持水。”孫云：“王説是也，今據正。布麻斗，蓋以布爲器，加以油漆，可以挹水者。‘斗’，即‘枓’之借字，《説文·木部》云：‘枓，勺也。’《勺部》云：‘勺，所以挹取也。’《喪大記》云：‘沃水用枓，革盆。’蓋以革爲盆，可以盛水。《説文·革部》云：‘鞞，量物之鞔，一曰抒井；鞞，古以革。’徐鍇《繫傳》云：‘抒井，今言淘井。鞞，取泥之器。’案：‘鞞’蓋即挹水之器，殆所謂‘革盆’歟。”十步一，柄長八尺，孫云：“謂麻斗之柄，《説文·木部》云：‘杓，枓柄也。’”斗大容二斗以上到三斗。“斗”舊本並譌“什”，末“斗”字又譌“十”，俞云：“‘什’、‘十’並‘斗’字之誤。‘斗大容二斗以上到三斗’，猶下文云：‘大容一斗以上至二斗也。’”孫云：“俞説是也，蘇校同，今並據正。上‘斗’字，即‘料’之叚字。此革盆有柄以挈持，又有料之容水，其料之容數，則二斗以上至三斗不等也。” 敝絡、“絡” 舊作 “裕”，從孫校改。新布長六尺，孫云：“此蓋溼布，亦以備火。” 中拙，孫云：“‘拙’，‘詘’之借字。” 柄長丈，十步一，必以大繩爲箭。王闓運云：“箭幎口使堅韌也。《大射》云‘幎用錫，綴諸箭，古文作晉’，鄭注云：‘箭，篠，此用繩代竹。’” 城上十步一鈂，畢云：“舊作冗，傳寫誤也。《說文》云：‘鈂，臿屬。’《玉篇》云：‘直深切。’” 水甌，畢云：“《玉篇》云：‘甌同缶。’” 孫云：“《說文·缶部》云：‘缶，瓦器。’《左襄七年傳》‘具綆缶’，杜注云：‘缶，汲器。’據下文則疑‘甀’之誤。” 容三石以上，小大相雜。孫云：“‘小大’舊倒，今據《道藏》本、吴鈔本乙。下文‘救門火’云：‘一垂水容三石以上，小大相雜’，與此文同。” 純一案：陸本、唐本並作 “小大”。盆、蠡各二財，蘇云：“‘財’當爲‘具’。” 孫云：“‘蠡’當即後文‘奚蠡’，‘財’下疑挩‘自足’二字，詳《備穴篇》。蘇校非。” 爲卒乾飯人二斗，以備陰雨，而使積燥處。“而” 舊作 “面”，蘇云：“言陰雨不能舉火，爲乾餱以備也。‘面’當作‘而’，今據正。” 令吏卒爲城内堞外行餐，“吏卒” 舊作 “使守”，從孫校改。孫云：“‘餐’，吴鈔本作‘湌’。《說文·食部》云：‘餐，吞也，或作湌。’《廣雅·釋詁》云：‘湌，食也。’城内堞外，謂内堞之外也。上文有‘内堞’、‘外堞’。” 王闓運云：“‘行餐’，送飯也。” 置器備，孫云：“《號令篇》云‘爲内堞内行棧，量器備其上’。” 殺沙礫鐵，畢云：“殺，𣀔省文。《說文》云：‘𣀔，𥹋𣀔，散之也。’” 皆爲坏斗。孫云：“《說文·土部》云：‘坏，一曰土未燒。’” 令陶者爲薄甌，大容一斗以上至二斗，即用取三，王闓運云：“用三合一。” 祕合束堅爲斗。尹云：“‘祕’，密也。” 城上隔棧高丈二，剡亓末。舊 “末” 上衍 “一” 字，從蘇校删。尹云：“‘剡末’，則人難踰越。” 爲閨門，見前閨門兩扇，令可以各自閉也。孫云：“謂可閉一開一。” 救闉池者，畢云：“闉同堙。” 以火與争，鼓橐。馮垣外内，以柴爲燔。畢云：“‘橐’舊作‘槖’，以意改。” “垣” 舊作 “埴”，陸本作 “瑱”，此從孫校改。孫云：“‘橐’詳《備穴篇》。‘埴’當爲‘垣’，形近而誤。馮垣在女垣之外，蓋垣牆之卑者。《漢書·周緤傳》，顏注云：‘馮、陪聲相近。’此馮垣亦言與女垣爲陪貳也。《旗幟篇》云‘到馮垣’、‘到女垣’，《號令篇》云‘女郭馮垣一人’，是其證。” 尹云：“‘燔’，燒也。” 靈丁三丈一，尹云：“‘靈丁’即‘鈴釘’，矛名也。《方言》九‘凡矛骹細如鴈脛者，謂之鶴厀’，郭注，‘今江東呼爲鈴釘’。” 火耳施之，孫云：“‘火耳’疑當作‘犬牙’，形近而誤。犬牙施之，言錯互施之，令相銜接也。” 尹云：

"所謂射火。'耳'，弭也，無緣之弓。"十步一人，居柴内弩。尹云："'居'，據也；'柴'同'鋻'，鋻鏄斧也。一曰居，坐也；柴，柴車也。《備高臨》：'十人主此車。'此，柴也；'内弩'謂納弩。"弩半爲狗犀，尹云："以狗犀當矢也。'半'，畔也。"孫云："'狗犀'，疑即後文之'狗屍'、'狗走'，説詳後。"者環之牆七步而一。尹云："'者'，同'堵'。《禮記》'儒行環堵之室'注：'環，堵，面一堵也，五版爲堵，五堵爲雉。'"孫云："以上救闉池之法，疑《備闉篇》之佚文。自'大鋌'以下七百字，舊本錯入《備穴篇》'城壞或中人'之下，今依顧校移著於此。"

救車火，孫云："《備蛾傅篇》云：'車火燒門'，《備梯篇》作'煇火'。此'車火'，疑當作'熏火'，'熏'與'車'，篆文上半相近而誤。"王闓運云："以車載火。"爲烟矢射火城門上，孫云："此謂敵射火攻城也。'烟矢'，當作'熛矢'。《説文·火部》云：'熛，火飛也，讀若標。''熛'，誤作'煙'，又從俗作'烟'，遂不可通。《孫子·火攻篇》云'烟火必素具'，亦'熛火'之誤。"王闓運云："'射火'，今火箭。"鑿扇上爲棧塗之，孫云："'棧'疑當作'杙'，與弋同，即下文之'涿弋'也。然杜君卿所見已作'棧'，未敢輒改。"畢云："'涂'字俗寫从土。本書《迎敵祠》亦只作'涂'。《通典·守拒法》云：'門棧以泥厚塗之，備火。柴草之類貯積，泥厚塗之，防火箭飛火。'"持水，麻斗革盆救之。"斗革"舊譌"升草"，孫據王校正。門扇薄植，畢云："《説文》云：'欂，壁柱。''植，户植也。'薄，假音字。"皆鑿半尺，孫云："蓋即鑿孔以涿弋，然不當云'半尺'，疑有誤。"純一案：周尺當今尺八寸。王闓運云："鑿五寸，令容塗也。"尹云："塗厚半尺。下云'塗茅屋若積薪者，厚五寸以上'。"一寸一涿弋，"涿"，舊譌"掾"，王引之云："'掾'當爲'涿'，字本作'椓'，《説文》云：'椓，擊也。'《周南·兔罝》傳曰'丁丁，椓杙聲'，是也。通作'涿'。《周官·壺涿氏》注曰'涿，擊之'，是也。'涿弋'又見下文。《史記·趙世家》'伐魏敗涿澤'。今本'涿'字亦誤作'掾'。凡經傳中從豖、從彖之字多相亂。"孫據正，云："《六韜·軍用篇》云'椓杙大鎚'，俗本《六韜》'椓'譌'椽'，與此相類。惟宋施子美《講義》本不誤。"弋長二寸，孫云："'寸'舊作'尺'，今據《道藏》本、吴鈔本正。《説文·弋部》云：'弋，橜也。'此涿弋門上以持塗，度不宜太長，後文亦云'涿弋長七寸'。"見一寸畢云："'見'疑'閒'字。"孫云："即上文云：'一寸一涿弋'也，下文亦云：'弋閒六寸。'"王本改"見"作"寬"。相去七寸，孫云："上云'閒一寸'者，謂一行之中，每一寸一弋，此則前後行相去之數也。"厚塗之以備火。城門上所鑿以救門火九字王注本作雙行小注，尹本從之。者各一垂水，畢云："'垂'，甀字省文。《説文》云：‘𦉥，小口罌也。’”“者各”，王本作“有名”，注云：“每人也。”尹本從之。釋云：“有名謂每名。《淮南·氾論》：‘抱甀而汲，則垂所以汲水者。’”容三石以上，“容”舊作“火”，從王校改。顧云：“‘火’當作‘大’。”蘇云：“‘垂’，所以盛水者。”小大相雜。王闓運云：“以便人行。”孫云：“以上救車火之法。”

門植關必環錮，孫云：“‘植’，持門直木；‘關’，持門橫木，詳《非儒篇》。《説文·金部》云：‘錮，鑄塞也。’”畢云：“言扃固之，環與扃音相近。”以錮金若鐵鍱之。畢云：“‘錮’字疑衍。《説文》云：‘鍱，鏶也。’”孫云：“‘錮’，疑‘銅’之誤。下‘金’字，乃‘銅’字偏旁之誤衍者。”純一案：此“錮”非“鄐”義，謂堅固也。《説文》“鍱”，段注謂金銅鐵椎薄成葉者。此文疑當作“門楨關必環’句，錮以銅若鐵之鍱句。環即以金類爲環，而相連屬之鏈，古曰鎖，言門植關必以鏈固鎖，並加銅葉或鐵葉以固之。門關再重，鍱之以鐵必堅。梳關關二尺，孫云：“疑‘梳’並當爲‘桄’。《説文·木部》云：‘桄，充也。’‘楗，距門也。’此桄關即謂楗，今之木鎖是也。蓋門植關，兩木橫直交午之處，别以木鎖控之，以其橫亙門閒，故謂之桄關。下‘關’字，當是衍文。‘二尺’者，桄關之長度。《淮南子·繆稱訓》云：‘匠人斲户，無一尺之楗，不可以閉藏。’彼爲尋常房室之門，楗止一尺，此城門之楗，故倍之。若門植與關，則其長皆竟門，必不止一二尺矣。《説文·門部》云：‘閉，闔門也，从門才，所以距門也。’蓋才以十象植與關橫直交午之形，下一短畫，則正象楗橫亙之形。參互審繹，可見古楗門之制矣。”梳關一莧，畢云：“‘管’字假音。《春秋》左氏云：‘北門之管。’”孫云：“‘管’或作‘筦’，與‘莧’聲形俱近。《説苑·君道篇》‘楚筦饒’。《吕氏春秋·長見篇》，‘管’作‘莧’。管即鎖也。《月令》‘脩鍵閉，慎管籥’，鄭注云：‘鍵牡，閉牝也。管籥，搏鍵器也。’孔疏以管籥爲鑰匙，鍵爲鏁，須二者不同。通言之，鎖亦謂之管。《檀弓》鄭注云：‘管，鍵也。’是又合管鍵爲一。此‘一莧’，與《檀弓》注義同。蓋於木鎖之外，更加金鎖以爲固，故詳著之。木鎖、金鎖同著於關植之上，故《爾雅·釋宫》郭注云：‘植，户持鎖植也。’”封以守印，封以守印，守城中主守事者。尹云：“上加印封。印，執政所持信也。《商君書》定分，封以法令之長印，又曰‘封以禁印’。”時令人行貌封，畢云：“‘貌’，疑‘視’字。”王闓運云：“‘貌’，潛視也。”尹云：“言視封條之固否。”純一案：“行貌封”，謂巡視封印之形狀如否。及視關入桓淺深，“入”舊譌“人”，蘇云：“‘人’當作‘入’。桓，所以關也，視其淺深，謹防之。”孫據正，云：“‘桓’，蓋門兩扉旁之直木。凡持門之木橫直相交，而關又橫貫兩桓以爲固，故視其入桓淺深，恐其入淺則不固也。”門者皆無得挾斧、斤、鑿、鋸、椎。

尹云："'門'者，守門者也。"蘇云："禁此五者，防有變也，已上言城關關鎖之法。"

城上二步一渠，孫云："此'渠'乃守械，以金木爲之。"渠立程丈二尺，舊作"程丈三尺"，孫云："'程'當爲'桯'，《考工記·輪人》，蓋杠謂之桯。立桯，即渠之杠直立者也。'丈三尺'，當作'丈二尺'。上文及《雜守篇》説渠，並云'夫長丈二尺'。"純一案：孫説是也，今並據正。冠長十丈陸本、唐本丈作尺，是。辟長六尺。畢云："'辟'同'臂'。"孫云："《備穴篇》正作'臂'，今移前；'冠'，蓋渠之首；'臂'，其横出之木也。"二步一荅，"荅"，陸本、唐本並作"答"。荅廣九尺，舊止一"荅"字，王云："此當作'二步一荅，荅廣九尺'。上文'二步一渠，渠立程丈三尺'，與此文同一例。今本少一'荅'字，則文不足意，如淳注《漢書·鼂錯傳》引此，重'荅'字。"今據補。尹云："'荅'同'塔'，亦望敵者。"袤十二尺。畢云："'袤'舊作'表'，據《前漢書》注改。"孫云："以上渠荅之法。"

二步置連梃、畢云："舊作'梴'，以意改。《説文》云：'梃，一枚也。'《孟子音義》云：'丁，徒頂切。'《通典·守拒法》云：'連梃，如打禾連枷狀，打女牆外上城敵人。'"孫云："《太白陰經·守城具篇》，説'連梃'與《通典》同。"歐陽云："《武備志》'攀城則以連枷棒擊之'，亦即此。"長斧、長椎，各一物；孫云："《説文·木部》云：'椎，擊也，齊謂之終葵。'"槍二十枚，孫云："《國語·齊語》云'挾其槍刈耨鎛'，韋注云：'槍，椿也。'《一切經音義》引《三蒼》云：'木兩端鋭曰槍。'"周置二步中。尹云："'周'，徧也。"孫云："以上雜守器之法。"

二步一木弩，畢云："《通典·守拒法》云：'木弩，以黄連、桑拓爲之弓，長一丈二尺，徑七寸，兩弰三寸，絞車張之，大矢自副，一發聲如雷吼，敗隊之卒。'"尹云："《説文》：'弧，木弓也。'弩其有臂者耳。"必射五十步以上。《北堂書鈔》百二十五今本同此，陳禹謨本"以"作"已"。及，多爲矢節，"及"，逮也，至也，猶言發而必中也。孫云："'矢'吴鈔本作'笶'，同。"尹云："'節'亦'矢'，矢、節爲疊韻連語。"毌以竹箭，"毌"，同"串"。孫云："矢材以竹箭爲佳。《説文·竹部》云：'箭，矢也。'《爾雅·釋地》'東南之美者，有會稽之竹箭焉'，郭注云：'竹箭，篠也。'"楛、趙、搋、榆，孫云："《書·禹貢》云：'惟箘簵楛。'《釋文》引馬融云：'楛，木名，可以爲箭。'《方言》云：'杠，南楚之閒謂之趙。'郭注云：'趙當作桃，聲之轉也。'此'趙'或亦'桃'之譌。搋，字書所無，疑當爲'樜'，形近而誤。'樜'，'柘'之借字，《説文·木部》云：'樜木，出發鳩山。'《山海經·北山經》作'柘木'。《廣韻·四十禡》云：'柘、樜同。'"尹云："'趙'同筱，箭屬小竹；'搋'即度，杖也；'榆'，山枌榆，

《説文》所謂‘梗’是也，木堅韌。”可。王闓運云：“笴。”尹云：“同柯，矢幹也。”蓋尹云：“‘蓋’，苫也，茅類。”求王闓運云：“‘銶’。”尹云：“‘求’同‘銶’，鑿首也。《詩・破斧》‘又缺我銶’，《釋文》：‘銶，今之獨頭斧。一曰求竹類。’《管子・地員》有‘求黽’。”齊疑即黄鉞斧也。《易・旅》釋文引張軌注，今本作“資斧”。鐵夫，孫云：“‘夫’即‘鈇’，《備穴篇》有‘鐵鈇’。”播以射衝舊作“衜”，據王校改。孫云：“《説文・手部》云：‘播，布也。’謂分布使衆射之。”及櫳樅。孫云：“‘櫳樅’見後，蓋亦攻守通用之器。《道藏》本、吴鈔本，二字並从手，下同。”畢云：“以上木弩之法。”

二步積石，尹云：“《范蠡兵法》‘飛石重十二斤，爲機發行三百步’，《文選・閒居賦》‘礮石雷駭’，《子虚賦》‘礧石相擊’，皆兵家所用石類也。”石重千鈞以上者五百枚。畢云：“《後漢書注》引作‘積石百枚，重千鈞以上者’，舊‘千’作‘中’，據改。”孫云：“此見《堅鐔傳》注，‘千’並作‘十’，未知畢據何本。《説苑・辯物篇》云：‘三十斤爲鈞。’”毋百，盧云：“疑云‘毋下百’，脱‘下’字，或尚有脱字。”以亢疾犂、孫云：“《周禮・馬質》鄭注云：‘亢，禦也。’”畢云：“此‘疾犁’正字。《漢書注》作‘蒺藜’，非。《通典・守拒法》云：‘敵若木驢攻城，用鐵蒺藜下而敦之。’”壁“壁”上疑脱“壘”字。皆可王闓運云：“言不必定用石。”善方。尹云：“‘善’，繕也，備也；‘方’，同防，禦也。”孫云：“以上積石之法。”

二步積苙，畢本作“笠”，云：“一本作‘至’，舊作‘苙’。”孫云：“《道藏》本、吴鈔本並作‘苙’。《説文・竹部》云：‘笠，簦無柄也。’非守圉之械，畢本非也。‘苙’當爲‘苣’之形譌，後文‘人擅苣，長五節’是也。彼‘五節’當爲‘五尺’，此長度倍之。蓋苣，束葦爲之，有大小長短之異。常時所擅用其小者，其大者則積之以備急猝夜戰之用，故長度特倍於恒也。”尹云：“‘苙’即‘柆’，折木也。用以推拉城下而擊人者，若今滚木。《通典》有‘壘木’，即此。”大一圍，孫云：“《儀禮・喪服》鄭注云：‘中人之扼圍九寸。’”長丈，二十枚。五步一罌，孫云：“《説文・缶部》云：‘罌，缶也。’”蘇云：“下言‘木罌’，容十升以上者，五十步而十，是五步一罌也。”盛水有奚蠡，“蠡”字舊脱，據王、蘇二校增。王云：“‘奚’下當有‘蠡’字。下句‘奚蠡’，即承此而言。杜子春注《周官・鬯人》曰：‘瓢，謂瓠蠡也。’瓠蠡、奚蠡，一聲之轉。”蘇云：“‘奚’下脱‘蠡’字。《説文》：‘奚，大腹也。’‘蠡’音黎，瓠瓢也。《漢書・東方朔傳》‘以蠡測海’，是也。”奚蠡大容一斗。五步積狗屍五百枚，陸本“蠡大”倒，上“五”字作“伍”。孫云：“‘狗屍’，疑即上文之‘狗犀’，屍、犀音近通用。後又有‘狗走’即此。蓋亦行馬、柞鄂之類。”尹云：“‘狗屍’，鈎矢也。《尉繚子·將理》‘雖鈎矢射之弗追也’。”狗屍長三尺，喪以弟，畢云：“‘喪’，藏也。”孫云：“‘弟’當爲‘茅’，形近而誤。狗屍蓋以木爲之，而掩覆以茅，所以誤敵，使陷擠不得出也。”瓮亓端，孫云：“‘瓮’，吴鈔本作‘甕’，同。案：當爲‘兑’，形近而誤。”王本以“弟瓮”句，注云：“夷瓮大瓮’。”堅約弋。王本“丌端堅約弋”句，注云：“係以杙，令易舉。”尹云：“用以射敵。”十步積摶，大二圍以上，孫云：“‘摶’舊作‘槫’，《道藏》本、吴鈔本並作‘摶’。前‘柴摶’亦作‘摶’，今據正，摶即束木之名。”尹云：“‘摶’同‘播’，謂圓形之大木也。”長八尺者二十枚。二十五步一竈，竈有鐵鐕，畢云：“舊脱一‘竈’字，據《太平御覽》增。鐕，鬵字假音。《説文》云：‘鬵，大釜也。一曰鼎大上小下若甑曰鬵，讀若岑。’《方言》云：‘甑，自關而東，或謂之鬵。’《太平御覽》引作‘鑊’。”容石以上者一，畢云：“《太平御覽》引作‘容二石以上爲湯’。”戒以爲湯。尹云：“有事則煑沸水以沃敵。‘戒’，警也，備也。”畢云：“已上積石苙狗屍摶竈之法。”及持沙毋下千石。尹云：“沙散可以眯目。‘及’同扱，收也；‘持’，庤也，儲也。”孫云：“毋下，猶云毋減，此言至少之數。”

三十步置坐候樓，畢云：“《通典·守拒法》有云：‘却敵上建堠樓，以版跳出爲櫓，與四外烽戍晝夜瞻視。’”樓出於堞四尺，畢云：“《説文》云：‘堞，城上女垣也。’堞省文。”廣三尺，長四尺，“長”舊作“廣”，從俞校改。板周三面密傅之，蘇云：“‘傅’即‘塗’也，所以防火。”夏蓋亓上。蘇云：“所以避日。”孫云：“顧校移後‘樓五十步一’至‘五十二者十步而二’，凡百二十三字著於此，似未确，今不從。”五十步一藉車，孫云：“詳前。”藉車必爲鐵纂。陸本“藉車”二字不重。畢云：“《説文》云：‘篹，治車軸也。’纂假音字。”五十步一井屏，孫云：“‘井屏’，即屏廁，非汲井也。《周禮·宫人》‘爲其井匽’，鄭衆注云：‘匽，路廁也。’廁圂不潔，故以屏垣障蔽之。”尹云：“井漏井，所以受水潦，除其不潔。‘屏’，同‘庰’，廁也。”周垣之，尹云：“‘垣’，牆也，四周爲牆，以辟惡臭。《説文》謂之‘墂’，《六韜·農器》‘里有周垣’。”高八尺。五十步一方，俞云：“方者，房之叚字，五十步置一房，爲守者入息之所，故必爲關籥守之也。《尚書序》‘乃遇汝鳩汝方’。《史記·殷本紀》作‘女房’，是‘方’、‘房’古字通。”方尚必爲關籥守之。蘇云：“尚與上同，‘關籥’即‘管鑰’。”五十步積薪，毋下三百石，善蒙塗，毋令外火能傷也。百步一櫳樅，畢云：“舊从手，非。”尹本並“从手”云：“謂堆土而爲高處耳，其字當與‘壠崇’同。”起地高五丈，三層，下廣前面八尺，後十三尺，孫云：“後廣於前五尺。”亓上稱議衰殺之。畢云：“言稱此而議減其上。”尹云：“言上稱宜而漸減。”百步一木樓，尹云：“所謂太樵樓，重屋也。”樓廣前面九尺，孫云：“此無後廣之度，疑有脱文。”高七尺，樓鞫居坫，畢云：“‘坫’疑‘坫’字，《説文》云：‘坫，屏牆也。’又或同‘阽’。《漢書注》：‘如淳曰：阽，近邊欲墮之意。’”孫云：“‘鞫’、‘坫’二字，並字書所無，畢以‘坫’爲‘坫’，近是。疑‘鞫’當从匆，《左定九年傳》‘載蔥靈寢於其中’。孫疏引賈逵云：‘蔥靈，衣車也，有蔥有靈。’《左傳》‘蔥靈’即‘囪櫺’，疑‘蔥’有作‘鞫’者，亦與‘囪’通。‘樓鞫’即‘樓囪’也。或謂‘鞫’當爲‘輣’之譌。《説文·車部》云：‘輣，兵車也。’《後漢書·光武紀》李注，引作‘樓車’，亦通。”出城十二尺。孫云：“吴鈔本作‘步’。”百步一井，井十甕，畢云：“舊作‘百步再，再十甕’，據《太平御覽》改。”尹云：“‘甕’，汲缾也。”以木爲繫連，蘇云：“繫連，所以引甕而汲也。”王闓運云：“繫連，闌。”水器容四斗到六斗者百。“六斗“舊作”六什”，孫從蘇校正，云：“《左傳》襄九年‘宋災備水器’，杜注云：‘盆罋之屬。’”百步一積雜杆，各本作“秆”，一本如此。尹云：“‘杆’即‘榦’。《周禮·考工》：‘凡取榦之道，柘爲上，竹爲下。’”大二圍以上者五十枚。百步爲櫓，畢云：“《説文》云：‘櫓，大盾也。’”櫓廣四尺，高八尺，爲衝術。孫云：“‘衝術’，即上文之‘衝隊’，隊、術，一聲之轉。《禮記·月令》‘審端徑術’，鄭注云：‘術，《周禮》作遂。’是其例也。此下所爲，皆以當衝遂。”百步爲幽贖，王本作“瀆”。俞云：“‘贖’即‘竇’字之誤。”孫云：“‘贖’當爲‘隫’之誤。《説文·阜部》云：‘隫，通溝以防水者也。’與‘竇’聲義並相近。《考工記·匠人》‘竇，其崇三尺’，鄭注云：‘宫中水道。’幽隫，猶言闇溝也。”廣三尺、高四尺者千。孫云：“此爲數太多，疑非也，或當爲‘一’之誤。”王本改作“十”，尹本同。二百步一立樓，王云：“《初學記·居處部》、鈔本《御覽·居處部四》、《玉海·宫室部》引，並作‘立樓’，刻本《御覽》‘立’譌作‘大’。”純一案：鮑刻仿宋本《御覽》，亦作“立”。城中廣二丈五尺二，孫云：“下‘二’字疑衍。此立樓在堞内者之度，其出堞外者則五尺，下文云‘出樞五尺’是也。内外合計之，則廣三丈也。上文説坐候樓，亦云‘樓出於堞四尺’。”王本“二”字作“上”，屬下作“上長二丈”句。長二丈，出樞五尺。孫云：“‘樞’疑當作‘拒’，謂立樓之横距，出堞外者五尺也。《備高臨篇》云‘臺城左右出巨，各二十尺’，‘拒’、‘巨’並‘距’之借字，詳《備高臨篇》。”城上廣三步到四步，乃可以爲使鬬。孫云："三步者，一丈八尺。四步者，二丈四尺也。此言堞内地之廣度必如此，乃足容守卒行止及儲庤器用也。"王本"使鬬"作"便門"。俾倪廣三尺，高二尺五寸。畢云："《説文》云：'陴，城上女牆俾倪也。'杜預注《左傳》作'僻倪'。《衆經音義》云：'《三倉》云：俾倪，城上小垣也。'"蘇云："即睥睨。《釋名》云：'城上垣曰睥睨。言於孔中，睥睨一切也。'"純一案：《一切經音義》六十七引《釋名》云："言於孔中俾倪非常事也。"陛高二尺五寸，"寸"字舊脱，孫云："下文有'寸'字，此亦當有。《説文·阜部》云：'陛，升高陛也。'"今據補。廣長各三尺，遠廣各六尺。孫云："'遠廣'義不可通，疑'遠'當爲'道'，謂城上下當陛之道也。下文云：'道陛高二尺五寸，長十步'。下'廣'字，《道藏》本、吴鈔本並作'唐'。《文選·甘泉賦》李注引鄧展云：'唐，道也。'則'唐'義亦通。"城上四隅，童異高五尺，孫云："'童異'疑當爲'重廙'。《説文·广部》云：'廙，行屋也。'又疑當爲'重婁'，婁與樓通。《備蛾傅篇》云：'隅爲樓'。"王闓運云："五尺不能容人，未詳。"尹云："若今警崗。'童'，小也；'異'同'廙'。"四尉舍焉。孫云："'尉'，蓋即下文所謂'帛尉'。《商子·鏡内篇》云：'其縣四尉'。《北堂書鈔·職官部》引韋昭《辨釋名》云：'廷尉、郡尉、縣尉，皆古官也，以尉尉人心也。凡掌賊及司察之官皆曰尉。尉，罰也，言以罪罰姦非也。'"尹云："自上安下曰尉，武官悉以爲稱，《左閔二年傳》'羊舌大夫爲尉'。舍，居也。"畢云："已上候樓、井屏、櫳樅、木樓、井、雜杆、櫓、幽隫，立樓之法。"

城上七尺一渠，長丈五尺，"尺"字舊本脱，王據《雜守篇》補。貍三尺，畢云："'貍'，'薶'省文。"蘇云："'貍'、'埋'同。"去堞五寸，夫長丈二尺，俞云："畢云：'夫同趺，如足兩分也。'"尹云："樹以撑渠者，使其不摇。"臂長六尺半，植一鑿内後長五寸。孫云："疑當作'内徑五寸'，此'徑'誤爲'後'，又衍'長'字，遂不可通。《備高臨篇》説連弩車'衡植左右皆圜内，内徑四寸'，足相比例。又上云'門關薄植，皆鑿半尺'，'半尺'即五寸之徑也。'内'、'枘'，古今字，《楚辭·九辨》云：'圜鑿而方枘兮。'"尹云："須鑿内乃可合一，若今銜口。"夫兩鑿畢云："'兩'舊作'雨'，以意改。"尹云："渠兩旁各一夫。"純一案：皆須鑿而與渠接合。渠夫前端，下堞四寸而適。孫云："謂適相當也。"貍渠、鑿坎，尹云："樹渠之地坎。"覆以瓦，尹云："防其溼朽。"冬日以馬矢"矢"舊作"夫"，從孫校改。尹云："謂冬寒而火以馬矢也。今北方俗猶然。《説文》：'菌，糞也。'字亦作屎。《莊子·知北游》'在屎溺'，史傳皆以矢爲之。"寒，皆待命，孫云："言待命令而施之。"若以瓦爲坎。孫云："此謂或即以瓦爲坎亦可。"

城上千步一表，孫云："'千'疑當作'十'。"尹云："'表'，柱也。《吕覽·慎小》'置表於南門之外'。"長丈，棄水者操表摇之。孫云："以告人，慮有體汙也。"尹云："摇令人知，免致疑爲水攻。"五十步一廁，與下同圂。畢云："'五'下舊衍一'五'字。《説文》云：'圂，廁也。'"孫云："廁爲城上之廁。圂則城下積不潔之處。《旗幟篇》所謂民圂也。蓋城上下廁異而圂同。"王闓運云："將不得自置廁。"之廁者畢云："'之'，往也，見《爾雅》。"不得操。畢云："言不得有挾持。"尹云："言有秩序。'操'，躁也。"

城上三十步一藉車。蘇云："上作五十步，《備穴篇》作二十步，未詳孰是。"當隊者不用。孫云："以上文校之，此下當捝此數二字。王本隊旁注隧字。"

城上五十步一道陛，孫云："謂當道之階也。'陛'詳前。"高二尺五寸，王闓運云："與俾倪齊。"長十步。王闓運云："跨兩俾倪。"

城上五十步一樓扻，孫云："'扻'疑當爲'撕'，草書相近而譌。上文云'樓撕揗'即此。"扻勇勇必重。孫云："此當作'樓撕必再重'，即上文所云：'屬城爲再重樓'也。今本'樓再'二字並誤爲'勇'，又到亂失次耳。"土樓百步一外門，歐陽云："'土'疑爲'上'，宜乙作樓上，同城上棧上之例。"王闓運云："暗門。"發王闓運云："令可出入。"樓左右渠之。蘇云："渠，塹也，所以防踰越者。"爲樓加藉幕，畢云："舊作'慕'，以意改。"孫云："前作'藉莫'，即'幕'之省，制詳前。"棧上出之以救外。障蔽外來之矢石。

城上皆毋得有室，若它可依匿者，"它"舊作"也"，畢改"他"。王云："'他'，古通作'也'，不煩改字。"此從王本。盡除去之。

城下州道内，畢云："疑周道。"孫云："周道見後《備水篇》，《周禮·量人》云'營軍之壘舍，量其州涂'，鄭衆注云：'州涂，還市朝而爲道也。'又《考工記·匠人》云'環涂七軌'，杜子春注云：'環涂，環城之道。'此'州道'，與'州涂'、'環涂'義並略同。"百步一積薪，毋下三千石以上，善塗之。"薪"舊作"藉"，王引之云："'藉'當爲'薪'，積薪必善塗之者，所以防火也。上文云'五十步積薪，毋下三百石，善蒙塗，毋令外火能傷也'，與此文同一例，特彼以城上言之，此以城下言之耳。《雜守篇》亦曰：'塗積薪者，厚五寸已上。'"蘇説同，孫據正。

城上十人一什長，孫云："《迎敵祠篇》云：'城上五步有伍長，十步有什長。'

蓋城上步一人，十步則十人，有什長，二篇文異義同。”畢云：“《通典·守拒法》云：‘城上五步有伍長，十步有什長，五十步百步，皆有將長。’”屬一吏士，孫云：“疑‘一’當爲‘十’。”一帛尉。畢云：“帛同伯。”孫云：“疑當云‘百人一百尉’。《迎敵祠篇》云：‘城上百步有百長。’又疑‘帛’或當作‘亭’，篆文二字形近。”王闓運云：“典錢帛者。”百步一亭，尹云：“亭以伺望敵者。”垣高丈四尺，“垣高”舊倒，從蘇校乙。厚四尺，爲閨門兩扇，孫云：“此即亭垣之門，‘閨門’見前。”令各可以自閉。孫云：“上文同。《道藏》本、吴鈔本‘閉’作‘閈’。”亭一尉，舊脱“一”字，王據《太平御覽·職官部六十七》補。孫云：“此即上‘帛尉’，城上百步一亭，故亭一帛尉矣。”蘇云：“言亭有尉主之。”尉必取有重厚忠信可任事者。“重厚”，舊止作一“序”字。王云：“‘序’當爲‘厚’，‘厚’上當有‘重’字。人必重厚忠信然後可以任事，故曰‘尉必取有重厚忠信可任事者’。《號令篇》曰‘葆衛必取戍卒有重厚者，請擇吏之忠信者，無害可任事者令將衛’，是其證。今本‘厚’作‘序’，‘序’上又脱‘重’字，則義不可通。”孫據王説補正，云：“以上置什長亭尉之法。”二舍共一井爨，“爨”，陸本、唐本並作“竈”。孫云：“此即什長百尉所居舍也。《儀禮·士虞禮》鄭注云：‘爨，竈也。’”尹云：“‘井’，所以汲飲者。”灰、康、粃、孫云：“吴鈔本‘康’作‘糠’，俗字。”畢云：“《説文》云：‘穅，穀皮也。’‘康’或省字。‘秕’，不成粟也。此从米，非。”歐陽云：“《虎鈐經》曰：‘石灰穅秕，回風颺于城上，以眯敵人目。’用與此同。”杯、畢云：“‘麩’字假音。《通典·守拒法》：‘有灰、麩、穅、粃、馬矢。’”孫云：“畢説未塙。‘杯’當爲‘秠’之借字。‘秠’即‘稃’也，《爾雅·釋草》云：‘秬，黑黍。秠，一稃二米。’《周禮·春官·敘官》鄭注云：‘秬如黑黍，一稃二米。’《詩·大雅·生民》孔疏引《周禮》注‘稃作秠’，又引鄭志云：‘秠即皮，其稃亦皮也。’是‘秠’與‘稃’字亦通。《説文·禾部》云：‘稃，穭也。’‘穭，穅也。’故《墨子》亦以‘秠’與‘康粃’同舉也。《通典》不知‘杯’即爲‘稃’，故以‘麩’易之，與此書字不合也。”王本作“秠”，旁注‘麩’字。尹云：“‘秠’同‘麩’，小麥屑皮也。”馬矢，畢云：“舊作‘夫’，據《太平御覽》引云‘備城皆收藏灰、穅、馬矢’改。《通典》云‘擲之以眯敵目也’。”皆謹收藏之。尹云：“‘收’，聚也。”

城上之備：渠譫、王云：“‘譫’蓋‘襜’字之誤。《齊策》曰‘百姓理襜蔽，舉衝櫓’，‘襜蔽’即《淮南子·氾論訓》高注所云：‘幨幰，所以禦矢也。’故《廣雅》曰：‘幨謂之幰。’幨與襜字異而義同。”孫云：“王説‘譫’是也。此書載渠制甚詳，必非甲盾之名。‘襜’疑即所謂‘藉幕’。”藉車、孫云：“見前。”行棧、孫云：“見後。”行樓、孫云："疑即上文之'木樓'。"到、孫云："'到'非守械，疑當爲'斲'，俗書或从刀。"頡皋、尹云："《史記·信陵君傳》'北境傳舉烽'，文穎注作：'高木櫓，櫓上作桔槔，頭兜零以薪置其中，謂之烽。常眡之，有寇，即火然舉之以相告。'即此所謂'頡皋'也。《莊子·天運》：'桔皋者，引之則俯，舍之則仰。'《淮南·氾論》'桔舉而汲'，則以頡皋爲井上汲水物者。"連梃、長斧、長椎、孫云："並見前。"長茲、孫云："'茲'即鎡錤也。《漢書·樊噲傳》贊'雖有茲基'，顔注引張晏云：'茲基，鉏也。'《國語·魯語》韋注云：'耨，茲其也。'《一切經音義》引《蒼頡篇》云：'鉏，茲其也。'《説文·木部》云：'欘，斫也，齊謂之鎡錤。'茲其即鎡錤之省。"純一案：《孟子·公孫丑》作"鎡基"。尹云："'鎡錤'，所以掘土者。"距、孫云："疑即《備穴篇》之'鐵鈎鉅'。"飛衝、孫云："即衝車，《韓非子·八説篇》，有'距衝'，蓋二者攻守通用之。"尹云："飛者明其速。"縣□、孫云："'縣'下疑闕'梁'字，'縣梁'見前。"批，尹云："謂擊人之物。"屈樓五十步一，堞下爲爵穴，畢云："舊作'内'，以意改。"孫云："爵穴，謂於城堞間爲孔穴也。後文云'城上爲爵穴，下堞三尺'，與此'堞下爲爵穴'，文足相證。"三尺而一。尹云："爵穴，所以避人。"爲薪皋，孫云："疑即前頡皋。"二圍長四尺半，必有挈。"挈"，舊作"潔"，從畢校改，王本、尹本並同。孫云："如畢説，則與後文'爲薪樵挈'義同。"瓦石重二斤以上，"斤"舊譌"升"，從王校改。上畢云："疑衍。"城上沙，畢云："舊作'涉'，下同，俱以意改。"五十步一積。孫云："句。"竈置鐵鐕焉，畢云："舊作'錯'，據上文改，鐕同鬵。"與沙同處。孫云："上文説鐵鐕以爲湯及持沙，故與沙同處。"木大二圍，長丈二尺以上，善耿亣本，畢云："言連其本，亣舊作卞，以意改。"孫云："耿疑聯之誤。"名曰長從，孫云："疑與上文'櫳樅'義同。"五十步三十木橋，尹云："百步再井，則五十步爲一井，故置一橋以備汲水之用。《説苑·反質》，'爲機重其前，輕其後，命曰橋。''三十'，謂橋或三或十也。"長三丈，毋下五十。尹云："言必於五十步置之。"復使卒急爲壘壁，以蓋瓦復之。舊本"復"並譌"後"，"卒"譌"辛"。王引之云："此當作'復使卒急爲壘壁，以蓋瓦復之'，'復之'即覆之，謂以蓋瓦覆壘壁也。"孫據正。用瓦木罌容十斗以上者，"斗"舊譌"升"，從孫校改。五十步而十，盛水，孫云："《方言》云：'自關而西，晉之舊都，河汾之間，其大者謂之甀；自關而東，趙魏之郊，謂之瓮，或謂之甖。甖，其通語也。'甖、罌同。《史記·韓信傳》'以木罌缻渡軍'，是罌或瓦或木，皆可以盛水也。"且用之五十二者，蘇云："十二字訛，當爲‘五斗者’。”孫云：“‘且用之’三字無義，疑當作‘瓦罌大’三字。‘五十二者’，當作‘五斗以上者’。案：‘瓦罌大五斗以上者’爲一句。”歐陽云：“‘之’字疑當作‘容’；‘十二者’，當從蘇説作‘五斗者’，言用罌容十斗以上者五十步而十盛水，更用容五斗者盛水十步而二也。”十步而二。孫云：“‘二’或當從俞校作‘四’。顧校以‘樓五十步一’至此一百二十三字，爲上文‘夏蓋其上’之下捝文，云當與言‘五十步’次。今案顧説可通，然無由定其當次何句，未敢輒移，姑仍舊本。又舊本此下有‘城四面四隅，皆有高磨㴁’云云，凡二百三十二字，顧、俞兩校，定爲上文捝簡，並是也。今依分爲二段，移著於前。”

城下里中家人，各葆亓左右前後，如城上。孫云：“‘葆’，吴鈔本作‘保’，字通，此謂相保任也。”城小人衆，葆離鄉老弱國中，及它大城。“它”从王本，舊作“也”，畢校改“他”。孫云：“‘也’即古‘他’字。‘離鄉’謂别鄉，不與國邑相附者。《説文·䢼部》云：‘鄉，國離邑，民所封也。’《春秋繁露·止雨篇》云‘書十七縣，八十離鄉’，‘葆’亦與‘保’通，謂保守也。《淮南子·時則訓》‘四鄙入保’，高注云：‘四竟之民，入城郭自保守。’”蘇云：“城小人衆，則不可守，宜遣其老弱葆於國中，及他大城。”王本乙作“國中老弱，葆離鄉及它大城”。尹本從之。釋云：“‘離’，遠也。”寇至，度必攻，尹云：“‘度’，量也。”主人先削城編，王闓運云：“‘苫’，城茨也。”孫云：“此葢言先除附城室廬。”唯勿燒。王闓運云：“防失火。”孫云：“‘勿’，吴鈔本作‘毋’。”寇在城下，時换吏卒署，畢云：“《説文》云：‘署，部署。’有所网屬。”純一案：段注：“署，位之表也。”网屬猶系屬，若网在網。孫云：“言吏卒時移易往來，不定在一署也。”而毋换亓養，俞云：“‘養’即厮養之養，宣十二年《公羊傳》‘厮役扈養死者數百人’，何休注曰：‘炊亨者曰養。’”孫云：“俞説是也。《吴子·治兵篇》云‘弱者給厮養’，此言吏卒署雖時换，而其厮養給使令者，則各有定署，不得移易也。亦見《號令篇》。”王闓運云：“‘養’，竈下卒，换之防泄軍情。”養毋得上城。寇在城下，收諸盆甕耕積之城下，畢云：“‘收’舊作‘牧’，以意改。”孫云：“《説文·皿部》云：‘盆，盎也。’又《缶部》云：‘罋，汲缾也。’‘甕’即‘罋’之隸變。”王本“甕”作“甓”，“耕”改“缾”，屬上爲句。尹云：“‘城下’，城内之下。”百步一積，積五百。孫云：“言五百箇爲一積也。”城門内不得有室，爲周官桓吏，王闓運云：“周置一官，桓置一吏，專令巡守之。‘桓’，表也，千步一表。”尹云：“‘周官’，謂城周巡行之官；《漢書·百官公卿表》，有司隸校尉周官。”四尺爲倪。王闓運云：“俾倪，禆堞缺，在堞間。”尹云：“城上女牆。”行棧内閈二，孫云：

"'閈'即'閉'字。"王闓運云:"今門閂。"關一,王闓運云:"今門杠。"堞除城場外,孫云:"《爾雅·釋宫》云:'場,道也。'謂城下周道。"去池百步,牆垣、樹大小大,盡壞伐除去之。"盡"舊作"俱",孫云:"'俱',吴鈔本作'盡'。"純一案:陸本、唐本並作"盡",今據改。王本、尹本並同。畢云:"'伐'舊作'代',以意改。"寇所從來,若昵道、傒近,孫云:"當作'近傒','傒'與'蹊'字通。《釋名·釋道》云:'步所用道曰蹊。蹊,傒也,言射疾則用之,故還傒於正道也。'蓋正道爲道,間道爲傒。昵、近義同。"王本改"近"作"徑"。若城場,王闓運云:"道徑樹牆,悉除去如城下。"皆爲扈樓。"皆"舊譌"家",孫據《道藏》本、吴鈔本正。尹云:"'扈',護也。"立竹箭,尹云:"謂植竹箭以防敵。"二人中守堂下,"二人"舊作"天",從王本改,尹本同。云:"中,充也。《説文》:'廡,堂下周屋。'此堂下,即廡所在地也,一稱爲序。"純一案:此六字,與上文不相屬,疑當移置"爲大樓,高臨城"下。爲大樓,孫云:"爲大樓以候望也。此即臺門之制,但加高大耳。"尹云:"將帥所居。"高臨城,尹云:"便候敵。"堂下周散道,王闓運云:"四周留道。"中應客,尹云:"應客於廡。《説文》:'序,廡也。'《通俗文》'客堂曰序',《孫子·作戰篇》'賓客之用',賈林注引李太尉曰:'三軍之門,必有賓居論議。'彼賓即此客也。"客待見。王闓運云:"客至或就樓中應之,或令待見也。"尹云:"謂待查問乃見,恐其爲刺。"時召三老在葆宫中者,與計事得舊本"在"譌"左","宫"譌"官",王引之校正。尹云:"《前漢書·陳勝項籍傳》'號召三老豪傑會計事',師古曰:'號令召呼之。'"孫云:"《漢書·百官公卿表》'秦制,鄉有三老掌教化'。後《號令篇》云'三老守閭',則邑中里閭亦置三老。《管子·度地篇》云:'與三老、里有司、伍長行里。'《史記·滑稽傳》,西門豹治鄴,亦有三老。《漢書·高祖紀》,漢二年'舉民年五十以上,有脩行,能率衆爲善,置以爲三老,鄉一人。擇鄉三老一人,爲縣三老,與縣令丞尉以事相教復,勿繇戍'。蓋亦放秦制爲之。舊本此下有'爲之柰何'云云五十四字,王、俞兩校,定爲上文及《備穴篇》之錯簡是也,今據分别移正。"失。舊譌"先",孫云:"當爲'失',屬上'與計事得失'爲句,言與客計事,審其得失也。"今據改。行德計,謀合,乃入葆。孫云:"'德'當爲'得',古通用。此冢上'計事得失'而言,謂所行既得計,謀又相合,乃聽其入葆城也。"葆入守,無行城,無離舍。孫云:"謂自外入葆者,不得行城離舍也。"諸守者,審知卑城淺池而錯守焉。孫云:"《論語》包咸注云:'錯,置也。'錯守,猶言置守。或云《楚辭·國殤》王逸注云:'錯,交也。'

謂交錯相更代而守，亦通。”晨暮卒歌以爲度，用人少易守。孫云：“以上四十三字，舊本誤錯入《雜守篇》，今審定與此上下文正相承接，移著於此。卒歌，‘歌’疑‘鼓’之誤，兵法禁歌哭，不當使卒歌也。末句有誤。”尹云：“少謂壯者。”守法：五十步，丈夫十人，丁女二十人，孫云：“《釋名・釋天》云：‘丁，壯也。’”老小十人，計之，五十步四十人。孫云：“此城下不當隊者，守備之卒，每十步則八人，與下文城上城下當隊者人數並異。”畢云：“丈夫、丁女、老小共四十人。”城上樓卒，率一步一人，舊“卒”譌“本”，“上”譌“下”。王云：“‘本’當爲‘卒’，謂守樓之卒也。”孫據正，云：“‘城下’當爲‘城上’，此言城上守樓及傳堞者，每步一人，與上下文城下卒數不同。上云‘城上百步一樓’，則樓不得在城下明矣。城上地陜，故一步止一人。”今據改“下”作“上”。二十步二十人。城小大以此率之，乃足以守圉。“圉”舊作“圍”，王云：“‘圍’當爲‘圉’，字之誤也。‘守圉’即‘守禦’，《公輸篇》‘子墨子守圉有餘’，《淮南・主術訓》‘瘖者可使守圉’，《漢書・賈誼傳》‘守圉扞敵之臣’，並與守禦同。”孫據正。客馮面而蛾傅之，畢云：“‘客’舊作‘宕’，以意改。”孫云：“《小爾雅・廣言》云：‘馮，依也。’‘面’，謂城四面。”純一案：“客”，敵也；“面”當作“城”。主人先知之，則主人利，“知之”舊倒，從畢校乙，“則”字舊在“先”上，今校乙。孫云：“此上下文，疑皆《備蛾傅篇》之文，錯著於此。”客適。孫云：“以下文校之，疑當作‘客病’。”王樹柟校同。客攻以遂，畢云：“同隊。”十萬之衆，“萬”下舊衍“物”字，從孫校删，王本、尹本並同。畢云：“‘衆’一本作‘數’。”攻無過四隊者。上術廣五百步，孫云：“‘術’、‘隊’一聲之轉，皆謂攻城之道。百，舊譌‘十’，今據吴鈔本正。”中術三百步，下術百五十步。“百”字舊脱，從孫校補，王本、尹本同。諸不盡百五十步者，“十”字舊脱，從孫校補，王本、尹本同。主人利而客病。王闓運云：“來道狹則易於禦守。”廣五百步之隊，孫云：“即上文之‘上術’也。”丈夫千人，“丈”舊譌“大”，孫從王校改。丁女子二千人，老小千人，凡四千人，舊本脱“四”字，孫據王引之校補，云：“此城下當隊者，備守之卒，十倍於前不當隊之數也。《商子・兵守篇》，説守城分三軍，壯男爲一軍，壯女爲一軍，男女之老弱者爲一軍，與此法略同。”而足以應之，此守術之數也。孫云：“顧校移上文‘凡守圍城之法’至‘不然則賞明可信，而罰嚴足畏也’一段，又‘城下里中家人’至‘時召三老在葆宮中者，與計事得’一段著此下，恐不塙，今不從。”使老小不事者，守於城上不當術者。孫云：“不當攻隊者，守事不急，故使老小守之。"城持出，必爲明填，王闓運云："'城持'，持出城者。若今護照。"純一案：下文云："持出不操填章，似乎持爲符節之屬，填章則將其人之姓名年貌，並其出入之事由期限等，一一填明之。"令吏民皆智知。之。從一人，"吏民"據下文當作"吏卒"，"從"與"縱"同，言將其人所持之符節與填章，令守吏及卒，皆檢驗而知其無僞，然後縱之使出也。百人以上，王本改"下"注云："今百長、什長及兵卒。"持出不操填章，王闓運云："無城持者。"從入，非其故人，王闓運云："易一人從入。"乃亓填章也，王闓運云："以填章與所易之人。"純一案："百人以上"四字疑衍，言凡持有符節欲出城，而未有填章者，或從外入城者，非出城之原人，乃原人之填章，必有奸謀，不得任其出入。千人之將以上止之，勿令得行。王闓運云："裨將以下，則徑收問。"行及吏卒從之，行該出入言。出入之人，持填有異，吏卒不認真檢舉，縱之出入，罪等同謀。"卒"舊譌"率"，孫據《道藏》本、吴鈔本正。皆斬，具以聞於上。王闓運云："急不待報。"此守城之重禁，舊衍"之"字，從王本删，尹本同。大姦之所生也，"大"舊譌"夫"，從王本正，尹本同。不可不審也。孫云："自'城下里中家人'至此，並通論守法，與前後文論守備器物數度者不同，疑皆他篇文之錯誤。以'先行德計，謀合'一段，在《雜守篇》證之，或故書本皆在彼篇與？王云：各本此下有'候望適人'至'穴土之攻敗矣'，凡三百四十五字，乃《備穴篇》之錯簡。詒讓案：舊本此篇'穴土之攻敗矣'下，又有'斬艾與柴長尺'至'男女相半'，凡三百九十四字，亦《備穴篇》文，今並移正。"

城上爲裔穴，孫云："謂於城堞間爲空穴，小僅容爵也。顧云：此以下是《備高臨篇》文，釋'技機藉之'也。案：顧説是也，然未知截至何句止，姑仍其舊。"下堞三尺，廣亓外，蘇云："此言爵穴之法，廣外則狹内，令下毋見上，上見下也。"五步一裔穴，大容苣，舊譌"苴"，王引之云："'苴'字義不可通，'苴'當爲'苣'字之誤也。《説文》：'苣，束葦燒也。'此云'爵穴大容苣'，下云'内苣爵穴中'，二文上下相應，故知'苴'爲'苣'之譌。"蘇説同，今據正。高者六尺，下者三尺，疏數自適爲之。孫云："言自稱地形爲疏數必調適也。"塞外塹去格七尺爲縣梁，孫云："'塞'當爲'穿'。此言穿城外爲塹，而縣木爲橋梁，乃發以圉敵也。若如今本作'塞外塹'，則下不當云'勿塹'矣。後文亦云'去城門五步大塹之，上爲發梁'，與此可互證。'格'，即《備蛾傳篇》之'杜格'，《旗幟篇》之'牲格'也。蓋於城外樹木爲之，以遏敵人之傳城者。或云格與落通，《六韜・軍用篇》、《漢書・晁錯傳》，並有'虎落'，即此。”城涟陜不可塹者勿塹。“涟”舊誤“筵”，王引之云：“當爲涟。《玉篇》：‘笮，狹也。’亦作‘涟’。”孫據正。尹云：“‘陜’，隘也，今字作‘狹’。”城上三十步一聾竈，孫云：“詳前。”畢云：“‘聾’即‘壟’字。”人擅苣，長五尺，“人擅”舊作“入壇”，王引之云：“義不可通，當爲‘人擅’。‘擅’讀曰撣，《説文》：‘撣，提持也。’古通作‘擅’。‘人擅苣’者，人持一苣也。《備水篇》云‘臨三十人，人擅弩’，又曰‘三十人共船，亓二十人，人擅有方劍甲鞮瞀，十人，人擅苗’，是凡言‘人擅’者，皆謂人人手持之也。”孫據正，云：“《六韜·敵强篇》云‘人操炬火’，‘炬’即‘苣’之俗，‘擅’、‘操’義同。長五節，‘節’非度名，當作‘長五尺’。”純一案：孫説是也，今據正。尹云：“《後漢書·皇甫嵩傳》：‘束苣乘城，可以昭明者。’”寇在城下，聞鼓音，燔苣，復鼓，内苣爵穴中，照外。蘇云：“内讀如納。”諸藉車皆鐵什，畢云：“什與鍺音近。《説文》云：‘鍺，以金有所冒也。’”孫云：“上文云‘藉車必爲鐵纂’，即此。”“什”王本作“升”，注云：“‘鐵升’，以鐵爲梯。”藉車之柱，長丈七尺，亓貍者四尺，孫云：“柱長丈七尺，而貍者四尺，則在上者丈三尺，較下‘夫四分之三在上’爲微贏。或‘長丈七尺’，‘七’當爲‘六’，則於率正同。下又云‘桓長丈二尺半’。”夫長三丈以上，至三丈五尺，孫云：“‘夫’、‘趺’字同。”馬頰長二尺八寸，孫云：“《説文·頁部》云：‘頰，面旁也。’馬頰，蓋象馬兩頰骨衺出之象。”尹云：“馬頰，若今夾板，用輔夫足。”試藉車之力而爲之困，尹云：“‘試’，用也。”孫云：“‘困’，‘梱’之借字。《説文·木部》云：‘梱，門橜也。’‘橜，弋也，一曰門梱也。’《口部》：‘困，古文作朱。’《廣雅·釋宫》云：‘橜、機、闑，朱也。’即以古文困爲梱。《荀子·大略篇》云：‘和之璧，井里之厥也。’《晏子春秋·雜上篇》，作‘井里之困’，‘困’亦即‘捆’也。據《荀》、《晏》二書，則梱以木石爲之。此藉車以大車輪爲梱者，蓋亦於趺下爲之。”夫四分之三在上。“夫”舊譌“失”，從孫校正，王本同。孫云：“‘夫’，‘趺’之借字。”藉車夫長三丈，“丈”舊譌“尺”，從孫校正。四二三在上，孫云：“當作‘四之三在上’。此二句，即釋上‘夫四分之三在上’之義，疑舊注之錯入正文者。”馬頰在三分中。孫云：“‘馬頰’，横材旁出，邪夾趺外。在三分中，即在上三分内也。”馬頰長二尺八寸，夫長二丈四尺，“丈”舊譌“十”，今校改。以下不用。孫云：“言不及度，則不中用。”治困以大車輪。藉車桓長丈二尺半，孫云：“‘桓’，即桓楹之桓，與柱義同。藉車蓋有四直木，其二貍者爲柱，二不貍者爲桓。上文‘柱長丈七尺，貍者四尺’，則不貍者丈三尺也。此度朒五寸，未詳。如柱長當爲丈六尺，則不薶者亦丈二尺，桓贏五寸，或爲枘以入夫與?”諸藉車皆鐵什，“什”，王本、尹本並作“升”。復車者在之。孫云：“‘復’疑‘後’之誤，‘在’疑‘左’之誤。左、佐，古今字。”王本“在”作“任”。尹云：“‘復’，往來也，謂人升降任用也。”寇闉池來，“闉”舊作‘闈’，畢云：“‘闈’疑當爲‘衝’，或‘闉’字。池，城池。”孫云：“‘闉’是也。《備穴篇》有救闉池之文，今移於前。”王本、尹本並作“闉”，今從之。“闉”，塞也，填也。“池”，城外之池。爲作水甬，孫云：“‘水甬’，蓋漏水器。《月令》‘角斗甬’，鄭注云：‘甬，今斛也。中空，可通水者。’”深四尺，堅幂貍之。“幂”舊作“慕”，從孫校改。十尺一，覆以瓦而待令。“瓦”舊作“月”，畢以意改“穴”。王云：“‘月’亦當爲‘瓦’。上文云‘鑿坎覆以瓦’，是其證。畢改爲‘穴’，非也。”蘇説同，孫據正。以木大圍長二尺四分而早鑿之，孫云：“‘早’疑‘中’之誤，言鑿木中空之也。上文云‘輻長二尺，中鑿夫之’，可證。”置炭火亓中，而合幂之，“幂”舊譌“慕”，孫云：“當爲‘幂’，謂既置炭火，乃以物合而覆之，今據正。”而以藉車投之。爲疾犁投，長二尺五寸，大二圍以上。孫云：“《備梯篇》作‘蒺藜投’，蓋亦爲機以投之。”自“城上爲爵穴”至此，王本移置《備穴篇》“諸作穴者五十人男女相半”下，尹本從之。涿弋，畢云：“‘弋’舊俱作‘代’，以意改。”孫云：“‘代’疑‘杙’之誤；‘涿’，‘椓’之借字，詳前。”弋長七寸，弋閒六寸畢云：“‘弋’舊作‘我’，以意改。”孫云：“亦當作‘杙’。”剡亓末。孫云：“《説文·刀部》云：‘剡，鋭刺也。’”狗走孫云：“此當即上文之‘狗屍’，惟尺度異耳，前‘救闉池’章又作‘狗犀’。”廣七寸，長尺八寸，蚤長四寸，孫云：“‘蚤’、‘爪’同，蓋剡鋭其末，詳前。”犬牙施之。”“牙”舊作“耳”，從孫校改。孫云：“‘犬’舊本誤‘大’，今據《道藏》本、吴鈔本正。‘耳’當爲‘牙’，犬牙施之，謂錯互設之，以上並備闉池之法，與上文錯入《備穴篇》救闉池之文略同。”

子墨子曰：守城之法，必數城中之木，十人之所舉爲十挈，王闓運云：“‘挈’，於木上施楔，便人手持。”五人之所舉爲五挈，凡輕重以挈爲人數。尹云：“視其挈若干，即知需人若干。”爲薪蕉挈，孫云：“蓋樵之俗。《集韻·四宵》云：‘樵或作蕉。’”王闓運云：“此挈用索。”壯者有挈，弱者有挈，皆稱亓任。凡挈輕重所爲，吏人各得亓任。蘇云：“‘吏’當作‘使’。”孫云：“蘇校是也。‘吏’、‘使’古字亦通，此釋‘皆稱其任’句義，疑亦舊注錯入正文。又《雜守篇》云：‘使人各得其所長，天下事當’，與此文例相似。疑此與彼數語當相屬，或有錯簡也。”

城中無食，則爲大殺。畢云：“‘殺’，言減。”孫云：“自‘子墨子曰’至此一段，與上下文義不相屬，疑當在《雜守篇》‘斗食終歲三十六石’之上，而誤錯著於此。”

去城門五步大塹之，尹云：“‘塹’，阬也。”高地丈五尺，下地至泉三尺而止，舊作“高地三丈下地至”，王引之云：“此本作‘高地丈五尺，下地至泉三尺而止’，《備穴篇》曰‘高地丈五尺，下地得泉三尺而止’，是其證。今本‘丈五尺’，譌作‘三丈’，‘至’下又挩‘泉三尺’三字，則義不可通。”孫云：“王説是也。上文亦云‘塹中深丈五’，今據補正。”施賊亓中，王闓運云：“‘賊’，害人物。”上爲發梁，而機巧之，畢云：“‘梁’，橋也。”孫云：“此即上文所謂‘縣梁’也，縣梁有機發，可設可去，故曰‘發梁’。”尹云：“《通典·守拒法》‘坑上安轉關板橋’，《水經注》引《燕丹子》曰：‘燕太子丹質於秦，秦王遇之無禮，乃求歸，秦王爲機發之橋，欲以陷丹，丹過之，橋不爲發。’”比傅薪土，“傅”舊作“傳”，從顧、蘇二校改。“比”，密也。蘇云：“傅，義與敷同。”使可道行，孫云：“謂塹上爲機梁，上布薪土如道，以誘敵也。”旁有溝壘，毋可踰越，孫云：“‘毋’，吴鈔本作‘無’。”而出佻戰，且北，舊作“而出佻且比”，王引之云：“當作‘而出佻戰且北’。‘北’，敗也。‘佻’與‘挑’同，言出而挑戰，且佯敗以誘敵也，故下文曰‘適人遂入，引機發梁，適人可禽’。《備穴篇》曰：‘穴中與適人遇，則皆圉而毋逐，且戰北，以須鑪火之然。’彼言‘且戰北’，猶此言‘佻戰且北’也。今本脱‘戰’字，‘北’字又譌作‘比’，則義不可通。”今據補正。適人遂入，畢云：“舊作‘人’，以意改。”引機發梁，適人可禽。適人恐懼，而有疑心，因而離。畢云：“下脱簡。”王本改“適人恐懼”以下十一字爲小注，“離”下增“之”字。尹云：“‘離’，羅也，謂羅敵人。”

備高臨第五十三 孫云：“吴鈔本作五十五。”

禽子再拜再拜曰：“敢問適人積土爲高，畢云：“‘適’同‘敵’。”以臨吾城，孫云：“《周書·大明武篇》云‘高堙臨内，日夜不解’，又云‘城高難上，湮之以土’，疑皆高臨攻城之法，與堙略同也。”薪土俱上，以爲羊黔，畢云：“《雜守》作‘羊坽’，未詳其器。”王云：“《雜守》作‘羊坽’，非作‘羊坽’也。‘坽’與上下兩

‘城’字爲韻，則作‘垀’者是。《集韻》：‘垀，郎丁切，峻岸也。’”王闓運云：“‘羊’，小也。‘黔’、‘岑’通用字。”純一案：“羊垀”，似謂高積薪土，周圍有階，如羊字形，便登也。蒙櫓俱前，孫云：“‘櫓’，大盾，詳《備城門篇》。謂敵蒙大盾以蔽矢石而俱前攻城也。”遂屬之城，孫云：“《國語·晉語》韋注云：‘屬，會也。’猶《雜守篇》云‘城會’。”兵弩俱上，爲之柰何？”子墨子曰：“子問羊黔之守邪？羊黔者，將之拙者也，舊本脱“之守邪羊黔”五字，王云：“當作‘子問羊黔之守邪？羊黔者，將之拙者也’。《備梯篇》曰‘問雲梯之守邪？雲梯者，重器也，亓動移甚難’，《備蛾傅篇》曰‘子問蛾傅之守邪？蛾傅者，將之忿者也’，《雜守篇》曰‘子問羊垀之守邪？羊垀者，攻之拙者也’，皆與此文同一例。今本脱‘之守邪羊黔’五字，則文義不明。”孫據王校補。足以勞卒，“卒”舊譌“本”，王云：“‘本’當爲‘卒’。”孫從之，云：“説詳《備城門篇》。”王樹枏云：“《雜守篇》正作‘足以勞卒’。”不足以害城。守爲臺城，尹云：“言爲臺於城上。”以臨羊黔，左右出巨各二十尺，孫云：“‘臺城’即行城也，下《備梯篇》説行城，亦云‘左右出巨各二十尺’，與此制同。‘巨’當爲‘距’之叚字。《説文·足部》云：‘距，雞距也。’《儀禮·少牢饋食禮》‘俎拒’，鄭注云：‘拒讀爲介距之距。俎距，脛中當横節也。’此行城編連大木，横出兩旁，故亦謂之距，蓋與‘俎距’義略同。”行城三十尺，王樹枏云：“《備梯篇》云：‘行城之法，高城二十尺。’‘城’字衍文。此云‘三十尺’，必有一誤。”純一案：孫校《備梯篇》，疑必有一誤同，竊以彼高城，謂高出於城上，“城”字或非衍 。尹云：“《備梯篇》曰：‘行城之法，高城二十尺，上加堞廣十尺。’此云‘三十尺’，蓋堞高有十尺耳。‘行’，乘也，謂别爲城而加於城上者。”歐陽云：“《通典·守拒法》：‘凡敵攻城，多背王相起土爲臺，我於城内，薄築長高於敵臺一丈以上，即自然制彼無所施力，其要全在高于敵臺耳。’”强弩射之，“射”字舊脱，從孫校增。王樹枏云：“《備梯篇》云‘夾而射之’，則此之上，當有‘射’字。”披機藉之，“披”舊譌“技”，王樹枏云：“《備梯篇》作‘披機藉之’，‘披’字是。《漢書·薛宣傳》注云：‘被，發也。’《廣雅·釋詁》云：‘披，張也。’《備蛾傅篇》作‘校機藉之’，‘校’亦‘披’字之譌。”純一案：王説是也，今據正。奇器□□之，然則羊黔之攻敗矣。備高臨“高”舊誤矣，從王引之校改，王闓運本同。以連弩之車，尹云：“弩連於車，因名連弩。”材大方，“材”舊譌“杖”，孫從俞校正。一方一尺，每方一尺，材斯大矣。長稱城之厚薄。“稱”，適合也。兩軸四輪，“四”舊作“三”，俞云：“既爲兩軸，不得三輪，‘三’當爲‘四’，古三、四字皆積畫，因而致誤。”今據正。輪居筐中，孫云：“‘筐’，疑謂車闌，亦即車箱。《詩·小雅·鹿鳴》毛傳云：‘筐，篚屬。’車闌謂之筐，猶車笭謂之篚與?”尹云：“‘筐’，箱也，言輪以箱蔽之。”重，下上。筐左右旁二植，孫云：“‘旁二植’，則左右通爲四植。猶《備城門篇》云：‘樓四植’。”左右有衡植，孫云：“‘衡’，吴鈔本作‘横’，下同。”衡植左右皆圜内，孫云：“‘内’、‘枘’同。”内徑四寸。左右縳弩皆於植，“縳”舊作“縛”，孫云：“‘縛’當爲‘縳’。”純一案：陸本、唐本正作“縳”，今據改。尹云：“繫植上也。”以弦尹云：“‘弦’，弓弦也。象絲軫之形，弩亦用之。”鈎弦，孫云：“《釋名·釋兵》云：‘弩鈎弦者曰牙，似齒牙也。’”尹云：“《管子·問篇》‘鈎弦之造’注，‘鈎弦’所以‘挽弦’。”至於大弦。尹云：“‘大’，直也，言緊張之。”弩臂前後與筐齊，孫云：“即下文之‘横臂’也。《説文·弓部》云：‘弩，弓有臂者也。’《釋名·釋兵》云：‘弩，其柄曰臂，似人臂也。’”筐高八尺，孫云：“爲上下筐之高度，上下分之，各四尺也。後《雜守篇》，説軺車板箱，亦高四尺。”弩軸去下筐三尺五寸。連弩機郭用銅，“用”舊作“同”，從孫校改。孫云：“《釋名·釋兵》云：‘牙外曰郭，爲牙之規郭也。含括之口曰機，言如機之巧也，亦言爲門户之樞機，開闔有節也。’”王闓運云：“郭、彍，今古字。”一石三十斤，“斤”從畢本，陸本、唐本同，王本、尹本並作“斤”，孫本譌“鈞”。尹云：“謂引弩重一百五十斤。‘石’，柘也，百二十斤曰‘柘’。”引弦鹿盧，“盧”字從孫校增，王本同。尹云：“‘引’，開弩也。‘鹿盧’，滑車，用之以省力者。”長奴。孫云：“吴鈔本無‘長’字。”畢云：“‘奴’同‘弩’。”尹云：“《説文》：‘彀，張弩也。’此‘長’同‘張’，‘奴’即‘弩’也。”筐大三圍半，孫云：“謂筐材圓圍之度。”左右有鈎距，尹云：“‘鈎鉅’，兵器之鈎而有鉅者，所謂戟是也。《吕覽·知分》‘謂之句兵’，《備穴篇》‘爲鐵鈎鉅長四尺’。”方三寸，尹云：“‘方’，併也。”輪厚尺二寸，鈎距臂博尺四寸，厚七寸，長六尺“鈎”舊作“銅”，孫據王、蘇二校正。横臂齊筐，外蚤尺五寸，孫云：“‘蚤’、‘爪’同，謂臂端剡細者，詳《備城門篇》。”有距，孫云：“亦謂横出旁枝如雞距也，見上。”博六寸，厚三寸，長如筐。有儀，孫云：“《管子·禁藏篇》尹注云：‘儀，猶表也。’謂爲表以發弩。”王闓運云：“儀，闚管也。以測量命中。”有詘勝可上下。王闓運云：“‘詘勝，屈申也，弩必可使上下屈申如意。《通典》以爲梯名，非。”純一案：儀當即刻有度數之表，所以望遠近射準者。爲武重一石，孫云：“‘武’，疑‘趺’之聲誤。”王闓運云：“弩，牀也。”以材大圍五寸。孫云：“‘圍五寸’，以圓周求徑率算之，止徑一寸五分有奇，材太小，似非也。上文云‘筐大三圍半’，《備城門篇》云‘積摶大二圍以上’，此疑亦當云‘以材大五圍’，‘寸’字衍。”矢長十尺，以繩□□矢端，疑“□□”或即“繫著”二字。如弋射，舊重“如”字，“弋”作“戈”。孫云：“‘如’不當‘重’，疑衍。‘戈’當爲‘弋’，形近而誤。《説文·隹部》云：‘𨿅者，繫射飛鳥也。’《詩·鄭風》‘女曰鷄鳴’，孔疏云：‘以繩繫矢而射鳥，謂之繳射。’《漢書·司馬相如傳》，顔注云：‘以繳係矰，仰射高鳥，謂之弋射。’今據删正。”以磿鹿卷收。“磿鹿”舊本作‘磨庵’。王引之云：“‘磨庵’當爲‘磿鹿’。謂車上之磿鹿，轉之以收繩者也，故曰‘以磿鹿卷收’。磿鹿猶鹿盧，語之轉耳。”孫云：“《六韜·軍用篇》，有轉關轆轤。此‘卷收’即冢上矢端著繩而言，古弋射葢亦用此。”矢高弩臂三尺，用弩無數出，出承矢言，謂射發也。人六十枚，王闓運云：“每人少亦給矢六十。”用小矢無留。王闓運云：“‘無數’，都計之詞；‘無留’，亦無數也。”純一案：“無留”，謂盡量用之。十人主此車，陸本、唐本並作“卓”。遂具寇，尹云：“言當攻隊。‘具’，備也。”爲高樓以射適，“適”舊作“道”，從孫校改。城上以荅羅矢。”陸本、唐本“荅”作“答”。尹云：“‘荅’同‘鞈’，重革也。當心著之，可以禦矢，字一作‘鞳’。《淮南·主術》：‘鞅鞈鐵鎧，瞋目扼掔，其於以禦兵刃懸矣。’‘羅’，闌也，遮也。”孫云：“下有捝簡。”

備梯第五十六

禽滑釐子事子墨子三年，手足胼胝，畢云：“‘骿’省文，从月。”面目黧黑，畢云：“‘黎’字俗寫从黑。”役身給使，不敢問欲。子墨子甚哀之，“甚”舊作“其”，從畢校改。王本、尹本並同。乃管酒塊脯，孫云：“‘塊’，《道藏》本、吴鈔本並作‘槐’。”畢云：“‘乃’舊作‘及’，以意改。‘塊’當爲‘餽’，饋字假音。”尹云：“‘管酒’，謂酒以管濾者，所謂清酒。‘塊’猶‘切’也。《尚書大傳》‘酌酒切脯，除爲師之禮，約爲朋友。’”寄於大山，孫云：“‘大山’即‘泰山’。”尹云：“大山在魯，墨子魯人，故寄大山。‘寄’，猶游也。”純一案：魯北界太山，此知墨子之居，距大山不遠。昧葇坐之，孫云：“‘昧葇’，當讀爲‘滅茅’。《晏子春秋·諫下篇》云：‘景公獵休，坐地而食，晏子後至，滅葭而席。公不説曰：寡人不席而坐地，二三子莫席，而子獨搴草而坐之，何也?’昧茅，猶言滅葮，亦即搴茅而坐之也。‘昧’當作‘眜’，與‘滅’古音相近。《左氏隱元年經》‘公及邾儀父盟于蔑’，‘蔑’，《公羊》作‘眜’，即其比例。《説文·手部》云：‘搣，批也。’‘批，捽也。’滅亦即搣之借字。若然，昧茅即是薙搣茅草。古書‘矛’字，或掍作‘柔’。宋本《淮南子·氾論訓》云‘槽柔無擊’，《説苑·説叢篇》云‘言人之惡，痛於柔戟’，並以‘柔’爲‘矛’，故此‘茅’字，亦作‘菜’矣。”以樵禽子。王引之云：“‘樵’蓋‘醮’之借字。《士冠禮》注曰：‘酌而無酬酢曰醮。’故上文言酒脯。”王本“樵”作“膲”，尹本承之。釋云：“膲同噍，食也。”李笠云：“膲爲醮之本字。”王説與孫氏暗合，校以字體，膲、樵形近，又足補孫説不及。禽子再拜而嘆。孫云、吴鈔本作歎。子墨子曰：“亦何欲乎?”畢云：“‘亦’當爲‘尒’字之誤。”孫云：“‘亦’字自通，不必改‘尒’。”禽子再拜再拜曰：“敢問守道?”子墨子曰：“姑亡，姑亡。孫云：“‘姑亡’，言姑無問守道也，亦見《公孟篇》。”古有亓術者，内不親民，外不約治，孫云：“《吕氏春秋·本味篇》高注云：‘約，飾也。’”以少閒衆，以弱輕强，身死國亡，爲天下笑。子亓慎之，恐爲身薑。”畢云：“同僵。‘强’、‘亡’、‘薑’爲韻。”純一案：《古音譜》十六庚引此。禽子再拜頓首，王闓運云：“誓不爲無道者守也。”願遂問守道，曰：“敢問客衆而勇，堙資吾池，“堙”舊作“煙”，陸本同，唐本作“烟”。王云：“‘煙’當爲‘堙’，‘堙’，塞也。《備穴篇》‘救闉池者’，闉與堙同。”蘇説同，王本、尹本並作“堙”。俞云：“‘資’，當讀爲茨。《淮南子·泰族篇》‘茨其所決而高之’，高注曰：‘茨，積土填滿之也。’是茨與堙同義。古‘茨’字或作‘薋’。《爾雅·釋草篇》‘茨，蒺藜’，《釋文》：‘茨，本作薋。’是也。墨子書作‘資’者，即‘薋’字而省艸耳。《説文》土部‘垐，以土增大道上。’茨與垐通。”孫云：“俞説是也。梯、臨之攻，蓋皆兼用堙法。”軍卒並進，雲梯既施，孫云：“《通典·兵門·攻城戰具》云：‘以大木爲床，下置六輪，上立雙牙，牙有檢梯，節長丈二尺，有四桄，桄相去有三尺，勢微曲，遞互相檢，飛於雲間，以窺城中；有上城梯，首冠雙轆轤，枕城而上，謂之飛雲梯。’蓋其遺法。《太白陰經·攻城具篇》同。”攻備已具，武士又多，争上吾城，畢云：“‘上’舊作‘土’，據《太平御覽》改。”爲之柰何?”畢云：“‘池’、‘施’、‘多’、‘何’爲韻。”案：《古音譜》十一麻引此。子墨子曰：“問雲梯之守邪?”“守”字舊闕，王云：“此當作‘問雲梯之守邪’，上文曰‘敢問守道’，又曰‘願遂問守道’。《備城門篇》曰‘問穴土之守邪’，《備蛾傅篇》曰‘子問蛾傅之守邪’，《雜守篇》曰‘子問羊坽之守邪’，皆其證。今脱‘守’字，則文不成義。”蘇説同，孫據補。雲梯者，重器也，亓動移甚難。王闓運云："此雲梯即吕公車。"守爲行城雜樓相見以環亓中，俞云："'相見'，即相閒也。《備城門篇》'見一寸'。"畢云："'見'疑'閒'字，是其例也。"以適廣陜爲度，尹云："攻隊廣狹。"環中藉幕畢云："'幕'作'慕'，以意改。"毋廣亓處。畢云："'度'、'幕'、'處'爲韻。"行城之法，高城二十尺，孫云："謂高出於城上。《備高臨篇》云'行城三十尺'，此云'高城二十尺'，疑必有一誤。"上加堞廣十尺，左右出巨，各二十尺，孫云："'巨'讀爲'距'，見《備高臨篇》。"雜樓高廣，如行城之法。"雜樓"二字舊脱，俞云："上文皆言'行城'，而此即云'高廣如行城之法'，義不可通。疑'高廣'上，脱'雜樓'兩字。上文云'守爲行城雜樓相見以環其中，以適廣陜爲度'，然則行城也，雜樓也，本有二事，故云'相見'，相見即相閒也。上文既言'行城之法'，此繼言'雜樓'，故省其文曰'雜樓高廣如行城之法'。"純一案：俞説是也，今據補。爲斎穴、煇鼠，孫云："'斎'，吴鈔本作'雀'，同。'爵穴'制，見《備城門篇》。'煇'當讀爲熏。《史記·吕后紀》'戚夫人去眼煇耳'，亦以煇爲熏。斎穴、煇鼠，蓋亦城閒空穴之名，明其小僅容斎、鼠也。'鼠'，畢本以意改'鼠'。案：'鼠'即鼠之變體，不必改。《詩·豳風·七月》'穹窒熏鼠'，此與彼義同。蓋以火煙熏穴以去鼠，因之小空穴亦謂之熏鼠矣。《備穴篇》有'鼠穴'，亦即此。"施苔亓外，陸本、唐本"苔"作"答"，"亓"並譌"亦"。機、衝、棧、城，"棧"舊作"錢"，王引之云："'錢'字義不可通，當是'棧'字之誤。'衝'見《雜守篇》。《備城門篇》説城上之備，有行棧，即此所謂棧也。'城'即'行城'，見上文。"純一案：王説是也，今據改。孫云："《六韜·發啓篇》云'無衝機而攻'，蓋攻守通用此。"廣與隊等，雜亓閒以鐫、劒，孫云："《説文·金部》云：'鐫，破木鐫也。'《釋名·釋用器》云：'鐫，鐏也，有所鐏入也。'《廣雅·釋言》云：'鐫，鑿也。'劒與鐫異用，並舉殊不倫，疑當爲'斵'。斵，《備穴篇》亦譌'劒'，可證。斵、鐫，皆所以斫破敵之梯者。"純一案：劒可刺敵。持衝十人，孫云："此城内之衝，以距攻城之梯者，使十人持之。"執劒五人，孫云："'劒'亦疑當爲'斵'。"皆以有力者。令案目者視適，孫云："《淮南子·泰族訓》云'欲知遠近而不能，教之以金目則射快'，許注云：'金目、深目，所以望遠近射凖也。'此'案目'疑與'金目'義同。"王闓運云："'案目'，今望遠鏡，令目聚光。"純一案："金目"，不傳其制，想必以金屬製成之長管，密切於目以注視，則望遠甚明。故許注云"深目"、"案目"之制，其理必同。畢云："'適'同'敵'。"以鼓發之，夾而射之，重而射之，"之"字據孫校補，王本、尹本並同。尹云："'夾'謂兩旁，'重'則上下。"披機藉之，詳《備高臨篇》。城上繁下矢石沙灰以雨之，畢云："《太平御覽》引'繁'作'多'。""灰"舊譌"炭"，王引之云："'炭'當爲'灰'，俗書'灰'字作'灰'，與'炭'相似而誤。'灰'見《備城門篇》。沙、灰皆細碎之物，炭則非其類矣。《雜守篇》亦誤作'炭'，《太平御覽·兵部》五十五引此正作'灰'。"純一今據正。薪火、水湯以濟之。審賞行罰，以静爲故，尹云："'故'，事也。《尉繚子·攻權篇》'兵以静勝，一曰故，固也'。《六韜·金鼓篇》'三軍以戒爲固'。"從之以急，毋使生慮。畢云："'故'、'慮'爲韻。"蘇云："言兵貴神速，久則變矣。"尹云："'慮'，顧也。"若此，則雲梯之攻敗矣。

守爲行堞，堞高六尺而一等，畢云："等，級。"施劒亓面，孫云："'劒'亦疑當爲'斲'。"以機發之，衝至則去之，尹云："'衝'即上所謂'衝車'。'去'，發也，言發以驅敵。"不至則施之，尹云："'施'，設也，言設以待用。"爵穴三尺而一。孫云："《備城門篇》説同。"蒺藜投《備城門篇》云："疾犂投長二尺五寸。投，擲也。""蒺藜投"，蓋投蒺藜之機械。必遂而立，孫云："疑當作'必當隊而立'。"尹云："言當隧。"以車推引之裾城外，畢云："'裾城'未詳，文與《備蛾傅》同。彼'裾城外'，作'置薄城外'四字，下'裾'字俱作'薄'。"孫云："'裾'上當有'置'字。'裾'當爲'椐'之譌，詳《備城門篇》，下並同。蓋於城外别植木爲薄，以爲藩梔也。"王闓運云："'裾城'，月城，重護如裾。"去城十尺，裾厚十尺。伐裾畢云："《備蛾傅》此下有'之法'二字。"小大盡本斷之畢云："'本'，《備蛾傅》作'木'。"以十尺爲傳，畢云："《備蛾傅》作'斷'，此'傳'字當爲'𠛱'之譌也。《説文》云：'𠛱，古文斷。𠛱，古文專字。'"尹云："'傳'，植也，《爾雅》'植'謂之'傳'。"雜而深埋之，畢云："《備蛾傅》'雜'作'離'。"尹云："埋不一處。"堅築，畢云："《備蛾傅》有'之'字。"毋使可拔。二十步一殺，孫云："'殺'，蓋擁裾，左右横出爲之。置裾如城之廣袤，二十步則爲之殺，如《備穴篇》置穴，十步則擁穴，左右爲殺也。"殺有一鬲，孫云："'鬲'，《備蛾傅篇》作'壙'。案：當與隔通。《號令篇》有'隔部'，署隔，蓋擁裾爲殺，於殺中爲隔，以藏守圉之人及器具，又爲門以備出擊敵也。"尹云："'鬲'同'隔'，障也。"鬲厚十尺。孫云："與裾厚同。"殺有兩門，孫云："蓋内外兩重門。"門廣五尺。裾門一施淺埋弗築，令易拔，孫云："'施'下疑有脱字。"王樹枏云："據《備蛾傅篇》'薄門板梯，貍之勿築令易拔'。則此文'施'下應有'板梯'二字。"城上希裾門而直桀。舊無"上"字，據王校增。畢云："《備蛾傳》寫作'置揭'。"王引之云："'城'下當有'上'字。希與晞同，直與置同，桀與楬同。言城上之人，望裾門而置楬也。《備蛾傳篇》作'城上希薄門而置楬'，是其證。今本脱'上'字，則文不成義。"孫云："王説是也。望裾門而置楬者，所以爲識别，以便出擊敵也。"縣火四尺一鉤樴，孫云："《説文·木部》云：'樴，弋也。'鉤樴，蓋以弋著鉤而縣火。"五步一竈，竈門有鑪炭。畢云："舊脱一'竈'字，據《備蛾傳》增。"孫云："畢本脱'門'字，今據吴鈔本、《道藏》本補。《備蛾傳篇》亦有'門'字。"尹云："鑪炭所以傳火。《淮南·俶真》，'炊以鑪炭'。"令適人盡入，煇火燒門，畢云："'煇'，《備蛾傳》作'車'。"孫云："'煇'亦讀爲熏。《説文·中部》云：'熏，火煙上出也。''車'疑亦'熏'之譌。"縣火次之出載而立，孫云："《説文·車部》云：'載，乘也。'似謂戰車。"亓廣終隊。尹云："'終'，盡也。"兩載之閒一火，畢云："'閒'下舊有'載之門'三字，據《備蛾傳》去之，當是上三字重文之譌。"皆立而待鼓而然火，舊本"待"譌"持"，"然"作"撚"。王云："此當依《備蛾傳篇》，作'皆立而待鼓而然火'，謂燒門之人，皆待鼓音而然火也。"孫據正。即具發之。孫云："'具'與'俱'通，《備蛾傳篇》作'俱'。"適人除火而復攻，王引之云："'除'字義不可通，'除'當爲'辟'，辟與避同。言我然火以燒敵人，敵人避火而復攻城也。《備蛾傳篇》，正作'敵人避火而復攻'。"孫云："'除火'，謂敵屏除城上所下之火。《左昭十八年傳》云'振除火災'。《備蛾傳篇》作'辟'，義同。"王説未塙。縣火復下，適人甚病，故引兵而去。則令吾死士畢云："舊脱'士'字，據《備蛾傳》增。"左右出穴門擊遺師，畢云："猶有餘師。"蘇云："'遺'蓋'潰'之誤，《備蛾傳篇》同。"孫云："'遺'疑當爲'�'之誤。"令賁士、主將，皆聽城鼓之音而出，孫云："'賁'與'虎賁'義同。《宋書·百官志》云：'虎賁舊作虎奔，言如虎之奔走也。'《風俗通義·正失篇》云：'言猛怒如虎之奔赴也。'"王樹枏云："《禮·樂記》注云：'賁，憤怒也。''賁士'，猶言勇士猛士，與上死士同例。《周禮》有'虎賁'、'旅賁'，皆取賁憤之義。"王闓運云："'賁士'，奔命士也。"又聽城鼓之音而入。因素出兵施伏，畢校改"素"爲"數"，云："舊'數'作'素'，'伏'作'休'，據《備蛾傳》改。"王本、尹本並從之。尹云："設埋伏之兵。"王云："鄭注《喪服》曰：'素，猶故也。''因素出兵'，猶言照舊出兵耳。畢改'素'爲'數'，則義不可通。《備蛾傳篇》正作'素'，不作'數'也。"夜半城上四面鼓噪，畢云："《説文》云：'譟，擾也。'此省文。"適人必或，畢云："同惑。"有此必破軍殺將。尹云：

"《六韜·論將》，'不有亡國，必有破軍殺將。'" 以白衣爲服，尹云："《三國志·吕蒙傳》'盡伏其精兵𦨴艫中，使白衣摇櫓，作商賈人服，晝夜兼行'，計蓋出此。" 以號相得，孫云："謂口爲號也。《號令篇》云：'夕有號。'《六韜·金鼓篇》云：'以號相命，勿令乏音'。" 尹云："'得'，知也。《六韜·敵强》'微號相知'。" 若此，畢云："舊作'也'，以意改。" 則雲梯之攻敗矣。"

備水第五十八

城内塹外周道，孫云："詳《備城門篇》。" 廣八步，備水謹度四旁高下。"旁"，與方通。城中地偏下，舊作"城地中徧下"，從孫校乙正。令耳亓内，畢云："'耳'疑'瓦'字。" 蘇云："令與瓬通，《六書故》曰：'瓬，牝瓦仰蓋者。仰瓦受覆瓦之流，所謂瓦溝。'" 孫云："'耳'疑當爲'巨'，篆文相近，即'渠'之省，此與《備城門篇》'令耳'異。" 及下地，舊本重衍一"地"字，今從王樹枏校删。王闓運云："皆令通於下地。" 深穿之，令漏泉。畢云："《通典·守拒法》云'如有洩水之處，即十步爲一井，井之内潛通引洩漏'，即其遺法。" 歐陽云："《武經總要》曰：'凡賊諸攻不利，必引水灌城，周視地勢，有可洩水處，十數步開一井，井内各相通，以洩流之。'法亦同。" 置則瓦井中，畢云："則同側。" 視外水深丈以上，鑿城内水耳，孫云："'耳'亦當爲'巨'，即水渠字。" 吴摯甫云："'水耳'，疑是'水門'之誤。《通典》'每船三十人，自暗門銜枚而出'，是用此文也。" 並船以爲十臨，畢云："言方舟以爲臨高之具。" 王本作"十以爲臨"。尹云："《廣雅》'艑謂之㭋'，此臨即艑。《説文》所謂㵼者。《廣韻·十二庚》□云：'方舟，謂並船也。'" 臨三十人，孫云："《戰國策·楚策》云：'舫船載卒，一舫載五十人。'此一船止三十人，與彼異。" 人擅弩計四有方，"方"，畢本作"弓"，云："舊作'方'，以意改。" 王云："擅與撣同，謂提持也，説見《備城門篇》。" 孫云："《備蛾傅篇》云'令一人操二丈四矛'，'矛'誤作'方'，則此'方'，亦'茅'之誤。'有'，疑當爲'酋'，音近而誤。《韓非子·八説篇》云'搢笏干戚，不逮有方鐵銛'，'有方'亦'酋矛'之誤，與此正同。此文疑當云'人擅弩什四酋矛'，或作'什六人擅弩四酋矛'。'什'、'計'草書相近而誤。《號令篇》云：'諸男女有守於城上者什，六弩四兵。'蓋守法通率，十人之中，六人執弩主發，四人執兵主擊刺。此云'什四酋矛'，即四兵也。然則臨三十人，蓋擅弩者十八人，擅矛者十二人與？" 必善，畢云："善同繕，言勁也。"以船爲轒輼。陸本作"輼轒"，孫云："疑當讀'必善以船爲轒輼'七字句，畢讀恐非。此與陸戰以車爲轒輼同，詳《備城門篇》。"二十船爲一隊，選材士有力者三十人共船。亓二十人，人擅有方，孫云："疑亦當作'亓十二人，人擅酋矛'，與上文'什四酋矛'文數正合。今本'十二'兩字誤倒，'酋矛'亦誤作'有方'，遂不可通。"劍甲鞮瞀。畢云："'瞀'，'鍪'字假音。"王引之云："'鞮鍪'，即兜鍪也。兜鍪，胄也。故與'甲'連文。《韓策》曰'甲盾鞮鍪'，《漢書·楊雄傳》'鞮鍪生蟣蝨，介胄被霑汗'，師古曰'鞮鍪即兜鍪也'，字亦作'鞮鞪'，《漢書·韓延壽傳》'被甲鞮鞪'，皆其證。"十人，人擅苗。孫云："下'人'字舊本挩，今據王校補。案：疑當作'十八人，人擅弩'。"先養材士，爲異舍，食亓父母妻子以爲質。尹云："《管子·小問篇》：'妻子質也，爲使民必死必信之本。'"視水可決，以臨轒輼，決外隄。尹云："'隄'，防也。"城上爲射機，舊作"檥"，孫云："疑當爲'射機'。《備城門篇》，有作射機之法，彼下文又云'二十步一，令善射者佐之'，與此文可互證，今據改。"疾佐之。畢云："《通典·守拒法》云：'城中速造船一二十隻，簡募解舟檝者，載以弓、弩、鍬、钁，每船載三十人，自暗門銜枚而出，潛往斫營，決彼隄堰。覺即急走，城上鼓噪，急出兵助之。'即其遺法。"歐陽云："《武經總要》曰：'若水已入城，則於新築牆外作船二十隻，又選勇士每船三十人，質其父母妻子，各授弓弩短兵鍪钁，遣瞑夜從門銜枚並出，決城堤堰，破賊營砦，所選之士，須預習水戰，度力不足，則架船以進，或賊已覺，則城上鼓噪爲助。'法亦同。"

備突第六十一

孫云："此篇前後疑有挩文。"

城百步畢云："《後漢書注》引有'爲'字，一引無。"一突門，孫云："此城内所爲以備敵者。《六韜·突戰篇》云：'百步一突門，門有行馬。'"突門各爲窯竈，孫云："'窯竈'詳後《備穴篇》。"王本作"窐竈"，尹本承之。釋云："'窐'同'娃'，行竈也。《詩》謂之'煁'。"純一案：王校蓋從《後漢書注》下文改此。竇入門四五尺，爲亓門上瓦屋，孫云："'亓'字吴鈔本無。"尹云："言作屋而以瓦覆之。"毋令水潦能入門中。吏主塞突門，用車兩輪，以木束之，尹云："以檜聲轉，以木即檜木。《説文》'楢，柔木也。'工官以爲耎輪。"塗亓上，孫云："'亓'舊作'其'，吴鈔本作‘亦’，今據校改‘亓’。”維置突門内，孫云：“此即《備城門篇》之‘轀’也。凡轀皆以車輪爲之，而維以繩，故《備蛾傅篇》云：‘斬維而下之’。”蘇云：“‘維’，繫也。”使度門廣陝，舊作“狹”，俗字，從孫校改。尹云：“‘使’，吏也。”令之入門中四五尺。“之”字疑當在“廣陝”上，今本倒誤，《後漢書注》引作“度門廣狹之，令人入門四尺中”，尤誤。置窯竈，畢云：“‘窯’，《後漢書注》引作‘窒’，非。”門旁爲橐，畢云：“舊作‘槖’，下同。據《後漢書注》改。又《韓非子》云‘干城拒衝，不若堙穴伏橐’，‘橐’當爲‘橐’。”充竈伏柴艾，畢云：“舊‘伏’作‘狀’，以意改。《後漢書注》作‘又置艾’。”孫云：“案：《袁譚傳》李注，引‘伏’亦作‘狀’，則唐本已誤。”寇即入下輪而塞之，舊本“輪”誤“輔”，畢云：“《後漢書注》引作‘輪’。”王云：“‘輪’字是也。上文曰‘吏主塞突門，用車兩輪’，是其證。”孫云：“王校是也，蘇説同，今據正。”純一案：此文疑當作“寇入，即下輪而塞之”。鼓橐而熏之。

備穴第六十二

孫云：“《備城門篇》説攻具十二，穴在突前，此次與彼不同，疑亦傳寫移易，非其舊也。”

禽子再拜再拜曰：“敢問適人有善攻者，“適”舊本作“古”，王云：“‘古’乃‘適’之壞字，今改正。”穴土而入，縛柱施火，“縛”舊本作“縛”，孫依王校改，王本同。以壞吾城，孫云：“《商子・境内篇》云‘穴通則積薪，積薪則燔柱’，《通典・兵門》説距闉，謂‘鑿地爲道，行於城下，攻城，建柱，積薪於其柱，圜而燒之，柱折城摧’，即古穴攻法也。”城壞，或中人，孫云：“此下舊本有‘大鋌前長尺’云云七百餘字，今依顧校，移前《備城門篇》。”純一案：“或中人”屬下“爲之柰何”爲句。爲之奈何？”尹云：“‘或’同‘□’，謂城中之人。”子墨子曰：“問穴土之守邪？備穴者，城内爲高樓，以謹王引之云：“自‘爲之奈何’至‘以謹’，凡二十四字，舊本誤入《備城門篇》，今移置於此。”孫云：“王校是也。蘇説同，今據正。‘以謹’屬下‘候望適人’爲句。”候望適人。適人爲變，築垣聚土非常者，畢云：“言以所穴之土築垣。”王闓運云：“見其土多，則知穴土。”若彭有水濁非常者，畢云：“水濁者，穴土之驗。”王云：“‘若’，猶與也，‘彭’與‘旁’通。”王闓運云：

"'彭'，暴也。"此穴土也，急壍城内，畢云："《玉篇》云：'壍同塹。'"王本、尹本並作"塹"。穴亓土直之。畢云："'亓'舊作'内'，以意改。直，當也。"穿井城内，五步一井，傅城足，畢云："'傅'舊作'傳'，以意改。"王闓運云："於城脚作井。"高地，丈五尺，孫云："此言高地則以深丈五尺爲度。"下地得泉三尺而止。舊本無"下"字，王引之云："當作'下地得泉三尺而止'。'下地'與'高地'對文。"孫據補"下"字。

令陶者爲罌，容四十斗以上，固順之以薄輅革，置井中，畢云："即《通典》所云'以新罌用薄皮裹口如鼓'也。"孫云："《文選·馬汧督誄》李注引作'幕罌'，'幕'即'冪'之誤。"可證《通典》如鼓之説。王樹枏云："當作'以薄革固輅之，順置井中'，《説文》：'輅，生革，可以爲縷束也。'言以薄皮固束罌口，順置之井中也。'薄'、'輅'、'革'三字不辭，'輅'通作'絡'。"使聰耳者伏罌而聽之，王景羲云："此後世所謂甕聽也，宋王致遠《開禧德安守城録》中，亦述其法，蓋用瞽而聰耳者。"審知穴之所在，欒云："此聲學也，即定質傳聲之理。"鑿穴迎之。"穴"舊譌"内"，王校改"穴"，云："篆文'穴'字作'内'，因譌而爲'内'。"畢云："《文選·馬汧督誄》注引云：'若城外穿地來攻者，宜於城内掘井以薄城，幕罌内井，使聽耳者伏罌而聽，審知穴處，鑿内迎之。'《太平御覽》引云：'若城外穿地來攻者，宜城中掘井，以薄甕内井中，使聽聰者伏甕聽之，審知穴處，鑿内而迎之。'與此微異。《通典·守拒法》'地聽，於城内八方穿井，各深二丈，以新罌用薄皮裹口如鼓，使聽耳者於井中，託罌而聽，則去城五百步内悉知之，審知穴處，助鑿迎之'云云，即其法也。"歐陽云："《虎鈐經》曰：'于城内四隅穿井，各深二丈，令人覆載新瓮於井上，坐於其外，賊到而聽内，有孔城地道並聞瓮中辨遠近矣。'地聽之法同，惟穿井尺度有異。《通典》：'兼令人枕空胡禄卧，有人馬行三十里外，東西南北，皆響見于胡禄中，名曰地聽。'則又一法也。"

令陶者爲月明，王引之云："'月明'當爲'瓦罌'。隸書'瓦'字作'凡'，與'月'相似而誤。'明'者，'罌'之壞字耳。"王樹枏云："'月'當爲'瓦'，是矣。'明'字亦'瓦'字之誤，屬下讀。蓋'瓦'誤爲'月'，而'月'又誤爲'明'耳。下文云'中判之，合而施之穴中'，故知是'瓦'，不是'罌'。"歐陽云："'月明'疑爲'瓦罌'類之别名，因其弧形似月，可偃覆，故云然，不必改字也。"長二尺五寸，大六圍，"大"字據王引之校增。中判之，合而施之穴中，"穴"舊譌"内"，孫據王校正。偃一，畢云："偃仰。"覆一。瓦一仰一覆，相合中空，形圓如柱。孫云："下疑當接後‘下迫地’句。”柱之，尹云：“於月明旁，置柱以支之。”外善周塗，尹云：“周徧也。”亓傅柱者勿燒。恐壞柱也，畢云：“‘亓傅’舊作‘亦傳’，以意改。舊衍‘柱者勿燒’四字，從畢校删。”柱善，尹云：“言柱已塗。”塗其竇際，畢云：“縫也。”勿令泄。孫云：“即下文云‘無令氣出也’。”兩旁皆如此，與穴俱前。畢云：“‘穴’舊作‘内’，以意改。”孫云：“言爲穴柱與鑿穴俱前，猶下云‘令穴者與版俱前’也。自‘柱之外’至此三十四字，並説穴柱，與上下文不相冢，疑當在後文‘無柱與柱交者’下，然首尾文義亦不甚相接，未敢輒移，附識於此。”下迫地，孫云：“此文不屬，疑當接上‘偃一，覆一’句。蓋謂施罌穴中，其下迫地也。”置康若灰亓中，畢云：“‘康’即‘穅’字，見《説文》，‘灰’舊譌‘疾’。”王引之云：“‘疾’乃‘灰’之誤，《備城門篇》‘爨灰康粃’，即其證。康灰皆細碎之物，故同置於穴中。”孫據正。勿滿。灰康長五竇，尹云：“‘長’同‘張’，施也，猶設也。”孫云：“‘五’疑‘亘’之誤。《説文·木部》云：‘桓，竟也。’古文作‘亘’。此言竟滿其竇，猶下云‘户内有兩蒺藜，皆長極其户’。”左右俱雜相如也。孫云：“雜猶帀也。”

穴内口爲竈，令如窯，畢云：“《説文》云：‘窯，燒瓦竈也。’即今‘窰’字正文。”令容七八員艾，孫云：“‘員’，即丸也，《論衡·順鼓篇》云‘一丸之艾’。”左右竇皆如此，竈用四橐。孫云：“《淮南子·本經訓》云‘鼓橐吹埵’，高注云：‘橐，冶鑪排橐也。’”穴且遇，畢云：“舊作‘愚’，據下改。”尹云：“言遇敵也。”以頡皋衝之，疾鼓橐熏之，必令明習橐事者，畢云：“‘習’舊作‘翟’，以意改。”勿令離竈口。畢云：“《通典·守拒法》云‘審知穴處，助鑿迎之，與外相遇，即就以乾艾一石，燒令煙出。以板於外密覆穴口，勿令煙洩，仍用鞴袋鼓之’，即其遺法。所云‘以板於外密覆穴口，勿令煙洩’，即下連版法也。”連版，以穴高下廣陜爲度，孫云：“‘陜’，吴鈔本作‘狹’，‘陜’正狹‘俗’。”令穴者與版俱前，鑿亓板，令容矛，畢云：“舊作‘予’，以意改。”参分亓疏數，孫云：“此言版上鑿空之數。”蘇云：“参與三同，數讀爲促。”令可以救竇。穴則遇，蘇云：“則，猶即也。”以版當之，畢云：“‘版’舊作‘攸’，以意改。”以矛救竇，勿令塞竇。竇則塞，引版而郄，畢云：“‘引’舊作‘弓’，以意改。郄，卻字俗寫。”孫云：“王改‘卻’。《廣雅·釋言》云：‘卻，退也。’”過一竇而塞之，“過”，王校作“遇”。鑿亓竇，通亓煙，煙通，疾鼓橐以熏之。從穴内聽穴之左右，“從”舊作“徒”，畢以意改“徙”，王引之云：“畢改非也。敵人穴土而來，我於城内鑿穴而迎之，此本無他穴可徒，不得言徒穴也。‘徒’當爲‘從’，謂從穴内聽之也。隸書‘從’字作‘従’，與‘徒’相似而誤。”孫云：“王校是也，今據正。‘穴’下‘之’字舊脱，今據《道藏》本、吴鈔本補。”急絶亓前，勿令得行。若集客穴，王本“集”作“值”，尹本同。塞之以柴塗，令無可燒版也，然則穴土之攻敗矣。畢云：“‘穴’舊作‘内’，以意改。”王引之云：“自‘候望適人’至‘穴土之攻敗矣’，凡三百四十五字，舊本亦誤入《備城門篇》，今移置於此。‘以謹候望適人’六字，文義緊相承接，不可分屬他篇。且上文曰‘備穴者城内爲高樓’，下文曰‘然則穴土之攻敗矣’，則爲《備穴篇》之文甚明。”孫云：“王校是也，蘇説同，今據移正。”

寇至吾城，急非常也，謹備穴。穴疑有應寇，急穴，穴未得，慎毋追。畢云：“言已不謹其備，且勿追寇。”孫云：‘似言未得敵穴所在，則勿出城追敵。”凡殺以穴攻者，二十步一置穴，穴高十尺，鑿十尺，孫云：“言穴廣與高等。”鑿如前，孫云：“如讀爲而，言穴向前鑿也。”尹云：“‘如’，往也。”步下三尺，孫云：“謂每步則下三尺，然所下太多，疑‘步’上有挩字。”十步擁穴，左右横行，高廣各十尺爲殺。舊無“爲”字，從孫校補，舊重“高”字，《道藏》本、吴鈔本並無，孫據删，云：“此言凡穴直前十步，則左右横行，別爲方十尺之穴謂之殺，以備旁出也。《備梯篇》説‘置裾城外’亦云‘二十步一殺’。”俚兩罌，深平城，畢云：“‘俚’同‘埋’。”孫云：“《備城門篇》作‘貍’，此作‘俚’，並‘薶’之叚字。”王本“俚”作“貍”，尹本同。置板亓上，𦋺板以聽。“聽井”舊誤倒，從蘇校乙。孫云：“‘𦋺’疑‘聯’之誤。聯版，即上文之‘連版’也。”王景羲云：“《考工記》‘鮑人以博爲帴’，鄭讀‘如羊豬戔’，《釋文》云‘羊豬戔之語’，未見出處。俗謂羊豬脂爲□，音素干反，豈取此乎？《周禮》注‘殘’餘字，本多作‘戔’，宜依‘殘’音，然則‘戔’、‘删’同部，鄭讀最明。疑此‘𦋺板’或本作‘栅’，後譌爲‘𦋺’，而其最初之本，實當爲‘棧’，‘棧’之譌爲‘𦋺’，猶帴之轉爲‘栅’也，否則即‘栅’之譌字。《説文》：‘栅，編樹木也。’《通俗文》：‘木垣爲栅，則栅者豎編，棧者横編，蓋此井穴薶兩罌，罌底雖逼地，而上下横豎，疑皆施板爲井莽，以便環坐伏聽，其形似栅，故取名焉。’”井五步一，孫云：“即上文所謂‘穿井城内，五步一井’也。”密用䈕若松爲穴户，孫云：“‘䈕’未詳，疑當爲‘枱’，鐘鼎古文，從台者，或兼從司省，今所見彝器款識，《公姒敦》，‘始’字作‘娶’，是其例也。此‘䈕’字，亦當從木。《説文·木部》：‘枱，耒耑也。’此疑叚爲‘梓’字，《説文》：‘梓，楸也，從木宰聲。’與‘枱’古音同部，得相通借。墨書多古文，此亦其一也。”蘇云：“‘䈕’或‘桐’字之訛。”王本、尹本並作

"桐"。户穴有兩蒺蔾，孫云："'户穴'當作'户内'。蒺藜，'藜'作'蔾'，與《六韜·軍用篇》同，詳《備城門篇》，吴鈔本作'藜'。"皆長極亓户，尹云："'極'，至也。"户爲環，孫云："葢著環以便開閉。"壘石外埻孫云："吴鈔本作'厚'。案：'外厚'義難通，'埻'疑'埻'字之誤，《玉篇》土部及《集韻》十九'鐸'字並作'□'。葢即'郭'之異文，與'□'字别。《漢書·尹賞傳》云'致令辟爲郭'，顔注云：'郭爲四周之内也。'此云'壘石外埻'，亦謂壘石爲穴外周郭，即下文云'先壘窯壁'也。"高七尺，加堞亓上。勿爲陛與石，王本"石"作"户"，注云："恐敵乘之。"以縣陛上下出入。孫云："此皆備敵人之集吾穴也。"蘇云："言穴中勿爲階陛，出入者縋而上下也。"具鑪橐，畢云："舊俱作'槖'。"橐以牛皮，鑪有兩甀，尹云："'甀'，缶也，所以盛物，容一石餘。"以橋鼓之尹云："《父説》：'橋同篙，管也，中空，横置橐鑪之閒。'《爾雅》：'大管謂之簥。'"百十，歐陽云："'百十'，言鼓次數耳。"每亓熏四十什，孫云："以文義審之，此當作'毋下重四十斤'。"王本"每"下注"毒"字，"什"作"升"，尹本從之。釋云："熏火烟上出也，謂有煙之物，'毒'本誤'每'。"純一案：尹説義長，"四十"疑本"四五"之誤，"五"古文作"乂"，因誤爲"十"也。"然炭杜之，畢云："'然'即'燃'正文。"純一案："杜"，塞也。滿鑪而蓋之，毋令氣出。適人疾近吾穴，"吾"舊作"五百"。蘇云："'五百'二字，乃'吾'字之訛，下言'吾穴'是也。"王樹枏校同，今並據改。穴高若下不至吾穴，孫云："言客穴與吾穴，不正相直也。"即以伯鑿而求通之。孫云："'伯'，吴鈔本作'百'，疑當作'倚'。'倚'，邪也，言穴不正相直，則必邪鑿之乃可通也。後文云：'内去竇尺，邪鑿之。'"穴中與適人遇，則皆圉而毋逐，蘇云："圉與禦同，言與敵相持，勿逐去之。"且戰北，孫云："當作'戰且北'，言戰而詳北以誘敵，使深入穴中也。"純一案：詳北即佯敗也。以須鑪火之然也，尹云："'須'，待也；'然'，燒也。"即去而入壅穴殺。孫云："'壅'即擁之俗。壅穴殺，即上文所謂'十步擁穴，左右横行，高廣各十尺'者也。"有鼠竄，孫云："下一字，疑即'竄'之異文，變穴形爲阜耳。《説文·穴部》云：'竄，匿也，从鼠在穴中。'鼠竄，猶云：鼠穴矣。"爲之户及關籥獨順，孫云："此亦謂殺也。'關籥'當讀爲'管鑰'。管即鎖，鑰即匙也。"純一案："順"當爲"慎'，古"順"字作"慎"，形近而誤。得往來行亓中，穴壘之中各一狗，狗吠，即有人也。歐陽云："《通典·守拒法》曰'置警犬於城上，吠之處即須加備'，未言穴壘也。"斬艾與柴長尺，畢云："'柴'舊作'此'，以意改。”孫云：“此疑‘柴’之省，此書多用省借字，如以‘也’爲‘他’，以‘之’爲‘志’，皆其例也。《備突篇》亦云‘充竈伏柴艾’。自‘斬艾與柴長尺’至‘男女相半’凡三百九十四字，舊本錯入《備城門篇》，畢本同。王云：以下多言鑿穴之事，當移置於《備穴篇》，然未知截至何爲止。案：王校甚是，而未及移正。蘇謂此錯文當截至‘諸作穴者五十人，男女相半’爲止，是也。本篇下文‘五十人’三字，前後文義不相屬，即錯簡之蹤迹未盡泯者也，今據移著於此。”乃置窯竈，中先壘窯壁，迎穴爲連版。舊無“版”字，王引之云：“‘連’下當有‘版’字，而今本脱之。上文曰‘連版以穴高下廣陜爲度’，是其證，今據補。”鑿井傅城足，三丈一，孫云：“上云‘五步一井’。六尺爲步，五步即三丈也。”視外之廣陜而爲鑿井，慎勿失城。尹云：“‘失’猶害也。”卑穴高從穴難。文有譌脱，不可解。畢云：“二‘穴’字舊俱作‘内’，以意改。”蘇云：“言高下不相值也。”鑿井城内，“内”舊作“上”。俞云：“城上無鑿井之理，‘城上’當作‘城内’，即上文‘穿井城内’之事。”今據改。爲三四井，内新甀井中，“内”同“納”，畢云：“當爲‘新瓾’。”孫云：“‘甀’當为‘甀’之誤。”王本“甀”作“甀”，尹本同。釋云：“‘甀’，小口罌也。”伏而聽之，審知穴之所在，舊作“審之”，孫云：“以上文校之，‘審’下‘之’字疑衍。王栂栭校同，今並據删，案：此與前‘伏罌而聽’，同是定質傳聲之理。”穴而迎之。穴且遇，尹云：“‘且’，將也。”用頡皋衝之，五字舊在“有力者三人”下，今從王本移此，尹本同。爲頡皋必以堅材爲夫，畢云：“同‘趺’，如足兩分也。”“材”舊作“杖”，俞云：“‘杖’乃‘材’字之誤，言必以材之堅者，爲頡皋之趺也。”孫據正。以利斧施之，“施”，設也，備禦敵。命有力者三人，趣伏此井中，此五字舊在“灌以不潔十餘石”下，今從王本乙，尹本同。畢云：“‘伏’舊作‘狀’，以意改。‘趣’同‘促’。”孫云：“‘此’當爲‘柴’，上文‘斬艾與柴’，‘柴’亦作‘此’。《備突篇》亦柴艾並舉，故此下文云‘置艾其上’，皆可證。”尹云：“‘趣’，急也。”灌以不潔十餘石，畢云：“若穅矢之類。”置艾亓上七分，孫云：“‘七分’義不可解，疑當作‘七八員’三字。上文云‘穴内口爲竈，令如窯，令容七八員艾’，是其證。”尹云：“如不潔十石，則艾七石。”盆蓋井口，毋令煙上泄，旁亓橐口，尹云：“‘旁’，傍也。”疾鼓之。以車輪爲轀，舊無“爲”字，孫云：“‘轀’、‘轀’同，上當有‘爲’字。以車輪爲轀，猶《備城門篇》云‘兩材合而爲之轀’，下文云‘以車兩走爲菹’也。轀即轀之别體，文省作‘菹’，正字當作‘轒’，詳《備城門篇》。”今從孫校補“爲”字。一束樵，染麻索，塗，中以束之。“染”舊作“梁”，蘇云：“‘梁’爲‘染’之誤，染麻索以塗者，所以避燒 。”孫云：“蘇説是也，《備蛾傅篇》云‘染其索塗’，今據正。”鐵鎖畢云：“當爲‘瑣’，《説文》無‘鎖’字，據《備蛾傅》作‘瑣’。”孫云：“《六韜·軍用篇》‘鐵械鎖參連百二十具’，又有‘環利鐵鎖，長二丈以上，千二百枚’。此鐵鎖端亦有環，與彼制合。”縣正當寇穴口。畢云：“‘穴’舊作‘内’，以意改。”鐵鎖長三丈，畢云：“《通典·守拒法》云：‘先爲桔槔，縣鐵鏁，長三丈以上，束柴葦焦草而燃之，隊於城外所穴之孔，以烟燻之，敵立死。’即此遺法。”一端環，“一”字舊脱，從王本補，孫説同。一端鉤。孫云：“言鐵鎖有兩端，一端爲環，一端爲鉤。據《通典》説鐵鎖，蓋以環繫於桔槔，而鉤則以束柴葦焦草而燃之者也。後文又有‘鐵鉤’。”畢云：“已上罌聽連版伏艾縣鎖備穴土之法。”

鼠穴高七尺五寸，孫云：“‘鼠穴’猶‘窬穴’，亦即《備梯篇》之‘熏鼠’也。”尹云：“《説文》：‘竄，匿也。从鼠在穴中。’‘鼠穴’者，即取義於竄，用以藏身。”廣，柱閒七尺，“七”舊作“也”，孫云：“‘也’疑‘七’之誤，謂穴牆兩旁各爲柱，其閒七尺。”今據改。二尺一柱，孫云：“此謂穴牆一邊，二尺則一柱也。”柱下傅舄，畢云：“張衡《西京賦》云：‘雕楹玉碣’，李善注云：‘《廣雅》云：碣，礩也。碣古字作舄。’”孫云：“《一切經音義》引許叔重云：‘楚人謂柱碣曰礎。’”二柱共一負土。“負土”舊作“員十一”。孫云：“‘員十一’義不可通，下文兩言‘員士’，疑‘十一’即‘士’字傳寫誤分之。然‘員士’亦無義，蓋當爲‘負土’。《周禮·冢人》賈疏云‘隧道上有負土’。此爲穴亦爲隧道，故有負土。蓋以板横載，而兩柱直楮之，故云‘二柱共一負土’，下並同。”今據改。兩柱同質，畢云：“‘礩’，古字如此。”孫云：“此與《備城門篇》‘樓四植，植皆爲通舄’，制蓋略同。”横負土。孫云：“謂負土之版横者。”柱大二圍半，必固亓負土，尹云：“恐其崩壞。”無柱與柱交者。孫云：“似謂柱横直相交。然‘無’字必誤。上文錯入《備城門篇》者，有‘柱之外，善周塗其附柱者’云云三十四字，疑此下之錯簡，詳前。”穴二窯，皆爲穴門上瓦屋，舊作“皆爲穴月屋”。王引之云：“當作‘皆爲穴門上瓦屋’，謂於穴門上爲瓦屋也’。《備突篇》曰‘突門各爲窯竈，竇入門四五尺，爲亓門上瓦屋’，是其證。隸書‘瓦’字作凡，與‘月’相似而誤，又脱‘門上’二字，則義不可通。”孫云：“王校是也，蘇説同。”純一今據補正。爲置吏、舍人各一人孫云：“《漢書·高帝紀》顔注云：‘舍人，親近左右之通稱也。’文穎云：‘舍人，主廄内小史官名也。’”必置水。孫云：“蓋以備飲。”塞穴門以車兩走，“兩”、“輛”同。畢云：“即車輪。”孫云：“《備突篇》作‘車兩輪’，《備蛾傅篇》亦云以‘車兩走’，然車輪不當云‘走’，義未詳。”爲萛，孫云：“‘萛’亦即轀字。”塗亓上，以穴高下廣陜爲度，令入穴中四五尺維置之，“入”舊作“人”。蘇云：“‘人’當作‘入’，‘維’，繫也，此亦見《備突篇》。”孫據正。當穴者客争伏門，畢云：“舊‘穴’作‘内’，‘客’作‘容’，以意改。”孫云：“《道藏》本‘客’字不誤，‘門’疑‘鬥’之誤。”轉而塞之。爲窯、容三員艾者，畢云：“‘容’舊作‘客’，以意改。”令亓突入伏尺，畢云：“‘亓突入’舊作‘亦突人’，以意改。一本無‘伏尺’二字。”孫云：“‘伏’，疑即上文之‘密’，二字音近，如宓羲，‘宓’或作‘伏’。顔之推《家訓・書證篇》，謂俗作‘密’，是其例。”純一案：“尺”疑“穴”之誤。伏傅突一旁，畢云：“‘傅’舊作‘付’，以意改。”王本付下，旁注附字。以二橐守之，勿離。尹云：“謂常守也。”穴矛畢云：“舊作‘内予’，以意改。”以鐵，尹云：“言穴内矛以鐵爲之。”長四尺半，孫云：“此疑即後文所謂‘短矛’。”大如鐵服，王闓運云：“‘服’，耜也，廣二尺。”説即刃之二矛。六字王本刊陰文，注云：“此當云即二刃之矛，誤倒。”尹本從之。釋云：“‘説’，鋭也；‘即’，若也。《通鑑》‘李閎操兩刃矛’注，‘兩刃矛者，鋏之兩旁皆利其刃。’”内去竇尺，孫云：“‘内’亦當爲‘穴’。”邪鑿之，尹云：“‘邪’，斜也。”上穴當心，王本“心”作“小”，尹本從之。亓矛長七尺。孫云：“謂穴高則用長矛。”穴中爲環，尹云：“言爲圓屋，謂穴旁爲半圓之屋。”利歐陽云：“利字句，言爲環而利也。”率穴二。尹云：“言求利則當穴二環。‘率’，用也。”鑿井城上，“上”當爲“内”。俟亓穿井且通，“穿”舊作“身”，王云：“‘身’者，‘穿’之壞字也。隸書‘身’字或作‘⺝’，見《漢處士嚴發殘碑》，與‘穿’字下半相似而誤。”純一案：王校是也，今據正。居版上，尹云：“‘居’，坐也。”而鑿亓一偏，“偏”舊作“徧”，從畢校改，下同。王本、尹本並同。已而移版鑿一偏。頡皋爲兩夫，孫云：“亦同趺。”而旁貍亓植，而敷鉤亓兩端。“敷”舊作“數”，孫云：“吴鈔本作‘敷’。”純一案：陸本、唐本同，今據正。“敷”，施也，謂施鉤於頡皋之兩端也。“亓”舊作“其”，吴鈔本作“亦”，孫校正。諸作穴者五十人，男女相半。孫云：“自‘斬艾與材長尺’至此三百九十四字，並從《備城門篇》移此。”舊有“五十人”三字，從孫校删。攻穴“穴”舊作“内”，從孫校改，尹本同。釋云：“‘攻’，治也。”爲傳士之□受六參，蘇云：“‘士’當作‘土’，‘口’字誤，葢言器之盛土者。”孫云：“‘傳士’疑當爲‘持土’之譌。‘參’疑當爲

‘粲’，‘粲’即‘虆’之叚字。‘虆’，盛土籠。”尹本作“傅土之器”，釋云：“《説文》所謂‘梩’是也。‘傅’，負也，《淮南・齊俗》‘强脊者使之負土’，‘參’，同‘操’，箕也；‘受’，猶容也。”約枲繩以牛亓下，可提而與投。蘇云：“枲繩，麻繩也。‘牛’，疑‘絆’字之誤。‘與’當作‘舉’。”純一案：本書恒以“與”爲“舉”，王本“與”作“舉”，尹本承之。釋云：“‘約’，繫也；‘提’，挈也。”已則穴尹云：“‘則’，即也。”七人守退壘之中，爲大廡一，藏穴具亓中。蘇云：“‘廡’，古文‘甒’，見《儀禮》注。《方言》云：‘罌，周魏之閒謂之甒。’”難穴，孫云：“‘難’，當爲‘斱’，二字形近，古書多互譌，詳《耕柱》及《經下篇》，下並同。”取城外池脣，尹云：“池脣土潤而易穴。”木月散之，王本、尹本“月”並作“片”。什斬亓穴，王本、尹本“斬”並作“塹”。尹云：“言用十人以爲阬。散木片者，便於踞坐，或者謂木屑所以吸水，一本作木月，蓋屑誤字。”深到泉。“泉”舊本誤作“界”，王引之云：“‘界’字文義不明，‘界’當爲‘泉’。《備城門篇》‘下地得泉三尺而止’，是其證。隸書‘泉’字或作‘杲’，見《漢郃陽令曹全碑》，‘界’字作‘㽹’，見《衛尉卿衡方碑》，二形相似而誤。”孫云：“王説是也，今據正。”難近穴爲鐵鈇，孫云：“《説文・金部》云：‘鈇，斫莝刀也。’”金與鈇林長四尺，孫云：“‘鈇林’疑當作‘鈇枋’。枋、柄通。《周禮・太宰》‘八柄’，《外史》作‘枋’。”財自足。孫云：“財，舊本誤‘則’，據《道藏》本、吴鈔本正。《史記・孝文紀》‘見馬遺財足’，索隱云：‘財字與纔同。’《漢書・揚雄傳》‘財足以奉郊廟’，顔注云：‘財讀爲纔，同。’《管子・度地篇》云：‘率部校長、官佐財足。’財自足，數適足不過多也。”客即穴，孫云：“《漢書・西南夷傳》，顔注云：‘即，若也。’”亦穴而應之。爲鐵鈎鉅，長四尺者，財自足，孫云：“‘鉅’與‘距’通。《荀子・議兵篇》所謂‘宛鉅’。”穴徹蘇云：”‘徹’，通也。”純一案：陸本、唐本並作“穴微”，下文“短矛短戟”，似均與“微”字相應。以鈎客穴者。蘇云：“此言鐵鈎之用。”爲短矛、短戟、尹云：“《説文》‘鉈，短矛也。’《廣韻》謂之‘鋃’，《周禮》‘戟長丈六尺’。此云‘短戟’，蓋斥戞言。”短弩、寅矢，孫云：“‘寅矢’，蓋亦短矢也。《方言》云：‘箭，其三鐮長尺六者，謂之飛寅。’郭注云：‘此謂今射箭也。’《文選・閒居賦》‘激矢飛寅’，李注引《東觀漢記》‘光武作飛寅箭以攻赤眉’。《廣雅・釋器》云：‘飛寅，箭也。’此‘寅矢’，疑亦即‘飛寅’也。”尹云：“‘寅’同‘芒’，鋒刃也。”財自足，穴徹以鬬。蘇云：“矛戟弩矢所以鬬。”以金劍爲難，孫云：“此義難通，疑當作‘斲以金爲斱’。‘斲’俗書或作‘𠜾’。《説文・刀部》，‘劒’

籀文作‘劍’，二形相近。‘𣂺’爲‘𩀝’，與前同。《説文·斤部》云：‘斲，斫也。’‘斫，擊也。’《爾雅·釋器》云：‘斫，謂之䥢。’‘𣂺’即‘䥢’之俗，‘䥢’、‘斫’音義同，此云‘斲以金爲𣂺’，即謂以銅爲斫也。斲，其器之名，‘𣂺’即斫，指其刃之首，故以金爲之。凡斧斤之刃，以擊伐爲用，故通謂之斫矣。”尹云：“‘𩀝’，捍也。”長五尺，孫云：“蓋并刃及柅之度。從斧長三尺，亦并柅計之，是其例。”爲銎、畢云：“《説文》云：‘銎，斤斧穿也。’”純一案：段注云：“穿者，通也。”《詩》釋文作“斧空也”三字，謂斤斧之孔，所以受柄者。《豳風》毛傳曰：“方銎曰斨，隋銎曰斧，隋謂狹長。”木柅，孫云：“《廣雅·釋詁》云：‘柅，柄也。’”畢云：“《玉篇》‘丑利切。’”柅有慮枚，孫云：“‘慮’，疑鑢之省。《説文·金部》云：‘鑢，錯銅鐵也。’謂於木柄爲齒若鑢錯。‘枚’未詳。”純一案：《詩·閟宫》毛傳：“枚枚，礱密也。”孔疏：“枚枚者，細密之意。”此謂木柄爲齒，如鑢錯之密也。以左客穴。孫云：“‘左’、‘佐’古今字。‘左’下疑脱一字。”純一案：似當補“右”字。戒持二字疑當在“以左右客穴”上。“戒”，《説文》“警也”，《廣韻》“慎也。”言戒持以上各兵器，從事於客穴也。罌容三十斗以上，畢云：“‘容’舊作‘客’，以意改。”孫云：“‘斗’舊譌‘斤’，據王校正。”貍穴中，畢云：“‘貍’舊作‘狸’，以意改。”丈一，孫云：“上文説爲罌置井中，井五步一，又云‘三丈一’。三丈即五步也。此云‘丈一’，與彼不合，疑‘丈’上當有‘三’字，而傳寫挩之。”以聽穴者聲。爲穴高八尺，廣孫云：“‘廣’下疑挩‘尺’數。”善爲傅置。孫云：“疑當作‘善爲傅埴’，即上文云‘善周塗其傅柱者’之義。”純一案：陸本、唐本並作“傅置”，是。謂聽聲以當置郵傅命也。具鑪牛皮橐，舊作“具全牛交槖”，孫云：“疑當作‘具鑪牛皮橐’，上云‘具鑪橐，橐以牛皮’，‘橐’亦並誤作‘槖’。此‘全’即鑪字偏旁金形之誤。‘皮’與‘交’形亦相近。”純一案：孫説是也，今據正。皮及坛，孫云：“疑當作‘及瓦缶’，‘缶’、‘去’形近，俗書或增益偏旁作‘㘹’，又譌作‘坛’，遂不可通。上文云‘鑪有兩瓿’。”衛穴二，葢陳靃及艾，蘇云：“葢當如上文‘戒持罌’之‘戒’，令也。”畢云：“鄭君注《公食大夫禮》云：‘藿，豆葉也。’《説文》云：‘藿，尗之少也。’少言始生之葉。‘靃’省文。”孫云：“‘葢’當爲‘益’，此書‘益’字多譌爲‘葢’，詳《非命上篇》‘益陳靃及艾’，言多具此二物也。”純一案：《説文·艸部》云：“葢，苫也。”“苫，葢也，亦可備熏以取烟。”“靃”，王本作“藿”。穴徹熏之，尹云：“謂於穴通時熏之。《莊子·讓王》：‘王子搜逃乎丹穴，越人薰之以艾。’”斧以金爲斫，“斧以”舊倒，今乙，“金”謂“剛鐵”。孫云："'斫'亦即斧刃。"㫙長三尺，孫云："《考工記》：'車人爲車，柯長三尺，博三寸，厚一寸有半，五分其長，以其一爲之首。'鄭注云：'謂今□關頭斧，柯其柄也。'案：此'㫙'即柯，斫即首也。㫙長三尺，與彼制同。《六韜·軍用篇》亦云：'伐木大斧，重八斤，柄長三尺以上。'"衛穴四。王闓運云："每穴二斧。"爲壘，孫云："疑當爲'壟'，見《備城門篇》。"衛穴四十，王闓運云："每穴二十。"屬四。孫云："'屬'，'斸'之省，即《備城門篇》之'居屬'。"爲斤、斧、鋸、鑿、钁，孫云："吴鈔本作'鑁'。《玉篇·金部》云：'钁，局虞切，軍器也。'"尹云："屬同斸，斫也，斤斧一，鋸二，鑿三，钁四。斤，斫木斧。钁，大鉏也。"財自足。爲鐵校衛穴四，孫云："《説文·木部》云：'校，木囚也。'《周易集解》引虞翻云：'校者，以木絞校者也。''鐵校'，蓋鑄鉄爲闌校以禦敵，《備蛾傅篇》有'校機'，疑即此。"爲中櫓，高十丈半，廣四尺。孫云："十丈半，於度太高，疑'丈'當作'尺'。《備城門篇》云'百步爲櫓，櫓廣四尺，高八尺'，廣與此同，而高差二尺半，彼蓋小櫓與?"王本"十"作"一"，注云："穴不容一丈，字有誤。"純一案：穴高八尺，丈當爲尺，十或七之譌。爲横穴八櫓，孫云："疑當作'大櫓'，《六韜·軍用篇》，有大櫓、小櫓。下疑有挩文。"蓋具稾枲，"稾"陸本、唐本並作"稾'。財自足，以燭穴中。孫云："'蓋'，當亦'益'之誤。《道藏》本作荙，則疑'葍'之譌，屬上'櫓葍'爲句，亦通。"純一案："蓋"，陸本、唐本並作'荙'。蘇云："稾枲可然以爲燭。"尹云："'枲'，麻也。"蓋持醯，蘇云："據文義當作'戒持醯'，'醯'或'醯'字之訛。"俞云："'醯'疑'醯'之壞字。"孫云："此亦當作'益持醯'，蘇改'蓋'爲'戒'，非。《廣韻·十二齊》云：'醯，俗作醓。'此'醯'即'醓'之誤，下並同。'醓'蓋可以禦煙，《春秋緐露·郊語篇》云'人之言醯去煙'，今本《繁露》'醯'作'醞'，亦字之誤。"王本"醯"作"醞"，注云："蓋待疑即戒持，'醞'從醯省巳聲，飯甑氣水，治湯火傷，故以救熏。"純一案：下云"以盆盛醞"，恐非飯甑氣水。蘇、俞、孫諸校作"醯"是。客即熏以救目，救目分方鑿穴，"救目"二字，陸本、唐本並重，王本、尹本均不重。畢云："'鑿'即鼓。"蘇云："疑'鑿'字之譌。"王本改"鑿"，尹本承之。釋云："言分四方而鑿，不限一處。"以盆盛醯置穴中，"盆"舊譌"益"，從蘇校改，王本、尹本同。丈盆，"丈"舊譌"文"，據《道藏》本、吴鈔本、陸本、唐本正，言在穴中，丈地置一盆。毋少四斗，盆不能容四斗，斗疑當作升。即熏以目臨醯上，"目"舊譌"自"，從孫校改，王本、尹本並作"目"。及以洒目。"俞云："'洒'疑'油'之壞字。"孫云："'洒'當爲'洒'。《説文·水部》云：'洒，滌也。'《西部》籀文'西'作'卤'，故譌作'田'形。'洒目'，即以救目也。"王本"洒"改"油"，注云："'油目'，塗目睫也。"

備蛾傅第六十三

畢云："蛾同螘。《説文》云：'螘，蚍蜉也。''蛾，羅也。'又云：'蝨，蠶化飛蟲也。'經典多借爲'螘'者，音相近耳。'傅'亦'附'字假音。'"孫云："前《備城門篇》'蛾'作'蟻'，俗'螘'字。《孫子·謀攻篇》作'蟻附'，曹注云：'使士卒緣城而上，如蟻之緣牆。'《周書·大明武篇》云'俄傅器櫓'，'俄'亦'蛾'之誤。"

禽子再拜再拜曰："敢問適人强梁，"適"，陸本、唐本作"敵"，同。"梁"舊作"弱"，王本作"梁"，尹本同，今據改。遂以傅城，後上先斷，王云："斷，斬也。《號令篇》曰：'不從令者斷，擅出令者斷，失令者斷。'"以爲法程，"法"舊譌"沽"，從王校改。畢云："'城'、'程'爲韻。"王云："言敵人蛾附登城，後上者則斷之，以此爲法程也。"案：《古音諧》十青引此。斬城爲基，孫云："'斬'，'塹'之省，或云'鏨'之省。《説文·金部》云：'鏨，小鑿也。'"尹云："基，牆始也。"掘下爲室，前上不止，畢云："'上'舊作'止'，以意改。"後射既疾，畢云："室疾爲韻。"純一案：《古音諧》四卩引此。爲之柰何？"子墨子曰："子問蛾傅之守邪？蛾傅者，將之忿者也。"忿"舊作"忽"，洪云："《孫子·謀攻篇》'將不勝其忿，而蟻附之'，'蛾傅'即'蟻附'。《禮記·學記》'蛾子時術之'，《釋文》本或作'蟻'，古字通用。'忽'即'忿'字之譌。"孫據正，王本"忿"作"忍"，尹本同。守爲行臨射之，孫云："即'高臨'，詳前。"校機藉之，"校"爲"披"字之譌，詳《備高臨篇》。擢之，孫云："舊本'擢'作'擢'，今據《道藏》本、吴鈔本正。《説文·手部》云：'擢，引也。''擢，爪持也。'審校文義，當以作'擢'爲正。"純一案：陸本、唐本並作"擢"。太氾迫之，孫云："'太氾'當爲'火湯'，《備梯篇》云'薪水火湯以濟之'。"王本"太"作"火"，注云："氾洒湯粥毒油。"燒荅覆之，"荅"，陸本、唐本作"答"，尹云："答以木爲之，制詳下文，覆爲傾覆。"沙石雨之，然則蛾傅之攻敗矣。備蛾傅爲縣陴，舊作"脾"，畢云："疑'陴'字，今據改，下同。"王本改"牌"，尹本同。以木板厚二寸，前後三尺，旁廣五尺，高五尺，而折爲下磿車，"磿"

舊作“磨”，孫云：“‘磨’當爲‘磿’。《周禮·遂師》鄭衆注云：‘抱磿，磿下車也。’當即此‘下磿車’，亦即《備高臨篇》之‘磿鹿’。蓋縣重物，爲機以利其上下，皆用此車。故《周禮》王葬以下棺，此下縣陴亦用之。下云‘爲之機’，亦即此也。”純一案：孫説是也，今據正，王本同。輪徑尺六寸。“輪”舊作“轉”，從蘇校改。孫云：“圜徑尺六寸，則其周四尺八寸强。”令一人操二丈四矛，“矛”舊作“方”。畢云：“疑‘矛’字。”孫云：“畢校是也。《考工記·廬人》云‘夷矛三尋’，鄭注云：‘八尺曰尋。’此即夷矛也。”今據改。刃其兩端，居縣陴中，以鐵瑣孫云：“吴鈔本作‘瑣’。‘鐵瑣’見前。”畢云：“《説文》無‘鎖’字。此‘瑣’與‘瑣’，皆無鎖鑰之義，古字少，故借音用之。”敷縣陴上衡，“縣”下舊衍二字，從蘇校删。孫云：“‘敷’、‘傅’通。”純一案：以“鐵瑣敷縣陴上衡”句，謂以鐵瑣傅著縣陴之上衡也。爲之機，令有力四人，下上之，勿離。“離”舊作“難”，俞云：“‘難’乃‘離’字之誤。《備城門篇》‘突一，旁以二橐守之，弗離’，《備穴篇》‘令一善射之者，佐一人，皆弗離’，並其證。”孫據正。施縣陴，尹云：“‘施’，設也。”大數二十步一，攻隊所在，六步一。蘇云：“此言設縣陴多寡之數，蓋疏數視敵爲之。”王闓運云：“縣牌伏人，以俟敵上。”爲纍，畢云：“當爲‘壘’。”苔廣從各丈二尺，“苔”，陸本、唐本並作“答”，“各丈”舊倒，王引之云：“從，音縱横之縱。‘廣從丈各二尺’，義不可通，‘丈各’當爲‘各丈’，言苔之廣從，各丈二尺也。”蘇説同。孫云：“王校是也，下文云‘苔廣丈二尺’。”純一今據正。王本作“爲纍苔廣從各丈二尺”，尹本作“爲壘答”。釋云：“答，纍土也，今字作塔。”下同王本。以木爲上衡，以大麻索編之，舊作“以麻索大徧之”，從孫校乙正。染其索，“染”陸本作“深”，誤。塗中爲鐵鏁，畢云：“據上文當爲‘瑣’，《玉篇》云：‘鏁俗。’”鈎其兩端之縣。孫云：“《六韜·軍用篇》云：‘環利鐵鎖，長二丈以上，千二百枚。環利大通索，大四寸，長四丈以上，六百枚。’”客則蛾傅城，王本“則”作“即”，尹本同。燒苔以覆之，王闓運云：“苔以護城堞，燒之斷敵上。”連篗，抄大皆救之。王本七字連讀，“大”皆作“火”以，注云：“篗，即匙也，抄火增答中。”尹本承之。釋云：“‘救’，止也，言散火以止敵。”

以車兩走，孫云：“即《備城門篇》之‘轀’也。‘車兩走’即兩輪，此及前《備穴篇》，並以‘車兩輪’爲‘兩走’。《備突篇》云：‘吏主塞突門，用車兩輪，以木束之，塗其上。’”軸閒廣大，尹云：“‘閒’同‘鐗’，車軸鐵也。”王本“大”改“丈”，尹本同。以圉犯之。“圉”，同“禦”，“犯”，侵害也，“之”指敵。觸其兩端，孫云：

"'䂄'疑當爲'㺃'之變體，《廣雅·釋詁》云：'㺃，刺也。'《玉篇·矛部》云：'㺃，刺茅也。'經典從矛字，或變从鹵。《爾雅·釋詁》：'矜，苦也。'《釋文》'矜'作'矝'，是其例也。'䂄其兩端'，猶上云'二丈四矛，刃其兩端'矣。"以束輪編，各本作"偏"，此從王本、尹本。尹云："'編'，邊也。若今箍鐵，《説文》則謂之'湯'。"徧塗其上。王闓運云："使敵不能焚。"室中以榆若蒸，孫云："'室'讀爲'窒'。《備城門篇》云'室以樵，可燒之以待敵'，'窒'亦作'室'。《説文·艸部》云：'蒸，析麻中榦也。'《周禮·甸師》鄭注云：'木大曰薪，小曰蒸。'"尹云："'室'，實也。"以棘爲旁，王闓運云："以與也。"命曰火捽，尹云："言爲火之所萃。"一曰傳湯，以當隊。客則乘隊，王本"則"作"即"，尹本同。燒傳湯斬維而下之，王引之云："'燒'下當有'荅'字，上文兩言'燒荅'，是其證。"孫云："'傳湯'，即以車兩走所作械名，自可燒，不必增'荅'也。《備突篇》説輪轀，並云'維置之'，故必斬維，乃可下也。"令勇士隨而擊之，以爲勇士前行，王闓運云："戰守皆以火捽居前。"尹云："言以火捽前行。'行'，列也，《前漢書·李廣蘇建傳》'前行持戟盾，後行持弓弩。'"城上輒塞壞城。王闓運云："亦以火捽塞也。"城下足爲下説鑱，孫云："'説'當作'鋭'，同聲叚借字。《説文·金部》云：'鑱，鋭也。'"王本"説"作"鋭"。尹云："'説'同'鋭'，芒也，鑱，鋭也，《廣雅》作'攙'。"杙長五尺，"杙"舊譌"找"，王引之云："當爲'杙'。"蘇説同，孫據正，王本、尹本並同。大圍半以上，"圍"舊譌"圉"，從畢校正，王本、尹本並同。孫云："《六韜·軍用篇》云：'委環鐵杙，長三尺以上，三百枚。'"皆剡其末，尹云："'剡'，鋭利也。"爲五行，行間廣三尺，貍三尺，尹云："謂貍杙也。"大耳樹之孫云："'大耳'疑'犬牙'之誤，見《備城門篇》。"爲連殳長五尺，孫云："《説文·殳部》云：'殳，以杖殊人也。'《周禮》：'殳以積竹，八觚，長丈二尺，建於兵車，旅賁以先驅。'"大十尺。孫云："殳不得大至丈，必有誤，疑'大十'當作'大寸'，'十'即'寸'之譌。"王本"十"改"一"。純一案：大寸似又覺小，王校近是。梃長二尺，畢云："'梃'，舊俱从手，以意改。"大六寸，索長二尺。孫云："即《備城門篇》之'連梃'。凡連殳、連梃，蓋皆以索係連之。"椎，柄長六尺，首長尺五寸。孫云："《備城門篇》'長椎長六尺，頭長尺'。"斧，柄長六尺，孫云："《御覽·兵部》引《備衝法》，用斧長六尺，亦與此同。《備城門篇》'長斧柄長八尺'，此短二尺，與彼異。"刃必利皆，歐陽云："'皆'，當是'鍇'之音假。《方言》：'堅也。自關而西秦晉之間曰鍇，言刃必利堅也。'"

弆其一孫云："字書無'弆'字。"尹云："'弆'即'羿'，羽騫風而上也。'其'，箕也。弆箕者，蓋上城守械之名。《海内西經》：'赤水之際，非仕弆莫能上岡之巖。'"後荅廣丈二尺，□□丈六尺，尹云："闕文當爲'其從'二字。"垂前衡四寸，尹云："'衡'，横也，謂横木也。古者棟立中央，衡末四垂，因云垂前衡耳。"兩端接尺，相覆勿令魚鱗三，蘇云："《雜守》云：'入柴勿積魚鱗簪。'畢云：'疑槮字假音。'竊謂此處'三'字，亦'槮'字假音也。"孫云："蘇説是也，言爲荅之法，以本兩端相銜接，以尺爲度，不可鱗次不相覆也。"王闓運云："魚鱗，覆淺。"著其後行孫云："前有'前衡'，此疑當作'後衡'。上下文有'前行'，與此義似不同。"中央木繩一，孫云："'木'疑當作'大'。"長二丈六尺。荅樓不會者以牒塞，蘇云："'會'，猶合也。"孫云："《説文·片部》云：'牒，札也。'《廣雅·釋器》云：'牒，版也。'謂以版塞壁隙。"數暴乾，畢云："《説文》云：'暴，晞也。'"王闓運云："令易燒。"荅爲格令風上下。尹云："'格'，椸架，蓋置風扇者，所以促火之燃。"堞惡疑壞者，孫云："'疑壞'，謂未壞而疑其將壞也。"先貍木十尺"十"疑"五"之譌，"五"古文"ㄨ"。一枚一節壞，斲植以押盧薄於木。"押"，陸本、唐本作"狎"。畢云："《唐大周長安三年石刻》云'爰雕爰鄧'，即'斲'字。'盧'上舊衍'慮'字，從畢校删。"盧薄孫云："《漢書·王莽傳》'爲銅薄櫨'，顔注云：'柱上枅也。'"畢云："《説文》云：'櫨，柱上柎也。''薄壁柱。'"尹云："'薄'、'櫨'爲疊韻連語，倒文亦然。"長八尺，"長"舊譌"表"，從蘇校正，王樹枏校同，王本、尹本並同。廣七寸，徑一尺，舊作"經尺一"，從孫校改乙。數施"施"，設也。一擊而下之，孫云："'擊'，疑即桔槔之'桔'，詳《備城門篇》。'下之'，疑當作'上下之'，桔槔可上下也。"爲上下尹云：長短不一"。釫而斲之。王本"斲"作'斲'，注云："釫，鏵也，如兩刃臿。"經一鈞、孫云："'經一'，疑當作'徑一尺'，'鈞'疑當作'鉤'，上疑有捝字。"純一案："鈞"陸本作"鉤"。禾樓、孫云："'禾'疑當作'木'。《備城門篇》有'木樓'。"羅石、孫云："'羅'疑當作'絫'，聲之轉。'絫石'即'礧石'，見《備城門篇》。"縣荅王闓運云："三者皆守具。"植内，毋植外。孫云："《備城門篇》云'樓四植'，植即柱也。"杜格貍四尺，孫云："'杜格'義難通，疑當作'柞格'。《國語·魯語》云'設穽鄂'，韋注云：'穽，陷也；鄂，柞格也。''柞'、'杜'形近而誤。《周禮·雍氏》鄭注云：'擭，柞鄂也。'《莊子·胠篋篇》云：'削格羅落罝罘之知多，則獸亂於澤矣。'《釋文》引李頤云：'削格，所以施羅綱也。'柞格、柞鄂、削格，葢皆穽擭之名。《旗幟篇》有‘牲格’，疑即此。”高者十尺，孫本譌“丈”。木長短相雜，兑其上，蘇云：“‘兑’同‘鋭’。”而外内厚塗之。爲前行尹云：“謂在軍之前而行。《前漢書·衛青霍去病傳》‘前行捕虜千四百人’。”行棧、孫云：“見《備城門篇》。”縣荅隅爲樓，尹云：“謂城隅也。”樓必曲裏。孫云：“‘曲裏’即‘再重’之譌，説詳《備城門篇》。”土五步一，毋下二十畾。“下”舊譌“其”，畢云：“‘畾’，絫字。”孫云：“土五步一，蓋謂積土也；毋其二十畾，疑當作‘毋下二十畾’。此書‘其’字多作‘亓’，與‘下’形近故互譌。‘畾’讀爲《孟子》‘虆梩’之‘虆’，古字通用，盛土籠也。見《備城門篇》。”純一案：孫説是也，今據正。鑿穴十尺一，孫云：“鑿穴，制詳《備城門篇》。”下堞三尺，廣其外。“堞”舊譌“壤”，孫據蘇校正，王樹枏校同。尹云：“廣其外，謂穴口大。”轉䠞城上，王闓運云：“‘䠞’，壅也，以所穴土壅城上。”樓及散與池，孫云：“‘散’疑當作‘殺’。”革盆。孫云：“見《備城門篇》。”若轉攻，王闓運云：“敵舍此攻彼也。”卒擊其後，尹云：“‘卒’，急也，言急擊敵後。”緩失，治。“緩”舊譌“煖”，孫云：“當爲‘緩’，言不急擊敵，則以法治之。”今據改。車革火。孫云：“未詳。此數語與上下文義不相屬，疑有譌捝。”尹云：“‘革’，急也，言用車火以攻敵。”

凡殺蛾傅而攻者之法，王本無“者”字，尹本同。置薄城外，王闓運云：“以下並見《備梯篇》。”孫云：“蓋於城外植木爲藩蔽。‘薄’，《備梯篇》作‘裾’，‘裾’當爲‘椐’之誤。”黄紹箕云：“《説文·艸部》：‘薄，林薄也。一曰蠶薄。’《荀子·禮論篇》楊倞注云：‘薄器，竹葦之器。’此書所云‘椐’，蓋即編木爲藩杝，‘椐’爲古聲孳生字，‘薄’爲甫聲孳生字，二字同部，聲近義同。”案：黄説是也，亦詳《備城門篇》。去城十尺，薄厚十尺。伐操之法，畢云：“‘操’當爲‘薄’。”大小盡木斷之，《備梯篇》，作“小大盡本斷之”。以十尺爲斷，《備梯》作“傅”。離而深貍堅築之，王樹枏云：“‘離’據《備梯》作‘雜’，則‘離’當爲‘雜’字之誤。”吴摯甫云：“‘離’字是，當依此文校改《備梯篇》文。”毋使可拔。二十步一殺，有壚，孫云：“當作‘鬲’。”王闓運云：“當作‘壚’。”厚十尺。畢云：“《備梯》云：‘殺有一鬲，鬲厚十尺。’”殺有兩門，門廣五尺，“尺”舊譌“步”，從孫校正。畢云：“舊脱一‘門’字，據備梯增。”薄門板梯，貍之勿築，畢云：“舊脱‘勿’字，據《備梯》增。”令易拔，城上希薄門而置楬。“楬”舊譌“搗”，王引之云：“‘搗’字義不可通。‘搗’當爲‘楬’字之誤也。‘楬’，杙也。‘希’與‘睎’同，望也。言望薄門而立杙也。《備梯篇》‘置楬’作‘直桀’，‘置’、‘直’，‘楬’、‘桀’並通。《廣雅》：‘楬，杙也。’《爾雅》：‘鷄棲於弋爲桀。’”今據正。縣火四尺一椅，孫云：“當作‘檥’。”畢云：“《備梯》作‘鉤檥’。”五步一竈，竈門有爐炭。傳傳火。令敵人盡入，畢云：“舊作‘人’，以意改。”煇火燒門，“煇”舊作“車”，從王本改。孫云：“‘車’，《備梯篇》作‘煇’，此疑‘熏’之誤，詳《備城門篇》。”縣火次之，出載而立，畢云：“舊脱‘出’字，據《備梯》增。”其廣終隊，兩載之閒一火，皆立而待鼓音而然，《備梯篇》有“火”字。畢云：“‘待’舊作‘持’，以意改。”孫云：“‘然’舊作‘燃’，俗字，今據吳鈔本正。”即俱發之。敵人辟火而復攻，孫云：“《小爾雅·廣言》云：‘辟，除也。’此爲敵人屏除所發之火，復從舊隧而來攻，故下云‘縣火復下’也。《備梯篇》作‘除火’，與此義正同。”縣火復下，敵人甚病。敵引䢃而去，“去”舊作“榆”，畢云：“音之譌，據《備梯》改。”孫云：“‘榆’、‘去’音不甚近，疑當爲‘逃’之借字，古兆聲、俞聲字，多互通，如《詩·小雅·鹿鳴》‘示民不恌’，毛傳云‘恌，偷也’，可證。”‘䢃’舊譌‘哭’，俞云：“‘哭’當作‘師’。《説文》帀部‘師’，古文作‘䢃’，形與‘哭’相似，故‘師’誤爲‘哭’也。”王本作“䢃”，注云：“古文‘師’。”尹本同，今從之。則令吾死士左右出穴門，擊遺師，詳《備梯篇》。令賁士、主將，皆聽城鼓之音而出，孫云：“‘賁士’，即奔士也。”歐陽云：“‘賁士’即虎賁之士，省稱也，士之勇敢者。”孫云：“奔士，義欠明。”又聽城鼓之音而入。因素出兵將施伏，蘇云：“‘素’當作‘數’。”孫云：“‘素’不誤，詳《備梯篇》。”王本“素”下，旁注“數”字。夜半而城上四面鼓噪，敵人必或，畢云：“‘人’舊作‘之’，據《備梯》改。‘或’與‘惑’同。”破軍殺將。以白衣爲服，畢云：“舊脱‘白’字，據《備梯》增。”以號相得。”尹云：“用口號以相識別。”

墨子集解卷十五

漢陽張純一仲如

迎敵祠第六十八

敵以東方來，迎之東壇，壇高八尺，孫云："《月令》鄭注云：'木生數三，成數八。'"堂密人，孫云："蓋堂爲多角形。《爾雅·釋山》云：'山如堂者，密。'郭注引《尸子》云：'不知堂密之有美樅。'"俞云："'密'字無義，疑當作'宊'，《説文·穴部》：'宊，深也。'謂堂深八尺也。不言尺者，蒙上而省。'宊'、'密'相似，因誤爲'密'矣，下並同。"年八十者八人主祭，尹云："老人主祭，尊老意耳。數用八者，《洪範·五行傳》所記迎春禮亦然。"青旗青神長八尺者八，弩八，八發而止，將服必青，其牲以雞。孫云："《月令》注云：'雞，木畜。'"敵以南方來，迎之南壇，壇高七尺，孫云："《月令》注云：'火生數二，成數七。'"堂密七，年七十者七人主祭，赤旗赤神長七尺者七，弩七，七發而止，將服必赤，其牲以狗。孫云："賈子《新書·胎教篇》'《青史氏記》云：南方其牲以狗，狗者，南方之牲也'，此與彼合。《月令》'犬屬秋'，注云：'犬，金屬。'與此異。"敵以西方來，迎之西壇，壇高九尺，孫云："《月令》注云：'金生數四，成數九。'"堂密九，年九十者九人主祭，白旗素神長九尺者九，弩九，九發而止，將服必白，其牲以羊。孫云："《賈子》云：'西方其牲以羊，羊者西方之牲也。'此與彼合。《月令》'羊屬夏'，注云：'羊，火畜。'與此異。"敵以北方來，迎之北壇，壇高六尺，孫云："《月令》注云：'水生數一，成數六。'"堂密六，年六十者六人主祭，黑旗黑神長六尺者六，弩六，六發而止，將服必黑，其牲以彘。畢云："已上與黄帝兵法説同，見《北堂書鈔》。"孫云："《月令》注云：'彘，水畜。'《孔叢子·儒服篇》'孔子高對信陵君問祈勝之禮云：先使之迎於敵所從來之方爲壇，祈克於五帝，衣服隨其方色，執事人數從其方之數，牲用其方之牲'，即本此。"徙外宅諸名大祠，

“徙”舊譌“從”，孫云：”‘從’當作‘徙’，形近而誤。謂城外居宅及大祠，寇至，則徙其人及神主入内也。”今據改。靈巫或禱焉，尹云：“《説文·玉部》：‘靈，巫也。’以玉事神，字或從巫作靈。”純一案：“靈巫”，民之精爽不攜貳者，見《楚語下》。給禱牲。尹云：“’給’，供也。”

凡望氣，《開元占經》九十七《猛將軍陣勝負雲氣占》云：“太公曰：凡興軍動衆陳兵，天必見其雲氣，示之以安危，故勝敗可逆知也。其軍中有知曉時氣者厚寵之，常令清晨若日午察彼軍及吾軍上氣色，皆須記之，若軍上氣不盛，加警備守，輒勿輕戰，戰則不足，守則有餘，察氣者軍之大要，常令三五人參馬登高若臨下察之，進退以氣爲候。”尹云：“《漢書·藝文志》，别成子有《望軍氣》六篇，圖三卷，在陰陽家。《六韜·兵徵》，略有其法而不詳。《淮南·兵略》，明於奇正資陰陽，刑德五行，望氣候星，龜策禨祥，此善爲天道者也。”有大將氣，《占經賢將氣占》云：“凡敵軍上氣黄白潤澤者，將有威德，或軍上氣發漸漸如雲，變作山形，將有深謀，或敵上氣黑中赤在前者，將精悍，皆不得擊，凡氣上與天連，軍中將賢良也，或當此大將氣。”有中將氣，四字據茅坤本補。《占經·猛將氣占》云：“凡氣如龍如虎，或如火煙之形，或如火光之狀，或如山林，或如塵埃頭尖而卑，或氣壘如門上樓，皆猛將之氣也。”或當此中將氣。有小將氣，《占經》云：“凡敵上氣青而疎散者，將怯弱，前大而後小者，將怯不明，此未知可當小將氣否。”有往氣，有來氣，疑脱“有勝氣”三字。《占經·勝軍氣占》云：“凡敵軍上氣如山，或氣黄白厚潤而重者，勿與戰。”有敗氣，畢云：“今其法存《通典·兵·風雲氣候雜占》也。”純一案：《占經·敗軍氣占》云：“軍敗之氣，如羣鳥亂飛，疾伐之必大勝。”能得明此者，《太平御覽》十五引《抱朴子·外篇》云：“軍上氣黑如樓，將軍移軍必敗，其將勇則氣如火炎，勢如張弩，雲如日月，赤氣繞之，所見之地大勝，不可攻也。”可知成敗吉凶。古人爲學，注重涵養，涵養功深，測清明在躬，志氣如神，文王有靈臺，望祲氛，察災祥，關尹喜望見有紫氣浮關，知真人當過，候物色而迹之，果得老子。佛教有所謂天眼通，更微妙也。歐陽云：“《六韜·王翼篇》：‘天文三人，主司星曆，候風氣，推時日，攷符驗，校災異，知天心去就之機，是望氣等職，均設有專官也。’”與巫、醫、卜有所，孫云：“謂巫、醫、卜，居各有所。或讀‘有所長’句，亦通。”長具藥，孫云：“醫之長，掌具藥備用。”宫之，孫云：“疑當作‘宫養之’，今本捝‘養’字。《號令篇》云‘守入城，先以候爲始，得輒宫養之’，可證。”善爲舍。尹云：“舍以尊居之。”巫必近公社，尹云：“便禱祝。”必敬神之。尹云：“言敬巫而神之。”巫、卜望氣以請報守，舊作“巫卜以請守”，孫云：“茅本

'請'作'諸','守'上當依王校增'報'字。案:'巫卜'下亦當有'望氣'二字。"純一案:孫校是也,今並據補。守獨智巫、卜望氣之請而已。王闓運云:"'守',謂城中主守事者。"孫云:"《三略·中略》云:'禁巫祝不得爲吏士卜問軍之吉凶。'舊本'氣'誤在'之'字下。"畢云:"'智'、'知'同。言望氣之請,唯告守獨知之。"王云:"'請'皆讀爲情。墨子書通以'請'爲情,此文當作'巫卜以請報守,守獨智巫卜望氣之請而已'。智與知同,言巫卜以情報守,巫卜望氣之情,唯守獨知之而已,勿令他人知也。《號令篇》曰'巫祝吏與望氣者,必以善言告民,以請上報守,守獨知其請而已',是其證。舊本脱'報'字,'氣之'二字又誤倒,則義不可通。"蘇校同,孫據乙。其出入爲流言,尹云:"'流',無根源之謂。《説文》則謂之'譤'。"純一案:《玉篇》:"譤,呼縣切,流言也。"有所求也。驚駭恐吏民,尹云:"言巫卜造言以惑衆,驚駭恐皆懼也。"謹微察之,王云:"《説文》'覹,司也。''司'今作'伺','覹'字亦作'微'。《史記·廉頗藺相如傳》曰'趙使人微捕得李牧',《漢書·游俠傳》'使人微知賊處',師古曰:'微,伺閒之也。'"孫云:"亦詳《號令篇》。"斷罪不赦。孫云:"《説文·斤部》云:'斷,截也。'《車部》云:'斬,截也。'又《首部》云:'𩠐,截也。'三字同訓。此'斷'蓋即𩠐字,亦即'斬'也。《商子·賞刑篇》云:'晉文公斷顛頡之脊以徇。'"尹云:"'斷',決也,理也,墨子言斷多矣。蓋謂以將理斷之,輕重各當其罪,若今之交軍事裁判然,非專指斬斷言也。《周禮·小司寇》'以三刺斷庶民獄訟之中','赦',舍也。"望氣舍,近守宫,"宫"舊作"官",茅本作"宫",今據改,王本、尹本並同。收賢大夫及有方技者若工弟之。"收"舊作"牧",今從孫校並王本改。孫云:"'工'謂百工。"王闓運云:"亦令近守宫爲第宅。"尹云:"'方',術也;'技',藝也。《六韜·王翼》:'方士三人主百藥,以治金瘡,以痊萬病。'《史記·扁鵲傳》'問中庶子喜方者'。"舉屠、酤者,蘇云:"'酤'與'沽'通,賣酒也。"置廚給事,弟之。畢云:"言次第居之。古次第字只作弟。"孫云:"'弟'疑當爲'䄷'之省,'䄷'與'秩'同,言廩食之。"王闓運云:"酒食易聚衆,亦令次第近守宫。"尹云:"'弟'同'第',館也,酒食易聚衆,故亦近守宫而館之,以便微察。"

凡守城之法,縣師受事出葆,孫云:"《周禮·地官》,有縣師,上士二人,若有軍旅之戒,則受灋於司馬,以作其衆庶,及馬牛車輦,會其車人之卒伍,使皆備旗、鼓、兵器,以帥而至。侯國蓋亦有此官,戰國時猶沿其制也。"尹云:"縣帥,縣長也。《周禮》有'縣正'。"王闓運云:"出葆,各保其守。"循溝防,築薦,尹云:"'循',巡也。《禮記·月令》:'循行國邑。'"王闓運云:"土工有當築者,有當薦者,薦藉苫蓋也。”通塗，尹云：“通餉道也。《六韜·王翼》：‘通糧四人，主通糧道，致五穀。’”脩城。百官共財，蘇云：“‘共’讀如供。”百工即事，司馬視城，脩卒伍。孫云：“吴鈔本‘視’作‘施’，‘脩’作‘修’。”設守門，二人掌右閹，舊本“二”誤“三”，俞云：“左右人數，不應有異，疑‘三人’是‘二人’之誤。蓋門之啓閉，皆四人守之。啓則有左右之分，故曰‘二人掌右閹，二人掌左閹’。及閉則無左右之分，故止曰‘四人掌閉’也。”孫云：“俞説是也，茅本正作‘二人’，今據正。”二人掌左閹，孫云：“‘閹’，‘闔’之借字，猶《耕柱篇》，‘商奄’作‘商蓋’。《説文·門部》云：‘闔，門扇也。’左右闔，即謂門左右扇。”四人掌閉，尹云：“左右掩門，乃拄鎖之。”百甲坐之。孫云：“《左文十二年傳》云‘裹糧坐甲’，《荀子·正論篇》云‘庶士介而坐道’。城下門百甲，城上步一甲，文正相對。”城上步一甲一戟，孫云：“《備城門篇》云‘城上樓卒率一步一人’。”其贊三人。孫云：“《小爾雅·廣詁》云：‘贊，佐也。’三人，爲甲戟士之佐，合之五人，而分守五步，非一步有五人也。”五步有五長，十步有什長，百步有百長，孫云：“即《備城門篇》之‘帛尉’也。”尹云：“《通典·守拒法》：‘城上五步有伍長，十步有什長，五十步、百步皆有將長。’”旁有大率，孫云：“即《旗幟篇》：‘四面四門及左右軍之將，分守四旁。’”尹云：“‘率’，帥也。《説文》作‘衛’，《六韜·均兵篇》：‘五車一長，五十車一率。’”中有大將，孫云：“即《旗幟篇》中軍之將。”皆有司吏卒長。尹云：“‘皆’，階也。《淮南·氾論》‘隊階之卒’，司吏卒長，均軍官名。《管子·小匡》：‘十軌爲里，里有司。’《尉繚子·伍制篇》：‘令吏自什長以上，至左右將，皆相保也。’《兵教上篇》：‘什長教成，合之卒長。’”城上當階，有司守之。移中，王闓運云：“移大將應攻隊。”尹云：“‘中’，衝也。”中處擇急而奏之。“擇”舊作“澤”，畢云：“言居中者，擇急事奏之，‘澤’當爲‘擇’。”今據改。俞云：“畢校是也，惟未解‘奏’字之義。《史記·蕭相國世家》索隱曰：‘奏者，趨向之也。’擇急而奏之，謂有急則趨向也。”尹云：“謂急，危迫也，言擇危迫者以聞於上。”士皆有職。尹云：“‘職’，謂徽職也。《説文·衣部》：‘卒，隸人給事者爲卒，卒衣有題識者。’《尉繚子·兵教上篇》：‘卒異其章，書其章曰：某甲某士。’題識與章，皆職類也。”純一案：《説文·巾部》：“徽，徽識也。”以絳帛箸於背，亦職類。城之外，矢之所遝，“遝”舊作“還”，王云：“‘還’當爲‘遝’，謂矢之所及也，下同。”孫據正，説詳《非攻下篇》。尹云：“城之外，百步以外也。《尉繚子·制談篇》：‘殺人於百步之外者，弓矢也。’”壞其牆，無以爲客菌。蘇云：“意言城外有牆，是令敵人得障蔽以避矢，宜急壞之。”孫云：“‘菌’，猶言翳也。《周書·王會篇》有菌鶴，孔注云‘菌鶴可用爲旌翳’，是菌有翳蔽之義。”王樹枏云：“‘菌’，當爲‘圉’字之誤，言壞其牆，無以爲敵之捍圉也。”三十里之内，薪、蒸、材木皆入内。“材木”舊只作“水”，孫云：“水無入内之理，當爲‘木’，上又捝‘材’字。薪蒸，細木；材木，大木也。《雜守篇》云‘材木不能盡入者燔之’，是其證。”今據增訂。尹云：“恐爲敵用，且備城也。”歐陽云：“營城揭要，言守有五事。其五，城内外相近之處，所出之糧食材料器具，敵將攻時，急收於城内，是西人守拒之法，與此無異也。”狗彘豚鷄食其宍，畢云：“‘宍’，肉字異文。《廣韻》云：‘肉，俗作宍。’”斂其骸以爲醢，孫云：“《説文·酉部》云：‘醢，肉醬也。’《爾雅·釋器》云：‘肉謂之醢，有骨者謂之臡。’臡、醢亦通偁。”腹病者以起。孫云：“《吕氏春秋·直諫篇》高注云：‘起，興也。’謂病瘉而興起。但審校文意，似謂肉醢等當以養病者，則‘病者’當爲守圉受傷之人，不宜專舉腹病，此似有譌字。竊疑‘腹’或當爲‘腝’，即‘臡’之正字，屬上‘醢腝’爲句，於義較通也。”王闓運云：“以骨醢和麵，止泄利，且飽人也。”城之内薪蒸廬室，矢之所逮，舊作“還”，孫據王校改。皆爲之涂令固。“令固”舊作“菌令”，王樹枏云：“當作皆爲之涂令固，言薪蒸廬室，皆爲之蒙涂，令其固也。《備城門篇》云：‘五十步積薪，毋下三百石，善蒙塗。’《雜守篇》云：‘塗茅屋積薪者，厚五寸已上。’此即其義也。今本‘固’譌作‘菌’，又倒在‘令’字之上，而義遂不可通，今據正。”命昏緯狗纂馬掔緯。孫云：“《後漢書·張衡傳》李注云：‘纂，繫也。’《説文·手部》云：‘掔，固也。’《大戴禮記·夏小正》‘農緯厥耒’，傳云：‘緯，束也。’言緯纂必堅固。”純一案：下“緯”字疑衍。蘇云：“言夜必防閑狗馬，勿令驚逸。”静夜聞鼓聲而諺，畢云：“‘譟’字異文。”孫云：“《周禮·大司馬》云‘鼓皆駴，車徒皆譟’，鄭注云：‘譟，讙也。’”所以閹客之氣也，“客”，敵也，畢云：“‘閹’，遏也。”所以固民之意也，故時諺則民不疾矣。尹云：“‘疾’，病也。”孫云：“‘凡守城之法’以下至此，疑他篇之文，錯著於此。”歐陽云：“按此文似宜移置《備城門》‘十四者無一，則雖善守者不能守矣’次。

祝、史乃告於四望、山川、社稷，先戎，孫云：“‘祝史’，謂大祝、大史也。《周禮·大宗伯》鄭注云：‘四望，五嶽、四鎮、四瀆。’案：山川，葢謂中小山川在竟内者。”“先戎”舊作“先於戎”，王本删“於”字，今從之，尹本同。釋云：“‘先戎’，謂始造兵爲軍法者，其神蓋蚩尤，或云黄帝，《禮·王制》謂之禡祭。《前漢書·黄帝紀》‘祠黄帝祭蚩尤於沛庭’。”歐陽云：“‘先戎’與稱‘先嗇’、‘先農’一例。乃退。公素服誓于太廟，尹云：“太廟，始祖廟。”曰：“某人爲不道，“某”舊作“其”，蘇云：“疑當作‘某人’。”孫云：“《孔叢子》正作‘某人不道’，今據正。”不脩義詳，孫云：“‘脩’吴鈔本作‘修’。”畢云：“‘詳’、‘祥’同。”唯力是王，“力”舊作“乃”，孫云：“疑當作‘唯力是正’，《明鬼下篇》云：‘諸侯力正’。”王本作“唯力是王”。純一今從之，案：“詳”、“王”爲韻，尹本同。釋云：“‘是王’，猶言自大。”曰：‘予必懷亡爾社稷，蘇云：“‘懷’疑當作‘壞’。”王本、尹本並作“壞”。孫云：“懷猶言思也。”王樹枏説同。滅爾百姓。’二參子尚夙夜自廈，“夙”字舊脱，畢云：“‘廈’當爲‘厲’。”蘇云：“‘參’即‘三’，下‘參發’義同。‘尚’下當脱‘夙’字，或‘尚’即‘夙’字之譌。”孫云：“《孔叢子·儒服》云：‘二三子尚皆同心比力死守’，與此略同。”王本作“二三子”，注云：“尚夜當是夙夜，廈、假、暇同用字。”尹云：“‘尚’，庶幾也；‘廈’，同假，加也，言自奮。”純一今依諸校增“夙”字。以勤寡人，尹云：“‘勤’，事也。”和心比力，兼左右各死而守。”孫云：“‘兼’下疑挩一字。”畢云：“‘左右’，助也。”王闓運云：“‘而’，女也。”純一案：“兼”下當補“助”字。既誓，公乃退食。舍於中太廟之右，孫云：“茅本‘太’作‘大’。中太廟，侯國太祖之廟也。《儀禮·聘禮》賈疏，説諸侯廟制云：‘太祖之廟居中，二昭居東，二穆居西，廟皆别門。’”祝、史舍于社。百官具御，尹云：“‘具’，備也；‘御’，侍也。”乃升鼓于門，畢云：“‘門’舊作‘問’，以意改。”“升”舊譌“斗”，孫云：“‘斗’疑‘升’之誤，下云‘乃下’，文正相對。《孔叢子·儒服》云：‘乃大鼓於廟門，詔將帥，命卒習射三發，擊刺三行，告廟用兵於敵也。’”純一案“王本、尹本並作“升”，今據改。右置旂、左置旌于隅，孫云：“謂門左右隅，一置旂，一置旌也。”練名射，王闓運云：“‘練’、‘揀’通用字，選善射有名者。”參發告勝，“參發”，三射也。五兵咸備。孫云：“五兵詳《節用上篇》。”乃下，尹云：“升鼓當門，至此乃下。”出旂，舊作“出挨”，王本、尹本並如此，今從之。升望我郊。王闓運云：“升門樓望。”乃命鼓，尹云：“命擊鼓也。”王闓運云：“鼓三通也。”俄升旌，孫云：“《公羊》桓二年何注云：‘俄者，謂須臾之間。’”“旌”舊作“役”，王本、尹本並作“旌”，今從之。司馬射自門右，蓬矢射之，尹云：“‘蓬’，蒿也。”茅參發，孫云：“‘茅’當爲‘矛’。”蘇云：“屬上讀，似言束茅而射之，誤。”弓弩繼之，校自門左，孫云：“‘校’，葢軍部曲吏。《管子·度地篇》，有部校長官。《商子·境内篇》云：‘軍奪，自一級以下至小夫，命曰校徒操士。’《戰國策·中山策》云‘五校大夫’，高注云：‘五校，軍營也。’‘校’下疑挩‘射’字。”王闓運云：“‘校’，大校副將也。”先以揮，王闓運云：“蓋煇火，今火箭。”木石繼之。祝、史、宗人告社，孫云：“《左傳》哀二十四年杜注云：‘宗人，禮官也。’案：即《周禮》大小宗伯，侯國及都家並有之。”尹云：“宗人，主祭祀之官。”覆之以甑。孫云：“《説文·瓦部》云：‘甑，甗也。’此蓋厭勝之術，未詳其義。”

旗幟第六十九

畢云：“《説文》云：‘旗，熊旗五游，以象罰星，士卒以爲期。’《釋名》云：‘熊虎爲旗，軍將所建，象其猛如虎，與衆期下也。’‘幟’當爲‘織’。《詩》‘織文鳥章’，傳云：‘徽，織也。’陸德明《音義》音志云‘又尺志反’，又作‘識’。案：《漢書》亦作‘志’，而無从巾字。”純一案：《一切經音義》五十八云：幟今作幟，同尺志反，標也。”王改“幟”並爲“職”，云：“墨子書‘旗識’字如此，舊本從俗作‘幟’，篇内放此。”孫云：“‘幟’正字當作‘識’，《號令》、《雜守》二篇，‘微職’字並作‘職’者，叚借字也。王校甚是。但司馬貞、玄應所引並作‘幟’，則唐本如是，以相承已久，未敢輒改。”

守城之法，木爲蒼旗，《北堂書鈔》百二十“騎爲鳥旗，輿爲龍旗”注，引此文“木”作“水”，誤。火爲赤旗，薪樵爲黄旗，尹云：“‘黄’，土色也。”石爲白旗，“石”，《書鈔》作“金”。尹云：“石堅而色白。”水爲黑旗，“黑”，《書鈔》作“墨”。食爲菌旗，孫云：“自倉英旗以上七旗，並以色別，‘菌’非色名，疑當爲‘茜’。《説文·艸部》云：‘茜，茅蒐也。’茅蒐可以染絳，字或作‘蒨’。《左定四年傳》‘綪茷’，《雜記》鄭注，引作‘蒨旆’。”死士爲倉英之旗，蘇云：“‘倉英’當即蒼鷹。”王本“英”注“鷹”。俞云：“倉英之旗，乃青色旗，‘倉英’，即滄浪也。在水爲滄浪，在竹爲蒼筤，並是一義。此文作‘倉英’者，‘英’古音如央，故與浪同聲。”孫云：“俞説是也。”竟士爲虎旗，“竟士”《書鈔》作“士”，孫云：“‘竟’，競之借字。《逸周書·度訓篇》云‘揚舉力竟’，亦以‘竟’爲‘競’。”畢云：“猶云彊士。”蘇云：“猶言勁卒。”王樹枏云：“‘竟士’當爲‘賁士’之誤。‘賁士’見《備梯》、《備蛾傅篇》，《孟子音義》引丁音云‘虎賁，先儒言如猛虎之奔’，則‘賁’與‘虎’義相近，‘虎’舊譌‘雩’。”王云：“鈔本《北堂書鈔·武功部八》引此爲‘虎旗’，《通典》兵五亦曰：‘須戰士鋭卒，舉熊虎旗。’”純一今據正。多卒爲雙兔之旗，《書鈔》無“多”字、“之”字。尹云：“雙則多矣，兔善走，《詩》故以兔詠武夫。”五尺男子爲童旗，《書鈔》作“男爲童旗”，孫云：“‘五尺’，謂年十四以下，詳《雜守篇》。”女子爲梯末之旗，“梯末之”三字《書鈔》作“擒矢”二字。蘇云：“‘梯’，疑當作‘枯楊生稊’之‘稊’。”尹云：“‘梯’同‘㮠’，楊葉之未舒者。”弩爲狗旗，尹云：“狗性善走，或者狗斥熊子言，今之狗熊是其類。”戟爲䓀旗，畢云：“《北堂書鈔》引作‘林旗’。”孫云：“‘䓀’疑即‘旌’字。《月令》‘季秋載旌旐’，《淮南子·時則訓》‘旌’作‘茬’。‘茬’、‘䓀’皆‘旌’之譌。隸書‘旌’或作‘㫌’，形相近。《周禮·司常》九旗‘析羽爲旌’。”尹云：“‘䓀’即‘征’，善飛鳥名也。《禮記·月令》‘征鳥厲疾’注：‘征鳥，題肩也。齊人謂之擊征，或名曰鷹。’”劍盾爲羽旗，孫云：“蓋即《司常》九旗之‘全羽爲旞’。”尹云：“取輕利之義。”車爲龍旗，畢云：“舊作‘壟’，據《北堂書鈔》改。”騎爲鳥旗。孫云：“‘騎’謂單騎，即騎馬，亦見《號令篇》。”尹云：“取疾義也。”凡所求索旗，尹云：“‘索’，亦求也。”名不在書者，尹云：“謂人物之未書旗名於册者。”皆以其形名爲旗。尹云：‘繪其人物之本形於旗。”城上舉旗，尹云：“須何人物，即舉何旗以致之，見《通典·守拒法》，而文略異。”備具之，尹云：“旗備具也。”官致財物，物足而下旗。下“物”字舊譌“之”，孫云：“‘之’當作‘二’，即‘物’之重文。‘物足而下旗’，言致財物既足共城上之用，則偃下其旗也。”純一今據正。凡守城之法，石有積，樵薪有積，菅茅有積，孫云：“‘茅’，吴鈔本作‘茆’。《説文·艸部》云：‘菅，茅也。’陸璣《毛詩艸木疏》云：‘菅似茅而滑澤無毛，柔韌宜爲索。’茆、茅古字亦通。”雈葦有積，“雈”，舊譌‘藿’，孫云：“《説文·艸部》云：‘雈，藡也。’‘葦，大葭也。’《雈部》云：‘雚，小爵也。’音義並别，此‘雚’當爲‘雈’，經典省作‘萑’，或挶作‘藿’，非是。《周禮·司几筵》‘萑席’，唐石經初刻，亦誤作‘藿’。”純一今據正。木有積，炭有積，沙有積，松柏有積，蓬艾有積，麻脂有積，金錢有積，“錢”舊作“鐵”，王云：“‘金鐵’當爲‘金錢’，字之誤也。金錢、粟米，皆守城之要物，故並言之，若鐵則非其類矣。《號令篇》曰‘粟米、錢金、布帛’，又曰‘粟米、布帛、錢金’。《雜守篇》曰‘粟米、布帛、金錢’，皆其證。《太平御覽·居處部》二十引此，正作‘金錢’。”純一今據正。粟米有積，井竈有處，畢云：“《通典·守拒法》云：‘城上四隊之間，各置八旗。若須木檑拯板舉蒼旗，須灰炭稃鐵舉赤旗，須檑木樵葦舉黄旗，須沙石甎瓦舉白旗，須水湯不潔舉黑旗，須戰士鋭卒舉熊虎旗，須戈戟弓矢刀劍舉鷙旗，須皮氈麻鍱鍬钁斧鑿舉雙兔。城上舉旗，主當之官，隨色而供。’亦其遺法。”重質有居，畢云：“言居其妻子。”五兵各有旗，節各有辨，孫云："《説文·刀部》云：'辨，判也。'凡符節判析其半，合之以爲信驗。《荀子·性惡篇》云'辨合符驗'。《周禮·小宰》'傅別'，《朝士》'判書'，鄭注引故書，'别'、'判'並作'辨'，聲義並相近。"法令各有貞，孫云："《廣雅·釋詁》云：'貞，正也。'"尹云："貞定也。"輕重分數各有請，孫云："'請'與'誠'通。"主慎道路者有經。孫云："'慎'，'循'之叚字。謂循行道路也。《周禮》'體國經野'，鄭注云：'經謂爲之里數。'"尹云："'經'，常也，界也。"亭尉孫云："'亭尉'，即《備城門篇》之'帛尉'，及《迎敵祠篇》之'百長'也。"尹云："謂主亭者。"各爲幟，尹云："此謂主亭者之爲幟耳，《廣雅·釋器》云：'幟，幡也。'《説文》新附：'幟，旌旗之屬。'"竿長二丈五，帛長丈五，廣半幅者六。"六"舊譌"大"，畢云："《太平御覽》引云：'凡幟帛長五丈，廣半幅。'"孫云："《史記·高祖紀》索隱引墨翟曰'幟帛長丈五廣半幅'，《一切經音義》五十八云'墨子以爲長丈五尺，廣半幅曰幟也'，並即據此文。是唐本已如此，《御覽》不足據。後文城將幟五十尺，以次遞減至十五尺止，亭尉卑自當丈五尺，不宜與城將等也。又'者大'，畢本據惠士奇《禮説》改爲'有大'，屬下'寇傅攻前池外廉'爲句。案：'者'字不誤，'大'當爲'六'，二字形近。下文'大城'，'大'又譌'六'，可互證。六即亭尉幟之數，蓋每亭爲六幟，以備寇警緩急舉踣之用。下文舉一幟至六幟，解如數踣之，並以六爲最多，故此先著其總數也。惠、畢並誤改其文，又失其句讀。"純一案：孫説是也，今據正。寇傅攻前池外廉，孫云："'廉'，邊也，詳《雜守篇》。"城上當隊，鼓三，舉一幟；到水中周，孫云："'周'、'州'聲近通用，俗又作'洲'。《説文·川部》云：'水中可居曰州，周遶其旁。'"鼓四，舉二幟；到藩，孫云："吴鈔本作'蕃'，'藩'蓋池内厓岸，編樹竹木爲牆落。《備城門篇》云'馮垣外内以柴爲藩'，即此。《雜守篇》云：'牆外水中爲竹箭，明水在外，牆在内矣。'"尹云："'藩'，樊也，謂城邊。"鼓五，舉三幟；到馮垣，孫云："蓋卑垣在外堞外者，詳《備城門篇》。"鼓六，舉四幟；到女垣，孫云："'女垣'即堞，《説文·土部》云：'堞，城上女垣也。'《𨸏部》云：'陴，城上女墻，俾倪也。'此女垣在馮垣内，大城外，蓋即《號令篇》之'女郭'，《備城門篇》之外'堞'也。《備城門篇》别有'内堞'。"鼓七，舉五幟；到大城，畢云："'大'舊作'六'，以意改，下同。"鼓八，舉六幟；乘大城半以上，鼓無休。尹云："'休'，止也。"夜以火，尹云："不用幟以令士，《孫子·軍争篇》：'故夜戰多火鼓，晝戰多旌旗，所以變民之耳目也。'《淮南·兵略訓》：'晝則多旌，夜則多火。'"

如此數。歐陽云："《通典》：'每晨及夜平安舉一火，聞警戒舉二火，見煙塵舉三火，見賊燒柴籠。'則不獨夜有火，而晨亦有火也。"寇卻解，輒部幟如進數，王引之云："'部'讀爲'踣'，謂仆其識也。《周官·大司馬》'弊旗'，鄭注曰：'弊，仆也。'仆、踣、部古字通。《吕氏春秋·行論篇》引《詩》曰'將欲踣之，必高舉之'，踣與舉正相反。故寇來則舉識，寇去則踣識也。如進數者，如寇進之識數而遞減之。識之數以六爲最多，故寇進則自一而遞加之，寇退則自六而遞減之也。"而無鼓。蘇云："言夜以火代幟，鼓數同，寇退則無鼓也。"城將爲絳幟，舊只作"城爲隆"，孫云："疑當作'城將爲絳幟'。'絳'、'降'、'隆'聲類並同。《左成十八年傳》'魏絳'，《樂記》孔疏引《世本》'絳'作'降'，是其證。此以'降'爲'絳'，猶《尚賢中篇》以'隆'爲'降'也。'隆'下又捝'幟'字。《周禮·司常》鄭注云：'凡九旗之帛皆用絳。'城將即大將，見《號令篇》，尊於四面四門之將，故幟高於彼十尺。"純一案：孫説是也，今據補正。長五十尺，四面四門將長四十尺，孫云："《號令篇》云：'四面四門之將，必選擇之有功勞之臣，及死事之後重者。'"其次三十尺，其次二十五尺，其次二十尺，其次十五尺，高無下十五尺。舊作"四十五尺"，孫云："此四字衍，'高無下十五尺'，即冡上'長五十尺'，以次遞減，至此爲極短也。"今據删。

城中吏卒民男女皆辨異衣章微職，舊本"辨"作"荐"，無"職"字。王引之云："'荐'字義不可通，'荐'當爲'辨'，'辨'、'異'二字連文，《周官·小行人》曰：'每國辨異之。'隸書'辨'字或作'辦'，見漢李翕析《里橋郙閣頌》，因譌'而'爲'荐'。"王念孫云："'衣章微'當作'衣章微職'。《説文》：'微，識也。'墨子書'徽識'皆作'微職'，見《號令》、《雜守》二篇，章亦'徽識'之類也，故《齊策》云：'變其徽章'，'徽'亦與'微'同，此言男女之衣章徽識，皆有别也，故曰'皆辨異衣章微職'，令男女可知，且此篇以'旗幟'爲名，則當有'職'字明矣。今本'辨'譌作'荐'，'微'下又脱'職'字，故義不可通。"孫云："王校是也。"純一今據補正。令男女可知。自"城中吏卒民"至此，原文錯置在後"不從令者斬"下，今從孫校移此。城上吏卒置之背，王引之云："'卒'字涉下文'吏卒'而衍。下文卒置於頭上，則不得又置之背也。又案頭上也、肩也、背也、胸也，皆識之所置也。《説文》：'微，識也，以絳帛箸於背。'張衡《東京賦》'戎士介而揚揮'，揮同微。薛綜曰：'揮謂肩上絳幟。'皆其證。今不言識者，'城上吏'之上有捝文耳。"孫云："王説是也。此置背等，並謂吏卒所著小徽識，與上將旗不相冡。下文'城中吏卒民男女皆辨異衣章微，令男女可知'十八字，疑即此節首之捝文，傳寫誤錯著於彼，而此小徽識，遂與上旗識淆掍不分矣。

《尉繚子·經卒令》，説卒五章，前一行蒼章，置於首；次二行赤章，置於項；次三行黄章，置於胸；次四行白章，置於腹；次五行黑章，置於要。又《兵教上篇》云：'將異其旗，卒異其章。左軍章左肩，右軍章右肩，中軍章胸前，書其章曰：某甲某士。'此上文'五十尺'至'十五尺'，即謂將異旗，以下乃言卒異章之事，二書可互證。"尹云："卒衣題識也。"卒於頭上，尹云："若今帽章。'卒'，士卒也。《尉繚子·兵教》，前後章各五行，尊章置首上。"城下吏卒置之肩，畢云："舊作'眉'，據《禮》説改，下同。"尹云："若今肩章。"左軍於左肩，畢云："'左軍'舊作'在他'，據《禮説》改。"孫云："吴鈔本亦作'在他'，《道藏》本作'在也'。以字形審之，疑當作'左施於左肩，右施於右肩'。"右軍於右肩，五字舊脱，據王校補，王本、尹本並同。案：兩"於"字，疑並當作"施"，義與置同。中軍置之胷。畢云："此俗字，當爲'匈'或'胷'。"尹云："《尉繚子·分塞令篇》，'中軍左右前後軍，皆有分地。'"各一鼓，中軍一三。孫云："疑當作'中軍三'，言鼓多於左右軍。'一'衍文。"王本作"中軍日三鼓"。尹云："一日三次鼓也。"每鼓，三、十擊之，孫云："三、十擊之，謂或三擊，或十擊，多少之數不過此也。《號令篇》云'中軍疾擊鼓者三'，又云'昏鼓鼓十，諸門亭皆閉之'。"尹云："以枹擊也。"諸有鼓之吏，謹以次應之，當應鼓而不應，不當應而應鼓，下"應鼓"上舊衍"不"字，孫依蘇校據《道藏》本、吴鈔本删。主者斬。畢云："言罪其鼓主。"歐陽云："《尉繚子》曰：'鼓之而當，則賞功立名；鼓之而不當，則身死國亡，鼓之所關甚大也。'"道廣三十步，於城下夾階者，各二其井，尹云："井漏井，所以受水潦。"置鐵罋。尹云："'罋'，管也，所以通水。"於道之外爲屏，孫云："屏所以障圂。《開元占經·甘氏外官占》'甘氏云：天溷七星，在外屏南'，注云：'天溷，廁也，外屏，所以障天溷也。'史游《急就篇》云：'屏廁清溷糞土壤。'"尹云："'屏'同'庰'，廁也。"三十步而爲之圜，高丈。尹云："圜同橌，大木柵也。"爲民圂，垣高十二尺以上。巷術周道者，孫云："《説文·行部》云：'術，邑中道也。''周道'，詳《備城門篇》，言巷術通周道者。"必爲之門，畢云："'必'舊作'心'，以意改。"門二人守之，非有信符勿行，尹云："符節所以爲信，因云信符。《淮南子·要略訓》：'約重致，剖信符。'《鶡冠子·博選篇》：'信符不合，事舉不成。'"不從令者斬。孫云："自'巷術周道者'至此，並與旗幟無涉，疑它篇之錯簡。"純一案：自"各一鼓中軍"至此，均與旗幟無涉，此下舊有"城中吏卒民"云云十八字，從孫校移前。

諸守牲格者，孫云：“‘牲格’，蓋植木爲養牲闌格，守城藩落象之，因以爲名。《備蛾傅篇》云：‘杜格貍四尺，高者十尺，木長短相雜，兑其上，而外内厚塗之。’疑亦即此，彼‘杜格’當爲‘柞格’，或此牲亦當作柞，‘牲’、‘杜’、‘柞’形並相近。”三出郤適，畢云：“‘却’，《玉篇》云：‘郤字之俗。’”守以令召賜食前，孫云：“‘守’即《號令篇》之‘太守’，‘以令’亦屢見彼篇，言傳令來前賜食。”尹云：“賜食於前，優待之耳。”予大旗，蘇云：“‘予’、‘與’通用。”署百户邑，若他人財物，尹云：“言所奪敵人財物。”建旗其署，王闓運云：“此署謂三出者所守。”令皆明白知之，曰某子旗。孫云：“《尉繚子·兵教上篇》云：‘乃爲之賞法，自尉、吏而下，盡有旗，戰勝得旗者，各視其所得之𧶘，以明賞勸之心。’《左哀十三年傳》云：‘彌庸見姑蔑之旗，曰：吾父之旗也。’”牲格内廣二十五步，外廣十步，表以地形爲度。俞云：“‘表’乃‘衺’字之誤。《備穴篇》‘鑿廣三尺，表二尺’，王氏訂‘表’爲‘衺’之誤，正與此同。”靳卒中教解前後左右，孫云：“‘靳’疑當作‘勒’，《尉繚子》有勒卒令，《漢書·晁錯傳》云：‘士不選練，卒不服習，起居不精，動静不集，趨利弗及，避難不畢，前擊後解，與金鼓之音相失，此不習勒卒之過也。’蓋謂部勒兵卒，將居中而教其前後左右。‘解’字疑誤。”尹云：“‘靳’，取也，猶聚也，言聚士卒於牲格中而教之。‘解’，分也。”卒勞者更休之。“休”舊作“修”，孫據吴鈔本、茅本正。純一案：卒勞者更番休息之，自“牲格内廣”至此與旗幟無涉。

號令第七十

蘇云：“墨子當春秋後，其時海内諸國，自楚、越外無稱王者，故《迎敵祠篇》言‘公誓太廟’，可證其爲當時之言。若《號令篇》所言令丞尉、三老、五大夫、太守、關内侯、公乘男子，皆秦時官。其號令亦秦時法，而篇首稱王，更非戰國以前人語，此蓋出於商鞅輩所爲，而世之爲墨學者，取以益其書也。倘以爲墨子之言，則誤矣。”孫云：“蘇説未塙，令丞尉、三老、五大夫等制，並在商鞅前詳篇中。”

安國之道，道任地始，孫云：“《禮記·禮器》鄭注云：‘道，猶從也。’”尹云：“‘道’，自也；‘任’，用也。《周禮·載師》：‘掌任土之法，八言任地。’”地得其任則功成，地不得其任則勞而無功。人亦如此，備不先具者，無以安主，尹云：“‘主’，君也。”吏卒民多，心不一者，皆在其將長。孫云：“言責在將與長也。”諸行賞罰言諸者，非一之義。及有治者，“有”，猶專也。必出於王公。舊作“公王”，畢云：“‘公’舊作‘功’，一本如此。”孫云：“茅本亦作‘公’，《道藏》本、吳鈔本並作‘功’，此對上‘將長’爲文，疑當作‘王公’。下文云‘出粟米有期日，過期不出者，王公有之’，是其證，傳寫誤到耳。”純一案：陸本作“公”，墨子書屢言王公大人，孫説是也，今據乙。數使人行勞賜尹云：“勞，賚也。”守邊城關塞、備蠻夷之勞苦者，尹云：“所謂邊功。”舉其守率之財用有餘、孫云：“‘率’疑‘卒’之誤。”歐陽云：“‘率’即‘帥’，指守邊城之長率。《尉繚子》‘千人而率’。”尹云：“產物富之地。”不足地形之當守者，舊作守邊者，“邊”字蓋涉上文“守邊”誤衍，王本無，尹本同，今據删。尹云：“地形不足，則無險可恃，故賴善守。《管子・地圖》：‘地形之出入相錯者盡藏之。’”其器備常多者。王樹枏云：“‘常’爲‘當’字之誤。”王本、尹本並作“當”。尹云：“器謂守械。”邊縣邑，視其樹木惡則少用，孫云：“言材木不足共用。”尹云：“少用以惜物力。”田不辟，少食，畢云：“‘辟’，‘闢’假音字。”尹云：“以其非產穀之所。”無大屋、尹云：“《詩》云‘夏屋’。”草蓋，孫云：“《説文・艸部》云：‘蓋，苫也。’《釋名・釋宫室》云：‘屋以草蓋曰茨。茨，次也，次比草爲之也。’草蓋，謂以草蓋屋。”王闓運云：“無瓦也。”少用乘，各本作“桑”，一本如此。王闓運云：“‘乘’，謂車也。”尹云：“以車需木。”多財民好食。孫云：“下有捝誤。”尹云：“地多富民則可好食，而不必少食。”

爲内堞，舊作“牒”，從孫校改。内行棧孫云：“均見《備城門篇》。”置器備其上，城上吏、卒、養，孫云：“‘養’即廝養之養。《公羊》宣七年何注云：‘炊亨曰養。’”皆爲舍道内，尹云：“‘舍’，室也。”各當其隔部。孫云：“《太白陰經》司馬穰苴云：‘五人爲伍，二伍爲部。’部，隊也。隔部，即城上吏卒什人所守分地，皆有隔以別其疆界。下云‘人自大書版，著之其署隔’，則凡署皆有隔。”養、什二人。孫云：“十人爲什，言每卒十人，則有養二人。吉天保《孫子集注》引曹操云：‘一車駕四馬，養二人，主炊，步兵十人。’亦十步卒二養，與此略同。”爲符者曰養吏一人，孫云：“‘養吏’，吏掌養爲符信者。”辨護諸門。孫云：“辨護，猶言監治也，亦見《周禮・大祝》、《山虞》鄭注。《山虞》賈疏引《尚書中候握河紀》云‘堯受《河圖》，稷辨護’，注云：‘辨護者，供時用相禮儀。’案：‘辨’即今辦治字。《漢書・李廣傳》顏注云：‘護爲監視之。’此‘養吏’‘辨護諸門’，亦謂辦治監視諸守門之事，與《中侯》注義小異。”畢云：“‘辨’，即今‘辦’字正文。”門者及有守禁者，皆無令無事者得稽留止其旁，舊本重“稽”字，又“止”作“心”，《道藏》本、吴鈔本、茅本“稽”字並不重。畢云：“衍一‘稽’字。”王引之亦删“稽”，又云：“‘心’當爲‘止’，言勿令無事者得稽留而止其旁也。隸書‘止’、‘心’相似，故‘止’譌爲‘心’。”孫云：“王校是也，蘇説同，今據删正。倭刻茅本校云‘心一作止’，正與王校同。”不從令者戮。尹云：“‘戮’，罪也，一曰殺也。”

敵人但至，千丈之城，“但”，疑“俱”字之殘。孫云：“‘千’，茅本作‘十’，下文仍作‘千’。《雜守篇》云‘率萬家而城方三里’，此云‘千丈’，爲方五里有奇，蓋邑城之大者。《尉繚子・守權篇》云‘千丈之城，則萬人守之’，《戰國策・趙策》云‘今千丈之城、萬家之邑相望也’，《齊策》亦云‘千丈之城，拔之尊俎之閒’。”必郭迎之。“迎”舊作“近”，孫從畢校改。主人利，不盡千丈者，勿迎也，視敵之居曲、衆少而應之，孫云：“‘曲’，部曲。”歐陽云：“常語部居連文，則居曲即是部曲也。”此守城之大體也。其不在此中者，皆心術與人事參之。孫云：“‘心’疑當作‘以’。”

凡守城者，以亟傷敵爲上，孫云：“亟，舊本譌‘函’，今據王校正，説詳《魯問》及《備城門篇》。”畢云：“言扞禦傷敵。’”其延日持久，以待救之至，不明於守者也，舊本“不”字，倒著“也”下。孫云：“倭本校云：‘至’下脱‘不’。”王景羲云：“下文‘不’字，當在‘明於守’句上。”純一今據乙。能此，“此”，指亟傷敵言。乃能守城。守城之法，敵去邑百里以上，城將如令，“令”舊作“今”，畢云：“當爲‘令’。”孫云：“畢説是也。此書軍吏，有城將，即大將；有輔將，即四面四門之將。地治之吏，有守，有令，有丞，有尉，有五官。凡守城之事，皆城將及守令主之，並詳後。如令猶言若令，下文‘如今’，亦‘如令’之譌。”純一今據正，王本、尹本並作“令”。盡召五官及百長，孫云：“五官，蓋都邑之小吏。周制，侯國有五大夫，因之都邑亦有五官。《韓非子・十過篇》云：‘趙襄子至晉陽，行其城部及五官之藏’，此即都邑之五官，殆如後世吏有五曹之類。後文吏有比丞、比五官，則五官卑於丞也。又《左傳》成二年，晉軍帥之下，有司馬、司空、輿師、侯正、亞旅。成十八年及《晉語》，悼公命官，别立軍尉而無亞旅。《成二十五年傳》，又謂之‘五吏’。《淮南子・兵略訓》，説在軍五官，有司馬、尉、候、司空、輿，與晉制同。竊疑此‘五官’，亦與彼相類。後文有尉都司空侯，或即五官之名與？亦詳《節葬》。”以富人重室之親，舍之官府，“府”舊本譌作“符”，王引之云：“‘符’當爲‘府’，言舍富人重室之親於官府也。下文云‘其有符傳者，善舍官府’，是其證。篇内言‘官府’者多矣，若云‘舍之官符’，則義不可通。此涉上下文諸‘符’字而誤。”孫云：“王校是也，蘇説同，今據正。”謹令信人守衛之，尹云：“‘信人’，謂可信任之人。”謹密爲故。俞云：“‘故’，猶事也，言務以謹密爲事也。《備梯篇》‘以静爲故’，《備穴篇》‘以急爲故’，義與此同。”及傅城。“及傅”，舊本譌作“乃傳”。俞云：“‘乃傳’當作‘及傅’，字之誤也。上云‘敵去邑百里以上’，此云‘及傅城’，其事正相次。‘傅’即‘蛾傅’之‘傅’，《備蛾傅篇》曰‘遂以傅城’是也。”孫云：“俞校是也，今據正。”守城將營無下三百人，舊作“守將”，孫云：“‘守’下《道藏》本、吴鈔本、茅本有‘城’字。”純一案：陸本、唐本亦有“城”字，今並據增。四面四門之將，必選擇之有功勞之臣，歐陽云：“上‘之’字疑衍。”及死事之後重者，蘇云：“重者，即重室子也。”尹云：“‘後重’，謂後子而承重者。”從卒各百人。尹云：“若今衛兵。”門將並守他門，孫云：“謂他小門。”他門之上，畢云：“舊脱‘門’字，以意增。”必夾爲高樓，使善射者居焉。女郭、馮垣一人守之，舊誤重“一人”二字，從蘇校删。孫云：“‘女郭’即‘女垣’，以其在大城之外，故謂之郭。《釋名·釋宫室》云：‘城上垣亦曰女牆，言其卑小比之於城，若女子之與丈夫也。’《旗幟篇》云：‘到馮垣，鼓六，舉四幟；到女垣，鼓七，舉五幟。’”使重室子。“室”舊本誤字，王云：“‘重字子’，即‘重室子’之譌。”蘇校同，孫據正，重室子見《備城門篇》。五十步一擊。孫云：“《文選·長楊賦》李注引韋昭云：‘古文隔爲擊。’此‘擊’疑亦署隔之名。”蘇云：“‘擊’當作‘樓’。”王闓運云：“游擊將也。”尹云：“‘擊’，詰也，謂專司游行者。”因城中里爲八部，部一吏，孫云：“城内爲八部吏。”吏各從四人，王本無“吏”字。以行衝術及里中。畢云：“‘衝’當爲‘衝’，《説文》云：‘通道也。’《春秋傳》曰：‘及衝以擊之。’”孫云：“此術，與《旗幟篇》‘巷術’，及後‘術衢’義同，與《備城門篇》‘衝術’異。”里中父老不舉守之事及會計者，“父老”下舊有“小”字，王引之云：“‘父老’下不當有‘小’字，蓋涉下文‘老小’而衍。‘舉’讀爲‘吾不與祭’之與，與、舉古字通，謂里中父老不與守城及會計之事者。”純一案：王説是也，今據删。分里以爲四部，孫云：“此又於一里之中，分之爲四部。”部一長，孫云：“每里四長。”以苛往來不以時行，蘇云：“‘苛’，譏訶也。”孫云：“《周禮·射人》鄭注云：‘苛，謂詰問之。’”行而有他異者，以得其姦。吏從卒四人以上有分守者，舊無“守”字，從王校補。孫云：“此即八部，每部之吏也。”王引之云：“‘分’下當有‘守’字，而今本脱之，則文義不明。分守，謂卒之分守者也。下文曰‘男女老小，先分守者，人賜錢千’，是其證。”大將必與爲信符，大將使人行守操信符，信符不合，“符”字舊脱，今校補，王樹枏説同。及號不相應者，蘇云：“‘號’即夜間口號。”伯長以上輒止之，孫云：“‘伯’、‘百’通，即上文‘百長’。”以聞大將。畢云：“告大將。”當止不止，及吏從卒縱之，王樹枏云：“‘從吏’二字誤倒，據上文乙正。”王本無“從”字。皆斬。諸有罪，自死罪以上，舊本捝“以”字，孫從王校補。皆遝父母、妻子、同産。舊本“遝”作“還”，王云：“‘還’當爲‘遝’，謂罪及父母、妻子、同産也。下文云‘歸敵者，父母、妻子、同産皆車裂’。”孫云：“王校是也，今據正，説詳《非攻下篇》。”尹云：“同産，兄弟姊妹也。”諸男子有守於城上者，“子”舊作“女”，孫云：“疑當云‘諸男子’，《備城門篇》云‘守法：五十步，丈夫十人，丁女二十人，老小十人’，此‘男子’，即‘丈夫’也。下文别云‘丁女子’，則此不當兼有女明矣。”純一今據改。什六弩、四兵，蘇云：“十人爲什。兵，戎器也，言十人之中，弩六而兵四之。”孫云：“蘇説是也。《六韬·軍用篇》云：‘甲士萬人，强弩六千，戟櫓二千，矛楯二千。’與此率正同。”丁女子、老少人一矛。蘇云：“丁女子，猶言丁女，見《備城門篇》。”卒有驚事，孫云：“驚讀爲警。《文選·歎逝賦》李注云：‘警，猶驚也。’”蘇云：“言猝有警急之報。’”中軍疾擊鼓者三，城上道路，里中巷街，孫云：“《説文·行部》云：‘街，四通道也。’”皆無得行，行者斬。女子到大軍令行者，男子行左，女子行右，無並行，皆就其守，不從令者斬，離守者三日徇，舊本作“三日而一徇”，畢云：“當爲徇。《衆經音義》云：‘《三倉》云：徇，徧也。’”蘇云：“‘而’字衍。”孫云：“‘而一’二字，疑皆衍文，此二句，皆冡上文而箸其刑，‘不從令者斬’，即不從男行左女行右之令也。‘離守者’，即不就其守者也，與下文‘離守絶巷救火者斬’，義同。但無故離守，罪重於不從令者，故不惟斬之，且肆其尸三日，所謂‘三日徇’也。義亦詳後。”純一今據删“而一”二字。此所以備姦也。“此”舊作“而”，蘇云：“‘而’字衍。”孫云：“‘而’乃‘此’字之誤，非衍文。下文云‘此所以勸吏民堅守勝圍也’，是其證。”純一今據改。里缶與皆守宿里門，孫云：“‘里正’即上文‘里長’，每里四人。”王闓運云：“守宿里門，言缶里之本職。”純一案：“與”同“舉”。吏行其部至里門，缶與開門内吏，蘇云：“‘内‘讀如‘納’。”吴摯甫云：“與猶爲也，言正爲之開門而納吏也。”與行父老之守，吴摯甫云：“言正與吏，共巡梘父老之守也。”尹云：“《公羊宣十五年傳》注‘一里八十户，八家共一巷，中里爲校室，選其耆老有高德者名曰父老’，其有辯護伉健者爲里正，皆受倍田得乘馬，父老比三老孝弟官屬，里正比庶人在官之吏。”及窮巷幽閒無人之處。舊本無“幽”字，俞云：“‘閒’上脱‘幽’字，‘幽閒’二字連文。見《明鬼篇》、《天志篇》。”孫據增。姦民之所謀爲外心，罪車裂。尹云：“‘外心’，外叛之心。《管子·版法》：‘驟令不行，民心乃外。’”孫云：“《周禮·條狼氏》‘誓馭曰車轘’，鄭注云：‘謂車裂也。’此刑與斬别。”缶與父老及吏主部者不得，皆斬，尹云：“上云里爲八部，部一吏。”王闓運云：“徇者斬之。”得之，除，畢云：“舊脱‘得’字，據下文增。”孫云：“茅本‘得’字不脱。”尹云：“‘除’，免也，謂免罪。”又賞之黄金，人二鎰。蘇云：“此連坐之法，唯得罪人則除其罪，且有賞也。”孫云：“鎰，二十四兩也，詳《貴義篇》。”大將使信人行守，“信”舊作“使”，孫云：“‘使人’當作‘信人’，上云‘謹令信人守衛之’，下云‘大將使信人將左右救之’，皆其證。”今據改。長夜五循行，蘇云：“‘循’、‘徇’通用。”短夜三循行。尹云：“‘循’，巡也。《齊策》‘明日乃厲氣循城’。”四面之吏，尹云：“城四面也。”亦皆自行其守，如大將之行，尹云：“長夜五，短夜三也。”不從令者斬。

諸竈必爲屏，畢云：“舊‘必’作‘火’，‘屏’作‘井’，據《藝文類聚》改。”火突高出屋四尺，火突，煙囱。慎無敢失火，《藝文類聚》八十引作“慎無失火。”畢云：“今江浙人家有高牆出屋如屏，云以障火，是其遺制。”失火者斬，其端失火，以爲亂事者，孫云：“‘端’，似言失火所始。‘以爲事者’，據下文當作‘以爲亂事者’，此捝‘亂’字。”今據補。車裂。伍人不得，斬；孫云：“‘伍’，吴鈔本、茅本作‘五’，下並同。”畢云：“言同伍不舉，罪之。”尹云：“《尉繚子·伍制令》：‘軍中之制，五人爲伍，伍相保也，伍有干令犯禁者，揭之免於罪，知而弗揭，全伍有誅。’”歐陽云：“《尉繚子》以同罪保伍，謂之連刑。”得之，除。救火者，無敢讙譁，畢云：“《説文》云：‘讙’，‘譁’轉注。”尹云：“‘讙’，同叩，驚呼也。”及離守，絶巷救火者斬。尹云：“‘絶’，越也。”其缶及父老有守者，巷中部吏皆得救之。“者”舊譌“此”，孫云：“‘此’當作‘者’，二字草書相似，因而致誤。‘部吏’，即城中八部，部一吏，官尊於里正。或有適居是巷者，亦得救之。”純一案：孫説是，今據正。部吏亟令人謁之大將，《玉篇》：“謁，告也，白也。”畢云：“‘部吏’二字舊倒，據下移。”孫云：“吴鈔本不倒，‘亟’舊本譌‘函’，今據茅本正。”王校同。大將使信人將左右救之，部吏失不言者斬。諸女子有死罪，及坐，尹云：“‘及坐’，連坐也。”失火皆無有所失，尹云：“言無所損。”逮，孫云：“《漢書·淮南厲王長傳》顔注云：‘逮，追捕之也。’”其以火爲亂事者如法，尹云：“如法而連坐也。”圍城之重禁。孫云：“以上備火之禁。”

敵人卒而至，蘇云：“‘卒’、‘猝’同。”嚴令吏民，無敢讙囂、三冣並行，“冣”舊作“最”，王引之云：“‘最’當爲‘冣’，‘冣’與‘聚’通，謂三人相聚，二人並行也。《説文》：‘冣，積也。’徐鍇曰：‘古以聚物之聚爲冣。’‘冣’與‘最’字相似，故諸書中，‘冣’字多譌作‘最’。”孫云：“王説是也。”純一今據改。相視坐泣流涕。若視“視”字疑涉上文而衍。舉手相探、孫云：“《説文・手部》云：‘探，遠取之也。’”相指、相呼、尹云：“‘呼’固‘謼’，評也。《禮記・曲禮》‘城上不呼’。”相麾、畢云：“舊作‘歷’，以意改。”孫云：“《詩・小雅・無羊》云‘麾之以肱’，《説文・手部》云：‘麾，旌旗所以指麾也。’‘麾’，俗摩字。”相踵、孫云：“《説文・止部》云：‘歱，跟也。’‘踵’即‘歱’借字。謂以足跟相躡也。”相投、孫云：“《説文・手部》云：‘投，擿也。’”相擊、相靡以身及衣、孫云：“謂以身及衣相切靡。《莊子・馬蹄篇》‘喜則交頸相靡’，《釋文》：‘李云：靡，摩也。’《易・繫辭》‘剛柔相摩’，韓注云：‘相切摩也。’摩、靡字同。”訟駮言語，畢云：“《説文》云：‘駮，獸如馬。’‘駁，馬色不純。’據此義當爲‘駁’。”尹云：“‘訟’，争也。‘駮’同‘駁’，訟駮言語者，謂哤雜之言。”及非令也，而視敵動移者斬。伍人不得，斬；得之，除。孫云：“《尉繚子・伍制令》云：‘伍有干令犯禁者，揭之，免於罪。知而弗揭，全伍有誅。’又云：‘吏自什長以上，至左右將，上下皆相保也，有干令犯禁者，揭之，免於罪。知而弗揭者，皆與同罪。’”歐陽云：“《尉繚子》：‘什伍相結，上下相聯，無有不得之姦，無有不揭之罪。’軍令之嚴密，大抵如斯。”伍人踰城歸敵，尹云：“‘歸’，猶降也。”伍人不得，斬；與伍歸敵，舊作“與伯歸敵”，王樹枏云：“當作‘與伍歸敵’，上言‘伍人踰城歸敵，謂一伍之人，有歸敵者’，此言與伍歸敵，謂伍人皆歸敵也。”純一案：王校是也，今據正。隊吏斬；孫云：“‘隊吏’，即上文之‘伯長’、‘百長’。”與吏歸敵，隊將斬。孫云：“‘隊將’，即四面四門之將。”歸敵者，父母、妻子、同産，皆車裂；先覺之，除。蘇云：“言先覺察者，除其罪也。”尹云：“言覺而先告。”當術孫云：“‘術’、‘隧’通。‘當術’，即《備城門篇》之‘當隊’，謂當敵攻城之道也。下云‘却敵於術’同。”需敵孫云：“‘需’吴鈔本作‘舒’。‘需’讀爲‘懦’，《考工記・輈人》‘馬不契需’，鄭衆注云：‘需讀畏需之需。’需敵，謂怯敵也。”離地，斬。畢云：“言離其所。”歐陽云：“《尉繚子》‘將自千人以上，有戰而北，守而降，離地逃軍，命曰國賊。身戮家殘，去其籍，發其墳墓，暴其骨于市，男女公于官，自百人以上，有戰而北，守而降，離地逃衆，命曰軍賊。’身死家殘，男女公于官，蓋軍事所關甚大，其威刑固宜較常加重也。”伍人不得，斬；得之，除。其疾鬬却敵於術，敵下終不能復上，疾鬬者隊二人賜上奉。畢云：“《玉篇》云：‘俸，房用切；俸，禄也。’此作‘奉’，古字。”而勝圍，戴云：“‘而’讀爲‘如’，‘如勝圍’句。”尹云：“‘而’，能也。”城周里以上，王闓運云：“解圍之遠。”封城將三十里地，尹云：“‘城將’，城内主將也。”爲關内侯，畢云：“《韓非子·顯學》云‘關内之侯，雖非吾行，吾必使執禽而朝’，《史記·春申君列傳》，黄歇上書云‘韓必爲關内之侯’，又云‘魏亦關内侯’，則戰國時有關内侯也。”孫云：“《戰國策·魏策一》‘王不若與竇屢關内侯’。《漢書·百官公卿表》，秦制，賞功勞爵二十級，十九，關内侯，顔注云：‘言有侯號，而居京畿，無國邑。’”輔將如令，賜上卿，“令”舊本誤“今”，蘇云：“輔將，城將之次者，猶裨將也。‘今’當爲‘令’。”孫云：“蘇説是也。今據正。輔將，即上文四面四門之將也。《漢書·百官表》，縣令長，皆秦官，皆有丞尉。《史記·商君傳》云‘集小都鄉邑，聚爲縣，置令丞’，《秦本紀》，在孝公十二年。《國策·趙策》，載趙受上黨千户封縣令，則縣有令，蓋七國之通制矣。”丞及吏比於丞者，賜爵五大夫，孫云：“《漢書·百官表》‘秦爵九，五大夫’，顔注云：‘大夫之尊也。’《吕氏春秋·直諫篇》，荆文王時有五大夫。《戰國策》趙、魏、楚策亦並有之，則非秦制也。”尹云：“‘丞’，佐也，謂佐軍事者。”官吏、豪傑與計堅守者，畢云：“二字舊倒，以意改。”士人及城上吏，比五官者，“士人”舊訛“十人”，從蘇校改。孫云：“下文云‘諸人士外使者來必令有以執將’，‘士人’，即‘人士’也。城上吏，蓋即百尉之屬，上云‘盡召五官及百長’。”皆賜公乘。孫云：“《漢書·百官表》‘秦爵八，公乘’，顔注云：‘言其得乘公家之車也。’”男子有守者，爵人二級，孫云：“《九章算術·衰分篇》劉注云‘《墨子·號令篇》以爵級爲賜’，蓋即指此文。”尹云：“秦爵：一級曰公士，二級曰上造。《商君書·境内》：‘陷隊之士，人賜爵一級。’”女子賜錢五千，孫云：“此亦謂有守者。”男女老小先分守者人賜錢千，孫云：“‘先’當作‘無’，《説文》‘無’，古文‘奇’字作‘无’，與‘先’相似，因而致誤。‘無分守者’，與上文‘有分守’者，正相對。以其本無分守，故止人賜錢千，與上有守者男子賜爵、女子賜錢五千，輕重異也。”復之三歲無有所與，不租税。孫云：“《漢書·高帝紀》‘蜀漢民給軍事勞苦，復勿租税二歲’，顔注云：‘復者，除其賦役也。’《紀》又云‘過沛，復其民，世世無有所與’，注云：‘與讀曰豫。’”尹云：“‘與’，豫也，言不豫徭役。”此所以勸吏民堅守勝圍也。吏卒侍大門中者，孫云："此謂城將所居大門。"曹無過二人。孫云："《雜守篇》云：'守大門者二人，夾門而立。'"畢云："《説文》云：'曹，獄之兩曹也。在廷東，从棘，治事者从曰。'案：即兩造，'造'、'曹'音近。而《蜀志》杜瓊曰：'古者名官職不言曹，始自漢以來名官盡言曹，吏言屬曹，卒言侍曹'，非也。"勇敢爲前行，伍坐，蘇云："謂五人並坐。"令各知其左右前後。尹云："合己與左右前後卒，則爲五人。《逸周書・武順篇》：'一卒居前曰開，一卒居後曰敦，左右一卒曰閭，四卒成衛曰伯。'"擅離署戮。門尉晝三閱之，孫云："《説苑・尊賢篇》：'宗衛相齊罷歸，召門尉田饒等二十有七人而問焉。'《漢書・高祖功臣侯表》，有門尉耏跖，蓋亦沿戰國之制。"莫畢云："《説文》云：'莫，日且冥也。'"鼓擊，門，閉，一閱。尹云，谓夜阅也，守尹云："守城之長。"時令人參之，上逋者名。蘇云："'參'，猶驗也。'逋'，謂離署者。"鋪食皆於署，王闓運云："'鋪'，卧也，今云牀鋪。"不得外食。蘇云："鋪謂坐處，言不得離署而他食也。"尹云："言不在外寄食。"守必謹微察視謁者，孫云："《國策・齊策》'王斗見齊宣王，宣王使謁者延入'，《漢書・百官公卿表》'謁者，掌賓贊受事'，應劭云：'謁，請也，白也。'《孫子・用間篇》云：'必先知其守將、左右、謁者、門者、舍人之姓名。'"執盾、孫云："《漢書・惠帝紀》注，應劭云：'執楯，親近陛衛也。'《高祖功臣侯表》，有執盾閻澤赤、繒賀、孔藂、某襄、張説。"中涓，孫云："《史記・高祖功臣侯表》集解引《漢儀》注云：'天子有中涓，如黄門皆中官者。'《國語・吴語》'涓人疇'，韋注云：'涓人，今中涓也。'《史記・楚世家》作'鋗人'，韋昭云：'今之中涓是。'《説苑・奉使篇》云：'緤北犬敬上涓人。'《史記・萬石君傳》正義'如淳云：中涓，主通書謁出入命也。'《漢書・陳勝傳》'故涓人將軍吕臣爲蒼頭軍'注：'應劭云：涓人，如謁者。'《曹參傳》，'顔注云：中涓，親近之臣，若謁者、舍人之類。涓，潔也，主居中掃潔也。'"及婦人侍前者，"侍"舊本譌"待"，孫據蘇校正，王本、尹本並同。尹云："婦人謂婢妾。《周禮》有'婦官'，《左傳》有'宦女'，漢有官女。《管子・戒篇》'中婦諸子'注：'以爲内官之號，皆婦人侍前者。'"志意、顔色、使令、言語之請。蘇云："'請'讀如'情'。"及上飲食，必令人嘗，尹云："'嘗'，口味之也。"若非請也，繫而詰故。舊本"若"作"皆"，"繫"作"擊"，"詰"作"請"。蘇云："上句'請'讀如'情'，下句'如'字，謂詰問也。"孫云："'皆'疑'若'之誤。末句當作'繫而詰故'，謂囚繫而詰問其事故也。"純一案：孫説是也，今並據改。守有所不説，孫云："吴鈔本、茅本作'悦'。"純一案：陸本、唐本作"悦"。謁者、執盾、中涓及婦人侍前者，"侍"，唐本作

“待”。守曰斷之、孫云：“‘斷’，即斬也，詳《迎敵祠篇》。”衝之、孫云：“‘衝’與‘撞’通，《説文·手部》云：‘撞，凡擣也。’”若縛之不如令，及後縛者，皆斷，必時素誡之。孫云：“‘必’，吴鈔本作‘不’。”尹云：“‘素’，豫也。”諸門下朝夕立若坐，各令以年少長相次，尹云：“‘次’，敘也。”旦夕就位，先佑有功有能，畢云：“‘佑’舊作‘估’，非。此‘右’字俗加人。”尹云：“‘佑’同‘右’，言列諸右以尊之。《前漢書·高帝紀》‘無能出其右者’。”其餘皆以次立。五日官各上喜戲、“喜”，王本、尹本並作“嬉”。居處不莊、好侵侮人者一。孫云：“此謂察諸門下侍從吏人之事，然五日既太疏闊。‘喜戲、居處不莊、好侵侮人者’，又不宜限以人數，於文義終難通。疑當作‘日五閲之，各上喜戲、居處不莊、好侵侮人者名’。‘閲’與‘官’艸書相近，‘日五’誤到，下捝‘之’字，‘名’又譌作‘一’。《雜守篇》，説‘守大門者二人，吏日五閲之，上逋者名’，是其證也。”諸人士外使者來，必令有以執。畢云：“‘令’舊作‘合’，以意改。”孫云：“謂旗章符節之屬。”王闓運云：“無符驗不得入。”將出而還。尹云：“‘還’，反也，謂將出而以符驗反於門者。”若行縣，必使信人先戒舍室，乃出迎門守乃入舍。孫云：“‘門’當爲‘聞’，言先告守將，乃入舍也。下文：‘候以聞守’，是其證。”王闓運云：“至門，又設守，乃入，防姦變。”純一案：“乃出迎門”句，言出迎於門，守乃入舍。爲人下者，常司上之，王引之云：“‘司’，古‘伺’字也。‘之’讀爲‘志’。墨子書或以‘之’爲‘志’字，見《天志》中、下二篇。言爲人下者，常伺察上人之志，隨之而行也。”蘇云：“司上之，當言‘伺上所之’。”隨而行，松上不隨下。王引之云：“‘松’讀爲‘從’。《學記》‘待其從容’，鄭注：‘從或爲松’，是其例也。言從上不隨下也。”必須□□隨。疑爲“必須命而隨”，言雖隨而行，必待上命而後相隨。客卒守主人，及以爲守衛，王闓運云：“客卒，援師也，不令守城，唯令守衛主人帳前。”主人亦守客卒。孫云：“‘客卒’，謂外卒來助守者。‘主人’，謂内人爲守卒者，二者使互相守察，防其爲姦謀也。”城中戍卒，其邑或以下寇，謹備之，數録其署，蘇云：“此即守客卒之事，蓋戍卒之入衛者，或其鄉邑，已爲敵人所取，則必謹防其卒，恐生内變也，‘以’、‘已’已通用。”孫云：“《漢書·董仲舒傳》，顔注云：‘録，謂存視之也。’”同邑者，尹云：“謂戍卒家居之邑相同者。”勿令共所守。尹云：“分守則易防。”與階門吏爲符，孫云：“‘階吏’，即《迎敵祠篇》所云‘城上當階，有司守之’是也。”符合，入，勞；“入”舊作“人”，孫據《道藏》本正。尹云：“謂慰勞戍卒中，其家居之邑已下，因而亡其家者。”符不合，收，言守。舊作“牧守言”，蘇云：“‘牧’當作‘收’，謂收治之。”孫云：“蘇校是也，此當作‘收言守’，謂收而告之守也。後云‘亟以疏傳言守’。”純一今並據蘇、孫説正。若上城者，舊作“城上”，孫云：“吴鈔本、茅本作‘上城’。”純一案：陸本、唐本均作“上城”，今並據乙。衣服他不如令者。王闓運云：“上城無符者，有符而衣服及他可疑者。”孫云：“下有挩文。”宿鼓，王闓運云：“事已急迫，即鼓以警。”孫云：“《周禮·修閭氏》，鄭衆注云：‘宿，謂宿衛也。’謂夜戒守之鼓。”在守，謂責在守將。大門中莫令騎，尹云：“‘莫’，無也，言必步行。”若使者操節，閉城者皆以執，王闓運云：“必有符驗。”毚昏。鼓，尹云：“‘毚’，同纔，初也。”鼓十，諸門亭皆閉之，蘇云：“上云‘莫鼓擊，門閉’，即此。”行者斷，必繫問行故，“繫”舊作“擊”，從孫校改，言必繫而稽留之，問其夜行之故，乃視其罪之輕重而行罰。乃行其罪。王闓運云：“犯夜有輕重。”晨見，王闓運云：“辨色時。”尹云：“謂天曙時。”掌文鼓，縱行者。尹云：“文鼓，鼖鼓也。《詩》作‘賁鼓’，長凡八尺；《周禮·鎛師》‘凡軍之夜，三鼜皆鼓之，守鼜亦如之’，鄭注：‘守鼜，備守鼓也，鼓之以鼖鼓。’《司馬法》曰：‘昏鼓四通爲大鼜，夜半三通爲晨戒，旦明五通爲發昫。’晨戒者，警衆豫使嚴備，侵早當行；發昫者，晨昫之時當發。即此所云‘掌文鼓，縱行者’。‘縱’，放也。”諸城門吏，各入請籥，“入”，陸本作“人”，誤。開門已，輒復上籥。蘇云：“‘籥’同‘鑰’。”孫云：“《説文》門部作‘闟’。《月令》鄭注云：‘管籥，搏鍵器也。’孔疏云：‘管籥以鐵爲之，似樂器之管籥，搢於鏁内，以搏取其鍵也。’《周禮·司門》，‘掌授管鍵，以啓閉國門’，鄭司農注云：‘管，謂籥也；鍵，謂牡。’”尹云：“此云請籥，以戰時籥存主帥處。”有符節，不用此令。寇至，樓鼓五，有周鼓，孫云：“‘有’讀爲‘又’，言樓鼓五下，又周徧鼓以警衆也。”雜小鼓乃應之。孫云：“《尉繚子·勒卒令》云：‘商，將鼓也。角，帥鼓也。小鼓，伯鼓也。”小鼓五，後從軍，斷。王闓運云：“凡言斷者，蓋斬左趾。”命必足畏，尹云：“‘畏’，威也。”賞必足利，令必行，令出，輒人隨，省其行、不行。“行”上舊有“可”字。孫云：“‘人’舊本譌‘入’，今據《道藏》本、吴鈔本、茅本正。‘可’字疑衍，言凡出令，必以人隨而省察其行不行也。”今據删。號，尹云：“謂口號也。《管子·幼官篇》‘慎號審章’。”夕有號，孫云：“《備梯篇》云‘以號相得’，倭本校云‘夕’一作‘名’。”失號，斷。爲守備程，而署之曰某程，尹云：“‘程’，法也；‘署’，表也，題也。”置署街衢階若門，舊本

“街”字誤重，從蘇校删，王本、尹本並同。尹云：“言階門均署程也。”令往來者皆視而放。蘇云：“‘放’，依‘倣’也。”孫云：“‘放’疑當爲‘知’。”諸吏卒民，有謀殺傷其將長者，與謀反同罪，有能捕告，賜黄金二十斤，謹罪。尹云：“‘謹’，嚴也。”非其分職而擅取之，“取之”舊本倒，王引之云：“擅之取，當爲擅取之，與‘擅治爲之’對文。今‘取之’二字倒轉，則文不成義。”孫云：“王校是也。”蘇校同，今據乙正。若非其所當治，而擅治爲之，斷。諸吏卒民，非其部界，而擅入他部界，輒收，畢云：“舊作‘牧’，以意改。”以屬都司空若候，孫云：“《漢書·百官公卿表》‘宗正屬官，有都司空令丞’。如淳云：‘都司空，主水及罪人’。《説文·㹜部》云：‘獄，司空也，復説獄司空。’此候爲小吏，與後‘候敵’之‘候’異。都司空候，疑即五官之二，説詳前。”尹云：“‘候’，候人也，所以備姦宄。《周禮·夏官》：‘候人，各掌其方之治道與其禁令。’”候以聞守，不收而擅縱之，斷。能捕得謀反、賣城、踰城歸敵者一人，“歸”字舊脱，從畢校補。以令爲除死罪二人，城旦四人。孫云：“《漢書·惠帝紀》注，應劭云：‘城旦者，旦起行治城，四歲刑也。’”尹云：“許其以捕得之功，代贖人罪。”反城事父母去者，尹云：“言託詞以養父母。”去者之父母妻子悉舉，尹云：“悉没官爲奴婢。《史記·商君傳》‘舉以爲收奴’。”歐陽云：“《尉繚子》：‘卒逃歸至家日，父母妻子弗捕執及不言，亦同罪。’與此可互稽。”民室材木、瓦若藺石數，“瓦”舊本誤“凡”，王引之云：“‘凡’字義不可通，‘凡’當爲‘瓦’字之誤也。‘若’，猶及也，與也，謂民室之材木瓦及藺石也。‘材木’、‘瓦’、‘藺石’，即《備城門篇》之‘材木’、‘瓦石’、‘藺石’，又見《雜守篇》。《漢書·晁錯傳》曰‘具藺石布渠荅’。”孫云：“王説是也，今據正。《漢書·晁錯傳》注，服虔云：‘藺石，可投人石。’如淳云：‘藺石，城上雷石也。’”《李廣傳》作‘壘石’。《説文·㫃部》云：‘旝，建大木，置石其上，發以機，以槌敵。’”署長短大小，尹云：“‘署’，題也。”當舉不舉，吏有罪。諸吏卒民“吏”字從孫校增。居城上者，各葆其左右，孫云：“‘葆’，吴鈔本作‘保’。”尹云：“‘葆’，即保任也。《周禮·大司徒》：‘令五家爲比，使之相保。’《管子·小匡》：‘卒伍之人，人與人相保。’”左右有罪而不智也，畢云：“‘智’同‘知’。”其次伍有罪。尹云：“‘次’，編。”若能身捕罪人，若告之吏，皆構之。顧云：“‘構’讀爲‘購’，《説文》：‘購，以財有所求也。’”蘇云：“構與購同，謂賞也。”若非伍而先知他伍之罪，皆倍其構賞。城外令任，城内守任。孫云：“言城外内，守與令分任之。‘令’即縣令，‘守’即太守也。”令、丞、尉，亡，得入當，孫云：“凡守人亡其所司，令、丞、尉當受譴罰者，使得别入當以自贖，即下云‘必取寇虜’是也。《尉繚子·束伍令》云：‘亡伍而得伍，當之；得伍而不亡，有賞。亡伍而不得伍，身死家殘。’又説‘亡長得長，當之’，‘亡將得將，當之’。彼法，本伍亡而得别伍之人，則相抵當免其罪。亡長、亡將亦然。與此入當之法，小異而大同。”王闓運云：“‘當’，質也。”滿十人以上，令、丞、尉奪爵各二級；百人以上，令、丞、尉免，以卒戍。蘇云：“言免官而遣戍。”諸取當者，必取寇虜乃聽之。蘇云：“‘當’，謂其值足以相抵也。”募民欲以財物粟米貿易凡器者，舊本“以”字在“米”下，文義不順，從孫校乙。以平賈予。舊作“卒以賈予”，孫云：“此當作‘以平賈予’。《雜守篇》云：‘皆爲置平賈’，可證。隸書‘卒’或作‘卆’，‘平’、‘與’相近而誤。今本又到其文，遂不可通。”純一案：孫説是也，今據乙正。尹云：“‘募’，廣求也。”王闓運云：“民以財粟易器，官以價與有器者，而收其財粟，則價專爲錢，非財粟也，圍城急於得米粟。”蘇云：“‘賈’、‘價’同，言平其值也。”邑人知識、昆弟有罪，雖不在縣中而欲爲贖，王闓運云：“城中人贖城外罪人。”若以粟米、錢金、布帛、他財物免出者，言入財免罪出獄。令許之。尹云：“以其可供軍實。”傳言者十步一人，王闓運云：“傳上令。”純一案：亦達下情。稽留言及乏傳者，斷。蘇云：“稽留，謂不以時上聞。乏傳，不爲通也。”尹云：“‘稽’，延也；‘留’，止也。”諸可以便事者，亟以疏傳言守。孫云：“‘亟’舊本誤‘函’，下同，今並據茅本正，王校同。《漢書·蘇武傳》，顔注云：‘疏，謂條録之。’”尹云：“所謂上書陳言者。便，利也，傳言者，爲之陳於守。”吏卒民欲言事者，亟爲傳言請之吏，稽留不言請者斷。“請”舊譌“諸”，從畢校改。縣各上其縣中豪傑，若謀士、居大夫，畢云：“其大夫之家居者。”王闓運云：“致仕大夫。”俞云：“上不能悉知，故使縣各上其名也。”純一案：《淮南子·泰族訓》“智過萬人者謂之英，千人者謂之俊，百人者謂之豪，十人者謂之傑”，此蓋以才智過人渾言之。尹云：“備軍事顧問也。”重厚口數多少。畢云：“重厚，言富厚。”尹云：“備籌餉也，口數多少，以便徵兵。”官府城下吏卒民家，孫云：“‘家’，吴鈔本、茅本作‘皆’。”純一案：陸本、唐本並作“皆”，今據各本增“皆”字。皆前後左右相傳保火。火發自燔，孫云：“《説文·火部》云：‘燔，爇也。’”燔曼延，句。燔人，句。俱從畢讀，孫云：“《説文·又部》云：‘曼，引也。’《廴部》云：‘延行也。’”歐陽云：“上句言其延燒，下句言‘其灼傷人也’。”斷。諸以衆彊凌弱少，及彊姧人婦女，畢云："《玉篇》云：'姧同姦，俗。'"孫云："吴鈔本作'强奸'。"純一案："姧"，陸本、唐本並作"姦"。以讙譁者皆斷。王闓運云："'以'，與也。"諸城門若亭，謹候視往來行者符，符傳疑，孫云："《周禮·司關》'有節傳'，鄭注云：'傳，如今移過所文書。'《釋名·釋書契》云：'過所或曰傳。傳，轉也，轉移所在，執以爲信也。'崔豹《古今注》云：'凡傳皆以木爲之，長五寸，書符信於上，又以一板封之，皆封以御史印章，所以爲信也。'未知周制同否。疑，謂疑其矯僞也。"若無符，皆詣縣廷言請，孫云："'廷'舊本誤'延'，今據茅本正。《説文·廴部》云：'廷，朝中也。'縣廷，令所治。《後漢書·郭太傳》，李注引《風俗通》云：'廷，正也，言縣廷、郡廷、朝廷，皆取平均正直也。'"王樹枏云："讀'皆詣縣廷言請'句。"純一今從之，"請"、"情"通，實也。問其所使；"問"，詰也。其有符傳者，善舍官府。其有知識、兄弟欲見之，爲召，尹云："'召'，評也，評其出見，凡以言曰召，以手曰招。"勿令入，舊脱"入"字，從蘇校補，王本、尹本並同。尹云："言令於客疛少坐，不得入内。"里巷中三老、守閭，孫云："'三老'，詳《備城門篇》。"尹云："'閭'，里門也。"令厲繕，尹云："言厲兵繕甲。"夫爲荅。王闓運云："上云二步一荅，廣九尺。"尹云："'夫'，人也。"若他以事者，微者，尹云："'微'，無也，謂無事者。"不得入里中，三老不得入人家。舊作"家人"，孫云："'家人'疑到，謂入平民家也。"純一今據乙。王闓運云："當常守閭。"傳令里中者以羽，"者"舊譌"有"，從蘇校正，王本、尹本並同。尹云：'所謂羽檄。"羽在三老所，舊作"三所差"，文不成義。蘇云："'三'下當脱'老'字，而'差'字即'老'字之訛，誤倒也。"今據乙正。家人各令其官中，孫云："倭本校云：'官，一作家。'"蘇云："'官'當作'宮'。"王本、尹本並作"宮"。純一案："其"字上尚有脱字。失令若稽留令者斷。家有守者治食，王闓運云："司炊爨。"吏卒民無符節，而擅入里巷官府，吏、三老、守閭者失苛止，畢云："言不訶止之。舊作'心'，以意改。"皆斷。諸盜守器械、財物，及相盜者，直一錢以上皆斷。尹云："'錢'，金幣之名，古名曰泉。"吏卒民各自大書於桀，舊作"傑"，此從吴鈔本，王本、尹本並同。洪云："'桀'，古通作楬字。《周禮·職幣》'皆辨其物而奠其録，以書楬之'，鄭注：'楬之，若今時爲書以著其幣。'"孫云："'桀'與'楬'通，詳《備蛾傅篇》。"著之其署隔，"隔"舊作"同"，從孫校改。守案其署，尹云："'案'同'按'，視也。"擅入者斷。城上日壹發席蓐，孫云："'日'上疑捝'三'字，後云'葆宮三日一發席蓐’。《爾雅·釋器》云‘蓐謂之兹’，郭注云：‘蓐，席也。’”令相錯發，蘇云：“言互相稽察。”尹云：“言每日易人以發之。”有匿不言人所挾藏在禁中者斷。王本“斷”上有“皆”字，尹云：“人所挾藏禁品，發席尊者不得匿而不言，倘有匿而不言則論辠。”吏卒民死者，輒召其人，尹云：“‘召’，評也；‘人’，謂死者家屬。”與次，尹云：“‘次’同‘資’，財也，所謂卹金。”司空葬之，尹云：“葬於公壤，司空主土，又主書勳，故掌其事。”令勿得坐泣。舊作“勿令”，今校乙。傷甚者，令歸家治病，“家”字舊在“病”下，文義不順，今校乙。善養，予醫給藥，賜酒日二升、肉二斤，令吏數行閭視病，有瘳，畢云：“《説文》云：‘瘳，疾瘉也。’”輒造事上。孫云：“謂病瘳，即造守所供役也。”詐爲自賊傷以辟事者，畢云：“‘辟’同‘避’，言詐爲廢疾以避事。”族之。孫云：“謂夷三族，詳後。”歐陽云：“《虎鈐經》曰：‘託傷詭病，以避艱難，此謂亂軍，如是者斬之。’此言族，則其法更嚴矣。”事已，守使吏身行死傷者家，“家”字舊挩，孫據《道藏》本、吴鈔本、茅本增。”歐陽云：“嘉靖本亦有‘家’字。”王樹枏云：“身行死傷，語意不完，據下文‘必自行死傷者家，以弔哀之’，則此文‘死傷’下脱‘者家’二字。”純一今據補者字。尹云：“身親也。”臨户而悲哀之。寇去，事已，塞禱。孫云：“《史記·封禪書》‘冬塞禱祠’，索隱云：‘塞與賽同。賽，今報神福也。’《漢書·郊祀志》，顔注云：‘塞，謂報其所祈也。’《管子·禁藏篇》云‘塞久禱’。《韓非子·外儲説右篇》云：‘秦襄王病，百姓爲之禱。病愈，殺牛塞禱。’”畢云：“‘塞’即‘賽’正文。”守以令益邑中豪傑力鬬諸有功者，孫云：“‘益’猶言加賞也。《商子·境内篇》云：‘能得爵首一者，賞爵一級，益田一頃，益宅九畝。’”必身行死傷者家，以弔哀之，身見死事之後。尹云：“所謂孤子，《管子·輕重甲》‘桓公欲賞死事之後’。”城圍罷，主亟發使者往勞，“亟”舊本亦譌“函”，孫據茅本正，王校同。蘇云：“‘勞’讀去聲，謂慰問也。”王闓運云：“‘主’，主守者。”舉有功及死傷者，數使睿禄，孫云：“‘使’下疑脱一字。”尹云：“‘使’，俾也，與也。”守身尊寵，尹云：“守親見而授與之。‘寵’，榮也。”明白貴之，所以使左右里巷之衆，莫不興起也。令其結怨於敵。王闓運云：“恐爲敵用，故令結怨。”城上卒若吏，各保其左右，孫云：“‘保’，上下文皆作‘葆’，此當同。”若欲以城爲外謀者，父母、妻子、同産皆斷。左右知不捕告，皆與同罪。城下里中，畢云：“‘里’舊作‘理’，以意改。”家人皆相葆，若城上之數。王闓運云：“亦保左右。”有能捕告之者，封之以千家之邑；若非其左右，乃他伍捕告者，“乃”舊作“及”，此從《道藏》本、吴鈔本、茅本，陸本、唐本並作“乃”。封之二千家之邑。

城禁：王本二字斷句提行，尹本同，今從之。吏、卒、民下，舊作“使卒民不”，孫云：“‘使’當爲‘吏’，‘吏’、‘卒’上文常見，不當爲下，言吏卒民在城上者，不得擅下也。”純一案：孫説是也，今據正。效寇微職和旌者斷。“效”舊作“欲”，從孫校改。孫云：“‘欲’疑‘效’之誤。‘微職’，即‘徽識’之借字，詳後。和旌，謂軍門之旌。《周禮·大司馬職》云‘以旌爲左右和之門’，鄭注云：‘軍門曰和，今謂之壘門，立兩旌以爲之。’《孫子·軍争篇》云‘交和而舍’，曹注云：‘軍門爲和門’。”不從令者斷，非令擅出者斷，舊作“非擅出令者斷”，今從王本乙，尹本同。失令者斷。倚戟縣下城，“下”舊譌“不”，蘇云：“‘不’疑當作‘下’。”孫云：“蘇校是也，今據正。‘倚戟縣下城’，言下城不由階陛，倚戟縣身以下也。”尹云：“《孫子·行軍篇》‘倚杖而立者飢也’，杜佑謂倚杖矛戟而立。‘縣’，猶縋也。”上下不與衆等者斷，無應而妄讙呼者斷，孫云：“‘而’，茅本作‘爲’。”總失者斷，孫云：“‘總’，疑當爲‘縱’。縱失，謂私縱罪人也。”尹云：“‘總’，聚；‘失’，同佚，謂淫戲。”譽客内毁者斷，畢云：“言稱敵而自毁，以其惑衆。”離署而聚語者斷，尹云：“‘聚語’，即《周禮》‘族談’，《説文》謂之‘噂’。”聞城鼓聲，而伍後上署者斷。人自大書版，尹云：“若今名牌，以便考查。”著之其署隔，畢云：“舊作‘鬲’，以意改。”孫云：“《説文·自部》云：‘隔，障也。’署隔，蓋以分别署之界限者。”守必自謀其先後，“謀”，計也，度也。非其署而妄入之者斷。離署左右，共入他署，左右不捕，挾私書，行請謁，及爲行書者，尹云：“行送私書之人。”釋守事而治私家事，尹云：“‘釋’，舍。”卒民相盜家室、嬰兒，尹云：“若今略誘。”皆斷，無赦。人舉而藉之，孫云：“‘藉’與‘籍’通。”尹云：“《尚書大傳》‘籍之’，謂殺其身，執其家，豬其宫。”無符節而横行軍中者斷。尹云：“《尉繚子·分塞令》：‘吏屬無節，士無伍者，横門，誅之。’”客在城下，因數易其署，而無易其養。孫云：“謂厮養，詳《備城門篇》。”王本無此十四字，注云：“與諸禁不類，又已見上，今删。”譽敵少以爲衆，歐陽云：“《虎鈐經》曰：‘多而言少，少而言多，此謂誤軍，如是者斬之。’法略同。”亂以爲治，敵攻，拙以爲巧者斷。客、主人無得相與言，及相藉，蘇云：“‘藉’猶‘借’也。”尹云：“‘藉’，薦也，言以草薦席地而坐。”客射以書，無得譽，孫云：“‘無’，吴鈔本作‘毋’。”俞云：“‘譽’當作‘舉’字之誤也。下文曰‘禁無得舉矢書’。”尹云：“所謂‘矢書’，《齊策》‘魯仲連乃爲書，約之矢以射城中，遺燕將。’”外示内以善，無得應，尹云：“‘應’，答也。”不從令者皆斷。禁無得舉矢書，王闓運云：“外矢射内之書。”尹云：“‘舉’，用也，禁謂禁令。”若以書射寇，犯令者父母、妻子皆斷，身梟城上。畢云：“《説文》云：‘県、到𥄉也。賈侍中説，此斷首到縣県字。’今多用梟者，《説文》云：‘梟，从鳥，頭在木上。’義亦通。”有能捕告之者，賞之黄金二十斤。非時而行者唯守，及摻太守之節而使者。孫云：“《漢書·百官公卿表》：‘郡守，秦官，景帝中二年更名太守。’《國策·趙策》説韓靳黈、趙馮亭，並云太守。吴師道謂當時已有此稱，以此書證之，信然。”畢云：“《史記·趙世家》云：‘孝成王令趙勝告馮亭曰：敝國君使致命，以萬户都三封太守，千户都三封縣令。’正義云：‘爾時未合言太守，至漢景帝始加太守。’此言‘太’衍字。沅案：此書亦云太守，則先秦時已有此官，張守節言衍字，非也。‘摻’，即‘操’異文。《廣雅》云：‘摻，操也’，以爲二字，非。言行不以時，唯守者及操節人可，餘皆禁之。”守入臨城，孫云：“‘入’舊本作‘人’，今據茅本正。下文云‘守入城，先以候爲始’。”必謹問父老、吏大夫，請有怨仇讎不相解者，孫云：“‘請’當爲‘諸’。”召其人，明白爲之解之。孫云：“《周禮·地官·調人》，鄭衆注云：‘今二千石，以令解仇怨，後復相報移徙之。’是漢以前，有吏以令爲民解怨之法。”守必自異其人而藉之，孫云：“‘藉’亦與‘籍’通。即《雜守篇》所云‘札書藏之’也。”蘇云：“‘藉’，謂記其姓名也。”孤之。畢云：“‘孤’舊作‘狐’，以意改。”孫云：“謂不得與其曹伍相聚而處，皆防其爲亂。”王本“孤”作“抓”，尹本同。有以私怨害城若吏事者，父母、妻子皆斷。其以城爲外謀者，三族，畢云：“《史記》云‘秦文公二十年法，初有三族之罪’，然《家語》云‘宰予與田常之亂，夷三族’，《楚世家》云‘鋗人曰：新王法，有敢饟王、從王者，罪及三族’，《酷吏列傳》云：‘光禄徐自爲曰：古有三族。’則知三族是古軍法，非始於秦。”尹云：“刑三族也。《周禮》謂之‘屋誅’。《儀禮·士昏禮》記‘惟是三族’注，‘三族’，謂父昆弟、己昆弟、子昆弟也。後世乃有以三族爲父族、母族、妻族者。一人有罪，親戚皆夷，德雖如舜，不免刑均。‘噫’，慘矣。”有能得若捕告者，以其所守邑小大封之，王本“小大”二字倒，尹本同。守還授其印，尹云：“‘還’，復也。”尊寵官之，令吏大夫及卒民，皆明知之。豪傑之外多交諸侯者常請之，孫云：

“《説文·言部》云：‘請，謁也。’”令上通知之，尹云：“令通其名於上。”純一案：“通”，亦徹也。《漢書·高帝紀下》，“通侯諸將”注，引應劭。善屬之，“善”與“豪傑”相連屬。尹云：“‘屬’，聚也，言聚豪傑於一處而居之。”所居之吏，尹云：“豪傑所居之處之守吏也。”上數選具之，孫云：“‘選’讀爲‘饌’。《廣雅·釋詁》云：‘饌，具也，食也。’”蘇云：“‘具’謂供具。”令無得擅出入，尹云：“‘數’，屢也。選具，揀閲也，守吏久則與豪傑相識，或多徇隱，故數揀閲而易守吏以稽察之，令豪傑無得擅出入。”連質之。孫云：“謂質其親屬也。”術鄉長者、父老、豪傑之親戚舊有“父母”二字，王引之云：“‘父母’二字，皆後人所加也，古者謂父母爲親戚，故言親戚則不言父母，後人不達，故又加父母二字耳。篇内言父母妻子者多矣，皆不言親戚，下文有親戚、妻子，則但言親戚而不言父母，是親戚即父母也。”孫云：“王説是也。”純一今據删。妻子，必尊寵之。若貧舊有“人食”二字，孫云：“‘食’字衍，或當爲‘貧乏食’，亦通。”王本删“食”字。純一案：“人”字衍，今校删，句法較整鍊。不能自給食者，上食之。及勇士舊衍“父母”二字，從王引之校删。親戚妻子，皆時賜酒肉，舊無“賜”字，王云：“酒肉上當有‘賜’字，而今本脱之，則文義不明。下文曰：‘父母妻子皆同其宫，賜衣食酒肉。’是其證。”純一今據補。必敬之，舍之必近太守。守樓臨質宫而善周，孫云：“‘質宫’即下‘葆宫’。”畢云：“‘質宫’，言質人妻子之處。守樓臨之，所以見遠必周防之也。古者貴賤皆謂之宫。”必密塗樓，令下無見上，上見下，下無知上有人無人。守之所親，舉吏貞廉忠信、無害可任事者，王本“守之”下增“以”字。孫云：“‘舉’當讀爲‘與’，‘無害’，無所枉害，如言公平吏之義。”其飲食酒肉勿禁，錢金、布帛、財物，各自守之，慎勿相盜。葆宫之牆必三重，牆之垣，守者皆累瓦釜牆上。孫云：“茅本‘釜’作‘塗’。”蘇云：“此防其踰越，使有聲聞於人。”門有吏，主者里門筦閉，孫云：“‘者’、‘諸’通。”“里”、“門”舊倒，從蘇校乙，蘇云：“‘筦’、‘關’古通用。書中管叔，亦作關叔。”必須太守之節。葆衛必取戍卒有重厚者，孫云：“‘葆衛’，謂葆宫之衛卒也。”謹擇吏之忠信、舊作“請擇吏之忠信者”，孫云：“‘請’疑‘謹’之誤。以上文校之，‘者’字當衍。”今據删正。無害可任事者。令將衛，尹云：“言以爲葆衛之長。《説文》謂之‘衛’，《續漢書·百官表》‘衛率主宫門衛士’，‘率’即‘衛’也。”自築十尺之垣，尹云：“‘自’同‘垍’，堅土也。自築猶云堅築。”周還牆。“還”讀如“環”，圍繞也。門、閨者，并令衛司馬門。“并”

舊譌“非”，從孫校改。孫云：“吴鈔本無‘門‘字。門、閨者，謂守大門及閨門之人。《備城門篇》云‘大城丈五爲閨門，廣四尺’，《公羊宣六年傳》云‘入其大門，則無人門焉者。入其閨，則無人閨焉者’，《孫子·用閒篇》，亦有‘門者’，詳前。‘非’疑當爲‘並’，言吏卒衛葆宫之門閨者，‘并’令衛司馬門。猶上文云‘門將并守他門’也。《漢書·元帝紀》顏注云：‘司馬門者，宫之外門也。’《漢官儀》云：‘公車司馬，掌殿司馬門。’《三輔黄圖》云：‘宫之外門，爲司馬門。’《史記》索隱云：‘天子門有兵欄，曰司馬門也。’《列女傳·辯通篇》‘鍾離春詣齊宣王，頓首司馬門外’，《國策·趙策》云‘武安君過司馬門，趨甚疾’，則戰國時，國君之門，已有司馬門之稱。此‘司馬門’，則似是守令官府之門，又非公門。《賈子·等齊篇》云：‘天子宫門曰司馬門，諸侯宫門曰司馬門。’是漢初諸侯王宫門，亦有是稱，蓋沿戰國制。”尹云：“《三輔黄圖》，漢未央、長樂、甘泉宫，四面皆有司馬門。凡言司馬者，宫垣之内，兵衛所在，司馬主武事，故謂宫之外門曰司馬門。”望氣者舍，必近太守，巫舍必近公社，必敬神之。巫祝史與望氣者，孫云：“‘史’，舊作‘吏’，今據吴鈔本、茅本改。《迎敵祠篇》有‘祝史’。”純一案：陸本、唐本並作“史”。必以善言告民，以請上報守，孫云：“舊本作‘報守上’，今據王、蘇校乙。‘請’讀爲‘情’，並詳《迎敵祠篇》。”守獨知其請而已。畢云：“言望氣縱有不善，而必以善告民，但私以實告守耳。”蘇云：“言以情上報守，故獨守知之也。”巫與望氣者，舊作“無與望氣”，王引之云：“‘無’即上文‘巫’字，因聲同而誤。”蘇云：“‘望氣’下當有‘者’字。”純一今並據以補正。妄爲不善言，驚恐民，斷，勿赦。度食不足，令民各自占家五種石斗數，“令”舊作“食”，從倭校本改。“斗”舊作“升”，從王校改。王云：“《史記·平準書》‘各以其物自占’，索隱引郭璞云：‘占，自隱度也。謂各自隱度其財物多少，爲文簿送之於官也。”蘇云：“五種，謂五穀。”孫云：“《周禮·職方氏》鄭注云：‘五種：黍、稷、菽、麥、稻。’”爲期具在簿周，舊作“其在尊害”，王本如此，注云：“城中悉簿，今從之。”孫云：“‘尊’疑當作‘薄’，‘薄’，古‘簿’字。”尹云：“言限期而使之登册簿。《説文》作‘篰’，即今計簿。”吏與雜訾，王闓運云：“總算也。”尹云：“‘與’，豫也；‘雜’，會也；‘訾’，量也，猶計也。”期盡，匿不占，占不悉，令吏卒散得，舊本“占不悉”作“占悉”，“散”作“款”。王引之云：“‘占悉’，當作‘占不悉’，‘令吏卒款得’，當作‘令吏卒散得’。散，與覹同，《説文》‘覹，司也。’覹字亦作微。上文云‘守必謹微察’，《迎敵祠篇》曰‘謹微察之’。言使民各自占其家穀而爲之期，若期盡而匿不占，或占之不盡，令吏卒伺察而得者皆斬也。《史記·平準書》曰‘各以其物自占，匿不自占，占不悉，戍邊一歲，没入緡錢’，即用墨子法也。今本脱‘不’字，‘散’字又譌作‘款’，則義不可通。”孫云：“王説是也，今據補正。”皆斷。有能捕告賜什三，孫云：“‘賜’，吴鈔本作‘賞’。案：下文亦作‘賞’。”尹云：“‘什三’，什分之三。”收粟米、布帛、錢金舊本“收”誤“牧”，又脱“帛”字。王云：“‘牧’字義不可通，‘牧’當爲‘收’字之誤也。‘收粟米’，即承上文令民自占五種數而言，布帛、錢金，則連類而及之耳。”孫云：“王校是也。‘布’下王又增‘帛’字，蘇校並同，與《雜守篇》合，並據補正。”牛馬畜産。“牛馬”舊作“出内”，王樹枏云：“‘出内’二字，與‘收’字不應，當爲‘牛馬’之誤，《雜守篇》云‘逮民獻粟米布帛金錢牛馬畜産’，是其證。”純一案：王校是也，今據正。皆爲平直其賈，與主券人書之，“券人”二字舊倒，王引之云：“主人券，當作主券人，謂與主券之人，使書其價也，《雜守篇》曰‘民獻粟米布帛金錢牛馬畜産，皆爲置平賈，與主券書之’，是其證。今本‘券人’二字誤倒，則義不可通。”孫云：“王説是也，今據乙。”尹云：“若今之期票。”事已，皆各以其賈倍償之。畢云：“古‘償’只作‘賞’，此俗寫。”又用其賈貴賤、多少賜爵，尹云：“‘又’，或也。《前漢書·食貨志》，漢文帝從晁錯之言，令人入粟輸邊，六百石爵上造，四千石爲五大夫，萬二千石爲大庶長，又曰：‘武帝時人財者補爲郎’。”欲爲吏者許之，其不欲爲吏，而欲以受賜賞爵禄，若贖出親戚所知罪人者，“出”，舊本誤“士”，王引之云：“‘贖士’二字，義不可通，‘士’當爲‘出’，謂以財物贖出其親戚所知罪人也。上文云‘知識昆弟有罪而欲爲贖，若以粟米錢金布帛他財物免出者許之’，是其證。隸書‘出’、‘士’二字相似，故諸書中‘出’字多譌作‘士’。”孫云：“王説是也，今據正。”以令許之。其受構賞者，令葆宫見，“宫”舊作“官”，孫從蘇校正。以與其親。孫云：“‘與’，吴鈔本作‘予’。”王闓運云：“至守宫面給之。”欲以復佐上者，王闓運云：“應募不受財卷。”尹云：“言欲以所出之物而助上，不受價值。”皆倍其爵賞。王闓運云：“值百石者，賞以二百石爵。”

某縣某里某子家，食口二人，積粟六百石。尹云：“此簿式也，二人積粟六百石，則其粟多。”

某里某子家，食口十人，積粟百石。蘇云：“此即自占其石升之數也。”王闓運云：“粟少。”

出粟米有期日，過期不出者，王公有之。尹云：“收爲官有。”有能得若告之，尹云：“得知也。”賞之什三。

慎無令民知吾粟米多少。孫云：“‘無’，吴鈔本作‘毋’，以上占收民食之法。”

守入城，先以候爲始，蘇云：“‘候’，謂訪知敵情者。”尹云：“以擇候爲先務。”歐陽云：“《孫子》曰‘候之而知動静之理’，《虎鈐經》曰‘苟不能候敵之情而浪與戰者，是可謂舉衆與敵也’，皆視候之事甚重也。”得輒宫養之，勿令知吾守衛之備。候者爲異宫，父母妻子皆同其宫，賜衣食酒肉，信吏善待之。候來若復，王闓運云：“候從敵所來。”尹云：“‘復’，謂先來而復往耳。”就閒守宫，王闓運云：“令在守宫休息。”三難外環孫云：“‘難’當爲‘雜’。《雜守篇》云‘塹再雜’，此‘三雜’，猶言三帀也。上亦云‘葆宫之牆必三重’。”隅爲之樓，尹云：“所謂角浮思。”内環爲樓，尹云：“‘環’，周也。”樓入葆宫丈五尺，爲復道。蘇云：“‘復’與‘複’通，上下有道故曰復。”葆不得有室，王闓運云：“必居樓也。”尹云：“言其獨居。”三日一發席蓐，略視之。尹云：“‘略’，巡行也。”布茅宫中，厚三尺以上。孫云：“未詳其用。”發候，必使鄉邑忠信善重士，尹云：“‘發’，猶遣也。”有親戚、妻子，厚奉資之。王本作“厚資奉之”。必重發候，爲養其親戚若妻子，舊無“戚”字，王樹枏云：“上文云：‘候必使鄉邑忠信善重士，有親戚妻子厚奉資之。’則此文‘親’下應脱‘戚’字，今據補。”爲異舍無與員同所，孫云：“《廣雅·釋詁》云：‘員，衆也。’”尹云：“‘所’，處也，言加厚而不與常員同處。”給食之酒肉。王闓運云：“又别給酒肉也。”遣他候，奉資之如前候，反，相參審信，“反”，謂前後所遣候俱反。蘇云：“參，猶驗也；信，謂其言不妄。”厚賜之。候三發三信，重賜之。不欲受賜，而欲爲吏者，許之二百石之吏，孫云：“《商子·境内篇》，有千石、八百石、七百石、六百石之令，此云‘二百石之吏’，下又有‘三百石之吏’，蓋秩視小吏。”尹云：“禄食二百石。”守授之珮印。舊作“守珮授之印”，今從王本乙，尹本同。”畢云：“佩字俗寫从玉。”其不欲爲吏，而欲受構賞裔禄，皆如前。舊脱“裔”字，孫云：“‘禄’上疑當有‘裔’字，上文云‘其不欲爲吏，而欲以受賜賞裔禄，以令許之’，下又云‘其構賞裔禄罪人倍之’，皆可證。”純一今據補。有能入深至主國者，孫云：“‘主國’，國都。”問之審信，賞之倍他候。其不欲受賞，而欲爲吏者，許之三百石之吏。“爲吏”舊本作“爲利”。“三百石之吏”，舊本作“三石之侯”，《道藏》本、茅本“侯”又作“候”。王云：“‘利’當爲‘吏’，上文云‘不欲受賜而欲爲吏者’，即其證。‘吏’、‘利’俗讀相亂，故‘吏’

譌作‘利’。”王引之云：“‘三石之侯’，當作‘三百石之吏’。上文‘候三發三信，許之二百石之吏’，此文‘能深入至主國者，賞之倍他候’，故許之三百石之吏。上文云‘有能捕告之者，封之以千家之邑，若非其左右及他伍捕告者，封之二千家之邑’，是其例也。今本‘石’上脱‘百’字，‘吏’字又譌作‘侯’，則義不可通。”孫云：“王校是也，蘇説同，茅本‘利’正作‘吏’，今並據補正。”扞士受賞賜者，孫云：“《左傳》桓二年杜注云：‘扞，衛也。’”蘇云：“扞士，能却敵者。”守必身自致之，其親之所，令其見守之任。舊本重“其親之”三字，“令”作“見”。蘇云：“‘其親之’三字誤重，上‘見’字疑當作‘令’。即上所謂‘守身尊寵明白貴之’者也。”王樹枏云：“‘親之’下重衍‘其親之’三字，‘見其’下重衍‘見’字，言扞士受賞賜者，守必身自致之，其親之所，以見其守之任信也，所字絶句。”純一案：“其親之”三字誤重，今並據删。“其”上“見”字，從蘇校作“令”，“則”下“見”字非衍。其欲復以佐上者，言其不欲受賞，而欲復以佐上者。其構賞、爵禄倍之。舊作“罪人倍之”，王引之云：“‘罪人’二字，與上下文不相屬，蓋衍文。”純一案：王説是也，上文“欲以復佐上”者，皆倍其爵賞，可證，今據删。出候無過十里。“出”舊本譌“士”，王引之云：“‘士’亦當爲‘出’，謂出候敵人，無過十里也。下文曰‘候者日暮出之’，是其證。”蘇云：“此‘侯’謂斥候。”孫云：“《説文・人部》云：‘候，伺望也。’斥與候不同，詳後及《雜守篇》。”居高便所，樹表，“居”同“据”；所，處也。尹云：“‘便’，平也；‘樹表’，立表也。”表三人守之，比至城者三表，舊本“比”譌“北”，王云：“‘北’字義不可通，‘北’當爲‘比’。‘比’，及也。”顧、蘇説同。孫云：“茅本正作‘比’，不誤，今據正。”王引之云：“‘三表’當爲‘五表’，説見後。”與城上熢燧相望，“熢”，畢本、陸本、唐本並作“烽”，王本、尹本同。畢云：“《説文》云：‘熢，燧，表候也。邊有警則舉火。’䦧，塞上亭，守湊火者。‘隧’篆文省。’《漢書注》云：‘孟康曰：湊如覆米籅，縣著契臯頭，有寇則舉之。‘燧’，積薪，有寇即燔然之也。’此二字省文。”晝則舉烽，夜則舉火。聞寇所從來，審知寇形必攻，論小城不自守通者，孫云：“言城小不能自守，又不能自通於大城也。”王本“論”作“諭”，尹本同。盡葆其老弱、粟米、畜産。遣卒候者，無過五十人，客至堞，去之，孫云：“‘至堞’，謂傅城也。傅城則諜無所用，故去之。”慎無厭建。孫云：“‘建’讀爲‘券’，聲近字通。《考工記・輈人》‘左不楗’，杜子春云：書‘楗’或作‘券’。鄭康成云：‘券，今倦字也。’又《雜守篇》作‘唯弇逮’，則疑‘建’即‘逮’之形誤。‘逮’與‘怠’音近古通，《非儒篇》‘立命而怠事’，《晏子春秋・外篇》‘怠’

作‘建’。二義並通，未知孰是。”純一案：此文並《晏子春秋》兩“建”字，皆“逮”之譌，“逮”通“怠”。候者曹無過三百人，尹云：“所謂游偵。”孫云：“此人數與上不同，未詳其說。”日暮出之，畢云：“據上文‘暮’當爲‘莫’。”爲微職。畢云：“即徽織，‘微’當爲‘徹’。《説文》云：‘徹，幟也，以絳帛箸於背。从巾，微省聲。《春秋傳》曰：揚徹者公徒。’《東京賦》云‘戎士介而揚揮’，薛綜注云：‘揮爲肩上絳幟如燕尾。’亦即徹也。《説文》又無‘幟’字，當借‘織’爲之。”孫云：“正字當作‘徹識’，《周禮・司常》，鄭注作‘徽識’。以‘微’、‘徽’爲‘徹’，‘職’爲‘識’，皆同聲叚借字，詳前《旗幟篇》。”空隊、要塞、人之所往來者，“人之”舊倒，蘇云：“‘隊’當作‘隧’。要塞，謂險隘之處也。‘之’、‘人’二字誤倒。”王樹枏校同，今並據乙。孫云：“‘隊’、‘隧’字通。”吴摯甫云：“空隊者，孔道也。”令可以迹，迹者，無下里三人，平明而迹。舊本以“迹”作“□”，無明字。王引之云：“此當作‘令可以迹，迹者無下里三人，平明而迹’。言人所往來之道，必令可以迹，其迹者之數，無下里三人，至平明時而迹之也。《雜守篇》云：‘距阜山林，皆令可以迹，平明而迹。’是其證。今本‘可’下脱‘以迹’二字，‘平’下又脱‘明’字，則義不可通。《周官・迹人》注：‘迹之言跡知禽獸處。’《雜守篇》曰‘可以迹知往來者少多’。”純一案：王説是也，今據補。尹云：“‘迹’，謂步其跡也。”各立其表，尹云：“‘表’謂旌旗。”純一案：下文“見寇越陳表”，則表非必旌旗，凡可以爲標識而甚著明者皆是。城上應之。候出越陳表，孫云：“‘陣表’，《雜守篇》作‘田表’。‘田’、‘陳’古音相近，字通。田表，謂郭外之表也。”尹云：“‘越’，踰也。”遮坐郭門之外内，孫云：“《國語・晉語》‘候遮扞衛不行’，韋注云：‘遮，遮罔也。晝則候遮，夜則扞衛。’《説文・辵部》云：‘遮，遏也。’案：遮，《雜守篇》謂之‘斥’。此‘候’與‘遮’，二者不同，候出郭十里，迹知敵往來多少；遮則守郭門不遠出。候、遮各有表，與城上相應。蓋郭外候者置表，郭内遮者置表與?”立其表，令卒之半居門内，令其少多無可知也。舊本‘半’作‘少’，可知誤倒，王引之云：“此當作‘令卒之半居門内，令其少多無可知也’，言令其卒半在門外，半在門内，不令人知我卒之多少也。《雜守篇》云‘卒半在内，令多少無可知’，是其證。上文云‘慎無令民知吾粟米多少’，意與此同。今本‘半’作‘少’者，涉下句‘少多’而誤，‘可知’又誤作‘知可’，則義不可通。”孫云：“王校是也，蘇説同，茅本正作‘無可知也’，不誤，今據正。”王本“少多”作“多少”。即有驚，畢云：“‘即’舊作‘節’，以意改。”蘇云：“‘驚’同‘警’。”見寇越陳表，畢云：“《説文》云：‘越，度也。’言踰越而來。”孫云：“‘陳表’，即候所置表。”城上以麾指之，畢云："'麾'即'摩'字異文，'摩'即□字省文。《說文》云：'𢵧，旌旗，所以指摩也。从手，靡聲。'《玉篇》云：'𢵧，呼爲切。'" 遮坐擊鼓缶期，以戰備從麾所指。"遮"舊作"迹"，從蘇、孫二校改。"鼓"字舊脱，從蘇、王二校補。蘇云："'迹坐'當從上文作'遮坐'，'擊'下脱'鼓'字，謂坐而擊鼓也。'缶期，以戰備'，當從《雜守篇》作'整旗以備戰'。"王樹枏云："據《雜守篇》，則此文'擊'下脱'鼓'字，'正'與'整通，'期'與'旗'通。"孫云："蘇校上句近是。'以戰備從麾所指'，謂遮者既見寇，則具戰備，從城上旌麾所指，進退而迎敵。此遮者從戰，而候則敵至去之，不從戰，亦其異也。蘇校從《雜守篇》改'戰備'爲'備戰'，誤。説詳《雜守篇》。"望見寇，王云："舊本脱'見寇'二字。《雜守篇》'望見寇舉一烽，入竟舉二烽'，今據補。"舉一垂；入竟，蘇云："'竟'同'境'。"舉二垂；狎郭，畢云："'狎'，近。"舉三垂；入郭，王云："舊本脱'郭'字，今據上文補。"舉四垂；狎城，舉五垂。王引之云："'垂'當爲'表'。"俞云："'垂'者，'郵'之壞字，'郵'，即表也。《禮記·郊特牲篇》，有'郵表畷'，鄭君説此，未明'郵表畷'，蓋一物也。古者於疆界之地，立木爲表，綴物於上，若旌旗之旒，謂之'郵表畷'。'郵'與'旒'通，'畷'與'綴'通。鄭君引《詩》爲'下國畷郵'，今《長發篇》作'綴旒'，是知'郵畷'即'綴旒'也。以其用而言，所以表識也；以其制而言，若綴旒然，此'郵表畷'所以名也。墨子書多古言，《雜守篇》'捶表'即'郵表'也。'郵'誤爲'垂'，後人妄加手旁耳。重言之曰郵表，單言之，則或曰表或曰郵，皆古人之常語也。王氏竟改爲'表'，雖於義未失，而古語亡矣。"孫云："俞説是也。"夜以火，皆如此數。舊無"數"字。王樹枏："'如此'下脱'數'字。《雜守篇》云：'夜以火如此數'，是其證，是火如垂之數也。"純一今據補。去郭百步，牆垣、樹木小大，盡伐除之。外空井盡窒之，王引之云："'外空井'，當作'外宅井'，謂城外人家之井也。恐寇取水，故塞之。故下文云'無令可得汲也'。《雜守篇》云'外宅溝井可寘塞'，是其證，若空井則無庸塞矣。"王樹枏云："'空'字不誤，'空井'，謂無人食之也，不可據《雜守篇》爲證。"無令可得汲也。王云："舊本脱'令'字。案：下文曰'無令客得而用之'，《雜守篇》曰'無令寇得用之'，今據補。"外空窒盡發之，王引之云："'外空窒'，當作'外宅室'，謂城外人家之室也，發室伐木，皆恐寇得其材而用之也，故下文云'無令客得而用之'。《雜守篇》云'寇薄，發屋伐木'，是其證。"蘇云："'窒'當作'室'。"孫云："'室'、'窒'聲類同，古多通用。《備城門篇》云'室以樵'，彼以'室'爲'窒'，與此可互證，非誤字也。《漢韓勑修孔廟碑》，'室'字亦作'窒'。"王樹栩云："'空'字不誤。'空室'，謂無人居之也，不可據《雜守篇》爲證。"尹云："'發'，撤也。"純一案："發"、"廢"古通，詳《非命上篇》。木盡伐之。諸可以攻城者，盡内城中，蘇云："'内'讀如'納'。"令其人各有以記之。尹云："記其物數。"事已，"已"字舊脱，王本、尹本並作"事已"，今據補。孫云："言守事畢也。"各以其記取之。吏爲之券，"各以"舊倒，從王本、尹本乙，"吏"舊作"事"，從蘇校改。書其枚數。當遂材木不能盡内，即燒之，王云："'遂'與'隧'同，道也。'内'與'納'同。舊本'材'誤'枚'，'即'誤'既'。王引之云："'枚本'文不成義，'枚'當爲'材'。'既燒之'，當爲'即燒之'。言當道之材木，不能盡納城中者，即燒之，無令寇得而用之也。《雜守篇》云：'材木不能盡入者燒之，無令寇得用之'，是其證。今本'材'作'枚'，涉上文'枚數'而誤。'即'字又誤作'既'，則義不可通。"孫云："王校是也，蘇説亦同，今據正。'當遂'，即《備城門篇》之'當隊'。"無令客得而用之。人自大書版，著之其署忠。孫云："'忠'疑當爲'中'之誤。"純一案：《兼愛下篇》"意不忠親之利"，即以"忠"爲"中"，足見"中"、"忠"古通用，王本、尹本並作"中"。有司出其所治則，猶云所定刑章。從淫之法，尹云："'從'，縱也。'淫'同'婬'，私逸也。"其罪射。畢云："謂貫耳。"俞云："古不名貫耳爲射，'射'疑'刖'字之誤。"孫云："《説文·耳部》云：'聅，軍法以矢貫耳也。''射'正字作'聅'，與'聅'近。畢隱據許書，義亦通。"務色謾正，"正"從茅本。蘇云："'務色'，疑當作'矜色'。"孫云："'謾正'，謂欺謾正人。"淫囂不静，當路尼衆，畢云："'尼'，止。"舍事畢云："言舍其事。"後就，孫云："舊本有'路'字，《道藏》本、茅本無，今據删，言事急而後至。"畢云："言緩。"踰時不寧，孫云："謂不謁告也。《漢書·高帝紀》注，李斐云：'休謁之名，吉曰告，凶曰寧。'"其罪射。讙囂駴衆，畢云："'駴'，'駭'字異文。《周禮》云'鼓皆駴'，陸德明《音義》云：'本亦作駭，胡楷反，李一音亥。'又《大僕》'戒鼓'，鄭君注云：'故書戒爲駭。'則'駴'本'戒'之俗加也。"其罪殺。非上不諫，"非"，誹也。次主凶言，王闓運云："'次'，恣。"其罪殺。無敢有樂器、奕棊軍中，"奕棊"舊作"弊騏"，孫云："'弊騏'疑'奕棊'之誤。《説文·収部》云：'奕，圍棊也。'"純一今據改，王本、尹本並同。有則其罪射。非有司之令，無敢有車馳人趨，尹云："《史記·絳侯周勃世家》云：'將軍約，軍中不得驅馳。'"有則其罪射。無敢散牛馬軍中，尹云："'散'，放也。"有則其罪射。飲食不時，其罪射。無敢歌哭於軍中，有則其罪射。令各執罰盡殺，王闓運云："盡殺者，無首從。"有司見有罪而不誅，同罰，若或逃之，亦殺。凡將率鬭其衆謂主領其衆私鬥。失法殺。凡有司不使士卒、吏民聞誓令，"士"舊譌"去"，從俞校改，王本、尹本並同。代之服罪。"代"，舊本誤"伐"。王引之云："'伐'字義不可通，'伐'當爲'代'。卒吏民不聽誓令者其罪斬。若有司不使之聞誓令，則當代之服罪矣。"孫云："王説是也，蘇説同，今據正。"凡戮人於市，死三日徇。舊作"死上目行"，孫云："此句有誤，疑當作'死三日狥'。狥、徇古今字。死與尸聲近義通，謂陳尸於市三日，以徇衆也。《周禮·鄉士》云'肆之三日'，《左襄二十二年傳》'楚殺觀起，三日，棄疾請尸'，是戮於市者，皆陳尸三日也。'三'與古文'上'作'二'相似，'日'、'目'，'狥'、'行'形並相近，傳寫譌舛，遂不可通。"純一案：孫説是，今據正。謁者侍令門外，王闓運云："'侍'，待行。"尹本"侍"作"待"。釋云："'令門'，謂置令之門，營門外也。"爲二曹夾門坐，尹云："'二曹'，左右曹也。"鋪食更無空。蘇云："'更'，代也。言餔食則遣其曹更代，勿令空也。"王闓運云："卧食相代上直。"門下謁者一長，尹云："言置一人以爲謁者長。"守數令入中視其亡者，以督門尉孫云："《文選·藉田賦》李注引《字書》云：'督，察也。'"與其官長及亡者入中報。尹云："'報'，白也。"四人夾令門内坐，二人夾散門外坐，孫云："'四人'、'二人'，亦謂謁者。"尹云："'散門'，側門也。"客見，持兵立前，防客行刺也。鋪食更上侍者名。舊本譌"民"，孫依《道藏》本、茅本正。守堂下爲高樓，舊本"堂"作"室"，無"爲"字。孫云："'室'下不得爲'樓'，'室'當爲'堂'之誤，'高'上疑當有'爲'字。《備城門篇》云'守堂下爲大樓高臨城'，即此。"純一案：孫説是也，今據補正。候者望見乘車，若騎卒，道外來者，孫云："道亦從也，詳前。"及城中非常者，輒言之守。守以須城上候，城門及邑吏來告其事者，以驗之，舊本"須"誤"順"，蘇云："'順'爲'須'之訛，'須'，待也。《雜守篇》云'須告之至，以參驗之'。"孫據正。樓下人受候者言以報守。王闓運云："受外來候者言。"畢云："言傳其言。"中涓二人，夾散門内坐，門常閉，王闓運云："宫内散門也。"鋪食更，中涓一長者。王闓運云："者字衍。"環守宫之術衢，孫云："《説文·行部》云：'四達謂之衢。'"尹云："術亦謂大道。"置屯道，尹云："'屯'，聚也，戍也。《管子·輕重乙》'置屯籍農'。"各垣其兩旁，高丈爲埤閲。畢云："'閲'當爲'倪'。"立初鷄足孫云："此上下文有捝誤，'初'疑'勿'之誤。《公孟篇》，'搢忽'，

‘忽’作‘𢚫’，與此相類。‘鷄足’，謂立物如鷄足之形。後《雜守篇》云‘入柴勿積魚鱗簪’，又前《備傅蛾篇》云‘相覆勿令魚鱗三’，此文例，與彼正同。”置夾挾，尹云：“‘挾’，鋏也。‘夾挾’者，筷箸剪刀之類。”視葆食而札書得，必謹案視參驗，王闓運云：“‘而’，與；‘葆食’，送守者食；‘札書’，外來書札於夾道；‘案視’，防毒害，舊本‘驗’作‘食’。”王云：“‘參食’，當爲‘參驗’，《雜守篇》曰‘吏所解皆札書藏之，以須告之至，以參驗之’，是其證。此‘驗’譌爲‘僉’，又譌爲‘食’耳。”純一案：王校是也，今據正。“札書得”，疑當作“得札書”，與“視葆食”對文。者節不法“者”，古通“諸”。正請之。孫云：“‘正請’亦當爲‘止詰’。”王闓運云：“請於其長。”屯陳、垣外術衢街皆爲樓，舊無“爲”字，孫云：“茅本無‘街’字。屯陳，即上文之‘屯道’。‘樓’上疑挩‘爲’字。”純一案：孫説是也，今據補。尹云：“‘街’，四通道也；‘樓’，亭樓，《周禮》所謂‘思次者，可以候望’，一稱旗亭。”高臨里中，樓一鼓、一聾竈。下“一”字舊脱，從王本補，尹本同。孫云：“‘聾’，‘壟’之叚字，詳《備城門篇》，‘樓有一竈者，夜以舉火’。”即有物故，句鼓，孫云：“物故猶言事故，言有事故則擊鼓也。”吏至而止，孫云：“‘止’舊本譌‘正’，今據茅本正，言擊鼓以報吏，吏至鼓乃止也。”夜以火指鼓所。城下五十步一廁，廁與上同圂。孫云：“《備城門篇》云‘城上五十步一廁，與下同圂’，與此略同。”純一案：下“廁”字疑誤重。諸有罪過，而可無斷者，“諸”舊作“請”，孫云：“‘請’亦當爲‘諸’之誤。”純一今據正。令抒廁利之。畢云：“似言罰之守廁。”蘇云：“‘利’似謂除去不潔，使之通利。‘抒’舊作‘杼’。”孫云：“‘杼’當爲‘抒’，《左傳》文六年杜注云：‘抒，除也。’”純一案：孫校是也，今據正。此重衛生，亦教有罪者，當自浄其心也。釋氏僧犯戒者，亦有此罰。

雜守第七十一

禽子問曰：王闓運云：“此已見前，重雜録之。”客衆而勇，輕意見威，孫云：“‘輕意’義難通，‘意’疑當爲‘竟’之譌，竟、競古字通，與《旗幟篇》‘竟士’義同。輕竟，言輕鬥，猶下云‘重下’、‘輕去’矣。”純一案：“輕意”猶“肆意”。尹云：“‘見’，顯也。”以駭主人。薪土俱上，以爲羊玲，孫云：“茅本作‘坽’，从今。”積土爲高，以臨吾民，舊止作“以臨民”，畢云：“句脱一字。”王樹枏云：

"據《備高臨篇》云'積土爲高，以臨吾城'，則此文'民'上應脱'吾'字。"純一今據補。蒙櫓俱前，遂屬之城，畢云："'民'、'城'爲韻。"孫云："'玪'亦合韻。"江有誥云："輕、人、玪、民、城，真耕通韻。"兵弩俱上，爲之柰何？子墨子曰：子問羊玪之守邪？舊本挩"之"字，孫據王校補。羊玪者，攻之拙者也，足以勞卒，不足以害城。羊玪之攻，"攻"舊譌"政"，從蘇校改，王本、尹本並作"攻"。遠攻則遠圄，近攻則近圄，舊本兩"圄"字並作"害"，下"攻"字作"城"。孫云："'城'當作'攻'。'害'並當爲'圄'，'圄'與'圉'、禦字同，此涉上文而誤。言遠攻則遠禦之，近攻則近禦之也。"純一案：孫説是也，今並據正。害不至城。舊本無"害"字，畢云："句脱一字。"孫云："此當作'害不至城'，即上云'不足以害城'也，因上文兩'圄'字並譌'害'，此句首'害'字，轉涉彼而脱耳。"純一今據補，王本、尹本並同。矢石無休，左右趣射，蘭爲柱孫云："'蘭'疑即《備城門篇》之'兵弩簡格'。'柱'，謂楮柱。"王本"蘭"上作"□"，蓋闕文符號，尹本同。純一案：上下文皆四字句，此句脱一字，"蘭"當依孫校作'簡格'，所以支射弩也。後望以固。厲吾鋭卒，慎無使顧，尹云："言無前後顧也。《六韜·戰車篇》'陳不堅固，士卒前後相顧，即陷之'。"守者重下，尹云："毋使城爲人下。"攻者輕去。尹云："敵不能攻而去。"畢云："'去'舊作'云'，以意改。'固'、'顧'、'去'爲韻。"純一案："柱"亦合韻，《古音譜》十二魚去聲引此，"射"、"固"、"顧"、"下"、"去"諧。江有誥云："固、顧、去，魚部。"養勇高奮，王本"奮"作"憤"，尹本同。民心百倍，多執數賞，"賞"舊作"少"，王云："'多執數少'，義不可通，'少'當爲'賞'，'賞'字脱去大半，僅存'小'字，因譌而爲'少'。言我之卒，能多執敵人者，數賞之，則卒乃不怠也。下文正作'多執數賞，卒乃不怠'。"純一案：蘇説同，今據正。卒乃不怠。畢云："舊脱'卒'字，據上文增。'倍'、'殆'爲韻。""怠"舊作"殆"，王云："'怠'、'殆'古字通。"孫本作"怠"，王本同，今從之。《古音譜》四之上聲引此，"倍"、"殆"諧。江有誥云："之部。"同。

疑有脱文。作土不休，"土"舊譌"士"，孫云："'士'當作'土'，即上文之'積土'也。《商子·兵守篇》云：'客至而作土以爲險阻'。"純一今據正。不能禁禦，遂屬之城，王闓運云："此上蓋問臨衝之法。"以禦雲梯之法應之。

凡待堙、衝、雲梯、臨之法，"堙"舊作"煙"，畢云："'煙'同'垔'。"孫云："當依《備城門篇》作'堙'。"今據改。必廣城以禦之，"廣"從陸本、唐本，畢本作“應”。石不足，“石”舊作“曰”，今從王闓運校改，尹本同。則以木椁之。尹云：“‘椁’，守城具也。《周禮·職金》‘國有大故，而用金石，則掌其令’注：‘用金石者，槍雷椎椁之屬。’疏：‘皆謂守城禦捍之具。’”左百步，右百步，孫云：“茅本‘右’作‘又’。”繇下矢石、沙灰以雨之，“灰”舊作“炭”，今據《備梯篇》，王引之校改。尹云：“《六韜·勵軍篇》‘高城深池，矢石繁下’。”薪火、水湯以濟之。選厲鋭卒，慎無使顧，審賞行罰，“審賞”舊本誤倒，王云：“當爲‘審賞行罰’，今本二字倒轉，則文義不順。《備梯篇》正作‘審賞’。”孫云：“王校是也，茅本不到，今據乙。”以静爲故，尹云：“‘故’，事也。”從之以急，無使生慮，畢云：“‘生’舊作‘主’，以意改。”孫云：“茅本正作‘生’。《備梯篇》亦作‘生’。”純一案：“禦”、“步”、“雨”、“顧”、“故”、“慮”韵。《古音諧》十二魚去聲引此，‘顧’、‘故’、‘慮’諧。江有誥云：“魚部。”同。恚瘧，畢云：“《説文》：‘恚，恨也。’‘恿，古文勇，从心。’則字當爲‘恿’。”王引之云：“畢以‘瘧’爲‘恿’之誤，是也。‘恚’當爲‘恙’，字之誤也。‘恙’與‘養’古字通；憤與奮同，上文云‘養勇高奮，民心百倍’，是其明證也。”民心百倍，多執數賞，卒乃不怠。畢云：“舊‘乃不’二字倒，以意改。‘顧’、‘故’、‘慮’、‘倍’、‘怠’爲韻。”純一案：《古音諧》四之上聲引此，“倍”、“怠”諧。江有誥云：“之部。”同。“怠”，徒以反。衝、臨、梯，皆以衝衝之。

渠長丈五尺，其埋者三尺，畢云：“‘埋’舊作‘理’，以意改。”夫長丈二尺。“夫”舊譌“矢”，蘇云：“《備城門篇》‘矢’作‘夫’。”孫云：“當爲‘夫’，即‘趺’之省，詳《備城門篇》。”純一今據正，王本、尹本並作“夫”。渠廣丈六尺，其梯丈二尺，“梯”舊作“弟”，蘇云：“‘弟’與‘梯’同。下文作‘梯’是也。”王樹枏云：“據下文‘弟’當爲‘梯’。”純一今據改。渠之垂者四尺，樹渠無傅葉五寸。畢云：“‘葉’即‘堞’字。”蘇云：“《備城門篇》‘言去堞五寸’，與此言合。”王本“葉”作“堞”，尹本同。梯渠十丈一，孫云：“渠之有梯者，謂之梯渠。”王闓運云：“十丈各一。”梯渠荅大數，里二百五十八，“大數”，大概之數。《非命上篇》云“大方論數是也”，陸本、唐本荅作“答”，下同。渠荅百二十九。王闓運云：“二梯一渠荅。”諸外道，可要塞以難寇，其甚害者，爲築三亭，蘇云：“此言險隘宜守；‘害’謂要害。築亭，備瞭望也。”亭三隅，“亭三”二字舊本倒，孫據茅本乙。織女之，陳奂云：“織女三星成三角，故築防禦之亭，以象織女處隅之形。”孫云：“陳説是也。此言亭爲三隅形，如織女三星之隅列。《六韜·軍用篇》云‘兩鏃蒺藜，參連織女’，是古書多以織女傚三角形之證。"令能相救。諸距阜、畢云："'距'舊作'詎'，以意改。"蘇云："'距'、'鉅'通用，大也。"山林、溝瀆、丘陵、阡陌畢云："古只爲仟伯。"郭門若閻術，可要塞，孫云："《説文·門部》云：'阎，里中門也。'"及爲微職，孫云："詳《號令篇》。"可以迹知往來者少多，及所伏藏之處。

葆民，先舉城中官府、民宅、室署，大小調處。孫云："'葆民'，即外民入葆者。計度城内宫室之大小，分處之必均調也。"葆者或欲從兄弟、知識者，許之。"識"字舊脱，王引之云："'知'下當有'識'字，而今本脱之，則文義不完。《號令篇》曰'其有知識兄弟欲見之'，是其證。"孫據補。外宅粟米、畜産、財物，諸可以佐城者，送入城中，事即急，則使積門内。孫云："事急，不及致所積之處，則令暫積門内，取易致也。此下舊本有'候無過五十'云云十四字，乃下文錯簡，今移於彼。"民獻粟米、布帛、金錢、牛馬畜産，皆爲置平賈，孫云："《號令篇》'作皆爲平直其價'，疑'置平'亦'平直'之誤。"純一案："皆爲置平賈"，與《號令篇》"皆爲平直其賈"義同，而文固不必同。與主券人書之。"人"字舊脱，據《號令篇》補。

使人各得其所長，天下事當；畢云："'長'、'當'爲韻。"純一案：江有誥云："陽部。"《古音諧》十六庚引此。尹云："因材器使，其事自當'。"鈞其分職，天下事得；畢云："'職'、'得'爲韻。"純一案：《古音諧》一戢引此。尹云："鈞，平也。"皆其所喜，天下事備；畢云："'喜'、'備'爲韻。"純一案：江有誥云："職、得、喜、備，之部《古音諧》四之去聲引此。彊弱有數，天下事具矣。畢云："'數'、'具'爲韻。"純一案：《古音諧》十三侯去聲引此。江有誥説："侯部。"同。蘇云："此八句與前後文語意不倫，疑有錯簡。"歐陽云："此八句，似宜移置《備城門篇》'而君尊用之然後可守也'下，較合。"

築郵亭者圜之，尹云："'郵亭'，書舍，謂傳送文書所止處，今驛館也。《前漢書·黄霸傳》'使郵亭鄉官，皆畜鷄豚'，《薛宣傳》'橋梁郵亭不修'。'者'，同'堵'；'圜'，繞也。"高三丈以上，令侍殺孫云："'侍'當爲'倚'，言邪殺爲梯也。《備城門篇》云：'倚殺如城埶'可證。"爲辟梯。畢云："'辟'，即臂字。"梯兩臂長三丈，"丈"舊譌"尺"，孫云："亭高三丈以上，則梯長不得止三尺，疑'尺'當爲'丈'。"純一今據改。連門三尺，孫云："'連門'，疑當作'連版'。"尹云："'連門'，桓門也。柱之植立者曰桓，雙植以爲門者，謂之桓門，一稱和門，用以出納文報者。"

報以繩連之。尹云：“報多故以繩結。《前漢書·武五子傳》‘旦置驛書，往來相報’。”槧再雜，尹云：“‘槧’，牘樸也，謂未書之版，其小者曰札、曰牒，若今之郵片。‘再’，重也；‘雜’，集也。”爲縣梁。孫云：“‘槧’當爲‘塹’，‘塹縣梁’，見《備城門篇》。再雜，猶言再帀，詳《經上篇》。”聾竈，孫云：“當作‘壟竈’，詳《備城門篇》，亦言每亭爲一壟竈。《號令篇》云‘樓一鼓一壟竈’。”亭一鼓。

寇烽、驚烽、亂烽，孫云：“言舉烽有此三等，以爲緩急之辨。”傳火以次應之，至主國止，畢云：“舊作‘正’，以意改。”其事急者，引而上下之。孫云：“謂引烽而上下之。烽著桔槔頭，故可引而上下，詳《號令篇》。”烽火以舉，王云：“‘以’、‘已’同。”王本、尹本並作“已”。輒五鼓傳，又以火屬之，畢云：“‘火’舊作‘又’，以意改。”尹云：“‘屬’，續也。”言寇所從來者少多，“言”，謂以鼓或火爲號，相傳以代言也。《藝文類聚》八十引作“烽火已舉”，“言寇所從來多少。”尹云：“使傳者言之。”旦弃還“弃”，疑‘莫’之誤。“還”，《説文》“復也”，《玉篇》“反也，謂自旦及莫，自莫及旦，反復不已也。”去來屬，尹云：“往來不已，斥傳者言。”次烽勿罷。以次舉烽勿疲。尹云：“‘罷’，止也。”望見寇，舉一烽；一鼓，“一鼓”二字舊脱，據王引之校增。入境，畢云：“《號令篇》作‘竟是’。”舉二烽；二鼓，“二鼓”二字，據王校增。射妻，孫云：“‘妻’疑‘要’之譌。上文屢云‘要塞’，下文又云‘有要有害’，可證。射要，謂急趨要害。”王本作“射樓”，尹本同。舉三烽；三鼓，“三鼓”二字，孫據舊本校作“一藍”，今據王校改。郭會，孫云：“謂寇至郭。”舉四烽；四鼓，“四鼓”舊作“二藍”，從王校改。城會，舉五烽；五鼓，“鼓”舊譌“藍”，從王校改。王引之云：“‘藍’字義不可通。蓋‘鼓’字之誤。‘鼓’字篆文作‘[illegible]’，上艸誤爲廿，中‘[illegible]’誤爲‘臥’，下‘[illegible]’誤爲‘血’，遂合而爲‘藍’字。此文當云‘望見寇，舉一烽一鼓；入境，舉二烽二鼓；射妻，舉三烽三鼓；郭會，舉四烽四鼓；城會，舉五烽五鼓’。上文曰‘烽火以舉，輒五鼓傳’，正與此‘舉五烽五鼓’相應。《史記·周本紀》‘幽王爲㷭燧大鼓，有寇至，則舉㷭火’，是有㷭即有鼓也。今本‘舉一烽’、‘舉二烽’下，脱‘一鼓’、‘二鼓’四字；‘舉三烽三鼓’，‘舉四烽四鼓’，‘鼓’字既皆誤作‘藍’；而上句‘三’字又誤作‘一’。下句‘四’字誤作‘二’；唯下文‘舉五烽五藍’，‘藍’字雖誤，而兩‘五’字不誤，猶足見烽鼓相應之數。而自‘一烽一鼓’，以至‘五烽五鼓’，皆可次第而正之矣。下文曰‘夜以火如此數’，正謂如‘五烽五鼓’之數，則‘藍’爲‘鼓’字之誤甚明。”夜以火如此數，王引之云：“《號令篇》'夜以火皆如此'，亦謂如五表之數。"案："表"當作"垂"。守烽者事急。孫云："此下疑有脱文。"候無過五十，寇至葉，隨去之，唯弇逮。孫云："'寇至葉隨去之'，舊本作'寇至隨葉去'五字，畢以意改'葉'爲'棄'。王云：畢改非也。此當作'寇至葉隨去之'，言候無過五十人，及寇至堞時，即去之也。《號令篇》曰'遣卒侯者，無過五十人，客至堞去之'，是其證。今本'去'下脱'之'字，又升'隨'字於'葉'字上，則義不可通。又云：'葉'與'堞'同，上文'樹渠無傅葉五寸'，亦以'葉'爲'堞'。案：王校是也，今據乙增。又此十四字，舊本誤錯入上文'事即急，則使積門内'下，今移於此。《號令篇》云'遣卒候無過五十人，客至堞去之，慎無厭建。候者曹無過三百人，日暮出之，爲微職'，與此上下文正同，則其爲錯簡無疑矣。'唯弇逮'，亦當作'無厭遠'，逮、怠通，《號令篇》作'無厭建'。"日暮出之，令皆爲微職。距阜、山林，皆令可以迹，平明而迹，迹者無下里三人，各立其表，城上應之。舊作"無迹，各立其表，下城之應"，王引之云："此本作'平明而迹，迹者無下里三人，各立其表，城上應之'，言迹者之數，每里無下三人，各立其表，而城上應之也。《號令篇》云'迹者無下里三人，平明而迹，各立其表，城上應之'，是其證。今本'迹者，無下里三人'七字，衹存'無迹'二字，'城上應之'，又譌作'下城之應'，則義不可通。"純一今據補正。候出置田表，孫云："'田表'，候出郭外所置之表。郭外皆民田，下云'田者男子以戰備從斥'，即郭外耕田之民也。"斥坐郭内外，立旗幟，蘇云："《號令篇》云'候出越陳表，遮坐郭門之外内立其表'，文校此爲優。'田'與'陳'通。"孫云："斥、遮義同。幟，俗字。上文'微職'並作'職'。"卒半在内，令多少無可知。即有驚，孫云："'驚'、'警'同，詳《號令篇》。"舉孔表，尹云："《逸周書·王會篇》'方人以孔鳥'，《爾雅·釋天》'旌旂，錯革鳥曰旟'。孔表者，謂錯有孔鳥之旟。'旟'，聚也，所以聚士卒。"見寇舉牧表。尹云："《爾雅·釋畜》'牛黑腹牧'。牧表，謂旌而注有旄尾。"城上以麾指之，斥步鼓整旗，旗以備戰，從麾所指。"斥"跟上文指言，有教令之意。'步'，即《書·牧誓》'不愆六步七步'之步。'斥步鼓整旗，旗以備戰'，言斥令步武與鼓聲一致，並整齊旗幟，期以備戰。下'旗'字，爲期之叚字或譌字。"王本、尹本下"旗"字並作"期"，屬下讀。孫云："'備戰'，當從《旗幟篇》作'戰備'，即兵械之屬。言斥各持戰備，從城上旌麾所指而迎敵也。下云'田者男子以戰備從斥'，義同。'指'，舊本譌'止'，今據《道藏》本、茅本正。"蘇云："《號令篇》作'指'。"田者男子以戰備從斥，孫云："謂從斥卒禦敵。"女子亟走入。孫云："'亟'舊本譌'函'，王校改'亟'，茅本正作

‘亟’，今據正。”即見寇“寇”舊譌“放”，孫云：“當爲‘寇’，下文可證。”純一今據正，王本、尹本並作“敵”。鼓傳，到城止。舊本“鼓”譌“到”，“止”譌“正”，王引之云：“上‘到’字當爲‘鼓’。‘正’當爲‘止’。‘鼓傳到城止’，見下文。上文又曰‘烽火以舉，輒五鼓傳’。”孫云：“茅本‘止’字不誤，今據正。”純一今據王校，改上“到”字爲“鼓”。守表者三人，更立郵表而望。“郵”舊作“捶”，從俞校改，詳《號令篇》。蘇云：“《號令篇》言‘表三人守之’，與此合。”守數令騎若吏行旁視，有以知其所爲。“其”舊譌“爲”，從蘇校改，王本、尹本並同。孫云：“‘旁視’，猶言徧視。”其曹一鼓，孫云：“言守表者，每曹有一鼓。”尹云：“‘曹’，羣也，輩也。”望見寇，鼓傳，到城止。

斗食，“斗”舊本譌“升”，孫據畢、俞、蘇校正。王闓運云：“壯士日食一斗，廉頗一飯斗米。”純一案：閻若璩謂古量五當今一。終歲三十六石；蘇云：“據下言‘斗食食五升’，又言‘日再食’，是一食五升，再食則一斗，以終歲計之，當三十六石也。”參食，終歲二十四石；四食，終歲十八石；舊本“食”上脱“四”字，孫據《道藏》本、茅本補。蘇云：“當作‘參食，終歲二十石；四食，終歲十八石’。然‘二十’下尚當有脱字。據下言‘參食食參升’，日再食則六升，以終歲計之，當得二十一石六斗。‘四食食二升半’，日再食則五升，以終歲計之，當得十八石也。”俞云：“此數不同者，上所説是常數，下所説是圍城之中，民食不足，減去其半之數也。‘參食’者，參分斗而日食其二也，故終歲二十四石也。句下脱‘四’字，當據下文補。‘四食’者，四分斗而日食其二也，故終歲十八石也。”五食，終歲十四石四斗；“四斗”舊止作“升”。俞云：“‘五食’者，五分斗而食其二，則每日食四升，終歲當食十四石四斗。今作‘終歲十四石升’，蓋誤‘斗’爲‘升’，又脱‘四’字耳。”蘇校亦增四字，孫據補正。六食，終歲十二石。俞云：“六食者，六分斗而食其二也，故終歲十二石也。”蘇云：“下言‘六食一升大半’，是每日食三升有奇，以終歲計之，當得十二石也。”斗食食五升，孫云：“上‘斗’字，舊本亦譌‘升’，今依畢、蘇校正。”參食食參升小半，四食食二升半，五食食二升，六食食一升大半，日再食。俞云：“此依前數而各減其半。斗食者每日一斗，今則爲五升矣。參食者每日六升大半，今則爲參升小半矣，不言‘小半’者，傳寫脱去也。下文言‘六食食一升大半’，則此必言‘食參升小半’可知。蓋參食，本食六升大半，而減之爲三升小半，猶六食，本食三升小半，而減之爲一升大半也。無‘小半’二字，即於數不足矣。四食，本食五升，故減爲二升半；五食，本食四升，故減爲二升。其數甚明。”孫云：“此申析上文，‘斗食’以下，

‘日再食’，每食之升數也，故末又云‘日再食’，以總釋之。俞以此爲民食不足，依前數而各減其半，非墨子之恉。而謂‘參食食參升’下，當有‘小半’二字則甚塙，今據增。”救死之時，日二升者，二十日，日三升者三十日，日四升者四十日，孫云：“‘日二升’者，再食，每食一升也；‘日三升’者，每食一升有半也；‘日四升’者，每食二升也。”如是，而民免於九十日之約矣。孫云：“‘約’謂危‘約’。”尹云：“減九十日則可多供九十日之食。”寇近，亟收諸雜鄉金器若銅鐵，孫云：“‘亟’舊本譌‘函’，今據茅本正，王校同。‘雜鄉’，當作‘離鄉’，言城外別鄉器物，皆收入城内也。《備城門篇》云：‘城小人衆，葆離鄉老弱國中及他大城。’”及他可以左守事者。顧云：“‘左’，助也。”蘇云：“‘左’、‘佐’通用，下同。”先舉縣官室居、官府不急者，材之大小長短及凡數，孫云：“‘凡數’，猶言大總計數也。《周禮·御史》云‘凡數從政者’。”即急先發。尹云：“‘發’，撤也。《淮南·説山訓》‘發屋而求狸’。”

寇薄，蘇云：“‘薄’，謂迫近。”發屋伐木，雖有請謁勿聽。尹云：“言必發伐之。”入柴孫云：“‘入’讀爲‘内’。”勿積魚鱗簪，畢云：“疑槮字假音，讀若高誘注《淮南子》積柴之罧。”孫云：“畢説是也。《淮南子·説林訓》本作‘罧’，高注云：‘罧者，以柴積水中以取魚。罧讀沙槮，幽州名之爲涔也。’《説文》作‘罧’，云：‘積柴水中，以聚魚也。’《備蛾傅篇》説荅云‘兩端接尺相覆，勿令魚鱗三’，三即參，亦即槮之省也。《爾雅·釋器》云‘槮謂之涔’，郭注以爲聚集柴木捕取魚之名。《小爾雅·廣獸》云：‘潛，槮也。’潛、涔字通。蓋通言之，凡積聚柴木，並謂之槮。槮、潛、参、簪，聲並相近。《通典·兵門》説束柭云‘皆去鑽刊以束爲魚鱗次，橫檢而縛之’，杜即依此書也。《太玄經·禮次六》‘魚鱗差之，乃矢施之’。魚鱗簪，猶言魚鱗次、魚鱗差也。”當隊，令易取也。孫云：“‘當隊’即‘當隧’，詳《備城門篇》。”王本作“當隧”，無“令”字。材木不能盡入者燔之，無令寇得用之。孫云：“《商子·兵守篇》云‘客至，發梁徹屋給徙，徙之不給而熯之，使客無得以助功備’，與此同。”積木各以長短大小惡美形相從，猶云“分類聚積”，孫云：“大小，茅本作‘小大’。”純一案：陸本、唐本，與茅本同。城四面外各積其内，尹云：“積於各城門内也。”諸大木者皆以爲關鼻，“者”字疑衍，‘以’疑爲‘必’之誤。畢云：“言爲之紐，令事急可曳。”尹云：“‘關’，貫也；‘鼻’，孔也。爲關鼻，令大木易排次，且急則易曳。《淮南·主術訓》‘若指之桑條以貫其鼻’。”乃積聚之。

城守司馬以上，尹云："《齊策》'有雍門司馬'，謂守齊城西門者，《前漢書・百官公卿表》'城門校尉，掌京師城門，屯兵有司馬'。"父母、昆弟、妻子，有質在主所，乃可以堅守。

署，尹云："'署'，部署也。"都司空，孫云："都司空，蓋五官之一，詳《號令篇》。"大城四人，候二人。孫云："'候'亦五官之一，詳《號令篇》。'二'，茅本作'一'。"純一案：陸本、唐本並作"二"。縣候面一，孫云："四面，面各一候。"亭尉、次司空，孫云："'亭尉'，即《備城門篇》之'帛尉'，《號令篇》之'百長'，其秩蓋次於縣尉。次司空，亦次於都司空也。"亭一人。吏侍守所者，財足廉信，畢云："言厚禄足以養其廉信。"父母、昆弟、妻子，有在葆宫中者，乃得爲侍吏。諸吏必有質，乃得任事。守大門者二人，孫云："'守'，疑當作'侍'。《號令篇》云：'吏卒侍大門中者，曹無過二人。'"純一案："守"字不誤。夾門而立，令行者趣其外。蘇云："'趣'，疾行也，所以防窺伺者。"各四戟夾門立，孫云："此言夾門别有持戟者四人也。"而其人坐其下。王本"立而"二字互易，尹本同。吏日五閲之，上逋者名。

池外廉，"外"舊本譌"水"，王云："'水廉'當爲'外廉'。鄭注《鄉飲酒禮》曰：'側邊曰廉。''池外廉'，謂池之外邊近敵者也。下文曰'前外廉三行'，《旗職篇》曰'大寇傅攻前池外廉'，皆其證。隸書'外'字或作'外'，見《漢司隸校尉魯峻碑》，與'水'相似而譌。《史記・秦本紀》'與韓襄王會臨晉外'，正義：'外字一作水。'"孫據正。有要有害，必爲疑人，尹云："《前漢書・西南夷兩粤朝鮮傳》'大司農豫調穀積要害處'。師古曰：'在我爲要，於敵爲害也。''疑人'，偶人，謂像人也。《六韜・虚壘篇》'望其壘上，多飛鳥而不驚，上無氛氣，必知敵詐而爲偶人'，《三國志・江表傳》'孫權使朱儁喻關羽令降，羽乃作像人於城上而潛遁。'偶人、像人，皆疑人也。"令往來行夜者射之，尹云："令敵失矢。"謀其疏者。蘇云："言要害之處，必嚴密防守，至於人疏之處，亦不可不預爲謀也。"俞云："'疑人'，蓋束草爲人形，望之如人，故曰'疑人'。'謀其疏者'，'謀'乃'誅'字之誤。"孫云："俞説是也。"牆外水中孫云："即城外池也。'牆'疑即《旗幟篇》之'藩'。"爲竹箭，畢云："舊作'箳'，今改，下同。"孫云："茅本並作'箭'。"蘇云："削竹而布之水中，所以防盗涉者。"箭尺，廣二步，孫云："言插竹箭之處，廣二步也。"尹云："池之廣也。"箭下於水五寸，"下於"二字舊倒，蘇云："當作'箭下於水五寸'，言藏之水中，令人勿見也。"孫依蘇校乙。雜長短，蘇云："使之不齊也。"前外廉三行，孫云："《旗幟篇》云：'前池外廉，前外廉三行，謂前池之外廉列竹箭三行也。'"外外鄉，内亦内鄉。蘇云："'鄉'讀如"向"。"王本作"外鄉内亦内鄉外"，尹本從之。三十步一弩廬，廬廣十尺，袤丈二尺。孫云："'弩廬'，即置連弩車之廬也。《通典·兵守拒法》，有弩臺，制與此略同，而步尺數異。詳《備高臨篇》。隊有急，孫云："'隊'亦謂當攻隊。"極發其近者往佐，王引之云："古字極與亟通，'極發'，即亟發也。《莊子·盜跖篇》：'亟去走歸。'《釋文》：'亟，急也，本或作極。'《荀子·賦篇》'出入甚極'，又曰'反覆甚極'，楊注並云：'極讀爲亟，急也。'《淮南子·精神篇》'隨其天貲，而安之不極'，高注云：'亟，急也。'"王本"極"作"亟"，尹本同。其次襲其處。孫云："《漢書·楊雄傳》顔注云：'襲，繼也。'"蘇云："言軍有危急，則發其近者往助之，近者既發，則移其次者居之，以爲接應也。"

守節出入，使主節必疏書，孫云："'主節'，小吏掌符節者，與《號令篇》'主券'相類。《周官》有掌節，屬地官，蓋都邑亦有之。"尹云："'疏書'，謂條録之。"署其情，令若其事，尹云："'署'，表也，題也，言題明其事由於册上。"純一案：若，如也謂恰如其事實。無浮辭，無遺漏也。而須其還報尹云："'還'，反也。"以參驗之。"參"舊作"劒"，王云："'劒驗'當爲'參驗'，謂參驗其事情也。此'參'譌爲'僉'，又譌爲'劒'耳。隸書'參'或作'条'，'僉'或作'侖'，二形相似而誤。"孫云："王校是也，蘇説同。'參驗'見後。"純一今據正。節出，使所出，門者輒言節出時摻者名。畢云："言操節人即出，門者當記其名。"

百步一隊。孫云："上疑有捝文。"閤通守舍，孫云："《説文·門部》云：'閤，門旁户也。'《爾雅·釋宮》云：'小閨謂之閤。'茅本作'閣'，非。"純一案：陸本作"閣"，唐本作"閤"。相錯穿室。尹云："'穿室'，謂穿地而爲屋。"治復道，"復道"見《號令篇》。爲築墉，尹云："'墉'，牆也，上云道各垣其兩旁。"墉善其上。蘇云："善與繕通。"孫云："此'善'下有捝字，後文説軺車云'善蓋'，上《備穴篇》云：'善塗其竇際'，此疑亦當云'善蓋其上'，或云'善塗其上'。又此下舊本有'先行德'至'用人少易守'，凡四十三字，當爲前《備城門篇》之錯簡，今審定移正。"

取疏，"取"古通"聚"。畢云："'疏'正字，下作'蔬'，俗。"尹云："'疏'，菜也，草之可食者，字一作'蔬'。《管子·輕重乙》'斂蔬藏菜'。"令民家有三年畜蔬食，孫云："'畜'、'蓄'字通，下同。"以備湛旱歲不爲。王云："《論衡·明雩篇》

曰：‘久雨爲湛。’‘湛旱’，水旱也，言令民多蓄蔬食，以備水旱歲不爲也。《晉語》注曰：‘爲，成也。’《廣雅》同。歲不爲，猶《玉藻》言‘年不順成’也。賈子《孽産子篇》曰‘歲適不爲’，是其證。”王本改“不”作“以”，連下“常”字，讀“歲以爲常”句，尹本同。常令邊縣，豫種畜芫、芸、烏喙、祩葉，蘇云：“芫，魚毒也。漁者煑之以投水中，魚則死而浮出，故以爲名。烏喙，烏頭别名。”孫云：“《説文·艸部》云：‘芫，魚毒也。’《太平御覽·藥部》，引《吴氏本艸》云：‘芫華根有毒，可用殺魚。’《本艸經》云：‘烏頭，一名烏喙。’《廣雅·釋艸》云：‘𧅫奚，毒附子也。一歲爲萴子，二歲爲烏喙，三歲爲附子，四歲爲烏頭，五歲爲天雄。’‘芸’非毒艸，當爲‘芒’字之誤。《爾雅·釋艸》云‘葞，春草’，郭注云：‘一名芒草。’《山海經·中山經》云：‘葌山有木曰芒草，可以毒魚。’《朝歌山》作‘莽草’，《周禮·翦氏》及《本艸經》同。《本艸》字又作‘䒽’，並聲近字通。芒與芫皆毒魚之艸，蓋亦可以毒人。‘祩’，茅本作‘株’，疑當爲‘椒’，與‘椒’同。《急就篇》云‘烏喙、附子、椒、芫華’。皇象本，作‘烏啄、付子、椒、元華’。‘芒’、‘芸’、‘椒’、‘株’，字形並相近。烏喙，茅本作‘烏啄’，亦與皇同。椒與烏喙、芫華等，皆藥之有毒者，故此書及史游，並兼舉之。‘葉’，不審何字之誤。《通典·兵守拒法》云：‘凡敵欲攻，即去城外五百步内井樹牆屋，並填除之，井有填不盡者，投藥毒之。’”外宅溝井可窴塞，“窴”舊本作“寘”，畢云：“同填。”王校作“窴”，孙據改，云：“《説文·穴部》云：‘窴，塞也。’”不可，置此其中。顧云：“《左氏傳》‘秦人毒涇上流’。”孫云：“顧説是也，言井溝可窴塞，則窴塞之，不可窴塞者，以上所蓄毒艸置其中，毋使敵汲用也。”

安則示以危，危則示以安。下“則”字舊脱，王本補，尹本同，今從之。

寇至，諸門户令皆鑿而類竅之，各爲二類，一鑿而屬繩，繩長四尺，大如指。詳《備城門篇》。

寇至，先殺牛、羊、鷄、狗、鳧、鳧、鴈，“鳧”舊作“烏”，從王校改。畢云：“《説文》云：‘鴈，鵝也。’此與鴻雁異。《吕氏春秋》云‘莊子舍故人之家，故人令豎子爲殺鴈饗之’，亦見《莊子》。《新序·刺奢》云‘鄒穆公有令，食鳧鴈必以粃，無得以粟’，皆即鵝也。今江東人呼鵝，猶曰雁鵝。”王云：“畢説是也。‘烏’非家畜，不得與‘牛’、‘羊’、‘鷄’、‘狗’、‘鵝’並言之。‘烏’當爲‘鳧’，此鳧謂鴨也，亦非‘弋鳧與鴈’之‘鳧’。《廣雅》：‘鳧，鶩，□也。’‘□’與鴨同。《晏子春秋·外篇》‘君之鳧鴈食以菽粟’，是也。故曰‘殺牛、羊、鷄、狗、鳧、鴈’。”蘇説同。“鳧”字舊本倒置下文“皆剥”之上，王引之云：“鳧與皮革筋角脂羽並言之，亦爲不倫，鳧字當在上文牛羊鷄狗之閒。《迎敵祠篇》亦云‘狗彘豚鷄’。”純一案：王校是也，今據移正。收其皮革、筋、角、脂、葥、羽，畢云：“舊‘收’作‘牧’，‘皮’作‘支’，俱以意改。‘葥’即《考工記》‘𠜾’字。本‘𡿺’字之譌也。”王本“葥”作“𠜾”，旁注“腦”字。尹本改“葥”作“腦”。釋云：“‘腦’本作‘葥’。”皆剥之。

吏橝桐𠖥，孫云：“‘吏’疑‘使’之誤，下有捝字。‘橝’疑‘樌’之誤。《説文·木部》云：‘樌，楸也。’故與‘桐’並舉，然文尚有捝誤。‘𠖥’，茅本作‘自’。”尹云：“‘𠖥’當作卣，通作㮚，今作栗，亦木名。”爲鐵錍，孫云：“《方言》云：‘凡箭，其廣長而薄鎌謂之錍。’郭璞注云：‘江東呼鎞箭。’”蘇云：“‘錍’，賓彌切，音卑。《説文》曰：‘鍪，錍，斧也。’”歐陽云：“‘橝’疑當作‘撢’，修也。吏字不誤，言吏修桐栗而爲鉄錍也。”厚簡爲衡柱。“柱”舊作“枉”，孫云：“‘厚’疑當爲‘后’，與‘後’聲近字通。‘簡’疑爲‘蘭’之誤，前《備城門篇》，亦有‘兵弩簡格’，即蘭格也。‘枉’當爲‘柱’，此疑即上文所謂‘蘭謂柱後’也。”純一案：孫疑“厚”當爲“后”，未塙；疑“簡”當爲“蘭”，近是；謂“枉”當爲“柱”，是也，今據改，王本、尹本並同。事急，卒不可遠，令掘外宅材。“材”舊作“林”，孫云：“疑當作‘材’，下同。言事急，守城之卒不可令遠出。則令掘外宅材木，納城内以備用。又疑或當作‘事急卒，不可遝’，卒、猝同，言倉猝不及致材木也。”王闓運云：“‘林’宜作‘材’。”純一今據改。謀多少，尹云：“‘謀’，度也。”若治城□爲擊，孫云：“即《號令篇》所云‘五十步一擊’也，‘城’下疑缺‘上’字。”純一案：陸本、唐本，“城”下雙行注：“元本空。”王本“擊”作“塹”，尹本同。三隅之。孫云：“言擊之形爲三隅不方也。”重五斤已上諸材木，渥水中，無過一筏。“材”舊作“林”，據蘇、孫二校改，王本、尹本並同。蘇云：“渥，漬也。”孫云：“重五斤以上，謂材木之小者。《論語·公冶長》集解引馬融云：‘編竹木大者曰栰，小者曰桴。’《方言》云：‘䈶謂之栰。’《通典·兵門》云：‘槍十根爲一束，勝力一人，四千一百六十六根，即成一栰。’此後世法，不知墨子所謂‘一筏’，數幾何也。”純一案：“筏”，陸本同，唐本作“茷”。塗茅屋若積薪者，厚五寸已上。吏各舉其部界中財物，可以左守備者上之。舊本“部”作“步”，無“之”字。王引之云：“‘步界’二字，義不可通，‘步’當爲‘部’，吏各有部，部各有界，故曰‘部界’。《號令篇》曰‘因城中里爲八部，部一吏’，又云‘諸吏卒民，非其部界而擅入’，皆其證也。俗讀‘部’、‘步’聲相亂，故‘部’譌作‘步’，‘上’下當有‘之’字，‘上之’，謂上其財物也。《備城門篇》云‘民室材木瓦石，可以益城之備者盡上之’，與此文同一例，今本脱‘之’字，則文義不明。”又云：“‘左’與‘佐’同。”純一案：王説是也，今據補正，王本‘財’作‘材’，尹本同。

有讒人，尹云：“‘讒’，諜也。”有利人，有惡人，有善人，尹云：“善惡斥儀貌言。”有長人，尹云：“長技。”有謀士，有勇士，有巧士，有使士，孫云：“‘使士’，謂可以奉使之士。”尹云：“善詞令而可使四方者。”歐陽云：“‘使士’疑當作‘伎士’。《太白陰經·選士篇》曰：‘有觀察深密，謀慮出人表者，上賞，得而禮之，名曰智囊之士，即此謀士也；曰有引五石之弓，矢貫五札，戈矛劍戟，便于利用，陸搏犀虎，水擢鼋鼉，挑身捕虜，搴摭旗鼓者，上賞，得而撫之，名曰猛毅之士，即此勇士也；曰有制造五兵，攻守利器，奇變詭譎者，上賞，得而厚之，名曰伎巧之士，即此巧士也；曰有步五行，運三式，多言天道，詭説陰陽者，上賞，得而存之，名曰伎術之士，即此伎士也。’據此，則伎巧與伎術不同，巧士爲技巧，技士爲伎術，不加分辨，遂因伎之形近而誤爲使耳。”純一案：歐陽説是。有内人者，尹云：“長於内政。”有外人者，尹云：“優於外交。”有善人者，尹云：“好稱人善。”有善門人者，蘇云：“上句‘善’下疑脱一字。‘善門’疑‘善鬥’之訛。”守必察其所以然者，應名，乃内之。蘇云：“‘應名’，言名實相應也。‘内’讀如‘納’。”

民相惡，尹云：“自相訟也。”若議吏，謂質於吏，聽其論斷。吏所解，孫云：“‘吏所解’，謂民相惡有讎怨，吏爲解之者，見上《號令篇》。”皆札書藏之，“札”，舊本譌作“禮”。王引之云：“‘禮書’當爲‘札書’，古‘禮’字作‘礼’，與‘札’相似，‘札’譌爲‘礼’，後人因改爲‘禮’耳。‘札書’見《號令篇》。”孫云：“王校是也，今據正。《周禮·調人》云‘凡有鬬怒者成之，不可成者則書之，先動者誅之’，鄭注云：‘不可成，不可平也。書之，記其姓名辯本也。’此‘札書’與彼義同。”以須告之至以參驗之。孫云：“‘告’下疑當有‘者’字。”

睨者小五尺不可卒者，爲署吏令給事官府若舍。蘇云：“‘睨者’二字，傳寫錯誤，或爲‘兒童’之訛。意言弱小未堪爲卒，唯給使令而已。”孫云：“《孟子·梁惠王篇》趙注云：‘倪，弱小繄倪者也。’《説文·女部》云：‘婗，嫛婗也。’《廣雅·釋親》云：‘婗、兒，子也。’此‘睨’，即‘婗’之叚字。或云‘睨者小’，疑當作‘諸小婗’，‘者’即‘諸’之省，亦通。《孟子·滕文公篇》云‘五尺之童’，《管子·乘馬篇》云‘童五尺’，《荀子·仲尼篇》云‘五尺豎子’。《論語·泰伯篇》云‘可以託六尺之孤’，《周禮·鄉大夫》賈疏引鄭注云：‘六尺，年十五以下。’然則‘五尺’者，蓋年十四以下也。‘舍’，謂守者之私舍。”王本“睨”作“兒”，無“者”字，尹本同。釋云：

“《周禮》‘鄉大夫之職，以歲時登其夫家之衆寡，辨其可任者，國中自七尺以及六十，野自六尺以及六十有五’，皆征之。疏‘七尺’，謂年二十，‘六尺’，謂年十五。此云‘五尺’，則年在十五以下，因云不可卒耳。‘署’，猶部也。‘給事’，猶云供役，若灑掃應對等事。”

藺石、孫云：“見《號令篇》。”厲矢、諸材，畢云：“舊作‘林’，以意改。”器用皆謹部，尹云：“謹理其部居。”各有積分數。尹云：“或積或分各有數。”爲解車以枱城矣蘇云：“此句錯誤不可讀。‘解車’，疑即軺車，據下文是言車之載矢者。‘城矣’二字，或即載矢之訛，下‘以’字衍。”孫云：“此‘枱’當爲木材，疑即‘梓’之叚借字。‘枱’，籀文从辝作‘辝’，與‘梓’聲類相近也。《備穴篇》‘用揺若松爲穴户’，‘揺’疑亦即‘枱’、‘梓’之異文。”王本“矣”作“矢”，尹本同。以軺車，畢云：“《漢書注》‘服虔云：軺音瑶，立乘小車也’。”輪軲孫云：“《道藏》本、茅本‘軲’作‘軲’。‘軲’亦見《經説下》。”純一案：陸本、唐本並作“軲”。廣十尺，王闓運云：“‘軲’，今作‘箍’，圍也。”轅長丈，孫云：“此葢直轅，與《考工記·大車》同。‘長丈’，當爲轅出箱前者之度。下云‘箱長與轅等’，則並當箱與箱前二者計之，轅通長二丈也。《車人》‘凡爲轅，三其輪崇’，此輪六尺，而轅二丈，羸於彼也。”爲三輻，孫云：“‘三輻’疑當作‘四輪’，《備高臨篇》‘連弩車兩軸四輪’，亦誤作‘三輪’。”廣六尺，孫云：“凡輪廣與崇等，《考工記·車人》，鄭注：‘柏車，山車，輪高六尺。’此與彼度同。”爲板箱長與轅等，孫云：“《説文·竹部》云：‘箱，大車牝服也。’《考工記·車人》云‘大車牝服，二柯又參分柯之二’，鄭注云：‘大車，平地載任之車；牝服，長八尺，謂較也。’鄭司農云：‘牝服，謂車箱。’此車箱長丈，蓋長於大車二尺也。”高四尺，舊作“四高尺”，蘇云：“當作‘高四尺’。”孫據乙。善蓋上治中，令可載矢。孫云：“舊本脱‘中’字，今據《道藏》本、吴鈔本、茅本補。”純一案：陸本、唐本並有“中”字。

子墨子曰：凡不守者有五：城大人少，一不守也；畢云：“舊作‘者’，以意改。”孫云：“茅本正作‘也’。”不誤。城小人衆，二不守也；人衆食寡，三不守也；市去城遠，四不守也；畜積在外，富人在虚，蘇云：“‘虚’同‘墟’，言不在城邑也。”五不守也。率萬家而城方三里。畢云：“言大率萬家而城方三里，則可守。”孫云：“方三里者，積九里，爲地八千一百畝也。以萬家分居之，蓋每宅不及一畝，貧富相補，足以容之矣。《尉繚子·兵談篇》云：‘量地肥墝而立邑，建城稱地，以城稱人，以人稱粟，三相稱，則内可以固守，外可以戰勝。'"

自《備城門》以下十一篇，兵械、名制，莫得其詳，譌脱錯亂，難於校讀，今姑依據《閒詁》，廣爲甄録，兼采二王（王樹枏、王闓運）、吴（汝綸）、尹（桐陽）諸注，具備參稽，閒亦竊附管闚，力求其是，未必是也。綜覽諸家之説，其於墨書本旨，大氐允稱，真詮者半，未能塙定者半，謹竢來哲盡宜究之。

曹云："今按墨子書，十五卷，七十一篇，國朝先正從《道藏》本録出，功莫大焉。其中有篇目而缺其文者凡八篇，并無篇目者十篇。《毛詩正義》引《墨子》有《備衝篇》，今亦不知其列在第幾也。自《備城門》以下，存文十一篇，訛脱特甚，今亦不復校録其文，墨子以非攻爲教，若非詳明守禦之法，則世之溺於功利之説者，未必因口舌而爲之阻止，故其止楚勿攻宋，亦示之以能守之實用，而後楚人信之，非僅以空言感動暴人也。老子稱兵者不祥之器，有道者不處，若墨子專言守圉，猶是仁人之事也。唯是古賢之書，有言理言事之别，言理者，可以救一時之人心，即可以救後世之人心，此心同，此理同，俟諸百世而不惑者也。言事者，則視乎其時，視乎其地，可以捍此之患，未必可行之於彼，可以捍一時之患，未必可推之於後世，故墨子《備城門》諸篇，縱使文義完足，在今日實爲已陳芻狗，况其訛脱不可讀乎！倘泥古法逞臆説，以斷爛殘缺之簡記，疑誤後人，殃民覆國，仁人必不忍出此，豈墨子之志乎！與其過而存之也，毋寧過而缺之，倘亦有當於先聖之教耶！"

附　　录

原書附録中收有《墨學與景教》一書，整理時已析出另編，此處不複。原書附録中的其他文章仍舊。

墨子佚文

樂者，聖王之所非也，而儒者爲之過也。畢云："見《荀子》，當是《非樂篇》文。"孫云："見《樂論篇》，然似約舉《非樂篇》大意，畢以爲佚文，未塙。"

孔子畢云："'子'字皆鮒所更，墨本用孔子諱。"見景公，公曰："先生素不見晏子乎？"對曰："晏子事三君而得順焉，是有三心，所以不見也。"公告晏子，晏子曰："三君皆欲其國安，是以嬰得順也。聞君子獨立不慚於影，今孔子伐樹削迹，不自以爲辱，身窮陳蔡，不自以爲約，始吾望儒貴之，今則疑之。"景公祭路寢聞哭聲，問梁丘據，對曰："魯孔子之徒也，其母死，服喪三年，哭泣甚哀。"公曰："豈不可哉？"晏子曰："古者聖人非不能也，而不爲者，知其無補於死者，而深害生事故也。"畢云："見《孔叢・詰墨篇》，疑《非儒上》第三十八篇文。"孫云："案：二條并見《晏子春秋・外篇》，或墨子亦有是文。"曹云："今案晏子之説，則當日列國之喪事，各從其國之舊俗，仲尼之徒，則遵周禮耳。儀禮喪服，定自周公，《禮記》云'三年之喪，達乎天子'，《堯典》云'如喪考妣三年'，則又似父母之服，無古今之別。墨子以三月之喪爲夏教，而譏儒者之久喪，以爲非先王之法。《孟子・滕文公》'定爲三年之喪，而百官父兄皆不欲，曰：宗國魯先君莫之行，吾先君亦莫之行'，是魯人已不用周公之典矣。禮之在古今，究未易議斷也。"

堂高三尺，畢云："索隱云：'自此以下韓子之文，故稱曰也。"孫云："《後漢書・趙典傳》注，首有堯舜二字，《韓非子・十過篇》，亦有此文，即索隱所據也。"土階三等，茅茨不翦，采椽不刮。孫云："《後漢書》、《文選・魏都賦》注作'斷'，又《文選・東京賦》注引作'刊'。"食孫云："《後漢書注》作'飯'。"土簋，啜土刑，孫云："《後漢書注》作'歠土鉶'。"糲梁之食，孫云："《後漢書注》作'飯'。"藜藿之羹，夏日葛衣，冬日鹿裘。其送死，桐棺三寸，舉音不盡其哀。畢云："見《史記・太史公自序》，又見《文選》注、《後漢書注》，文皆微異。今韓非子雖有之，然疑《節用》中、下篇文。"孫云："此司馬談約引墨子語，似未必即《節用》中、下篇佚文。《群書治要》及《藝文類聚》十一、《太平御覽》八十，引《帝王世紀》云：'墨子以爲堯堂高三尺，土階三等，茅茨不翦，采椽不斷，夏服葛衣，冬服鹿裘。'

《論衡·是應篇》云：'墨子稱堯舜堂高三尺，儒家以爲卑下。'以上諸書及《後漢書注》、《文選》注疑并據《史記》展轉援引，非唐本《墨子書》，實有此文也。"

年踰十五則聰明心孫云："畢本作'思'，今據《史記·五帝本紀》集解校正。"慮無不徇通矣。畢云："見裴駰《史記集解索隱》，'十五'作'五十'，'無不'作'不'，云作'十五'，非是。"孫云："索隱云：俗本作'十五'，非是。案：謂年老踰五十不聰明，何得云十五，蓋小司馬所見墨子，猶是足本，故據以校正史注俗本之謬。"禽滑釐問於墨子曰："錦繡絺紵，將安用之？"墨子曰："惡，是非吾用務也，古有無文者得之矣，夏禹是也。卑小宮室，損薄飲食，土階三等，衣裳細布，當此之時，黼孫云："舊本捝，盧文弨據《御覽》八百二十校補，今從之。"黻無所用，而務在於完堅。殷之盤庚，大其先王之室，而改遷於殷，茅茨不翦，采椽不斲，以變天下之視，當此之時，文采之帛，將安所施。夫品庶非有心也，以人主爲心，苟上不爲，下惡用之。二王者，以孫云："舊衍'化'字，今從盧校删。"身先于天下，故化隆於其時，成名於今世也。且夫錦繡絺紵，亂君之所造也，其本皆興於齊景公，王注："古者絺繡，景公始繡紵，失暑服之制。"喜奢而忘儉，幸有晏子以儉鐫之，然猶幾不能勝，夫奢安可窮哉？紂爲鹿臺糟邱、酒池肉林、宮牆文畫、雕琢刻鏤、錦繡被堂、金玉珍瑋、婦女優倡、鐘鼓管絃，流漫不禁而天下愈竭，故卒身死國亡，爲天下戮，非惟錦繡絺紵之用耶？今當凶年，有欲予子隨侯之珠者，不得賣也。珍寶而以爲飾，又欲予子一鍾粟者，得珠者不得粟，得粟者不得珠，子將何擇？"禽滑釐曰："吾取粟耳，可以救窮。"墨子曰："誠然，則惡在事夫奢也。長無用，好末淫，非聖人之所急也。故食必常飽，然後求美；衣必常暖，然後求麗；居必常安，然後求樂。爲可長，行可久，先質而後文，此聖人之務。"禽滑釐曰："善！畢云："見《説苑》，疑《節用》中、下篇文。"純一案：見《説苑·反質篇》。孫云："《節用》諸篇，無與弟子問答之語，畢説未塙。"曹云："亦節用之説也。晏子節儉，故墨家多稱之，此段及前《孔叢子》詰墨篇二段，意出於墨子，而文與墨子不甚類，蓋亦墨家之徒，讬爲其師説耳。竊意出於禽子之門人者爲多。"

吾見百國春秋。畢云："見隋李德林《重答魏收書》。"孫云："見隋唐本傳，亦見《史通·六家篇》'春秋'下，畢本有史字，今據《史通》删，考德林書云：'史者編年也，故晉號紀年。'墨子又云：'吾見百國春秋，史又無有無事而書年者，是重年驗也。'審校文義，李書'史'字當屬下爲句，畢氏失其句讀，遂并'史'字録之，謬也。"

甘瓜苦蒂，天下物無全美，畢云："二句原書闕，見《埤雅》引，下二條亦原書所無。"

古之學者，得一善言，附於其身，今之學者，得一善言，務以説人，言過而行不及。畢云："《書鈔》引《新序》，齊王問墨子曰：'古之學者爲己，今之學者爲人，何如?'對曰'古之學者云云'，則爲墨子之言甚明。"

君子服美則益敬，小人服美則益驕。以上三條見馬總《意林》，曹本、王本、尹本均移此，今從之。孫云："今本《公輸篇》後，《兵法》諸篇之前，闕第五十一篇，以上數條，疑皆此篇佚文。"

禽子問："天與地孰仁?"墨子曰："翟以地爲仁，太山之上則封禪焉。《北堂書鈔》百五十七《培塿篇》引此文同，又《地篇》引無"之上"二字。培塿之側，畢云："《太平御覽》作'沈'。"則生松柏，《書鈔·地篇》無"之側"二字，《培塿篇》"側"作"上"，"則"作"即"。下生黍苗莞蒲，《書鈔·地篇》無"下生"二字。"水生黿鼉龜魚，民衣焉食焉《藝文類聚》六《地部》有"家焉"二字。"死焉，《書鈔·地篇》無"鼉龜"二字，又無"死焉"二字。地終不責德焉，故翟以地爲仁。"《書鈔·培塿篇》，作"故以爲仁也。"畢云："見《藝文類聚》，又見《北堂書鈔》、《太平御覽》，吴淑《事類賦》文微異。"曹云："今按：莊子稱墨子爲才士，古今稱天地人曰三才，以地爲仁者，地之才顯而易知也，老子亦曰'人法地'。"

畫衣冠，異章服，而民不犯。畢云："見《文選》注。"純一案：見王元長《永明九年策秀才文》注："墨子曰：畫衣冠，異章服，謂之戮，上世用戮，而民不犯。"曹云："《史記·孝文本紀》：'詔曰：蓋聞有虞氏之時，畫衣冠，異章服，以爲僇而民不犯，何則？至治也。'"

墨子獻書惠王，王受而讀之，曰："良書也。"畢云："見《文選》注。"純一案：見謝玄暉《和伏武昌登孫權故城詩》注。孫云："本書《貴義篇》云'子墨子南游於楚，見楚獻惠王'，疑即'獻書惠王'之誤。又余知古《渚宫舊事》二，亦云'墨子至郢，獻書惠王，王受而讀之，曰良書也'，與李所引正同，彼文甚詳，疑皆本墨子，但不箸所出書，今不據補録，詳《貴義篇》。"

時不可及，日不可留。畢云："見《文選》注。"純一案：見曹子建《贈王粲詩》注。曹云："及，追也。此二語即惟日不足之説，亦教勤也。"

《備衝篇》。畢云:“見《詩》正義。”純一案:見《大雅·皇矣》。

備衝法,絞善麻長八丈,内有大樹,則繫之。用斧長六尺,令有力者斬之。畢云:“見《太平御覽》,疑《備衝篇》文。”孫云:“《通典·兵守拒法》云:‘敵若推轒車,我作轟鐵鐶,并屈桑木爲之,用索相連轒頭,適到,速以鐶串轒頭,於其旁便處,分令壯士牽之翻倒,弓弩而射,自然敗走。’案:杜蓋即本墨子遺法,而以後世名制易之。”

申徒狄謂周公曰:“賤人何可薄也?周之靈珪,出於土石;楚之明月,出於蚌蜃。畢本於“畫衣冠,異章服,而民不犯”條前列“申徒狄曰:周之靈珪,出於土石;隨之明月,出於蚌蜃”二十字,注云:“見《藝文類聚》。”孫云:“此即後‘申徒狄謂周公’章之文,當并爲一條。”純一今從之,《類聚》見八十三《寶玉部》。少豪大豪,出於污澤,天下諸侯皆以爲寶,狄今請退也。”畢云:“見《太平御覽》,又一引云:‘周公見申徒狄曰:賤人强氣則罰至。申徒狄曰:周之靈珪,出於土石;隨之明月,出於蚌蜃。五象出於漢澤,和氏之璧,夜光之珠,三棘六異,此諸侯之良寶也。’疑今《耕柱篇》脱文。”孫云:“此文當在佚篇中,今書《耕柱篇》,雖亦有‘和璧隨珠三棘六異’之文,然非申徒狄對周公語,畢説非也。《通志·氏族略》,引《風俗通》云:‘申徒狄,夏賢人也。’林寶《元和姓纂》説同。《莊子·外物篇》云‘湯與務光,務光怒,申徒狄因以踣河’,此即應説所本。《淮南子·説山訓》高注,則云:‘申徒狄,殷末人也。’《史記·鄒陽傳》集解‘服虔云:申徒狄,殷之末世人也’,索隱引韋昭又云‘六國時人’,《莊子·大宗師》釋文亦云‘申徒狄,殷時人’,案:依韋説,則此周公,或爲東西周君。《御覽》八百二引,有和氏之璧語,又《韓詩外傳》一,及《新序·士節篇》,并云‘申徒狄曰:吴殺子胥,陳殺泄治而滅其國’,則狄非夏殷末人可知,疑韋説近是。”

桀女樂三萬人,晨譟聞於衢,服文綉衣裳。畢云:“見《太平御覽》。”孫云:“此《管子·輕重甲篇》文,以後《御覽》所引諸條,似多誤以它子書語爲墨子,不甚足據也,今亦未及詳校。”

秦穆王遺戎王以女樂二八,戎王沈於女樂,不顧國亡政國之禍。畢云:“見《太平御覽》。”純一案:《北堂書鈔》一百五“遺戎王女樂二八”注引《墨子》同。曹本作“不顧國政亡國之禍”,王本作“不顧國亡攻國之禍”,尹本同。曹云:“以上兩條,皆非樂之説。”

良劍期乎利,不期乎莫邪。畢云:“見《太平御覽》。”曹云:“此亦節用之説。”

禹造粉。畢云："見《太平御覽》。"純一案：此疑《非儒篇》文，當在"古者羿作弓"下。

禽子二字舊倒，從孫校乙，曹本同。問曰："多言有益乎？"墨子曰："蝦蟆蛙蠅孫云："當作'黽'。"日夜而鳴，舌乾擗然而不聽。畢云："一引作'口乾而人不聽之'。"今鶴鷄時夜而鳴，天下振動，多言何益？《藝文類聚》九十《鳥部》引《墨子》曰："禽子問曰：'多言有益乎？'對曰：'蝦蟇日夜鳴，口乾而人不聽之，鶴雞時夜而鳴，天下振動，多言何益乎？'"唯其言之時也。"畢云："見《太平御覽》。"

昔夏之衰也，有推侈大戲；殷之衰也，有費仲惡來，足走千里，手制兕虎。畢云："見《太平御覽》。"純一案："制"當作"列"。孫云："此《晏子春秋・諫上篇》文。"

神機陰開，剞劂無迹，人巧之妙也，而治世不以爲民業。孫云："此《淮南子・齊俗訓》文，'劂'彼作'劂'，此誤。"

工人不漆而上丹則可，下丹而上漆則不可，萬事由此也。孫云："此《淮南子・説山訓》文。"純一案："由"、"猶"同。

神明鉤繩者，乃巧之具也，而非所以爲巧。孫云："此《淮南子・齊俗訓》文，'神明'作'規矩'。"神明之事，不可以智巧爲也，不可以功力致也。天地所包，陰陽所嘔，雨露所濡，以生萬殊。翡翠瑇瑁碧玉珠，文采明朗澤若濡，王闓運云："七字成韻語。"摩而不玩，久而不渝，江有誥云："嘔、濡（汝薑反）、殊（市薑反）、珠、濡、渝，侯部。"奚仲不能放，魯般弗能造，此之謂大巧。孫云："此《淮南子・泰族訓》文。"江有誥云："造（徂叟反）、巧，幽部韵。"夫至巧不用劍，大匠大不斲。孫云："此《淮南子・説林訓》文，下'大'字衍。"夫物有以自然而後人事有治也，故大匠不能斲金，巧冶不能鑠木，金之勢不可斲，而木之性不可鑠也，埏埴以爲器，刳木而爲舟，鑠鐵而爲刃，鑄金而爲鍾，因其可也。畢云："見《太平御覽》，而文不似墨子家，或恐誤引他書。"孫云："末條《淮南子・泰族訓》文。"曹云："今按《太平御覽》之書，成於宋初，援引必不誤，尋繹文義，黜巧而崇樸，正與墨家之旨相合，蓋墨子所以詰難公輸之説。巧者，鬼神之所忌，而殺機之所伏也，墨子以强本節用爲教，則所以成天下之務者，必以樸拙爲基，而勞勤心力以致之，初不尚智巧之爲也。《魯問篇》載公輸削木爲鵲，飛之三日，而墨子譏之云：‘利於人謂之巧，不利於人謂之拙。’至其造雲梯之械，爲攻取之具，則墨子深惡之。《禮記》云‘德成而上，藝成而下，百工之巧，儒者弗尚’。《老子》云‘大巧若拙’，又云‘絶巧棄利，盜賊無有’，又云：‘民多技巧，奇物滋起’。《莊子》載抱甕之老人，以桔槔爲恥，曰‘有機械者必有機事，有機事者必有機心’，故巧也者，又道家所深惡痛絶之者也。易知簡能，可大可久，此則千聖百王之所同軌矣。因推論之如此，又按古聖賢微言大義，藉著書以傳後，而書不必盡出一人之手，有爲門人小子之所記述，歷久而漸失其真者。莊子之書，《内篇》、《外篇》、《雜篇》，其中純駁不倫，而皆曰莊子也。仲尼之書，《易傳》其自著也，《孝經》、《論語》，則及門記録之書，至於七十子之徒，傳稱聖人之説，尤不可勝數。墨子之書七十一篇，不必皆墨子之自著，而他書中稱引墨子之説，不必出於本書，苟求其義類而合，固當採而存之，不可廢也，其有不合，明者自能辨之云。”以上佚文，皆畢氏採集。

金城湯池。孫云：“《水經·河水二》酈道元注。”

釜丘。孫云：“《水經·濟水》注云：‘陶丘，墨子以爲釜丘也。’”

使造孫云：“疑脱‘物’字。”三年而成一葉，天下之葉少哉。孫云：“《廣弘明集》，朱世卿法性自然論。案：《韓非子·外儲説左上》‘宋人爲玉楮葉’章有此文，或本墨子語也。”

舜葬於蒼梧之野，象爲之耕。孫云：“劉庚《稽瑞》。”

禹葬會稽，鳥爲之耘。孫云：“《稽瑞》，以上二條，疑《節葬》上、中二篇佚文，然説舜葬處與《節葬下篇》不合，未詳。

五星光明苣蠶如旗。孫云：“《稽瑞》。”以上六條，畢本無，孫氏校增。

棄作舟。《藝文類聚》七十一《舟車部》引《墨子》，疑亦《非儒篇》文。

天雨土，君失封。《開元占經》三《天占》。

天雨粟，不肖者食禄與三公一位。《開元占經》三。

天雨黍豆粟麥稻，是爲謂惡祥，不出一年，民負子流亡，莫有所向。《占經三》。

國君失信，專禄去賢，則天雨草。《占經》三。

天雨甑釜，歲大穰。《占經三》。

天雨絮，其國將喪，無復有兵。《占經》三。

天雨墨，君陰謀。《占經》三。

天下火，燔邑城門，其邑被圍。《占經》三。以上九條，畢本、孫本俱無，今校增。

墨偁之探本

《孟子》、《荀子》、《列子》、《莊子》、《韓非子》皆稱墨翟，或單稱墨；高誘注《淮南·修務訓》、《吕氏春秋·當染》並云名翟；而於《吕覽·慎大》注，則稱以墨道聞；《漢書·藝文志》顔師古注，亦僅云名翟。詳諸家所稱，從未明言墨爲姓者。惟《通志·氏族略》引《元和姓纂》云："墨氏孤竹君之後，本墨胎氏，後改爲墨氏，戰國時宋人墨翟，著書號墨子。"此不過因伯夷、叔齊姓墨胎氏，遂以附會翟姓墨，未足深信。今詳審墨子當爲魯人，知稱宋人不確；則援墨胎爲姓，亦不確無疑。信乎高誘"以墨道聞"之説，非姓明矣。

近江瑔著《讀子巵言》，論墨子非姓墨，頗具卓識。其説曰："墨家諸人無一稱姓，以宗族姓氏爲畛域之所由生，故去姓而稱號，以充其兼愛上同之量；又與釋氏之法同。此孟子所以斥之爲無父，亦墨氏之學，所以獨異於諸家，而高出於千古也。"案瑔説墨非姓是，説墨家諸人無一稱姓，未確。墨門如彭輕生子、田俅子、孟勝、徐弱、田襄子等，似皆有姓，《通志·氏族略》胡非氏，陳胡公後有公子非，其後子孫爲胡非氏，戰國時有胡非子著書，尤其證。凡以明墨爲學爲道耳。余向疑《莊子》之論墨子曰"以繩墨自矯"，"枯槁不舍"；《天下篇》。荀子之非墨子曰"刻死而附生謂之墨"，《禮論篇》。又曰"其送死瘠墨"，《樂論篇》。以爲墨者，殆從其行義而爲之稱。今觀瑔之説，乃不期而合。

《廣雅·釋器》："墨，黑也。"《釋名·釋書契》"墨，晦也，似物晦黑也。"翟奚取於是哉？《莊子·天下篇》曰："不能如此，非禹之道也，不足謂墨。"《潛夫論·讚學篇》曰："禹師墨如。"是知翟祖大禹，見《莊子天下篇》，又《説苑·反質篇》，墨子答禽滑釐，亟稱大禹卑小宫室，損薄飲食云云，均其證。即祖墨如，而墨稱之所本著明矣。禹王天下，色尚黑，《禮·檀弓上》："夏后氏尚黑。"執玄圭。《書·禹貢》"禹錫玄圭"，玄，幽遠義。《文選·文賦》

"佇中區以玄覽"注："老子曰，'滌除玄覽'。何上公曰，'心居玄冥之處，覽知萬物'，玄之取義深矣。"禹蓋以黑爲道，故勞形以利天下，而不矜不伐。又曰："生寄死歸。"《淮南子·精神訓》。深明生死之故，《吕覽·知分篇》："禹達乎生死之分。"禹之道微矣。周徵藏史聃之言曰："知白守黑。""玄之又玄，衆妙之門。"玄與墨同義，《楚辭》"懷沙玄文處幽兮"注："玄，墨也。"《大戴禮·夏小正》"玄校"傳："玄也者，黑也。"蓋即傳禹之道者也。五千言中，持'慈'、'儉'、'外身'及'不争'、'不矜伐'之説；《文子·符言篇》亦有老子曰"生所假也，死所歸也"之文，皆符合可證。上古三代之世，學皆在於天子，《尚同中》引《周頌》之詩曰："載見辟王，聿求厥章。"《吕氏春秋·當染篇》曰："魯惠公使宰讓請郊廟之禮於天子。"皆其證。史官守之。老子世守柱下，得掌數千年之秘藏，與史佚，《漢書·藝文志》墨家以尹佚二篇列首。史角無異。禹之傳既在史氏，墨子學於史角之後，《吕氏春秋·當染篇》。又屢游楚，知必詳聞聃史之道，墨子書存《道藏》可證。因以上接大禹之傳。觀其"摩頂放踵利天下"《孟子·盡心》。及"其徒百八十人，皆可赴火蹈刃，死不還踵"，《淮南子·泰族訓》。即"大禹竭力而勞萬民"《淮南子·精神訓》。之義。翟嘗言"愛人非爲譽也，其類在逆旅"，《大取》。蓋源出生寄死歸之旨。其道不怒，《莊子·天下》蓋我法二執俱空也。故有慈無争。《國語·周語下》："昔史佚有言曰……德莫若讓。"然則翟之以墨立教，棄文崇實，其淵源有自也。蓋墨者滌除玄覽，分别都無之謂，道不極於墨，不知有無異同之俱一，人己生死之大通，兼之義無由明也。稱墨翟者，猶稱史佚、史角，醫和、醫緩之類也。

《韓非子·顯學篇》曰："墨之所至，墨翟也。"玩其意，墨道至翟集大成，不自翟始顯然。讀《晏子春秋》，綜核晏子之行，爲人者重，自爲者輕，《問上》。無非墨行。墨子稱其知道者再，晏子固卓然墨者。《揚子法言》《五百篇》。云："墨晏儉而廢禮。"明以晏爲墨道也。《太平御覽》四百三十七。云："胡非子修墨以教。"墨子之爲道益明。"太史公敘六家，劉向條九流，各以其學術名。"黄紹基《墨子閒詁跋》。後世誤以墨爲姓，則失其本，不可以不辨。

墨子魯人説

《閒詁》："墨子，魯人。"《吕覽·當染》、《慎大篇》注，《貴義篇》云："墨子，自魯即齊。"又《魯問篇》云："越王爲公，尚過束車五十乘，以迎子墨子於魯。"《吕氏春秋·愛類篇》云："公輸般爲雲梯，欲以攻宋。墨子聞之，自魯往見荆王曰：'臣，北方之鄙人也。'"《淮南子·修務訓》亦云："自魯趨而往，十日十夜至於郢。"並墨子爲魯人之塙證。純一案，孫説是也。兹更舉證以實之，明墨子塙非宋人，並非楚之魯陽人也。《公輸篇》曰："子墨子歸，過宋。"其自楚歸，明非楚人，曰"過宋"，明非宋人。《非攻中篇》曰："東方有莒之國者。"莒在魯東也。《貴義篇》曰："南游使衛。"衛在魯之西南，故曰"南游"，設爲楚之魯陽人，當曰"北游"矣。又曰："南游於楚，見楚惠王。"則非楚之魯陽人尤顯著。又曰："北之齊，至淄水，不遂而返。"魯在齊南也。《公孟篇》有："游於子墨子之門者，其年，而責仕於子墨子，子墨子曰：'不仕子，子亦聞夫魯語乎！'"可見此游於墨子之門者非魯人，故墨子舉鄉諺以喻之。《魯問篇》魯君與墨子問答者再，設非魯人，何不云游於魯見魯君耶？又魯人有因子墨子而學其子者，觀此魯人，必居距墨子不遠。又魯之南鄙人有吴慮者，冬陶夏耕自比於舜，子墨子聞而見之。顯見墨子居魯北境，故曰"南鄙"，曰"聞而見之，不甚遠故也"。又魯君之嬖人死，魯君爲之誄，魯人因説而用之。又魯祝以一豚祭，而求百福於鬼神，墨子均以爲不可。設墨子非魯人，何獨記魯細事之詳耶！《耕柱篇》巫馬子謂子墨子曰："我與子異，我不能兼愛，我愛魯人於鄒人。"云云。蓋其鄉人，時與晤談耳。《備梯篇》禽滑釐子事子墨子三年，子墨子甚哀之，乃管酒塊脯寄於太山滅茅坐之，太山即魯北境也。《兼愛中篇》曰："挈泰山而越河濟。"亦借本地風光取譬也。《淮南子·氾論訓》曰："總鄒魯之儒墨，通先聖之遺教。"凡此皆足爲墨子是魯國人之塙證。

墨子年代考

《史記·孟子荀卿列傳》記墨子時代，“或曰並孔子時，或曰在其後”。《漢書·藝文志》云：“在孔子後。”《抱朴子》亦云：“孔子時人，或云在其後。”自後莫宗一是，迄無定論。《閒詁》年表謂：“當與子思並時，而生年尚在其後。”誤甚。今詳加徵討，墨子當生於周敬王十年與廿年之間。適當孔子四十歲前後，與子夏、曾子等齊年，蓋與孔子並時而差後，遷、固二説均可通。汪中《墨子序》云，墨子實與楚惠王同時，其年於孔子差後，或犹及见孔子。《藝文志》以爲在孔子後者是也。《非攻中篇》言知伯以好戰亡，事在春秋後二十七年。又言蔡亡，則爲楚惠王四十二年。墨子並當時及見其事。《非攻下篇》言今天下好戰之國，齊晋楚越。又言唐叔吕尚邦齋晉，今與楚越四分天下，《節葬下篇》言諸侯力征，南有楚越之主，北有齋晋之君，明在句踐稱伯之後，《魯問篇》越王請裂故吴之地方五百里以封子墨子，亦一證。秦獻公未得志之前，全晉之時三家未分，齊未爲陳氏也。又言吴起之裂，认楚悼王二十一年，非墨子之所知，均極精塙。玆更舉證如下：

（一）公輸盤與墨子同時，季康子之母死，般請以機封。《檀弓下》。康子後孔子十一年卒。魯哀公十六年，孔子卒。二十七年，季康子卒。此足爲墨子及見孔子之鐵證。

（二）孔子生於魯襄公二十一年，當楚平王爲太子取秦女以其好而自取時，已二十五歲。平王至少當在四十歲左右，魯陽文君爲其孫，當與惠王齊年。魯陽文君即公孫寬，於左哀十六年爲楚司馬，孔子是年卒。文君與墨子同年。

（三）越王郊迎子貢，見《史記·仲尼弟子列傳》並《越絕書》、《吳越春秋》。時在孔子未卒前四年。孔子六十九歲，子貢三十八歲。其欲裂故吴之地封墨子時，不可知。而説越王之公尚過，爲墨子弟子，以此推想墨子之年，不少於子貢必矣。子貢少孔子三十一歲，然則史遷謂墨子爲孔子時人，豈不信乎？

（四）墨子弟子禽滑釐，曾受業於子夏，見《吕氏春秋·當染》並《史記·儒林傳》。子夏少孔子四十四歲，《史記·仲尼弟子列傳》。《耕柱篇》又有“子夏之徒，問於子墨子曰，君子有鬬乎”云云，以此推知墨子當與子夏齊年。

（五）墨子弟子管黔滶即《檀弓》之黔敖，嘗爲食於路，以待餓者曰“嗟來食”，乃餓者不食嗟來之食，從而謝焉，卒不食而死。曾子聞之曰“其嗟也可去，其謝也可食。”曾子少孔子四十六歲，以此推知墨子或稍長於曾子，或與曾子齊年。

（六）《耕柱篇》“巫馬子謂子墨子曰，鬼神孰與聖人明智。”蘇云：“巫馬子爲儒者也，疑即孔子弟子巫爲期，否則其後。”案巫馬施少孔子三十歲，《仲尼弟子列傳》。長墨子亦不過十餘歲，正相值也。

（七）《公孟篇》“公孟子謂子墨子曰，君子共己以待”云云。惠棟云：“公孟子即公明子，孔子之徒。”孫云：“《説苑·修文篇》有公孟子高，見顓孫子莫及曾子，此公孟子疑即子高，蓋七十子之弟子也。”愚案無論公孟子爲孔子之徒，或七十子之弟子，皆足爲墨子與孔子並時而差後之證。

（八）《論語·陽貨篇》“宰我問三年之喪，期已久矣，君子三年不爲禮，禮必壞；三年不爲樂，樂必崩”云云，詳《墨儒之異同》四。頗似受墨子節葬、短喪之影響而云然，可見墨子之年，當與七十子齊。

（九）《淮南子·要略》云：“墨子學儒者之業，受孔子之術，以爲其禮煩擾而不悦”云云，詳《墨儒之異同》一。似墨子或嘗受學於孔子。

（十）《耕柱篇》“葉公子高問政於仲尼曰：善爲政者若之何？仲尼對曰：善爲政者，遠者近之而舊者新之。子墨子聞之曰：葉公子高未得其問也，仲尼亦未得其所以對也”云云，知葉公之問，當在孔子往返蔡、葉間時，白公之亂前未久，墨子時已三十歲左右。

（十一）《魯問篇》：“孟山以白公之禍，譽王子閭爲仁，墨子曰：難則難矣，然而未仁。”《史記·十二諸侯年表》：“白公之亂，在魯哀公十六年。”孔子於是年卒，即楚惠王十年。墨子此言必在事後未久，而其時已講學授徒可知。

（十二）《文子·自然篇》云：“孔子無黔突，墨子無煖席。”《漢書·藝文志》班固自注云：“文子，老子弟子，與孔子並時。”今觀其言孔、墨並舉，設墨子在七十子後，文子不及知，安能爲此言。《史記·孟荀傳》索隱按《别録》云：“墨子書有文子。文子，子夏之弟子，問於墨子。如此，則墨子者在七十子後也。”《閒詁》云：“考文子今書未見，必其佚文；它書載子夏弟子，亦無文子。”按《耕柱篇》有子夏之徒問於子墨子云云，無文子之名。或佚篇中有之，未必果爲子夏弟子，蓋《别録》臆測。竊疑文子必即老子弟子，與孔子同時，亦即與墨子同時。文子楚人，墨子屢之楚，况其道合，故相知。即此是墨子與孔子並時而差後之證。蓋墨子蜚譽於時，必在既壯，當孔子晚年。文子爲道家鉅子，亦必壽考，故其著書並孔墨詳言之。

以上皆足爲墨子與孔子並時而差後之證。

（十三）墨子弟子縣子碩，《耕柱篇》。魯繆公嘗因陳莊子死召而問焉。《檀弓》。繆公尊禮子思，《孟子·公孫丑下》。子思生於孔子五十九歲，《孔子編年》。縣子與子思同時，則墨子長於子思無疑。

（十四）孟子受業於子思，《史記·列傳》。嘗並楊、墨而闢之。張湛注《列子》云“楊朱後於墨子”，孟子當後於楊朱，必更後於墨子。觀《滕文公上》之墨者夷之，《告子下》之宋牼，均屬墨子後輩。孟子稱夷之曰夷子，稱宋牼曰先生，足見夷子宋牼之年，均不少於孟子，當與子思齊。又孟子所禮貌之匡章，《離婁》。且稱惠子爲公，《吕氏春秋·愛類》。足見惠子年長。惠子固述墨子之學者。

以上皆足爲墨子年長於子思之證。

案墨子生年，當與七十子伯仲，長子思十餘歲，而其卒獨在後耳。前賢因其言行多在七十子後，故劉向《别録》云“在七十子之後”，《史記》索隱引之。《文選·長笛賦》李注亦云“今案其人在七十弟子後”，皆未知其卒年獨後也。後漢張衡謂當子思時，《閒詁·墨子年表》引之。武億跋墨子云“上接孔子未卒”，信而有徵，於遷、固二説皆不背。《閒詁》以墨子後及見齊太公和，與齊康公興樂，楚吴起之死，蓋忘其《魯問》、《非樂》、《親士》非出墨子之手也。以泥此故，竟謂墨子不及見孔子，汪中序注。生年尚在子思之後。是猶畢氏誤以中山之滅，謂墨子實六國時人，至周末猶存也。《神仙傳》謂墨子至漢武帝時猶存，尤不足信。然墨子壽考，觀其獻書惠王，惠王以老辭可知。惠王在位五十七年，墨子生年當與惠王齊，卒在其後二三十年，享年殆近百歲。以其素無欲惡，《經上》："平，知無欲惡也。"《經下》："無欲惡爲之益損也。"正體不動（《大取》）。當無足異，《抱朴子》列之《神仙傳》必有以也。

墨儒之異同

大道無形，本同也。形而爲有，則異名。儒墨二家，水火久矣，實無足異，蓋體道以致用者殊耳。試述二家之異同。

（一）儒墨之學所從出者，文質各異。蓋儒宗周禮，墨宗夏禮也。孔子曰："周監於二代，郁郁乎文哉，吾從周。"《論語·八佾》。又曰："吾説夏禮，杞不足徵也；吾學殷禮，有宋存焉；吾學周禮，今用之，吾從周。"《中庸》。墨子則嘗"學儒者之業，受孔子之術，以爲其禮煩擾而不説，厚葬靡財而貧民，久服傷生而害事，故背周道而用夏政"；《淮南子·要略》。又謂公孟子曰："子法周而未法夏也，子之古非古也。"《公孟篇》。以是墨子非儒，孟子距墨，雖同一救世之心，而所趨之途，則有懸殊者也。

（二）墨家立説，以天爲最高之標的，亦猶儒家之欽崇天道。顧墨子標示之天，賞善罰暴，顯有意志，殆如景教之上帝；較孔子之所謂天，更有威靈。故著《天志》，使人皆慎奉之，兼愛而交利；並著《法儀》、《尚同》，以天爲至仁，使天下從事者皆以天爲法，盡去人我之執，一同天下之義。此墨家獨樹一幟之大本，蓋確有見乎天人不二，感應之理至微妙也。若儒家雖亦以道之大原出於天，而强聒説教，未見如墨者爲人之多，救世之勇。所異者，儒家惟游乎方之内，墨家則有游乎方外之精神，寓於方之内也。方之外、方之内，見《莊子·大宗師》。

（三）墨家重祭祀，務絜爲酒醴粢盛，以敬天事鬼。與孔子之"祭如在，祭神如神在"同。《論語·八佾》。皆本歷史舊貫也。惟墨家著有《明鬼》之篇，確證鬼神之實有，且賞善罰暴。猶老子所謂"天網恢恢疏而不失"者然，將以正天下之人心，而弭天下之亂。孔子則不語怪、力、亂、神，《述而》。且曰"敬鬼神而遠之"，《雍也》。故墨子語公孟子曰："執無鬼而學祭禮，是猶無客而學客禮也，是猶無魚而爲魚罟也。"《公孟篇》。此又墨儒之異點也。王充《論衡》《薄葬》、《案書》二篇，持論多與墨子爲難，蓋仲任見道未憭，又生於後漢，其時墨教已失其勢力，無足怪。

（四）喪葬之禮，儒墨甚不一致。墨子力主薄葬、短喪，蓋本禹法也。《尸子》曰："禹爲喪法，使死於陵者葬於陵，死於澤者葬於澤，桐棺三寸，制喪三月。"《淮南子·要略》云："節財薄葬閑服生焉。"又《齊俗訓》云："三年之喪，是强人所不及也，而以僞輔情也。三月之服，是絶哀而迫切之性也。"高誘注："三月之服，夏后氏之禮。"《韓非子·顯學篇》云："墨者之葬也，冬日冬服，夏日夏服，桐棺三寸，服喪三月，世以爲儉而禮之。"顧以薄葬言，則孔子於伯魚之死用薄葬，並以門人厚葬顔回爲非。《先進》。孟子亦以貧富不同，後喪踰前喪。《梁惠下》。是知孔、孟非極端主厚葬，特非如墨子極端主薄葬耳。至墨主短喪，固與孔、孟絶對相反。《論語·憲問篇》子張曰："書云，高宗諒陰三年不言。何謂也？"子曰："何必高宗，古之人皆然。"《陽貨篇》："宰我問：'三年之喪期已久矣！君子三年不爲禮，禮必壞；三年不爲樂，樂必崩。舊穀既没，新穀既升，鑽燧改火，期可已矣。'竊疑宰我似受墨教短。喪、非樂之影響，乃以喪可稍短、樂不可廢，發爲此問，或即墨子與孔子同時之一證。子曰：'食夫稻，衣夫錦，於汝安乎？'曰：'安。''女安則爲之。夫君子之居喪，食旨不甘，聞樂不樂，居不處安，故不爲也。今女安則爲之。'宰我出。子曰：'予之不仁也，子生三年，然後免於父母之懷。夫三年之喪，天下之通喪也，予也有三年之愛於其父母乎？'"其責之嚴矣。《孟子·盡心篇》："齊宣王欲短喪。公孫丑曰：'爲朞之喪猶愈於已乎？'孟子曰：'是猶或紾其兄之臂，子謂之姑徐徐云爾。'"蓋儒重宗法之道德，墨務天下之富厚，所以異也。

（五）墨子稱道"大禹形勞天下，以自苦爲極"，《莊子·天下篇》。深恐執有命者之言，上下皆惰於從事，爲天下厚害。故盡力非之曰："命者暴王所作，窮人所術，非仁者之言。"《非命》下篇。於子夏所謂"死生有命，富貴在天"之説，《論語·顔淵》。絶不能容。其振刷斯人之精神者至矣。夫已往之命，定於宿報者，不可謂無。未来之命，宜大造就者，不可執有。《論衡·命義篇》曰："墨家之論，以爲人死無命；儒家之議，以爲人死有命。"蓋於人生死之故，墨家所見，深於儒家也。

（六）墨子"昭昭然爲天下憂不足"，《荀子·富國篇》。力主勞儉。以樂無益於人，必致"虧奪民衣食之財；並廢君子之聽治，與賤人之從事"；《非樂》。且以堯、舜、湯、武言，"樂逾繁者治逾寡"，《三辯》。故非樂。儒家則以禮樂爲治天下之要端，詳《禮·樂記》。故荀子作《樂論》以敵之。此間墨主實利之普及，多注意於貧民，期於一切平等。儒尚優美之感化。貧民往往向隅。二家所見不同，而濟時之心一也。

（七）墨子主張兼愛，人己兩忘，直視"天下無人"。《大取》。故以"别之所生爲天下之大害，期於一兼以易别"，本《兼愛下》。所謂愛無差等也。《孟子·滕文上》。《論語》亦稱博濟爲聖，顧以"堯舜猶病"。《雍也》。惟教人汎愛而已。《學而·汎愛衆》。故親親之殺，《中庸》。《孟子·盡心上》亦曰"親親而仁民"。畛域難除。蓋墨本乎天，儒本乎人者異也。

（八）墨子力行兼愛故非攻，蓋深以"勁殺其萬民，覆其老弱"《非攻下》。爲憂也。孟子則謂"率土地而食人肉，罪不容於死，故善戰者服上刑"，《離婁上》。實與墨子同一慈悲。然如墨子"取天之人，《取通聚》以攻天之邑，刺殺天民"《非攻下》。云云，則兼之爲義，又孟子一間未達者。

（九）墨子祖禹菲飲食，惡衣服，卑宫室，《説苑》反質《論語·泰伯》。故節用。孔子於禹無間然，且以"節用"爲"道千乘之國"之要端，《論語·學而》。無異也。乃荀子以墨子蔽於用而不知文，《解蔽篇》。謂其節用是使天下貧，《富國篇》。辯已。蓋墨家節用，欲使天下無不富，且以限制在上者之厲民，與儒家同。而其恐侈於性，尚質不尚文，極端反對奢靡，則與儒家異。墨務爲人厚，自爲薄。雖貴爲天子，富有天下，如堯與禹，均儉約。迨晏嬰爲齊相，亦食麤衣惡居湫隘。儒則素貧賤行乎貧賤，素富貴行乎富貴。故孔子議晏嬰、論叔孫敖，《韓非子·外儲左下》。以其太儉也。

（十）墨子言脩、齊、治、平之道，與儒家同尚仁義，《呂覽·有度》："孔墨之弟子徒屬，充滿天下，皆以仁義之術，教導於天下。"同説詩、書，同稱堯、舜，同非桀、紂，無異致也。惟儒家宗師仲尼、《漢書·藝文志·儒家》。墨子與滯於禮者異趣。故雖"俱道堯舜，而取舍不同"。《韓非子·顯學篇》。墨子嘗謂"堯不能治今世之天下"，《經説下》。是固仲尼未嘗道也。蓋孔子"述而不作"，故公孟子曰："君子不作，術而已。"墨子甚不謂然，謂述、作不可偏廢，"古之善者則述之，今之善者則作之，欲善之益多"，《耕柱篇》。足見墨子理想豁達，能保守更能進取也。

（十一）儒家禮不往教，《曲禮》。故公孟子曰："君子共己以待，問焉則言，不問則止。"墨家則不憚勞，務"偏從人而説之"。《公孟篇》。是儒墨二家，施教之法異也。

（十二）政教不分，儒墨皆同。然墨家有鉅子，又似政教已有分離之勢。儒仍舊贯，因君位世襲，有貴貴親親之義；墨主天子、國君以及鄉里之長皆由公选，尚同。又歧異也。

墨子與農家及其源流

農者，勉也。《廣雅·釋詁三》。《尚賢中》篇引《呂刑》云"農殖嘉穀"，《管子·大匡篇》云"用力不農，有罪無赦"，皆其義。厚也，《書·洪範》農用八政傳鄭注讀爲"醲"。濃也。(《論語·子路》"吾不如老農"皇疏。昔神農夫負婦戴，以治天下，《尸子》。勤勉以厚生民者至矣。衆感其德濃厚如神，故稱神農。《風俗通義·皇覇》。其時"男女貿功，資相爲業"，"非老不休，非疾不息"，"天下一心”，《亢倉子·農道篇》。無有貴賤貧富勞逸之不均。傳曰“神農形悴”，《文子·自然篇》。有以也。神農氏世衰，諸侯相侵伐，暴虐百姓，軒轅乃修德振兵，撫萬民，度四方，而諸侯尊之，立爲天子。軒轅勞勤心力耳目，節用水火材物，披山通道，未嘗寧居。《史記·黄帝本紀》。下逮諸侯廢摯立堯，《淮南子·本經訓》。云：“堯能爲民除害，萬民皆喜，置堯以爲天子。”以上皆君臣萌通約之所本。堯爲天下“瘦臞”，見《文子·自然篇》。且愧德薄未若神農，嘗曰：“朕之比神農，猶旦與昏也。”《尸子》。卒倦勤而禪舜。舜爲天下憂勤而“黧黑”，《文子·自然篇》。《魯問篇》“魯之南鄙人有吴慮者，冬陶夏耕，自比於舜”。奔走而死蒼梧之野，本《史記·舜本紀》。禹繼，“智營形析，心罔弗辰”，《岣嶁碑文》。出見耕者耦立而式。《荀子·大略》。沐甚雨，櫛疾風，《莊子·天下》。卒致“偏枯”。《列子·楊朱》。是皆勤勞以釀民生，固墨子所心儀也。墨子書屢稱男耕女織、征不義，并堯、舜、禹事可證。

世又愈衰，厲民自養者多。長沮、桀溺、荷蓧丈人《論語·微子》。之儔，大氏皆抱道而農，以均勞逸爲務者。當時無所謂道家農家，百家紛於末流，初起厥惟一道。如《亢倉子·道家》有“農道篇”。老子不貴難得之貨（墨家同），本即神農之法，見《淮南子·齊俗訓》。管子道家亦法家，而《輕重甲》、《揆度》等篇屢稱神農之教。《吕氏春秋》道家亦雜家，《尊師》、《慎勢》等篇數稱神農，《知度篇》且云“唯彼天符不周而周”，此神農之所以長而堯舜之所以章也。人心之危道心之微，儒家所謂心傳，《荀子·解蔽篇》稱爲道經之言。儒墨互相非，同稱堯舜。統此以觀，可知百家紛於末流也。觀其言曰：“是魯孔丘與，是知津矣。”“耰而不輟。”曰：“四體不勤，五穀不分，孰爲夫子？”“植其杖而芸。”皆譏其不勤農業顯然。是農家之尚勞賤，足民食，以平上下之序，道已盛行於楚。想墨子游楚之頻，老子於楚爲大師，墨學貴慈儉，玄同於老子者十六七，卒不僅開風氣於齊魯閒，南方墨者亦盛，均有脈胳可尋。心契之久矣。不然，何“昭昭然爲天下憂不足”《荀子·富國篇》。之甚耶？厥後許行自楚之滕，《孟子》三。陳仲去齊之楚，《於陵子·辭禄》)，蓋沮、溺諸賢流風未墜，有以啟之。

以上敘墨子與農家之淵源竟。以下述墨子之勤勞主義。

（一）平等觀

墨子因“儒者親親有術，尊賢有等，言親疏尊卑之異”，《非儒》。以爲不合“天志”，故“非儒”而樹“愛無差等”《孟子》三。之義。

今天下無大小國，皆天之邑也。人無幼長貴賤，皆天之臣也。《法儀》。

臣子之不孝君父，所謂亂也。雖父之不慈子，兄之不慈弟，君之不慈臣，此亦天下之所謂亂也。《兼愛上》。

愛衆衆世，與愛寡世相若，愛尚世與愛後世，一若今之世。《大取》。

墨家兼愛之量，幾等於佛教，特樹義不及佛教圓滿耳，基督教遠不及也。

（2）交利説

墨子交利説其大綱三：（一）有力以勞人；《魯問篇》墨子見吴盧語。（二）有財以分人；同上，又語曹公子“多財則以分貧”。（三）有道肆相教誨。《兼愛下》。又《天志中篇》云：“天之意欲人之有力相營，有道相教，有財相分也。”蓋其交相利之實行也。約分四項言之：

（一）交利之正義

今吾將正求興天下之利而取之，以兼爲正。是以聰耳明目，相與視聽乎？是以股肱畢强，相爲動宰乎？而有道肆相教誨。是以老而無妻子者，有所侍養以終其壽。幼弱孤童之無父母者，有所放依以長其身。《兼愛下》。

（二）交利即自利

使其一士者執别，使其一士者執兼。是故别士之言曰：吾豈能爲吾友之身，若爲吾身；爲吾友之親，若爲吾親。是故退睹其友，飢即不食，寒即不衣，疾病不侍養，死喪不葬埋。别士之言若此，行若此。兼士之言不然，行亦不然。曰：吾聞爲高士於天下者，必爲其友之身，若爲其身；爲其友之親，若爲其親；然後可以爲高士於天下。是故退睹其友，飢則食之，寒則衣之，疾病侍養之，死喪葬埋之。兼士之言若此，行若此。中略。天下無愚夫愚婦，雖非兼之人，必寄託家室於兼之友是也。本《兼愛下》。

是故《大取》篇曰："愛人不外己，己在所愛之中。己在所愛，愛加於己，倫列之愛己，愛人也。"

（三）交利之效益

夫唯能使人之耳目，助己視聽；使人之吻，助己言談；使人之心，助己思慮；使人之股肱，助己動作。助之視聽者衆，則其所聞見者遠矣；助之言談者衆，則其德音之所撫循者博矣；助之思慮者衆，則其謀度速得矣；"謀"上"談"字從王校删。助之動作者衆，即其舉事速成矣。《尚同中》。

（四）國際之交利。

今若有能信効先利天下諸侯者，大國之不義也，則同憂之；大國之攻小國也，則同救之；小國城郭之不全也，必使修之；布粟之絶則委之；幣帛不足則共之。以此効大國，則大國之君説；以此効小國，十一字今校增。則小國之君説。《非攻下》。

以上務即一兼，以齊人事之不齊。莊子作《齊物論》，義同。荀子謂其"有見於齊，無見於畸"，《天論篇》。淺已。保羅云："官體雖百，而身則一。目不能對手云，吾無須爾；頭不能對足云，吾無須爾。如一體苦，百體同苦。一體榮，百體同樂。"《新約·哥林多前書》十二章。言無尊卑，當交相利，大旨同。

（三）尚勤勞

墨子"日夜不休，以自苦爲極"，"枯槁不舍"，"備世之急"，《莊子·天下篇》。蓋甘爲人役而不役人，與耶穌一揆。《新約·馬太》二十章。昔百丈禪師一日不作一日不食，所以防人自侈妄營者至微，固不僅爲人類增實利，消除凍餒已也。荀子以墨子必自勞苦之説，爲役夫之道，《王霸篇》。所見殊膚，今舉墨書如下：

（1）勤勞爲人資生之本分

今人固與禽獸、麋鹿、蜚通“飛”。鳥、貞通“征”。蟲異者也。中略。賴其力者生，不賴其力者不生。君子不强聽治，即刑政亂。賤人不强從事，即財用不足。中略。王公大人蚤朝晏退，聽獄治政，此其分事也。士君子竭股肱之力，亶其思慮之智，內治官府，外收斂關市、山林、澤梁之利，以實倉稟府庫，此其分事也。農夫蚤出暮入，耕稼樹藝，多聚叔粟，此其分事也。婦人夙興夜寐，紡績織紝，多治麻絲葛緒，綑布縿，舊作“縿”，從王校。此其分事也。《非樂》。

（2）勤勞與否，利害懸絶

今也王公大人之所以蚤朝晏退，聽獄治政，終朝均分而不敢怠倦者，何也？曰：彼以爲强必治，不强必亂；强必寧，不强必危；故不敢怠倦。今也卿大夫之所以竭股肱之力，殫其思慮之知，內治官府，外斂關市山林澤梁之利，以實官府，而不敢怠倦者，何也？曰：彼以爲强必貴，不强必賤；强必榮，不强必辱；故不敢怠倦。今也農夫之所以蚤出暮入，强乎耕稼樹藝，多聚叔粟，而不敢怠倦者，何也？曰：彼以爲强必富，不强必貧；强必飽，不强必飢；故不敢怠倦。今也婦人之所以夙興夜寐，强乎紡績織紝，多治麻絲舊作“統”，從王校。葛緒，捆布縿，舊作“縿”從王校。而不敢怠倦者，何也？曰：彼以爲强必富，不强必貧；强必煖，不强必寒；故不敢怠倦。中略。王公大人怠乎聽獄治政，卿大夫怠乎治官府，則我以爲天下必亂矣。農夫怠乎耕稼樹藝，婦人怠乎紡績織紝，則我以爲天下衣食之財將必不足矣。《非命下》。

（三）百工均當勤勞即是振興工業。

凡天下羣百工，輪車，鞼匏，陶冶，梓匠，使各從事其所能。《節用中》。

以上蓋本兼之真理，雖有足財，恒無足心，本《親士》。勉爲全社會生利也。基督教義有曰："不勤勞者不當食"，《新約·帖後》三章。近世所謂"勞動神聖"，"實利主義"，均同。荀子《富國篇》云："墨子大有天下，小有一國，將少人徒，省官職，上功勞苦，與百姓均事業、齊功勞"，可謂紀實之言。

（四）均貧富

墨子以救濟社會，使盡脱苦厄，莫急於爲大羣理財，削去貧富階級，而分配極其平均，人生過富必驕奢，過貧必窘迫，墮落罪惡一也。故節用爲要義。試進述之：

（一）節飲食

古者聖王制爲飲食之法，曰：足以充虚繼氣，强股肱，耳目聰明則止；能薄滋味以養形，即少嗜欲以養神。不極五味之調，芬香之和；以是腐腸毒藥故。不致遠國珍怪異物。《節用中》。

（二）節衣服

爲衣服之法，冬則練帛之中，足以爲輕且煖；夏則絺綌之中，足以爲輕且凊；謹此則止。故聖人之爲衣服，適身體、和肌膚而足矣，非榮耳目而觀愚民也。《辭過》。徒飾外觀之美，是以天地有用之身，供愚民之玩賞，賤莫甚焉。

（三）節宫室

爲宫室之法曰：室高足以辟潤濕；孫云謂堂基之高。邊足以圉風寒；上足以待雪霜雨露；宫牆之高，足以别男女之禮；謹此則止。凡費財勞力，不加利者不爲也。《辭過》及《節用上》。

（四）節舟車

凡爲舟車之道，加輕以利者則止，“則止”二字，從洪校改。不加者去之。《節用上》。

（五）節甲盾五兵以足自衛爲限。

凡爲甲盾五兵，加輕以利，堅而難折者則止，不加者去之。《節用上》。

（六）節喪葬務保母財足以資生而利羣爲孝。

子墨子制爲葬埋之法，曰：棺三寸足以朽骨；衣三領足以朽肉；掘地之深，下無菹漏，氣無發洩於上；壟足以期其所；則止矣。哭往哭來，反從事乎衣食之財。《節葬》。

墨子以人不節用，即侈於性，且無餘財以分人，而交利之性德不能圓成，故不節用，無異分公共之利以私營。將財用不能兼足於羣衆，難云保合太和也。必薄身而厚民，使各人與公衆，共享同等之樂利，而後心可少足矣。近世馬克斯主義略得墨氏之粗迹而絶無其精義，且瞋心而生暴行，違反兼愛之諦理，無足取也。

上述四義，皆墨道之綱領。尚有各要旨。（一）因天下之正長猶未廢也，不得不選擇天下賢良者，立爲天子三公，下逮鄉里之長。（二）使皆上同天之義，以上本《尚同》。而爲兼君。退睹其萬民，飢即食之，寒即衣之，疾病侍養之，死喪葬埋之。《兼愛下》。（三）尚賢。以德就列，以勞殿賞。有能則舉之，無能則下之。舉公義，辟除也。私怨，《尚賢上》。處高爵禄則以讓賢。《魯問》。（四）不容厚措斂乎萬民，虧奪民衣食之財。《非樂》。（五）時有大盜攻國，世弗知非，本《非攻》上。常嚴七患之備。此知墨子"形勞天下"《莊子·天下》。無安心，《親士》。所以濃厚民生者至矣。

以上敘墨子勤勞主義竟。以下述其流别，於孟子書得二人：

一、許行

有爲神農之言者許行，自楚之滕，踵門而告文公曰："遠方之人，聞君行仁政，願受一廛而爲氓。"文公與之處。其徒數十人皆衣褐，捆屨織席以爲食。中略。陳相見許行而大悦，盡棄其學而學焉。陳相見孟子道許行之言曰："滕君則誠賢君也。雖然，未聞道也。賢者與民並耕而食，饔飧而治。今也滕有倉廩府庫，則是厲民而以自養也，惡得賢？"《孟子·滕文公篇》。

觀許行之徒，數十人皆衣褐，與墨者裘褐爲衣《莊子·天下》。同，一儉也。捆屨織席以爲食，與墨家不苟啗人食詳《耕註》孫校。同，一勞也。重並耕，戒厲民，蓋無上無下，皆務爲社會生利，不容分人之利以自養，儼然今之社會主義也。孟子不著其學，度其道必精微廣大，甚難言也；不然，陳相何以盡棄其學而學之？試觀下文可知梗概：

從許子之道，則市賈不貳，國中無僞。雖使五尺之童適市，莫之或欺。布帛長短同，則賈相若。麻縷絲絮輕重同，則賈相若。五穀多寡同，則賈相若。屨大小同，則賈相若。

此知其市物，"足以奉給民用則止"，《節用中》。故但以長短輕重多寡大小爲價，無有精粗美惡之不齊，亦尚同之一粗端。故爲農爲工，并耕之事不必同，而並耕之理無不同。玩國中無僞之旨，想見其互助交利，分配至均；有公忠而無私積，有協同而無争執。孟子固未足與此，然即其“物之不齊”一言徵之，知必有以齊天下之至不齊者已。是即所謂兼也，墨道也。

二、陳仲子即田仲，亦稱於陵子。

陳仲子豈不誠廉士哉？居於陵三日不食，耳無聞，目無見也。井上有李，螬食實者過半矣，匍匐往將食之，三咽，然後耳有聞，目有見。仲子所居之室，所食之粟，彼身織屨，妻辟纑以易之也。仲子 齊之世家也，兄戴蓋禄萬鍾，以兄之禄爲不義之禄而不食也；以兄之室爲不義之室而不居也。辟兄離母，處於於陵。

據孟子書，足見仲子之操，無異許行。觀其記許行於墨者夷之前，記陳仲於距墨子後，蓋深知其宗趣多同，從類也。仲子行類墨子者，更可於《於陵子》徵之：

齊王將使於陵子爲齊大夫。於陵子遂去齊之楚，居於於陵。《辭禄》。楚王使使持黄金百鎰，聘於陵子爲相，於陵子辭而謝其使者。《未信》。於陵子既辭楚相，爲人灌園，食力灌園之餘，寓神冲虚之表。《灌園》。

是猶墨子不受越聘，《魯問》。所謂“道不因其升沉而信於亡往”《灌園》。也。

於陵子曰：最昔之民，相與鈞天地之有，夷生人之等。休休與與，亡校滿損。《貧居》。

此知仲子棲神於“兼”之墨行。亡校滿損，寫盡適市無欺之祕義。

有淵人亡珠于市，於陵子過之，而疑焉。遂聽直於市長。於陵子澤色，亡與辯也。《大盜》。

此即墨子不怒之道，《莊子·天下篇》曰："其道不怒。"足令譽大盜攻國爲義本《非攻》。者愧。可謂"良金百鍊而不失其采，美玉百涅而不渝其潔"《辯窮》。矣。無如其道大觳而難行，甚見嫉於世主與儒家。趙威后怪其率民而出於無用，何爲至今不殺?《戰國策·齊策四》。孟子謂蚓而後充其操。荀子謂其不如盜，《不苟篇》。蓋其曲彌高，其和彌寡。

讀伍評梁、胡、欒《墨辯校釋》

去歲七月奉到欒君調甫《讀梁任公〈墨經校釋〉稿》，拙箋曾引二事。而於"鑑團景"一章，不能無疑。又於梁校所舉牒字例，未敢苟同，嘗與欒君討論。卒以整理拙稿，無暇，置之。今六月欒君由蓬萊寄示伍君《評梁、胡、欒〈墨辯校釋〉異同》寫印本。適拙作《墨學分科》寫訖，展讀之，又與欒君函商"旁行"、"牒字"、"堅白論離盈分宗"三事，未及其他。近又得伍君由成都寄來報端特載本，文與欒君寄示者同，並函囑商搉。迴環雒誦，獲益匪淺。顧以"旁行"、"牒經"二公例，於治墨學關係甚大；《經説上》"諸超城員止"以下百三十五字，梁任公、胡適之二校均未安；並欒讀《墨經校釋》異同，多屬行列錯亂，急須考定。三者管闚所及，與諸君不無相左。謹貢一愚，藉求明達教正。

旁行公例

欒調甫先生讀梁任公《墨經校釋》，説明旁行在竹書錯簡之後，由帛書分句而然，足資玩索。伍非百先生有辯經原本非旁行説，余尚未見。今讀伍先生《評梁、胡、欒墨辯校釋異同》，見其與欒先生商搉此例，極愜鄙懷。爰就管見，草此臆説，自知爝火，難當日光，衹以思想各殊，聊備達識一覽。

純一於旁行讀法，初未深考。竊以墨子著經，當是竹簡（《兼愛》、《天志》、《非命》等篇箸自三墨，屢云書之竹帛，竹先帛後可證）籀文，原寫即爲旁行。因訪章君太炎，亦以爲然。今再四推想，假定原本即是旁行，因各經獨立，乃自然之文體，又因下端空白過多，乃以後半寫入，如上列以填之。約舉五證：

（一）《經》上、下兩篇之文，今本誤合並寫，不知何時改作。寫者或惜行閒空白過多，以爲據《説》位次，不難逐章分辨，輒依旁行次序，改作直行，上下列相值，寫滿而亂之。故今據《説》位次，考訂《經》文，則上行、下行，閒一相錯，仍不紊亂。偶有紊亂（《經上》"巧轉則求其故大益"，《經下》"一偏棄之"，又自"臨鑑而立"至"不堅白説在"，又"天而必正説在得"等），蓋由展轉傳寫致誤；或由校者未諳經義，强作解事而譌。此據《經説》，即知原經本屬旁行，兩列分讀。

（二）《經説》上、下兩篇之文，顯依經本旁行兩截詮釋。故前後次第不亂，一望可知。閒有挩落（如《經上》上列"大益"下列"直參也"，《經下》上列"合與一或復否説在拒"下列"不知其所處不害愛之説在喪子者"俱無"説"是。《經上》下列"説所以明也"，又"聞耳之聰也"相連四章無"説"，或以經文易明不須"説"也）錯置（如"謂而固是"章之"説"以經校之，當在下列，錯入上列是）亦可據經求得其實。

（三）魯勝《注墨辯敍》云："墨辯有上下經，經各有説。今引説就經，各附其章，疑者闕之。"玩"引説就經各附其章"之意，想見"經""説"位次，行列分明，令人可疑者無多。此亦原經，必非如今本直行合寫之徵。

（四）墨子欲善之益多，述作並重，見《耕柱篇》。不務循古，見《非儒篇》。且務破古執，《公孟篇》云"子之古非古也"。故自立説著書。"經"或門人尊稱，據《貴義篇》墨子自信其言足用而不可非，或自著即稱"經"，亦無足異。當時《禮》、《樂》二經，必在墨子廢棄之列，則箸書無所用其謙，其竹簡必二尺四寸，與《六經》等長。經文各章，字數無多，兩截旁行，不惟秩序整齊易讀，亦可減少空白，節用竹簡。

（五）墨子理想，精於分析，談辯之間，無不嚴定界限，故著《辯經》，即《易·象上傳》“君子以族類辯物”之意。辯者，别也。在在必極其别，始能審異而致同。體例既異他書，必不直行連寫，自亂行列，與他書混。况墨道貴兼，賴以廣明。諸高才生，均必誦習。則爲旁行，使人因其條理聯貫而易讀，固無可疑。以此《經上》上列末行“讀此書旁行”五字，或即墨子自書以示例，亦未可知？

臆測《墨經》原本，一簡上下兩截，各書一經旁行。書式通例如左：

故所得而後成也	止以久也
體分於兼也	必不已也

原經上下行列，可因《閒詁》之誤而證知者。

舉擬實也	知聞説親
	名實合爲

“知聞説親”、“名實合爲”，本爲一經。孫誤分爲二，遂致“名實合爲”上列空白，不合原簡旁行章章相比之理，故拙箋不從。以上下行列證之，原本可見。

舉擬實也	知聞説親名實合爲
言出舉也	聞傳親

原經二章，本書一簡，上下兩截。後人誤倒而合爲一，即不合原本者。

巧轉則求其故大益

孫云：“以旁行句讀次第校之，‘大益’當在‘巧轉則求其故’句

上。”寫如下式：

巧轉則求其故
大益

案，孫説是也。惟寫作兩簡，致“巧轉”上列空白，“大益”下列又空白，仍與原本不合。今從其説改寫之，庶相符矣。

損偏去也	服執說
益大（有挩文詳拙箋）	巧轉則求其故

據《經》、《説》互證，知“大益”之“説”亡。《經上》上下行列，除此簡外，並無錯亂。其原本確爲兩截旁行無疑。

凡“經”兩截旁行，每截經文首字，相比平列。下端長短不一，因各經字多少而異。引證史記律書律數，九九八十一以爲宫，三分去一五十四以爲徵，律數衹十七行，故不重。墨經多，節用竹簡，故兩重。

《經上》上列文體變例一章。通例每名獨立成章，此獨二名併爲一章。

久彌異時也宇彌異所也　　聞耳之聰也

“久”、“宇”二文，併寫一行。梁校分爲二條，以“同異而俱於之一”屬下列，似可從。余初亦有是疑，卒從原本，詳拙《箋》。蓋讀《墨經》，不可著文字相，以其神理，恒當於文字外求之。竊以“同異而俱於之一”，爲結上起下之文，不誤。“久”、“宇”二名，合寫分釋，顯示古今旦莫之異，同一“久”，東西南北之異，同一“宇”，“久”、“宇”異名而實又同。特變例書之，以明道妙無方也。下列如“日中”、“有閒”、“堅白”、“同異交得”、“循所聞”、“執所言”、“法同”、“法異”諸經，皆非一字爲題，是爲墨子行文，不主故常之證。

《經下》書式變例五章。

假定簡長二尺四寸，每簡書字一行，每行可容三十餘字，至多不過四十字，無定數。因籀文大小不一，一字畫多者，或占畫少者二三字之地位。《經上》各章，字數無多，寫占半簡不足。先寫上列，後寫下列，兩截旁行。界劃分明，不生疑問。《經下》如“物盡同名”、“一偏棄之”、今校。“物之所以然”、“堯之義也”、“一法者之相與也”等章，其文均較他章字多，勢必半簡不能容。當生疑問？謂於次簡續書乎？則其下列或上列，不能空白，所書經文，必與前行相次。今以旁行次第考之，知其不然。謂於半簡擠書兩行乎？想一簡寬不過七八分，難容兩行籀文。再三審度，惟有二法：（一）書長章時，字迹稍歛，準以半簡書完。但此種寫法，亦不甚便。（二）稍占同簡下列或上列之位置，離開少許量寫他章。如此似覺較近，始與今本章次相合。姑擬原簡書式變例如下：

物盡同名說在二與鬬愛食與招白與視麗與暴夫與履　謂而固是也說在因

一偏棄之不可偏去而二說在見與俱一與二廣與脩　無欲惡之爲益損也說在宜

物之所以然與所以知之與所以使人知之不必同說在病　無不必待有說在所謂

宇或徙說在長宇久無久與宇　堯之義也生於今而處於古而異時說在所義二

負而不撓說在勝　一法者之相與也。盡類若方之相合也。說在方

試，即“物盡同名”章下，“謂而固是”章，行列錯亂以證：

“物盡同名”下，疑挩“說在”二字，今校補。

“一偏棄之”，與“不可偏去而二”，當爲一經。約舉三證：（一）“一偏棄之”下，獨無“說在”某句；（二）“一偏棄之”與“不可偏去而二”，據《經》與《說》文理，審知當爲一章；（三）以旁行句讀次第校之當爾。校訂下詳：

“謂而固是也說在因”章，以旁行句讀次第校之，當在“物盡同名”章下列，始與原本兩截次第相合。今《經》位次不錯，乃從《說》誤入上列；又倒置“一偏棄之”於其上，誤分爲章，遂致下列三行空白，絶

非廬山真面。因思致誤之由：以原簡“物盡同名”章文長，寫占下截地位，上下列相距甚微；又值次簡“一偏棄之不可偏去而二”章亦文長，寫占下截地位，異於各簡通例。傳寫者誤以三經相連合爲一，又漏寫“一偏棄之”四字。既覺，率爾補著“謂”上，不知爲倒。想此錯寫當在唐武后，作缶（交叉）字通行以後。校者據此，遂分“一偏棄之不可偏去而二”之説爲二説；並移下列“謂而固是”章之《説》，入於上列；而《經》、《説》上下行次乖違矣！今依兩截旁行次序考訂，“一偏棄之”，與“不可偏去而二”，當合爲一。“謂而固是”章，當從經文位次，列置“物盡同名”章下，《説》從《經》移。庶幾《經》、《説》上下行列，悉復原狀。此即《經下》書式變例，而知各經旁行，上下列相值，秩然不紊也。

又即《經下》上列，章次錯亂，據説以校，而知原經旁行次第分明。

《經下》上列，旁行次第，前後錯亂，多非原本之舊。想由竹簡錯置，或傳寫遺漏數章，既覺，即於誤處補其遺。或校者任意併省。魯勝引《説》就《經》後復分本，晋尚清談，多本於王弼注《易》、《老》，魯勝注此經，遂成鼎足，想必風行一時。或亦有以增其誤。今依《經説下》次序，考定旁行原本，説明如左：

宇或徙説在長宇久“無久與宇”

“無久與宇”四字，舊在後“堅白説在因”上，義不相屬。初疑爲“宇”或涉章經文或《説》文末之錯簡。今依曹箋说，首必牒經字例審校，則無“久”與“堅白説在因”爲一章。据《説》位次當與“宇或偍”章连第。中間“臨鑑而立”、“鑑位”、“鑑團”三章，據《説》當在“景之小大”章後，了然無疑，説詳《集解》。

鑑團景一不堅白説在

《閒詁》以文不相屬，分作二章，非。“堅白”二字，涉下而衍。此文據《説》當在“負而不撓”章前，疑本作“鑑團景一小一大而必正説在……”今本“一”下捝大字，“不”字乃“一小”形近而譌，遂致“景”下“一”字衍。後文“天而必正説在得”句，“天而必正”四字，當爲此文所有，在此“一小”下，“天”即“一大”之形譌。據《説》當補“而必正”三字。《説》在“下”不知捝若干字。一小一大而必正，團鑑之景本然，據《説》並實驗可知，乃錯置譌奪，竟不可讀。拙《箋》校寫時，苦不得解，甫見欒校作“鑑團景一小一大而必正説在得”，以近是，從之。然疑“得”字有譌，又以凸鏡實驗，見正影外並有倒影，疑終未釋。今覺“負衡木”上“招”字，即“到”之段，見《説文》通訓定聲小部。孫讀句誤。景過正故到，言臨團鑑，其景近大遠小無不正；然過正處，尚有到景，頗與實驗符合。以《經》、《説》互證，深信字字確切。惟不知“説在”下捝字若干，爲缺憾耳。疑當作“説在不過正”，庶與“景過正故到”相應。

□而必正説在得

據文審校，知爲《説》“衡”章之經，當在“負而不撓”章後。舊“而”上“天”字，與《説》“衡加重於其一旁”三十五字，俱不相應，當爲“鑑團”章“一大”之譌。此經句首捝一字，因“鑑團”章與此經同“而必正説在”五字，校者誤以爲衍，併省之，遂致兩章俱有譌奪，而前後行次亦亂。句首字，曹箋云：“‘天’字乃‘奥’之壞，‘奥’，古‘衡’字也。”梁云：“據《説》似當作‘衡’”。案，曹説可從。梁似塙见曹箋，隱據之以爲己説。觀其説牒“經”字，亦隱據曹箋無疑。

又即《經下》上下行列，審校譌捝所在，而知原經旁行行列整齊。《經下》上列自“宇或徙”旁行至“挈與收仮”共十四章，下列自“堯之義也”旁行至“牛馬之非牛”共十五章，上列闕經一章顯然。乃校上列經説，塙闕二經，何也？蓋“景當俱就，去尒當俱，俱用北”，爲《經上》“日中正南也”之説。詳《集解》。屬測量學，非光學。校者不知，見句首“景”字，與光學諸章同，遂誤由彼移此，致“日中正南也”無《説》，固非闕經也，當據正。“鑒者之臭”章闕經，即由前後行次錯亂時挩落。又“方石去地尺”章闕經，不知何故。此據《經説下》上列次序，校訂《經下》上列次序，一一悉復舊觀。即知《經上》、《經下》原本，均屬兩截旁行無疑。

以上臆説，因未能詳求旁證，不知果有當否，尚希通學是正之。

管見寫訖數日，適奉欒君新著《墨子經上下篇旁行説》稿，並函囑商酌。蓋本舊著，因答伍問，稍改而加詳，增至八千餘言。拜讀之間，見引伍著數處，頗服二君之博雅。同時又得欒君寄示曹鏡初先生湘耀。《墨子箋》，急檢《經》、《説》四篇首尾讀之。見其言曰：“經上下皆間一以相承，如宗廟之昭穆，如織錦之緯絲，此文體之變，不知其意指何在。畢氏因録經文爲兩截，旁讀以成文。竊意墨子當日編簡本如是也。”不意原本旁行説，曹《箋》已先我得之，足爲管見或不盡謬之證，驚喜移時。然與欒、伍二君之説，未知孰是？八月八日純一附誌。

牒經公例

梁任公《墨經校釋》“讀墨經餘記”云：凡經説每條之首，字必牒舉所説經文之首一字，以爲標題。此句在經説中，决不與下文連讀成句。

胡適之後序駁之云：至多只可説經説每條的起首，往往標出經文本條中的一字或一字以上。（一）不限經説每條的首一字；（二）不限經文每條的首一字；（三）不必説“必”；（四）不可説此字在經説中，决不許與下文連讀成句。

欒調甫《讀墨經校釋》云：梁先生用公例的方法，實在有些可議；但他説的公例，未可原誹。

伍非百《評梁、胡、欒墨辯校釋異同》，自舉《墨辯釋例》中，標目五例云：（一）標目文，係重述《經》文之首一字；（二）凡《説》皆有標目文；（三）凡標目文無義；（四）不以《説》之首一字偶同，而省略標目文；（五）凡標目只一字，無論《經》文可割裂否皆不計。又爲靈於運用，《説》有“顛倒”、“併省”、“脱落”三誤因，並“形近”、“義近”、“音近”、“涉下”、“涉上”種種字誤。

純一案，梁立牒經之例，曹鏡初先生《墨子箋》云：“《經》、《説》二篇，每遇分段之際，必取經文章首一字，以識别之。其中亦有脱漏數處，必明乎此，然後此四篇之章句次序，始可尋求。而校訛補脱，略有依據之處矣。”此蓋梁、伍二君，牒經之所本。牒經之例，可收據《經》治《説》、據《説》治《經》之效。但泥迹以求，必於《經》於《説》，任意增删改移，甚足爲古書危。《説》所以説明經義，自可推理而知，必如梁説，未免削足徇屨。《經上》大都舉名立義，嚴定界説，重在句首一字，或二字、“日中”、“有間”、“堅白”、“法同”、“法異”。三字、“循所聞”、“執所言”。四字、“同異交得”。如“有間”、“同異交得”等條，梁已自破其例。《經説上》即説明經首一字或二字，故極似牒字，實非牒字。《經下》大都破名言相，導俗入真，經文多不屬名而屬辭，題旨不在句首，而在文句，必與“説在某”之一字或數字相應。牒字例即不盡合。案，牒經莫如《易》六十四卦之彖辭，然以“乾”、“坤”、“觀”、“噬嗑”、“明夷”、“升”、“井”、“巽”諸卦考之，即不然。則梁以凡經説每條之首一字，必牒舉所説經文之首一字，以爲標題，此句在經説中，决不與下文連讀成句之例，已不可通。又如公、穀二傳，尤酷似牒字者，然以梁説衡之，亦不可通。例如公羊於定十二年經“叔孫州仇帥師墮郈”，傳以“曷爲帥師墮郈”起。穀梁於莊二十三年經“秋丹桓宫楹”，傳以“禮天子諸侯黝堊”起。又於桓十四年經“夏五”，傳在末句作結，均非故意牒字可知。梁執牒字之迹，即爲牒字所誤。純一特以梁説質之章君太炎，章君亦甚以梁説爲非。今讀伍著五例，可危視梁尤甚。更使梁説靈於運用，爲增“顛倒”、“併省”、“脱落”三誤因，吾恐由此《經》、《説》受創，無完膚矣！綜計梁校泥此，任意删改原書，管見以爲不可從者甚多。《經説上》三條删“材”字，一八條删“所”字，三二條删“故”字增“言”字，五二條增“平”字，五四條删“心”字，六六條删經“白不”二字，八四條由上條中間移來“聖者用而勿必”六字又改“聖”作“正”又增“正”字，九一條移來“諸”條之“諸”改“言”爲説，九二條移“服執說”之説爲説，九五條改“心”作正並改經“止”作“正”；《經下》二條增“謂”字，五條改上條句末之“未”作“謂”爲説，六條移上條“不若敷與美”爲説又改“與”作“舉”，七條斷“不”爲句，一三條移下條“若數指”改“若”作“合”爲説，一四條改“俱”爲“區”，一五條删“長”字，一六條斷“無”爲句增“撫”字，一七條改“在”作“推”，三三條移上條“無子”之“無”作標題，三七條斷“無”爲句，三八條斷“於”爲句，三九條斷“有”爲句，四〇條斷“所”爲句，四二條斷“通”爲句，四三條爲一“所”字移八字於上條，四九條移“我有若視曰”屬上條改“曰”作“白”，五八條斷“以”爲句，六二條删“無也”二字，六四條删“傴”字，六七條斷“狂”爲句，六八條改“且”作“牛”，七二條斷“以”爲句，七五條斷“不”爲句，七八條爲須一“學”字删下文一句，皆泥牒經之誤也。伍君泥此，舉例八條，管見以爲可從者一條而已。下詳。其爲求明而反晦，利少害多無疑。蓋執一未免賊道也。雖然，梁、欒、伍三君，本經求説本説求經之精神，確足爲治墨辯者法，純一仍極敬重之至。惟以執著牒經定例，未免危及古書耳。昔釋迦説法四十九年，自謂未説一字，恐人執著文字相，不能薦取本來也。墨辯《經下》頗具同心。梁、欒、伍三君，以爲何如？再就伍君所舉“顛倒”、“併省”、“脱落”諸例，略述管見：

（一）如“有間謂夾之者也”，“力重之謂”一類，是併省的錯誤。原文“有間”上當有“有”字，“力重”上當有“力”字，校寫者以爲重文誤衍了。如《經下》“仁義之爲内外也”一章，其經説云“仁：仁愛也，義利也”，是未衍以前的原文。

純一案“有間”上增“有”字，“力重”上增“力”字，恐鄰蛇足。

（二）如“服執説”章之説云：“執服難成，説舊作“言”，缺字。務成之。”當作“服執難成，説務成之”。又“狂舉”章“牛狂與馬唯異”，當作“狂：牛與馬唯同“雖”。異”一類，是顛倒的錯誤。若説標目不必在句首，請問這“牛狂”一類的句子怎麼講？

純一案伍校“服執説”之《經》與《説》，甚是，後詳。《説》“狂牛與馬惟異”，與曹箋同。此類塙是顛倒的錯誤。

（三）如《經説下》云：“謂四足，獸與牛馬與物特“特”字舊脱，今添。盡與大小也。”乃《説》經文推類之難，説在之大小特盡，舊誤“物”。

“謂”上當有“推”字；“兩輪爲高兩輪爲輻車梯也”，乃《説》經文“倚者不可正説在梯”，“兩輪”上當有“倚”字一類，是脱落的錯誤。

純一案：“謂”上當有“推”字，不塙，“兩輪”上當有“倚”字，當從曹箋“移是犹自舟中引横也下”十字於前。

“有‘形近’、‘義近’、‘音近’、‘涉下’、‘涉上’種種字誤”。純一恐因牒經例多，《經》、《説》真面目，將從此失盡矣。

經中同長也

説同　這“同”字是標目文“中”之譌，因爲形近音近涉上而誤。楗與柱之同長也，心中自是往相若也。

純一案“同捷與狂之同長也”，爲“同長以正相盡也”之《説》。此《經》之《説》，爲“中自是往”相若也。藥校以“中”字起，是。

純一狂瞽，凡茲臆説，未悉當否，尚希梁、樂、伍三先生進而教之。

以上述旁行牒經兩公例終。

曹《箋》有曰：“經則間錯以成章，説則先上截而後下截。故説可以校經，經亦可以校説，互相校而得其端緒，則章段分明，句讀亦不難審訂矣。”此凡治墨辯者，終當奉爲準繩者也。八月八日純一附記。

關於《經説上》“諾超城員止”以下一百三十五字

謹就伍君所校諸條，商榷之。

（一）諾不一利用

説諾　（超城員止也）相從相去先知是可五色（長短……前後……輕重……援……）正五諾皆人於知有説過五諾若員無直無説用五諾若自然矣

説明：“超城員止也”五字，與“長短前後輕重援”七字，疑當是上文同異交放之説，錯入於此，而又有脱文耳。因上文歷舉“有無”、“多少”、“去就”、“死生”十幾個對待名詞，與“員止”。此二字有誤疑當作“運止”或“員直”。“長短”、“輕重”、“前後”，宜爲連類而及之文。且“超城員止也”一句，與上文“比度多少也”等句，文法相類。疑“長短”、“前後”、“輕重”等句，亦當爲“口口長短也，口口前後也，口口輕重也”一類，特以錯簡脱文較多！不可訂正耳。“先”當作“旡”。“色”當作“也”。

純一案，此條梁、胡二校並非，孫校可從。“超”疑“起”之譌，“員”疑“負”之譌，“城”張臯文本作“成”，足證。“土”字誤合，“成”疑爲“或”，或惑同，土吐同，“止”字不誤，適合“五”數，皆釋“諾”也。詳拙《箋》。“先”字不錯，未悉伍校作“旡”何解？以“長短前後輕重援”，爲隔前數條之説，似嫌移置過遠！況須加許多字，始成相類之文，恐不塙。

（二）服執説音利。

說服　執舊倒誤。難成説舊作言，説之壞字。務成之

説明：諾服二章，釋諾説二法之利用。

純一案，伍校據《經》正《説》甚是，惟謂“諾服二章，釋諾説二法之利用”，不塙，當作“釋諾服二法之利用”。《經上》全篇主要字，皆在句首。則“服執説”章，主要字必爲“服”字，非“説”字。

（三）巧轉則求其故

說九則求執之

説明：經巧轉上脱丸字，當據《經説》補。《説》九當作丸，標目。下脱“巧轉”二字，錯入左行。“執”當作“埶”，即古“勢”字，又倒誤。原文當爲：“丸巧轉則求之埶。”

純一案，以“九則求執之”，爲“巧轉則求其故”之説，新穎獨到，惟以“九”作“丸”，“執”作“埶”，似與上下文不相屬，未塙。即《孟子·盡心篇》“不能使人巧”之“巧”。轉，通“傳”。《孟子·滕文下》“以傳食於諸侯”，即轉食於諸侯。《釋名·釋書契》：“傳，轉也。”轉移所在，執以爲信也。言凡事理足令人服習者，其中必有巧以相傳，即當求其巧之故果安在?《説》當作“巧傳，九，則求執之。”《白虎通·宗族篇》云：“九之爲言究也。”謂於巧之相傳，窮其究竟，則可求得其故而執持之。是“巧”爲此章之題，不必改“九”作“丸”爲題。“九”、“執”二字，均不誤。

（四）大益另是一章屬旁行本上行。

説明：孫校大益，當作益大也。另是一章，應屬旁行上行。余按大益，與儇俱底，上下行互錯。今宜將儇俱底移下行，大益移上行。上行損益對舉，下行“轉丸”“連環”並列。庶文義，文體，行次，三者俱合。

純一案，“大益”章，伍從孫校是也。惟謂“儇俱底”章，當移下行，非是。不得據改“九”作“丸”之誤，又改行次，反以致亂。管見詳前《旁行公例》並《集解》。

（五）法同則觀其同

説（法）法：取同觀……（巧轉）

説明：《説》衍一法字，觀字下有脱文，疑當補一同字。巧轉爲右行之脱文，錯入於此。

純一案，“法法”，承“法同”言，言不一法，無衍字。惟《説》必標經目爲釋，“法法”上當有“法同”二字，與“有間”章同例。“觀”

下不補“同”字，義詳集解。

（六）法異則觀其宜。

説法，取此擇彼，問故觀宜。

説明：《説》問當作明，形誤。《經説下》説在問者，問誤爲明。明問互誤，《經説》此例最多。

純一案，《説》“法”下當有“異”字，述經目也。“問”字以不改“明”爲是。下文“彼舉然者，以爲此其然也，則舉不然者而問之”十八字，再三審校，敢斷爲“取此擇彼，問故觀宜”之案語，當移此作小注，詳《集解》。

“巧轉”、“法同”、“法異”三章，拙《箋》頗有疑滯。今乃釋然，伍君惠我不淺。

（七）止，因以别道。

説以人之有黑者有不黑者也止：黑人與以有愛於人，有不愛於人，心愛人，是孰宜心，彼舉然者，以爲此其然也，則舉不然者而問之。

説明：《經》“止”，當作“正”。此“正”字，即《經上》“合：正宜必”之“正”，《説》云“正者用而勿必”，即此義。《説》黑當作墨，形誤。以人之有墨者有不墨者也一句，應在左行標目文“止”字下。傳寫者誤將第一行標目文，寫在第二行也。止當作正，説見上。人與倒誤，當作與人。二心，皆必之譌。上必字係普通用法，下必字乃專門術語，爲三合之一。三合者，正宜必也。

純一案伍校此章均不塙。“止”字不誤，標目“止”字譌也。又倒著“不黑者”下，當乙正。“人與”不必乙。兩“心”字，當從張校作

“止”。“彼舉然者……”十八字，係上章案語錯簡，詳前。《經》“止”，冢上三條而次之，篤行也。《説》當作：“止：以人之有墨者，有不墨者，止墨者。與以有愛於人，有不愛於人，止愛人。是孰宜止?”義詳《集解》。胡適之所校多欠審，而云：“‘止’字的意義最重要，乃墨辯裏一個重要術語”，是已。

（八）缶無非

説若聖人有非而不非

説明：《經》正當作聖。《説》聖，標目文，倒誤。

純一案，《經》從孫校，是也。《説》原文不誤，伍校亦可從。

以上讀伍校《經》、《説》諸超城員止以下一百三十五字終。

伍先生評欒調甫君對《墨辯校釋》不同意的十幾條

此間如“同異而俱於之一”、“久彌異時宇彌異所”、“一偏棄之”、“謂而固是也”、“不可偏去而二”、“宇或徙”、“鑑團景一不堅白説在”、“天而必正説在得”、“景當俱就”諸章，皆由審校行次，或行次錯亂興諍，管見已寫於《旁行公例》，不贅。又有須聲明者二例：（一）於伍評完全同意者不説，如“名物達也”、“以言爲盡誖”二章是。（二）於所評難下論斷，在已尚須參究者不説，如“五行無常勝”章是。義略詳《集解》。此外僅餘三事，姑妄言之。

（一）伍君云：

因爲有引説就經旁行本，所以經與説有同著一塊兒錯的可能性。據我臆定“偎俱底”、“體分於兼”、“堯之義也”一類，都是同著一塊兒錯的。

純一案“儇俱底”章不錯，説見前。“體分於兼”章承上言，明大故即兼，小故即體。爲全經開宗，亦不錯。《經下》重在破名相。以堯之義，隨意陳説，亦不甚錯。

（二）《經説》：

盈，無盈無厚於尺無所往而不得得二。

梁校“得二”兩字，乃“倍爲二也”《經説》之錯簡。孫校屬下“堅白”章，引《公孫龍子》“無堅得白其舉也二，無白得堅其舉也二”爲證。不知下條“白”字，乃傳寫者妄加耳。石中堅白相盈，與此文無盈無厚之義，全不相涉。

欒校“得二”兩字，不衍。“尺”字下當有“盈”字，乃分釋有盈、無盈之義。其文爲“盈：無盈，無厚於尺盈，無所往而不得，得二。”與“窮”條《經説》分釋有窮、無窮者同。若云“得二”是錯簡，照古簡字數推算，至少須八九十個字方可。

伍云梁校“得二”兩字非是，但欒校亦非，當移下“堅白”章。因爲梁先生要删下文的“白”字，方説“得二”，與《公孫龍子》“得二”的説話無涉。若果下文“白”字不應删，未見得不涉。梁先生何必舍近求遠，舍有據而求無據呢？欒校據有窮、無窮分釋的文例，説“尺”下應增“盈”字，新穎獨到，足供吾輩治墨學者之參考。吾甚喜欒君此條，能“以墨辯治墨辯”也，唯連讀“得二”兩字爲句，覺牽强。

純一案非，是也。梁校誤甚，伍以爲。而以欒校“尺”下增“盈”字爲獨到，恐不塙。竊以有窮、無窮，冢上文字，就尺外空間言；故以容尺不容尺爲辭。此“盈”字爲自“端”至“次”共九章之中堅，“尺”當從孫校作“石”，言萬有以盈成體，於石可驗。當讀“盈，無盈無厚，於尺無所往而不得，得二。”不可以“無盈”對舉。欒增“盈”字，似失其旨。説詳《集解》。

（三）《經》：“堅白不相外也。”《説》曰：“堅，異處不相盈相非是相外也。”

梁校：“白不”二字宜衍，因《經上》每條皆首一字爲句。此條“堅相外也”，與下“攖相得也”，爲反對之文。《經上》、《經説上》全未討論到堅白石問題，乃後世墨者觭偶不仵之辭耳。

欒校：“白不”二字不衍，墨辯以前，亦曾經有人討論過堅白問題，並不是公孫龍子才有的。並且公孫龍的堅白論，是離宗；墨子的堅白論，是盈宗。安見《經上》没討論堅白問題？

伍云：“白不”二字當從欒校。至“離宗”、“盈宗”的話，實在能分析古代堅白論的派别，發前人所未發。唯余以上文“得二”兩字，似應加在此處標目“堅”字下，乃直行本的倒誤。

純一案梁泥牒經之例，所校誤甚。伍從欒校，是也。惟“堅”下不從孫校增“白”字，亦泥標目只一字之誤。并謂“得二”两字，當在此處标目堅字下，亦非。至謂“‘離宗’、‘盈宗’的話，實在能分析古代堅白論的派别”，斯所未喻。純一於堅白論，實未深考。雖知堅白論，不始於墨子，孔子已有堅白之説。要自墨子而著。顧就墨子、公孫龍言，深信公孫龍，祖述墨子以成家。晉魯勝已有此説。所謂“離”者，分析名相，離其所盈也，别也。所謂“盈”者，遣除名相，盈其所離也，兼也。《經説下》云：“見不見離，一二不相盈，廣修堅白。”是離堅白以爲言，實表堅白不可離也。公孫龍子曰：“於石一也，堅白二也，而在於石，故有知焉，有不知焉，即《經説下》之文。有見焉，有不見焉，故知與不知相與離，見與不見相與藏，藏即《經下》所謂存。藏故孰謂之不離……曰目不能堅，手不能白，不可謂無堅，不可謂無白，其異任也，其無以代也。”以上皆發揮“見不見離”之義。堅白域於石，惡乎離，即“盈”之説也。下文“堅未與石爲堅，白固不能自白”云云，即言堅白並無自體，即是離物無堅無白，是離之正所以盈之。猶佛教相宗之分析名相，正爲遣除名相計也。凡以達“一兼無外”之旨也。故以離與盈一而二，二而一，不能分宗也。嘗質之欒君，繼得覆云，張子晋先生意與純一同。吾知欒君於此有甚深之研究，今知伍君亦然，用此敬祈明教。

以上讀伍評欒對《墨經校釋》異同終。

此篇共分三段，均屬《墨經》重要問題。聊攄蠡测，甚願興微繼絶之碩儒教正之。

民國十二年八月四日寫訖

《墨子大取篇釋義》敘

墨子書號稱難讀，而最足重者，莫若《經》上、下，《經説》上、下，《大取》五篇。拙作《墨子閒詁箋》於此疑滯獨多。壬戌秋校寫甫竟，蓬萊欒君調甫，假寄張子晋先生《新考正墨經注》，余於美不勝搜中，以説大故、小故精塙，實爲立辯綱要，補録入册。鹽山張之江中將，性嗜學，与先生同寅，知余治墨，爲求《墨經注》一册寄來。拙《箋》付梓，又助資，印成郵付五百册，俾贈同志，即屬代求先生邃正。益以欒君嗜墨，爲作曹丘。先生既爲拙作《墨學與景教》敘，又於拙《箋》以《墨經注》可互證外，爲校正四事。拙作《墨學分科》又引《墨經注》微積分、地圓説，且告學者，當參證處不少。先生邃於墨，惠我不淺。《大取篇釋義》，初於《哲學》僅載一章，張生士寯購寄讀之。先生今示全文問敘，或以余於墨學稍窺涯涘也。噫！余何足敘此書哉？

竊謂墨書雖以《經》與《説》爲要，而《大取》實其總綱。天下無盡德業，未有不出於平等真心者，墨道貴兼，即世間大乘佛法，將利中取大，位育天地萬物於一至中極和之兼中也。交别者，天下之大害所自生也，人盡取兼以易别，天下之害胡自生？故學愛人當先明兼。兼之爲物，大無外，小無内，取不盡，用不竭。德行、事功，文學、技術，舉莫能外。當同《天志》，遣人己之妄執，契兼本也。《節用》、《非攻》，一利害於正權，宏兼量也。《經》與《説》析名實之異同，會兼相也。學墨者治《大取》，思過半矣。先生詳分章段，爲窮奥賾，精卓之義，所在多有。姑以拙《箋》對勘：閒有同趣者，如以義主兼愛，理論精深是；有可互明者，如云《大取》、《小取》之命名是。然余之不謬，得先生書以證者亦僅矣。義有拙《箋》未逮者，如謂《大故》周徧《小故》不周徧是；有爲拙《箋》所闕者，謂與儒家辯護，成一家學説是；有足證拙《箋》之誤者，如解"非白馬馬"是；有解余所不能解者，如"有有於秦馬，有有於馬也"是。凡此足徵先生獨到。有與拙《箋》相反者，如以《大取》、《小取》兩篇，斷非墨子自著是。此待來哲論定。先生恢張絶學，其功大矣。儻後之君子，紹隆先生之緒，使墨書之難讀者，盡人易曉，庶類通大小之故於一兼，兼攝大小之行於一愛，忘己利物，即聖即天，取於未有者無窮，即是篇之以類予者無窮。

民國十二年季秋漢陽張純一敘於上海定廬

荆楚文庫

增訂墨子閒詁箋

《增訂墨子閒詁箋》初版於二十世紀四十年代末，出版者不詳。此據初版本整理。

敘

余曩著《〈墨子閒詁〉箋》，章太炎序云：“墨子書自晉宋以下，久無疏證。近世張皋文、鄒特夫，取其經説爲之説解，及孫仲容作《閒詁》，大義粗明，然闕者猶不少。”余韙其説，竊以墨子玄窮無爲之秘，量弘濟世之慈，本真常之妙理，運無漏之大悲，德總天地，卓絶終古。惜魯勝後，無能讀其書者。清季戊申春，孫㓘温州師範學校，聘余承乏教育講習，蓋亟願治墨家言，不意絶學之難聞也。唯研尋於其書，每欲有所詮釋，八年春始屬稿，九年任南開、燕京兩大學講席，撮要爲諸生解説，賡續鉤考，有所得輒書之，十年冬始蕆事。蓋本《閒詁》檢校，譌文正之，挩文補之，倒文乙之，諸賢誤解，則匡直之。一愚所得，亦附録之。覃思不輟，已易四暑三冬。聊攄蠡管，期弘墨道，名曰《墨子閒詁箋》。明發孫書之隱略，而仍不苟同之意。十一年秋付梓，自知疏陋，用質通學諟正。亟盼治墨者衆，靡不兼以正别，壽世而自壽也。嗣求墨子古本，諸注釋本，諸引證本，徵文略備，慨顯學之塵薶，尋語經之墜緒，辯古字之轉變通假，稽載籍之異同是非。於所見諸本外，得唐堯臣本、《子彙》本、陸隱印藍活字本、俞弁鈔三卷本、李贄批選本，互相審覈；復以王晉卿據萬曆節本、焦竑校本，所著《墨子斠注補正》；王壬秋《墨子注》、尹候青《墨子新釋》、劉申叔《墨子拾補》、陶宏慶《讀墨筆記》、欒調甫《墨學》五書，詳加參證；亦以善本書室吴寬鈔缺五卷本、日本刻茅坤六卷本、蘇時學《墨子刊誤》、張皋文《墨子經説解》，盧抱經、王懷祖、伯申、洪筠軒、俞蔭甫諸校，覆勘；且以顧亭林《唐韻正》、江有誥《先秦韻讀》、姚文田《古音諧》，審定文字音律，疏通疑滯不勝數。夫墨書要恉，以《經》及《經説》爲最，而《大取》尤爲全書之總綱，此五篇義極幽微，文俱簡奥，益以混淆譌挩，倒錯特甚，向偁難讀。幸獲邃於内學曹鏡初《墨子箋》，宣究墨怡，得未曾有，發明《經》及《經説》之讀法，據讀《墨經》，一切癥結冰釋矣。又得張子晉《新考正墨經注》、伍非百《墨辯解故》，欒調甫頻加校注，均得墨髓，有功墨學匪淺。梁任公《墨經校釋》、張其鍠《墨經通解》，閒有真詮，亦可珍也。

夫墨子胡爲乎著經，蓋欲善之益多，攝天下大同之心源，斷斯人徧計之别，執特以明兼，其目四：（一）述墨如大禹之教，本高世亮貞之風節，富救世饑溺之悲懷，儉極自苦以全真，勤利天下以益壽，德成而上道妙，藝成而下器精。仁彌宇宙，繼統乾元，一兼無别，集墨學之大成，是真見道，無分别智。（二）承史佚史角之傳，察名實以辯異同，明是非以處利害，嚴道義之判斷，立政化之準繩。破他非量之過失，成己現量之正宗，理事互融，辯才無礙。以兼正别，爲名家之創始，惠施、公孫龍祖述其學以成家。是大圓鏡如分别智。（三）原黄帝、老子之道，寓上德於仁義，明知常而尚賢，守静而敢爲天下先，兼愛而德同大順。一智者不辯而不妨辯，大巧若拙亦不必拙，似相反相成，補兼體所未備，爲廣道學之大用，是繼往聖之行。（四）偁唐堯、虞舜之治，親士法天而大取，非儒博文而寡要，親親尊賢以異等，立命久喪以怠職，不見天地之純，未得《詩》、《書》之秘，隱大道於小成，於兼士恒相左，爲拓儒學之封疆（革除宗法理論、封建思想），是開來哲之見。愛人如此，可謂周矣。

張子晉《大取篇釋義》云："大取者，所取之故大；小取者，所取之故小。"遥印墨子真心，能盡解先儒所不能解，義藴畢宣，可謂探驪龍而得其珠矣。傅青主《大取篇釋》云："奥義奇文。"一本"殺已以存天下"二句云，此事佛典中有之，亦解人也。竊以"大取"、"小取"云者，"大取"以爲兼，"小取"以爲别也。"大取"以爲兼者，取之於未有，兼之爲德，充實二儀，串通萬類，本無十方三世之别，而能攝十方三世之别爲一兼。其所謂别，舉莫能遯乎此一兼之外，而獨自存，是知兼之爲利，大莫能外，如陽和之無不被，故於所未有而取焉。是利之中取大，非不得已也。小取以爲别者，取之於既有，彼非兼者執有，交别爲害，且不知其爲害，而以爲利，惑甚。《説文・有部》云："有，不宜有也。"明有爲未有大利之害也，别也，本不宜有而竟有，則取者爲不當取而妄取，從知一無所取，則兼之大利無窮，有一所取，則大利盡失，而别之爲害生焉。自非妙覺圓明，絶無所染之智人，烏知有之爲害早遠棄之。然在非兼者亦當於所既有權别之爲害也，棄其大而取其小，故於所既有而棄焉，是害之中取小也，不得已也，抑知小取以爲别者。兼與非兼，利害天淵。兼則别即是兼，有利無害，非兼則别而不兼，有害無利。因該果海，至理然也。天下事理，無大不在小中，《淮南子·原道訓》曰："神託於秋毫之末，而大宇宙之總。"苟知託小包大，何妨即一至小之别，原極宇宙無盡之别爲一兼，即知無别之非兼，足見天下無人，衹是一我。教非兼者勿執别以自害，且害天下無已時也。别與辯義同，特一聲之轉，辯以愈别而愈精，此小取所以示立辯之法。令人循名覈實，知名無實，遺名契實，毋執無常幻有之别，而反本於一真妙有之兼也。張子晉云："墨家所取兼愛主張，最大原因，乃謀人類最大多數最大幸福也。"劉云："邊沁以個人之幸福爲小，以一羣之幸福爲大。故由個人之幸福，進而謀一羣之幸福，不以個人之苦樂爲苦樂，而以一羣之苦樂爲苦樂。以爲利物，即以利己也。《墨子·大取篇》，亦純乎邊沁之説者也。"伍云："《小取》之文，專明辯術，可謂集辯經之大成者。"欒云："凡辯者先觀異同，察名實。次明是非，審治亂。"故《墨辯》只是别異同、明是非，而以斷定事物之嫌疑與利害而已。案：墨書之精蘊，具此六篇，從未揭曉，今得曹箋、張注、伍解、欒釋，皆能發前人所未發，興聖果之寶藏，復先秦之舊觀，假令孫獲親睹諸書，吾不知其如何愜心貴當，驚喜不釋手也。

又有古字、古義沈晦，難索解者，如《經説上》："故，濕也，必待所爲之成也。"《説文通訓定聲》云："濕，假借爲'㬎'。"盧、畢、張、楊、洪、孫，均未得解。又"灑狗犬移也"，《梁書·武帝紀》"涕淚所灑"，灑猶揮也。《廣韻》："揮，灑也。"孫疑當作"鹿"。《經説下》："名異大小也，若爲麇。"《説文·爪部》云："爲母猴也"，孫疑當爲"如"。又"景過正，故招"，"招"即"倒"之假，見《説文通訓定聲》小部。孫云："招，當爲橋"，又失其句讀，又有字經後人誤改者。《兼愛下》

‘飯不踰乎一固’，觀《説文古籀補》，載《曾伯黎簠》、《虢叔簠》、《鄦子妝簠》，並作“匿”，知墨書之“固”本作“匿”，爲古“簠”字，後人不識，以爲缺畫寫作“固”。一本以其不可通，改作“握”，遂失其義。《天志中》“《大誓》之道之曰”，疑衍一“之”字。孫云：“誓，道藏本、吴鈔本並作‘明’。案：此文《非命上》《中》二篇，並作《大誓》，明塙爲譌字。”欒云：“道藏本、唐堯臣本，‘誓’字並作‘明’。”此蓋由畢校據《非命上、中》兩篇引其文作《太誓》而改者。以《尚同下》引《泰誓》作《大誓》，故仍“大”字舊文不改，愚案：陸隱本亦作《大明》，足證“明”非譌字，古“盟”字止作“明”，“盟”、“誓”義同，此以誤改失其舊者，又有字未詳審誤讀者，《所染篇》“五入必而已”，“必”訓分極，孫讀爲“畢”。《經説下》“若無焉則有之而后無”，“焉”本黄鳳，孫疑當作“馬”，此類古義，誠未易搜掇，非通檢古籍無以正其讀。蓋孫氏偶有不照，未竟之緒也。《老子》聖慈，玄絶世塵，南方學宗；孔子正名，禮隆世道，北方學宗。墨子智融出世之諦理，勇施救世之至仁，南北俱宗。陋儒鷟鳩自得，詆毁鵬圖，賊道甚已。故治墨者，必遵鄦學正文字之訓故，通竺典闡理趣之精微，庶可少窺其奥旨也。

二十六年，余避難荆沙，轉徙古巴城固講學，九閱年歸來，家藏四部書，凡資考證者無不備，並竺墳藥編，盡毁於兵。嗚呼！四千年文獻，自此日益不足徵矣。孰知濁世浩劫，胥根心造，非張聖學，弭亂奚由，爰取寄存佛學會劫餘舊箋並門下士笪祖棠知余書皆焚盡，購來《墨子閒詁》一部，依據隨攜《墨子集解》，重加董理，自覺鄉所貤謬，糾正者半，諸多忽略，增訂者倍，於《經》及《説》、大小《取》六篇，更悉心讎校，無少遺漏，便嗜墨者流覽，豁然通達其意，無難躡解以成行，鈞天 地之有，夷生人之等，墨者家法然也。苟自養節而不感於外，體仁而備世之急，亦足以爲天下之好也乎。此《箋》與《集解》相表裏，互有詳略，綜括墨家圓融邃密之哲理，比肩《易》、《老》，追蹤佛乘者，張皇幽眇，大致或不甚差，惟校勘古書，如掃落葉，失檢甚多無疑，況自囿於編蔽而不覺者，不知凡幾，敬希碩學繩正。

原　　序

吾友張君仲如，蓋勇於振世救敝，能以其所學見諸實行者也。遭清之季，力謀維新。甲辰，嘗用白話作軍歌，密喻軍士，感導甚衆，與黄吉哥、胡蘭亭，假武昌聖公會設日知會，謀革命。此武昌起義之因也。丙午冬，謀舉事，會同志被逮者九人，軍界被牽連者數十人。仲如乃匿迹路工，以增進勞動社會之知識。嘗憫學子習染文弱，巧宦求活，特爲米商，赤足肩囊以矯之。獲利即罄所有，在漢陽沌口購地四十畝，捐入孤貧工藝學校。又以積年所入脩金，築室漢陽城内，奉養父母。及其父母相繼謝世，即捐之社會作紀念，並盡力購募書報藏其中，用供衆覽，而自無立錐地。民國既興，仍甘守窮約，惟著書講學以資家，絶不與聞政治。蓋以改造時局，莫急於改造人心，使皆屈己以利羣。於是自處惔然，日夕爲天下憂不足。仲如可謂能遵墨教，有力則以勞人，有財則以分人，有道則肆相教誨者。以故莘莘學子，才性淳樸者，既與之接，靡不重其言論，感於其誠而動，或且依依弗欲與之離也。莊子謂墨子以繩墨自矯而備世之急，又好學而博不異，真天之下好也仲如有焉。余與仲如交廿餘年，故於其孜孜講學救世之苦心，知之甚悉。因仲如此書付梓，聊舉其生平以爲讀墨書者告。

民國十一年八月曹亞伯識於申江

原　　序

墨子書，自晉宋以下，久無疏證。近世張臯文、鄒特夫取其《經説》爲之説解，及孫仲容作《閒詁》，大義粗明，然闕者猶不少。民國既興，學者好治九流之學，其于墨氏尤重。至欲駕之孔、老之上，則偏鶩而失其中者也。張君仲如少時與光復之業，壯而不用，遂潛思諸子，攬其旨要，今年夏以所説墨書相示，精卓之義，往往有諸家所未發者，余爲獻替數事歸之。周秦閒學術之盛，冠于百代，其書流貤于今者，閎義眇旨，集數十學者，説之十年猶不可盡。仲如此書，雖獨申墨道，其以導世人體兼之仁，實不可少。抑墨氏以尚儉多技，爲衰世所矜式，游其門者，大抵刻苦不華，務在躬行，不以辯麗自衒。仲如素樸勁，才性與墨家相似，本其所學，自爲者輕，亦足以爲天下之好也。

民國十一年孟秋章炳麟書

目　次

親　士

孫云："此篇所論，大抵《尚賢篇》之餘義，似不當爲第一篇。後人因其持論尚正，與儒言相近，遂舉以冠首耳。以馬總《意林》所引校之，則唐以前本已如是矣。"

愚案：孫説未審。二千年來，偏重儒術，固爲專制政策所利用，亦學者理想受縛，見道未徹之明徵。今分三項言之：（一）墨家親士，在使國君尚賢不自賢，頗似虚君共和政體。蓋道家無爲而治之上德，持論之正與儒同也。（二）善爲君者勞於論人而佚於治官，親士爲衆賢之本，是圖治之先務，非尚賢之餘義。唐以前本已如是，足見其遵古訓也。（三）儒墨同尊堯舜同非桀紂，道無二致。又如修身尚賢，節用非攻俱與儒同，何獨《親士》與儒言相近，可舉以冠首耶？墨以立國，首在養士故爾。

入國而不存其士，則亡國矣。

孫云："《説文・子部》云：'存，恤問也。'"

愚案：《易・繫》"成性存存"疏，謂保其終也。言立國以養士爲本，於士而不恤問以保其終，其國必不理，難以立乎宇内矣。

太上無敗，其次敗而有以成，此之謂用民。

孫云："言以親士，故能用其民也。"

愚案：孫説是而義未圓。國事非羣力不濟。太上：如舜無爲而治，《説苑・君道篇》："堯舜之人，皆以堯舜之心爲心。"固無敗矣；其次：如晉文"始入而教其民"，《左》僖二十七年。"桓公問一民有幾年之食，處士修行，足以教人者幾何人。"《管子・問篇》。句踐"同男女之皆無曠其功"。《越語下》。四方之士來者，必廟禮之。《越語上》。皆敗而有以成，是重羣治之效也。此英儒斯賓塞爾、赫胥黎輩尚羣之微旨。

非無安居也，我無安心也；非無足財也，我無足心也。

畢云："言不肯苟安，如好利之不知足。"

愚案：畢説是而喻未允。準墨家"昭昭然爲天下憂不足"《荀子・富國篇》。之義，此可作二解：（一）我居雖安，而羣居不安，我應無安心；我財雖足，而羣財未足，我應無足心。（二）羣居今安，將來未必久安，我應無安心；羣財今足，將來未必常足，我應無足心。此《易·繫辭下傳》所謂“安而不忘危，存而不忘亡，懼以終始，其要无咎”也。亦即進化論鉅子頡德所謂“能爲未來謀者優勝”之道。《管子·心術下》曰：“豈無利事哉？我無利心；豈無安處哉？我無安心。”與此略同。

是故君子自難而易彼。

畢云：“言自處於難，即躬自厚而薄責人之義。”

愚案：畢説未確。墨家所謂難者，自苦爲極而備世之急也。此言君子獨先天下憂患難，期與天下共安樂；衆人反是。

君子進不敗其志，内究其情。

“内”下畢增“不”字，云：“舊脱此字，据上文增。疚：究同；猶云内省不疚。”

俞云：“内當作衲，即退字也。進不敗其志，退究其情，正相對成文。所謂大行不加，窮居不損也。因退從或體作衲，又闕壞而作内，畢氏遂據上句增入‘不’字，殊失其旨。”

孫云：“俞説近是。”

愚案：畢、俞二説均未審。“内”下不應增“不”字，“内”字亦不誤。究《漢書·宣帝紀》集注：“盡也”；又《劉向傳》集注：“竟也”。墨尚任恤，損己以成人之所急。非必仕進始行其志。此言君子崇德廣業，有進無退，雖事關天下或有不濟，而志且益堅。蓋悲興同體，不容自已，必内自究其真實本心以即於安也。

雖雜庸民，絶無怨心。

畢云：“言遺佚不怨。”

愚案：畢説未允。遺佚對進用言，墨家具農家尚勞賤之精神，何遺佚之有。此言君和光同塵，人不知而不愠也。

彼有自信者也。

信，同伸。《易·繫辭傳》：“尺蠖之屈以求信也。”言君子有所以自立於天下者，天下不可得而貴，不可得而賤也。蓋士有可親之實如此。

是故偪臣傷君。

孫云："《國語·周語》韋昭注云：'偪，迫也'。偪臣，謂貴臣權重迫君。然此與'諂下'同舉，而對'弗弗之臣'爲文，則不當云'偪臣'。'偪'疑'佞'之譌。"

愚案：孫説"不當云'偪臣'"，是；"'偪'疑'佞'之譌"，非。即作"佞臣傷君"，亦不合上下文義。疑本作"俌臣撟君"，正對"諂下傷上"。乃因"俌"與"偪"形近而譌，校者不知，望文生義，以爲偪臣必至傷君；又因下有"傷上"明文，"撟"字草書形亦近傷，遂妄改"撟"爲"傷"，而義不可通矣。《爾雅·釋詁》："弼、棐、輔、比，俌也。"郭注云："俌，猶輔也。"《説文》人部義並同。《荀子·臣道篇》云："有能比知同力，率羣臣百吏而相與彊君撟君；君雖不安，不能不聽，遂以解國之大患，除國之大害。尊君安國謂之輔。"楊注："撟，與矯同，屈也。"此言輔弼之臣，能矯正君之過失而服之。所謂責難於君，即上文所望於君"爲其所難"之義。

諂下傷上。

畢云："言佞人病國與偪臣同。"

愚案：畢説"偪臣"非。《吕氏春秋·圜道篇》"聖王法之所以立上下"，高注"上君下臣"，此下即臣，上即君。字與下文"上必有詻詻之下"同，義與上文"俌臣撟君"對。《國語·晉語一》："有縱君而無諫臣，有冒上而無忠下，君臣上下，各饜其私以縱其回。"其以君臣上下並言，可證。此戒爲君者，勿爲其所欲，始可免其所惡也。

吴起之裂其事也。

蘇云："墨子嘗見楚惠王，而吴起之死，當悼王二十一年，上距惠王之卒，已五十一年，疑墨子不及見此事，此蓋門弟子之詞也。"

汪中説同。

孫云："《魯問篇》墨子及見田齊太公和，和受命爲諸侯，當楚悼王十六年，距起之死僅五年耳。況《非樂上篇》説'齊康公興樂萬'，康公之薨復在起死後二年。然則此書雖多後人增益，而吴起之死，非墨子所不及見明矣。蘇說考之未審。”

愚案：蘇、汪二説均甚塙，孫説不盡可信。此言孟賁、吴起之死，爲後人所增竄。《魯問》、《非樂》均非墨子自著。考墨子生成時，或及見齊康公與田和，斷不及見田和受命爲諸侯，及吴起之死，詳《墨子年代考》。

聖人者，事無辭也，物無違也，故能爲天下器。

聖人事至而曲成，物來而順應，蓋德備用弘也。《論語》曰“君子不器”，即是天下器。

王德不堯堯。

畢云：“《説文》云：‘堯，高也，从垚在兀上，高遠也。’《白虎通》云：‘堯，猶嶢。嶢，至高之貌。’”

愚案：畢説是也。王德不堯堯，即老子所謂“聖人終不自爲大，故能成其大”。

其直如矢。

老子曰“大直若屈”，以能隨物而直也。今直如矢，不能隨物而直，不大可知。下句類此。

逝淺者速竭。

王引之云：“‘逝淺’二字義不相屬，‘逝’當爲‘遊’，俗書‘游’字作‘遊’，與‘逝’相似而誤。‘遊’，即‘流’字也。《曲禮》注：‘士視得旁遊目五步之中’，《釋文》‘遊，作游，云徐音流’，‘流淺’與‘谿陜’對文。”

俞云：“‘逝’，當讀爲‘澨’，古字通也。《詩·有杕之杜篇》‘噬肯適我’，《釋文》曰：‘“噬”，《韓詩》作“逝”。’然則‘逝’之通作‘澨’，猶‘逝’之通作‘噬’也。成十五年《左傳》‘則決睢澨’，《楚辭·湘夫人篇》‘夕濟兮三澨’，杜預、王逸注並曰‘澨，水涯’。‘澨淺’與‘谿陜’對文。因叚‘逝’爲‘澨’，其義遂晦。”

孫云：“王説近是。”

愚案：俞説固非，王説亦迂曲。《論語·子罕篇》“逝者如斯夫”，逝，即川流意。

修　身

君子戰雖有陳，而勇爲本焉；喪雖有禮，而哀爲本焉；士雖有學，而行爲本焉。

俞云：“君子二字，衍文也。此蓋以‘戰雖有陳’、‘喪雖有禮’二句，起‘士雖有學’一句。若冠以‘君子’二字，則既言君子不必又言‘士’矣。馬總《意林》作‘君子雖有學，行爲本焉；戰雖有陳，勇爲本焉，喪雖有禮，哀爲本焉’，與今本不同。然有‘君子’字，即無‘士’字，亦可知今本既言君子又言士之誤矣。‘士雖有學’與‘君子雖有學’，文異而義同。”

孫云：“《説苑·建本篇》載孔子語與此略同。‘君子’似非衍文，亦見《家語·六本篇》。”

愚案：“君子”所以陪“士”，非衍。《家語》首列“立身有義矣，而孝爲本”。《説苑》同，惟“身”作“體”。此宗法道德，墨家不取，知墨儒所由異趣也。

是故置本不安者，無務豐末。

俞云：“‘者’，衍字也，下文上句並無‘者’字，是其證。”

愚案：“者”字非衍。上文“士雖有學而行爲本焉”，爲一篇之主眼。此二句蓋緊跟上文，總冒下文，不得與下列四端並論也。

君子力事日彊，願欲日逾，設壯日盛。

孫云：“‘逾’當讀爲‘偷’，同聲叚借字，此與‘力事日彊’文相對。《禮記·表記》云：‘君子莊敬日强，安肆日偷。’鄭注云：‘偷，苟且也。’此義與彼正同。”

畢云：“‘設壯’，疑作‘飾莊’。”

愚案：孫説非，畢説近是，特不必破字耳。《表記》“莊敬日强，安肆日偷”二句，一正一反，相對爲文。言君子所以莊敬日强者，防其安肆日偷也。此三句順次遞進爲文。願欲謂志願，非安肆義。《吕氏春秋·務大篇》："此所以欲榮而逾辱也。”注："逾，益也。”《説文》："設，施陳也。”壯，通莊。《詩·君子偕老箋》“颜色之莊與”，《釋文》："‘本’又作‘壯’。”言君子任事則日益勤勉，心志則日益遠大，儀容則日益從容中道也。

出於口者，無以竭馴。

孫云："馴，猶‘雅馴’，謂出口者皆典雅之言。”

愚案：孫説未審，後文言“無務爲文”，固墨學家法。馴，善也。見《廣雅·釋詁》。此謂善言不竭於口。

徧物不博。

俞云："‘徧’亦‘辯’也。《儀禮·鄉飲酒禮》‘衆賓辯有脯醢’，《燕禮》‘大夫辯受酬’，《少牢饋食禮》‘辯擩於三豆’，今文‘辯’皆作‘徧’，是‘辯’與‘徧’通。用物言徧，是非言辯，文異而義同。”

愚案：俞説未允。《説文》："徧，帀也。”“博，大通也。”此言遇物不能通其理。《荀子·修身篇》："多聞曰博，少聞曰淺。”不博則淺陋必矣。

言無務爲多而務爲智，無務爲文而務爲察。

《釋名·釋言語》云："智，知也，無所不知也。”《説文》云："察，覆審也。”墨者家法尚樸，故言不務多而文，而務爲智與察者，在在必明其“故”而通其“類”也。此其立辯之精神也。

所　染

此篇教人慎始。荀子《勸學篇》，疑本此而作。

五入必而已則爲五色矣。

《说文》："必，公極也。”此言五入分判而後，則爲五色矣。《太平御覽》八百十四篇作“五入則爲五色”。

法　　儀

孫云："此篇所論，蓋《天志》之餘義。"

愚案：《天志》明天愛利之兼，此篇明人當法天之兼，主旨微有不同。

然而天何欲何惡者也。

者字衍，《治要》無，當據删。而猶則也，也讀若耶。

人無幼長貴賤皆天之臣也。

日本《寶曆》本"臣"作"子"，義長。

夫奚説人爲其相殺而天與禍乎！

王樹枏云："'天'下原有'不'字，而今本脱之。上言日殺不辜者得不祥焉，此言夫誰説人爲其相殺而天下與禍乎！文義正相承"。

愚案：王説是，當據補。

七　　患

孫云："以下二篇所論，皆《節用》之餘義。"

愚案：此篇不盡屬《節用》之餘義，亦教人嚴密爲備，防患於未然也。

先盡民力無用之功。

欒調甫云："'先盡民力'下，疑當有'財寶以興'四字。"

愚案：欒校是也，當據補。財寶與民力對文，與賞賜相應，下財寶虚於待客可證。

仕者待禄，游者憂反。

陸本、唐本、子彙本同。《羣書治要》引"待"作"持"，反作'佼'。王云"待"當爲"持"，"憂反"當爲"愛交"，持猶守也。《吕氏春秋・慎大篇》注言："仕者守其禄，游者愛其交，皆爲己而不爲國家也。”孫從王校並《治要》改“待”作“持”。改“憂反”作“愛佼”。

愚案：“持”從《治要》是也。“反”爲“交”之形譌，孫從《治要》作“佼”，義同。“憂”字實不誤，陸本、唐本、子彙本、《治要》均作“憂”可證。古“優”字止作“憂”。《非儒篇》“夫憂妻子以大負累”，“憂妻子”謂優厚於妻子也。“憂交”，謂優於交際，不以官爲事，義與“愛佼”同，不必破作愛，義詳《集解》。

歲饉則仕者大夫以下。

王闓運本改“下”作“上”。

愚案：王校是也，當據改。尹本同。

徹驂騑。

畢云：“高誘注《吕氏春秋》云：‘在中曰服，在邊曰騑。’”

愚案：《文選·陽給事誄》“如彼騑駟，配彼驂衡”注：“服謂中央兩馬。夾轅者，在服之左曰驂，右曰騑。”

先民以時生財。

《管子·霸言篇》曰：“精時者日少而功多。”今日競尚鐵路之敷設、電綫之延長者，胥此道也。

心無備慮，不可以應卒。

備，預早爲之也，見《華嚴經·音義》。《大戴記·小辨篇》：“事戒不虞曰知備。”《史記·仲尼弟子列傳》“慮不先定，不可以應卒”索隱：“卒，謂急卒，卒有非常之事。”蓋“預備”爲一美德，故經典重之。

辭　過

畢云：“過，謂宫室、衣服、飲食、舟車、蓄私五者之過也。”

孫云：“此篇與《節用》篇文義略同。《羣書治要》引并入《七患篇》，此疑後人妄分，非古本也。”

愚案：《節用》僅存上、中二篇，闕下篇。此篇言宫室、衣服、飲食、舟車、蓄私，與上、中二篇符合，疑即《節用》之下篇。後人以脱移故，或誤與《七患》合爲一篇，後又分析而立《辭過》之名也。抑思總《七患》後，當省此篇，《辭過》義同《節用》，爲天下弭後患也。

就陵阜而居，穴而處。

孫云："'穴'上疑挩一字。"

愚案：《節用》中篇"因陵丘堀穴而處焉"。此"穴"上似當據補一"堀"字。

得其所以自養之情而不感於外也。

孫云："'感'《治要》同，案當爲'惑'之誤。"

愚案：孫説非，"感"，《治要》同，足證不誤。《小戴禮·樂記》："夫物之感人無窮，而人之好惡無節，則是物至而人化物也。"即此不感於外之故。蓋墨家節用，匪惟使天下均無貧，亦使人皆存性，與天地同和，皆得無聲之至樂也。一部《易經》衹教人真一所感耳，墨子有焉。

大國累百器，小國累十器，前方丈。

王云："《太平御覽》治道部八引作'前則方丈'，句法較爲完足。"

孫云："《孟子·盡心篇》云：'食前方丈。'趙岐注云：'極五味之饌食，列前方一丈。'"

愚案：《太平御覽》作"前則方丈"，"則"或由"列"形近而譌，今當作"前列方丈"。

凡回於天地之間。

孫云："回字譌。"蘇云："當作同。"亦未塙。

愚案：不譌。回，"回"古字。《説文·口部》云："轉也。从口，中象回轉形。"謂性體不滅，輪轉無端，義甚顯明。

三　辯

畢云："此辯聖王雖用樂，而治不在此。'三'者，謂堯舜，及湯，及武王也。"

孫云："此篇所論，蓋《非樂》之餘義。"

愚案：此篇言“其樂逾繁，其治逾寡，并貶湯武環天下自立，無大後患，又自作樂”意以未能尊道重德與下民同樂也。《莊子·繕性篇》云：“禮樂偏行則天下亂。”亦以未能恬淡無爲及本無聲之至樂，與墨氏同也。此疑本《公孟篇》中，程子與墨子問答之辭，篇首“程繁問於子墨子曰”可證。校者以墨子非樂，三代聖王亦在所貶，特揭出以立篇耳。《公孟篇》中有子墨子與程子辯之文，即三辯立名之所本。

尚賢上

畢云：“《説文》云：‘賢，多才也。’《玉篇》云：‘有善行也。’”

愚案：墨子所尚之賢，異乎老子所不尚之賢。蓋老子不尚汙世失德之賢，正欲入官者以德就列；墨子所尚者淳古有道之士，正欲其以道佐人主。其旨一也。鶡冠子學本老子，亦著《世賢》，可見賢之名同，賢之實殊也。然老子之不尚賢，冥契真常，無賢可尚也。墨子之尚賢，俯順世法，兼愛心殷也。

譬之富者有高牆深宫。牆立既謹，上爲鑿一門。

孫云：“‘牆立既’，疑當作‘宫牆既立’，‘宫’字涉上而挩；‘既立’又誤作‘立既’，遂不可通。‘僅上’疑當爲‘謹止’，《辭過篇》云‘謹此則止’，謹止爲鑿一門。‘謹’與‘僅’通。言於牆閒纔開一門，不敢多爲門户也。”

愚案：孫説疑“上”當爲“止”是，餘校並非。牆因宫立，“宫”字可不重，非涉上挩。“立既”亦不誤，當以“牆立既謹”爲句，“止爲鑿一門”爲句，則通矣。並不必通“謹”爲“僅”。《荀子·王制篇》“謹其時禁”注：“謹，嚴也。”言爲宫立牆，既已謹嚴，而牆上止鑿一門，不二門。

故當是時，雖在於厚禄尊位之臣，莫不敬懼而施。

畢云：“下疑脱一字。”

俞云：“畢非也。‘施’，當讀爲‘惕’。《尚書·盤庚篇》‘不惕予一人’，《白虎通・號篇》引作‘不施予一人’，是也。敬懼而施，即敬懼而惕，文義已足，非有闕文。”

愚案：俞説“惕”義與“敬懼”重，未允。畢説是。據下文“莫不競勸而尚德”，與“莫不敬懼而施”對文，“施”下實脱一字，又以上文得服與悳同韻審校，“施”下當補一“福”字。

尚賢中

夫若言之謂也。

孫云：“此夫對吾爲文，疑當訓彼。”

愚案：夫若言當作若夫言，夫，指事之詞。若，如也，言如前文所言之謂也。

若吾言之謂也。

孫云：“若吾言，疑當作吾若言”。

愚案：上文全出墨子一人之口，不得言彼，即不得言吾。吾字蓋後人以對若夫言，誤以夫訓彼臆改。疑本作若此言，與若夫言相對爲文。若夫言，指上文甚遠者。若此言，指上文甚近者。

又率天下之民以詬天侮鬼。

“民”上當據上文補“萬”字。

故先王之言曰，此道也，大用之天下則不窕，小用之則不困。

窕，畢校本作“究”。畢云：“一本作‘窕非’。”王云：“作‘窕’者是也。”孫云：“《尚同》中篇亦云‘大用之治天下不窕’，今據正。《管子・宙合篇》‘其處大也不窕’，今本亦誤‘究’，與此正同。説詳《尚同》中篇。”愚案：“大用之治天下不窕”，見《尚同》下篇，兩“中”字並誤。《淮南子・原道訓》“處小而不逼，處大而不窕”高注：“在小能小，在大能大。”

則此言聖人之德，章明，博大，埴固以修久也。

畢云：“埴，訓黏土，堅牢之意。”

孫云："《淮南子·泰族訓》云：'勇者可令埴固。'"

愚案：《中庸》言聖人與天地合德，"博厚配地，高明配天，悠久無疆"。義與此同。

尚賢下

則王公大人之親其國家也，不若親其一危弓罷馬衣裳牛羊之財與。

孫云："'親'疑並當作'視'。"

愚案：孫説未允。親，《孟子·滕文公上》"信以爲人之親其兄之子"注："愛也"。

其所賞者，已無故矣。

王云："'故'，乃'攻'字之誤，'攻''故'字相似，又涉上文'無故富貴'而誤。'攻'即'功'字也。'無功'與'無罪'對文。"

愚案：本文"無故"即無功之義甚明，王説迂曲。

故尚賢之爲説而不可不察此者也。

文不順暢，當據《羣書治要》改作"是故尚賢之爲説，不可不察也"。

尚同上

孫云："《漢書·藝文志》作'上同'，注：'如淳云：言皆同可以治也。'"

愚案："尚同"以天爲極，即道也，衆心本同而一者也。《莊子·天地篇》曰："大聖之治天下也，舉滅其賊心，而皆進其獨志，欲同乎德而心居矣。"老子所謂："執大象天下往，往而不害安平泰。"皆此"尚同"之微旨。《文子·自然篇》："老子曰：古之立帝王者，非以奉養其欲也；聖人踐其位者，非以逸樂其身也。爲天下之民，强陵弱，衆暴寡，詐者欺愚，勇者侵怯；又爲其懷智詐不以相教，積財不以相分，故立天子以齊一之。爲一人之明不能徧照海内，故立三公九卿以輔翼之。爲絶國殊俗不得被澤，故立諸侯以教誨之。是以天地四時，無不應也。官無隱事，國無遺利，所以衣寒食饑，養老弱，息勞倦，無不以也。”大旨與此篇同。是爲墨學多同於道家之證。

古者民始生，未有刑政之時，蓋其語人異義。是以一人則一義，二人則二義，十人則十義。其人兹衆，其所謂義者亦兹衆，是以人是其義，以非人之義。

俞云：“此本作古者民始生未有政長之時，蓋其語曰，天下之人異義，中篇文同，可據訂。”愚案：“蓋其語人異義”，文甚㬎明，不必與中篇同。此人各一義之義，顯係失仁而後有之義，固老子所必棄，亦墨子所不貴也。故貴上同於天，一同天下之義以正之。是知墨子貴義，與老子棄義，似相反，實相成。

尚同中

是故靡分天下。

俞云：“靡當爲歷字之誤也。”

愚案：俞説未允。《小爾雅・廣言》：“靡，細也。”細分天下，與下文萬國相應。

天子諸侯之君。

孫云：“天子，子疑當作下。”

愚案：子字不誤。諸侯之君，四字不辭。之君，疑爲以逮之譌。

察天子之所以治天下者。

據上文“察國君之所以治國而國治者”審校。此文當作“察天子之所以治天下而天下治者”。今本挩“而天下治”四字，當補。

夫既尚同乎天子。

夫字俞鈔本作“天下”，當據補正。

故當若天降寒熱不節，雪霜雨露不時，五穀不孰，六畜不遂，疾菑

戾疫，飄風苦雨，荐臻而至者，此天之降罰也，將以罰下人之不尚同乎天者也。

“若”，俞鈔本作“菑”。《書·洪範篇》：“曰休徵，曰咎徵。”顯示天人之際，感應之微。《漢書·五行志》本之。《中庸》“致中和，天地位焉，萬物育焉”，朱注：“天地萬物，本吾一體，吾之心正，則天地之心亦正；吾之氣順，則天地之氣亦順。”《文子·精誠》纘義：“天人一氣，隱顯相通，和氣致祥，沴氣致殃，未有不由人主者也。”從知天降云者，乃順俗權説，實皆人爲自感召之。

以求興天下之利，除天下之害，是以率天下之萬民。

孫刻本落“天下之利除”五字。

方今之時之以正長。

《玉篇》云：“以，爲也。”

輕大夫師長。

畢云：“輕當爲卿。”盧云：“下篇作‘奉以卿’，字誤也。”

愚案：輕，俞鈔本正作卿。當從盧説據下篇增訂。

夫唯能使人之耳目，助己視聽；使人之脣吻，“脣”字从孫校增。**助己言談；使人之心，助己思慮；使人之股肱，助己動作。助之視聽者衆，則其所聞見者遠矣；助之言談者衆，則其德音之所撫循者博矣；助之思慮者衆，則其謀度速得矣；**“謀”上舊有“談”字，從王校删。**助之動作者衆，即其舉事速成矣。**

《文子·上仁篇》：“以天下之目眎，以天下之耳聽，以天下之心慮，以天下之力争。故號令能下究，而臣情得上聞，百官修達，羣臣輻輳。”亦見《淮南子·主術訓》。《管子·九守篇》亦有文與此略同。

尚同下

是以善言之不善言之。

善上，俞鈔本有“見”字，當據補。然則不善上，亦當據上下文增

“見”字。

若見惡賊天下者亦以告。

俞鈔本“亦”下有“必”字，當據補。

是以見善不善者告之。

據上文當作“是以見善者告之，見不善者告之。”

善人賞而暴人罰，天下必治矣。

子彙本“天下”有則字，當據補。與上文一例。

是故大用之治天下不窕，而字舊挩，據子彙本補。**小用之治一國一家而不橫者，若道之謂也。**

畢云：“《爾雅》云：‘窕，閒也。’猶云無閒。”

王云：“畢説非也。窕，不滿也。橫，充塞也。《孔子閒居》‘以橫於天下’，鄭注：‘橫，充也。’《祭義》曰：‘置之而塞乎天地，溥之而橫乎四海。’以小居大則窕，以大入小則塞。唯此尚同之道，則大用之治天下而不窕，小用之治一國一家而不塞也。《大戴記・主言篇》曰‘布諸天下而不窕，内諸尋常之室而不塞’，又云：《廣雅》曰：‘窕，寬也。’昭二十一年《左傳》‘鍾小者不窕’，杜注曰：‘窕，細不滿也。’《吕氏春秋・適音篇》‘不詹則窕’，高注云：‘窕，不滿密也’。”

愚案：橫，《孟子・告子下》“衡於慮而後作”，朱注：“衡，與‘橫’同；橫，不順也。”不橫，謂無不循理而順。《尚賢中篇》“小用之則不困”，義同。

故唯毋以聖王爲聰耳明目與？豈能一視而通見千里之外哉？一聽而通聞千里之外哉？聖王不往而視也，不就而聽也。

《荀子・君道篇》：“故天子不視而見，不聽而聰，不慮而知，不動而功，塊然獨坐，而天下從之如一體，如四支之從心。”義同。《新書・修政語上》：“大禹之治天下也，諸侯萬人，而禹一皆知其體，故大禹豈能一見而知之也？豈能一聞而識之也？諸侯朝會而禹親報之，故是以禹一皆知其國也。其士月朝而禹親見之，故是以禹一皆知其體也。”義與此略同。

凡使民尚同者，愛民必疾，民無可使。

孫云："以下文校之，'不疾'疑當作'必疾'，或當云'不可不疾'。《吕氏春秋·尊師篇》，高注云：'疾，力也。'"

愚案：孫斷句誤。愛民不疾民無可使，八字連讀，文從義順。言尚同之極，天理渾然，人己兩忘，自必視人如己，愛之惟恐不力，非疾愛民不使民也。

兼愛上

孫云："邢昺《爾雅》疏引《尸子·廣澤篇》云：'墨子貴兼。'"

愚案：兼者，"融冶二儀，蕩滌萬有"《肇論·玄得》。釋形去智，物我一如也。愛者，動以天行，化暴成仁，本大慈悲，繁興妙用也。兼即愛之體，愛即兼之用。《管子·版法篇》曰："兼愛無遺。"《立政九敗解》曰："人君唯毋聽兼愛之説，則視天下之民如其民，視國如吾國，如是則無并兼攘奪之心，無覆軍敗將之事。"《淮南子·主術訓》曰："兼包萬國，一齊殊俗，并覆百姓，若合一族。"義均本此。

兼愛中

此何難之有。

當作"此知兼愛，有利無害，何難之有"。找足上文語氣，後文同。

子墨子言，是非其譬也。

破敵不共許，因善悟他過。

兼愛下

臣者之不忠也，父者之不慈也，子者之不孝也。

臣上父上子上，均當有"爲人"二字，與上文同。否則文義語氣俱不足。篇末爲人君爲人臣六句可鑑也。

然即敢問不識將惡也，家室奉承親戚。

俞云："'惡'下脱'從'字，'將惡從也'，猶云將何從也。下文曰'不識將擇之二君者，將何從也'，是其證。"

蘇云："句有脱誤，'也'字疑當作'託'。"

戴云："'也'字乃'宅'字之誤，二形相似。宅，居也，或云'侂'字誤，'侂'即託。"

孫云："俞校近是。據此則下文'家室'上，當有脱文。下云'寄託'，則此不當云'託'，蘇、戴説非。"

愚案：孫説近是，而義仍未允。今以意審校，"惡"下當從俞校增"從"字。"也"字衍，當删。疑當作"然即敢問有家室者，不識將惡從奉承親戚"。提挈妻子而寄託之。今本家室上捝"有"字，下捝"者"字，又由"不識"上倒著於下，"從"又譌爲"也"，遂不可通矣。又疑"不識"二字，涉下而衍，當删。

兼君之言若此，行若此，然即交若之二君者。

戴云："'然即交'三字無義，當是衍文。"

孫云："以上文校之，疑當作'然即交兼交别若之二君者'，今本'交'下捝三字耳，戴校未塙。"

愚案：孫説謬，戴校是也。前"兼士之言若此，行若此，若之二士者"，與此相對成文，中間無'然即交'三字，可證。當據删。

飯不踰乎一固。

"固"字義不可通，一本改作"握"，失古義。孫以"固"據屬下讀，並非。"固"本"匿"字之譌。"匿"，食器也，義詳《集解》。

非攻上

孫云："《淮南子·氾論訓》高注云：'非，猶譏也。'"

愚案：墨子兼愛，視人猶己，故非攻，以一天下之和。《莊子·天下篇》曰："其道不怒。"想見其有親無怨，胞與之量至宏也。《荀子》有《議兵篇》，其迹多同，其神迥異也。

非攻中

今師徒唯毋興起，冬行恐寒，夏行恐暑，此不可以冬夏爲者也。春則廢民耕稼樹藝，秋則廢民穫斂。

孫云："此下依上文或當有'此不可以春秋爲者也'句。"

愚案：孫校是也，當據增。《司馬法·仁本篇》："戰道不違時，不歷民病，所以愛吾民也；冬夏不興師，所以兼愛民也。"《禮·月令》春夏不起兵，均與此略同。今國際戰時公法遠不及此文明。

又與矛戟戈劍乘車其列住碎折靡弊而不反者。

孫云："'與'下當依下文補'其'字。'列住'二字誤，畢以意改'歾往'，蓋以'往'屬下爲句，與上文同。然'其歾'二字，仍與上下文並不屬。竊疑當作'往則'，讀'其往則碎折靡弊而不反者'十一字句。今本'往'譌'住'，'則'譌'列'，又倒'其'，文遂不可通耳。"

愚案：列上"其"字，當從孫校移與下。畢改"列"爲"歾"，非。改"住"爲"往"，是也。孫疑"列住"當作"往則"，"則"譌"列"，未塙。"列"字實不譌。惟"列"上疑挩"比"字，當增。後文"比列其舟車之衆"可證。"列"下並當增"而"字，作"又與其矛戟戈劍，乘車比列而往，碎折靡弊而不反者"，則通矣。

今有醫於此，和合其祝藥之于天下之有病者而藥之。

畢云："祝，謂'祝由'，見《素問》。或云'祝藥'猶言疰藥，非。一本無祝字，非也。"

孫云："畢説非也。《周禮》：'瘍醫，掌腫瘍、潰瘍、金瘍，折瘍之祝藥。'鄭注云："祝"當爲"注"，讀如注病之注，聲之誤也。注謂附著藥。'彼祝藥爲劍瘍防著之藥，此下文云食，則與彼義異。畢云祝由，又與此書及《周禮》義並不合，不可信也，惠士奇謂'祝藥猶行藥'，亦未知是否?”

愚案：畢說是也。惠說未確。《周禮》足徵古意，鄭注實不合。孫以畢說與此書及《周禮》義並不合，非之，殊謬。姑先辨鄭注之誤。《周禮》祝、藥、劀、殺，顯屬四事，故須因時而量其宜。腫瘍固可移精祝由療之，餘瘍亦可以祝慰其心意，減痛而增效。《疏》沿《注》之譌云：“疾醫非主祝說之官，爲祝則義無所取，故破從‘注’。謂注藥於中，食去膿血。”然則初起腫瘍，未有膿血，若之何？不知古時醫爲巫者之事，故“毉”字原從“巫”。想見古人治病，純任精神。即今催眠術治療法。《山海經・海內西經》“開明東，有巫彭、巫抵、巫陽、巫履、巫凡、巫相”，郭璞注“皆神醫”，可證。迨後人不如往古恬澹，邪易深入，醫師亦不盡爲巫，始間用酒治病，故“醫”從“酉”，省去水也。詳拙著《基督神通義證》、《吾國醫道之起原》。《周禮》猶存古意，至東漢則古意寖失矣。墨書成於周時，此言和合其祝藥之於天下之有病者而藥之，“藥之”之“藥”，《家語・正論解》“不如吾所聞而藥之”注：“療也。”見其行藥時，祝說與藥物並施，故云和合。畢云“祝，謂‘祝由’”，未云絕不用藥，與下文‘食’字仍甚相應也。

非攻下

今天下之諸侯將猶多皆免攻伐並兼。

俞云：“‘免’字衍文，《天志篇》云‘今天下之諸侯將猶皆侵凌攻伐並兼’，並無免字可證。”

愚案：“免”字義不可通，當刪。“將”字、“皆”字，均當刪去。作“今天下之諸侯猶多攻伐並兼”，句法斯整潔。

夫取天之人，以攻天之邑。

取，通“聚”。《漢書・五行志》“內取茲爲禽”注。

然而又與其散亡道路，道路遼遠。

孫云：“疑衍‘道路’二字”。

愚案：非衍。“散亡道路”爲句，“道路遼遠”爲句，語義各足，非重“道路”二字不可。

彼非所謂攻，所謂誅也。下“所”字從孫校增。

孫云：“《說文·言部》云：誅，討也。謂討有罪，與攻無罪之國異。”

愚案：孫説是也。此正“攻”與“誅”之名。《司馬法·仁本篇》：“是故殺人安人，殺之可也；攻其國愛其民，攻之可也；以戰止戰，雖戰可也。”是即孟子所謂“誅其君而弔其民”也，非攻無罪之國可比。

帝乃使陰暴毀有夏之城。

孫云：“陰，疑‘降’之誤。”

愚案：孫説未確。陰，如《書·洪範》“惟天陰隲下民”之“陰”，當在“使”上，疑本作“帝乃陰使暴毀有夏之城”。

武王乃攻狂夫。

孫云：“‘攻狂夫’疑當作‘往攻之’，上文屢見。‘往’、‘狂’、‘之’、‘夫’，形近而誤。‘攻’字又誤移著‘乃’下，遂不可通耳。”

戴云：“狂夫疑獨夫之誤，非。”

愚案：孫説誤甚，“狂”字不誤。《孟子》謂之“獨夫”，此謂之“狂夫”。墨書《經説》通例，凡是者曰正曰當。非者曰狂曰誖。狂夫，謂狂妄之人，指紂言。《天志中篇》云“是謂天賊，聚斂天下之醜名而加之”，是也。

以此效大國，則小國之君説。

孫云：“效，亦讀爲‘交’。此云交大國，則不宜云‘小國之君説’。疑‘小國’亦當爲‘大國’。上文云‘是故古之仁人有天下者，必交大國之説’，是其證。”

愚案：孫説非。“大國”下，疑脱“則大國之君説；以此效小國”十一字。上文云：“大國之不義也，則同憂之；大國之攻小國也，則同救之；小國城郭之不全也，必使修之；布粟之絶，則委之；幣帛不足，則共之。”以意審校，當作“以此效大國，則大國之君説；以此效小國，則小國之君説”。語義始完足。

易攻伐以治我國，攻必倍。

下“攻”字，孫云：“當爲‘功’之借字”。

愚案：或本作‘功’，涉上而譌。《孟子·公孫丑上》“故事半古之人，功必倍之”同。

節用上

墨家節用，蓋欲以質葆真，止天下之亂。老子曰“儉故能廣”，《淮南子·主術訓》曰“非澹薄無以明德”，是其義。太史談僅謂爲“家給人足之道”，所知殊淺。今有人欲剷除社會階級，務令一羣人彼此間利益無不平等，其迹與墨近。而無兼以正別之神理，特僅得墨道之粗焉者耳。故不足以壽世也。《荀子·富國篇》往往難之，以其所見，與墨真俗殊旨也。案：上篇獨不言節飲食，必挩其文。

聖王爲政，其發令興事，便民用財也，無不加用而爲者。

王樹枏《墨子斠注補正》云：“‘不’字衍，萬曆本無。與下文一律。無加用而爲，謂不加費而爲之。所謂因其國家，去其無用，足以倍之也。”

有盜賊加固者。

王樹枏云：“‘有盜賊’三字，涉下文而誤。萬曆本作‘凡有宮室加固者’，與上下文一律。”

愚案：“有盜賊”三字不誤，宮室不僅禦風雨，亦禦盜賊。此文本作“有圉盜賊”，凡爲宮室加固者。今本挩“圉”字，又挩“凡爲宮室”四字。萬曆本又挩“有圉盜賊”四字。今依文義審校，並據萬曆本補訂，作“有圉盜賊凡爲宮室加固者芉”，“有”讀“又”。

凡其爲此物也，無加用而爲者。

俞云：“上文無不加用而爲者，此脱‘不’字。”孫據補。

愚案：俞孫並誤，上文“不”字衍，萬曆本無，是其證。此言聖人爲物，但取適用而止，無加費而爲者。

此不令爲政者。

畢云：“‘令’當爲‘今’。”

戴云：“‘不’猶‘非’也。”

王樹枏云：“萬曆本作‘此非今爲政者’。當據正。”

不聖人爲政。

孫云：“此字當重，誤挩其一。”

曹箋作“此非聖人爲政。”

愚案：孫、曹二校均是，當據補訂。

節用中

凡天下羣百工，輪車，鞼匏，陶冶，梓匠，使各從事其所能，曰凡足以奉給民用則止。諸加費不加於民利者，聖王弗爲。

畢云：“《史記·李斯列傳》李斯曰：‘凡古聖王飲食有節，車器有數，宫室有度，出令造事，加費而無益於民利者禁。’即用此義。”

愚案：“神農導民，不貴難得之貨，不器無用之物”，《淮南子·齊俗訓》。老子申其義曰：“不貴難得之貨，使民不爲盜；不見可欲，使民心不亂。”又曰：“難得之貨，令人行妨，人多伎巧，奇物滋起。”足見古聖王利民，非獨使之節用以足用，尤重在節性以廣德。今墨家不器無用之物，義與神農、老子同。其欲天下衣食饒溢，姦邪不生，安樂無事而均平者，至矣。

古者聖王制爲飲食之法，曰足以充虚繼氣，强股肱，耳目聰明，則止。

《北堂書鈔》百四十二引此，“耳目”上有使字，當據補。薄滋味以養形，即減嗜欲以養神。因五味之調，芬香之和，皆是腐腸毒藥，足以傷生損壽。故老子曰：“人之生，動之死地，亦十有三；夫何故？以其生生之厚。”

節葬下

畢云："《説文》云：'葬，臧也。從死在茻中，一其中所以薦之。'《易》曰：'古之葬者，厚衣之以薪。'又云：'節，竹約也。'經典借爲'約'之義。"

愚案：老子曰"外其身而身存"，莊子曰"汝身非汝有，是天地之委形也"，皆墨家節葬之旨。

寢而埋之。

孫云："後文云'扶而埋之'，扶，王引之校改'挾'，此'寢'字疑亦'挾'字之誤。"

愚案：孫説未確。後文"扶而埋之"，係總上文定論，可從王校改"扶"爲"挾"。此"寢而埋之"，謂舉金玉珠璣等物，盡葬埋之，"寢"字實不誤。

滿意。

孫云："'滿'、'意'義同。《説文·心部》云：意，滿也。"

愚案：孫説非。《增韻》"滿，足也"。"意"字本文甚明，不必訓"滿"。"滿"上以意審校，疑當增"而後"二字。

若途從。

孫云："此當從《公孟篇》作'送死若徙'。《荀子·禮論篇》云：'具生器以適墓，象徙道也。'此捝'死'字，'送'字誤著'若'字之下，'徙'又誤'從'，遂不可通。"

愚案：孫校是也，當據正。今以意審校："送死若徙"四字，並當移著"寢而埋之"上，今三句脱"而後"二字，又誤倒，義不可通。疑本作"送死若徙，寢而埋之，而後滿意"。

曰天子殺殉。

畢云："古只爲狥。"

孫云："'天子'下疑當有'諸侯'二字。"

愚案：孫校是也，當據增。《詩·黄鳥》集傳“秦穆公卒，以子車氏之三子爲殉。”

而疾而從事人爲其所能。

疾下而字衍，當删。

故三王者皆貴爲天子。

王上脱聖字，子彙本有，當據删，與上文一律。

必捶垛差通壟雖凡山陵。

孫云：“吴鈔本無‘必’字，捶垛疑當讀爲捶除。《内則》鄭注云：‘捶，擣之也。’《説文·手部》云：‘擣，一曰築也。’則捶亦有堅築之義。垛、除，聲、義亦通，謂除道也。‘差通’疑當作‘羨道’。《周禮·冢人》鄭注云：‘隧，羨道也。’《九章算術·商攻篇》云：‘今有羨除。’”

劉注云：“羨除，隧道也。此當讀‘必捶垛羨道’爲句，即《九章》所謂羨除也。‘壟雖凡山陵’爲句，大意蓋謂丘壟之高如山陵耳。然‘雖凡’二字必誤，無以正之”。

愚案：孫説是也。雖疑爲讙之音假，或形誤。《廣雅》：“六脂讙，以崔切，就也。”《廣雅·釋詁》三訓同。《説文·京部》云：“就，高也。从京，从尤。京，人所爲絶高丘也。”尤，尤異於凡也，凡疑爲“如之殘”譌，言壟高如山陵也。

佴乎祭祀

畢云：“《説文》：‘佴，佽也。’‘佽’訓便利。”

孫云：“佴者，次比之義，言不疏曠也。畢説非。”

愚案：孫説亦未得其旨。《廣雅·釋詁》：“佽，代也。”言從事衣食之財，利羣以代祭祀，斯真孝親之達道。下文“故曰子墨子之法，不失死生之利者，此也”，義甚顯明。蓋墨家視祭祀，與兼愛、交利等重，孝思通乎十方三世也。

天志上

孫云："《春秋繁露·楚莊王篇》云：'事君者儀志，事父者承意，事天亦然。'此天志之義也。"

愚案：天者，一大積氣耳。以其在顛名天，特順俗言天，蓋一真性體之代名，兼之本也。志者，一真性體之神用，愛之本也。老子曰："天之道利而不害。"義與此同。

然則天何欲何惡？天欲義而惡不義。

天之象似在外，其妙用實顯於人心而非外。《書·泰誓中篇》曰"天視自我民視，天聽自我民聽"，可證。此所謂天，固權説，其爲欲爲惡，亦何非人心之表現。《孟子·公孫丑》篇曰："得道者多助，失道者寡助。"皆人心之天爲用也。

曰且夫義者政也。

且上曰字衍，曹箋删。

天下百姓未得之明知也。

當作"天下之百姓未得明知也"。

而求祈福於天。

求字衍，當删。

曰四海之内粒食之民。

孫本捝曰字。

天志中

然則孰爲貴孰爲知，曰天爲貴天爲知而已矣。然則義果自天出矣。

《法儀篇》以父母學君皆不可法，唯天可法，因天之行廣而無私，其施厚而不德，其明久而不衰故。故義唯自天出者爲至貴。是知墨子之天，無漏自在，隨緣妙感，凡聖一本於心源。染淨不乖於業果。人之所失以死，所得以生。事之所失以敗，所得以成者也。故人貴具真知，盡己妙明之性，福利兆民，上合天德也。

又以先王之書，馴天明不解之道也知之。

畢云："馴，與'訓'同，言訓釋天之明道。"

愚案：畢說是也，今爲之圓其說。《荀子·非十二子篇》"閉約而無解"注："解，説也。"謂訓釋天極光明不易解說之道，即人心具足光明之性德。

故唯毋明乎順天之意，奉而光施之天下。

孫云："光，與'廣'通。"

愚案：孫説未允。"光"字本義，較妙於廣。《兼愛下篇》"文王若日若月乍照，光于四方于西土"，《書·堯典》"光被四表"，均可證。

大誓之道之曰。

疑衍一"之"字，誓本作"明"，詳《集解》。

天志下

則是天下士君子皆明於小而不明於大。

曹箋"大"下增"也"字。

以處人之家者知之。

陶云："當云'以人之處家者知之'。"

吾以此知大物則不知者也。

據上下文審校，此文當作吾以此知天下之士君子，於小物則知之，於大物則不知也。

能少嘗之甘謂甘多嘗謂苦。

畢云："'能少'當爲'少而'，王引之《經傳釋詞》，'多嘗'下增'之甘'二字。"

愚案："能"字"之"字衍，"多嘗"下當增"甘"字。作"少嘗甘謂甘，多嘗甘謂苦"。

或殺人其國家禁之，此蚤越有能多殺其鄰國之人，因以爲文義。

此文疑本作“或殺人於其國家，禁之。蚤知其不義也。越此有能多殺其鄰國之人，因以爲大義”。“其國”上當有“於”字。蚤，早之假。蚤下脱“知其不義也”五字。越，於也。蚤上此字當在越下，言於此有能多殺其鄰國之人因以爲大義。文乃大之譌，舊本脱譌倒錯過甚，故不可通。

明鬼下

孫云：“《淮南子·氾論訓》作‘右鬼’，高注云：‘右，尊也。’《漢書·藝文志》亦同。颜注引此作‘明鬼神’，疑衍神字。明，謂明鬼神之實有也。”

愚案：明鬼神之實有，正欲人皆尊之而止亂也。蓋鬼神者，性道之迹，其爲德體物不遺，感無不通者也。故篇中言有天鬼，有山水鬼神，有人鬼，雖有深谿博林幽閒無人之所，施行不可不董，實與《天志》相表裏。墨道之微妙玄通者在此。特其立言無務爲文，恒難達其旨耳。説者或譏爲多神，或誣爲迷信，陋矣！

請惑聞之見之。

孫云：“‘請’當讀爲‘誠’，‘惑’與‘或’通。”

愚案：惑當作或，或當訓有。《非命中篇》：“有聞之有見之，謂之有。莫之聞莫之見，謂之亡。”可證。

今執無鬼者言曰：夫天下之爲聞見鬼神之物者不可勝計也，亦孰爲聞見鬼神有無之物哉。夫天下之爲聞見鬼神之物者不可勝計也十七字，是有鬼神者之言，不應出於執無鬼者之口。當是错置，宜移置下子墨子言曰下。亦孰爲聞見鬼神有無之物哉，有無二字無義，當删，亦孰爲上，亦當有夫天下三字，始與夫天下之爲聞見鬼神之物者不可勝計相應。

折其脚祧。

畢云：“疑當云跳神之社”。

孫云："此有捝誤，羊跳安能敵人使殪，畢説不合事情。"

愚案：祧，疑本作"跳"。《説文·足部》云："跳，蹶也。"中里徼事前神已大虧，臨時隨感而殪。設小羊十百倍者觸之，亦足令其魂消而立斃，殊不爲奇。此知心理作用，其力至大也。

施行不可以不董。

顧云："《爾雅》：'董，正也。'"

蘇云："董，疑謹字之訛。"

俞云："董字無義，疑堇字之誤。堇借爲謹，言不可以不謹也。《管子·五行篇》'修暨水土以待乎天堇'，尹知章注曰：'堇，誠也。'訓'堇'爲'誠'，即讀'堇'爲'謹'也。《説文》：'堇，古文作𡋝。'形與董相似，故誤。"

孫云："俞説是也。《禮記·内則》'塗之以謹塗'，《玉篇》引作'堇涂'，亦'謹''堇'通用之證。"

愚案：顧校是也。蘇、俞、孫三説均迂曲，蓋施行未有不誠不謹而能正者，不必破"董"爲"堇"，通"謹"訓"誠"也。《書·大禹謨》"董之用威"，傳："督也。"謂施行時，不可不以鬼神之明督之，亦通。

必擇六畜之勝腯肥倅毛以爲犧牲。

畢讀"倅毛"爲句，云："'粹'字假音作'倅'，異文也。"

劉删'勝'字，讀與畢同。

顧云："倅字句。"

孫云："《素問》王冰注云：'勝者，盛也。'《淮南子·時則訓》云：'視肥臞全粹。'高注云：'粹，毛色之純也。'又《齊俗訓》云：'犧牛粹毛宜於廟牲。'此畢所本。依其讀，則'勝'當爲衍文。但以文例校之，似顧讀爲長。《周禮·小宗伯》'毛六牲'，鄭注云：'毛，擇毛也。'《牧人》'凡陽祀用騂牲毛之，陰祀用黝牲毛之'，注云：'毛之，取純毛也。'《山海經·南山經》郭注云：'毛，言擇牲取其毛色也。'"

愚案：句當從畢校，顧讀非。"勝"形近"腯"，因譌而衍，當從劉校删。孫斷"毛以爲犧牲"爲句，引《周禮》鄭注'毛，擇毛也'云云，義已包於必擇六畜中。若以既擇六畜後，又專擇毛色，殊不確，不可從。

王乃命左右六人，下聽誓于中軍。

“下”字疑衍，當删。

萬年梓株。

孫云：“未詳。”

愚案：此言紂畏避武王，匿於宫中萬年梓株中。遂折其株而出紂，繫之赤環也。

然不能以此圉鬼神之誅。

湯、武之誅桀、紂，非湯、武能誅之。蓋湯、武之性德，通乎鬼神者，不忍萬民之塗炭，不得不誅之，是猶鬼神誅之。實則鬼神亦不能誅之，乃桀、紂不明乎“自然之道不可違”，《陰符經》。自作惡業自誅之。

非樂上

孫云：“《荀子·富國篇》楊注云：墨子言樂無益於人，故作《非樂篇》。”

愚案：墨家務“形勞天下”。爲樂，恐致奢靡成性，厲民自養，而且耗財廢時，使舉國上下不能賴其力以生而亂，故力非之。蓋憫當時社會文勝之極敝，乃挺身與抗，而欲反之質。《淮南子·主術訓》曰：“及至亂主，取民則不裁其力，求於下則不量其積，男女不得事耕織之業以供上之求，力勤財匱，君臣相疾也。故民至於焦脣沸肝，有今無儲，而乃始撞大鐘，擊鳴鼓，吹竽笙，彈琴瑟，是猶貫甲胄而入宗廟，被羅紈而從軍旅，失樂之所由生矣。”可爲墨子非樂之確詁。《荀子·富國篇》云，“墨子大有天下，小有一國，將蹙然衣麤食惡，憂戚而非樂”，因作《樂論》以敵之，蓋尚質、尚文異趣也。按《樂經》或因墨子非樂而絶。

非以刻鏤華文章之色。

畢云：“一本無‘華’字。”宜從畢校删。

昔者齊康公興樂萬。

畢云："案《史記》康公名貸，宣公子，當周安王時。"

孫云："齊康公與田和同時，墨子容及見其事。但康公衰弱，屬於田氏，卒爲所遷廢，恐未必能興樂如此之盛。竊疑其爲景公之誤，惜無可校論也！"

愚案：齊康公在位二十六年，當十九年爲田氏所遷廢，其昏庸必矣。或當未遷時，恣情興樂，亦無足異，未必爲景公之誤。惟齊康公元年，當楚惠王卒後二十八年。以孔子卒於楚惠王十年，惠王在位五十七年推之，即孔子卒後七十五年。以墨子與楚惠王同時，當生於孔子四十歲以後論，詳《墨子之年代考》。知齊康公元年，墨子已百歲上下，墨子壽考，或及見康公即位。但康公興樂，未必在初即位時，亦爲墨子所及見；況稱昔者，又不知在興樂後幾何年，始書其事。足徵《非樂》諸篇，爲墨子後三家所記，非出墨子之手無疑。即知墨子不及見康公之興樂無疑。

非命上

孫云："《漢書·藝文志》注：蘇林云：'非有命者，言儒者執有命，而反勸人修德積善，政教與行相反，故譏之也。'如淳云：'言無吉凶之命，但有賢不肖善惡。'《祭法》孔疏引《孝經援神契》云：'命有三科：有受命以保慶，有遭命以謫暴，有隨命以督行。受命謂年壽也，遭命謂行善而遇凶也，隨命謂隨其善惡而報之。'《白虎通義·壽命篇》及王充《論衡·命義篇》説三命略同。墨子所非者，即三命之説也。"

愚案：儒家執有命，如《論語·雍也篇》："伯牛有疾，子問之，自牖執其首，曰：亡之命矣夫！斯人也，而有斯疾也！"《憲問篇》："子曰：道之將行也與？命也；道之將廢也與？命也；公伯寮其如命何！"參觀《同墨儒之異同五》。類皆墨子所必非者。墨子以命由己立，宜大造就，不可暴棄；若執有命之説，適足挫折人之朝氣，令社會無由振興也。《書·高宗肜日篇》曰："惟天監下民，典厥義，降年有永有不永。非天夭民，民中絶命。"或其所本。《孟子·盡心篇》云："修身所以立命。"《荀子·非相篇》云："相形不如論心。"皆感於非命而言。然孟子究未脱孔門習氣，如曰"吾之不遇魯侯，天也"，《梁惠王下》。天即命之異名。設在墨子，必曰吾自有義愛利天下，無須見魯侯也。

命壽則壽，命夭則夭，命□

王云："此下有挩文，不可考。"

愚案：疑挩"窮則窮，命達則達，命賞則賞，命罰則罰"十五字。《非儒篇》："有强執有命以説議曰，壽夭貧富，安危治亂，固有天命，不可損益；窮達賞罰，幸否有極，人之知力，不能爲焉。"則此當繼壽夭貧富云："命窮則窮，命達則達，命賞則賞，命罰則罰。"言窮達如《論語》"道之將行也與？命也；道之將廢也與？命也"。可證。言賞罰如後文云："上之所賞，命固且賞，非賢故賞也；上之所罰，命固且罰，不暴故罰也"，可證。

以上説王公大人，下以駔百姓之從事。

畢云："駔，'阻'字假音。《説文》云：'駔从馬。''且'聲。劉逵注左思《賦》，引《説文》於助反"。

愚案："以上"二字倒，當據下句乙。説，通"税"，《禮記·檀弓》"税驂於舊館"，《釋文》"税，本作'説'"。《詩·甘棠》"召伯所説"，釋文"本或作'税'，又作脱同。"《史記·李斯傳》"吾未知所税駕"，《索隱》"税駕猶解駕，言休息也。""大人"下，脱"之聽治"三字，語意不完，當作"上以説王公大人之聽治，與下以駔百姓之從事"，正相對爲文。後文"今用執有命者之言，則上不聽治，下不從事"並《公孟篇》"又以命爲有，爲上者行之，必不聽治矣；爲下者行之，必不從事矣"，可證。

故言必有三表。何謂三表？子墨子言曰：有本之者，有原之者，有用之者。於何本之？上本之於古者聖王之事；於何原之？下原察百姓耳目之實；於何用之？廢以爲刑政，王云"廢"讀爲"發"，古字通。**觀其中國家百姓人民之利。此所謂言有三表也。**

此墨家普通論理學，注重實驗之一特色，未若《小取》立辯之精析也。

非命中

用之奈何發而爲刑。

畢云："據上篇當有'政'字。"

愚案："刑"字下挩文甚多，畢説是也，當據補。但補"政"字，文義仍不完，當據上篇，補"觀其中國家百姓人民之利"十一字，斯諧矣。

發憲布令以教誨。

孫云："《長短經·運命篇》引無'布'字。"

愚案：《羣書治要》引亦無"布"字。"發憲令"與"明賞罰"對文，"布"字後人所加，當删。

若此則亂者可使治，而危者可使安矣。若以爲不然，昔者桀之所亂，湯治之。紂之所亂，武王治之。

以上三"治"字，《長短經》俱作"理"。

非命下

凡出言談則必可而不先立儀而言。

畢云："一本作則必先立義而言。"

蘇云："當作不可不先立儀而言，'必'字誤，上'而'字衍。"

俞云："則必可當作則不可。中篇曰則不可而不先立義法，是其證也。不可而者，不可以也。"

愚案：子彙本同畢見本，文較簡當。此本從蘇校改"必"作"不"，"不"上"而"字亦通。從俞校改"必"作"不"，又次之。

然今天有命者。

王樹柟云："萬曆本矣作執。"當據正。

惟我有周受之大帝。

莊述祖校改帝爲商云："天改殷之命，而周受之。"陳喬樅校同，云"商"字作"帝"，非是。此節皆有韻之文，作商則與上文叶，今訂正之。孫云莊、陳校是。

愚案："帝"爲譌字無疑，當改作"商"。

非儒下

畢云："《孔叢·詰墨篇》多引此詞。此述墨氏之學者，設師言以折儒也。故《親士》諸篇，無'子墨子言曰'者，翟自著也；此無'子墨子言曰'者，門人小子臆説之詞，並不敢以誣翟也。例雖同而事異，後人以此病翟，非也。《説文》云：儒，柔也，術士之稱。"

孫云："《荀子·儒效篇》云：'逢衣淺帶，解果其冠，略法先王，而足亂世術；繆學雜舉，不知法後王而一制度，不知隆禮義而殺《詩》、《書》；其衣冠行僞，已同於世俗矣，然而不知惡者；其言議談説，已無異於墨子矣，然而明不能分別；呼先王以欺愚者，而求衣食焉，得委積足以揜其口，則揚揚如也；隨其長子，事其便辟，舉其上客，億然若終身之虜，而不敢有他志：是俗儒者也。'是周季俗儒，信有如此所非者；但並以此非孔子，則大氏誣詆增加之辭。儒墨不同術，亦不足異也。畢氏强爲之辯，理不可通。"

愚案，孫説是也。惟謂儒墨不同術，宜有辨。《荀子·儒效篇》云："其言議談説，已無以異於墨子矣，然而明不能分別。"足徵儒墨異同，不易剖析。如《親士》、《修身》、《所染》、《尚賢》、《貴義》、《非攻》，二家有何不同？而《尚同》、《天志》、《節用》、《七患》亦不盡異。所異者，《非樂》、《非命》、《節葬》、《明鬼》、《兼愛》耳。然除樂爲美感，儒所必重外，餘皆互有異同處甚多。（詳後《墨儒之異同》。）要約言之，二家門户，分於一兼，兼則尊卑、勞逸、生死、人己，一無等差；不能兼則反是。蓋墨道之大，頡頏農家、道家，自與儒家斤斤於世教宗法，有大異其趣者。若夫荀卿儒者，《非十二子篇》且言子思、孟軻之罪，並賤子張、子夏、子游三氏之爲儒；則儒家末流之弊滋多，無足異也。《莊子·田子方篇》曰“以魯國而儒者一人耳”，則真儒之難爲，益可知矣。案，《尚賢》、《尚同》、《天志》、《非命》等，都爲三篇，蓋墨離爲三，各述所聞説書，校者强分上中下以識别之，故諸篇中，莫不數見“子墨子”之稱，足徵其衹承師訓，所以文有出入，大旨胥同。獨此篇爲墨家後輩學養未深者所出，今雖存下篇，謂闕上篇，余決不信如《明鬼》、《節葬》、《非樂》之出自三家，皆有三篇而闕。即其獨無中篇，可證。觀其辭旨，自篇首至‘此君子之道也’，固爲儒家可指斥者；其中自‘繁飾禮樂以淫人’至‘此衣食之端也’，《荀子·非十二子篇》亦非之。其餘或爲《節葬》、《非命》之緒餘，或爲《耕柱》、《公孟》所已道，要旨無多，自‘以所聞孔某之行’至終，辭涉誣詆無疑。蓋《非樂》、《非命》、《非儒》，皆墨家勞農主義之要綱也。

是妻後子與父同也。

“父”下，當據上下文增“母”字。王樹枏校同。

若以尊卑爲歲月數。

“月”下當據上文增“之”字。

富人有喪，乃大説喜曰，此衣食之端也。

孫云：“此與荀子所謂‘得委積足以揜其口，則揚揚如也’者相類。”

愚案：《非十二子篇》“偷儒憚事，無廉恥而嗜飲食，必曰君子固不用力，是子游氏之賤儒也，”洵有如墨氏所非者。

揜函弗射。

孫云：“揜，吴鈔本作‘掩’，《禮記·表記》鄭注云：‘揜，猶困迫也。’案：‘函’疑‘亟’之形誤，下同。詳《魯問篇》。《儀禮·聘禮》鄭注云：‘賓之意不欲奄卒主人也。’此‘揜亟’亦‘奄卒’之意，謂敵困急則不忍射之也。《韓非子·外儲説左上》云‘宋襄公曰，寡人聞君子曰，不推人於險，不迫人於阸’，即此義。又疑‘函’當爲‘臽’之誤。《説文·臼部》云：‘臽，小阱也。’今經典通作‘陷’。《漢書·司馬遷傳》‘函糞土之中而不辭’，《漢紀》‘函’作‘陷’，於義亦通。”

愚案：孫説迂曲，不可從。揜，《方言》："揞揜錯摩，藏也。吴揚曰揜。"《孟子·公孫丑上》"函人惟恐傷人"，趙注："函，甲也。"揜函，猶言藏其甲，示不敢敵也。揜函弗射，即《司馬法·仁本篇》"不校勿敵"之義，儼然今之國際戰時公法也。

暴亂之人也得活，天下害不除。

王云："'也'字涉上下文而衍。此言暴亂之人爲天下害，聖人興師誅罰，將以除害也。若用儒術，令士卒曰毋逐奔云云，則暴亂之人得活，而天下之害不除矣。是'暴亂之人'下本無'也'字。"

愚案：王校是也。"也"字當據删，而害上又當增"之"字。

是爲羣殘父母而深賤世也。

戴云："'賤'乃'賊'字之誤。"

愚案：戴校是也，當據正。

此爲人臣之道也。

下文君親臣子並言，與上文忠孝相應。是知臣下當補"子"字無疑。

夫執後不言之朝物。

"之朝物"三字，當在執後不言上。夫猶彼也，之猶於也。謂彼於朝事，拘執居後不肯先言。

見利使己雖恐後言。

蘇云："'使'當作'便'，'雖'當作'唯'。"

俞云：雖當作"唯"，古字通也，蓋言利之所在，唯恐後言也"。

愚案：言見利之所在，爲利所使。己則争先，唯恐後言。

遠施用徧。

孫從王校改"用"作"周"。

愚案："用"字不誤。用猶以也。遠施用徧，近以修身。言遠而施之天下，無所不徧。近而施之於身，無所不修。徧即是周，改用作周，未免義複，徧從畢本、吴鈔本。孫本、陸本、唐本並作"編"，義同。

務興天下之利曲直周旋利則止。

俞云："利則止，當作不利則止。傳寫脱'不'字也。《非樂篇》曰：

‘必務求興天下之利除天下之害，將以爲法乎天下。利人乎即爲，不利人乎即止。’與此文有詳略而義正同。”

愚案：俞説是而欠圓。本書興天下之利，恒與除天下之害並言。“曲直”上當補“除天下之害”五字，“周旋”下當補“利人則爲不”五字，文義始完足。

齊景公問晏子曰：孔子爲人何如？晏子不對。公又復問，不對。

孫云：“吴鈔本無‘復’字。”

愚案：當作“公又問，復不對。”

夫儒浩居而自順者也。

者也二字衍，當删，與下文一律。

機服勉容。

盧云：“《晏子》作異於服勉於容。”

孫云：“《大戴禮記·本命篇》盧注云：‘機，危也。’危服，蓋猶言危冠。勉，‘俛’之借字，《考工記·矢人》‘前弱則俛’，《唐石經》“俛”作“勉”，是其證也。機服勉容，言其冠高而容俛也。”

愚案：孫謂“勉，‘俛’之借字”非。勉容，謂勉爲容貌，即繁飾禮文之義。

其師。

孫云：“其上有捝字。”

愚案：當作於其師。

經説合篇

畢云：“此翟自著，故號曰經，中亦無‘子墨子曰’云云。按，宋潛谿云：上卷七篇號曰經，中卷下卷六篇號曰論。上卷七篇，則自《親士》至《三辯》也，此經似反不在其數。然本書固稱經，詞亦最古，豈後人移其篇第與？唐、宋傳注亦無引此，故譌錯獨多，不可句讀也。”

孫云：“以下四篇，皆名家言，又有算術，及光學、重學之説，精眇簡奥，未易宣究。其堅白、異同之辯，則與公孫龍書，及《莊子・天下篇》所述惠施之言相出入。《莊子》又云：‘相里勤之弟子五侯之徒，南方之墨者苦獲、己齒、鄧陵子之屬，俱誦墨經，而倍譎不同，相謂‘别墨’。以堅白、同異之辯相訾，以觭偶不仵之辭相應。’莊子所言，即指此經。《晉書・魯勝傳》注《墨辯叙》云：‘墨辯有上、下《經》，《經》各有《説》，凡四篇，與其書衆篇連第，故獨存。’亦即此四篇也。《莊子・駢拇篇》又云：‘駢於辯者，纍瓦結繩，竄句遊心於堅白、同異之閒，而敝跬譽無用之言非乎，而楊墨是已。’據莊子所言，則似戰國之時，墨家别傳之學，不盡墨子之本恉。畢謂翟所自著，考之未審。凡《經》與《説》，舊並旁行，兩截分讀，今本誤合並寫之，遂掍淆譌捝，益不可通。今别考定附著於後，而篇中則仍其舊。”

愚案：畢説“此翟自著”，是也。即其辭旨精眇簡奥，獨異諸篇，可證。又獨此上、下二篇稱《經》，《經》各有《説》，其體例與《天志》、《兼愛》等各有三篇，出自三家者迥殊。即知三家所説之書，不能稱經，亦其證。又《莊子・天下篇》曰，“其道不怒，又好學而博不異”，是爲墨子兼愛，並著經明兼之括論。又曰“相里勤之弟子五侯之徒，南方之墨者苦獲、己齒、鄧陵子之屬，俱誦墨經”，並晉魯勝《墨辯注叙》曰：“墨子著書作辯經，以立名本”，皆其確證。

此經蓋墨子自著，用教學者，以分析名相始，以遣除名相終也。大抵《經上》舉名擬實而立定義，皆演繹法，故經文莫不注重句首之標題；《經下》破除俗見而入正理，皆歸納法，故經文莫不注重句末之結論。墨道之大繫乎此，儼然佛教之有相宗，蓋藉形下之學，以通形上之道，使人皆受用不盡。是猶莊周一間未達者，豈他人能勝任哉？《莊子・齊物論》未始非感於墨經而作，如曰“天地與我並生，而萬物與我爲一”，是即墨道之所以爲兼也。曰“請言其畛，有左有右，有倫有義，有分有辯，有競有争”，是即《經上》所謂“體分於兼也”。曰“分也者有不分也，辯也者有不辯也”，是即《經下》所謂“無窮不害兼”也。故知墨子著經所以明兼也。《荀子・天論篇》曰：“墨子有見於齊無見於畸”，案此説若出於墨子之口，則爲至理名言。以了徹兼體，猶釋氏所謂徧法界皆般若體，盡虛空皆真如用故。而出於荀子之口，則大謬不然。以非兼故。是以小知接大知也。

《經》各有《説》，所以暢演經義。其體例猶《管子·版法》《明法》等篇之有解，《心術上》後半即前半之説明。《韓非》之有内、外《儲説》，亦然。其文辭無異《易·彖》上下、《象》上下，公、穀、左三《傳》，適是當時文字。且辭約旨微，决非墨子未能確明定義，詳悉宣示。後世墨者，無此識力，不能爲也。用敢斷定《經》上、下，《經説》上、下四篇，並《大取》、《小取》，皆墨子自著無疑。蓋名學原始於書契，而墨子實始辯異同以成家，胥是賴焉。《閒詁》仍誤合並寫之舊，是其疏也，不可從。今師魯勝引《説》就《經》之意，依經旁行上下次序釐定之。

〔經上篇旁行句讀上行〕

一　故：所得而後成也。

説故：小故，有之不必然，無之必不然；大故，有之必然，“然”字從孫校增。無之必不然。“之必不”三字從孫校增。若見之成見也。

二　體：分於兼也。

説體，體也者有端；五字移此並改‘若’爲‘者’，箋詳。若二之一，尺之端也。

三　知：材也。

説知材，知也者，所以知也，而必知。若明。

四　慮：求也。

説慮，慮也者，以其知有求也，而不必得之。若睨。

五　知：接也。

説知：知也者，以其知過物而能貌之。若見。

六　恕：明也。

說恕：恕也者，以其知論物，而其知之也著。若明。

七　仁：體愛也。

說仁：愛己者，非爲用己也。不若愛馬者。者，舊作著，下又衍“若明”二字，今據孫校正。

八　義：利也。

說義：志以天下爲芬，孫校疑“芬”爲“愛”之誤。而能能利之，不必用。

九　禮：敬也。

說禮：貴者公，賤者名，而俱有敬僈焉。等異論也。

一〇　行：爲也。

說行：所爲不善名，行也；所爲善名，巧也。若爲盜。

一一　實：榮也。

說實：其志氣之見也，使人如己。不若金聲玉服。

一二　忠：以爲利而强君也。

說忠：不利弱子亥足將入止容。

一三　孝：利親也。

說孝：以親爲愛，愛，舊作“芬”，從孫校改。而能能利親。不必得。

一四　信：言合於意也。

說信：不以其言之當也。使人視城得金。

一五　佴：自作也。

說佴：與人遇，人衆惰。

一六　詷：作嗛也。

說詷：爲是之台彼也，弗爲也。

一七　廉：作非也。

說廉：己雖爲之，知其䫌也所。曹耀湘箋，依一本校，作“廉惟己之所爲知其愧恥也”。

一八　令：不爲所作也。

說令，非身弗行。

一九　任：士損己而益所爲也。

說任：爲身之所惡，以成人之所急。

二〇　勇：志之所以敢也。

說勇：以其敢於是也，命之；不以其不敢於彼也，害之。

二一　力：刑之所以奮也。畢云“刑”同“形”。

說力：重之謂。下。與重，奮也。

二二　生：刑與知處也。

說生：盈之生，商，不可必也。

二三　卧：知無知也。

說卧原文缺。

二四　夢：卧而以爲然也。

說夢：原文缺。

二五　平：知無欲惡也。

說平：惔然。

二六　利：所得而喜也。

說利：得是而喜，則是利也。其害也，非是也。

二七　害：所得而惡也。

說害：得是而惡，則是害也。其利也，非是也。

二八　治：求得也。

說治：吾事治矣，人有治南北。

二九　譽：明美也。

說譽：舊衍“之”字，今以其述經目並與下誹相對爲文，刪。必其行也。其言之忻，使人督之。

三〇　誹：明惡也。

説誹：必其行也。其言之忻。

三一　舉：擬實也。

説舉：告以文名。舉彼實故也。

三二　言：出舉也。

説言：言也者，諸口能之。出民者也。民若畫俿也。畢云：俿，“虎”字異文。謂言猶石致也。

三三　且：且言然也。

説且：自前曰且，自後曰已。方然亦且。舊衍“若石者也”四字，從俞校删。

三四　君：臣萌即“氓”字。通約也。

説君：以若名者也。“若”疑“羣”之譌。

三五　功：利民也。今校移此。

説功：不待時，若衣裘。

三六　賞：上報下之功也。

説賞：上報下之功也。

三七　罪：犯禁也。

説罪：不在禁，惟害無罪，殆姑。

三八　罰：上報下之罪也。

説罰：上報下之罪也。

三九　同：異而俱於之一也。

説同：舊作侗，從張皋文《經説解》校改。二人而俱見是楹也，若事君。

四〇　久：彌異時也。宇，彌異所也。

説久：古今旦莫。宇，東西南北。

四一　窮：或有前不容尺也。

説窮：或不容尺，有窮。莫不容尺，無窮也。

四二　盡：莫不然也。

說盡：但止動。

四三　始：當時也。

說始：時或有久，或無久。始當無久。

四四　化：徵易也。

說化：若鼃爲鶉。

四五　損：偏去也。

說損：偏去也者，兼之體也。其體或去或存，謂其存者損。

四六　益：大。舊作“大益”，從孫校乙，疑當增“來也”二字。

四七　儇：俱柢。俱舊作稘，從孫校改。

說儇：昫民也。

四八　庫：易也。疑有挩字。

說庫：區穴若，斯貌常。

四九　動：或從也。

說動：偏祭從，若户樞免瑟。“若”舊作“者”，今校改。

〔經上篇旁行句讀下行〕

五〇　止：以久也。

說止：無久之不止，當牛非馬，若矢過楹。有久之不止，當馬非馬，若人過梁。

五一　必：不已也。

說必：謂臺執者也。若弟兄，一然者，一不然者，必不必也，是非必也。

五二　平：同高也。

五三　同長：以正相盡也。

說同長：楗與柱之同長也。“柱”舊作“狂”，從伍非百校改正。

五四　中：同長也。

說中：自是往、相若也。

五五　厚：有所大也。

說厚：惟無所大。

五六　日中：正南也。

五七　直：參也。

五八　圜：一中同長也。

說圜：規寫交也。“交”舊作“支”，從孫校改。

五九　方：柱隅四讙也。

說方：矩見交也。“交”舊作“支”，從孫校改。

六〇　倍：爲二也。

說倍：二尺與尺，但去一。

六一　端：體之無序而最前者也。

說端：是無同也。

六二　有閒：中也。

說有閒：謂夾之者也。

六三　閒：不及旁也。

說閒：謂夾者也。尺，前於區穴而後於端，不夾於端與區内及。及：及非齊之及也。

六四　纑：閒虚也。

說纑：閒虚也者，兩朩之閒，謂其無朩者也。“朩”舊譌“木”，從章炳麟校改。

六五　盈：莫不有也。

說盈：無盈無厚。於石無所往而不得。石舊作尺從孫校改。得二。

六六　堅白：不相外也。

說堅白：“白”字從孫校增。異處不相盈。相，是相外也。

六七　攖：相得也。

說攖：尺與尺，俱不盡；端與端，俱盡；尺與端，或盡或不盡。

“或”上“端”字舊錯著於後，今從孫校移此。堅白之攖相盡，體攖不相盡。

六八　仳：舊作“似”，從孫校改。有以相攖，有不相攖也。

說仳：兩有端而后可。

六九　次：無閒而不相攖也。“相”舊作“攖”，從孫校改。

說次：無厚而后可。

七〇　法：所若而然也。

說法：意、規、員，三也俱；可以爲法。

七一　佴：所然也。

說佴：然也者，民若法也。

七二　說：所以明也。

七三　彼：不可，兩不可也。“彼”舊作“攸”，從張、孫二校改。

說彼：凡牛樞非牛，兩也。無以非也。《經》、《説》首句均待考。

七四　辯：争彼也。辯勝，當也。

說辯：或謂之牛，或謂之非牛。下“或”字從孫校增。是争彼也。是不俱當。不俱當，必或不當。不若當犬。當作“不當若犬”。

七五　爲：窮知而縣於欲也。

說爲：欲雜其指，智不知其害，是智之罪也；若智之慎之也，下“之”字舊作“文”，從孫校改。無遺於其害也。而猶欲雜之，則離之。是猶食脯也，騷之利害，未可知也；欲而得騷“得”字從孫校增。，是不以所疑止所欲也。廧外之利害，未可知也；趨之而得刀，“刀”舊作“力”，從孫校改。則弗趨也；是以所疑止所欲也。觀爲窮知而縣於欲之理，雜脯而非恕也，雜指而非愚也。所爲與所不爲此句從張校改。相疑也，非謀也。

七六　已：成，亡。

說已：爲衣，成也。治病，亡也。

七七　使：謂，故。

說使：令，謂，謂也；不必成。故，濕此字疑譌。也，必待所爲之成也。

七八　名：達，類，私。

說名：物，達也。有實必待文名也“名”舊作“多”，從孫校改。命之馬，類也。若實也者，必以是名也。命之臧，私也。是名也，止於是實也。聲出口，俱有名。若姓字。

七九　謂：移，舉，加。

說謂：舊在“灑”下，今依《說》必述經目，移此。灑狗犬，移也。今校改。狗，犬，舉也。叱狗，加也。

八〇　知：聞、說、親、名、實、合、爲。

說知：傳受之，聞也。方不廱，說也。身觀焉，親也。所以謂，名也。所謂，實也。名實耦，合也。志行，爲也。

八一　聞：傳，親。

說聞：或告之，傳也。身觀焉，親也。“觀”當作“聽”，涉上而譌。

八二　見：體，盡。

說見：時者，體也。二者，盡也。

八三　合：正，宜，必。

說合：舊作“古”，從楊校改。兵立。“兵”疑“共”之譌。反中，志工，正也。臧之爲，宜也。非彼，必不有，必也。聖者用而勿必，必也者，可勿疑。

八四　欲正權利，“欲”上疑挩“權”字，此衍“且”字從孫校删。惡正權害。

說權者：兩而勿偏。“權”舊作“仗”，從孫校改。

八五　爲：存，亡，易，蕩，治化。

說爲：甲、“甲”舊作“早”，從孫校改。臺，存也。病，以上下文例校，“病”上疑挩一字。亡也。買，鬻，易也。霄，盡，蕩也。順，長，治也。鼃，鼠，從孫校。化也。

八六　同：重，體，合，類。

說同：二名一實，重同也。不外於兼，體同也。俱處於室，合同也。有以同，類同也。

八七　異：二，不體，不合，不類。

說異：二必異，二也。不連屬，不體也。不同所，不合也。不有同，不類也。

八八　同異交得放有無。

說同異交得：於福家，良恕有無也。（孫云“恕”當作“恕”與“知”通。）比度多少也。免蚓還園，去就也。鳥折用桐，（孫云：“鳥折”當爲“象梗”。）堅柔也。劍戈甲，（“戈甲”舊作“尤早”，從孫校改。“甲”下疑脱“盾”字，《節用上》云“甲盾五兵”。）死生也。處室子，子母，長少也。兩絶勝，白黑也。中央，旁也。論行行行學實，（孫云：衍兩“行”字。）是非也。難宿，成未也。兄弟，俱適也。身處志往，存亡也。霍爲姓，故也。賈宜，貴賤也。

八九　聞：耳之聰也。

九〇　循所聞而得其意，心之察也。（此疑前條之《說》。）

九一　言：口之利也。

九二　執所言而意得見，心之辯也。（此疑前條之《說》。）

九三　諾：不一利用（“不一”兩字疑本五字挩譌。）

說諾：超城員止也。（“超城”疑當作“起之成”。）相從，相去，先知，是，可，五也。（舊作“色”，從孫校改。）正五諾，若人於知有說。（“若”舊作“皆”，從孫校改。）過五諾，若負，無直無說。用五諾若自然矣。（自“正五諾”至此舊在篇末，從孫校移此。）長短前後輕重援。（“援”疑“緩”之譌，上疑挩“急”字。）

九四　服執說。（音利。）

說服、執、難成。說，舊“殘”作“言”，今據《經》正。言務成之。

九五　巧轉則求其故。

說巧轉九則求執之。

九六　法同則觀其同。

說法同，法法取同觀。

九七　法異則觀其宜。

說法異：取此擇彼，問故觀宜。“彼舉然者，以爲此其然也，則舉不然者而問之。”此十八字舊著“是孰宜止”後，今校移此。

九八　止：因以別道。

說止：校詳箋。以人之有黑者，有不黑者，止黑人。與以有愛於人，有不愛於人，止愛人。是孰宜止。後二“止”字舊並譌“心”，從張校改。

九九　正：無非。

說正舊挩，今依説通例補。有非而不非，若聖人。三字舊在“有非”上，今校移此。

〔經下篇旁行句讀上行〕

一　止：類以行人，說在同。

說止：彼以此其然也，說是其然也。我以此其不然也，疑是其然也。此然是必然則俱。七字舊錯著於下文“大小也”後，從梁校移此。

二　四足牛馬：舊譌挩合并爲一“駟”字，倒著於前，從孫校正。推類之難。說在名之大小。“名”字從孫校增。

說四足謂獸與牛馬異。“牛馬異”舊作“生鳥與”，從孫校改。名異大小也。名字舊無，據經文增，“異”舊作“與”，從孫校改。

三　物盡同名：二與鬭，愛食與招，白與視，麗與暴，此字從顧校增。夫與履。疑挩“說在口”句。

說物盡同名。俱鬭不俱二，二與鬭也。色、舊作“包”，從孫校改。肝、肺、子，愛也。橘、茅，食與招也。白馬多白，視馬不多視，白與視也。爲麗不必麗，不必張其鍠云：“當作爲‘暴不必暴’。”麗與暴也。爲非以人，是不爲非；若爲夫以勇不爲夫，“勇”上“以”字從孫校增。爲屨以買不爲屨，“不”舊作“衣”，從孫校改。夫與屨也。

四 一：偏棄之。疑亦挩“説在口”句。

説一一與一亡，不與一在，偏去，未。

五 謂而固是也。説在因。

説有文實也，而後謂之。無文實也，則無謂也。不若敷與美，謂是，則是固美也。謂非，舊作“也”，今校改。則是非美。無謂，則報也。

六 不可偏去而二，説在見與不見俱。“不見”二字舊挩，今據説審校增。一與二，廣與脩。舊作“循”從孫校。

説見不見，離；一二不相盈。廣脩，堅白。“堅”上疑挩“若”字。

七 不能而不害。説在害。疑有譌挩。

説不，舉不重不與箴，非力之任也。爲握者之觭倍，非智之任也，若耳目。

八 異類不吡，説在量。

説異。木與夜孰長？智與粟孰多？爵、親、行、賈，四者孰貴？麋與隺孰高？舊“隺”作“霍”，從張校改。衍“麋與霍孰霍”五字，從孫校删。蚓與瑟孰瑟？

九 偏去，莫加少。説在故。

説偏，俱一，無變。

一〇 假必誖。説在不然。

説假，假必非也而後假。狗假霍也，猶氏霍也。

一一 物之所以然：與所以知之，與所以使人知之，不必同。説在病。

説物：或傷之，然也。見之，智也。告之，使智也。

一二 疑：説在逢，循，遇，過。

説疑：逢，爲務則士，爲牛廬者夏寒，逢也。舉之則輕，廢之則重，若石羽三字，舊在“非巧也”下，今從張其鍠校移此。非有力也；林從削，“林”舊作“沛”，從張校改。非巧也；循也。鬬者之敝也，以飲酒，若以日中，是不可智也；遇也。“遇”舊作“愚”，從孫校改。智與？以己爲然也與？過也。“過”舊作“愚”，從孫校改。

一三　與一，或復否，説在拒。此《經》無《説》。

一四　歐物一體也，説在俱一惟是。

説俱：俱一，若牛馬四足。惟是，當牛馬。數牛，數馬，則牛馬二。數牛馬，則牛馬一。若數指，指五而五一。

一五　長宇宇或徙，説在久。此文據《説》審校改。

説長宇徙而有處宇。宇，南北在旦有在莫，宇徙久。

一六　無久與宇堅白。説在因。此文舊在後，從梁校依《説》位次移此。

説無堅得白，必相盈也。

一七　在諸其所然，未者然。説在於是推之。

説在堯善治，自今在諸古也。自古在之今，則堯不能治也。

一八　景不徙。説在改爲。

説景：光至，景亡。若在，盡古息。

一九　景二。説在重。

説景：二光夾一光。一光者，景也。

二〇　景到，在午有端與景長，説在端。

説景：光之人煦若射，下者之人也高，高者之人也下，足敝下光，故成景於上。首敝上光，故成景於下。在遠近有端與於光，故景庫内也。

二一　景迎日。説在轉。舊作“摶”，從孫校改。

説景：日之光反燭人，則景在日與人之間。

二二　景之小大，説在杝正遠近。“杝”舊譌“地”，從孫校改。

説景：木杝，景短大。木正，景長小。光小於木，“光”舊譌“大”，從孫校改。則景大於木；“光大於木，則景小於木”，此九字據上文審校並實驗增。非獨小也。

二三　臨鑑而立，景到，多而若少；説在寡區。

說臨在鑑，景寡，貌能白黑。遠近杝正，異於光鑑。

二四　經亡

說景：當俱就，去尔當俱；俱用北。

二五　經亡

說鑑者之臬：於鑑無所不鑑。景之臬無數，而必過正；故同處，其體俱，然鑑分。

二六　鑑位張之鋭改“窪”。景一小而易。一大而正。説在中之内外。二字據《説》乙。

說鑑：中之内。鑑者近中，則所鑑大，景亦大。遠中，則所鑑小，景亦小。而必正。起於中，緣正而長其直也。中之外，鑑者近中，則所鑑大，景亦大。遠中，則所鑑小，景亦小。而必易。合於中，緣易二字從楊校增。而長其直也。

二七　鑑團：景一小小字從欒校增。一大而必正，説在得。此經文舊分二條，今合爲一，詳欒調甫《讀墨經校釋稿》。

說鑑：鑑者近，則所鑑大，景亦大；其遠所鑑小，景亦小。而必正；景過正故招。

二八　負而不撓。“負”舊作“貞”，從孫校改。説在勝。

說招負衡木，加重焉而不撓；極勝重也。右校交繩，無加焉而撓；極不勝重也。

二九　衡而必正。説在得。

說衡：加重於其一旁，必捶。權，重相若也，相衡，則本短標長。兩加焉，重相若，則標必下；標得權也。

三〇　契挈通。與收仮。説在權。舊“收”作“枝”，從張校改；“仮”作“板”，“權”作“薄”，從孫校改。

說挈，有力也；引，無力也；不止，所挈之止於施也。繩制挈之也，若以錐刺之。挈，長重者下，短輕者上；上者愈得，下衍一“下”字，從張校删。者愈亡。繩直權重相若，則止矣。收，上者愈喪，下者愈得。

上者權重盡則遂挈。

三一　倚者不可正。說在梯。舊作“剃”，從孫校改。

說倚、倍拒堅躲倚焉則不正，兩輪高，兩輪爲輲，車梯也。重其前，弦其前，載弦其前，載弦其軲，而縣重於其前，是梯。挈且挈則行。凡重，上弗挈，下弗收，旁弗劫，則下直。扡，或害之也，沇。梯者不得沇，直也。今也廢石於平地，“石”舊作“尺”，從孫校改。重不下，無跨也。若夫繩之引軲也，是猶自舟中引横也。

三二　推之必往。說在廢材。

說誰并石絫石耳。夾寢者，法也。

三三　經亡。

說方石去地尺，關石於其下，縣絲於其上，使適至方石，不下，柱也。膠絲去石，挈也。絲絶，引也。未變而石易，收也。

三四　買無貴。說在仮其賈。

說買：刀糴相爲賈。刀輕則糴不貴。刀重則糴不易。王刀無變，糴有變。歲變糴則歲變刀。若鬻子。

三五　賈宜則讐。說在盡。

說賈盡也者，盡去其所以不讐也。“所”字從孫校增。其所以不讐去，則讐。正賈也，宜不宜，正欲不欲。若敗邦鬻室，嫁子。

三六　無說而懼。說在弗必。“必”舊作“心”，從孫校改。

說無子在軍不必其死生。聞戰亦不必其死生。下“死”字從孫校增。前也不懼，今也懼。

三七　或：過名也。說在實。

說或：知是之非此也，有知是之不在此也；然而謂此南北，過而以己爲然。始也謂此南方，故今也謂此南方。

三八　知知之否之，足用也諄。“諄”舊作“諄”，從張校改。說在無以也。

說智，論之，非智無以也。

三九　謂辯無勝，必不當。說在辯。

說謂：所謂，非同也，則異也。同，則或謂之狗，或謂之犬也。異，則或謂之牛，或謂之馬也。俱無勝，是不辯也。辯也者，或謂之是，或謂之非。當者，勝也。

四〇　無不讓也，不可，說在始。

說無讓者酒，未讓，始也不可讓也。

四一　於一疑爲"石"字殘缺。有知焉，有不知焉。說在存。

說於石，一也。堅白二也，而在石。故有智焉，有不智焉，可。

四二　有指：於二而不可逃。說在以二参。舊作"絫"，從孫改。

說有指：子智是，有智吾所无舉，"无"舊譌"先"，從孫校改，下同。是重；"是"字舊著"前吾"上，從孫校移。則子智是，而不智吾所无舉也，是一；謂有智焉有不智焉也。若智之，則當指之智告我，則我智之。兼指之，以二也。衡指之，参直之也。若曰必獨指吾所舉，毋舉吾所不舉，則二者"二"字從張校增。固不能獨指，所欲指不傳；"指"舊作"相"，從孫校改。意若未校。且其所智，是也；所不智，是也；則是智是之不智也，惡得爲一；謂而有智焉有不智焉。

四三　所知而弗能指。說在春也。逃臣，狗犬，遺者。"遺"舊作"貴"，從張校改。

說所，春也，其埶舊譌"執"，從張校改。固不可指也。逃臣不智其處，狗犬不智其名也，遺者巧弗能网也。"网"舊譌"兩"，從孫校改。

四四　知狗而自謂不知犬，過也。說在重。

說智，智狗；重，智犬；則過。不重，則不過。

四五　通意後對。說在不知其誰謂也。

說通，問者曰：子知騳乎？應之曰：騳何謂也？彼曰騳施，則智之。若不問騳何謂，徑應以弗智，則過。且問舊作"應"，從孫改校。必應。問之時若應，其應有深淺。"其"舊作"長"，從孫校改。

〔經下篇旁行句讀下行〕

四六　所存與存者孰存，説在所主異。

説天常中存其人其所。室堂，所存也。其子，存者也。主存者而問室堂，惡所存也。主室堂而問存者，孰存也。是一主存者以問所存，一主所存以問存者。此條校改，箋詳。

四七　五行毋常勝。説在多。

説五：金、木、水、火、土。舊作“水土火”，增改箋詳。火離木而然。“木而”二字依孫説增。火鑠金，火多也。金靡炭，金多也。合之成水。“成”舊作“府”，從孫校改。木離土。“土”舊作“木”，從孫校改。若識麋與魚之數，惟所利。

四八　無欲惡之爲益損也。説在宜。

説無。欲惡；傷生損壽。説以少連，是誰愛也？嘗多粟。或者欲不有能傷也，若酒之於人也。且恕人利人，愛也，則唯恕弗治也。“唯”通“雖”。

四九　損而不害。説在餘。

説損，飽者去餘。適足，不害；能害，飽。若傷麋之無脾也。且有損而后益智者，若瘧病之人於瘧也。“人”舊作“之”，從孫校改。

五〇　知而不以五路。説在久。

説智以目見，而目以火見，而火不見。惟以五路知，久不當。以目見，若以火見。

五一　火不熱。舊“火”作“必”，無“不”字，從孫校改增。説在頓。

説火：謂火熱也，非以火之熱。俄有若視日。

五二　知其所以不知。説在以名取。

説智。雜所智與所不智而問之，則必曰是所智也，是所不智也。取去俱能之，是兩智之也。

五三　無不必待有。説在所謂。

説無：若無焉，則有之而后無。无，天陷，則無之而無。

五四　擢慮不疑。説在有無合。

説擢、疑，無謂也。臧也今死，而春也得文，文死也可。未詳。

五五　且然。不可正，而不害用工。説在宜。

説且：猶是也。且然，必然。且已，必已。且用工而後已者，必用工而後已。

五六　均之絶不。説在所均。

説均：髮均縣。輕重而髮絶，不均也。均，其絶也莫絶。

五七　堯之義也，聲於今而處於古，而異時。説在所義二。

説堯、臛：舊作“霍”，今校改。或以名視人，或以實視人。舉友富商也，“友富商”當“堯”作“寔”帝。是以名視人也。指是臛也，“臛”舊作“靃”，今校改。是以實視人也。堯之義也，是聲也於今，所義之實處於古。若殆於城門與於臧也。

五八　狗，犬也。而殺狗非殺犬也不可。説在重。

説狗：狗犬也。而殺狗謂之殺犬，不可。“而殺狗”、“不”四字從孫校增。若兩膭。

五九　使殷美。説在使。

説使：令使也。我使我我不使亦使我殿戈亦使殿不美亦使殿。此條譌奪過多，校訂箋詳。

六〇　荆之大，其沈淺也。説在具。

説荆沈，荆之具也。“具”舊作“貝”，據經文改。則沈淺非荆淺也。若易五之一。

六一　以楹爲摶，“楹”舊作“檻”，從孫校改。於以爲無知也。説在意。

説以楹之摶也見之，其於意也不易，无智意相也。“无”舊作“先”，從孫校改。若楹輕於秋，其於意也洋然。

六二　意未可知。説在可用過仵。

説段椎錐，俱事於履，可用也。成繪屨過椎，與成椎過繪屨同，過仵也。“仵”舊作“件”，從張校改。

六三　一：少於二而多於五。説在建位。

説一：五有一焉，一有五焉，十二焉。

六四　非半弗新則不動。説在端。

説非新半，進前取也。前，則中無爲半，猶端也。前後取，則端中也。新必半。毋與非半，不可新也。

六五　可無也，有之而不可去。説在嘗然。

説可無也，已給則當給，不可無也。久，有窮無窮。

六六　正而不可搖。舊作“擔”，從孫校改。説在摶。

説正：丸，舊作“九”，從孫校改。無所處而不中縣，摶也。

六七　宇進無近。説在敷。

説宇，偃宇不可偏舉也。進行者，先敷近，後敷遠。

六八　行修以久。説在先後。

説行，舊問者字今刪。行者必先近而後遠。遠近，修也。先後，久也。民行修，必以久也。

六九　一法者之相與也，盡類，“類”字依孫校增。若方之相合也。説在方。

説一方盡類，俱有法而異。或木或石，不害其方之相合也。盡類猶方也，物俱然。

七〇　狂舉不可以知異。説在有。

説狂，牛與馬惟異，以牛有齒，馬有尾，説牛之非馬也不可。是俱有，不偏有偏無有。曰，牛之與馬不類。“牛”字從盧校增。用牛有角，馬無角，是類不同也。若舉牛有角馬無角，以是爲類之同也：“同”上“不”字，從孫校刪。是狂舉也。猶牛有齒馬有尾。

七一　不可牛馬之非牛，與可之同。説在兼。

説不或非牛而非牛也，可，孫本挩此字，據浙局本增。則或非牛或牛而牛也，可。故曰牛馬非牛也未可，牛馬牛也未可，則或可或不可，而曰牛馬牛也未可，亦不可。且牛不二，馬不二，而牛馬二；則牛不非牛，馬不非馬，而牛馬非牛非馬；無難。

七二　彼此彼此與彼此同。説在異。

説彼、正名者彼此，彼此。可彼彼止於彼，此此止於此，彼此不可。彼且此也，此亦且彼也。五字從孫校增。彼此亦可。彼此止於彼此，若是而彼此也，則彼亦且此，此亦且彼也。“亦且彼”三字從孫校增。

七三　唱和同患。説在功。

説唱無遇，舊作“過”，從孫校改，下同。無所周，若粺。舊作“稗”，從孫校。和無遇，使也，不得已。唱而不和，是不學也，智少而不學必寡。和而不唱，是不教也，智而不教功適息。若使人奪人衣，罪或輕或重。使人予人酒，功或厚或薄。“若功”二字從孫校，以意增。

七四　聞所不知若所知，則兩知之。説在告。

説聞：在外者，所知也。在室者，六字從梁校增。所不知也。或曰在室者之色若是其色，是聞所不智，若所智也；猶白若黑也，誰勝？是若其色也若白者，必白。今也智其色之若白也，故智其白也。夫名，以所明正所不智，不以所不智疑所明。若以尺度所不智長。外，親智也。室中，説智也。

七五

以言爲盡誖，誖。説在其言。

説以，誖，不可也。之人之言可，是不誖；則是有可也。之人之言不可，以當；必不當。舊作“審”，從孫校改。

七六　唯吾謂，非名也則不可。説在仮。

説唯：謂是霍可，而猶之非夫霍也；謂彼是，是也。不可謂者，毋唯乎其謂。彼猶唯乎其謂，則吾謂行；“行”上衍“不”字，從孫校删。彼若不唯其謂，則不行也。“唯”舊並作“惟”，從孫校改。

七七　無窮不害兼。説在盈否。

說無南方有窮則可盡，無窮則不可盡。有窮無窮未可智，則可盡不可盡從畢校刪“不可盡”三字。未可智。人之盈從孫刪一“之”字。否未可智，而必人之不可盡；“不”字以意增。人之可盡四字從孫校增。不可盡亦未可智，而必人之不可盡愛也；“不”字從孫校增。誖。人若不盈無窮，“無”舊作“先”，從孫校改。則人有窮也；盡有窮，無難。盈無窮，則無窮盡也；盡有窮，無難。

七八　不知其數而知其盡也。說在明者。

說不不智其數，“不”舊作“二”，從曹箋改。惡智愛民之盡也？或者遺乎其明也。盡明人，則盡愛其所明。若不智其數，而智愛之盡文也，無難。“明”舊並譌“問”，據《經》與張校正。

七九　不知其所處，不害愛之。說在喪子者。

八〇　仁義之爲内外也。内。說在仵顔。

說仁，從張校刪一“仁”字。愛也。義，利也。愛利，此也。所愛所利，彼也。愛利不相爲内外；所愛利亦不相爲外内。其爲仁内也，義外也，舉愛與所利也；是狂舉也。若左目出，右目入。

八一　學之無益也。“無”字從孫校增。說在誹者。

說學也，以爲不智；學之無益也，故告之也是。使智學之無益也，是教也。以學爲無益也教，誖。

八二　誹之可否，不以衆寡。說在可非。

說誹，論誹之可不可，以理。理之可誹，雖多誹，其誹是也。其理不可誹，雖少誹，非也。今也謂多誹者不可，是猶以長論短。

八三　非誹者誖。舊作“諄”，從張校。說在弗非。

說非誹，“非”舊作“不”，從孫校改。非己之誹也。不非誹，非可非也，不可非也；是不非誹也。

八四　物甚不甚。說在若是。

說物甚長甚短，莫長於是，莫短於是。是之是也。非是也者，非莫甚於是。“莫”上“非”字從孫校增。

八五　取下以求上也。説在澤。

説取高下以善不善爲度，不若山澤。處下善於處上，下所，請上也。

八六　是是與是同。説在不文。舊作“州”，從張、楊二校改。

説不是“不”字疑衍當删。是則是且是焉。今是文於是而不於是，故是不文；是不文則是而不文焉。今是不文於是而文與是，故文與是不文同説也。

經上上行

前已依經旁行次序，於各條上編定號數；以下所詮各條上，均照經號數標列，以便檢閲。

一

經故：所得而後成也。

孫云：“故之爲辭，凡事因得此而成彼之謂。《墨子》説與《説文》‘故，使爲之也’義同。”

愚案：《漢書·藝文志》、《魯故》二十五卷，顔師古注：“故者，通其指義也”，即凡事之所以然，與《説文》義可互明。是其科學之精神，《墨子》全書莫不注重。例如：《兼愛·中篇》屢云“是其故何也”，《尚同·中篇》屢云“何故之以也”，可證。故者，一切事物，所得以成就之原因也。印度三支論之“因”即此。《因明論》藕益《直解》曰：“因者，諸法所以然之故。宗非因不顯，喻非因不立。因最有力，故標因明。因既明，則能立能破也。”《墨經》開宗明義，揭示“故”字，以是爲論理一切“演繹”、“歸納”之基礎也。

説故：小故，有之不必然，無之必不然。大故，有之必然，無之必不然。二句舊作“有之必無然”，從孫校增。

小故，事物所由成之一種原因；故有之不必然，無之必不然。大故，事物所由成之主要原因；故有之必然，無之必不然。

張子晉《新考正墨經注》云：“此蓋於所得原因不同之中，而分斷詞爲相對斷詞、絶對斷詞二義。小故，相對斷詞也。”大故，絶對斷詞也。又按論理學斷詞，又分肯定、否定兩項。肯定、否定，又分全稱、偏稱兩項。必然，肯定也。必不然，否定也。小故，偏稱也。大故，全稱也。

若見之成見也。

張云：“若者，指事之詞。目之見性也，然不接物則不見；接物而不故欲見之，亦不成見。是見之所以成其見者乃故也。”

孫云：“以《經》校之，疑上‘見’字，當爲‘得’之誤。‘得’正字作‘㝵’，壞挩僅存上半，遂成‘見’字，故古書多互譌。下‘見’字，當爲‘是’字之誤。言得彼乃能成此也。”

愚案：張説欠審，孫説更非。見，即《易》：“仁者見之謂之仁，知者見之謂之知之見。”此言凡有所見，必窮究其小故、大故，以利實用而無偏蔽，始成正見也。今心理學所謂由直觀而成觀念，由觀念而成概念，皆是。若者，論理以譬作結之通例也。

二

經體：分於兼也。

畢云：“孟子云，有聖人之一體。”

孫云：“《周禮·天官》敘官鄭注云：‘體：猶分也。’《説文》秝部云：‘兼，并也。’蓋并衆體則爲兼，分之則爲體。”

愚案：《經下》云“區物一體也”，又云“無窮不害兼”，可與此相發明。體者，兼之别相，小故也；兼者，體之總相，大故也。即此具見墨子立論，注重歸納之精神。

説體：體也者，有端。

體也者有端，舊者作‘若’，誤著前條‘大故’上。張校移著此“體”字上，孫從之。

愚案：當移著“體”字下爲合，蓋“體”字標經目也。“若”當爲“者”，形近而譌。張、孫均未及校正，殊誤。諸《説》通例，如下文

"慮：慮也者，知：知也者"，可證。今據改。

若二之一，尺之端也。

孫云："尺之端，謂於尺幅中分之，其前爲端。"張云："一分二之體，端分尺之體。"

愚案：孫説膚泛，未若張説精審。

三

經知：材也。

孫云："此言智之體也。"

愚案："知"謂知識，"材"始爲知之體。猶今生理學所謂神經系統，言知識必依官體起用。

説知材：知也者，所以知也，而必知。若明。

孫云："上二'知'字，讀爲'智'，言知生於智。《荀子·正名篇》云'所以知之在人者謂之知，知有所合謂之智'，《管子·宙合篇》云'見察謂之明'，此段目喻知也。"

張云："智者必知。"

愚案：孫、張二説均未允。此言既有知材，即一切知識所依以了别外緣者，以故接物必知之，若明鑑然。明：目精也，見《禮記·檀弓上》"子夏喪其子而喪其明"注。

四

經慮：求也，

畢云："謀慮有求。"

孫云："《説文》心部云：'慮：謀思也。'"

愚案：慮，即《百法明門論》之"尋""伺"。尋，謂尋求；伺，謂伺察。心理學所謂思考，亦即此。

説慮：慮也者，以其知有求也，而不必得之。若睨。

孫云："言以知求索，而得否不可必。《説文·目部》云：'睨，衺視也'，謂有求而不必得。若睨而視之，見不見未可必也。"

愚案：慮者，據所已知，懷疑而進求新知也。但新知果能求得否；即求得已，果屬真理否；不可必。故若睨而視物，蓋依思慧凝神推度之狀也。

五

經知：接也。

孫云："此言知覺之知。《淮南子·原道訓》云：'感而後動，性之害也；物至而神應，知之動也；知與物接，而好憎生焉。'"

愚案："性之害，好憎生"，涉入情的範圍，非是此經正釋。惟"物至而神應，知之動也"，適相合。此即心理學所謂知的感覺，亦即佛教法相宗偏行五心所之觸與受。五蘊論單言"受"。

説知：知也者，以其知過物而能貌之。若見。

孫云："過，疑當爲遇，與經云'接'同義。能貌之，謂能知物之形容。"

愚案：過字不誤，此言知識由有所感觸而生；既有感觸，即具印象；及其時過境遷，一念忽萌，其印象即再現，如親見其物之狀態無異。是以意識能執持前境，與佛教同。故凡與物相接時，均當澄慮静觀，俾所知覺，一切觀念，無不正確爲得。

六

經恕：舊本作"恕"，此從道藏本吴鈔本。明也。

説恕：恕也者，以其知論物，而其知之也著。若明。

顧云："恕，即'智'字。"孫云："此言知之用，《周禮·大司徒》鄭注云：'知明于事'"。

愚案：此言智慧既生，無難明辨萬物之理。論物，即整理舊有觀念，極成明確概念之謂。猶心理學之"判斷"與"推理"，論理之"演繹"與"歸納"，因明之"真能立""真能破"，故真知顯著，明，無不照矣。

綜觀第一條，明故以正見；第二條，即以萬端分於兼，揭示宗趣；第三條，言人具靈知之本能，原極精明；第四五六條，牒明明故正見之法，教人精心析理，如理修學，回復本明。精同佛典矣。

七

經仁：體愛也。

説仁：愛己者，非爲用己也。不若愛馬者。

孫云："己，疑或當爲'民'。民，唐人避諱闕筆，與己形近，因而致誤。《淮南子・精神訓》云：'聖王之養民，非求用也，性不能已。'此義或與彼同。"

愚案：'己'字不誤，孫未得解。聖人之養民，非求用也，性不能已。見《淮南子・繆稱訓》，《精神訓》無，亦見《文子・微明篇》。仁：《説文・人部》云："親也，从人二。"上文云："體分於兼"，《説》云"若二之一"，可相發明。言己與人相偶密至，猶體分於兼。故《兼愛上》云："視人身若其身。"《兼愛下》云："爲彼猶爲己也。"《大取篇》云："愛人不外己，己在所愛之中。"又云："天下無人。"視天下人，祇是一己。言人己本兼而分爲體也，仁則合體而復於兼。"仁"字從人，即兼義；從二，即體義。故兼愛人者即愛己，本於性不能已。非爲用人始愛人，猶非爲用己始愛己，豈若用馬始愛馬者比哉？《莊子・則陽篇》曰："聖人之愛人也，不知其愛人也；其愛人也，終無已，性也。"是其義。者，舊作"著"，從孫校改，並删"若明"二字。

自此以下諸條繼上文，示學所以成行也。

八

經義：利也。

畢云："《易》曰：利者，義之和。"

孫云："《左昭十年傳》云：'義，利之本也。'"

愚案：墨子務以人我兼利之正義，造福社會；非若孔子以後儒者，執著名相，視義利不容並立，故直以利訓義。近世遠西言計學者，明兩利爲利，獨利必不利，即墨子交相利之所以爲義也。

説義：志以天下爲芬，而能能利之，不必用。

張云："芬，美也。"

孫云："下'能'字，善也。'能能利之'，言能善利之也。'芬'疑爲'愛'之誤。'不必用'，言不必人之用其義也。"

愚案：孫訓下"能"字爲"善"，是也。而疑"芬"爲"愛"並釋'不必用'，未允。墨子言行一致，仁義皆必實用。故不必用人始爲仁，不必用天下始爲盡。蓋與當時游士，亟欲用天下，"煩言飾辭而無實用"《商君書·農戰》。者，辯爭也。《方言》十三"芬"，和也。此言爲愛天下而爲芬美之，義志在使人交相和調，爲義自能善利天下，不必用天下。

九

經禮：敬也。

孫云："《樂記》云：'禮者，殊事合敬者也。'"

愚案：孫説未得墨旨。墨子以"儒家繁登降之禮以示儀，務趨翔之節以觀衆"，《非儒篇》。正如老子所謂"失義而後禮"。是爲有漏之善。實屨，"忠信之薄，而亂之首"，無足取。故特申而明之曰：禮，敬也。言禮以敬人，實以敬己，而自成萬有一兼之完人。一主於敬而已，奚用繁文爲耶?

説禮：貴者公，賤者名，而俱有敬僈焉；等異論也。

孫云："言賤者，稱貴者爲公，而自名也。貴賤之中，復有敬僈之别。禮有貴賤尊卑等差之異。"

張云："論，讀爲'倫'。"

愚案；墨子一往平等，深以世俗之禮，有貴賤等差之異爲非，謂既分貴賤，則其爲禮，不過徒嚴外飾，憒憒然以觀衆人之耳目。俱敬也即是俱慢，是以本來平等者而差異之。是交别也，是欺德也，殊失禮意。《説》與《經》言似相反，意實相成。

一〇

經行：爲也。

説行：所爲不善名，行也；所爲善名，巧也。若爲盜。

畢云：“所爲之事無善名，是躬行也。有善名，是巧於盜名也。”

張云：“善名；求善其名也。所爲求善，名其巧如爲盜。”

孫云：“巧，疑當爲‘竊’，竊與盜文義正相貫。竊，俗書作‘窃’，下半與‘巧’相似，故譌。”

愚案：畢、張説是。“巧”字不譌。《修身篇》云“譽不可巧而立也”，可證。此冢禮而次之，大意謂行不主敬於内，冥契平等真心，無名之勝行難立。是爲而不有者也。而世間之善名，亦不可以巧取。君子以身戴行，實不至名不歸。彼欺世作僞之盜行，豈能離德以善耶。

一一

經實：榮也。

説實：其志氣之見也，使人如己，不若金聲玉服。

畢云：“實至則名榮。”

孫云：“言待人以實，與己身無異。‘不’字疑當作‘必’。玉服，即佩服之玉。言其實充美，則見於外者，若金聲玉服之昭著，即所謂榮也。”

愚案：孫説未允。“不”字不誤，此冢行而次之。墨子務質樸以化天下。實者，即《莊子·徐無鬼篇》所謂“修胸中之誠”也。榮者，即《老子》所謂“道之華”也。大丈夫處其實不居其華，是墨道也。不居其華而自華，非墨者之所計及也。志，誠於中者也。氣，形於外者也。其志氣之見也使人如己，即《莊子·田子方篇》所謂“正容以悟之，使人之意也消”；又《則陽篇》所謂：“不言而飲人以和，與人並立而使人化。”例如《魯問篇》：“公輸子謂子墨子曰：吾未得見之時，我欲得宋；自我得見之後，予我宋而不義，我不爲。”又舜耕歷山，田者讓畔之類是已，豈若金聲玉服，徒飾外觀者，不能充實而有光輝哉？

一二

經忠：以爲利而强君也。“君”舊作“低”，從孫校改。

説忠：不利弱子亥足將入止容。

孫云：“亥，疑當爲‘孩’。弱子孩謂小主也。‘止’疑當爲‘正’。

言忠臣之强君，其跡若不利於小立。而事君必以敬，此其所以爲忠也。”

愚案：據下《經》文‘孝利親也’，此疑本作‘忠利君也’；忠孝、君親，相對爲文。又以下《説》文校之，此説或本作“忠以君爲强，而能能利君，不必容。”“以爲”“而强”四字，似由《説》文錯移於《經》。以君爲强，即《荀子·臣道篇》“强君”之義。不必容，謂不必見容於君。如伍員不容於夫差是也。未知是否，不敢斷定。

一三

經孝：利親也。

説孝：以親爲芬，而能能利親，不必得。

孫云：“芬亦愛之誤。能能利親，亦謂能善而利之也。不必得，謂不必中親之意。《莊子·外物篇》云：‘人親莫不欲子之孝，而孝未必愛。’”

愚案：芬，不必破作愛。人子以父母之德，昊天罔極。可謂至善至美。恒苦無以圖報，莫如以孝善利之。然“虞舜孝已，孝而親不愛”。《荀子·大略》。雖不得於親，而孝思不匱，必兼衆衆世尚世後世之爲人親者而愛利之，性不自已也。墨子言忠孝，必本無漏之兼體，大利天下之人，及天下之爲人親者，斯爲大利於君親。是其忠孝之特色。

一四

經信：言合於意也。

説信：不以其言之當也。使人視城得金。

孫云：“言與意相合爲僞飾。不當爲必之譌。告人以城上有金，視而果得之，明言必信也。”

愚案：孫破“不”爲“必”，非是。信以心口如一爲正。不聞言之當理與否也。使人視城得金，其言誠實；可信任也。《耕柱篇》子墨子曰：“言足以復行者，常之；不足以舉行者，勿常；不足以舉行而常之，是蕩口也。”足見墨家出言，務期實踐之旨。

一五

經佴自作也 。

說 佴與人遇人衆惛。

孫云："作，疑當作仳。經説上有仳字，即比之借字。佴比並訓次，言自相次比，是謂之佴。《説》云'與人遇人衆惛'，即相次比之意。惛當爲揗，同聲假借字。《説文·字部》云：'揗，摩也。言人衆相摩切。'"

畢云："字書無惛字。"

愚案："作"字不誤，即書作新民之作。揗字不必破作循。《爾雅·釋言》："佴，貳也。"郭注："佴次爲副貳，有俌弼義。言人當和衆以相俌助。而身先自振作，樂與人以爲善也。"古書之字，爲字書所無者甚多，不足怪。惛之聲義，當與循同。而心較彳，義尤深切。與人遇，人衆惛。言與少數人相值，則彼此和親而協耦。若人衆時共處，則恪慎容止以樂從。蓋善羣要道，貴乎身先作則也。

一六

經 諿作嗛也。

說 諿：爲是。爲是之台彼也，弗爲也。

孫云："諿，當獧之借字。字又作狷。《論語》云：'狷者有所不爲也。'嗛，快也。言狷者絜已，心自快足。台，顧讀爲詒，是也。《説文》言部云：'詒，相欺詒。'謂獧者不爲欺人之言。下'爲是'二字蓋誤衍。"

愚案：嗛，疑即下章廉字之譌。或讀若廉，是狷者之所以爲節也。作嗛者，言興起天下人之廉節也。《説》下"爲是"二字非衍，台，音怡，義同。《説文·口部》云："説也。"爲是者，所爲無不是也。狷者以廉自律，所爲無不正直也。然決不爲是而取悦於彼衆也。"彼"下"也"字，邪同。

一七

經 廉：作非也。

說 廉已惟爲之知其也䀛也所。

孫云："廉，疑當作慊。慊，恨也。作非，謂所爲不必無非。故説云已惟爲之知其䫜也。”

愚案：“廉”即《禮記》“砥礪廉隅”之“廉”。不當破作“慊”而訓爲“恨”。作，《周禮·稻人》注：“猶治也。”非者，是之反。廉作非，廉者常自省察而修治其非禮之行也。《説文》譌挩，義不可通。“所”字畢、張、孫均斷屬下章經目上，謬。孫據一本知其思耳也，删䫜上“也”字是。曹箋據一本校作“廉”，惟己之所爲，知其愧恥也。云心也篆文相似。思鬼文亦相似。惟思惟也。思己所爲，不合於義，則恥之。

一八

經令：不爲所作也。

説令：非身弗行。

畢云：“言使人爲之不自作。”

孫云：“弗，吴鈔本作‘不’。疑當依《經》作‘所行’，言使他人作之，非身所親行也。”

愚案：令牒經題，上不應有“所”字，詳前。孫説未允，“弗”，吴鈔本作“不”，義同，足徵不誤。言教令之事，雖使人爲之不自作；然非以身先之，恐雖令弗行。《小取篇》曰：“無諸己不求諸人”，是其義。

一九

經任：士損己而益所爲也。

説任：爲身之所惡，以成人之所急。

畢云：“任俠輕財。”

孫云：“爲身之所惡，即《經》所謂損己。以成人之所急，即《經》所爲益所爲。”

愚案：畢、孫説均是，而未盡其義。《大取篇》曰：“斷指與斷腕，利於天下相若，無擇也；死生利若，一無擇也。”又曰：“殺己以利天下”，“欲人之利也，非惡人之害也”。故《莊子》謂其“枯槁不舍，備世之急”；《天下篇》。《孟子》謂其“摩頂放踵，利天下爲之”，《盡心上》。皆此“任”之説也。《吕氏春秋·上德篇》記墨者鉅子孟勝爲陽城君死，弟子死之者百八十三人，尤其證。明人有死而不亡，利貞終古之壽。十方三世，唯一健空無相之兼體。教人勿以生滅之無常，害不生滅之真常也。

二〇

經勇：志之所以敢也。

説勇，以其敢於是也命之。不以其不散於彼也害之。

張云："志得勇乃敢。人有敢，亦有不敢。就其敢於此，則命之勇矣。"

愚案：張説是而未透宗。人必見理真切，而後膽壯，敢於作爲。真道德本於真知識，故有節操之志士。敢於損己利人，袪妄以㬎真。不敢損人利己，埋真以逐妄。此其所以爲大勇也。

二一

經力：刑之所以奮也。

説力：重之謂，下與重，奮也。

畢云："刑，同形。"

孫云："與疑當作舉"，言凡重者必就下，有力則能舉重以奮也。

愚案：孫破"與"爲"舉"，非。《廣雅·釋詁》："奮：動也。"《國策·齊策》"君不與勝者而與不勝者"注："與，猶助也。"此言萬物不自動，仗力以動。凡形而下之物，皆力助之，變動不已。力可實驗，即物質莫不就下，可知其爲重也。《經説下》云："凡重：上弗挈，下弗收，旁弗劫，則下直。"是助力於物，爲用至顯明者，此言重學理至精微也。

二二

經生：刑與知處也。

説生：盈之生，商不可必也。

畢云："刑，同形。"

孫云："'商'疑當爲'常'，聲近而誤。言生無常，形與知合則生，離則死也。"

愚案：盈之生，"盈"作"楹"，孫校仍舊，今從吴鈔本改。《經上》

云："盈，莫不有也。"言生者知與形莫不彌滿相含也。"商"字不誤，言人生識住則命存，識去則命卸，如經商然，盈虧無定，不可期必也。《莊子·養生主篇》曰："適來，夫子時也；適去，夫子順也。"《達生篇》曰："有生必先無離形，生之來不能却，其去不能止。"皆各商不可必義。

二三

經卧知無知也。

説卧。

孫云："言知識存，而卧時則無知也。"

愚案：《廣韻》三十九過云："卧，寢也。"此言卧時，知與形處，未與形離，是生非死。而知無知用，與覺時殊。明知體真常。知用無常，真常不勝無常之耗損，不得不假寐以休養。乃衆生不能無知無欲，遂爲睡眠所蓋纏，而神識恒昏迷，不能反於清明之本始，終生總在鼾睡中，至可愍也。

二四

經夢：卧而以爲然也。

説夢。

畢云："言夢中所知，以爲實然。"

愚案：此冢上言，知在卧時，本無所知；然其爲夢，又明明有知，且自以爲實然，而不知其非然也。《莊子·齊物論》曰："方其夢也，不知其夢也。"義同。蓋悲衆生欲惡盪胸，寤寐一夢也。上條言知性雖存，常無知用。此條言知雖起用，等於無知。頗似佛典徵知所依之理。《唯識二十論》、《成唯識論》，屢言夢，可參證。

二五

經平：知無欲惡也。

説平：惔然。

孫云："平，正也。謂欲惡兩忘。"

愚案：此示至人無夢之方也。《大取篇》云："正體不動。"《老子》：

“常使民無知無欲。”《莊子·刻意篇》曰：“平易恬惔，則憂患不能入，邪氣不能襲。”可與此互證。

二六

經利：所得而喜也。

說利：得是而喜，則是利也；其害也，非是也。

此冡上言常人欲惡熾然，凡所得而喜者，以爲是利；雖其中有害，亦以爲非害而不惡也。故《莊子·大宗師》曰：“利害不通，非君子也。”《荀子·不苟篇》曰：“欲惡取舍之權，見其可欲也，則必前後慮其可惡也者；見其可利也，則必前後慮其可害也者；而兼權之，孰計之，然後定其欲惡取舍。如是，則常不失陷矣。凡人之患，偏傷之也。見其可欲也，則不慮其可惡也者；見其可利也，則不顧其可害也者。是以動則必陷，爲則必辱，是偏傷之患也。”即此《經》、《說》之塙詁。

二七

經害：所得而惡也。

說害：得是而惡，則是害也；其利也，非是也。

言常人所得而惡者，以爲是害；雖其中有利，亦以爲非利而不喜也。

人惟欲惡不得其正，故利害亦不得其正。後文欲正權利，惡正權害，所以救此失也。《荀子·正名篇》曰：“權不正，則禍託於欲，而人以爲福；福託於惡，而人以爲禍。此亦人所以惑於禍福也。”義同。

二八

經治：求得也。

說治：吾事治矣；人有治南北。

畢云：“言事既治，所求得。”

孫云：“有，疑當讀爲‘又’，或當作‘人治有南北’，言吾事治，則自治其身；人治則當廣求之四方，亦求得之意。”

愚案：孫説“有”讀“又”是也。此冡上言：治，理也，亂之反也。求所得者，有利無害，斯可謂治矣。然吾事雖治，而天下未治，猶恐害多而利少；又必兼南北之人，相與共治之。以天下無人，無一非我。吾事獨治，而人事未盡治，是兼以正別之道，未圓成也。

合觀以上三條，見墨子正人之欲惡，恒以生活上之利害爲歸宿，以求得大利而無害，莫若善羣。其爲大多數人謀幸福者至切，是其交相利之實行也。

二九

經譽：明美也。

説譽：必其行也，其言之忻，使之督之。

孫云："明，箸也。言箸人之善。《説文・心部》云：'忻，闓也。'《司馬法》曰：'善者忻民之善，閉民之惡。'即此義。督，篤之借字。《爾雅釋詁》云：'篤，厚也。言使人厚于爲善行。'"

愚案：孫説是也。《説文・目部》云："督，察視也。"凡人之行可稱譽者，必其美德，是令問者，莫不明察而興起也，亦通。

三〇

經誹：明惡也。

説誹：必其行也，其言之忻。

孫云："誹譽義相反，説不宜同，疑皆涉上而誤，下亦有捝文。"

愚案：誹，毁也。《説》以上文校之，疑當作"誹：必其行也，其言之醜，使人戒之"，未知當否？

三一

經舉：擬實也。

説舉：告以文名。舉彼實故也。

孫云："擬，度也。謂量度其實而言之。文名，言以文飾爲名。又疑此'文名'當作'之名'，之名猶言是名，與彼實文相對亦通。"

愚案：此冢上言，譽誹當稱其實。孫疑'文名'當作'之名'，非。《小取》以名舉實，名以文成也。故字舊倒著也下，畢、孫本均斷屬下章，誤。今從曹箋移此也上。言告以文名，舉彼實狀之所以然也。

三二

經言：出舉也。

説言也者，諸口能之出民者也。

王引之云："當作'故言也者，出諸口能之民者也'。'出'字誤倒在下，'能'下又挩一字，'能'與'而'通，謂言出諸口而加之民也。《繫辭傳》曰：'言出乎身加乎民。'"

孫云："王説移易太多，似未塙。竊疑'口能'，即謂口之所能，猶《經上》云：'言口之利也'。'民'當爲'名'之誤，後文云'聲出口俱有名'，'出名'亦謂言出而有名，猶《經》云出舉也。"

愚案：王説非。孫説"民"爲"名"之誤，似亦未塙，竊疑"民"當爲"氏"，形近而譌。《白虎通·姓名》："所以有氏者何，所以貴功德，賤伎力。或氏其官，或氏其事。聞其氏即可知其德，所以勉人爲善也。"是氏猶舉實之名也。"氏"古通"是"。漢《張遷碑》"張是輔漢，世載其德"，氏作"是"。又《吴志》："是儀本姓氏。孔融嘲儀言，'氏'字民無上，可改爲'是'，乃遂改焉。"此謂言爲衆口之所能，出口而是，猶偁人之氏也。

民若畫俿也。

孫云："'民'疑亦'名'之誤，蓋言名與實不同。字書無'俿'字。"

畢云："俿，虎字異文。"

愚案：孫説未塙，畢説是也。"民"疑亦"氏"之譌，段松苓《益都金石記》周紀侯鍾，"紀侯虎作寶鍾"，虎作[illegible]，可爲畢説之證。氏若畫俿也，言偁人之氏，若畫虎然，使人明憭不疑也。

言也謂言猶石致也。

畢云："'石'當爲'實'"。

孫云："此義難通，'言也'下疑當有'者'字。'實致'亦無義，'石'疑'名'之誤，'猶'與'由'通，謂言因名以致之。"

愚案：畢、孫二説均未允，"言也"者同，下無"者"字亦通。"石"字不誤。"致"通"緻"，《詩·彼都人士》箋"其情性密致"，《釋文》"致"本作"緻"。此謂立言之道，當審慎周密而出，如石之堅實密緻不可奪也。

三三

經且：且言然也。

説且：自前曰且。自後曰已。方然亦且，若石者也。

畢云："舊衍一'且'字，以意删。"

俞云："若石者也，涉下句君以若名者也而衍，又誤名爲石耳。"

孫云："若石者也，疑當作'臣民也者'，乃約述《經》、《語》以起下文。今本譌舛不可通，遂誤屬之上章耳。"

愚案：經文且字，畢以意删。俞説"若石者也"四字衍，是也。前後文俱不相屬，當删。孫説迂曲，不可從。經立且名，以詞屬更端，姑且云然耳。自前曰"且"者，爲《史記·晉世家》，且待其亂是也。自後曰已，已字與《經》不應，亦當爲且。自後曰"且"者，如《秦策一》'疾且不起'，言疾已不起是也。方然亦且者，如《詩·雞鳴》"會且歸矣"，"且"訓爲將是也。

三四

經君：臣萌同"氓"。通約也。

張云："君所以約臣民。"

孫云："謂尊卑上下等差不一，通而約之，不過此三名。故《説》云：'君，以若名者也。'"

愚案：張、孫二説並非。此墨家之"民約論"也。《尚同》三篇，皆謂"選擇天下賢良者立爲天子"，是爲通約之證。

説君：以若名者也。

孫云："此言君之名，對臣民而立，故云以若名。若即指臣民也。"

愚案：孫説非。若，或即"羣"字，損"羊"存"君"，形近而譌。

《白虎通·三綱六紀》云："君者，羣也，羣下之所歸心也。"是君以羣得名，頗與經義相貫。上古有巢氏，燧人氏，皆民悦之，使王天下，《韓非子·五蠹》。可證。

三五

經 功：利民也。

說 功不待時，若衣裘。

孫云："不，疑當爲'必'。言功之利民，必合時宜，若夏衣而冬裘也。"

愚案：孫説未審。功不待時，與罪不在禁，文義相對。設必得時爲衣裘，是所謂"亂則治之，譬猶噎而穿井也，死而求醫也"；《公孟篇》。較之治之於未亂，其功奚若？夫惟不待時之功，能普被於天下，若衣裘然；衆人亦安之若素而不覺其功，是其功之所以大也。墨子固枯槁不舍，"雖治國勸之無饜"《公孟篇》。者也。老子曰："其安易持，其未兆易謀，爲之於未有，治之於未亂"，斯則墨家功不待時，備世之急之精義。

三六

說 賞：上報下之功也。

"上報下之功也"六字錯著於後，今依《經》次序移此。孫疑"賞"字當在下文，誤。是以不誤者爲誤也，此文與經同。

三七

說 罪：不在禁。

言人之行，不在禁令者甚多。禁令不能使人無罪，顯猶"齊之以刑，民免無恥"之意。此所以貴"繩墨自矯"也。

三八

說 罰：上報下之罪也。

又特重申其義。謂有罪必罰，而罰始可沮暴。此墨家立法之精神。故鉅子腹䵍其子殺人，秦王令吏弗誅，䵍卒行墨者之法以殺之。見《吕氏春秋·去私篇》。

三九

經同：異而俱於之一也。

孫云："之一，猶言是一，謂合衆異爲一。"

愚案：老子曰"萬物得一以生"，孔子曰"吾道一以貫之"，可見衆異始終於一而已。一與兼，名異而實一。兼者，天地一體，萬物齊觀之謂。《莊子·齊物論》曰："類與不類，相與爲類。"此塙詁也。吾國名學，在在有歸納的精采者在此。

說侗：通"同"。二人而俱見是楹也，若事君。

張云："一楹也，二人俱見，俱謂之楹，是同也。"

孫云："似言猶衆人同事一君。"

愚案：張、孫二説，俱是而未透宗。《釋名·釋宫室》云："楹，亭也。亭亭然孤立，旁無所依也；又孤立獨處，能勝任上重也。"是爲取楹喻一之義。二人俱見是楹，言人不一，而所見者一，即《經》"異而俱於之一"義。重以事君爲喻者，言萬衆莫不朝宗於一，若圜之有中心也，極似尚同之微旨。

此條與下行"同"、"異"、"同異交得"三條一致。初疑或屬下行錯簡，乃審校旁行，上言功罪賞罰，異也；前後約於一君，同也；下言久宇窮盡，推極乎始與化，莫不寓異同之理。是其脈胳分明，確乎不譌。從知墨子立辯之辭極其別，而所以立辯之旨惟一兼也。此東方文化之異彩也。

四〇

經久：彌異時也。宇，彌異所也。

此冡上"異而俱於之一"言。言古今旦莫同一久，東西南北同一宇，頗似佛典無時量無方量之義。《經下》有"無久與宇"之文可證。

此久、宇對舉，與前功、罪、賞、罰諸條同，疑當分爲兩條。以全經通例校之，亦然。顧詳考《經》及《說》之位次，塙爲一條不誤。或以久與宇可分而不可分，遂併爲一談歟？

說久古今旦莫，宇東西南北。

舊本“久”上有“今”字，王校疑衍，孫據删。“西”下衍“家”字，顧、王二校，均以爲衍；孫云非衍，曲爲之解。

章太炎云：原文“今”字“家”字，均是衍文。删去，句法斯整鍊，今從之。

四一

經窮：或有前不容尺也。

孫云：“有前，謂有端也。”

愚案：孫説於義難通。尺，十寸之積。言宇大無窮。而有當前所在之地，竟不能容尺時，即有窮也。喻天地因人之居心而寬窄。兼則無窮，别則有窮也。

四二

經盡：莫不然也。

說盡：但止動。

孫云：“但疑當作俱。盡與俱義略同。止動，謂事無動静皆然，即《經》所謂莫不然也。”

愚案：孫疑“但”當作“俱”，非。“但”猶特也，第也。言宇宙無盡事物，莫不終歸於盡，止以動静互根爲消長。動勝静時短促，静勝動時長久也。

四三

經始：當時也。

說始：時或有久，或無久，始當無久。

張云：“時有有久、無久二者，始則當其無久也。無久，久之始也。”

愚案：時本無始，而事事物物，緣起之始，當有其時也。時有久者，就已往言。無久者，就未來言，正當無久之始，則現在也。

四四

經化：徵易也。

說化：若鼃爲鶉。

楊云：“驗其變易也。”

愚案：此墨氏貴兼之秘旨，了知物刑萬殊，性體不二，千變萬化，未始有極。忽然爲人，忽爲異類，若鼃爲鶉，聊舉例耳。

四五

經損：偏去也。

說損：偏也者，兼之體也，其體或去或存，謂其存者損。

偏也者，孫從王校補“去”字，作“偏去也者”，非。而從王校補“存”上“或”字，作“或去”，“或存”是也。此言凡物體虧損，去其一偏，偏爲兼之一體，而其體或去或存，其所去者未爲損，物質不滅故。而在存者，損其全體，僅存一偏，斯爲大損，性體失真故。

四六

經益：大。

舊作大益，錯著在巧轉則求其故下。

孫云：“此與前云‘損偏去也’損益義似正相對。疑謂凡體損之則小，益之則大也。以旁行句讀次第校之，疑當在‘巧轉則求其故’句上，錯著於此。而又佚其說耳。”

愚案：孫說是，今據移正。“大”下疑挩“來也”二字。《墨經》在在舉約該博，比肩《易》、《老》。《老子》曰：“物或損之而益，或益之而損。”《易・序卦》云：“損而不已必益。”故此以益次損。《雜卦》云：“損益，盛衰之始也。”故此云損偏去，益大來。《益卦》六二《象傳》曰“或益之自外來”，是爲益大來之證。蓋道必損而後益。或此損彼益，或彼損此益。不去不來，不增不減，至平均也。其《說》亡佚，最是憾事！此冡上言大化密移之理。

四七

經儇：稘秖。

說儇：昫民也。

孫云："儇：稘秖，當爲'環，俱柢'，皆聲之誤。'俱'《説》作'昫'，音亦相近，'秖'《説》作'民'，當作'氐'，即柢之損。《爾雅·釋言》云：'柢，本也。'《毛詩·節南山》傳云'氐，本'，是二字義同。凡物有耑則有本，環之爲物，旋轉無耑，若互相爲本，故曰'俱柢'，'昫'當爲'俱'，'民'當爲'氐'。"

愚案：孫破《經》及《説》字過多，自爲曲解，誤甚。惟謂"稘"當爲"俱"此是也，"秖"當從吴鈔本作"祇"。此冢上言化機似有損益，實無損益。吾人當出生滅，入不生滅，本真智慧，明見自性，量等虚空，萬有一元，無不敬，愛利天下如日出之温煦兆民，使皆有益無損也。儇，慧也。祇，敬也。昫，日出昷也。

四八

經庫：易也。

盧云："庫，疑'庳'，與'障'同。"

洪云："易，當是'物'字之譌。庫者，物所藏也。"

孫云："此當從盧校作'庳'。《經説下》'景庳'字亦誤'庫'，可證；但《説》無'易'義，未詳。洪説緣誤爲訓，不足據。"

愚案：盧、孫二説俱非。"庫"，《經》、《説》同並，不誤，不可破作"庳"。洪説破"易"作"物"，不可從。而訓"庫"爲"物"，所藏是也。《參同契》曰"日月爲易"，"易行周流"，是其義。言宇宙爲萬物之大庫藏，萬物變易於其中；似有去來，實無去來也。

説庫：區穴若，斯貌常。

孫云："《管子·宙合篇》云：'區者，虚也。'區穴，猶云空穴；區穴若，猶言若區穴，文偶到耳。斯貌常，疑當作'所視庳'。言雖有區穴，視之則庳而不見也。"

愚案：孫説"區穴若"，是也；而破"斯貌常"爲"所視庳"，非是，此言庫所以藏物也，而物屢有出入變易；然庫之形貌若區穴然，常存不變。

此冢上言物理雖有損益，而萬異一同之兼體，終古不變也。

四九

經動：或從也。

孫云：“‘從’當作‘徙’，《經下篇》云‘宇或徙’，此與彼文義正同。彼‘徙’字今本亦譌爲‘從’，可證。《説文·辵部》云：‘徙，迻也。’或，當爲‘域’之正字。或徙，言人物迻其故所處之地域；是動之理也。”

愚案：孫説非。“從”字《經》與《説》並同，本不誤。非《經下》“宇或徙”之比。

“或”亦不必訓“域”，《老子》“道冲而用之或不盈”，河上公本注：“常也”。此與下列首句“止，以久也”對文。《經説上》云“盡但止動”，動止是墨子之雅言，大抵謂天地變化，不過一動一静而已。動或從，言一化之動，萬有常從之動而不已。釋氏所謂“阿賴耶識，任運而轉”，是其義。

説動：偏祭從，若户樞免瑟。

若舊作者，孫屬上讀，云“此義難通，疑‘偏祭’當作‘徧際’，謂動則周徧所接之域。‘偏’、‘徧’通。”

愚案：孫謂動則周徧所接之域，甚是；惟未審者爲“若”之譌，屬上讀非是，今校改。祭，不必破作“際”，《春秋繁露·祭義篇》云“祭之爲言際也”，《廣雅·釋言》“祭，際也”。“動偏祭從”，即一動而無不動，感而遂通之義。諺云：“牽一髮而全身動”。并釋氏所謂“一爲無量，無量爲一，以指錐瀛，傾海顛動，”均是也。

“若户樞免瑟”，張云：“瑟、蝨同。户樞不蠹，動故也。”孫云：“依張説，免蝨謂免於蠹，義未塙。竊疑‘免瑟’當作‘它蠶’，‘它’即‘蛇’正字，‘蠶’俗作‘蚕’，‘它蚕’與‘免瑟’形近而譌。‘户樞’與‘它蠶’，皆常動之物。”

愚案：孫説非，張説是也。《説文通例》言“若”者，猶《因明論》以喻作結也。

欒調甫云“張皋文云‘瑟、蝨同’，按《史記·韓世家》‘公子蟣蝨’，《國策》作‘幾瑟’，此‘瑟’、‘蝨’相通之證。”又引《淮南子·説林訓》“頭蝨與空木之瑟，名同實異”，以證張説之確。

此條似即《管子》所謂“動化從新”《侈靡》。之義。下行首句繼此言“止以久”，又似言至動之中，有不動者，所以能久。其旨至淵微也。通以釋氏之説，動者，隨緣也。止者，不變也。遠西進化論者，皆衹知其動，不知其止，故粗膚。

經上下行

五〇

經止：以久也。

畢云：“‘以’、‘已’同。”

張云：“止以久生。”

孫云：“謂事歷久則止。”

愚案：畢、張、孫説均未允。止對動言，静也。謂天地變動中，有静止者存，所以能悠久也。故《説》以無久之不止，有久之不止，分釋“止以久”之義。

説止：無久之不止，當牛非馬，若矢過楹；有久之不止，當馬非馬，若人過梁。

言天地以止而能久。而止在不止之中，約分兩端。（一）無久之不止，若矢過楹，時雖至短，詎知“鏃矢之疾，而有不行不止之時”。《莊子·天下篇》。乃衆以暫雖不止，不久即止；其理易見，猶當牛非馬之説也。（二）有久之不止，若人過梁，因歷時長，雖在逆旅之中，常有即行即止之時。乃衆不知其不止，正所以爲止；其理難見，猶當馬非馬之説也。

五一

經必：不已也。

孫云：“《説文·八部》云：‘必，分極也。’”

畢云：“言事必行。”

愚案：孫、畢二説，均是而義未圓。《説文》"必，从八弋"，言立弋，分界。段注："極，猶準也。立表爲分判之準，故曰分極。"此豖止而次之，言當分極是非，止於一是，終生以之而不已。桂馥《説文解字義證》云："《太玄》度次八'赤石不奪，節士之必'。注云：'石不可奪堅，丹不可奪赤，猶節士之必專也。'"賈誼《新書·道術篇》云："克行遂節謂之必。"是知"必"者，志節剛毅，不可摇奪之義。故《説》云："必，謂臺執者也。"

説必：謂臺執者也。若弟兄一然者，一不然者，必不必也，是非必也。

孫云："《莊子·庚桑楚篇》云：'靈臺者，有持而不知所持，而不可持者也。'《釋文》云：'靈臺謂心有靈智，能任持也。'"

張云："弟兄一然一不然，是必不能必者也。若是者，非必也，言必者，是絶無不然者也。"

愚案：張説亦通。若弟兄一然一不然，必不偏執。則一切幻妄境界，皆不執著，而必止於一真已。

五二

經平：同高也。

孫云："《詩·小雅·伐木》鄭箋云：'平，齊等也。'"

陳澧云："此即《海島算經》所謂'兩表齊高也'。"

愚案：孫、陳二説，均似而不是，此言立積物體，上下兩面均平者，其立體各面之高必等，故曰"平同高也"。此《經》無説。

五三

經同：長以出相盡也。

畢云："出即正字。"

陳云："按《幾何原本》，有兩直綫，一長一短，求于長綫，減去短綫之度，其法以兩綫同輳圜心，以短綫爲界。作圜，與長綫相交，即與短綫等，此即所謂以正相盡也。云以正者，圜綫與兩直綫相交，皆成十字也。”

愚案：陳説非，同長者，彼此兩綫等長，終無過與不及之差，故云以正相盡。

說同：捷與狂之同長也心。

經文同長，“同”下當補“長”字。捷，當從一本作“楗”。

伍非百云：“‘狂’當爲‘柱’，心當爲正，皆字之誤，‘楗’與‘柱’，兩等距之長形物，取以爲喻。”

愚案：伍説是。當作“楗”與“柱”之同長也正。舊多以“心”字屬下章誤。

五四

經中：同長也。

說中：自是往相若也。

張云：“從中央量四角，長必如一。”

陳云：“《説》云：‘中自是往相若也。’按：《幾何原本》云：‘圜界至中心作直綫俱等。’”

愚案：張説非，從中央量四角長如一者，以量四邊必不如一，不得云中同長也。陳説是，圜一中同長之解，不可混作此解，此以一綫適中立點，距兩端必同長。故《説》云：“中自是往相若也。”

五五

經厚：有所大也。

說厚：惟無所大。

孫云：“此云有所大者，謂景物始於有形，既有而極之，其厚不可極。《説》云：‘無所大者，言無爲有之本。’有因無生，則因無而積之，其厚亦不可極。《莊子·天下篇》：‘惠施曰：無厚不可極也，其大千里。’司馬彪注，亦與此經同。”

愚案：孫説是。今申其義，厚該物體高廣言，明其爲有也。凡物體未有之始，祇一無也。無者，無相之實相。真空也，妙有也，乃萬物仗因託緣，而現爲有積爲厚者也。無爲有之認體，有爲無之粗跡，無可以無有而自無，有不可以無無而自有，故厚爲有所大者，實爲無所大。《老子》曰：“常無以觀其妙，常有以觀其徼，此兩者同。出而異名，同謂之玄，玄之又玄，衆妙之門。”可爲此經與説之秘旨。

五六

經日中：正南也。

孫云：“中國處赤道北，故日中爲正南。”

愚案：孫説是，此測景知時定方之理，此《經》無《説》，《經説下》：“景當俱就，去亦當俱，俱用北。”無《經》，足證是此《經》之説。

五七

經直參也。

陳云：“此即《海島算經》所謂‘後表與前表，參相直也。’”

愚案：參同三，似即幾何之直綫角，以三直綫，成爲句股直角，可以測高測深測遠者，此《經》亦無《説》。

五八

經圜：一中同長也。

説圜規寫支也。

孫云：“寫謂圖畫其象。支，當爲交之誤。凡以規寫圜形，其邊周帀相湊謂之交。”

愚案：孫説是也，當據正。

五九

經方：柱隅四讙也。

讙：吴鈔本作驩。孫云：“疑皆‘雜’之誤。《吕氏春秋·圜道篇》孫引誤作《論人》。云：‘圜周復襍’，高注云‘襍，猶帀’。《周易·乾鑿度》鄭康成注云‘方者徑一而帀四也’，此釋方形爲柱隅四雜者。謂方柱隅角四出，而方冪則四圍周帀，亦即算術方一周四之義。方周謂之雜，猶《吕覽》謂圜周爲雜矣。”

張云："讙，亦合也。"

愚案：孫説非。"讙""驩"皆同"歡"，"歡"或作"懽"。《國策·秦策二》"而大國與之懽"注："懽，猶合也。"故張訓爲合。《周髀算經》云："合矩以爲方。"似不必破"讙"爲"雜"，而帀意自具。

說方：矩見交也。

交：舊作支。孫云："見支，疑亦當爲'寫交'。矩寫交者，以矩寫方形，其邊綫周帀相湊，及隅綫相午貫，亦皆謂之交也。"

張云："'見、寫大同'，非是。"

愚案："支"可從孫校改作"交"，"見"從張説仍舊可也。言方以矩相合而成。

六〇

經倍：爲二也。

說倍：二尺與尺，但去一。

倍、背同。萬有真元，一而已矣。凡愚背焉，不知多本於一，而妄分一爲二，二固倍於一，猶二尺與尺然，而貪著於二之跡，則違反於一之真，别矣。倘能了知倍爲二者，大不利於人己而去之。而復於勝初之本一，則慧日空明，天地位正矣。此知《墨經》藉算數和較之理，寄意遥深也。

六一

經端：體之無序而最前者也。

說端：是無同也。

畢云："序言次序。《説文》云：'耑，物初生之題也。'"

張云："無序，謂無與爲次序，若有同之，即非最前。"

王引之云："序當爲厚，訓端以無厚者，凡物之見端，其形皆甚微也。"

愚案：畢、張説是，王説非。端即幾何學之點，最前一點，無相同之二點，亦有次叙。

六二

經有閒：中也。

説有閒：謂夾之者也。

畢云："間隙是二者之中。"

愚案：有閒，指兩旁相夾之中虛處言也。

六三

經閒：不及旁也。

説閒：謂夾者也。

張云："不及旁，謂隙中，就其夾之而言，則謂有閒，就其夾者而言，則謂之閒。"

愚案：閒，專指中虛處言，不涉及於兩旁也。

六四

經纑：閒虛也。

説纑：閒虛也者，兩木之閒，謂其無木者也。

纑，《説文》云："布縷也。"王引之云："纑乃櫨之借字，櫨，柱上方木也。櫨以木爲之，兩櫨之間則無木。故曰：'纑，閒虛也者，兩木之閒，謂其無木者也。'"

章太炎云："纑字不誤，木則𣎵之誤耳。《説文·𣎵部》云：'𣎵分枲莖皮也。从屮，象枲莖，八象枲皮，匹刃切。'隸書轉變，𣏟作麻，𣎵作'朩'，遂誤作木矣。纑者麻縷，𣎵者析麻。惟兩𣎵之閒有虛處，乃可擘析，故曰：'纑：閒虛也。'"

愚案：章説精塙，足正王説之誤。此冢有閒與閒，而進於無閒無不閒之理，故次之以盈莫不有也。

六五

經盈：莫不有也。

説盈：無盈無厚，於尺無所往而不得。得二。

孫云："盈，滿也。物必有盈其中者，乃成厚之體。無所盈，則不成厚也。尺當作石，下文並以堅白石爲釋，言堅白在石，同體相盈。則彌滿全體，隨在皆有堅，亦隨在皆有白。故云'無所往而不得'，亦即所謂相盈也。二，即謂堅白也。公孫龍子《堅白論篇》云：'無堅得白，其舉也一，無白得堅，其舉也二。'此云得二，亦謂得得白堅分爲二也。"

愚案：孫説是。此示墨道之兼，充周於有形，無形者無閒，無所往而不兩相得也。

六六

經堅白：不相外也。

説堅白：白字從孫校增。異處不相盈，相非，是相外也。

孫云："此即公孫龍子堅白石之喻。不相外，言同體也。離堅白爲二而異處，則堅非白，白亦非堅，是爲不相盈，亦即爲相外。若合而同體，則堅内含有白，白内含有堅，是爲不相外。"

愚案：孫説是，此言堅白名二而實一，不可妄自分别而相外，愍非兼者之埋真逐妄也。

六七

經攖：相得也。

説攖：尺與尺不盡。端與端但盡，尺與端或盡或不盡，堅白之攖相盡，體攖不相盡。

畢云："攖，結也。"

愚案：攖有密接合一之義。尺與尺俱不盡，兩尺相攖，兩長如故也。端與端但盡，兩端相攖，但見一端也。尺與端或盡或不盡，尺與端相攖，尺如故而端無睹也。堅白之攖相盡，堅白兩假名，均託於石以相盈，並無自體也。體攖不相盡，兩質礙物相攖，互不相容也。上文言盈莫不有，堅白不相外，故此言攖相得。下文言仳有以相攖，有不相攖，次無間而不攖攖也。歷歷如貫珠，皆假喻以達其貴兼之旨。是知《墨經》實爲吾國連珠文體創始之祖。

六八

經 仳：舊譌“似”，從孫校依《說》改。有以相攖，有不相攖也。

說 仳：兩有端而后可。

王引之云：“仳與比通，比者並也。”

愚案：攖則互相接合，比則不盡如攖之相得。有二義，有以相攖者，如鱗比之比，以魚鱗喻比比相次也。有不相攖者，如櫛比之比，以篦齒兩兩相比，皆不密接也，然兩者皆必一端以相繫著而後可。

六九

經 次：無間而不攖攖也。

張云：“攖衍字，無間乃得不相攖而相次。”

孫云：“攖攖當作相攖，非衍文。言兩物相次，則中無間隙，然不相連合，故云不相攖也。”

愚案：張、孫均未得解，此言比與次排列整齊同，而比則或無間而相攖。或有間而不相攖。次則一切無間，似不相攖，又無不攖也。

說 次：無厚而后可。

孫云：“后，畢本作‘後’，無厚似謂體極薄而相次比。”

愚案：孫說是也。無厚，即說明無間之故，物若有厚，縱相次比。斷難密合無間，不攖而相攖也。

七〇

經 法：所若而然也。

畢云：“若，順。言有成法可從。”

愚案：法，本作“灋”，《說文·廌部》云：“刑也。平之如水，从水。廌，所以觸不直者去之。从廌去，今文省。”從知法者，所以齊天下之不齊也。《經下》曰“一法者之相與也，盡類若方之相合也”，可證。此墨家平等精神，寓於法理者也。

說 法：意、規、員，三也俱；可以爲法。

孫云：“《說文·貝部》云：員，物數也。”

愚案：孫説非是。此釋《經》所以爲法之故。意之爲法，即本一切法之原理，臨時審度之，如《大禹謨》“宥過無大，刑故無小”之類是。以法不可恒定而不變，故《管子·任法篇》曰：“法者不可恒也。”今世最新法理，有所謂“量刑主義”者近之。規之爲法，猶《法儀篇》“爲方以矩，爲圓以規”之義，使羣依一定之法理以制行也。員，同圓。員之爲法，猶《大取篇》所謂“小圜之圜，與大圜之圜同”，使人事無大小，“倚革邪化”《管子·版法》。均極圓满也。

準此知墨子言法，特以濟德治之窮，駕諸法家而上之。《尹文子·大道下篇》曰：“聖法者，自理出也；理出於己，己非理也；己能出理，理非己也。”即此“意、規、員，三也俱”之義。

七一

經佴：所然也。

説佴然者也，民若法也。

孫云：“《爾雅·釋言》云：‘佴，貳也。’郭注云：‘佴次爲副貳。’”

愚案：此冡上文而次之。言既有成法，必有副本，使衆知其然，不相違背。故《説》云：“民若法也。”《易·繫辭下》：“因貳以濟民行”，義同。《説文》刀部“副”下段注“周人言貳，漢人言副”，頗信。

七二

經説：所以明也。

説，説明事理之所以然，猶律文之有條例也。

七三

經彼：不可兩不可也。

彼舊譌攸，從張校，依《説》改。

孫云：“言既有彼之不可，即有此之不可，是彼此兩皆不可也。”

愚案：孫説是而未透宗。《説文》云：“彼，往有所加也。从彳，皮聲。”以从彳言往。从皮言有所加。非僅以得聲也。《方言·七》：“皮傅强也。”秦晉閒言非其事，謂之皮傅。皮傅即有所加，蔽其真也。物我實際，本唯一兼，衆生謂此爲我，謂彼爲人，交别之爲害於天下者大。詎知彼此邪見，匪惟不可加於人，亦甚不可萌於己，兩不可也。

説彼：凡牛樞非牛，兩也，無以非也。

張云："可彼可此謂之樞。"

孫云："張説肊定不足據。牛樞疑木名，即刺榆之大者，古艸木大者，多以牛爲名。牛樞假牛爲名，則非真牛，故曰非牛。牛樞與牛，兩者實不同，則不足辯也。"

愚案：孫説不塙。牛樞疑爲穿牛鼻之木，爲制牛行止之樞要，本來非牛。分明兩物，無可非也，一加牛身。牛即終生不得自在，喻人本無彼此，忽生彼此之見，則交别爲害，兩皆幻妄，無一可者也。

七四

經辯：争彼也。辯勝，當也。

辯生於彼此之是非，均以彼爲非而相争，彼此勝負不可知，以破除彼此之見，適合真理爲當，當者勝也。

説辯：或謂之牛，或謂之非牛。下或字從孫校增。是争彼也。是不俱當。不俱當，必或不當。

孫云："兩辯相非，不能皆當，則必有一不當者也。"

愚案：終以執非牛爲牛者，非也。

不若當犬。

孫云："當犬，若上云當牛當馬。言辯牛之是非而不當，不若謂狗爲犬之當也。"

愚案：孫説非。此文當作不當若犬。言辯牛之是非，當不當顯而易見，牛果爲牛，當矣。實爲牛而謂爲非牛，其不當若謂牛爲犬也。

七五

經爲：窮知而縣於欲也。

畢云："縣，縣字異文，讀如縣挂之類。"

孫云："此言爲否決於知，而人爲欲所縣係，則知有時而窮。"

愚案：窮知言窮盡所知而爲之，而率爲欲所顛倒，終生莫由解其縣也。

說爲：欲雜其指，智不知其害，是智之罪也。

此《説》較諸他條，文獨甚冗，疑本文至“是智之罪也”止，餘由傳寫者，誤將後人釋文羼入。大旨教人求真知，勿任欲偏勝也。

七六

經已：成亡。

說已：爲衣，成亡。治病，亡也。

張云：“已有二義，爲衣以成爲已。治病以亡爲已。”

愚案：爲衣，喻圓成真知之德業，治病喻滅亡私欲之罪愆。

七七

經使：謂故。

說使：令。謂，謂也，不必成。濕，故也。必待所爲之成也。

張云：“以人之謂人，是之謂謂，方謂之成不可必。讀‘濕’字屬下云，志而不得，而故使之。是之謂故，其事必欲成。”

盧云：“《方言》：‘自關而西，秦晉之間，凡志而不得，欲而不獲，高而有墜，得而中亡，謂之溼。’楊倞注《荀子》引作‘濕’。此‘濕’字與《方言》義同。”

孫讀使句，令謂句，謂也不必成濕句。云：“盧援《方言》之‘濕’釋此。畢、張、楊並從之，似不甚塙。《荀子·不苟篇》云：‘窮則棄而儑。’楊注引《方言》濕爲釋。《韓詩外傳》‘濕’作‘累’，洪頤煊謂《荀子》之‘儑’，即《説文》人部‘儽’，垂皃。按：《説文》又有‘儡’字，云相敗也。此書之‘濕’當作‘灅’，《荀子》之‘儽’當作‘儽’，‘灅’即《説文》‘儡’、‘儽’之假字。不必成儡，言雖使爲之，而其事之成敗則未可必。‘儡’與‘成’義正相對也。”

愚案：張説以令謂人是之謂謂，並從盧引《方言》爲解非，孫讀句並説更謬，使牒經。令，釋使之爲言令也。上謂字述經，謂也。不必成，言雖相告語，不必其事之能成表也。濕爲㬎之假字。倒著故上，當作故濕也。必待所爲之成也。故述經，言一切事物之原由，明㬎示，則凡所作爲，必可待其成就也，説詳《集解》。

七八

經名：達，類，私。

説名物：達也。有實必待文名也。名舊譌多，從孫校正。

張云："名有三義。"

孫云："言物爲萬物之通名，《荀子·正名篇》云：'故萬物雖衆，有時而欲偏舉之。故謂之物，物也者，大共名也。'即此義。"

愚案：天生蒸民，有物有則，如君君臣臣，父父子子等，皆達名之通義也。

命之馬，類也。若實也者，必以是名也。

張云："馬而命之馬，是類也。凡馬之實，皆得名之馬。"

孫云："《荀子·正名篇》云：'有時而欲偏舉之，故謂之鳥獸。'鳥獸也者，大别名也，即此義。"

愚案：類名以象形言，如牛羊日月山水等皆是也。

命之臧私也。是名也，止於是實也。

孫云："臧即臧獲之臧，于人之賤者而命爲臧。則臧非人之通名，故曰'私'。"

愚案：私名爲一人獨有之專名，如堯舜禹桀紂等皆是，凡人不得名之也。

聲出口，俱有名。若姓字。舊譌字從畢、張校改。

凡口出聲，必有名以舉實。是名猶一切事物之姓字也。此即古印度學者所必習之聲明也。

七九

經謂：移，舉，加。

欒調甫云："順言者詞氣之抑揚，聲音之輕重，而發生不同之意味，此名所以有謂性之分也。”

伍非百云：“謂有移舉加三性。”

說謂：灑狗犬，移也。

謂牒經，舊倒灑下，今校乙。“移”舊譌命，今從孫校，據經文及下文“舉也”“加也”審校改。

張云：“灑即移意，移狗而謂之犬，是猶其命也。”

孫云：“張説未塙。‘灑’，吴鈔本作洒，義並難通。命也亦與《經》不相應，以《經》推之，疑當作‘鹿謂狗犬，移也’。灑、鹿形近而誤，言移他名以謂此物，猶言指鹿爲馬。”

愚案：張不知命爲移之譌，孫破灑爲鹿，並非。灑，猶揮也。揮狗爲犬，是移也。

狗、犬，舉也。

張云：“或謂之狗，或謂之犬，單舉之謂也。”

孫云：“謂正舉物名，上文云‘舉告以文名’，舉彼實也。”

愚案：張、孫二説，均欠精析，狗犬二名一實。析言之，則狗之有縣蹏者爲犬，犬之未生乾毛者爲狗。謂狗爲狗，謂犬爲犬，兩不相掍，斯可謂以名舉實也。

叱狗，加也。

孫云：“《説文·言部》云：‘叱，訶也。’《漢書·儒林傳》王式曰‘何狗曲也’，颜注云‘意怒故妄發言’，言狗者，輕賤之甚也。加，謂以惡語相加。《説文·力部》云：‘加，語相增加也。’《論語集解》引馬融云：‘加，陵也。’”

愚案：對狗訶比，是以盛氣相加也。

八〇

經知：聞，説，親，名，實，合爲。

孫云：“知有聞、説、親三義。名實合爲四者，言異而義相因。”

張云：“知有三，聞一説二親三，皆合名實而成於爲。”

曹箋云：“知者人心之大用，具七義。”

愚案：張、孫二説非無所見，究以曹説爲是。

説知：傳受，聞也。方不庫，説也。身觀焉，親也。所以謂，名也。所謂，實也。名實耦，合也。志行，爲也。

聞説親是求之綱領，名實合，乃知行之樞要。爲則知之實現也。《説文》七項單列，而疏通文義，又未可執爲平列七事也。

八一

經聞：傳親。

説聞：或告之，傳也。身觀焉，親也。

傳聞者，他人告語也。親聞者，即身經歷也。

八二

經見：體盡。

説見：時者體也。二者，盡也。

孫云："體即經上體分於兼之義。時疑當爲特，特者，奇也。二者，耦也。特者，止見其一體。二者，盡見其衆體。特二文正相對。"

愚案："時"字有義可通，不必破作"特"。時者，伺也。即窺伺之義。《論語·陽貨篇》："孔子時其亡也，而往拜之。"疏謂伺虎不在家時可證。墨氏貴兼，匯萬歸一，彼非兼者之偏見，雖極窺伺之能，不過得見兼之一體而已。而兼士之正見，則見異知同。見一知多，於是見無一之非二，見無二之非一，能盡見非兼者之所不能見。故曰時者體也，二者盡也。

八三

經合：正，宜，必。

説合：舊作古，係《經》正。兵立，反中，志工，正也。臧之爲，宜也。非彼必不有，必也聖者用而勿必必也者可勿疑。

兵立，疑當作"共立"。共，古"恭"字，《詩·韓奕》"靖共爾位箋"。反中，言反復於至中之道。

孫云："疑當作'反也'。"非是。志，即天志；志工，即《天志中》

“順天之意之善意行，善言談，善刑政”。《書·皋陶謨》“天工人其代之”，理至正也。

孫云：“‘工’疑‘功’之省。”未允。臧，善也，見《爾雅·釋詁》。言所爲而善，無不宜也。孫疑“臧”當爲“義”，未可從。非彼必不有，必也。《説文》：‘必，分極也。’以弋分界也。夫真諦無彼此可分。而俗諦彼此界嚴，自宜敬重他人之權利以自尊也。聖者用而忽必，聖人用事，不起分別，無不合理。

孫云：“聖疑當爲宜，或當爲正。非，必也者，可勿疑。”

常人則宜各安本分，不相侵犯，可免嫌疑起争端也。

八四

經欲正權利，惡正權害。“惡”上舊衍“且”字，從孫校删。

孫云：“《大取篇》云：‘于所體之中，而權輕重之謂權。’權非爲是也，亦非爲非也。權正也，斷指以存掌，利之中取大，害之中取小也。”

愚案：孫説欠審，此言欲惡恒失其正，當權利害以正之。凡經首必標題，此獨無。以《説》審校，“欲”上疑捝“權”字。

説權者，兩而無偏。“權”舊作“仗”，從孫校改。

孫云：“言兩權利害，無所偏主。”

愚案：欲易偏，權其果利與否而欲正。惡易偏，權其爲害如何而惡正。故荀子曰：“道者，古今之正權也。離道而内自擇，則不知禍福之所託。”《正名篇》。

八五

經爲：存亡易蕩治化。

説爲：甲，舊作“早”，從孫校改。臺，存也。病，亡也。買，鬻，易也。

霄、盡，蕩也。順、長、治也。鼃、風，舊作買，從孫校改。化也。

張云：“爲有六。”

愚案：此分釋上文爲知之義，爲甲爲臺，凡以圖生存也。病下疑捝死字，人生不能無病與死，孰知貞死而不亡之濤耶？或買或鬻，交相利斯無不利也。霄與消同，盡，終也竭也。一切有爲法，無能持久而不蕩滅者也。順天應人，長養萬物，以厚民生。治平要道也。衆生因欲惡而受形，爲黿爲鼠，千變萬化，未始有極。故欲正權利，惡正權害，不容忽也。

八六

經同：重體合類。

説同：二名一實，重同也。不外於兼，體同也。俱處於室，合同也。有以同，類同也。

二名一實，如狗又名犬是。不外於兼，如堅白不相外是，俱處於室，如夫婦相耦是。有以同，如種類相似是。

八七

經異：二不體不合不類。

説異：二必異。不連屬，不體也。不同所，不合也。不有同，不類也。

二，名實俱二也。不連屬，兩體各别。不同所，冰炭異處。不有同，無一相似處。

八八

經同異交得，放有無。

張云："放，疑'於'字之誤。有無相交，則得同異。"

孫云："張説非是。'放'疑當爲'知'。《説》云'恕有無'，'恕'當爲恕之譌。'知'、'恕'字同。"

愚案：張、孫二説均非。"放"字不誤。《論語·里仁》"放於利而行"，《集傳》引孔注"放，依也"，言同異，依有無而交得。老子曰："常無，欲以觀其妙；常有，欲以觀其徼；此兩者同，出而異名。"或其所本。《大取篇》云："有其異也，爲其同也；爲其同也異。"即此同異交得之義。

上二條分析異同，此條遣除異同。是爲墨學以分析名相始，以遣除名相終之確證。

說於福家良恕有無也。

孫云："疑當作'於富家食'。楊以'於'當經文之'放'，非是。'恕'當作'恕'，與'知'通。"

愚案：楊説似可從。孫破"良"作"食"，並讀句均非。惟謂"恕"當作"恕"，通"知"，是也。"福"、"富"古通，福家即富家，言無不有也。《釋名·釋言語》"良，量也"，量知有無，與"比度多少"對文。並下文義，均詳集解。

八九

經聞：耳之聰也。

孙云："《經説上》無《説》，疑有缺佚。"

愚案：下文"循所聞而得其意，心之察也"，當爲此《經》之《説》；"必由魯勝以後"，誤分而譌。蓋"聞，耳之聰也"，與"言，口之利也"對舉成文；"循所聞而得其意，心之察也"與"執所言而意得見，心之辯也"亦對舉成文。乃連四條均無《説》，足見"循所聞……"十一字，爲此經之《説》；"執所言……"十一字，爲"言，口之利也"之《説》，無疑。且"循執"二字，均非經題，亦足證也。

此言耳根善聞，頗似佛典言聞性圓通之理。

九〇

經循所聞而得其意，心之察也。

畢云："循猶云從。"

愚案：此即聞耳之聰也之説，何、畢、張、楊、孫諸校，均不悟其非經耶?

九一

經言：口之利也。

墨家自尹佚、晏嬰以至墨子，皆微妙玄通，辯才無礙，出言利溥，匪惟利於言談也。

九二

經執所言而意得見，心之辯也。

孫云："《説文·言部》云：'辯，治也。'"

愚案：此即言口之利也之説。辯與别一聲之轉，辯之爲言别也，心之辯，言心能了别是非也。

九三

經諾：不一利用。

孫云："謂辭氣不同，於用各有所宜，若《説》所云五諾也。"

愚案："不一"兩字，疑本一五字脱而致譌，《説文》可證。

説諾：超城員止也。相從，相去，先知，是，可，五也。舊作"色"，從孫校。

孫云："'超城'二字誤。'員止'疑當爲'負正'。《九章·算術方程篇》'有正負'，負，即下云'過五諾若負'；正，即下云'正五諾'也。"

愚案：孫説未盡確。"超"，疑當爲"起"之譌。《曲禮上》"唯而起"，《説文·口部》"唯，諾也"，蓋既諾必起無疑。"員"，當爲"負"之形誤，舊著下文"止"上，今乙。"負"，背也，言不應彼所謂。"城"爲"土成"二字挩譌，"成"當爲"或"。或、惑同，言未即信彼所謂也。土之爲言吐也，吐，猶出也，謂出口而應也。止，勉可於所謂而止也。起負或土止適合五數。相從，謂起而相從也。相去，孫云："《説文·法部》云：'去，人相違也，謂口諾而意不從。'"先知當作无知，言不知彼所謂也。"是"者，姑以爲是而意未滿也。"可"者，僅許可而猶有未若之詞也。

正五諾，若人於知有説。若舊譌皆從孫校改。過五諾，若負，無直，無説。用五諾，若自然矣。

此二十五字，舊錯置後"若聖人有非而不非"下，今從孫校移此。

無直無説。

孫云："直，疑當爲'知'，聲轉而譌。"

愚案："直"字不譌，《説文·乚部》云："直，正見也。"言無正見而諾，即非正諾，等於無説也。

長短前後輕重援。

孫云："此疑亦論諾之不同。"

愚案：援，疑"緩"之譌，《禮·玉藻》"父命呼唯而不諾"，孔疏："唯，速而恭；諾，緩而慢。"

"緩"上且當有"速"字，始與上文相類。

九四

經服執説。音利。

孫云："《説文·言部》云：'説，言相俔伺也。'服謂言相從而不執。執謂言相持而不服。説則不服不執而相伺。若《鬼谷子》所謂抵巇者。三者辭義不同，而皆利於用。"

愚案：服爲經目，執説示服之二義。孫以服執説平列爲説，誤甚。

説服牒經舊倒著執下，今校乙。執難成。説舊殘作言，今據經正。務成之。

孫云："執謂人各執持一説，服謂服從人之説也。《周禮·調人》鄭注云：'成，平也。難成，謂平議其是非，難論定也。'"

愚案：孫説是。惟未審服爲經目，贅入服謂服從人之説也句，當删。服謂使人心服其言之當也。凡偏執己見者，與之辯論，難於言成。惟説伺敵論自語相違處，務乘間破彼妄執，使自知非，無以自解，而吾真諦成立矣。

九五

經巧轉則求其故。

孫云："轉當爲傳，聲同字通。《説》云'觀巧傳法'是也。"故，謂舊所傳法式。

愚案：孫未得解，轉字不誤。讀《説》云"觀巧傳法"爲句，謬甚。巧，是牒此經題。傳，是述此經轉字形誤。又倒錯置於"法法取同觀"下。觀字屬上法，法取同爲句。是釋下文"法同則觀其同"之説。法是牒下文，法異則觀其宜經字。又挩異字。此《經》連第三章《説》文倒錯譌挩過甚。孫欠精審，無足異也。謂故爲舊所傳法式，亦非。則、側同。故，所以然也，言辯術之巧妙，在乎輾轉反側，求其真能立，真能破之故，使敵不能不心服也。

説巧轉原作傳據《經》改，二字舊倒置下文“法法取同觀”下，今據《經》移此。則九二字舊倒，據《經》校乙。求執之。

孫説此釋《經》“服執説”。疑九即説之壞字，求執即相説伺之意。

愚案：孫説俱非，九之爲言究也。巧於辯者，必輾轉反側，窮究其持論之故。了知一切原因結果。始可救彼所執之妄。求爲救之殘，執之當爲妄之殘。

九六

經法同目。則觀其同。

説法同，經目舊挩，今補。法法取同觀。

法法差殊，形狀不一，而法性不二。同出一玄。取其同者而觀之。自知無窮不害兼也。

九七

經法異目。則觀其宜。

説法異經目異字舊挩，今校補。取此擇彼，問故觀宜。

孫云：“擇讀爲釋，釋捨古通。言取此法則捨彼法也。”

愚案：孫説亦通。擇如字讀，下文彼舉然者，以爲此其然也。則舉不然者而問之。十八字，即釋“取此擇彼，問故觀宜”之文，當移此作注。彼此，或然或不然，所以爲異也。何取何擇，當審問孰爲大故，孰爲小故，而觀其宜，此喻兼以正別之諦理也。

綜上三章大旨言之：巧之能傳必有其故。如何求之？當觀其所以爲巧之法，孰同孰異？即於衆法中取其同，甄其異，而審其宜，取此擇彼，庶乎巧可傳矣。然猶當反復討論所以爲巧之故，而觀其在在合宜與否，以求精進也。

九八

經止。因以别道。

孫云："謂道有宜止者，有不宜止者，因事以别也。與經下'止類以行'之義亦略同。"

愚案：孫説欠析，此言墨者巧匯異同於一兼，止於愛人，因與非兼者别道也。

説止，以人之有黑者，有不黑者，止黑人；與以有愛於人，有不愛於人，止愛人；是孰宜止？後二"止"字，舊並譌"心"，從張校改。

舊"以人"上，無"止"字，而"不黑者"下有"也"字，殊贅。疑即述經目"止"之譌而誤倒，今校正。此言人之黑不黑，不相妨也。乃以不黑之人，止黑人使不黑；不知黑由性成，是不能止者也。若人無不當愛人者，亦性所不能已也；乃以不愛人之人，止愛人之人使不愛人，是尤不宜止者也。

墨子色黑，見《貴義篇》。此或有感而發，亦足爲《經》、《説》皆墨子自著之一證。彼舉然者。以爲此其然也。則舉不然者而問之。此十八字，當移前"取此擇彼，問故觀宜"下作注。

九九

經正，無非。

説若聖人有非而不非。

孫云："疑正當作聖，而不非，而與如通。言聖人於人，雖有所非，而非其所當非，則與無所非同。"

愚案："正"字不誤，言止於一是故無非。"若聖人"三字，依《説》通例，當在句末作喻結。有非而不非，上當有牒經正字。舊挩，宜補。此言人具正見。於世俗道理，時或相違。於真常道理，從不相違，直若聖人有是無非。若以聖人有可非而非之者，特不識聖人者也，聖人固不可非也。此似墨子隱自況也。

經下上行

一

經止：類以行人，説在同。

楊云：“《小取篇》夫辭以類行者也。”

愚案：老子曰：“知止可以不殆。”止，即歸宿之義，《説文·止部》云：“歸，女嫁也，從止，從婦省，自聲；謂婦止於是也。”此所謂“止”者，謂立言必有歸宿也。所謂“類”者，即《因明論》之所以爲喻，同品異品，所由決定也。“類以行之”者，謂東西南北之人，彼此同一歸宿也，故云“説在同”。

説止：彼以此其然也，説是其然也；我以此其不然也，疑是其然也。此然是必然則俱。純一初審校辭旨，以未歸到“止”上，於此注云：“疑有挩文。”今見《墨經校釋》“以此……”七字，由下條移此，實獲我心。欣然從之。而梁並改《經》、《説》“止”作“正”，非。蓋止者，《墨經》注重歸納之要旨也。十一年七月五日。

凡物之同一歸宿者，必有同一之故，而其類難必盡同一。則在彼以爲然者，在此或以爲不然；而又不能謂其決不然，亦且疑其爲然。此論理歸納法，求同求異，或同中求異，異中求同，必經之程也。必至明於其類，決定初之未敢遽以爲然者，亦信爲必然，斯同異交得矣。

二

經四足牛馬，此四字舊譌挩合並爲一駟字，從孫校補正。推類之難。説在名之大小。名字舊挩，從孫校補。

孫云：“四足獸爲總名，而獸各自有散名，不能以類推也。凡總名爲大，散名爲小。”詳《經説下》。

張云：“類有同有不同，故推之爲難，大小，類不同之最顯者。”

愚案：四足名大，牛馬名小，難以類推也。

説四足謂獸，與牛馬異。牛馬異舊作生鳥異，從孫校改。

舊謂在四上，歐陽季香云："當作四足謂獸。"四足二字，牒經標題。

純一案：歐陽説是，今據乙。

孫云："《爾雅·釋鳥》云：'四足而毛謂之獸。'此謂獸爲四足毛物之大名，牛馬爲四足獸之种别。"

愚案：牛馬不過四足獸中極少數之微物，四足獸之容量，廣於牛馬不勝數，故謂四足獸與牛馬異。

名異大小也。

舊無名字，文不成義，據經文增。異舊作爲，從孫校改。與上舊有物盡二字，是次章標目文，當移彼。

孫云："《荀子·正名篇》：'以萬物爲大共名，鳥獸爲大别名。'然牛馬復爲獸類之種别，是又獸爲四足之大名，牛馬爲四足之小名，明大小無定，隨所言而異也。"

愚案：大小相待，皆無實之假名。兼士無，非兼者有也。

若爲麋。麋舊誤奢麋，孫據《道藏》本、吴鈔本正。

孫讀爲麋同名句，不知同名爲下章牒經字。云爲疑當爲如，艸書相似而誤，謂若是麋，則其名盡同，又疑爲當爲馬，馬、麋同爲四足獸也。

愚案：孫説俱非。"若"字舊挩，據《説》通例喻結補。爲，《説文·爪部》云："母猴也。其爲禽好爪，下腹爲母猴形。"麋，《説文·鹿部》云："鹿屬，冬至解角，從鹿米聲，言爲非四足類，乃四手類。"與麋爲四足類者名又異，喻推類之難也。

三

經物盡同名，二與鬭，愛食與招，白與視，吴鈔本作二。麗與暴，暴從顧校補。夫與屨……

此文下疑挩"説在口"一句。説，義多難解。

四

經一偏棄之……

孫云："凡物或分析一體爲二。或類比兩一爲二。皆可去其一偏。對下不可偏去而二爲文。"

愚案：此文下疑亦捝“説在口”一句。又疑此條當合第六章爲一章，因錯簡故，傳寫者遂并《説》誤分爲二矣。今旁行次序下列獨闕，似亦一證。

説一目。一與一亡，不與一在。偏去未。

舊首兩“一”字，誤合爲二字，今正。

孫云：“此言分一體爲二。一既化二，即爲無一。”

愚案：孫誤解。一盈萬有，本不可去，世人以爲去一之一偏，即與原一亡其一，不與一同在矣。詎知亡去之一偏，未亡去也。物力不滅，兼之爲兼如故也。

五

經謂而固是也，説在因。

孫云：“《説》無因義，因蓋與固是義同。”

愚案：孫説謬。《管子・心術上篇》曰：“因也者，舍己而以物爲法者也。”言所謂，求確合乎實際，道在因物付物。依據物觀的標準，不可雜以主觀的偏見，與此正同。

説有文實也，而後謂之；無文實也，則無謂也；不若敷與美。張讀“不若敷與”句，云：“敷與，氾與也。”孫云：“‘不’字疑衍，‘敷與美’疑當作‘假與義’。”愚案：張、孫二説并誤。謂是，則是固美也。孫云：“‘美’疑亦‘義’之誤”。愚案：不誤。謂非，舊作“也”，義不可通。孫疑當讀爲“他”，未得解。竊以當爲“非”字草寫形近而譌，今校改。則是非美，孫云：“疑亦當作‘義’；非義，即所謂假也”。愚案：孫説非。無謂則報也。孫云“報”與“美”，文相偶，疑即上文之“敷”，亦當爲“假”之譌。愚案：孫説非是。

“有文實也，而後謂之；無文實也，則無謂也”，與《管子・心術上篇》云“因也者，無益無損也”義同。“不若敷與美”，《書・堯典》“欽若昊天”，《傳》“若，順也”；《舜典》“敷奏以言”，《傳》“敷：陳也”；《論語・公冶長》“吾與女弗如也”，皇疏“與，許也”。言無文實，不得順私敷陳妄許其美。“謂是則是固美也，謂非則是非美”，言因其是謂之是，則是固是美也；因其非謂之非，則是固非美。“無謂則報也”，《吕氏春秋·貴因篇》“子以是報矣”注“報，白也”，言無謂，即是表白其無可謂之實也；皆所謂因也。故《莊子·至樂篇》曰：“名止於實。”

六

經不可偏去而二。説在見與不見俱。一與二，廣與脩。

不見二字舊挩，文不成義，今據《説》審校補。

孫云：“凡物有二斯有偏，有偏必可去其一。而體相合者，則雖二而不可偏去。《説文·人部》云：‘俱，偕也。’言所見者爲一，所含而不見者又爲一，此皆名二而不可偏去者也。即説堅白見不見之義。一與二，即説白一堅二，色性同體者也。廣與脩，言若平方之冪。有廣有脩，二者異名，而數度相函，則二而仍一也。”

愚案：孫説是，今更進一解，凡物理當叩其兩端而竭焉。有相與爲二不可偏去其一者，偏去其一，即落邊見。説在見者與不見者俱，本不可離。若一與二，廣與脩然，此教人勿盲於一偏之見，當明於不見無不見之諦見也。

説見不見離。一二不相盈。廣脩，堅白。

孫云：“此言若堅白在石，見白不見堅，見堅不見白。白，一也；堅，二也。二者離，則不能相盈。相盈，猶相函含也。若離者合之，則無不相盈。如廣脩本爲二，而從衡相函則爲一，堅白亦爲二，而色性相含則爲一。此皆二而一者也。”

愚案：天下無一而不二。二而不一之物理，非兼者，謬執偏見，離見不見而爲二。貴兼者，見一知二，即所見盡見所不見，盈見不見之萬别者而一之。廣脩云乎哉？堅白云乎哉？

七

經不能而不害，説在害。

孫云：“《經説下》有《説》而義多難通，大意似謂凡事有害於人者，不能不足爲害。”

愚案：孫説以《説》義校之，似不符；因《説》中未嘗有害人之事。

疑下句害上捝“不”字。

說不目，舊倒著“舉”下，從曹校乙。舉重不與箴，非力之任也。爲握者之觭倍，非智之任也，若耳目異。

“異”字，當從曹箋移著於下章之首。

孫云：“箴即鍼之叚字。鍼，所以縫也。言箴之舉與不舉，於力無與。”

俞云：“字書無觭字，疑觭字之誤。非是，觭當爲觭，形近而誤。其讀當爲奇。《經上》云‘倍爲二也’。觭倍者，觭爲一，倍爲二，與奇偶義同。此言握物而使人射其奇偶之數。雖或億中，不足以爲智，故云非智之任也。若耳目異，謂視聽殊用，各有所不能。”

愚案：“觭”字從角從頁，明示頭上一角，亦同觭。觭倍即觭偶，義甚明了。古字不見於《説文》者多矣。不得因字書不見輒破之，此言握物而使人射其奇偶之數，雖不能中，非不智也。若耳不能視，不害爲聰，目不能聽，不害爲明。故次以異類不比，其意尤顯。

八

經異類不吡説在量。

孫云：“吡，當與《經説》上篇‘仳’字聲義同，量謂量度其理數之異同。”

愚案：“吡”當作“比”，《經説》上云：“比度多少也。量，分限也。言異類之事物，不能互相比度。蓋其質異，其量必不能齊一也。觀説文義甚明。”

九

經偏去莫加少，説在故。

說偏，俱一，無變。

此即釋氏不增不減之説。《莊子・齊物論》曰：“凡物無成與毀，復通爲一。”義與此同。

一〇

經假必誖，説在不然。

説假，必非也而後假。狗，假霍也，猶氏霍也。

張云：“假者必誖，以其本不然也。霍疑亦霍字。”

孫云：“《説文·人部》云：‘假非真也。’又言部云：‘誖，亂也。’或作‘悖’，《説》云‘假必非也。’誖與非義同，正者爲是。則假者爲非，非即不然也。《小取篇》云：‘假者今不然也。’霍並當爲虎，此言狗假虎名，猶以虎爲氏也。”

愚案：本狗而假非狗者爲名，其誖亂顯而易見，以此論證得當，最易啓悟他非。

一一

經物之所以然，與所以知之。與所以使人知之。不必同，説在病。

説物，或傷之，然也。見之，智也。告之，使智也。

物之所以然，一切真實之現狀。希有如實知之者，則所以知之者，非必諦見物之所以然。至所以使人知之者，往往語焉不詳，去物之所以然愈遠。故物之所以然，與所以知之，與所以使人知之，三者不必同。其故安在，例如病之真實自相，非玄鑑精微者，莫能盡知其緣起之因由，及其轉變之癥結也。或、惑同，夫勝初之物，本自無病。忽緣外感滋惑而鑿傷，漸成痼疾，其現狀固由外感而致，而所以感於外者，其因在内，此豈常人所能窺見者哉！乃身觀者，自以爲親見而知之。傳聞者，且相告語，使人盡知之，而病之真實自相，謬以千里矣。然則知之爲病，病世甚矣。故老子曰：“知，不知，上。不知，知，病。夫唯病病，是以不病。”老子真得博大真人哉！

一二

經疑：説在逢循遇過。

張云：“疑，在然不然之間。”

孫云：“謂不可必。”

愚案：此説義多難解，此章大旨，明疑詞不足以爲論證作斷案。

一三

經與一，或復否。説在拒。

張云：“或可合而一，或不可合而一，當拒其不合以爲合。”

孫云：“拒當爲矩，矩與方義同。”

愚案：張誤斷上章合字連舉一讀，謬甚。孫説是。拒、矩通。與，讀爲“舉”。與一即《論語》“舉一隅”之義。復，反也，謂或以“三隅反”，或不以“三隅反”。《述而》邢疏，凡物有四隅者，舉一則三隅從可知。學者當以三隅反類一隅以思之，即此説“在矩”之義。

一四

經歐物一體也，説在俱一惟是。

張以歐物連讀，楊讀同，是也。孫以歐斷屬上章句末，非。而疑歐當爲數物之誤，説有數牛數馬數指之文。近是，亦非。又疑歐當作區是，而訓略又非。未精析經與説之分界，可互尋其譌挩故。

王闓運云：“歐即區，蓋本曹箋而云然。區物一體者，謂區字萬物，總唯一體，即無窮不害兼義，俱一者，總相。惟是者，别相。”

説區目。俱一，若牛馬四足。惟是，當牛馬。數牛數馬，則牛馬二。數牛馬，則牛馬一，若數指，指五而五一。

“區”舊作“俱”，音近又涉下文而譌。曹據經校改。是牒經字，今從之。俱一，若牛馬四足。

孫云：“《經上》云：‘同，異而俱於之一也。’又《經説上》云：‘俱處於室，合同也。’言合者則爲一，牛馬者，散名而兼言之也。四足者，大名而通言之也。兼與通言，皆爲一。”

愚案：牛馬不一，若言四足則俱一。惟是，當牛馬。孫云：“惟，《經》同，亦當作‘唯。’”謝希深《公孫龍子注》云：“唯，應辭也。案唯是，言應者則爲是，或牛或馬，名實相符。則此呼而彼應，是名當其物也。”

愚案：唯是，專屬牛馬者，數牛數馬，則牛馬二。分牛與馬而數之也，數牛馬，則牛馬一。合牛與馬而數之也。若數指，指五而五一。孫云："言合數之爲五指，分數之則爲一指者五也。"愚案：此兼以正别之秘旨。

一五

經長。宇：宇或徙，説在久。

説長宇徙而有處宇。宇，南北在旦有在莫，宇徙久。

"長宇"二字，舊錯置説在下。今據《經説》審校：移著句首，文、義似均較合。言彌六合之長宇，與往古來今之久，無從分剖；因宇不能恒定而不轉徙，歷時既長，即成久也。《説》言從大宇長時遷徙中，而知有常恒不變之處，宇不知即此處，宇之南北，固已忽而在且，忽又在莫，徙之已久；果何有久與宇之區别。孫校經文宇或徙，或字泥作古城字解，非。而釋徙者，言宇之方位，轉徙不常，屢遷而無窮也，是。舊下章經首"無久與宇"四字，張校移著此經説在長宇久下，今以《經》與《説》分段之界推勘，仍當著下經之首。

一六

經無久與宇堅白，説在因。

説無目。堅得白，必相盈也。

"無久與宇"四字，張校移著前《經》"説在久"下，非，詳前。

孫云："説無久宇及因義，未詳。"

愚案：孫説謬。《吕氏春秋·盡數篇》"因智而明之"注："因：依也。"此言三世無世。十方無界，無久與宇，較《經上》"久彌異時，宇彌異所，時方對破"尤顯明。且以堅白，喻無久宇，堅白同所，是爲無宇。視拊同時，是爲無久。久宇堅白、相依不離，即説相盈之義，説無字牒經。堅得白，必相盈也。言堅白並無自體，故兩相得而莫能外也。孫疑"必"當爲"不"，《經》及《説》似皆未全，並非。此遣久宇堅白諸假名，所以悟他，明萬有一兼之真實也。

一七

經在諸其所然，未者然，説在於是推之。

説在堯善治，自今在諸古也；自古在之今，則堯不能治也。

孫云："《説》云：'在堯善治，自今在諸古也；自古在之今，則堯不能治也。'在，疑當作'任'。所然，謂所已然，即謂自今任諸古也。未者然，疑當作'諸未然'，即所謂自古任諸今也。古書'諸'或作'者'，聲之省也。'者未然'上，亦尚有挩字，今無從校補。"

愚案：在，察也。孫疑"在"當作"任"，非；以"未者然"當作"諸未然"，"者未然"上有挩字，是也。"者"上擬增"取"字。作"取諸未然"。《小取篇》曰："推也者，以其所不取之同，於其所取者予之也，其取之也有所以取之。其取之也同，其所以取之，不必同。"取，擇用也。"者"即"諸"之殘。又倒著未下。者上又挩"取"字。遂致義不可通，此又疑本作在諸其所然。取諸未然。説在於是推之。蓋辯學推理之妙用如此。審度説義似言古今異宜。尧之盛德，在古時善治。在今衰世，未必能治，教人心不必篤舊也。《莊子·在宥篇》曰："昔堯之治天下也，使天下欣欣焉，人樂其性，是不恬也，非德也；非德也，而可長久者，天下無之。"義似略同。蓋莊以不言之教，無爲之益，天下希及。墨宗夏法，以自苦爲極，而備世之急。指趣各殊從知孔墨同稱堯舜，取舍不同，而墨子獨能創教之精神，即此可見。案，荀卿法後王，韓非不期修古，《韓非子·五蠹》。李斯且謂道古害今。《史記·列傳》。或本此變而加厲矣。

此章經文，舊誤著於後光學諸條中，頗知爲錯簡，未能校正。今從曹箋，依《説》位次移前。

一八

經景不徙説在改爲

説景光至景亡若在盡古息。

日光遍照，飛鳥遮蔽日光成景。鳥不改飛，則後景前景，絕不移改。景非光至不亡，景若存在，終古止息。終盡義同，息即不徙之義。此以空中鳥跡。刹那景現，似常無常，啓悟世人執有爲實之妄，而永真常之壽也。欒云："景不徙，爲墨子所立之論宗。改爲，乃説明此論宗因由。"見《墨子科學》。《莊子·天下篇》"飛鳥之景未嘗動也"，即釋此章之義。詳見《集解》。

一九

經景二。説在重 。

説景。二光夾一光，一光者景也。

曹云："重，平聲。重，兩光也。東西俱有光，則景一東一西，一表而二景也。二光，重光也。東西各一光，則東西各一景。無景之地受二光，有景之地受一光也。"義詳《集解》。

二〇

經景到。在午有端與景長，説在端。

説景，光之人煦若射。下者之人也高，高者之人也下。足蔽下光，故成景於上，首蔽上光，故成景於下。在遠近有端與於光，故景庫内也。

畢云："景到，即今影倒字正文。"

張云："午，交午也。"

孫云："光學所謂約行綫，有侈而斂，交聚成點，端即點也。凡約行綫中有物隔，則光綫必交，穿交而過，則成倒景。在午有端與景長，長謂綫。對端爲點而言，謂凡光在交聚成點之時，則有礙於光綫之行，故穿交而景倒也。"

愚案：光之人煦若射。之，至也。《詩·柏舟》"之死矢靡它"箋，言光至人身，煦然四射，正釋景倒之故。下者之人也高，高者之人也下。説景倒之象。足蔽下光，故成景於上，首蔽上光，故成景於下，説景倒之理，在遠近有端與於光，故景庫内也。端即壁孔光綫交聚處，光在室壁孔外，或遠或近。室壁阻礙光綫之射，則光綫約行，穿交入内而景倒矣。説詳《集解》。

二一

經景迎日，說在轉。

說景日之光，反燭人，則景在日與人之間。

轉舊作"摶"，從孫校改。欒云："日光照人，若在人後，别有返光體，使光回轉，則此返光爲人所蔽處，即有一景，所謂迎日者是也。即是日光回轉，景在日與人之間也。"

二二

經景之小大，說在杝正遠近。

說景，木杝，景短。大木正，景長小，光小於木，則景大於木，非獨小也，遠近。

欒云："凡立木成景大小，因光木距離遠近，及植木斜正之關係。"

愚案：據光小於木則景大於木審校，並實驗。疑捝"光大於木則景小於木"九字，當補。又非獨小也遠近，語意不完，當作非獨小大異也。杝正遠近，異於光鑑，始符經旨。義詳《集解》。

二三

經臨鑑而立，景到。多而若少，說在寡區。

此即今照相鏡匣之理，如有人臨鑑而立，中間隔以有小孔之板，使光綫自濶而狹，約行相交，穿過小孔，則人下方之影，必射於鑑之上方，上方之影，必射於鑑之下方，而成倒影，故曰"影倒"。其形必較原形爲小，故曰"多而若少"。其妙用由小孔而顯，故曰"說在寡區"。

說臨正鑑，景寡，貌能白黑，遠近杝正，異於光鑑。

謂人正當鑑前，景即穿過寡區而小，因光見色。凸者白而凹者黑，神肖其貌，故曰"貌能白黑"，且因人與鑑距離之遠近袘正不同，而光之射於鑑者，亦即不同。故曰"遠近杝正，異於光鑑"。

二四

經亡。

說景當俱就，去尒當俱，俱用北。

畢云："尒，疑'亦'字。"

孫云：景當俱就，疑當作景就當俱。與下云去當俱，文正相對。就謂漸近，綫景下一而同爲約行綫也。"'用北'疑當作'由比'，言俱之義猶比也。"

愚案：孫未得解，誤甚。此即爲規識景之理。《周禮·考工記》："匠人建國，水地以縣，置槷以縣，眡以景，爲規識日出之景，與日入之景。"其法以水平地，方一二丈，爲規可數重，置槷即臬。於中，以縣正之，眡日東出，並日西入，槷端景齊規者皆識之，所謂"當俱就"也。景出規外者皆去之，所謂"去尒當俱"。所以俱就、俱去者，使東西如一，審密而正也。東西正，又中屈之以指槷，則南北亦正。故識景必用北，不得用東與西，以吾國居赤道北也。《經上》"日中正南也"，無《説》，疑即此《經》。

二五

經亡。

説鑑者之臭：於鑑無所不鑑。景之臭無數，而必過正。故同處，其體俱，然鑑分。

張云："'臭'字未詳，義當作'道'字解。"

殷云："'臭'之爲言蓄也"。

孫云："'臭'疑並當作'具'，'具'與'俱'通。"

王闓運本作臭。注云，臭，影旁微光也。莊子書云罔兩。

愚案：張、殷、孫均謬。王説近是。臭，氣也。《禮·月令》"其臭羶"，《易·繫上》"其臭如蘭"，"臭"即"氣"之别名。墨子善望氣，《迎敵祠篇》"凡望氣，有大將氣，有小將氣，有往氣，有來氣，有敗氣，能得明此者，可知成敗吉凶"，是其證。蓋文王之有靈臺，關尹之候老子，皆足徵也。墨子或更能以鑑實驗鑑者之臭，而知其心術之邪正也。人當極樂與盛怒時，所發之氣必懸殊；則仁人與暴人所發之氣，亦必懸殊。此在定力深者，原不須鑑而心通；今以鑑燭鑑者之氣觀之，當較遥空望氣尤可據，故曰"於鑑無所不鑑"。因鑑者景既臨鑑，其臭必過正而萬殊；雖同處體俱，鑑能一一分別，莫能隱遁也。案，《西京雜記》載咸陽宮有方鏡，廣四尺，高五尺九寸，表裏有明。人直來照之，影則倒見。想鏡面必凹。以手捫心而來，則見腸胃五臟，歷然無硋。人有疾病在內，則掩心而照之，則知病之所在。又女子有邪心，則膽張心動。秦始皇常以照宮人，膽張心動者此爲心理作用。則殺之。今X光燭物無礙，豈秦鏡亦以白金類X光者同其製歟？墨子多才多藝，其所爲鑑或亦類此歟？抑或墨子"執玄鑑於心，照物明白，"《淮南子·修務訓》。不過藉鏡而益顯歟？姑述以備考。

二六

經鑑窪，景一小而易，一大而正，説在中之外内。

"窪"舊譌"位"，張之鋭改作"洼"，云形誤。洼、窪同，謂凹鏡也。欒校同，今校正。"景"舊譌"量"，孫從王引之校正。易，俞云讀爲施，邪也。

欒云："此言窪面反光鏡，成正景倒景之理。"鑑窪"即"窪鑑"，墨子有如此倒植文法也。景之小大，比物而言。正易，謂景與物爲正易也。易，變也，謂變物體之正而倒之也。中之外内，中謂鏡之中，自中至鏡面爲内，背出爲外。蓋謂窪鏡照物之景有二：一小於物之本體者，倒景也；一大於物之本體者，正景也。其有大小正倒之别者，因物體臨鏡之位置在鏡中之外内也。"

説鑑，中之内，鑑者近中，則所鑑大，景亦大。遠中，則所鑑小，景亦小。而必正，起於中緣正而長其直也。

欒云："此言中之内一大而正之景。"

中之外，鑑者近中，則所鑑大，景亦大。遠中，則所鑑小，景亦小。而必易，合於中緣易而長其直也。

欒云："此説中之外一小而易之景，中之外内，言鑑者立在鑑中之外或内，鑑者立在鑑中之外成倒景，雖鑑者近中立時之景大，遠中立時之景小，而其景必皆小於鑑者之本身，此景一小而易，或在中之外也。鑑者立在鑑中之内成正景，雖鑑者近中立時之景大，遠中立時之景小，而其景必皆大於鑑者之本身，此景一大而正，或在中之內也。”義詳《集解》。

二七

經鑑團，景一大一小而必正。説在……

此文“鑑團景一”、“小”、“説在”七字，舊錯在前，作“鑑團景一不堅白説在”，今從欒校移此，删“堅白”二字。“一大”誤作“天”，“而必正”三字，因與下文衡而必正説在得章同。校者以爲衍，併省之，遂致兩章俱有譌奪，而前後行此亦亂，今據彼説審校，以衡而必正説在得復彼之舊。據此説審校，改“天”作“大”，並補“而必正”三字，復此之舊。“説在”下據“説”審校並據實驗所得，疑捝“不過”正三字，此經譌捝倒錯過甚，張並“鑑團景不堅白説在”爲一經近是。孫不得解，無足怪也。

説鑑，鑑者近，則所鑑大景亦大。其遠，所鑑小景亦小。而必正，景過正故招。

“故招”二字，舊連下章“負衡木”爲句。

張云：“招，直木也。”

孫云：“招當爲橋，均謬，不知招爲倒字之假，當連景過正爲句。蓋斷章誤也。”

欒云：“此言突面返光鏡，正景大小之理，鑑團讀爲團鑑，即突鏡也。”

愚案：欒説是也，當以凸鏡實驗見其景，近大遠小無不正。又見正景之外，並有倒景。知景過正故招之招字，爲倒之假字無疑，乃遍覓佐證，於《説文通訓·定聲》小部得之，一時不禁狂喜，以是知經文説在下，當補不過正三字，庶與景過正故倒相應。

以上光學十章，經文位次錯亂，又多譌脱，校勘不易。孫竟未及董正，今本曹箋依説位次一一釐定，庶免讀者勞損也。

二八

經負而不撓，説在勝。

負舊譌貞，從楊、孫校正，曹箋同。

孫云："《説》云'招負衡木'，《説文·木部》云：橈，曲木也。撓即橈之俗。"

曹云："負，擔也。擔，衡木也。撓，傾也。勝，能勝任也。得其中則不傾也。"

愚案：曹説是，足正孫説之非。

説負，衡木。加重焉而不撓，極勝重也。右校交繩，無加焉而撓，極不勝重也。

曹云："極，中也。得其中，則兩端之輕重適均，均故能勝重也。右校者，偏荷也；交繩者，以繩約而挈之也。無加者，不重也。"

愚案：此言槓桿適中重心點之妙用。今之天平，可略明此理。義詳《集解》。

二九

經衡而必正，説在得。

此文舊錯在前，今依説位次移此。"衡"舊作"天"，"天"字乃前鑑團景一章一大之譌，當移彼，詳前。曹箋改"天"作"平"，又説"天"字"奧"字之壞，"奧"，古"衡"字。得，謂權與物之輕重相得也。衡得權則必正，而不差銖分矣。

愚案：曹説"天"字爲"奧"字之壞，非是。而其意以而必正上當有衡字甚是，今並據説補衡字。

説衡加重於其一旁，必捶，權重相若也。相衡，則本短標長。兩加焉重相若，則標必下標得權也。

張云："衡，稱也。捶，偏下也。"

曹云："加重一旁者，謂稱之制也。"

愚案：權，稱錘也。重相若，權重若物重。相衡，權與重相衡。本短標長，近支點爲本而短，遠支點爲標而長。兩加焉，重相若，一旁加重，一旁加長，兩加焉重可知矣。"標必下"，"下"字義不可通，當是

"平"字之壞，言權與重適等，則標必平，標得權者，刻度於衡。移權與標，視標長短之度，知重若干。蓋標得權，而妙用顯也。

三〇

經挈舊作契，與挈通，今從張、孫校據《説》改。與收反。收反舊作枝板，從張、孫校改。説在權。舊誤薄，從孫校改。

運物上升曰挈，任重下引曰收，此上彼下，其用在權。

説挈，有力也。引，無力也。不止。從王闓運、張之鋭校改。所挈之止於施也，繩制挈之也，若以錐刺之。挈，長重者下。短輕者上，上者愈得，下者愈亡。繩制挈之也，若以錐刺之。挈，長重者下，短輕者上，上者愈得，下者愈亡。繩直權重相若，則止矣。止舊譌心，仍從王、張校改。收。上者愈喪，下者愈得，上者權重，盡則遂挈。

挈與地心吸力相違，故須有力。引與地心吸力相應，故不須力。因地心吸力引重下，就不至地不止也。所挈之重，止於所施相當之權。用繩制權以挈重，若以錐刺物，使之不能移動也。凡挈重物上升，繩漸引長而重者下，繩漸升短而輕者上，上升者愈得勢，下引者愈失勢。迨繩值權重二者力等，則所挈物止而不動矣。收者，繩繫權使下引，用助挈物上升者也。權使物易上升，若失其重，愈上愈失，而權勢下引，同時即得其升重之用，愈下愈得。繩愈下收，物漸上升，至所挈當止處，則權重俱盡，而挈之功用遂矣。此明挈與收，功用相反，實因權互相爲用也。

三一

經倚者不可正，説在剃。

孫云："《説》云'邪倚則不正'，又疑此論轉重法，則正或當作止。《説》又云'梯者不得流'，流與止文相對。《説》云'車梯'，則'剃'當作'梯'，蓋聲之誤。"

愚案：孫云："剃"當作"梯"，是也。當據《説》正，謂正當作止，非。

曹云："倚，傾仄也。正，平也。梯者，升降之階級也。"

說倚目。倍拒堅䠶倚焉不正。

此十字舊錯著下文引横也後，今從曹箋移此。

畢云："唐宋字書無'䠶'字。《正字通》云：'俗字。'舊注音嗔，走皃。"

王闓運云："堅即䠶也，旁注以釋䠶字。《論語》'鏗爾'一作'硜爾'。"

孫云："'堅'當作'掔'，又與牽通，言相依倚，相背負，相揞拒，相掔引。䠶字未詳，疑當作'邪'。"

愚案：畢王說均無義，孫說背負掔引，均未可從。張其鍠未見曹箋，從梁校改倍作倚。云上'倚'字牒經字，此'倚'字爲舉倚之義而釋之，'拒堅'二字不誤，䠶不成字，改'梯'，此言梯力舉重之理。倚拒堅者，梯必倚而能立，倚必拒堅而後能固，謂梯前立木支之使不可仆，猶今所謂支點矣。梯倚而不正，所以便舉重也，下文甚長，義詳《集解》。

三二

經推之必往，説在廢材。

孫云："'推'依《說》當作'柱'，'往'疑當作'住'，蓋謂凡物榰柱之，則住而不動，《說》云方石去地尺。關石於其下，縣絲於其上，使適至方石。不下，柱也。住即不下之義，廢亦置也。謂置材於地，若《說》所云'方石'。"

愚案：《墨經》及《說》，立義界嚴，孫均欠憭，誤以非經之說爲說，及非說之經爲經，不可從。而謂往當作住，訓廢爲置，是也。推疑本作堆，形誤。《說》云，𢀩石絫石是其義，堆之必住，利用地心吸引力也。

說誰，𢀩石絫石耳，夾寢者法也。

畢云："𢀩，並字異文。寢寢字省文。"

孫云："'法'，疑當爲'柱'。房屋及牆序閒依壁而立者謂之柱。夾寢，即謂夾寢室也。"

愚案："誰"當作"堆"，牒經字。"法"字不誤，遊石纍石，蓋堆垛法之一種，亦即爲夾寢所由成之法。

三三

經亡

說方石去地尺，關石於其下，縣絲於其上，使適至方石。不下，柱也。膠絲去石挈也。絲絶，引也。未變而石易，石舊作名，從曹箋改。收也。

按此説，求經不得，故知經亡，吴汝綸校略同。方石去地尺，張云："石高尺也。"關石於其下，張之鋭云："方石之下，别以石楮柱之也。""縣絲於其上"，張云："絲，繩也。"張之鋭云："縣繩於石上繫著之。""使適至方石"，張之鋭云：繩若長則去關石而仍著地，故使適至方石。"不下，柱也"，張之鋭云："方石不下至地看，以有關石楮柱之也。""膠絲去石"，曹云："膠結也，繫絲於石也。膠結去石者，既繫絲於方石，乃去下之關石也。""挈也"，曹云："絲微弱而石重，絲能縣石者，挈之理然也。絲絶，引也。"

愚案：絲縣石久，不勝其重而斷絶，地心吸力引之使然也。未變而石易，收也。曹云："易，轉也。石重下垂，不必變而石自轉者，收之理然也。"

三四

經買無貴，説在仮其賈。

說買，目刀糴相爲，賈。刀輕則糴不貴，刀重則糴不易。王刀無變，糴有變，歲變糴則歲變刀。若鬻子。此喻結，張讀不誤。孫云張誤，謬甚。

畢云："仮，反字異文，刀謂泉刀。"

張云："王力、王者所鑄。"

曹云："仮，轉變也。賈與價同。仮其價者，平其價也，物價之貴賤視乎錢幣之輕重，以爲轉移，故國家之制圜法時輕時重，以持物價之平，故食貨貿遷，利乎民用，而無甚貴甚賤之傷也。刀，錢刀也。糴，買也。

相爲價者，計錢刀之輕重，以爲物價之貴賤也。易，輕也，平也。王刀者，刀爲國所制也。變糴者，物力有贏絀之殊也。變刀者，圜法隨時輕重也。鬻，與育同。《詩》云‘鬻子之閔斯’，凡育子者，順其性而養之，隨時而變通，不主故常也。”

歐陽云：“按經濟學原理，物價之决定，由於供求之平衡，故一物在一時之價，不獨無所謂貴，亦無所謂賤也。”

梁云：“糴相爲賈者，謂貨幣與穀物，互相爲價也。一方面以貨幣易穀物，則見爲穀物之價。一方面以穀物爲貨幣，則見爲貨幣之價。常人只知有物價，不知有幣價，陋也。幣價賤則物價必貴，幣價貴則物價必賤。常人但言百物騰踊不知爲幣之損其值也。貨幣之名，價雖無變，而物價隨時而變，物價遞年不同，即貨幣之實價，遞年有升降也。以下兩章，皆論經濟學，此章論價格之真義。”

愚案：此章寄意遥深，精義甚多，詳《集解》。

三五

經賈宜則讎，説在盡。

説賈目。盡也者，盡去其所以不讎也。所字舊挩，從孫校增。其所以不讎去，則讎，正賈也。宜不宜正欲不欲，若敗邦鬻室嫁子。

張、孫均斷下章“無子”二字屬“嫁子”讀，誤甚。

張之鋭云：“讎與售同，言物之價貴賤合宜，則售也。”

孫云：“盡，猶適是，言無所絀。”

梁云：“物之正價，以何爲標準，亦視主觀的需要之程何如耳。或對於貨幣之需要，不甚迫切。或對於所有物，不肯割捨。此所以不售之原因也。此種原因去，則售之，故價之宜不宜，不存乎所售之物之本身，而存乎售者之欲與不欲。若賣屋，若嫁女，既自願售之，則所售之價，即價之宜者矣。此論價值之所以成立，右兩章雖未能盡價值之原理，然所發明者已極深邃，二千年前之經濟學説能如此，求之他書，未之見也。”

愚案：盡竭也，猶言無餘也。教人全性保真，勿浪耗損，餘諸精義，詳見《集解》。

三六

經 無説而懼，説在弗必。

説 無目。子在軍，不必其死生。聞戰，亦不必其死生，前也不懼，今也懼。

必舊譌心，張云："弗心不自信。"

孫云："張説非是，心當作必，安危不可必，故懼。《説》云：'在軍不必其死生，聞戰亦不必其生。前也不懼今也懼。'是其證。"

愚案：孫説是，今從之。曹本、王本同。"説無"字牒經，舊斷屬上章讀，誤甚。今從曹箋正。下"死"字舊挩，從孫校補，曹本、王本同。伍云："無《説》，言無理由可説也。愚見子在軍時，軍紀森嚴，動輒觸犯，死生不可必當懼也。聞戰時，正宜勇往效命，克敵致果，死生亦不可必，無庸懼也。乃在軍時不懼，而聞戰凡懼，昧於生死利害之故甚已。"餘義詳《集解》。

三七

經 或：過名也。説在實。

孫云："或，'域'正字。過名，謂過之而成是名；若過北而成南，過南而成北。《説》云：'然而謂此南北，過而以此爲然是也。'實，謂方域有定，與'方名無定文'相對。《墨經校釋》云：或，迷惑也。過，錯誤也。名實舛錯謂之惑。"

愚案：孫説過名是，而泥或爲域正字，非。其注《小取篇》"或也者，不盡也"，云："易乾文言曰：或之者疑之也，當此或字之義。"梁校是。

説 或：知是之非此也，有知是之不在此也；張云"有"讀曰"又"。然而謂此南北，過而以已爲然。

言南北所在無實，人亦恒知是南、是北之無定，然竟謂此爲南、謂此爲北而不疑，是惑也。梁校"然而謂此南北"句，改"南北"作"曰此"，非是。

始也謂此南方，故今也謂此南方。

此言實無南北，人沿無始有漏陋習，妄分南北。故始也謂此南方，今亦謂此南方。詎知依方始有南北；若離於方，則無有南北之惑也。《大乘起信論》所謂“依方故迷，若離於方，則無有迷”，老子曰“大方無隅”，均此義也。

三八

經知知之否之，足用也誖，説在無以也。

説智論之，非智無以也。

首“知”字舊斷屬上盈否讀，誤。今從曹箋正，誖舊作諄。

張云：“諄宜爲誖。知之否之，不知也。不知則無以論，乃以爲足用，是誖也。‘智’，讀曰‘知’，知而後有論。”

孫云：“疑有挩誤。《經》文亦有譌挩。”

愚案：張説是，今從之。孫説非。墨子立辭簡淨，文約義豐，大都類此。知，《説文》詞也。从口从矢。此以非知識圓満，知理之速如矢之疾者，無以立言寓意也。知之否之，足用也誖者，《中庸》曰“人皆曰予知，驅而納諸罟擭陷阱之中，而莫之知辟也”；老子曰“不小覺不大迷，不小慧不大愚”，《文子·上德》。可爲塙詁。所謂“無以”者，《尚賢下》篇曰：“王公大人，有一罷馬不能治，必索良醫；有一危弓不能張，必索良工。當王公大人之於此也，雖有骨肉之親，無故富貴，面目美好者，實知其不能也，必不使。是其義。”此知《經》與《説》俱無挩譌也。

三九

經謂辯無勝，必不當。説在辯。

説謂。目。所謂，非同也，則異也。同則或謂之狗，或謂之犬也。異則或謂之牛，舊重牛字，從王樹枏校删。或謂之馬也。俱無勝，是不辯也，辯也者，或謂之是。或謂之非，當者勝也。

張云：“辯必有勝，謂辯無勝者，必其辯不當。故當反，求其辯也。

愚案：此破道家辯無勝之論，而立墨家辯有勝之定準也，餘諸諦理詳《集解》。

四〇

經無讓也，讓上舊衍“不”字，義不可通。從吴汝綸校删。不可，説在始。

説無讓者酒，未讓始也，始也當作之始。不可讓也。

張云：“辯不必讓，當審其始。”

孫云：“《説》無辯義，張説不足據。‘始’疑當作‘殆’，詳《經説下》。凡賓主獻酬之酒，於禮無讓，未讓始也，疑當作不讓殆也。殆始形近而誤，《經》同。凡相近而不讓謂之殆，後文‘若殆於城門與於咸也’九字，文無所屬，疑本在此下，而誤錯於彼。”

愚案：孫説無辯義是。而疑“始”當作“殆”，又以後文“堯霍説”末句，“若殆於城内與於減也”九字，疑本在此，謬甚。此言儒者重視禮讓，以無讓則起忿争，甚不可也。當慎之於始。然儒雖重讓德，而當賓主獻酬，則無讓者。以酒爲敬也，墨者則以其禮爲煩擾，無取也。况酒足以傷生損壽，在未釀之始，即不可釀也。“未讓”、“不可讓”，二“讓”字，吴汝綸讀爲“釀”是也，今從之。此反對儒者禮文之一端，足徵墨氏戒酒，所以全性保真，無異釋老二氏也。此隱譏儒者於酒無讓，爲知不足用也。

四一

經於一疑爲“石”字殘缺。有知焉，有不知焉；説在存。

説於石，一也。堅白，二也，而在石。故有智焉，有不智焉，可。

此所謂“存”，即《公孫龍子·堅白論篇》“藏”之義。言堅白藏於石，拊堅者，知堅不知白。視白者，知白不知堅。往往知其一不知其二，又不知二之本爲一。更不知非一則無二，故徒知有堅者，不知堅之所以爲堅。徒知有白者不知白之所以爲白，謂其於白衹知其假名，不知其真實也，參觀《集解》。

四二

經有指：於二而不可逃。説在以二參。舊作“絫”，從張校。

此章大旨，蓋謂止知其一，不知不一之即一，即是不知一。真知一者，指一知二，指二知一，有指自無不傳矣。佛典所謂“一實中道，離二邊執”，此可與會其通。《説》文長，義詳《集解》。

四三

經所知而弗能指，説在春也。逃臣，狗犬，遺者。遺舊作貴從張校改。

張云：“若春之在時，不可指。”曹箋改“春”作“惷”。

孫云：“‘春’字誤，《説》同。”

愚案：不誤。《禮·鄉飲酒》“春之爲言‘蠢’也”，鄭注：“惷，動生之貌也”。遺失之也事有可知而不能指者，若惷，若逃臣，若狗犬二名，若遺亡之事，皆有可知之名，而無可指之實也。

説所，春也。其埶舊譌執，從張校。固不能指也。

張云：“下云‘臧也今死而春也得文’，則‘春’爲人，疑不能決。”

愚案：張説非，章太炎云：“春即春夏秋冬之春，言春之去來，人知之莫能指之。”是也，下文詳見《集解》。

四四

經知狗而自謂不知犬，過也。説在重。

説智目。智狗重智犬，則過，不重則不過。

狗犬二名，同是一實，故知狗而自謂不知犬，過也。不知其名重也。以狗犬名重言，既知狗又知犬，不知狗即是犬，則過。若以小者爲狗，大者爲犬，狗犬二名不重，則知狗又知犬，不過。義詳《集解》。

四五

經通意後對，説在不知其誰謂也。

張云：“先通彼意，後乃對之，否則不知其何謂。”

愚案：必通達問者意指之實，然後酬對，庶免游疑不決，生彼此心境相違之過。

説通目。問者曰：子知𩣡乎？應之曰：𩣡何謂也？彼曰𩣡施，則智之。若不問𩣡何謂，徑應以弗知，則過。且應，必應問之時。若應，其應有深淺。

通，牒經字。不得與下文連讀。孫讀“通問者曰”爲句，云通即《經》云通意，言問以通其意指也，非是。“問者曰，子知羈乎?”畢云：“羈當爲䮍即羸，省文。”

孫云：“《説文·馬部》云：‘羸，驢父馬母者也。从馬羸聲。或從羸作䮍。’此蓋從羸省聲，而以言爲西，則傳寫之譌。應之曰，羈何謂也?彼曰羈施，則智之。張云，‘羈施’即‘羸蠊’。”

孫云：“‘施’疑當作也，謂告以羸之名物”

張之鋭云：“‘羈’作‘羸’，‘羈’疑爲‘駱’之假借字。非驢父馬母之羸。‘施’，疑當作‘它’，爲‘駝’之假借字。要之‘羈施’，必爲一物名，或爲‘羸蠊’，或爲‘駱駝’，雖不可知，惟‘施’字決不能作‘也’字，可以斷定。何則?既不知羈何謂，仍告以羈也，猶之不告也，安能知之?且於文義，亦甚不通也。若不問羈何謂，徑應以弗知，則過。是終於不知，故過。且應，必應問之時。”

曹云：“‘時’當其可之謂也，孫讀‘且應必應’句，云此義難通，疑當作‘且問必應’，涉下而誤。謬甚，其應有深淺。孫斷問之時連若應爲句，非。其舊作‘長’。”

孫云：“‘長’疑當作‘其’，形近而誤。深，若‘應之曰羸何謂’。淺，若‘徑應以弗知’是也。”

案：孫説是，今從之。義詳《集解》。

經下下行

四六

經所存與者，張云“與”下脱“存”字。於存與孰存駟異説。張云“駟”衍，“異説”下脱，疑當云“説在主”。

據《説》審校，當從張校。移中“存”字著“者”上，下增“在主”二字，並當删“於”“與”二字，作“所存與存者，孰存？説在所主。”

異“駟”則下條之譌文。

説天常中在兵人長所。舊“天”譌“大”，從道藏本、吴鈔本正。在，據《經》及下文當作“存”。“兵”“長”並當從孫校改“其”。作天常中存其人其所。室堂，所存也；孫云此謂其所。其子，孫云：“‘其’疑當爲‘某’之譌。”愚案：詩云“彼其之子”，與此同，不必破作“某”。存者也。孫云此謂其人。據存者而問室堂“據”當作“主”，“存”舊作“在”，從張校改，惡所存也？“所”舊作“可”，從孫校改。主室堂而問存者，孰存也？是一主存者以問所存，一主所存以問存者。

言論理當隨主義所在，辨明“能”“所”立辭；即印度三支論隨自樂爲立宗之旨。因以天常對人物之無常言，天常中所存者人與物耳；物之切於人身，似較能久存者，莫如室堂，室堂是人所存者也，人是所以存室堂者也。乃主人而問室堂，往往人存而室堂或存或不存；又主室堂而問人，往往室堂存而人或存或不存。是一主存者以問所存，一主所存以問存者，均不能如天之至常而久存也。故《莊子·天地篇》曰：“有形者，與無形無狀而皆存者，盡無。”

四七

經五行毋常勝，説在宜。

張云：“毋，無也。”

孫云：“‘宜’，言視其生克之宜。”

欒云：“‘宜’當作‘多’，古文‘𡧱’與‘多’形近，又涉下文‘説在宜’而譌。”

説五，合水土火，火離然，火爍金，火多也。金靡炭，金多也。合之府水，木離木，若識麋與魚之數惟所利。

孫云：“五合謂五行相合。水土火，疑當作‘木生火’。”

張云：“五行自相合者，水土火。金待火而合，木待金而合。”

愚案：孫、張二説均未允。“五”，牒經字，“合水土火”疑當作“金木水火土”。“合”即“金”之譌，水上脱“木”字，而“火”、“土”又誤倒。《文子·自然篇》曰："金木水火土，其勢相害，其道相待。"與此《經》"五行毋常勝"，並《説》文義符合，可據正。"火離然"，當作"火離木而然"。"離"，麗也。"火爍金"，火多也。"金靡炭"，金多也。"靡"，礳之假字，義不待解。合之府水，合之二字，疑一金字之譌。府、腐同。金腐水，當在火多也上，言火爍金，金腐而成水，火多也。"木離木"，孫云當作"木離土"，"離"亦與"麗"同。案：以上當挩"木多也"、"水多也"、"土多也"，等文。"若"，識麋與魚之數惟所利，舊斷下章"無欲惡"三字連"惟所利"讀，誤。此以喻結，言麋利於山，魚利於水，其數孰多孰少無定。惟在利用者，孰多取，孰少取，麋魚不相勝也。

四八

經 無欲惡之爲益損也，説在宜。

孫云："《經上》云，平知無欲惡也，《説》釋以惔然，蓋謂淡泊無所愛憎，於人己或益或損，隨宜無定。或疑'爲益損'當作'無益損'。"

張云："欲恶去之，有益有損，視其所宜。"

愚案：孫以淡泊無所愛憎釋無欲惡是也。餘與張説並非。此以欲屬積極的爲益，惡屬消極的爲損，皆害性者；必無欲惡斯宜也。《莊子·則陽篇》曰："欲惡之孽，爲性萑葦。"是其義。

説 無，欲惡。傷生損壽，説以少連，是誰愛也？嘗多粟。或者欲不有能傷也，"欲不有"當作"有欲不"。若酒之於人也。

孫誤將喻結上章"若識麋與魚之數惟所利"句，連"無欲惡"爲解云，"無欲惡"猶言無愛憎麋魚以共膳羞云云，謬甚。"無"，牒經字，不與下文連讀。欲與惡戕賊性真，傷生損壽一也。惟無欲惡，説以古賢人少連，言中倫行中慮爲宜。欲生於貪愛，遇阻則憎惡，均非愛人自愛之道。或者以爲有欲不能傷生，詎知不然。如粟所以養生，而貪食過多，必致傷胃，有害生理。譬若酒然，嗜飲者以爲無傷，不知酒壞血輸，鈍滯脈管，令人亂性癲狂妄爲，傷身甚矣。不然，聖智如禹，奚爲惡旨酒。即此猶今衛生家主張菜食論者。

且恕人利人，愛也，則唯恕弗治也。

汙世智人未有不以多粟爲利人，因以示愛者，然真能自愛愛人者不然。蓋“人之生，動之死地”者，“以其求生之厚，夫唯無以生爲者，是賢於貴生。”《老子》則雖智者弗治也；然果如何爲治，在損去性餘之欲惡如酒然。是所謂道之真以治身也。《莊子·讓生》。

四九

經損而不害，説在餘。

孫云：“《説文·食部》云：‘餘，饒也。’謂物多饒，則損之爲宜。”

愚案：孫説得其粗跡，其精義謂今世不仁之人，莫不決性命之情而饕貴富，是以天下大亂。貴富者一切貪欲之大端，至性之餘孽，爲害於天下者無限，是故爲道者日損，損之又損，以保其真常之性也。

説損飽者去餘。

孫云：“言損去其多餘者。”

愚案：孫説過膚。《説文》：“飽，猒也；从食包聲。”《左氏昭十二年傳》注：“去其醉飽過盈之心。”疏：“食充其腹謂之飽，酒卒其量謂之醉。醉飽者，是酒食厭足過度之名。”此繼上文言飽食與醉酒，同一傷生損壽；必損去其過量者，始不爲害也。《論語·鄉黨篇》云“不多食”，義同。抑知墨氏家風，言有多財而不以分貧，凶也。亦此損飽者之一秘旨也。

適足，不害，能害，飽。

孫云：“‘能’與‘而’通，‘害飽’疑當作‘飽害’，言若食適足不害於人，而過飽乃爲害。”

愚案：“能”不必通“而”，“害飽”不必作“飽害”，亦通。言食適足而止，不害於人；能爲害者，在過飽耳。《莊子·達生篇》曰：“飲食之間，而不知爲之戒者，過也。”以腹中食少，爲長生要訣，大旨與此略同。

若傷麋之無脾也。

孫云：“‘脾’，近竅賤也。祭言麋以共祭，而髀不登俎，故傷麋雖無，無害於爲腊以共祭，亦損而不害之意。”

且有損而后益者者上舊有“智”字，從孫校删，曹本同。若瘧病之人於瘧也舊作之，從孫校改。

畢云：“瘧即瘧省文。”

孫云：“言人患瘧者，以病損爲益也。”

愚案：《易·損卦》云：“損其疾，使遄有喜，皆教人祛性餘之妄，存本性之真也。”

五〇

經知而不以五路。説在久。

説智以目見，而目以火見，而火不見。惟以五路知，久不當。以目見，若以火見。

孫校“知而不以五路。説在久”於《經下篇》旁行句讀下列云：“有誤。”又以“以目見若以火見”斷屬下讀，於“以目見”下云：“當捝‘火’字。”

愚案：孫説均非。“五路”即眼耳鼻舌膚，言凡知物必由五官之路。今不以五路者，因物物有名，相傳既久，故即名而知。下文知其所不知，説在以名取，與此可互明。智以目見，而目以火見，而火不見者，即《公孫龍子》“火與目不見，而神見”之本。《堅白論》。此“智”即“神”，釋家稱“識”。言人之有知，以爲由目而見，而目又由火而見；詎知目不能見物，火亦不能令目見物。蓋目與物離，火雖助緣，究不能合目與物以成見；必由神以合之而後成見，故曰火不見。此知五路離神不能知物，故惟以五路知物者，雖久亦不當。若謂離神惟以目能見，猶若無目而以火能見也，有是理乎？

章太炎《國故論衡·原名》述此，斷上文“智者若瘧病之之於瘧也”上“之”字訓“者”。屬此條，非是。又以“久”爲讀，“不當以目見”爲句，“若以火”爲斷，均欠審。其以法相宗眼識九緣之前五緣，釋此五路，竊以墨氏雖精，恐尚無此邃密。然若“五路”專屬“目”言，則必如此釋，始爲精審。顧觀《經》云“知而不爲五路説在久”，《説》云

“惟以五路知久不當”與《經》反證以相成，顯由五路轉入目，又由目轉入所以能成見之智，由粗入細，逐次顯真，似乎‘五路’衹合以五官釋之。然眼識九緣説允當參究。又《公孫龍子》“火與目不見而神見”之説，於此條之微旨，闡發無遺。是即佛教所謂一切法相不離識也。後人輒以詭辯非之，陋矣！

五一

經火不熱，舊作必熱從孫校增訂。説在頓。

孫云：“《説》無‘頓’義，疑當作‘覩’。《説》云‘以目見火，若以火見火’謂火之熱，大意目中所見者火之光不見其熱也。”

愚案：孫疑“頓”當作，非。又云《説》云“以目見火，若以火見火”。斷上章之《説》“以目見若以火見”，爲此章之説，謬一。又於以目見下增“火”字，謬二。又以《説》牒經“火”字，屬上章“若以火見”爲句，謬三。而謂目中所見者火之光，不見其熱，是也。

曹云：“頓，遽也。謂俄頓之時也。火雖熱，而乍見之者，但見其光，不覺其熱，徐徐稍久而後熱也，此亦非自目之所知也。”

説火，謂火熱也，非以火之熱，俄有若視日。舊“俄”作“我”，“日”作“曰”，均從曹箋改。

“俄有若視日”，舊譌作“我有若視曰智”。張沿譌解云“有如視一物而曰知”，孫從之，均不知“智”字，爲下章之《説》牒經字，信乎《墨經》之難讀也。

曹云：“言火則知其熱，不可以目見而知也，目見其光而已。俄有者，乍見之頃也。目光亦熱，乍視之亦不熱也。”

愚案：火以熱爲性，著熱燒物爲自相。由熱發光，衆皆可見爲共相。今乍見者，不過火之共相，未著火之自相。蓋以光，非以熱，有若視日然也，尚有精義詳《集解》。

五二

經和其所以不知，説在以名取。

名以舉實，如火熱水溼名言種子，具藏識中，是可以名取，而知其所以不知者也。故求真知者，知得一名，即多知所以不知之名義，而新知日益矣。

說智目。雜所智與能不智而問之，則必曰是所智也。是所不智也，取去俱能之，是兩智之也。

曹云："《論語》曰：'知之爲知之，不知爲不知，是知也。'"

愚案：取所當知之兼，去所不知之非兼，斯爲取去俱能之，是兩知之也，義詳《集解》。

五三

經無：不必待有。說在所謂。

說無：若無焉，則有之而后無。無，天陷，則無之而無。

張云："有有而無，有無而無，視其所謂。天陷，或謂天所缺者。"

孫云："言所謂不同，'焉'疑當作'馬'，'馬'爲物名，必先'有馬'，乃可言'無馬'也。'天'疑當作'失'，戒人無失陷爲虛言，則先未有此事，而豫相敕戒，亦可言無，所謂不必待有也。"

愚案：張說是也。孫說均非。"無"者，兼之總和，實相也；"有"者，兼之分體，粗跡也。無本不必待有，斯可謂有；不過淺人以爲非有謂之無，必待有始謂之有，所謂有不同耳。因言世俗所謂"無"者，不外二種：一若言無馬，《說文·鳥部》云"焉，鳥，黄色，出於江淮"。《離經》"黄鳳，謂之焉"。《備城門篇》云"鳳鳥之不出"，是既有而后無者也；二若所謂無，屬於天然之缺陷，如龜無毛，兔無角，則是本無而無者。孰知舍此二種"無"外，真空不空，妙有非有之"無"，尚無量也。

章太炎云：《說文》"無"，古文奇字作"无"，譚長說，天缺西北謂之无，純一案：《說文》作"王育説天屈西北爲无"。此言天陷是也。無之而無，謂本無未缺之時也，參觀《集解》。

五四

經酌慮不疑，說在有無合。

孫云："'擢'，當作'摧'。'慮'，大凡也。此合兩文言之曰'摧慮”，其義一也。”

愚案：孫説非，又斷此“合”字，與下《經》與一連讀，更謬。

張之鋭云：“‘擢’，拔也，言未來過去一切色相，皆，拔去於已之思慮，不使疑滯於心也。按擢慮不疑，從佛經所謂‘無罣礙’，一切色相，未來過去皆無，惟現在爲有。過去之無，即現在之有。現在之有，又爲未來之無。知有之即無，無之即有，而後有無可以合一。有無合一，而後可空一切色相，疑慮悉去也，此與上條相對成義，上言有無異謂，此言有無合一。”

說擢，疑無謂也。臧也今死，而春也得文，文死也可。

“擢”，牒經字。“疑無謂也”者，言執著有無而生疑，無謂也。

“臧也今死，而春也得文，文死也可。”

張之鋭云：“冬主收藏，草木皆死，‘今’謂現在也。至春時則草木皆抽條敷華而有文彩，故曰‘而春也得文’。冬時之死，爲春時之文。春時之文，至冬時復死，故曰‘文死也可’，言方文之時，視之如死可也。‘文’，有也；‘死’，無也。四時，未來、現在、過去也，此説明有無合一之旨。此與《莊子》所謂‘方生方死，方死方生’，釋氏‘色即是空，空即是色’，義並同。”

愚案：此破人迷於幻有，不知有無不二之惑也。餘諸精義詳《集解》。

五五

經且，然不可正，而不害用工，説在宜。

孫云：“‘工’與‘功’古字通，‘用工’，猶言從事也。‘且，然’者，將然而未然，不能質定，故不可正。而因時乘勢，正可從事，故不害用工。”

愚案：凡事當創始時，疑慮無定，成敗不可知，要當勇猛精進，審度機宜，終必有成也。

說且目。猶是也。且然，必然。且已，必已。且用工而後已者，必用工而後已。

牒經字，“猶是”者，猶是心耳。且以爲然，必然。且以爲已，必已。“已”，止也。“且將用工而後已”者，必即用工而後已。凡事興廢，悉隨心轉。此即釋氏心生種種法生，心滅種種法滅之理。

五六

經 均之絶不，説在所均。

説 均目。髮均縣，輕重而髮絶，不均也。均，其絶也莫絶。

“均”，平也。處置物理，兩得其平，則久縣不絶。若有毫髮之不均平，偏輕偏重，必立絶也。《列子·仲尼篇》曰：“髮引千鈞，非謂一髮，能引千鈞，以髮爲繩引千鈞也。”此言結甚輕微脆之髮，能均重縣，物理然也。若縣過重，髮不勝任。有偏輕偏重之不均，則髮絶，均則無絶理也。

公子牟曰：“髮引千鈞，勢至等也。”《列子·仲尼篇》。慎到曰：“措鈞石使禹察之，不能識也。縣於權衡，則氂髮識矣。”《意林》。均本此。

五七

經 堯之義也，生於今而處於古，而異時；説在所義二。

孫云：“‘生於今’與‘處於古’，義迕。‘生’疑當作‘任’，形近而誤。《説》云，‘舉友富商也，是以名示人也’，‘任’與‘舉’義同，言於今舉堯之義。《説》下又云‘在堯善治，自今在諸古也’，‘在’疑亦‘任’之誤。”

二謂二人，張以此字屬上説在所義爲句云：“二，名實。”疑非。

王樹枏云：“《經説下》云‘堯之義也，是聲也於今，所義之實，處於古’，據此‘生于今’，當爲‘聲於今’，言有義之聲於今而義之實則處於古也。故曰所義二。”

愚案：孫沿《説》之譌爲解，并斷“二”字屬下條，均非。張説是也。當從王校改聲，此言堯之義聲至今未滅，而義之實處於古。古今異時，故所義二。

說堯霍畢據下文作“靡”。或以名視人，或以實視人。張云：“堯者名，靡者實。”愚案：“靡”當作“臞”。

孫云：“‘堯霍’二字，爲下文發耑。篇中‘霍’字婁見，以意推之，似並當爲‘虎’之譌，然於此文不合。畢云‘据下文作靡’，張從之，未知是否。”

愚案：畢、張、孫均未得解。“霍”並下文“靡”，均當爲“臞”之譌。《文子·自然篇》曰：“神農形悴，堯瘦臞，當據改。下同。蓋堯所以瘦臞，爲勞天下而致，正其義之實也。”

舉友富商也，是以名視人也；指是靡也，靡當作臞。是以實視人也。堯之義也，是聲也於今；所義之實處於古。

孫云：“‘視’與‘示’通，舉友之富商以告人，是示以名也；指靡以示人，是示以實也。”

愚案：“友”當爲“堯”，草書形近而譌，“富”當爲“寔”，上半形近而譌“商”爲“帝”之譌。孫沿譌爲解，非是。“寔”，《詩·小星》“寔命不同”，《傳》“是也”。此文本當作“舉實堯也，是以名視人也；指是臞也，是以實視人也。”如此則文義相對，證明義二之旨顯然已。

若殆於城門與於臧也。

張云：“‘城門’，守門者。‘臧’，僕也。城門舉實，臧舉名。”

孫云：“張説迂曲，此九字上下文無所屬，疑當在上文‘無讓者酒未讓始也不可讓也’之下。”

愚案：孫移此九字於前不讓也下，大謬。張説亦未允。經説通例以喻結，言“若”者，即《小取篇》所謂“辟”，蓋舉他物以明意也。此九字用以喻堯之義無疑。“臧”，藏正字，言堯之義，自古至今若城門然，足令人盡入其中以藏身也。義詳《集解》。

五八

經狗，犬也。而殺狗非殺犬也不可，説在重。

狗即是犬，故殺狗非殺犬不可，以二名一實，重也。

說狗目。狗，犬也，而殺狗謂之殺犬不可。

此反經爲説，狗雖是犬，而大狗爲犬，犬子爲狗，名實俱異，故殺狗謂之殺犬，不可。

若兩䏶

楊云："'䏶'疑'脾'字之誤。"

孫云："依楊説則當亦'髀'之叚字，見前。"若傷麋之無脾也"下。此言同一體而有左右之異，以喻狗、犬同物而異名也。"

愚案："'䏶'"疑爲"傀"或"塊"之譌。《荀子·性惡篇》曰："則傀然獨立於天地之間而不畏。"楊注："'傀'與'塊'同，獨居之貌也。"此言狗、犬雖同一實，而兩名則孑然獨立，有不容混者也。義詳《集解》。

五九

經使殷美説在使。

説使：令使也我使我我不使亦使我殿戈亦使殿不美亦使殿

張云："'殷'，當爲'殿'，軍後曰殿。"依張説以意校之，《周禮·鄉師》疏：軍在前曰啓，在後曰殿。疑"殷"爲"殿"形近而譌，上捝"啓"字。"美"當從《説》，孫校作"義"。此文似當作"使：啓，殿，義；説在使"。謂或使在前而啓，或使在後而殿，孰義？惟在所使之宜。《説》原文錯譌過多，義不可通，疑當作"使：令使也，啓，義亦使啓，不義亦使啓；殿，義亦使殿，不義亦使殿"。言無論爲啓爲殿，既令使之，義即在是；縱或不義，亦以勉從使令爲義也。文中有二"我"字，並"戈"字，均"義"之殘。有二"我"字爲"啓"之譌。尚捝"啓亦"二字，衍一"使"字，又有誤倒。"美"形近"義"而譌。今校如此，未知是否。或以堯啓義之聲於前，墨殿義之實於後，寄意也。

六〇

經荆之大，其沆淺也。"沆"，舊作"沈"，從孫校改，《説》同。説在具。

説荆目。沆，荆之具也。具舊作貝，依經文改。則沆淺非荆淺也，若易五之一。

伍云："此言换詞法之易誤者。'荆'，楚也。'沆'，大澤也。具謂具區，《爾雅·釋地》'吴越之間有具區'，即古之震澤。戰國時屬楚，沆爲澤名，楚爲國名。大小以國言，深淺以澤言，澤可以言有大小，國不可以言有深淺。沆雖楚地，然荆之大，非沆之大。沆之淺非荆之淺也，故曰：'荆之大，其沆淺也。説在具。'"

"若易五之一"，孫云："之猶與也。"

愚案：言荆與沆，若五與一之比，均不可以沆之淺，斷定荆之淺，質量異也。

六一

經以楹爲摶，"楹"舊作"檻"，從孫校改。於以爲無知也。説在意。

説以楹之摶也見之，其於意也不易，无智意相也。"无"舊作"先"，從孫校改。若楹輕於秋，疑捝"毫"字。其於意也洋然。

"楹"，柱也；"摶"，圓也。柱之形圓，世共和之。而其圓度，果中規否，無知之者。是知柱之爲圓，不過以意逆之而已。柱以目見而知爲圓，其於意也亦無變易。是无知意相，不察之爲明也。於是視楹輕於秋毫，其意終洋洋然廣而無所別析也。墨子心超物表，兼以正別之神思，宛然如見，義詳《集解》。

六二

經意未可知，説在可用過仵。

伍云："'意'同'義'，'仵'同'午'，古文作'乂'，表交叉之義。"

説段，椎，錐，俱事於屨，可用也。成繪屨過椎，與成椎過繪屨同，過仵也。"仵"舊作"件"，依《經》改。

"段"、"鍛"同，言段椎錐，俱可爲從事於屨之用。伍云，"事"同"剚"。孫云，"繪"疑當爲"繒"，"過"疑當爲"遇"，下同。"紨"，帛也，古爲屨冬皮夏葛，亦或繒帛爲之，此謂繒爲作履屨之材。段椎錐爲作履屨之器，材與器兩者遇仵以成履屨，相須而爲用也。

愚案："過"字不誤，義詳《集解》。

六三

經一　少於二而多於五，説在建位。

曹云："'位'原譌作'住'。'違'，立也，位上下左右之位也。珠算之法，上二下五，上一當五，下一當一，左一而當十，右十而當一，故曰一少於二而多於五，視其所立之位也。"

説一目。五有一焉，一有五焉，十二焉。

張云："五析之，則有一者五，是一少於二也。建一以爲十，則一有五者二，是多於五也。建一爲十，累一爲二。"

愚案：此以一攝多，破人執一之陋見也。

六四　**經**非半弗𣃁，則不動。説在端。

𣃁，義與"斫"同。"半"，物中分也。"非半弗𣃁"，則端之因𣃁而見於半者，愈𣃁愈多，而端之質量如故，未嘗變動也。

説非𣃁半，進前取也。前則中無爲半，猶端也。前後取，則端中也。𣃁必半，毋與非半，不可𣃁也。

"非𣃁半"，文義不順，當作"半𣃁"。非半而𣃁之，則每𣃁前進以取之也。"進前取"，則中分處兩半不均，似無所謂半，兩端之質量無增減也。若前後適中而取，則端之見於中分者亦如故，要之𣃁必半，抑或非半，而端終古不動，不可𣃁也。"毋"，語助，此寓神託於秋毫之末，而大宇宙之總義。義詳《集解》。

六五

經可無也，有之而不可去；説在嘗然。

張云："本可無也，嘗有之則不可去。"

孫云："言凡有者必可無，嘗然者，今雖無而實爲昔之所有，故云不可去。"

愚案：張説而未透宗，孫説粗疏欠允。此言"天地萬物生於有，有生於無"。《老子》。顧方其無也，非本無也；特以視之不見，聽之不聞，摶之不得，可名爲無；實則體物而不可遺。蓋自未有天地已然，既有天地亦然。自古及今，凡有之所在，即無之所在也。知此，始可與言兼，可與言墨道。

說可無也，已給則當給，不可無也。

張云："'給'，具也。嘗已具之則當具之。"

孫云："張説未塙。此以《經》校之，疑當作'已然則嘗然，不可無也。''然'與'給'草書形近而誤。凡事之言已然者即嘗然，今雖無而昔之爲有則審矣，故云不可無，猶《經》云不可去也。"

愚案：孫説未審，張説是而欠圓。此可名爲"無"者，迎之不見其首，隨之不見其後；然"其與萬物接也，至無而供其求"；《莊子·天地》。既給乾以資始，又給坤以資生，"萬物皆往資焉而不匱。"《莊子·知北游》。太虛寥廓中，曾無無"無"之所，孰能外"無"而自爲有哉?

久，有窮無窮

孫云："此五字與上下文皆不屬。張、楊並屬上爲一章，以經校之，亦不相應。疑當在後'民行脩必以久也'之下，而誤錯在此。"

愚案：孫説非，張、楊並屬上爲一章是也。此"無"之至真至常也，"先天地生而不爲久，日月得之終古不息"。《莊子·大宗師》。故其資給萬有也，以疆域言，天地有窮，此"無"無窮；以時期言，天地有窮，此"無"無窮。從知此似乎可無，實不可無者，蓋即墨之同實，兼之異名也。

六六

經正而不可摇"摇"舊作"擔"，從孫校改，説在摶。

說正：丸，"丸"舊譌"九"，從孫校改。無所處而不中縣，摶也。

孫云："'摶'，圜也。圜者，隨所置而正，故云'不可摇'。"正丸"，即立圜。隨所轉側，而其中綫必正直。故云'無所處而不中縣'，即《經》'不可摇'之意。"

張之鋭云："'正'，謂圜之中垂直綫也。'不可摇'者，謂圜之中垂直綫，不可動摇也。丸雖圜轉，而中垂直綫，則不論如何位置，常中綫成直角，所以然者，以其形摶，中心去圜周，無處不等長也。知此理則知萬物之在地球，爲地球中心所吸，亦無往而不成中垂直綫。以地球體圜如丸，中心重心，併居一位也。”

愚案：張説精審，並有圖説，宜參稽，此以物理重心在中，正縣不摇，喻人當冥契一實中道，去偏見也。《淮南子·主術訓》曰“動静循理”，“一度而不摇”，是其義。義詳《集解》。

六七

經 宇進無近，説在敷。

張之鋭云：“東西南北謂之宇，宇無所往不在，此之近，或爲彼之遠。彼之近，或爲此之遠。是近即遠之發端，故在宇内進行者，無所謂近也。按宇進無近之理，亦可知地形爲圜，蓋發端之近點進行一週，必爲至遠之點也。敷施也，《説》云：‘進行者，先敷近後敷遠。’”

説 宇目。區宇不可偏舉也。進行者，先敷近，後敷遠。

“宇”，舊譌“字”，從孫、曹校改。又倒置“舉”下，從曹箋正。“區”舊作“傴”，從曹校改。

張之鋭云：“宇無不包，不可偏舉一處，以是爲宇之區城也。進行者，先施於近，後乃施之於遠，進行無垠，不以近止，故曰‘宇進無近也。’”

愚案：此猶釋氏云：“此空無異彼空，破世人方域遠近之惑也。義詳《集解》。”

六八

經 行修以久，“修”，舊譌“循”，據楊、張、孫校改。説在先後。

説 行目，舊涉下文衍“者”字，今删。行者必先近而後遠，遠近修也。“遠”下舊衍“脩”字，孫從俞校删。先後久也，民行修，必以久也。

行以漸修積久而成，物有本末，事有終始。本始所先，末終所後，蓋進德定程也。行遠自邇，無慮途長，攝解成行，久道化成，風淳俗美矣。義詳《集解》。

六九

經一法者之相與也，盡類。“類”字從孫校增。若方之相合也。“合”舊譌“召”，從王引之校改。説在方。

伍云：“‘法’，式也。猶今言公式。‘盡類’，謂凡同類者，莫不然也。凡同類者可得一公式，而一公式之適用範圍，盡於其類。譬如方形爲直角，而角度九十，則無論何物質之方形，其角度皆同也。”

説一方盡類。“類”舊譌“貌”倒“盡”上，孫從王引之校正。俱有法而異，或木或石，不害其方之相合也。“合”舊作“台”，孫從王校正。盡類猶方也，“類”舊作“貌”，從王校改。物俱然。

孫云：“‘一方盡類’，明其方之同，俱有法而異，明同方之中，仍有異也。”或木或石，不害其方之相合者，王云：“言物之方者，雖有方木石之異，而不害其方之彼此相合也。”

“盡類”猶方者，孫云：“‘猶’與‘由’通，言其所以盡相類者，由於同方也。”物俱然，言同類之物，莫不然也。義詳《集解》。

七〇

經狂舉不可以知異，説在有。

張斷下章“不可”二字連“説在有”讀，云如非牛不可之類，誤甚。

孫云：“知其非，今爲説明。‘狂舉’，即因明之比量相違，異即差别相，亦名相違因，有即差别性。如《説》云：‘牛有齒，馬有尾，是俱有，不可以知異。’若舉以爲異，是狂舉也。《説文·有部》云：‘有，不宜有也。’段注：謂本字不當有而有之稱，引申遂爲凡有之偁。案此有，蓋本義也。”

説狂目，舊倒置“牛”下，從曹箋乙。牛與馬惟異“惟”與“雖”通。以牛有齒，馬有尾，説牛之非馬也不可，是俱有。不偏有不與非同。偏無有。曰牛之與馬不類。“牛”字從盧校增。用牛有角，馬無角，是類不同也。若舉牛有角，馬無角，以爲是類之同也。“同”上“不”字從孫校删。是狂舉也。猶牛有齒，馬有尾。

梁云："此言辨物之異，須舉其屬性特異之點，牛之所以異於馬者，非以其有齒也，以其有角也。馬之所以異於牛者，非以其尾也，以其無角也。何也牛固有齒，馬亦有齒也。馬固有尾，牛亦有尾也。如辨孔墨異同，而云孔子著書，墨子講學，是不足以明孔墨之異也。云孔子尊樂，墨子非樂，則足以明其異矣。"

愚案：梁説精析，餘詳《集解》。

七一

經不可牛馬之非牛與可之同，説在兼。

張云："牛馬非牛，或可或不可。專則不可，兼則可也。"

孫云："兼，謂兼舉牛馬也。荀子云'單不足以喻則兼'，即其義。可之，疑當作不可。"

愚案：張説是。孫説兼舉牛馬，不知兼對可不可言，欠析。以荀子之兼即此兼，謬甚。疑"可之"當作"不可"，因誤斷"不可"二字屬上章讀，知此文有"不可"二字，不知亦當有"可"字，又非。此文兼舉牛馬，不可云非牛，因非無牛也。亦可云非牛，因非盡牛也，同是未決定因也。

説不目，舊倒置"或"下，今乙。或非牛而非牛也可，則或非牛，或牛而牛也可。故曰牛馬非牛也未可。牛馬牛也未可，則或可或不可，而曰牛馬牛也未可，亦不可。且牛不二，馬不二。而牛馬二，則牛不非牛，馬不非馬，而牛馬非馬無難。

兼舉牛馬，其中雖或非牛，而謂之非牛也可，以其單牛也。然牛馬二者之中，或非牛，或是牛，既有牛，則謂其中有牛也亦可。以此之故，若徑曰牛馬非牛也未可，以不無牛也。牛馬牛也未可，以非全牛也。或可或不可，既未決定，則徑曰牛馬牛也未可，亦不可。蓋不應以猶豫因，不共許因，濫作違現論證，致犯能別所別俱不極成過也。且牛不二，馬不二而牛馬二。分析言之，則牛不可謂之非牛，馬不可謂之非馬。若合牛馬爲一而言之，則若牛非馬，無難明知矣。

七二

經循此循此與彼此同，説在異。

説彼目。正名者彼此。彼此可，彼彼止於彼，此此止於此。彼此不可，彼且此也，此亦且彼也。五字從孫校增。彼此亦可，彼此止於彼此，若是而彼此也，則彼亦且此，此亦且彼也。“亦且彼”三字從孫校增。

孫云：“《説》無‘循’義”。

張云：“兩‘循’字皆衍。‘此此’，此之此也；‘彼此’，彼之此也。各此其此，同也；其所以彼此，異。”

愚案：兩“循”字並誤。當據《説文》及《公孫龍子・名實篇》文校訂，作“彼此彼此與彼此同，説在異”。第一“彼此”，是世間名實相當，截然各異之彼此。第二“彼此”，是世間名實無定，大致相同之彼此。第三“彼此”，是出世間法，遣名顯實，小異亦同之彼此。是三種彼此之名同，而其實各異，故曰彼此。彼此，與彼此同，説在異。義詳《集解》。

七三

經唱和同患。説在功。

説唱無遇，“遇”舊作“過”，從孫校改，下同。無所周，若稗；舊作“粺”，從孫校。和無遇，使也，不得已。

孫云：“‘周’疑當爲‘用’之誤，謂所唱不足用，即唱而不和之意。《説文》禾部云：稗、禾别也。此喻無所用若荑稗。”

愚案：“周”字不誤。“周”，《左氏昭十三年傳》“使周走而呼”注：“徧也。”言唱而無和，則不能周徧。“若稗”，明唱而不和之故，因若荑稗視之。“和無遇”，言有和者無繼續唱者，則學絶道喪，世運使然，不得已也。貴乎唱者和者，同爲天下憂患，則教學相長，化民成俗，有功於世道者大也。

唱而不和，是不學也，智少而不學必寡。

孫云：“‘必’上有挩文。”

楊云:"疑脱'功'字"。

愚案:楊、孫二説均未審。此句注重"寡"字,《詩·桃夭》序箋疏引《爾雅》"無夫無婦並謂之寡",言少匹對,猶孤陋之謂。此言智少而不學,必益寡陋,無須補功字也。

和而不唱,是不教也,智而不教功適息。

畢云:"'智'下當有'少'字。"

孫云:"疑當作'智多而不教'。"

愚案:畢説失之,孫説亦過泥。此句注重"教"字,"智"下不必增"多"字,蓋"智而不教功適息",與"智少而不學必寡",義正相對,而文正不必對。細玩此條大旨,文似唱和對舉,義實側重唱邊。以必有唱者,然後能望人和也。觀上文言和無遇是不得已,唱無遇則無所周,意已顯然。下文取喻以唱者爲主,和者爲從言之,一種毅然創教之精神,今猶活潑紙上也。

若使人奪人衣,罪或輕或重;使人予人酒,功或厚或薄。

舊句首無"若"字,"酒"下無"功"字,孫云:"句首疑捝一字,此蓋喻不和不唱之無功。"

愚案:句首當脱"若"字,《説》文用"若"喻結,通例也。"酒"下當脱"功"字,與罪或輕或重對文,均以意增。《左閔二年傳》"衣,身之章也",有文物加被意。《禮記·射義》:"酒者,所以養老也,所以養病也。"故此以爲喻,蓋謂唱與和並爲功。然有和者而無唱者,固無如何也;設有唱者而無和者,又奈何?是唱者縱欲以文物徧被於人如衣然,而不和者無異奪人之衣,使不能加被於其身。孰知僅奪一人之衣其罪輕,而此不和者,實無異使人徧奪人之衣,其罪甚重也。雖然,人不和而我必唱,唱之果力,必有和者。是猶以資益壽命之酒予人,且使人人互相予,若和者衆,則唱之爲功厚,和者寡,則唱之爲功薄。故無論人之和不和,而我之必唱,不容已也。此似墨子"獨自苦而爲義",《貴義篇》。偏從人而説之。《公益篇》。而天下"多聞兼而非之者",《兼愛下》。故爲此寓言也。

七四

經 聞所不知若所知，則兩知之。説在告。

張云："不知者，人告之即知。"

愚案：張説是而義甚膚，粟菽之多少所不知，聞人告以已量之石斗，則若所知，絲麻之輕重所不知，聞人告以已權之銖兩，則若所知。此唱和同串之功也，蓋以所知告人者，唱也。先知覺校後知也。以有所不知而尊聞者，和也。聞所不知若所知，則後覺復爲先覺，功在轉相告也，知必兩知，猶之愛必兼愛，利必交利也。

説 聞目。在外者，所不知也。或曰在室者之色，若是其色。是所不知，若所知也，猶白若黑也。誰勝？是若其色也，若白者必白，今也智其色之若白也，故智其白色也。夫名，以所明正所不智，不以所不知疑所明，若以尺度所不智長。外，親智也。室中，説智也。

"聞"，牒經字。此文據在外者所不知也，或曰在室者之色若是其色，審校。是以在室者告在外者，則在外者所不知也上，當有"在室者所知也"六字。以在室者之色告在外者，在外者，即知所不知之色猶白若黑也。又問其色誰更白，誰更黑，告其色正相若。若白者必白，今知其色之若白也，非若黑者比，故知其白也。夫名以所明之真常，正所不知之疑。不以所不知之疑，疑名實分明之所聞。若以所不知之長，度以尺而知之，而疑冰釋矣。室中者，親證而知也。在外者，聞説而知也，室中，喻深造有得者也。在外者喻當求入德之門也。言學者不應久處宫墻之外，當即入門歷階升堂入室也。義詳《集解》。

七五

經 以言爲盡誖，誖。説在其言。

張云："言無盡誖者。"

孫云："謂人言有是非，概庰其非亦非也。"

章云："謂言皆妄。詰之曰，是言妄否，則解矣，此謂勝彼破也。"

説 以目。誖，不可也。之人之言可，"之人"舊作"出人"，從孫校改。是不誖，則是有可也。之人之言不可，以當，必不當。舊作審，從孫校。

“誖”，乖也。人之言或乘於理，不可也。然人之言未必無一可者，即不盡誖。縱人之言皆不可，爾以盡誖爲當，則爾所謂之當必不當，以爾之言不誖也。義詳《集解》。

七六

經唯吾謂，非名也則不可。説在仮。

孫云：“唯，諾也。諾，應也。唯吾謂，言吾謂而彼應之。若非其正名，則吾謂而彼將不唯，故不可也。仮與反同。反，謂却之不應也。”

愚案：孫説“反”字未允。唯吾謂者，言謂合正名，可以唯乎其謂。是立敵共許，所謂真能立也。非名則不可者，言謂非正名，則不可唯乎其謂。是立敵相違，所謂似能立也。一真一妄，二者義相反也。

説唯目。謂是霍可，而猶之非夫霍也。謂，彼是，是也。不可謂者，毋唯乎其謂，彼猶唯乎其謂，則吾謂行。“行”上舊衍“不”字，從孫校删。彼若不唯其謂，則吾謂不行。舊捝“吾謂”二字，文義不明，據上文“則吾謂行”補。

孫云：“‘霍’，疑‘虎’之誤，下同。”

愚案：是，此也。夫，猶彼也。“霍”當作“寉”，前有假寉猶氏寉之説，足見寉是假名，非真名。故此謂此假名之寉以爲可者，尚非彼之所謂寉，彼且以爲不可。必不唯乎其謂，蓋寉非正名，非立敵二者決定共計許也。必唯乎其謂者，則名實正，而立敵共許矣。謂彼是是也者，言此之所謂，彼以爲是，則正也。凡不可謂者，必無人唯乎其謂，彼若唯乎其謂，則吾謂行。彼若不唯乎其謂，則吾謂不行，是非異也。《公孫龍子·名實論》本此，並前彼此彼此章脱化。義詳《集解》。

七七

經無窮不害兼。説在盈否。

畢讀“盈否知”爲句，張、孫均從之，非。今從吴汝綸考定，王闓運本同。無窮，萬殊也。兼，一本也。萬殊攝於一本，不相礙也。《經上》云“盈，莫不有也”，即圓滿無缺之義。天下皆聞兼而非難者，由其知之聾盲也；設所知圓到，何難滙萬歸一耶？墨道宗趣，託此以明。

說無目。南者“方”舊作“者”，《莊子·天下篇》惠施曰：“南方無窮而有窮。”即本此爲說，今據改。有窮則可盡，無窮則不可盡。有窮無窮未可智，則可盡不可盡未可智。人之盈否未可智，而必人之不可盡；人之可盡不可盡亦未可智，而必人之不可盡愛也，誖。人若不盈無窮，則人有窮也，盡有窮無難；盈無窮，則無窮盡也，盡有窮無難。校詳《經説合篇》。

孫云：“人若不盈無窮六句，皆難人不可盡愛之説。”

愚案：孫説是也。此藉不可盡之無窮，證明人屬有窮，不難兼愛。即人無窮，亦不妨兼愛。是其“衆生無盡誓願度”之大慈也。

七八

經不知其數而知其盡也。説在明者。

張云：“不知天下人之數，而可以知愛之盡，以其明之。”

孫云：“張説未塙。此‘明’疑當作‘問’，《説》云盡問人則盡愛其所問，即其義。”

愚案：《説》“問”字，皆“明”形近而譌，孫未得解，張説是也。此承上章申其義，《大取篇》曰“天下無人”，即《關尹子·九藥》所謂“自然無我，而兼天下之我”義。言人之所以爲人，與我之所以爲我者，一如也。故此云不必知其人之數，惟知其當盡愛之，是可謂之明者。蓋深明本明之性德，彌綸無間也。

說不目。不知其數，“不”舊作“二”，從曹校改，惡智愛民之盡也？“也”上舊衍“文”字，從張校删。

孫云：“‘文’當作‘之’，下同。”

張云：“‘文’衍”。

愚案：孫説非，張説是，今從之。惡，音汙，安也，何也。此作非兼者問難之詞，既不知人之數，則人數無盡，安知愛民之能盡也。

或者遺乎其明也。

明，舊譌“門”，道藏本譌“問”，孫據之，“言慮所問有所遺忘，則雖愛民不能盡其數。張云‘門’、‘問’皆‘明’字之譌，非是。”

愚案：張説是也。孫説非。今校改，下同。此言世謂不盡知其人之數，即不能盡愛之使成德者，或者遺忘乎盡人皆具明德，其本體之明固未嘗息也。墨者之愛民，兼衆世尚世後世愛之，即使盡人本明之性德，盡失其明者，盡復其明也，正不必盡知其人之數也。

盡明人則盡愛其所明，若不智其數而智愛之盡也，無難。

孫云："言於心無不愛"。

愚案：孫説未憭。此言天下無非具有明德之人，則盡愛人，而明德自互相明，而無所不明矣。若是，則不知其人之數，而盡愛之使成德也，何難？義與老子所謂"聖人常善救人，故無棄人，是謂襲明"同。

七九

經不知其所處，不害愛之。説在喪子者。

張云："不知天下民之所處，而愛可及之。喪，失也。失子者，不知子之所在，不害愛子。"

愚案：張説是也。此言愛人本於性不能已，猶父母痛愛失喪之子然。《法華經·信解品》："譬如有人，年既幼稚，捨父逃逝。父每念子，委付財物。"足見墨聖慈悲量宏，其揆一也。惜其説亡，無從蠡測。

八〇

經仁義之爲内，外也内。説在仵顔。

説仁目。仁，愛也。義，利也。愛利，此也。所愛所利，彼也。愛利不相爲内外，所愛所利，下"所"字從王樹柟校增。亦不相爲外内。其爲仁内也，義外也，舉愛與所利也，是狂舉也。若左目出，右目入。

曹云："此辯時人仁内義外之説是非也。仵，偶也。仵顔者，謂兩目在人之顔面，如相偶然也。兩目有左右，而無内外也。"

張云："此與告子之徒辯義外也"。

孫云："此見《孟子·公孫丑篇》告子語，《管子·戒篇》亦云仁從中出，義從外作。"

愚案：《孟子·告子篇》亦有此説，告子蓋墨子劣弟子，亦持仁内義外之説。足見當時有此談辯。其以義爲外者，皆於愛利爲此，所愛所利爲彼，未能分明之故。能所混淆，遂成非量。墨子明辯之，使羣知愛利俱内，所愛所利俱外；又以若左目出，右目入，喻明仁内義外之非。是之謂真能破，孟子遠不及也。專言名學，荀優於孟。孟荀見道，瞠乎墨後。

八一 **經**學之無益也。無字從孫校增。説在誹者。

張云："非，非也，誹學之人。"

孫云："《説》無誹義，此疑當作學之無益也，説在誖者。言庳學爲無益，於論爲誖也。此捝一'無'字，而誖又涉下文而誤爲誹，遂不可通。"

吴汝綸云："依《説》則《經》之誹讀爲諄。"

愚案：依孫、無二校，則"説在誖"下，"者"字嫌贅，此言謂學之無益，説在誹者，義自可通，故説斷定其爲誖也。下二章連言誹，而義迭變，槩見此以誹者啟其端也。老子曰"爲學日益"，言俗學益世智也。又曰"絶學無憂"，以所知障害道也。今遽以學爲無益，特誹者之妄耳。蓋當時有非學者，故立此量破之。

曹云："此欲人之勤於學也。"

説學也，以爲不知，學之無益也，故告之也是。使智學之無益也，是教也，以學爲無益也教，誖。

學必有益，教無知者，益新知也。然學者有時或不知所學之無益，故教者告之，使知所學之無益，是教之有益於學者大也。乃非學者竟以學爲無益，且以學無益爲教，是自行與自宗相違，誖矣。義詳《集解》。

八二

經誹之可否，不以衆寡，説在可非。

曹云："'誹'字從言從非，言人之非也。君子不欲誹人，尤不欲多誹人。然論誹之可否，在理之是非，不在數之多寡也，以其人有可非之實也。"

説誹目，舊倒著"論"下，從曹箋乙。論誹之可不可，以理。理之可誹，

"理"字舊挩，從王引之校補，曹箋同。雖多誹，其誹是也。其理不可誹，"誹"舊作"非"，從王引之校改。雖少誹，非也。今也謂多誹者不可，是猶以長論短。

曹云："可不可者，理之是非也。多少者，人之多少也。孔子曰：'衆好之必察焉，衆惡之必察焉。'豈可以人言之多少，爲定評乎！"

愚案：今謂多誹者不可，是猶不審長短之宜，而妄論此長彼短也。

樂云："此立量破非誹者也。"義詳《集解》。

八三　經非誹者諄。"諄"舊譌諄，從張校改。說在弗非。

說非誹，"非"舊作"不"，從孫校改。非己之誹也。不非誹，非可非也。不可非也，是不非誹也。

張云："誹皆當，則非誹者諄。"

孫云："張説是也。弗非，即當理之謂。"

愚案：誹以明惡，止"非"，固不可非。彼非誹者，即不知其不非而非之，是無異非己之好爲誹也。不應非誹者，以誹之非"非"，非其所可非，所以明是，固不可非也，是故不應非誹也。

樂云："此縣過破非誹者也。"義詳《集解》。

八四　經物甚不甚，上"甚"字舊譌"箕"從俞校改。說在若是。

說物甚長甚短，莫長於是，莫短於是。是之是也。非是也者，非莫甚於是。"莫"上"非"，從孫校增。

此言天下之物，無長無短。譬如一尺，以丈較之則甚短，以寸校之又甚長，用以度江河則甚嫌其短，用以度毫毛則甚嫌其長。故是莫甚於是者，一轉瞬間，非又莫非於是。《莊子・秋水篇》曰："萬物一齊，孰短孰長。"義同，此惠施所由有"龜長於蛇"之論也。

八五

經取下以求上也，說在澤。

說取高下以善不善爲度，不若山澤。處下善於處上；下所，請上也。

孫云："'請'當作'謂'，言因下見上，則所謂上者，但微高於下而已，不必如山與澤之高下縣絶。"

愚案：孫説未允。所，即《書・召誥》"王敬作所"之"所"。請，通"誠"。本書《非樂》諸篇屢見。此以澤説明取下以求上之義，以水之性求與源平也。説言取高莫善於山，莫不善於澤，取下莫善於澤，莫不善於山，然"山澤通氣"《易・説卦傳》，高以下爲基，未有離下而能成其高者，故處下善於處上，下所誠上。江海所以能爲百谷王者，非以其善下乎？慎到曰："海與山争水，海必得之"，《意林》。本此。《荀子・正名篇》以"山淵平，爲惑於用實以亂名"，未免著相，蓋儒者通病也。

八六

經是，是與是同，説在不文。

"文"舊作"州"，張云："'州'説作文"。楊云："疑'文'之譌"。

愚案：《廣雅・釋言》："州，殊也。"與《説》義似可通。參互推校，仍從張、楊二校改，"文"或作"彣"致譌。《經説上》云"舉告以文名，舉彼實也"；又"有實必待文名也"，即此義。似謂是是與是，同爲無名之樸，不可以文名也。《莊子・德充符篇》曰："自其同者視之，萬物皆一也。"似即此義。

説不是是則是且是焉。

孫云："此約舉經文爲目，'不'讀'如'否?"

愚案：孫説未審，"不"字確爲衍文，當删。是是則是且是焉，《莊子・齊物論》曰："是若果是也則是之，異乎不是也亦無辯。"似即此義。

今是文於是而不於是

孫云："'文'當作'之'，下並同，'不'下亦當有'之'字。"

愚案：此章要旨，在藉一"文"字而顯。故"文"決非"之"之譌，孫説非是。惟云"不"下亦當有"之"字，則其意可從，當據增一"文"字。言今於一是之中，或文於是，或不文於是，故是不能一於文。

故是不文。是不文則是而不文焉。

是既不能定於一文，則即是盡去其文，而不文焉，亦可。

今是不文於是，而文與是。“與”當作“於”。

乃今竟於是之不能齊一於文者，而偏有所文，致是終不能一於是，而是之因文而淆亂者甚矣；孰知是之不可以文名耶？

故文與是不文，同説也。

故有是文，當與無是文同觀，始知是是與是無不同，而墨道之所以爲兼者明矣。綜觀《經説》四篇，大都始繹異名，終歸同實。託小包大，寄意遥深。此其遣除名相，“鎮之以無名之樸”《老子》。之結論也。

大　取

畢云：“篇中言利之中取大，即《大取》之義也。意言聖人厚葬固所以利親，盛樂固所以利子，而節葬、非樂，則利尤大也。墨者固取此。”

孫云：“畢説非也。此與下篇，亦墨經之餘論。其名《大取》、《小取》者，與取譬之取同。《小取篇》云‘以類取，以類予’，即其義。篇中凡言臧者，皆指臧獲而言，畢竝以葬親爲釋，故此亦有厚葬、節葬之説，竝謬。此篇文多不相屬，蓋皆簡札錯亂，今亦無以正之也。”

愚案：畢説“利之中取大，即《大取》之義”，義是而未圓。謂“厚葬利親，盛樂利子”，殊背墨家宗旨，不當爲此原情語。孫舉畢説盡非之，謂“此亦墨經之餘論”，且置《大》之命義於不顧，則研覈尤疏。至以“篇中凡言臧者，皆指臧獲而言”，更爲執一賊道。

此與《經》上、下，《經説》上、下，《小取》，共六篇，當時謂之《墨經》，《汪中序》。即《墨辯》，蓋即相里子、鄧陵子之倫所傳誦而論説者也。《閒詁傳授考》按語。篇中盡墨學之綱要，理至微妙，冠絶全書。蓋墨之爲道，會物理之宜，達生死之變，原極天地萬物於一兼，必兼乎愛利之大者而取之，亦綜核異同之名實而不遺，是爲“大取”。若所取非兼乎愛利之大，惟綜核異同以立辯本，是爲“小取”。墨子恐人執小而遺大，特著此篇，名曰《大取》，教人匯萬别於一兼也。善學者於此篇求之，思過半矣。

或以篇中有“子墨子之言也”句，疑非墨子自著；詎知與此文相對者，爲“倪日之言”。“倪日”蓋傳寫之誤，宜從孫校作“儒者”。以孔子以後儒者諱言利，故既曰“儒者之言也”，又曰“乃客之言也”。可見“乃客之言也”句，顯爲後人贅入。準此知“子墨子”三字，亦必後人所改竄，或本作“此翟之言也”，未可知。蓋“天下無人”四字，乃破除名相，並泯絶人相我相，是兼之所以爲兼者，固墨家根本教義也。以故服其教者，本極尊崇之心，鄭重以易之，意謂此言非子墨子不能言，使人勿輕易讀過也。更舉五證如下：

（一）此篇理境之高超，氣息之雄厚，文筆之簡淨，寓意之閎深，駕越全書，極似全書之括論。

（二）篇中一見“子墨子”外，不再見，與《尚同·天志》諸篇首冠“子墨子言曰”，或篇中數見“子墨子言曰”者，不同。

（三）此篇非若《兼愛》、《非攻》等各有三篇，爲三墨所記述；并與《親士》、《修身》等七篇，文義迴殊。

（四）篇中挩譌錯亂，視諸篇尤甚。固因理愈精微，識者愈稀所致；又因無論談辯者，説書者，從事者，莫不遵奉，故傳布愈濫，舛錯亦愈多。

（五）篇中有“凡學愛人’，‘不爲己之可學也”云云，顯若墨子耳提面命之聲。

以上皆足見此篇爲墨子自著無疑。顧此《大取》之名，包孕宏富，信非門弟子所能言也。惜其掍淆譌奪，不能盡讀，敢祈明哲宣究之。

天之愛人也，薄於聖人之愛人也；其利人也，厚於聖人之利人也。

此《天志》、《兼愛》之本。言天之愛人無迹，不若聖人愛人之易知；然天之利人無方量、無時量，非聖人有加愛於人之心，利人有限者比。《陰符經》曰“天之无恩而大恩生”，《易》曰“乾始能以美利利天下，不言所利，大矣哉”，義均與此同。

大人之愛小人也，薄於小人之愛大人也；其利小人也，厚於小人之利大人也。

大人，親也，喻天；小人，子也，喻聖人。愛以心意言，利以事實言，可分而不可分者也。大人務遠大無近功，非小人所及知，故愛似薄而利甚厚。小人務淺近較易見，於大人無所加，故愛似厚而利甚薄。此教人勿滯小而遺大也。

以上言人雖至聖，其愛人利人，不能如天之無邊疆、無已時。故愛利人，必取法於天始大。其所謂天，即佛教之"一真法界"，兼之本體也。

以臧爲愛其親也，"愛"字據上下文校增。**而愛之，非愛其親也。**孫云："'非'字疑衍，此篇多以一是一非相對言之。"愚案："非"字非衍。

畢云："《說文》云：葬，臧也，即'藏'字正文，謂葬親。"

顧云："臧，賤稱也，篇内同義，亦互見《小取篇》。"

孫云："顧說足正畢說之謬，此'臧'即"臧獲"之臧，詳《小取篇》。言臧善事吾親，因而愛利之也。"

愚案：此"臧"與"樂"，係相對爲文，畢說是也。顧、孫因篇内並《小取篇》"臧獲"之稱，執一而廢百，殊謬。

以臧爲利其親也而利之，非利其親也。

舊"爲"下無"利"字。孫云："吴鈔本'爲'下有'利'字，疑衍。利之，謂資給之。"

愚案：孫未得解。爲下"利"字，從吴鈔本增。

以樂爲愛其子，而爲其子欲之，非愛其子也。

"爲"下"愛"字，舊作"利"，據上下文校改。"愛"上"非"字，從畢校增。孫校以畢爲誤，殊謬。

以樂爲利其子，而爲其子求之，非利其子也。

畢云"此辯葬之非利親，樂之非利子，即節葬、非樂之說也。"

孫云："疑當作非求其子也，畢說謬。"

愚案：畢說是而未圓，孫說謬。此冡上愛利並舉言。以人所最欲愛而利之者，莫若親與子；然無真知愛利其親與子者。如以葬爲愛利其親，以樂爲愛利其子，均非所以愛利之道。蓋大愛大利，不在葬與樂也；在取天之所以愛利人者，愛利親與子以愛利天下，是則愛利之大者也。

於所體之中，而權輕重之謂權。權非爲是也，亦非爲非也，“亦”舊作“非”，從孫校改。**權正也。**

孫云：“吴鈔本作‘於所體輕重之中，而權其輕重之，謂權。’案‘其’字疑當‘有’。《文選·運命論》李注引《尸子》云：‘聖人權福則取重，權禍則取輕。’《經上篇》云：‘欲正權利，惡正權害。’”

愚案：孫説近是而未達其旨。此冢上文更端以明其意。言“體分於兼”《經上》，即別所由生，足令人衡理不得其平，而是非亂。因人每重别而輕兼，故愛利人，不能如天愛利之厚；且以本非愛利人之葬與樂，愛利其親與子，其昧於是非，猶不知權輕重然。是不可不於所體輕重之中，假正於權，以明利害大小之辨。利害明，是非自明，觀下文可知。《莊子·秋水篇》曰：“達於理者必明於權，明於權者不以物害己。”可並此下文，會通其義。

斷指以存擥，“捥”字正文。**利之中取大，害之中取小也。害之中取小也，**畢云，當爲“者”。愚案讀若“者”。**非取害也，取利也。其所取者，人之所執也。**

權利取大，謂當如天兼愛利人，不必重視葬與樂也。權害取小，如斷指存腕是。以指不斷則腕難存，故斷指似取害，實非取害，而取存腕之利也。以人所執持者其利小，不知大害伏其中。當善權取舍，勿執小利而取大害，即勿執小利而遺大利也。此極似佛教唯識學，遣除“偏計執”，即别。顯揭“圓成實”即兼。之微旨。惜其辭過簡奥質樸，藴義沈晦，難索解人也。

遇盜人而斷指以免身，利也；其過盜人，害也。

如人既遇盜，將生命難保，害莫大焉；若僅斷指而能免身，雖不利猶大利也。

斷指與斷腕，利於天下相若，無擇也。

此冢上又進一解。言指與腕在己雖有擇；苟利天下，則斷指可，斷腕亦可。因己輕天下重，當舍己以利天下，無暇爲指小腕大之擇也。《孟子·盡心篇》所謂“摩頂放踵，利天下爲之”，是其義。

死生利若，一無擇也。

孫云：“當作‘非無擇也’，謂必舍死取生。”

愚案：孫説謬。一，皆也，見《大戴記·衛將軍文子篇》“則一諸侯之相也”注：利若，承上文而省。此又進一解。言果利天下，出入生死，無不可也。是能外其身也。因“死生無變於己”《莊子·齊物論》。也。此節純是大乘佛法，上品身命施。

殺一人以存天下，非殺一人以利天下也。

孫云：“此對下‘是殺己以利天下’爲文，當作‘非殺人以利天下也’。‘一’字涉上而衍。”

愚案：“一”字非衍。言殺一人以存天下，利既周於天下，則爲天下損一人何傷。老子曰：“外其身而身存。”以人必忘其身，而後能利天下，而其身反可保，所謂神武不殺者也。則雖殺一人，實未殺一人也。是故明鬼。

殺己以存天下，是殺己以利天下。

又因殺人轉到殺己。《爾雅·釋言》云：“是，則也。”言己亦天下之一人，倘殺已可以存天下，則爲利於天下者大，自當貴義於其身，殺己以利之。

於事爲之中，而權輕重之謂求，求爲之，非也。

孫云：“疑當作‘非爲之也’，挩二字。”

愚案：無“爲之”二字亦通。此總上文而言，凡事必有利害，利害必有輕重，均當權其孰利天下爲最重，於是捨其利於己之輕者不爲，求其利於天下之重者爲之，所謂利之中取大也。然所以求其大利天下者，貴乎冥物順應而無心；若竊竊然有心求爲之，是爲汙染又非也。

害之中取小，求爲義，非爲義也。

孫云：“此疑當接後‘不可正而正之’句”。

愚案：孫説未塙。此申應前文，言害之中取小者，必無利於天下，又徒自傷身，始謂之害；既知爲害，當遠避之，急於爲義，則己與天下俱得其利。然或已陷害中，無能解免，亦必權其輕重，捨大取小，急圖挽救。固非徒求苟生也，仍求爲義以利天下也。顧求爲義，要本無所求而爲；設有所求而爲，又非爲義也。

爲暴人語天之爲是也，而性，爲暴人歌天之爲非也。

此言性同於天，苟能體天以存性，必爲聖人，本無不義而爲暴者。然則暴人之性，謂是天爲之歟？謂非天爲之歟？蓋性體本自清明而無暴行，凡暴行皆性之受熏起用也。若云暴本天性，何異爲暴人而歌頌天之爲非耶？

諸陳執既有所爲，而我爲之，陳執執之所爲，因吾所爲也。

"之所"上疑衍一"執"字，當刪。"陳執"謂徧計陳迹而成執，即"所染"之異名，猶習貫然；《大戴記·保傅篇》"習貫之爲常"。釋氏所謂"習氣染法，無始以來，串習虛妄"《唯識二十論述記》卷四第三頁注。是也。言暴人之所爲，非天使然；蓋以人間一切陳執，既有先我爲之者，而我亦習染而爲之，諸陳執固吾所爲之前因也。

若陳執未有所爲，而我爲之陳執，陳執因吾所爲也。

顧我之所爲，不必皆本於陳執；若陳執未有所爲者，亦且自我爲之成陳執，則吾習染之所爲，又後人陳執之前因也。《解深密經》曰："阿陀那識甚深細，一切種子如暴流。"此節大旨似之。是故聖人正體不動。

暴人爲我，爲天之。以人非爲是也，而性。

孫云："此文多譌挩。'爲是也而性'語，前後兩見，疑'性'並當作'惟'，'惟'與'唯'通，《經下篇》云：'物一體也，說在俱一惟是。'《説》云：'惟是當牛馬。''惟是'亦即'唯是'，謂言是則應之也，此義似與彼同。而上下文仍難通"。

傅山云："暴人似指爲我之楊、朱，拔一毛以利天下不爲者說。暴人，爲殘暴自暴之人。爲我而假之天道自然生殺，何容我爲彼而爲之。是不畏人非，以人之所非爲是。凡殘暴自爲之鄙夫，人必羣非之，而爲我之暴人不顧。"

愚案：孫説謬甚。傅說是。爲天云即謂天志。言天下所以多暴人者，皆由汙世習染自執陳陳之我見，惟知爲我，謂爲天性如是。詎知性體同天，本自清淨，非必爲是暴人也，暴人所爲一切行相，莫非陳執熏習而成，非暴人之性本然也。

以上言暴人之爲暴人，非性體本然，蓋由人爲熏習，偏計起執，展轉引生，迭爲因果，非關於天。其以性與天一，本無善惡，大旨已見，洵爲絶學，孟、荀難與言也。斯人所由貴修身，慎所染，自造大命。

不可正而正之。

孫云："上云'權正也'，言於不可正之中而權其正。"

愚案：孫説未憭。此言一切人爲是非利害，似不可以權正者，要可權其利害大小而正之。此所以爲實用哲學也。

利之中取大，非不得已也；害之中取小，不得已也。

孫云："此節疑當接上文'非爲義也'下"。

愚案：孫説不塙。

所未有而取焉，"所"上據下文當增"於"字。**是利之中取大也。於所既有而棄焉，是害之中取小也。**

大利所在，存乎未有，本無限量，任人取求，此聖人所以常爲之於未有，而無不利也。及乎既有，大利盡失，而害生焉。能盡棄之，尚已；萬一不能，亦必捨大取小，猶是利也，然其害猶在，此暴人所以常在害中而不悟者也。從知取大利必於未有，如性體真常，於無漏界得大自在。若金翅鳥，翱翔虚空，毫無拘礙，非不得已也。是諸佛解脱道中境界若一著有，即與逍遥隔，判若天淵，是凡夫如蠶作繭自縛境界，故於既有而欲盡去其害，實大不易，乃於害中取小，不得已也。未有：形而上，兼也。既有：形而下，别也。此節允當以佛典視之。

義可厚厚之義可薄薄之謂論列。

言宇宙萬有，原本一兼，無所謂厚薄也。乃非兼者，以爲義所可厚則厚之，義所可薄則薄之，謂之倫次。是儒之所謂義，非墨之所謂義也。

德行、君上、老長、親、戚此皆所厚也。爲長厚、不爲幼薄。親厚厚、親薄薄、親至薄不至。

德行、君上、老長、親戚即父母，此皆儒者義所當厚也。既爲長者厚，胡不聞爲幼者薄。然則親近當厚則厚之，親遠當薄則薄之之説，不能成立。何也？有至親而無至薄，厚薄無定準，則厚未必厚，或且不厚亦可謂厚也。

義，厚親。不稱行，而類行。

“類”舊作“顧”，從孫校改。義止厚於至親，不稱去聲。大禹上德不德之勝行，法禹之德行。當兼愛天下人之親如吾親，充其類而加厚於天下。庶不爲袛知爲我之暴人也。

爲天下厚禹，爲平聲。**禹也。爲天下厚愛禹，乃爲禹之愛人也。**二“爲”字均讀去聲，“愛人”舊倒，從孫校乙。**厚禹之爲**“爲”字從孫校增，平聲。**加於天下而厚禹，不加於天下若惡盜之爲。**平聲。**加於天下，而惡盜不加於天下。**

言儒者不兼愛，以我爲主而厚親。墨者兼愛，以天下人爲主而厚天下，如禹爲天下勞形，至於偏枯，可謂厚愛天下矣。故墨者爲天下而厚禹，必爲禹之所爲，自若以厚利天下斯爲厚禹，而不能如此，即非禹之道，不足爲墨也。以是更爲天下厚愛禹，以禹兼愛天下人故。是厚愛禹，即所以厚愛天下。與厚愛親，即不能厚愛天下正相反。抑知墨者厚禹之所爲，加利於天下，而厚禹不加於天下。若惡盜之所爲，加害於天下，而惡盜不加於天下。視禹與爲盜之人仍與天下平等，無可厚薄也。豈破儒者厚親之所爲，無利於天下，而厚親獨百千倍於天下者比哉！此段推翻儒者差等之愛，成立墨者平等之兼愛。

愛人不外己，己在所愛之中。

孫云：“言己亦猶是人也。”

愚案：孫説未憭。此言盡性愛人，即所以愛己；蓋充愛之量，人己兩忘，湛然一愛塞乎天地之間，故己亦在所愛之中。

己在所愛，愛加於己，倫列之愛己，愛人也。

孫云：“言愛己亦可謂之愛人。《荀子·正名篇》云：‘聖人不愛己，此惑於用名以亂名者也。’”

愚案：孫説欠審。倫，古通“輪”。《易·説卦傳》“爲弓輪”，釋文

"輪，本作'倫'"；《釋名·釋車》："輪，綸也，言彌綸也，周帀之意也。"列：《禮記·禮運》"故事可列也"注："列，興作有次第。"輪列，即以次輪轉意。此言己既在所愛之中，則凡愛之所加，是加於己。故周帀次第之愛己，道莫要於愛人也。荀卿未足與語此。

聖人惡疾病，不惡危難。

聖人自視其身，關係天下休戚。恒善調攝，少私寡欲，立壽世之大命。苟利天下，赴火蹈刃，皆所不辭。

正體不動。

孫云："疑當作'四體不勤'。"

愚案：孫説謬。本文義甚精微，不可輕忽讀過。《易·繫辭傳》曰"无思无爲，寂然不動"，是其義。此堯試舜"納於大麓烈風雷雨弗迷"之精神也。《莊子·田子方篇》曰"有虞氏死生不入於心，故足以動人"，墨聖勇於救世之密因在此。蓋人必寧静，始能致遠；正體不動，則能攝天下之至動於湛寂中，清淨而無染。於是安住一定，疾病無由生，超絶塵緣，危難無足畏。惟"心與神處，形與性調"《文子·下德》。嵬然若邱山而已。《文子·符言》"若邱山嵬然不動"。《莊子·在宥篇》曰"抱神以静，形將自正"，"我守其一，以處其和"，可與此相發明。

欲人之利也，非惡人之害也。

聖人高超情境，惟憂百姓之窮，興慈利物，己身早置度外。

聖人不爲其室臧之故在於臧。

畢云："言臧富在下。"

孫云："此義難通，畢説非。"

愚案：此義甚通，畢説誠非，孫亦未得解。臧：即"藏"正文，从艸，後人所加。此言聖人不爲其室，可以臧身之故，而志在於臧。如禹"八年於外，三過其門而不入"是。此墨子所以無煖席也。《列子·仲尼篇》曰："處吾之家，如逆旅之舍。"不過能出世而已，未足擬其慈悲。惟釋迦苦行説法，耶穌周游弘道，同此妙行。

聖人不得爲子之事。

孫云：“似言聖人事親，愛無窮而事必有所盡。”

愚案：孫説迂曲。儒家宗法道德，未足據以解墨子。此文“得”字違反真理殊，背墨恉。當是“專”字。與古文㝵字形近而譌。或“得”下挩“專”字。言聖人性德總乎天地，恒爲天下而忘家。兼愛天下，爲萬世之人類造大命。不得專爲人子之事，厚愛其親而已也。如《詩·四牡》“王事靡盬，不遑將父”，《晉書》“温嶠絶裾”之類，均世間法，未可比擬；惟世尊出家成道，孝恩遍乎十方三世而普利，足以當之。《无能子》曰：“無所孝慈者，孝慈天下；有所孝慈者，孝慈一家”，融真入俗，可謂知言。孟子以此目之曰無父，陋矣！

聖人之法死亡親，爲天下也。

孫云：“亡、忘通，謂親死而忘之，即薄喪之義。”

愚案：孫説是也，而義多未盡。此言聖人知親形化而性縣解，遂忘情應汲之爲天下謀福利以尊親。倘不急於爲天下，亦無裨於死者，非不匱之大孝也。况聖人息息與天下相通，安忍縈念於其親已死之形骸，恝置天下於不顧。而爲其親之不肖子耶？《莊子·天運篇》曰“至仁無親，夫至仁尚矣，孝固不足以言之”，義均與此同。

厚親，分也，以死亡之。“亡”同“忘”。**體渴興利。**

厚愛利親，人子本分。以親既死而忘之，因厚葬久喪，無益於死者，徒有害於生者。且增益死者之惑業，更有害於死者。莫如仰體親心，疾從事人爲其所能爲，興利利羣，厚愛天下，即所以妥先靈。薄體厚神，回無常向真常，孝至普也。無方量，無時量。

有厚而毋薄，倫列之興利，爲己。

“薄”字舊在“而”上，從曹箋乙。“毋”陸隱本作“無”同，言聖人愛人無有厚薄，有厚而無薄。惟爲天下周帀次第以興利，盡己之性，忘己以利天下，斯真爲己之道。

語經。

孫云：“語經者，言語之常經也，此總冒下文。”

愚案：王闓運本以此爲篇名，並下文别爲篇，列《大取篇》，謬甚。

墨子引語經爲辯，未可別爲篇。

尹云：“謂言語之經，今所謂論理學者，又偁辯學。”

語經也。

畢云：“‘也’同‘者’。”

孫云：“當爲‘者’。”

愚案：上文“害之中取小也”第二句“也”字，與此“也”字義同，並當讀若“者”。畢説是。竊以有厚而無薄，倫列之興利爲己，當與後文臧之愛己，非爲愛己之人也銜接，上下文理一串，不應有語經語經也，至漁大之舞大非也一段文，羼入其中。此語經至非如二十六字在此，與上下文俱不相屬，詳悉審校，疑當在後文有有於秦馬前，庶乎近焉，未[illegible]於此，敬俟碩學釐定。

非白馬焉。

孫云：“此即白馬非馬之説。公孫龍子有《白馬論》，詳《小取篇》。”

愚案：“焉”當作“馬”，言白馬非馬者，以馬色限於白，則使非白色之馬，皆等於無而莫由至；故曰白馬非馬，抑思白馬可云非馬，則非白馬當是馬，故曰非白馬，馬。白馬，非馬，析兼爲別也。非白馬，馬，總別爲兼也。

執駒焉説求之舞説非也。

畢云：“案，《列子·仲尼篇》云‘公子牟曰，白馬非馬，形名離也；孤犢未嘗有母，非孤犢也’，似與此意同。‘執駒焉説求之舞’，似當云‘執駒馬説求之無母’，即孤犢之論乎？”

孫云：“《莊子·天下篇》云：‘孤駒未嘗有母。’白馬孤駒，蓋名家常語，所謂語經也。‘説求之’上，疑捝‘有’字，與下‘無説’文相對。畢説非其恉。舞，當從畢校爲‘無’之誤，而句讀則非。”

愚案：“焉”，當從畢校改“馬”。“舞”當從畢校改“無”。《列子》“非孤犢”上，宜重“有母”二字。孫疑“説求之”上捝“有”字，非。

張之鋭云：“欲言非白馬，馬。不可無説以求之，執駒馬説求之，即非白馬，馬，所以求之之説也。蓋駒，本馬名，非命馬也。故説是駒馬，不惟非白馬，亦非種種以色命名之馬，然後乃可謂之爲馬，否則非白馬，仍不得直謂之爲馬，故曰無説非也。”

漁大之舞大，“舞”張之鋭校改“無”。**非也。**

張之鋭云：“‘漁’同魚，魚大之無大，言魚大而不能説明魚之所以大也。故曰魚，大之無大，非也。”

三物必具然後足以生。

孫云：“此疑當接後‘以故生以理長以類行也者’句，三物即指故理類而言之，謂辭之所由生也。”

愚案：孫校是，今据移。

臧之愛己，非爲愛己之人也。厚人不外己，“人”字從孫校增。**愛無厚薄，舉己非賢也。**

孫云：“言臧自愛其身，非爲愛己之爲人也。舉，當作‘譽’。”

愚案：孫説非。“臧”正“藏”字。《吕氏春秋·異寶篇》“不足舉”注：“舉猶謀也。”墨家以有財相分，爲真愛己之正義。若有財不分人而私藏之，惟知愛己，非真能愛己者也。真愛己者，知厚愛於人，不外於己。人己兼愛無彼此厚薄之分，可謂賢矣。若有己之見存，專爲己謀，豈得爲賢乎？此爲賢之本，明人己不二，人即是己。破非兼者之邪見，立自正宗。即佛法破我執，戒貪慳之諦理。近世講社會主義者，所謂打破私有制度，無此根本的卓識。

義，利；不義，害；志功爲辯。

孫云：“下文云志功不可以相從也。”

愚案：孫説義有未了。此言利與害，以義不義爲衡。義則利人亦自利，不義則害人亦自害。志之所在，功必從之。而功或有不盡能從其志者，亦無難明辯利害，必爲義，必不爲不義。要當貴義於其身，以厚利天下。斷不可偏執己見以非兼，卒爲人類之大害也。

有有於秦馬，有有於馬也，智來者之馬也。

孫云：“疑當作‘有友於秦馬，有友於□焉。’”

愚案：孫説非。曹箋改“智”作“知”。云：“秦之地産馬，而馬非盡産於秦也。曰秦馬者，知馬之所從來而已。愛馬者不問地之遠近，愛人者亦不問人之親疏也。此亦若公孫龍‘楚弓’之喻。”

凡學愛人。此句舊在後“小圜之圜”上，從王校移此。**愛衆衆世，與愛寡世相若，兼愛之有相若，**孫云“有”與“又”通。**愛尚世與愛後世，**王云“尚”與“上”同。**一若今之世。**王樹枏云“絶句”。

畢校兩“世”字並以意改作“也”，王校從之。王引之云：“愛衆衆也下‘衆’字衍，當作‘愛衆也與愛寡也相若’。又案，下文‘凡學愛人’，與‘小圜之圜’云云，文義不相屬，疑當在‘愛衆也’上。‘凡學愛人’乃統下文之詞；‘愛衆也’云云，則承上句而詳言之也。古書錯簡耳。”

孫云：“此當作‘愛衆世，與愛寡世相若’。衆世寡世，以廣陜言；下文‘尚世後世’，以古今言，文自相對。‘凡學愛人’句，亦非此處錯簡，畢、王校並未允。”

愚案：孫正畢、王改“世”爲“也”之誤，是也；其從王校以下“衆”字爲衍，並謂“凡學愛人”句，非此處錯簡，均非。蓋衆衆世，與寡世義對，不必字數對也。衆衆世，即釋氏所謂三千大千世界；寡世，謂此娑婆世界；尚世，後世，今世，即過去，未來，現在，三世也。言凡學愛人者，當充其愛力彌綸宇宙，無空間時間之分也。此以衆衆世，無異於寡世。上世後世，無異於今之世。一愛兼之而無外，破非兼者妄執方量時，量之陋見也。

人之鬼，“之”舊譌也，從王樹枏校改。**非人也。兄之鬼，兄也。天下之利驩。**

人之鬼，羣以爲是鬼而非人。兄之鬼，羣以爲是兄而非鬼，妄生分別耳。詎知人鬼不二，人之鬼與兄之鬼不二，均所當愛，有何彼此之分。必兼無邊世界往古案來今無盡之人與非人而愛之，則天下無不被其利而懽然矣，此近世最大多數之最大幸福義。天下之利懽上，疑有挩文。驩，懽同。

聖人有愛而無利，儒者之言也，“儒者”舊作“俔日”，從孫校改。**乃客之**

言也。此五字疑爲後世墨者贅入，當刪。

墨子因儒者諱言利，有聖人惟言愛不言利之説，改此破其執，意以不本乎愛而言利，不可是。既言愛人，必有實利於人，設無利於人，徒言愛人，非愛人也，愛利並言果何傷。

天下無人，子墨子之言也，子墨子之言也，疑本作此翟之言也，詳前。**猶在**二字當在"也"上，謂子墨子之言猶在耳也，疑亦後人增注，當刪。

此視天下人爲一我，既無人相，即無我相，即無天下相，惟冥會一兼而已。《關尹子·九藥篇》曰："自然無我，而兼天下之我"，《列子·仲尼篇》曰："視吾如人"，《莊子·逍遥遊》曰："至人無已"，均同此慧解，而躡解成行，則未若墨子救世之勇。墨子其中之耶穌乎！

不得已而欲之，非欲之也。非殺臧也，專殺盜，非殺盜也。

王引之云："'非殺臧也'上有捝文。以下二句例之，當云專殺臧，非殺臧也。"

章太炎云：當作"專殺盜，非殺盜也，非殺臧也"，言專殺爲盜之惡行，非殺爲盜之人，亦不計所盜之臧也。"臧"通"贓"。

愚案：王、章二説均未允。"臧"，藏私財也。殺，減也。減藏，多財則以分貧，是滅盜之原理也。世間暴人，不知本無人我之别，妄執有我，而起貪欲，虧人自利，發生無盡之盜行，並厚其儲藏而不止。原其貪欲之私，本於有身而不得已。如盜，非人所樂爲，迫於飢寒不得已，始欲爲盜，非本欲爲盜也。故非宣究天下無人之藴奥，減少私藏之貪欲，專欲減少爲盜之暴行，終非弭盜之方也。故曰非殺臧也，專殺盜非殺盜也，義詳《集解》。

小圜之圜，與大圜之圜同。

圜有大小不同，而爲三百六十度無不同。

方至尺之不至也，與不至千里"千里"舊譌"鍾"，從孫校正。**之不至，**"不"字從孫校增。**不異。其不至同者，遠近之謂也，是璜也，是玉也。**

孫云："'方'當爲'不'，謂尺與千里遠近異，而其爲不至同。"

愚案："方"字不誤。方，比也。尺與千里，小圜大圜之比也。璜，半璧也。兼愛者，愛無小大，如圜周至璧也。不兼愛者，愛不周至。雖專愛己，亦不周至，猶之璜也。璜雖非璧，同是玉也。其質非不可爲環璧也。甚願儒者如墨，盡爲環，不爲璜也。義詳《集解》。

意楹非意木也，意是楹之木也。

楹，柱也。既成楹，則非木，故意楹非意木。然楹由木成，又必惟可以爲楹之木是意也。

意指之人也，非意人也。

王引之云："當作'意人之指，非意人也'。意，度也，言所度者人之指，非度人也。下文云'一指非一人也'，是其證。"

愚案：王説"意人之指"未允。此似言意所指定之人，非意通常之人。

意獲也，乃意禽也。志功不可以相從也。

此文繼璜玉之喻而引生，言非惟人當兼愛即無情之物如木石，亦當在兼愛之列。若璜與玉君子佩之以比德，是石之可愛者，不以不圜而不愛也。又如木可爲楹，支大廈以利人，故非其時不敢斷一樹，是木可愛也。顧木既成楹，楹在室中，日與爲緣，故意及之。而未成楹之木，因無緣相接，則勢難意及。故楹雖是木，而意楹非意不，不過意是楹之木而已，然非不愛木也。是猶意所指定之人，即無緣意及通常之人，亦猶意獵所獲意在於禽，斷不能意及未獲之禽。蓋物與我有緣者，意志所至，功利可以相從而至。物與我無緣者，意志所至，功利即不可以相從而至。然萬物之無窮，不害於一兼。雖或因無緣不能兼利，亦不至因無緣而不兼愛也。

利人也，爲其人也。富人，非爲其人也，有爲也以富人。富人也，治人，有爲鬼焉。

此冢志功不可以相從，而轉言志功有可以相期者。利人如以財分人，是直爲其人而利之也。富人則以爵禄使人富，非僅爲其人，乃爲其人能遵道利民，兼愛天下，故曰有爲也以富人。蓋富人即使人常爲天下人造福，是富人所以治人，俾無不受其福也。然能治人矣，倘不能和鬼神以致百福，則性功未盡，縱利濟當世，難必無愧於屋漏。是争於明，未能治於神。其治非真治，必不能久也。故曰治人又爲鬼焉，墨家明鬼，以人粗色身有死，妙色身無死。教人慎厥身修思永，自然有治而無亂，於是尚世之鬼，生爲今世之人。今世之人，死爲後世之鬼者，無不享兼愛之福利矣。

爲賞譽利一人，非爲賞譽利人也，亦不至無貴於人。

孫云："無貴，疑當作'無賞譽'，言賞譽雖不能徧及人，亦不至因此遂不用賞譽也。"

愚案："貴"字不誤，此言因利一人而爲賞譽，則賞譽不足以勸善而利人，似非所以爲賞譽之道。然以賞譽爲無貴於人亦不可，喻愛人者，不能因愛一人爲不周徧，遂以愛一人爲不足貴而不愛人也。兼愛者，無一人不愛，愛一人，固不害於兼愛也。倘有一人不愛，則兼愛之性德，缺而不圓也。

智親之一利，未爲孝也。亦不至於智不爲己之利於親也。

"亦不至於"四字疑衍，不爲己爲墨家兼愛之骨子。下文"不爲己之可學也"可證，言知孝惟利親一人，未足爲孝，必事事不爲己，厚利天下，斯爲尊親之大孝。僅利吾親，不利天下，是爲辱親，是大不孝。惟不爲己，普利天下人之親如吾親，則天下之爲人親者無不壽康，爲人子者無不和樂矣。此破儒者兼愛無父之謬說也。

智是世之有盜也，盡愛是世。

自此至"盡惡其弱也"，破世間室家根身相顯示一兼實相也。

俞云："當作'智是世之有盜也，不盡是世'，下文'智是室之有盜也，不盡是室也'，可證。"

孫云："俞校未塙，以文義推之，當作'智是世之有人也，盡愛是世'，即兼愛之義。"

愚案：俞、孫二校未允。此非攻之本。《莊子·盜跖篇》"大盜者爲諸侯"云云，或本此而作。蓋金玉珍寶，高車大馬，皆盜大盜之心者也；而大盜不知，且利用聖人之聖智，滋其法令，而盜夸以誨盜；於是舉世競於盜不知非，天下無不受盜之害矣。《非攻上》“竊人桃李，攘人犬豕雞豚，取人馬牛，至殺不辜人，拕衣裘，取戈劍，衆皆知非；今至大爲攻國則弗知非，從而譽之謂之義”，是其證。墨子獨知之，哀其大迷，務綜核盜之名實盡醒之，所以愛是世者，至深切矣。

智是室之有盜也，不盡是室也。

孫云：“‘不盡’下，以下文推之，當有‘惡’字。”

愚案：孫説非。《釋名·釋宫室》云：“室，實也，人物實滿其中也。”既知是世有盜矣，當知是室亦有盜：妻子也，貨財也，皆所以消耗性真之大盜也。故知是室非安身之真宅，不盡是室也。

智其一人之盜也，不盡是二人。

畢云：“‘二’當爲‘一’。”

孫云：“當作‘不盡惡是人’，此挩‘惡’字，衍‘二’字耳。”

愚案：畢説似可從，孫未得解。“盜”上據上文疑挩“有”字。《陰符經》曰：“萬物人之盜，其盜機也，天下莫能見，莫能知。”而人遂爲天地萬物所盜矣。聲色盜其耳目，肥甘盜其臟腑，幾若一人之身，有盜環伺焉。盜果奚自？蓋“五鑿爲正，通“政”。心從而壞”，《荀子·哀公篇》。仍此一人自盜之。故知一人之身亦有盜，似乎二人，不盡是乂。然能杜絶其盜機而不爲所盜，則一真人矣。此所由貴節用以全生。從知墨家節用，所以不感於外，不僅爲大羣均財而已。

雖其一人之盜，苟不智其所在，盡惡，其弱也。

孫云：“‘弱’疑當爲‘朋’，形近而誤。言盜雖止一人，然不能審知其誰某，則盡惡其朋黨也。”

愚案：孫説非。弱，尫劣也。《書·洪範》“六曰弱”，疏“尫劣并是弱事，爲筋力弱，亦爲志氣弱。”雖其一人之身，亦既有盜，當知盜之所在而勦滅之。苟不知其所在，則盜之爲惡無盡，欲惡劫身，莫由自强而不息，心神喪而生理敗矣。此知壽夭命由己立，則恬惔無爲，冥契一兼尚已。

諸聖人所先，爲人效名實，“效”舊作“欲”，從孫校改。**名不必實，**“不必實”三字從曹箋補。**實不必名。**

曹云：“‘先’，猶急也。聖人通天下之志，故治人以此爲先務也。”

愚案：《廣雅·釋言》：“效，考也。”效名實，即鄧析“循名責實”之意。《荀子·正名篇》曰：“名聞而實喻，名之用也。”故聖人先務正名。顧名所以狀實，而世有徒有其名而無其實者，如大小長短是也。亦有塙有其實，雖狀之以名，而常人終於不悟者，如無窮之不外於一兼，無形貌可覩是也。然果有實，不必待名而自若也。

苟是石也白，敗是石也，盡與白同。是石也唯大，孫云：“‘唯’、‘雖’通。”**不與大同。是有便謂焉也。**

孫云：“‘敗’當爲‘取’，‘便’疑當爲‘使’。”

愚案：孫説並非。《説文·攴部》云：“敗，毀也。”《荀子·解蔽篇》“由埶謂之道盡便矣”，楊注：“便，便宜也。”此言石果白，則毀其石仍不失爲白；蓋白與石相含，不可毀也，必盡與萬物之白同。若謂其石爲大，則不與其他之大同；以天下之大無定也。大之名無形無色，非白之名無形有色者比。是同與不同，各因其便宜而稱之。

諸以居運命者，苟入於其中者皆是也。“入”舊作“人”，從孫校改。**去之，因非也。諸以居運命者，若鄉里齊荆者皆是；諸以形貌命者，若山丘室廟者皆是也。**以上四十九字，舊著“智某可也”下，今校移前。**以形貌命者，必智是之某也，焉智某也。**孫云“焉”猶“乃”也。不可以形貌命者，唯不智是之某也。孫云“唯”亦與“雖”通。智某可也。

《尹文子》曰：“名者所以正形”。物之以形貌命者，必知其爲某物而名之。如知山丘室廟各異，而命名以異，故曰乃知某也。若夫超一切物，不遺一切物，絶對而不可以形貌命者，本無名而强命之名，如兼云、墨云、道云、玄云；雖名之，固非如山丘室廟等之有實物可得也。然雖爲感官之所不得，而自内證知是有。故曰，雖不知是之某也，知某可也。《經下》云：“可無也，有之而不可去，説在嘗然。”即此不可以形貌命者也。此教人循異物、析異名，尤貴遣異名，契同實也。案，此節先舉諸以居運命者，興起諸以形貌命者，然後即可以形貌命者，歸到不可以形貌命者。意謂：諸以居住運徙命者，若鄉里齋荆是。依人言，忽入忽去，如白駒遇隙，豈能久乎？諸以形貌命者，若山丘宗廟是。依鬼言，鬼之骨骸葬於山丘，精靈寄於室廟。亦變易無常；未若不可以形貌命者之真常，密切身心而莫能外也。此知墨子循循善誘，立言有宗，在在歸納於一兼也。

智與意異。

物可以形貌命者，知覺。不可以形貌命者，意會。官之所感於外者曰“知”，識之能證於内者曰“意”，佛典唯識學，言相分見分，義與此同。

重同具同。

孫云：“《經説上》云：‘二名一實，重同也。’‘具’當爲‘俱’，《經説上》云：‘俱處於室，合同也。’”

愚案：具同，如《荀子·正名篇》云：“有異狀而同所者。”楊注：“謂若老幼異狀，同是一身也，蠶蛾之類亦是也。”

連同。

孫云：“《國語·楚語》韋注云：連，屬也。”

愚案：此即《經説上》“體同”之義。

同類之同。

孫云：“《經上》云：有以同，類同也。”

愚案：《經説下》云：“或木，或石，不害其方之相合也。盡類猶方也。”言方木方石，同一方類。

同名之同。

《經下》云：“物盡同名。”《荀子·正名篇》云：“猶使同實者，莫不同名也。”

同根之同。此四字在“同然之同”下，從孫校移此。

此如瓦器各殊，同是微塵。

丘同，鮒同。

孫云：“‘丘’與‘區’同，謂同區域而處。鮒、附通，附麗也。”

愚案："丘同"據孫説，猶言同丘里同風俗也。鮒、衬通，謂合葬也，又與附通。如颜回附孔子偁孔颜，孟軻附孔子偁孔孟也。

是之同，同然之同。"然"上舊無"同"字，畢云：一本又有"同"字，今據增。

是从日正，正見也。是之同，謂實際本同，故正見爲同也。同然之同，謂實際未必果同，而羣情同以爲同，亦不得不謂之同。此二句以下文例之，似當作"有是之同，有同然之同"。

有非之異，有不然之異。

有非之異，謂有本不一是之異。有不然之異，謂有彼亦一是非，此亦一是非，是非各執之異。

有其異也，爲其同也，爲其同也異。孫云：此下疑當接下"長人之異，短人之同"一節，愚案：孫説似未審。

異必由同而顯，同固異之總和也。《經上》云："同，異而俱於之一也"，《楞嚴經》云："畢竟同中，生畢竟異。"是其義。此以異同，遣異同，以明兼也。

一曰乃是而然，二曰乃是而不然，三曰遷，四曰强。

曹云："然者同也，不然者，異也。遷，遷就也。强，勉强也。遷與强者，皆於不同之中求其同也。"

子深其深，淺其淺，益其益，尊其尊。

俞云："'尊'讀爲□，減也。"

張之鋭云："子謂當時學子，言非難墨家者，當就墨家所主張之學説，深者而深求之，淺者而淺求之。並體察其益者是否當，蓋撙者是否當撙也。"

察次山比因至優指復次察聲端名因請復。

孫云："此文挩誤不可校，審校文義，疑首句當作'察盜止此室因指得'，次句當作'察盜聲揣名因情得'。上云：'智是室之有盜也，不盡是室也'，言察盜之止於是室，乃因人指而得之；若察盜之聲而得其名，則因籀其情而得之也"。

愚案：孫説不塙。張之鋭校，“次”、“察”誤倒，“山”爲“由”之譌。“復”當從孫校作“得”，“請復”當從孫校作“情得”。至優，猶言最優。指，指歸也。由即兼愛學説所以成立之理由，此即與兼愛比附之天志、非政諸學説。因即“明辯”、“兼愛”、“節用”、“明鬼”諸説之所以然，彼非難墨家者，既於其學説深其深，淺其淺，益其益，撙其撙，次宜進而察其學説，所以圓滿成就之根由，及相類比之事實與種種原因，得知兼愛爲當世諸學説至優之指歸，自然前同其非難矣。既察其由此因得知兼愛爲至優之指趣，次宜進而察其教。教之端緒，此“尚賢”、“尚同”等，無非完成兼愛之主義。《經》上下、《經説》上下，無非藉名學之規律，顯證兼愛之了因。以此墨家學説，無可損益之情實可得而知矣。

匹夫辭惡者，人有以其情得焉。

舊“匹”作“正”，“有”作“右”，“情”作“請”，从孫校改。孫云：“‘有’與‘或’義同，請亦續爲情，下同。此以簎獄爲喻。辭惡，謂不受惡，言匹夫雖賤，而不肯受屈，必欲自明其志，則可以得其情實。”

張之鋭云：“匹夫，謂無學術者，不知修辭，其辭甚惡。然人尚有聽其辭而得其情實者。何況墨家根據論理，以發揮其主張之學説。苟推求其故，豈有不得其意恉之所在者哉。”

愚案：孫説亦通，張説義長。

諸所遭執而欲惡生者，人不必以其情得焉。

孫云：“惡生，謂樂於就死也。言遭囚執而不求生，則雖有曲折而不欲自明，故不能必得其情實也。”

愚案：孫説恐不塙。張之鋭云：“遭執，謂因自己所遭遇，而執持一種成見，則感情用事，而欲惡生矣。有欲惡則不能公平論斷，而情實失矣。故曰諸所遭執而欲惡生者，人不必以其情得焉。言世人之所以非難墨家學説者，皆由執持成見，因同異而生愛憎，因愛憎而生取舍。對於墨家主張兼愛之最大原因，未嘗，平心静氣以研求之耳。”

聖人之拊瀆也，仁而無利愛。

拊字，從吴鈔本、陸本、唐本。伍云：“‘湏’，當作‘瀆’，‘淯’之古文。‘淯’同‘育’。《管子·宙合篇》：‘天淯陽，無計量。’房玄齡注，‘淯’，古‘育’。‘拊湏’，即‘撫育’也。聖人之撫育也，仁而無利愛，謂聖人之撫育羣生也。但有仁心而已矣。非遂能利之愛之也。能利之愛之者，其唯慮乎！”

愚案：仁即釋氏所謂無漏種子。蓋無緣大慈，同體大悲也。言聖人拊育天下，一本自性之至仁。攝萬體於一兼，而不敢外視之，從無利人愛人之見存。若有利人愛人之見，分别是人以爲利愛，即不足爲仁也。

利愛生於慮。

孫云：“謂以仁待人，而無私愛利之心。凡愛利皆生於自私之心，不足爲仁也。《經説上》云：‘慮也者以其知有求也。’”

張其鍠云：“仁自然溥徧，無所爲也。利愛則有所爲矣。《經説上》云：‘慮也者以其知有求也。’”

愚案：孫、張二説均是。此以仁屬無漏，利愛屬有漏言。

昔者之慮也，非今日之慮也。昔者之愛人也，非今之愛人也。

《經説上》云：慮也者，以其知有求也。有求，即是貪著，利愛生於慮，必貪人之利我，而我著於利之之心，必利之。不貪人之愛我，而我著於愛之之心，必愛之。其爲利愛亦有違於聖人之至仁，均屬有漏，非墨家貴兼者之所爲也。世人躭染世慮，欲惡無盡。前慮方滅，後慮又生，故昔慮非今慮。以慮之不同故，昔之愛人，亦非今之愛人也。

愛獲之愛人也，生於慮獲之利，非慮臧之利也。而愛臧之愛人也，乃愛獲之愛人也。

王引之云：“生於慮獲之利下，當更有‘慮獲之利’四字。”孫據增，未允。臧奴，獲婢也。如愛獲，不可謂非愛人也。而其愛獲之故，生於欲得獲之利，非欲得臧之利，故獨愛獲。有時愛，臧亦愛人也，乃與愛獲之，與我有緣而愛之同，是愛屬有漏，縱云愛人，豈可云兼愛乎！

去其愛而天下利，弗能去也。

孫云：“疑當作弗能不去也。言去一人而利天下，雖在所愛，不能不去也。”

愚案：孫説非。此言儒者亦愛人，特其愛人，不過如愛獲愛臧之類。愛非兼愛，而常著於偏愛，以其愛生於慮故。縱云去其愛而天下利，弗能去也，終是有爲法也。此嚴愛本於兼不兼之辯别，本於兼之愛爲仁，爲慈悲，不本於兼之愛爲慮，爲分别，是墨書中極精微之學理，除内與外，未之見者。

昔之知嗇，非今日之知嗇也。

兩“嗇”字均作“牆”，從俞校改。言彼儒者專重世法節用，顧在昔非兼者之“知嗇”，大氐積財不能分人謂之吝，本《晏子春秋·問下》廿四章。徒滋惑業而已，非今墨者之“知嗇”，務以財分人，自苦爲極，所以全性葆真者比。是知墨者節用，是真愛己，亦兼愛天下之上德，所以絶染緣也。儒者未足與語此。

貴爲天子，其利人不厚於匹夫。

“匹”舊作“正”，從俞、孫諸校改。孫云：“此言利人之心，貴賤所同。”

愚案：孫説是而義未了，外埶之利，如爵也禄也，其利人爲時暫。且當者少不當者多。或足以長人之貪欲，爲造惑業之苦因。是害也，非利也。内心之利，如道也，德也，其利人爲時久，且無不當。足以治人之愛著，爲離苦業之善因。斯利也，非害也，道德非天子所獨有，盡人皆可推行以壽世者也。吾國如老莊，印度如釋迦，希臘如梭格拉底、柏拉圖等，皆匹夫也。其學説皆足以安定永世之人心，利何如耶！豈彼醉生夢死危脆無常之天子所能企及哉。故曰貴爲天子，其利人不厚於匹夫。此墨子貴兼，空盡萬有，一切平等之精義。

二子事親，或遇孰，或遇凶，其愛親也相若，非彼其行益也，非加工也，外埶無能厚吾利者。

“親”上舊無“愛”字，今校增。王闓運校同。曹云：“‘孰’與‘熟’同，謂年穀順成也。凶，謂歲歉也。孰則利厚，凶則利薄。而子之愛親無所加損，此見愛之不因乎利也。”

愚案：孝子愛親真心，不因歲收豐歉而有益損，而奉養之事實，儘可因時而通變。非彼其行益也，《繹史》作“非彼有行益也。”“有”字較“其”字義長，疑當作“非彼行有益也”，“非加也”，疑當作“非損也”。益依孰言，損依凶言。境隨時變心而真妙運，無天子匹夫之異。不隨時變也，天子事親如遇孰，匹夫事親如遇凶，而愛親至性無孰無凶一也，故凡心外之埶利，大都有漏染因，衹能爲吾厚害，無能爲吾厚利者。此破非兼者，徒重外埶之俗見也。

藉臧也死而天下害，吾特養臧也萬倍，吾愛臧也不加厚。

“特”舊作“持”，從陸本、唐本並《繹史》改。孫云：“假令臧死而害及天下，則吾之特養臧也當萬倍，然爲天下去害，非愛臧加厚也。”

愚案：孫説是也，此言愛利無關於外埶，在本於内心之無不兼，從無偏厚偏薄於彼此閒也。墨學精微，幾與佛説等夷。塵霾千古，至可哀也。

長人之異，短人之同，其貌同者也，故同。

俞云：“長人之異，短人之同，當作‘長人之與短人也同’，下二句正釋長人短人所以同之故也。下文曰：‘指之人也與首之人也異，人之體非一貌者也，故異。將劍與挺劍異，劍以形貌命者也，其形不一，故異。’竝與此文一律，可證。”

愚案：俞説未確。此文大旨，蓋謂人有長短，即有異同。長人與長人，不能無所異；短人與短人，不能無所同。要之人同貌同，故可渾而言之曰同。

指之人也，與首之人也異。人之體，非一貌者也。故異。

孫云：“首之人，謂以首向人。”

愚案：孫説非。此承上文而轉，言雖同是人類，同是形貌，若細核之，則指之於人各異，首之於人各異。人之不同如其面，至不一也。故曰“人之體，非一貌者也。故異。”

將劍與挺劍異，孫云：將，牂之借字，《説文·手部》云“牂，扶也；挺，拔也。”**劍以形貌命者也，其形不一，故異。楊木之木，與桃木之木也同。**

諸非以舉量數命者，敗之盡是也。

孫云："敗，疑亦當爲'取'，形近而誤。此言不以量數舉者，若一人爲人，百人亦爲人，故云取之盡是也。"

愚案：孫説非。《吕氏春秋·義賞篇》"敗楚人於城濮"，高注："敗，破也。"量如分寸尺丈，數如十百千萬，舉以命名，顛撲不破者也。彼諸非此而以形貌命者，如同是劍也，以形不一而異；而楊與桃各異，以同是木，又同。故凡謂爲異者，盡可破其異而爲同；凡謂爲同者，盡可破其同而爲異，非舉量數命者此也。

故一指，"一"下舊有"人"字，從王校删。**非一人也。是一人之指，乃是一人也。**

言一指之微，實同天地萬物爲一致，初不可限以一人言。《莊子·齊物論》曰"天地一指也"，《公孫龍子·指物論》曰"物莫非指"，均此義。故僅言一指非一人，必言一人之指，則其命意之範圍有限制，不若泛言一指之廣，始知是一人也。《列子·仲尼篇》曰"有指不至"，似即本此而申其義。是知辭愈約者義愈該。欲其辭之定義明確，則辭不宜過約也。

方之一面，非方也。方木之面，方木也。

僅知方之一面，固非方之全體；然既見方木之一面，即可斷定爲方木。喻一名雖不能包舉其實而無遺，然因名亦可知其實之一體也。

以上二條，學者當作禪宗語録觀之。

夫辭以故生，"夫辭"二字，從孫校增。**以理長，以類行者也。**二字從孫校乙。**三物必具，然後足以生。**此九字舊錯置前"藏之愛己"上，從孫校移此。**立辭而不明於其所生，妄也。**"妄"舊作"忘"，從顧校改。**今人非道無所行，唯有强股肱，而不明於道，**孫云"唯"與"雖"通。**其困也，可立而待也。夫辭以類行者也，立辭而不明於其類，則必困矣。**

孫云："三物，即指故理類而言之，謂辭之所由生也。"

愚案：墨子立論，其要訣惟在"故"與"類"而已，此即《經説》四篇并《小取》一篇之總題也。《經上》首言故，明於其辭所由生而不妄也；《經下》首言類，明其辭以類行而不困也；《小取篇》曰："以説出故，以類取，以類予"，並"辟侔援推"四法，皆以理長也。辯論之道，盡於此矣。揆之印度三支，故即宗，理即因，類即喻也。擬以希臘三段，故即大前提，理即小前提，類即結合之斷案也。墨子言不離宗，獨重歸納，其神理固無異於《因明》；彼亞氏以後學者，論理形，式雖具而學識遠不及也。

故浸淫之辭其類在於鼓栗。"於"字據吴鈔本、陸本、唐本增。

蘇云："此下言其類者十有三，語意殊不可曉，疑皆有説以證明之，如《韓非·儲説》所云者，而今已不可考。"

愚案：墨氏精於名理，立義前後相應。此言其類者是有三，大氐總結上文兼愛之故以立辭，使人明於類行之理而不困也。惜其説之不可考。

張之鋭云："此承上文以類行之義，將墨家兼愛學説中，所由一切較大公例，各爲之比附而説明之。使人觸類旁通，易於了解，共十三條，列舉標題，如《經上》、《經下》之'經'，所謂'其類在某某者'，如《經下》之'説在某某'。以《經説上》、《經説下》及《韓非子·外儲説》例之，似應别有一篇。附於《大取》之後。浸者，漸染之意，淫亂也。謂以淫亂之辭，浸染於人也。孟子曰：'淫辭知其所陷'。鼓，鼓動也。栗者，恐懼之貌。鼓栗之説，見《吕氏春秋·淫辭篇》。其辭如下：'宋王謂其相唐鞅曰："寡人所殺戮者衆矣，而羣臣愈不畏，其故何也？"唐鞅對曰："王之所罪，盡不善者也。罪不善，故善者不畏。王欲羣臣之畏也，不若無辨其善於不善而時罪之。若此，則羣臣畏矣。"此即浸淫之辭，欲以鼓動宋王，使羣臣恐懼也。凡攻擊墨家兼愛學説，奬勵殘暴刻薄之行爲。如上文所云'爲暴人語天下之爲是也。而性，爲暴人歌天王爲非也'等辭，皆唐鞅告宋王之類也。'"

聖人也，者，同。爲天下也，其類在于追迷。

畢云："言能追正迷惑。"

愚案：畢説是也。《爾雅·釋言》"迷，惑也。"《廣雅·釋詁》"迷，誤也。"《老子》曰"人之迷其日固久"，韓非解之曰："凡失其所欲行之路而妄行者之謂迷。”《尚賢》下篇曰：“王公大人之視其國家，不若視其一危弓罷馬衣裳牛羊之財。”《非攻》上篇曰：“少見黑曰黑，多見黑曰白。”類皆莫大之迷也。聖人安得不爲天下一一追正之。如《公孟篇》子墨子謂程子曰“儒之道足以喪天下者四政”云云。程子以爲毁儒過甚，無辭而出。子墨子曰：“迷之，追而反之，其例也。”

或壽或卒，其利天下也指若，其類在譽石。

畢云：“指若，言其指相若。譽石，疑‘譽名’。言聖人有壽有不壽，其利天下同，則譽在也。”

蘇云：“指，當作‘相’。”

孫云：“畢説未確，疑當作‘礜石’。《説文·石部》云：‘礜，毒石也。’《山海經·西山經》云‘礜石可以毒鼠’，郭璞注云：‘今礜石殺鼠，蠶食之而肥。’此言礜石害鼠而利於蠶，以况或壽或卒之利害不同也。”

愚案：孫説於“利天下指若”不相應，畢説亦非。聖人一心利天下，豈在得譽；况後有“愛人非爲譽”之文乎？竊以譽不當作令譽解，《文選·王元長曲水詩序》“信可以優游暇豫”注：“孫子兵法曰，人效死而上能用之，雖優游暇譽，令猶行也。讀猶‘豫’，古字通。”又《詩·蓼蕭》“是以有譽處兮”，朱熹《集傳》蘇氏曰：“譽、豫通，凡《詩》之豫皆言樂也。”“石”當爲“后”，脱上畫而譌。經典多以“後”爲“后”，本書亦屢見。此言聖人盡心利天下，在使後人皆得豫樂。或安常而壽，或遇變而卒，其指不變；誠以“死生無變於己”，《莊子齊物論》。唯“愛以身爲天下”，《老子》。垂裕後昆而已。此釋上文“利於天下相若，死生無擇”之義。

一日而百萬生，愛不加厚，其類在惡害。

孫云：“此疑釋‘藉臧也，死而天下害’一節之義。”張之鋭説同。

愚案：言爲天下去害，吾養臧萬倍，愛臧固不加厚。即一日一日之中，天下百千萬億生靈，無不在吾愛中者，吾之愛亦不加厚，蓋吾非以有漏之心愛之也，惜惡害之説無徵。

愛二世有厚薄，而愛二世相若，其類在蛇文。

孫云："此釋上文'愛尚世與愛後世，一若今之世'。"

愚案："二"疑並當爲"三"。三世，指當世、後世，今世也。言非兼者，以墨氏愛人，縱能兼愛今世之，人不能兼愛當世，後世之人，似乎愛有厚薄，詎知三世之名，别之則有，兼之實無。一愛相若，兼愛相若，即一是三，與厚薄也。類如蛇身有文，一文多文，文文相若。譬如海水滴水，同一水性。此以兼正别之諦理也，惜蛇文之説無徵。

愛之相若，擇而殺其一人，其類在阬下之鼠。

"阬"畢本作"院"，此從《道藏》本、吴鈔本、陸本、唐本、傅山本。

孫云："此似釋上文'殺一人以存天下，非殺一人以利天下"一節之義。'阬'，虚也。得鼠則殺之，爲其害物也。"

愚案：此言墨家兼愛，本無差别。然有時擇其害天下者而殺滅之，不得已也，所以存天下，利天下也。蓋害人之人，適與"阬"下之"鼠"同類。可殺者其幻體，而其兼之實相，則非可以殺滅也，固無礙於兼愛也，惜"阬"下之"鼠"無説。

小仁與大仁，行厚相若，其類在申凡。

孫斷"凡"字屬"與利爲"句。云"有譌挩"。

愚案：此釋"貴爲天子，其利人不厚於匹夫"之義。《廣雅・釋詁》"申，伸也。"《玉篇》"云凡，非以也。"非一，猶一切也。言能行利人之仁，無小無大，其厚相若；在能引而伸之，觸類而長之，仁及一切也。蓋能小仁不能大仁，不得爲仁，能大仁不能小仁，亦不得爲仁；仁不能藉外執而加厚。惟發於至性，無漏了因。則無小無大，而厚相若矣。惜申凡之説不傳。張之鋭引《莊子・田子方篇》凡君曰"凡之亡也，不足以喪吾存"云云，爲申凡之説，未知塙否。

興利，除害也。其類在漏雍。

王云："'雍'與'甕'同。並九二，甕敝漏。《釋文》'甕'作'雍'。"

孫云："此似言甕之害在於漏去其漏，則得汲水之利也。"

愚案：此釋上文“體，渴與利倫列之，興利爲己”之義。言井之利人給養不窮，非但止一體之渴而已。故體渴者，當知天下人同有斯渴。務爲天下多掘井周利之，利亦不外己也，無如汲甕敝漏，頗有害於兼利。應即以無漏者易其漏者，則有漏之害除，爲天下興利者周矣。墨氏貴兼，視非兼者之執别。在在爲天下害，爲自心之害。有好漏甕者不勝除，故亟思以一兼，盡除天下漏甕之害，以福利天下，而兼愛之性始圓滿而無漏，此無上甚深微妙佛法也。

厚親不稱行而類行，其類在江上井。

孫云：“此釋上文‘義可厚厚之’一節之義。”

愚案：此跟漏甕而生義。言止厚親不稱去聲。兼愛之義行，而類厚之薄之之義行。故《莊子·大宗師篇》曰：“有親，非仁也。”此譏儒者之爲己，非真爲己。必學墨者之不爲己，斯真爲己也。故下文云“不爲己之可學也”，惜“江上井”説亡。

不爲己之可學也，其類在獵走。

孫云：“學，疑‘譽’之誤。上文云：‘譽己非賢也’，此或釋其義。”

愚案：孫説非。此釋上文“不爲己之利於親”義。《初學記》引蔡邕《月令章》句“獵，捷也。”捷走，即墨子所以無煖席之義。上文云“聖人不爲其室臧之故在於臧”，是其證。言學愛人，莫先於不爲己，盡力奔走以利天下。不爲己，即老子所謂“外其身而身存”義。惜“獵走”無説。

愛人非爲譽也，其類在逆旅。

孫云：“言因求利而愛人，此釋上文‘爲賞譽利一人’一節之義。”

愚案：孫説謬。此釋上文“愛人不外己”之義。《左氏僖二年傳》：“虢爲不道，保於逆旅。”杜注：“逆旅，客舍也。”此言愛人本於天性，非爲虚譽；蓋本大禹“生寄死歸”《淮南子·精神訓》。之旨，哀愍人生無常，莫非逆旅之過客。胡爲久苦勞役而不知真歸。縱令没世稱名，徒增天下交别之害，而性靈已汩没矣。是故運智成悲兼十方三世之人而愛之，所以壽世而自壽也，惜逆旅無説，然其義可知也。

愛人之親，若愛其親，其類在官苟。

孫云：“此疑釋上文‘以臧爲其親也’一節之義，‘官’、‘苟’有譌。”

愚案：孫説非。此釋知親之一利未爲孝也之義。官猶公也，不私也，見《史記·孝文紀》索隱。“苟”，《説文·苟部》云，“自急敕也，從羊省，從勹口。”勹口，猶慎言也。音亟，敬也。與从、艸之苟異。“官苟”，猶言公敬也。謂天下人之親，天下人均當公問敬愛也。是之謂兼愛，愛人之親，若愛其親，即《禮運》“人不獨親其親”義。故曰，其類在官苟，所謂大孝不匱也，“親而不可不廣者仁也。”《莊子·在宥》。蓋兼愛一愛，真心不二。兼之體明，故愛之用弘也，惜官苟説佚。

兼愛相若，一愛相若，其類在死也。

舊重“一愛相若”四字，從孫校删。畢云：“‘也’一本作‘虵’。”

孫云：“顧校季本亦作‘虵’，此文有譌。”

愚案：“也”，真書作“它”。“它”，爲古“蛇”字。馬氏《繹史》引此文亦作“虵”，虵，蛇之俗字。據《説文》，“蛇”即“它”之演。此釋上文“愛衆衆世”與“愛寡世相若”一節之義。言誠能兼愛衆人，與愛一人無異，充兼之量，大千世界，一切有情，無衆無寡，皆在一愛之中。一即一切，一切即一，是所以爲兼愛也，《淮南子·覽冥訓》高注云：“隋侯見大蛇傷斷以藥傅之。後蛇於江中銜大珠以報之，因曰隋侯之珠，蓋明月珠也。”從知一切衆生，同具佛性。一兼無外，感應道交，故愛無差等也，即一死蛇，爲所心，可知無盡含靈愛無或遺者矣。何以故，十方三世唯一心故。

張之鋭云：“死虵，疑即孫叔敖殺兩頭蛇事，見《賈子新書·春秋篇》。其言曰：孫叔敖之爲嬰兒也。出遊而還，憂而不食，其母問其故。泣而對曰：‘今日吾見兩頭蛇，恐去死無日矣。’其母曰：‘今蛇安在?’曰：‘吾聞見兩頭蛇者死，吾恐他人又見，吾已埋之也。’其母曰：‘無憂，汝不死。吾聞有陰德者，天報之以福。’一愛爲愛己，兼愛爲愛衆人。孫叔敖殺蛇，恐其復禍他人，是愛衆人與愛己同也。”

以上言類者十有三，疑皆總上文明其指趣，惜其說亡，未能一一引證。然玩索全篇大旨，皆即天物之理，使人明其故，察其類，無難體兼而周愛也。墨聖本真常之空慧，成上德之圓詮，卓絶終古。噫！非深究佛學者，烏足與語此。

小　取

小對大言，以所取於既有者小，非所取於未有者大。且屬談辯小道，無關墨道之大也。然墨學正賴"取辯於一物，而原極天下之汙隆"，《魯勝墨辯注叙》。故凡墨者，莫不大取以爲兼，小取以爲别，别之爲言論也。如宋銒、尹文、惠施、公孫龍等，莫不禁攻以壽民，亦莫不持辯以接物，可證。無如道無封而言有窮，剖析毫芒，即不免枝指而離本。故俱誦墨經，而取舍不同，皆自謂真墨，相謂别墨。合觀《韓非子·顯學篇》、《莊子·天下篇》。别對兼言，謂我能託小包大爲真，彼則持小遺大爲别也。胡適著《中國哲學史大綱》一八四頁，以别墨另爲一派，非是。是知小取云者，對大取言，非必小也。《老子》曰"見小曰明"，《楞嚴經》曰"於一毫端，現寶王刹，坐微塵裏，轉大法輪"，是其義。蓋天下事理，無大不在小中，果如何"抒意通指，明其所謂"，鄒衍語，《公孫龍子序》引《史記·平原君傳》集解。則辟侔援推諸法爲至要。不然，雖詳明其故，精析其理，盡知其類，而不善聯貫以運用，豈能必其辯當而勝耶？故知此篇亦必出自墨子。觀其體例精嚴，似非門弟子所能勝任；況篇中絶無"子墨子"之稱，可證。雖兩見墨者有此而非之，要知墨偁不自翟始，此所謂墨者，蓋猶儒家自稱吾儒也。《吕氏春秋·上儒篇》徐弱恐孟勝死，而绝墨者於世。又《去私篇》腹䵍對秦惠王曰："墨者之法，杀人者死。"皆是爲"墨者"係自偁之證。《大戴記》有《小辨篇》，即此《小取》命名之義，尤足爲孔、墨繼武，當時有此學風之徵譣。

夫辯者，將以明是非之分，審治亂之紀，明同異之處，察名實之理，處利害，决嫌疑。

此六者，明辯之大用也。

焉摹略萬物之然。曹箋“焉”字屬上讀。

孫云：“《説文》手部云：摹，規也。《淮南子·本經訓》高注云：略，約要也。”

俞正燮云：“摹略，即今言之模量，古言之無慮。”

俞云：“‘然’字無義，疑當作‘狀’，‘狀’誤爲‘肰’，因誤爲‘然’。”

愚案：俞正燮説未審，俞説“然”字無義，未塙。其疑“然”當作“狀”，意是。而破“然”爲“狀”則非。焉，本書通訓“乃”。摹，《漢書·揚雄傳》音義引《字林》“廣求也”。然，謂萬物之現狀，即下文“其然也，其然也同”之“然”。“焉摹略萬物之然”，言於是即萬物顯然之現狀，廣求其極約要之所以然。即此“摹略”二字，足見墨子名學，在在攝博於約，注重歸納之精采。蓋墨子心目中，無窮的故與類，俱出於此，使立辯者，無不以物理的實驗爲標準也。此與下文“論求羣言之比”，“以名舉實”，“以辭抒意”，“以説出故”，“以類取，以類予”，“有諸己不非諸人，無諸己不求諸人”，是立辯七綱要也。

論求羣言之比。

即羣言覈實異同，比較是非，總括萬物之諦理，而後決定智生也。

以名舉實。

實者，法自相也。了法自相，境屬現量。如實制名，舉以告人，成真比量，無差異誤也。

以辭抒意。

既已核實定名，因而綴名成羣。辭必如法自相，以之抒寫意指，彼必唯吾所謂也。

以説出故。

《經上》云：“説，所以明也。”説明所以生辭之原故，聲出口，俱有名，若姓字。意無不達矣。

以類取，以類予。

《大取篇》云："夫辭以類行者也。立辭而不明於其類，則必困矣。"類，即《因明》之喻，依如實理，辨其爲同爲異。取其類之全同者，剔盡類之稍異者。以予敵相辯論，使之易於領悟，無難破似立真也。

有諸己不非諸人，無諸己不求諸人。

此見墨者言必足以遷行，在在皆繩墨自矯，不貴以言服人，貴能以德服人，是其立辯之特色。

或也者，不盡也。假者，今不然也。

此言辭義不周與不實，首當明辯者二。

效者，爲之法也；所效者，所以爲之法也。故中效則是也，不中效則非也，此效也。

《説文》云："效，象也。"《廣雅·釋詁》云："效，具也。"是猶《天志》三篇，所謂輪人之有規，匠人之有矩，可爲天下方圜之法者也。所效者，所以爲之法，即《法儀篇》所謂"巧者能中之，不巧者雖不能中，放依以從事，猶逾已"者也。中效則是者，即《經説上》所謂"圜規寫交，方矩見交也"。蓋規不交即非圜，矩不交即非方，此效之大用也。綜計墨學立辯，所以爲效者五：（一）三表的實驗，見《非命》。爲通常不精辯學者立也；（二）故的真切，是立辯之靈魂；（三）理的透徹，是立辯之脈管；（四）類的詳覈，是立辯之骨幹；（五）辟侔援推四要端，是立辯之四體也。此言立辯必有一定之程式，使人有所遵循，故下文即以辟侔援推四法開示之。

辟也者，畢云"辟"同"譬"。**舉也物而以明之也。"也"即"它"字。**王云"也"與"他"同。

孫云："《潛夫論·釋難篇》云：'夫譬喻也者，生於直告之不明，故假物之然否以彰之。'《荀子·非相篇》云：'談説之術，分別以喻之，譬稱以明之。'"

愚案：孫説是也。試爲舉例以申其義。《魯問篇》云："今有人於此，竊一犬一彘則謂之不仁，竊一國一都則以爲義；譬猶小視白謂之白，大視白則謂之黑。"蓋以明其明於小而不明於大同，是爲歸納的推論也。

侔也者，比辭而俱行也。

孫云："《説文·人部》云：'侔，齊等也。'謂辭義齊等，比而同之。"

愚案：此以彼此互明，圓彰宗趣。例如《法儀篇》云："愛人利人以得福者有矣，惡人賊人以得禍者亦有矣"，是爲雙關體歸納法。

援也者，曰子然，我奚獨不可以然也。

孫云："《説文》手部云：'援，引也。'謂引彼以例此。"

愚案：此借衆以爲然之有力確證，使己説成立，而敵莫能破。例如《尚賢》中篇："故古者聖王唯能審以尚賢使能爲政，無異物雜焉，天下皆得其利。"云云。蓋以時無分古今，苟尚賢，則天下必得其利，是爲契合的歸納法。

推也者，以其所不取之同，於其所取者予之也。

孫云："《淮南子·本經訓》高注云：'推，求也。'此云取與求義同，謂所求者在此，所不求者在彼，取彼就此以得其同，所謂'予之'也。"

愚案：《經下》云："在諸其所然取諸未然，"取"字以意增，"諸未"從孫校。説在於是推之。"蓋推之一法，較辟、侔、援三法尤重要；無論由一故推知多類爲演繹，由多類推知一故爲歸納，其用爲最廣也。此取不取之同以予之者，例如《公孟篇》云："夫嬰兒子之知，獨慕父母而已。父母不可得也，然號而不止。此其故何也？即愚之至也。然則儒者之知，豈有以賢於嬰兒子哉？"言儒者之知與嬰兒之知，同一獨慕父母而已。是爲彙類的歸納法。此知墨子名學，特重歸納，是其獨有之異彩。

是猶謂也者，同也；吾豈謂也者，異也。

"是猶謂也者，同也"，注重在一"猶"字。例如《公孟篇》子墨子曰："執無鬼而學祭禮，是猶無客而學客禮也，是猶無魚而爲魚罟也。"言同一自相矛盾也。"吾豈謂也者，異也"，注重在一"豈"字。例如《公孟篇》云："愚豈可謂知矣哉？"言愚與知異也。

此間夾叙此二句者，謂立辭不過辯别質量之異同；然往往異同懸隔，其宗旨可即語氣分别之，亦須審度不容忽也。

夫物有以同而不，孫云讀爲"否"。**率遂同。**

孫云："'率'、'遂'，聲近義同。《廣雅・釋詁》云：率，述也。率，遂，述，古並通用。"

愚案：孫説亦通。《詩・思文篇》"帝命率由"傳："率，用也。"此言物有多分相同，實不盡同，遂可以其同而用之。例如桀、紂、幽、厲同爲暴王，顧其所以成爲暴王者不盡同；當其引用時，固同稱爲暴王也。此取譬時，宜精密審慎者也。

辭之侔也，有所至而止。"止"舊作"正"，從孫校改。

凡舉是非類同相關之理，彼此互明，必有歸趣而止。例如《魯問篇》云："故所爲功，利於人謂之巧，不利於人謂之拙"是。設過宂繁，恐致駢枝，此侔辭中所宜注意也。

其然也，有所以然也。其然也同，其所以然不必同。

例如堯、舜、湯、武，皆聖王也，必皆有所以爲聖王者也。其爲聖王也同，而其所以得爲聖王者不必同。此援引時，最宜嚴密剖析者。

其取之也，有所以取之。其取之也同，其所以取之不必同。

例如《韓非子・顯學篇》曰："孔、墨之後，儒分爲八，墨離爲三，取舍相反不同，而皆自謂真孔墨。孔子、墨子，俱道堯、舜，而取舍不同，皆自謂真堯舜。"是取之孔、墨、堯、舜者同，其所以取之孔、墨、堯、舜者，各不同也。此取以推論時，宜於其所以取之者，明辨之證也。

以上分釋辟、侔、援、推四法，易生謬誤之理由。

是故辟侔援推之辭，行而異，轉而危，遠而失，流而離本。

俞云："'危'讀爲'詭'，亦異也。"

愚案：俞説未析。《國策・西周策》"竊爲君危之"注："危，不安也"，則又甚於異。此總釋辟、侔、援、推易生謬誤之理由。以天下事理異同不易剖判，而言恒不盡意，遂致相傳而義歧異；由是愈傳愈譌，於理不安；愈遠愈喪其真，而過失叢生；至其末流，必且支離破碎而忘本。《荀子・非相篇》曰："傳者久則論略，近則論詳；略則舉大，詳則舉小。愚者聞其略而不知其詳，聞其詳而不知其大也。是以文久而滅，節族久而絶。"或即本此以立説。

則不可不審也，不可常用也。故言多方，殊類異故，則不可偏觀也。孫云："偏"與"徧"通，下同。

常，《國語・越語》"無忘國常"注："典法也。"言文辭久傳滋譌，當精審；不可以爲典要，貿然用之。蓋一名之藴藏不一義，即一辭之綴合不一方。例如《荀子・正名篇》所謂"名聞而實喻"，同一"實"字，本書《經上》云"榮也"；《詩・載芟》"實函斯活"箋"種子也"；《玉篇》云"不空也"；《廣雅・釋詁》云"誠也"；餘義不備舉。然則"榮"與"種子"不同故，"不空"與"誠"不同類，設未能明析其意，率爾引用以論事，烏乎可？故必循名核實，甄别其類如何殊，故如何異，不可混同以觀也。此教人審用免謬誤也。

夫物或乃是而然，或是而不然，或不是而然，五字據下文，從胡適之《小取篇新詁》校增。**或一周而一不周。或一是而一非也。**"非也"上，舊衍二十二字，從王校。

言立辯可大别爲五類，此總標之題也，觀下文自明。

白馬，馬也；乘白馬，乘馬也。驪馬，馬也；孫云《説文・馬部》云："驪馬，深黑色。"**乘驪馬，乘馬也。獲，人也；愛獲，愛人也。臧，人也；愛臧，愛人也。**畢云《方言》云："臧獲，奴婢賤稱也。"**此乃是而然者也。**

此言白馬驪馬，同是一馬，其色雖或白或驪，然白與驪不可乘。故乘馬者，非乘其白與驪也，乘馬也。獲與臧既同是人，則愛獲愛臧，即是愛人。因獲與臧不過一種名稱，空無所有，無可愛者也。又獲與臧皆人之賤者且并愛之，則其愛人無差等可知。以上前提與斷案不言非，皆肯定，故曰是而然。

獲之親，人也；獲事其親，非事人也。

獲之親固是人，而獲之事親，則因其爲親而事之，非因其爲人而事之。

其弟，美人也。愛弟，非愛美人也。

設其弟爲美人，而愛弟者，孝友性成，實因其爲弟而愛之。決非因其爲美人而愛之也。

車，木也；乘車，非乘木也。

車由木成，而木既成車，不復爲木。乘車者，以車能載運，非木比也。故曰，乘車，非乘木也。

船，木也；乘船，非乘木也。兩“乘”字舊作“人”。解作“人之船，非人之木”，亦通。蘇云“人”當爲“入”之誤，亦通。

兩“乘”字舊作“人”，從畢校改。《繹史》正作“乘”。上文“乘白馬、乘驪馬，愛親、愛弟”，均對舉爲文，此亦必與乘車對舉也。船固由木造成，而當木未成船時，何以人不乘木？以唯船能容物利涉也。故乘船者，利船之用，非乘木也。

盜，人也“舊重”人“字據孫校删。**多盜，非多人也；無盜，非無人也。奚以明之？惡多盜，非惡多人也；欲無盜，非欲無人也；世相與共是之。**

《説文·次部》云：次，欲也，欲皿爲盜。是盜之爲名，已具人而刼奪貨財意。顧盜雖是人，人不皆是盜，以人無盜之意也。故多盜非多人，無盜非無人。奚以明之惡多盜者，惟惡多盜之害人，非惡多人。欲無盜者，特欲盜不再爲盜；非欲無人以盜，與不爲盜之人離無關也。不過理淺易知，故世皆以爲然。

若若是，則雖盜。孫云衍一“人”字，今據删。**人也；愛盜，非愛人也；不愛盜，非不愛人也；殺盜**衍“人”字，删。**非殺人也；無難矣。**“矣”上衍“盜無難”三字，從孫校删。

言雖被迫而爲盜，非得已也，究是人；是知愛爲盜者，是爱盜，非愛人；故不愛盜者惟憫其誤爲盜，不愛其爲盜之行爲，非不愛人也。殺盜，亦因其爲盜害人之故，懲戒其爲盜之非；非是殺人，是固無可難者。《荀子·正名篇》云：“殺盜，非殺人也，此惑於用名以亂名者也。”荀子固未之審。是當時儒者非難墨者之證。

此與彼同類，世有彼而不自非也，墨者有此而衆非之。“衆”字據下文孫校增。無它舊譌“也”。**故焉，所謂内膠外閉，與心毋空乎，内膠而不解也，此乃是而不然者也。**

孫云：“《爾雅·釋詁》云：‘膠，固也。’謂内膠固而外閉塞。空，讀爲‘孔’。”

愚案：此言此無可難者，與彼相與共是者，固爲同類。乃世有彼而不自非，吾墨者有此，不過理似較深，則衆非之。良由人心固執，不能虚空以受益；則耳目失其聰明，惟知是己而非人；是猶心腹之疾，不易治療者也。以上前提皆肯定，斷案皆否定，故曰“是而不然”。

夫且讀書，非讀書也。“夫且”二字舊倒，從孫校乙。“讀書也”三字，從孫校增。好讀書，“讀書”二字，從孫校增。**讀書也。**“讀”字據下文審校增。

“夫”字在句首者，爲發端詞。且者，將然未然之詞，且讀書，是將欲讀書，尚未讀書，故非讀書。若好讀書，則知其爲讀書也。

且鬭雞非雞也，好鬭雞好雞也。

非雞也，“非”下疑當增“鬭”字，好雞也，“好”字當作“鬥”。與上文“且讀書，非讀書也；讀書也”，相對成文。解與上同。

且入井，非入井也。止且入井，止入井也。且出門，非出門也。止且出門，止出門也。

《經説上》云：“自前曰且，自後曰且，方然亦且。”“且入井”，言將入井。自前言之，尚未入井，故曰“非入井”。“止且入井”言已止其入井，自後言之，故曰“止入井”。“且出門”、“止且出門”，義同。言以辭抒意，僅繫一同名異實之助動詞，能辯别先後之時差。因之能下正塙之判斷，故用名不可不精審。

世相與共是之。此六字據上文從孫校增。**若若是，且夭，非夭也；壽，夭也。**

“且夭”，尚未夭，故曰“非夭”、“壽夭也”。墨子原天地物我於一兼，無彼無此，此無壽無夭，故可謂夭非夭，惟壽爲夭，因有生即無常也。《莊子·齊物論》“莫壽於殤子，而彭祖爲夭”，義或本此。

有命，非命也。非執有命，非命也。無難矣。

上一“非”字，係是之反。與上文諸“非”字義同。下二“非”字與上文諸“非”字異義。訓譏義與誹同，言生死之權，本可自操；彼執壽夭有命者，非知命者也。其所謂命，非命也；惟非執有命者知命，故獨能非命。是固無可非難也。此墨家所以勤生薄死之要道，固世衆未能遽喻者也。此與彼同類，世有彼而不自非也，墨者有此而衆非之。“衆”舊作“罪”，從孫校改。無它故焉，所謂内膠外閉，與心毋空乎！内膠而不解也。

或因此篇兩見墨者，疑非墨子自著之書，竊謂不然。墨非翟姓，墨道非自翟始。詳《墨稱之探本》。墨者尤非墨家私名，不過如儒者自稱吾儒之意。以是轉足證此篇爲墨子自著以教人者也，詳前。

此乃不是而然者也。

此句舊作“此乃是而不然者也”。胡校云：“前節由肯定之前提，而得否定之結語，王氏所謂言是又言非者是也。此節則先爲否定之辭，而後作肯定之結語，先非而後是，故當云此乃不是而然者也。”

愚案：胡説是，今從之。

愛人，待周愛人，而後爲愛人。不愛人，不待周不愛人；不周愛，因爲不愛人矣。乘馬，不待周乘馬，然後爲乘馬也；有乘於馬，因爲乘馬矣。逮至不乘馬，待周不乘馬，而後爲不乘馬。此一周而一不周者也。

俞云：“周，猶‘徧’也。”

愚案：周，即今論理學所謂“周延”，究未若釋家稱“周徧”顯豁。愛人必待周愛人，以不周愛人，不得謂之愛人也。不愛人，不待周不愛人，以不愛一人，即是不愛人也。不待周乘馬，然後爲乘馬者，以一人不能乘二馬也。必待周不乘馬而後爲不乘馬者，以馬必多於乘馬者。乘馬者不乘此馬，未必不乘彼馬，即不能定爲不乘馬。故必待周不乘馬，而後爲不乘馬。以上二例，義正相反，量因質異。此一周而一不周者也。

居於國，則爲居國，有一宅於國，而不爲有國。

居於國與有一宅於國，其實不異。而居國與有國之名，則大異。自來有國者惟諸侯，故僅有一宅於國，不得云有國。蓋居國以國爲主辭，居爲附屬之賓辭，故不謬。有國則以有者爲主辭，國爲附屬之賓辭，故大謬。故有一宅於國，而不爲有國，此論求羣言之比之一例也。

桃之實，桃也。棘之實，非棘也。

孫云：“棘之實，棗也，故云非棘。”

愚案：此知立辭者當循萬物之名，一一核其實，以明異同。例如桃與棘爲木同，結實同，乃桃之實名桃，棘之實不名棘，迥乎不同，足見以類取以類，予之説，不可率爾常用也。此摹略萬物之然之一例也。

問人之病，問人也。惡人之病，非惡人也。

問人之病問人也者，以病不離人而生；故問人之病，即是問人，意在愛人也。惡人之病非惡人也者，以所惡惟在病，非關於人。病所惡，人所愛也。

人之鬼，非人也。兄之鬼，兄也。祭人之鬼，非祭人也。祭兄之鬼乃祭兄也。

自來習慣，視人之鬼爲鬼，從不視之爲人。故祭人之鬼，亦非祭人。而兄之鬼，則以爲兄而非鬼，故祭兄之鬼，亦祭兄而非祭鬼。人無異，鬼無異，以兄非兄而人鬼異，此執別者之所以爲異，非貴兼者之所以爲異也。自問人之病至乃祭兄也，皆論求羣言之比也。

之馬之目眇，舊作“盼”，從顧校改，下同。**則謂之馬眇；之馬之目大，而不謂之馬大。之牛之毛黄，則謂之牛黄；之牛之毛衆，而不謂之牛衆。**

眇表一目小，黄表色中和。舉名知實，獨立不變。故任何應用，不致混淆，可表馬牛體相。若大不能離目而自存，衆不能離毛而自存，故不可用況馬牛，自成狂舉。

一馬，馬也。二馬，馬也。

不過約數顯馬。

馬四足者，一馬而四足也，非兩馬而四足也。

凡馬四足有定數。因質知量，不得相濫。

馬或白者，二馬而或白也，非一馬而或白。“馬”或“白”上舊衍“一馬馬也”四字，從王引之校删。

“或白”與“或不白”對，故必二馬始可言“或”；若止一馬，白則白，不白則不白，何“或”之可言？

此乃一是而一非者也。

以上舉例，皆一是一非，爲侔辭示準繩。足見摹略萬物之然，綸求羣言之比，最關重要。蓋以名舉實以辭抒意，當否係之。凡比事屬辭，不可不審也。此知墨辯不重形式，注重義理之分析，可謂知辯本矣。

耕　柱

此與《貴義》、《公孟》、《魯問》、《公輸》五篇，蓋二三子記其言行，無異孔門之《論語》。今欲考證墨子之生年，國籍，交游等，胥賴焉。

子墨子怒耕柱子。

"怒"，《禮記·内則》"若不可教而後怒之"注：譴責也。與下文"我亦以子爲足責"甚相應。《莊子·天下篇》偁墨子其道不怒，故知此怒非瞋也。釋氏以怒爲思惑，爲鈍使，非登四地菩薩，未能斷此習氣。墨子不怒，足證是四地以上菩薩，非莊子烏足以知之。

巫馬子謂子墨子曰。

蘇云："巫馬子爲儒者也，疑即孔子弟子巫馬期，否則其後。"

孫云："案《史記·孔子弟子傳》云："巫馬施少孔子三十餘歲。"計其年齒當長墨子五六十歲，未必得相問答。此或其子姓耳。"

愚案：孫著《墨子年表》，誤甚。墨子與七十子同時。巫馬子或即巫馬期，期之年齒斷不能長墨子五六十歲。《史記》："巫馬施少孔子三十歲。"無餘字，孫欲自圓其説，加一餘字，非是。計墨子與巫馬施，年齒當相若。以其弟子禽滑釐，曾受業於子夏。見《吕氏春秋·當染》並《史記·儒林傳》。子夏少巫馬施十四歲，《史記·仲尼弟子列傳》子夏少孔子四十四歲。推之可知。篇中又有子夏之徒問於子墨子曰"君子有鬬乎"云云，其答辭顯若長者待後進然。此知墨子之年，必與子夏相上下，斷不至少巫馬施五六十歲。參觀《墨子年代考》自明。

治徒娱、縣子碩問於子墨子曰。

孫云："二人蓋竝墨子弟子。《吕氏春秋·尊師篇》云：'高何、縣子石，齊國之暴者也，指於鄉曲，學於子墨子。'即此縣子碩也。蘇疑即

《檀弓》縣子瑣，未塙。”

愚案：蘇説甚塙，孫説非也。《檀弓》記縣子云“古者不降”，“買棺外内易”，謂外内簡易治之，不貴精好，鄭注、孔疏均非。“綌衰繐裳非古”，并以暴尩、暴巫爲非，皆恪遵墨教可證。

子墨子游荆，耕柱子於楚。

畢云：“游，謂游揚其名而使之仕。”

王云：“‘耕柱子’上不當有‘荆’字，耕、荆聲相近，則‘荆’蓋‘耕’字之誤而衍者，《魯問篇》曰：‘子墨子游公尚過於越。’”

蘇云：“篇首但言耕柱子，此多一‘荆’字，疑衍文。”

愚案：畢、王、蘇三説均非。墨書言荆言楚者屢見。此游字，即《貴義篇》“子墨子南游於楚”之“游”，不必泥作“游揚”解。蓋荆即楚之古名，此或墨子時游於荆，耕柱子在焉，墨子未過耕柱子，惟從游二三子過之。並下文云耕柱子處楚無益，顯見耕柱子早在楚，不待墨子游揚。及毋幾何而遺十金於子墨子，又足爲耕柱子因墨子至楚而餽遺之之證。此文當讀“子墨子游荆”爲句，“耕柱子於楚”爲句，即知“荆”字非衍文。

人不見而耶，鬼不見而富。

王引之云：“‘耶’字義不可通，蓋服之壞字也。‘富’讀爲‘福’，古字通。‘而’，汝也。人不見而服者，未見人之服汝也。鬼不見而富者，未見鬼之福汝也，故下文曰‘而子爲之有狂疾也’。服與福爲韻。”

蘇云：“‘耶’當作‘取’。”

孫云：“‘耶’疑‘助’之譌。”

愚案：王説是，當據正。蘇、孫説並非。“鬼”下孫本衍“而”字，從陸本、唐本、畢本删。“福”古寫作“畐”，與“富”形似而譌。近年發見南粤王忽墓，内有圭銘“受畐無疆”可證。

子墨子使管黔滶游高石子於衛。

畢云：“滶，疑‘敖’字”。

孫云：“畢説是也。《説文》水部有‘滶’字，從水，敖聲，此借爲

‘敖’。《檀弓》有齊人黔敖，此墨子弟子與彼名同。”

愚案：此即《檀弓》之黔敖，觀其爲食於路以待飢者，是多財則以分貧也。及餓者不食嗟來之食，從而謝焉，是能以繩墨自矯也。皆實行墨教之證，故知定非二人。高石子去衛之齊見墨子，或亦明去衛之故於黔敖也。案，黔敖與曾子同時，從知墨子生年或較長於曾子，與孔子並時而差後無疑。

是所謂經者口也，殺常之身者也。

孫云：“‘常’疑當作‘子’，此下文亦有捝誤。”

愚案：孫説非。《淮南子・精神訓》“熊經鳥伸”，高注“經，動摇也。者，此也。俗作這。”《詩・柏舟》之“死矢靡它”。箋，之至也。言率爾動摇此口，則殺機常至其身，蓋古語也。

見人之作餅，則還然竊之。

孫云：“還，疑‘睘’之借字，《説文・目部》云：‘睘，驚視也。’”

愚案：孫説亦通，《左襄十年傳》“還鄭而南”注：還，繞也。

貴　義

予于天下，而殺子之身，子爲之乎。必不爲。何故？則天下不若身之貴也。

莊子曰：“不仁之人，不惜決性命之情，而饕貴富。”耶穌曰：“賺得富有天下，而喪其生命，何益之有。”皆愍世人埋真逐妄，不反省也。無如此破凡夫迷執，醒豁剴切也。

今有人於此，有子十人，一人耕而九人處，則耕者不可以不益急矣。何故？則食者衆而耕者寡也。

自昔農家有言，一夫不耕，天下必有飢者。今同堂九人坐食而不耕，則耕者欲爲兼士，能不損己而益所爲，農殖嘉穀，而備彼之急乎。此墨子無量慈悲，思天下之飢者，猶己飢之心也。《亢倉子・農道篇》曰：“非老不休，非疾不息，一人勤之，十人食之。”或即此言之所本。此知墨家自苦爲人之精神，多本農家而出。

彼苟然，然後可也。

盧云："此下疑有挩文。"

孫云："此七字與上文亦不相應，上下似並有挩佚。"

愚案：盧、孫説並非。《説文》："苟，自急敕也。"音亟，敬也。苟从芊省，从勹口，勹口，猶慎言也。非从艸之苟。蓋湯下彭氏子不使御，彭氏子亟誡慎其言而肅然，然後湯仍使之御也。

故我曰瞽不知白黑者，非以其名也，以其取也。

言了知白黑之名，徒具勝解。而不能躡解成行，是心之聾盲，勝於形骸之聾盲也。

今若過之心者，數逆於精微。同歸之物，改正知其要矣，是以不教以書也。

過之心數逆於精微者，知其心不在内，不在外，不在中間。亦在内，亦在外，亦在中間也。同歸之物已知其要者，知森羅萬象，一兼之所現。凡所見色，皆是見心也。不教以書者，淨智妙圓。體自空寂，如是功德，不以世求也，此非弦唐子之淺識所及知也。

世俗之君子。

指儒者言，以其不知兼，不行兼，又非兼故。

是圍心而虚天下也。

蘇云："'圍心'未詳，'圍'或當作'違'。"

吴玉搢云："'圍心'即'違心'，古圍、違字通。"

愚案：蘇、吴説均未審。《廣雅·釋詁》："圍，裹也。"此言人心所之，六合無礙，本無時地之可分。若以占方自迷，是自裹其心，即裹其足，必致人事毫無進步，天下等於虚空也。此知墨子獨能破除一切迷信，務强聒天下以爲義也。

以其言非吾言者，是猶以卵投石也。盡天下之卵，其石猶是也，不可毁也。

以其言是真語，是實語。無戲論，能破壞一切戲論。堅如金剛，能摧毀他物，而不爲他物所摧也。

公　孟

公孟子謂子墨子曰。

惠棟云：“公孟子即公明子，孔子之徒。”

宋翔鳳云：“孟子公明儀公明高，曾子弟子。公孟子與墨子問難，皆儒家之言。孟與明通，公孟子即公明子，其人非儀即高。正與墨翟同時。”

孫云：“《説苑・脩文篇》，有公孟子高見顓孫子莫及曾子，此公孟子疑即子高，蓋七十子之弟子也。”

愚案：墨子與七十子同時，此公孟子當爲孔子之弟子。足爲墨子與孔子並時而差後之證。

子墨子曰，請固以相見也。若必舍忽易章甫而後相見，然則行果在服也。

此知墨子冥契真常，絶無俗染，故能破外緣邪執。一切不著也。

且子法周而未法夏也。子之古非古也。

言子法周郁郁之文，而未法夏沌沌之僕，子之古已不古甚矣。

然則儒者之知，豈有以賢於嬰見子哉。

譏，儒者不了兼而周愛，心量過陝也。

子墨子曰，迷之。

孫云：“‘迷之’義不可通，疑‘迷’當爲‘還’之誤，謂墨子評程子令還也。”

愚案：孫説非。“迷之”義甚明，謂迷惑也。下文反，則令其還也。

若先生之言，則是不譽禹，不毀桀、紂也。

“禹”上疑挩“堯”字，堯禹、桀紂對文。《莊子・大宗師篇》“與其譽堯而非桀也，不如兩忘而化其道”，可證。

夫應孰辭稱議而爲之，敏也。

孫云："'稱議'上當有'不'字。應孰辭不稱議而爲之，謂應習孰之辭，則信口酬答，不待稱議而後對，故下云敏也。此明前云不毀儒非不毀桀紂之謂，不可以習孰應對之語執以相難。"

愚案：孫説未審。"稱議"非平列字，"稱"上不應有"不"字。稱，《荀子·禮論》"貧富輕重，皆有稱者也。"楊注："稱，謂各當其宜，尺證反。"敏，審也，《左僖三十三年傳》"禮成而加之以敏"注；又達也，《論語·颜淵》"回雖不敏"注。謂應孰習之辭，審量出言以爲酬對，是爲敏達。則譽堯、禹非爲譽也，毀桀、紂亦非爲毀也。如此始與上文非毀儒之神理，完全相應。

厚攻則厚吾，薄攻則薄吾。

王引之云："'吾'讀爲'列禦寇'之'禦'，'禦'古通作'吾'。"

孫云："王校是也。'吾'當爲'圄'之省。《説文·口部》云：圄，守也。"

愚案：王、孫二説均非。此謂議論設不審量，則爲譽不當譽、毀不當毀之過失，固望有人攻之。故人厚攻之則是厚吾；薄攻之則是薄吾。《荀子·修身篇》云："非我而當者吾師也"，是其義。若議論各當其宜，則譽不爲譽，毀不爲毀，人當無所用其攻擊矣。

應孰辭而稱議，是猶荷轅而擊蛾也。

孫云："此申應孰辭不必稱議之指。"

愚案：孫説誤。此言稱議爲敏，則被議者無所逃避也。

夫好美者。

孫刻本"夫"譌作"未"。

告子曰言義而行甚惡。

顧云："'曰'當爲'日'。"

蘇云："'告子曰'之'曰'當作'日'，或爲'口'字之訛，下墨子言告子口言而身不行，是其證也。然此告子自與墨子同時。後與孟子問答者，當另爲一人。"

孫云："'曰'字不誤，此文當作'告子曰：墨子言義而行甚惡'。蓋告子嘗以此言毀墨子而二三子爲墨子述之。故下文墨子云稱我言以毀我行，又云告子毀猶愈亡也。今本‘告子曰’下捝‘墨子’二字，遂若二三子庰告子行惡，與下文云毀皆不相應矣。顧、蘇説竝未憭。又案《孟子·告子篇》趙注云：‘告，姓也；子，男子之通稱也；名不害，兼治儒墨之道者。嘗學於孟子。’趙氏疑亦隱據此書，以此告子與彼爲一人。王應麟、洪頤煊説竝同。然以年代校之，當以蘇説爲是。”

愚案：“曰”當從顧、蘇二校作日，始與下文“口言而身不行”相應。孫説並非，其以毀爲毀墨子尤誤。蓋二三子以墨子之教，言行一致。今告子行不顧言，即是毀墨子之行，故請棄之，猶孔門鳴鼓而攻之。非必毀墨子之所行也，即令是毀墨子之行，然猶稱其言，亦足見其言不足以遷行，不能如墨子繩墨自矯。故下文云稱我言以毀我行，又云言仁義不吾毀，足證告子日言義而行甚惡甚明。决不當增“墨子”二字，作“告子曰墨子言義而行甚惡”也。至蘇以後與孟子問答者當另爲一人，孫從之，均謬。《孟子》趙注：以爲一人者是。王、洪説並同，宜也。觀墨子不許告子之爲仁，及《經説下》“其爲仁内也，義外也，舉愛與所利也，是狂舉也”，正與告子與孟子之辯論同。况告子言性無善惡，又與《大取篇》“爲暴人語天之爲是也而性”數語合。顯見告子言性，師承墨子。而仁内義外，則告子之偏執。是學於墨子之告子即與孟子辯論之告子。趙注可據。惟趙注謂其嘗學於孟子則非。蓋孟子既壯，墨子或猶未卒。告子幼受學於墨子，晚年與孟子言性，斷非學於孟子也。

魯　問

魯君謂子墨子曰。

孫云：“以時代考之，此魯君疑即穆公。”

愚案：穆公與子思晚年。并縣子同時，《孟子·公孫丑篇》曰：“昔者魯繆公無人乎子思之側，則不能安子思。”《檀弓上》“繆公召縣子而問焉”。墨子年當長子思十餘歲，縣子爲墨子弟子。孔子卒於哀公十六年，時墨子年已三四十歲。哀公在位二十七年，悼公繼之，在位三十七年，又元公繼位二十一年。穆公即位，墨子年已百歲餘，恐非也。竊疑此魯君，當即悼公或元公也。

子墨子見齊大王曰。

蘇云："'大'當讀'泰'，即太公田和也。蓋齊僭王號之後，亦尊其祖爲太王，如周之古公云。"

俞云："大公者始有國之尊稱，故周追王自亶父始而稱大王，齊有國自尚父始而稱大公，以及吴之大伯、晉之大叔皆是也。田齊始有國者，和也，故稱大公，猶尚父稱大公也。至其後子孫稱王，則亦應稱大王矣，猶亶父稱大王也。因齊大王之稱，它書罕見，故學者不得其説，《太平御覽》引此文遂删'大'字矣。"

孫云："蘇、俞説是也。據《史記·田敬仲世家》及《六國年表》，田莊子卒於周威烈王十五年，子大公和立。安王十六年，田和始立爲諸侯。墨子見大王，疑當在田和爲諸侯之後。"

愚案：大王既屬僭號追稱，未必非田莊子。即爲田和，未必在爲諸侯之後。孫説過泥，不可從。蓋田和始命爲諸侯，在魯繆公二十二年，次年即卒。墨子大年，未必百二十餘歲，亦未必於田和將卒時始見之也。

孰將受其不祥。

孫刻本"孰"訛"就"。

魯人有因子墨子而學其子者。

《文王世子》"凡學世子"釋文"學，户孝反，教也。"《白虎通·辟雍》"學之爲言覺也，以覺悟所不知也。"

今學成矣，戰而死，而子愠。而猶欲糶糴，讎則愠也。

"糴糶"《閒詁》作"糶糴"，孫云："吴鈔本'糶糴'二字互易"。

畢云："'售'字正作'讎'"。

王云："'糴'當爲'糶'。《廣雅》：糴，買也；糶，賣也。故云是猶欲糶，糶讎則愠也。今本'糶'作'糴'，則義不可通。"

愚案：孫從畢校作"糶糴"，并王説均未審，今從吴鈔本正。蓋墨子了徹生死之故，故薄死。此言受教如糴，戰死致用如糶。“糶”即讐，正教成之證。不宜愠，愠則與教子之旨相背也。故下文云：“豈不悖哉?”

魯之南鄙人有吴慮者，冬陶夏耕，自比於舜。

南對北言，即此可知墨子居魯北境，故曰南鄙。不曰往游，而曰聞而見之，不甚遠故。吴慮蓋卓然農家也。農者，務自勤勉以厚民生之義。《廣雅・釋詁》云：“農，勉也。”《書・洪範》“農用入政”傳“厚也”。鄭注：“讀爲‘醲’”。《論語・子路篇》“吾不如老農”皇疏“濃也”，《禮・含文嘉》、《風俗通・皇霸》並稱“神農德濃厚如神”。此“冬陶夏耕”之所以勉厚民生也。自比於舜者，不必託之遠古而世易信從也，其用心與許行託於神農同，是亦救時之賢者。

吴慮謂子墨子曰，“曰”字從孫校增。**義耳義耳，焉用言之哉。**

吴慮以當時處士横議，《孟子・滕文公下》。道路曲辯，輩輩成羣，《商君書・農戰》。病農已甚，不可尤而效之，故其言如此，是其力矯時弊之苦心也。

子墨子曰，子之所謂義者，亦有力以勞人，有財以分人乎？吴慮曰有。

此農家均勞逸、均貧富二大綱。儼然今之勞農主義也。

翟以爲不若誦先王之道而求其説，通聖人之言而察其辭；上説王公大人，次説匹夫徒步之士。“次”下“説”字從畢校增。**王公大人用吾言國必治，匹夫徒步之士用吾言行必脩。故翟以爲雖不耕而食飢，不織而衣寒，功賢於耕而食之織而衣之者也。**

即此知吴慮之農，狭義之農也。墨子蓋以有道肆相教誨，欲進吴慮爲廣義之農也。所謂廣義之農者，如《尸子》曰：“神農夫負婦戴，以治天下。堯曰：朕之比神農，猶旦與昏也。”是堯雖未躬耕，而心儀神農，爲天下臞瘦者，猶之農也。《荀子・大略篇》曰：“禹見耕者耦立而式。”是禹之自苦爲極，不必農之迹，而得農之神者也。此知墨子獨自苦而爲義，且因天下不爲義而益急者，《貴義》。實上接堯禹之心傳，將以令“天下一心”《亢倉子・農道篇》。也。

既得見四方之君，子則將先語。

蘇云："即子將奚先之意。"

王闓運云："問語所宜先也。"

吴云："先乃奚之譌。"

愚案：將先語，當作語將奚先，故墨子以擇務從事答之。

子墨子出曹公子而於宋。

孫云："舊本'出'上有'曰'字。王云：'此本作子墨子出曹公子於宋，猶上文言子墨子游公尚過於越也。今本衍"曰"字，"而"字則義不可通。'俞云：'王説是也。然"出"字義不可通，"出"當爲"士"字之誤。《史記・夏本紀》"稱以出"，徐廣曰"一作'士'"，是其例也。"士"與"仕"通，子墨子士曹公子於宋，即仕曹公子於宋也。《貴義篇》曰"子墨子仕人於衛"。'案，王校是也，蘇説同，今據删。曹公子亦墨子弟子。"

愚案：孫據王、蘇二校删"曰"字是也。竊以"而"字衍，亦當删。俞以"出"字義不可通，竊謂"出"字義本可通。《孟子・告子下》"出則無敵國外患者"注："出，謂國外也。"墨子魯人，曹公子亦必魯人，墨子仕之於宋，故云出。下文三年而反，可證。出與反，文正相對。況出對處言，尤合。

今而以夫子之教。

舊本無"今"字，"教"作"政"。王云："此言吾始而家貧，今而以天下之教，家厚於始也。今本挩'今'字，'教'字不誤，作政則義不可通。"孫云，王校是也，今據補正。俞云，"政"乃"故"字之誤，蓋子墨子仕曹公子於宋，則宋必致禄。故曰以夫子之故，家厚於始也。

愚案：孫從王校未允，今從俞校，作而以夫子之故，而猶乃也。言吾始而家貧，乃以夫子之故，家厚於始也。

有家厚謹祭祀鬼神。

孫云："此與上文複，疑'厚'當爲'享'，'有'讀爲'又'，言又於家爲享祀。"

愚案：孫云"'有'讀爲'又'"是，"疑'厚'當爲'享'"非。"享"與下文義複也，言家既厚於始，又以家厚謹祭祀鬼神，家應益厚，然而人從多死，六畜不蕃，身湛於病，吾未知夫子之道可用也。

夫鬼神豈唯擢黍拑肺之爲欲哉。"黍"舊作"季"從王校改。

蘇云："言鬼神非徒貪嗜飲食者也"。

愚案：此與《書·君陳篇》"黍稷非馨，明德惟馨"，義同。

今子處高爵禄，而不以讓賢，一不祥也。多財而不以分貧，二不祥也。

不祥本於自私。此知墨子妙悟玄猷，欲人心境光明，冥通大化，自與鬼神合其吉凶。

今子事鬼神，唯祭而已矣；而曰病何自至哉。是猶百門而閉一門焉，曰盜何從入。

官以物亂，精耗神散。日與爲接，何非致病之門？

若是而求福於有怪之鬼，豈可哉！

孫云："此義難通，據下文疑亦當作'求百福於鬼神'。"

愚案：孫説未審。此係上文結語，不當據下文爲校。有怪，疑即《詩·抑之篇》"不可度思"義。《天志中篇》云，"又以先王之書，馴天明不解之道也知之"，"不解"亦即此"有怪"之義。釋氏所謂"不可思議"是也。"鬼"下挩"神"字，當據上文增。"福"上據下文增"百"字，亦與上文合。曹公子不知敬鬼神之正義，不惟祭祀之迹，在乎讓賢博施以濟世，故墨子教之如此。從知墨子之敬鬼神，蓋即色游玄，以通乎物之所造，儒家不及也。學者多譏爲迷信，陋矣。

古者聖王事鬼神，祭而已矣。

孫云："謂無所求也。《禮器》云：'祭祀不祈'。鄭注云：'祭祀不爲求福也'。"

愚案：祭祀不爲求福，固也。然其所以爲祭者，必非無故，不可不言。蓋祭者所以虚中，專致其精明之德以交於神明，參觀《祭義》《祭統》。復性也，非求福也，福不可求而自至者也。設因求福而祭，則其心已貪汙，是自求禍也。鬼神不過性道之迹，恒依人心之貞一與否現吉凶也。故最上上祭，莫若自苦爲極，兼愛天下，則德合無疆，福利無疆矣。

今以豚祭而求百福，則其富不如其貧也。

言心爲物役，無有已時，未若貧而無累心安也。

若以王爲無道，則何故不受而治也。

言若以王爲無道，則何故不受王位，易無道爲有道以治斯民。此見墨子言治，以民爲貴之精神。《尚同》中篇曰："故古者之置正長也，將以治民也。"即此原理。

若以白公爲不義，何故不受王，誅白公然而反王。俞云"然"之言"焉"也。

若以白公爲不義，何故不受王位，借王之權殺白公，而後反位於王。此教孟山當於有爲之中，權輕重以利天下。故《大取篇》曰："於所體輕重之中，而權其輕重之謂權。"從吴鈔本。權正也。

項子牛三侵魯地。

孫云："項子牛，齊人，見前。三侵魯，不知在何年？以《史記·六國年表》及《田齊世家》考之，魯元公十九年，齊伐魯葛及安陵，二十年取魯一城，穆公二年齊伐魯取郕，十六年伐魯取最，或即三侵之事與？"

愚案：孫説不盡可從。據《六國表》，自魯元公十七年至二十一年，五年之間，田齊三伐魯，已足當三侵之數，亦合墨子生存之年。若加入魯穆十六年田和伐魯取最事，則爲四侵，甚無取也。以墨子之高義，能容勝綽背義而譎項子牛，歷時十九年；且必待其四侵魯，始請退，有是理乎？况本書明明曰三侵，未言四侵也。以墨子年代考之，恐至穆公十六年墓木已拱。即以《閒詁》墨子年表言之，於穆公十四年下記鄭人三世殺君事，已知與文君年不合。墨子與文君同時，可見此十六年伐魯取最之説，未必合也。

越人因此若埶亟敗楚人。"埶亟"舊作"埶函"，從王校改。

王云："'埶'即今'勢'字，此'若埶'者，'此埶'也，'若'亦

‘此’也。古人自有複語耳。墨子書多謂此爲此若，言越人因此水勢，遂數敗楚人也。”

愚案：《管子·山國軌篇》、《輕重甲篇》，均有此若言何謂也文。

公　　輸

子墨子亦曰，吾知子之所以距我，吾不言。楚王問其故，子墨子曰，公輸子之意，不過欲殺臣。

靈知明照，物莫能遮，是爲他心通。《大取篇》曰“正體不動”，是其來源；“殺己以存天下”，是其慧用也。

備城門　第五十二

孫云：“自此至《雜守》凡二十篇，皆禽滑釐所受守城之法也。五十二，吴鈔本作‘五十四’。則前當有兩闕篇，未知是否？李筌《太白陰經·守城具篇》云：‘禽滑釐問墨翟守城之具，墨翟答以六十六事。’即指以下數篇言之。六十六事，别本《陰經》作‘五十六事’。今兵法諸篇，闕者幾半，文字復多挩互，與李筌所舉事數不相應。所記兵械名制，錯雜舛牾，無可質證。今依文詁釋，略識辜較，亦莫能得其詳也。”

愚案：今存十一篇，蓋用踐非攻之實者。以空言弭兵，於事無濟，故研精而成此絶技。是爲專門之學，非禽滑釐不能記述無疑。即此篇禽滑釐問於子墨子曰，《備梯篇》禽滑釐子事子墨子三年云云，可證。至《備高臨》、《備穴》、《備蛾傅》諸篇，禽子再拜云云，皆禽子自述。子爲男子通稱，非自尊也。以下諸篇，義多難曉，略。不贅。

墨子傳略

墨子名翟，姓墨氏《廣韻》二十五德、《通志氏族略》引《元和姓纂》云，墨氏孤竹君之後，本墨台氏，後改爲墨氏，戰國時宋人墨翟，著書號墨子。

愚案：《元和姓纂》之説不確。墨子非姓墨。墨者道學之稱，淵源甚古。詳《墨稱之探本》。

魯人。《吕覽·當染》、《慎大篇》注。《貴義篇》云："墨子自魯即齊。"又《魯問篇》云："越王爲公尚過束車五十乘，以迎子墨子於魯。"《吕氏春秋·愛類篇》云："公輸般爲雲梯，欲以攻宋，墨子聞之，自魯往，見荆王曰：'臣北方之鄙人也。'"《淮南子·修務訓》亦云："自魯趨而往，十日十夜至於郢。"並墨子爲魯人之塙證。

案：孫説是也。玆更舉證以實之，明墨子確非宋人，並非楚之魯陽人也。本書《公輸篇》曰："子墨子歸過宋。"其自楚歸，明非楚人。曰過宋，明非宋人。詳《集解·墨子魯人説》。

蓋生於周定王時

案，孫説不確，年表亦未足據。今詳加徵討，當生於周敬王時。另爲《年代考》附後。

案《淮南王書》謂"孔、墨皆脩先聖之術，通六蓺之論"，《主術訓》。**今考六蓺爲儒家之學，非墨氏所治也。墨子之學，蓋長於《詩》、《書》、《春秋》，故本書引《詩》三百篇，與孔子所删同。引《尚書》如《甘誓》、《仲虺之誥》、《説命》、《大誓》、《洪範》、《吕刑》亦與百篇之《書》同。又曰："吾嘗見百國《春秋》。"**《隋書·李德林傳》此與孔子所修《春秋》異。本書《明鬼篇》亦引周、燕、宋、齊諸國《春秋》。**而於《禮》則法夏絀周，《樂》則又非之，與儒家六蓺之學不合，淮南所言，非其事實也。**《淮南子·要略》又云："墨子學儒者之業，受孔子之術。"尤非。

案，孫説未審，《淮南》書確乎可信。墨與儒同稱堯舜，同説《詩》、《書》處甚多，惟反對失義之《禮》與《樂》耳。詳後《墨儒之異同》。

宋昭公時嘗爲大夫

案此説恐不確。《史記·孟荀列傳》云："蓋墨翟宋之大夫。"《藝文志》云："爲宋大夫。"墨子爲墨家宗師，《史記》竟不論列其言行爲傳，僅於《孟荀傳》末附綴姓名，何其疏也。墨子書今猶存五十三篇，於仕宋事，毫無可徵。或史公以其止楚攻宋而云然，故不能質定在何時。《漢書》沿之，宋 鮑彪《戰國策·宋策》注，謂"當景公、昭公時"，又沿

《史》、《漢》二書而增其誤。《閒詁》因斷定在昭公時，則將使後人盡以非爲是矣。《墨子年表》推定墨子生年過後，疏謬無疑；則此增成鮑彪之誤，不足據可知。《史記·鄒陽傳》云："宋信子罕之計而囚墨翟。"不知果何爲。若以止楚攻宋事，疑其嘗爲宋大夫，未免太不知墨子。蓋墨道之大，固一兼無外者也，竊以墨子富具農家平等之精神，尚勞賤，必不樂爲大夫，致妨繩墨自矯之勝行。今舉二證以明遷、固之非：（一）《魯問篇》："越王爲公尚過束車五十乘，以迎墨子於魯，墨子不往。"《吕氏春秋·高義篇》且云："若越王聽吾言用吾道，翟度身而衣，量腹而食，比於賓萌，高注"賓客萌民也"。未敢求仕。"此知墨子之高義。（二）《吕氏春秋·愛類篇》記墨子免宋之難，後即繼以大禹爲民之勤勞，曰："聖王通士，不出於利民者無有。"聖王指禹，通士指墨子，既稱通士，則未爲大夫無疑。蓋墨子或以孔子三月無君則皇皇，未若自身創教，則轉移世運之權，操之在己爲得也。以墨子人格之高尚，豈屑與當時大夫伍哉！

而囚墨子

此說無稽徵。

《墨子年表》

墨子與七十子同時，注中說曹耀湘說甚塙。孫說不足據，詳《集解》附《墨子年代考》。

墨學傳授考

禽滑釐《列子·楊朱篇》云：衛 端木叔者，子貢之世也。藉其先貲，家累萬金，不治世故。及其死也，無瘞埋之資；一國之人受其施者，相與賦而藏之。禽骨釐聞之曰：端木叔狂人也，辱其祖矣。此與墨學無與，附者於此。

案，孫云"此與墨學無與"，非是。禽滑釐以端木叔散財類墨行，而放恣似楊朱，斥之，所以嚴朱紫之辯，端風化也。是禽子能弘墨道之證。宜乎《莊子·天下篇》，以之與墨翟並稱。

告子

當爲墨子及門弟子，詳前。

程繁

當爲墨子弟子，蓋先爲儒而後爲墨者。初以非樂、非儒爲過，墨子因與辯明以破其執。《公孟篇》程子無辭而出，子墨子曰“迷之”，使之反。及其復坐，又進曰“鄉者先生之言有可聞者焉”云云，墨子因謂孔子亦有足稱者，使之心悦而誠服，可謂循循善誘矣。

公孟子

當爲墨子弟子，亦先爲儒而後爲墨者。嘗服儒服見墨子，墨子曰“行不在服”，公孟子曰“吾聞之宿善者不祥，請舍服易章甫復見夫子”，是其輸誠服教之明證。乃墨子請因以相見，破其執著，故書中慇慇開示，視他弟子獨勤。

案《陶潛集·集·聖賢羣輔録》末附載三墨云：“不累於俗，不飾於物，不尊於名，《莊子·天下篇》作“不苟於人”。**不忮於衆，此宋鈃、尹文之墨：**“鈃”當從《莊子》作“鈃”，即《孟子》之宋牼也。**裘褐爲衣，跂蹻爲服，日夜不休，以自苦爲極者，相里勤、五侯子之墨；俱誦墨經，而背譎不同，相謂别墨以堅白，**此亦本《莊子》而文義未全。豈僞託者失其句讀，抑傳寫有捝誤邪?。**此苦獲、己齒、鄧陵子之墨。此别據《莊子·天下篇》爲三墨，與《韓非》書殊異。**北齊 陽休之所編《陶集》即有此條。宋本《陶集》宋庠後記云，“八儒”“三墨”二條，此似後人妄加，非陶公本意。**考《莊子》本以宋鈃、尹文别爲一家，不云亦爲墨氏之學。以所舉二人學術大略考之，其崇儉非鬬，雖與墨氏相近，**《荀子·非十二子篇》以墨翟、宋鈃並偁。**而師承實迥異，乃强以充三墨之數，而韓非所云相夫氏之墨者，反置不取，不知果何據也。宋鈃書《漢書·藝文志》在小説家，云黄老意。尹文書在名家，今具存。其《大道》上篇云：“大道治者則名、法、儒、墨自廢。”又云：“是道治者謂之善人，藉名、法、儒、墨者，謂之不善人。”則二人皆不治墨氏之術，有明證矣。**近俞正燮《癸巳類稿·墨學論》，亦以宋牼爲墨徒，誤與《羣輔録》同。**《羣輔録》本依託不出淵明，而此條尤疏謬，今不據補録。**

愚案：《羣輔録》言三墨，固與韓非書異；而宋鈃、尹文崇儉非鬬，則確乎墨行也。宋銒書，《蓺文志》列之小説家，云黄老意，不知墨學本與黄老互通而難分。足見荀卿以墨翟、宋銒並偁，信而可據。列宋銒書於小説家，自是班氏之疏；尹文書在名家，名學爲墨學之一端，正尹文師承有本之明證。其云“大道治者則名、法、儒、墨自廢”；又云“是道治者謂之善人，藉名、法、儒、墨者謂之不善人”，其意蓋以墨離爲三，背譎不同，殊令後世莫知正宗。倘一以大道爲歸，則不惟名、法、儒諸學，不及墨道之大者可廢；即墨道之“總乎天地以同常”本《尚賢中》。者，轉得因“道”而益彰。是墨之名雖廢，墨之實不能廢也。此尹文於墨子之教，深造有得之言也。《閒詁》以宋銒、尹文皆不治墨氏之術，殊謬。

附汪中《墨子序》云：“《親士篇》錯入道家言二條，與前後不類，今出而附之篇末。”竊以《親士》全篇，過半皆道家言，正爲道與儒墨不分之證，惜不知其二條何指也。又張惠言《墨子經説解》後序云：“墨氏之言，《修身》《親士》多善言，其義託之堯、禹。”又云：“今觀墨子之書，《經説》、大小《取》，盡同異堅白之術。蓋縱横名法家惠施、公孫龍、申、韓之屬皆出焉。”詎知此即儒墨名法不分之證。又云：“墨之本在兼愛，而兼愛者，墨之所以自固而不可破。兼愛之言曰，愛人者人亦愛之，利人者人亦利之。仁君使天下聰明耳目相爲視聽，股肱畢强相爲動宰，此其與聖人所以治天下者復何以異？故凡墨氏之所以自託于堯、禹者，兼愛也。中略。孟子不攻其流而攻其本，不誅其説而誅其心，斷然被之以“無父”之罪，而其説始無以自立。”竊不解墨子之兼愛，果何以異於堯、禹。墨子之兼愛爲“無父”，堯、禹之兼愛爲“有父”，恐孟子難以置辯。《墨經》上下、《經説》上下、《大取》諸篇，辭恉與道家同者不勝數。諸先哲勤究是書，似皆於墨學，未及通其源而輒滯其流。蓋古者農、道、儒、墨、名、法諸家，均不過主旨互異，其爲學實不能嚴定分析也。例如：墨家尚賢、貴義，儒家亦然；墨家非樂、非儒，道家亦然；墨家非攻、節用，道家、儒家、農家莫不然。蓋墨學之中，兼該道學、農學、儒學、名學、兵學、《備城門》等。技巧學光學重學形學等不得遽謂儒墨不同術，或錯入道家言。蔡孑民先生嘗謂純一。曰：“《漢書·藝文志》九流之目，甚爲曖昧。”誠確論也。汪以“世之學老子者則絀儒學，儒學亦絀老子，惟儒墨則亦然。”汪中《墨子序》。詎知荀卿儒者，《非十二子篇》亦非儒；則墨家雖俱誦墨經，而倍譎不同，相謂別墨《莊子·天下篇》。何足異？蓋儒分爲八，墨離爲三，取舍相反，猶孔子、墨子俱道堯、舜，而取舍不同。《韓非子·顯學篇》。宋銒、尹文卓然墨學大家，烏得謂不治墨氏之術耶？

董無心

鄭樵《通志·藝文略》載董子一卷云：“戰國時董無心撰，其說本墨氏。”合觀《意林》、《論衡》，知董無心固由儒而歸墨者。亦墨氏名家，當附著纏子後。

墨者師

《吕氏春秋·應言篇》“司馬喜難墨者師於中山王前以非攻曰：‘先生之所術非攻夫？’墨者師曰：‘然’。曰：‘今王興兵而攻燕，先生將非王乎？’墨者師對曰：‘然則相國是攻之乎？’司馬喜曰：‘然’。墨者師曰：‘今趙興兵而攻中山，相國將是之乎？’司馬喜無以應。”案，墨者師非攻，毅然不爲威武屈，疑即墨家鉅子之通稱，當附箸鉅子後。《莊子·知北游篇》曰：“君子之人，若儒墨者師，故以是非相鳌也。想見當時墨者師不一人。

分議者延延，而支苟者諮諮。《親士》。

荆楚文库

武昌日知會事實紀略

據武漢市檔案館館藏辛亥革命檔案資料整理。

目　　録

日知會之緣起

軍歌　光緒三十年甲辰（1904 年冬）

願同胞，團結個，英雄氣，唱軍歌，一腔熱血兒，意緒多。怎能夠，坐視國步蹉跎。準備指日揮戈。好收拾，舊山河。從軍樂，樂如何。從軍樂，樂如何。怎能夠，坐視國步蹉跎。準備指日揮戈。好收拾，舊山河。

對天演，烈風潮，争優勝，武士道。競上舞台高，精神好。爲國民，從新鑄個頭腦，争得神州天曉。紀念碑，立雲表。操操操，休草草。操操操，休草草。爲國民，從新鑄個頭腦。争得神州天曉，紀念碑，立雲表。

齊昂昂，整頓了，好身手，講兵韬。任他千鈞擔，一肩挑。新世界，能夠造得堅牢，便是絶代人豪。浩然氣，薄雲霄。身價兒，比天高。身價兒，比天高。新世界，能夠造得堅牢，便是絶代人豪，浩然氣，薄雲霄。

日知會之創立與丙午之獄及辛亥之首義

辛巳雙十節感懷俚言

一

回憶甲辰乙巳年，軍歌手譜甲辰冬在文華書院。廣宣傳。高家巷，日知會造端於此。大江南北群高唱，收拾山河聲震天。各地軍營亦齊唱。

二

丹誠水火救斯民，聖公會會長黄吉亭、胡蘭亭憂民憂國心殷。耿耿耶穌博愛心。覺世先施日知會，見軍歌南北習唱，以爲時機已熟，乙巳三月於高家巷聖公會設立日知會以謀進行。廣陳書報引軍人。以革命非軍人不辦也。

三

光復秘謀丙午冬，回應江西萍鄉事。功垂成敗矮兒馮。馮啓鈞、漢奸郭瑶皆秘報搜捕黨人。書成《孔孟心肝》《孔孟心肝》言攘夷狄，以軍歌殿后。獄，一日囚拘九子朱子龍、劉静安、殷子恒、吴貢三、胡瑛、李亞東、梁鍾漢、季雨霖、張難先。凶。

四

消息靈通愛國心，馮特民探報甚勤，黄吉亭在長沙亦設日知會與黄興出死者，得知馮矮子巡捕黨人，爲我憂甚。倉皇護我戚家尋。著夏清泉覓我於喪祭賀戚家。丁寧逃匿聖公會，漢口三馬路保羅堂，住王會長理堂家。定保無虞計畫頻。

五

多方營救辦辭呈，美人吴德施主教、孟良佐會長合電美公使，辯劉静安非劉家運。博士穆德，美人世界青年會總幹事。奔京説貴卿。請美公使寬解於清親王。我與孟孟良佐。余余日章，全國青年會總幹事。忙屬稿，孟良佐夫人嘉德頻進茶點。居然九子減刑輕。減死刑爲無期徒刑。

六

毒殺堪憐朱子龍，鐵鞭劉子劉静安，任日知會事。血飛紅。酷刑受盡才餘骨，授命陛犴齊志終。在雙十節前百餘日合終於獄。

七

血肉横飛殷志士，子恒。慘刑數死隱他名。絶不肯□有其他黨人。獄歸民軍起義出獄。廉介甘貧閑，决不與聞政治。幸有推賢弘道人。黄吉亭舉薦爲聖公會會長。

八

乘龍御天三烈士，彭楚藩，鄂城人；劉復基，湖南澧州人；楊洪勝，襄陽人。時成喋血武昌城。八月十九日（編者著：即西歷 10 月 10 日）總督瑞澂捕之殺。孔仁孟義光民史，繼《孔孟心肝》而成仁取義。開國豐碑萬古名。紀念碑立武昌府學街。

九

興師首義吴將軍，名兆麟，鄂城葛店人，時任步兵第十六協參謀，駐防楚王臺械彈總庫。八月十九夜率工程營開庫發械彈。首義事蹟詳《吴畏三將軍傳》及《武昌革命史》。多少楚材共苦辛。除暴功成身潔退，鼎移民主順天人。

十

聞道江城走瑞澂，兩湖總督。狂呼得了喜盈盈。余在上海廣學會。疾商會首廣學會首領李提摩太，英國聞人。申英使，上海領事。電漢鄰郊禁搆兵。承認革命軍爲交戰團體，武漢百里内不許戰争。

十　一

義軍奪取兵工廠，江南製造局。憶當日有一青年二十餘，面瘦色黄，身材中等，在滬寧車站對面開文具店，代售商務、中華教科書，因奪兵工廠身受槍彈命終，棺厝錫金公所多日。今竟忘其姓名，待訪。我亦戎衣投筆從。傍晚望平街報館林立。裹立，盼來捷報萬人叢。

十　二

鼓舞歡欣辛亥秋，後聞國事輒生愁。余自清廷遜位，知民德不足，務以佛理圓明道墨儒學，專心著述，從事教育，絶不與聞政事。回頭顧語楊謀士，楊時傑，在武漢奔走革命事甚力，庚辰、辛巳年同住緇雲山寺。旋轉乾坤揖讓憂。

日知會之成績

吴崑三將軍傳

遜清季世，有甲午與日本戰敗之辱。繼之以戊戌之政變，庚子之拳禍，皆足令憂時之彦，疾首蹙額於清室而不解也。才憂學富如唐才常輩，殉烈武昌，尤堪痛心。甲辰、乙巳間，余任文華大學教授，見余日章博士練諸生兵操甚勤，爲作《軍歌》三闋以淬礪之。一時長江流域各學校，傳抄習唱者殆遍。而各軍營，亦聞之而動於衷者衆。聖公會會長黄吉亭、胡蘭亭，以爲時機已熟，就高家巷會堂設日知會，廣集泰西維新政藝書及時事報章供衆覽，藉播湯武革命之大義，應當時後傑之士，亟思紓國難者之所爲也。余本天演公例、小大智力相制相食及人定勝天説，作《日知會序》，明其旨趣，惟務救吾民出水火，以勇邁不回之氣佐之，以堅卓廉毅之操志之，所以敢有薄公卿而不爲者矣。序文印千紙，來會者各取一紙傳觀，不數日而罄。

吴君諱兆麟，字崑三，鄂城葛店人。方少聰穎絶倫，讀書識大體，知有所以自重，而以役於世間虚榮爲可鄙；倘不能以一身任天下之重，惟偷生世間數十年以終其命，則亦可鄙。由湖北武普通學堂、工程營、將校學校及參謀大學畢業，將以濟時艱也。欣欣然率友朋來會者甚衆。蓋締造精神之激勵，感通於無形者至普，而思有以踐其形者，一與相接，遂蹶然起而不可遏止也。每日夜間會友聚談，亦以科學之研究延攬多士，故日知會亦有科學研究所之稱。丙午冬，謀光復，或泄其謀，同志被逮者九。青年會總幹事美人穆德博士急難，促余與美人孟良佐會長爲呈文，余日章通譯，攜馳北京，請美公使寬解於清外部，讞定無期徒刑。日知會於是乎散。畏三觀變，志益沈潛，同時憂國心長，陰相交接而興起者日益衆。凡稍知時務者，痛國步之艱危，罔不一乃心力，圖挽救也。天下事憂之愈久，行拂亂其所爲，所以動心忍性增益其所不能者，成就愈大。歲辛亥，奔走武漢間革命事甚力，有如沔陽楊時傑者不乏人。八月十九日，湖廣總督瑞澂，捕革命烈士彭楚藩、劉復基、楊洪勝殺之。畏三時任步兵第十六協參謀，駐防楚王臺械彈總庫，曰："事急矣，及今不圖，吾族靡有孑遺矣。"乃集衆爲除暴救國謀，臨時衆推爲總指揮官，策畫配備，及夜率工程營首義。遂開庫發械彈，分炮兵兩地，一聚鄉試貢院明遠樓，一聚保安門城樓，齊向督署施炮進攻。總督瑞澂倉皇鼠竄。畏三母葉太夫人聞之懼甚，全身俱顫，四肢尤烈，遽卒。家人報畏三，畏三以軍事方興，成敗所關至鉅，不遑兼顧，傳語家人，妥慎侍側，冀其復蘇。於是含悲飲泣，運籌帷幄，翌午占漢口及漢陽兵工廠。群議舉畏三爲湖北全省都督，畏三自以年少資淺力辭，推薦黎元洪爲都督，自任參謀總長。部署兵事就緒，至家，與其兄鼎三、弟戒三親視含殮，喪葬如儀。《管子》曰："不爲愛親危其社稷，社稷戚於親。"畏三有爲，可謂忠而不失其爲孝者矣。長沙日知會黃克强，聞湘長官逮捕，會長黃吉亭匿之，必謀護送逃滬者也。九月初來鄂，爲戰時總司令，與清兵鏖战匝月，不支，離職赴滬。畏三繼任民軍總司令，乃編北伐三軍，自兼第一軍總司令。各省贊同民軍反正者，日有所聞。滬上伍廷芳、唐紹儀等主和。清廷遜位，議成。畏三任大元帥府參謀總長，兼陸軍第五師師長，以功烈卓著，晋位上將，特授勳章不一，其事蹟詳載《武昌革命史》，不具述。

鼎革，畏三以清政不綱，積怨於民，既除虐我之政，烏可貪天之功，解甲歸田，敝屣榮利，磊磊焉，落落焉，有大樹將軍之風。大總統府聘爲軍事最高顧問，建議總惟國是利。畏三率性勤儉，克己奉公，軍權在握時，軍資恒數十百萬計，一介不苟，恐傷廉也。素以拯濟地方，維護民生，振興教育實業爲己任。新元十一年（1922）年秋，章太炎發起辛亥首義同志會，舉畏三爲武昌首義理事會主席。今之武昌首義公園，即其所興辦也。畏三憂民之憂，性不自已也。樊口之堤，急待建築，曾經彭剛直、李文忠二公奏議，後復經多人十餘次擬築，未成。適督軍蕭耀南、省長夏壽康，知畏三賢，同任之總理其事，告成功。督省兩署復任以增賦甚多，利民利國，亦云鉅矣。迄今堤内六屬戴德，稱爲萬家生佛。年甫及艾，信能知天命。同邑饒太史淑光，深重其爲人之品節，特撰聯壽之。嗚呼！畏三功成弗居，心甘恬退，優遊林下，誠今之古人也。蓋明至理，通世故，卓然蹈道學之實，而與天地之所以不息者，相應於不自覺。要皆流露於自性之本然，而非造作，此其所以異於衆人，亦不爲時流所引重者也。晚年怡神内典，知天下不難平，而自心難平。偕余結蓮社，樂取與人以爲善，同修浄業，冀以潛化人心，藉弭世亂。《管子》曰：“心安是國安也，心治是國治也。”《老子》曰：“清浄爲天下正。”以一真法界，感無不通也。二十六年秋，倭寇攻滬，畏三過余居，歎息民生之不靖者久之。寇深入，余知武漢難保，避地荆沙，又入川。畏三仍住漢上，以無干浄地可避，惟閉户讀經史，與古聖賢爲徒，印契於佛而已。

今得訃告畏三病卒，三十一年十月十七日也。年六十一。著有《太湖》、《武昌各秋操記事書》，暨戰術實施、參謀旅行、兵術各書。元配詹氏，生子祖慈，肄業上海南洋公學高中，游泳沉没。次子祖善，前二年病没。繼配魏氏淡如，生子祖蔭，現充陸軍軍官學校戰術教官。淡如嘗問字於余，丐余爲傳。余以畏三具遠見，畢生能行其志之所安，而不虧其節，爲次其本末，使天下後世，知民國之初武昌首義，賴有畏三焉。

中華民國三十一年壬午嘉平月

漢陽張純一書於四川巴縣縉雲山寺

日知會會友甚衆，如曹亞伯、馮特民、何自新、徐祝平、盧鴻滄、宋教仁、吴崐、劉公、彭養光、孫武、李九香、熊子襄、熊十力、張漢傑、朱履中、范滕霄、宛思演、劉子通等皆是。餘都不復記憶。日知會名册丙午冬焚毁，並盼各會友將當日經過事實録出編輯成册，以備修史之用。

張純一志

荊楚文庫

張純一集（三）

張純一 著
何卓恩 李濤 編校

荊楚文庫編纂出版委員會
華中師範大學出版社

荆楚文库

墨子集解

據 1936 年 9 月世界書局初版整理。

敘

性契真常，歎體歧分而殊染，心恒寂定，鑒物萬别而一同，本原澄徹，悲智圓融，此墨子所以自苦而利天下也。墨學集成於墨子，與道、儒鼎峙，立説多與孔、老符，而又獨鳴其異。如尚勞賤、務平等，宛而農家，學兼名家、兵技巧家，有今遠西所謂形學、光學、重學等不勝書。曰："無窮不害兼兼"，曰："愛衆衆世，若愛寡世"，"愛尚世與後世，一若今之世"。直大宇宙之總，而通於釋氏之無量慈悲。謂目離識無見，謂火頓視不熱，示有非常，證無不去，眇理豐備，斯爲至貴矣。

綜觀周秦漢魏書，皆孔墨、儒墨對舉，自唐韓昌黎后，鮮能讀墨子者。寥寥千載，遜清乾嘉諸老，取而䂓校之，功莫高焉，然闕誤猶不少。孫仲容作閒詁，富搜羅，勤甄討，大義粗明，而精蘊多未揭曉也。傅青主《墨子·大取篇釋》，從事獨先。曹鏡初邃於内學，《墨子箋》發明經及經説之讀法，宣究墨恉，凌駕前人。王晉卿有萬曆本、焦竑校本，《墨子斠注補正》树義精堅。王壬秋《墨子注》，時有刱獲。劉申叔《墨子拾補》，考證明備。尹候青《墨子新釋》，詳叚借字，具新穎義。梁任公《墨經校釋》，閒亦見及微旨。張子晉《墨經注》及《大取篇釋義》，頗得墨髓。伍非百《墨辯解故》，察名實於毫芒，陳立破之方軌，《大取篇注》及《墨子大義述》，亦資之深而原逢左右。欒調甫《墨學五書》，獨往獨來，闡明聲光之義，剖析名謂之理，辯悟敵非，證成己是，即故理類，顯真摧似，更據道藏本、唐堯臣本、俞弁鈔三卷本校文，精覈無比。近人治墨者多，行見二千年絶學，無難光而大之矣。

余自民國八年春研尋是書，迄今十有七年，嘗終日覃思，屢忘寢食。辨古字聲形之轉變，稽故書記載之異同，正譌補脱，期得真詮，凡以明兼體，弘兼用也。嗟嗟《墨子》，祖夏禹之儉勤，恢張顯學；本史佚之捷給，精刱語經。爲人重而自爲輕，亟偁晏子知道；於神厚而於體薄，無殊老氏存身，誼恉至深遠也。是書據前賢諸説，擇善從長，拾遺義，振玄綱，冀轉世閒有漏之道學，爲世出世閒無漏之至仁，庶冥符墨聖貴兼之真，先民而後身，凡有血氣者，知天地與我並生，萬物與我爲一而交相尊親矣。

副墨止此，吾思渺矣，吾才竭矣。竊歎墨道之大，一兼無外，泯楚越之畛域，盡心力以利愛，鈞天地之有，夷生人之等，誠神州文化之秘藏，世界大同之扃鐍也。願讀是書者，張皇幽眇，明貞日月，無欲惡而備世之急，則墨家心傳，終古不絶矣。

中華民國二十有四年歲次乙亥九月下澣

漢陽張純一敘於南京旅次

鄙著初次脱稿，蔣君竹莊謀於醫學書局梓行，且任校讎之勞。書成，余賡續鉤考，三歷寒暑，釐定不少。歐陽季香君嗜墨，審校六十余條。梅君擷芸佛學大家，諟正十有二事。欒君調甫、伍君非百，稽商奧義，洞究真理。海源閣藏陸穩藍印本，近爲蘇潘君博山所得，博山爲顧君惕生校本，余借閲，據唐堯臣本照録之，亦校墨書者所珍也。諸君嘉惠多矣，蕭生樹楨校文一過，啓予亦勤。覆勘竟知翦陋，匡訂之功，敬竢來哲。純一附誌。

墨子傳本

墨子十五卷古本詳見孫氏《閒詁·墨子篇目考》。

樂臺注三卷本並見《通志·藝文略》及明焦竑《經籍志·墨家》。

宋板影抄一本，竹紙舊抄四本以上並見汲古閣宋元秘本書目。

緜眇閣本四卷

《子彙》本一卷

路小洲弘治己未舊抄本以上並見莫友芝書目。

顧千里校《道藏》本

明吴寬抄本見《善本書室藏書志》卷十八，孫所見黄蕘圃影寫本，今藏南京國學圖書館。其前五卷，葉德輝云在湘鄉王佩初家。

茅坤校本并十五卷爲六卷，有日本寶曆仿刻本。

顧千里校季本以上並見《墨子閒詁》。

萬曆節本樂調甫云，疑王氏自友人家借得陳仁錫《諸子奇賞》本，校而未畢之倆。

焦竑校本以上並見《墨子斠注補正》。

陸穩藍印活字本葉德輝《郎園讀書志》卷五云，是明藩據唐堯臣本重印。案，陸刻先唐刻一年，葉説未塙。

唐堯臣本涵芬樓景印。

白賁衲本據唐本重刊。

俞弁鈔三卷本見樂調甫《墨子三卷本考證》。

李贄批選本二卷。《食舊廛書目》載，李贄、郎兆玉評本《墨子》十五卷。

百家類纂本明慈谿沈津集，卷二十五，删節不全。

錢曾藏會稽鈕氏世學樓本見《讀書敏求記》。

丁小山與許周生互校《墨子·經説》四卷本見孫志祖《讀書脞録》四。

目　　録

墨子集解卷一

漢陽張純一仲如

親士第一

畢沅云："《衆經音義》云：'《倉頡篇》曰：親，愛也，近也。'《説文解字》云：'士，從一，從十。孔子曰：推十合一爲士。'《玉篇》云：'《傳》曰：通古今，辯然不，謂之士。'此與《修身篇》無稱'子墨子云'，疑翟所著也。"孫詒讓《墨子閒詁》云："畢説未塙。此書文多闕失，或稱'子墨子曰'，或否，疑多非古本之舊，未可據以定爲墨子所自著之書也。又此篇所論，大抵《尚賢篇》之餘義，亦似不當爲第一篇，後人因其持論尚正，與儒言相近，遂舉以冠首耳。以馬總《意林》所引校之，則唐以前本已如是矣。"純一案：孫説似未審。"親士"爲政治之本，"修身"爲教學之本，是墨家貴兼之密因。二篇均無"子墨子曰"，其文古樸淳茂，當爲墨子自著。惟《親士篇》中言孟賁、吴起之死，當爲後人所增竄。二千年來，偏重儒術，學者理想受縛，見道不憭，不幸甚矣。今分三項言之：（一）墨家親士，在使國君尚羣爲治。蓋道家上德若谷之指，不得謂儒家持論獨正也。（二）不親士則無賢可尚。"親士"，即荀子《致士篇》所謂"衡聽顯幽重明退姦進良之術"，是實圖治之先務，並非"尚賢"之餘義。唐以前本已如是，可見古人卓識。（三）古者農、道、儒、墨諸家之學，恒互相通而難分。如"親士"、"尚賢"與儒同，"修身"、"非戰"無殊儒、道二家，"節用"又農、道、儒三家皆然，豈獨"親士"與儒言相近耶？墨子以立國奠基，首在養士，養士多則賢才衆，而後其國可與圖存。老子曰："貴以賤爲本，高以下爲基。""親士"者，"尚賢"之基本也，故以"親士"冠其書。英儒赫胥黎曰："智仁勇之民興，而後其國一富而不可貧，一强而不可弱。"可爲"親士"之説明，荀子《致士篇》或本此而作。

入國而不存其士，則亡國矣。孫云："《説文・子部》云：'存，恤問也。'"見賢而不急，則緩其君矣。《白虎通義・三綱六紀》云："君者，羣也，羣下之所歸心也。"見賢而不急用，則君道廢弛，無人急君之急矣。《禮記・大學》曰："見賢而不能舉，舉而不能先，慢也。”非賢無急，非士無與慮國；尹桐陽《墨子新釋》云：“慮，謀也。”純一案：非賢無以紓民之急難，非士無以圖國之富强，故求賢衆在養士多，“親士”固“兼愛”、“兼利”之本也。緩賢忘士，而能以其國存者，未曾有也。曹耀湘《墨子箋》云：“士，多聞之人也。’《説文》：‘孔子曰：推十合一爲士。’賢，能也，勞也。《詩》曰：‘我從事獨賢。’士多聞必勤於學問，賢多能必勤於行事。存其士而不忘，急於賢而弗敢緩，又爲國者之勤於政與民也。墨子之教，上宗夏禹，故開章則以‘勤’爲第一義。”純一案：以上言“親士”爲立國之本。

昔者文公出走而正天下，桓公去國而霸諸侯，王念孫《讀書雜志》云：“《爾雅》曰：‘正，長也。’晉文爲諸侯盟主，故曰‘正天下’，與下“霸諸侯”對文。又《廣雅》：‘正，君也。’凡《墨子》書言‘正天下’、‘正諸侯’，非訓爲‘長’，即訓爲‘君’。”尹云：“文雖譎而不正，然能假尊周攘夷之名以合諸侯，亦可謂能正乎天下也。”越王句踐遇吴王之醜，王樹枬《墨子斠注補正》云：“《秦策》‘皆有詬醜大誹’，注云：‘醜，恥也。’《國語》曰：‘昔者，夫差恥吾君于諸侯之國。’即此義。”而尚攝中國之賢君。孫云：“‘攝’與‘懾’通，《左襄十一年傳》云：‘武震以攝威之。’《韓詩外傳》云：‘上攝萬乘，下不敢敖乎匹夫。’此義與彼同，謂越王之威，足以懾中國賢君也。”尹云：“明標中國者，以越地在夷故也。”三子之能達名成功於天下也，皆於其國抑而大醜也。俞樾《諸子平議》云：“抑之言屈抑也。抑而大醜，與達名成功相對，言於其國則抑而大醜，於天下則達名成功，正見其由屈抑而達，下文所謂敗而有以成也。”曹云：“醜，恥也。《禮》云：‘知恥近乎勇。’人有恥則其志奮然以興，所以能勤而不怠，功以成，名以達也。抑，屈也，屈於此而伸於彼，有恥之效也。故《老子》曰：‘强行者有志。’”太上無敗，孫云：“‘太上’對其次爲文，謂等之最居上者，不論時代今古也。”明李贄《墨子批選·敘》云：“太上者學無學，爲無爲，事無事者也。”其次敗而有以成，此之謂用民。孫云：“言以‘親士’，故能用其民也。”王闓運《墨子注》云：“言三子能用人親士也。”曹云：“無敗者，勤於其始也。敗而有成者，恥而思奮也。用民，能用其民也。能用民，故敗而不忘。”純一案：“忘”當爲“亡”之譌，國事非羣力不濟。“太上”，如堯舜之人，皆以堯舜之心爲心（《説苑·君道篇》）。所謂無爲而治，固無敗矣。其次，如晉文始入而教其民，使士食田，故一戰而霸（《左僖二十七年傳》、《晉語》四）。齊桓問士之有田宅，身在陳列者幾何人？處士修行，足以教人，可使帥衆莅百姓者幾何人？士之急離可使者幾何人？（《管子·問篇》）管仲賞於國中，從列士以下有善者，衣裳賀之（《管子·大匡篇》）。句踐同男女之衆無曠其功（《越語下》）。於其達士，絜其居，美其服，飽其食，而摩厲之於義，四方之士來者，必廟禮之（《越語上》）。所謂敗而有以成，皆親士而重羣治之效也，此英儒斯賓塞爾、赫胥黎輩，“尚羣爲治”之微恉。以上言“親士”之效。

吾聞之曰：“非無安居也，我無安心也；非無足財也，我無足心也。”畢云：“言不肯苟安，如好利之不知足。”純一案：畢説“不肯苟安”是，而取譬則非。準墨家“貴兼”，昭昭然爲天下憂不足之義，此可反覆推言之。（一）我居雖安，而衆居不安，我應無安心；我財雖足，而衆財未足，我應無足心。（二）衆居雖安，我應教之無安心，舍其餘力以相勞；衆財雖足，我應教之無足心，舍其餘財以相分。然後可爲兼士於天下，此親士所以不容緩也。《易·繫辭下》曰：“安而不忘危，存而不忘亡。”《管子·心術下》曰：“豈無利事哉？我無利心。豈無安處哉？我無安心。”其心超物表，先天下之憂而憂，均與此同。曹云：“安於居則必惰，足於財則必侈。無其心，則勤且儉矣。”勤儉者，墨氏之大指也。是故君子自難而易彼，畢云：“言自處於難，即躬自厚而薄責人之義。”純一案：畢説近是，而未透宗。墨家所謂“難”者，自苦爲極也。此言君子不自安、不自足，常爲天下求安足而勤勞，蓋先天下憂患難，期與天下共安樂，與衆人異也。衆人自易而難彼。言“衆人”惟圖一己之安樂，自處於易，不知先天下憂患難，以其難也俟之人。此二句，《意林》首引之。君子進不敗其志，内究其情；墨家枯槁不舍，不必仕進，始行其志。此言君子愛利天下，有進無退。雖事或不濟，而志且益堅。蓋情深悲憫，不容自已，必内盡其誠而後即安。雖襍庸民，“襍”，明陸穩藍印本、唐堯臣本、李贄選本並作“雜”。終無怨心。言君子和光同塵，識量遠大，雖雜處庸民中，人不知而不愠。《易·乾·文言》曰：“遯世無悶，不見是而無悶。”義同。墨家具農家“尚勞賤”之精神，即此可見。彼有自信者也。“信”，同“伸”。《易·繫辭下》：“尺蠖之屈，以求信也。”言君子自立有方，確乎其不可拔，天下不可得而貴，不可得而賤也，蓋士有可親之實如此。或云，“信”如字讀，信力獨到，見之真，守之固，亦通。

是故爲其所難者，必得其所欲焉；未聞爲其所欲，而免其所惡者也。“難”者，爲天下勤勞也；“欲”者，安足也；“惡”者，敗亡也。惟爲天下勤勞，不自安足者，始可得安足。若天下未安未足，輒自安自足，未有不敗亡者。此“親士’所宜急也。以上言所以親士之故。

是故偪臣傷君，“傷君”與“傷上”義複，疑當作“俌臣撟君”。“俌”與“偪”形近而譌，校者望文生義，以爲偪臣必致傷君，又因下有“傷上”明文，“撟”字草書形亦近“傷”，遂妄改“撟”爲“傷”，而義不可通矣。《爾雅·釋詁》：“輔，俌也。”郭注：“俌，猶輔也。”《説文》人部“俌”，徐鉉曰“輔”，段注謂：“人之俌，猶車之輔也。”承培元《廣説文答問》：“‘俌’，即《周易》‘比，輔也’之‘輔’。《人部》：‘俌，助也。’各本作‘輔’也，淺人所改也。鄦書‘俌’、‘輔’不同義，凡輔相、輔弼，皆以‘俌’爲正。”《荀子·臣道篇》云：“有能比知同力，率羣臣百吏而相與彊君、撟君。君雖不安，不能不聽。遂以解國之大患，除國之大害。尊君安國，謂之輔。”楊注：“撟，與‘矯’同，屈也。”此言俌弼之臣，能矯正君之過失而服之，所謂責難於君，即上文所望於君爲其所難之義，明親士之利甚大也。此冒下文“君必有弗弗之臣”，至“焉可以長生保國”。諂下傷上。在下者“諂”，不利於上必矣，戒爲君者勿爲其所欲，始可免其所惡也，明不親士之害也。此冒下文“臣下重其爵位而不言”，至“則國危矣”。

君必有弗弗之臣，孫云：“‘弗’，讀爲‘咈’。《説文·口部》云：‘咈，違也。’”純一案：《公羊傳·桓十年》：“公會衛侯于桃丘，弗遇。”何休注：“弗者，不之深也。”“弗弗”義與“否否”同。《説文·丿部》：“弗，矯也。”《韻會》：“弗，不可也，不然也。”固是“矯”義。《説文·不部》：“否，不也，從口不，不亦聲。”徐鍇曰：“不可之意見於言也。”段玉裁注：“不者，事之不然也；否者，説事之不然也。”弗、否、不，並一聲之轉。昭二十年《左傳》，“君所謂可，而有否焉，臣獻其否，以成其可”，可證。上必有詻詻之下。畢云：“《禮記》云：‘言容詻詻’，鄭君注云：‘教令嚴也。’《説文》云：‘論訟也。’《玉篇》云：‘魚格切。’”洪頤煊《讀書叢録》云：“詻詻，與諤諤同。”分議者延延，王樹枏云：“《廣雅·釋訓》：‘延，延長也。’‘分議者延延’，謂分議者反復辯論而長言也。”純一案：“分”，異也。《荀子·不苟篇》“是君子小人之分也”注。“分議”即“異議”。“分議者延延”，謂俌弼之臣，不敢苟同於君，常持異議而長言。《禮記·曲禮上》分争辯訟是其義。蓋承上文“弗弗”言，與下文“近臣則喑”義對。曹云：“‘延延’，猶‘誾誾’，和悦而諍也。”而支苟者詻詻，王樹枏云：“‘支’當爲‘致’，‘苟’當爲‘敬’，因偏旁脱爛而誤。‘致敬者詻詻’，謂致敬於君者，其言容詻詻也。孟子曰：‘陳善閉邪謂之敬。’‘致敬’與‘分議’對文。”王闓運本“支”作“支”，云：“苟，敬也。苟，自急敕。又支而警之，直諫士也。”純一案：“支”，猶持也。《後漢書·郭泰傳》注。不必破作“致”或“支”。“苟”，《説文·苟部》云：“自急敕也。從羊省，從勹口。”字與從艸之“苟”異，通作“亟”。《廣雅》：“亟，敬也。”王闓運説是，但不必破作敬。“支苟”，猶言持敬，與“分議”爲儷文。“詻詻”，疑涉上而誤，或本作“諤諤”，蓋“延延”不同“弗弗”可證。“支苟”者諤諤，與下文“遠臣則唫”義對，謂以陳善閉邪爲敬而諍於君，國有争臣，故無危亡之虞也。焉可以長生保國。王云：“‘焉’字下屬爲句，‘焉’，猶‘乃’也，言如是乃可以長生保國也。”尹云：“得士之效。”純一案：李贄早斷“焉”字屬下讀，“長”即《兼愛下》“有所放依以長其身”之“長”。“生”謂生民，《易·觀》九五“觀我生”虞翻注。“長生保國”，謂長養生民，保衛國土也。此承偪臣、撟君申敘之。以上言親士之利。

臣下重其爵位而不言，近臣則喑，畢云：“當爲‘瘖’。《説文》云：‘瘖，不能言也。’《玉篇》云：‘瘖，於深切，不能言。’‘喑，於金、於甘二切，啼極無聲也。’則作‘喑’亦是。”孫云：“‘瘖’、‘喑’字同。《尚賢下篇》有‘瘖’字。《晏子·諫下篇》云：‘近臣嘿，遠臣瘖。’又云：‘朝居嚴，則下無言，下無言，則上無聞矣。下無言，則吾謂之瘖。上無聞，則吾謂之聾。’《説苑·正諫篇》：‘《晏子》云：下無言，則謂之喑。’‘喑’即‘瘖’也。又《穀梁文六年傳》云：‘下闇則上聾。’‘闇’與‘喑’、‘瘖’字亦通。”純一案：《晏子》“遠臣瘖”，見《諫上》十二章；“朝居嚴”，見《諫下》十七章。遠臣則唫，畢云：“與‘噤’音義同。《史記》：‘蒯通曰：吟而不言。’”曹云：“唫，不言也。‘遠臣則唫’，如屈原既放，行吟澤畔之意，但有怨咨而不能言也。”尹云：“‘唫’，同‘噤’，口閉也。”怨結於民心。蘇時學《墨子刊誤》云：“喑、唫、心爲韻。”純一案：姚文田《古音諧》二侵引此，“喑”作“瘖”。諂諛在側，善議障塞，蘇云：“‘側’、‘塞’亦爲韻”。純一案：《古音諧》一職引此。則國危矣。此承“諂下傷上”申敘之，以上言不親士之害。《家語·六本篇》云：“湯武以諤諤而昌，桀紂以唯唯而亡。”大恉正與此同。

桀、紂不以其無天下之士耶，殺其身而喪天下？《管子·五輔篇》：“暴王之所以失國家，危社稷，覆宗廟，滅於天下，非失人者，未之嘗聞。”故曰：歸國寶，畢云：“‘歸’，讀如‘齊人歸女樂’之‘歸’。”不若獻賢而進士。言賢士能盡臣道，抗君命，安國危，（本《荀子·臣道篇》）勝於國寶。《禮記·大學》曰：“楚國無以爲寶，惟善以爲寶。舅犯曰：‘亡人無以爲寶，仁親以爲寶。’”此言士爲國寶。曹云：“《廣明篇》首急賢存士之説，亦教勤之意也。”

今有五錐，孫云：“《説文·金部》云：‘錐，鋭也。’《釋名·釋用器》云：‘錐，利也。'" 此其銛，畢云："《史記》集解云：'徐廣曰：思廉反。駰案：《漢書音義》曰：銛，謂利。'" 純一案：《廣雅·釋詁二》："銛，利也。" 銛者必先挫；尹云："《莊子·天下》'鋭則挫矣'，即此所云先挫者。" 有五刀，此其錯，孫云："《廣雅·釋詁》云：'錯，磨也。'" 畢云："言磨錯之利。" 錯者必先靡。孫云："'礳'之叚字，今省作'磨'，謂銷磨也。" 畢云："'挫'、'靡'爲韻，'靡'字麻聲。" 純一案：顧炎武《唐韻正·四紙》云"靡，文彼切。古音'摩'"，引此，《古音諧》十一麻去聲亦引此。江有誥《先秦韻讀》云："挫，平聲；靡，音摩，歌部。" 是以甘井先竭，尹云："汲飲者多。" 招木先伐，畢云："'招'與'喬'音相近，'竭'、'伐'爲韻。" 江有誥云："祭部。" 洪云："'招'，通作'高'，招木謂高木也。" 王樹枏云："'招'，讀爲'韶'。左氏襄廿九年《傳》'見舞韶濩者'，《釋文》云：'韶，本或作招。'《漢書·禮樂志》集注曰：'招，讀曰韶《集韻》："韶，美也。" 亦作招，招木近伐，謂木之美者近於伐也。'" 尹云："《逸周書·周祝》：'甘泉必竭，直木必伐。'" 靈亀先灼，尹云："用以爲卜。《説文》：'卜，灼剥亀也。'《淮南·説林》：'牛蹏彘顱亦骨也，而世弗灼，必問吉凶於亀者，以其歷久矣。'" 純一案：《莊子·外物篇》："宋元君得白亀，卜之，曰：'殺亀以卜，吉！'乃刳亀，七十二鑽而無遺策。" 神蛇先暴。"甘井"下四"先"字，舊並譌"近"，從俞、孫二校改。俞云："四'近'字，皆'先'之誤。上文曰：'今有五錐，此其銛，銛者必先挫；有五刀，此其錯，錯者必先靡。'然則'甘井'四喻，正承上文而言，亦必是'先'字明矣。'先'、'近'篆書形似而誤。" 孫云："俞説是也。《意林》引此，正作'靈亀先灼，神蛇先暴。'《莊子·山木篇》亦云：'直木先伐，甘井先竭。'暴蛇者蓋以求雨。《淮南子·齊俗訓》云：'犧牛粹毛，宜於廟牲；其以致用，不若黑蜧。'許慎注云：'黑蜧，神蛇也。潛於神淵，能興雲雨。'《春秋繁露·求雨篇》云：'春旱求雨，暴巫聚蛇。'" 王闓運云"曝以爲藥"，畢云"灼、暴爲韻"，江有誥云："宵部"。是故比干之殪，其抗也；蘇云："'抗'猶抗直"，孫云："抗、亢，聲類同。《莊子·刻意篇》云：'刻意尚行，離世異俗，高論怨誹，爲亢而已矣。'《釋文》：'李頤云：窮高曰亢。'" 尹云："'殪'，死也。" 純一案：《論語·微子篇》："比干諫而死。"《韓詩外傳》一："王子比干，殺身以成其忠。" 即此所謂"抗"也。孟賁之殺，其勇也；孫云："《孟子·公孫丑篇》僞孫奭疏，引皇甫謐《帝王世紀》云：'秦武王好多力之人，齊孟賁之徒並歸焉。孟子賁生拔牛角。'《史記·范睢傳》集解引許慎、《漢書·東方朔傳》顔師古注，並云孟賁衛人。案：依《世紀》説，則賁在墨子後，此文蓋後人所增竄。" 尹云："'孟賁'，猛奔也，古力士之名。”西施之沈，其美也；蘇云：“《吴越春秋·逸篇》云：‘吴亡後，越浮西施於江，令隨鴟夷以終。’其言與此合，是吴亡，西施亦死也。墨子書記當時事，必有據。後世乃有五湖隨范蠡之説，誣矣。”孫云：“案：《吴越春秋》逸文，見楊慎《丹鉛録》引《修文殿御覽》。”尹云：“西施越之美女，家於苧蘿村西，故曰西施。《吴越春秋》云：‘越王以吴夫差淫而好色，乃命范蠡取西施以獻之。’《修文御覽》引《吴越春秋》逸篇：‘吴亡後，越浮西施於江，令隨鴟夷以終。’蓋‘浮’，沈也，反言耳。‘隨鴟夷’者，子胥之譖死，西施有力焉，胥死盛以鴟夷。沈西施，所以報子胥之忠，故云‘隨鴟夷以終’。據此，則西施沈水，非僅墨云然也。讀此書則西施之始終可考，而范蠡之心迹亦明矣。”吴起之裂，其事也。“事”，古音鉏里切，與美韻。畢云：“謂事功。”蘇云：“墨子嘗見楚惠王，而吴起之死，當悼王二十一年，上距惠王之卒，已五十一年，疑墨子不及見此事，此蓋門弟子之詞也。”汪中《述學·墨子序》説同。純一案：蘇、汪説是也。據《吕氏春秋·上德篇》：“吴起死時，墨者鉅子孟勝，不能守陽城君之國，恐繩墨者於世，傳鉅子於田襄子而死之。”足爲墨子已死之證。胡適《中國哲學史大綱》説同，惟胡謂“墨子已死四十年”，欠審！《韓詩外傳》一云，“吴起峭刑而車裂”，《吕氏春秋·執一篇》言：“吴起勝於西河，而困於王錯，傾造大難，身不得死焉。”高注：“大難，車裂之難。”盧文弨云：“起，後在楚事悼王。王死，貴人相與射起，起伏王尸而死。見《史記》本傳。此書後《貴卒篇》亦同。至《戰國·秦策》、《韓非·難言》、《問田》兩篇、《史記·蔡澤傳》皆言起支解，此亦可信。既攢射矣，何必不臠割？唯此注言車裂，則非是。”故彼人者，寡不死其所長，歐陽季香云：“‘寡不’即‘鮮不’，言彼輩皆以過顯其所長，不保其身。”故曰：太盛難守也。曹云：“此段蓋道家之説，亦訓儉之意也。儉者，不惟辭厚實，亦避顯名，所謂儉者不奪人也。自比干以至吴起，皆受世之顯名以殺其身，名之太盛者，亦不得爲儉也。”純一案：老子有三寶，曰慈、曰儉、曰不敢爲天下先。墨家亦然。此段全文，一言以蔽之曰：太盛難守而已。太盛難守，即老子“持而盈之，不如其已；揣而棁之，不可長保”之義。上文雖雜庸民，終無怨心，蓋知静爲躁君也，與此遥相照映。此教士勿遽爲天下先，寧静致遠，庶有濟於天下。又教在上者，必使國中多士濟濟，始足有爲。不然，雖有一二翹楚，恐難保其身，而有比干、孟賁之禍，如銛先挫、錯先磨，未足言親士也。以上言士多始能保其終。

故雖有賢君，不愛無功之臣；雖有慈父，不愛無益之子。尹云：“《文選·曹子建〈求自試表〉》：‘故慈父不能愛無益之子，仁君不能畜無用之臣。’注引此。”純一案：趙蕤《長短經·反經篇》引此四句，《難必篇》引下二句，文並同此。是故不勝其任而處其位，非此位之人也；不勝其爵而處其祿，非此祿之主也。言非士無可用，用士則勤於其職，而後位非虚設，祿非虚靡。以上言無士則官曠。良弓難張，然可以及高入深；《文選·曹子建〈樂府白馬篇〉》注引此。良馬難乘，然可以任重致遠；喻士不易致，然天下事愈難能者愈可貴，大都如此。良才難令，然可以致君見尊。士雖難得，要必爲其所難，虚心求之，則可得其所欲，免其所惡。尹云：“説上自難之理。”是故江河不惡小谷之滿己也，孫云：“《説文·谷部》云：‘泉出通川爲谷。’《爾雅·釋水》云：‘水注川曰谿，注谿曰谷。’”故能大。言士之德行，恒不在己下，必不惡其高於己，且虚己以親之，如江河之納小谷，而後能成其大。《文選·曹子建〈求通親親表〉》注引此句。尹云：“説不惡求士而親士之理。《管子》曰：‘海不辭水，故能成其大。’”曹云：“此言爲人上者，當勤於求賢，以任國家之職；又當克勤小物，以受天下之善也。”聖人者，事無辭也，物無違也，故能爲天下器。聖人事至而曲成，物來而順應，蓋德備用宏也。《論語》曰：“君子不器，即是天下器。”曹云：“事無辭者，勇於任事也；物無違者，不敢惡慢於人也。”是故江河之水，《北堂書鈔》百二十九引此，陳禹謨本、孔廣陶本並作“河水之大”。《藝文類聚》六十七引作“江河之水”。非一源之水也；舊作“非一源也”，王云：“此本作‘江河之水，非一源之水也’。今本脱‘之水’二字，而‘一源’二字則不誤。《北堂書鈔·衣冠部三》、《初學記·器物部》引此，並作‘非一源之水’。”孫據補正。千鎰之裘，畢云：“鎰，從金，俗寫。賈逵《國語》注曰：‘一溢，二十四兩。’《漢書·食貨志》云：‘黄金以溢爲名。’孟康曰：‘二十兩爲溢也。’”純一案：《北堂書鈔》、《藝文類聚》並引作“鎰”。非一狐之白也。孫云：“《玉藻》云：‘君衣狐白裘。’《淮南子·説山訓》云：‘天下無粹白之狐，而有粹白之裘，掇之衆白也。’《晏子春秋·外篇》云：‘景公賜晏子狐白之裘，玄豹之茈，其貲千金。’《漢書·匡衡傳》顏注云：‘狐白，謂狐腋下之皮，其毛純白，集以爲裘，輕柔難得，故貴也。’”純一案：“茈”當是“冠”之形譌。夫惡有同方取不取同而已者乎？畢云：“惡讀如烏。”俞云：“‘取不’二字傳寫誤倒。同方，謂同道也。”純一案：俞校、畢讀，均是。此文疑本作“夫惡有同方不取者乎？取同而已，蓋非兼王之道也”。上下文始聊串條暢，今不取誤倒，義不可通，當從俞校正。

“者乎”二字，倒著“而已”下，致上句語義不完，又將“取同而已”、“蓋非兼王之道也”二句隔斷，致“蓋非兼王之道也”句法唐突，義不相屬。“者乎”當移置“取同”上，屬上讀，作“夫惡有同方不取者乎”絶句，爲“水非一源”、“裘非一狐”之喻作結，則諧矣。“取同而已”，承上直轉，又進一解。言“不取同方”，固不足以親士，設僅取同方而止，亦不能兼天下之士而盡親之，故曰“取同而已，蓋非兼王之道也”，又總冒下文。墨家“平等”、“尚羣治”之精神，於此可見。蓋非兼王之道也。“兼”，則天下之士，同與不同，皆在所取，皆在所親。凡事共爲其難，有成而無敗矣。曹云：“‘兼王’者，兼愛天下之君也。‘兼愛’者所以能爲王也。”尹云：“‘兼王’謂兼愛之王，能兼取而不偏也。”是故大地不昭昭，“大”舊作“天”，從曹本、王本改。與下文“大水、大火”，文同一例。孫云：“《説文·日部》云：‘昭，日明也。’《中庸》鄭注云：‘昭昭，猶耿耿，小明也。’”大水不潦潦，畢云：“《説文》云：‘潦，雨大貌。’然此義與明瞭同。《老子》云：‘水至清則無魚也。’”純一案：東方朔《答客難》云：“水至清則無魚，人至察則無徒。”曹云：“‘潦潦’，言水之清洲也。”大火不燎燎，“燎”，《廣韻·四宵》云：“庭火也。”《三十五笑》云：“照也。”曹云：“‘燎燎’，火之明也。”《詩》云：“庭燎之光。”王德不堯堯。畢云：“《説文》云：‘堯，高也，從垚在兀上，高遠也。’《白虎通》云：‘堯，猶嶢。嶢，至高之貌。’”曹云：“此言不尚明察，以申上‘兼王’之理。”純一案：《老子》曰：“聖人終不自爲大，故能成其大。”此王德所以不堯堯也。“潦”，從水尞聲，音與“燎”同。昭、潦、燎、堯爲韻。江有誥云：“宵部。”《説文通訓定聲》小部、《古音諧》十五爻並引此。以上言當虚己親士而爲兼王。

若乃千人之長也。“若”舊作“者”。孫云：“此與上云‘王德’不相冡，疑上句‘者’字，當爲‘若’，‘若’、‘乃’連讀，爲更端之詞，下三語即承此言之。”純一案：孫校是也，今據正。“長”，知養切，猶君也。其直如矢，《老子》曰“大直若屈”，王弼注：“隨物而直，直不在一，故若屈也。”今“直如矢”，不能隨物而直，非大直矣。其平如砥，李選本作“低”。“砥”，《廣雅·釋器》：“礪也。”不平則不足以磨刀刃，惜其平過小耳。大平者，無論平與不平，無不視同一平也。《書·洪範》曰：“無黨無偏，王道平平。”今平如砥，不能取不平而同之，故止能爲千夫之長。《詩·大東》：“周道如砥，其直如矢。”“砥”音“紙”，與“矢”爲韻。《古音諧》五齊上聲引此。不足以覆萬物。曹云：“過於直則物不能容，極於平則物莫能藏，故平直者地道，而非天覆物之道也。《老子》曰：‘地法天。’”純一案：不足以覆萬物，言難供萬物之仰給，此墨家貴兼，貴大取，治尚無爲，無異道家者也。汪申《墨子序》云："《親士篇》錯入道家言二條，與前後不類。"惜汪氏所治墨書不傳，以意度之，當即指上文"今有五錐"至"太盛難守也"，並此文。詎知翟祖大禹，禹師墨如（見《潛夫論·讚學篇》），禹王天下，色尚黑，執玄圭，即夏用墨道之證。道家尚玄，義與墨同。《老子》曰："玄之又玄，衆妙之門。"曰慈曰儉；《墨子》曰："無窮不害兼。"曰兼愛、曰節用，其旨一也。此墨書所以入《道藏》也，蓋墨與道之相類者，不一而足，故明辨之。是故谿者速涸，蘇云："'陜'，與'狹'同。"孫云："《説文·谷部》云：'谿，山瀆無所通者。'《自部》云：'陜，隘也。'俗作'陿'、"狹"，非。"畢云："《説文》云：'涸，渴也。'"純一案：此喻不能虚而含弘。陸本、李選本，"陜"作"狹"。逝淺者速竭，王引之云："'逝'、'淺'二字，義不相屬，'逝'當爲'遊'，俗書'游'字作'遊'，與'逝'相似而誤，'遊'即'流'字也。《曲禮》注：'士視得旁遊目五步之中。'《釋文》'遊'作'游'，云'徐音流'。流淺與谿陜對文。"曹本改"逝"作"游"，云"游，流也"。古蓋通用，原作"逝"、"逝"亦"流"也。純一案：此喻不能深而静重。《論語·子罕篇》"逝者如斯夫"，"逝"即川流也。墝埆者，畢云："'墝埆'當爲'磽确'，磐石也，見《説文》，俗寫從土。何休《公羊學》曰：'墝埆不生五穀。'"曹云："'墝埆'當作'磽确'，謂土薄而石見也。"純一案：此喻不能柔而和順。其地不育。尹云："育，生也。"王者淳澤，不出宫中，孫云："《淮南子·齊俗訓》高注云：'淳，厚也。"則不能流國矣。言王者厚澤，當由親士而遍流於國。若不出宫中，則爲私暱所縛，而國非其國矣。王闓運云："言親士當身下之也。"曹云："自江河不惡以下至此，皆以明爲人上者，以廣大含容爲德，即兼愛之旨也。"純一案：以上言器量不大不能保國。

曹云："按：《墨子》以兼愛、儉、勤三者爲大旨，故於首篇即著而明之。此篇之意，尤在尚賢，尚賢者，所以爲兼愛之本也。孔子曰：'汎愛衆而親仁。'仁者於人無不愛，故親仁即所以廣愛也。堯舜以不得人爲憂，后稷之爲烈，豈一手一足哉欲兼愛者，不可以不尚賢。此篇所以名爲'親士'而爲墨書之冠也。《臯陶謨》曰：'在知人，在安民。'墨者之教，其原出於夏，信而有徵矣。"

釋太虚《墨子平議》曰："人之處世，必親近善友而後能修德進業。士爲人之有術智道藝者，即善友也。然則親士不獨人君，特君人者彌重乎親士耳。老子明南面之術曰：'三十輻共一轂，當其無有車之用。'上句喻異材精能之士，分職專業，而共舉國政也；下句喻君人無爲而成國治也。然君人無爲而能成用者，則以能親士而任能也，能親士則端默而治，不能親士則勞瘁而不治。然親士尤在乎知士，不知士者則不知所當親，所親不當，危莫甚焉。故曰：‘善爲君者，勞於論人而佚於治官；不善爲君者，傷形費神，愁心勞意，國逾危，身逾辱。’太虚曰：工乎此者，可使南面矣。”

修身第二

畢云：“修治之字從彡，從肉者修脯字，經典假借多用此。”曹云：“太史公論墨子曰：‘强本節用，則人給家足之道也。强本以勤，節用則儉，此乃墨氏之大指。此篇名‘修身’，則强本之意爲多。”純一案：《修身》全篇，實治國平天下之大本，墨道重實行，故言誠意正心，備具條理。《禮·中庸》：“《詩》曰：‘不顯惟德，百辟其刑之。’是故君子篤恭而天下平。”蓋性道之感無遠弗届，平天下不難，而篤恭爲難，故墨家教士，首重修身，誠兼愛天下之常經也。《公孟篇》：“告子謂子墨子曰：‘我能治國爲政。’子墨子曰：‘政者，口言之，身必行之。今子口言而身不行，是子之身亂也。子不能治子之身，惡能治國政？子姑亡，子之身亂之矣。’”蓋以言行君子之所以動天地，斷不可自亂以亂天下也，故莊子曰：“道之真以治身，其緒餘以治國家，其土苴以治天下。”李云：“談道學者，當熟玩此篇。”

君子戰雖有陳，曹云：“‘陳’，行列也。”而勇爲本焉；喪雖有禮，儀節。而哀爲本焉；士雖有學，而行爲本焉。尹云：“然則墨非二本者。”俞云：“‘君子’二字，衍文也。此蓋以‘戰雖有陳’、‘喪雖有禮’二句，起‘士雖有學’一句，若冠以‘君子’二字，則既言君子，不必又言士矣。馬總《意林》，作‘君子雖有學，行爲本焉；戰雖有陳，勇爲本焉；喪雖有禮，哀爲本焉’，與今本不同。然有‘君子’字，即無士字，亦可知今本既言君子又言士之誤矣。士雖有學，與君子雖有學，文異而義同’。”孫云：“《説苑·建本篇》載孔子語，與此略同。‘君子’似非衍文，亦見《家語·六本篇》。”純一案：君子所以陪士，非衍。《家語》首列“立身有義矣，而孝爲本”，《説苑》同，惟“身”作“體”。此知墨家貴兼，不尚宗法，與儒家首重孝者異趣也。學所以成行，弘道濟世也。故行爲本，行苟不立，學何足貴，此墨家教士之主恉。是故置本不安者，無務豐末；孫云：“‘置’與‘植’通，《詩·商頌·那》，‘置我挑鼓’。鄭《箋》云：‘置，讀曰植。’《方言》云：‘植，立也’。”俞云：“‘者’，衍字也。下文上句並無‘者’字，是其證。”純一案：“者”字非衍，上文“士雖有學，而行爲本焉。”爲一篇之主眼，此二句緊跟上文，總冒下文，不得與下列四端並論。《管子・權修篇》曰："身者治之本也"，故《大學》云"壹是皆以修身爲本"。《說苑・建本篇》曰："置本不固，無務豐末。"安、固義同。近者不親，無務來遠；《說苑・建本篇》曰："比近不悦，無務修遠。"《家語・六本篇》曰："比近不安，無務求遠。"親戚不附，孫云："《曲禮》云：'兄弟親戚，稱其慈也。'孔穎達疏云：'親指族内，戚言族外。'案：古多稱父母爲親戚，詳《兼愛下篇》。此則似通内外族姻言之，與孔義同。"無務外交；此屬行邊，言遠之本在近中，躁進無益。孔子稱閔子騫，"人不間於其父母昆弟之言"，蓋甚難之。《管子・版法解》云："召遠在修近。"《家語・六本篇》曰："親戚不悦，無務外交。"《說苑・建本篇》同。事無終始，陸本作"始終"。無務多業；孫云："《爾雅・釋詁》云：'業，事也。'"舉物而闇，無務博聞。李選本，"博"作"傳"，誤此屬學邊，謂當專一，依次精進。蓋多之本在少中，掉舉無當也。老子曰："少則得，多則惑"，"天下難事必作於易，天下大事必作於細"。曹云："此皆言務本之意，而克勤小物之意亦在其中，非欲遺其遠者大者，實不敢忽其小者近者，事以斷積而成也。"

是故先王之治天下也，必察邇以來遠。舊脱"以"字，從曹本補。君子察邇而邇修者也。曹云："'察邇'，言知之真；'邇修'，言行之密。"純一案：《書・臯陶謨》曰："慎厥身修思永，惇敘九族，庶明勵翼，邇可遠在兹。"言外治本於内修，大指正同。《說苑・建本篇》曰："反本修邇，君子之道也。"見不修行，李讀句，畢讀同。見毁，畢讀句。而反之身者也。見不修行反之身，即《論語・里仁篇》"見不賢而内自省"。見毁反之身，猶《孟子・離婁下》遇横逆三自反。欒廷梅云："俞弁鈔三卷本作'君子察爾修身也，修身見毁而反之身者也'。按：'爾'字，當如藏本讀作'邇'，古通。'察邇'者，言察其近者之情，藉以修身，若近情不悦而有所毁，則反修之身。必至近悦行修然後來遠，是所謂先王之治天下也。藏本文繇而義不了，殆亦宋校之所改竄者歟。"此以怨省而行修矣。曹云："'省'，少也。《禮記》云：'自天子以至於庶人，皆以修身爲本。'邇者遠之本，身者家國天下之本也。"純一案：墨子之道不怒，蓋由勇於反省，惟務精進修德，絶不尤人，故無敵怨，是之謂積修省怨。譖慝之言，無入之耳；耳不聽惡聲。畢云："《玉篇》云：'慝，他得切，惡也。'經典多此字，古只作'匿'。"王云："'譖慝'即'讒慝。'僖二十八年《左傳》'閒執讒慝之口'，是也。'讒'與'譖'古字通，故《小雅・巷伯篇》'取彼譖人'，《緇衣》注及《後漢書・馬援傳》並引作'取彼讒人'。無入之耳，言不聽讒慝之言也。故下文曰：'雖有詆訐之民，無所依矣。'”尹云：“‘慝’，邪也。《説文》作‘匿’。”批扞之聲，無出之口；口不出惡言。孫云：“《廣雅·釋詁》云：‘批，擊也。’《易林·睽之賁》云：‘批捍之言，我心不快。”‘批扞’，即‘批捍’也。”殺傷人之孩，無存之心。畢云“孩”當讀如根荄。曹本改作“荄”。王闓運本作“孩”，云：“同‘核’，意也。”純一案：“核”猶言種子，喻一念初起，極微細之生相也。心無殺傷人之種子，則意不生惡念矣。欒云：“‘無’字俞鈔本作舞，‘殺傷人之’下空一字，《道藏》本作‘孩’，頗費解。”雖有詆訐之民，無所依矣。畢云：“《説文》云：‘詆，訶也；訐，面相斥罪也。’《玉篇》云：‘詆，都禮切；訐，居謁切，攻人之陰私也。'”曹云：“此言慎言之道，君子之聽言出言，民皆依而傚之，不可不慎也。”純一案：《文選·三都賦序》李善注引“民”作“人”。《老子》曰“我好静而民自正”，是之謂除惡化民。

故君子力事日彊，陸本作“疆”，非。願欲日逾，設壯日盛。曹云：“‘設’，有整飭之意。‘壯’，强也。‘設壯’，不敢怠惰也。此言勤行之道。‘力事日彊’，勤於執事也。‘願欲’者，以天下爲心，欲兼濟也。‘逾’，過也，甚也。‘願欲’即愛之意，‘日逾’即兼之意。‘設壯日盛’者，即‘莊敬日强’之意，所以固肌膚之會，筋骸之束也。”張之鋭云：“‘壯’同‘裝’，‘設裝’猶言‘設備’，謂事業之設備日盛也。”純一案：“力事”，竭力從事也；“日彊”，日夜不休，自强不息也。“願欲”，謂志願；“逾”，《説文·辵部》云“越進也”；“設”，《説文·言部》云“施陳也”。謂君子任事則日益勤勉精進，心志則日益超越，而德業之施設則日益盛大也。君子之道也，貧則見廉，心常憺怕。《子華子·晏子問黨篇》曰：“嗇其所以出，而謹節其所受，故人皆見其廉。”欒云：“俞鈔本‘廉’字作廉。”富則見義，多財則以分貧，盡其在我以利人，故人皆見其義，《禮·曲禮上》曰：“積而能散。”欒云：“據《經上篇》云‘義利也’，蓋以利人爲義。”曹云：“貧則不貪於取，富則不吝於與。”尹云：“《論語》言‘貧而樂，富而好禮’，私德也。廉，不利他人之有；義，分利及人，均公德耳。所謂墨學能利用於社會者。”畢云：“‘義’當爲‘羛’。《説文》云‘墨翟書“義”從弗’，則漢時本如此。今書‘義’字，皆俗改也。”王引之云：“‘弗’，於聲義均有未協，‘弗’當作𢦐。𢦐，古文‘我’字，與‘弗’相似，故譌作‘弗’耳。周《晉姜鼎銘》，‘我’字作𢦐，是其明證。羛之從𢦐聲，與義之從我聲，一也。《説文》‘我’字下，重文未載古文作𢦐，故於此亦不知爲𢦐字之譌。蓋鐘鼎古篆，漢人亦不能徧識也。”劉師培《墨子拾補》云：“《玉篇·我部》羛字注亦云‘墨翟書義字從弗’，與《説文》同。又《後漢書·光武紀》云：‘大破五校於第陽’，彼文第字，亦與義同，是義字從弗，不獨本書爲然。”純一案：《周散氏盤銘》“義”字三見，一作，形似弗而非弗，可爲墨書原文之證。《説文》云“從弗”，已經字體之變易而從俗改也。吴大澂《説文古籀補》三，“以《散氏盤》文爲古善字”，非。**生則見愛，**“生有益於人”（《檀弓上》），若陽和之廣被，故“天下丈夫女子，莫不延頸舉踵而願安利之”（《列子・黄帝》）。**死則見哀，**百姓如喪考妣，《論語・子張篇》“其生也榮，其死也哀”義同。**四行者不可虚假，反之身者也。**言君子惟自勵行而已，大行受大名，細行受細名，有如權衡不可欺以輕重，出之身者若何，反之身者若何，恒稱其量。“反”，復也，“反之身”者，猶佛教所謂本身現行所生自果也，是之謂累德類感。

藏於心者，無以竭愛；《莊子・知北游篇》曰：“聖人之愛人也終無已。”王闓運云：“常仁也。”**動於身者，無以竭恭；**《莊子・庚桑楚篇》曰“敬中以達彼”，彼，外也。尹云：“言常敬。”**出於口者，無以竭馴。**王闓運云：“常謙也。”孫云：“‘馴’，猶雅馴。謂出口者皆典雅之言。”純一案：《廣雅・釋詁》：“馴，善也。”此謂善言不竭於口也。“藏於心者，無以竭愛”，謂心常兼愛天下，無有已時，而意業净。“動於身者，無以竭恭”，謂敬以作所，動容周旋無不中禮，而身業净。“出於口者，無以竭馴”，謂出口者無非先王之道，聖人之言，使王公大人用之，國必治，匹夫徒步之士用之，行必修，而口業净矣。**暢之四支，**孫云：“《説文・肉部》云：‘胑體，四胑也，或作肢。’支，即肢之省。《易・坤・文言》云：‘美在其中，而暢於四支。’孔穎達疏云：‘四支，猶言手足。’”**接之肌膚，**孫云：“《小爾雅・廣詁》云：‘接，達也。’《吕氏春秋・論威篇》云：‘其藏於民心，捷於肌膚也。’‘捷’、‘接’字亦通。”純一案：《爾雅・釋詁》：“接，捷也。”郭注：“捷，謂相接續也。”《孟子・盡心上》云：“其生色也，睟然見於面，盎於背，施於四體，四體不言而喻。”義同。**華髮隳顛，**畢云：“‘隳’字當爲‘墮’。”曹本改作“墮”。孫云：“《説文・髟部》云：‘鬌，髮墮也。’頁部云：‘顛，頂也。’墮與鬌通，墮顛即秃頂。《新序・雜事篇》云：‘齊宣王謂閭丘印曰：士亦華髮墮顛，而後可用耳。’《後漢書・邊讓傳》李賢注云：‘華髮，白首也。’”純一案：“隳”通作“墮”。《禮・月令》：“繼長增高，毋有壞墮。”《説文》：“墮，又作隳。”**而猶弗舍者，其唯聖人乎。**曹云：“藏於心，動於身，出於口，皆有餘不盡之美，所以和順積中，而英華發外，歷久而不渝，終其身而無尤悔也。‘華髮’，須白也，‘墮顛’，髮落也，此言聖人之勤於治身治心，而無頃刻之違於仁也。”純一案：以上言成己成人至誠無息。

志不彊者，智不達；心之所之謂之志，志不堅强則學不精進，永無真知，人必動心忍性而後能增益其所不能。《老子》曰：“强行者有志。”“彊”陸本作“疆”，非。言不信者，行不果；《老子》曰：“輕諾必寡信，多易必多難。”畢云：“《文選》注云：‘許君注《淮南子》云：果，成也。’”純一案：《文選》許注，見謝宣遠《於安城答靈運詩》注。此二句明修身之道，務勤求德慧，言行兼顧。

據財不能以分人者，不足與友；墨家有財相分，所以圓成性德，實現兼愛也。蓋侈於自營，重利輕義，必致羣道日涣，當與衆共棄之。班孟堅曰：“不能愛則不能羣。”尹云：“明當積而能散。《莊子・徐無鬼》：‘以財分人之謂賢。’”欒云：“質言之，即富而無義者不與爲友。”守道不篤，道者墨道，通天人物我生死有無於一兼者也。守之不篤，不能利天下以自利，所以異於禽獸幾希者將盡去之。徧物不博，王本改“徧”作“辯”，俞云：“‘徧’，亦辯也。用物言徧，是非言辯，文異而義同。”純一案：“徧”、“偏”古通用。“偏物不博”，謂偏執事理，不能博通。《荀子・修身篇》云：“多聞曰博，少聞曰淺。”不博則淺陋必矣，安能罕譬而喻。辯是非不察者，“辯”曹本作“辨”，王本同。《列子・説符篇》曰：“天下理無常是，事無常非。”《吕氏春秋・疑似篇》曰：“相似之物，愚者之所大惑，而聖人之所加慮也，故墨子見岐道而哭之。”以是非難明辨也。《莊子・逍遥遊篇》云：“豈惟形骸有聾盲哉，夫知亦有之。”釋典云：“無聞無智慧，是名人身牛。”不足與游；《論語・顔淵篇》：“曾子曰：君子以友輔仁。”《季氏篇》：“孔子曰：友多聞，益矣。”今無利人之仁，又無自利之智，儻與之游，得毋損乎？不可不慎，故以《所染》繼此篇，寄意深矣。以上言慎交游。

本不固者，末必幾；喻見地不真，未能有終也。王云：“《爾雅》：‘幾，危也。”言木本不固者，其末必危也。雄而不修者，其後必惰；畢云：“‘雄’，猶勇。”曹云：“‘雄’，猶鋭也，進鋭退速。”原濁者，流不清；喻心不清浄，言行皆濁。《荀子・君道篇》：“君子養原，原清則流清，原濁則流濁。”義同。行不信者，名必秏。畢云：“舊從‘耒’，非。《玉篇》云：‘秏，可到切，減也，敗也。’《詩》云：‘秏斁下土。’”又云：“耗，正作秏。”尹云：“秏，損也。”純一案：行不能見信於人，其名必敗。名不徒生，而譽不自長。功成名遂，實不至，名不歸。名譽不可虚假，反之身者也。曹云："此皆言砥行立名之道，以返本務實爲要，亦所以訓勤也。"純一案：以上論身不修名不立。

務言而緩行，雖辯必不聽；《論語·里仁篇》曰："君子欲訥於言，而敏於行。"《後漢書·第五倫傳》曰："以身教者從，以言教者訟。"義可互明。多力而伐功，雖勞必不圖。孔書《説命中》："有其善喪厥善，矜其能喪厥功。"王樹枏云："《國策·秦策》：'而天下可圖也'，注云：'圖，取也。'務言而緩行，雖辯而人必不聽。多力而伐功，雖勞而人必不取。不聽不圖，皆即人言。"尹云："顔子云：'無伐善，無施勞。'老子云：'自伐者無功。'"慧者心辯而不繁説，慧者玄鑒瑩徹，而常寂然。《老子》曰："知者不言。"《易·繫辭下》曰："中心疑者其辭枝。"多力而不伐功，此以名譽揚天下。王闓運云："'此以'，是以。"曹云："事前而多説，則後效難期；事後而誇張，則前功盡棄。《墨子》此篇，皆返本務實之意，若此者尤深切著明矣。'慧'，智慧也。"純一案：孔書《大禹謨》曰："汝惟不矜，天下莫與汝争能。汝惟不伐，天下莫與汝争功。"墨教然也。《老子》曰："聖人功成而弗居"，不自伐故有功，不自矜故長，蓋即傳禹之道者也。《晏子春秋·外上廿七章》，孔子曰："救民之生而不夸，行補三君而不有，晏子果君子也。"是其實例。以上言勤修聖行，不務人知。

言無務爲多，而務爲智；無務爲文，而務爲察。"智"，《釋名·釋言語》云："知也，無所不知也。""察"，《説文·宀部》云："覆審也。"《廣韻·十四黠》云："諦也，知也。"墨者家法尚樸，故言不務多與文，而務爲智與察者，在在必明其故而通其類也，故兼釋氏因明之宗因言，類即因明之喻，此其立辯之精神也。故彼無智無察，上"無"字舊脱，今校補，曹本同，蓋承上"務爲智"、"務爲察"反展也。在身而惰，反其務者也。舊"惰"譌"情"，"務"譌"路"。孫云："情當爲惰，形近而誤。上云'雄而不修者，其後必惰。''路'當爲'務'，即冢上'務爲智'、'務爲察'而言，謂違反其所當務之事。《明鬼下篇》云：'今執無鬼者，曰鬼神者固無有，則此反聖王之務。'此義與彼同。"純一案：孫説是，今據正。此示學者立言之準，務具如實智，理析毫芒，則建立宗義，因喻極成，而敵莫能破，且能破敵説而無不當矣，此務爲智與察之諦理也。善無主於心者不留，行莫辯於身者不立；曹云："襲取之善，非有主於心也，無主則若客然，過而不留矣。偶合之行，非能審辯其是非也，不辯則雖行而仍茫然，不能以自立矣。"純一案：善必主於心，而後能恒久。行必辯於身，而後能堅定。故《老子》曰："善建者不拔，善抱者不脱。"行辯於身，謂現身説法也。以上明示真修之準。名不可簡而成也，譽不可巧而立也，“簡”，略也，省也。《文選·高唐賦》“簡與玄服”注：“巧，故僞詐也。”《吕氏春秋·論人篇》“去巧故”高注：“績學且難成名，欺德安能弋譽。”君子以身戴行者也。孫云：“戴、載古通，《春秋隱十年經》‘伐戴’，《穀梁》作‘載’，《釋名·釋姿容》云：‘戴，載也。’”純一案：載具充積、運輸二義，謂君子繩墨自矯，道積於厥躬，汜愛兼利，運用於天下，猶以身載道而行，故行而世爲天下法也。思利尋焉，畢云：“尋，習。”忘名忽焉，可以爲士於天下者，欒云：“俞鈔本天作‘旡’，據《魏比丘道瓊記》天作‘兗’，即‘兓’字之變體。”未嘗有也。孳孳爲利，而無成名之實，決不能爲天下士。以上言名不可盗。

曹云：“孟子云：‘墨子兼愛，摩頂放踵，利天下爲之。’似專於爲人，而無修己之學。此篇所論，皆返本而務實，修身之道略備，得其一語，可以終身行之。可見墨子之學術，有大用，有全體也。按：修身之道，以言、行二者爲大端，言出於口，行出於身，而心者身與口之主宰也。孔子曰：‘敏於事而慎於言。’言不敢肆，亦儉之意也；行不敢惰，亦勤之意也，此儒墨之所同也。”

所染第三

畢云：“《吕氏春秋》有《當染篇》，文略同。”蘇云：“篇中言中山尚、宋康，皆墨子後事，而禽子爲墨子弟子，至與傅説並稱，此必非墨子之言，蓋亦出於門弟子。”汪中云：“宋康之滅，在楚惠王卒後一百五十七年，墨子蓋嘗見染絲者而歎之，爲墨子之學者，增成其説耳。”純一案：此冡《修身》而次之，教人慎始，具内典因該果海，菩薩畏因之意。所染者外緣，即一切塵境，能染者内心，境因心有，心逐境遷，故慎所染，能所分明，立言精審，無異釋家。《吕覽》襲此，改所爲當，陋已。《荀子·勸學篇》，疑本此而作。《晏子春秋·雜上廿三章》曰：“今夫蘭本三年而成，湛之苦酒，則君子不近，庶人不佩；湛之麋醢，而賈匹馬矣。非蘭本美也，所湛然也，願子之必求所湛。嬰聞之，君子居必擇鄰，游必就士，擇居所以求士，求士所以避患也。嬰聞汩常移質，習俗移性，不可不慎也。”純是所染之神理，墨學淵源甚古，晏子蓋深得之。《家語·六本篇》曰：“與善人居，如入芝蘭之室，久而不聞其香，即與之化矣；與不善人居，如入鮑魚之肆，久而不聞其臭，亦與之化矣。”“丹之所藏者赤，漆之所藏者黑，是以君子必慎其所與處者焉。”義同，此知孔、墨之道不二也。《大戴禮·保傅篇》、賈誼《新書·保傅篇》，同可爲此篇之注脚。史佚即尹佚，固墨祖之一，亦武王所染之一。欒云："'所染'，並攝染之當與不當二義，若《吕氏春秋》曰：'當染，僅染之當者耳。'其於桀、紂、范中行氏等四王六君之染已不相涉，則不免失所題篇之義矣。"

子墨子言，見染絲者而歎，曰：孫云："'言'字疑衍。《公羊》隱十一年何休注云：'稱子冠氏上者，著其爲師也，其不冠子者他師。'《列子·天瑞篇》張注云：'載子於姓上者，首章是弟子之所記故也。'"王闓運云："凡記師言稱'子曰'，述其口語則稱'子言'，各記其師，乃以姓氏别之。"純一案：《吕氏春秋·當染篇》作"墨子見染素絲者而歎曰"，《意林》引作"墨子見染絲而歎曰"，《太平御覽》八百十四引作"墨子見染絲者歎曰"，《羣書治要》作"子墨子見染絲者而歎曰"，均無"言"字，但引書每有節文，未足爲據，此似墨子嘗見染絲者而歎，其言至"故染不可不慎也"止。事後因述其言以爲教，故其弟子鄭重記之。與内典之稱"佛言"同，自非獨染絲然也。至舉天下不義辱人必稱此四王者，蓋墨子申敘其義，下接"《詩》曰'必擇所湛'、'必謹所湛'者，此之謂也"作結，明主恉也。自"齊桓染於管仲"，至"所染不當也"，義複，大氐後人增入，所以暢其説也。自"非獨國有染也，士亦有染"，至"豎刀之徒是也"，與《吕氏春秋·當染篇》，文大異，想尤晚出。《論衡·藝增篇》云："墨子哭於練絲"，蓋本此爲説也。染於蒼則蒼，染於黄則黄。孫云："《廣雅·釋器》云：'蒼，青也。'《韓詩外傳》云：'藍有青，而絲假之，青於藍；地有黄，而絲假之，黄於地。'《淮南子·説林訓》云：'墨子見練絲而泣之，爲其可以黄，可以黑。'"純一案：《晏子春秋·外下末章》云："尺蠖食黄則黄，食蒼則蒼。"言習染移質同，蒼、黄爲韻，《古音諧》十六庚引此。所入者變，《吕覽》作"所以入者變"。其色亦變；五入必而已，則爲五色矣。畢云："一本無'必'字。《吕氏春秋》無'則'字，《後漢書注》引作'五入之則爲五色'，《太平御覽》引作'五入則爲五色。'"純一案：《後漢書注》，見《馮衍傳》；《太平御覽》，見卷八百十四。《説文·八部》云："必，分極也，從八弋。"（本劉再賡説）段注："極，猶準也。立表爲分判之準，故云分極，引伸爲必然之詞。"此言五色判分，各視所入而變，方其未染，純白一也。分入五色以後，則蒼、黄殊異，幾盡失其本色，别而不能兼，故可悲也。《一切經音義》六十五云："《後漢書》'墨子泣乎白絲，如漸染之易性'是也。"明白賁枘《重刻墨子序》云"周典嗣文，'墨悲絲染'，解者曰：'悲習染之易以移人也'，《吕氏春秋·疑似篇》云'墨子見歧道而哭之'，義同。賈誼《新書·審微篇》云：'機漸而往，俄而東西易面，人不自知也。'故墨子見衢路而哭之，悲一跬而繆千里也。”故染不可不慎也！孫云：“《治要》作‘可不慎耶’。”純一案：《大乘起信論》云：“染法從無始已來，熏習不斷。”蓋境界爲緣，輒令淨妙明心，隨之而汙，雜染所依，不易斷滅，故凡起心趣所緣境，不可不慎。以上言當不爲物染。

非獨染絲然也，國亦有染。畢云：“《太平御覽》、吴俶《事類賦》，俱作‘治國亦然’，有節文。”純一案：《意林》作“人固亦有染”。舜染於許由、孫云：“高誘云：‘許由，陽城人，堯聘之不至。’”純一案：《史記·伯夷列傳》：“堯讓天下於許由，許由不受，恥之逃隱。”伯陽，孫云：“《吕氏春秋·本味篇》云‘堯、舜得伯陽、續耳，然後成’，注云：‘伯陽、續耳皆賢人，堯用之以成功也。’《御覽》八十一引《尸子》云：‘舜事親養老，爲天下法，其遊也，得六人，曰雒陶、方回、續耳、伯陽、東不識、秦不空，皆一國之賢者也。’陶潛《聖賢羣輔録》引皇甫謐《逸士傳》，‘舜友七子’亦有伯陽，《韓非子説疑篇》作‘晉伯陽’，《漢書·古今人表》作‘柏陽’《北堂書鈔》四十九引《尸子》，作‘柏陽’。此伯陽，自是舜時賢人。”禹染於皋陶、伯益，皋陶字庭堅，高陽氏才子八愷之一。見文十八年《左傳》並疏。《虞書》有《皋陶謨》，是爲法家之鼻祖。伯益亦八愷之一，名大費。佐禹平水土功成，舜賜皁游。見《秦本紀》。世傳《山海經》爲伯益所著。湯染於伊尹、伊尹，名摯，居於伊水，故氏之，見《通鑑》，其德業詳見孔書《湯誥》、《伊訓》、《太甲》、《咸有一德》、《説命下》諸篇，《孟子·萬章篇》亟稱之。仲虺，孫云：“高誘云：‘仲虺居薛，爲湯之左相。’”純一案：孔書有《仲虺之誥》。武王染於太公、《吕氏春秋》有“望”字，太公姓姜名尚，字子牙，爲四嶽之裔，封於吕，從其封姓，故曰吕尚。年老遇西伯，西伯曰：“吾太公望子久矣!”故號太公望，見《史記》。《漢書·藝文志·道家》列太公二百三十七篇，又撰《六韜》行於世。周公。《吕氏春秋》有“旦”字。周公名旦，文王之子，武王之弟，與召公夾輔周室。世傳《周禮》爲周公致太平之書，章學誠《校讎通義》：“且謂六經皆周公舊典。”此四王者所染當，孫云：“高誘云：‘所從染得其人，故曰當。’”故王天下，立爲天子，功名蔽天地。孫云：“高誘云：‘蔽，猶極也。’”尹云：“‘立’，位也；‘蔽’，蓋也。”舉天下之仁義顯人，必稱此四王者。孫云：“高誘云：‘稱美其德，以爲喻也。’”純一案：以上言王者之善染。

夏桀染於干辛、畢云：“《吕氏春秋》云‘夏桀染於羊辛’，又《慎大》云‘桀爲無道，干辛任威，陵轢諸侯，以及兆民’。高誘曰：‘干辛，桀之諛臣。’《説苑》云：‘桀用干莘。’班固《古今人表》云：‘干辛、崇侯，與之爲惡。’”孫云：“《吕氏春秋·知度篇》云‘桀用羊辛’，《漢書》顔注云：‘干莘，桀之勇人也。’《抱朴子·良規篇》亦作‘干辛’。”推哆，畢云：“本書《明鬼》云‘王手禽推哆大戲’，下又云‘推哆大戲，生裂兕虎，指畫殺人’，《古今人表》作‘雅侈’。”孫云：“‘推哆’，《晏子春秋·諫上篇》、賈子《新書·連語篇》作‘推侈’。《韓子·説疑篇》又作‘侯侈’，《淮南子·主術訓》又作‘推移’，惟《抱朴子·良規篇》作‘推哆’，與此同。”殷紂染於崇侯、惡來，孫云：“高誘云：‘崇國、侯爵，名虎。惡來，嬴姓，飛廉之子，紂之諛臣。’《史記·秦本紀》云：‘蜚廉生惡來，惡來有力，蜚廉善走，父子俱以材力事殷紂。周武王之伐紂，並殺惡來。’”尹云：“《韓非·説疑》‘紂有崇侯虎’，《吕覽·知度》‘紂用惡來’。”厲王染於厲公長父、《吕氏春秋》作“周厲王”。高誘云：“‘厲王’，周夷王之子，名胡。”樂云：“‘厲公’，俞鈔本作‘蠣公’。”洪云：“《荀子·成相篇》楊倞注，引《墨子》作‘蠣公長父’。《吕氏春秋·當染篇》：‘厲王染於虢公長父。’‘蠣’即‘虢’字之譌，今本作‘厲’字，又後人所改。”蘇云：“‘厲公’，虢君謚。”孫云：“《荀子·成相篇》云：‘孰公長父之難，厲王流於彘。’楊注引此云：‘蠣公與孰公不同，不知孰是。“孰”或作“郭”。’案：《荀子》别本作‘郭’，與《吕覽》合，是也。虢、郭古通。洪以‘蠣’爲‘虢’之譌，亦近是。蘇以‘厲’爲虢公謚，未塙。《竹書紀年》：‘厲王三年，淮夷侵洛，王命虢公長父伐之，不克。’《後漢書·東夷傳》作‘虢仲’，今本《紀年》出於摭拾，未知足據否?”純一案：“孰”，爲“郭”之譌無疑。《謚法解》：“殺戮無辜曰厲。”蘇説似可從。榮夷終，孫云：“《吕氏春秋·當染》同。《國語·周語》‘厲王説榮夷公，爲卿士’，韋注云：‘榮，國名。夷，謚也。’《書敘》有榮伯。《史記·周本紀》集解引馬融云：‘榮伯，周同姓，畿内諸侯，爲卿大夫也。’‘夷公’，蓋榮伯之後。”畢云：“‘終’，一本作‘公’，《史記》云：‘厲王好利，近榮夷公。’”蘇云：“‘終’，或榮夷公名。”尹云：“‘終’，同公。”純一案：《周語上》：“厲王説榮夷公，芮良夫曰：“王室其卑乎！夫榮夷公好專利，而不知大難”，“以是教王，王能久乎?”“匹夫專利，猶謂之盜，王而行之，其歸鮮矣。榮公若用，周必敗。既，榮公爲卿士，諸侯不享，王流於彘。”幽王染於傅公夷、高誘云：“‘幽王’，周厲王之孫，宣王之子，名宫皇。”孫云：“‘夷’，《治要》作‘幾’。”蘇云：“‘傅公夷’，無攷。《國語》，惠王時有傅氏，注曰：‘傅氏，貍姓也，在周爲傅氏。’”蔡公穀。畢云：“‘蔡’，一本作‘祭’。《吕氏春秋》作‘虢公鼓’、‘祭公敦’。”蘇云：“‘蔡’，當從《吕览》作‘祭’爲是。祭爲周畿内國，周公少子所封，自文公謀父以下，世爲卿士於周，隱元年所書‘祭伯來’者，即其後也。若蔡，當幽王時唯有釐侯，所事不聞更有名穀者。”此四王者所染不當，故國殘身死，爲天下僇。孫云：“高誘云：‘不當者，不得其人。僇，辱也。’‘僇’，《治要》作‘戮’。”畢云：“此戮字假音。”舉天下之不義辱人，“之”字舊脱，據《吕氏春秋》補，與上文“舉天下之仁義顯人”，文同一例。必稱此四王者。舊本稱下捝“此”字，孫據《道藏》本補，與上文及《治要》合，《吕氏春秋·當染》亦同。高誘云：“稱其惡以爲戒也。”純一案：唐本、陸本稱下並有“此”字，與《道藏》本同。以上言王者之惡染。

齊桓染於管仲、鮑叔，“齊桓”下，《吕氏春秋》有“公”字。高誘云：“桓公，齊僖公之子，名小白，管、鮑其二卿也。案：管、鮑事，詳《管子》書。《漢志·道家》列《筦子》八十六篇，《隋唐志》著之法家之首。”晉文染於舅犯、高誘云：“‘文公’，晉獻公之子，名重耳。”尹云：“‘舅犯’，狐偃也，字子犯，晉文之舅也，因曰舅犯。”高偃，《羣書治要》作“齊桓公染於管仲，晉文公染於咎犯”。《吕氏春秋》作“晉文公染於咎犯郄偃”。王云：“‘高’當爲‘䧻’，‘䧻’即城郭之‘郭’，形與‘高’相近，因譌爲‘高’。賈子《過秦論》‘據一丈之䧻’，今本‘䧻’譌作‘高’。《墨子》多古字，後人不識，故傳寫多誤耳。《左傳》晉大夫卜偃，《晉語》作‘郭偃’，韋注曰：‘郭偃，晉大夫卜偃也。’《商子·更法篇》、《韓子·南面篇》並與《晉語》同。《吕氏春秋》作郤偃，郤即郭之譌。《太平御覽·治道部一》引《吕氏春秋》正作‘郭偃’。”俞云：“王説得之。然必謂‘高’是‘䧻’之誤，則猶求之形，而未求之聲也。‘高’與‘郭’一聲之轉耳，故從高得聲之字。《玉篇》：‘塙，音口角切；敲，音口卓切；翯，音胡角切。’然則‘高’亦可讀如‘郭’矣。《詩·緜篇》毛傳曰‘王之郭門曰皋門’，郭偃之爲高偃，猶‘郭門’之爲‘皋門’也。”尹云：“‘高偃’，郭偃也。《晉語》‘文公問於郭偃’，《韓非子·南面》‘郭偃毋更晉，則晉文不霸’。”楚莊染於孫叔、《吕氏春秋》作“荆莊王染於孫叔敖”，高注：“‘莊王’，楚穆王之子，名旅。’”孫云：“《左宣十一年傳》‘楚令尹蔿艾獵城沂’，孔穎達疏引服虔云：‘艾獵，蔿賈之子，孫叔敖也。’洪适《隸釋·漢孫叔敖碑》云‘楚相孫君，諱饒，字叔敖’，不知何據。”沈尹，畢云：“《吕氏春秋》作沈尹蒸，又《贊能》有沈尹莖，楚莊王欲以爲令尹，沈尹莖辭曰：‘期思之鄙人。有孫叔敖者，聖人也。’又《尊師》云：‘楚莊師孫叔敖、沈申巫。’高誘曰：‘沈，縣大夫’，《新序》作‘沈尹竺’。案：申、尹、莖、巫、竺，皆字之誤。”李惇云：“宣十二年《左傳》‘邲之戰，孫叔敖令尹也。而將中軍者爲沈尹’，注云：‘沈或作寢，寢，縣也。’《韓詩外傳》所載楚樊姬事，與《淮南子》、《新序》正同，但《淮南》、《新序》並曰虞邱子，惟《外傳》則曰沈令尹，乃知沈尹即虞邱子。令尹者其官，沈者其氏或食邑也。”孫云：“李説是也。‘沈尹莖’，《吕氏春秋·察傳篇》又作‘沈尹筮’，字形並相近，未知孰爲正也。”吴闔閭染於伍員、《吕氏春秋》作“吴王闔廬”，高注云：“‘闔廬’，吴王夷昧之子，名光。”孫云：“《左昭二十七年傳》、《史記·吴世家》同作‘廬’。”此及後《非攻中篇》並作“閭”，與《史記·十二諸侯年表》、《淮南子·泰族訓》、《吴越春秋》同。純一案：《越絶書》“閭”作“廬”，《羣書治要》同。闔閭、伍員、句踐、范蠡等事功，並詳《吴越春秋》及《越絶書》。文義，孫云：“《當染》作‘文之儀’。畢云：“《吕氏春秋·尊師》云：‘吴王闔閭師伍子胥、文之儀’。高誘曰：‘文，氏；之儀，名。’案：彼有‘之’字者，如庾公差，《孟子》云‘之斯’；專諸，《史記》云‘設諸’，音之緩急。”王闓運云：“文義，蓋行人儀。”純一案：“義”，“儀”本字。越句踐染於范蠡、《當染》“越”下有“王”字。高誘云：“句踐，允常之子；范蠡，楚三户人也，字少伯。”大夫種。畢云：“高誘注《吕氏春秋》云：‘大夫種，文氏，字子禽，楚之鄒人。’”孫云：“《文選·豪士賦序》李注引《吴越春秋》云：‘文種者，楚南郢人也，姓文，字少禽。’《太平寰宇記》説同。《吕覽》注‘鄒’即‘郢’之譌。”此五君者所染當，舊脱“者”字，孫據《治要》增，與《吕氏春秋》合。故霸諸侯，功名傳於後世。孫云：“《治要》無‘功’字。”曹云：“舊數五伯者，齊桓、晉文、宋襄、秦穆、楚莊，又或數昆吾、大彭、豕韋，以及桓、文。今觀《墨子》之説，則數吴、越，不數宋、秦，《墨子》是也。又按：《孟子》書謂‘仲尼之徒，不稱桓文’，其實《論語》中，亦有稱‘桓文’處。五伯之德雖降於王，而功亦有不可没者也。”純一案：此處疑脱“舉天下之正長可服人，必稱此五君者”二句。上文“舉天下之仁義顯人，必稱此四王者”、“舉天下之不義辱人，必稱此四王者”，相對成文。下文據《吕覽·當染》，有“舉天下之貪暴可羞人，必稱此六君者”二句，故知此有脱文。以上言國君之善染。

范吉射染於長柳朔、王胜，“胜”，李選本、陸本、唐本並作“胜”，誤。《治要》無“王勝”二字。畢云：“《吕氏春秋》‘長’作‘張’，‘胜’作‘生’字。高誘注云：‘吉射，范獻子鞅之子，昭子也。張柳朔王生二人者，吉射家臣也。’”孫云：“《治要》‘長’作‘張’。《左哀五年傳》‘初，范氏之臣王生惡張柳朔，言諸昭子，使爲柏人’。此‘長柳朔、王勝’，即‘張柳朔、王生’，《吕覽》與《左傳》同。‘長柳’，古複姓，《漢書·藝文志》有《長柳占夢》。但據《左傳》，則朔、生乃范氏之賢臣，朔並死范氏之難，與此書異，或所聞不同。”中行寅染於籍秦、高彊，《治要》“籍”作“藉”，無“高彊”二字。畢云：“《吕氏春秋》作‘黄藉秦’，非。高誘注云：‘寅，晉大夫中行穆子之子，荀子也。黄藉秦、高彊，其家臣。高彊，齊子尾之子，奔晉，爲中行氏之臣。’《史記》索隱云：‘《系本》：籍秦，晉大夫籍游之孫，籍談之子。’”孫云：“《吕覽》注‘荀子’當作‘荀文子’，即寅謚也，見定八年《左傳》。尹云：“《左昭二十七年傳》‘晉籍秦致諸侯之戍于周’，《左昭二年傳》‘子尾見彊’。”吴夫差染於王孫雒、《治要》作“吴夫差染於宰嚭”，無“王孫雒太”四字。《吕覽》“吴王夫差染於王孫雄”，高注：“夫差，吴王闔廬子也。”盧文弨云：“今《外傳》、《吴語》‘王孫雄’，舊宋本作‘王孫雒’，《墨子·所染篇》同。《吴越春秋·夫差内傳》、《句踐伐吴外傳》、《越絶請糴内傳》，皆作‘王孫駱’。《説苑·雜言篇》作‘公孫雒’，‘雒’字是矣。”顧廣圻校同。王云：“盧説是也。隸書‘雄’字或作‘雄’，與‘雒’相似，故‘雒’譌爲‘雄’。《困學紀聞》左氏類，引《國語》、《吕氏春秋》，並作‘雒’。《韓子·説疑篇》有吴王孫頟，‘頟’即‘雒’之譌，則其字之本作‘雒’益明矣。”太宰嚭，畢云：“高誘注《吕氏春秋》云：‘嚭，晉伯宗之孫，楚州犂之子。’”孫云：“定四年《左傳》云：‘伯州犂之孫嚭爲吴太宰。嚭爲伯州犂孫，《史記·吴世家》、《越絶書》、《吴越春秋》、杜預《春秋釋例》説並同，唯高誘《吕氏春秋·當染》、《重言》兩篇注，以爲州犂之子，誤也。《國語·吴語》韋注誤與高同。”尹云：“太宰嚭，即伯嚭也，《吴越春秋》作‘帛否’，《文選》注引《史記》作‘伯喜’，楚州犂之孫，奔吴，而闔閭以爲大夫，夫差立，任爲太宰，故一稱太宰嚭也。”純一案：《吴越春秋》作“白喜”，奔吴事詳《闔閭内傳》。知伯摇染於智國、張武，畢云：“‘摇’，一本作‘瑶’。”純一案：《治要》無“張武”二字，“摇”作“瑶”，與《吕覽·當染篇》同，高注云：“智瑶，宣子申之子，襄子也。國、武二人，其家臣。”孫云：“《國語·晉語》云：‘三卿宴於藍臺，知襄子戲韓康子而侮段規，知伯國聞之，諫曰：主不備，難必至矣！’韋注云：‘伯國，晉大夫知氏之族。’《左哀二十三年傳》：‘晉荀瑶伐齊，將戰，長武子請卜。’杜注云：‘武子，晉大夫。’案：知國、張武，蓋即知伯國、長武子也。長，張字通。《淮南子·人間訓》云：‘張武教智伯奪韓、魏之地，而擒於晉陽。’”尹云：“《吕覽·察傳》‘智伯聞趙襄子於張武’。”純一案：高誘注云：“智伯圍趙襄子於晉陽，襄子與韓魏通謀，殺智伯於高梁之東。”中山尚染於魏義、偃長，《治要》無“偃長”二字。畢云：“‘偃’，《吕氏春秋》作‘椻’。”孫云：“中山，即春秋之鮮虞。《左傳》定四年始見於《傳》。其初亡於魏，文侯十七年，使樂羊圍中山，三年滅之，以其地封子擊，後擊立爲太子，改封次子摯。後中山復國，又亡於趙，則惠文王四年滅之，並見《史記》魏趙世家及《樂毅傳》。據《水經·滱水》酈道元注，及《太平御覽》百六十一引《十三州志》，並謂中山桓公爲魏所滅，則尚或即桓公。”純一案：墨子壽考，與孔子並時而差後，當生於周敬王十年以後，卒於周威烈王末年。中山不一滅，初滅於魏文侯，在威烈王時，墨子當及見之，至趙惠文王滅中山，當周赧王二十年，墨子已卒百餘年矣。《史記·趙世家》正義引《括地志》云：“中山故城一名中人亭，在定州唐縣東北四十一里，春秋時，鮮虞國之中人邑也。”《水經·滱水》注：“中山桓公，不恤國政，周王問太史餘曰：‘今之諸侯，孰先亡乎？’對曰：‘天生民而令有別，所以異禽獸也。今中山淫昏康樂，逞欲無度，其先亡矣。’後二年果滅，魏文侯以封太子擊也。”魏義、偃長，事無足徵。宋康染於唐鞅、佃不禮。《治要》無“佃不禮”三字。“佃”，《道藏》本作“佃”，陸本、唐本同，並非。畢云：“《吕氏春秋》‘佃’作‘田’，是，‘禮’作‘禋’，誤。”孫云：“宋王偃爲齊湣王所滅，謚康，見《國策·宋策》。《吕氏春秋》作宋康王，《漢書·古今人表》有‘田不禮’，則似據《趙世家》也。《吕氏春秋·淫辭篇》云：‘宋王謂其相唐鞅曰：寡人所殺戮者衆矣，而羣臣愈不畏，其故何也？唐鞅對曰：王之所罪，盡不善者也。罪不善，善者故爲不畏。王欲羣臣之畏也，不若無辨其善與不善，而時罪之，若此，則羣臣畏矣。無幾何，宋君殺唐鞅。’《荀子·解蔽篇》亦云‘唐鞅蔽於欲權而逐戴子’，又云‘唐鞅戮於宋’，皆其事也。《史記·趙世家》載趙主父使田不禮相太子章，後爲李兑所殺事，當宋康之末年，或即一人，先仕宋而後仕趙與？”純一案：《趙世家》：“李兑謂肥義曰：‘田不禮之爲人也，忍殺而驕。’肥義謂信期曰：‘公子與田不禮，甚可憂也。其於義也，聲善而實惡。此爲人也，不子不臣。’‘此人貪而欲大，内得主而外爲暴。矯令爲慢，以擅一旦之命，不難爲也，禍且逮國。’卒與公子章作亂，爲李兑所殺。”蘇云：“宋康之亡，當楚頃襄王十一年，上去楚惠王之卒一百四十三年，此不獨與墨子時世不值，且與中山之亡相距止數年，而皆在孟子後。《孟子》言‘方千里者九’，則中山未亡；言‘宋王行仁政’，則宋亦未亡。若此書爲墨子自著，則墨子時世更在孟子之後。不知孟子之闢墨子，正在墨學方盛之時，其必不然也審矣。”此六君者所染不當，故國家殘亡，畢云：“‘家’，《吕氏春秋》作‘皆’。”身爲刑戮，宗廟破滅，李選本作“裂”。絶無後類，《吕覽》作“身或死辱，宗廟不血食，絶其後類”。孫云：“《荀子·禮論篇》云：‘先祖者，類之本也。’楊注云：‘類，種也。’《逸周書·嘗麥篇》云：‘殷無類於冀州。’”君臣離散，民人流亡。舉天下之貪暴可羞人，“可羞人”，舊作“苛擾者”，據《吕覽》改，與上文“顯人”、“辱人”正相配。必稱此六君者。“者”舊作“也”，據《吕覽》正，與上文一律。以上言國君之惡染。

凡君之所以安者，何也？以其行理也。《韓非子·解老》：“理者，成物之文也。”“行理”，言一切行事，皆有條理不紊亂也。《治要》無此句，語意不完。行理性於染當。畢云：“‘性’當爲‘生’，一本作‘在’，誤。”孫云：“《治要》及《吕氏春秋》並作‘生’。”王樹枏云：“‘性’、‘生’古通用。”純一案：曹本、王本、尹本並作“在”，亦通，但未若“生”字義長，今依《治要》、《吕氏春秋》讀如“生”。故善爲君者，勞於論人，孫云：“高誘云：‘論，猶擇也。’”而佚於治官；孫云：“‘佚’，《治要》作‘逸’。”不能爲君者，尹云：“能，善。”傷形費神，愁心勞意，然國逾危，身逾辱。孫云：“‘逾’，《治要》並作‘愈’。《吕氏春秋·當染》同。高誘云：‘愈，益也。’”此六君者，非不重其國、愛其身也，以不知要故也。孫云：“高誘云：‘不知所行之要約也。’”不知要者，所染不當也。孫云：“高誘云：‘所從染不得其人也。’”純一案：《羣書治要》引止此。吾人一切惡行，每出於一念之玷染而不可遏，故《荀子·勸學篇》曰：“君子居必擇鄉，遊必就士，所以防邪僻而近中正也。”以上言爲君當知要。

非獨國有染也，士亦有染。孫云：“以後至篇末，與《吕氏春秋·當染篇》文絶異。”其友皆好仁義，淳謹畏令，則家日益，身日安，名日榮，處官得其理矣，歐陽云：“‘處官’，即居官；‘理’，治也，言居官皆治。上文云‘家日益，身日安’，即身修家齊國治之意。”則段干木、畢云：“《吕氏春秋》云：‘段干木學于子夏。’”孫云：“《吕覽·尊師篇》又云：‘段干木，晉國之大駔也，學于子夏。’《史記·老子傳》集解云：‘段干是魏邑名也，《魏世家》有段干木，本蓋因邑爲姓。’”純一案：《史記·魏世家》：“文侯師田子方，受子夏經藝，客段干木，過其閭未嘗不軾，秦以此不敢加兵於魏。”禽子、孫云：“詳《公輸篇》。”畢云：“《吕氏春秋》云：‘禽滑釐學于墨子，許犯學于禽滑釐。’此稱禽子，則墨子門人小子之文矣。”傅説之徒孫云：“‘傅説’，見《尚賢中篇》。此與段干木、禽子並舉，似不類，疑後人所增竄也。”尹云：“‘傅説’，武丁臣，舉於版築閒者。”純一案：“傅説”事，詳孔書《説命》三篇。是也。王闓運云：“三子皆貧賤隱居，故可友。”純一案：以上言士之善染。

其友皆好李選本作“得”、“非”。矜奮，孫云：“《荀子・正名篇》云：‘有兼聽之明，而無奮矜之容。’又《子道篇》楊注云：‘奮，振矜也。’”創作比周，孫云：“《左文十八年傳》云‘頑嚚不友，是與比周’，杜注云：‘比，近也；周，密也。’”純一案：“比周”，猶言阿黨爲私；“創作”，謂譸張爲幻，不遵先民矩矱。《晏子春秋・問上》十四章云，‘爲臣比周以求進’，《管子・明法篇》云‘臣離上而下比周矣’。”則家日損，身日危，名日辱，處官失其理矣，視聽言動，皆非禮故。則子西、易牙、豎刀之徒是也。蘇云：“春秋時子西有三，一爲鄭公孫夏，一爲楚鬬宜申，一爲楚公子申。茲所舉，蓋鬬宜申也。”孫云：“‘易牙’、‘豎刀’，並見《公羊僖十八年傳》。《左僖二年傳》作‘寺人貂’，‘貂’、‘刀’字通。”純一案：《左襄二十七年傳》“鄭享趙孟”，“子西賦《黍苗》之四章”；《二十九年傳》“子西即世”；《左僖二十八年傳》“子西將左”。杜預注“‘子西’，鬬宜申”，“晉狐毛、狐偃以上軍夾攻子西，楚左師潰，楚師敗績”。《文十年傳》：“子西縊而縣絶，王使止之，使爲商公，又使爲工尹，乃與子家謀弒穆王，穆王聞而殺之。”《史記・孔子世家》：“楚昭王將以書社地七百里封孔子”，令尹子西止之。《左哀十六年傳》：“子木暴虐於其私邑”，子西殺之。“其子曰勝，在吴，子西欲召之”，葉公止之（説詳《楚語》），子西弗從，召勝爲白公。勝作亂，殺子西，即公子申，然其德治在楚，不可没也，見《國語》卷十八，並定五年六年《左傳》。共三子西，鄭公孫夏無足非，楚公子申瑕不掩瑜，其沮書社之封，墨者不爲異也。鬬宜申與子家比周謀逆，與易牙、豎刀比周作亂同，當即此之所指，蘇説是已。《吕氏春秋・知接篇》，管仲願桓公遠易牙、豎刀、常之巫等，公曰：“易牙烹其子以慊寡人，猶尚可疑邪?”管仲對曰：“人之情非不愛其子也，其子之忍，又將何有於君?”公又曰：“豎刀自宫以近寡人，猶尚可疑邪?”管仲對曰：“人之情非不愛其身也，其身之忍，又將何有於君?”桓公因而逐之，復召之。後公病，易牙、豎刀、常之巫，相與作亂，塞宫門，築高牆不通人，公無所得飲食，死于壽宫。《左僖二年傳》：“齊寺人貂，始漏師于多魚。”杜注：“多魚，地名。”疏引鄭玄云：“豎，未冠者之官名。”“然則此人名貂，幼童爲内豎之官，以爲齊侯所寵，後雖年長，遂呼爲‘豎貂’焉。此時爲寺人之官，故稱‘寺人貂’也。言漏者，漏泄師之密謀也，漏師已是大罪，此云‘始’者，言其終又甚焉，故言‘始’以爲齊亂張本。”又《十七年傳》“雍巫有寵於衛共姬，因寺人貂以荐羞於公，亦有寵”，“管仲卒，五公子皆求立”。“桓公卒，易牙與寺人貂，因内寵以殺羣吏，而立公子無虧。”杜注：“雍巫，雍人名巫，即易牙。”以上言士之惡染。

《詩》曰“必擇所湛”、“湛”，舊作“堪”。王云：“‘堪’當讀爲‘湛’，湛與漸漬之漸同，《説文》作‘瀸’，云‘漬’也。《月令》‘湛熺必絜’，鄭注：‘湛，漬也。’《内則》説八珍之漬云‘湛諸美酒’，注曰‘湛亦漬也’，湛、漬，皆染也。《楚辭・七諫》‘日漸染而不自知兮’，王注曰：‘稍漬爲漸，汙變爲染。’必擇所湛，猶云必擇所染耳。”純一案：“湛”義同“染”，“堪”即“湛”之形誤，今據王校改，下同。蘇云：“此蓋逸詩。”“必謹所湛”者，王闓運云：“詩説之詞。”此之謂也。《易・繫辭下》曰：“善不積不足以成名，惡不積不足以滅身。”《鶡冠子・度萬》曰：“大乎小，衆乎少，莫不從微始。”故此篇以當慎所染總結。

曹云：“此篇言人君必慎於用人，亦首篇‘急賢存士’之意，然人君各賢其臣，豈有以爲不賢而用之者，故君道莫難於知人也。墨子之意，在‘勞於論人’一語，人苟不足於明，惟勤可以補之，無所不用其勤，勤於見，勤於問，勤於觀察，勤於考校，勤於求，則賢士聞風生感而興起矣。”

釋太虛曰：“染於善則善，染於惡則惡，即告子所云‘生之謂性’，‘無善無不善’，‘決東則東，決西則西’者也。至夫水之就下，激之則可上流，則荀子所謂性惡，可化於僞善者也。故墨子實於人性爲無善無不善，而善出於天志，不善出於逆天志者也。《書》稱告子出於儒墨之閒，則告子‘人性無善無不善’，蓋是學於墨子者也。仁内義外，則是告子自立之義。故爲墨、孟之所交誹。”

法儀第四

畢云：“‘法’，《説文》云：‘灋，刑也，平之如水，从水、廌，所以觸不直者去之。法，今文省。’此借爲法度之義。‘儀’，義如渾天儀之儀。《説文》云：‘檥，榦也。’‘儀’與‘檥’音相近。又《説文》云：‘儀，度也。’亦通。”孫云：“《爾雅・釋詁》云：‘儀，榦也。’與《説文》‘檥’解説同。《管子・形勢解篇》云：‘法度者，萬民之儀表也。’此篇所論，蓋《天志》之餘義。”純一案：《天志》明天愛利之兼，此篇明人當法天之兼，主恉微有不同，故冢《所染》而次之，明能法天，則所染無不當。天即兼愛天下之儀表，《管子・版法篇》曰“法天合德”，是其義。此篇文不冗繁，當爲墨子自著，篇首“子墨子曰”，門人加之。《天志》三篇，則三墨所述，此篇之注脚也。尹云：“《晏子春秋・問上》‘立法儀而不犯’，《荀子・成相》‘君法儀，禁不爲’。”

子墨子曰：天下從事者，不可以無法儀；無法儀，而其事能成者無有也。舊脱“也”字，孫據《羣書治要》增，王樹枏校同。雖至士之爲將相者，皆有法；《天志上篇》：“庶人竭力從事，未得次己而爲政，有士政之；士竭力從事，未得次己而爲政，有將軍、大夫政之；將軍大夫竭力從事，未得次己而爲政，有三公、諸侯政之；三公、諸侯竭力聽治，未得次己而爲政，有天子政之；天子未得次己而爲政，有天政之。”“次”與“恣”同。此以形而上之道爲法。雖至百工從事者，亦皆有法。百工爲方以矩，爲圓以規，“圓”，李選本、陸本、唐本並作“圜”。直以繩，正以縣，畢云：“此縣挂正字。”尹云：“《吕覽·分職》：‘爲圓必以規，爲方必以矩，爲平直必以准繩。’”平以水。無巧工不巧工，皆以此五者爲法。“平以水”三字舊脱。孫云：“《考工記·輿人》云：‘圜者中規，方者中矩，立者中縣，衡者中水。’《莊子·馬蹄篇》云：‘匠人曰：我善治木，曲者中鈎，直者應繩。’即此義。”“以《考工記》校之，疑上文或當有‘平以水’三字，蓋本五者而挩其一與。”純一案：孫校是，今據補。僅有方圓直正而無平，則工巧不備，水者平之至準而能大者也。《考工記·輪人》：“水之以眂其平沈之均也。”此以形而下之器爲法，蓋墨家注重科學之精神也。宋易山齋《周官總義》曰：“注目而視方員，不如付諸規矩之爲公；騰口而議平直，不如付諸準繩之爲審。”巧者能中之，畢云：“《史記》索隱云：‘《倉頡篇》云：中，得也。’”不巧者雖不能中，放依以從事，畢云：“《説文》云：‘仿，相似也。’‘放’與‘仿’同。”尹云：“‘放’，效也。”猶逾己。畢云：“猶勝于己。”王闓運云：“‘逾’同‘愈’。”故百工從事，皆有法所度。“所”，猶“可”也。孫云：“《治要》無‘所’字，下同。”今大者治天下，其次治大國，而無法所度，譬如航海，無南針而迷方，危甚。此不若百工辯也。王本作“辨”，云：“辨，智也。”陶宏慶《讀墨子札記》云：“辯，明也。”純一案：《治要》無“辯”字，非。以上言從事不可無法儀。

然則奚以爲治法而可？尹云：“‘奚’，何也。”當皆法其父母奚若？孫云：“‘當’與‘嘗’通，嘗，試也。詳《天志下篇》。王引之云：‘當並與儻同。’畢云：‘奚若與何如同。’”天下之爲父母者衆而仁者寡，天下無不愛子之父母，其愛不免於溺，蔽於己私，有漏之染因也。仁以人爲主，公而無私，真理也，釋氏所謂無緣大慈，無漏之浄行也。《莊子·天運篇》曰“至仁無親”，親者，私愛也，無私愛方爲至仁。若皆法其父母，此法不仁也。法不仁，不可以爲法。父母不能如天兼愛，即是不仁，故不可法。當皆法其學奚若？孫云："'學'，謂師也。"曹云："'學'，效也，謂師也，師者人之所效。"天下之爲學者衆而仁者寡，學以無我爲極，有我之見存者，不得爲學。今天下之爲學者，衹知有我，蓋不知兼故，不知兼，不仁，不行兼，不仁，非兼，愈不仁，故曰"天下之爲學者衆而仁者寡"。若皆法其學，此法不仁也。法不仁，不可以爲法。當皆法其君奚若？天下之爲君者衆而仁者寡，天下有别君，無兼君，不尚同，好攻伐，不仁甚矣，故曰"天下之爲君者衆而仁者寡"。若皆法其君，此法不仁也。法不仁，不可以爲法。故父母、學、君三者，莫可以爲治法。舊有"而可"二字，涉下句而衍，孫據王校删。案：以上文，《治要》略，殊失墨旨。以上言父母、學、君皆不足法。

然則奚以爲治法而可？曰：莫若法天。"曰"上舊衍"故"字，《治要》無"故曰"二字。案："曰"字當有，今删"故"字。孔書《舜典》曰："欽哉，惟時亮天工。"尹云："堯則天，墨曰法天，均以天爲道德標凖者。"天之行廣而無私，天無私覆。其施厚而不德，孫云："《治要》作'息'。"純一案：《易·乾·文言》曰："乾始能以美利利天下，不言所利，大矣哉。"《陰符經》曰："天之無恩，而大恩生。"其明久而不衰，《易·繫辭下》曰："日月之道，貞明者也。"以上總括天德。《古音譜》五齊引此，"私"、"衰"諧。故聖王法之。聖王盡人合天。既以天爲法，動作有爲，必度於天，《論語·泰伯篇》曰："唯天爲大，唯堯則之。"案：《墨子》所謂天，猶釋氏所謂"清浄法身"，具足無漏功德。斯人皆無明輪運，往往依真起妄，故父母、學、君，莫可爲法。惟天真常无妄，法之則一切有爲，俱可依止，轉成無垢，而兼愛之恉不難達矣。吾國先哲言道，恒囿於天之名相不能遺，故詮理未能融人而一之，更未能基本一心，説明世界緣起，如《易》言"太極"、《中庸》言"天命"，均非真諦，視佛教頗有遜色。天之所欲則爲之，天所不欲則止。聖人明見自性，統天無别，故能上同於天，先天而天弗違，後天而奉天時。以上言惟聖法天。

然而天何欲何惡者也？"者"字衍，《治要》無，當據删，而猶則也，"也"讀若"邪"。《天志下篇》曰："天之所欲者何也？所惡者何也？天欲義而惡其不義者也。"天必欲人之相愛相利，而不欲人之相惡相賊也。《天志中篇》曰："天之意不欲大國之攻小國也，大家之亂小家也，强之暴寡，詐之謀愚，貴之傲賤，此天之所不欲也。不止此而已，欲人之有力相營，有道相教，有財相分也，又欲上之强聽治也，下之强從事也。”奚以知天之欲人之相愛相利，而不欲人之相惡相賊也？“也”讀爲“邪”。以其兼而愛之、兼而利之也。《老子》曰：“天之道利而不害。”奚以知天兼而愛之、兼而利之也？“也”亦同“邪”。孫云：“《治要》‘天’字下有‘之’字。”以其兼而有之、兼而食之也。今天下無小大國，“小大”畢本誤倒，孫云：“《治要》作‘小大’。”樂云：“《道藏》本及唐堯臣本，並作‘小大’。”純一案：李選本、陸本，均作“小大”，今並據正。皆天之邑也。人無長幼貴賤，皆天之臣也。尹云：“《法華經》曰：‘一切衆生，皆是吾子。’蓋由此而推演者。”純一案：《楞嚴經》云：“十方如來，憐念衆生，如母憶子。”内典類此者甚夥，蓋東海、西海聖人，心同理同，皆真現量之所證得，非必由此推演。釋氏之兼，量宏於墨，墨較景教廣耳。此以莫不犓牛羊、舊脱“牛”字，畢云：“當云‘牛羊’，《説文》云‘犓，以芻莖養牛也’，‘豢，以穀圈養豕也’。《玉篇》云：‘犓，則俱切，今作芻。’陸德明《莊子音義》云：‘司馬云：牛羊曰芻，犬豕曰豢。’”蘇云：“‘犓’，乃‘芻’、‘牛’兩字，而誤合爲一者，文當云‘芻牛羊’。”純一案：“此以”，“是以”也。“芻”、“犓”音義俱同，“犓牛羊”、“豢犬豬”，儷文。《天志上篇》“兩言莫不犓牛羊豢犬彘”，《天志下篇》“亦兩見犓豢其牛羊犬彘”之文，此文脱牛字，今據畢校增。豢犬豬，絜爲酒醴粢盛，“醴”，李選本作“釀”，誤。畢云：“‘潔’字正作‘絜’。”尹云：“《説文》：‘盛，黍稷在器中以祀者也。’《穀梁桓十四年傳》：‘天子親耕以供粢盛。’注：‘黍稷曰粢，在器曰盛。’”以敬事天。此不爲兼而有之、兼而食之邪？天苟兼而有食之，尹云：“苟，誠也。”夫奚説以不欲人之相愛相利也？《天志中篇》云：“且夫天子之有天下也，辟之無以異乎國君、諸侯之有四境之内也。今國君、諸侯之有四境之内也，夫豈欲其國臣萬民之相爲不利哉？”“夫天之有天下也，將無以異此。”以上言天兼愛利。

故曰：愛人利人者，天必福之；以兼故，通乎物之所造。《老子》曰：“天道無親，常與善人。”惡人賊人者，天必禍之。以别故，乖乎性道之常。《孟子》曰：“順天者存，逆天者亡。”蓋天者，物我一心之廓都，有感斯應，至神也。此言天不容人不法天。曰殺不辜者得不祥焉。“曰”，李選本、畢本並作“日”，今從孫校改，曹本、王本、尹本同。尹云：“墨之道德法天，而又以天道賞罰，激誘其法天，是借重於道德威權之一端而布教。”夫奚説人爲其相殺而天不與禍乎？“不”字舊脱。王樹枏云：“‘天’下原有‘不’字，而今本脱之。上言‘日殺不辜者得不祥焉’，此言‘夫誰説人爲其相殺而天不與禍乎!’文義正相承。”純一今據補。《天志下篇》:“今天下之國,粒食之民,殺一不辜者必有一不祥。曰誰殺不辜?曰人也。孰予之不祥?曰天也。若天之中實不愛此民也,何故而人有殺不辜,而天予之不祥哉?”即此注脚。曰天予不祥,蓋順俗權説,實則自作不祥之結果,此以理證不法天之報。是以知天欲人相愛相利,舊本無“知”字,《治要》同。王云:“‘是以’下有‘知’字,而今本脱之,則文義不明。上文曰‘奚以知天之欲人相愛相利,而不欲人之相惡相賊也’,‘奚以知’,正與‘是以知’相應。”孫據增,曹本同。而不欲人相惡相賊也。昔之聖王禹、湯、文、武,兼愛天下之百姓,畢云:“舊脱‘愛’字,以意增。”純一案:《治要》正有“愛”字。率以尊天事鬼。尹云:“《表記》言:‘夏道尊命,事鬼敬神而遠之;殷人尊神,率民以事神;周人尊禮尚施,事鬼敬神而遠之。’均有尊天事鬼事也。”其利人多,天、鬼、人,别之名三,兼之實一,一氣之感,皆通於自心而無間。聖王知之,率天下之百姓,相與尊之、事之、利之,所以保自心之真常也,是之謂兼愛,《易·坤·文言》曰:“敬義立而德不孤。”故天福之,《易·坤·文言》曰:“積善之家,必有餘慶。”使立爲天子,“立”、“位”同,其盛德足以得天下人之歡心故。天下諸侯皆賓事之。孫云:“《廣雅·釋詁》云:‘賓,敬也。’”尹云:“賓,服也。”純一案:《孟子·公孫丑上》云“以德行仁者王”,“以德服人者,中心悦而誠服也”。孔書《仲虺之誥》曰“德日新,萬邦惟懷”。此舉往事證法天之福利。

暴王桀、紂、幽、厲,兼惡天下之百姓,“惡”者“愛”之反,言殘忍肆虐也。率以詬天侮鬼。孫云:“《廣雅·釋詁》云:‘詬,駡也。’《左昭十三年傳》‘楚靈王投龜,詬天而呼’,《釋文》云:‘詬,詈辱也。’”欒云:“俞鈔本‘天’‘作’‘死’。”其賊人多,“其賊”舊倒,從俞校,據《羣書治要》乙,孫及王樹枏校同。案:暴王心無忌憚,故敢滅德作威,以敷虐於萬方百姓,蓋不知人己一兼保真常也。故天禍之,《易·坤·文言》曰:“積不善之家,必有餘殃。”使遂失其國家,孫云:“‘遂’與‘隊’通,《易·震》‘遂泥’,《釋文》云:‘遂,荀本作隊,俗作墜。’義同。《淮南子·天文訓》高注云:‘隊,隕也。’”身死爲僇於天下。孫云:“‘僇’,《治要》作‘戮’。《大學》‘辟則爲天下僇矣’,孔穎達疏云:‘僇謂刑僇也。’《荀子·非相篇》云‘爲天下大僇’,楊注云:‘僇與戮同。’”後世子孫毁之,至今不息。尹云:“‘息’,止也。”純一案:衆人之心,即是天心,可順而不可逆,古今皆然。此舉往事證不法天之禍害。

故爲不善以得禍者，樂云："俞鈔本'不'作'丕'。"桀、紂、幽、厲是也；愛人利人以得福者，禹、湯、文、武是也。愛人利人以得福者有矣；惡人賊人以得禍者亦有矣。"有"，猶多也，歷驗不爽也。言自來愛人、利人以得福者多矣，豈惟禹、湯、文、武；惡人、賊人以得禍者亦多矣，豈惟桀、紂、幽、厲。蓋教人尚同兼愛也，《天志》三篇，皆此篇之義疏。曹云："'有'者，言古今尚多有之，不僅如三代之八王者，八王者最著明者也。

曹云："此篇言兼愛之道，而以天爲法儀之宗也，後文《尚同》、《尚賢》、《天志》、《明鬼》諸篇，其大指皆如此。"

七患第五

孫云："以下二篇所論，皆《節用》之餘義。"純一案：孫説未允。此篇冢《法儀》而次之，明人不法天兼愛，所染必不當，則修身無方，親士無準，而七患至矣。蓋教人嚴密爲備，防患未然，期與天地同常也。《老子》曰："知常曰明，不知常，妄作，凶。"是其微旨。此篇當亦墨子自箸。

子墨子曰：國有七患。七患者何？城郭溝池不可守，而治宫室，大禹克勤于邦，克儉于家，卑宫室而盡力乎溝洫，是墨道也。今正相反，城郭溝池不修，無可恃以爲守，而治宫室，忘公而私營，失政本矣。《左成九年傳》曰："莒恃其陋而不修城郭，浹辰之閒，而楚克其三都，無備也夫！"《管子・霸言篇》曰："重宫室之營，而輕四竟之守，所以削也。"一患也；邊國至境，畢云："當作'竟'。本書《耕柱篇》云，'楚四竟之田'，只作'竟'。"曹云："'邊國'，謂夷狄之國也。"洪云："'邊'當是'敵'字之譌，古'敵'字多作'適'，言敵國至境，而四鄰莫救，故可患也。"四鄰莫救，《魯問篇》云："厚爲皮幣，卑辭令，亟徧禮四鄰諸侯，則患可救也。"二患也；先盡民力無用之功，樂云："'先盡民力'下疑當有'財寶以興'四字。"純一案：樂校是也，當據補。"財寶"與"民力"對文，與"賞賜"相應，下文"財寶虚於待客"，可證。"無用之功"，如後文"治臺榭"、"修墳墓"之類是已。賞賜無能之人，"無能"，無功也。賞賜無能，則有能者雖賞不喜。民力盡於無用，有用時民無力矣。財寶虚於待客，《廣雅・釋詁三》云："虚，空也。"言無財寶待客也。唐本、陸本"待"

並誤“待”，《治要》無此二句。三患也；仕者持禄，游者憂交，舊本“持”譌“待”，“交”譌“反”，陸本、唐本同。《羣書治要》引“待”作“持”，“反”作“佼”。王云：“‘待’當爲‘持’，‘憂反’當爲‘愛交’，‘持’猶守也。《吕氏春秋·慎大篇》注：‘言仕者守其禄，游者愛其交，皆爲己而不爲國家也。’《管子·明法篇》曰：‘小臣持禄養交，不以官爲事。’《晏子春秋·問篇》曰：‘士者持禄，游者養交。’‘養交’與‘愛交’同意。”孫從王校並《治要》改“待”作“持”，改“憂反”作“愛佼”，云：“《管子·七臣七主篇》云‘好佼友而行私請’，又《明法篇》云‘以黨舉官，財民務佼而不求用’，並以‘佼’爲‘交’。此云‘愛佼’，猶《管子》云‘好佼’、‘務佼’也。”純一案：“持”從《治要》是也，“反”爲“交”之形譌，孫從《治要》作“佼”，義同，“憂”字實不誤，陸本、唐本、《治要》均作“憂”，可證。古“優”字只作“憂”，《非儒篇》“夫憂妻子以大負累”，“憂妻子”，謂優厚於妻子也。“憂交”，謂優於交際，不以官爲事，義與“愛佼”同，不必破作愛。君脩法討臣，臣懾而不敢拂，樂云：“《道藏》本及唐本，重一‘臣’字，畢本脱。”孫云：“‘拂’，《羣書治要》作‘咈’。案：‘咈’正字，‘拂’叚字。《説文·手部》云：‘拂，過擊也。’《口部》云：‘咈，違也。’《荀子·臣道篇》云：‘事暴君者，有補削無撟拂’，楊注云：‘拂，違也。’《賈子·保傅篇》云：‘潔廉而切直，匡過而諫邪者，謂之拂。拂者，拂天子之過者也。’”王樹柟云：“‘討’，治也。”曹云：“所謂唯其言而莫予違也。”尹云：“‘懾’，懼也；‘拂’，撟也。”純一案：“君修法討臣”，必暴戾而不仁於民；“臣懾而不敢拂”，必阿諛而不利於國。四患也；君自以爲聖智，而不問事，孔書《仲虺之誥》曰：“能自得師者王，謂人莫己若者亡，好問則裕，自用則小。”鬻子曰：“不肖者不自謂不肖也，雖自謂賢，人猶謂之不肖也；愚者不自謂愚，雖自謂智，人猶謂之愚。不問事，言愚而好自用，不勤於聽治也。”自以爲安彊，陸本作“疆”，非。而無守備，《左僖二十二年傳》：“僖公卑邾不設備，臧文仲曰：‘國無小，不可易也。無備，雖衆不可恃也。’及戰，敗績。”又《僖五年傳》：“弦子有所恃而不事楚，又不設備，楚亡之。”又《僖十二年傳》：“黄人有所恃，不共楚職，曰：‘自郢及我九百里，焉能害我？’楚滅之。”四鄰謀之不知戒，此七字《治要》無。五患也；所信者不忠，所忠者不信，上句“信”字，舊本譌“言”，又無兩“者”字，孫據《羣書治要》補正。純一案：《晏子春秋·問上》廿九章：景公問晏子曰：“臨國莅民，所患何也？”晏子對曰：“所患者三：忠臣不信，一患也；信臣不忠，二患也；君臣異心，三患也。”蓋晏子開一患爲三，墨子合三患爲一耳。六患也；畜種菽粟孫云："'畜'，《治要》作'蓄'，字通。"畢云："菽，正爲'尗'。"不足以食之，《論語·顔淵篇》："子貢問政，子曰：'足食。'"蓋食不足，則良民不免凍餓離散而死溝壑，强暴者必愈刦奪而作亂。大臣不足以事之，畢云："舊脱'以'字，一本有。"孫云："《羣書治要》亦有'以'字。《荀子·正名篇》楊注云：'事，任使也。'"純一案：大臣不足以任使，國事必廢弛舛牾，不親士故，不尚賢故。賞賜不能喜，賞賜無功，又有功不賞故。誅罰不能威，誅罰恒不當其罪，且無罪見誅，有罪不誅故。七患也。以七患居國，必無社稷；孫云："'無'，疑當爲'亡'。"畢云："國、稷爲韻。"純一案：江有誥云："國、稷，之部。"《古音諧》一哉引此。以七患守城，敵至國傾。畢云："城、傾爲韻。"江有誥云："耕部。"《古音諧》十青引此。七患之所當，尹云："當，值也。"國必有殃。畢云："當、殃爲韻。"純一案：《古音諧》十六庚引此。以上言當防患於未然，《治要》引止此。

凡五穀者，民之所仰也，欲免七患，首當足食以聚民，民以食爲天故。《孟子·滕文公上》"五穀熟而民人育"，趙岐注："五穀，謂稻黍稷麥菽也，五穀所以養人也。"君之所以爲養也。君亦賴五穀以爲養，且以養人者也。故民無仰則君無養，《論語·顔淵篇》曰："百姓不足，君孰與足。"畢云："仰、養爲韻。"純一案：《古音諧》十六唐上聲引此。江有誥云："當殃仰養仰養，陽部。"民無食則不可事。《韓非子·喻老篇》曰："事者，爲也。"《漢書·食貨志》曰："腹肌不得食，膚寒不得衣，雖慈母不能保其子，君安能以有其民哉？"《管子·治國篇》曰："夫令不必行，禁不必止，戰不必勝，守不必固，命之曰寄生之君。此由不利農少粟之害也。"畢云："食、事爲韻。"純一案：江有誥云："之部。"《古音諧》四之去聲引此。故食不可不務也，《漢書·食貨志》曰："民貧則姦邪生，貧生於不足，不足生於不農。"下文曰："國無三年之食者，國非其國也；家無三年之食者，子非其子也。"《孟子》曰："不違農時，穀不可勝食也。"地不可不力也，"力"，畢本作"立"，孫據《道藏》本及明刻本正，曹本同。"地不可不力"，言不使地有遺利，民有餘力。游食之民，使盡歸農；生穀之土，必盡墾之；山澤之利，必盡出之。用不可不節也。用而能節，則財恒足，而國可圖强矣。以上言足食在盡地力節用。

五穀盡收，尹云："謂年豐。"則五味盡御於主；孫云："《獨斷》云：'御者，進也。凡飲食入於口曰御。'"不盡收，則不盡御。孫云："《白虎通義·諫諍篇》云：

‘陰陽不調，五穀不熟，故王者爲不盡味而食之。’”純一案：此宰所以徹膳之義，喻王者德薄，不能燮理陰陽，以致五穀不熟，當與民一體共患難也。一穀不收謂之饉，二穀不收謂之罕，“罕”舊譌“旱”，俞云：“按：‘旱’者，不雨也，不得爲二穀不收之名，疑‘旱’乃‘罕’字之誤。‘一穀不收謂之饉，二穀不收謂之罕’，饉也，罕也，皆稀少之謂，‘饉’，猶‘僅’也，故襄二十四年《穀梁傳》作‘一穀不升謂之嗛’，‘嗛’猶‘歉’也。然則‘二穀不收謂之罕’，其義正一律矣”。純一案：俞説是也，今據正，下同。三穀不收謂之凶，四穀不收謂之餽，邵晉涵云：“‘餽’與‘匱’通。鄭注《月令》曰：‘匱乏也。’”王云：“邵説是。”純一案：《太平御覽》三十五引“餽”音“匱”，“匱”正字，“餽”叚字。五穀不收謂之饑。畢云：“《太平御覽》引作‘飢’，誤，此飢餓字。”純一案：《藝文類聚》八十五引正作“饑”。歲饉則仕者大夫上，“上”舊作“下”，從王闓運校改。尹本同。《御覽》八百三十七引無“仕者”二字。皆損禄五分之一；罕則損五分之二；凶則損五分之三；餽則損五分之四；饑則盡無禄，《御覽》引脱“無”字，《類聚》同。稟食而已矣。孫云：“‘稟食’，謂有稍食而無禄也。《説文·㐭部》云：‘稟，賜穀也。’《周禮·司士》鄭注云：‘食，稍食也。’又《宫正》注云：‘稍食，禄稟。’”劉云：“《藝文類聚》八十五、《御覽》八百三十七，並引作“廩食”。故凶饑存乎國人，君徹鼎食，尹云：“‘存’，在也。”孫云：“《曲禮》鄭注云：‘徹，去也。’”舊衍“五分之五”四字，今從曹本删。“君徹鼎食”，與“大夫徹縣”、“士不入學”，文蓋一律。大夫徹縣，《莊子·山木篇》釋文，司馬彪云：“八音備爲縣而聲高下。”孫云：“《周禮·小胥》云‘卿大夫判縣’，鄭注謂左右縣。《曲禮》云‘大夫無故不徹縣’，孔疏云：‘徹亦去也。’”尹云：“《曲禮》云：‘歲凶’，‘祭事不縣’。”士不入學，孫云：“《周書·糴匡篇》云：‘成年，餘子務藝；年儉，餘子務穡。’是不入學也。”尹云：“‘學’，謂學校。”君朝之衣不革制；孫云：“《周書·大匡篇》云：‘大荒，祭服漱不制。’朝服輕於祭服，不制明矣。”蘇云：“‘革’，改也。”王闓運云：“朝服雖敝，不更新也。”諸侯之客，四隣之使，雍飧而不盛；“飧”舊本作“食”，今從王校改，曹本同。王云：“‘雍食’，當爲‘雍飧’。《周官·外饔》‘凡賓客之飧饔饔食之事’，鄭注曰：‘飧，客始至之禮；饔，既將幣之禮。’飧饔，即饔飧也。饔、雍古字通。”孫云：“王説是也。《周書·糴匡篇》云：‘年儉，賓祭以中盛；年饑，則勤而不賓；大荒，賓旅設位有賜。’與此略同。”尹云：“《周書·大匡》‘遭天之大荒’，非公卿不賓，賓不過具。”徹驂騑，尹云：“言車唯駕二馬。《禮記・曲禮》注：‘車有一轅四馬，中兩馬夾轅爲服馬，兩邊爲騑馬，亦名驂馬。’純一案：《文選・陽給事誄》注：“服謂中央兩馬，夾轅者在服之左曰驂，右曰騑。”塗不芸，畢云：“‘塗’俗寫从土，本書《非攻中》云‘涂道之修遠’，只作‘涂’。‘芸’，秐省文。”孫云：“《穀梁襄二十四年傳》云‘大侵之禮，廷道不除’，范甯注云：‘廷内道路不修除也。’”王闓運云：“馳道不除。”純一案：王説見《曲禮下》。《家語・曲禮子貢問篇》，作“馳道不修”。蓋歲凶，賢君自貶，救民之禮也。馬不食粟，尹云：“《曲禮》云：‘歲凶，馬不食穀。’《周書・大匡》，‘畜不食穀’，畜謂馬也。”婢妾不衣帛，此告不足之至也。以上言視歲收而節用。

今有負其子而汲者，隊其子於井中，畢云：“此‘墜’正字。《説文》云：‘隊，从高隊也。’”其母必從而道之。蘇云：“‘道’與‘導’同，謂引也。”尹云：“‘道’，援也。”吴汝綸云：“《釋名》：‘道，蹈也。’《列子・黄帝篇》‘向見吾子道之’，張湛注：‘道當爲蹈，此道之，謂蹈井也。’”樂云：“吴讀義長，蓋謂母以愛子墜井，必從入而救之（古井非若今日縱立直下者，莊子抱甕而汲可證）。明夫國君大夫，宜於歲凶民飢之日，從而減膳以救濟之也。”今歲凶民饑道餓，此疚重於隊其子，舊作“重其子此疚於隊”，王引之云：“當作‘此疚重於隊其子’，‘疚’，病也，言此病較之隊其子者爲尤重也。今本顛倒，不成文義。”孫云：“王説是也，蘇説同。”純一今據正，此禹稷溺由己溺飢由己飢之指。其可無察邪？任民事者，可不關心民瘼，盡乃職以安利之，此言保民之責，重於母之護其子。

故時年歲善，王樹枏云：“年歲連文，《周禮・春官》：‘正歲年以序事。’《易林》：‘草萊不闢，年歲無有，又膏我下土，年歲大茂。’是年歲連文之證。此謂時而年歲善，則民仁且良，時而年歲凶，則民吝且惡也。”則民仁且良；《管子・牧民篇》：“倉廩實則知禮節，衣食足則知榮辱。”時年歲凶，則民吝且惡。《孟子・告子上篇》：“富歲子弟多賴，凶歲子弟多暴，非天之降才爾殊也，其所以陷溺其心者然也。”《盡心上篇》：“聖人治天下，使有菽粟如水火，而民焉有不仁者乎。”與此文略異，而意指正同。夫民何常此之有？尹云：“言民之仁良與吝惡，非僅以歲善凶爲準，明當節用。”純一案：言當節用，尤當以時生財，觀下文自明。爲者疾，食者寡，則歲無凶；爲者緩，食者衆，則歲無豐。舊作“爲者疾，食者衆，則歲無豐”。陸本、唐本，“疾”作

“寡”。王樹枏云：“萬曆節本‘疾’作‘寡’。”孫云：“此疑當作‘爲者疾，食者寡，則歲無凶。爲者緩，食者衆，則歲無豐’。此上文咸以‘歲善’與‘歲凶’對舉，是其證。今本脱‘食者寡’至‘爲者緩’十字，文義遂舛啎不合矣。”純一案：孫説是也。觀“疾”字或作“寡”，足爲各本俱有脱誤之證，今據補訂，曹本同。蓋墨氏以天時不足恃，務盡人事以濟天時之窮，且必勤於爲人，儉於自養，而後能真兼愛也。下文“財不足則反之時”，與“爲者疾”相應，教勤也；“食不足則反之用”，與“食者寡”相應，教儉也。所以使年有豐而無凶也。反之，爲者緩則不勤，食者衆則不儉，是使年歲有凶而無豐，非墨道也。此文正達其恉，與《大學》樹義同。生利者多，分利者少，則民足國裕；生利者少，分利者多，則民窮國困，誠古今理財之典要也。言民仁良在歲無凶，凶、豐爲韻。故曰：財不足則反之時，“財不足”，“則反之時”而求其足。《莊子·天下篇》曰：“墨者日夜不休，自苦爲極，蓋力時急，汲汲爲天下生利也。”食不足則反之用。“反之用”在儉。故先民以時生財，尹云：“言力時急。”孫云：“《禮記·坊記》鄭注云：‘先民，謂上古之君也。’《書·伊訓》孔疏引賈逵《國語》注云：‘先民，古賢人也。’”純一案：“以時生財”，謂上功勞苦，時不虛度，則一日有兼日之用，一人有兼人之功，生財自密矣。《管子·霸言篇》曰：“精時者，日少而功多。”固本而用財，尹云：“言自養儉。”純一案：《書·五子之歌》曰：“民爲邦本。”《管子·國蓄篇》曰：“五穀食米，民之司命；黄金刀幣，民之通施。”固本用財，必使民皆足於食用，然後量其所入之餘，必養生不可缺者始用之，絲毫不浪費，在在須蓄積以備患也。則財足。今埃及、印度之亡，皆由財政紊亂，墨子務足財用，蓋灼見也。故雖上世之聖王，《大取篇》“尚世”對今世、後世言，“上世”即“尚世”。豈能使五穀常收，而旱水不至哉？然而無凍餓之民者，何也？邪同。其力時急，勤則生財密，且心有所事，無暇用財。而自養儉也。儉則用之節，人不役於物，心常安定，財恒充足，勤儉固千古理財之常經。

故《夏書》曰“禹七年水”，《殷書》曰“湯五年旱”，畢云：“《管子·山權數》云：‘管子曰：湯七年旱，禹五年水。’與此文互異。《莊子·秋水篇》云：‘湯之時八年七旱。’《荀子·王霸》云：‘禹十年水，湯七年旱。’賈誼《新書·無蓄》云：‘禹有十年之蓄，故免九年之水；湯有十年之積，故勝七歲之旱。’《淮南子·主術》云：‘湯之時七年旱。’又異。”純一案：《越絶書·計倪内經》：“湯之時比七年旱而民不饑，禹之時比九年水而民不流。”與《荀子》、《新書》合。孫云：“《吕氏春秋·順民篇》云：

‘昔者湯克夏而正天下，天大旱，五年不收，湯乃以身禱於桑林。’與此書所言正合。王充《論衡·感虚篇》亦云：‘《書傳》言湯遭七年旱，或言五年。’是古書本有二説也。”胡兆鸞《墨子尚書古義》曰：“唐《正義》本無此文，此文乃孔子時所删之《尚書》也，孔安國真古文佚，無可攷證，僅能以今文家定其篇次。伏生於《禹貢》之前，題曰《虞夏傳》，馬鄭本亦題曰《虞夏書》，則此《夏書》，當在《禹貢》前《九共》九篇中，以大題爲《虞夏書》，故亦稱《夏書》。《大傳》引《九共》佚文，有‘予辯下土’云云。此云七年水，溯其前事，又當在前也。《殷書》即《商書》，伏生亦稱《殷傳》，《大傳》言湯大旱七年，禱於桑林之社，即作夏社事。此稱《殷書》，其文當在《夏社篇》中。墨子見《尚書》真本，諸書之譌誤，皆當據《墨子》以證之。”此其離凶饑甚矣，“饑”舊譌“餓”。孫云：“‘凶餓’當作‘凶饑’，即冢上三穀四穀不收而言。下云‘不可以待凶饑’，又云‘民見凶饑則亡’，皆其證也。此涉下‘凍餓’而誤。”純一案：孫説是，今據正。曹云：“‘離’與‘罹’同。”尹云：“‘離’，遭也。”然而民不凍餓者，賈誼《新書·憂民篇》云：“王者之法，三年耕而餘一年之食，九年而餘三年之食，三十歲而民有十年之蓄。故禹水九年，湯旱七年，甚也。野無青草，而民無饑色，道無乞人，誠有具也。”何也？其生財密，力時急，以時生財。其用之節也。自養儉，固本而用財。以上言力時節用，水旱無憂。

故倉無備粟，不可以待凶饑；“倉”舊本譌“食”。俞云：“‘食’乃‘倉’字之誤，‘倉無備粟’，與下句‘庫無備兵’文正相對，若作‘食’字，失其恉矣。”孫據正，曹本同。庫無備兵，雖有義不能征無義；《左隱五年傳》曰：“不備不虞，不可以師。”城郭不備全，欒云：“俞鈔本作‘完’，是其原文，《道藏》本作‘全’，當由宋人避欽宗諱同音字所改也，《辭過篇》兩完固輕利同。不可以自守；《左昭十八年傳》，鄭子産曰“小國忘守則危”，“國之不可小，有備故也。”心無備慮不可以應卒，曹云：“‘卒’與‘猝’同。”純一案：釋慧苑《華嚴經音義》：“備，預早爲之也。”《大戴記·小辨篇》：“事戒不虞曰知備。”《史記·仲尼弟子列傳》：“慮不先定，不可以應卒。”索隱：“卒謂急卒”，“卒有非常之事”。是若慶忌無去之心不能輕出。畢云：“言慶忌雖勇，猶輕出致死。昔吴王患慶忌之在鄰國，恐合諸侯來伐。要離詐以負罪出奔，戮妻子，斷右手，如衛求見慶忌，與東之吴，渡江，中流，順風而刺慶忌。事見《吴越春秋·闔閭内傳》。”孫云：“要離殺吴王子慶忌，見《吕氏春秋·忠廉篇》，高注云：‘慶忌者，吴王僚之子也。有力捷疾，而人皆畏之，無能殺之者。’”蘇云：“‘去’下據上文當脱

‘備’字。”純一案：上下皆儷文，獨此“是若”至“輕出”十二字不類，殊嫌其贅，必是後人注語，傳寫者誤入正文，當删。夫桀無待湯之備故放，紂無待武之備故殺。王引之云：“禦敵謂之‘待’。《魯語》‘帥大讎以憚小國，其誰云待之’，《楚語》‘其獨何力以待之’，韋注並云：‘待，禦也。’”純一案：《吴越春秋·句踐陰謀篇》：“昔桀易湯而滅，紂易文王而亡。”易之爲言無備也，設桀紂有待湯武之備，敬民以爲治，湯武烏能放殺之？桀紂貴爲天子，富有天下，然而皆滅亡於百里之君者，何也？孫云：“《孟子·公孫丑篇》曰：‘湯以七十里，文王以百里。’”純一案：桀紂之亡，非湯武能亡之，乃桀紂不能如湯武兼愛天下自亡之。蓋桀紂以無備而亡，湯武以有備而昌也。有富貴而不爲備也。滅亡之禍，伏於富貴之中，以富貴最易令人顛冥而忘戒備故。故備者，國之重也；“重”，輜重也。宣十二年《左傳》“楚重至于邲”注。言軍備莫重於輜重，三軍之生死，國命之存亡係之。有國者急當足食足財用亦然，要在不時密爲之備，有備庶無患。《左傳》曰：“城濮之役，晉無楚備以敗於邲；邲之役，楚無晉備以敗於鄢。自鄢以來，晉不失備，是以楚弗能報。”《左成九年傳》：“君子曰：‘恃陋而不備，罪之大者也；備豫不虞，善之大者也。’”以上言當嚴密爲備，殷鑒不遠。

食者，國之寶也；和氏之璧，隋侯之珠，天下之良寶也，不能充飢，民見凶饑則亡，故曰“食者國之寶也”。《管子·治國篇》曰：“粟也者，民之所歸也，地之所歸也，粟多則天下之物盡至矣。”兵者，國之爪也；無兵不能征無義，且無以禦外侮。城者，所以自守也。墨者非攻，固不攻人，然必嚴守備，城所以增天地之險阻也。畢云：“寶、爪、守爲韻。”純一案：《古音諧》十四絲上聲引此。此三者，國之具也。言國備莫若三者爲重。

故曰：以其極賞，孫云：“《周書·命訓篇》云：‘極賞則民賈其上，賈其上則民無讓，無讓則不順。’”以賜無功；虚其府庫，以備車馬衣裘奇怪；尹云：“謂奇器淫巧。”苦其役徒，以治宫室觀樂。尹云：“謂目觀以爲樂。《管子·立政》：‘觀樂玩好之説勝，則姦民在上位。’”死又厚爲棺椁，畢云：“舊作‘槨’，俗寫。”尹云：“禮，棺天子四重，諸公三重，諸侯再重，大夫一重，士不重。《荀子·禮論》：‘則云天子棺椁七重，諸侯五重，大夫三重，士再重。’”多爲衣裘。曹云：“‘裘’當作‘衾’。”尹云：“謂襲衣、斂衣等。”純一案：厚葬之費，無裨死者，有害生者，故墨子非之。生時治臺榭，畢云：“當爲‘謝’。《荀子·王霸》云：‘臺謝甚高’，楊倞曰：

‘謝、榭同。’陸德明《左氏音義》云：‘榭，本亦作謝。’知古無‘榭’字。純一案：《左傳》襄三十一年“無觀臺榭”，晏子屢言“臺榭”，“榭”正字，“謝”叚音字。《爾雅·釋宮》“闍謂之臺，有木者謂之榭”，又“無室曰榭”，古非無‘榭’字，《説文》漏耳。死又脩墳墓。尹云：“易墓始於周，古則墓而不墳耳。”純一案：《方言》十三末云：“冢，秦晉之間謂之墳，凡葬而無墳謂之墓。”郭璞注云：“墓，猶慕也。《説文》：‘冢，高墳也。’《釋名·釋喪制》云：‘冢，腫也，象山頂之高腫起也。墓，慕也，孝子思慕之處也。’”故民苦於外，府庫單於内，畢云：“《史記》云：‘王之威亦單矣。’集解云：‘徐廣曰：單亦作殫。’索隱云：‘按‘單’音‘丹’。單，盡也。’”上不厭其樂，下不堪其苦。苦樂不均，不平甚矣，蓋在上者，不法天兼愛故。尹云：“‘堪’，勝也。”故國離寇敵則傷，曹云：“‘離’與‘罹’同。”尹云：“‘傷’，病也。”民見凶饑則亡，尹云：“‘亡’，死也，逃也。”純一案：傷、亡爲韻，《古音諧》十六庚引此。此皆備不具之罪也。言荒嬉無備則亡。

且夫食者，聖人之所寶也。《北堂書鈔》百四十二引作“夫食聖人之所寶。”《管子·治國篇》曰：“先王知衆民彊兵，廣地富國之必生於粟也。”粟者，王者之本事也，人主之大務，有人之塗，治國之道也。故《周書》曰：“國無三年之食者，國非其國也；家無三年之食者，子非其子也。”此之謂國備。畢云：“《周書》云：‘《夏箴》曰：小人無兼年之食，遇天饑，妻子非其有也；大夫無兼年之食，遇天饑，臣妾輿馬非其有也；國無兼年之食，遇天饑，百姓非其有也。’墨蓋夏教，故義略同。”孫云：“畢據《周書·文傳篇》文，此文亦本《夏箴》，而與《文傳》小異。攷《穀梁莊二十八年傳》云‘國無三年之畜，曰國非其國也’，與此文略同。疑先秦所傳《夏箴》文，本如是也。又《御覽》五百八十八引胡廣《百官箴敘》云‘墨子著書，稱《夏箴》之辭’，蓋即指此。若然，此書當亦稱《夏箴》與《周書》同，而今本捝之。”胡云：“唐正義本無此文，考之書序及各家説，不能定爲何篇之文。蓋孔子百篇之書，其所佚者多矣。《逸周書·文傳篇》文與此異，不得指此爲《逸周書》文。《禮記·王制》云‘無三年之蓄，國非其國也’，與此文同。《王制》乃漢孝文令博士刺取六經而作，必當時有此《周書》佚文因而撰入，此亦真《古尚書》之僅存者。”純一案：此以聖人寶食總結。

曹云：“此篇言彊本節用之道，教治國者以勤儉也。”

辭過第六

畢云："'辭'受之字从受，經典假借用此。'過'，謂'宫室'、'衣服'、'飲食'、'舟車'、'蓄私'五者之過也。"李批云："此與禹儉奚殊。"孫云："此篇與《節用篇》文意略同，《羣書治要》引並入《七患篇》此疑後人妄分，非古本也。"純一案：《節用》僅存上中二篇，闕下篇，此篇言"宫室"、"衣服"、"飲食"、"舟車"、"蓄私"，與上中二篇同，疑此即《節用下篇》，以錯簡故。後人誤與《七患》合爲一篇，後又分析而立"辭過"之名。或《治要》引此遺漏篇名，觀其首行另起，不與《七患》文連書，可想而知。抑思墨書篇次，具有脈理，繼《七患》後，當有此篇，"辭過"義取於節，能節者心，所節者財，用爲國備，焉有七患，故冡《七患》而次之，蓋昭昭然爲天下憂不足也。然則此篇當亦墨子自著，故義藴文藻，視《節用》上中二篇，精采多矣，《節用》則門弟子所述，文辭稍有出入，與《天志》三篇，爲諸義注脚同。予疑此即《節用下篇》，故友張子晉見之，來書謬稱獨具隻眼，今友歐陽季香，亦以予疑此爲《節用下篇》極允，謂："墨子篇題，多取于正文中，辭過二字，此篇全文無一見可證。"姑並録此以待考。

墨家尚儉，説有二義：（一）精者，性自清静，耳目摇之，約以寧神，天和將至。（二）粗者，人皆壽康，嗜欲戕之，不役於物，形乃長生。墨子現身亂世，概文勝之無用，大悲内熏，欲反天下於一樸，莫急於爲大羣理財。"節用"之名，似消極的義多；而"節用"之實，固積極的義多。蓋克己利羣，真自利之妙法，豈惟計學之要略哉？

子墨子曰：古之民畢云："《太平御覽》引作'上古之民'。"純一案：鮑刻《御覽》一百七十三"民"作"人"。《長短經·適變篇》引同。未知爲宫室時，畢云："舊脱'室'字，據《太平御覽》增。"孫云："《長短經》引亦有'室'字。《禮運》云：'昔者先王未有宫室，冬則居營窟，夏則居橧巢。'"純一案：《羣書治要》引有"室"字。就陵阜而居穴而處。孫云："'穴'上疑脱'一'字。"純一案：《節用中篇》"因陵丘堀穴而處焉"。此"穴"上當補一"堀"字。尹云："野處而穴居。"下潤濕傷民，故聖王作爲宫室。畢云："'王'，《太平御覽》引作'人'。"尹云："'作'，起也。"歐陽云："'爲宫室'三字，疑衍。"純一案：《治要》、《長短經》，並重"爲宫室"三字，足見非衍。爲宫室之法，畢云："《太平御覽》引作'制'。"純一案：鮑刻《御覽》作"宫室之法"。曰：室高足以辟潤濕，孫云："謂堂基之高。舊本挩'室'字，今據《羣書治要》補。‘辟’，《治要》、《長短經》並作‘避’。‘濕’字《治要》無。”畢云：“‘辟’，‘避’字假音。”純一案：《御覽》作“高足以避潤濕”，“高”上無“曰室”二字，《長短經》同。邊足以圉風寒，《節用中篇》“邊”作“旁”，義同。畢云：“‘邊’，《太平御覽》引作‘中’，非。‘圉’，李善注左思《魏都賦》引作‘御’，《太平御覽》引作‘禦’。《玉篇》云：‘圉，禁也。’”歐陽云：“‘邊’，言室之四周也。”上足以待雪霜雨露，王引之云：“‘待’，禦也。《節用篇》‘待’作‘圉’，‘圉’即‘禦’字也。”純一案：《御覽》引作“待霜雪”。《文選·魏都賦》李善注引作“待露”，有脱文。《晏子春秋·諫下》十四章：“其不爲橧巢者，以避風也；其不爲穴者，以避濕也。是故明堂之制，下之潤濕不能及也，上之寒暑不能入也。土事不文，木事不鏤，示民知節也。”其神理與此符合。尹云：“‘待’，備也。”宫牆之高，孫云：“《禮記·儒行》鄭注云：‘宫爲牆垣也。’”畢云：“《太平御覽》引作‘牆高’二字。”欒云：“俞鈔本‘牆’作‘墻’。”足以别男女之禮。“之禮”二字《御覽》無。謹此則止。畢云：“‘謹’，‘廑’字假音。”尹云：“‘謹’，僅也。”凡費財勞力不加利者不爲也，舊本脱“凡”字，孫據《治要》補，王樹枏校同。畢云：“此下舊接‘是故聖王作爲宫室’云云，今移。”以其常役，舊脱“以其常”三字，從畢校補，曹本、王本、尹本同。脩其城郭，則民勞而不傷；《孟子·盡心上》：“以佚道使民，雖勞不怨。”以其常正，蘇云：“‘正’同‘征’。”收其租税，則民費而不病。孫云：“《道藏》本‘則民’作‘民則’。”純一案：法儒孟德斯鳩曰：“國民各出其財産之一分，期於安享其所餘也。”“病”古音被旺切，音傍，與、傷韵。民所苦者非此也，苦於厚作斂於百姓。舊本此四十字，在“作誨婦人治”之下，畢從盧校移此。王云：“‘作斂’與‘籍斂’同。籍，古讀若‘昨’。《節用上篇》：‘其籍斂厚。’”是故聖王作爲宫室便於生，孫云：“《治要》作‘使上’二字，誤。畢云：“《太平御覽》引作‘以便生’。”不以爲觀樂也；《御覽》無“觀”字。作爲衣服帶履便於身，孫云：“《治要》作‘使身’，誤。”不以爲辟怪也。畢云：“‘辟’，‘僻’字假音。”故節於身，誨於民，即身示教，世人身亂家亂，妄欲治民，傎已。《晏子春秋·諫下》十八章：“古者之爲宫室也，足以便生，不以爲奢侈也，故節於身，謂於民。”義同。是以天下之民可得而治，孫云：“《長短經》作‘故天下之人’，無‘可得而治’四字。”財用可得而足。孫云：“《長短經》有‘也’字。”當今之主，孫云：“《長短經》作‘王’。”其爲宫室則與此異矣。必厚作斂於百姓，孫云："《治要》、《長短經》並無'作'字。"劉云："今考《御覽》一百七十三所引，亦無'作'字，又下文'衣服節必厚作斂'，《類聚》八十五、《御覽》八百十五，均引作'必厚斂'，並與《治要》相合，然本篇四'作'字，實非衍文。《雜志》云'作斂與籍斂同'，其説是也。古籍乍聲之字，多與籍通，《淮南·氾論訓》'履天下之籍'，高注云：'籍或作阼。'又《史記·商君傳》集解引《新序》'周室歸籍'，索隱云'字合作胙'，均其例。此文叚作爲籍，與彼例同，唐人昧其義，故引者均删此字耳。"暴奪民衣食之財，尹云："'暴'，剥也。"以爲宫室臺榭曲直之望、尹云："《爾雅》：'無室曰榭，四方而高曰臺，陜而修曲曰樓。'"青黄刻鏤之飾。畢云："已上六句，《太平御覽》節。"尹云："青黄謂彩色，淮南俶真，雜之以青黄華藻。"純一案：《晏子春秋·諫下》十四章："宫室之美，過避潤溼，窮臺榭之高，極污池之深而不止，務于刻鑲之巧，文章之觀而不厭，則亦與民爲讎矣。"義可互明。爲宫室若此，故左右皆法象之。孫云："《長短經》'法'下有'而'字。"尹云："左右謂臣。"是以其財不足以待凶饑振孤寡，孫云："'振'，舊本作'賑'，俗字，據《治要》正。"故國貧而民難治也。李選本"而"作"其"，《御覽》作"而人難訴也"。孫云："《長短經》'治'作'理'，蓋避唐諱改。"君誠欲天下之治而惡其亂也，"誠"舊作"實"。孫云："'實'，《治要》作'誠'。"樂據俞鈔本校云："此誠字，及下文'君誠欲天下之治而惡其亂'，《尚賢中篇》'此非中誠愛我也，今王公大人中誠將欲治其國家'，《尚賢下篇》'誠知其不能也兩見'，按此六'誠'字，《道藏》本均作'實'，當由宋避理宗舊名所改也。鈔中'誠'、'完'等字，與《羣書治要》、《太平御覽》合。"純一案：樂説是也，今並據正，悉復本書之舊。當爲宫室不可不節。王引之云："當猶則也。"純一案：當如字讀。

古之民未知爲衣服時，《御覽》八百十五引"民"作"人"，無"時"字，《類聚》八十五引同。《御覽》六百八十九引"爲衣服時作衣服之制"。《長短經》引"民"亦作"人"。衣皮帶茭，畢云："'衣皮'，《藝文類聚》引作'衣皮毛'，非。"王云："《説文》：'筊，竹索也。'其艸索則謂之茭。《尚賢篇》曰'傅説被褐帶索'，謂草索也。此言帶茭，猶彼言帶索矣。'"孫云："《禮運》説上古云：'未有麻絲，衣其羽皮。'帶茭，疑即《喪服》之茭帶，《傳》云：'絞帶者，繩帶也。'"冬則不輕而温，孫云："《長短經》作'煖'。案：下文'輕'、'煖'常見，似是。"夏則不輕而清。孫云："《曲禮》

‘冬温而夏清’，《釋文》云：‘清，七性反，字從冫，秋冷也。本或作水旁，非也。’《説文・仌部》云：‘清，寒也。’”聖王以爲不中人之情，孫云：“‘情’，《治要》作‘温清’二字，誤。”故作誨婦人，孫云：“《長短經》‘作’上有‘聖人’二字，與下文同。但上已云‘聖王’，則此不當重復，恐不足據。”曹云：“‘作誨’，‘言作法以教人也’。”治絲麻，畢云：“‘治’下舊有‘役修其城郭’等四十字，今移前。”梱布絹，畢云：“‘梱’字當爲‘稇’，《説文》云：‘豢束也。’”孫云：“《非樂上》作‘綑布縿’，《非命下》作‘捆布縿’，此‘梱’或當爲‘捆’，亦‘稇’之叚字。‘絹’當爲‘綃’，綃與繰通，故彼二篇又誤‘縿’，詳《非樂篇》。”曹本作“稇”，云原訛“梱”。尹本作“捆”，云“梱”同“捆”。《孟子》“捆屨織席”注：“捆，謂叩椓也。欲使堅，故叩之。”以爲民衣。《長短經》“民”作“人”。爲衣服之法：冬則練帛，舊衍“之中”二字，《長短經》無，今據删，下同。孫云：“《説文・糸部》云：“‘練，湅繒也。’‘繒，帛也。’‘練帛’即素也。”足以爲輕且煖，畢云：“《文選》注引作‘煗’。”純一案：《文選》曹子建《求自試表》注、《長短經》無“且”字，下同。孫云：“後文‘煗’字兩見。《説文・火部》‘煖’、‘煗’，並訓温也。《長短經》仍作‘煖’。”夏則絺綌，孫云：“《説文・糸部》云：‘絺，細葛也。’‘綌，粗葛也。’”足以爲輕且清。舊本脱“煖”至“且”十二字，畢本據《北堂書鈔》增“煖夏則絺綌輕且”七字。王云：“‘夏則絺綌輕且清’，本作‘夏則絺綌之中，足以爲輕且清’，與‘冬則練帛之中，足以爲輕且煖’對文。《北堂書鈔・衣冠部三》引作‘冬則練帛輕且煖，夏則絺綌輕且清’，省文也。若下二句内，獨少‘之中足以爲’五字，則與上二句不對矣。《羣書治要》所引上下皆有此五字，當據補。孫云：“《長短經》引云‘夏則絺綌，足以爲輕清’，亦有‘足以爲’三字。”純一案：《御覽》六百八十九引，作“冬則絹帛輕且温，夏則絺綌輕且涼’，《北堂書鈔》作“冬則絹綿輕且暖”。尹云：“《晏子春秋・諫下》十三章：‘古聖人制衣服也，冬輕而煖，夏輕而清。’”謹此則止。故聖人之爲衣服，舊脱“之”字，孫據《治要》補。適身體和肌膚，畢云：“《北堂書鈔》引云：‘以適身體，以和肌膚。’”而足矣，非榮耳目而觀愚民也。孫云：“《長短經》‘非’下有‘以’字。”純一案：《長短經》無“而”字，“民”作“人”，“榮”，辱之反，“觀”，示也，皆矜飾之意。《晏子春秋・諫下》十四章，聖王衣服節儉，“冠足以修敬，不務其飾；衣足以掩形，不務其美”，“首飾足以修敬而不重也，身服足以行潔而不害于動作。服之輕重便于身，用財之費順于民”，義可互明。劉云：“‘榮’與‘營’同，即眴字之叚。當是之時，堅車良馬，不知貴也；李選本“不”上衍“而”字。刻鏤文采，不知喜也。何則？其所道之然。歐陽云：“‘道’同‘導’，言上以節導下則然。故民衣食之財家，歐陽云：“當作‘故民之衣食家財’。”足以待旱水凶饑者何也？“者何也”三字疑衍，自“何則”至“何也”二十四字，《治要》無。得其所以自養之情，而不感於外也。孫云：“‘感’，《治要》同。案：當爲‘惑’之誤。‘也’字《治要》無。尹云：“‘感’，動。”純一案：孫説非，“感”，《治要》同，足證不誤。《禮·樂記》：“夫物之感人無窮，而人之好惡無節，則是物至而人化物也。”《老子》曰：“五色令人目盲，五音令人耳聾，五味令人口爽，難得之貨，令人行妨。”故墨家崇儉，不感於外，匪惟使天下均無貧，亦使人皆存性，與天地同和也。墨子非樂，蓋欲天下人皆得無聲之至樂，斯得其所以自養，而不爲所以爲養者害。一部《易經》，以感爲體，貴貞一耳，墨氏亦然。是以其民儉而易治，孫云：“《長短經》引‘儉’上有‘用’字。其君用財節而易贍也。畢云：“《吕氏春秋·適音篇》‘不充則不詹’，高誘曰：‘詹，足也。詹讀如澹然無爲之澹。’《文選》注云：‘許君注《淮南子》云：澹，足也。’古無从貝字，此俗寫。”純一案：上文“故民衣食之財家，足以待旱水凶饑”十四字，蓋錯置，當移此，與下文“府庫實滿，足以待不然；兵革不頓，士民不勞，足以征不服”正相配。“家”，《説文》：“居也，豭省聲。”段注：“此字爲一大疑案。”元戴侗《六書故》，作“𡧢”，謂人所合也，从㐺，三人聚宀下，𡧢之義也。㐺，古族字，㐺譌爲豕，《説文》謂从豭省，無義。竊以家字形當作𡧢，古音姑，義訓居，姑居疊韻，居有聚義、積義，孔書《益稷》：“懋遷有無化居”，傳：“居，謂所宜居積者”。又“居，謂儲也”，《漢書·張湯傳》，“居物致富”引服虔。故“民衣食之財家”，謂民皆儉而節用，君亦節用不“暴奪民衣食之財”，故民財常居積而不散，足以待旱水凶饑也。“待”，禦也。府庫實滿，足以待不然；孫云：“‘不然’，謂非常之變也。《漢書·司馬相如傳》‘發巴蜀之士各五百人以奉幣，衛使者不然’，顔注引張揖云：‘不然之變也。’《治要》作‘不極’，誤。”吴摯甫説與孫同。尹云：“‘待’，備也。”兵革不頓，孫云：“襄四年《左傳》‘甲兵不頓’，杜注云：‘頓，壞也。’”尹云：“‘頓’，鈍也。”士民不勞，足以征不服；“不服”，謂抗不用命者。故霸王之業，可行於天下矣。盛德大業，必出於有節之真性。當今之主，孫云：“舊本作‘王’，《長短經》同，今據《治要》正，與上下文合。”王樹枏校同。其爲衣服則與此異矣。冬則輕煗，孫云：“《治要》作‘煖’，下同。”尹云：“《孝經援神契》：‘甘肥適口，輕煖適神。’”夏則輕清，皆已具矣。必厚作斂於百姓，孫云：“《長短經》無‘作’字。暴奪民衣食之財，以爲錦繡文采靡曼之衣，孫云：“舊本倒作‘衣之’。俞云：‘衣之當作之衣，此十字一句讀。’案：《長短經》正作‘以爲文彩靡曼之衣’，今據乙。《小爾雅·廣言》云：‘靡，細也。’《漢書·韓信傳》‘靡衣媮食’，顔注云：‘靡，輕麗也。’《文選·七發》李注云：‘曼，輕細也。’”王樹枏云：“《羣書治要》與萬曆本，皆作‘之衣’。”尹云：“‘靡曼’，好色也。《吕覽·順民》：‘目不視靡曼。’”鑄金以爲鉤，尹云：“‘鉤’，帶鉤也。《晉語》：‘申孫之矢，集於桓鉤。’”珠玉以爲佩；“佩”舊作“珮”。畢云：“當爲‘佩’，古無此字。”曹本作‘佩’。孫云：“《大戴禮記·保傅篇》云：‘玉佩上有蔥衡，下有雙璜，衝牙玭珠，以納其間，琚瑀以雜之。’珮，《治要》作‘佩’，《長短經》同。”純一今據正，案：日本天明刻本《治要》作“珮”。女工作文采，男工作刻鏤，以爲身服。李選本作“以身服此”。孫云：“《治要》作‘以身服之’。”此非云益煗清也，“清”舊誤作之“情”，《治要》同，王本作“煗清”也，尹本同，今從之。單財勞力，孫云：“‘單’亦盡也，詳上篇。”純一案：《晏子春秋·諫下》十四章“衣服之侈過足以敬，用力甚多，用財甚費”，大旨與此同。畢歸之於無用也。“也”字舊脱，孫據《治要》增。以此觀之，孫云：“‘以’，《長短經》作‘由’。”其爲衣服非爲身體，皆爲觀好。孫云：“《長短經》下有‘也’字。”曹云：“‘觀’，示也；‘好’，美也。”純一案：本天地有用之身，飾外觀無謂之美，供愚民之玩賞，賤孰甚焉。是以其民淫僻而難治，其君奢侈而難諫也。《長短經》無‘也’字。夫以奢侈之君，御淫僻之民，舊“御”下衍“好”字，從孫校據《治要》並《長短經》删。欲國無亂，李選本“國”作“用”。不可得也。奢侈則心亂，心亂則天下大亂之本也。君誠欲天下之治而惡其亂，“誠”舊作“實”。孫云：“‘實’，《治要》作‘誠’。”純一案：俞鈔本同，從欒校改。當爲衣服不可不節。

古之民未知爲飲食時，孫云：“《治要》無‘時’字。”純一：《御覽》六百二十七，引作“未知飲食”，《北堂書鈔》百四十二引作“古之人未之飲食”。素食而分處。《治要》無此句。孫云：“‘素食’，謂食草木。《管子·七臣七主篇》云：‘果蓏素食當十石。’素，疏之叚字。《淮南子·主術訓》云：‘夏取果蓏，秋蓄疏食。’‘疏’俗作‘蔬’，《月令》‘取蔬食’，鄭注云：‘草木之實爲蔬食。’《禮運》説上古云‘未有火化，食草木之實’，即此素食也。”曹云：“‘素’與‘傃’同，嚮也。‘素食而分處者’，若今游牧之國，逐水艸而居也。”王闓運云：“‘素’當爲‘索’，各自索食，故無常處。”故聖人作誨男耕稼樹藝，畢云：“古‘只’作‘埶’，《説文》云：‘埶，種也，从坴、丮，持而種之。’”以爲民食。其爲食也，足以增氣充虚，彊體適腹而已矣。“彊”，陸本誤“疆”。“體”，唐本作“盤”，俗。《書鈔》引“腹”作“脈”，《文選》曹子建《贈徐幹詩》注，引作“古之人其爲食也，足以增氣充虚而已”。孫云：“《吕氏春秋·重己篇》云：‘昔先聖王之爲飲食酏醴也，足以適味充虚而已矣。’”王本無“矣”字。故其用財節，其自養儉，民富國治。孫云：“《治要》‘故’字在‘民富’上。今則不然，厚作斂於百姓，孫云：“《治要》無‘作’字。”純一案：《御覽》同。以爲美食芻豢蒸炙魚鼈。畢云：“《太平御覽》引此，‘炙’作‘庖’，‘鼈’作‘鱉’。孫云：“‘蒸’與‘烝’通，《毛詩·小雅·瓠葉》傳云：‘炕火曰炙。’《禮記·禮運》鄭注云：‘炙，貫之火上。’《治要》無‘魚鼈’二字。”純一案：不惜戕人與物之性，以自戕其性，罔知兼體故。大國累百器，小國累十器，前列方丈，畢本作“美食方丈”，云：“舊作‘前方丈’，今據《文選》注兩引改。《太平御覽》作‘前則方丈’。”王云：“‘美食’二字，與上文相複，畢改非也。《羣書治要》引作‘前方丈’，則魏徵所見本正與今本同。《文選·七命》注、應璩《與從弟君苗君胄書》注，引作‘美食方丈’者，此以上文之‘美食’與下文之‘方丈’連引，而節去‘芻豢’以下十七字，乃是約舉其詞，不得據彼以改此也。《太平御覽》治道部八，引作‘前則方丈’，句法較爲完足。”孫云：“《孟子·盡心篇》云‘食前方丈’，趙岐注云：‘極五味之饌食，列於前方一丈。’”純一案：此文承上“累百器十器”言，本作“前列方丈”，《御覽》引作“前則方丈”，“則”即“列”之形誤，今據增列字，謂“列於前方一丈”。目不能徧視，手不能徧操，口不能徧味，冬則凍冰，夏則餲饐。“餲”舊作“飾”，從洪校改。畢云：“‘饐’，《説文》云：‘飯傷溼也。’”洪云：“‘飾饐’當作‘餲饐’，與‘凍冰’對文。《爾雅·釋器》‘食饐謂之餲’，郭璞注：‘飯穢臭。’《論語·鄉黨》‘食饐而餲’，孔注：‘饐餲臭味變也。’尹云：“羞至冰餲，狀其品多。”人君爲飲食如此，故左右象之，尹云：“‘象’，法也。”是以富貴者奢侈，孤寡者凍餒。畢云：“當爲‘餧’。《説文》云：‘餧，饑也。’”王景羲《墨商》云：“‘餒’，餧之隸變。”雖欲無亂，畢云：“舊脱‘雖’字，據《太平御覽》增。不可得也。君誠欲天下之治而惡其亂，舊無“之”字，從王校增，“誠”舊作“實”。孫云：“‘實’，《治要》作‘誠’。”純一案：俞鈔本同，從樂校改。當爲飲食，二字舊倒，從孫校乙。曹本、王本、尹本並同。不可不節。

古之民未知爲舟車時，《北堂書鈔》百三十七引無“爲”字、“時”字。重任不移，遠道不至，故聖王作爲舟車以便民之事。其爲舟車也，完固輕利，“完”舊本作“全”，今據《御覽》、《書鈔》、《治要》、《意林》並俞鈔本正，下同。可以任重致遠。其用財少，“用”上舊衍“爲”字，從曹本、王本删。王樹枏云：“‘爲’用之爲，涉上文‘其爲’字衍，《羣書治要》無‘其爲’二字。”而爲利多，是以民樂而利之。法令不急而行，孫云：“‘令’，《治要》作‘禁’。‘法’上舊有‘故’字。”涉下‘故’字而衍，從王校據《羣書治要》删，曹本同。案：聖人以天下人之心爲心而運用之，法令其糟魄也。民不勞而上足用，畢云：“‘上’舊作‘止’，一本如此。”孫云：“《治要》亦作‘上’。‘足’下《治要》有‘以’字。”故民歸之。民非歸心於聖人，歸於太和之真元而已。當今之主，其爲舟車與此異矣。完固輕利，皆已具矣，“矣”字舊脱，從孫校據《治要》補。必厚作歛於百姓，《治要》無“作”字，陸本、唐本作“作科”。以飾舟車，孫云：“《治要》作‘以爲舟車飾’。”飾車以文采，飾舟以刻鏤。女子廢其紡織而脩文采故民寒，男子離其耕稼而脩刻鏤故民飢。“飢”舊譌“饑”，從孫校據《治要》改，下同。人君爲舟車若此，故左右象之，是以其民飢寒並至，故爲姦衺。孫云：“《治要》作‘邪’。”純一案：億兆人之姦衺，恒由一二人不知節性引生之。姦衺多則刑罰深，孫云：“此句首舊無‘姦衺’二字。”王云：“舊本兩‘姦衺’脱其一，則義不可通。今據《羣書治要》補。”刑罰深則國亂。《老子》曰：“法令滋彰，盜賊多有。”孫云：“《治要》‘國’上衍‘固’字。”畢云：“《太平御覽》引云‘而國亂矣’。”君誠欲天下之治而惡其亂，“誠”舊作“實”。孫云：“‘實’，《治要》作‘誠’。”純一今並從欒校，據俞鈔本改。當爲舟車不可不節。

凡回於天地之間，曹云：“‘回’，周迴也。”純一案：“回”，回古字。《説文·口部》云：“轉也，從口，中象回轉形。”義與釋氏‘輪回’同，此墨家貴兼，了知性體不滅之證。《易·繫辭上》：“原始反終，故知死生之説。”精氣爲物，游魂爲變，是故知鬼神之情狀，可爲此回字之塙詁，天地之閒，指欲界天五趣雜居地言。欒云：“回有圜繞之義。”包於四海之内，“包”，裹也。“包於四海之内”，言未能逃出四海之外，一切衆生皆然。天壤之情，陰陽之和，此電分正負，異性相吸之理，《周易》上經首乾、坤，下經首咸、恒。《圓覺經·彌勒章》，一切衆生，欲因愛生，命因欲有，故有輪迴，均可會通其義。莫不有也，雖至聖不能更也。尹云："'更'，改也。"何以知其然？聖人有傳：王闓運云："於傳有之。"天地也，則曰上下；四時也，則曰陰陽；尹云："春夏爲陽，秋冬爲陰。"人情也，則曰男女；尹云："男女爲人大欲之所存。"禽獸也，則曰牡牝、雄雌也。尹云："'牡牝'斥獸言，'雄雌'斥禽言耳。"純一案："牡牝"，陸本作"牝牡"。此即釋氏"阿賴耶識"，變起根身器界，一切衆生，皆因婬欲而正性命之理。真天壤之情，雖有先王不能更也。尹云："'有'，在也。"雖上世至聖，必蓄私不以傷行，孫云："'私'，謂妾媵私人。"顧云："《晏子春秋·諫下》'古聖王畜私不傷行'。"歐陽云："'不以傷行'，言不多蓄妾御，流爲淫佚以傷其行。"故民無怨。宮無拘女，故天下無寡夫；孫云："《小爾雅·廣義》云：'凡無妻無夫，通謂之寡，寡夫曰索。'《左襄二十七年傳》云'齊崔抒生成及彊而寡'，杜注云：'偏喪曰寡。寡，特也。'"尹云："所謂一夫而一妻者，周制天子妃嬪至百二十，遏抑人欲，莫此爲甚。"内無拘女，曹云："'拘女'者，女在宮中若拘囚也。"外無寡夫，孟子對齊宣王言："欲天下内無怨女，外無曠夫。"意同。故天下之民衆。尹云："言生育繁。"當今之君，畢云："上俱作'主'。"其蓄私也，大國拘女累千，小國累百，是以天下之男多寡無妻，女多拘無夫，此知墨子惡多妻之無道，主張夫婦匹合甚明。世有羣雌孤雄，一陰衆陽之俗，皆非理也。男女失時，畢云："'女'，舊作'子'，一本如此。故民少。尹云："失婚嫁之時。"君誠欲民之衆而惡其寡，"誠"舊作"實"。樂云："俞鈔本作'試'，知即誠之譌。"純一今據改，與上文一例。當蓄私不可不節。當時諸侯，莫不欲其民之衆，如越句踐謀生聚是其例。故《節用上篇》説"蚤處家息勞薄斂止攻伐諸端以衆民"。皆損上益下之權智，所以存天理也。

凡此五者，聖人之所儉節也，儉節則清静。上焉者，歸根復命，可得無生；次焉者，全形存性，可以長生。小人之所淫佚也。"淫佚"則昏動，念念生滅，生死輪迴，無止期也。儉節則昌，昌者德業盛大之謂。《老子》曰："儉故能廣。"淫佚則亡。桀紂可鑒。昌、亡爲韻，《古音諧》十六庚引此。此五者不可不節，夫婦節而天地和，李選本作"利"。《禮·中庸》："君子之道，造端乎夫婦，及其至也，察乎天地。”風雨節而五穀孰，陸本、唐本作“熟”，俗字。衣服節而肌膚和。曹云：“‘夫婦節’三句，又推言節之利也。夫婦之節，情欲不敢縱肆也，天地者，一家之尊卑也；衣服之節，暑不過涼，冬不過温也。上之五者，所節者大，此則其小者。”王闓運云：“此下有奪文。”

墨氏貴儉，欲人寡欲全生而財用自足，《荀子·富國篇》數難之，至謂墨術誠行，天下尚儉而彌貧，然務節用裕民，餘無所臧，固與墨子無異。蓋墨以質保真，儒以文隆禮，道有不同耳。

李云：“此正生財之要。節用愛人之大道，簡而易操，約而易成者，恨未有以告之。”

曹云：“此篇專言節用之道。其目有五，大指爲人君言，亦士大夫有家者所宜謹也。篇名‘辭過’者，節之爲言，本以制事之太過也。墨子之書，教勤教儉，二者乃其大要。勤於己而不欲費於人，且能濟人之急；儉於己而不欲損於人，且能敬天之休。雖云用夏之道，實修己治人事天之大道也。《易》曰：‘自天祐之，吉無不利。’其墨者之謂與。”

三辯第七

畢云：“此辯聖王雖用樂，而治不在此。”孫云：“此篇所論，蓋《非樂》之餘義。”曹云：“‘三’讀如三復之三，謂反覆辯論，不憚其詳也。”純一案：此篇除其樂逾繁其治逾寡，並貶湯武瓊天下自立，無大後患又自作樂云云外，無勝義，似無獨立成篇之理。疑本《公孟篇》中程子與墨子問答之辭，篇首“程繁問於子墨子曰”可證，校者以墨子非樂，聖王亦在所貶，特揭出以立篇耳。《公孟篇》中有墨子與程子辯之文，即“三辯”立名之所本，蓋墨以樂非治亂之道，不必聖王皆是也。

程繁畢云：“《太平御覽》引作‘程子’。”孫云：“《公孟篇》亦作‘程子’，蓋兼治儒墨之學者。”純一案：鮑刻《御覽》五百六十五作“程繁”。問於子墨子曰：“夫子曰：舊本無此三字。王云：“‘聖王’上當有‘夫子曰’三字，而今本脱之，則文義不明。下文‘今夫子曰：聖王不爲樂’，是其證。”孫據補，曹本同。“聖王不爲樂。”昔諸侯倦於聽治，息於鐘鼓之樂；孫云：“‘鐘鼓’爲金奏。”純一案：陸本“鼓”作“皷”。士大夫倦於聽治，息於竽瑟之樂；孫云：“《周禮·小胥》云：‘卿大夫判縣，士特縣。’《曲禮》云‘大夫無故不徹縣，士無故不徹琴瑟’，孔穎達疏以爲不命之士，若命士，則特縣。若然，士大夫之樂亦有鐘鼓。攷賈子《新書·審微篇》云‘大夫直縣，士有琴瑟’，《公羊》隱五年何注引《魯詩》傳云‘大夫士曰琴瑟’，《白虎通義·禮樂篇》云‘《詩》傳曰：大夫士琴瑟御。大夫士北面之臣，非專事子民，故但琴瑟而已’，《曲禮疏》引《春秋·説題辭》亦謂‘樂無士大夫制’。此書義蓋與《魯詩》、《春秋緯》略同。”劉云：“《御覽》五百六十五引‘瑟’作‘琴’。”農夫春耕夏耘，畢云：“《説文》云：‘耔，除苗間穢也。薳，或字。’此省文。”秋斂《北堂書鈔》百十一引作秋收。冬藏，畢云：“古只作‘臧’。”劉云：“《御覽》五百六十五引同，五百八十四引‘斂’作‘收’。”息於瓴缶之樂。“瓴”舊作“聆”。王云：“‘聆’乃‘瓴’字之譌，‘瓴’即‘瓴’字也。但移瓦於左，移令於右耳。《北堂書鈔》樂部七缶下，鈔本《太平御覽》樂部三及二十二缶下，引《墨子》並作‘吟缶’。‘吟’亦‘瓴’字之譌。蓋《墨子》書‘瓴’字本作‘瓴’，故今本譌作‘聆’，諸類書譌作‘吟’，而‘缶’字則皆不譌也。其刻本《御覽》作‘吟謡’者，後人不知‘吟’爲‘瓴’之譌，遂改‘吟缶’爲‘吟謡’耳。上文云‘諸侯息於鐘鼓，士大夫息於竽瑟’，此云‘農夫息於瓴缶’，鐘鼓、竽瑟、瓴缶皆樂器也。《淮南子·精神篇》‘叩盆拊瓴，相和而歌’，盆即缶也。若吟謡則非樂器，不得言吟謡之樂矣。”孫云：“王説是也。《説文·瓦部》云：‘瓴，甕也，似缾者。’又《缶部》云：‘缶，瓦器，所以盛酒漿，秦人鼓之以節歌。’《詩·陳風·宛丘篇》‘坎其擊缶’，毛傳云：‘盎謂之缶。’《爾雅·釋器》同，郭注云：‘盆也。’《史記·李斯傳》云：‘擊甕叩缻，真秦之聲也。’瓴、甕同物，缻即缶之俗。”純一今據王校正，曹本同。今夫子曰：‘聖王不爲樂’，此譬之猶馬駕而不稅，孫云：“《方言》云：‘稅，舍車也。趙、宋、陳、魏之間謂之稅。’郭璞注云：‘稅猶脱也。’”畢云：“《太平御覽》作‘脱’，同。”尹云：“《史記·李斯傳》‘吾未知所稅駕也’，索隱：‘猶解駕，言休息也。’”弓張而不弛，尹云：“弛，弓解也。”無乃非有血氣者之所能至耶？”“所”下舊衍“不”字，從李選本删，此言樂能息勞。

子墨子曰：“昔者堯舜有茅茨者，“茅茨”舊作“第期”，畢據《太平御覽》改。李選本有作而。俞云：“‘茅茨’土階，是言古明堂之儉，不得云‘且以爲禮，且以爲樂’也。下文曰：‘周成王之治天下也，不若武王；武王之治天下也，不若成湯；成湯之治天下也，不若堯舜。故其樂逾繁者，其治逾寡。’然則其説堯舜亦當以樂言，不當以宮室言也。疑後人不達‘第期’之義而臆改之，未可爲據，仍當從原文而闕其疑。”孫云：“俞説非也。若‘第期’專以樂言，則下文不當云‘且以爲禮’。畢校不誤。《詩·小雅·甫田》鄭箋云：‘茨，屋蓋也。’孔疏云：‘墨子稱茅茨不翦，謂以茅覆屋。’”曹本從畢校作"茅茨"。純一案：《文選・東京賦》、《魏都賦》兩注，並引《墨子》曰："堯舜茅茨不翦。"蓋《墨子》之意，以堯舜非自立，且不以爲功，故其禮極儉而樂極簡，可褒也。《初學記・帝王部》引，亦作"茅茨不翦"。然則此文本作"昔者堯舜茅茨不翦"，今作"有第期者"，固不成文，作"有茅茨者"，文亦欠諧，當據《詩・甫田》疏及《文選》注等正。且以爲禮，且以爲樂；"且"，姑且也，義與《詩・山有樞》，"且以喜樂，且以永日"同。湯放桀於大水，蘇云："《列女傳》云：'流於海，死於南巢之山。'"王闓運云："'大水'即泰涧。"尹云："'大水'或謂潁水。"環天下自立以爲王，"環"，周也。《越語下》"環會稽三百里者，以爲范蠡地"注。又《周禮・秋官・序官》"環人"注："環，猶圍也。"謂圍繞守衛。"環天下"者，周圍天下據爲己有也；"自立"云者，譏其以武力暴取也。蓋天下者，天下人之天下，乃據爲己有，自立爲王，不公甚矣。曰環，曰自立，皆《春秋》所謂一字之貶也。事成功立，無大後患，言民間之事，足爲後患者尚多，不過不大，輒自作樂，未免驕侈，此非冥契神農之化者不能道也。因先王之樂，又自作樂，命曰《護》，又脩《九招》；畢云："'脩'舊作'循'，今以意改。已上十六字舊脱，今據《太平御覽》增。《吕氏春秋》云：'湯命伊尹作爲《大護》，歌《晨露》，脩《九招》、《六列》。'"孫云："《道藏》本雖亦有脱文，然尚有'自作樂命曰《九招》'七字，則未全脱也，畢説未審。《風俗通義・聲音篇》云'湯作《護》，護言救民也'，《藝文類聚・帝王部》引《春秋元命苞》云'湯之時，民大樂其救於患害，故護者救也'，《白虎通義・禮樂篇》云'湯曰《大護》者，言湯承衰能護民之急也'，《公羊》隱五年何注云，'殷曰《大護》，殷時民樂，大其護已也'，並與此同。《周禮・大司樂》'護'作'濩'，《漢書・禮樂志》同。'護'、'濩'字亦通。《九招》即《書・皋陶謨》'《簫韶》九成'，舜樂也。《史記・夏本紀》云'禹與《九招》之樂'，《吕氏春秋・古樂篇》云'嚳作《九招》，舜令質修之'，《山海經・大荒西經》云'啓始歌《九招》'，《周禮・大司樂》作《九磬》。招、韶、磬字並通。"純一案：陸本、唐本，並與《道藏》本同。武王勝殷殺紂，尹云："《淮南子・本經》：'武王甲卒三千，破紂牧野，殺之於宣室。'"環天下自立以爲王，事成功立，無大後患，《吕氏春秋・察微篇》云："猶尚有管叔蔡叔之事，與東夷八國不聽之謀。"高注："東夷八國，附從二叔，不聽王命。"因先王之樂，又自作樂，命曰《象》；以上皆《墨子》對於湯武之微辭，亦即尼父謂武未盡善之意。孫云："《毛詩・周頌序》云'維清，奏《象》舞也'，鄭箋云：'《象》，用兵時刺伐之舞，武王制焉。'《禮記・文王世子》'下管《象》'，鄭注云：

‘《象》，周武王伐紂之樂。’《春秋繁露·三代改制質文篇》云‘武王作《象樂》’，《淮南子·氾論訓》云‘周武《象》’，高注云：‘武王樂也。’《白虎通義·禮樂篇》云：‘武王曰《象》者，象太平而作樂，示已太平也。’”樂云：“俞鈔本作：‘因先王之樂，命人象試下王，成王因先王之樂，命曰《騶虞》。’”按此文頗有譌脱。周成王因先王之樂，樂云：“此句首不應有‘周’字，蓋涉下文而衍，當删。又自作樂，並無功亦作樂。命曰《騶虞》。王云：“《御覽》引作‘周成王因先王之樂，又自作樂，命曰《騶吾》’，是也。上文云：‘湯因先王之樂，又自作樂，命曰《護》。武王因先王之樂，又自作樂，命曰《象》，即其證。今本脱去‘又自作樂’四字，則義不可通，《困學紀聞》所引，已同今本。《書傳》中‘騶虞’字多作‘騶吾’，故《困學紀聞·詩類》引《墨子》尚作‘騶吾’。今作‘騶虞’者，後人依經典改之。”孫云：“王説是也，今據增。鈔本《御覽·樂部三》引此書，‘騶虞’又作‘鄒吾’，字並通。《詩·召南》有《騶虞篇》，蓋作於成王時，故墨子以爲成王之樂，凡詩皆可入樂也。《周禮·大司樂》‘大射令奏《騶虞》’，鄭注云：‘《騶虞》，樂章名。”純一案：《吕氏春秋·古樂篇》云：“成王立，殷民反，王命周公踐伐之。”故此歷言德愈衰樂愈繁，不滿於作樂者之意，溢於言表，可謂字字挾風霜也。周成王之治天下也，劉云：“《御覽》五百六十五引，‘周’上有‘吾聞’二字，今本均脱。”不若武王，武王之治天下也，不若成湯，成湯之治天下也，不若堯舜。堯舜之治天下，不若神農，不待言。故其樂逾繁者，其治逾寡。自此觀之，樂非所以治天下也。李云：“至言。”曹云：“此即莊子所云墨子‘不與先王同’，毀古之禮樂也。”純一案：以上言樂與治隆替相反。

程繁曰：“子曰‘聖王無樂’，此亦樂已，曹云：“謂如上墨子所述湯武成王等，皆所謂聖王之樂也。”若之何其謂聖王無樂也？”“也”讀爲“邪”，詰問之詞，詳《晏子春秋校注·諫上》二章“禮也”下。子墨子曰：“聖王之命也，蘇云：“此下有闕文誤字。”多寡之。孫云：“此疑當作‘多者寡之’，言凡物病其多者，則務寡之。”王闓運云：“有脱字。”食之利也，以知飢而食之者，“飢”，舊爲“饑”，今改。智也，固爲無智矣。“固”舊作“因”，從孫校改。下“智”字，陸本、唐本並作“知”。今聖王有樂而少，“王”字舊脱，從孫校增，李選本無“而”字。此亦無也。”孫云：“此言食爲人之利，然人飢知食，不足爲智，若因飢知食而謂之爲智，則所智甚淺，固爲無智矣，以喻聖王雖作樂而少，猶之無樂也。”

曹云："此篇非毁先王之樂，亦教儉之旨，兼教人勤也。蓋以樂之一事，勞人而費財，以娱耳目之觀聽，且能令人放逸而廢時曠日，故並先王制作之禮樂而毁之，其實墨子之旨。但謂先王有樂，宜損而不宜再益，所惡於樂者，惡其流之日繁也。儒墨各稱先王，其相争辯，以'節葬'、'非樂'二者爲大端，故莊子以爲反天下之心，天下不堪。至於救世之苦心，墨者爲切矣，孟子必欲距之，以爲邪説者何哉?"

以上七篇，皆墨學要綱，大都墨子自箸，間有後人加入注語，斷非三墨所述也。"親士"爲"尚賢"之本，"修身"爲"兼愛"之本，"所染"爲"非命"之本，"法儀"爲"尚同"、"天志"、"明鬼"之本，"七患"爲防攻之本，"辭過"爲"節用"、"節葬"之本，"三辯"爲"非樂"之本。惟《三辯篇》，非墨子箸，乃其徒記述，義理不甚充實，疑聖王之命也下，必有"非樂"之精警語甚多，經後世陋儒删去。

墨子集解卷二

漢陽張純一仲如

尚賢上第八

畢云："《説文》云：'賢，多才也。'《玉篇》云：'有善行也。''尚'與'上'同。"孫云："《經典釋文·敘録》引鄭康成《書贊》云：'尚者，上也。'《淮南子·氾論訓》云：'兼愛、上賢、右鬼、非命，墨子之所立也，而楊子非之。'《漢書·藝文志》亦作'上賢'。"王闓運云："此下皆三篇同意或同詞，所謂墨分爲三。"尹云："墨分爲三，各記所聞，故下二篇多同意。《管子·樞言》：'無功勞於國而貴富者，其唯尚賢乎？'"純一案：墨子尚賢，老子不尚賢，蓋世閒、出世閒異也。詎知老子不尚失德之賢，正欲入官者以德就列；墨子所尚者有道之士，正欲其以道佐人主。賢之名同而實别，其恉一也。鶡冠子學本老子，亦著《世賢篇》。案：法儀、尚同、親士、尚賢，皆墨氏政尚無爲，所以兼愛也。

子墨子言曰：今者王公大人爲政於國家者，"今者"，舊本作"古者"。王云："此謂今之王公大人，非謂古也。'古者'，當依《羣書治要》作'今者'，義見下文。"孫云："王説是也，今據正。《禮運》云'大人世及以爲禮'，鄭注云：'大人，諸侯也。'孔疏《士相見禮》云'與大人言，言事君'，故以大人爲卿大夫。"純一案：此言爲政於國家，大人當是諸侯及卿大夫。皆欲國家之富，人民之衆，刑政之治。然而不得富而得貧，不得衆而得寡，不得治而得亂，則是失其所欲，得其所惡，"則是"下舊有"本"字。王樹枬云："本字涉失字形近而誤，當删，今從之。是其故何也？子墨子言曰：是在王公大人爲政於國家者，不能以尚賢事能爲政也。孫云："事、使義同。《漢書·高帝紀》如淳注云：'事，謂役使也。'"是故國有賢良之士衆，則國家之治厚；賢良之士寡，則國家之治薄。故王公大人之務，舊脱"王公"二字，據上文補。將在於衆賢而已。尹云："'務'，專力也。"純一案：以上言爲政在衆賢。

曰：然則衆賢之術將柰何哉？尹云、術法也。子墨子言曰：譬若欲衆其國之善射御之士者，必將富之貴之，敬之譽之，然後國之善射御之士，孫云："'后'，《羣書治要》作'後'，下同。"將可得而衆也。王引之云："此'將'字猶乃也，與上'將'字異義。"況又有賢良之士，王本無"又"字，注云："'有'本作'又'，誤作又'有'。"厚乎德行，辯乎言談，博乎道術者乎，"辯"，詳審也。尹云："'術'，猶藝也，鄉飲酒義，古之學術道者。'"此固國家之珍，而社稷之佐也。畢云："'佐'，當爲'左'。鈕樹玉云：'佐字見漢刻《石門頌》。'"尹云："'珍'，寶也，重也。'佐'，助也。"純一案：賢良之士，化羣日進於善，轉汙俗爲淳美，信能綱維國運也。亦必且富之貴之，敬之譽之，然后國之賢良之士亦將可得而衆也。孫云："'后'，《道藏》本作'後'。"純一案：陸本、唐本、李選本、《治要》並作"後"，曹本同。舊本"良"上脱"賢"字，"士"上脱"之"字，今據上文補，文同一例。此言富貴敬譽，爲衆賢四術。

是故古者聖王之爲政也，舊本脱"也"字，孫據《治要》補。言曰："不義不富，不義不貴，不義不親，不義不近。"孫云："《治要》'不富'、'不貴'、'不親'、'不近'並在'不義'上。是以國之富貴人聞之，皆退而謀曰："始我所恃者富貴也，今上舉義不辟貧賤，"辟"如字讀，除也。孫云："《治要》作'避'，下並同。"然則我不可不爲義。"親者聞之，亦退而謀曰："始我所恃者親也，今上舉義不辟疏，"疏"上舊本有"親"字，《治要》同。王云："'親'字涉上文而衍，'不避疏'，義見上下文。"孫據删。然則我不可不爲義。"近者聞之，亦退而謀曰："始我所恃者近也，今上舉義不辟遠，舊本作"近"，《治要》作"遠近"。王云："'近'字涉上文而誤，'近'當爲'遠'。'不辟遠'見下文。"孫據正。然則我不可不爲義。"遠者聞之，亦退而謀曰："我始以遠爲無恃，今上舉義不辟遠，然則我不可不爲義。"逮至遠鄙郊外之臣、尹云："'逮'，及也。"孫云："'遠鄙'即下'四鄙'，謂都鄙、縣鄙也。《書·文侯之命》，孔疏引鄭注云：'鄙，邊邑也。'《周禮·載師》杜子春注云：'五十里爲近郊，百里爲遠郊。'又引司馬法云：'王國百里爲郊。'"門庭庶子、孫云："《説文·广部》云：'庭，宫中也。'《周禮·宫伯》'掌王宫之士庶子凡在版者'，鄭衆注云：'庶子，宿衛之官。'案：士庶子，即公族及卿大夫之子，宿衛宫中者也。蓋凡宿衛位署，皆在路寢内外朝門庭之間，故此書謂之"門庭庶子"。凡宿衛子弟，已命者謂之士，未命者謂之庶子，説詳《周禮·

正義》。國中之衆、孫云："《周禮·鄉大夫》鄭注云：'國中，城郭中也。'"四鄙之萌人，孫云："《漢書·劉向傳》顔注云：'萌與甿同，無知之貌。'《管子·山國軌篇》尹注云：'萌，田民也。'《一切經音義》云：'萌，古文氓。'同。"畢云："'萌'，氓字之假音。"聞之，皆競爲義。以不義不富貴故。《荀子·君道篇》曰："尚賢使能則民知方。"是其故何也？曰："上之所以使下者，一物也，尹云："言唯尚賢。'物'，事也。"下之所以事上者，一術也。謂舉國貴義一也。尹云："'術'，途也。"譬之富者，畢云："'富'舊作異，一本如此。"有高牆深宫，牆立既謹，止爲鑿一門，"止"舊譌"上"，從孫校正。"止"，猶僅也，《荀子·王制篇》"謹其時禁"注："謹，嚴也。"言爲宫立牆既已謹嚴，而牆上止鑿一門不二門。有盜人入，"人"字疑涉下"入"字衍，下文"盜其無自出"，盜下無"人"字可證。闔其自入而求之，畢云："'自入'，言所從入之門。"尹云："'闔'，閉。"盜其無自出。是其故何也？則上得要也。"要"，約也，"得要"謂"唯賢是尚"，則人無貧富貴賤遠近親疏莫不競爲義也。以上言舉賢即衆賢唯一之門。

故古者聖王之爲政，列德而尚賢，"列"，布也，陳也。言尚賢非徒尚虚聲，必有實德一一可以列舉，然後認定爲賢而尚之。故曰"列德而尚賢"。上文云："賢良之士，厚乎德行，辯乎言談，博乎道術。"中篇曰：聖人"聽其言，迹其行，察其所能，而慎予官。"《管子·小匡篇》："管仲曰：'升降揖讓進退，閑習辨辭之剛柔，臣不如隰朋，請立爲大行；墾草入邑，辟土，聚粟多衆，盡地之利，臣不如甯戚，請立爲大司田；平原廣牧車不結轍，士不旋踵，鼓之而三軍之士視死如歸，臣不如王子城父，請立爲大司馬；決獄折中，不殺不辜，不誣無罪，臣不如賓須無，請立爲大司理；犯君顔色，進諫必忠，不辟死亡，不撓富貴，臣不如東郭牙，請立爲大諫之官。'"是列德之實例。雖在農與工肆之人，尹云："'肆'，市也，謂商人。《周禮》有肆長。"純一案："工"，百工，《周禮·冬官》："屬也。"有能則舉之。墨氏兼農家之學，一切平等。高予之爵，重予之禄，兩"予"字，《治要》並作"與"。任之以事，斷予之令，孫云："《禮記·樂記》鄭注云：'斷，決也。'謂其令必行。"純一案：自"斷予之令"至"授之賢者"，《治要》略，文義不完。曰："爵位不高，則民弗敬；蓄禄不厚，則民不信；政令不斷，則民不畏。"舉三者授之賢者，非爲賢賜也，欲其事之成也。"也"字舊脱。王樹枏云："句末有'也'字，語方足，宜據中篇增。"今從之，曹本同。"事"，利民保國之事。故當是時，孫云："《治要》無此二字。以德就列，重德。孫云："《國語·周語》韋注云：'列，位次也。'《論語·季氏篇》'陳力就列'，集解引馬融云：'當陳其才力，度己所任，以就其位。'亦釋列爲位。"以官服事，重事，不重官。《荀子·儒效篇》云："譎德而定次，量能而授官。"孫云："《周禮·大司徒》鄭衆注云：'服事，謂爲公家服事者。'"以勞殿賞，孫云："'殿'，《治要》作'受'。"俞云："論功行賞。'殿'者定也，'殿'與'定'一聲之轉，《詩·采菽篇》'殿天下之邦'，毛傳曰：'殿，鎮也。'鎮即有定義。《小爾雅·廣言》'殿，填也'。填與奠通，奠亦定也，殿、奠文異而義同。"量功而分禄。賞與禄不能以親近倖獲。尹云："'分'，頒也。"故官無常貴而民無終賤，孫云："'終'，《治要》作'恒'。"尹云："孔子譏世卿，墨子除階級，均欲國人不拘於閥閲，而以道德及智能互競者。"有能則舉之，無能則下之。天下爲公，選賢與能，一切平等無私。"舉"、"下"爲韻，《唐韻正·三十五馬》云："下，古音户。"劉云："墨旨以有能無能定貴賤，即儒家立賢無方之説，與《公羊傳》之破階級相同，説見《周末學術史》、《哲理學史·序》注。"舉公義，辟私怨，孫云："'辟'，《治要》亦作'避'。"畢云："'辟'讀如'辟舉'之'辟'。"俞云："畢説非也。豈有私怨者，不問其賢否，而概辟舉之乎？《小爾雅·廣言》：'辟，除也。'辟私怨，謂惟公義是舉，而私怨在所不問，故除去之也。又《禮記·郊特牲篇》'有由辟焉'，鄭注曰：'辟，讀如弭。'此辟字或從鄭讀，亦通。"純一案：《治要》作"避私怨"，就無能則下之言，畢讀如"辟舉"之"辟"，就有能則舉之言。如《左襄三年傳》"晉祁奚舉解狐是"。俞澤括上文説，義較長，尚賢若此，亦可使民不争也。此若言之謂也。王云："'若'亦此也，古人自有複語。《管子·山國軌篇》曰：'此若言何謂也？'《地數篇》曰：'此若言可得聞乎？'此書《節葬篇》曰'以此若三聖王者觀之'，又曰'以此若三國者觀之'，皆並用'此若'二字。"純一案：以上言列德任賢，公平之至。

故古者堯舉舜於服澤之陽，畢云："未詳其地，服與蒲，音之緩急，或即蒲澤，今蒲州府。"孫云："《文選·曲水詩序》李注引《帝王世紀》云：'堯求賢而四嶽薦舜，堯乃命于順澤之陽。'疑即本此書。《史記·五帝本紀》'就時於負夏'，集解引鄭玄云：'負夏，衛地。'《孟子·離婁篇》'舜生於諸馮，遷於負夏'，趙注云：'諸馮、負夏皆地名，負海也。'案：服澤疑即負夏。趙岐云：'負海'，必有所本。"尹云："'服澤'，即濩澤也。《初學記·洲郡部》引《墨子》曰'舜漁於雷澤，在濩澤縣西'。《前漢書·地理志》：河東郡有'濩澤'縣故城，在今山西陽城縣西二十里。《帝王世紀》作'順澤'，順服義近。"授之政，天下平；禹舉益於陰方之中，《孟子·萬章上》"益避禹之子於箕山之陰”，趙注：“箕山之陰，嵩山下深谷之中，以藏處也。”或即此所謂“陰方”與？授之政，九州成；尹云：“‘成’，平也。”蘇云：“‘成’與‘平’爲韻。”純一案：江有誥云：“耕部。”《古音譜》十青引此。湯舉伊尹於庖廚之中，孫云：“《史記·殷本紀》，‘阿衡欲奸湯而無由，乃爲有莘氏媵臣，負鼎俎以滋味説湯’。”畢云：“《韓非子·知難》云：‘上古有湯，至聖也，伊尹，至智也。然且七十説而不受，身執鼎俎爲庖宰，昵近習親，湯乃僅知其賢而用之。’《文選》注云：‘魯連子曰：伊尹負鼎佩刀以干湯，得意，故尊爲宰舍。’又云：‘《文子》曰：伊尹負鼎而干湯。’”尹云：“《國策》‘伊尹負鼎俎而干湯，好名未著而受三公。’”授之政，其謀得文王舉閎夭泰顛於罝罔之中，畢云：“事未詳。或以詩兔罝有‘公侯腹心’之語而爲説，恐此詩即賦閎夭、泰顛事。古者書傳未湮，翟必有據。”胡云：“畢説是也，墨子博采爲説，如‘服澤陰方’，皆不見於各書，或《尚書》佚文，或《尚書》古義，均未可知。伊尹事别見後《貴義篇》，説具下。”孫云：“《書·君奭》云：‘惟文王尚克脩和我有夏。亦惟有若虢叔，有若閎夭，有若散宜生，有若泰顛，有若南宫括。’僞孔傳云：‘閎、泰，氏；夭、顛，名。’《詩·周南·兔罝敘》云：‘《兔罝》，后妃之化也。《關雎》之化行，則莫不好德，賢人衆多也。’毛傳云：‘兔罝，兔罟也。’”尹云：“蓋以捕兔爲業者。《詩》‘肅肅兔罝’，箋：‘罝兔，鄙賤之事。’”授之政，西土服。蘇云：“服與得爲韻。”純一案：“服”，古音蒲北反，見《唐韻正》一屋。江有誥云：“之部。”《古音譜》一戠引此。故當是時，雖在於厚禄尊位之臣，莫不敬懼而施，畢云：“下疑脱一字。”純一案：畢以此句與“莫不競勸而尚德”同例，謂下脱一字是也。據上文“其謀得，西土服”，下文“莫不競勸而尚悳”，得、服、悳同韻審校，“施”下脱字，當在《廣韻》二十四職、二十五德中求之，或據《唐韻正》，以一屋字當改入職德韻者補之，了然無疑。依此再三掔尋，“施”下惟補“福”字爲適。《賈子·道德説》：“安利之謂福。”莫不敬懼而施福，言莫不敬懼而施安國利民之事。雖在農與工肆之人，莫不競勸而尚悳。“悳”舊作“意”。孫云：“‘意’疑爲‘悳’，形近而譌。‘悳’，正字。‘德’，叚借字。”純一案：孫説是，今據正。上無不悳，下皆感應，亦衆賢之道，善羣之治也。以上舉堯禹湯文尚賢而世治爲證。

故士者所以爲輔相承嗣也。孫云：“《大戴禮記·曾子立事篇》云‘使子猶使臣也，使弟猶使承嗣也’，孔廣森云：‘承，丞也，嗣讀爲司。丞司者，官之偏貳，故弟視之。臣則私臣，自所謁除也，可以子視之。’案：《大戴禮記·保傅篇》‘以道、充、弼、承爲四聖，云：‘博聞强記，接給而善對者謂之承，承者，承天子之遺忘者也。’

《書·益稷》，‘欽四鄰’，孔疏引鄭康成云：‘四近，謂左輔右弼，前疑後承。’”曹云：“《左氏傳》云：‘承嗣大夫。”尹云：“《秦策》：‘禺有五丞，湯有三輔。’”故得士則謀不困，《晏子春秋·問上篇》：“謀必得，事必成。”體不勞。佚於治官。尹云：“言能無爲而治。”名立而功成，美章而惡不生，舊作“名立而功業彰而惡不生”。王云：“《羣書治要》引作‘名立而功成，美章而惡不生’，是也。‘功成’與‘名立’對文，‘惡不生’與‘美彰’對文。今本脱‘成’字，‘美’字又譌作‘業’，則文不對，而句亦不協矣。‘美’、‘業’字形相似，故譌。《漢書·賈誼傳》‘一動而五美附’，今本‘美’譌作‘業’。”孫據王校補正，曹本同。“章”作“彰”。案：成、生爲韻。則由得士也。《管子·五輔篇》：“古之聖王，所以取明名廣譽，厚功大業，顯於天下，不忘於後世，非得人者，未之嘗聞。”是故子墨子言曰：得意賢士不可不舉，不得意賢士不可不舉，得意有賢士，終無失意時，如舜有臣五人，武有亂臣十人是。不得意有賢士，終有得意時，如齊桓出亡有鮑叔，晉文出亡有舅犯等是。曹云：“‘得意’，謂國家功成治定之時也；‘不得意’者，有難未弭，有志未成也。得意而能舉賢，則所以保邦；不得意而能舉賢，則所以興邦也。”尚欲祖述堯舜禹湯之道，王引之云：“‘尚’與‘儻’同。”孫云：“‘尚’疑與‘上’同，下篇云：‘上欲中聖人之道。’”將不可以不尚賢，夫尚賢者政之本也。以上言輔相承嗣得士，即堯舜禹湯爲政之本。尹云：“《後漢書·楊震傳》，‘臣聞政以尚賢爲本’，注引此無‘之’字。”曹云：“言尚賢之道，賢有三端：曰厚乎德行、辯乎言談、博乎道術。古者邦交以詞令爲重，故有折衝於樽俎之上，非以言取人之謂也。尚之者亦有三端：曰高予之爵、厚予之禄、斷予之令。斷也者，所謂任賢勿貳也。墨子生於春秋之末，諸侯大夫，皆以世禄而秉政，賢人在下位，貧賤而疏遠者，無由見用於世，故歷敘帝王舉賢於側微，以爲法式。成湯立賢無方，無方者，無貴賤親疏遠近之别也。《禮記》曰‘天下無生而貴者也’，若以世胄臨高位，則有生而貴者矣，故貴者常貴，賤者終賤。漢以後猶有門地之説，上以爲政，下以爲俗，至今日則此風微矣。此知大賢立教，蓋多救時之論。按：墨家之説，多與儒家異，而尚賢則儒墨之所同也。《老子》云‘不尚賢使民不争’，道家以此並譏儒墨。究之聖王之治術，或尚賢，或不尚賢，猶水與火，雖相反而實相濟也。儒墨之與道家，猶食與藥，雖不可强合，而又不可偏廢也。或疑墨子以‘兼愛’爲宗旨，其於天下之人，無智愚賢不肖，皆一視而同仁，然後爲兼也。今曰‘尚賢’，則必賤愚而絀不肖，毋乃有不愛之人乎？曰是不然。‘兼愛’者，匪僅有愛人之心而已，必有利人之實政焉，有利人之實政者，非一手一足之烈也。故‘尚賢’者，所以推吾愛人之心，而廣行利人之事也。愚不肖在上則亂，亂則人受其害；賢智在上則治，治則人受其利。彼愚不肖者，雖爲聖王之所弗尚，而仍無害爲聖王之所利愛也，故知‘兼愛’者，必以‘尚賢’爲急矣。”

尚賢中第九

子墨子言曰：今王公大人之君人民、主社稷、治國家，欲脩保而勿失，“脩”，修之叚字。尹云：“‘脩’，長也。”故不察尚賢爲政之本也？“故”，畢云：“一本作‘胡’。”孫云：“下文兩見，一作‘胡’，一作‘故’。”蘇云：“‘胡’是也，下同。”曹本、王本、尹本並作“胡”。王云：“‘故’與‘胡’同，故下文又曰：‘故不察尚賢爲政之本也。’《管子·侈靡篇》云‘公將有行，故不送公’，亦以‘故’爲‘胡’。”王闓運云：“‘也’同邪。”何以知尚賢之爲政本也？曰：自貴且智者爲政乎愚且賤者則治，自愚且賤者爲政乎貴且智者則亂，舊本作“自愚賤者”。孫云：“‘愚’下依上文亦當有‘且’字。”純一案：陸本、唐本正作“自愚且賤者”，今據增。是以知尚賢之爲政本也。以上云欲保國家長治，必以尚賢爲本。

故古者聖王甚尊尚賢而任使能，不黨父兄，不偏貴富，不嬖顏色，尹云：“相助匿非曰‘黨’；‘嬖’，便嬖，愛也；‘顏色’，謂美皃者。”賢者舉而上之，富而貴之，以爲官長；不肖者抑而廢之，貧而賤之，以爲徒役。尹云：“言以供使。”是以民皆勸其賞，畏其罰，相率而爲賢。是以賢者衆而不肖者寡，舊作“相率而爲賢者”。俞云：“‘相率而爲賢’絶句，‘者’字乃‘是’字之誤，屬下讀。惟其相率而爲賢，是以賢者衆而不肖者寡也。兩句皆用‘是以’字，古人行文不避重複。今誤作‘相率而爲賢者’，則是民之相率爲賢，以賢者衆而不肖者寡之故，於義不可通矣。”純一案：俞説是，今據正，曹本同。此謂進賢。畢云：“‘謂’，一本作‘爲’。”孫云：“‘進賢’依上文當作‘尚賢’。”純一案：“進賢”與上文“賢者舉而上之”相應，對“不肖者抑而廢之”言，似不誤。《論語·顏淵篇》：“舜有天下，選於衆舉皋陶，不仁者遠矣；湯有天下，選於衆舉伊尹，不仁者遠矣。”義可互明。以上言進賢無私則賢衆。

然後聖人聽其言，迹其行，“迹”，循實而考之也。察其所能而慎予官，此謂事能。孫云：“‘事’與‘使’同，詳上篇，上文作‘使能’。”故可使治國者使治國，可使長官者使長官，可使治邑者使治邑。《管子·君臣上》“量能而授官”，尹云：“所謂器之。”凡所使治國家、官府、邑里，此皆國之賢者也。此疑本作者，當屬上斷句，蓋草書形近而譌。以上言聖人勞於論人，非徒尚賢名。

賢者之治國也，畢云：“‘國’下一本有‘家’字。”孫云：“《道藏》本‘國’下有‘者’字。”純一案：陸本、唐本，同出《道藏》本有“者”字，並非。蚤朝晏退，畢云：“‘蚤’字同‘早’。”純一案：“蚤”，“早”之音叚。聽獄治政，是以國家治而刑法正。賢者之長官也，夜寢夙興，尹云：“‘夙’，早也。”收斂關市、山林、澤梁之利以實官府，是以官府實而財不散。賢者之治邑也，蚤出莫入，“莫”，曹本從俗作“暮”。耕稼樹藝，聚菽粟，陶云：“‘聚菽粟’上當有‘多’字。《非樂上篇》、《非命下篇》皆有此文，並作‘多聚菽粟’，曹本作‘以聚菽粟’，王本‘菽’作‘叔’。”是以菽粟多而民足乎食。兩“菽”字，王本、尹本並作“叔”。曹云：“此一段徵賢者之實事，以能勤者爲賢也。”故國家治則刑法正，官府實則萬民富。上有以絜爲酒醴粢盛以祭祀天鬼，外有以爲皮幣與四鄰諸侯交接，内有以食飢息勞，“飢”舊本作“饑”，孫依《道藏》本正，王本、尹本同。將養其萬民，俞云：“‘將’當作‘持’。持養乃古人恒言，此作‘將養’，形似而誤。《天志中篇》正作‘内有以食飢息勞，持養其萬民’，可據以訂正。《非命上篇》‘將養老弱’，亦持養之誤。”王樹枏云：“將亦養也，《詩·四牡》‘不遑將父’，《傳》‘桑柔天不我將箋’，皆云將養也。《天志篇》‘持養’，亦當作將養。吴摯甫曰：‘陶詩將養不得節，與此將養正同。’”純一案：“將養”、“持養”皆古義，不必破此從彼，或破彼從此。外有以懷天下之賢人。王云：“‘外有以’三字，涉上文‘外有以爲皮幣’而衍。下文曰，‘内者萬民親之，賢人歸之’，是養民與懷賢，皆内事，非外事也。’”是故上者天鬼富之，王樹枏云：“‘富’、‘福’古字音義同。《大戴禮·武王踐阼篇》‘勞則富’，盧辯注云：‘躬勞終福。’《禮記·郊特牲》云‘富也者，福也’，《詩·瞻印》‘何人不富’”。傳云：“‘富’，福也，‘天鬼富之者’，謂天鬼福之也。《尚同中篇》‘天鬼之福可得也’，彼文則直用福字。”外者諸侯與之，“與”，親也，善也。内者萬民親之，賢人歸之，以此謀事則得，尹云：“言不失。”舉事則成，入守則固，出誅則彊。尹云：“‘誅’，討也。”故唯昔三代聖王堯舜禹湯文武之所以王天下、正諸侯者，“唯”讀若“雖”，下文“故雖昔者三代暴王”正作“雖”。孫云：“‘正’，長也，義詳《親士篇》。”此亦其法已。以上列舉“尚賢”之利，斷言雖聖王所以王天下，不過如此。

既曰若法未知所以行之術，則事猶若未成，王云：“‘曰’者，‘有’之壞字也。‘若法’，此法也，言既有此法，而無術以行之，則事猶然未成也。‘若’與此同義，‘猶若’即猶然。”俞云：“王非也。‘曰’字乃‘云’字之誤。云者，有也，説見《辭過篇》。‘既云若法’，即既有此法。淺人不達‘云’字之義，謂是‘云曰’之‘云’，疑本書皆用‘曰’字，此不當用‘云’字，故改‘云’作‘曰’耳。”是以必爲置三本。何謂三本？曰：爵位不高，則民不敬也；陸本、唐本、李選本作“矣”。蓄禄不厚，則民不信也；政令不斷，則民不畏也。故古聖王高予之爵，重予之禄，任之以事，斷予之令，夫豈爲其臣賜哉，欲其事之成也。敬、信、令成韵，言“尚賢”必置三本。

《詩》曰：“告女憂恤，誨女予爵，舊本“爵”誤“鬱”，盧以意改爲“序爵”，畢本從之。王云：“‘鬱’爲‘爵’之譌，‘予’則非譌字也。上文言‘古聖王高予之爵，重予之禄’，下文言‘今王公大人之用賢，高予之爵，而禄不從’，此引《詩》‘誨女予爵’，正與上下文‘予’字同義，則不得改‘予’爲‘序’矣。《毛詩》作‘告爾憂恤，誨爾序爵，誰能執熱，逝不以濯’，今《墨子》兩‘爾’字皆作‘女’，‘序’作‘予’，‘誰’作‘孰’，‘逝’作‘鮮’，‘以’作‘用’，是墨子所見《詩》，固有異文也。”孫云：“王説是也。王應麟《詩考》引亦作‘序爵’，盧蓋兼據彼文。然王攷多以意改，未必宋本‘予’果作‘序’也，今不據改。《毛詩·大雅·桑柔》傳云：‘濯所以救熱也，禮亦所以救亂也。’鄭箋云：‘恤亦憂也，逝猶去也。我語女以憂天下之憂，教女以次序賢能之爵，其爲之當如手持熱物之用濯。謂治國之道，當用賢者。’”王景羲云：“‘予’即‘序’之聲也。”孰能執熱，鮮不用濯。”孫云：“《詩考》引‘孰’作‘誰’，蓋亦王氏所改。”尹云：“言執熱必濯。”則此語古者國君、諸侯之不可以不執善承嗣輔佐也，孫云：“‘執’，猶親密也。《曲禮》云‘執友稱其仁也’，鄭注云：‘執友，志同者。’《吕氏春秋·遇合篇》云‘故嫫母執乎黄帝’，《列女傳·辯通篇·齊鍾離春傳》云‘衒嫁不售，流弃莫執’，執並與親義相近。此執善，亦言親善也。”譬之猶執熱之有濯也，將休其手焉。孫云：“《爾雅·釋詁》云：‘休，息也。”尹云：“喻尚賢所以息君肩。”純一案：《論語·衛靈公篇》：“無爲而治者，其舜也與，夫何爲哉？恭己正南面而已矣。”《淮南子·主術訓》：“人主之術，因循而任下，責成而不勞，夫乘衆人之智，則無不任也，用衆人之力，則無不勝也。”皆墨家“尚賢”之塙詁。古者聖王唯毋得賢人而使之，“唯”舊作“惟”，孫據王校改。王云：“‘毋’語詞耳，本無意義。‘唯毋得賢人而使之’者，唯得賢人而使之也。下篇曰‘今唯毋以尚賢爲政其國家百姓’，又曰‘以其唯毋臨衆發政而治民’，《節葬下篇》曰‘今唯無以厚葬久喪者爲政’。其字或作‘毋’，或作‘無’，皆是語詞，非有實義也。孟康注《漢書·貨殖傳》曰：‘無，發聲助也。’《管子·立政九敗解篇》曰‘人君唯毋聽寢兵，則羣臣賓客莫敢言兵’，‘人君唯無聽諂諛飾過之言則敗’。其字或作‘毋’，或作‘無’，並與《墨子》同義。”洪説同。尹云：“言得賢則必貴而封之。”般爵以貴之，畢云：“‘般’，讀如頒賜之頒。”曹云：“‘般’與班同。”裂地以封之，尹云：“‘裂’，分也。《晏子春秋·問上》：‘君裂地以封之。’”終身不厭。尹云：“‘厭’，棄也。”賢人唯毋得明君而事之，竭四肢之力，“肢”，王本作“支”。以任君之事，尹云：“《論語》所謂‘事君能致其身者’。”終身不倦，若有美善，則歸之上，疑脱“有過失則歸之下”句，據下文知之。尹云：“記所謂善則歸君。”是以美善在上，而怨謗在下，舊“怨”上衍“所”字，曹本無，今據删。《魯問篇》“是以美善在上，而怨謗在下”，無“所”字。寧樂在君，尹云：“‘寧’，安也。”而憂慼在臣。“慼”王本作“戚”，舊脱“而”字。《魯問篇》“安樂在上而憂慼在臣”，文義與此同，今據補，與上文一律。《晏子春秋·諫下》五章“古之善爲人臣者，聲名歸之君，禍災歸之身”，義可互明。故古者聖王之爲政若此。此上言重任賢士，是聖王所以美善甯樂之道。

今王公大人，亦欲效人以尚賢使能爲政，孫云：“‘效人’，謂效古人之爲政也。”高予之爵而禄不從也，王闓運云：“所謂客卿。”夫高爵而無禄民不信也。尹云：“‘民’，人也，斥受爵者。”曰：“此非中誠愛我也，“誠”舊作“實”，從樂校據俞鈔本改。尹云：“言非誠心，‘中’，心也。”假藉而用我也。”畢云：“古無‘借’字，只用‘藉’。《説文·序》有假借字，从人，俗寫亂之。”孫云：“《漢書·薛宣朱博傳》贊‘假惜用權’，宋祁校云：‘借，蕭該謂本作‘藉’字。’《大戴禮記·衛將軍文子篇》云：‘使其臣如藉。’”夫假藉之民將“之”，猶於也；“將”，當作也。豈能親其上哉！親愛也，近也。故先王言曰：““言”上脱“之”字，下文“故先王之言曰”可證。貪於政者，畢云：“‘貪’舊作‘食’，一本如此。”不能分人以事，厚於貨者，不能分人以禄。”《莊子·天運篇》云“以富爲是者不能讓禄”，“親權者不能與人柄。”事則不與，尹云：“‘與’，授也。”禄則不分，請問天下之賢人，將何自至乎王公大人之側哉？若苟賢者不至乎王公大人之側，則此不肖者在左右也。《晏子春秋·諫下》廿一章“從邪者邇，道害者遠，讒諛萌通，而賢良廢滅”，義可互明。尹云：“‘此’，是也。”不肖者在左右，則其所譽不當賢，而所罰不當暴。《晏子春秋·諫上》八章，“信用讒佞，賞無功，罰不辜”。王公大人尊此以爲政乎國家，尹云：“‘尊’，遵也。”則賞亦必不當賢，而罰亦必不當暴。若苟賞不當賢，而罰不當暴，則是爲賢者不勸，而爲暴者不沮矣。尹云：“‘沮’同‘阻’，止也。”是以入則不慈孝父母，王引之云：“《賈子·道術篇》云：‘親愛利子謂之慈，子愛利親爲之孝。’孝與慈不同，而同取愛利之義，故孝於父母、亦可謂之孝慈。《莊子·漁父篇》曰：‘事親則慈孝。’”出則不長弟鄉里，孫云：“《國語·齊語》云：‘不慈孝於父母，不長弟於鄉里。’”尹云：“言失爲長爲弟之道。”居處無節，出入無度，孫云：“‘節’、‘度’義同。《非命上篇》云：‘坐處不度，出入無節。’”男女無別。使治官府則盜竊，守城則倍畔，“倍”，尹本作“背”。君有難則不死，出亡則不從。《晏子春秋·問上》十九章，忠臣事君“有難不死，出亡不送”，詞同而義正相反。使斷獄則不中，偏聽。尹云：“‘中’，公也。”分財則不均。墨家多財則以分貧，下篇有“財者勉以分人”，蓋求其均也。《於陵子·貧居篇》“均天地之有”，尹云：“‘均’，平也。”與謀事不得，曹本“與”字屬上斷句。舉事不成，入守不固，出誅不彊。故雖昔者三代暴王孫云：“上文云：‘故唯昔三代聖王堯舜禹湯文武之所以王天下正諸侯者’。”王引之云：“雖即唯也，古字通。”桀紂幽厲之所以失措其國家，傾覆其社稷者，王樹枏云：“‘措’讀爲‘錯’。《論語·顔淵篇》‘舉直錯諸枉’，《釋文》‘錯本作措’，皇疏云：‘錯，廢也，謂失廢其國家也。’”以此故也。“以”，畢本作“已”，云：“古字‘以’、‘已’通，一本作‘以’。”曹本同，今從之。以上列舉不任賢之害，即三代暴王滅亡之故。

何則？皆以明小物而不明大物也。孫云：“《周禮·大司徒》鄭注云：‘物猶事也。’”純一案：此總揭上文不能任賢之故，而爲下文開其端。今王公大人，有一衣裳，不能制也，必藉良工；尹云：“‘制’，裁也。”有一牛羊，不能殺也，必藉良宰。孫云：“《吕氏春秋·不苟篇》‘與良宰遺之’，高注云：‘宰謂膳宰。’”故當若之二物者，“之”，是也。王公大人皆知以尚賢使能爲政也。“皆”舊譌“未”，從李選本改。逮至其國家之亂，社稷之危，則不知尚賢使能以治之。舊脱“尚賢”二字，從蘇校補，與上文一律。親戚則使之，無故富貴、面目佼好，則使之。畢云：“‘佼’，‘姣’字假音。《説文》云：‘姣，好也。’”孫云：“《詩·陳風·月出篇》‘佼人僚兮’，《釋文》云：‘佼字又作姣，好也。’”王樹枏云：“故、功一聲之轉，‘無故富貴’，猶言‘無功富貴’。《廣雅》：‘故，事也。’《詩·七月》傳：‘功，事也。’故二字可互訓。下篇，‘其所賞者已無故矣，其所罰者亦無罪’，‘故’與‘罰’相對爲文，是其證。”夫親戚則使之，據上文審校，此脱“親戚則使之”五字，今補，陶校同。無故富貴、面目佼好，則使之，俞云：“上文曰：‘故古者聖王甚尊尚賢而任使能，不黨父兄，不偏富貴，不嬖顔色。’此云‘親戚則使之’，是黨父兄矣，‘無故富貴、面目佼好，則使之’，是偏富貴而嬖顔色矣。”豈必智且慧哉。舊作“智且有慧”。王云：“‘智且慧’，與前‘貴且智’、‘愚且賤’文同一例。‘慧’上不當有‘有’字，蓋後人所加。”純一今據删。孫云：“《説文·心部》云：‘慧，儇也。’”若使之治國家，則此使不智慧者治國家也，尹云：“‘此’，是也。”國家之亂既可得而知已。尹云：“‘既’，概也。”且夫王公大人有所愛其色而使之，“之”字舊脱，從孫校補。尹云：“色，謂佼好。”其心不察其知而與其愛，尹云：“‘知’謂智慧。”純一案：“與”，舉同。是故不能治百人者，使處乎千人之官，不能治千人者，使處乎萬人之官。此其故何也？曰：“處若官者，爵高而禄厚，故愛其色而使之焉。”“處若”舊倒。王云：“‘若’與‘故’義不相屬，‘若處官者’當爲‘處若官者’，若官，此官也。言以處此官者，爵高而禄厚，故特用其所愛也。下文曰‘雖日夜相接以治若官’，是其證。若與此同義，説見上文。”孫據乙，曹本同。夫不能治百人者使處乎千人之官，不能治千人者使處乎萬人之官，則此予官什倍也。舊脱“不能治百人者使處乎千人之官”十三字及“予”字。陶云：“‘不’字衍文。‘夫’字下當有‘能治百人者使處乎’、‘千人之官’二句，皆複舉上文也。又‘官什倍’上，當有‘予’字，‘予官什倍’，亦見下文。本書皆以此爲是，言如此則是‘予官什倍’也。”純一案：陶説是也，今並據補。惟“不”字非衍文，更依上文增一“不”字。夫治之法，將日至者也，《説文》：“‘至’，鳥飛从高下至地也。从一，一猶地也，象形，不上去而至下來也。”“日至”，言事日來而不已也。日以治之，日不什脩，孫云：“《小爾雅·廣言》云：‘脩，長也。’什脩，謂十倍其長。”純一案：言一日不能加長十倍。知以治之，知不什益，言一日中，智能不能增加十倍。曹云：“‘日治’，謂用日力以治事也；‘知治’，謂用才智以治事也。”而予官什倍，則此治一而棄其九矣。雖日夜相接以治若官，尹云：“日夜相接，亦不過如二日之久，可治二而仍棄八。”官猶若不治。此其故何也？則王公大人不明乎以尚賢使能爲政也。以上言王公大人視國家，不若一衣裳一牛羊之重，不尚賢以爲政，故官不治。

故以尚賢使能爲政而治者，自上文“故古者聖王甚尊尚賢而任使能”，至“故古者聖王之爲政若此”，皆是。夫若言之謂也，孫云：“此‘夫’對‘吾’爲文，疑當訓彼。”純一案：“夫若言”疑當作“若夫言”，“夫”，指事之辭，“若”，如也，“言”如前文所言之謂也。以下賢不使能爲政而亂者，自上文“今王公大人亦欲效人以尚賢使能爲政”，至“則王公大人不明乎以尚賢使能爲政也”，皆是。舊脱“不使能”三字，從孫校補。尹云：“下對‘尚言’，則尚者上也。”若吾言之謂也。孫云：“‘若吾言’，疑亦當作‘吾若言’。”純一案：上文全出墨子一人之口，不得言彼，即不得言吾，“吾”字蓋後人以對“若夫言”，誤以夫訓彼隱改，疑本作“若此言”，與“若夫言”相對爲文。“若夫言”，指上文甚遠者；“若此言”，指上文甚近者。今王公大人中誠將欲治其國家，“誠”舊作“實”，從欒校據俞鈔本改。案：本書“實”字，原並作“誠”。《觀下篇》“實知其不能也”兩見，《羣書治要》一引“實”亦作“誠”，《非儒篇》以爲“實在”，《北堂書鈔》百五十八引“實”亦作“誠”可證。欲脩保而勿失，胡不察尚賢爲政之本也？此概言尚賢則治，下賢則亂，遥應篇首“胡不察尚賢爲政之本”。

且以尚賢爲政之本者，亦豈獨子墨子之言哉！此聖王之道，先王之書，距年之言也。畢云：“‘距年’，下篇作‘豎年’，猶云遠年。”孫云：“畢説未塙。”王闓運云：“‘巨年’，古書也。”傳曰：“求聖君哲人，以裨輔而身。”蘇云：“伊訓云‘敷求哲人，俾輔于爾後嗣’，與此略同。”孫云：“《國語·晉語》云‘裨輔先君’，韋注云：‘裨，補也。’此下篇云‘睎夫聖武知人，以屏輔爾身’，文義較詳備，此約述之。裨輔不當有聖君，‘君’蓋亦‘武’之譌。《伊訓》僞孔傳云：‘布求賢智，使師輔於爾嗣王，言仁及後世。’”純一案：“君”猶“尹”也，《説文》：“从尹，發號，故从口。”《白虎通·三綱六紀》曰：“君，羣也，羣下之所歸心也。”“上稱下亦曰君。”《史記·申屠嘉傳》：“上曰：‘君勿言，吾私之。’”君字不誤，指在民上者言。“人”指平民言，“聖君哲人”，相對爲義。胡云：“以下篇文校此，其稍異者，音義皆通。此言‘傳曰’，下云‘湯誓曰’，一傳一經，各著其名。彼言‘豎年之言’然，上言‘吕刑之書’然，亦各著其名，則‘距年之言’爲傳，不得以爲經也，僞古文襲此入《伊訓篇》，作“敷求哲人，裨補于爾後嗣”，去原文之古質遠矣。”《湯誓》曰：孫云：“《書敘》云：‘伊尹相湯伐桀，升自陑，遂與桀戰于鳴條之野，作《湯誓》。今《湯誓》無此文，僞古文摭此爲《湯浩》，謬。”“聿求元聖，尹云：“‘元’，大也。”與之戮力同心，孫云：“《湯誥》僞孔傳云：‘聿，遂也。大聖陳力，謂伊尹。’孔疏云：‘戮力猶勉力也。’案：《説文·力部》云：‘勠，并力也。’戮，勠之借字。”以治天下。”蘇云：“今《書·湯誥篇》無‘同心’以下六字。”胡云：“此作僞古文者，竄取《湯誓》之文，撰爲《湯誥》，欲以此眩惑後人，不知《湯誓》之文，明著于《墨子》，而《湯誥》自有真古文，猶可攷正也。《史記・殷本紀》云：'既絀夏命，還亳，作《湯誥》：維三月，王至於東郊。告諸侯羣后：毋不有功于民云云。'此史遷受於安國之真古文也。"則此言聖王之不失以尚賢使能爲政也。"王"字舊脱，從孫校補，曹本同。故古者聖王唯能審以尚賢使能爲政，無異物雜焉，尹云："'異物'，他事也。"天下皆得其利。孫云："《道藏》本作'列'。"純一案：陸本、唐本並作"列"，非。古者舜耕歷山，孫云："《史記・五帝本紀》同。"畢云："《史記》集解云：'鄭玄曰：在河東。'《水經注》云：'河東郡南有歷山，謂之歷觀，舜所耕處也。有舜井，嬀、汭二水出焉。'"純一案：《太平寰宇》記蒲州河東縣南三十里，即舜耕歷山處。陶河瀕，畢云："此古'濱'字，見《説文》。《史記》集解云：'皇甫謐曰：濟陰，定陶西南陶丘亭是也。'正義曰：'按於曹州濱河作瓦器也。《括地志》云：陶城在蒲州河東縣北三十里，即舜所都也，南去歷山不遠，或耕或陶，所在則可，何必定陶方得爲陶也？舜之陶也，斯或一焉。'據守節説，本《水經注》，是也。"孫云："《水經・濟水》注云：'陶丘，《墨子》以爲釜丘也。'今檢勘全書，無釜丘之文，疑古本比文，或作'陶釜丘'矣。"純一案：《太平寰宇》記河東縣記，故陶城在縣北三十里，《史記》謂"舜陶河濱"即此是。漁雷澤，孫云："《史記・五帝本紀》同。"王云："雷澤本作濩澤，此後人習聞舜漁雷澤之事，而以其所知改其所不知也。《漢書・地理志》：河東郡濩澤縣，應劭曰：'有濩澤在西北。'《穆天子傳》'天子四日休於濩澤'，郭璞曰：'今平陽濩澤縣是也，濩音獲，又音穫。'《水經・沁水》注曰：'濩澤水出濩澤城西白澗渠，東逕濩澤，《墨子》曰：舜漁濩澤，又東逕濩澤縣故城南，蓋以澤氏縣也。'《初學記・州郡部》正文，出'舜澤'二字，注曰：'《墨子》曰：舜漁于濩澤，在濩澤縣西。'今本《初學記》作'雷澤'，與注不合，明是後人所改。又《元和郡縣志・河東道下》、《太平寰宇記・河東道下》、《太平御覽・州郡部九》、《路史・疏仡紀》引《墨子》並作'濩澤'。是《墨子》自作'濩澤'，與他書作'雷澤'者不同。濩澤，在今澤州府陽城縣西嶕嶢山下。下篇'漁於雷澤'，亦後人所改。"堯得之服澤之陽，孫云："'服澤'，詳上篇。"舉以爲天子，與接天下之政，"接"，持也。又《荀子・大略篇》："先事慮事謂之接。"治天下之民。伊摯，有莘氏女之私臣，孫云："《詩・商頌・長發》孔疏引鄭康成《書》注云：'伊尹名摯，湯以爲阿衡，以尹天下，故曰伊尹。"畢云："'莘'，《漢書・外戚傳》作'㜪'。《玉篇》：'㜪，色臻切，有㜪國。'《説文》云：'吕不韋曰：有侁氏以伊尹倴女。'案：《吕氏春秋・本味》云：'有侁氏女子採桑，得嬰兒於空桑之中，獻之其君，其君令烰人養之，長而賢。湯聞伊尹，使人請之有侁氏，有侁氏不可，伊尹亦欲歸湯。湯於是請取婦爲婚，有侁氏喜，以伊尹媵女。’高誘曰：‘侁，讀曰莘。’有莘在今河南陳留縣。《括地志》云：‘古莘國，在汴州陳留縣東五里，故莘城是也。’《陳留風俗傳》云：‘陳留外黄有莘昌亭，本宋地，莘氏邑也。’”親爲庖人，孫云：“《周禮·天官·庖人》鄭注云：‘庖之言苞也，裹肉曰庖苴。’《説文·广部》云：‘庖，廚也。’《莊子·庚桑楚篇》云‘湯以胞人籠伊尹’，《吕氏春秋·本味篇》作‘烰人’，‘胞’、‘烰’並‘庖’之借字。”湯得之舉以爲己相，與接天下之政，治天下之民。“臣”、“人”、“民”爲韻。傅説被褐帶索，尹云：“言以索爲帶，褐謂粗衣。”劉云：“《文選·解嘲》注亦引作‘被褐帶索，庸築傅巖’，與今本同。‘被褐帶索’，非必刑人之服，蓋貧賤執役者之恒飾也。《荀子·富國篇》云‘墨子雖爲之衣褐帶索’，《淮南子·齊俗》云‘貧人則夏被褐帶索’，均其證。”庸築乎傅巖，畢云：“‘庸’，《史記》索隱引作‘傭’，孔安國《書傳》云‘傅巖在虞、虢之界。’《史記》索隱云：‘在河東太陽縣。又夏靖書云：猗氏六十里，河西岸吴阪下，便得隱穴，是説所潛身處也。’案：今在山西平陸縣東二十五里。”孫云：“《書敘》云：‘高宗夢得説，使百工營求諸野，得諸傅巖’，孔疏引鄭康成云：‘得諸傅巖，高宗因以傅命説爲氏。’《僞古文·説命》云：‘説築傅巖之野。’僞孔傳云：‘傅氏之巖，在虞、虢之界。通道所經，有澗水壞道，常使胥靡刑人，築護此道。説賢而隱，代胥靡築之以供食。’《水經·河水注》云：‘沙澗水出虞山東南，逕傅巖，歷傅説隱室前，俗謂之聖人窟。’《史記·殷本紀》‘傅巖’作‘傅險’，音近字通。”武丁得之舉以爲三公，孫云：“《國語·楚語》云‘武丁使以象夢求四方之賢聖，得傅説以來，升以爲公’，韋注云：‘公，三公也。’《史記·殷本紀》云：‘武丁得而與之語，果聖人。舉以爲相，殷國大治。’”與接天下之政，治天下之民。此何故，始賤卒而貴，始貧卒而富？卒，倉卒。《漢書·趙充國傳》“則無以應卒”注：“卒謂暴也。”言聖王求賢於仄陋，破世禄之階級也。則王公大人明乎以尚賢使能爲政。是以民無飢而不得食，寒而不得衣，勞而不得息，亂而不得治者。以上言聖王尚賢爲政，故民無飢寒勞苦而國治。

故古聖王能審以尚賢使能爲政，上“能”字舊本譌“以”。陶云：“上‘以’字當作‘能’，上文云‘故古者聖王唯能審以尚賢使能爲政，無異物雜焉’是其證。”王樹枏云：“上‘以’字涉下‘以’字衍。”純一案：“以”本作“㠯”，與“台”字篆文㠯形近，故誤，“台”古通“能”，今從陶説改。”而取法於天。標明兼愛宗旨。雖天亦不辯貧富貴賤、遠邇親疏，王闓運云：“‘雖’同‘唯’。”尹云：“言其一視同仁。”賢者舉而尚之，不肖者抑而廢之。《老子》曰“天之道坦然而善謀”，《孟子》曰

“順天者存，逆天者亡”，可互明。下文“富貴爲賢得賞，爲暴得罰，親而不善得罰，天之使能”四義，本此演之。

然則富貴爲賢以得其賞者誰也？“也”同“邪”。曰：若昔者三代聖王堯舜禹湯文武者是也。尹云：“‘者’同‘諸’，皆也。”所以得其賞何也？曰：其爲政乎天下也，兼而愛之，從而利之，公正無私，與天合德。《新書·修政語上》：“帝嚳曰：德莫高於博愛人，而政莫高於博利人。”又率天下之萬民以尊天事鬼，舊“尊”上有“尚”字。王樹枏云：“‘尚’字衍，‘以尊天事鬼’，與下‘以詬天侮鬼’儷文。”純一今據删。《禮·大學》所謂“堯舜帥天下以仁而民從之”，義可互明。愛利萬民，了知物我一體，興慈普濟。是故天鬼賞之，立爲天子，立位同。以爲民父母，《天鬼》“萬民通于一心，無不順應”。賞之云者，以迹言耳。萬民從而譽之曰“聖王”，尹云：“‘譽’，偁也。”至今不已。則此富貴爲賢以得其賞者也。“此”，是也。賞之果報，該於賢之因中。

然則富貴爲暴以得其罰者誰也？曰：若昔者三代暴王桀紂幽厲者是也。何以知其然也？曰：其爲政乎天下也，兼而憎之，從而賊之，“賊”舊本譌“賤”。王云：“‘賤’當爲‘賊’，字之誤也。《尚同篇》‘則是上下相賊也’，《天志篇》‘上詬天，中詬鬼，下賊人’，《非儒篇》‘是賊天下之人者也’，今本‘賊’字並誤作‘賤’。此言桀紂幽厲之爲政乎天下，兼萬民而憎惡之，又從而賊害之，非謂賤其民也。上文云‘堯舜禹湯文武之爲政乎天下也，兼而愛之，從而利之’，愛利與憎賊正相反。《天志篇》曰：‘堯舜禹湯文武之兼愛天下也，從而利之；桀紂幽厲之兼惡天下也，從而賊之。’故知‘賤’爲‘賊’之誤。”孫據王說正。

又率天下之萬民“萬”字據上文補。以詬天侮鬼，《禮·大學》所謂“桀紂帥天下以暴而民從之”，尹云：“‘詬’同‘呞’，厚怒聲也。《左昭十二年傳》‘投龜詬天而呼’。”賊殺萬民，“賊殺”舊譌“賤傲”。王云：“‘賤’亦當爲‘賊’，‘傲’當爲‘殺’。《說文》‘敖’字本作‘𢼄’，殺字古文作‘𣀔’，二形相似。‘𣀔’（古文殺字）誤爲‘敖’，又誤爲‘傲’耳。《墨子》多古字，後人不識，故傳寫多誤。此說桀紂幽厲之暴虐，故曰‘詬天侮鬼，賊殺萬民’，非謂其賤傲萬民也。上文言堯舜禹湯文武‘尊天事鬼，愛利萬民’，愛利與賊殺亦相反。《法儀篇》曰：‘禹湯文武兼愛天下之百姓，率以尊天事鬼，其利人多；桀紂幽厲兼惡天下之百姓，率以詬天侮鬼，其賊人多。’故知‘賤傲’爲‘賊殺’之誤。《魯問篇》‘賊敖百姓’，《太平御覽·兵部七十七》引‘賊敖’作‘賊殺’，是其明證也。”孫並據王說正，曹本同。是故天鬼罰之，使身死而爲刑戮，子孫離散，室家毀滅，絶無後嗣，萬民從而非之曰“暴王”，尹云：“‘非’，毁也。”至今不已。所謂遺臭萬年。則此富貴爲暴以得其罰者也。以上舊衍“而”字，今據上下文删，文同一例。

然則親而不善以得其罰者誰也？曰：若昔者伯鯀，帝之元子，孫云：“《大戴禮記·帝繫篇》云：‘顓頊産鯀。’《史記·夏本紀》云‘鯀之父曰帝顓頊’，索隱云：‘皇甫謐云：鯀，帝顓頊之子，字熙。’《系本》亦以鯀爲顓頊子。《漢書·律歷志》則云：‘顓頊五代而生鯀。’按鯀既仕堯，與舜代系殊懸，舜即顓頊六代孫，則鯀非是顓頊之子。蓋班氏之言近得其實。’《漢志》亦引《帝繫》，而與今本《大戴禮》舛異。《楚辭·離騷》王注引《帝繫》及《淮南子·原道訓》高注，説並與《漢志》同。《吴越春秋·越王無余外傳》亦以鯀爲顓頊之後。此書云帝之元子，疑《墨子》於鯀之世繫，未能審校其年代也。”純一案：《大戴禮》“顓頊産鯀”，言鯀出於顓頊氏，非必即帝顓頊之子，《史記》誤。此帝指舜言，元子或即長輩之意，明其親也，墨子不誤。廢帝之德庸，孫云：“《左傳》襄二十五年杜注云：‘庸，用也。’”既乃刑之于羽之郊，畢云：“郭璞注《山海經》云：‘今東海祝其縣西南有羽山。’案：在今山東蓬萊縣。”孫云：“《史記》正義引《括地志》云：‘羽山在沂州臨沂縣。’《書·堯典》、《孟子·萬章篇》、《史記·五帝本紀》並云：‘殛鯀於羽山。’《晉語》韋注云：‘殛，放而殺也。’案：此‘刑’亦謂放，故下云‘乃熱照無有及也’。《山海經》云‘殺鯀於羽郊’，亦謂鯀放而死也。”乃熱照無有及也，孫云：“此似言幽囚之，日月所不照。”帝亦不愛。則此親而不善以得其罰者也。

然則天之所使能者誰也？劉云：“‘使能’上疑脱‘尚賢’二字。”曰：若昔者禹稷皋陶是也。何以知其然也？先王之書，《吕刑》道之。孫云：“《書敘》云：‘吕命，穆王訓夏贖刑作《吕刑》。’”尹云：“《吕刑》，書篇名，《大傳》作《甫刑》。‘道’，言也。”曰：“皇帝清問，下民有辭有苗。”孫云：“《書·釋文》引馬融云：‘清問，清訊也。’僞孔安國傳云：‘帝堯詳問民患，皆有辭怨於苗民。’孔疏引鄭康成説，亦以此皇帝爲堯。”畢云：“孔書作‘鰥寡有辭于苗’。”尹云：“《書·吕刑》鄭注：‘苗謂九黎之君’。”胡云：“‘皇帝清問’四字爲句，‘下民有辭有苗’爲句，‘曰’字以下乃下民訟有苗之辭。”曰：“羣后之肆，在下明明不常，畢云：“孔書“肆”作“逮”，“不”作“棐”，傳云“輔”，據此當作“匪”。”孫云：“‘肆’，正字，作‘隸’，與逮聲類同，古通用。此‘肆’即‘逮’之叚字。《書》作‘棐’者，‘匪’之叚字，匪、不義同，畢説得之。僞孔傳云‘羣后諸侯之逮在下國，皆以明明大道，輔行常法’，非經義。”鰥寡不蓋，孫云：“今書‘羣后’以下十四字，在‘皇帝清問下民’上。僞孔傳云：‘使鰥寡得所，無有掩蓋。’”胡云：“‘羣后之肆’四字爲句，言有苗乃羣后之所隸屬。《周禮》師氏‘率四夷之隸’，故書‘隸’或作‘肆’，鄭司農讀爲‘隸’。‘在下明明’不常句，‘鰥寡’不蓋句，此二句言有苗之虐在下者，明明用非常之刑，‘明明’讀如‘明明敭仄陋’之明明。‘蓋’，覆也，鰥寡不能蓋覆以德，此三句皆訟有苗之辭。”純一案：《尚同中篇》“逮至有苗之制五刑，以亂天下”，則胡説是，僞孔傳之謬明矣。德威維威，畢云：“孔書作‘畏’。”孫云：“‘維’，孔書作‘帷’，下同。《禮記·表記》引《甫刑》二‘畏’字亦並作‘威’，與此同。”德明維明。”“常”、“明”韻。胡云：“‘德威’二句，則鄭君所謂堯誅苗之事，維威則誅苗也，維明則去苗非常之刑也。”乃名三后，畢云：“孔書‘名’作‘命’。”孫云：“‘名’、‘命’通。《説文·口部》云：‘名，自命也。’”恤功於民。孫云：僞孔傳云：‘堯命三君，憂功於民。’”伯夷降典，哲民維刑。畢云：“孔書‘哲’作‘折’。”王引之云：“折之言制也，‘折’正字，‘哲’借字。”孫云：“僞孔傳云：‘伯夷下典禮，教民而斷以法。’《漢書·刑法志》引‘折’作‘悊’，‘悊’、‘哲’字同，與此書合。”胡云：“《説文·口部》：‘哲，智也。’‘哲民維刑’，謂牖民智而愓之以刑。”禹平水土，主名山川。古音樞倫切。孫云：“僞孔傳云：‘禹治洪水，山川無名者主名之。’”尹云：“《爾雅》言‘從釋地以下至九河，皆禹所名也’。”稷隆播種，孫云：“‘隆’，畢本依《吕刑》改爲‘降’。”王云：“古者‘降’與‘隆’通，不煩改字。《非攻篇》‘天命融隆火于夏之城’，亦以‘隆’爲‘降’。《喪服小記》注‘以不貳降’，《釋文》：‘降，一本作隆。’《説文》：‘隆，從生，降聲。’是隆、降古同聲，故‘隆’字亦通作‘降’。”農殖嘉穀。孫星衍云：“農者，《廣雅·釋詁》云：‘勉也’；殖者，《文選·藉田賦》注引《蒼頡篇》云‘種也’。”孫云：“孫説是也，王念孫、劉逢禄説同。僞孔傳云：‘后稷下教民，播種農畝生善穀。’”三后成功，維假於民。”“民”、“刑”、“川”、“民”韻。畢云：“‘假’，一本作‘叚’。孔書亦作‘殷’。王鳴盛云：‘疑隸變相似而誤。’”孫云：“僞孔傳云：‘各成其功，惟所以殷盛於民。言禮教備，衣食足。’此作‘假’，蓋與‘嘏’通。《士冠禮》釋文云：‘嘏，本或作假。’《爾雅·釋詁》云：‘嘏，大也。’《説文·古部》云：‘嘏，大遠也。’‘維假於民’，言其功施於民者大且遠，下文所謂‘萬民被其利’也。王應麟《漢書藝文志攷證》引《墨子》亦作‘假’，則宋本固如是。今本或作‘叚’，乃據孔書改，非其舊也。”胡云：“‘假’讀如假于上下之假。《説文》引《虞書》‘假於天以及民’，《墨子》所謂‘事天則天鄉其德，下施則民被其利也’，此皆墨子説經之古誼。此文存古《尚書》之真，誠可寶貴也。則此言三聖人者，謹其言，慎其行，精其思慮，索天下之隱事遺利，尹云："'索'，求也。"以上事天，則天鄉其德，孫云："'鄉'當讀爲'亯'。《明鬼下篇》云：'帝享女明德'。"尹云："'鄉'，饗也。"下施之萬民被其利，終身無已。萬民終其身，心安於禮法，身安於居，足於食，利孰大焉。據上文"則此富貴爲賢以得其賞者也，則此富貴爲暴以得其罰者也。則此親而不善以得其罰者也"，三句審校。此當有"則此天之所以尚賢使能者也"一句，而今本脱之，當補。以上皆言天尚賢無私，所以兼愛之例證。

故先王之言曰："此道也，大用之天下則不窕，舊本譌"究"。畢云："一本作'窕'，非。"王云："作'窕'者是也。"説見《管子·宙合篇》。孫云："《尚同下篇》亦云'大用之治天下不窕'，今據正。"説詳《尚同下篇》，曹本作"窕"。純一案：《淮南子·原道訓》："處小而不通，處大而不窕。"高注："在小能小，在大能大。"小用之則不困，小用之下，疑脱"一國一家"四字。《尚同下篇》云："大用之治天下不窕。小用之治一國一家而不横。"可證。脩用之則萬民被其利，終身無已。""脩"曹本作"修"。尹云："'脩'，長也。"《周頌》道之曰："聖人之德，昭於天下，若天之高，若地之普，舊作"其有昭於天下也，若地之固"，今從俞校，删"其有也若地之固"七字，並移"昭於天下"於"若天之高"上。江有誥云："普、下，魚部。"若山之承，孫云："'承'與'丞'通。《説文·収部》云：'丞，翊也。从卩，从収，从山，山高奉承之義。''若山之承'亦言如山之高也。"不坼不崩；"坼"，裂也；"崩"，壞也。言聖人性德堅定，超象外而屹立，止其所以厚終，静而能持，惟山可表德也。江有誥云："承、崩，蒸部。"《古音諧》三登引此。若日之光，若月之明，《唐韻正·十二庚》云：'古音謨郎反。今以字母求之，似當作彌郎反。"與天地同常。"俞云："此文疑有錯誤，當云：'聖人之德，昭於天下，若天之高，若地之普，若山之承，不坼不崩；若日之光，若月之明，與天地同常。'蓋首四句，下普隔句爲韻，中二句承、崩，末三句光、明、常，皆每句協韻。'昭於天下'句，傳寫脱去，而誤補於'若地之普'下，則首二句無韻矣。又增'其有也'三虚字，則非頌體矣。既云：'若地之普'，又云'若地之固'，重複無義，故知其錯誤也。"純一案：江有誥云："光、明、常，陽部。"《古音諧》十六庚引此。《莊子·在宥篇》"與日月參光，與天地爲常"，義同。王景羲云："今《周頌》無此文。"王闓運云："天保詩説也，以雅爲頌。"則此言聖人之德，章明博大埴固以脩久也。畢云："埴訓黏土，堅牢之意。"孫云："《淮南子·

泰族訓》云：'勇者可令埴固。'"故聖人之德，蓋總乎天地者也。《禮記·中庸》言聖人與天地合德，"博厚配地，高明配天，悠久無疆"，義同。曰"總乎天地"者，攝萬歸一，大宇宙之總，天地在心内現也，此聖人盡性之極功，墨道貴兼之精義，尚賢特其運智成悲，傅利衆生之粗迹耳。以上言"尚賢"之極，可以明貞日月，德總天地。

今王公大人欲王天下、正諸侯，孫云："'正'，長也，詳《親士篇》。"夫無德義將何以哉？其説將必挾震威彊。尹云："'震'同'振'，持也。"今王公大人將焉取挾震威彊舊有"哉"字，蓋涉上而衍，今删。傾者民之死也？孫云："此冡上'將焉取挾震威彊'爲問辭。'者'當爲'諸'之省，'也'古與'邪'通。《漢書·田蚡傳》'欲以傾諸將相'，顔注云：'傾，謂踰越而勝之也。'此云'傾諸民之死'，亦言驅民使必死以相傾也。"民生爲甚欲，死爲甚憎，"憎"，惡也。所欲不得，而所憎屢至，畢云："'屢'即'屨'字省文。《史記》或作'屨'，《漢書》或作'婁'，皆訓數。"自古及今，未嘗能有以此王天下、正諸侯者也。舊作"未有嘗"。蘇云："上'有'字衍。"樂云："《道藏》本及唐本'未'下無'有'字"，畢本衍。純一案：陸本亦作"未嘗"，今並據删，曹本同。今王公大人欲王天下正諸侯，"王公"二字舊脱，據上文補，文同一例。將欲使意得乎天下，名成乎後世，故不察尚賢爲政之本也？孫云："'故'亦與'胡'同。"曹本、王本、尹本並作"胡"。"政"上"爲"字舊脱，王據上文補，孫本、曹本並同。"也"讀"邪"。此聖人之厚行也。聖人含德甚厚，故能載物。此言王天下、正諸侯，必以德義，要在尚賢爲政。

曹云："尚賢之道，不患有賢而弗尚，特患所尚之非賢。故曰：'臨亂之君，各賢其臣，桀紂幽厲之所嚮用者，豈以爲不賢而用之哉？聖王兼愛天下之人，故以能利人者爲賢。暴王專縱一己之欲，故以佼好便僻聚斂掊克爲賢。'然則尚賢雖爲爲政之本，要必有端乎尚賢之本者，否則所謂賢者不賢也，烏足尚哉？墨者之宗旨，在'勤'、'儉'、'兼愛'三者，必人之勤儉而愛人者，始得爲賢；又必君之勤儉而愛人者，乃能用賢也。

尚賢下第十

子墨子言曰：天下之王公大人，皆欲其國家之富也，人民之衆也，刑法之治也，然而不識以尚賢爲政於其國家百姓，"於"字舊脱，從王闓運校補。王公大人本失尚賢爲政之本也。"本失"，王本作"未知"，下同。若苟王公大人本失尚賢爲政之本也，則不能毋舉物示之乎？曹云："'毋'語詞。"今若有一諸侯於此爲政於其國家也，下"於"字舊脱，依上文王闓運校補。曰："凡我國能射御之士，我將賞貴之，不能射御之士，我將罪賤之。"尹云："時君尚武，故舉射御以爲喻。"問於若國之士，孰喜孰懼？我以爲必能射御之士喜，不能射御之士懼。我嘗因而誘之矣，"嘗"舊譌"賞"。孫云："'賞'當爲'嘗'。嘗，試也。此句爲下文發端。書中'嘗'字多譌爲'賞'，詳《尚同下篇》。"純一案：孫説是也，今據正，曹本、王本並作"嘗"。曹云："'誘'，進也。"李選本"因"作"内"。曰："凡我國之忠信之士，我將賞貴之；不忠信之士，我將罪賤之。"問於若國之士，孰喜孰懼？我以爲必忠信之士喜，不忠不信之士懼。今惟毋以尚賢爲政於其國家百姓，孫云："'毋'，語詞。説詳中篇。""於"字舊脱，歐陽云："據'然而不識以尚賢爲政於其國家百姓'句，其上當補'於'字。"今從之。使國之爲善者勸，"國"下"之"字舊脱，據下文補，文同一例。爲暴者沮，大以爲政於天下，畢云："'大'，一本作'夫'。"使天下之爲善者勸，爲暴者沮。然昔吾所以貴堯舜禹湯文武之道者，何故之以哉？王闓運云："'昔'當作'若'。"純一案："昔"字疑當移置"貴"下"堯"上，似對下文"今"字言，故下舊脱"之"字，今校補。《尚同中篇》："屢言何故之以也。"以其唯毋臨衆發政而治民，使天下之爲善者可而勸也，王云："'可而'猶'可以'也。下文曰'上可而利天，中可而利鬼，下可而利民'，與此文同一例。"爲暴者可而沮也。然則此尚賢者也，與堯舜湯文武之道同矣。以上言"尚賢"爲政之本，堯舜禹湯文武皆然。

而今天下之士君子，居處言語皆尚賢，"居處"李選本、陸本作"處居"。逮至其臨衆發政而治民，莫知尚賢而使能，所謂口言而身不行。我以此知天下之士君子，明於小而不明於大也。上"於"字舊本脱。孫據《群書治要》增，與下文合。何以知其然乎？孫云："《治要》作'也'。"今王公大人有一牛羊之財，畢云："同'材'。"不能殺，必索良宰；《貴義篇》："世之君子，使爲一犬一彘之宰，不能則辭之，使爲一國之相，不能而爲之，豈不悖哉？"尹云："'索'，求也。"有一衣裳之財，不能制，必索良工。當王公大人之於此也，雖有骨肉之親、無故富貴、面目美好者，誠知其不能也，"誠"舊作"實"，從欒校據俞鈔本改。不使之也。是何故？恐其敗財也。當王公大人之於此也，則不失尚賢而使能。《鶡冠子·世賢篇》："堯之任人也，不用親戚，而必使能；其治病也，不任所愛，必使舊醫。"王公大人有一罷馬不能治，孫云："'罷'，《治要》作'疲'，下同。案：'罷'、'疲'字同。《國語·齊語》云'天下諸侯罷馬以爲幣'，韋注云：'罷，不任用也。'《管子·小匡篇》作'疲馬'，尹知章注云：'疲，謂瘦也。'尹云："'罷'，病也。"必索良醫；有一危弓不能張，孫云："《考工記·弓人》云'豐肉而短，寬緩以荼，若是者爲之危弓'，鄭注云：'危，猶疾也。'"純一案：鄭注："荼，古文舒假借字。"尹云："'危'同'乖'，反也。《廣雅》作'恑'。"必索良工。當王公大人之於此也，雖有骨肉之親、無故富貴、面目美好者，誠知其不能也，"誠"舊作"實"，從欒校據俞抄本改。孫云："《治要》作'誠'。"必不使。是何故？恐其敗財也。當王公大人之於此也，則不失尚賢而使能。逮至其國家則不然，孫云："'逮至'《治要》作'至建'。"王公大人骨肉之親、無故富貴、面目美好者，則舉之，此譬猶瘖者而使爲行人，聾者而使爲樂師，"此譬猶"十七字，舊錯置下文"而不明於大也"下，今從曹本移此。孫云："《說文·疒部》云：'瘖，不能言也。'"尹云："《周禮》有行人樂師，須善辭知音者爲之。"純一案：《易·鼎》云："鼎折足，覆公餗，其形渥，凶。"《繫辭》言："不勝其任也。"則王公大人之親其國家也，《孟子·滕文公上》"信以爲人之親其兄之子"，注："親，愛也。"不若親其一危弓、罷馬、衣裳、牛羊之財與？"親其"，《治要》作"其親"。我以此知天下之士君子，皆明於小而不明於大也。畢云："舊脱'明'字，一本有。"孫云："《道藏》本、季本並有。"純一案：陸本、唐本及《治要》均有，《魯問篇》云："高爵禄則以讓賢，可謂明於大。"

是故古之聖王之治天下也，其所富，其所貴，未必王公大人骨肉之親、無故富貴、面目美好者也。是故昔者舜耕於歷山，陶於河瀕，漁於雷澤，孫云："當作'濩澤'，説詳上篇。"反於常陽，"反"舊作"灰"。畢云："疑即恒山之陽。"洪云："'灰'當是'販'字之譌，《尚書大傳》'販於頓丘'。《史記·五帝本紀》'就時於負夏'，索隱'就時猶逐時，若言乘時射利也'，於義亦與販相近。"俞云："'灰'疑'反'字之誤。'反'者'販'之叚字，販從反聲，古文以聲爲主，故止作'反'也。"純一案：洪、俞說均是也，今據正。堯得之服澤之陽，立爲天子，"立"、"位"同，下同。使接天下之政，而治天下之民。昔伊尹爲莘氏女師僕，畢云："'僕'，佚也。'女師'，見《詩》云：'言告師氏。'"王云："'僕'即'佚'

之譌。此謂有莘氏以伊尹媵女，非以爲僕也。《説文》：'佚，送也。吕不韋曰：有侁氏𠂹伊尹佚女。'侁、莘同。今本《吕氏春秋·本味篇》'佚'作'媵'。經傳皆作'媵'，而'佚'字罕見。唯墨子書有之，而字形與'僕'相似，因譌而爲'僕'。"孫云："王説近是。"曹本從王校作"倴"，云："即媵字。"王闓運云："御姆車。"尹承王説云："《説文》：'姆，女師也，讀若母。'《列女傳》有'魯母師'。"使爲庖人，湯得而舉之，立爲三公，使接天下之政，而治天下之民。"而"字舊脱，據上下文增。昔者，傅説居北海之洲，畢云："《書》正義云：'尸子云：傅巖在北海之洲。'孔傳云：'傅巖在虞、虢之界。''洲'當爲'州'。"孫云："虞、虢界近南河，距北海絶遠，《墨子》、《尸子》説，蓋與漢晉以後地理家異。"純一案：北海，疑當爲河北之倒誤。圜士之上。畢云："《史記·殷本紀》云'説爲胥靡，築於傅巖'，孔傳云'説賢而隱，代胥靡築之以供食'，故此云圜士也。"孫云："《吕氏春秋·求人篇》亦云：'傅説，殷之胥靡也。'《周禮·大司徒》鄭注云：'圜土，謂獄也。獄城圜。'又《比長》注云：'圜土者，獄城也。獄必圜者，規主仁，以仁心求其情。古之治獄者，閔於出之。'《釋名·釋宫室》云：'獄又謂之圜土，言築土表牆，其形圜也。'《月令·仲春》'命有司省囹圄'，孔疏引《鄭記·崇精問》曰：'獄，周曰圜土，殷曰羑里，夏曰均臺。'案：周以圜土爲繫治罷民之獄。據此書，則殷時已有圜士之名，不自周始矣。"尹云："《水經注》曰：'夏曰夏臺，殷曰羑里，周曰囹圄，皆圜土也。紂都朝歌，而羑里在蕩陰，則圜土必在國都地也。'此云圜土之上，謂冀都夏臺之上，在今山西夏縣，與平陸縣爲接壤地者。"衣褐帶索，庸築於傅巖之城，武丁得而舉之，立爲三公，《文選·揚子雲解嘲》注引此，作傅説"被褐帶索，庸築傅巖，武丁得之，舉以爲三公"。使接天下之政，"使"下舊衍"之"字，今據上文删。而治天下之民。是故昔者堯之舉舜也，湯之舉伊尹也，武丁之舉傅説也，豈以爲骨肉之親、無故富貴、面目美好者哉？惟法其言，孫云："惟《治要》作'唯'。"純一案：李選本、陸本、唐本並作"唯"。用其謀，行其道，上可而利天，孫云："'而'猶以也。"中可而利鬼，下可而利人。聖賢爲政，務盡其性以贊天地之化育，能令太和翔洽，風雨時，鬼神歆，兆民祇協。以上言古聖王求賢於仄陋，法其言，用其謀，行其道，而天鬼人無不利。

是故推而上之，古者聖王既審尚賢，欲以爲政，故書之竹帛，尹云："古無紙，書字者用竹簡或帛。"琢之槃盂，孫云："《爾雅·釋器》云：'雕謂之琢。'《韓非子·大體篇》云：'至安之世，不著名於圖書，不録功於盤盂。'"尹云："'槃'，承槃；'盂'，飲器也。"傳以遺後世子孫。於先王之書，《吕刑》之書然，王曰："於！畢云："孔書作'吁'。"孫云："僞孔傳云：'吁，歎也。'《釋文》引馬融本作'于'，云：'于，於也。'"純一案："於"讀若"於戲"之於，音鳴。來，有邦有土，"邦"舊作"國"。畢云："孔書'國'作'邦'。"孫云："孔傳云：'有國土諸侯。'《史記·周本紀》亦作'國'。尹云："有國者，畿外諸侯；有土者，畿内有采地之臣。"胡云："唐《正義》本《吕刑》文'國'作'邦'。《史記》'邦'多作'國'，避漢諱也，此當爲漢人傳寫所改。"純一案：胡説是，今據正，復本書之舊。告女訟刑，段玉裁云："訟刑，公刑也，古訟、公通用。"畢云："孔書'女'作'爾'，'訟'作'詳'。"王鴻盛云："《墨子》作'訟'，从《詳》而傳寫誤。"孫云："王説是也。今《書》又改作'祥'，孔傳云：'告汝以善用刑之道。'《周禮·大宰·大司寇》鄭注引，並作'詳'。《後漢書·劉愷傳》李注引鄭《書》注云'詳，審察之也。'此'訟'疑即'詳'之誤。"胡云："《史記》亦引此文，《周本紀》云：'告汝祥刑'，'祥'與'詳'音義皆通，故以'祥'代'詳'，僞《古文》因而作'祥'。《墨子》作訟，訟之爲公，當云以公理其刑。"在今而安百姓，畢云："孔書'而'作'爾'是。"女何擇不人？"不"舊作"言"。畢云："孔書無'女'字，作'何擇非人'。"王引之云："'言'當爲'否'，篆書'否'字作''，'言'字作''，二形相似。隸書'否'字或作''，'言'字或作''，亦相似，故'否'誤爲'言'。否與不，古字通，故下二句云'何敬不刑，何度不及'也。今《書》作'何擇非人，何敬非刑，何度非及'，非、否、不、並同義。"孫云："王説是也。"純一今據正，曹本同。何敬不刑？何度不及？"孫云："孔傳云：'在今爾安百姓兆民之道，當何所擇，非惟吉人乎？當何所敬，非惟五刑乎？當何所度，非惟及世輕重所宜乎？'《釋文》引馬融云：'度，造謀也。'案：以此下文推之，則《墨子》訓'不及'，爲不及堯舜禹湯文武之道，猶言何慮其不能逮也，與孔説異。"能擇人而敬爲刑，堯舜禹湯文武之道可及也。胡云："釋經簡質而明顯，此最古之誼也。"是何也？則以尚賢及之，尹云："句。"於先王之書，豎年之言然，畢云："'豎'，距字假音。"曰："晞夫聖武知人，"晞"舊譌"睎"。畢云："疑當从目。"孫云："畢説是也。《説文·目部》云：'睎，望也。'聖武，謂聖人與武人也。知與智通。《逸周書·皇門篇》云：'乃方求論擇元聖武夫，羞于王所。'"純一案：曹本作"晞"，今從之。以屏輔而身。"尹云："'屏'，藩也。"此言先王之治天下也，必選擇賢者，以爲其羣屬輔佐也。"也"字舊在下文"曰今"下，曹本移此，今從之。以上言古書以尚賢垂訓。

曰：今天下之士君子，皆欲富貴而惡貧賤。"之"舊譌"言"。王云：

“‘言’當爲‘之’，‘今天下之士君子，皆欲富貴而惡貧賤’，又見下文。草書‘言’與‘之’相似，故‘之’譌爲‘言’。”孫據王説正，曹本同。曰：然，女何爲而得富貴而辟貧賤？“辟”，除也。畢云：“‘辟’，同避。”曰：莫若爲賢。“曰”字舊脱，今從曹本增。爲賢之道將柰何？曰：有力者疾以助人，有財者勉以分人，有道者勸以教人。王樹枏云：“《後漢書·馬融傳》注云：‘勸，勉也。《宋策》‘許救甚勸’注云：‘勸，力也。’勸與上疾勉同義。”曹云：“‘勸’，詳勉也。墨子之所謂賢者，以其利於人也，勸則能利於人矣。”純一案：《天志中篇》：“子墨子曰：天之意欲人之有力相營，有道相教，有財相分。”知此三者，固墨氏兼愛交利之宗風。近世所謂“互助論”，不是過也。若此，則飢者得食，寒者得衣，亂者得治。若飢則得食，寒則得衣，亂則得治，此安生生。王引之云：“安猶乃也。言如此乃得生生也。”今王公大人其所富，其所貴，皆王公大人骨肉之親、無故富貴、面目美好者也。今王公大人骨肉之親、無故富貴、面目美好者，焉故必知哉。孫云：“《論語·子路》皇侃義疏云：‘焉猶何也。’顔之推《家訓·音辭篇》引葛洪《字苑》云：‘焉字訓何，訓安，音於愆反。’”曹云：“知與智同。”若不知，曹云：“智。”使治其國家，則其國家之亂，可得而知也。今天下之士君子皆欲富貴而惡貧賤，然女何爲而得富貴而辟貧賤哉？曰：莫若爲王公大人骨肉之親、無故富貴、面目美好者。舊本脱此八字，王據上下文補，曹本同，下又增“也”字。夫王公大人骨肉之親，“夫”字舊脱，從王本增。無故富貴、面目美好者，此非可學而能者也。“而”字舊脱，從王校增，曹本同。尹云：“言美好乃天賦，不可以學而能。”使不知辯，舊本脱“知”字，孫據《道藏》本補。德行之厚，若禹湯文武，不加得也，尹云：“言德如聖王，終貧賤而無所得。‘辯’，辨别也。”王公大人骨肉之親、躄瘖聾瞽，尹云：“言不美好。”暴如桀紂，不加失也。舊無“瞽”字，如作爲。孫云：“《説文·止部》云：‘壁，人不能行也。’《吕氏春秋·盡數篇》高注云：‘躄，不能行也。’‘躄’即‘壁’之或體。‘躄、瘖、聾’皆癈疾，不宜與‘暴’並舉。且《荀子·非相篇》稱桀、紂長巨姣美，則必無此諸疾，疑‘聾’下脱一字，下‘暴爲桀、紂’自爲句。‘爲’又‘如’之誤，二字艸書相近。‘躄、瘖、聾’，言其有惡疾。‘暴如桀、紂’，言其有惡行也。又案：‘聾’下或脱‘瞽’字，《耕柱篇》亦云‘聾瞽’。”純一今並據孫校補正，案：“聾瞽”喻無聞見，“躄瘖”喻無言行，非必惡疾。言王公大人骨肉之親，雖面目美好，實猶躄瘖聾瞽，甚至暴如桀紂也。是故以賞不當賢，“以”字衍。罰不當暴，其所賞者已無故矣，“無故”即“無功”。其所罰者亦無罪。是以使百姓皆攸心解體，畢云：“‘攸’，一本作‘放’。”孫云：“‘攸’與‘悠’通，言悠忽也。《淮南子·脩務訓》高注云：‘悠忽，游蕩輕物也。’”曹本、王本並作“放心”。沮以爲善，王闓運云：“‘以’，其。”曹云：“‘沮’，抑也。沮以爲善者，謂不相勸勉爲善也。”垂其股肱之力，孫云：“‘垂’義不可通，字當作‘舍’，艸書二字形近而誤。《尚同中篇》云‘至乎舍餘力不以相勞，隱匿良道不以相教，腐朽餘財不以相分’，與此文意正同。《節葬下篇》亦云：‘無敢舍餘力，隱謀遺利，而不爲親爲之者矣。’此以下六句，即舍力、遺利、隱謀之事。”純一案：“垂”字不誤，讀如垂衣垂手之垂，言不用其股肱之力。而不相勞來也；孫云：“《爾雅·釋詁》云：‘勞來，勤也。’《孟子·滕文公篇》云：‘勞之來之。’《史記·周本紀》云：‘武王曰：日夜勞來，定我西土。’《説文·力部》云：‘勑，勞勑也。’‘勞來’，即勞勑。”腐臭餘財，畢云：“‘臭’，殠省文。”曹本作“殠”，云：“殠與朽同。”而不相分資也；孫云：“《戰國策·齊策》高誘注云：‘資，與也。’《莊子·大宗師篇》郭象注云：‘資者，給濟之謂。’”尹云：“財久藏則腐臭。”隱慝良道，孫云：“《尚同》上、中並作‘隱匿良道’。”畢云：“‘慝’即‘匿’字異文。隱匿之字，亦寫从心，知經典慝惡字即匿也。”而不相教誨也。曹云：“《墨子》之所謂賢者，勤而愛人也，不尚賢，則人相尚以放逸而不愛人矣。”若此，則飢者不得食，寒者不得衣，亂者不得治。舊本脱此十二字，王據上文補，孫從之，曹本“治”下有“矣”字。舊有“推而上之以”五字，王云：“此五字與上下文義不相屬，蓋涉上文‘推而上之’而衍。”純一案：王説是也，今據刪。以上言尚賢則有力相助，有財相分，有道相教，民皆安生而治，不尚賢則一切相反。

是故昔者，曹本無“是故”二字。堯有舜，舜有禹，禹有皋陶，湯有小臣，孫云：“此即上文所謂‘伊尹爲有莘氏女師僕也。《楚辭·天問》云‘成湯東巡，有莘爰極，何乞彼小臣，而吉妃自得’，王注云：‘小臣，謂伊尹也。’《吕氏春秋·尊師篇》云：‘湯師小臣’，高注云：‘小臣謂伊尹。’”尹云：“《吕覽·知度》：‘故小臣吕尚聽，而天下知殷周之王也。’”武王有閎夭、泰顛、南宫括、散宜生，孫云：“閎夭、泰顛、南宫括、散宜生，並見《書·君奭篇》。散宜生亦見《孟子·盡心篇》，趙注云：‘散宜生，文王四臣之一也。散宜生有文德而爲相。’《大戴禮記·帝繫篇》注：‘堯娶於散宜氏之女。’散宜蓋以國爲氏也。畢云：“紂拘文王於羑里，於是散宜生乃以千金求天下之珍怪，得聊騶鷄斯之乘，玄玉百工，大貝百朋，玄豹黄羆，青豻白虎，文皮千合，以獻於紂。以費仲而通，紂見而悦之，乃免其身，殺牛而賜之。見《淮南子·道應訓》。”而天下和，庶民阜。是以近者安之，遠者歸之。日月之所照，舟車之所及，雨露之所漸，孫云：“《廣雅·釋詁》云：‘漸，漬也。”粒食之所養，王云：“自‘而天下和’至此，凡三十七字，舊本誤入下文‘國家百姓之利’之下，今移置於此。”孫云：“王校是也，今依乙正。粒食，謂食穀之人。《小爾雅·廣物》云：‘穀謂之粒。’《書·益稷》云‘蒸民乃粒’，僞孔傳云：‘米食曰粒。’《天志上篇》云：‘四海之内，粒食之民。’《王制》云：‘西方曰戎，被髮衣皮，有不粒食者矣。北方曰狄，衣羽毛穴居，有不粒食者矣。’”得此莫不勸譽。“勸”者相勉爲善，“譽”者頌揚上德。以上言堯舜禹湯文武尚賢之效。

且今天下之王公大人士君子，中實將欲爲仁義，求爲上士，上欲中聖王之道，下欲中國家百姓之利，王云：“自‘得此莫不勸譽’至此，凡四十五字，舊本誤入上文‘而天下和’之上，今移置於此。‘得此莫不勸譽’，舊本脱‘莫’字，今補。‘求爲上士’，舊本脱‘上’字，今據各篇補。”孫云：“王校是也，今依乙補。”故尚賢之爲説不可不察也。舊作“而不可不察此者也”。孫云：“《治要》作‘是故尚賢之爲説，不可不察也。’”純一今據删而此者三字。尚賢者，天鬼百姓之利，而政事之本也。

欒云：“《尚賢》、《尚同》、《兼愛》、《非攻》、《節用》、《節葬》、《天志》、《明鬼》、《非樂》、《非命》，是爲十論，共三十篇，今存二十三篇，皆有意義之篇題，爲墨子上説下教之言而由其徒記述之者也。《魯問》題云：‘子墨子游，魏越曰：既得見四方之君子，則將先語？子墨子曰：入國必擇務而從事焉。國家昏亂則語之《尚賢》、《尚同》；國家貧則語之《節用》、《節葬》；國家憙音湛湎則語之《非樂》、《非命》；國家淫僻無禮則語之《尊天》、《事鬼》；國家務奪侵淩則語之《兼愛》、《非攻》；故曰：必擇務而從事焉。’據是言之，十論皆墨子治國救時之術，而墨之所以爲學者亦盡在是矣。各具三篇，以上中下分題之，其文各具首尾，不相連續，字句攸異，而大旨無殊，蓋亦篇自爲書者也。俞蔭甫疑其爲相里、相夫、鄧陵三家相傳之本，後人合以成書，其説最爲得之。蓋自墨子歿後，墨離爲三，各有大師掌其教義。而墨子上説下教之道，自爲墨者所必習，故其後學傳誦聖言，能於大義無虧。逮後三墨之師，本其口傳著於竹帛，各據師説，故有三篇詳略之異，見《墨子要略》。”

墨子集解卷三

漢陽張純一仲如

尚同上第十一

畢云："楊倞注《荀子》'尚'作'上'。"孫云："'尚'亦與'上'通，《漢書·藝文志》作'上同'，注：'如淳云：言皆同，可以治也。"純一案：性外無天，《尚同》以天爲極，以天兼愛無私，至仁至義也。《莊子·天地篇》曰：'大聖之治天下也，舉滅其賊心，而皆進其獨志，欲同乎德而心居矣。'《老子》所謂'鎮之以無名之樸'，'不以智治國'，'然後乃至大順'，皆'尚同'之微旨。《文子·自然篇》：'老子曰：古之立帝王者，非以奉養其欲也；聖人踐其位者，非以逸樂其身也。爲天下之民，强陵弱，衆暴寡，詐者欺愚，勇者侵怯；又爲其懷智不以相教，積財不以相分，故立天子以齊一之。爲一人之明，不能偏照海内，故立三公九卿以輔翼之。爲絶國殊俗不得被澤，故立諸侯以教誨之。是以天地四時無不應也，官無隱事，國無遺利，所以衣寒、食飢、養老弱、息勞倦，無不以也。'大旨與此篇同，是爲墨學多同於道家之證。"尹云："'尚同'者，謂當同於上。"

子墨子言曰：古者民始生未有刑政之時，《太平御覽》七十七引此文無"始"字。孫云："《道藏》本'刑'作'形'，字通。"純一案：陸本、唐本並作"形"。蓋其語人異義。俞云："此本作'古者民始生未有政長之時，蓋其語曰：天下之人異義'，中篇文同，可據訂。"歐陽云："'刑政'當作'政長'，與下文'生於無政長'句應。"純一案：蓋其語"人異義"，意甚顯明，不必與中篇同。此人各一義之義，顯係失仁之義，固老子所必棄，亦墨子所不貴也。故貴上同於天，一同天下之義以正之，是知墨子"貴義"，與老子"棄義"，似相反實相成。王闓運云："'語'，議也。"是以一人則一義，二人則二義，十人則十義，其人茲衆，其所謂義者亦茲衆。蘇云："茲、滋古通用，是書皆作'茲'。"孫云："《説文·艸部》云：'茲，艸木多益。'《水部》云：'滋，益也。'古正作'茲'，今相承作'滋'。"是以人是其義，以非人之義，故交相非也。是以内者父子兄弟作怨惡，畢云："'非也是'，舊作'非是也’，字倒，今以意改。”離散不能相和合。天下之百姓，皆以水火毒藥相虧害，孫云：“《小爾雅·廣言》云：‘虧，損也。’”至有餘力，不能以相勞，孫云：“《爾雅·釋詁》云：‘勞，勤也。’《孟子·滕文公篇》趙注云：‘共井之家，各相營勞也’，即此‘相勞’之義。”腐死餘財，不以相分，孫云：“《尚賢下》作‘腐臭餘財’，‘臭’、‘死’亦聲近。”畢云：“舊本‘死’俱作‘列’，非。《説文》云：‘死，腐也，或從歺。’”隱匿良道，不以相教，天下之亂，若禽獸然。夫明虖天下之所以亂者，孫云：“《説文·虍部》云：‘虖，哮虖也。’此借爲‘乎’字。”生於無政長。畢云：“‘政’當爲‘正’。”是故選擇天下之賢可者，王云：“‘選’下有‘擇’字，而今本脱之，下文及中下二篇，皆作‘選擇’。《太平御覽》皇王部二引此同。”純一案：王説是也，今據補。立以爲天子。《韓非子·五蠹篇》：“上古之世，人民少而禽獸衆，人民不勝禽獸蟲蛇，有聖人作，構木爲巢，以避羣害而民悦之，使王天下，號曰有巢氏；民食果蓏，蚌蛤腥臊惡臭，而傷害腹胃，民多疾病，有聖人作，鑽燧取火，以化腥臊而民説之，使王天下，號之曰燧人氏。”可爲例證。《經上》云：“君，臣萌通約也。”《説》曰：“君以羣名者也。”今遠西有所謂民約論，將毋同，惜言選擇，未言罷免，頗爲缺點。或以所選必屬賢仁，自與百姓同勞苦以終生乎？（《荀子·富國篇》云：“墨子大有天下，小有一國，將少人徒，省官職，上功勞苦，與百姓均事業，齊功勞。”）抑有權選舉，即有權罷免，如古者諸侯廢摯立堯之故事，不待言乎。尹云：“天子而曰選，則昔有所謂傳賢者，今之總統亦類是。”天子既已立，“既已”二字舊脱，據下文“天子三公既以立，諸侯國君既已立補”文同一例。陸本、唐本中篇作“天子既已立矣”。以其力爲未足，又選擇天下之賢可者，置立之以爲三公。尹云：“然則世卿之制，非墨所取。”天子三公既以立，孫云：“以、已通。”以天下爲博大，遠國異土之民、是非利害之辯，不可一一而明知，“一一”，舊作“一二”，從王本改。故畫分萬國，畢云：“《説文》云：‘畫，界也。’”立諸侯國君。諸侯國君既已立，以其力爲未足，又選擇其國之賢可者，置立之以爲正長。孫云：“《爾雅·釋詁》云：‘正，長也。’《書·立政》云‘立民長伯立政’，‘政’與‘正’同。此‘正長’，即中篇所云左右將軍大夫及鄉里之長，與上文‘正長’通天子諸侯言者異。《淮南子·脩務訓》云：‘且古之立帝王者，非以奉養其欲也；聖人踐位者，非以逸樂其身也。爲天下强掩弱、衆暴寡、詐欺愚、勇侵怯、懷知而不以相教、積財而不以相分，故立天子以齊一之，爲一人聰明而不足以徧燭海内，故立三公九卿以輔翼之。絶國殊俗僻遠幽閒之處，不能被德承澤，故立諸侯以教誨之。是以地無不任，時無不應，官無隱事，國無遺利。’蓋本此書。純一案：以上言立正長以尚同。

正長既已具，天子發政於天下之百姓，言曰：“聞善而不善，王引之云：“而，猶與也，言善與不善也。而，與聲之轉。故《莊子·外物篇》‘與其譽堯而非桀’，《大宗師篇》‘與’作‘而’。”皆以告其上。恐以不善爲善，或以善爲不善，皆以告其上，則可是正之。墨以“兼愛”爲善，別則不善，足以泯我見之非，而成利人之是也。上之所是必皆是之，上之所非必皆非之。所以一同天下之義，下句“上之”二字舊脱。欒云：“此文本作‘上之所非必皆非之’，俞抄本作‘所上之非之’，蓋以‘所’字誤置‘上之’二字上，而其下又脱置‘上之’二字上，而其下又脱‘非必皆’三字，《道藏》本則‘所’上脱‘上之’二字。此兩本皆有脱誤，可據以互校者。”純一案：欒説是，今從之。尹云：“所謂上同。”上有過則規諫之，堯舜未必有過，而有諫鼓謗木，所以無過也。下有善則傍薦之。畢云：“則，一本作‘必’。”孫云：“傍與訪通，義詳中篇。”上同而不下比者，孫云：“《樂記》鄭注云：‘比猶同也。’”此上之所賞，而下之所譽也。意若聞善而不善，“意”與“抑”同，詞之轉也，見《經傳釋詞》。不以告其上。上之所是弗能是，上之所非弗能非。尹云：“故爲異義。”純一案：《晏子春秋·問上篇》曰：“爲政患善惡之不分。”上有過弗規諫，下有善弗傍薦，下比而不上同者，“而不”，舊作“不能”，據上文改。此上之所罰，而百姓之所毁也。”“之”字舊脱，據上文補。孫云：“《韓非子·難三篇》云：‘明君求善而賞之，求姦而誅之，其得之一也。故以善聞之者，以説善同於上者也；以姦聞之者，以惡姦同於上者也，此宜賞譽之所及也。不以姦聞，是異於上而下比周於姦者也，此宜毁罰之所及也。’與此説略同。”“之”字舊脱，上文補。上以此爲賞罰，甚明察以審信。“甚”，舊譌“其”。王云“‘其’當爲‘甚’，‘甚明察以審信’見中篇”。孫據王校正。純一案：以上言上同則賞，不上同則罰。

是故里長者，里之仁人也。孫云：“此‘里’爲鄉之屬別，與《周禮·地官·六遂》所屬異。”尹云：“此里長治百家也。《周禮·里宰》：‘則謂治二十五家耳。’”里長發政里之百姓，言曰：“聞善而不善，必以告其鄉長。尹云：“《周禮·鄉老》：‘二鄉則公一人，治二萬五千家；鄉大夫，每鄉卿一人，治萬二千五百家。’”鄉長之所是必皆是之，鄉長之所非必皆非之。去若不善言，學鄉長之善言；去若不善行，學鄉長之善行。”則鄉何説以亂哉？察鄉之所以治者何也？“以”字舊脱。孫云：“‘所’下據下文當有‘以’字。”王樹枏校同。案：《繹史》及曹本、王本、尹本並有"以字，今據補。鄉長唯能壹同鄉之義，孫云："'壹'，中下篇並作'一'，字通。"是以鄉治也。鄉長者，鄉之仁人也。鄉長發政鄉之百姓，言曰："聞善而不善，舊衍"者"字，據上下文删。必以告國君。國君之所是必皆是之，國君之所非必皆非之。去若不善言，學國君之善言；去若不善行，學國君之善行。"則國何説以亂哉？察國之所以治者何也？國君唯能壹同國之義，是以國治也。國君者，國之仁人也。國君發政國之百姓，言曰："聞善而不善，必以告天子。天子之所是必皆是之，天子之所非必皆非之。"皆是"、"皆非"上，兩"必"字舊脱，據上文審校補。中篇作"天子之所是必亦是之，天子之所非必亦非之。"去若不善言，學天子之善言；去若不善行，學天子之善行。"則天下何説以亂哉？察天下之所以治者何也？天子唯能壹同天下之義，是以天下治也。尹云："孔大一統，墨尚壹同，均恐天下分裂，民莫安生，禍亂不已，乃救世之至意也。今雖政體共和，各省亦必同一於中央政府，然後能治。"純一案：墨以兼愛爲仁，交利爲義，故以兼愛之人，一同非義之義，而亂自止矣。以上言自里而鄉而國而天下，上同一義無不治。

天下之百姓，皆上同於天子，而不上同於天，"子"舊本譌"一"。孫從蘇、戴二校正，曹本、王本、尹本同。純一案：恐天子或有我之見存，不能大公至正如天無私覆，故必上同於天，則真兼矣。則天菑猶未去也。"天"字舊脱。孫云："'菑'上依中篇當有'天'字。"純一今據增。畢云："'菑'，'巛'字之假音。菑，不耕田也，見《説文》。"尹云："所謂假神道以設教。"今若天飄風苦雨，王云："'今若天'，'天'當爲'夫'。'夫'與'天'字相似，篇内又多'天'字，故'夫'誤爲'天'。'今若夫'猶言今夫，《兼愛篇》曰'今若夫攻城野戰，殺身而爲名，此天下百姓之所皆難也'，又曰'今若夫兼相愛、交相利，此自先聖六王者親行之'，皆其證矣。"孫云："王説亦通，但中篇云：'故當若天降寒熱不節，雪霜雨露不時，五穀不孰，六畜不遂，疾菑戾疫，飄風苦雨，荐臻而治者，此天之降罰也'，則此'天'字似非譌文。《爾雅·釋言》云：'迴風爲飄。'《詩·大雅·何人斯》毛傳云：'飄風，暴起之風。'釋文云：'疾風也。'《左莊四年傳》云'春無淒風秋無苦雨'，杜注云：'霖雨爲人所患苦。'《禮記·月令》云：'苦雨數至，五穀不滋。'"溱溱而至者，畢云："'溱'同'臻'。《太平御覽》作'臻'。《史記·三王世家》云'西溱月氏'，正義云：'溱音臻。'"孫本作"溱"，云："溱溱，言風雨之盛也。《詩·小雅·無羊》云'室家溱溱'，毛傳云：'溱溱，衆也。'《廣雅·釋言》云：'蓁蓁，盛也。''溱'、'蓁'聲同字通，中篇作'薦臻'。"純一案：《道藏》本、陸本、唐本並作“湊”，曹本、尹本並作“溱”。此天之所以罰百姓之不上同於天者也。《太平御覽》二引作“飄風苦雨溱溱而至，此天之所以罰百姓不上同於天也。”欒云：“上‘天’字俞鈔本作‘兕’。”

是故子墨子言曰：古者聖王爲五刑，請以治其民。孫云：“‘請’與‘誠’通，此書‘誠’多作‘請’，詳下篇。”譬若絲縷之有紀，畢云：“《説文》云：‘紀，絲别也。’”孫云：“紀，本義爲絲别，引申之，絲之統總亦爲紀。《説文・糸部》云：‘統，紀也。’《禮記・樂記》鄭注云：‘紀，總要之名也。’《禮器》云：‘紀散而衆亂’，《注》云：‘絲縷之數有紀。’”罔罟之有綱，畢云：“《説文》云：‘綱，維紘繩也。’”尹云：“《書・盤庚》‘若綱在網。’”所以連收天下之百姓不尚同其上者也。俞云：“‘所’下奪‘以’字。‘所以連收天下之百姓不尚同其上者也’，若無‘以’字，則不成義，中篇曰，‘將以運役天下淫暴而一同其義也’，彼云‘將以’，此云‘所以’，文法雖異而實同。”純一案：俞説是也，曹本、王本並有“以”字，今據補。“連”，合也，“收”，聚也，“所以連收天下之百姓不尚同其上者”，言天下之百姓，人各一義，不上同者，治以五刑，使統於一義也。以上言義不上同於天而兼愛，則天罰之，聖王亦以刑治之。

尚同中第十二

子墨子曰：“方今之時，尹云：“‘方’，當也。”復古之民始生未有正長之時，孫云：“《易・雜卦傳》云：‘復，反也。’謂反而考之古之民始生之時。”蓋其語曰尹云：“猶議論。”天下之人異義。是以一人一義，十人十義，百人百義，其人數茲衆，其所謂義者亦茲衆。是以人是其義，而非人之義，故交相非也。交相舊倒。戴云：“當從上篇作‘交相非也’。”純一案：陸本、唐本正作“交相非”，今據乙，尹本同。内之父子兄弟作怨讎，皆有離散之心，不能相和合。至乎舍餘力不以相勞，隱匿良道不以相教，腐死餘財不以相分，畢云：“‘死’，舊作‘列’，見上。”天下之亂也，至如禽獸然，無君臣上下長幼之節，父子兄弟之禮，尹云：“所謂圖騰社會者，聚族而居，分部而獵，僅知有母而不知有父，漸而衍之，則爲宗法社會，乃有父子夫婦之倫，又漸衍則有酋長，君臣所由起。今茲政體共和，公舉總統，以爲正長，無所謂世襲之君，屈服之臣，進化極矣。

《吕覽·恃君》：'昔太古嘗無君矣，其民聚生羣處，知母不知父，無親戚、兄弟、夫妻、男女之别，無上下、長幼之道，無進退、揖讓之禮，無衣服、履帶、宫室、蓄積之便，無器械、舟車、城郭、險阻之備。'此無君之患，蓋據圖騰社會時言耳。"是以天下亂焉。明乎民之無正長，以一同天下之義，而天下亂也，是故選擇天下賢良聖知辯慧之人，立以爲天子，使從事乎一同天下之義。天子既已立矣，"已"，畢本、孫本俱作"以"，今從陸本、唐本，曹本同。以爲唯其耳目之請，畢云："'請'當爲'情'，下同。"顧云："《史記·樂書》'情文俱盡'，徐廣曰：'古情字或假作請，諸子中多有此。'"洪云："《列子·說符篇》'發於此而應於外者唯請'，張湛注：'請當作情。'《荀子·成相篇》'聽之經，明其請'，楊倞注：'請當爲情。'"純一案：墨子書"請"、"情"、"誠"三字通用。不能獨一同天下之義，是故選擇天下贊閲賢良聖知辯慧之人，孫云："《漢書·東方朔傳》顔注云：'贊，進也。'《太玄經》范望注云：'閲，簡也。'"純一案："贊"，明也；"閲"，經歷也。置以爲三公，尹云："《周禮·鄉老》：'二鄉則公一人，王者六鄉，故云三公也。'"與從事乎一同天下之義。天子三公既已立矣，以爲天下博大，山林遠土之民，不可得而一也，是故靡分天下，俞云："'靡'當爲'歷'，字之誤也。《大戴記·五帝德篇》'歷離日月星辰'，是歷與離同義。此云'歷分天下'，與彼云'歷離日月星辰'，文義正同。若作'靡'字，則無義矣。《非攻下篇》'禹既已克有三苗焉，磨爲山川，别物上下'，《天志中篇》'磨爲日月星辰，以昭道之'，兩'磨'字皆'磿'字之誤，'磿'即'歷'之叚字也。"說本王氏念孫。王樹枏云："《廣雅·釋言》：'靡，離也。'"純一案：《小爾雅·廣言》："靡，細也，細分天下，與下文萬國相應。"設以爲萬國諸侯，舊作"萬諸侯國君"，文不成義，萬國連文，君字涉下而衍，今以意校正。使從事乎一同其國之義。國君既已立矣，又以爲唯其耳目之請，不能一同其國之義，是故擇其國之賢者，置以爲左右將軍大夫，孫云："'將軍'，謂卿也。《周禮·夏官》'軍將皆命卿'。春秋戰國時，侯國亦皆以卿爲將，通謂之將軍。《非攻中篇》云'晉有六將軍'，即六卿也。《管子·立政篇》云'將軍大夫以朝'，《水經·河水》酈注引《竹書紀年》云'邯鄲命將軍大夫、適子、代吏，皆貂服'，並稱卿大夫爲將軍大夫。"以逮至乎鄉里之長，"逮"，舊作"遠"。孫云："'遠'當爲'逮'，形近而誤。後文云：'逮至有苗之制五刑以亂天下'，《尚賢上篇》云'逮至遠鄙郊外之臣、門庭庶子、國中之衆、四鄙之萌人聞之，皆競爲義'，與此文例正同。"純一案：孫說是也，今據正。與從事乎一同其國之義。天子諸侯之君，曹本改之作“國”。孫云：“‘天子’，‘子’疑當作‘下’。”純一案：“子”字不誤。“諸侯之君”，四字不辭，“之君”，疑爲以逮之譌，言天子諸侯以逮民之正長，既已定矣。民之正長，既已定矣。天子爲發政施教曰：“凡聞見善者必以告其上，聞見不善者亦必以告其上。上之所是必亦是之，上之所非必亦非之。己有善傍薦之，王云：“‘己’字義不可通，‘己’當爲‘民’，字之誤也。傍者，溥也，徧也。《説文》：‘旁，溥也。’旁與傍通。言民有善，則衆共薦之，若《堯典》所云‘師錫’也。上篇曰‘上有過則規諫之，下有善則傍薦之’，下亦民也。”孫云：“此“己”字可通，不必與上篇同義。《祭義》云‘卿大夫有善薦於諸侯’，鄭注云：‘薦，進也。’謂在位之人，己有善，則告進之於上也。‘傍’當爲‘訪’之借字，二字皆从方得聲，古多通用。《魯問篇》云：‘所謂忠臣者，上有通則微之以諫，己有善，則訪之上，而無敢以告。外匡其邪而入其善，尚同而無下比。’與此上下文義並略同，可證。‘傍薦’之義，上篇亦同。”上有過規諫之。尚同義其上，尹云：“不爲異義。”而毋有下比之心，孫云：“《管子・小匡篇》云：‘公又問焉曰：於子之鄉，有不慈孝於父母，不長弟於鄉里，驕躁淫暴，不用上令者，有則以告，有而不以告，謂之下比。’尹注云：‘下與有衆者比，而掩蓋之。’”上得則賞之，尹云：“得知也。”萬民聞則譽之。意若聞見善不以告其上，“意”與“抑”同。聞見不善亦不以告其上。上之所是不能是，上之所非不能非。己有善不能傍薦之，上有過不能規諫之。下比而非其上者，上得則誅罰之，萬民聞則非毁之。”故古者聖王之爲刑政賞罰也，“罰”舊作“譽”。陶云：“‘黨譽’當爲‘賞罰’，承上文而言，今本涉下文‘上之賞譽’而誤。”純一案：陶説是，今據正。甚明察以審信。是以舉天下之人，皆欲得上之賞譽，而畏上之毁罰。是故里長順天子政，而一同其里之義。里長既同其里之義，有率其里之萬民以尚同乎鄉長，“有”字舊脱，據下文補，讀若“又”。曰：“凡里之萬民，皆尚同乎鄉長而不敢下比。鄉長之所是必亦是之，鄉長之所非必亦非之。去而不善言，學鄉長之善言；“而”，汝也，下同。去而不善行，學鄉長之善行。”鄉長，固鄉之賢者也，舉鄉人以法鄉長，夫鄉何説而不治哉？察鄉長之所以治鄉而鄉治者，舊脱“而鄉治”三字，語義不完，今據下文“察國君之所以治國而國治者”補。何故之以也？曰：唯以其能一同其鄉之義，是以鄉治。曹本增“也”字。鄉長治其鄉，而鄉既已治矣。王云：“舊本脱‘鄉長治’三字，下文曰‘國君治其國而國既已治矣'，今據補，蘇説同。"尹云："即今所謂地方自治者。"有率其鄉之萬民"之"字舊脱，今據上下文補。孫云："'有'讀爲'又'，下並同。"以尚同乎國君，曰："凡鄉之萬民，皆上同乎國君，而不敢下比。國君之所是必亦是之，國君之所非必亦非之。去而不善言，學國君之善言；去而不善行，學國君之善行。"國君，固國之賢者也，舉國人以法國君，夫國何説而不治哉？察國君之所以治國而國治者，何故之以也？曰：唯以其能一同其國之義，是以國治。國君治其國，而國既已治矣。舊本"而"下脱"國"字，孫據王校補。有率其國之萬民以尚同乎天子，曰："凡國之萬民，皆上同乎天子，"皆"字舊脱。據《太平御覽》七十七引補，與上文"皆上同乎鄉長國君"一律。而不敢下比。天子之所是必亦是之，天子之所非必亦非之。去而不善言，學天子之善言，去而不善行，學天子之善行。"天子者，固天下之仁人也，舉天下之萬民《御覽》七十七引脱"之"字。以法天子，夫天下何説而不治哉？畢云："'下'舊作'子'，一本如此。"察天子之所以治天下而天下治者，"而天下治"四字舊脱，據上文"察國君之所以治國而國治者"審校增。何故之以也？曰：唯以其能一同天下之義，是以天下治。夫既尚同乎天子，而未尚同乎天者，則天菑將猶未止也。故當若天降寒熱不節，雪霜雨露不時，"雪霜"陸本作"霜雪"。五穀不孰，孫云："《道藏》本作'熟'，非。六畜不遂，孫云："《國語·齊語》云'犧牲不略，則牛羊遂'，韋注云：'遂，長也。'"疾菑戾疫，孫云："《漢書·食貨志》顔注云：'戾，惡氣也。'案：'戾疫'，即《兼愛下篇》之'癘疫'，戾、癘一聲之轉。"畢云："'戾，沴字之假音'，亦通。"飄風苦雨，荐臻而至者，孫云："荐，薦同。《毛詩·大雅·節南山》傳云：'薦，重也。'《爾雅·釋詁》云：'臻、仍，乃也。'仍與重義亦同。《易·坎象》'水荐至'，《釋文》引京房'荐'作'臻'。"此天之降罰也，《書·洪範》"曰休徵"、"曰咎徵"，顯示天人之際，感應之微。《漢書·五行志》本之，《禮·中庸》"臻中和，天地位焉，萬物育焉"，朱熹注："天地萬物，本吾一體，吾之心正，則天地之心亦正，吾之氣順，則天地之氣亦順。"《文子·精誠纘義》："天人一氣，隱顯相通。和氣致祥，沴氣致殃，未有不由人主者也。"此云天降罰者，乃順俗權説，實皆人爲自感召之。將以罰下人之不尚同乎天者也。以上文義全同上篇，不過字句少差異耳。

故古者聖王，明天鬼之所欲，而避天鬼之所憎，"而"畢本誤"不"，孫據《道藏》本並《天志中篇》正。純一案：陸本、唐本並作“而”，曹本同。“天鬼之所欲憎”，即人心善惡之結果，《孟子》曰：“禍福無不自己求之者。”以求興天下之利，除天下之害。孫本脱“天下之利除”五字。是以率天下之萬民齊戒沐浴，孫云：“‘齊’，《道藏》本作‘齋’。”潔爲酒醴粢盛，畢云：“本書多作‘絜’，俗从水。”以祭祀天鬼。古聖知神化盛德體物不遺，憫人心浮動而難鎮静也，重爲祭祀，使皆居敬，以復其本具之明德，所以止私慾，存公義，兼愛也，惟未及攝天地鬼神於一心，難資進修耳。其事鬼神也，酒醴粢盛，不敢不蠲潔，孫云：“《周禮·宫人》鄭注云：‘蠲猶絜也。’《吕氏春秋·尊師篇》云：‘臨飲食，必蠲絜。’”尹云：“‘事’，祀也。”犧牲不敢不腯肥，孫云：“《曲禮》云‘豚曰腯肥’，鄭注云：‘腯亦肥也。腯，充貌也。’《左桓六年傳》云‘吾牲牷肥腯’，又云‘奉牲以告，曰：博碩肥腯’。”尹云：“牛羊曰肥，豕曰腯。”純一案：《春秋繁露·祭義》云：“祭之爲言際也，與祭，然後能見不見。見不見之見者，然後能知天命鬼神，是知祭者，所以止云。祭之爲言際也，與祭，然後能見不見。見不見之見者，然後能知天命鬼神，是知祭者，所以止人逐境遷流之心，使復其精明之德，冥契真常無際之大原也。”“惟犧牲務腯肥”，未能盡物之性，其道仍有漏耳。珪璧幣帛，不敢不中度量，孫云：“珪璧有度，若《考工記·玉人》云‘四圭尺有二寸以祀天，兩圭五寸有邸以祀地’之屬是也。幣帛有度，若《漢書·食貨志》云‘周法，布帛廣二尺二寸爲幅’，《周禮·内宰》鄭注引‘天子巡守禮’云‘制幣丈八尺純四䝢’是也。《王制》云：‘布帛幅廣狹不中度量，不粥於市。’”純一案：珪璧幣帛必中度量，則度量無不同可知已。昔舜受禪，即同律度量衡，蓋本天道平争，正人心，厚風俗也。今新進各國度量衡幣制無不一，而吾國亂焉，羞已。春秋祭祀，不敢失時幾，俞云：“‘幾’者，期也。《詩·楚茨篇》‘如幾如式’，毛傳‘訓幾爲期’是也。‘不敢失時幾’者，不敢失時期也。《國語·周語》注曰‘期，將事之日也’，是期以日言，不敢失時，并不敢失日，故曰‘不敢失時幾’。”純一案：循天之道，以養其身，見《春秋繁露》。聽獄不敢不中，《晏子春秋·問下篇》云：“中聽則民安，以刑罰不中，則民無所措手足故。”分財不敢不均，《論語·季氏篇》云“不患寡而患不均”，“均無貧”。蓋本一切平等之性道，通之治道，亦以解多財之苦縛也。今社會學者，輒執此一端以召天下，陋已。居處不敢怠慢。《書·召誥》云：“節性惟日其邁，王敬作所，不可不敬德。”此無盡事功之本也，故《大學》言“治平本於誠意正心”，《論語·憲問篇》曰：“修己以敬”，“以安人”，“以安百姓”，乃至“堯舜猶病”。曰：其爲正長若此，是故上者天鬼有深厚乎其爲政長也，舊無“深”字。孫云：“下云：‘天鬼之所深厚'，則此'厚'上疑脱'深'字。"純一案：孫説是也，今據增，"深厚"與"便利"對文。下者萬民有便利乎其爲政長也。《孟子·公孫丑篇》云，"得道者多助"，蓋道之通於天人鬼神本無閒，惟在一心善感耳。天鬼之所深厚，而能彊從事焉，則王云："自'上者天鬼'以下至此，凡三十八字，舊本誤入下文'入守固'之下，今移置於此。'而能彊從事焉'，舊本脱'能'字，今據下文補。"孫從之，蘇説同。天鬼之福可得也。萬民之所便利，而能彊從事焉，則萬民之親可得也。《天鬼》："錫福萬民和親，皆一至誠致之。"《書·微子之命》云："恪慎克孝，肅恭神人"，"上帝時歆，下民祗協"，足見天心民心，是一非二，故《詩》云："永言配命，自求多福。"尹云："强，勉也。"其爲政長若此，"長"字舊脱，據上文增。是以謀事得，畢云："舊脱此字，據後文增。"舉事成，謀必度於義，事必因於民故，見《晏子春秋·問上篇》。入守固，倉有備粟，庫有備兵，心有備慮，民和財豐故。出誅勝，以有義征不義，伐罪弔民故。此何故之以也？"此"舊譌"者"，蓋草書形近而誤，今校改，"也"讀爲"邪"。曰：唯以尚同爲政者也。爲政上同於天，則必得衆，《荀子·致士篇》云："得衆動天。"故古者聖王之爲政長若此。"政"下舊脱"長"字，從王本補。以上列舉聖王上同之實德與效益。

今天下之人曰：方今之時，王云："自'出誅勝'以下至此，凡三十八字，舊本誤入上文'上者天鬼'之上，今移置於此。"孫云："王校是也，蘇説同，今從乙正。"天下之正長猶未廢乎天下也，言外有廢政長之意。尹云："言正長仍存而不廢。"而天下之所以亂者，何故之以也？子墨子曰：方今之時之以正長，《玉篇》曰："以爲也。"王本、尹本並刪"以"字。則本與古者異矣，譬之若有苗之以五刑然。畢云："苗，舊作'量'，據下改。"昔者聖王制爲五刑，孫云："《書·舜典》僞孔傳云：'五刑：墨、劓、剕、宫、大辟。'"以治天下，畢云："《文選》注引此云：'畫衣冠，異章服，謂之戮，上世用戮，而民不犯。'疑此閒脱文。"純一案：《文選》，見王元長《永明九年策秀才文》注。欒云："俞鈔本'天'作'兂'。"逮至有苗之制五刑，俞云："'之'衍字。"孫云："此即下五殺之形。"以亂天下。不尚同，無忌憚故。則此豈刑不善哉？用刑則不善也。是以先王之書《吕刑》之道畢云："當云'道之'。"孫云："下文兩云'之道'，此疑不倒。"吴摯甫云："'之道'猶'之言'也。下術令之道相年之道並同。"曰："苗民否用練折則刑，畢云："孔書作'弗用靈，制以刑'，'靈''練'、'否''弗'、'折''制'，音同。"錢大昕云："古書弗與不同，否即不字，靈、練聲相近。《緇衣》引作'匪用命'，'命'當是'令'之譌，令與靈古文多通用。令、靈皆有善義。"王鳴盛云："古音靈讀若連，故轉爲練也。折爲制，古字亦通。古文《論語》云'片言可以折獄'，《魯論》'折'作'制'是也。"段玉裁云："靈作練者，雙聲也。依《墨子》上下文觀之，練亦訓善，與孔正同。"孫云："僞孔傳云：'三苗之主，頑凶若民，習蚩尤之惡，不用善化民，而制以重刑，三苗帝堯所誅。'《吕刑》及《緇衣》孔疏引《書》鄭注云：'苗民，謂九黎之君也。九黎之君，於少昊氏衰而棄善道，上效蚩尤重刑。必變九黎言苗民者，有苗九黎之後，顓頊代少昊誅九黎，分流其子孫，爲居於西裔者三國。至帝①辛之衰又復，九黎之君惡，堯興又誅之。堯末又在朝，舜時又竄之。後禹攝位，又在洞庭逆命，禹又誅之。後王深惡此族，三生凶惡，故著其氏而謂之民。民者，冥也，言未見仁道。'又鄭《緇衣》注云：'命，謂政令也。高辛氏之末，諸侯有三苗者作亂，其治民不用政令，專制御之以嚴刑，乃作五虐蚩尤之刑，以是爲法。'案：鄭《書》、《禮》二注不同，《書》注與此合，於義爲長。《戰國策·魏策》：'吴起云：昔者三苗之居，左彭蠡之波，右洞庭之水，文山在其南，而衡山在其北，恃此險也，爲政不善，而禹放逐之。'《史記·吴起傳》作'左洞庭，右彭蠡'。《五帝本紀》張守節正義據彼云：'今江州、鄂州、岳州，三苗之地也。'案：古三苗國，當在今湖南、湖北境。"唯作五殺之刑曰法。"畢云："孔書'殺'作'虐'。"孫星衍云："虐、殺義相同。"孫云："僞孔傳云：'惟爲五虐之刑，自謂得法。'"則此言善用刑者以治民，不善用刑者以爲五殺。則此豈刑不善哉？用刑則不善，故遂以爲五殺。不尚同，則所以治天下者，反以亂天下。是以先王之書《術令》之道曰："唯口出好興戎。"蘇云："出《書·大禹謨》。"孫云："'術令'，當是'説命'之叚字。《禮記·緇衣》云'《兑命》曰：惟口起羞，惟甲胄起兵，惟衣裳在笥，惟干戈省厥躬'，鄭注云：'兑當爲説，謂殷高宗之臣傅説也。作書以命高宗，《尚書》篇名也。羞猶辱也，惟口起辱，當慎言語也。'案：此文與彼引《兑命》，辭義相類，'術''説'、'令''命'，音並相近，必一書也。晉人作僞古文《書》不悟，乃以竄入《大禹謨》，疏繆殊甚。近儒辯古文《書》者，亦皆不知其爲《説命》佚文，故爲表出之。僞孔傳云：'好謂賞善，戎謂伐惡。言口榮辱之主。'"胡云："墨子以戎爲讒賊寇戎，言莠言倡亂也，訓繹最古。"則此言善用口者出好，不善用口者以爲讒賊寇戎。則此豈口不善哉？用口則不善也，故遂以爲讒賊寇戎。以上言正長不上同則亂。

① "帝"，疑爲"高"之誤。

故古者之置正長也，將以治民也。譬之若絲縷之有紀，而罔罟之有綱也，將以連收天下之淫暴而一同其義也。"連收"舊作"運役"。王云："'運役'二字，義不可通，當依上篇作'連收'，字之誤也。'連收'二字，正承絲縷罔罟而言。"純一案：王校是也，今據正，曹本、王本並同。"之"字舊脱，今校補。是以先王之書相年之道曰：畢云："'相年'當爲'拒年'。""夫建國設都，乃作后王君公，否用泰也，孫云："《論語·子罕》皇疏云：'泰，驕泰也。'王引之云：'否，非也。'"尹云："后王謂天子，君公謂諸侯。"奉以卿大夫師長，"奉以卿"三字，舊止作"輕"。畢云："'輕'當爲'卿'。"盧云："下篇作'奉以卿'，字誤也。"今從盧説，據下篇增訂。否用佚也，《慎子·威德篇》曰："古者立天子而貴者，非以利一人也。曰：天下無一貴，則理無由通，理通以爲天下也。故立天子以爲天下，非立天下以爲天子也；立國君以爲國，非立國以爲君也；立官長以爲官，非立官以爲官長也。"義即本此。維辯使治天均。"孫云："'辯'、'辨'字通。《周易集解》引《易》鄭注云：'辯，分也。'謂分授以職使治天均。均，平也。下篇作'治天明'。"純一案：下文"富貧衆寡安危治亂"，正是此義。則此語古者上帝鬼神之建設國都立正長也，非高其爵、厚其禄、富貴游佚而錯之也，舊無"游"字。王云："'佚'上有'游'字，而今本脱之，則語意不完。下篇曰'非時富貴游佚而擇之也'，是其證。游佚即淫佚，語之轉耳。"純一案：王説是，今據補。王樹枏云："《吕覽·貴直篇》'在人之游'，注云：'游，樂也。'《楚辭》'懷沙各有所錯兮'，注曰：'錯，安也。''富貴游佚而錯之'，謂富貴樂佚而安之也。"吴摯甫曰："'錯'下篇作'擇'，則當讀如時措之措。措，置也，置，立也。"將以爲萬民興利除害，富貧衆寡，舊作"富貴貧寡"。孫云："此與上下文例不合，疑當作'富貧衆寡'。"純一案：孫説是，今據正，曹本同。安危治亂也。《荀子·王制篇》云："君者善羣也。"《大略篇》云："天之生民，非爲君也，天之立君，以爲民也。"故古者聖王之爲政若此。"政"字舊脱，從戴校補。以上言置正長以爲民，維辯使治天均。欒云："俞鈔本爲作□。"

今王公大人之爲政則反此。"政"上舊衍"刑"字，從戴校删。政以爲便譬，孫云："'政'與正同。"畢云："譬讀如僻。"洪云："《論語》'季氏友便辟'，馬、鄭皆讀辟爲譬，謂巧爲譬喻以求容媚，義即本此。"尹云："便譬，便嬖也，左右小臣寵幸者，《荀子·富國》'觀其便嬖'。"宗於父兄故舊，孫云："'宗於'疑'宗族'之誤，王本作'族'。"以爲左右置以爲正長。歐陽云："當作'便譬以爲政，宗族父兄故舊以爲左右，置以爲正長。’蓋任便嬖爲政，如宦官、宫妾秉政之類，而又於宗族父兄故舊數者中，或以爲左右，或置以爲政長也。”民知上置正長之非以治民也，“非”下舊衍“正”字，從戴校删。是以皆比周隱匿，孫云：“‘比周’詳前篇。”“匿”，王本作“慝”。而莫肯尚同其上，是故上下不同義。昧本性明，分别起執，不上同故。若苟上下不同義，則賞譽不足以勸善，“則”字舊本脱，從王本補。而刑罰不足以沮暴。而陸本、唐本俱譌“不”。何以知其然也？同邪。曰：“上唯毋立而爲政乎國家，爲民正長”，孫云：“‘毋’，語詞。”曰：“人可賞，吾將賞之。”若苟上下不同義，上之所賞，則衆之所非，王本增“也”字。曰：“人衆與處，於衆得非。”尹云：“言衆以爲非。”則是雖使得上之賞，未足以勸乎！王闓運云：“乎者不質言。”尹云：“言不足勸。”上唯毋立而爲政乎國家，爲民正長，曰：“人可罰，吾將罰之。”若苟上下不同義，上之所罰，則衆之所譽，曰人衆與處，於衆得譽。則是雖使得上之罰，未足以沮乎！若立而爲政乎國家，爲民正長，賞譽不足以勸善，而刑罰不可以沮暴，“可以”二字舊脱，並從陸本、唐本補。則是不與鄉吾本言民始生未有正長之時同乎？尹云：“‘鄉’，曏也。”若有正長與無正長之時同，則此非所以治民一衆之道。《吕氏春秋·不二篇》云：“有金鼓所以一耳，必同法令，所以一心也；知者不得巧，愚者不得拙，所以一衆也；勇者不得先，懼者不得後，所以一力也。故一則治，異則亂，一則安，異則危。夫能齊萬不同愚智工拙，皆盡力竭能如出乎一穴者，其唯聖人矣乎！”與此可互明，以上言不上同，則正長等於無，賞罰失其用，無以治民而一衆。

故古者聖王唯而審以尚同畢云：“‘而’讀與能同。舊脱‘審’字，《文選》注引作‘能審以尚同’，今據增。”以爲正長，是故上下情請爲通。畢云：“《文選》注引作‘是故上下通情’，舊脱‘故’字，今據增。”王云：“此本作‘是故上下請通’，‘請’即‘情’字也。《墨子》書多以‘請’爲‘情’，今作‘情請爲通’者，後人旁注‘情’字，而寫者遂誤入正文，又涉上文‘以爲正長’，而衍‘爲’字耳。《文選·東京賦》注引‘情通’作‘通情’者，乃涉賦文‘上下通情’而誤。”顧校同，曹本作“是故上下之情爲通”，王本同，尹本删“情”字。釋云：“請同情，誠也。爲，僞也。”純一案：“請”字當删。上有隱事遺利，孫云：“隱事遺利，與《節葬篇》‘隱謀遺利’義同。”下得而利之；下有蓄怨積害，上得而除之。是以數千萬里之外尹云：“或數千里，或萬里之外。”有爲善者，其室人未徧知，鄉里未徧聞，天子得而賞之。數千萬里之外有爲不善者，其室人未徧知，鄉里未徧聞，天子得而罰之。是以舉天下之人，皆恐懼振動惕慄，尹云："'振'同'震'。《爾雅》：'慄，震恐懼也，動驚也。惕，亦懼也。'"不敢爲淫暴，曰："天子之視聽也神。"畢云："'子'，舊作'下'，一本如此。先王之言曰："非神也，夫唯能使人之耳目，助己視聽，使人之脣吻，助己言談，"脣"字舊脱。孫云："《説文·口部》云：'吻，口邊也。'以上句文例校之，'吻'上疑有'脣'字。《非命下篇》云：'今天下之士君子之爲文學出言談也，非將勤勞其喉舌，而利其脣呡也。'呡與吻字同。"純一案：孫説是也，今據增。使人之心，助己思慮，使人之股肱，助己動作。"助之視聽者衆，則其所聞見者遠矣；助之言談者衆，則其德音之所撫循者博矣；孫云："《荀子·富國篇》云'拊揗之'，楊注云：'拊與撫同。撫循，慰悦之也。'"助之思慮者衆，則其謀度速得矣；舊"謀度"上衍"談"字，今並據王、蘇校删，曹本、王本同。助之動作者衆，即其舉事速成矣。舊本"其"在"舉"下。蘇云："當作'則其舉事速成矣。'"俞云："此本作'即其舉事速成矣。'上文三言'則其'，此言'即其'，'即'、'則'古通用也。今作'即舉其事'，誤。"孫據俞説乙，王本、尹本同，曹本即作"則"。此言能上同於天，則萬衆之我見盡除，遐邇一體，情無不通，一切視聽言談思慮動作，無不大公至正，天下如一人，而羣力不勝用矣。《管子·九守篇》曰："以天下之目視，則無不見也；以天下之耳聽，則無不聞也；以天下之心慮，則無不知也。輻輳並進，則明不塞矣。"《文子·上仁篇》、《淮南子·主術訓》，均有文與此略同。故古者聖人之所以濟事成功，垂名於後世者，無他故異物焉，孫云："'異物'猶言'異事'。《韓非子·外儲説右上篇》云：'晉文公一舉而八有功，所以然者，無他故異物，從狐偃之謀，假顛頡之脊也。'"曰：唯能以尚同爲政者也。以上言上同爲政，則上下情通，人不敢爲淫暴，視聽言談思慮動作助之者衆，故事無不濟，功無不成。

是以先王之書《周頌》之道"道"，言也，"道"下舊衍"之"字。上文"《呂刑》之道《術令》之道"下並無"之"字，今據删，王本同。曰：孫云："古書《詩》、《書》多互稱。""載見辟王，畢本作"載來見彼王"，孫本、曹本同。畢云："一本作'載見辟王'，同《詩》。"純一案：一本是，今從之。孫云："《詩·載見敘》云：'諸侯始見乎武王廟也。'毛傳云：'載，始也。'鄭箋云：'諸侯始見君子，謂見成王也。'"聿求厥章。"蘇云："'聿'，《詩》作'曰'。"孫云："'聿'、'曰'古通用。鄭箋云：'求車服禮儀之文章制度也。'"則此語古者國君諸侯之以春秋來朝聘天子之廷，受天子之嚴教。尹云："所謂章者。"退而治國，政之所加，莫敢不賓。孫云："《爾雅·釋詁》云：'賓，服也。'"當此之時，本無有敢紛天子之教者。孫云："《廣雅·釋詁》云：'紛，亂也。'謂不敢變亂天子之教令。"純一案：墨子痛天下之亂，民不堪命，有與孔子尊周，使天下定於一之同心。樂云："俞鈔本子作'孚'。此古隸之遺，而淵源於古文者也。"《詩》曰："我馬維駱，孫云："《爾雅·釋畜》云：'白馬黑鬣，駱。'"六轡活若。孫云："《毛詩·衛風·氓》傳云：'沃若，猶沃沃然。'"載馳載驅，周爰咨度。"孫云："《毛詩·小雅·皇皇者華》傳云：'咨禮義所宜爲度。'"又曰："我馬維騏，孫云："《毛詩·魯頌·駉》傳云：'蒼綦曰騏。'"六轡若絲。孫云："毛傳云：'言調忍也。'"蘇云："若，詩作'如'。"載馳載驅，周爰咨謀。"孫云："毛傳云：'咨事之難易爲謀。'"即此語舊衍"也"字。王云："'即'與'則'同，語猶言也。'則此語'三字，文義直貫至'以告天子'而止，則'語'下不當有'也'字。凡墨子書用'則此語'三字者，'語'下皆無'也'字，此蓋後人不曉文義而妄加之。"純一案：王説是也，今據删。古者國君諸侯之聞見善與不善也，皆馳驅以告天子，諸侯之朝天子，無非欲政教一，賞罰當，爲萬民謀上同一義之樂利。是以賞當賢，罰當暴，不殺不辜，尹云："'辜'，辠也。"不失有罪，則此尚同之功也。以上引《詩》爲上同之明證。

是故子墨子曰：今天下之王公大人士君子，中請將欲富其國家，王云："'請'即'誠'字。"俞云："'請'上奪'中'字。墨子書多以'請'爲'情'，中請即中情也。下篇曰'今天下王公大人士君子，中情將欲爲仁義'，是其證也。後人不知請之當讀爲情，故誤删'中'字耳。《尚賢篇》曰'且今天下之王公大人士君子，中實將欲爲仁義'，中實亦即中情也。"純一案：俞説是也，今據補。衆其人民，治其刑政，定其社稷，尹云："言富衆治定，均在尚同。"當若尚同之説，"説"字舊脱，從俞校補。不可不察，此爲政之本也。""爲政"二字舊脱，從畢校增，曹本同。

尚同下第十三

畢云："《中興書目》云：'一本自《親士》至《上同》凡十三篇'者，即此已上諸篇，非有異本。"王闓運云："此篇全同上篇詞意，不足重録。"

子墨子言曰：知者之事，必計國家百姓之所以治者而爲之，“所”上“之”字，據下文增。必計國家百姓之所以亂者而辟之。畢云：“‘辟’同避。”然計國家百姓之所以治者何也？上之爲政，得下之情則治，尹云：“‘情’，實也。”不得下之情則亂。何以知其然也？上之爲政得下之情，則是明於民之善非也。若苟明於民之善非也，畢云：“‘若苟’二字舊倒，據下文改。”則得善人而賞之，得暴人而罰之也。善人賞而暴人罰，則國必治。上之爲政也不得下之情，則是不明於民之善非也。若苟不明於民之善非，則是不得善人而賞之，不得暴人而罰之。善人不賞而暴人不罰，爲政若此，國衆必亂。故賞罰不得下之情，“賞”下舊脱“罰”字。從蘇、俞二校補。不可而不察者也。“不可而”舊作“而不可”。俞云：“當作‘不可而’，猶言不可以也，今據乙。”然計得下之情，將柰何可？故子墨子曰：唯能以尚同一義爲政，然後可矣。以上言上之爲政，得下之情則治，不得下之情則亂，計得下之情，唯尚一義爲政然後可。

何以知尚同一義之可而爲政於天下也？孫云：“‘而’亦猶以也，説詳《尚賢下篇》。下文‘諸侯可而治其國’、‘家君可而治其家’同。”然胡不審稽古之始爲政之説乎？“始”舊作“治”。王引之云：“‘然’猶則也，‘然胡不’，則胡不也，見《經傳釋詞》。”俞云：“‘治’字乃‘始’字之誤。下文曰‘古者天之始生民，未有正長也’云云，是從古之始爲政者説，故此云：‘胡不審稽古之始爲政之説乎。’”純一案：俞説是，今據正。古者天之始生民未有正長也，百姓爲人。戴云：“此人字，讀如‘人偶’之人。”王景羲云：“此言泰古之世，百姓人自爲正，人自爲長也。戴依《説文》讀‘人偶’失之。”若苟百姓爲人，是一人一義，十人十義，百人百義，千人千義，逮至人之衆不可勝計也，尹云：“‘計’，數也。”則其所謂義者亦不可勝計。此皆是其義而非人之義，是以厚者有鬬，而薄者有争。畢云：“‘薄’舊作‘蕩’，一本如此。”尹云：“厚大也，薄小也。”是故天下之欲同一天下之義也，孫云：“上‘天下’二字，疑當作‘天’。”曹校同。畢云：“《文選》注引作‘古者同天之義’。”是故選擇賢者立爲天子。孫云：“《文選》王元長《三月三日曲水詩序》注引此作‘上聖立爲天子’，蓋李善所改易。又袁彦伯《三國名臣序贊》注引，則並與此同。”尹云：“所謂天下爲公，選賢讓能者，孔子謂之大同。”天子以其知力爲未足獨治天下，是以選擇其次，立爲三公。三公又以其知力爲未足獨左右天子也，尹云："左右助也。"是以分國建諸侯。諸侯又以其知力爲未足獨治其四境之内也，是以選擇其次，立爲卿之宰。孫云："之猶與也。"卿之宰又以其知力爲未足獨左右其君也，是以選擇其次，立而爲鄉長家君"而"字疑衍。《易》曰："家人有嚴君焉，父母之謂也。"何待選立，此由選擇而立，必即一族之仁者，如今所謂族正族長是。是故古者天子之立三公、諸侯、卿之宰、鄉長家君，非特富貴游佚而擇之也，孫云："'擇'當依中篇讀爲'措'。"將使助治刑政也。舊本"治"下衍"亂"字，從孫校删。故古者建國設都，乃立后王君公，奉以卿士師長，尹云："奉承也。"此非欲用説也，王云："'説'字義不可通。'説'當爲'逸'，字之誤也。中篇曰：'夫建國設都，乃作后王君公，否用泰也。卿大夫師長，否用佚也'，否用佚，即非用逸，是其證。否猶非也，説見《尚賢下》。僞古文《説命》'建邦設都，樹后王君公，承以大夫師長，不惟逸豫'，即用《墨子》而小變其文。"孫云："王説是也。僞孔傳云：'言立國設都，立君臣上下，不使有位者逸豫民上，言立之主使治民。'"尹云："用以也，説樂也。"純一案：非欲用説，説同悦，與否用泰，否用佚，義同。《淮南子·脩務訓》：'古之立帝王者，非以奉養其欲也；聖人踐位者，非以逸樂其身也。'義蓋本此。"唯辯而使助治天明也。舊本"助治天"下有"助"字。王云："下'助'字衍。'唯辯而使助治天明'者，辯讀爲徧，古'徧'字多作'辯'。天明，天之明道也，哀二年《左傳》曰：'二三子順天明。'言所以設此卿士師長者，唯徧使助治天道也。中篇作'維辯使治天均'。"孫云："王謂下'助'字衍，是也，今據删。辯當訓爲分，王讀爲徧，尚未得其義。《左傳》哀二年孔疏，釋'天明'爲天之明道，即王説所本。《大戴禮記·虞戴德篇》云'法于天明，開施教于民'，《左昭二十五年傳》云'則天之明'，義並略同。"純一案：曹本同此，以上言欲同一天下之義，故選賢者，立爲天子三公諸侯以及鄉長家君，使助治天明。

今此何爲人上而不能治其下，尹云："'此'，兹也。"爲人下而不能事其上？則是上下相賊也。"賊"舊譌"賤"，孫依王校正，曹本、王本、尹本並同。何故以然？則義不同也。若苟義不同者有黨，"黨"者，比周於下而不上同之謂。上以若人爲善將賞之，畢云："'賞'舊作'毀'，一本如此。"百姓不刑將毀之。七字舊脱，從欒校據俞抄本補。"刑"，法也，百姓不以爲法，故毀之。若人唯使得上之賞，孫云："唯、雖字通。"而辟百姓之毀，孫云："辟、避字亦同，後文辟、避錯出。"是以爲善者必未可使勸也，"勸"下舊衍"見有賞"三字，從欒校據俞抄本删。上以若人爲暴將罰之，百姓往附將譽之，七字舊脱，俞抄本有，作"百姓姓付將舉之”。欒云：“‘姓付’疑爲‘往附’之誤，‘舉’乃‘譽’字之訛。”純一案：欒校是也，今據補正。”若人唯使得上之罰，而懷百姓之譽，是以爲暴者必未可使沮也，“沮”下舊衍“見有罰”三字，從欒校據俞抄本删。故計上之賞譽不足以勸善，計其毀罰不足以沮暴。此何故以然？則義不同也。以上言上下相賊，以義不同故。

然舊本脱“則義不同也然”六字。王云：“‘此何故以然’，是問詞，‘則義不同也’，是答詞，‘然則欲同一天下之義，將奈何可’，又是問詞，舊脱中六字，則上下文皆不可通矣。今據上文補。”孫本從之，曹本同。則欲同一天下之義，將奈何可？故子墨子言曰：欒云：“下‘子’字，俞鈔本作‘学’。”然胡不嘗使家人總其身之義，以尚同於家君，試用家君發憲布令其家。舊作“然胡不賞使家君”。王云：“‘賞’字義不可通，‘賞’當爲‘嘗’。‘嘗’、‘賞’字相似，又涉上下文‘賞罰’而誤。‘使家君’三字，則涉下文‘使家君’而衍。既言‘用家君’，則不得又言‘使家君’。‘胡不嘗試用家君發憲布令其家’，作一句讀。”孫云：“王校是矣。然下文説國君發憲布令，則云‘故又使家君總其家之義，以尚同於國君’；説天子發憲布令，則云‘故又使國君選其國之義，以尚同於天子’；則此文疑亦當云‘胡不嘗使家人總其身之義，以尚同於家君，試用家君發憲布令其家’，前後文例乃相應。蓋今本‘胡不嘗使家’下，脱十一字，‘使家君’三字，非衍文也。發憲，猶言布憲，憲者，法也。《非命上篇》云：‘先王之書，所以出國家布施百姓者憲也。’”純一案：孫説是也，今據補十一字，並從王校改“賞”爲“嘗”。曰：“若見愛利家者必以告，若見惡賊家者亦必以告。若見愛利家者以告，“者”字舊脱，今校補。亦猶愛利家者也，上得且賞之，衆聞則譽之；若見惡賊家者不以告，“者”字舊脱，今校補。亦猶惡賊家者也，上得且罰之，衆聞則非之。”王本作“毁之”。是以徧若家之人，畢云：“‘徧’，舊作‘禍’，一本如此，下同。”皆欲得其長上之賞譽，辟其毁罰。“辟”同避。是以善言之，不善言之，畢云：“舊脱四字，一本有。”尹云：“言於家君。”家君得善人而賞之，得暴人而罰之。善人賞而暴人罰，舊本“賞上罰上”，并衍“之”字，今據上下文删。則家必治矣。然計若家之所以治者何也？唯以尚同一義爲政故也。家既已治，國之道盡此已邪？尹云：“‘道’，治也，‘已’，止也。”則未也。尹云：“言非盡此。”國之爲家數也甚多，“國之”舊作“天下”。畢云：“一本作‘國之’。”孫云：“‘國之’是，下文云‘天下之爲國數也甚多’，則此不當作‘天下’明矣，今據正。”王樹枏云：“積家爲國，積國爲天下，故此言國之爲家數也甚多。下文言‘天下之爲國數也甚多’，萬曆本正作‘國之’。”此皆是其家，而非人之家，是以厚者有亂，王本“亂”作“鬥”。而薄者有争。故又使家君總其家之義，畢云：“舊脱‘此’字，一本有。”尹云：“‘總’合也。”以尚同於國君。國君亦爲發憲布令於國之衆曰：“若見愛利國者必以告，若見惡賊國者亦必以告。若見愛利國者以告，“者”，舊在“告”下，今校乙。亦猶愛利國者也，上得且賞之，衆聞則譽之；若見惡賊國者不以告，“者”舊在“告”下，今校乙。亦猶惡賊國者也，上得且罰之，衆聞則非之。”是以徧若國之人，皆欲得其長上之賞譽，避其毁罰。是以民見善者言之，見不善者言之，國君得善人而賞之，得暴人而罰之。善人賞而暴人罰，則國必治矣。然計若國之所以治者何也？唯能以尚同一義爲政故也。國既已治矣，天下之道盡此已邪？則未也。天下之爲國數也甚多，此皆是其國，畢云：“舊脱‘其’字，一本有。”而非人之國，是以厚者有戰，而薄者有争。故又使國君選其國之義以尚同於天子。舊本“以”下有“義”字。畢云：“一本無此字，是。”俞云：“下‘義’字衍文，上文云‘故又使家君總其家之義，以尚同於國君’，下文云‘天子又總天下之義，以尚同於天’，並無下‘義’字，是其證也。上下文並言‘總’，而此言‘選’，選亦總也。《詩·猗嗟篇》‘舞則選兮’，毛傳訓選爲齊。‘選其國’之義，猶齊其國之義。曰總，曰選，文異而義同也。《史記·仲尼弟子列傳》‘任不齊，字選’，是選有齊義。《賈子·等齊篇》曰‘撰然齊等’，撰與選通。”戴説同。孫云：“一本是也，今據删。”純一案：曹本同此。天子亦爲發憲布令於天下之衆曰：“若見愛利天下者必以告，若見惡賊天下者亦必以告。舊“亦”下脱“必”字，從王樹枏校補，與上文一律。若見愛利天下者以告，舊“者”在“告”下，今乙，下同。亦猶愛利天下者也，上得則賞之，衆聞則譽之；若見惡賊天下者不以告，亦猶惡賊天下者也，上得且罰之，畢云：“‘且’，一本作‘則’。”衆聞則非之。”是以徧天下之人，皆欲得其長上之賞譽，避其毁罰，是以見善、不善者告之。據上文當作“是以見善者告之，見不善者告之。”天子得善人而賞之，得暴人而罰之，善人賞而暴人罰，天下必治矣。然計天下之所以治者何也？唯而以尚同一義爲政故也。畢云：“一本無‘而’字，非。‘而’同‘能’。”純一案：以上言家國天下，唯以尚同一義而治。

天下既已治，畢云："既，一本作'計'，非。"天子又總天下之義，以尚同於天。舊本"天下"亦作"天子"。俞云："當作'天子又總天下之義，以尚同於天'，義見上下文。"孫據正。王樹枬云："萬曆本作'天下'。"純一案：陸本、唐本並作"天下"。墨家尚同，在不明性道者，或以思想言論，受縛殊甚。詎知上同於天，即兼以易別，泯絶我見，與天合德，固自由之極軌，觀其天子國君鄉里之長，皆由公選，莫非仁者，豈敢濫用職權，而在在勸善去不善，善以天志爲鵠，自然争怨不生，心治而氣順（《文子·下德》）。蓋天道之極，遠者自親，人事之起，近親造怨（《管子·形勢》），故聖王執一以理物情性，化萬異爲一同，則天地之間，一人之身也，六合之内，一人之形也。（均本《文子·下德》）。烏乎亂，《文子·自然篇》："老子曰：'所謂天子者，有天道以立天下也，立天下之道，執一以爲保，反本無爲。'"是即墨氏"尚同"之微旨。故當尚同之爲説也，孫云："'同'，舊本作'用'，蓋與下文互譌。"蘇云："'用'當作'同'，是也。"今據正。純一案：陸本、唐本並作"同"。上用之天子，"上用"舊作"尚同"。畢云："一本作'上同'。"王云："舊本'用'作'同'，涉上句而誤，今據下文改。"孫從之，蘇校同。可以治天下矣；中用之諸侯，可而治其國矣；王引之云："'而'與'以'同義，故二字可以互用。"孫云："王説是也，詳《尚賢下篇》。"下用之家君，可而治其家矣。"下"舊作"小"。王引之云："'小用之'當作'下用之'，與'尚用之'、'中用之'對文，下文'小用之'則與'大用之'對文。今本'下用'作'小用'者，即涉下文'小用之'而誤。"純一案：王説是也，今據正。是故大用之治天下不窕，小用之治一國一家而不横者，畢云："《爾雅》云：'窕，閒也。'猶云無閒。"王云："'窕'，不滿也；'横'，充塞也。"純一案："横"，不順也；"不横"，謂無不循理而順。《尚賢中篇》"小用之則不困"，義正相通。若道之謂也。故曰：治天下之國，若治一家，《韓詩外傳》四："善爲上者，不忘其下。"誠愛而利之，四海之内，闔若一家，家古音"姑"。使天下之民，若使一夫。使人皆以天心爲心，滅其賊心，則憶兆人之心如一心矣。《鶡冠子·天則篇》曰："夫使百姓釋己而以上爲心者，教之所期也。""家"、"夫"爲韻，見《唐韻正》九麻、《古音諧》十二魚引此。以上言天子總天下之義尚同於天，則治天下之國若一家，使天下之人若一夫。

意獨子墨子有此，"意"與"抑"同。而先王無此其有耶？孫云："疑當作'無有此邪'，'其'字衍。"純一案："其有"二字，並是衍文，當删。則亦然也。聖王皆以尚同爲政，故天下治。何以知其然也？於先王之書也"也"字疑衍。

《大誓》之言然。孫云："《書敘》云：'惟十有一年，武王伐殷。一月戊午，師渡孟津，作《泰誓》。'古書'泰'皆作'大'，僞孔傳云'大會以誓衆'，則作'大'是。"曰："小人見姦巧乃聞，不言也，"也"與"者"同。發罪鈞。畢云："孔書無此文。"蘇云："'發'當作'厥'，今《泰誓》云：'厥罪惟鈞。'"江聲云："發，謂發覺也；鈞，同也。言知姦巧之情，而匿不以告，比事發覺，則其罪與彼姦巧者同。"此言見淫辟不以告者，"辟"同"僻"。其罪亦猶淫辟者也。務使尚同一義，俗美化淳。故古之聖王之治天下也，"治"上舊無"之"字，據下文"是故古之聖王之治天下也"補，文同一例。其所差論以自左右羽翼者皆良，王云："'差'、'論'，皆擇也。《爾雅》曰：'既差我馬。差，擇也。'《所染篇》曰'故善爲君者，勞於論人，而佚於治官'，《吕氏春秋·當染篇》同，高注：'論，猶擇也。'《非攻篇》'差論其爪牙之士，比例其舟車之衆'，義與此同。"外爲之人，孫云："'外爲'二字疑誤。"尹云："'爲'，佐也。"純一案：《孔書·益稷篇》："予欲左右有民，汝翼；予欲宣力四方，汝爲。此外似對左右言，爲似對羽翼言。外爲之人，謂遠而宣力四方之人。"助之視聽者衆。故與人謀事，先人得之；與人舉事，先人成之；光譽令聞，先人發之。"光"，舊本作"先之"。畢云："二字一本作'光'，是。"孫據改，曹本、王本、尹本並同。俞云："'光'、'廣'古通用，光譽即廣譽。《孟子》曰：'令聞廣譽施於身。'"孫云："俞校是也。《非命下篇》作'光譽令問'，問與聞字通。《禮記·孔子閒居》鄭注云：'令，善也，言以名德善聞。'"唯信身而從事，整躬率物，民莫不信。故利若此。古者有語焉曰："一目之視也，畢云："舊脱'之'字，一本有。"不若二目之明也。一耳之聽也，不若二耳之聰也。舊"明"作"視"，"聰"作"聽"。孫云："以下二句文例校之，疑'二目之視'，'視'當作'覩'；'二耳之聽'，'聽'當作'聰'，今本皆傳寫捝之。"純一案：孫説是，惟"視"當作"明"，下文"故唯毋以聖王爲聰耳明目與"可證，今正。一手之操也，不若二手之彊也。"畢云："舊脱'之'字，一本有。"夫唯能信身而從事，故利若此。王闓運云："'信身'，信上也。"是故古之聖王之治天下也，千里之外有賢人焉，其鄉里之人未之均聞見也，孫云："《説文·土部》云：'均，平徧也。'此與中篇云'室人未徧知，鄉里未徧聞'義同。"純一案："未"上舊衍"皆"字，與句中"均"字義複，下文無可證，今據删。聖王得而賞之。千里之外"外"舊譌"内"，今據上下文義改，下文兩言"千里之外"可證。若言千里之内，則聖王之聰明有限矣。有暴人焉，其鄉里之人舊脱“之人”二字，從畢校據上文補。未之均聞見也，聖王得而罰之。故唯毋以聖王爲聰耳明目與？孫云：“‘毋’，語詞。”豈能一視而通見千里之外哉，一聽而通聞千里之外哉。聖王不往而視也，不就而聽也。《荀子·君道篇》云“故天子不視而見，不聽而聰，不慮而知，不動而功，塊然獨坐，而天下從之，如一體如四支之從心”，義可相發。然而使天下之爲寇亂盜賊者，周流天下無所重足者，孫云：“《詩·無將大車》鄭箋云：‘重猶累也。’”尹云：“‘重’，同踵，託也。”何也？其以尚同爲政善也。以上言聖王尚同爲政，助之視聽者衆，謀無不得，事無不威，而寇亂盜賊，無所立足。

是故子墨子曰：凡使民尚同者，愛民不疾民無可使，孫云：“以下文校之，‘不疾’疑當作‘必疾’，或當云：‘不可不疾。’《吕氏春秋·尊師篇》高注云：‘疾，力也。’”純一案：孫泥於下文，以“愛民不疾”斷句誤耳，蓋“愛民不疾民無可使”八字連讀，文從義順，言尚同之極，人我一體，愛之惟恐不力，聖人無爲，非疾愛民不使民也。曹云：“‘疾’，亟也，凡欲使民者，必亟於愛民而後可。”曰：必疾愛而使之，致信而持之，“致”，畢本譌“畋”，孫據《道藏》本正，云：“《國語·越語》韋注云：‘持，守也。’”王樹枏云：“萬曆本作‘致’。致，至也。”欒云：“唐本亦作‘致’。”富貴以道其前，“道”、“導”同。明罰以率其後。尹云：“‘率’，從也。”爲政若此，唯欲毋與我同，“唯”，畢本作“雖”，云：“舊作‘唯’，以意改。”王云：“古者雖與唯通，不煩改字。”王引之云：“《禮記·少儀》‘雖有君賜’，鄭注曰：‘雖，或爲唯。’《説文》‘雖’字以‘唯’爲聲，故雖可通作唯，唯亦可通作雖。”將不可得也。言凡使民尚同者，必疾愛民，又有以賞其同，而罰其不同，故民莫不信而上同也。

是以子墨子曰：今天下王公大人士君子，中情將欲爲仁義，王云：“‘情’即誠字。言誠將欲爲仁義，則尚同之説，不可不察也。《尚賢篇》曰‘且今天下之王公大人士君子，中實將欲爲仁義’，實亦誠也。《非攻篇》曰：‘情不知其不義也，故書其言以遺後世。’‘情不知’即‘誠不知’。凡墨子書中‘誠’、‘情’通用者不可枚舉。”求爲上士，舊本脱“上”字，王據各篇補。上欲中聖王之道，下欲中國家百姓之利，故當尚同之説不可不察。舊本作“而不察”。畢云：“當云‘不可不察’。”王據補。王樹枏云：“萬曆本作‘不可不察’，今從之。”尚同爲政之本，而治之要也。舊脱“之”字，從畢校補。此總結尚同爲政之本。

曹云：“尚同者，即兼愛也。以其存於心者言之，則曰兼愛；以其發於政令者言之，則曰尚同。政必視乎其位，故尚同者，天子諸侯，在上位者之事也。愛不必上位，自天子以至於庶人，皆可行也。《尚書・洪範》，陳之箕子，而傳之大禹，其曰‘無偏無黨’，‘無反無側’，‘蕩平正直’，‘會極歸極’云云。乃墨子‘尚同’之義所自出。《禮記・王制篇》云‘一道德以同俗’，《中庸篇》云‘車同軌，書同文，行同倫’，《禮運篇》云‘大道之行也，天下爲公’。‘不獨親其親，不獨子其子’，是之謂大同。儒者之説若此者，固不一而足也。且墨子所謂‘同’，所謂‘兼’，實即儒之所謂‘公’，孟子力詆‘兼愛’之説，殆欲獎私而廢公，矯同而立異，其於内聖外王之道，果有當乎?”

伍非百云：“墨子之上同，固主張以政長統一人民者也，故必選擇其賢可者以爲政長。自天子以至鄉里之長皆賢可者，而後能令天下之義皆同於上。天者，墨子所認爲最高之同也，百姓上同於天子，天子上同於天，則天下莫不同矣。天之意若何？曰：兼愛天下之人，兼利天下之人而已矣。然則上同，即是愛民，天子上同於天，天又下同於民，則是墨子之尚同，乃以民意爲最高之同也。吾故曰：墨子之上同，毋寧謂之下同，以至高至同之天，下儕於至低至異之民，此其爲説，寧非矛盾。雖然，是有辨，前之所謂民者，乃指人民之各有性也。今兹所謂民者，乃指人民之通有性也。各有性，以自私自利爲出發點，所謂各是其是而非其非者是也。通有性，以愛人利人爲出發點，所謂人類之公是公非者是也。二者同源而異流，常因機遇而互有隱顯：當世之治也，則公是公非著，而私是私非暫伏而不用；及其亂也，則私是私非流行，而公是公非亦隱而不顯。墨子之所謂民意者，乃指此公是公非而言，在上者常依據此公是公非以爲施政標準，未有不能同一天下之義者，故曰：上同於天，即下同於民。又墨子尚同之治，非僅下同於民已也，於同下之外，又喜在下者言在上者之過失，以期集思廣益，聞過求諫，亦一要義也。綜觀墨子‘尚同’之説，其要義可得言者，一曰選賢，二曰尊天，三曰愛民，四曰納諫。四者一貫之治，違其一而上同之治不可得成，見《墨子大義述》。”

梁啓超《墨子學案》云：“墨子主張上之所是，必皆是之，上之所非，必皆是非之。不免干涉思想自由太過，遠不如孔子所云‘道並行而不相悖’矣。”純一案：梁依章太炎説而申之，竊不謂然。墨子以愛利家國天下之善言爲是，惡賊家國天下之不善言爲非，是非固有定義，且鄉長國君天子皆仁者，尤必上同於天之義，則其義即廣而無私之至仁，必於家國天下有利而無害無疑。故善言不一，利事不一，同歸於是，自必並行而不悖，若人自以爲義，而不利於家國天下，即不善言。上之所非者在此，亦家國天下所必非者，安能容其並行，妨害家國天下人之自由耶？墨家是非之公，上同於天，正示人思想自由之極軌，梁氏不悟，惜哉！《晏子春秋・問上篇》，景公問爲政何患，晏子對以善惡不分。蓋墨道然也，孔子俩之，義與墨同。

墨子集解卷四

漢陽張純一仲如

兼愛上第十四

畢云："志好之字作恙。从夂者，行皃，經典通用此。"孫云："刑昺《爾雅疏》引《尸子·廣澤篇》云：'墨子貴兼。'"純一案："兼"者，融洽二儀，蕩滌萬有（《肇論·玄得》），釋形去智，物我一如也。"愛"者，動以天行，化暴成仁，本大慈悲，繁興德用也。兼即愛之體，愛即兼之用，《管子·版法篇》曰"兼愛無遺"，《立政九敗解》曰："人君唯毋聽兼愛之説，則視天下之民如其民，視國如吾國，如是則無並兼攘奪之心，無覆軍敗將之事。"《淮南子·主術訓》曰"兼包萬國，一齊殊俗，並覆百姓，若合一族"，義均同此。顯蔭上人來書曰："墨氏兼愛，固是菩薩用心，然其學説與眼光，決不如大乘佛法之高遠，故並無出世自利，入世利他之定準。佛法不言愛者，恐言愛則落於情的方面，故言無緣慈悲，則解黏去縛之道也。若滯於愛，則與佛法有隔閡，若止以愛爲範圍，即爲生死根本，與佛法全不相應矣。"案：顯蔭説欠審，不知墨也。墨經在在因名遣名，曰無不可去，曰無窮不害兼，了知法界唯一真常，空諸幻有也；曰視人身若其身，曰天下無人，真與易艮其背不獲其身，行其庭不見其人，同一妙解，照見五蘊皆空，教人行捨無著也。曰聖人不爲其室臧之故在於臧（古"藏"字），聖人不得爲子之事，聖人之法死亡（通"忘"）親，爲天下也。則不落於情的方面無疑，其道不怒，日夜不休，自苦爲極，且正體不動，是出世自利之行也。摩頂放踵，利天下爲之，是入世利他之實，愛本於兼，無親疏無厚薄，無緣必矣，惟陳義切近，不及佛法美滿邃密耳。更言兼愛之量，普及於人鬼而止，視耶穌之教，僅愛人者進已，然不及釋家普度胎卵濕化各類衆生之廣，故墨、耶二教之平等，尚屬差别的，有漏的，惟佛教斯爲無上正等覺道，甚願學者由墨而入佛門也。尹云："孔子答老子之言曰：'中心物愷，兼愛無私，此仁義之情也。'其教弟子之言曰：'汎愛衆。'後儒韓昌黎以爲與兼愛同。嵇叔夜曰：'仲尼兼愛，不羞執鞭。'然則孔子亦尚兼愛者邪？夫兼愛之推行也，必居上位，故尸子曰：'匹夫愛其宅，不愛其鄰；諸侯愛其國，不愛其敵；天子兼天下而愛之，大也。'此《兼愛篇》中所以歷數禹湯文武也。戰國時墨子之徒，言盈天下，喜談兼愛，餤高於儒。孟子以兼愛爲無父，非真無父也，謂兼愛者，手無斧柯，力不能逮，勉於其疏，而或遺於其親也。若夫斥爲禽獸，殆因其時儒、墨不相能，務各是其師之説，而故爲此過徼之語與。"案：尹説未允，篇中歷數禹湯文武者，引證故實，俾衆易喻耳。尸子之意，亦以能兼愛者量大，非必謂匹夫不能兼愛也，匹夫與堯舜，固同一兼體也。堯舜固能兼愛者，果皆遺於其親哉？釋迦薄帝王而不爲，固匹夫而能兼愛者，其孝思豈世間聖賢所能追步哉。

聖人以治天下爲事者也，必知亂之所自起，尹云："'自'，從也。"焉能治之；王引之云："言知亂之所自起，乃能治之也。"顧云："三'焉'字皆下屬。"孫云："王、顧讀是也。焉訓乃，詳《親士篇》。"不知亂之所自起，則不能治。王樹枏云："'自必知'以下二十二字，涉下文而衍。"純一案：墨書前後重複者屢見，此似非衍。譬之如醫之攻人之疾者然，"譬"下"之"字疑衍。《非攻中篇》"譬若醫之藥人之有病者然"，"譬"下無"之"字。孫云："《小爾雅·廣詁》云：'攻，治也。'"必知疾之所自起，焉能攻之；不知疾之所自起，則弗能攻。治亂者何獨不然，必知亂之所自起，焉能治之；不知亂之所自起，則弗能治。聖人以治天下爲事者也，不可不察亂之所自起。當察亂何自起？孫云："'當'讀爲'嘗'，同聲叚借字。《荀子·君子篇》'先祖當賢'，楊注云：'當，或爲嘗。'《孟子·萬章篇》'是時孔子當阨'，《説苑·至公篇》，'引'當阨'作'嘗阨'，是其證。嘗，試也。下篇云'姑嘗本原若衆害之所自生'，語意與此同。"王樹枏校同。起不相愛。臣子之不孝君父，所謂亂也。子自愛不愛父，故虧父而自利；孫云："故，《意林》引作'欲'，下同。"弟自愛不愛兄，故虧兄而自利；臣自愛不愛君，孫云："'不'下舊衍'自'字，今依《道藏》本刪。上下文凡言'不愛'者，'不'下皆無'自'字。"故虧君而自利，《意林》云："非兼愛也。"此所謂亂也。雖父之不慈子，兄之不慈弟，君之不慈臣，此亦天下之所謂亂也。父自愛也不愛子，故虧子而自利；兄自愛也不愛弟，故虧弟而自利；君自愛也不愛臣，故虧臣而自利。凡此自利，即是自害，唯依妄念而得苦故。是何也？皆起不相愛。以上言父子、兄弟、君臣亂自不相愛生。

雖至天下之爲盜賊者亦然，盜愛其室，不愛異室，舊作"不愛其異室"。王云："下句不當有'其'字，蓋涉上下文而衍。下文'不愛異家'、'不愛異國'，皆無'其'字，是其證。《意林》引無'其'字。"純一今據刪，曹本同。尹云："'異室'，他人室也。"故竊異室以利其室；《意林》云："亦非兼愛。"賊愛其身，不愛人身，故賊人身以利其身。俞云："兩'人'字下並奪'身'字，本作'賊愛其身，不愛人身，故賊人身以利其身'，方與上句一律。下文云'視人身若其身，誰賊'，亦以'人身'、'其身'對言。中篇云'今人獨知愛其身，不愛人之身，是以不憚舉其身，以賊人之身'，並可證'人'下當有'身'字也。"純一今據補。此何也？皆起不相愛。雖至大夫之相亂家，諸侯之相攻國者亦然。大夫各愛其家，舊本無"其"字。畢云："一本云'愛其家'。"孫云："以下文校之，有者是也，今據增。"不愛異家，故亂異家以利其家；舊本無"其"字。畢云："一本云'利其家'。"孫云："以下文校之，亦當有'其'字，今據增。"諸侯各愛其國，不愛異國，故攻異國以利其國，天下之亂物，具此而已矣。孫云："物亦事也，言天下之亂事，畢盡於此。"察此何自起？皆起不相愛。以上言盜竊異室，賊賊人身，大夫亂異家，諸侯攻異國，皆起不相愛。

若使天下兼相愛，愛人若愛其身，孫云："句首'愛'字舊本脱，今依盧校補。"曹本同。猶有不孝者乎？視父兄與君若其身，此十四字舊脱。王云"據下文校補"猶有不孝者乎？視父若其身"十一字。"孫云："當於'父'下更補'兄與君'三字，蓋《墨子》此文以'無不孝'晐'無不忠不弟'，猶下文以'無不慈'晐'無不惠不和'也。上文亦云'臣子之不孝君父所謂亂也'，可證。王因下云'不孝'，故但補'父'，而不及'兄與君'，則與下'無不慈'之兼子弟臣言者，不相對矣。"純一今據補。惡施不孝？"惡"讀若"烏"，何也。尹云："'施'，行也。"猶有不慈者乎？視子弟與臣若其身，惡施不慈？王闓運云："視弟臣如子乃爲慈也。"純一案：王説偏淺，不合墨義。故不孝不慈亡有。王云："舊本脱'故'、'不'、'慈有'四字，畢據下文補'有'字。今以上下文考之，當作'故不孝不慈亡有'。'不孝不慈亡有'，總承上文而言。下文曰'故盜賊亡有'、'故大夫之相亂家，諸侯之相攻國者亡有'，與此文同一例，今補。"王樹枏云："萬曆本作'不孝不慈亡'，亦脱'有'字、'故'字。下文'故視人之室若其室'，'故'字衍，當是此句首字，誤倒於下耳。今改'故不孝不慈亡有'，曹本同。"尹云："'亡'，無也。"猶有盜賊乎？視人之室若其室，"視"上，舊衍"故"字，從孫校删，王樹枏校同。誰竊？視人身若其身，誰賊？故盜賊亡有。畢云："二字舊倒，非。下同。"猶有大夫之相亂家，諸侯之相攻國者乎？視人家若其家，誰亂？視人國若其國，誰攻？故大夫之相亂家，諸侯之相攻國者，亡有。若使天下兼相愛，國與國不相攻，家與家不相亂，盜賊無有，君臣父子皆能孝慈，若此則天下治。以上言兼相愛，則視人猶己，孝慈興，盜賊滅，國家安而天下治。故聖人以治天下爲事者，惡得不禁惡而勸愛？故天下兼相愛則治，物我冥會，一異齊同。浩然太和，隨適大順。交相惡則亂。舊本脱“交”字，王據下二篇補。純一案：昧本靈明，偏計起執。貪瞋禍烈，世間黮闇。故子墨子曰：不可以不勸愛人者，此也。總結。

曹云：“墨子之學，其爲儒者所詆訾，在於兼愛，孟子至比之於禽獸，以爲無父。究其實，則忠孝之理，所由推行而盡利也。人必視天下猶一家，中國猶一人，萬物猶一體，然後可以得親順親，爲人爲子。故《孝經》曰：‘愛親者不敢惡於人，敬親者不敢慢於人。’又曰‘合萬國之歡心，以事其先王’，‘合百姓之歡心，以事其先君’。又曰：‘先之以博愛，而民莫遺其親。’蓋重言以申明之，聖人之訓，炳若日星矣。儒者即欲自别於墨氏，獨不思《孝經》之言乎？孟氏之書，其自蹈於偏蔽者歟。”

兼愛中第十五

子墨子言曰：仁人之所以爲事者，尹云：“‘仁人’，謂兼愛者。”必興天下之利，除天下之害，“除”下舊衍“去”字，據下篇删。以此爲事者也。然則天下之利何也？天下之害何也？子墨子言曰：今若國之與國之相攻，家之與家之相篡，孫云：“《説文·厶部》云：‘屰而奪取曰篡。’”人之與人之相賊，三句“與”字上並衍“之”字，當删。君臣不惠忠，父子不慈孝，兄弟不和調，此則天下之害也。然則察此害亦何用生哉？“察”舊譌“崇”。俞云：“‘崇’字無義，乃‘察’字之誤。何用生者，何以生也。《一切經音義》卷七引《蒼頡篇》曰：‘用，以也。’《詩·桑柔篇》‘逝不以濯’，《尚賢篇》引作‘鮮不用濯’，即其證也。言國與國相攻，家與家相篡，人與人相賊，以及君臣父子兄弟之不惠忠，不慈孝，不和調，當察其害之何以生，故曰：‘然則察此害亦何用生哉。’上篇曰‘當察亂何自起’，與此同義。”孫云：“俞説是也。”純一今據正，曹本同。以相愛生邪？舊作“以不相”。俞云：“‘以不相愛生邪’，當作‘以相愛生邪’，乃反言以問之，起子墨子之正對也。下篇云：‘姑嘗本原若衆害之所自生，此胡自生？此自愛人利人生與？即必曰非然也，必曰從惡人賊人生。’又云：‘姑嘗本原若衆利之所自生，此胡自生？此自惡人賊人生與？即必曰非然也，必曰從惡人賊人生。’又云：‘姑嘗本原若衆利之所自生，此胡在生？此自惡人賊人生與？即必曰非然也，必曰從愛人利人生。’皆以反言發問而起正對，正與此同。若如今本，則文義複沓矣。”純一案：俞説是也，今據删“不”字。子墨子言：以不相愛生。今諸侯獨知愛其國，不愛人之國，是以不憚舉其國以攻人之國。今家主獨知愛其家，孫云：“‘家主’，謂卿大夫也。《周禮·春官·敘官》鄭注云：‘家，謂大夫所食采地。’又《大宰》鄭衆注云：‘主，謂公卿大夫，世世食采不絶者。’”不愛人之家，句首舊衍“而”字，今據上下文删，文同一例。是以不憚舉其家以篡人之家。今人獨知愛其身，不愛人之身，是以不憚舉其身以賊人之身。是故諸侯不相愛則必野戰，家主不相愛則必相篡，人與人不相愛則必相賊，君臣不相愛則不惠忠，父子不相愛則不慈孝，兄弟不相愛則不和調。天下之人皆不相愛，强必執弱，衆必劫寡，四字舊脱，從孫校補。富必侮貧，貴必傲賤，“傲”畢本作“敖”。云：“一本作‘傲’，此‘傲’字假音，今從一本。下同。”詐必欺愚。凡天下禍篡怨恨其所以起者，以不相愛生也，是以仁者非之。以上言不兼愛之害。

既以非之，何以易之？子墨子言曰：以兼相愛、交相利之法易之。尹云：“《莊子·天下》‘墨子氾愛兼利而非鬥’，兼利謂交利也。”然則兼相愛、交相利之法，將柰何哉？子墨子言：視人之國若視其國，視人之家若視其家，視人之身若視其身。劉云：“‘視人國若己國’，即《禮運》‘天下爲公’之義；‘視人家若己家’，即《禮運》‘不獨親其親子其子’之義；‘視人身若己身’，即《禮運》‘貨不必藏於己，力不必爲己’之義。汪容甫謂墨子言‘兼愛’，意欲使國家慎守其封，而無虐鄰之人民畜産，此猶兼愛之狹意也，説見《哲理學史·序》注。”是故諸侯相愛則不野戰，家主相愛則不相篡，人與人相愛則不相賊，君臣相愛則惠忠，父子相愛則慈孝，兄弟相愛則和調。天下之人皆相愛，强不執弱，衆不劫寡，富不侮貧，孫云：“自‘君臣相愛’以下至此，凡四十字，舊本誤入下文‘今天下之士’之下，王移置於此，是也，今從之。”貴不傲賤，詐不欺愚。凡天下禍篡怨恨可使毋起者，以相愛生也，是以仁者譽之。以上言兼愛之利。

然而今天下之士孫云：“自‘貴不敖賤’以下至此凡三十八字，舊本誤入上文‘君臣相愛’之上，王移置於此。又‘凡天下禍篡怨恨可使毋起者，以相愛生也，是以仁者譽之’，舊本脱去‘以相愛生也是’六字，王據上文云，‘凡天下禍篡怨恨其所以起者，以不相愛生也，是以仁者非之’，補六字，是也，今並從之。”君子曰：王云，“‘然而今天下之士君子曰’爲一句，舊本‘君子曰’作‘子墨子曰’，此因與下文‘子墨子言曰’相涉而誤。下文云，‘然而今天下之士君子曰’，今據改。”孫云：“王校是也。畢本作‘子墨子言曰’尤誤。《道藏》本無‘言’字。”然，孫云：“句。”乃若兼則善矣。王引之云：“‘乃若’，轉語詞也。”雖然，天下之難物于故也。“于”舊作“於”，孫據《道藏》本正。俞云：“‘於故’二字，當爲衍文。下文云‘然而今天下之士君子曰：然，乃若兼則善矣。雖然，不可行之物也’，正與此文一律。惟其爲難物，故爲不可行之物也，今衍‘於故’二字，則無義矣。”孫云：“‘于故’雖難通，然非衍文也。竊疑‘于’即‘迂’之借字，《文王世子》云‘況于其身以善其君乎’，鄭注：‘于讀爲迂。’是其證。故者，事也。迂故，言迂遠難行之事。《尚同中篇》云：‘故古者聖人之所以濟事成功垂名於後世者，無他故異物焉。’此云‘難物迂故’，與‘他故異物’文例正同。”王本無“于故”二字。子墨子言曰：天下之士君子，特不識其利、辯其害故也。俞云：“‘辯其’下脱‘害’字。下文：‘愛人者人必從而愛之，利人者人必從而利之，是其利也；惡人者人必從而惡之，害人者人必從而害之，是其害也。’”純一案：俞説是，今據增。尹云：“‘辯’，明也。”今若夫攻城野戰，殺身爲名，此天下百姓之所皆難也。尹云：“‘皆’，同也。”苟君説之，則士衆能爲之。況於兼相愛、交相利，則與此異。曹本改“夫”作“矣”，屬上斷句，云原訛作“夫”。夫愛人者人必從而愛之，利人者人必從而利之，惡人者人必從而惡之，害人者人必從而害之。善感善應，惡感惡應。此何難之有？特上弗以爲政，士不以爲行故也。昔者晉文公好士之惡衣，畢云：“《太平御覽》引作‘服’。”純一案：《御覽》見三百八十九，又四百三十一引作“晉文公好惡衣”，又六百八十九與六百九十四引，並與此文同。”故文公之臣，畢云：“《太平御覽》引作‘大夫’二字。”純一案：《御覽》四百三百十一引作“臣下”二字，又六百八十九引，文與此同，六百九十四引，無“之”字。皆牂羊之裘，《御覽》三百八十九引無“皆”字，四百三十一“皆”下有“衣”字，六百八十九“裘”作“裳”，六百九十四作“皆牂裘”。孫云：“《詩·小雅·苕之華》云‘牂羊墳首’，毛傳云：‘牂羊，牝羊也。’”畢云：“《爾雅》云：‘羊：牝，牂。”韋以帶劍，畢云：“舊作‘錢’。據《太平御覽》改。”純一案：陸本，“韋”作“常”。《御覽》四百三十一引，作“以韋帶劍”，六百八十九作“韋以爲帶”。孫云：“《公孟篇》正作‘劍’，《漢書·東方朔傳》云‘孝文皇帝以韋帶劍’，顏注云：‘但空用韋不加飾。’”練帛之冠，畢云：“《太平御覽》引此‘練’作‘大’。”孫云：“‘練帛’，詳《辭過篇》。‘練帛’蓋即大帛，《左閔二年傳》‘衛文公大帛之冠’，杜注云：‘大帛，厚繒。'《後漢書·馬皇后傳》李注云：'大練，大帛也。'"大布之衣，且苴之屨，八字舊説，曹從王校補。入以見於君，出以踐於朝。舊本"踐"下脱"於"字，王據上句補。畢云："《淮南子·齊俗訓》云：'晉文君大布之衣，牂羊之裘，韋以帶劍，威立於海内。'"王云："'練帛之冠'下，當有'大布之衣，且苴之屨'八字，而今本脱之。上文曰'晉文公好士之惡衣'，此但言冠而不言衣，則與上文不合。'入以見於君'，是總承上文而言，'出以踐於朝'，則專指且苴之屨而言，今本脱'且苴之屨'四字，則'踐'字義不可通。下篇曰'大布之衣，牂羊之裘，練帛之冠，且苴之屨，入見文公，出以踐之朝'，是其證。"是其故何也？君説之，故臣能爲之也。王云："'爲'上脱'能'字。下文'君説之，故臣能之也'，'能'下脱'爲'字。前文曰'苟君説之，則士衆能爲之'，後文曰'若苟君説之，則衆能爲之'，皆其證。"純一案：王説是也，今據增。昔者楚靈王好士細要，畢云："舊作'腰'，俗寫。《後漢書注》引此云：'楚靈王好細腰，而國多餓人。'"孫云："《晏子春秋·外篇》云：'楚靈王好細腰，其朝多餓死人。'《韓非子·二柄篇》云：'楚靈王好細腰，而國中多餓人。'《後漢書注》疑涉彼二書而誤。"尹云："'要'，身中也，今字作腰。《淮南·主術》：'故靈王好細要，而民有殺食自飢也。'"故靈王之臣，畢本脱"故"字，孫據《道藏》本補。皆以一飯爲節，畢云："《太平御覽》引此'一'作'三'。"孫云："《戰國策·楚策》'莫敖子華曰：昔者先君靈王好小腰，楚士約食，馮而後能立，式而後能起'，吴師道《校注》引此云'楚靈王好士細腰，故其臣皆三飯爲節'，與《御覽》同。"純一案：彼三字並誤。尹云："欲餓以細其要。"脇息然後帶，畢云："'脇'，舊作'肱'。據《太平御覽》改。"孫云："《戰國策校注》引亦不誤。"扶牆然後起，孫云："兩'然'字，《戰國策校注》引並作'而'。"尹云："言其疲極。"比期年，朝有黧黑之色。畢云："'黧'非，古字當爲'黎'。《吕氏春秋·行論》云'禹官爲司空以通水潦，顔色黎黑'，只作'黎'。《玉篇》云：'黧，亦作黎。'""色"，舊本作"危"，王引之云："'危'與'黧黑'二字義不相屬，'危'當爲'色'。人瘦則面色黧黑，義見上文。"孫云："王校是也，蘇説同，今據正。"是其故何也？"何"舊譌"是"，孫據蘇校正，曹本、王本同。君説之，故臣能爲之也。"爲"字舊脱，從王校補。昔越王句踐好士之勇，教馴其臣，孫云："馴讀爲訓，《史記·五帝本紀》云'不雅馴'，張守節正義云：'馴，訓也。'《周禮·地官·敘官》鄭衆注云：'訓讀爲馴，馴、訓字通。'"和合之孫云："此三字無義，疑當作'私令人'，屬下讀。"焚舟失火，孫云："舟非藏寶之所，《御覽》宫室部引《墨子》作'自焚其室'。疑'舟'當爲'内'，内謂寢室。《吕氏春秋·用民篇》云：

‘句踐試其民於寢宫，民争入水火，死者千餘矣，遽擊金而卻之’，劉子《新論·閲武篇》同。《韓非子·内儲説上篇》亦云‘焚宫室’，並與此事同。‘内’、‘舟’形近而譌。《非攻中篇》‘徙大舟’，‘舟’譌作‘内’，與此可互證。下篇亦同。黄紹基云：“《御覽》引作‘焚其室’，竊疑本當作‘焚舟室’。《越絶外傳·記越地傳》云：‘舟室者，句踐船宫也。’蓋即教舟師之地。故下篇云‘伏水火而死者，不可勝數也’，言或赴火或蹈水死者甚衆也。後人不喻舟室之義，則誤删‘舟’字。校本書者，又删‘室’字，遂致歧互矣。”尹云：“‘失’，縱也。”試其士曰：“越國之寶盡在此！”盡在此《御覽》三百八十九引，作“悉在此中”。越王親自鼓其士而進之。畢云：“舊此下有‘曰’字，衍文。”尹云：“《管子·兵法》：‘鼓所以進也，金所以退也。’”士聞鼓音，破碎亂行，孫云：“‘碎’，疑‘萃’之借字，萃亦行列之謂。《穆天子傳》‘七萃之士’，郭璞注云：‘萃，集也，聚也。’蓋凡卒徒聚集部隊謂之萃。破萃亂行，皆謂淩躐其曹伍，争先赴火也。”王闓運云：“言不必依行次。”蹈火而死者，左右百人有餘。畢云：“《太平御覽》引云：‘越王好士勇，自焚其室，曰：越國之寶悉在此中，王自鼓，蹈火而死者百餘人。’”越王擊金而退之。尹云：“‘金’，鉦也。《荀子·議兵》：‘聞鼓聲而進，聞金聲而退。’《吕覽·用民》：‘句踐試其民於寢宫，民争入水火，死者千餘矣，遽擊金而卻之。’所記略與此同。”是其故何也？君説之，故臣能爲之也。此十四字舊脱，據上文審校補。是故子墨子言曰：乃若夫少食惡衣，殺身而爲名，王引之云：“‘乃若’，發語詞也。”此天下百姓之所皆難也。若苟君説之，則衆能爲之。借難於兼者，形兼之不難。況兼相愛、交相利，與此異矣。夫愛人者人亦從而愛之，利人者人亦從而利之，惡人者人亦從而惡之，害人者人亦從而害之，此何難之有焉？特上不以爲政，而士不以爲行故也。以上言兼愛、交利，視惡衣少食殺身易行，破敵難也。

然而今天下之士君子曰：然，乃若兼則善矣。雖然，不可行之物也，譬若挈太山越河濟也。畢云：“此‘濟’字當爲‘泲’，即出山西垣曲縣王屋山之沇水也。从齊者，石濟水，出直隸贊皇縣也。”純一案：畢説是也。《禹貢》：“導沇水，東流爲濟。”今濟南，即泲南，河即黄河。孫云：“《淮南子·俶真訓》高注云：‘挈，舉也。’《孟子·梁惠王篇》云‘挾泰山以超北海，語人曰我不能，是誠不能也’，與此語意相類。”尹云：“喻其難行。”子墨子言：是非其譬也。夫挈太山而越河濟，可謂畢劫有力矣，孫云：“‘劫’於義無取，疑當爲‘劼’之誤。《廣韻·十四黠》云：‘劼，用力也。’或當爲勁。下篇及《非樂上篇》，並有‘股肱畢强’之文。勁與强義亦同。”曹本改劫作‘勁’。尹云：“以力去物曰劫。”純一案：《廣雅・釋詁三》：“畢，竟也。”《廣韻・三十三葉》：“劫，强取也。”本書屢見“强劫弱衆劫寡”之文，是劫具有强意，不必破作劫與勁也。“畢劫有力”，言畢竟强有力。自古及今未有能行之者也。況乎兼相愛、交相利，則與此異。古者聖王行之。何以知其然？古者禹治天下，西爲西河、漁竇，畢云：“西河在今山西、陜西之界。漁竇，疑即龍門。”孫云：“《書・禹貢》‘黑水、西河惟雍州’，又云‘浮于積石，至於龍門西河，會於渭汭’，僞孔傳云：‘龍門之河在冀州西。’孔疏云：‘在冀州西界，故謂之西河。《王制》云：‘自東河而東至於西河，千里而近。’是河相對而爲東西也。‘漁’疑即‘渭’之譌。”尹云：“爲，治也。河自砥柱以上，龍門以下，爲西河。漁竇，鯉魚澗也。《水經注》：‘河水南得鯉魚澗。’偁竇者，以爲魚往還所耳，地在今山西河東道吉縣。”以泄渠孫皇之水；孫云：“此章所舉江、河、淮、漢、嘑池、孟諸、五湖，皆《周禮・職方氏》九州川浸澤藪之名，此渠孫皇亦必雍州大川澤之一。以《職方》攷之，疑當作蒲弦澤，即雍州澤藪之弦蒲也。鄭注云：‘弦蒲在汧。’鄭衆云：‘弦或爲汧，蒲或爲浦。’《漢書・地理志》云：‘右扶風汧北有蒲谷鄉弦中谷，雍州弦蒲藪。汧水出西北入渭。’蒲、渠字並從水旁，因而致誤。‘弦’正字作‘㢧’，亦類‘孫’字。‘澤’作‘皇’者，澤从睪聲，古書‘睪’或掍作‘皋’，《史記・天官書》‘澤’字作‘滜’，《封禪書》‘澤山’集解引徐廣云：‘澤，一作皋。’《左襄十七年傳》‘澤門’，《釋文》云‘澤或作皋’，皆其證也。顔元孫《干禄字書》云‘臯俗作睪，通作臯’，漢《孔彪碑》又作‘皐’，與‘皇’字並絶相似，故傳寫譌互矣。據《漢志》，弦即汧水入渭，渭復入河，故西河、渭瀆可泄此澤之水，而蒲谷鄉與弦中谷，合而名澤，故弦蒲亦可倒稱蒲弦。参互審校，似無疑義。弦蒲藪在今陜西隴州西四十里。”尹云：“‘泄渠’謂或流或蓄，‘孫皇’猶大小，言水非一。”北爲防原泒，“泒”，陸本作“派”。畢云：“‘泒’，疑即雁門泒水也。”孫云：“《説文・𨸏部》云：‘防，隄也。’《周禮・稻人》云‘以防止水’。原，亦水名，無攷。《説文・水部》云：‘泒水，起雁門葰人戍夫山，東北入海。’即嘑池之原。此舉其原，下又詳其委也。”王闓運云：“‘泒’今作沽。”尹云：“《水經注》‘聖水南流，歷縣西轉，又南逕良鄉縣故城西’，‘有防水注之，水出縣西北大防山南’，在今直隸京兆尹良鄉縣。‘原’，大也。‘原泒’，今大沽河也，一偁白河。《管子・小匡》‘反其侵地吉臺原姑與柒里’，原姑其或原泒與。”注后之邸，孫云：“此與下‘注五湖之處’文例正同。后之邸，疑即職方氏并州澤藪之昭余祁也。《爾雅・釋地・十藪》‘燕有昭餘祁’，《釋文》引孫炎本‘祁’作‘底’。祁、底、邸並音近相通。‘昭’作‘后’者，疑省‘昭’爲‘召’，又誤作‘后’。之、余音亦相轉。《漢書・地理志》：‘太原郡鄔，九澤在北，是爲昭余祁，并州藪。’在今山西太原府祁縣東七里。”尹云：“‘邸’同底，止居也。”**嘑池之竇**，畢云：“即虖沱河，出今山西繁畤縣，古無‘池’字，即‘沱’異文。故此亦以池爲沱也。”顧云：“‘竇’即‘瀆’字，《周禮·大宗伯》注‘四竇’，《釋文》：‘本亦作瀆。”孫云：“《職方氏》‘并州，其川虖池’，鄭注云：‘虖池出鹵城。’”案：《漢書·地理志》亦作‘虖池’。《禮記·禮器》作‘惡池’，注云：‘惡當爲呼，聲之誤也。’‘嘑’、‘呼’字同。《戰國策·秦》《韓》《中山策》，並作‘呼池’。”**洒爲底柱**，畢云：“《説文》云：‘灑，汛也。’洒，假音字。《水經》云：‘砥柱山，在河東大陽縣東河中。’《括地志》云：‘底柱山俗名三門山，硤石縣東北五十里黄河之中。’案：在今山西平陸縣東五十里，三門山東。”孫云：“‘洒’與下文‘灑’同，當讀所宜反。‘底’當作‘厎’，《禹貢》‘東至于厎柱’，僞孔傳云：‘厎柱，山名。河水分流，包山而過，山見水中若柱然，在西虢之界。’洒即謂分流也。”**鑿爲龍門**，畢云：“《水經》云：‘龍門山在河東皮氏縣西。’《括地志》云：‘龍門山在同州韓城縣北五十里。’山在今河津、韓城二縣界。”尹云：“《水經注》：‘龍門山在河東皮氏縣，夾河而立，倆爲絶險，大禹鑿之，故又號禹門。’今山西河津縣西北三十里地也，書至于龍門，淮南人間，禹鑿龍門，辟伊闕。”**以利燕、代、胡、貉與西河之民**；孫云：“《説文·豸部》云：‘貉，北方豸種也。’職方氏有‘九貊’，貊，貉之俗。《漢書·高帝紀》顔注云：‘貉在東北方，三韓之屬，皆貉類也。’《考工記》鄭注云：‘胡，今匈奴。’”**東爲漏大陸**，舊作“東方漏之陸”。孫云：“以上下文例校之，‘東方’，‘方’當作‘爲’，與‘西爲’、‘北爲’、‘南爲’文正同。‘漏之陸’，疑當作‘漏大陸’。《淮南子·本經訓》説禹治水云‘鴻水漏，九州乾’，言大陸之水漏而乾也。”純一案：孫説是也，今據正。畢云：“‘陸’疑即‘大陸’，在今直隸鉅鹿縣。”**防孟諸之澤**，孫云：“《禹貢》‘《豫州》：導菏澤，被孟豬’，《史記·夏本紀》作‘明都’，《漢書·溝洫志》作‘盟諸’。職方氏云‘青州，其澤藪曰望諸’，《爾雅·釋地》云‘宋有孟諸’，此與《爾雅》字同。《漢書·地理志》云：‘孟豬，在梁國睢陽縣東北。’”畢云：“澤在今山東虞城縣西北十里，有孟諸臺，接商邱縣界。《水經》云：‘明都澤在梁郡睢陽縣東北。’明、孟，諸、都音相近。”尹云：“防者，以其能止水耳。”**灑爲九澮**，畢云：“此‘巜’字之假音。《爾雅》云：‘水注溝曰澮。’《説文》以澮爲水名。案：九巜即九河也。”孫云：“灑、釃字通。《漢書·溝洫志》云‘禹迺釃二渠，以引其河’，注：‘孟康云：釃，分也。分其流，泄其怒也。’《史記·河渠書》‘釃’作‘廝’，索隱云：“廝”，《漢書》作“灑”。《史記》舊本亦作‘灑’，字從水。韋昭云：‘疏決爲灑。’此與《史》、《漢》舊本字正同。《漢書·司馬相如傳》‘決江疏河，灑沈澹災’，顔注云：‘灑，分也，所宜反。’《淮南子要略》云：‘禹劚河而道九岐。’”以楗東土之水，畢云：“《説文》云：‘楗，門限。’則此蓋言限也。《玉篇》：‘渠偃切。’”孫云：“《吕氏春秋·愛類篇》云：‘禹於是疏河決江，爲彭蠡之障，乾東土，所活者千八百國。’”以利冀州之民；孫云：“《爾雅·釋地》云：‘兩河間曰冀州。’《説文·北部》云：‘冀，北方州也。’案：古通以中土爲冀州。《穀梁桓五年傳》云‘鄭，同姓之國也，在乎冀州’，楊士勛疏云：‘冀州者，天下之中州，唐、虞、夏、殷皆都焉。’《淮南子·墬形訓》云‘正中冀州曰中土’，高注云：‘冀，大也。四州之主，故曰中土。’《山海經·大荒北經》郭注云：‘冀州，中土也。’”南爲江、漢、淮、汝，東流之注五湖之處，孫云：“《玉海·地理門》引作‘東流注之五湖’，范成大《吴郡志》同。《淮南子要略》云：‘禹鑿江而通九路，辟五湖而定東海。’職方氏‘揚州，其浸五湖’，鄭注云：‘五湖在吴南。’《國語·越語》韋注云：‘五湖，今太湖。’此云‘注五湖’，蓋專據江漢言之。《水經·沔水》酈注云：‘南江東注於具區，謂之五湖口。五湖，謂長蕩湖、太湖、射湖、貴湖、滆湖也。’又引虞翻説太湖云：‘是湖有五道，故曰五湖。’案：晉、唐人釋五湖名多差異，要不出太湖之枝别。”畢云：“《文選》注云：‘張勃《吴録》曰：五湖者，太湖之别名也，周行五百餘里。’今案：江南吴、吴江、宜興、武進、無錫，浙江烏程、長興，七縣皆瀕此湖也。”曹云：“注，水行也。處，水停也。”王本改“處”作“虚”。尹云：“東流之注，注東海也。《淮南·本經》‘流注東海’，《吕覽·古樂》‘禹疏三江五湖，注之東海，以利黔首’。處，都也，水所停曰都。”以利荆、楚、干、越“干”畢本作“于”，云：“四字舊作‘楚荆越與’，據《文選》注改。”王云：“畢改非也，《文選·江賦》注本作‘荆楚干越之民’，干，古寒反。今本《墨子》作‘楚荆越與南夷之民’，但誤倒‘荆楚’二字，又脱‘干’字耳。若‘與南夷’之‘與’，則不誤也。上文云‘燕代胡貉與西河之民’，此文云‘荆楚干越與南夷之民’，‘與’非誤字明矣。南夷，謂荆楚干越以南之夷，故曰‘荆楚干越與南夷’，《文選》注無‘與南夷’三字，省文耳。畢誤以‘楚荆越與’連讀，故删去‘與’字耳。干越即吴越，非《春秋》所謂‘於越’也。畢改‘干越’爲‘于越’，亦非。”又云：“《莊子·刻意篇》曰‘夫有干越之劍者’，《釋文》：‘司馬彪云：干，吴也。吴越出善劍也。’案：吴有谿名干谿。《荀子·勸學篇》曰‘干越夷貉之子’，楊倞曰：‘干越猶言吴越。’《淮南·原道篇》曰‘干越生葛絺’，高注曰：‘干，吴也。’是干越即吴越也。干越爲二國，若《春秋》之‘於越’即是越，而以‘於’爲發聲，與干越不同。”劉台拱云：“‘干’與哀九年《左傳》‘吴城邗溝通江淮之“邗”同’。”孫云：“王、劉説是也。干，邗之借字。《説文·邑部》云：‘邗，國也，今屬臨淮，一曰邗本屬吴。’《管子》云‘昔者吴、干戰’，據《管子》説，則吴、干本二國，後干爲吴所滅，遂通稱吴爲干，故此云干越矣。”與南夷之民。胡云：“此古《尚書·禹貢》説也。《墨子》有《經説篇》，傳經自有師法，疑此即史函以來相傳之古誼也。”此言禹之事，則吾今行兼矣。“則”字舊脱，據下文補。王闓運云：“禹已行吾所言兼愛事也。”尹云：“禹之事爲兼愛，吾今故欲行兼，非難物也。”昔者文王之治西土，若日若月，乍光于四方于西土，曹云：“‘乍’即‘作’字。”王樹枏云：“‘乍’讀爲‘作’。”蘇云：“此與《太誓》略同，疑有脱誤。”孫云：“下篇引作《泰誓》，今僞古文即采此書。僞孔傳云：‘言其明德充塞四方，明著歧周。’義互詳下篇。”不爲大國侮小國，不爲衆庶侮鰥寡，尹云：“《管子·輕重己》：‘無妻無子謂之老鰥，無夫無子謂之老寡。’”不爲暴勢奪穡人黍稷狗彘。畢云：“《説文》云：‘嗇，壵濇也。从來，从㐭。來者，㐭而臧之，故田夫謂之嗇夫。’穡與嗇通。”尹云：“‘狗彘’，爲穡人所畜者。”天屑臨文王慈，孫云：“以上疑並出古《泰誓》，今僞古文止采下篇，故無之。《後漢書·馬廖傳》李注云：‘屑，顧也。’”畢云：“《漢書·武帝紀》云：‘屑然如有聞。’”是以老而無子者，有所侍養以終其壽；舊作“有所得終其壽”。樂云：“‘得’下疑脱‘養以’二字。”純一案：樂説是也。下篇作“有所侍養以終其壽”，得即侍之譌，今據補正。”尹云：“‘壽’，年也。”連獨無兄弟者，王引之云：“連與獨文義不倫，‘連’疑當作‘逴’，與‘連’相似而誤。逴猶獨也，故以‘逴獨’連文。《莊子·大宗師篇》‘彼特以天爲父，而身猶愛之，而況其卓乎’，郭注曰：‘卓者，獨化之謂也。’《秋水篇》‘吾以一足趻卓而行’。《玉篇》：‘逴，敕角切，蹇也。’蹇者，獨任一足，故謂之逴。逴與卓通，《漢書·河閒獻王傳》‘卓爾不羣’，《説苑·君道篇》‘踔然獨立’，《説文》‘稈，特止’，徐鍇曰：‘特止，卓立也。’卓、踔、稈並與逴同聲，皆獨貌也。”洪云：“《爾雅·釋畜》‘未成鷄，健’，郭璞注：‘江東呼鷄少者曰健。’連與健同，連獨，猶言幼獨也。”胡云：“連，謂顛連無告。”歐陽云：“獨，《小雅》‘哀此惸獨。’連獨聯文，形容無兄弟者之顛連惸獨而無告也。”有所雜於生人之間；孫云：“雜，讀爲集。《廣雅·釋詁》云：‘集，成也，就也。’言連獨之人，得以成就其生業。”少失其父母者，尹云：“所謂孤子。”有所放依而長。孫云：“放、依義同。《檀弓》，‘子貢曰：哲人其萎，則吾將安放？’”胡云：“據下篇引‘則如日如月’二句，乃古《泰誓》文，僞古文《泰誓下》云：‘惟我文考，若日月之照臨，光於四方，顯於西土。’直襲下篇文，損益而竄改之，《墨子》此文‘不爲大國侮小國’以下，則與上條同爲古《尚書》説也，皆約書詞爲説。《左氏襄三十一年傳》云：‘《周書》數文王之德曰：大國畏其力，小國懷其德。’（僞古文亦襲此二句入《泰誓》）故此云‘不爲侮小國’，《康誥》云‘不敢侮鰥寡’，故此云‘不爲衆庶侮鰥寡’。《毋佚》云‘文王卑服即康功田功’，故此云‘不爲暴勢奪穡人黍稷狗彘’，屑當爲冒之譌，天冒臨文王慈，即《康誥》冒聞於上帝帝休之意（《論衡・初稟篇》，及趙岐《孟子・盡心篇》注引書，皆以冒字下屬爲句，與僞孔傳異）。‘老而無子’云云，與《孟子》言‘文王發政施仁，必先鰥寡孤獨之民’，皆爲説書之詞，惟此不言無妻無夫，而言無兄弟者，説亦小異。”此言文王之事，“言”字舊脱，從孫校補（則吾今行兼矣）。王闓運云：“‘則’，即。”昔者武王將事泰山隧，畢云：“‘隧’或爲‘隊’，《穆天子傳》云‘鈃山之隊’，《玉篇》云：‘隊，以醉切，掘地通路也，或作䥙。’案：‘隊’、‘隧’字，皆《説文》‘䥙’字之省。”閻若璩云：“玩其文義，乃是武王既定天下後望祀山川，或初巡守岱宗禱神之辭，非伐紂時事也。”孫云：“《廣雅・釋詁》云：‘將，行也。’《周禮・小宗伯》云：‘將事于四望。’”《傳》曰：“泰山！有道尹云：“事，祀也。隧同燧，炬火也，所謂燔柴。傳，澤也，祭天也。曰：‘祭之祝辭，道猶德也。’”曾孫，周王有事，孫云：“僞《古文書・武成》襲此文云‘告于皇天后土，所過名山大川，曰：惟有道曾孫周王發’，孔疏云：‘自稱有道者，聖人至公，爲民除害，以紂無道，言己有道，所以告神求助，不得飾以謙辭也。稱“曾孫”者，《曲禮》説諸侯自稱之辭云“臨祭祀外事，曰會孫某侯某”。哀六年《左傳》，蒯聵禱祖，亦自稱曾孫，皆是言己承藉上祖奠享之意。’”大事既獲，孫云：“《小爾雅・廣言》云：‘獲，得也。’”仁人尚作，孫云：“《説文・人部》云：‘作，起也。’”以祗帝夏，“帝”舊譌“商”，從胡校改。蠻夷醜貉。孫云：“僞《武成》云‘予小子既獲仁人，敢祗承上帝以遏亂略，華夏、蠻貊罔不率俾’，僞孔傳云：‘仁人，謂太公、周、召之徒。言誅紂敬承天意以絶亂路。’案：祗當讀爲振。《内則》‘祗見孺子’，鄭注云：‘祗或作振。’《國語・周語》云‘以振救民’，韋注云：‘振，拯也。’此謂得仁人，以拯救中國及四夷之民。僞《書》改爲‘祗承上帝’，失其指矣。醜貉者，貉類衆多，《爾雅・釋詁》云：‘醜，衆也。’”欒云：“據許印林説：‘此蓋祝詞，乃有韻之文，除“曾孫周王有事”六字爲句外，餘均四字句。獲、作、夏、貉四字爲韻，古韻在魚部，“親人人”三字爲韻，古今音皆在真部，此可以韻定其句讀者。’”雖有周親，不若仁人。萬方有罪，維予一人。”蘇云：“《書・泰誓篇》‘若’作‘如’，‘萬方有罪’作‘百姓有過’，‘維’作‘在’。”孫云：“僞《古文・泰誓》‘即誤采此文’。僞孔傳云：‘周，至也。言紂至親雖多，不如周家之少仁人。民之有過，在我教不至。’又《論語・堯曰篇》云‘雖有周親，不如仁人，百姓有過，在予一人’，集解：‘孔安國云：親而不賢不忠則誅之，管、蔡是也。仁人，謂箕子、微子，來則用之。’又《説苑・貴德篇》云：‘武王克殷，問周公曰：將奈其士衆何？周公曰：使各宅其宅，田其田，無變舊新，惟仁是親，百姓有過，在予一人。'《尚書大傳》、《韓詩外傳》、《淮南子・主術訓》文並略同。《羣書治要》引《尸子・綽子篇》云'文王曰：苟有仁人，何必周親'，則以爲文王語，與《墨子》、《韓詩》、《説苑》並異。"胡云："此稱'《傳》曰'，蓋述古傳記之言武王祀泰山之祝祠也，'雖有周親'四句，見《論語》而文小異，蓋所據不同，《論語》乃古《尚書》之佚文，此則傳記之佚文，故同一事而文小異也。僞《古文・武成篇》云：'惟有道曾孫周王發，將有大正於商。'又云：'予小子既獲仁人，敢祗承上帝以遏亂略，華夏蠻貊罔不率俾。'全襲此文而雜以他語（如"以遏亂略"本《左氏傳》"以討亂略"）。彼所據之本，亦可據以正今《墨子》之譌，篆文'商'與'帝'近而譌。下《非命下篇》"受之大帝帝又商之"譌。此當云'以祗帝夏'，彼故本之作'祗承上帝'，乃割'夏'字，上增一字。下取'蠻貉'二字爲句，蓋《墨子》引傳文最古，未易驟明，如'帝夏'猶言'中夏'，重之曰帝，猶後世言皇輿。"（《非命中篇》云："得之在於商夏之《詩》、《書》，商亦帝之譌，尊之，故云'帝夏'，猶言中國詩書。又《天志中篇》云'大夏之道'，然下引詩'帝謂文王大夏'，猶'帝夏'謂'中夏'之道然也。"）祗、禔古通（《墨子・天志中》引《書》"神祗"，《非命上》引作"神禔"，是二字《墨子》本通用）。以祗帝夏，謂以福中國（"禔"，福也）而及蠻夷醜貉也。彼不知其義，任意割裂，不亦傎乎，古人文字，率多用韻。（《非命下》引《泰誓》"天有顯德云云"即有韻）此祝詞更自有韻。'泰山'二字，乃册書記事之文，有道曾孫，史官祝詞之例稱。"周王有事"句，言成功而祭也。"大事既獲"句，言既定天下也。觀'雖有周親'四句，《論語》引於'大賚'後，知非伐紂時語矣。"仁人尚作"句，'作'讀如'天作高山'之作，蓋謂嶽降賢佐也。'以祗'二句，乃言伐紂以福中夏，施及蠻貊也。雖有'周親'二句，言克殷也。'萬方有罪'二句，引罪之詞，與湯同也。是明明皆有韻之祝祠，竊謂《墨子》稱古傳記，不必皆古《尚書》，而實可以證僞《古文》者，此類是也。"）此言武王之事，則吾今行兼矣。"則"字舊脱，據上文補。以上言兼愛之事，古聖王已先我行之，極成自宗也。

是故子墨子言曰：今天子之士君子，"士"字舊倒置下文"富"上，今校移此，曹本、王本、尹本並同。忠實欲天下之富畢云："'忠'，一本作'中'。舊云'士富'，'士'字衍。"孫云："'忠'、'中'通。"而惡其貧，欲天下之治而惡其亂，當兼相愛交相利，此聖王之法，天下之治道也，不可不務爲也。總結。

曹云："此篇蓋以申上篇之説，而妨人之疑難也。兼愛者，所以治天下之達道，而人一聞兼愛之説，則每以爲難行，以爲必不可行者。其原由於自私、自利而已，人有此血氣之軀，以爲我之所私有，而欲厚利養之。私其一身，因推而私其家，私其國，利於己則求之，害於己則攻之，此天下之所以亂多而治少也。墨氏所謂兼者，公而無私已耳，人不能自勝其私，乍聞則疑之憚之，繼且拒之疾之，儒、墨之門户日分，而儒者以‘兼愛’爲邪説，反以自私、自利之心，侈談内聖外王之道，不亦惑乎？”純一案：曹以此篇蓋申上篇之説，非也。凡三篇者，蓋墨分爲三，各尊所聞，敘述有詳略耳。

兼愛下第十六

子墨子言曰：仁人之事者，必務求興天下之利，除天下之害。然當今之時，天下之害孰爲大？曰：若大國之攻小國也，大家之亂小家也，强之劫弱，衆之暴寡，詐之謀愚，貴之敖賤，畢云：“‘敖’，一本作‘傲’。”此天下之害也。孫云：“《吕氏春秋·侈樂篇》云‘故彊者劫弱，衆者暴寡，勇者淩怯，壯者慠幼，從此生矣’，語意與此同。又與爲人君者之不惠也，‘又與’，舊作‘人與’。王云：“‘人與’當依下文作‘又與’，《廣雅》：‘與，如也。’上文‘若大國之攻小國也’云云，“若”，“如”也。此文兩言‘又與’，亦謂“又如”也。”蘇説同。王樹柟云：“萬曆本作‘又與’。”臣者之不忠也，父者之不慈也，子者之不孝也，臣上、父上、子上，均當有“爲人”二字。篇末“爲人君爲人臣”六句可證。此又天下之害也。又與今之賤人，“今”下舊衍“人”字，從王校删，王本、尹本並同。執其兵刃毒藥水火，以交相虧賊，此又天下之害也。姑嘗本原若衆害之所自生，舊脱“此”字，孫依下文“衆利”章補。此胡自生？此自愛人利人生與？即必曰非然也，必曰從惡人賊人生。分名乎天下惡人而賊人者，陸本“賊”譌“賤”。兼與？别與？尹云：“‘别’，謂不兼。”即必曰畢云：“舊脱此字，據上文增。别也。然即之交别者，孫云：“‘即’，則同。交别，猶言交相别。”王闓運云：“‘之’，是也。”果生天下之大害者與？衆生執境迷心，分别取著，我見熾盛，貪瞋横生故。是故子墨子曰：别，非也。破别，舊作“是故别非也，子墨子曰”。俞云：“此本作‘是故子墨子曰，别非也。’下文‘是故子墨子曰，兼是也’，與此爲對文可證，純一今據乙。非人者必有以易之，若非人而無以易之，譬之猶以水救水，以火救火也。舊作“猶以水救火也”。畢云：“一本作‘火救水’。”孫云：“顧校季本同。”俞云：“‘以水救火’，何不可之有？畢校云‘一本作火救水’，然墨子此譬，本明無以易之之不可。若水火是相反之物，無論以水救火，以火救水，皆是有以易之，與設喻之旨不合。疑《墨子》原文，本作‘猶以水救水，以火救火也’，故曰‘其説將必無可’。今本作‘水救火’，別本作‘火救水’，皆有脱文。”純一案：俞説是，曹本同，今據補。《莊子·人間世》“是以火救火，以水救水。名之曰益多”，可爲《墨子》取譬之證。其説將必無可焉。是故子墨子曰：兼以易别。“别”則損人利己，罪惡叢生；“兼”則萬物一體，天下歸化。《淮南子·原道訓》云：“得一之道，而以少正多（注：“而”，能也），能以寡統衆。”義可互明。然即兼之可以易别之故何也？曹本“即”作“則”。曰：藉爲人之國若爲其國，夫誰獨舉其國以攻人之國者哉？爲彼由爲己也。“彼”下舊衍“者”字，據下二句删。孔子曰：“己所不俗，勿施於人。”耶蘇曰：“欲人如何待己，先當如何待人。”人己兼利一也。畢云：“‘由’，同猶。”爲人之都尹云：“《説文》‘有先君之舊宗廟曰都’，《周禮》‘邦都之賦’注：‘邦都五百里。’”若爲其都，夫誰獨舉其都以伐人之都者哉？爲彼猶爲己也。爲人之家若爲其家，夫誰獨舉其家以亂人之家者哉？爲彼猶爲己也。即彼即己，故愛彼即愛己。《孟子》曰：“殺人之父，人亦殺其父；殺人之兄，人亦殺其兄。然則非自殺之也，一間耳。”可反證。然即國都不相攻伐，人家不相亂賊，“都”與“家”爲韻，“伐”與“賊”爲韻。此天下之害與？天下之利與？即必曰天下之利也。姑嘗本原若衆利之所自生，此胡自生？此自惡人賊人生與？即必曰非然也，必曰從愛人利人生。分名乎天下愛人而利人者，别與？兼與？即必曰兼也。兼之利天下如此，是宗義圓成，所立兼名，不可動摇矣。然即之交兼者，果生天下之大利者與？是故子墨子曰：兼是也。立兼。所謂兼者，無人相，無我相，離一切法差别之相，畢竟平等，唯一真心而已。且鄉吾本言曰：畢云：“‘鄉’，曏字省文。《説文》云：‘曏，不久也。’鄭君注《儀禮》云：‘曏，曩也。’”仁人之事者，畢本“事”譌“是”，孫據《道藏》本正，陸本、唐本同。必務求興天下之利，除天下之害。今吾本原兼之所生，天下之大利者也，舊脱“也”字，孫據《道藏》本補。王樹枏云：“萬曆本有‘也’字。”純一案：陸本、唐本並有“也”字。吾本原别之所生，天下之大害者也。是故子墨子曰：别非而兼是者，出乎若方也。畢云：“‘乎’舊作‘平’，以意改。王樹枏云：“萬曆本正作‘乎’。”孫云：“《樂記》鄭注云：‘方猶道也。’”純一案：以上言天下衆害生於别，大利生於兼，故必以兼易别。

今吾將正求興天下之利而取之，“興”舊譌“與”。蘇云：“‘與’當作

‘興’。”王樹枏云：“萬曆本作‘求興’，‘與’字誤。”純一案：陸本亦作‘興’，今據正，取讀若‘聚’。以兼爲正。“正”與“政”同。是以聰耳明目，相爲視聽乎，“爲”從畢本，陸本、唐本同，孫本作“與”。舊本“是”下衍“故”字，孫據《道藏》本刪。王樹枏云：“萬曆本作‘是以’，與下句一律，焦竑校本同。”純一案：陸本、唐本並同。天下一人，視周聽遠。是以股肱畢强，孫云：“畢，與中篇云‘畢劼有力’義同。相爲動宰乎，畢云：“舊‘動’下有‘爲’字，一本無。”純一案：曹本如此。《尚同中篇》云：“使人之耳目助己視聽，使人之股肱助己動作。”義同。所謂有力相營也，羣力相資，自能勝物。《禮運》云“力惡其不出於身也，不必爲己”，可互證。而有道肆相教誨。孫云：“《爾雅·釋言》云：‘肆，力也。’《文選·東京賦》‘厥庸孔肆’，薛綜注云：‘肆，勤也。’言勤力相教誨。”純一案：自覺覺他，所謂有道相教也。伊尹曰：“予天民之先覺者也，予將以斯道覺斯民也，非予覺之而誰也，其自任天下之重。”與墨氏同。是以老而無妻子者，有所侍養以終其壽；俞云：“‘侍’當爲‘持’。古書多言持養，淺人不達而改爲‘侍’，非是。”純一案：“侍養”亦古義。幼弱孤童之無父母者，有所放依以長其身。所謂有財相分也。《禮記·禮運》云“人不獨親其親不獨子其子，使老有所終，幼有所長”，《論語·公冶篇》曰“老者安之，少者懷之”，《孟子·梁惠王篇》曰“老吾老以及人之老，幼吾幼以及人之幼”，義並同。足證儒、墨之道不二也。今唯毋以兼爲正，舊本“今”譌“令”。蘇云：“‘令’當作‘今’。”孫據《道藏》本正，陸本、唐本同。”戴云：“‘毋’，語詞。”即若其利也。戴云：“‘若’，此也。”純一案：此在因明，謂之真能立，柏拉圖之共和國、克魯巴金之互助論，皆一兼之土苴也。不識天下之士、畢云：“舊作‘事’，一本如此。”所以皆聞兼而非之者，“之”字舊脱，從孫校補。其故何也？“也”邪“同”，以上列舉以兼爲政之利，甚以天下之非兼者爲可怪。

然而天下之士非兼者之言猶未止也，曰：兼，即善矣。“兼”字舊脱。陶云：“即‘善矣’上，當有‘兼’字。中篇云‘乃若兼則善矣’，本篇下文云‘兼即仁矣，義矣’，皆其證也。”純一案：陶説是，今據補。雖然，豈可用哉？子墨子曰：用而不可，雖我亦將非之。“雖我”舊作“難哉”。王云：“‘難哉’二字，與下文義不相屬，‘難哉’當爲‘雖我’，字之誤也。言兼愛之道，如其用而不可，則雖我亦將非之也。”蘇校同，孫據正。且焉有善而不可用者？尹云：“‘焉’，安也。”姑嘗兩而進之。設以爲二士，“設”舊作“誰”。王引之云：“‘誰’字義不可通，‘誰’當爲

‘設’，言設爲二士於此，而使之各執一説也。隸書‘設’字作‘設’，‘誰’字作‘誰’，二形略相似，故誤。”純一今據正。使其一士者執别，使其一士者執兼。是故别士之言曰：劉云：“‘别士’指楊朱學派言。”“吾豈能爲吾友之身若爲吾身，爲吾友之親“爲吾友”陸本譌作“若爲友”。若爲吾親。”是故退睹其友，飢即不食，寒即不衣，陳澧《東塾讀書記》云：“此謂友飢而不餽以食，友寒而不贈以衣也。”疾病不侍養，王樹枏云：“或謂‘侍’當爲‘持’，此自爲侍養，侍養於疾病意尤合，不可據他書持養字改此。死喪不葬埋。畢云：“當爲‘薶’。《説文》云：‘薶，瘞也。’《玉篇》云：‘埋與薶同。’本書或作‘貍’。”别士之言若此，行若此。兼士之言不然，行亦不然，曰：“吾聞爲高士於天下者，必爲其友之身若爲其身，爲其友之親若爲其親，是藉世間有漏之仁道，莊嚴一兼無外之諦理。劉云：“墨子之旨，在於去彼我對待之詞，雖耶教之視人如己，不是過也。”然後可以爲高士於天下。”舊脱“於”字。畢云：“一本有。”孫云：“有者是也，今據增。”是故退睹其友，飢則食之，寒則衣之，疾病侍養之，死喪葬埋之。兼士之言若此，行若此。若之二士者舊無“士”字。畢云：“一本有‘士’字是。”孫據增。純一案：“之”，是也。言相非，而行相反。與常使若二士者，“常”舊作“當”。戴云：“依下文‘當’宜作‘常’。”王樹枏云：“‘與’如‘也’。‘常’誤爲‘當’，萬曆本作‘常’，與下文一律。”純一今據正。王引之云：“‘若’，此也。”言必信，行必果，使言行之合，猶合符節也，尹云：“《周禮》‘門關用符節’注：‘如今宫中諸官詔符也。’《説文》：‘符，信也。’漢制以竹長六寸，分而相合。”無言而不行也。然即敢問今有平原廣野於此，被甲嬰胄，孫云：《漢書·賈誼傳》顔注云：“嬰，加也。”將往戰，死生之權，孫云：“權，疑當作‘機’。”純一案：權衡，喻生死無定。未可識也；又有君大夫之遠使於巴、越、齊、荆，孫云：“《左傳》桓九年杜注云：‘巴國，在巴郡江州縣。’常璩《華陽國志》云：‘巴，黄帝、高陽之支庶，世爲侯伯。周武王克商，封其宗姬於巴，爵之以子。七國稱王，巴亦稱王。周慎王五年，秦遣張儀、司馬錯伐蜀，滅之。因取巴，執王以歸，置巴郡。’”尹云：“‘有’同‘右’，助也，爲也。巴國名，在今四川江北縣西。”往來及否，未可識也，舊本重“及否未”三字，孫從王校删。然即敢問不識將惡也？俞云：“‘惡’下脱‘從’字。將惡從也，猶云將何從也。下文曰‘不識將擇之二君者，將何從也’，是其證。”孫云：“俞校近是，據此則下文‘家室’上當有脱文。”王樹枏云：“此句與上下文義不貫，萬曆本無

‘敢問不識惡也’六字，焦竑校本亦然，今從之。”純一案：《繹史》引作“然即將”三字，竊以奉承親戚，與“提挈妻子”對文，上冒“然即將家室”五字，語意頗不完。此文疑本作“然即敢問有家室者，將惡從奉承親戚提挈妻子而寄託之”。今本不講二字，涉下而衍，從譌也，“家室”上脱“有”字，下脱“者”字，又倒著“將惡”下，故義不可通。家室奉承親戚，錢大昕云：“古人稱父母爲親戚，《大戴禮記·曾子疾病篇》：‘親戚既没，雖欲孝誰爲孝?’《孟子·盡心篇》：‘人莫大焉亡親戚君臣上下。’”孫云：“錢説是也，亦見《節葬下》、《非命》上中篇。”提挈妻子而寄託之，尹云：“‘挈’，持也。”不識於兼之有是乎？於别之有是乎？戴云：“‘有’字皆‘友’之聲誤。”王本“有”皆作“友”。王景羲云：“《魯論·學而篇》‘有朋自遠方來’，《釋文》、《集解》本‘有’一作‘友’，《荀子·大略》‘友者所以相有也，道不同，何以相有也’，楊倞注：‘有、友同義。’”純一案：“有”、“友”並從又得聲，故義可相通。我以爲當其於此也，“我”舊本譌“哉”。孫從王、蘇二校正。天下無愚夫愚婦，雖非兼之人，必寄託之於兼之有是也。王樹枏云：“兼之有當爲兼之人，‘天下無愚夫愚婦雖非兼之人，必寄託之於兼之人是也’，與下‘天下無愚夫愚婦雖非兼君，必從兼君是也’，句法皆一律，兼之有涉上文而誤。”吴摯甫曰：“有、友同字，兼之有者，兼之友也，上兩兼之有並同。”此言而非兼，擇即取兼，即此言行費也。畢本“費”改“拂”。云：“舊作‘兼費’，一本如此。”王云：“古者拂與費通，不煩改字。《大雅·皇矣篇》‘四方以無拂’，鄭箋曰：‘拂猶佹也。’《中庸》‘君子之道費而隱’，注曰：‘費猶佹也。’《釋文》‘費，本又作拂，同，扶弗反’，是其證。”顧説同。不識天下之士，所以皆聞兼而非之者，其故何也？以上言雖非兼者，必寄託家室於兼之友，是即擇友破别立兼。

然而天下之士，非兼者之言猶未止也，曰：“意可以擇士，而不可以擇君乎？“乎”舊作“子”。王云：“‘子’當爲‘乎’，字之誤也。‘乎’與‘意’文義相承。下文曰‘意不忠親之利而害爲孝乎’，是其證。”孫據正。純一案：《晏子春秋·問上篇》云：“臣雖賤，亦得擇君而事之。’”姑嘗兩而進之，設以爲二君，“設”舊譌“誰”，從王校改。使其一君者執兼，使其一君者執别。下“其”字舊脱，孫據《道藏》本補。王樹枏云：“萬曆本、焦竑校本，‘使’下有‘其’字，與上文一律。案：陸本、唐本下句並有‘其’字。”是故别君之言曰：舊本脱“曰”字，孫據《道藏》本補。案：陸本、唐本並有“曰”字。“吾惡能爲吾萬民之身若爲吾身，舊本脱“若”字，孫據《道藏》本補。案：陸本、唐本同。此泰非天下之情也。畢云：

"'泰'，一本作'大'。"人之生乎地上之無幾何也，尹云："言人生不久。《秦策》：'居無幾何。'"譬之猶駟馳而過隙也。"畢本"隙"改"郤"，云："'郤'舊作'隙'。據《文選》注引作'郄'，云'古隙字'，郄即郤也。《説文》云：'隙，壁際孔也。''郤，節郤也。'節郤，言節之會，亦際縫之意，皆通。"孫云："隙、郤通，不必改。《三年問》云'若駟之過隙'，鄭注云：'喻疾也。'《莊子·知北游篇》云'人生天地之間，若白駒之過郤，忽然而已'，《釋文》云：'郤，本亦作隙。隙，孔也。'又《盜跖篇》云：'天與地無窮，人死者有時，操有時之具，而託於無窮之閒，忽然無異騏驥之馳過隙也。'"是故退睹其萬民，飢即不食，寒即不衣，王本"即"並作"則"。疾病不侍養，死喪不葬埋。別君之言若此，行若此。兼君之言不然，行亦不然，曰："吾聞爲明君於天下者，必先萬民之身畢云："'先'，舊作'萬'，一本如此。"後爲其身，《晏子春秋·問下》十一章云'先民而後身'，義同。然後可以爲明君於天下。"是故退睹其萬民，畢云："舊脱'其'字，以意增。"飢即食之，寒即衣之，疾病侍養之，死喪葬埋之。兼君之言若此，行若此。若之二君者，"若之上"舊衍"然即交"三字。戴云："'然即交'三字無義，當是衍文。"純一案：戴校是也。上文"兼士之言若此，行若此。若之二士者"，與此相對成文，中閒無"然即交"三字可證，今據刪。言相非，而行相反，與常使若二君者，"與"，如也，屬下讀。"若"，此也。言必信，行必果，使言行之合，猶合符節也，無言而不行也。然即敢問，今歲有癘疫，萬民多有勤苦凍餒，畢云："當作'餧'。"轉死溝壑中者，孫云："《孟子·公孫丑篇》云'凶年饑歲，子之民老羸轉於溝壑'，趙注云：'轉，轉尸於溝壑也。'《國語·吴語》云'子之父母將轉於溝壑'，韋注云：'轉，入也。'《逸周書·大聚篇》云'死無傳尸'，《淮南子·主術訓》作'轉尸'，高注云：'轉，棄也。'案：高説爲允。"既已衆矣。不識將擇之二君者，將何從也？我以爲當其於此也，天下無愚夫愚婦，雖非兼者，舊譌"君"，王校改"者"，云："涉上下文兼君而誤。"必從兼君是也。言而非兼，擇即取兼，畢云："二字舊脱，據上文增。"即此言行拂也。"即"字舊脱。孫云："以上文校之，句首仍當有'即'字。因兩'即'相涉而誤挩耳。"純一今據補。不識天下之士，二字舊脱，據上文補。所以皆聞兼而非之者，其故何也？以上言雖非兼者，必從兼君，是即擇君破別立兼。

然而天下之士，非兼者之言舊衍"也"字，據上文刪，王本無。猶未止也，畢云："'猶'，舊作'獨'，一本如此。"曰：兼即仁矣義矣。雖然，豈可爲哉？吾譬兼之不可爲也，猶挈泰山以超江河也。畢云："泰，一本作'太'。"孫云："中篇作'譬若挈太山越河濟也'，《非攻中篇》、《備梯篇》，又並作'大山'。"故兼者直願之也，王樹枏云："'直'，特也，言兼者，特願之而已，豈可爲之物哉。"尹云："'直'，但也；'願'，思也。"夫豈可爲之物哉？尹云："'物'，事也。"子墨子曰：夫挈泰山以超江河，尹云："《孟子》'挾泰山以超北海'語出於此。"自古及今，古"下"舊衍"之"字，從戴校删。王樹枏云："萬曆本、焦竑校本並無'之'字。"生民而來，未嘗有也。今若夫兼相愛、交相利，此自先聖四王者親行之。"四"舊譌"六"。孫云："下文止有四王，此'六'疑'四'篆文之誤，下同。"曹校同，今據正。尹云："'者'同'諸'，皆也。"何以知先聖四王之親行之也？"以"字舊脱，從畢校據《太平御覽》增。子墨子曰：吾非與之並世同時，親聞其聲見其色也。以其所書於竹帛，鏤於金石，琢於槃盂，孫云："《文選·廣絶交論》李注引云'琢之盤盂，銘於鐘鼎，傳於後世'，疑兼用《魯問篇》文。《吕氏春秋·求人篇》云'功績銘乎金石，著於盤盂'，高注云：'金，鐘鼎也；石，豐碑也。盤盂之器，皆銘其功。'"傳遺後世子孫者知之。畢云："'遺'，劉逵注《左思賦》引作'于'。"孫云："《天志中》、《非命下》及《貴義》、《魯問》四篇，皆作'遺'，劉引非。《泰誓》曰：孫云："《尚同下篇》、《天志中篇》、《非命》上中下篇，並作《大誓》，此作'泰'，與今僞孔本同，疑後人所改。""文王若日若月乍照，王闓運云："句。"孫星衍云："'乍'古與'作'通。"光于四方于西土。""于"舊本並作"於"。孫據《道藏》本改。畢云："孔書云：'唯我文考，若日月之照臨，光於四方，顯於西土。'"即此言文王之兼愛天下之博大也，譬之日月兼照天下之無有私也，尹云："《記》云：'日月無私照'。"即此文王兼也。雖子墨子之所謂兼者，孫云："'雖'與'唯'通，下並同。"於文王取法焉。且不唯泰誓爲然，"唯"舊本作"惟"，孫據《道藏》本改。雖《禹誓》畢云："《大禹謨》文。云《禹誓》者，禹之所誓也。"孫云："今《大禹謨》出僞古文，即采此書爲之。"惠棟云："《皋陶謨》言'苗頑勿即功'，則舜陟後，禹當復有征苗誓師之事。"即亦猶是也。禹曰："濟濟有衆，孫云："孔安國云：'濟濟，衆盛之貌。'"咸聽朕言，畢云："孔書作'命'。"非惟小子敢行稱亂，孫云："孔安國云：'稱，舉也。'"畢云："孔書無此八字。"蘇云："二語今見《湯誓》，'惟'作'台'。"尹云："'惟'同'台'，我也。"蠢兹有苗，孫云："《爾雅·釋訓》云：‘蠢，不遜也。’孔安國云：‘蠢，動也。’”用天之罰，畢云：“孔書無此四字。”尹云：“‘用’，行也。”若予既率爾羣封諸君以征有苗。”舊“封”譌“對”，“君”譌“羣”。畢云：“孔書作‘肆予以爾衆士奉辭伐罪’。羣猶衆。”惠棟云：“羣猶君也。《周書》：‘大子晉云：侯能成羣謂之君。’《堯典》言‘羣后’。”蘇云：“‘羣’字疑誤，或爲‘辟’。辟，君也。”孫云：“惠説近是。此‘羣對諸羣’，當讀爲‘羣封諸君’。封’與‘邦’古音近通用，‘封’、‘對’形近而誤。‘羣封諸君’，言衆邦國諸君也。”純一案：孫説是也，今據正。胡云：“《書序》無《禹誓》篇名，唐《正義》本《大禹謨》云：‘禹乃會羣后誓于師曰：濟濟有衆，咸聽朕命，蠢兹有苗，昏迷不恭。’是僞古文襲此文，而去其‘非惟小子’二句，以避《湯誓》之同文，蓋謂《夏書》無《禹誓》，乃臆度爲《禹謨》之詞。禹征有苗事，不見於《史記·夏本紀》，而《韓詩外傳》三言：‘有苗不服，禹請伐之，而舜不許，曰：吾喻教猶未竭也，久喻教而有苗請服，天下聞之，皆薄堯之義，而美舜之德。’《鹽鐵論·論功篇》説略同，僞古文實本此説，取《禹誓》歸入《禹謨》。惠氏棟、王氏鳴盛皆云：‘《穀梁隱八年傳》荀子並稱誥誓不及五帝，誓始於禹，舜時未有也。’然則《禹謨》在《虞書》，《墨子》引《禹誓》，自當在《夏書》，且禹攻有苗，墨子已詳之。《非攻下篇》‘昔者有三苗大亂’云云，蓋稱舜爲高陽命禹征苗也。史遷但據百篇之序，故不紀其事，墨子得覩《百篇》之文，故能舉其詞。三苗之反側不安，不止一時一事，《禮記》鄭注云：‘舜征有苗而死，以是推之，禹之征苗，在禹時亦必有之事。’《墨子·非攻篇》述征苗之事在舜時，此篇述誓師之詞在《夏書》，墨氏詳於夏道，隨事稱引，固不必以虞時不應有誓而致疑也。”禹之征有苗也，非以求重富貴、“求”下舊衍“以”字，從戴校删。王樹枏云：“萬曆本無。”干福禄、孫云：“《詩·大雅·假樂篇》‘干禄百福’，鄭箋云：‘干，求也。’”樂耳目也，以求興天下之利，除天下之害，即此禹兼也。雖子墨子之所謂兼者，於禹取法焉。“取法”，舊作“求”。孫云：“以上下文校之，當作‘取法’。”純一據正。且不唯禹誓爲然，“唯”舊本亦有“惟”，孫據《道藏》本改。雖湯説即亦猶是也。孫云：“《周禮·大祝》六祈，六曰‘説’，鄭注云：‘説，以辭責之，用幣而已。’此下文亦云‘以祠説於上帝鬼神’。若然，則説禮毁時已有之。《論語·堯曰篇》集解‘孔安國云：《墨子》引《湯誓》’，《國語·周語》内史過引《湯誓》，與此下文略同。韋注云：‘《湯誓》，《商書》伐桀之誓也。今《湯誓》無此言，則已散亡矣。’案：孔安國引此作《湯誓》，或兼據《國語》文。《尚賢中篇》引《湯誓》，今《書》亦無之。”湯曰：畢云：“今《湯誥》文。”“惟予小子履，畢云：“孔書作‘肆台小子’。”孫云：“《論語・堯曰篇》，無‘惟’字，孔注云：‘履，殷湯名。此伐桀告天之文。’案：孔以此爲伐桀時事，《白虎通義・三正篇》及《周語》韋注説同。然據此後文，則是湯禱旱之辭，孔説蓋誤。《大戴禮記・少閒篇》云‘乃有商履代興’，《白虎通義・姓名篇》云‘湯王後更名爲子孫法，本名履也’。”敢用玄牡，告於上天后，畢云：“孔書作‘上天神后’。”孫云：“《論語》作‘敢昭告於皇皇后帝’，孔注云：‘殷家尚白，未變夏禮，故用玄牡。皇，大；后，君也。大大君帝，謂天帝也。’《白虎通義・三正篇》云：‘《論語》曰：“予小子履”云云，此湯伐桀告天以夏之牲也。’與《論語》孔注説同。《御覽》八十三引《帝王世紀》載此文，作‘告於上天后土’，疑此‘后’下，亦脱‘土’字。曰：今天大旱，即當朕身履，孫云：“《帝王世紀》云：‘湯自伐桀後，大旱七年，禱於桑林之社，其辭如此。’”畢云：“詳此文是湯禱旱文，孔書亦無此十字。”胡云：“《書・夏社序》疏引鄭君説：‘當湯伐桀之時，大旱致災。’與此文言大旱合。”未知得罪于上下。畢云：“孔書作‘未知獲戾於上下’。”尹云：“上天下地。”有善不敢蔽，有罪不敢赦，簡在帝心。孫云：“僞《湯誥》云‘爾有善，朕弗敢蔽。罪當朕躬，弗敢自赦。惟簡在上帝之心’，孔傳云：‘所以不蔽善人，不赦己罪，以其簡在天心故也。’孔疏云：‘鄭玄注《論語》云：簡閱在天心，言天簡閱其善惡也。’”畢云：“皆與孔書微異。”萬方有罪，即當朕身，朕身有罪。無及萬方。”畢云：“俱與孔書微異。孔安國注《論語》云，《墨子》引《湯誓》其辭若此。《國語・周語》内史過引《湯誓》云：‘余一人有罪，無以萬夫，萬夫有罪，在余一人。’”孫云：“孔安國云：‘無以萬方，萬方不與也。萬方有罪，我身之過。’《羣書治要》引《尸子・綽子篇》云‘湯曰：朕身有罪，無及萬方，萬方有罪，朕身受之’，《帝王世紀》云‘萬方有罪，罪在朕躬，朕躬有罪，無及萬方，無以一人之不敏，使上帝鬼神傷民之命’，並與此文小異。僞《湯誥》云‘其爾萬方有罪，在予一人，予一人有罪，無以爾萬方’，孔傳云‘在予一人，自責化不至，無用爾萬方，言非所及’。”即此言湯貴爲天子，富有天下，然且不憚以身爲犧牲，以祠説于上帝鬼神，孫云：“《吕氏春秋・順民篇》云：‘昔者湯克夏而正天下，天大旱五年不收，湯乃身禱於桑林曰：余一人有罪，無及萬夫，萬夫有罪，在余一人。無以一人之不敏，使上帝鬼神傷民之命。於是翦其爪，𨟖其手，以身爲犧牲，用祈福於上帝。’與此文合。則《湯説》即禱桑林之辭也。《御覽》八十三引《尸子》及《帝王世紀》説與吕略同。”胡云：“《尚書大傳》云：‘湯伐桀之後，大旱七年。史卜曰：當以人爲禱，湯乃翦髮斷爪，自以爲牲而禱於桑林之社。’即《墨子》云‘以身爲犧牲以祠’之説。”即此湯兼也。雖子墨子之所謂兼者，於湯取法焉。且不惟《禹誓》與

《湯説》爲然，《禹誓》舊作《誓命》。孫云："《誓命》依上文當作《禹誓》。《漢書·藝文志》'禹'作'𠓜'，顔注云：'古禹字。'此書多古字，蓋亦作'𠓜'，與'命'相依而譌，校者不悟，又移著'誓'下，遂與上文不合矣。"純一案：孫説是也，今據正。雖《周詩》即亦猶是也。"雖"字舊脱，據上文補。《周詩》曰："王道蕩蕩，不偏不黨，王道平平，不黨不偏。"蘇云："見《書·洪範篇》，四'不'字作'無'。茲稱《周詩》，或有據。"孫云："《洪範》云'無偏無黨，王道蕩蕩，無黨無偏，王道平平'，僞孔傳云'蕩蕩，言開闢；平平，言辯治'，《吕氏春秋·貴公篇》高注云：'蕩蕩，平易也。'《史記·張釋之馮唐傳》、《説苑·至公篇》引《書》，'無'並作'不'，與此同。古《詩》、《書》亦多互稱，《戰國策·秦策四》引《詩》云'大武遠宅不涉'，即《逸周書·大武篇》所云'遠宅不薄'，可以互證。"純一案：蕩黨平偏並叶韻，《古音譜》十六庚上聲引此，"蕩"、"黨"諧，又七真引此，"平"、"偏"諧。其直若矢，其易若厎，君子所履，小人所視。"舊作"之所履之所視"。蘇云："《詩·大東篇》'作周道如砥，其直如矢'，下無兩'之'字。"純一今據删，"矢"、"厎"、"履"視爲韻。《古音譜》五齊上聲引此。孫云："《親士篇》云'其直如矢，其平如砥'，'厎'仍作'砥'，與《毛詩》同。《小雅·大東》毛傳云：'如砥，貢賦平均也。如矢，賞罰不偏也。'鄭箋云：'此言古者天子之恩厚也，君子皆法傚而履行之，其如砥矢之平。小人又皆視之共之無怨。'《孟子·萬章篇》引《詩》，'砥'亦作'厎'，字通。趙注云：'厎，平。矢，直。視，比也。周道平直，君子履直道，小人比而則之。'案：'厎'，《道藏》本作'底'，譌。《説文·厂部》云：'厎，柔石也。'重文作'砥'。又《广部》云：'底，山居也，下也。'二字迥别，今經典多互譌。"若吾言非語道之謂也？"也"讀若"邪"。古者文武爲正，孫云："正與政同。"均分，尹云："均分則公。"賞賢罰暴，勿有親戚弟兄之所阿，孫云："《吕氏春秋·高義篇》高注云：'阿，私也。'"即此文武兼也。雖子墨子之所謂兼者，於文武取法焉。不識天下之士，"士"舊作"人"，據上下文改。所以皆聞兼而非之者，其故何也？以上言兼非不可爲，先聖四王親行之，即藉聖王以立兼。

然而天下之士，非兼者之言猶未止也，"士"字、"也"字舊脱，據上文增。曰：意不忠親之利而害爲孝乎？蘇云："'忠'當作'中'，讀去聲。"戴云："中當訓爲得。"曹云："此即孟子書中'墨氏兼愛是無父也'之説。"子墨子曰：姑嘗本原之孝子之爲親度者。尹云："'度'，謀也。"吾不識孝子之爲親度者，亦欲人之愛利其親與？"之"字舊脱，從蘇校，並據下句補。意欲人之惡賊其親與？蘇云："'意'讀如'抑'，下文亦然。"以説觀之，尹云："'説'同'閲'，謂其所閲歷者。"即欲人之愛利其親也，然即吾惡先從事，即得此？"然"下"即"字，曹本、王本、尹本並作"則"。尹云："'惡'，何也。"若我先從事乎愛利人之親，然後人報我以愛利吾親乎？"以"字舊脱，從孫校補。意我先從事乎惡賊人之親，俞云："'惡'下脱'賊'字，當據上文補。"王樹枏云："萬曆本有'賊'字。"純一今據補，曹本同。然後人報我以愛利吾親乎？即必吾先從事乎愛利人之親，"即"曹本作"則"。然後人報我以愛利吾親也。此破論敵"無父"之説以立兼。然即之交孝子者，曹本"即"作"則"。王闓運云："'即'，則之，是。"孫云："'之交孝子'，猶上云交兼、交别。"果不得已乎毋先從事愛利人之親者與？"毋"，語詞。意以天下之孝子爲遇，畢云："一本作'偶'。"孫云："'遇'當爲'愚'，同聲叚借字。"而不足以爲正乎？尹云："正，善也。"姑嘗本原之"之"字舊本脱，孫據《道藏》本補。案：陸本、唐本並有"之"字。先王之書，舊作"之所書"。孫云："'所'字疑衍。《尚同中篇》云'是以先王之書《周頌》之道之曰'，是其證。"純一今據删。《大雅》之道曰："道"上舊衍"所"字，今校删。"無言而不讎，無德而不報。"讎"、"報"義同。孫云："《大雅·抑》毛傳云：'讎，用也。'鄭箋云：'教令之出如賣物，物善則其售賈貴，物惡則其售賈賤。'"蘇云："《大雅·抑篇》無兩'而'字。"投我以桃，報之以李。"孫云："鄭箋云：'此言善往則善來，人無行而不得其報也。投猶擲也。'"即此言愛人者必見愛也，《孟子·離婁下》"愛人者人恒愛之"，本此。而惡人者必見惡也。此即釋氏因果之理。不識天下之士，所以皆聞兼而非之者，其故何也？舊本"兼"作"愛"，誤，孫據《道藏》本正。案：陸本、唐本同。曹云："《孝經》曰'愛親者不敢惡於人'，又曰'先之以博愛，而民莫遺其親'，又曰'合萬國之懽心，以事其先王，得人之懽心，以事其親'，又曰'事親者居上不驕，爲下不亂，在醜不争'，又曰'敬其父則子悦，敬其兄則弟悦'，又曰'教以孝，所以敬天下之爲人父者，大抵聖人之所謂孝者，必能兼愛天下之人，而後能盡乎孝之量'。《墨子》之説，與《孝經》之旨，有相合，無相違也。陋儒以自私、自利之心，窺側聖道，於身則私其身，於家則私其家，損人利己，以是爲孝，固與《孝經》之旨，顧相乖剌，反以《墨子》兼愛爲無父之説。墨子蓋亦預料後世儒者，必有以無父之説抵拒聖教者，故設爲疑難之語而明辯之，其詞反復婉曲，極天理人情之至，絶無辯士矜張之習，實仁人之言也。言當理者，自不可破，學者慎毋爲孟子所惑。"純一案：以上言愛利人之親即是愛利吾之親。所謂大孝不匱，蓋破非兼者之謬執也。

意以爲難而不可爲邪？嘗有難此而可爲者。“難此”，言更難於此。昔荆靈王好小要，畢云：“舊作‘腰’，非。”純一案：中篇作“楚靈王好士細要”。當靈王之身，生存時。荆國之士，飯不踰乎一㔯，“㔯”舊譌“固”。畢云：“‘固’一本作‘握’。”純一案：《説文古籒補》五，載曾伯黎簠作“㔯”，虢叔簠作“”。鄦子妝簠作“”，虢叔作叔殷穀簠作“”，謂皆古簠字。據此知墨書固本作“㔯”或作“”，後人不識其字，以爲缺畫寫作“固”，一本以爲“固”不可通，又改作“握”，遂失其義，今正。“㔯”，食器也。據而後興，孫云：“《説文·手部》云：‘據，杖持也。’”扶垣而後行。故約食爲甚難爲也，“甚”舊作“其”。俞云：“‘其’當作‘甚’，下二句並同。甚難爲，即至難爲也。下文曰‘是故約食、焚舟、苴服。此天下之至離爲也’，是其證。”純一案：俞説是，今並據正。然後爲而靈王説之，孫云：“‘後’當作‘衆’。中篇云‘若苟君説之，則衆能爲之’，是其證，下並同。”王景羲云：“此倒語例，猶云‘靈王説然後爲之也’，‘後’非譌字，篇中三見，並同。”純一案：此猶云“然後爲靈王而説之”，《楚策一》曰：“昔者先君靈王好小要，楚士約食，馮而能立，式而能起，食之可欲，忍而不入，死之可惡，就而不避。”未踰於世，而民可移也，孫云：“‘踰’當作‘渝’，下並同。《爾雅·釋言》云：‘渝，變也。’言世未變，而民俗已爲之移也。《非命上篇》云‘此世未易，民未渝，在於桀紂則天下亂，在於湯武則天下治’，又中篇云‘此世不渝而民不改，上變政而民易教’，又下篇云‘此世不渝而民不易，上變政而民改俗’，此云‘未渝於世’，猶彼云‘世不渝’也。”純一案：孫説是也，但不必破“踰”作“渝”，“踰”通作“逾”，越也。“未踰於世而民可移”，言世猶是世而民已移。尹云：“‘未踰於世’，言其不久。”即求以鄉其上也。此證兼不難行者一。孫云：“‘鄉’與‘向’字通。”昔者越王句踐好勇，教其士臣三年，以其知爲未足以知之也，蘇云：“上‘知’字當讀如智。”焚舟失火，孫云：“‘舟’疑當作‘内’，詳上篇。”鼓而進之，其士偃前列，孫云：“《廣雅·釋詁》云：‘偃，僵也。’《儀禮·鄉射禮》鄭注云：‘偃，猶仆也。’”尹云：“伏而覆曰仆，仰而倒曰偃。”伏水火而死者，不可勝數也。“者”舊譌“有”。王云：“‘有’字文義不順，‘有’當爲‘者’，字之誤也。中篇曰‘士聞鼓音，破碎亂行，蹈火而死者，左右百人有餘’，是其證。”蘇校同，今據正。當此之時，不鼓，而退也，孫云：“‘退’上疑脱不‘字’。謂士争進前赴火，雖止不鼓，而仍不肯退也。”純一案：“而”即“不”之譌。越國之士，可謂顫矣。

尹云："'顫'同'擅'，嫥壹也。"故焚身爲甚難爲也，然後爲之越王說之，畢云："上'之'字，據前後文當爲'而'。"未踰於世，而民可移也，即求以鄉其上也。"其"字舊脱。王樹柑云："萬曆本'鄉'下有'其'字，與上下文一律。"純一今據補，此證兼不難行者二。昔者晉文公好苴服，孫云："'苴'、'粗'字通，猶中篇云'惡衣'。"當文公之時，晉國之士，大布之衣，孫云："《左閔二年傳》，'衛文公大布之衣'，杜注云：'大布，麤布。'《淮南子·齊俗訓》許注義同。"牂羊之裘，練帛之冠，孫云："二句中篇同。"且苴之屨，畢云："'且'當爲'粗'。"王云："'且苴'即'麤粗'。'麤'，倉胡反。'粗'，才户反。《廣雅·釋詁》：'粗、麤，大也。'"孫云："王說是也。《春秋繁露·俞序篇》云'始於麤粗，終於精微'，《晏子春秋·諫下篇》云'縵密不能蔍苴'，《論衡·量知篇》云'夫竹木，麤苴之物也'。《說文·角部》云：'𧢼'，角長貌，讀若麤。'𧢼'與'且'、'苴'，並聲近字通。入見文公，出以踐之朝。故苴服爲甚難爲也，然後爲而文公說之，未踰於世，而民可移也，即求以鄉其上也。此證兼不難行者三。是故約食、焚身、苴服"身"舊譌"舟"，從孫校。此天下之至難爲也，然後爲而上說之，未踰於世，而民可移也。何故也？即求以鄉其上也。今若夫兼相愛、交相利，舊本脱"愛交相"三字，孫依王校補。此其有利且易爲也，不可勝計也。我以爲則無有上說之者而已矣，苟有上說之者，勸之以賞譽，威之以刑罰，我以爲人之於就兼相愛、交相利也，蘇云："'於就'當作'就於'。"孫云："'於就'不誤。"譬之猶火之就上，水之就下也，不可防止於天下。兼利天下，已在利中，真利所在，誰不爭赴。以上言約食焚身苴服甚難爲，衆且爲上而說之，況兼愛利大且易爲，苟有上說之者，將人之就兼，不可防止於天下，蓋破敵難以立兼。

故兼者，聖王之道也，王公大人之所以安也，萬民衣食之所以足也。故君子莫若審兼而務行之，爲人君必惠，爲人臣必忠，爲人父必慈，爲人子必孝，爲人兄必友，爲人弟必悌。畢云："當爲'弟'，此俗寫。"故君子若欲爲惠君、忠臣、慈父、孝子、友兄、悌弟，"若"上舊有"莫"字。王云："'若欲爲惠君、忠臣'云云，'若'上不當有'莫'字，蓋涉上文'莫若'而衍。"純一今據删。當若兼之不可不行也，孫云："'當若'猶言'當如'，詳《尚同中篇》。"此聖王之道，而萬民之大利也。結勸行兼利大。

墨子以世間萬罪之源，由編計物我别執而起。兼以易之，則小我、假我之妄除，大我、無我之真見。天地萬物，總於一兼，欲惡生死，泯於本無，内聖外王，道在是矣。《文子·道德篇》曰“兼愛無私，久而不衰”，“兼利無擇，與天地合”，誠不刊之論。《楊子·爲我》“遠非墨匹”，《孟子》並而闢之，未免武斷，非惟門户見陜，亦得之性道者甚膚也。

曹云：“兼愛者，墨氏之學之宗旨也，前後之爲説凡數十篇，皆以助明兼愛之旨也。《論語》子貢問‘博施於民，而能濟衆’，‘可謂仁乎’？孔子曰：‘何事於仁？必也聖乎！堯舜其猶病諸。’堯舜以聖人履天子之位，猶以博施濟衆爲病，墨子生於東周之世，位不能過中士，乃以‘兼愛’爲教，其言盈天下，而不病堯舜之病者，抑何説哉？人之生於天壤之閒，其爲數不可紀者也，五行百産，天地所生以給人之食、供人之用者，雖曰無限，而不能無限者也。人惟自私其身，自私其所親，厚愛而厚養之，人人欲厚其養，則造物將不給於養。於是不能不虧人以自利，損不足以奉有餘，此大不平之事，天心之所甚惡也。墨者之教，在約己以濟人，周急不繼富，要使智愚强弱不齊之倫，並生並育於兩間而不相虧害，確乎視天下猶一家，萬物猶一體，而非虚有此志願也。仁之所以爲仁，聖之所以爲聖，天之所以爲天，墨氏盡之矣。堯、舜、禹、湯、文、武、周公、仲尼，豈有異道哉？《易傳》曰‘天之所助者順也，人之所助者信也，履信思乎順，又以尚賢也，是以自天祐之，吉无不利’，其墨子之謂與？”

釋太虚曰：“兼愛者，倫業之本，而衆善之原也。愛非善也，亦非惡也，然偏愛則衆惡生焉，而兼愛則衆善出焉，故不善於愛，而善於兼愛者也。異哉孟軻，乃以兼愛罪墨子爲無父，然則孟軻之所謂有父者，豈必須憎惡天下人而後爲有父耶？世之陋儒皆於是而肆其狂詆，真桀犬之吠耳！況墨子之所謂兼愛者，固明明曰君惠臣忠、父慈子孝，此與‘君君、臣臣、父父、子子’何異哉？”又曰：“子之孝其父者，尤願天下人之皆愛其父，欲天下人之皆愛其父，必將兼愛天下人之父，而後天下人乃皆愛其父，故兼愛者，所以成其大孝者也，以無父非孝罪墨子，非瞽目盲心者必不出此。”

墨子集解卷五

漢陽張純一仲如

非攻上第十七

孫云："《淮南子·氾論訓》高注云：'非，猶譏也。'"純一案：墨子兼愛，視人猶己，故非攻，以一天下之和。《莊子·天下篇》曰："其道不怒，此'非攻'之神理。"即釋氏"怨親平等"，景教"愛敵如友"之義，足見其胞與量宏也。《老子》曰："以道佐人主者，不以兵强天下，其事好還。師之所處，荆棘生焉。大軍之後，必有凶年。善者果而已，不敢以取强。"又曰："兵者不祥之器，不得已而用之。樂殺人者，不可以得志於天下。吉事尚左，凶事尚右，偏將軍居左，上將軍居右。言以喪禮處之，殺人之衆，以哀悲泣之，戰勝以喪禮處之，皆其祕義。"《孟子》曰："争地以戰，殺人盈野，争城以戰，殺人盈城，此所謂率土地而食人肉，罪不容於死，故善戰者服上刑。"《荀子·議兵篇》云："兵者所以禁暴除害也，非争奪也，故仁人之兵，所存者神，所過者化，若時雨之降，莫不説喜。"皆善學《墨子》者。《莊子·胠篋》、《盜跖》二篇，以盜國爲不義，與墨同；而務適性無爲以止盜，與墨異趣也。劉云："《淮南·説山訓》云'大家攻小家則爲暴，大國攻小國則爲賢'，約用此三篇之義。"

今有一人入人園圃，畢云："《説文》云'園所以樹果'，'種菜曰圃'。"竊其桃李，喻一。衆聞則非之，上爲政者得則罰之。尹云："'上'，告也；'得'，獲也。"此何也？以虧人自利也。至攘人犬豕鷄豚者，喻二。孫云："《穀梁》成五年范甯注云：'攘，盜也。'"其不義又甚入人園圃竊桃李。是何故也？以其虧人愈多。苟虧人愈多，其虧人愈多苟"六字舊脱，從欒校補。其不仁兹甚，孫云："'兹'、'滋'古今字，詳《尚同上篇》。罪益厚。尹云："'厚'，重也。"至入人欄廄，孫云："'欄'，即闌之借字。《説文·門部》云：'闌，門遮也。'《廣雅·釋室》云：'闌，牢也。'"畢云："《説文》無'欄'字。《玉篇》云：'木欄也。'"尹云："'闌'，牛閑；'廄'，馬舍。"取人馬牛者，喻三。其不義又甚攘人犬豕鷄豚。

"義"上舊衍"仁"字，從孫校删。此何故也？以其虧，人愈多。苟虧人愈多，其不仁兹甚，罪益厚。至殺不辜人，扡其衣裘，"人"下舊衍"也"字，從王校删。畢云："'扡'讀如'終朝三拕'之'拕'。陸德明《音義》云：'褫'，鄭本作'拕'，徒可反。'扡'即'拕'異文。"孫云："《説文・手部》云：'拕，曳也。'《淮南子・人閒訓》云'秦牛缺徑於山中而遇盜，拖其衣被'，許注云：'拖，奪也。''拖'即'拕'之俗。"取戈劍者，喻四。其不義又甚入人欄廏取人馬牛。此何故也？以其虧人愈多。苟虧人愈多，其不仁兹甚矣，罪益厚。當此天下之君子，畢云："舊脱'此'字，據後文增。"皆知而非之，謂之不義。今至大爲不義攻國，"不義"二字舊脱，從畢校據後文增。則弗知非，畢云："'知'，一本作'之'。舊脱'非'字，據後文增。"孫云："《道藏》本、季本並不脱。"王樹枏云："萬曆本有'非'字。"純一案：陸本、唐本並有。從而譽之謂之義。此可謂知義與不義之别乎？"可"，舊本作"何"。畢云："一本作'可'，是。"孫據正。純一案：别辯義同，以上連設四喻，明攻國爲大盜，而天下之君子，反譽之爲義。

殺一人謂之不義，必有一死罪矣。孫云："《荀子・正論篇》云：'殺人者死，傷人者刑，是百王之所同也。'"尹云："殺人當抵。《吕覽・去私》：'墨子之法，曰殺人者死，傷人者刑。'"若以此説往殺十人，十重不義，必有十死罪矣；殺百人，百重不義，必有百死罪矣。當此天下之君子，皆知而非之，謂之不義。今至大爲不義攻國，則弗知非，舊本"知"作"之"，下又衍兩字。畢云："一本無'而'字，是。"王云："'之'當爲'知'，俗音'知'、'之'相亂，故'知'誤爲'之'。上文'皆知而非之'，正與'弗知非'相對。且上下文皆作'弗知非'，則'之'爲'知'之誤明矣。"孫據王校正。從而譽之謂之義。情不知其不義也，王云："'情'、'誠'通用。故書其言以遺後世。王闓運云："若《孫子》、《吴子》。"若知其不義也，夫奚説書其不義以遺後世哉？畢云："'奚説'，猶言何樂。"孫云："'奚説'，言何辭以解説也。"純一案：以殺人愈多愈不義，斥攻國遺後之妄。

今有人於此，少見黑曰黑，多見黑曰白，則必以此人爲不知白黑之辯矣；"必"字、"爲"字舊脱，從孫校依下文補。少嘗苦曰苦，多嘗苦曰甘，則必以此人爲不知甘苦之辯矣。今小爲非，則知而非之。大爲非攻國，則不知非，舊本"不知"下衍"而"字，孫據王蘇校删。從而譽之謂之義。畢云："舊'之謂'二字倒，一本如此。此可謂知義與不義之辯乎？舊本"可"上脱"此"

字，又“謂”誤“爲”。”畢云：“一本作‘謂’，是。”孫云：“《道藏》本‘可’上有‘此’字，‘爲’正作‘谓’，今據補正。季本‘謂’亦不誤。”是以知天下之君子，舊衍“也”字，從孫校刪。辯義與不義之亂也。以“多見黑曰白”，“多嘗苦曰甘”，喻以大不義爲義之顛倒。

曹云：“此篇首末疑均有闕文，竊考中篇之首‘子墨子言曰：古者王公大人爲政於國家者，情欲毀譽之審，賞罰之當，刑政之不過失。是故’凡三十五字，當在此篇之首。其篇中‘是故子墨子言曰：古者王公大人，情欲得而惡失，欲安而惡危，故當攻戰而不可不非也’凡三十四字，當在此篇之末。”純一案：中篇之首三十五字及中間三十四字，均嫌其贅，移置此篇之首與末，義亦不串。

非攻中第十八

子墨子言曰：今者王公大人爲政於國家者，“今”舊作“古”，從王校改。情欲毀譽之審，“毀”字舊脱，從王校補。孫云：“‘情’亦與‘誠’通，下並同。”賞罰之當，刑政之不過失。王云：“有脱文，下文曰：‘今者王公大人，情欲得而惡失，欲安而惡危，故當攻戰而不可不非。’”是故子墨子曰：古者有語：尹云：“‘語’，説也。”“謀而不得，則以往知來，孫云：“《論語·學而篇》云：‘告諸往而知來者。’”以見知隱。”司馬遷曰：“易本隱而之顯，春秋推見至隱。”謀若此，可得而知矣。今師徒唯毋興起，“徒”，舊本誤“徙”。孫云：“據《道藏》本正。‘毋’，語詞。”冬行恐寒，夏行恐暑，此不可以冬夏爲者也。春則廢民耕稼樹藝，秋則廢民穫斂，此不可以春秋爲者也。九字舊脱，從孫校依上文補。《司馬法·仁本篇》“戰道不違時，不歷民病，所以愛吾民也。冬夏不興師，所以兼愛民也”，《禮·月令》“春夏不起兵”，大旨均與此同。今《國際戰事公法》，無此文明。今唯毋廢一時，上不中天之利。則百姓飢寒凍餒而死者，不可勝數。今嘗計軍出，“出”舊譌“上”。孫云：“‘嘗’猶試也，下同。‘上’字疑誤，當作‘出’。《國策·齊策》云：‘軍之所出，矛戟折鐶，弦絶傷弩，破車罷馬，亡失之大半。’”純一案：孫説是也，今據改，下文反，正對出言。竹箭、羽旄幄幕，畢云：“《説文》云：‘楃，木帳也。’‘幄’當从木。”孫云：“‘幄’，《節葬下篇》作‘屋’，此俗字。《周禮·幕人》鄭注云：‘在旁曰帷，在上曰幕，四合象宮室曰握。’”甲、盾、撥、劫，孫云："《史記·孔子世家》索隱云：'撥音伐，謂大盾也。''劫'來詳，疑當作'鉫'，古書从缶、从去之字，多互譌。《備蛾傳篇》：''法'譌作'缶'，此'鉫'譌作'劫'，可以互證。《説文·刀部》云：'鉫'，刀把也。'即《禮記·少儀》之拊也。刀把或以木爲之，故有靡敝腐爛之患。"往而靡弊腑冷不反者，畢云："'往'，舊作'住'，一本如此。'腑'即'腐'字異文。'冷'、'爛'音相近，當爲'爛'。"孫云："《戰國策·秦策》高注云：'弊，壞也。'"尹云："《禮記·少儀》'國家靡敝'，疏謂'財物縻散'。'腑冷'，腐零也，言腐朽零落而不可用。"不可勝數；又與其矛、戟、戈、劍、乘車，"其"字舊在"車"下，今乙。比列而往，"往"舊作"住"，畢以意改，今從之。"比"字、"而"字舊脱，今據後文"比列其舟車之衆"增"比"字，並據下文"與其牛馬肥而往"增"而"字。碎折靡弊而不反者，不可勝數；與其牛馬肥而往、瘠而反，往死亡而不反者，王云："下'往'字涉上'往'字而衍。"孫云："'往'字似不必删。"不可勝數；與其涂道之脩遠，曹本作"修遠"。尹云："'脩'，長也。"糧食輟絶而不繼，"糧"從陸本，畢本、孫本俱作"粮"。畢云："'粮'，俗。《玉篇》云：'粮同糧。'"曹本、王本、尹本並作"糧"。孫云："《周禮·廩人》'凡邦有師役之事，則治其糧與其食'，鄭注云：'行道曰糧，謂糒也。止居曰食，謂米也。'《孟子·梁惠王篇》云'師行而糧食，飢者弗食，勞者弗息'，趙注云：'行軍皆遠轉糧食而食之。'"尹云："'輟'，已也，猶止也。"百姓死者，不可勝數也；與其居處之不安，食飲之不時，"飲"舊作"飯"。王云："'食飯'當爲'食飲'之誤。食飲不時，見下篇。"純一今據正。飢飽之不節，百姓之道疾病而死者，不可勝數。尹云："'道'，路也。《史記·平津侯主父傳》'道路死者相望'。"喪師多不可勝數，喪師盡不可勝計，下不中人之利。則是鬼神之喪其主后，"后"，《繹史》引作"後"。孫云："'后'與'後'字通。《王制》云'天子諸侯祭因國之在其地而無主後者'，鄭注云：'絶無後爲之祭主者'，即此義。"曹云："對外神言曰主，人爲神祇之主也，對祖考言曰后，'后'與'後'同。'後'，嗣也。"亦不可勝數。中不中鬼之利。國家發政，奪民之用，廢民之利，若此甚衆，"甚"，曹本作"其"。王樹枏云："'甚'當爲'其'。"然而何爲爲之？"而"同"則"。曰："我貪伐勝之名，及得地之利，"地"字舊脱，從王本補。故爲之。"子墨子言曰：計其所自勝，無所可用也。計其所得，反不如所喪者之多。尹云："'喪'，失也。"今攻三里之城，七里之郭，孫云："《雜守篇》云'率萬家而城方三里'，《孟子·公孫丑篇》

亦云‘三里之城，七里之郭’，《戰國策·齊策》云‘即墨，三里之城，七里之郭’，又作‘三里之城，五里之郭’。”攻此不用鋭，“攻此”二字，疑衍。尹云：“‘鋭’，利兵也。”且無殺，而徒得此然也。尹云：“‘也’同邪。”殺人多必數於萬，寡必數於千，然後三里之城、七里之郭且可得也。“且”，未定之詞。今萬乘之國，虚城數於千，畢云：“‘虚’，‘墟’字正文。俗從土。”舊無“城”字，孫云：“虚下疑脱‘城’字，下文云‘以争虚城’。”純一今據補。不勝而入；畢云：“舊作‘人’，以意改。”廣衍數於萬，尹云：“‘衍’，下平地也，言其本國之地荒人少。”不勝而辟。畢云：“此闢字之假音，‘入’、‘辟’爲韻。”然則土地者，所有餘也；天民者，所不足也。“天”舊作“王”。王云：“‘王民’二字，義不可通，當是‘士民’之誤，‘士民’與‘土地’對文，下文‘王民’同。”純一案：王説未允，“王”當爲“天”，草書形似而譌。下篇云：“夫取天之人（“取”、“聚”同），以攻天之邑，此剌殺天民”，可證，今正。《法儀篇》云：“今天下無小大國，皆天之邑也。人無幼長貴賤，皆天之臣也。”墨家上同於天，以民之於天，猶體分於兼，故莫非天民。今盡天民之死，嚴下上之患，尹云：“‘嚴’，急也。”以争虚城，則是棄所不足，而重所有餘也。爲政若此，非國之務者也。以上言計其所得，不知所喪之多，非國之務。

飾攻戰者言曰：畢云：“舊作‘也言’，一本如此。”南則荆吴之王，孫云：“‘吴’當作‘越’，墨子時吴已亡，故下文以夫差亡吴事爲戒，不宜此復舍越而舉吴也。下篇云‘今天下好戰之國，齊、晉、楚、越’，《節葬下篇》云‘諸侯力征，南有楚、越之王，而北有齊、晉之君’，皆其證也。”純一案：吴亡時，墨子之年，大氐四十許，即吴已亡。“飾攻戰者”舉吴爲言，未始不可。北則齊晉之君，始封於天下之時，其土地之方，舊脱“地”字。孫云：“據《道藏》本補。”案：陸本、唐本並有“地”字。未至有數百里也；人徒之衆，未至有數十萬人也。以攻戰之故，土地之博，“博”，廣也。至有數千里，舊衍“也”字。王樹枏云：“萬曆本無。”純一今據删。人徒之衆，至有數百萬人。故當攻戰而不可已也。“已”舊譌“爲”。王樹枏云：“萬曆本作‘已’。”純一案：《繹史》引同，今並據正。子墨子言曰：雖四五國則得利焉，猶謂之非行道也。譬若醫之藥人之有病者然。孫云：“句。”今有醫於此，和合其祝藥之“之”字，疑衍。于天下之有病者而藥之，畢云：“‘祝’謂祝由，見《素問》。一本無祝字，非也。”孫云：“《周禮·瘍醫》‘掌腫瘍、潰瘍、金瘍、折瘍之祝藥’，鄭注云：‘祝當爲注，讀如注病之注，聲之誤也。

注謂附著藥。'彼'祝'藥爲療瘍附著之藥，此下文云'食'，則與彼義異。"畢云："'祝由'，又與此書及《周禮》義並不合。"純一案：古時醫爲巫者之事，故醫字原從巫，《山海經·海内西經》"周明東有巫、彭巫、抵巫、陽巫、履巫、凡巫相"，郭璞注"皆神醫"，是其證。想見古人治病，注重心理（如今催眠術治療法大致同），必祝説以慰其心意，又以梅漬水，稱爲醫酒以佐之，故醫從酉，省去水也。《周禮》猶存古意，至東漢則古意寖失，鄭注實不合。此"和合其祝藥於天下之有病者而藥之"，所謂"和合"説有二義：一方製藥時，虔誠祝禱，如法修合；二至療病時，祝説藥物。二者並施也，釋氏密宗亦有呪藥之法，藥之之藥，療也。《家語·正論解》"不如吾所聞而藥之"注，李笠定本《墨子閒詁》校補云："祝藥者，謂經祝咒之藥也，近世修合丸散，有須齋戒祝禱者，其古代祝藥之遺法與？藥經祝咒，而後和合施行天下之有病者，故云萬人食也。"萬人食此，若醫四五人得利焉，猶謂之非行藥也。蘇云："食者多而利者少，則非常行之藥。"故孝子不以食其親，忠臣不以食其君。古者封國於天下，尚者以耳之所聞，畢云："尚同上。"近者以目之所見，以攻戰亡者，不可勝數。何以知其然也？東方有莒之國者，畢云："今山東莒州。"其爲國甚小，閒於大國之間，尹云："上閒，夾也。"不敬事於大國，"國"字舊脱，從蘇校增。大國亦弗之從而愛利。王闓運云："依今文法，當云'弗從而愛利之'。"是以東者越人夾削其壤地，孫云："《國策·齊策》云'莒恃越而滅'，與此異。"西者齊人兼而有之。計莒之所以亡於齊越之閒者，以是攻戰也。"是"，此也，王本無"是"字。蘇云："《史記》云'楚簡王元年，北伐滅莒'，據此則莒實爲齊滅，故其地在戰國屬齊。'"孫云："杜預《春秋釋例》云'莒國嬴姓，少昊之後，周武王封茲輿期於莒。十一世茲平公方見《春秋》，共公以下微弱不復見，四世楚滅之'，《戰國策·西周策》云'邾莒亡於齊'，亦蘇説之證。"尹云："言莒地爲齊所兼併。《史記·六國年表》：'楚簡王元年滅莒，後地入於齊爲莒邑，齊湣王走莒即此。'"雖南者陳蔡其所以亡於吴越之閒者，孫云："《左傳》魯哀公十七年，楚滅陳。《史記·管蔡世家》'蔡侯齊四年，楚惠王滅蔡'，案：在貞定王二十二年。"尹云："此云亡於吴越閒，謂地在吴越閒耳。陳都宛丘，今河南淮陽縣治，蔡都上蔡，遷新蔡，又遷州來，今安徽壽縣地也，皆與吴越接壤。"亦以攻戰，雖北者且不一著何，《道藏》本如此，陸本、唐本同。畢本作"中山諸國"，云："四字舊作'且一不著何'五字，一本如此。《史記·趙世家》云'惠文王三年滅中山，遷其王於膚施'，《表》作四年。《元和郡縣志》云：'定州，戰國時爲中山國。中山之地，方五百里，城中有山，故曰中山。'今直隸定州是。"蘇云：

“中山之亡，當魏文侯世，墨子與子夏之門人同時，此事當猶及見之。今畢注引《史記》趙惠文王三年滅中山，非是。”孫云：“中山初滅於魏，後滅於趙，詳《所染篇》。然此‘中山諸國四字，乃後人肊改，實當作‘且不著何’四字，舊本作‘且一’，《道藏》本作‘且不一’，並衍‘一’字。‘且’疑‘柤’之借字，《國語·晉語》‘獻公田，見翟柤之氛’，韋注云‘翟柤國名’，是也。不著何，亦北胡國。《周書·王會篇》云‘不屠何青熊’，孔晁注云：‘不屠何，亦東北夷也。’，《管子·小匡篇》‘敗胡貉，破屠何’，尹注云：‘屠何，東胡之先也。’劉恕《通鑑外紀》‘周惠王三十三年，齊桓公救燕破屠何’，‘屠’、‘著’聲類同，不著何即不屠何也。又《王會》伊尹獻令，正北有且略、豹胡。且略，即此且及《左傳》‘翟柤’，豹胡，亦即不屠何。‘豹’、‘不’，‘胡’、‘何’，並一聲之轉。不屠何，漢爲徒河縣屬遼西郡，故城在今奉天錦州府錦縣西北。柤，據《國語》爲晉獻公所滅，所在無考。”尹云：“‘不一’爲‘丕’，《説文》作‘邳’，奚仲之後，湯左相仲虺所封國，或者即國策北夷輿。”其所以亡於燕代胡貊之閒者，孫云：“‘貊’，貉之俗，詳《兼愛中篇》。”亦以攻戰也。以上言以攻戰得利者少，以攻戰亡者多。

是故子墨子言曰：今者王公大人今舊作“古”，從王校改。情欲得而惡失，孫云：“‘情’與‘誠’通。”欲安而惡危，畢云：“欲，舊作‘故’，以意改。”王樹枏云：“萬曆本作‘欲’。”故當攻戰而不可不非也。“也”字舊脱，從曹本補，此三十四字，疑當在篇末，錯置於此。

飾攻戰者之言曰：彼不能收用彼衆，是故亡。我能收用我衆，以此攻戰於天下，誰敢不賓服哉？子墨子言曰：子雖能收用子之衆，子豈若古者吴闔閭哉？孫云：“‘閭’，《左傳》昭三十七年作‘廬’，字通，詳《所染篇》。”古者吴闔閭教士七年，“士”字舊脱，從俞校補。畢云：“案《史記》‘闔閭九年入郢’，《吴越春秋》云‘九年十月，楚二師陳於柏舉’，即此是也。”純一案：《論語·子路篇》云：‘善人教民七年，亦可以即戎矣，以不教民戰，是謂棄之。’”奉甲執兵，奔三百里而舍焉，孫云：“《吕氏春秋·簡選篇》云‘吴闔廬選多力者五百人，利趾者三千人，以爲前陳’，此云‘奉甲執兵，奔三百里而舍’，即多力利趾者也。”俞云：“奉甲執兵奔三百里而舍，即教士之法，乃古所謂武卒者。《荀子·議兵篇》：‘魏氏之武卒，以度取之衣，三屬之甲，操十二石之弩，負矢五十箇，置戈其上，冠軸帶劍，贏三日之糧，日中而趨百里，中試則復其户，利其田宅。’今據《墨子》之言，則闔閭先有此法矣。”次注林，“次”下疑脱“於”字。出於冥隘之徑，孫云：“《左傳》定四年‘吴伐楚，舍舟於淮汭，自豫章與楚夾漢。左司馬戌謂子常曰：我悉方城外以毁其舟，還塞大隧、直轅、冥阨’，《釋文》云：‘阨，本或作隘。’杜注云：‘三者漢東之隘道。’案：此‘冥隘’，即《左傳》之‘冥阨’。《史記·蘇秦傳》云‘塞鄳阨’，亦即此，集解引徐廣云：‘鄳，江夏鄳縣。’注林地無考，以《左傳》校之，疑當作淮汭。”純一案：“冥隘”，《戰國策》作“鄳隘”，《史記·春申君傳》作“黽隘”。尹云：“《史記·魏世家》‘秦攻冥阨之塞’，在今河南信陽縣東南九十里，湖北應山縣北六十五里，一名平靖陽，亦曰冥塞，《戰國策》‘投己乎冥塞之外’。‘徑’，步道也。”**戰於柏舉**，孫云：“事見《春秋定四年經》。柏舉，杜注云：‘楚地。’《吕氏春秋·首時篇》高注云：‘柏舉，楚南鄙邑。’”畢云：“在今湖北麻城縣。《元和郡縣志》云：‘麻城縣黽頸山，在縣東南十八里，舉水之所出也。春秋吴、楚戰於栢舉，即此地也。’”尹云：“柏舉，因柏子山及舉水而名，淮南詮言，作柏莒。”純一案：《楚策一》：“吴與楚戰於柏舉，三戰入郢。’”**中楚國而朝宋及魯**。舊本作“與及魯”。王樹枏云：“萬曆本無‘與’字，今從之。”孫云：“《左傳》‘闔閭時無宋魯朝吴事’，疑因哀七年夫差會魯於鄫，徵宋魯百牢事傳會之。”王闓運云：“中楚，取楚都之。”**至夫差之身，北而攻齊，舍於汶上，戰於艾陵**，孫云：“見《春秋哀十一年經》。”畢云：“‘艾陵’，在今山東泰安縣東南。《史記·吴太伯世家》云：‘夫差七年北伐齊，敗齊師於艾陵至繒。’”**大敗齊人而葆之大山**；蘇云：“大山即太山，篇中‘太’多作‘大’。《魯問篇》‘齊太王’作‘大王’是也。”尹云：“‘葆’同保，守也。”**東而攻越，濟三百江五湖**，尹云：“此三江，謂松江、婁江、東江耳。吴都梅里，遷姑蘇，其伐越必濟於此。《吴越春秋》‘范蠡去越，乘舟出三江之口，入五湖之中’，今大湖東注爲松江，下七十里，有水口分流，東北入海曰婁江，東南入海曰東江，與松江爲三，其水口，即三江口也。《越語》‘吴軍江北，越軍江南，皆松江也’，《越語》‘越伐吴，戰於五湖’，又曰‘范蠡滅吴，反，至五湖而辭越’，則大湖亦吴至越所必經者。湖中有苞山，《春秋》謂之夫椒山，即夫差敗越處也。”孫云：“五湖詳前《兼愛中篇》。”**而葆之會稽**。孫云：“《左傳》哀元年，‘吴王夫差敗越于夫椒，遂入越。越子以甲楯五千，保於會稽’，杜注云：‘上會稽山也，在會稽山陰縣南。’‘葆’、‘保’字通。會稽山，詳《節葬下篇》。”畢云：“今浙江山陰會稽山。”尹云：“今紹興縣南山也。”曹云：“葆之者，言齊越之君，爲吴所逐，棲山以自保也。”**九夷之國，莫不賓服**。孫云：“《爾雅·釋地》云：‘九夷、八狄、七戎、六蠻謂之四海。’《王制》孔疏云：‘九夷，依《東夷傳》九種，曰：畎夷、于夷、方夷、黄夷、白夷、赤夷、玄夷、風夷、陽夷。李巡注《爾雅》云：‘一曰玄菟，二曰樂浪，三曰高驪，四曰滿飾，五曰鳧臾，六曰索家，七曰東屠，八曰倭人，九曰天鄙。’案：《王制疏》所云，皆海外遠夷之種別，此九夷與吴楚相近，蓋即淮夷，非海外東夷也。《書敘》云：‘成王伐淮夷，遂踐奄。’《韓非子·説林上篇》云：‘周公旦攻九夷，而商蓋服。’商蓋即商奄，則九夷亦即淮夷。‘九夷’，春秋以後，蓋臣屬楚、吴、越三國，戰國時，又專屬楚。《説苑·君道篇》説越王句踐與吴人戰，大敗之，兼有九夷。《淮南子·齊俗訓》云‘越王句踐霸天下，泗上十二諸侯，皆率九夷以朝’，《戰國策·秦策》云‘楚苞九夷方千里’，《文選·李斯上秦始皇書》，説秦伐楚，包九夷，制鄢、郢’，李注云：‘九夷，屬楚夷也。’若然，九夷實在淮泗之閒，北與齊、魯接壤，故《論語》‘子欲居九夷’。參互校覈，其疆域固可攷矣。”於是退不能賞孤，孫云：“《説文·子部》云：‘孤，無父也。’《月令》‘立冬，賞死事，恤孤寡’，鄭注云：‘死事，謂以國事死者。孤寡，其妻子也。’”施舍羣萌，畢云：“此氓字之假音。”孫云：“《尚賢中篇》云：‘四鄙之萌人。’舍、予，聲近字通，‘施舍’，猶賜予也。《左昭十三年傳》云‘施舍寬民’，又云‘施舍不倦’，杜注云：‘施舍，猶云布恩德。’”自恃其力，伐其功，譽其智，尹云：“‘譽’，偁也。怠於教，遂築姑蘇之臺，七年不成。畢云：“《史記》集解云：‘《越絶書》曰：闔閭起姑蘇之臺，三年聚材，五年乃成，高見三百里。’顔師古注《漢書·伍被傳》云：‘《吴地記》云：因山爲名，西南去國三十五里。’今江南蘇州府治。”孫云：“《越絶》以姑蘇爲闔閭所築，疑誤。《國語·吴語》説吴王夫差云‘高高下下，以罷民於姑蘇’，韋注云：‘姑蘇，臺名，在吴西近湖。’案：《國語》以築姑蘇爲夫差事，與此書正合。”尹云：“《吴地記》曰：‘吴王闔閭十一年，起臺於姑蘇山，春夏遊焉，後夫差復高而飾之，越伐吴，遂見焚。’”及若此，則吴有離罷之心。蘇云：“罷讀如疲。”越王句踐視吴上下不相得，收其衆，以復其讎，入北郭，徙大内，王云：“‘徙大内’三字，義不可通，‘大内’當爲‘大舟’。《吴語》‘越王句踐襲吴，入其郛，焚其姑蘇，徙其大舟’，韋注曰：‘大舟，王舟。’《吴越春秋·夫差内傳》亦作‘徙其大舟’。”孫云：“王説是也。《吴語》韋注云：‘郛，郭也。徙，取也。’此哀十三年越入吴事，與二十年圍吴事不相涉，此類舉之耳。”圍王宫，孫云：“《國語·吴語》云‘越師入吴國，圍王宫’，韋注云：‘王宫，姑蘇。’”而吴國以亡。孫云：“《左傳》哀二十年十一月越圍吴，二十二年十一月越滅吴。”尹云：“大内，謂寶物妻妾。《吕覽·順民》：‘越與吴戰於五湖，吴師大敗，遂大圍王宫，城門不守，禽夫差，戮吴相，殘吴，二年而霸。’”昔者晉有六將軍，孫云：“‘六將軍’即‘六卿’，爲軍將者也。春秋時，通稱軍將爲將軍，《穀梁文六年傳》云‘晉使狐射姑爲將軍’是也。《淮南子·道應訓》云：‘趙文子問於叔向曰：晉六將軍，其孰先亡乎？’又《人閒訓》云‘張武爲智伯謀曰：晉六將軍，中行文子最弱’，許注云：‘六將軍：韓、趙、魏、范、中行、智伯也。’”尹云：“後韓、趙、魏爲三卿而分晉，故曰三晉。”而智伯莫爲强焉。計其土地之博，人徒之衆，欲以抗諸侯，以爲英名攻戰之速。疑當作“以攻戰之速爲英名”，曹本移“攻戰之速”四字置上文“人徒之衆”下。故差論其爪牙之士，尹云：“爪牙之士，勇力之臣也。《詩·祈父》‘予王之爪牙’，《荀子·臣道》‘爪牙之士施’。”比列其舟車之衆，此舊譌“皆”。王云：“皆當爲比。《天志篇》‘比列其舟車之卒’，是其證，下篇‘皆列’同。”純一今據正。又舊本“列”下脱“其”字，王據上句補。以攻中行氏而有之。以其謀爲既已足矣，又攻范氏而大敗之。舊作“兹范氏”。孫云：“‘兹’字疑衍，中行氏即荀氏，范氏即士氏。《左傳》定十三年‘晉逐荀寅、士吉射’，乃知伯瑶祖文子躒事，此及《魯問篇》，並通舉不復析别，《淮南子·人閒訓》亦謂張武爲智伯謀伐范、中行滅之。”純一案：孫説是也，今據删。並三家以爲一家而不止，尹云：“《史記·晉世家》，智伯與趙、韓、魏共分范、中行地以爲邑，《國策》，智伯帥趙、韓、魏而伐范、中行氏滅之，范氏士會之後，荀林父將中行，後因以官爲氏。”又圍趙襄子於晉陽。孫云：“事在魯悼公十五年。”尹云：“晉陽今山西太原縣治。”及若此，則韓、魏亦相從而謀曰：“古者有語：‘脣亡則齒寒。’孫云：“《戰國策·趙策》、《淮南子·人閒訓》，並以此爲張孟談説韓、魏之君語。《穀梁僖二年傳》‘虞宫之奇曰：語曰脣亡則齒寒’，《左僖五年傳》‘語作諺’。”趙氏朝亡，我夕從之；趙氏夕亡，我朝從之。畢云：“‘我’舊作‘吾’，一本如此。《詩》曰：“魚水不務，孫云：“務，疑當讀爲‘鶩’，東魏《嵩陽寺碑》‘朝野傾務’，‘務’、‘鶩’字通。《淮南子·主術訓》云‘魚得水而鶩’，高注云：‘鶩，疾也。’又或當作‘斿’，即‘游’之省。”陸將何及乎！’”王云：“‘陸將何及乎’，不類《詩》詞。‘乎’字蓋淺人所加。”王景羲云：“‘乎’字即墨子增，以自成語例。”蘇云：“此蓋逸《詩》。”是以三家之君，“家”舊譌“主”，從曹本正，三家韓、魏、趙。一心戮力，畢云：“‘戮’、‘勠’字假音。辟門除道，蘇云：“‘辟’同‘闢’。”奉甲興士，韓魏自外，趙氏自内，擊智伯大敗之。畢云：“事俱見《韓非子》。”純一案：《説林上》。尹云：“事見《趙策》一，《史記》亦云：‘哀公四年，趙襄子、韓康子、魏桓子，共殺智伯，盡並其地。”是故子墨子言曰：古者有語曰：劉云：“《白帖》六引作‘古詩曰’。《類聚》八、《御覽》五十八，並引作古語。”“君子不鏡於水，而鏡於人。鏡於水見面之容，鏡於人則知吉凶。”舊作“吉與凶”。蘇云：“《書·酒誥篇》云：‘古人有言曰：人無於水監，當於民監。太公金匱陰謀有武王鏡銘云：以鏡自照見形容，以人自照見吉凶。二書所云與此合，蓋古語也。”孫云：“《國語·吴語》云：‘申胥曰：王盍亦鑑於人，無鑑於水。”劉云：“《白帖》六，引作知其吉凶，《類聚》八、《御覽》五十八並無‘與’字。”純一今據删，容、凶爲韻。江有誥云：“東部。”《古音譜》一東引此。今以攻戰爲利，則蓋嘗鑒之於智伯之事乎？畢云：“‘蓋’同盍。”此其爲不吉而凶，既可得而知矣。尹云：“‘既’，概也。”純一案：《老子》曰：“夫唯兵者不祥之器，故有道者不處。”以上言好攻戰者，雖倆强一時，必致滅亡，可爲殷鑒。

非攻下第十九

王闓運云：“此合上中二篇意，而小異其詞。”

子墨子言曰：今天下之所譽義者，“義”舊作“善”。《經上》云：“義，利也。”下文“爲其上中天之利，中中鬼之利，下中人之利”，皆義可譽之實。又曰：“今天下之所同義者，聖王之法也，今天下之諸侯猶多攻伐并兼，則是有譽義之名而不察其實也。”則此文當作“譽義”明矣，今校正。其説將何哉？舊本脱“哉”字。王云：“《天志篇》曰‘天下之所以亂者，其説將何哉’，今據補。”尹云：“言以何者爲標準。”爲其上中天之利，而中中鬼之利，而下中人之利，故譽之與？舊本譌“譽”，王引之據下文改。意亡非爲其上中天之利，而中中鬼之利，而下中人之利，故譽之與？王引之云：“‘意’與‘抑’同，‘亡’與‘無’同，皆詞也。《非命篇》曰：‘不識昔也三代之聖善人與，意亡昔三代之暴不肖人與？’”蘇説同。雖使下愚之人畢云：“舊‘愚之’二字倒，以意移。”必曰：“將爲其上中天之利，而中中鬼之利，而下中人之利，故譽之。”今天下之所同義者，畢云：“‘義’舊作‘養’，一本如此。”聖王之法也。今天下之諸侯，將猶皆攻伐并兼，舊作“將猶多皆免攻伐并兼”。俞云：“‘免’字衍文。《天志下篇》云‘今天下之諸侯，將猶皆侵淩攻伐兼并’，無‘免’字，可證。”純一案：俞説是，今據删“免”字，又以“皆”與“多”義複，删“多”字。則是有譽義之名，而不察其實也。此譬猶盲者之與人同命白黑之名，“白黑”，王本、尹本並作“黑白”。而不能分其物也，《貴義篇》云“瞽不能知白黑者，非以其名也，以其取也。天下之君子不知仁者，非以其名也，亦以其取也’，大旨正同。則豈謂有别哉？言無辯别也。

是故古之知者之爲天下度也，“知”讀若智。度，謀也。必慎慮其義，“慎”舊作“順”。王樹枏云：“‘順’當爲‘慎’，古‘順’字作‘慎’，形近而誤。”純一今據正。而後爲之行。尹云：“行必思其合義。”是以動則不疑，遠邇咸得其所欲，“遠邇咸”舊作“速通成”，從孫校改。尹云：“推行盡利，人所欲者。”而順天鬼百姓之利，則知者之道也。畢云：“‘知’讀智。”是故古之仁人有天下者，必反大國之説，曹云：“‘大’，廣也；‘大國’，言廣疆土也。”王闓運云：“‘説’，攻伐之説。”王景羲云：“仁人非攻，故反之。”一天下之和，使人兼愛交利，各正性命，保合太和，此墨道精義入神處。總四海之内，仁人德洽於羣生，而大宇宙之總。焉率天下之百姓以農，戴云：“‘焉’猶‘乃’也。”尹云：“務農而不務戰。”純一案：農者儉以自利，勤以利他，天下大利所歸也，由是鑄劍戟爲農器，戾氣消而日月光矣。臣事上帝山川鬼神。忠事上帝山川鬼神，則不自欺欺人。利人多，功又大，“功”下舊衍“故”字，從戴校删。是以天賞之，鬼富之，畢云：“鬼，舊作‘愚’，以意改。”純一案：“富”與“福”同。人譽之，使貴爲天子，富有天下，名參乎天地，至今不廢。此則知者之道也，“知”讀譽。先王之所以有天下者也。

今王公大人、天下之諸侯則不然，將必皆差論其爪牙之士，比列其舟車之卒伍，此舊譌“皆”，從孫校改。尹云：“《周禮》：‘五人爲伍，五伍爲兩，四兩爲卒。”於此爲堅甲利兵，以往攻伐無罪之國。入其國家邊境，芟刈其禾稼，斬其樹木墮其城郭，孫云：“《説文·自部》云：‘敗城自曰陸。’篆文作‘墒’。墮即‘墒’之變體。《左傳》僖三十二年杜注云：‘墮，毁也。’”畢云：“墮，一本作‘墜’。”以湮其溝池，畢云：“‘湮塞’之字當爲‘垔’。”攘殺其牲牷，孫云：“《周禮·牧人》‘掌牧六牲，而阜蕃其物，以共祭祀之牲牷’，鄭注云：‘六牲謂牛、馬、羊、豕、犬、鷄。牷，體完具。’鄭衆云：‘牷，純色。’”燔燎其祖廟，“燎”舊作“潰”。王引之云：“‘燔’與‘潰’義不相屬，‘燔潰’當爲‘燔燎’。隸書‘尞’字或作‘尞’，與‘貴’字相似，故字之從尞者或誤從貴。《史記·仲尼弟子傳》索隱引《家語》有‘申繚’，今本《家語·七十二弟子篇》作‘申績’；《趙策》‘魏殺吕遼’，下文又作‘吕遺’，皆其類也。‘尞’與‘貴’隸相似，故‘燎’誤爲‘熭’，又誤爲‘潰’耳。此篇云‘攘殺其牲牷，燔燎其祖廟’，《天志篇》云‘焚燒其祖廟，攘殺其犧牷’，文異而義同也。”純一案：王説是，今據正，曹本同。**剄殺其萬民**。‘剄’舊作勁，畢云：“‘剄’字從刀。”王本、尹本並同，今從之。孫云：“《左傳》定四年杜注云：‘剄，取其首。’《史記·陳涉世家》索隱引《三蒼》郭璞注云：‘剄，刺也。’下文云‘刺殺天民’，與此義同。”**覆其老弱**，孫云：“《逸周書·周祝篇》孔注云：‘覆滅也。’”**遷其重器**。孫云：“《孟子·梁惠王篇》文同，趙注云：‘寶重之器。’”純一案：《司馬法·仁本篇》云“入罪人之地，無暴神祇，無毀土功，無燔牆屋，無伐林木，無取六畜禾黍器械，見其老幼，奉歸無傷”，此皆相反，正與歐戰蔑棄《戰時公法》同。**卒進而極鬭**，“極”舊作“柱乎”。戴云：“‘柱’乃‘極’字誤，草書‘極’與‘柱’相似，‘乎’字衍。‘極’，‘亟’字之借。”純一案：戴校是也，今據删訂。“卒”，急也。**曰：“死命爲上，多殺次之，身傷者爲下**，王本無“者”字，尹本同。**又況失列北橈乎哉，罪死無赦！”**舊本“失”作“先”，“赦”作“殺”。王云：“‘先列’二字，義不可通，當是‘失列’之誤，謂失其行列也。‘罪死無殺’，義亦不可通，當作‘罪死無赦’，此涉上下文‘殺’字而誤。”“橈”，畢本作“撓”，云：“‘北’，謂奔北也，北之言背馳。撓之言曲行，謂逗撓。”孫云：“王校是也，今據正。‘撓’俗字，據《道藏》本正。《國語·吴語》韋注云：‘軍敗奔走曰北。’《左成二年傳》‘師徒橈敗’，杜注云：‘橈，曲也。’”**以“譂”其衆**。畢云：“《説文》、《玉篇》無‘譂’字。古字言、心相近，即憚字。”孫云：“畢説是也。《國語·周語》韋注云：‘憚，懼也。’《國策·秦策》云：‘王之威亦憚矣。’賈子《新書·解縣篇》云：‘陛下威憚大信。’”曹本“譂”作“憚”，云：“此言用兵之號令也。‘憚’，赫也，以威令其衆。”**夫無兼國覆軍**，孫云：“《漢書·貨殖傳》注：‘孟康云：無，發聲助也。’案：無與‘唯無’辭意同。”曹本改“無”作“毋”。王闓運云：“夫無猶言唯是。”**賊虐萬民，以亂聖人之緒**。孫云：“《廣雅·釋詁》云：‘緒，業也。’”**意將以爲利天乎？夫取天之人，以攻天之邑**，“取”通“聚”，《漢書·五行志》“内取茲爲禽注”。曹云：“人者天之所生，故曰天之人，有生皆係於天，故他國亦天之邑。”尹云：“《法儀篇》曰：‘天下無大小國，皆天之邑也。人無幼長貴賤，皆天之臣也。’”**此刺殺天民，剥振神位，傾覆社稷，攘殺犧牲**，王云：“‘剥’與‘振’義不相屬，‘振’當爲‘㧊’，字之誤也。《説文》：‘剥，裂也。’《廣雅》：‘㧊，裂也。’曹憲音‘必麥反’。是‘剥’、‘㧊’皆裂也，故曰‘剥㧊神位’。自‘刺殺天民’以下，皆以四字爲句，今本作‘剥振神之位’，‘之’字涉上文‘取天之人攻天之邑’而衍。‘攘殺其犧牲’，‘其’字亦涉上文‘攘殺其牲牷’而衍。”曹本從王校作“剥㧊神位”。王樹枬云：“‘振’字不誤，昭十八年《左傳》云‘振除火災’，《素問·五常政大論》云

‘其變振拉摧拔’，據此則‘振’字之義可知。”純一案：王說“之”字、“其”字衍，是也，今據删。“振”，《廣韻·二十一震》云：“裂也”，不必破作“掁”。又擊也，《史記·禮書》“舉若振槁”，索隱又與震同，《戰國策》‘燕王振怖大王之威’，《史記·五帝紀》‘振驚朕衆’，義均可通。則此上不中天之利矣。意將以爲利鬼乎？夫殺天之人，“殺”陸本譌“利”，舊脱“天”字，從戴校補。畢云：“‘人’舊作‘神’，據後文改。”曹云：“人指本國之兵衆，與他國之人民。”滅鬼神之主，曹云：“鬼神以人爲主。”廢滅先王，曹云：“諸侯國多先王之裔。”賊虐萬民，百姓離散，則此中不中鬼之利矣。意將以爲利人乎？夫殺人之爲利人也薄矣。“人之”舊倒，“薄”舊譌“博”。俞云：“‘博’當作‘薄’。言殺人以利人，其利亦薄也。若作‘博’字，則不可通。”孫云：“此疑當作‘夫殺人之爲利人也薄矣’。”純一案：俞、孫說是也，今據乙正。又計其費此，曹云：“‘費’，行軍之所費也。”尹云：“‘此’，眥也。《商君書·徠民》‘有能用之費此之半’。”爲害生之本，“害”舊作“周”。王云：“‘周’字義不可通，‘周’當爲‘害’。財者，生之本也，用兵而費財，故曰害生之本。隸書‘害’字或作‘’，與‘周’相似而誤。”純一案：王說是，今據正，王本并同。竭天下百姓之財用，不可勝數也，則此下不中人之利矣。

今夫師者之相爲不利者也，“之”字疑衍。王景羲云：“据下文，‘師’上或挩‘與’字。”曰將不勇，士不分，畢云：“分，同忿。”曹本改作“忿”。孫云：“‘分’疑‘奮’，聲近叚借字。兵不利，曹云：“兵爲器械。”純一案：“利”，銛也，謂鋒刃能鋭入也。教不習，尹云：“《管子·幼官》曰：‘教習不着。’”師不衆，尹云：“‘衆’，多也。”卒不和。舊作“率不利和”。俞云：“‘率’，讀爲將率之率，利即和字之誤而衍者。”純一案：陸本、唐本並作“卒不和”。《繹史》引同，今並據以删正。威不圉，孫云：“圉與彊圉義同。《逸周書·謚法篇》云‘威德剛武曰圉’，孔注云：‘圉，禦也。’”害之不久，孫云：“‘害’疑當作‘圍’，形近而誤。”曹云：“害者，害他也。”争之不疾，“疾”，捷遠也，又力也，《吕覽·尊師》高注。係之不强。“係”舊作“孫”。孫云：“‘孫’無義，疑當作‘係’。《國語·吴語》韋注云：‘係，縛也。’蓋謂係纍民人。”純一案：孫校是，今據改。《孟子·梁惠王篇》云：“殺其父兄，係累其子弟。’”植心不堅，曹云：“‘植’，立也。”尹云：“《管子·版法》，‘植固不動’。”與國諸侯疑。曹云：“‘與國’，言所交與之邦也。”王闓運云：“上十二事。”與國諸侯疑，則敵生慮而意羸矣。曹云：“‘羸’，弱也。已上十四語，蓋當時談兵者之説也。”偏具此物，畢云："'偏'當爲'徧'。"王云："古多以'偏'爲'徧'，不煩改字。《非儒篇》'遠施周偏'，《公孟篇》'今子偏從人而說之'，皆是'徧'之借字。"曹本作"徧"，云："'物'，事也，此物即上文所云云之事也。"而致從事焉，則是國家失本，而百姓易務也。"本"舊作"卒"。劉云："'卒'疑'本'訛，'卒'、'本'二字，俗書相似。失本者，喪其本務也，下同。"純一案：劉說是也。《備城門篇》'我亟使穴師選卒，又城上樓卒'，'卒'並譌'本'，蓋隸書'卒'字或作夲，因而互誤，今正。《書》云'民爲邦本'，失本謂失民也，下同。曹云："'易務'，言廢農業也。"今不嘗觀其說好攻伐之國？若使中興師，曹云："'中'，言不大也。"君子孫云："此下有脱字，疑當云'君子數百'。"純一案：孫說是，據下文審校，當作"君子也必數百"。尹云："君子，謂君所親近有志行者，猶吴所謂賢良，齊所謂士。《吴語》以其私卒君子六千人爲中軍，《左昭二十七年傳》，左司馬沈尹戌帥都君子與王馬之屬以濟師。"庶人也必且數千，尹云："'庶人'餘子，《周禮・小司徒》'大故致餘子'。"純一案：鄭注謂"餘子"，卿大夫之子，當守王宫者也。《尚賢上篇》"門庭庶子"，孫注："庶子，即公族及卿大夫之子，宿衛宫中者也。"徒倍十萬，加等曰倍。尹云："徒步兵。"然後足以師而動矣。久者數歲，速者數月，是上不暇聽治，士不暇治其官府，農夫不暇稼穡，婦人不暇紡績織紝，畢云："《說文》云：'紡，網絲也。''績，緝也。''織，作布帛之總名也。''紝，機縷也。''絍，或字。'"則是國家失本，而百姓易務也。然而又與其車馬之罷弊也，尹云："'與'，以也。"幔幕帷蓋，孫云："《說文・巾部》云：'幔，幕也。'《廣雅・釋器》云：'幔，帳也。'幕帷，詳中篇。"三軍之用，甲兵之備，五分而得其一，則猶爲序疏矣。孫云："'序疏'二字，義不可通，疑當爲厚餘，皆形之誤。厚餘，言多餘也。《孫子・作戰篇》：'國之貧於師者，力屈財殫，中原内虚於家。百姓之費，十去其七。公家之費，破車罷馬，甲胄、矢弓，戟楯、矛櫓，丘牛、大車，十去其六。'此說與彼略同。"曹本"序疏"以意改"厚倖"。然而又與其散亡道路，道路遼遠，孫云："疑衍'道路'二字，《說文・辵部》云：'遼，遠也。'"純一案："散亡道路"爲句，"道路遼遠"爲句，語義各足，"道路"二字非衍。糧食不繼，舊衍"傺"字，從王校删。食飲不時，"不"舊作"之"。王云："當爲不時，'食飲不時'，與'糧食不繼'對文。"純一今據正。廝役以此飢寒凍餒疾病，"凍餒"與"飢寒"義複，疑衍。而轉死溝壑中者，"廝"舊作"廁"。王云："'廁役'二字，義無所取，當爲'廝役'之誤。宣十二年《公羊傳》，'廝役扈養死者數百人’，是其證。”純一今據正，曹本、王本同。尹云：“‘轉死’，棄尸。”不可勝計也。此其爲不利於人也，天下之害厚矣。“天”上疑脱“爲”字。而王公大人樂而行之，則此樂賊滅天下之萬民也，豈不悖哉！今天下好戰之國齊、晉、楚、越，若使此四國者得意於天下，此皆十倍其國之衆而未能食其地也，孫云：“‘食’，謂治田以耕者。《周禮·遂師》云：‘經牧其田野，辨其可食者。’言四國荒土多，民不能盡耕之也。”是人不足而地有餘也。今又以争地之故而反相賊也，殺人曰賊。然則是虧不足而重有餘也。孫云：“‘重’舊本譌‘動’，《道藏》本作‘重’，與中篇合，今據正。”純一案：陸本、唐本並作“重”。

今遝夫好攻伐之君，舊本“遝”作“還”。洪云：“《明鬼下篇》‘逮至昔三代’，文與此同。“還”當是‘遝’之譌。遝、逮古字通用。”孫云：“洪説是也，今據正。下文云‘則夫好攻伐之君’可證。”又飾其説以非子墨子曰：子以攻伐爲不義，“子以攻伐”，舊作“以攻伐之”，從畢校據後文正。非利物與？昔者禹征有苗，湯伐桀，武王伐紂，此皆立爲聖王，是何故也？“也”讀“邪”。子墨子曰：子未察吾言之類，未明其故者也。孫云：“《大取篇》云：‘辭以故生，以理長，以類行。’《荀子·非十二子篇》楊注云：‘類謂比類。’“純一案：言禹、湯、武征伐之故，爲弔民伐罪，非闔閭、智伯争地殺人攻伐之類可比。彼非所謂攻，所謂誅也？舊無下“所”字。孫云：“《説文·言部》云：‘誅，討也。’謂討有罪，與攻無罪之國異。依下文‘謂’上亦當有‘所’字。”純一今據增，此正攻與誅之名。《司馬法·仁本篇》云“殺人安人，殺之可也，攻其國愛其民，攻之可也”，故“仁見親，義見説”，是即《孟子》所謂“誅其君而弔其民”也。尹云：“《荀子·議兵》：‘王者有誅而無戰。’”昔者三苗大亂，舊本“者”下有“有”字。王云：“即‘者’字之誤而衍者，今據《開元占經》、《太平御覽》引删。”純一案：《御覽》八十二引《隨巢子》曰：“昔三苗大亂”，又五百三十一引《墨子》曰“昔三苗大亂”，並無“者”字。又八百八十二引《隋巢子》亦同。天命殛之，尹云：“‘殛’，誅也。”劉云：“《開元占經》一百一引‘殛’作‘墊’，墊下也。猶云‘天命隕之’也，此疑淺人所改。”純一案：《開元占經》百二十引作“天命殞之”，足證“殛”字不誤，又百十九引作“天命傾覆”。日妖宵出，孫云：“‘日妖’不可通，‘日’疑當爲‘有’之譌，下云‘婦妖宵出，有鬼宵吟’。《通鑑外紀》引《隨巢子》、《汲冢紀年》云‘三苗將亡，日夜出，晝日不出’，則疑‘妖’是衍文。”尹云：“‘宵’，夜也，太陽本晝出，夜出故曰日妖。”雨血三朝，孫云：“《開元占經》三引

《太公金匱》云：‘有苗時，天雨血，沾衣。’”尹云：“《吕覽·愼大》：‘晝見星而天雨血。’”**龍生於廟，犬哭乎市**，舊本脱“於”字，又“犬”作“大”。王云：“‘龍生廟’，當作‘龍生於廟’，方合上下句法。《太平御覽·禮儀部十》引此，正作‘龍生於廟’。‘大哭乎市’，文義不明。‘大’當爲‘犬’，‘犬哭乎市’與‘龍生於廟’對文。《開元占經·犬占》引《墨子》曰‘三苗大亂，犬哭于市’，《太平御覽·獸部十七》引《隨巢子》曰‘昔三苗大亂，龍生于廟，犬哭于市’，皆其證。”孫云：“王校是也，今據正。《通鑑外紀》引《隨巢子》、《汲冢紀年》云：‘青龍生於廟。’”劉云：“《占經》一百二十引作‘龍生于太廟’，一百十九又引作‘犬嘷於市中’。”尹云：“《抱朴子》曰：‘夏時龍生於大廟之中。’”**夏冰**《開元占經》一百一引。**地坼及泉**，畢云：“《太平御覽》引此云：‘三苗欲滅時，地震坼泉湧。’”純一案：《御覽》見八百十八，鮑刻本無“坼”字，王本“坼”作“墛”，尹本同，云：“墛，即坼，裂也。”《齊策六》“嬴博之閒，地坼及泉”，《春秋考異郵》曰：“臣恣地裂坼。”**五穀變化**，尹云：“言不時熟。”**民乃大振**。畢云：“同震。”**高陽乃命禹於玄宫**，畢云：“舜，高陽第六世孫，故云。”舊無“禹於”二字。王云：“此當作‘高陽乃命禹於玄宫’，下文禹征有苗正承此文而言，又下文‘天乃命湯於鑣宫’，與此文同一例。今本脱‘禹於’二字，則文義不明。”純一今據補。孫云：“《藝文類聚·符命部》引《隨巢子》云‘天命夏禹於玄宫，有大神人面鳥身’云云，則非高陽所命也，此文疑有脱誤。今本《竹書紀年》：‘帝舜三十五年，帝命夏后征有苗，有苗氏來朝。’”劉云：“‘高陽’之上，亦有脱文，疑當作‘天乃使高陽命禹於玄宫’。”尹云：“‘高陽’帝顓頊，高陽水帝也，禹其裔孫耳。‘玄宫’，北方宫也。《莊子·大宗師》‘顓頊得之以處玄宫’，夏色尚黑，以水氣勝，故云乃命禹玄宫。”**禹親把天之瑞卪**，“卪”舊譌“令”，從王本改，“卪”，節正字。畢云：“把，《文選》注引作‘抱’。《説文》云：‘瑞，以玉爲信也。’”孫云：“‘令’，《文選·東京賦》李注引作‘命’。《説文·手部》云：‘把，握也。’”**以征有苗。四電誘祇**，孫云：“未詳，疑當爲‘雷電誖振’。‘雷’壞字爲‘田’，又誤爲‘四’。‘誖’、‘誘’，‘振’、‘祇’，形並相近。‘誖’、‘勃’，‘振’、‘震’字通。《書·無逸》云‘治民祇懼’，《史記·魯世家》‘祇’作‘震’，是其證也。”**有神人面鳥身，奉珪以侍**，“奉珪”舊譌“若瑾”。孫云：“人面鳥身之神。即《明鬼下篇》秦穆公所見之句芒也。‘若瑾以侍’，義不可通，‘若瑾’，疑‘奉珪’之誤。若，鐘鼎古文與‘奉’篆文，二形相似。‘珪’、‘瑾’亦形之誤。《儀禮·覲禮》記方明六玉云‘東方圭’，《周禮·大宗伯》禮四方玉云‘東方以青圭’，《白虎通義·文質篇》云‘珪位在東方’，是珪於方位屬東。句芒亦東方之神，故奉珪，猶《國語·晉語》説西方之神蓐收執鉞矣。《藝文類聚·符命部》引《隨巢子》云：

‘有大神人面鳥身，降而福之，司禄益富，而國家實，司命益年，而民不夭。’疑即指此事。”純一案：孫説是，今據正。《御覽》八百八十二引《隨巢子》，文略與《類聚》同。搤矢有苗之祥“矢”疑本作“失”，“祥”疑本作“祚”，俱以形近而譌。《史記·孝武紀》“莫不搤腕”，集解引瓚曰：“搤，執持也。”“搤”與“扼”、“掟”並同。“搤失有苗之祚”，謂使有苗失祚也，自“四電誘祇”至此，文多脱誤。苗師大亂後乃遂幾。孫云：“《道藏》本‘後’作‘后’。《説文·丝部》云：‘幾，微也。’言三苗之後世遂衰微也。”禹既已克有三苗，王云：“句。”焉磿爲山川，别物上下，“磿”舊譌“磨”。王云：“‘焉’字下屬爲句，焉猶於是也，乃也。下文‘湯焉敢奉率其衆’、‘武王焉襲湯之緒’，義並與此同。‘磨’字義不可通，‘磨’當爲‘磿’，‘磿’與‘歷’通。《周官·遂師》注曰：‘磿者，適歷，適音滴。’《中山經》‘歷石之山’，郭注：‘或作磿。’《史記·高祖功臣侯表》‘磿簡侯程黑’，《漢表》作‘歷’。《春申君傳》‘僕磿之北’，《新序·善謀篇》作‘歷’。《樂毅傳》‘故鼎反乎磿室’，《燕策》作‘歷’，歷之言離也。《大戴記·五帝德篇》曰‘歷離日月星辰’，是‘歷’與‘離’同義。《淮南·精神篇》曰：‘别爲陰陽，離爲八極。’然則‘磿爲山川’，亦謂離爲山川也。‘離’與‘磿’皆分别之義，故曰‘磿爲山川，别物上下’。世人多見‘磨’，少見‘磿’，故書傳中‘磿’字多譌作‘磨’。《史記》及《山海經》注‘磿’字，今本皆譌作‘磨’。又《逸周書·世俘篇》‘伐磿’，《楚策》‘遠自棄於磿山之中’，今本亦譌作‘磨’。則以‘磨’爲‘磿’，自古已然矣。”純一案：王説是，今據正。御制四極舊“御”譌“卿”，“四”譌“大”。歐陽云：“‘卿’，疑‘御’形近而誤。”孫云：“‘大’當爲‘四’。四，篆文作‘’，與‘大’篆文形近，故譌。《爾雅·釋地》云：‘東至於泰遠，西至於邠國，南至於濮鉛，北至於祝栗，謂之四極。’郭注云：‘皆四方極遠之國。’”純一案：歐陽及孫説均是也，今並據正。《太平御覽》八百八十二引《隨巢子》曰‘四方歸之，闢地以王之’，指禹言，似本於此。劉云：“《路史·夏紀》注引《隨巢子》云‘四方歸禹，乃克三苗，而神人不違’，與此略符，此云‘四極’，猶彼所云四方也。”而神民不違，天下乃静，則此禹之所以征有苗也。遝至乎夏王桀，畢云：“《文選》注引作‘夏桀時’。”“遝”舊作“還”。王云：“‘還’字義不可通，‘還’當爲‘遝’，遝與逮同。逮，及也。‘遝’與‘還’字形相似而誤，下文‘還至乎商王紂’同。”洪説同，孫據正。天有軲命，“軲”曹本從畢校改作“誥”。王樹枏云：“‘軲’當爲‘軼’字之誤，‘軼’、‘逸’同字。《廣雅·釋詁》‘逸，失也。’王本同。”孫云：“‘軲’疑當爲‘酷’，謂嚴命也。《説文·告部》云：‘嚳，急告之甚也。’《白虎通義·號篇》云：‘嚳者，極也。’嚳、酷字亦通。《一切經音義》云：‘酷，古文俈、嚳、焅三形。’”日月不時，尹云：“《竹書紀年》‘帝癸十年五星緒行，二十九年二日並出’，箋《孝經緯》曰‘夏時兩日並出’，讖曰‘桀無道，兩日照’，荆州占曰‘兩日以上出，天下有災，夏以兩日亡”。寒暑雜至，孫云：“《易》釋文引孟喜云：‘雜，亂也。’謂寒暑錯亂而至，失其恒節。”五穀焦死，孫云：“《史記·龜策傳》説桀紂云：‘天數枯旱，國多妖祥，螟蟲歲生，五穀不成。’”尹云：“《淮南·覽冥》‘所謂田無立禾者’。”鬼呼於國，“於”字舊脱。王云：“‘呼’下當有‘於’字，方合上下句法。”孫云：“《御覽》八十三引《帝王世紀》亦云‘鬼呼於國’。”純一今據補。劉云：“《開元占經》一百十三引作‘夏桀之時鬼呼於國’，復引作‘鬼叫於國’，呼、叫異文，‘國’上並有‘於’字，王校是也。”尹云：“《淮南·覽冥》‘夏桀之時，黄神嘯吟’，鬼呼是其類也。”鸖鳴十夕餘。“鸖”舊作‘鸖’。盧云：“‘鸖’字未詳，若作‘鸖’，與‘鶴’同。”孫云：“盧説是也。《道藏》本、季本並作‘鸖’，今據改。‘鸖’字唐《姚元景造象記》作‘鸖’，《楚金禪師碑》作‘鸖’，並俗書譌變。《通鑑外紀·夏紀》云‘鶴鳴於國，十日十夕不止’，即本此文。《通志·夏紀》‘鶴’作‘鸛’，疑誤。”劉云：“唐人所寫古類書引此文，入鶴部，作‘鬼呼於國，鶴鳴十多’（注《修文御覽》）。‘多’字雖誤，足證‘鸖’與‘鶴’同。天乃命湯於鑣宫，畢云：“舊脱‘天’字，據《文選》注增。‘鑣’，《藝文類聚》引作‘驪’，《文選》注作‘鑣’。”劉云：“《類聚》見卷十，《文選》見《褚淵碑文》注，今考《初學記》二十四，‘湯有鑣宫’，注云見《墨子》‘湯所受命之宫’，《御覽》三百五引《墨子》云：‘湯在鑣宫，夢神謂之曰：夏桀無道，汝兄戡之。’《玉海》百五十五引此文，亦作‘天命湯於鑣宫’，是古本作‘鑣’不作‘鑒’，與今本同。”用受夏之大命，“用”，以也。舊有“夏德大亂，予既卒其命於天矣，往而誅之，必使汝堪之”四句。孫云：“四句文義，與下文重複，疑校書者附記異同，遂與正文淆混。《文選·辯命論》、《褚淵碑文》注，兩引亦無此數語。”純一案孫説是也，今據删。湯焉敢奉率其衆，王引之云：“‘焉’猶‘乃’也，言湯既受天命，乃敢伐夏也。”王紹蘭云：“‘焉’之爲言於是也。”尹云：“‘奉’，承也。”是以鄉有夏之境，“鄉”，向也。帝乃使陰暴毁有夏之城。“陰”，如《書·洪範》“惟天陰隲下民之陰”，當在“使”上，疑本作“帝乃陰使暴毁有夏之城”，如命融隆火是。少少有神來告曰：“少少”，極言其少也，猶云少頃少閒。“夏德大亂，往攻之，予必使汝大堪之。畢云：“《文選》注、《藝文類聚》引作‘戡’。此‘𢦏’字之假音，《説文》云：‘𢦏，殺也。’《爾雅》云：‘堪，勝也。’”劉云：“《類聚》十、《玉海》百五十五引，‘堪’作‘戡’。”尹云：“‘堪’同‘戡’，克也。”予既受命於天，天命融隆火于夏之城閒西北之隅。畢云：“‘隆’疑作‘降’，言命祝融降火。”王云：“‘降’與‘隆’通，不煩改字，詳《尚賢中篇》。”孫云：“《國語·周語》内史過説夏亡，‘回禄信於聆隧’，韋注云：‘回禄，火神；聆隧，地名。’《左昭十八年傳》，鄭災，‘禳火於玄冥、回禄’，孔疏云：‘楚之先吴回爲祝融，或云回禄，即吴回也。’是融即回禄，此與《周語》所云即一事也。于夏之城閒西北之隅。”《備城門篇》云：“城四面四隅，皆爲高磨𢹂。”《考工記·匠人》“城隅之制九雉”，鄭注云：“城隅，謂角浮思也。”《詩·邶風·静女篇》：“俟我于城隅。”尹云：“《竹書紀年》：‘帝癸三十年冬，聆隧災。’”純一案：《開元占經》三引《墨子》曰“天下火燔邑城門’，似即指此事。湯奉桀衆以克有夏，“夏”字舊脱，從蘇校補，王本同。屬諸侯於薄，畢云：“此作‘薄’是也。《管子·地數》云‘湯有七十里之薄’，《周書·殷祝解》云‘湯放桀而復薄’，《荀子·議兵》云‘古者湯以薄，武王以滈’，《吕氏春秋》云‘湯嘗約于郼薄’，皆作‘薄’。《地理志》云：‘河南偃師尸鄉，殷湯所都。’是今河南偃師也。《史記》集解云：‘皇甫謐曰：梁國穀孰爲南亳，即湯都也。’《括地志》云：‘宋州梁孰縣西南三十五里南亳故城，即南亳，湯都也。宋州北五十里大蒙城爲景亳，湯所盟地，因景山爲名。河南偃師爲西亳，帝嚳及湯所都，盤庚亦從都之。’又案：‘薄’，惟《孟子》作‘亳’，非正字也。亳，京兆杜陵亭，見《説文》。别有亳，王號湯，在今陝西三原縣，地各不同。”劉云：“《占經》三，《路史·發揮》注引，並作‘亳’。”孫云：“《禮記經解》鄭注云：‘屬，猶合也。’”尹云：“‘屬’，會也。‘薄’謂南薄，在今河南商邱縣南四十里。”薦章天命，孫云：“《爾雅·釋詁》云：‘薦，進也。’《儀禮·士冠禮》鄭注云：‘章，明也。’”尹云：“‘薦’，陳也。”通于四方，而天下諸侯，莫敢不賓服，則此湯之所以誅桀也，遝至乎商王紂。“遝”舊亦作“還”，孫依王校正。畢云：“《文選》注引作‘商王紂時’，《大平御覽》作‘紂之時’。”天不享其德，“享”舊譌“序”。俞云：“‘序’乃‘享’字之誤，《莊子·則陽篇》‘隨序之相理’，《釋文》曰‘序，一本作享’，是其例也。‘天不享其德’，文義甚明，字誤作‘序’，不可通矣。”孫云：“俞説是也。《尚賢中篇》云‘則天鄉其德’，鄉亦與享通。”純一今據正。祀用失時，孫云：“《史記·龜策傳》説桀、紂云‘逆亂四時，失百鬼嘗’，蓋言祭祀不以時舉也。”兼夜中，孫云：“有脱誤。”王樹枏云：“《帝王世紀》‘紂爲長夜之飲，七日七夜’，疑此句上脱‘飲’字。”十日雨土于薄，《太平御覽》三十七，引作“商王紂不德，兼夜十日雨土於亳”，《開元占經》三，引作“商紂不道，十日甫土于亳，天雨土，君失封”。案：“天雨土君失封”六字，似即此處脱文，當補入。畢云：“《太平御覽》

引作亳，假音字。”孫云：“李淳風《乙巳占》亦引《墨子》曰：‘商紂不德，十日雨土於亳。’今本《紀年》：‘帝辛五年，雨土於亳。’”尹云：“《竹書紀年》：‘帝辛四十八年，二日並出。’此云十日，則非《竹書》所紀者。《淮南·兵略》：‘武王伐紂，當戰之時，十日亂於上，風雨擊於中。’蓋即此所謂十日也。《竹書紀年》：‘帝廑八年，天有妖孽，十日並出。’《楚辭·招魂》：‘十日並出，流金礫石。’皆以十日爲災象也。《爾雅》：‘風而雨土爲霾。’”**九鼎遷止，**《耕柱篇》云：“九鼎既成，遷於三國。”曹云：“‘止’，居也。”尹云：“‘遷止’，即遷處也。《吕覽·明理》：‘至亂之化，有社遷處。’‘鼎遷’，亦其類也。”**婦妖宵出，有鬼宵吟，**《開元占經》一百十三引作“墨子曰：商紂之亡，有鬼宵吟”。孫云：“《文選·蘇子卿古詩》李注引《蒼頡篇》云：‘吟，歎也。’”**有女爲男，**王樹枏云：“《太平御覽》八十三皇王部引作‘有男爲女’。”尹云：“《竹書紀年》：‘帝辛四十二年，有女子化爲丈夫。’《春秋潛潭巴》曰：‘賢人去位，天子獨居，則女子化爲丈夫。’”**天雨肉，**《開元占經》三引《洪範傳》曰：“君無道暴虐，天雨肉。”孫云：“《吕氏春秋·慎大篇》説殷亡之妖云：‘天雨血。’”尹云：“《後漢書·桓帝紀》三年秋七月庚申，‘廉縣雨肉’，注引《續漢志》云：‘肉似羊肺，或大如手。’”**棘生乎國道，**孫云：“‘國道’謂‘道中’，九經九緯之涂也。”尹云：“言荆棘生於國路之中。”**王兄自縱也。**王云：“‘兄’與‘況’同。況，益也，言紂益自放縱也。《晉語》‘衆況厚之’，韋注曰：‘況，益也。’顧説同。”**赤烏銜珪，降周之岐社。**“烏”舊作“鳥”。畢云：“‘鳥’，《太平御覽》引作‘雀’。‘珪’，《初學記》引作‘書’。”純一案：陸本、唐本作“赤烏”是。《藝文類聚》九十八、九十九並作“赤烏”，《北堂書鈔》二兩引俞安期本一作“赤烏銜珪”，一作“赤烏銜書”，今據正。《初學記》見二十二，《御覽》八十四，又八百六引作“赤烏銜圭”，又九百二十亦作“烏”。孫云：“《太平御覽》時序部引《尚書中候》云：‘周文王爲西伯，季秋之月甲子，赤雀銜丹書入豐，止於昌户，王乃拜稽首受取，曰：姬昌，蒼帝子，亡殷者，紂也。’《宋書·符瑞志》同。《史記·周本紀》集解、正義引《尚書·帝命驗》云：‘季秋之月甲子，赤爵銜丹書入于酆，止于昌户，其書云“敬勝怠者吉”云云，與《大戴禮記·武王踐阼篇》丹書文同，與此異。以上諸書並作銜書，與《初學記》同。《吕氏春秋·應同篇》云‘文王之時，赤烏銜丹書，集之周社’，亦與此書降岐社事同，疑皆一事，而傳聞緣飾，不免詭異耳。今本《紀年》‘帝辛三十二年，有赤烏情築於周社。’”劉云：“《書鈔》一百二十兩引作‘赤烏啣書’，《類聚》十二引作‘赤烏銜珪’，九十九‘烏’，類引作‘赤烏’，《事類賦》十九‘烏賊’注，亦引作‘赤烏銜珪’，疑此文‘赤烏’舊本作‘烏’。作‘珪’、作‘書’，亦二本不同。以

《吕氏春秋·應同篇》‘赤’烏銜丹書’證之，自以作‘烏’爲上。‘赤雀’二字，乃《御覽》之訛，《御覽》八百六引此文作‘赤烏銜圭’是其證。”曰：“天命周文王伐殷有國。”畢云：“《太平御覽》云：‘命曰：周文王伐殷’，《事類賦》云：‘命伐殷也’。”純一案：《御覽》見八十四，又八百六作“曰天命文王伐殷”，又九百二十同此，並無“有國”二字，《初學記》二十二，更無‘天’字，《北堂書鈔》百二十兩引同。泰顛來賓，蘇云：“《孟子》云：‘太公避紂，居北海之濱，聞文王作興，曰：盍歸乎來！’即來賓之事也。”孫云：“泰顛與太公非一人。”蘇説不可從。河出綠圖，孫云：“《北堂書鈔·地部》引《隨巢子》云：‘姬氏之興，河出綠圖’，《吕氏春秋·觀表篇》云‘綠圖幡薄從此生矣’，《淮南子·俶真訓》云‘至德之世，洛出丹書，河出綠圖’，《易緯·乾鑿度》云‘昌以西伯受命，改正朔，布王號於天下，受籙應《河圖》。’綠、籙通。”尹云：“‘綠圖’，即顧命所謂在東序之河圖。鄭玄説：‘河圖，圖出於河，帝王聖者之所受。’”純一案：《御覽》九百二十引作“河出圖”，《類聚》九十九作“河出籙圖”，九十八引同此，《書鈔》九十六圖篇引亦同此。孫云：“地部引，誤。”地出乘黄。孫云：“《周書·王會篇》云‘白民乘黄。乘黄者似狐，其背有兩角。’《山海經·海外西經》同，《宋書·符瑞志》云：‘帝舜即位，地出乘黄之馬。’劉賡《稽瑞》引孫氏《瑞應圖》云：‘王者德御四方，輿服有度，秣馬不過所業，則地出乘黄。’《淮南子》云‘黄帝治天下，飛黄服皁’，高注云：‘飛黄乘黄’。”尹云：“‘乘黄神馬’，一名吉光，《周書》謂之‘吉黄’，《前漢書·禮樂志》謂之‘訾黄’，《文選·東京賦》謂之‘騰黄’，皆一物也，《管子·小匡》：‘地出乘黄。’”武王踐功，孫云：“‘踐功’，疑‘踐阼’之誤。”夢見三神，曰：畢云：“舊脱此字，據《文選》注、《藝文類聚》增。”尹云：“《周禮》有三酒，此三神，謂始造三酒之神。《國策》：‘昔者帝女令儀狄造酒，説者以爲瑶姬，瑶姬亦神女耳。’”純一案：《類聚》十引脱“夢”字。“予既沈漬殷紂于酒德矣，孫云：“《書·微子》‘我用沈酗于酒’，孔疏云：‘人以酒亂，若沈於水，故以耽酒爲沈也。’《史記·宋世家》‘紂沈湎於酒’。《詩·小雅》釋文云：‘漬，淹也。’《一切經音義》引《通俗文》云：‘水浸曰漬。’”畢云：“‘漬’，《藝文類聚》引作‘瀆’。”尹云：“《列女傳》：‘妲己者，殷紂之妃也，紂好酒淫樂，不離妲己，積糟爲丘，流酒爲池，懸肉爲林，使人裸形相逐，爲長夜之飲，妲己好之。’《論衡·語增》：‘紂沈湎於酒，以糟爲邱，以酒爲池，牛飲者三千人。’”往攻之，《類聚》十作“汝往攻之”。予必使汝大堪之。”畢云：“‘堪’，《藝文類聚》、《文選》注引作‘戡’。”武王乃攻狂夫，戴云：“‘狂夫’，疑‘獨夫’之誤。”純一案：非誤，《孟子》謂之“獨夫”，此謂之“狂夫”。墨書經説通例，凡是者曰正曰當，非者曰狂曰詩。“狂夫”，謂狂妄之人，指紂言。《天志中篇》云：“是謂天賊，聚斂天下之醜名而加之，是也。”尹云：“《洪範·五行傳》‘失威儀之制，怠慢驕恣謂之狂’，《韓非子·解老》‘心不能審得失之地謂之狂’，《賈子·大政上》‘知善而弗行謂之狂，紂爲無道，故特偁曰狂夫耳’。《詩》‘狂夫瞿瞿’，《晉語》‘狂夫沮之衣也’，注：‘狂夫，方相氏之士，亦以其凶惡名之。’”反商之周，《書·召誥》“王朝步自周”，馬融曰：“周鎬京也，之至也。”王樹枏云：“周當爲政，僞武成，乃反商政，即本此，周政聲轉而誤。”天賜武王黃鳥之旗。畢云：“‘賜’，《太平御覽》引作‘錫’，《北堂書鈔》引《隨巢子》云‘天賜武王黃鳥之旗’，《抱朴子》云‘武王時興，天給之旗’。”純一案：“賜”，《類聚》九十八，《御覽》八十四又三百二十引同作“錫”，《初學記》二十二同此，《御覽》三百四十引《隋巢子》亦同此，“旗”下有“以伐殷”三字。“鳥”，《類聚》九十九鳥部作“烏”。劉云：“《類聚》九十九亦引作‘錫’，《書鈔》百二十，《玉海》八十三，並引作‘賜’，‘賜’、‘錫’義同。《文苑英華》七百七十二，梁簡文帝《南郊頌序》云‘周稱黃鳥之旗，夏有玄珪之錫’，亦本此文。”孫云：“‘黃鳥之旗’，疑即《周禮·巾車》之‘大赤’，亦即《司常》之‘鳥隼爲旟’。《考工記·輈人》云‘鳥旟七斿，以象鶉火也’，《國語·吴語》謂之‘赤旟’。《曲禮》云‘行前朱雀而後玄武’，‘朱雀’即指鳥旟言之，黃與朱色近，故赤旟謂之‘黃鳥之旗’。大赤爲周正色之旗，流俗緣飾，遂以爲天錫之祥矣。”王既已克殷，成帝之來孫云：“《周書·商誓篇》云：‘武王曰：予惟甲子克致天之大罰，□帝之來，革紂之□，□予亦無敢違大命。’與此文意略同。”畢云：“‘來’當爲‘賚’。”尹云：“‘來’同‘賚’，賜也。”分主諸神祀酎先王，“酎”舊作“紂”，涉上下文而誤，今從曹本正。孫云：“《明鬼下篇》云：‘昔者武王之攻殷誅紂也，使諸侯分其祭，曰：使親者受内祀，疏者受外祀。’是其事也。”通維四夷，孫云：“‘維’當作‘于’，上文説湯云：‘通于四方’。”尹云：“《書·旅獒》‘遂通道於九夷八蠻’。”而天下莫不賓，句。焉襲湯之緒，王引之云：“言武王乃襲湯之緒也。”孫云：“《詩·魯頌·閟宫》云‘纘禹之緒’，毛傳云‘緒、業也’。”即此武王之所以誅紂也。“即此”舊倒。王樹枏云：“‘此即’當爲‘即此’，即與則同，上文‘則此禹之所以征有苗也”、“則此湯之所以誅桀也’，則此即即此，句法當一律。”純一今據乙。若以此三聖王者觀之。則非所謂攻也，所謂誅也。

則夫好攻伐之君，又飾其説以非子墨子曰：子以攻伐爲不義，非利物與？昔者楚熊麗，畢云：“《史記·楚世家》云：‘鬻熊子事文王，蚤卒，其子曰熊麗。’”始討此睢山之閒，畢云：“‘討’字當爲‘封’。睢山，即江漢沮漳之沮。”王景羲云："《説文》云：'討，治也。'本義自通，畢改爲封，非。"孫云："《史記·楚世家》'熊繹，當周成王之時，舉文武勤勞之後嗣，而封熊繹於楚蠻。是始封楚者，爲熊麗之孫繹'，與此書不同。"梁玉繩云："麗是繹祖，睢爲楚望，然則繹之前已建國楚地，成王蓋因而封之，非成王封繹始有國耳。'"尹云："'討'，除也，伐也。'此'，柴也，'討柴'，即傳所謂起山林者。'睢山'，《中山經》所謂'景山'是也，以爲睢水所出，故名睢山，在今湖北保康縣西南，楚初都丹陽，即今秭歸，後徙枝江，仍號丹陽，此云睢山之閒，則秭歸也。《郡縣志》'南漳縣東北一百八里有柤山'，《漢志》，'沮水出東山柤山，東山皆睢山之異名'，《左昭十二年傳》'楚右尹子革曰：昔我先君熊繹，辟在荆山'，睢山，荆山之首山也。"越王繄虧盧云："即無餘也。'繄'，舊譌'緊'。"畢從盧校改。孫云："'無餘'，見《越絶書·外傳·記地篇》，《吴越春秋·越王無余外傳》字作'余'，同。依盧校，繄虧即無餘。疑無餘本名無虧，古語'無'，長言之，或曰'繄無'。則無虧長言之亦可云繄無虧，短言之又可云繄虧。虧，餘亦聲相轉也。但無餘遠在夏世，而《史記·越世家》則謂句踐始爲越王。《史記》正義引《輿地志》云：'周敬王時，有越侯夫譚子曰允常，拓土始大稱王。'案：允常爲句踐父，《漢書·古今人表》亦云'越王允常'，並與《史記》不同。此越王或當是允常，亦未能決定也。又案：《國語》、《世本》，並以越爲芈姓，則疑繄虧或即執疵，詳後。"出自有遽，孫云："《史記·越世家》云：'其先禹之苗裔，而夏后帝少康之庶子也，封於會稽，以奉守禹之祀。'《吴越春秋》云：'少康恐禹迹宗廟祭祀之絶，乃封其庶子於越，號曰無餘。'此云'出自有遽'，古籍無徵。《國語·鄭語》云'芈姓夔越'，與《史記》不同。《吴語》韋注云：'越王句踐，祝融之後，允常之子，芈姓也。'又引《世本》亦云：'越，芈姓也。'《漢書·地理志》顔注引臣瓚，亦據《世本》明越非禹後。《大戴禮記·帝繫篇》云：'陸終産六子，其六曰季連，是爲芈姓。季連産付祖氏，付祖氏産穴熊氏，世至于渠婁鯀。出自熊渠，有子三人，其孟之名爲無康，爲句亶王；其中之名爲紅，爲鄂王；其季之名爲疵，爲戚章王。'《史記·楚世家》云：'熊渠立其長子康爲句亶王，中子紅爲鄂王，少子執疵爲越章王。'孔廣森云：'婁鯀或當爲夔越，越即越章也。戚章，字形之誤。'詒讓案：以《世本》、《帝繫》證之，則《國語》之説不爲無徵。《左僖二十六年傳》'夔子曰：我先王熊摯'，《漢書·古今人表》，及《史記》正義引宋均《樂緯注》，並謂熊摯亦熊渠子。竊疑夔越同出，孔説似可通。若然，此'出自有遽'或當云'出自熊渠'，猶《帝繫》云'婁鯀出自熊渠'也。渠，遽聲近，古通用。"始邦於越，尹云："賀循《會稽山記》，少康其少子號曰於越，越國之偁始此，春秋亦偁於越焉。"唐叔與吕尚邦齊晉。尹云："《史記·晉世家》'唐叔虞者，周武王子而成王弟'，《齊世家》'太公望吕尚者東海上人'。"此皆地方數百里，今以并國之故，四分天下而有之。蘇云："墨子當春秋後，其時越方强盛，而晉尚未亡，故以荆越齊晉爲四大國。不數秦者，時秦方衰亂故也。此可徵墨子在孔子後而未及戰國也。凡書中涉戰國時事者，皆其徒爲之爾。"是故何也？子墨子曰：子未察吾言之類，未明其故者也。古者天子之始封諸侯也，萬有餘國。"國"字舊脱，從戴校補。畢云："《吕氏春秋·用民》云：'當禹之時，天下萬國，至於湯而三千餘國。'"尹云："《史記·本紀》：'黄帝置左右監，監於萬國。'"今以并國之故，萬有餘國皆滅，舊作"萬國有餘"，從戴校乙。而四國獨立。此譬猶醫之藥萬有餘人，而四人愈也，則不可謂良醫矣。

則夫好攻伐之君又飾其説曰：我非以金玉、子女、壤地爲不足也，我欲以義名立於天下，以德求諸侯也。畢云："'求'一本作'來'，下同。"子墨子曰：今若有能以義名立於天下，以德求諸侯者，天下之服，可立而待也。夫天下處攻伐久矣，曹云："'處'當作'苦'，音訛。"譬若傅子之爲馬然。王云："'傅'當爲'僮'，字之誤也。僮，今童子也，《説文》：'僮，未冠也。'《耕柱篇》曰：'大國之攻小國，譬猶童子之爲馬也。童子之爲馬，足用而勞。今大國之攻小國也，攻者農夫不得耕，婦人不得織，以守爲事。攻人者亦農夫不得耕，婦人不得織，以攻爲事。故大國之攻小國也，譬猶童子之爲馬也。'是其證，蘇校同。孫云："《道藏》本、季本並作'傅'。'傅'或當爲'孺'，'孺'俗作'孲'，與'傅'形近。孺子，僮子義同。"今若有能信効，先利天下諸侯者，孫云："'効'讀爲'交'，同聲叚借字。信交，謂相交以信。《周禮·大行人》云：'凡諸侯之邦交歲相問也，殷相聘也，世相朝也。'"純一案：先利天下諸侯，所以一天下之和。大國之不義也，則同憂之；大國之攻小國也，則同救之；"救之"陸本誤倒。尹云："蘇秦之合縱類是。"小國城郭之不全也，必使修之；布粟乏絶，則委之；"乏"舊作"之"。王云："'之絶'二字不詞，當是'乏絶'之誤。《月令》曰'賜貧窮，振乏絶'是也。委讀委輸之委。"純一案：王説是，今據正，曹本同。孫云："《周禮·小行人》云：若國凶荒則令賙委之。'"幣帛不足，則共之。畢云："'共'同'供'。"純一案：《孟子》云："交鄰國有道"，"惟仁者爲能以大事小"，"以大事小者，樂天者也"，"樂天者保天下"。墨家可謂樂天保天下者，知吾國古時國際道德之高尚，今國際公法學者，難與語此。以此効大國，則大國之君説。以此効小國、則小國之君説。舊作"以此効大國，則小國之君説"。孫云："'効'亦讀爲'交'。此云'交大國'，則不宜云'小國之君説'，疑‘小國’亦當爲‘大國’。”純一案：孫説非，“大國”下脱“則大國之君説，以此效小國”十一字，上文云：“大國之不義也，則同憂之；大國之攻小國也，則同救之；小國城郭之不全也，必使修之；布粟乏絶，則委之；幣帛不足，則共之。”以意審校，當作：“以此效大國，則大國之君説。”“以此效小國，則小國之君説。”語意始完足，今補。人勞我逸，則我甲兵强。尹云：“因逸而强。”寬以惠，寬大以施恩惠。緩易急，緩和以易急迫。民必利。“利”舊作“移”。孫云：“《吕氏春秋·義賞篇》云‘賞重則民移之’，高注云：‘移猶歸也。’”曹云：“‘移’當作‘利’。”純一案：曹説是也，今據改。墨道以兼利爲正，若使民由彼移此，非兼利也。易攻伐以治我國，功必倍。“功”舊作“攻”，從曹本、王本改。言攻伐耗財費時，害己害人，易以圖治，人己俱利，既除巨害，又與厚利，故曰功必倍。《孟子》曰：“當今之時，萬乘之國行仁政，民之悦之，猶解倒懸也。”故事半古之人，功必倍之。量我師舉之費，以争諸侯之斃，“争”舊作“諍”。王云：“涉下文‘諸’字從言而誤，今改。”孫云：“《説文·犬部》云：‘獘，頓仆也。或作‘斃’，從死。’斃，踣也，罷也。”則必可得而厚利焉。“厚”舊作“序”。王引之云：“‘序利’當爲‘厚利’，隸書‘厚’字或作‘垕’，見《漢荆州刺史度尚碑》；又作‘戽’，見《三公山碑》，形與‘序’相似而誤。《詩序》‘厚人倫’，《釋文》：‘厚，本或作序，非。’《荀子·王霸篇》‘桀紂即厚於有天下之埶’，《鹽鐵論·國病篇》‘無德厚於民’，今本‘厚’字並譌作‘序’。此言量我興師之費，以争諸侯之斃者，則厚利必可得也。《明鬼篇》曰‘豈非厚利哉’，今本‘厚’作‘序’，則義不可通。”純一案：王説是也，今據正，曹本同。督以正，《廣韻·二沃》：“督，率也，勸也。”《漢書·車千乘傳》“宜有以教督”。“督以正”，即上文云“以德求諸侯也”。義其名，孫云：“即上文云：‘我以義名立於天下也。’”必務寬吾衆，信吾師，以此援諸侯之師，“援”舊譌“授”，從孫校正。言“以此仁義之師，援助諸侯。”則天下無敵矣，《孟子》曰：“仁者無敵。”其爲利天下，舊脱“利天”二字，從蘇校補。不可勝數也。此天下之利，而王公大人不知而用，則此可謂不知利天下之巨務矣。畢云：“‘巨’舊作‘臣’，以意改。”孫云：“顧校季本正作‘巨’。”

是故子墨子曰：今且天下之王公大人士君子，王引之云：“今且，今夫也。”中情將欲求興天下之利，除天下之害，當若繁爲攻伐，此實天下之巨害也。今欲爲仁義，求爲上士，尚欲中聖王之道，孫云：“‘尚’、‘上’字通。”下欲中國家百姓之利，故當若非攻之爲説，而將不可不察此者也。

舊脱下“不”字，畢以意增，“此者”舊倒，從王校乙。

墨子非攻，以止貪瞋癡闇，性德之宏，潤齊天地，近如國際公法之持平、海牙和平會之弭兵，皆務滅攻戰之禍，尚已。英人李提摩太，且以積極的弭兵法，著《萬年太平策》，義尤詳於康德永世太平論，均略同墨家“兼愛”之旨，惜未能如釋氏見性而息争也。

釋太虚曰：“攻者，相劫奪殺害也，其事則凶器危道，其業則殺盜淫妄，乃人倫必須去除之禍本，故攻戰事，絶對當非。”

墨子集解卷六

漢陽張純一仲如

節用上第二十

墨家節用，務以質葆真，止天下之亂。蓋自養儉，所以自利，財恒足，可以利他，是兼愛也。《陰符經》曰"萬物人之盜"，《老子》曰"儉故能廣"，《淮南子·主術》曰"非澹薄無以明德"，皆其奧旨。釋氏名色、聲、香、味、觸之五境曰"五欲"，以起人之欲心故，亦名"五塵"，以汙真理故，《智度論》十七曰："世人愚惑貪著五欲，至死不捨，爲之後世受無量苦。"又以五欲之害身，喻如五箭。《楞嚴經》四曰："汝現前眼耳鼻舌及與身心，六爲賊媒，自劫家寶。"均可爲墨家不感於外之説明，即其節用之諦理。《禮記·哀公問篇》云"節醜其衣服，卑其宫室，車不雕幾，器不刻鏤，食不貳味，以與民同利。"又《坊記》云："君子不盡利以遺民"，罔非節用之塙詁，太史談僅謂爲人給家足之道，漏義多矣。《荀子·富國篇》往往難之，特儒者之見，與墨異趣耳。案：上篇獨不言節飲食，必脱其文，此上中二篇與《辭過篇》宜參觀。歐陽云："節用爲墨子重要學説，今觀上中兩篇，皆無甚精義，不及《辭過篇》之充實，並有奪文，下篇竟全佚，是或爲人所不便，故滅其迹與。

聖人爲政一國，一國可倍也；畢云："言利可倍。"伍云："力時急，則生産力加倍；費用儉，則消耗量減半。加倍，則一年有兩年之財；減半，則一年餘半年之糧。向之僅足者，今則三倍之矣；向之不足半者，今則足而餘一矣。故曰：'聖人爲政一國，一國可倍也。'"大之爲政天下，天下可倍也。其倍之，非外取地也，攻取非倍利之道，乃倍失利者也。因其國家去其無用之費，舊本脱"用之費"三字，王據下文及中篇補。王樹枏云："萬曆本作'去其無用'。"足以倍之。聖王爲政，其發令興事，便民用財也，王云："'便民'當爲'使民'，言必有用之事，然後使民爲之也。"純一案："便"字不誤，言必便利於民之事，始用財也。無加用而爲者，"無"下舊有"不"字。王樹枏云："'不'字衍，萬曆本無，與下文一律。'無加用而爲'，謂不加費而爲之，所謂因其國家，去其無用，足以倍之也。”純一今據删。是故用財不費，民德不勞，孫云：“‘德’與‘得’通，下同。”李選本“民”作“用”。其興利多矣。

其爲衣裘何以爲？“裘”，下文並作“裳”。冬以圉寒，夏以圉暑。孫云：“‘圉’、‘禦’字通，詳《辭過篇》。”凡爲衣裳之道，冬加温，夏加清者芊，“芊”、“祥”同，善也。鮮不加者去之。“鮮”舊譌“鉏”，黄堯圃影寫吴匏庵手抄本作“鉏”，下同，今依畢校改，下同。畢云：“‘鮮’，少也，言少有不加於温清者去之。即下篇云：‘諸加費不加于民利者，聖王弗爲是也。’‘不加’猶云無益。”

其爲宫室何以爲？冬以圉風寒，夏以圉暑雨，有圉盜賊，凡爲宫室，加固者芊，舊作“有盜賊加固者”。王樹枏云：“‘有盜賊’三字，涉下文而誤，萬曆本作‘凡爲宫室加固者’，與上下文一律。”純一案：“有盜賊”三字不誤，宫室不僅禦風寒暑雨，亦禦盜賊。此文本作“有圉盜賊，凡爲宫室加固者”，今本脱“圉”字，又脱“凡爲宫室”四字。萬曆本又脱“有圉盜賊”四字，今依文義審校，並據萬曆本補訂。“有”讀“又”。尹云：“‘固’，堅也。”鮮不加者去之。曹云：“‘不加者’，謂無益於禦盜賊而徒爲觀美者也。”

其爲甲盾五兵何以爲？孫云：“《周禮·司兵》云‘掌五兵五盾’，又‘軍事建車之五兵’，鄭衆注云‘五兵者，戈、殳、戟、酋矛、夷矛’，鄭康成云‘步卒之五兵，則無夷茅而有弓矢’。《司馬法·定爵篇》云：‘弓矢禦，殳茅守，戈戟助，凡五兵當長以衛短，短以救長。’案：五兵古説多差異，惟鄭君與《司馬法》合，當爲定論。”以圉寇亂盜賊，若有寇亂盜賊，有甲盾五兵者勝，無者不勝，畢云：“‘者’舊作有，以意改。”是故聖人作爲甲盾五兵。凡爲甲盾五兵，加輕以利、堅而難折者芊，尹云：“‘折’，斷也。”鮮不加者去之。

其爲舟車何以爲？車以行陵陸，舟以行川谷，王景羲云：“《許書》口部‘谷，從水半見。’篆形作‘’，‘’即水之半體，‘口’則象其空閒也。然則谷川同類，谷本有水，川則其長流者耳，今人習於俗義，而幾忘之矣。故《莊子》云‘海爲百谷王’，此云舟可以行川谷，皆可證谷字之本義，中篇大川廣谷義同。”以通四方之利。有無化居。凡爲舟車之道，加輕以利者芊，句。鮮不加者去之。曹云：“已上四者，使民用財之大端，其有益於民用者，雖勞力而費財，猶或爲之，但不多作而已，若其無益，則決不爲。”凡其爲此物也，無加用而爲者，曹云：“此言聖人之

自率於身，但取適用而止，其加用之物，則不爲也。”是故用財不費，民德不勞，其興利多矣。“矣”字舊脱，孫從戴校補。有去王公大人之好聚珠玉鳥獸犬馬，“王公”二字舊脱，依戴校增。孫云：“‘有’讀爲‘又’，此承上文言聖人爲衣裳、宫室、甲盾、五兵、舟車，既去其不加者而不爲，又去其珠玉、鳥獸、犬馬之玩好，以益爲衣裳五者，故其數自倍增也。”以益衣裳、黄影寫本誤“壽”。宫室、甲盾、五兵、舟車之數，於數倍乎？若則不難。戴云：“‘若’，猶此也。”曹云：“言能去無用之費，以益有用之物，則其力裕，其數自倍矣。‘於數倍乎？’設問之詞，若則不難，答詞也。衣裳、宫室、甲盾、五兵、舟車之用，所以利民之生，不得不用者也。珠玉、鳥獸、犬馬，無益於民用，直可去也。即王公大人之聚此數物也，亦何益於己身之用哉？故知節用云者，於其必用者，示之以節也，若其本爲無用者，亦何節之可言哉？”故孰爲難倍？王樹枏云：“故猶則也。”唯人爲難倍，然人有可倍也。昔者聖王爲法，曰：“丈夫年二十，毋敢不處家。孫云：“明吴寬鈔本作‘不敢毋處家’。《左文十八年傳》云‘男有家’，《周禮・大司徒》鄭注云：‘有夫有婦，然後爲家。’”尹本“二十”作“三十”。釋云：“《禮記・曲禮》‘三十曰壯，有室’，謂處家也。《尚書大傳》‘男子三十而娶，女子二十而嫁’，‘三’本作‘二’誤。”純一案：陸本、唐本並同吴鈔本，李選本同此。女子年十五，孫云：“吴鈔本作‘二十’，誤。”毋敢不事人。”孫云：“《周禮・媒氏》‘令男三十而娶，女二十而嫁’，賈疏引王肅《聖證論》云：‘前賢有言：丈夫二十，不敢不有室；女子十五，不敢不有其家。’王肅語本於此。”此聖王之法也。孫云：“《韓非子・外儲説右篇》齊祖公下令於民曰：‘丈夫二十而室，婦人十五而嫁。’亦見《説苑・貴德篇》。《墨子》此説與彼同。《國語・越語》亦云：‘女子十七不嫁，其父母有罪；丈夫二十不娶，其父母有罪。’齊、越之令，或亦本聖王之法與？”尹云：“齊桓令婦人十五而嫁，衰周制也，此云‘聖王之法’，謂許嫁乃爲事人耳。《穀梁文十二年傳》‘女子十五而許嫁，二十而嫁’，《禮記・内則》‘女子十五而笄，笄則許嫁矣’。”聖王既没，于民次也。孫云：“‘次’讀爲‘恣’，言恣民之所欲。”其欲蚤處家者，有所二十年處家；其欲晚處家者，有所四十年處家。王云：“文十三年《公羊傳》注曰：‘所猶時也，言有時二十年，有時四十年也。’”以其蚤與其晚相踐，孫云：“《玉藻》鄭注云：‘踐當爲翦，聲之誤也。’《吕氏春秋・制樂篇》高注云：‘翦，除也。’”後聖王之法十年。若純三年而字，孫云：“《周禮・玉人》注云：‘純，猶皆也。’《説文・子部》云：‘字，乳也。’”尹云：“‘字’，滋也，謂生子，言若三年而生一子。”子生可以二三計矣。“計”舊譌“年”。王樹枏云：“萬曆本年作‘計’，今從之。”蘇云：“聖王之法二十而處家，今後十年，彼早處家者，當有二三子也。”此不惟使民蚤處家而可以倍與？“惟”，吴鈔本作“唯”。案：“不”讀作“非”，“惟”語助，或下文之倒置於此者。尹云：“言人可倍。”曹云：“此略明蕃育之法，因上文可倍之説，而推言及此，非此篇本指也。欲人民之加多，乃越句踐十年生聚之術，聖王之法，未必如此。然聖王欲令天下男女無曠無寡，昏姻以時，則必盡愛民養民之道。自有人民殷阜之效，亦非如句踐之將用民力，以復其讎也，墨子之意，欲人君取法聖王而已矣。”且不惟此爲然已。舊作“且不然已”。孫云：“此文未足，必有挩字。《明鬼下篇》云‘且不惟此爲然’，此‘且不’下，疑亦挩‘惟此爲’三字。”純一今據補。今天下爲政者，其所以寡人之道多。其使民勞，其籍斂厚，王引之云：“籍斂，税斂也。《大雅·韓奕篇》‘實畝實籍’，箋曰：‘籍，税也。’正義引宣十五年《公羊傳》曰：‘什一而籍。’”民財不足，凍餓死者，不可勝數也。且大人惟毋興師，“興”，陸本、唐本、黄影寫本並作“與”。以攻伐鄰國，孫云：“‘惟毋’，吴鈔本作‘唯無’。‘唯毋’，語詞。”久者終年，速者數月，男女久不相見，此所以寡人之道也。尹云：“不相見則生子少。”有與居處不安，“有”字舊脱，據下文補，曹本補“又”字。飲食不時，作疾病死者，有與侵就僾槖，畢云：“‘僾’即‘援’字異文。”孫云：“‘有’讀爲‘又’，‘侵就’未詳。‘槖’，以舉火攻城之具，見《備穴篇》。《韓非子·八説篇》云‘干城距衝，不若堙穴伏槖’，疑此‘僾’亦當爲‘伏’之譌。”尹云：“‘僾’即‘援’，言持槖以運餉。曹本改作‘又與侵蹴傒槖’，云：‘蹴，迫也。’‘侵蹴’，言爲人所侵迫也。‘傒’，係也，槖縛也，言爲人所係縛也。”純一案：“侵”，淩也，犯也。莊廿九年《左傳》：“凡師有鐘鼓曰伐，無曰侵。”隱五年《穀梁傳》“苞人民，毆牛馬，曰侵”，就同蹴，蹋也。攻城野戰死者，不可勝數。曹本有“也”字。此非今爲政者，所以寡人之道數術而起與？“非今”舊譌“不令”。畢云：“‘令’當爲‘今’。”戴云：“不，猶非也。”王樹枏云：“萬曆本作‘此非今爲政者’，今從之，曹本同。‘去’，言今世之所以民少者，非一事所致也，上不能節用，則使民不以時，斂民不能薄，民困於賦役而死者多。又不能愛人而好攻伐，民苦於争戰而死者又多，不獨男女失昏姻之時而已。墨子言此，正以明上文蕃育人民之説，非同於句踐生聚之術也。”歐陽云：“‘數術’猶言多術，上文‘其所以寡人之道多’句可證，下數術義同。”聖人爲政特無此，此非聖人爲政，其所以衆人之道亦數術而起與？“此非”舊作“不”。孫云：“‘此’字當重，誤脱其一，曹本作‘此非’。”純一今據孫、曹校補訂，與上文一律。曹云：“‘特無此’者，無若今爲政者之弊也，亦數術而起者，以明聖王所以蕃育人民之道，亦非僅男女昏姻得時之一端，蓋亦必節用而愛人以爲本也。”

故子墨子曰：去無用之務，行聖王之道，舊本脱“務”字、“行”字。王樹枏云：“萬曆本作‘去無用之務，行聖王之道’，今從之。天下之大利也。

劉云：“墨子作《節用篇》，與《尚書》不作無益害有益義同（《節用上篇》之旨在於去無益之費，作有用之事，而《節葬》、《非樂》二篇之旨，亦由“節用”而推）。節人君之私用，爲一國之公財（《節用上篇》云：“去大人之好聚珠玉、鳥獸、犬馬，以益衣裳、宫室、甲盾、五兵之數。”誠以珠玉等物君主一人之私好也，甲盾、五兵、舟車一國之公益也。蓋墨子知國家公財與君主私財爲二，故節人君之私用以爲一國之公益也。以務本去末爲主，非矜矜於節儉也。（説見《周末學術史》、《計學史序》。）

節用中第二十一

子墨子言曰：古者明王聖人，所以王天下、正諸侯者，《老子》曰：“清静爲天下正。”彼其愛民謹忠，“彼其”二字疑衍。孫云：“《説文·言部》云：‘謹，慎也。’此蓋與‘信’義近。利民謹厚，“愛民謹忠”者，盡忠愛民，使民咸知己輕羣重，自居薄而利羣厚，所以正民德也。“利民謹厚”者，使衆寡欲養神，不役於物，然後能盡物性以大其用，所以厚民生也。忠信相連，又示之以利，是以終身不饜，孫云：“吴鈔本作‘厭’。”殁世而不卷。“殁”吴鈔本作“没”。“世”舊作“二十”，孫據盧校改，曹本、王本、尹本並同。蘇云：“‘卷’當爲‘倦’。”孫云：“‘卷’，即‘券’之叚字，正字當作‘券’，《説文·力部》云：‘券，勞也。’《考工記·輈人》鄭注云：‘券，今倦字也。’”王本作“券”。古者明王聖人，其所以王天下、正諸侯者，此也。孫云：“‘正’，長也，詳《親士篇》。”曹云：“此言聖王以愛民、利民爲政，而其本務在於節用，故將言節用，而先言利民。”

是故古者聖王制爲節用之法，曰：“凡天下羣百工，輪、車、鞼、匏，王云：“‘輪、車、梓、匠’，爲攻木之工，陶爲摶埴之工，冶爲攻金之工，然則‘鞼、匏’，即《考工記》‘鞾、鮑’，爲攻皮之工也。凡文、吻、問與脂、旨、至，古音多互相轉，故‘鞾’字或作‘鞼’。‘鞄’之爲‘匏’，亦借字耳，故《考工記》又借作‘鮑’。”孫云：“王説近是。《説文·革部》云：‘鞾，攻皮治鼓工也。或從韋，作“韗”。’又云：‘鞄，柔革工也。《考工記》曰：柔皮之工鮑氏。’‘鮑’即‘鞄’也，此叚‘鞼、鞄’字爲之。《非儒篇》有‘鮑、函、車、匠’，字亦作‘鮑’。或云《考工記》‘設色之工畫繢’，‘韇’即‘繢’之借字，亦通。”陶、冶、梓、匠，使各從事其所能。”曰：“凡足以奉給民用則止。”諸加費不加于民利者，聖王弗爲。畢云：“舊‘民用’下作‘諸加費不加民利則止’，今據後文改。《史記・李斯列傳》‘李斯曰：凡古聖王，飲食有節，車器有數，宮室有度，出令造事，加費而無益於民利者，禁’，即用此義。”純一案：《淮南子・齊俗訓》“稱神農之法曰：不貴難得之貨，不器無用之物”，老子申其義曰：“不貴難得之貨，使民不爲盜；不見可欲，使民心不亂。”又曰“難得之貨，令人行妨”，“人多伎巧，奇物滋起”。足見古聖王利民，非獨使之節用以足用，尤重在節性以廣德，蓋聖王無己，惟務倍利於民之身心而已，今墨家不器無用之物，義與神農、老子同。其欲天下衣食饒溢，姦邪不生，安樂無事而均平者至矣。劉云：“墨子之意，以爲凡事之利於國家人民者，不妨取民財以爲之，若事與國家人民無益，雖絲毫不能取於民也，其理甚精，非節儉之謂也。説見《計學史序》注。”

古者聖王制爲飲食之法，曰：“足以充虚繼氣，强股肱，《北堂書鈔》引“强”上有“以”字。使耳目聰明則止。”“使”字舊脱。畢云：“《太平御覽》引有‘使’字。”純一案：《御覽》八百四十九、《書鈔》百四十二引，並有“使”字，今據補。《御覽》、《書鈔》均省去“則止”二字，非。薄滋味以養形，即減者欲以養神，五味之調，芬香之和，皆是腐腸毒藥，足以傷生損壽，故老子曰：“人之生，動之死地，亦十有三。夫何故？以其生生之厚。”不極五味之調，芬香之和，畢云：“‘芬’字同‘芬’。”純一案：老子曰“五味令人口爽”，又曰“人之輕死，以其求生之厚，是以輕死，夫唯無以生爲者，是賢於貴生”。不致遠國珍怪異物。“怪”舊作“恢。畢云：“‘恢’，一本作‘怪’，《太平御覽》引同。”孫云：“作‘怪’是也，今據正。《公羊昭三十一年傳》‘有珍怪之食’，何注云：‘珍怪，猶奇異也。’《荀子・正論篇》云‘食飲則重大牢而備珍怪’，《淮南子・精神訓》云‘珍怪奇異，人之所美也，而堯糲粢之飯，藜藿之羹’。”曹本同。何以知其然？古者堯治天下，南撫交阯，孫云：“吴鈔本作‘趾’。‘阯’、‘趾’之叚字。《大戴禮記・少閒篇》、《韓非子・十過篇》、《淮南子・脩務訓》，並作‘趾’。高注云：‘交趾，南方之國。’《荀子・王霸篇》楊注引《尸子》及賈子《新書》並作‘阯’。案：交阯，即今越南國。”北際幽都，“際”舊作“降”。王云：“‘降’字義不可通，‘降’當爲‘際’。《爾雅》：‘際，接捷過。’郭注曰：‘捷，謂相接續也。’‘際’、‘降’字形相似，故傳寫易譌。”曹本作“際”，純一今據正。孫云：“《淮南子・脩務訓》高注云：‘陰氣所在故曰幽都，今雁門以北是。’《莊子・在宥篇》云‘堯流共工於幽都'，《釋文》引李頤云：'《尚書》作幽州，北裔也。'"東西至日所出入，畢云："謂暘谷、昧谷。"曹云："比指堯典所云四宅。"莫不賓服，逮至其厚受。舊譌"愛"，曹本作"受"，云："'厚受'，謂其身所受也。《説文》獻人曰亯，反亯曰旱。旱字今作厚，亦亯意。"純一今據改。黍稷不二，羹胾不重，"胾"音"剚"。孫云："《説文·肉部》云：'胾，大臠也。'《詩·魯頌·閟宫》'毛炰胾羹'，毛傳云：'胾，肉也；羹，大羹鉶羹也。''不重'，謂止一品。"飯於土塯，"飯"舊譌"飲"。王云："土塯乃飯器，非飲器，'飲'乃'飯'字之誤。"孫據正。畢云："'塯'，《玉篇》云：'力又切，瓦飯器也。'"孫云："《史記·秦始皇本紀》云'飯土簋'，索隱本'簋'作'塯'。又《敘傳》云'食土簋'，集解：'徐廣云：一作塯。'與此字並同。"純一案：《御覽》七百五十九兩引前作"堯飯土簋啜土鉶"，後作"堯飯土軌啜土鉶"，"軌"《史記·李斯列傳》作"匭"。劉云《路史·陶唐紀》注引作"飯土塯"。啜於土形，畢云："《御覽》引作'铏'。鄭君注《周禮》云：'铏，羹器也。'《後漢書注》引作'歠土鉶'。顧云："《秦本紀》正作'土形'，《太史公自序》作'刑'。"劉云："《路史》注引作'土铏'。"孫云："《説文·口部》云：'啜，嘗也。''形'、'刑'，並'铏'之叚字。《後漢書注》所引，疑即本《史記·敘傳》文。《史記》正義引顔氏云：'刑，所以盛羹也。土，謂燒土爲之，即瓦器也。'《秦始皇本紀》作'啜土刑'，集解引如淳云：'土刑，飯器之屬，瓦器也。'《李斯傳》作'鉶'，《韓非子·十過篇》同，《韓詩外傳》三又作'型'。"斗以酌。王云："'斗'上脱一字，此與下文義不相屬，'酌'下必多脱文，不可考。"孫云："《詩·大雅·行葦》云：'酌以大斗。'《説文·木部》云：'枓，勺也。'《勺部》云：'勺，挹取也。'此'斗'、'酌'即'枓'、'勺'之叚借字，謂以枓挹酒漿也。"王本作"匏斗以酌"，未知何據。俛仰周旋威儀之禮，畢云："《説文》云：'頫，低頭也。或从人免。'"純一案：有脱文，疑此八字當從曹校移置下文"輕且清"下。諸加費不加于民利者，九字舊脱，從孫校補。聖王弗爲。

古者聖王制爲衣服之法，曰："冬服紺緅之衣輕且暖，《太平御覽》七十七引作"煖"。《論語·鄉黨》"君子不以紺緅飾"，邢昺疏："紺玄色，緅淺絳色。"畢云："《説文》云：'紺，帛深青揚赤色。'《玉篇》：'紺，古憾切。'案：'緅'非古字，當爲'纔'。《考工記》云'五入爲緅'，鄭君注云：'今禮俗文作爵，言如爵頭色。'《説文》'纔'云'帛雀頭色'，與鄭注'緅'義合。《説文》無'緅'字，是知當爲'纔'。"夏服絺綌之衣輕且清，"絺"，細葛；"綌"，粗葛。曹本移上文"俛仰周旋威儀之禮"及下文"足以將之"置此。則止。"諸加費不加於民利者，聖王弗爲。

古者聖王，舊作“人”，據陸本、唐本改，與上下文合。爲猛禽狡獸暴人害民，孫云：“《廣雅·釋詁》云：‘狡，健也。’《吕氏春秋·恃君篇》‘服狡蟲’，高注云：‘狡蟲，蟲之狡害者。’此‘狡獸’與彼‘狡蟲’義同。”於是教民以兵行，日帶劍，爲刺則入，擊則斷，尹云：“劍有鋒能入，有刃能繫。《淮南·脩務》‘夫怯夫操利劍，擊則不能斷，刺則不能入’。”旁擊而不折，此劍之利也。歐陽云：“讀此節可以窺知古者用兵之起原，蓋因驅除鷙禽猛獸也。亦即田獵之濫觴，後世人君行春蒐夏苗秋獮冬狩之禮，閱兵講武，猶不忘此意。”甲爲衣則輕且利，動則兵且從，似言動則以兵器相隨，可以追逐爲人害者，而不畏其刺擊。此甲之利也。此下疑脱“諸加費不加於民利者，聖人弗爲”，二句，劍甲之屬所以禦暴，非爲暴也。

據上下文審校，疑脱“古者聖王制爲舟車之法曰”十一字。車爲服重致遠，乘之則安，引之則利，尹云：“‘引’，輓也。”安以不傷人，利以速至，力□□，則生財之道密。此車之利也。古者聖王爲大川廣谷之不可以濟，於是制爲舟楫，“制”舊作“利”，從王校改。此文疑本作：“於是制爲舟楫，通四方之利，此舟之利也，足以將之則止。”今本脱去“通四方之利”句，則舟之所以爲利者不明，此舟之利也，倒著“津人不飾”下，文氣不串。足以將之則止。孫云：“‘止’舊譌‘上’，今據《道藏》本正。《廣雅·釋詁》云：‘將，行也。’”純一案：陸本、唐本並作“止”。雖上者三公諸侯至，畢云：“‘上’舊作‘止’，以意改。”舟楫不易，易改。津人不飾，孫云：“《説文·水部》云：‘津，水渡也。’津人，蓋掌渡之吏士。《列子·黄帝篇》云‘津人操舟若神’，劉向《列女傳·辯通篇》‘趙津女娟者，趙河津吏之女’。”此舟之利也。王闓運云：“此下脱去‘諸加費不加利’云云。”

古者聖王制爲節葬之法曰：“衣三領，孫云：“《意林》作‘三領之衣’，《荀子·正論篇》楊注云‘三領，三稱也’，《禮記》‘君陳衣於序東，西領南上’，故以領言。”足以朽肉，棺三寸，孫云：“《意林》作‘三寸之棺’，説詳《節葬下篇》。”足以朽骸，孫云：“《荀子·正論篇》云：‘世俗之爲説者曰：太古薄葬，棺厚三寸，衣衾三領，葬田不妨田，故不掘也。’蓋戰國時相傳有是語，不獨墨家言也。”純一案：此所以保母財，利生者，明死者形無足戀。掘穴深不通於泉，“掘”，舊作“堀”。孫云：“吴鈔本作‘掘’，下同。”純一案：《節葬下》亦作“掘地之深”，下無“沮漏”，今據改，王本同。氣不發洩則止。“氣”舊爲“流”。畢云：“‘流’，當爲氣，據下篇有云：‘氣無發洩於上。'" 純一今據改，曹本改"流作屍氣"。死者既葬，生者毋久喪用哀。"言當從事生利，不可坐分人利。《孝經·喪親章》："教民無以死傷生，毀不滅性，此聖人之政也。"王闓運云："下有脱文。"

古者人之始生未有宫室之時，因陵丘堀穴而處焉。聖王慮之，以爲堀穴，冬日可以辟風寒。畢云："'辟'同'避'，言堀穴但可以避冬日風寒而已。""冬日"舊作"曰冬"，從曹本、王本改。逮夏，畢云："'逮'舊本'建'，以意改。"下潤溼上熏烝，孫云："'熏'，《道藏》本、吴鈔本作'重'，誤。"恐傷民之氣，于是作爲宫室而利民。"民"字今校增。然則爲宫室之法，將奈何哉？子墨子言曰：其旁可以圉風寒，上可以圉雪霜雨露，其中蠲潔，孫云："'蠲潔'詳《尚同中篇》。"可以祭祀，宫牆足以爲男女之别，則止。諸加費不加于民利者，"于"字據上文增。聖王弗爲。王本自"然則爲宫室之法至聖王弗爲"，刻作雙行小字，注云："此詞例不類上文，蓋采脱文綴之。"曹云："此篇文義不甚周足，蓋其缺佚者多矣，非僅下篇闕也。又按：上篇所列四條，曰衣裳，曰宫室，曰甲盾、五兵，曰舟車，此篇所列，曰百工，曰飲食，曰衣服，曰兵甲，曰車，曰舟楫，曰葬，曰宫室，皆人生日用之不可闕者，則引古聖之制以爲之節，若如前《辭過篇》所云'拘女蓄私'，及後《非樂篇》所載'則聖王固禁而弗爲'，是知墨子所謂'節用'，於有用者節之，於無用者去之，通其意者，以類推之可也。"

節用下第二十二　闕

曹云："墨子之書，闕者十數篇。《節用》三篇，闕其下篇，即其中篇，文意亦弗完備，蓋亦有闕文矣。竊嘗從其前後各篇中，攷求其意指，而爲説以補之。曰節用者，去無用也，雖其有益於民用者，亦不可以無節，況其爲無用者哉？人之生於天地之間也，不能無資於物以爲養。於是乎有用，小而用百物之材，大而用民人之力，皆當有節焉，反是，則材力必絀矣。人者天生之，天必有以養之，天並生之，天必欲其均養之，竭千百人之所養者，以專奉一二人，則此千百之中，必有受其飢寒者矣。小民終歲勤動，從事耕織，以爲衣食，從事工賈，以通有無，若違其時，奪其力，則民廢業而利源竭矣。天生民而立之君，非以受天下之養，乃所以均養天下之人也。士君子者，天民之秀，亦有養民之責者也，海宇之内，無一物不得其養。然後無負於爲君，一夫不獲，時予之辜，然後無忝於爲士，故愛民之力，所以利人也，愛物之材，亦所以利人也，民物之材力有餘，是爲以美利利天下矣。夫人情之流，不可究極，目之欲色，耳之欲聲，口之欲味，身之欲放佚焉而不知返，則唯圖己身是利，而不顧爲民物之害。疏水以療飢渴而已，乃或山海珍錯，日陳於前，而意猶不厭。布帛以禦寒暑而已，乃或珠玉錦繡，窮極奢麗，而猶以爲不華。棟宇以庇風雨而已，乃或刻鏤金玉，丹青彩飾而猶以爲不壯。其樂而淫也，歌舞絃管酒池肉林，子女狗馬之好，馳騁田獵之娱，狂蕩而無極。其哀而邺也，虚官府，傾帑藏，以委之朽壤之中，猶不已，乃殺人以殉之。然則今之人之爲此也，意以爲有利於民與？抑有利於己與？若嘗深究其故，則必以其所爲，爲有損於民而又無益於己也。夫既有損於民而又無益於己矣，然且人之爲之者日甚，而莫知以爲監戒者，則人情之流放焉而不知返者然也。故夫王公大人，縱情肆欲以在民上，而邦之士大夫，僭竊效尤，侈靡以成俗，於是民之死者，日積而不可數也。古者聖人有憂之，故以節用爲教，書之竹帛，琢之槃盂。古者聖人在上，不勞天下以奉一人，聖人在下，不私一身而忘天下，要使含生負氣之倫，各得其所，各遂其生。修之於家，其德乃餘，修之於鄉，其德乃長，修之於邦，其德乃豐，修之於天下，其德乃普。是知節用者，所以爲兼愛之本也，墨子之法，聖王之法也，墨子之心，天地之心也。雖然，墨子之爲是説也，毋乃不稽於古者哉？嘗攷之《論語》之書仲尼之言矣，仲尼之道大禹之德也曰：‘禹吾無閒然矣，菲飲食，而致孝乎鬼神；惡衣服，而致美乎黻冕；卑宫室，而盡力乎溝洫。’‘禹吾無閒然矣’，則此言大禹之儉以克己，而勤以利民也，豈惟大禹爲然哉？昔者堯舜堂高三尺，土階三等，茅茨不剪，采椽不斲，飲土簋，歠土鉶，糲粱之飯，藜藿之羹，夏日葛衣，冬日鹿裘，是約己也。則此堯舜之節用也，豈惟堯舜然哉？昔者黄帝行之，何以徵之，史氏之紀黄帝之德曰：‘時播百穀草木，淳化鳥獸蟲蛾。旁羅日月星辰，極畋土石金玉。勞勤心力耳目，節用水火材物。’則此言黄帝之德，格於上下，通於神明，被於生民，旁施萬物，然且不敢厚以自奉，節用水火材物，以明儉也。又必勞其心力耳目，不敢自暇自逸，以求利養民，則此五帝之德也。墨子之言，其於古者聖帝明王之所行，既皆然矣。不識今天下之士君子，所以聞墨子之言而皆非之者何哉？意毋以其非仲尼之説歟？仲尼至聖也，其言曰‘道千乘之國，敬事而信，節用而愛人，使民以時’，又曰‘以約失之者鮮矣’。其在《孝經》曰‘在上不驕，高而不危，制節謹度，滿而不溢’，又曰‘謹身節用，以養父母’，則此仲尼之言節用，一貫乎内聖外王之道也。不識今天下之儒者，聞墨子之言而皆非之者其故何哉？意以爲墨子之説行於天下，則人不得肆其情，逞其欲歟？則是使王公大人失其樂，而爲士君子亦不克自遂其私也，則吾不得而知之也。”

節葬上第二十三 闕

節葬中第二十四 闕

節葬下第二十五

畢云："《説文》云：'葬，臧也。從歺在茻中，一其中所以薦之。《易》曰：'古之葬者，厚衣之以薪。'又云：'節，竹約也。'經典借爲約之義。"純一案：《維摩經·方便品》云："是身無常，無强無力無堅，爲苦爲惱，衆病所集，如毒蛇，如怨賊，爲要當死，速朽之物，不足重也。"《列子·楊朱篇》："晏平仲曰：既死豈在我哉？焚之亦可，沈之亦可，瘞之亦可，露之亦可，衣薪而棄諸溝壑亦可。"《莊子·列禦寇篇》云："莊子將死，弟子欲厚葬之。莊子不可，曰：'吾以天地爲棺槨，日月爲連璧，星辰爲珠璣，萬物爲齎送，吾葬具豈不備耶？何以加此！'"《漢書·楊王孫傳》："王孫病且終，先令其子曰：'吾必贏葬，爲布囊盛尸，以反吾真。'"王孫學墨者也，平仲墨家也。莊子道家，尚儉與墨同，佛則等而上之矣。讀諸經傳，不謀而合，墨子節葬，豈獨忍爲其薄哉？洞澈生死之故，力矯奢靡之風，無限慈懷寓儉以行，其深意非翦翦者所能窺也。

子墨子言曰：仁者之爲天下度也，尹云："'度'，謀也。"辟之無以異乎孝子之爲親度也。畢云："'辟'同'譬'。"今孝子之爲親度也，將柰何哉？曰："親貧則從事乎富之，"親"疑"家"之誤，家對天下言。人民寡則從事乎衆之，"人民"二字，疑涉下文而誤。衆亂則從事乎治之。"當其於此也，亦有力不足、財不贍、智不知，舊作"智"。畢云："一本作'知'。"純一今從之。然後已矣，無敢舍餘力隱謀遺利，而不爲親爲之者矣。孫云："'隱謀'謂隱匿其智謀，猶《尚同上篇》云'隐匿良道，不以相教'也。《荀子·王制篇》云：'無隱謀，無遺善，而百事無過，非君子莫能。'"若三務者，畢云："舊脱'此'字，據後文增。"尹云："'務'，事也。'三務'，富衆治。"孝子之爲親度也，既若此矣。雖仁者之爲天下度，畢云："舊脱'爲'字，一本有。"亦猶此也，曰："天下貧，則從事乎富之；人民寡，則從事乎衆之；衆而亂，則從事乎治之。"當其於此，亦有力不足、財不贍、智不知，然後已矣，無敢舍餘力隱謀遺利，而不爲天下爲之者矣。若三務者，仁者之爲天下度也，"也"字舊脱，畢據上文增。"仁"上舊有"此"字，從孫校删。既若此矣。今逮至昔者三代聖王既没，盧云："'今逮至昔者'連下爲文，亦見下篇。"純一案：《明鬼下》作"逮至昔三代聖王既没"，此"今"字疑誤衍。天下失義，後世之君子，或以厚葬久喪，以爲仁也義也，孝子之事也；或以厚葬久喪，以爲非仁非義，"義"上"非"字，據下文增。非孝子之事也。曰二子者言則相非，畢云："'則'字據下當爲'即'。"孫云："二字古通。"行即相反，孫云："'即'，吴鈔本作'則'。"純一案：李選本亦作"則"。皆曰："吾上祖述堯舜禹湯文武之道者也。"而言即相非，行即相反，於此乎後世之君子，尹云："'此'，是也。"皆疑惑乎二子者言也。若苟疑惑乎之二子者言，然則姑嘗傳而爲政乎國家萬民而觀之，"傳"。《道藏》本、陸本、唐本、吴鈔本並同，畢本作"傅"。王云："'傅'字義不可通，當依舊本作'傳'，傳與轉通。言若疑惑乎二子之言，則試轉而爲政乎國家百姓以觀之也。"純一案："傳"字是。《漢書・武五子傳贊》集注："傳，引也。"言引而爲政乎國家萬民以觀之。計厚葬久喪，奚當此三利者哉？"哉"舊作"我"，從曹本改。意若使法其言，用其謀，厚葬久喪，實可以富貧衆寡定危治亂乎？此仁也義也，孝子之事也，畢云："舊脱'此'字，據前後文增。"爲人謀者不可不勸也。畢云："此下舊有'仁者將求興天下，誰霸而使民譽之'云云，共六十四字，與下文複出，今删。"孫云："吴鈔本亦衍，'霸'作'伯'。"仁者將求興之天下，"求"字舊脱，從俞校補。設置而使民譽之，終身勿廢也。"身"字舊脱，從俞校據下文增，王樹枏校同。"設置"舊作"誰賈"，義不可通，從孫校改。意亦使法其言，用其謀，厚葬久喪，實不可以富貧衆寡定危治亂乎？"治"舊作"理"，從畢校改，曹本同。此非仁非義非孝子之事也，孝不孝，以利天下、不利天下爲斷。爲人謀者不可不沮也。仁者將來除之天下，畢本作"除天下之"，孫據《道藏》本、吴鈔本乙，曹本同。相廢而使人非之，孫云："'相廢'義难通，'相'疑當爲'措'，與'廢'義同，'相'、'措'形近而譌。終身勿爲也。"也"字舊脱，從俞校據上文增，王樹枏校同。是故興天下之利，"是"舊譌"且"，從王校改。除天下之害，令國家百姓之不治也，“也”讀若“者”。自古及今未嘗有也。“有”上舊衍“之”字，從王本删，曹本作“未之嘗有也”，孫校同。以上言厚葬久喪，視能否富貧衆寡治亂爲衡。

何以知其然也，今天下之士君子“何以知其然也”，於義無取，“何以知其”四字並“也”字，疑均後人臆增，當删。將猶多皆疑惑厚葬久喪之爲中是非利害也。“多”下“皆”字衍，當删。孫云：“《穆天子傳》郭璞注云：‘中，猶合也。’”故子墨子言曰：然則姑嘗稽之。今雖毋法執厚葬久喪者言，王云：“‘雖’與‘唯’同。”孫云：“‘毋’，語詞。”以爲事乎國家。此存乎王公大人有喪者，王樹枏云：“‘存’，在也。《非樂篇》皆作‘在乎’。”曰：棺椁必重，畢云：“‘椁’舊作‘槨’，以意改。”孫云：“《檀弓上》‘天子之棺四重，柏槨，以端長六尺’，鄭注云：‘諸公三重，諸侯再重，大夫一重，士不重。’”葬埋必厚，衣衾必多，孫云：“《喪大記》云：‘小斂，君錦衾，大夫縞衾，士緇衾，皆一衣十有九稱。大斂，君陳衣百稱，大夫五十稱，士三十稱。’”文繡必繁，孫云：“‘文繡’，謂棺飾，若帷荒之屬。《周禮·縫人》鄭注云：‘孝子既啓見棺，猶見親之身。既載飾而以行遂以葬，若存時居於帷幕而加文繡。’是也。”丘隴必巨。孫云：“《説文·土部》云：‘壠，丘壠也。’《曲禮》鄭注云：‘丘，壟也。壟，冢也。’隴，壟之叚字。《淮南子·説林訓》云：‘或謂冢，或謂隴，名異實同也。’《吕氏春秋·安死篇》云：‘世之爲丘壟也，其高大若山，其樹之若林。’”存乎匹夫賤人死者，“匹”舊譌“正”。王云：“‘正’當爲‘匹’。《白虎通義》曰‘庶人稱匹夫’，上文‘王公大人’爲一類，此文‘匹夫賤人’爲一類。隸書‘匹’字或作‘疋’，與‘正’相似而誤。”孫據正。殆竭家室。孫云：“《莊子·養生主》釋文引向秀云：‘殆，疲困也。’”存乎諸侯死者，“存”字從畢校增。虚府庫，“庫”舊譌“車”，在府上。俞云：“‘車’乃‘庫’字之誤，今從曹本乙正。”然後金玉珠璣比乎身，“比”舊譌“北’，孫據《道藏》本、吴鈔本正。純一案：陸本、唐本並作“比”。俞云：“《漢書·王尊傳》師古注曰：‘比，周也。’比乎身，猶言周乎身。”綸組節約車馬藏乎壙，孫云：“《淮南子·齊俗訓》云：‘古者非不能竭國麇民，虚有殫財，含珠鱗施，綸組節束，追送死也’，許注云：‘綸，絮也。束，縛也。’案：節約與《淮南書》‘節束’義同。”又必多爲屋幕、孫云：“吴鈔本作‘幄幙’。案：屋，《非攻中篇》亦作‘幄’，‘幄’俗字，古止作‘屋’。《詩·大雅·抑》‘尚不愧於屋漏’，鄭箋云：‘屋，小帳也。’幙，俗‘幕’字。”鼎敦、“敦”舊作“鼓”，從王本改。几梃，畢云：

"'梃'同'筳'。孫云:"'梃',《道藏》本、吴鈔本並作'挺',从手,誤。"壺濫、孫云:"《吕氏春秋·節喪篇》有云'壺濫',盧文弨云:''壺濫',蓋器名。《慎勢篇》作'壺鑑',云:'功名著乎盤盂,銘篆著乎壺鑑。'"梁履繩云:"《周禮》'春始治鑑',《集韻》'鑑'或從水。"戈劍、羽旄、齒革,孫云:"《吕氏春秋·節喪篇》云:'國彌大,家彌富,葬彌厚。含珠鱗施,夫玩好貨寶,鐘鼎壺鑑,轝馬衣被戈劍,不可勝數,諸養生之具,無不從者。'"寢而埋之,謂舉金玉珠璣等物盡葬埋之。滿意。"滿"、"意"二字,語意不完。以意審校"滿意"上當增"而後"二字。送死若徙,舊作"若送從"。孫云:"此當從《公孟篇》作'送死若徙'。《荀子·禮論篇》云'具生器以適墓,象徙道也',此挩'死'字,'送'字誤箸'若'字之下,'徙'又誤'從',遂不可通。"純一案:孫説是也,今據補訂。曰:"天子諸侯殺殉,畢云:"古只爲'侚'。孫云:"'天子'下當有'諸侯'二字。"純一今據補。《詩·黄鳥》孔疏曰:"文六年《左傳》云:'秦伯任好卒,以子車氏之三子奄息仲行鍼虎爲殉,皆秦之良也,國人哀之,爲之賦《黄鳥》。'"衆者數百,寡者數十。將軍大夫殺殉,孫云:"將軍大夫即卿大夫,詳《尚同中篇》。衆者數十,寡者數人。"《孟子·梁惠王篇》:"仲尼曰:始作俑者,其無後乎?爲其象人而用之也。"孫奭疏引《埤倉》云:"木人送葬,設關而能踊跳,故名之曰俑。"夫俑且不可,況殺殉乎。處喪之法將柰何哉?曰:"哭泣不秩,畢云:"言聲無次第。"孫云:"《爾雅·釋詁》云:'秩,常也。'《儀禮·士喪記》云:'哭晝夜無時',《雜記下》云:'中路嬰兒失其母焉,何常聲之有'。"聲翕,"翕"舊作"翁"。王樹枏云:"'翁'當爲'翕',形之誤。"純一案:王校是也,今據正。"翕"者言哭泣不秩,聲如喑也。曹本改"翁"作"翕"。縗絰,畢云:"《説文》云:'縗服,長六寸,博四寸,直心。''絰,喪首戴也。'鄭君注《儀禮》云:'麻在首,在要,皆曰絰。'"垂涕,處倚廬,寢苫枕凷。"孫云:"《禮·喪服傳》及《士喪禮記》云'居倚廬,寢苫枕塊',鄭注云:'倚木爲廬,在中門外,東方北户。苫,編稾。塊,堛也。'《釋文》:'塊,本又作凷。'案:凷本字,'塊'或體。"又相率强不食而爲飢,孫云:"《閒傳》云:'斬衰,三日不食;齊衰,二日不食;大功,三不食;小功,緦麻,再不食。'"薄衣而爲寒,《繹史》引"薄"作"不"。使面目陷陬,盧云:"當爲'𤸰'。《玉篇》有𤸰字,先外切,云'瘦病也'。"孫云:"《莊子·天地篇》云'卑陬失色',《釋文》:'李云:卑陬,愧懼貌。一云顔色不自得也。'此'陬'疑亦與'陬'同,皆形容阻喪之貌。"顔色黧黑,孫云:"'黧',黎之俗,詳《兼愛中篇》。"王本改作"黎"。耳目不聰明,手足不勁强,不可用也。粗言之,妨害生理;精言之,乖違禮意。

又曰："上士之操喪也，尹云："操，持也。"必扶而能起，杖而能行，孫云："《喪服四制》云'百官備，百物具，不言而事行者，扶而起，言而后事行者，杖而起'，鄭注云：'扶而起，謂天子、諸侯也；杖而起，謂大夫、士也。'"以此共三年。"若法若言，行若道，王引之云："'若'，猶此也。"使王公大人行此，則必不能蚤朝晏退，聽獄治政。舊脱"晏退"二字，從俞校補。"聽獄治政"四字從孫校補。使士大夫行此，則必不能治五官六府舊脱"使士大夫行此，則必不能治"十一字。孫云："此當作'使士大夫行此，則必不能治五官六府'，蓋上'王公大人'，指天子、諸侯言，此治'五官六府，辟草木，實倉廩'，指卿大夫言也。《非樂上篇》云：'王公大人，蚤朝晏退，聽獄治政，此其分事也。士君子内治官府，外收斂關市、山林、澤梁之利，以實倉廩府庫，此其分事也。'此與彼正同。今本'五官'上有挩文，遂以'五官六府'以下，並爲王公大人之事，非也。又案：五官者，殷周侯國之制也。《史記·周本紀》云'古公作五官有司'，《大戴禮記·千乘篇》云'千乘之國列其五官'，《曾子問》'諸侯適天子，乃命國家五官而後行'，鄭注云：'五官，五大夫典事者。'《管子·大匡篇》云'乃令五官行事'，《商子·君臣篇》云'地廣民衆，故分五官而守之'，《曲禮下》'天子之五官，曰司徒、司馬、司空、司士、司寇、典司五衆。天子之六府，曰司土、司木、司水、司草、司器、司貨，典司六職。'鄭注云：'此亦殷時制也。府，主藏六物之税者。'《周禮·太宰》説邦國官制云'設其參，傅其伍'，鄭注云：'伍，謂大夫五人。'《檀弓》孔疏引崔靈恩説，謂小宰、小司徒、小司馬、小司寇、小司空是也。蓋諸侯雖止三卿，然亦備五官，但其二官無卿耳。戰國時，諸侯蓋猶沿其制。至《淮南子·天文訓》云"何謂五官？東方爲田，南方爲司馬，西方爲理，北方爲司空，中央爲都'，《春秋繁露·五行相生篇》云'司馬者，火也；司營者，土也；司徒者，金也；司寇者，水也；司農者，木也'，《左昭二十九年傳》云'五行之官，是謂五官。木正曰句芒，火正曰祝融，金正曰蓐收，水正曰玄冥，土正曰后土'，此並古五官之别制，與周侯國五官之名不甚合也。六府，古籍無明文。《曲禮》六府，鄭君以爲殷制，則非周法。《左傳》文七年、《大戴禮記·四代篇》，並以水、火、金、木、土、穀爲六府，亦非官府。《漢書·食貨志》説太公爲周立九府圜法，顔注謂即《周官》大府、玉府、内府、外府、泉府、天府、職内、職金、職幣等官。若然，天子有九府，六府或亦諸侯制與？"純一今據孫説補十一字。辟草木，畢云："'辟'同'闢'。草即艸字假音。"實倉廩。使農夫行此，則必不能蚤出夜入，畢云："'夜'，一本作'晚'。"耕稼樹藝。孫云："《説文·丮部》云：'埶，種也。''藝'，即'埶'之俗。"使百工行此，則必不能修舟車爲器皿矣。使婦人行此，孫云："'婦'，吴鈔本作'媍'。"則必不能夙興夜寐，紡績織紝。畢云："'紝'、'絍'二字皆通。綑布縿，舊本"綑"作"細"，"布縿"二字脱。劉云："'細'乃'綑'訛，以本書證之，下脱'布縿'二字。《非樂上篇》云'婦人夙興夜寐，紡績織紝，多治麻絲葛緒、細布縿'，'細'亦'綑'訛，與此正同，畢校已改。又《非命下篇》云'婦人之所以夙興夜寐，强乎紡績織紝，多治麻統葛緒、捆布縿，而不敢怠倦者'，'捆'亦同'綑'，觀彼文'綑布縿'以上，均有'紡績織紝'之文，與此相合，故知'細'當作'綑'，下有'布縿'二字也。《管子·山至數篇》云'民不得以織爲縿綃而貍之於地'，旨與文略同，彼以織爲縿綃，又此文當作'綑布縿'之證也。"純一案：劉校是也，今據以補正。計厚葬爲多埋賜財者也，賜古"貨"字，原訛"賦之"二字，從曹本删改。計久喪爲久禁從事者也。廢時曠業，妨礙生計。財以成者，畢云："'以'同'已'。"挾而埋之，"挾"舊譌"扶"，從王引之校改。後得生者，而久禁之，畢云："言厚葬則埋已成之財，久喪則禁後生之財。"純一案：言既耗母財，又不能新生財，大背節用之旨。以此求富，此譬猶禁耕而求穫也，富之説無可得焉。是故求以富國家，畢云："舊'求以'二字倒，據後文改。"純一案："國"字舊脱，後文"今唯無以厚葬久丧者爲政，國家必貧"，又"是故求以富國家，甚得貧焉"，今據補。而既已不可矣。言厚葬久喪，不能富貧。

欲以衆人民，意者可邪？其説又不可矣。今唯無以厚葬久喪者爲政，孫云："唯舊本作'惟'，今據吴鈔本改，下文亦作'唯'，'唯無'、'唯毋'義同，吴鈔本'喪'下無'者'字。"君死，喪之三年；父母死，喪之三年；孫云："《喪服經》'爲父斬衰三年，父卒，爲母齊衰三年'，《説苑·修文篇》'齊宣王謂田過曰：吾聞儒者，喪親三年，喪君三年'，則戰國時非儒者，蓋不盡持三年服也。"妻與後子死，孔廣森云："後子者，爲父後之子即長子也。"喪之三年，四字舊脱，據《非儒篇》"妻後子三年"校補。畢云："《左傳》曰'王一歲而有三年之喪二'，《周禮》如此。"孫云："《喪服經》：'父爲長子斬衰三年，夫爲妻齊衰期。'畢據《左昭十五年傳》證此文，是也。彼叔向語，指景王有穆后、太子壽之喪，而云'有三年之喪二'，是妻亦有三年之義。"五者，二字舊倒，從王校乙。皆喪之三年，然後伯父叔父兄弟孽子其，畢云："'其'同'期'。"孫云："《公孟篇》正作'期'。《非儒篇》作'其'，與此同。《喪服經》：'爲世父母、叔父母、昆弟衆子，並齊衰期。'《説文·子部》云：'孽，庶子也。''孽子'即衆子，對前'後子'爲冢嫡也。"戚族人五月，"戚"字舊脱。王云："'族人'當爲'戚族人'，謂族人之近者也，《非儒篇》正作'戚族人五月'。見《儀禮·

喪服》。今本脱‘戚’字，則義不可通。《公孟篇》‘戚族人五月’，今本亦脱‘戚’字。”純一今據補。孫云：“《喪服經》‘爲從祖祖父母，從祖父母報，後祖昆弟並小功五月。’”姑姊甥舅，皆有數月，二字舊倒。王云：“‘月數’當爲‘數月’，《公孟篇》正作‘姑姊舅甥，皆有數月之喪’。亦見《喪服》，今據乙。”孫云：“《喪服》：‘爲姑姊妹在室期，適人，大功九月，甥舅相爲緦麻三月。’”則毁瘠必有制矣。使面目陷陬，顔色黧黑，耳目不聰明，手足不勁强，不可用也。又曰：“上士之操喪也，“之”字據上文增。必扶而能起，杖而能行，以此共三年。”若法若言，行若道，苟其飢約又若此矣。是故百姓冬不仞寒，畢云：“‘仞’，忍字假音。”夏不仞暑，作疾病死者，不可勝計也。此其爲敗男女之交多矣，以此求衆，譬猶使人負劍而求其壽也。孫云：“‘負’伏‘通’。《左傳》襄三年‘魏絳將伏劍’，孔疏云：‘謂仰劍刃，身伏其上而取死。’”衆之説無可得焉。是故求以衆人民，而既以不可矣。畢云：“‘以’同‘已’。”純一案：言厚葬久喪，不能衆寡。

欲以治刑政，意者可乎？其説又不可矣。今唯無以厚葬久喪者爲政，“唯無”語詞，後同。孫云：“‘唯’舊本作‘惟’，今從吴鈔本改。”國家必貧，人民必寡，刑政必亂。若法若言，行若道，使爲上者行此，則不能聽治；使爲下者行此，則不能從事。上不聽治，刑政必亂；下不從事，畢云：“‘不’下舊有‘行’字，衍文。”衣食之財必不足。若苟不足，爲人弟者求其兄而不得，不弟，弟必將怨其兄矣；爲人子者求其親而不得，不孝，子必且怨其親矣；“且”舊譌“是”，從孫校據下文改，曹本同。爲人臣者求之君而不得，不忠，臣必且亂其上矣。是以僻淫邪行之民，孫云：“‘僻淫’，吴鈔本作‘淫辟’。”出則無衣也，入則無食也，内續奚吾，俞云：“四字不可解，疑當爲‘内積奚后’，皆字之誤也。‘奚后’，即‘謑詬’之叚音。《説文·言部》：‘謑，恥也。’重文謨，曰：‘謑或從奊。’又曰：‘詬，謑詬，恥也。’重文訽，曰：‘詬或從句。’《荀子·非十二子篇》作‘謑訽’，是其本字。《漢書·賈誼傳》作‘奊詬’，‘奊’即‘謨’之省。《墨子》作‘奚后’，‘奚’即‘謑’之省，‘后’即‘詬’之省。古文以聲爲主，故省不從‘言’耳。内積謑詬者，内積恥辱也。蓋出則無衣，入則無食，不勝其恥辱，故並爲淫暴而不可勝禁也。”並爲淫暴而不可勝禁也，是故盜賊衆而治者寡。夫衆盜賊而寡治者，王云：“‘夫’字承上文而言，舊本‘夫’譌作‘先’，今改正。”以此求治，譬猶使人三睘而毋負己也，王引之云："'睘'與'還'同，還讀周還、折還之還，謂轉折也。使人三轉其身於己前，則或轉而向己，或轉而背己，皆勢所必然。如此，而欲使其毋背己，不可得也。故曰'以此求治，譬猶使人三睘而毋負己也'，亦言求治之必不可得也。'負'亦'背'也，'負'與'背'古同聲而字亦相通。《史記·主父偃傳》'南面負扆'，《漢書》'負'作'背'。《漢書·高紀》'項羽背約'，《史記》'背'作'負'。"孫云："《莊子·説劍篇》説趙文王宰人上食，王三環之，《釋文》云：'環，繞也。'睘、環義同。"治之説無可得焉。是故求以治刑政，而既已不可矣。言厚葬久喪不能治亂。

欲以禁止大國之攻小國也，意者可邪？曹云："春秋時有不伐喪之説，故墨子及之。"其説又不可矣。是故昔者聖王既没，天下失義，諸侯力征。孫云："《國語·吴語》云'以力征一二兄弟之國'，《大戴禮記·用兵篇》云'諸侯力政，不朝於天子'，盧注云：'言以威力侵争。'案：征、正、政通。《天志上篇》作'力政'，下篇及《明鬼下篇》並作'力正'。"南有楚越之王，而北有齊晉之君，此皆砥礪其卒伍，畢云："'礪'當爲'厲'。"以攻伐并兼爲政於天下。是故凡大國之所以不攻小國者，積委多，孫云："《説文·禾部》云：'積，聚也。'《周禮·大司徒》鄭注云：'少曰委，多曰積。'《左傳》僖三十三年杜注曰：'積，芻米禾薪。'"城郭修，孫云："吴鈔本作'脩'。"上下調和，是故大國不耆攻之。畢云："'之'舊作'者'，據後文改。"孫云："《漢書·景帝紀》顔注云：'者讀曰嗜。'"無積委，城郭不修，上下不調和，是故大國耆攻之。畢云："'耆'舊作'者'，據上文改。"今唯無以厚葬久喪者爲政，孫云："'唯無'舊本作'惟毋'，今據吴鈔本改。"國家必貧，人民必寡，刑政必亂。若苟貧，是無以爲積委也；若苟寡，是修城郭溝渠者寡也；"修"字舊脱。王云："'城郭溝渠'上當有'修'字，而今本脱之，則義不可通。此'修'字正承上文'城郭修城郭不修'而言，蘇校同。"今并從曹本補。若苟亂，是出戰不克，入守不固。據上文審校，"出戰"上當有"必"字，"不固"下當有"也"字。以此求禁止大國之攻小國也，"以"字舊脱，據上文補。而既已不可矣。言貧寡亂，不能止大國之攻。

欲以干上帝鬼神之福，尹曰："'干'，求也。"意者可邪？其説又不可矣。今唯無以厚葬久喪者爲政，孫云："'唯'舊本作'惟'，今據吴鈔本改。國家必貧，人民必寡，刑政必亂。若苟貧，是粢盛酒醴不浄潔也；若苟寡，是事上帝鬼神者寡也；若苟亂，是祭祀不時度也。今又禁止事上帝鬼神，爲政若此，上帝鬼神殆將從上撫之曰："殆將"舊作"始得"，從曹本改。"我有是人也，與無是人也，孰愈?"曰："我有是人也，與無是人也，無擇也。"則惟上帝鬼神，孫云："'惟'，吴鈔本作'唯'。"王云："惟與雖同。"降之罪厲之禍罰而棄之，王云："之禍罰，之猶與也，謂罪厲與禍罰也。之字古或訓爲與。"純一案："禍"上"之"字衍，當從曹本删。則豈不亦乃其所哉！王云："乃其所，猶言固其宜。言以不事上帝鬼神而獲禍，固其宜也。襄二十一年《左傳》曰'若上之所爲，有民亦爲之，乃其所也'，是其證。文二年《傳》'吾以勇求右，無勇而黜，亦其所也'，哀十六年《傳》'克則爲卿，不克則享，固其所也'。"曹云："'乃其所'，言應得也。"純一案：言貧寡亂，更干鬼神之罰。

故古者聖人舊作"古聖王"。畢云："《後漢書・趙咨傳》注引作'古者聖人'。"孫云："《北堂書鈔・禮儀部十三》引亦同。"純一案：《太平御覽》五百五十五、《初學記・禮部下》引並作"古者聖人"，今並據改。制爲葬埋之法，孫云："《宋書・禮志》引《尸子》：'禹治水，爲喪法'，《墨子》所述，或即夏法與?"曰："桐棺三寸，舊脱"桐"字。畢云："《初學記》引作'桐'，餘書亦多作'曰'。"孫云："'棺'上當有'桐'字。《左傳》哀二年云'桐棺三寸，不設屬辟，下卿之罰也'，《釋文》云：'棺用難朽之木，桐木易壞，不堪爲棺，故以爲罰。墨子尚儉，有桐棺三寸。'《荀子・禮論篇》説刑餘罪人之喪，棺厚三寸，衣衾三領。《吕氏春秋・高義篇》云楚子囊死，爲之桐棺三寸，是皆示罰之法。墨子制爲恒典，則太儉矣。《檀弓》云'夫子制於中都，四寸之棺，五寸之椁'，鄭注云：'爲民作制。'《荀子》楊注引《墨子》曰'桐棺三寸，葛以爲緘'，蓋兼用下文。《孟子・公孫丑篇》云：'古者棺椁無度，中古棺七寸，椁稱之，自天子達於庶人。'並與此異。"純一今依孫校並據《初學記》十四及下文補"桐"字。足以朽體；衣衾三領，足以覆惡。謂惡臭。及其葬也，"及"上舊衍"以"字，從曹本删。下毋及泉，上毋通臭，尹云："'臭'，説文作殠，腐氣也。"壟若參耕之畝，孫云："'參耕之畝'，謂三耦耕之畝也。《考工記・匠人》'爲溝洫，耜廣五寸，二耜爲耦，一耦之伐，廣尺深尺謂之甽'，鄭注云：'古者耜一金，兩人併發之，其壟中曰甽，甽土曰伐。今之耜岐頭兩金，象古之耦也。'《説文・耒部》云：'耕廣五寸爲伐，二伐爲耦。'與《考工》説同。若然，一耦之甽，其廣一尺，則三耦之甽，其廣三尺也。"則止矣。"死者既以葬矣，"以"同"已"。生者必無久哭，王云："'久哭'當爲'久喪'。喪字從哭，亾聲。《墨子》原文蓋本作'喪'，見《玉篇》、《廣韻》，而傳寫脱去'亾'字耳。《節用篇》曰，‘死者既葬，生者毋久喪用哀’，是其證。‘久喪’二字，見於本篇及它篇皆多矣，若作‘久哭’，則語不該備。”而疾而從事，人爲其所能，以交相利也。“疾”下“而”字衍，當删。言務急於生利以利羣。此聖王之法也。今執厚葬久喪者之言曰：厚葬久喪，雖使不可以富、貧衆寡、定危治亂，然此聖王之道也。畢云：“‘之’，舊作‘也以’二字，據後文改。”子墨子曰：不然。昔者堯北教乎八狄，畢云：“《北堂書鈔》引作‘北狄’。”孫云：“畢據《書鈔》九十二引校，然《書鈔》二十五又引，仍作‘八狄’。《爾雅·釋地》有‘八狄’。《詩·小雅·蓼蕭》孔疏引李巡本《爾雅》云，‘五狄在北方’，《周禮·職方氏》又云‘六狄’。《禮記·王制》孔疏引李巡云：‘五狄：一曰月支，二曰穢貊，三曰匈奴，四曰單于，五曰白屋。’《藝文類聚》十一引《帝王世紀》‘舜攝政二十八年，堯與方回遊陽城而崩’。”純一案：《書鈔》九十四引作‘八狄’。孫云：“二十五，誤。”劉云：“《初學記》一四、《御覽》五百五十五、《路史》陶唐注，並引作‘八狄’，則八狄非訛。”道死，葬蛩山之陰。畢云：“‘蛩’，《初學記》引作‘鞏’，一本亦作‘鞏’。《北堂書鈔》、《後漢書注》、《太平御覽》，俱引作‘邛’。《吕氏春秋·安死》云‘堯葬於穀林’，高誘曰：‘堯葬成陽，此云穀林，成陽山下有穀林。’”劉云：“《路史》注引作‘邛邛之山’。”孫云：“《後漢書·趙咨傳》注作‘堯葬邛之山’。《水經·瓠子河》注引《帝王世紀》云‘《墨子》：堯北教八狄，道死，葬鞏山之陰’，《山海經》曰‘堯葬狄山之陽，一名崇山’，二説各殊，以爲成陽近是堯冢也。《史記·五帝本紀》集解云：“《皇覽》曰：堯冢在濟陰成陽。劉向曰：堯葬濟陰，丘壠皆小。《吕氏春秋》曰：堯葬穀林。皇甫謐曰：穀林即城陽。正義云：‘《括地志》云：堯陵在濮州，雷澤縣西三里。’郭緣生《述征記》云：‘城陽東有堯冢，亦曰堯陵，有碑。’是也。”衣衾三領，《御覽》五百五十五，引作‘衣衾二領’，《書鈔》九十四引同此。穀木之棺，畢云：“‘穀’字从木。”孫云：“《説文·木部》云：‘穀，楮也。’《毛詩·小雅·鶴鳴》傳云：‘穀，惡木也。’禮，天子棺用梓杝，此用穀，尚儉。”葛以緘之，孫云：“《釋名·釋喪制》云：‘棺束曰緘。緘，函也。古者棺不釘也。’《喪大紀》云‘凡封用綍去碑負引，君封以衡，大夫士以咸’，鄭注云：‘咸讀爲緘。凡柩車及壙説載除飾而屬紼於柩之緘。今齊人謂棺束爲緘繩。’又《檀弓》云：‘棺束縮二衡三。’案：禮，棺束用皮，此用葛，亦尚儉也。《漢書·楊王孫傳》云：‘昔堯之葬也，窾木爲匵，葛藟爲緘，其穿下不亂泉，上不泄殠。’”既氾而後哭。畢云：“‘氾’當爲‘犯’，‘窆’字之假音也。”俞云：“窆者，葬下棺也。”滿埳無封。畢云：“古無‘埳’字，當爲‘坎’。《北堂書鈔》、《後漢書注》、《太平御覽》，俱引作

‘坎’。《玉篇》云：‘埳，苦感切，亦與坎同。’”俞云：“《禮記·王制篇》‘不封不樹’，鄭注曰：‘封，謂聚土爲墳。’無封，言不爲墳也。《檀弓》曰：‘古也墓而不墳。’”已葬，而牛馬乘之，身非己有，是天地之委形，況已屬槁骨，豈可妄認爲己自私葬地，禁止牛馬遊行乎。舜西教乎七戎，畢云：“《北堂書鈔》、《太平御覽》引，俱作‘犬戎’。”純一案：鮑刻《御覽》五百五十五引作“舜西教七戎”，《路史》陶唐注作“舜西教八戎”。劉云：“《後漢書·王符傳》注引作‘舜西教於西戎’，與《書鈔》所引‘北狄’句，當係同本。”孫云：“《爾雅·釋地》有‘七戎’，《詩·蓼蕭》孔疏引李本《爾雅》云‘六戎在西方’，《周禮·職方氏》又云‘五戎’，《王制》孔疏引李注云：‘六戎：一曰僥夷，二曰戎夷，三曰老白，四曰耆羌，五曰鼻息，六曰天剛。’”道死，葬南己之市，孫云：“《書鈔》九十二，同此。《御覽》八十一，引《帝王世紀》云：‘舜南征，崩於鳴條，年百歲，殯以瓦棺，葬於蒼梧九疑山之陽，是爲零陵，謂之紀市，在今營道縣。’《孟子·離婁篇》云：‘舜卒於鳴條。’《史記·五帝本紀》：‘舜踐帝位三十九年，南巡狩，崩於蒼梧之野，葬於江南九疑，是爲零陵。’集解：‘《皇覽》曰：舜冢在零陵營浦縣。’”畢云：“《後漢書注》引作‘舜葬紀市’。”尹云：“舜葬在長沙零陵界中，九疑山在今湖南甯遠縣南六十里，《御覽》引《尸子》作‘葬南己之中’。”純一案：《路史》注作“道死南紀之市”。王云：“‘南己’，《後漢書·王符傳》注引作‘南巴’，‘巴’即‘己’之誤。《北堂書鈔》及《初學記·禮部下》，引《墨子》並作‘南己’。《後漢書·趙咨傳》注及《太平御覽》，并引作‘南紀’。《吕氏春秋·安死篇》‘舜葬於紀市’，即所謂南紀之市。《墨子》稱舜所葬地，本不與諸書同，不必牽合舜葬九疑之文，致與上文‘西教乎七戎’不合也。”衣衾三領，穀木之棺，畢云：“《後漢書注》引‘穀’作‘款’，非。”葛以緘之。已葬，而市人乘之。畢云：“《吕氏春秋·安死篇》云：‘舜葬於紀市，不變其肆。’”孫云：“《淮南子·齊俗訓》云：‘昔舜葬蒼梧，市不變其肆。’”禹東教乎九夷，孫云：“‘九夷’，詳《非攻中篇》。”畢云：“《太平御覽》五百五十五引作‘教於越’者，以意改之。”王云：“鈔本《北堂書鈔》及《初學記》引此，并作‘於越’，非作《御覽》者以意改也。今本作‘九夷’者，後人因上文‘七戎’、‘八狄’而改之，不知此説堯舜禹所至之地，初非以七戎、八狄、九夷爲次序也。據下文云‘葬會稽之山’，會稽正在越地，則當以作‘於越’者爲是。”純一案：《路史》注作“於越”。道死，葬會稽之山。《書鈔》九十二《葬篇》引“葬”下有“干”字。《淮南子·齊俗訓》云：“禹葬會稽之山，農不易其畝。”孫云：“《稽瑞》引《墨子》云‘禹葬會稽，鳥爲之耘’，疑此佚文。《史記·夏本紀》云：‘或云禹會諸侯計功而崩，因葬焉，命曰會稽。會稽者，會計也。’集解云：‘《皇覽》曰：禹冢在山陰縣會稽山上。會稽山本名苗山，在縣南去縣七里。《越傳》云：禹到大越，上苗山，大會計，爵有德，封有功，因而更名苗山曰會稽。因病，死葬，葦棺，穿壙深七尺，上無瀉泄，下無邸水，壇高三尺，土階三等，周方一畝。’正義：‘《括地志》云：禹陵在越州會稽縣南十三里。’案：《越傳》即《越絶書》，今本《越絶·記地傳》文，與裴駰所引略同。”衣衾三領，畢云：“《史記》集解引‘衾’作‘裘’，非。”孫云：“《周禮·職方氏》賈疏引亦作‘裘’，與《夏本紀》集解同。《七患篇》云‘死又厚爲棺槨，多爲衣裘’，則葬有用裘者。”桐棺三寸，畢云：“《後漢書注》引《尸子》云：‘禹之葬法，死於陵者葬於陵，死於澤者葬於澤，桐棺三寸，制喪三日。’”孫云：“《宋書·禮志》引《尸子》云：‘禹治水爲喪法曰：使死於陵者葬於陵，死於澤者葬於澤，桐棺三寸，制喪三月。’《越絶書·記地外傳》、《吴越春秋·越王無餘外傳》，並云‘禹葬會稽，葦椁桐棺’。”葛以緘之，孫云：“‘緘’當作‘繃’。《説文·系部》云：‘繃，束也’，引《墨子》曰，‘禹葬會稽，桐棺三寸，葛以繃之’，即此文。《藝文類聚》十一、《御鑒》三十七，引《帝王世紀》，亦云‘禹葬會稽，葛以繃之’。段玉裁云：‘繃，今《墨子》此句三見，皆作“緘”。古蒸、侵二部，音轉最近也。”畢云：“《太平御覽》八十二引‘緘’作‘繃’，注云‘補庚切’，則此‘緘’字俗改。”劉云：“《廣韻·十三耕》引作‘葛以繃’，與《説文》合。”絞之不合，道之不埳，“道“舊作“通”。孫云：“《道藏》本、吴鈔本‘通’並作‘道’。”王樹枏云：“萬曆本作‘道’。”純一案：陸本、唐本同藏本，今並據改。“不埳”李選本作“石埳”。掘地之深，“掘”舊作“土”。王云：“‘土地’二字，文義不明，‘土地’當爲‘掘地’，寫者脱其右半耳。下文曰‘掘地之深，下無菹漏，氣無發泄於上’，《節用篇》曰‘掘穴深不通於泉’，皆其證。”今據改。下毋及泉，孫云：“‘毋’，吴鈔本作‘無’，下同。”純一案：《初學記》、《書鈔》九十二“毋“並作“不”，《御覽》八十二引“毋”亦作“不”，下同。上毋通臭。孫云：“《後漢書·趙咨傳》注引作‘皆下不及泉，上無遺臭’。《書鈔》‘無’作‘不’，餘并與李引同。”純一案：《初學記》“毋”作“無”。《御覽》五百五十五引作“上無通臯”。既葬，收餘壤其上，孫云：“《説文·土部》云：‘壤，柔土也。’《九章算術·商功篇》‘穿地四，爲壤五，爲堅三’，劉徽注云：‘壤謂息土，堅謂築土。’”畢云：“《太平御覽》引作‘收餘壤爲壟’。”壟若参耕之畝，孫云：“《藝文類聚》十一、《御覽》三十七引《帝王世紀》文略同，蓋即本此書。《吴越春秋·越王無余外傳》：‘禹命羣臣曰：吾百世之後，葬我會稽之山，葦椁桐棺，穿壙七尺，下無及泉，墳高三尺，土階三等。葬之後田無改畝。’即其事也。”畢云：“壟，《前漢書注》作

‘隴’。”則止矣。畢云：“‘則’舊作‘取’，據《前漢書注》改。”若以此若三聖王者觀之，孫云：“‘此若’，若亦即此也，詳《尚賢上篇》，後同。”則厚葬久喪，果非聖王之道。故三王者，皆貴爲天子，李選本“爲”作“於”。富有天下，豈憂財用之不足哉？以爲如此葬埋之法。畢云：“《太平御覽》引作‘以爲葬埋之法也’。”劉云：“《路史》注引作‘爲葬埋之法也’。”王云：“《北堂書鈔》、《初學記》亦如是，於義爲長。”純一案：以上舉證聖王節葬之法。

今王公大人之爲葬埋，則異於此。必大棺中棺，孫云：“《禮記·喪大記》云：‘君大棺八寸，屬六寸，椑四寸；上大夫大棺八寸，屬六寸；下大夫大棺六寸，屬四寸；士棺六寸。’鄭注云：‘大棺，棺之在表者也。《檀弓》曰：天子之棺四重，水兕革棺被之，其厚三寸。杝棺一，梓棺二，四者皆周。此以内説而出也。然則大棺及屬用梓，椑用杝，以是差之。上公革棺不被，三重也。諸侯無革棺，再重也。大夫無椑，一重也。士無屬，不重也。庶人之棺四寸。’案：此云‘大棺中棺’，即大棺與屬。下云‘革闠三操’，疑即所謂‘水兕革棺被之’也。”革闠三操，“革闠”猶言“革棺”。“闠”，《集韻》音“匱”，義同。《説文》：“匱，匣也，从匚貴聲。”《六書故》：“今通以藏器之大者爲匱，次爲匣，小爲匵。”孫云：“‘操’疑當爲‘褋’，《淮南子·詮言訓》高注云：‘褋，帀也。’‘褋’、‘操’形近而誤。”璧玉既具，“既”舊譌“即”。王云：“‘即’字文義不順，‘即’當爲‘既’，言璧玉既具，而戈劍等物又皆具也。”純一今據正，曹本同。戈劍鼎鼓壺濫，“濫”同“鑑”，“鼓”疑“敦”之譌，詳前。文繡素練大鞅萬領，孫云：“《説文·革部》云：‘鞅，頸靼也。’《釋名·釋車》云：‘鞅，嬰也。喉下稱嬰，言綴絡之也。’案：鞅爲馬鞁具之一，無大小之分，此‘大’字疑誤。又不當云‘萬領’，所未詳也。”劉云：“《周書·器服解》有“焚纓一給”之文，此文之鞅，即彼之纓，疑‘大’乃‘樊’之壞字，彼文作‘焚’，亦‘樊’叚也。”輿馬女樂皆具，尹云：“‘具’，備也。”曰必捶垛差通，壟雖凡山陵。孫云：“吴鈔本無‘必’字。‘捶垛’疑當讀爲‘捶除’。《内則》鄭注云：‘捶，擣之也。’《説文·手部》云：‘擣，一曰築也。’則‘捶’亦有堅築之義。垛、除，聲義亦通，謂除道也。‘差通’，疑當作‘羨道’。《周禮·冢人》鄭注云：‘隧，羨道也。’《九章算術·商功篇》云‘今有羨除’，劉注云：‘羨除，隧道也。其所穿地上平下邪。’《史記·衛世家》‘共伯入釐侯羨自殺’，索隱云：‘羨，墓道也。’竊疑此當讀‘必捶垛羨道’爲句，即《九章》所謂‘羨除’也。‘壟雖凡山陵’爲句，大意蓋謂丘壟之高如山陵耳。然‘雖凡’二字必誤，無以正之，今姑從舊讀。”純一案：孫説是也。“必捶垛差通”當作“必捶除羨道”，皆字形之誤。雖疑爲讙之音叚，或形誤。《廣韻》六脂謂以佳切，就也。《廣雅・釋詁》三訓同，《説文・京部》云："就，高也，从京从尤。京，人所爲絶高丘也；尤，尤異於凡也。""凡"疑爲"如"之殘譌。此爲輟民之事，靡民之財，"輟"，增韻歇也。"靡"，《越語下》"靡王躬身"，韋注"損"也。不可勝計也，其爲毋用若此矣。"毋"同"無"。斷言今之葬埋，異乎聖王。

是故子墨子曰：鄉者畢云："'鄉'，曏省文。"吾本言曰，陸本"吾本"二字倒。意亦使法其言，畢云："舊脱'法'字，一本有。"用其謀，句。計厚葬久喪，請可以富貧衆寡、定危治亂乎？"請"，畢本改作"誠"，注，舊作"請"，一本如此。曹本從之。王云："古者請與誠通，不煩改字。"則仁也義也，孝子之事也，爲人謀者不可不勸也；意亦使法其言，用其謀，若人厚葬久喪，實不可以富貧衆寡定危治亂乎？則非仁也非義也，非孝子之事也，爲人謀者不可不沮也。是故求以富國家，甚得貧焉；欲以衆人民，甚得寡焉；欲以治刑政，甚得亂焉。求以禁止大國之攻小國也，而既已不可矣；欲以干上帝鬼神之福，又得禍焉。上稽之堯舜禹湯文武之道，而政逆之，孫云："'政'、'正'通。"下稽之桀紂幽厲之事，猶合節也。若以此觀之，"之"字舊脱，據上下文補。則厚葬久喪，其非聖王之道也。総結前文厚葬久喪，非聖王之道。

今執厚葬久喪者言曰：厚葬久喪，果非聖王之道，夫胡説中國之君子，爲而不已，畢云："猶言何説。"操而不擇哉？畢云："擇同釋。"孫云："釋，舍也。"純一案：李選本"擇"作"釋"，下同。"釋"與上句義複，非。"義"，分别也。"衛"，選也。子墨子曰：此所謂便其習而義其俗者也。孫云："'習'，吴鈔本作'事'，下同。義當讀爲宜。"昔者越之東有輆沐之國者，畢云："'輆'，舊作'軫'，不成字，據《太平廣記》引作'輆'，音善愛反，今改。"盧云："《列子・湯問篇》作'輒才'，《新論》作'軫沐'。"顧云："世德堂《列子》作'木'，影宋本作'沐'。"孫云："《意林》引《列子》及《道藏》本《劉子・風俗篇》，並作'輒沐'。《博物志》五引作'駭沐'。《集韻・十九代》云：'輆沐，國名，在越東。'是北宋本實作'輆沐'，《魯問篇》以食子爲啖人國俗，與此復不同。"其長子生，則解而食之。盧云："'解'，《魯問》作'鮮'，與《列子・湯問》同。"孫云："'解'、'鮮'、'析'義並同。《新論》作'其長子生，則解肉而食其母'。"純一案：《意林》引《列子》作"越東有輒沐國，生長子則食之”。謂之“宜弟”，其大父死，負其大母而棄之，孫云：“《博物志》引作‘父死則負其母而棄之’，《新論·風俗》作‘其人父死，即負其母而棄之’，案：此不必定爲大父母，疑張、劉所引近是。”尹云：“‘大父’，王父，謂祖也。‘大母’，王母，謂祖母。”曰“鬼妻《博物志》，“曰”作“言”。《意林》引《列子》，作“則負其大母棄之，謂之鬼妻”。不可與居處。”《博物志》作“不可與同居”，《列子》作“不可以同居處”。此上以爲政下以爲俗，爲而不已，操而不擇。則此豈實仁義之道哉？此所謂便其習而義其俗者也。楚之南有啖人國者，“啖”舊作“炎”。顧云：“季本作‘啖’。”孫云：“《魯問篇》亦作‘啖人’，《新論》同，《道藏》本《列子釋文》作‘啖人’，云：‘談去聲’。”純一今據改。其親戚死，孫云：“‘親戚’，謂父母也，詳《兼愛下篇》。”朽其肉而棄之，畢云：“《列子》‘朽’作‘殇’，同。《太平廣記》引作‘刳’。”純一案：《博物志》作“朽”。孫云：“《御覽》七百九十引《博物志》亦作‘刳’，《列子釋文》云：‘殇，本咼，音寡，剔肉也。’”尹云：“‘朽’，腐也。”然後埋其骨，乃成爲孝子。《博物志》作“乃爲孝子也”。秦之西有儀渠之國者，畢云：“‘渠’，舊作‘秉’，據《列子》及《太平廣記》改。《史記》正義：‘《括地志》云：寧、原、慶三州，秦北地郡，戰國及春秋時，爲義渠戎國之地。’今甘肅貴陽府也，在陝西之西。”孫云：“《博物志》引作‘義渠’，《新論》同。《周書·王會篇》云‘義渠以茲白’，孔晁注云：‘義渠，西戎國。’《後漢書·西羌傳》云：‘涇北有義渠之戎。’”俞云：“《史記·秦本紀》‘厲共王三十三年，伐義渠，虜其王’，即此國也。”其親戚死，聚柴薪而焚之，劉云：“‘薪’字疑衍，《劉子新論·風俗篇》作‘則聚柴而焚’，是其證。”純一案：《博物志》五作“聚”，柴積而焚之，與《列子》同。燻上謂之登遐，畢云：“燻熏所俗寫。《太平廣記》引作‘熏其煙上，謂之登煙霞’。”孫云：“《列子》亦作‘燻則煙上，謂之登遐’，《新論》作‘煙上燻天，謂之昇霞’，《博物志》作‘動之即煙上，謂之登遐’。登遐者，《禮記·曲禮下》‘天子崩，告喪曰：天王登假’，鄭注云：‘登，上也。假，已也。上已者，若僊去云耳。’《釋文》：‘假音遐。’”然後成爲孝子。《博物志》作“然後爲孝”。孫云：“‘成爲’吴鈔本作‘謂之’。”此上以爲政，下以爲俗，畢云：“《太平廣記》引有云：‘而未足爲非也。’”孫云：“《博物志》引有‘中國未足爲非也’七字，《列子》作‘而未足爲異也’。”純一案：《宋國》、《博物志》作“東國”，或孫所見本異。爲而不已，操而不擇。則此豈實仁義之道哉？此所謂便其習而義其俗者也。若以此若三國者觀之，則亦猶薄矣。若以中國之君子觀之，舊本脱“以”字，王據上文補。則亦猶厚矣。王云：“《爾雅》：‘猶，已也。’言亦已薄，亦已厚也。”如彼則大厚，如此則大薄，然則葬埋之有節矣。尹云：“‘有節’，則不厚亦不薄。”純一案：言節葬爲無過不及之道。

故衣食者，人之生利也，然且猶尚有節；“尚”字疑衍。葬埋者，孫云：“吴鈔本無‘者’字。”人之死利也，夫何獨無節於此乎。王闓運云：“‘於此乎’，言於是也。”子墨子制爲葬埋之法，本堯、舜、禹三聖王之薄葬，以救時弊。曰：棺三寸，足以朽骨；衣三領，足以朽肉；《意林》引作“三領之衣，足以朽肉；三寸之棺，足以朽骸”。孫云：“《韓非子・顯學篇》云：‘墨者之葬也，冬日冬服，夏日夏服，桐棺三寸，服喪三月。’”掘地之深，下無菹漏，孫云：“‘菹’與‘沮’通，《廣雅・釋詁》云：‘沮，溼也。’”純一案：《意林》作“深則通於泉”，“通”上脱“不”字。氣無發洩於上，壟足以期其所則止矣。畢云：“言期會。”純一案：《廣韻・七之》：“期，信也。”言有壟足以徵信其所在則止。哭往哭來，反從事乎衣食之財，《晏子春秋・諫下》廿一章：“死即畢斂，不以害生事；棺槨衣衾，不以害生養；哭泣處哀，不以害生道。”蓋墨氏宗風也。佴乎祭祀，畢云：“《説文》：‘佴，佽也。’”純一案：《廣雅・釋詁》：“佽，代也。”言從事衣食之財，利羣以代祭祀，斯真孝親之達道，下文故曰“子墨子之法，不失死生之利者此也”，義甚顯明。蓋墨家視祭祀，未若兼愛交利之重也。王景羲云：“《墨子》‘佴’、‘佽’，詁訓相代。‘佽’者，《説文》一曰‘遞’也。‘佴’者，《釋詁》云‘貳也’。《詩・杕杜傳》又云：‘佽，助也。’此言取衣食之餘財，以貳助祭祀也。”以致孝於親。孫云：“‘於’，吴鈔本作‘乎’。”故曰：子墨子之法，不失死生之利者此也。言厚葬久喪，無益於死者，徒有害於生者。以此增益死者之惑業，更有害於死者，故惟“節葬”不失死生之利。以上言“節葬”利羣爲孝。

故子墨子言曰：今天下之士君子，中請將欲爲仁義，“請”舊作“謂”。王云：“‘謂’即‘請’之譌，‘請’與‘誠’通。”顧説同，孫據正。求爲上士，上欲中聖王之道，下欲中國家百姓之利，故當若節喪之爲政，而不可不察此者也。“此者”二字舊倒，孫依王校乙。

墨家節葬，蓋以形爲桎梏，死則縛解，是必朽物，宜即忘之。《莊子・養生主》云：“適來，夫子時也；適去，夫子順也。安時而處順，哀樂不能入也，古者謂是帝之縣解。”是其祕要。《論衡・案書篇》謂墨家於其神厚而於體薄也。誠然，至以厚薄不相勝，則戲論耳，仲任識力，固未足與此。《大取篇》云：“聖人之法死忘親，爲天下也。”墨子救世之勇，其在釋迦、耶穌之班乎。

曹云：“《節葬》一篇，蓋墨子救時之論也。莊子之譏墨子曰：‘其生也勤，其死也薄，其道大觳。’而儒者尤以薄喪爲詬病，見於孟子之語夷之。吾攷墨子所以譏世者二端：一曰厚葬，一曰久喪。二者當分而論之，厚葬之説，起於春秋戰國之間，至秦漢而靡財與力不可勝計，乃至總計天下財賦，三分取一，以供陵寢。楊王孫贏葬以矯時，班史爲之立傳，則當日士大夫之以厚葬爲俗，亦可知矣。若攷之於古，則豈特二帝三王之盛，未嘗有厚葬之事哉？仲尼之門人欲厚葬顔回，而夫子以爲不可，孔子之葬，封之若斧，一日而三斬板，則是厚葬之説，儒者亦未嘗以爲然也。自晉及唐，其風漸以衰微，雖王公大人上至天子之葬，不能及秦漢之費，而士大夫乃復頗以受弔致客爲榮，又用浮屠法供佛飯僧以爲孝，則所以勞力而耗財者，不在於此而在於彼矣。郭璞《葬書》實萌芽相墓之説，宋儒從而助其瀾，葬師之書滋益多，至今日而人人著信，閩皖江楚之地尤酷嗜其説，舉世知醉如狂，以祖考之枯骨，爲子孫富貴之媒，而塋墓之獄訟，無處無之，無歲無之，有司苦其繁而不勝理，此其爲風俗人心之害，又不止勞力靡財而已。至於服喪之年月久近，商以前之制，殆不可考。《儀禮・喪服》則成周之所定也，宰我欲短喪，而孔子以爲不仁，於是三年之喪，遂若日月在天，终古莫之敢易，漢孝文帝遺詔，已葬三十六日釋服，殆爲臣庶言之，非欲爲子者減其親之服也。緣是而天子不復行三年喪，夷考其時，士大夫之居喪，皆有其實而不徒務其文，雖魏晉之閒，風尚曠達，而凡縱情越禮者，猶見譏於時。墨子之爲喪也，近以三日，久以三月，其爲時也極少，而觀其書中《節用》、《非樂》諸篇所陳，則墨家者流，其平日所以自奉養其耳、目、口、體者，蓋無以甚殘於居喪之時，則雖以三月爲期，謂之終身之憂可也。今日士大夫之爲喪，則徒有其文而無其實，妾御未嘗偶離於室，膏粱未嘗暫輟於口，衣冠之色稍異，而輕煖未嘗有變，仕者解任，秀者輟考，著爲功令，而奪情起復，匿喪應試者，踵相接也。由斯以觀，則墨子所譏厚葬、久喪二端，至今日而皆爲已陳芻狗，不足置辯。即如致弔客作佛事，雖云靡費，猶有涯量，不足以爲利害之所存。然則居今日而欲救時弊者，惟以屏黜葬師之説，爲當務之急，而士大夫之善處喪者，既不廢三年期功之文，則於其身之所以自奉養，必取情文相稱，以求其心之所能安。庶乎於仲尼、墨翟之意，爲兩得之，而於古聖王之法，亦不相悖爾。”

劉云：“《墨子・節葬下篇》之旨，自孟子斥之於前，荀卿斥之於後，士大夫偶有道及者，則衆斥爲異端。予謂此特由於未觀《墨子》耳。夫墨子節葬之旨有二：一曰費無用之財，二曰損生人之性。前之一説，原於節用者也，故主於儉；後之一説，原於兼愛者也，故主於仁。蓋墨氏之旨，以爲人所以生財，而生財則所以富民，今喪葬不節，則人之因服喪而廢有用之日者多矣，有用之日廢，則生財之數愈乏矣。況厚葬則厚於送死，而薄於養生，耗財之用愈多，而生財之數必寡，生財之數寡，盜竊所由興也，盜竊之與，刑罰所由立也。墨子以厚葬、久喪爲國家貧、人民寡、刑政亂之祖，殆謂此夫。至於損生人之性者，則以人以有用之身，不當因哀而致毀，與《禮記》所言不勝喪乃比於不慈不孝，同出一轍。謂之與儒家異則可，謂之爲儒家罪人則不可，蓋儒家之説，所以發人不忍之心，而墨家之説，則亦由不忍人之心而推之者也。但所引堯、舜、夏禹之説，則不過引前説以爲己説之證耳，似未可據之爲實。蓋節喪、節葬，乃墨子所特創之説也（見《國粹學報》十一期《叢談讀書隨筆》）。

墨子集解卷七

漢陽張純一仲如

天志上第二十六

畢云："《玉篇》云：'志，意也。'《説文》無'志'字。鄭君注《周禮》云：'志，古文識。'則識與志同。又篇中多或作'之'，疑古文'志'亦只作'之'也。"孫云："《春秋繁露·楚莊王篇》云'事君者儀志，事父者承意，事天不然'，此天志之義也。"王闓運云："意同《法儀篇》，亦弟子所綴。"尹云："專制之時，君權特重，墨論之有《法儀》，藉天以誓淫威之主耳，與孔子之言天，固同一苦衷也。門弟子重申其旨，綴爲《天志》，其□問可謂盡致矣。今茲政體共和，監督在於民意，無須君天，是亦神權變爲人權之見端也已。"純一案：天者，一大積氣耳。古人以其在顛，故名爲天，蓋一真性體之代名，兼之本也。志者，一真性體之神用，愛之本也，天志即大公至正之真理。故墨家一切政教宗之，欲人順奉天志，兼愛天下以爲壽也。《老子》曰"天之道利而不害"，又曰"天之道不争而善勝，不言而善應，繟然而善谋"，"天網恢恢，疏而不漏"，義可互明。

子墨子言曰：今天下之士君子，知小而不知大。何以知之？以其處家者知之。若處家得罪於家長，猶有鄰家所避逃之。王云："'所'，猶可也，言有鄰家可避逃也，下文同。"純一案："逃"，陸本均作"迯"，俗字。然且親戚、兄弟、所知識孫云："'親戚'，即父母也。下篇云：'父以戒子，兄以戒弟。'"共相儆戒，畢云："'共'，舊作'其'，一本如此，下同。"皆曰："不可不戒矣，不可不慎矣，惡有處家而得罪於家長而可爲也！""也"，讀若"邪"。□□云："今《民律·親屬編》，有家長統攝家政，以一家中最尊長者爲之。"非獨處家者爲然，雖處國亦然。處國得罪於國君，猶有鄰國所避逃之。然且親戚、弟兄、所知識共相儆戒，皆曰："不可不戒矣，不可不慎矣，誰亦有處國得罪於國，君而可爲也！"此有所避逃之者也，相儆戒猶若此其厚。"厚"，重也。況無所避逃之者，相儆戒豈不愈厚，然後可哉。且語有之曰："語"下舊衍"言"字，從俞校刪。"焉而晏日，焉而得罪，"日"舊本"曰"，畢以意改。俞云："'焉而'字疊出，文義難通，疑上'焉而'字爲衍文。《墨子》本作'且語有之曰：晏日焉而得罪，將惡避逃之。'晏者，清也，明也。《説文·日部》'晏，天清也'，《小爾雅·廣言》'晏，明也'，《文選·羽獵賦》'於是天清日晏'，並其證也。此謂人苟於昏暮得罪，猶有可以避逃之處。若晏日，則人所共覩，無所逃避矣。下文曰：'夫天不可爲林谷幽門無人，明必見之。'然則《墨子》正以晏日之不可避逃，起下文'明必見之'之意，晏之當訓明無疑矣。"孫云："俞説'晏日'之義是也。此當以'焉而晏日，焉而得罪'八字爲句，上焉與於同義，'焉而'猶言於而，言於此晴晏之日，焉而得罪也。俞以上'焉而'二字爲衍文，則尚未得其義。"純一案俞説是也。將惡所避逃之？"舊脱"所"字，今校增。曰：無所避逃之。"所"，處也，與上文"所"字異義。夫天不可爲林谷幽閒無人，"閒"舊作"門"。王云："'門'當爲'閒'，閒讀若閑。言天監甚明，雖林谷幽閒無人之處，天必見之也。《賈子·耳痺篇》曰：'故天之誅伐，不可爲廣虛幽閒、攸遠無人，雖重襲石中而居，其必知之乎！'《淮南·覽冥篇》曰：'上天之誅也，雖在壙虛幽閒，遼遠隱匿，重襲石室，界障險阻，其無所逃之亦明矣。'義皆本於《墨子》。則'幽門'爲'幽閒'之誤明矣。《明鬼篇》'雖有深谿博林、幽澗毋人之所'，'幽澗'亦'幽閒'之誤。"孫云："王校是也，但讀閒爲閑，尚未得其義。'閒'當讀爲閒隙之'閒'。《荀子·王制篇》云'無幽閒隱僻之國，莫不趨使而安樂之'，楊注云：'幽，深也。閒，隔也。'"純一案：王、孫説是也，今據正。墨氏之天，徧一切處，即兼之實體，具足神用，能使天下人於不睹不聞中，共相儆戒，以從事於義，可謂善巧方便。明必見之。然而天下之士君子之於天也，舊脱"士"字及"之於"二字，王據上下文補"士"字，又以意補"之於"二字，孫從之。忽然不知以相儆戒，忽視天道，不知欽崇，各侈自營，以爲羣害，天下有不大亂者哉。此我所以知天下之士君子"之"字舊脱，據上文增。知小而不知大也。

然則天亦何欲何惡？天欲義而惡不義。天之象似在外，其妙用實顯於人心而非外。《書·泰誓中篇》曰："天視自我民視，天聽自我民聽，足見天心即人心之表現。"《孟子·公孫丑篇》曰："得道者多助，失道者寡助，皆人心之天爲用也。"然則率天下之百姓，以從事於義，則我乃爲天之所欲也。我爲天之所欲，天亦爲我所欲。天人不二，感應道交。《書·蔡仲之命》曰："皇天無親，惟德是輔。"然則我何欲何惡？舊本無"我"字，畢云："一本'則'下有我字。"王據增。我欲福禄而惡禍祟。契理來福禄，反常來禍祟。若我不爲天之所欲，而爲天之所不欲，舊本脱此十五字，王據中篇補。自然之道不可違，違之是自作孽。然則我率天下之百姓，以從事於禍祟中也。尹云："言必從事於福禄，也同邪。"純一案：乖戾之感糅於人心，則羣道息而災患生。然則何以知天之欲義而惡不義？孫云："吴鈔本無'以'字。"純一案：陸本、唐本同，並非。曰：天下有義則生，《書·君奭》"天壽平格"，孔傳："天無私壽，惟至平通格於天者則壽之。"《老子》曰："夫唯無以生爲者，是賢於貴生。"無義則死；《書·泰誓》："下荒怠弗敬，自絶於天。"有義則富，凡事心存利人，則人皆樂與相接，而大利自至矣。無義則貧；《大取篇》云："義，利；不義，害。"言義則利人亦自利，不義則害人亦自害。《孟子·公孫丑篇》云："失道者寡助，寡助之至親戚畔之，失道至此生機絶矣。"《御覽》四百八十五"貧"下引此二句。有義則治，無義則亂。《非命上篇》曰："在於桀紂則天下亂，在於湯武則天下治，蓋有義無義之辨也。"然則天欲其生而惡其死，《書·高宗肜日》云："非天夭民，民中絶命。"欲其富而惡其貧，《論語·顏淵篇》："子夏曰：死生有命，富貴在天。"故墨子非命。欲其治而惡其亂，《孟子·滕文公篇》曰"天下之生久矣，一治一亂"，不符天行之健，誤矣。墨子深知真當之妙理，本來有治無亂，凡亂，皆人自亂之。故曰：天欲其治而惡其亂。此我所以知天欲義而惡不義也。畢云："'我'舊作'義'，以意改。"顧云："季本'我'。"王樹枏云："萬曆本正作'我'。"

且夫義者政也。"且"上舊衍"曰"字，從曹本删。王云："'政'與'正'同，下篇皆作'正'。"孫云："《意林》引下篇'正'皆作'政'，二字互通。'義者，正也'，言義者所以正治人也。"無從下之政上，必從上之政下。是故庶人竭力從事，未得次己而爲政，畢云："'次'，'恣'字省文，下同。一本作'恣'，俗改。"孫云："《意林》引下篇'次'並作'恣'。《節用上篇》云'聖王既没，于民次也'，'恣'亦作'次'，可證。"有士政之；士竭力從事，未得次己而爲政，有將軍大夫政之；孫云："'將軍大夫'，即卿大夫也，詳《尚同中篇》。"將軍大夫竭力從事，未得次己而爲政，有三公諸侯政之；三公諸侯竭力聽治，未得次己而爲政，有天子政之；天子未得次己而爲政，有天政之。"天"者非他，一真性體之總相，具足無量功德，常以美利利天下而無言者也。人必大公至正，廓然無我，始有少分相應也。尹云："據此則墨之言天，爲監督最高機關，非迷信也。"天子爲政於三公、諸侯、將軍大夫、"將軍大夫"四字舊脱，從陶校依上文補。士、庶人，天下之士君子，固明知之；“之”字舊脱，從俞孫校補。天之爲政於天子，天下之百姓，未得明知也。“百姓”上“之”字，舊在“未得”下，今移。

故昔三代聖王禹湯文武，欲以天之爲政於天子，明説天下之百姓，“説”，《廣韻·十七薛》：“告也。”故莫不犓牛羊，豢犬彘，潔爲粢盛酒醴，畢云：“‘爲粢’二字舊脱，據後文增。”以祭祀上帝鬼神，而祈福於天。“祈”上舊衍“求”字，今校删。我未嘗聞天之祈福於天子也，舊作“我未嘗聞天下之所求祈福於天子者也”。顧云：“據中下二篇，‘下’字衍。”蘇校同。戴云：“案：中篇云：‘吾未知天之祈福於天子也。’則此文衍‘下’字，及‘所求’二字，及‘者’字。”純一今據删。我所以知天之爲政於天子者也。“者”字疑衍。故天子者，天下之窮貴也，天下之窮富也。戴云：“窮，極也，此二字，轉相訓。”故欲富且貴者，“欲”舊譌“於”，孫云：“吴鈔本作‘欲’。”王樹枏云：“萬曆本作‘欲’是。”純一案：陸本、唐本並作“欲”，《御覽》七十七引同，今正。當天意而不可不順。順天意者，兼相愛，交相利，必得賞。反天意者，别相惡，交相賊，必得罰。順天者昌，逆天者亡。然則是誰順天意而得賞者？“是”字疑衍。誰反天意而得罰者？子墨子言曰：昔三代之聖王禹湯文武，“之”字舊脱，據下文增。此順天意而得賞者也。“者”字舊脱，《繹史》引有畢校同，今據補。昔三代之暴王桀紂幽厲，此反天意而得罰者也。然則禹湯文武其得賞何以也？子墨子言曰：其事上尊天，中事鬼神，下愛人。故天意曰：“此之我所愛兼而愛之，王闓運云：“‘之’，於。”我所利兼而利之。愛人者此爲博焉，“博”，廣也，普也。利人者此爲厚焉。”故使貴爲天子，富有天下，業延萬世，舊無“延”字，從王本增。子孫傳稱其善，孫云：“‘業’，謂子孫纂業也。《左昭元年傳》‘臺駘能業其官’，杜注釋爲‘纂業’。”方施天下，畢云：“‘方’猶‘旁’，孫云：“‘方’、‘旁’古通。《臯陶謨》‘方施象刑惟明’，《新序·節士篇》‘方’作‘旁’。《説文·丄部》云：‘旁，溥也。’方施，言施溥徧於天下也。”至今稱之，謂之聖王。然則桀紂幽厲其得罰何以也？“其得”舊倒，依孫校據上文乙。子墨子言曰：其事上詬天，中誣鬼神，舊作“中詬鬼”，畢云：“據上當有‘神’字。”孫云：“《道藏》本、吴鈔本並作‘中誣鬼’。《大戴禮記·本命篇》云誣鬼神者罪及二世’，則作‘誣’義亦通。”王樹枏云：“萬曆本‘詬’作‘誣’，‘誣’即‘侮’之音借字。”純一案：陸本、唐本並作“誣”。《繹史》引作“中誣鬼神”，今依增訂，與上文一律。下賊人。

"賊"舊譌"賤"，孫依王校正，説詳《尚賢中篇》。王樹枏校及曹本王本並同。故天意曰："此之我所愛别而惡之，我所利交而賊之。惡人者此爲之博也，"博"陸本譌作"惡"。賊人者此爲之厚也。""賊"舊作"賤"，孫云："'賤'亦'賊'之誤。此並冢上文别相惡、交相賊而言。"純一案：《繹史》引作"賊人者"，陸本、唐本同，今並據正。故使不得終其壽，不殁其世，孫云："'殁'，吴鈔本作'没'。"純一案：黄影寫本"世"誤"壽"。至今毁之，謂之暴王。以上文可約爲二義：（一）以聖王得賞，暴王得罰，明證天之爲政於天子。（二）兼則天人共賞，别則天人共罰。

然則何以知天之愛天下之百姓？以其兼而明之。何以知其兼而明之？以其兼而有之。何以知其兼而有之？以其兼而食焉。何以知其兼而食焉？曰：孫本脱此字。四海之内，粒食之民，孫云："《大戴禮記·少閒篇》云：'粒食之民，昭然明視。'"莫不犓牛羊，豢犬彘，潔爲粢盛酒醴，以祭祀上帝鬼神。"祀"下舊衍"於"字，據上文删。天有邑人，畢云："'邑'舊作'色'，非，以意改。"尹云："天下無大小國皆天邑，人無幼長貴賤皆天臣。"何用弗愛也？尹云："言其必兼。"且吾言殺一不辜者，必有一不祥。殺不辜者誰也？則人也。予之不祥者誰也？則天也。若以天爲不愛天下之百姓，則何故以人與人相殺，而天予之不祥？此我所以知天之愛天下之百姓也。孫云："'此我'下，吴鈔本有'之'字。"

順天意者，義政也。反天意者，力政也。孫云："'力政'，下篇作'力正'，謂以力相制，義詳《節葬下篇》。"純一案：《文選·謝宣遠張子房詩》注："墨子曰：反天意者力政也。"然義政將柰何哉？畢云："舊脱'政'字，一本有。"子墨子言曰：處大國不攻小國，處大家不篡小家，强者不劫弱，貴者不傲賤，詐者不欺愚。舊作"多詐者"，孫云："中篇及《兼愛》中篇、下篇文並略同，皆無'多'字，此疑衍。"純一今據删，與上文一律。此必上利於天，中利於鬼，下利於人。三利無所不利，故舉天下美名加之，謂之聖王。力政者則與此異，言非此，畢云："'非'，猶'背'。"行反此，猶偝馳也。"偝"，畢本作"倖"，注，一本作"偝"，今從一本，曹本同。《繹史》引亦作"偝"。孫云："'倖'疑'僢'之誤。《玉篇·人部》云：'《淮南子》分流僢馳。僢，相背也，與舛同。'今《淮南子·説山訓》作'舛'。又《氾論訓》高注云：'舛，乖也。'偝與背同，見《坊記》、《投壺》及《荀子》，與僢義亦同。"王本作"僢"。處大國攻小國，處大家篡小家，强者劫弱，貴者傲賤，詐者欺愚。舊作“多詐欺愚”，今依上文校訂。此上不利於天，中不利於鬼，下不利於人。三不利無所利，故舉天下惡名加之，謂之暴王。

子墨子言曰：我有天志，譬若輪人之有規，匠人之有矩。輪匠執其規矩，以度天下之方圜，曰：“中者是也，不中者非也。”今天下之士君子之書不可勝載，言語不可盡計，“計”，《繹史》作“記”。上説諸侯，下説列士，其於仁義，則大相遠也。畢云：“‘相’，舊作‘其’，一本如此。”何以知之？曰：我得天下之明法以度之。明法，謂天志。

曹云：“《天志》之書，墨子所以自明其兼愛之説，深契乎天心也。天之心仁而已矣，則人之順天者，亦惟有兼愛而已。《禮記》曰：‘君子之道，本諸身，徵諸庶民。攷諸三王而不謬，建諸天地而不悖，質諸鬼神而無疑，百世以俟聖人而不惑。’墨子之有《天志》、《明鬼》二篇，所謂不悖不疑也。然則上攷三王，下俟百聖，亦何非由斯道者哉？”

天志中第二十七

子墨子言曰：今天下之君子欲爲仁義者，舊本“君子”下衍“之”字，今從吴鈔本删。則不可不察義之所從出。既曰不可以不察義之所從出，孫本“從”譌“欲”。然則義何從出？子墨子曰：義不從愚且賤者出，必自貴且知者出。“知”讀若“智”。尹云：“‘自’，從也。”何以知義之不從愚且賤者出，而必自貴且知“智”同。者出也？“也”讀若“邪”。曰：義者，善政也。何以知義之爲善政也？“邪”同。曰：天下有義則治，無義則亂，是以知義之爲善政也。王云：“舊本脱兩‘爲’字，下篇曰：‘何以知義之爲政也？天下有義則治，無義則亂，我以此知義之爲政也？’今據補。”夫愚且賤者，不得爲政乎貴且知者，貴且知者，四字舊脱，從畢校補。然後得爲政乎愚且賤者，此吾所以知義之不從愚且賤者出，而必自貴且知者出也。然則孰爲貴？孰爲知？曰：天爲貴、天爲知而已矣，然則義果自天出矣。今天下之人曰：當若天子之貴於諸侯，諸侯之貴於大夫，兩“於”字舊脱，從孫校補。碻明知之。“碻”舊作“傐”，畢云：“‘傐’當爲‘碻’，言確然可知。”今據改。然吾未知天之貴且知於天子也。子墨子曰：吾所以知天之貴且知於天子者有矣。曰：天子爲善，天能賞之；天子爲暴，天能罰之；天子有疾病禍祟，必齋戒沐浴，潔爲酒醴粢盛，以祭祀天鬼，則天能除去之。然吾未知天之祈福於天子也，此吾所以知天之貴且知於天子也，且吾所以知天之貴且知於天子者。不止此而已矣，“者”上十四字舊脱，今從曹本補。又以先王之書，馴天明不解之道也知之。畢云：“‘馴’與‘訓’同，言訓釋天之明道。”純一案：《荀子·非十二子篇》“閉約而無解”注：“解，說也。”不解，即不易知之義。“馴天明不解之道”，謂訓釋天之高明不易解說之道。曰：“明哲維天，畢云：“舊作‘大’，以意改。”臨君下土。”“土”，舊作“出”，王引之云：“‘下出’二字，義不可通，‘出’當爲‘土’。‘明哲維天，臨君下土’，猶《詩》言‘明明上天照臨下土’耳。隸書‘出’字，形與‘土’相似，故譌。”孫據正。則此語天之貴且知於天子。不知亦有貴且知于天者乎？“于”從吴鈔本，各本多作“夫”。曰：天爲貴、天爲知而已矣，然則義果自天出矣。是故子墨子曰：今天下之君子，中實將欲遵道利民，“遵”，陸本、唐本、古影寫本並作“尊”，曹本同。本察仁義之本，天之意不可不順也。“順”舊作“慎”，孫云：“‘慎’與‘順’同，上下文屬云‘順天意’，下同。”純一案：古“順”字作“慎”，形近而誤，今校改，下同，曹本同。

既以天之意以爲不可不順已，然則天之意將何欲何憎？“意”字舊脱，從畢校補，曹本同。子墨子曰：天之意不欲大國之攻小國也，大家之亂小家也，强之暴寡，詐之謀愚，貴之傲賤，此天之所不欲也。不止此而已，舊本脱“不”字，又“止”作“上”，王校補“不”字，畢校改“上”爲”止”，孫並據正。欲人之有力相營，王景羲云：“‘已’下當依上文補‘矣’字，‘欲’上當依下文補‘又’字，語意始完。孫云：“《文選·陸士衡贈從兄車騎詩》，李注引鍾會《老子注》云：‘經護爲營。’”純一案：《禮運》云：“力惡其不出於身也，不必爲己。”有道相教，《公孟篇》云：“今求善者寡，不强說人，人莫之知也。”故偏從人而說之。有財相分也。《魯問篇》云：“多財而不以分貧。”不詳也。又欲上之强聽治也，下之强從事也。上强聽治，則國家治矣；下强從事，則財用足矣。若國家治、財用足，則内有以潔爲酒醴粢盛，孫云：“‘潔’，吴鈔本作‘絜’。”以祭祀天鬼；外有以爲環璧珠玉，以聘撓四鄰，畢云：“‘撓’與‘交’同音。”曹本“撓”作“交”。諸侯之冤不興矣，蘇云：“‘冤’，當讀如‘怨’。”孫云：“《一切經音義》云：古文‘寃’、‘惌’二形，今作‘怨’。”同。邊境甲兵不作矣。化干戈爲玉帛。内有以食飢息勞，持養其萬民，孫云："《荀子·榮辱篇》楊注云：'持養，保養也。'義詳《非命下篇》。"則君臣上下惠忠，父子弟兄慈孝。故唯毋明乎順天之意，"唯"舊本作"惟"，孫據吴鈔本改。"毋"，語詞，詳《尚賢中篇》。奉而光施之天下，孫云："'光'與'廣'通。"王樹枏校同。純一案："光"字本義，較妙於"廣"。《兼愛下篇》"文王若將若月乍照，光于四方于西土"，可證。"光施之天下"，與《書·堯典》"光被四表"同義，"奉而光施之天下"，謂奉天之意普利天下，如日光無不被也。則刑政治，萬民和，國家富，財用足，百姓皆得煖衣飽食，便寧無憂。孫云："《廣雅·釋詁》云：'便，安也。'"是故子墨子曰：今天下之君子，中實將欲遵道利民，本察仁義之本，天下之意不可不順也。

且夫天之有天下也，"之"上舊衍"子"字，從戴校删。辟之無以異乎國君諸侯之有四境之内也。孫云："吴鈔本'辟'作'譬'。"畢云："辟同譬。"今國君諸侯之有四境之内也，夫豈欲其國臣萬民之相爲不利哉？"國臣"舊倒，俞云："'臣國'當爲'國臣'，正對國君而言。君曰國君，故臣曰國臣也，今倒作'臣國'，義不可通。"純一今據乙。今若處大國則攻小國，虞大家則亂小家，欲以此求賞譽據下文當有"於國君賞譽"五字。終不可得，誅罰必至矣。據下文句首當有"而"字。夫天之有天下也，將無已異此。畢云："'已'同'以'。"今若處大國則攻小國，畢云："舊脱'則'字，據下句增。"處大都則伐小都，孫云："吴鈔本二句並無'則'字。"欲以此求福禄於天，福禄終不得，據上文當作"終不可得"。而禍祟必至矣。然有所不爲天之所欲，王樹枏云："上'所'字衍。"而爲天之所不欲，則夫天亦且不爲人之所欲，而爲人之所不欲矣。人之所不欲者何也？曰：疾病禍祟也。畢云："舊脱'禍'字，據下文增。"若已不爲天之所欲，而爲天之所不欲，是率天下之萬民，以從事乎禍祟之中也。故古者聖王明知天鬼之所福，而辟天鬼之所憎，"辟"同"避"。以求興天下之利，而除天下之害。是以天之爲寒熱也節，四時調，陰陽雨露也時，五穀孰，孫云："《道藏》本、吴鈔本作'熟'，俗字。"六畜遂，疾菑戾疫凶饑則不至。孫云："'戾'、'厲'字通，詳《尚同中篇》。"純一案：《禮記·中庸》云："致中和，天地位焉，萬物育焉。"《文子·符言》云："人主不和，即天氣不下，地氣不上，陰陽不調，風雨不時，人民疾饑。"又《精誠纘義》云："天人一氣，隱顯相通，和氣致祥，沴氣致殃，未有不由人主者也。"是故子墨子曰：今天下之君子，中實將欲遵道利民，畢云："舊脱'道'字，一本有。"本察仁義之本，天之意不可不順也。"天"下"之"字舊脱，據上文增。

且夫天下蓋有不仁不祥者，曰：當若子之不事父，弟之不事兄，臣之不事君也。故天下之君子，與謂之不祥者。王引之云：'故猶則也。"畢云："與同舉。"今夫天兼天下而愛之，撽遂萬物以利之，俞云："'撽'疑本作'邀'，邀與交通。《莊子·庚桑楚篇》'夫至人者，相與交食乎地而交樂乎天'，《徐無鬼篇》作'吾與之邀樂於天，吾與之邀食於地'，是"交"、"邀"古通用也。"王樹枬云："'撽'或讀爲'邀'，與'交'通。'交遂萬物以利之'，即交相利之義。"劉云："'遂'，育也。"純一案：黄影寫本"物"作"民"，下同，並誤。此言天兼愛天下，故交遂萬物以利天下，乃天下人均當交利以報天之原理，合觀下文"若豪之末非天之所爲也，而民得而利之"，則可謂否矣，即佛教"無不從此法界流"之義，惟釋氏法身無内外，墨氏言天，與基督教之上帝同，未免著相於外，蓋本歷史舊貫之通病。若豪之末，畢云："'豪'本作'豪'，'毫'字正文。經典或从毛，非。"孫云："'豪'吴鈔本作'毫'，下同。"非天之所爲也，"爲"舊作"謂"，孫據吴鈔本正。純一案："也"讀爲"者"，《大取篇》"害之中取小也"，第二句"也"字，義與此同。而民得而利之，則可謂否矣。言萬物之中，設有豪末之物，非天之所爲而民得而利之者，則可謂無矣，蓋"否"字即"無"字之義，倒裝於句末也。然獨無報夫天，而不知其爲不仁不祥也，此吾所謂君子明細而不明大也。衆生顛倒，大都如是。且吾所以知天之愛民之厚者有矣，曰：以磿爲日月星辰，"以"字舊脱，孫據《道藏》本、吴鈔本補。案：陸本、唐本並有"以"字，"磿"舊譌"磨"。顧云："《顔氏家訓》、《世本》'容成造磿'，以磿爲'碓磨'之磨。"王云："'磨'當爲'磿'，'磿爲日月星辰'，猶《大戴記·五帝德篇》言'歷離日月星辰'也。"孫云："王校是也，詳《非攻下篇》。"純一今據正。以昭道之；孫云："《説文·日部》云：'昭，明也。'"制爲四時春秋冬夏，以紀綱之；賈降雪霜雨露，"賈"舊作"雷"，王云："雷降雪霜雨露'，義不可通，'雷'蓋'賈'字之誤，賈與隕同。《左氏春秋經》'莊七年，星隕如雨'，《公羊》'隕'作'賈'。《爾雅》：'隕、降，落也。'故曰：'賈降雪霜雨露。'"純一今據正，"雷"，曹本作"零"。以長遂五穀麻絲，使民得而財利之；以上言天時生物之利。列爲山川谿谷，播賦百事，畢云："播，布。"尹云："賦，敷也。"以臨司民之善否；畢云："司讀如伺，俗从人。"純一案："司"如字讀，亦通。爲王公侯伯，孫云："'侯伯'，舊作'諸伯'，吴鈔本作'侯伯'，《道藏》本作'諸侯'。審校文義，吴本較長，今據正。"純一案：陸本、唐本並作"侯伯"。使之賞賢而罰暴；畢云："'賢'舊作'焉'，一本如此。"顧云："《藏》本'賢'，季本同。"孫云："吴鈔本亦作'賢'。"純一案：陸本、唐本並作"賢"。賊金木鳥獸，《大戴記·千乘篇》云"飭五兵及木石曰賊"，《易·雜卦傳》"蠱則飭也"，韓康伯注："飭，整治也。"從事乎五穀麻絲，孫云："吴鈔本作'絲麻'。"以爲民衣食之財。以上言建國保育兆民之利。自古及今，未嘗不有此也。今有人於此，驩若愛其子，孫云："《一切經音義》引《三蒼》云：'驩，古歡字。'"竭力單務以利之。蘇云："'單'同'殫'。"其子長，而無求報于父，舊作"其子長而無報子求父"。蘇云："當云：'其子長而無報乎父。'"王樹枏云："'求'字當在'無'字下，'子'乃'于'字之譌。'其子長而無求報于父'，謂其子長而不知求報于其父也。'子求父'三字，義不可通。"純一案：王校是，今從之，曹本作"其子長而無報于其父"，王本同蘇校。故天下之君子，與謂之不仁不祥。畢云："'與'同'舉'，曹本作'舉'。"今夫天兼天下而愛之，撽遂萬物以利之，孫云："'以'，吴鈔本作'而'。"若豪之末，非天之所爲也，"也"字舊脱，從畢校據上文增。而民得而利之，則可謂否矣。然獨無報夫天，而不知其爲不仁不祥也，此吾所謂君子明細而不明大也。孫云："吴鈔本無'君子'二字。"

且吾所以知天愛民之厚者，不止此而足矣。曰：殺不辜者，天予不祥。殺不辜者誰也？"殺"字舊脱，從孫校補。曰：人也。予之不祥者誰也？曰：天也。若天不愛民之厚，夫胡説人殺不辜而天予之不祥哉？"夫"舊作"天"，王云："'天胡説'之'天'，當爲'夫'，此涉上下文'天'字而誤。'夫'，發聲也，言若天非愛民之厚，則人殺不辜而天予之不祥者，果何説哉？《節葬篇》曰：'厚葬久喪，果非聖王之道，夫胡説中國之君子爲而不已、操而不擇哉？'是其證。"孫從之，曹本同。此吾之所以知天之愛民之厚也。舊脱"之所"二字，孫據吴鈔本增。

且吾所以知天之愛民之厚者，孫云："吴鈔本'吾'下有'之'字，'天'下無'之'字。"不止此而已矣。曰：愛人利人，順天之意，得天之賞者有矣；孫本"矣"誤"之"。憎人賊人，畢云："二字舊脱，據下文增。"反天之意，得天之罰者亦有矣。夫愛人利人，順天之意，得天之賞者誰也？曰：若昔三代聖王，堯舜禹湯文武者是也。堯舜禹湯文武焉所從事？"焉"，何也。

曰：從事兼，不從事别。兼者，處大國不攻小國，處大家不亂小家，强不劫弱，衆不暴寡，詐不謀愚，貴不傲賤。觀其事，上利乎天，中利乎鬼，下利乎人。三利無所不利，是謂天德。聚斂天下之美名而加之焉，曰：此仁也義也，愛人利人，順天之意，得天之賞者也。不止此而已，又書其事於竹帛，“又”字及“其事”二字舊脱，從戴校據下文補。鏤之金石，琢之槃盂，孫云：“吴鈔本‘槃’作‘盤’，下同。”畢云：“《後漢書注》引‘槃’作‘盤’。”傳遺後世子孫。曰：將何以爲？將以識夫愛人利人，順天之意，得天之賞者也。尹云：“‘識’，誌也。”《皇矣》道之曰：“帝謂文王，予懷明德，不大聲以色，不長夏以革，不識不知，順帝之則。”孫云：“《詩·大雅》毛傳云：‘懷，歸也。不大聲見於色。革，更也，不以長大有所更。’鄭箋云：‘夏，諸夏也。天之言云，我歸人君有光明之德，而不虚廣言語以外作容貌，不長諸夏以變更王法者，其爲人不識古，不知今，順天之法而行之者。此言天之道，尚誠實，貴性自然。’案：《墨子》説《詩》，與鄭義同。”帝善其順法則也，故舉殷以賞之，使貴爲天子，富有天下，名譽至今不息。故夫愛人利人，順天之意，得天之賞者，既可得而知已。舊作“既可得留而已”，王云：“當作‘既可得而智已’，智即知也。墨子書‘知’字多作‘智’，見於《經説》、《耕柱》二篇者，不可枚舉。言順天之意得天之賞者，既可得而知已。舊作‘既可得留而已’者，‘智’誤爲‘留’，又誤在‘而’字上耳。”純一今據正。夫憎人賊人，孫云：“‘賊’，吴鈔本作‘疾’。”反天之意，得天之罰者誰也？曰：若昔者三代暴王桀紂幽厲者是也。桀紂幽厲焉所從事？曰：從事别，不從事兼。别者，處大國則攻小國，處大家則亂小家，强劫弱，衆暴寡，詐謀愚，“謀”，王本作“欺”。貴傲賤。觀其事，上不利乎天，中不利乎鬼，下不利乎人。三不利無所利，是謂天賊。聚斂天下之醜名而加之焉，曰：此非仁也非義也，憎人賊人，反天之意，得天之罰者也。不止此而已，又書其事於竹帛，鏤之金石，琢之槃盂，傳遺後世子孫。曰：將何以爲？將以識夫憎人賊人，反天之意，得天之罰者也。《大誓》之道之曰：疑衍一“之”字。孫云：“‘誓’，《道藏》本、吴鈔本並作‘明’。案：此文《非命》上中二篇，並作《大誓》，‘明’塙爲譌字。”欒云：“《道藏》本及唐堯臣本，‘誓’字均作‘明’。此蓋由畢校據《非命》上中兩篇引其文作《太誓》而改者，以《尚同》下引《泰誓》作《大誓》，故仍‘大’字舊文不改。”純一案：陸本亦作“大明”。“紂越厥夷居，孫云：“江聲云：‘夷居，倨僈也。’《説文·尸部》云：‘居，蹲也。’”不肯事上帝，棄厥先神祇不祀，孫云：“‘祇’，舊本譌‘祗’，今據《道藏》本正。”乃曰：吾有命無廖僔務，此文有脱譌，上句當從孔書作“吾有民有命”，與《非命》上篇、中篇合，下句當合《非命中篇》審校作“無勠其務”，無毋同，言紂自恃有民有天命，不勠力於政事，廖、僔並是誤字。“務”下舊衍“天下”二字。畢云：“‘即’下‘天亦’二字重文，今删。”天亦縱棄紂而不葆。”畢云：“孔書《泰誓》云：‘紂乃夷居，弗事上帝神祇，遺厥先宗廟不祀，乃曰吾有民有命，罔懲其侮。’”察天所以縱棄紂而不葆者，舊無“所”字，語意未足，今校增。反天之意也。故夫憎人賊人，孫云：“‘賊’，吴鈔本作‘疾’。”反天之意，得天之罰者，既可得而知也。“得”舊本誤“謂”，孫據吴鈔本正，王校亦改“得”。

是故子墨子之有天之，畢云：“一本作‘志’，疑俗改。”辟之無以異乎輪人之有規，“辟之”舊作“辟人”，孫云：“‘人’當作‘之’，上文云：‘辟之無以異乎國君諸侯之有四境之内也’，是其證。”純一今據改，“辟”讀“譬”。匠人之有矩也。今夫輪人操其規，將以量度天下之圜與不圜也。孫云：“‘量度’吴鈔本倒，下同。”曰：“中吾規者謂之圜，不中吾規者謂之不圜。”是以圜與不圜，皆可得而知也。此其故何？則圜法明也。匠人亦操其矩，將以量度天下之方與不方也，曰：“中吾矩者謂之方，不中吾矩者謂之不方。”是以方與不方，皆可得而知之。此其故何？則方法明也。故子墨子之有天之也，舊作“天之意也”，王云：“‘天之意’本作‘天之’，‘天之’即‘天志’，本篇之名也。‘子墨子之有天之’已見上文。古‘志’字通作‘之’，説見《號令篇》。後人不達，又見上下文皆云：‘順天之意’、‘反天之意’，故於‘天之’下加‘意’字耳。”純一今據删。上將以度天下之王公大人爲刑政也，據上下文審校，“度”上疑脱“量”字。孫云：“‘爲’上吴鈔本有‘之’字。”純一案：陸本、唐本並有“之”字。下將以量天下之萬民爲文學、出言談也。據上下文審校，“量”下疑脱“度”字。觀其意行，“意”字舊脱，據下文審校增。墨子言德操，分身口心，與釋氏同，意屬心，行屬身，言談屬口。順天之意，謂之善意行，反天之意，謂之不善意行；舊本譌“非”，孫從王校正。觀其言談，順天之意，謂之善言談，反天之意，謂之不善言談；觀其刑政，順天之意，謂之善刑政，反天之意，謂之不善刑政。故置此以爲法，立此以爲儀，將以量度天下之王公大人卿大夫之仁與不仁，譬之猶分黑白也。有天志分善惡，猶分黑白。善惡分明，天下之亂自無由生。《晏子春秋·問上》末章："景公問晏子曰：'爲政何患?'對曰：'患善惡之不分。'"左右善則百僚各得其宜而善惡分。是故子墨子曰：今天下之王公大人士君子，中實將欲遵道利民，本察仁義之本，天之意不可不順也。順天之意者，義之法也。

天志下第二十八

王闓運云："與上篇詞意全同，又多同《非攻中篇》。"純一案：後段文多同《非攻上篇》。

子墨子言曰：天下之所以亂者，其説將何哉？則是天下士君子，皆明於小而不明於大也。"也"字舊無，從曹本增。何以知其明於小不明於大也？以其不明於天之意也。何以知其不明於天之意也？以處人之家者知之。陶云："當云：'以人之處家者知之。'"今人處若家得罪，將猶有異家所以避逃之者矣。"矣"字依畢校據下文增。王引之云："'所以'，可以也。"然且父以戒子，兄以戒弟，曰："戒之慎之，處人之家者不可不戒慎也，舊作"處人之家不戒不慎之"，今據下文"處人之國者不可不戒慎也"，增訂。王本同，無"者"字。而有處人之國者乎?""而"猶"若"也，見《經傳釋詞》。陶云："以上篇證之，當云：'非獨處家者爲然，雖處國亦然。'"今人處若國得罪，將猶有異國所以避逃之者矣。然且父以戒子，兄以戒弟，曰："戒之慎之，處人之國者，不可不戒慎也！"今人皆處天下而事天，得罪於天，將無所以避逃之者矣。然而莫知以相極戒也，王引之云："'極'字義不可通，'極戒'當爲'儆戒'，字之誤也。上篇'相儆戒'三字凡五見。"俞云："'極戒'，即儆戒也。'極'通作'亟'，《荀子·賦篇》'出入甚極'，又曰'反覆甚極'，楊倞注並曰：'極讀爲亟。'是也。《廣雅·釋詁》：'亟，敬也。'亟爲敬，故亦爲儆矣。亟又與苟通，見《爾雅·釋詁篇》釋文。而敬字即從苟，是可知其義之通。《説文·心部》：'極，疾也。從心，亟聲。一曰謹重貌。'謹重之義，亦與儆相近。"曹本"極"作"儆"。吾以此知大物則不知者也。據上下文審校，此句疑當作"吾以此知天下之士君子，於小物則知之，於大物則不知也。"尹云："'物'，事也。"

是故子墨子言曰：戒之慎之，《禮記·中庸》曰：'君子戒慎乎其所不睹，恐懼乎其所不聞。'" 必爲天之所欲，而去天之所惡。曰：天之所欲者何也？所惡者何也？當有"曰"字作答。天欲義而惡其不義者也。何以知其然也？曰：義者正也。孫云："'正'猶言'正人'，詳上篇。"何以知義之爲正也？亦當有'曰'字。天下有義則治，無義則亂，我以此知義之爲正也。

然而正者，無自下正上者，必自上正下。是故庶人不得次已而爲正，孫云："《意林》引'次'並作'恣'，'正'並作'政'。案：'次'當依馬讀爲'恣'。"有士正之；士不得次已而爲正，有大夫正之；大夫不得次已而爲正，有諸侯正之；諸侯不得次已而爲正，有三公正之；三公不得次已而爲正，有天子正之；天子不得次已而爲正，有天正之。義正於上，歸極於天。今天下之士君子，皆明於天子之正天下也，而不明於天之正天子也。王云："舊本'不明於天下'脱'之'字，'正'下又脱'天子'二字，今補。"

是故古者聖人明以此説人曰："天子有善，天能賞之；天子有過，天能罰之。"天子賞罰不當，聽獄不中，此"中"字平聲、去聲兼讀，正也，當也。不中者，失於偏也，不得其情也。天下疾病禍祟，"祟"舊譌"福"，王云："'福'字義不可通，'禍福'當爲'禍祟'。下者，降也，言降之以疾病禍祟也。'疾病禍祟'見中篇。"純一今據正。霜露不時。天子必且犓豢其牛羊犬彘，絜爲粢盛酒醴，孫云："'絜'舊本作'潔'，今據吴鈔本改，下同。"以禱祠祈福於天。言天子有過，見罰於天，必祈禱之。尹云："'祈'，求也。"我未嘗聞天之禱祠祈福於天子也，"祠"字舊脱，從畢校補。吾以此知天之貴且知於天子也。"貴且知"，舊作"重且貴"。孫云："吴鈔本此作'是'，'重且貴'作'貴且重'，以此下文及中篇校之，'重且貴'當作'貴且知'。"純一從之。

是故義者，不自愚且賤者出，必自貴且知者出。曰：誰爲貴？誰爲知？曰：天爲貴，天爲知。舊脱"誰爲貴"三字、"曰天爲貴"四字，從曹本補。然則義果自天出也。今天下之士君子之欲爲義者，則不可不順天之意矣。

曰：順天之意何若？曰：兼愛天下之人。何以知兼愛天下之人也？以其兼而食之也。"其"字舊脱，據下文補。孫云："'食'謂享食其賦税物産。"何以知其兼而食之也？自古及今，無有遠靈孤夷之國，《莊子·則陽篇》："其所以爲靈公者何邪？"注："靈即是無道之謚也。"此靈當訓無道，"遠靈"與"孤夷"義對。

戴云："'遠靈'二字義不可通，'靈'疑當作'雱'。'雱'，《説文》以爲籀文'旁'字，'旁'與'方'通，今文《尚書》多借'旁'爲'方'。'遠雱'，言遠方也。"孫云："'靈'疑'虚'之誤，北魏孝文帝《祭比干文》，'虚'作'虗'，南唐《本業寺記》作'霊'，東魏武定二年《邑主造象頌》'靈'作'霊'，二形並相似。《耕柱篇》'謼靈'亦'墟虚'之誤，與此正同。"王樹枏云："'遠靈孤夷'，疑作'遠夷孤靈'，'靈'與'零'通。《吳仲山碑》'神零有知'，零即靈字。'遠夷孤零之國'，謂國之在遠夷孤零而無所依者。"皆犓豢其牛羊犬彘，絜爲粢盛酒醴，以敬祭祀上帝山川鬼神，以此知兼而食之也。苟兼而食焉，必兼而愛之。譬之若楚越之君，孫云："'譬'吴鈔本作'辟'。"今是楚王食於楚之四境之内，王引之云："'今是'與'今夫'義同。"故愛楚之人；孫云："《道藏》本、季本、吴鈔本並挩'楚之人'以下十字。"越王食於越之四境之内，五字舊脱。戴云："當據上文補'之四境之内'五字。《墨子》文不避重複，不得於此文獨省也。"純一今從之。故愛越之人。今天兼天下而食焉，我以此知其兼愛天下之人也。

且天之愛百姓也，不盡物而止矣。王云："'物'字義不可通，'物'當爲'此'。'此'字指上文而言。中篇曰'不止此而已矣'，又曰'不止此而已'，皆其證。"曹本作"不盡是物而止矣"。今天下之國，粒食之民，殺一不辜者，必有一不祥。王云："舊本'民'下衍'國'字，今删。'殺一'下脱'不辜者必有一'六字，今據上中二篇補。"曰：誰殺不辜？曰：人也。孰予之不祥？"祥"，舊譌"辜"。依孫校據上文正，曹本及王樹枏校並同。曰天也。若天之中同衷。實不愛此民也，何故而人有殺不辜，而天予之不祥哉？且天之愛百姓厚矣，天之愛百姓别矣，王闓運云："異於物也。"王引之云："别讀爲徧，言天徧愛百姓也。古或以'别'爲'徧'，《樂記》'其治辯者其禮具'，鄭注：'辯，徧也。'《史記・樂書》'辨'作'辯'，《集解》'一作别'，其證也。"曹本從王校改"别"作"徧"。既可得而知也。

何以知天之愛百姓也？吾以賢者之必賞善罰暴也。何以知賢者之必賞善罰暴也？吾以昔者三代之聖王知之。孫云："吴本'三代之聖王'，作'之三代聖王'。"故昔也三代之聖王堯舜禹湯文武之兼愛天下也，"愛"下舊衍"之"字，據吴鈔本及陸本、唐本删，與下文一律。從而利之，移其百姓之意，《禮記・大學》云："一家仁一國興仁，堯舜帥天下以仁，而民從之。"焉率以敬上帝山川鬼神。"焉"，乃也。天以爲從其所愛而愛之，從其所利而利之，於是加其賞焉，使之處上位，立爲天子，以法也，“以法也”三字，曹本作“是以天下之庶民，屬而譽之，業萬世子孫，以爲法也”。孫云：“以下文校之，此處脱文甚多。‘以法也’三字，乃其殘字之僅存者，今以此下文及《尚賢中篇》補之，疑當作‘以爲民父母，是以天下之庶民，屬而譽之，業萬世子孫繼嗣譽之者不之廢也’。”純一案：據下文審校，此文疑當作“是以天下之庶民，屬而譽之，萬世以爲法也”。名之曰“聖人”，以此知其賞善之證。畢云：“舊脱‘知’字，據下文增。”是故昔也三代之暴王桀紂幽厲之兼惡天下也，從而賊之，移其百姓之意，《禮記·大學》：“一人貪戾，一國作亂。”桀紂帥天下以暴，而民從之。焉率以詬侮上帝山川鬼神。天以爲不從其所愛而惡之，不從其所利而賊之，於是加其罰焉，使之父子離散，國家滅亡，抎失社稷，畢云：“《說文》云：‘抎，有所失也。’《玉篇》云：‘抎，于粉切。’”憂及其身。舊本“憂”下衍“以”字，從王樹枏校删。是以天下之庶民，屬而毁之，業萬世子孫繼嗣毁之，賁不之廢也，此文“業”字及“子孫繼嗣毁之賁”七字，並是衍文，當删。王樹枏云：“《周禮·州長》注云：‘屬，合也，聚也。’言天下之庶民，聚而毁之，世世不止也。”名之曰“暴王”，“暴”舊譌“失”，從蘇校正。以此知其罰暴之證。今天下之士君子欲爲義者，則不可不順天之意矣。

曰：順天之意者兼也，反天之意者别也。兼之爲道也，義正，别之爲道也，力正。孫云：“‘正’，上篇並作‘政’，字通。力正，義詳《明鬼下篇》。”曰：義正者何若？曰：大不攻小也，强不侮弱也，衆不賊寡也，詐不欺愚也，貴不傲賤也，富不驕貧也，壯不奪老也。是以天下之庶國，莫以水火毒藥兵刃以相害也。若事上利天，中利鬼，下利人，三利而無所不利，是謂天德。故凡從事此者，聖知也，仁義也，忠惠也，慈孝也，是故聚斂天下之善名而加之。是其故何也？則順天之意也。兼則物我一如，在在與天合德，爲利無窮。曰：力正者何若？曰：大則攻小也，强則侮弱也，衆則賊寡也，詐則欺愚也，貴則傲賤也，富則驕貧也，壯則奪老也。是以天下之庶國，方以水火毒藥兵刃以相賊害也。若事上不利天，中不利鬼，下不利人，三不利而無所利，是謂天賊。“天”舊譌“之”，俞云：“‘之’當作‘天’。‘是謂天賊’，與是‘謂天德’對文，中篇正作‘天賊’。”純一今據正。故凡從事此者，寇亂也，盜賊也，不仁不義，不忠不惠，不慈不孝也，舊脱“也”字，從王樹枏校補。是故聚斂天下之惡名而加之。是其故何也？則反天之意也。别則彼此相賊，在在背乎天道，爲害無窮。

故子墨子置立天之以爲儀法，畢云：“‘之’，一本作‘志’，疑俗改。考古‘志’字只作‘之’，《説文》無‘志’字。”若輪人之有規，匠人之有矩也。今輪人以規，匠人以矩，以此知方圜之别矣。王云：“舊本脱‘知’字，中篇曰：‘圜與不圜，方與不方，皆可得而知。’今據補。”是故子墨子置立天之以爲儀法，畢云：“‘之’當爲‘志’。”吾以此知天下之士君子之去義遠也。孫云：“《道藏》本、吴鈔本‘義’下有‘之’字。”純一案：陸本、唐本同，“之”字衍。何以知天下之士君子之去義遠也？孫云：“吴鈔本‘義’下有‘之’字。”今氏大國之君舊本作“今知氏”，俞云：“‘知’字蓋涉上文兩句並有‘知’字而衍。‘氏’，當讀爲‘是’。《禮記·曲禮篇》‘是職方’，鄭注曰：‘是或爲氏。’《儀禮·覲禮篇》‘大史是右’，注曰：‘古文是爲氏也。’《周官·射人》注引作‘大史氏右’。然則‘是’、‘氏’古通用，‘今氏’即‘今是’也，今是即今夫也。《禮記·三年問篇》‘今是大鳥獸’，《荀子·禮論篇》‘今是’作‘今夫’，《荀子·宥坐篇》‘今夫世之陵遲亦久矣’，《韓詩外傳》‘今夫’作‘今是’，並其證也。上文曰‘今是楚王食於楚之四境之内’，此云‘今氏大國之君’，文法正同。上文作‘是’，此文作‘氏’，則字之異耳。”純一今據删“知”字，曹本作“今之世大國之君”。寬者然曰：孫云：“疑當作‘寬然曰’，‘者’乃衍文。”純一案：此文疑本作“今是大國之君，皆寬然曰”，言皆自寬假其過失以爲之辭，今本皆譌“者”，又倒著寬下，故義不可通。曹本改“者”作“若”，注云：“‘寬若’，言無所畏忌之意。”“吾處大國而不攻小國，吾何以爲大哉！”是以差論爪牙之士，“爪”舊作“蚤”，孫云：“‘蚤’吴鈔本作‘爪’。《非攻》中下二篇並作‘爪’。”純一今據正。比列其舟車之卒伍，“伍”字舊脱，從俞校據《非攻下篇》補。以攻伐無罪之國，“伐”舊作“罸”，從孫校據《非攻下篇》改。入其溝境，王云：“‘溝境’二字不詞，當依《非攻篇》作‘邊境’，此涉下文‘溝池’而誤也。”尹云：“國境設溝以限之，因云‘溝境’。《周禮·司險》‘設國之五溝五涂以爲阻固，皆有守禁’，謂國境設溝以爲固耳。”刈其禾稼，斬其樹木，殘其城郭，孫云：“《史記·樊酈滕灌傳》集解引張晏云：‘殘，有所毁也。’”以御其溝池，王引之云：“‘御’字義不可通，‘御’當爲‘抑’，抑之言堙也。謂壞其城郭，以塞其溝池，若《周語》所云‘墮高堙庳’也。《史記·河渠書》'禹抑鴻水'，索隱曰：'抑，《漢書・溝洫志》作"堙"，堙、抑皆塞之也。'"是抑與堙同義。《非攻篇》作'湮其溝池'，湮亦堙也。隸書'抑'字或作'抑'，見《漢校官碑》，'御'字或作'御'，見《帝堯碑》，二形相似而誤。"曹本'御'作'禦'。尹云："'御'同'禦'，杜也，塞也。"焚燒其祖廟，攘殺其犧牷。孫云："吴鈔本作'牲'。"民之格者，則勁拔之，畢云："'勁'舊作'勁'，从力，非。'勁拔'即剄制，拔音同制。"孫云："'勁拔'疑'剄殺'之誤。《非攻下篇》云：'剄殺其萬民'，'殺'與'拔'篆文相近而誤。"尹云："'格'同'挌'，鬥也。"不格者，則係纍而歸。畢云："'係'，一本作'繫'，'纍'舊譌'操'。王引之云："民可係而歸，不可操而歸。古亦無以'係操'二字連文者。'操'當爲'纍'，即《孟子》所謂'係累其子弟'也。'纍'誤爲'喿'，後人因改爲'操'耳。"孫云："王校是也。《孟子・梁惠王篇》趙注云：'係累，猶縛結也。'"純一今據改。丈夫以爲僕圉、畢云："'圉'舊作'園'，以意改。"孫云："'丈'舊譌'大'，顧云："當爲'丈'。"王引之、宋翔鳳校並同，今據正。《左傳・文十八年》杜注云：'僕，御也。'《周禮・夏官》鄭注云：'養馬曰圉。'"胥靡，孫云："刑徒役作之名。"婦人以爲舂酋。畢云："《周禮》云：'其男子入於皋隸，女子入於舂槀。'又《説文》云：'酋，繹酒也。《禮》有大酋，掌酒官也。'未詳婦人爲酋之義。'酋'與'舀'聲形相近，《説文》云：'抒臼也'，亦'舂藁'義與?"王云："《月令》注：'酒孰曰酋。'據此，則酒官謂之酋者，以其掌酒也。然則女奴之掌酒者，亦得謂之酋矣。《周官・酒人》'女酒三十人，奚三百人'，鄭注曰：'女酒，女奴曉酒者。古者從坐男女，没入縣官爲奴，其少才知以爲奚。'是其證。惠士奇《禮説》曰：'酒人之奚多至三百，則古之酒，皆女子爲之，即《墨子》所謂'婦人以爲舂酋'也。"宋翔鳳云："《吕氏春秋・精通篇》云：'臣之父不幸而殺人，不得生，臣之母得生，而爲公家爲酒。'則此言'舂酋'者，或爲舂，或爲酒也。"孫云："畢説是也。《周官・春人》，'有女舂抌二人'，鄭注云：'女舂抌，女奴能舂與抌者。抌，抒臼也。'《説文》'舀'或作'抌'，此以'舂酋'連文，則'酋'即'抌'之叚字可知。"吴鈔本"婦"作"媍"，"酋"作"囚"，誤。則夫好攻伐之君，不知此爲不仁義，以告四鄰諸侯曰："吾攻國覆軍，殺將若干人矣。"其鄰國之君，亦不知此爲不仁義也，有具其皮幣，孫云："'有'與'又'通，下同。"發其綛處，畢云："未詳。《説文》、《玉篇》無'綛'字。孫云："'綛'，吴鈔本作'総'，即'總'之俗，於義亦無取。疑'綛處'當作'徒遽'。《國語・吴語》云'徒遽來告'，韋注云：'徒，步也；遽，傳車也。'《周禮・行夫》注云：'遽，若今時乘傳騎驛而使者也。'發其徒遽，謂使人致賀於攻伐之國，必起發卒徒車馬以從行也。或云‘緦’當爲‘縱’之譌，‘縱’又‘從’之借字，‘縱處’即‘從遽’，亦通。”曹本作“總處”，注“總”原訛“緦”，“總處”謂“府庫之蓄聚”。使人饗賀焉。孫云：“饗，當讀爲‘聘亯’之‘亯’。《周禮·玉人》鄭注云：‘亯，獻也。’”則夫好攻伐之君，有重不知此爲不仁不義也，王本“有作“又”。有書之竹帛，藏之府庫。爲人後子者，孫云：“‘後子’即‘嗣子’，詳《節葬下篇》。”必且欲順其先君之行，曰：“何不當發吾府庫，舊本脱“府”字，王據上文補。視吾先君之法義。”“義”舊作“美”。王云：“‘法美’二字，義不相屬。‘美’當爲‘義’，字之誤也。‘義’即古‘儀’字，‘法義’即‘法儀’也。前有《法儀篇》云：‘天下從事者，不可以無法儀。’《非命篇》曰‘先立義法’，即儀法。當讀爲嘗，嘗，試也。言試發吾府庫，視吾先君之法儀也。”純一案：王説是，今據正。必不曰文武之爲正者若此矣，陸本、唐本並重“爲正”二字。曰：“吾攻國覆軍，殺將若干人矣。”則夫好攻伐之君，不知此爲不仁不義也，其鄰國之君，不知此爲不仁不義也，是以攻伐世世而不已者，此吾所謂大物則不知也。

所謂小物則知之者何若？今有人於此，入人之場園，取人之桃李瓜薑者，王本“園”作“圃”。案：《太平御覽》九百七十八引作“今有人入場園，取人瓜者得罰”，文雖不具，而園非誤字無疑，不必與《非攻上》同也。上得且罰之，衆聞則非之。是何也？曰：不與其勞獲其實，孫云：“言不與種植之勞，而取其實也。”純一案：百丈禪師，一日不作一日不食；耶穌教，亦以不勤勞者不當食，義同。以非其所有而取之故。舊作“已非其有所取之故”，孫云：“此有誤，疑當云‘以非其所有取之故’。已、以同，‘所有’二字誤倒，遂不可通。”王本作“已非其所有而取之故”，純一今從孫王二校訂正。而況有踰人之牆垣，“踰”下舊衍“於”字，從孫校删。抯格人之子女者乎？俞云：“‘抯’字無義，當爲衍文，蓋即‘垣’字之誤而複者。‘格人之子女’，與下‘竊人之金玉蚤絫’、‘竊人之牛馬’一律，曰格曰竊，皆以一字爲文也。‘格人之子女’，謂拘執人之子女。《後漢書·鍾離意傳》注曰：‘格，拘執也。’是其義。”孫云：“抯、摣字通。《方言》云：‘抯、摣，取也。南楚之閒，凡取物溝泥中，謂之抯，或謂之摣。’《釋名·釋姿容》云：‘摣，叉也，五指俱往叉取也。’俞説非。”曹本作“抯略”，注：“抯，取也。”尹云：“格同略，强取也。”與角人之府庫，俞云：“‘角’字無義，乃‘穴’字之誤。‘穴’隸書作‘内’，角隸書作‘角’，兩形相似而誤。”尹云：“‘角’，穿也。”竊人之金玉蚤絫者乎？王引之云：“‘蚤絫’二字，義不可通，‘蚤絫’當爲‘布喿’。隸書‘布’字作‘𢁉’，‘蚤’字作‘蚤’，二形相似故譌。‘喿’蓋‘繰’之借字，‘布繰’即‘布帛’。《説文》：‘繰，帛如紺色，或曰深繒，讀若喿。’繰、喿同音，故字亦相通。金玉布繰，皆府庫所藏，故曰：‘角人之府庫，竊人之金玉布喿’。”曹本從王校作“布繰”，注：“繰，絹也。”尹云：“‘蚤’同‘瑵’，‘絫’同‘瓊’，均玉器。”與踰人之欄牢，孫云：“‘欄’，吴鈔本作‘闌’，下同，義詳《非攻上篇》。《周禮·充人》鄭注云：‘牢，閑也。’《説文·牛部》云：‘牢，閑養牛馬圈也。’”竊人之牛馬者乎？而況有殺一不辜人乎？“有”讀“又”，“一”字涉下文而衍。今王公大人之爲政也，畢云：“‘人’，舊作‘天’，以意改。”孫云：“《道藏》本、吴鈔本作‘夫’，季本作‘人’，與畢校合。”自殺一不辜人者，踰人之牆垣、抯格人之子女者，與角人之府庫、竊人之金玉蚤絫者，孫云：“《道藏》本、吴鈔本下並有‘乎’字。”純一案：陸本、唐本同。與踰人之欄牢、竊人之牛馬者，畢云：“舊脱‘之’字，據上文增。”與入人之場園、孫云：“《毛詩·豳風·七月》傳云：‘春夏爲圃，秋冬爲場。’鄭箋云：‘場、圃同地，自物生之時，耕治之以種菜茹，至物盡成熟，築堅以爲場。’”竊人之桃李瓜薑者，王引之云：“舊脱‘者與入人之場園竊人之’十字，據上下文補。”今王公大人之加罰此也，雖古之堯舜禹湯文武之爲政，亦無以異此矣。

今天下之諸侯，將猶皆侵凌攻伐兼并，此爲殺一不辜人者，數千萬矣；此爲踰人之牆垣、格人之子女者，畢云：“據上，‘格’上當脱‘抯’字。”與角人府庫、竊人金玉蚤絫者，數千萬矣；踰人之欄牢、竊人之牛馬者，與入人之場園、竊人之桃李瓜薑者，數千萬矣，而自曰義也。故子墨子言曰：是蕡義者，“義”舊作“我”。顧云：“‘蕡’，讀若‘治絲而棼’之‘棼’，‘我’當爲‘義’。”純一今據正。王樹枏云：“義字承上自曰義也而言。”孫云：“顧説是也。‘棼’亦與‘紛’同，《尚同中篇》云‘本無有敢紛天子之教者’，與此文例略同。《急就篇》云‘芬薰脂粉膏澤筩’，芬，皇象本作‘蕡’。此以‘蕡’爲‘棼’，與彼相類。”吴摯甫曰：“‘蕡’爲‘紛’之借字，紛，亂也。《左傳》昭五年‘蚡泉’，《穀梁》作‘賁泉’，《公羊》作‘濆泉’。《左傳》‘苗賁皇’，《晉語》作‘苗棼皇’，《説苑》作‘盆’。《楚辭》：‘地方九則，何以墳之？’借墳爲分，此蕡義；蕡，黑白甘苦之辨，言亂義，亂黑白甘苦之辨也。”則豈有以異是蕡黑白甘苦之辯者哉？王闓運云：“是夫。”今有人於此，少示之黑，謂黑，“少”下舊衍“而”字，今據下文删。孫云：“王引之《經傳釋詞》‘謂’下删‘之’字。”今從之。多示之黑，謂白，必曰：“吾目亂，不知黑白之别。”今有人於此，少嘗甘，舊“少”上衍“能”字，“甘”上衍“之”字，今校删。謂甘，多嘗甘謂苦，“甘”字舊脱，從曹本補。必曰：“吾口亂，不知甘苦之味。”“甘”上舊衍“其”字，今校删，與“不知黑白之别”句法一律，曹本同。今王公大人之爲政也，“爲”字舊脱，從戴校補，曹本同。或殺人，於其國家，“於”字舊脱，從曹本增。禁之曹本此“蚤”，屬禁之爲句。注：“言其國中有擅殺人者，必早禁絶之。”此蚤越戴云：“三字有脱誤。”純一案：此文疑本作“或殺人於其國家，禁之，蚤知其不義也，越此有能多殺其鄰國之人因以爲大義”。蚤，早之叚；越，於也。言或有人擅殺人於其國中，則禁絶之，早知其不義也。《非攻上篇》云：“殺一人謂之不義，必有一死罪矣。”必有一死罪，所以禁之，是早知其不義也。下文因以爲大義，正承此知其不義，相對爲文。“蚤”上“此”字，當在“越”下，“越此有能多殺其鄰國之人”，言於此有能多殺其鄰國之人，因以爲大義，今本“蚤”下脱“知其不義也”五字，而“越”下“此”字，又倒著“蚤”上，遂不可通。有能多殺其鄰國之人，因以爲大義，“大”舊作“文”，王云：“‘文義’二字，義不可通，‘文’當爲‘大’，字之誤也，謂多殺鄰國之人，聞之者不以爲不義，反以爲大義也。《非攻篇》曰‘小爲非則知而非之，大爲非攻國，則不知非，從而譽之謂之義’，此之謂也。”純一案：王説是，今據正。設不以爲大義，安肯書之竹帛，爲後世法儀耶？此豈有異蕡白黑甘苦之别者哉？孫云：“别、辯聲近字通。”

故子墨子置天之以爲儀法。畢云：“‘之’當爲‘志’。”非獨子墨子以天之爲法也，“之”下舊衍“志”字，王云：“‘志’字亦後人所加，‘之’即‘志’字。”説詳中篇，純一今據删。於先王之書，《大夏》之道之然：俞云：“‘《大夏》’即‘《大雅》’也，雅、夏古字通。《荀子·榮辱篇》曰‘越人安越，楚人安楚，君子安雅’，《儒效篇》曰‘居楚而楚，居越而越，居夏而夏’，是夏與雅通也。下文所引‘帝謂文王’六句，正《大雅·皇矣篇》文。”“帝謂文王，予懷明德，孫云：“吴鈔本‘懷’下有‘而’字。”純一案：陸本、唐本同。毋大聲以色，毋長夏以革，蘇云：“《詩·大雅·皇矣篇》二“毋”字作“不”。孫云：“中篇引‘毋’並作‘不’，與詩同。”不識不知。順帝之則。”孫云：“義並詳中篇。”此誥文王之以天志爲法，舊衍“也”字，從孫校王樹枏校删，曹本、王本同。“誥”，孫云：“吴鈔本作‘告’。”畢云：“‘誥’

字據上文當爲‘語’。”曹本從之。而順帝之則也。

且今天下之士君子，中實將欲爲仁義，求爲上士，上欲中聖王之道，下欲中國家百姓之利者，當天之而不可不察也。天之者，兩“天”之下，舊並衍“志”字，從王校删。義之經也。

曹云：“此篇之末，與《非攻上篇》之説同，蓋亦以明‘兼愛’之旨也。墨家主‘兼愛’，而其時在春秋戰國之間，天下之苦兵争也甚矣，乃當時王公大人在上位者，皆以攻伐并兼爲能，故墨子亟非之。‘兼愛’者，墨家宗旨；‘非攻’者，救世之苦心也。儒墨之論雖殊，而其以天爲本則同。故‘天志’者，‘兼愛’之説之本源也。《易》曰‘自天祐之，吉无不利’，子曰‘天之所助者順也’，墨子其庶乎！”

墨子集解卷八

漢陽張純一仲如

明鬼上第二十九　闕

明鬼中第三十　闕

明鬼下第三十一

孫云："《淮南子·氾論訓》作'右鬼'，高注云：'右，猶尊也。'《漢書·藝文志》亦同，顔注引此作'明鬼神'，疑衍'神'字。明，謂明鬼神之實有也。"純一案：《説文·鬼部》云："人所歸爲鬼，从人，象鬼頭。鬼陰氣賊害，从厶。"《爾雅·釋訓》云"鬼之爲言歸也"，郭注引《尸子》曰"古者謂死人爲歸人"，《列子·天瑞篇》云："精神離形，各歸其真，故謂之鬼。"鬼，歸也，歸其真宅。《老子》曰"夫物芸芸，各復歸其根"，墨氏明鬼，恒兼神言，示人性靈不滅也。明鬼神之實有，正欲人皆敬畏之，契真常而延年壽，匪惟止亂而已。蓋鬼神者，性德之變化，體物不遺，而人心起用，理事玄通，因業感果，毫釐不差者也。故曰："雖有深谿博林幽閒無人之所，施行不可以不董。"《莊子·庚桑楚篇》曰："爲不善乎顯明之中者，人得而誅之；爲不善乎幽闇之中者，鬼得而誅之。明乎人明乎鬼者，然後能獨行。"孔子曰："未能事人，焉能事鬼。"義通。天志、明鬼，相爲表裏，善惡諸法，皆從心生。人心易汙濁不易清淨，故先聖尊天右鬼，重祭祀以爲教本，所以除人心之汙濁，使復歸於清淨也。人心清淨，斯天下清淨，無盡德業繁興焉，而兼愛之恉可達矣。自性道不明於天下，執無鬼者，日暮以無鬼神爲教，德治非所重矣。澆季尚法治，亦足濟德治之窮，其如人心日汩其真，徒法不能以自行何。尹云："《明鬼篇》之作用，意與《天志》同，但天爲天神，而鬼爲人鬼耳。《大取篇》曰'治人有爲鬼焉，可知墨借鬼以治人。'"

子墨子言曰：逮至昔三代聖王既没，精明之德，交於神明，感無不通，故爲聖王。天下失義，諸侯力正，昧本性明，起惑造業，動輒障礙，故事力征。畢云："'正'同'征'。"孫云："《節葬下篇》作'征'，字通。《天志下篇》云：'兼之爲道也，義正，別之爲道也，力正。'《周禮·禁暴氏》'禁庶民之亂暴力正者'，鄭注云：'力正，以力强得正也。'"是以存夫爲人君臣上下者之不惠忠也，父子弟兄之不慈孝弟長貞良也，正長之不强於聽治，賤人之不强於從事也。民之爲淫暴寇亂盜賊，畢云："舊脱'亂'字，據下文增。"以兵刃毒藥水火，退無罪人乎道路率徑，孫云："'退'當爲'迓'字之誤。迓與禦通，《書·牧誓》'弗迓克奔'，《釋文》引馬融本，'迓'作'禦'，云：'禁也。'《史記·周本紀》'弗迓'作'不禦'，集解引鄭注云：'禦，彊禦，謂彊暴也。'《孟子·萬章篇》云'今有禦人於國門之外者'，趙注云：'禦人以兵，禦人而奪之貨。'即其義也。'率徑'當爲術徑，屬上'道路'爲句。率聲與术聲，古音相近。《廣雅·釋詁》云：'率，述也。'《説文·行部》云：'術，邑中道也。'杜臺卿《玉燭寶典》引蔡邕《月令章句》云：'術，車道也；徑，步道也。'王樹枬云：'《吕覽·仲夏》'退嗜慾'，注：'退，止也，退從艮，故義亦訓止。'謂止阻無罪人于道路率徑之中也。'率'當爲'術'，聲之誤，《一切經音義》引《蒼頡字林》，俱云'邑中道曰術'。'道路率徑'，四字一義。"奪人車馬衣裘以自利者，並由此作，舊作"並作由此始"，王樹枬云："當爲'並由此作'，始、作同義。《廣雅》：'作，始也。'此文當是一本作'作'，一本作'始'，校書者旁記之，後人因誤入正文，而倒'作'字於'其'上也，此'作'字當訓'起'。"純一案：王説是也，今據删乙。是以天下亂。此其故，何以然也？則皆以疑惑鬼神之有與無之別，不明乎鬼神之能賞賢而罰暴也。今若使天下之人，偕信鬼神之能賞賢而罰暴也，"偕"舊本作借"若"，孫本作"偕若"，曹本作"皆若"。王云："上言'若使'，則下不得又言'借若'，余謂'若'字涉上文而衍，借乃偕字之誤，偕與皆通。《湯誓》'予及女皆亡'，《孟子·梁惠王篇》'皆'作'偕'，《周頌·豐年篇》'降福孔皆'，《晉書·樂志》'皆'作'偕'，言使天下之人，皆信鬼神之能賞賢而罰暴，則天下必不亂也。舊本'罰暴'二字倒轉，據上文改。"純一今從王校改删，陸本、唐本並作"罰暴"。則夫天下豈亂哉！孔書《大禹謨》曰："惠迪吉，從逆凶，惟影響。"吾人性德，本通鬼神而爲一，一切染淨現行，自生異熟之果，何待鬼神之賞罰？故深明性道者，修己愛人毋不敬，一切意行，皆可質諸鬼神而無疑，果使天下皆然，何亂之有。今執無鬼者曰："鬼神者，固無有。"旦暮以爲教誨乎天下，舊本"下"有"之"字，畢又以意增

“人”字。王云：“畢補非也。此文本作‘旦暮以爲教誨乎天下’，今本‘天下’下有‘之’字者，涉下句‘天下之衆’而衍。畢不解其故，而於‘之’下補‘人’字，誤矣。下文‘天下之衆’，即天下之人也。”孫據王校删。疑天下之衆，使天下之衆，皆疑惑乎鬼神有無之别，孫云：“吴鈔本無‘惑’字。”是以天下亂。是故子墨子曰：今天下之王公大人士君子，實將欲求興天下之利，除天下之害，故當鬼神之有與無之别，將不可以不明察此者也。舊本“將”上衍“以爲”二字，今從俞校及王樹枏校删，“明”上脱“不”字，孫從王校補。以上言人不明鬼神之賞罰，必無忌憚而天下亂。

既以鬼神有無之别，以爲不可不察已，然則吾爲明察此，其説將柰何而可？子墨子曰：是與天下之所以察知有與無之道者，“是”字疑衍，上“與”字同“舉”。必以衆人耳目之實，“人”舊作“之”，從曹本改。知有與亡爲儀者也。“亡”，曹本、王本並作“無”。孫云：“吴鈔本作‘無’，‘亡’古‘無’字，篇中諸有‘無’字，疑古本並作‘亡’。”尹云：“儀，法也。”請惑聞之見之，孫云：“‘請’讀爲‘誠’。‘惑’與‘或’‘通’。”純一案：“惑”，曹本、王本並作“或”。則必以爲有；莫聞莫見，則必以爲無。孫云：“舊挩‘則必以爲有’以下九字，王據下文及《非命篇》補，今從之。若是，何不嘗入一鄉一里而問之，“嘗”，試也。自古以及今，生民以來者，亦有嘗見鬼神之物，陸本脱“之”字。聞鬼神之聲，則鬼神何謂無乎？若莫聞莫見，則鬼神可謂有乎？孫云：“‘何’、‘可’錯出，義兩通，不知孰爲正字。”今執無鬼者言曰：夫天下亦孰爲聞見鬼神之物哉？“神”下舊衍“有無”二字，據下文删，唐本“鬼神”倒。子墨子言曰：夫天下之爲聞見鬼神之物者，不可勝計也。此十七字舊倒著“亦孰爲聞見”上，曹本移此，又於“亦孰爲聞見上”，增“夫天下”三字。案：此以有鬼答無鬼之説，不應出於執無鬼者之口，曹校是，今從之。若以衆之所同見，與衆之所同聞，則若昔者杜伯是也。畢云：“《周語》韋注‘杜國伯爵，陶唐氏之後’，《漢書·地理志》‘京兆尹杜陵故杜伯國，有周右將軍杜主祠四所’，地在今陝西長安縣南杜豐。”周宣王殺其臣杜伯而不辜，《太平御覽》三百七十一引此文同，惟無“而”字，又八十五引作“周宣王殺杜伯不辜”，又八百八十三引作“周宣王殺杜伯不以罪”。畢云：“《史記》索隱引作‘不以罪’。”劉云：“《史記·周本紀》正義引《周春秋》‘不’作‘無’，《漢書·郊祀志》顔注亦作‘不以罪’。”尹云：“《汲冢瑣語》：‘宣王之妾女鳩，欲通杜伯，杜伯不可，女鳩反訴之王，王囚杜伯於焦，杜伯之友左儒，九諫而不聽，並殺之，後三年，而杜伯射王。'" 杜伯曰："吾君殺我而不辜，若以死者爲無知，則止矣；"以"字、"爲"字，並疑衍。若死而有知，不出三年，必使吾君知之"。《御覽》八十五引作"杜伯曰：死若有知，三年必使君知之"。其後三年，舊作"其三年"，俞云："'其'下脱'後'字。《太平御覽》引此文，正作'後三年'，但删'其'字耳。"孫云："《周語》韋注，宋明道本亦作'後三年'，《史記·周本紀》正義引《周春秋》，亦作'後三年'，據《史記》宣王四十六年崩，則殺杜伯當在四十四年。《通鑑外紀》載殺杜伯於四十六年，非也。今本《竹書紀年》云：'宣王四十三年，王殺大夫杜伯，其子隰叔出奔晉。'則不數所殺年，亦通。"純一案：《御覽》見三百七十一，今依俞、孫校增"後"字，《開元占經》百十三引《周春秋》亦作"後三年"。周宣王合諸侯而田於圃，田車數百乘，俞云："'田於圃田'者，圃田，地名。《詩·車攻篇》'東有甫草，駕言行狩'，鄭箋以鄭有甫田說之。《爾雅·釋地》作'鄭有圃田'，即其地也。"劉云："顔之推《冤魂志》引《周春秋》作'游於圃田'。"孫云："《周語》云：'杜伯射王於鄗'，韋注云：'鄗，鄗京也。'《史記·周本紀》集解引徐廣云：'豐在京兆鄠縣東，鎬在上林，昆明北有鎬池，去豐二十五里，皆在長安南數十里。'《周禮·職方氏》鄭注云：'圃田在中牟。'以周地理言之，鄗在西都，圃田在東都，相去殊遠。又韋引《周春秋》'宣王會諸侯田於圃'，明道本'圃'作'囿'。《史記·封禪書》索隱、《周本紀》正義，所引並與韋同。《論衡·死僞篇》云'宣王將田於圃'，則漢、唐舊讀並於'圃'字斷句，皆不以圃爲圃田。《荀子·王霸篇》楊注引《隨巢子》云'杜伯射宣王於畝田'，畝與牧聲轉字通，疑即鄗京遠郊之牧田，亦與圃田異。但《隨巢子》以'圃田'爲'畝田'，似可爲俞讀左證。近胡承珙亦謂此即圃田，而謂《國語》鄗即敖鄗，㡿韋以爲鄗京之誤，其說亦可通。姑兩存之，竢通學詳定焉。田車者，《考工記》云'田車之輪，六尺有六寸'，鄭注云：'田車，木路也，駕田馬。'"純一案：《太平御覽》八十五作"宣王田於圃田，從人滿野"，又三百七十一作"王田於圃田，車徒滿野"，又八百八十三作"宣王田於圃"。此文必或作"圃田"或作"圃"，二本不同。據《史記·封禪書》"杜主故周之右將軍"，索隱引本書，及《周本紀》正義，《周語》韋注引《周春秋》，並《論衡·死僞篇》校之，當以"田於圃"爲是。從數千人"從"下疑脱"者"字。滿野。日中，杜伯，《史記》正義、《周語》韋注引《周春秋》並作"日中杜伯起於道左"，《論衡·死僞篇》亦作"杜伯起於道左"。乘白馬素車，朱衣冠，《御覽》八十五作"朱衣朱冠"，又三百七十一作"衣朱衣朱冠"。孫云："'朱衣冠'，蓋韋弁服也。《周禮·司服》'凡兵事韋弁服’，鄭注云：‘韋弁，以韎韋爲弁，又以爲衣裳也。’韎、朱色近通稱。執朱弓，挾朱矢，《御覽》八十五“執”上有“手”字，《周本紀》正義引《周春秋》，作“衣朱衣冠，操朱弓矢”，《周語上》韋注引《周春秋》，又作“衣朱衣，冠朱冠，操朱弓朱矢”。劉云：“《冤魂志》作‘朱衣朱冠，起於道左，執朱弓朱矢’。”追周宣王，射之車上，舊本“射之”作“射入”。畢云：“《文選》注引作‘射之’。”孫云：“‘之’字是也，今據改。”中心，折脊，殪車中，劉云：“《御覽》八十五引‘中心’作‘中其心’。”孫云：“《後漢書·光武紀》李注云：‘殪，仆也。’”伏弢而死。畢云：“‘弢’，《太平御覽》引作‘韔’，一引作‘伏弓衣’，義同。”純一案：畢據《御覽》三百七十一及八百八十三校，《御覽》八十五引同此文。劉云：“《漢書·郊祀志》注引‘弢’作‘弓衣’。”孫云：“《史記》索隱、《文選·劉孝標重答劉沼書》注，引並作‘弢’，與今本同。《論衡·死僞篇》亦作‘韔’，《説文·弓部》云：‘弢，弓衣也。’”當是之時，周人從者莫不見，遠者莫不聞，著在周之春秋。孫云：“《國語·晉語》‘司馬侯謂悼公曰：羊舌肸習於春秋’，韋注云：‘春秋，紀人事之善惡，而目以天時，謂之春秋，周史之法也。時孔子未作《春秋》。’又《楚語》‘莊王使士亹傅太子申叔時，告之曰：教之春秋以感勸其心。’《公羊莊七年傳》云，‘不脩春秋曰：雨星不及地尺而復’，何注云：‘謂史記也。古者謂史記爲春秋。’《管子·法法篇》云‘故春秋之記，臣有弑其君，子有弑其父者矣’，尹注云：‘春秋即周公之凡例，而諸侯之國史也。’《史通·六家篇》、《隋書·李德林傳》，並引《墨子》云‘吾見百國春秋’，此其一也。”爲君者以教其臣，爲父者以譤其子，畢云：“《説文》云：‘警，戒也。’此異文。”純一案：唐本作“譤”陸本作“警”，字同。曰：“戒之慎之，凡殺不辜者，其得不祥，鬼神之誅，畢云：“舊作‘謀’，據後文改。”若此之憯遬也！”畢云：“《説文》云：‘遬，籀文。’”孫云：“‘憯’、‘速’義同。《玉篇·手部》云：‘撍，側林切，急疾也。’憯與‘撍’通。《易·豫》‘朋盍簪’，《釋文》云：‘簪，鄭云速也，李作撍。’《淮南子·本經訓》云：‘兵莫憯於志，而莫邪爲下’，高注云：‘憯，猶利也。’並與此義相近。《道藏》本、吴鈔本，並無‘也’字。”純一案：陸本、唐本、李選本均無。以若書之説觀之，則鬼神之有，豈可疑哉？證有鬼神一。非惟若書之説爲然也，孫云：“《道藏》本、吴鈔本並無‘也’字。”昔者秦穆公“秦”舊譌“鄭”，畢云：“郭璞注《山海經》引此作‘秦穆公’，又《太平御覽》、《太平廣記》引‘穆’作‘繆’。”孫云：“郭引作‘秦’是也。《玉燭寶典》引《墨子》曰：‘昔秦穆公有明德，上帝使句芒賜之壽十九年也。’即約此文。《論衡·福虚篇》云：‘儒家之徒董無心，墨家之役纏子，相見講道。纏子稱墨家佑鬼神是，引“秦穆公有明德，上帝賜之十九年”。纏子難以堯舜不賜年，桀紂不夭死。堯舜桀紂猶爲尚遠，且近難以秦穆公、晉文公。夫謚者，行之迹也，迹生時行，以爲死謚。穆者，誤亂之名；文者，德惠之表。有誤亂之行，天賜之年；有德惠之操，天奪其命乎？案：穆公之霸不過晉文，晉文之謚美於穆公，天不加晉文以命，獨賜穆公以年，是天報誤亂，與穆公同也。’又《無形篇》云：‘傳言秦繆公有明德，上帝賜之十九年。’《北齊書·樊遜傳》，遜對問禍福報應，亦云：‘秦穆有道，句芒錫祥。’以諸書證之，則不當作‘鄭’明矣。下文凡‘鄭’字並當作‘秦’。”純一今從之。《開元占經》一百十三引亦沿誤作“鄭繆公”。當晝，日中處乎廟，孫云：“‘當’，吴鈔本作‘甞’，古字通用。”純一案：《御覽》八百七十二引作“鄭繆公晝日處廟”，又八百八十二作“鄭繆公處乎廟”。有神入門而左，人面鳥身，“人面”二字舊脱，畢云：“《海外東經》云‘東方句芒，鳥身人面’，《太平廣記》引作‘人面鳥身’。”戴云：“脱‘人面’二字。”劉云：“洪興祖《楚詞·遠遊》補注引作‘有神人面鳥身’，是宋本有此二字也。（《漢書·司馬相如傳》顔注引張揖説云：“句芒東方青帝之神，鳥身人面。”）惟《占經》一百十三，《御覽》八百七十二、八百八十二所引，悉與今本相同，《御覽》八百八十二所引，並無‘而左’二字，竊疑舊本有二，一作有‘神人面鳥身’，一即今本，然‘入門’二字，乃‘人面’之訛，‘入門而左’，又校者所改。雖訛誤所起，非自近時，固以作‘人面’者爲長也。”純一今據增。素服三絶，孫云：“‘三絶’無義，疑當作‘玄純’。‘玄’與‘三’，‘純’與‘絶’，艸書並相近，因而致誤。素衣玄純，蓋即深衣采純，明與凶服異也。”面狀正方。《御覽》八百七十二引此文同，又八百八十二略，兩引“素服”下，並無“三絶”二字。畢云：“《太平廣記》引作‘而狀方正’。”劉云：“《占經》一百十三及《楚詞·遠遊》補注，並引作‘面狀正方’。”秦穆公見之，乃恐懼犇，神曰：“無懼！畢云：“舊脱此四字，據《太平廣記》增。”王樹枏云：“《開元占經》一百十三，引作‘繆公乃懼，神曰無奔’，據此則舊本‘奔’上，應脱‘神曰無’三字。”劉云：“《御覽》八百七十二同《占經》。”帝享女明德，孫云：“‘女’，吴鈔本作‘汝’。“純一案：《御覽》八百七十二、八百八十二，並作“汝”。劉云：“《楚詞·遠游》補注，引‘享’作‘厚’。《御覽》八百八十二引作‘饗’，義並通。”使予錫女壽十年有九，孫云：“‘錫’，吴鈔本作‘享’。”劉云：“《占經》、《御覽》、《楚詞補注》，並引作‘錫’。‘享’字訛。”純一案：《御覽》八百八十二引‘錫’作“賜”，義同。使若國家蕃昌，《御覽》八百七十二，引作“使君國昌”，《占經》百十三作“使君昌”。子孫茂，毋失秦。”“秦”舊作“鄭”，從孫校改。穆公再拜稽首曰：“敢問神名？”

"名"字舊脱，畢據誤本《御覽》補'明'字，云'明'同'名'。"王云："鈔本《御覽·神鬼部二》，正作'敢問神名'，刻本'名'作'明'，誤也。明古讀若芒，不得與名通。"孫云："王校是也，《楚辭·遠遊》洪興祖補注，引亦作'名'，今據補正。"王樹枏云："《開元占經》引作'公問神名，神曰句芒'。"神曰："予爲句芒。"舊無"神"字，劉云："《占經》引曰'上有神字'，當據補。"純一今從之，《御覽》八百七十二"曰"上亦有"神"字。孫云："'句芒'，地示，五祀之木神，《月令》'春，其神句芒'是也。《左傳》昭二十九年，蔡墨説少昊氏之子重爲句芒。此人鬼，爲木官，配食句芒者，非地示也。"若以秦穆公之所身見爲儀，則鬼神之有，豈可疑哉？證有鬼神二。非惟若書之説爲然也，昔者燕簡公，畢云："案：《史記》'簡公'，平公子。周敬王十六年，公元年也。"孫云："《論衡·書虚篇》説此事作'趙簡子'，《死僞篇》作'趙簡公'，並誤。惟《訂鬼篇》作'燕簡公'與此同。"殺其臣莊子儀而不辜，顧云："《論衡·訂鬼》，《書·虚》、《死僞》作'莊子義'。純一案："義"古"儀"字，《法苑珠林》四十四引作"儀"。莊子儀曰："吾君殺我而不辜，舊本作"吾君王"，孫云："簡公時燕尚未偁王，此'王'字疑後人所加。"純一案：上文"杜伯曰吾君殺我而不辜"，無"王"字，今據删。下文"必使吾君知之"，亦無"王"字。死人毋知，亦已，死人有知，孫云："'毋'，吴鈔本作'無'。"劉云："《法苑珠林》引作'死者無知則已，若其有知'。"不出三年，必使吾君知之。"《法苑珠林》無"吾"字。期年，燕將馳祖，王云："《法苑珠林·君臣篇》作'簡公祀於祖澤。燕之有祖澤，猶宋之有桑林，國之大祀也'，據此則'祖'是澤名，故又以雲夢比之。下文'燕簡公方將馳於祖塗'，亦謂祖澤之塗也。"孫云："顔之推《還冤記》，又作'燕之沮澤，當國之大祀'。祖與沮、菹字通。《王制》云'山川沮澤'，孔疏引何胤《隱義》云：'沮澤，下溼地也。'《孟子·滕文公篇》趙注云：'菹，澤生草者也。今青州謂澤有草者爲菹也。"燕之有祖，當齊之有社稷，舊"齊"之下無"有"字，王引之校增。云："當猶如也。"孫云："《國語·魯語》云'莊公如齊觀社，曹劌諫曰：齊棄太公之法，而觀民於社'，又曰'今齊社而往觀旅，非先王之訓也'，韋注云：'旅，衆也。'襄二十四年《左傳》云：'楚子使薳啓彊如齊聘，齊社，蒐軍實，使客觀之。'"宋之有桑林，孫云："《左襄十年傳》云'宋公享晉侯於楚丘，請以桑林'，杜注云：'《桑林》，殷天子之樂名。'《淮南子·脩務訓》云'湯旱，以身禱於桑山之林'，高注云：'桑山之林，能爲雲雨，故禱之。'《吕氏春秋·慎大篇》云'武王勝殷，立成湯之後於宋，以奉桑林'，高注云：'桑山之林，湯所禱也，故所奉也。'《莊子·養生主篇》云'合於桑林之舞'，《釋文》引司馬彪云：‘《桑林》，湯樂名。’案：杜預、司馬彪並以《桑林》爲湯樂。《左傳》孔疏引皇甫謐説，又以《桑林》爲《大濩》别名。以此書及《淮南》書證之，桑林蓋大林之名，湯禱旱於彼，故宋亦立其祀。《左昭二十一年傳》云‘宋城舊鄘及桑林之門’，當即望祀桑林之處。因湯以盛樂禱旱于桑林，後世沿襲，遂有《桑林》之樂矣。”楚之有雲夢也，孫云：“《爾雅・釋地》云‘楚有雲夢’，郭注云：‘今南郡華容縣東南巴丘湖是也。’《周禮・職方氏》‘荆州，其澤藪曰雲瞢’。”尹云：“今胡北安陸以南，枝江以東，湖南華容以北，皆古雲夢澤，楚君嘗遊獵之。”此男女之所屬而觀也。孫云：“《周禮・州長》鄭注云：‘屬，猶合也，聚也。’”日中，燕簡公方將馳於祖塗，莊子儀荷朱杖而擊之，殪之車上。孫云：“《史記・十二諸侯年表》，燕簡公在位十二年卒，當敬王二十七年，魯哀公二年。則殺莊子儀事，當在簡公十一年也。《論衡・死僞篇》云：‘簡公將入桓門，莊子儀起於道左，執彤杖而捶之，斃於車下。’與此小異，疑兼采它書。”劉云：“《法苑珠林》引作‘子儀起於道左，荷朱杖擊公，公死於車上’，今本多挩。”當是時，燕人從者莫不見，遠者莫不聞，著在燕之春秋。諸侯傳而語之曰：孫云：“‘語’，吴鈔本作‘言’。”純一案：陸本、唐本並作“言”。“凡殺不辜者，其得不祥，鬼神之誅，若此其憯遬也！”以若書之説觀之，則鬼神之有，豈可疑哉？證有鬼神三。非惟若書之説爲然也，孫云：“‘惟‘吴鈔本作‘唯’。”昔者宋文君鮑之時，孫云：“‘君’吴鈔本作‘公’。《論衡・祀義篇》云：‘宋公鮑之身有疾。’”尹云：“《史記・宋世家》‘杵臼弟鮑革立，是爲文公’，《年表》作宋文公鮑，古人二名但稱其一。”有臣曰祏觀辜，顧云：“《論衡・訂鬼》作‘宋夜姑’。”孫云：“字書無‘祏’字，《論衡・祀義篇》云‘祝曰夜姑’，則‘祏’當即‘祝’之譌。祝，即《周禮》大、小祝也。‘觀辜’疑亦‘夜姑’之譌。”王本‘祏’作‘祏’，尹本從之，云：“‘祏’，掌祀之官，《左莊十四年傳》‘命我先人典守宗祏’。‘觀辜’，人名。”固嘗從事於厲，孫云：“《論衡・祀義篇》云：‘掌將事於厲者。’”盧云：“‘厲’，公厲、泰厲之屬也。宋歐陽士秀以厲爲神祠，以管子請桓公立五厲，祀堯之五吏爲證，後世統謂之廟。”尹云：“‘厲’謂‘公厲’，從事於厲，言從君而祀公厲也。《禮記・祭法》：‘王爲羣姓立七祀，曰泰厲；諸侯爲國立五祀，曰公厲；大夫立三祀，曰族厲。’《左昭七年傳》：‘鬼有所歸，乃不爲厲。’”袾子杖揖出，與言曰：畢云：“‘袾’，‘祝’字異文。‘袾子’即祝史也。《玉篇》云：‘袾，之俞切，呪詛也。又音注。’言神馮於祝子而言也。”蘇云：“下言‘舉揖而槀之’，則‘揖’宜从木爲‘楫’。”俞云：“下文‘袾子舉揖而槀之’，‘揖’未知何物，疑此文本作‘袾子揖杖出’，下文本作‘袾子舉杖而槀之’。《尚書大傳》‘八十者杖於朝，見君揖杖’，鄭注曰：‘揖，挾也。’此‘揖杖’之義也。因‘揖杖’誤倒爲‘杖揖’，後人遂改下文之‘舉杖’爲‘舉揖’以合之耳。舉杖而槀之，猶定二年《左傳》云：‘奪之杖以敲之。’槀即敲之叚音。”孫云：“《類篇》示部引《廣雅》云：‘袾，詛也。’畢以‘袾’爲‘祝’異文，説無所據，‘袾子’竊疑當是巫，巫能接神，故厲神降於其身，謂之袾子。猶《楚辭》謂巫爲靈子也。蘇校謂‘揖’當作‘楫’，近是。《論衡·祀義篇》作‘厲鬼杖檝而與之言’，又云‘舉檝而掊之，檝即楫之俗’，然《説文·木部》云：‘楫，舟櫂也。’於義無取。”純一案：楫不可杖，俞説義長。《論衡》引“揖”已作“楫”，足見其倒誤起於漢也。“觀辜，是何珪璧之不滿度量？酒醴粢盛之不净潔？犧牲之不全肥也？舊本“也”字在“犧”上，今移。畢云：“‘全’，謂純色，與牷同。”孫云：“《淮南子·時則訓》，高注云：‘全無虧缺也。’”純一案：《論衡·祀義》作“何而粢盛之不膏也，何而芻犧之不肥碩也，何而珪璧之不中度量也”。春秋冬夏陸本作“春夏秋冬”，李選本同。選失時？孫云：“蓋言祭厲失其常時。‘選’下有挩字，後文云：‘官府選效必先祭器’，則‘選’下疑挩‘效’字。選當讀爲饌具之饌。”王樹枏云：“《方言·廣雅》，俱云‘選，徧也。’”豈女爲之與？意鮑爲之與？”王引之云：“意與抑同。《論語·學而篇》‘求之與，抑與之與’，《漢石經》‘抑’作‘意’。”純一案：《論衡·祀義》作“而罪歟？其鮑之罪歟？”觀辜曰：“鮑幼弱，在荷繦之中，畢云：“荷與何同。《漢書注》：‘李奇云：繦，絡也，以繒布爲之，絡負小兒。師古曰：即今之小兒繃也，居丈反。’”孫云：“‘繦’，吴鈔本作‘襁’。‘襁’正字，‘繦’借字。《説文·衣部》云：‘襁，負兒衣也。’《論語·子路篇》‘襁，負其子而至矣’，集解：‘包咸云：負者以器曰襁。’《吕氏春秋·明理篇》云‘道多褓襁’，高注云：‘緥，小兒被也；襁，樓格上繩也。’孫奭《孟子音義》引《博物志》云：‘襁褓，織縷爲之，廣八寸，長一尺二寸，以負小兒於背上。’《史記·魯世家》‘成王少，在强葆之中’。”鮑何與識焉？官臣觀辜特爲之。”《論衡·祀義》作：“夜姑順色而對曰：‘鮑身尚幼在襁褓，不預知焉，審是掌之。’”孫云：“《左襄十八年傳》，中行獻子禱于河，偁官臣偃，杜注云：‘守官之臣。’”袾子舉揖而槀之，“揖”，俞校改“杖”。畢云：“‘槀’同‘敲’。”孫云：“此‘槀’疑當讀爲‘毃’，同聲叚借字。《左定二年傳》云‘奪之杖以敲之’，《釋文》云：‘敲，苦孝反，又苦學反。《説文》作‘毃’，云：‘擊頭也。’《字林》同。”殪之壇上。孫云：“《論衡·祀義篇》云：‘厲鬼舉檝而掊之，斃於壇下。’”當是時，畢云：“舊脱‘此’字，一本有。”宋人從者莫不見，遠者莫不聞，畢云：“舊脱‘者’字，一本有。”孫云：“《道藏》本、吴鈔本並有。”純一案：陸本、唐本同。著在宋之春秋。諸侯傳而語之曰：“諸不敬慎祭祀者，鬼神之誅至，若此其憯遬也！”孫云：“《道藏》本、吴鈔本無‘也’字。”純一案：陸本、唐本同。以若書之説觀之，鬼神之有，豈可疑哉？證有鬼神四。非惟若書之説爲然也，孫云：“‘惟’，吴鈔本作‘唯’。”昔者，齊莊君之臣，畢云：“‘君’，《事類賦》引作‘公’。舊脱‘臣’字，據《太平御覽》、《事類賦》增。”純一案：《史記·齊世家》有兩“莊公”，前者名購，後者名光，未知孰是。有所謂王里國，畢云：“《太平御覽》、《事類賦》引作‘王國卑’，下同，疑此非。”與中里徼者。畢云：“《太平御覽》、《事類賦》引作‘檄’，下同。”劉云：“《事類賦》注二十二引此句，‘中’上有‘與’字，當據補，今從之。”此二子者，訟三年而獄不斷。孫云：“《公羊》宣元年何注云：‘古者疑獄三年而後斷。’”齊君由謙殺之，恐不辜，猶謙釋之，恐失有罪。王云：“‘由’、‘猶’，皆欲也，‘謙’與‘兼’同。言欲兼殺之兼釋之也。《大雅·文王有聲篇》‘匪棘其欲’，《禮器》作‘匪革其猶’，《周官·小行人》‘其悖逆暴亂作慝猶犯令者’，《大戴記·朝事篇》，‘猶’作‘欲’。是‘猶’即‘欲’也。猶、由古字亦通。”蘇説同。乃使二人共一羊，“二”舊作“之”，畢云：“《太平御覽》、《事類賦》引之作‘二。’”純一案：“二”字是，今據改。盟齊之神社，畢云：“《事類賦》無‘神’字。”孫云：“《周禮·司盟》云‘有獄訟者，則使之盟詛，凡盟詛，各以其地域之衆庶，共其牲而致焉’，鄭注云：‘使其邑閭出牲而來盟。’此所云與《禮》合。”純一案：“盟”下疑脱“於”字。二子許諾。畢云：“《太平御覽》、《事類賦》引作‘二子相從’。”於是掘洫剄羊而灑其血，舊作“泏洫摽羊而漉其血’，王引之云：“‘摽’即‘剄’字也。《廣雅》曰：‘剄、刑、刻，剄也。’《吴語》‘自摽於客前’，賈逵曰：‘剄，剄也。’作‘摽’者，或字耳。此文本作‘摽羊出血而灑其血’，謂剄羊出血而灑其血於社也。《太平御覽·獸部十三》引作‘以羊血灑社’者，省文耳。今本‘出血’作‘泏血’，涉下文‘灑’字而誤加氵，又誤在‘摽羊‘之上，則義不可通。”曹本作“於是掘洫剄羊而灑其血”，注：“掘，原訛作泏；洫，坎也。掘地以爲溝坎也，餘從王校。”純一今從王、曹二校改。讀王里國之辭，尹云：“謂盟詞也。”既已終矣，畢云：“四字《事類賦》作‘已盡’二字。”讀中里徼之辭，未半也，畢云：“《太平御覽》、《事類賦》引‘也’作‘祭’。”羊起而觸之，畢云：“《事類賦》引作‘觸中里檄’。”折其脚，祧，曹本改“祧”作“跳”，注言：中里徼爲羊所觸，其足損折而逃走也。純一案：“祧”字於義無取，當爲“跳”字之譌，曹改作跳是也。而訓逃走則非，蓋足方損折，何能逃走。《説文》足部“去，跳蹶也。”神之而槀之，曹云：“‘之’，往也。言神追而擊之也。”純一案：下文“殪之盟所”，則訓之爲往亦欠允。“之”，猶於也，而與“以”同，言神因中里徼脚折而蹶，於以擊之速其死也。殪之盟所。中里徼事前心已大虧，故經羊觸而魂消也。當是時，齊人從者莫不見，遠者莫不聞，畢云：“《太平御覽》引云‘齊人以爲有神驗’，《事類賦》引云‘齊人以爲有神’，疑以意改。”著在齊之春秋。諸侯傳而語之曰：“諸盟矢不以其請者，“諸盟矢”舊譌“請品先”。畢云：“‘品’當爲‘盟’。下‘請’當爲‘情’。”王引之云：“畢謂‘品’當作‘盟’是也。上‘請’字當爲‘諸’。諸，猶今人言諸凡也。上文曰‘諸不敬慎祭祀者，鬼神之誅至若此其憯遫也’，是其證。下‘請’字即‘情’字也，墨子書通以‘請’爲‘情’，不煩改字。”俞云：“‘先’字之義尚不可曉，‘先’疑‘矢’字之誤。矢、誓古通用，‘盟矢’即‘盟誓’也。”孫云：“俞説是也。”純一今據諸校正，謂諸盟誓不以實情者，難逃鬼神之誅也。鬼神之誅至，若此其憯遫也！”以若書之説觀之，鬼神之有，豈可疑哉？證有鬼神五。以上皆墨家立言第二表。是故子墨子言曰：雖有深谿博林、幽閒無人之所，舊“閒”作“澗”，“無”作“毋”。王云：“‘深谿博林、幽澗毋人’，即《天志上篇》所謂‘林谷幽閒無人’也。‘幽澗’亦‘幽閒’之誤。‘幽閒毋人’，正指‘深谿博林’言之，若作‘幽澗’，則與‘深谿’義複。”純一案：王説是，今據正，曹本同。尹云：“‘有’，在也；‘所’，处也。”施行不可以不董，顧云：“《爾雅》：‘董，正也。’”純一案：施行必謹必誠而後能正。見有鬼神視之。“見”俗作“現”，“見有鬼神視之”，謂心意中常覺有鬼神臨視之，戒慎恐懼，無時不然，蓋知因果律嚴，與鬼神合其吉凶也。《禮·中庸》曰“如在其上，如在其左右”，《詩·大雅·抑之篇》曰“相在爾室，尚不愧於屋漏”，義同。以上舉衆耳目之實，五證鬼神之有，教人慎独也。

今執無鬼者曰：夫衆人耳目之請，畢云：“當爲‘情’，下同。”孫云：“‘請’即‘情’之叚借，不必改字。《非命中篇》作‘情’。”純一案：曹本作“情”，下同。豈足以斷疑哉？柰何其欲爲高士君子於天下，“士”字舊脱，孫云：“‘高君子’無義，‘高’疑當作‘尚’，下又挩‘士’字，尚士即上士也。下文云‘則非所以爲君子之道也’又云：‘此非所以爲上士之道也’，即遥冢此文。”純一案：孫校是也，惟不必破“高”作“尚”。《兼愛下篇》云“然後可以爲高士於天下”，足證“高”字不誤，“高士”即“上士”，今據增“士”字。而有復信衆人耳目之請哉？“人”舊作“之”，孫云：“‘有’讀爲‘又’，‘衆之’，疑當同上文作‘衆人’，下同。”純一案：孫説

"衆之"當作"衆人"是也，今並據正，而讀"有"爲"又"，與"復"字義複未安，有如字讀，"請"下疑脱"者"字。言奈何其欲爲高士君子於天下，而有復信衆人耳目之情者哉？語氣始足。子墨子曰：畢云："舊脱'墨子'二字，以意增。"王闓運云："此'子'曰'中'，舊無'墨子'字，是初本。"若以衆人耳目之請，以爲不足信也，不以斷疑。尹云："'斷'，決也。"不識若昔者三代聖王堯舜禹湯文武者，足以爲法乎？故於此乎自中人以上，皆曰："若昔者三代聖王，足以爲法矣。"若苟昔者三代聖王足以爲法，然則姑嘗上觀聖王之事。昔者武王之攻殷誅紂也，使諸侯分其祭，曰："使親者受内祀，孫云："謂武王克殷，分命諸侯，使主殷祀也。《非攻下篇》云'王既已克殷，成帝之來，分主諸神祀紂先王'是也。受内祀，謂同姓之國，得立祖王廟也。《郊特牲》孔疏引《五經異義》云："古《春秋》左氏説，天子之子，以上德爲諸侯者，得祖所自出。魯以周公之故立文王廟，《左傳》：宋祖帝乙，鄭祖厲王，猶上祖也。"疏者受外祀。"孫云："此謂異姓之國，祭山川四望之屬。《祭統》説周錫魯重祭云：'外祭則郊社是也，内祭則大嘗禘是也。'彼大祀非凡諸侯所得祀，蓋不在所受之列。"故武王必以鬼神爲有，是故攻殷誅紂，"誅"舊作"伐"，王樹枏云："萬曆本作'攻殷誅紂'，與上文一律。"純一案：陸本、唐本同，今據正。使諸侯分其祭。若鬼神無有，則武王何祭之分哉？"之"字舊脱，從曹本補。孫云："'祭'吴鈔本作'祀'。"胡云："《墨子》此篇，叠稱非惟若書之説爲然也，上所舉則周之春秋、燕之春秋之類，此舉聖王之事，其見於書可知，持所云書者，不必皆《尚書》耳。然武王事，既别無春秋，則非經文，亦當爲古《尚書》，説分祭之辭，尤近書體，百篇之中，惜無從考證，豈上祭于畢時事耶？則又《泰誓》佚文矣。"非惟武王之事爲然也，古聖王"古"舊譌"故"，孫云："'故'當爲'古'，下文'古聖王'、'古者聖王'文屢見，可證。"王樹枏云："'故'字與上文義不順，餘同孫校。"純一今並據改。吴摯甫曰："故'聖王'以下，至'古者聖王之爲政若此'，乃是後文脱簡在此，蓋是《甘誓》之文，故曰'非惟若書之説爲然'，上引武王之事，固未引《書》，若非脱簡，則所云若書者，果何書哉？'非惟武王之事爲然也'句下，即接'古者聖王必以鬼神爲有'句，至'以若書觀之則鬼神之有豈可疑哉'句下，乃接此段'故聖王'云云，至'古者聖王之爲政若此'句下，乃接'古曰'云云，蓋'吉日丁卯'以下，'祀社祝之祠'，承此段'立叢社擇祝宗爲文'無疑也。案：吴説此文錯簡是也，今依前後文再三審校，武王克殷，使諸侯分祭爲周事，即《周書》之鬼。後文由《周書》溯《商書》，由《商書》溯《夏書》，層次井然，故以尚者《夏書》，其次'商周之書'云云作結，下接‘且惟昔者虞夏商周三代之聖王’云云，以總説三代聖王之右鬼，具有條理。若以‘昔者虞夏商周三代之聖王’云云，參雜於《周書》之間，則文無秩序矣，當從吴校移正。”其賞也必於祖，其僇也必於社。胡云：“唐《正義》本《甘誓》云：‘用命賞於祖，弗用命戮於社。’《墨子》此文略異。”賞於祖者何也，告分之均也；僇於社者何也，告聽之中也。《晏子·問下七》章云：“中聽則民安。”孫云：“江聲云：‘分之均，謂頒賞平均；聽之中，謂斷辠允當也。’”尹云：“‘中’，公也。”非惟若書之説爲然也，自“古聖王”至此四十六字，與《夏書》文複，疑爲上篇或中篇文之殘存者，當移置篇末另存之。且惟昔者虞夏商周三代之聖王，其始建國營都日，曹本“都”下增“之”字。必擇國之正壇，置以爲宗廟；孫云：“《考工記·匠人》‘營國方九里，左祖右社，前朝後市’，《吕氏春秋·慎勢篇》云：‘古之王者，擇天下之中而立國，擇國之中而立宫，擇宫之中而立廟。’劉逢禄云：‘壇，場，祭壇場也。置，措也。’”必擇木之修茂者，“修”從吴鈔本。立以爲菆社；“社”舊譌“位”，王云：“‘菆’與‘叢’同，‘位’當爲‘社’，字之誤也。《急就篇》‘祠祀社稷叢臘奉’，‘叢’一本作‘菆’。顔師古曰：‘叢，謂草木岑蔚之所，因立神祠。’即此所謂‘擇木之修茂者，立以爲菆社’也。《秦策》‘恒思有神叢’，高注曰：‘神祠，叢樹也。’《吕氏春秋·懷寵篇》曰‘問其叢社大祠，民之所不欲廢者而復興之’，皆其證也。‘置以爲宗廟’，承上‘賞於祖’而言；‘立以爲菆社’，承上‘僇於社’而言。則‘位’爲‘社’字之誤明矣。《史記·陳涉世家》索隱引《墨子》云：‘建國必擇木之修茂者以爲叢位’，則所見本，‘社’字已誤作‘位’，而‘菆’字作‘叢’，則不誤也。”純一今從王校改“位”作“社”。必擇國之父兄慈孝貞良者，以爲祝宗，孫云：“劉云：‘祝，太祝；宗，宗伯也。’”尹云：“‘祝’，祭主贊詞者，《周禮》有大祝、小祝、甸祝、詛祝、宗主、宗廟之官，《書》‘汝作秩宗’，《前漢書·郊祀志》‘使先聖之後，能知山川，敬於禮儀，明神之事，以爲祝；能知四時，犧牲壇場，上下氏姓所出者，以爲宗’。”必擇六畜之腯肥倅，毛以爲犧牲；“腯”上舊有“勝”字，畢讀“倅毛”爲句，云：“‘倅’，‘粹’字假音，作‘倅’異文也。”劉删“勝”字，讀與畢同。顧云：“‘倅’字句。”孫云：“《淮南子·時則訓》云‘視肥臞全粹’，高注云：‘粹，毛色之純也。’又《齊俗訓》云‘犧牛粹毛，宜於廟牲’，此畢所本。依其讀，則‘勝’當爲衍文。但以文例校之，似顧讀爲長。《周禮·小宗伯》‘毛六牲’，鄭注云：‘毛，擇毛也。’《牧人》‘凡陽祀，用騂牲毛之；陰祀用黝牲，毛之’，注云：‘毛之，取純毛也。’”純一案：句當從畢讀，“勝”形近“腯”，因譌而衍，從劉校删。孫同顧讀，斷“毛以爲犧牲”爲句，引《周禮》鄭注

“毛，擇毛也”爲證，不知擇毛之義，已包括於必擇六畜中，若以既擇六畜後，又專擇毛色，殊不塙，不可從。珪璧琮璜，畢云：“‘琮’舊作‘璜’，本如此。”孫云：“吴鈔本不誤。”純一案：陸本、唐本“琮”並作“宗”。稱財爲度；尹云：“《周禮·大宗伯》：‘以蒼璧禮天，以黄琮禮地，以青圭禮東方，以赤璋禮南方，以白琥禮西方，以玄璜禮北方。’”必擇五穀之芳黄，以爲酒醴粢盛，故酒醴粢盛，與歲上下也。孫云：“《逸周書·糴匡篇》云：‘成年穀足，賓祭以盛，年饑，舉祭以薄，大荒，有禱無祭，祭以薄資，即與歲上下之法。’”故古聖王治天下也，必先鬼神而後人者，此也。“必”上舊衍“故”字，從王樹枏校删，曹本同。案：鬼神非他，性體之功用也，不明性道，縱令有德，亦屬有漏，決不能厚利天下。故曰：官府選効，孫云：“《廣雅·釋詁》云：‘效，具也。’効，俗‘效’字。”必先鬼神，“鬼神”二字舊脱，從王樹枏校補。祭器祭服，畢藏於府，祝宗有司，畢立於朝，尹云：“‘立’，位也。”犧牲不與昔聚羣。孫云：“此言祭牲當特繫，不與常時所畜羣聚耳。《周禮·充人》云：‘掌繫祭祀之牲牷，祀五帝，則繫于牢，芻之三月。享先王亦如之。凡散祭祀之牲，繫于國門使養之。’是也。”故古者聖王之爲政若此。以上舉三代建國爲政之敬事，總證聖王右鬼。古者聖王必以鬼神爲，王云：“‘爲’下當有‘有’字，而今本脱之。‘必以鬼神爲有’見上文。其下仍有脱文，不可考。”王本從之，曹本作“必以鬼神爲其務”。其務鬼神厚矣。又恐後世子孫不能知也，故書之竹帛，畢云：“《文選》注引作‘以其所獲書於竹帛’。”傳遺後世子孫。或恐其腐蠹絶滅，“或”舊作“咸”，王引之云：“‘咸’字文義不順，當是‘或’字之誤。言或恐竹帛之腐蠹絶滅，故又琢之盤盂鏤之金石也。”純一今據改。後世子孫不得而記，故琢之盤盂，鏤之金石，以重之。有恐後世子孫孫云：“‘有’吴鈔本作‘又’，字通。”王樹枏校同。不能敬莙以取羊，畢云：“言敬威以取祥也。”孫云：“《説文》云‘莙，讀若威’，又云‘羊，祥也’。秦漢金石，多以‘羊’爲‘祥’。”純一案：“威”通“畏”。《書·皋陶謨》“天明畏自我民明威”，蓋人心無忌憚，禍機之隱伏無限，必資敬畏，則性體漸明，而物我俱利矣。故先王之書，聖人之言，舊脱“之言”二字，從王校補。一尺之帛，一篇之書，語數鬼神之有也，尹云：“‘語數’猶云‘數語’。”重有重之。王云：“‘有’與‘又’同，孫云：“吴鈔本‘有’作‘又’。”此其故何？下文有“也”字。則聖王務之。以上皆墨家立言第一表。今執無鬼者曰：“鬼神者固無有。”則此反聖王之務，尹云：“‘此’，是也。”反聖王之務，則非所以爲君子之道也。聖王之所以爲聖王者，在明真常之性，以利人事，鬼神者，性道之迹也，故反聖王之務，則無敬天愛人之心，不得爲君子。

今執無鬼者之言曰："先王之書，聖人之言，四字舊作"慎無"二字，王云："'慎無'二字，義不可通，'慎無'當爲'聖人'。上文曰'故先王之書，聖人一尺之帛，一篇之書'，是其證。"純一案：此全承上文重言之，"聖人"下亦當有"之言"二字，今仍據王校補。一尺之帛，一篇之書，語數鬼神之有，重有重之，孫云："'重'下'有'字亦讀爲'又'。"畢云："'重有重'下，舊有'亦何書'三字，衍文。"亦何書有之哉？"有之"舊倒，孫云："吴鈔本'之有'二字倒。"純一案："此執無鬼者"，反對有鬼神者之言，而詰問之，謂如"爾言先王之書"等等，"語數鬼神之有，重又重之，亦何書有之哉？"下文《周書·大雅》有之，正承此而言，吴鈔本是，王校亦作有之，今據乙。子墨子曰：《周書·大雅》有之。孫云："古者詩、書多互偁，吴鈔本無'大雅'二字。"《大雅》曰："文王在上，於昭于天。孫云："《大雅·文王篇》文，毛傳云：'在上，在民上也。於，歎辭。昭，見也。'鄭箋云：'文王初爲西伯，有功於民，其德著見於天，故天命之以爲王，使君天下也。崩，謚曰文。"周雖舊邦，其命維新。孫云："毛傳云：'乃新在文王也。'鄭箋云：'大王聿來胥宇，而國於周王迹起矣，而未有天命，至文王而受命。言新者，美之也。'"有周不顯，帝命不時。孫云："毛傳云：'有周，周也。不顯，顯也。顯，光也。不時，時也。時，是也。'鄭箋云：'周之德不光明乎？光明矣。天命之不是乎？又是矣。'"文王陟降，在帝左右。孫云："《墨子》說，文王既死，神在帝之左右。"穆穆文王，令問不已。"孫云："問，吴鈔本作'聞'。穆穆，《毛詩》作'亹亹'，'問'作'聞'。毛傳云：'亹亹，勉也。'鄭箋云：'勉勉乎不倦，文王之勤用明德也。其善聲聞日見，稱歌無止時也。'"若鬼神無有，則文王既死，彼豈能在帝之左右哉？此吾所以知《周書》之鬼也。且《周書》獨鬼，而《商書》不鬼，則未足以爲法也。然則姑嘗上觀乎《商書》，曰："嗚呼！古者有夏，方未有禍之時，百獸貞蟲，孫云："'貞'當爲'征'之叚字，乃動物之通稱，說詳《非樂上篇》。"純一案：陸本、唐本"蟲"並作"虫"。允及飛鳥，王引之云："允，猶以也，言百獸貞蟲以及飛鳥也。以與用同義，故允可訓爲用，亦可訓爲以。《說文》曰：'允，从儿，㠯聲。'㠯、用、允，一聲之轉耳。"莫不比方。孫云："《莊子·田子方篇》云：'日出東方而入於西極，萬物莫不比方。'案：'比方'猶言順道也。《易·比》彖傳云：'比，下順從也。'《樂記》

‘樂行而民鄉方’，鄭注云：‘方，猶道也。’”矧隹人面，畢云：“‘隹’，古惟字，舊誤作‘住’。”江聲説同。王引之云：“古‘惟’字但作‘隹’，古鍾鼎文‘惟’字作‘隹’，《石鼓》文亦然。又夏竦《古文四聲韻》載《道德經》‘惟’字作‘隹’。《墨子》多古字，後人不識，故傳寫多誤。矧惟者，語詞。《康誥》曰‘矧惟不孝不友’，《酒誥》曰‘矧惟爾事服休服采’，皆其證也。《鹽鐵論·未通篇》曰，‘周公抱成王，聽天下，恩塞海内，澤被四表，矧惟人面，含仁保德，靡不得其所’，《後漢書·章帝紀》曰‘訖惟人面，靡不率俾’，並與《墨子》同意。”孫云：“王説是也，顧説同。人面，言有面目而爲人，非百獸貞蟲飛鳥之比也。《國語·越語》：‘范蠡曰：余雖靦然而人面哉，余猶禽獸也。’”尹云：“‘矧’，況也。”胡敢異心？山川鬼神，亦莫敢不寧。蘇云：“二語見《商書·伊訓》，餘略同。”孫云：“《書》僞孔傳云：‘莫，無也。’言皆安之。”若能共允，江聲云：“共讀爲恭。恭，恪也；允，誠也。”隹天下之合，畢云：“‘隹’，舊作‘住’，亦誤。”江、王説同。純一案：《禮·中庸》云“君子篤恭而天下平”，蓋性德淵微，發於至誠，感無不通也。下士之葆。”孫云：“葆、保字通。《詩·大雅·崧高》‘南土是保’，鄭箋云：‘保，守也，安也。’《漢書·天文志》顔注引宋均云：‘葆，守也。’”察山川鬼神之所以莫敢不寧者，以佐禹謀也。“禹謀”舊倒，文義不順，今校乙。曹云：“言鬼神皆輔佐禹之詒謀也。”胡云：“唐《正義》本伊訓云：‘曰：嗚呼！古有夏先后，方懋厥德，山川鬼神，亦莫不寧，曁鳥獸魚龟咸若。’此僞《古文》全依《墨子》而删削之。毛氏奇齡《古文冤詞》稱賈誼《新書·君德篇》引《靈臺詩》亦曰‘文王之時，德及鳥獸，洽於龜鼈咸若’，此賈自釋詩，僞《古文》蓋用賈生之詞，襲《墨子》之義，以售其僞於不覺耳。”此吾所以知《商書》之鬼也。孫云：“《商書》舊本作‘商周’，王、蘇據上文改是也，今從之。且《商書》獨鬼，而《夏書》不鬼，《商書》舊本作《禹書》，王、蘇據上文改，孫從之。則未足以爲法也。然則姑嘗上觀乎《夏書》，《禹誓》曰：畢云：“此《孔書·甘誓》文，文微有不同。《書序》云：‘啓與有扈戰於甘之野，作《甘誓》。’與此不同。而《莊子·人閒世》云‘禹攻有扈’，《吕氏春秋·召類》云‘禹攻曹魏、屈鶩、有扈，以行其教’，皆與此合。”孫云：“《吕氏春秋·先己篇》云‘夏后柏啓與有扈戰於甘澤而不勝’，是《吕覽》有兩説。或禹、啓皆有伐扈之事，故古書或以《甘誓》爲《禹誓》與？《説苑·政理篇》云：‘昔禹與有扈氏戰，三陳而不服。禹於是修教三年，而有扈氏請服。’説亦與此合。”胡云：“或有扈之國，屢易君而屢叛。《莊子·人間世篇》云：‘禹攻有扈，國爲虚厲，則禹時已亡，啓時反叛。’”“大戰於甘，孫云：“《尚書釋文》引馬融云：‘甘，有扈南郊地也。甘，水名，今在鄠縣西。”畢云：“其地在今陝西鄠縣。”王乃命左右六人，下聽誓於中軍，孫云：“孔書云：‘乃召六卿’，《詩·棫樸》正義引鄭康成云：‘六卿者，六軍之將。’僞孔傳云：‘天子六軍，其將皆命卿。’孫星衍云：“鄭注《周禮·大司馬》云‘天子六軍，三三而居一偏’，賈誼《新書》云‘紂將與武王戰，紂陳其卒，左臆右臆’，是天子親征，王爲中軍，六卿左右之也。”純一案：“下”字疑涉上“六”字草書而衍，當删。曰：有扈氏，孫云：“《史記》正義云：‘《地理志》，鄠縣，古扈國，有户亭。《訓纂》云：扈、户、鄠三字，一也，古今字不同耳。’《尚書釋文》云：‘有扈，國名，與夏同姓。馬云：姒姓之國，爲無道者。’《漢書·地理志》云：‘右扶風鄠縣古扈國，夏啓所伐者也。’案：即今陝西鄠縣。”威侮五行，怠棄三正，孫云：“《尚書釋文》引馬融云：‘建子、建丑、建寅，三正也。’《史記·夏本紀》集解引鄭康成云：‘五行，四時盛德所行之政也。威侮，暴逆之。三正，天地人之正道。’僞孔傳云：‘五行之德，王者相承所取法，有扈與夏同姓，恃親而不恭，是則威虐悔慢五行，怠惰棄廢天地人之正道，言亂常。’王引之謂《書》及此‘威’字，並當爲‘烕’之誤。烕者，蔑之叚借字，亦通。”尹云：“《楚語》‘堯有丹朱，舜有商均，夏有觀扈，周有管蔡，以觀扈皆夏同姓者’，《淮南子·齊俗訓》‘昔有扈氏爲義而亡’。高誘注云：‘有扈，夏啓之庶兄也，以堯舜舉賢禹獨與子，故伐啓，啓亡之。’則不知所據何書矣。”天用勦絶其命。畢云：“勦字同剿。”孫云：“僞孔傳云：‘勦，截也。’‘截絶’謂‘滅之’。案：勦當从刀，舊本从力，誤。唐石經《尚書》亦譌‘勦’，《説文·刀部》云，‘剿，絶也’，引《書》作‘剿’。”有曰：孫云：“‘有’讀爲‘又’。”日中，今予與有扈氏争，一日之命，胡云：“誓師尅期。”且爾卿大夫庶人，予非爾田野葆士之欲也，“士”當作“土”，上文“下土之葆”可證。孫云：“孔書無此三十二字。”孫星衍云：“墨子所見古文《書》與今本異，或脱簡，或孔子所删也。葆同保。鄭注《月令》云：‘小城曰保。’俗作堡。言不貪其土地人民。”予共行天之罰也。孫云：“‘共’，吴鈔本作‘恭’。孔書云，‘今予惟恭行天之罰’，僞孔傳云：‘恭，奉也。’《史記·夏本紀》‘恭’亦作‘共’，與此同。《吕氏春秋·先己篇》高注引《書》作‘龔’。”孫星衍云：“‘恭’當作‘龔’。《説文》：‘龔，慤也。’言謹行天罰。”左不共于左，右不共于右，孫云：“《史記》集解引鄭康成云：‘左，車左；右，車右。’共，孔書並作‘攻’。又首句下多‘汝不恭命’四字，《史記·夏本紀》亦無。孔傳云：‘左，車左，左方主射。攻，治也，治其職。右，車右，勇力之士，執戈矛以退敵。’”若不共命；孫云：“孔書亦作‘汝不恭命’。《考工記》鄭注云：‘若猶女也。’段玉裁云：“《墨子》作‘共’，其義蓋亦訓供奉，如

《粊誓》'無敢不共'也。" 御非爾馬之政，若不共命。行正命命命命韻，孫云："孔書作'御非其馬之正，汝不恭命。'傳云：'御以正馬爲政，三者有失，皆不奉我命。'《史記·夏本紀》'正'亦作'政'。是以賞于祖而僇于社。"孫云："'于'，舊本並作'於'，今據吴鈔本改，下二句同。賞于祖者何也？言分之均也。"分"下舊衍"命"字，上文"告分之均也"可證，今據删。僇于社者何也？孫云："孔書作'用命賞于祖，弗用命戮于社'。'僇'、'戮'字通。《史記·夏本紀》亦作'僇'。孔傳云：'天子親征，必載遷廟之祖主行。有功則賞祖主前，示不專，又載社主，謂之社。事不用命、奔北者，則戮之於社主前，社主陰，陰主殺，親祖嚴社之義。'" 言聽之中也。舊"聽"下衍"獄"字，"中"譌"事"。王云："'事'，'中'之壞字。中者，平也，與'均'字對文。上文曰'僇於社者何也？言聽之中也'，是其證。"純一今據删正。故古聖王必以鬼神爲能賞賢而罰暴，"爲"下舊脱"能"字，上下文言鬼神之能賞賢罰暴者不一，今據補。是故賞必於祖，而僇必於社，此吾所以知《夏書》之鬼也。故尚者《夏書》，尚者，舊本作"尚書"。王云："《尚書·夏書》，文不成義。尚與上同，'書'當爲'者'。言上者則《夏書》，其次則商周之《書》也。此涉上下文'書'字而誤。"孫據正。其次商周之《書》，語數鬼神之有也，重有重之。孫云："'有'亦讀爲'又'。"此其故何也？疑有脱文。則聖王務之。以若書之説觀之，則鬼神之有，豈可疑哉？以上引夏、商、周《書》，分證聖王右鬼，顯示鬼神之實有，且極明於賞罰，皆墨家立言第一表。

於古曰：孫云："疑有挩字。""吉日丁卯，《詩·小雅·吉日篇》曰"吉日維戊"，又曰"吉日庚午"，取剛日也。此云"吉日丁卯"，蓋取柔日。孫云："周以子卯爲忌日，疑此'卯'當爲'丣'，二字形近而誤。《漢書·翼奉傳》云：'東方之情，怒也。怒行陰賊，亥卯主之，是以王者惡子卯也；西方之情，喜也。喜行寬大，已酉主之，是以王者吉午酉也。'是吉丣之義。"周代祝社方，孫云："'方'，謂秋祭四方地示后土、句芒等也。《詩·小雅·甫田》云'以社以方'，毛傳云：'方，迎四方氣於郊也。'鄭箋云：'秋祭社與四方，爲五穀成熟報其功也。'此'周代祝社方'，疑當爲'用代祀社方'。'周'、'用'，'祀'、'祝'，並形近而誤。"歲於社者考，孫云："'於'，吴鈔本作'于'，又無'者'字。案：'社者'當爲'祖若'。'歲於祖若考'，言薦歲事於祖及考也。《少牢饋食禮》云：'用薦歲事於皇祖伯某。'"曹本改"者"作"若"。以延年壽。"精明之德，交於神明，則嗜慾寡而形神調，年自永矣。《亢倉子·用道篇》云："道德順則鬼神助。”若無鬼神，彼豈有所延年壽哉？此節言敬鬼神能延年。

是故子墨子曰：嘗若鬼神之能賞賢如罰暴也，孫云：“‘嘗若’當作‘當若’，此書文例多如是，詳《尚同中篇》。‘如’，吴鈔本作‘而’。”畢云：“‘如’與‘而’音義同。”曹本作“當若鬼神之能賞賢而罰暴也。”純一案：善自獲福，惡自敗亡，鬼神之賞罰，皆本心現行之自果也。蓋本施之國家，施之萬民，實所以治國家、利萬民之道也。孫云：“吴鈔本‘治利’二字互易。”純一案：舊有“若以爲不然”五字。王云：“此五字隔斷上下文義，蓋涉下文而衍，今據刪。”是以吏治官府之不絜廉，孫云：“‘絜’舊本作‘潔’，今據吴鈔本改，下並同。男女之爲無别者，有鬼神見之；“有”字舊脱，據下文增。民之爲淫暴寇亂盜賊，以兵刃毒藥水火，退無罪人乎道路，“退”，止也，本王樹枏説。奪人車馬衣裘以自利者，有鬼神見之。畢云：“‘見’舊作‘現’，非。”孫云：“吴鈔本作‘見’，不誤。”是以吏治官府不敢不絜廉，見善不敢不賞，見暴不敢不罪。民之爲淫暴寇亂盜賊，以兵刃毒藥水火，退無罪人乎道路，奪人車馬衣裘以自利者，“人”字舊脱，據上文增。由此止。舊有“是以莫放幽閒擬乎鬼神之明顯明有一人畏上誅罰”二十一字，孫從戴校刪。是以天下治。以上爲墨家立言第三表。故鬼神之明，不可爲幽閒廣澤、山林深谷，“爲”、“謂”古通用。鬼神之明必知之。世間凡夫，不知自性與鬼神通，故藉鬼神以警之，使内生明也，以上言敬鬼神，則吏治潔廉，民不淫暴。

鬼神之罰，不可爲富貴衆强“爲”畢本作“恃”，注云：“舊脱此字，一本有。”王云：“‘不可’下一字，乃‘爲’字，非‘恃’字也。下文曰‘此吾所謂鬼神之罰，不可爲富貴衆强、勇力强武、堅甲利兵者，此也’，文凡兩見，是其明證矣。上文曰‘鬼神之明，不可爲幽閒廣澤、山林深谷，鬼神之明必見之’，與此文同一例。‘不可爲富貴衆强’云云，猶孔子言仁不可爲衆也。其一本作‘不可恃’，‘恃’字乃後人以意補之，與上下文不合。”孫從王校改。勇力强武、堅甲利兵，鬼神之罰必勝之。若以爲不然，昔者夏王桀《太平御覽》八十二引作“昔夏桀”。貴爲天子，富有天下，上詬天侮鬼，下殃殺天下之萬民，“殺”舊譌“傲”，從王校正，下同。祥上帝伐元山帝行，孫云：“‘伐’吴鈔本作‘代’。‘山帝’疑亦當爲‘上帝’。”曹云：“‘祥’字乃‘佯示’二字誤合爲一，‘佯示上帝’，言僞稱天命也。晚出古文《書》所云‘矯誣上天以布命于下’是也。”純一案：此文疑本作“佯代上帝，危上帝行”。《晏子春秋·外下》十三章“詳問詳對”，“詳”、“佯”同，此“祥”同“詳”，危謂毁敗。《管子·禁藏》“吏不敢以長官威嚴危其命”注，言桀佯代上帝，作毁敗上帝之行，即矯誣上帝以布命於下義。今本“代”譌“伐”當從吴鈔本正，又倒置“帝”下，“佯”叚“祥”爲之，“危”譌“元”，“上”譌“山”，遂不可通。故於此乎天乃使湯至明罰焉。畢云：“‘至’同‘致’。”湯以車九兩，孫云：“《周禮·夏官·敘官》云：‘二十五人爲兩。’古者兵車一兩卒二十五人，九兩止二百二十五人，於數太少，殆非也。此‘九兩’疑當作‘九十兩’。《吕氏春秋·簡選篇》云：‘殷湯良車七十乘，必死士六千人。’數略相近。”鳥陳鴈行，孫云：“《六韜·鳥雲澤兵篇》有鳥雲之陳，云：‘所謂鳥雲者，鳥散而雲合，變化無窮者也。’”尹云：“鳥陳雁行，皆陣名。《太白陰經》曰：‘黄帝設八陣，鳥雲，鳥翔火也；雁行，鵝鶴天也。’《洛書·兵鈐》有鳥翔陣，《韓非子·存韓》‘先爲雁行以攻關’。”湯乘大贊，俞云：“‘湯乘大贊’，即《書序》所謂‘升自陑’者，枚傳云‘湯升道從陑，出其不意’，是也。《吕氏秦秋·簡選篇》亦云‘登自鳴條’。蓋湯之伐桀，必由閒道，從高而下，故《書序》言‘升’，《吕覽》言‘登’，《墨子》言‘乘’，乘即升也，登也。《詩·七月篇》毛傳曰：‘乘，升也。’襄二十三年《左傳》杜注曰：‘乘，登也。’升陑、登鳴條，皆以地言，則‘乘大贊’亦必以地言，但不能知其所在耳。”犯遂下衆人之螭遂，孫云：“疑當作‘犯逐夏衆，入之郊遂’，‘逐’、‘遂’形誤。‘夏’、‘下’，‘螭’、‘郊’聲誤。”歐陽云：“玩上文‘乘’字，是由間道從高而下。則犯遂下，當作‘遂下犯’，下‘遂’字是‘逐’誤，應作‘逐衆人之螭’，‘螭’必地名，蓋倒置‘犯’字於‘遂下’上，又誤‘逐’爲‘遂’，置於‘之螭’下也。王乎禽推哆、大戲。“推哆”、“大戲”，桀二臣名。畢云：“‘乎禽’當爲‘手禽’，或云‘乎’同‘呼’。”王樹枏云：“‘王’當爲‘生’字之誤，‘乎禽’應作‘禽乎’，二字誤倒，則義不可通。下文亦應作‘生禽乎費仲惡來’。”純一案：王校義長。尹云：“‘禽’，獲也。”故昔者夏王桀“者”字舊脱，從孫校補，與上文一律。貴爲天子，富有天下，有勇力之人，畢云：“舊脱‘力’字、‘人’字，據《太平御覽》增。”推哆、大戲，孫云：“《晏子春秋·内篇諫上》云：‘推侈大戲，足走千里。手裂兕虎。’”生列兕虎，“生列”舊作“主别”，畢云：“《太平御覽》引作‘生捕’。”王云：“本作‘生列兕虎’，‘𠚻’古分列字，即今‘裂’字。《説文》‘𠚻，分解也’，‘裂，繒餘也’，義名不同。今分列字皆作‘裂’，而‘列’但爲行列字矣。鈔本《御覽·皇王部七》引《墨子》作‘生裂兕虎’，故知今本‘主别’爲‘生列’之譌。刻本作‘生捕’者，淺人以意改耳。”孫據正。劉云：“《路史·夏紀》注正引作‘生裂兕虎’。”指畫殺人，《御覽》八十二又三百七十又三百八十六共三引並同，足證下文“寡”字之誤。人民之衆兆億，侯盈厥澤陵，孫云：“《詩·周頌·下武》毛傳云：‘侯，維也。’”然不能以此圉鬼神之誅。孫云：“‘圉’、‘禦’字通。《詩·大雅·桑柔篇》‘孔棘我圉’，鄭箋云：‘圉當作禦。’”純一案：《書·太甲》曰：“自作孽不可逭。”此吾所謂鬼神之罰，不可爲富貴衆强、勇力强武、堅甲利兵者，此也。且不惟此爲然，昔者殷王紂《御覽》八十三引無“者”字。貴爲天子，富有天下，上詬天侮鬼，畢云：“《御覽》引作‘上訶天侮鬼神’。”下殃殺天下之萬民，播棄黎老，孫云：“僞古文《書·泰誓》云：‘播棄犂老’，孔傳云：‘鮐背之耈稱犂，布棄不禮敬。’山井鼎《七經》、《孟子考文》，引古本《書》‘犂’作‘黎’，與此同。孔疏云：孫炎曰：‘耈面凍，梨色似浮垢也。’然則老人面色似梨，故稱梨老。《傳》以‘播’爲‘布’，布者，徧也。言徧棄之不禮敬也。’《方言》云：‘梨，老也，燕代之北鄙曰梨。’”王引之云：“黎老者，耇老也。古字‘黎’與‘耇’近，《尚書》‘西伯戡黎’，《釋文》：‘《大傳》黎作耇。’是其例也。”賊誅孩子，孫云：“‘誅’，吴鈔本作‘殺’。《説文·口部》云：‘咳，小兒笑也。’古文作‘孩’。此謂紂誅殺小兒也。”焚炙無罪，“楚炙”舊作“楚毒”，王云：“本作‘焚炙’。此因‘焚’誤爲‘楚’，則‘楚炙’二字，義不可通，後人不得其解，遂以意改爲‘楚毒’耳。‘焚炙’，即所謂炮烙之刑也。‘焚炙’、‘刳剔’，皆實有其可指之刑，若改作‘楚毒’，則不知爲何刑矣。《北堂書鈔·政術部十五》出‘楚炙無罪’四字，注曰：‘《墨子》云殷紂焚炙無罪’，則《墨子》之本作‘焚炙無罪’甚明。僞古文《泰誓》‘焚炙忠良，刳剔孕婦’，即用《墨子》而小變其文。’”孫云：“王説是也。《泰誓》僞孔傳云：‘忠良無罪焚炙之。’孔疏云：‘焚、炙，俱燒也。’”純一今據改。刳剔孕婦。孫云：“僞古文《書·泰誓》同，‘孔傳’云：‘懷子之婦，刳剔視之。’孔疏云：‘刳剔，謂割剥也。皇甫謐《帝王世紀》云‘紂剖比干妻，以視其胎’，即引此爲刳剔孕婦也。”庶舊鰥寡，號咷無告也。尹云：“‘庶舊’，謂衆故舊，若微子、箕子、比干之屬。”孫云：“《太玄經》范注云：‘號咷，憂聲也。’”故於此乎天乃使武王至明罰焉。武王以擇車百兩，孫云：“‘擇車’，猶《吕氏春秋》云‘簡車’、‘選車’。《説文·手部》云：‘擇，柬選也。’”虎賁之卒四百人，孫云：“《逸周書·克殷篇》云‘周車三百五十乘，陳於牧野。王既誓，以虎賁戎車馳商師’，孔注云：‘戎車三百五十乘，則士卒三萬一千五百人，有虎賁三千五百人也。’《書敘》云‘武王戎車三百兩，虎賁三百人，與受戰於牧野’，《孟子·盡心篇》云‘武王之伐殷也，革車三百兩，虎賁三千人’，《史記·周本紀》云，‘遂率戎車三百乘，虎賁三千人，甲士四萬五千人’，《風俗通義·三王篇》引《尚書》‘武王戎車三百兩，虎賁八百人，禽紂於牧之野’，《吕氏春秋・簡選篇》云‘武王虎賁三千人，簡車三百乘，以要甲子之事於牧野，而紂爲禽’，《貴因篇》作‘選車三百，虎賁三千’。案：諸書所言，數並差異，未知孰是。”先庶國節窺戎，洪云：“《史記・周本紀》‘乃告司馬司徒司空諸節’，集解‘馬融曰：諸受符節有司也’。庶節即諸節，窺戎即觀兵，此當本於《尚書・泰誓篇》。”與殷人戰乎牧之野。王乎禽費中、王樹枏云：“‘王乎禽’，當作‘生禽乎’。”孫云：“‘乎’亦當爲‘手’。《史記・殷本紀》‘紂用費中爲政’，正義云：‘費，姓；仲，名也。”畢云：“中讀如仲。”惡來，孫云：“見《所染篇》。”衆畔皆走。“畔”吴鈔本作“叛”，“皆”舊譌“百”，從王引之校正，曹本同。武王遂奔入王宫，“遂”舊譌“逐”，下“王”字脱，今據《太平御覽》八十三引正補。尹云：“《逸周書・克殷》：‘商辛奔内，登於鹿臺之上，屏遮而自燔於火。’武王先入，適王所，乃克射之，三發而後下車，即此所謂入宫者。”萬年梓株，折紂而出，歐陽云：“武王奔入王宫時，紂已畏避萬年老梓樹中，遂擘折其株，牽紂而出，繫之赤轘也。”純一案：如歐陽説，當作“折萬年梓株而出紂”。繫之赤環，“出”字舊脱，鮑刻《御覽》八十三，引作“誓紂而出，擊之赤環”。畢云：“《御覽》引作‘折紂而出’，‘環’作‘轘’，是，言繫之朱輪。”蓋所見本不同，今據增“出”字，曹本同。孫云：“《荀子・解蔽篇》云‘紂縣於赤旆’，《正論篇》云‘縣之赤旂’，並與此異。”純一案：楊倞注云：“《史記》武王‘斬紂頭，縣之大白旗’。《六韜》云：‘武王伐紂，縣紂之首於白旗。’《荀子》云：‘赤旆赤旂，所傳聞異也。’”劉云：“畢云：‘《御覽》引‘環’作‘轘’是，言繫之朱輪。今考《史記・龜策》轉載宋元王語述紂事云：‘身死不葬，頭縣車軫，四馬曳行。’或即此事，自以作轘爲長。”載之白旗，孫云：“《逸周書・克殷篇》云：‘武王入適王所，擊之以輕吕，斬之以黄鉞，折縣諸太白。’孔注云：‘折絶其首。’”以爲天下諸侯僇。故昔者殷王紂貴爲天子，富有天下，有勇力之人費中、畢云：“《御覽》引作‘仲’。”惡來、崇侯虎，孫云：“見《所染篇》。”指畫殺人，“畫”舊譌“寡”，據《御覽》正，詳前。人民之衆兆億，侯盈厥澤陵，然不能以此圉鬼神之誅。此吾所謂鬼神之罰，不可爲富貴衆强、勇力强武、堅甲利兵者，此也。湯武之誅桀紂，非湯武能誅之，蓋湯武之仁心，通乎鬼神者，不忍萬民之塗炭，不得不誅之，是猶鬼神誅之，實則鬼神不能誅之，乃桀紂不明乎自然之道不可違（《陰符經》），自作惡業自誅之。以上言桀紂不能圉鬼神之誅。

且禽艾之道之曰：翟灝云：“《逸周書・世俘解》有禽艾侯之語，當即此‘禽艾’。”王本無下“之”字，蓋刪去。“得幾無小，“幾”舊作“璣”，從《吕覽》正，胡校同。蘇云：“《禽艾》蓋逸《書》篇名。《吕覽·報更篇》云‘此《書》之所謂德幾無小者也’，‘得璣’與‘德幾’，古字通用。”孫云：蘇説是也。《説苑·復恩篇》云‘此《書》之所謂德無小者也’，疑即本此。今《書》僞古文《伊訓》亦云‘惟德罔小’。”純一案：《書》云：“惟德罔小，萬邦惟慶，不德罔大，墜厥宗。”義與此同。滅宗無大。”則此言鬼神之所賞，無小必賞之；鬼神之所罰，無大必罰之。

今執無鬼者曰：意不忠親之利而害爲孝子乎？“忠”、“中”同。子墨子曰：古今之爲鬼舊作“古之今之”，王樹枏云：“上‘之‘字衍，萬曆本無。”孫校同，今據刪。非他也，有天鬼孫云：“疑當有‘神’字。《周禮·大宗伯》‘天神、地示、人鬼’，此則天神地示總曰鬼神，散文得通也。”亦有山水鬼神者，亦有人死而爲鬼者。“鬼”下亦當有“神”字。曹云：“此分天神地示人鬼之别也。”今有子先其父死，弟先其兄死者矣，意雖使然，畢本“使”作“死”，云：“一本作‘使’。”孫云：“《道藏》本、吴鈔本並作‘使’，今從之。”歐陽云：“‘雖’當作‘誰’，形誤。”然而天下之陳物，王闓運云：“‘陳物’，故事常理。”曰先生者先死。若是，則先死者非父則母，非兄而姒也。孫云：“《爾雅·釋親》云：‘女子同出，謂先生爲姒，後生爲娣。長婦謂稚婦爲娣婦，娣婦謂長婦爲姒婦。’”王引之云：“而猶則也。”今絜爲酒醴粢盛，孫云：“‘絜’，《道藏》本作‘潔’，即‘絜’之俗。”以敬慎祭祀。若使鬼神請有，“請”畢本改“誠”，云：“舊作‘請’，一本如此，下依改。”孫云：“《道藏》本、吴鈔本並作‘請’，此篇多以‘請’爲‘誠’，詳前。”是得其父母姒兄而飲食之也，豈非厚利哉？若使鬼神請亡，孫云：“‘亡’、‘無’通。”是乃費其所爲酒醴粢盛之財耳。自夫費之，孫云：“‘自’當爲‘且’。”尹云：“自猶溯也。”非直注之汙壑而棄之也，舊無“非”字，“直”作“特”。畢云：“一本作‘非直注之’。”蘇云：“‘特’字上當有‘非’字。”俞云：“一本作‘非直注之’，是也。直、特固得通用，而‘非’字則必當有。墨子蓋謂非空棄之而已，且可以合驩聚衆也。今脱‘非’字，則義不可通。下文正作‘非直注之汙壑而棄之也’，當據補。”孫從蘇、俞校補“非”字，曹本、王本、尹本，並作“非直”，今從之。尹云：“水淺不流曰汙。”内者宗族，外者鄉里，皆得如具飲食之。“如”曹本改“而”，王闓運注“而”。孫云：此謂祭祀與兄弟賓客爲獻酬。又《詩·小雅·湛露》孔疏引《尚書大傳》云‘燕私者，祭已，而與族人飲’，亦是也。《國語·楚語》云：‘日月會于龍豬，家于是乎嘗祀，百姓夫婦，擇其令辰，以昭祀其先祖。於是乎合其州鄉朋友婚姻，比爾兄弟親戚。’是祭祀并燕州鄉朋友等，即此所云宗族、鄉里也。”雖使鬼神請亡，“請”畢本作“誠”，《道藏》本、吴鈔本如此，下並同。此猶可以合驩聚衆，孫云：“‘驩’吴鈔本作‘歡’，下同。”取親於鄉里。今執無鬼者言曰：“鬼神者固請無有，“請”，畢本作“誠”。是以不共其酒醴粢盛犧牲之財。尹云：“共供。”吾非乃今愛其酒醴粢盛犧牲之財乎？孫云：“吴鈔本挩‘非’字，又‘今’在‘乃’上，以文義校之，疑當在‘吾’上，‘今吾’語前後屢見。”純一案：吴本“今”在“乃”上是也，此“非”字衍，當據吴本删。作：“吾今乃愛其酒釀粢盛犧牲之財乎？”言吾今豈愛其酒醴粢盛犧牲之財乎，誠以鬼神無有，無所用其祭也。其所得者臣將何哉？”孫云：“‘臣’字誤。畢云：“一本無此字。”純一案：“臣”當爲“㠯”，形似而譌，又由“何”下倒著“將”上，遂不可通。此文本作“其所得者，將何㠯哉？”“㠯”今作“以”，言實無鬼神，雖祭亦何所得哉。此上逆聖王之書，内逆仁人孝子之行，“仁”舊作“民”，從曹本改。而欲爲上士於天下，“欲”字舊脱，從曹本補。此非所以爲上士之道也。舊脱“之”字、“也”字。王云：“上文曰‘則非所以爲君子之道也’，與此文同一例。”孫據補。是故子墨子曰：今吾爲祭祀也，非直注之汙壑而棄之也，上以交鬼神之福，舊脱“神”字，從蘇校補。曹云：“‘之’，致也。言交乎神明以致福也。”下以合驩聚衆，取親乎鄉里。若鬼神誠有，舊作“若神有”。王樹枏云：“當作‘若鬼神請有’，此是複舉上文之詞。”孫説同，今從之。則是得吾父母兄姒而食之也。兄姒舊作弟兄、從俞校改。義見上文。則此豈非天下利事也哉。是故子墨子曰：今天下之王公大人士君子，中實將欲求興天下之利，除天下之害，當若鬼神之有也，將不可不尊明也，孫云：“‘尊明’，謂尊事而明著之以示人也，即明鬼之義。”聖王之道也。墨子右鬼，欲人敬慎以存性，自利利他也。

李云：“我有鬼神説與此合，果信鬼神，其誰敢不力於爲善乎？”

曹云：“明鬼之説與上卷《天志》三篇之旨，大略相同，蓋亦所以明‘兼愛’之旨也。天者，人之所以資始，鬼神者，天心之所發見而佐天以臨人者也。人爲萬物之靈，鬼神實鑒監之，故爲害於人者，鬼必禍之，利於人者，鬼必福之。上卷云‘殺一不辜必有一不祥’，此篇尤詳引而申釋之，是以聖人兼愛天下之人，故爲鬼神所憑依，而爲宗廟社稷山川百靈之主。其次則畏罪而强仁，明乎鬼神之不可欺，不可犯，則亦足以潛消逆亂之志，而生其孝敬之心。明鬼一説，所以助顯天地之心，而隱輔國家之政教者，其爲益也大矣。篇末之説，蓋慮人以其‘節用’之説，還以相稽，故特明其有益於死生而非爲妄費，救時之心，於是爲切矣。又按：莊子稱墨子好學而博不異，謂其博物洽聞，而不爲怪誕之説也。《明鬼篇》歷紀鬼神之事，近於幽渺，而其曰‘近者莫不見，遠者莫不聞’，著在史書，則亦必當時耳目衆著之事，墨子乃稱引之耳。多聞擇善而從之，多見而識之，不語怪力亂神，此孔、墨之所同者歟?”

非樂上第三十二

孫云：“《荀子·富國篇》楊注云：‘墨子言樂無益於人，故作《非樂篇》。”純一案：墨家務勞於爲人，儉於自奉，盡性以蘇天下之困，故日夜不休，自苦爲極，以備世之急，不容正長厚措斂乎萬民，虧奪民衣食之財以自養，以爲樂不能食飢衣寒息勞止亂，且耗財廢時，奢靡成性，使舉國上下不能賴其力以生，而飢而寒而亂，殊背大禹形勞天下之恉，故力非之。蓋憫當時社會文勝之極敝，挺身與抗，而欲反之質也。《淮南子·主術訓》曰：“及至亂主，取民則不裁其力，求於下則不量其積，男女不得事耕織之業，以供上之求，力勤財匱，君臣相疾也。故民至於焦脣沸肝，有今無儲，而乃始撞大鐘、擊鳴鼓、吹竽笙、彈琴瑟，是猶貫甲冑而入宗廟，被羅紈而從軍旅，失樂之所由生矣。”可爲墨氏“非樂”之塙詁，荀卿因墨子“非樂”，作《樂論》以敵之，蓋尚質、尚文異趣也。《老子》曰：“五音令人耳聾。”《莊子·駢拇篇》曰：“多於聰者，亂五聲，淫六律，金石絲竹黄鐘大吕之聲非乎？而師曠是已。”又《繕性篇》曰：“禮樂徧行則天下亂。”此道家“非樂”之證也。近世講勞農主義者，粗迹略似墨家，而絶無其惔然無欲惡之神理，不足比擬。又講實利主義者，注重物質之發展以資生，迹亦相類，然墨之爲道，正以苦行塗郤守神（《莊子·天運》），則非所及知矣，此亞化所以優秀也。尹云：“《管子·禁藏》：‘夫明王不美宫室，非喜小也；不聽鐘鼓，非惡樂也，爲其傷於本事而妨於教也。’然則‘非樂’之説，倡於管子，墨特因而發明耳。《淮南子》曰：‘墨子非樂，不入朝歌。’尸子曰：‘繞梁之鳴，許史鼓之，非不樂也。而墨以爲傷義，故不聽也。’均因墨有《非樂篇》而云然，實則非樂，不自墨始也。”

子墨子言曰：仁者之事，舊作“仁之事者”，王樹枏云：“萬曆本作‘仁者之事’。”純一今據乙，孫校同。必務求興天下之利，除天下之害，將以爲法乎天下。利人乎即爲，不利人乎即止。且夫仁者之爲天下度也，非爲其目之所美，耳之所樂，口之所甘，身體之所安，仁者爲天下勤勞，無暇爲自身之耳目口體計。以此虧奪民衣食之財，仁者弗爲也。是故子墨子之所以非樂者，非以大鐘鳴、鼓琴瑟竽笙之聲，孫云："《爾雅·釋樂》云：'大鍾謂之鏞。'《説文·金部》云：'鏄，大鍾淳于之屬。'"以爲不樂也，非以刻鏤文章之色，舊本"文"上衍"華"字，畢云："一本無，今據删。"王本、尹本並同，曹本"華"下增"采"字。以爲不美也，非以犓豢煎炙之味，以爲不甘也，孫云："'犓'吴鈔本作'芻'。《説文·火部》云：'煎，熬也。'《方言》云：'煎，火乾也，凡有汁而乾謂之煎。'"非以高臺厚榭邃宇之居，以爲不安也。"宇"舊作"野"，王引之云："'野'即'宇'字也，古讀野如宇，故與宇通。《周禮·職方氏》'其澤藪曰大野'，《釋文》：'野，劉音與。'與、宇古同音。《楚辭·招魂》'高堂邃宇'，王注曰：'邃，深也；宇，屋也。'《鹽鐵論·取下篇》曰'高堂邃宇，廣廈洞房'，《易林·恒之剥》曰'深堂邃宇，君安其所'，皆其證。若郊野之野，則不得言'邃'，且上與'高臺厚榭'不倫，下與'之居'二字，義不相屬矣。"曹本作"邃宇"，純一今據改。雖身知其安也，口知其甘也，目知其美也，耳知其樂也，然上考之不中聖王之事，下度之不中萬民之利，是故子墨子曰：爲樂非也。今王公大人雖無造爲樂器，王云："雖與唯同。無，語詞也。説見《尚賢中篇》。"以爲事乎國家，非直掊潦水、折壤坦而爲之也，孫云："'折'，舊本譌'拆'，今據《道藏》本、吴鈔本及王校正。'折'當讀爲'擿'，《耕柱篇》云'夏后開使飛廉折金於山川'，此義與彼正同，説詳彼注。'壤'謂土壤，'坦'讀爲'壇'，聲近，叚借字。《韓詩外傳》'閔子曰：出見羽蓋龍旂旃裘，相隨視之，如壇土矣'，《莊子·則陽篇》'觀乎大山，木石同壇'，與此書義並同。'壤壇'，猶言壇土也。墨子意謂王公大人作樂器，非掊取之於水，擿取之於地所能得，故下文即言'將必厚措斂乎萬民'，以爲鐘鼓等也。"俞云："'掊'，《説文·手部》云：'杷也。今鹽官入水取鹽爲掊。'潦水，行潦之水。"將必厚措斂乎萬民，王云："'措'字以昔爲聲，'措斂'與'籍斂'同。"以爲大鐘鳴鼓、琴瑟竽笙之聲。言爲樂是厲民自養。

然則當用樂器，此六字舊在下文"民有三患"上，今從曹本移此。譬之若聖王之爲舟車也，即我弗敢非也。此十六字王校移後，今從曹本仍舊，"譬"吴鈔本作"辟"。古者聖王，亦嘗厚措斂乎萬民，以爲舟車，既已成矣。"已"舊作"以"，據陸本、唐本改，王校同。曰："吾將惡許用之?"王引之云："言吾將何所用之也。《文選·謝朓在郡卧病詩》李注曰：'許猶所也。'許、所聲近而義同。《説文》：'所，伐木聲也。《詩》曰：伐木所所。'今《詩》作'許許'。洪説同。"曰："曰吾將惡許用之曰”八字，疑本在“厚措斂乎萬民”下，“之”字指所斂於民之財言，謂斂於民者何所用之，乃爲舟車以利民，今置以爲舟車既已成矣下，則“之”字指舟車言，豈有不知舟車之用，輒爲舟車之理，故知誤倒，當乙。“舟用之水，車用之陸，君子息其足焉，小人休其肩背焉。”孫云：“‘休’吴鈔本作‘息’，言小人休息其負荷之勞也。”故萬民出財，齎而予之，孫云：“‘予’吴鈔本作‘與’。《周禮·掌皮》云‘歲終，則會其財齎’，鄭注云：‘財，斂財本數及餘見者。齎，所給予人以物曰齎。鄭司農云：齎或爲資。’又《稾人》云‘掌受財于職金以齎其工’，注云：‘齎，給市財用之直。’此謂萬民出財齎，以給爲舟車之費也。”不敢以爲慼恨者，何也？以其反中民之利也。言聖王專爲民興利，故民樂分其所有以相與，欲爲政者，在在如舟車利民也。法儒孟德斯鳩曰：“平國之民多出賦，而復之以所享之自由。”詎知此土，古聖王之民出賦不多，而自由極已。然則樂器反中民之利亦若此，即我弗敢非也。言樂不如舟車利民。

民有三患：飢者不得食，寒者不得衣，勞者不得息，此農家並耕之要旨。三者，民之巨患也。然即當爲之撞巨鐘、王引之云：“即與則同。”孫云：“‘當’、‘嘗’字通。嘗，試也。《文選·東京賦》李注云：‘撞，擊也。’巨，大義同。”擊鳴鼓、彈琴瑟、吹竽笙畢云：“《文選》注引作‘吹笙竽’。”而揚干戚，孫云：“《小爾雅·廣言》云：‘揚，舉也。’”民衣食之財，將安可得乎？王引之《經傳釋詞》“得”下補“而具”二字，云：“安猶於是也，言衣食之財，將於是可得而具也。”純一案：王説未允，安猶何也？言民衣食之財，何可以爲樂而得之，下接即我以爲未必然也，猶言則我以爲未必可得也，語意甚明，下文“將安可得而治與?”與“將安可得乎?”義正相對，是“安不得訓於是”之證。所補“而具”二字，似與“而治”二字相對，詎知“安可得而治”，承“天下之亂”言，故“而治”二字不可少，此承“衣食之財”言，祇云“將安可得乎?”義已足，不必再贅“而具”二字。即我以爲未必然也，意舍此。俞云：“此三字乃承上文而作轉語也。‘意’通作‘抑’，《論語·學而篇》‘抑與之與’，《漢石經》‘抑’作‘意’，是其證也。抑舍此者，言姑舍此弗論，而更論它事也。上文言‘樂之無益於飢者、寒者、勞者’，下文言‘樂之無益於大國攻小國、大家伐小家，而以此三字作轉語’也。”今有大國即攻小國，有大家即伐小家，强劫弱，衆暴寡，詐欺愚，貴傲賤，寇亂盜賊並興，不可禁止也。然即當爲之撞巨鐘、擊鳴鼓、彈琴瑟、吹竽笙而揚干戚，天下之亂也，將安可得而治與？即我以爲未必然也。“以爲”二字舊脱，從俞校據上文補。是故子墨子曰：姑嘗厚措斂乎萬民，陸本“萬”譌“莫”。以爲大鐘鳴鼓、琴瑟竽笙之聲，以求興天下之利，除天下之害，而無補也。是故子墨子曰：爲樂非也。以上言樂不能食飢衣寒止亂。

今王公大人唯毋處高臺厚榭之上而視之，“唯”舊作“惟”，此從吴鈔本。鐘猶是延鼎也，孫云：“‘延鼎’，蓋謂偃覆之鼎。《玉藻》鄭注云：‘延，冕上覆也。’是延有覆義。鐘上弇下侈，與鼎相反，虚縣弗擊，則與鼎偃覆相類。”王闓運云：“埏鼎，鑄鼎土型。”弗撞擊，將何樂得焉哉？其説將必撞擊之。惟勿撞擊，孫云：“勿，語詞。惟勿，猶云唯毋、唯無。”將必不使老與遲者，王云：“‘遲’讀爲‘穉’，遲字本有穉音，遲、穉又同訓爲晚。《廣雅》：‘遲、穉，晚也。’故穉通作遲。”老與遲者，耳目不聰明，股肱不畢强，孫云：“‘畢’，疾也。”聲不和調，明不轉抃。孫云：“‘明’即謂‘目’也。‘抃’舊作‘朴’。”俞云：“‘朴’當作‘抃’，形誤。抃者，變之叚字。《尚書·堯典篇》‘於變時雍’，《孔宙碑》作‘於卞時雍’，即其例也。”純一案：“明”，目精也。俞以“朴”爲“抃”是也，今據改，下同。《莊子·天下篇》“而連犿無傷也”，《釋文》“犿”本亦作“抃”，皆宛轉貌，一云相從之貌，曹本作“轉利”，王本同。將必使當年，王云：“‘當年’，壯年也，當有盛壯之義。《晏子·外篇》曰‘兼壽不能殫其教，當年不能究其禮’，《吕氏春秋·愛類篇》曰‘士有當年而不耕者，女有當年而不績者’，《淮南子·齊俗篇》曰‘丈夫丁壯而不耕，婦人當年而不織’，《管子·揆度篇》曰‘老者譙之，當壯者遣之邊戍’，當壯即丁壯也。丁、當一聲之轉。”因其耳目之聰明，股肱之畢强，聲之和調明之轉抃。“明”舊作“眉”，畢云：“‘眉’，一本作‘明’，今從一本。”使丈夫爲之，廢丈夫耕稼樹藝之時；使婦人爲之，廢婦人紡績織紝之事。《御覽》八百二十六引作“廢紡織績紝之事”。今王公大人唯毋爲樂，“唯”舊作“惟”，孫據吴鈔本改。虧奪民衣食之財舊本譌“時”，孫從王校正，王樹枏校同。以拊樂，如此多也。孫云：“《廣雅·釋詁》云：‘拊，擊也。’”純一案：李選本“也”作“矣”。是故子墨子曰：爲樂非也。言爲樂，廢男女之耕織。

今大鐘鳴鼓、琴竽笙之聲，既已具矣，王公二字從畢校據上文增。大人鏽然奏而獨聽之，畢云：“‘鏽’字《説文》、《玉篇》俱無。”王樹枏云：“‘鏽’當爲‘肅’字之誤。”將何樂得焉哉？其説將必與賤人與君子聽之。下五字舊本作“不與君子”，王樹枏云：“萬曆本作‘其説將必與賤人與君子聽之’。”純一今據增訂。

與君子聽之，廢君子之聽治；“之”字舊脱，據下文補，曹本同。與賤人聽之，廢賤人之從事。今王公大人唯毋爲樂，虧奪民衣食之財以拊樂，如此多也。“民”下舊衍“之”字，據上下文删。是故子墨子曰：爲樂非也。言爲樂，廢君子之聽治與賤人之從事。

昔者齊康公畢云：“案《史記》康公名貸，宣公子，當周安王時。”（畢本作定王誤）孫云：“齊康公與田和同時，墨子容及見其事。但康公衰弱，屬於田氏，卒爲所遷廢，恐未必能興樂如此之盛，竊疑其爲景公之誤。”純一案：齊康公在位二十六年，當十九年爲田氏所遷廢，其昏庸必矣，或常未遷時，恣情興樂，亦無足異，未必爲景公之誤。惟齊康公元年，當楚惠王卒後二十八年，即孔子卒後七十五年，以墨子與楚惠王同時，當生於孔子四十歲以後論（詳《墨子年代考》），知齊康元年，墨子殆百歲上下，未必墨子果有此年，及見康公之即位與興樂。况稱昔者，又不知在興樂後幾何年始書其事，足徵《非樂》諸篇，爲墨子之徒，三家所記，非著自墨子無疑，即知墨子不及見康公之興樂無疑。興樂萬，蘇云：“《太平御覽》‘興樂萬萬人’，作‘有樂工萬人’。愚謂‘萬不可以數言’，當爲‘萬舞之萬’。萬人，猶舞人也，‘興樂萬’，猶興樂舞也，斯於事義爲協。”孫云：“蘇説是也。《周禮・鄉大夫舞師》並云‘興舞’，鄭注云‘興，猶作也’，即此‘興樂萬’之義。”純一案：《御覽》見五百六十五《雅樂下》。萬人不可衣短褐，孫云：“‘短褐’即‘裋褐’之借字。《説文・衣部》云：‘裋，豎使布長襦。’‘褐，粗衣。’《方言》云：‘襜褕，其短者謂之裋褕。’又云：‘複襦，江、湘之間謂之襡。’襡即裋之俗，墨子書此及《魯問》、《公輸》三篇，字並作‘短’。《韓非子・説林上篇》、賈子《新書・過秦下篇》、《戰國策・宋策》、《史記・孟嘗君傳》、《文選》班彪《王命論》並同。《史記・秦本紀》‘夫寒者利裋褐’，徐廣曰：‘一作短，小襦也。’索隱云：‘蓋謂褐布豎裁，爲勞役之衣，短而且狹，故謂之短褐，亦曰豎褐。’《列子・力命篇》云‘衣則裋褐’，殷敬順《釋文》云：‘裋音豎。’《荀子・大略篇》云‘衣則豎褐不完’，楊注云：‘豎褐，僮豎之褐，亦短褐也。’案：短、豎並裋之同聲叚借字。”純一案：《北堂書鈔》百二十九引，《御覽》六百九十三、八百四十九、八百五十四三引，並作“短褐”。不可食穅糟，畢云：“穅字从禾，俗寫誤从米。”蘇云：“《御覽》作‘糟穅’。”純一案：蘇據《御覽》八百四十九校，下同，《御覽》八百五十四引作“糠糟”。曰：“食飲不美，蘇云：“《御覽》‘食飲’作‘飲酒’。”面目顔色，不足視也；衣服不美，身體從容，不足觀也。“舊作“從容醜羸”，畢云：“一本作‘身體容貌，不足觀也’。”王云：“‘醜羸’二字，後人所加也。《楚辭・九章》注曰：‘從容，舉動也。’古謂舉動爲從容。

'身體從容不足觀'，謂衣服不美，則身體之一舉一動，皆無足觀也。後人乃加入'醜羸'二字，夫衣服不美，何至羸其身體？且'身體從容不足觀'，與'面目顏色不足視'對文，加'醜羸'二字，則與上文不對矣。鈔本《北堂書鈔·衣冠部三》，引此作'身體從容不足觀'，無'醜羸'二字。《太平御覽》服章部十、飲食部七，所引並同。"純一今據删。是以食必粱肉，衣必文繡。此常不從事乎衣食之財，而常食乎人者也。"當"舊並作"掌"，畢云："一本作'常'。"曹本同，今從之，言爲樂不能生財以利人，且耗人之財以自利。是故子墨子曰：今王公大人惟毋爲樂，虧奪民衣食之財以拊樂，如此多也。孫云："'毋'，《道藏》本、吴鈔本並作'無'，字通。舊本'爲'下脱'樂'字，今據王校補。"是故子墨子曰：爲樂非也。言爲樂常不從事乎衣食之財，而常食乎人。

今人固與禽獸麋鹿、蜚鳥、貞蟲異者也。孫云："'蜚'與'飛'通。'貞蟲'詳《明鬼下篇》。宋翔鳳云：'貞通征，此言蜚鳥貞蟲，即《三朝記》所謂蜚征也。'案：宋説是也。《莊子·在宥篇》云'災及草木，禍及止蟲'，《釋文》引崔譔本作'正蟲'，亦即'貞蟲'也。'征'，正字，'貞'、'正'並聲近叚借字。"今之禽獸麋鹿、蜚鳥、貞蟲、因其羽毛以爲衣裘，因其蹄蚤畢云："'蹄'即'蹢'省文，蚤即爪假音。"以爲絝屨，吴鈔本"绔"作"袴"。畢云："绔即'絝'正文。《説文》云：'绔，脛衣也。'"因其水草以爲飲食。故唯使雄不耕稼樹藝，孫云："'唯'舊作'惟'，今從吴鈔本改。'唯'、'雖'字通。"蘇云："惟當作雖。"雌亦不紡績織紝，衣食之財固已具矣。今人與此異者也，賴其力者生，畢云："'生'舊作'主'，下同，以意改。"孫云："《史記·高帝紀》'以臣無賴'，集解：'晉灼云：賴，利也。'"純一案：賴其力强從事，則力時急而生財密，用自節而足矣。不賴其力者不生。君子不强聽治，即刑政亂；賤人不强從事，即財用不足。今天下之士君子以吾言不然，然即姑嘗數天下分事，而觀樂之害。蘇云："即與則通用。"純一案："而"猶"與"也，及也，見《經傳釋詞》。王公大人蚤朝晏退，聽獄治政，"蚤"與"早"通。孫云："《文選·任彦昇天監三年策秀才文》李注，引'退'作'罷'，'聽'作'斷'。"此其分事也；士君子竭股肱之力，亶其思慮之智，蘇云："《非命篇》'亶'作'殫'。"孫云："亶、殫聲近字通。《太玄經》范望注云：'亶，盡也。'"内治官府，外收斂關市、山林、澤梁之利，以實倉廩府庫，此其分事也；農夫蚤出暮入，耕稼樹藝，多聚叔粟，"叔"舊作"升"，王云："'升'當爲'叔'，以字形相似而誤，叔與菽同。《大雅·生民篇》'藝之荏菽'，《檀弓》'啜菽飲水'，釋文並作'叔'。《莊子·列禦寇篇》'食以芻叔'，《漢書·昭帝紀》'以叔粟當賦'，並與'菽'同。《尚賢篇》云'蚤出莫入，耕稼樹藝，聚菽粟'，是其證也。"純一案：曹本作"尗"，叔同，今據改。此其分事也；婦人夙興夜寐，紡績織紝，多治麻絲葛緒，綑布縿，畢云："'綑'舊作'細'。盧云：'當爲綑，與捆同。'《非命下》正作'捆'。"王云："'縿'當爲'繰'。凡書傳中從喿之字，多變而從參，故'繰'誤爲'縿'。《集韻》：'綑，織也。'綑布繰，猶言綑布帛。"此其分事也。今惟毋在乎王公大人説樂而聽之，即必不能蚤朝晏退，聽獄治政，是故國家亂而社稷危矣。今惟毋在乎士君子説樂而聽之，孫云："吴鈔本'惟毋'作'唯無'。"即必不能竭股肱之力，亶其思慮之智，内治官府，外收斂關市、山林、澤梁之利，以實倉廩府庫，是故倉廩府庫不實。今惟毋在乎農夫説樂而聽之，孫云："'惟'吴鈔本作'唯'，下同。"即必不能蚤出暮入，耕稼樹藝，多聚叔粟，是故叔粟不足。"多聚叔粟"，"叔"舊本作"升"，孫據王校正。又舊本脱"是故叔粟"四字，王據上下文補。今惟毋在乎婦人説樂而聽之，即必不能夙興夜寐，畢云："舊脱'能'字，以意增。""必不"舊倒，依孫校據上文乙。紡績織紝，孫云："吴鈔本作'織紝紡績'。"多治麻絲葛緒，綑布縿，"綑"舊本亦誤"細"，孫據盧校正。是故布縿不興。曰：孰爲而廢大人之聽治，賤人之從事？曰：樂也。舊本"而廢"在"聽治"下，"賤人"作"國家"。俞云："'而廢'二字，當在大人之上。'國家'二字，當作'賤人'，後人不達文義而誤改也。此本云'孰爲而廢大人之聽治，賤人之從事？曰樂也'，言大人聽樂，則廢聽治，賤人聽樂，則廢從事也。上文曰'與君子聽之，廢君子之聽治，與賤人聽之，廢賤人之從事'，是其證也。"純一案：俞説是也，今據正。是故子墨子曰：爲樂非也。以上言人賴力而生，不可觀樂以廢事。

何以知其然也？曰先王之書，湯之《官刑》有之，孫云："《左傳》昭六年'叔向曰：商有亂政而作《湯刑》'，《竹書紀年》'祖甲二十四年，重作《湯刑》'，《吕氏春秋·孝行覽》云'《商書》曰：刑三百罪莫重於不孝'，高注云：'商湯所制法也。'"曰："其恒舞于宫，畢云："其，孔書云'敢有'。"孫云："舞，吴鈔本作'武'，字通。《伊訓》僞孔傳云：'常舞則荒淫。'"是謂巫風。畢云："是，孔書作'時'。文見《伊訓》。"孫云："僞孔傳云：'事鬼神曰巫。'"其刑君子出絲二衛，孫云："'衛'數量名，疑當爲‘術’，術與遂古通。《月令》‘徑術’，鄭注讀爲‘遂’，是其例。《西京雜記》鄒長倩遺公孫弘書云‘五絲爲䌰，倍䌰爲升，倍升爲緎，倍緎爲紀，倍紀爲緵，倍緵爲襚’，‘遂’即‘襚’也。此假借作‘術’，又譌作‘衞’，遂不可通耳。”小人否似二伯黄徑。”孫讀“小人否”句，云：“似言小人則無刑。此官刑，故嚴於君子，而寬於小人。又疑‘否’當爲‘咅’，即‘倍’之省，猶《書·吕刑》云‘其罰惟倍’，言小人之罰，倍於君子也。”曹讀“小人否似”句，云：“‘否’當作‘倍役’。”王本“否”下注“音即倍”，似下注以，徑改經。尹從王注，云：“伯，帛也，謂罰小人倍於君子，不出絲而出二匹之帛。”乃言曰：孫云：“後數句《非命下篇》别爲《大誓》文，疑當作‘《大誓》曰’。”“嗚乎！孫云：“《道藏》本、吴鈔本並作‘呼’。”萬舞洋洋，“萬”字舊脱，據上文“興樂萬”，下文“萬舞翼翼”增。“洋洋”從吴鈔本，舊作“佯佯”。孫云：“此猶《詩·魯頌·閟宫》云‘萬舞洋洋’，毛傳云：‘洋洋，衆多也。’”黄言孔章，“黄”讀如“天地玄黄”，謂狀如黄昏時也。“黄言”，喻樂之錯亂也。王引之云：“舞佯佯，黄言孔章，上帝弗常，九有以亡’，即下文之‘萬舞翼翼，章聞于天，天用弗式’也。此承上文，言耽於樂者，必亡其國，故下文云‘察九有之所以亡者，徒從飾樂也’。”上帝弗常，《非命上篇》云‘天亦縱棄之而弗葆”，義同。王引之云：“常，讀《大雅·抑篇》曰：‘肆皇天弗尚’之尚，謂天弗右也。《爾雅·釋詁》：‘尚，右也。’尚古通作常，晚出《古文尚書·咸有一德篇》襲《墨子》而改之曰‘厥德非常，九有以亡’，蓋未知‘尚’爲‘常’之借字也。”九有以亡，孫云：“《毛詩·商頌·玄鳥》‘奄有九有’，傳云：‘九有，九州也。’《文選·册魏公九錫文》李注引《韓詩》作‘九域’，有、域一聲之轉。上帝不順，畢云：”孔書無此八字。”降之百殃，孫云：“吴鈔本‘日殃’。孔書作‘惟上帝不常，作善降之百祥，作不善降之百殃’。”畢云：“‘百’舊作‘日’，非。《玉篇》云：‘殃，徐羊切，女鬼也。’”純一案：“日”爲“百”之殘。戴震云：“殃，古殃字。其家必壞喪。”洋、章、常、亡、殃、喪爲韻，《古音諧》十六庚引此。察九有之所以亡者，徒從飾樂也。尹云：“‘從’，縱也。”於《武觀》曰：孫云：“《國語·楚語》云‘啓有五觀’，韋注云：‘觀，洛汭之地。’《水經·巨洋水》，酈注云：‘《國語》曰：啓有五觀，謂之姦子，五觀蓋其名也，所處之邑，其名爲觀。’《左傳》昭元年杜注云：‘觀國，今頓丘衞縣。’”畢注，“《汲郡古文》云：‘帝啓十年，放王季子武觀于西河。十五年，武觀以西河叛，彭伯壽帥師征西河，武觀來歸。’注：‘武觀，五觀也。’《楚語》‘士娓曰：夏有五觀’，韋昭云：‘五觀，啓子，太康昆弟也。《春秋傳》曰：夏有觀扈。’”惠棟云：“此《逸書》敘武觀之事，即書敘之五子也。

《周書·嘗麥》曰：‘其在夏之五子，忘伯禹之命，假國無正，用胥興作亂，遂凶厥國，皇天哀禹，賜以彭壽，思正夏略。’五子者，武觀也；彭壽者，彭伯也。《五子之歌》，《墨子》述其遺文，《周書》載其逸事，與《内》《外傳》所稱無殊。且孔氏《逸書》本有是篇，漢儒習聞其事，故韋昭注《國語》，王符撰《潛夫論》，皆依以爲説。”啓乃淫溢康樂，孫云：“此指啓晚年失德之事。《竹書紀年》及《山海經》皆盛大言啓作樂，《楚辭·離騷》亦云：‘啓九辯與九歌兮，夏康娱以自縱，不顧難以圖後兮，五子用失乎家衖。’並古書言啓淫溢康樂之事，‘淫溢康樂’即《離騷》所謂‘康娱自縱’也，王逸《楚辭注》云‘夏康啓子太康也’，失之。”野于飲食，俞云：“‘野于飲食’，即下文所謂‘渝食于野’也，與《左傳》‘室於怒，市於色’，文法正同。”將將銘莧磬以力，畢云：“‘莧’，疑‘筦’字之誤，形聲相近。”孫星衍説同，曹本作“將將金石”，注云：“二字原作銘一字。”胡云：“當作‘將將鐘鼓’句，‘筦磬以力’句，言肆力於淫樂也。”歐陽云：“銘當從曹箋作金石。”湛濁于酒，渝食于野，江聲云：“‘湛濁’，沈湎也，言飲酒無度。‘渝’讀當爲‘輸’，‘轉輸饋食于野’，言游田無常也。”孫云：“‘湛’、‘沈’通，江説得之。渝當讀爲偷，同聲叚借字。《表記》鄭注云：‘偷，苟且也。’謂苟且飲食於野外燕游之所。”胡云：“濁當爲湎。”萬舞翼翼，孫云：“《詩·商頌·那》云‘萬舞有奕’，毛傳云：‘奕奕然閑也。’奕、翼字通。《小雅·采薇》傳亦云：‘翼翼，閑也。’”章聞于天，“天”舊譌“大”，惠云：“當作‘天’。”畢及江説同，今據正。天用弗式。”孫星衍云：“萬舞之盛，顯聞於天，天弗用之。”畢云：“‘翼’、‘式’爲韻。《海外西經》云：‘大樂之野，夏后啓于此儛九代。’《大荒西經》云：‘夏后開上三嬪于天，得《九辯》與《九歌》以下。’據此，則指啓盤于游田。”純一案：《古音譜》一戠引此。江有誥云：“食、力、翼、式，之部。”故上者天鬼弗式，舊作“戒”，孫云：“‘戒’當爲‘式’，此即冢上引《書》‘天用弗式’之文。”純一今據改。下者萬民弗利。是故子墨子曰：今天下士君子，誠將欲求興天下之利，畢云：“‘誠’舊作‘請’，一本如此。”除天下之害，當在樂之爲物，尹云：“在，察也。”將不可不禁而止也。以上言耽於樂者必亡。

李云：“唐太宗與封德彝、魏徵論樂曰：‘均此樂也，樂者聞之則喜，憂者聞之則悲，悲喜在人心，非由樂也。’惜徵輩不達，欲以佐聖主，興不世之業難矣，觀《墨子》令人有太古之思乎。”

曹云：“樂之爲物，古聖王以爲治世之大用，見於《禮記》之所稱述，墨子非之已甚，似乎張而不弛，不近乎人情。匪特儒者齗齗不休，《莊子》亦曰：‘墨子雖獨能任，奈天下何，蓋以其非人所樂從也。’三篇中下二篇已佚，而别詳於《三辯篇》中。墨子之教於‘節用’，如飲食、衣服、宫室、舟車、甲兵之類，皆勞力而費財，然實爲人生不能不用之事，故從其用而節之。至於樂則勞力而費財，而究無當於人生日用之實，飢者不得而食，寒者不得而衣，勞者不得而息，亂寇不得而解，因不宜以後世淫哇之樂，上擬韶夏，以爲不可缺也。語雖矯枉過直，究亦救世之良藥也。”

墨子集解卷九

漢陽張純一仲如

非樂中第三十三　闕

非樂下第三十四　闕

非命上第三十五

李云："儉勤致富，不敢安命，今觀勤儉之家自見。"孫云："《漢書·藝文志》注：'蘇林云：非有命者，言儒者執有命，而反勸人修德積善，政教與行相反，故譏之也。如淳云：言無吉凶之命，但有賢不肖善惡。'《祭法》孔疏引《孝經援神契》云：'命有三科：有受命以保慶，有遭命以謫暴，有隨命以督行。受命，謂年壽也；遭命，謂行善而遇凶也；隨命，謂隨其善惡報之。'《白虎通義·壽命篇》及王充《論衡·命義篇》説三命略同。墨子所非者，即三命之説也。"純一案：儒家執有命，如《論語·先進篇》曰："賜不受命。"《顔淵篇》曰："死生有命，富貴在天。"《憲問篇》曰："道之將行也與，命也；道之將廢也與，命也。"凡此關於人事，而爲宿命之主張者，皆墨子所必非也。若《堯曰篇》云："不知命無以爲君子。"《禮記·中庸》云："君子居易以俟命，則依義理以立命。"當爲墨子所不非。墨子非命，大氐以已定之命，卒可轉移；未定之命，宜大造就。惟當法天兼愛，不可自暴自棄。觀其言一，在湯武則治，在桀紂則亂；强必貴，不强必賤；强必富，不强必貧。與釋氏"一切唯心造"之説，大致相同。《書·高宗肜日篇》曰："惟天監下民，典厥義。隆年有永有不永，非天夭命，民中絶命。"其揆一也。《孟子·盡心篇》曰："修身所以立命，盡其道而死者，正命也，桎梏死者非正命。"《公孫丑篇》曰："禍福無不自己求之者。"蓋同於非命之旨者也，然猶是孔門蹊徑，如《梁惠王下篇》曰："吾之不過魯侯，天也。"天即命之異名，設在墨子，必曰："吾自有義愛利天下，無須見魯侯也。”《列子》有《力命篇》託力不勝命以諷世，安固然之理以厚德，是真知命者也。蓋執命之弊，最足挫折人之朝氣，將全社會墮入昏暮中，是固墨子所不許者。《荀子·非相篇》或感於墨子之“非命”而作。《天論篇》云：“從天而頌之，孰與制天命而用之。”蓋深得墨家非命之旨。

子墨子言曰：今者王公大人爲政國家者，“今者”舊作“古者”，誤與《尚賢上篇》、《非攻中篇》同，今校改。皆欲國家之富，人民之衆，刑政之治。然而不得富而得貧，不得衆而得寡，不得治而得亂，則是本失其所欲，得其所惡，是故何也？“故”上疑脱“其”字，《尚賢上篇》、《天志下篇》，屢作“是其故何也？”子墨子言曰：執有命者以襍於民閒者衆。執有命者之言曰：“命富則富，命貧則貧，命衆則衆，命寡則寡，命治則治，命亂則亂，命壽則壽，命夭則夭，《論語·顔淵篇》曰：“死生有命，富貴在天。”命王云：“此下有脱文，不可考。”純一案：疑脱“窮則窮，命達則達，命賞則賞，命罰則罰”，十五字。《非儒篇》有：“强執有命以説議曰：壽夭貧富，安危治亂，固有天命，不可損益；窮達賞罰，幸否有極，人之知力，不能爲焉。”後文“上之所賞，命固且賞，非賢故賞也；上之所罰，命固且罰，不暴故罰也”，下篇“不曰吾罷不肖，吾從事不强，必曰吾命固將窮”。均可證。雖强勁何益哉？”上以説王公大人之聽治，“上以”二字，孫本誤倒，“説”通“税”。《禮記·檀弓》“税驂於舊館”，《釋文》“税”本作“説”。《詩·甘棠》“召伯所説”，《釋文》本或作“税”，又作“脱”同。《史記·李斯傳》“吾未知所税駕”，索隱：“‘税駕’猶‘解駕’，言休息也。”舊本脱“之聽治”三字語意不完，今校補，蓋“上以説王公大人之聽治”，與“下以駔百姓之從事”爲儷文。後文“今用執有命者之言，則上不聽治下不從事”，並《公孟篇》“又以命爲有，爲上者行之，必不聽治矣；爲下者行之，必不從事矣”。均可證。下以駔百姓之從事，畢云：“‘駔’，阻字假音。”故執有命者不仁。以不能策勵人羣，日進於善故。故當執有命者之言，不可不明辯。斷言執有命者不仁。

然則明辯此之説將奈何哉？子墨子言曰：言必立儀，舊本“必”上脱“言”字。孫云：“今本‘曰言’二字，涉上誤倒，疑當作‘言必立儀’。《管子·禁藏篇》云：‘法者，天下之儀也。’尹注云：‘儀，謂表也。’”純一案：孫説“言必立儀”是也，下文“言而毋儀”，正承此而言，但上下文均作“子墨子言曰”，知此“言曰”二字不誤，今據孫校增一“言”字。言而毋儀，譬猶運鈞之上，而立朝夕者也，“毋”、“無”同。畢云：“‘運’，中篇作‘員’，音相近。《廣雅》云：‘運，轉也。’高誘注《淮南子》云：‘鈞，陶人作瓦器法下轉鈞者。’《史記》集解云：‘駰案《漢書音義》曰：陶家名模下圓轉者爲鈞。’索隱云：‘韋昭曰：鈞木長七尺，有絃，所以調爲器具也。’言運鈞轉動無定，必不可立表以測景。”孫云：“《管子・七法篇》云‘不明於則而欲出號令，猶立朝夕於運均之上’，尹注云：‘均，陶者之輪也，立朝夕所以正東西也。今均既運，則東西不可準也。’《周禮・大司徒》云：‘日東則景夕，日西則景朝。’”是非利害之辯，不可得而明知也，故言必有三表。孫云：“‘表’、‘儀’義同。《左文六年傳》云：‘引之表儀。’”洪云：“中篇、下篇此段文義，大略相同，皆作‘言有三法’，‘法’，《説文》作‘灋’；‘表’古文作‘檦’，字形相近。”何謂三表？子墨子言曰：有本之者，孫云：“‘本’謂考其本始，下篇作‘有考之者’。”有原之者，孫云：“《廣雅・釋詁》云：‘謜，度也。’原、謜字通。劉歆《列女傳頌・小序》云‘原度天道’，此‘原之’，亦謂察度其事故也。”有用之者。謂應用於實際。於何本之？上本之於古者聖王之事。依據聖王典型，自必福利羣生而無流弊。於何原之？下原察百姓耳目之實。依據共聞共見，則人易信從。於何用之？廢以爲刑政，王云：“‘廢’讀爲‘發’，故中篇作‘發而爲刑政’，下篇作‘發而爲政乎國’，發、廢古字通。”純一案：陳第《毛詩古音考》一云：“發音廢，廢亦可音發。”《漢郊祀歌》：“含秀垂款，續舊不廢”，顔師古曰：“廢音發，蓋發、廢古通音也。”可爲王説之證。觀其中國家百姓人民之利，言期實用，利於大羣，必爲仁術無疑。此所謂言有三表也。《經》上下、《經説》上下四篇，爲專精辯學者言之，此三表論式，爲通常不精辯學者立。而分析精密，注重實驗，固墨家立論之特色。

然而今天下之士君子，或以命爲有，王云：“句。”蓋嘗尚觀於聖王之事？“蓋”上舊衍“益”字，王云：“‘益’即‘蓋’字之譌，‘蓋’字俗書作‘盖’，形與益相近，故‘蓋’譌作‘益’。《史記・楚世家》‘還蓋長城以爲防’，徐廣曰：‘蓋一作益。”今云“益蓋”者，一本作“益”，一本作“蓋”，而後人誤合之耳。蓋與盍同，盍，何不也。《檀弓》曰‘子蓋言子之志於公乎’，《孟子・梁惠王篇》‘蓋亦反其本矣’。嘗，試也；尚，與上同。言今天下之士君子，或以命爲有，則何不試上觀於聖王之事乎？“孫據王校删“益”字。古者桀之所亂，湯受而治之；紂之所亂，武王受而治之。此世未易，改换也。民未渝，孫云：“《爾雅・釋言》云：‘渝，變也。’”在於桀紂則天下亂，畢云：“舊脱‘在’字，據下文增。”在於湯武則天下治，尹云：“《管子・宙合》：‘國猶是國也，民猶是民也，桀紂以亂亡，湯武以治昌。’”豈可謂有命哉。此立言第一表。

然而今天下之士君子，或以命爲有，句。葢嘗尚觀於先王之書？“葢”舊亦譌“益”，王據上文改。王闓運云：“葢即盍也。”先王之書，所以出國家、畢云：“舊脱‘以’字，據下文增。”布施百姓者，畢云：“舊脱‘此’字，據下文增。”憲也。孫云：“《爾雅·釋詁》云：‘憲，法也。’《周禮·秋官》有‘布憲’，《管子·立政篇》云‘布憲於國’，《國語·周語》云‘布憲施舍於百姓’，韋注：“同《爾雅》。’”先王之憲亦嘗有曰：“福不可請，禍不可諱，“禍”上舊衍“而”字，據下文删。孫云：“‘諱’當讀爲‘違’，同聲叚借字。《禮記·緇衣》‘太甲曰：天作孽，猶可違也’，鄭注云：‘違猶避也。’下同。”純一案：曹本作“違”。敬無益，暴無傷”者乎？所以聽獄制罪者，刑也。先王之刑亦嘗有曰：“福不可請，禍不可諱，敬無益，暴無傷”者乎？所以整設師旅、進退師徒者，誓也。先王之誓亦嘗有曰：“福不可請，禍不可諱，敬無益，暴無傷”者乎？胡云：“‘憲’即典、謨、訓、誥也，‘刑’如《湯刑》、《吕刑》之類，‘誓’如《禹誓》、《湯誓》、《泰誓》之類。”是故子墨子言曰：吾尚未鹽數“尚”舊譌“當”，從孫校改。畢云：“‘鹽’，‘盡’字之譌。”王闓運云：“‘鹽’，徧也。歌曲尾聲曰鹽。”純一案：王説未明所出，《别雅》四云：“武曌時，民飲歐歌曲終而不盡者，謂之族鹽。”似鹽義與盡同。陸本、唐本並作“塩”，“塩”，“鹽”之俗字，“鹽”當從畢校作“盡”，下文“天下之良書，不可盡數”，正承此言，是其證。天下之良書，不可盡計數，“計”字衍。大方論數，孫云：“‘大方’即‘大較’也。《後漢書·郎顗傳》李注云：‘方，法也。’《史記·律書》索隱云：‘大較，大法也。’”王樹枏云：“‘大方’猶‘大略’也。”而三者是也。“三”舊譌“五”，畢云：“‘五’當爲‘三’，即上先王之憲、之刑、之誓是。純一案：畢説是，今據正。王樹枏云：“‘而’、‘如’古通用，言大略論數，如三者是也。”今雖毋求執有命者之言，孫云：“‘雖’、‘唯’通。毋，語詞。”心不可得，不亦錯乎？舊作：“不必得，不亦可錯乎？”王本“不必得”，作“必不得”。王樹枏云：“‘可’字應在‘必得’上，誤倒。言今求執有命者之言於先王之書，不可必得，不亦乖乎？《後漢書·第五種傳》注云：‘錯，猶乖也。’”純一案：二王説均是而欠圓，此文疑本作“必不可得，不亦錯乎？”“錯”，舛也，誤也。今依二王説校訂，言求有命之言於先王之書，必不可得，而執以爲有，錯之至也。此立言第二表。

今用執有命者之言，是覆天下之義，“命”與“義”不並立，“覆”，傾顛也，敗也。覆天下之義者，是立命者也，百姓之誶也。俞云：“‘誶’讀爲

‘悴’，《説文・心部》‘悴，憂也’，猶曰‘百姓之憂也’，故曰‘説百姓之誶者’，是滅天下之人也。”説百姓之誶者，尹云：“‘説’，喜。”是滅天下之人也。然則所爲欲義人在上者，舊本脱“人”字，孫云：“‘義在上’，文未備，據下文當作‘義人在上’。”純一今據補，王樹枏校同。何也？曰：義人在上，天下必治，上帝山川鬼神，必有幹主，孫云：“《説文・木部》云：‘榦，本也。’幹者，本榦，對枝言之也。《荀子・儒效篇》云‘以枝代主而非越也’，楊注云：‘枝，枝子。’若然，冢適謂之幹，支子謂之枝。幹主者，猶言宗主耳。”萬民被其大利。何以知之？子墨子曰：古者湯封於亳，畢云：“當爲‘薄’。《説文》云：‘亳，京兆杜陵亭也。从高省，乇聲。’《史記》集解云：‘徐廣曰：京兆杜縣有亳亭。’索隱云：‘秦寧公與亳王戰，亳王奔，遂滅湯社。皇甫謐云：周桓王時，自有亳王，號湯，非殷也。’此亳在陝西長安縣南。若殷湯所封，是河南偃師之薄。《書傳》及本書亦多作‘薄’，惟《孟子》作‘亳’，蓋借音字，後人依改亂之。”絶長繼短，孫云：“《禮記・王制》云‘凡四海之内，絶長補短，方三千里’，《孟子・滕文公篇》云‘今滕絶長補短，將五十里也’，《戰國策・秦策》‘韓非説秦王曰：今秦地形斷長續短，方數千里’，又《楚策》‘莊辛對楚王曰：今楚雖小，絶長續短，猶以數千里’。此云‘絶長繼短’，猶《國策》云‘斷長續短’也。”方地百里，與其百姓兼相愛、交相利，財多則分，舊作“移則分”，畢云：“言財多則分也。移，或多字。”純一案：畢説是也，今據補正，此文本作“財多則分”，“移”字蓋涉上“利”字之禾旁並多字而誤合爲一字，又脱去“財”字耳。下文“交相利”下僅一“則”字，亦脱去“財多分”三字也。墨家以有道相教，有力相勞，有財相分爲義，湯居薄，於葛遺之牛羊，又使衆往爲之耕，文王治岐，澤梁無禁，發政施仁，必先鰥寡獨者，皆兼愛交利，財多則分之證。率其百姓以上尊天事鬼，是以天鬼富之，“富”、“福”同。諸侯與之，百姓親之，賢士歸之，未殁其世，孫云：“‘殁’吴鈔本作‘没’，下同。”尹云：“殁，終也。”而王天下政諸侯。孫云：“‘政’、‘正’通，正猶長也，詳《親士篇》。昔者文王封於岐周，畢云：“‘岐’，岐山；‘周’，周原。”孫云：“《孟子・離婁篇》云‘文王生於岐周’，趙注云：‘岐山下周之舊邑。’《漢書・地理志》云：‘右扶風美陽，禹貢岐山在西北中水鄉，周大王所邑。’又云：‘大王徙郊，文王作酆。’”絶長繼短，方地百里，舊本作“地方”，孫據《道藏》本乙，與上文合。與其百姓兼相愛、交相利，財多則分，舊僅一“則”字，今增“才多分”三字，説詳上。是以近者安其政，遠者歸其德。聞文王者，皆起而趨之。罷不肖股肱不利者，孫云：“《荀子・非相篇》云‘君子賢而能容罷’，楊注云：‘罷弱不任事者。’《國語·齊語》云‘罷士無伍’，韋注云：‘無行曰罷。’《管子·小匡篇》尹注云：‘罷，謂乏於德義者。’”處而願之曰：“奈何乎使文王之地及我，則吾利豈不亦猶文王之民也哉。”舊本“則”上“吾”字，從王樹枏校移下文“鄉者”上。是以天鬼富之，諸侯與之，百姓親之，賢士歸之，未殁其世，而王天下，政諸侯。政，舊作“征”，蘇云：“征，當從上文作‘政’。蓋政者，正也。‘征’、‘政’古通用。”孫從吴鈔本改，云：“政諸侯，謂長諸侯也，詳《親士篇》。”純一案：陸本、唐本並作“政”。吾鄉者言曰：句上“吾”字，舊誤脱在上文“使文王之地及我”句下，今從王樹枏校移此。畢云：“‘鄉’同‘曏’。”義人在上，天下必治，上帝山川鬼神，必有幹主，萬民被其大利，吾用此知之。是故古之聖王，發憲出令，設以爲賞罰，以勸賢沮暴。“沮暴”二字，從王校增。是以入則孝慈於“親戚”，孫云：“‘親戚’即父母也，詳《兼愛下篇》。《尚賢中篇》云“入則不慈孝父母。”出則弟長於鄉里，坐處有度，出入有節，男女有辨。孫云：“辨、别同。《尚賢中篇》云：‘男女無别。’”是故使治官府則不盗竊，守城則不崩叛，孫云：“‘崩’當爲‘倍’之叚字。《尚賢中篇》云：‘守城則倍畔’，猶此下文云‘守城則崩叛’也。倍與背同，《逸周書·時訓篇》云：‘遠人背叛。’倍與崩一聲之轉，古字通用。《説文·人部》‘倗，讀若陪位’，邑部‘鄘，讀若陪’，即崩、倍相通之例。”純一案：《論語·季氏篇》‘邦崩離析’，集解引孔注：‘欲去曰崩。’”君有難則死，出亡則送。此上之所賞，而百姓之所譽也。執有命者之言曰：“上之所賞，命固且賞，非賢故賞也。”舊衍“上之所罰，命固且罰，不暴故罰也”，十三字，從俞校删。是故入則不慈孝於親戚，出則不弟長於鄉里，陸本、李選本“弟”並譌“治”。坐處不度，出入無節，男婦無辨。是故治官，府則盗竊，守城則崩叛，君有難則不死，出亡則不送。此上之所罰，百姓之所非毁也。執有命者言曰：“上之所罰，命固且罰，不暴故罰也。”王引之云：“‘不’與‘非’同義，故互用。舊衍‘上之所賞，命固且賞，非賢故賞也’，十三字，從俞校删。”以此爲君則不義，爲臣則不忠，爲父則不慈，爲子則不孝，爲兄則不長，“長”舊譌“良”，孫云：“良於爲兄，義不甚切。疑‘良’當爲‘長’。《逸周書·謚法篇》云‘教誨不倦曰長’，即其義也。此以兄長對弟弟，亦即冢上云‘出則弟長於鄉里’爲文。《尚賢中篇》云‘出則不長弟鄉里’，《國語·齊語》亦云‘不長弟於鄉里’，《謚法》云‘愛民長弟曰恭’，此並以長教幼爲長，幼事長爲弟。淺人不解‘長’字之義，而改爲‘良’，遂與上‘弟長’之文不相應矣。”純一案：孫説是，今據正。爲弟則不弟。而强執此者，此特凶言之所自生，而暴人之道也。舊本作“者”，《道藏》本作“昔”，畢據下文改。特，舊本譌“持”。王云：“‘持’字義不可通，‘持’當爲‘特’。《吕氏春秋·忠廉篇》注曰：‘特猶直也。’言此直是凶人之言，暴人之道也，下文同。”孫據正。純一案：以上比較“貴義”與“執命”之利害。是立言第三表。

然則何以知命之爲暴人之道？昔上世之窮民，貪於飲食，惰於從事，是以衣食之財不足，畢云：“舊脱‘食’字，據中篇增。”而飢寒凍餒之憂至，“飢寒”二字，與“凍餒”義複，疑衍。不知曰：“我罷不肖，從事不疾”，尹云：“‘疾’，力也。”必曰：“我命固且貧。”傅山曰：“墨子罷不肖執有命之説，甚足以鞭策惰窳，見《霜紅龕集》卷二十九。”昔上世暴王，據上文“昔上世之窮民”，“世”下疑脱“之”字。孫云：“‘昔’，舊本譌作‘若’，王據上文改‘昔’，今從之。《道藏》本、吴鈔本並作‘苦’，則當屬上讀。”不忍其耳目之淫，心涂之辟，王引之云：“‘心涂’本作‘心志’，‘耳目之淫，心志之辟’，並見中篇。下篇作‘心意’，亦‘心志’之譌。”王本“涂”下注“術”。不順其親戚，遂以亡失國家，傾覆社稷，不知曰：“我罷不肖，爲政不善”，必曰：“吾命固失之。”於《仲虺之告》孫云：“《書敘》云：‘湯歸自夏，至于大坰，仲虺作誥。’《禮記·緇衣》‘尹吉曰’，鄭注云：‘吉當爲告。告，古文誥字之誤也。’”曰：“我聞于夏人，矯天命，布命于下，畢云：“孔書作‘夏王有罪，矯誣上天，以布命天下’。”孫云：“僞孔傳云：‘言託天以行虐於天下，乃桀之大罪。’”帝式是惡，舊作“帝伐之惡”，畢云：“中篇作‘帝式是惡’，式、伐形相近，之、是音相近也。”純一案：江聲説同，見下篇，今據正。龔喪厥師。”畢云：“孔書作‘帝用不臧，式商受命，用爽厥師’。‘龔’‘用’、‘喪’‘爽’音同。”江聲云：“師，衆也。言桀執有命，天用是憎惡之，用喪其衆。”孫星衍云：“‘用’爲‘龔’，聲相近。”此言湯之所以非桀之執有命也。於《太誓》曰：“紂夷處，劉云：“據此則《天志中篇》‘紂越厥夷居’，居乃居處之‘居’，非倨傲之‘倨’。‘夷居夷處’，均謂倨傲以居也。《荀子·修身篇》云‘不由禮則夷固僻違庸衆而野’，楊注云：‘夷，倨也。’中篇作‘紂夷之居’。‘夷之居者’，惟倨傲是居也。”不肎事上帝鬼神，孫云：“《天志中篇》無‘鬼神’二字。”畢云：“孔書作‘乃夷居，弗事上帝神祇’。”棄厥先神祇不祀，舊“棄”譌“禍”，“祇”譌“禔”，今據《天志中篇》正。畢云："孔書作'遺厥先宗廟弗祀'。"乃曰：'吾有民有命。民上"有"字舊脱，據孔書增。無廖排漏'，孫云："《道藏》本作'扇'，案：此當從中篇作'毋僇其務'。"純一案：陸本、唐本並作"扇"。歐陽云："'廖'，當從中篇作'僇'。'無僇排漏'，言于事之有罅漏者，不必戮力排去而補綴之也，排漏易言之，即是使事皆舉而無廢。"天亦縱棄之而弗葆。"舊本"棄"在"之"下，王云："當作'縱棄之'，'縱棄'猶'放棄'也。中篇作'天不亦棄縱而不葆'，《天志中篇》作'天亦縱棄紂而不葆'，皆其證。"孫從王校乙。"葆"吴鈔本作"保"。此言武王所以非紂之執有命也。"之"字舊脱，從畢校據上文增。今用執有命者之言，則上不聽治，下不從事。上不聽治，則刑政亂；下不從事，則財用不足。上無以供粢盛酒醴，孫云："'供'吴鈔本作'共'。"祭祀上帝鬼神；下無以降綏天下賢可之士，孫云："舊本脱'下無以'三字，王據上下文補。《爾雅·釋詁》云：'綏，安也。'"純一案：曹本"降"作"隆"，王本同，又改"可"作"才"，"降"與"隆"同，不煩改字，詳《尚賢中篇》。外無以應待諸侯之賓客，内無以食飢衣寒將養老弱。故命上不利於天，中不利於鬼，下不利於人。而强執此者，此特凶言之所自生，"特"舊譌"持'，孫依王校改。而暴人之道也。以上言"執有命"者，非窮民即暴王，乃至上不聽治，下不從事，而於天鬼人俱不利。

是故子墨子言曰：今天下之士君子，忠實欲天下之富而惡其貧，畢云："'忠'下篇作'中'。"欲天下之治而惡其亂，執有命者之言，不可不非，此天下之大害也。

李云："李鄴侯云：'君相所以造命，若君相言命，則禮樂刑政皆無用矣。'千載下卓乎有識有才學，可以與人國家事者，鄴侯是矣。"

曹云："《非樂篇》所以教儉也，《非命》所以教勤也，耽於樂則必費，委於命則必怠，費侈則無以節其流，怠惰則無以開其源。然未有侈而不怠，未有怠而不侈者，故二者之弊恒相因，而勤儉之道亦互相成也。孔子罕言命，而《易·繫》曰：'樂天知命故不憂'，《論語》曰'不知命無以爲君子也'。墨子非天下之言命，乃欲並命之一端而無之，則矯枉而過其直矣。唯是人力之所能爲，人事之所當爲者，不得輒委之於命而不爲耳。在上者爲民造命，而自强不息；在下者樂天知命，而足己無求。富貴者畏天命，而自奉不敢過；貧賤者安天命，而於人無所尤。此則孔、墨之道，未嘗不同，而墨家亦不當以其救時之論，舉此而廢彼也。"

劉云："《墨子·非命篇》，亦主'人定勝天'之説，以爲天不可獨任，要貴以人勝天，與申包胥之説，互相發明。此英儒赫胥黎‘天演學’最精之義也，見《周末學術史·哲理學史序》。”

梅光羲云：“墨子當不至無宿命通，而主張非命者，殆當時人信命太過，故乃作此有爲之言乎？”

非命中第三十六

子墨子言曰：凡出言談、由文學之爲道也，孫云：“‘由’、‘爲’義相近，下篇云：‘今天下之君子之爲文學出言談也。’”則不可而不先立義法。畢云：“‘義’，上篇作‘儀’，義、儀同。”純一案：“而”、“以”同，“義”古“儀”字。若言而無義，譬猶立朝夕於員鈞之上也，孫云：“‘譬‘吴鈔本作‘辟’，‘員’上篇作‘運’，聲義相近。”則雖有巧工，必不能得正焉。尹云：“‘正’，朝夕也。”然今天下之情僞，“情”，誠。未可得而識也，故使言有三法。三法者何也？有本之者，有原之者，有用之者。於其本之也，考之天鬼之志、聖王之事；於其原之也，徵以先王之書；用之奈何？發而爲刑政，“政”字從畢校據上篇增。觀其中國家百姓人民之利，此十一字舊脱，文義不備，今據上篇增。此言之三法也。

今天下之士君子，或以命爲有，五字舊脱，從盧校增，曹本同。或以命爲亡。我所以知命之有與亡者，以衆人耳目之情，知有與亡。有聞之，有見之，謂之有；莫之聞，莫之見，謂之亡。然胡不嘗考之百姓之情？畢云：“舊脱‘不’字，據下文增。”孫云：“然與則義同，‘然胡不’亦見《尚同下篇》。此下文繁言之，則云‘然則胡不’。”自古以及今，生民以來者，亦嘗有見命之物，“有”字舊脱，從孫校，據下文補。聞命之聲者乎？則未嘗有也。若以百姓爲愚不肖，耳目之情不足因而爲法，然則胡不嘗考之諸侯之傳言流語乎？自古以及今，生民以來者，亦嘗有聞命之聲，見命之體者乎？則未嘗有也。

然胡不嘗考之聖王之事？古之聖王，舉孝子而勸之事親，尊賢良而勸之爲善，發憲布令以教誨，孫云：“《長短經·運命篇》引無‘布’字。”純一案：《治要》引此文同，“發憲令”與“明賞罰”對文。“布”字後人所加，當據《長短經》刪。明賞罰以勸沮。孫云："舊本脱'明'字，今據《長短經》引補，又'勸沮'《長短經》作'沮勸'，'勸'吴鈔本作'賞'，非。"若此，則亂者可使治，而危者可使安矣。若以爲不然，昔者桀之所亂，湯治之；紂之所亂，武王治之。以上三"治"字，《長短經》俱作"理"。此世不渝而民不改，"民"《長短經》引作"人"，下同。上變政而民易教，孫云："'政'，《治要》、《長短經》並作'正'。"其在湯武則治，其在桀紂則亂。《長短經》無此二句，《治要》有。則安危治亂，"安危"上"則"字，舊本倒置下文"豈可"上，今據《長短經》乙，文較順適，《治要》引此，誤同，不可據。在上之發政也，豈可謂有命哉。夫曰有命云者，亦不然矣。"夫"，猶彼也。

今夫執有命者言曰：舊無"執"字，從孫校補。我非作之後世也，"我非"猶云"非我"。自昔三代有若言以傳流矣。今胡先生非之？舊作"今故先生對之"。孫云："'生'，顧校季本、吴鈔本並作'王'。疑當作'今胡先生非之'。"純一案：孫説是也，今據正。曰：夫執有命者，舊無"執"字，今校補。不志昔也三代之聖善人與？畢云："下篇作'不識昔也'，'志'即'識'字，'與'讀如'歟'。"孫云："'不志'、'不識'，並猶云'不知'。《禮記·哀公問》鄭注云：'志讀爲識，識，知也。'"意亡昔三代之暴不肖人也？孫云："'意'與'抑'同，'意亡'，語詞，詳《非攻下篇》。"畢云："'亡'同'無'，'也'下篇作'與'，同。"何以知之？畢云："言有命之説，不識出之昔者聖善人乎，意亡此言出之暴不肖人乎？彼固無知之妄言。"初之列士桀大夫，王樹枏云："'初之'猶'古之'。"純一案：《别雅》五云："《史記·賈誼傳·鵩鳥賦》'列士徇名'，即烈士也。"《文選·賈賦》作"烈"。孫云："《説苑·臣術篇》云：'列士者，所以參大夫也。'桀與傑字通。《白虎通義·聖人篇》引《禮别名記》云：'萬人曰傑。'《説文·人部》云：'傑，埶也，材過萬人也。'《吕氏春秋·孟秋紀》高注云：'才過萬人曰桀。'《毛詩·衛風》'邦之桀兮'，傳云：'桀，特立也。'"慎言知行，"'知'同'智'"。此上有以規諫其君長，下有以教順其百姓，畢云："'順'同'訓'。"孫云："舊本此下有'故上有以規諫其君長，下有以教順其百姓'二句。盧云：'此已十七字衍文。'案：盧校是也，吴鈔本亦無，今據删。"故上得其君長之賞，下得其百姓之譽。列士桀大夫，聲聞不廢，流傳至今，而天下皆曰其力也，必不能曰我見命焉。言力實爲之，非由於命。是故昔者三代之暴王，"是故"二字衍。不繆其耳目之淫，畢云："言不糾其繆。"孫云："'繆'即'糾'之叚字。”不慎其心志之辟，孫云：“《治要》作‘僻’。”畢云：“僻，同。”外之敺騁田獵畢弋，畢云：“《説文》云：‘古文驅从支。’”純一案：《治要》作“敺’，曹本、王本、尹本並同。孫云：“‘騁’，畢本作‘聘’，譌。《孟子·盡心篇》云：‘驅騁田獵。’《國語·齊語》云：‘田狩畢弋’，韋注云：‘畢，掩雉兔之網也。’弋，谁之借字，詳《備高臨篇》。”純一案：靈巖山館原本“騁”不誤。内沈於酒樂，而自“必不能曰”以下至此，凡四十五字，舊本誤入下文“身在刑僇之中”之下，王移置於此。不顧其國家百姓之政。繁爲無用，暴逆百姓，使下不親其上，是故國爲虚厲，孫云：“‘厲’，《公孟》、《魯問》二篇並作‘戾’，字通。”畢云：“陸德明《莊子音義》：‘李云：居宅無人曰虚，死而無後曰厲。’”身在刑僇之中，自‘不顧其國家’以下至此，凡三十五字，舊本誤入上文‘必不能曰’之上，王移置於此。舊本‘不顧’上又衍‘一’字，王據下篇删。”不肎曰：三字舊脱，畢據下文增“不曰”二字，《治要》引有此三字，孫據補。“我罷不肖，畢云：“‘我’舊作‘而’，一本如此。”孫云：“顧校季本同。”純一案：《治要》引無此四字。我爲刑政不善。”必曰：《治要》脱“必”字。“我命故且亡。”孫云：“‘故’下文作‘固’，同。”雖昔也三代之窮民，孫云：“《治要》‘窮’作‘僞’，與下同。”亦由此也。劉云：“《治要》引‘由’作‘猶’。”蘇云：“由與猶同。”内之不能善事其親戚，畢云：“事，一本作‘視’。”孫云：“‘親戚‘謂父母，詳《兼愛下篇》。”外之不能善事其君長，“外”下舊捝“之”字，從孫校補。惡恭儉而好簡易，貪飲食而惰從事，衣食之財不足，使身至有飢寒凍餒之憂，“飢”舊譌“饑”，今改。孫云：“上下篇並作‘飢’，吴鈔本同。”必不能曰：畢云：“‘必’舊作‘心’，以意改。”孫云：“顧校季本正作‘必’。”“我罷不肖，我從事不疾。”必曰：“我命固且窮。”雖昔也三代之僞民，亦猶此也。繁飾有命，以教衆愚樸人久矣。“人久”二字，陸本誤倒，《治要》引此文，至以教衆愚止。王云：“‘愚樸’下衍‘人’字。”戴云：“不當删。”孫云：“王校近是。《家語·王言篇》‘民敦而俗樸’，王肅注云：‘樸慤愿貌。’”純一案：以上言執有命者，非聖善人，皆暴不肖人。

聖王之患此也，故書之竹帛，琢之金石。於先王之書，仲虺之告曰：“我聞有夏人，矯天命，布命于下，帝式是惡，用喪厥師。”舊作“用闕師”。畢云：“‘闕’當是‘喪厥’二字，下篇作‘用爽厥師’。”孫星衍云：“‘厥’與‘闕’形相近。”純一今依畢説據上篇正。此語夏王桀之執有命也，湯與仲虺共非之。先王之書，《太誓》之言然曰："紂夷之居，義詳上篇。而不肎事上帝，棄厥先神示而不祀也，舊作"棄闕其先神而不祀也"，孫云："以《天志中篇》及上篇校之，'闕'亦當讀爲'厥'，與上'闕師'同。此當云'棄闕先神示而不祀也'。示、祇同，傳寫誤作'亓'，校者不憭，因此書'其'字多作'亓'，遂又改爲'其'，復誤移箸'先神'上，不知闕即欮字，不當更云'其'也。《天志篇》正作'棄厥先神祇不祀'可證。"純一今從孫校訂正。曰：'我有民有命，"民"上"有"字，據孔書增，言紂恃有下民有天命也。毋僇其務。'畢云："言毋勠力其事也，上二篇俱當从此。孔書作'罔懲其侮'，義異。或云僞《泰誓》不足據，不如此文。"孫云："'毋僇'當爲'侮僇'，二字平列，言紂惟陵侮僇辱民是務也。"天不亦棄縱而不葆。"孫云："吴鈔本作'保'。"王云："《孟子・滕文公篇》注曰：'不亦者，亦也。'畢本'不亦'作'亦不'，非。"純一案："亦"上"不"字衍，當作"天亦縱棄之而不葆"，與上篇同。此言紂之執有命也，武王以《太誓》非之。有於《三代》、《百國》有之曰："百"舊作"不"。孫云："上'有'字當讀爲'又'，'不'疑當作'百'。《三代》、《百國》，或皆古史記之名。《隋書・李德林傳》引《墨子》云：'吾見百國春秋。'"純一今據改。"女毋崇天之有命也。"《三代》、《百國》舊作"命三、不國"，不成文。孫云："'命三'疑當爲'今三'，下當捝'代'字。"純一案："命"字涉上文而衍，今删。"《三代》、《百國》"，承上文言，今據補訂。亦言命之無也。於召公之非執命亦然，舊本脱"非"字，"命亦"作"令於"。孫云："此有脱誤，疑當作'於召公之非執命亦然'。召公蓋即召公奭，亦《周書》佚篇之文。令與命字通，'於'，亦字誤。上篇云'此言湯之所以非桀之執有命也'，又云'此言武王所以非紂執有命也'，是其證。"純一案：孫説也，今據補正。曰：舊作"且"，從畢校改，曹本同。"敬哉！無天命，惟予二人，而無造言，孫云："《周禮・大司徒》"有造言之刑"，鄭注云：'造言，訛言惑衆。'"不自天降自我得之。"舊作"不自降天之哉得之"，文不成義。孫云："疑當作'不自天降，自我得之'。"純一案：孫説是也，今據正。《孟子・公孫丑上篇》曰"禍福無不自己求之者"，義與此同。在於商夏之詩書曹本"夏"作"周"。曰："命者，暴王作之。"

且今天下之士君子，將欲辯是非利害之故，孫云："吴鈔本'辯'作'辨'。"當有天命者，"有天"舊倒，畢云："'天'當爲'夫'。"純一案："天"字不誤，當在"有"下，即承上文"無天命爲言"，今乙。不可不疾非也。王云："《吕氏春秋·尊師篇》注云：'疾，力也。'"執有命者，此天下之厚害也，是故子墨子非之也。"之"字舊脱，從孫校補。

孔子罕言之命，多就過去已成之果言，此命之已定，無可如何者，故不怨天，不尤人，素貧賤行乎貧賤，素富貴行乎富貴。墨子所非之命，乃就將來可種之因言，此命之可造，而能求諸己者，故以爲强必富，不强必貧，强必煖，不强必寒。蓋孔子知命，所以使人安分；墨子非命，所以使人自强。兩義似相反，實相成也。自來小人聽命，大人造命，墨氏非世宿命，永人正命，非知命之君子，窮理盡性以至於命者哉。若夫釋氏兼儒、墨之命而一之，所以資益人之慧命者更深遠矣。

曹云："列子有《力命篇》，以力與命相較，而力終不如命之權，蓋道家者流爲此説，以詰墨家之非命耳。貧富貴賤，壽夭窮達，生死存亡，實有命焉，人不得以力而强爲之也。唯君子有必盡之職分，不可委之於命，而怠惰不修耳。好逸而惡勞者，人之恒情，墨子以儉勤、兼愛教天下，聞者每憚其難爲，則一概以有命之説拒之。墨子因爲非命之言，以破其飾辯，則亦不暇顧其矯枉過直耳。救時之言，大率類此，學者但當師其意，而不可執其文。竊謂在人上者，必盡其心力所當爲，而不可貴命於天，且當敬畏天命，而不敢縱肆；在下者勤於自修，而亦當知有命而安之，不怨不尤，不忮不求。此則謂有命也可，謂無命也可，終其身一不敢怠而已，此則老、孔、墨、楊之所同者爾。"

非命下第三十七

子墨子言曰：凡出言談，則不可而不先立儀而言。"不可"舊作"必可"，畢云："一本作'則必先立義而言'。"蘇云："當作'不可不先立儀而言'，'必'字誤，上'而'字衍。"俞云："'則必可'當作'則不可'。中篇曰'則不可而不先立義法'，是其證也。不可而者，不可以也，王氏念孫説。"純一今據正。若不先立儀而言，譬之猶運鈞之上，而立朝夕焉也。我以爲雖有朝夕之辯，孫云："吴鈔本作'辨'。"必將終未可得而從定也，是故言有三法。何謂三法？曰：有考之者，有原之者，畢云："舊説'有'字，一本如此。"有用之者。惡乎考之？考先聖大王之事。惡乎原之？察衆之耳目之請？畢云："據前篇當爲'情'。"孫云："'請'、'情'古通，不必改字。"惡乎用之？發而爲政乎國家萬民而觀之，"家"舊譌"察"，從曹本正。此謂三法也。

故昔者三代聖王禹湯文武方爲政乎天下之時曰："必務舉孝子而勸之事親，尊賢良之人而教之爲善。"是故出政施教，賞善罰暴。且以爲若此，則天下之亂也，將屬可得而治也；孫云："《國語·魯語》韋注云：'屬，適也。'"社稷之危也，將屬可得而定也。若以爲不然，昔桀之所亂，湯治之；紂之所亂，武王治之。當此之時，世不渝而民不易，畢云："《文選》注引此'治'作'理'，'世'作'時'，'民'作'人'，皆唐人避諱改。"上變政而民改俗。存乎桀紂而天下亂，存乎湯武而天下治。天下之治也，湯武之力也；天下之亂也，桀紂之罪也。若以此觀之，夫安危治亂，"夫"據中篇當作"則"。存乎上之爲政也，則夫豈可謂有命哉！"則夫"二字衍，當删。故昔者禹湯文武方爲政乎天下之時，《治要》引無"故"字，是。曰："必使飢者得食，寒者得衣，勞者得息，亂者得治。"遂得光譽令問於天下。孫云："《羣書治要》'問'作'聞'，《尚同下篇》亦云'光譽令聞'。問、聞通。"夫豈可以爲其命哉？"其"字舊脱，《治要》同，今據下文從孫校補。故以爲其力也。孫云："故、固通。"今賢良之人，尊賢而好功道術，王闓運云："功，攻也。"孫云："'功'，《治要》作'蓄'。"畢云："一本無'功'字。"曹本從之。故上得其王公大人之賞，下得其萬民之譽，遂得光譽令問於天下。《治要》"問"作"聞"。亦豈以爲其命哉？《治要》"豈"上無"亦"字。又以爲其力也。"其"字舊脱，從孫校補，王本同。

然今執有命者，"執"舊作"夫"，王樹枏云："萬曆本'夫'作'執'。"純一今據正。不識昔也三代之聖善人與？意亡昔三代之暴不肖人與？孫云："'意'與'抑'同。'意亡'，語詞。"以若説觀之，"以若"舊倒，從孫校乙。則必非昔三代聖善人也，必暴不肖人也。

然今以命爲有者，昔三代暴王桀紂幽厲，貴爲天子，富有天下，於此乎不而矯其耳目之欲，畢云："'而'讀如'能'，一本無此字，非。"孫云："畢讀是也，陳壽祺説同。"而從其心意之辟。"從"同"縱"，"辟"同"僻"。外之敺騁田獵畢弋，内湛於酒樂，畢云："中篇'湛'作'沈'。"而不顧其國家百姓之政。繁爲無用，暴逆百姓，遂失其宗廟。孫云："'遂'與'隊'通。《法儀篇》云：'遂失其國家。'"其言不曰："吾罷不肖，吾聽治不强。"必曰："吾命固將失之。”雖昔也三代罷不肖之民，亦猶此也。不能善事親戚君長，甚惡恭儉而好簡易，貪飲食而惰從事，衣食之財不足，是以身有陷乎飢寒凍餒之憂。其言不曰：“吾罷不肖，吾從事不强。’必曰：“吾命固將窮。”“必”舊譌“又”，戴云：“‘又’當依上文改作‘必’。”王樹枏云：“‘又’當爲‘必’，據上篇訂正，今從之。”昔三代僞民亦猶此也。

昔者暴王作之，窮人術之，畢云：“舊脱‘人’字，一本有。‘術’同‘述’。”孫云：“《樂記》‘知禮樂之情者能作，識禮樂之文者能述’，述，《史記·樂書》作‘術’。”此皆疑衆遲樸，畢云：“言沮樸實之人。”歐陽云：“‘疑’與‘遲’連用，即常語所謂‘遲疑不决’也。有命之説，足以疑惑衆人，而令愚樸遇事遲緩，不急於進取也。”先聖王之患之也，下“之”字畢本脱。固在前矣。是以書之竹帛，鏤之金石，琢之盤盂，傳遺後世子孫。孫云：“‘遺’，吴鈔本作‘示’。案：此文亦見《兼愛下》、《天志中》、《貴義》、《魯問》諸篇，並作‘遺’，則吴本非是。”曰：何書焉存？王云：“焉猶於也。”孫云：“王説是也。此倒句，猶云‘存於何書’。”禹之《總德》有之曰：蘇云：“《總德》蓋《逸書篇》名。”“允不著惟天，“不”、“丕”同。孫云：“吴鈔本‘惟’作‘唯’。”胡云：“言誠哉不顯惟天，不可恃有命也。”民不而葆。畢云：“‘而’同‘能’，‘葆’同‘保’。”胡云：“言恃命而民不能保也。”既防凶心，句。天加之咎，不慎厥德，天命焉葆？”胡云：“防、方古通用，《毛詩·黄鳥》傳：‘防，比也。’‘凶心’，猶言‘凶德’，既比於凶德，故天加之咎也。末二句，言無德則命不可恃，此皆引以證非命也。天與心古音爲韻，此亦古《尚書》有韻之文。”《仲虺之告》曰：“我聞有夏人矯天命，布命于下，“布命”二字舊脱，今從孫校據上、中二篇補，王樹枏校同。帝式是憎，舊作“增”，畢云：“‘增’當作‘惡’或‘憎’字。”純一案：“增”、“憎”形近而誤，今從畢校改。江聲云：“式，用也。‘增’讀當爲‘憎’，‘增’、‘憎’字通。《説文》‘憎，惡也’，或作‘帝式是惡’。”用爽厥師。”孫云：“爽，上篇作‘喪’。”純一案：《老子》“五味令人口爽”，河上公注：“爽，亡也。”彼用無爲有，“用”，以同。故謂矯，孫云：“《公羊》僖三十三年何注云：‘詐稱曰矯。’”若有而謂有，夫豈爲矯哉。孫云：“‘爲’，吴鈔本作‘謂’。”昔者，桀執有命而行，湯爲仲虺之告以非之。《太誓》之言也，於《去發》，孫星衍云：“‘去發’或‘太子發’三字之誤。”莊述祖云：“‘去發’當爲‘太子發’。武王受文王之事，故自稱太子，述文王伐功，告諸侯，且言紂未可伐，爲《太誓上篇》。”

俞云："古人作書，或合二字爲一，如《石鼓文》'小魚'作'鮝'，《散氏銅盤銘》'小子'作''是也。此文'太子'字，或合書作''，其下闕壞，則似'厺'字，因誤爲'去'耳。《詩·思文篇》正義引《大誓》曰'惟四月，太子發，上祭於畢，下至於孟津之上'，又云'太子發升舟，中流，白魚入於王舟，王跪取出，涘以燎之'，注曰：'得白魚之瑞，即變稱王，應天命定號也。'疑古《大誓》三篇，其上篇以太子發上祭於畢發端，至中下兩篇，則作於得魚瑞之後，無不稱王矣。故學者相承稱《大誓上篇》爲《太子發》，以别於中下兩篇，亦猶古詩以篇首字命名之例也。"曰："惡乎君子！孫云："'惡'，莊校改'於'。"天有顯德，其行甚章，莊云："'有'當爲'右'，助也。言天之助明德，其行事甚章著。"蘇云："《書·泰誓》曰：'嗚呼！我西土君子，天有顯德，厥類惟彰。'"爲鑑不遠，孫云："'鑑'吴鈔本作'監'。"莊云："'鑑'當爲'監'。"在彼殷王。孫云："《詩·大雅·蕩》云'殷鑒不遠，在夏后之世'，鄭箋云：'此言殷之明鏡不遠也。近在夏后之世，謂湯誅桀也。後武王誅紂，今之王者何以不用爲戒？'此詩與彼詩，文異而意則同。"謂人有命，謂敬不可行，謂祭無益，謂暴無傷。蘇云："此四句今《書·泰誓》在'厥鑑惟不遠'之上，上二句作'謂己有天命，謂敬不足行'，下同。"上帝不常，九有以亡，蘇云："二語今《泰誓》無之，上句見《伊訓》，下句見《咸有一德》。"孫云："'常'當讀爲'尚'；尚，右也。"上帝不順，祝降其喪。蘇云："今《泰誓》'不'作'弗'，'其'作'時'。"孫云："《泰誓》僞孔傳云：'祝，斷也。天惡紂逆道，斷絶其命，故下是喪亡之誅。'"《古音諧》十六庚引止此，"章"、"王"、"行"、"傷"、"常"、"亡"、"喪"諧。惟我有周，受之大商。""商"舊譌"帝"，蘇云："今《泰誓》下句作'誕受多方'。"莊校改'帝'爲'商'，云：'天改殷之命，而周受之。'陳喬樅校同，云："'商'字作'帝'，非是。此節皆有韻之文，作'商'則與上文叶，今訂正之。"昔者紂執有命而行，"者"字舊脱，從吴鈔本補，與上文一律。武王爲《太誓》、《去發》以非之。孫云："'去發'亦當爲'太子發'。"純一案："去發"二字疑衍。曰：子胡不尚考之乎商周虞夏之記，從十簡之篇，尹云："'十'，什也。《詩·鹿鳴之什》釋文篇數既多，故以十篇編爲一卷，名之曰什。"以尚皆無之，蘇云："'尚'當作'上'，古字通用也。"孫云："'皆無之'，謂皆以命爲無也。"將何若者也？文有譌脱。

是故子墨子曰：今天下之君子之爲文學、出言談也，孫云："吴鈔本'天下'下無'之'字。"純一案："君子"上當有"士"字。非將勤勞其喉舌，"喉舌”舊作“惟舌”，畢云：“惟一本作‘頰’。”王云：“‘惟’與‘頰’形聲俱不相近，若本是‘頰’字，無緣誤而爲‘惟’。一本作‘頰’者，後人以意改之耳。‘惟舌’當爲‘喉舌’，‘喉’誤爲‘唯’，因誤爲‘惟’耳。”純一今據正。而利其脣呡也，畢云：“呡，‘脗’字省文。《説文》云：‘吻，口邊也。’”純一案：曹本作“非將勤勞其喉舌而利其脣吻也”。中實將欲爲其國家邑里萬民刑政者也。“爲”字舊脱，孫云：“吴鈔本‘欲’下有‘爲’字。”王樹枏云：“‘欲’下脱‘爲’字，則義不可通，據萬曆本增。”純一案：陸本、唐本並有“爲”字，“邑里”二字，當爲“治理”之譌。今也王公大人之所以蚤朝晏退，舊本“蚤”作“早”，吴鈔本如此。聽獄治政，終朝均分，尹云：“自旦及食時曰終朝。均，徧也，齊也。分，半也，謂日中。”而不敢怠倦者，何也？孫云：“舊本‘敢’下有‘息’字，即‘怠’字之衍文。”畢云：“一本無此字，是，今據删。”純一案：曹本無“息”字。曰：彼以爲强必治，尹云：“‘强’，勤也。”不强必亂；强必寧，不强必危，故不敢怠倦。今也卿大夫之所以竭股肱之力，殫其思慮之知，孫云：“吴鈔本作‘智’。”内治官府，外斂關市、山林、澤梁之利，以實官府，而不必怠倦者，何也？曰：彼以爲强必貴，不强必賤；强必榮，不强必辱，故不敢怠倦。今也農夫之所以蚤出暮入，强乎耕稼樹藝，多聚叔粟，“叔”，舊本誤“升”，孫據王校正。而不敢怠倦者，何也？曰：彼以爲强必富，不强必貧；强必飽，不强必飢，故不敢怠倦。今也婦人之所以夙興夜寐，畢云：“舊脱‘以’字，據上文增。”孫云：“吴鈔本不捝。”强乎紡績織紝，多治麻絲葛緒，畢云：“‘緒’，‘紵’字假音。‘絲’舊作‘統’。”王云：“‘統’，當爲‘絲’，《非樂篇》作‘多治麻絲葛緒’，是其證，今據改。”捆布縿，畢云：“《説文》云：‘稛，絭束也。’此俗寫。“孫云：“《孟子·滕文公篇》云‘捆屨織席’，趙注云：‘捆，猶叩椓也。織屨欲使堅，故叩之也。’《孫氏音義》云：‘案許叔重云：捆，織也。从木者，誤也。’《淮南子·脩務訓》云‘捆纂組’，高注云：‘捆，叩椓。’此文本書凡三見，《辭過篇》作‘梱’，《非樂上篇》作‘綑’，惟此作‘捆’，與《孟子》、《淮南》書字同。然‘梱’、‘綑’、‘捆’三字，《説文》並無之，惟禾部有‘稛’字，故畢以爲即‘稛’之俗。蓋从困、从困，聲形並相近，故展轉譌變，錯異如是，要皆‘稛’之俗别矣。縿，當依王校作‘繰’，詳《非樂上篇》。”而不敢怠倦者，何也？曰：彼以爲强必富，不强必貧；强必煖，不强必寒，故不敢怠倦。今雖毋在乎王公大人，蕢若信有命而致行之，“雖”、

“唯”通，“毋”，語助。“蕡”當爲“蕡”，形誤，“蕡”與治絲而棼之“棼”同，“棼”亦與“紛”同，見《天志下篇》，是蕡義者注。“蕡若”猶言“紛如”，狀信有命者致行紛亂也。則必怠乎聽獄治政矣，卿大夫必怠乎治官府矣，農夫必怠乎耕稼樹藝矣，婦人必怠乎紡績績紝矣。王公大人怠乎聽獄治政，卿大夫怠乎治官府，則我以爲天下必亂矣。農夫怠乎耕稼樹藝，婦人怠乎紡績織紝，則我以爲天下衣食之財將必不足矣。若以爲政乎天下，上以事天鬼，天鬼不使；王云：“《爾雅》‘使，從也。’‘天鬼不從’，猶上文言上帝不順耳。”下以持養百姓，“持”舊本作“待”，王云：“‘待’字義不可通，‘待養’當爲‘持養’，字之誤也。《天志篇》曰‘食飢息勞，持養其萬民’，《荀子·勸學篇》曰‘除其害者以持養之’，《榮辱篇》曰‘以相羣居，以相持養’，楊倞注：‘持養，保養也。’分言之，則曰持、曰養。《管子·明法篇》曰‘水上臣持禄養交’，《晏子春秋·問篇》曰‘士者持禄，游者養交’是也。”蘇校同，孫據正。百姓不利，必離散不可得用也。是以入守則不固，出誅則不勝。故雖昔者三代暴王桀紂幽厲之所以抎失其國家，“失”舊作“共”，在“抎”上。畢云：“‘抎’，失。”王云：“‘共’字義不可通，當是‘失’字之誤。隸書‘失’字或作‘失’，與‘共’相似。《説文》：‘抎，有所失也。’《尚賢篇》云‘失損其國家，傾覆其社稷’，抎、損古字通。《天志篇》云‘國家滅亡，抎失社稷’，皆其證，今據乙正。”傾覆其社稷者此也。

是故子墨子言曰：今天下之士君子，中實將欲求興天下之利，除天下之害，當若有命者之言，不可不强非也。此十三字，舊作“當若有命者言也”七字。王云：“此本作‘當若有命者之言，不可强非也’。《淮南·脩務訓篇》注曰：‘强，力也。’言有命之言，士君子不可不力非之也。中篇作‘不可不疾非’，‘疾’亦力也。下文曰‘將不可不察而强非者此也’，是其證。今本‘言’上脱‘之’字，‘也’上脱‘不可不强非’五字，則義不可通。”孫據王校補。曰：命者，暴王所作，窮人所術，孫云：“‘術’與‘述’通，見上。”非仁者之言也。孫云：“舊本‘仁’作‘人’，誤。今據《道藏》本、吴鈔本正。”王樹枏云：“萬曆本作‘仁者’。”今之爲仁義者，將不可不察而强非者此也。

曹云：“墨子之非命，原以教勤，此篇之後一段，其本意乃顯然矣。人情好逸惡勞，其執有命者，乃以文飾其苟且惰媮之情耳，亦非於命，而確見其爲有也。《易》曰：‘自天祐之，吉无不利。’子曰：‘天之所助者順也，人之所助者信也。’能行墨子之所行者，必爲天之所祐，非命之所得而限，又非罷不肖者，所得藉口以爲怨尤之資也。”

非儒上第三十八 闕

王闓運云："此無中篇，蓋三墨皆無此篇，後弟子附入而託言先有此。

非儒下第三十九

畢云："《孔叢·詰墨篇》多引此詞。此述墨氏之學者，設師言以折儒也。故《親士》諸篇，無'子墨子言曰者'，翟自著也此無'子墨子言曰'者，門人小子臆説之詞，並不敢以誣翟也，例雖同而事異。後人以此病翟，非也。《説文》云：'儒，柔也，術士之稱。'"孫云："《荀子·儒效篇》云：'逢衣淺帶，解果其冠，略法先王，而足亂世術；繆學雜舉，不知法後王而一制度，不知隆禮義而殺《詩》、《書》；其衣冠行僞已同於世俗矣，然而不知惡者；其言議談説，已無以異於墨子矣，然而明不能分别；呼先王以欺愚者，而求衣食焉，得委積足以揜其口，則揚揚如也；隨其長子，事其便辟，舉其上客，億然若終身之虜，而不敢有他志，是俗儒者也。'是周季俗儒，信有如此所非者，但並以此非孔子，則大氐誣詆增加之辭。儒墨不同術，亦不足異也。畢氏强爲之辯，理不可通。"純一案：孫説是也，惟謂儒墨不同術宜有辯。《荀子·儒效篇》云"其言議談説，已無以異於墨子矣，然而明不能分别"，足徵儒墨異同。不易剖析，如"親士"、"修身"、"所染"、"尚賢"、"貴義"、"非攻"，二家有何不同？而"尚同"、"天志"、"節用"、"七患"，亦不盡異。所異者，"非樂"、"非命"、"節葬"、"明鬼"耳，然除樂爲儒所必重外，餘皆互有異同處甚多，詳後墨儒之異同。要而言之，二家門户，分於一兼，兼則尊卑勞逸生死人己，一無等差，不能兼則反是。蓋墨道之大，頡頏農家、道家，與儒家斤斤於世教宗法，有大異其趣者。若夫荀卿儒者，《非十二子篇》且言子思、孟軻之罪，並賤子張、子夏、子游三氏之爲儒，則儒家末流之弊滋多，無足異也。《莊子·田子方篇》曰"以魯國而儒者一人耳"，則真儒之難爲，益可知矣。案：《尚賢》、《尚同》、《天志》、《非命》等均三篇，蓋墨離爲三，各述所聞者説書。校者强分上、中、下以識别之，故諸篇中，莫不數見"子墨子"之稱，足見其祇承師訓，所以文有出入，大旨胥同。獨此篇多爲墨家後輩所説，今雖存下篇，謂闕上篇，余決不信如《明鬼》、《節葬》、《非樂》之出自三家，皆有三篇而闕，即其獨無中篇可證。觀其辭旨，自篇首"至用雖急遺行遠矣"，固爲儒家可指斥者，其中如"貪於飲食，惰於作務，會噎爲深"云云，《荀子·非十二子篇》亦非之，其餘或爲《節葬》、《非命》之緒餘，或爲《耕柱》、《公孟》所已道，要旨無多。自以所聞孔某之行至終，辭涉誣詆無疑，蓋非儒爲墨學獨立成家之特著，所以反對當時非兼之儒家者也。此篇前半，或門人記其所聞，自"齊景公問晏子曰"以下，斷非黑子所與聞也。尹云："儒、墨，道不相同，其相非固宜，蓋天下之理，此以爲是，而彼或以爲不是，則非者出焉，人之採擇，唯視社會之趨向如何。非可以通行者，即謂爲是也，然則墨之非儒，亦未可全以爲非也。説者以此篇迺門人小子之臆説，非墨自箸，而細繹其詞例，同於《親士》、《脩身》，則爲墨所自箸無疑，固不必曲爲墨諱矣。"樂云："非儒爲有意義之篇題，以篇中無'子墨子言曰'句，斷爲後世墨者之作。非儒之旨，原本墨子，蓋墨子生長於魯，魯之儒爲最盛，墨子爲説教行義故，不得不取其不合於己者而非之也。然墨子非儒，以儒者之禮樂、喪服、執命、無鬼四者爲主，《非儒下》乃涉及孔子私行，殊失墨子言稱孔子之意。"

儒者曰："親親有術，尊賢有等。"王引之云："此即《中庸》所謂'親親之殺，尊賢之等'。今云'親親有術'者，'殺'與'術'聲近而字通也，《説文》'殺'字'從殳，杀聲'，而無'杀'字。《五經文字》曰：'杀，古殺字。'今案：杀字，蓋從乂，术聲。《説文》：'乂，芟艸也。從丿乀相交。'或從刀作'刈'。《廣雅》：'刈，殺也。'哀元年《左傳》'艾殺其民'，艾與乂、刈同，是乂即殺也。故杀字從乂，而以术爲聲。杀與術並從术聲，故聲相近。轉去聲，則'殺'音色介反，'術'音遂，聲亦相近。故墨子書以'術'爲'殺'。"言親疏尊卑之異也。孫云："孔穎達《禮記》正義云：'五服之節，降殺不同，是親親之衰殺。公卿大夫，其爵各異，是尊賢之等。'案：《墨子》下文亦專舉喪服言，蓋欲破親親有殺，以佐其'兼愛'、'節葬'之説也。"其《禮》曰："喪，父母三年，舊本下有"其"字，王云："'其'字涉下文'伯父叔父弟兄庶子其'而衍。《節葬篇》'父母死喪之三年'，下無'其'字，是其證。"孫據刪，云："《禮》蓋即指《喪服經》。"妻、畢云："舊脱此字，據下文增。"後子三年，孫云："'後子'，詳《節葬篇》。"曹云："'後子'，謂適子爲後也。'妻喪三年'，見《左氏傳》云：'王一歲而有三年之喪二。'"伯父叔父弟兄庶子其，畢云："與'期'同。"孫云："《公孟篇》正作'期'。"戚族人五月。"孫云："以上述喪服，並詳《節葬篇》。"曹云："戚，近也。"若以親疏爲歲月之數，則親者多而疏者少矣，是妻、後子與父母同也。"母"字舊脱，據上下文增，王樹枏校同。若以尊卑爲歲月之數，"之"字舊脱，據上文增。則尊其妻子與父母同，而視伯父宗兄而卑子也。"視"舊譌作"親"，王云："'親'當爲'視'。言視伯父宗兄如庶子之卑也。'視'、'親'字相似，又涉上下文'親'字而誤，今據改。"孫云："'宗兄'見《曾子問》，言適長爲宗子者，故下文云‘其宗兄守其先宗廟數十年’。”王引之云：“‘而卑子’之‘而’讀爲‘如’，言卑其伯父宗兄如庶子也。”俞云：“‘卑子’即庶子，乃取卑小之義。僖二十二年《左傳》‘公卑邾’，杜注曰：‘卑，小也。’”曹本作“而視伯父宗兄如卑子也”。逆孰大焉？孫云：“吴鈔本‘逆孰’到。”純一案：“到”出古本，“到”同“菿”。“菿”，大也。詳見《韓詩遺説考》“菿彼圃田下”，此言親疏與尊卑之等相違。曹云：“此譏儒者喪服之制。”其親死，列尸弗斂，舊本脱“斂“字，王云：“死三日而後斂，則前二日猶未斂也，故曰：‘列尸弗斂’。列者，陳也。鈔本《北堂書鈔·地部二》引此，正作‘列尸弗斂’。”孫據補。登屋，窺井，挑鼠穴，“挑”，《書鈔》百五十八引作“逃”，非。尹云：“‘挑’，招呼也。《説文》‘鼠，穴蟲之總名’，《莊子·應帝王》‘鼷鼠深穴乎神邱之下’，鼠好穴居，此故特云鼠穴。”探滌器，而求其人焉。孫云：“此非喪禮之復也。《士喪經》云‘複者升自前東榮中屋，北面招以衣，曰：皋某復’，是登屋也。《説文·水部》云：‘滌，洒也。’滌器，洒濯之器，若槃匜之屬。‘窺井’以下，並喪禮所無，蓋謾語也。”以爲實在，則戇愚甚矣；孫云：“《書鈔·地部》引‘實’作‘誠’。”畢云：“《説文》云：‘贛，愚也’，‘愚，贛也’。”純一案：《書鈔》作“則愚甚矣”，“戇”字蓋後人所加。《公孟篇》：“夫嬰兒子之知，獨慕父母而已，父母不可得也，然號而不止，此其故何也？即愚之至也。”如其亡也，必求焉，僞亦大矣。王引之云：“‘如其亡也’二句，與‘僞’字義不相屬。‘如’當爲‘知’，言既知其亡而必求之，則僞而已矣。”蘇説同。王景羲云：“‘亡’無‘通’。此句與上‘以爲實在’句相對爲文，則‘如’字義‘長’。”王引之校改“如”爲“知”，亦足備一義。純一案：《書鈔》引此文同，足證不誤。言親已死而求其人，非愚即僞。曹云：“此譏儒者居喪，始死時之禮。”

取妻身迎，“取”、“娶”同。祗褍爲僕，畢云：“《説文》云：‘祗，敬也。’‘褍，衣正幅。’則‘褍’亦爲正，意與端同。”王校作“袛”，“袛”當爲“袨”，隸書“袛”字作‘袓’，與‘袨’相似，故‘袨’誤爲‘袛’，袨褍即玄端也。《周官·司服》‘其齊服有玄端素端’，鄭注曰：‘端者，取其正也。’服虔注，昭元年《左傳》曰：‘禮，衣端正無殺，故曰端。’端與褍同，故《説文》以‘褍’爲‘衣正幅’也。《玉篇》‘袨，黑衣也’，《淮南·齊俗篇》‘尸祝袀袨’，高注曰：‘袀，純服。袨，黑齋衣也。’即《周官》所云‘齊服玄端’也。《莊子·達生篇》‘祝宗人玄端’，即《淮南》所云‘尸祝袀袨’也。”孫云：“《士昏禮》‘親迎，主人爵弁纁裳緇袘’，《郊特牲》説諸侯則玄冕，此云玄端者，蓋據庶人攝盛之服言之。”曹云：“爲僕，謂御輪三周也。”秉轡授綏，孫云：“《士昏禮》云‘壻御婦車授綏’，鄭注云：‘壻御者，親而下之。綏，所以引升車者，僕人必授人綏。'此上云'爲僕'，即指親御之事。"如仰嚴親，"仰"，敬重之意。昏禮威儀，如承祭祀。顛覆上下，悖逆父母，陸本"悖"譌"悖"。下則妻子，王樹枬云："本書'則即'二字通用。'下則妻子'者，下即妻子也。即，就也。"純一案："下就妻子"者，言重視妻子也。下文"妻之奉祭祀，子將守宗廟。"故重之，正承此而言。妻子上侵。句。此文自"取妻親迎"至"可謂孝乎"，皆四字句，言重視妻子而下就之，必致妻子上侵陵其父母。事親若此，可謂孝乎？曹云："此譏儒者昏姻之禮。"儒者曰：舊"儒"譌"傳"，又脱"曰"字，曹本從畢校補正，王樹枬校同。迎妻王樹枬云："二字涉上文而衍。"純一案：吴鈔本'妻'字不重，足爲王校之證。"迎"字蓋後人所加。"妻之奉祭祀，"之"，猶與也。孫云："《禮記·哀公問》：'公曰：冕而親迎，不已重乎？孔子對曰：合二姓之好，以繼先聖之後，以爲天地宗廟社稷之主，君何謂已重乎？'墨子所非，與哀公言相類。"子將守宗廟，故重之。孫云："《哀公問》：'孔子曰：妻也者，親之主也，敢不敬與？子也者，親之後也，敢不敬與？'"應之曰：此誣言也。其宗兄，守其先宗廟數十年，死，喪之其；畢云："同期。"兄弟之妻，奉其先之祭祀，弗服。"服"舊爲"散"，從盧校改。則喪妻子三年，必非以守宗廟奉祭祀也。舊脱"宗廟"二字，據上文從孫校補。夫憂妻、子以大負絫，孫云："'憂妻子'，謂憂厚於妻子，猶下文云'厚所至私'也。《國策·趙策》云：'夫人優愛孺子。'《説文·夊部》云'憂，和之行也'，引《詩》曰'布政憂憂'，今《詩·商頌·長發》作'優'。案：古無'優'字，優厚字止作'憂'，今别作'優'，而以'憂'爲'㥑愁'字。墨子書多古字，此亦其一也。以與已同，言偏厚妻子，已爲大負傒絫，乃又飾辭文過，託之奉祭祀、守宗廟，故下云'又曰所以重親也'。"有曰：孫云："'有'當讀爲'又'。""所以重親也。"王樹枬云："'夫憂妻子以大負絫'句，以文義觀之，當在'有曰所以重親也'句下，'有曰'者，儒者'又曰'也。"爲欲厚所至私，畢云："舊作'和'，以意改。"尹云："'私'謂妻子。"輕所至重，豈非大姦也哉！曹云："此譏儒者爲昏喪之禮，實薄於孝而厚於慈，又以爲宗廟祭祀爲説。"尹云："'姦'，私也。"

有强執有命以説議曰：孫云："上'有'字亦讀爲'又'。""壽夭貧富，安危治亂，固有天命，不可損益。孫云："《莊子·至樂篇》：'孔子曰：命有所成，而形有所適也，夫不可損益。'"純一案：《文選·王命論》《運命論》《辯命論》三注，並引作"貧富治亂，固有天命，不可損益"。窮達賞罰，幸否有極，畢云："《説文·夭部》云：'幸吉而免凶也，从屰从夭。夭死之事，故死謂之不幸。'"孫云：《廣雅·釋詁》云：'極，中也。'《逸周書·命訓篇》云：'天生民而成大命，命司德正之以禍福，立明王以順之。曰：大命有常，小命日成，成則敬，有常則廣，廣以敬命，則度至于極。'此古説有命之遺言也。"人之知力，孫云："吴鈔本'知'作'智'。"不能爲焉。"羣吏信之，則怠於分職；庶人信之，則怠於從事。尹云："極，言有命之弊，爲《非命篇》張本。"吏不治則亂，舊本脱"吏"字，王據上文補。農事緩則貧，貧且亂，倍政之本，舊無"倍"字，王云："此句有脱文。"孫云："疑當作'倍政之本'，下文云'倍本棄事而安怠傲'。"純一案：孫説是也，今據補。"倍"，背同。而儒者以爲道教，是賊天下之人者也。"賊"舊譌"賤"，孫依王蘇校正。曹云："此譏儒者之言命。"純一案：墨家自苦爲極，備世之急，正如《禮運》所謂"力惡其不出於身也，不必爲己"。故不容執有命之説，以爲天下厚害。

且夫繁飾禮樂以淫人，孫云："舊本無'樂'字，吴鈔本有，以下句文例校之，有者是也。下文'晏子曰：好樂而淫人'，可證，今據補。"曹云："'淫'，過也，侈也。禮文繁則浮費多。"久喪僞哀以謾親，畢云："《説文》云：'謾，欺也。'"曹云："'僞哀'，如以官代哭之類。"純一案：《鹽鐵論·論誹篇》："晏子有言，儒者繁於樂而舒於民，久喪以害生，禮煩而難行。"義略同此。立命緩貧而高浩居，"緩貧"謂"不事生業"。畢云："'浩居'同'傲倨'。"孫云："畢據《史記·孔子世家》義亦見後。"倍本棄事而安怠傲。畢云："舊作'徹'，以意改。"曹云："怠者必傲，如《禮記·儒行》之説。"純一案：以上綜論儒者"繁飾禮樂"、"久喪僞哀"、"立命"三大弊。貪於飲食，孫云："舊本作'酒'，今據吴鈔本校改，下亦云'得饜飲食'。"惰於作務，孫云："《荀子·非十二子篇》云：'偷儒憚事，無廉恥而耆飲食。必曰：君子固不用力，是子游氏之賤儒也。'此所非與彼相類。"陷於飢寒，危於凍餒，無以違之。孫云："《禮記·緇衣》鄭注云：'違，猶辟也。'"純一案："辟"同"避"。是若乞人，舊作"人氣"，孫云："'人氣'疑當作'乞人'，此冢上'飢寒凍餒'而言，氣與乞通，古乞作气，即雲气字。下文云'夏乞麥禾'是其證。"純一今據正。䶂鼠藏畢云："《爾雅》有䶂鼠，陸德明《音義》云：'孫炎云：'䶂者，頰裹也。'郭云：'以頰内藏食也。'《字林》云：'即鼢鼠也。'《説文》云：'鼸，鼢也。'《玉篇》云：'鼸，胡簟切，田鼠也。''䶂'，舊作'䶂'誤。"孫云："《夏小正》云：'正月田鼠出。田鼠者，嗛鼠也。'嗛、䶂字通。謂儒者得食則藏之，若䶂鼠裹藏食物矣。"而羝羊視，畢云："《爾雅》云：'羊：牡，羒。'注：'羝。'《廣雅》云：'二歲曰羝。'《説文》云：'羝，牡羊也。'陸德明《音義》云：‘《字林》云：牂羊也。’然則羝、羒、牂，皆牡羊。”賁彘起。畢云：“《易·大畜》云‘豶豕之牙’，崔憬曰：‘《説文》，豶，劇豕。今俗猶呼劇豬是也。’案：《説文》作‘羠豕’，崔以意改之。羠與犗義同。劇者，犗假音。《玉篇》云：‘豶，扶云切，犗也。’”曹云：“三者皆以狀其深險怠傲之意也。”純一案：以“鼸鼠藏而羝羊視”七字句，文例校之，“賁彘起”上，當有脱文四字。“視”、“起”爲韵。君子笑之，怒曰：“散人，焉知良儒！”畢云：“‘散人’猶‘冗人’。”曹云：“‘散人’，言不事事之人。”吴摯甫曰：“八字爲句。‘上君子’，謂墨者。‘此怒曰’，謂爲儒者聞笑而怒也。‘散人’乃儒之稱墨，非墨之譏儒。”樂云：“‘散人’，謂人之無用者。《莊子·人間世篇》：‘而幾死之散人又惡知散木。’”夫夏氣麥禾，孫云：“疑脱‘春乞’云云，‘夫’似即‘春’字上半缺剥僅存者。”五穀既收，大喪是隨，孫云：“言秋冬無可乞，則爲人治喪以得食也。”子姓皆從，孫云：“《喪大記》云‘卿大夫父兄子姓立于東方’，注云：‘子姓，謂衆子孫也。姓之言生也。’《國語·楚語》‘帥其子姓’，韋注云：‘子姓，衆同姓也。’”得厭飲食，“厭”通“饜”，飽足也。畢治數喪，足以至矣。孫云：“‘至’下疑有捝文。”王景羲云：“‘至’或‘生’字之譌，謂畢此數喪，足當治生矣。”王闓運云：“至，年終也。”因人之家以爲翠，舊作“翠以爲”，畢云：“《廣雅》：‘臎，肥也。’此古字。”孫云：“以文例校之，‘因人之家’與下‘恃人之野’，文正相對，疑當作‘因人之家以爲翠’。‘翠’當依畢訓爲‘肥’，此特文誤到耳。”今據乙，曹本作“因人之家以爲臎”。恃人之野以爲尊，畢云：“言禾麥在野。”尹云：“‘野’謂農民不知禮者，尊酒器，所以爲飲。”富人有喪，乃大説喜，曰：“此衣食之端也。”孫云：“此與《荀子·儒效篇》所謂‘得委積足以揜其口，則揚揚如也’者相類。”純一案：《荀子·非十二子篇》：“偷儒憚事，無廉恥而耆飲食，洵有如墨氏所非者。”曹云：“此譏儒者不耕而食，且利人有喪，蓋當時習俗如此。”

儒者曰：君子必古言服然後仁。舊作“必服古言”，王云：“‘服古言’三字，文義不順，當依《公孟篇》作‘必古言服然後仁’。”純一今據正，案：《鹽鐵論·論誹篇》：“晏子有言，儒者稱往古而言訾當世，賤所見而貴所聞，即譏儒考之尊古也。”應之曰：所謂古之言服者，皆嘗新矣，孫云：“舊本脱‘言服’二字，今依王引之校增。謂古言服，其始制之時皆爲新，積久乃成古也。”而古人言之服之，則非君子也。《公孟篇》曰：“行不在服。”然則必服非君子之服，言非君子之言，而後仁乎？孫云：“舊本‘古人言之服之’，脱‘言之’二字。‘則非君子也’，脱‘非’字。‘服非君子之服’，上‘服’字譌作‘法’。並依王引之校增。”純一案：此破儒説一。

又曰：君子循而不作。顧云："《廣雅·釋言》：'循，述也。'《論語》曰：'君子述而不作。'"應之曰：古者羿作弓，孫云："《吕氏春秋·勿躬篇》云：'夷羿作弓'。"畢云："羿，羿省文。《説文》云：'羿，古諸侯也，一曰射師。'"純一案：《山海經·海内經》："少皥生般，般是始爲弓矢。"郭注云："《世本》云：'牟夸作矢揮作弓。'"《荀子》云："倕作弓，浮游作矢。"《吴越春秋》云："黄帝作弓。"俱不同。尹云："此云羿作弓，蓋因其善射耳。"伃作甲，畢云："'伃'即'杼'，少康子。"孫云："《史記·夏本紀》：'帝少康崩，子帝予立。'索隱云：'予，音宁，《系本》云"季杼作甲"者也。'"奚仲作車，孫云："《吕氏春秋·君守篇》同，高注云：'奚仲，黄帝之後任姓也。'《傳》曰：'爲夏車正，封於薛。'《説文·車部》云：'車夏后時奚仲所造。'《山海經·海内經》云'奚仲生吉光，吉光是始以木爲車'，郭注云：'《世本》云：奚仲作車。此言吉光，明其父子共創作意，以是互稱之。'《續漢書·輿服志》劉注引《古史考》云：'黄帝作車，引重致遠，其後少昊時駕牛，禹時奚仲駕馬。'依譙周説奚仲駕馬，車非其所作，司馬彪、劉昭並從之，於義爲長。"巧垂作舟。畢云："《北堂書鈔》引作'倕'，《太平御覽》作'錘'，《事類賦》引作'工倕'。《太平御覽》引有云'禹造粉'，疑在此。"純一案：《藝文類聚》七十一"舟"引《墨子》曰"棄作舟"，"棄"與"垂"異。"俞云："《莊子·胠篋篇》'攦工倕之指'，《釋文》曰：'倕音垂，堯時巧者也。'《堯典》'咨！垂，女共工'，是稱工垂者，工其官，垂其名。'"劉云："《廣韻·十八尤》'舟'字注，引作'工倕'，《御覽》七百六十八引同，《初學記》二十五作'巧倕'，《書鈔》一百三十七亦引作'巧'，是古有作'工'作'巧'二本。據劉子《新論·闕武篇》'繫倕善斷'，袁注云：'般倕神農時巧人也。'《廣韻·五支》'倕'字注云：'黄帝時巧人名倕。'《書·顧命》'兑之戈節'，疏云：'垂是巧人。'知兑和亦古巧人。綜上三義，作巧爲長。"尹云："《説文》：'舟，船也。'古者共鼓貨狄刳木爲舟，剡木爲楫，以濟不通。《海内經》番禺是始爲舟。《吕覽·勿躬》虞論作舟。《物理論》以爲化狐。《發蒙記》以爲伯益。"案：尹説並見《初學記》引。然則今之鮑、函、車、匠，畢云："《考工記》有'函、鮑'，鄭君注云：'鮑，讀爲鮑魚之"鮑"，書或爲"鞄"。'《説文》云：'鞄，革草工也，从革，包聲，讀若朴。'《周禮》曰：'柔皮之工鮑氏，鞄即鮑也。'"皆君子也，"也"讀若"邪"。而羿、伃、奚仲、巧垂，皆小人邪？且其所循，人必或作之，孫云："言所述之事，其始必有作之之人也。"然則其所循，皆小人道也？孫云："'也'、'邪'古通，吴鈔本作'耶'。"純一案：此破儒説二。《耕柱篇》："子墨子曰：吾以爲古之善者則訹之，今之善者則作之，欲善之益多也。"曹云："此譏儒者是古非今，述而不作之説。”尹云：“觀此，則墨貴進取，與儒尚保守殊。”

又曰：畢云：“‘又’舊作‘人’，以意改。”君子勝不逐奔，孫云：“《穀梁隱五年傳》云‘伐不踰時，戰不逐奔’，《司馬法·仁本篇》云‘古者逐奔不過百步’，又《天子之義篇》云‘古者逐奔不遠’，《墨子》所述儒者之言，與《穀梁》同。《荀子·議兵篇》亦云：‘服者不禽，犇命者不獲。’”揜函弗射，孫云：“‘揜’，吴鈔本作‘掩’。”純一案：《方言》“揞、揜、錯、摩，藏也，吴揚曰揜”，《孟子·公孫丑上》“函人惟恐傷人”，趙注：“函，甲也。”“揜函”，猶言藏其甲，示不敢敵也。“揜函弗射”，即《司馬法·仁本篇》“不校勿敵之義”。今《國際戰時公法》蕩然，哀哉！施則助之胥車。畢云：“‘施’舊作‘强’，據下文改。”孫云：“畢因下文‘施’字兩見，故據改，然‘施’、‘强’義並未詳。似言軍敗而走，則助之挽重車，而文有挩誤。”歐陽云：“《晉語》‘秦人殺冀芮而施之’，注：‘施，陳其尸也。’此施字義同，言敵人之被殺而陳其尸者，則如敵人之意以胥車助之。‘胥車’，爲載胥靡之車，‘胥靡’即俘虜也。”應之曰：若皆仁人也，則無説而相與。仁人以其取舍是非之理相告，無故從有故也，尹云：“‘從’，服也。”弗知從有知也，無辭必服，見善必遷，何故相與？舊無“與”字，王云：“‘何故相’下，當有‘與’字，而今本脱之，則義不可通。‘相與’，謂相敵也，古謂相敵爲相與，襄二十五年《左傳》‘一與一誰能懼我’，哀九年《傳》‘宋方吉不可與也’，《越語》‘彼來從我，固守勿與’。與字並與敵同義，言既爲仁人，則無辭必服，見善必遷。何故兩相敵也？上文曰：‘若皆仁人也，則無説而相與。’是其明證矣。”純一今據補，此言國際偶起争端，終不相敵而和解之，服從公理，泯絶强權，今之國際裁判會等，允當效法。若兩暴交争，其勝者欲不逐奔，揜函弗射，施則助之胥車，雖盡能，猶且不得爲君子也。曹云：“言兩暴必不肯相讓，雖讓，猶無解於其爲暴。”意暴殘之國也，聖王將爲世除害，“王”字舊脱，從曹本補，王本同。興師誅罰，《司馬法·仁本篇》曰：“攻其國愛其民，攻之可也。”《禮·月令》：“孟秋之月，天子乃命將帥，選士萬兵，簡練桀俊，專任有功以征不義，詰誅暴慢以明好惡，順彼遠方。”曹云：“言以仁伐暴，乃謂之義戰。”勝將因用儒術“儒”舊譌“傳”，王云：“‘傳術’二字，義不可通，‘傳述’當爲‘儒術’。‘毋逐奔’云云，皆儒者之言，故曰‘用儒術令士卒’。”孫據正，曹本同。令士卒曰：“毋逐奔，揜函勿射，施則助之胥車。”暴亂之人得活，“人”下舊有“也”字，王云：“‘也’字涉上下文而衍。此言暴亂之人爲天下害，聖人興師誅罰，將以除害也。若用儒術令士卒曰‘毋逐奔’云云，則暴亂之人得活，而天下之害不除矣。是‘暴亂之人’下本無‘也’

字。”今據删。天下之害不除，“之”字舊脱，據上文並王校補，曹本同。是爲羣殘父母而深賊世也，“賊”舊譌“賤”，從戴校正，曹本、王本並同。不義莫大焉！曹云：“此言儒者好言仁，而究歸於不仁也，若宋襄公不重傷不禽二毛之類。”純一案此破儒説三。

又曰：君子若鐘，畢云：“‘君’舊作‘吾’，據上文改。”擊之則鳴，弗擊不鳴。孫云：“此亦見《公孟篇》公孟子告墨子語。《學記》云：‘善待問者如撞鍾，叩之以小者則小鳴，叩之以大者則大鳴。’”應之曰：夫仁人事上竭忠，事親務孝，得善則美，有過則諫，舊本“務”字、“得”字互錯。俞云：“‘事親務孝’，言事親者務爲孝也，與上‘事君竭忠’相對。得善則美，言有善則美之也，與有過則諫相對。”純一案：俞説是也，今據乙，曹本同。此爲人臣子之道也。“子”字舊脱，下文“君親臣子”並言，與上文“忠孝”相應，可證，今校補。今擊之則鳴，弗擊不鳴，墨家務以仁義徧從人而説之，與釋氏弘法利生同，故以如鐘不擊不鳴爲非。隱知豫力，孫云：“‘豫’當爲‘舍’之叚字，豫从予聲，古音與‘舍’同部。《節葬下篇》云：‘無敢舍餘力，隱謀遺利，而不爲親爲之者矣。’‘隱知’猶彼云‘隱謀’，‘豫力’即彼云‘舍餘力’也。”恬漠待問而後對，尹云：“‘恬’，安也。”孫云：“《漢書·賈宜傳》顔注云：‘漠，静也。’《淮南子·詮言訓》云‘故中心常恬憛’，《泰族訓》云‘静莫恬淡’，宋本‘莫’作‘漠’，‘漠’、‘憛’、‘莫’並通。”雖有君親之大利，弗問不言。若將有大寇亂，盜賊將作，若機辟將發也，孫云：“《莊子·逍遥游》云‘中於機辟，死於罔罟’，《釋文》引司馬彪云：‘辟，罔也。’又《山木篇》云‘然且不免於罔羅機辟之患’，《鹽鐵論·刑德篇》云‘罻羅張而縣其谷，辟陷設而當其蹊’，則‘機辟’蓋掩取鳥獸之物。‘辟’字又作‘臂’，《楚辭·哀時命》云‘外迫脅於機臂兮，上牽聯於矰谁’，王注云：‘機臂，弩身也。’案《爾雅·釋器》云：‘繴謂之罿。’司馬彪釋‘辟’爲‘罔’，蓋即以爲‘繴’之借字。王説與司馬義異，未知孰是。”他人不知，己獨知之，雖其君親皆在，不問不言，是夫大亂之賊也！《尚同下篇》曰：“若見惡賊國者不以告，亦猶惡賊國者也；若見惡賊家者不以告，亦猶惡賊家者也。”以是爲人臣不忠，爲子不孝，事兄不弟友，“友”，舊誤“交”，從孫校改。遇人不貞良。尹云：“‘貞’，正也。”曹云：“譏儒者弗問不言，非忠孝之道也。”夫執後不言之朝物，孫云：“‘執後不言’，謂拘執居後，不肯先言。‘之朝物’，疑有挩誤。”曹云：“‘執’，取也，言在朝之人，但取爲人後，以不言爲得計。”尹云：“‘朝’謂朝廷，物事也。”純一案：“之朝物”三字，當在“執”後“不言”上；“夫”，猶彼也；“之”，猶於也。謂彼於朝事，執後不言。見利使已雖恐後言，曹讀“物見利使”句，云：“言事物著見，爲利所使，則已争之唯恐或後。”尹作“見利便己”句，云：“‘便’本誤‘使’，‘雖’同‘唯’。”俞云：“‘雖’當作‘唯’，古字通也，蓋言利之所在，唯恐後言也。下文云‘君若言而未有利焉，則高拱下視，會噎爲深，曰：唯其未之學也’，正與此文反復相明。言苟無利，則君雖言之，而已亦以未學謝也，正所以破儒者擊之則鳴，弗擊不鳴之説。”若言而未有利焉，“若”上舊有“君”字，劉云：“‘君’字無義，疑即‘若’字誤羨之文。”純一案：劉説是也，今據删，王本同。則高拱下視，孫云：“《説文·手部》云：‘拱，斂手也。’”會噎爲深，畢云：“《説文》云：‘噲，咽也，讀若快。’‘噎，飯窒也。’會與噲同，不言之意。”尹云：“‘深’，猶藏也。”曰：“唯其未之學也。”孫云：“‘唯’舊本作‘惟’，據吴鈔本改。‘其’當爲‘某’。”尹云：“自飾之辭。”純一案：《論語》：“衛靈公問陳於孔子，孔子對曰：軍旅之事，未之學也。”用誰急，遺行遠矣。孫云：“‘誰’當作‘雖’。蓋言事急則退避而遠行。《荀子·非十二子篇》云‘正其衣冠，齊其顔色，嗛然而終日不言，是子夏氏之賤儒也’，此所非與彼相類。”曹云：“以上一段，譏儒者好爲慎密，而流於深阻，不可以爲世用。”純一案：此破儒説四。

夫一道術學業者仁義也。“者”字舊譌“昔”，又“錯”在“也”字下，孫本“也”譌“者”，曹本如此，云：“言世之爲道術爲學業者不一，而能一之者，莫如仁義。”純一今從之，下文“非義之類也，非仁之儀也”，均可爲曹説之證。”尹云：“言仁義爲道學之本。”大以治人，小以任官，遠施用徧，“用”，孫本從王校作“周”。純一案：“用”字不誤，猶以也。“遠施用徧，近以修身”，言遠而施之天下，無所不徧；近而施之於身，無所不修。“徧”即是“周”，改“用”作“周”，未免義複。“徧”從畢本、吴鈔本，孫本及陸本、唐本並作“偏”，義同。近以脩身，“脩”舊作“循”，孫據王校正。不義不處，上“不”字讀若“非”。非理不行，務興天下之利，除天下之害，曲直周旋，利人則爲，不利則止，舊脱“除天下之害”五字，“利人則爲不”五字。俞云：“‘利則止’，當作‘不利則止’，傳寫脱‘不’字也。《非樂上篇》曰‘必務求與天下之利，除天下之害，將以爲法乎天下，利人乎即爲，不利人乎即止’，與此文有詳略，而義正同。”純一案：本書興天下之利，恒與除天下之害並言。“不利則止”上，亦當有“利人則”爲句，文義較完足，俞校是也，今並據增。此君子之道也。以所聞孔某之行，畢云：“‘某’字舊作孔子諱，今改，下放此。”則本與此相反謬也。

孫云："'謬'，吴鈔本作'繆'。"純一案：下文舉證孔子六事之非，此文蓋總冒之。"尹云："時以孔子爲儒宗，故特言之。"

齊景公問晏子曰：尹云："《晏子春秋·雜上》有墨子稱晏子知道之語，則晏、墨固同宗者，此故特舉其問答之詞。""孔子爲人何如？"晏子不對，公又問，復不對。舊本"問復"二字誤倒，今校乙。孫云："吴鈔本無'復'字。"景公曰："以孔某語寡人者衆矣，俱以爲賢人也。舊本脱"爲"字，從孫校據《孔叢子·詰墨篇》增。今寡人問之，而子不對，何也？"晏子對曰："嬰不肖，不足以知賢人。尹云："《説文》：'肖，骨肉相似也，从肉，小聲。'不似其先，故曰不肖。《前漢書·刑法志》'夫人宵天地之顡'，師古曰：'宵義與肖同，故庸妄之人，謂之小肖，言其狀顡無所象似也。'《禮記·哀公問》'寡人雖無似也'，注：'無似，猶言不肖。'《雜記》'某之子不肖'，注：'肖，似也。'不似，言不如人。"雖然，嬰聞所謂賢人者，入人之國，必務合其君臣之親，而弭其上下之怨。"弭"，《廣韻》"息也"，《玉篇》"止也"。孔某之荆，孫云："《史記·孔子世家》楚昭王迎孔子至楚事，在哀公六年。"尹云："'之'，往也。"知白公之謀，而奉之以石乞，孫云："'白公'，楚平王孫，名勝。其與石乞作亂事，見哀十六年《左傳》，此事不可信。《列子·説符篇》、《吕氏春秋·精通篇》、《淮南子·道應訓》，並載白公與孔子問答，或因彼而誤傳與。"君身幾滅，而白公僇。畢云："《孔叢·詰墨》云：'白公亂在哀公十六年秋也，孔子已卒十旬。'"蘇云："此誣罔之辭，殊不足辨。唯據白公之亂，在景公卒後十二年，而晏子之卒，更在景公之先，又安能預知後事，而先與景公言之？"嬰聞賢人，得上不虚，尹云："言必利人。"得下不危，言必利上。言聽於君必利人，教行於下必利上，舊作"教行下必於上"。俞云："此本作'教行於下必利上'，與上句'言聽於君必利人'，相對爲文。'教行'下脱'於'字，而'利'字又誤作'於'，義不可通矣。"純一案：俞説是也，今據補正。是以言明而易知也，行明而易從也，舊本作"行易而從也"，王云："'行易而從'，文不成義，當作'行明而易從'，與上句文同一例。下文曰，'行義可明乎民'，又曰，'行義不可明於民'，皆其證。"孫據王説補正。行義可明乎民，謀慮可通乎君臣。令孔某深慮周謀以奉賊，"周"舊作"同"，俞云："'同'乃'周'字之誤。'深慮'、'周謀'，相對爲文，言其慮深沈，其謀周密也。"純一今據改。勞思盡知以行邪，勸下亂上，教臣殺君，畢云："《孔叢》引'殺'作'弑'。"非賢人之行也；入人之國，而與人之賊，"與"，猶助也。《國策·秦策》

“不如與魏以勁之”注。非義之類也；知人不忠，趣之爲亂，畢云：“‘趣’，讀促。”非仁之義也。“之義”舊倒，曹本作“之儀”，今據乙。案：“義”即“儀”本字，不煩改作“儀”。《晏子春秋·外下》，《音義》引作“非仁義之本也。”逃人而後謀，避人而後言，“言”上“後”字，舊本作“后”，孫據吴鈔本改。行義不可明於民，孫云：“‘明’，吴鈔本作‘謀’，誤。”謀慮不可通於君臣，嬰不知孔某之有異於白公也，是以不對。”景公曰：“嗚乎！孫云：“《道藏》本、吴鈔本作‘呼’。”純一案：陸本、唐本並作“呼”。貺寡人者衆矣，孫云：“《儀禮·士昏禮記》云‘吾子有貺命’，鄭注云：‘貺，賜也。’此‘貺’與‘貺命’義同。”畢云：“‘貺’當爲‘況’，此俗寫。”非夫子，則吾終身不知孔某之與白公同也。”此非孔子事一。

孔某之齊，見景公。孫云：“《史記·孔子世家》，以此爲昭公二十五年，魯亂，孔子適齊以後事。”景公説，欲封之以尼谿，孫云：“《史記·孔子世家》同，《晏子春秋·外篇》作‘爾稽’。孫星衍云：‘尼、爾，稽、谿，聲皆相近。’詒讓案：尼谿地無攷，《吕氏春秋·高義篇》又作‘景公致廩丘以爲養’。”以告晏子。晏子曰：“不可。夫儒，浩居而自順，舊衍“者也”二字，今删，與下文一律。盧云：“《晏子·外篇》與此多同，‘浩居’作‘浩裾’。”畢云：“案：《史記》作‘倨傲自順’。”顧云：“《漢書·酷吏郅都傳》‘丞相條侯至貴居也’，讀作‘倨’。”孫云：“《王制》云‘喪祭，用不足曰暴，有餘曰浩’，鄭注云：‘浩猶饒也。’‘居’、‘裾’並‘倨’之叚字。《家語·三恕篇》云‘浩裾者則不親’，王肅注云：‘浩裾，簡略不恭之貌。’《大戴禮記·文王官人篇》云‘自順而不讓’，又云‘有道而自順’，孔廣森云：‘自順，謂順非也。’”曹云：“自順，謂任情意而不能矯其失。”不可以教下；好樂而淫人，孫云：“《晏子·外下》一章，作‘好樂緩於民’。”曹云：“婬人，謂使人之情蕩。”不可使親治；立命而怠事，不可使守職；宗喪循哀，畢云：“《孔叢》、《史記》，‘宗’作‘崇’。”孫云：“‘宗’、‘崇’字通。《詩·周頌·烈文》鄭箋云：‘崇，厚也。’《書·盤庚》僞孔傳云：‘崇，重也。’循，《史記》、《孔叢》作‘遂’。《晏子》作‘久喪道哀’。”王云：“‘循’、‘遂’一聲之轉。遂哀，謂哀而不止也。《三年問》曰：‘三年之喪，二十五月而畢，若駟之過隙。然而遂之，則是無窮也。’”不可使慈民；孫云：“《晏子》作‘子民’，慈，子字通。《禮記·緇衣》云‘故君民者，子以愛之，則民親之’，又云‘故長民者，章志貞教，尊仁以子愛百姓’，《國語·周語》云：‘慈保庶民，親也。’”機服勉容，盧云："《晏子》作'異于服，勉于容'。"孫云："《大戴禮記·本命篇》，盧注云：'機，危也。'危服，蓋猶言危冠。勉，'俛'之借字。《考工記·矢人》'前弱則俛'，《唐石經》'俛'作'勉'，是其證也。'機服勉容'，言其冠高而容俛也。"曹本改"機"作"禨"，云禨異也；"勉容"，强爲容儀也。純一案：曹説"勉容"是也。《荀子·非十二子篇》云"正其衣冠，齊其顔色"，並下文云"盛容脩飾"，均是其義。不可使導衆。孔某盛容脩飾以蠱世，孫云："吴鈔本'脩'作'修'，《晏子》作'盛聲樂以侈世'。《文選·西京賦》薛綜注云：'蠱，惑也。'"弦歌鼓舞以聚徒，繁登降之禮以示儀，務趨翔之節以觀衆，孫云："'趨'吴鈔本作'趍'，'觀'舊本作'勸'，吴鈔本作'觀'，與《晏子·外篇》合，今據正。"尹云："行而張拱曰翔，《淮南·氾論》'弦歌鼓舞以爲樂，盤旋揖讓以修禮，厚葬久喪以送死'，孔子之所立也，而墨子非之，語蓋出此。"博學不可使儀世，舊本"博"作"儒"，"儀"作"議"。畢云："《晏子》'儒'作'博'，'議'作'儀'。"王云："作'博'者是，此言孔子博學而不可以爲法於世，非譏其儒學也。今本作'儒學'者，'博'誤爲'傳'，又誤爲'儒'耳。隸書傳、儒相似，儀、議古字通。"孫據正。曹本據《晏子春秋》作"博學不可使儀世。"純一今從之。尹云："《淮南·齊俗》'不可以爲世儀'。"勞思不可以補民，畢云："三字舊脱，盧據《晏子》增。"絫壽不能盡其學，《史記·太史公自序》記太史談《論六家要指》云："儒者博而寡要，勞而少功，是以其事難盡從。'"當年不能行其禮，孫云："'當年'，壯年也，詳《非樂上篇》。《抱朴子·外篇》省'煩'，引《墨子》作'累世不能盡其學'，當年不能究其事，與《史記》略同。"積財不能贍其樂，尹云："'贍'，給也。"繁飾邪術以營世君，畢云："《説文》云：'營，惑也。'《家語》云'營惑諸侯'，高誘注《淮南子》曰：'營，惑也。'營同瞥，瞥與眴音相近。"尹云："《荀子·宥坐》，言談足以飾邪營衆。"盛爲聲樂以淫遇民，畢云："當爲'愚民'。"曹本從之。孫云："《晏子》作'以淫愚其民'。案：遇與愚通，詳《非命下篇》。"其道不可以期世，俞云："《晏子春秋·雜篇》作'其道也不可以示世'，此文'期'字，亦'示'字之誤。古文'其'字作'亓'，見《集韻》'示'誤爲'亓'，因誤爲'期'矣。"其學不可以導衆。畢云："《孔叢》作'家'，非。"今君封之，以移齊俗，"移"舊作"利"，孫云："《晏子》作'今欲封之，以移齊國之俗'。"畢云："《史記》云：'君欲用之，以移齊俗'，作'移'是。"今據畢、孫二校改。非所以導國先衆。"公曰：畢云："二字舊脱，據《孔叢》增。""善！"孫云："吴鈔本無此字。"於是厚其禮，畢云："'厚其'二字舊脱，盧據《晏子》增。"留其封，敬見而不問其道。孫云："'問'吴鈔本作'利'，誤。"孔某乃志怒於景公與晏子，"某"字舊本無，《道藏》本空，季本、吴鈔本並作"孔子諱"，孫據增"某"字，《晏子》作"仲尼迺行"。"志"，畢本、孫本俱從盧校改"恚"。純一案："志"字不誤，改作"恚"，反與"怒"字義複，"志"同"誌"，記也。"志怒於景公與晏子"，言怒景公與晏子而不忘也。乃樹鴟夷子皮於田常之門，畢云："'鴟夷子皮'即范蠡也。《韓非子·説林上》云：'鴟夷子皮事田成子，成子去齊走而之燕，鴟夷子皮負傳而從。'按《史記·貨殖傳》云：'范蠡變名易姓，適齊爲鴟夷子皮。'"蘇云："據《史記》，范蠡亡吴後，乃變易姓名適齊爲鴟夷子皮。然吴亡之歲，在孔子卒後六年，景公卒後十七年（純一案：據《史記》'晏子先景公十年卒'）。又安知蠡之適齊而樹之田氏之門乎？此與莊周所言孔子見盜跖無異，真齊東野人之語也。"孫云："《淮南子·氾論訓》云：'昔者齊簡公釋其國家之柄，而專任大臣，故使陳成田常、鴟夷子皮得成其難。'《説苑·指武篇》又云：'田成子常與宰我争，宰我夜伏卒，將以攻田成子。鴟夷子皮聞之，告田成子。'即此。田常即陳恒，見《春秋哀十四年經》。《公羊》'恒'作'常'。《莊子·盜跖篇》云'田成子常殺君竊國，而孔子受幣'，蓋戰國時有此誣妄之語。錢大昕云：'田常弑君之年，越未滅吴，范蠡何由入齊？此淮南之誤也。'"告南郭惠子以所欲爲，孫云："《荀子·法行篇》，南郭惠子問於子貢，楊注云：'未詳其姓名，蓋居南郭因以爲號。《莊子》有南郭子綦。案：見《齊物論篇》。南郭惠子，《尚書大傳·略説》作'東郭子思'，《説苑·雜言篇》作'東郭子惠'。《史記》索隱引《世本》陳成子弟有惠子得，或即此人。"歸於魯。有頃，閒齊將伐魯，畢云："言伺其閒。"蘇云："'閒'當作'聞'。"告子貢曰："賜乎！舉大事於今之時矣！"乃遣子貢之齊，因南郭惠子以見田常，勸之伐吴，以教高、國、鮑、晏，四氏皆齊世卿。使毋得害田常之亂，勸越伐吴。三年之内，齊吴破國之難，孫云："《史記·孔子弟子列傳》載田常欲作亂於齊，憚高、國、鮑、晏，故移其兵欲以伐魯。孔子聞之，使子貢至齊，説田常伐吴，又説吴救魯伐齊，與齊人戰於艾陵，大破齊師。越王聞之，襲破吴。《越絶書·陳成恒内傳》所載尤詳，云'子貢一出，存魯、亂齊、破吴、彊晉、霸越'，即其事。"伏尸不可以術數，舊作"伏尸以言術數"，孫云："吴鈔本無'言'字。"蘇云："當云'不可以言計數也'，'尸'下脱'不可'二字。"純一今從吴鈔本删"言"字，依蘇校增"不可"二字，"術"同"述"，曹本作"伏尸不以術數"，云："言不可勝計也。"孔某之謀也。"謀"舊譌"誅"，從蘇校改。案：此非孔子事二。曹云："已上兩段，或見《晏子春秋》及《史記》，蓋當時爲墨家之學者，託於晏子譏孔子之言，其實皆《莊子》寓言之類也。晏子尚儉，故墨家每稱道之，晏子先孔子而卒，景公之不能用孔子，非必因晏子沮止而然。世傳尼谿書社等事，皆不足信，白公鴟夷事，皆在仲尼歿後，晏子更不得而見之。凡若此類，其大指以見儒墨不相合而已。"尹云："魯爲孔墳墓之處，父母之國，用術數以止齊伐，蓋不得已事也。《越絶書》卷七曰：'昔者陳恒相齊簡公，欲爲亂，憚齊邦鮑晏，故徙其兵而伐魯，魯君憂也，孔子患之，乃召門人弟子而謂之曰：諸侯有相伐者尚恥之，今魯父母之邦也，邱墓存焉，今齊將伐之，可無一出乎。顔淵辭出，孔子止之；子路辭出，孔子止之；子貢辭出，孔子遣之。'《吴越春秋·夫差内傳》略同，而《史記·仲尼弟子列傳》記載其事甚詳，末結以'子貢一出，存魯、亂齊、破吴、强晉、而霸越'，則孔子實有功於魯也，而墨子以其伏尸而斥之。兼愛之旨，亦非攻之旨也，今世趨重人道主義，萬國且立和平之會，其墨學爲之先河乎？"

孔某爲魯司寇，孫云："《史記·孔子世家》云：'定公九年，由司空爲大司寇。'"舍公家而奉季孫。畢云："'奉'舊作'於'，據《孔叢》改。"季孫相魯君而走，孫云："《經》、《傳》無此事，亦謾語也。"季孫與邑人争門關，孫云："《説文·門部》云：'關，以木横持門户也。'"決植。孫云："'決植'上疑有挩文。《爾雅·釋宫》云'植謂之傳'，郭注云：'户持鎖植也。'《一切經音義》引《三蒼》云：'户旁柱曰植。'此疑流俗傳譌，以《左襄十年傳》鄹大夫抉門事，爲孔子也。'決'疑'抉'之借字。《淮南子·道應訓》云'孔子勁杓國門之關'，又《主術訓》'孔子力招城關'，高注云：'招，舉也。以一手招城門關端，能舉之。'"畢云："《列子》云'孔子勁能招國門之關，而不肎以力聞'，《吕氏春秋·慎大》云'孔子之勁，舉國門之關，而不肎以力聞'，此云決植，即其事也。《説文》云：'植，户植也。'似言季氏争關而出，孔子決門植以縱之。"純一案：此非孔子事三。

孔某窮於蔡陳之閒，《太平御覽》八百五十九、八百六十三、九百三，並引作"陳蔡"，八百六十三"窮"作"厄"。畢云："《孔叢》'窮'作'戹'。"藜羹不糂，孫云："《内則》鄭注云：'凡羹齊宜五味之和，米屑之糝。'"畢云："《藝文類聚》九十四引作'藜蒸不糂'，《北堂書鈔》作'不糝'，《大平御覽》作'糂'九百三注乘感切，一作'糝'。《荀子》云'七日不火食，藜羹不糂'，楊倞云：'糂與糝同，蘇覽反。'《説文》'糂，以米和羹也，古文糂從參。'則糂、糝古今字。"純一案：《御覽》九百三"羹"作"藿"，《莊子·讓王》"糂"作"糝"，《書鈔》一百四十四糝篇作'藜蒸不糝'，一百四十五蒸篇同，惟'藜'作'莉'。"劉云："今考《廣韻·四十八感》，引作'孔子厄陳蔡，藜羹不糂'，又云'或作糝'，是作糂作糝，二本不同，惟《書鈔》一百四十四糝篇、一百四十五蒸篇並引作‘藜蒸’，《御覽》八百五十九，亦引作‘藜蒸不糂’，是古本‘羹’字作‘蒸’，‘羹’則後人所改，蓋據《莊子·讓王》及《荀子·宥坐篇》。”十日《莊子·讓王》、《荀子·宥坐》，並作“七日不火食。”子路享豚，舊作爲“享豚”，孫云：“‘享’吴鈔本作‘亨’。”畢云：“《孔叢》、《太平御覽》引‘享’作‘烹’，俗寫耳。‘享’即‘烹’字。”王云：“‘爲’字後人所加。‘享’即今之‘烹’字也，經典省作‘亨’，後人誤讀爲燕享之‘享’，故又加‘爲’字耳。《孔叢子·詰墨篇》、《藝文類聚·獸部中》、《太平御覽·人事部百二十七》《飲食部二十一》《獸部十五》引此皆作‘子路烹豚’，舞‘爲’字。”純一今據刪。孔某不問肉之所由來而食；畢云：“《藝文類聚》引作‘不問肉所從來即食之’。”純一案：明王元貞校本《類聚》九十四作“孔子不問肉所由來即食之。”劉云：“《御覽》八百六十三引此，句末有‘之’字，九百三引‘由’作‘從’。”褫人衣“褫”舊譌“號”，畢云：“‘號’，‘褫’字之誤，《孔叢》作‘剥’。”純一今依畢校改，曹本同。孔云：“《説文·衣部》云：‘褫，奪衣也。’”以酤酒，孫云：“‘酤’，吴鈔本作‘沽’。”畢云：“《孔叢》‘酤’作‘沽’，同。”孔某不問酒之所由來而飲。哀公迎孔某，孫本作“孔子”，孫云：“孔子窮於陳、蔡之間，在哀公六年。十一年，季康子迎孔子自衛反魯，即其時也。”席不端弗坐，孫云：“‘弗’，吴鈔本作‘不’，下句仍作‘弗’。《論語·鄉黨篇》云，‘席不正不坐’，皇侃《義疏》云：‘舊説云：鋪之不周正，則不坐之也，故范寧云：正席所以恭敬也。’”割不正弗食。孫云：“《文選·王明君詞》李注引，兩‘弗’字並作‘不’。《論語·鄉黨篇》文同，皇疏云：‘古人割肉必方正，若不方正割之，故不食也。’”子路進，請曰：“何其與陳、蔡反也？”“也”讀若“邪”。畢云：“《文選》注引‘反’作‘異’。”孔某曰：“來！吾語女。舊本作“與女”，畢云：“當爲‘語女’。”孫云：“《道藏》本、季本並作‘語女’，吴鈔本作‘語汝’，今據正。”曩與女爲苟生，畢云：“苟且。”王云：“畢説非也。‘苟’讀爲‘亟其乘屋’之‘亟’。亟，急也。《説文》：‘苟，自急敕也。從羊省，從勹口。勹口猶慎言也。’與‘苟且’之‘苟’從艸者不同。‘曩與女爲苟生，今與女爲苟義’者，‘曩’謂在陳蔡時也，‘今’謂哀公賜食時也。苟，急也。言曩時則以生爲急，今時則以義爲急也。若以‘苟’爲‘苟且’之‘苟’，則‘苟義’二字義不可通矣。《文選·石崇王昭君辭》注引此，亦誤以爲‘苟且’之‘苟’。案‘苟’字不見經典，唯《爾雅》‘亟，速也’，《釋文》曰：‘亟’字又作‘苟’，同居力反。此《釋文》中僅見之字，《釋文》而外，則唯《墨子》書有之，亦古文之僅存者，良可貴也。”俞云：“王氏以‘苟’爲《説文》‘自急敕’之‘苟’，然求之文義，亦似未合。本文言‘爲苟生’、‘爲苟義’，不言以生爲急、以義爲急也。此字仍當爲‘苟且’之‘苟’。苟生者，苟可以得生而止也；苟義者，苟可以得義而止也。《儀禮·燕禮》《聘禮記》並有‘賓爲苟敬’之文，鄭注《聘禮》曰‘燕私樂之禮，崇恩殺敬也’，又曰‘苟敬也，主人所以小敬也’，然則苟敬之義，亦謂苟可以致敬而止。此言‘爲苟生’、‘爲苟義’，正與‘爲苟敬’一律。蓋古語有然，未可臆改也。《淮南子·繆稱篇》云‘小人之從事也曰苟得，君子之從事也曰苟義’，文義正與此相近。”純一案：俞説亦通，王説義長。《禮記·大學》湯之盤銘曰：“苟日新”，苟亦同“亟”，非从艸之“苟”。今與女爲苟義。”畢云：“舊云‘曩與女爲苟義’，脱五字，據《文選》注增。”夫飢約，則不辭妄取以活身，舊本‘辭’下有‘忘’字，畢云：“此字衍。”孫云：“《道藏》本、吴鈔本、季本並無，今據删。”贏飽，則僞行以自飾，舊本“贏”作“羸”，又脱“則”字。王云：“‘羸飽僞行以自飾’，本作‘贏飽則僞行以自飾’，贏之言盈也。‘盈飽’即‘贏飽’，正對上文‘飢約’而言。今本‘飽’下脱‘則’字，‘贏飽’又譌作‘羸飽’，則義不可通。”孫云：“吴鈔本正作‘贏’，今據補正。”純一案：此文疑本作“贏飽則僞行禮儀以自飾”。“僞行禮儀”，與“不辭妄取”儷文。上文云“繁登降之禮以示儀”，如“席不端弗坐，割不正弗食”，亦禮儀之一也。“僞行”下尚脱“禮儀”二字。汙邪詐僞，孫云：“吴鈔本‘汙邪’倒。”孰大於此！此非孔子事四。

孔某與其門弟子閒坐，曰：“夫舜見瞽叟孰然，畢云：“舊作‘然孰’，孫以意改。《孟子》云‘舜見瞽叟其容有蹙’，《韓非子·忠孝》云‘記曰：舜見瞽叟其容造焉。孔子曰：當是時也，危哉天下岌岌’，《荀子》亦同作‘造’。案：‘孰’、‘蹙’、‘造’，三音皆相近。”孫云：“《禮記·曲禮》‘足蹙’，《釋文》云：‘蹙，本又作蹴。’《大戴禮·保傅篇》‘靈公造然失容’，《賈子·胎教篇》作‘戚然易容’，《新序·雜事篇》作‘靈公蹴然易容’。此書以‘孰’爲‘蹙’、爲‘造’，猶《新序》以‘蹴’爲‘戚’、爲‘造’也。《孟子》趙注云：‘其容有蹙踖，不自安也。’又《公孫丑篇》‘曾西蹴然’注云：‘蹴然，猶蹙踖也。’”此時天下圾乎！畢云：“‘圾’舊作‘坡’，以意改。《孟子》、《韓非子》作‘岌岌’。”孫云：“《孟子·萬章篇》云‘孔子曰：於斯時也，天下殆哉岌岌乎’，趙注云：‘孔子以子爲君、父爲臣，岌岌乎，不安貌也，故曰殆哉。’《莊子·天地篇》云‘殆哉，圾乎天下’，郭注云：‘圾，危也。’《管子·小問篇》云：‘桓公言欲勝民，管仲曰：危哉，君之國岌乎。’義並同。”周公旦其非人也邪？“其非”舊倒，孫云：“‘非其人’，疑當作‘其非人’。‘人’與‘仁’字通，言周公不足爲仁，即指‘下舍其家室’而言。《三國志·魏志》裴松之注，及《長短經·懼誡篇》，並引《尸子》

云：‘昔周公反政，孔子非之曰：周公其不聖乎？以天下讓，不爲兆民也。’非仁與不聖之論略同，蓋戰國時流傳有是語。又案：《詩·小雅·四月》云‘先祖匪人，胡寧忍予’，人亦即仁字，言先祖於我其不仁乎？彼‘匪人’與此‘非人’，文意字例並同。”純一今據乙。何爲舍亣家室而託寓也?”“舍亣”舊作“舍亦”，王云：“‘亦’字義不可通，‘亦’當爲‘亣’。亣，古‘其’字也。墨子書‘其’字多作‘亣’，説見《公孟篇》。《耕柱篇》曰‘周公旦辭三公，東處於商奄’，蓋即此所謂‘舍其家室而託寓者’。”孫據正，云：“以上並謂孔子誣舜與周公也。”純一案：此非孔子事五。

孔某所行，心術所至也。其徒屬弟子，皆效孔某，孫云：“‘徒屬’猶言‘黨友’，故後兼舉陽貨、佛肸言之。《吕氏春秋·有度篇》云：‘孔墨之弟子徒屬，充滿天下。’”子貢、季路輔孔悝亂乎衛，畢云：“舊脱‘亂’字，據孔《叢》云：‘以亂衛’增。”孫云：“《莊子·盜跖篇》：‘跖曰：子路欲殺衛君而事不成，身菹於衛東門之上，是子教之不至也。’案：子貢未聞與孔悝之難，亦謾語也。《鹽鐵論·殊路篇》云：‘子路仕衛，孔悝作亂，不能救君出亡，身菹於衛。子貢、子皋遁逃，不能死其難。’然則時子貢或適在衛與?”陽虎亂乎魯，“魯”舊作“齊”，畢云：“《孔叢》作‘魯’，今據改。”孫云：“此當從《孔叢》作‘魯’。《左傳》定九年，陽貨奔齊又奔晉，無亂齊之事。《論語》皇疏引《古史考》，謂陽貨亦孔子弟子，蓋即本此書而誤也。”佛肸以中牟叛，孫云：“《論語·陽貨篇》云：‘佛肸召，子欲往。子路曰：佛肸以中牟畔，子之往也如之何?’集解：‘孔安國云：晉大夫趙簡子之邑宰。’《史記·孔子世家》：‘佛肸爲中牟宰，趙簡子攻范、中行，伐中牟。佛肸畔，使人召孔子。’《左傳》哀五年‘夏，趙鞅伐衛，范氏之故也，遂圍中牟’，即其時也。肸蓋范、中行之黨，孔安國以爲趙氏邑宰，誤也。”桼雕刑殘，畢云：“《孔叢》作‘漆雕開形殘，詰曰：非行己之致’。”孫云：“‘桼’正字，經典多叚‘漆’爲之。刑，吴鈔本校改‘形’。刑、形字通。案：《孔子弟子列傳》，尚有漆雕哆、漆雕徒父二人，此所云或非開也。《韓非子·顯學篇》，説孔子卒後，儒分爲八，有漆雕氏之儒，又云‘漆雕之議，不色撓，不目逃，行曲則違於臧獲，行直則怒於諸侯’，此亦非漆雕開明甚，《孔叢》僞託，不足據也。”莫大焉。畢云：“‘莫’上當脱‘一’字。”純一案：此非孔子事六。

夫爲弟子後生，孫云：“後生亦弟子也，《耕柱篇》‘耕柱子遺十金於墨子，曰：後生不敢死’，又云‘後生有反子墨子而反者’，並弟子之稱。”其師孫云：“‘其’上有挩字。”必脩其言，孫云：“‘脩’吴鈔本作‘修’。”王樹枏云：“‘脩’當爲‘循’字之誤，循與法同義。”劉云：“‘脩’字疑當作‘循’。”法其行，力不足、知弗及，而後已。尹云："'已'，止也。"今孔某之行如此，儒士則可以疑矣。曹云："此言儒者之行，必由其心術所至。儒者之徒，必法其師所行，今孔子之徒所行如此，則是孔子所行亦必如此，所行如此，則凡爲儒士者，其行不足取，其心皆可疑也。此墨家推類而爲之説。"純一案：此總結儒不可宗。上舉六事，大都誣詆，蓋後世墨者，與儒争勝，務排之以自伸也。

曹云："《非儒》一篇，亦以教勤也。儒之言柔也，柔則與墨子强本之道相反，故爲墨者必非儒。春秋之末，齊人譏魯人曰'唯其儒書以爲二國憂'，秦始皇坑儒，漢高帝不悦儒術，元帝好儒，宣帝以爲"亂我家者太子也"。蓋自仲尼之没，數百年之閒，儒者多爲世詬病。此篇之譏儒術，多過當之語，其誹仲尼，尤爲虚誣之詞，蓋不悦儒術者，附會爲此説，必非墨翟之本書也。唯其中'高浩居'、'安怠傲'二語，切中後世儒者之病。而想當時之儒者，亦必恒有此病，而後爲世所譏耳。仲尼之徒，固無患此，孟子好辯，傲則有之，怠亦無有也。晉以後習于曠達，唐以後淫于浮屠，則怠與傲二者兼有之。有能行墨家之行者，固仲尼之所深許也，但墨者長於行，儒者長於文，行利於一時，文傳於後世，諸子百家之書，皆藉儒者以傳，欲著書以與儒者争，必不勝也。故儒、墨並世，則儒不及墨，逮乎後世，則墨必不及儒。《漢書・藝文志》敘列九流，今則儒家之言，不可勝讀，道家僅存，墨家幾乎絶矣。學者毋泥孟子之文，而廢墨子之行，斯則通儒耳。"

墨子集解卷十

漢陽張純一仲如

經上第四十

畢云："此翟自著，故號曰《經》，中亦無'子墨子曰'云云。按宋潛谿云：'上卷七篇號曰《經》，中卷、下卷六篇號曰《論》。'上卷七篇，則自《親士》至《三辯》也。此《經》似反不在其數。然本書固稱《經》，詞亦最古，豈後人移其篇第與？唐、宋傳注，亦無引此，故譌錯獨多，不可句讀也。"孫云："以下四篇，皆名家言，又有算術及光學、重學之説，精眇簡奧，未易宣究。其堅白異同之辯，則與公孫龍書及《莊子·天下篇》所述惠施之言相出入。《莊子》又云：'相里勤之弟子，五侯之徒，南方之墨者，苦獲、已齒、鄧陵子之屬，俱誦《墨經》，而倍譎不同，相謂別墨，以堅白同異之辯相訾，以觭偶不仵之辭相應。'《莊子》所言，即指此《經》。《晉書·魯勝傳·注墨辯敘》云：'《墨辯》有上、下《經》，《經》各有《説》，凡四篇，與其書衆篇連第，故獨存。'亦即此四篇也。《莊子·駢拇篇》又云：'駢於辯者，纍瓦結繩竄句，遊心於堅白同異之間，而敝跬譽無用之言，非乎？而楊墨是已。'據《莊子》所言，則似戰國之時墨家別傳之學，不盡墨子本恉。畢謂翟所自著，攷之未審。凡《經》與《説》舊並旁行，兩截分讀，今本誤合并寫之，遂掍淆譌挩，益不可通。今別攷定，附著於後，而篇中則仍其舊。"純一案：宋潛谿未見此《經》與《説》，所謂中卷、下卷六篇，指《尚賢》、《尚同》言耳，畢説此翟自著，是也。孫氏星衍説同，即其辭旨精眇簡奧，獨異諸篇，又獨此上下二篇稱《經》，《經》各有説，其體例與《天志》、《兼愛》等各有三篇，出自三家者迥殊，即知三家尊聞説書，不敢稱《經》也。又《莊子·天下篇》曰"其道不怒，又好學而博不異"，是爲墨子"兼愛"，並著《經》明兼之括論。又曰："相里勤之弟子，五侯之徒，南方之墨者，苦獲、已齒、鄧陵子之屬，俱誦《墨經》。"並晉魯勝《墨辯注敘》曰："墨子著書，作辯經以立名本。"皆其明證。汪氏中曰："《經上》至《小取》六篇，當時謂之《墨經》，是已。孫謂《經説》四篇，爲墨家別傳之學，不盡墨子之本恉，謬甚。竊謂此《經》蓋墨子自著，立名學之方式，博不異之墨風，《經上》舉名擬實，嚴定界説，以分析名相始也；《經下》破似立真，明爲辯説，以遣除名相終也。《經下》旨趣，深於《經上》，墨道之大繫乎此，儼然佛教之法相宗，藉形下之學，通形上之道，使人皆以兼正別，受用不盡爾。《經》各有《説》，或爲例證，或與《經》相反以相成，或補經義所未備，凡以暢演經義，《經》擬《易卦》，説其爻辭也。其體例，猶《管子·形勢》、《明法》之有解，《韓非子》之有《内》、《外儲説》，其文辭，無異《易》有《十翼》，《春秋》有《公》、《穀》、《左》三傳。適是當時文字，且辭約旨微，決非墨子，未能確明定義，詳悉宣示，後世墨者，無此識力，不能爲也。用敢斷定《經上》《下》、《經説上》《下》並《大取》、《小取》六篇，皆墨子自著無疑。夫名學原於書契，雖師服名以制義（《左傳》桓二年），管子督言正名（《心術上篇》），鄧析循名責實（鄧析子以析命名，析即分析量度義，故能設無窮之辭，見《列子·力命》）。而墨子始辯異同以成家，即此《經》是。《莊子·齊物論》曰："天地與我並生，而萬物與我爲一。"即墨道之所以爲兼也。曰："請言其畛，有左有右，有倫有義，有分有辯。"即《經上》所謂體分於兼也。曰："分也者，有不分也；辯也者，有不辯也。"即《經下》所謂無窮不害兼也。惟莊子游心於兼之同，恐鑿死混沌，不欲斤斤於兼之異；而墨子則冥會於兼之同，以爲混沌有真，萬鑿不死，務廣示天下以兼之異，使皆究極乎兼之同。故特著《經》以明兼，此與莊子所見微異者也。《荀子·天論篇》曰"墨子有見於齊，無見於畸"，半是半不是，今師魯勝引説就《經》之意，依《經》旁行上下次序釐定之，以便來哲宣究而誤正焉。

純一嘗與欒調甫先生書，討論墨學，謂墨子之辯與藝均以明兼。欒覆書云："尊論極是，三墨專守，時賢多持此説，梅所未解，竊以莊周謂相里勤之弟子，五侯之徒，南方之墨者，鄧陵子之屬，俱誦《墨經》，與韓非謂三墨爲相里、相夫、鄧陵之墨者言之，傳辯學者，已不盡是南墨。三墨專守之説自破，又墨家之有別墨，猶佛門之因明，因明大師陳那天主，闡立三支，不得謂於因明外，不聞佛説，則別墨誦、《墨經》談堅白外，亦非不傳兼愛之道、備守之術明矣。別墨乃墨者偏重辯學之稱，非三墨互相訐詆之號也。《小取篇》云：'辯者別同異，明是非。'徐幹《中論》云：'辯之言別也，爲其善分別事類而明處之也。'是辯有別義，而別即所以爲辯也。"案：欒説是也，《説文》米下云："辨，別也。"辨、辯同，"辯"與"別"一聲之轉。墨辯大旨，多與因明同。有特點二：（一）重在正名，啓悟偷過，明顯自宗，匪惟審正思考而已。（二）注重實際之歸納，不重演繹之形式，希臘三段論，大都俗諦的比量，無真現量可言，弗如也。

《經上篇》旁行句讀上列

故所得而後成也

體分於兼也
知材也
慮求也
知接也
恕明也
仁體愛也
義利也

《經上篇》旁行句讀下列

止以久也
必不已也
平同高也
同長以缶相盡也
中同長也
厚有所大也
日中缶南也無説
直參也無説

禮敬也
行爲也
實榮也
忠以爲利而强低也
孝利親也
信言合於意也
佴自作也
讀作嗛也
廉作非也
令不爲所作也
任士損己而益所爲也

勇志之所以敢也
力刑之所以奮也
生刑與知處也
卧知無知也
夢卧而以爲然也
圜一中同長也
方柱隅四讙也
倍爲二也
端體之無序而最前者也
有閒中也
閒不及旁也
纑閒虚也
盈莫不有也
堅白不相外也
攖相得也
似當作仳。有以相攖有不相攖也
次無閒而不攖攖也
法所若而然也
佴所然也
説所以明也無説。
彼舊作攸。不可兩不可也
平知無欲惡也
利所得而喜也
害所得而惡也
治求得也
譽明美也
誹明惡也
舉擬實也
言出舉也

且且言然也
君臣萌通約也
功利民也
賞上報下之功也
罪犯禁也
罰上報下之罪也
同異而俱於之一也
久彌異時也宇彌異所也
辯争彼也辯勝當也
爲窮知而縣於欲也
已成亡
使謂故
名達類私
謂移舉加
知聞説親名實合爲
聞傳親
見體盡
合缶宜必
欲缶權利惡缶權害
爲存亡易蕩治化
同重體合類
異二不體不合不類
同異交得放有無
聞耳之聰也無説。
窮或有前不容尺也
盡莫不然也
始當時也
化徵易也

損偏去也

益大有挩文無説。

儇俱秪

庫易也

動或從也

讀此書旁行孫云："此校語，誤入正文。"

循所聞而得其意心之察也疑即上文之説。

言口之利也無説

執所言而意得見心之辯也疑即上文之説

諾不一利用

服執説音利。

巧轉則求其故

法同則觀其同

法異則觀其宜

止因以别道

舌無非

曹云："讀此書旁行，此總明《墨經》誦讀之法。旁行者，自右而左，横而推之也。今按《經上篇》凡九十九條，依《經説》以求其緒，則皆閒一以相承，如宗廟之昭穆，如織錦之緯絲，此文體之變，不知其意指所在。畢氏因録經、文爲兩截，旁讀以成文，竊意墨子當日編簡，本如是也。按：《墨經》分兩截讀之，其上一截，多言德行、政事，若仁義、禮智、忠孝、廉信、誹譽、賞罰之類；下一截，多言器用、象數、文詞，若方圜、平直、堅白、聞見、異同之類。蓋與《易傳》所云形而上爲道，形而下爲器。《禮記》云'德成而上，藝成而下'之意，大致相合，大小精粗，始終本末，殆判然矣。《漢志》載名家者流七家三十六篇，如尹文、公孫龍、惠子、毛公，皆爲堅白異同之辯，故知名家者，墨氏之支流也，《墨經》之所列，皆正名之旨矣。《晉書・魯勝傳》勝注《墨辯敘》曰：'墨子著書，作辯經以立名本，惠施、公孫龍祖其學，以正刑名顯於世。然則《經》，當謂之辯經也。'又云：'墨子之書，唯此數篇爲難讀，其猶可得而尋求者，《經》則閒錯以成章，《説》則先上截而後下截，故《説》可以校《經》，《經》亦可以校《説》，互相校而得其端緒，則章段分明，句讀亦不難審定矣。'張之鋭《墨子・大取篇釋義・敘例》云：'《墨子・經上》《經下》《經説上》《經説下》四篇之中，有哲理學，有物理學，有論理學，名爲墨辯，僅可以代表其中之一種論理學。以鄙見論之，墨子書可名爲辯學者，衹《小取》一篇耳，魯勝改《墨經》爲墨辯，本屬錯誤，不應盲從。’欒云：‘《經上》章次排列之序，凡一章之界所下字義，若爲專門術語，輒於本章之前，先立一界以明之。如“言出舉也”章前，爲契字立界；“賞與罰”章前，爲功罪二字立界；“纑閒虛”也章前，爲閒字立界；而閒字之前，復爲有閒立界；“仳與次”章前，爲攖字立界；“辯争彼也”，爲彼字立界是也。’”

經説上第四十一

曹云：“《經説》二篇，每遇分段之際，必取經文章首一字以識别之，其中亦有脱漏數處，必明乎此，然後此四篇之章句次序，始可尋求，而校訛補脱，略有據依之處矣。”

經上上列　經説上上列

故，所得而後成也。畢云：“《説文》云：‘故，使爲之也。’”孫云：“‘故’之爲辭，凡事因得此而成彼之謂，《墨子》説與許義正同。”純一案：“故”，即事物之所以然，《説文》段注：“今俗云原故是也。”許義本此。墨子立言，具科學之精神，即此可見，例如《兼愛中篇》屢云“是其故何也”，《尚同中篇》屢云“何故之以也”，可證。“故者”，一切事物所得以成就之小原因大原因也，印度三支論之因，義同。窺基《因明入正理論疏》云：“因者所由，釋所立宗義之所由也，或所以義，由此所以，所立義成。”萬益《因明論直解》曰：“因者，諸法所以然之故，宗非因不顯，喻非因不立，因最有力，故標因明，因既明則能立能破也。”《墨經》開宗明義，揭示“故’字，以是爲論理一切演繹歸納之基礎也。欒云：”以‘因’釋‘故’，是也。如《非攻下》‘子未察吾言之類未明其故也’，此一‘故’字，與‘因’質量全同，但據《説》及《大取》、《小取》参之，似《墨子》之‘故’，兼涵‘因明’、‘宗因’二義。《説》分‘小故’、‘大故’云者，‘小故’即《大取》‘夫辭以故生’之‘故’爲因明之‘因’，邏輯之小原；‘大故’即《小取》‘以説出故’之‘故’。爲因明之宗，邏輯之判。”張之鋭《新攷正墨經注》云：“‘故’之名義，在名學中，爲斷其結果之辭，結果成於種種原因。所得，即所得之種種原因；原因，前題也；故，斷詞也。綜合種種原因而斷其結果，名學謂之歸納法，《墨經》首舉此義，以明學也者，即所以考求事物之種種原因而斷其結果也。”伍非百云：“‘故’字爲名家一極重要術語，其散見於同時名家稱引者，如《小取》之‘以説出故’、《荀子·正名》之‘辯則盡故’、《非十二子》之‘持之有故’、《孟子·離婁下》之‘苟求其故’，皆是。《大取篇》曰‘夫辯以故生，以理長，以類行’，故理類爲構成辯之三大原則，而‘故’尤爲重要，辯以故生，非故則理與類均無所麗矣。”

故，牒舉經題，《經説》通例如此。小故，事物所由成之各小原因。有之不必然，張之鋭云：“雖有此因而不必即結此果。”無之必不然。張之鋭云：“若無此因必不能結此果。”大故，事物所由成之總要原因。有之必然，無之必不然。二句舊作“有之必無然”，孫云：“此疑當作‘有之必然，無之必不然’。與上《小故》文正相對。‘小故’、‘大故’，謂同一言故，而事有大小也。今本上句挩‘然’字，下句挩二字，遂不可通。”純一案：孫説是，今據補。張之鋭云：“此蓋於所得原因不同之中，而分斷詞爲相對斷詞、絶對斷詞二義。‘小故’，相對斷詞也；‘大故’，絶對斷詞也。又按論理學斷詞，又分肯定、否定兩項，肯定、否定，又分全稱、偏稱兩項。必然，肯定也；必不然，否定也。‘小故’，偏稱也；大故，全稱也。”若見之成見也，“見”即《荀子·天論篇》“老子有見於詘無見於信，墨子有見於齊無見於畸之見”，言凡有所見，必有其小故、大故集合而成，必無偏蔽，斯正見也。今心理學所謂由直觀而成觀念，由觀念而成概念皆是。若者，取譬之詞。《小取篇》曰“辟也者，舉它物而以明之也”是其義，即因明所謂“喻”也，下並同。凡見之所以成見者，其故有九，缺一不得，佛教唯識宗，所謂眼識九緣生是也。（一）空緣，即眼與境之中閒，須無障礙。（二）明緣，即須日月燈等以照之。（三）根緣，須有能發識之眼。（四）境緣，即諸識所緣之境。（五）作意緣，即徧行五心所之作意，謂於所緣境而起警覺。（六）分别依，即第六識，謂眼識依之而起了别之作用。（七）染浄依，即第七識，謂第六識恒依之而審量。（八）根本依，即第八識，謂六七二識，常依之而起受熏持種之作用。（九）種子緣，即是諸識各有自類親種子爲因緣也。嘗見《國故論衡》原名，以法相宗“眼識九緣”之前“五緣釋五路”，竊恐墨氏無其邃密。今因見之成見，姑畢引其説，以資研究，蓋墨子立言，具真現量，詮理頗多合於釋氏，惟不及釋氏之圓徹耳。曹云：“‘若見之成見’者，如人言見某物，必有所見之實，凡事之必有所得而後成者，其理類乎此。”按：《説》中每段後稱“云若某者”，皆觸類取譬之詞，理得譬喻而易明也。

體，分於兼也。曹云：“《孟子》‘有聖人之一體’，又云‘具體而微’。兼者，具體也，‘分於兼者’，有兼之一分也。”孫云：“《周禮·天官·敘官》鄭注云：‘體猶分也。’《説文·秝部》云：‘兼，并也。’蓋并衆體則爲兼，分之則爲體。”純一案：“體”者，兼之别相，小故也；“兼”者，體之總相，大故也。《經下》云“無窮不害兼”，明萬殊不外於一本，具見墨子立論，一切即一之精神，此即其著經所以明兼之證。張之鋭云：“言衆體分於一體，以明萬物一原之義。《説文》云：‘惟初太極，道立於一，造分天地，化成萬物。'《老子》云：'一生二，二生三，三生萬物。'皆與《墨經》'體分於兼'義同，蓋分析之法，在名學中至爲重要。堅白之辯，即從一石之體而分析之也，分析異同，名學謂之演繹法。《墨經》開端立此二義，而名學之大綱備矣。"梁啓超《墨經校釋》云："'兼'指總體，'體'指部分，部分由總體分出，故曰'體分於兼'，幾何公理，謂全量大於其分，全量等於各分之和，即其義也。"

體，經題。體也者，有端。五字舊著前條"大故"上。張惠言《墨子經説解》移著此"體"字上。純一案："體"標經目，今移著體字下爲合。"者"舊譌"若"，諸説通例，如下文"慮慮也者知知也者"可證，今據改。曹云："凡言體則必有端，如人手足，謂之四體也。"若二之一，尺之端也。曹云："凡言'二'則有兩，一尺則有兩端，兼之則曰具體，分之則曰一體也。"梁云："二者一之兼，一者二之體，尺者端之兼，端者尺之體也。凡《墨經》所謂尺，皆當幾何學之綫；所謂端，當其點。體若尺之端者，謂點爲綫之一體，將一綫分割之，可以得無數點，即體分於兼之義。"

知，材也。張云："'知'讀'智'。"曹本作"智"。孫云："此言智之體也。"純一案："知"同"智"，"材"即"智"之體，所以能知識一切事物者也。《楞嚴經》曰："元依一精明，分成六和合。"所謂六和合者，即眼、耳、鼻、舌、身、意六根之所知也。所謂一精明者，乃八識之體，即此所謂材是也。今心理學者，研究神經系統，謂知識必依宫體起用，惟注重於浮塵根，從不知有浄色根，精陋極已。此篇第一章首言"故"，意謂學者，萬事萬物，必明見其本末終始之所以然，則辯學尚焉。故著辯經，顧宇宙間事物雖萬狀，無非一本所現，故第二章以"體分於兼"次之，明著經之宗旨所在也。又恐學者逐境迷心，昧本妙明，故第三章次以"智材"，猶釋氏言萬法建立於一心也。張之鋭云："'知'讀如'智'，'材'，材具也。言人性有智，而後可以知也。名學爲求知之學，所以糾正吾人之知識，使歸於真塙。故上條既言歸納、演繹兩大法則，而即次以推論吾人性中知識作用之所以然。"梁云："'材'者，本能也。《孟子》云：'非材之罪，不能盡其材。'與此同義，本篇釋'知'字之義凡四條，本條論知識之本能，第五條論知識之過程，第六論知識之成立，第八十條論求知識之方法，皆認識論中最有價值之文，宜比而觀之。"

知材，經題。知也者，所以知也。孫云："上二'知'字讀爲'智'。"曹本上二"知"字俱作"智"。張之鋭云："言智，爲所以求知之具也。"純一案："智材"，即《攝大乘論》所謂"所知依"，凡有所知，皆依之而起用，故曰"智也者，所以知也"。而必知，言人具有智性，故與物接必知之。曹云："'所以知'者，謂性德之智也，有智乃能知也。而'必知'者，成德之智也，必知乃得爲智也。"若明。以目之明爲喻。

"明"，目精也，《禮記・檀弓上》"子夏喪其子而喪其明"注，言智材具知之本能，觸物必知，猶目精具見之本能，觸物必見也。

慮，求也。孫云："《説文・心部》云：'慮，謀思也。'"張之鋭云："以人之智推求事理謂之慮，故曰慮求也。"純一案："慮"即《百法明門論》之"尋伺"，尋謂尋求，伺謂伺察，必依於遍行心所之思與别境心所之慧而起用，謂於境取相，令心造作爲性也，心理學謂之思考。

慮，慮也者，以其知有求也，而不必得之，若睨。孫云："言以知求索，而得否不可必。《説文・目部》云：'睨，衺視也。'謂有求而不必得，若睨而視之，見不見未可必也。"梁云："思慮者，根據知識以求真理也，但求未必遂得，例如睨而視物，其視雖比泛視爲精細，然能見其真與否，究未敢定。"純一案：慮者，據所已知，經疑而進求新知也。不必得之，説有二義：（一）粗言之，所求事理，未必能得其真實。（二）精言之，即求得其真實，終是一無所得，故曰不必得之。若睨者，謂睨而視物，蓋依思慧凝神推度之狀。《莊子・庚桑楚篇》曰"知者之所不知猶睨也"，可互相發。《易》曰："憧憧往來，朋從爾思。"子曰："天下何思何慮?"言思慮憧憧，徒自勞損，寄意正與此同。

知，接也。畢云："知以接物。"楊葆彝云："《莊子・庚桑楚篇》：'知者，接也。'"孫云："此言知覺之知。《淮南子・原道訓》云：'物至而神應，知之動也，知與物接，而好憎生焉。'"曹云："《禮記》云：'物至知，知謂身與物接，而心因以有知也。'"純一案：前言"知，材也"，爲知之體；此言"知，接也"，爲知之用。即心理學所謂知的感覺，亦即佛教法相宗遍行五心所之觸與受。梁云："此條言知識之第二要件，須藉感覺。'接'者，感受也，即佛典受想行識之受。"樂云："'知'爲'智'與物遇合直接感得者。"蔣維喬云："'接'者，根塵相接也。"

知，知也者，以其知過物而能貌之，若見。孫云："'貌'吴鈔本作'皃'。"曹云："'過'，亦接也；'貌'，描畫也。知與物接，而能肖物之形也。"梁云："'貌'，狀態也；'貌之'，攝其狀態以成印象也。"純一案：此言既具識性，必多感觸，既有感觸，即具印象。佛教唯識學，所謂落謝影子藏於八識田中，不易空卻，及其時過境遷，一念忽萌，其印象即再現，如親見其物之狀態無異。故曰"以其知過物而能貌之，若見"。是即"阿賴耶識"，受熏持種之本能也。唯識論中，境本有三：曰性境，有真、俗二義；曰帶質境，有真、似二義；曰獨影境，有有質、無質二義。此"知過物"云者，謂如眼識過色，初一刹那，屬俗性境，然已受熏持種，故異時猶能貌之。"若見"云者，謂所見者是有質獨影境，亦名似帶質境，即舊時印象所落謝之影子，非是實物，唯是自識託彼外質變起影相，故曰“若見”。凡以破境顯識耳，蓋幻境不破，真知不現，不足以論物，故下章以“恕論物”次之。

恕，舊譌“恕”，孫從《道藏》本、吴鈔本正。顧云：“‘恕’即‘智’字。”明也。孫云：“此言知之用。《周禮·大司徒》鄭注云：‘知明於事’。”純一案：“恕”者，能見人所不見。《淮南·兵略訓》云：“見人所不見謂之明。”

恕、恕也者，以其知論物而其知之也著，若明。張之鋭云：“《經説下》云：‘智，論之，非智無以也。’言以智推論物理，名學又謂之論理學。論理學之推論物理，有兩法則：一曰内籀，一曰外籀。‘易本隱以之顯’，外籀也；‘春秋察見以之隱’，内籀也。又《易傳》曰‘微顯而闡幽’，亦即此義，言以智論物，内外洞徹，故其知之著而且明也。”純一案：“明”即古“盟”字，言既具智慧，無難明辯萬物之理。“論物”，即整理舊有觀念，極成明塙概念之謂，猶心理學之判斷與推理，因明之真能立真能破。真知顯著，著之竹帛，如誓約然，祇能信守，不能變更，有建諸天地而不悖，質諸鬼神而無疑，百世以俟聖人而不惑之義。梁云：“此條言知識之第三要件。須將所知者加以組織，成一明確之觀念。《釋名》：‘論，倫也，有倫理也。’僅遇物而能貌之，猶不足以爲知識，必將感覺所得之知，分類比較，有倫有脊，令此印象成爲一觀念，了然於胸中，則是以其知論物，而其知之也著也。《小取篇》云‘論求羣言之比’，即是此論字。”

綜觀第一條“明故”，以正見極成立辯之主因；第二條即以“萬端分於兼”，揭示墨道大而無外小而無内；第三條繼以“知材”，猶釋氏之言心王，所以大宇宙之總，示人具靈知之本能，原極精明；第四條繼以“慮求”，言能見境界，知所簡擇；第五條繼以“知接’，言於曾歷境，印持不忘，皆本智之大用也；第六條教人精心析理，期於契真无妄，止於一兼，忘我利羣而已，故下文以“仁義禮行”等次之，此知《墨經》義極幽微，須藉佛教唯識學闡發之。

仁，體愛也。孫云：“《國語·周語下》韋注云，‘博愛於人爲仁’，《説苑·修文篇》云‘積愛爲仁’。”曹云：“萬物一體，兼而愛之也。”尹云：“《莊子·天地篇》‘愛人利物之謂仁’，《賈子·道術》‘心兼愛人謂之仁’。”梁云：“‘仁’，相人偶之謂，見《禮記》鄭注。個人爲人類之一體，體分於兼，人之愛人，若手足之捍頭目也，此體愛之義。”

仁，愛己者，非爲用己也，不若愛馬者。“者”舊作“著”，涉上文而誤，又衍“若明”二字，今並從孫校删訂。張云：“言當觀仁於兼愛。”孫云：“疑‘己’或當爲‘民’。‘民’，唐人避諱闕筆，與‘己’形近，因而致誤。《淮南子·精神訓》云：‘聖王之養民，非求用也，性不能已。’此義或與彼同。”純一案：“己”字不誤，孫未得解。

聖王之養民，非爲己用也，性不能已也，見《文子・微明篇》，《淮南・精神訓》無。“仁”，《説文・人部》云：“親也，從人二。”上文云：“體分於兼”，《説》云“若二之一”，可相發明，言己與人相偶密至，猶體分於兼，故《兼愛上》云“視人身若其身”，《兼愛下》云“爲彼猶爲己也”，《大取篇》云“愛人不外己”，又云“天下無人”，言人己本兼而分爲體也，仁則合體而復於兼。仁字從人，即兼義；從二，即體義。故兼愛人者即愛己，本於性不能已，非爲用人始愛人，猶非爲用己始愛己，豈若用馬始愛馬者比哉？《莊子・則陽篇》曰：“聖人之愛人也，不知其愛人也，其愛人也終無已，性也。”是其義。“不若”云者，猶因明論之異喻也，下並同。曹云：“凡愛物者，因將用之而後愛之，若愛己，則不爲用己也，所謂體愛也，以此二者衡之。若愛人者，因用人而愛，則與愛物同矣；不因用人而愛，則與愛己同矣。愛犬如己，是爲體愛，無所不愛，墨子‘兼愛’之理然也。凡言若某者，正譬也；不若某者，反譬也，反譬而正義自明，亦辯者之術也。‘愛馬者’，馬爲我用則愛之，不爲我用則不愛也，《莊子》載惠施之説云：‘汎愛萬物，天地一體也’。與天地同體，則於物無不愛，而非將以用物。”梁云：“墨家之言仁也，因人與我同出於一體，故愛人如愛己，愛己非爲用己，則愛人亦非爲用人明矣。《大取篇》云‘愛人不外己，己在所愛之中’，與本條相發明，自此以下至勇十四條，皆墨學主要術語，猶釋氏因明之宗，教人循名責實也。”

義，利也。“利”上疑亦當有“體”字，義始周密，而今本脱之。義字从羊我聲，古音俄，牛何切，我即體義，羊即吉利義。墨子視萬物一體，以交相利爲義，故直以利訓義，謂利人即所以自利，是爲體利，斯爲正義，蓋古訓也。近世遠西言計學者，明兩利爲利，獨利必不利，粗近墨旨，未若釋氏之見諦與墨同也。畢云：“《易》曰：‘利者義之和。’”孫云：“昭十年《左傳》云：‘義，利之本也。’《孝經》唐明皇注云：‘利物爲義。’”

義，志以天下爲芬，而能能利之不必用。張云：“‘芬’，美也。”孫云：“下‘能’字，善也。‘能能利之’，言能善利之也。”純一案：墨子言行一致，仁義皆必實用，故不必用人始爲仁，不必用天下始爲義，蓋與當時游士，亟欲用天下，煩言飾辭而無實用（見《商君書・農戰》）者，敵也。《方言》十三，“芬，和也”，注：“芬香和調。”此言義在天下爲美德，爲義可使天下和調，無異芬香之美，故爲利天下而爲義，能使天下交相利，是能以美利利天下者大，不必用天下。曹云：“‘芬’，香美也。以天下爲芬者，不見人之可惡也。‘能能’者，竭盡其力之所能，所謂摩頂放踵利天下爲之也。‘用’者，見用於世也。‘不必用’者，不必在上位，隨分而能利人也，人之所惡莫如惡臭，未有遇芬而惡之者也，故爲義者，以天下爲芬。”

禮，敬也。孫云："《樂記》云：'禮者，殊事合敬者也。'"純一案：墨子以儒家，繁登降之禮以示儀，務趨翔之節以觀衆（《非儒》），正如《老子》所謂"失義而後禮"，是爲忠信之薄而亂之首，無足取，故特申而明之曰："禮，敬也。"言禮以敬人，實以敬己，而自成完人也，一主於敬而已，《曲禮》曰"毋不敬"，奚用繁文爲耶?

禮，貴者公，賤者名，而俱有敬僈焉，等異論也。畢云："'僈'，'慢'字異文。"張云："'論'讀爲'倫'。"孫云："言賤者尊貴者爲公而自名也。貴賤之中，復有敬慢之别，禮有貴賤、尊卑等差之異。"張之鋭云："言禮以敬爲主，而敬慢生於人心，不在稱謂。稱謂，儀也，故稱公、稱名，其心俱有敬慢，非稱公爲敬而稱名爲慢也。"純一案：墨子一往平等，以禮無不敬，無敢慢，深以世俗之禮，有貴賤等差之異爲非。謂既分貴賤、尊卑，則其爲禮不過作嚴外飾，憒憒然以觀衆人之耳目，俱敬也即是俱慢，是交别也，是欺德也，殊失禮意，《説》與《經》言似相反，意實相成。伍云："《荀子·非十二子篇》謂墨之道不足以别君臣，懸上下。與此章恰爲針對之論。"

行，爲也。《荀子·正名篇》曰："正義而爲謂之行。""爲"，《説文·爪部》云："母猴也。"段注："假借爲作爲之字，凡有所變化曰爲。"尹云："'行'，人之步趨也，引申則爲言行之行。《論語·述而》'吾無行而不與二三子者'，皇疏：'爲也。'"

行，所爲不善名。句。行也，所爲善名，句。巧也，曹云："'不善名'者，不善於取名也；'善名'者，善於取名也。《莊子》云：'爲善無近名。'凡亟於名者，其實必不足，故觀人之所爲，其不善名者，行也，其善名者，巧也。墨者貴行而惡巧，故欲行之浮於名。《史記》稱西伯陰行善，陰者，不近名之謂也。"王樹枏云："'巧'，作僞也。《吕氏春秋·論人篇》'去巧故'，注云：'巧故，詐僞也。'"若爲盜。張之鋭云："但求實不求名，故不善名，是爲實行，所爲專求名，故善名。無實而巧以取名，欺世钓名，故若爲盜。"純一案：此冡禮而次之，謂行必主敬，則一切有爲，皆本無爲，斯爲至行，此墨家所爲貴實行，不巧取名也。彼世儒無實行，而所爲往往巧取善名者，是德之賊，猶盜也。當時儒、墨互相非，此其顯標墨行，而隱刺儒者之辯也。《脩身篇》云："名不可簡而成也，譽不可巧而立也，君子以身哉行者也。"《莊子·庚桑楚篇》云："性之動謂之爲，爲之僞謂之失。"又云："券内者行乎無名，券外者志乎期費。行乎無名者，唯庸有光；志乎期費者，唯賈人也。"均可與此相發明。

實，榮也。畢云："'實'至則名'榮'。"尹云："'榮'，名也，實至而名自歸。《吕覽·務本》：'嘗試觀上古記三王之佐，其名無不榮者，其實無不安者，功大也。'"張之鋭云："'榮'謂'實'之光華外見者，有實則自發光華。"純一案：《文選·通幽賦》"苟能實，其必榮"注引張晏曰："苟能有仁義之道，必有榮名也。"

實，其志氣之見也，使人如已，不若金聲玉服。孫云："'不'字疑當作'必'，'玉服'即佩服之玉，言其實充美，則見於外者，若金聲玉服之昭著，即所謂榮也。"純一案：孫未得解，"不"字非誤，此冢行而次之，墨子務質樸以化天下，於此可見。"實"者，即《莊子·徐無鬼篇》所謂"修胸中之誠"也；"榮"者，即《老子》所謂"道之華"也。大丈夫處其實不居其華，是墨道也；不居其華而自華，非墨者之所計及也。"志"，誠於中者也；"氣"，形於外者也，"其志氣之見也，使人如已"，即《莊子·田子方篇》所謂"正容以悟之，使人之意也消"。又《則陽篇》所謂"不言而飲人以和，與人並立而使人化"，例如舜耕歷山，田者讓畔之類是。《魯問篇》："公輸子謂子墨子曰：吾未得見之時，我欲得宋；自我得見之後，予我宋而不義。我不爲，其實諭也，豈若金聲玉服，徒飾外觀者，不能充實而有光輝哉？"蓋墨子以行不在服（見《公孟篇》），與後世儒家重視儒服者異趣也，故以不若反譬之。

以上章次，蓋本《老子》"失仁而後義，失義而後禮"之旨，禮繁則行必僞，故貴爲無爲之行，篤實而歸於樸，此可以知墨道，此與上文仁義禮行共五章，皆建立自宗，啓悟他過之辯也。

忠，以爲利而强低也。孫云："'低'疑當爲'君'，'君'與'氐'篆書相似，因而致誤，'氐'復誤爲'低'耳。忠爲利君，與下文'孝爲利親'，文義正相對。《荀子·臣道篇》云'逆命而利君謂之忠'，又云：'有能比智力，率羣臣百吏而相與彊君撟君，君雖不安，不能不聽，遂以解國之大患，除國之大害，成於尊君安國謂之輔。'案：此云强君，與《荀子》義同。'以爲利'，即解大患除大害尊君安國之事也。"曹本改"以作已"，注云："既利於國不居其功，忠臣之事也。强者，勇於任事也；低者，抑然自下也，如《易》言'勞謙'是也。"王樹枏云："《史記·平準書》注引晉灼云：'低，距也；距，抗違也。''强低'猶力争，即謇拳强諫之意，《論語》所謂'忠焉能勿誨乎'是也。"

忠，不利弱子亥，曹本改"子亥"二字作"孩"。足將入止容。曹云："'不利弱孩'者，不爲身家妻子之利也，所謂强也。'足將入止容'者，謹之至而足容重也，舉趾不高，所謂低也。《論語》曰：'入公門，鞠躬如也，如不容。'公而忘私，勞而不伐，忠臣之極致也。"

孝，利親也。孫云："《賈子·道術篇》云'子愛利親謂之孝'。"尹云："孝之道固多端，此括云利親，恐人子徒尚虛文耳，賈子説蓋本此。"

孝，以親爲芬，而能能利親，不必得。孫云："'能能利親'，亦謂能善而利之也。'不必得'，謂不必中親之意。《莊子·外物篇》云：'人親莫不欲子之孝，而孝未必愛。'"純一案：《荀子·大略篇》云"虞舜孝已，孝而親不愛"，亦其例也。曹云："利於親爲孝，猶利於人爲義也。‘能能’者，能竭其力也，不敢有其身，不敢私其財也。‘不必得’者，不必見得於親意也，伯奇申生，孝而獲罪，不得於親，而絶不見親之有過，所以爲孝之至也。義以天下爲芬，故能兼而愛之；孝以親爲芬，故能盡愛之道。義不必用，孝不必得，所以爲能能也，若計其效而爲之，則愛有所阻矣。”案：曹説是也。但未盡墨家利親之量，茲補充之：（一）墨家之孝，非徒具虚文，必能中親之利而後爲孝（説本《兼愛下篇》）。（二）《大取篇》云“愛人之親，若愛其親”，不止利一親，故曰知親之一利未爲孝也。（三）《兼愛下篇》曰：“必吾先從事乎愛利人之親，然後人報我以愛利吾親。”務使天下人交爲孝子。（四）墨家譏儒者獨慕父母，爲嬰兒子之知（《公孟》），故以聖人不得爲子之事，當爲天下而忘親（《大取》），斯爲不匱之大孝。此皆其能能利親，而不計所得者也。

墨家言忠孝，以大利於君親，正所以大利天下，是其忠孝之特色。

信，言合於意也。孫云：“言‘言’與‘意’相合，無僞飾。”曹云：“口與心符也。”

信，不以其言之當也，孫云：“‘不’當爲‘必’之譌。”張之鋭云：“言‘信’者，非以其言之當於理，但以所言符合爲信。”使人視城得金。孫云：“言告人以城上有金，視而果得之，明言必信也。”張之鋭云：“此假喻以明之，謂如人言城上有金，不論其言當理與否，第使人視城上果得金，則其言即爲信也。”純一案：張説明憭，足正孫破不爲必之非，使人視城得金上，疑原有“若”字，而今本脱之，當補，明其爲喻也。《史記·商君列傳》“徙木示信”類此，此明信之正義然也。《論語·學而篇》“有子曰：信近於義，言可復也”，是爲信之第二義。

梁云：“儒家言道德，多重動機；墨家言道德，多重結果。故儒家言忠孝，忠孝之心誠發於内斯足矣；墨家則必須忠孝之結果，能利其君親。儒家言信，但不欺其志足矣；墨家則謂所言必合於事實，乃得爲信。故墨家道德之實踐，與知識問題，有密切關係。”

佴，自作也。畢云：“《説文》云：‘佴，佽也。’”孫云：“‘作’疑當作‘仳’，《經説上》有‘仳’字，即‘比’之借字。‘佴’、‘比’並訓‘次’，言自相次比，是謂之‘佴’。《説》云‘與人遇人衆惛’，即相次比之意也。”純一案：孫未得解，上下共十餘章，類皆德操之名，此文自不應專作次比解。《爾雅·釋言》：“佴，貳也。”郭注：“佴，次，爲副貳，有鋪粥義。”《説文》：“佴，佽也。”《詩·車攻》“決拾既佽”箋：“佽，比也。”《杕杜》：“胡不比焉？”“胡不佽焉”傳：“比，輔。佽，助也。”此知佴之爲名，猶備也，助也。作，興起也。《易·乾卦》：“聖人作而萬物覩。”以吾人既不能離衆而獨立，即當具兼愛交利之精神，和衆以互助也。“自作”者，即身先天下勤勞以盡本分，是備助羣衆之正義也。

佴，與人遇，曹本作“偶”，義同。人衆愊。畢云：“字書無‘愊’字。”純一案：“遇”，《爾雅·釋言》“偶也”，郭注：“偶爾相值，遇。”《釋名·釋親屬》：“耦，遇也，二人相對遇也。”下“人”字當爲“入”，涉上“人”字形似而誤。“愊”當爲“循”之譌，曹本作“入衆循”，當據正。“與人遇，入衆循”，言遇少數之人，則人我親密而相偶；入衆人之中，則遵循禮法而相從，所謂以繩墨自矯也。《經》云：“自作，所以利人，爲俌助天下之主因。”《説》義不立異於人，所以無我，亦俌助天下之勝緣也。《孟子》曰：“大舜有大焉，善與人同，舍己從人，樂取於人以爲善。”佛教四攝法中，有“同事攝”，謂隨衆生所樂，與之共事，霑與利益，均可與此相發明。曹云：“‘與人偶’者，猶云‘與人爲徒也’。‘循’，因也。‘入衆循’者，猶云因人成事也，皆取物於人之意，‘佴’之義也。《經》云：‘自作者，藉人力以成己事。’《説》義不合經者，所以曲而暢之也。”

誚，作嗛也。畢云：“字書無‘誚’字。”洪説同。孫云：“《孟子》‘睊睊胥讒’，孫奭《音義》云：‘睊一作誚。誚、睊、狷，並同聲假借字。’案：‘誚’當爲‘獧’之借字，字又作‘狷’，《論語》云‘狷者有所不爲也’，‘狷’《孟子》作‘獧’，同。”曹云：“‘嗛’與‘謙’同，不受也。作‘嗛’者，言自立節槩，不妄取予也。”純一案：“嗛”疑即下章“廉”字之譌，或讀若“廉”。《莊子·齊物論》曰“大仁不仁，大廉不嗛”，言大廉不廉也。《釋文》“嗛徐音謙”，謙義亦近廉，廉是狷者之所以爲節也。作嗛者，言興起天下人之廉節也。《墨經》象《周易》卦彖之文而辭約，寓古詩諷興之旨而義精，次第蟬聯，如舉擬實也，言出舉也，功利民也，賞上報下之功也，罪犯禁也，罰上報下之罪也，均可爲此“嗛”字，即下條廉字之證。前後義理，歷歷如貫珠，後世連珠文體，亦繩其祖武歟。

誚，孫云：“當讀爲‘獧’。”爲是，爲是之台彼也，“是”，《説文·部首》云：“直也，从日正。”段注“直，正見也，十目燭隱則曰直，以日爲正則曰是”，“天下之物，莫正於日也”。“台”音“怡”，義同。《説文·口部》云：“昌，説也。”《爾雅·釋言》云：“怡，悦也，説同悦。”“爲是”者，所爲無不是也，言狷者以廉爲天下先，雖恒順衆生而不相違，而明見諦理，所爲無不正直也，然決不爲是而取悦於彼衆也。歐陽云：“‘也’，當讀作‘耶’。”弗爲也。曹云：“狷者有所不爲，豈肯苟同於俗，上條佴之云者不立異，此條誚之云者不苟同。”

廉，作非也。廉即《禮記·儒行》“砥礪廉隅”之廉，蓋方形外邊，一罄折形之兩側。鄭注《鄉飲酒禮》曰“側邊曰廉”，《算術·開方》“初商以下，在根數兩側之長方曰廉，兩廉之角一小方，謂之隅”。砥礪廉隅，喻細行必謹也，引伸爲廉節義，清儉義，察義等，故冢狷而次之。“作”，猶治也。《周禮·稻人》“以涉揚其芟，作田”注：“非者，是之反。”廉作非，言廉者常自省察其身口意之非禮而修治之，以人必常知自己之不是處而對治之，而德業乃日進，是其所以爲廉也。

廉，惟己之所爲，知其愧恥也。舊作“己惟爲之知其也䎽也所”，孫本删上“也”字。畢云：“一本作‘知其思耳也是’。”曹本依一本校訂如此，注云：“‘心’、‘也’篆文相似，‘思’、‘鬼’文亦相似。‘惟’，思惟也，思己所爲，不合於義，則恥之。”純一案：原文義不可通。“所”字，畢、張、孫均斷屬下章經目“令”字上，並非，今從曹校正。《百法明門論》十一善法中，有慚、愧二法：“慚者，依自法力，崇重賢善爲性。對治無慚，止息惡行爲業。”“愧者，依世間力，輕拒暴惡爲性，對治無愧，止息惡行爲業。”彼慚與此恥義同，愧則一也。

令，不爲所作也。此章上冢“狷”、“廉”，下繼“任”、“勇”，不應間以非德操之令，“令”疑本作“卩”，傳寫者不解其義，因而致誤。“卩”，《説文·部首》：“瑞信也，象半分之形。”即符節之本字，節爲符卩之叚字，《説文·竹部》云：“節，竹約也。”人之操行，當有約束，修短合度，如竹有節，所謂繩墨自矯也，引伸爲節制節義字。此言卩之爲名，以限度嚴密爲義，設有行事稍逾分量者，雖欲有所作，終不敢爲也，惟有所不爲，斯爲大作爲。歐陽云：“‘作’亦‘爲’也，常語剌人之任意行事者，曰爲所欲爲。‘不爲所作’，即言不爲所欲爲也，《孟子》‘人有不爲也，而後可以有爲’，兩‘爲’字疊，此則作爲相變成文耳。”

令，當作“卩”，即“節”字。非身弗行。孫云：“‘弗’吴鈔本作‘不’。”純一案：“非身不行”，謂非即身嚴其操守，弗克著爲勝行也。《修身篇》曰：“君子以身戴行者也。”義可互明。此宣經義之藴也，例如伯夷、叔齊，非餓死於首陽，不足以立節義，使萬世之以力取天下者愧。

任，士損己而益所爲也。曹云：“‘任’，謂任俠之事也。‘士’，民之秀者也。‘任’獨言士者，非凡民所能也，墨子摩頂放踵以利天下，則無所不愛也。”張之鋭云：“言任俠之士，損去一己之利益，而以利益他人爲務也。”純一案：《大取篇》曰：“斷指與斷腕，利於天下相若，無擇也。”又曰：“殺己以利天下。”皆此“任”之説也。《吕氏春秋·上德篇》記墨者鉅子孟勝爲陽城君死，弟子死之者百八十三人，是其證。

任，爲身之所惡，以成人之所急。張之鋭云：“損己者，人之所惡。急，謂急難也，言貶損自己以成就人之急難也。”曹云：“身所惡者，如非食惡衣之類。‘成’，濟也。‘人之所急’者，如飢溺之類，儉於自奉，勤於濟人，墨者之行，禹稷之行也。”

梁云:“《莊子・天下篇》論墨子,謂‘以繩墨自矯,而備世之急’。”純一案:《晏子春秋・問上五章》:“墨子曰:晏子知道,道在爲人者重,自爲者輕,知晏子亦墨之任者。”

勇,志之所以敢也。孫云:“《賈子・道術篇》云:‘持節不恐謂之勇。’”畢云:“‘敢’,決。”張之鋭云:“言立志堅決,敢於作爲,是之爲勇。”純一案:《説文・力部》云:“勇,氣也。从力,甬聲。”古文作“恿”,从心。此訓“志之所以敢”,志者,心之所之也,正與古文“恿”字義合,此冡“任”而次之,言士之所以能任者,因其持節不恐也,實因其了知損己利人之事,爲圓滿智行,發大順力,決定成就,故敢於有爲,舍命不渝也。

勇,以其敢於是也命之,不以其不敢於彼也害之。孫云:“‘命’猶名也,言因敢得名。”純一案:“勇”以敢於爲義得名,若非義之事決不敢爲,非惟不害其爲勇,正其所以爲大勇也。此釋氏勇猛精進,大雄無畏之精神也。伍云:“‘志’者,心之所向,期以達其志而不顧其餘之謂。‘敢’,志在於此則敢於此,志不在於彼則不敢於彼,非不敢也,志不在也。相如之屈廉頗,不以損却秦之威,秦民之怯私鬥,不以貶善戰之名,故曰‘以其敢於是也命之,不以其不敢於彼也害之。’”

力,刑之所以奮也。畢云:“‘刑’同‘形’,言奮身是强力。”張云:“形以力奮。”梁云:“形之所以奮在力,深合物理。‘奮’,動也,物質恒動不已以成衆形。”尹云:“形謂有形者,即物體也,形奮由於力,所謂静止物體,其運動必須作用於外力是也。‘奮’,迅也,謂運動之迅速,今物理學有惰性法即此。”純一案:梁説“物質恒動不已”,當作物質因力恒動不已,義始完足,蓋質以力動,無力不動故。尹説以“静止物體”舉例,專就無情言,不知此形字,兼有情言,僅得其一偏耳,凡形之含識者,其運動或須外力,亦不必須外力,恒由内力自運動於不已也。

力,重之謂,尹云:“今‘力學’一曰‘重學’。”下,張之鋭云:“地有引力,故重必下。”尹云:“力學所謂落下運動是也。”與重,讀。奮也。孫云:“‘與’疑當作‘舉’,言凡重者必就下,有力則能舉重以奮也。”純一案:孫破“與”爲“舉”,未允。《廣雅・釋詁》:“奮,動也。”《國策・齊策》“君不與勝者而與不勝者”,高注:“與,猶助也。”此言萬物不自動,仗力以動,凡形而下之物,變動不已,皆有力以主之,力者何,重之謂,即物之就下可實驗也。《經説下》云:“凡重,上弗挈,下弗收,旁弗劫,則下直。”是其證也。“與重奮”者,謂凡有形之物,雖因其重必就下,但助以重力激之,必奮出而至高遠,足見形以力奮也。伍云:“‘力’,重之謂,猶云力之爲言重也。凡物有形,謂其静之量曰重,動之量曰力,各因時空之不同,而隱顯異名耳。大地之上,遠若流星,近若微塵,大若奔岩,細若飄瓦,莫不具親地之勢,故力之最顯著者,莫若地心之吸物，有一分之形，即受一分之吸。'下'，謂地心吸力也，地欲其下，人欲其上，重勝力則下，力勝重則上，故曰'與重，奮也'。"

經文依次連第，均有脈理，以上均言德操，以下將言生理與心理，此章爲之樞紐，隱寓釋氏"萬法唯識"、"三界唯心"之意，故冡"勇"而次之，謂勇即人之志力，其力發於心，總宇宙無内□之分者也。《經》文寥寥七字，包孕無盡哲理，《説》則專據力學爲釋，神味雋永，足資玩索。此知墨子立言，辭約義豐，形上、形下，通而爲一，理至精微。形總無情之大地山河草木，有情之人及鳥獸昆蟲等言，力即不生不滅，與生滅和合之阿賴耶識。在無情爲雷動風散雨潤日暄之消息，在有情爲一切衆生意志感想之衝動，所以鼓盪萬物成形者也，故曰"力，形之所以奮也"。即此一言，舉三千大千世界塵點劫來，無限成住壞空之理。並凡屬含識，出入生死，任運而轉之故，盡包括之而無遺，《易》始"乾坤"，實此力闢闔之，下《經》首"咸"，亦此力感之。終於未濟者，終賴此力以濟之，蓋力爲萬有之主動，有不能自已者，無如其勢自然趨下，爲此地心所吸引，積重難返何，安得有大力者出其力以激之，使萬有莫不奮出而至高遠耶?《説》義託小包大，下之寄意，據《經》文及下三章審校，凡衆生隨逐業流淪墮之理，可會通之，與重奮之寄意，即逆流上溯，世稱佛法與天門之説也，下文"平，知無欲惡"章，略啓其端。

生，刑與知處也。畢云："'刑'同'形'。"孫云："言形體與知識，合并同居則生。"曹云："'形'，謂四肢百體也。'知'，謂視聽聰明心意知覺也。'處'，同居也。形與神離則死矣。"伍云："戰國諸子論生物，均含有形、知兩面，藏三耳鷄三足之辨，皆此類。"

生，盈之生。"盈"舊作"楹"，今據吴鈔本改。商，不可必也。《經上》云："盈，莫不有也。"盈之生，言知識必與形體彌滿相含，斯謂之生，但識住則命存，識去則命卸（見《百法明門論》纂注命根）。壽夭無定，有如商家求利，盈虧無常，不可必也。《貴義篇》云："士之用身，不若商人用一布之慎也。"可爲此取譬於商之證。惟"商"上當有"若"字，"若商"二字，當並著"不可必也"下，始符結論同喻之例，此明生死之權，庸衆不能自操之理。今生理衛生學，本諸實驗，分析精密，遠勝古人。然惟知養形，不知養神，以視古人，甚粗陋也。

臥，知無知也。"臥"，《説文》臥部大小徐本並云"休也。"《廣韻・三十九過》云："寢也。"《釋名・釋姿容》云："化也。"精氣變化，不與覺時同也，此冡"生形與知處"而次之，言臥時是生非死，知性具足，何以又無知用，隱示庸衆五欲蓋纏，不能同覺時有知用也。梁云："上'知'字，爲知材也之'知'。下'知'字，爲知接也之'知'。"伍云："上'知'爲能知，下'知'爲所知。"

卧有脱文。

夢，卧而以爲然也。孫云："《説文》云：'㝱，寐而有覺也。''夢，不明也。'經典通叚'夢'爲'㝱'。"畢云："言夢中所知，以爲實然。"曹云："夢之所見，非實見也，方其卧也，以夢爲然。《列子》'蕉鹿'、《莊子》'胡蝶'之喻是矣。"純一案：蕉鹿之夢，見《周穆王篇》；胡蝶之夢，見《齊物論篇》。此冡上章而言，卧時雖有知性，實無知用，然如夢時，知雖起用，不過自以爲然，而不知其非然，究非真知也，《莊子·齊物論》曰：'方其夢也，不知其夢也。'《成唯識論》曰：'如患夢者，患夢力故，心似種種外境相現，緣此執爲實有外境。'不知是身如夢，爲虚妄見（《維摩經·方便品》），借夢而喻其非真，與此經寄意同也，此明夢是獨影境，全屬非量。

夢孫云："此疑以卧夢義易明，故述而不説。"

以上三章連第，極近佛典"徵知所依"之理。

平，知無欲惡也。孫云："《説文·兮部》云：'平，正也。'謂欲惡兩忘。"曹云："雖知其事，而愛惡之情未生，其在人心最爲平正，而無所偏倚也。謂之'平'者，若水之無波。"張之鋭云："'平'，正也，人有知而後有欲惡，欲惡不得正，則一切行爲之罪惡由此而生，故欲正行爲，宜先正其心，欲正其心，宜先去欲惡，使其心還復本體則平矣。"王樹枏云："《鬼谷子·摩篇》云：'平者，静也。'静其知則無欲惡，故《經説上》曰：'平，惔然也。'《一切經音義》十六引《蒼頡》：'惔，恬也。'"純一案：此示至人無夢之方，言欲惡盪胸，失其正定，惟真人而後有真知（《莊子·大宗師》），能向無欲惡處薦取本來，則平等性智現前，外緣無從動於中矣。《淮南子·齊俗訓》云："人性欲平，嗜欲害之。"惟聖人能遺物而反己。

平，惔然。張云："'惔'疑當爲'憺'。"孫云："張説是也，楊説同。《集韻·四十九敢》云'憺或作惔'，《説文·心部》云：'憺，安也。'即《經》所謂'無欲惡'。"純一案：《大取篇》云："正體不動。"《莊子·刻意篇》云："平易恬惔，則憂患不能入，邪氣不能襲。"可與此互證，此教人證取無生之理。曹云："'憺'，安也，無欲惡之情，則心安且平也。性猶水也，情猶波也，無波則水平也。"張之鋭云："無欲惡故憺然，憺然則卧夢皆適矣。自'生形與知處也'以下至此，義皆相因，言人生行爲罪惡，悉緣求生之一念有以致之，夢想顛倒，適以自苦。惟達者知生之如寄，故常平其欲惡，憺然自得，以養其天真，知正，而後行爲乃得當也。"

利，所得而喜也。"喜"即是"欲"。

利，得是而喜，則是利也，其害也，非是也。

害，所得而惡也。

害，得是而惡，則是害也，其利也，非是也。

此冡“平知無欲惡反襯之”，言人無真知，欲惡熾然。凡所得而喜者，以爲是利，雖其中有害，亦以爲非害而不惡也；凡所得而惡者，以爲是害，雖其中有利，亦以爲非利而不喜也。《莊子·大宗師篇》曰“利害不通，非君子也”，《荀子·不苟篇》曰“欲惡取舍之權，見其可欲也，則必前後慮其可惡也者；見其可利也，則必前後慮其可害也者。而兼權之，孰計之，然後定其欲惡取舍，如是則常不失陷矣。凡人之患，偏傷之也，見其可欲也，則不慮其可惡也者；見其可利也，則不顧其可害也者。是以動則必陷，爲則必辱，是偏傷之患也”，即此二章之塙詁。人惟欲惡不得其正，故利害亦不得其正，後文欲正權利，惡正權害，所以救此失也。《荀子·正名篇》曰：“權不正，則禍託於欲，而人以爲福；福託於惡，而人以爲禍。此亦人所以惑於禍福也。”大旨亦相同，此教人祛妄求真，勿任情昏動也。曹本“其害也，其利也”，兩“也”字均作“他”，注云：“得利而喜，人之情也，若利於己而害於人，則非利也；得害而惡，亦人情也，若損己而有益於人，則君子必爲之，不以爲惡也。此二條言人之欲惡，緣利害而生，在於一己，則用情不平，推度於人我之交，則平矣。”張之鋭云：“此兩條承上條‘平知無欲惡’而言，喜即欲也，凡人之情，喜利而惡害，利害交於外，欲惡戰於中，是以不能憺然也。墨家以任俠爲務，爲身之所惡，以成人之所急，以害自居，害而不惡，以利與人，而己不欲，是以其心常平而憺然也。”

治，求得也。此總承上兩章言之。“治”，理也，亂之反也。求所得者，有利無害，斯可謂治矣，治有平義，欲惡不得其平，天下終不治，故欲平天下，先平自心，惟求欲惡得其平而已。《禮·中庸》曰“君子篤恭而天下平”，《老子》曰“清静爲天下正”，可證。欲惡茍得其平，則正心在中，萬物得度（《管子·内業》），所求於天下者，無不可得矣，故曰“治，求得也。”

治，吾事治矣，人有治南北。孫云：“‘有’當讀爲‘又’。”張之鋭云：“《禮記·檀弓》曰‘今丘也東西南北之人也’，蓋墨突不得黔，孔席不暇煖，其當時栖皇求治之情，可以想見矣。”純一案：欲惡平，處官得其理，吾身無不治，吾事無不治矣。然天下未治，害未盡除，利未盡興，未爲得也。又必兼四方之人相與共治之，使無不得其所，即使天下之事無不得其理，此墨氏所以自苦而爲義（《貴義》），又徧從人而説之也（《公孟》）。言南北不言東西者，略舉也。自苦，即治欲惡，真能自利利人，爲天下徹底除害之道。《莊子》曰：“道之真以治身，其緒餘以治國家，其土苴以治天下。”墨氏以無欲惡爲治，得其本矣。《公孟篇》墨子誡告子曰：“子不能治子之身，惡能治國政？子姑亡，姑防子之身亂之矣。”可與此相發明。

合觀以上三章，見墨子正人之欲惡，以生活上之利害爲主，極平實而易行，卒以求得大利而無害，莫若善羣爲治，爲大多數人謀幸福至切，是其交相利之實行也。

譽，明美也。"譽"，《説文・言部》云："偁也。"《廣韻》九魚同。"美"，《説文・羊部》云："甘也。"與"善"同意。"譽明美"，明其有利人之真善。孫云："《國語・晉語》韋注云：'明，箸也。'言箸人之善。"曹云："'譽'者，稱其名也。'明美'者，明其有美之實。"尹云："'譽'爲'明美'之具，所以名必在大德者。"

譽，舊衍"之"字，據下文刪。必其行也，"必"《説文・八部》云："分極也。"其言之忻，孫云："《説文・心部》云：'忻，闓也。'《司馬法》曰：'善者忻民之善，閉民之惡。'即此義。"純一案：今本《司馬法》無許引文。使人督之。孫云："'督'，'篤'之借字，《書・微子之命》云'曰篤不忘'，《左僖十二年傳》云'謂督不忘'。督即篤也。《爾雅・釋詁》云：'篤，厚也。'言使人厚於爲善行。"曹云："'督'與'篤'同。凡譽人之善者，必欲其人之行善也，言之欣然，使人加厚焉，此譽之有益於人者也。"純一案：《説文・目部》云："督，察視也。"此言譽者，必分別其所行塙爲善行，在言之者甚爲懽忻。是其爲譽，無異使聞之之人，察視行者之美德，莫不懽忻。自不爲惡，而日遷於善，亦使行者加勉也。伍云："'督'，猶案覆也。孔子曰：'如有所譽者，必有所試矣。'義同。"

誹，明惡也。"誹"，《説文・言部》云："謗也。"《集韻》或省作非。《增韻》"非議也"。誹者，明其有害人之實惡。張之鋭云："'誹'，猶毀也。言誹，所以明人之惡也。"梁云："墨家以誹爲辨別真理之重要作用，謂不如是，無以明是非也，故《非樂》、《非命》，常採嚴正的攻擊態度。"

誹，必其行也，其言之忻。孫云："'誹'、'譽'義相反，説不宜同，疑皆涉上而誤，下有挩文。"曹本作"其言之不忻，使人改之。"注云："凡誹人之惡者，必欲其不行也，言之戚然，使人改過而遷善，此誹之有益於人者也。"純一案：依上文審校，疑此文當作"誹"，必其行也，其言之怍（從梁校），使人戒之。"怍"與"忻"形近，又涉上文而譌。《説文》："怍，慚也。"《天志上篇》云："共相儆戒，皆曰不可不戒矣。""戒"固墨氏之雅言，言誹者，必分別其所行塙是惡行，言之可怍，是其爲誹。無異使聞之之人，莫不互相儆戒，一一改過自新，亦使行者止其惡也。黄初云："'誹'者，非背毀之謂，必因人之不善，面折廷諍，婉言曲諭，使聽者翻然悔悟，忻然樂從，如子路人告之以有過則喜，是其例。據上文'使人督之'句，此處當有脱文，'忻'字非誤。"

冢"治"而次以"譽"、"誹"，明輿論是非之公，亦足以裁制人之欲惡，使各得其平，果皆勸於譽，沮於誹，則有利人自利之美行，而無害人自害之惡行，天下自治矣。

舉，擬實也。此冡“譽”、“誹”而次之。“舉”即《禮記·曲禮上》“主人不問客不先舉之舉”，猶概括之詞，故下文云：“言出舉也。”“擬”，《增韻》：“揣度也。”“實，事實也。”謂或譽或誹，必揣度其行相之美惡。概括言之，當恰如其實而不妄也。孫云：“《説文·手部》云：‘擬，度也。’謂量度其實而言之。”欒云：“‘舉’即概念。‘擬實’，謂比擬其實狀，即《易·繫辭》‘擬諸形容，象其物宜’之義。”梁云：“‘擬實’者，模擬其實相也。”

舉，告以文名，舉彼實故也。“名”，即《小取》以名舉實之名。“文名”，謂假文爲名，如物爲達名，馬爲類名是。“告以文名，舉彼實故”者，言既擬得其實，即以適合分際之名，舉以相告，以彰彼名之實狀，乃其所以然也。舊本“故”字，倒著“也”下，畢、孫本均斷屬下章，讀作“故言也者”，誤。曹本移著此“也”字上，是也，今從之。

言，出舉也。此《經》冡“舉”而次之。謂舉彼之實，不得不藉言以出之，言即名也，與上章説“告以文名”之“名”義同。欒云：“《辯經》無釋‘名’字明文，其釋言曰：‘言，出舉也。’意謂由口宣出心中之舉爲言，然則其所謂‘言’，即《小取》所謂‘以名舉實之名矣’。”

言，舊作“言也”二字，錯置“畫俿也”下，今校移此，蓋牒經字，“也”字衍，删。**言也者，諸口能之**，張之鋭云：“謂凡有口者皆能言。”**出名者也**，“名”舊作“民”，孫云：“‘民’當爲‘名’之誤，後文云：‘聲出口俱有名。’‘出名’，亦謂言出而有名，猶《經》云‘出舉也’。”純一案：孫説是，今據正。**名若畫俿也**，“名”舊譌“民”，從孫校改。畢云：“‘俿’，虎字異文。”純一案：畢説是也，段松苓《益都金石記》“周紀侯鍾，文曰紀侯虎作寶鍾”，虎作[illegible]，可爲畢説之證。“名若畫俿”，言偁名能狀其實，使人明憭不疑，若畫虎然，一望而知也。**謂言猶石致也**。“致”通“緻”，《詩》“彼都人士”，箋：“其情性密致。”《禮記·聘義》注：“縝，致也。”《釋文》並云：“致本作緻。”此謂立言之道，當審慎周密而出，如石之堅實密緻，不可奪也。

且，“且”爲更端之語助，具前後方然三義，如説，依前後經義言之，或屬未來之期望，或屬已往之事實，或屬方然之討論，故立且名以寄意。**且言然也**。且言然者，姑且言之如是耳。

且，自前曰且，自後曰且，舊譌“已”，今校改。**方然亦且**。舊衍“若石者也”四字，義無可取，前後文俱不相屬，今校删。經説立義界限精嚴，自後曰已，無關且義，必不然也。已本作且，後人不識其義，而改作已，或因形近而譌。“自前曰且”

者，距臨事時甚遠，如《史記・晉世家》“且待其亂”，又“晉不可假道也，是且滅虞”，皆是，是屬未來義。“自後曰且”者，如《國策・秦策一》“疾且不起”，猶云疾已不起，《詩・溱洧》“士曰既且”，箋：“士曰已觀矣。”皆從事後言之，是爲已往義，惟此義見於經籍者稀耳。“方然亦且”者，如《詩・鷄鳴》“會且歸矣”，《秦策一》“城且拔矣”，且皆訓將，又《書・粊誓》曰“徂兹淮夷徐戎並興”，《經傳釋詞》云：“徂讀爲且。且，今也，言今兹淮夷徐戎並興也。”是皆現在義也。管見已當爲且，頗矜枂獲，及讀墨子淵注補正，驚其先我得之，不禁隨喜，惟釋義不同，亟録之以爲佐證。王云：“自後日已，已當爲且字之譌。‘自前曰且’者，發語詞也，如《韓子・難二》云，‘且嬰家貧，待市食而朝莫趨之’，《趙策》云‘且微君之命命之也’，是也。‘自後曰且’者，助句辭也，如《詩・山有扶蘇》‘乃見狂且’，《易・夬》‘其行次且’（《釋文》引司馬注云：“且，語助也。”）是也。‘方然亦曰且’者，《秦策》‘城且拔矣’，《淮南子・時則篇》‘雷且發聲’，高誘注：‘皆云且將也。將者，方然之義也。’”

君，臣萌通約也。張云：“‘萌’同‘氓’。”純一案：《尚同》三篇，大旨皆謂，古者民始生，未有政長之時，天下之亂若禽獸然，夫明乎天下之所以亂者，生於無政長，是故選擇天下之賢者，立爲天子、諸侯、國君，下逮鄉里之長通名爲君，是爲臣民通約之證。《慎子・威德篇》云：“古者立天子而貴者，非以利一人也。曰天下無一貴，則理無由通，通理以爲天下也。故立天子以爲天下，非立天下以爲天子也；立國君以爲國，非立國以爲君也；立官長以爲官；非立官以爲官長也。是其約法之綱要，可得而知者也。”

君，以若名者也。“若”字義不可通，當爲“羣”字，損“羊”存“君”，形近而譌。《説文・口部》云：“君，尊也，从尹，發號故從口。”《又部》云：“尹治也”，《書・益稷》“庶尹允諧”，傳：“尹，正也，衆正官之長。”《廣雅・釋言》：“君，羣也。”《逸周書・太子晉解》云“侯能成羣謂之君”，《荀子・王制篇》云“君者，善羣也”，《白虎通義・三綱六紀》云“君者，羣也，羣下之所歸心也”，《韓詩外傳》云“君者何也，曰羣也，羣天下萬物而除其害者謂之君”。是君以羣得名，古義如此，頗與經義相貫。《韓非子・五蠹篇》“説上古有巢氏，燧人氏，皆民悦之使王天下”，《史記・五帝本紀》云‘軒轅修德，諸侯尊爲天子”，《綱目前編》説帝摯荒淫，諸侯廢摯立堯，《書・堯典》説舜在側陋，四岳揚之，臣氓通約，信而有徵。墨子固中國二千四百年前先盧梭著民約論者也，不惟我中國然也，古羅馬人，亦以爲國王之大權，出於羅馬國民，由國民委之王也，見日本吾妻兵治著《國家學》卷三第五十七葉。然則國家之起原，由有人而成羣，由羣而選有大德者爲之君，又舉賢才以爲臣，蓋通例也。

此冡上章治而言之，似謂天下之人，設皆能舉美惡之實，互相勸戒以正欲惡，則古聖王之德治可期，夐乎尚己，無如其不可必也。乃環顧當時，諸侯力征，大夫世及而專政，世亂極矣，故與此復古之思，且作方然之期望焉。

功，利民也。《説文》："功，以勞定國也。从力，工聲。"段注："《周禮·司勳》曰'國功曰功'，鄭曰：'保全國家若伊尹，許則舉祭法以釋之也。'案：鄭君以保全國家若伊尹訓功，蓋以伊尹任天下之重。一夫不獲，則曰時予之辜，故五就桀，放太甲，皆所以利民也。古者工與功同字，《周禮·肆師》，'凡師不功'注，《書·皋陶謨》'天工人其代之'，《漢書·律厤志》'工'作'功'，益稷、苗頑弗即工，《史記·夏本紀》，作'苗頑不即功'，'功'字从力从工，此冡君訓利民，謂君當竭力爲兆民作工，謀福利也。若不爲民服勞役而無治功，即不能善羣，失其所以爲君之道。《荀子·王霸篇》譏墨子大有天下，小有一國，必自爲之，則勞苦秏顇莫甚焉，是爲役夫之道，可與此'功'字相印證。"遠西居民上者，自稱民僕，蓋本耶穌人子來，非以役人乃役於人之説而言之，凡以忘己利羣，爲功一也。

功不待時，若衣裘。張云："冬資葛，夏資裘，不待時而利。"孫云："不疑當爲必，言功之利民，必合時宜，謂夏衣而冬裘也。"純一案：孫説未審。"功不待時"與"罪不在禁"文義相對。《國語·越語上》"大夫種曰：賈人夏則資皮，冬則資絺"，是不待時之證，言能預爲未來謀者利大也。設必待時爲衣裘，是所謂亂則治之，譬猶噎而穿井也，死而求醫也（見《公孟篇》）。何功可言，夫惟治之於未亂，不待時之功，能普被於天下，若衣裘然，衆人亦安之若素，忘功於何有，是其利之所以大也。墨師大禹，形勞天下，備世之急，雖治國勸之無饜（公孟）者也。進化論鉅子英儒頡德有言曰："勤勞於爲未來者，則爲優爲勝；怠逸於爲未來者，則爲劣爲敗。"可謂知言。

賞，上報下之功也。曹云："計功而賞，則賞不僭。"張之鋭云："謂以賞酬功也。"

賞，此字舊錯著"罪不在禁"上，今從孫校移此。上報下之功也。曹云："説與經文同，其義可知。"純一案：此説似特重申其意，謂功不待時者，衆人不知其功（《公輸篇》），固難言賞矣，然賞所以報功，必非真有功者不賞，而賞始至公，可以勸賢。

罪，犯禁也。"罪"，《説文·网部》云："捕魚网。从网，非聲。"秦以"罪"爲"辠"字。桂馥云："秦以'辠'字似'皇'字，改爲'罪'。此'罪'反對'功'言。'犯禁'者，犯害人之禁令也。"張之鋭云："'禁'，謂律所禁止之科條也。"

罪不在禁，惟害無罪，殆姑。孫云："'殆'疑當爲'隶'之叚字，《説文·隶部》云：'隶，及也。''姑'與'辜'通，言罪不必犯禁，惟害無罪則及罪也。"純一案：此言罪之定義，在於犯禁。禁者，禁其害無罪耳，蓋罪之行爲，不在禁令之内，雖犯之不爲罪者無限，惟害無罪始及罪也，故《老子》曰："法令滋彰，盜賊多有"，孔子曰："道之以政，齊之以刑，民免而無恥"，此墨氏所以繩墨自矯也。

罰，上報下之罪也。尹云："《説文・刀部》云'罰，辠之小者，从刀詈'，未以刀有所賊，但持刀罵詈則應罰。"純一案：《説文・夲部》云："報，當罪人也，从夲从𠬝，𠬝，罪也，博号切。"段注夲字云："干者，犯也。其人有干犯而觸罪，故其義曰所以驚人，其形从大干，會意。""夲"讀若"籋"，厄輒切，此言有罪必罰，而罰始可沮暴。《管子・明法篇》曰"不淫意於法之外，不爲惠於法之内，動無非法者，所以禁過而外私也"，即此報罪之塙詁。《吕氏春秋・去私篇》："墨者有鉅子腹䵍居秦，其子殺人，秦惠王曰：'先生之年長矣，非有它子也，寡人已令吏弗誅矣。'腹䵍對曰：'墨者之法，殺人者死，傷人者刑，此所以禁殺傷人也，夫禁殺傷人者，天下之大義也。'"王雖爲之賜，而令吏弗誅，腹䵍不可不行墨子之法，不許惠王而遂殺之。子，人之所私也，忍所私以行大義，鉅子可謂公矣，此知墨氏之學與行一也，又知墨氏立有成法，惜乎不傳耳。

罰，上報下之罪也。張之鋭云："賞罰兩説，但舉經文，不釋其義，以易明了不待再解也。按《墨經》論治，終之以賞罰，明治世大柄，不外賞功以勸衆，罰罪以警頑也。"純一案：此又重申其義，謂有罪必罰，而罰始可沮暴。

以上四章，冡君而次及之，言羣賴君而治，必有賞罰與譽誹，互濟其窮。而行賞罰者，必有不待時之功，無不在禁之罪，以爲天下法，然後賞罰可以神其用而不用。若徒恃賞罰，則不待時之功，等於無功而賞窮，不在禁之罪，等於無罪而罰窮，烏足以君臨天下耶！從此知墨子所立諸名相中，即具有破除名相之微旨，其寄意至深遠也。

同，異而俱於之一也。孫云："'之一'，猶言'是一'，謂合衆異爲一。"純一案：《管子・正篇》云"萬物崇一"，崇通宗。《文子・下德篇》云"以萬異爲一同"，《論語・里仁篇》曰"吾道一以貫之"，可見衆異始終於一而已。"一"者，天地同體，萬物齊觀之謂，《莊子・齊物論》曰"類與不類，相與爲類"，此塙詁也，吾國名學，在在有歸納的精采者在此。《楞嚴經》云："一切合同，種種法門，得無差别，名離癡亂行，則於同中，顯現羣異，一一異相，各各見同，名善現行。"蓋以一切法，同一法性故，墨氏已得其旨矣。張之鋭云："此亦承上條而言。'之'，猶此也，如賞罰不同，而同期於治，是異而相俱此一也。辨别同異，名學之所有事，以下遂以論理推言哲理，以明萬殊之一本也。"

同，舊作"侗"，從張校改。二人而俱見是楹也，張云："一楹也，二人俱見，俱謂之楹，是同也，同者異之主。"若事君。孫云："'事'，舊本作'是'，今據《道藏》本、吴鈔本正，似言猶衆人同事一君。”張之鋭云：“事君者，執事百官各異，而所事之君則一也。”純一案：張説同者異之主，是見諦語，孫不采録，何其疏也。《釋名·釋宫室》云：“楹亭也。亭，亭然孤立，旁無所依也，又孤立獨處，能勝任上重也。”是取楹喻一不依一切，而爲一切所託義，二人俱見是楹，言人不一而所見者一，即經異而俱於之一義。重以事君爲喻者，言萬衆莫不朝宗於一，若圓之有中心也，即尚同之微旨。

上言功罪賞罰，異也，約於一君，同也，下言久同而古今且莫異，宇同而東西南北異，從知墨子立辯之辭極其别，而所以立辯之旨唯一兼也，此東方文化之異彩也。

久，義與宙同，《淮南子·齊俗訓》云：“往古來今謂之宙，四方上下謂之宇。”彌異時也；宇，舊本誤“守”，王引之云：“當爲‘宇’字，形相似而誤。彌，徧也，宇者徧乎異所之稱也。《經説上》解此云：‘宇，東西南北。東西南北，可謂異所矣，而徧乎東西南北則謂之宇，故曰宇彌異所也。”孫據正。彌異所也。此冢上異而俱於之一言，依一法界大總相。以時與空分析之，古今旦莫，異也；同一久，東西南北，異也；同一宇，久宇二名，異也。同一實，豈果有久與宇可分析乎，頗似佛典詮無時量無方量之義，經下有無久與宇之文可證。《百法明門論》心不相應行二十四法中，有時、方二法。時者，過現未來，成住壞空，四季三際，年月日夜，六時十二，隨方假立，故名爲時，即此久是；方者，色處分齊，人法所依，或十方上下，六合四極，亦隨假制，即此宇是。

久，古今旦莫。舊本“久”上衍“今”字，“旦”譌“且”，孫從王引之校删正。宇，東西南北。舊本“西”下衍“家”字，今從顧王校删。章炳麟云：“删去‘今’字、‘家’字，句法斯整鍊，案此‘久’、‘宇’對舉，與前功、罪、賞、罰諸章同，似當分爲兩章，以全經通例校之亦然，乃詳審經文位次，塙乎不誤，蓋以‘久’與‘宇’，徒有假名，可分而不可分，遂併爲一談，寓因名遣名之意，此經文之變例也。”

窮，或有前不容尺也。“前”謂目前，《漢書·嚴助傳》集注：“尺，十寸之積，言宇之大雖無窮，或有時目前不能容尺，猶面牆而立，即有窮也。”張之鋭云：“久、宇本無窮，而有時地或有窮，有窮無窮而變化生矣。”

窮，或不容尺；有窮，莫不容尺，無窮也。張云：“或不容尺，實也，雖未窮而有窮；莫不容尺，虚也，雖窮而無窮。”純一案：張説近是。此言或容尺而不足，即有窮；或容尺而有餘，即無窮。上句申敘經義，下句與經相反，所以曲暢之，蓋謂有窮無窮之辯，無甚差别，所以齊大小也。《莊子·齊物論》曰“天下莫大於秋毫之末，而大山爲小”，可與此神會之。

此冢宇而次之。“宇”，佛教謂之空，今科學家謂之空閒。空閒本無窮也，一經人爲則有窮，經立窮名，即縮無窮之宇爲有窮，而有窮仍即無窮，無隔礙故，彼空無異此空故，《楞嚴經》所謂於一毫端，徧能含受十方國土，墨氏似已得其旨。

盡，莫不然也。曹云："有一不然，則不盡矣。"張之鋭云："莫不然，則謂之盡然，故曰盡莫不然也。"

盡，但止動。張之鋭云："言止動者，明久宇間所有變化，祇此静動而已。"純一案："但"，猶言特也，第也。"止"對"動"言，即静也，此並冡"久"、"宇"而言，謂宇宙閒萬有無盡，莫不有終盡時，但一静一動爲用耳，蓋萬物成住壞空，一刹那頃，莫不動静互根，與時消息也。《大乘起信論》曰："依一心法，有二種門，一者心真如門，二者心生滅門，是二種門，總攝一切法，不相離故。心真如門，即此止義；心生滅門，即此動義。以此二義，攝萬法而無遺矣。"《易·繫辭上傳》曰："夫乾，其静也專，其動也直，是以大生焉；夫坤，其静也翕，其動也闢。是以廣生焉，廣大配天地，變通配四時。"可爲佐證。始，當時也。此冡"久"、"宇'窮盡而言，謂無盡緣起，始無定時，特當其生相初萌時，假而託始，故曰始當時也。曹云："《詩》云：'自今以始'，古今非有始也，言者隨所託始。"王闓運云："名之曰始，必當初時。"

始，時或有久，或無久，始當無久。孫云："此言始者，或時已歷久而追溯其本，或時未歷久而甫發其端，二者皆謂之始，但始必當無久時，若已有久，則不得爲始也。"張之鋭云："言方始之時，其後或有久，或無久，不可知也，但據其時爲始而言，始當爲無久，不當爲有久也。"純一案：孫就已往説始，張就後來説始，皆此説所含意。竊謂時已有久者，溯既往之始；時將有久者，開未來之始；時尚無久者，適當現在之始，蓋始就時之初言，當其無久必矣。雖然，始之云者，似乎有始而已，果有始之能久乎？方其始也，言當無久時，歷時已久矣。刹那刹那，不得停住，何有現在之時，何有當時之始，此則墨氏言外意也。《莊子·齊物論》"有始也者，有未始有始也者"云云，《淮南子·俶真訓》"有始者，有未始有始者"云云，大都本此。梁云："常人所謂時閒的觀念，《墨經》不謂之時而謂之久，墨經所謂時，乃兼有久無久兩者而言。有久之時，人所易明，如萬年、千年、一年、一月、一日、一時、一刻、一分、一秒皆是也，無久之時，則非常識可見，將時閒析至極微極微，終不能不謂之時，例如《菩薩處胎經》云：'一刹那翻爲一念，百二十刹那爲一恒刹翻爲一瞬，六十恒刹爲一息，一日夜計有六百三十八萬刹那。'此時也，若云有閒則尚可析，若不可析，則謂之無久也，所謂始者，則與此無久之時相當也。《莊子·庚桑楚篇》云：'有長而無本剽者，宙也。'有長即有久之義，無本剽即無久之義。"

化，《説文》："匕，變也，呼跨切，化教行也，从匕从人，匕亦聲。"疑此文本祇作匕，今作化者，後人所改。徵易也。楊云："驗其變易也。"

化，若鼃爲鶉。孫星衍云："《淮南·齊俗訓》云：'夫蝦蟆爲鶉，生非其類，唯聖人知其化'。"孫云："《列子·天瑞篇》亦有此文，《説文·黽部》云'鼃，蝦蟆屬'，《淮南》書即本此，《荀子·正名篇》云：'狀變而實無别，而爲異者謂之化，有化而無别謂之一實'。"純一案：此言宇宙閒之萬物，既終盡而復始，莫非一化之所待，（《莊子·大宗師》）迹其仗因託緣，變化密移，有可徵驗者，若鼃爲鶉是其實例，此必古代相傳之學説，故《列子》、《淮南子》均沿用之。"張之鋭云："天地始生萬物皆由於化，《莊子·至樂篇》云：'種有幾，萬物皆出於機，皆入於機。'即此所謂徵兆也，知化則知萬物一原矣。"

損，孫云："《説文·手部》云：'損，減也'。"偏去也。畢云："言損是去其半。"曹云："去其一偏是爲損，若全去不謂之損也。"

損，偏也者，兼之體也，舊本"偏"下無"去"字，孫依王校補。欒云："説謂偏爲兼之一體，用以釋經偏去，爲去兼之一體。"王補"去"字，於義未合，今從之。其體或去或存，謂其存者損。"存"上舊本捝"或"字，孫據王引之校補。曹云："不曰去者損，而曰存者損，何也？去者已去，不可曰損也，存者失其偶，故曰損也。墨子貴兼，凡損人以存己者，衹以自損耳，若此説不一而足也。"純一案：曹説頗得墨旨，此即釋氏所謂自他不二，所以興無緣之大慈，起同體之大悲者也。此冢化而次之，言化貸萬物，此損彼益，實無損益，常人見爲損者，不過兼之一偏，而兼之體不一，或去或存，往往對於存者，悲其損者，亦終於不知兼而已矣。

益，大。舊作"大益"，錯著"巧轉則求其故"下。孫云"此與前云'損偏去也'，'損'、'益'義似正相對，疑謂凡體損之則小，益之則大也，以旁行句讀次第校之，疑當在巧轉則求其故句上，而又佚其説耳。"純一案：孫説是也，今據移正，"大"下疑脱"來也"二字。"益"，大來也，與"損偏去也"對文，《墨經》在在舉約該博，比肩《易》、《老》，《老子》曰"物或損之而益，或益之而損"，《易·序卦》云"損而不已必益"，故此以益次損，《雜卦》云"損益，盛衰之始也"，故此云"損偏去"、"益大來"。《益卦》六二象傳曰'或益之自外來'，可證。蓋道必損而後益也，其説佚，最是憾事。

儇，《説文》人部云："慧也。"俱秖。"俱"舊作"稘"，從孫校改。"秖"舊譌"秪"，從吴鈔本正，曹本同，注云："'儇'，慧利也。'秖'，敬也。俱秖者，無衆寡，無大小，無敢慢也，一有不敬，則必失己失人，不得爲慧利矣。"純一案：此冢"化"、"損"、"益"諸章而次之，言大化運行無滯，萬物因之而消息，吾人亦任運循環於其中，然則如何求得真知而爲真人，亦惟始終主敬而已。"秖"，《爾雅·釋詁》"敬也"，"俱祇”，毋不敬也。毋不敬，則内外適一，不隨物化，而能化人，可以自利，可以昫嫗萬民也。《論語·憲問篇》“子路問君子，子曰：修己以敬，可以安人，安百姓，乃至堯舜猶病”，義可互明。

儇，昫民也。曹子云：“‘昫’，温卹也，有卹民之心，則智慧有實，否則不謂之慧也。”純一案：《説文·日部》云：“昫，日出昷也。”昫民，謂具大智慧者，必愛利天下，如日光普被於兆民，使體加温，而所見增明也。

庫，洪云：“庫者，物所藏也。”易也。《參同契》曰“日月爲易，易行周流”是其義，言宇宙爲萬物之庫，萬物變易於其中，似有去來，實無去來，所以喻藏識也。藏識，謂人識性有如庫藏之功用也（釋氏説藏識，有能藏所藏我愛執藏諸功用）。下文以臺執釋必不已，可爲庫喻藏識之證。張之鋭云：“庫，藏也；易，變易也。言庫雖不變，而其所藏之物則常變易，舉庫者，明天地爲萬物之大庫藏也。”

庫，區穴若，斯貌常。孫云：“‘貌’，吴鈔本作‘皃’，《管子·宙合篇》云：‘區者，虚也。”區穴猶云空穴，區穴若，猶言若區穴，文偶倒耳。”純一案：言庫以藏物，物之出入似有變易，而庫之形貌若區穴然，常存不變，喻藏識有變易之用，而藏識終無變易也。張之鋭云：“此以庫之不變，反證其所變者，爲所藏之物也。言庫之區穴，其貌固常如是，而其内則無時不有變化，以明物之變化，不在外具之形式也。”

動，《説文·力部》云：“動，作也。”段注：“作者，起也。”《易》“无妄，動而健”，虞注：“動，震也。”《百法明門論》“遍行五心所”，有作意一法，謂能警心爲性，於所緣境引心爲業，此動字義同。或從也。張之鋭云：“動，變動也，物無時不變，則無時不動。惟動有自動有被動，自動，主也，被動，從也，故曰動或從也，言或從，明其尚有主動者也。又按《經上》上欄以動終，下欄以止始，明動静之相因也。”純一案：比冢上章庫即藏識之喻而次之，與下列首句“止以久也”對文。《經説上》云“盡但止動”，動止是墨氏之雅言，大都謂天地變化，不過一動一静而已。人心亦然，動者，警覺起心，引令趣境也，而境界爲緣亦足令心從之而動，故曰動“或從也”。或、惑同，此即釋氏所謂阿賴耶識，任運而轉之理。

動，偏祭從，“偏”與“徧”同。若户樞免瑟。“若”舊譌“者”，今校改。《説通例言》：“若者，猶因明論以喻作結也。”《春秋繁露·祭義篇》云“祭之爲言際也”，《廣雅·釋言》云：“祭，際也。”動徧際從，謂動則周徧於無際，感而遂通也。《管子·幼官篇》云“動而無不從”是其義。若户樞免瑟，張云：“瑟、蝨同，户樞不蠹，動故也。”欒云：“《史記·韓世家》‘公子蟣蝨’，《國策》作‘幾瑟’。”此張臯文瑟、蝨相通之證。

此章似即《管子·侈靡篇》，所謂動化從新之義。下列首章繼此言止以久，又似謂至動之中，有不動者，所以能久，其旨至淵微也，遠西進化論者，皆衹知其動，不知其止，故粗膚。

經上下列　經説上下列

止，以久也。"止"對"動"言，静也，謂天地變動中，有不動而静止者，所以能悠久也，又喻動止不二也。

止，無久之不止，當牛非馬，孫云："'當'，猶言是也。《經上》云'辯勝當'，即謂是者勝也。"若矢過楹；"矢"舊本譌"夫"，王引之云："'夫'當作'矢'，矢之過楹，久則止而不行，故曰無久之不止。若矢過楹，《鄉射禮記》曰'射自楹閒'，故以矢過楹爲喻。"孫云："王校是也，今據正。《莊子·天下篇》云，'鏃矢之疾，而有不行不止之時'，疑此義與彼略同。"有久之不止，當馬非馬，孫云："《莊子·齊物論篇》云'以馬喻馬之非馬，不若以非馬喻馬之非馬也'，疑即此義。"若人過梁。孫云："'梁'謂橋梁。"純一案：天地以止而能久，而止在不止之中，約分兩端：（一）無久之不止；（二）有久之不止。無久之不止，當牛非馬者，牛喻止，馬喻不止，顧牛有不止時，馬有止時，特世以牛之止時久，不止時無久，遂認牛爲止，而昧於其不止，以牛非馬比也，故曰當牛非馬。又若矢之過楹，《莊子》云"鏃矢之疾，而有不行不止之時"，司馬彪云"形分止，勢分行"，又云"無所止則其疾無閒，矢疾而有閒者中有止也"，蓋明鏃矢無久之不止中，仍有刹那刹那之止時，且其形之本質未嘗動也。有久之不止，當馬非馬者，世以馬之不止時久，止時無久，遂認馬爲不止，而昧於其不止中，其四足之動，亦如鏃矢之疾，而有不行不止之時。蓋馬行時，其四足不能同時俱行，同時俱止，就其舉足先後言，固各有不行不止之時，又馬行時，四足有止有不止，而馬之身未嘗動也，故曰當馬非馬。又若人之過梁，雖不止時較矢之過楹爲久，其兩足亦各有不行不止之時，又其兩足，或止或不止，其身亦未當動也，是有久之不止中，仍有止而不動者也，孰知止而不止，不止而止，不因無久有久而殊也，此借衆目及見之物相，喻衆不及見之藏識也，《荀子·正名篇》云"非而謁楹，有牛馬非馬也"，此惑於用名以亂實者也，即指此言，非爲若之譌，而爲矢之譌，謁爲過之譌。

此冥契釋氏"成住壞空"之理。止，既成而住之相；不止，將壞而空之相。天地萬物，動静互根，生滅不停，人但知止住而能久，不知止中有不止者二，或無久之不止，或有久之不止，而即住即壞，終於無常一也。《百法明門論》第四心不相應行二十四法中，有勢速之法，可神會之。

必，不已也。孫云："《説文·八部》云：'必，分極也。'"純一案：此冡止而次之，言當分極是非，止於一是，終身以之而不已。佛教法相宗謂第六識了别一切境界，適當此必之分極義，謂第七識於所了境，恒審思量，隨緣執我，終無間斷，適當此不已義，故説云必，謂臺執者也。

必，謂臺執者也。孫云："《釋名·釋宫室》云：'臺，持也，築土堅高，能自勝持也。'《莊子·庚桑楚篇》云：'靈臺者，有持而不知其所持，而不可持者也。'《釋文》云：'靈臺，謂心有靈智能任持也。'"純一案：《莊子》靈臺之説，即此臺之塙詁。臺執，猶法相宗所謂藏識，即第八根本識，分析言之，其義有三：（一）能藏，即能持義，猶如庫藏，能藏一切實物等，謂無量劫來，所作一切善惡種子，唯此識能藏，此約持種邊説；（二）所藏，即所依義，猶如庫藏，是實物等所依故，此識是一切善染法所依處，故名所藏，此約受熏邊説；（三）執藏，即堅守不捨義，猶如金銀等藏，爲人堅守，此識爲染汙第七識，堅執爲自内我，故名執藏。以此三義，故令積劫因果，不失不壞，是之謂臺執，是之謂不已。若弟兄，一然者，一不然者，必不必也，《莊子·列禦寇篇》云"聖人以必不必，故無兵"，是其義。是非必也。第七識不起現行妄執有我時，或證入無生阿羅漢位以後，則平等性智現前，視人猶己，若弟兄然，一切平等，隨所緣境，謂然謂不然，必不偏執也。如是則一切境相，非所必緣，故曰必不必也，是非必也，此知《墨經》立説，義極精微。

平，同高也。"平"，無高無低之象，故曰同高。凡物體有高，而上下兩面平行者，其直立體積，各面之高必等。此冡必而次之，言人妄起分别，則種種不平俱起，世界山川陵谷，莫非衆生心種種不平業感所表現，設能毋意毋必，則萬事無不得其平矣。《宗鏡録》（卷四十七第二十一頁）云："第八真識當如捨相（捨相即無不平之相），故號心王，爾後因一念無明，起七識波浪，遂心境歴然，自他宛爾，因茲有情心内，逐憎愛而結怨親，無情境中，隨想念而標形礙，遂使外則桑田變海海變桑田，内則親作怨由，怨爲親種，互爲高下，反覆相酬"，即此經言外之微旨，此知墨子言不盡意，特舉物理以示例耳，此經無説。

自此以下至次共十八章，皆言格物致知之理，所以明兼也。

同長，長短大小，本無有也，必兩物相形，而後有此假名，故佛教謂之假色，墨子以單物無長可言，故言同長。以缶相盡也。盧文弨云："'疋'，古文正，亦作'缶'。"畢云："'缶'即'正'字。唐大周石刻，投心缶覺如此。"孫云："《集韻·四十五勁》云：'正唐武后作"缶"，亦見《唐岱岳觀碑》。"純一案：此冡平而次之，言凡事理求得其平，不可此高彼下，亦不可此長彼短。同長云者，彼此等長，而終無過與不及之差也，是之謂以正相盡，例如《幾何原本》卷首第三十四界，兩直綫于同面行至無窮，不相離亦不相遠，而不得相遇，爲平行綫是。

同長“長”字舊脱，今補，述經目也，蓋上文既總釋同名，曰異而俱於之一，下文又分析同名，曰重體合類，且皆對異爲言，故知此章非言同也。次章云“中，同長也”，與前舉擬實也言也舉也同例，尤可證。楗與柱之同長也正。舊本“楗”譌“捷”，畢云：“一本作‘楗’。”孫云：“顧校季本同，今據改，陸本、吴鈔本並作‘揵’，葢‘楗’之形誤明矣，舊本‘柱’譌‘狂’，‘正’譌‘心’，多以‘心’字屬下章讀。伍云：此説‘同長以缶相盡’之文，‘狂’當爲‘柱’，‘心’當爲‘正’，‘皆’字之誤。‘楗’與‘柱’，兩等距之長形物，取以爲喻。案：伍説是，今並據正。《老子》曰‘善閉無關楗’，《釋文》‘楗，距門也’，《一切經音義》引《三蒼》云‘户旁柱曰植’，楗與柱長皆竟門，以正相盡。”

中，同長也。張云：“從中央量四角，長必如一。”陳澧云：“按《幾何原本》云，圜界至中心，作直綫俱等。”純一案：張説有四角，必有四邊。從中央量四角長同者，以量四邊必不同。未當也。陳説是圜一中同長之解，用以釋此未免混亂。此謂於一綫適中立點，距兩端必同長。

中，自是往，相若也。欒云：“此以‘中’字起，‘中’爲一綫兩端之中，中距兩端相等。故曰自是往相若也，相若云者，其長相若也。”

厚，有所大也。孫云：“此云有所大者，謂萬物始於有形，既有而積之，其厚不可極。《説》云‘無所大’者，言無爲有之本，有因無生，則因無而積之，其厚亦不可極，此皆比儗推極之語。《説》與《經》辭若相反，而意實相成也，《莊子·天下篇》惠施曰‘無厚不可積也，其大千里’，《釋文》引司馬彪云：‘物言形爲有，形之外爲無，無形與有形，相爲表裏’，故形物之厚盡於無厚，無厚與有，同一體也。其有厚大者，其無厚亦大，高因廣立，有因無積，則其可積，因不可積者，苟其可積，何但千里乎？惠子語，亦與此經略同。”純一案：惠子語本此，司馬注尤剴切，《老子》曰“天地萬物生於有，有生於無”，足見無非頑空，乃妙有也。墨子有無齊觀，藉有顯無，凡以明墨、道一兼無外耳。

厚，張之鋭云：“形學所謂厚者，乃有厚之謂，若其無厚，即亦無薄。”純一案：張説不甚合經旨，而釋厚名甚精。惟無所大。孫云：“此謂積無成有，其厚不可極也，與經文相反，而實相成。”

日中，正南也。“正”原作“缶”，同。孫云：“中國處赤道北，故日中爲正南。”張之鋭云：“‘正南’，午也，日當午，乃爲日中也。”純一案：此測景知時定方之理，此經無説。

直，參也。《説文·乚部》云："'直'，正見也，从十目乚。"段注："言見之審，則必能矯其枉也。"此冡日中而次之，言具正見，當如午日空明，燭照萬物，無漏無誤也。"參"，驗也，《荀子·解蔽篇》"參稽治亂而通其度"注："通之物理，參同三，即幾何之直綫角，以三直綫，成爲句股直角，可以測高測深測遠者。"《周髀算經》所謂偃矩以窺高，覆矩以測深，卧矩以知遠是也。本經上下文，言點綫面體無不備，當不至缺此，此依日中測景之法，而測高深遠，俾所見者無不正墒，所以爲直，蓋本科學之實驗也，此經亦無説。

圜，《説文·囗部》云"圜天體也"，墨子特以物理通之，明宇宙在乎手（《陰符經》）也。一中同長也。鄒伯奇云："即幾何言圜面惟一心，圜界距心皆等之意。"陳云："《幾何原本》云'圜之中處爲圜心，一圜惟一心，無二心。圜界至中心，作直綫俱等'，即此所謂一中同長也。"劉嶽雲云："此謂圜體自中心，出徑綫至周等長也。"純一案：鄒、陳説是，劉説圜體與説不合，當作圜面。此與上文中同長章，粗看義似近複，精審則界説各殊，蓋彼經名中以綫言，此經名圜以面言，主恉不同。

圜，規寫交也。"交"舊作"支"，孫云"寫謂圖畫其象，《周髀算經》云'笠以寫天'，趙爽注云：'寫猶象也。''支'當爲'交'之誤。凡以規寫圜形，其邊綫周匝相湊謂之交，或爲直綫以湊圜心，中交午成十字形，亦謂之交。"純一案：孫説是也，今據正。

方，此冡圜而次之，《考工記·輪人》："圜者中規，方者中矩。"柱隅四讙也。孫云："'讙'，吴鈔本作'驩'，疑皆'雜'之誤。《吕氏春秋·圜道篇》云'圜周復雜'，高注云：'雜猶帀。'《周髀算經》云'圜出於方'，趙爽注云'方，周帀也。'《周易·乾鑿度》鄭康成注云：'方者，徑一而匝四也。'此釋方形爲柱隅四雜者，謂方柱隅角四出，而方幕則四圍周帀，亦即算術方一周四之義。方周謂之雜，猶《吕覽》謂圜周爲雜矣。"張云："讙亦合也。"曹説同。純一案：孫破"讙"爲"雜"，未審。"讙"、"驩"皆同"歡"，《明鬼篇》"此猶可以合驩聚衆"，"驩"吴鈔本作"歡"可證。"歡"或作"懽"，《國策·秦策二》"而大國與之懽"注："懽猶合也。"故張訓"讙"爲"合"，《周髀算經》云"合矩以爲方"，不必破讙爲雜，而帀意自具。

方，矩見交也。"交"舊作"支"，孫云："見'支'疑亦當爲寫'交'，'矩'寫'交'者，以矩寫方形，其邊綫周帀相湊，見依張説，仍舊可也。"曹云："見者，以目察之也。"張之鋭云："《備城門篇》云'弋長二寸見一寸'，即此見字之義。凡開方若干丈尺，曰幾丈見方，或幾尺見方，蓋正方四邊等長，見其一邊，即知其三也。"

倍，爲二也。畢云："倍之是爲二。"楊云："即加一倍算法。"曹云："'倍'，加倍也，'爲'，作爲也。物有生而自兩者，不由乎人爲也，倍則人之爲之也，本一而加爲二也。"伍云："凡言倍者，以二乘得，故曰倍爲二也。"純一案：諸説均是，曹説略得墨旨。

倍，二尺與尺但去一。伍云："倍數一，等於基數二，譬之二尺，尺之倍也，何以知爲尺之倍，以一尺減二尺尚有一，故説曰二尺與尺但去一。"純一案：墨子著經與説，往往託小包大，當與易象齊觀。此藉算數和較之理以寄意，不得僅以常情二倍於一視之，茲爲發其覆。"倍"同"背"，如一之侈而爲二是也，一、兼也，無漏也；二、别也，有漏也。《老子》曰："昔之得一者，天得一以清，地得一以寧，萬物得一以生。侯王得一而貞，其致之一也。"是以聖人抱一爲天下式，今倍之。猶駢拇枝指，侈於性也，例如二尺倍於一尺，貪者無不利其得，但去一過遠耳。茍能去其倍於一者，而復於一，其庶幾乎，此莊子所以稱其好學而博不異也。

端，《説文·耑部》云："耑，物初生之題也。"《立部》云："端，直也。"段注，"用爲發耑耑緒字者，叚借也。"《頁部》云："題，頟也。"段注："引申爲凡居前之偁。"體之無序而最前者也。張云："'無序'，謂無與爲次序。"孫云："依張説，則'序'當爲'敘'之叚字，謂端最在前，無與相次敘者。"梁云："'端'者，幾何學所謂點也，體即體分於兼之體，與幾何之體異，凡形皆起於點，故曰最前。"純一案：此端在今形學中謂之點，點之始起，其體極微，幾若無有，安有次敘，此冡倍而次之，似悲無盡緣起之有始，猶悲絲染之意，寄於言外者也。

端，是無同也。張云："若有同之，即非最前。"純一案："是"，指端而言。"無同"，謂無與相同之點，爲最前之點故。張之鋭云："'無同'，謂一處不能有二點。"

有閒，此爲下章閒張本，《説文·門部》云："閒，隙也。"段注："隙者，壁際也。引申之，凡有兩邊有中者，皆謂之隙，隙謂之閒，凡罅縫皆曰閒，其爲有兩有中一也。字从門月，門有縫而月光可入，會意也。"中也。畢云："閒隙是二者之中。"曹云："有閒者，兩旁有而中閒無也。中者，其虚處也，兩物離立，則其中必有閒也。《莊子·養生主篇》云：'彼節者有閒是也。'"

有閒，畢云："此與下閒舊作聞，俱以意改。"謂夾之者也。伍云："兩物相夾，其接處不能密合，故曰有閒，閒在所夾之中，故曰有閒中也。"

閒，此冡有閒而次之，意又轉變，見辯經立名之精覈。不及旁也。張云："不及旁，謂隙中。"曹云："'旁'，邊際也，對中而言，不及旁者，專指其中虚之處言之，不及兩旁也。”伍云：“中居兩旁之間，旁位中之兩側，故曰閒不及旁。”

閒，謂夾者也。張云：“就其夾之而言，則謂有閒；就其夾者而言，則謂之間。”曹云：“上言夾之者，兼兩旁之詞，此言夾者，不兼兩旁之詞，所謂不及旁也。”尺，前於區穴而後於端，不夾於端，與區内及，及，非齊之及也。曹云：“尺者，匠之所操以量廣狹者也。”純一案：間與有閒其實同，特立言時，注意之點有異耳。此辯者立談，或應敵時，最須精審處，蓋有閒依兩旁而指其中言，故説云謂夾之者也。閒專指隙言，其命名之定義，不及於兩旁，故曰不及旁也。説以夾者與夾之者，分析不甚明了，故就不及旁，曲暢其説，謂如有尺，前及於區穴，而後端尚有餘地，兩旁不並夾於尺端，是尺雖與區内相及，其所謂及，非兩旁齊等之及也，兩旁容尺，不並相及，則其中甚寬綽，不得謂之閒也。閒者，專指兩旁相夾，不能容物之隙以爲言也。

纑，《説文·糸部》云：“纑，布縷也，从糸，盧聲，洛乎切。”閒虛也。王引之云：“‘纑’乃‘櫨’之借字。櫨，柱上方木也，櫨以木爲之，兩櫨之閒則無木，故曰纑閒虛也者，兩木之間，謂其無木者也。”

纑，閒虛也者，舊本脱“閒”字，王據經增。兩朩之閒，“朩”舊作“木”，云章校改，《説文·𣎳部》云：“𣎳，分枲莖皮也，从屮象枲莖，八象枲皮，匹刃切。”謂其無朩者也。章云：“‘纑’字本不誤，木字則𣎳之誤耳，隸書轉變，麻作麻，𣎳作朩，遂誤作木矣。纑者麻縷，𣎳者析麻，惟兩𣎳之閒有虛處，乃可擘析，故曰纑閒虛也。舊以纑爲櫨之誤，夫楝梁楣柱，淩虛而駕，人所盡見，又何庸辭費耶。”純一案：章説精塙，足正王説之非。此章冡上有閒與閒而次之，蓋由漸入微，謂閒有目不及見而中虛者，可以纑驗之，纑之條然可析，即其兩木之閒，無木而虛之證，此明有閒與閒，及等於無閒之理。

盈，上章言有閒與閒，乃至幾於無閒之纑，其中莫不有空虛之處，故次之以盈，明無虛之不相盈也。莫不有也。孫云：“《廣雅·釋詁》云：‘盈，滿也。’”曹云：“物有缺而滿之之謂盈。盈者，充塞之義，無不徧，無不盡也，莫不有者，不欲此有而彼無也。”

盈，無盈無厚，孫云：“言物必有盈其中者，乃成厚之體，無所盈，則不成厚也。”於石無所往而不得，“石”舊作“尺”，孫云：“此上下文雖多云尺，然此尺字實當作石，形近而誤。《經説下》‘廢石於平地’，石亦譌尺，可證。此與下文並以堅白石爲釋，言堅白在石，同體相盈，則彌滿全體，隨在皆有堅，亦隨有皆有白，故云無所往而不得，亦即所謂相盈也。”純一案：孫説是，今據改。得二。孫云：“‘二’即謂堅白也。《公孫龍子·堅白論篇》云：‘無堅得白，其舉也二；無白得堅，其舉也二。’此云得二，亦謂得白得堅分爲二也。”曹云：“無往不得者，喻利人之普徧也。得二者，喻聖人之利人，不私厚於己，人己兩得也，所謂愛人不外己，己在所愛之中，此兼愛之旨。”純一案：此家閒虚而言盈，蓋以凡物體内，各質點閒，莫不有極微之虚空，而各極微虚空中，並各質點中，莫不有盈乎其中者，而厚之體始成，徵之於石，無往不堅。設無所以盈於堅者，安得堅，無往不白；設無所以盈於白者，安得白。堅也，白也，無非得於厚之所以盈者，以相盈也，此知兼之彌綸於有形無形者無閒，無所往而不兩相得也。《老子》曰“無有入無閒”，可相發明，今科學家多謂同一空閒，同時不能容二物，陋已。

堅白，不相外也。孫云：“此即公孫龍堅白石之喻。不相外，言同體也。”曹云：“墨子有堅白異同之説，名家因之以爲辯，公孫龍有堅白論篇，蓋亦窮理之一術也。石之質堅而其色白，是一物而有堅白之兩端，而兩端皆在於一石，人以手觸石而知其堅，目視石而知其白；然非堅之外有白，白之外有堅，堅白之外有石，故曰不相外也。”欒云：“堅白之辯，有離盈二宗。離宗出古辯者，有言曰，離堅白若縣㝢，其意乃謂石之色性二者，可因時閒空閒上不同之動作，而離之爲堅爲白，使其不相屬；盈宗爲墨子所立，辯經曰，堅白不相外也，即立量破敵宗之辯，大抵辯者之離，乃離物而成之意。墨子主張物意和合，以爲於石堅白同體，既不可偏去而異處，則於意亦當不相外。”純一案：欒説精析，此知離世閒法，高談玄理，爲墨子所不許。墨子務真俗雙融，以科學慕道妙者也，故此以堅白二名，盈於一實，無可離相，喻兼之無不盈，無彼此可分也。

堅白，“白”字從孫校增。異處不相盈，相非，是相外也。孫云：“《經説下》云：‘於石一也，堅白二也。’蓋離堅白爲二而異處，則堅非白，白亦非堅，是爲不相盈，亦即爲相外。若合而同體，則堅内含有白，白内亦含有堅，是爲不相外，此義亦見公孫龍子，互詳《經説下》。”曹云：“異處者，各居其所，地不同也，不相盈者，彼此不能相盡，體不同也。相非者，各是己而非他，論不同也，凡物之不同者，此謂彼外也，彼亦謂此外也。堅白者，色質同在於一石，非異處也，堅之所在盡白，白之所在盡堅，非不相盈也，白不妨於堅，堅不妨於白，兩不相非也。”梁云：“‘相非’，即相排也，異處不相盈者，質礙之爲性，各自占一特異之位置，不能相函，此其所以相排也。”純一案：此家盈而次之，言堅白雖得二名，實不能異處，相與外石而自存。蓋堅白並無自體，惟依盈乎堅白者爲體以相盈，故堅不自堅，盈乎白者兼堅之，白不自白，盈乎堅者兼白之，即堅白之不相外，益知盈之莫不有矣。設使堅白不同體而異處，則必不相盈，彼此既不相盈，必且互相排，是相外也，此貴兼以正别之神理也。

攖，相得也。曹云：“攖結也。相得，則雖兩物而固結不解也，堅白之次也。”純一案：“攖”，觸也，有相密接之義。相得，猶言合一。

攖，尺與尺俱不盡，端與端但盡。“與”舊作“無”，從張校改。尺與端“端”舊著“不相盡”下，從孫校移此，王本同。或盡或不盡，堅白之攖相盡，體攖不相盡。此冡堅白相盈而次之，言凡兩物相接觸，結合如一謂之攖。盈者，周徧互融，無質礙，不可分也。攖則或有質礙，或無質礙，縱密合爲一，不盡如盈之周徧互融也。故攖有“俱不盡”、“但盡”、“或盡或不盡”、“相盡”、“不相盡”之五種。（一）尺猶形學之綫，有長無廣者也，以兩尺各一端相攖（《備蛾傅篇》有“兩端接尺”之文，今姑本之）。則兩尺之長如故，故曰俱不盡。（二）端即形學之點，無長短廣陜厚薄，極微無體者也，兩端相攖以後，祇見一端，不復見有兩端，故曰端與端但盡，謂二端但盡其一耳。張説“但”當作“俱”，非。（三）尺與端相攖，則尺如故而端無覩，是端盡尺不盡，故曰或盡或不盡。（四）堅白之攖相盡，因堅白均惟假名，並無獨立之自體，惟托於石以相盈，故相盡，無質礙故。（五）體攖不相盡。孫云：“凡兩物體相攖，雖攖而各自爲體，不能相含，是即不相盡也。”案：孫説是也，此即同一空間同時不能容二物之理，有質礙故。

仳，舊譌“似”，孫云：“‘似’當依説作‘仳’，形近而誤，‘仳’與‘比’通。”純一案：孫説是，今據正。王引之云：“‘比’者，並也。”有以相攖，有不相攖也。言攖則互相接合，比則並相排列，不盡相接合，有以相攖，有不相攖，又攖之次也。

仳，兩有端而后可。此冡攖而次之，言物相得爲攖，而不盡如攖之相得爲比，比有二義：（一）如鱗比之比，《文選·景福殿賦》“綺錯鱗比”，《備蛾傅篇》云“相覆勿令魚鱗三”，《雜守篇》云“入柴勿積魚鱗簪”，均以魚鱗喻相比之意，比比相次，有以相攖。（二）如櫛比之比，《文選·吴都賦》“屯營櫛比”，《倉頡篇》“靡者爲比，麄者爲梳”。“比”今作“篦”，又作“笓”，兩兩相比，皆不相攖，然無論相攖不相攖，必兩有繫著之端，故曰兩有端而后可。

次，《國語·晉語》“失次犯令”注：“次，行列也。”無閒而不攖，攖也。此冡比而次之，意又轉變，言比與次行列整齊，不相紊亂同，惟比則或無閒而相攖，或有閒而不相攖，次則一切無閒，又不相攖，雖不相攖，又無不攖也。例如纑積纖微而成縷，縷縷次第排比，似乎無閒，設果無閒，何可分析，以可分析而分析之，是不相攖也。然當其未分析時，縷縷連合如一，是本相攖也。又如重疊布帛而捆之，帛帛之閒，固無閒矣，然雖無閒，實未合一，然質雖不一，其勢一也，故曰無閒而不攖，攖也。

次，無厚而后可。孫云：“‘后’畢本作‘後’。無厚，似謂體極薄而相次比。”純一案：“無厚”，即説明無閒之故，物若有厚，縱相次比，難必其密合如一而無閒，不攖而相攖，故曰次，無厚而后可，準此以推，凡物之積點成綫，積綫成面，積面成體，而層次井然之理，可以比知而效用矣。

綜觀自平至倍九章，以同高同長並圜與方，示一切平等之天則，使人直參見諦，皆如日中之正，明有根於無者厚，二倍於一者侈，所以反樸而貴兼也。自端至次九章，示惟一端無序，兩端自有次序，有閒終於無閒，無閒仍是有閒，堅白本無而相盈，或攖或仳極其辯，所謂盈莫不有，蓋以一兼之盈於無窮者厚矣。嗚呼墨聖，内須彌於芥子，轉法輪於微塵，予小子烏足以知之。

《大學》修齊治平，基於誠意，實本於格物致知，蓋明乎天人物我，分於一兼，而後有平等真心，有真德業。今亞化被歐風掃地以盡，政與教分，教與學分，天理無存，人心幾盡死而不知哀。噫！淺學之禍乃爾。

法，字本作“灋”，《説文·廌部》云：“刑也，平之如水，從水。”廌所以觸不直者去之，從廌去，方乏切，今文省。所若而然也。畢云：“‘若’，順，言有成法可從。”純一案：此冡上文一切物理而言，意謂即物窮理，莫非自然之成法。《易·繫辭上》云“知周乎萬物而道濟天下，故不過”，即此法之觀念也。“法”者，理至平正，所以平天下之不平者也。“然’，如是也，《禮記·大傳》“其義然也”注。所若而然，謂順萬物之理性，使各得其平如水也，此墨家平等精神，寓於法理者也。《管子·七法篇》曰：“和民一衆，不知法不可。”《明法解》曰：“法者，天下之程式，萬事之儀表也。”張之鋭云：“若，順也，順其國俗民情以爲法制也，法循規矩倫理而作，故次於此。”梁云：“若，順也，似也，肖也。《説文》法字下云：‘法，刑也。’刑字下云：‘荆从井。井，法也。’型字下云：‘型，鑄器之法也。’模字下云：‘模，法也。’笵字下云：‘笵，法也。’足證法之本義爲模型模範，所若而然者，謂依此型範作一物事，所結果與原範同也，例如一錢笵所鑄出之錢，其形相等。”

法，意規員三也俱，“也”，同“者”。可以爲法。言立法之故有三：（一）意之爲法，即本一切法之原理，臨時審度而輕重之，如大禹謨宥過無大，刑故無小之類是，以法不可恒定而不變，故《管子·任法篇》曰“法者不可恒也”，今世最新法理，所謂量刑主義近之；（二）規之爲法，猶《法儀篇》曰“爲方以矩，爲圓以規”之義，規矩準繩，不容人自作聰明，故能使羣依一定之法理以制行也；（三）員同圓，圓之爲法，以圓依規成，大員小員不同，三百六十度同，猶人遵循規矩，則事無大小，倚革邪化（《管子·版法》），無不圓成也。意規圓三者，不得孤立而爲法，必三者與俱以爲法，法始圓滿而無偏弊，故曰意規員三也俱，可以爲法。《尹文子·大道下篇》曰：“聖法者自理出也，理出於己，己非理也，己能出理，理非己也。”案：聖法者，無不圓滿之法，理猶規也，己猶意也，與此可相參證。張之鋭云：“‘俱’，備也，意謂意恉，言一法之修纂，必有一定之宗旨也。‘規’，規撫也，謂規撫成法以爲槼範。‘員’，《説文》云：‘物數也。’謂法之條文件數也，此三者爲法制成立之要素，故必備具，始可以爲法也。”梁云：“意規員三也俱者，謂必識中所意（同“億”）度之圓的觀念，與畫圓之規，與所畫出之圓形，三者和合，如此則可制成一圓模矣，故曰可以爲法。”

佴，孫云：“《爾雅·釋言》云，‘佴，貳也’，郭注云：‘佴，次，焉副貳。’”純一案：“佴”，疑即“貳”之叚字，此冡法而次之，言有成法，必有副本，《説文》刀部“副”段注云：“周人言貳，漢人言副。”《文獻通考·經籍考一》，周官太史掌建邦之六典八瀍云“凡辨瀍者考焉，不信者刑之，凡邦國都鄙及萬民之有約劑者藏焉，以貳六官”，注：“六官各有一通，太史亦副寫一通，故云貳”。可證。所然也。承上所若而然省言之，謂與法同然也。

佴，然也者，民若法也。副本如正本，民皆順從也。

説，所以明也。張之鋭云：“‘説’，解説也，説明事理之所以然，而解釋之也。法律條文，亦最重解釋，故常爲之説明，以免引用錯誤，致生出入也。”純一案：張説是也，此説冡法而次之，即《禮記·少儀》依於法游於説之説，佴爲法之副本，説猶法之條例，《周禮·考工記》曰“薄厚之所震動，清濁之所由出，侈弇之所由興”，有説，可爲説所以明之塙詁。又如“經説”，所以明經義也，“經下説”在某某，説在上皆若因明之宗，説在下皆若因明之因，亦所以明著其故也，此經無説。欒云：“‘説’，所以明是也，即謂説爲用以説明其所以立之故，蓋立者其故必真，若其不真，則故不立，而不立之之真能立，故説所以求真，非以明似也。”

彼，舊譌“攸”，從張校改，曹本、王本並同。不可，兩不可也。《説文·彳部》云：“彼，往有所加也，从彳，皮聲，補委切。”朱駿聲《説文通訓定聲》云：“靈臺碑德彼四方，經傳皆以被爲之，叚借爲頗，又爲匪，實爲非。”《廣雅·釋言》：“彼，俾也。匪，彼也。”王念孫《疏證》云：“彼、俾，皆邪也。匪，非也。”案《説文》言往者，以从彳故，有所加者，以从皮故，非僅以得聲也，《方言》七：‘皮傅强也，秦晉閒言非其事，謂之皮傅。’彼與被通，被即有所加義，有所加則事理之真相不明矣，真相不明，故所見爲偏見邪見非正見，被、頗、俾、匪，皆從彼聲與義而引申之也。《大取篇》曰“天下無人，是兼之本來真相也”，今對己而往，加以彼之見，則交别之害，加於人者，不可終止也。雖有法有佴有説，能使斯民無因己而加以彼之見乎，彼此見生，匪惟一面之不可，在兩造均不可也。

彼，凡牛樞非牛，兩也，無以非也。“樞”如户樞，物至微而屬機要，用以釋彼，必屬加於牛身之機，疑爲横母牛鼻，制牛行止之木，《莊子·秋水篇》云“落馬首，穿牛鼻，是謂人”是也。經與説往往神全語半，寄意遥深，此似言牛樞本來非牛，當其未加於牛身時，分明兩物，了不相涉，無以相非也；乃一加於牛身，即隨在不得解脱，如桎梏然。喻人本無彼此，忽有彼此之見，横亘於中，匪惟鑿喪性真，而身陷法网而死者，不知凡幾。蓋有彼之見存，由有我之見生，兩皆妄也，無一可者也。

辯，《説文·辡部》云：“辯，治也，从言在辡之閒。”段注：“治者，理也，謂治獄也，會意，符蹇切。”**争彼也，辯勝，當也。**此冡彼而次之，言彼由我生，必是其義以非人之義，甚至於干法紀，説明書不足以明之，則辯術尚焉。《荀子·正名篇》云“説不喻然後辨，辨則盡故”是也，辨、辯同，今法庭有辯護士，蓋依據法理，辯盡其故，保人權也。《小取篇》云“夫辯者，將以明是非之分，審治亂之紀，明同異之處，察名實之理，處利害，決嫌疑”，是其義。争訟之端，始於有彼之見存，面相加以非毁，是不可不明辯之，故曰辯争彼也。既有彼即有此，兩造勝負不可知，必經辯論後，以適合真理者爲當，故曰辯勝當也。欒云：“辯争非也。争讀爲諍，彼讀爲非，即謂辯爲用以争正彼方所立之非，爲因明之破，因明家分立破真似共成四義：一真能立，二真能破，三似能立，四似能破。實則祇有真立、真破兩門，因真能立者，彼方必不能破，不能破而破之，故成似能破。真能破者，彼方必不能立，不能立而立之，故成似能立，於是可見真似不能兩立，因真立立，真破亦立，故謂立破互相成也。墨子言非，《經上》云‘彼不可兩不可也’，即謂彼此兩方互非，必有一是，而不能兩俱非也。”

辯，或謂之牛，或謂之非牛，下“或”字從孫校增。**是争彼也，是不俱當，不俱當，必或不當，**孫云：“‘必’上畢本有‘不’字，今據《道藏》本、吴鈔本删，言兩難相非，不能皆當，則必有一不當者也。”**不當若犬。**“當若”舊倒，今校乙，倒如遥見一物，其形若犬，或謂之牛，或謂之非牛，是所謂彼也。乃互争不已，是不俱當，然不俱當之中，必或有一當，有一不當，逼近移之，果牛也。特遥見其形小若犬，以爲非牛，故不當，謂之牛者，其明能見遠，本不待辯而勝，而必辯者，明其理真也，果當也。此知墨家司法，重辯論，尤重物證，而一切無謂之詭辯不堪實驗者，爲墨家所不取矣。

爲，窮知而縣於欲也。畢云：“縣，縣字異文，讀如縣挂之類。”孫云：“‘縣’與《莊子·寓言篇》‘無所縣其罪’之縣義同，郭注云：‘縣，係也，此言爲否決於知，而人爲欲所縣係，則知有時而窮。”純一案：孫説是也，此冡辯而次之，言是非之至辯，生於即物窮理之真知，而一切行爲，因之有利而無害，然人之行爲，往往爲欲所顛倒，而難於解其縣，則知有時而窮，是無真知之過，大旨教人求真知以有爲，勿任欲偏勝以自害也。

爲，欲雗其指，傅山《霜紅龕集》卷二十七《雜記》云："墨子雗字，字書無之。細觀上文爲'雗其指'，指食脯曰騷之，又曰欲而騷，下則脯與指皆用雗字，豈雗是騷之譌耶？養略似蚤，馬上似隹，又左右易之，遂至此耶。"孫志祖《讀書脞録》載墨子奇字雗作雗，云："字不見於《説文》，無攷。"孫云："'雗'竊疑並當爲靳之譌，《耕柱篇》、《備穴篇》，'靳'並譌作'雗'，《經下篇》'靳'，舊本或譌从着，故又'雗'也。'靳'與'斫'義同，亦詳《經下篇》，靳指，謂斫手指，靳脯，謂斫乾脯也。"張之鋭云："靳指，蓋一時激於義憤，欲以此警衆，如《唐史》南霽雲之事，今時士人演説，流涕陳詞，斷指者尤夥。"智不知其害，是智之罪也，若智之慎也，"也"上舊衍"文"字，從王樹枏校删。王闓運云："'慎'即'真'字，真知乃有定見。"無遺於其害也。而猶欲雗之，則離之，孫云："《史記·管蔡世家》索隱云：'離即罹。罹，被也。'案：離，俗作罹，同。離之，謂因欲而離患也。"是猶食脯也，騷之利害，未可知也。畢云："'騷'，臊字假音，讀如《山海經》云：'食之已騷。'"孫云："騷之利害，疑言臭之善惡。"欲而得騷，"得"字舊脱，從孫校補。是不以所疑止所欲也，廧外之利害，未可知也，畢云："'廧'字'牆'俗寫。"趨之而得刀，則弗趨也，"刀"舊譌"力"，孫云："'力'疑當爲'刀'。《經説下》亦云'王刀'，皆謂泉刀也。'趨之而得刀'句，言若有人言牆外有泉刀，趨之即得，而不信者則弗趨也。前説信云'不以其言之當也'，使人視城得金，此趨牆外得刀，與視城得金，語意正同。"純一案：孫説是也，今據改。是以所疑止所欲也。俞云："蓋趨之則得利，而人以爲利害未可知，止而弗趨，是以所疑止所欲也。"張云："譬如食脯，不知其利害，則仍食之；譬如趨廧外，不知其利害，則弗趨。所疑同，而止不止異，則不在於知明矣。"觀爲窮知而縣於欲之理，雗脯而非恕也，張云："'恕'即'智'字誤耳。"孫云："《爾雅·釋器》云'魚曰斮之'，即此雗脯之義。"雗指而非愚也，所爲與所不爲，"所不"舊作"不所與"，今從張校删正，王樹枏校同。相疑也，非謀也。孫云："謂不暇審計而爲之，所謂縣於欲也。"張之鋭云："《説文》曰：'慮難曰謀。'"純一案：此《説文》獨甚冗，疑有後人釋文羼入，即"觀爲窮知而縣於欲之理"句可知。

已，成，亡。曹云："'已'，止也，具'成'、'亡'二義。"張之鋭云："'已'謂事之已然，結果也，事類不一，結果萬殊，然其大要，不外積極、消極兩方面，成者積極之結果，亡者消極之結果也。"伍云："自'已'以下十三章，皆'冒'下列舉之文，無'也'字，章法一變。"

已，爲衣，成也。治病，亡也。曹云："衣成則止，病亡則止。"張之鋭云："爲衣而衣成，喻積極之結果；治病而病亡，喻消極之結果也。"伍云："此言'已'有'成'、'亡'二義。'已'同'以'，用也，謂辯者持論之目的。'成'，成立也，當因明之立。'亡'，蕩除也，當因明之破，凡持論有以成立自宗爲目的者，有以破除敵論爲目的者，有益於己之持論，則務成之；有損於己之持論，則務破之。譬如爲衣，則欲其成；治病，則欲其亡。"

使，謂，故。言"使"有二義，伍云："'使'，猶假設也，因明謂之立宗。"

使，令。以"令"釋"使"，謂使之爲言令也。《經説下》云"令，使也"，可證。謂，《經》。謂也，"謂"，《廣雅·釋詁二》"説也"，《廣韻·八未》"告也"。不必成。伍云："謂，所謂也，立説所表示之意義，當因明宗依之後陳，即論理之表詞，謂與假設之關係，有能成立者，有不能成立者，故曰不必成。"故，濕也，必待所爲之成也。"濕"字義不可通，又倒著"故"上，"濕"當作"㬎"，此文本作"故㬎也"，今據經校乙。"㬎"，"顯"正字，《説文·日部》云："㬎，明微眇也，从日中視絲，古文以爲顯字。"段注："經傳'顯'字，皆當作'㬎'，㬎者本義，顯者叚借，自顧專行而㬎廢矣。《説文通訓定聲》云'濕叚借爲㬎'，然則㬎爲此文本義明矣。"故者，一切事物之大故、小故，使之明㬎，如日中視絲，則所見甚明，事可期成也，故曰："必待所爲之成也。"不必成大故、小故，使之明㬎，如日中視絲，則所見甚明，事可期成也，故曰："必待所爲之成也。"不必成者，非必一無所成，特難必其一一皆成耳，必待所爲之成者，暫時或不即成，久之無不觀厥成矣。伍云："故所以然也，立説所依據之論證，當因明之因，言立一説，必有故而後能成立。《小取》云'以説出故'，言以説明其所以然也，《荀子》曰'辯則盡故'，言將其立説之種種論證剖述詳盡也，故與假設之關係，必爲能成立者，故必待所爲之成也，若立説而不舉其故，或所舉之故不確，則其説無由成立矣。"

名，《説文·口部》云："名，自命也，从口夕。夕者冥也，冥不相見，故以口自名，武并切。"引申爲一切事物命名之名。《七略》、《藝文志》均列名家，辯經固名學之祖，孔子曰："必也正名乎，名不正則言不順，言不順則事不成。"《荀子》、《吕氏春秋》，均有《正名篇》。達，類，私。曹云："'名'必與'實'相副，而後可名也，具達、類、私三義。"

名，物，句。達也。孫云："言物爲萬物之通名。《荀子·正名篇》云'故萬物雖衆，有時而欲徧舉之，故謂之物。物也者，大共名也'，即此義。"梁云："'達'，通也。達名，物之通名也。例如物，凡有物質之實者，皆共得此名也。"有實，必待文名也。“名”舊譌“多”，孫云：“‘多’當作‘名’，言名爲實之文也。上文云‘舉告以文名，舉彼實也’，可證。”純一今據正。命之馬，句。類也，曹云：“‘馬’者，肖其形而命之，故曰類也。”若實也者，必以是名也。孫云：“《荀子·正名篇》云‘有時而欲偏舉之，故謂之鳥獸，鳥獸也者，大别名也’，即此義。”純一案：類名，即《荀子》大别名中推而别之之名，以馬爲獸中之一部也。類，《說文·犬部》云：“種類相似，唯犬爲甚，从犬，頪聲。”此言馬以象形命名。如牛、如羊、如犬，各從其類，故曰“若實也者，必以是名也”。若者，似也，如也。若實，即象形之謂。命之臧，句。私也，私名，即《荀子》别之至於無别之名，爲一人獨有之專名，故曰是名也，止於是實也。臧，古藏字，守藏之奴名爲臧。王闓運云：“今言管家是也。”是名也，止於是實也。張云：“名止於是實，凡人不得名之。”聲出口，俱有名，若姓字。“字”舊譌“宇”，畢云：“疑字。”張云：“當爲字，物之有名，如人之姓字。曹本作字，今據正，凡口之出聲，必有名與俱出，無論爲達名類名私名，要皆若人之姓字也。”欒云：“達、類二名，皆爲邏輯之公名，墨辯爲達類之分者，蓋即邏輯五種之類别也，私名即邏輯之專名。”

謂，《說文·言部》云：“謂，報也，从言，胃聲。”案：報者，當其實也。欒云：“順言者詞氣之抑揚，聲音之輕重，而發生不同之意味，此名所以有謂性之分也。”純一案：《經說下》云：“謂，彼是，是也。不可謂者，毋唯乎其謂，彼猶唯乎其謂，則吾謂行，彼若不唯其謂，則吾謂不行。《小取篇》云：“是猶謂也者，同也；吾豈謂也者，異也。”均可爲欒說之疏證。移，舉，加。伍云：“言謂有移舉加三性。”

謂，目，舊到“灑”下，今校乙。灑狗犬，《梁書》：“武帝紀涕淚所灑，松草變色。”“灑”，猶“揮”也。《廣韻》：“揮，灑也。”言揮狗爲犬是移也。移也。“移”舊譌“命”，從孫校據經文及下文“舉也，加也”審校改。狗犬，舉也。歐陽云：“《曲禮》‘效犬者左牽之’，疏：‘狗犬通名，若分而言之，則大者爲犬，小者爲狗。狗犬舉也，即對犬謂之犬，對狗謂之狗，稱實舉名，不相繆戾。’”

叱狗，加也。對“狗訶叱”，是以盛氣相加也，故《曲禮》云：“尊客之前不叱狗。”孫云：“《說文·言部》云‘叱，訶也’，《漢書·儒林傳》‘王式曰何狗曲也’，顔注云：‘意怒故妄發言。’言狗者，輕賤之甚也。加，謂以惡語相加，《說文·力部》云：‘加，語相增加也。’《論語》集解引馬融云：‘加，陵也。’”

知，《說文·矢部》云：“識詞也，从口矢。”段注：“白部云：‘𥏼、識，詞也。’知、𥏼義同，故𥏼作知。識敏，故出於口者，疾如矢也。”聞，說，親，名，實，合，爲。曹云："知者，人心之大用，具七義。"

知，傳受之，聞也；方不㢓，孫云："《集韻·四十漾》云：'障或作㢓，方謂方域，言知不爲方域所限生障礙也。'"説也；身觀焉，親也。畢云："言知有得之傳受者，是耳所聞也。非方士所阻者，是人所説也，身自觀之者，則親見也。"所以謂，名也；所謂，實也。名實耦，合也；志行，爲也。《國故論衡》原名、説聞、説親三義云："親者，因明以爲現量；説者，因明以爲比量；聞者，因明以爲聲量。赤白者，所謂顯色也；方圓者，所謂形色也；宫徵者，所謂聲也；薰殠者，所謂香也；甘苦者，所謂味也；堅柔燥溼輕重者，所謂觸也。遇而可知，歷而可識，雖聖狂弗能易也。以爲名種，以身觀爲極，阻於方域，蔽於昏冥，縣於今昔，非可以究省也，而以其所省者。善隱度其所未省者，是故身有五官，官簿之而不諦審，則檢之以率，從高山下望冢上，木㮑㮑若箸，日中視日，財比三寸盂，且莫乃如徑尺銅盤，校以句股重差，近得其真也，官簿之而不徧，則齊之以例。故審堂下之陰，而知日月之行，見瓶水之冰，而知天下之寒，官簿之而不具，則儀之以物。故見角帷牆之端，察其有牛，飄風墮䴵塵庭中，知其里有釀酒者。其形雖隔，其性行不可隔，以方不㢓爲極。有言蒼頡隸首者，我以此其有也，彼此以此其無也，蒼頡隸首之形不可見，又無端兆足以擬有無，雖發冢得其骴骨，人盡有骨，何遽爲蒼頡隸首，親與説皆窮，徵之史官故記，以傳受之爲極。"純一案：章説"傳知"、"説知"義有未盡，略補述之。"傳知"非惟載籍，亦賴師承，如孔子問禮於老聃，墨子受學於史角之後，伏生授書，是其例也。"説知"如《公孫龍子·跡府篇》記仲尼問楚王之遺弓止求，以爲仁義未遂；《耕柱篇》墨子聞仲尼答葉公之問政，以爲未得其對，皆其例。聞、説、親三知具足，由是依形定名而名正，循名核實而實符，所以謂與所謂耦，而名實合矣。由是尚志力行，在在可益所爲以利天下矣，此墨氏知行合一之旨也。聞、説、親，是求知之綱領；名實合，乃知行之樞要；爲則知之實現也。《説文》七項，平列分釋，梳櫛經文用字之義，未可據爲平列七事也。

聞，《説文·耳部》云："聞，知聲也，从耳，門聲。"案：从耳門，亦會意。傳，親。曹云："'聞'具'傳'、'親'二義。"張之鋭云："'傳'，傳聞也；'親'，親聞也。"

聞，或告之，傳也；身觀焉，親也。此冡上章，分釋聞知之義，或告之者，先時之事，異域之事，由傳聞，是比量。身觀焉者，屬現量，具三義：（一）當現在之時，（二）當現處之地，（三）當現有之事物，非僅種子義，非是無體法。

見，《説文·見部》云："視也，从目儿。"段注："用目之人也，會意。"體，盡。此分釋上章"親知之義"。張之鋭云："上欄云'偏也者，兼之體也，故體者言見其一偏’，又云‘盡莫不然也’，故盡者，言見其全量。社會之事，不外聞聞見見，故以聞見二者，開其端也。”

見，時者，體也，二者盡也。孫云：“‘時’疑當爲‘特’。特者，奇也；二者，耦也。特者，止見其一體；二者，盡見其衆體。特、二文正相對。”純一案：“時”字有義可通，似不必破作“特”。《廣雅·釋言》云：“時，伺也。”王氏疏證：“覘時覗伺並通。”《論語·陽貨篇》“孔子時其亡也，而往拜之”，疏：謂伺虎不在家時，時即窺伺之義。《説文》：“兼，并也，从又持秝。”墨氏貴之，取其攝多人一也，不一而足也。體分於兼，故僅窺伺其一體，不足以明兼，二斯足以盡之。二者，見此知彼，見異知同，見小如大。《論語·子罕篇》云：“我叩其兩端而竭焉，是已。”大旨蓋謂淺人視物，縱極窺伺之能，不過見兼之一體而已，唯深造有得者，左右逢原，能盡見淺人所不能見，故曰盡也。此章與上章文均平列，而義皆後勝於前。

合，《説文·亼部》云：“合，亼口也，从亼口，侯閤切。”段注云：“此以其形，釋其義也，三口相同是爲合，引申爲會合配合等義。”正，宜，必。此分釋上章合知之義，言致知之綱要，不外耳聞與目見，然所聞見者名耳，當即身實現，俾知行合一以和衆也，合有三義，説分釋之。曹云：“合者，相耦而不離也。”張之鋭云：“合謂人衆相合，若今所謂黨會團體。正宜必，言社會結合，以此三者爲要件也。”

合，舊作“古”，從楊校改。兵立。張云：“‘兵’字從兩手収斤，古者持兵而立，必兩人合偶。”純一案：張説是也，兵立必正，參伍爲偶，有合義。《司馬法·嚴位篇》云“立卒伍，定行列，正縱横”，《書·牧誓篇》云“不愆於六步七步，乃止齊焉”，均可證。喻人當去一己之偏執，與衆協和，始爲正也。反中，“反”，復也，中古平、去二聲兼讀，言反復於至中之道，在在皆中節也。否則不正，難於合衆矣。志工，“志”，心之所之也，墨以“天志”爲極，志工，即天志中順天之意之善意行，猶從輪人之規以爲圜，匠人之矩以爲方，不敢聰明自用也。《書·臯陶謨》曰“天工人其代之”，是其義，此以無我爲正，無我始合於道也。正也。《説文·正部》云：“是也，从一，一以止。”此言一切行止，始終與衆人合一爲正也。臧之爲，宜也，“臧”，奴也，所爲必利於主，無不合乎事之宜，喻墨道務自苦以利天下，以處衆人之所惡，善利萬物爲宜，有如臧然，故《荀子·王霸篇》譏其勞苦秏顇莫甚焉，雖臧獲不肯與天子易執業，爲之者役夫之道也，此以屈己利他爲合也。非彼，必不有，《説文》：“必，分極也。”謂以弋分界也，非有彼之見存，則分界之事，可以不有。必也，必者，所以嚴彼此之界，防其互相侵也。聖者用而勿必，張之鋭云：“《論語》曰‘子絶四，勿意勿必’，言惟聖人能權衡時宜，用而勿必，非可望於衆人也。”必也者，可勿疑。“必也者”可使衆勿疑貳，以免貌合神離也，此以彼此互尊自由爲合也。

欲正權利，惡正權害。“惡”上舊衍“且”字，從孫校删。凡經首必標題，此獨無，據説審校，“欲”上疑脱“權”字，言欲惡最易使人失其正，當機利害以正之。《大取篇》云：“權，正也。”蓋權不可欺以輕重，欲惡利害，審正於權，則一切志行，不敢自私，無不得其平矣。此以物理之宜，示人立德之準，足見墨氏貴兼，在在具科學精神也。欲，貪也；惡，瞋也。皆從癡生，此佛教所以戒貪瞋癡也。曹云：“人之欲惡，因利害而生。權，審量也，以正權其利害，則欲惡得其平矣。”張之鋭云：“人之情，欲利而惡害，人人各思以利歸己，以害與人，社會衝突之點，即由此欲惡不得其正而生。故預防社會之衝突，當先正人之欲惡。”

權者兩而勿偏。“權”舊譌“仗”，孫云：“以經文推之，疑‘仗’當作‘權’，艸書形近而譌，言兩權利害，無所偏主。”純一案：孫説是也，今據正，欲易偏，權其果利與否而欲正；惡易偏，權其爲害如何而惡正。故《莊子·秋水篇》曰：“知道者必達於理，達於理者必明於權，明於權者不以物害己。”《荀子·正名篇》曰：“道者古今之正權也，離道而内自擇，則不知禍福之所託。”此教人具權智，平欲惡，不失其利害之正也。

爲、存、亡、易、蕩、治、化。此分釋上文爲知之義。

爲，甲，舊爲“早”，從孫校改。臺，孫云：“‘臺’謂城臺、門臺。《詩·鄭風》‘出其東門’，毛傳云‘闍，城臺也’，《禮記·禮器》云‘天子諸侯臺門’。”存也。孫云：“言爲甲以備戰，於城及宫門爲臺以備守，皆以求存爲爲也。”張之鋭云：“甲以護身，臺以守禦，皆所以保存生命也。”純一案：此喻人當被精進鎧（本佛典），嚴浄靈臺，（《莊子·庚桑楚》釋文“‘靈臺’謂心有靈智能任持也”），全性保真（《文子·精誠》）也。病，亡也。孫云：“言治病之爲求其亡，此即上文治病亡也之義。”純一案：孫説未允，上文亡對成言，此亡對存言，主恉不同。以上下文例審校，“病”下疑脱一“死”字，言病死二者，人所不免，警策世人一切志行，勿自作病，（《晉書·顧榮傳》云：“惟酒可以忘憂，但無如作病何耳。”）勿自輕死。（《老子》曰：“民之輕死，以其求生之厚。”）自取滅亡，（《陰符經》云：“沈水入火，自取滅亡。”）貴自强而不息也。買鬻，易也。張之鋭云：“‘買’，購物也；鬻，售物也，貨物相交易也。”純一案：交易本互利之道，喻士之用身，不若商人用一布之慎（《貴義》），教人各自珍重。《老子》曰：“名與身孰親，身與貨孰多，得與亡孰病，是故甚愛必大費，多藏必厚亡。”《新約·馬太傳》耶穌云：“人若賺得全世界，賠上自己生命，有何益處。”皆此易之微旨，必有力者出以勞人，有財者出以分人，有道者出以教人，則利他即是自利，誠至善之交易也。霄，畢云：“‘霄’與‘消’同。”張之鋭云：“言消耗之。”盡，由漸而消，至終而盡。蕩也，張之鋭云：“謂若以水蕩而散之。”純一案：《耕柱》、《貴義》兩篇，均有是蕩口也之文。“蕩”即消磨敝盡之義，言人生數十寒暑，容易消耗，如露如電，終與萬物同歸於盡，一切有爲法（《金剛經》偈句），莫不然也，（《經上》：“盡，莫不然也。”）是所謂磨蕩也。（曹植《七啓》：“素冰象玉，難可磨蕩。”）順，長，治也。言當順天之意（《天志中》）。長養天下之人，兼愛以正其德，交利以厚其生，是爲治之要道也。鼃，鼠，舊譌“買”，從孫校改。化也。言人無益於世，必將與鼃鼠同化，而不能自主，是亦生平一切行爲之結果也。釋氏言六道衆生，彼此輪迴，循業而轉，《俱舍論》云：“人若造業，當墮畜生，各自差別，蓋因業感報，自作自受，理不爽也。”墨氏已得其旨，夫生死假名，從肉體得，而神識終古不滅。昭七年《左傳》云“鯀化爲黄熊”，（《史記・夏本紀》正義：“音乃來反，下三點爲三足也。”）莊八年《左傳》説“公子彭生爲豕”，《淮南子・俶真訓》“昔公牛哀轉病也，七日化爲虎”，其例也。《漢書・賈誼傳》曰：“千變萬化，未始有極，忽然爲人。”允已，知爲人爲非人，均由一念狂聖分途，信乎人不可不正欲惡而慎所爲，超凡入聖，越大化而外之，果正欲惡損己而益所爲，以治天下，又無難化被萬物也。

同，《説文・月部》云：“同，合會也，从月口。”案：口在重覆之下，是同之意也。重，體，合，類。曹云：“‘同’具四義。”

同，二名一實，重同也。曹云：“‘二名一實’，如狗又名犬，其實一物也。”欒云：“此言重名全分肯定辭，如云狗是犬，此雖全分肯定，然因狗即是犬，犬即是狗，故謂狗如犬，無異云狗是狗，謂狗是狗，直同癡語。故狗是犬一辭，雖具兩名，以非異實，不能論成一意，是故在名學中，此辭無所用。”不外於兼，體同也。孫云：“亦與經云‘體分於兼’義同，分體統含於兼體之内，故云‘不外於兼’。”曹云：“不外於兼者，兩體而同一身，如人手足然也。”純一案：如云堅白在石，體同也。欒云：“此言全分肯定辭。胡仲瀾曰：‘不外於兼，謂一部分，不出乎全部分之外也。’案：胡君此解甚是，因兩名中，其前者與後者之一部分相同，而其所舉之實，不能出於後者之外。如云孔子是聖人，孔子一名所指之實，不能外於聖人一名所指者也。”俱處於室，合同也。曹云：“俱處於室者，如人夫婦。《詩》云‘妻子好合’是也。”欒云：“此言俱名全分肯定辭，如云牛馬四足，四足爲牛馬，二者合同所有而不爲，其二者併合所有，俱名即邏輯之集名。”有以同，類同也。曹云：“有以同者，於不同之中，有其同者焉。

《易》曰‘方以類聚’是也。”純一案：倒如《爾雅·釋獸》云：“麠，大麃，牛尾一角，則麃尾、牛尾，類同也。”又云：“豺，狗足，則豺足、狗足，類同也。”欒云：“此言一分肯定辭。胡仲瀾曰：‘有以同者，謂一名之一部，與他名之一部，有以相同而已。’案：胡君此解甚是，但釋有字尚未憭，據《春秋穀梁隱三年傳》曰‘有內辭也，或外辭也，則有與或，皆爲一分之義’，又據《小取篇》曰‘或也者，不盡也，馬或白者，二馬而或白也，非一馬而或白也’，其爲一分肯定之義尤明。又曰‘夫物有以同而不率遂同’，即謂兩似之點，僅爲一分，而非全分相同，有以同之爲一分同，其義更顯，以上四同，重體合三種，均爲全分肯定辭，類則一分肯定辭。”

異，不同也。二，不體，不合，不類。孫云：“舊本‘體’上脱‘不’字，今依畢校補，吴鈔本不脱。”曹云：“異亦具四義。”張之鋭云：“四者與同皆相反也。”

異，二，必異，二物分極，絶不相同，張云：“名二而實又異。”二也，孫云：“謂名實俱異，較然爲二物也。”欒云：‘此言全分否定辭，如云牛非馬。”不連屬，句。不體也。欒云：“此言有離之全分否定辭。如云指非手，因五指連掌爲一手，今離指離掌而言一指，則指自非手，公孫龍白馬非馬論，即不體之辯也。”不同所，句。不合也。欒云：“此言異處之全分否定辭。如云楊墨無父無君，因此辭所論者，乃謂楊氏無君，墨氏無父，非云楊氏無父無君，墨氏無父無君也，但此在邏輯言之，爲複辭耳。”不有同，句。不類也。欒云：“此言一分否定辭。如云豕無白者，以上四異，二不體不合三者，爲全分否定辭，不類，爲一分否定辭。”

同名異名，義極分析，而其微旨，仍以同中有異，異中有同，不可分析，令學者自知之，下章次以同異交得，其意尤顯。

同異交得，曹云：“‘交得’者，或同、或異兩相得也。”放有無。《論語·里仁篇》云“放於利而行”，集解引孔注云：“放，依也。”《法儀篇》云“放依以從事，猶逾已”，可證，言同異依有無而交得。《老子》曰“常無以觀其妙，常有以觀其徼”，此兩者同，出而異名，或此所本。《大取篇》云“有其異也，爲其同也，爲其同也，異”，即此同異交得之義。《莊子·天下篇》“惠施曰：大同而與小同異，此之謂小同異，萬物畢同畢異，此之謂大同異”，本此，蓋深知同異固無有矣。

同異交得，於福家“福”、“富”古通。《耕柱篇》云“鬼不見而富”，王引之云：“‘富’讀爲‘福’。《公孟篇》云：‘爲善者富之。’”王云：“‘富’與‘福’同。《釋名·釋言語》云：‘福，富也，其中多品如富者也。’福家即富家，言無不有也。”張之鋭云：“‘福’，備也。福家，謂富實完備之家。”良《釋名·釋言語》云：“良，量也。”

《禮·樂記》"則易直子諒之心油然生矣"，《韓詩外傳》"子諒作慈良"，是"良"與"諒"通，"諒"、"量"義同，量知有無，與比度多少對文。恕舊作"恕"，孫云："'恕'當作'怒'，與'知'通，今據正。"有無也。前《經》云"厚有所大"，《説》云"厚惟無所大"，《老子》曰"天地萬物生於有，有生於無"，是量知有無，同異交得也。比孫云："《周禮·小胥》鄭注云：'比，猶校也。'"度《禮記·王制》"度地居民"，《釋文》："度，量也。"多少也。言比度物類孰多孰少，異同亦可交得也。免蚓還園孫云："'免'當作'它'，即'蛇'之正字。疑'蚓'字即'螾'之别體，'園'疑當作'圜'，亦形之誤。'還'與'旋'同，'蛇'、'螾'皆蜿蟺屈曲而行，故下云'去就也'。"去就也。孫云："彼此相背爲去，相還爲就。"純一案：言去就旋圜，亦同異交得之理也。鳥折用桐孫云："此義難通，竊疑'鳥'當爲'舄'，'折'當爲'梗'。《干禄字書》云'象通作舄'，《北齊南陽寺碑》'象'作'舄'，並與'鳥'形相近，'梗'折偏旁，亦略相類。'象'謂象人，即偶人也，《説文·人部》云：'偶，桐人也。'《越絶書》記吴王占夢云'桐不爲器用，但爲俑，當與人俱葬'，《淮南子·繆稱訓》云'魯以偶人葬，而孔子歎'，宋本許注云'偶人，桐人也'，《戰國策·齊策》云'有土偶人與桃梗相與語，土偶曰：子東國之桃梗也，刻削子以爲人'，《趙策》又云'土梗、木梗'，《史記·孟嘗君傳》'桃梗作木偶人'，是木偶人，謂之象人，亦謂之俑，亦謂之梗，以桐爲之，亦曰桐人，故曰象梗用桐。"堅柔也。孫云："此謂象人與生人不同者，一堅一柔也。《老子》曰'人之生也柔弱，其死也堅强，故堅强者死之徒，柔弱者生之徒'，即此堅柔之義。"純一案：言象人與生人異其柔，與死人同其堅也。劍戈甲"戈甲"舊作"尤早"，孫云："疑當作'劍戈甲'，'戈'、'尤'近而譌，言劍戈以殺人求其死，甲以衛人求其生，此與《孟子》'矢函'，《韓子》'矛盾'之喻，語意略同。"純一案：孫説是也，今據正。"甲"下疑脱"盾"字，《節用上》云"甲盾五兵"可證，言劍戈以殺人求其死，然正以防人之殺己求其生，甲盾以衛己求其生，然正以便己之殺人求其死，是生死之爲異爲同無定也。死生也。處室子，孫云："《孟子·告子》趙注云：'處子，處女也。'《莊子·逍遥遊》釋文云：'處子，在室女也。'"子母長少也。疑當作"少長子母也"，言同一身也而少長異狀，子母異解。曹云："少而處室則曰子，長而字子則曰母。"兩絶勝孫云："言二色相勝。"白黑也。曹云："下篇云：'若白與黑誰勝。'"純一案：白黑二色，迥乎不同，故曰兩絶勝。然同於白者，不可謂其必勝黑；同於黑者，不可謂其必勝白也。中央句。旁也。孫云："謂有四旁，乃有中央。"純一案：中央四旁，名異實同，果有異可分乎。《荀子·大略篇》云"欲近四旁，莫如中央"，或即本此。論行學實，舊重衍兩“行”字，從孫校删。是非也，孫云：“言人之論説、行爲、學問、名實四者，各有是非之異。”純一案：是非起於異，止於同。難宿成未也。曹云：“‘宿’與‘夙’同，早也。事之難宿成者，則曰未也。”王樹枏云：“難蓋未成，宿猶夙，謂已成者，故曰成未也。”純一案：事有成未之異，理則自無始來本同也。兄弟句。俱適也，張之鋭云：“適，得也，言兄弟友愛，交相得也。”純一案：兄弟長幼異而分同，宜相友愛同。身處志往句。存亡也，孫云：“身處爲存，志往爲亡。”純一案：身處此而志他往，是形雖同於存者，而神已異於存者，同於亡者。霍爲姓句。故也，張云：“‘姓’疑當爲‘性’。”王本改作“性”，注云：“《孟子》書性也，故也。”曹云：“故，舊也，霍之爲姓，由來舊矣，下篇云‘狗假霍也，猶氏霍也’。”純一案：假霍爲姓，異也；習慣如故，同也。《荀子·正名篇》曰“約定俗成”，是此故之塙詁。賈宜句。貴賤也，曹云：“‘賈’與‘價’同，價之貴賤，各有所宜也，下經云‘賈宜則售’。”純一案：賈宜則讎，知貴賤本無定也，是貴賤之名雖異，而實則賈之宜同也。此章大旨，言同異始於有，終於無耳。張之鋭云：“自比度多少也至此，皆推廣同異交得放有無之意而申言之。”

上二章分析異同，爲論理演繹之要法，此章遣除異同，爲論理歸納之要法。是爲墨學以分析名相始，以遣除名相終之明證。蓋教人惔於欲惡，勇於治化，以兼易别，非僅尚辯術也。

梁云：“此言同中求異，異中求同，即同異交得之理也。泰西論理學歸納法，所用五術：（一）求同，（二）求異，（三）同異交得，（四）共變，（五）求餘。共變即求異之附庸，求餘即求同之附庸、三足賅五矣，而此三皆《墨經》中所曾導發也。”

聞，耳之聰也。張之鋭云：“聞，聞言也，耳聽則聽不惑。”孫云：“《經説上》無説，疑有缺佚。”純一案：下文“循所聞而得其意，心之察也”，即此經之説。或由魯勝以後而誤分，蓋“聞，耳之聰也”，與“言，口之利也”，對舉成文，“循所聞而得其意心之察也”，與“執所言而意得見心之辯也”，亦對舉成文，乃連四章均無説，足見“循所聞”十一字爲此經之説，“執所言”十一字爲下章之説無疑，且“循執”二字，均非經題，亦足證也。此言耳根善聞，即耳識，顯示意識了别之作用，頗似佛典言聞性圓通之理。（聞性具三真實，《首楞嚴經偈》曰：“十方俱擊鼓，十處一時聞，比則圓真實，隔垣聽音響，遐邇俱可聞，是爲通真實，音聲性動静，聞中爲有無，無聲號無聞，非實問無性，是則常真實。”參《觀宗鏡録》四十四卷六七葉。）

循所聞而得其意，心之察也。此即前章之説，“循”上當有“聞”字，標經目也，今本脱之，故誤以爲經。張之鋭云：“‘循’，順也。‘察’，明也。順其所聞之言，以得言者之意，是心之明察也。”伍云：“意之自外入者，以聞而得之，然耳之能聞者，盡於聲音而止耳，音外之意，是耳之所窮也。聽者因言知意，非聽以耳，而聽以心也，故曰‘循所聞而得其意，心之察也’。”純一案：張説是也，伍説尤精審，茲更推而言之。《論語·憲問篇》：“子擊磬於衛，有荷蕢而過孔氏之門者，曰：有心哉！擊磬乎！”《列子·湯問篇》曰“伯牙鼓琴，鍾子期輒窮其趣”，《家語·顔回篇》“回聞哭聲，知非但爲死者，又爲生離别”，皆其例也。

言，《説文·言部》云：“直言曰言，論難曰語，从口，辛聲，語軒切。”口之利也。張之鋭云：“‘利’，便也，口便給也。”純一案：《説文·刀部》云：“利，銛也，从刀，和然後利，从和省，力至切。”口之利，謂口之出言，當塙切事實，具備條理，如刀之斷物，鋭入而極分别之能也。墨家自尹佚捷給善辯，至晏嬰墨子皆然，其口可謂利矣，《修身篇》曰：“言無務爲多而務爲智，無務爲文而務爲察”，可證。

執所言而意得見，心之辯也。此即前章之説，執上當有經目言字，今本脱之，言爲心聲。故意之藏於心内者，可以言表出之，揭示於人。俾聞者得見吾意，了當詳明而無疑，此非徒言之辯，乃其心之辯也。又如《孟子·公孫丑篇》曰：“詖辭知其所蔽，淫辭知其所陷，邪辭知其所溺，遁辭知其所窮。”是亦心之能辯，於聞人之言時，可盡得見其意者也。心之察，心之辯，皆明意識了别之作用，《楞伽經》中更立别名分别事識，以能分别内外種種事故。伍云：“意之自内出者，以言而見之，然口之所能言者，亦盡於聲音而止耳。無聲之言，是口之所難也，言者取言達意，非言以口，乃言以心也，故曰執所言而意得見，心之辯也。”

伍云：“以上二章，論‘聞’與‘言’之樞要。‘聞’、‘言’者，辯之兩大關鍵也。”

諾，《説文·言部》云：“諾，應也，从言，若聲，奴各切。”不一，利用。孫云：“謂辭氣不同，於用各有所宜，若説所云五諾也。”伍云：“諾，應也，對彼之謂，將有所云云而以聲先之也，雖是非之論證未宜，而然否之端倪已著，别之爲五，而皆可利於辯論之用，故曰諾不一利用。”張之鋭云：“諾，以言許人也，説有五諾，故曰諾不一。利，宜也，言諾之道多端，當視其所宜而利用之。墨家任俠，重然諾，上欄言任士損己而益所爲，是説任俠之行，此説任俠之言也，言貴實踐，諾必履行，是之謂信，社會交際不可少之道德也，故特標此義，前言知行合一，此又言言行合一。”

諾，超“超”字義不可通，疑當爲“起”之形譌。《曲禮》云“唯而起”，《説文·口部》云：“唯，諾也。”蓋以彼所謂爲然，既諾必起而行也，起與下文相從義合，是爲正諾。員當爲“負”之形誤，舊著下文“止”上，今乙。負，背也，言不允彼所謂，義與相去正合，是爲負諾。成舊譌“城”，張皋文本如此，足證“士”字誤合，今分釋之。“成”當爲“或”，“或”、“惑”同，言未即信彼所謂，義與下文“無知”相應。土《春秋元命苞》云“土之爲言吐也”，吐猶出也，謂出口而應，與下文“是”字義合。止也。謂於所諾之事，適可而止，不再進也，起負或土止，適合五數。相從，孫云：“謂彼謂而我從之。”伍云：“如應之曰然，或唯唯者，是也。”相去，孫云：“《説文·去部》云：‘去，人相違也。’”伍云：“相去者，彼謂而我違之，如應之曰否，或不然者，是也。”无知，舊作“先知”，伍改作“无知”，云：“无知者，彼謂而我不知所謂，如應之曰何謂也者是也。”純一案：伍説是，今從之。是，伍云：“是者，暫以爲是，而將有不應之稱也。”可，伍云：“可者，僅可而未盡之稱也，五諾有全然否者，有半然否者，有未知所然否者。相從，是全然也；相去，是全否也；无知，是未成然否也。是者，雖然也非必然也；可者，此然而彼不盡然也，半然否也。”孫云：“言人之應諾，其辭氣不同，隨所用而異，有此五者。”五也。舊譌“色”，從孫校改。正五諾句。若人於知有説，自“正五諾”至“若自然矣”二十五字，舊錯置後“若聖人有非而不非”下，今從孫校移此。若，喻詞，舊譌“皆”，從孫校改，與下文一律，言諾有五義，當耳循聞而口出言時，必心察彼意，辯以己意而應之，無不適合斯爲正。果爾，若人於所已知事理，而爲剴切之説明無異也。過五諾句。若負，孫云：“舊本譌‘員’，今據吴鈔本正，負者不正之謂，《列子·仲尼篇》：‘樂正子輿席公孫龍説云：其負類反倫有如此者。’負諾，亦謂非正諾也。”純一案：五諾不得其正，則有自語與他語相遠，及自語與自語相違之過失。無直，無説，《説文·乚部》云：“直，正見也。”無正見而諾，即非正諾，等於無説也。用五諾，若自然矣。用五諾能無過失而得其正，習貫若自然，無所勉强矣。長短前後輕重援“援”字義不可通，當爲“緩”之形誤。《禮·玉藻》“父命呼唯而不諾”，《陳澔集》説“唯速而恭，諾緩而慢”，義本孔疏，蓋析言之曰唯曰諾，統言之則諾有急緩之别。段注《説文》云：“然也。”故緩上當有急字，與上文一律，長短輕重急緩，就諾聲言，前後，就諾時言。孫云：“此疑亦論諾之不同。”伍云：“五諾之出於口，其爲聲也省約，而其徵諸心也，則表顯至明。是故待繁辭博稱而後知者，辯之用也；不待繁辭博稱而後知者，諾之用也。善用諾者，可以省去辯論，於啓發思想，糾正謬誤，爲最有益。凡辯之道，先之以諾，繼之以説。諾得其當，則説行；諾不得其當，則説不行。諾得其當者，謂之正諾；諾不得其當者，謂之過諾。正諾者，諾相從，則説然之；諾相去，則説否之。諾與説應，説應諾立，故説行；過諾者，諾相從，説否之；諾相去，説然之。諾與説反，説與諾違，則説不行。能利用五諾者，即能盡辯言之宜。案：蘇格拉底倡問答法，有反詰、産念諸式。因明有五問四記答之法，四記答與五諾略相類。相從、相去，類一問記；无知，類反問舍置二記；是、可，類分别記。”

服，此冡上文“口諾而言心服，服者，服其言之當也”。即《中庸》“服膺勿失”之服，言諾之爲辯，以所自悟悟他，務使之悦服，服膺吾説而交利。執，説。音“利”，注式從唐本。孫云：“《説文・言部》云：‘説，言相倪伺也。’《集韻・十二霽》：‘説，音研計切，伺也。’服謂言相從而不執，執謂言相持而不服，説則不服不執而相伺，若鬼谷子所謂抵巇者。”純一案：孔説服、執、説三義平列，未諳。服，經目也，執説經文，示服之二義也，謂辯之爲道，不易使人服從，或由彼有偏執而難成服，必以正義破之悟之而卒服者。例如公輸子服於墨子之義是也，詳見《魯問》、《公輸》二篇。或由説伺得閒，善於破彼執著，使自知非，而心悦誠服者。例如公孟子請舍忽易章甫，復見墨子是也，詳見《公孟篇》。

服，“目”，舊倒著“執”下，今據經校乙，伍校同。執，句。難成，孫云：“‘執’，謂人各執持一説，《周禮・調人》鄭注云：‘成，平也。’難成，謂平議其是非，難論定也。”説，舊殘“作”言，今據經正，伍校同。務成之。伍云：“‘服’，辯相屈也；‘執’，各持一説也；‘説’，相倪伺也。執謂執持自説，説謂説伺敵之瑕點，批郤導窾，如鬼谷子所謂抵巇者是也。成，成立其説也。夫辯者相高以辭，相尚以辯，各持一説，必不俱當。彼善辯者，審於聞言之機，謹於五諾之宜，得其當者而識之，得其不當者而識之，然後於其閒，置其當而攻其不當，彼既無辭以自解，我乃因敵而制勝，則人可得而服矣。故説曰執難成，説務成之。”

巧，《説文・工部》云：“巧，技也。”“工，巧飾也，象人有規榘也。”徐鍇曰：“爲巧必遵規矩法度，然後爲工，案此巧具工義，且不僅具工義。《孟子・盡心篇》云‘能與人規矩，不能使人巧’，即此巧字之義。”

轉則求其故。“則”、“側”同；“故”，所以然也。此冡服而次之，言辯術之巧妙，恒在輾轉反側求其真能立真能破之故，使敵不能不服從也。例如《耕柱篇》“巫馬子謂子墨子曰：子之爲義也，人不見而服，鬼不見而富，而子爲之，有狂疾。子墨子曰：今使子有二臣於此，其一人者，見子從事，不見子則不從事；其一人者，見子亦從事，不見子亦從事，子誰貴於此二人？巫馬子曰：我貴其見我亦從事，不見我亦從事者。子墨子曰：然則是子亦貴有狂疾者。又巫馬子謂子墨子曰：子兼愛天下，未云利也；我不愛天下，未云賊也。功皆未至，子何獨自是而非我哉。子墨子曰：今有燎者於此，一人奉水將灌之，一人操火將益之，功皆未至，子何貴於二人？巫馬子曰：我是彼奉水者之意，而非夫操火者之意。子墨子曰：吾亦是吾意，而非子之意也有。”此即蘇格拉底與因明之反詰法也。伍舉例云："莊子：樂哉魚乎？惠子：子非魚安知魚之樂？莊子：子非我安知我不知魚之樂？惠子：我非子固不知子矣，子非魚，子之不知魚之樂審矣（《莊子·秋水篇》）"。

巧，轉原作"傅"，據《經》改，二字舊倒置下文"法法取同觀"下，今據《經》移比。九則求執之。《白虎通義·宗族篇》云："九之爲言究也，謂巧於辯者，必輾轉窮究其持論之故，了知一切原因結果，則可得而執持之。"

法同，目。則觀其同。《禮記·少儀》云"工依於法，游於説"，陳澔集説："依者據以爲常，游則出入無定。工之法，規矩尺寸之制也，説則講論變通之道焉，此所謂觀，蓋兼依與游二義以爲言，故能變通於規矩之外，得其不傳之巧也。規矩尺寸之制，所同也，講論變通之道，有巧寓焉，惟善觀者自得之。"

法同，經目，與"有閒"章同例，舊脱今補。法法取同觀。"法法"、"承法"同言，言不一法。"法法取同觀"，言法法之中，必有相同之點，務取觀之，博學也，同即不異，所謂兼也。《莊子·德充符篇》曰"自其同者視之，萬物皆一也"，是其義，又《天下篇》偁墨子好學而博不異，亦其誼也。類推於辯術，則重同、體同、合同、類同等等觀念，神而明之，隨在可利用也。蓋法於異中見同，是歸納法之諦理。

法異，目。則觀其宜。法無獨同，必兼有異，法法異宜，存乎達觀。

法異，經目，異字舊脱，今校補，與上文法同一例。取此擇彼，問故觀宜。孫云："'擇'讀爲'釋'，'釋'、'捨'古通，見《節葬下篇》，言取此法則彼法也。"純一案：孫説亦通，擇如字讀，下文"彼舉然者，以爲此其然也，則舉不然者而問之"，十八字，疑即釋"取此擇彼，問故觀宜"之文，當移此作注。彼此，含然不然義，所以爲異也，何取何擇，慎思明辨也。問即審問，總以觀其大故、小故，而成正見爲宜，蓋法於同中見異，在取此異，擇彼異，觀其彼此異宜，一一審問其已然當然之故，則理無不得矣。如彼以爲然者，此亦以爲然，同也，不待問也，若此以爲不然，即其異點所在，則舉而問之，得知其所以異之故，然後觀其孰宜不宜，以爲斷案可也。

綜上三章大旨言之，巧之能傳，必有其故，如何求之，當觀其所以爲巧之法。孰同孰異，即於衆法中，取其同，擇其異，而審其宜，庶巧可得而傳矣。辯術之要，在於同中求異，異中求同，乃至非同非異，即同即異，同異交得，始可與天下萬世言兼矣。

止，安居於此，而不遷於彼，篤行也。因以别道。别，分也，此冢上三章而次之，言利於人謂之巧，不利於人謂之拙（《魯問》）。當辯别同異，擇宜以止之，墨者總異同於一兼，止於愛人，因與不墨者别道也。《吕氏春秋·疑似篇》曰"墨子見歧道而哭之"，即欲人皆止於唯一大道而成聖人也。止，目，舊譌也，倒著"不黑者"下，今校移此。以人之有黑者，有不黑者，止黑人，與以有愛於人，有不愛於人，止愛人，是孰宜止。後二“止”字，舊並譌“心”，從張校正，言人之黑不黑本性成也，乃以不黑之人，止黑人使不黑，不知黑由性成，是不能止者也，若人無不當愛人者，亦性所不能已也。乃以不愛人之人，止愛人之人使不愛人，是尤不宜止者也。黑者，喻墨者；不黑者，喻非墨者。非墨者，必不愛人；墨者，必兼愛人。兼愛人，即巧於利己之道，不愛人者異是，故人當同止於墨道而兼愛人也。墨子色黑，見《貴義篇》，此似墨子有感而發，總結上文，亦足爲經説皆墨子自著之一證。

彼舉然者以爲此其然也，則舉不然者而問之。此十八字當移前“取此擇彼問故觀宜”下作注。

正，《説文・正部》云：“正，是也，从一从止。”徐鍇曰：“守一以止也。”案：是从日正，會意。無非。《説文・非部》云：“非，韋也。”段注“韋”各本作“違”，今正。遠者，離也；韋者，相背也，非以相背爲義，不以離爲義，音甫微切。案：非者是之反，背於正道也。此冡止而次之，止於一是故無非。

正，目，舊脱，今依説通例補。有非而不非，若聖人。“若聖人”三字，以喻作結，當在句末，舊倒置“有非”上，誤，今依説通例乙。人能獨具正見者，於世俗道理，時或相背，於真實道理，從不相背也。若聖人然，有是無非，世以聖人有非而非之者，特不識聖人者也，聖人固不可非也，此墨子隱以自況也。

經下第四十二

曹云：“《經下》與《經上》，語勢不同，而其閒一以相承則同，從其説中按次以尋求之，則其章段分明，訛脱亦漸可校補。《墨經》堅白同異之辯，同者於異而辯其同也，異者於同而辯其異也。下經之首，先舉同異二者，以發凡起例也。”欒云：“《經下篇》爲明是之説，争非之辯，皆先陳所立破之宗論，説在以下，乃出能立破之因由也。”

《經下篇》旁行句讀上列

止類以行人説在同

四足牛馬從孫校推類之難説在名之大小“名”字從孫校增。

《經下篇》旁行句讀下列

所存與存者孰存説在所主異據《説》與張校並以意審定。

五行毋常勝説在多“多”舊作“宜”，從欒校改。

物盡同名二與鬬愛食與招白與視麗與暴“暴”字舊脱，據《説》補。夫與履

一偏棄之

謂而固是也説在因

不可偏去而二説在見與俱一與二廣與脩

不能而不害説在害

異類不吡説在量

偏去莫加少説在故

假必誖説在不然

物之所以然與所以知之與所以使人知之不必同説在病

疑説在逢循遇過

與一或復否説在拒

毆物一體也説在俱一惟是

宇或徙説在長宇久

無欲惡之爲益損也説在宜

損而不害説在餘

知而不以五路説在久

火不熱説在頓

知其所以不知説在以名取

無不必待有説在所謂

擢慮不疑説在有無合

且然不可止而不害用工説在宜

均之絶不説在所均

堯之義也生於今而處於古而異

無久與宇堅白説在因

在諸其所然未者然説在於是推之

景不徙説在改爲

景二説在重

臨鑑而立景到多而若少説在寡區此文舊錯在前，當下列“狗犬也”上，今據《説》位次移此。

景到在午有端與景長説在端

景迎日説在轉舊作“摶”，從孫校改。

景之小大説在杝正遠近

鑑位景一小而易一大而正説在時説在所義二

狗犬也而殺狗非殺犬也可説在重

使殷美説在使

荆之大其沈淺也説在具

以楹爲摶“楹”舊作“檻”，從孫校改。於以爲無知也説在意

意未可知説在可用過仵

一少於二而多於五説在建位位舊作“住”，從曹本改。

非半弗新則不動説在端

可無也有之而不可去説在嘗然

正而不可擔説在摶

宇進無近説在敷

中之内外“内外”據《説》乙。此文舊錯在前當下列“使殷美”上，今據《説》位次移此。

鑑團景一大一小而必正説在此經舊錯在前作“鑑團景一不堅白説在”，今從欒校移此校訂詳後

負而不撓説在勝

衡而必正説在得舊錯在前，今從《説》位次移此。

契挈通與收仮舊譌“枝板”，從張、孫校正。説在薄

倚者不可正説在梯舊作“剃”，從孫校改。

推之必往説在廢材

買無貴説在仮其賈

賈宜則讎説在盡

無説而懼説在弗必“必”舊作“心”，從孫校改。

或過名也説在實

知知之否之足用也諄舊作“諄”，從孫校。説在無以也

行脩以久説在先後

一法者之相與也盡類若方之相合也説在方

狂舉不可以知異説在有

不可牛馬之非牛與可之同説在兼

彼此彼此舊作“循此循此”，據《説》及伍校改。與彼此同説在異

唱和同患説在功

聞所不知若所知則兩知之説在告

以言爲盡詩詩説在其言

唯吾謂非名也則不可説在仮

無窮不害兼説在盈否

不知其數而知其盡也説在明者

謂辯無勝必不當説在辯

無不讓也不可説在始

於一有知焉有不知焉説在存

有指於二而不可逃説在以二絫

所知而弗能指説在春也逃臣狗犬遺者“遺”舊作“貴”，從張校改。

知狗而自謂不知犬過也説在重

通意後對説在不知其誰謂也

不知其所處不害愛之説在喪子者無説。

仁義之爲内外也内説在仵顔

學之無益也“無”字從孫校，據《説》增。説在誹者

誹之可否不以衆寡説在可非

非誹者諄舊作“諄”，從孫校。説在弗非

物甚不甚説在若是

取下以求上也説在澤

是是與是同説在不文“文”舊作“州”，從張、楊二校改。

經説下第四十三

孫云：“篇中論景鑒及升重轉重諸法，與今泰西光重學説略同。”尹云：“《經上》體似《爾雅·釋詁》《釋言》，訓解書也；《經下》體似印度因明法，則論理學耳。因明法，必立宗、因、喻三義。宗者，論旨；因者，其所因依；喻者，引一例以證之。《經下》文多備三者，其論理學之權輿與？”

經下上例　經説下上列

止，《老子》曰“知止不殆”，止即歸宿之意。類以行人，説在同。所謂“止”者，謂立言必有歸宿也；所謂“類”者，即三段論式之大前提，亦即因明之喻，同品異品，所由決定也。行對止言，類以行人者，謂凡屬行人，無論此類彼類，自西自東，自南自北，歷時久或不久，無不俗達其止息之地者，故曰説在同。《周禮·秋官》有大行人、小行人，其職司皆在齊一異同，義亦可通。《列子·天瑞篇》曰：“生人爲行人，行而不知歸，失家者也。一人失家，一世非之，天下失家，莫知非焉。”《莊子·齊物論》曰：“行盡如馳，而莫之能止，不亦悲乎。”皆墨子言外之意。曹云：“‘止’，人之足也，今字作‘趾’。《易》曰‘壯於趾’，人賴趾以行。非獨人也，凡動物之類，鮮不以足行者，物之同然也。”楊云：“《大取篇》曰：‘夫辭以類行者也’。”張之鋭云：“《經上》云：‘同異而俱於之一也。’”

止，彼以此其然也，説是其然也，張之鋭云：“説止是止，其同易見。”我以此其不然也，疑是其然也，張之鋭云：“疑行即止，其同難知，此與《莊子·天下篇》所言‘鏃矢之疾而有不行不止之時’，語意相似。夫鏃矢飛行至疾，其間尚有止時，何况人行舒緩，足必著地，其間能無止象。明乎即行即止之義，而後可爲知類，蓋動静互根，萬物畢同畢異，自其同者而觀之，則物無不同，自其異者而觀之，則物無不異。故求同之法，不於其同而於其異；求異之法，不於其異而於其同。求同之法，謂之綜合法，亦謂之歸納法；求異之法，謂之分析法，亦謂之演繹法。本條係言求同之法，下條騆異大小，係言求異之法，相對成義。”此然是必然則俱。此七字，舊倒著次章“大小也”下。純一初審辭旨，以未歸到止上，於此注云疑有脱文。及見《墨經》校釋以七字移此，實獲我心，欣然從之。而梁改經説止作正，非。蓋止者，《墨經》注重歸納之要旨也，凡物之同一歸宿者，必有同一之故，而其類難必盡同，則在彼以爲然者，在此或以爲不然，而又不能謂其決不然，亦且疑其爲然。此論理歸納法，異中求同，必經之程，必至明於其類，決定初之未敢遽以爲然者，亦信爲必然，斯得之矣。

四足，牛，馬，“四”字舊止作“駟”，孫云：“疑當作‘四足牛馬’四字，譌捝合并爲一字。《說》云‘謂四足獸與’，牛馬與，謂與說義同。”純一案：孫說是也，今據正。推類之難，孫云：“言四足獸爲總名，而獸各自有散名，不能以類推也。”說在名之大小。舊無“名”字，孫云：“‘之’上疑捝‘名’字，凡總名爲大，散名爲小，詳《經說下》。”純一今據補。張云：“類有同有不同，故推之爲難。大小，類不同之最顯者。”

四足謂獸，舊作“謂四足獸”，歐陽云：“當作‘四足謂獸’，‘四足’二字，牒經標題，言四足者謂之獸也。”純一案：歐陽說是，今據乙。孫云：“《爾雅·釋鳥》云‘四足而毛謂之獸’，此謂獸爲四足毛物之大名。”與牛馬異，舊作“與生鳥與”，孫云：“疑當作‘與牛馬異’，下三字並形誤，此謂牛馬爲四足獸之種別。”純一案：孫說是，今據改，“與”、“舉”同。名異大小也，舊無“名”字，據經文增，“異”舊作“與”，從孫校改，“與”上舊有“物盡”二字，是次章標目文，當移彼。孫云：“《荀子·正名篇》：‘以萬物爲大共名，鳥獸爲大别名。’然牛馬復爲獸類之種别，是又獸爲四足之大名，牛馬爲四足之小名，明大小無定，隨所言而異也。”若爲麋。“麋”舊誤“糜”，孫據《道藏》本、吴鈔本正，“若”字舊脱，今據《說》通例喻結補。“爲”，《說文·爪部》云“母猴也，其爲禽好爪”，“下腹爲母猴形”。王育曰：“爪象形也，遠支切。”“麋”，《說文·鹿部》云：“鹿屬，冬至解角，从鹿米聲，武悲切。”言爲非四足類，乃四手類，與麋爲四足類者，名又異，喻推類之離也。

物盡同名，孫云：“物猶事也，謂意異而辭同。”二與鬭，句。愛食與招，句。白與視，孫云：“吴鈔本作‘二’。”麗與暴，“暴”字舊脱，從顯校據《說》補。夫與履。孫云：“《說》作屨，義同。張云：‘同名之類有此十者。’案：當云十一者，義詳《經說下》。”純一案：“二與鬭”上，疑脱“說在”二字，或“夫與履”下，脱說在□句。

物盡同名，“物盡”二字，舊錯置於前，今移此。俱鬭，顧讀句。不俱二，張云：“有二人然後鬭，然可云俱鬭，不可云俱二。”曹云：“俱鬭者，人相毆則糾結而不離也，不俱二者，人相疑貳則乖離而不合也，故有俱不俱之異。”二與鬭也，“二”舊本誤“三”，孫從顧、張校正，云：“言二人相合，斯謂之俱，若俱鬭，雖是二人，然是不相合之俱，故曰不俱二。”色舊譌“包”，從孫校改。肝句。肺句。子句。愛也。張云：“四者俱人所愛，而所以愛者異。”橘茅孫云：“吴鈔本作‘茆’。”食與招也。張云：“茅亦可食，而巫以茅招神，不與橘同食。《周禮·司巫》云：‘旁招以茅。’”白馬多白，句。視馬不多視，曹云：“多白者，其色全也，不多視者，其體未全見也。”伍云：“白馬所以命色也，視馬，所以命能也。”白與視也。爲麗不必麗，張之鋭云：“‘麗’，偶也。名詞相偶，如天婦然，今詞章家所謂妃黄麗白是也，夫婦有時可以離異，故曰爲麗不必麗也。”不必張其鍠《墨經通解》作“爲暴不必暴”，云：“此五字，舊存不必二字。”孫詁云：“不必二字衍，非也。據上句對文及下‘麗與暴’之義補，爲麗不必麗爲暴不必暴者，舉名實不必耦之例。”尹文曰：“世有因名以得實，亦有因名以失實。宣王好射，説人之謂己能用强也，其實所用者不過三石，以示左右，左右皆試引之，中關而止（言不滿引），皆曰不下九石，非大王孰能用是。宣王悦之，然則宣王用不過三石，而終身自以爲九石。三石實也，九石名也，宣王悦其名而喪其實，此即爲暴不必暴之説。又曰齊有黄公者，好謙卑，有二女皆國色，以其美也，常謙辭毁之，以爲醜惡，醜惡之名遠布，而一國無聘者。衛有鰥夫時冒娶之，果國色。然後曰黄公好謙，故毁其子不殊美，於是争禮之，亦國色，國色實也，醜惡名也，此違名而得實矣，此即爲麗不必麗之説也。”麗與暴也，爲非以人是不爲非，張其鍠云：“尹文曰：己是而舉國非之，則不知己之是；己非而舉世是之，亦不知己所非。然則隨衆價爲正，非己所獨了，則犯衆者可非，順衆者爲是，此爲非以人是不爲非之説也。”若爲夫以勇不爲夫，“以”字舊脱。爲屨以買不爲屨“不”舊譌“衣”，孫云：“此疑當作‘若爲夫以勇不爲夫，爲屨以買不爲屨’。蓋爲非以人是不爲非者，凡己爲非理之事爲非，議人所爲之非亦爲非。今庰人之非，則非其自爲非。《經下》云，‘非誹者諄’，即此‘非’字之義，若爲夫以勇不爲夫者，上夫爲勇夫之夫，下夫爲夫婦之夫。言以勇偁夫，則非爲夫婦之夫，爲屨以買不爲屨者，言爲屨而買之於人，則非其所自爲也。此並論異意同辭，三句文例略同，可以互校，今本‘爲夫’下挩一‘以’字，‘不爲屨’，‘不’又譌‘衣’，遂不可通。”純一案：孫説是，今據補正。楊云：“《韓非子·詭使篇》：‘而輕刑法不避刑戮死亡之罪者，世謂之勇夫。’”張其鍠改“買”作“苴”，“屨”並作“履”，下同，云：“夫若一夫受田百畝之夫，謂農夫也，賤稱也。勇則稱士，古者一車甲士三人，其號殊於士卒，尊稱也。苴，牡麻也，牡麻爲履則稱屨，以絲爲履則稱履。《方言》曰‘絲作爲履，麻作曰扉’，又《兼愛下》云‘粗苴之屨是也’。此言夫不必賤，士不必貴，爲役同耳，履不必貴，屨不必賤，爲踐同耳，爲舉世賤夫與屨而貴士與履，則亦因成貴賤矣，以證爲非以人是不爲非之義，此例又極名實之變。”夫與屨也。曹云：“此條所辯者，實異而名偶同也，所以合同異也。”純一案：此説義並難通，諸注未知合否。而孫説異意同辭，曹説實異而名偶同，所以合同異，是此章之大旨也。

一，《説文·一部》云：“惟初太極，道立於一，造分天地，化成萬物。”偏棄之。孫云：“‘棄’，吴鈔本作‘弃’，《説》作偏去，與此下文及《經上》合，‘去’、‘棄’義同，謂凡物或分析一體爲二，或絫比兩一爲二，皆可去其一偏，對下不可偏去而二爲文。”純一案：此《經》據《説》審校，疑脱《説》在末句。一者，兼之異名，無盡同異所從出者也，兼不一體，體即兼之一偏。《老子》曰：“天得一以清，地得一以寧，萬物得一以生。”蓋一之不可偏棄也久矣，此與《經上》“損偏去”章，並後“偏去莫加少”章，大旨均同，而立辭則各異也。攷此經似當與下文“不可偏去而二，説在見與俱一與二廣與脩合爲一”章，因錯簡故，傳寫者遂並經説誤分爲二矣。今經無説在某句，並旁行位次下列獨闕，均其證。下文“謂而固是也説在因”章，以旁行句讀次第校之，當在“物盡同名”章下列，始與原本上下兩列次第相合，説詳讀伍評《墨辯校釋》。

一，舊與下文“一”字，誤合爲“二”字，今正。一與一亡，不與一在，偏去，未。謂此一偏與彼一偏，本相對待，今雖亡去一偏，不與未亡之一偏同在，其實棄去之一偏，並非消滅於無有，雖似亡去，猶未亡去也，兼之爲兼如故也。釋氏無去無來，無增無減之説，可意會之。

謂而固是也，説在因。《管子·心術上篇》曰：“因也者，舍己而以物爲法者也。”言凡有所謂，求塙合乎實際，道在因物付物，依據物觀的標準，不可雜以主觀的偏見，其義正與此同。孫云：“説無因義，非。”伍云：“謂言者意之所指，言謂此則指此實，謂彼則指彼實也。是，寔也。固，一成不易也，固是即固實，語見《荀子·正名篇》。”

此疑脱經目“謂”字，當補。有文實也，張云：“文實，猶名實。”孫云：“張説是也，《經説上》云‘舉，告以文名，舉彼實也’，是其證。”而後謂之，句。無文實也，則無謂也。孫云：“謂有名實，始有所謂；無名實，則無所謂。大恉與《公孫龍子·名實篇》所論略同。”純一案：《管子·心術上篇》云：“因也者，無益無損也，有文實而謂之，是無損義。”無文實則無謂，是無益義。不若敷與美，《爾雅·釋言》：“若，順也。”《書·舜典》“敷奏以言傳”，敷，陳也。《論語·公冶長》“吾與女弗如也”，皇疏：“與，許也。”言無文實，則不得順私敷陳妄許其美。謂是，句。則是固美也；句。謂非，“非”舊作“也”，義不可通，草書形似而譌，“謂非”與“謂是”相對成文，今校改，王樹枏校同。則是非美。因其是謂之是，則是固是美也；因其非謂之非，則是固非美。無謂，則報也。《吕氏春秋·貴因篇》曰“子以是報矣”，高注，“報，白也。”言無謂，即是表白其無可謂之實也。謂是、謂非、或無謂，皆所謂因也。《莊子·至樂篇》曰“名止於實”，此章據《經上》下列位次審校，當移於下列“置物盡同名”章下，庶復旁行之舊，説詳讀伍評《墨辯校釋》。

不可偏去而二，孫云：“凡物有二斯有偏，有偏必可去其一，而體性相合者，則雖二而不可偏去，若下所云是也。”説在見與不見俱。舊脱“不見”二字，文不成義，今據《説》審校補。孫云：“《説文·人部》云：‘俱，偕也。’《經上》云：‘同異而俱於之一也。’又《經説上》釋俱爲合同，並與此義合。言所見者爲一，所含而不見者又爲一，此皆名有二，而不可偏去者也，即説堅白見不見之義。”一與二，孫云：“即説白一堅二，色性同體者也。”廣與脩，“脩”舊誤“循”，俞云：“‘循’乃‘脩’字之誤，蓋以‘廣’、‘脩’相對爲文，‘廣脩’與‘堅白’，皆二字平列。”孫據俞校正云：“此言若平方之冪，有廣有脩，二者異名，而數度相函，則二而仍一也。”純一案：凡物理當叩其兩端而竭焉，有相與爲二，不可偏去其一者，偏去其一，即落邊見，説在見者與不見者俱，本不可離，若一與二，廣與脩然、此教人明於不見之見，所以破邪見，成正見也，即佛法戒見取見惑諸妄見，而貴真能見道見諦之理。

見不見離，一二不相盈，廣脩，“脩”舊譌“循”，孫據俞校正。堅白。設離所見與所不見而爲二，必一非二之體，二非一之兼，實不相盈而後可，無如見與不見俱，廣脩互相含，堅白不相外，雖二而一，烏可執此而遺彼耶，此所以明兼也。孫云：“此言若堅白在石，見白不見堅，見堅不見白，白一也，堅二也，二者離，則不能相盈。相盈，猶相函含也，若離者合之，則無不相盈，如廣脩本爲二，而從衡相函則爲一，堅白亦爲二，而色性相含則爲一，此皆二而一者也。《公孫龍子·堅白篇》云：‘於石一也，堅白二也，而在於石。’故有知焉有不知焉，有見焉有不見焉，故知與不知相與離，見與不見相與藏，藏故孰謂之不離，即此書之義。”

不能而不害，説在害。下“害”字疑涉上“害”字誤衍，據《説》審校，當作“説在異任”，即若耳目爲同喻可證。

不，目，舊本倒著“舉”下，今從曹本乙。舉重不與箴，孫云：“‘箴’即‘鍼’之叚字，《一切經音義》引《字詁》云‘鍼又針箴二形，今作針’。《説文·金部》云：‘鍼，所以縫也。’”非力之任也。孫云：“言箴之舉與不舉，於力無與，即下文‘舉之則輕，廢之則重，非有力也’之義。”爲握者之頗倍，非智之任也，俞云：“字書無觭字。”孫云：“當爲‘觭’，形近而誤，其讀當爲‘奇’。《周禮·大卜》杜子春注云‘觭讀爲奇偶之奇’，《莊子·天下篇》云‘觭偶不仵’，《經上》云‘倍爲二也’，觭倍者，觭爲一，倍爲二，與觭偶義同，或云倍爲偶之譌，亦通。此言握物而使人射其奇偶之數，雖或億中，不足以爲智，故云非智之任也。”純一案：“觭”字从角从頁，明示頭上一角，是象形兼會意字，義同“觭”，觭倍即觭偶，義甚明了。古字不見於《説文》者多矣，不得因字書不見輒破之。此言握物而使人射其奇偶之數，雖不能中，非不智也。據若耳目之喻，“力”、“智”二字疑互錯。若耳目。若耳不能視，不害爲聰，目不能聽，不害爲明，故次以異類不比，其意尤顯。曹云：“若耳目者，耳不能視，目不能聽，各有能有不能也，雖有不能，不害其所能也。”

異類不吡，説在量。“吡”當作“比”，《經説上》云“比度多少也”，量，分限也，言異類之事物，不能互相比度。蓋其質異，其量自不能以同等觀也。孫云：“量謂量度其理數之異同。”伍云：“量，長短多少貴賤高下之度也，凡量之可比者，必於其類，否則關係不生，雖比而量莫能明。”

異，目。木與夜孰長？伍云：“木之長非夜之長，時量與空量異類也。”智與粟孰多？伍云：“智之多非粟之多，心量與物量異類也。”爵、孫云：“謂貴爵。”親、孫云：“貴其所親者。”行、孫云：“德行之貴。”賈，孫云：“賈直之貴。”四者孰貴？張云：“各貴其貴也。”伍云：“事類不同也。”麋與霍孰高？張云：“‘霍’，疑當爲‘隺’；‘麋’，獸之高者；‘隺’，鳥之高者。”純一案：“霍”當從吴鈔本作“藿”。藿，植物；麋，動物。言動植異類，不能比其孰高。舊衍“麋與霍孰霍”五字，從孫校删。虭與瑟孰瑟？張云：“虭，蟲名，瑟、蝨同，言麋不可以爲霍，虭不可以爲蝨，各異類。”孫云：“‘虭’爲‘蚓’之或體。”純一案：下“瑟”字，瑟縮也，言木與夜不能比其孰長，智與粟不能比其孰多，爵親行賈不能比其孰貴，麋與隺不能比其孰高，虭與蝨不能比其孰爲瑟縮，凡以破長短多少貴賤等名相之執也，又示辯者不能用作比量，致成世間相違，自語相違之過失也。

偏去莫加少，説在故，孫云：“‘去’，猶言相離，謂均分一體爲二，是爲兩偏，然與其合時，體多少無增減，故言如故，即《説》云‘無變也’。”

偏，目。俱一無變。孫云：“‘偏’者，一之分，分之則偏，合之則一，所謂俱一也，然分合雖不同，而一全體，二半體，無增減，故云無變，即《經》云‘莫加少也’。”純一案：孫説是也，此即釋氏不增不減之説。《莊子·齊物論》曰“凡物無成與毀，復通爲一”，義可互明。

假必誟，說在不然。張云："'假'，故之反也，假者必誟，以其本不然也。"孫云："《説文·人部》云：'假，非真也。'又《言部》云：'誟，亂也。'或作'悖'。《説》云：'假，必非也。''誟'與'非'義同，正者爲是，則假者爲非，非即不然也。"伍云："'誟'，非也，與正相反之意。'假'者，虛擬不然之辭，以反證所説之然者也。"

假，目。必非也而後假。孫云："《小取篇》云：'假者，今不然也。'"張之鋭云："'假'，謂相假冒，以甲爲乙也，真則無待假。"狗，假霍也，猶氏霍也。張云："'霍'，疑亦'隺'字。"孫云："'霍'並當爲'虎'，此言狗假虎名，猶以虎爲氏也。古名禽獸草木，亦通謂之氏，《大戴禮記·勸學篇》云'蘭氏之根，懷氏之苞'是也。"純一案：本狗而假隺爲氏，雖名爲隺，固非真隺，以此論證得當，最易啓悟他非，例如《晏子春秋·諫上》廿五章，景公欲解養馬者，晏子問曰：堯舜支解人，從何軀始？公瞿然，遂不支解。又如《諫上》四章景公因弦章以死諫廢酒，恐爲臣制，又愛其死，晏子曰：幸也章遇君也，令章遇桀紂，章死久矣。公遂廢酒。皆假彼冒此，顯其不然者也。若用以論證而失當，"則陷自宗於予盾。而反以證成敵論"（二語本伍説），是在善辯者。物之所以然，與所以知之，與所以使人知之，不必同，説在病。"物之所以然"，一切現象之大故、小故也，"所以知之者"，往往大視細不盡，細視大不明，難必如實一一知之無遺也。所以使人知之者，更必語焉不詳，遠而失，流而離本也，三者不必同。例如病是已，蓋病何由而起？癥結果何在？其所以然，見者未必能如實知，告者更難使人盡知，曰見知告知者，大氐知其所知，去病之所以然，不知若干遠也。佛教摩訶止觀，第七正修止觀中觀病相境，宜參稽。此示辯者立辯，能如實知一切法之自相甚難也，甚望萬物之所以然，盡人洞知之，并告天下人使無不洞知之。《説文·疒部》云："病，疾加也。"段注云："包咸注《論語》曰：'疾甚曰病。'"伍云："所以然，謂物之真相也，知識材料之輸入，身觀與傳受二者爲基。見，身觀也；告，傳受也。一物也其所以然如是，而觀於物，不必盡得其所以然，而告於人者，又未必盡如其所見。是故一物也，所見異辭，所聞異辭，所傳聞又異辭者，不可勝數也，其故何哉？見與聞不得其正也，如目眚則見朱成碧，耳眩則聚蚊若雷，言歧則生誤聽，辭晦則引别解是也。故曰：物之所以然，與所以知之，與所以使人之，不必同，説在病。"

物，目。或傷之，句。然也；孫云："'然'即《經》云'物之所以然也'。"見之，句。智也；張云："'智'讀爲'知'。"孫云："即《經》云'所以知之也'。"告之，句。使智也；孫云："即《經》云'所以使人知之也'。""告"舊譌"吉"，王引之云："'吉'當爲'告'，張校同，今據正，物或傷之即經所謂病也，見之則知其病，告之則使人知其病。"

疑，張云："'疑'，在然不然之閒。"孫云："謂不可必。"梁云："《易·文言傳》云：'或之者，疑之也。'或如此，或如彼，未能斷定謂之疑。"説在逢循遇過。孫云："言疑含此四義。"

疑，句。逢，畢云："舊作'蓬'，以意改。"爲務則士。"務"即開物成務之務，《説文》云："推十合一爲士。"《管子·問篇》："問處士修行足以教人，可使帥衆莅百姓者幾何人？士之急難可使者幾何人?"謂因士而爲務，難預必也。曹云："爲務者，值其時而爲其事也。"孫云："疑'務'當讀爲'鍪'，'士'當爲'土'，形近而譌。言土壤至賤，而爲鍪者，或用土爲之，明物無貴賤，逢所便利也。"

爲牛廬者夏寒，孫云："《説文·广部》云：'廬，寄也，秋冬去，春夏居。'此牛廬，蓋以養牛，若馬之庌，《周禮·圉師》'夏庌馬'，鄭注云'庌，廡也'，廡所以庇馬涼。《吴子·治兵篇》云'夏則涼廡'，蓋牧馬牛者並有之。凡爲廬者欲其暖，而庌則取其夏寒，此即經逢字之義。"逢也。伍云："大約言一因二果，其結果未可預定，隨所遭逢而異也。"舉之則輕，廢之則重，若石羽，三字舊錯置"非巧也"下，今從張其鍠校移此。孫云："此未詳其説。《莊子·天下篇》云'若羽之旋，若磨石之隧'，此或與彼同，蓋亦循從自然之義。"張其鍠云："石重，舉之則輕；羽輕，置之則重。輕重循乎所舉，非石羽有力能爲輕重也。然人見石則覺其重，見羽則覺其輕。"非有力也。孫云："廢，置也，此與前舉箴之喻同。"柹從削，非巧也，"柹舊作"沛"，張云："'沛'當作'柹'，木之見削而下者。"孫云："張校是也。《説文·木部》云：'柹，削木札樸也。'隸變作'柿'，言木柿從所削，不足爲巧也。"純一今據正。循也。孫云："'循'舊本譌'楯'，今依《經》改，《説文·彳部》云：'循，行順。'此亦當詁爲順，與'柿從削'之'從'義同。"伍云："'循'，古'遁'字，遁謂遁詞，蓋今論理學所謂逃避論點者也。凡判決一事之是非，當擇其主要點，勿擇其非主要點。例如試力，舉重者有力，舉輕者無力，今欲試驗二人之孰力，而令舉羽，不能判也。又如試巧，縱横如意者爲巧，從削順劈者非巧，今欲試驗二人之孰巧，而令從削，不能判也。蓋舉羽則烏護與童子等力，從削則公輸與拙者同巧，以非主要點也。此種判斷，舍去要點不論，有似規避，故曰遁也。"鬬者之敝也，以飲酒若以日中，孫云："'日中'，謂市也。《易·繫辭》云'日中爲市'，市以日中時爲最盛，即《周禮·司市》所謂'大市日昃而市'，故因謂市爲日中，猶嫁娶之禮用昏，因謂之昏也。古市朝，或謂之日中之朝，《晏子春秋·外篇》云'刑死之罪，日中之朝，君過之則赦'，即司市之國君過市則刑人赦，是其證也。凡飲酒及市，皆易啓争鬥，故下云'不可知也'。"梁云："吾見鬥者，知其蔽矣，不知因飲酒而蔽耶？因在市中受刺激而蔽耶？是當察所遇也。”是不可智也，孫云：“‘智’、‘知’通，下同。”遇也。“遇”舊作“愚”，今從《經》正。伍云：“‘遇’，古‘偶’字，《禮》‘不期而會曰遇’，不期謂偶然也。凡偶然之事，皆不足爲憑，不可據以斷疑，譬如有人因酒醉而與人鬥，不能斷彼平日之好鬥，以其不飲酒時，鬥否未可知，不能以偶然之事實爲根據也。此種現象，係屬偶然，故曰偶也。”智與，句。以已爲然也與，句。過也。“過”舊譌“愚”，依《經》改。孫云：“‘過’，謂已過之事，言或固知之，抑或本不知，而以已然之事推之。”梁云：“以過去經驗爲憑，所經驗者，爲真知耶？抑僅以已然者爲然耶？是未可定也。”伍云：“‘過’，猶適也。《毛詩·商頌·殷武》傳：‘已，已然也。’謂事前知其如此，而得之效果與；或事後見其如此，而以爲效果與。《莊子》曰：‘射者非前期而中，謂之善射可乎？’譬養由基彎弓而射，童子亦彎弓而射，養由基有所中，童子亦有所中。然養由基所中之的，乃射前預期之的也，童子所中之的，乃射後始認之的也。故有所預期，則五十步而中車輪爲巧；無預期，則百步而穿蝨心爲拙。若曰能穿蝨心，是亦巧矣，不知適逢其會，何巧之有，故曰適也。”純一案：此章大旨，示疑辭不足以爲論證作斷案。

與一“與”本書或讀爲“舉”，《論語·述而篇》“舉一隅”，即此舉一之義。或復否“復”，反也，謂或以三隅反，或不以三隅反。説在拒。孫云：“‘拒’當爲‘矩’，後文云‘一法者之相與也，盡類若方之相合也’，説在方，矩與方義同。”純一案：孫説是也。“拒”通“矩”，《淮南子·齊俗訓》“拘罷拒折之容”，高注：“拘罷，圜也。拒折，方也。”《論語·述而》邢昺疏云：“凡物有四隅者，舉一則三隅從可知，學者當以三隅反類一隅以思之。”即此説在矩之義，言拒折四帀爲方，四帀不一，實俱一也，此經無説。

歐物一體也，王闓運云：“‘歐’即‘區’。”説在俱一惟是。孫云：“‘惟’當作‘唯’，《經上》云‘同、異而俱於之一也’，唯是者，謂物名類相符，則此呼彼應而是也。《説》云‘唯是當牛馬’，即此義。”梁云：“凡體皆分於兼，區物一體也者，謂區類萬物。凡别相皆共相之一部分也，自其共相言則俱一，自其别相言則惟是。”純一案：此墨氏匯萬别於兼之微旨。尹云：“今進化論有萬物一原説。”

區舊作“俱”，梁校改“區”，云：“標題字，‘俱’、‘區’音近，又涉下文而譌。”純一案：梁本曹校，今從之。俱一，若牛馬四足，牛馬不一，若言四足則俱一。惟是，當牛馬。孫云：“‘惟’經同，亦當作‘唯’，謝希深《公孫龍子注》云：‘唯，應辭也。’案：唯是，言應者則爲是，或牛，或馬，名實相符，則此呼而彼應，是名當其物也。”數牛數馬，句。則牛馬二，句。數牛馬，句。則牛馬一。俞云：“數牛數馬則牛馬二，謂分牛馬而數之也；數牛馬則牛馬一，謂合牛馬而數之也。”若數指，句。指五而五一。孫云：“言合數之爲五指，分數之則爲一指者五也。亦俱一，與牛馬二一之義。”

長宇，二字舊倒置“説在”下，歐陽云：“按《説》首爲‘長宇’二字，疑‘長宇’二字在‘宇’或‘徙’上，觀《説》末句‘宇徙久’，是經末句應作‘説在久’，今校正爲‘長宇，宇或徙，説在久’，長宇即大宇也。”純一案：歐陽説是，今從之。宇或徙，畢云：“舊作‘從’，以意改。”孫云：“《説文·戈部》云：‘或，邦也，或从土作域。’此即邦域正字，亦此書古字之一也。徙者，言宇之方位，轉徙不常，屢遷而無窮也。”説在久。“久”即“宙”，言宇與久無從分剖，宇非恒定而不轉徙，歷時既久即是宙也。《列子·天瑞篇》鬻熊曰“運轉亡已，天地密移，疇覺之哉”，即此‘宇’或‘徙’之義。此文以宇攝久，重在徙字，蓋謂三世無世，十方無界，視《經上》久彌異時，宇彌異所，時量方量對立對破尤顯著。

長宇徙而有處宇，孫云：“《莊子·庚桑楚篇》云：‘有實而無乎處者，宇也；有長而無本標者，宙也。’《文子·自然篇》：‘老子曰：往古來今謂之宙，四方上下謂之宇。’《淮南子·齊俗訓》、《莊子·齊物論》釋文引《尸子》，又《庚桑楚》釋文引《三蒼》説並同。宇者彌亙諸方，其位不定，各視身所處而爲名。若處中者，本以南爲南，叚令徙而處北，則復以中爲南，更益向北，則鄉所謂北者，亦轉而成南矣。四方隨所徙而異，並放此，然方位雖屢徙不同，而必實有其處，故云徙而有處。《莊子》云‘無乎處者’，則據其轉徙無常者言之，與此文義不相硋也。”宇南北在旦有在莫，宇徙久。“旦”舊本譌“且”，王引之云：“‘且’當爲‘旦’，‘有’讀爲‘又’，言宇徙則自南而北，歷時必久，屢更旦莫，故云宇徙久。”純一案：王説是，今據改，言從大宇長時遷徙中，而知有處宇，不知即此處宇之南北，固已忽而在且，忽又在莫，徙之已久，果何有久與宇之定在耶？劉載賡云：“地體自轉，繞日而旋，歷一年一周隋（俗作橢）軌，日力攝之，不入於别種恒星之範圍，故云長宇徙而有處宇。南北二極，遞見日光者，各有六月，除暮光七十餘日外，北旦三月半，即南暮三月半，南旦三月半，即北暮三月半，更相徙易，亘古如斯，故云宇南北，在旦又在暮。宇徙久，即侯失勒談天所謂恒動也，墨子先侯氏二千餘年，已刱其旨，洵疇人之初祖焉，東方文化，卓絶如斯。”

無久與宇，堅白，説在因。此以堅白，喻無久宇，堅白同所，是爲無宇，視拊同時，是爲無久。《吕氏春秋·盡數篇》“因智而明之”，高注：“因，依也。”久宇堅白，相依不離，即説相盈之義。

無目。堅得白，必相盈也。言堅白相得而盈者，以並無自體故；設堅白各有自體，必不能相盈矣。此遣久宇堅白諸名相，所以悟他，用證萬有一兼之歸趣也。

在諸其所然張云："'在'，察也。"未者然，孫云："所然，謂所已然。未者然，疑當作諸未然，古書'諸'或作'者'，音之省也。'者未然'上，尚有挩字，今無從校補。"純一案：孫説是也。"者"即"諸"之殘，又倒著"未"下，"者"上又脱"知"字，遂致義不可通。此文疑本作"在諸其所然，知諸未然，説在於是推之"，蓋論理學推理之定律也。《非攻中篇》曰："古者有語，謀而不得，則以往知來"，可證。説在於是推之。曹云："今謂古爲已然，古謂今爲未然，彰往察來，以前而推後也。《論語》孔子曰：'其或繼周者雖百世可知也。'"伍云："是，實也。"

在堯善治，自今在諸古也，自古在之今，則堯不能治也。孫云："言堯不能治今世之天下。"曹云："察古以知今，所謂以古爲監也。由前以觀後，則世變日新，未可逆睹，雖聰明如堯，有未能也。"純一案：經言常理，説言變例，以古今異宜，堯在古時善治，在今未必能治，蓋傷世風之不古，亦教人不必篤舊也。《莊子・在宥篇》曰"昔堯之治天下也，使天下欣欣焉，人樂其性，是不恬也，非德也。非德也，而可長久者，天下無之"，義似略同。孔、墨同偁堯舜，而墨子獨能創教之精神，即此可見，荀卿法後王，韓非不期修古（見《五蠹》），李斯且謂道古害今（《史記》列傳），或因此變而加厲矣。伍云："《小取篇》中論推之義曰：'其取之也，有所以取之，其取之也同，其所以取之不必同。'蓋言推類有時而誤，由於其所以取之，有不必同者也。既不必同，則不盡類，蓋推者必於其真正之同，而後能俱然也。譬如言堯之治，善治也，此人人所同然者，今推類曰：如行堯之治，是亦善治也。則未必然，何以故？以今之世，非堯之世，故堯之治，宜於堯之世，今世非堯世，則堯之法不能治也。蓋所善之名與今同，所善之實與今異也。案當日政論家必有舉堯治以立政本者，故墨子以時代不同破之。"景不徙，説在改爲。"徙"舊本譌"從"，王引之云："'從'當爲'徙'；徙，移也。《列子・仲尼篇》'景不移者，説在改也'，張湛注云'景改而更生，非向之景'，引《墨子》曰'景不移，説在改爲也'，是其證。"孫云："王校是也，今據正。此景謂日光所照，光蔽成陰，《莊子・天下篇》云'飛鳥之景，未嘗動也'，《釋文》引司馬彪云：'鳥動影生，影生光亡，亡非往，生非來。'《墨子》曰'影不徙也'，正作徙，可以據校，以此經及莊列張馬諸説綜合論之，大意蓋謂不必亡而更生，始有更改。若其不亡，則景常在，後景即前景，無所改易，故《説》云'光至景亡'，若在，盡古息，息即不徙之義也。"欒云："'景不徙'爲墨子所立之論宗，改爲乃説明此論宗因由，見墨子科學。"

景，目。光至景亡，俞云："光之所至，則景亡矣。"若在，俞讀句。盡古息。俞云："'盡古'，猶終古也。《考工記》'則於馬終古登陁也'，《莊子・大宗師篇》'終古不忒'，是'終古'爲古人恒言。《釋名・釋喪制》曰'終盡也'，故'終古'亦曰'盡古'也。"孫云："'息'當訓爲'止'，即經'不徙'之義，謂有光則景亡，有景則光蔽，若其景在，則後景即前景，盡古常息止，於是形雖動，而景若止而無改也。"欒云："此言景不動之理。《莊子・天下篇》'飛鳥之景未嘗動也'，即釋此章之義。'徙'指物自空間之此所徙至彼所而言，景由光綫遇阻，改變光度而起差别所致。蓋光自光原直射而來，一遇物體阻光前進，物所蔽處即無光，便與四周有光之處，明暗差别而成影。藉令物徙，則前見影處，光無阻而至，影遂滅亡；若物不徙，則影永在，終古止息而不徙也，故曰景不徙説在改爲。"

景二，説在重。曹云："'重'，平聲。'重'，兩光也，東西俱有光，則影一東一西，一表而二影也。"

景，目。二光夾一光，一光者，景也。曹云："'二光'，重光也，東西各一光，則東西各一影。無影之地，受二光也；有影之地，受一光也。"欒云："此言二光成二影之理，景二謂一物二影，重謂二光同夾一物，凡光至處爲明，不至處爲暗。明與暗比，明處是光，暗處是影，若二光並明，明度同强者爲光，明度差弱者爲影。譬如一燭之光，向物投射，明處爲光，暗處爲影，此一光一影也。若有二燭，夾物而立，則物有二影，以二光夾物蔽處之一光，一光不敵二光之明，故一光成影，是所謂二光二影也。"

景到，畢云："即今'影倒'字正文。"在午，張云："午交午也。"有端與景長，説在端。劉嶽雲云：'古者橫直交互謂之午。其形爲㐅，㐅者光綫之交點。"欒云："'端'指光綫與室壁相值之點。"孫云："光學所謂約行綫，由侈而斂，交聚成點，端即點也。凡約行綫中有物隔，則光綫必交，穿交而過，則成倒景，在午有端與景長，長謂綫，對端爲點而言，謂凡光在交聚成點之時，則有礙於光綫之行，故穿交而景到也。鄒伯奇《格術補》云'密室小孔漏光，必成倒景，雲鳥東飛，其影西逝'，又云'日無數光點俱射入小孔中，是爲光綫交，過孔則侈而至地，進成日體之影'，皆可證此書之義。"景，目。光之人煦若射，"之"，至也。《詩・柏舟》"之死矢靡它"箋，言光至人身，煦然四射，正釋影倒之故。楊云："'煦'、'昫'通。"孫云："蓋謂如日出時之光四射也。"欒云："'煦'，光學謂之光綫。"下者之人也高，高者之人也下，此説影倒之象。足蔽下光，故成景於上，首蔽上光，故成景於下。兩"蔽"字舊作"敝"，今從陸本、唐本改，此説影倒之理。欒云：·"首足所蔽上下之光，指室外之光言之。所成上下之景，指室内之影言之。"在遠近有端與於光，孫云："'與於光'，謂礙光綫之射。”故景庫内也。畢云：“‘庫’舊作‘庫’，盧以意改。”孫云：“景障於内，即光學家所謂約行綫交聚處不見物是也。”純一案：端即壁孔光錢交聚處，人在室壁孔外或遠或近，阻礙光綫之射，則光綫約行，穿交入内而影倒矣。”

景迎日，説在轉。“轉”舊作“摶”，從孫校改，曹本同。孫云：“‘迎日’，即回光反燭之義。‘轉’，謂鑑受日之光，轉以射人成景，亦即反燭之義也。”曹云：“‘轉’，返照也。”欒云：“景迎日謂迎日之影，對蔽光之影爲背日而言。《説》云‘景在日與人之閒’是也，‘轉’謂日光回轉。”

景，目。日之光，反燭人，則景在日與人之閒。劉嶽雲云：“此釋回光之理。如人依鑑立，日射鑑上，若人與日之閒有壁，其距鑑與日距鑑交角等，則人必成景於上。若其閒無壁，則回光綫成景極長，而射於無量遠空界中，凡海與沙漠，恒見樓臺人物之象，即此理。然雖無量遠空界中，仍爲景在人與日之閒也。”孫云：“日照於東，則人景在西，今以西鑑之光，反燭人成景，則景又在東矣，故云‘在日與人之閒’。”欒云：“日光照人，若在人後别有一返光體使光回轉，則此返光爲人所蔽處，即有一影，所謂迎日者是也，此與景二之理略同，特彼由二光相互直射，此因一光反燭轉射也。”

景之小大，説在柂正遠近。“柂”舊作“地”，孫云：“‘地’當爲‘柂’，‘柂’即‘迤’之叚字，‘柂正’文正相對，言景隨地而易也。《説》亦云‘遠近柂正’是其證。”純一今據改。劉嶽雲云：“謂人與鑑相去遠近也。依光學理，發光點與受光處，距遠其景必小，較近其景必巨，書與此款合也。”

景，目。木柂，畢云：“猶言木斜。”殷家儁云：“木即謂立柱也。”景短大，孫云：“斜近地，故景短，陰景濃，光不内侵故大。”木正景長小，孫云：“正遠地，故景長，光複映射，景界不清故小。”光小於木，“光”舊譌“大”，從孫校改。則景大於木，鄭復光云：“光與物大小相等，其景雖遠相等而無盡。物大光小，則景漸遠漸大而無量。”純一案：據“光小於木，大於木”審校，疑脱“光大於木，則景小於木”九字。非獨小也遠近，張云：“言景有時大於木，非獨小於木也。”純一案：“非獨小也遠近”，語意不完，疑仍有脱文。欒云：“言凡立木成景大小，因光木距離遠近，及植木斜正之關係。”張居齋曰：“《經》‘小大’、‘柂正’、‘遠近’，皆對舉之文。其云‘景小’，乃因木柂與光距遠故；‘景大’，乃因木正與光距近故。據此《經説》‘景短大’當作‘景短小’，‘景長小’當作‘景長大’，方合光理，蓋木柂較木正之景短而小者，因柂時光距較正遠也。”

臨鑑而立，景到。鄒伯奇云：“謂窪鏡也。”孫云：“鄭復光《鏡鏡詅癡》云：

‘光綫自闊而狹，名約行綫，約行綫愈引愈狹，必交合爲一而成角，名交角綫，兩物相射，約行綫自此至彼，若中有物隔，則約行綫至所隔之物而止。設隔處有孔，則射綫穿孔約行，不至彼物不止，如彼物甚遠，則約行必交。穿交而過，則此之上邊，必反射彼下邊，此之左邊，必反射彼右邊者，勢也，能無成倒影乎?”多而若少，劉嶽雲云：“依光學理，置一物於凹鏡中心以外，即於凹鏡中心與聚光點之間，成物顛倒之形象，但較之實形稍小。若以此物置於凹鏡中心與聚光點之間，即在中心以外，亦成物顛倒之形，但較之實形稍大。此言多而若少，與較實形稍小之款合，是以知人必立於凹鏡中心以外也。”説在寡區，此經舊錯在前，今依《説》位次移此，此即今照相鏡匣之理，如有人臨鑑而立，中間隔以有小孔之板，使光綫自闊而狹，約行相交，穿過小孔，則人下方之景，必射於鑑之上方，上方之景，必射於鑑之上方，而成倒景，故曰景到。其形必較原形爲小，故曰多而若少。其妙用由小孔而顯，故曰説在寡區。

臨正鑒，景寡，貌能白黑，張云：“‘能’，‘態’字。”孫云：“‘貌’吴鈔本作‘皃’，《備城門篇》‘態’作‘能，此又‘能之省。”劉嶽雲云：“此論因光見色之理也。”遠近杝正，異於光鑒。謂人正當鑒前，影即穿過寡區而小，因光見色，凸者白而凹者黑，神肖其貌，故曰貌能能白黑。且因人與鑒距離之遠近杝正不同，而光之射於鑒者亦即不同，故曰遠近杝正，異與光鑒。

景，當俱就，去尒當俱。畢云：“‘尒’疑‘亦’字。”俱用北，此説《經下》上列無經，而《經上》下列“日中正南也”無説，疑即此經當移彼，此爲規識景之理，當與“直參”章連第。《周禮・考工記》“匠人建國，水地以縣置槷以縣，眡以景，爲規識日出之景，與日入之景”，其法以水平地，方一二丈，爲規可數重，置槷（即臬）於中，以縣正之，眡日東出，並日西入，槷端景齊規者皆識之，所謂當俱就也。景出規者皆去之，所謂去亦當俱，所以俱就俱去者，使東西如一，審密而正也。東西正，又中屈之以指槷，則南北亦正，故識景必用北。不得用東與西，以吾國在赤道北也，此測量學，非光學，或因章首一字，誤入於此。

鑒者之臬，王本作“臭”，注云：“臭影旁微光也。《莊子》書云：‘罔兩’。”純一案：“罔兩”見《莊子・寓言篇》。“臬”，氣也，《禮・月令》“其臭羶”，《易・繫辭上》“其臭如蘭”是也。於鑒無所不鑒，景之臭無數，而必過正，正者鑒之正中。故同處，其體俱，然鑒分。此説經亦亡，墨子善望氣。《迎敵祠篇》“凡望氣，有大將氣、有小將氣、有往氣、有來氣、有敗氣，能得明此者，可知成敗吉凶”，是其證，更如文王之有靈臺，關尹之候老子，皆足徵也。墨子或更能以鑒實驗鑒者之氣，而知其心術之邪正也。人當極樂與盛怒時，所發之氣必懸殊，則仁人與暴人所發之氣，亦必懸殊。

此在定力深者，本不須鑒而心通，今以鑒燭鑒者之氣觀之，當較遥空望氣尤可據，故曰於鑒無所不鑒。因鑒者景既臨鑒，其臭必因人而各殊，經過鑒中而丕顯，故雖同處體俱，鑒能一一分别，無可隱遁也。案：《西京雜記》載咸陽宫有方鏡，廣四尺，高五尺九寸，表裏有明，人直來照之，影則倒見（想鏡面必凹）。以手捫心而來，則見腸胃五臟，歷然無硋。人有疾病在内，則掩心而照之，則知病之所在。又女子有邪心，則膽張心動。秦始皇帝以照宫人，膽張心動者（此爲心理作用）則殺之。今X光燭物無礙，豈秦鏡亦以白金類X光者同其製與？墨子多才多藝，其所爲鑑，或亦類此與？抑或墨子執玄鑑於心，照物明白（《淮南子·脩務訓》），不過藉鏡而益顯與，姑述以備攷。

鑑窪“窪”舊譌“位”，張之鋭改作“洼”，云：“形誤，‘洼’同‘窪’，謂凹鏡也。”欒校同，今據正。景舊本譌“量”，孫從王引之校正。一小而易，俞云：“‘易’讀爲‘施’，邪也。”一大而正，説在中之内外。“内外”舊倒，據《説》乙，此文舊錯在前，今依《説》位次移此。欒云：“此言窪面反光鏡，成正景倒景之理。‘鑑窪’即‘窪鑑’，墨子有如此倒植文法也，景之小大，比物而言。正易，謂景與物爲正易也。易，變也，謂變物體之正而倒之也。中之外内，中謂鏡之中，自中至鏡面爲内，背出爲外。蓋謂窪鏡照物之景有二：一小於物之本體者，倒景也；一大於物之本體者，正景也。其有大小正倒之别者，因物體臨鏡之位置在鏡中之外内也。”

鑒，中之内鑒者近中，則所鑒大，景亦大。遠中，則所鑒小，景亦小，而必正，起於中緣正而長其直也。欒云：“此言中之内一大而正之景。”中之外，鑒者近中，則所鑒大，景亦大。遠中，則所鑒小，景亦小，而必易，合於中緣易而長其直也。“緣易”二字，從楊校增。欒云：“此説中之外一小而易之景。中之外内，言鑑者立在鑑中之外或内，鑑者立在鑑中之外成倒景，雖鑑者近中立時之景大，遠中立時之景小，而其景必皆小於鑑者之本身，此景一小而易説在中之外也。鑑者立在鑑中之内成正景，雖鑑者近中立時之景大，遠中立時之景小，而其景必大於鑑者之本身，此景一大而正説在中之内也。據光學窪鏡尚有一大而易之景，墨子未言者，蓋因測驗時立在焦點與圓中心之間向鏡觀察，其景適在中之外而鑑者背後偶未見也（其實一大而易之景，必須當其處置屏，乃得見之）。經既未言一大而易之景，則中之爲圓中心，抑爲焦點，未敢强解。殷之輅曰‘中者全弧之中心’，案此章‘中’字，當如殷解，但《周禮》云‘司烜氏以夫遂取明火於日’，則古人對於窪鏡焦點之功用已極明瞭，墨子不應不注意其事。《禮記》云‘左佩金遂，右佩木遂’，則戰國時已有窪鏡取火之法。張居齋曰：‘古代窪鏡弧面之度，必不如今日者之均一，因弧度不均，鏡面返光聚合所成之焦點，必參差不一，而圜中心與焦點，因其距離甚近，極易相混，故墨子不辯其爲二，復因度其去鏡面之距，約等弧度之半徑，故命之爲中。至經説謂正景起於中，易景合於中，蓋説者誤以鑑中當區穴，而以密室穴光成景之理釋之，因鑑者在中之外成倒景，中之内成正景，與人在室外成倒景，室内成正景之事實相同，而鑑者近中景大，遠中景小，又與人距區穴近景大，遠景小者合，故依室外上光下光合於區穴前進成倒，與室内上光下光起於區穴前進成正之理解釋之，而不悟其與經景小而易之説不合也。'案：居齋此論極精。"

鑑團，景一大一小而必正，説在……此文"鑑團景一小説在"七字，舊錯在前，作"鑑團景，一不堅白説在"，今從欒校移此，删"堅白"二字。"大"誤作"天"，"而必正"三字，因與下文"衡而必正説在得"章同，校者以爲衍，并省之，遂致兩章俱有譌奪，而前後行次亦亂。今據彼説審校，以衡而必正説在得，復彼之舊；據此説審校，改"天"作"大"，並補"而必正"三字，復此之舊；"説在"下據説審校，並據實驗所得，疑脱"不過正"三字。

鑒，目。鑒者近，則所鑒大景亦大。其遠，所鑒小景亦小，而必正，景過正故招。欒云："此言突面返光鏡，正景大小之理。'鑑團'讀爲'團鑑'，即'突鏡'也。"純一案：欒説是也。嘗以凸鏡實驗，見其景，近大遠小無不正，又見正景之外，並有倒景，故曰"景過正故招"。"招"即"倒"之叚字，見《説文通訓定聲》小部，以此知經文"説在"下當補"不過正"三字，庶與"景過正故倒"相應。

負而不撓，説在勝。"負"舊譌"貞"，據楊、孫校改。曹本同，注云："'負'，擔也。'擔'，衡木也。'撓'，傾也。'勝'，能勝任也，得其中則不傾也。"

負，衡木，加重焉畢云："'加'舊作'如'，以意改。"而不撓，孫云："言平而不偏撓。"極勝重也。張云："勝重之至。"右校交繩，無加焉而撓，極不勝重也。曹云："'極'，中也，得其中，則兩端之輕重適均，均故能勝重也。右校者，偏荷也。交繩者，以繩約而挈之也。無加者，不重也。"純一案：此言横桿適中之重心點。即是支點，其力甚大，極能負重，試以重均等之物，加之横桿，苟不失其重心點，使能相支如故，必極勝任，而不偏傾。若於横桿之中心點，偏右以繩挈之，則重心已失，不能支物，雖不加重，左端必傾而下垂，極不勝重也。今之天平，可略明此理。

衡而必正，説在得。此文舊錯在前，今依《説》位次移此。"衡"舊作"天"，"天"字乃前"鑑團"章"一大"之譌，當移彼，説詳前，並讀伍評墨辯校釋。曹本改"天"作"平"，注云："'平'原訛作'天'，一説'天'字又'奐'字之壞；奐，古衡字。'平'，謂衡也。'得'，謂權與物之輕重相得也。衡得權則必正，而不差銖分矣。"純一今本曹意據説補"衡"字。

衡，加重於其一旁，張云："'衡'，稱也。"曹云："'加重一旁'者，謂稱之制也。"必捶。梁校改"垂"，張云："偏下也。"權，稱錘也。重相若也，權重若物重。相衡，權與重相衡。則本短標長。近支點爲本而短，遠支點爲標而長，尹云："標即杪末也。"兩加焉，重相若，一旁加重，一旁加長，兩加焉重可知矣。則標必下"下"字義不可通，當是"平"字之壞，言權與重適等，則標必平。標得權也。刻度於衡，移權於標，視標長短之度，知重若干，蓋標得權而妙用顯也。

契"挈"通。與收反，舊作"枝板"，從張孫二校改。説在權。"權"舊誤"薄"，從孫校改。運物上升曰挈，任權下引曰收，此上彼下，其用在權。

挈，有力也。孫云："《説文·手部》云：'挈，縣持也，提挈也。'"尹云："'挈'與地球重力相反，故須有力。"引，無力也。張云："'挈'，自上挈之。'引'，自下引之。"純一案：引爲地心所引，故無須力也。不止，"止"舊作"心"，畢以意改正，與上下文義不合，今從王本改，張之鋭本同。"不止"，言地心吸力，引重下趨，常恒不止也。所挈之止於施也，言適如所挈之重以施權，相當而止。繩制挈之也，繩者繞於輪軸挈重之繩。梁云："'制'同'掣'。"若以錐刺之。以錐喻貫穿輪車之軸。挈，謂挈重上升。長重者下，短輕者上，挈物繩長者，必物重而勢若下引故。挈物繩短者，必物輕而勢易上升故。上者愈得，舊衍一"下"字，從張校删。下者愈亡，上升者愈得勢，下引者愈失勢。繩直權重相若，則止矣。"止"舊作"心"，從王闓運、張之鋭二校改。"直"同"值"，繩值權重力適相等，則所挈物，即止而不動矣。收，"收"者，繩繫權使下引，用助挈物上升者也。上者愈喪，下者愈得，權使物易上升，若失其重，是爲上喪，而權勢下引，同時即得其重，是爲下得。張之鋭云："用力下引，則所挈之物漸上，而繩愈短而輕，故上者愈喪。用力下引，其所收之繩愈長，則漸得重，故下者愈得。"上者權重盡，則遂挈。張之鋭云："繩愈下收，物漸升至所挈之處，則權重俱盡，而物遂挈矣。此明挈與收，力點重點，輕重上下雖相反，而實互相爲用，蓋繩不下收，則物亦不能上挈也。"鄒伯奇云："此一段，升重法也。"

倚者不可正，説在梯。舊作"剃"，從孫校改。曹云："'倚'，傾仄也。'正'，平也。'梯'者，升降之階級也。"

倚，目。倍拒堅䠒王闓運云："'堅'即'䠒'也，旁注以釋'䠒'字，《論語》'鏗爾'一作'侰爾'。"倚焉則不正。十字舊在下文"引横也"下，今從曹校移此。尹云："'倚'，斜也。"孫云："'堅'當作'掔'，與牽通，言相依倚，相倍負，相檣拒，相擎引。”畢云：“唐宋字書無‘𨈆’字，《正字通》云：‘俗字，舊注音嗔，走皃。”張其鍠從梁校改“倍”作“倚’，云：“上‘倚’字牒經字，此‘倚’字爲舉倚之義而釋之。‘拒堅’二字不誤，‘𨈆’不成字，改‘梯’，此言梯力舉重之理。倚拒堅者，梯必倚而能立，倚必拒堅而後能固，謂梯前立木支之使不可仆，猶今所謂支點矣，梯倚而不正，所以便舉重也。”

兩輪高，兩輪爲輲，孫云：“四輪高卑不同，故車成梯形也。”畢云：“《雜記》云‘載以輲車’，鄭注云‘輲讀爲輇’，或作‘輇’。《説文》云‘輇蕃車下庳輪也’，又鄭注《既夕記》云：‘許叔重説：有輻曰輪，無輻曰輇。’”張云：“輪高而輇卑。”張其鍠云：“兩輪居梯之上端，兩輪居梯之下端，輪小無輻以取堅固而易轉，故曰爲輇也，即今木工滑車之制矣。”車梯也。孫云：“古乘載車，皆兩輪而平，此四輪而前高後低，是爲車梯，依下文蓋假爲斜面升重之用。據《史記》集解引服虔説，以‘軒車’爲‘雲梯’，則人升高，或亦用之矣。”重其前，孫云：“縣重於前，蓋以助升重之力，其一端繫於所升之物，所以挈之也。”弦其前，孫云：“‘弦’疑當作‘引’，既縣重，更於車前别以繩引之，欲使所升之重物，自斜面漸進而上也。”純一案：孫説是，而破弦爲引則非，弦猶弓弦，謂繩也。載弦其前，曹云：“‘載’，再也。”張之鋭説同。載弦其軲，畢云：“‘軲’疑‘轂’字異文。”張之鋭云：“左右前後兩輪之轂，各以繩由滑車繞之，故曰載弦其軲。”而縣重於其前，縣繫重物於車前。是梯，畢云：“舊作‘垟’，據上文改，下同。”挈且挈則行。孫云：“行謂重物上升，無所阻滯。”凡重，張之鋭云：“此統言重學之理。”上弗挈，張之鋭云：“言上無力以挈之。”下弗收，張之鋭云：“言下不以力引之。”旁弗劫，張之鋭云：“謂不自旁劫持之。”則下直。張之鋭云：“上下四旁不加他力，則重爲地心所吸，其下必直。”拕，張云：“‘拕’與‘柂’同。”張之鋭云：“謂斜面也。”或害之也。張云：“或害之，乃不直。”孫云：“張説是也，言重物不挈之收之劫之，則下必直，其不直者，必或挈或收或劫害之也。”汓，孫云：“言拕則重勢偏下而流，不得止也。”畢云：“《公羊傳》桓十年有云‘汓血’，陸德明《音義》云：‘古流字。’”梯者不得汓，畢云：“舊作‘汴’，據上改。”孫云：“吴鈔本正作‘汓’。”直也。孫云：‘言梯雖邪，而重物不下流者，以其挈引之，而無異直升也。”今也廢石於平地，張云：“‘廢’，置也。‘石’舊譌‘尺’，從孫校改。”重不下，孫云：“‘下’，即流也，或爲‘汓’之譌。”無跨也。孫云：“‘跨’，疑當爲‘踦’之形誤。《戰國策》云‘必有踦重者矣’，言廢石於平地，則雖重而必不流者，以其無偏跨也，故云無跨。”若夫繩之引軲也，是猶自舟中引横也。孫云：“‘横’，爲舟前横木之名，言車梯之引其軲，與舟中引其横，皆藉引之力也。”張之銳云：“地有磨阻力，車輪圓可以減殺之。”鄒伯奇云：“此一段轉重法也。”

推之必往，説在廢材。“推”疑本作“堆”，形誤。《説》云“菲石絫石”，是其義。孫云：“‘往’疑當作‘住’，蓋謂凡物楮柱之，則住而不動，廢亦置也，謂置材於地。”純一案：堆之必住，利用地心吸引力也。曹云：“此與上條，皆藉物理通人事，以見凡勤於行者，不畏難阻也。故墨子之道，人以爲難行者，慮世途之多阻也。聖人知其難，而不憚其難，故有通變之方，有堅忍之力，卒能濟世之艱，而行己之志也。推類而求之，其于辯經之旨，思過半矣。”

誰日，當作“淮”。菲石絫石耳，畢云：“‘菲’，‘并’字異文。”純一案：此堆垛法之一種。夾寑者法也。畢云：“‘寑’，‘寢’字省文。”孫云：“‘法’，疑當爲‘柱’，房屋及牆序間依壁而立者謂之柱。夾寢，即謂夾寢室也。”純一案：此言“菲石絫石”，爲夾寢所由成之法。

方石去地尺，張云：“石高尺也。”關石於其下，張之銳云：“言方石之下，別以石楮柱之。”縣絲於其上，張云：“絲繩也。”張之銳云：“言縣繩於石上繫著之。”使適至方石。張之銳云：“繩若長則去關石而仍著地，故使適至方石。”不下，柱也，張之銳云：“言方石不下至地者，以有關石楮柱之也。”膠絲去石曹云：“‘膠’，結也，繫絲於石也。膠絲去石者，既繫絲於方石，乃去下之關石也。”挈也，曹云：“絲微弱而石重，絲能縣石者，挈之理然也。”絲絶絲縣石久，不勝其重而斷絶。引也，地心吸力，引之使然也。未變而石易，收也。“石”舊作“名”，從曹本改，王本同。曹云：“‘易’，轉也，石重下垂，不必變而石自轉者，收之理然也。”純一案：自方石去地尺至此，今本經亡，吳汝綸校略同。

買無貴，説在仮其賈。畢云：“‘仮’，‘反’字異文。”曹云：“‘仮’，轉變也。‘賈’與‘價’同。仮其價者，平其價也。物價之貴賤，視乎錢幣之轉重，以爲轉移，故國家之制圜法，時輕時重，以持物價之平，故食貨貿遷，利乎民用，而無甚貴賤之傷也。”歐陽云：“按經濟學原理，物價之決定，由于供求之平衡。故一物在一時之價，不獨無所謂貴，亦無所謂賤也，即偶因供過于求而物價落，或求過于供而物價漲。此時物價之貴賤，亦係吾人比較過去物價而言，若論實際，亦無所謂貴，無所謂賤也。又經濟學中，有主觀價值一詞，如一物之市價，不及自估之價大，則自覺價賤，反之則覺價貴，蓋如人之嗜好不同，同此一物，各人之估價亦異，曰買無貴，即隱含此理。歐洲經濟學説，墨子在當日能發之，異哉!"

買，目。刀糴相爲賈，王本"糴"作"糶"，下同。尹云："刀謂錢幣，始鑄錢爲刀形，故以名之。《管子·輕重乙》'黄金刀布者，民之通貨也'，'糴'，市穀也。"刀輕則糴不貴，刀重則糴不易，王闓運云："穀滯也。"王刀無變，王闓運云："言王刀者，國以泉刀爲貨，不可使民重輕。"糴有變，歲變糴，則歲變刀，若鬻子。曹云："'刀'，錢刀也。'糴'，買也。'賈'與'價'同。相爲價者，計錢刀之輕重，以爲物價之貴賤也。'易'，輕也，平也。王刀者，刀爲國所制也。變糴者，物力有贏絀之殊也。變刀者，圜法隨時輕重也。'鬻'與'育'同，《詩》云'鬻子之閔斯'，凡育子者，順其性而養之，隨時而變通，不主故常也。"梁云："刀糴相爲賈者，謂貨幣與穀物，互相爲價也。一方面以貨幣易穀物，則見爲穀物之價；一方面以穀物爲貨幣，則見爲貨幣之價。常人只知有物價，不知有幣價，陋也。幣價賤則物價必貴，幣價貴則物價必賤，常人但言百物騰踴，不知爲弊之損其值也。貨幣之名，價雖無變，而物價隨時而變，物價遞年不同，即貨幣之實價，遞年有升降也。以下兩條，皆論經濟學，此條論價格之真義。"張其鍠云："此説共明二義：其一貨幣雖有法價，而不足以範物價，由供求相準之理。供過於求，則物價賤而覺幣重；求過於供，則物價貴而覺幣輕。幣價可反於物價求之，如豐年穀賤荒年穀貴之類，此貨物相權之例也；其二貨幣增多則值亦輕，如濫鑄貨幣而物價騰湧，與資本充羨而利率輕減之類，此貨幣良楛消長之例也。"純一案：若鬻子者，子至貴也，有時需刀孔急而鬻之，則刀貴於子，足見價無定貴，刀與糴隨時轉變。有如此者，此示萬物貴賤輕重之別，皆屬屢變無常之妄執，而破之也。

賈宜則讎，張之鋭云："'讎'與'售'同，言物之價貴賤合宜，則售也。"説在盡。孫云："'盡'猶適足，言無所納。"張其鍠云："案説言盡去其所以不讎，别孫説未是。"

買，目。盡也者，盡去其所以不讎也。"所"字舊脱，從孫校據下文增。其所以不讎去，則讎，正賈也，宜不宜正欲不欲，若敗邦鬻室王闓運云："敗邦思去：'急鬻其室。'"嫁子。梁云："物之正價，以何爲標準？亦視主觀的需要之程度何如耳。或對於貨幣之需要，不甚迫切，或對於所有物，不肯割捨，此所以不售之原因也。此種原因去，則售之，故價之宜不宜，不存乎所售之物之本身，而存乎售者之欲與不欲。若賣屋，若嫁女，既自願售之，則所售之價，即價之宜者矣。此論價值之所以成立，右兩條雖未能盡價值之原理，然所發明者已極深邃，二千年前之經濟學説能如此，求諸他書，未之見也。"張之鋭云："賈盡者，言物之本來正價，到此達於極點也。因有種種妨害物之正價者，致物不能以正價出售，故宜盡去之也，所以妨害物之售者盡去，則物必售，是爲物之正價。物有供求，供多求少，則物價賤；供少求多，則物價貴。供應於求則宜，供不應於求則不宜，故物價之宜不宜，當以人之欲不欲正之也。敗邦，謂敗亂之邦，國亂人多逃亡避禍，去之惟恐不速，室無人居，鬻之甚難，此供多而求少也。子謂女子，言嫁女者，當無女子之時，則身價百倍矣，此供少而求多，皆非正價也。”純一案：《經説》言外之意，尚有可得述者。常人一意貪得，恒不惜盡其所有而售之，如不仁之人，決性命之情，而饕貴富是也（《莊子·駢拇》）。世間盡以貴富爲最有價值，於是舉仁義廉節等，有妨於貴富而不得售者盡去之。凡爲求所未得之在他，甘願放棄在己所本有以供之者，是爲正價。莫不然也，然則價無定宜，正豈真正，亦視其欲不欲以爲衡耳。自來求之奢而供過濫，大而亡國，小而破家者有之，如桀紂殺其身而喪天下（《親士》）。士之用身，意之所欲則爲之，厚者入刑罰，薄者被毀醜（《貴義》），是也。抑或有正供而無正求，如欲嫁女而無爲之壻者有之，《論語·子罕篇》云：“有美玉於斯，韞匵而藏諸？求善價而沽諸？”是也。是皆價之不得其正者也。從知天下無正價，價之宜不宜，正係於人之欲不欲，一切唯心造也。抑思物讐則盡，權不我屬，故於未讐之先，當審其價之宜不宜，尤當權其欲之正不正，必盡去其所以不欲讐者而後讐，則價較易得其正，可無後悔矣。此明人生本具之權利，不可輕易拋棄之理，教人勿濫用此身心，務得正價而讐之，下文“繼以生死不必懼”，顯謂有所以不盡者，本無生死，足以發人深省。《老子》曰：“名與身孰親？身與貨孰多？得與亡孰病？是故甚愛必大費，多藏必厚亡。”可神會之。

無説而懼，張之鋭云：“問其所以懼之故，彼亦無説以自明。”伍云：“無説言無理由可説也。”説在弗必。“必”舊譌“心”，從孫校改，曹本、王本並同。曹云：“‘説’，解説也。人之懼也，有可説者焉。若介乎利害之間，利害不可必者，則其權也，無可説也，若子在軍是也。情之偏至者，非辯所能解也。”

無，目。子在軍，不必其死生。聞戰，亦不必其死生，前也不懼，今也懼。下“死”字舊脱，從孫校補，曹本、王本並同。子在軍時，軍法森嚴，動輒可危，其死生不可必，當懼也。聞戰時，正宜效命疆場，盡忠報國，況其生死亦不可必，無庸懼也。乃在軍時不懼，而聞戰反懼，足見常人不知生死之故，顛倒甚已。是誠無可解説，而不必其然者也。抑知色身有生死，識性無生死乎？伍云：“履平地者，足趾不踰五寸，而童孺往焉。登危峰者，或有方尺之餘，而賁育却步。平地未必不傾，危崖未必便墜，而人情相反若此者，是皆未可以説也。明故能勇，疑故多怯。”

或，過名也，説在實。孫云：“‘或’，‘域’正字。‘過名’，謂過之而成是名。”

案：孫説未可從，《墨經》包舉大義，類易卦象。《説》則依《經》舉例，類易爻象，即此可見。況《經》各章神理，前後互相聯串，此冡無説而懼爲次，顯謂人於生死，往往大惑不解，故立或名，或通惑，猶豫不定，蓋違於實際，而成過失之名也。本無生死，謂有生死，本無南北，謂有南北。非惑乎？故下章總之曰“知，知之否之，足用也諄”，此皆孫所未悟，遂陷於捨圓就偏之失也。曹云：“‘或’者，未定之詞。‘過’，失也，差也。人之於名也易差，惟當審求其實，不可諱過而遂非也。”梁云：“‘或’，迷惑也。‘過’，錯誤也。名實舛錯謂之惑，故曰或過名也。”張之鋭云：“言世俗習慣稱謂之名，往往過誤，與實不符，孫以《説》有‘南北’字，謂或爲‘域’之正字，非是。”

或，目。知是之非此也，如知南北之名，非實也。有知是之不在此也。又知或南或北之名，其實不定在此處也。張云：“‘有’讀曰‘又’。”然而謂此南北，南固非南，北亦非北，此南彼北，名無定實，然竟謂此爲南，謂此爲北。張之鋭云：“此假南北以説過名，如人在北京之北，明知北京非北，又明知北京不在彼所在之地之北，然而彼仍謂北京曰北京。又如人在廣南之南，明知廣南非南，又明知廣南不在彼所在之地之南，然而彼仍謂廣南曰廣南，即此所謂然而謂此南北也。”孫云：“《莊子·天下篇》‘惠施曰：我知天下之中央，燕之北越之南，是也’，《釋文》引司馬彪云‘天下無方，故所在爲中’，即此義也。”過而以已爲然，以已爲然而不疑，是惑也，是不能正名之過也。張之鋭云：“雖心知其過，而以己言爲然也。”始也謂此南方，故今也謂此南方。張之鋭云：“言因其始習慣稱謂之便，故今沿誤而稱謂之，世俗名稱如此比者甚衆，皆沿襲謬誤而不加察也。”曹云：“‘過’，失誤也。始於失誤，而然欲遂其非者，人情恒有之也。”純一案：推原其故，今之謂此南方，由於始之謂此南方，特染於名相之結習不易解，且不以爲非耳。詎知南北依方而有，若離於方，焉有南北之惑。《大乘起信論》曰“依方故迷，若離於方，則無有迷”，《老子》曰“大方無隅”，是已。

知，識也。凡人之有所懼與有所惑者，皆識有未周而無真也，故立知名。知者一知無不知，所知無不真之謂也。知之否之，足用也。諄，“諄”舊譌“諄”，張云：“宜爲‘誖’。‘知之否之’，不知也，不知也，不知則無以論，乃以爲足用，是誖也。”純一今據正。説在無以也。曹云：“‘無以’者，無用也。”純一案：此言知識非圓滿了徹，無以立論也。若半知半不知，不足用也。以爲足用，所謂愚而好自用，誖已。《中庸》曰：“人皆曰予知，驅而納諸罟擭陷阱之中，而莫之知辟也。”《文子·上德篇》：“《老子》曰：‘不小覺，不大迷；不小慧，不大愚。’皆墨子言外之意。”

智，目，張云：“讀曰‘知’。”論之，張之鋭云：“‘論’，辯論也。”非智無以也。張之鋭云："'以'，用也，非知則不足用也。"純一案：論之者，如《經説上》云："以其知論物，而其知之也著，若明，是已。若無知，則無以立論也，亦隱譏當時天下非兼者，知識之偏淺也。"

謂辯無勝，必不當，説在辯。張云："辯必有勝，謂辯無勝者，必其辯不當，故當反求其辯也。"欒云："此辯無勝，乃道家斥墨子辯術而立之宗。墨子立辯説之術，所以明是廢非，故《經上》云：'説，所以明也；辯，争彼也（彼讀爲非）。'辯勝，當也，説爲因明之立，辯猶因明之破，故辯以争非爲義。然辯者，立敵不能俱非，兩方必有一當，當者辯勝，此猶因明之真能破。墨子立辯，故持有勝，道家自老子已謂辯者不善，善者不辯，末流遂衍爲此論以非墨子。莊周《齊物論》述長梧之言曰：'既使我與若辯矣，若勝我，我不若勝，若果是也？我果非也邪？我勝若，若不吾勝，我果是也，而果非也邪？其或是也，其或非也邪？其俱是也，其俱非也邪？（案：或是或非，爲墨辯所許；俱是俱非，爲墨辯所不許。）我與若不能相知也，則人固受其黮闇，吾誰使正之？使同乎若者正之，既與若同矣，惡能正之？使同乎我者正之，既同乎我矣，惡能正之？使異乎我與若者正之，既異乎我與若矣，惡能正之？然則我與若與人，俱不能相知也，而待彼也邪。'即辯無勝論。墨子破之云：'辯者，所以定是非也。其辯當，則其辯勝，故曰辯有勝。今持辯無勝，是與辯有勝者辯也。若若是，爾辯無勝之論當，即爾辯勝，而謂辯無勝，不可也。若曰爾辯無勝之論不當，即辯有勝之論當也。辯有勝論者勝，而謂辯無勝，尤不可也。'"梁云："辯之有勝無勝，在當時成爲學術界一重要問題。若莊子即主張辯無勝者也，《齊物論篇》云：'我與若辯，若勝我，我果非也邪？我勝若，而果非也邪？'即絶對懷疑派的論調，謂天下無真是非，辯徒枉用耳，莊子所談名理，多屬於智識範圍以外。墨子乃實用主義派，以智識爲道德之標準，故認辯爲必要，且謂辯之效力，必能得真是非，此與近世之科學精神最近矣。"伍云："此難詭辯者辯無勝之説，而主辯有勝也。辯無勝説，不能成立，何以故？以其自違論宗故，譬如有人持辯無勝論，則可反詰之曰：'彼謂辯無勝者，所辯勝否？'彼若辯勝，則是辯有勝矣，彼謂不行，彼若辯不勝，則辯無勝之論不立，彼謂亦不行，故曰'謂辯無勝，必不當，説在辯'。"

謂，目。所謂，舊本"所"譌"非"，孫據《道藏》本、吴鈔本正。非同也，則異也。同則或謂之狗，或謂之犬也；"狗"下舊衍"其"字，今删。張云："狗犬之謂同。"異則或謂之牛，或謂之馬也。舊重"牛"字，從王樹枏校删。張云："牛馬之謂異。"俱無勝，句。是不辯也。孫云："謂是非兩同，無以相勝，則不成辯。《莊子·齊物論》云'是若果是也則是之，異乎不是也亦無辯，然若果然也則然之，異乎不然也亦無辯'，即其義。"辯也者，或謂之是，或謂之非，當者勝也。孫云："畢本'當'下有'也'字，今據《道藏》本、吴鈔本删，言是非互見，得其當則勝也。"

無讓也，"讓"上舊衍"不"字，從吴汝綸校删。不可，説在始。言是非之辯，所以審治亂之紀，當仁在所不讓。非然者，如禮以讓爲貴，無讓則争訟起，是相攻之兆端，甚不可也，當真之於始。

無讓者酒，孫云："謂凡賓主獻酬之酒，於禮無讓。"未讓始也，始也，當作之始。不可讓也。"未讓"、"不可讓"二"讓"字，吴汝綸讀爲"釀"。案：吴校是，何休《公羊》"敘時加釀辭"之釀，釋文作"讓"可證。言儒者尚禮，亦重讓德，而當賓主獻酬，則無讓者，蓋以酒爲敬也。墨氏則以其禮爲煩擾，無足取也，況酒足以傷生損壽，在未釀之始，即不可釀也，是反對儒家禮文之一端，足徵墨氏戒酒，所以全性保真，無異釋老二氏也。此隱譏儒者於酒無讓，爲知不足用也。

於一，有知焉，有不知焉，説在存。此所謂"存"，即《公孫龍子·堅白論篇》"藏"之義，言一爲萬之本，其中所藏者無盡，常人不能俱知之。曹云："一物而兩義存焉，如石之堅白也。手知其堅，不知其白，而白自存，目知其白，不知其堅，而堅自存。存者，藏也，有知有不知，堅白離也。"

於石一也，堅白二也，而在石，故有智焉，有不智焉。可曹本"智"並作"知"，"可"字疑衍。石一而堅白二者存焉，故拊堅者，知堅不知白。視白者，知白不知堅，堅白離也，然非堅外有白，白外有堅也。堅白並無自體，不能離石而獨存，故凡知堅不知白者，不知一。知白不知堅者，不知一即兼知有堅白者，亦非真知堅白者也。然則一之爲一，豈易了知哉。

有指於二，而不可逃，説在以二參。舊作"絫"，張云："當爲'參'。若指一爲知，則當指其二以告之，乃不可逃，或兼指，或參指。"純一案：張説是也，今據改。惟參不必訓作三，蓋稽也，驗也，二可該三也。《論語·子罕篇》曰"吾有知乎哉？無知也"，"我叩其兩端而竭焉"。蓋有知，即知有可指，而可逃者也；無知，即知無不可指，而不可逃者也。道在即有指無，即有知指有不知，以二者相參稽，則兩端竭盡無餘蘊矣。《壇經·付屬品》云"有色與無色對，有相與無相對，問有將無對，問無將有對，二道相因，生中道義"；《維摩經·入不二法門品》云"善不善爲二，善不善不二；有爲無爲爲二，有爲無爲不二，世間出世間爲二、世間出世間不二"云云，皆此"有指於二，而不可逃"之祕義。此章大指，蓋謂止知其一，不知不一之即一，即是不知一，真知一者，指一知二，指二知一，有指自無不傳矣。佛典所謂一實中道，離二邊執，此以二參可引其端。張之鋭云："言凡指物，其内容甚廣，必有所知。有所不知，至少亦有二義，不能逃此定律。二者，即有所知，有所不知也，如石之有堅白是也。”

有指，目。張之鋭云：“謂有所指，舉是物以告人。”子智是，張之鋭云：“‘智’同‘知’，下同。”有智吾所无舉，張云：“‘有’讀曰‘又’，‘无’舊譌‘先’，從孫校改，下同。”是重。“是”字舊倒著“吾所”上，孫云：“以下文校之，疑當作‘子智是，有智吾所无舉，是重’，‘无’、‘先’形近而譌，子知是，是其一。又并知吾所無舉，是其重也。吾所無舉，即下文所云‘吾所不舉，是重’，與下文‘是一’，文亦正相儷。重，謂二名一實。下文所謂‘智，智狗重智犬’是也。子智是，若知狗，智吾所无舉，若因狗知犬，重則若狗犬同類也。”則子智是，子知吾所指之一，又知吾所无舉之非一，即是此一之重，所謂聞一以知二，則子可謂知其一者矣。而不知，吾所无舉也。“也”與“者”同。是一，孫云：“‘一’，對上重，及下二三言之，謂唯知其一，若知狗而不知犬。”謂有智焉，有不智焉也。孫云：“謂知其一，而不知其二是一。猶上經云‘於一有知焉有不知焉也’。”純一案：子不知吾所无舉之非一即是一，則是子一無所知，謂子於一有知焉，乃其似也，有不知焉，乃其真也。若智之，則當指之智“之”，猶“所”也。告我，則我智之。張云：“若果知之，則當指子之所知告我，則我知子之所知矣。”純一案：若子果知一，則當指子所知非一之一告我，則我知子真知一矣。兼指之，以二也；孫云：“謂並吾所無舉者而指之，若指狗則兼指犬，指一而所指二也。”純一案：兼指死生彼此異同即二是一，斯爲知一。衡指之，参直之也。孫云：“‘参’、‘三’同，言從横指之，則参相直，以一兼二，参直爲三也。”純一案：同，此一也；不同，此一也；亦同亦不同，此一也；非同非不同，此一也。是所謂衡指之、参直之、等二而三而上之，無非一也，斯知一之正見也。若曰必獨指吾所舉，毋舉吾所不舉，孫云：“‘毋舉吾’下，吴鈔本有‘之’字。吾所舉者，一也，所不舉者，二與三也。”則二者固不能獨指，“二”字舊無，張云：“‘則’下有脱字，或是‘二’字，或是‘三’字。”純一案：‘二’字義長，今據補。二對一言，表多也，異也，義該三也。《經》云“有指於二，而不可逃”，頗相應也。如廣與修互相函，堅與白不相離，固不能獨指廣與堅也。孫云：“言於此有二物，或同類，或同處，今特指此物，勢必兼直彼物，故不能獨指，即《經》所謂‘不可逃’也。又《莊子·天下篇》云‘指不至，至不絶’，疑亦即此節之義。蓋若甲乙同處，欲指甲而勢不能不兼直乙，既兼直乙，則所指不得謂專至甲，亦不能與乙絶也，故云‘不至不絶’。”所欲相不傳，張之鋭云：“‘相’，與佛經所言‘色相’義同。所欲相，謂心所欲言之相也。傳，達也，舉石而獨指石，則心所欲言堅白之相，不能達之於外矣。”純一案：言若獨指所已知，毋舉所不知，如眼能視、耳能聽，所已知也。而眼離識性不能視，耳離識性不能聽，所未知也。眼根與眼識，固不能獨指，若獨指眼根，則所欲明眼能辯色之真相，終不可傳也。意若未校。王闓運云："恔同。《孟子》書'獨無恔乎'"張之鋭云："'校'，謂校然明白，言若獨指一物，而不舉其内含之義。則於人意，未能校然明白也。"且其所智是也，"是"，指一言。張云："有所知。"所不智是也，於一又有所不知。張云："有所不知。"則是智，是之不智也，惡得爲一。孫云："是智者，所已知也，是之不智者，所未知也，則不能並爲一矣。"純一案：僅此一耳，而有所知，有所不知，是一已分爲二也。謂而有智焉，有不智焉。於一有知焉有不知焉，謂汝不全知一，可也。謂汝全不知一，可也。《莊子・知北游篇》"無始曰：不知深矣，知之淺矣，弗知内矣，知之外矣"，義可與此互相發明。張之鋭云："'而'，猶'汝'也，此與《論語》所言'舉一隅，不以三隅反'，意略同。"

所知而弗能指，説在春也。逃臣，狗犬，遺者。"遺"舊譌"貴"，從楊、孫二校改。張云："言春之在時不可指。"純一案：張説是也。《禮・鄉飲酒》云"春之爲言蠢也"，鄭注云："蠢，動生之貌也。"《釋名・釋天》云："春，蠢也，萬物蠢然而生也。"曹本改"春"作"惷"，注云："'惷'，愚而亂也。'遺'，失忘也。事有可知而不能指者，若惷、若逃臣、若狗犬二名、若遺忘之事，皆有可知之名，而無可指之實也。"張之鋭云："此與上條相對成義。上條言所指而有知有不知，此言所知而不能指。上條言物之内延，此言其外褰也。所知而弗能指，謂心雖知之，而不能指其外之所在也。"

所，目。春也，其埶固不能指也。"埶"舊譌"執"，張云："'執'當爲'埶'，與'勢'同。"孫云："'埶'，古'勢'字，今據正。"章云："'春'即春夏秋冬之春，言春之去來，人知之，莫能指之。"逃臣，不知其處。張之鋭云："逃亡臣僕，雖知其人，而不能指其逃亡之處。"狗犬，不知其名也。曹云："狗犬兩名，不能指誰爲是也。"純一案：狗犬異實，誰能如實知其名也。遺者，巧弗能网也。"网"舊作"兩"，從孫校改。張之鋭云："言遺失物者，雖有巧思，不能指失物所在而网取之也。"

以上二章，皆申敘於一有知有不知之義。上章言指其名，而不能盡知其實，此章言知其名，而不能塙指其實，寄意至深遠也。《莊子・秋水篇》云"計人之所知，不若其所不知"，可相發明。

知狗而自謂不知犬，過也，説在重。以狗與犬同一實渾言之，故知狗而自謂不知犬。過也，以其名重也。

智目。智狗，重智犬，則過，張云："既知狗又知犬，而不知狗之即犬，則過。"純一案：狗犬本一實，因其有二名，遂誤認爲二實，故過。不重則不過。若以狗與犬非一實析言之，據郭注《爾雅》云："狗之有縣蹏者爲犬，犬之未生乾毛者爲狗。"分明兩物，名因實異，故知狗犬不重，則謂知狗不知犬，或知狗又知犬，皆不過。説分兩項，前項申敘經義，後項與經義相反，所以曲暢之也。

此章冡上三章而次之，言知一物，不易傳其不一之指也。

通意後對，張云："先通彼意，後乃對之。"説在不知其誰謂也。言必通達問者意之所指，然後詶對，否則不知其何謂，即生彼此宗趣互相差違之過失。

通，目，張之鋭云："此舉經通意之通，以下説明所以通意之法。"問者曰："子知駟乎？"畢云："'駟'當爲'騳'，即'贏'省文。"孫云："《説文・馬部》云：'贏，驢父馬母者也。从馬羸聲，或从羸作驘，此从羸省聲。'而以㠯爲西，則傳寫之譌。"應之曰："駟何謂也？"彼曰："駟施，張云："蓋即贏蝂。"則智之。孫云："'施'疑當作'也'，謂告以贏之名物。"張之鋭云："駟作贏。贏疑爲駱之假借字，非驢父馬母之贏。'施'，疑當作'它'，爲'駝'之假借字，《前漢書・匈奴傳》'其奇畜則槖佗驢贏'，佗亦駝之假借字。要之駟施，必爲一物之名，單言駟，則不知其爲何物。兼言駟施，則聞者自喻，《荀子》所謂'單足以喻則單，單不足以喻則兼'是也，故贏施，或爲贏蝂，或爲駱駝，雖不可知，惟'施'字決不能作'也'字，可以斷定。何則？既不知駟何謂，彼仍告以駟也，猶之不告也，安能知之？且於文義，亦甚不通也。"若不問駟何謂，徑應以弗知，則過。孫云："不問贏何謂，而徑應以弗知，則不知而復無求知之意，人將不復告，是終於不知矣，故謂之過。"張之鋭云："不虚心求益，不知者終於不知，故過。"且應，必應問之時。曹云："時當其可之謂也。"張之鋭云："言凡應人之問，必於人問之時，即當應之。如有所不知，不能待我退而攷察，故轉以所問者問彼，以通其意也。"若應，其應有深淺。""其"舊作"長"，孫云："'長'疑當作'其'，形近而誤。'深'，若應之日贏何謂；淺，若徑應以弗知是也。"純一案：孫説是，今據改。張之鋭云："此與上條亦相對成義，上條言知而不知，此言不知而可以知也。"

單舉贏則不知，即前經於一有不知焉之例。兼舉贏施則知之，即前經有指於二而不可逃，説兼指之以二之例。經説前後脈胳相連，因偏顯圓，往往如此。此教人先通彼之意指，審定其果何所謂，然後自謂爲知或不知，庶兩知之。蓋凡事當循名核實，審問明辨，不可輕於然諾，以此所見審諦，剖析毫芒，構思正塙，出辭剴切，立辯必當矣。

經下下列　經説下下列

所存與存者孰存，説在所主異。舊作"所存與者於存與孰存馴異説"，從張校移中"存"字著"者"上，增"在主"二字，"於與"二字衍，今删。馴爲下章之譌文，"説在所主異"，據《説》以意審訂。

天常中，存其人其所。"天"舊譌"大"，從《道藏》本、陸本、唐本、吴鈔本正。"存"舊作"在"，據《經》及下文改，兩"其"字舊一作"兵"一作"長"，從孫校改。室堂，所存也。孫云："此謂其所。"其子，存者也。孫云："'其'疑當爲'某'之譌，此謂其人。"純一案：《詩》云"彼其之子"與此同，不必破作"某"。主存者而問室堂，"主"舊作"據"，據下文三"主"字審校改。"存"舊作"在"，從張校改。惡所存也。"所"舊作"可"，從孫校改。主室當而問存者，孰存也。是一主存者以問所存，一主所存以問存者，張云："此承言通問。"純一案：言通問當隨主恉所在，辯明賓主立辭，即因明隨自樂爲立宗之恉。因以天常，對人物之無常言，天常中所存者，人與物耳。物之切於人身，似較能久存者，莫如室堂，室堂是人所存者也。人是所以存室堂者也，乃主人而問室堂，往往人存，而室堂或存或不存，又主室堂而問人，往往室堂存，而人或存或不存，是一主存者以問所存，一主所存以問存者，均不能如天之至常而久存也，故《莊子·天地篇》曰："有形者，與無形無狀而皆存者盡無。"《金剛經》曰："一切有爲法，如夢幻泡影，如露亦如電，應作如是觀。"墨子已隱寓其意，抑思凡有形者無常，任運生滅，不能自主，以天較人與室堂，似乎常矣，蓋天之形，不若人與室堂質礙之甚故。然天屬器世界，究非真常，隨時變遷，無異萬物，故《老子》曰："天地尚不能久。而況於人乎？"《四十二章經》曰："觀天地念非常，觀世界念非常。"從知墨家損己益人，乃欲羣息無常之妄逐，而復太始之真常，是則兼愛之密因也。

五行毋常勝，説在多。"多"舊作"宜"，欒云："'宜'當作'多'，古文'宻'與'多'形近，又涉下文'説在宜'而譌，此爲立量破。五行常勝論，常勝，謂土勝水，水勝火，火勝金，金勝木，木勝土，爲一定不變之常理。其説蓋起於上古，《書·洪範》'鯀陻洪水，汩陳其五行'，即指鯀誤從常勝論土勝水説，以土陻水，致洪水氾濫而亂五行也。毋常勝論，則謂五行相勝，乃以多勝少。其勝者，非一定不變，《説》云'火鑠金，火多也；金靡炭，金多也'，即其義。按毋常勝論，疑出墨子，《孫子·虚實篇》'故五行無常勝'，孫子書戰國時人作，蓋即用墨子説，以明其變化不常之義者。又《參同契》云：‘五行錯王，相據以生，火性消金，金伐木榮。’‘五行相克，更爲父母。’亦墨子遺説也。”純一案：欒説精審，今據改。《漢書·藝文志》記五行三十一家云：“五行者，五常之刑氣也。”又陰陽家因五勝，師古注曰：“五勝，五行相勝也。”想見當時社會，有此常執，此章蓋依據科學，破彼常勝説之執著也，《貴義篇》墨子不聽日者之言，是其明證。《淮南子·説林訓》云：“金勝木者，非以一刃殘林也；土勝水者，非以一墣塞江也。”似爲當時常勝論者自救之辭。張之鋭云：“相尅制爲勝，五行金勝木、木勝土、土勝水、水勝火、火勝金，此其常也。然亦未可據爲定論，故曰五行無常勝。”

五，目。合“金”之形誤。水土火疑本作“金木水火土”，脱“木”字，火土倒誤。《文子·自然篇》曰：“金木水火土，其勢相害，其道相待。”與此經“五行毋常勝”文義符合，可據以補訂。尹云：“《春秋繁露》有《五行相生相勝篇》。”火離然。孫云：“此言火離木而然，《易·離·彖傳》云：‘離，麗也。’”純一案：依孫説，火離下當有“木”字。火鑠金，火多也。尹云：“謂其相尅，所謂毋常勝者，《淮南·主術》‘金剛，而火銷之’，銷，即鑠也。”金靡炭，孫云：“‘靡’，礳之叚字。《説文》石部云：‘礳，石磑也。’‘研，礳也。’言金能礳研炭使消散。”金多也。張云：“所謂無常勝。”合之府水，畢云：“‘府’疑同‘腐’。”孫云：“疑當作‘合之成水’。言金得火，則銷鑠而成水，《莊子·外物篇》云‘金與火相守則流’，是也。”純一案：孫説是也，言金屬遇熱，則溶解成水。‘合之成水’四字，當移著‘火多也’上，今倒置，文義不順。木離木，孫云：“疑當作‘木離土’，離亦與麗同義。《易·離·象》云：‘百穀草木麗乎土。’”純一案：以上當脱‘木多也’、‘水多也’、‘土多也’等文。若識麋與魚數，惟所利。以喻作結，言麋與魚，其數孰多孰少無定，惟在利用者，孰多取，孰少取，麋魚不相勝也。

無欲惡之爲益損也，説在宜。孫云：“《經上》云：‘平，知無欲惡也。’《説》釋以‘惔然’，蓋謂淡泊無所愛憎，於人己或益或損，隨宜無定。”純一案：孫引《經》及《説》，以淡泊無所愛憎釋無欲惡是也，餘欠審。此以欲屬積極的爲益，惡屬消極的爲損，皆害性者，必無欲惡之爲益損，斯宜也。《莊子·則陽篇》曰“欲惡之孽，爲性萑葦”，是其義。

無，目。欲惡，傷生損壽，欲與惡不守太渾之樸，傷生損壽一也。説以少連，據《論語·微子篇》少連降志辱身，言中倫，行中慮推之。或少連以無欲惡名於時，故此尊重其人以爲説；或欲惡傷生損壽之説，出自少連，少連古賢人，與柳下惠齊名，惔然於欲惡必矣。《家語·子貢問篇》孔子稱少連“達於禮”，可證。是誰愛也？

“也”，讀爲“邪”，言欲生於貪愛，達於願則憎惡，甚非愛人自愛之道。嘗多粟，《説文·旨部》云：“嘗，口味之也。”或者欲不有能傷也，疑當作“或者有欲不能傷也”，言或者以爲有欲，不能傷生，詎知有欲而惡必隨之，同是伐性之斧，縱令無惡而徒有欲，亦足傷生。如粟，所以資生也，飲食之大欲存焉。貪食過多，必致傷胃，有害生理，故《莊子·達生篇》曰：“悲夫！世之人以爲養形，足以存生。”飲食之間，而不知爲之戒者，過也。若酒之於人也。酒能令人亂性顛狂妄爲，傷身甚矣，故釋、道二氏均戒之，而嗜飲者，以爲無傷也。張之鋭云：“禹惡旨酒。”且恕人利人，愛也，則唯恕弗治也。孫云：“’唯’與’雖’通。”純一案：恕、智同，言智人未有不以多粟爲利人，因以示愛者，詎知真能愛利人者不然，蓋人之生，動之死地者，以其求生之厚。夫唯無以生爲者，是賢於貴生（《老子》），則雖恕者弗治也。然果如何爲治，在損去性餘之欲惡如酒然，是所謂道之真以治身也（《莊子·讓王》）。《吕氏春秋·本生篇》云“肥肉厚酒，務以自彊，命之曰爛陽之食”，粗得其恉。此明少私寡欲（《老子》），可以長生之理，墨子戒酒戒多食，無異釋氏，兼愛之量宏，兼愛之理密也。

損而不害，説在餘。孫云：“《説文·食部》云：‘餘，饒也。’謂物饒多，則損之爲宜。”純一案：孫説是也，桓十年《左傳》云：“匹夫無罪，懷璧其罪。”謂多餘財不以分人，必有害也。《老子》曰：“五色令人目盲，五音令人耳聾，五味令人口爽。”人生一切欲惡，皆性之餘也。當以損爲益者何限，自在纏凡夫，乃至出纏聖人，均須依此頓息攀緣。墨氏辭約義豐，兼愛精義入神矣，《易·繫辭下》云“損以遠害”，《老子》曰“爲道日損，損之又損，以至於無爲”，義藴均無盡，可互明。

損，目。飽者去餘，《説文·食部》云：“飽，猒也，从食包聲，博巧切。”案：食成包，亦會意，昭十二年《左傳》注云：“去其醉飽過盈之心。”疏：“食充其腹謂之飽，酒卒其量謂之醉。醉飽者，是酒食厭足過度之名。”此繼上文言飽食與醉酒，同一傷生損壽，必損去其過量者，始不爲害也，《論語·鄉黨篇》云“不多食”，義同。適足，不害，言食適足而止，不害於人。能害，能爲害者飽，在過飽耳，此明節食養生之理。若傷麋之無脾也。孫云：“‘脾’讀爲‘髀’，《少牢饋食禮》云‘腊用麋’，又云‘髀不升’，鄭注云：‘近竅，賤也。’古文‘髀’皆作‘脾’，此與古文‘禮’正同，言麋以共祭，而髀不登於祭俎，故傷麋雖無髀，無害於爲腊以共祭，亦損而不害之意。”且有損而后益者，“者”上舊衍“智”字，從孫校删，曹本同。若瘧病之人於瘧也，“人”舊作“之”，從孫校改。畢云：“‘瘧’，即‘瘧’省文，《説文》云：‘瘧，熱寒休作。’今經典省‘几’，此省‘E’，一也。‘日’即‘爪’字。”孫云：“《廣雅·釋詁》

云：‘痣，病也。’此‘痣’或當爲‘瘧’之省文，言人患瘧者，以病損爲益也。”純一案：《老子》曰“損之而益”（四十二章），《易·損》六四云“損其疾，使遄有喜，无咎”，《象》曰“損其疾，亦可喜也”，義可互明。

知而不以五路，説在久。梁云：“‘五路’者，五官也。官而名以路者，謂感覺所經由之路，若佛典以眼耳鼻舌身爲五入矣。人之得知識，多恃五路，荀子所謂“緣天官”是也。雖然，亦有不以五路知者，例如久是。久者，時間也，吾人之得有時間觀念，全不恃五官之感受。”純一案：久，即《百法明門論》第四心不相應行法之時，依於色心剎那展轉假立，故有日月年運長短差别，非實也。此言人知物，必由五官之路，今不以五路者，因藏識中，具名言種，例如久是，故聞久之名，即知爲久，是久固不以五路知，蓋由識即名而知。下文“知其所以不知，説在以名取”，與此可互明。

智以目見，而目以火見，而火不見。此即《公孫龍子·堅白論篇》云：“火與目不見，而神見之本。”惟以五路知，久不當，以目見，若以火見。此智即神，釋家稱識。言人之有知，以爲由目而見，而目又由火而見，詎知目不能見物，火亦不能令目見物，蓋目與物離，火雖助緣，究不能合目與物以成見，必由神以合之而後成見，故曰火不見。此知五路離神不能知物，故惟以五路知物者，如久即不當，若謂神唯以目能見，猶若無目而以火能見也，有是理乎？《國故論衡·原名》述此，以法相宗眼識九緣之前五緣，釋此五路。竊以墨氏雖精，恐尚無此邃密，然若五路專屬目言，則必如此釋，始爲精審，但觀《經》云“知而不以五路，説在久”，《説》云“惟以五路知久不當”，與《經》反證以相成，顯由五路轉入目，又由目轉入所以能成見之智，由粗入細，逐次顯真，是五路祇合以五官釋之。然眼識九緣説允宜參究，又公孫龍子火與目不見而神見之説，於此章之微旨，闡發無遺，即佛教所謂一切法相不離識，蓋五根離識無能緣也。後人輒以詭辯非之，陋矣，《莊子·天下篇》“惠施曰：目不見”，義與此同。

火不熱，“火不”舊作“必”，從孫校改。説在頓。孫云：“言火雖熱，而所見者光也，非以其熱，《莊子·天下篇》云‘火不熱’，此即其義。”曹云：“‘頓’，遽也，謂俄頃之時也。火雖熱，而乍見之者，但見其光，不覺其熱，徐徐稍久而後熱也，此亦非目之所知也。”純一案：孫説是也，曹説進焉，然義猶有未了者，試補述之。火以熱爲性，著熱燒物爲自相，由熱發光，衆皆可見爲共相，今當俄頃之時，遥見有火，並未著火之熱，故云“火不熱，説在頓”。孫云：“説無頓義，疑當作覩，非。”

火，目。謂火熱也，非以火之熱，俄有若視日。舊本“俄”作“我”，“日”作“曰”，均從曹校改。曹云：“言火則知其熱，不可以目見而知也。目見其光而已，俄有者，乍見之頃也。日光亦熱，乍視之亦不熱也。”純一案：曹説精析，此謂火熱者，自無始來名言種之慣習，皆知火必熱故。實則今乍見者，不過火之共相，未著火之自相，蓋以光，非以熱，有若視日然也。《宗鏡録》（卷五十三第五六頁）引《唯識論》云："謂假智詮，不得自相，唯於讀法共相而轉。若著自相者，説火之時，火應燒口，火以燒物爲自相故。緣亦如是，緣火之時，火應燒心，今不燒心，及不燒口，明緣及説，俱得共相而已。"可爲此經與説之塙詁。

知其所以不知，説在以名取。名以舉實，效用至大，天下事理無盡，不易盡知，道在博學，勤求世間之有學，及出世閒之無學，多知其所以不知之名義，則新知日益矣。例如種種專門學科，必有種種專門名辭，一名必有一名所含之定義，塙能如實包舉以告人，使不得與他名相混。凡求真知者，知得一名，即於其學術之所以不知者，得知一名之實，故曰知其所以不知。説在以名取，蓋顯示名言種子，具藏識中也。

智，同知。雜所智與所不智而問之，則必曰是所智也，是所不智也。取去俱能之，是兩知之也。曹云："《論語》曰：'知之爲知之，不知爲不知，是知也。'"梁云："本書《貴義篇》云：'今瞽者曰：鉅者白也，黔者黑也。雖明目者無以易之，兼白黑使瞽取焉，不能知也。故我曰瞽不知白黑者，非以其名也，以其取也。'可作本經注脚，觀此亦可知知其所以不知之非易易矣。"純一案：雜所知與所不知而問之，最易混所不知爲所知，乃能分極是所知是所不知，是能審於所問，可謂慎思明辨矣。然僅知是是所知，僅知是是所不知，不過知識之範圍。所不知者，不可盲從，當進而求知，弗知弗措無論矣。而所知者，果孰可取，孰不可取，未必取去俱能之。必所取者，俱屬無漏，所去者，俱屬有漏，是則取去俱能之，是兩知之也，是篤行者也。

無不必待有，説在所謂。《老子》曰"常無以觀其妙，常有以觀其徼"，又曰"天地萬物生於有，有生於無"。蓋大而三千大千世界以外，小而極微極微微塵以内，固無有之不待於無者，而無則不必待有。凡有，皆有漏之無；凡無，皆無漏之有。故無不必待有，"説在所謂"之實耳，所以破世人之有執也。伍云："此破無必待有之説也。無之名，待有而有；無之實，離有而無。所謂無者，無'無'也，所以謂之無者，無'有'也。名與有對，實與有離，故曰'無不必待有'，'説在所謂'，所謂，實也。何以言無之名與有對？無之實與有離也？無之得名，含'無有'義，方言'無'時意存在'有'，若無'有'者，'無'義不存，故《説》曰'若無焉，則有之而后無'。無之爲實，並無'無'義，言象俱絶，更何所有，若有'無'者，幾同於'有'，故《説》曰'無無焉（"天"爲"无"之譌，"陷"乃"焉"之譌），則無之而無'。"

無目。若無馬，"馬"舊作"焉"，從孫校改，曹本同。則有之而后無。孫云："'后'，吴鈔本作'後'。馬爲物名，必先有馬，乃可言無馬也。"曹云："此待有而説無者。”无，舊作“無”。案：无爲未始有，無爲自有而無，今校改，曹本同。若天陷，“若”字今校增。則無之而無。章云：“《説文》‘無’，古文‘奇’字作‘无’，譚長説天缺西北謂之無（純一案：《説文》作王育説），此言天陷是也。無之而無，謂本無未缺之時也。”曹云：“此不待有而説無也。”純一案：無者，兼之總相也；有者，兼之分體也。無本不必待有，斯可謂有，不過淺人以爲非有，謂之無，必待有始謂之有，所謂異實耳。此明有之而無，有非真有，無非真無，如人生而死是，此就真諦言，所以引伸經義也。無之而無，本來無者，如釋氏所謂龜毛兔角，天然缺陷是，此就俗諦言，所以曲暢經義也。伍云：“此章明有無義甚精，宜與十二門論有無觀參稽，穆勒亦謂世間諸名，皆有涵義。惟無之一詞，以無涵義得名，《莊子》曰泰初有‘無’，無有‘無’名。又曰有‘有’也者，有‘無’也者，有未始‘有無’也者，有未始有夫‘未始有無’也者，俄而有‘無’。又曰有‘有’也者，有‘無’也者，有未始‘有無’也者，有未始有夫‘未始有無’也者，俄而有‘無’矣，而未知有‘無’之果孰有孰無邪？皆善談無之二相（有之無與無之無）。可與《墨經》本條參看。

擢慮不疑，張之鋭云：“‘擢’，拔也，言未來現在過去一切色相，皆拔去於己之思慮，不使疑滯於心也。按‘擢慮不疑’，猶佛經所謂無罣礙。”説在有無合。張之鋭云：“一切色相，未來過去皆無，惟現在爲有。過去之無，即現在之有；現在之有，又爲未來之無。知有之即無，無之即有，而後有無可合一。有無合一，而後可空一切色相，疑慮悉去也。此與上條相對成義，上言有無異謂，此言有無合一。”曹云：“擢者，拔而去之也。慮，思慮也，人有所疑畏而慮生焉，不疑者其慮可去也。有無合者，雖有而不異於無也，不必慮其無也，此條亦有合同異之意。”

擢目。疑言執著有無而生疑，心不能空。無謂也臧也今死，《説文·茻部》云：“葬，臧也，即藏字正文。”伍云：“‘臧’與‘春’泛指兩人名，如今言某甲某乙之類。”張之鋭云：“冬主收臧，草木皆死，今謂現在也。”而春也得文，張之鋭云：“至春則草木皆抽條敷華而有文彩，故曰而春也得文。”文死也可。張之鋭云：“冬時之死，爲春時之文，春時之文，至冬時復死，故曰文死也可，言方文之時，視之如死可也。文，有也；死，無也。四時，未來現在過去也，此説明有無合一之旨。《墨經》此言，頗類道家，莊子所謂‘方生方死，方死方生’，與此義同，亦與釋氏‘色即是空，空即是色’，理想相近。”純一案：“春”，《集韻》隸作“萅”，《説文》：“萅，推也，从艸从日，艸春時生也，屯聲。”《漢書·董仲舒傳》，“春者天之所以生也”，是春具生義，‘而春也得文，文死也可’，疑當作‘而春也得生，生死也可’。《素問·天元紀大論》“生成之終始也”，王冰注：“春爲生化之始，秋爲成實之終。終始不息，其化常行，故萬物生長化成收藏自久。"《楞伽經》云"物生即有滅",《仁王護國般若經》云"法即生即住即滅",似均可爲此文"臧也今死,而春也得生,生死也可"之疏證。蓋世人以人既死爲無,不知非真無也;以人既生爲有,不知非真有也。蓋即生即死,即有即無,惟真人而後有真知,齊生死爲一條,知有無合一無疑也。疑則無謂也,此破人迷於幻有,不知有無不二之惑也

且然,孫云:"句。"不可正,而不害用工,説在宜。孫云:"'工'與'功'古字通,用工猶言從事也。且然者,將然而未然,不能質定,故不可正。而因時乘勢,正可從事,故不害用工。《孟子·公孫丑篇》云'必有事焉而勿正',勿正猶此云'不可正','有事'猶此云'用工',孟子語意與此正同,趙岐注殊不了。"純一案:凡事當創始時,疑慮無定,成敗不可知,要當勇猛精進,審度機宜,終必有成也。故事前具有正見,預期成效,而勤慎赴的者,最可貴也。

且目。猶是也。張云:"'且',未然之辭,亦方然,故曰猶是也,是如此也。"且然,必然;且已,必已;且用工而後已者,必用工而後已。猶是心耳,且以爲然,必然;且以爲已,必已。已,止也,且將用工而後已者,必即用工而後已。凡事興廢,悉隨心轉,苟能擺慮不疑,終必人定勝天。下文"均之絶不,説在所均",所以明此義也。此即釋氏心生種種法生,心滅種種法滅之理。

均之絶不,孫云:"吴鈔本作'否',古通用。"説在所均。孫云:"謂均其縣,則將絶而不絶也。"

均目。髮均縣輕重,張其鍠云:"孫讀'髮均縣'爲句非是,此'均'字義屬縣,下兩'均'字義屬髮。"而髮絶,不均也。均,其絶也莫絶。孫星衍云:"《列子·湯問篇》有此文,張湛注云:'髮甚微脆,而至不絶者,至均故也。'今所以絶者,猶輕重相傾,有不均處也。若其均也,寧有絶理,言不絶也。"張其鍠云:"《列子》之文與張湛之義皆非也,《列子》原文云'髮引千鈞,勢至等也',其義以爲髮均則可引千鈞。張湛云:'夫物之所以斷絶者,必有不均之處,處處皆均,則不可斷,故髮雖細而得秤重物者,勢至均故也。'又云:'以其等之故故不絶,絶則由於不等。'故墨子亦有此説。今考《墨經》之義,實不如此,此由稗販作僞書者不通經義,故易成似是而非之謬談耳。髮之所縣,祇任所堪之重,過其所任,無不絶也,縣重爲髮所勝而忽絶,乃可謂不均耳。《説》言'髮均縣輕重',言均縣則縣非一髮,言均輕重則均非一縣,他髮不絶而此髮絶,故責其不均。若以一髮縣千鈞而絶,而實其不均。此不求其故之説,墨家所無也。"純一案:此説尚可演爲三義:(一)教人於所研究之對象,雖毫髮之微,必從物觀的標準,精密審察,不容雜以主觀的偏見,破人聰明自用之我執也。慎到曰:"措鈞石使禹察之,不能識也,縣於權衡,則釐髮識矣。"(《意林》)蓋本此爲説。此一切學術,

所由能求其真，而應用於無窮也。（二）天下事有毫髮之不均，即不得其正，而無限禍機伏焉。此墨家所以貴平等，無異釋氏，無盡德業所由成也。《列子·仲尼篇》“公子牟曰：髮引千鈞，勢至等也”，亦即本此。（三）天下事雖至將傾覆之時，苟知其幾，無難權衡輕重以求其平，立時救正之。辯經言近旨遠，於此略發其覆。

堯之義也，聲於今，而處於古，而異時，説在所義二。“聲”舊作“生”，王樹枏云：“《經説下》云‘堯之義也，是聲也於今，所義之實，處於古’，據此則‘生於今’，當爲‘聲於今’，言有義之聲於今，而義之實則處於古也，故曰‘所義二’。”純一案：王校是也，今據正。孫云：“古今異時。”張云：“‘二’，名實。”

堯霍或以名視人，孫云：“‘視’與‘示’通。”或以實視人。“霍”並下文“臛”，疑均爲“臞”之譌。《文子·自然篇》曰：“神農形悴，堯瘦臞”，亦見《淮南子·脩務訓》，當據改，下同。蓋堯所以瘦臞，爲勞天下而致，正其義之實也。舉友富商也，是以名視人也。指是臛也，“臛”當作“臞”。是以實視人也。“友富商”三字，義不可通。“友”當爲“堯”，草書形近而譌。“富”當爲“寔”，亦形譌，蓋“是”字誤加“宀”。“商”字，伍改作“帝”，是也。案：《兼愛中篇》“以祇帝夏”，“帝”亦譌“商”可證，此文疑本作“舉堯是帝也，是以名視人也；指是臞也，是以實視人也”，文義相對，證明義二之旨顯然。堯之義也，是聲也於今，所義之實，處於古，曹云：“實在古，名在今，因時異而義異也。”若殆於城門與於臧也。言若者，喻結也。“臧”，“藏”正字，謂堯之義，自古至今，若城門然，足令人盡入其中藏身而安也。義之虛聲，利人且然，況自苦爲義之實，以交相利者乎？此破人尊古薄今，徒尚義聲之惑也。

狗，犬也。孫云：“《説文·犬部》云：‘犬，狗之有縣蹏者也。’‘狗’，孔子曰：‘狗，叩也，叩氣吠以守。’《爾雅·釋畜》云：‘犬未成豪，狗。’此疑同《爾雅》義，謂同物而大小異名。”而殺狗非殺犬也，不可，孫云：“《莊子·天下篇》‘辯者曰：狗非犬’，即此義。《釋文》司馬彪云：‘狗、犬同實異名。名實合，則彼所謂狗此所謂犬也；名實離，則所謂狗，異於犬也’。”欒云：“‘可’上脱‘不’字。”伍校同，純一今據補，案：《經》渾言狗即犬，故曰殺狗非殺犬，不可，説在重。《説》析言狗非犬，故曰殺狗謂之殺犬，不可。“若兩暁”，説與經義相反，蓋示不定因，非經敵自兩宗共許，或破或立，兩俱不成也。要之如實立量，當以大者名犬，小者名狗爲當，犬狗兩名，實異不重。説在重。孫云：“《經説上》云：‘二名一實，重同也。’”

狗目。狗，犬也。據下云“若兩暁”，犬上疑當有“非”字。而殺狗謂之殺犬，不可，“而殺狗不”四字，從孫校增。若兩魄。孫云：“此《經》云‘殺狗非殺犬’，亦即‘名實離’之義。”純一案：許書泥守孔子狗叩之訓，殊欠精析。《爾雅》狗屬云“未成豪，狗”，郭注云：“狗，犬子，未生𣯛毛者。”《爾雅》牛屬云“其子犢”，郭注：“今青州呼爲㸴。”《廣韻·四十五厚》：“‘㸴’注：犪牛子也。”《玉篇·豸部》、《廣韻·四十五厚》，並有豿字，注曰熊虎之子，《說文》無豿字，蓋漏也。《爾雅·釋獸》“熊虎醜，其子狗。”“狗”據《玉篇》、《廣韻》當作“豿”，始與稚犬有別。《說文·馬部》云：“馬二歲曰駒。”然則犬子曰狗，猶牛子曰㸴，熊虎之子曰豿，馬子曰駒，皆句聲，亦兼意焉。《禮·月令》“季春之月，句者畢出，萌者盡達”，鄭注云：“句，屈生者，句爲草木給生之象，故用以形獸之稚。”足證狗爲犬子，狗同於犬，實異於犬，故“殺狗謂之殺犬，不可。”魄，疑傀之譌。《荀子·性惡篇》“則傀然獨立於天地之閒而不畏”，楊注：“傀與塊同，獨居之貌也。”此以渾言總相，狗可云犬，析言別相，狗實非犬，兩名孑然獨立，不容混也。此破不辯異同之謬也。

使殷美，孫云：“殷說作‘殿’。”說在使。張云：“‘殷’當爲‘殿’，軍後曰殿。”純一案：依張說，《周禮·鄉師》疏：“軍在前曰啓，在後曰殿。”殷，疑當爲“啓殿”二字之脱譌而合者。美，當爲“義”之形誤，此文當作“使啓殿義，說在使”。謂或“使”在前而“啓”，或“使”在後而“殿”，孰義，惟在所使之宜。

使，目。令，使也。據下文“殿”字審校，此疑脱“啓”字。我疑“義”之殘，下脱“亦”字。使我，疑“啓”之譌。我不“我不”疑當作“不義”，“我”爲“義”之殘，又倒著“不”上。使衍文當删。亦使我疑亦“啓”之譌。殿戈疑“義”之殘。亦使殿，不美疑“義”之譌。亦使殿。此文舛錯過多，義不可通，疑當作：“使令，使也。啓，義亦使啓，不義亦使啓。殿，義亦使殿，不義亦使殿。”言無論爲啓爲殿，既令使之，義即在是，縱或不義，亦以勉從使令爲義也。或以堯有義之聲啓於前，墨有義之實殿於後，寄意也，今校如此，未取肊斷。

荆之大，其沆淺也，“沆”舊作“沈”，從孫校改，《說》同。說在具。孫云：“‘淺’，褊也，言荆地廣大，而其國所有之沆澤，則不害其褊淺，《莊子·天下篇》‘辯者曰：郢有天下’，與此意異，而辭可相證。”

荆目。沆句。荆之具也，“具”舊作“貝”，依《經》文改。則沆淺非荆淺也。孫云：“《說文·水部》云：‘沆，大澤也。’言沆在荆，則沆即爲荆之所有也。然沆包於荆畺域之中，則沆雖淺狹，無害於荆之廣大，故曰沆淺非荆淺。”伍云：“此言换詞法之易誤者。荆，楚也；沆，大澤也。‘具’謂具區，《爾雅·釋地》‘吴越之間有具區’，即古之震澤，戰國時屬楚。沅爲澤名，楚爲國名。大小，以國言；深淺，以澤言。澤可以言有大小，國不可以言有深淺。沅雖楚地，然荆之大，非沅之大，沅之淺，非荆之淺也，故曰‘荆之大，其沅淺也，説在具。’”

若易五之一。孫云：“‘之’，猶與也。”純一案：言荆與沅，若五與一之比，故不可以沅之淺，斷定荆之淺，質量異也。

以楹爲摶，“楹”舊譌“檻”。從孫校正。於以爲無知也，説在意。曹云：“‘楹’，柱也。‘摶’，圓也。柱之形圓，一見而可知也，其大小之算，非度量不能知也，徒知其圓，猶未知也。意者，心之所發也，此亦明目見，不可爲心知也。”純一案：柱之爲圓，世共知之，而其圓度，果在在中規否？無知之者。是知柱之爲圓，不過以意逆之，然正不必以有涯之生，逐無涯之知，適意於一兼可也。

以楹之摶也見之，其於意也不易，无智意相也。“无”舊誤“先”，孫云：“‘先智’疑當作‘无智’，‘无’古文‘奇’字，‘无’與‘先’形近而誤。无智，即《經》云‘無知也’。”純一今據正。若楹輕於秋，孫云：“‘秋’，當讀‘萩’，《説文·艸部》云：‘萩，蕭也。’王本作‘萩’。”曹云：“‘秋’，秋毫也。”張之鋭作“秋毫”。其於意也洋然。柱之形圓，目見之以爲然，其於意也亦無變易，是無知意相也。“相”即荀子非相之相，猶象也，無知意相，不察察爲明也。《莊子·齊物論》云“聖人愚芚”，《老子》云“我獨昏昏”，是其義。“若楹輕於萩”，即《齊物論》舉莛爲楹道通爲一之説，或謂楹輕於秋毫者，蓋猶釋氏色即是空之恉。“其於意也洋然”，《楚辭·大招》“西方流沙，漭洋洋只”注：“無涯貌也。”此言洋然，蓋以其意視楹輕於秋毫，廣而無所別析，形容無知之意相，非世人有知（即識），浪生分別，不能游心於物之初者比也。無知者，猶釋氏所謂無分別智，老子所謂大智若愚也。至是物無大小，心無内外，寥廓天地之根，盈意中而生春矣。蓋墨氏心超物表，兼以正別之神思，宛然如見，此教人格物致知，乃至破分別執，薦取本來也。

意未可知，孫云：“此與下文不相屬，《説》亦無此義，或當別爲一經而挩其半，下經又挩其發端語，遂并爲一與。”説在可用過仵。畢云：“即‘午’字異文。”伍云：“‘意’同‘義’，‘仵’同‘午’，古文作‘乄’，表交叉之義。”

段，椎，錐，俱事於履，伍云：“‘事’同‘剚’。”可用也。孫云：“《説文·殳部》云：‘段，椎物也。’《金部》云：‘錐，鋭也。’《説苑·雜言》云：‘干將鏌鋣，以之補履，曾不如兩錢之錐。’”純一案：《廣雅·釋詁》：“二鍛，椎也。”王氏《疏證》云：“李善注《長笛賦》引《倉頡篇》云：‘鍛，椎也。’《考工記》攻金之工有段氏，段與鍛通。”此言段椎錐，俱可爲從事於履之用。成繪屨過椎，孫云：“‘繪’疑當爲‘繒’，‘過’當爲‘遇’，下同。《説文·糸部》云：‘繒，帛也。’古爲屨冬皮夏葛，蓋亦或以繒帛爲之。”與成椎過繪屨同，過仵也。“仵”舊作‘件’，陸本、唐本俱作“件”。張云：“‘件’不成字，依《經》當作‘仵’。”今據正，曹本王本並同。孫云：“‘仵’與‘啎’同。‘啎’，逆也。此謂繒爲作履屨之材，段椎錐爲作履屨之器，材與器兩者遇仵以成履屨，相須而爲用也。”伍云：“此言换詞法之不誤者，義未可知，言意義相等，换詞俱通。可用，通用之義，謂换質；過仵，交互之義，謂换位。其公式如下：

（一）可用（换質法），譬如爲履，“段，椎，錐，俱事於履”。今立辭云：

段事于履　甲＝丁

椎事于履　乙＝丁

錐事于履　丙＝丁

此三辭意義相等，换質皆通，故曰“段，椎，錐，俱事于履，可用也”。

（二）過仵（换位法），譬如爲履，“錐與履相穿過”。今立辭云：

履過錐　甲＝乙

錐過履　乙＝甲

此二辭意義相等，换位皆通，故曰“成繪履過錐”與“成錐過繪履”同。過，仵也。以上比詞類推之律令。

一少於二而多於五，説在建位。曹云：“‘位’原訛作‘住’。‘建’，立也。位，上下左右之位也，珠算之法，上二下五，上一當五，下一當一，左一而當十，右十而當一，故曰‘一少於二而多於五’，視其所立之位也。”孫云：“‘建’當作‘進’，即算位之二五進一十也。”張之鋭從孫校作“進位”，云：“數始於單位，倍一爲二，故一少於二，至十則還復爲一，十函二五，故一多於五也。進位，即算術之以十進位也。”純一案：“建”不必破作“進”，曹説是也。

一，目。五有一焉，一有五焉，十二焉。張云：“五析之，則有一者五，是一少於二也。建一以爲十，則一有五者二，是多於五也。建一爲十，累一爲二。”俞云：“五有一者，一二三四之一也；一有五者，一十一百之一也。”伍云：“十二焉，當作一二焉。五有一焉之一，爲單位之一；一有五焉之一，爲進位之一，故曰一二焉。”純一案：此以一攝多，破人執一之陋見也。

非半弗新，畢云：“《玉篇》云：‘新，知略切，契也。’”盧云：“‘新’當與‘斫’、‘斮’義同。”楊云：“‘新’同‘檣’。”孫云：“楊説是也。《集韻·十八藥》云：‘檣，《説文》斫謂之檣，或从斤作新。’此新即新之變體，舊本作新，譌。新、斫同詁，與

‘斮’音義亦略同。”則不動，説在端。《説文·半部》云：“‘半’，物中分也。”宋育仁《説文部首箋正》云：“凡物中分之，則兩俱成半，又取半而中分之，則又有半焉，半之意無窮也。”案：非半弗斱，則端之因斱而見於半者，似乎愈斱愈多，而端之質量如故，未嘗變動也。端爲質之點，釋氏謂之微塵，唯識家謂之極微，《唯識論》云：“諸瑜伽師，以假想慧，於粗色相，漸次除析，至不可析，假説極微。雖此極微，猶有方分，而不可析，若更析之，便似空現，不名爲色，故説極微，是色邊際。”見《唯識述記》卷七第二十四葉。今物理學者，謂之原子，更精析之，名曰電子，謂分析一物，至不可分析時，一一質點自在，終不變動，義與此同。如算學中之微積分，亦可説明此理，張之鋭《墨經緒論》並圖説，可參攷。梁云：“此論物之分析，陳義甚精。”

非斱半“非斱半”，文義不順，當作“非半斱”。進前取也，孫云：“非半而斱之，則每斱前進也。”張之鋭云：“不由半斱之，而自一端斱之，挨次進前以取之也。”前則中無爲半，進前取，則中分處兩半不均，似無所謂半也。猶端也，然端之質量無增減也。前後取，則端中也。若前後適中而取，則端之見於中分者，亦如故。斱必半，毋與非半，不可斱也。要之斱必半，抑或非半，而端終古不動，不可斱也。毋，語助。孫云：“《莊子·天下篇》云：‘一尺之棰，日取其半，萬世不竭。’（純一案：此説明端所以不動之理。）《釋文》引司馬彪云：‘若其可析，則常有兩，若其不可析，其一常存（純一案：兩端一端，不動一也）。故曰萬世不竭，即此義也。”純一案：此章冢“一”而次之，蓋以“一”爲天下之至少，而亦天下之至多，釋、老二氏，均極闡發此理。惠施云“至大無外，謂之大一；至小無内，謂之小一”，亦本此。後儒析理不精，輒謂施龍爲詭辯，未免厚誣古人，遺誤來學。此示物質不滅之理，破非兼者不了解生死之惑也。

可無也，有之而不可去，張之鋭云：“言本可無也，若已有之，則不可復去。”説在嘗然。“嘗”與“常”通，凡物之未形爲有時，似無也，非真無也。蓋自未有天地已然，既有天地亦然，自古及今，凡有之所在，即無之所在，常恒不變，不可去也。蓋無可離有而常然，有不可離無而常然，故曰“可無也”。有之而不可去，説在常然，此無，即兼之異名，無窮之有之實相。無去無來，無增無減，無内無外，無始無終，學者了知此義，始可與言墨道。

可無也，已給則當給，不可無也。“當”與“常”通，“當給”讀若“常給”，此實非無而可名無者，其與萬物接也。至無而供其求（《莊子·天地》），既給乾以資始，又給坤以資生，萬物皆往資焉而不匱（《莊子·知北游》），太虚寥廓中，曾無無無之所，孰能外無而自爲有哉。梁云：“此與科學物質不滅之理，及佛典業力相續、藏識常在之理，皆相發明。”久，有窮無窮。此無之至真至常也，先天地生而不爲久，日月得之終古不息（《莊子·大宗師》），故其資給萬有也。以疆域言，天地有窮此無無窮，以時期言，天地有窮，此無無窮，從知此似乎可無，實不可無者，蓋即兼之總相也。此破非兼者，不知有非真有、無非真無之惑也。

正而不可摇，“摇”舊作“擔”，孫云：“《周禮·矢人》‘夾而摇之’，《釋文》云：‘摇本又作搖，搖即摇之變體，漢隸凡從䍃之字，或變從㐫。’《漢書·天文志》亦云‘元光中天星盡搖’，‘搖’與‘擔’形近而誤。《史記·建元以來王子侯表》‘千鍾侯劉搖’，《漢書·王子侯表》作‘劉搖’，是其證。”純一從孫校改。説在摶。孫云：“《説文·手部》云：‘摶，圜也。’圜者，隨所置而正，故云不可摇。”張之鋭云：“‘正’，謂圜之中垂直綫也。不可摇者，謂圜之中垂直綫，不可動摇也。”

正，目。丸，舊作“九”，畢云：“一本作‘凡’。”孫云：“顧校季本亦作‘凡’，今以文義校之，當是‘丸’之形誤，謂正圜之丸，下云‘摶’，即圜丸之形也。”純一今據正。無所處而不中縣，摶也。孫云：“《考工記》云‘直者中縣’，正丸，即立圜，隨所轉側，而其中綫必正直，故云無所處而不中縣，即經‘不可摇’之意。”張之鋭云：“丸雖圜轉，而中垂直綫，則不論如何位置，常中縣成直角，所以然者，以其形摶，中心去圜周，無處不等長也。知此理，則知萬物之在地球，爲地球中心所吸，亦無往而不成中垂直綫，以地球體圜如丸，中心重心，併居一位也。”純一案：張説精審，並有圖説，宜參觀。此以物理重心在中，正縣不摇，喻人當冥契一實中進，擇乎中庸，拳拳服膺而弗失也。唐王起《墨子迴車朝歌賦》，可爲正而不摇之説明，《淮南子·主術訓》曰“動静循理”，“一度而不摇”，是其義。

宇進無近，説在敷。張之鋭云：“東西南北謂之宇，宇無所往不在。此之近，或爲彼之遠，彼之近，或爲此之遠，是近即遠之發端，故在宇内進行者，無所謂近也。”按：宇進無近之理，亦可知地形爲圜，蓋發端之近點，進行一週，必爲至遠之點也。敷，施也，《説》云：“進行者先敷近後敷遠。”曹云：“‘宇’，天所覆也。進，前行也。無近者，宇内之廣遠，非人行所能窮也，若天之所覆則無所謂遠近也。《莊子·天下篇》云：‘我知天下之中央，燕之北，越之南是也。’”燕越且不可爲南北，何遠近之有，此又明地圓之理也。

宇，目，舊譌“字”，從孫曹校改，又倒置舉下，從曹本乙。區宇不可偏舉也。“區”舊作“傴”，從曹校改。張之鋭云：“宇無不包，不可偏舉一處，以是爲宇之區域也。”進行者，先敷近，後敷遠。張之鋭云：“言進行者，先施於近，後乃施之於遠，進行無垠，不以近止，故曰宇進無近也。”曹云：“‘區宇’，以大地言也，謂之區者，小也。《列子》云：‘天地空中之一細物，有形之最巨者是也。’不可偏舉者，猶上條所謂無處不中，天圜地亦圜也。人在地上行者，以先後謂之遠近爾。”純一案：《易·坤卦》云“行地无疆，亦知地形本圓也”，此猶釋氏云“此空無異彼空，破世人方域遠近之惑也”。伍云：“此章以區宇不可偏舉，釋宇進無近，其視空間，何等遼闊，鄒衍談天，疑受此論影響，惜當時中國無哥倫布者流，走徧南北極以探窮荒也。”

行修以久，“修”舊譌“循”，據楊、張、孫校改，張之鋭云：“修，長也。”説在先後。《禮記·大學》云“物有本末，事有終始”，“本始所先，末終所後”，蓋進德定程也。“行”，本也；“學”，末也。《修身篇》云“士雖有學，而行爲本焉”，心無竭愛，身無竭恭，口無竭馴，立德在先也。暢之四支，接之肌膚，華髪隳顛，而猶弗舍，卒成聖人，成德在後也。此承上文以行路喻修德，謂行遠必自邇，無慮途長，積時既久，終必達其欲至之地。宇宙間無盡德業，有恒心毅力者，無不圓成，蓋内聖外王，無近功也。《老子》曰“千里之行，始於足下”，孔子曰“仁者先難而後獲”，義可互明。佛典《菩薩地·第七地》：“名遠行地，地地入住出，先後次序秩然，宜參稽也。”

行，目，舊涉下文衍“者”字，今删。行者必先近而後遠。不可躐等。尹云：“《管子·版法》‘召遠在修近’。”遠近，修也；先後，久也。“遠”下舊本有“脩”字，俞云：“上‘脩’字衍文，遠近脩也，先後久也，相對爲文。以地之相去言曰脩，以時之相去言曰久。”孫據删，云：“‘脩’吴鈔本並作‘修’，‘脩’叚字。”民行修，必以久也。尹云：“民脩由於己脩，所謂身必脩，乃可治國者。”張云：“久道化成。”伍云：“此破今日適越而昔至之説。”純一案：今日適越而昔至，頓悟之境也。行修以久，説在先後，漸修之功也，蓋真是道者貴親證，有頓悟，無頓修也。《論語·憲問篇》曰：君子修己以敬，先近也；修己以安百姓，後遠也，必以久也。

一法者之相與也，盡類，“類”字從孫校增。若方之相合也，“合”舊本譌“召”，王引之云：“‘召’當作‘合’，《經説下》云：‘或木或石，不害其方之相合也。’‘一’，同也。‘一法’，同法也。《廣雅》：‘與’，如也；‘盡’，猶皆也。言同法者之彼此相如也，皆若物之方者之彼此相合也。”孫據正。説在方。曹云：“方者法也，法從方出，故圓者天象之自然也。方者，制器之用也，《周髀算經》‘圓出於方，方出於矩’。”伍云：“‘法’，式也，猶今言公式。盡類，謂凡同類者，莫不然也，凡同類者，可得一公式，而一公式之適用範圍，盡於其類。譬如方形爲直角，而角度九十，則無論何物質之方形，其角度皆同，故曰‘一法者之相與也，盡類若方之相合也，説在方’。”

一方盡類，“類”舊譌“貌”，倒著“盡”上，王引之云：“當作‘一方盡類’。‘一’，同也，言同具方形，則其方盡相類也。”孫據正，云：“《吕氏春秋·别類篇》云‘小方大方之類也’，即此‘一方盡類’之義。”俱有法而異，孫云：“‘一方盡類’，明其方之同，俱有法而異，明同方之中，仍有異也。”或木或石，不害其方之相合也。“合”舊作“台”，王云：“言物之方者，雖有方木方石之異，而不害其方之彼此相合也。作‘台’者，字之誤耳。”孫據正。盡類猶方也，“類”舊作“貌”，從王校改。孫云：“‘猶’與‘由’通，言其所以盡相類者，由於同方也。”物俱然。“一法盡類”，即因明之宗。方爲因，則木與石雖不同類，而木爲方木，石爲方石，方盡同類，故或木或石，不害其方之相合也。此木彼石，盡同類者，由於方也，以此推之，物物俱然。蓋類即因明之喻，相類爲同品，不相類爲異品，或由多類合爲一類，爲歸納法，或由一類推爲多類，爲演繹法。總視其立宗如何，而明了其因之爲異爲同，不相違耳。一方盡類，在因明爲同品定有性，蓋破非兼者不知一切即一之陋執，《兼愛下》云“别非而兼是者，出乎若方也”，可證。伍云：“俱有法者，謂同具一公式也。異，謂其中有不同之點也，凡同類者，可同用一公式，雖其中有不同之點無害，譬如凡方形之類，皆直角九十度，雖其質有木石種種之不同，而直角之爲九十度，則莫不同也，故曰：‘方盡類，俱有法而異，或木或石，不害其方之相合也。’凡一公式之適用於其類，與方形之適用於其類也同，水性能濕，無分江海，火性能燒，無分薪炭，凡同類者必同一公式，與凡方形之皆爲直角同例，故曰‘盡類猶方也，物俱然’。此章以幾何論證，證類之必同。”

狂舉不可以知異，梁云：“所舉不當，謂之狂舉。《公孫龍子·通變篇》云‘無以類審，是謂亂名，是謂狂舉’，即此義也。”伍云：“狂舉，非正舉也，辯不中律之謂，因明謂之過。中效合法者，謂之正舉，反是，謂之狂舉。知異，辨異也，猶今言分類。辨異之法，同品有；異品無。正，同品有，異品有、不正。狂舉者，謂不合於同品有，異品無之正律也。”説在有。“狂舉”，即因明之比量相違，異即差别相，亦名相違因，有即差别性。如《説》云“牛有齒，馬有尾”是俱有，不可以知異，若舉以爲異，是狂舉也。《説文·有部》云：“有，不宜有也。”段注，謂本字不當有而有之偁，引伸遂爲凡有之偁。案：此有，蓋本義也。

狂，目，舊倒置“牛”下，從曹本乙。牛與馬惟異。孫云：“‘惟’，公孫龍書作‘唯’，並與雖通，言牛馬性雖異，然其所以異者，不在齒與尾也。”以牛有齒，馬有尾，説牛之非馬也不可，是俱有，張云：“牛亦有尾，馬亦有齒。”不偏有，偏無有，不、非同。曰：牛之與馬不類。“牛”字從盧校增。用牛有角，馬無角，是類不同也。若舉牛有角，馬無角，以爲是類之同也，同上“不”字，從孫校删。是狂舉也，猶牛有齒，馬有尾。梁云：“此言辨物之異，須舉其屬性特異之點。牛之所以異於馬者，非以其有齒也，以其有角也；馬之所以異於牛者，非以其有尾也，以其無角也。何也？牛固有齒，馬亦有齒也；馬固有尾，牛亦有尾也。如辨孔、墨異同，而云‘孔子著書’，‘墨子講學’，是不足以明孔、墨之異也，云‘孔子尊樂’，‘墨子非樂’，則足以明其異矣。”胡適云：“（《中國哲學史大綱》卷上二百二十二頁）張崧年説：偏有偏無的‘偏’字，當作‘徧’字。偏有偏無有，即是因明學説的同品定有性，異品徧無性。如齒如尾，是牛馬所同有，故不能用作牛馬的差德。今説牛有角，馬無角，是舉出牛徧有馬徧無有的差德了。這種差德，在界説和科學的分類上，都極重要。”純一案：胡從張崧年説兩“偏”字，當作“徧”，非。如作“不徧有”，則與是“俱有”矛盾，“徧無”更與“俱有”矛盾。矛盾，即自語相違過。此言齒與尾，是牛馬所俱有，非牛偏有齒，馬偏有尾，亦非馬偏無齒，牛偏無尾。不偏有，偏無有，所以找足是俱有之義。乃胡屬下讀，謬甚。墨子立説精密，與因明同，蓋破相違決定之失也。

不可牛馬之非牛，與可之同，説在兼。孫云：“‘兼’，謂兼舉牛馬也。”純一案：兼舉牛馬，不可云非牛，因非無牛也；亦可云非牛，因非盡牛也。同是未決定因也。

不，目，舊倒置“或”下，今乙。或非牛而非牛也可，則或非牛或牛而牛也可，故曰牛馬非牛也，未可，牛馬牛也，未可。則或可或不可，而曰牛馬牛也未可，亦不可，且牛不二，馬不二，而牛馬二，則牛不非牛，馬不非馬，而牛馬非牛非馬，無難。兼舉牛馬，其中雖或非牛，而謂之非牛也可，以非單牛也。然牛馬二者之中，或非牛，或是牛，既有牛，則謂其中有牛也亦可。以此之故，若徑曰“牛馬非牛也，未可，以不無牛也，牛馬牛也未可，以非全牛也”，或可或不可，既未決定，則徑曰“牛馬牛也未可，亦不可”。蓋不應以猶豫因，不共許因，濫作違現論證，致犯能别所别俱不極成過也。且牛不二，馬不二，而牛馬二，分析言之，則牛不可謂之非牛，馬不可謂之非馬；若合牛馬爲一而言之，則非牛非馬，無難明知矣。

上文“一法”章，合同，“狂舉”章，辯異。此章渾同異，下章正同異。

彼此彼此舊作“循此循此”，今據《説》及《公孫龍子·名實篇》文，並伍校改。與彼此同，説在異。據説審校，第一“彼此”是截然各異之彼此，第二“彼此”是大致相同之彼此，第三“彼此”是亦異亦同之彼此。是三種“彼此”之名同，而其實各異，故曰“彼此彼此與彼此同，説在異”。案：《公孫龍子·名實篇》本此並後《唯吾謂章》脱化。

彼目。正名者彼此，公孫龍子云：“位其所位焉，正也；其正者，正其所實也；正其所實者，正其名也；其名正，則唯乎其彼此焉”。是此注釋。孫云：“謂言當其名。”彼此可，彼彼止於彼，此此止於此。公孫龍子作“故彼彼止於彼，此此止於此，可”。謝希深注：“彼名止於彼實，而此名止於此實，彼此名實不相濫，故曰可。”是此注釋。張云：“定彼爲彼，定此爲此。”孫云：“謂彼此之名有定，故可。”彼此不可，彼且此也，此亦且彼也。五字從孫校增，公孫龍子作：“彼此而彼且此，此彼而此且彼，不可。”謝希深注：“或以彼名濫於此實，而謂彼且與此相類，或以此名濫於彼實，而謂此且與彼相同，故皆不可。”是此注釋。孫云：“此謂彼此之名無定，故不可。”彼此亦可，孫云：“此言彼此在有定無定之間。”彼此止於彼此，若是而彼此也，則彼亦且此，此亦且彼也。“亦且彼”三字，從孫校增，公孫龍子云：“夫名實，謂也，知此之非此也（下“此”字今校增），知此之不在此也，則不謂也（“則”舊作“明”據下文改）。知彼之非彼也，知彼之不在彼也，則不謂也。案：此不謂此，彼不謂彼，故此可彼，彼可此，彼此亦可。《莊子・齊物論》云：“物無非彼，物無非是，是亦彼也，彼亦是也，果且有彼是乎哉？果且無彼是乎哉？”可相發明。蓋彼此可者，世閒名實正也，彼此不可者，世閒名實疑也。彼此亦可者，出世閒法，遣名顯實，彼此同於一兼，而無彼此之别者也，此知正名之難也。

唱和同患，説在功。《説文・心部》：“患，憂也。从心上貫吅，吅亦聲。”《詩・皇矣》“串夷載路”，《釋文》云：“串，古患反，一本作患，是患與串聲義並同。”“唱”，古亦作“倡”，《淮南子・繆稱訓》曰：“故倡而不和，意而不載，中心必有不合者也。”不合，即是不串，唱和同患，蓋謂唱者和者一心相串也。唱即教，先覺覺後覺也；和即學，先自覺而後覺他也，教學相長，有功於文化者大矣。《禮・學記》曰：“化民成俗，其必由學乎？”“敬業樂羣”、“博習親師”諸説可互明。又以“憂”訓“患”，亦通，唱和同患，言教者學者，同爲天下憂患，其功甚大，正墨子徧從人而説之（《公孟》），望人皆和之之意，《易・繫辭下》作“易者其有憂患乎”，作《墨經》者亦然。曹本改“患”作“串”也，注云：“串與貫同。唱，教也。和，學也。貫，習也。同貫者，猶云教學相長也。功者，凡有益於人。有益於己，皆有功也。”欒云：“患同串，《論語・述而》‘子與人歌而善，必使反之，而後和之’，亦學之之意也。唱和同串，似謂不及我者教之，過我者學之，一身兼教學二事而行之。”

唱無遇，“遇”舊作“過”，孫云：“即下云‘唱而不和’，‘過’疑當作‘遇’，

‘遇’與‘偶’通，下同。”純一案：孫説是也，今並據正。無所周，若稗。舊作“粺”，孫云：“當爲‘稗’，《説文·禾部》云：‘稗，禾别也。’此喻無所用，若荑稗。”純一今據改，昭十三年《左傳》“使周走而呼”，注：“周，徧也。”言唱而無和，則不能周徧。若稗，明唱而不和之故，因若荑稗視之。和無遇，孫云：“即下云‘和而不唱’。”使也，不得已。孫云：“謂人不唱使然，明非和者之過。”唱而不和，是不學也，智少而不學必寡。孫云：“‘必’上有脱文。”楊云：“疑脱‘功’字。”純一案：此文注重“寡”字，《詩·桃夭》序箋疏引《爾雅》“無夫無婦，並謂之寡”，言少匹對，猶孤陋之謂。此言唱而不和，已屬無知，知少而不學，必益寡陋，無須補“功”字。和而不唱，是不教也，智而不教功適息。孫云：“疑當作‘智多而不教’。”純一案：此文注重“教”字，“智”下不必增“多”字，蓋“智而不教功適息”，與“智少而不學必寡”，文以相錯見義，不必字對。細玩章旨，唱和對舉，義頗側重唱邊。以必有唱者；然後能望人和也，唱者多，和者亦多，則和者即是唱者，然無和者，則唱者無繼，何有傳人。下文取喻以唱者爲主，和者爲從言之，墨子毅然創教之精神，今猶可想見也。若使人奪人衣，罪或輕或重，使人予人酒，功或厚或薄。舊無“若”字、“功”字。孫云：“句首疑脱‘一’字，此蓋喻不和不唱之無功。”純一案：孫説是也，句首今補“若”字，説用喻結，通例也。酒下今補“功”字，與“罪或輕或重”對文，閔二年《左傳》：“衣，身之章也。”有文物加被意。《禮記·射義》：“酒者，所以養老也，所以治病也。”故以爲喻，謂唱與和並爲功，然有和者而無唱者，固無如何也。設有唱者而無和者，又奈何？唱者縱欲以文物徧被於人，如衣然；而不和者，無異奪人之衣，使不能普被於其身。孰知僅奪一人之衣，其罪輕，而此不和者，實無異使人徧奪人之衣，其罪甚重也。雖然，人不和而我必唱，唱之果力，必有和者，是猶以養老治病之酒予人，且使人人互相予。若和者衆，則唱之爲功厚；和者寡，則唱之爲功薄。故無論人之和不和，而我必唱，不容已也。此似墨獨自苦而爲義（《貴義》），而天下多聞兼而非之者（《兼愛下》），故爲此寓言也。《荀子·脩身篇》曰，“以善先人者謂之教，以善和者謂之順”，蓋亦期善之不絶也。

聞所不知若所知，則兩知之，説在告。粟菽之多少所不知，聞人告以已量之石斗，則若所知；絲麻之輕重所不知，聞人告以已權之銖兩，則若所知，此唱和同串之功也。蓋以所知告人者，唱也，先知覺後知也。以有所不知而尊聞者，和也，聞所不知若所知，則後覺復爲先覺，功在轉相告也。知必兩知，猶之愛必兼愛，利必交利也。曹云：“多聞者，所以廣知也，己不厭於聞，則人樂於告也。”伍云：“告之爲用，在使人知其所不知，而其術，則在利用人之所已知。是故告老藉人之所已知，而告以所不知；

聞者因聞己之所已知，而遂知己之所不知也。故曰‘聞所不知若所知，則兩知之，説在告’。”

聞，目。在外者，所知也，在室者，此六字舊脱，從梁校補。所不知也。言在外者所親知，在室者所不知。或曰在室者之色，若是其色，孫云：“言告以在室者之色，與在外者相若。”是聞所不智，“聞”字舊脱，從伍校補。若所智也。張之鋭云：“言在内者，雖不目見，有人告之，則所不知者，等於所知也。”猶白若黑也誰勝？孫云：“若猶與也。”純一案：問其色究竟誰更白，誰更黑。是若其色也，言其色正相若。若白者必白，今也智其色之若白也，故智其白也。張云：“若正而言之，色若此白者彼物必白，則知其色之若白，可以知其白矣。”梁云：“此文室中室外之喻，謂求知識者，當以所已知者爲基礎，而以求同求異之法，推見其所未知者。如知在外之馬其色白，聞室中之馬與此同色，則知其必亦白；若聞其不同色，則知其非白也。”伍云：“言所不知之色，若所知之色，此例果當，則若某者必爲某，雖不知某，但知所若者，即可推知無誤。”夫名，以所明正所不智，尹云：“《釋名·釋言語》：‘名，明也。’名實使分明也。”不以所不智疑所明。伍云：“承上文推論正名之術，言求知之道，在藉已知之前提，求未知之斷案；不能以未知之斷案，疑已知之前提。譬如以已知之尺，度所不知之長短，而長短可得而知也；若因所不知之長短，並疑及尺亦未可據，則長短終無由知。而世間知識，胥無由生，故曰‘若以尺度所不知長’。”若以尺，度所不智長。孫云：“言所明正所不知，若不知物之長，而以尺度之也。”外親智也，室中，説智也。孫云：“此與《經説上》云‘知方不㢓説也，身觀親也’義同。言在外之色，爲親見而知，以室中之色若在外之色，則聞人之説而後知也。”伍云：“親如説知，分釋經文兩知之義。”純一案：在外者，在門外，喻未學之人無知也。在室者，喻深造有得，可罕譬而喻也，在室者之色若是其色，喻聖凡不二也。言學者不應久處宫牆之外，當即入門歷階升堂入室也，夫名以所明正所不知，是此章要旨。言名以明實，爲用至大，足令人聞所不知，益所知，即所已知，正所不知，斷不致以所不知者，轉令所已明者而滋惑，若不知物之長，而以尺度之，則分寸不爽矣。凡欲正彼此之名實者，當求多知其名，自能知類通達，以所聞知者，告未聞者使無不知，庶幾唱和同串，功無止息時矣。

以言爲盡誖，誖，説在其言。“在其”二字舊倒，孫據《道藏》本、吴鈔本正。案：陸本、唐本並同。張云：“言無盡誖者。”孫云：“謂人言有是非，概斥其非，亦非也。”《國故論衡·原名》云：“謂言皆妄，詰之曰：是言妄不？則解矣，此謂勝彼破也。”

以目。詩，不可也。之人之言可，“之人”舊作“出入”，從孫校改。是不詩，則是有可也。之人之言不可，以當，必不當。舊作“審”，從孫校改。欒云：“太炎好用佛理談墨辯，我不甚謂然，但這條確與因明說的自語相違無二，今引因明入正理論疏一段，以便與説相參。《理門論》云：‘如立一切言皆是妄，謂有外道之一切言，皆是虛妄。陳那難言，若如汝說諸言皆妄，則汝所言稱可實事（之人之言可），既非是妄，一分實故（是不詩則是有可也），便違有法一切之言（以上說在其言之可）。若汝所言，自是虛妄，餘言不妄（之人之言不可），汝今妄說非妄作妄，汝語自妄，他語不妄，便違宗法言皆是妄’（以上說在其言之不可），故名自語相違。”又云：“墨子破此論云：‘爾言詩者，謂不可也。’爾言言盡詩者，謂世人之言皆不可也。若若是，雖他人之言皆不可，而爾言獨可，即不可謂言盡詩。緣爾亦世界中之一人，爾言如可，即不啻謂世人之言尚有不詩者，而爾謂之言盡詩，無乃詩乎？若曰爾言不可，則他人之言固未必皆爲不可，以爾一人之詩，而盡詩世人之言，已屬不可。況爾言詩，爾論即不成立，而人言固不盡詩矣。”伍云：“此駁詭辯家所持言爲盡詩論也。詭辯派之意，以爲凡有言者，其言皆詩，殊不知自己所持之言盡詩論即詩。何則？使此人所持之言盡詩論不詩，則此人之言不詩，而言言盡詩者，不當；使此人之所持言盡詩論亦詩，則言盡詩之論既詩，而仍主言盡詩論爲當者，亦不當。”張其鍠云：“言盡詩，辯無勝，當時有此類學說，故取而闢之，《莊子・天下篇》云：‘彭蒙之師曰：古之道人，至於莫之是莫之非而已矣。’”又云：“而所言之韙不免於非，莫之是非，故惡可，謂無所可，即以言爲盡詩之說也。而復有所韙，則是有可也，故說據而難之。”

唯吾謂，非名也則不可，說在仮。孫云：“‘唯’舊作‘惟’，今據吴鈔本正。《說文・口部》云：‘唯，諾也。’《言部》云：‘諾，應也。’唯吾謂，言吾謂而彼應之，若非其正名，則吾謂而彼將不唯，故不可也。仮與反同。反，謂卻之不應也，《莊子・寓言篇》云：‘與己同則應，不與己同則反。’”純一案：唯吾謂者，言謂合正名，可以唯乎其謂，是立敵共許，所謂真能立也。非名則不可者，言謂非正名，則不可唯乎其謂，是立敵相違，所謂不能立也。一真一妄，二者義相反也。

唯，目，舊作“惟”，從孫校改，下並同。謂是霍可，而猶之非夫霍也。“是”，此也。“夫”，猶彼也。“霍”當作“隺”，前有假隺猶氏隺之説，足見隺是假名，非真名。故此謂此假名之隺以爲可者，尚非彼之所謂隺，彼且以爲不可，必不唯乎其謂，蓋隺非正名，非立敵二者決定共許也。必唯乎其謂者，則名實正，而立敵共許矣。謂，彼是，此之所謂，彼以爲是。是也。正也，當也。不可謂者，毋唯乎其謂，孫云："言凡不可謂者，必無人唯我之所謂。"彼猶唯乎其謂，"猶"、"若"義同。則吾謂行，"行"上舊衍"不"字，從孫校删。彼若不唯其謂，則吾謂不行。舊脱"吾謂"二字，文義不明，據上文"則吾謂行"補。《公孫龍子·名實論》本此並前"彼此彼此"章脱化，曰"其名正，則唯乎其彼此焉"，與此經文有同異，義可互明。曰："彼彼當乎彼，則唯乎彼，其謂行彼；此此當乎此，則唯乎此，其謂行此。其以當而當也，以當而當，正也。"是此説"謂彼是是也，彼猶唯乎其謂則吾謂行"之塙詁，是立敵共許也。曰："謂彼而彼不唯乎彼，則彼謂不行，謂此而此（舊譌"行"，今校改）不唯乎此，則此謂不行，其以當不當也，不當而當，亂也"（"而"下"當"字舊脱，今校補），是此説"不可謂者毋唯乎其謂，彼若不唯其謂則吾謂不行"之塙詁，是立敵相違也。前"彼此彼此"章正彼此之名，此章正彼唯此謂之名，皆因當時名多不正而言也，有孔子正名之意焉，故《管子·樞言篇》云："名正則治，名倚則亂，無名則死，故先王貴名。"伍云："凡辯之道，名與謂並重，中國古代名家最嚴名與謂之分，今人往往不省。名者所同，謂者所獨，如云人，此人字，名也，一切有理性之人類屬之。彼立説曰'人皆有死'，我立説曰'人有不死'，此兩'人'字，謂也。彼所謂人，謂一切之人也，我所謂人，謂某某等人也，人果有死無死，當以名之所共有者爲斷，不以謂之所獨有者爲斷。蓋名者，立敵共許者也；謂者，立敵相違者也。無相違之謂，則辯論之是非不生；無共許之名，則辯論之勝負不決。此名與謂之作用，所以不可偏廢也。故辯之爲道，所用名詞，當以彼此共許者爲界，則彼必唯吾謂，若其名此謂爲可，而難必彼謂爲可者，則彼必不唯吾謂，而談説共喻之道廢矣。案：唯謂非名説之興，其在名學既盛之後。主唯名者，騖名而遠實，甚至以名亂實，故辯者進而主張唯謂，以爲名之所舉者廣，而謂之所行者專。凡辯者所争，皆在謂之是非，而其勝負不僅取決於名，故唯謂之説，似較唯名者爲精進。然持之太過，流爲詭辯，以爲唯吾謂，非關名，則又不可。其末流爲彼是之論，故墨者特起而矯正，既定名謂之界，更申彼是之説，而爲古代名學上放一異彩也。"

無窮不害兼，説在盈否。畢以"盈否知"爲句，今從吴汝綸考定，王本同。孫云："即説人盈無窮不盈無窮之義。"純一案：《經上》云："同異而俱於之一也。"異表無窮，同即是一，所以表兼。無窮，萬殊也。兼，一本也。萬殊攝於一本，不相礙也。《經上》云"盈，莫不有也"，盈即圓滿無缺之義。釋氏所謂"一爲無量，無量爲一"，可互證。墨子利中取大，務兼天人物我而一之，以一天下之和（《非攻下》），蓋證自性本體然也。天下皆聞兼而非難者，由其知之聾盲，或以無窮有礙於兼，謂兼愛不能盈無窮，陋已。張云："人雖無窮，不害兼愛。"

無目。南方，“方”舊作“者”，依孫説改。歐陽云：“‘無’下疑脱‘窮’字，宜用‘無窮’二字標題。”吴摯甫云：“‘無南’當作‘無窮’，不知‘窮’字宜增而誤以‘南’爲‘窮’耳。”孫云：“此南即指南方。無南，猶言南無窮也，古者中國所治地，南不盡南海，又天官家不知有南極，故於四方獨以南爲無窮。《莊子·天下篇》惠施曰‘南方無窮而有窮’，蓋名家有持此義者。”有窮則可盡，無窮則不可盡，有窮無窮未可智，孫云：“‘智’與‘知’同，下並同。”則可盡不可盡舊衍“不可盡”三字，從畢校删。未可智。人之盈否未可智，“盈”下舊衍“之”字，從孫校删。而必人之不可盡，“不”字以意增。人之可盡四字從孫校增。不可盡亦未可智，而必人之不可盡愛也，“不”字從孫校增。誖。孫云：“言持人不可盡愛論者不可也。蓋謂人不可盡愛，則有害於兼愛之説，故墨子非之。”人若不盈無窮，“無”舊作“先”，從孫校改。則人有窮也，孫云：“謂人若不能盈無窮，既不能盈，則是有窮也。”盡有窮無難。張云：“吾愛盡於有窮，不足以難兼也。”盈無窮，則無窮盡也，孫云：“謂人若盈無窮，則無窮既可盈，即界有盡也。”盡有窮無難。此藉名家所持南方無窮而有窮之義，斷定人若不盈無窮，則人有窮，不難盡愛。人若盈無窮，則無窮即有窮，亦不難盡愛之，蓋衆生有盡，我願無盡，衆生無盡，我願更無盡，是其衆生無盡誓願度之大慈，蓋墨道宗趣也，破非兼者之邪見也。孫云：“以上六句，皆難人不可盡愛之説。”

不知其數，而知其盡也，説在明者。此承上章申其義，《大取篇》曰“天下無人”，即《關尹子·九藥》所謂“自然無我，而兼天下之我”義，言人之所以爲人，與我之所以爲我者，一如也。故此云“不必知天下之人數，惟知其當盡愛之，是可謂之明者”，蓋深明本明之性德，彌綸無閒也。

不，目。不知其數，“不”舊作“二”，曹本作“不”，注云：“古書疊字多作二。”今從之，王本同。惡知愛民之盡也。“也”上舊衍“文”字，從張校删。“惡”，注烏切，音汙，安也，何也，此作非兼者問難之詞，既不知人之數，則人數無盡，安知愛民之能盡也？或者遺乎其明也，“明”舊作“門”，與《道藏》本同，今並從張校改，曹本同。此對非難者之答詞，言世謂不盡知其人之數，即不能盡愛其人者，蓋不知無緣之大慈，無漏之兼愛，正不必盡知其人之數而後愛。或者遺忘乎自具之明德，與盡人同具之明德，其本體之明，均未嘗息也。盡明人則盡愛其所明，若不智其數而智愛之盡也，無難。天下無非具有明德之人，必盡愛之，使盡人之明德，盡復其本明，則明德盈無窮而不二矣。《金剛經》云“發無上正等覺心者，應滅度一切衆生，滅度一切衆生已，而無有一衆生實滅度者”，是此“盡明人則盡愛其所明”之真諦。若是則不知其人之數，而知愛之無不盡也，何難?《禮記・大學》云“明明德，作新民”，義同。《華嚴經・十地品》：“初歡喜地有云：如衆生界盡，我願乃盡，如世界盡，我願乃盡，如是衆生界盡不盡，世界盡不盡，我願亦不可盡。”墨氏有焉，此破非兼者不盡知其人，不能兼愛之法執也。

不知其所處，不害愛之，説在喪子者。張云：“不知天下民之所處，而愛可及之。喪，失也。失子者，不知子之所在，不害愛子。”張之鋭云：“所處，謂人所在之處，此亦承上條而申言之，蓋盡則宜知其數，愛則宜知其所處。上言不知其數而知其盡，此言不知其所處而不害愛之，皆就無窮不害兼之義而推闡之也。喪子者，雖不知其子所在之處，固不害其愛之也。以上三條，爲墨子兼愛學説所由成立，而其原則，根於《經上》‘體分於兼，仁體愛也’二語。蓋萬物一體，愛力結合，始生世界，世界無窮，故兼愛亦無窮也。”純一案：張皋文説是也，張子晉注尤精覈，惟謂愛力結合始生世界，語義欠析。吾人所居娑婆染土，固爲衆生業識所變，若夫常寂光土、極樂世界等，爲諸佛法身無量功德所莊嚴，不得謂爲愛力結合。蓋愛力云者，染浄不分之謂，與墨子無緣之大慈，亦不甚相應也。竊謂兼愛，非有緣而滯於情之染愛，蓋無窮之愛，攝於一愛，斯爲兼愛，故不問世界之有窮無窮，人之盡不盡，及各人所在之處，不害明者之兼愛也。此言愛人本於性之一兼，不容自已，猶父母痛愛失喪之子然，不因不知其所處，遂不愛之。《法華經・信解品》云：“譬如有人，年既幼稚，捨父逃逝，父每念子，委付財物。”《楞嚴經・大勢至菩薩念佛章》云：“十方如來，憐念衆生，如母憶子。”墨子慈悲量宏，其揆一也，此所謂愛，乃無所愛而無不愛，是無著之大愛，破非難者以爲兼愛必知其人之數，及所在處之妄也。惜其説亡，無從蠡側，最是缺憾。仁義之爲内外也，“内外”舊倒，孫據吴鈔本乙。内，張云：“此與告子之徒辯義外也。”張之鋭云：“仁内義外，乃當時各家辯論名詞，經舉其説而斷定之，以爲皆在内也。”説在仵顔。曹云：“此辯時人仁内義外之説之非也。仵，偶也。仵顔者，謂兩目在人之顔面，如相偶然也，兩目有左右，而無内外也。”

仁目。仁，愛也；義，利也。張之鋭云：“《經上》云：‘仁體愛也，義利也’。”愛利，此也，孫云：“言愛利心在於己，明其同在内。”所愛所利，彼也。孫云：“言所愛所利惠加於人，明其同在外。”愛利不相爲内外，張云：“俱内。”所愛所利下“所”字舊脱，從王樹枏校增。亦不相爲外内，吴鈔本作“内外”，誤倒。張云：“俱外。”其爲仁内也義外也，孫云：“‘爲’、‘謂’字通，此見《孟子・公孫丑篇》告子語，《管子・戒篇》亦云：‘仁從中出，義從外作。’”純一案：《孟子・告子篇》亦有此説，告子固墨子弟子，足見當時有此談辯。舉愛與所利也，言謂仁内義外者，皆於愛利爲能，所愛所利爲所，未能分明之故。今偏舉愛與所利，能所混淆，遂成非量，墨子明辯之，使羣知愛利俱内，所愛所利俱外也。是狂舉也，以名舉實，當者爲正，不當者爲狂。狂，妄也，亂也。張之鋭云：“言所舉之詞，不合論理。”若左目出右目入。“出”字舊脱，孫據《道藏》本、吴鈔本補，案：陸本、唐本，並有“出”字，目司出入無分左右，此以左目司出，右目司入，喻明仁内義外之非。是之謂真能破，孟子不及也，孟、荀見道，瞠乎墨後，傳言名學，荀優於孟。伍云：“仁内義外，爲告子之説，而孟子駁之，以爲仁義俱内。今觀此論，始知孟子之説，亦偏舉也，以圖式明之：

(愛)内←(仁)→外(所愛)

(利)内←(義)→外(所利)

學之無益也，“無”字從孫校增。説在誹者。張云：“‘誹’，非也，誹學之人。”孫云：“《説》無誹義，此疑當作‘學之無益也，説在誖者’，言厗學爲無益，於論爲誖也。此挩一‘無’字，而‘誖’又涉下文而誤爲‘誹’，遂不可通。”吴汝綸云：“依經説則經之‘誹’讀爲‘誖’。”純一案：依孫、吴二校，則“説”在“誖”下，“者”字嫌贅，此言謂學之無益，説在誹者，義自可通，故《説》斷定其爲“誖”也。下二章連言“誹”，而義迭變，顯見此以誹者啓其端也。《老子》曰“爲學日益”，今以學爲無益，特誹者之妄耳，蓋當時有非學者，故此立量破之。曹云：“此欲人之勤於學也。”

學也，以爲不知，學之無益也，故告之也，是。使智學之無益也，是教也，以學爲無益也教，誖。學必有益，教人學者，是使知學之有益也。然學者有時或不知所學之無益，故教者告之，使知學之無益，是教之有益於學者大也。乃非學者，竟以學爲無益，且以學無益爲教，是自行與自宗相違矣。蓋學必以有益爲宗，謂學無益，則其言誖，教必以學有益爲宗，乃以學無益爲教，則其行又誖，故曰“以學爲無益也教，誖”。案：當時謂學無益者衆，如《淮南子・脩務訓》曰：“今以爲學者之過而非學者，則是以一飽之故絶穀不食，以一蹪之難輟足不行，惑也。”又曰：“欲棄學而循性，是謂猶釋船而欲履水也。”又曰：“夫學亦人之砥錫也，而謂學無益者，所以論之過。”皆是。《禮・學記》曰“教也者，長善而救其失者也”，今以學爲無益也教，適犯自語相違之過也，非誖而何？樂云：“墨子破學無益論云：‘言學則必有教，學者求學其所不知於人，教者以其所知教人，故曰學有益。’今持學無益論，是以學有益爲非，而其標宗告人，即無以異於教人，其教人亦無以異於使人學。若若是，爾言誠當，則不應以學無益教人，而使人學，緣宗行不應相違，且人因學而知學無益，則學仍有益也。若曰爾言不當，則爾宗先妄，而學固有益也。”

誹之可否？不以衆寡，説在可非。曹云：“‘誹’字從言從非，言人之非也。君子不欲誹人，尤不欲多誹人，然論誹之可否，在理之是非，不在數之多寡也，以其人有可非之實也。”

誹目，舊倒著“論”下，從曹本乙。論誹之可不可，以理。理之可誹，“理”字舊脱，從王引之校補，曹本同。雖多誹，其誹是也。其理不可誹，“誹”舊作“非”，從王引之校改。雖少誹，非也。曹云：“可不可者，理之是非也。多少者，人之多少也。孔子曰：‘衆好之必察焉，衆惡之必察焉，豈可以人言之多少，爲定評乎？’”今也謂多誹者不可，不論其理之可誹不可誹。是猶以長論短。是猶不審長短之宜，而妄論此長彼短也。欒云：“此立量破非誹者也，墨子立誹譽之名，以明美惡而示趨舍，故《經上》云：‘譽，明美也；誹，明惡也。’墨子上譽堯舜，下誹桀紂，以及非攻、非樂、非命、非儒，皆誹也。世以墨子非人太多，謂其不可，故立此量破之。”伍云：“是非所寄，不在多數，不在少數，而在真理。今人好言多數即公理者，非名家所宜採之標準也。”

上章言非學之誹，是不當理之誹，即是可非之誹，故在誹者爲誖。下章言當理之誹不可非，知非攻、非樂、非命、非儒，皆當理者也，不可非者也。乃非誹者，不審其不可非而非之，故在非誹者爲誖。此章以誹之可不可，折中於理之當不當，爲前後二章之樞紐，足見墨家辯術之精微。

非誹者誖，“誖”舊譌“諄”，從張校改。説在弗非。張云：“‘誹’皆當，則非誹者誖。”孫云：“張説是也，弗非即當理之謂。”

非誹，“非”舊作“不”，從孫校改。非己之誹也。不非誹，非可非也，不可非也，是不非誹也。欒云：“此顯過破非誹者也。墨子以誹明惡，即非（動詞）非（名詞）也，非‘非’所以明是，故墨子立誹。世以言之是非，彼一此一，相應無窮，莫可質定，故立弗非，而以墨者之誹爲非。然主弗非而又非墨之誹，則其宗行兩歧，故墨子以自語相違破之。蓋言者非誹，所以非墨子之主誹，藉使主誹誠爲不可，而其非之即已成誹。非墨之誹，即不異非己之誹，此説所謂非（動詞）誹，非（動詞）己之誹（名詞）也，若言者不非（動詞）墨之主誹，則主誹者自是不誖，而非（名詞）固可以非（動詞）之。此説所謂不非誹，非（名詞）可非（動詞）也，由是言之，言者非誹，其言先誖，若不非誹，主誹自可，主誹既可，非誹自誖。是（肯定詞）非者必誖，而誹不可非，此説所謂‘不可非也，是不非誹也’。”又云：“墨子立辯説之術，正是非以明去取，立誹譽之名，督善惡以示趨舍，故辯經曰：‘譽，明美也；誹，明惡也。’墨子上譽堯舜，下誹桀紂，即以督善惡也。莊周曰‘與其譽堯而誹桀也，不如兩忘而化其道’，即非誹之説。墨子破之云：‘誹者，言人之非也，爲欲明非，是以主誹，今爾非誹，爲不欲明人之誹也。若若是，爾言如可，便不當非誹，緣爾非誹，即是誹也。若曰爾言不可，則主誹論自可，而爾非誹，猶不可也。’”

物甚不甚，上“甚”字舊譌“箕”，孫從俞、楊校改。説在若是。孫云：“《説》云：‘莫長於是，莫短於是。’”伍云：“甚之云者，比度之極端也。極端只一，不得有二，今一物而兼有長短兩甚，是其所謂甚者不甚矣。甚者不甚，不得言甚，故曰物甚不甚，説在若是。”

物甚長甚短，莫長於是，莫短於是，是之是也，非是也者，莫甚於是。言天下之物，無長無短，譬如一尺，以丈較之則甚短，以寸較之又甚長。用以度江河，則甚嫌其短，用以度毫毛，則甚嫌其長，故是莫甚於是者，一轉瞬閒，非又莫非於是。《莊子·秋水篇》曰“萬物一齊，孰短孰長”義同，此辯者所由有龜長於蛇之論也，此破世人執有長短之陋見也。佛教唯識宗，謂長短爲假色，以其是相待有故，墨氏已得其恉。

取下以求上也，張之鋭云：“《老子》曰：‘江海所以能爲百谷王者，以其能下也。’又曰：‘大國以下小國，則取小國；小國以下大國，則取大國。或下以取，或下而取。’與此義相近，言能取下，即所以求上也。”説在澤。水之性求與源平，故取澤爲取下以求上之喻。張之鋭云：“澤能下故也。”尹云：“求，等也。”

取高下，以善不善爲度。張之鋭云：“言取高取下，無一定之理，當以善與不善爲度，下者善則取下也。”不若山澤，張之鋭云：“言取高下，不若以山澤爲法。”處下善於處上，張之鋭云：“處上則危，處下則爲衆流所歸。”下所，請上也。“所”，即《書·召誥》“王敬作所”之所。“請”，通誠，言取高莫善於山，取下莫善於澤。然山澤通氣（《易·説卦傳》），高以下爲基，未有離下而能成其高者，故處下善於處上，下所，誠上。江海所以能爲百谷王者，非以其善下乎？《老子》曰：“天下莫柔弱於水。”又曰：“上善若水，水善利萬物而不争，處衆人之所惡，故幾於道。居善地，心善淵。”寓意皆與此同。墨子且以天下莫平於水，而澤則並水之迹而無之，而無不上達，故取爲喻，此知墨、道之淵微也。慎到曰：“海與山争水，海必得之”（《意林》），並宋鈃、尹文，作爲華山之冠以自表（《莊子·天下》），均此情也。《荀子·正名篇》以“山淵平”，爲“惑於用實以亂名”，未免著相，蓋儒者通病也，此破山澤高下之妄執也。孫云：“《莊子·天下篇》‘惠施曰：天與地卑，山與澤平’，《荀子·正名篇》亦云‘山淵平’，並此意也。”

是是《説文》云：“是，直也，从日正。”段注：“直，正見也。十目燭隱則曰直，以日爲正則曰是。”與是“是”與“寔”同，“寔”與“實”同。同，説在不文。“文”舊譌“州”，從張、楊二校據《説》改，《經説上》云：“舉，告以文名，舉彼實也。”又云：“有實必待文名也。”此謂即萬物一一舉其實，同爲無名之樸，不可以文名也，故經上下文，無非如實正見，匯萬别於一同，同於不文也，《莊子·德充符篇》曰：“自其同者視之，萬物皆一也。”

舊本衍“不”字，今删。是目。是則是且是焉，言有是實，則有是文，名實合，姑且以爲是可耳。《莊子·齊物論》曰“是若果是也，則是之，異乎不是也，亦無辯”，即此義。今是文於是，而不於是，孫云：“‘文’當作‘之’，下並同。‘不’下亦當有‘之’字。”純一案：此章要旨，在藉一文字，顯不文之是，故文決非之之譌，孫説非。“不”下亦不必增“之”字。張之鋭云：“今但以文詞之美者爲是，所是在文而不在於是。”故是不文。故墨者崇實，不務爲文。是不文，則是而不文焉，蓋實本不待文名，即是盡去其文，而不文焉。今是不文於是，而文於是，下“於”字舊作“與”，今據陸本、唐本正。故文與是不文，同説也。今於是之不須於文者，而有所文，致是之蔽於文者多矣，文奚益耶？故有是文，當與無是文同觀，始知是是與是無不同，而墨、道之所以爲兼者明矣。綜觀《經》與《説》四篇，大都始繹異名，終歸同實，託小包大，寄意遥深，此其遣除名相，鎮之以無名之樸之結論也。曹云：“是者，實也。是於是者，文也。文以擬實，有文者無益於實，無文不損於實也，故文與不文同也。”張之鋭云：“《韓非子·外儲説左上》，楚王謂田鳩曰：‘墨子者，顯學也，其身體則可，其言多不辯，何也？’曰：‘昔秦伯嫁其女於晉公子，爲之飾裝，從文衣之媵七十人，晉人愛其妾而賤公女，此可謂善嫁妾，而未可謂善嫁女也。楚人有賣其珠於鄭者，爲木蘭之櫝，薰以桂椒，綴以珠玉，飾以玫瑰，輯以羽翠，鄭人買其櫝而還其珠，此可謂善賣櫝矣，未可謂善鬻珠也。今世之談也，皆道辯説文辭之言，人主覽其文而忘其用，墨子之説，傳先王之道，論聖人之言，以宣告人。若辯其辭，則恐人懷其文忘其用，直以文害用也，此與楚人鬻珠、秦伯嫁女同類，故其言多不辯。’（此文與張引微異，蓋據王先慎《集解》校正。）田鳩之言，足與此經不文之義相發明。”純一案：曹、張説均是也，此慨當時文勝之弊，隱譏儒者徒長於文而無其實，且謂語言道斷，妙理無關文字，破世間一切文言相也。老子著經，以“道可道非常道，名可名非常名”始；墨子著經，以“是是與是同，説在不文”終，其恉一也；釋尊説法四十九年，自謂未曾説著一字，更深遠矣。

墨子集解卷十一

漢陽張純一仲如

大取第四十四

畢云："篇中言'利之中取大'，即'大取'之義也。意言聖人厚葬，固所以利親，盛樂，固所以利子，而節葬、非樂，則利尤大也，墨者固取此。"孫云："畢說非也，此與下篇，亦《墨經》之餘論，其名《大取》、《小取》者，與取譬之取同。《小取篇》云：'以類取，以類予'，即其義。篇中凡言'臧'者，皆指臧獲而言。畢並以'葬親'爲釋，故此亦有'厚葬'、'節葬'之說，並謬。此篇文多不相屬，蓋皆簡札錯亂，今亦無以正之也。"純一案：畢說"利之中取大"，即"大取"之義，是也。惟謂"厚葬利親"、"盛樂利子"，殊背墨家宗旨。孫據畢說盡非之，謂此亦《墨經》之餘論，且置大之命義於不顧，則研覈尤疏。至以篇中凡言"臧"者，皆指"臧獲"而言，更爲執一賊道。此與《經》上下、《經說》上下、《小取》，共六篇，當時謂之《墨經》（汪中序），即《墨辯》，蓋相里子、鄧陵子之倫，所傳誦而論説者也（《閒詁傳授考》案語）。篇名"大取"者，篇中云"所未有而取焉，是利之中取大也"，是其義。所未有者何？即大而無外，小而無内，墨道之兼是。《説文·大部》云："天大地大人亦大，故大象人形。"段注："《老子》曰：'道大天大地大人亦大。人法地，地法天，天法道。'按天之文从一大，大之文則象人首手足皆具，而可以參天地，是爲大。"然則墨子取於所未有者，以其利之大。無時量，無方量，直欲盡人皆能大宇宙之總，而合爲一兼也，此"大取"之名義也。是故篇中盡墨學之綱要，會物理之宜，達生死之變，原極天人物我於一兼，必兼愛天下之人如一己而利之，兼愛尚世後世之人一若今之世而交利之，且綜核異同之名實以名兼，是爲大取。若所取非兼乎愛利之大，惟綜核異同以立辯本，是爲小取。墨子恐人執小而遺大，特著此篇，名曰"大取"，教人滙萬别於一兼也。所謂以故生，以理長，以類行，尤扼辯經之要，善學者於此篇求之，思過半矣。或以篇中有"子墨子之言也"句，疑非墨子自著，竊以"子墨子之言也"，本作"此翟之言也"，蓋"天下無人"四字，乃破除名相，並泯絶人相、我相，是兼之所以爲兼，墨家根本教義也。服其教者，本極尊崇本師之心，鄭重以易之，意以此言非子墨子不能言，使人勿輕易讀過也。更舉五證如下：（一）此篇理境高超，文筆簡古，駕越全書，極似全書之括論。（二）篇中一見“子墨子”外不再見，與《尚同》、《天志》諸篇，首冠“子墨子言曰”，或篇中數見“子墨子言曰”者不同。（三）此篇義理精微，非《親士》、《脩身》等七篇所能頡頏，更非《兼愛》、《非攻》等各有三篇，爲三墨所記述者比。（四）因無論談辯者、説書者、從事者，莫不遵奉，故傳布愈廣，舛錯亦愈多，而竹帛誤移，篆隸譌變，尚在後。（五）篇中有“凡學愛人，不爲己之可學也”云云，顯若墨子耳提面命，蓋欲善益多之作也。況此篇獨名“大取”，包孕宏富，豈門弟子所能言？惜其辭旨幽微，難於一一宣究耳。傅山《霜紅龕集·〈墨子·大取篇〉釋》云：“奥義奇文，後世以不可解而置之，因其文而録之，《道藏》中亦有此。”曹云：“墨子之有辯，以明利害，利中取大，害中取小，故以‘大取’、‘小取’名篇，亦經説之流也。按《墨子·經上》、《經下》、《經説上》、《經説下》、《大取》、《小取》凡六篇，篇第相屬，語意相類，皆所謂辯經也。‘大取’，則其所辯者較大，墨家指歸所在也。凡墨子之説，其爲儒家所排斥，世情所畏惡者三端：節葬也、非樂也、非儒也；有爲儒家所排斥，而世情不以爲惡者：兼愛也、非命也；有爲世情所畏惡，而儒家不以爲非者：尚同也、非攻也、節用也；有與儒術相合，而亦不違世情者：則尚賢也、天志也、明鬼也，與夫親士、脩身、貴義之説皆是也。既與人情有違，則行之不能無窒，與儒術有異，則言之不能無争。墨子述大禹、箕子之教，修内聖外王之術，思以易天下，故必爲辯經，博極萬事萬物之理，窮其原而竟其委，使天下後世，咸曉然於易知簡能之故，則亦有不得已焉者矣。其宗旨則略具於此篇，所辯者大，故曰‘大取’也。”張之鋭《〈墨子·大取篇〉釋義·敘例》有云：“《大取》一篇，係以闡揚墨家兼愛學説爲主恉，篇内所援引之名學規律，不過藉以爲學説之辯護，而實亦非論理學也。墨子兼愛主義，即大同主義，即平等主義，亦即近世社會主義。《兼愛》上、中、下三篇言‘兼愛’，係就兼愛效果立論，義甚粗淺。《大取篇》言‘兼愛’，係就兼愛原理立論，義極精深。後人但知儒家攻擊‘兼愛’之説，而墨家如何辯護‘兼愛’之説，則寂焉無聞，此墨學所以中絶也。《大取》一篇，爲墨家與儒家辯論擁護‘兼愛’主義，最有價值之書，惟文理簡古，至今無人通曉。兼愛主義，得以成立爲一家學説，盡在此篇，煙没弗傳，至堪痛惜，釋義之作，又烏可以已乎。”又《總釋》云：“欲解釋《大取篇》文義，有兩層問題，當先研究：（甲）名義。畢沅曰：‘篇中言利之中取大，即大取之義也。’孫詒讓曰：‘畢説非也，此名大取、小取者，與取譬之取同。《小取篇》云：以類取以類予，即其義。’鋭按：孫氏據《小取篇》‘以類取以類予’之義，解釋‘取’字之義則可。不知取者，《大取》、《小取》兩篇之所同，而大、小者，《大取》、《小取》兩篇之所異。畢氏解釋‘大’字之義，是否碻鑿，姑不必論，然尚知從大、小兩字著想。孫氏則僅將兩篇所同的

‘取’字，加以解釋，而大、小兩字，均一筆抹煞，此何以證明畢説爲非，而己説爲是乎？鄙意大、小兩字，即《經説上》‘大故’、‘小故’之大、小兩字。‘大取’，謂所取之緣故大；‘小取’，謂所取之緣故小。‘大取’，係表明墨家所取兼愛主義的最大原因，乃爲人類最大多數最大幸福起見，利之中取大的意思，已包括在内。篇中所言‘以故生’，與《荀子·非十二子篇》中所言‘持之有故’，兩‘故’字意義，完全相同。《經説上》云：‘小故，有之不必然，無之必不然’，‘大故，有之必無然。’‘大故’，係周徧的；‘小故’，係不周徧的。‘大故’，係絶對的；‘小故’，係相對的。‘大故’，係單純的；‘小故’，係複雜的。《小取篇》中言‘故多方，殊類異故，不可偏觀也。’末一‘故’字，即是‘小故’之‘故’字。蓋人類思想、言論之錯誤，大半由於執持小故，拘於一偏之見所致。所以《小取篇》中，將小故之是而然，是而不然，或一周而一不周，或一是而一不是，一切之原因結果，同而不同之地方，指出許多證據，分别鄭重言之如此。然則畢氏以‘利之中取大’，解釋‘大取’兩字，似尚近是。惟‘利之中取大’，可以謂之所取之故大；‘害之中取小’，不可以謂之所取之故小耳。（乙）主指。一篇書必有一命意所在，爲一篇之主指。讀者能知作者命意所在，再去推求文辭，自然觸處貫通。本篇主指，係闡發墨家兼愛學理，兼愛不是空言愛人，要有實際利人之作用，所以開端即將愛與利對舉出來，薄葬、非樂，乃利人作用之一。兼愛是以人爲本位，所以有人己、厚薄之辯。以人爲本位，因而推論鬼與盜，亦是題中應有之義。利人者各就人之分量，而謀所以利之之方，故慮獲之利，非慮臧之利也。利有厚薄，而愛無親疏，故而愛臧之愛人也，乃愛獲之愛人也。篇中‘以故生、以理長、以類行’三分句，爲通篇柱子。‘以故生’，是言兼愛主義所以發生之原因；‘以理長’，是言兼愛主義所以實施之條理；‘以類行’，是言兼愛主義所以傳布之方法。前兩章（第一章自篇首至‘智來者之馬也’句止，第二章自‘愛衆世與愛寡世相若’至‘人不必以其情得焉’句止）是言‘以故生’，後一章（自‘聖人之附瀆也’至篇末）是言‘以理長’、‘以類行’。每章中間，各用極精密之論理學，擁護墨家所持之主義，前兩章並將反對墨家學説者所持之論點，逐層爲之答辯，蓋當時反對派所持之論點，約有五端：（一）謂墨家‘薄葬’、‘非樂’，爲不愛其親子。（二）謂愛己乃天性自然之事，墨家刻苦自己，厚愛他人，爲違反天性。（三）謂墨家愛無差等，無親疏厚薄之分，爲無父。（四）謂墨家主張兼愛，既以人爲本位，鬼非人也，何故又主張明鬼。（五）謂墨家主張兼愛，既以人爲本位，盜亦人也，何故又不非殺盜。《大取篇》前兩章即是對於以上論點所作之答辯。依本篇主指，並參照反對派所持之論點，仔細推尋，《大取》文義，便都迎刃而解矣。此外尚有應附帶討論者，即《大取》與《小取篇》異同比較是也，此兩篇雖同爲墨家之論理學，但《大取篇》係以學説爲主體，而以論理爲斷制；《小取篇》係以論理爲主幹，而以學説爲印證，此其異點也。”尹云：“《管子·

白心》：'小取焉則小得福，大取焉則大得福。'"劉云："邊沁以個人之幸福爲小，以一羣之幸福爲大，故由個人之幸福，進而謀一羣之幸福，不以個人之苦樂爲苦樂，而以一羣之苦樂爲苦樂，以爲利物，即以利己也。《墨子・大取篇》亦純乎邊沁之説者也。"

天之愛人也，薄於聖人之愛人也；張其鍠《〈大取〉篇校注》云："言天不能煦嫗之。"其利人也，厚於聖人之利人也。《傳》云："鼓萬物而不與聖人同憂。"純一案：天之愛人無迹，不若聖人愛人之易知，然天之利人，無方量，無時量，非聖人有加愛於人之心，利人有限者比。《陰符經》曰："天之無恩，而大恩生。"《易》曰："乾始能以美利利天下，不言所利，大矣哉。"義均同此。此開宗明義言人雖至聖，其愛人利人，不能如天之無邊疆、無已時，故愛利人必取法於天，而志與功始相從而俱大。其所謂天，即兼之實體，猶佛教之一真法界，蓋示尚同之指歸。《法儀篇》云："惟天之行，廣而無私，其施厚而不德，其明久而不衰，故聖王法之。"此明兼愛之利大，一篇之總綱也，即"天志"、"兼愛"之本。張之鋭云："天地無心愛人，而所利者大，故薄於聖人之愛人，而厚於聖人之利人。"張其鍠云："四時行，百物生，以育萬民，非聖人之所能爲。"大人之愛小人也，薄於小人之愛大人也；其利小人也，孫云："吴鈔本無此字。"純一案：陸本、唐本并並有"也"字。厚於小人之利大人也。"大人"，親也，亦喻天，墨氏自況也；"小人"，子也，亦喻聖人，比儒家也。言大人兼愛天下之人，視若幼子無知，逃亡在外者然。《經下》云："不知其所處，不害愛之，説在喪子者。"是大人之心也，惟所務在永久遠大，無有近功，非小人所及知。故愛甚薄而利甚厚，小人惟愛父母而已。《公孟篇》曰："夫嬰兒子之知，獨慕父母而已。父母不可得也，然號而不止，此其故何也？即愚之至也。然則儒者之知，豈有賢於嬰兒子哉！"足見小人所務者淺近，雖較易見，實於大人無所利，故愛似厚而利甚薄，此明墨者兼愛，是無緣之大慈，無漏者也。儒者非兼愛，愛屬有緣，不足言大慈，是有漏者也。教人勿執滯儒家之小道，而不知墨道之大也。蓋對儒家一切申辯之括論，即"非儒"之本。傅云："大人，有德有位者，治人者也；小人，百姓也，治於人者也。百姓依護大人以爲生，故愛大人也。"張之鋭云："大人不爲姑息之愛，而爲人類謀永久遠大之利，故薄於小人之愛大人，而厚於小人之利大人。"伍云："兼愛之道，愛、利並重，然至愛、利不能兩全時，與其愛厚利薄，不如利厚愛薄，以利之即所以爲愛之實也。"張其鍠云："愛不能利，則爲空愛，以利爲愛不見其愛，此大人如禹墨，非以勢位言。"

以臧爲愛其親也，"愛"字舊脱，據下文補。而愛之，愛其親也；"愛"上舊有"非"字，從孫校删。畢云："《説文》云：'葬，臧也。'即'藏'字正文，謂葬親。"純一案：此"臧"與"樂"相對爲文，畢説是也。《易・繫辭下》"葬之中野"，《漢書·劉向傳》作“臧之中野’，可證。以臧爲利其親也，“利”字舊脱，從孫校，據吴鈔本增。而利之，非利其親也。以樂爲愛其子，“愛”舊作“利”，今據上下文審校改。而爲其子欲之，孫云：“‘樂’謂‘音樂’。”愛其子也；以樂爲利其子，而爲其子求之，非利其子也。畢云：“此辯葬之非利親，樂之非利子，即節葬、非樂之説也。”純一案：畢説是也。此冡上“愛利並舉”言，以人所最欲愛而利之者，莫若親與子，然無真知愛利其親與子者，如世以葬爲愛其親，以樂爲愛其子，愛之云者，其志然耳。若以葬爲利其親，樂爲利其子，果奚有利之功耶？覈實言之，均非所以愛利之道，蓋大愛大利，不在葬與樂也，在取天之所以兼愛、兼利者，愛利親與子，以愛利天下，是則能喻親子於道，親可得死而不亡之壽（本《老子》），子可聞四方無聲之樂（本《禮記·孔子閒居》），誠愛利之最大者也。此破儒家厚葬、爲樂之執，而勸其兼愛也。曹云：“‘樂’謂音樂歌舞之屬，凡可樂之事皆是也。《禮記》云：‘細人之愛人也以姑息’，愛其子而欲其樂，不得曰非愛子也，以云利子則非矣。愛者，情之鍾也；利者，事之得也，既非利之，則亦終非愛之矣。若厚葬以爲親者，既不可云利，並不可謂愛親也。此明節葬、非樂之理，以防儒者孝慈之詰難。”張之鋭云：“薄葬、非樂，爲儒家攻擊墨家之話柄，此明薄葬、非樂，係爲節省社會財力起見，對於親子愛情雖薄，而於天下利益實厚也。墨家以爲厚葬、盛樂，皆感情之作用，實際上於親子並無利益可言，故爲親厚葬，爲子求樂，謂之爲愛親、愛子則可，謂之爲利親、利子則不可也。”傅云：“一本‘以樂爲利其子’六句注云：‘此是墨教勤劬本義。’”

於所體之中，而權輕重之謂權。孫云：“吴鈔本作‘於所體輕重之中，而權其輕重之謂權。”案：“其”字疑當有。《文選·運命論》李注，引《尸子》云：“聖人權福則取重，權禍則取輕。”張其鍠云：“儒者推己及人，故言厚薄；墨家有羣無己，故言輕重。”權非爲是也，亦非爲非也。“亦”舊譌“非”，從孫校改。權，正也。曹云：“所體，謂親與子也；身者，父母之體也；子者，己身之體也。”純一案：《經上》云：“體分於兼。”此言親子本吾一體，然既分於兼，則不免重視己體，輕視他體。於是衡理不得其平，而是非亂，即愛人、利人亦不得其正，不能如天愛利人之厚，固已。且以本非愛利人之葬與樂，愛利其親與子，是非不辯，利害貿焉，是不可不假正於權，令心平等中正，以明利害大小之故。利害明，是非自明。蓋權之爲物，稱物平施，能知物之輕重，非能使物爲輕爲重，故權非爲是，亦非爲非，而是非莫不以權而正矣。慎到曰：“有權衡者不可欺以輕重。”《莊子·秋水篇》曰：“達於理者，必明於權；明於權者，不以物害己。”可並此下文會通其義。張之鋭云：“言於所體之中，權其輕重以爲去取，是之謂權。輕重在物，不在於權，權能知輕重，而不能爲輕重，故曰‘權非爲是也，亦非爲非也。’‘權’，正也；‘正’，猶證也，言以權證明是非也。此段承上段之意，提出薄葬、非樂主義所取的標準，以引起下段‘斷指存腕，斷指免身’之喻，蓋‘斷指存腕，斷指免身’，即於所體之中而權輕重以爲去取也。”伍云：“於所體之中而權輕重，謂於所兼愛之中，而比量其體之輕重以爲去取也。夫能兼愛無擇，誠無上之大願，然有時爲外力所限，不能不於所兼愛之中而有去取，比□去取謂之權，權本非至中不易之道，然能隨時得中之用，能隨時得中，是亦中也。故曰‘權非爲是也，亦非爲非也。’‘權’，正也。”

斷指以存腕，孫云：“《意林》引作‘脛’。”畢云：“此‘捥’字正文。”曹本移此五字置下文“其遇盜人害也”下，下又增“利也”二字。利之中取大，害之中取小也。尹云：“《淮南·説山》‘斷指而免頭，則莫不利爲也。故人之情，於利之中，則爭取大正；於害之中，則爭取小焉。’説蓋出此。”害之中取小也，畢云：“當爲‘者’。”純一案：讀若“者”。非取害也，取利也。其所取者，人之所執也。如“指”與“腕”本吾一體，皆所當愛，然有時二者不可得兼，則當權衡利害之大小，以定去取也。權利取大，謂當如天兼愛利人，不必獨重親與子也。權害取小，如斷指是，以指不斷，則腕難存，故斷指似取害，實非取害，而取存腕之利也。以害在人，所執持中，當善權取舍，喻勿執小而遺大也。蓋執葬爲愛親，則厚體薄神，且埋已成之財而禁後生之財。執樂爲愛子，則不能以時生財，抑且耗財而侈於性，皆不利於親與子，更不利於天下，是人類之大害也。故節葬、非樂，如斷指然，是害之中取小也，以此使羣知愛利天下而貴兼，如存腕然，是利之中取大也。是儒家所執以爲人類大害者，墨家於害中取小，即是人類之大利也。此略似佛教唯識學，破徧計執之微旨，惜其辭過簡質，意義沈晦，難索解人。以上辯明節葬、非樂之利大。張之鋭云：“存腕之利大於存指，故學斷指以存腕。‘斷指’，害也；‘存腕’，利也。故曰‘利之中取大，害之中取小也。’本篇名《大取》，係就利之中取大而言，害之中取小，與《大取》宗恉相背，故復申言之曰：‘害之中取小者，非取害也，取利也。’此段以斷指，喻薄葬、非樂，所害者小；以存腕，喻薄葬、非樂，所利者大。”

遇盜人而斷指以免身，利也；其遇盜人，害也。此明“斷指”非得已也，如既遇盜，將生命難保，害莫大焉，若僅斷指而能免身，雖不利，猶大利也。言天下事之類於盜，常使人失其所有者，非僅厚葬爲樂而已，是不可不遠離之，一與相接，即不勝其害矣。以此之故，有識者辯明利害，即常權其輕重以爲取舍，如避盜然。曹云：“此蓋用九方歅事，諸子多有是説，此明害中取小之義。”案：九方歅事，見《莊子·徐無鬼篇》。斷指與斷腕，利於天下相若，無擇也。此家上文又進一解，言“指”與

"腕'在己雖有擇，苟利天下，則斷指可，斷腕亦可。因己輕天下重，當舍己以利天下，無暇爲指小腕大之擇也，《孟子·盡心篇》所謂"摩頂放踵，利天下爲之"，是其義。傅云："爲愛利天下者，斷指與斷腕一也，謂指不可惜，腕亦不可惜也。"死生利若，一無擇也。"一"，皆也，《大戴禮·衛將軍文子篇》"則一諸侯之相也"注。"利若"，承上文"利於天下相若"而省，此又進一解，言果利天下，生死以之，可也。是能外其身也，斷指存腕以利身，是權一身之害而取其小，蓋對非兼者主張節葬、非樂，非利中取大也，不得已也。斷指斷腕，乃至死生無擇以利天下，是兼以易別，實行兼愛之主張，利之中取大也。其不顧一身之害者，以死之與生一體（《淮南子·精神訓》），死生無變於己（《莊子·齊物論》），外其身而身存（《老子》），誠莫大之利也。惜彼儒者非兼，不能大取耳。張之銳云："此段開首復設一喻者，嫌上文斷指存腕之喻，分別利害，不甚明瞭，因復設一喻，以指示利害不同之點，故曰'遇盜人而斷指以免身，利也，其遇盜人，害也'。有利害斯有取舍，取舍，選擇之結果也，若二者利之大小相等，則無所用其選擇矣。故曰：'斷指與斷腕，利於天下相若，無擇也。'不但斷指斷腕，利於天下相若無擇，即進而言之，至於死生問題，苟二者利於天下相若，亦無所用其選擇，故曰'死生利若一，無擇也'。"傅云："一本'生死利若一'二句注云：'生以利天下，與死以利天下若一，則生亦不可惜也。'"殺一人以存天下，非殺一人以利天下也；言假使殺一人，可以存天下，則爲利天下而殺一人何傷？存天下者，利之中取大也，殺一人者，害之中取小也。人殺矣，何云非殺？以人有死而不亡者存，能忘其粗色身，施捨之以利天下，而其淨妙身自在，所謂神武不殺也，則雖殺一人，實未殺一人。又或爲天下除害，殺一人以存天下，即所以利天下，而其人之神識持業如故，非可殺也，是故明鬼。殺己以存天下，是殺己以利天下。又因殺人轉到殺己，言苟利天下，殺人殺己亦無擇。《爾雅·釋言》云："是，則也。"己亦天下之一人，倘殺己可以存天下，則爲利於天下者大，自當貴義於其身，殺己以利之。《法華經·提婆達多品》曰："觀三千大千世界，乃至無有如芥子許，非是菩薩捨身命處，爲衆生故，然後乃得成菩提道。"墨氏其庶幾乎？曹云："此言害於人者，不爲利，利於人而害於己者，不爲害也。兼愛之道，凡有利於天下者不避死，況指與腕，又奚擇焉，故曰'墨子兼愛，摩頂放踵，利天下爲之'。殺一人以存天下，若漢誅晁錯之類，不得謂之利天下也，殺己以存天下，若比干、伯夷殺身成仁，及將帥臨敵死綏之類。墨子忘己而濟物，故於此尤優爲之。"傅云："一本'殺己以存天下'二句注云：'此事佛典中有之。'"

於事爲之中，而權輕重之謂求。求爲之，非也。此總上文而言，凡事必有利害，利害必有輕重，故害求其輕，利求其重，尤當權其孰利天下爲最重，所謂利之中取大也。然所以求其大利天下者，當常求於所未有，順應萬物而無心，若竊竊然有心求爲之，亦非也。害之中取小，求爲義，非爲義也。此申應前文，言害者必無利於天下，又不利己之謂。既知爲害，當遠避之，急於爲義，則己與天下俱得其利。然或已陷害中，無能解免，亦必權其重輕，捨大取小，急圖挽救，非徒求苟生也，仍求爲義以利天下也。顧求爲義，要本無所求而爲，設有求而爲，如《淮南子·俶真訓》，所謂"絃歌鼓舞，緣飾詩書，以買名譽於天下"。繁登降之禮，飾紱冕之服，又非爲義也。自"遇盜人"至此，辯明儒家非兼，惟圖自利，其厚葬、爲樂諸習氣，恒令天下受不足之害，幾無異於盜。而墨者貴兼，則不惜殺身以利天下，其爲義，並非有所求而爲之。張之鋭云："墨家爲此言，即比較殺人、殺己利之大小，必殺己以存天下，比較殺人以存天下，其利爲大，而後殺身成仁，若不論有利、無利，專求殺己，亦非也，故曰'於事爲之中，而權輕重之爲求'。求爲之，非也，求爲之者，即不權輕重，專求殺己也，蓋死生苟利若一，何貴乎求死以鳴高，所以求死者，正因其死，利重於其生，而始爲之耳。雖然，取利舍害，人之恒情也，顧墨家之取利舍害，乃爲天下取利舍害，非爲一己取利舍害。殺己以利天下，天下則利矣，而己獨取其害而不辭。夫害至於殺身，亦可謂大矣，而墨者反爲之，所以求義也，若但以利己爲主義，而利取其大，害取其小，此世俗小人趨避之所爲，非墨家求義之道也，故曰'害之中取小，求爲義，非爲義也'。《貴義篇》云：'子墨子自魯即齊，過故人，謂子墨子曰：今天下莫爲義，子獨自苦而爲義。'據此可見墨家爲義，全在自苦，能自苦者，必不於一身害之大小，有所選擇也。"

爲暴人語天之爲是也而性，句。爲暴人歌天之爲非也。"暴人"，暴戾之人，凡非兼者，及不自苦爲義以利天下者，皆是。墨子以自苦兼愛，全性之真，乃反對墨家者，或謂其道大觳，反天下之心（《莊子·天下》），或譏爲役夫之道（《荀子·王霸》），蔽於用（《解蔽》），無見於畸（《天論》），且謂兼之不可爲，猶挈太山越河、濟（《兼愛中》），是猶奬勵暴人之虧人自利，爲順天下之心，爲可大用，直以暴人之性，謂是天實爲之。果爾，何異爲暴人而歌頌天之爲非也，彼道家亦法天，儒家亦畏天命，此豈可通之論乎？此墨子破敵家之偏執，而成立兼愛之正宗，極有力之論證也。張之鋭云："墨家以自苦爲極，提倡利人主義，原所以矯正世人利己之病，對症下藥，而攻擊墨家利人主義者，每云厚己薄人爲人類自然之天性。墨家刻苦自己，厚愛他人，是違反人類自然之天性，其道大觳不可學，惟若以此立論，攻擊墨家利人主義，何異向暴戾之人而語之曰：'子之封殖自己，虐害他人，乃順從天道，當然如是，且合乎自然之人性也。'果如此説，更何異歌頌暴戾之人種種殘忍非禮之事，皆係替天行道，有功人世，而無絲毫罪惡乎？墨家以此説，駁辯反對派利己主義，爲天性自然之論調，並非故甚其辭，須知暴戾之人，封殖自己，虐害他人，一切殘忍罪惡，悉緣厚己薄人之一念，胚胎而生，即充其量，亦不能出厚己薄人一語範圍之外。而厚己薄人，固反對利他主義者，所認爲人類自然之天性也。儒者云：‘天即理也，暴戾之人殘忍罪惡，既屬合理行爲，方當稱揚之不暇，安得從而非議之耶?’此墨家破反對派厚己薄人爲人類天性自然之説，頗有力量，有價值，惜辭意晦澀，讀者莫能通曉，可慨也夫。”諸陳執既有所爲，而我爲之，陳執執之所爲，疑衍一“執”字，當删。因吾所爲也；“陳執”，謂偏計陳迹而成執，即所染之異名，猶習貫然（《大戴記·保傅篇》“習貫之爲常”）。唯識家言種子熏習，蓋習氣染法，無始以來，串習虚妄，是也。言暴人之所爲，非天使然，由本有習氣種子，蒙潤緣生現行也，人閒世一切陳執，既有先我爲之者，故我亦習染而爲之，諸陳執之所爲，固吾所爲之前因也，是故非命。若陳執未有所爲，而我爲之陳執，陳執因吾所爲也。此言新熏種子，以我之所爲，不必皆本於陳執，若陳執未有所爲者，亦且自我爲之成陳執，則吾習染之所爲，又後人陳執之前因也。《解深密經》曰：“阿陀那識甚深細，一切種子如暴流。”此節大恉似之，是故聖人正體不動。暴人爲我，傳云：“似指爲我之楊朱，拔一毛以利天下不爲者説。”爲天之，以人非爲是也，傳云：“暴人爲殘暴自暴之人，爲我而假之天道自然生殺，何容我爲彼而爲之，是不畏人非，以人之所非爲是，凡殘暴自爲之鄙夫，人必羣非之，而爲我之暴人不顧。”純一案：依傳説，“爲天之”讀若“謂天志”句。而性言天下所以多暴人者，皆由自執陳陳之我見，及世間陳陳相因，偏計起執諸邪見，熏習而成，惟知爲我，非天使爲是暴人也，非其性本於天然也。以上辯明暴人之性，自無始來，具足清浄種子，本於一兼，無異墨家。皆可自苦，兼利天下，乃因世閒諸陳執，日與爲緣，互相熏習，潤生本具汙染種子，發爲現行而成暴人也。蓋暴人之性，本無善惡，非無善惡，非關於天，大恉已見，與孔子“性近習遠”之説相類，孟、荀難與言也，斯人所由貴脩身，慎所染，自造大命，洵爲絶學。此節祕義，研精佛教唯識學自知之。不可正而正之。言暴人性非天成，一切所爲，似不可以權正者，要可權其利害大小而正其爲我之非，此所以爲實用哲學也。張之鋭云：“儒家言厚己薄人，是天性自然。墨家言因爲人性每偏於厚己，始主張兼愛以矯正其流弊，故曰‘不可正而正之’。”曹本作“暴人謂我爲天志，以人非爲是也，而性不可正而正之”。注云：“暴人本拂逆天意，而自以爲合乎天意，以人之所非者爲是也，如夏桀矯天命以布命於下，商紂謂有命在天，是皆自謂天志也，此其性殆不可正，而墨者欲從而正之，不得已也。”

利之中取大，非不得已也；害之中取小，不得已也。於所未有而取焉，“於”字舊脱，據下句增，王景羲校同。是利之中取大也；於所既有而棄焉，是害之中取小也。言大利所在，存乎未有，本無限量，任人取求，此聖人所以常“爲之於未有”（《老子》六十四章）而無不利者也。及乎既有，大利盡失，而害生焉。能盡棄之，尚已，萬一不能，亦必捨大取小，猶是利也。此暴人因陳執而爲我，所以常在害中而不悟者也。夫害，固人所不取者，今不得已而取其小，足見有之爲害無窮，所以貴儉而不感於外也，節用特其粗迹耳，從知取大利必於未有，非不得已也，於既有而欲盡去其害，良不易矣。未有，形而上，兼也；既有，形而下，别也。此節總結上文利取大、害取小之故，並破非兼者執有之害，而示節用之諦理。允當以破有宗立空宗之佛典視之，唐龐道玄居士將入滅時，語太守于頔曰：“但願空諸所有，慎勿實諸所無。”墨氏早得其恉。曹云：“‘兼愛’、‘尚同’，人世所未有之説而墨子取之。攻也、厚葬也、樂也、命也，人世所既有之説，而墨子棄之。興利者，以取爲取；除害者，以棄爲取也。”張之鋭云：‘此段結論通節利取大害取小之意，有利無害，是墨家絶對的主張，故曰‘利之中取大，非不得已也。’有時絶對的主張，目的不能徑達，則從害小利大上比較，採取相對的主張（如“節葬”、“非樂”）。雖有妨於愛的感情，而爲害甚小，且其中所得之利，足以償補其害而有餘，始不得已而採用之，故曰‘害之中取小，不得已也’。利之中取大，爲希望人類將來，最大多數之最大幸福，故曰‘所未有而取焉，是利之中取大也’。害之中取小，乃就人類舊時沿襲的制度，擇其無實際利益、去之又無大妨礙者（如“厚葬”、“盛樂”）變更，或割棄其一部分，故曰‘於所既有而棄焉，是害之中取小也’。此因環境時勢所迫，而權衡利害大小而然，非墨家之本恉也。”

義可厚，厚之；義可薄，薄之，謂倫列。孫云：“‘謂’上當重‘之’字。《戰國策·宋策》高注云：‘倫，等也。’《服問》鄭注云：‘列，等比也。’”曹云：“‘倫列’，猶《尚書》所謂‘秩敘也’，無所不厚，是爲德行，然義不能無分别，惟視乎其可而已，是之謂倫列也。”王本“謂”上重“之”字。德行、君上、老長、親戚，曹云：“謂父母也。”此皆所厚也。伍云：“‘倫列’，謂差等也。倫列之愛，非周愛也，如德行、君上、老長、親戚，此皆儒家所厚而愛之者也，如此者，於愛之義爲有缺。”爲長厚，不爲幼薄。親厚，厚；孫云：“厚其近親。”親薄，薄；孫云：“薄其遠親。”親至，薄不至。孫云：“言有至親無至薄。”曹云：“親厚、親薄，以親屬之遠近言也，因其遠近以爲厚薄之差等，但有至厚而無所謂至薄也。”義厚親，不稱行而類行。“類”舊作“顧’，從孫校改。張之鋭云：“開首一長句：‘義可厚，厚之；義可薄，薄之，謂倫列。’係舉儒家愛有差等之説。‘義’，亦儒家所謂義也。‘倫列’，猶云倫次，言儒家以爲施行愛利，當以義分别厚薄。‘義可厚，厚之；義可薄，薄之’，乃愛利自然應有之倫次也。‘德行、君上、老長、親戚，此皆所厚也。’此句係就儒家所謂義所當厚之人而列舉之，約有是四類，爲長厚不爲幼薄。‘親厚，厚；親薄，薄；親至，薄不至。’此數分句，係就上文列舉儒家所謂應厚之人，指出其所定厚薄標準不合論理之處，而詰難之也。依上文列舉儒家所謂應厚之人，而歸納之，不外兩個標準：（一）以尊卑分别厚薄。（二）以親疏分别厚薄。《孟子》曰：‘天下有達尊三：爵一，齒一，德一。’德行，即孟子所謂德；君上，即孟子所謂爵；老長，即孟子所謂齒，此三者，是以尊卑分别厚薄也。親戚之應厚，是以親疏分别厚薄也，惟既以尊卑爲厚薄的標準，則長者尊而幼者卑，長者當厚，幼者當薄，何以儒家爲長厚而不爲幼薄？是以尊卑爲厚薄標準之説，不能成立也。既以親疏爲厚薄的標準，‘親厚，厚；親薄，薄’，則親之至極者，厚固當至極；疏之至極者，薄亦當至極。何以儒家但有親至而無薄至乎？是以親疏爲厚薄標準之説，又不能成立也。厚薄無標準，而曰‘義可厚，厚之；義可薄，薄之’。所謂義者，果安在耶？‘義厚親，不稱行而類行’。行，謂施行，此承上文‘義可厚，厚之’之意，而撇去德行、君上、老長，諸應厚之人，獨申述‘義厚親’者，因儒家厚薄標準，實以由親及疏，爲施行愛利惟一之主張，是以孟子譏墨子兼愛爲無父，殊不知墨家兼愛，亦以爲義當厚親，特墨家之厚，係以稱行之，儒家之厚，係以類行之，此其異點耳。何謂稱行？稱讀去聲，副也，如以稱稱物，有多少重量，方給以多少價值，言因人而施，其人與天下關係甚大，足以副我的厚愛，而後厚愛之，是謂稱行。何謂類行？不論其人稱厚愛，不稱厚愛，但從己施起，由親及疏以類推之，與己親者，即厚愛之，與己疏者，即薄愛之，是爲類行。稱行之厚，以人爲本位，《兼愛上篇》云：‘亂何自起？起不相愛。臣子之不孝君父，所謂亂也。子自愛，不愛父，故虧父而自利；弟自愛，不愛兄，故虧兄而自利；臣自愛，不愛君，故虧君而自利，此所謂亂也。’墨家以爲不厚親，則天下亂，從天下治亂關係上，説出孝悌，可見墨家之厚親，仍是以人爲本位，故親稱厚，厚之，人稱厚，亦厚之。下文‘爲天下厚禹’，及後章言‘藉臧也死，而天下害，吾持養臧也萬倍’。聖如禹，賤如臧，苟與天下人類利害關係者大，稱我厚愛，無不厚愛之，非獨親也。儒家之類行，是以己爲本位，但有厚親，而無厚人，以親爲愛之極點，依次錫類，而後及於他人，故曰‘義厚親，不稱行而類行’。明儒家厚親之義，與墨家不同之點在此也。此段與儒家辯論用愛差等厚薄之理，剖析微芒，得未曾有，秦漢而後墨學晦暗不彰，學者習聞儒家攻擊墨家之語，而墨家詰難儒家，如此一段文義之謹嚴精鑿，幾無人能舉其辭，亦墨家不尚文學，過於直樸簡古，深入不能顯出，以致難索解人，真中國學術之不幸也。”伍云：“墨家立義，一兼無别，爲長厚不爲幼薄，爲親者厚不爲非親者薄，無親疏長幼一也。故《隨巢子》曰：‘有厚而無親，有疏而無絶。’夷之曰：‘愛無差等，施由親始。’愛無厚薄，爲墨家之根本主義，其不得已而有厚薄者，非本旨也。蓋愛無厚薄，而利有厚薄，愛之在内者無厚薄，而愛之及外者有厚薄，其有厚薄與儒家同，而其所以有厚薄者與儒家異；儒家立宗，即主有厚薄，故施之於外者，因之而有差異，墨家立宗，不主有厚薄，其施於外者，雖因之而有差異，而本旨則平等也，此儒墨之辯也。”

爲天下厚禹，爲平聲。禹也，王闓運云：“同耶。”爲天下厚愛禹，乃爲禹之愛人也。二“爲”字均讀去聲，“愛人’舊倒，從孫校乙，王本同。厚禹之爲平聲。加於天下，“爲”字從孫校增，曹本同。而厚禹不加於天下。伍云：“此言爲天下之故而厚愛禹，乃爲禹之能愛天下也，所厚在禹，所愛在天下，故對禹雖若獨厚，而對天下則未嘗因之而薄也。”若惡盜之爲平聲。加於天下，而惡盜不加於天下。言儒家不兼愛，以己爲主而厚親，墨家兼愛，以人爲主而厚天下，如禹爲天下勞形可謂厚矣。故墨家爲天下而厚禹，非爲禹而厚禹，與儒家爲親而厚親者異。必爲禹之所爲，自苦以厚利天下，斯爲厚禹。蓋不能如此，非禹之道，不足謂墨也。以此之故，更爲天下厚愛禹，因禹兼愛天下之人故。是厚愛禹，即所以厚愛天下，與厚愛親，即不能厚愛天下正相反。況墨者厚禹之所爲，加利於天下，禹固天下之人所同厚，非惟墨者所獨厚，則墨者之厚禹，並不加優於天下，若惡盜之所爲，加害於天下，盜固天下之所同惡，非惟墨者所獨惡，則墨者之惡盜，並不加重於天下，是知墨者爲天下，雖厚禹等於不厚禹，是之謂兼愛。豈彼儒家惟知厚親，愛有差等可比哉？此段推翻儒家差等之愛，成立墨家平等之兼愛。曹云：“禹聖人也，厚於聖人，即以厚於天下，因聖人之能愛人而利人也。故墨子兼愛而尚賢，以賢者之能愛人而尚之，不必己之愛加于天下，而自無所不愛也，惡盜者反喻以明之。”

愛人不外己，己在所愛之中。孫云：“言己亦猶是人也。”伍云：“《荀子·正名篇》云：‘聖人不愛己，此惑於用名以亂實者也。’意蓋指此。”純一案：聖人不愛己，必當時墨者有此言，如上文“斷指與斷腕，利於天下相若，無擇，死生利若，一無擇，並殺己以利天下”云云，又《經上》“任士損己而益所爲也”。《説》“任爲身之所惡，以成人之所急”云云，均可證。乃非兼者不憭，以爲亂實，詎知道家老子貴能外身，莊子貴能外生，儒家亦稱孔子無我，古今豈有聖人愛己，無異庸衆者哉？蓋聖人不愛己者，因急於周愛人，不暇於專愛己，非不愛己也。惟真知愛己，故不僅兼愛今世之人，必兼衆衆世及尚世、後世之人而盡愛之，而後愛己之量，始得圓滿而無虧也。故墨子於此立量，以極成聖人不愛己之説，而破其亂實之非量，謂人己不二，性本一兼，己實不在人外，盡性愛人，即所以愛己，故真愛己，莫急於兼愛人，充愛之量，人己兩忘，湛然一愛，彌綸天地，有如陽和之無不被，故曰“愛人不外己，己在所愛之中”，由是人人兼愛，而天下禍篡怨恨無由生矣。己在所愛，愛加於己，倫列之愛己，愛人也。“倫”通“輪”，《易·説卦傳》爲“弓輪”，《釋文》“輪”本作“倫”，《釋名·釋車》：“輪，綸也。”言彌綸也，周帀之言也。“列”，《禮記·禮運》“故事可列也”，注：“興作有次第。”倫列，即以次輪轉意。此言己既在所愛之中，則凡愛之所加，是加於己，是周帀次第之愛己，道莫急於愛人也。《禮記·哀公問篇》云：“不能愛人，不能有其身。”義可互明。此段破斥儒家人己之分別，融己於人之中，明兼愛之不可動摇也。張之鋭云：“墨家兼愛，係以人爲根本觀念，將己的觀念，化爲人的觀念，人與己混合爲一，故曰‘愛人不外己，己在所愛之中’。己亦爲人，則愛亦加於己，故曰‘己在所愛，愛加於己’。愛雖加於己，然非由己生愛，而由人生愛，故曰‘倫列之愛己，愛人也’。明墨家愛人，未嘗無倫列，特墨家之倫列，爲平等的，而儒家之倫列，爲差等的。此節駁儒家施行愛利，以己爲本位，分别厚薄之非，將己的觀念，極力打破，而歸納於人之中，以爲己者，亦人類中一人耳。愛利縱有厚薄，但由人的觀念分别則可，由己的觀念分别則不可也。段末歸納到一‘人’字，説明墨家兼愛主義，根本上成立之原則，蓋人、己觀念不同之處，即儒、墨學説鴻溝所由劃也。”

聖人惡疾病，畢云：“言自重其身。”尹云：“以其廢事。”伍云：“欲留其身以愛利天下，非爲享樂也。”不惡危難。畢云：“言爲人則不避艱險。”曹云：“惡，猶畏也，疾病在身，則或不能爲利人之行，故聖人惡之。危難者，爲人所害，聖人固可行乎患難，而仍可爲利人之事，故不畏也。”純一案：聖人自視身關天下休戚，恒善調攝，少私寡欲以立命，苟利天下，赴火蹈刃，皆所不辭。正體不動，四字義甚精微，不可輕忽讀過。《易·繫辭傳》曰：“无思无爲，寂然不動。”釋氏所謂：“一心不亂，入無生忍。”是其義。昔堯試舜，納于大麓，烈風雷雨弗迷（《書·舜典》），《莊子·田子方篇》曰：“有虞氏死生不入於心。”禹南省濟江，黃龍負舟，乃熙笑，顔色不變（《淮南子·精神訓》），見定功也，墨子一切妙解勝行，盡出於此。蓋人必寧静，始能致遠，正體不動，則能攝天下之至動於湛寂中，清浄而無染，於是安住一定，疾病無由生，超絶塵緣，危難無足畏，惟心與神處，形與性調（《文子·下德》），嵬然若邱山而已（《文子·符言》）。《莊子·在宥篇》曰：“抱神以静，形將自正，我守其一，以處其和。”《攝大乘論》曰：“菩薩於定位，義想既滅除（《世親釋卷》六葉十六），能修諸佛安住，解脱一切障礙，常起一切有情一切義利行故。”（同下卷八葉七）均可與此相發明。曹云：“正己者，正其身體也。不動者，見危授命，不避艱險也。禍變無所動於中，但欲己之有利於人，不惡人之或害於己也。”欲人之利也，非惡人之害也。聖人欲惡之正，高超情境，惟憂百姓之窮，興慈利物，己身早置度外。畢云：“言欲存其身以利人，非惡人之以危難害己。”

張之鋭云："欲利惡害，人之恒情，墨家專務爲世興利，犧牲自己一身之利，在所弗惜，故無害可惡。但不惡害，在墨家爲相對的，而非絶對的。人身之害，約言之，可分爲個體之害，與環境之害。疾病者，個體之害也；危難者，環境之害也。疾病足以妨害興利之身之健康，故惡之；危難足以磨鍊興利之身之才識，故不惡之。我心有一定之宗旨，進行有一定之趨向，不爲人世任何危難所摇撼，故曰：'正體不動，欲人之利也，非惡人之害也。'"

聖人不爲其室臧之故，在於臧。"臧"，即"藏"正文，从艸，後人所加。此言聖人不爲其室可以臧身之故，而志在於臧，如禹八年於外，三過其門而不入是。此墨子有道相教，徧從人而説之，所以無煖席也。《列子·仲尼篇》曰："處吾之家，如逆旅之舍，不過能出世而已。"未足擬墨子之慈悲，惟釋迦苦行説法，耶穌周游弘道，同此妙行。張之鋭云："聖人無己，故無私財，無私財，故不爲其室臧之，以天下之財，還之天下，臧財於天下，天下之所臧，即聖人之所臧，言不爲其室臧之者，無所不在於臧也。"

聖人不得爲子之事。言聖人孝思不匱，務形勞天下以尊親，庭前服勞奉養，非大孝也。如《管子·七法篇》曰："不爲愛親危其社稷，故曰社稷戚於親。"《詩·四牡篇》云："王事靡盬，不遑將父。"《晉書》温嶠絶裾之類，均世法也，惟釋迦出家修道，誓願度盡衆生，爲出世法，均可相印證。无能子曰："無所孝慈者，孝慈天下；有所孝慈者，孝慈一家。"可謂知言，孟子以此目之曰無父，陋已。張之鋭云："天生聖人，以爲天下之人類也，故聖人上體天心，兼愛天下，不得獨爲人子之事，專厚其親也。"

聖人之法死亡親，孫云："'亡'、'忘'通，謂親死而忘之，即薄喪之義。"爲天下也。張之鋭云："儒家事死如事生，所以主張厚葬。墨家以父母已死之體魄爲無知，所以制爲薄葬之法，撙節財用，以利天下。"厚親，分也，以死亡之，"亡"，同"忘"。體渴興利。此節葬之本，言厚親固人子本分，但聖人知親形化而性縣解，適可忘情，當疾於從事，以利天下，否則曠時妄費，無補死者，而深害生者（《晏子春秋·外下二章》），非不匱之大孝也。況聖人息息與天下相通，厚愛天下，即所以妥先靈，安忍縈念於親之形骸，恝置天下於不顧。《莊子·天運篇》曰："至仁無親，夫至仁尚矣，孝固不足以言之。"是其義。張之鋭云："厚親爲分所應爲，墨家事親，何能獨薄？今之薄葬，不過以我親死亡無知之體魄，作爲法制，期於救正世人厚葬侈靡、無益妄費之非，渴爲天下興利耳。渴，猶急也，言汲汲欲爲天下興利也。"有厚而毋薄，舊本"薄"在"而"上，從曹校乙。"毋"，陸本作"無"，同。下文云"愛無厚薄"。倫列之興利爲己。言聖人愛人有厚無薄，惟爲天下周帀次第以興利，盡己之性，忘己以利天下，斯真爲己之道。張之鋭云:“此段四舉聖人,以明墨學之所本,聖人指禹及墨子。”

語經,孫云:“‘語經’者,言語之常經也,此總冒下文。”王本以此爲篇名,並下文别爲篇,列《大取》前。案:墨子引《語經》爲辯,未可别爲篇。尹云:“謂言語之經,今所謂論理學者,又偁辯學。”語經也,畢云:“‘也’同‘者’。”孫云:“當爲者。”非白馬,馬。舊作“焉”,今校改。孫云:“公孫龍子有《白馬論》。”執駒馬説求之,“馬”舊作“焉”,從畢校改。孫云:“《莊子·天下篇》云:‘孤駒未嘗有母’,白馬孤駒,蓋名家常語,所謂語經也。”無説非也。無舊作“舞”,從畢校改。漁大之舞大,“舞”,張之鋭校改無。非也。尹云:“漁大,魚大也;舞,無也;無大,謂魚極大而無所加。《莊子·逍遥游》:‘北冥有魚,其名爲鯤,鯤之大不知幾千里也。’即此魚大説也。然鯤字同卵,本小魚名,其以爲大無所加者,乃虚無想像之大耳,故其説可以非之。”張之鋭云:“‘語經’,即名家所謂《白馬論》也。名家《白馬論》,言白馬非馬,既説白馬非馬,則轉言之,非白馬當是馬,故曰‘非白馬,馬’。但非白馬,尚不能徑謂之馬,何以故?因白馬之外,猶有黄馬、驪馬,及種種以色命名之馬,雖非白馬而亦非馬,以命色之例,與白馬同也。然則欲言‘非白馬,馬’,不可無説以求之也明矣。‘執駒馬説求之’,此即言‘非白馬,馬’,所以求之之説也,蓋駒本馬名,非命馬色,故説是駒馬,不惟非白馬,而亦非黄馬、驪馬,及種種以色命名之馬,然後乃可謂之是馬。否則非白馬,仍不得直謂之爲馬,故曰‘無説非也。’《小取篇》云‘以説出故,駒馬之説’,即説明非白馬之所以爲馬也,駒之名生於馬,使駒與馬離,則駒仍爲馬,故駒馬不能謂之非馬。以馬例人,如前言德行、君上、老長、親戚諸名,皆由人生,即使與人離,而仍可知其爲人,猶離馬而單言駒,仍可知其爲馬也。是德行、君上、老長、親戚者,駒馬之類,而非白馬之類也。欲異德行、君上、老長、親戚於人,而特别厚愛之,是不啻異駒馬於馬也。必德行、君上、老長、親戚諸名,不由人生,如白馬非馬,異白馬於馬而後可,彼儒家異親於人,而獨厚之,不稱行而類行,果將執何説以求之哉?此段以論理學的斷制,證明墨家兼愛,以人爲本位,學理之正確,造語精鑿無比。孫注‘非白馬,馬’,雖嘗引公孫龍《白馬論》‘白馬非馬’之説,而不悟白馬非馬,與‘非白馬,馬’,二者語意本係顛倒,不能牽混爲一,須知‘白馬非馬’是求異,‘非白馬,馬’是求同,求異是别,求同是兼,本章是説兼愛,將一切階級異名之人,歸納爲一切平等同名之人。故言‘非白馬,馬’,而不言白馬非馬也,墨家深於名學,引用名家術語,萬不能自相矛盾。‘漁’,同魚,‘魚大之無大’,無魚大而不能説明魚之所以大也。上言‘非白馬,馬。執駒馬説求之’,是以馬喻人,以駒喻親,親即是人,猶之駒即是馬,此言魚大之無大,是以魚喻親,以大喻厚,親之厚,必有所以應厚之故,猶之魚之大,必有所以成大之説，蓋厚與大有二義：（一）主觀。謂物之本體，有自厚自大之價值，非他方面所得意爲增損，故親之應厚愛，禹之應厚愛，乃親與禹自體生出之關係，足以當厚愛而無愧色，前所謂稱行是也，譬如魚之大，本魚自體之大，人因有大之之觀念，並非我偏愛是魚，而以私意大之也。（二）客觀。厚與大，皆由比較而生之名辭，凡因比較而生之名辭，如厚薄、大小等類，必有薄始有厚，有小始有大。墨家愛人，本來無薄，從何説厚？猶之未見魚小，亦安知所謂魚大哉？墨家以稱行説厚愛，實爲顛撲不破之學理，從主觀言之，非從客觀言之也。儒家以類行説厚愛，專從客觀上比較厚薄，而親至薄不至，又無一定厚薄之標準，是言魚大，而不能説明魚之所以大也，故曰：‘魚大之無大，非也。’”

三物必具，然後足以生。孫云：“此下疑當接‘後以故生，以理長，以類行也者’句。”純一案：孫校是，今據移。

臧之愛己，非爲愛己之人也。厚人不外己，“厚”下“人”字，從孫校增。愛無厚薄。舉己，非賢也。“臧”，正“藏”字。“舉”，《呂氏春秋·異寶篇》“不足與舉”，注：“猶謀也。”墨家以有財相分，爲真愛己之正義，若據財不能以分人而私藏之，惟知愛己，不能忘己愛人，非真能愛己者也。真愛己者，知厚愛於人，不外於己，人己兼愛，無彼此厚薄之分，可謂賢矣。若有己之見存，專爲己謀，不能與人均分財，尚得爲賢乎？此尚賢之本，明人己不二，人即是己，破敵邪見，立自正宗，即佛法破我執、戒貪慳之諦理。近世講社會主義者，所謂打破私有制度，無此根本的卓識。張之鋭云：“‘臧’謂扃固緘臧，以利自封，此種行爲，純屬愛己觀念所生之結果，非因己爲人類，而後私儲其財也。己的觀念，私也；人的觀念，公也。墨家倫列之愛己，愛人也，無己的觀念，則己之財，與人之財無異，何用臧之？故上文云‘聖人不爲其室臧之，明有臧即有己也。’世之論者，每疑墨家力祛己的觀念，爲厚人薄己，不知墨家既以己爲人之一分子，則厚人之中，自不能不厚己，故曰‘厚人不外己’，厚己既在厚人之中，則言厚人，而厚己自見，又何必標出厚己名目，以狹小愛人之量哉？然則墨家反對儒家厚親之説，非反對厚親，實反對厚己，反對厚己者，爲其以己之親疏，分別愛之厚薄，而有己之觀念存也。有己之觀念存者，厚之固非，即薄之亦未嘗是，故曰‘愛無厚薄，舉己非賢也。’”曹云：“愛人者無厚薄之分，若但知有己者，不得爲賢也。”伍云：“凡事之以己爲標準者，非墨家之所貴也。”

義，利；不義，害。志、功爲辯。“志”原作“之”，孫從《道藏》本、吴鈔本作“志”。凡事以人爲主者義，以己爲主者不義。義，利人亦利己；不義，害人亦害己。不分人己者，利也，兼也，墨也；妄分人己者，害也，别也，儒也。志，愛也；功，利也。志存兼愛，願力宏深，一時周衆衆世，無漏者也。而功或不能兼利，事相偏淺，未易契如實理，有漏者也。志功不可以相從，允宜明辯，然不可以功難兼利而害志，苟人己交相利，亦即以兼易别之道，要在貴義於其身，以厚利天下，斷不可執己非兼，以爲人類之大害也，以上申斥儒家距墨之失也。張之鋭云："《兼愛下篇》云：'仁人之事者，必務求興天下之利，除天下之害。今吾本原兼之所生，天下之大利者也；吾本原别之所生，天下之大害者也。'不具徵引，由己而分愛之厚薄，别也；愛人不外己，倫列之愛己，愛人也，兼也。《經上》云：'義，利也。義，利；不義，害。志、功爲辯。'此言學説之是非，合乎義，或不合乎義，當以實際之功利證驗之，兼既有利，别既有害，則是兼義而别不義也。且愛，志也；利，功也。所謂厚薄者，應以功辯，不應以志辯，因厚薄從事實見，非從感情見也。墨家則主張兼愛，而利則隨人而異。父有父之利，子有子之利，貴有貴之利，賤有賤之利，各各不同，故後文云：'愛獲之愛人也，生於慮獲之利。'慮獲之利，非慮臧之利也，而愛臧之愛人也，乃愛獲之愛人也。利既不同，即不相爲比較，有何厚薄之可言？本篇開端即説明愛利厚薄，不能並爲一談，此復言志功爲辯，以結束前意，明儒家攻擊墨家兼愛之説，而持親疏、厚薄、有别之論，特未將志功分辯清楚耳。儒家言愛有厚薄，墨家言愛無厚薄，而利有厚薄，愛是志，利是功，故曰'志功爲辯'。夫志生於心，願力無窮者也，功施於事，範圍有限者也，譬如有水一盂，欲飲渴人。欲飲渴人，志也，愛也；有水一盂，功也，利也。二人飲之，比諸十人飲之，功利厚薄不同也，而水一盂等，欲飲之之念亦等。人少則飲多而利厚，人多則飲少而利薄，其不能等者勢也，天下親者少而疏者多，是利之所施，親者必常厚，而疏者必常薄，亦勢之自然也。墨家雖愛人之親，若愛其親，而己之親則問膳視寢，其於人之親之膳寢，固不能一一問之，而一一視之也，知此則儒、墨之辯，亦可以息矣。"

有有於秦馬，有有於馬也，智來者之馬也。曹本改"智"作"知"，注云："秦之地産馬，而馬非盡産於秦也。曰秦馬者，知馬之所從來而已。愛馬者，不問其地之遠近；愛人者，亦不問其人之親疏也。此亦若公孫龍'楚弓'之喻。"張之鋭云："'智'，同'知'。此復以馬喻人，結論墨家兼愛以人爲本位之主恉也。《公孫龍·跡府篇》云：'龍聞楚王喪其弓，左右請求之，王曰：止，楚王遺弓，楚人得之，又何求乎？仲尼聞之曰：亦曰人亡之，人得之而已，何必楚。'若此，仲尼異楚人於所謂人，夫是仲尼異楚人於所謂人，而非龍異白馬於所謂馬，悖。楚人，猶此言秦馬；人，猶此言馬。白馬與楚人，是别的觀念；馬與人，是兼的觀念，言既統人類而兼愛之，即不當有種種人的分别，例如有一人，有的是秦馬，又有一人，有的是馬，不論秦馬，或非秦馬，我但知來此者之爲馬而已矣。此與仲尼所言楚人與人的意思，完全相同，可見儒、墨之争，皆末流之弊，二師之道，本不相遠也。”

凡學愛人，四字舊在後“小圜之圜”上，從王引之校移此。愛衆衆世，與愛寡世相若，兼愛之有相若。孫云：“‘衆世’、‘寡世’，以廣、狹言。下文‘尚世’、‘後世’，以古今言，文自相對。有與又通。”純一案：龍猛菩薩造《金剛頂瑜伽中發阿耨多羅藐三菩提心論》，有云：“菩薩行願，我當利益安樂無餘有情界，觀十方含識猶如己身。”案：菩薩行願如此，故十方含識有一不得利益安樂者，菩薩心即不得安樂，墨子慈悲無量與彼同。愛尚世與愛後世，王引之云：“‘尚’與‘上’同。”一若今之世。王樹枏云：“絶句。言愛‘上世’與‘後世’，皆若今之世也。”人之鬼，舊作“人也鬼”，從王樹枏校，據《小取篇》改。非人也；兄之鬼，兄也，天下之利驩。言凡學愛人之道，當知十方世界，三世古今，惟一兼耳。衆衆世，即釋氏所謂“三千大千世界”。寡世，謂此娑婆世界。尚世、後世、今世，過去、未來、現在三世也。《華嚴經·合論會澤》云：“無邊剎境，自他不隔於毫端，十世古今，始終不移於當念。”可爲此説明，蓋愛極於兼，無有方量時量之别，宇宙閒非惟人類已也，彼禽獸麋鹿，蜚鳥貞蟲，以及盡虚空界，無盡鬼神，何非分於兼者。倘不盡性愛之，兼愛之量，即有未周，愛有不周，與暴人之不愛人，何以異耶？墨家右鬼，絜爲酒醴粢盛以祭之，所以通精明之德，圓成自性之兼也，若彼儒家，執無鬼而學祭禮，惑已。詎知人鬼不二，不過生死異名耳。人之鬼雖非人，而兄之鬼不得不謂之兄，兄當愛，兄之鬼豈可不愛；人當愛，人之鬼又豈可不愛。一兼無外，一愛無殊，總宇宙之異而俱於之一，有何鬼之非人，不當兼愛耶？今世之鬼，即尚世之人；今世之人，又後世之鬼。死此生彼，出彼入此，如環無端，必兼横徧豎窮之世界，無盡之人與非人而愛之，則天下無不被其利驩然矣。驩、懽同。近世所謂最大多數之最大幸福，義極偏淺，未足與語此。“天下之利懽”上，疑有脱文。

聖人有愛而無利，倪日之言也，“倪日”，當從孫校作“儒者”。乃客之言也。此五字疑本後人注語，竄入正文，當删。墨子因儒者諱言利，有聖人惟言愛不言利之説，如子罕言利是，故此破其執著。意以有人我之見存，言愛、言利均不可；無人我之見存，言愛、言利無不可。既言愛人，必有實利於人，設無利於人，徒言愛人，非愛人也，愛利並言果何傷。張其鍠云：“客之言，猶外人之言，以上爲墨家述儒者之辭。”

天下無人，明焦竑《經籍志·墨家小序》云：“墨子見天下無非我者而兼愛也。”孫云：“‘無人’，即兼愛之義，言人己兩忘，則視人如己矣。”子墨子之言也，“子墨”下舊脱“子”字，孫據吴鈔本補。案：陸本、唐本正作“子墨子之言也”，傅山據本同，疑本作此翟之言，後世墨家尊崇本師，諱其名而易之。猶在。此二字當在“也”上，謂子墨子之言猶在耳也，疑亦後人增注，當删。墨子因儒者以己爲主體，執著有我而非兼，乃以人爲主體，消己歸人，謂即人是己，以對治之。又恐其執著有人，不明兼之實相，終不利於人，亦不利於己，故急破其人相曰："天下無人"，使視天下之人，祇是一我。既無人相，即無我相，更無天下相，惟冥會一兼而已。《關尹子·九藥篇》曰："自然無我，而兼天下之我。"《列子·仲尼篇》曰："視吾如人。"《莊子·逍遥游篇》曰："至人無己。"均同此慧解，墨子躡解成行，勇於救世，其中土之耶穌乎。

不得已而欲之，非欲之也。非殺臧也，專殺盜，非殺盜也。"臧"，藏私財也。"殺"，減也。"殺臧'，多財則以分貧，是殺盜之原理也，謂天下無人之言，即於所未有，利中取大之至言，因世間暴人，不知本無人我之别，妄執有我，而起貪欲，往往虧人自利，發生無盡之盜行，並厚其儲藏而不止，而劫奪攻伐之禍，亦因之而不止。原其貪欲之私，本於有身，而不得已，固非欲之正也。如盜，非人所樂爲，必迫於飢寒不得已，始欲爲盜，非本欲爲盜也。是知斯人樂生畏死，忽而爲人，忽而爲鬼之大患，以貪欲爲大本。設不禁止私藏以除貪，專欲減少爲盜之暴行，終非弭盜之方也，故曰"非殺臧也，專殺盜，非殺盜也"。此尚儉節用之神理。蓋不知天下無人，即不能棄其所既有，不能棄其所既有，即不能止天下之財貪，不能止財貪，即不能止盜貪，不能止盜貪，即不能止攻伐之殺貪，則兼愛之説，不極成也。此殺臧、殺盜，即是殺貪，所以兼愛人鬼者，可謂周矣。此中土大乘佛法也。墨子樹義堅卓，惜能了解而實行者希，塵霾至今，可爲浩歎。張之鋭云："上文云'利之中取大，非不得已也；害之中取小，不得已也'。殺盜，亦是害之中取小，不得已而爲之，非根本去盜之法，故曰'不得已而欲之，非欲之也'。何謂根本去盜之法，即廢除遺産制度，定爲法律，不使天下有私財，則不殺盜而盜自絶。（純一案：不止貪欲而禁私財，恐盜行終不可絶，盜心終不可絶，至廢除遺産制，賢者優爲之，恐不肖者，以此從事不力也，鄙意今宜仿行英國遺産制，遺産多者較遺産少者，税率依次遞增，詳上海廣學會出版《大同學》。）若不禁止私財，而專殺盜，盜終不可去也，故曰'非殺臧也，專殺盜，非殺盜也。'此言實行兼愛主義，將利益分配均匀，生活問題，完全解決，天下自然無盜。《禮運》云：'大道之行也，天下爲公。''貨惡其棄於地也，不必藏於己；力惡其不出於身也，不必爲己。'據是以觀，墨家兼愛學説，與儒家大同學説，本無差異，即近世社會主義之嚆矢，不過墨家欲實行主義於現世。儒家則希望大同主義於未來，所謂大道之行也，與三代之英，丘未之逮也，而有志焉是也。孟子反對墨子兼愛，即是反對大同學説，而近世儒者，乃謂孟子獨傳孔子大同學説，真顛倒是非，全無皂白之見也。"純一案：張説頗得墨恉，而釋上二句及"殺盜"，未諧。盜非專指人言，亦指盜行言。"殺盜"，言減少爲盜之惡行，非必殺爲盜之人。墨子兼愛，其道不怒，知盜出於不得已，豈忍殺之。《小取篇》“殺盜”，對無盜、多盜、愛盜言，乃設辭，“殺”亦當訓滅。又以法律禁止私財，而爲利益分配均勻，是專求物質之均平，不顧天然的不平之至平，反失墨子兼愛之本意。蓋墨子以欲天下無盜，在人無私財，欲人無私財，當先無私欲，無私欲，則無私惡，是根本的無上至平之道。故《經上》云：“平，知無欲惡也。”《説》云：“平，惔然。”此即根本的殺臧殺盜之妙法。倘不禁欲，而徑禁私財，必致天下人，未受兼愛之利，先受兼愛之害，而苦楚不堪言狀也。

小圜之圜，與大圜之圜同。方至尺之不至也，“尺”上“至”字，疑衍。與不至“不至”二字疑衍。千里之不至，不異，舊本“千里”譌“鍾”，“之”下脱“不”字。孫云：“鍾，當爲千里二字。‘之至’，當作‘之不至’，謂尺與千里遠近異，而其爲不至則同。故下云‘遠近之謂’，今本‘千里’二字，誤合爲‘重’字，校者又益金爲‘鍾’，遂不可通。《續漢書·五行志》，童謡以‘董’字爲‘千里草’，與此可互證。”純一案：孫説是也，今據補正，傅校同。其不至同者，遠近之謂也。是璜也，畢云：“《説文》云：‘璜，半璧也。’”是玉也。“方”，比也。圜有大小不同，而爲三百六十度無不同，言愛人即當盡其兼愛之量，無不周徧如圜然。小圜，喻周愛寡世、今世；大圜，喻周愛衆衆世，及尚世、後世。設僅周愛寡世、今世，而不周愛衆衆世，及尚世、後世，是愛仍有未周，即非兼愛，方之行人，尺地未至，與千里之不至，無以異也。蓋千里與尺地，雖遠近不同，而其爲不周至同。詎知世無衆、寡、尚、後、今之别，能兼愛，則通衆衆世於寡世，通尚世、後世於今之世，本無閒也，一愛所至，無不周至。不兼愛，則不惟衆衆世、尚世、後世，愛不能至，如千里之不至，即寡世、今世，愛亦不能周至，亦猶千里之不至，乃至伯父、叔父、戚族人，以親親有術故，愛亦不能周至，如尺之不至。以不知愛人不外己故，雖專愛己，亦不能周至，其爲尺之不至者多矣，安足與語周徧如圜之兼愛耶？圜同環，喻周徧之兼愛，是爲無漏之愛，墨也。璜，半璧也，喻非兼者不周徧之愛，是爲有漏之愛，儒也。然是璜也，固是玉也，其質非不可爲環也，甚願凡玉盡爲環，勿爲璜也，兼愛則周徧如圜而無缺也。《荀子·勸學篇》云：“千里，蹞步不至，不足謂善御。”義略同此。張之鋭云：“學愛人，謂學墨子兼愛之學也。上文云‘愛衆世與寡世相若，兼愛之有相若，愛尚世與愛後世，一若今之世’。空閒時閒，共分五世，此五世愛之相若，兼愛之有相若，愛人方爲周徧。鬼是尚世之人，不愛鬼，則五世缺少一世，愛人便不能周徧。無論何世，有一人不愛，即是不兼愛，愛人亦不能周徧。愛人不能周徧，即墨家兼愛主意，不能成立，有缺憾也。圜，周帀也，言愛人之周徧，譬如玉環之周帀。無論小圜大圜，必周帀乃成爲圜，大圜小圜雖不同，而圜則同也，猶之愛衆世與愛寡世，愛之範圍雖有大小，則兼愛之周徧，無不同也。又以行道喻愛人，愛人以兼愛爲欲至之目的地，用愛偶不周徧，即兼愛之目的地，未能完全達到，故曰‘方尺之不至也，與千里之不至，不異’。言行道者，於所欲達之目的地，設若一尺不至而停止，比較千里不至而停止，二人所至之功效等耳。何則？遠近雖不同，而未達所欲達之目的地，固一也，故又曰‘其不至同者，遠近之謂也’。半璧爲璜，璜即不圜之玉，以喻愛人不能周徧。璧與璜，皆是玉，但一爲圜玉，一爲不圜之玉，猶之愛人者，一能兼愛周徧，一不能兼愛周徧，故曰‘是璜也，是玉也’。明不周帀之璜，與非璜之玉同；不周徧之愛，與不愛人之人無異也。蓋儒、墨同言仁義，同言愛人、利人，而墨家獨主張愛無差等、利有差等，無差等故周徧，此墨家言愛，特別注重之點，所以謂之兼愛。《小取篇》曰：‘愛人，待周愛人，而後爲愛人；不愛人，不待周不愛人，有失周愛，因爲不愛人矣。’與此段文義相類。”

意楹，非意木也，意是楹之木也。意指之人也，非意人也。尹云：‘非所指則不意之。”意獲也，孫云：“《説文·犬部》云：‘獲，獵所獲也。’”乃意禽也。孫云：“言獵者之求獲，欲得禽也。”志、功不可以相從也。曹云：“心所之爲志，事所成爲功，不可以相從者，言未可同也。”純一案：此文因璜玉之喻，輾轉引生，言非惟人當兼愛，即無情之物如木石，亦當在兼愛之列，若璜與玉，君子佩之以比德，是石之可愛者，不以不圜而不愛也。更舉木爲例以明之，如木可爲楹，支大廈以利人，是木可愛也。（《禮記·祭義篇》云：“非其時不敢斷一樹”，《家語·弟子行篇》云：“高柴於草木方長不折。”）顧木既成楹，不復爲木，楹在室中，日與爲緣，故意及之；而未成楹之木，因無緣相接，則勢難意及。故楹雖是木，而意楹非意木，不過意是楹之木而已，然非不愛木也。是猶意所指定之人，即無緣意及通常之人，亦猶意獵所獲，意在於禽，斷不能意及未獲之禽。蓋物與我有緣者，意志所至，功利可以相從而至，物與我無緣者，意志所至，功利即不可以相從而至。然萬物之無窮，不害於一兼，雖或因無緣不能兼利，亦不至因無緣而不兼愛也。

利人也，爲其人也；富人，非爲其人也，有爲也以富人，富人也。治人，有爲鬼焉。此冢“志、功不可以相從”，而轉言志、功有可以相期者。利人如以財分人，是直爲其人而利之也。富人則以爵禄使人富，非僅爲其人，乃爲其人能遵道利民，兼愛天下，故曰“有爲也以富人”。蓋富人即使人永受其福，必其人誠能自求多福，且能爲天下人造福，是富人所以治人，俾無不受其福也。然能治人矣，倘不能和鬼神以致百福，則性功未盡，縱利濟普世，難必不愧於屋漏，是爭於明，未能治於神，其治非真治，必不能久也，故曰“治人又爲鬼焉”。墨家明鬼，以人粗色身有死，妙色身無死，教人慎厭身修思永，自然有治而無亂，於是尚世之鬼，生爲今世之人，今世之人，死爲後世之鬼者。(《易·繫辭上》云:“原始反終,故知死生之説。”)無不享兼愛之福利矣。曹云:“‘富人’,謂予之爵禄以使之富也。《論語》云:‘善人是富。’聖王不輕用賞,賞一人而天下勸,是有爲以富人也。禄以代耕,賞稱其功,是富人所以治人也。聖王封先代之後以崇報祀,皆爲鬼而富人也。”

爲賞譽利一人,非爲賞譽利人也,“非”下“爲賞譽”三字,疑涉上文而衍。亦不至無貴於人。曹云:“爲賞譽而專利一人,不得謂之利人者,以其小也,然以爲無貴於人亦不可。”純一案:曹説是也。言爲賞譽僅利一人,勢不能偏利人,似非兼利之道,然能利一人而天下勸,亦不至無貴於人。喻愛人者,不能因愛一人不爲周徧,遂以愛一人爲不足貴而不愛人也。兼愛者,無一人不愛,無一人不利,而有時其勢祇能利一人,固不害於兼愛也。

智親之一利,畢云:“‘智’同‘知’。”未爲孝也,曹云:“‘一利’,一事之利也,事親而但知其一利,不得爲孝。”亦不至於智不爲已之利於親也。“不爲已”,爲墨家兼愛之骨子。下文“不爲已之可學也”,可證。“利於親’上脱“不”字,義遂難通,疑當作“亦不至於知不爲已之不利於親也”,知不爲已,則利於人者大,利於人者大,即善於繼志述事之達孝,而親常在我所利能利之中,利於親莫大焉。故知親之一利,未足爲孝,亦不至於知不爲已之不利於親也。此以一利於親,未足爲孝,必不爲已而兼利人,斯真利親之大孝,破儒者兼愛無父之謬説也。以上舉賞譽及孝親,喻兼愛之功不易見,而兼愛之志,固寓於不爲已之一愛中也。

智是世之有盜也,“世”上舊衍“之”字,孫據吴鈔本删,曹本、王本並同。盡愛是世。曹云:“知世有盜,欲爲世去之,則一世之人,已盡在所愛之中。”純一案:此非攻之本。世間之盜,如大國攻小國、大家亂小家、强暴寡、詐謀愚,並凡不爲民興利除害暴奪民衣食之財者皆是。世間金玉珍寶、高車大馬、聲色滋味權勢,皆盜大盜之心者也。而大盜不知,且利用聖人之聖智,滋其法令而盜夸以誨盜,於是舉世競於盜不知非,天下無不受盜之害矣。《非攻上篇》云:“竊人桃李,攘人犬豕鷄豚,取人馬牛,至殺不辜人抱衣裘取戈劍,衆皆知非。”今至大爲攻國,則弗知非,從而譽之謂之義,是其證。《莊子·盜跖篇》曰“小盜者拘,大盜者爲諸侯”云云,義同。墨子哀世之大迷,綜核盜之名實,務盡醒之,所以盡愛是世者至深切矣在。《論語·顔淵篇》:“季康子患盜,問於孔子,孔子曰:‘苟子之不欲,雖賞之不竊。’”《老子》曰:“不貴難得之貨,使民不爲盜。”佛教沙彌十戒中,佛云:“不得畜積金銀諸器。”皆知世之有盜,盡愛是世之要恉也。智是室之有盜也,不盡是室也。《釋名·釋宫室》云:“室,實也,人物實滿其中也。”此言既知是世有盜矣,當知是室亦有盜。妻子也、貨財也,皆潛滋纏縛,所以耗損性真之大盜也。故知是室，非安身之真宅，不盡是室也。智其一人之盜也，不盡是一人。下“一”字舊作“二”，從畢校改。既知是室有盜矣，當知一人之身亦有盜。《陰符經》曰：“天地，萬物之盜；萬物，人之盜。”“其盜機也，天下莫能見，莫能知。”以此之故，而人遂爲天地萬物所盜矣。聲色盜其耳目，肥甘盜其臟腑，幾若一人之身，有盜環伺焉。《佛遺教經》曰：“諸煩惱賊，常伺殺人，甚於冤家。”是盜猶未足以喻之，盜果奚自，蓋五鑿爲正（通政），心從而壞（《荀子・哀公篇》），仍此一人自盜之，故知一人之身亦有盜，不盡是一人。必能杜絶其盜機，而不爲所盜，斯一真人矣。此所由貴節用以全生，從知墨家節用，不僅爲大羣均財而已。雖其一人之盜，苟不智其所在，盡惡，其弱也。“弱”，尫劣也。《書・洪範》“六曰弱”，疏“尫劣並是弱事”，爲筋力弱，亦爲志氣弱，雖其一人之身，亦既有盜，當知盜之所在，而勦滅之，苟不知其所在，則盜之爲惡無盡，此身不得自主，莫由自强而不息，心神喪而生理敗矣，此知壽夭，命由己立。《八大人覺經》云：“世間無常，生死疲勞，從貪欲起。”盜起於貪欲，本衆生執我之結習，故節用、非命，凡以止貪弭盜，永貞慧命，兼愛可謂入微矣。

諸聖人所先，爲人效名實，“效”舊作“欲”，從孫校改。名不必實，“不必實”三字，從曹本補。《尹文子・大道上篇》曰：“有名者未必有形。”實不必名。曹云：“先，猶急也，聖人通天下之志，故治人以此爲先務也。”純一案：《廣雅・釋言》云：“效，考也。”效名實，即鄧析“循名責實”之意。《荀子・正名篇》云：“名聞而實喻，名之用也。”聖人先務正名，名正則是非明，治亂審矣。顧名所以狀實，而世有徒有其名而無其實者，如長短方圓是也，亦有塙有其實，雖狀之以名，而常人終於不悟者，如無窮之不外於一兼是也。苟是石也白，敗是石也，《説文・攴部》云：“敗，毀也。”曹云：“敗，破損也。”盡與白同。是石也唯大，孫云：“唯，雖通，吴鈔本作‘惟’。”不與大同，是有便謂焉也。《荀子・解蔽篇》：“由埶謂之道，盡便矣。”楊注：“便，便宜也。”此言石果白，則毀其石，仍不失爲白，蓋白盈於石，不可毀也，其白必盡與萬物之白同。若謂其石爲大，則不與萬物之大同，以天下之大無定，大之名無形無色，非白之名無形有色者比也。是同與不同，各因其便宜而偁之，石雖大，不與大同，證明名不必實，破世人大小異同等妄執也。此文以白比大，因白較大爲實故，其實白不能離石而自存，若執白爲實有亦妄，此猶佛教法相宗，教人尋思名言、義相、自性、差别，一一無實之意也。以形貌命者，必智是之某也，孫云：“‘貌’，吴鈔本作‘皃’，下同。”焉智某也。曹云：“‘命’，命名也。‘焉’，猶乃也。凡有形者，必見其形，乃知其名也。”不可以形貌命者，唯不智是之某也，孫云：“唯亦與雖通。”

智某可也。諸以居運命者，畢云："'居運'，言居住或運徙。"苟入於其中者，皆是也。"入"舊作"人"。孫云："'人'當作'入'，入是、去非，文正相對，今據改。"曹本、王本並同。去之，因非也。諸以居運命者，若鄉里齊、荆者皆是。諸以形貌命者，若山丘室廟者皆是也。曹云："有定形者，因形以爲名也。"純一案：《尹文子・大道上篇》曰："名也者，正形者也。"物之以形貌命者，必知其爲某物而名之，如知山丘、室廟各異，而命名以異，故曰"乃知某也。"若夫超一切物，不遺一切物，絶對不可以形貌命者，本無名而强命之名，如性云、道云，雖名之，固未如山丘、室廟之有形貌可覩者也。然雖爲感官之所不得，而自内證知是有，故曰"雖不知是之某也，知某可也。"《經下》云："可無也，有之而不可去"，説在嘗然，即此不可以形貌命者也。此循異實，析異名，更遣異名，契同實也。諸以居住運徙命者，若鄉里齊荆是，蓋依人言，今日入其中，即是居運之地，明日去之，即非居運之地。人生如白駒過隙，居運豈能久乎？諸以形貌命者，若山丘室廟是，蓋依鬼言，鬼之體魄葬於山丘，精靈寄於室廟，又豈能常存不變乎？諸以居運命者，出入無定；諸以形貌命者，變易無常。孰若不可以形貌命者之真常，密切身心而莫能外耶？此不可以形貌命者，證明實不必名，猶言實無定名，破世人一切有執之陋妄。墨子循循善誘，立言有宗，在在歸納於一兼也。

智與意異。"異"字舊脱，孫據吴鈔本補。案：陸本、唐本並有。物可以形貌命者，知覺；不可以形貌命者，意會。官之所感於外者曰知，識之能證於内者曰意。佛教唯識宗，言"相分見分"，義與此同。重同，孫云："《經説上》云：'二名一實，重同也。'"具同，孫云："'具'當爲'俱'。《經説上》云：'俱處於室，合同也。'"純一案：《荀子・正名篇》云："有異狀而同所者。"楊注："謂若老幼異狀，同是一身也。蠶、蛾之類亦是也。"連同，孫云："《國語・楚語》韋注云：'連，屬也。'"純一案：此即《經説上》"體同"之義。同類之同，孫云："《經説上》云：'有以同，類同也。'"純一案：《經説下》云："或木或石，不害其方之相合也，盡類猶方也。"言方木方石，同一方類。同名之同，《經下》云："物盡同名。"《荀子・正名篇》云："猶使同實者，莫不同名也。"（"同實"原作"異實"，據注或《説》改。）同根之同，四字舊在"然之同"下，從孫校移此。《大乘起信論》云："譬如種種瓦器，皆同微塵性相。"丘同，孫云："'丘'與'區'同，謂同區域而處。"鮒同，孫云："'鮒'、'附'通。《史記・魏世家》'屈侯鮒'，《説苑・臣術篇》'鮒'作'附'。《周禮・大司徒》鄭注云：'附，麗也。'"是之同，同然之同，"然"上"同"字，從一本增。《説文・是部》云："是，直也，从日正。"《乚部》云："直，正見也。"是之同，謂實際本同，故正見爲同也，同然之同，謂實際未必盡同，而輿論同以爲同，亦不得不謂之同，此二句以下文例之，當作有是之同，有同然之同。有非之異。謂有本不一是之異。有不然之異，謂有彼是此非，是非名執之異。有其異也，爲其同也，爲其同也，異。"異"必由"同"而顯，"同"固"異"之總匯。《經上》云："同，異而俱於之一也。"是其義。《楞嚴經》載世尊綰一巾而成六結，謂畢竟同中，生畢竟異。《莊子·德充符篇》："仲尼曰：'自其異者視之，肝膽楚越也，自其同者視之，萬物皆一也。'"可互證。此因異同遣異同，蓋異同並無自體，惟有假名而已，其以不異不一，詮表兼之實相，可謂酣暢淋漓矣。張之鋭云："此段因論智與意異，遂推廣同異之辯，蓋辯同異，爲名學主要作用。上文'利害、大小、經重、厚薄、人己、白馬、駒馬、秦馬、馬、人、鬼、盜、小圜、大圜、尺與千里、璜與玉、楹與木'，等名詞，皆所以辯別同異也。"一曰乃是而然，尹云："論理學同一律也。"二曰乃是而不然，尹云："予盾律也。"三曰遷，尹云："换質位法。"四曰强。尹云："對當法也。"曹云："然者，同也；不然者，異也；遷，遷就也；强，勉强也。遷與强者，皆於不同之中求其同也。"伍云："'是而然'，謂同則同之，異則異之，判詞與原詞相合者也。是而不然，謂同者異之，異者同之，判詞與原詞相反者也。遷謂由同而異，由異而同，判詞漸離原詞者也。强謂非同而同，非異而異，判詞强擬原詞者也。一、二爲正格，三、四爲變格。"純一案：是而然、是而不然，詳見《小取篇》，"遷"疑即《小取篇》之"不是而然"，"强"疑即《小取篇》之"一是而一非也"，此極異同之辯，約爲四項，破非兼者之封執，而明兼愛之運用無方也。

子深其深，淺其淺，益其益，尊其尊。俞云："'尊'，當讀爲'剸'。《説文·刀部》云：'剸，減也。'剸有減損之義，故與'益其益'，對文成義。"孫云："俞説是也。《後漢書·光武十王傳贊》，'沛獸尊節'，李注引《禮記》'恭敬尊節'，今《曲禮》作'撙節'。'尊'、'撙'、'剸'，聲類並同。"張之鋭云："'子'，謂當時學子，非難墨家者。'深其深，淺其淺'，謂墨家所言學理有深淺，如愛人不外己，天下無人，等類，此學理之深者也。節葬、非樂，等類，此學理之淺者也。'益其益'，如爲天下厚愛禹，以死亡之體渴興利，是之爲益。'尊其尊'，如墨家尚儉，節葬、非樂，所以爲天下撙節財用，是之爲尊。言非難墨家者，當就墨家所主張之學説，深者而深求之，淺者而淺求之，並體察其益者是否當益，撙者是否當撙也。"次察由，比，因，"次察"舊倒，從張之鋭校乙，與下文一律。"由"舊譌"山"，從曹及王闓運、張之鋭諸校改。至優指得，"得"舊作"復"，從孫校改。"至優"，猶言最優。"指"，指歸也。張之鋭云："'由'，謂事理之所從生者。《論語》曰：'觀其所由。''比'，即《春秋》'屬辭比事'之比。"純一案："由"即兼愛學説所以成立之理由；"比"即與兼愛比附之天志、非攻諸學説，類也；

"因"即明辯兼愛、節用、明鬼諸説所以然之故。彼非難墨家者，既於其學説"深其深，淺其淺，益其益，撙其撙矣"。次宜進而察其學説所以圓滿成就之根由，及相類比之事實與種種原因，得知兼愛爲當世諸學説至優之指歸，自無所用其非難矣。次察聲端、名因、情得。"情得"舊作"請復"，從孫校改，言非難墨家者，既察其由此因，得知兼愛爲至優異之指趣。次宜進而察其聲教之端緒，如尚賢、尚同等，無非完全兼愛之主義。《經》上下、《經説》上下，無非藉名學之規律，顯證兼愛之了因，以此墨家學説無可損益之情實，可得而知矣。曹云："按堅白異同之辯，所以極物理萬有不齊之致，而歸之於大同也，不盡其異，則無由得其同。墨子尚同，而辯經於同異之故，詳言之，乃知名家者言，所以爲國不異政，家不殊俗之本也。"

匹夫辭惡者，人有以其情得焉。舊"匹"作"正"，"有"作"右"，"情"作"請"，均從孫校改。張之鋭云："'匹夫'，謂無學術者，不知修辭，其辭甚惡，然人尚有聽其辭，而得其情實者，何況墨家根據論理，以發揮其主張之學説。苟推求其故，豈有不得其意怡之所在者哉?"諸所遭執而欲惡生者，人不必以其情得焉。"情"舊作"請"，從孫校改。張之鋭云："'遭執'，謂因自己所遭遇，而執持一種成見，則感情用事，而欲惡生矣，有欲惡，則不能公平論斷，而情實失矣，故曰：'諸所遭執而欲惡生者，人不必以其情得焉。'言世人之所以非難墨家説者，皆由執持成見，因同異而生愛憎，因愛憎而生取舍，對於墨家主張兼愛之最大原因，未嘗平心静氣以研求之耳。"

聖人之拊瀆也。仁而無利愛，"拊"舊作"附"。孫云："《道藏》本、吴鈔本並作'拊'。"案：陸本、唐本同，今並據改。伍云："'瀆'當作'竇'，'淯'之古文，'淯'同'育'。《管子·宙合篇》：'天淯陽，無計量。'房玄齡注：'淯，古育字。''拊瀆'，即撫育也，聖人之撫育也，仁而無利愛，謂聖人之撫育羣生也，但有仁心而已矣，非遂能利之愛之也。能利之、愛之者，其唯慮乎?"純一案：依伍説"瀆"當作"竇"，"賣"，殊六切。《莊子·人閒世》："是以人惡有其美也。"釋文崔本"有"作"育"，云"賣也。"仁即釋氏所謂無漏種子，蓋無緣大慈，同體大悲也，言聖人拊育天下，一本自性之至仁，攝萬體於一兼，而不敢外視之，從無利人愛人之見存，若有利人、愛人之見，分别是人以爲利愛，即不足爲仁也。利愛生於慮。張其鍠云："仁自然溥徧，無所爲也，利愛則有所爲矣。《經説上》云：'慮也者，以其知有求也。'"昔者之慮也，非今日之慮也；昔者之愛人也，非今之愛人也。《經説上》云："慮也者，以其知有求也。"有求，即是貪著，利愛生於慮，必貪人之利我，而我始利之，必貪人之愛我，而我始愛之，其爲利愛，固不仁甚矣。抑或不貪人之利我，而我著於利之之心，必利之；不貪人之愛我，而我著於愛之之心，必愛之。其爲利愛，亦有違於聖人之至仁，均屬有漏，非墨家貴兼者之所爲也。世人䣭染世慮，欲惡無盡，前慮方滅，後慮又生，故昔慮非今慮，以慮慮不同故，昔之愛人，亦非今之愛人也。伍云："此言愛之以時異者。"愛獲之愛人也，生於慮獲之利，孫從王引之校，於此增"慮獲之利"四字，未允。非慮臧之利也。伍云："此言愛之以人異者。"而愛臧之愛人也，乃愛獲之愛人也。"臧"，奴；"獲"，婢也，如愛獲，不可謂非愛人也，而其愛獲之故，生於欲得獲之利，非欲得臧之利故獨愛獲，有時愛臧，亦愛人也，乃與愛獲之因其爲人，與我有緣而愛之同，是愛屬有漏，縱云愛人，豈可云兼愛乎？去其愛而天下利，弗能去也。此辯儒者亦愛人。特其愛人，不過如愛獲愛臧之類，愛非兼愛，純是有漏，與墨家之兼愛，即聖人之仁，純是無漏者，顯有不同。蓋非墨者，不知衆體分於一兼，故反對兼愛，其爲愛之利於天下也微矣，視墨家以無愛、無不愛者愛天下，即以無利、無不利者利天下，弗如也。然儒者雖非兼愛，而常著於愛，以其愛生於慮故，縱云去其愛，而天下利，弗能去也，此言愛本於兼不兼之判别。本於兼之愛，爲仁，爲慈悲；不本於兼之愛，爲慮，爲分别。是墨書中極精微之學理，除内典外，未之見者。昔之知嗇，非今日之知嗇也。兩"嗇"字舊均作"牆"，從俞校改，言彼儒者亦節用，顧在昔非兼者之知嗇，大氐積財不能分人，謂之吝（本《晏子春秋·問下廿四章》），非今墨者之知嗇，務以財分人，自苦爲極，所以全性葆真者比。

貴爲天子，其利人不厚於匹夫。"匹"舊作"正"，從顧、俞、孫諸校改，曹本、王本、張之鋭校並同。孫云："此言利人之心，貴賤所同。"純一案：孫説是，而義未了。外埶之利，如爵也，禄也，其爲利人，當者少，不當者多，或足以長人之貪欲，爲造惑業之苦因，是害也，非利也。内心之利，如仁也，義也，其爲利人，無不當，足以治人之愛著，爲離苦業之善因，斯利也，非害也。仁義非天子所獨有，盡人可推而行之，吾國如老、莊，印度如釋迦，希臘如梭格拉底、柏拉圖等，皆匹夫也，其學説皆足以安定永世之人心，利何如耶？豈彼稱雄一時，無異可憐蟲之天子（《隨園詩話》有句云："趙家天子可憐蟲。"）所能企及哉？故曰："貴爲天子，其利人不厚於匹夫。"此墨子貴兼，空盡萬有，一切平等之精義。王闓運云："愛無差等。"張之鋭云："匹夫，謂無勢微賤之人，凡發明一切科學學理，爲人類謀幸福者，皆爲利愛，非僅得位行道，以政治之作用利天下者爲利愛。"二子事親，或遇孰，或遇凶，其愛親也相若。曹云："'孰'與'熟'同，謂年穀順成也。'凶'，謂歲歉也。孰則利厚，凶則利薄，而子之愛親無所加損，此見愛之不因乎利也。”舊本“親”上無“愛”字，從王闓運本增。非彼其行益也，《繹史》作“非彼有行益也”，案：“有”字較“其”字義長，疑當作“非彼行有益也。”非加也，疑當作“非損也”，益依孰言，損依凶言，人子之孝，以先意承志，喻父母於道爲上，博施備物次之，尊仁安義又次之，服勞奉養爲下（本《禮記·祭義篇》）。《論語·爲政篇》，孔子答子游、子夏之問孝，曰“敬”，曰“色難”，皆於歲之孰凶無與焉，此亦墨氏貴兼之正義也。惟貴兼，故尚儉。尚儉，尤以菽水承歡爲宜，免親傷生損壽也。（《吕氏春秋·本生篇》云：“肥肉厚酒，命之曰爛腸之食。”故孔子疏食飲水，正以遠離染緣。）故遇歲孰歲凶，於事親無益損也，此冡上文取譬。天子事親，如遇歲孰，雖奉養加厚，適以傷生，（《老子》曰：“人之生，動之死地亦十有三。夫何故？以其生生之厚。”）於兼愛之大孝無益也；匹夫事親，如遇歲凶，雖奉養其薄，足以長生，（《老子》曰：“夫唯無以生爲者，是賢於貴生。”）於兼愛之大孝無損也。天子之利親，不能厚於匹夫如此，則天子之利人，不能厚於匹夫，益明矣。外埶無能厚吾利者。“埶”舊譌“執”，從孫校改，此綜合上文之結論，以上慈下孝之事，均貴本至性以流露，而境之窮通豐約無與焉。凡物之自外來者，如權位利禄滋味之類，最足增長人之貪愛，祇能爲吾厚害，無能爲吾厚利者。果爾，天子利人，何能厚於匹夫。歲孰事親，何能益於歲凶，此申辯非兼者徒重外埶，不知外物之儻來，名爲厚利，實爲厚害。貴兼者無形之利，本於内心，是周徧的，清淨的；非兼者有形之利，囿於外物，是不周徧的，汙染的。一聖一凡，大異其趣，所以破俗顯真也。伍云：“此愛之以地位異者。”藉臧也死而天下害，王闓運云：“‘藉’，設詞也。”吾特養臧也萬倍，吾愛臧也不加厚。“特”舊作“持”，從陸本、唐本並《繹史》改。孫云：“假令臧死，而害及天下，則吾之持養臧也當萬倍，然爲天下去害，非愛臧加厚也。”純一案：孫説是也。此言愛利無關於外埶，在本於内心之無不兼也。墨家愛本於兼，從無差等，縱或似有差等，仍極平等，固非儒者所能知也。自“聖人之附瀆”至此，辯墨者與非墨者，愛不同，利不同，以兼與不兼異故，真俗異故。下文更暢言異同，破非兼者之陋執，墨氏用心良苦。墨學，幾與佛説等夷，除文老孔莊外，餘子均難企及。張之鋭云：“墨家主張兼愛，係以人類全體利益爲目的。利之之道，雖各因人而施，而愛之之情，並非偏有厚薄於其間。儒家譏墨家愛無差等，不知墨家差等在利，而不在愛，持養臧也萬倍，利之何嘗不厚，特厚利臧者，實厚利天下，而非厚愛臧也。差别之中，仍平等也，嗚呼！墨學精微之論，如此節者，殆不多見，乃以文義簡古，湮没弗傳，茲篇雖存，舉世莫能通曉，可痛也夫。”伍云：“此言愛之以手段異者，以上發揮愛利生於慮之義甚精，足以塞儒家非難之口，而疑兼愛爲不能實行者，亦可以恍然矣。”

長人之異，短人之同，其貌同者也，故同。此文大指，蓋謂人有長短，即有異同。長人與長人，不能無所異；短人與短人，不能無所同。要之人同貌同，故可渾而言之曰同。指之人也，與首之人也異，人之體，非一貌者也，故異。此承上文而轉。言雖同是人，同是形，若細核之，則指之於人各異，首之於人各異，人心之不同如其面，至不一也，故曰："人之體，非一貌者也，故異。"將劍與挺劍異。孫云："'將'，'將'之借字。《説文·手部》云：'將，扶也。''挺，拔也。'"）劍，以形貌命者也，其形不一，故異。楊木之木，與桃木之木也，同。諸非以舉量數命者，敗之盡是也。（《吕氏春秋·義賞篇》，"敗楚人於城濮"，高注："敗，破也。"量如分寸尺丈，數如十百千萬，舉以命名，顛撲不破者也。彼諸非此，而以形貌命者，如同是劍也，將劍與挺劍，以形不一而異。而楊與桃各異，以同是木又同，故凡謂爲異者，盡可破其異而爲同。凡謂爲同者，盡可破其同而爲異，非舉量數命者比也。故一指，"一'下舊衍"人"字，從王引之校删，曹本同。非一人也；是一人之指，乃是一人也。言一指之微，實同天地萬物爲一致，非可限以一人言。《莊子·齊物論》曰"天地一指也"，《公孫龍子·指物論》曰"物莫非指"。故僅言一指，非一人，必言是一人之指，則其命意之範圍，因舉量數而有定限，不若泛言一指之廣，始知是一人也。《列子·仲尼篇》曰"有指不至"，言有所指，則不能無所不至，故又曰"無指則皆至"，似即本此而申其義。方之一面，非方也；"方之一面"，如方冪，無厚，非同六面之方體。方木之面，方木也。"方木"，是有六面之方體，故僅見其一面，即知爲方木，凡此言異言同，示非兼與兼，非是二物，喻一切人物異同之相狀，均可攝於一兼之實體，惟在有識者，即小以見天地之大全耳。

夫辭以故生，"夫辭"二字，從孫校增，曹本同。以理長，以類行者也。"者也"舊倒，從孫校乙，曹本同。三物必具，然後足以生。此九字，舊錯置前"臧之愛己"上，從孫校移此。孫云："'必'與'畢'通。'三物'，即指故、理、類而言之，謂辭之所由生也。"立辭而不明於其所生，妄也。"妄"舊作"忘"，從顧校改，曹本、王本並同。今人非道無所行，唯有强股肱，而不明於道，孫云："'唯'與'雖'通。"其困也，可立而待也。夫辭，以類行者也，立辭而不明於其類，則必困矣。墨子立論，其要訣惟在故、理、類三物而已，此即《經上、下》、《經説上、下》，並《小取》諸篇之總綱也。《經上》首言："故，明於其辭所由生而不妄也。"《經下》首言："類，明其辭以類行而不困也。""理"則"故"與"類"之真詮。《小取篇》自“摹略萬物之然，論求羣言之比”，至“以説出故、以類取、以類予”，並譬侔援推四法，皆以理長也，辯論之道，盡於此矣。揆之印度三支，“故”即“宗”，“理”即“因”，“類”即“喻”。又“故”即“宗”或“因”，任人據理立量，以類證也。擬以希臘三段，“故”即大前提，“理”即小前提，“類”即結合之斷案也。墨子言必有宗，獨重歸納，其神固無異於因明，若亞氏以後學者，論理形式雖具，而學識遠不及也。張之鋭云：“此段總結上文，表明《大取》一篇，歸穴所在，復爲下節所舉各類，作一楔子，乃通篇關鍵轉捩處也。‘故’，即《經説上》所言‘大故’、‘小故’之‘故’。‘故’者，事理所由發生之原因，本篇名《大取》，係言所取的兼愛主義，所由成立之最大原因，故曰‘以故生’。‘理’，條理也；‘長’，滋長也，言學説既以成立，則當順其條理滋長而發達之也。‘類’，即《小取篇》所謂‘以類取，以類予’之辭，謂以同類之事理相曉譬也。行者，推行而傳佈之也。‘以故生’、‘以理長’、‘以類行’三句，爲《大取》一篇的柱子，自篇首至‘吾愛臧也，不加厚，言以故生’。自‘長人之異’至‘則必困矣，言以理長’。自‘故浸淫之辭’至‘終，言以類行’。立辭而不明於其所生，妄也；妄，不誠也；所生，謂辭之原因也。原因不分明，則所斷之結果，必有謬誤，故曰‘立辭而不明其所生妄也’。今人非道無所行，雖有强股肱，而不明於其道，其困也，可立而待也。此以人之行道，喻辭之行類。夫辭，以類行者也，立辭而不明於其類，則必困矣，言不明類取類予之法，則所立之辭，易爲攻擊者所窮，不能宣導其主義也。天下事物，原理多同，人之知識，若不貫徹，明於彼者，或暗於此，故名學有類行之法，以淺近者喻高深，以已知者測未知，使易於領悟。文先説不明於道，則行必困，以例不明於類則辭必困，即是類行之法。”欒云：“墨子所立三表：一曰本之，二曰原之，三曰用之，謂本之於故（“本”謂根據），原之於理（“原”，察也，謂之於事理），用之於類也。今即以故、理、類，爲三表之標目，分説如次。”

故。案：“故”字在墨辯涵義最多。《經上》云：“‘故’，所得而後成也。”此“故”字，當以因明之宗邏輯之、判釋之，即真能立之辭。辭者，意之表也，常人隨心成意，無所推考，意先未誠，辭自非真，若在辯者，因事造意，順意吐辭，皆有故爲之本，有理爲之原，有類爲之用，故意無不誠，辭無不立，真實不妄，是之謂“故”。《荀子·非十二子》之説，每謂其持之有故，言之成理。“故”即墨辯所謂本之以生辭者也。以今語釋之，爲緣故，爲根據。辭以故生，其故必真，則所生辭，方不致妄 ，否則以妄生妄，終不成真，故曰“立辭而不明於其所生，妄也”。“故”在三表居首，本以生辭，仍名爲故，經説説此，爲立言方便計，乃分爲“小故”、“大故”二名，而以“小故”命表首，“大故”命表尾，亦謂由此“小故”，生彼“大故”也，此當因明三支之因，邏輯三段之小原。

案：三表首位之“故”，一名小原，詳如右釋，今再以邏輯喻之，邏輯家論判之是否真實，必先察其辯之小原已否真實，因小原失實，辯雖中律，而由以推得之判必不能真，是故小原與判，其爲真實，當無復別。即以連珠言之，一連珠之小原，必爲其前一連珠之判，其式爲：

第一連珠			第二連珠		
判	案	例	判	案	例
	小	大		小	大
	原	原		原	原
甲	甲	乙	甲	甲	丙
是	是	是	是	是	是
丙	乙	丙	丁	丙	丁

如右式第二連珠之“小原甲是丙”，在第一連珠則爲判，是知“甲是丙”必爲真能立之辭，而其爲判，爲小原，不過在連珠中所處之地位而異。於是可見墨辯三表之故，雖本以生辭，而其本身實爲由前一辯之三表生成之辭，則其名之爲故，不亦宜哉。

或據墨子於何本之，本之於古者聖王之事之言，而謂三表首列之故，僅當瑜伽八能立中之正教量。余案辯經論知有聞知、親知、説知，即瑜伽所謂正教量、現量、比量三者。十論爲世説法，故言必資正教量立，非謂墨子不憑現、比二量以自悟也。

理。案：《大取》曰：“夫辭……以理長……今人非道無所行，雖有强股肱而不明於道，其困可立而待也。”蓋理爲是非之宗，而誠意者先務其本，次由本而察之於理，然後可以誠立，然墨子謂原察衆人耳目之實，又云“徵以先王之書，則理雖重比量，亦兼資正教量矣。”此當因明之喻體，邏輯之大原。

類。案：《大取》曰：“夫辭以類行者也，立辭而不明於其類，則必困矣。”蓋謂由理而取其同類或推其異類，以與其所成之辭大故相比。質言之，即所以證明其所成之辭大故能否成立，墨子謂廢以爲刑政，觀其中國家百姓人民之利，即類之用也。此當因明之喻，因明分喻爲同喻、異喻二種，亦適相同。案：《非攻下》曰：“今逮夫好攻伐之君，又飾其説以非子墨子曰：‘子以攻伐之爲不義，非利物與？昔者禹征有苗，湯伐桀，武王伐紂，此皆立爲聖王，是何故也？’子墨子曰：‘子未察吾言之類，未明其故者也。彼非所謂攻，謂誅也。’其‘類’與‘故’字，皆指三表言之，蓋墨子非攻，以攻伐爲不義，因謂其當世王公大人攻伐人國之爲不義，然好攻伐之君，則舉禹征有苗等事以非墨子，試舉三表如左：

故　今王公大人攻伐人國。

理　攻伐人國爲不義。

類　若昔者智伯攻范中行氏，爲攻伐人國之爲不義，故今王公大人攻伐人國爲不義也。

墨子類舉智伯攻范中行氏之爲不義，以同其小故；今王公大人攻伐人國，因得成其今王公大人爲不義之大故，是類有助成大故之用，反之類亦有助破大故之用，如彼類舉禹征有苗之爲義，思以同其小故，今王公大人攻伐人國，而破其今王公大人爲不義之大故。然而墨子弗許者，則因昔者禹征有苗是征伐，今王公大人攻伐人國是攻伐，攻伐非征伐，斯知兩故——小故——不同，故墨子謂彼未明其故。而智伯攻范中行爲攻伐人國，是其類；禹征有苗爲非攻伐人國，是非其類，故墨子謂彼未察吾言之類也。

故浸淫之辭，其類在鼓栗。孫云："'在'下吴鈔本有'於'字。"純一案：陸本、唐本並有。蘇云："此下言其類者十有三，語意殊不可曉，疑皆有説以證明之，如《韓非·儲説》所云者，而今已不可考矣。"純一案：墨氏精於名理，立義前後相應，此言其類者十有三，大氐總結上文兼愛之故以立辭，使人明於類行之理而不困也，惜其説亡不可考。張之鋭云："此承上文以類行之義，將墨家兼愛學説中，所有一切較大公例，名爲之比附而説明之，使人觸類旁通，易於了解。共十三條，列舉標題，如《經上》、《經下》之經，所謂其類在某某者，如《經下》之説在某某，以《經説上》、《經説下》，及《韓非子·外儲説》、《内儲説》例之，似應别有一篇，附於《大取》之後。浸者，漸染之意；淫，亂也，謂以淫亂之辭，浸染説人也。《孟子》曰：'淫辭知其所陷。'鼓，鼓動也；栗者，恐懼之貌。鼓栗之説，見《吕氏春秋·淫辭篇》，其辭如下：宋王謂其相唐鞅曰：'寡人所殺戮者衆矣，而羣臣愈不畏，其故何也?'唐鞅對曰：'王之所罪，盡不善者也，罪不善，故善者不畏，王欲羣臣之畏也，不若無辨其善與不善而時罪之。若此，則羣臣畏矣。'此即浸淫之辭，欲以鼓動宋王，使羣臣恐懼也，凡攻擊墨家兼愛學説，獎勵殘暴刻薄之行爲。如上文所云'爲暴人語天之爲是也，而性，爲暴人歌天之爲非也'，等辭，皆唐鞅告宋王之類也。"

聖人也，爲天下也，其類在追迷。"類"在下舊衍"于"字，今據上下文删。張之鋭校同。釋云："言聖人悲愍天下昏亂不治，如行人之迷失道路，欲追而復之。墨子所以突不得黔，呼號奔走，爲天下也。追迷説已佚，今姑舉其近似者，如《公孟篇》云：'子墨子謂程子曰：儒者之道，足以喪天下者四政焉，儒以天爲不明，以鬼爲不神，天鬼不説，此足以喪天下。又厚葬久喪，重爲棺槨，多爲衣衾，送死若徙，扶後起，杖後行，耳無聞，目無見，此足以喪天下。又弦歌鼓舞，習爲聲樂，此足以喪天下。又以命爲有，貧富、壽夭、安危、治亂有極矣，不可損益也，爲上者行之，必不聽治矣，爲下者行之，必不從事矣，此足以喪天下。程子曰：甚矣，先生之毁儒也。子墨子曰：儒固無此四政者，而我言之，則是毁也。今儒固有此四政者，而我言之，則非毁也，告聞也。程子無辭而出，子墨子曰：迷之，反，復坐。’墨子非儒四政，係爲天下，而程子迷而不悟，以爲毁儒，悻悻然無辭而出，墨子追而反之，使復坐，再開示之，此亦追迷之類也。”純一案：追迷或别有説。張引《公孟篇》文，具明鬼、節葬、非樂、非命、非儒，五義，亦甚合墨恉。畢云：“言能追正迷惑。”王景羲云：“畢説近是。《韓非·解老》云：‘凡失其所欲行之路而妄行者，謂之迷，迷則不能至於其所欲至矣，衆人之不能至於其所欲至也，自天地之剖判以至於今，故曰人之迷也，其日固已久矣。’然則聖人追此迷也，此類久無申證，得韓子説以補其佚，於義亦通。”

或壽或卒，其利天下也指若，畢云：“言其指相若。”蘇云：“‘指’當作‘相’”。王樹枏校同。其類在譽石。此釋上文“死生利若，一無擇也”之義，“譽石”不可解。孫云：“疑當作‘礜石’，《説文·石部》云：‘礜，毒石也。’《山海經·西山經》云：‘礜石可以毒鼠’，郭注云：‘今礜石殺鼠，蠶食之而肥。’此言礜石害鼠而利於蠶，以況或壽或卒之利害不同也。”純一案：“或壽或卒”從能言，“或殺或肥”從所言，非其譬也，以意度之。“譽”古通“豫”，樂也，“石”當爲“后”之形誤。經典多以“后”爲“後”，本書亦屢見，此言聖人惡疾病，不惡危難，盡心利天下，在使後人皆得豫樂，或安常而壽，或遇變而卒，其指不變，誠以死生無變於己（《莊子·齊物論》），唯愛以身利天下，垂裕後昆而已，惜譽后無説。王景羲云：“‘譽石’或當作‘礬石’，謂涅也。《淮南·俶真訓》‘以涅染緇，則黑於涅’，高注：‘謂礬石，義似之。’此言聖人之利在天下，無論或壽或卒，皆能化人爲善，如礬石之染緇也。”傅校“指若”作“指名”。釋云：“聖人之利天下也不爲名，爲名之無益於已也，若利天下而指以爲名，與贊美石頭何異。”

一日而百萬生，愛不加厚，其類在惡害。孫云：“此疑釋‘藉臧也死而天下害’一節之義。”張之鋭説同。純一案：言爲天下去害，吾養誠萬倍，愛臧固不加厚，即一日一日之中，而天下百千萬億生靈，無不在吾愛中者，吾之愛亦不加厚，蓋吾非有心愛之也，惜惡害之説無徵。

愛二世有厚薄，而愛二世相若，其類在蛇文。孫云：“此釋上文‘愛尚世與愛後世，一若今之世’。”純一案：“二”疑並當爲“三”。“三世”，指尚世、後世、今世也，言非兼者以墨氏愛人，縱能兼愛今世之人，不能兼愛尚世、後世之人，似乎愛有厚薄。詎知三世之名，别之固有，兼之實無，一愛相若，兼愛相若，即一是三，無厚薄也，類如蛇身有文，一文多文，文文相若，譬如海水滴水，同一水性。此兼以正别之諦理也，惜蛇文之説無徵。

愛之相若擇而殺其一人，其類在阬下之鼠。“阬”舊作“院”，孫據《道藏》本、吴鈔本改。案：陸本、唐本並作“阬”，傅據本同。孫云：“此似釋上文‘殺一人以存天下，非殺一人以利天下’一節之義。《爾雅·釋詁》云：‘阬，虚也。’得鼠則殺之，爲其害物也。”曹云：“‘院’，與‘苑’同。‘苑’，所以養物也，‘鼠’亦苑下之生物也，以其爲害故除之，聖人之於民，無不愛也。其害民者，則擇而殺之，非偏有惡於一人也。”純一案：此言墨家兼愛，本無差别，然有時擇其害天下者而殺滅之，不得已也，所以存天下，利天下也。蓋害人之人，適與阬下之鼠同類，可殺者其幼體，而其兼之實相，則非可以殺滅也，固無礙於兼愛也，惜阬下之鼠無説。

小仁與大仁，其厚相若，其類在申凡，此釋“貴爲天子，其利人不厚於匹夫”之義。《廣雅·釋詁》云：“申，伸也。”《玉篇》云：“凡，非一也。”案：非一，猶一切也。言利人之行，無小無大，其爲仁厚相若，在能引而伸之，觸類而長之，仁及一切也。蓋能小仁不能大仁，不得爲仁。能大仁不能小仁，亦不得爲仁。仁不能藉外執而加厚，惟發於至性，則無大無小，而厚相若矣，惜申凡之説不傳。

興利，除害也，張之鋭云：“言興利，在於除害也。”其類在漏雍。王云：“‘雍’與‘甕’同。《井》九二，‘甕敝漏’，《釋文》‘甕’作‘雍’。”孫云：“王説是也。此似言甕之害在於漏，去其漏，則得吸水之利也。”王樹枏云：“‘漏甕’，喻政之敝。”純一案：此釋上文“體渴興利，倫列之興利爲己”之義，言井之利人，給養不窮，非僅止一體之渴而已。故體渴者，當知天下人同有斯渴，務爲天下多掘井周利之，利亦不外己也。無如汲甕敝漏，頗有害於兼利，應即以無漏者易其漏者，則有漏之害除，爲天下興利者周矣。墨氏貴兼，視非兼者之執别，在在爲天下害，爲自心害，有如漏甕者不勝除。故亟欲以一兼，盡除天下漏甕之害，以福利天下，而兼愛之性始圓滿而無漏。噫！非深究佛學者，烏足以語此。

厚親不稱行而類行，孫云：“此釋上文‘義可厚厚之’一節之義。”其類在江上井。“江上井”之喻義，跟上文“漏甕而轉生”，言厚親不稱（去聲）兼愛之義行，而類厚厚薄薄之義行，故不能充其類以厚天下。是猶江上之井，縱利人亦有限，甚不足取。若人在江上者，舍江水無限之潤利，而惟井水是汲，奚足貴耶？故《莊子·大宗師篇》曰：“有親非仁也。”此譏儒家之爲己，非真爲己，必學墨家之不爲己，斯真爲己也，故下文云“不爲己之可學也”，惜江上井説亡。

不爲己之可學也，其類在獵走。張之鋭云：“‘爲’讀去聲，《經上》云：‘任士損己而益所爲，是不爲己也。’反對墨家利人主義者，每以不爲己非人情，不可學，此辯其不然。‘獵走’，田獵競走也，言田獵之逐禽獸，係爲公衆除禾稼之害，非爲個人，而獵者皆争得獸，競走不怠，故知不爲己之可學而能也。”純一案：上文有云：“知不爲己之利於親也”，此釋其義。不爲己，是墨家兼愛根本要義，墨子所以無煖席，盡力奔走以利天下者，欲人皆兼愛天下人之親如吾親，兼愛天下人之家如吾家，兼愛天下人之國如吾國，乃至無盜竊異室，無賊賊人身，以止天下禍篡怨恨之亂也，此不爲己之可學而能者也。不爲己，即孔子所謂毋我，《老子》所謂“外身”，《莊子》所謂“外生”，釋氏所謂“人空義”，如獵者競走逐獸，一意求獲，忘其有己，是其類也，惜獵走無説。

愛人非爲譽也，其類在逆旅。此釋上文“愛人不外己”之義，僖二年《左傳》云：“虢爲不道，保於逆旅。”杜注：“逆旅，客舍也。”《淮南子・精神訓》：“禹南省，方濟于江，黄龍負舟，舟中之人，五色無主。禹乃熙笑而稱曰：我受命于天，竭力而勞萬民，生寄也，死歸也，何足以滑和？”高注：“人壽不過百年，故曰寄。”《列子・仲尼篇》：“龍叔曰：吾鄉譽不以爲榮，國毁不以爲辱”，“視生如死”，“視吾如人，處吾之家，如逆旅之舍。”案：寄，與逆旅同義。禹與龍叔，可謂達觀，此言人生在世無常，有如逆旅之客，不宜久作行役而忘歸，吾身非吾有，何有於身外之榮譽？然不能不愛人者，以人己本於一兼，不可交别，害天下以自害，務使同歸於一兼，則人己不二，無在非安身之真宅矣，惜逆旅無説，然其義可知也。傅云：“愛人非要譽取名也，如逆旅之待過客，令客安耳。”

愛人之親，或愛其親，其類在官苟。此釋上文“知親之一利未爲孝，明愛親”之正義，在愛人之親，若愛其親也。劉再賡云：“‘官’猶‘公’也，‘苟’音‘亟’，敬也。墨子之意，謂愛人之親，若愛其親，其類在公敬。”純一案：《説文》桂馥注：“苟通作亟。”《方言》：“自關而西，秦晉之閒，凡相敬愛謂之亟。”此言愛人之親，若愛其親，公同敬愛人之親，吾之親自在人敬愛之中。《兼愛下篇》云：“兼士爲其友之親，若爲其親。”又云：“老而無妻子者，有所侍養以終其壽。”《禮運》云“人不獨親其親”，即是公同敬愛其親，所謂大孝不匱也（《禮記・祭義》），親而不可不廣者仁也（《莊子・在宥》）。又案：《禮・祭義篇》云：“居處不莊，非孝也；事君不忠，非孝也；涖官不敬，非孝也；朋友不信，非孝也；戰陳無勇，非孝也。五者不遂，烖及於親，敢不敬乎？”事君忠，涖官敬，戰陳勇，均可當官敬之義，足見儒墨之道本同也，惜官苟説佚。曹云：“‘苟’讀如‘亟’，謂自急飭也。‘官苟’者，急官府之事也，人各親其親者，亦人之情也，然必愛人之親如己之親，然後孝之道盡，所謂敬其父則子悦，合人之歡心以事其親，錫類之義也。急官事者，視官事如家事然。”

兼愛相若，一愛相若，舊重“一愛相若”四字，從孫校删。曹本作“兼愛與一愛相若，一愛與兼愛相若”。孫云：“此釋上文‘愛衆衆世’一節之義。”其類在死蛇。“蛇”舊作“也”，畢云：“一本作‘虵’。”孫云：“顧校季本亦作‘虵’。”劉再賡云：

“‘也’，真書作‘它’。‘它’，爲古‘蛇’字。”純一案：馬氏《繹史》引此亦作“虵”。“虵”，蛇之俗字，據《説文》，“蛇”即“它”之演。張之鋭云：“‘死虵’，疑即孫叔敖殺雙頭蛇事，見《賈子新書・春秋篇》，其言曰：‘孫叔敖之爲嬰兒也，出游而還，憂而不食，其母問其故，泣而對曰：今日吾見兩頭蛇，恐去死無日矣。其母曰：今蛇安在？曰：吾聞見兩頭蛇者死，吾恐他人又見，吾已埋之也。其母曰：無憂，汝不死，吾聞有陰德者，天報之以福。’一愛爲愛己，兼愛爲愛衆人，孫叔敖殺虵，恐其復禍他人，是愛衆人與愛己同也。”

以上言其類十有三，皆申明兼愛之諦理，使人明其故，察其類，知其指歸，無難體兼而博愛，誠甚深大乘佛法也。曹云：“以上十三條，語勢與《經下篇》相同，取譬以明事理之當然與其所以然也，辯者之方也。”張之鋭云：“右共十三條，均墨家兼愛學説中，通常所持之論宗也。”

小取第四十五

小對大言，以所取於既有者小，非所取於未有者大，且屬談辯小道，無關墨道之大也，然墨學正賴取辯於一物，而原極天下之汙隆（《魯勝墨辯注敘》），故凡墨者，莫不大取以爲兼，小取以爲别。别之爲言辯也，如宋銒、尹文、惠施、公孫龍輩，莫不禁攻以壽民，亦莫不持辯以接物，可證。無如道無封而言有窮，剖析毫芒，即不免枝指而離本，故俱誦墨經，而取舍不同，皆自謂真墨（《韓非子・顯學》），相謂别墨（《莊子・天下》）。别對兼言，謂我能託小包大爲真，彼則持小遺大爲别也。（胡適之《中國哲學史大綱》以别墨另爲一派，非是。）是知小取云者，對大取言，非必小也。《老子》曰：“見小曰明。”《淮南子・原道訓》曰：“神託於秋豪之末，而大宇宙之總。”《楞嚴經》曰：“於一毫端，見寶王刹，坐微塵裹，轉大法輪。”是其義。蓋天下事理，無大不在小中，果如何抒意通指，明其所謂（鄒衍語見《公孫龍子序》），則辟、侔、援、推，諸法爲至要。不然，雖詳明其故，精析其理，盡知其類，而不善聯串以運用，豈能必其辯當而勝耶？故知此篇亦必出自《墨子》，觀其體例精嚴，足爲立論之楷模，似非門弟子所能勝任。況篇中絶無“子墨子”之偁，尤信。雖兩見墨者有此而非之，要知墨偁不自翟始，此所謂墨者，猶儒家自解吾儒也。《吕氏春秋・上德篇》：“徐弱恐孟勝死，而絶墨者於世。”又《去私篇》，腹䵍對秦惠王曰：“墨者之法，殺人者死。”皆足爲墨者，係自偁之證。《大戴記》有《小辯篇》，義與《小取》命名同，尤足爲孔墨繼武，當時有此學風之徵諗。曹云：“《論語》：‘孔子曰：名不正則言不順，言不順則事不成’，‘君子名之必可言也，言之必可行也。君子於其言，無所苟而已矣。'班志偁'名家者流'，以此爲其所長，墨子此篇，於文辭之是非同異，詳審而明辯之，乃辯經之流，而名家之要指，與《周易·文言》所謂'修辭立其誠'者，有相合，無相悖也。唯是墨者貴行而不貴言，此篇較之前篇，其得失之所争較小，故曰'小取'也。"王闓運云："今按其文，亦語經也。"伍云："《小取》之文，專明辯術，可謂集辯經之大成者，條理明晰，文義顯豁。"

夫辯者，將以明是非之分，審治亂之紀，明異同之處，察名實之理，處利害，決嫌疑。此六者，明辯之大用，通篇之總敘也。欒云："以上釋辯，可以兩言該括：曰别同異，曰明是非。凡辯者，第一步先觀異同，察名實；第二步乃明是非，審治亂。故墨辯只是别同異、明是非，而以斷定事物之嫌疑與利害而已。"純一案：欒説甚精。别而爲六，行布也，總而爲二，圓融也，行布圓融，不相礙也。曹本"焉"字屬上讀。

焉摹略萬物之然，孫云："《淮南子·本經訓》高注云：'略，約要也。'"純一案："摹"，《漢書·揚雄傳》音義引《字林》："廣求也。""然"，謂萬物之現相與實相，即下文"其然也有所以然也"之然，言於是即萬物顯然之現相，廣求其極約要之實相。現相，别也，其然也；實相，兼也，其所以然也。例如人與禽獸，有教無教異，而甘食悦色之性同，故生生死死同也。即此"摹略"二字，足見墨子名學，在在攝博於約，注重歸納之精采。蓋墨子心目中，無窮的故與類，俱出於此，使立辯者，無不以物理的實驗爲標準也。此立辯第一綱要。

論求羣言之比，即羣言審覈異同，比較是非，求充符乎萬物之諦理。決定無違，而後立量，言足令敵印證，決定智生，否則違法自相，義成躊躇顛倒，未免自誤誤人矣。例如墨者貴兼，儒者非兼，因儒者不知萬物體分於兼故。詎知兼則交相利，天下治；别則交相害，天下亂也。故論求羣言之比，爲立辯第二綱要。

以名舉實，孫云："《經説上》云：'舉，告以文名，舉彼實也。'"純一案："實"者，法自相也。得法自相，相符不違，境屬現量，如實制名，成真比量，即《經説上》云："名實耦，合也。"是爲真知，（《莊子·大宗師》云："有真人而後有真知。"）由是比事屬辭，可無差誤。設名與實離，用名以亂實，即不能自悟悟他矣，例如《經説下》云："無，若無馬，則有之而后無；無，若天陷，則無之而無。"案：無爲未始有，無爲自有而無，則舉無之名，即知其實爲未始有；舉無之名，即知其實爲自有而無。故循名核實，其真諦在能以名舉實，是爲立辯第三綱要。

以辭抒意。《大取篇》云："夫辭以故生，以理長，以類行者也。"立辭而不明於其所生，妄也，既摹略萬物之然，又論求羣言之比，然後核實定名，因而綴名成辭，其爲辭必如法自相，相符無違，斯爲真能立之辭。以此抒寫意指，始可觸類旁通而無過，此立辯第四綱要。欒云："按三段之兩前提及斷案，三支之宗因喻，均是辭，不過其形式，有三項之異耳。又以宗自身言是能立，總三支形式言之，則爲所立而非能立矣。"

以説出故。《經上》云："説，所以明也。"即説明所以立辭之故，剖析異同，爲全分異一分異，全分同一分同；判别是非，爲全分是一分是，全分非一分非。使敵了然於得失從違之諦理，無難破似立真也，此立辯第五綱要。伍云："《經下説》'在某某'，《大取》'其類在某某'，《韓非子・内外儲説》'其在某某'，《吕氏春秋・有始覽》'解在乎某某'，皆中國古代立説之軌範，即以説出故之證，出故即是明因，與因明文倒而義同。"欒云："例如《公孟篇》'公孟子曰：三年之喪，學吾子之慕父母（"子"字從俞校增）。子墨子曰：夫嬰兒子之知，獨慕父母而已，父母不可得也，然號而不止，此其故何也？即愚之至也。然則儒者之知，豈有以賢於嬰兒子哉?''三年之喪，學吾子之慕父母'，與'嬰兒子之知，獨慕父母而已'，是爲羣言之比。慕父母，名也，以舉三年之喪之實也。嬰兒子之知獨慕父母而已，墨家破儒家慕父母之通名使成别名，特立此辭，便抒節葬所以兼愛之意。蓋慕父母之名，其實爲三年之喪，在儒爲天經地義，墨家若認爲正當，不以嬰兒子之知獨慕父母破之，即不能勝彼，此慕父母一名，在儒爲全許，在墨僅一分許，實儒墨立論，勝負關鍵所在，故墨子不容其成立也。從知一切辭意，係之於名，凡舉一名，當核其實真妄之量爲全分爲一分也（以上皆附屬之解釋）。'父母不可得也，然號而不止'，此如法自相，所立之辭，將以抒意，成立自宗也。'此其故何也，即愚之至也'，此以説出故之例也。'然則儒者之知，豈有以賢於嬰兒子哉'，此破似悟他也（此亦附屬之解釋）。"

以類取，以類予。《大取篇》云："夫辭，以類行者也。"立辭而不明其類，則必困矣，類即因明之喻，依如實理，足以證成其辭與説，爲真爲妄也。喻有同法、異法二種，同謂於宗法性，爲同品定有性，異品徧無性，同異分明，然後取其同類，剔除異類，與敵辯論而應用之以爲斷制，庶吐辭立説，在在足以困敵，而不爲敵困矣，此立辭第六綱要。例如《經説下》云："惟以五路知，久不當，以目見，若以火見。"五路，指眼、耳、鼻、舌、身，世人恒以眼、耳、鼻、舌、身，能知色、聲、香、味、觸，相傳久矣，詎知雖久亦不當，蓋眼、耳、鼻、舌、身，不能知物，必依識始能知物。識，墨書稱知，《公孫龍子・堅白論》謂之"神"，五路不能知物，故目不能見物，不能見，爲宗法性。目不能見，與火不能見爲同類，彼以目能見者，猶以火能見，故取爲喻，足以證成其妄，使人易於領悟，所謂破似悟他也。

有諸己不非諸人，無諸己不求諸人。此見墨者言必足以遷行，在在繩墨自矯。言顧行，行顧言，不貴以言服人，貴能身教以德服人，是墨辯獨具之特色。欒云："下文云：'此與彼同類，世有彼而不自非也。'墨者有此而非之，即犯有諸己非諸人之過。"純一案：《公孟篇》："告子謂子墨子曰：'我能治國爲政'。墨子難之曰：'子不能治子之身，惡能治國政?'"即犯無諸己求諸人之過。伍云："二句示辯者所應遵守之規律。"

或也者，不盡也。假者，今不然也。此言辭義不周與不實，首當明辯者二。或然者，不盡然也，即義不周徧，特偁之辭。質言之，凡言或者，其質必爲全部中之一部分，若認爲全部，則誤矣。例如後文云："馬或白者"，即馬不盡白，是爲特偁肯定辭，反之，馬或非白，即是特稱否定辭。假者，假定之辭，由觀察許多事物，而統合其類似點説明之，謂之假説。俟屢經實驗，證成不謬，遂成定説，而今暫不能定，故曰"今不然"。假説爲求得新知必經之階級，歸納論理恒據以成立，例如凡物遇熱必漲，遇冷必縮，在已公認爲不謬後爲定説，在未公認爲不謬前即假説也。凡立假説，有四定律如下：（一）假説必本於科學的事實，不可爲鬼神命相等無稽之言。（二）欲新立一假説，必於既知諸學説難於説明時用之。（三）假説必適合於事實，且與曾經證明之定説不可相反。（四）必爲極單純之辭，或假二辭爲辯術中必不可無之特例。

效者，爲之法也；所效者，所以爲之法也。故中效，則是也；不中效，則非也，此效也。"效者"，論理學一定之程式，如故、理、類三法，或因明論，或三段論式，皆是，故曰"爲之法也"。是猶《天志》三篇所謂"輪人之有規，匠人之有矩，可爲天下方圜之法者也"。所效者，所以爲之法，即效彼方而成此方，效彼圜而成此圜。《法儀篇》所謂"巧者能中之，不巧者雖不中，仿依以從事，猶逾己者也"。中效則是者，抒意能入正理，破似立真也；不中效則非者，立辭説因不定，違宗資敵也。此效之大用，明《小取》一篇，爲立辯之成法，令墨者串習，不難圓成自宗，摧伏敵論也。畢云："中去聲。"

辟也者，畢云："'辟'，同'譬'。《説文》云：'譬，諭也。'諭，古文'喻'字。"舉它物而以明之也。"它"，舊作"也"，王云："'也'與'他'同，舉他物以明此物謂之譬。"曹本作"他"，今從王闓運本作"它"。孫云："《潛夫論·釋難篇》云：'夫譬喻也者，生於直告之不明，故假物之然否以彰之。'《荀子·非相篇》云：'談説之術，分别以喻之，譬稱以明之。'"純一案：《經説上、下》凡言若者，皆正譬，言不若者，皆反譬之例。又如《魯問篇》云："今有人於此，竊一犬一彘則謂之不仁，竊一國一都則以爲義。"譬猶小視白謂之白，大視白則謂之黑，喻其明於小而不明於大同，大視白謂之黑，足以證成他過，使不悟者悟。張之鋭云："譬、侔、援、推四法，乃辯學之武器，所用以摧鋒陷陣者。'譬'即因明論之喻也，凡言'猶'、言'如'、言'若'，等辭，及《莊子》所謂‘寓言’，後世如柳子厚之《梓人傳》、韓退之《雜説》等類，皆譬之例也。譬、侔、援、推四法，不過辯論時用之，以期曉喻他人，使難知者易知而已。”

侔也者，比辭而俱行也。孫云：“《説文·人部》云：‘侔，齊等也。’謂辭義齊等，比而同之。”純一案：彼此互明，圓彰宗趣。例如《法儀篇》云：“愛人利人，以得福者有矣；惡人賊人，以得禍者亦有矣。”是爲雙關體歸納法。又如《非命下篇》：“存乎桀紂而天下亂，存乎湯武而天下治。天下之治也，湯武之力也；天下之亂也，桀紂之罪也。”亦其例。張之鋭云：“比辭俱行者，言賓主兩辭，相比並行，某義自見，不必説明以此況彼，如《孟子》云：‘人無有不善，水無有不下是也。’相侔之賓主兩辭，有時賓辭或多於主辭，如《吕氏春秋·功名篇》云：‘善釣者，出魚乎十仞之下，餌香也；善弋者，下鳥乎百仞之上，弓良也。善爲君者，蠻夷反舌，殊俗異習，皆服之，德厚也。’又云：‘水泉深則魚鼈歸之，樹木盛則飛鳥歸之，庶草茂則禽獸歸之，人主賢則豪傑歸之。’前兩分句，或三分句，皆賓辭，後一分句，皆主辭也，且賓辭、主辭，句法有相等者，亦有參差不相等者。如《孟子》云：‘規矩，萬圓之至也，聖人，人倫之至也。’此句法相等者也。《大取》云：‘今人非道無所行，雖有强股肱而不明於道，其困也，可立而待也。’‘夫辭以類行者也，立辭而不明於其類，則必困矣。’此句法參差不相等者也，是皆比辭俱行之例。”

援也者，曰子然，我奚獨不可以然也。孫云：“《説文·手部》云：‘援，引也。’謂引彼以例此。”純一案：“也”讀若“邪”，此借衆以爲然，即衆所共許之有力塙證，援用之，使衆明知我之宗恉，與衆所共許者，實爲同類，於是己説成立，而敵莫能破。例如墨家以兼愛爲宗，因當時非兼者衆，乃援先聖王禹湯文已親行兼，謂墨子不過取法焉，以塞敵口。蓋時無古今，苟兼愛則天下無不利，則爲契合的歸納法。

推也者，以其所不取之同，於其所取者予之也。推之一法，如由一故推知多類爲演繹，或由多類推知一故爲歸納，均用之。此以論敵所不取之同，於其所取之同予之者。例如《公孟篇》：“子墨子與程子辯，稱於孔子，程子曰：非儒，何故稱於孔子也？子墨子曰：是其當而不可易者也。今鳥聞熱旱之憂則高，魚聞熱旱之憂則下，當此，雖禹湯爲之謀，必不能易矣。鳥魚可謂愚矣，禹湯猶云因焉。今翟曾無稱於孔子乎？”此係程子難墨子，既非儒，不應稱孔子。墨子辯之曰：“儒之可非而不可稱者，皆其不當而可易者也。若孔子之當而不可易者，則可稱而不可非也。”孔子之當而不可易，是程子所取之同，鳥高魚下，是程子所不取之同，然其爲當而不可易，完全相同，故可予之，以啓程子之悟，使知非儒爲至當也。鳥魚之當，從孔子而推，禹湯之因，從墨子而推也，是爲彙類的歸納法。張之鋭云：“類取類予，是求同。譬、侔、援、推四法，是求同之作用。”

是猶謂也者，同也，吾豈謂也者，異也。“是獨謂也者，同也”，注重在一“猶”字，例如《公孟篇》：“子墨子曰：執無鬼而學祭禮，是猶無客而學客禮也，是猶無魚而爲魚罟也。”言同一自相矛盾也。“吾豈謂也者，異也”，注重一“豈’字，例如《公孟篇》云：“愚豈可謂知矣哉？言愚與知異也。”此間夾敘此二句者，謂立辭不過辯別質量之異同，往往異同縣隔，其宗旨可即語助辭氣分別之，亦須審度，不容忽也。

夫物有以同而不，孫云：“讀爲‘否’。”率遂同。《詩·周頌·思文篇》“帝命率由”，傳：“率，用也。”此言物有多分或少分相同，實不盡同，遂可以其爲同而用之。例如牛有尾，馬亦有尾，有以同，類同也，然牛尾非馬尾，牛尾馬尾實不盡同，又如狗與犬，二名一實，重同也。然《爾雅·釋畜》云“犬未成豪狗”，《説文·犬部》云“狗之有縣蹏者爲犬”，是狗與犬實不盡同，此當用以取譬時，宜精密審慎者也。蓋牛尾、馬尾之類同，狗名、犬名之重同，未必爲論敵所共許，敵不共許，而我以爲盡同，則自語與物自相，陷於相違之謬矣。

辭之侔也，“之”，《繹史》作“而”，陸本“之侔”二字倒。有所至而止。“止”舊作“正”，從孫校改，王本同。凡舉是非類同相關之理，彼此互明，必有歸趣而止，例如《魯問篇》云：“故所爲巧，利於人謂之巧，不利於人謂之拙。”又如《貴義篇》云：“凡言凡動，合於三代聖王堯、舜、禹、湯、文、武者爲之；凡言凡動，合於三代暴王桀、紂、幽、厲者舍之。”皆是，設不審定巧拙善惡因果全同，辭過冗繁，恐至駢枝，此用侔辭，所宜注意也。張之鋭云：“比辭俱行之法，用之最易錯誤，故曰‘辭之侔也，有所至而止’。謂有一定限度，不得逾越，蓋相侔之辭，必兩者原因結果相同，銖兩相稱，而後可比之以俱行，若不考其原因結果之相同不相同，示以所至之限度，未有不鍺誤者也。”

其然也，有所以然也，其然也同，同上“其然也”三字，孫從王引之校增。其所以然不必同。例如堯、舜、湯、武，皆聖王也，皆兼愛天下，有所以爲聖王者也，其爲聖王也同，而堯以諸侯廢其兄摯而立，舜以堯咨四岳禪讓而立，湯、武均以兵力誅桀、紂而自立，其所以得爲聖王者不必同。此援引時，最宜嚴密剖析，務盡去其差異之點，而惟取其完全相同之點，得衆共許，使論敵無閒可乘，斯不謬矣。

其取之也，有所以取之，“所”字，孫據王引之校增。其取之也同，其所以取之不必同。《韓非子·顯學篇》曰：“孔墨之後，儒分爲八，墨離爲三，取舍相反不同，而皆自謂真孔墨。孔子、墨子，俱道堯舜，而取舍不同，皆自謂真堯舜。”是堯舜有所以見取於孔墨者同，而孔墨之取於堯舜者雖同，其所以取之堯舜者，孔自孔，墨自墨，不必同。孔墨有所以見取於八儒、三墨者同，八儒、三墨之取於孔墨者非不同，其所以取之孔墨者，竟分爲八，離爲三，各不同。同者，其名也，不必同者，其實也。論者若但見其名同，未審其實不盡同，徑以名實盡同以應敵，則其辭非真能立，必爲敵所破，而自陷於謬誤矣。以上分釋譬、侔、援、推四法易生謬誤之理由。

是故辟、侔、援、推之辭，王本作"詞"。行而異，轉而危，遠而失，流而離本，俞云："'危'讀爲'詭'，亦異也。"純一案：俞説未析。《國策・西周策》"竊爲君危之"，注："危，不安也。"則又甚於異，此總釋譬、侔、援、推易生謬誤之理由。以天下事理，異同不易剖析，而言辭涵義，理不一端，苟不精審，必致類行而義歧異，由是展轉傳述而愈譌，於理不安。愈遠愈喪其真，而過失叢生，至其末流，必且支離破碎而亡本。《荀子・非相篇》曰："傳者久則論略，近則論詳，略則舉大，詳則舉小。愚者聞其略而不知其詳，聞其詳而不知其大也，是以文久而滅，節族久而絶。"義可互明。則不可不審也，不可常用也。"常"，《國語・越語》"無忘國常"，注："典法也。"言文辭久傳滋譌，當精審，不可以爲典要，貿然用之。故言多方孫云："《莊子・天下篇》'惠施多方'，《吕氏春秋・必己篇》高注云：'方，術也。'"純一案："方"，道也。《易・繫辭上》"傳方以類聚"，虞注："又法也。"《荀子・大略》"博學而無方"注："'多方'，謂理不一致。"殊類"類"有全分類、一分類、相似類，實不類之殊。異故，故有詳略、大小之不同，須明辨之。則不可偏觀也。孫云："'偏'與'徧'通。"純一案：此"偏"字，不必通"徧"。伍云："言，猶辭也。方、類、故，即《大取》之三物理、類、故。夫辭以故生、以理長、以類行者也，然因有類之殊、故之異、方（理）之多，立辭者，稍一不慎，則生行而異、轉而危、遠而失，流而離本之弊，故立辭者不可不審，不可偏觀。"

夫物或乃是而然，或是而不然，或不是而然，五字據下文從胡適《小取篇新詁》校增。或一周而一不周，"周"，舊本並作"害"。王引之云："兩'害'字俱當作'周'，隸書'周'字與'害'相似，故誤爲'害'。下文'此一周而一不周者也'，與此相應，字正作'周'。"孫據正。或一是而一非也。"非也"上舊衍"不是也，不可常用也，故言多方殊類異，故則不可偏觀也"二十二字，從王引之校删。言立辯可大别爲五類，此總標題也。

白馬，馬也；乘白馬，乘馬也。當時有白馬非馬論，因馬以色命，既限於白，即非凡馬，故云"白馬非馬"。此則反其説以破之，謂馬色雖白，白不能離馬而自存，白不過徒有其名，假以名馬之實其色白耳。試問乘白馬者，果乘白乎？抑乘馬乎？

固乘馬也，故曰“白馬，馬也；乘白馬，乘馬也”。異白馬於馬者，别也；同白馬於馬者，兼也。此知墨辯重實用也。驪馬，馬也；孫云：“《説文·馬部》云：‘驪馬深黑色。’”乘驪馬，乘馬也。意言白馬之外，無論爲驪馬，或黄白雜毛駓，蒼白雜毛騅（見《爾雅·釋畜》），均與白馬之爲馬同。乘彼馬者，非乘馬色，乘馬形也。獲，人也；愛獲，愛人也。臧，人也；愛臧，愛人也。畢云：“《方言》云：‘臧獲，奴婢賤稱也。’”純一案：“獲”與“臧”既同是人，則愛獲愛臧，即是愛人，因其注意在獲與臧同爲人類故也。此乃是而然者也。以上前提與斷案，不言非，皆肯定，故曰“是而然”。

獲之親，人也；獲事其親，非事人也。“獲之親”固是人，而獲之事親，則因其爲親而事之，非因其爲人而事之，故曰“獲事其親，非事人也”。此因其注意在獲之事親。親，親於人，即不得不異親於人，立辭意指隨時轉變，須明辯也。其弟，美人也；愛弟，非愛美人也。設其弟爲美人，而愛弟者，孝友本於天性，實因其爲弟而愛之，決非因其爲美人而愛之。王樹枏云：“二‘美’字衍文。上文云‘獲之親，人也；獲事其親，非事人也’，此文云‘其弟，人也；愛弟，非愛人也’，與上文正一律。”車，木也；乘車，非乘木也。車由木成，而木既成車，不復爲木。乘車者，以車能載運，非木比也，故乘車，非乘木也。船，木也；乘船，非乘木也。兩“乘”字舊作“人”，從畢校改。《繹史》正作“乘”。船固是木，而乘船者，以船能容物利涉，故乘船乃利船之用，非乘木也。蓋車之名，舉車載運行陸之實；船之名，舉船載運行水之實，非木之名，無有載運行陸行水之實者比也。盜，人也；舊重“人”字，從孫校删。多盜，非多人也；無盜，非無人也。奚以明之？惡多盜，非惡多人也；欲無盜，非欲無人也，畢云：“此所謂辯名實之理。”世相與共是之。《説文·次部》云：“次，欲也。”欲皿爲盜，是盜之名，舉人而劫奪貨財之實。顧盜雖是人，人不是盜，以人無盜之意也。故多盜，非多人，無盜，非無人。惡多盜者，惟惡多盜之害人，非惡多人。欲無盜者，特欲世人皆不爲盜，非欲無人，惟此理淺而易知，故世皆以爲然。若若是，則雖盜，舊衍一“人”字，從孫校删，王本同。人也。愛盜，非愛人也；不愛盜，非不愛人也；殺盜，舊衍“人”字，删。非殺人也，無難矣。“矣”上舊衍“盜無難”三字，從孫校删，曹本、王本並同。《莊子·天運篇》曰：“殺盜非殺。”郭注：“盜自應死，殺之順也，故非殺。”《荀子·正名篇》云：“殺盜，非殺人也。”此惑於用名以亂名者也，是爲當時儒家非難墨者之證。此與彼同類，世有彼而不自非也，墨者有此而衆非之，“衆”字，據下文孫校增。無它故焉，“它”舊作“也”，王引之云：“‘也故’，即‘他故’。”純一案：《荀子·修身》、《富國》、《王霸》、《議兵》等篇，屢見“無它故焉”之文，義與此同，今據正。所謂内膠外閉，孫云：“《爾雅·釋詁》云：‘膠，固也。’謂内膠固而外閉塞。”純一案：此下舊衍“與心毋空乎内膠”七字，今删，下同。而不解也，此乃是而不然者也。言此無可非難者，與彼相與共是者，實爲同類，乃世不自非，而非吾墨者，良由墨學理深，世難共喻，亦由人心固執，耳目失其聰明，而不可解説也。以上前提皆肯定，斷案皆否定，故曰“是而不然”。

夫且讀書，非讀書也，“夫且”二字舊倒，從孫校乙。“讀書也”三字，從孫校增。好讀書，“讀書”二字，從孫校增。讀書也。“讀”字，據下文審校增，“夫”字在句首者，爲發端詞。“且”者，將然未然之詞。“且讀書”，是將欲讀書，尚未讀書，故非讀書，若好讀書，則知其爲讀書也。且鬬鷄，非鬬鷄也；下“鬬”字，據下文審校增。好鬬鷄，鬬鷄也。下“鬥”字舊譌“好”，義不可通，據下文審校改，言且將鬥鷄，非實鬥鷄，必好鬥鷄，斯爲鬥鷄。昭二十五年《左傳》“季郈鬥鷄”。《列子·黄帝篇》，有紀渻子爲周宣王養鬬鷄之説。《莊子·達生篇》亦有其文。《春秋繁露·五行相勝篇》曰：“不勸田事，博戲鬬鷄走狗弄馬。”足見當時有此習氣。且入井，非入井也；止且入井，止入井也。且出門，非出門也；止且出門，止出門也。《經説上》云：“自前曰且，自後曰且（舊譌“已”，今校正，詳前），方然亦且。”“且入井”，言將入井，自前言之，尚未入井，故曰“非入井”；“止且入井”，言已止其入井，自後言之，故曰“止入井”；“且出門”、“止且出門”，義同。言以辭抒意，僅繫一同名異實之助動詞，能辯别先後之時差，因之能下正塙之判斷，故用名不可不精審。世相與共是之。此六字，據上文從孫校增。若若是，且夭，非夭也，壽，夭也。且夭尚未夭，故曰“非夭”。“壽，夭也”者，墨子原天地物我於一兼，無壽無夭，故可謂夭非夭，惟壽爲夭，因有生即無常也。《莊子·齊物論》曰：“莫壽於殤子，而彭祖爲夭。”《天地篇》曰：“不樂壽，不哀夭。”義可互明。欒云：“因明論以聲無常立量，此其大旨同。”有命，非命也；此“非”字，係“是”之反，與上文諸“非”字義同。非執有命，非命也，此二“非”字訓“譏”，義與“誹”同。無難矣。生死之權，本可自操，惟在恢然無欲惡而已。彼執貧富壽夭有命者，非知命者也。其所謂命，非命也，惟非執有命者知命，故獨能非命。是固無可非難也，此墨家勤生薄死之要道，固世衆未能遽喻者也。此與彼同類，世有彼而不自非也，墨者有此而衆非之，“衆”舊作

"罪"，從孫校改，或因此篇兩見"墨者"，疑非墨子自著，竊謂不然，墨非翟姓，墨道非自翟始，墨者尤非墨家私名，不過如儒者自稱吾儒之意，以是轉足證此篇爲墨子自著以教人者也。無它故焉，所謂内膠外閉而不解也，此乃不是而然者也。舊作"此乃是而然者也"，胡適云："前節由肯定之前提，而得否定之結語，王氏所謂言是又言非者是也。此節則先爲否定之辭，而後作肯定之結語，先非而後是，故當云'此乃不是而然者也'。"案：胡校是，今從之。

愛人，待周愛人，而後爲愛人。不愛人，不待周不愛人，不周愛，"不"下舊衍"失"字，孫從俞校删。因爲不愛人矣。乘馬，不待周乘馬，然後爲乘馬也。有乘於馬，固爲乘馬矣。逮至不乘馬，待周不乘馬，而後爲不乘馬，此一周而一不周者也。俞云："'周'，猶徧也。"純一案："周"，今論理學謂之周延，未若内典偁周徧顯豁。愛人，必待周愛人，以不周愛人，不得謂之愛人也。不愛人，不待周不愛人，以不愛一人，即是不愛人也。"不待周乘馬，然後爲乘馬"者，以一人不能乘二馬也。必待周不乘馬，而後爲不乘馬者，以馬必多於乘馬者，乘馬者不乘此馬，未必不乘彼馬。即不能定爲乘馬，故必待周不乘馬，而後爲不乘馬。愛人、乘馬二例，一周一不周義正相反，量因質異也。張之鋭云："愛人、乘馬，周不周相顛倒。愛人與不乘馬，爲一周；不愛人與乘馬，爲一不周。"居於國，則爲居國；有一宅於國，而不爲有國。"居於國"與"有一宅於國"，其實不異，而"居國"與"有國"之名，則大異。自來有國者惟諸侯，故僅有一宅於國，不得云有國。蓋居國以國爲主辭，居爲附屬之賓辭，故不謬；有國則以有者爲主辭，國爲附屬之賓辭，故大謬。故有一宅於國，而不爲有國，此論求羣言之比之一例也。桃之實，桃也；棘之實，非棘也。孫云："'棘之實'，棗也，故云'非棘'。"純一案：此知立辭者，當循萬物之名，一一核其實，以明異同，例如桃與棘，爲木同，結實同，乃桃之實名桃，棘之實不名棘，迥乎不同，足見以類取以類予之説，不可率爾常用也，此摹略萬物之然之一例也。問人之病，問人也；以病不離人而生，故問人之病，即是問人，意在愛人也。惡人之病，非惡人也。以所惡惟在病，非關於人，病所惡，人所愛也。人之鬼，非人也；兄之鬼，兄也。祭人之鬼，非祭人也；祭兄之鬼，乃祭兄也。自來習慣，視人之鬼爲鬼，從不視之爲人，故曰"人之鬼，非人也"。以此之故，祭人之鬼，亦非祭人，而兄之鬼，則以爲兄而非鬼，故祭兄之鬼，亦祭兄而非祭鬼。人無異，鬼無異，以兄非兄而人鬼異，此執别者之所以爲異，非貴兼者之所以爲異也，自"問人之病"至"乃祭兄"也，皆論求羣言之比也。之馬之目眇，舊作"盼"，從顧校改，下同。蘇云："'之馬'猶言'是馬'。"則謂之馬眇；之馬之目大，而不謂之馬大。尹云："《淮南·説山》：'小馬大目，不可謂大馬，大馬之目眇，可謂之眇焉。'"純一案：《淮南》説本此。之牛之毛黄，則謂之牛黄；之牛之毛衆，而不謂之牛衆。"眇"，表一目獨小。"黄"，表毛色中和。"眇、黄"二名，各有可以獨立之義，舉名可知，不致混淆，故可表馬牛體相，若大因小顯，離目無大，衆對寡言，離毛無衆。"大、衆"二名，無可自立之義，故不可以濫況馬牛，自爲狂舉。一馬，馬也；二馬，馬也。此藉馬標單複之義。馬四足者，一馬而四足也，非兩馬而四足也。凡馬四足有定數，因質知量，不相淆濫。馬或白者，二馬而或白也，非一馬而或白。"馬或白者"上，舊衍"一馬馬也"四字，從王引之校删，"或白"與"或不白"對，故必二馬始可言"或白"，若止一馬，白則白，不白則不白，何或白之可言。此知或之爲特稱，對全稱爲不周義也。自"之馬之目眇"至"非一馬而或白"，皆摹略萬物之然也。此乃一是而一非者也。以上舉例，皆一是一非，爲侔辭示準繩，足見摹略萬物之然，論求羣言之比，最關重要。蓋以名舉實，以辭抒意，當否係之，凡比事屬辭，不可不審也。此知墨辯不重形式，注重義理之分析，可謂知辯本矣。

耕柱第四十六

此與《貴義》、《公孟》、《魯問》、《公輸》共五篇，蓋門弟子記其言行，無異孔門之《論語》，今欲考證墨子生平，及其國籍交游等胥賴焉。王闓運云："此皆記墨之言事。"

子墨子怒耕柱子，孫云："墨子弟子。"純一案："怒"，《禮記·内則》"若不可教而后怒之"，注："譴責也。"與下文"我亦以子爲足責"甚相應。《莊子·天下篇》偁墨子氾愛兼利而非鬭，其道不怒，故知此怒，非瞋也。（釋氏以怒爲思惑，爲鈍使，非登四地菩薩，未能斷此習氣。墨子不怒，足證是四地以上菩薩，非莊子烏足以知之。）耕柱子曰："我毋俞於人乎？"畢云："古'愈'字，只作'俞'。《太平御覽》引作'愈'。"純一案：鮑刻《御覽》四十引作"無喻"。孫云："《荀子·榮辱篇》楊注云：'俞讀爲愈。'《淮南子·説山訓》高注云：'愈，勝也。'"子墨子曰："我將上大行，孫云："'大'，吴鈔本作'太'。"蘇云："'大'讀爲'太'。"畢云："高誘注《吕氏春秋》云：'大行，在河内野王縣北'，山在今河南懷慶府城北，亦名羊腸坂。"駕驥與牛，"牛"舊作"羊"，王云："羊不可與馬並駕，羊當爲牛。《太平御覽·地部五》引此已誤作'羊'。《藝文類聚·地部》及《白帖》五並引作'牛'，今據正。"子將誰敺。"畢云："'子'舊作'我'，據《藝文類聚》、《太平御覽》改。《説文》云：'毆，古文驅，从攴。'《藝文類聚》引作'驅'。"純一案：《御覽》亦作"驅"。耕柱子曰："將毆驥也。"子墨子曰："何故毆驥也?"邪同。耕柱子曰："以驥足責。"舊作"驥足以責"，王云："本作'以驥足責'，言所以毆驥者，以驥之足責故也，此正答墨子'何故毆驥'之問，今本倒'以'字於'足'字之下，則非其旨矣。《類聚》、《白帖》、《御覽》並作'以驥足責'，今據乙。"蘇云："言任毆策也。"子墨子曰：畢云："'子墨'二字舊脱，據《太平御覽》增。""我亦以子爲足責。"舊作"足以責"。王云："本作'我亦以子爲足責'，此正答耕柱子'以驥足責'之語，今本'足責'作'足以責'，亦誤。"《類聚》、《御覽》無'以'字，今據删。蘇云："亦責備賢者之意。"曹云："責，猶鞭策也。"

巫馬子蘇云："'巫馬子'爲儒者也，疑即孔子弟子巫馬期，否則其後。"孫云："《史記·孔子弟子傳》云：'巫馬施字子旗，少孔子三十歲。'計其年齒，當長墨子五六十歲，未必得相問答，此或其子姓耳。"純一案：巫馬子，或即巫馬期，其年與墨子當相若，斷不能長墨子五六十歲，以墨子弟子禽滑釐，曾受業於子夏（見《吕氏春秋·當染篇》並《史記·儒林傳》）。子夏少巫馬施十四歲（《史記·仲尼弟子列傳》"子夏少孔子四十四歲"），推之可知。篇中又有子夏之徒，問於子墨子曰："君子有鬬乎"云云，其答辭顯若長者待後進然，此知墨子之年，必與子夏、巫馬施相上下也。參觀《墨子年代考》。謂子墨子曰：畢云："《藝文類聚》引'謂'作'問'。""鬼神孰與聖人明智?"子墨子曰："鬼神之明智於聖人，《類聚》七十三引作"鬼神明於聖人"。猶聰耳明目畢云："《藝文類聚·雜器物部》引作'聰明耳目'。"之與聾瞽也。畢云："《藝文類聚》引'瞽'作'盲'。"昔者夏后開蘇云："開即啓也，漢人避諱而改之。"使蜚廉折金於山，舊有"川"字，畢云："《藝文類聚》、《後漢書注》、《太平御覽》、《玉海》，俱引'蜚'作'飛'。"蘇云："此爲夏之蜚廉。"孫云："《初學記》鱗介部、《文選·七命》注，並作'飛'。畢本'折'作'採'，云：'據《文選》注改。'"王云："畢改非也。折金者，擿金也。《後漢書·崔駰傳》注、《藝文類聚·雜器物部》、《初學記·鱗介部》、《太平御覽·珍寶部九》、《路史·疏仡紀》、《廣川書跋》、《玉海·器用部》引此，並作'折金'。《文選》注作'採金'者，後人不曉'折'字之義而妄改之，非李善原文也。"又云："山水中雖皆有金，然此不兼'川'言。《後漢書注》、《文選》注、《藝文類聚》、《初學記》、《太平御覽》引此，皆無'川'字，則'川'字，乃後人以意加之也。"純一今據删。以鑄鼎於昆吾，舊作"而陶鑄之於昆吾"，畢云："《藝文類聚》、《後漢書注》、《文選》注，俱引作‘以鑄鼎於昆吾’。《括地志》云：‘濮陽縣，古昆吾國，故城，縣西三十里。昆吾臺在縣西百步，在顓帝城内，周回五十步，高二十丈，即昆吾虚也。’”純一案：《初學記》引亦作“以鑄鼎於昆吾”，畢校是，王校同，今並據改。是使翁難雉乙卜於白若之龜，舊無“雉”字，孫據《玉海》增，云：“‘翁’當作‘𦬸’。”《説文·口部》，‘嗌’籀文作‘𦬸’。經典或叚爲‘益’字，《漢書·百官公卿表》‘𦬸作朕虞’是也，‘𦬸’與‘翁’形近。《節葬下篇》‘哭泣不秩聲嗌’，‘嗌’亦誤作‘翁’，是其證。‘難’當爲‘𣂺’，《備穴篇》‘斲以金爲𣂺’。‘𣂺’今本亦譌‘難’。又《經説上篇》‘𣂺指、𣂺脯’，‘𣂺’并作‘雑’，皆形近譌易。‘𣂺’與‘斮’音義同，詳《經下篇》。‘𣂺雉’猶言‘斮雉’，即謂殺雉也。《史記·龜筴傳》，説宋元王得神龜云‘乃刑白雉，及與驪羊，以血灌龜，於壇中央’，蓋以雉羊之血釁龜也。‘乙’當作‘已’，‘已’與‘以’同。言啓使伯益殺雉以釁龜而卜也。”王樹枏云：“萬曆本與《玉海》同。”曰：‘鼎成四足而方，“四”舊作“三”，王云：“‘三足’本作‘四足’，此後人習聞鼎三足之説，而不知古鼎有四足者，遂以意改之也。《藝文類聚》、《廣川書跋》、《玉海》引此，皆作‘四足’。《博古圖》所載商周鼎四足者甚多。《廣川書跋》曰：‘祕閣二方鼎，其一受太府之量，一石七斗，又一受量損二斗三升，四足承其下，形方如矩。可爲古鼎四足之證。’”孫云：“王説是也。此書多古字，舊本蓋作‘亖足’，故譌爲‘三’。後文‘楚四竟之田’，‘四’今本亦譌‘三’，可證。”純一今據正。不炊而自烹，畢云：“此‘亯’字俗寫，《玉海》引作‘亨’，《藝文類聚》引作‘不灼自成’。”孫云：“《説文·火部》云：‘炊，爨也。’《銅劍讚》及《鼎録》並云‘不炊而自沸’。《論衡·儒增篇》云‘世俗傳周鼎不爨自沸，不投物物自出’，漢時俗語，蓋出於此。”純一案：《開元占經》百十四、《占經》百十四，引《瑞應圖》曰：“神鼎者，質文之精也，知凶知吉，知存知亡，能重能輕，能不炊而沸，不汲而滿，中生五味。”或亦本此而神其説。不舉而自臧，畢云：“《玉海》引作‘藏’。”孫云：“《銅劍讚》作‘不舁而自藏’，《鼎録》亦作‘藏’。《稽瑞》引《墨子》曰‘神鼎不灼自熟，不爨自沸，不汲自滿，五味生焉’，疑即此異文。‘炊’、‘灼’，‘熟’、‘烹’，‘舉’、‘爨’，字形並相近。”不遷而自行，畢云：“《太平御覽》引作‘遷’。遷實古拪字，後加爲遷耳，今書又作‘遷’，皆傳寫者少見改之。又《藝文類聚》引俱無‘而’字。”純一案：《古音譜》十六庚引此，“方”、“烹”、“臧”、“行”諧。以祭於昆吾之虚，舊作“墟”，孫據吴鈔本正。畢云：“《括地志》云：‘昆吾故城，在濮陽縣西三十里。’”孫云：“此即《漢書·郊祀志》説九鼎，嘗鬺亨上帝鬼神也。”上鄉！’畢云：“疑同‘尚饗’。”江有誥云：“方、烹、臧、行、鄉，陽部。”乙又言兆之由畢云：“舊脱‘乙’字，‘又’字作‘人’，據《藝文類聚》、《玉海》改。《藝文類聚》‘由’作‘繇’，無‘兆之’二字。《玉海》亦作‘繇’。”孫云：“‘乙’當作‘已’。由、繇通。言已卜，又言其兆占也。《左傳》閔二年杜注云：‘繇，卦兆之占辭。’”曰：‘饗矣！孫云：“上文命龜云‘上饗’，此兆從之，故云‘饗矣’。”逢逢白雲，孫云：“逢、蓬通。《毛詩·小雅·采菽》傳云：‘蓬蓬，盛貌。’《莊子·秋水篇》云：‘蓬蓬然起於北海。’”純一案：《御覽》八百十正作“蓬蓬白雲”。一南一北，一西一東，王云：“《藝文類聚》同。《太平御覽》、《路史》、《玉海》，并作‘一東一西’。”王引之云：“作‘一東一西’者是。‘一東一西’，當在‘一南一北’之上。‘雲’與‘西’爲韻。‘西’古讀若‘駪駪征夫’之‘駪’，説見《六書音均表》。‘北’與‘國’爲韻。而諸書所引，‘一南一北’句皆在上，則其誤久矣。”九鼎既成，遷於三國。’畢云：“‘北’、‘國’爲韻。《藝文類聚》引作‘而遷三國’。”純一案：《古音諧·一戠》引此。夏后氏失之，殷人受之；殷人失之，周人受之。孫云：“此即夏鼎也。《漢書·郊祀志》云：‘禹收九牧之金，鑄九鼎，象九洲，皆嘗鬺亨上帝鬼神。其空足曰鬲，以象三德，饗承天祐。夏德衰，鼎遷于殷。殷德衰，鼎遷于周。’此以禹爲啓，蓋傳聞之誤。”夏后殷周之相受也，數百歲矣。使聖人聚其良臣，與其桀相而謀，孫云：“‘桀’、‘傑’通，‘謀’，舊本誤‘諫’。”王引之云：“‘諫’當爲‘謀’，言雖聖人與良臣桀相共謀，必不能知數百歲之後也。”蘇説同，孫據正。豈能智數百歲知哉？畢云：“‘智’一本作‘知’，下同。《藝文類聚》引云：‘此知必千年，無聖之智，豈能知哉？’”而鬼神智之，是故曰鬼神之明智於聖人也，猶聰耳明目之與聾瞽也。”孫云：“‘與’，吴鈔本作‘於’。”曹云：“此亦明鬼之意。”

治徒娛、王本作“冶徒娛”，注云：“冶徒氏，蓋以工爲姓，娛其名也。”縣子碩孫云：“二人蓋并墨子弟子。《吕氏春秋·尊師篇》云‘高何、縣子石，齊國之暴者也，指於鄉曲，學於子墨子’，即此縣子碩也。”蘇云：“《檀弓》有‘縣子瑣’，疑即其人。”純一案：蘇説是也。《檀弓》記縣子云“古者不降，買棺外内易”（謂外内簡易，治之不貴精好，鄭注孔疏並非），“綌衰繐裳，非古”，并以暴尫暴巫爲非，皆恪遵墨教可證。問於子墨子曰：“爲義孰爲大務？”子墨子曰：“譬若築牆然，孫云：“‘譬’，吴鈔本作‘辟’。”能築者築，能實壤者實壤，能欣者欣，王引之云：“‘欣’當讀爲‘睎’。《説文》云：‘睎，望也。’《吕氏春秋·不屈篇》曰：‘今之城者，或操大築乎城上，或負畚而赴乎城下，或操表掇以善睎望。’此云‘能築者築’，即彼所云‘操大築乎城上也’；‘能實壤者實壤’，即彼所云‘負畚而赴城下’也；‘能欣者欣’，‘欣’與‘睎’同，即彼所云‘操表掇以善睎望’也。睎字從希得聲，古音在脂部。欣字從斤得聲，古音在諄部。諄部之音，多與脂部相通。故從斤之字，亦與從希之字相通。《說文》曰：‘昕，從日斤聲，讀若希。’《左傳》曹公子欣時，《漢書·古今人表》作郗時，是其證也。”然後牆成也，爲義猶是也。能談辯者談辯，能說書者說書，能從事者從事，然後義事成也。”“談辯”、“說書”，立言也；“從事”，立功也；立言、立功，皆所以立德也。

巫馬子謂子墨子曰：“子兼愛天下，未云利也；我不愛天下，未云賊也。“賊”，害也。俞云：“《廣雅·釋詁》‘云，有也’，此兩‘云’字，均當訓‘有’。”功皆未至，子何獨自是而非我哉?”子墨子曰：“今有燎者於此，畢云：“《說文》云：‘燎，放火也。’舊‘於此’倒，一本如此。”孫云：“顧校季本，亦作於此。”一人奉水，將灌之；喻兼愛。一人摻火，將益之。喻不兼愛。畢云：“‘摻’即‘操’字異文。”功皆未至，子何貴於二人?”巫馬子曰：“我是彼奉水者之意，“意”舊作“義”，孫據《道藏》本、吴鈔本正。而非夫摻火者之意。”子墨子曰：畢云：“舊脱‘墨子’二字，以意增。”“吾亦是吾意，而非子之意也。”《小取篇》云：“譬也者，取他物而以明之也。”此其實例。

子墨子游荆，耕柱子於楚，畢云：“游，謂游揚其名而使之仕。”王云：“‘耕柱子’上不當有‘荆’字，‘荆’蓋耕字之誤而衍者。”蘇云：“篇首但言耕柱子，此多一‘荆’字。”純一案：此“游”字，不必泥作“游揚”解，“荆”即楚之古名，或墨子時游於楚，耕柱子在焉，墨子未過耕柱子，帷從游二三子過之。下文云“耕柱子處楚無益”，顯見耕柱子早在楚，不待墨子游揚，及毋幾何而遺十金於子墨子，又足爲耕柱子因墨子至楚而餽，遺之之證。此文當讀“子墨子游荆”爲句，“耕柱子於楚”爲句，即知“荆”非衍文。二三子過之，食之三升，孫云：“‘三升’，蓋謂每食之數。《雜守篇》云：‘参食食參升，小半日再食。’《説苑·尊賢篇》：‘田需謂宗衛曰：三升之稷，不足於士。’閻若璩謂古量五當今一，則止今之大半升耳。《莊子·天下篇》説宋鈃、尹文曰‘請欲固置五升之飯足矣，先生恐不得飽，弟子雖飢，不忘天下’，此復少於彼，明其更不飽矣。”王闓運云：“日致米三升，蓋下客之餼。”客之不厚。二三子復於子墨子曰：“耕柱子處楚無益矣。二三子過之，食之三升，客之不厚。”子墨子曰：“未可智也。”畢云：“‘智’，一本作‘知’，下同。”毋幾何，而遺十金於子墨子，孫云：“吴鈔本無‘於’字。《孟子·公孫丑篇》趙注云：‘古者以一鎰爲一金。鎰，二十兩也。’”俞云：“《戰國·齊策》‘乃使操十金’，注：‘二十兩爲一金。’然則十金，爲二百兩矣。墨氏崇儉，其徒以十金餽遺，不爲不豐。”曰：“後生不敢死，孫云：“‘後生’，即弟子之稱。”畢云：“稱‘不敢死’者，猶古人書疏稱‘死罪’常文。”曹云：“《論語》顔淵曰‘子在，回何敢死’，後生對長者之常言也。”有十金於此，願夫子之用也。”子墨子曰：“果未可智也。”

巫馬子謂子墨子曰：“子之爲義也，王云：“舊本脱‘曰子’二字，今以意補。”人不見而服，鬼不見而富，“服”舊作“耶”，王引之云：“‘耶’字義不可通，蓋‘服’之壞字也。富讀爲福，‘福’、‘富’古字通。‘而’，汝也。‘人不見而服’者，未見人之服汝也；‘鬼不見而富’者，未見鬼之福汝也。故下文曰‘而子爲之有狂疾也’。‘服’與‘福’爲韻。”純一案：王説是也，今據正。“鬼”下孫本衍“而”字，從陸本、唐本、畢本删，竊疑“福”古或寫作畐，形近而譌。近年發見南粵王忽墓，内有圭銘，受畐無疆可證。而子爲之，有狂疾！”子墨子曰：“今使子有二臣於此，畢云：“謂家臣。”其一人者，見子從事，不見子則不從事；其一人者，見子亦從事，不見子亦從事，子誰貴於此二人？”巫馬子曰：“我貴其見我亦從事，不見我亦從事者。”子墨子曰：“然則是子亦貴有狂疾者。”“者”舊作“也”，楊校茅本作“者”。純一案：“者”字義長，今據正。墨子之意，言爲義不須人見，更不問鬼之見不見，是正心也，誠意也，非狂疾也，而子以爲狂疾，今子貴子之臣不見子亦從事者，是子亦貴有狂疾者也。

子夏之徒，問於子墨子曰：“君子有鬭乎？”子墨子曰：“君子無鬭。”子夏之徒曰：“狗豨猶有鬭，孫云：“‘豨’，《道藏》本、吴鈔本作‘狶’，下同。《説文·豕部》云：‘豨，豕走豨豨也。’《方言》云：‘豬，南楚謂之豨。’”惡有士而無鬭矣？”“惡”，屋呼切，何也。子墨子曰：“傷矣哉！言則稱於湯文，行則譬於狗豨，陸本、唐本并同《道藏》本作“狶”。傷矣哉！”狗豨與士君子予盾，不能并立者也。問者之辭，已有自語相違之失，墨子了知之，因舉士君子所樂稱之湯文，針對狗豨，以破其妄，可謂真能破矣。曹云：“此亦非攻之説。”

巫馬子謂子墨子曰：“舍今之人而譽先王，畢云：“‘先’舊作‘大’，一本如此，下同。”是譽槁骨也。譬若匠人然，智槁木也，畢云：“‘智’同‘知’。”而不智生木。”子墨子曰：“天下之所以生者，以先王之道教也。今譽先王，是譽天下之所以生也。可譽而不譽，非仁也。”畢云：“舊脱‘非’字，一本有。”純一案：墨子之意，以天下無盡人類，所賴以生存者，不外於先王之道教，所謂聖教量也。今譽先王，正是譽天下人均當兼愛交利以圖生存之真理，福利未來之人類於不已，非譽先王已往之槁骨也。先王之槁骨，所當薄也；先王之道教，所當厚也。是足以資益衆生之慧命，不可不譽者也。可譽而不譽，恐天下之人類，失其所以生，一旦盡成槁骨也，非仁也。仁者，一切生物所含無限生理之種子也。

子墨子曰：“和氏之璧，孫云：“《韓非子·和氏篇》云：‘楚人和氏得玉璞楚山中，奉而獻之厲王，使玉人相之，曰：“石也”。王以和爲誑，而刖其左足。及厲王薨，武王即位，和又奉其璞而獻之，武王使玉人相之，又曰：“石也”。王又以和爲誑，而刖其右足。武王薨，文王即位，和乃抱其璞而哭於楚山之下。王乃使玉人理其璞而寶焉，命曰“和氏之璧”。’案：《淮南子·覽冥訓》高注：‘以和氏所獻者，爲楚武王、文王、成王，與《韓子》不同。’”隋侯之珠，孫云：“《淮南子·覽冥訓》高注云：‘隋侯，漢東之國，姬姓諸侯也。隋侯見大蛇傷斷，以藥傅之。後蛇於江中銜大珠以報之，因曰隋侯之珠，蓋明月珠也。’”畢云：“《文選·李斯上秦始皇書》注引‘隋’作‘隨’。”純一案：《太平御覽》八百二、八百三，並引作“夜光之珠”。三棘六異，孫云：“《史記·楚世家》云：‘居三代之傳器，吞三翮六翼，以高世主。’索隱云：‘翮，亦作鬲。三翮六翼，亦謂九鼎。空足曰翮，六翼即六耳，翼近耳旁。’”宋翔鳳云：“棘同翮，異同翼，亦謂九鼎也。”此諸侯之所謂良寶也。可以富國家，衆人民，治刑政，安社稷乎？曰：不可。樂云：“墨子非諸侯所謂良寶之辯，列爲三表，此其故也。此辭約之，即和璧隋珠，三棘六異，不可以利民也。”所爲貴良寶者，“爲”舊作“謂”，古通用。茅本、陸本、唐本并作“爲”，今從之。爲其可以利人也。“人”字從樂校增。樂云：“此三表之理，此辭當轉之爲可以利民者，良寶也。”而和氏之璧、隋侯之珠、三棘六異，不可以利人，是非天下之良寶也。樂云：“此三表之類。”純一案：此故即三段論之大前提，理即小前提，類即斷案，此因明所謂真能破也。今用義爲政於國家，人民必衆，刑政必治，社稷必安。樂云：“墨子主‘義是良寶’之説，列爲三表，此其故也。此辭約之，即義可以利民也。”所爲貴良寶者，可以利民也，樂云：“此三表之理，此辭當轉之爲可以利民者良寶也。”而義可以利人，故曰：義。天下之良寶也。”樂云：“此三表之類。”純一案：此因明所謂真能立。

葉公子高問政於仲尼，孫云：“《論語·述而》集解：‘孔安國云：葉公名諸梁，楚大夫，食采於葉，僭稱公。’《左定五年傳》‘葉公諸梁’，杜注云：‘司馬沈尹戌之子，葉公子高也。'《莊子·人閒世》釋文云：'字子高。'"曰："善爲政者若之何？"仲尼對曰：《太平御覽》六百二十四引，作"若何對曰"。"善爲政者，遠者近之，而舊者新之。"畢云："《論語》作'近者説，遠者來。'"孫云："《韓非子·難三篇》亦云：'葉公子高問政於仲尼，仲尼曰：政在悦近而來遠。子貢問曰：何也？仲尼曰：葉都大而國小，民有背心，故曰：政在悦近而來遠。'"此"舊者新之"，言待故舊如新，無厭怠也。子墨子聞之，時孔子年六十三，墨子之年，當已壯立。曰："葉公子高，未得其問也，仲尼亦未得其所以對也。言問者未問其所以然，對者亦未對其所以然。葉公子高豈不知善爲政者之遠者近之，舊作"也"，從畢校據上文改，曹本同。而舊者新之哉？"之"舊作"是"，從蘇校據上文改，曹本同。問所以爲之，若之何也。不以人之所不智告人，畢云："'智'一本作'知'。"而以所智告之，舊無"而"字，從王闓運校增。故葉公子高未得其問也，仲尼亦未得其所以對也。"此知墨家言，在在務明其故，合乎名學規律也。

子墨子謂魯陽文君畢云："《文選》注云'賈逵《國語注》云：魯陽文子，楚平王之孫，司馬子期之子，魯陽公'，即此人。其地在魯山之陽，《地理志》云：'南陽魯陽有魯山。'師古曰：'即《淮南》所云：魯陽公與韓戰，日反三舍者也。'"蘇云："魯陽文君，即魯陽文子也。《國語·楚語》曰：'惠王以梁與魯陽文子，文子辭，與之魯陽。'是文子當楚惠王時，與墨子時世相值。"孫云："文君即《左哀十九年傳》之公孫寬，又十六年傳云：'使寬爲司馬。'《淮南子·覽冥訓》高注云：'魯陽，楚之縣公，楚平王之孫，司馬子期之子，今南陽魯陽是也。'"曰："大國之攻小國，譬猶童子之爲馬也。舊無"也"字，畢云："一本有。《文選》注云：'幽求子曰：年五歲閒，有鳩車之樂，七歲有竹馬之歡。'"孫云："《道藏》本、吴鈔本并有'也'字，今據補。"童子之爲馬，足用而勞。孫云："言童子戲，效爲馬耳。"今大國之攻小國也，攻者農夫不得耕，"攻"上當有"備"字。婦人不得織，以守爲事；攻人者，亦農夫不得耕，婦人不得織，以攻爲事。故大國之攻小國也，譬猶童子之爲馬也。"言其足用而勞同。曹云："此亦非攻之説。"

子墨子曰："言足以復行者常之，不足以舉行者勿常。不足以舉行而常之，是蕩口也。"孫云："《貴義篇》亦有此章，而文小異。蕩口，此篇亦兩見，蓋謂不可行而空言，是徒敝其口也。《經説上篇》云'霄、盡，蕩也'，即消磨敝盡之義。"

子墨子使管黔敖舊作"滶"，畢云："疑'敖'字。"曹本作"敖"，今據正。氵旁，蓋涉下文“游”字誤衍，此即《檀弓》之“黔敖”，觀其爲食於路以待飢者，是多財則以分貧也，及餓者不食嗟來之食，從而謝焉，是能以繩墨自矯也，皆實行墨教之證。高石子去衛之齊見墨子，或亦明去衛之故於黔敖也，案：黔敖與曾子同時，從知墨子生年，必較長於曾子，與孔子並時而差後無疑。游高石子於衛，孫云：“《魯問篇》有高孫子，《吕氏春秋·尊師篇》，有墨子弟子高何，未知即高石子否。”衛君致禄甚厚，設之於卿。畢云：“舊作‘鄉’，一本如此。”孫云：“顧校季本作‘卿’。《荀子·臣道篇》楊注云：‘設，謂置於列位。’”高石子三朝必盡言，而言無行者。去而之齊，尹云：“之往也。”見子墨子曰：“衛君以夫子之故，舊本挩“衛”字，孫據《道藏》本、季本、吴鈔本補。致禄甚厚，設我於卿。石三朝必盡言，而言無行者，舊脱“者”字，語意不完，據上文補。是以去之也，衛君無乃以石爲狂乎?”孫云：“‘無’吴鈔本作‘毋’。”子墨子曰：“去之苟道，受狂何傷！古者周公旦非關叔，畢云：“‘關’即‘管’字假音，一本改作‘管’，非是。《左傳》云‘掌其北門之管’，即關也。”欒云：“‘非’字當讀爲‘避’，古讀‘非’字如彼，與‘避’字音近。《金縢》‘周公乃告二公曰：我之弗辟（讀爲“避”），我無以告我先王’，即其避管叔之由。而周公居東二年，即其東處於商奄之時也。”劉云：“周公非關叔，即治管叔之罪，周公爲三公見《新書》。辭三公者，辭三公之職而征三監也，東處于商蓋，蓋即奄。《列子·楊朱篇》曰：‘居東三年，誅兄放弟。’此居東即征管蔡之確徵，説見《邶鄘衛考》。”辭三公，東處於商奄，舊作“蓋”，從王校改。孫云：“此謂周公居東，蓋東征滅奄，即居其地，亦即魯也。”人皆謂之狂。後世稱其德，揚其名，至今不息。且翟聞之，爲義非避毁就譽，去之苟道，受狂何傷！”高石子曰：“石去之，焉敢不道也。昔者夫子有言曰：‘天下無道，仁士不處，厚焉。’《論語·泰伯篇》云：“邦無道，富且貴焉，恥也。”義同。尹云：“孔子所謂無道則隱。”今衛君無道，而貪其禄爵，則是我苟啗人食也。”舊作“苟陷人長”，從孫校改。王樹枏云：“萬曆本作‘則是我苟處人厚也’。”曹本改“長”作“粻”。子墨子説，尹云：“‘説’，喜也。”而召子禽子孫云：“即禽滑釐，見《公輸篇》。”王本删上“子”字，尹本從之。曰：“姑聽此乎！夫倍義而鄉禄者，孫云：“《説文·人部》云：‘倍，反也。’”蘇云：“‘倍’、‘背’同，‘鄉’、‘向’同。”我常聞之矣。倍禄而向義者，於高石子焉見之也。”

子墨子曰：“世俗之君子，貧而謂之富則怒，怒其譏己也。無義而謂之之有義則喜。貪盧譬也豈不悖哉！"

公孟子曰："先人有則三而已矣。"《説文》："三，天地人之道也。""有"古與"爲"通，《詩·瞻印》"婦有長舌"，《大戴記·本命》注作"婦爲長舌"。子墨子曰："孰先人而曰有則三而已矣？子未智人之先有曹云："'則'，法也。'孰先人'者，詰之也，墨子以義爲先。"後生。"欒云："'子未知人之先有後生'爲句，以無論如何久遠之先人，固皆嘗爲後生矣，故墨子斥其不知也。"

有反子墨子而反者曰："曰"字舊脱。孫云："《荀子·解蔽篇》楊注云：'反，倍也。'下'反'，當爲'返'之假字，《廣雅·釋詁》云：'反，歸也。''者'下當有'曰'字。蓋門人有倍墨子而歸者，其言如是。"純一案：孫説是，今據增。"我豈有罪哉？吾反後。"孫云："言彼有先反者，吾雖反，尚在其後。"子墨子曰："是猶三軍北，曹云："'北'，敗北也。"失後之人求賞也。"孫云："謂戰敗失道而後歸，不得與殿者同賞。"

公孟子曰："君子不作，術而已。"《儀禮·士喪禮》"筮人許諾，不述命"。鄭注云："古文述皆作術。"畢云："'術'同'述'。"曹本一律作"述"。"孫云："此即《非儒篇》所云君子循而不作也。"

子墨子曰："不然，人之甚不君子者，"甚"舊作"其"，從蘇校據下文"次不君子"改。古之善者不述，"述"原作"誅"。俞云："'誅'當爲'訹'字之誤也。上文'君子不作，術而已'，此云'古之善者不訹'，'術'與'訹'，并'述'之假字，其字并從朮聲，故得相假借也。若作'誅'，則與述聲絶遠矣。"純一今據改，下同。今之善者不作。"之"舊作"也"，從孫校改，曹本同。其次不君子者，古之善者不述，"述"原作"遂"，從畢校改，下同。己有善則作之，欲善之自己出也。今述而不作，"述"原作"誅"。是無所異於不好述而作者矣。述原作遂。吾以爲古之善者則述之，"述"原作"誅"。今之善者則作之，欲善之益多也。"蘇云："此言述、作不可偏廢，皆務爲其善而已。述主乎因，故以古言：作主乎剏，故以今言。述而又作，則善益多矣。"曹云："墨子之意，但欲其善而已，在人在己，或作或述，無可無不可也，此亦《非儒》之説。"

巫馬子謂子墨子曰："我與子異，畢云："'子'舊作'之'，一本如此。"純一案：陸本、唐本並作"子"。我不能兼愛。我愛鄒人於越人，愛魯人於鄒人，愛我鄉人於魯人，愛我家人於鄉人，愛我親於我家人，愛我身於吾親，以爲近我也。尹云："言愛由近始，所謂愛有等差者。"擊我則疾，擊彼則不疾於我，孫云："'疾'，猶痛也。《説文·手部》云：'擊，支也。'"我何故疾者之不拂，而不疾者之拂？"拂"，去也，《廣雅·釋詁二》。畢云："舊'不疾'二字倒，一本如此。"故有我有彼，"有彼"二字，從曹本增。墨子貴兼，視人猶己，又人己兩忘。《大取篇》且謂天下無人，故此去有我有彼。有殺彼以利我，無殺我以利彼。"上"利"字，下"彼"字，舊脱，從蘇、俞二校增，曹本同。注云："墨子摩頂放踵以利天下，是不憚殺我以利人也。巫馬子之言，有似魏武寧我負人，毋人負我之説。"子墨子曰："子之義將匿邪？意將以告人乎？""意"與"抑"同。巫馬子曰："我何故匿我義？"匿"，藏也，不使人知也。畢云："'義'一本作'意'，非。"吾將以告人。"子墨子曰："然則一人説子，孫云："謂悦其義而從之。"一人欲殺子以利己；十人説子，十人欲殺子以利己；天下説子，天下欲殺子以利己。一人不説子，一人欲殺子，以子爲施不祥言者也；十人不説子，十人欲殺子，以子爲施不祥言者也；天下不説子，天下欲殺子，以子爲施不祥言者也。説子亦欲殺子，不説子亦欲殺子，是所謂經者口也，殺常之身者也。"李選本"常"作"當"，《淮南子·精神訓》"熊經鳥伸"，高注："經，動搖也。""者"，此也，俗作這。《詩·柏舟》"之死矢靡它"箋："之，至也。"言率爾動搖此口，則殺機常至其身，蓋古語也。曹本改作"是所謂經若口而殺常之身者也"，注云："經，由也。"所謂唯口興戎之意。墨子兼愛，非不愛己也，故《大取篇》云："愛人不外己，己在所愛之中，世未有憎人惡人，而其身能自全者也。"巫馬子一言，隨在皆爲殺機所伏，墨子之辯，可謂深切著明矣。子墨子曰：四字疑衍，當删。"子之言惡利也？曹云："'惡'讀爲'烏'，言子何所利而爲此言也。"若無所無所利而不言，是蕩口也。""不"與"丕"同音，故古多用"不"爲"丕"，如不顯即丕顯是。《説文·一部》云："丕，大也。"此謂無所利而大言，徒敝口舌而已。"蕩口"，亦猶莊子所謂孟浪之言。孫云："蕩口義見前。"曹云："此亦兼愛之旨。"

子墨子謂魯陽文君曰："今有一人於此，牛羊犓豢，舊作"犓犧"，從《太平御覽》八百六十引改。雍人但割而和之，"雍"舊作"維"，畢云："'維人'，當爲'饔人'之誤。'但割'，即'袒割'。《説文·人部》云：'但，裼也。从人，旦聲。'《經典》用'但'爲'第'字之義，而忘其本。"孫云："'雍'、'維'形近而誤。《儀禮·公食大夫禮》、《少牢饋食禮》，并有'雍人'。'雍'，'雝'之隸變，即饔之省。"純一今據改，王本、尹本并同，曹本作“饗人”。食之不可勝食也。孫云：“《道藏》本無‘不可’二字，有‘食之’二字，吴鈔本同。畢本增‘不可’二字，無‘食之’二字，云：‘舊脱不可二字，據《太平御覽》增。”案：以文義校之，“食之不可”四字當並有，今據增。見人之作餅，畢云：“‘作’舊作‘生’，據《御覽》改。”孫云：“《説文·食部》云：‘餅，麪餈也。’”則還然竊之，孫云：“‘還’疑‘瞏’之借字。《説文·目部》云：‘瞏，驚視也。’”純一案：孫説亦通。“還”同“環”，圍遶也。曰：“舍余食。”畢云：“言捨以爲余食。”不知甘肥安不足乎？“知”，陸本作“智”。“甘肥”原作“日月”，從曹本改。案：“安”字無義，當删。歐陽云：“曹説是，即《孟子》‘甘肥不足於口’之義。”其有竊疾乎？”魯陽文君曰：“有竊疾也。”子墨子曰：“楚四竟之田，畢云：“‘四竟’二字，舊作‘三意’，據《太平御覽》改。”曠蕪不可勝闢，“不可”上舊衍“而”字，據《御覽》删。畢云：“魯陽，楚縣，故云然也。”虛數千，“墟虚”舊作‘評靈’，從孫校改，謂閒隙虚曠之地。不可勝入，“入”字從孫校增，曹本同。見宋鄭之閒邑，孫云：“‘閒邑’言‘空邑’，與《王制》‘閒田’義同。”則還然竊之，此與彼異乎？”魯陽文君曰：“是猶彼也，實有竊疾也。”曹云：“此亦非攻之説。”

子墨子曰：“季孫紹與孟伯常治魯國之政，蘇云：“季孫紹與孟子伯常二人，不見於《春秋》，當爲季康子、孟武伯之後，與墨子同時者也。”不能相信，而祝於藂社，神祠。叢，樹也。曰：‘苟使我和。’王引之云：“苟，猶尚也。”是猶弇其目，畢云：“《説文》云：‘弇，蓋也。’”而祝於藂社，曰：舊作“也”，從俞校改。‘苟使我皆視。’豈不繆哉。”

子墨子謂駱滑氂孫云：“吴鈔本作‘氂’，下仍作‘氂’。案：此與禽子同名。”曰：“我聞子好勇。”駱滑氂曰：“然，我聞其鄉有勇士焉，吾必從而殺之。”子墨子曰：“天下莫不欲與其所好，度其所惡，“與”，助也，善也。曹云：“‘度’，圖也，謀去之也。”王引之云：“‘與’當爲‘興’。‘度’當爲‘廢’。”王闓運本“度”改“廢”。今子聞其鄉有勇士焉，必從而殺之，是非好勇也，是惡勇也。”